CÓDIGO DE PROCESSO CIVIL
INTERPRETADO

ARTIGO POR ARTIGO,
PARÁGRAFO POR PARÁGRAFO

CÓDIGO DE PROCESSO CIVIL INTERPRETADO

ARTIGO POR ARTIGO, PARÁGRAFO POR PARÁGRAFO

COSTA MACHADO

Bacharel, mestre e doutor pela Faculdade de Direito da Universidade de São Paulo (USP). Professor de Teoria Geral do Processo e Direito Processual Civil da USP desde 1984, tendo regido, recentemente, as cadeiras Instituições Judiciárias e Tutela Jurisdicional dos Interesses Transindividuais, além de vir ministrando aulas de procedimentos civis do ECA. Ministrou também Processo Civil Aplicado e Procedimentos Especiais. Professor do curso de mestrado em Direitos Humanos Fundamentais do Centro Universitário FIEO (UNIFIEO). Ex-professor dos cursos de mestrado da Universidade de Guarulhos (UnG) e da Universidade de Franca (Unifran). Coordenador de Processo Civil da Escola Paulista de Direito (EPD). Advogado, consultor jurídico e parecerista em São Paulo.

12ª EDIÇÃO

2013

Manole

EDITOR-GESTOR: Walter Luiz Coutinho
EDITORA RESPONSÁVEL: Sônia Midori Fujiyoshi
PRODUÇÃO EDITORIAL: Luiza Bonfim, Mariana Castelo, Rodrigo Botelho
EDITORA DE ARTE: Deborah Sayuri Takaishi
CAPA: Hélio de Almeida
IMAGEM DA CAPA: Luiz Olmer Cazarré

Dados Internacionais de Catalogação na Publicação (CIP)
(Câmara Brasileira do Livro, SP, Brasil)

Machado, Antônio Cláudio da Costa
Código de Processo Civil interpretado : artigo por artigo, parágrafo por parágrafo / Costa Machado. – 12. ed. – Barueri, SP : Manole, 2013

ISBN 978-85-204-3587-8

1. Processo civil 2. Processo civil – Brasil
3. Processo civil – Legislação – Brasil I. Título.

CDU-347.9(81)(094)
12-13782 -347.9(81)(094.46)

Índices para catálogo sistemático:
1. Brasil : Leis : Processo civil 347.9(81)(094)
2. Leis : Processo civil : Brasil 347.9(81)(094.46)

4ª edição – 2004, 5ª edição – 2006
6ª edição – 2007, 1ª reimpressão – 2007, 2ª reimpressão – 2007
7ª edição – 2008, 8ª edição – 2009, 9ª edição – 2010,
10ª edição – 2011, 11ª edição – 2012, 12ª edição – 2013

Direitos adquiridos pela:
Editora Manole Ltda.
Avenida Ceci, 672 – Tamboré
06460-120 – Barueri – SP – Brasil
Tel.: (11) 4196-6000 – Fax: (11) 4196-6021
www.manole.com.br
juridico@manole.com.br

Impresso no Brasil
Printed in Brazil

"Que aproveita ao homem
ganhar o mundo inteiro
e perder a sua alma?"
(Marcos, 8:36)

A Cristo Jesus, meu Salvador.
A Priscila e Raísa, que enchem
de significado a minha vida.

OUTRAS OBRAS DO AUTOR

1. Livros

Da intervenção de terceiros. Vicente Greco Filho. São Paulo, Saraiva, 1986 (colaboração na reedição da obra).

A intervenção do Ministério Público no processo civil brasileiro. São Paulo, Saraiva, 1. ed., 1989; 2. ed., 1998.

Manual do valor da causa – jurisprudência e doutrina. São Paulo, Saraiva, 1995.

A Reforma do Processo Civil interpretada – artigo por artigo, parágrafo por parágrafo. São Paulo, Saraiva, 1. ed., 1995; 2. ed., 1996.

Código de Processo Civil anotado jurisprudencialmente. São Paulo, Saraiva, 1996.

Tutela antecipada. São Paulo, Juarez de Oliveira, 1. ed. e 2. ed., 1998; 3. ed., 1999.

Novo Código Civil – projeto aprovado pelo Senado. São Paulo, Oliveira Mendes, 1998.

Regimentos internos dos tribunais – comparados e anotados. São Paulo, Cultural Paulista, 1998.

642 questões de concurso em Processo Civil. São Paulo, Juarez de Oliveira, 2000.

Código de Processo Civil para estudo e anotação. São Paulo, LTr, 2000.

Normas processuais civis interpretadas – artigo por artigo, parágrafo por parágrafo – da Constituição Federal. São Paulo, Juarez de Oliveira, 2001.

Código Civil de 2002 – comparado e anotado. São Paulo, Juarez de Oliveira, 2002.

Normas processuais civis interpretadas – artigo por artigo, parágrafo por parágrafo – das Leis do Mandado de Segurança. São Paulo, Juarez de Oliveira, 2003.

Reforma do Poder Judiciário interpretada em seus aspectos processuais civis. Barueri, Manole, 2005.

Reforma da Execução Extrajudicial (Lei n. 11.382, de 06.12.2006) interpretada artigo por artigo, parágrafo por parágrafo. Barueri, Manole, 2007.

Código de Processo Civil interpretado e anotado – artigo por artigo, parágrafo por parágrafo –, normas processuais civis da Constituição Federal interpretadas e anotadas e leis processuais civis extravagantes anotadas. Barueri, Manole, 1. ed., 2006; 2. ed., 2008; 3. ed., 2011; 4. ed., 2012; 5. ed., 2013

2. Artigos

"A causa de pedir da ação de preferência da Lei n. 6.649, de 1979". In: *Justitia*, 130:9-43, 1985.

"Jurisdição voluntária, jurisdição e lide". In: *Revista de Processo*, 37:68-84, 1985.

"Direito moral do artista". In: *Revista Forense*, 294:127-40, 1986.

"Lei do Divórcio, art. 3º, § 1º: legitimidade ou representação?". In: *Revista Brasileira de Direito Processual*, 52:29-48, 1986.

"Despejo por mau uso do prédio locado". In: *Revista da Faculdade de Direito da Universidade de São Paulo*, 83:219-27, 1988.

"O casamento no Pentateuco". In: *Revista da Faculdade de Direito da Universidade de São Paulo*, 84-5:218-58, 1989/90.

"Constituição e defesa dos interesses difusos". In: *O Estado de S.Paulo*, Justiça, 3 de julho, 1991.

Críticas ao novo agravo de instrumento. Artigo publicado sob o título "Projeto eleva o volume de trabalho". In: *O Estado de S.Paulo*, Justiça, 1º de junho, 1993.

"Art. 145 do CPC – inabilitação de engenheiro civil para proceder a levantamento agronômico em imóvel rural". In: *Revista da Faculdade de Direito da Universidade de São Paulo*, 90:385-96, 1995.

"Ministério Público: inexistência de *legitimatio ad causam* para a ação de dissolução de sociedade anônima". In: *Lições alternativas de direito processual*. Porto Alegre, Acadêmica, 1995.

Os profissionais do direito e o novo agravo. Artigo publicado sob o título "Profissionais sofrerão problemas". In: *Tribuna do Direito*, ano 3, n. 34, 1995.

"Observações sobre a natureza cautelar da tutela antecipatória do art. 273, inc. I, do CPC". In: *A Reforma do Processo Civil*, coord. pelo Ministro Sálvio de Figueiredo Teixeira. São Paulo, Saraiva, 1996.

"O casamento e o dever de coabitação no Código de Hamurabi, no Pentateuco e na Lei de Manu – uma visão a partir do Direito romano". In: *Revista da Faculdade de Direito da Universidade de São Paulo*, 91:27-34, 1996.

"Arbitragem internacional". In: *Revista do Mestrado em Direito do UNIFIEO*, 2:111-35, 2002.

"Direito e processo. Processo e efetividade". In: *Revista do Mestrado em Direito do UNIFIEO*, 3:55-66, 2003.

"O Ministério Público no processo do mandado de segurança". In: *Normas processuais civis interpretadas – artigo por artigo, parágrafo por parágrafo – das leis do mandado de segurança*. Antônio Cláudio da Costa Machado. São Paulo, Juarez de Oliveira, p. 173-82, 2003.

"Acerca da liminar em mandado de segurança". In: *Normas processuais civis interpretadas – artigo por artigo, parágrafo por parágrafo – das leis do mandado de segurança*. Antônio Cláudio da Costa Machado. São Paulo, Juarez de Oliveira, p. 183-93, 2003.

"Processo de realização dos direitos fundamentais: um caminho teórico para distinguir os fenômenos efetivação e concretização" (coautoria e coordenação). In: *Revista Mestrado em Direito do UNIFIEO*, 5:123-56, 2005.

"A Reforma da Execução Civil". In: *Mundo dos Livros*. Barueri, Manole, 2006.

"Considerações sobre a função cautelar: *tertium genus*, 'direito substancial de cautela' e preventividade cautelar". In: *Revista EPD (Escola Paulista de Direito) Direito Processual Civil*, coord. por Antônio Cláudio da Costa Machado e Fernanda Tartuce. São Paulo. *Rev. EPD*, ano 2, 3:13-26, 2006.

"Devido processo legal e tutela antecipada". In: *Revista Mestrado em Direito do UNIFIEO*, 7:83-95, 2006.

"O princípio do devido processo legal no Brasil – perguntas sem respostas". In: *Revista Mestrado em Direito do UNIFIEO (Direitos Humanos Fundamentais)*, 7:167-72, 2007.

"Dano moral por ação de interdição. Liberdade jurídica da parte de ofender em juízo. Limites processuais ao direito fundamental à honra". In: *Revista Mestrado em Direito do UNIFIEO (Direitos Humanos Fundamentais)*, 9:59-69, ano 7, 2008.

"Eficácia antecipada cautelar". In: *Processo cautelar*. Coordenação Antônio Cláudio da Costa Machado e Marina Vezzoni. Barueri, Manole, 2010.

"O devido processo legal das execuções fiscais e a reforma da execução extrajudicial". In: *Revista Mestrado em Direito do UNIFIEO (Direitos Humanos Fundamentais)*, 9.1, ano 8, 2008 (no prelo).

3. Coordenação e organização de livros

Revista EPD (Escola Paulista de Direito) Direito Processual Civil. Coordenação: Antônio Cláudio da Costa Machado e Fernanda Tartuce. São Paulo, *Rev. EPD*, ano 2, n. 3.

CLT interpretada: artigo por artigo, parágrafo por parágrafo. Organização: Antônio Cláudio da

Costa Machado; coordenação: Domingos Sávio Zainaghi. Barueri, Manole, 1. ed., 2007; 2. ed., 2009; 3. ed., 2012; 4. ed., 2013.

Código Civil interpretado: artigo por artigo, parágrafo por parágrafo. Organização: Antônio Cláudio da Costa Machado; coordenação: Silmara Juny Chinellato. Barueri, Manole, 1. ed., 2008; 2. ed., 2009; 3. ed., 2010; 4. ed., 2011; 5. ed., 2012; 6. ed., 2013

Constituição Federal interpretada: artigo por artigo, parágrafo por parágrafo. Organização: Antônio Cláudio da Costa Machado; coordenação: Anna Candida da Cunha Ferraz. Barueri, Manole, 1. ed., 2010; 2. ed., 2011; 3. ed., 2012; 4. ed., 2013.

Código Tributário Nacional interpretado: artigo por artigo, parágrafo por parágrafo. Organização: Antônio Cláudio da Costa Machado; coordenação: Mary Elbe Queiroz. Barueri, Manole, 2009.

Processo cautelar. Coordenação: Antônio Cláudio da Costa Machado e Marina Vezzoni. Barueri: Manole, 2010.

Código Penal interpretado: artigo por artigo, parágrafo por parágrafo. Organização: Antônio Cláudio da Costa Machado; coordenação: David Teixeira de Azevedo. Barueri, Manole, 2011; 2. ed., 2012; 3. ed., 2013.

Estatuto da Criança e do Adolescente interpretado: artigo por artigo, parágrafo por parágrafo. Organização: Antônio Cláudio da Costa Machado; Francismar Lamenza. Barueri, Manole, 2012.

Código de Defesa do Consumidor interpretado: artigo por artigo, parágrafo por parágrafo. Organização: Antônio Cláudio da Costa Machado; coordenação: Paulo Salvador Frontini. Barueri, Manole, 2013.

4. Colunas em revista eletrônica

Revista Veja eletrônica. Coluna: "Seus Direitos Fundamentais" (40 textos sobre direitos fundamentais). Junho a novembro de 2008. www.veja.com.br/seus direitos.

Blog de críticas ao Projeto de CPC: www.professorcostamachado.com.

SUMÁRIO

APRESENTAÇÃO À 12ª EDIÇÃO

Assim como já havia acontecido com a edição anterior, nenhuma alteração foi introduzida no ano de 2012 no Código de Processo Civil, pela simples razão de que se pretende mudar tudo – ou quase tudo – por meio do projeto de novo CPC que se encontra em tramitação na Câmara dos Deputados.

Ainda assim, continuamos com o objetivo de aprimoramento formal do livro, o que nos levou inicialmente a realizar outra revisão textual dos comentários. Além disso, achamos por bem, nesta edição de 2013, eliminar todas as transcrições dos textos dos dispositivos do projeto aprovado no Senado Federal que constavam logo abaixo dos correspondentes do Código vigente. A razão repousa no fato de que tudo que hoje se fala sobre a reforma gravita em torno dos substitutivos que surgiram na própria Câmara, tornando menos importantes as proposições legislativas aprovadas no Senado. O resultado disso é que, abaixo de cada regra (*caput*, parágrafo, inciso ou alínea) do Código de 1973, aparece apenas a indicação numérica do dispositivo do Projeto n. 166/2010, já que o texto completo se encontra ao final do livro para as pesquisas que o consulente resolva fazer.

No mais, registramos a notícia de que prosseguimos na luta contra o novo e autoritário CPC que querem impor ao nosso país. Continuamos falando, palestrando, escrevendo em nosso blog (www.professorcostamachado.com), dando entrevistas a jornais, rádios e emissoras de televisão e, sobretudo, atuando junto às lideranças partidárias em Brasília, junto às bancadas e aos deputados que podem livrar o Brasil de ter uma "ditadura do Poder Judiciário", como temos denunciado.

Enquanto não se realiza um choque de gestão na Justiça brasileira para resolver o problema da morosidade, fica a esperança de que prevaleça o bom-

-senso, no sentido de se reformar o Código que temos – um dos mais técnicos, modernos e democráticos do mundo – a partir dos aperfeiçoamentos que surgiram dos trabalhos realizados no Senado e na Câmara nos últimos meses. Para tal fim, oferecemos uma alternativa para a reforma, que é o substitutivo Costa Machado que, ao mesmo tempo em que mantém a estrutura e o espírito democrático do Código Buzaid, incorpora as boas propostas e afasta o autoritarismo judicial que a ninguém interessa.

ANTÔNIO CLÁUDIO DA COSTA MACHADO
Santana de Parnaíba, janeiro de 2013.

NOTA À 1ª EDIÇÃO

O trabalho que ora apresentamos ao público tem, em primeiro lugar, o intuito de preencher uma lacuna no espaço editorial-jurídico: referimo-nos à falta de obra que, num único volume, apresente interpretação integral, porém simplificada, de todos os dispositivos (artigos, parágrafos, incisos e alíneas) que compõem o Código de Processo Civil vigente. Preocupamo-nos, ainda sob esse aspecto, com a explicação clara do conteúdo de cada Livro e de um sem-número de Títulos, Capítulos e Seções.

Indubitavelmente, esse propósito inicial se inspirou, por um lado, na prolixidade doutrinária dos grandes "comentários ao CPC" e, por outro, na dificuldade de leitura e consulta às extenuantes referências bibliográficas e jurisprudenciais próprias dos "Códigos anotados".

Em segundo lugar, moveu-nos a perspectiva de facilitar a pesquisa do Código de Processo Civil pelos profissionais do Direito, e também pelos estudantes, que, via de regra, não dispõem de muito tempo para a busca de interpretações e informações diretivas práticas que permitam a solução dos problemas do dia a dia. O método formal empregado (o comentário logo abaixo de cada regra legal) e o critério substancial observado no trabalho interpretativo (a explicitação dos conceitos dos institutos e das implicações processuais de cada figura) permitem-nos dizer que esse segundo propósito também foi alcançado.

1993

ANTÔNIO CLÁUDIO DA COSTA MACHADO

LISTA DE ABREVIATURAS E SIGLAS

ADCT: Ato das Disposições Constitucionais Transitórias
ADIn: Ação declaratória de inconstitucionalidade
ADPF: Arguição de descumprimento de preceito fundamental
AGU: Advogado Geral da União
AR: Aviso de recebimento
BTN: Bônus do Tesouro Nacional
c/c: combinado com
CC: Código Civil
CC/1916: Código Civil de 1916 (Lei n. 3.071/16)
CC/2002: Código Civil de 2002 (Lei n. 10.406/2002)
CCom: Código Comercial (Lei n. 556/1850)
CDC: Código de Defesa do Consumidor (Lei n. 8.078/91)
CF: Constituição Federal
CJF: Conselho de Justiça Federal
CLT: Consolidação das Leis do Trabalho (DL n. 5.452/43)
CPC: Código de Processo Civil
CPC/39: Código de Processo Civil de 1939 (DL n. 1.608/39)
CTN: Código Tributário Nacional (Lei n. 5.172/66)
DL: decreto-lei
DJ: Diário da Justiça
DJe: *Diário da Justiça eletrônico*
EAOAB: Estatuto da Advocacia e da OAB (Lei n. 8.906/94)
EC: Emenda Constitucional
ECA: Estatuto da Criança e do Adolescente (Lei n. 8.069/91)
INSS: Instituto Nacional de Seguridade Social
IPC: Índice de Preços ao Consumidor
IPTU: Imposto Predial e Territorial Urbano
JEC: Juizado Especial Cível
JECC: Juizados Especiais Cíveis e Criminais
LACP : Lei de Ação Civil Pública (Lei n. 7.347/85)
LC: lei complementar

Lei das S.A.: Lei das Sociedades Anônimas
Lindb: Lei de introdução às normas do Direito Brasileiro (DL n. 4.657/42)
LOMP: Lei Orgânica do Ministério Público (Lei n. 8.625/93)
LOMAN: Lei Orgânica da Magistratura Nacional (LC n. 35/79)
LRP: Lei de Registros Públicos (Lei n. 6.015/73)
MP: Ministério Público
MP n.: Medida Provisória n.
n.: número
OAB: Ordem dos Advogados do Brasil
OEA: Organização dos Estados Americanos
ONU: Organização das Nações Unidas
ORTN: Obrigações Reajustáveis do Tesouro Nacional
OTN: Obrigação do Tesouro Nacional
p.: página
R.: Região
Res.: resolução
RISTF: Regimento Interno do Supremo Tribunal Federal
RISTJ: Regimento Interno do Superior Tribunal de Justiça
RITFR: Regimento Interno do Tribunal Federal de Recursos
S.A.: sociedades anônimas
segs.: seguintes
STF: Supremo Tribunal Federal
STJ: Superior Tribunal de Justiça
STM: Superior Tribunal Militar
TFR: Tribunal Federal de Recursos
TJ: Tribunal de Justiça
TSE: Tribunal Superior Eleitoral
TST: Tribunal Superior do Trabalho
TR: Taxa Referencial de Juros
UE: União Europeia
v.: *vide*
v. g.: *verbi gratia*

ÍNDICE SISTEMÁTICO DO CÓDIGO DE PROCESSO CIVIL

LIVRO I
DO PROCESSO DE CONHECIMENTO

Título I
Da Jurisdição e da Ação

Título II
Das Partes e dos Procuradores

Título III
Do Ministério Público

Título IV
Dos Órgãos Judiciários e dos Auxiliares da Justiça

Título V
Dos Atos Processuais

Título VI
Da Formação, da Suspensão e da Extinção do Processo

Título VII
Do Processo e do Procedimento

Título VIII
Do Procedimento Ordinário

Título IX
Do Processo nos Tribunais

Título X
Dos Recursos

LIVRO II
DO PROCESSO DE EXECUÇÃO

Título I
Da Execução em Geral

Título II
Das Diversas Espécies de Execução

LIVRO IV
DOS PROCEDIMENTOS ESPECIAIS

Título I
Dos Procedimentos Especiais de Jurisdição Contenciosa

Título II
Dos Procedimentos Especiais de Jurisdição Voluntária

LIVRO V
DAS DISPOSIÇÕES FINAIS E TRANSITÓRIAS

LEI N. 5.869, DE 11 DE JANEIRO DE 1973

(*DOU* 17.01.1973)

Institui o Código de Processo Civil.

Vide Projeto de CPC, arts. 1º a 15.

O CPC/73 é dividido em cinco Livros: Do Processo de Conhecimento, Do Processo de Execução, Do Processo Cautelar, Dos Procedimentos Especiais e Das Disposições Finais e Transitórias. Os três primeiros respeitam exatamente a consagrada tríplice classificação dos processos que tem por critério a espécie de providência jurisdicional pleiteada. O Livro IV, no Título I, disciplina, quase que exclusivamente, ritos diferenciados do processo de conhecimento, não correspondendo, assim, a uma quarta categoria, que não existe; o Título II versa sobre procedimentos de jurisdição voluntária que nem processos tecnicamente são. Já o Livro V, em apenas dez artigos, estabelece regras de variados conteúdos fora de qualquer espírito classificatório. O CPC/73 entrou em vigor no dia 01.01.1974 e suas disposições tiveram aplicação imediata aos processos pendentes (art. 1.211).

LIVRO I

DO PROCESSO DE CONHECIMENTO

Vide Projeto de CPC, arts. 292 a 729
(Livro II – Processo de Conhecimento e Cumprimento de Sentença).

O nome "processo de conhecimento" é decorrente da circunstância de ser este processo destinado precipuamente à atividade cognitiva do juiz (atividade de conhecimento dos fatos) com vista à aplicação da lei material e à declaração do direito por meio da sentença. Se o que se busca é a satisfação, e não a declaração, tem-se o processo de execução; se o que se postula é o acautelamento tem-se o processo cautelar. Observe-se, ainda, que o processo de conhecimento pode ser declaratório (ou meramente declaratório – da existência ou não de uma relação jurídica, da falsidade ou autenticidade de um documento), constitutivo (se além da declaração, o que se pretende é a constituição positiva ou negativa de uma relação jurídica) ou condenatório (se, além da declaração, o que se pede é a condenação de alguém a entregar determinada soma em dinheiro; o processo condenatório tem como sua última etapa procedimental a fase de cumprimento de sentença por execução). O CPC ainda admite, seguindo a doutrina alemã que nos foi trazida por Pontes de Miranda, o processo mandamental (em que o juiz manda, em vez de condenar, ficando a satisfação por conta de ato do réu desencadeado pela ameaça de imposição de sanção para o caso de desobediência à ordem; não há processo de execução para tal fim, mas fase de cumprimento de sentença) e o executivo *lato sensu* (em que a satisfação ocorre sem a colaboração do réu – sem processo de execução também, por meio de cumprimento de sentença – por simples decreto, como se dá nos casos de despejo, reintegração de posse, busca e apreensão ou imissão na posse). Com a entrada em vigor da Lei n. 11.232/2005 (Reforma da Execução Judicial), ficou instituído o "cumprimento da sentença", fase que passa a integrar o próprio processo de conhecimento, como visto (*v.* arts. 475-I a 475-R).

TÍTULO I
DA JURISDIÇÃO E DA AÇÃO

Vide Projeto de CPC, arts. 1º a 20
(Título I – Princípios e Garantias, Normas Processuais, Jurisdição e Ação).

Jurisdição, ação e processo (a trilogia estrutural do direito processual, segundo Ramiro Podetti) são três dos quatro grandes temas da processualística. A eles se soma a defesa do réu, uma vez que se no palco denominado processo o juiz desempenha, do começo ao fim, o papel jurisdição e o autor o papel ação, nesse mesmo palco o réu exercita o papel defesa que não se confunde em absoluto com a ação (o autor pede, o réu impede). Seja como for, o presente título é dedicado apenas a dois dos quatro temas fundamentais da ciência do processo: jurisdição (Capítulo I) e ação (Capítulo II).

CAPÍTULO I
DA JURISDIÇÃO

Vide Projeto de CPC, art. 16 (Capítulo III – Da Jurisdição).

Jurisdição – uma das expressões ou manifestações da soberania nacional ao lado da legislação e da administração – é o poder do Estado de solucionar ou dirimir conflitos de interesse com vista à pacificação da sociedade, escopo que é alcançado pela atuação da vontade do direito material que o juiz realiza por meio do processo. Veja-se que atuar a vontade do direito tanto significa declarar, satisfazer, como acautelar. São características da jurisdição: 1) a pressuposição de um conflito; 2) o escopo de atuação do direito; 3) a proibição de o juiz instaurar o processo (art. 2º); 4) a atividade substitutiva do magistrado; 5) o caráter definitivo da solução imposta. Sobre os princípios da jurisdição, examine-se a nota ao art. 1º.

Art. 1º A jurisdição civil, contenciosa e voluntária, é exercida pelos juízes, em todo o território nacional, conforme as disposições que este Código estabelece.

Vide Projeto de CPC, art. 16.

A jurisdição civil (poder para atuar toda lei não penal) é classificada pelo CPC em contenciosa (a verdadeira jurisdição, cujo conceito se encontra no comentário anterior) e voluntária (função administrativa atribuída ao Poder Judiciário, cujo exercício não corresponde à atividade substitutiva nem se presta à solução de litígios – *v.* nota ao Título II, do Livro IV). O exercício de ambas é regulamentado neste estatuto processual. Além do princípio da aderência ao território, expressamente consagrado no texto (e no art. 1.211), são regras fundamentais sobre o exercício da jurisdição: a da investidura (arts. 93, I e III, e 94 da CF); a do juiz natural (art. 5º, XXXVII e LIII, da CF); a do acesso à justiça e a da indelegabilidade (art. 5º, XXXV, da CF); a da inevitabilidade (arts. 213, 652 e 802 do CPC), além da de exigência de duração razoável do processo (art. 5º, LXXVIII, da CF); a da indeclinabilidade (art. 126 do CPC); e a da inércia (art. 2º, a seguir).

Art. 2º Nenhum juiz prestará a tutela jurisdicional senão quando a parte ou o interessado a requerer, nos casos e forma legais.

Vide Projeto de CPC, art. 2º.

A regra consagra o princípio da inércia da jurisdição, segundo o qual o juiz não pode instaurar o processo por sua própria iniciativa *(ne procedat iudex ex officio)*, também chamado de princípio da iniciativa de parte ou princípio dispositivo *(nemo iudex sine actore)*, que faz depender da provocação do interessado o nascimento do processo (*v.* art. 262). O princípio é mitigado na jurisdição voluntária (*v.* arts. 1.129, 1.142 e 1.160). Na jurisdição contenciosa, são exceções ao princípio da inércia: o inventário de ofício (art. 989 do CPC – verdadeiro processo que o juiz instaura de ofício), as medidas cautelares *ex officio* (art. 797 do CPC – medidas, mas não processos); a decretação da falência no curso do procedimento da recuperação judicial (Lei de Recuperação Judicial e Falência – Lei n. 11.101/2005 –, arts. 53, 56, § 4º, 61, § 1º, 72, parágrafo único, e 73), além do *habeas corpus* de ofício (CPP, art. 654, § 2º) e a execução trabalhista (CF, art. 114, VIII).

CAPÍTULO II
DA AÇÃO

Vide Projeto de CPC, arts. 17 a 20 (Capítulo IV – Da Ação).

Ação, em sentido constitucional, é o direito não sujeito a condições de invocar a tutela jurisdicional do Estado (CF, art. 5º, XXXV). Já em sentido estritamente processual é o direito a uma sentença de mérito. Este é um direito: subjetivo (autorização dada por norma jurídica), público (porque contra o Estado), de índole constitucional (porque tem fundamento na CF), autônomo (porque distinto do direito material), abstrato (quanto ao conteúdo do provimento que gera: procedência ou improcedência), vinculado a uma situação concreta (o litígio ou relação controvertida) e que tem por objeto uma sentença de mérito (sentença que aprecia o pedido, a pretensão ou o direito material deduzido).

Art. 3º Para propor ou contestar ação é necessário ter interesse e legitimidade.

Vide Projeto de CPC, art. 17.

Este artigo contém uma evidente impropriedade técnica: para propor ação é realmente necessário ter interesse (interesse de agir) e legitimidade *(legitimatio ad causam)*, além da possibilidade jurídica do pedido (art. 267, VI), mas não para contestar. O direito de defesa, que se expressa precipuamente pelo direito de oferecer contestação (art. 297), não se subordina a nenhuma das condições da ação, mas apenas à circunstância de o réu ter sido citado (art. 213). As condições da ação são os requisitos de existência do direito a uma sentença de mérito e que se traduzem na titularidade ativa e passiva, em tese, da relação jurídica afirmada em juízo (legitimidade para a causa), na necessidade e adequação, em tese, da providência pleiteada (interesse processual) e na admissibilidade, em tese, do pedido deduzido frente ao direito positivo (possibilidade jurídica do pedido ou da demanda).

Art. 4º O interesse do autor pode limitar-se à declaração:

Vide Projeto de CPC, art. 19, caput

De acordo com o presente dispositivo, a condição da ação interesse de agir ou processual (a necessidade em tese do recurso ao Judiciário) pode se limitar, no âmbito do processo de conhecimento, ao pedido meramente declaratório, vale dizer, àquele que não é condenatório, nem constitutivo e muito menos mandamental ou executivo *lato sensu*. Ao assim se expressar, este art. 4º admite a tutela jurisdicional declaratória que é tipicamente preventiva, posto que serve à dissipação de dúvidas objetivas acerca de uma relação jurídica. Preventiva, diz-se, porque antes mesmo do conflito de interesses eclodir, sob a forma de uma pretensão e de uma resistência, alguém vai a juízo para tornar certa a existência de uma relação ou a interpretação de uma cláusula contratual, *v. g.*, impedindo assim o surgimento de um litígio no futuro. Nesse caso, a própria declaração de certeza corresponde ao bem da vida perseguido pelo autor (*v.* art. 286).

I – da existência ou da inexistência de relação jurídica;

Vide Projeto de CPC, art. 19, I.

Relação jurídica é o liame jurídico que vincula pessoas e que faz nascer direitos e obrigações. Só a relação jurídica pode ser objeto de declaração, meros fatos não, salvo os previstos no inciso II. A existência da ação declaratória negativa no sistema processual é uma demonstração de que o direito de ação não depende do direito material. Tanto que o autor pode pedir ao juiz que declare que determinada relação jurídica não existe, como se dá, por exemplo, quando se promove uma ação negatória de paternidade ou maternidade, ou uma ação declaratória de inexistência de um contrato ou de uma relação de crédito e débito de origem tributária.

II – da autenticidade ou falsidade de documento.
Vide Projeto de CPC, art. 19, II.

As duas situações aqui previstas não traduzem relações jurídicas, mas simples fatos, que são, contudo, passíveis de declaração por ação, *ex vi* do disposto nessa regra de caráter excepcional. Sobre a ação declaratória incidental de falsidade, examinem-se os arts. 390 a 395. Sobre a falsidade, em si, verifiquem-se as notas aos arts. 387 a 389 deste Código.

Parágrafo único. É admissível a ação declaratória, ainda que tenha ocorrido a violação do direito.
Vide Projeto de CPC, art. 19, parágrafo único.

O dispositivo significa que a ação meramente declaratória é proponível mesmo na hipótese de o autor já poder ajuizar ação condenatória que pressupõe, em tese, direito já violado. O fato de o autor poder pedir a condenação do réu – vale dizer, a liberação em seu favor, por meio de ato estatal, do preceito secundário da norma jurídica – não o impede de apenas requerer o proferimento de sentença meramente declaratória sem aplicação da sanção legal. A mesma autorização vale para o suposto devedor que pode ajuizar ação declaratória negativa a qualquer tempo, valendo, no entanto, lembrar que o § 1º do art. 585 afirma que a propositura de qualquer ação relativa ao débito constante de título executivo não inibe o credor de promover-lhe a execução (*v.* nota).

Art. 5º Se, no curso do processo, se tornar litigiosa relação jurídica de cuja existência ou inexistência depender o julgamento da lide, qualquer das partes poderá requerer que o juiz a declare por sentença.
Vide Projeto de CPC, art. 20.

O preceito consagra a chamada "ação declaratória incidental" ("incidental" porque proponível no mesmo processo) a ser deduzida pelo autor, no prazo do art. 325, ou pelo réu (a lei fala em "qualquer das partes"), no prazo do art. 297, sob a forma procedimental de reconvenção. Como no art. 4º, a lei exige que se trate de relação jurídica, mas aqui é necessário que esta seja prejudicial, isto é, que tenha de ser apreciada antes como pressuposto lógico necessário da decisão sobre o pedido (a lei fala em "depender o julgamento da lide"). É o que ocorre, *v. g.*, nas hipóteses de alegação de nulidade ou inexistência de um contrato. Tal relação precisa ainda ser objeto de controvérsia no processo (a lei diz "se [...] se tornar litigiosa relação jurídica"), sob pena de carência por falta de interesse; por isso a existência de contestação é indispensável. E, finalmente, a sentença em que o juiz realiza a declaração é a mesma em que se dá o julgamento da causa, ficando, também, coberta pela coisa julgada a decisão incidente (*v.* art. 470).

Art. 6º Ninguém poderá pleitear, em nome próprio, direito alheio, salvo quando autorizado por lei.

Vide Projeto de CPC, art. 18.

Fica instituída a figura da legitimação extraordinária (a titularidade da ação para a defesa de direito alheio), desde que a lei expressamente a preveja. A legitimação ordinária (titularidade da ação para defender direito próprio decorrente da titularidade, em tese, da relação material controvertida ou litígio) não depende de previsão. A legitimação extraordinária é comumente chamada de "substituição processual" (*v.* notas aos arts. 267, VI, e 295, II). São exemplos típicos de substituição processual a legitimação de qualquer condômino para a cobrança em benefício do condomínio na hipótese do síndico se omitir (art. 21, parágrafo único, da Lei n. 4.591/64) ou a legitimação de qualquer acionista para a ação de responsabilidade a ser movida ao administrador ímprobo da sociedade anônima em caso de omissão da sociedade (art. 159, §§ 3º e 4º, da Lei n. 6.404/76 – Lei das S.A.).

A falta de legitimação extraordinária determina, assim como a falta da ordinária, a extinção do processo por carência de ação, inclusive no ambiente executivo dos embargos do devedor e dos embargos de terceiro. Agravos interpostos em execução também dependem, para seu conhecimento, do preenchimento do requisito da legitimação, o que revela a aplicação do presente art. 6º.

TÍTULO II
DAS PARTES E DOS PROCURADORES

Vide Projeto de CPC, arts. 70 a 111 (Título IV – Das Partes e Dos Procuradores).

Parte em sentido formal e restrito é aquele que pede, em nome de quem se pede, contra quem ou em relação a quem se pede uma providência jurisdicional (Chiovenda); em sentido amplo é todo aquele que se encontra num contraditório perante o juiz (Liebman). Procurador é o advogado, o profissional habilitado pela lei a representar uma pessoa em juízo, dada a sua capacidade postulatória. O art. 133 da CF afirma que "O advogado é indispensável à administração da justiça, sendo inviolável por seus atos e manifestações no exercício da profissão, nos limites da lei".

CAPÍTULO I
DA CAPACIDADE PROCESSUAL

Vide Projeto de CPC, arts. 70 a 76 (Capítulo I – Da Capacidade Processual).

Neste Capítulo, o CPC disciplina primordialmente a capacidade para estar em juízo (ou *legitimatio ad processum*). A capacidade para ser parte – que guarda paralelismo com a capacidade de gozo do direito civil, ou simplesmente personalidade (CC, arts. 1º e 2º) – não é disciplinada, salvo quando o CPC faz referência a certos entes despersonalizados que podem ser parte, no art. 12 ("pessoas formais" – Amaral Santos). Já a capacidade postulatória é inteiramente regida pelo Capítulo III. As três capacidades compõem os pressupostos processuais subjetivos atinentes às partes.

Art. 7º Toda pessoa que se acha no exercício dos seus direitos tem capacidade para estar em juízo.

Vide Projeto de CPC, art. 70.

Segundo o presente dispositivo, a capacidade para estar em juízo fica atrelada à capacidade de exercício do direito civil, ou simplesmente capacidade civil, identificando-se com a autorização dada pela lei a alguém para exercer por si mesmo os direitos e os deveres processuais, para praticar validamente os atos do processo. Se alguém, assim, é capaz, de acordo com o direito material, de exercer pessoalmente os atos da vida civil (CC, art. 5º), este art. 7º o torna capaz na órbita processual. Mas, observe-se que a Lei do Juizado Especial, ao excluir genericamente a capacidade para ser parte do incapaz, do preso, do insolvente civil, da pessoa jurídica de direito público, das empresas públicas da União e da massa falida, e ao atribuir somente à pessoa física capaz a capacidade para ser autor perante o JEC (art. 8º, *caput* e § 1º), automaticamente ela está eliminando a capacidade para estar em juízo desses entes.

Art. 8º Os incapazes serão representados ou assistidos por seus pais, tutores ou curadores, na forma da lei civil.

Vide Projeto de CPC, art. 71.

São absolutamente incapazes de exercer pessoalmente os atos da vida civil e, consequentemente, os atos processuais (art. 7º): os menores de 16 anos; os que, por enfermidade ou deficiência mental, não tiverem o necessário discernimento; e os que, mesmo por causa transitória, não puderem exprimir sua vontade (art. 3º do CC). A representação supre a incapacidade processual dos absolutamente incapazes. Já relativamente incapazes, de acordo com o novo estatuto civil, são: os maiores de 16 e menores de 18 anos; os ébrios habituais, os viciados em tóxicos e os que, por deficiência mental, tenham o discernimento reduzido; os excepcionais; e os pródigos (art. 4º do CC). A assistência supre a incapacidade dos relativamente incapazes. Aos pais compete, quanto à pessoa dos filhos menores: representá-los, até os 16 anos e assisti-los após essa idade (art.

1.634, V, do CC). Tutores são dados aos filhos menores de pais falecidos, ausentes ou decaídos do poder familiar (art. 1.728 do CC), cabendo-lhes sua representação (art. 1.747, I). Curadores são dados aos que não têm necessário discernimento, aos que não podem exprimir sua vontade, aos deficientes mentais, aos ébrios habituais, aos viciados, aos excepcionais e aos pródigos (art. 1.767 do CC), cabendo-lhes uma representação (art. 1.774 c/c o art. 1.747, I).

Art. 9º O juiz dará curador especial:
Vide Projeto de CPC, art. 72, caput.

A curatela especial (ou curadoria à lide) prevista neste artigo não diz respeito a suprimento de incapacidade, mas sim concerne a hipóteses de legitimação extraordinária (ou substituição processual). A regra, portanto, está sistematicamente mal colocada. Melhor estaria, quem sabe, como parágrafo do art. 6º que trata da legitimidade de quem não é titular do direito ou da obrigação para defendê-lo excepcionalmente em juízo.

I – ao incapaz, se não tiver representante legal, ou se os interesses deste colidirem com os daquele;
Vide Projeto de CPC, art. 72, I.

A função do curador especial tem natureza processual e não material. Dá-se curador especial ao incapaz sem representante para viabilizar a sua atuação num processo específico, desde, é claro, que não tenha o incapaz um tutor ou curador já nomeado definitivamente (CC, arts. 1.729, 1.732 e 1.774). O mesmo ocorre na hipótese de colidência de interesses, o que se dá, por exemplo, na hipótese de um pai promover ação anulatória de doação em face do seu filho. A nomeação, nesse caso, também é para uma causa específica, o que revela a sua nítida índole processual.

II – ao réu preso, bem como ao revel citado por edital ou com hora certa.
Vide Projeto de CPC, art. 72, II.

A simples verificação da revelia de um réu (entenda-se réu, executado ou requerido), que tenha sido citado fictamente, dá ensejo à nomeação de curador especial para permitir a realização do contraditório e do direito de defesa. É que, embora constatada a revelia, não há certeza quanto à efetiva ciência pelo sujeito passivo da relação processual da ação proposta quando tais modalidades de citação são empregadas. Já quanto à segunda figura, a nomeação se dá pelo simples fato de o sujeito passivo estar preso – pouco importando se ficou revel ou não –, uma vez que a restrição à liberdade de ir e vir compromete a efetividade do contraditório. Observe-se, por fim, que se em homenagem ao direito de ação a lei admite a citação ficta, em homenagem ao direito de defesa é que o CPC impõe a nomeação de curador especial.

Parágrafo único. Nas comarcas onde houver representante judicial de incapazes ou de ausentes, a este competirá a função de curador especial.

Vide Projeto de CPC, art. 72, parágrafo único.

A cláusula "representante judicial de incapazes ou de ausentes", historicamente, sempre esteve relacionada à instituição do MP, a quem competia defender com legitimação extraordinária o incapaz, o revel e o preso. A locução "nas comarcas onde houver" era, então, entendida como comarcas onde houvesse promotores de justiça desincompatibilizados; havendo promotores incompatibilizados (porque já exerciam outras funções no mesmo processo), o juiz deveria nomear um advogado para exercer a função de curador especial. Observe-se que, apesar de não vislumbrarmos nenhuma incompatibilidade entre a função de curador especial deste art. 9º e as funções constitucionais do MP elencadas no art. 129 da CF – até porque o *caput* do art. 127 fala expressamente da defesa de "interesses [...] individuais indisponíveis", o que engloba o direito de defesa nas hipóteses deste art. 9º, e o inciso IX do próprio art. 129 autoriza o exercício de "outras funções [...] desde que compatíveis com sua finalidade", ficando vedada expressamente apenas "a representação judicial [...] de entidades públicas" –, passou-se a entender, a partir de 1988, que a função de curador especial estaria afeta a outra instituição constitucional, a Defensoria Pública, criada pelo art. 134 da nossa Lei Maior, em que pese a circunstância deste último dispositivo referir-se exclusivamente à incumbência de "defesa, em todos os graus, dos necessitados, na forma do art. 5º, LXXIV" ("LXXIV – o Estado prestará assistência jurídica integral e gratuita aos que comprovarem insuficiência de recursos"). Como se vê, de acordo com a Constituição, a Defensoria Pública defende "necessitados" (art. 134), vale dizer, aqueles que "comprovarem insuficiência de recursos" (art. 5º, LXXIV), ou, em outras palavras, hipossuficientes econômicos, o que, a rigor, não se confunde em absoluto com hipossuficiência processual (não econômica) do réu citado fictamente por edital ou com hora certa, do incapaz sem representante ou cujos interesses colidem com os do representante ou do preso em qualquer circunstância – as hipóteses autorizadoras da curatela especial do focalizado art. 9º. Apesar de tudo isso, entretanto, a LC n. 80/94 – que organiza a Defensoria Pública da União, do Distrito Federal e dos Territórios e que precreve normas gerais para sua organização nos estados – estabelece expressamente no seu art. 4º, XVI, que "são funções institucionais da Defensoria Pública, dentre outras, exercer a curadoria especial nos casos previstos em lei", o que inequivocamente significa funcionar no processo civil a favor de incapazes, presos e revéis nos termos do art. 9º que ora nos ocupa. Além disso, a própria Lei n. 8.625/93 – instituidora da Lei Orgânica Nacional do MP – não faz nenhuma referência à função de curador especial no que é, evidentemente, seguida pelas leis estaduais de organização do *parquet*, de sorte que se ainda era possível, à luz da Carta de 1988, discutir a constitucionalidade da intervenção do MP a título de curador especial, a legislação infraconstitucional relativa às duas instituições (Defensoria Pública e MP) acabaram por colocar uma pá de cal sobre a questão. Resta, portanto, agora, apenas reinterpretar o presente parágrafo único sob a nova perspectiva da legislação de base hoje existente. Assim é que, diante da nova realidade jurídica, "representante judicial de incapazes ou de ausentes" é inegavelmente o defensor público a quem se atribui a função processual civil de defesa do incapaz, nas situações do inciso I, do preso e revel nas circunstâncias do inciso II, deste art. 9º. Cuidado apenas para não confundir a função de defesa, com legitimação extraordinária, do incapaz sem representante ou cujos interesses colidem com os do seu representante (art. 9º, I) com a função de assistente diferenciado do incapaz que exerce o MP em quaisquer processos em que se verifique a presença do fenômeno de caráter genérico revelado pela expressão "nas causas em que há interesses de incapazes" (art. 82, I), que compreende também as situações descritas no inciso I do presente art. 9º. Por derradeiro, registre-se que, não havendo defensor público numa determinada comarca, deve o juiz da causa atribuir o exercício da "função de curador especial" a um advogado, seja ele autônomo ou seja ele aderente de convênio com a Ordem dos Advogados do Brasil para o exercício da curatela especial que o presente regramento disciplina.

Art. 10. O cônjuge somente necessitará do consentimento do outro para propor ações que versem sobre direitos reais imobiliários.
Vide Projeto de CPC, art. 73, caput

A pessoa casada não é incapaz, mas a sua capacidade para estar em juízo como autora, nas hipóteses deste artigo, precisa ser integrada pelo consentimento do outro cônjuge, salvo quando do regime da separação absoluta (CC, art. 1.647, *caput*). A regra se justifica porque no plano material a pessoa casada não pode dispor desses direitos sozinha (CC, art. 1.647, I). Pois bem, de acordo com a atual redação deste art. 10, somente as ações cujas pretensões se fundem diretamente em direitos reais sobre imóveis é que demandam consentimento do cônjuge (*v. g.*, as fundadas em propriedade, domínio, superfície, servidão predial, usufruto de imóvel, uso de imóvel, habitação, direito do promitente comprador do imóvel, anticrese, hipoteca, concessão de uso especial para fins de moradia e concessão de direito real de uso – CC, art. 1.225). Ações que simplesmente versem sobre imóveis, mas que se fundem em direito obrigacional, não demandam consentimento (*v. g.*, as fundadas em arrendamento, locação, comodato, depósito, etc.). As ações possessórias encontram-se hoje disciplinadas pelo § 2º deste artigo. Outros exemplos de ações reais imobiliárias, *v.* nota ao inciso I do § 1º, adiante (a redação atual do art. 10 foi dada pela Lei n. 8.952/94).

§ 1º Ambos os cônjuges serão necessariamente citados para as ações:
Vide Projeto de CPC, art. 73, § 1º.

O polo passivo das ações aqui previstas deve ser composto obrigatoriamente pelos dois cônjuges em litisconsórcio necessário, o que significa que o presente parágrafo já não disciplina a integração da capacidade processual dos casados, mas sim a sua legitimidade *ad causam* passiva. A falta de um dos cônjuges gerará, portanto, para o autor carência de ação e não nulidade (compare-se com o parágrafo único do art. 11) (texto de acordo com a Lei n. 8.952/94).

I – que versem sobre direitos reais imobiliários;
Vide Projeto de CPC, art. 73, § 1º, I.

É o texto expresso do próprio art. 1.647, II, do novo estatuto civil, que proíbe, hoje, que um cônjuge pleiteie como autor ou réu, acerca de bens imóveis ou direitos reais imobiliários. Tal proibição encontra paralelo disciplinar no presente dispositivo do CPC que impõe o litisconsórcio passivo necessário quando a demanda versar sobre direito real imobiliário. São ações reais imobiliárias – porque seus pedidos se fundam diretamente em direitos reais (e não pessoais) sobre imóveis (CC, arts. 79 a 81) – a ação reivindicatória, a ação de imissão na posse, a ação de divisão e demarcação, a de usucapião, a de adjudicação compulsória, as fundadas em compromisso de compra e venda (*v.* art. 1.225, VII, do CC), em alienação fiduciária, etc. (texto de acordo com a Lei n. 8.952/94).

II – resultantes de fatos que digam respeito a ambos os cônjuges ou de atos praticados por eles;
Vide Projeto de CPC, art. 73, § 1º, II.

Trata-se de atos praticados pelos dois cônjuges ou daqueles que, conquanto praticados por um deles, sejam da responsabilidade de ambos. Note-se que, em relação às ações possessórias, vale o disposto no § 2º à frente, que exige a participação do cônjuge do autor ou do réu nas hipóteses de composse ou de atos por ambos praticados (*v.* nota). Tal regra é, portanto, especial em relação à deste inciso II que é geral. Note-se que a previsão sob enfoque indica, sob o prisma estritamente processual, que o litisconsórcio passivo necessário aqui imposto decorre de a causa de pedir da demanda ajuizada identificar-se, faticamente, com a narrativa de prática de certos fatos pelos dois cônjuges ou por um só, mas que, juridicamente, implica a responsabilidade dos dois (*v.* CPC, art. 282, III).

III – fundadas em dívidas contraídas pelo marido a bem da família, mas cuja execução tenha de recair sobre o produto do trabalho da mulher ou os seus bens reservados;

Vide Projeto de CPC, art. 73, § 1º, III.

Dívida contraída pelo marido a bem da família, que implica responsabilidade patrimonial da mulher a ser realizada em sede de execução, é, por exemplo, a que o marido faz no exercício da administração do patrimônio comum (no regime da comunhão parcial) e que gera proveito para a esposa, sendo a responsabilidade desta proporcional ao proveito (CC, art. 1.663, § 1º). Outra hipótese é a da dívida contraída para atender "aos encargos da família, às despesas de administração e às decorrentes de imposição legal", ainda no regime da comunhão parcial (CC, art. 1.664). Já no regime da comunhão universal, ilustra a dívida contraída a bem da família, a que alude o presente inciso, aquela anterior ao casamento, mas que decorreu de "despesas com seus aprestos" ou que reverteram "em proveito comum" (CC, art. 1.668, III). Por fim, cumpre referir que, no regime de participação final nos aquestos, a dívida posterior ao casamento contraída por um cônjuge, mas que reverteu "parcial ou totalmente, em benefício do outro" (CC, art. 1.677), também ilustra a aplicabilidade deste inciso III. Duas últimas observações se impõem. A primeira, no sentido de que a figura dos "bens reservados da mulher" não foi acolhida pelo CC/2002, contudo esse estatuto estabelece, no âmbito do regime da comunhão parcial, que estão excluídas da comunhão "os proventos do trabalho pessoal de cada cônjuge" (CC, art. 1.659, VI), o que faz pensar que hoje existem bens reservados de cada cônjuge; a regra apontada tem direta implicação na controvérsia acerca da dívida a bem da família. A segunda observação concerne ao fato de que se a mulher não foi citada para o processo de conhecimento, toda a discussão aqui ventilada transporta-se para o momento da execução, quando a mulher fica com a possibilidade de embargar de terceiro para excluir da penhora os bens que, à luz do regramento civil, não respondem pela dívida.

IV – que tenham por objeto o reconhecimento, a constituição ou a extinção de ônus sobre imóveis de um ou de ambos os cônjuges.

Vide Projeto de CPC, art. 73, § 1º, IV.

Também em relação às ações cognitivas que tenham por objeto, vale dizer, que apresentem pedidos de reconhecimento, constituição ou extinção de ônus sobre imóveis, é necessária a formação de litisconsórcio passivo entre os cônjuges, de acordo com o texto focalizado. Observe-se, de início, que o presente dispositivo alude a "reconhecimento [...] de ônus sobre imóveis", previsão que não se confunde com a do inciso I deste § 1º, que traz a menção a ações que "versem sobre direitos reais imobiliários"; este inciso IV corresponde à regra especial em relação ao inciso I, que é regra geral. É que se alguns ônus são também direitos reais (superfície, servidão, usufruto, uso, habitação, direito do promitente comprador, penhor, hipoteca, anticrese, concessão de uso especial para fins de moradia e a concessão de direito real de uso – CC, art. 1.225, II a XII), há ônus que não têm a natureza de direito real como o direito do promitente comprador não registrado (*v.* CC, art. 1.417, que expressamente exige o ato de registro), o direito de retenção, a retrovenda, o direito de preferência, o contrato de locação inscrito, as restrições de vizinhança, a impenhorabilidade, a inalienabilidade, etc. (o rol é de Arruda Alvim). Pois bem, quaisquer ações declaratórias voltadas ao reconhecimento desses ônus sobre imóveis, ou constitutivas positivas direcionadas a sua constituição, ou negativas – mais frequentes – dirigidas a sua extinção, haverão de trazer necessariamente, no polo passivo, os cônjuges em litisconsórcio, segundo a presente disposição legal. A única ressalva fica por conta do estabelecido no art. 1.647 do atual estatuto civil que permite ao cônjuge, no regime da separação absoluta "pleitear, como autor ou réu, acerca desses bens ou direitos" (art. 1.647, II – a alusão textual diz respeito aos atos previstos no inciso I: "I – alienar ou gravar de ônus real os bens imóveis").

---

§ 2º Nas ações possessórias, a participação do cônjuge do autor ou do réu somente é indispensável nos casos de composse ou de ato por ambos praticados.

Vide Projeto de CPC, art. 73, §§ 2º e 3º.

Em razão da interminável dúvida sobre se a posse é direito real ou pessoal, discussão que repercute nos institutos tratados pelo art. 10 sob comentário, o CPC, neste § 2º, passa a disciplinar expressamente a participação do cônjuge nas ações possessórias (reintegratória, manutenção de posse, interdito proibitório, nunciação de obra nova, etc.). Tal participação é indispensável, diz a lei, nos casos de composse ou posse comum, figura reconhecida pelo art. 1.199 do CC, e cujos pressupostos são a pluralidade de sujeitos e coisa indivisa em estado de indivisão. Parece-nos que, frente ao texto, apenas a composse *pro indiviso* justifica a necessidade de consentimento e litisconsórcio, já que a repartição de fato do exercício da posse (composse *pro diviso*) faz presumir autonomia e liberdade do cônjuge em relação à sua parte. Essa presunção de autonomia só deixa de existir se, apesar da composse *pro diviso,* algum ato for praticado por ambos os cônjuges (*v. g.*, a turbação, o esbulho e a defesa da posse), o que torna compreensível e aplicável a previsão final do texto (o § 2º do art. 10 é criação da Lei n. 8.952/94).

Art. 11. A autorização do marido e a outorga da mulher podem suprir-se judicialmente, quando um cônjuge a recuse ao outro sem justo motivo, ou lhe seja impossível dá-la.

Vide Projeto de CPC, art. 74, caput

A limitação à capacidade processual do cônjuge, representada pela necessidade de consentimento ou outorga, desaparece desde que aquele que deseje promover ação fundada em direito real sobre imóvel demonstre ao juiz, em procedimento de jurisdição voluntária (arts. 1.103 e segs.), que a autorização do consorte não é dada por impossibilidade ou recusa injustificada. A sentença supre a falta de autorização conjugal. A respeito do assunto, dispõe o art. 1.648, do CC: "Cabe ao juiz, nos casos do artigo antecedente, suprir a outorga, quando um dos cônjuges a denegue sem motivo justo, ou lhe seja impossível concedê-la". O art. 1.647, II, é que estabelece a exigência de autorização para o cônjuge pleitear como autor ou réu, acerca de direitos reais imobiliários.

Parágrafo único. A falta, não suprida pelo juiz, da autorização ou da outorga, quando necessária, invalida o processo.

Vide Projeto de CPC, art. 74, parágrafo único.

Se o cônjuge, sozinho, promove a demanda, o juiz deve dar prazo para que se regularize a representação (com a vinda da autorização conjugal ou da sentença que supra a falta), sob pena de indeferimento da inicial (art. 284 c/c o art. 13, I). Se, contudo, a inicial foi deferida e posteriormente se constata a irregularidade, não ocorrendo a regularização no prazo marcado, o processo deve ser extinto (art. 267, IV c/c o art. 13, I). A falta de autorização, no plano material, é disciplinada quanto aos seus efeitos pelo art. 1.649 do estatuto civil.

Art. 12. Serão representados em juízo, ativa e passivamente:

Vide Projeto de CPC, art. 75, caput *e III.*

O dispositivo sob enfoque disciplina a capacidade para estar em juízo das pessoas jurídicas, bem como a capacidade para ser parte e para estar em juízo de certos entes despersonalizados (pessoas formais). Observe-se, em relação à pessoa jurídica, que como ela só se apresenta no mundo jurídico por meio de uma pessoa física, não parece tecnicamente exato falar-se de representação, mas de "presentação" como sustenta Pontes de Miranda. Na verdade, a relação que existe entre a pessoa jurídica e seu "representante legal" é de organicidade e não de representação.

I – a União, os Estados, o Distrito Federal e os Territórios, por seus procuradores;

Vide Projeto de CPC, art. 75, I.

Os procuradores destas pessoas jurídicas de direito público interno (CC, art. 41, I e II) são pessoas concursadas que possuem capacidade postulatória (inscrição na OAB). Quanto à União, compete à Advocacia-Geral da União a sua representação judicial, de acordo com o art. 131, da CF, e com a LC n. 73, de 10.02.1993: pelo Advogado-Geral da União (art. 4º); pela Procuradoria-Geral da União (art. 9º); ou pela Procuradoria-Geral da Fazenda Nacional (art. 12). Quanto às unidades federadas, são elas representadas judicialmente pelos Procuradores dos Estados e do Distrito Federal, nos termos do art. 132 da Carta de 1988.

II – o Município, por seu Prefeito ou procurador;

Vide Projeto de CPC, art. 75, II.

Diferentemente das outras pessoas jurídicas de direito público interno, referidas no inciso anterior, o Município (também chamado processualmente de Municipalidade ou Prefeitura Municipal) pode ser representado pelo Chefe do Poder Executivo, mas também por seus procuradores. Observe-se, no entanto, que o prefeito deve dispor de capacidade postulatória. Caso contrário, haverá necessidade de um advogado suprir a incapacidade postulatória do administrador municipal. Registre-se, por fim, que embora não seja pessoa jurídica, a Câmara Municipal tem personalidade judiciária e pode defender judicialmente seus próprios interesses, inclusive contra o Prefeito.

III – a massa falida, pelo síndico;

Vide Projeto de CPC, art. 75, IV.

A massa falida não tem personalidade jurídica; não é pessoa, portanto. Trata-se de uma massa patrimonial a quem a lei dá capacidade para ser parte e para estar em juízo por intermédio do síndico, hoje "administrador judicial". De acordo com o art. 76, parágrafo único, da Lei de Recuperação Judicial e Falência (Lei n. 11.101, de 09.02.2005), "todas as ações, inclusive as excetuadas no *caput* deste artigo, terão prosseguimento com o administrador judicial, que deverá ser intimado para representar a massa falida, sob pena de nulidade do processo". A representação aqui prevista depende de nomeação judicial constante da sentença que decreta a falência (Lei de Recuperação Judicial e Falência, art. 99, IX).

IV – a herança jacente ou vacante, por seu curador;

Vide Projeto de CPC, art. 75, V.

Trata-se, identicamente, de massas ou acervos patrimoniais sem personalidade, mas dotados de capacidade para ser parte e para estar em juízo por seus curadores. Dispõe o art. 1.143 do CPC: "Art. 1.143. A herança jacente ficará sob a guarda, conservação e administração de um curador até a respectiva entrega ao sucessor legalmente habilitado, ou até a declaração de vacância; caso em que será incorporada ao domínio da União, do Estado ou do Distrito Federal" (*v.* nota; *v.*, ainda, arts. 1.819 a 1.823 do CC).

V – o espólio, pelo inventariante;

Vide Projeto de CPC, art. 75, VI.

O espólio é, da mesma forma, patrimônio sem personalidade, mas que pode ser parte em juízo, praticando atos processuais por meio do inventariante. Trata-se, assim, de ente desprovido de personalidade jurídica, mas que tem capacidade para ser parte (ou personalidade judiciária), o que habilita tal massa patrimonial a estar em juízo representada pelo inventariante. A nomeação do inventariante é regulada pelo art. 990 do CPC e suas atribuições pelo art. 991 (*v.* nota ao § 1º adiante).

VI – as pessoas jurídicas, por quem os respectivos estatutos designarem, ou, não os designando, por seus diretores;

Vide Projeto de CPC, art. 75, VII.

Este inciso se refere a todas as pessoas jurídicas de direito privado que, segundo o art. 44 do CC, são as associações (arts. 53 a 61), as sociedades (arts. 986 e segs.), as fundações (arts. 62 a 69), as organizações religiosas, os partidos políticos e as empresas individuais de responsabilidade limitada (art. 980-A). Tais entes têm capacidade para ser parte porque são pessoas, mas dependem para agir (material ou processualmente) de um órgão, uma pessoa física, que as represente. O art. 45 do estatuto civil estabelece que "Começa a existência legal das pessoas jurídicas de direito privado com a inscrição do ato constitutivo no respectivo registro". Já o art. 46 prescreve que "O registro declarará: [...] III – o modo por que se administra e representa, ativa e passivamente, judicial e extrajudicialmente".

VII – as sociedades sem personalidade jurídica, pela pessoa a quem couber a administração dos seus bens;
Vide Projeto de CPC, art. 75, VIII.

O inciso se refere a três entes distintos: sociedades de fato, pessoas jurídicas em formação e pessoas jurídicas em liquidação. Antecipa-se a capacidade para ser parte da pessoa jurídica em formação (*v.* arts. 986 a 990 do CC); prolonga-se tal capacidade se a pessoa já extinta se encontra em liquidação (*v.* arts. 1.036 a 1.038 do CC). Tais entes são representados pela pessoa física que, de fato, exerce a administração dos seus bens (*v.* § 2º deste mesmo artigo).

VIII – a pessoa jurídica estrangeira, pelo gerente, representante ou administrador de sua filial, agência ou sucursal aberta ou instalada no Brasil (art. 88, parágrafo único);
Vide Projeto de CPC, art. 75, IX.

Se a pessoa jurídica de direito privado estrangeira – a constituída fora do território brasileiro, pouco importando a nacionalidade de seus sócios ou diretores – tem filial, agência ou sucursal no Brasil, a sua representação está regulamentada, podendo caber até ao mero administrador. Se não tem, mas a causa é da competência da autoridade judiciária brasileira (arts. 88, II e III, e 89, I), a solução é considerá-la como sociedade sem personalidade jurídica (art. 12, VII). Observe-se, por fim, que é a Constituição, por seu art. 102, I, *e*, que reconhece aos Estados estrangeiros e aos organismos internacionais capacidade para ser parte e para estar em juízo entre nós.

IX – o condomínio, pelo administrador ou pelo síndico.
Vide Projeto de CPC, art. 75, X.

Condomínio é a propriedade em comum ou compropriedade de qualquer bem, não se confundindo, pois, com pessoa jurídica. Trata-se de outro ente despersonalizado, mas que possui capacidade para ser parte e que age em juízo por meio do síndico, preferencialmente, ou, na sua falta, pelo administrador. Dispõem os arts. 1.323 e 1.324 do CC: "Art. 1.323. Deliberando a maioria sobre a administração da coisa comum, escolherá o administrador, que poderá ser estranho ao condomínio [...]"; "Art. 1.324. O condômino que administrar sem oposição dos outros presume-se representante comum".

§ 1º Quando o inventariante for dativo, todos os herdeiros e sucessores do falecido serão autores ou réus nas ações em que o espólio for parte.
Vide Projeto de CPC, art. 75, § 1º.

Porque o inventariante é dativo – judicial ou pessoa estranha idônea, art. 990, V e VI –, nem herdeiro, nem meeiro, a lei presume a sua falta de interesse na defesa do acervo patrimonial, excluindo-o, assim, da representação, e outorgando-a a todos os sucessores do falecido (título universal ou singular) nas ações que o espólio promova ou responda. Lembremos, apenas, que a existência processual do inventariante depende de nomeação pelo juiz, intimação e respectivo compromisso a ser prestado nos termos do parágrafo único do art. 990 do CPC.

---

§ 2º As sociedades sem personalidade jurídica, quando demandadas, não poderão opor a irregularidade de sua constituição.

Vide Projeto de CPC, art. 75, § 2º.

A irregularidade ou a inexistência da constituição formal da sociedade, o que a torna um ente sem personalidade jurídica, não pode servir de defesa para que esta se livre da sujeição ao processo ou do cumprimento de suas obrigações. Como visto, o inciso VII deste artigo reconhece a capacidade para ser parte (ou personalidade judiciária) à sociedade desprovida de personalidade jurídica, permitindo que sua representação seja realizada em juízo pelo administrador de seus bens (*v.* CC, arts. 986 a 990).

---

§ 3º O gerente da filial ou agência presume-se autorizado, pela pessoa jurídica estrangeira, a receber citação inicial para o processo de conhecimento, de execução, cautelar e especial.

Vide Projeto de CPC, art. 75, § 3º.

Por meio do presente dispositivo, a lei processual civil brasileira presume de forma absoluta que o gerente, o representante ou o administrador (e não só o gerente) da pessoa jurídica de direito privado estrangeira está autorizado a receber citação em qualquer espécie de processo ou procedimento judicial.

Art. 13. Verificando a incapacidade processual ou a irregularidade da representação das partes, o juiz, suspendendo o processo, marcará prazo razoável para ser sanado o defeito.

Não sendo cumprido o despacho dentro do prazo, se a providência couber:

Vide Projeto de CPC, art. 76, § 1º.

Por incapacidade processual entenda-se incapacidade para ser parte, para estar em juízo ou postulatória; por irregularidade da representação entenda-se defeito na representação, que é o meio formal de suprimento da incapacidade para estar em juízo ou postulatória. Constatada qualquer dessas circunstâncias, o juiz suspende o processo, dando prazo razoável (o necessário no caso concreto) para a regularização, sob pena de uma das sanções que seguem ser aplicada (*v.*, ainda, art. 265, VI e § 1º).

I – ao autor, o juiz decretará a nulidade do processo;
Vide Projeto de CPC, art. 76, § 1º, I.

Descumprida que seja pelo autor, no prazo assinado, a regularização determinada com base no *caput* deste art. 13, ao magistrado caberá decretar a extinção do processo sem julgamento do mérito com fundamento no art. 267, XI, e neste inciso. A expressa alusão ao decreto de "nulidade do processo" revela-se completamente equivocada, porque isso significaria o reinício do iter procedimental quando, na verdade, a inércia do autor deve ser sancionada com a extinção, exatamente como ocorre nos casos do art. 267, III, do CPC.

II – ao réu, reputar-se-á revel;
Vide Projeto de CPC, art. 76, § 1º, II.

Se ao réu competia o ônus da regularização, este será declarado revel, isto é, sem defesa, presumindo-se verdadeiros os fatos alegados pelo autor (art. 319 – efeito material da revelia). Também os prazos contra ele começarão a correr independentemente de intimação (art. 322 – efeito processual da revelia). Diferentemente do inciso I, não existe na previsão sob enfoque nenhuma impropriedade redacional.

III – ao terceiro, será excluído do processo.
Vide Projeto de CPC, art. 76, §§ 1º, III, e 2º, I e II.

Apesar de termos admitido – em edições anteriores – a exclusão do processo como sanção adequada ao descumprimento de providência de sanação determinada a qualquer terceiro interveniente, somos obrigados a nos render à firme e clara posição defendida por Nery-Nery, no sentido de que apenas o assistente simples ou litisconsorcial (arts. 50 e 54) sofre exclusão como consequência do não atendimento da providência ordenada com fundamento neste art. 13. É que sendo a oposição (art. 56) uma demanda movida a autor e réu (o que provoca o surgimento de uma segunda relação processual), a sanção de "exclusão do processo" aqui cogitada só pode ser compreendida como "extinção do processo" para o autor desta ação incidental (a oposição), extinção, no entanto, que se dá por meio de uma decisão interlocutória proferida pelo juiz no curso do processo. Decisão (art. 162, § 2º), porque tal ato do juiz extingue a relação processual decorrente da oposição sem extinguir a relação originária e sem pôr fim ao seu respectivo procedimento em primeira instância, relação e procedimento que prosseguem rumo à sentença. Já no que concerne ao denunciado (art. 70) e ao chamado ao processo (art. 77), como se trata de verdadeiros demandados ou réus (*v.* comentários aos respectivos artigos), o não desincumbimento do ônus da tomada de providências de sanação por qualquer deles tem como consequência a decretação da revelia e não a exclusão do processo; muito conveniente seria ao denunciado ou chamado deixar de atender a uma ordem judicial para se livrar da sujeição ao juízo... Por fim, quanto ao nomeado (arts. 62 e 63), é necessário distinguir, já que a nomeação à autoria – que significa a provocação da substituição de uma parte ilegítima (o réu nomeante) por outra munida de legitimação para a causa (o terceiro nomeado) – depende de dupla aceitação: do autor da ação e do próprio nomeado. Se houve a dupla aceitação e, por isso, o ingresso do nomeado no feito na qualidade de sujeito passivo da ação, o não atendimento da ordem deste art. 13 pelo nomeado tem como consequência a decretação da sua revelia e não a sua exclusão do processo. Já se o nomeado negar a qualidade que lhe é atribuída (art. 66), qualquer que seja a ordem de sanação a ele endereçada e qualquer que seja a sua atitude frente a ela, a consequência é sempre a mesma: a desvinculação automática do processo.

CAPÍTULO II
DOS DEVERES DAS PARTES E DOS SEUS PROCURADORES

Vide Projeto de CPC, arts. 80 a 99
(Capítulo III – Dos Deveres das Partes e dos seus Procuradores).

Como sujeitos parciais da relação processual, cabem às partes vários direitos, faculdades, poderes, deveres, ônus e obrigações. Também aos advogados ou procuradores das partes. Neste capítulo são disciplinados especificamente alguns dos deveres e obrigações processuais impostas às partes e a seus procuradores (arts. 14 e 15) ou apenas às partes (arts. 16 a 18 e 19 a 35).

Seção I
Dos Deveres

Vide Projeto de CPC, arts. 80 e 81 (Seção I – Dos Deveres).

Art. 14. São deveres das partes e de todos aqueles que de qualquer forma participam do processo:
Vide Projeto de CPC, art. 80, caput *e VI.*

O dispositivo sob enfoque, alterado em sua redação pela Lei n. 10.358/2001, estende os deveres processuais, antes atribuídos às partes e a seus procuradores, agora também a "todos aqueles que de qualquer forma participam do processo". Apesar de estar claro que a presente regra foi modificada somente em virtude da necessidade de inclusão do inciso V neste art. 14, parece indiscutível que tal alteração repercute de forma bem mais ampla, uma vez que a regência do *caput*, ora estabelecida, não é incompatível com os incisos I a IV (*v.* notas respectivas adiante). Mas, afinal, quem são "todos aqueles que de qualquer forma participam do processo"? Cremos que nesta categoria se enquadram os terceiros em sentido estrito (o assistente simples ou qualificado, o MP interveniente assistente ou fiscal da lei, o arrematante, etc.; os terceiros dos arts. 56 a 80 são tecnicamente partes legítimas) e os terceiros em sentido lato (a testemunha, o perito, o assistente técnico, o depositário, o administrador e qualquer do povo que se interponha entre o magistrado e o cumprimento do seu mandado). Por fim, observe-se que os deveres elencados por este art. 14 se fundam nos princípios da moralidade e de probidade e na exigência de respeito às decisões do Poder Judiciário. Outros há, *v. g.*, os referidos nos arts. 340, 416, § 1º, 445, II, e 446, parágrafo único (redação dada pela Lei n. 10.358, de 27.12.2001).

I – expor os fatos em juízo conforme a verdade;

Vide Projeto de CPC, art. 80, I.

O dever de expor os fatos em juízo conforme a verdade é imposto pela lei fundamentalmente às partes e a seus procuradores. Às partes porque são elas as que promovem ou sofrem, na qualidade de autores ou réus, ações ou ações incidentes no curso de processos já instaurados; aos procuradores porque são eles que representam as partes em juízo, falando nos autos em seus nomes. Fundamentalmente, dissemos, porque com a alteração sofrida pelo *caput*, o dever esculpido neste inciso é agora imposto a todo e qualquer terceiro que, de alguma forma, participe do processo (*v.* nota ao *caput*). Pois bem, seja qual for o destinatário da norma, o que importa salientar é que o dever de veracidade aqui previsto sempre deve ser considerado em termos, vale dizer, com relatividade, uma vez que não se pode perder de vista que a exposição dos fatos é segundo a "verdade" de quem expõe, exposição parcial, unilateral, tendenciosa em certa medida, portanto. Não se pode exigir do litigante isenção ou imparcialidade, mas tal isenção é exigida de todo terceiro desinteressado que de qualquer forma participe do processo.

II – proceder com lealdade e boa-fé;

Vide Projeto de CPC, art. 80, II.

Lealdade significa o que é, segundo a lei, a moral, a justiça, o honesto, a franqueza, a transparência; contrapõe-se à malícia, à hipocrisia, à falsidade, à artimanha. A boa-fé, por seu turno, concerne ao aspecto subjetivo das atitudes; ressalta o lado interno, as intenções mais profundas e boas que devem legitimar os atos jurídicos processuais e seus efeitos. O dever em questão se relaciona com o previsto no inciso I porque diz respeito à forma de apresentação da verdade, o que corresponde, primordialmente, à dedução dos fatos. Registre-se que, dada a alteração redacional do *caput* deste art. 14, também a "todos aqueles que de qualquer forma participam do processo" hoje se encontra expressamente imposto o dever de proceder com lealdade e boa-fé (*v.* nota ao *caput*).

III – não formular pretensões, nem alegar defesa, cientes de que são destituídas de fundamento;

Vide Projeto de CPC, art. 80, III.

O dever em questão se vincula mais intensamente à dedução do direito aplicável pelas partes. Pretensão e defesa sem fundamento são aquelas desprovidas de juridicidade, contrárias ao direito, desamparadas pela ordem jurídica. Violam a lei tais atos se a parte e/ou seu advogado conhece a falta de sustentação jurídica. Dada a circunstância de que, para fins de ética processual, não há diferença entre a formulação de pretensão sem fundamento (pelo autor), alegação de defesa sem fundamento (pelo réu) e sustentação de posição jurídica sem fundamento (por um assistente, *v. g.*) em prol de uma das partes, há de se reconhecer que também a "todos aqueles que de qualquer forma participam do processo", como diz o *caput*, é imposto o dever estabelecido por este inciso III.

IV – não produzir provas, nem praticar atos inúteis ou desnecessários à declaração ou defesa do direito;

Vide Projeto de CPC, art. 80, IV.

Assim como previsto nos incisos I e II, também o primeiro dever aqui esculpido se relaciona com a dedução fática, distinguindo-se deles, no entanto, pelo meio por que se expressa: a produção de provas. Fere a lei a produção de provas inúteis ou desnecessárias. O segundo dever alcança todo e qualquer ato que não tenha o propósito de contribuir para a solução do litígio. Veja-se, por outro lado, que as proibições aqui estabelecidas tanto valem para as partes ou partes legítimas (autor, réu, litisconsorte, opoente, nomeado, denunciado, chamado), como para "aqueles que [...] participam do processo" como terceiros interessados (assistentes simples e litisconsorcial, MP assistente do incapaz ou fiscal da lei), só não valendo, evidentemente, para aqueles outros terceiros em sentido amplo que não podem praticar os atos aqui previstos (a testemunha, o perito, o assistente técnico ou qualquer do povo) (*v.* nota ao *caput* alterado pela Lei n. 10.358/2001).

V – cumprir com exatidão os provimentos mandamentais e não criar embaraços à efetivação de provimentos judiciais, de natureza antecipatória ou final.

Vide Projeto de CPC, art. 80, V.

Os deveres instituídos pelo presente inciso – novidades introduzidas pela Lei n. 10.358/2001 – têm sua justificativa vinculada, evidentemente, à criação dos institutos da antecipação da tutela e da tutela específica (arts. 273 e 461), significando um meio de potencializar a eficácia de tais provimentos mediante o sancionamento da conduta violadora, pelo que o legislador a qualifica de "ato atentatório ao exercício da jurisdição", figura prevista pelo parágrafo único deste art. 14. É claro, por outro lado, que o legislador reformista aproveitou o ensejo da novidade para também fortalecer os provimentos mandamentais em geral (atos por meio dos quais o juiz não condena, nem constitui, mas manda), posto que nem toda providência desse tipo assume a forma de tutela antecipada ou específica (pense-se, *v. g.*, nas medidas cautelares conservativas). No que concerne aos destinatários da norma, não há dúvida de que tanto são as partes e seus procuradores, como "todos aqueles que de qualquer forma participam do processo", aí incluídos os terceiros interessados e quaisquer outros terceiros desinteressados (*v.* nota ao *caput*). Por fim, observe-se que o dever de exato cumprimento (positivo) é exigido de uma pessoa certa, enquanto o dever de não criar embaraços (negativo) é imposto difusamente a todos (texto de acordo com a Lei n. 10.358/2001).

Parágrafo único. Ressalvados os advogados que se sujeitam exclusivamente aos estatutos da OAB, a violação do disposto no inciso V deste artigo constitui ato atentatório ao exercício da jurisdição, podendo o juiz, sem prejuízo das sanções criminais, civis e processuais cabíveis, aplicar ao responsável multa em montante a ser fixado de acordo com a gravidade da conduta e não superior a 20% (vinte por cento) do valor da causa; não sendo paga no prazo estabelecido, contado do trânsito em julgado da decisão final da causa, a multa será inscrita sempre como dívida ativa da União ou do Estado.

Vide Projeto de CPC, art. 80, caput

Fica criada pelo presente dispositivo a figura do "ato atentatório ao exercício da jurisdição" como qualificação-sanção específica da conduta violadora dos deveres de cumprir com exatidão provimentos mandamentais e de não criar embaraços à efetivação de provimentos judiciais (inciso V deste artigo). A nova figura passa a compor com a litigância de má-fé, no processo de conhecimento, e com o "ato atentatório à dignidade da justiça", na execução, a resposta do Estado à quebra da ética processual. Quanto às várias sanções previstas pelo texto sob enfoque, o que se tem a ressaltar inicialmente é que a criminal corresponde ao crime de desobediência (CP, art. 330), a civil, à obrigação de reparar o dano (CC, arts. 186 e 927) e a processual, à condenação pela litigância de má-fé (CPC, arts. 17, IV e V, e 18). Já no que concerne à multa de até 20% do valor da causa – a ser fixada por decisão interlocutória ou sentença – segundo a gravidade da conduta, cumpre salientar que ela pode ser aplicada cumulativamente com a sanção criminal e com a processual sob a forma de indenização, mas não assim com a multa do art. 18, o que significaria *bis in idem*. Relativamente à sanção civil, esta depende de ação autônoma, não podendo ser concedida pelo próprio juiz da causa, mas eventual indenização do art. 18 haverá de ser levada em conta pelo magistrado no processo indenizatório. Por fim, observe-se que a autorização para a inscrição da multa como dívida ativa (do Estado, em feito perante a Justiça Estadual, ou da União, em causa que se processe perante a Federal) depende apenas da intimação da parte e do decurso do prazo fixado pelo juiz, o que sofre influência, é claro, do efeito do recurso que se interponha (agravo ou apelação) (texto acrescentado pela Lei n. 10.358/2001).

Art. 15. É defeso às partes e seus advogados empregar expressões injuriosas nos escritos apresentados no processo, cabendo ao juiz, de ofício ou a requerimento do ofendido, mandar riscá-las.

Vide Projeto de CPC, art. 81, caput

A proibição mencionada no texto tem o claro intento de preservar o espírito de respeito, honradez, dignidade e civilidade no embate judicial. O termo "expressões injuriosas" deve ser compreendido em sentido amplo, para abarcar ofensas à parte contrária, ou ao seu advogado, às testemunhas, ao perito, ao assistente técnico, ao escrivão, ao escrevente, ao oficial de justiça ou mesmo, evidentemente, ao juiz da causa. A decisão judicial que manda riscar é decisão interlocutória irrecorrível e não sujeita a mandado de segurança.

Parágrafo único. Quando as expressões injuriosas forem proferidas em defesa oral, o juiz advertirá o advogado que não as use, sob pena de lhe ser cassada a palavra.

Vide Projeto de CPC, art. 81, parágrafo único.

Se as expressões injuriosas por escrito provocam decisão irrecorrível destinada a bani-las dos autos, as expressões ilícitas verbais provocam a cassação da palavra do advogado (e também da parte) pelo juiz. Tal ato judicial expressa poder de polícia cuja finalidade é a manutenção do decoro em audiência (*v.* art. 445) e o respeito ao dever imposto, por via transversa, por intermédio da presente regra legal.

Seção II
Da Responsabilidade das Partes por Dano Processual

Vide Projeto de CPC, arts. 82 a 84
(Seção II – Da Responsabilidade das Partes por Dano Processual).

Art. 16. Responde por perdas e danos aquele que pleitear de má-fé como autor, réu ou interveniente.
Vide Projeto de CPC, art. 82.

A responsabilidade do litigante de má-fé *(improbus litigator)* decorre de ilícito processual, daí permitir a lei a plena e cabal reparação desses danos no próprio processo. Malgrado a enorme utilidade do instituto, que permite a um só tempo a repressão da malícia e a prevenção por seu efeito profilático, nossos juízes e tribunais têm sido extremamente complacentes quanto à sua aplicação, o que significa desprestígio da figura e descrédito do Judiciário. Um dos grandes problemas para a aplicação da litigância de má-fé é que a responsabilidade só alcança as partes e não os advogados.

Art. 17. Reputa-se litigante de má-fé aquele que:
Vide Projeto de CPC, art. 83, caput

A litigância de má-fé prevista pelo presente art. 17 se expressa por atitudes ilícitas diferentes, mas todas demandam do juiz extremo cuidado no que concerne à sua caracterização e reconhecimento para que não se comprometa o direito que as partes têm de sustentar sem temor suas razões em juízo. Observe-se, ainda, que os ilícitos aqui previstos também podem dar ensejo à aplicação da tutela antecipada do art. 273, II, deste Código. Por fim, anote-se que ser reputado litigante de má-fé não significa obrigatoriamente ser vencido na causa; o vencedor também pode sofrer a condenação.

I – deduzir pretensão ou defesa contra texto expresso de lei ou fato incontroverso;
Vide Projeto de CPC, art. 83, I.

A hipótese esculpida neste inciso representa violação frontal ao dever previsto no art. 14, I (dedução de alegação contra a verdade – contra fato incontroverso), ou ao do inciso III do mesmo artigo (dedução de alegação sem fundamento jurídico – contra texto expresso de lei). A ciência da falta de fundamento, ou seja, a má-fé, é necessária, não bastando a ingenuidade ou a absurda interpretação da lei para a sua caracterização.

II – alterar a verdade dos fatos;

Vide Projeto de CPC, art. 83, II.

A previsão constante deste inciso segundo também se identifica como violação do dever estabelecido no art. 14, I. O ato de alterar a verdade dos fatos pressupõe volição que precisa ser demonstrada. Três situações ilustram a hipótese: alegação de fatos inexistentes, negar fatos existentes e dar falsa versão para fatos verdadeiros (Hélio Tornaghi). Note-se que uma das maneiras de a parte negar fato existente é aquela representada pela dedução de pretensão ou defesa contra fato incontroverso (inciso II). A previsão sob enfoque se atém apenas ao lado fático, mas quanto a este é mais abrangente que a previsão anterior.

III – usar do processo para conseguir objetivo ilegal;

Vide Projeto de CPC, art. 83, III.

A hipótese de litigância de má-fé em questão pode ser ilustrada com a situação prevista pelo art. 129 do CPC, de processo simulado pelas duas partes para alcançar fim proibido pela lei, *v. g.*, fraudar credores ou criar situações jurídicas fictícias. Tais atos atentam diretamente contra a administração da justiça. Verificando o juiz a prática de tal ilícito, proferirá ele sentença que obste aos objetivos das partes (art. 129 – *v.* nota) e, ao mesmo tempo, condenará o responsável pela litigância de má-fé (*v.* § 2º, do art. 18).

IV – opuser resistência injustificada ao andamento do processo;

Vide Projeto de CPC, art. 83, IV.

Trata-se da prática de quaisquer atos que, fundados na malícia, tenham por fim criar obstáculos ao encaminhamento do processo rumo à providência jurisdicional final de mérito (cognitiva ou executiva). Pertencem a essa categoria os atos previstos no art. 600 do CPC. Observe-se, ainda, que a previsão sob enfoque também ilustra o "manifesto propósito protelatório do réu", estabelecido pelo inciso II, do art. 273, como fundamento para a antecipação da tutela, ameaça processual muito mais efetiva do que a própria litigância de má-fé.

V – proceder de modo temerário em qualquer incidente ou ato do processo;
Vide Projeto de CPC, art. 83, V.

O procedimento temerário, sinônimo de prática maliciosa em sentido lato, é previsto aqui como ilícito que pode contaminar quaisquer incidentes do processo, bem como quaisquer atos em particular. Registre-se, ainda, que a verificação pelo juiz do procedimento de modo temerário pode conduzi-lo a antecipar a tutela jurisdicional em favor do autor, em conformidade com o disposto no art. 273, II, do CPC, posto que tal conduta ilícita pode ser qualificada como "manifesto propósito protelatório do réu" (*v.* nota ao art. 273, II).

VI – provocar incidentes manifestamente infundados;
Vide Projeto de CPC, art. 83, VI.

A malícia processual, reconhecida pelo inciso em questão, expressa-se pela própria provocação voluntária de incidentes de qualquer tipo sem o devido fundamento, apenas com o intuito de procrastinar o desenvolvimento do processo. É o que ocorre, por exemplo, quando o réu opõe exceção de incompetência, alegando incompetência absoluta, quando suscita o incidente de exibição de documento que não tem a menor relação com a causa, ou, ainda, quando argúi a falsidade de documento apenas para tumultuar o andamento do feito.

VII – interpuser recursos com intuito manifestamente protelatório.
Vide Projeto de CPC, art. 83, VII.

A previsão legal sob enfoque – introduzida na legislação processual codificada pela Lei n. 9.668/98 – estabelece mais um fundamento para a aplicação da litigância de má-fé, agora contemplando especificamente a atividade da parte na fase recursal. O novo dispositivo merece todos os elogios porque não há nada mais pernicioso para a efetividade do processo do que a interposição de recursos apenas com o intuito (intenção) de procrastinar, atrasar, fazer demorar o momento do cumprimento da sentença. Pois bem, algumas circunstâncias, que passamos a elencar, revelam o intuito manifestamente protelatório do recurso interposto: a postulação recursal fundada em texto de lei não mais em vigor; a postulação recursal baseada em súmula superada; a interposição de recurso com amparo em jurisprudência já deixada de lado pelos tribunais há tempo considerável; a interposição de recurso sob o fundamento de interpretação esdrúxula de texto legal; a interposição de recurso fundado em matéria já preclusa ou transitada em julgado; a interposição de recurso por meio de petição estereotipada (padronizada) com base em tese reiteradamente afastada pelo mesmo ou outro tribunal. Qualquer dessas circunstâncias pode revelar o propósito ilícito do recorrente, ensejando a condenação pela litigância de má-fé. Observe-se, por derradeiro, que a Lei n. 9.800/99 estabelece no seu art. 4º, parágrafo único, mais um caso de litigância de má-fé não contemplado pelo presente art. 17: o usuário do sistema de transmissão de dados e imagens (tipo fac-símile ou outro similar), para a prática de atos processuais, responde pela litigância de má-fé "se não houver perfeita concordância entre o original remetido pelo fac-símile e o original entregue em juízo".

Art. 18. O juiz ou tribunal, de ofício ou a requerimento, condenará o litigante em má-fé a pagar multa não excedente a 1% (um por cento) sobre o valor da causa e a indenizar a parte contrária dos prejuízos que esta sofreu, mais os honorários advocatícios e todas as despesas que efetuou.

Vide Projeto de CPC, art. 84, caput

Por força da nova redação deste art. 18 – imposta pela Lei n. 9.668/98 – ficou dissipada, de uma vez por todas, a dúvida a respeito da possibilidade de o órgão de segunda instância também poder condenar o litigante de má-fé; antes, com a Lei n. 8.952/94, que integrou a reforma do CPC, já havia ficado superada a controvérsia acerca da condenação dirigida ao litigante ímprobo ser realizada pela própria iniciativa do órgão jurisdicional (isto é, de ofício). Postas como premissas estas duas ideias (a condenação pelo órgão colegiado e a dispensa de requerimento), cogitemos da outra novidade criada pela Lei n. 9.668/98: a imposição de multa de até 1% sobre o valor da causa. Observe-se que o acréscimo de mais uma sanção processual (a multa) às já existentes anteriormente (a condenação a indenizar os prejuízos, a pagar honorários advocatícios e despesas efetuadas) potencializa indubitavelmente o instituto da litigância de má-fé como meio de intimidação do *improbus litigator* e instrumento de fomento da ética processual. O único senão fica por conta do fato de que apenas a parte pode ser condenada – o texto focalizado fala de "litigante" – e não o advogado que também deveria responder pelo ilícito, o que garantiria a efetividade do instituto. Por fim, registre-se: que a condenação do litigante de má-fé pode ter lugar na sentença ou no acórdão, não se devendo cogitar, em hipótese alguma, de ação autônoma para esse fim; que os honorários incidem sobre o montante dos prejuízos apurados, não se confundindo com os honorários da sucumbência; que a multa não pode passar de 1% sobre o valor da causa, não importando para tal desiderato o eventual valor da condenação buscada por meio do processo.

§ 1º Quando forem dois ou mais os litigantes de má-fé, o juiz condenará cada um na proporção do seu respectivo interesse na causa, ou solidariamente aqueles que se coligaram para lesar a parte contrária.

Vide Projeto de CPC, art. 84, § 1º.

A obrigação de indenizar é solidária se pelo menos duas pessoas se coligaram para prejudicar a parte contrária. Tal solução também se aplica ao caso de coligação para lesar um litisconsorte ou à coligação das partes para alcançar fim ilícito (processo simulado). Se há mais de um litigante de má-fé, mas não coligados, a obrigação é proporcional ao interesse na causa, não podendo ser desconsiderado para a fixação também o montante dos prejuízos causados.

§ 2º O valor da indenização será desde logo fixado pelo juiz, em quantia não superior a 20% (vinte por cento) sobre o valor da causa, ou liquidado por arbitramento.

Vide Projeto de CPC, art. 84, § 2º.

O primeiro significado importante da regra está na incisiva determinação de que o juiz fixe, desde logo, na sentença, o valor da indenização a título de litigância de má-fé. Como consequência disso, o arbitramento deixou de ser regra e passou a ser exceção, de sorte que, a partir de agora, só como última alternativa o juiz deve condenar genericamente. O segundo significado corresponde ao estabelecimento de limite máximo para a condenação do *improbus litigator* em 20% do valor da causa, vale dizer, o somatório das três verbas previstas no *caput* não pode ultrapassar essa barreira instituída no texto. Malgrado a incidência de correção monetária sobre o valor da causa, o texto legal criado não merece elogios porque pode representar incentivo à litigância de má-fé (a nova redação deste § 2º decorre da Lei n. 8.952/94).

Seção III
Das Despesas e das Multas

Vide Projeto de CPC, arts. 85 a 98

(Seção III – Das Despesas, dos Honorários Advocatícios e das Multas).

Esta Seção III, do presente Capítulo II (Dos Deveres das Partes e dos seus Procuradores), disciplina não só as despesas processuais e as multas, como também os honorários advocatícios. Ontologicamente, no entanto, honorários são parte integrante das despesas, embora o art. 20 os discrimine. Dada, assim, a enorme importância da regulamentação autônoma da condenação em honorários com base no mencionado art. 20, muito melhor teria sido se o Código houvesse denominado a Seção III sob enfoque como "Das Despesas e dos Honorários Advocatícios".

Art. 19. Salvo as disposições concernentes à justiça gratuita, cabe às partes prover as despesas dos atos que realizam ou requerem no processo, antecipando-lhes o pagamento desde o início até sentença final; e bem ainda, na execução, até a plena satisfação do direito declarado pela sentença.

Vide Projeto de CPC, arts. 85, caput, e 99.

Os beneficiários da assistência judiciária gratuita (Lei n. 1.060/50) estão isentos do pagamento de taxas, emolumentos, custas, despesas de publicação, indenizações, honorários de advogado e perito, despesas com a realização do exame de código genético – DNA e depósitos previstos em lei para interposição de recurso, ajuizamento de ação e demais atos processuais inerentes ao exercício da ampla defesa e do contraditório (art. 3º). Eis a ressalva estabelecida na parte inicial do texto focalizado. A regra é a imposição do ônus da antecipação do pagamento das despesas do ato à parte que requer a sua prática ou que tem de praticá-lo por imposição legal ou judicial (*v.* arts. 24, 33, 208, 212 e 419).

§ 1º O pagamento de que trata este artigo será feito por ocasião de cada ato processual.

A cada ato processual praticável – desde, é claro, que dependa o ato de pagamento – a parte interessada na sua realização arcará com a antecipação, como ocorre, *v. g.*, no caso do pagamento dos honorários provisórios do perito pelo autor (art. 33), o adiantamento das despesas para a prática do ato no juízo deprecado (art. 208), o pagamento das despesas pelo cumprimento da precatória (art. 212) ou, ainda, testemunha (art. 419).

§ 2º Compete ao autor adiantar as despesas relativas a atos, cuja realização o juiz determinar de ofício ou a requerimento do Ministério Público.

Vide Projeto de CPC, art. 85, parágrafo único.

A lei escolheu o autor para adiantar despesas por ser presumivelmente o maior interessado no andamento do processo. Determinada de ofício pelo juiz (isto é, por sua própria iniciativa) a prática de um ato, o autor as antecipa (pense-se, *v. g.*, nos honorários provisórios do perito, em perícia determinada de ofício). Idêntica é a solução se o ato é ordenado por requerimento do Ministério Público qualquer que seja a posição que ele ocupe no processo (autor da ação civil pública, fiscal da lei, assistente diferenciado do incapaz, etc.).

Art. 20. A sentença condenará o vencido a pagar ao vencedor as despesas que antecipou e os honorários advocatícios. Essa verba honorária será devida, também, nos casos em que o advogado funcionar em causa própria.

Vide Projeto de CPC, art. 87, §§ 6º a 13.

A norma contida neste artigo institui o princípio da sucumbência, segundo o qual o pagamento das despesas e dos honorários cabe a quem é vencido na causa, como resultado de responsabilidade objetiva, vale dizer, independentemente de qualquer perquirição a respeito de eventual dolo ou culpa: quem perde paga. Como a lei diz "a sentença condenará", é dispensável pedido expresso nesse sentido (*v.* art. 290). Observe-se que o art. 23 do Estatuto da Advocacia (Lei n. 8.906/94) estabelece que "Os honorários incluídos na condenação, por arbitramento ou sucumbência, pertencem ao advogado".

§ 1º O juiz, ao decidir qualquer incidente ou recurso, condenará nas despesas o vencido.

Vide Projeto de CPC, art. 87, § 1º.

Diferentemente do disposto no *caput*, o § 1º sob apreciação ordena a condenação do vencido, quando se trate de incidente ou recurso, apenas nas despesas correspondentes. Não há, portanto, condenação em honorários nas decisões de incidentes (exceções, impugnação ao valor da causa, falsidade, exibitória, etc.), nem de recursos. Só as despesas realizadas pelo vencedor devem ser reembolsadas. Lembremos, por fim, que também o juiz pode ser condenado, na hipótese do art. 314 (exceção de suspeição ou impedimento julgada procedente).

§ 2º As despesas abrangem não só as custas dos atos do processo, como também a indenização de viagem, diária de testemunha e remuneração do assistente técnico.

Vide Projeto de CPC, art. 86.

Custas correspondem à prestação pecuniária devida ao Estado pela realização do processo, incluindo taxas e emolumentos. Observe-se que compete à União, aos Estados e ao Distrito Federal legislar concorrentemente sobre "custas dos serviços forenses" (art. 24, IV, da CF). Entretanto, o texto sob enfoque afirma que as custas integram a categoria das despesas processuais, mas não a esgotam, tanto que a indenização de viagem e diária de testemunha (o art. 419 refere-se a ela genericamente como "despesa que efetuou [a testemunha] para comparecimento à audiência"), assim como a remuneração do assistente técnico, também fazem parte das despesas que o vencido há de pagar.

§ 3º Os honorários serão fixados entre o mínimo de 10% (dez por cento) e o máximo de 20% (vinte por cento) sobre o valor da condenação, atendidos:

Vide Projeto de CPC, art. 87, § 2º.

A condenação em honorários tem o fim de ressarcir o vencedor pelas despesas que teve para contratar um advogado com o objetivo de estar em juízo. Contudo, tal exigência se desvaneceu ante o teor do art. 23 do EAOAB (*v.* nota ao *caput*). Seja como for, o critério da lei para a fixação desse ressarcimento é objetivo e ideal, podendo não corresponder, assim, ao que efetivamente foi gasto. Mas é o único critério possível. A percentagem variará entre os limites estabelecidos de acordo com as circunstâncias previstas nas alíneas. Registre-se, por último, que a fixação dos honorários segundo o presente dispositivo depende da existência de condenação, porque, à falta desta, aplica-se o § 4º.

***a)* o grau de zelo do profissional;**

Vide Projeto de CPC, art. 87, § 2º, I.

Este primeiro critério estabelecido pela lei processual põe em destaque a qualidade do trabalho profissional, compreendendo o cuidado, o interesse, a diligência no acompanhamento da causa e no desenvolvimento do processo. O zelo do advogado traduz-se na prática tempestiva e qualificada tecnicamente de todos os atos do processo. Trata-se de critério identificado com a dimensão intraprocessual do trabalho realizado pelo procurador.

***b)* o lugar de prestação do serviço;**

Vide Projeto de CPC, art. 87, § 2º, II.

Este segundo critério eleito pela lei corresponde à dimensão extraprocessual e física do trabalho realizado pelo causídico. A fixação da verba honorária depende também deste fator objetivo relacionado com a distância, com o fato de o profissional estar ou não na comarca do seu domicílio. Por certo, a circunstância de o trabalho ser realizado fora da comarca do advogado há de pesar como elemento de valoração dos honorários.

***c)* a natureza e importância da causa, o trabalho realizado pelo advogado e o tempo exigido para o seu serviço.**

Vide Projeto de CPC, art. 87, § 2º, III.

Se o grau de zelo profissional revela a dimensão processual interna da atuação do advogado (letra *a*) e o lugar da prestação do serviço, a dimensão externa (letra *b*), a previsão sob enfoque, ao referir o "trabalho realizado" e o "tempo exigido", apenas acaba por enfatizar aspectos internos relacionados com o exame do grau de zelo profissional. Já a referência à "natureza e importância da causa" põe em destaque um aspecto externo diferente do contemplado pela letra *b*, posto que vinculado à relevância pessoal, profissional ou social do resultado da demanda para a parte.

§ 4º Nas causas de pequeno valor, nas de valor inestimável, naquelas em que não houver condenação ou for vencida a Fazenda Pública, e nas execuções, embargadas ou não, os honorários serão fixados consoante apreciação equitativa do juiz, atendidas as normas das alíneas *a*, *b* e *c* do parágrafo anterior.

Vide Projeto de CPC, art. 87, §§ 3º e 4º.

Causa de pequeno valor é a assim considerada pelo juiz no caso concreto. Causa de valor inestimável é a que não se submete à apreciação econômica (*v. g.*, direito de família), embora não se dispense o valor da causa (art. 258). Causa sem condenação é aquela em que a sentença é meramente declaratória, constitutiva ou de improcedência. Quanto às causas perdidas pela Fazenda Pública, concordamos com aqueles que consideram inconstitucional, por afronta ao princípio da isonomia, a aplicação deste § 4º (Ada P. Grinover, Tucci-Tucci, Nery-Nery), devendo ser aplicado o § 3º. Já no que concerne à nova previsão relativa às execuções, é necessário distinguir. Quanto à execução embargada, fica clara a intenção da lei de submeter a sentença de procedência dos embargos à apreciação equitativa do juiz, o que torna inaplicável o § 3º a tais casos daqui para a frente. Quanto à execução não embargada, o presente dispositivo não se faz claro, porque nela não há momento (sentença) em que o juiz realize tal apreciação. Assim, a regra em questão há de significar que o juiz fica agora expressamente autorizado a fixar liminarmente os honorários para o caso de pagamento voluntário, em execução de título extrajudicial (o texto é nitidamente imperfeito, pois deveria estar assim redigido: "execuções, liminarmente ou no julgamento dos embargos"). Por fim, observe-se que a autorização de "apreciação equitativa" significa liberdade (por isso não se aplica o § 3º) e não modicidade (a nova redação deste § 4º é decorrente da Lei n. 8.952/94).

§ 5º Nas ações de indenização por ato ilícito contra pessoa, o valor da condenação será a soma das prestações vencidas com o capital necessário a produzir a renda correspondente às prestações vincendas (art. 602), podendo estas ser pagas, também mensalmente, na forma do § 2º do referido art. 602, inclusive em consignação na folha de pagamentos do devedor.

Vide Projeto de CPC, art. 87, § 5º.

Falando de "valor da condenação", nas ações de indenização por ato ilícito contra pessoa, a regra sob enfoque institui o critério para a fixação do valor-base sobre o qual incidirá a verba honorária conforme o § 3º do presente art. 20. Destarte, para o fim da condenação em honorários, em tais causas, somam-se as prestações vencidas e o capital que a sentença exija para a produção da renda das vincendas. Registre-se que o art. 602 referido neste § 5º foi revogado e o que hoje vigora é o art. 475-Q em cujo texto do *caput* se encontra previsto que "Quando a indenização por ato ilícito incluir prestação de alimentos, o juiz, quanto a esta parte, poderá ordenar ao devedor constituição de capital, cuja renda assegure o pagamento do valor mensal da pensão". Note-se, por derradeiro, que na hipótese de consignação em folha (na forma do atual § 2º do art. 475-Q que fala de substituição da constituição do capital pela inclusão do beneficiário em folha de pagamento), torna-se inaplicável a exigência de constituição de capital, hipótese que induza o cálculo da verba honorária pela soma das prestações vencidas e doze das vincendas.

Art. 21. Se cada litigante for em parte vencedor e vencido, serão recíproca e proporcionalmente distribuídos e compensados entre eles os honorários e as despesas.

Vide Projeto de CPC, art. 88, caput

O dispositivo ora enfrentado pressupõe a figura da sucumbência parcial. A condenação em honorários e despesas é proporcional ao que cada parte teve como perda na causa (a diferença entre o que pediu e o que recebeu) operando-se, por conseguinte, a compensação. Observe-se que o presente art. 21, ao se referir à proporcional distribuição das verbas da sucumbência, impõe ao juiz a condenação de uma das partes num montante que corresponda ao remanescente não compensado; assim não será apenas no caso de as duas partes terem sucumbido exatamente em 50% cada uma (reciprocidade em partes iguais – *v. g.*, o autor pediu 60 e recebeu 30). A regra se aplica perfeitamente às demandas que envolvam a Fazenda Pública e não sofre nenhuma restrição pelo fato de, a partir de 1994, os honorários terem passado a pertencer aos advogados (EOAB, art. 23).

Parágrafo único. Se um litigante decair de parte mínima do pedido, o outro responderá, por inteiro, pelas despesas e honorários.

Vide Projeto de CPC, art. 88, parágrafo único.

Se o art. 20, *caput*, institui a condenação do vencido nas verbas da sucumbência e o *caput* deste artigo prevê e impõe a compensação na hipótese de sucumbência recíproca (*v.* nota), o presente parágrafo único equipara a perda mínima na causa à vitória total, excepcionando a regra do *caput* e fazendo desaparecer a necessidade de compensação. Nesse caso, a parte que perdeu quase tudo arca inteiramente com as verbas da sucumbência. A dificuldade aqui fica por conta da avaliação judicial do que seja "decair de parte mínima do pedido", entrando em jogo a exigência de prudente arbítrio do juiz em cada caso concreto.

Art. 22. O réu que, por não arguir na sua resposta fato impeditivo, modificativo ou extintivo do direito do autor, dilatar o julgamento da lide, será condenado nas custas a partir do saneamento do processo e perderá, ainda que vencedor na causa, o direito a haver do vencido honorários advocatícios.

A prescrição legal enfocada excepciona totalmente o regramento da condenação em honorários do art. 20, *caput,* e altera parcialmente a disciplina do pagamento das despesas processuais que o mesmo artigo estabelece. Veja-se que a primeira exceção mencionada é estabelecida para penalizar a parte que, deixando de arguir exceções substanciais (*v.* art. 326), provocar o retardamento do processo e da solução do litígio: a parte perde o direito a honorários, ainda que vencedora na demanda, salvo se não tinha conhecimento da matéria que poderia arguir em contestação. Já quanto à segunda, representada pela condenação nas despesas (não "custas", apenas) a partir do saneamento, pouco importa o estado subjetivo da parte: a provocação objetiva do retardo gera a obrigação de pagar.

Art. 23. Concorrendo diversos autores ou diversos réus, os vencidos respondem pelas despesas e honorários em proporção.

Vide Projeto de CPC, art. 89.

Se o art. 21 estabelece a condenação recíproca e proporcional entre os litigantes mutuamente sucumbentes, o art. 23 sob exame institui a proporcionalidade da condenação dos litisconsortes conjuntamente vencidos na demanda. Normalmente, os litisconsortes sucumbentes são condenados em percentuais iguais, mas isso pode não acontecer tendo em consideração o interesse de cada um no resultado do processo, como a contribuição que cada um realizou, em termos de atuação processual, para a solução do litígio, ainda que esta seja desfavorável, evidentemente. Ao juiz caberá distinguir tais elementos para, proporcionalmente, distribuir a condenação fixada (com base nos §§ 3º a 5º, do art. 20, e no art. 21) entre os litisconsortes derrotados.

Art. 24. Nos procedimentos de jurisdição voluntária, as despesas serão adiantadas pelo requerente, mas rateadas entre os interessados.

Vide Projeto de CPC, art. 90.

Como nos procedimentos de jurisdição voluntária não há litígio (lide) e, por isso, partes em confronto, nem vencido, todas as despesas são antecipadas pelo requerente (ou requerentes) e rateadas ao final entre todos os interessados (requerentes e requeridos). Não há na jurisdição voluntária, portanto, condenação em honorários por inexistência de sucumbência, vale dizer, porque não há vencedor, nem perdedor quando se cogite de separação consensual (art. 1.124); abertura, registro e cumprimento de testamento (*v.* arts. 1.126 e 1.128); confirmação de testamento particular (*v.* art. 1.133); arrecadação de herança jacente (*v.* arts. 1.157 e 1.158); arrecadação de bens de ausentes (*v.* art. 1.165); arrecadação de coisas vagas (*v.* arts. 1.172, 1.173 e 1.176); interdição (*v.* arts. 1.183, parágrafo único, e 1.184), etc.

Art. 25. Nos juízos divisórios, não havendo litígio, os interessados pagarão as despesas proporcionalmente aos seus quinhões.

Vide Projeto de CPC, art. 91.

Dada a circunstância de o texto do presente art. 25 mencionar expressamente apenas os "juízos divisórios" – sem referir-se aos demarcatórios que com aqueles encontram disciplina comum nos arts. 946 a 949 do CPC –, parece claro que somente na hipótese de pedido de divisão propriamente, mas sem litígio, é que se aplica a prescrição legal enfocada. É que o pedido de divisão formulado por alguém (arts. 946, II, e 967), seguido da citação (arts. 953, 954 e 968) e ausência de resposta, aponta para o fato de que não há litígio ou conflito relevante entre os interessados, pelo menos à luz da disciplina específica deste art. 25. A justificativa legal deste posicionamento se funda na ideia de que qualquer condômino, a qualquer tempo, pode requerer a divisão mesmo sem uma prévia resistência dos demais condôminos. Observe-se, contudo, que se houver contestação, na sentença o juiz condenará o vencido em honorários, mas com base no § 4º, do art. 20, exatamente como aconteceria em qualquer outro procedimento, inclusive o demarcatório no qual a lei presume conflito.

Art. 26. Se o processo terminar por desistência ou reconhecimento do pedido, as despesas e os honorários serão pagos pela parte que desistiu ou reconheceu.

Vide Projeto de CPC, art. 92, caput

O presente dispositivo disciplina a sucumbência nas hipóteses de sentença terminativa por desistência, e de sentença definitiva por renúncia (regramento implícito) ou definitiva por reconhecimento jurídico do pedido. É que por desistência, no texto, deve-se entender não só a desistência do processo mesmo (art. 267, VIII), como também a renúncia do autor ao direito sobre o qual se funda a ação (art. 269, V). Nessas duas hipóteses, o autor responde pelas despesas e pelos honorários porque, promovendo a ação, provocou encargos econômicos ao réu. Se, por outro lado, é o réu quem dá ensejo à extinção por meio de reconhecimento jurídico do pedido (art. 269, II), é ele quem paga ao autor as verbas da sucumbência.

§ 1º Sendo parcial a desistência ou o reconhecimento, a responsabilidade pelas despesas e honorários será proporcional à parte de que se desistiu ou que se reconheceu.

Vide Projeto de CPC, art. 92, § 1º.

Dada a circunstância de ser possível ao autor desistir do processo em relação a apenas um ou mais dos pedidos cumulados (ou renunciar a um ou mais direitos sobre os quais se fundam alguns dos pedidos cumulados), ou desistir ou renunciar a uma parte somente de um pedido único, ou, ainda, dada a circunstância de ser possível ao réu reconhecer a juridicidade de apenas um ou mais dos pedidos cumulados ou de uma parte de um pedido único, é que o parágrafo em epígrafe estabelece a proporcionalidade da responsabilidade pelas verbas da sucumbência.

§ 2º Havendo transação e nada tendo as partes disposto quanto às despesas, estas serão divididas igualmente.

Vide Projeto de CPC, art. 92, § 2º.

A transação é o instituto civil por meio do qual os interessados previnem ou terminam o litígio que verse sobre direitos patrimoniais de caráter privado, mediante concessões mútuas (CC, arts. 840 e 841). Realizada por escritura pública ou por termo nos autos assinados pelos transigentes e homologado pelo juiz (CC, art. 842, e CPC, art. 269, III), se dela não constar a maneira como as partes desejam ver regulada a questão dos honorários e das despesas processuais, *ex vi legis*, fica estabelecido pela presente disposição legal que as despesas (compreensivas das duas verbas mencionadas) "serão divididas igualmente" entre as partes, pouco importando se o acordo foi alcançado espontaneamente ou provocado pelo juiz (conciliação – *v.* art. 448 do CPC).

Art. 27. As despesas dos atos processuais, efetuados a requerimento do Ministério Público ou da Fazenda Pública, serão pagas a final pelo vencido.

Vide Projeto de CPC, art. 93.

O enfocado art. 27 disciplina o pagamento das despesas *stricto sensu* relativas aos atos processuais que sejam efetuados a requerimento do MP ou da Fazenda Pública. Não se trata, como se vê, de disciplina de pagamento de honorários porque à Fazenda se aplica, quando é vencida, o § 4º, do art. 20, e, quando é vencedora, o *caput* e o § 3º, do mesmo artigo. Quanto ao MP, a presente seção nada diz sobre honorários, mas apenas a respeito de despesas neste art. 27 e no § 2º do art. 19, o que torna a instituição absolutamente imune à verba advocatícia. Voltando à questão das despesas, vale registrar que se o autor as adianta quando o MP requer o ato ou o juiz o determina de ofício (art. 19, § 2º), o mesmo não acontece com a Fazenda. Tem-se entendido que as despesas resultantes de diligências do oficial de justiça ou de atividade do perito devem ser suportadas pela Fazenda, havendo mesmo quem sustente a pura e simples inconstitucionalidade da dispensa aqui instituída.

Art. 28. Quando, a requerimento do réu, o juiz declarar extinto o processo sem julgar o mérito (art. 267, § 2º), o autor não poderá intentar de novo a ação, sem pagar ou depositar em cartório as despesas e os honorários, em que foi condenado.

Vide Projeto de CPC, art. 94.

A norma jurídica em questão se vincula sistematicamente ao disposto no art. 268, do CPC, que afirma: "Salvo o disposto no art. 267, V, a extinção do processo não obsta a que o autor intente de novo a ação"; a ressalva diz respeito aos casos de coisa julgada, litispendência e perempção (inciso V), mas também nas hipóteses de convenção de arbitragem, intransmissibilidade e confusão (art. 267, VII, IX e X) não é possível a repropositura. Pois bem, proferida sentença terminativa com qualquer outro fundamento e condenado o autor nas despesas e nos honorários, este só verá sua petição inicial liminarmente deferida se provar, no ato da repropositura, o pagamento ou o depósito em cartório das despesas e dos honorários em que foi condenado. A falta deste pagamento ou depósito – requisito da petição inicial nesse caso – acarreta a aplicação do art. 284 e a outorga de prazo para o suprimento. Irrealizado, o juiz decretará nova extinção sem julgamento do mérito, a teor do disposto nos incisos IV e XI do art. 267 do CPC.

Art. 29. As despesas dos atos, que forem adiados ou tiverem de repetir-se, ficarão a cargo da parte, do serventuário, do órgão do Ministério Público ou do juiz que, sem justo motivo, houver dado causa ao adiamento ou à repetição.

Vide Projeto de CPC, art. 95.

O presente dispositivo estabelece a pena para quem provocar injustificadamente o adiamento ou a repetição de atos do processo, incluindo como destinatários o magistrado (*v.* art. 133), os serventuários (*v.* art. 194) e o promotor de justiça (*v.* art. 85), além, evidentemente, das partes. Trata-se aqui de responsabilidade estritamente processual. Observe-se, outrossim, que da mesma forma como acontece no caso de litigância de má-fé, não é o advogado que responde, mas a parte que se submete ao pagamento das despesas dos atos adiados ou repetidos. Note-se, ainda, que a responsabilidade de todos deve ser reconhecida pelo juiz (por decisão ou sentença). Já a do juiz depende obviamente de acórdão do tribunal.

Art. 30. Quem receber custas indevidas ou excessivas é obrigado a restituí-las, incorrendo em multa equivalente ao dobro de seu valor.

As custas processuais são disciplinadas por leis estaduais, pelos chamados regimentos de custas. Se custas não são exigidas para certo ato (indevidas) ou são cobradas além do devido (excessivas), quem as recebeu é obrigado a restituir e ainda pagar multa correspondente ao dobro. O juiz condena o culpado nos próprios autos do processo, por meio de decisão interlocutória (art. 162, § 2º, do CPC). Culpado pelo recebimento indevido ou excessivo tanto pode ser o escrivão, o escrevente, o oficial de justiça, o perito, o depositário ou qualquer outro auxiliar da justiça (*v.* art. 139 do CPC).

Art. 31. As despesas dos atos manifestamente protelatórios, impertinentes ou supérfluos serão pagas pela parte que os tiver promovido ou praticado, quando impugnados pela outra.

Atos protelatórios são aqueles que se destinam apenas a procrastinar, a retardar o processo. Impertinentes são os inadequados para o momento processual; supérfluos, os que não têm utilidade, os desnecessários. Para que haja a condenação da parte que os pratica é mister que tais atos tenham sido impugnados pela outra e também que se revistam destes qualificativos claramente, segundo o entendimento do juiz. Observe-se que a prática de ato protelatório pelo réu pode dar ensejo à antecipação da tutela, de acordo com o art. 273, II, do CPC. Seja como for, as despesas pelos atos aqui previstos devem ser impostas à parte quando do proferimento da sentença.

Art. 32. Se o assistido ficar vencido, o assistente será condenado nas custas em proporção à atividade que houver exercido no processo.
Vide Projeto de CPC, art. 96.

Havendo assistência – a intervenção voluntária de terceiro para assistir o autor ou o réu, dado o seu interesse jurídico de que a sentença seja favorável a um deles (arts. 50 e 54) –, e sendo vencido o assistido (a parte que recebe auxílio), pagará o assistente as custas (entenda-se despesas) na proporção da sua participação no processo, o que é avaliado segundo o prudente arbítrio do juiz no caso concreto. Honorários advocatícios nunca são devidos pelo assistente, o que se infere claramente do texto em epígrafe. Quisesse o legislador processual impor condenação nos honorários ao assistente, ele o teria dito expressamente como fez nos arts. 20, *caput* e §§ 3º e 4º, 21 a 23, 26, *caput* e § 1º, e 28.

Art. 33. Cada parte pagará a remuneração do assistente técnico que houver indicado; a do perito será paga pela parte que houver requerido o exame, ou pelo autor, quando requerido por ambas as partes ou determinado de ofício pelo juiz.

Vide Projeto de CPC, art. 97, caput

Pagará, no texto, significa antecipará (*v.* art. 19). Os honorários do assistente técnico são antecipados pela parte que o contratou. Os honorários do perito judicial (os provisórios e depois os definitivos – *v.* art. 331, § 2º e nota) são antecipados pelo autor se este o requereu, se as duas partes o requereram ou se o juiz determinou a perícia de ofício ou requerida pelo MP. O réu paga se ele próprio a requereu. Embora a lei não fale, se o MP requerer perícia, qualquer que seja a posição que ocupe na relação processual, o autor também arcará com a antecipação. Quanto à Fazenda Pública, *v.* art. 27 e nota respectiva.

Parágrafo único. O juiz poderá determinar que a parte responsável pelo pagamento dos honorários do perito deposite em juízo o valor correspondente a essa remuneração. O numerário, recolhido em depósito bancário à ordem do juízo e com correção monetária, será entregue ao perito após a apresentação do laudo, facultada a sua liberação parcial, quando necessária.

Vide Projeto de CPC, art. 97, §§ 1º a 5º.

O dispositivo em questão consagra e disciplina de forma expressa uma prática antiga e corriqueira que é a fixação dos honorários do perito. Da forma como se encontra redigido o texto, parece claro que a lei processual não proibiu a fixação de honorários provisórios e seu depósito, uma vez que até o depósito dos definitivos pode deixar de ser determinado antecipadamente, como se infere do emprego do verbo "poderá" no início da prescrição (e se o juiz pode determinar o mais, pode determinar o menos; se pode liberar parcialmente o mais, pode também liberar o menos). Assim, nada impede que primeiro sejam fixados os honorários provisórios e que, após a entrega do laudo, fixem-se os definitivos, exatamente como sempre aconteceu na prática do foro. Por outro lado, parece salutar que fique institucionalizado que o depósito deve ser bancário, à ordem do juízo, com correção monetária, e que o numerário só é devido ao perito após a entrega do laudo, embora possa ser liberado parcialmente na medida da necessidade. Observe-se, por fim, que será comumente no momento do saneamento (art. 331, § 2º) que o juiz fixará os honorários provisórios do perito (este parágrafo único advém da Lei n. 8.952/94).

Art. 34. Aplicam-se à reconvenção, à oposição, à ação declaratória incidental e aos procedimentos de jurisdição voluntária, no que couber, as disposições constantes desta seção.

A prescrição tem caráter meramente explicativo ou elucidativo, posto que reconvenção, oposição e declaratória incidental são ações. Embora o texto não diga, estão incluídos na disciplina deste artigo a denunciação da lide (arts. 70 e segs.), a arguição de falsidade (arts. 390 e segs.), a exibição de documento ou coisa (arts. 355 e segs.), as ações incidentais identicamente. Logo, a elas se aplica a disciplina sobre despesas e multas, salvo incompatibilidades específicas. Quanto à jurisdição voluntária, equiparam-se, no que couber, os interessados às partes no que concerne ao assunto tratado, observada a regra particular consagrada pelo art. 24, devendo-se ressaltar, entretanto, que não existe incompatibilidade entre o modo de ser dos procedimentos de jurisdição voluntária e as prescrições contidas nos seguintes dispositivos da presente Seção que, por isso, revelam-se aplicáveis: arts. 19, 20, § 2º, 28 a 31, 33, parágrafo único, e 35, *in fine*.

Art. 35. As sanções impostas às partes em consequência de má-fé serão contadas como custas e reverterão em benefício da parte contrária; as impostas aos serventuários pertencerão ao Estado.

Vide Projeto de CPC, art. 98.

Todas as multas previstas nesta seção são consideradas como custas para fins de apuração judicial (liquidação). Se a multa (tida como custas) decorre de ato da parte, ela será devida à parte contrária. Se, por outro lado, é imposta a serventuário da justiça, ela pertencerá ao Estado. São casos de multa processual no CPC os mencionados nos arts. 14, parágrafo único, 18, 30, 161, 196, 197, 233, 424, parágrafo único, 488, II, 494, 538, parágrafo único, 557, § 2º, 601, 701, § 2º, 739-B, 740, parágrafo único, e 746, § 3º.

CAPÍTULO III
DOS PROCURADORES

Vide Projeto de CPC, arts. 100 a 111 (Capítulo IV – Dos Procuradores), particularmente, arts. 105 e106 (Seção II – Da Advocacia Pública).

O termo "procurador" neste Capítulo deve ser entendido em sentido lato, englobando não só o advogado, como também o estagiário e o provisionado (categoria já extinta, mas ainda existem alguns no Brasil) que exerce procuradoria judicial restrita.

Art. 36. A parte será representada em juízo por advogado legalmente habilitado. Ser-lhe-á lícito, no entanto, postular em causa própria, quando tiver habilitação legal ou, não a tendo, no caso de falta de advogado no lugar ou recusa ou impedimento dos que houver.

Vide Projeto de CPC, art. 100.

O advogado, profissional habilitado perante a OAB para o exercício da procuradoria judicial plena, supre a incapacidade postulatória da parte (que é pressuposto processual subjetivo ao lado da capacidade para ser parte e da capacidade para estar em juízo – *v.* arts. 7º a 13). A parte pode postular em juízo sem procurador quando ela própria tiver habilitação legal (for advogado) ou, não tendo, inexistir advogado na comarca ou, existindo, estar ele impedido de atuar ou simplesmente não estar disposto a assumir o patrocínio da causa. Acerca do estagiário de advocacia regularmente inscrito na OAB, diz o § 2º do art. 3º do Estatuto da Advocacia que ele "[...] pode praticar os atos previstos no art. 1º, na forma do Regimento Geral, em conjunto com advogado e sob responsabilidade deste". Quanto à representação judicial das pessoas jurídicas de direito público interno, examinem-se as notas aos incisos I e II do art. 12 deste Código.

---

§ 1º *(Revogado pela Lei n. 9.649, de 27.05.1998.)*

§ 2º *(Revogado pela Lei n. 9.649, de 27.05.1998.)*

Art. 37. Sem instrumento de mandato, o advogado não será admitido a procurar em juízo. Poderá, todavia, em nome da parte, intentar ação, a fim de evitar decadência ou prescrição, bem como intervir, no processo, para praticar atos reputados urgentes. Nestes casos, o advogado se obrigará, independentemente de caução, a exibir o instrumento de mandato no prazo de 15 (quinze) dias, prorrogável até outros 15 (quinze), por despacho do juiz.

Vide Projeto de CPC, art. 101, caput

A procuração, que é o instrumento do mandato (CC, art. 653, parte final), precisa estar nos autos do processo para que o advogado possa exercer seu ofício.

Sem esse documento, no entanto, pode ser deferida a petição inicial se a ação visa a impedir a consumação de decadência ou prescrição. Existindo processo em curso, é ainda admitida a prática de atos urgentes pelo advogado, sendo suficiente a afirmação da urgência para que o profissional se habilite, obrigando-se, no entanto, *ex vi legis,* a apresentar a procuração no prazo de quinze dias, prorrogável por igual período (é o que também prescreve o art. 5º do EAOAB). Observe-se que, apresentada a procuração nos autos do processo cautelar, não há necessidade de nova juntada nos autos do principal dada a vinculação intrínseca entre os dois feitos; idêntica conclusão se tira em relação aos incidentes (exceções, impugnação ao valor da causa, etc.) e, com mais razão, no que concerne às ações incidentais (denunciação, oposição, arguição de falsidade, exibição de documento ou coisa, etc.), inclusive embargos do devedor, mas não assim no que diz respeito aos embargos de terceiro. Registre-se, de outra parte, que os procuradores das pessoas jurídicas de direito público de finalidade política estão dispensados de apresentar procuração, bem como os procuradores ocupantes de cargos efetivos das autarquias e fundações públicas (Lei n. 9.469/97, art. 9º); há entendimento dispensando o Banco Central do Brasil, mas não o Banco do Brasil S.A. da juntada de procuração (*v.* Lei n. 4.595/64, art. 5º).

Parágrafo único. Os atos, não ratificados no prazo, serão havidos por inexistentes, respondendo o advogado por despesas e perdas e danos.

Vide Projeto de CPC, art. 101, § 2º.

A ratificação (ou convalidação) tem-se por realizada se o advogado, no prazo de quinze dias – ou trinta, no caso de prorrogação – da propositura da ação ou da intervenção, apresenta o instrumento do mandato. A expressa manifestação de que vem ratificar não é necessária. Se a procuração não for apresentada no prazo legal, os atos praticados serão considerados inexistentes, respondendo o advogado pelas despesas e perdas e danos que acarretou, tudo a ser apurado em ação própria movida pela parte prejudicada ao procurador negligente. Observe-se que a configuração da responsabilidade por perdas e danos aqui prevista depende de os atos praticados não terem sido ratificados e, consequentemente, terem sido reputados inexistentes pelo juiz, o que pode significar algumas coisas diferentes: para o réu, a decretação da sua revelia (arts. 319 a 322); para o autor ou para o réu, no curso do processo, a declaração judicial da perda do direito de praticar certo ato, como o de agravar retidamente, impugnar um documento ou arrolar testemunhas, dada a consumação da preclusão temporal em razão do ato ser considerado inexistente; para o autor que acabou de intentar ação, a decretação da extinção do processo sem julgamento do mérito (art. 267, XI). Note-se, por derradeiro, que a aplicação do presente dispositivo impede a aplicabilidade do art. 13 que fala de irregularidade da representação, o que não se confunde com falta de procuração.

Art. 38. A procuração geral para o foro, conferida por instrumento público, ou particular assinado pela parte, habilita o advogado a praticar todos os atos do processo, salvo para receber citação inicial, confessar, reconhecer a procedência do pedido, transigir, desistir, renunciar ao direito sobre que se funda a ação, receber, dar quitação e firmar compromisso.

Vide Projeto de CPC, art. 102, caput

A procuração *ad judicia* é a disciplinada neste dispositivo, tanto que o art. 692 do CC prescreve que "O mandato judicial fica subordinado às normas que lhe dizem respeito, constantes da legislação processual, e, supletivamente, às estabelecidas neste Código". Ela não se confunde com a procuração *ad negotia* (CC, art. 660), que visa à prática de atos não processuais. A cláusula "geral para o foro" significa que o outorgante confere poderes para todos os atos em juízo, exceto para aqueles em relação aos quais a lei exige poderes especiais e que implicam sérias consequências, como: a vinculação ao processo (citação); a disposição de direitos (confissão, reconhecimento, transação, desistência, renúncia, firmação de compromisso); ou o manejo de dinheiro alheio (receber e dar quitação). O absolutamente incapaz passa procuração, por seu representante, por instrumento particular; o relativamente incapaz, só por instrumento público, porque o faz assistido, o que demanda fiscalização pelo tabelião (texto de acordo com a Lei n. 8.952/94).

Parágrafo único. A procuração pode ser assinada digitalmente com base em certificado emitido por Autoridade Certificadora credenciada, na forma da lei específica.

Vide Projeto de CPC, art. 102, parágrafo único.

Este novo parágrafo único – criado pela Lei n. 11.419/2006 que institui a informatização do processo judicial – surge com dois objetivos: em primeiro lugar, reconhecer explicitamente a admissibilidade do uso do meio eletrônico ("qualquer forma de armazenamento ou tráfego de documentos e arquivos digitais" – art. 1º, § 2º, I, da mencionada Lei) para apresentação em juízo da procuração; e em segundo, instituir a faculdade, que se atribui às partes, de assiná-la também eletronicamente, sob a forma de assinatura digital baseada em certificado da mesma natureza emitido por Autoridade Certificadora, credenciada, na forma de lei específica (da assinatura digital fala o art. 1º, § 2º, III, *a*, da mesma Lei). Observe-se que, segundo o novo § 2º, do art. 154, "todos os atos e termos do processo podem ser produzidos, transmitidos, armazenados e assinados por meio eletrônico, na forma da lei" (*v.* nota), de sorte que o parágrafo único sob enfoque apenas explicita que também à procuração e à sua assinatura se aplica tal regime (texto de acordo com a Lei n. 11.419/2006).

Art. 39. Compete ao advogado, ou à parte quando postular em causa própria:

Vide Projeto de CPC, art. 103, caput.

Por competir, no texto, não se deve entender dever, mas sim ônus imposto ao advogado e à parte que postula em causa própria. Ônus é o encargo atribuído a alguém cuja não observância acarreta uma consequência processual prejudicial adrede estabelecida. O ônus não é dever, porque dever implica exigibilidade de conduta. Veja-se que o descumprimento dos ônus estabelecidos nos dois incisos seguintes tem como consequência a aplicação do parágrafo único que prevê o indeferimento da petição inicial e a reputação da validade de intimações enviadas para o endereço constante dos autos. Postular em causa própria significa alguém ir a juízo sem procurador por ter tal pessoa a condição de advogado.

I – declarar, na petição inicial ou na contestação, o endereço em que receberá intimação;

Vide Projeto de CPC, art. 103, I.

A exigência imposta ao procurador judicial ou à parte em causa própria de declinar o seu endereço se prende à necessidade de dar intimação a um ou a outro, dos atos e termos do processo. Normalmente, o endereço vem impresso no papel de petição do advogado; se não vier, o endereço deverá constar no próprio corpo da petição inicial ou na procuração. Nem se diga que a presença do endereço na procuração constitui irregularidade, porque o que importa é o efetivo conhecimento do endereço pelo juiz e pelo escrivão quando da propositura da demanda e da contestação e não a folha de papel em que o endereço vem estampado. Aplica-se aqui o princípio da instrumentalidade das formas (*v.* art. 244). Com a entrada em vigor da Lei n. 11.382/2006 (Reforma da Execução Extrajudicial), *v.* novo parágrafo único do art. 238.

II – comunicar ao escrivão do processo qualquer mudança de endereço.

Vide Projeto de CPC, art. 103, II.

O fim da exigência estabelecida por este inciso II é o mesmo que se faz presente na regra anterior, qual seja, o de permitir ao órgão jurisdicional o conhecimento do endereço atual do procurador, ou da parte em causa própria, para que se realizem as intimações de que depende o desenvolvimento do processo.

Observe-se que a comunicação, por petição, da mudança de endereço é relevante ainda que as intimações sejam realizadas pela imprensa, uma vez que existem atos que se comunicam preferencialmente ao advogado por carta, *v. g.*, a ordem de devolução de autos (art. 196), entre outros. O descumprimento desse ônus processual tem como consequência o reputar-se válida toda intimação enviada para o endereço antigo, a teor do parágrafo único, parte final, deste art. 39 (*v.* nota). Com a entrada em vigor da Lei n. 11.382/2006 (Reforma da Execução Extrajudicial), *v.* novo parágrafo único do art. 238.

Parágrafo único. Se o advogado não cumprir o disposto no n. I deste artigo, o juiz, antes de determinar a citação do réu, mandará que se supra a omissão no prazo de 48 (quarenta e oito) horas, sob pena de indeferimento da petição; se infringir o previsto no n. II, reputar-se-ão válidas as intimações enviadas, em carta registrada, para o endereço constante dos autos.

Vide Projeto de CPC, art. 103, §§ 1º e 2º.

A falta de endereço do advogado na petição inicial ou na procuração (inciso I, 1ª figura) não acarreta o indeferimento liminar da peça. Somente após a intimação do advogado, pela imprensa, a regularizar em 48 horas, e verificando-se a omissão, é que o juiz fica autorizado a extinguir o processo, indeferindo a petição inicial (art. 295, VI). Já a falta de comunicação da mudança (inciso II) tem efeito processual diverso: presume-se válida a intimação feita por carta enviada para o endereço constante dos autos, valendo salientar que, se a intimação é realizada por meio de publicação no *Diário Oficial*, o problema simplesmente não se coloca, porque a validade desta não depende de endereço. Com a entrada em vigor da Lei n. 11.382/2006 (Reforma da Execução Extrajudicial) *v.* novo parágrafo único do art. 238.

Art. 40. O advogado tem direito de:

Vide Projeto de CPC, art. 104, caput

Para bem cumprir seu relevantíssimo papel de procurador ou representante da parte no processo e o seu mister institucional de elemento "indispensável à administração da justiça" (art. 133 da CF), o advogado há de estar munido de direitos que lhe sirvam de instrumentos ou ferramentas para a consecução destas duas missões (privada e pública). Eis o motivo por que o CPC, neste art. 40, e em tantos outros, o Estatuto da Advocacia e leis esparsas reconhecem ao advogado direitos subjetivos de caráter processual e extraprocessual. Além dos expressamente elencados nos incisos, são direitos do advogado, segundo o CPC: o de rubricar folhas (art. 167, parágrafo único) e o de fiscalizar a distribuição (art. 256). Examinem-se, ainda, os arts. 6º e 7º do EAOAB (Lei n. 8.906/94).

I – examinar, em cartório de justiça e secretaria de tribunal, autos de qualquer processo, salvo o disposto no art. 155;

Vide Projeto de CPC, art. 104, I.

O advogado tem acesso a quaisquer autos de processos, ainda que não seja procurador das partes envolvidas. A única ressalva é a do art. 155, que prevê as hipóteses em que processos correm em segredo de justiça, ficando o direito de consulta restrito às partes e a seus advogados. As ressalvas do art. 155 são: os processos "em que o exigir o interesse público" (inciso I); os "que dizem respeito a casamento, filiação, separação dos cônjuges, conversão desta em divórcio, alimentos e guarda de menores" (inciso II – *v.* notas respectivas). O art. 7º, XIII, do Estatuto da Advocacia, que um pouco mais explícita e abrangentemente, prevê o direito do advogado de "examinar, em qualquer órgão dos Poderes Judiciário e Legislativo, ou da Administração Pública em geral, autos de processos findos ou em andamento, mesmo sem procuração, quando não estejam sujeitos a sigilo, assegurada a obtenção de cópias, podendo tomar apontamentos".

II – requerer, como procurador, vista dos autos de qualquer processo pelo prazo de 5 (cinco) dias;

Vide Projeto de CPC, art. 104, II.

O direito de "requerer, como procurador, vista dos autos" depende obviamente do direito do advogado de ter tal vista, o que o presente dispositivo também estabelece, à evidência, embora de forma implícita. Mais explícito, nesse sentido, é o texto paralelo do EAOAB que em seu art. 7º, XV, parte inicial, prescreve: "XV – ter vista dos processos judiciais e administrativos de qualquer natureza, em cartório ou na repartição [...]". Pois bem, a locução empregada por este inciso II ("requerer, como procurador") significa que somente o advogado constituído, e detentor de procuração, tem o direito de receber vista dos autos com o fim de retirá-los de cartório; a simples vista, na própria secretaria, para exame, é direito que se encontra abrigado pelo inciso I deste art. 40 ("examinar, em cartório [...]"). Observe-se, por derradeiro, que o § 1º, do art. 7º, do Estatuto, diz não se aplicar o mencionado inciso XV aos processos sob regime de segredo de justiça, quando existirem nos autos documentos originais de difícil restauração ou ocorrer circunstância relevante que justifique a permanência dos autos em cartório ou quando o advogado houver deixado de devolver os respectivos autos no prazo legal, e só o fizer depois de intimado.

III – retirar os autos do cartório ou secretaria, pelo prazo legal, sempre que lhe competir falar neles por determinação do juiz, nos casos previstos em lei.

Vide Projeto de CPC, art. 104, III.

Se o inciso I institui o direito do advogado de examinar quaisquer autos de processo e o II, o direito do advogado constituído à vista propriamente dita e de requerê-la ao juiz, o presente inciso disciplina um aspecto importante do exercício do direito à vista que é a retirada dos autos de cartório. Assim como ocorre com a previsão anterior, também aqui somente o procurador constituído pela parte tem o direito de retirada, o que fica claro pelo fato de o texto sob enfoque empregar a frase "sempre que lhe competir falar neles por determinação do juiz". Note-se que nem sempre é exatamente assim: se flui prazo para a parte, o juiz não precisa autorizar; o procurador da parte também retira os autos quando requer ao magistrado vista para estudar a causa simplesmente e este lhe defere o requerimento sem que isto signifique "competir falar neles". Observe-se, ainda, que o direito à retirada é obstaculizado pela fluência de prazo comum (prazo para as duas partes), salvo acordo entre elas (*v.* § 2º). Por fim, registre-se que constitui infração disciplinar "reter, abusivamente, ou extraviar autos recebidos com vista ou em confiança" (EAOAB, art. 34, XXII – sanção: art. 37, I).

§ 1º Ao receber os autos, o advogado assinará carga no livro competente.
Vide Projeto de CPC, art. 104, § 1º.

O parágrafo em questão conclui a disciplina da retirada prevista pelo inciso III: para receber os autos, o advogado tem o dever de assinar o livro de carga onde ficarão registradas informações a seu respeito (nome, número de Ordem, endereço atual, telefone, data da retirada, etc.), o que permite o controle e a fiscalização desse ato tão importante e, ao mesmo tempo, tão crítico para a administração da justiça que é a permanência dos autos fora de seu *habitat* natural (o cartório ou a secretaria).

§ 2º Sendo comum às partes o prazo, só em conjunto ou mediante prévio ajuste por petição nos autos, poderão os seus procuradores retirar os autos, ressalvada a obtenção de cópia para a qual cada procurador poderá retirá-los pelo prazo de 1 (uma) hora independentemente de ajuste.
Vide Projeto de CPC, art. 104, §§ 2º a 4º.

Segundo o presente dispositivo, a regra geral sobre a retirada dos autos de cartório em caso de prazo comum é a de que somente em conjunto ou mediante prévio ajuste por petição a retirada isolada é permitida. Apenas se os dois advogados assinam o livro de carga, responsabilizando-se conjuntamente pelos autos, ou mediante petição conjunta em que se defina o tempo de posse de cada advogado, é que a lei processual permite a retirada para a prática de ato cujo prazo comum decorre de determinação legal ou judicial. Ocorre, entretanto, que este mesmo § 2º agora estabelece de forma expressa um regramento excepcional para a hipótese de prazo comum: para a obtenção de simples cópia das peças necessárias à prática do ato, fica assegurado aos advogados o prazo de uma hora para a retirada dos autos, independentemente de qualquer ajuste via petição conjunta ou assinatura conjunta da carga pelos procuradores. Fica, assim, reconhecido explicitamente pelo CPC o direito à "carga rápida" – antiga reivindicação da classe dos advogados – com o que se facilita a atividade advocatícia, agiliza-se o andar do processo, tudo isso sem qualquer comprometimento dos princípios da isonomia e do devido processo legal. Algumas observações se fazem necessárias. A primeira no sentido de que não importa o número de advogados submetidos ao prazo comum (um ou vários de cada lado, quer se trate apenas de autor e réu, quer se trate de processos subjetivamente complexos pela presença de um ou mais assistente, opoentes, chamados, denunciados, órgãos do MP, etc.), todos os procuradores envolvidos têm o mesmo direito de retirada por uma hora. A segunda no sentido de que o exercício deste direito não dispensa, à evidência, assinatura do livro de carga, mediante apresentação da carteira da OAB (ou carteira de estagiário) – daí "carga rápida" –, dele decorrendo o dever processual de devolução dos autos em, no máximo, sessenta minutos, o que assegura o exercício das mesmas prerrogativas pelos outros (poucos ou muitos) causídicos. E, finalmente, a terceira, no sentido de que também não importa o ato processual que se vai praticar no prazo comum (resposta, ação incidente, recurso, contrarrazões, manifestação probatória, etc.); qualquer ato se submete à nova prerrogativa instituída (parágrafo com redação dada pela Lei n. 11.969/2009).

CAPÍTULO IV
DA SUBSTITUIÇÃO DAS PARTES E DOS PROCURADORES

Vide Projeto de CPC, arts. 107 a 111
(Capítulo V – Da Sucessão das Partes e dos Procuradores).

O Capítulo versa, na verdade, sobre a sucessão das partes e seus procuradores (sucessão processual). Tecnicamente, a locução "substituição processual" é reservada ao fenômeno da legitimação extraordinária que é o fenômeno caracterizado pela defesa em juízo de direito alheio (*v.* nota ao art. 6º).

Art. 41. Só é permitida, no curso do processo, a substituição voluntária das partes nos casos expressos em lei.
Vide Projeto de CPC, art. 107.

A regra focalizada tem por escopo ou finalidade proporcionar a estabilização subjetiva da relação jurídico-processual (ou, simplesmente, a estabilidade do processo). Só quando a lei autoriza expressamente é que se torna possível à parte sair da relação processual, nela ingressando outra pessoa, pois, caso contrário, esvaziado ficaria o princípio da inevitabilidade jurisdicional, segundo o qual ninguém pode se furtar, por simples vontade, à participação no processo (*v.* art. 213 e nota). Outros aspectos dessa estabilização estão previstos nos arts. 87, 264 e 267, § 4º.

Art. 42. A alienação da coisa ou do direito litigioso, a título particular, por ato entre vivos, não altera a legitimidade das partes.

Vide Projeto de CPC, art. 108, caput.

A coisa ou o direito se torna litigioso com a citação válida (art. 219). Consumado esse fenômeno processual, a parte, titular da coisa ou do direito, não fica impedida de aliená-la, mas eventual alienação não modifica a legitimidade *ad causam*, isto é, não altera a feição subjetiva da relação processual que já se estabilizou com a citação (art. 264). O que ocorre é que, a partir da alienação, a parte alienante que permanece no processo passa a dispor não mais de legitimação ordinária, mas sim de extraordinária (porque já não é titular da coisa ou do direito). A referência legal "a título particular" significa apenas a condição de voluntariedade da alienação e não a forma do ato (a alienação pode ser por instrumento público).

---

§ 1º O adquirente ou o cessionário não poderá ingressar em juízo, substituindo o alienante, ou o cedente, sem que o consinta a parte contrária.

Vide Projeto de CPC, art. 108, § 1º.

Este § 1º estabelece explicitamente uma hipótese em que se admite a substituição voluntária da parte no curso do processo, fenômeno previsto pelo artigo antecedente. A regra sob enfoque corresponde, assim, justamente a um caso expresso em lei em que a estabilização subjetiva do processo pode ser quebrada. Note-se que, interpretada *a contrario sensu,* diz a regra que, havendo consentimento da parte contrária, é possível a entrada do adquirente ou cessionário no lugar do alienante ou cedente que ficará excluído da relação processual. A concordância do alienante ou cedente, todavia, também é de rigor, apesar de o texto focalizado nada dizer a esse respeito.

---

§ 2º O adquirente ou o cessionário poderá, no entanto, intervir no processo, assistindo o alienante ou o cedente.

Vide Projeto de CPC, art. 108, § 2º.

Caso o adquirente ou o cessionário não seja admitido a assumir a condição de parte no lugar do alienante ou cedente, por falta de concordância deste ou por ausência de consentimento da parte contrária, resta ao novo titular da coisa ou do direito intervir no processo como assistente litisconsorcial (art. 54), uma vez que o direito em jogo é o seu próprio (*v.* nota ao art. 54).

§ 3º A sentença, proferida entre as partes originárias, estende os seus efeitos ao adquirente ou ao cessionário.
Vide Projeto de CPC, art. 108, § 3º.

A norma sob enfoque consagra a disciplina natural que vale para os casos de legitimação extraordinária ou substituição processual: a sentença proferida entre as partes legítimas (uma ordinariamente legitimada e outra extraordinariamente – *v.* nota ao *caput*) gera efeitos sobre a relação jurídica atual cujo titular é o adquirente ou o cessionário (que não participou ou que participou apenas como assistente). E sobre esses efeitos se formará a coisa julgada material (art. 467).

Art. 43. Ocorrendo a morte de qualquer das partes, dar-se-á a substituição pelo seu espólio ou pelos seus sucessores, observado o disposto no art. 265.
Vide Projeto de CPC, art. 109.

O falecimento de qualquer das partes dá ensejo à sucessão no processo pelo espólio ou pelos sucessores (e não à "substituição processual"). O espólio (ente despersonalizado dotado de capacidade para ser parte) ou os sucessores (a título universal ou particular) são as partes ordinariamente legítimas para assumir a ação e o processo, daí a impropriedade do termo "substituição". Segundo o dispositivo, verificada a morte, suspende-se o processo (art. 265, I) para que se processe a habilitação (*v.* arts. 1.055 a 1.062). Por analogia, aplica-se a regra à hipótese de fusão ou sucessão de pessoas jurídicas.

Art. 44. A parte, que revogar o mandato outorgado ao seu advogado, no mesmo ato constituirá outro que assuma o patrocínio da causa.
Vide Projeto de CPC, art. 110.

Essa prescrição e a seguinte regulamentam a sucessão do procurador ou a "substituição [...] dos procuradores", conforme o título do Capítulo sob exame (*v.* nota). Aqui, trata-se da extinção do mandato por vontade do mandante: a lei exige que no mesmo instante em que a parte revogue o mandato do antigo procurador, ela já constitua o novo, o que pode ser traduzido na juntada de um instrumento único (com os dois atos) ou na juntada de dois instrumentos (mas sempre simultaneamente). Tem-se entendido que a juntada de nova procuração aos autos, sem ressalva da anterior, envolve revogação do mandato (a observação é de Theotonio Negrão).

Art. 45. O advogado poderá, a qualquer tempo, renunciar ao mandato, provando que cientificou o mandante a fim de que este nomeie substituto. Durante os 10 (dez) dias seguintes, o advogado continuará a representar o mandante, desde que necessário para lhe evitar prejuízo.

Vide Projeto de CPC, art. 111.

A regra disciplina a extinção do mandato pelo mandatário: o advogado que desejar renunciar ao mandato pode fazê-lo desde que notifique o mandante para constituir novo procurador. Tal notificação (ato de resilição unilateral) há de assumir a forma extrajudicial, uma vez que a nova redação deste art. 45 exige que o advogado, ao declarar nos autos que está renunciando ao mandato, faça prova de que cientificou o cliente para nomear outro em substituição. Assim, já não é mais possível renunciar por petição ao mandato e pedir ao juiz que notifique a parte por carta ou oficial de justiça. Tal providência passa a competir, *ex vi legis,* exclusivamente ao procurador. Os dez dias durante os quais o advogado continua representando a parte têm por termo *a quo* a efetiva cientificação desta, e não o simples envio da carta ou da notificação (a alteração da redação deste art. 45 decorre da Lei n. 8.952/94).

CAPÍTULO V
DO LITISCONSÓRCIO E DA ASSISTÊNCIA

Vide Projeto de CPC, arts. 112 a 117 (Título V – Do Litisconsórcio) e 308 a 322 (Capítulo IV – Da Intervenção de Terceiros), particularmente, o art. 322.

O presente capítulo disciplina duas figuras completamente distintas e que, por isso, não deveriam estar agrupadas: a assistência é típica modalidade de intervenção de terceiros e bem estaria no capítulo seguinte e não neste.

Seção I
Do Litisconsórcio

Vide Projeto de CPC, arts. 112 a 117 (Título V – Do Litisconsórcio).

Litisconsórcio é a situação caracterizada pela coexistência de duas ou mais pessoas no lado ativo ou no lado passivo da relação processual, ou em ambas as posições (Cândido Dinamarco). Pode, assim, ser ativo, passivo ou misto, quanto à posição; ser necessário ou facultativo quanto à obrigatoriedade da sua formação; unitário ou comum quanto à unidade da decisão a ser proferida; originário ou superveniente, quanto ao momento da sua formação.

Art. 46. Duas ou mais pessoas podem litigar, no mesmo processo, em conjunto, ativa ou passivamente, quando:

Vide Projeto de CPC, art. 112, caput

O litisconsórcio – consórcio (associação, comunhão) na lide (no sentido de processo) – tem cabimento porque, nas hipóteses referidas adiante, a lei autoriza certas pessoas a figurarem como autoras ou rés em conjunto, mas é necessário, evidentemente, que cada uma delas disponha em particular de legitimação *ad causam*. As seguintes previsões são de litisconsórcio facultativo, ou seja, de litisconsórcio que depende da vontade dos que se associam e que se contrapõe ao litisconsórcio necessário que não depende da vontade das partes.

I – entre elas houver comunhão de direitos ou de obrigações relativamente à lide;

Vide Projeto de CPC, art. 112, I.

O litisconsórcio por comunhão previsto por este inciso é aquele que decorre da circunstância de duas ou mais pessoas serem titulares simultaneamente de um mesmo direito material ou de uma mesma obrigação; da circunstância de ocuparem a mesma posição dentro de uma única e concreta relação jurídica no plano substancial da qual derivam direitos subjetivos ou obrigações iguais para os litisconsortes. Ilustram o litisconsórcio por comunhão: a solidariedade ativa (CC, arts. 264 a 274) e a passiva (CC, arts. 275 a 285), em que o credor ou devedor pode estar sozinho em juízo ou acompanhado; a defesa possessória dos bens da herança por todos ou por um único herdeiro (CC, art. 1.791 c/c o 1.199); a defesa possessória isolada ou conjunta da coisa indivisa pelos possuidores (CC, art. 1.199); a defesa possessória ou petitória isolada ou conjunta pelos condôminos (CC, art. 1.314), etc. Observe-se que o litisconsórcio é facultativo nesses casos, porque em tais hipóteses ninguém é obrigado a ir a juízo acompanhado de outro credor, herdeiro, possuidor ou condômino (facultativo ativo), nem o credor precisa dirigir ação a mais do que um devedor solidário (facultativo passivo).

II – os direitos ou as obrigações derivarem do mesmo fundamento de fato ou de direito;

Vide Projeto de CPC, art. 112, II.

Esta previsão de litisconsórcio por conexidade pela causa de pedir (mesmo fundamento de fato ou de direito) é absolutamente supérflua ante o teor genérico da prescrição do inciso III. De qualquer maneira, a hipótese se refere a pelo menos duas pessoas que se unem como autoras ou rés, porque os fatos que serão discutidos (um mesmo acidente com várias vítimas, uma mesma obra irregular que atinja três vizinhos, *v. g.*) lhes são comuns, embora os respectivos direitos ou obrigações sejam distintos; ou porque os direitos que se buscam resguardar derivam da aplicação de uma mesma norma jurídica (*v. g.*, um mesmo plano econômico), um mesmo plano de carreira ou têm por fonte uma mesma relação jurídica (*v. g.*, uma mesma espécie de contrato de financiamento, de compromisso, de compra e venda).

III – entre as causas houver conexão pelo objeto ou pela causa de pedir;
Vide Projeto de CPC, art. 112, III.

A conexão pela causa de pedir foi examinada no inciso II (*v.* nota), importando-nos agora a conexão pelo objeto. Objeto é o pedido, a pretensão material deduzida pelo autor. Há litisconsórcio nesse caso quando duas ou mais pessoas vão juntas a juízo formular uma mesma pretensão em face de outra ou quando uma nunca deduz pretensões fundadas na conexão contra duas ou mais, mas fundadas em fatos e direitos diferentes (dois possuidores esbulhados por uma mesma empresa de mineração que se litisconsorciam para ajuizar uma única ação reintegratória, por exemplo). Dificilmente no litisconsórcio por conexão pelo objeto deixa de existir alguma identidade no plano da causa de pedir (sob o prisma fático ou jurídico) na prática.

IV – ocorrer afinidade de questões por um ponto comum de fato ou de direito.
Vide Projeto de CPC, art. 112, IV.

O litisconsórcio aqui tratado tem o nome de impróprio (Cândido Dinamarco). A afinidade de questões é um *minus* em relação à conexidade pela causa de pedir. Nesta, os fatos ou os fundamentos jurídicos são os mesmos; naquela a associação das partes fica autorizada por causa de "um ponto comum de fato ou de direito" apenas (ou seja, porque somente algum aspecto fático ou jurídico é comum). O vínculo entre as partes é, portanto, muito mais tênue do que no litisconsórcio por conexidade. De qualquer forma, a previsão é útil porque viabiliza a economia processual. São exemplos que ilustram o litisconsórcio impróprio: o de dois profissionais diferentes que se litisconsorciam para acionar um estelionatário que praticou dois golpes em momentos e lugares diferentes, mas mediante um mesmo *modus operandi;* um morador de São Paulo e outro de Florianópolis que se litisconsorciam para exigir indenização de empresa que produziu remédio prejudicial à saúde, tendo cada um adoecido de uma maneira.

Parágrafo único. O juiz poderá limitar o litisconsórcio facultativo quanto ao número de litigantes, quando este comprometer a rápida solução do litígio ou dificultar a defesa. O pedido de limitação interrompe o prazo para resposta, que recomeça da intimação da decisão.

Vide Projeto de CPC, art. 112, §§ 1º a 3º.

O dispositivo sob exame tem o claro intuito de permitir o desmembramento de processos que são instaurados, às vezes, por dezenas ou centenas de pessoas (com frequência, funcionários públicos) contra a Fazenda da União, do Estado ou do Município. É evidente, ante o teor da previsão, que não só a Fazenda Pública será beneficiada, mas qualquer outra pessoa, física ou jurídica, que se encontre em situação semelhante de ver comprometido o seu direito de defesa pela multiplicidade de autores em litisconsórcio facultativo. Examinada a regra, *a contrario sensu*, conclui-se que não cabe a limitação, ou o desmembramento, se o litisconsórcio é necessário, quer por força de lei, quer em decorrência do unitarismo. Outro aspecto que merece realce é que, também no caso de litisconsórcio passivo com multiplicidade de litigantes, pode o juiz limitá-lo, de ofício, se verificar que há possibilidade de comprometimento da função jurisdicional sob a forma de procrastinação excessiva. Por fim, observe-se que, requerida a limitação, ou o desmembramento, pelo réu (*v. g.*, a Fazenda), no prazo de defesa, fica automaticamente interrompido o prazo para oferecimento de resposta até que se decida o incidente. Intimado o réu da decisão, recomeça a contagem do prazo – porque fora interrompido e não suspenso –, podendo a parte, então, oferecer contestação, exceções, reconvenção, etc. (aplicam-se normalmente os arts. 188 e 191) (o parágrafo único deste art. 46 foi instituído pela Lei n. 8.952/94).

Art. 47. Há litisconsórcio necessário, quando, por disposição de lei ou pela natureza da relação jurídica, o juiz tiver de decidir a lide de modo uniforme para todas as partes; caso em que a eficácia da sentença dependerá da citação de todos os litisconsortes no processo.

Vide Projeto de CPC, arts. 113 a 115.

O dispositivo sob enfoque revela-se bastante imperfeito sob o ponto de vista redacional, uma vez que, pretendendo conceituar o litisconsórcio necessário ("Há litisconsórcio necessário [...]") acaba estabelecendo expressamente a caracterização do litisconsórcio unitário ("[...] o juiz tiver de decidir a lide de modo uniforme para todas as partes [...]"). Na verdade, se quisermos entender a presente prescrição como disciplinadora do litisconsórcio necessário, devemos excluir dela toda a frase que acabamos de citar anteriormente, posto que não lhe diz respeito. De fato, o litisconsórcio necessário ou decorre de "disposição de lei" ou da "natureza da relação jurídica". No primeiro caso, a necessariedade decorre da simples vontade da lei, como ocorre na hipótese prevista pelo art. 942, do CPC, que impõe a presença de várias pessoas no polo passivo da ação de usucapião; já no segundo, a necessariedade decorre da natureza incindível da relação jurídica, incindibilidade caracterizada pelo fato da relação jurídica material corresponder a um bloco, a uma unidade que não pode ser quebrada ou dividida para ser levada a juízo, como ocorre, *v. g.*, no caso de casamento e sua "decretação de nulidade" por ação do MP (CC, art. 1.549), em que os dois cônjuges devem ser citados obrigatoriamente. O que ocorre, então, é que nos casos de litisconsórcio necessário por "natureza da relação jurídica" (a incindibilidade), o litisconsórcio é realmente unitário, não podendo o juiz deixar de julgar uniformemente para todos os litisconsortes, o que, entretanto, não acontece necessariamente nas hipóteses de "disposição de lei", em que é possível ao juiz julgar não uniformemente, como no caso de usucapião. Conclusão: o litisconsórcio necessário tanto pode ser unitário como não unitário (ou comum). Mas observe-se que também o litisconsórcio unitário tanto pode ser necessário (na hipótese já aventada de nulidade de casamento), como facultativo, o que se dá quando vários herdeiros, possuidores ou condôminos vão a juízo em litisconsórcio (CC, arts. 1.199, 1.314 e 1.791– *v.* nota ao inciso I do art. 46), o que faz com que o magistrado só possa julgar a lide de forma uniforme para todos.

Parágrafo único. O juiz ordenará ao autor que promova a citação de todos os litisconsortes necessários, dentro do prazo que assinar, sob pena de declarar extinto o processo.

Vide Projeto de CPC, art. 114, parágrafo único.

Trata o dispositivo da chamada intervenção *iussu iudicis*, a determinada pelo magistrado, de ofício, quando percebe que o litisconsórcio é necessário, quer em virtude da vontade da lei, quer em razão da incindibilidade. A autorização dada ao juiz se justifica para que não vá adiante um processo evidentemente inviável, já que a parte final do art. 47 estabelece expressamente que "a eficácia da sentença dependerá da citação de todos os litisconsortes". Observe-se, outrossim, que, fundado neste poder, o juiz pode ordenar não só que o autor promova a citação de litisconsortes passivos, mas também a presença de litisconsortes ativos, sob pena de indeferimento da inicial (art. 295, II). Uma vez intimado o advogado do autor, as possíveis consequências são as seguintes: 1ª) o autor providencia a citação dos réus faltantes e o processo vai à frente; 2ª) o autor não providencia o ato citatório e o juiz decreta a extinção do feito automaticamente, indeferindo a petição inicial (arts. 295 e 267, XI, combinados, inaplicável o § 1º do art. 267); 3ª) o autor toma a iniciativa extraprocessual para que se dê a vinda do(s) autor(es) para completar o polo ativo e o processo vai à frente; 4ª) o autor não toma qualquer iniciativa e o(s) outro(s) autor(es) não se faz(em) presente(s), o que determina a extinção automática do processo, mediante o indeferimento da petição inicial (arts. 295, II, e 267, VI e IX, combinados, inaplicável identicamente o § 1º do art. 267). Note-se que, em nenhuma hipótese, pode um autor ser citado para integrar o polo ativo porque ninguém pode ser obrigado a ajuizar ação perante o Judiciário.

Art. 48. Salvo disposição em contrário, os litisconsortes serão considerados, em suas relações com a parte adversa, como litigantes distintos; os atos e as omissões de um não prejudicarão nem beneficiarão os outros.

Vide Projeto de CPC, art. 116.

A regra é a de que, nas relações com a parte contrária, cada litisconsorte seja tido como litigante autônomo. A exceção é a de que os litisconsortes sejam considerados como um todo, o que, segundo o dispositivo sob exame, depende de previsão expressa de lei. A regra vale para o litisconsórcio não unitário (ou comum), que normalmente é o facultativo, mas que também pode ser o necessário, como o do caso do usucapião (art. 942); a exceção vale para o unitário, decorrente da aplicação do art. 320, I, que só se aplica a esta espécie de litisconsórcio e ao unitário enquadrável na previsão do art. 509. Observe-se, por fim, que a exceção referida também pode valer para aquelas hipóteses em que entre os litisconsortes se estabeleça uma situação de intensa identidade fático-posicional que não permita ao juiz considerá-los, sob este ponto de vista, litigantes autônomos, apesar de não se tratar tecnicamente de litisconsórcio unitário.

Art. 49. Cada litisconsorte tem o direito de promover o andamento do processo e todos devem ser intimados dos respectivos atos.

Vide Projeto de CPC, art. 117.

Seja qual for a modalidade de litisconsórcio presente em um processo, todos os litisconsortes têm poder para provocar seu andamento, mas os que não o fizeram têm o direito de conhecer os atos praticados para que não ocorra surpresa para ninguém no curso do procedimento. A regra em questão significa realização normativa concreta do princípio do contraditório que se expressa pelo direito à informação (intimação de todos os atos) e pelo direito à reação que envolve, por certo, a faculdade de dar andamento ao processo.

Seção II
Da Assistência

Vide Projeto de CPC, arts. 308 a 313 (Seção I – Da Assistência).

Apesar de vinculada ao litisconsórcio, neste Capítulo V, a assistência é modalidade típica de intervenção de terceiros. É o instituto que permite a alguém intervir em processo instaurado *inter alios*, sem exercer ação ou exceção, com o intuito de apenas prestar auxílio a uma das partes no embate judicial. A assistência é simples ou adesiva (arts. 51 a 53) ou qualificada ou litisconsorcial (art. 54).

Art. 50. Pendendo uma causa entre duas ou mais pessoas, o terceiro, que tiver interesse jurídico em que a sentença seja favorável a uma delas, poderá intervir no processo para assisti-la.

Vide Projeto de CPC, art. 308, caput

O interesse que legitima a intervenção do assistente não é interesse moral (o que teria, *v. g.*, a sogra numa ação de separação judicial) nem econômico (o que teria um credor do réu numa ação proposta por outro credor), mas somente o jurídico, decorrente da potencialidade da sentença a ser proferida em repercutir sobre a sua esfera jurídica, afetando, assim, uma relação material que não foi deduzida em juízo, a do terceiro (*v. g.*, a sublocação, que é desfeita automaticamente pela sentença de procedência do despejo), pela modificação ou extinção dos direitos dela resultantes (Vicente Greco Filho). Este conceito explica o interesse para a assistência simples. Se da relação posta em juízo o assistente também é titular, exclusivamente ou não, estamos diante da assistência qualificada (art. 54). A fórmula genérica do art. 50 abrange as duas hipóteses. Observe-se, por derradeiro, que existe pendência de uma causa (ou litispendência) desde a propositura da ação até o trânsito em julgado da extinção do processo.

Parágrafo único. A assistência tem lugar em qualquer dos tipos de procedimento e em todos os graus da jurisdição; mas o assistente recebe o processo no estado em que se encontra.

Vide Projeto de CPC, art. 308, parágrafo único.

A admissibilidade da assistência se restringe ao processo de conhecimento, seja comum ou especial o seu rito, e ao cautelar, na medida em que este vise a garantir a eficácia de um processo de conhecimento. Não cabe assistência no processo de execução porque ele não visa uma sentença, ou seja, à definição de direitos. O fato de o processo correr perante o juízo monocrático ou colegiado (segundo grau de jurisdição) não impede a assistência, mas, dado o princípio da preclusão (desaparecimento dos direitos processuais no curso do procedimento pelo esgotamento de prazos ou pela prática de atos), o assistente não pode praticar atos que já ficaram para trás.

Art. 51. Não havendo impugnação dentro de 5 (cinco) dias, o pedido do assistente será deferido. Se qualquer das partes alegar, no entanto, que falece ao assistente interesse jurídico para intervir a bem do assistido, o juiz:
Vide Projeto de CPC, art. 309.

A prescrição disciplina a admissão judicial do assistente que pode assumir duas formas distintas: incidente nos próprios autos ou incidente com autuação em apenso. As duas se iniciam da mesma maneira, isto é, mediante requerimento de terceiro. Aberta vista às partes e não havendo impugnação de nenhuma delas, o juiz defere a intervenção desde que verifique a presença de interesse jurídico (a lei não diz, mas ele também pode indeferir). Deferida, está encerrado o incidente nos autos do processo. Havendo impugnação, o juiz não deve decidir de plano, mas sim tomar as providências previstas nos incisos.

I – determinará, sem suspensão do processo, o desentranhamento da petição e da impugnação, a fim de serem autuadas em apenso;
Vide Projeto de CPC, art. 309.

Desentranhamento é a retirada de peças dos autos. Nesse caso, o desentranhamento tem a finalidade de permitir a formação dos autos do incidente (documentação separada com nova capa, inclusive) que serão apensados, isto é, anexados aos autos do processo. Tudo isso ocorre sem que o processo deixe de ter seu andamento normal, vale dizer, sem que se verifique a suspensão, o que se encontra expressamente estabelecido no texto (sobre o fenômeno da suspensão, examinem-se os arts. 265 e 266).

II – autorizará a produção de provas;
Vide Projeto de CPC, art. 309.

Esta providência só terá lugar se o juiz se convencer da necessidade de prova documental ou testemunhal, quando, então, terá de designar audiência para a produção desta última. Se não houver necessidade de prova, o juiz decide imediatamente o incidente (inciso III). Nada impede, no entanto, que o juiz, no instante em que determina o desentranhamento das petições para formar o apenso, declare, aditivamente, que fica autorizada a produção de provas. Tal declaração não o vincula quanto à efetiva atividade instrutória a ser realizada.

III – decidirá, dentro de 5 (cinco) dias, o incidente.
Vide Projeto de CPC, art. 309.

A solução do incidente (nos autos do apenso, após manifestação das partes) tem natureza de decisão interlocutória (art. 162, § 2º), atacável por agravo de instrumento (art. 522). O prazo de cinco dias para o juiz decidir, que flui após a manifestação das partes quanto às provas, é impróprio, ou seja, não se submete à preclusão; logo, vale a decisão mesmo que expirado o prazo. Observe-se, outrossim, que tanto pode o juiz indeferir a produção de provas autonomamente para depois decidir o incidente, como pode tomar as duas decisões simultaneamente numa única peça. Seja como for, a decisão do incidente absorve a decisão probatória para fins recursais.

Art. 52. O assistente atuará como auxiliar da parte principal, exercerá os mesmos poderes e sujeitar-se-á aos mesmos ônus processuais que o assistido.
Vide Projeto de CPC, art. 310, caput

Exercer os mesmos poderes significa que o assistente pode peticionar para argumentar, requerer provas, impugnar atos da parte ou do juiz, promover o andamento do processo, produzir prova em audiência, debater, recorrer, etc. A sujeição aos mesmos ônus significa submeter-se aos mesmos prazos, às despesas que os atos que praticar acarretarem, às sanções processuais e, também, ao pagamento de custas ao final (art. 32), mas não ao pagamento de honorários advocatícios. Dada a sua generalidade normativa, o presente dispositivo tanto se aplica à assistência simples (ou adesiva), como à qualificada (ou litisconsorcial). A diferença de atividade entre as duas repousa nas limitações instituídas pelo art. 53 que só se aplicam ao assistente simples.

Parágrafo único. Sendo revel o assistido, o assistente será considerado seu gestor de negócios.
Vide Projeto de CPC, art. 310, parágrafo único.

O presente dispositivo considera o assistente gestor de negócios do assistido toda vez que este seja declarado revel (arts. 319 a 322). Gestor de negócios é aquele que age em nome de outrem sem ter mandato para tal (Silvio Rodrigues – *v.* CC, arts. 861 a 875). O que ocorre de problemático em relação a essa regra é que a finalidade da autorização aqui prevista é permitir ao assistente contestar a ação, e com isso impedir o desencadeamento dos efeitos materiais da revelia contra o assistido e, por consequência, obstaculizar prejuízo jurídico ao assistente; a gestão beneficia aos dois. No entanto, só se pode admitir que a contestação produza tais benefícios se ela for apresentada no prazo de resposta e não a qualquer tempo, já que a assistência é modalidade de intervenção voluntária. É o preço do benefício: a contestação do assistente deve ocorrer antes da decretação da revelia. Observe-se, por último, que melhor teria sido se a lei tivesse considerado o assistente substituto processual do assistido e não gestor de negócios.

Art. 53. A assistência não obsta a que a parte principal reconheça a procedência do pedido, desista da ação ou transija sobre direitos controvertidos; casos em que, terminando o processo, cessa a intervenção do assistente.

Vide Projeto de CPC, art. 311.

A assistência não torna o direito material nem o processual do assistido indisponível. Logo, a parte assistida pode reconhecer a juridicidade do pedido (se for sujeito passivo; se for ativo, pode renunciar), desistir da ação (melhor, do processo – art. 267, VIII) ou transigir (fazendo acordo – art. 269, II). Pode, ainda, confessar (arts. 348 e segs.), renunciar a direitos processuais, inclusive ao de recorrer (art. 502), desistir do recurso interposto (art. 501), etc. Extinto o processo, automaticamente desaparece a intervenção. Observe-se, por fim, que este art. 53 não se aplica à assistência litisconsorcial, que é regulada com exclusividade pelo art. 54.

Art. 54. Considera-se litisconsorte da parte principal o assistente, toda vez que a sentença houver de influir na relação jurídica entre ele e o adversário do assistido.

Vide Projeto de CPC, art. 312, caput

O dispositivo institui a assistência litisconsorcial, também chamada de qualificada. Considera-se o assistente como litisconsorte porque a sentença define a relação jurídica que envolve o assistente e o adversário do assistido. Em outras palavras, isto significa, em primeiro lugar, que da relação discutida no processo o assistente também é titular, daí a sua condição de litisconsorte, aplicando-se-lhe o art. 48. O direito controvertido é também do assistente, como se disse, mas pode ser em segundo lugar, só do assistente (no caso em que a parte assistida é substituta processual daquela pessoa que mais tarde ingressa como assistente). O assistente litisconsorcial tem poderes mais amplos do que o simples: pode recorrer, mesmo que o assistido tenha renunciado ou desistido do recurso; pode prosseguir no comando do processo caso o assistido tenha desistido da ação (na verdade, a sua desistência não tem eficácia se não acompanhada da concordância do assistido, o mesmo podendo ser dito em relação à renúncia ou ao reconhecimento do pedido); pode, com sua atuação, levar a causa à vitória, ainda que o assistido tenha confessado. Aplicam-se-lhe, ainda, os arts. 320, I, e 509, como se fosse litisconsorte unitário.

Parágrafo único. Aplica-se ao assistente litisconsorcial, quanto ao pedido de intervenção, sua impugnação e julgamento do incidente, o disposto no art. 51.

Vide Projeto de CPC, art. 312, parágrafo único.

A remissão expressamente estabelecida pela regra jurídica sob enfoque significa que tudo que se comentou a respeito do art. 51 vale para a assistência qualificada. Observe-se apenas que, na prática, é mais fácil verificar a existência ou a inexistência do interesse jurídico do assistente litisconsorcial do que o do simples, porque, na modalidade qualificada, o assistente é o próprio titular do direito discutido em juízo, quer exclusivamente, quer não, mas sempre o seu titular.

Art. 55. Transitada em julgado a sentença, na causa em que interveio o assistente, este não poderá, em processo posterior, discutir a justiça da decisão, salvo se alegar e provar que:

Vide Projeto de CPC, art. 313, caput

A norma em questão disciplina a eficácia da intervenção do assistente simples e nada tem a ver com a qualificada, posto que nesta o direito discutido também é do assistente ou exclusivamente do assistente. Não se trata aqui de coisa julgada, que só atinge o pedido, mas de imutabilidade da causa de pedir (a lei impede rediscussão da "justiça da decisão"), salvo nos casos que serão mencionados. O processo posterior a que alude o texto é o que envolve o assistente e o assistido, já que entre aquele e o adversário do assistido não existe nenhuma relação jurídica. As defesas a seguir elencadas correspondem à chamada *exceptio male gesti processus.*

I – pelo estado em que recebera o processo, ou pelas declarações e atos do assistido, fora impedido de produzir provas suscetíveis de influir na sentença;

Vide Projeto de CPC, art. 313, I.

Se o "estado em que recebera o processo", que é um dado objetivo, era tão ruim (*v. g.*, porque já em fase recursal) que impediu a produção de provas suscetíveis de influir na sentença, abre-se a oportunidade em novo processo para a rediscussão das questões decididas na causa originária. O mesmo acontecerá se foram as "declarações e atos do assistido" (*v. g.*, a sua confissão) que impediram a eficiência da atuação do assistente.

II – desconhecia a existência de alegações ou de provas, de que o assistido, por dolo ou culpa, não se valeu.

Vide Projeto de CPC, art. 313, II.

Por "alegações" entendam-se fatos jurídicos relevantes. As provas são aquelas que teriam tido o condão de modificar o julgamento contido na sentença. A eficácia das alegações e das provas omitidas tem de ser demonstrada, à saciedade, pelo ex-assistente no novo processo, além do dolo ou da culpa grave do assistido pela omissão na causa originária.

CAPÍTULO VI
DA INTERVENÇÃO DE TERCEIROS

Vide Projeto de CPC, arts. 308 a 322 (Capítulo IV – Da Intervenção de Terceiros).

Há quatro formas pelas quais alguém pode participar de um processo: acionando, sendo acionado, sucedendo a parte ou intervindo. Intervenção é o ato de ingressar em processo instaurado entre outras partes quando a lei expressamente o autorize. Tecnicamente, terceiro é o legitimado para intervir que ingressa em processo pendente *inter alios* sem exercitar ação ou exceção própria ou de outrem (Vicente Greco Filho). Logo, segundo este conceito técnico, verdadeiro terceiro é o assistente; o opoente, o nomeado, o denunciado e o chamado ao processo são partes legítimas (têm legitimação *ad causam*, porque exercitam ação ou exceção) e não terceiros. De qualquer maneira, a participação dessas pessoas acontece sob a forma de intervenção.

Seção I
Da Oposição

Oposição é uma ação incidental proposta por alguém que está fora do processo em face das duas partes, assumindo estas, então, a condição de litisconsortes no polo passivo. Deduzida a oposição, nasce um segundo processo, ou seja, uma outra relação processual – envolvendo o opoente, de um lado, e os opostos, do outro – e, também, um procedimento autônomo, já que a atuação é separada (em apenso aos autos principais). Observe-se que o opoente é terceiro apenas num sentido cronológico, mas não técnico.

Art. 56. Quem pretender, no todo ou em parte, a coisa ou o direito sobre que controvertem autor e réu, poderá, até ser proferida a sentença, oferecer oposição contra ambos.

O pedido mediato (ou bem da vida) deduzido por meio de oposição tem de ser obrigatoriamente a coisa ou o direito discutido pelas partes; se não for, há carência da ação por falta de interesse de agir. Com a oposição, o opoente visa a destruir a pretensão tanto do autor como do réu, no que concerne à coisa ou ao direito, como se daria, por exemplo, na hipótese de alguém (o opoente) deduzir pedido possessório contra autor e réu de uma possessória, tendo por objeto o mesmo imóvel, ou um pedido reivindicatório, incidentemente numa demanda reivindicatória, um pedido de adjudicação compulsória, alegando o opoente ser o real titular do direito ou, ainda, um pedido de reconhecimento de crédito em consignação de pagamento por dívida.

Art. 57. O opoente deduzirá o seu pedido, observando os requisitos exigidos para a propositura da ação (arts. 282 e 283). Distribuída a oposição por dependência, serão os opostos citados, na pessoa dos seus respectivos advogados, para contestar o pedido no prazo comum de 15 (quinze) dias.

Como ação que é, a inicial da oposição obedece aos requisitos do art. 282. Distribuição por dependência é a distribuição a juízo predeterminado em razão de conexão ou continência (art. 253, *caput,* c/c os arts. 103 e 104); a oposição é conexa à causa principal, dada a identidade total ou parcial do objeto (do pedido). Os opostos (autor e réu) na causa não são citados em suas próprias pessoas, mas na pessoa dos seus procuradores por meio do correio ou do oficial de justiça, obedecidas as disposições contidas nos arts. 213 a 226. Observe-se que a facilitação instituída por este art. 57 se prende à pessoa que recebe a citação e não à forma do ato convocatório.

Parágrafo único. Se o processo principal correr à revelia do réu, este será citado na forma estabelecida no Título V, Capítulo IV, Seção III, deste Livro.

Se na causa principal o réu foi declarado revel (arts. 319 a 322), havendo oferecimento de oposição, a lei exige nova tentativa de citação real (correio ou mandado) do até então revel para, só depois, admitir a citação ficta (com hora certa ou edital – arts. 213 a 233). A exigência se explica pelo fato de a oposição ser outra ação, o que gera a necessidade de se dar efetiva oportunidade ao réu (oposto) para se defender, em homenagem aos princípios do contraditório e da ampla defesa, corolários do devido processo legal.

Art. 58. Se um dos opostos reconhecer a procedência do pedido, contra o outro prosseguirá o opoente.

A admissão da procedência do pedido, vale dizer, o reconhecimento jurídico do pedido (art. 269, IV), por parte de um dos opostos não dá ganho de causa ao opoente. Este haverá de prosseguir no embate judicial para excluir também a pretensão do oposto que não reconheceu o pedido; somente assim vencerá a demanda o opoente. É que o litisconsórcio que se forma entre os opostos é do tipo necessário, porém comum (não unitário), o que significa que apesar do reconhecimento de um dos opostos, o outro pode ver seu direito reconhecido contra o opoente.

Art. 59. A oposição, oferecida antes da audiência, será apensada aos autos principais e correrá simultaneamente com a ação, sendo ambas julgadas pela mesma sentença.

Como a oposição tem autuação separada da causa principal (todos os seus documentos são reunidos num corpo único), a lei exige que os seus autos sejam apensados aos autos principais, isto é, exige que fiquem fisicamente unidos, o que se justifica pela conexão existente entre as causas. De qualquer maneira, saneados que sejam os processos da ação principal e da oposição (art. 331), a partir daí a instrução será realizada conjuntamente nos autos do principal (prova documental, pericial e oral em audiência única – *v.* art. 454, § 2º), decidindo o juiz as causas numa só sentença, mas da oposição conhecerá em primeiro lugar (art. 61 – *v.* nota).

Art. 60. Oferecida depois de iniciada a audiência, seguirá a oposição o procedimento ordinário, sendo julgada sem prejuízo da causa principal. Poderá o juiz, todavia, sobrestar no andamento do processo, por prazo nunca superior a 90 (noventa) dias, a fim de julgá-la conjuntamente com a oposição.

A autonomia da oposição deduzida após o início da audiência do processo principal se deve ao fato de este já se encontrar próximo do proferimento de sentença, o que então deixa de recomendar o julgamento conjunto das causas, uma vez que para isso seria necessário sobrestar demasiadamente o curso do processo principal. Contudo, se ao juiz parecer conveniente, é possível a suspensão do processo por noventa dias para permitir o julgamento conjunto e a solução harmoniosa das causas, o que se dará mediante apensamento e proferimento de sentença única. Trata-se de medida fundada no princípio da economia processual.

Art. 61. Cabendo ao juiz decidir simultaneamente a ação e a oposição, desta conhecerá em primeiro lugar.

O julgamento da oposição em primeiro lugar – isto é, antes do da ação, mas na mesma sentença – é exigência ligada à necessidade de harmonia entre as decisões. A solução da oposição é pressuposto lógico da decisão da causa principal, que será num ou noutro sentido, dependendo da procedência ou improcedência do pedido, deduzido por oposição: procedente a oposição, nem o autor, nem o réu poderá ser reconhecido titular da coisa ou do direito; improcedente a oposição, fica o juiz livre para reconhecer o direito do autor da ação (procedência) ou do réu (improcedência).

Seção II
Da Nomeação à Autoria

A nomeação à autoria (autoria no sentido de responsabilidade) é uma modalidade de resposta do réu que tem por escopo corrigir o polo passivo da ação mediante a saída do processo da parte ilegítima (nomeante) e o ingresso daquele que verdadeiramente detém legitimidade (nomeado). Trata-se de um meio único e excepcional de correção da legitimação passiva *ad causam*, porquanto a normal solução para a hipótese de ilegitimidade é a extinção do processo sem julgamento do mérito (art. 267, VI).

Art. 62. Aquele que detiver a coisa em nome alheio, sendo-lhe demandada em nome próprio, deverá nomear à autoria o proprietário ou o possuidor.

O enfocado art. 62 institui a primeira hipótese autorizadora da nomeação à autoria que é a fundada na ocorrência de detenção. O detentor não é considerado possuidor pela lei, mas simples instrumento da posse alheia (como o caseiro, o empregado, o preposto ou o administrador de um imóvel), de sorte que não é titular de legitimação para figurar no polo passivo de ação na qual se discuta a posse ou a propriedade da coisa. De acordo com o art. 1.198, do CC, "Considera-se detentor aquele que, achando-se em relação de dependência para com outro, conserva a posse em nome deste e em cumprimento de ordens ou instruções suas".

Art. 63. Aplica-se também o disposto no artigo antecedente à ação de indenização, intentada pelo proprietário ou pelo titular de um direito sobre a coisa, toda vez que o responsável pelos prejuízos alegar que praticou o ato por ordem, ou em cumprimento de instruções de terceiro.

O presente art. 63 estabelece o segundo caso de nomeação à autoria, qual seja, aquele que tem por fundamento a existência de contrato de mandato, lembrando que este tanto pode ser expresso como tácito, verbal ou escrito, segundo o art. 656 do estatuto civil. Cabe a nomeação se o réu de ação indenizatória (e não "responsável", como impropriamente diz a lei) alegar que foi na qualidade de mandatário que praticou o ato causador de prejuízos. Assim, como é claro, além de alegar tal circunstância, deve o mandatário nomear a autoria ao mandante. Observe-se, outrossim, que, em princípio, mandante e mandatário são responsáveis solidariamente pelos atos praticados, de sorte que se os dois forem acionados nesta condição (em litisconsórcio facultativo) não há lugar para a nomeação.

Art. 64. Em ambos os casos, o réu requererá a nomeação no prazo para a defesa; o juiz, ao deferir o pedido, suspenderá o processo e mandará ouvir o autor no prazo de 5 (cinco) dias.

A nomeação à autoria, quando cabível, deve ser apresentada pelo réu por meio de petição própria no prazo que este disponha para se defender (ou melhor, para responder – art. 297) e, dada a previsão do art. 67 (assinação de novo prazo), não há necessidade de o nomeante oferecer nenhuma outra resposta, como contestação, exceção, impugnação ao valor da causa, nesse momento. A suspensão do processo para a discussão e a decisão do incidente depende, segundo o texto, do deferimento do processamento da nomeação, porque se o juiz perceber, *prima ictu oculi,* o descabimento da intervenção, ele a indeferirá liminarmente. Não é por outro motivo que, para não correr o risco de perder o prazo de resposta, a nomeação é frequentemente oferecida como capítulo da própria contestação. Mas observe-se que, se o descabimento da nomeação não é claríssimo, o juiz deve suspender o processo e mandar intimar o autor.

Art. 65. Aceitando o nomeado, ao autor incumbirá promover-lhe a citação; recusando-o, ficará sem efeito a nomeação.

Deferido pelo juiz o processamento da nomeação à autoria, no prazo de cinco dias da sua intimação, o autor deve dizer se aceita ou recusa a nomeação, o que dependerá exclusivamente da sua vontade. Aceitando-a, deve o autor diligenciar a citação do nomeado (providenciando cópia da inicial para a contrafé, recolhendo a diligência do oficial de justiça, etc.); recusando-a, segue o processo seu curso com a abertura "ao nomeante" de "novo prazo para contestar", como dispõe o art. 67. Nesse caso, o autor corre o risco de continuar litigando com alguém desprovido de *legitimatio ad causam,* o que pode acarretar a extinção do processo (art. 267, VI).

Art. 66. Se o nomeado reconhecer a qualidade que lhe é atribuída, contra ele correrá o processo; se a negar, o processo continuará contra o nomeante.

A primeira situação prevista (reconhecimento pelo nomeado) depende da aceitação do autor e consequente citação do nomeado (art. 65, início). Havendo o reconhecimento, opera-se o fenômeno da extromissão, que é a saída do processo do réu originário (nomeante), prosseguindo o feito contra o nomeado.

A segunda situação prevista é aquela em que o nomeado simplesmente nega a ocorrência da hipótese do art. 62 ou 63, caso em que ou o autor prossegue litigando com o nomeante ou desiste do processo (art. 267, VIII), já que o nomeado, negando a qualidade que lhe é atribuída, desvincula-se automaticamente da relação processual e dos efeitos do exercício da jurisdição.

Art. 67. Quando o autor recusar o nomeado, ou quando este negar a qualidade que lhe é atribuída, assinar-se-á ao nomeante novo prazo para contestar.

Nas duas hipóteses previstas, a nomeação fica sem produzir o efeito de substituição da parte ilegítima pela legítima: a simples vontade do autor ou a simples vontade do nomeado. Em qualquer delas, a consequência processual é a mesma, qual seja, a assinação (ou outorga) de novo prazo para oferecimento de defesa (todas e não só contestação, como diz a lei). O prazo, nesse caso, é restituído integralmente e começa a ser contado da intimação do réu-nomeante para tanto, uma vez que houve recusa.

Art. 68. Presume-se aceita a nomeação se:

Este art. 68 sob exame estabelece as duas hipóteses em que a lei processual presume, a partir do comportamento do autor e do nomeado, a aceitação tácita da nomeação com o fim de permitir que o incidente se desenvolva em seus termos ulteriores. A presunção aqui referida é absoluta, devendo o magistrado expressamente declarar a aceitação da nomeação nos autos.

I – o autor nada requereu, no prazo em que, a seu respeito, lhe competia manifestar-se;

Deferido liminarmente pelo juiz o requerimento de nomeação à autoria, com a suspensão do processo, cabe ao magistrado, de acordo com o art. 64, *in fine*, mandar ouvir o autor. Intimado este a falar no prazo de cinco dias, e nada dizendo contra a nomeação, presumida está a sua aceitação, caso em que o juiz ordenará que o autor promova a citação do nomeado. Observe-se, destarte, que se o autor deseja efetivamente livrar-se da nomeação, ele deve manifestar-se expressamente, por petição, para dizer que não concorda com a iniciativa do réu.

II – o nomeado não comparecer, ou, comparecendo, nada alegar.

A aplicabilidade da regra em questão depende de ter o autor expressamente aceito a nomeação (art. 65) ou de nada ter requerido no prazo de cinco dias (art. 64 e inciso I deste artigo). O não comparecimento significa contumácia (estado de quem não se defende) ou, em outras palavras, a sua revelia pelo não oferecimento de contestação no prazo legal. O comparecimento sem nada alegar se identifica com o oferecimento de contestação sem qualquer impugnação à nomeação realizada.

Art. 69. Responderá por perdas e danos aquele a quem incumbia a nomeação:

A responsabilidade por perdas e danos, aqui instituída, decorrente da prática de ilícito processual, depende para se caracterizar da verificação do dolo ou da culpa do réu em deixar de nomear (inciso I) ou em nomear pessoa diversa da devida (inciso II), malgrado a ausência de qualquer alusão ao elemento subjetivo do agente nos textos enfocados. Observe-se, entrementes, que se o prejudicado for o autor da ação, as perdas e danos são fixadas nos próprios autos, nos termos do art. 18, § 2º, já que o ilícito aqui previsto também significa violação ao art. 17; se o prejudicado for um terceiro, há necessidade de propositura de ação própria, aplicando-se os arts. 402 a 405 do estatuto civil (*v.* nota ao *caput*).

I – deixando de nomear à autoria, quando lhe competir;

Deixar de nomear à autoria significa abster-se o réu, que é detentor ou mandatário nos exatos moldes dos arts. 62 e 63 do CPC, de apresentar, no prazo da resposta (art. 297), peça própria com a qual nomeia o possuidor, proprietário ou mandante à autoria, ou contestação da qual conste, em capítulo introdutório, o apontamento de quem possui legitimação *ad causam* para figurar no polo passivo da demanda. Verificada a omissão no curso do processo e a ausência de justificativa plausível para tal conduta, o juiz condenará o réu em perdas e danos quando do proferimento da sentença, se o prejudicado for o autor; se o prejudicado for terceiro, há necessidade de ação autônoma para fazer valer tal responsabilidade (*v.* nota ao *caput*).

II – nomeando pessoa diversa daquela em cujo nome detém a coisa demandada.

A previsão contida neste segundo inciso restringe a responsabilidade do réu pela nomeação à autoria da pessoa errada ao caso de detenção (art. 62), deixando de fora a hipótese de mandato (art. 63), tanto que o texto refere expressamente "[...] pessoa [...] em cujo nome detém a coisa demandada". Como se trata de regra restritiva de direitos (regra impositiva de responsabilidade civil), ela só pode ser interpretada restritivamente. Observe-se, por fim, que também aqui a verificação do elemento dolo ou culpa é fundamental para a definição da responsabilidade que ocorrerá nos próprios autos ou em processo autônomo (*v.* nota ao *caput* e ao inciso I deste art. 69).

Seção III
Da Denunciação da Lide

Vide Projeto de CPC, arts. 314 a 318 (Seção II – Da Denunciação em Garantia).

Denunciação da lide é uma ação incidental de garantia proposta nos mesmos autos do processo pelo autor ou pelo réu em face de alguém (terceiro, como diz a lei), com vistas a fazer valer o direito de regresso. Já sob outro ponto de vista, a denunciação da lide é mais uma modalidade de resposta (art. 297) colocada à disposição do réu pela lei com o que se viabiliza a definição da responsabilidade de um terceiro perante este no próprio processo; para o autor (art. 74), a denunciação é apenas uma ação incidente. Quanto ao aspecto formal, chama a atenção o fato de que a denunciação não exige peça autônoma, podendo ser realizada tanto como capítulo da petição inicial, como da contestação.

Art. 70. A denunciação da lide é obrigatória:

Vide Projeto de CPC, art. 314, caput *e parágrafo único.*

A denunciação da lide é obrigatória, sob pena de perda do direito de regresso, nas hipóteses de evicção (inciso I, sempre, ou inciso II, eventualmente), mas é interessante observar que isso ocorre, não porque o *caput* deste art. 70 assim disponha, mas porque o art. 456, *caput*, do CC assim o estabelece: "Art. 456. Para poder exercitar o direito que da evicção lhe resulta, o adquirente notificará do litígio o alienante imediato, ou qualquer dos anteriores, quando e como lhe determinarem as leis do processo". A disciplina que estamos focalizando corresponde à lei do processo a que alude o estatuto civil.

I – ao alienante, na ação em que terceiro reivindica a coisa, cujo domínio foi transferido à parte, a fim de que esta possa exercer o direito que da evicção lhe resulta;

Vide Projeto de CPC, art. 314, I.

Toda vez que o adquirente de uma coisa for acionado por alguém que se diga proprietário, possuidor ou titular de direito sobre ela com vistas a tirá-la do adquirente (evicção é justamente isto, a perda judicial da coisa – arts. 447 a 457 do CC), fica assegurada a este a prerrogativa de denunciar a lide ao alienante (aquele que transferiu o domínio da coisa ao réu) para que, nos mesmos autos, processe-se uma segunda ação (a denunciação) e por meio de uma única sentença se definam os dois direitos: o do autor contra o réu (adquirente) e do réu (denunciante) contra o terceiro alienante. Se o autor vencer a ação reivindicatória ou reintegratória, é possível que o alienante (denunciado) seja responsabilizado perante o réu; se o réu vencer a ação, não há responsabilidade do alienante (denunciado), o que significa que a denunciação será julgada improcedente. Registre-se, por último, que o adquirente da coisa pode antecipar-se ao reivindicante e promover ele uma ação declaratória negativa em face deste, denunciando a lide ao alienante por meio da própria petição inicial nos termos do art. 74 (*v.* notas aos arts. 71 a 74 e 76; *v.*, ainda, CC, arts. 447 a 457).

II – ao proprietário ou ao possuidor indireto quando, por força de obrigação ou direito, em casos como o do usufrutuário, do credor pignoratício, do locatário, o réu, citado em nome próprio, exerça a posse direta da coisa demandada;

A hipótese aqui tratada é a da denunciação da lide oferecida por usufrutuário, credor pignoratício, locatário (ou outro que identicamente exerça a posse direta da coisa, como o comandatário ou o arrendatário) contra aquele que é titular da nua-propriedade, proprietário do bem dado em penhor, locador (ou outro que tenha a posse indireta, como o comodante ou o arrendante) com vista à responsabilização deste, caso aquele perca a posse da coisa demandada no processo. Se a situação se enquadrar no art. 456, *caput*, do CC, a denunciação é obrigatória. Observe-se, entretanto, que a hipótese prevista por este inciso II não se adapta bem à figura da denunciação da lide, porque o proprietário ou o possuidor direto, poderia ter figurado desde o início como litisconsorte do possuidor indireto, o que não ocorre normalmente nas situações mencionadas nos incisos I e III, deste art. 70. Seja como for, o presente regramento acaba autorizando, no caso de o autor ter acionado possuidor direto e indireto em conjunto (litisconsórcio passivo), que um réu denuncie a lide ao outro para que se defina a responsabilidade entre eles (*v.* CC, art. 1.197).

III – àquele que estiver obrigado, pela lei ou pelo contrato, a indenizar, em ação regressiva, o prejuízo do que perder a demanda.

Vide Projeto de CPC, art. 314, II.

A melhor interpretação deste dispositivo é a que restringe o cabimento de denunciação apenas à hipótese de ação regressiva de garantia (ação de garantia), ou seja, à situação em que a responsabilidade do garante decorre automaticamente da lei ou do contrato, sem necessidade de se discutirem novos fatos e outros fundamentos jurídicos no bojo da denunciação. Logo, nem toda ação de regresso está autorizada por este inciso III (esta é a posição também de Vicente Greco Filho). Entretanto, nossa jurisprudência tem flexibilizado tal interpretação para admitir, por exemplo, que a transportadora denuncie a lide ao causador do dano; que o empregador, acionado, denuncie a lide ao empregado, que o proprietário denuncie ao construtor, ou que a Fazenda Pública denuncie ao servidor público quando acionada com fundamento em responsabilidade objetiva.

Art. 71. A citação do denunciado será requerida, juntamente com a do réu, se o denunciante for o autor; e, no prazo para contestar, se o denunciante for o réu.

Vide Projeto de CPC, art. 315.

Como visto, particularmente em relação à hipótese de evicção (*v.* nota ao inciso I do art. 70), a denunciação pode ser feita pelo autor que se antecipe a alguém que tencione promover ação reivindicatória ou manutenção de posse, por exemplo. Nesse caso, o autor-denunciante, que estará a mover uma ação declaratória negativa, deve pedir, em primeiro lugar, a citação do denunciado (e só depois a do réu) para que se possa dar cumprimento ao art. 74, ficando suspenso o processo a partir desta ordem de citação (art. 72, *caput*). Se o denunciante é o réu, o requerimento de citação do denunciado é feito na própria contestação (num capítulo desta) ou em peça autônoma (a inicial da denunciação), mas sempre no prazo de resposta (art. 297 – *v.* nota).

Art. 72. Ordenada a citação, ficará suspenso o processo.

Apesar da singeleza redacional do dispositivo, o que ele realmente significa é que deferido o processamento desta ação incidental denominada denunciação da lide e, em razão disso, ordenada a citação do denunciado – a requerimento do réu ou do autor, não importa –, o processo, no que diz respeito à causa principal, fica sobrestado em seu andamento até que se realize o ato citatório do terceiro. Note-se que esta hipótese de suspensão do feito se enquadra na previsão dos "demais casos" do inciso VI, do art. 265. Veja-se, por derradeiro, que, uma vez ordenada a citação do denunciado nos termos anteriormente expostos, a suspensão é automática não se exigindo nenhuma declaração formal do juiz nesse sentido (*v.* notas aos arts. 74 e 75).

§ 1º A citação do alienante, do proprietário, do possuidor indireto ou do responsável pela indenização far-se-á:

A menção à citação do "alienante" é uma referência à hipótese do inciso I, do art. 70, assim como a do "proprietário" e do "possuidor indireto" são referências à previsão do inciso II e à do responsável aos casos do inciso III. Pois bem, o que é importante salientar aqui é que os prazos curtos exigidos pela lei para a realização da citação do denunciado têm sua razão de ser na necessidade de tornar rápida a convocação deste e permitir o retorno do processo ao seu curso normal.

***a)* quando residir na mesma comarca, dentro de 10 (dez) dias;**

O prazo de dez dias aqui estabelecido tem por destinatário direto o juiz e indireto o cartório ou a secretaria. Não se trata, portanto, de prazo dirigido à parte (prazo próprio), mas de prazo impróprio sem sanção. Para que a expectativa legal possa se cumprir, deve o magistrado, no momento em que defere a denunciação e ordena o ato citatório, fixar prazo curto (24 ou 48 horas) para que a parte providencie cópia da inicial ou da contestação para instrução da carta ou do mandado, além do recolhimento da diligência do oficial de justiça, neste último caso. A não realização da citação no prazo não invalida nem prejudica o andamento do processo.

***b)* quando residir em outra comarca, ou em lugar incerto, dentro de 30 (trinta) dias.**

O prazo instituído pela presente disposição legal é maior que o anterior justamente em razão do denunciado residir em comarca distinta daquela em que tramita a causa ou por se encontrar em lugar incerto, o que acaba por determinar a exigência, no primeiro caso, de expedição de carta precatória (arts. 202 e segs.) ou do deferimento de citação por edital, no segundo caso, o que depende da prática de uma série de atos (arts. 232 e segs. – *v.* notas). Assim como o prazo do inciso I, este também é dirigido diretamente ao juiz e indiretamente ao cartório, revelando-se, assim, impróprio (*v.* nota ao inciso I).

§ 2º Não se procedendo à citação no prazo marcado, a ação prosseguirá unicamente em relação ao denunciante.

A regra sob exame demanda bastante cuidado interpretativo, porque ela pode sugerir que os prazos de 10 e 30 dias previstos no § 1º têm por destinatário o denunciante, o que não é verdade; trata-se de prazos destinados ao juiz (*v.* nota aos incisos anteriores). Observe-se, então, que a sanção prevista aplicável à parte ("a ação prosseguirá unicamente em relação ao denunciante") depende desta ter descumprido o prazo "marcado" (pelo juiz – prazo judicial) para as providências necessárias (24 ou 48 horas como sugerimos – *v.* nota ao inciso I) e não de ter-se por simplesmente vencido o prazo de 10 ou 30 dias estabelecido pela lei (prazo legal).

Art. 73. Para os fins do disposto no art. 70, o denunciado, por sua vez, intimará do litígio o alienante, o proprietário, o possuidor indireto ou o responsável pela indenização e, assim, sucessivamente, observando-se, quanto aos prazos, o disposto no artigo antecedente.

Vide Projeto de CPC, art. 314, parágrafo único.

O dispositivo sob enfoque consagra a possibilidade de denunciações sucessivas, mas desde, é claro, que se obedeçam estritamente às hipóteses de cabimento do art. 70, tanto que este art. 73 faz referência expressa ao "alienante" (inciso I), ao "proprietário", ao "possuidor indireto" (inciso II) e ao responsável pela indenização (inciso III). Por intimação, no texto, entenda-se citação mesmo, porque esse é o ato pelo qual se chama o réu para se defender, e o denunciado é o sujeito passivo da denunciação da lide, quer o denunciante seja o autor (art. 74) ou o réu da ação originária (art. 75).

Art. 74. Feita a denunciação pelo autor, o denunciado, comparecendo, assumirá a posição de litisconsorte do denunciante e poderá aditar a petição inicial, procedendo-se em seguida à citação do réu.

Vide Projeto de CPC, art. 316.

Embora a denunciação da lide tenha natureza jurídica de ação (ainda que incidente) proposta por uma das partes (aqui o autor) em face de um terceiro – tanto que se procedente o pedido, o denunciado é condenado a pagar indenização ao denunciante –, para fins de movimentação do denunciado no procedimento, este é considerado pela lei como litisconsorte do denunciante. O posicionamento imposto é coerente, haja vista a previsão da lei no sentido de que o denunciado auxilie o denunciante no embate judicial, já que a vitória deste é a sua também, ainda que de forma indireta. Observe-se, outrossim, que além de aditar a inicial, o denunciado ainda pode oferecer contestação à denunciação, exatamente como qualquer demandado (arts. 297 e segs.).

Art. 75. Feita a denunciação pelo réu:

Vide Projeto de CPC, art. 317, caput

A feitura (oferta ou oferecimento) a que alude o dispositivo focalizado nada mais significa do que a apresentação pelo réu de petição escrita autônoma ou de contestação que contenha, em capítulo próprio, a denunciação da lide. Observe-se que, na prática, a denunciação da lide realizada pelo réu é bem mais comum do que a do autor que o presente dispositivo antevê.

I – se o denunciado a aceitar e contestar o pedido, o processo prosseguirá entre o autor, de um lado, e de outro, como litisconsortes, o denunciante e o denunciado;

Vide Projeto de CPC, art. 317, I.

Não existe para o denunciado nenhuma liberdade para aceitar ou recusar a litisdenunciação, bastando ter sido citado para estar submetido à eficácia da decisão jurisdicional que se profira (princípio da inevitabilidade da jurisdição). O que pode o denunciado fazer é alegar, em preliminar, que a denunciação no seu caso não tem cabimento, mas isso não é recusar a denunciação. O que a lei quer dizer somente é que, apresentada contestação, para fins formais, denunciante e denunciado são considerados litisconsortes pela lei (*v.* comentário ao art. 74), aplicando-se-lhes as regras próprias. A eventual irresignação do denunciado contra a denunciação não o torna imune ao processo, nem o autoriza a sair da relação processual.

II – se o denunciado for revel, ou comparecer apenas para negar a qualidade que lhe foi atribuída, cumprirá ao denunciante prosseguir na defesa até final;

Vide Projeto de CPC, art. 317, II.

O "prosseguir na defesa até final" significa apenas que, em caso de revelia ou contestação do denunciado só para alegar descabimento da denunciação, o denunciante prosseguirá lutando por suas razões sozinho (sem o auxílio do denunciado), mas não que o denunciado não possa ser condenado a indenizar. Revel o denunciado ou o indefeso quanto ao mérito, sofre ele as consequências da sua omissão (arts. 319 e 302), não se lhe aplicando os benefícios do art. 320, I, posto que a sua condição de litisconsorte existe apenas para fins formais (*v.* CC, art. 456, parágrafo único).

III – se o denunciado confessar os fatos alegados pelo autor, poderá o denunciante prosseguir na defesa.

Vide Projeto de CPC, art. 317, III.

A confissão do denunciado não determina por si só o ganho de causa pelo autor (lembre-se, sempre, que o litisconsórcio na denunciação da lide existe somente para fins de movimentação no procedimento). O denunciante pode lutar sozinho e ainda assim vencer a demanda. Nada impede, por outro lado, que o denunciante venha a aderir à confissão do denunciado (ou ao reconhecimento jurídico do pedido, o que também é possível), pedindo, em seguida, a procedência do pedido na ação regressiva.

Art. 76. A sentença, que julgar procedente a ação, declarará, conforme o caso, o direito do evicto, ou a responsabilidade por perdas e danos, valendo como título executivo.

Vide Projeto de CPC, art. 317, IV.

Ação e denunciação são julgadas em conjunto em sentença única, devendo o juiz apreciar, em primeiro lugar, como é claro, a ação. Procedente o pedido da ação (com a ordem dirigida ao réu para entregar a coisa ou a condenação a pagar indenização – o texto do art. 76 pressupõe denunciação pelo réu), a sentença condenará (e não "declarará") o denunciado a indenizar pela evicção ou em regresso, habilitando o denunciante a promover execução por quantia (arts. 646 e segs.).

Seção IV
Do Chamamento ao Processo

Vide Projeto de CPC, arts. 319 a 321 (Seção III – Do Chamamento ao Processo).

O chamamento ao processo, sob o ponto de vista do chamante, é uma modalidade de resposta do réu (art. 297 – *v.* nota) pela qual é provocado um litisconsórcio ulterior no polo passivo da ação em virtude do negócio jurídico fiança ou da figura substancial da solidariedade (o chamamento ao processo representa, pois, nesse sentido, uma exceção ao princípio da singularidade da jurisdição). Já sob o prisma do chamado, o chamamento é uma típica modalidade de intervenção de terceiros e cuja sede é o processo de conhecimento condenatório.

Art. 77. É admissível o chamamento ao processo:

Vide Projeto de CPC, art. 319, caput *e IV.*

O chamamento ao processo é sempre uma faculdade a ser exercitada pelo réu e nunca um dever ou ônus, distinguindo-se da denunciação, pelo ângulo formal, justamente por estes dois aspectos: 1º) o ato de chamar é sempre facultativo, o de denunciar pode corresponder a um dever (art. 70, I); 2º) o chamamento só pode ser feito pelo réu, enquanto a denunciação também pode ser feita pelo autor. Comparado o chamamento com a nomeação à autoria, o que se pode dizer é que enquanto esta significa a saída da parte ilegítima, aquele representa o ingresso de quem é parte legítima. Já se cotejarmos o instituto com a oposição, o que se tem é que enquanto o chamamento representa exclusiva ampliação subjetiva da demanda, a oposição significa instauração de nova demanda embora sobre o mesmo objeto. Por fim, se pensarmos na assistência, verificamos que ela é voluntária enquanto o chamamento é obrigatório para o chamado.

I – do devedor, na ação em que o fiador for réu;
Vide Projeto de CPC, art. 319, I.

A primeira hipótese autorizadora do chamamento ao processo, de acordo com o dispositivo enfocado, é a do fiador que, acionado sozinho (ou seja, feito réu solitário pelo credor que move a demanda – CC, art. 827), tem o direito subjetivo processual de exigir a citação do suposto titular da obrigação para que este passe a integrar com ele, fiador, o polo passivo da ação de conhecimento, formando-se, assim, um litisconsórcio passivo ulterior (superveniente) como tivemos a oportunidade de ressaltar (*v.* nota ao título desta Seção IV). O chamamento, nesse caso, cumpre o papel de adaptar o processo à particular realidade substancial representada pela possibilidade do credor acionar apenas o fiador e não o afiançado; se a lei material permite ao autor escolher o réu, a processual permite ao réu escolhido chamar ao processo o não escolhido (mas veja-se que o devedor acionado não pode chamar ao processo o fiador). Note-se que, além da prerrogativa representada pelo chamamento (na demanda cognitiva), o art. 827, do estatuto civil, permite ao fiador-executado alegar o benefício de ordem, nomeando à penhora bens do devedor (*v.* art. 595 e nota).

II – dos outros fiadores, quando para a ação for citado apenas um deles;
Vide Projeto de CPC, art. 319, II.

De acordo com o art. 829, do CC, "A fiança conjuntamente prestada a um só débito por mais de uma pessoa importa o compromisso de solidariedade entre elas, se declaradamente não se reservarem o benefício de divisão". Pois bem, é justamente em razão da aplicabilidade dessa regra que existe o presente inciso II para realizar, mais uma vez, a adaptação do processo ao direito material. É que dada a solidariedade havida entre os fiadores, o credor pode optar por acionar apenas um ou alguns deles, mas não todos, segundo o seu alvitre. Se isso vier a acontecer, este art. 77 autoriza o fiador ou os fiadores acionados (em processo de conhecimento, repita-se) a chamarem ao processo os fiadores não demandados para que, por sentença única, definam-se todas as responsabilidades (*v.* art. 80 e nota).

III – de todos os devedores solidários, quando o credor exigir de um ou de alguns deles, parcial ou totalmente, a dívida comum.

Vide Projeto de CPC, art. 319, III.

Se o inciso inaugural deste art. 77 se ocupa tão somente da fiança, e o subsequente da fiança que gera solidariedade, o presente inciso trata exclusivamente do fenômeno da solidariedade passiva, cuja disciplina fundamental se encontra no art. 275 do estatuto civil que reza: "Art. 275. O credor tem direito a exigir e receber de um ou de alguns dos devedores, parcial ou totalmente, a dívida comum; se o pagamento tiver sido parcial, todos os demais devedores continuam obrigados solidariamente pelo resto". "Parágrafo único. Não importará renúncia da solidariedade a propositura de ação pelo credor contra um ou alguns dos devedores". Ora, ocorrendo do credor não acionar todos os devedores solidários, incide a autorização deste inciso III que permite a um ou mais dos réus chamarem ao processo os devedores que não figuraram originariamente do rol de sujeitos passivos apontado pelo autor-credor na sua petição inicial.

Art. 78. Para que o juiz declare, na mesma sentença, as responsabilidades dos obrigados, a que se refere o artigo antecedente, o réu requererá, no prazo para contestar, a citação do chamado.

Vide Projeto de CPC, art. 320, caput

O prazo de que dispõe o réu para chamar ao processo é o mesmo da resposta (art. 297), de que a contestação é apenas uma modalidade. Quanto à forma, o chamamento deve ser manifestado como capítulo do próprio corpo da contestação (melhor do que em petição autônoma, por não se tratar de ação). Já no que concerne à sentença, que é única no processo, esta não tem caráter meramente declaratório, como afirma o texto, mas sim condenatório. Nela o juiz define a responsabilidade de todos os obrigados.

Art. 79. O juiz suspenderá o processo, mandando observar, quanto à citação e aos prazos, o disposto nos arts. 72 e 74.

Vide Projeto de CPC, art. 320, §§ 1º e 2º.

Para que o processo possa ter seguimento normal no caso de chamamento, é necessária a realização da citação do chamado; por isso é que, deferida a formação do litisconsórcio passivo, ato contínuo, o juiz declara suspenso o processo. Aplica-se ao chamamento apenas o art. 72 (a referência ao art. 74 é completamente equivocada), uma vez que não existe chamamento pelo autor. Leia-se o que foi dito a respeito do art. 72.

Art. 80. A sentença, que julgar procedente a ação, condenando os devedores, valerá como título executivo, em favor do que satisfizer a dívida, para exigi-la, por inteiro, do devedor principal, ou de cada um dos codevedores a sua quota, na proporção que lhes tocar.

Vide Projeto de CPC, art. 321.

O autor também é beneficiado com a realização do chamamento: procedente o pedido, todos os réus (devedores) são condenados, formando-se título executivo em favor do credor. Proposta a execução, só o fiador (art. 77, I) pode exercitar benefício de ordem (CC, art. 827; CPC, art. 595), mas, caso seus bens respondam efetivamente pelo débito, tem ele a possibilidade de executar o devedor principal (CC, art. 831) nos mesmos autos. Também na hipótese de solidariedade (art. 77, II e III), o devedor que pagar nos mesmos autos executará os demais, mas apenas pela cota-parte de cada um (CC, art. 283).

TÍTULO III
DO MINISTÉRIO PÚBLICO

Vide Projeto de CPC, arts. 154 a 162 (Título VII – Do Ministério Público).

"O MP é instituição permanente, essencial à função jurisdicional do Estado, incumbindo-lhe a defesa da ordem jurídica, do regime democrático e dos interesses sociais e individuais indisponíveis" (CF, art. 127). A função institucional do MP é instrumental da função jurisdicional e tem por objeto, em termos genéricos, a defesa dos direitos indisponíveis (os direitos de alta relevância social, os direitos de cuja realização depende a sobrevivência da sociedade e do Estado; os direitos disciplinados por leis cogentes, de ordem pública, e que, por isso, são inalienáveis, intransigíveis, irrenunciáveis, impenhoráveis, e de realização obrigatória frequentemente).

Art. 81. O Ministério Público exercerá o direito de ação nos casos previstos em lei, cabendo-lhe, no processo, os mesmos poderes e ônus que às partes.

Vide Projeto de CPC, art. 155, e também arts. 154 e158.

Uma das formas pelas quais o MP defende os direitos indisponíveis é a propositura de ação (a chamada ação civil pública). Os direitos assim defendidos são aqueles de intensa indisponibilidade e cuja característica marcante é a sua realizabilidade obrigatória. Pouco importa, assim, se o seu titular particular não toma a sua defesa; o Estado, de que o MP é órgão, o faz, promovendo ação (na verdade, tais direitos têm por titular também o Estado). As hipóteses de ação civil pública são de direito estrito, isto é, só quando a lei expressamente autorizar pode o MP instaurar processo, o que acontece em pouco mais de uma centena de casos (*v.* CF, art. 129, II a V e IX, e § 1º). Como no exercício de ação o MP é autor, cabem-lhe "os mesmos poderes e ônus que às partes", salvo algumas prerrogativas excepcionais (arts. 19, § 2º, 188, 511, § 1º, etc.).

Art. 82. Compete ao Ministério Público intervir:

Vide Projeto de CPC, art. 156, caput

De quatro maneiras é possível alguém participar de um processo: promovendo ação; sendo citado como réu; sucedendo à parte na causa (arts. 41 a 43); ou intervindo em processo, instaurado *inter alios.* Pois bem, além do MP poder promover ação (art. 81), tem o *parquet* legitimidade para intervir em processos com o fim de defender os direitos indisponíveis que se encontram *sub judice.* Observe-se, por derradeiro, que em todas as hipóteses de intervenção do MP, a participação da instituição é obrigatória (pena de nulidade – arts. 84 e 246); não existe no direito brasileiro intervenção ministerial facultativa.

I – nas causas em que há interesses de incapazes;

Vide Projeto de CPC, art. 156, II.

Há interesses de incapazes toda vez que um incapaz (absoluta ou relativamente, pouco importa) for sujeito ativo, passivo, interveniente em qualquer tipo de processo ou procedimento. Existem tais interesses, também, nas situações em que o direito discutido é de incapaz, embora este não figure como parte (*v. g.*, ação proposta por ou em face de espólio). É irrelevante para fins interventivos se o incapaz tem representante legal, tutor, curador ou advogado. Amparado neste inciso I, o MP atua no processo como um assistente diferenciado do incapaz, competindo-lhe defender apenas os interesses deste e não os da parte contrária; sua posição é vinculada e parcial, portanto. A falta de intervenção torna nulo o processo, mas a nulidade só será reconhecida se o tribunal entender que houve efetivo prejuízo para o incapaz. Registre-se, ainda, que a defesa realizável pelo MP não prescinde, por certo, do seu direito de recorrer.

II – nas causas concernentes ao estado da pessoa, pátrio poder, tutela, curatela, interdição, casamento, declaração de ausência e disposições de última vontade;

Vide Projeto de CPC, art. 156, II.

A intervenção ministerial que se funda neste inciso II é fiscalizatória; a função desempenhada é a de *custos legis* que representa atuação imparcial cujo objetivo é a busca da verdade real. Como fiscal da lei, o MP faz o que a parte (qualquer delas) deveria fazer, mas não faz, e o que o juiz poderia fazer, mas não deve para não comprometer a sua imparcialidade (José Fernando da Silva Lopes). Ações concernentes ao estado da pessoa são as que versam sobre a posição da pessoa na família *(status familiae)*, tais como as que dizem respeito a casamento e parentesco e, também, as que atinem ao estado político *(status civitatis)*, que são as relacionadas com a nacionalidade e cidadania. Pátrio poder (hoje poder familiar, de acordo com o estatuto civil – arts. 1.630 e segs.), tutela e curatela (CC, arts. 1.728 e segs.), interdição (CC, arts. 1.767 e segs.) são institutos ligados ao direito assistencial, dentro do direito de família, e toda vez que sejam discutidos judicialmente haverá intervenção do MP por causa da indisponibilidade dos direitos. O mesmo ocorrerá quando o procedimento judicial versar sobre declaração de ausência (CC, arts. 22 a 25) ou testamento (CC, art. 1.857 e segs.).

III – nas ações que envolvam litígios coletivos pela posse da terra rural e nas demais causas em que há interesse público evidenciado pela natureza da lide ou qualidade da parte.

Vide Projeto de CPC, art. 156, I, III e IV.

Interesse público é o interesse ou o direito material indisponível que se revela objetivamente, por sua essencialidade social, independentemente de quem seja seu titular (evidenciado pela natureza da lide – exemplo: os apresentados no inciso II) ou que revela sua indisponibilidade pela hipossuficiência da parte (evidenciado pela qualidade da parte – exemplo: o apresentado pelo inciso I). A regra do inciso III, parte final, só entra em funcionamento para legitimar o MP a intervir quando não exista na legislação nenhuma norma autorizante expressa (*v. g.*, acidentes do trabalho, insolvência civil, rescisória, etc.); se existe, o fundamento da intervenção não é o art. 82, III. Embora seja difícil detectar o interesse público às vezes, isso não torna a intervenção facultativa. A função desempenhada pelo MP no caso de "interesse público evidenciado pela natureza da lide" é sempre fiscalizatória; se o interesse é revelado pela "qualidade da parte", sua atuação será vinculada ou parcial, assumindo o *parquet* a função processual de um assistente diferenciado (Antônio Cláudio da Costa Machado). Já no que concerne à parte inicial do texto ("nas ações que envolvam litígios coletivos pela posse da terra rural"), trata-se de uma hipótese específica do interesse público (ou interesse indisponível) que se expressa legislativamente pela cláusula dos interesses ou direitos difusos, coletivos e individuais homogêneos (CDC, art. 81, parágrafo único) e que processualmente são defendidos por meio das chamadas ações coletivas. Observe-se que falamos de hipótese específica, porque apenas a ação coletiva que envolva interesses difusos, coletivos ou individuais homogêneos, relacionados com a posse de terra rural torna necessária a intervenção do MP com fundamento neste inciso III. Quaisquer outras manifestações de interesses coletivos dão ensejo quer à propositura de ação pelo *parquet* (com fundamento no art. 129, III, da CF, art. 81, do CPC, LACP, CDC ou em outras leis especiais), quer à intervenção com base no art. 92 do CDC e no art. 5º, § 1º, da LACP.

Art. 83. Intervindo como fiscal da lei, o Ministério Público:

Vide Projeto de CPC, art. 157, caput

O artigo disciplina alguns direitos processuais conferidos ao MP quando intervém como *custos legis,* pouco importando se o fundamento legal da intervenção são os arts. 82, II ou III, 944, 1.105 ou outro dispositivo qualquer da legislação especial (mandado de segurança, ação popular, registros públicos, ECA, recuperação judicial e falências, etc.).

I – terá vista dos autos depois das partes, sendo intimado de todos os atos do processo;

Vide Projeto de CPC, art. 157, I.

Para cumprir o seu mister processual, o *parquet* depende necessariamente da realização dos dois direitos instrumentais aqui estabelecidos: o de ser informado de todos os atos do processo e o de falar sempre depois de conhecer as manifestações das partes a respeito de cada ato. O que fundamenta o seu direito à informação é, evidentemente, o princípio do contraditório e o que respalda o seu direito de falar depois das partes é a imparcialidade que caracteriza a função do *custos legis.*

II – poderá juntar documentos e certidões, produzir prova em audiência e requerer medidas ou diligências necessárias ao descobrimento da verdade.

Vide Projeto de CPC, art. 157, II.

A regra dispõe acerca do direito probatório a ser exercido pelo MP no desempenho da função fiscalizatória, que tem por escopo o descobrimento da verdade real e, por conseguinte, o alcance da perfeita definição jurisdicional dos direitos indisponíveis (em que o direito em discussão é indisponível). Como o Estado-juiz não se satisfaz, nesses casos, com a verdade formal, surge a necessidade do MP *custos legis* no processo. Assim, fica autorizado o MP a produzir prova documental, qualquer prova oral em audiência (depoimento pessoal, prova testemunhal ou oitiva do perito), além de outras que se fizerem necessárias, como a prova pericial ou a inspeção judicial. Outro poder conferido ao fiscal da lei, mas não mencionado aqui, é o de interpor quaisquer recursos (art. 499, § 2º).

Art. 84. Quando a lei considerar obrigatória a intervenção do Ministério Público, a parte promover-lhe-á a intimação sob pena de nulidade do processo.

O tratamento da nulidade do processo por falta de intervenção do MP comporta distinções importantes. Se a intervenção é fundada no art. 82, III, a regra é a de que não se exige intervenção enquanto não se definir a presença de interesse público; logo, só a partir dessa definição é que se vai cogitar de comprometimento da função fiscalizatória e de nulidade. Se a intervenção é amparada no art. 82, II, ou em alguma das outras hipóteses previstas pelo CPC ou pela legislação extravagante, exige-se a participação do MP desde o início do processo, mas nulidade só se decreta se houve prejuízo para a função fiscalizatória. Se a intervenção se baseia no art. 82, I, por outro lado, exige-se a intervenção desde logo, mas só se anula o processo se houver prejuízo para o incapaz. Já na hipótese de intervenção como substituto processual, a nulidade deve ser decretada sem maiores indagações, uma vez que a ausência do MP significa, por si só, ausência de defesa e violação do interesse público. O que se apresenta, em suma, é a relativização da nulidade por falta de intervenção do MP, apesar do aparente rigor do parágrafo único do art. 246.

Art. 85. O órgão do Ministério Público será civilmente responsável quando, no exercício de suas funções, proceder com dolo ou fraude.

Vide Projeto de CPC, art. 159.

Somente o dolo ou a fraude (vontade consciente de lesar) gera a responsabilidade prevista no texto. A culpa, ainda que grave, não gera tal responsabilidade, uma vez que o MP não pode temer sofrer punição por seus atos de boa-fé, mesmo que estes possam, eventualmente, causar prejuízo. Responsável civilmente, segundo o artigo, é o órgão ministerial (o promotor de justiça, a pessoa física que fala pela instituição) e não a instituição do MP. A responsabilidade em questão não é apurada no processo no qual o ato doloso ou fraudulento foi praticado, mas sim por meio de ação autônoma ajuizada pelo prejudicado.

TÍTULO IV
DOS ÓRGÃOS JUDICIÁRIOS E DOS AUXILIARES DA JUSTIÇA

Vide Projeto de CPC, arts. 118 a 153 (Título VI – Do Juiz e dos Auxiliares da Justiça).

O presente Título, nos seus Capítulos I a III, não dispõe acerca dos órgãos judiciários – cuja instituição se encontra na CF e nas leis de organização judiciária –, mas trata sim da competência, sua classificação, disciplina e exercício pelo magistrado de primeiro grau. Já o Capítulo IV é inteiramente dedicado ao juiz, enquanto o Capítulo V se ocupa dos auxiliares da justiça. O título "Dos Órgãos Judiciários e dos Auxiliares da Justiça" é inadequado, portanto, frente ao seu conteúdo disciplinar.

CAPÍTULO I
DA COMPETÊNCIA

Vide Projeto de CPC, arts. 42 e segs. (Título III – Da Competência Interna).

Competência é a relação de adequação entre determinado órgão judiciário e determinada causa; a medida da jurisdição, a quantidade de poder jurisdicional atribuída, em exercício, a determinado órgão judiciário. Jurisdição é poder, abstratamente considerado, para julgar litígios; competência é jurisdição concretamente considerada, vale dizer, poder para dirimir litígios especificamente individualizados.

Art. 86. As causas cíveis serão processadas e decididas, ou simplesmente decididas, pelos órgãos jurisdicionais, nos limites de sua competência, ressalvada às partes a faculdade de instituírem juízo arbitral.

Vide Projeto de CPC, art. 42.

Processar uma causa significa conduzir, comandar um processo rumo ao provimento jurisdicional final. A causa cível, diz a lei, pode ser decidida por um órgão que não a tenha processado, como sói acontecer quando a causa correu perante juízo incompetente e outro vem a proferir julgamento (*v. g.*, nas hipóteses dos arts. 99, parágrafo único, e 113, § 2º). O juízo arbitral é sucedâneo da jurisdição. Trata-se de negócio jurídico disciplinado por lei (Lei n. 9.307, de 23.09.1996) que tem por objeto a outorga a um particular de poder para julgar litígios que versem sobre direitos disponíveis.

Art. 87. Determina-se a competência no momento em que a ação é proposta. São irrelevantes as modificações do estado de fato ou de direito ocorridas posteriormente, salvo quando suprimirem o órgão judiciário ou alterarem a competência em razão da matéria ou da hierarquia.

Vide Projeto de CPC, art. 43.

O dispositivo institui o chamado princípio da *perpetuatio jurisdictionis*, que é a regra fundamental de processo segundo a qual a propositura da ação fixa num determinado órgão judiciário a competência para o processamento e o julgamento de uma causa. Fixada a competência, quaisquer modificações fáticas (alteração da residência ou do domicílio) ou jurídicas (alteração do estado civil ou de regras de competência em razão do território ou do valor) tornam-se irrelevantes. Apenas as modificações expressamente previstas no texto têm o condão de interferir na competência de um órgão: a supressão do órgão judiciário (*v. g.*, o desaparecimento da Vara de Registros Públicos, num Estado); a alteração da competência em razão da matéria, o que inclui também pessoa (arts. 91 e 92 do CPC – *v. g.*, pela ampliação da competência das varas de família) ou da hierarquia, isto é, a competência dita funcional no plano vertical (art. 93 – *v. g.*, alteração da competência dos tribunais estaduais). Observe-se que, em relação à competência territorial ou pelo valor, o fenômeno da "*perpetuatio*" só ocorre no momento da não oposição de exceção (art. 114).

CAPÍTULO II
DA COMPETÊNCIA INTERNACIONAL

Vide Projeto de CPC, arts. 25 a 41 (Capítulo II – Da Cooperação Internacional).

Competência internacional tecnicamente não existe. A jurisdição, como manifestação de soberania, limita-se a um Estado e seu território (princípio jurisdicional da aderência ao território); competência é somente a medida da jurisdição. Logo, entre Estados soberanos não se fala em competências, mas em jurisdições. O que o CPC estabelece neste capítulo é apenas o não reconhecimento pelo Brasil, como Estado soberano, de decisões jurisdicionais estrangeiras em determinadas hipóteses (art. 89), ou o seu reconhecimento em outras (art. 88), sob a condição da decisão brasileira sobre o mesmo litígio não ter transitado em julgado, o que se verificará quando da homologação da sentença estrangeira perante o STJ (*v.* nota ao art. 90).

Art. 88. É competente a autoridade judiciária brasileira quando:

Vide Projeto de CPC, arts. 21 a 24, particularmente, o art. 21.

A doutrina é unânime em interpretar a competência disciplinada neste artigo como concorrente (ou relativa), isto é, o Brasil não deixa de reconhecer sentenças estrangeiras nas hipóteses aqui elencadas, mas afirma categoricamente – vista a regra por outro prisma – que, nesses casos, a presença de certos elementos fáticos envolvendo o Brasil (domicílio do réu, local do cumprimento da obrigação ou fato aqui verificado) dão competência à autoridade judiciária brasileira. Na verdade, os arts. 88 e 89 sob enfoque instituem uma reserva exclusiva ou não exclusiva de jurisdição em favor da nossa Justiça.

I – o réu, qualquer que seja a sua nacionalidade, estiver domiciliado no Brasil;

Vide Projeto de CPC, arts. 21, I, e 22.

O estatuto processual de 1973 achou por bem reservar, ainda que não exclusivamente, competência para o juiz brasileiro quando a causa tiver por réu alguém domiciliado no Brasil. Domicílio é a residência com ânimo definitivo (CC, art. 70). Para os fins deste dispositivo, há quem sustente a tese de que a mera residência do réu no Brasil é suficiente para dar competência à Justiça brasileira (argumento – art. 94, § 3º), o que não parece correto: se quisesse a lei dar importância à residência para os fins do art. 88, ela o teria dito expressamente (como fez no § 3º invocado); se não disse, foi porque não quis, além do que o critério universal de determinação de competência é o domicílio e não a residência (art. 94, *caput*). Observe-se, por fim, que o mero domicílio do autor no Brasil não dá competência à Justiça brasileira (*v.* art. 12, *caput*, da Lindb).

II – no Brasil tiver de ser cumprida a obrigação;

Vide Projeto de CPC, art. 21, II.

De acordo com o presente dispositivo – e também com o *caput* do art. 12 da Lindb – para fins de determinação da competência concorrente do juiz brasileiro, não importa o local onde foi constituída, onde teve nascimento a obrigação. Para ser competente a autoridade brasileira é imprescindível que aqui a obrigação tenha de ser adimplida, qualquer que seja a sua natureza. Lembremos, outrossim, que segundo nossa lei civil, o local do pagamento é o do domicílio do devedor (CC, art. 327). Uma segunda obrigação resultante do descumprimento de uma primeira que no Brasil deve ser adimplida não dá competência ao juiz brasileiro por este inciso, e sim pelo inciso III (Hélio Tornaghi). Registre-se, por derradeiro, que, verificando-se a hipótese sob exame, a competência do juiz brasileiro se estabelece, ainda que o réu não tenha domicílio aqui, nem a ação se origine de fato ou ato ocorrido no Brasil.

III – a ação se originar de fato ocorrido ou de ato praticado no Brasil.

Vide Projeto de CPC, art. 21, III.

Se o inciso I, deste art. 88, dá competência ao juiz brasileiro apenas porque o réu é domiciliado no Brasil e o inciso II apenas porque uma obrigação aqui tem de ser cumprida, o presente dispositivo reserva competência (na verdade, jurisdição) à Justiça nacional somente em virtude da circunstância de a demanda apresentar como elemento da causa de pedir (art. 282, III) um fato ocorrido ou um fato praticado dentro do território brasileiro. Duas observações se impõem: 1ª) o território brasileiro envolve terra, mar, espaço aéreo, navios de bandeira nacional, aeronaves, embaixadas, etc.; 2ª) o fato natural (fato) ou o fato humano (ato) aqui ocorrido tanto pode se integrar na *causa petendi* remota (fato que faz nascer o direito), como na próxima (fato que consubstancia a lesão ao direito e que leva alguém a ingressar em juízo – interesse de agir).

Parágrafo único. Para o fim do disposto no n. I, reputa-se domiciliada no Brasil a pessoa jurídica estrangeira que aqui tiver agência, filial ou sucursal.

Vide Projeto de CPC, art. 21, parágrafo único.

A presunção legal de domicílio (da pessoa jurídica estrangeira) instituída pela disposição legal enfocada é absoluta: a existência de agência, filial ou sucursal de pessoa jurídica estrangeira em nosso território torna competente o juiz brasileiro para os fins do inciso I deste art. 88 que reconhece competência (*rectius*, jurisdição) à autoridade judiciária brasileira. Note-se que o presente dispositivo tem paralelo no estatuto civil que, em seu art. 75, § 2º, estabelece mais detalhadamente que: "§ 2º Se a administração, ou a diretoria, tiver a sede no estrangeiro, haver-se-á por domicílio da pessoa jurídica, no tocante às obrigações contraídas por cada uma das suas agências, o lugar do estabelecimento, sito no Brasil, a que ela corresponder". Examine-se, ainda, o art. 12, VIII e § 3º, do próprio CPC.

Art. 89. Compete à autoridade judiciária brasileira, com exclusão de qualquer outra:

Vide Projeto de CPC, art. 23, caput

A competência disciplinada neste dispositivo é absoluta (*absolutum*, semanticamente, é o que é por si mesmo, o que não se vincula nem se condiciona a nada), posto que exclui qualquer outra. O enunciado deixa claro que nenhuma sentença sobre as matérias arroladas a seguir é reconhecível no Brasil. Em outras palavras, o que o focalizado art. 89 significa é que, em relação às matérias ou às causas previstas nos incisos, a lei processual civil brasileira institui uma reserva exclusiva de jurisdição à autoridade judiciária nacional, o que impede, de forma absoluta, que, em tais casos, qualquer sentença estrangeira seja homologada entre nós.

I – conhecer de ações relativas a imóveis situados no Brasil;

Vide Projeto de CPC, art. 23, I.

De acordo com o dispositivo enfocado, fica absolutamente excluída da jurisdição estrangeira, em primeiro lugar, toda ação fundada em direito real (CC, art. 1.225), como em direito pessoal, que tenha por pedido mediato (bem da vida) um imóvel (CC, arts. 79 a 81). Em segundo lugar, as ações que versem sobre direitos reais sobre imóveis (anulação de uma hipoteca, constituição de servidão, etc.). Veja-se que, como a presente disposição normativa fala genericamente de "ações relativas a imóveis", isto engloba, evidentemente, as ações "que versem sobre direitos reais imobiliários" aludidas pelo *caput* e pelo inciso I, do § 1º, do art. 10, deste Código.

II – proceder a inventário e partilha de bens, situados no Brasil, ainda que o autor da herança seja estrangeiro e tenha residido fora do território nacional.

Vide Projeto de CPC, art. 23, II.

Se o inciso I exclui da jurisdição alienígena os imóveis brasileiros, este inciso II subtrai às Justiças estrangeiras todo e qualquer bem situado no Brasil que haja de ser transmitido a alguém por força de herança. Assim, basta que um bem da herança (ou espólio), imóvel ou não, esteja situado no Brasil para que nenhuma adjudicação ou partilha estrangeira tenha eficácia perante a ordem jurídica nacional. Nesse caso, o processo de inventário de tais bens (arts. 982 e segs.) só aqui pode ter lugar, sendo irrelevante o fato de o morto (autor da herança) ser estrangeiro e nunca ter sequer estado no Brasil.

Art. 90. A ação intentada perante tribunal estrangeiro não induz litispendência, nem obsta a que a autoridade judiciária brasileira conheça da mesma causa e das que lhe são conexas.

Vide Projeto de CPC, art. 24.

O sentido da regra sob exame é o de que a instauração de processo no estrangeiro sobre determinada lide (nas hipóteses de competência concorrente do art. 88 e não nas do art. 89, é claro) não é impedimento à instauração de outro processo, idêntico quanto ao conteúdo, no Brasil. Note-se que litispendência do processo estrangeiro existe. O que não há é o efeito impeditivo desta sobre o processo brasileiro, ou seja, ajuizada uma ação no estrangeiro e outra, idêntica, no Brasil, posteriormente, não poderá o réu aqui alegar litispendência (arts. 267, V, e 301, V), porque esta não será acolhida em razão do presente dispositivo. A lei, na verdade, confundiu litispendência com o efeito impeditivo da litispendência.

CAPÍTULO III
DA COMPETÊNCIA INTERNA

Vide Projeto de CPC, arts. 42 a 53 (Capítulo I – Da Competência, Seção I – Disposições Gerais, Seção II – Da Competência em Razão do Valor e da Matéria, Seção III – Da Competência Funcional, Seção IV – Da Competência Territorial). Vide, ainda, arts. 67 a 69 (Capítulo II – Da Cooperação Nacional).

Se "competência internacional" tecnicamente não existe, como visto (*v.* nota ao Capítulo II), também de uma "competência interna" não se deveria falar, porque todo o fenômeno competência é interior ao Estado e à sua soberania, na medida em que significa a repartição ou a distribuição das causas, para fins de racionalidade do sistema jurisdicional, entre os juízes de um país (os juízes brasileiros, no caso). Deixada de lado, portanto, a crítica de ordem técnica, o que temos é que, no presente Capítulo, o CPC se ocupa de disciplinar os critérios de distribuição da competência (valor, matéria, funcional e territorial – arts. 91, 93 e 94), de regulamentar longamente a competência territorial (arts. 94 a 100), bem como de regular os fenômenos modificadores da competência (arts. 102 a 111), a declaração da incompetência (arts. 112 a 114) e o conflito de competência (arts. 115 a 124).

Seção I
Da Competência em Razão do Valor e da Matéria

Vide Projeto de CPC, art. 44 (Seção II – Da Competência em Razão do Valor e da Matéria).

Apesar do título focalizado não dizer, a presente seção regula a chamada "competência objetiva", da classificação de Chiovenda, que compreende, além dos dois elementos expressamente referidos (valor e matéria), o elemento qualidade da parte que foi omitido no texto. Competência objetiva é o critério de distribuição das causas entre órgãos de tipos diferentes, critério que é utilizado tanto pela CF para instituir as diferentes "Justiças", como pela lei estadual, para estabelecer, dentro da mesma "Justiça", as diversas varas especializadas. Registre-se que, malgrado a omissão relativa à "qualidade da parte", este subcritério é francamente usado pelo legislador constitucional e infraconstitucional a partir do ponto de partida metodológico que é a "competência objetiva".

Art. 91. Regem a competência em razão do valor e da matéria as normas de organização judiciária, ressalvados os casos expressos neste Código.

Vide Projeto de CPC, art. 44.

O dispositivo em questão regula de forma abstrata e genérica a competência segundo o critério objetivo de Chiovenda, que inclui, como visto, a "qualidade da parte", elemento não mencionado explicitamente, porém perfeitamente identificável. Observe-se, por outro lado, que este art. 91 só faz referência expressa às "normas de organização judiciária", esquecendo-se de aludir à Constituição que deste critério (o objetivo pela matéria) muito se vale para definir as competências das chamadas Justiças especializadas (do Trabalho, Eleitoral e Militar – CF, arts. 114, 121 e 124) e do objetivo pela pessoa de que se utiliza Lei Maior para instituir a competência civil da Justiça Comum Federal (CF, art. 109, I a III e VIII). Recordamos, de outra parte, que a competência da Justiça Comum Estadual é residualmente determinada; vale dizer, tudo que não pertencer à competência das Justiças Especiais e da Comum Federal é da competência da Justiça Estadual. Seja como for, leis de organização judiciária são leis estaduais que, pela matéria, instituem varas de família, registros públicos, acidentes de trabalho, falência (ainda que estas duas últimas hipóteses sejam objeto de ressalvas expressas contidas no inciso I, do art. 109, da CF) e cíveis residualmente; pela qualidade da parte devemos lembrar das varas da Fazenda Pública; pelo valor, das varas distritais de alguns Estados (mas que não se confundem com os Foros Regionais da Capital de São Paulo – *v.* nota à Seção II à frente). Por fim, tenha-se presente que as ressalvas dos "casos expressos neste Código" são as dos arts. 92, 95, parte inicial, 102 e 111.

Art. 92. Compete, porém, exclusivamente ao juiz de direito processar e julgar:

Assim como redigida, a regra constante deste art. 92 teve originariamente o escopo de atribuir apenas ao magistrado de primeira instância que já houvesse se tornado vitalício, e não àquele que ainda cumprisse estágio probatório, competência para processar e julgar as causas elencadas nos incisos a seguir. Ocorre, no entanto, que o art. 22, § 2º, da LOMAN (LC n. 35, de 14.03.1979) acabou colocando por terra a vedação aqui prevista: "§ 2º Os Juízes a que se refere o inciso II deste artigo, mesmo que não hajam adquirido a vitaliciedade, poderão praticar todos os atos reservados por lei aos Juízes vitalícios". O inciso II aludido é o que estabelece: "Art. 22. São vitalícios: [...] II – após dois anos de exercício: *a*) os Juízes Federais; *b*) os Juízes Auditores [...]; *c*) os Juízes do Trabalho [...]; *d*) os Juízes de Direito [...]".

I – o processo de insolvência;

Dada a relevância social do processo de insolvência – chamado pelo CPC de execução por quantia certa contra devedor insolvente (arts. 748 a 786-A) – é que este art. 92 pretendeu retirar dos juízes em estágio probatório a competência para o seu processamento e julgamento. Apesar da mencionada relevância, que, inclusive, determina a intervenção do MP neste processo como fiscal da lei (*v.* art. 82, III, e nota), a LOMAN acabou eliminando a restrição, como visto (*v.* nota ao *caput*).

II – as ações concernentes ao estado e à capacidade da pessoa.

A locução "ações concernentes ao estado e à capacidade da pessoa" é bastante próxima daquela outra encontrada no inciso II do art. 82 ("causas concernentes ao estado da pessoa"), que fundamenta a intervenção do MP. Ambas revelam claramente a existência do fenômeno jurídico "interesse público" ou indisponibilidade de direitos. Eis o porquê deste art. 92 ter querido excluir da competência do juiz não vitaliciado a insolvência civil, intenção que, no entanto, já não subsiste em face do art. 22, § 2º, da LOMAN (*v.* nota ao *caput* e ao inciso I).

Seção II
Da Competência Funcional

Vide Projeto de CPC, arts. 45 e 46 (Seção III – Da Competência Funcional).

Competência funcional é o critério de distribuição de causas tanto entre órgãos do mesmo tipo como entre órgãos de tipos diferentes e compreende: *a)* competência pela fase do processo (art. 132 – a regra reparte a competência entre órgãos iguais); *b)* pelo grau de jurisdição (competência recursal – a competência é repartida entre órgãos diferentes: 1º e 2º graus); *c)* pelo objeto do juízo (conhecimento-execução, cautelar-processo principal – os arts. 475-P, II, 575, II, e 800 repartem competência entre órgãos iguais); *d)* pela natureza do ato (cautelar incidental, art. 800). Outra classificação é esta: *a)* dentro de um mesmo processo (competência horizontal – arts. 132 e 475-P, II – ou vertical – recursal); *b)* processos sucessivos (conhecimento-execução – arts. 475-P, III, e 575, IV; cautelar-principal – art. 800); *c)* critério originário (art. 95).

Art. 93. Regem a competência dos tribunais as normas da Constituição da República e de organização judiciária. A competência funcional dos juízes de primeiro grau é disciplinada neste Código.

Vide Projeto de CPC, art. 45.

A rigor, a locução "competência dos tribunais" indica tanto a chamada competência originária como a competência recursal. Ocorre, entretanto, que quando a Constituição e as leis de organização judiciária regulam a competência originária, elas o fazem segundo o critério objetivo (*v.* nota ao art. 91), o que acaba significando que apenas a competência recursal (também chamada de hierárquica ou pelo grau de jurisdição) se enquadre na categoria da competência funcional aqui instituída. Contudo, a segunda parte do texto sob exame refere expressamente os "juízes de primeiro grau" como titulares de competência funcional, o que permite que se possa sustentar uma terceira classificação – além daquelas duas expostas no comentário ao título da Seção II (*v.* nota) – assim apresentada: *a*) competência funcional na linha vertical (regras de competência recursal do STF, do STJ, do TRF, na Constituição; leis federais de competência do TST, do TSE e do STM; *b*) competência funcional na linha horizontal; *b1)* no mesmo processo; *b1.1)* pela fase do processo (arts. 132 e 475-P, II); *b1.2)* ações incidentais (arts. 108 e 109); *b2)* processos sucessivos (arts. 475-P, III, 575, IV, e 800).

Seção III
Da Competência Territorial

Vide Projeto de CPC, arts. 47 a 53 (Seção IV – Da Competência Territorial).

Dada a circunstância de o nosso estatuto processual civil ter adotado a classificação de Chiovenda, dos três critérios existentes, o primeiro a ser utilizado, para a definição concreta da competência para uma certa causa, é o objetivo que permite localizar a Justiça competente (especial ou comum). Localizada esta, deve-se recorrer, agora, em segundo lugar, ao critério territorial para que se possa definir, dentre as muitas varas identicamente competentes pelo critério objetivo em todo o Brasil (as muitas varas cíveis ou de família, *v. g.*), aquela a qual efetivamente caberá processar e julgar o feito. É por isso que se afirma que a competência territorial é critério de distribuição de competência entre órgãos do mesmo tipo. Os muitos critérios que levam em conta o território se encontram estampados nos vários dispositivos a seguir (arts. 94 a 100). Observe-se que, somente após a propositura da ação que depende do critério territorial, será possível cogitar, normalmente, da competência funcional (ações incidentes, fase do processo, recursos, execução e processo cautelar incidental).

Art. 94. A ação fundada em direito pessoal e a ação fundada em direito real sobre bens móveis serão propostas, em regra, no foro do domicílio do réu.

Vide Projeto de CPC, art. 47, caput

Trata-se de regra consagrada universalmente no direito moderno que dá vantagem ao réu de combater em seus domínios, uma vez que o autor tem a vantagem de poder armar-se como bem entender e de promover ação quando bem quiser. Tal regra de caráter universal se inspira evidentemente no princípio da isonomia (igualdade no processo), o que torna necessário criar vantagem para o réu para compensar a vantagem original do autor. A lei fala "em regra" porque nas várias hipóteses dos parágrafos deste art. 94 instituem-se as exceções à regra da competência do juízo do foro do domicílio do réu. Segundo o art. 70, do estatuto civil, "o domicílio da pessoa natural é o lugar onde ela estabelece a sua residência com ânimo definitivo".

§ 1º Tendo mais de um domicílio, o réu será demandado no foro de qualquer deles.

Vide Projeto de CPC, art. 47, § 1º.

A regra sob enfoque institui a figura processual dos foros concorrentes em razão de a pessoa natural poder ter mais de um domicílio. Esta previsão tem fundamento no disposto no art. 71, do CC, que dispõe: "Se, porém, a pessoa natural tiver diversas residências, onde, alternadamente, viva, considerar-se-á domicílio seu qualquer delas". Pois bem, verificada a existência de diversas residências, que a lei civil reputa diversos domicílios, estabelece este § 1º que o autor fica com a liberdade de escolher qualquer deles para demandar o réu. Observe-se, por fim, o que estabelece o art. 72 do CC: "É também domicílio da pessoa natural, quanto às relações concernentes à profissão, o lugar onde esta é exercida. Parágrafo único. Se a pessoa exercitar profissão em lugares diversos, cada um deles constituirá domicílio para as relações que lhes corresponderem".

§ 2º Sendo incerto ou desconhecido o domicílio do réu, ele será demandado onde for encontrado ou no foro do domicílio do autor.

Vide Projeto de CPC, art. 47, § 2º.

A norma jurídica processual que ora nos ocupa prevê uma hipótese de foro subsidiário, e não concorrente como poderia parecer, uma vez que o autor não tem liberdade de escolha: o réu deve ser acionado no foro onde ele pode ser encontrado; somente se não se tem conhecimento deste lugar é que cabe a propositura da ação no foro do domicílio do autor. A regra cria verdadeira válvula de escape, de sorte a não inviabilizar o exercício do direito de ação, mas, insista-se, não dá ao autor nenhuma liberdade de escolha. Assim como a anterior, também a presente disposição tem fundamento no estatuto civil que estabelece no art. 73: "Ter-se-á por domicílio da pessoa natural, que não tenha residência habitual, o lugar onde for encontrada".

§ 3º Quando o réu não tiver domicílio nem residência no Brasil, a ação será proposta no foro do domicílio do autor. Se este também residir fora do Brasil, a ação será proposta em qualquer foro.

Vide Projeto de CPC, art. 47, § 3º.

O dispositivo sob análise incide nas hipóteses dos arts. 88 (incisos II e III) e 89. O juízo do foro do domicílio do autor só é competente se o réu não tem domicílio nem residência no Brasil; se tiver, o foro da residência ou do domicílio deste é o que prevalece (interpretação *a contrario sensu*). Se o autor só tem residência aqui (e não domicílio), este é o foro competente; se não tem, a ação é ajuizada em qualquer foro (trata-se, portanto, de foro subsidiário). Esta normatividade fundamenta a interpretação mais liberal do "domicílio" no art. 88 (*v.* nota ao art. 88).

---

§ 4º Havendo dois ou mais réus, com diferentes domicílios, serão demandados no foro de qualquer deles, à escolha do autor.

Vide Projeto de CPC, art. 47, § 4º.

Assim como ocorre com a previsão contida no § 1º deste art. 94, também aqui a lei estabelece uma hipótese de foros concorrentes: no caso de litisconsórcio passivo (não importa de que tipo, já que o enunciado não distingue), o autor pode validamente escolher, segundo a sua conveniência, o foro perante o qual promoverá a ação. Note-se, por outro lado, que tal liberdade de escolha – inexistente nos casos dos §§ 2º e 3º, parte inicial – não é obstaculizada pelo fato de um dos litisconsortes ser uma pessoa jurídica.

Art. 95. Nas ações fundadas em direito real sobre imóveis é competente o foro da situação da coisa. Pode o autor, entretanto, optar pelo foro do domicílio ou de eleição, não recaindo o litígio sobre direito de propriedade, vizinhança, servidão, posse, divisão e demarcação de terras e nunciação de obra nova.

Vide Projeto de CPC, art. 48.

Apesar de inserido nesta Seção III, dedicada à competência territorial, o dispositivo estabelece regra de competência funcional ou "territorial funcional" (no dizer de Liebman), haja vista que ela é instituída em razão da necessidade peremptória de que o juiz decida questões imobiliárias no local onde o imóvel se encontra. Por causa disso, nas hipóteses de ação real imobiliária (*v.* art. 10, § 1º, I) e nas outras aqui previstas (ações versando sobre vizinhança, posse, nunciação de obra nova) não existe a possibilidade de prorrogação da competência, que é fenômeno inerente à competência territorial (*v.* art. 111). A opção pelo foro do domicílio ou de eleição, isto é, a prorrogação da competência, só cabe, então, em hipóteses como as de comodato, locação, arrendamento, etc. Observe-se que, segundo o art. 1.225, VII, do CC, o direito do compromitente comprador do imóvel é considerado, *ex vi legis,* direito real, o que faz incidir a regra do art. 95, indubitavelmente, sobre a ação de adjudicação compulsória.

Art. 96. O foro do domicílio do autor da herança, no Brasil, é o competente para o inventário, a partilha, a arrecadação, o cumprimento de disposições de última vontade e todas as ações em que o espólio for réu, ainda que o óbito tenha ocorrido no estrangeiro.

Vide Projeto de CPC, art. 49, caput

Diferentemente do art. 95 (norma disciplinar de competência funcional), o presente art. 96 institui inegavelmente hipótese de competência territorial. Pois bem, não importa o local da morte. É competente, em regra, para as ações mencionadas, o juízo do foro do último domicílio do *de cujus* no Brasil. Ações em que o espólio é réu são, *v. g.*, petição de herança ou legado, nulidade de testamento, nulidade de partilha, sonegados, ação para excluir herdeiro ou para exigir o cumprimento de encargos de legados, entre outras. Tratando-se, assim, de competência territorial, proposta a ação em foro diverso, não pode o juiz reconhecer sua incompetência de ofício, submetendo-se o processo ao fenômeno da prorrogação (art. 114), ainda que haja incapazes envolvidos.

Parágrafo único. É, porém, competente o foro:

Vide Projeto de CPC, art. 49, parágrafo único.

O teor normativo dos incisos deste parágrafo revela claramente tratar-se de foros subsidiários e não concorrentes (os previstos neste art. 96). O que queremos dizer é que, em primeiro lugar, vale o foro do *caput* (domicílio do autor da herança); em segundo, o do inciso I (situação dos bens se o morto não tinha domicílio certo), e só depois o do inciso II (local do óbito).

I – da situação dos bens, se o autor da herança não possuía domicílio certo;

Vide Projeto de CPC, art. 49, I.

A competência do juízo do foro da situação dos bens do morto, para as causas indicadas no *caput*, depende necessariamente da verificação da hipótese aqui prevista, qual seja, não possuir o autor da herança domicílio certo. Em outras palavras, é preciso que não se conheça (desconhecimento) ou não se conheça com exatidão (dúvida) qual era o domicílio da pessoa que deixou bens a inventariar e partilhar. Para tal fim, então, basta a existência de dúvida objetiva sobre se o *de cujus* tinha domicílio aqui ou acolá (num estado ou no outro, numa cidade ou na outra, *v. g.*) para que ganhe competência o juízo do foro da situação dos bens imóveis ou móveis (a lei não discrimina).

II – do lugar em que ocorreu o óbito se o autor da herança não tinha domicílio certo e possuía bens em lugares diferentes.

Vide Projeto de CPC, art. 49, II.

Se o *caput* institui, para as causas que menciona, o foro do domicílio do autor da herança e o inciso I, o foro da situação dos bens, se o autor não tinha domicílio certo (*v.* notas respectivas), o presente dispositivo estabelece o foro da ocorrência do óbito se, além de não ter domicílio certo (inciso II), os bens do morto estão situados em lugares diferentes (comarcas diferentes). Observe-se que, assim como no inciso anterior, os bens que se situam em locais diversos podem ser imóveis, evidentemente, mas também móveis ou uns e outros (*v. g.*, uma casa em Santana de Parnaíba e automóveis em Campos do Jordão).

Art. 97. As ações em que o ausente for réu correm no foro de seu último domicílio, que é também o competente para a arrecadação, o inventário, a partilha e o cumprimento de disposições testamentárias.

Vide Projeto de CPC, art. 50.

Ausente é o assim declarado por sentença em procedimento próprio (arts. 1.159 a 1.169 do CPC; arts. 22 a 39 do CC) e não o revel fictamente citado (art. 9º, parágrafo único) como alguém poderia ser levado a pensar, precipitadamente. A regra em questão não cria foro especial, mas simplesmente explicita que, também no caso do ausente, o foro, para os efeitos mencionados, é o do seu domicílio (o último, é claro, posto tratar-se de pessoa desaparecida). Note-se que se o presente dispositivo não existisse, pela aplicação da regra geral do foro do domicílio do réu (art. 94), a solução seria a mesma. Eis porque se trata de regra explicitativa.

Art. 98. A ação em que o incapaz for réu se processará no foro do domicílio de seu representante.

Vide Projeto de CPC, art. 51.

Assim como se passa com a norma contida no artigo antecedente, também aqui, a regra é, de igual maneira, explicitativa, já que o domicílio do incapaz é o do seu representante por força do parágrafo único do art. 76, do CC ("Art. 76. Têm domicílio necessário o incapaz [...]. Parágrafo único. O domicílio do incapaz é o do seu representante ou assistente [...]"). Portanto, sua normatividade é meramente explicativa (explicitativa), porque a falta de uma disposição como esta nada significaria para o sistema (*v.*, ainda, art. 8º).

Art. 99. O foro da Capital do Estado ou do Território é competente:
Vide Projeto de CPC, art. 52.

O presente dispositivo não foi recepcionado pela CF/88, posto que esta, em seu art. 109, §§ 1º e 2º, disciplinou os aspectos territoriais da competência do juiz federal (o competente para processar e julgar "as causas em que a União, entidade autárquica ou empresa pública federal forem interessadas na condição de autoras, rés, assistentes ou oponentes [...]" – inciso I do art. 109). Observe-se que a não recepção apontada se revela clara na medida em que o § 2º, do art. 109, estabelece quatro opções de foro quando a União é ré (o inciso I a seguir não estabelece nenhuma opção), além do que o § 1º, ao não fazer referência ao "foro da Capital do Estado", teve a intenção de beneficiar o particular que deve ser acionado no seu próprio foro, se lá houver vara federal, como expressamente cogita o § 3º, do art. 109, da CF (*v.* nota ao inciso a seguir).

I – para as causas em que a União for autora, ré ou interveniente;
Vide Projeto de CPC, art. 52.

Como tivemos a oportunidade de dizer no comentário ao *caput*, este inciso I não foi recepcionado pela CF/88 e isso ocorre por duas razões: 1ª) para o caso da União ser a demandada, o § 2º do art. 109, da CF, dispõe: "§ 2º As causas intentadas contra a União poderão ser aforadas na seção judiciária em que for domiciliado o autor, naquela onde houver ocorrido o ato ou fato que deu origem à demanda ou onde esteja situada a coisa, ou, ainda, no Distrito Federal". O presente inciso perdeu vigência nessa parte porque se mostra incompatível com o texto constitucional; 2ª) O § 1º, do art. 109, ao dizer "As causas em que a União for autora serão aforadas na seção judiciária onde tiver domicílio a outra parte", não limita a competência do juiz federal neste caso à "Capital do Estado", podendo a ação, de acordo com o texto da Lei Maior, ser aforada na comarca do réu se esta for "sede de vara do juízo federal" como expressamente cogitam o § 3º do mesmo art. 109, e o art. 110, *caput*, da CF (*v.* nota ao § 3º mencionado).

II – para as causas em que o Território for autor, réu ou interveniente.

Dada a circunstância de a disciplina do *caput*, deste art. 99, que impõe o "foro da Capital do Estado ou Território", ter se tornado incompatível com as normas contidas nos §§ 1º a 3º, do art. 109, da CF/88, que regulam os aspectos territoriais da competência do juiz federal, obviamente, o enfocado inciso II também deixou de ter vigência. Além disso, chamamos a atenção para o fato de que, malgrado a existência da figura dos Territórios na nossa Carta Constitucional (*v.* CF, art. 33), não há, de fato, Territórios no Brasil hoje, o que não significa que não possam vir a existir no futuro. Se isso ocorrer, a eles se aplicará o art. 110, parágrafo único, da CF, que dispõe: "Parágrafo único. Nos Territórios Federais, a jurisdição e as atribuições cometidas aos juízes federais caberão aos juízes da justiça local, na forma da lei".

Parágrafo único. Correndo o processo perante outro juiz, serão os autos remetidos ao juiz competente da Capital do Estado ou Território, tanto que neles intervenha uma das entidades mencionadas neste artigo.

Excetuam-se:

Vide Projeto de CPC, art. 46, caput *e II, parágrafo único.*

Em razão da relativa autonomia normativa do presente parágrafo único, que trata apenas da exigência de remessa dos autos ao juiz federal, no caso de intervenção da União em processo instaurado *inter alios* (entre outras pessoas), não há como vislumbrar incompatibilidade dessa regra processual com o art. 109 da Constituição, de sorte que sua aplicação ainda hoje parece inegável. A única ressalva, à evidência, fica por conta do destinatário da remessa que é o juiz federal competente, mas não necessariamente o da "Capital do Estado", como diz o texto (só nesta parte a regra em questão não se aplica). Observe-se, outrossim, que a intervenção da União e de outras pessoas é regulada pela Lei n. 9.469/97 que dispõe: "Art. 5º A União poderá intervir nas causas em que figurarem, como autoras ou rés, autarquias, fundações públicas, sociedades de economia mista e empresas públicas federais. Parágrafo único. As pessoas jurídicas de direito público poderão, nas causas cuja decisão possa ter reflexos, ainda que indiretos, de natureza econômica, intervir, independentemente da demonstração de interesse jurídico, para esclarecer questões [...], podendo juntar documentos [...], recorrer, hipótese em que, para fins de deslocamento de competência, serão consideradas partes".

I – o processo de insolvência;

Vide Projeto de CPC, art. 46, I.

O inciso em questão excepciona a regra estabelecida no parágrafo único anterior que determina a remessa dos autos ao juiz federal quando ocorrer a intervenção da União (*v.* nota ao parágrafo). De acordo com o enfocado inciso, quando o processo instaurado *inter alios* for um processo de insolvência, não há deslocamento da competência para a Justiça Federal. Veja-se que tal dispositivo se encontra plenamente recepcionado pela CF/88 que, no seu art. 109, I, parte final, faz ressalva expressa à competência federal no caso de falência (falência em sentido amplo, isto é, insolvência em termos gerais, o que engloba tanto a civil como a empresarial), abrangendo hoje a ressalva constitucional todas as formas de recuperação judicial e extrajudicial das empresas (Lei n. 11.101/2005).

II – os casos previstos em lei.

Vide Projeto de CPC, art. 46, III.

Estes outros "casos previstos em lei", a que se refere o presente inciso II, correspondem àquelas hipóteses contempladas pela parte final do inciso I, do art. 109, da Constituição, que estão fora da competência dos juízes federais e, por conseguinte, de acordo com a regra ora focalizada, também fora da exigência de remessa dos autos em caso de intervenção da União. São elas: as de falência (*rectius,* insolvência, caso previsto expressamente pelo inciso I anterior); as de acidentes do trabalho (que não se confundem com reclamações trabalhistas); as sujeitas à Justiça Eleitoral; as sujeitas à Justiça do Trabalho. Além dessas, também o concurso de credores e a execução fiscal não se submetem ao art. 99.

Art. 100. É competente o foro:

Vide Projeto de CPC, art. 53, caput

Dentro do contexto disciplinar da competência territorial que nos ocupa, o focalizado art. 100 cumpre o papel de estabelecer o chamado foro especial em várias das hipóteses descritas em seus incisos. Foro especial é aquele que foge à regra geral do domicílio do réu instituída pelo *caput* do art. 94. Observe-se, outrossim, que os incisos I, II, IV, *d*, e V representam criações de foro especial, mas não os incisos III e IV, *a*, *b* e *c*, que apenas explicitam hipóteses de aplicação da própria regra geral do *caput,* do art. 94. Por último, registre-se que todos os casos deste art. 100 se submetem ao fenômeno da prorrogação (art. 114), caso não haja oferecimento de exceção de incompetência no prazo legal (arts. 297 e 307 e segs.).

I – da residência da mulher, para a ação de separação dos cônjuges e a conversão desta em divórcio, e para a anulação de casamento;

Vide Projeto de CPC, art. 53, I.

Este inciso I, que institui foro especial em favor da mulher nas ações que menciona, nada tem de inconstitucional, na medida em que isonomia também é tratar desigualmente os desiguais e nos casos aqui previstos, pelo menos no Brasil, são as mulheres que normalmente ficam em situação de grande penúria econômica com o término de um casamento fracassado. Pois bem, para os fins aqui cogitados, a lei se satisfaz com a mera residência (moradia sem ânimo definitivo), que deve ser verificada no momento da propositura da ação.

Este benefício concedido à mulher (o foro especial) não se condiciona absolutamente aos fundamentos apresentados pelo marido na ação de separação. Por anulação entenda-se anulação mesmo ou nulidade de casamento. E, quanto ao divórcio, aplica-se a regra mesmo que este seja pedido diretamente (divórcio direto). Por fim, anote-se que o presente dispositivo aplica-se, analogicamente, às ações concernentes à união estável.

II – do domicílio ou da residência do alimentando, para a ação em que se pedem alimentos;

Vide Projeto de CPC, art. 53, II.

Outro caso típico de foro especial é o concedido ao alimentando, dada a presunção absoluta de hipossuficiência econômica que milita em seu favor. O autor da ação de alimentos litiga no foro do seu domicílio ou da sua residência, caso não tenha domicílio, pouco importando se o processo tem rito comum ou especial ou se é cautelar (alimentos provisionais – art. 852, II). A norma incide, também, na ação de execução de alimentos, mas não na revisional. Por derradeiro, registre-se que a cumulação do pedido de alimentos com o de petição de herança ou investigação de paternidade não exclui a aplicação da regra enfocada.

III – do domicílio do devedor, para a ação de anulação de títulos extraviados ou destruídos;

Dada a circunstância de a ação de anulação de título extraviado ou destruído ter sempre como sujeito passivo o devedor do título (*v.* nota ao inciso II, do art. 907), não é correto afirmar que o presente inciso III tenha estabelecido foro especial em favor deste. A regra em questão, destarte, apenas explicita a aplicação do art. 94, *caput,* à ação de anulação. Observe-se, por fim, que o texto sob enfoque não menciona a ação de reivindicação (art. 907, I) porque desse processo não participa o devedor do título, no polo passivo, mas apenas o seu detentor (*v.* nota respectiva).

IV – do lugar:

Vide Projeto de CPC, art. 53, III, e.

Diferentemente dos incisos I e II que instituem, de forma inequívoca, foros especiais, o presente inciso IV se coloca ao lado do anterior como regra meramente explicitativa, pelo menos no que concerne às hipóteses elencadas nas suas letras *a* e *c* (ações movidas a pessoas jurídicas ou sociedades sem personalidade jurídica). Apenas as letras *b* e *d*, à frente, representam a consagração de foro especial (o do local da agência ou sucursal ou local onde a obrigação deva ser satisfeita).

***a)* onde está a sede, para a ação em que for ré a pessoa jurídica;**

Vide Projeto de CPC, art. 53, III, a.

A regra sob enfoque é simplesmente explicitativa, uma vez que a sede da pessoa jurídica equivale ao seu domicílio, significando o presente dispositivo apenas uma explicitação enunciativa da aplicação da norma do art. 94, *caput*, às pessoas jurídicas. O art. 75 do CC prescreve: "Art. 75. Quanto às pessoas jurídicas, o domicílio é: I – da União, o Distrito Federal; II – dos Estados e Territórios, as respectivas capitais; III – do Município, o lugar onde funcione a administração municipal; IV – das demais pessoas jurídicas, o lugar onde funcionarem as respectivas diretorias e administrações, ou onde elegerem domicílio especial no seu estatuto ou atos constitutivos". Ainda para fins de compreensão deste dispositivo, observe-se que o Decreto n. 68.682/71 proclama, em seu art. 1º: "Art. 1º Salvo disposição expressa em contrário de lei ou decreto, o Distrito Federal é a sede das entidades autárquicas, empresas públicas e sociedades de economia mista da União". Em relação ao Sinpas (INSS, Inamps, LBA, Funabem, Dataprev, Iapas e Ceme), aplica-se a Lei n. 6.439/77 que prescreve, em seu art. 4º: "§ 2º As entidades do Sinpas têm sede e foro no Distrito Federal, podendo, entretanto, manter provisoriamente sede e foro na cidade do Rio de Janeiro [...] até que [...] possam ser transferidas para o Distrito Federal" (as observações finais são de Theotonio Negrão).

***b)* onde se acha a agência ou sucursal, quanto às obrigações que ela contraiu;**

Vide Projeto de CPC, art. 53, III, b.

Se a letra *a* consagra mera explicitação (*v.* nota), a presente letra *b* institui verdadeira regra especial de competência ao admitir que a pessoa jurídica seja demandada no foro da agência ou sucursal, quanto às obrigações ali contraídas. Não se trata de simples regra explicitativa porque o domicílio da pessoa jurídica é o local da sua sede (CC, art. 75, IV) e o presente dispositivo excepciona tal regra em razão da contração de obrigações por agências ou sucursais. Nem se argumente, por outro lado, contra a tese, invocando o § 2º do art. 75 do estatuto civil, posto que este só admite a agência como domicílio se a pessoa jurídica tem sede fora do território brasileiro; na hipótese desta letra *b* a pessoa tem sede no Brasil (letra *a*). Por derradeiro, observe-se que se autarquias federais, empresas públicas federais ou sociedades de economia mista tiverem agências ou sucursais que hajam contraído obrigações, no foro destas as ações poderão ser ajuizadas.

c) onde exerce a sua atividade principal, para a ação em que for ré a sociedade, que carece de personalidade jurídica;

Vide Projeto de CPC, art. 53, III, c.

Outra regra meramente explicitativa é esta que estabelece o foro do exercício da atividade principal da sociedade irregular, ou de fato, como o competente para as ações contra ela intentadas. Como a sociedade desprovida de personalidade não tem constituição formal (contrato social e registro), ela não possui sede – o que exclui a aplicação da letra *a* –, tornando necessária a eleição de critério para definir a competência nesta hipótese. Sustentamos tratar-se de regra explicitativa esta da letra *c*, porque se ela não existisse, o art. 94, *caput*, seria suficiente para permitir a interpretação de que o equivalente ao domicílio em tal caso é o local do exercício fático da sua atividade principal (*v.* art. 12, § 2º; *v.*, ainda, CC, arts. 986 a 990).

d) onde a obrigação deve ser satisfeita, para a ação em que se lhe exigir o cumprimento;

Vide Projeto de CPC, art. 53, III, d.

Esta última letra do inciso IV, deste art. 100, estabelece mais uma hipótese de regra especial de competência: o foro do local da satisfação da obrigação para as causas em que se lhe exigir o cumprimento, afastada a regra do domicílio do réu. Observe-se que o *forum destinatae solutionis* (foro do cumprimento, do adimplemento ou, simplesmente, foro do pagamento) tem aplicação tanto às ações de conhecimento (de cobrança, de cumprimento de obrigação de dar, fazer ou não fazer) fundadas em obrigações contratuais ou oriundas de declaração unilateral de vontade – excluídas as ações de perdas e danos por inadimplemento ou que versem sobre existência e validade de negócios jurídicos –, como às ações de execução fundadas em títulos executivos extrajudiciais (art. 576). Tratando-se de regra de competência territorial, têm lugar aqui a eleição de foro (art. 111), a prorrogação (art. 114) e a modificação da competência por conexão ou continência (arts. 102 a 106).

V – do lugar do ato ou fato:

Vide Projeto de CPC, art. 53, IV, a e b.

Referindo-se expressamente ao "lugar do ato ou fato", o presente inciso institui de forma inequívoca mais três regras especiais de competência, afastando a aplicação da regra do foro do domicílio do réu que o art. 94, *caput*, estabelece. Note-se que o inciso focalizado tanto se aplica na hipótese de o réu ser uma pessoa física (natural), como no caso de ser uma pessoa jurídica de direito privado (CC, art. 44) ou de direito público (CC, art. 41). Registre-se, por último, que se o ato ou fato acontece em mais de um lugar, qualquer um deles define a competência para o processamento e julgamento da ação.

***a)* para a ação de reparação do dano;**
Vide Projeto de CPC, art. 53, IV, a.

Trata-se do chamado *forum delicti commissi*, que é o foro do lugar onde o ilícito civil aconteceu, vale dizer, o fato humano (ou ato) ou o fato de animais ou coisas (ou fato) que gera a responsabilidade de indenizar (responsabilidade extracontratual). É a causa de pedir determinando a competência. Aplica-se, assim, o presente dispositivo às ações indenizatórias genericamente, porque a lei não faz qualquer discriminação ("ação de reparação do dano"), salvo a do parágrafo único. Note-se, outrossim, que se se tratar de reparação de ilícito contratual (responsabilidade contratual), a regra que incide é a da letra *d*, do inciso IV.

***b)* para a ação em que for réu o administrador ou gestor de negócios alheios.**
Vide Projeto de CPC, art. 53, IV, b.

Também na hipótese de figurar na qualidade de demandado um administrador ou gestor de negócios alheios, estabelece o CPC regra especial de competência determinando que a causa seja instaurada no foro do lugar do ato ou fato que constitui *causa petendi* da ação dirigida ao administrador ou gestor *(forum gestae administrationis)*. A gestão de negócios que dá razão ao presente dispositivo é a ação que o dono do negócio ou um terceiro venha a mover ao gestor, e que se encontra regulada pelos arts. 861 a 875 do CC.

Parágrafo único. Nas ações de reparação do dano sofrido em razão de delito ou acidente de veículos, será competente o foro do domicílio do autor ou do local do fato.
Vide Projeto de CPC, art. 53, parágrafo único.

Este parágrafo único consagra uma terceira regra especial de competência, no âmbito do inciso V deste art. 100, porque sua previsão não se confunde com a da letra *b* retro, que fala genericamente de reparação de dano e estabelece o foro do lugar do ato ou fato; aqui se fala de reparação em razão de "delito ou acidente" e se estabelece como competente o foro do domicílio do autor ou do local do fato. Observe-se que o termo "delito" compreende tanto o delito penal, como o civil, e que a locução "acidente de veículos" tem significado amplo para abarcar automóvel, ônibus, caminhão, motocicleta, bicicleta, avião, helicóptero, embarcações, trem, metrô, etc. (*v.* art. 275, II, *d*, que, diferentemente, institui restrição à via terrestre). Registre-se, por último, que a concorrência de foros, estabelecida intramuros pelo parágrafo único em questão, dá ao autor total liberdade para escolher onde ajuizar a causa.

Art. 101. (*Revogado pela Lei n. 9.307, de 23.09.1996.*)

Seção IV
Das Modificações da Competência

Vide Projeto de CPC, arts. 54 a 63 (Seção V – Das Modificações da Competência).

A competência – fixada concretamente pela propositura da ação (art. 87), à luz das regras previstas pelos arts. 88 a 100 do estatuto processual civil – pode ser modificada ou alterada por vários fenômenos processuais que aqui são disciplinados: a conexão (art. 103), a continência (art. 104), a acessoriedade (art. 108), as ações incidentes (art. 109), a convenção das partes (art. 111) e, fora da Seção, a prorrogação (art. 114).

Art. 102. A competência, em razão do valor e do território, poderá modificar-se pela conexão ou continência, observado o disposto nos artigos seguintes.

Vide Projeto de CPC, art. 54.

Somente a competência relativa (a territorial e a objetiva pelo valor – para menos e não para mais) é passível de modificação pela conexão ou continência. A competência absoluta (a objetiva pela matéria e pela qualidade da parte, bem como a funcional) não sofre qualquer influência desses fenômenos. Há quem entenda que a conexão e a continência sejam espécies de prorrogação legal; a prorrogação voluntária, em contraposição, tem como espécies a expressa (eleição de foro) e a tácita (omissão quanto ao oferecimento de exceção declinatória de foro ou de juízo – *v.* art. 114).

Art. 103. Reputam-se conexas duas ou mais ações, quando lhes for comum o objeto ou a causa de pedir.

Vide Projeto de CPC, art. 55, caput *e § 2º.*

Há conexão pelo objeto quando existe identidade de pedido mediato, isto é, do bem da vida pleiteado em duas ou mais ações. São conexas pelo objeto, *v. g.*, as ações de pessoas que requerem o benefício previdenciário pela morte do mesmo segurado; a reivindicatória e a possessória do mesmo imóvel; a cobrança do crédito e a consignação do pagamento; a cobrança do fiador e do afiançado. São conexas pela causa de pedir, por outro lado, duas ou mais ações quando lhes são comuns o fundamento remoto (ou causa de pedir remota): ação de despejo e ação de consignação fundadas no mesmo contrato (não assim entre despejo e usucapião, entre despejo e nunciação de obra nova ou entre despejo e anulatória de escritura); ação de usucapião e ação divisória; ação demarcatória e possessória; ação demarcatória e ação de usucapião; ação de usucapião e ação reivindicatória; ação de cobrança fundada num contrato e ação anulatória do mesmo contrato; prestação de contas e consignatória; ação divisória e extinção de condomínio ou, ainda, entre os embargos do devedor e a ação declaratória envolvendo o mesmo título (*v.* art. 46, II e III, e, ainda, art. 282, III).

Art. 104. Dá-se a continência entre duas ou mais ações sempre que há identidade quanto às partes e à causa de pedir, mas o objeto de uma, por ser mais amplo, abrange o das outras.

Vide Projeto de CPC, arts. 56 e 57.

A figura da continência traz em seu bojo a ideia de uma conexão muito intensa, tanto que não dispensa a identidade quanto à causa de pedir nem a identidade de partes (que na conexão não é exigida). Quanto ao objeto (ou pedido), na continência, é relevante tanto o pedido imediato (o tipo de providência jurisdicional pleiteada) quanto o mediato (o bem da vida, objeto de prestação no plano material). São exemplos de continência: ações de separação judicial e de divórcio por separação de fato; ação declaratória e condenatória em relação ao mesmo crédito.

Art. 105. Havendo conexão ou continência, o juiz, de ofício ou a requerimento de qualquer das partes, pode ordenar a reunião de ações propostas em separado, a fim de que sejam decididas simultaneamente.

Vide Projeto de CPC, art. 55, § 1º.

Reconhecida pelo juiz a existência de qualquer dos fenômenos apontados, o que normalmente ocorre pela arguição do réu em contestação (art. 301, VII), deve o magistrado (não se trata de mero poder) ordenar a reunião das causas, oficiando ao juiz do outro processo que lhe envie os autos (no caso de o primeiro ser o competente, na conformidade do art. 106). Se o juiz que reconhece a conexão ou a continência percebe que não é competente (segundo o mesmo art. 106), deve oficiar ao competente, enviando-lhe os autos. Trata-se de modificação de competência porque, despachada a inicial (via de regra) da primeira causa conexa, o segundo magistrado perde sua competência.

Art. 106. Correndo em separado ações conexas perante juízes que têm a mesma competência territorial, considera-se prevento aquele que despachou em primeiro lugar.

Vide Projeto de CPC, art. 59.

Prevenção é a fixação da competência em um dentre dois ou mais juízes igualmente competentes pelo critério territorial (art. 102) por causa do fenômeno da conexão ou da continência. No texto, "mesma competência territorial" deve ser entendida como mesmo foro ou mesma comarca, de sorte que a prevenção pelo primeiro despacho só se opera dentro deste limite. Se os juízes das causas conexas exercem jurisdição perante foros de comarcas diferentes, não tem aplicação o art. 106, mas sim o art. 219, para fins de prevenção: considerar-se-á prevento o juiz do processo no qual, em primeiro lugar, tiver ocorrido a citação (*v.*, ainda, arts. 253 e 263).

Art. 107. Se o imóvel se achar situado em mais de um Estado ou comarca, determinar-se-á o foro pela prevenção, estendendo-se a competência sobre a totalidade do imóvel.

Vide Projeto de CPC, art. 60.

A prevenção, aqui estabelecida como critério de atribuição de competência, nada tem a ver com conexão ou continência, mas sim com a conveniência de se estender a jurisdição em concreto de um órgão à parte de imóvel situado em outro Estado ou outra comarca. Nessa hipótese, competente para julgar a ação que tenha por objeto todo o imóvel será o juízo onde se realiza a primeira citação, aplicando-se, assim, o art. 219 e não o art. 106, que pressupõe dois juízos dentro do mesmo foro. A interpretação, destarte, é coerente com a dada ao art. 106, em confronto com a do art. 219 (sobre o conceito de prevenção, *v.* comentário ao art. 106).

Art. 108. A ação acessória será proposta perante o juiz competente para a ação principal.

Vide Projeto de CPC, art. 61.

A acessoriedade, como fenômeno modificador da competência, nada mais é do que uma forma particularizada de conexão: o acessório, por isso, segue o principal. Explicita esta regra o art. 800, segunda parte, que vincula todas as ações cautelares, que são acessórias, às ações principais; e também a primeira parte do art. 800, que afirma ser competente para a ação cautelar preparatória o juízo que seria competente para a principal. Sempre que a natureza de uma ação revelar a sua acessoriedade em relação a outra, ainda que fora do campo da cautelaridade, poder-se-á invocar o artigo sob exame. São exemplos de acessoriedade, fora do mundo cautelar, além das ações incidentais previstas pelo art. 109 (*v.* nota), a prestação de contas do inventariante, tutor, curador, depositário e outro qualquer administrador, que se processa perante o juízo que o tiver nomeado, em apenso (art. 919), a ação de sonegados que se processa no juízo do inventário, a regulamentação de visitas ou a modificação de guarda que se processa perante o juízo da separação judicial, o pedido de venda do bem do curatelado que se processa perante o juiz que nomeou o curador, etc. (os exemplos são de Theotonio Negrão). Observe-se, finalmente, que este art. 108 é regra de competência funcional no plano horizontal (*v.* parte inicial da nota ao artigo subsequente).

Art. 109. O juiz da causa principal é também competente para a reconvenção, a ação declaratória incidente, as ações de garantia e outras que respeitam ao terceiro interveniente.

Trata-se de outra regra de competência que deve ser enquadrada na categoria da "competência funcional" que é reconhecida e instituída expressamente pelo art. 93. A previsão sob enfoque, em primeiro lugar, ilustra a figura das ações acessórias do art. 108; em segundo, corresponde a um dos casos de "competência funcional dos juízes de primeiro grau [...] disciplinada neste Código" (*v.* art. 93 e nota), isto é, de competência funcional no plano horizontal, da classe "mesmo processo" (contraposta à dos "processos sucessivos": *v. g.*, conhecimento-execução – art. 575, II –, conhecimento-cautelar – art. 800). Pois bem, a "reconvenção" (art. 315), a "ação declaratória incidente" (arts. 5º e 325), a ação de garantia "denunciação da lide" (art. 70) e "outras que respeitam ao terceiro interveniente", como a oposição (art. 56), só podem ser propostas perante o juízo do processo a que se encontram vinculadas e jamais perante qualquer outro. É que não existem reconvenção, declaratória incidente, denunciação da lide ou oposição autônomas; enquanto assim denominadas e processadas, tais ações são inexorável e essencialmente incidentes, o que retira de qualquer outro juízo a competência para processá-las e julgá-las. O que ocorre, entretanto, é que as pretensões materiais por elas veiculáveis também o são autonomamente, como acontece se o autor propuser, em vez de uma declaratória incidente, uma ação declaratória (art. 4º), em vez da reconvenção, uma ação constitutiva negativa, em vez de uma ação de denunciação, uma ação condenatória. Nesses casos, não incide o art. 109, aplicando-se os arts. 102 a 106 da presente Seção.

Art. 110. Se o conhecimento da lide depender necessariamente da verificação da existência de fato delituoso, pode o juiz mandar sobrestar no andamento do processo até que se pronuncie a justiça criminal.

Vide Projeto de CPC, art. 62, caput

A norma contida neste artigo não é de competência nem de modificação da competência, mas simplesmente estabelece uma hipótese particular de suspensão do processo, fora do art. 265, por prejudicialidade penal (prejudicial é a questão de mérito que deve ser, literalmente, julgada antes, porquanto seja pressuposto lógico necessário do julgamento da lide). A regra em questão, portanto, está topograficamente deslocada, e no que concerne ao seu conteúdo é explicitação da situação prevista na letra *a* do inciso IV do art. 265 (*v.*, ainda, o § 5º do art. 265). O sobrestamento do processo é faculdade e não dever do juiz. Pronunciamento da justiça criminal, por outro lado, é decisão imutável desta, vale dizer, sentença ou acórdão transitado em julgado.

Parágrafo único. Se a ação penal não for exercida dentro de 30 (trinta) dias, contados da intimação do despacho de sobrestamento, cessará o efeito deste, decidindo o juiz cível a questão prejudicial.

Vide Projeto de CPC, art. 62, parágrafo único.

A parte e o MP (o titular da ação penal pública) devem ser intimados do sobrestamento. Deste instante flui o prazo para a propositura da ação penal. Não proposta a ação, pouco importando o motivo, cessa a suspensão, devendo o magistrado decidir a questão prejudicial *incidenter tantum*, isto é, na motivação sem força de coisa julgada.

Art. 111. A competência em razão da matéria e da hierarquia é inderrogável por convenção das partes; mas estas podem modificar a competência em razão do valor e do território, elegendo foro onde serão propostas as ações oriundas de direitos e obrigações.

Vide Projeto de CPC, art. 63, caput

Por competência em razão da matéria entenda-se a competência objetiva (matéria e qualidade da parte – *v.* comentário ao art. 91). Por hierarquia entenda-se aqui competência funcional genericamente (*v.* art. 93). Nesses casos, a lei proíbe qualquer forma de prorrogação. A eleição de foro (ou prorrogação voluntária expressa) só é admitida quanto à competência objetiva pelo valor ou territorial (*v.* art. 102). Note-se que, apesar da eleição de foro, se a ação for proposta em foro diverso do eleito, cabe ao réu oferecer exceção de incompetência, sob pena de prorrogação (art. 114).

§ 1º O acordo, porém, só produz efeito, quando constar de contrato escrito e aludir expressamente a determinado negócio jurídico.
Vide Projeto de CPC, art. 63, § 1º.

A eleição de foro é acordo das partes quanto à competência traduzido em cláusula contratual onde se pactua o foro competente para dirimir litígios que tenham por objeto o ato jurídico sobre que versa o contrato. Em relação aos contratos civis e comerciais, em geral, vale a plena liberdade de eleição, mas se tem reconhecido a relatividade do pactuado no que concerne às relações de consumo e contratos de adesão onde a abusividade é frequente.

§ 2º O foro contratual obriga os herdeiros e sucessores das partes.
Vide Projeto de CPC, art. 63, §§ 2º e 3º.

Foro contratual é sinônimo de foro de eleição e vincula não só os contratantes, mas também seus sucessores *causa mortis,* a título universal (herdeiros) ou singular (legatários), e sucessores por ato *inter vivos* (cessionários). O fundamento principiológico da norma em epígrafe é, evidentemente, a autonomia da vontade, aqui reconhecida e regulada pela lei processual civil para fins estritamente processuais.

Seção V
Da Declaração de Incompetência

Vide Projeto de CPC, arts. 64 a 66 (Seção VI – Da Incompetência).

Tecnicamente falando, incompetência é a relação de inadequação entre um processo e determinado órgão jurisdicional. Verificado concretamente o fenômeno, nos termos da lei, o magistrado o reconhece expressamente nos autos e determina o seu envio ao juiz competente. A incompetência relativa é declarada por meio de exceção (arts. 112 e 311); a absoluta é reconhecida nos próprios autos do processo (art. 113, *caput* e § 2º).

Art. 112. Argui-se, por meio de exceção, a incompetência relativa.
Vide Projeto de CPC, art. 64, caput

A palavra exceção tanto pode significar direito de defesa, como matéria de defesa. Exceção, neste texto, entretanto, é a exceção de incompetência (declinatória de foro ou de juízo ou exceção ritual) disciplinada pelos arts. 307 a 311; trata-se aqui da modalidade de resposta atribuída ao réu e que vem elencada no art. 297. Por meio dessa modalidade de resposta, argúi-se exclusivamente a incompetência territorial ou pelo valor, ou seja, a incompetência relativa que é a que se submete à prorrogação voluntária expressa (art. 111) ou tácita (art. 114).

Parágrafo único. A nulidade da cláusula de eleição de foro, em contrato de adesão, pode ser declarada de ofício pelo juiz, que declinará de competência para o juízo de domicílio do réu.

Vide Projeto de CPC, art. 63, § 4º.

O presente parágrafo único – criação da Lei n. 11.280/2006 que integra a Reforma do Processo Civil – surge no cenário jurídico para consagrar legislativamente solução processual que já vinha sendo praticada há tempos pelos nossos tribunais. Trata-se da expressa outorga de poder ao juiz para reconhecer *ex officio* a nulidade de cláusula de eleição de foro (a cláusula prevista pela parte final do *caput* do art. 111) quando se tratar de contrato de adesão, espécie contratual tão própria das relações de consumo. Veja-se que tal poder, agora concedido expressamente pelo CPC ao juiz, enquadra-se na previsão genérica da parte inicial do inciso VII do art. 166 do estatuto civil ("VII – a lei taxativamente o declarar nulo [...]") e corresponde à explicitação das também genéricas previsões de cláusulas contratuais "nulas de pleno direito" que "impliquem renúncia ou disposição de direitos", situadas no *caput* e no inciso I do art. 51 do CDC. Pois bem, quanto à técnica jurídica de que se valeu o legislador reformista, o que nos cumpre observar é que: 1) o reconhecimento judicial de ofício da nulidade da cláusula de eleição em contrato de adesão tem como efeito o desaparecimento do mundo jurídico da avença lesiva ao consumidor, o que gera, como consequência natural, a aplicabilidade da regra geral de competência do art. 94 deste CPC (o foro do domicílio do réu); 2) desaparecida a cláusula lesiva e tornado aplicável o art. 94, fica o magistrado expressamente autorizado a declinar da sua competência para o juízo do domicílio do réu, como diz a parte final do texto sob enfoque, autorização essa que significa expressa exceção ao disposto no *caput* (que faz depender o reconhecimento da incompetência relativa do oferecimento de exceção) e, simultaneamente, a transformação dessa hipótese de incompetência relativa (porque determinada por critério territorial) em absoluta, já que o juiz a declara de ofício para determinar, de imediato, a remessa dos autos ao juízo do foro do domicílio do réu (texto de acordo com a Lei n. 11.280/2006).

Art. 113. A incompetência absoluta deve ser declarada de ofício e pode ser alegada, em qualquer tempo e grau de jurisdição, independentemente de exceção.

Vide Projeto de CPC, art. 64, § 1º.

A incompetência absoluta (objetiva pela matéria e qualidade da parte e a funcional) não se submete à prorrogação e, portanto, não precisa ser alegada pela parte por meio de exceção declinatória, mas sim como preliminar de contestação (art. 301, II). Caso a parte não a alegue em defesa, deve o órgão jurisdicional (monocrático ou colegiado), verificando a sua existência, declará-la *ex officio*.

§ 1º Não sendo, porém, deduzida no prazo da contestação, ou na primeira oportunidade em que lhe couber falar nos autos, a parte responderá integralmente pelas custas.

De acordo com o presente dispositivo, a parte que dá ensejo à procrastinação do processo ante a circunstância de não ter alegado em contestação a incompetência absoluta, ou logo após a ocorrência de incompetência superveniente (art. 87, *in fine*), responde pelas custas como pena processual.

§ 2º Declarada a incompetência absoluta, somente os atos decisórios serão nulos, remetendo-se os autos ao juiz competente.

Vide Projeto de CPC, art. 64, §§ 2º e 3º.

A declaração da incompetência absoluta não acarreta a extinção do processo (trata-se, portanto, de objeção – porque conhecível de ofício – dilatória – porquanto causa apenas o prolongamento do feito), mas apenas a anulação dos atos decisórios e o envio dos autos ao juiz competente. Ato decisório é a sentença proferida, mas também o saneamento e outros atos que julguem questões processuais relevantes.

Art. 114. Prorrogar-se-á a competência se dela o juiz não declinar na forma do parágrafo único do art. 112 desta Lei ou o réu não opuser exceção declinatória nos casos e prazos legais.

Vide Projeto de CPC, art. 65.

O enfocado art. 114 teve a sua redação alterada pela Lei n. 11.280/2006 – que integra a Reforma do Processo Civil – por conta da necessidade sistemática de que a presente disciplina da prorrogação (fenômeno segundo o qual um juízo relativamente incompetente se torna competente em razão da ocorrência de certos fatos processuais) pudesse contemplar a autorização dada pelo novel parágrafo único do art. 112 ao juiz para reconhecer de ofício a "nulidade da cláusula de eleição de foro, em contrato de adesão". Em outras palavras, era necessário incluir no presente dispositivo, que trata da ocorrência da prorrogação, além do não oferecimento de exceção declinatória, que já constava do texto, o reconhecimento *ex officio* da nulidade da cláusula de eleição que, a partir de agora, também provoca a transformação do juiz relativamente incompetente em juiz competente e autoriza o magistrado a declinar da sua competência para o juízo do domicílio do réu (*v.* parágrafo único do art. 112 e nota respectiva). Pois bem, afora a nova previsão, não se deve deixar de reconhecer que apenas a incompetência relativa – a que ocorre em razão do descumprimento de normas concernentes à competência determinada pelo valor ou pelo território (arts. 94 a 100, 102 e 111) – submete-se ao fenômeno da prorrogação. Esclareça-se, ainda, que, ao falar genericamente de "exceção declinatória", refere-se o novo texto evidentemente às exceções declinatórias "de foro" (a concernente ao território) e "de juízo" (a concernente ao valor) que eram explicitadas no texto antigo deste art. 114. Por fim, registre-se que o prazo para o oferecimento da exceção é o mesmo da contestação, vale dizer, o de quinze dias, do art. 297; a forma vem regulada nos arts. 304 a 311 (texto de acordo com a Lei n. 11.280/2006).

Art. 115. Há conflito de competência:

Vide Projeto de CPC, art. 66, caput

Conflito de competência é o nome técnico que se dá ao incidente processual que decorre da divergência entre órgãos judiciais acerca da competência ou da incompetência para processar e julgar uma mesma causa ou sobre a reunião ou a separação de processos.

I – quando dois ou mais juízes se declaram competentes;

Vide Projeto de CPC, art. 66, caput

É o conflito positivo de competência. Para a sua caracterização é suficiente a prática de ato que implicitamente revele a afirmação da própria competência de dois juízos em relação à mesma causa (p. ex., vários inventários dos bens do mesmo morto). Não se exige que um juiz saiba do outro.

II – quando dois ou mais juízes se consideram incompetentes;

Vide Projeto de CPC, art. 66, caput

É o conflito negativo de competência cuja caracterização depende da declaração da incompetência por parte de um juízo e remessa dos autos ao supostamente competente que, por sua vez, também se declara incompetente. A hipótese pode ser assim desdobrada: *a*) o segundo juiz considera o primeiro competente, estabelecendo-se o conflito; *b*) o segundo juiz considera um terceiro competente, e este afirma a competência do primeiro ou do segundo, surgindo o conflito.

III – quando entre dois ou mais juízes surge controvérsia acerca da reunião ou separação de processos.

Vide Projeto de CPC, art. 66, caput

Este inciso apenas explicita duas hipóteses já enquadradas nos incisos anteriores: uma de conflito positivo, outra de conflito negativo. Quanto à primeira, temos que a reunião de processos é determinada por um juízo, ao que se segue a oposição do outro por se achar competente. Quanto à segunda, temos que a separação de feitos é ordenada por um juízo, seguindo-se a oposição daquele a quem são remetidos os autos por considerar-se incompetente e a declaração da competência do primeiro ou de um terceiro.

Art. 116. O conflito pode ser suscitado por qualquer das partes, pelo Ministério Público ou pelo juiz.

Vide Projeto de CPC, art. 66, § 1º.

A legitimação ativa para o conflito é dada às partes, isto é, ao autor, ao réu, ao assistente de qualquer tipo, ao opoente, nomeado, denunciado, chamado, bem como ao MP, desde que esteja participando do processo a qualquer título, e ao próprio magistrado. Em relação ao juiz da causa não há de se cogitar aqui do princípio da inércia, uma vez que toda a possível discussão gira em torno apenas e tão somente da questão processual da competência e não de qualquer aspecto relacionado com o mérito da causa para o qual se exige plena isenção (isenção que explica a inércia – arts. 2º e 262).

Parágrafo único. O Ministério Público será ouvido em todos os conflitos de competência; mas terá qualidade de parte naqueles que suscitar.

Vide Projeto de CPC, art. 66, § 2º.

Se o MP, ainda que fiscal da lei, suscita o conflito autorizado pelo *caput,* no incidente ele tem a posição parcial de suscitante. Se o conflito é suscitado por qualquer das outras pessoas referidas, um órgão do MP de segunda instância (um Procurador da Justiça) intervirá no incidente na qualidade de fiscal da lei, dada a presença do direito processual indisponível que é o relativo à exata definição da competência em caso de conflito (*v.* art. 122).

Art. 117. Não pode suscitar conflito a parte que, no processo, ofereceu exceção de incompetência.

A proibição é decorrente do fato de que o oferecimento de exceção significa apontar a incompetência de um juízo e a competência de outro, de sorte que suscitar conflito, após excepcionar, é praticar *bis in idem.*

Parágrafo único. O conflito de competência não obsta, porém, a que a parte, que o não suscitou, ofereça exceção declinatória do foro.

Quem não suscitou conflito pode excepcionar desde que isso seja possível, ou seja, desde que o conflito seja positivo e não tenha sido determinado o sobrestamento do processo (art. 120). É que, ocorrendo dito sobrestamento, não se praticam atos, o que inclui o oferecimento de exceção de incompetência.

Art. 118. O conflito será suscitado ao presidente do tribunal:

A competência para julgar o conflito é a do tribunal imediatamente superior aos conflitantes, de sorte que o incidente deve ser suscitado ao presidente do referido tribunal. A competência dos Tribunais Regionais Federais para processar e julgar os conflitos de competência entre juízes federais vem prevista pelo art. 108, I, *e*, da Constituição; a competência do STJ para julgar conflitos entre Tribunal e juízes a ele não vinculados encontra-se estabelecida no art. 105, I, *d*.

I – pelo juiz, por ofício;

Vide Projeto de CPC, art. 66, § 1º.

O instrumento formal da comunicação entre autoridades é chamado ofício. Logo, o magistrado para suscitar conflito não o faz por petição, o que é próprio dos sujeitos parciais do processo ou do MP. A legitimação ativa do magistrado não encontra obstáculo no princípio da inércia, como tivemos a oportunidade de esclarecer (*v.* nota ao art. 116).

II – pela parte e pelo Ministério Público, por petição.

Petição é o veículo formal de comunicação das partes aos órgãos judiciários, de sorte que por tal meio manifestam aquelas o conflito de competência. Sobre o que se deva entender por "parte" e "MP", para fins de legitimação ativa na perspectiva do conflito de competência, examine-se a nota do art. 116.

Parágrafo único. O ofício e a petição serão instruídos com os documentos necessários à prova do conflito.

Qualquer que seja o meio formal de comunicação, este deve ser acompanhado dos documentos comprobatórios do conflito, quais sejam, as reproduções reprográficas autenticadas das peças dos autos (ou certidões) que atestam a divergência quanto à competência. Os autos originais do processo em que surgiu o conflito permanecem na sede do juízo.

Art. 119. Após a distribuição, o relator mandará ouvir os juízes em conflito, ou apenas o suscitado, se um deles for suscitante; dentro do prazo assinado pelo relator, caberá ao juiz ou juízes prestar as informações.

Uma vez que o conflito de competência dá ensejo à formação de autos distintos, é necessária a sua distribuição no tribunal a um relator. O relator sorteado é quem fixa o prazo dentro de critérios de razoabilidade para a prestação de informações. A perda do prazo pelo juiz (ou juízes) nada significa, uma vez que este não está submetido à preclusão (a falta é meramente administrativa). As informações correspondem à defesa e às razões do juiz (ou juízes, caso os dois sejam suscitados – art. 118, II).

Art. 120. Poderá o relator, de ofício, ou a requerimento de qualquer das partes, determinar, quando o conflito for positivo, seja sobrestado o processo, mas, neste caso, bem como no de conflito negativo, designará um dos juízes para resolver, em caráter provisório, as medidas urgentes.

O sobrestamento, ou suspensão do processo, pode ser determinado (trata-se de faculdade e não de dever) pelo relator no caso de conflito positivo unicamente, uma vez que o juiz perante o qual se encontra o processo continua a praticar atos por se considerar competente. A suspensão é, destarte, de todo recomendável. Todavia, tanto nesta hipótese como na de conflito negativo é mister que um juiz seja designado provisoriamente para a tomada de medidas urgentes, *v. g.*, providências cautelares.

Parágrafo único. Havendo jurisprudência dominante do tribunal sobre a questão suscitada, o relator poderá decidir de plano o conflito de competência, cabendo agravo, no prazo de 5 (cinco) dias, contado da intimação da decisão às partes, para o órgão recursal competente.

Inspirado claramente na ideia de agilidade do processo, um dos aspectos do princípio da efetividade da tutela jurisdicional, estabelece este parágrafo único do art. 120 – introduzido pela Lei n. 9.756/98 – o poder-dever do relator de decidir *incontinenti* e monocraticamente o conflito de competência quando houver "jurisprudência dominante do tribunal sobre a questão suscitada". Observe-se, desde logo, que jurisprudência dominante não é necessariamente sinônimo de jurisprudência sumulada, mas é claro que esta se enquadra naquela (a distinção apontada é bem feita pelo art. 557). Pois bem, julgado o conflito pelo próprio relator, deste ato cabe agravo interno (nos próprios autos) para o "órgão recursal competente", que é o previsto pelo art. 122 adiante.

Art. 121. Decorrido o prazo, com informações ou sem elas, será ouvido, em 5 (cinco) dias, o Ministério Público; em seguida o relator apresentará o conflito em sessão de julgamento.

Como o conflito envolve matéria de ordem pública (competência), não há em seu bojo lugar para revelia e seus efeitos em caso de não prestação de informações, além do que, normalmente, a discussão se restringe a questões jurídicas. O MP é ouvido sempre como *custos legis* e propugnará pela melhor e mais técnica solução para o conflito. Após o parecer do órgão ministerial, o relator submete o incidente ao julgamento pelo tribunal, incidindo as normas contidas nos arts. 547 a 565 no que for compatível.

Art. 122. Ao decidir o conflito, o tribunal declarará qual o juiz competente, pronunciando-se também sobre a validade dos atos do juiz incompetente.

O fim específico do conflito é exatamente o pronunciamento pelo tribunal sobre qual seja o juízo competente. A decisão sobre a validade dos atos já praticados só tem razão de ser no caso de conflito positivo, uma vez que no negativo os dois juízes se abstêm da prática de atos por se considerarem incompetentes. No que concerne a esta decisão, não deve o tribunal perder de vista o princípio da economia processual, que inspirou o § 2º do art. 113 e é invocável por analogia, de sorte que o critério deve ser o seguinte: *a*) se os dois juízes praticaram atos, os do incompetente não valem; *b*) se só o incompetente os praticou, tais atos valem, exceção feita à sentença. Observe-se, por derradeiro, que o órgão colegiado do tribunal ("tribunal", no texto enfocado) decidirá o incidente em duas hipóteses: primeira, se não houver jurisprudência dominante quando, então, é sua exclusivamente a competência para o julgamento do conflito; segunda, se existindo jurisprudência dominante, ao julgamento do relator seguir-se interposição de agravo (art. 120, parágrafo único), caso em que o colegiado assume a condição de órgão de superposição ("órgão recursal competente").

Parágrafo único. Os autos do processo, em que se manifestou o conflito, serão remetidos ao juiz declarado competente.

Dada a circunstância de os autos originais do processo (em que se verificou o conflito) permanecerem em cartório (*v.* nota ao art. 118, parágrafo único), eles só tomam o destino alvitrado pela lei se o juízo declarado competente não for aquele perante o qual o feito teve curso até ser sobrestado. Se for, não há, evidentemente, nenhuma remessa, retomando a causa seu curso normal após comunicação do resultado do incidente ao magistrado.

Art. 123. No conflito entre turmas, seções, câmaras, Conselho Superior da Magistratura, juízes de segundo grau e desembargadores, observar-se-á o que dispuser a respeito o regimento interno do tribunal.

Turmas, câmaras, seções, Conselho Superior da Magistratura são órgãos fracionários dos tribunais e instituídos pelos respectivos regimentos internos. Na hipótese de conflito de competência entre tais órgãos, aplica-se evidentemente o regimento, além dos artigos deste Código que não tenham caráter meramente procedimental. Observe-se que a LOMAN prescreve, em seu art. 101: "Art. 101. Os Tribunais compor-se-ão de Câmaras ou Turmas, especializadas ou agrupadas em Seções especializadas. A composição e competência das Câmaras ou Turmas serão fixadas na lei e no Regimento Interno. [...] § 3º A cada uma das Seções caberá processar e julgar: [...] *b*) os conflitos de jurisdição relativamente às matérias das respectivas áreas de especialização".

Art. 124. Os regimentos internos dos tribunais regularão o processo e julgamento do conflito de atribuições entre autoridade judiciária e autoridade administrativa.

O conflito de atribuições é a controvérsia ou o choque entre funções administrativas do Poder Judiciário e da Administração Pública. E justamente por não se tratar de matéria processual é que o art. 124 fala do assunto, remetendo aos regimentos internos dos tribunais a disciplina do seu julgamento. De qualquer maneira, é certo que os tribunais estaduais têm sua competência limitada aos conflitos que envolvam autoridades judiciárias (sempre estaduais) e autoridades administrativas (municipais ou estaduais). Quanto aos tribunais federais, vale o que a CF dispõe a respeito (*v.* art. 105, I, *g*, da CF).

CAPÍTULO IV
DO JUIZ

Vide Projeto de CPC, arts. 118 a 128 (Capítulo I – Dos Poderes, dos Deveres e da Responsabilidade do Juiz, e Capítulo II – Dos Impedimentos e da Suspeição).

Juiz é o sujeito imparcial do processo (do *actum trium personarum*), o sujeito que presenta o Estado na relação processual e que, substituindo-se às partes ou aos sujeitos parciais em litígio, realiza a aplicação do direito ao caso concreto. Três atributos inerentes ao magistrado integram a categoria dos pressupostos subjetivos do processo: investidura (requisito de existência), imparcialidade e competência (requisitos de validade da relação processual).

Seção I
Dos Poderes, dos Deveres e da Responsabilidade do Juiz

Vide Projeto de CPC, arts. 118 a 123
(Capítulo I – Dos Poderes, dos Deveres e da Responsabilidade do Juiz).

Tomando como paradigma o título dado a esta Seção, é possível estabelecer a seguinte divisão de assuntos para os arts. 125 a 133 que a compõem. Correspondem, preponderantemente, a poder do juiz as previsões dos arts. 127 e 129 a 131; a dever, as contidas nos arts. 125, 126 e 128; e, finalmente, à responsabilidade, a regra isolada do art. 133.

Art. 125. O juiz dirigirá o processo conforme as disposições deste Código, competindo-lhe:

Vide Projeto de CPC, art. 118, caput *e III a IX.*

O magistrado, embora receba da lei a função de dirigir, conduzir, comandar a relação processual e o *status* de *dominus processus* (o senhor do processo), nada faz senão sob estrita obediência ao direito processual, daí dizer-se que o juiz é escravo da lei. A segurança jurídica do cidadão, no Estado de Direito, está principalmente na legalidade, que alcança a todos, e não na figura do juiz, embora este seja indispensável à preservação do direito e à tutela da liberdade.

I – assegurar às partes igualdade de tratamento;

Vide Projeto de CPC, art. 7º

Se o juiz é imparcial, não pode haver tratamento diferenciado dispensado às partes; imparcialidade do juiz manifesta-se, expressa-se, fundamental e prefacialmente, pela garantia da igualdade entre autor e réu no processo. É o princípio da isonomia – garantia constitucional (CF, art. 5º e inciso I) – traduzida em dever do Estado-juiz para com seus jurisdicionados. Nesse princípio tem origem outro, o do contraditório (ciência bilateral dos atos e termos do processo com a possibilidade de impugná-los), intimamente ligado à garantia do acesso ao Judiciário (CF, art. 5º, XXXV) e hoje expressamente consagrado no texto da Lei Maior (CF, art. 5º, LV).

II – velar pela rápida solução do litígio;

Vide Projeto de CPC, art. 118, I.

Rapidez na solução do litígio é sinônimo, por um lado, de desincumbimento por parte do juiz de todos os seus deveres na forma e nos prazos legais e, de outro, do exercício dos seus poderes com firmeza, presteza e responsabilidade. A morosidade do funcionamento do restante da máquina do Judiciário não pode ser imputada ao juiz cumpridor da lei processual. Velar pela rápida solução do litígio significa, antes de tudo, dar realização concreta ao princípio constitucional do acesso à Justiça e à garantia do direito subjetivo à ordem jurídica justa.

III – prevenir ou reprimir qualquer ato contrário à dignidade da Justiça;

Vide Projeto de CPC, art. 118, II.

Atos atentatórios à dignidade da justiça são, *v. g.*, os previstos pelos arts. 15, 445, 446 e 599, II, a 601. Além desses, outros não previstos, mas percebidos pelo magistrado, identicamente se submetem ao poder-dever de prevenção e repressão esculpidos nesta regra jurídica. Note-se que o recém-criado parágrafo único do art. 14, criou a figura do "ato atentatório ao exercício da jurisdição" (*v.* nota).

IV – tentar, a qualquer tempo, conciliar as partes.

Vide Projeto de CPC, art. 118, IV.

Este inciso do art. 125 significa a consagração legislativa de uma prática judicial que, sem autorização expressa, vinha se sustentando na interpretação forçada do art. 342 como maneira de fomentar a conciliação no curso do processo de execução e no de conhecimento, antes do momento da audiência ou depois dela. Nossos juízes, em certos procedimentos, com alguma frequência, determinavam a citação do réu para comparecer à audiência prévia de conciliação, ato este que passava a representar o termo *a quo* do prazo para contestar. Agora, dada a circunstância do texto se valer da locução "a qualquer tempo", à primeira vista, parece ter-se por legitimada tal prática. Contudo, uma ressalva deve ser feita a nosso ver: a faculdade do juiz de tentar a conciliação, antes da resposta, esbarra no disposto no art. 297, que assegura ao réu o direito de, no prazo de quinze dias, oferecer contestação, exceção ou reconvenção. Trata-se de direito decorrente de norma de ordem pública a ser exercido em prazo legal e peremptório, de sorte que seu termo inicial não pode depender da vontade do juiz. Para isso a lei deveria ter sido expressa como o foi a Lei n. 968/49, que instituiu tal audiência no procedimento da separação judicial. Queremos crer, portanto, que, somente após decorrido o prazo de resposta, estará livre o juiz para, "a qualquer tempo", tentar a conciliação. Idêntico raciocínio vale para a execução por quantia à luz do disposto no art. 652 (a criação do inciso IV do art. 125 é obra da Lei n. 8.952/94).

Art. 126. O juiz não se exime de sentenciar ou despachar alegando lacuna ou obscuridade da lei. No julgamento da lide caber-lhe-á aplicar as normas legais; não as havendo, recorrerá à analogia, aos costumes e aos princípios gerais de direito.

Vide Projeto de CPC, art. 119.

A norma consagra dois princípios sequencialmente: o princípio jurisdicional da indeclinabilidade e o princípio da integração. O primeiro identifica-se com a proibição do *non liquet*, ou seja, a proibição imposta ao Estado-juiz de eximir-se, sob qualquer pretexto, de outorgar a providência jurisdicional (sentença) e de praticar os atos processuais que lhe são antecedentes (decisões interlocutórias e despachos). O segundo é reprodução de norma fundamental já contida na Lindb (art. 4º). Fala-se de integração porque o princípio torna o sistema jurídico fechado, permitindo sempre ao magistrado a aplicação do direito, ainda que não exista regra escrita.

Art. 127. O juiz só decidirá por equidade nos casos previstos em lei.

Vide Projeto de CPC, art. 120.

O juízo por equidade se contrapõe ao juízo fundado na legalidade estrita que está disciplinado pelo art. 126. O julgamento por equidade, autorizado unicamente nas hipóteses expressas em lei, permite ao magistrado valer-se do valor do justo e do equânime como critério de julgamento para alcançar a solução do litígio. A equidade é permissão dada ao juiz para fazer justiça sem sujeitar-se de forma absoluta à vontade contida na regra legal; é liberdade para dar a cada um o que é seu sem subordinar-se rigorosamente ao direito escrito (*v.* arts. 2º da Lei n. 9.307/96 e 25 da Lei n. 9.099/95). Observe-se que o julgamento por equidade não se confunde com discricionariedade, autorizada pelo art. 1.109.

Art. 128. O juiz decidirá a lide nos limites em que foi proposta, sendo-lhe defeso conhecer de questões, não suscitadas, a cujo respeito a lei exige a iniciativa da parte.

Vide Projeto de CPC, art. 121.

Os limites da lide são determinados pelo pedido formulado pelo autor e pela causa de pedir apresentada (art. 282, III e IV). Por isso é que se diz que a petição inicial é um projeto de sentença, uma vez que o juiz está balizado pela pretensão deduzida e pelos fatos e fundamentos jurídicos do pedido que a escoram. O magistrado não pode reconhecer direitos no processo ("conhecer de questões", no texto) que dependam de propositura de ação (arts. 2º e 262), isto é, que não façam parte da lide (*v.* arts. 264, 293, 294 e 460).

Art. 129. Convencendo-se, pelas circunstâncias da causa, de que autor e réu se serviram do processo para praticar ato simulado ou conseguir fim proibido por lei, o juiz proferirá sentença que obste aos objetivos das partes.

Vide Projeto de CPC, art. 122.

O artigo prevê aqui as hipóteses de processo simulado e de processo ilegal e dá ao juiz poder e autoridade para anulá-lo prontamente assim que perceba o intento escuso das partes. A sentença que o juiz profere nesse caso é evidentemente terminativa (a que não aprecia o mérito) e, conquanto a lei não preveja expressamente a hipótese no art. 267, é perfeitamente razoável o entendimento de que o autor de processo simulado ou ilegal seja carecedor da ação por falta de interesse de agir (art. 267, IV).

Art. 130. Caberá ao juiz, de ofício ou a requerimento da parte, determinar as provas necessárias à instrução do processo, indeferindo as diligências inúteis ou meramente protelatórias.

Vide Projeto de CPC, art. 354.

O grande poder instrutório conferido ao magistrado por este artigo representa, a um só tempo, exceção ao princípio dispositivo (arts. 2º e 262), que tem no direito de provar um dos seus corolários (art. 333), e também perigo de comprometimento da imparcialidade do juiz, uma vez que é lugar-comum em doutrina a afirmação de que para manter sua posição de equidistância não deve o julgador correr atrás das provas. Quando o processo civil versa sobre direitos indisponíveis, o perigo alvitrado fica afastado pela presença do MP *custos legis*, que se incumbe de perseguir as provas (arts. 82, II e III, e 83, II). Já quanto aos feitos envolvendo direitos disponíveis é que o problema se coloca em toda a sua extensão. Por isso, embora autorizado a determinar quaisquer provas de ofício, é de todo recomendável a prudência e o comedimento no exercício do poder instrutório por parte do juiz.

Art. 131. O juiz apreciará livremente a prova, atendendo aos fatos e circunstâncias constantes dos autos, ainda que não alegados pelas partes; mas deverá indicar, na sentença, os motivos que lhe formaram o convencimento.

Vide Projeto de CPC, arts. 355 e 356.

É a consagração do princípio do livre convencimento ou persuasão racional (que se contrapõe radicalmente aos sistemas da prova legal e do juízo pela consciência). Decorre do princípio um grande poder e um grande dever. O poder concerne à liberdade de que dispõe o juiz para valorar a prova já que não existe valoração legal prévia nem hierarquia entre elas, o que é próprio do sistema da prova legal; o dever diz respeito à inafastável necessidade de o magistrado fundamentar sua decisão, ou seja, expressar claramente o porquê do seu convencimento (no sistema do juízo pela consciência nada se exige nesse sentido do julgador). Observe-se, por fim, que os fatos não alegados pelas partes só podem ser reconhecidos pelo juiz se não representam modificação da causa de pedir (art. 282, III), haja visto que esta é limite à atividade jurisdicional (*v.* art. 128).

Art. 132. O juiz, titular ou substituto, que concluir a audiência julgará a lide, salvo se estiver convocado, licenciado, afastado por qualquer motivo, promovido ou aposentado, casos em que passará os autos ao seu sucessor.

Outra norma basilar do direito processual é a esculpida neste dispositivo: o princípio da identidade física do juiz (que atende ao princípio da imediatidade, que é, por sua vez, subproduto da oralidade). A regra sob comentário, com a redação que lhe deu a Lei n. 8.637, de 31.03.1993, versa sobre competência funcional (na linha horizontal dentro de um mesmo processo) e poderia, por isso, estar colocada no capítulo anterior, apesar de dizer respeito à atividade do juiz. A competência aqui estabelecida em forma de vinculação ao processo e consequente dever de proferir sentença, como se vê, depende do ato de conclusão da audiência, isto é, do encerramento formal da instrução que nela tem lugar. Observa-se que, diferentemente da antiga disciplina, o ato de iniciar a audiência já não tem nenhum significado, pois o que vale para o fim instituído é apenas o fechamento deste complexo ato processual, pouco importando o fato de ter havido debates ou oferecimento posterior de memoriais (art. 454, *caput* e § 3º). Assim, o juiz que estiver no comando do processo e declarar concluída a instrução julgará o litígio, salvo se uma das circunstâncias relacionadas no texto tiver lugar: convocação, licenciamento, afastamento por qualquer motivo, promoção ou aposentadoria.

Parágrafo único. Em qualquer hipótese, o juiz que proferir a sentença, se entender necessário, poderá mandar repetir as provas já produzidas.

A determinação de repetição de provas tem lugar quando, *v. g.*, o juiz, convocado para servir no Tribunal ou licenciado por motivo de doença, houver comandado a maior parte dos atos instrutórios, de sorte que o seu sucessor perceba a insuficiência da sua própria atuação remanescente para julgar o litígio. Nesse caso, resta-lhe a faculdade de ordenar a repetição de provas, ouvindo todas ou algumas das testemunhas novamente ou tomando o depoimento das partes mais uma vez.

Art. 133. Responderá por perdas e danos o juiz, quando:
Vide Projeto de CPC, art. 123, caput

A responsabilidade civil aqui particularmente disciplinada não se confunde, em absoluto, com a responsabilidade objetiva do Estado que prescinde do elemento subjetivo dolo ou culpa. Como o próprio texto indica, explicitamente, nos incisos a seguir, a responsabilidade pessoal do juiz depende para se caracterizar destes elementos (*v.* notas). Observe-se, outrossim, que a responsabilidade civil ora cogitada não exclui a responsabilidade penal e a administrativa a que também se submete o magistrado. Dizemos "particularmente" porque distinta da estabelecida na lei civil (CC, arts. 186 e 927).

I – no exercício de suas funções, proceder com dolo ou fraude;
Vide Projeto de CPC, art. 123, I.

O termo "dolo", no texto, deve ser compreendido em sua acepção ampla, de sorte que englobe, entre outras, a figura da fraude, que assume, assim, a condição de previsão meramente exemplificativa. Do contrário – vale dizer, interpretado o dolo em sentido estrito (CC, arts. 145 a 150) –, alguns atos praticáveis com evidente má-fé pelo juiz escapam à responsabilização, *v. g.*, os atos simulados (Hélio Tornaghi). O texto deste inciso I sob enfoque é idêntico, em sua literalidade, ao constante do art. 49 da LOMAN (LC n. 35/79).

II – recusar, omitir ou retardar, sem justo motivo, providência que deva ordenar de ofício, ou a requerimento da parte.
Vide Projeto de CPC, art. 123, II.

Recusa significa o indeferimento de medidas inequivocamente cabíveis e pertinentes. Omissão deve ser entendida como a não prática de atos de ofício indiscutivelmente exigidos pela lei. Retardamento é sinônimo de procrastinação de atos pela prática de outros absolutamente inúteis ou desnecessários. Observe-se que o texto focalizado se encontra reproduzido pelo inciso II, do art. 49, da LOMAN com a única diferença que nesta última a palavra empregada é "partes" e não a "parte".

Parágrafo único. Reputar-se-ão verificadas as hipóteses previstas no n. II só depois que a parte, por intermédio do escrivão, requerer ao juiz que

determine a providência e este não lhe atender o pedido dentro de 10 (dez) dias.

Vide Projeto de CPC, art. 123, parágrafo único.

A lei exige para a caracterização da recusa, da omissão ou do retardamento a outorga de oportunidade ao juiz para a supressão do vício no prazo estipulado e o seu não aproveitamento. Reputa-se aberta a oportunidade no momento em que o juiz toma conhecimento do requerimento formulado pela parte, por petição, entregue em mãos do escrivão contra recibo, não satisfazendo a exigência legal o mero protocolo.

Seção II
Dos Impedimentos e da Suspeição

Vide Projeto de CPC, arts. 124 a 128
(Capítulo II – Dos Impedimentos e da Suspeição).

O impedimento e a suspeição são fenômenos processuais caracterizados como vícios que destroem ou comprometem a presunção de imparcialidade do juiz, que é requisito inafastável da validade da relação processual (a imparcialidade é, ao lado da investidura e da competência, pressuposto processual subjetivo atinente ao juiz). A imparcialidade do julgador é marca elementar do processo e da arbitragem como formas de solução do litígio, em contraposição à autotutela (ou autodefesa), mediação, transação e conciliação.

Art. 134. É defeso ao juiz exercer as suas funções no processo contencioso ou voluntário:

Vide Projeto de CPC, art. 124, caput *e VI e VII.*

Impedimento é a circunstância de caráter objetivo que faz a lei presumir de forma absoluta a parcialidade do magistrado e que, por este motivo, o impede de funcionar no processo; impedimento é fenômeno inibidor do poder jurisdicional. Trata-se de vício tão grave que o Código o alça à condição de fundamento de ação rescisória (art. 485, II) e permite, dentro do processo, a sua arguição a qualquer tempo e em qualquer grau de jurisdição, independentemente de oferecimento de exceção (arts. 312 a 314), bem como o seu conhecimento de ofício pelo tribunal, o que revela que o impedimento tem natureza jurídica de objeção (*v.* art. 301, § 4º, que não o menciona). Anote-se, por fim, que o elenco a seguir é *numerus clausus*, ou seja, é taxativo.

I – de que for parte;

Vide Projeto de CPC, art. 124, IV.

Dada a circunstância de ser a imparcialidade do juiz *conditio sine qua non* do alcance da justiça no processo, a qualidade de parte do juiz da causa evidentemente a compromete. A validade do processo e a própria legitimidade ético-político-jurídica da sentença, enquanto expressão do poder jurisdicional e da soberania do Estado, dependem necessária e inexoravelmente do atributo da imparcialidade do juiz. Juiz sem imparcialidade é como processo sem juiz ou justiça sem quem a possa realizar, figuras vazias de significado.

II – em que interveio como mandatário da parte, oficiou como perito, funcionou como órgão do Ministério Público, ou prestou depoimento como testemunha;

Vide Projeto de CPC, art. 124, I.

O procurador, advogado ou representante processual da parte (ou simplesmente mandatário) vê a causa em todos os seus aspectos por um prisma unilateral. Se o juiz já atuou no processo nesta qualidade, viciada se encontra a sua visão e maculada a sua neutralidade. No tocante ao perito e ao órgão do MP, a opinião já formada do primeiro quanto aos fatos e a opinião já formada ou em formação do segundo quanto aos fatos e/ou ao direito, identicamente, comprometem a equidistância do magistrado. Quanto a ter funcionado como testemunha, é óbvio que o conhecimento pessoal dos fatos lhe retira a imparcialidade.

III – que conheceu em primeiro grau de jurisdição, tendo-lhe proferido sentença ou decisão;

Vide Projeto de CPC, art. 124, II.

O impedimento aqui previsto atinge a pessoa investida de jurisdição que compõe órgão colegiado (juiz, desembargador ou ministro). Não há imparcialidade possível a quem já atuou no processo como órgão monocrático proferindo sentença ou decisão. Note-se que tal forma de comprometimento da imparcialidade do julgador se distingue das anteriores (incisos I e II) e posteriores (incisos IV a VI) pelo fato de que, tendo proferido sentença ou decisão a favor de uma das partes, o magistrado fica vinculado às razões e aos interesses de um dos litigantes, pela circunstância de ter reconhecido a sua juridicidade no processo. Esta assunção de posição frente ao conflito afasta a imparcialidade do prolator do ato em primeiro grau para funcionar como julgador em segundo.

IV – quando nele estiver postulando, como advogado da parte, o seu cônjuge ou qualquer parente seu, consanguíneo ou afim, em linha reta; ou na linha colateral até o segundo grau;

Vide Projeto de CPC, art. 124, III e § 3º.

A presença de cônjuge ou parente do juiz na qualidade de advogado, em causa sob seu comando, faz a lei presumir absolutamente o comprometimento da imparcialidade do órgão jurisdicional. Lembremos que "São parentes em linha reta as pessoas que estão umas para com as outras na relação de ascendentes e descendentes" (CC, art. 1.591); "[...] em linha colateral ou transversal, até o quarto grau, as pessoas provenientes de um só tronco, sem descenderem uma da outra" (CC, art. 1.592); "O parentesco por afinidade limita-se aos ascendentes, aos descendentes e aos irmãos do cônjuge ou companheiro" (art. 1.595, § 1º); "Na linha reta, a afinidade não se extingue com a dissolução do casamento ou da união estável" (§ 2º).

V – quando cônjuge, parente, consanguíneo ou afim, de alguma das partes, em linha reta ou, na colateral, até o terceiro grau;

Vide Projeto de CPC, art. 124, IV.

O relacionamento familiar, assim como definido no texto, do juiz com qualquer das partes identicamente gera presunção absoluta de parcialidade daquele. Sobre o que sejam parentes em linha reta, parentes na linha colateral (ou transversal) e parentes por afinidade, remetemos o leitor à nota da lavrada ao inciso IV onde transcrevemos, em parte, os textos dos artigos correspondentes do CC (Lei n. 10.406/2002).

VI – quando for órgão de direção ou de administração de pessoa jurídica, parte na causa.

Vide Projeto de CPC, art. 124, V.

Embora a pessoa jurídica não se confunda com as pessoas físicas que apresentam, é evidente que os interesses em juízo daquela são, via de regra, os mesmos dos seus órgãos (tecnicamente, aqueles que por ela falam), de sorte que se o juiz tem tal condição, inibido está de funcionar no processo. Lembramos que a disciplina fundamental das pessoas jurídicas encontra-se estampada nos arts. 40 a 69 do CC.

Parágrafo único. No caso do n. IV, o impedimento só se verifica quando o advogado já estava exercendo o patrocínio da causa; é, porém, vedado ao advogado pleitear no processo, a fim de criar o impedimento do juiz.

Vide Projeto de CPC, art. 124, §§ 1º e 2º.

A lei quer deixar claro que o impedimento superveniente só tem lugar se o juiz ingressa em feito cujo advogado (nos termos do inciso IV) já funcionava antes; não tem lugar, por outro lado, se o advogado ingressa posteriormente e só para criar impedimento do juiz (nesse caso o impedimento é do advogado).

Art. 135. Reputa-se fundada a suspeição de parcialidade do juiz, quando:
Vide Projeto de CPC, art. 125, caput.

A suspeição, enquanto fenômeno do mundo do processo, é a circunstância de caráter subjetivo que gera a desconfiança ou suspeita de que o juiz seja parcial; é a circunstância que faz nascer a presunção relativa de parcialidade. Diferentemente do impedimento, que pode ser alegado a qualquer tempo, independentemente de forma especial, a suspeição não prescinde de exceção para ser alegada (arts. 304 e segs.), sob pena de preclusão.

I – amigo íntimo ou inimigo capital de qualquer das partes;
Vide Projeto de CPC, art. 125, I.

A amizade íntima ou a inimizade ostensiva em relação às partes (e não aos advogados) pode significar elemento comprometedor da isenção no julgamento. Por isso, a lei presume diante dessas circunstâncias, às vezes de difícil comprovação, a parcialidade do juiz. O grau da amizade ou da inimizade entre o juiz e a parte precisa ser examinado pelo órgão julgador (arts. 313 e 314) com bastante ponderação à luz de cada caso concreto, para não tornar letra morta o presente dispositivo, nem isolar socialmente o juiz na comunidade em que vive.

II – alguma das partes for credora ou devedora do juiz, de seu cônjuge ou de parentes destes, em linha reta ou na colateral até o terceiro grau;
Vide Projeto de CPC, art. 124, VI.

O fato de existir relação jurídica obrigacional envolvendo o magistrado, seu cônjuge ou parente e a parte também sugere que possa haver quebra da neutralidade jurisdicional. Por via das dúvidas, a lei presume o comprometimento. Sobre o que seja parentesco na linha reta e na linha colateral (ou transversal), remetemos o consulente à nota ao inciso IV do artigo anterior, onde fizemos transcrições das normas pertinentes do CC (Lei n. 10.406/2002).

III – herdeiro presuntivo, donatário ou empregador de alguma das partes;
Vide Projeto de CPC, art. 124, VII.

Por herdeiro deve-se entender sucessor a título universal (herdeiro mesmo) ou a título singular (legatário); a falta de precisão técnica no assunto não é exclusividade dessa norma (*v.* arts. 567, I, e 568, II). Herdeiro presuntivo é o que seria herdeiro no momento em que se verifica o impedimento, caso houvesse falecimento da parte. Nessa hipótese, como na de doação referida, é evidente a possibilidade de quebra de neutralidade, por isso a previsão. Já quanto a ser empregador o magistrado, o que justifica a suspeição é o vínculo obrigacional, como no inciso anterior (inciso II). O direito das sucessões, no CC, vem regulado no seu Livro V, da Parte Especial, arts. 1.784 a 2.027.

IV – receber dádivas antes ou depois de iniciado o processo; aconselhar alguma das partes acerca do objeto da causa, ou subministrar meios para atender às despesas do litígio;

Vide Projeto de CPC, art. 125, caput *e II.*

Dádiva é a doação de bem móvel de pequeno valor (CC, art. 541, parágrafo único). A suspeição só se caracteriza nesse caso se a doação se consuma pela aceitação e transferência da propriedade pela tradição (recebimento, no texto). Aconselhar é dizer à parte se ela tem ou não direito em determinada situação litigiosa; a simples orientação sobre a necessidade de procurar um advogado ou sobre o procedimento cabível não gera suspeição. Subministrar meios é sinônimo de assumir os encargos econômicos de um processo (despesas e honorários).

V – interessado no julgamento da causa em favor de uma das partes.

Vide Projeto de CPC, art. 125, III.

A constatação do interesse do magistrado no julgamento da causa a favor de uma das partes pode decorrer de qualquer circunstância fática ou jurídica não prevista nos incisos I a IV deste artigo. A regra em questão tem, portanto, caráter extensivo, de sorte que permita a caracterização da suspeição em hipóteses não cogitadas pelo legislador. Observe-se que o interesse do magistrado há de ser examinado com objetividade para que não se isole intelectual e socialmente o juiz na comunidade em que vive.

Parágrafo único. Poderá ainda o juiz declarar-se suspeito por motivo íntimo.

Vide Projeto de CPC, art. 125, parágrafo único.

A faculdade prevista no texto permite ao juiz declarar-se suspeito sem declinar expressamente qualquer razão (daí falar-se em motivo de foro íntimo), o que pode ser ilustrado pelo fato de o juiz ser muito amigo do advogado ou do órgão do MP oficiante na causa. Por meio dessa prerrogativa, resguarda-se o magistrado de constrangimentos advindos de situações não previstas. Registre-se, por fim, que o presente dispositivo, na prática, acaba tornando o fenômeno suspeição mais uma matéria que o juiz pode reconhecer de ofício (*v.* art. 301, § 4º).

Art. 136. Quando dois ou mais juízes forem parentes, consanguíneos ou afins, em linha reta e no segundo grau na linha colateral, o primeiro, que conhecer da causa no tribunal, impede que o outro participe do julgamento; caso em que o segundo se escusará, remetendo o processo ao seu substituto legal.

Vide Projeto de CPC, art. 127.

A regra diz respeito a impedimento e não a suspeição, de forma que a sua melhor topografia seria logo depois do art. 134. Quanto ao preceito primário, deve-se ter presente que também o casamento está incluído; se o parentesco por afinidade justifica o impedimento, o que não se dizer se os dois juízes são casados. A razão do impedimento está na possibilidade de influências. Sobre o preceito secundário é de se observar que é o conhecimento da causa pelo primeiro juiz (distribuição e seus efeitos – *v.* art. 551, § 1º) que torna impedido o segundo de participar do julgamento.

Art. 137. Aplicam-se os motivos de impedimento e suspeição aos juízes de todos os tribunais. O juiz que violar o dever de abstenção, ou não se declarar suspeito, poderá ser recusado por qualquer das partes (art. 304).

Por "juízes de todos os tribunais" entenda-se simplesmente todos os juízes, não importando se atuam como órgãos monocráticos ou se pertencem a órgãos jurisdicionais colegiados; a distinção denominacional é da mesma forma irrelevante (juiz, desembargador, ministro). O dever de abstenção aqui previsto significa a necessidade de o magistrado declarar-se impedido ou suspeito, de ofício, declinando as razões (arts. 134 a 136). Quanto ao motivo de foro íntimo, não está obrigado o magistrado a declarar-se suspeito, exceto se a hipótese concreta puder ser subsumida no art. 135, cujo rol não é taxativo. De qualquer maneira, não havendo tal declaração, tem a parte o direito de recusar o magistrado por meio de exceção (arts. 304 a 306 e 312 a 314).

Art. 138. Aplicam-se também os motivos de impedimento e de suspeição:

Vide Projeto de CPC, art. 128, caput *e V e VI.*

O bom desempenho da atividade processual com vista ao alcance do escopo sociojurídico da jurisdição não depende apenas da neutralidade ou da imparcialidade do juiz, mas também da isenção dos sujeitos secundários do processo, bem como do órgão do MP quando exerce ação ou intervenção. Eis a razão pela qual se aplicam às pessoas elencadas a seguir os motivos de impedimento e de suspeição.

I – ao órgão do Ministério Público, quando não for parte, e, sendo parte, nos casos previstos nos ns. I a IV do art. 135;
Vide Projeto de CPC, art. 128, I.

O MP quando atua é sempre parte, mas como a lei discrimina, a distinção tem de ser encontrada: quando não for parte, no texto, é o MP parte imparcial ou fiscal da lei (art. 82, II e III); como parte é o MP autor (art. 81), substituto processual (art. 9º) ou assistente (art. 82, I). Quanto ao *custos legis*, tudo o que se aplica ao juiz a ele se aplica, porque é funcionalmente imparcial; logo, quanto a esta hipótese, a norma em questão é totalmente coerente. Já no que concerne ao MP parte parcial, não há nenhum sentido na restrição imposta: os motivos de impedimento são, em tese, aplicáveis, haja vista que a defesa dos direitos indisponíveis como autor, substituto ou assistente identicamente exige não vinculação com a parte contrária. Também a suspeição pelo inciso V do art. 135 é aplicável ao MP parte parcial.

II – ao serventuário de justiça;
Vide Projeto de CPC, art. 128, II.

Serventuário de justiça é expressão empregada em sentido amplo e compreende, além do escrivão e oficial de justiça (arts. 140 a 144), também o contador, partidor, distribuidor, porteiro, depositário, etc. Embora secundária e acessória, a parcialidade no exercício dessas funções processuais compromete inequivocamente o resultado da atuação jurisdicional. Os motivos de impedimento ou suspeição precisam ser verificados um a um, à luz de cada serventuário, para que se conclua pela sua aplicação ou não.

III – ao perito;
Vide Projeto de CPC, art. 128, III.

Por meio do presente dispositivo fica estabelecida a exclusiva sujeição do perito ao regime do impedimento e da suspeição, não mais cabendo qualquer dúvida ou resistência à condição de parcial – aliás, de todo compreensível – que permeia a atuação dos assistentes técnicos. É que imparcialidade só se pode exigir do perito, que é auxiliar direto do juiz (art. 139), e não do assistente, que é livremente contratado pela parte para elaborar parecer técnico em seu favor, o que não tira, entretanto, a sua importância no contexto processual, haja vista a necessidade do confronto de opiniões para a formação do convencimento do juiz acerca da matéria fática. Como se percebe, a regra em questão – introduzida que foi pela Lei n. 8.455/92 – corrigiu antigo equívoco do CPC no que atendeu às críticas da doutrina. Por fim, observe-se que cada uma das hipóteses dos arts. 134 e 135 precisa ser examinada à luz da específica atividade que o perito realiza para que se possa concluir pelo seu cabimento ou descabimento (*v.*, ainda, art. 423).

IV – ao intérprete.

Vide Projeto de CPC, art. 128, IV.

Ao intérprete aplicam-se os motivos de impedimento e suspeição, dada a sua condição de instrumento indispensável ao conhecimento dos fatos no processo no qual a sua presença é exigida. A imparcialidade do intérprete é tão necessária à função jurisdicional como é a do juiz, do MP, dos serventuários e do perito judicial. Afinal de contas, se ele é a ferramenta necessária para o juiz compreender depoimentos e documentos, a parcialidade do intérprete no exercício do seu trabalho é tão nefasta para o alcance da justiça quanto o impedimento ou a suspeição dos outros personagens que participam do ritual da busca da verdade.

§ 1º A parte interessada deverá arguir o impedimento ou a suspeição, em petição fundamentada e devidamente instruída, na primeira oportunidade em que lhe couber falar nos autos; o juiz mandará processar o incidente em separado e sem suspensão da causa, ouvindo o arguido no prazo de 5 (cinco) dias, facultando a prova quando necessária e julgando o pedido.

Vide Projeto de CPC, art. 126.

Impedimento ou suspeição contra juiz é arguido por meio de exceção (arts. 304 a 306 e 312 a 314) no prazo de quinze dias (arts. 297 e 305) com suspensão do processo (art. 306) e oitiva apenas do próprio juiz-excepto (art. 313), em autos separados (art. 299). Impedimento ou suspeição de qualquer das pessoas previstas neste artigo é arguido por meio de simples requerimento, na primeira oportunidade de fala, sem suspensão do processo, ouvindo-se a parte contrária, em autos separados. O primeiro incidente pode acabar sem resposta do juiz se este reconhecer que é impedido ou suspeito (senão, é o tribunal que decide); o segundo só acaba com o proferimento de decisão pelo magistrado.

§ 2º Nos tribunais caberá ao relator processar e julgar o incidente.

É possível que a primeira oportunidade para falar no processo só aconteça quando os autos estejam no tribunal ou que o impedimento ou a suspeição só chegue ao conhecimento da parte em meio ao processamento de recurso. Em qualquer das duas situações o requerimento deve ser dirigido ao relator; se ainda não houve distribuição do feito, ao presidente do tribunal.

CAPÍTULO V
DOS AUXILIARES DA JUSTIÇA

Vide Projeto de CPC, arts. 129 a 153 (Capítulo III – Dos Auxiliares da Justiça), particularmente, arts. 144 a 153 (Seção V – Dos Conciliadores e dos Mediadores Judiciais).

Ao lado dos sujeitos principais do processo (o imparcial, o juiz; os parciais, o autor e o réu) existem os sujeitos secundários, categoria formada por todas as pessoas que não têm a condição de sujeitos principais. Dentre os secundários encontram-se os auxiliares do juízo (ou da justiça), os quais complementam a atuação dos órgãos jurisdicionais (os permanentes, o escrivão e o oficial de justiça; e os eventuais, que nem sempre participam da relação processual), e os terceiros (testemunhas, terceiro possuidor do documento e repartições públicas). Há, ainda, os sujeitos especiais do processo, que são o MP e o advogado (José Frederico Marques).

Art. 139. São auxiliares do juízo, além de outros, cujas atribuições são determinadas pelas normas de organização judiciária, o escrivão, o oficial de justiça, o perito, o depositário, o administrador e o intérprete.

Vide Projeto de CPC, art. 129.

São auxiliares do juízo permanentes o escrivão e o oficial de justiça; são eventuais o perito, o depositário, o administrador e o intérprete. Além destes, que são indispensáveis, outros podem ser criados por lei estadual, mas é interessante observar que o próprio Código refere alguns: o partidor (arts. 141, IV, *c*, e 1.023); o contador (arts. 141, IV, *c*, 475-B, §§ 3º e 4º, 769, 770, 1.003, parágrafo único, e 1.013, § 1º); o distribuidor (art. 253, parágrafo único); e o porteiro (art. 688, parágrafo único).

Seção I
Do Serventuário e do Oficial de Justiça

Vide Projeto de CPC, arts. 130 a 134 (Seção I – Do Serventuário e do Oficial de Justiça).

Por serventuário, identifica o CPC, nesta Seção, estritamente, o escrivão e o escrevente juramentado (ou autorizado – art. 141, III), assim chamados normalmente pelas leis estaduais de organização judiciária (na Justiça Federal, o serventuário é denominado chefe de secretaria). Sobre o oficial de justiça examine-se o comentário ao art. 143.

Art. 140. Em cada juízo haverá um ou mais ofícios de justiça, cujas atribuições são determinadas pelas normas de organização judiciária.
Vide Projeto de CPC, arts. 130 a 134.

Ofício de justiça é o complexo de pessoas e coisas por meio do qual os serviços auxiliares da justiça (ou serviço do foro judicial) se realizam. O ofício de justiça é denominado, na prática, muitas vezes, de cartório, e assim também por leis de organização judiciária (algumas, como a paulista, atribuem ao cartório o serviço de foro extrajudicial: títulos e documentos, registro civil, etc.). Na Justiça Federal, o ofício de justiça recebe o nome de secretaria.

Art. 141. Incumbe ao escrivão:
Vide Projeto de CPC, art. 131, caput

O escrivão é o chefe do ofício de justiça (na Justiça Federal, chefe de secretaria) e a ele são atribuídas, entre outras, as principais tarefas de auxílio à função jurisdicional, de acordo com os incisos a seguir. Os arts. 166 a 170 disciplinam minuciosamente alguns outros atos do escrivão (arts. 159, autos suplementares; 166, autuação; 167, numeração e rubrica; 168, termos de juntada, vista e conclusão; 169, datilografia – ou, atualmente, digitação; e 170, taquigrafia).

I – redigir, em forma legal, os ofícios, mandados, cartas precatórias e mais atos que pertencem ao seu ofício;
Vide Projeto de CPC, art. 131, I e VI.

A redação desses vários documentos é parte essencial da função notorial que é atribuída pela lei ao escrivão. Ofício é o instrumento formal de comunicação entre autoridades. Mandado é o instrumento formal de qualquer ordem do juiz (para citar, intimar, penhorar, arrestar, prender, entregar, etc.). Carta precatória é o veículo formal do pedido do juiz a outro de comarca distinta para a realização de atos nesta. Outros atos redigidos pelo escrivão: cartas, termos, autos, certidões, etc.

II – executar as ordens judiciais, promovendo citações e intimações, bem como praticando todos os demais atos, que lhe forem atribuídos pelas normas de organização judiciária;
Vide Projeto de CPC, art. 131, II.

A execução da ordem de citar e intimar se dá pela redação (digitação) do mandado respectivo e sua apresentação ao juiz para assinatura (expedição de mandado), já que este é cumprido pelo oficial de justiça (art. 143, I). Executar tais ordens significa também a redação e a expedição de carta pelo correio, redação de minuta de edital, etc. Observe-se que o escrivão pode, com base neste dispositivo, ele próprio, intimar advogados ou as partes em cartório dos atos processuais (art. 234).

III – comparecer às audiências, ou, não podendo fazê-lo, designar para substituí-lo escrevente juramentado, de preferência datilógrafo ou taquígrafo;

Vide Projeto de CPC, art. 131, III.

A presença do escrivão na audiência tem finalidade documental. Será ele quem lavrará o termo de audiência – do qual constarão, em resumo, todas as ocorrências desse ato processual e, por extenso, os despachos, as decisões e a sentença proferidos (art. 457) – e os termos dos depoimentos das partes e das testemunhas (art. 417). A lei permite que o escrivão designe escrevente juramentado para substituí-lo, caso não possa comparecer. Na prática, há um escrevente designado para tal fim em caráter definitivo perante cada juízo (ou vara).

IV – ter, sob sua guarda e responsabilidade, os autos, não permitindo que saiam de cartório, exceto:

Vide Projeto de CPC, art. 131, IV.

Além da função redacional atribuída ao escrivão pelos três primeiros incisos deste art. 141, bem como pelo inciso V, cumpre-lhe a conservação dos autos de todos os processos que tramitam pelo seu ofício de justiça. O escrivão no exercício dessa tarefa deve não só manter os autos em estado de integridade física, como também cuidar para que eles permaneçam em cartório, exceto nas hipóteses elencadas adiante, nas quais é permitida a saída.

***a)* quando tenham de subir à conclusão do juiz;**

Vide Projeto de CPC, art. 131, IV, a.

Subir à conclusão do juiz é sinônimo de ir à conclusão ou de estarem conclusos os autos. Isso significa que o processo está aguardando pelo pronunciamento do juiz, o que se dá pela remessa dos seus autos para a vara (ou sede do juízo), que é o espaço físico onde o magistrado exerce a judicatura ou outro local onde o juiz resolva despachar.

***b)* com vista aos procuradores, ao Ministério Público ou à Fazenda Pública;**

Vide Projeto de CPC, art. 131, IV, b.

Vista é o ato meramente ordinatório a cargo do servidor (art. 162, § 4º) ou o despacho a cargo do juiz (art. 162, § 3º) que abre oportunidade às partes, em sentido amplo, para manifestação. Se vista é dada à parte, seu advogado fica autorizado a retirar os autos de cartório (art. 40, II e III); se à Fazenda, autorizado fica seu procurador; se ao MP, o próprio órgão (na hipótese de atuação ministerial, os autos vão com carga para a sede física da instituição no caso de vista – *v.* art. 83, I). Aplicam-se às hipóteses as normas contidas nos arts. 195 a 197.

---

c) quando devam ser remetidos ao contador ou ao partidor;

Vide Projeto de CPC, art. 131, IV, c.

Se a oportunidade dada às partes para manifestação (pela vista) tem natureza jurídica de ônus (encargo atribuído às partes cujo não desincumbimento acarreta um prejuízo), em relação aos auxiliares (não só o contador e o partidor) o que se desencadeia é um dever funcional. A estes o juiz não dá vista, mas sim ordem para que falem ou façam alguma coisa ("informe o contador" ou, simplesmente, "ao contador", etc.). Examinem-se os §§ 3º e 4º, do art. 475-B, deste Código que regulam a atividade do contador na execução por quantia certa contra devedor solvente.

---

d) quando, modificando-se a competência, forem transferidos a outro juízo;

Vide Projeto de CPC, art. 131, IV, d.

A situação descrita no presente dispositivo não é de ocorrência corriqueira, como as previstas pelas alíneas anteriores. Modificações da competência, para fins de saída dos autos de cartório, ocorrem nos casos de procedência da *declinatori fori* ou declinatória de juízo (arts. 112 e 114), acolhimento da objeção de incompetência absoluta (art. 113, § 2º) ou, ainda, na hipótese de alteração da competência (art. 87, parte final).

V – dar, independentemente de despacho, certidão de qualquer ato ou termo do processo, observado o disposto no art. 155.

Vide Projeto de CPC, art. 131, V.

Finalmente, cabe ainda ao escrivão a prática de outro ato documental específico que a lei entendeu conveniente explicitar por não depender de ordem judicial e também por envolver direito subjetivo não só das partes como de terceiro: o direito à certidão de atos processuais. Certidão é o documento pelo qual alguém que tem fé pública registra um fato ou simplesmente reproduz o que já estava registrado (Hélio Tornaghi). A limitação imposta pelo art. 155 (parágrafo único) se restringe aos feitos que correm em segredo de justiça (*v.* art. 155).

Art. 142. No impedimento do escrivão, o juiz convocar-lhe-á o substituto, e, não o havendo, nomeará pessoa idônea para o ato.

Vide Projeto de CPC, art. 132.

Impedimento, no texto, significa, pelo menos, três coisas diferentes: impedimento tecnicamente (art. 134 c/c o art. 138, II); suspeição (art. 135 c/c o art. 138, II); e obstáculo circunstancial ao desempenho das funções pelo escrivão. O substituto a ser convocado é normalmente o indicado pela lei estadual (em sentido amplo); se não houver, ou o que haja estiver também impedido, deverá o magistrado nomear escrivão *ad hoc,* de forma a não permitir a paralisação das atividades judiciárias.

Art. 143. Incumbe ao oficial de justiça:

Vide Projeto de CPC, art. 133, caput

Oficial de justiça é o auxiliar permanente do juízo que, na qualidade de *longa manu* do magistrado, realiza atos de execução (incisos I e II), documentação (inciso III), informação (inciso I, *in fine*) e auxílio ao juiz em audiência (inciso IV). Observe-se que a atividade do oficial de justiça pode ser condicionada pela lei (estadual ou federal) ao recolhimento pela parte do valor correspondente à diligência.

I – fazer pessoalmente as citações, prisões, penhoras, arrestos e mais diligências próprias do seu ofício, certificando no mandado o ocorrido, com menção de lugar, dia e hora. A diligência, sempre que possível, realizar-se-á na presença de 2 (duas) testemunhas;

Vide Projeto de CPC, art. 133, I.

Todos os atos atribuídos ao oficial de justiça são realizáveis mediante ordem judicial (daí a referência a "mandado"). Para atender à necessidade de segurança jurídica, exige-se que o oficial passe certidão detalhada, embora só se refira a lei a lugar, dia e hora; por tal motivo, também, recomenda-se que as diligências se façam na presença de testemunhas (trata-se, contudo, de dever, *v. g.*, na hipótese de arrombamento – arts. 661 e 842, § 2º). As demais diligências impostas ao oficial de justiça estão previstas em um sem-número de normas espalhadas por todo o CPC.

II – executar as ordens do juiz a que estiver subordinado;
Vide Projeto de CPC, art. 133, II.

Como prolongamento das mãos do juiz (*longa manu* do magistrado), deve o oficial de justiça cumprir ou realizar todas as ordens que lhe forem dadas, exceto as manifestamente ilegais ou provenientes de juiz absolutamente incompetente para o ato determinado. Note-se que, em caso de carta precatória (arts. 202 a 210), a ordem a ser executada pelo oficial de justiça provém da autoridade deprecada a quem se solicitou a colaboração.

III – entregar, em cartório, o mandado, logo depois de cumprido;
Vide Projeto de CPC, art. 133, III.

Cumprida a diligência, a devolução do mandado é de rigor, uma vez que os atos processuais devem encontrar sempre ressonância formal nos autos. A lei não fixa prazo certo para a devolução, devendo-se, então, entender que seja o prazo razoável, aferível *a posteriori* pelo magistrado. O descumprimento assim verificado pode gerar sanções administrativas impostas ao oficial.

IV – estar presente às audiências e coadjuvar o juiz na manutenção da ordem;
Vide Projeto de CPC, art. 133, IV.

A presença do oficial em audiência tem dois escopos principais: auxiliar o juiz na manutenção da ordem (explícito) e permitir o imediato cumprimento de ordens proferidas na própria audiência (implícito). Na prática, via de regra, dispensam os juízes a presença do oficial em audiência, o que não infringe a norma comentada.

V – efetuar avaliações.
Vide Projeto de CPC, art. 133, V.

O estabelecimento dessa nova atribuição conferida ao oficial de justiça no presente art. 143 – decorrente da Lei n. 11.382/2006 que institui a Reforma da Execução Extrajudicial – encontra sua principal razão de ser no fato de a Lei n. 11.232/2005 ter previsto no art. 475-J, *caput*, *in fine*, a expedição de "mandado de penhora e avaliação", do seu § 1º ter feito referência ao "auto de penhora e de avaliação" e do § 2º ter disciplinado a impossibilidade do oficial "proceder à avaliação, por depender de conhecimentos especializados" (*v.* notas correspondentes). Além destes, falam de avaliação pelo oficial de justiça os novos arts.

652, § 1º, e 680. Como se vê, o surgimento do poder-dever de "efetuar avaliações", introduzido do procedimento da recém-criada fase de execução (art. 475-I, *caput*, *in fine*) e da novíssima execução extrajudicial, tornou necessário que também o focalizado art. 143 passasse a prever tais atos, com o que se opera a harmonização do sistema (texto de acordo com a Lei n. 11.382/2006).

Art. 144. O escrivão e o oficial de justiça são civilmente responsáveis:
Vide Projeto de CPC, art. 134, caput

A responsabilidade civil destes auxiliares da justiça é disciplinada aqui de forma semelhante à imposta ao magistrado pelo art. 133, cujas notas, então, servem-nos de paradigma interpretativo. Embora o texto não refira expressamente, só existe responsabilidade se houver prejuízo efetivo.

I – quando, sem justo motivo, se recusarem a cumprir, dentro do prazo, os atos que lhes impõe a lei, ou os que o juiz, a que estão subordinados, lhes comete;
Vide Projeto de CPC, art. 134, I.

O escrivão e o oficial de justiça respondem civilmente quando deliberadamente deixam de cumprir, no prazo assinado pela lei ou pelo juiz, os atos que lhes são atribuídos e tal omissão acarreta prejuízo concreto a alguém. Justo motivo no texto, como excludente da responsabilidade, é o caso fortuito, a força maior, o erro escusável, a coação irresistível ou a manifesta ilegalidade da ordem.

II – quando praticarem ato nulo com dolo ou culpa.
Vide Projeto de CPC, art. 134, II.

A responsabilidade prevista nesta regra decorre não de omissão, como a do inciso anterior, mas de ação do auxiliar do juízo: a prática, com dolo ou culpa grave, de ato nulo (ato desconforme com o modelo legal) que gere prejuízo a alguém.

Seção II
Do Perito

Vide Projeto de CPC, arts. 135 a 137 (Seção II – Do Perito).

Perito é o auxiliar eventual do juízo – via de regra, não servidor público – que, por seu conhecimento profundo de uma matéria (técnica, científica, artística, etc.), encontra-se habilitado a interpretar fatos litigiosos e a transmitir tal interpretação ao magistrado.

Art. 145. Quando a prova do fato depender de conhecimento técnico ou científico, o juiz será assistido por perito, segundo o disposto no art. 421.
Vide Projeto de CPC, art. 135, caput

A perícia é o meio de prova (instrumento pessoal trazido ao processo para revelar a verdade de um fato ao juiz) utilizado quando a compreensão do fato litigioso exija conhecimento especializado. A assistência prestada pelo perito nomeado não impede que o julgador utilize seus próprios conhecimentos para decidir a causa, mas observe-se que o grande conhecimento técnico do juiz (por ser ele engenheiro, médico ou contador) não exclui a necessidade da perícia no processo.

§ 1º Os peritos serão escolhidos entre profissionais de nível universitário, devidamente inscritos no órgão de classe competente, respeitado o disposto no Capítulo VI, Seção VII, deste Código.
Vide Projeto de CPC, art. 135, § 1º.

A norma jurídica sob análise não tem caráter absoluto, mas apenas estabelece o princípio a ser observado quando da nomeação do perito. A regra deve ser assim interpretada porque matérias há que não correspondem a cursos e a títulos universitários, e profissionais com nível universitário há que não possuem órgãos de classe. A exigência desses dois elementos conjugados depende, portanto, de a perícia ter por objeto assunto tratado especificamente em curso universitário e também de os profissionais possuírem órgãos legalmente instituídos que os aglutinem (*v.*, ainda, § 3º).

§ 2º Os peritos comprovarão sua especialidade na matéria sobre que deverão opinar, mediante certidão do órgão profissional em que estiverem inscritos.
Vide Projeto de CPC, art. 135, § 2º.

Em primeiro lugar, observe-se que a comprovação da especialidade por certidão do órgão de classe só é exigida se isso for possível de acordo com a normatividade instituída pelo § 1º. Em segundo, é necessário ter presente que a comprovação a que alude o texto só tem razão de ser na medida em que surja no curso da perícia dúvida acerca da habilitação técnica do profissional nomeado. Em caso de inexistência de dúvida, nenhuma razão plausível há que justifique a prévia e incondicional imposição comprobatória da capacitação técnica.

§ 3º Nas localidades onde não houver profissionais qualificados que preencham os requisitos dos parágrafos anteriores, a indicação dos peritos será de livre escolha do juiz.

Vide Projeto de CPC, art. 135, § 3º.

A exceção aqui estabelecida nada tem a ver com a impossibilidade a que aludimos quando interpretamos o § 1º (*v.* nota), uma vez que ela se situa no contexto da existência de profissional de nível universitário com inscrição no respectivo órgão de classe. O que a lei quis instituir, nesse passo, foi a liberdade de escolha em função de uma dificuldade territorial, qual seja a inexistência na comarca desses profissionais qualificados, o que se justifica ante a necessidade de tornar ágil e econômica a atividade jurisdicional.

Art. 146. O perito tem o dever de cumprir o ofício, no prazo que lhe assina a lei, empregando toda a sua diligência; pode, todavia, escusar-se do encargo alegando motivo legítimo.

Vide Projeto de CPC, art. 136, caput

O perito – nomeado pelo juiz (art. 421, *caput, initio*) e que deve cumprir "escrupulosamente o encargo que lhe foi cometido, independentemente de termo de compromisso" (art. 422) – desincumbe-se do seu ofício realizando, no prazo fixado pelo juiz (art. 421, *caput, in fine*), as diligências investigatórias (art. 429), elaborando o repectivo laudo, apresentando-o em juízo (art. 433), bem como prestando esclarecimentos em audiência (art. 435). Quanto à escusa referida no texto, leia-se o parágrafo único a seguir.

Parágrafo único. A escusa será apresentada dentro de 5 (cinco) dias, contados da intimação ou do impedimento superveniente, sob pena de se reputar renunciado o direito a alegá-la (art. 423).

Vide Projeto de CPC, art. 136, §§ 1º e 2º.

A intimação da nomeação do perito é ato praticado pelo escrivão por ordem judicial contida, via de regra, no saneamento (art. 331, *caput* e §§ 2º e 3º). Logo após o proferimento deste é que se dá, portanto, a intimação do *expert*, começando daí o prazo de cinco dias para a escusa que deve ser fundada em motivo relevante. A escusa pode ser apresentada, também, até cinco dias da ocorrência, superveniente ao começo dos trabalhos, do obstáculo ao exercício da função pericial. Em qualquer das hipóteses, o perito deve apresentar sua escusa por petição nos próprios autos do processo. Observe-se, por fim, que o dispositivo sob enfoque teve a sua redação alterada pela Lei n. 8.455/92 que dele excluiu o termo de compromisso (art. 422).

Art. 147. O perito que, por dolo ou culpa, prestar informações inverídicas, responderá pelos prejuízos que causar à parte, ficará inabilitado, por 2 (dois) anos, a funcionar em outras perícias e incorrerá na sanção que a lei penal estabelecer.

Vide Projeto de CPC, art. 137.

Assim, como fez em relação ao juiz (art. 133), ao escrivão e ao oficial de justiça (art. 144), achou por bem o legislador prever específica e expressamente a responsabilidade civil do perito. Pelo juízo de valor que emite não responde o perito em caso de desacerto; trata-se do risco inerente a quem o profere. Já no que diz respeito às informações objetivas que presta ao juízo, caso estas sejam inverídicas, responde o perito pelo prejuízo a que der causa, quer aja intencional, quer culposamente. A inabilitação prevista é imposta por decisão do juiz na própria causa, mas tem efeito sobre outros processos. A referência à sanção penal diz respeito à norma incriminadora prevista pelo art. 342 do CP.

Seção III
Do Depositário e do Administrador

Vide Projeto de CPC, arts. 138 a 140 (Seção III – Do Depositário e do Administrador).

O depositário e o administrador são auxiliares eventuais do juízo – via de regra, não servidores públicos – que recebem a incumbência de guardar e conservar bens objetos de medidas judiciais. O depositário apenas os guarda e conserva; o administrador, além desses encargos, gere os bens sob sua responsabilidade.

Art. 148. A guarda e conservação de bens penhorados, arrestados, sequestrados ou arrecadados serão confiadas a depositário ou a administrador, não dispondo a lei de outro modo.

Vide Projeto de CPC, art. 138.

Penhora é ato executivo (art. 664); arresto e sequestro, medidas cautelares (arts. 813 e segs. e 822 e segs.); arrecadação é ato executivo (art. 751, II) ou medida cautelar (arts. 1.142 – herança jacente, 1.161 – bens de ausentes, 1.175 – coisas vagas). Os bens penhorados, arrestados ou sequestrados são entregues a depositários; os arrecadados, a administrador. São, ainda, administradores, segundo o CPC, o inventariante, o tutor, o curador (não o especial do art. 9º), aquele que for nomeado para gerir o imóvel posto judicialmente sob usufruto (arts. 716 e segs.), etc.

Art. 149. O depositário ou administrador perceberá, por seu trabalho, remuneração que o juiz fixará, atendendo à situação dos bens, ao tempo do serviço e às dificuldades de sua execução.

Vide Projeto de CPC, art. 139, caput

Nem todo depositário ou administrador tem direito à remuneração. O depositário dos bens penhorados e arrestados normalmente é o próprio devedor; o dos bens sequestrados, a parte que oferecer maiores garantias ou um terceiro (este será remunerado). O administrador de bens arrecadados no processo da insolvência civil é remunerado (CC, art. 767), bem como o curador da herança jacente (CC, art. 1.144, parágrafo único) e dos bens de ausentes (CC, art. 1.160). Da mesma forma o tutor (CC, art. 1.752) e o curador (CC, art. 1.781), mas não o inventariante, exceto o dativo.

Parágrafo único. O juiz poderá nomear, por indicação do depositário ou do administrador, um ou mais prepostos.

Vide Projeto de CPC, art. 139, parágrafo único.

A matéria estaria melhor situada se correspondesse a parágrafo do art. 148, porque tem relação com a nomeação de depositário ou administrador. Seja como for, o que a lei estabelece é a possibilidade de o juiz nomear preposto (verdadeiro locador de serviços que age sob o comando do preponente, sendo por este remunerado).

Art. 150. O depositário ou o administrador responde pelos prejuízos que, por dolo ou culpa, causar à parte, perdendo a remuneração que lhe foi arbitrada; mas tem o direito a haver o que legitimamente despendeu no exercício do encargo.

Vide Projeto de CPC, art. 140.

A responsabilidade civil prevista neste dispositivo se restringe aos prejuízos causados à parte por ato doloso ou culposo; a responsabilidade perante terceiros tem fundamento exclusivo na lei civil (CC, art. 927) e depende de ação própria. A consequência jurídica do reconhecimento da responsabilidade (que ocorre por decisão do juiz nos próprios autos) é a perda da remuneração já arbitrada ou a declaração de que o depositário ou o administrador não fará *jus* a qualquer remuneração (na hipótese de esta não ter ainda sido arbitrada). De qualquer maneira, mesmo que responsabilizados pelo magistrado, o despendido com a guarda e a remuneração da coisa deve ser reembolsado para que não haja locupletamento indevido. Não se deve esquecer, outrossim, que o depositário infiel se submete à sanção de prisão (art. 666, § 3º; *v.*, ainda, art. 904, parágrafo único, do CC).

Seção IV
Do Intérprete

Vide Projeto de CPC, arts. 141 a 143 (Seção IV – Do Intérprete).

Intérprete é o auxiliar eventual do juízo – via de regra, não servidor público – que traduz e interpreta documentos e depoimentos com vistas a permitir a sua clara compreensão pelo juiz da causa.

Art. 151. O juiz nomeará intérprete toda vez que o repute necessário para:
Vide Projeto de CPC, art. 141, caput.

A necessidade de intérprete existe nas hipóteses dos incisos seguintes, ainda que o juiz tenha conhecimento da língua estrangeira ou de mímica, porque ao julgador não é dado exercer no processo outra função além da judicante (argumento – art. 134). À nomeação formal do intérprete segue-se a fixação de honorários e a sua intimação para o ato que dependa de conhecimento especializado.

I – analisar documento de entendimento duvidoso, redigido em língua estrangeira;
Vide Projeto de CPC, art. 141, I.

A situação prevista não se identifica com a necessidade de tradutor; todo documento estrangeiro para ser produzido no processo deve estar acompanhado de tradução por tradutor juramentado (art. 157). O que a lei estabelece aqui é a exigência de intérprete que esclareça dúvidas ou obscuridades existentes no texto estrangeiro ou na sua tradução. O trabalho do intérprete, neste caso, traduz-se formalmente em um laudo.

II – verter em português as declarações das partes e das testemunhas que não conhecerem o idioma nacional;
Vide Projeto de CPC, art. 141, II.

O trabalho de versão para o português compreende não só a tradução literal, como também todos os esclarecimentos interpretativos do depoimento necessários à perfeita compreensão dos fatos pelo magistrado. O instrumento formal deste ofício será invariavelmente o termo de audiência. Além do depoimento das pessoas previstas no texto, também o do perito ou o do assistente técnico podem ser objeto de interpretação (Hélio Tornaghi).

III – traduzir a linguagem mímica dos surdos-mudos, que não puderem transmitir a sua vontade por escrito.

Vide Projeto de CPC, art. 141, III.

A contrario sensu, não há necessidade de intérprete se o surdo-mudo sabe e pode escrever em português aquilo que quer transmitir como declaração ao magistrado (e não só como emissão de vontade, como diz o texto). Também aqui o instrumento formal do ofício de intérprete será o termo que se lavre em audiência.

Art. 152. Não pode ser intérprete quem:

Vide Projeto de CPC, art. 142, caput

Assim como o CPC prevê hipótese de impedimento à função judicante (art. 134), ministerial, cartorária, pericial (art. 138, I a III) e de testemunha (art. 405), o presente dispositivo estabelece situações específicas de impedimento à função de intérprete, que se somam às genéricas do art. 138, IV, c/c os arts. 134 e 135.

I – não tiver a livre administração dos seus bens;

Vide Projeto de CPC, art. 142, I.

Não têm a livre disposição de seus bens as pessoas incapazes por menoridade (CC, arts. 1.689 e 1.728), as que, "por enfermidade ou deficiência mental, não tiverem o necessário discernimento para os atos da vida civil" (CC, art. 1.767, I), "aqueles que, por outra causa duradoura, não puderem exprimir a sua vontade" (CC, art. 1.767, II), "os deficientes mentais, os ébrios habituais e os viciados em tóxicos" (CC, art. 1.767, III), "os excepcionais" (CC, art. 1.767, IV) e "os pródigos" (CC, art. 1.767, V), de sorte que, em qualquer dessas situações, não podem também exercer a importante função processual de intérprete.

II – for arrolado como testemunha ou serve como perito no processo;

Vide Projeto de CPC, art. 142, II.

Nenhum sujeito do processo – principal ou secundário, pouco importa – pode desenvolver duas funções ao mesmo tempo na mesma causa (arts. 134 e 138). Logo, também o intérprete fica impedido se já tiver sido arrolado como testemunha ou nomeado como perito. Mas não é só, embora a lei não diga: há impedimento identicamente se o intérprete é parte, serventuário, órgão do MP, depositário, administrador, ou mesmo se já serviu como tradutor juramentado. O rol de funções, previsto na regra em questão, é meramente exemplificativo, portanto.

III – estiver inabilitado ao exercício da profissão por sentença penal condenatória, enquanto durar o seu efeito.

Vide Projeto de CPC, art. 142, III.

A inabilitação ao exercício profissional corresponde a duas penas de interdição temporária de direitos, previstas como modalidades de penas restritivas de direitos (CP, arts. 43, II, e 47). A "proibição do exercício de cargo, função ou atividade pública [...]" (art. 47, I) abarca o encargo processual de intérprete. Identicamente, "proibição do exercício de profissão, atividade ou ofício que dependam de habilitação especial, de licença ou autorização do poder público" (art. 47, II) pode compreender a função de intérprete se for específica para o exercício desta atividade (Hélio Tornaghi).

Art. 153. O intérprete, oficial ou não, é obrigado a prestar o seu ofício, aplicando-se-lhe o disposto nos arts. 146 e 147.

Vide Projeto de CPC, art. 143.

Em primeiro lugar, o texto deixa explicitada a circunstância de que a nomeação de intérprete pode recair sobre servidor público ou não. Em segundo – e é para isso que ele existe –, que do intérprete se exige diligência e cumprimento de prazo (art. 146, *caput*), a ele se atribui o direito de escusa (art. 146, parágrafo único) e a ele se imputa responsabilidade civil e inabilitação por decisão judicial se, agindo com dolo ou culpa, causar prejuízo à parte (art. 147).

TÍTULO V
DOS ATOS PROCESSUAIS

Vide Projeto de CPC, arts. 163 a 268 (Título IX – Dos Atos Processuais).

Ato processual é a manifestação de vontade de um dos sujeitos do processo, dentro de uma das categorias previstas pela lei processual, que tem por fim criar, modificar ou extinguir a relação processual (Liebman). O ato processual é, assim, espécie de ato jurídico, porque manifestação de vontade, não se confundindo, portanto, com o mero fato processual (a morte, a incapacidade, o desaparecimento dos autos, etc.). Observe-se que o presente Título não tem por objetivo esgotar o regramento dos atos processuais, e nem podia ter, porque disciplinar o ato processual é sinônimo de disciplinar integralmente o processo, e todo o CPC se ocupa disso. Quanto ao objeto, o ato processual se classifica em postulatório, probatório, decisório e negocial; quanto ao sujeito, o ato processual pode ser das partes, do juiz ou dos auxiliares do juízo.

CAPÍTULO I
DA FORMA DOS ATOS PROCESSUAIS

Vide Projeto de CPC, arts. 163 a 178 (Capítulo I – Da Forma dos Atos Processuais).

Forma, em sentido genérico, significa o modo de ser de alguma coisa. Forma do ato processual é, então, o modo de ser, a maneira de existir do ato processual, que envolve dois aspectos diferentes: o modo de ser externo (forma em sentido estrito) e o modo de ser interno (ou conteúdo). Ambos compõem a categoria da forma do ato processual. Ontologicamente falando, entretanto, conteúdo e forma se distinguem. Sob esse prisma é que se assevera, em doutrina, que a forma é sinônimo de "segurança de direito" ou "garantia jurídica" (José Frederico Marques), uma vez que por meio dela se assegura a presença de um conteúdo, desejado pela lei, no ato jurídico. O que importa, na verdade, é o conteúdo (o fim), e para o seu alcance utiliza-se o legislador da imposição de uma forma determinada (o meio) como instrumento para realizar aquele escopo. Note-se que, além da forma, outro importante mecanismo é utilizado pela lei para provocar a presença do conteúdo desejado: o sistema de nulidades que, em última análise, representa a retirada da eficácia do ato processual que não respeite o modelo legal ou forma.

Seção I
Dos Atos em Geral

Vide Projeto de CPC, arts. 163 a 166 (Seção I – Dos Atos em Geral).

Art. 154. Os atos e termos processuais não dependem de forma determinada senão quando a lei expressamente a exigir, reputando-se válidos os que, realizados de outro modo, lhe preencham a finalidade essencial.

Vide Projeto de CPC, art. 163, caput

O dispositivo consagra dois grandes princípios processuais concernentes à forma: o princípio da legalidade ou tipicidade das formas e o princípio da instrumentalidade. Embora o artigo pareça expressar que a regra seja a liberdade das formas (os atos "não dependem de forma"), o exame do CPC mostra exatamente o contrário: a regra é a previsão expressa de determinados modelos para os atos processuais, o que faz repousar sobre a segunda parte da norma o seu caráter principiológico ("quando a lei expressamente a exigir"). Já a terceira previsão legal consagra inequivocamente o princípio da instrumentalidade, segundo o qual a presença do conteúdo desejado (modo de ser interno) no ato que se pratica impede a sua invalidação, ainda que a forma (modo de ser externo) não tenha sido obedecida (*v.* arts. 244 e 250). A *ratio* do princípio está justamente na ideia da prevalência do conteúdo sobre a forma.

Parágrafo único. Os tribunais, no âmbito da respectiva jurisdição, poderão disciplinar a prática e a comunicação oficial dos atos processuais por meios eletrônicos, atendidos os requisitos de autenticidade, integridade, validade jurídica e interoperabilidade da Infraestrutura de Chaves Públicas Brasileira – ICP – Brasil.

Vide Projeto de CPC, art. 163, § 1º.

Este novo parágrafo único, criado pela Lei n. 11.280/2006 (integrante da chamada Reforma do Processo Civil), confere aos tribunais brasileiros autorização, não só para que incorporem aos seus regimentos internos a disciplina da "prática e a comunicação oficial de atos processuais por meios eletrônicos", como também para que regulamentem tal prática e comunicação "no âmbito da respectiva jurisdição" (*rectius*, competência), vale dizer, para que baixem normas regulamentadoras desta atividade por meios eletrônicos com eficácia em seu respectivo estado (Justiça Estadual) ou região (Justiça Federal). Parece evidente que a parte inicial do texto focalizado traz as duas autorizações que mencionamos, apesar da falta de explicitação quanto à primeira. Veja-se que a *ratio* da autorização se prende, por óbvio, à necessidade de permitir diferentes disciplinas conforme o nível de informatização de cada estado ou região do país. Pois bem, ao estabelecer na parte final desse texto que a disciplina autorizada deve atender "os requisitos de autenticidade [...] da Infraestrutura de Chaves Públicas Brasileira – ICP-Brasil", nada mais está fazendo o Código de Processo do que eleger a metodologia tecnológica que os tribunais haverão necessariamente de empregar. Quanto à tecnologia, a ICP-Brasil "é um conjunto de técnicas, práticas e procedimentos a ser implementado pelas organizações governamentais e privadas brasileiras com o objetivo de estabelecer os fundamentos técnicos e metodológicos de um sistema de certificação digital baseado em chave pública" (fonte: http://www.icpbrasil. gov.br). Já em termos organizacionais, a ICP-Brasil, instituída pela MP n. 2.200-2, de 24.08.2001, é "[...] composta por uma autoridade gestora de políticas e pela cadeia de autoridades certificadoras composta pela Autoridade Certificadora Raiz – AC Raiz, pelas Autoridades Certificadoras – AC e pelas Autoridades de Registro – AR" (art. 2º); a função de "autoridade gestora de políticas será exercida pelo Comitê Gestor da ICP-Brasil [...]" (art. 3º), cujas atribuições estão longamente previstas e podem ser delegadas à AC Raiz (art. 4º e seu parágrafo único). Conforme o art.

13, o ITI (Instituto Nacional de Tecnologia da Informação), autarquia federal, é a Autoridade Certificadora Raiz da ICP-Brasil; à AC Raiz "[...] compete emitir, expedir, distribuir, revogar e gerenciar os certificados das AC de nível imediatamente subsequente ao seu [...]", além de praticar outros atos (art. 5º); "às AC, entidades credenciadas a emitir certificados digitais vinculando pares de chaves criptográficas ao respectivo titular, compete emitir, expedir, distribuir, revogar e gerenciar os certificados [...]" (art. 6º); "às AR, entidades operacionalmente vinculadas a determinada AC, compete identificar e cadastrar usuários na presença destes, encaminhar solicitações de certificados às AC e manter registros de suas operações" (art. 7º). Consigne-se que a instituição da ICP-Brasil visa a "garantir a autenticidade, a integridade e a validade jurídica de documentos em forma eletrônica, das aplicações de suporte e das aplicações habilitadas que utilizem certificados digitais, bem como a realização de transações eletrônicas seguras" (art. 1º) (*v.* art. 10, §§ 1º – presunção de veracidade – e 2º – não impedimento à utilização de outro meio de comprovação). Por derradeiro, esclarecemos que a referência "Chave Pública" significa, tecnicamente, a adoção do método da "criptografia assimétrica", que permite a utilização de uma chave privada para criptografar (codificar), que só o usuário conhece, e de uma chave pública para descriptografar (decodificar), de acesso público, tudo a ser praticado via Autoridade Certificadora – AC. Com base em todo esse aparato tecnológico é que os tribunais regulamentarão a prática e a comunicação oficial de atos processuais por meios eletrônicos, como petições em geral, transmissão e acesso a documentos, intimações e audiências por videoconferência, devidamente resguardada, assim, a segurança jurídica de cada um deles (texto de acordo com a Lei n. 11.280/2006).

---

§ 2º Todos os atos e termos do processo podem ser produzidos, transmitidos, armazenados e assinados por meio eletrônico, na forma da lei.

Vide Projeto de CPC, art. 163, §§ 2º a 4º.

De acordo com o presente § 2º – criado pela Lei n. 11.419/2006 que institui a informatização do processo judicial –, todos os atos e termos do processo, sem exceção, podem assumir, de agora em diante, a forma eletrônica, disciplina que se coloca em plena sintonia com o princípio da legalidade ou tipicidade das formas, esculpido no *caput*, e que preside o nosso direito processual civil brasileiro (*v.* nota). Estabelecida, assim, por lei, a admissibilidade genérica da forma eletrônica dos atos processuais, prossegue o texto em epígrafe detalhando alguns dos seus aspectos ao estabelecer que eles podem ser produzidos (criados), assinados (identificados quanto à autoria), transmitidos (levados ao conhecimento de outrem) e armazenados (depositados para serem guardados) em meio eletrônico que se define como "qualquer forma de armazenamento ou tráfego de documentos e arquivos digitais" (art. 1º, § 2º, I, da Lei n. 11.419/2006). Observe-se, por fim, que encontram regramento expresso no CPC, quanto à forma eletrônica, os seguintes atos: a procuração (art. 38, parágrafo único); a assinatura dos atos dos juízes (art. 164, parágrafo único); os atos processuais praticados na presença do juiz (art. 169, § 2º); as cartas de ordem precatória e rogatória (art. 202, § 3º); a citação (art. 221, IV); as intimações (art. 237, parágrafo único); os documentos digitais (art. 365, V e VI, §§ 1º e 2º); os documentos de repartições públicas (art. 399, §§ 1º e 2º); os depoimentos em juízo (art. 417, §§ 1º e 2º); o termo do escrivão (art. 457, § 4º); e a assinatura e o registro de votos e acórdãos (art. 556) (texto de acordo com a Lei n. 11.419/2006).

Art. 155. Os atos processuais são públicos. Correm, todavia, em segredo de justiça os processos:

Vide Projeto de CPC, art. 164, caput

A regra traduz o princípio da publicidade dos atos processuais e estabelece as restrições (ou segredo de justiça) em linha de exceção. Esta norma disciplina especificamente o que a CF consagrou: "a lei só poderá restringir a publicidade dos atos processuais quando a defesa da intimidade ou o interesse social o exigirem" (CF, art. 5º, LX). Mas observe-se que a Reforma do Judiciário alterou o art. 93, IX, para dizer que "todos os julgamentos dos órgãos do Poder Judiciário serão públicos [...] podendo a lei limitar a presença, em determinados atos, às próprias partes e a seus advogados, ou somente a estes, em casos nos quais a preservação do direito à intimidade do interessado no sigilo não prejudique o interesse público à informação" (*v.* nota respectiva).

I – em que o exigir o interesse público;

Vide Projeto de CPC, art. 164, I, III e IV.

Por interesse público entenda-se interesse social, como diz a CF (art. 5º, LX), que melhor andou do que o CPC neste passo. O interesse público, previsto nessa regra, não tem a ver com o interesse que legitima o MP a intervir no processo (art. 82, III); trata-se indubitavelmente do interesse social que o juiz avalia caso a caso, segundo o seu prudente arbítrio, para determinar ou não que o processo corra em segredo de justiça (para evitar, *v. g.*, o chamado *strepitus processus*).

II – que dizem respeito a casamento, filiação, separação dos cônjuges, conversão desta em divórcio, alimentos e guarda de menores.

Vide Projeto de CPC, art. 164, II.

O rol deste inciso não é taxativo, mas exemplificativo. A intenção da lei foi, na verdade, a de instituir o segredo de justiça em todas as causas que envolvam direito de família, escapando da sua previsão, *v. g.*, a suspensão e a extinção de poder familiar, tutela, curatela, interdição, para mencionar apenas algumas. Em outras passagens do CPC, encontram-se regras específicas ordenando o segredo de justiça (arts. 815, 823 e 841). Curiosamente, dispõe o art. 1.705 do estatuto civil: "Art. 1.705. Para obter alimentos, o filho havido fora do casamento pode acionar o genitor, sendo facultado ao juiz determinar, a pedido de qualquer das partes, que a ação se processe em segredo de justiça".

Parágrafo único. O direito de consultar os autos e de pedir certidões de seus atos é restrito às partes e a seus procuradores. O terceiro, que demonstrar interesse jurídico, pode requerer ao juiz certidão do dispositivo da sentença, bem como de inventário e partilha resultante do desquite.

Vide Projeto de CPC, art. 164, §§ 1º e 2º.

A restrição contida na primeira parte do dispositivo diz respeito única e tão somente aos processos que correm em segredo de justiça; quanto aos demais, é livre a consulta por advogado e o pedido de certidões por quem quer que seja. A segunda parte, identicamente, condiciona ao interesse jurídico a expedição de certidões apenas de atos de causas submetidas ao segredo de justiça; nas demais causas, o escrivão expede certidões independentemente de autorização judicial (art. 141, V). Observe-se, por fim, que a referência textual a "dispositivo da sentença" e "inventário e partilha" é meramente exemplificativa.

Art. 156. Em todos os atos e termos do processo é obrigatório o uso do vernáculo.

Vide Projeto de CPC, art. 165.

A compreensível exigência de emprego da língua portuguesa em todos os atos processuais não significa que os juízes, as partes, o órgão do MP e os auxiliares da justiça estejam proibidos de referir textualmente artigos de lei e lições doutrinárias, incluindo brocardos, em língua estrangeira. Tais referências encontram-se incorporadas à nossa tradição forense e não maculam a perfeita inteligibilidade das manifestações dos sujeitos do processo.

Art. 157. Só poderá ser junto aos autos documento redigido em língua estrangeira, quando acompanhado de versão em vernáculo, firmada por tradutor juramentado.

Vide Projeto de CPC, art. 166.

Todo documento que se junta aos autos sempre tem finalidade probatória, quer de fatos, quer de direito (*v. g.*, legislação estrangeira, art. 337). Logo, tratando-se de meio de prova, e não de simples elemento argumentativo (*v.* nota ao art. 156), não pode a lei dispensar a tradução por especialista. A LRP exige registro no Registro de Títulos e Documentos dos "documentos de procedência estrangeira, acompanhados das respectivas traduções [...]", para que tenham efeito "em qualquer instância, juízo ou tribunal" (arts. 129, n. 6, e 148). A Súmula n. 259 do STF dispensa tal registro se o documento tiver sido autenticado por via consular. Na prática, o registro, via de regra, não é exigido, mas apenas a tradução por tradutor juramentado (*v.*, ainda, nota ao art. 151, I). Por fim, registre-se que o art. 224, do estatuto civil, prescreve: "Art. 224. Os documentos redigidos em língua estrangeira serão traduzidos para o português para ter efeitos legais no País".

Seção II
Dos Atos da Parte

Vide Projeto de CPC, arts. 167 a 169 (Seção II – Dos Atos da Parte).

A prática de atos pelas partes corresponde, na maioria das vezes, ao desincumbimento de ônus que a lei lhes atribui. Ônus é o encargo imposto à parte para que se produzam ou para que se impeçam determinados efeitos processuais. Essa categoria – que se distingue da de dever que pressupõe exigibilidade de conduta – serve ao sistema como instrumento de provocação do desenvolvimento do processo, posto que tanto o desincumbimento como o não desincumbimento do ônus faz a relação processual avançar.

Art. 158. Os atos das partes, consistentes em declarações unilaterais ou bilaterais de vontade, produzem imediatamente a constituição, a modificação ou a extinção de direitos processuais.

Vide Projeto de CPC, art. 167, caput

Sob o ponto de vista formal, os atos das partes podem ser petições, cotas ou condutas materiais. Já sob o prisma do conteúdo, as declarações de vontade podem ter caráter postulatório (atos pelos quais se pleiteia providência jurisdicional), dispositivo (atos pelos quais se abre mão de vantagens ou posições processuais em prejuízo próprio), instrutório (aqueles praticados para convencer, a respeito de fatos, o julgador), negocial (acordos processuais ou substanciais nos autos) e real (atos materiais). A produção imediata de efeitos significa que, praticado o ato, a constituição, a modificação ou a extinção de direito se opera independentemente da participação do juiz. Observe-se, por fim, o que estabelece a Lei n. 9.800/99: "Art. 1º É permitida às partes a utilização de sistema de transmissão de dados e imagens tipo fac-símile ou outro similar, para a prática de atos processuais que dependam de petição escrita"; "Art. 2º A utilização de sistema de transmissão de dados e imagens não prejudica o cumprimento dos prazos, devendo os originais ser entregues em juízo, necessariamente, até cinco dias da data de seu término" (*v.* Lei n. 11.419/2006, arts. 2º e 3º, sobre o envio de petições por meio eletrônico).

Parágrafo único. A desistência da ação só produzirá efeito depois de homologada por sentença.

Vide Projeto de CPC, art. 167, parágrafo único.

Tecnicamente, não se desiste da ação (direito à sentença de mérito ou providência jurisdicional) – o que acarretaria a impossibilidade de repropositura –, mas sim do processo (relação processual e procedimento), o que permite idêntica dedução mais tarde (art. 268, 1ª parte). A desistência do processo (art. 267, VIII) é típico ato dispositivo, cujo efeito não se opera imediatamente, dada a dependência de homologação judicial, como prevê a lei, e dada a necessidade de consentimento da parte contrária, requisito omitido no dispositivo, mas que é exigência legal (art. 267, § 4º). Sobre o assunto, examinem-se ainda os arts. 26, 38, 53, 298, parágrafo único, 317, 485, VIII, e 838.

Art. 159. Salvo no Distrito Federal e nas Capitais dos Estados, todas as petições e documentos que instruírem o processo, não constantes de registro público, serão sempre acompanhados de cópia, datada e assinada por quem os oferecer.

A regra sob comentário tem pouca ou quase nenhuma aplicação prática, já que tanto no interior como na capital da maioria dos estados não se formam autos suplementares. A razão é fácil de entender: se com autos únicos, em algumas regiões do Brasil, a situação do Judiciário já é caótica, imagine-se se forem duplicados os autos. Logo, as cópias de petições não são entregues ao escrivão, senão para imediata devolução após o protocolo ou a aposição do "recebido". Letra morta, portanto, as previsões de autos suplementares dos arts. 167, 589, 1.063, parágrafo único, e 1.067, § 2º.

---

§ 1º Depois de conferir a cópia, o escrivão ou chefe da secretaria irá formando autos suplementares, dos quais constará a reprodução de todos os atos e termos do processo original.

Segundo a regra, todas as cópias de atos do processo (processo em sentido estrito, não compreendendo feitos de jurisdição voluntária) deveriam compor os autos suplementares: atos das partes, do juiz, do MP, do próprio escrivão e de outros auxiliares. Como visto, entretanto, este dever do escrivão só existe teoricamente, porque autos suplementares não há.

§ 2º Os autos suplementares só sairão de cartório para conclusão ao juiz, na falta dos autos originais.

A ideia presente na regra é a mesma que justifica a instituição dos autos suplementares: a segurança processual pela duplicação de documentos. Como visto, ainda que louvável a intenção do legislador, a formação de autos suplementares é inviável sob o ponto de vista prático e, por isso, não acontece.

Art. 160. Poderão as partes exigir recibo de petições, arrazoados, papéis e documentos que entregarem em cartório.

Vide Projeto de CPC, art. 168.

O artigo consagra o direito processual das partes (e, por conseguinte, dos seus procuradores) de exigir a aposição do "recebido" em todas as peças que entregarem em cartório. Nas médias e grandes comarcas, contudo, a utilização de protocolos mecânicos acaba por tornar desnecessário o ato do escrivão previsto neste dispositivo (examine-se, todavia, a nota ao art. 407). Observe-se, ainda, que no caso de utilização pela parte do sistema de transmissão de dados e imagens tipo fac-símile ou outro similar, esta deve apresentar os originais em juízo até cinco dias da data de término do prazo (Lei n. 9.800/99, arts. 1º e 2º).

Art. 161. É defeso lançar, nos autos, cotas marginais ou interlineares; o juiz mandará riscá-las, impondo a quem as escrever multa correspondente à metade do salário mínimo vigente na sede do juízo.

Vide Projeto de CPC, art. 169.

A proibição de cotas marginais (escrita ao lado do texto) ou interlineares (escrita inserida entre as linhas do texto) se funda nas ideias de resguardo da integridade documental e da segurança do processo. Nada pode ser acrescentado à manifestação da parte, do MP, do perito, etc., após seu ingresso formal nos autos. Admitem-se somente pequenas correções, normalmente à mão, de textos digitados, mas desde que anteriores à sua entrada nos autos; após, nunca. A multa prevista no texto é imposta por decisão interlocutória pelo próprio magistrado que dirige o processo.

Seção III
Dos Atos do Juiz

Vide Projeto de CPC, arts. 170 a 172 (Seção III – Dos Pronunciamentos do Juiz).

O sujeito imparcial do processo, no exercício da sua atividade jurisdicional, realiza um sem-número de atos-meio no procedimento, com vistas ao proferimento de um ato-fim que solucione o conflito de interesses ou litígio. Por uma questão metodológica, decidiu o CPC classificar tais atos pelo conteúdo, o que, a um só tempo, impede controvérsia sobre a natureza dos atos judiciais e facilita a determinação do recurso cabível. Registre-se, por fim, o que a Lei n. 9.800/99 estabelece: "Art. 3º Os juízes poderão praticar atos de sua competência à vista de transmissões efetuadas na forma desta Lei [...]" (utilização pelas partes do sistema de transmissão de dados e imagens tipo fac-símile ou outro similar).

Art. 162. Os atos do juiz consistirão em sentenças, decisões interlocutórias e despachos.

Vide Projeto de CPC, art. 170, caput

A fixação legal dos conceitos constantes dos parágrafos seguintes não tem por finalidade estabelecer verdades doutrinárias, mas apenas fornecer critério seguro que sirva de fundamento para o sistema recursal instituído (*v.* arts. 504, 513 e 522).

---

§ 1º Sentença é o ato do juiz que implica alguma das situações previstas nos arts. 267 e 269 desta Lei.

Vide Projeto de CPC, art. 170, § 1º.

Dada a circunstância de a Lei n. 11.232/2005, a qual corporifica o que podemos chamar de Reforma da Execução, ter feito desaparecer o "processo" de execução por quantia certa que se seguia ao "processo" de conhecimento condenatório (que objetivava o pagamento de quantia), transformando a "execução por quantia" em mero prolongamento do "processo de conhecimento condenatório" (art. 475-J, *caput*), é que surgiu a necessidade de alteração do conceito de sentença que vinha estampado no § 1º deste art. 162. Se à luz do regime anterior, sentença era o ato pelo qual o juiz sempre punha "termo ao processo, decidindo ou não o mérito da causa", a partir de 2006, sentença já não é necessariamente o ato que encerra o processo (como visto, após a sentença condenatória a pagar quantia, o processo entra na fase de execução, ou de "cumprimento da sentença", como querem os arts. 475-I a 475-R), de sorte que pareceu bem ao legislador reformista afirmar que sentença é o ato judicial "que implica alguma das situações previstas nos arts. 267 e 269 desta Lei", quais sejam: 1ª) a fase de execução, ou "cumprimento da sentença", nos casos de procedência do pedido do inciso I do art. 269 (quando a sentença condenar a pagar quantia ou ordenar ao réu um *facere* ou *non facere* ou a entrega de uma coisa), reconhecimento jurídico do pedido do inciso II, e transação do inciso III; 2ª) a extinção do processo nos casos dos incisos IV e V do art. 269 (decadência, prescrição ou renúncia) ou em qualquer das hipóteses previstas nos incisos I a XI do art. 267. Embora a compreensão plena da modificação introduzida neste § 1º dependa do conhecimento de todas as outras novidades que a Lei n. 11.232/2005 nos apresenta, o fato é que, com a sua entrada em vigor, o CPC está sendo radicalmente transformado em pontos decisivos para a sua agilidade e eficiência: a eliminação da necessidade de um "processo de execução por quantia" após a condenação e, com ela, a eliminação da necessidade de citação do devedor para pagar (entraves à satisfação do crédito em prazo razoável) permitirão indubitavelmente uma economia significativa de tempo e de trabalho judiciário para que se alcance a penhora de bens e a almejada realização do direito de crédito do autor da ação. Por derradeiro, e voltando ao conceito de sentença, objeto do presente dispositivo, o que se deve acentuar é que, com a Reforma, a sentença deixa de ser necessariamente ato judicial de encerramento do processo (é de encerramento nos casos dos incisos IV e V do art. 269 e naqueles outros dos incisos I a XI do art. 267), porque nas hipóteses de procedência de pedidos voltados à realização de obrigações de dar, fazer ou não fazer (art. 269, I, parte inicial), de reconhecimento jurídico do pedido (art. 269, II) e de homologação de acordo (art. 269, III), a sentença não é ato de encerramento do feito, mas de transição entre as fases cognitiva e executiva do processo de conhecimento (texto de acordo com a Lei n. 11.232/2005).

---

§ 2º Decisão interlocutória é o ato pelo qual o juiz, no curso do processo, resolve questão incidente.

Vide Projeto de CPC, art. 170, § 2º.

A questão incidente, que é objeto da decisão interlocutória, tem sempre caráter processual e nunca de direito material, ainda quando a decisão corresponda a uma antecipação de tutela, posto que seus fundamentos são matérias processuais como *fumus boni iuris, periculum in mora*, abuso de direito de defesa, etc. São questões resolvidas por decisão no processo de conhecimento: a exceção de incompetência, a impugnação ao valor da causa, o cabimento de denunciação da lide, de chamamento, do pedido de intervenção como assistente, o saneamento do processo; no processo de execução, a nomeação de bens, o pedido de penhora, o pedido de ampliação da penhora, o requerimento de adjudicação; no processo cautelar, o pedido de liminar a sua revogação, a substituição da medida por caução, etc. Todas essas são questões cujas soluções não acarretam a extinção do processo, daí tratar-se de decisões interlocutórias (*inter*, no meio; *locutionis*, processo) e não de sentenças.

§ 3º São despachos todos os demais atos do juiz praticados no processo, de ofício ou a requerimento da parte, a cujo respeito a lei não estabelece outra forma.

Vide Projeto de CPC, art. 170, § 3º.

O que distingue o despacho (também chamado de despacho de mero expediente) da decisão interlocutória é a presença ou a ausência do elemento resolutório no ato judicial. Se o juiz decide ou resolve uma questão processual (questão é o ponto de fato ou de direito controvertido), o que há é decisão interlocutória; se o ato do juiz não julga nada, mas apenas dá impulso ou movimento ao processo, o que há é despacho. Dada a criação dos "atos meramente ordinatórios" pelo § 4º desse artigo (*v.* nota), remanescem como despachos as determinações judiciais sem conteúdo decisório dirigidas às partes (*v. g.*, "informe o autor") ou aos serventuários (*v. g.*, "informe o cartório", "comunique-se ao distribuidor", "lavre-se o respectivo termo", "subam os autos ao tribunal", etc.). Nessa categoria incluem-se os atos materiais (condutas materiais) do magistrado.

§ 4º Os atos meramente ordinatórios, como a juntada e a vista obrigatória, independem de despacho, devendo ser praticados de ofício pelo servidor e revistos pelo juiz quando necessários.

Vide Projeto de CPC, art. 170, § 4º.

Por força do presente dispositivo, ficam instituídos os "atos meramente ordinatórios", que são especificamente os de juntada (de quaisquer petições ou documentos) aos autos e os de abertura de vista obrigatória, isto é, a determinada pela lei (*v. g.*, "vista à parte contrária", "vista ao MP"), que passam a integrar a atribuição dos escrivães (chefes de secretaria na Justiça Federal). De agora em diante, a prática desses atos, e somente deles, não depende mais de despacho, cabendo ao juiz fiscalizar *a posteriori* a sua correção ou incorreção. Verificada esta, o magistrado ordenará a retificação ou a repetição do ato. A inovação representada pelos "atos meramente ordinatórios" merece todos os elogios porque elimina atividade burocrática do órgão jurisdicional, agilizando o Judiciário (o § 4º em questão foi criado pela Lei n. 8.952/94).

Art. 163. Recebe a denominação de acórdão o julgamento proferido pelos tribunais.

Vide Projeto de CPC, art. 171.

Acórdão é o veículo formal do julgamento de qualquer natureza que profira um tribunal, quer como órgão jurisdicional de terceira instância (em recurso extraordinário, ordinário ou especial), ou de segunda instância (em agravo, apelação, embargos infringentes ou declaratórios); quer como órgão de primeira instância nos casos de competência originária (declaração de inconstitucionalidade, homologação de sentença estrangeira, rescisória, mandado de segurança, *habeas corpus*) ou, ainda, como órgão administrativo.

Art. 164. Os despachos, decisões, sentenças e acórdãos serão redigidos, datados e assinados pelos juízes. Quando forem proferidos, verbalmente, o taquígrafo ou o datilógrafo os registrará, submetendo-os aos juízes para revisão e assinatura.

Vide Projeto de CPC, art. 172, caput *e § 1º.*

Todo e qualquer ato do juiz (em sentido amplo) exige a forma escrita, o que significa redação em português (art. 156), manual ou por instrumento mecânico, acrescida de data e assinatura (sem esta, o ato não existe). Também os atos praticados originariamente pela forma verbal não prescindem de documentação posterior, porquanto o que não está no processo (nos autos) não está no mundo (*quod non est in actis non est in mundo*) e o processo civil moderno é processo escrito. Quando o sistema de taquigrafia ou estenotipia é empregado, a transcrição posterior no vernáculo é *conditio sine qua non* para a existência do ato processual (*v.* nota ao art. 463). Já na hipótese de recurso à digitação, o problema da existência normalmente não se coloca, haja vista a imediatidade da transcrição (pense, *v. g.*, na audiência: na medida em que o juiz fala, o ato vai assumindo a forma escrita).

Parágrafo único. A assinatura dos juízes, em todos os graus de jurisdição, pode ser feita eletronicamente, na forma da lei.

Vide Projeto de CPC, art. 172, § 2º.

Se o *caput* deste art. 164 prevê a forma escrita para os despachos, as decisões, as sentenças e os acórdãos (*v.* nota), o presente parágrafo único – criado pela Lei n. 11.419/2006 que institui a informatização do processo judicial – reconhece como admissível, especificamente, a assinatura pela forma eletrônica de todos os atos anteriormente mencionados de autoria de todos os magistrados brasileiros independentemente do grau de jurisdição (juízes, desembargadores e ministros). Observe-se que o reconhecimento explícito da forma eletrônica dos atos processuais em geral é feito pelo § 2º, do art. 154, em pleno acordo com o princípio da legalidade ou tipicidade das formas (*v.* nota respectiva). Seja como for, devemos ter presente que a Lei n. 11.419/2006 considera "assinatura eletrônica as seguintes formas de identificação inequívoca do signatário: *a)* assinatura digital baseada em certificado digital emitido por Autoridade Certificadora credenciada, na forma de lei específica; *b)* mediante cadastro de usuário no Poder Judiciário, conforme disciplinado pelos órgãos respectivos" (art. 1º, § 2º, III, da Lei n. 11.419/2006) (texto de acordo com a Lei n. 11.419/2006).

Art. 165. As sentenças e acórdãos serão proferidos com observância do disposto no art. 458; as demais decisões serão fundamentadas, ainda que de modo conciso.

Vide Projeto de CPC, art. 172, § 3º.

A validade da sentença enquadrada no art. 269, I e IV, depende do cumprimento estrito dos requisitos previstos pelo art. 458 (relatório, fundamento e dispositivo – *v.* nota); a enquadrada no art. 269, II, III e V, pode ter relatório e fundamento concisos. Quanto ao acórdão, admite-se que este incorpore integralmente o relatório da sentença (*v. g.*, pela referência "adotado o relatório sentencial") e também, parcialmente, a fundamentação; a lei, no entanto, não dispensa a motivação própria do acórdão, embora reduzida, para que este tenha validade. No que concerne às decisões interlocutórias, dispensa-se relatório, mas motivação, ainda que concisa, tem de haver, sob pena de nulidade. A sentença terminativa pode ter relatório e fundamento concisos (art. 459, *in fine*). Dos despachos de mero expediente nada se exige, exceto que sejam escritos (art. 164).

Seção IV

Dos Atos do Escrivão ou do Chefe de Secretaria

Vide Projeto de CPC, arts. 173 a 178 (Seção IV – Dos Atos do Escrivão).

O termo "escrivão" é comumente usado nas leis estaduais de organização judiciária; "chefe de secretaria" é usado nos atos que organizam a Justiça Federal. Trata-se de denominações diferentes para o mesmo auxiliar da justiça a quem é atribuída a atividade documental do processo e de zelo pela integridade física dos autos (*v.* arts. 141 e 142). As normas contidas nos arts. 166 a 171 que seguem têm caráter programático porque não são previstas sanções para o caso de sua desobediência. Ao magistrado competirá apreciar a validade ou a invalidade dos atos, caso por caso, segundo os ditames legais.

Art. 166. Ao receber a petição inicial de qualquer processo, o escrivão a autuará, mencionando o juízo, a natureza do feito, o número de seu registro, os nomes das partes e a data do seu início; e procederá do mesmo modo quanto aos volumes que se forem formando.

Vide Projeto de CPC, art. 173.

A autuação da petição inicial – isto é, o encapeamento da inicial que se identifica com o ato material de formação de autos – depende de determinação judicial, que vem acompanhada da ordem de registro na própria peça ("Registre-se e atue-se" ou, simplesmente, "R. A."), e que pressupõe, via de regra, distribuição anterior (arts. 251 a 257). A menção ao juízo, natureza, etc. constará por escrito da capa dos autos, tanto do primeiro como dos subsequentes volumes. Além dessas informações, é costume forense fazer constar da contracapa dos autos o nome do advogado que deverá receber a intimação dos atos praticados, bem como a indicação da incidência de segredo de justiça (art. 155).

Art. 167. O escrivão numerará e rubricará todas as folhas dos autos, procedendo da mesma forma quanto aos suplementares.

Vide Projeto de CPC, art. 174, caput.

A rubrica em cada uma das folhas é exigida como forma de autenticação de cada ato pelo escrivão e vem logo abaixo do número da folha, normalmente. Da numeração, por seu turno, depende a própria segurança do processo como organização de atos encadeados; a capa dos autos é a folha de número 1 (fl. 1) e não a primeira lauda da petição inicial, como poderia parecer. Autos suplementares, como visto, na maioria das comarcas não existem (*v.* nota ao art. 159).

Parágrafo único. Às partes, aos advogados, aos órgãos do Ministério Público, aos peritos e às testemunhas é facultado rubricar as folhas correspondentes aos atos em que intervieram.

Vide Projeto de CPC, art. 174, parágrafo único.

Essa regra que ora nos ocupa cria o direito subjetivo processual, de que é titular cada um dos sujeitos previstos no texto, de rubricar, com o fim de autenticar, as peças de sua lavra. Essa faculdade não exclui o dever de o escrivão rubricar todas as peças que compõem os autos, de acordo com o disposto no *caput* do art. 167. Tratando-se, no entanto, de direito processual disponível, a parte, o advogado, o MP, o perito ou a testemunha pode, validamente, deixar de exercitá-lo.

Art. 168. Os termos de juntada, vista, conclusão e outros semelhantes constarão de notas datadas e rubricadas pelo escrivão.

Vide Projeto de CPC, art. 175.

Termo é o ato realizado na sede do juízo em que intervém, para fins de documentação, o escrivão ou outros auxiliares da justiça (o termo distingue-se do auto, que é ato realizado fora da sede do juízo e que contém relatório ou exposição circunstanciada). O termo de juntada certifica e formaliza a anexação de petições e documentos aos autos; o de vista certifica e formaliza a abertura de vista, que é a outorgada de oportunidade de manifestação a alguém; o de conclusão certifica e formaliza a ida dos autos ao juiz para despacho, decisão ou sentença. Na prática, os termos constam de carimbos próprios cuja impressão permite o preenchimento com a indicação do ato praticado e da data, além da rubrica do escrivão ou escrevente autorizado.

Art. 169. Os atos e termos do processo serão datilografados ou escritos com tinta escura e indelével, assinando-os as pessoas que neles intervieram. Quando estas não puderem ou não quiserem firmá-los, o escrivão certificará, nos autos, a ocorrência.

Vide Projeto de CPC, art. 176, caput

Por atos, no dispositivo, entendam-se todos os praticados pelos sujeitos principais do processo, bem como pelos sujeitos secundários, exceto o escrivão, cujo ato é chamado termo, que se encontra expressamente previsto no enunciado; submetem-se à exigência tanto os atos manuscritos como os digitados. O elemento "tinta escura e indelével" (indestrutível) é exigido não só como meio para viabilizar a uniformidade documental dos autos, mas também como forma de assegurar a inalterabilidade dos atos e termos praticados, o que contribui para a segurança processual.

§ 1º É vedado usar abreviaturas.

O teor literal e normativo deste § 1º corresponde exatamente ao do parágrafo único originário, deste art. 169, vigente antes da Lei n. 11.419/2006 que, ao instituir a informatização do processo judicial, necessitou acrescentar um parágrafo para reconhecer a forma eletrônica dos atos praticados na presença do juiz, transformando, então, o antigo parágrafo único no presente § 1º. Nada, assim, tendo sido alterado quanto ao conteúdo, reproduzimos aqui o que já havíamos dito sobre o dispositivo em questão nos seguintes termos. A utilização de abreviaturas está incorporada à nossa cultura jurídica, de sorte que tal prática forense não deve ser recusada. A norma em questão visa apenas a coibir abusos, impedindo que o recurso desmesurado às abreviaturas torne incompreensível ou difícil a compreensão das peças processuais (texto de acordo com a Lei n. 11.419/2006).

---

§ 2º Quando se tratar de processo total ou parcialmente eletrônico, os atos processuais praticados na presença do juiz poderão ser produzidos e armazenados de modo integralmente digital em arquivo eletrônico inviolável, na forma da lei, mediante registro em termo que será assinado digitalmente pelo juiz e pelo escrivão ou chefe de secretaria, bem como pelos advogados das partes.

Vide Projeto de CPC, art. 176, § 1º.

O parágrafo sob enfoque – criação da Lei n. 11.419/2006 que institui a informatização do processo judicial – reconhece expressamente a forma eletrônica dos atos processuais praticados na presença do juiz e ordena que, nesses casos, elabore-se registro em termo (eletrônico) "que será assinado digitalmente pelo magistrado, pelo escrivão ou chefe de secretaria, bem como pelos advogados das partes". Veja-se que se o *caput* deste art. 169 institui a forma escrita para os "atos e termos" do processo (*v.* nota), este § 2º estabelece a forma eletrônica em consonância com o princípio da legalidade das formas (*v.* art. 154, *caput*, e seu § 2º que prescreve a forma eletrônica para os atos do processo em geral). Outro aspecto normativo interessante que o focalizado parágrafo apresenta está no fato de que, além de prever a produção do ato (a sua criação), ele prevê identicamente o armazenamento, isto é, o depósito dos atos para serem guardados, e isto "de modo integralmente digital em arquivo eletrônico inviolável, na forma da lei", o que nos remete ao § 1º, do art. 12, da mesma Lei n. 11.419/2006, que fala de armazenamento "em meio que garanta a preservação e integridade dos dados". Como se percebe, a suma da vontade da lei, nesse passo, é a de que se estabeleça arquivo eletrônico tecnologicamente seguro para a preservação da integridade de todos os atos praticados na presença do juiz quando se tratar, é óbvio, de processo total ou parcialmente eletrônico (texto de acordo com a Lei n. 11.419/2006).

---

§ 3º No caso do § 2º deste artigo, eventuais contradições na transcrição deverão ser suscitadas oralmente no momento da realização do ato, sob pena de preclusão, devendo o juiz decidir de plano, registrando-se a alegação e a decisão no termo.

Vide Projeto de CPC, art. 176, § 2º.

Na verdade, este § 3º estabelece a aplicabilidade do princípio da preclusão (que é regulado de forma abrangente e genérica pelo art. 245 deste CPC) ao incidente da audiência em que a parte suscite a existência de "contradições na transcrição" de depoimentos levados a registro mediante o termo eletrônico de que cogita o § 2º anterior. Nesse caso, a lei processual institui o ônus para a parte que se sinta prejudicada por uma transcrição equivocada ou inexata – assim se deve compreender o alcance da locução "eventuais contradições na transcrição" – de alegá-la "oralmente no momento da realização do ato, sob pena de preclusão". Como se vê, trata-se de previsão de hipótese específica, verificável no contexto dos processos total ou parcialmente eletrônicos, com solução também específica, mas que se enquadra com perfeição na previsão genérica do art. 245 ("Art. 245. A nulidade dos atos deve ser alegada na primeira oportunidade em que couber à parte falar nos autos, sob pena de preclusão."). Registre-se, por derradeiro, que o parágrafo em questão também determina, em sua parte final, que, à alegação oral e imediata da parte prejudicada, deve se seguir a decisão de plano do magistrado (sem contraditório) e o registro (no termo eletrônico) tanto da alegação, quanto da decisão, salvo, evidentemente, na prática, se a parte se convencer pelo argumento judicial informalmente manifestado de que a inexatidão ou equívoco não existe e, por isso, a parte resolver abrir mão do próprio incidente (texto de acordo com a Lei n. 11.419/2006).

Art. 170. É lícito o uso da taquigrafia, da estenotipia, ou de outro método idôneo, em qualquer juízo ou tribunal.

Vide Projeto de CPC, art. 177.

A nova redação deste artigo consagra expressamente a autorização para que qualquer meio idôneo de registro de atos processuais seja utilizado pelos juízes brasileiros. Assim, não só a taquigrafia ou estenografia (sistema gráfico composto de sinais abreviados) e a estenotipia (que nada mais é do que a estenografia mecanizada) podem ser utilizadas, como a própria gravação em fita cassete ou de vídeo, o que, por sinal, passou a ser faculdade da parte, conforme o disposto no art. 417, *caput, in fine* (a nova redação do art. 170 resulta da Lei n. 8.952/94).

Art. 171. Não se admitem, nos atos e termos, espaços em branco, bem como entrelinhas, emendas ou rasuras, salvo se aqueles forem inutilizados e estas expressamente ressalvadas.

Vide Projeto de CPC, art. 178.

A regra complementa a contida no art. 161. Além daquelas proibições, ficam aqui vedados: os espaços em branco, para que não haja possibilidade de acréscimo de palavras aos atos já praticados; as emendas, isto é, complementações por meio de palavras ou frases, postas, *v. g.*, ao final de um parágrafo; e as rasuras, ou seja, correções malfeitas no texto, que o tornem duvidoso quanto à sua inteligibilidade. As entrelinhas já haviam sido previstas no art. 161. A *ratio* do dispositivo é a necessidade de segurança das declarações de vontade e de ciência constantes nos autos.

CAPÍTULO II
DO TEMPO E DO LUGAR DOS ATOS PROCESSUAIS

Vide Projeto de CPC, arts. 179 a 184 (Capítulo II – Do Tempo e do Lugar dos Atos Processuais).

O tempo e o lugar correspondem a mais dois elementos relativos à forma, uma vez que dizem respeito ao modo de ser do próprio ato. Assim sendo, a presente matéria poderia ainda compor a disciplina "Da Forma dos Atos Processuais" (Capítulo I, do Título V), o que não ocorre, no entanto, por ter o CPC atribuído à temática a condição de novo capítulo (Capítulo II).

Seção I
Do Tempo

Vide Projeto de CPC, arts. 179 a 183 (Seção I – Do Tempo).

O tempo é um fato que tem repercussão sobre o processo (e como tem...). Nesta Seção, o Código disciplina a utilização do tempo para fins processuais, de sorte a garantir o respeito ao direito de todas as pessoas ao descanso noturno (art. 172) e dos profissionais do direito ao recesso (*v.* nota ao art. 173), já que as férias coletivas foram abolidas pela Reforma do Judiciário (EC n. 45, de 08.12.2004) que introduziu o inciso XII no art. 93 da CF.

Art. 172. Os atos processuais realizar-se-ão em dias úteis, das 6 (seis) às 20 (vinte) horas.

Vide Projeto de CPC, arts. 179, caput, *e 180.*

A disciplina temporal imposta pelo dispositivo (das seis às vinte horas) prevalece, como a anterior, exclusivamente em relação aos atos processuais externos, como a citação e a penhora (§ 2º) e outras quaisquer diligências dessa natureza (§ 1º). Quanto aos atos processuais internos – isto é, aqueles que se praticam na sede do juízo e que, por isso, dependem do funcionamento do cartório –, o que vale, sob o ponto de vista disciplinar, são as leis estaduais de organização judiciária (*v.* § 3º a seguir), que podem, por exemplo, fixar o horário do expediente forense das treze às dezoito ou das oito às treze horas (a nova redação deste dispositivo advém da Lei n. 8.952/94).

§ 1º Serão, todavia, concluídos depois das 20 horas os atos iniciados antes, quando o adiamento prejudicar a diligência ou causar grave dano.

Vide Projeto de CPC, art. 179, § 1º.

A regra funda-se no princípio da economia processual. Se o ato externo foi iniciado regularmente antes das vinte horas, seria um contrassenso não concluí-lo só pelo fato de a hora legal ter chegado, se o adiamento puder prejudicar a diligência (*v. g.*, a prisão do alimentante, o arresto de bens, a intimação da penhora, etc.) ou causar dano grave ao direito da parte. A lei, assim, expressamente abre exceção nesses casos (a nova redação do dispositivo advém da Lei n. 8.952/94).

§ 2º A citação e a penhora poderão, em casos excepcionais, e mediante autorização expressa do juiz, realizar-se em domingos e feriados, ou nos dias úteis, fora do horário estabelecido neste artigo, observado o disposto no art. 5º, inciso XI, da Constituição Federal.

Vide Projeto de CPC, art. 179, § 2º.

A exceção prevista no texto concerne ao início da diligência fora dos dias e horários legais (o mero prosseguimento está regulado pelo § 1º) e depende de expressa autorização judicial, que não pode, em hipótese alguma, ser dispensada. Na prática, de quase todas as iniciais consta o pedido de concessão dos benefícios do art. 172, § 2º, aos quais, com frequência, não se dá deferimento expresso, seguindo-se o cumprimento irregular da diligência pelo oficial, a alegação de nulidade pelo réu e a rejeição pelo juiz ante a falta de prejuízo. Nada disso aconteceria se os magistrados cumprissem sempre o mandamento legal por um simples "defiro". Como a lei fala de domingos e feriados, trata-se de mera irregularidade sem sanção a realização da diligência em sábado. O art. 5º, XI, da CF/88 dispõe: "XI – a casa é asilo inviolável do indivíduo, ninguém nela podendo penetrar sem consentimento do morador, salvo em caso de flagrante delito ou desastre, ou para prestar socorro, ou, durante o dia, por determinação judicial" (texto de acordo com a Lei n. 8.952/94).

§ 3º Quando o ato tiver que ser praticado em determinado prazo, por meio de petição, esta deverá ser apresentada no protocolo, dentro do horário de expediente, nos termos da lei de organização judiciária local.

Vide Projeto de CPC, art. 179, § 3º.

Por meio da presente disposição legal, fica definitivamente assentada a ideia, em primeiro lugar, de que a disciplina do *caput* só prevalece em relação aos atos processuais externos, uma vez que o típico ato interno aqui previsto, o protocolo de petição, é regido temporalmente pela lei de organização judiciária, por expressa determinação do texto sob comentário. Em segundo, fica consagrada de forma expressa a faculdade da parte de apresentar sua petição no protocolo (central ou do respectivo cartório, se houver, a regra não discrimina), o que representa esclarecimento importante do CPC acerca de ato antes relegado ao obscurantismo disciplinar (este § 3º foi instituído pela Lei n. 8.952/94).

Art. 173. Durante as férias e nos feriados não se praticarão atos processuais. Excetuam-se:

Vide Projeto de CPC, art. 181, caput

Férias são o período de paralisação geral da atividade judiciária. Segundo o texto original da Lei Orgânica da Magistratura Nacional (LC n. 35, de 14.03.1979 – LOMAN), consideravam-se férias coletivas nos tribunais os períodos de 2 a 31 de janeiro e de 2 a 31 de julho (art. 66, § 1º). Quanto à primeira instância, regulavam as férias forenses as leis estaduais de organização judiciária que, contudo, fixavam-nas comumente naqueles mesmos períodos de janeiro e julho, dada a tradição e o costume de nosso país. Ocorre, entretanto, que o art. 93, da CF, foi alterado e nele introduzido um novo inciso (de n. XII) que diz: "XII – a atividade jurisdicional será ininterrupta, sendo vedado férias coletivas nos juízos e tribunais de segundo grau, funcionando, nos dias em que não houver expediente normal, juízes em plantão permanente". Foram, assim, eliminadas as férias forenses em primeira e segunda instâncias, mas não o "recesso forense" (*v.* nota ao inciso XII do art. 93). Já no que concerne aos feriados, são eles os dias assim considerados pela lei (*v.* art. 175), valendo registrar que para os efeitos do disposto nesse artigo, não se discriminam feriados instituídos por lei federal, estadual ou municipal. Observe-se, por derradeiro, que, em face da nova previsão constitucional, o focalizado art. 173 deve ser interpretado como se dissesse: "durante as férias, nos tribunais superiores, e durante o recesso forense e nos feriados, não se praticarão atos processuais".

I – a produção antecipada de provas (art. 846);

Vide Projeto de CPC, art. 181, I.

A justificativa para a exceção está no fato de que quem promove a ação cautelar nominada de antecipação de prova (pericial, depoimento pessoal ou testemunhal) não tem tempo a perder, somada a circunstância de que, para a efetivação da medida, inúmeros atos processuais têm de ser obrigatoriamente praticados (nomeação de perito, citação, variadas intimações, realização de atos materiais, realização de audiência, etc.), restando insuficiente a simples concessão da liminar. Eis a explicação da referência a um processo cautelar, neste inciso I, em contraposição às muitas medidas do inciso que segue. Lembramos mais uma vez, entretanto, que com o desaparecimento das férias coletivas (CF, art. 93, XII, conforme a Reforma do Judiciário), a exceção sob enfoque só pode ser encarada na perspectiva dos tribunais superiores e do recesso judiciário (*v.* nota ao *caput*).

II – a citação, a fim de evitar o perecimento de direito; e bem assim o arresto, o sequestro, a penhora, a arrecadação, a busca e apreensão, o depósito, a prisão, a separação de corpos, a abertura de testamento, os embargos de terceiro, a nunciação de obra nova e outros atos análogos.

Vide Projeto de CPC, art. 181, II.

A diligência citatória pode ser realizada nos feriados ou no recesso judiciário (*v.* nota ao *caput*), mas apenas com vistas a evitar perecimento de direito; outros atos do processo não se praticam (a citação realizada fora deste intuito, contudo, não é nula, mas apenas ineficaz). Permite a lei, identicamente, durante a paralisação, a efetivação de quaisquer medidas cautelares, concedidas liminarmente ou não, a efetivação de medidas executivas, a efetivação de liminares não cautelares como as proferidas em embargos de terceiros, nunciação de obra nova, reintegração e manutenção de posse, etc. Insista-se que somente as medidas mencionadas no texto se realizam, não correndo os respectivos processos durante as férias e o recesso.

Parágrafo único. O prazo para a resposta do réu só começará a correr no primeiro dia útil seguinte ao feriado ou às férias.

Este parágrafo único sob enfoque disciplina apenas a hipótese de citação prevista no inciso II, que é a realizada em processo durante o período de férias nos tribunais superiores, de recesso forense ou de feriado. Assim, se o sujeito passivo (mais amplo do que réu) foi citado durante o recesso, ou em um feriado, o primeiro dia do prazo de resposta identificar-se-á com o primeiro dia útil que se siga ao encerramento deste período excepcional. Observe-se que, dada a instituição da proibição de férias coletivas pelo novo inciso XII do art. 93 da CF (*v.* nota ao *caput*), o presente parágrafo único também deve ser interpretado como se dissesse: "[...] só começará a correr no primeiro dia útil seguinte ao feriado ou ao recesso forense".

Art. 174. Processam-se durante as férias e não se suspendem pela superveniência delas:

Vide Projeto de CPC, art. 182, caput

Dada a circunstância de a EC n. 45, de 08.12.2004 (Reforma do Judiciário), ter proibido as "férias coletivas nos juízos e tribunais de segundo grau", o presente art. 174 deixa de vigorar, uma vez que já não se podem distinguir processos, procedimentos ou atos processuais que devam ter curso "durante as férias" de outros quaisquer. O desaparecimento das férias coletivas torna, assim, desprovido de sentido jurídico-normativo o elenco de atos e causas constante dos incisos I a III deste art. 174, salvo se se puder cogitar da sua aplicação nos feitos que tramitam perante tribunais superiores (*v. g.*, ações cautelares enquadráveis na previsão do inciso I dos atos "necessários à conservação de direitos").

I – os atos de jurisdição voluntária bem como os necessários à conservação de direitos, quando possam ser prejudicados pelo adiamento;

Vide Projeto de CPC, art. 182, I.

Dispositivo revogado pela Reforma do Judiciário (CF, art. 93, XII).

II – as causas de alimentos provisionais, de dação ou remoção de tutores e curadores, bem como as mencionadas no art. 275;

Vide Projeto de CPC, art. 182, II.

Dispositivo revogado pela Reforma do Judiciário (CF, art. 93, XII).

III – todas as causas que a lei federal determinar.

Vide Projeto de CPC, art. 182, III.

Dispositivo revogado pela Reforma do Judiciário (CF, art. 93, XII).

Art. 175. São feriados, para efeito forense, os domingos e os dias declarados por lei.

Vide Projeto de CPC, art. 183.

É o presente dispositivo aquele que formalmente dá conotação processual de feriados aos domingos e dias assim declarados por lei, tornando-os feriados forenses e submetendo-os à regulamentação dos arts. 172, § 2º (citação e penhora em domingos e feriados), e 173 (nas férias – *rectius*, recesso forense – e nos feriados não se praticam atos processuais). A regra estaria mais bem situada topograficamente se correspondesse ao artigo introdutório da Seção I.

Seção II
Do Lugar

Vide Projeto de CPC, art. 184 (Seção II – Do Lugar).

Art. 176. Os atos processuais realizam-se de ordinário na sede do juízo. Podem, todavia, efetuar-se em outro lugar, em razão de deferência, de interesse da justiça, ou de obstáculo arguido pelo interessado e acolhido pelo juiz.
Vide Projeto de CPC, art. 184.

Quanto ao lugar da prática dos atos processuais, a regra é a de que estes sejam realizados na sede do juízo que compreende: o juízo (ou vara), seu cartório (ou ofício) e os demais cartórios auxiliares, como os da distribuição, contadoria, hastas públicas, incluindo o átrio do fórum. Excepcionalmente, contudo, praticam-se atos processuais fora da sede do juízo em razão de deferência (oitiva de autoridades em suas residências; trata-se de deferência legal – art. 411), de interesse da justiça (a realização da inspeção judicial – arts. 440 a 443) ou de obstáculo material (oitiva de testemunha doente ou impossibilitada – art. 410, III).

CAPÍTULO III
DOS PRAZOS

Vide Projeto de CPC, arts. 185 a 204 (Capítulo III – Dos Prazos).

Seção I
Das Disposições Gerais

Vide Projeto de CPC, arts. 185 a 199 (Seção I – Disposições Gerais).

Prazo é o interregno temporal dentro do qual um ato processual deve ser praticado (às vezes, a lei fixa um lapso de tempo dentro do qual o ato não deve ser praticado, *v. g.*, na hipótese do art. 407 *caput, in fine*; o prazo é, então, denominado inverso). O termo inicial do prazo é chamado *dies a quo* e o final *dies ad quem*. Quanto à unidade de tempo, várias são utilizadas pela lei: ano (o prazo vai até o mesmo dia do ano seguinte); mês (a contagem é idêntica à do ano); dia (conta-se dia a dia); horas (conta-se hora a hora, se for possível; se não, o prazo é transformado em dia); e minuto (conta-se minuto a minuto). A disciplina dos prazos é apenas outro aspecto da forma do ato processual, daí que talvez tudo devesse estar contido em um capítulo único.

Art. 177. Os atos processuais realizar-se-ão nos prazos prescritos em lei. Quando esta for omissa, o juiz determinará os prazos, tendo em conta a complexidade da causa.
Vide Projeto de CPC, art. 185.

Quanto à fonte, os prazos se classificam em legais, judiciais e convencionais. Segundo a prescrição em exame, a regra é a de que os prazos impostos aos sujeitos do processo decorrem diretamente da própria lei. Se esta for omissa, o magistrado poderá fixar, por despacho, o prazo, segundo o critério alvitrado; se não o fizer, mas determinar a prática de um ato, o prazo que valerá será o de cinco dias, conforme o art. 185. Sobre os prazos convencionais, esses se submetem à restrição do art. 181. Lembremos, ainda, que a nova redação do art. 407 cria a dupla figura do prazo judicial seguido de um prazo legal, para o caso de o juiz não designar o lapso temporal dentro do qual é possível arrolar testemunhas (*v.* Lei n. 11.419/2006, arts. 3º, 4º, §§ 3º e 4º, 5º, §§ 1º a 4º, e 10, § 1º, sobre prazos processuais no processo eletrônico).

Art. 178. O prazo, estabelecido pela lei ou pelo juiz, é contínuo, não se interrompendo nos feriados.

Vide Projeto de CPC, art. 186.

A regra aqui focalizada institui a continuidade e a ininterruptibilidade dos prazos legais e judiciais, isto é, a não interferência dos feriados sobre a fluência dos prazos. Se o réu dispõe de quinze dias para contestar, haverá sempre dois domingos entre o termo inicial e o termo final; a chegada deste feriado, ou de outro qualquer, não faz parar, não interrompe a fluência do prazo.

Art. 179. A superveniência de férias suspenderá o curso do prazo; o que lhe sobejar recomeçará a correr do primeiro dia útil seguinte ao termo das férias.

Vide Projeto de CPC, art. 187.

Se os feriados não interferem na fluência dos prazos, o mesmo não se pode dizer acerca do recesso forense. Lembremos que como "recesso forense" deve ser compreendido o termo "férias", constante deste art. 179, de sorte que o torne aplicável em face da previsão do inciso XII do art. 93 da CF, inciso que foi criado pela Reforma do Judiciário (EC n. 45/2004). Pois bem, de acordo com o presente regramento, o recesso forense provoca, como efeito, a suspensão do curso dos prazos, o que significa que, fluindo que esteja determinado prazo, a superveniência do recesso faz com que este deixe de ter curso, só retomando a sua fluência, pelo período remanescente, no primeiro dia útil após o encerramento da paralisação. Suspensão é, portanto, o impedimento à fluência do prazo, que não se confunde com a interrupção, haja vista que, após seu desaparecimento, o prazo readquire fluência pelo tempo que faltava.

Art. 180. Suspende-se também o curso do prazo por obstáculo criado pela parte ou ocorrendo qualquer das hipóteses do art. 265, I e III; casos em que o prazo será restituído por tempo igual ao que faltava para a sua complementação.

Vide Projeto de CPC, art. 188.

A suspensão do curso de prazos aqui estabelecida tem por fundamento circunstâncias outras que não a superveniência de férias. A regra determina a automática suspensão dos prazos se ocorrer: a morte ou a perda da capacidade processual da parte, representante legal ou procurador (art. 265, I); a convenção de suspensão celebrada pelas partes (art. 265, II); a oposição de exceções (art. 265, III); e ainda na hipótese de "obstáculo criado pela parte" (contrária), como, por exemplo, a retirada indevida dos autos de cartório. Como a suspensão é automática *(ex vi legis)*, o magistrado deverá declará-la posteriormente com o fim de restituir à parte o prazo que faltava quando da verificação do fato gerador da suspensão.

Art. 181. Podem as partes, de comum acordo, reduzir ou prorrogar o prazo dilatório; a convenção, porém, só tem eficácia se, requerida antes do vencimento do prazo, se fundar em motivo legítimo.

Vide Projeto de CPC, art. 189, caput

Este artigo e o seguinte versam sobre o fenômeno da prorrogação (ampliação) ou redução (diminuição) dos prazos processuais. Prazo dilatório (também chamado de ordinatório) é o prazo instituído por norma dispositiva em favor da parte (p. ex., os dos arts. 407 e 421, § 1º). Prazo peremptório é o prazo instituído por norma cogente em favor do interesse público ou interesse na boa administração da justiça (p. ex., os dos arts. 297, 508, 738, etc.). A convenção das partes, que só pode ter por objeto o primeiro e nunca o segundo (*v.* art. 182), há de ser justificada e tem de ser apresentada ao juiz (protocolada ou despachada) antes do termo final do prazo.

§ 1º O juiz fixará o dia do vencimento do prazo da prorrogação.

Vide Projeto de CPC, art. 189, § 1º.

A fixação do dia do vencimento é necessária porque as convenções normalmente referem um número determinado de dias, sem alusão ao termo inicial ou prazo final. Assim, dada a incerteza do *dies a quo* (data da petição, do protocolo ou do deferimento?), fica com o juiz o poder para fixar o *dies ad quem*. Se não o fizer, deve-se considerar termo inicial a intimação do deferimento.

§ 2º As custas acrescidas ficarão a cargo da parte em favor de quem foi concedida a prorrogação.

Vide Projeto de CPC, art. 189, § 2º.

Se a prorrogação provocar despesas (assim deve ser entendido o termo "custas" no texto) ou acréscimo de despesas, estas serão suportadas pela parte beneficiada pela ampliação do prazo. Se as duas são beneficiadas, as despesas existentes ou acrescidas deverão ser divididas entre elas.

Art. 182. É defeso às partes, ainda que todas estejam de acordo, reduzir ou prorrogar os prazos peremptórios. O juiz poderá, nas comarcas onde for difícil o transporte, prorrogar quaisquer prazos, mas nunca por mais de 60 (sessenta) dias.

Vide Projeto de CPC, art. 190, caput

Interpretado a contrario sensu, o caput do art. 181 prevê a mesma vedação: a impossibilidade de se prorrogarem ou reduzirem prazos peremptórios. Todavia, tendo em conta a precariedade do sistema de transportes (ou comunicações) de certas regiões brasileiras, permite a lei que, verificada a dificuldade em concreto, prorrogue o magistrado quaisquer prazos, isto é, tanto os dilatórios como os peremptórios. Como o limite de sessenta dias é imposto ao juiz, o seu desrespeito não pode acarretar prejuízo para a parte; não é, *v. g.*, intempestiva a contestação além desse prazo se o juiz expressamente o fixou.

Parágrafo único. Em caso de calamidade pública, poderá ser excedido o limite previsto neste artigo para a prorrogação de prazos.

Vide Projeto de CPC, art. 190, parágrafo único.

A extrapolação do limite do prazo de sessenta dias para a prorrogação só é legítima no caso de calamidade pública, que o próprio juiz deve declarar na fundamentação da sua decisão e que independe de reconhecimento formal do Poder Executivo.

Art. 183. Decorrido o prazo, extingue-se, independentemente de declaração judicial, o direito de praticar o ato, ficando salvo, porém, à parte provar que o não realizou por justa causa.

Vide Projeto de CPC, art. 191, caput *e § 3º.*

A parte inicial do dispositivo institui expressamente a preclusão temporal, que é a extinção do direito processual em virtude do decurso do prazo; a desnecessidade de declaração judicial é estabelecida pela lei como forma de agilizar o desenrolar do procedimento. Observe-se que, além da preclusão temporal, outras existem: a consumativa, que é a extinção do direito pela própria prática do ato facultado pela lei; e a lógica, que é a perda do direito pela prática de um ato incompatível com aquele que é facultado pela lei. Já a parte final da prescrição dá ao fenômeno da justa causa a condição de elemento impeditivo da consumação da preclusão: provada a circunstância e reconhecida pelo juiz, opera-se a devolução do prazo.

---

§ 1º Reputa-se justa causa o evento imprevisto, alheio à vontade da parte, e que a impediu de praticar o ato por si ou por mandatário.

Vide Projeto de CPC, art. 191, § 1º.

Para a caracterização da justa causa exige-se a presença conjunta dos três requisitos obrigatoriamente (fato imprevisto, não submetido à vontade da parte e impeditivo da prática do ato); faltando apenas um deles, não há justa causa. São exemplos de justa causa: um sério acidente de trânsito, o acometimento repentino de uma doença, uma inundação, etc.

---

§ 2º Verificada a justa causa o juiz permitirá à parte a prática do ato no prazo que lhe assinar.

Vide Projeto de CPC, art. 191, § 2º.

Reconhecida por decisão interlocutória (art. 162, § 2º) a ocorrência de justa causa, o juiz devolverá (ou restituirá) à parte o prazo que considerar razoável para a prática do ato perdido segundo o seu prudente arbítrio. O prazo assim fixado tem a natureza de prazo judicial, ainda que o originário fosse legal.

Art. 184. Salvo disposição em contrário, computar-se-ão os prazos, excluindo o dia do começo e incluindo o do vencimento.

Vide Projeto de CPC, art. 192, caput

Para o perfeito entendimento desta disposição legal é necessário combiná-la com as prescrições dos arts. 240 e 241, os quais falam, respectivamente, de intimação e citação. Quanto ao primeiro critério fixado (a exclusão do dia do começo), tal significa que o dia em que ocorre a intimação (*v.* art. 240) ou a citação (*v.* art. 241) não corresponde ao primeiro dia do prazo que é o seguinte; daí dizer a lei que ele fica excluído. Quanto ao segundo (a inclusão do dia do vencimento), tal significa apenas que no dia em que o prazo vence ainda é legítima a prática do ato.

§ 1º Considera-se prorrogado o prazo até o primeiro dia útil se o vencimento cair em feriado ou em dia em que:
Vide Projeto de CPC, art. 192, § 1º.

Este dispositivo institui o fenômeno da prorrogação do prazo, isto é, o alongamento do prazo, que tem lugar exclusivamente nas hipóteses aqui previstas para permitir a prática do ato no primeiro dia útil subsequente. Se o vencimento cai em feriado (*v.* art. 175), o último dia do prazo passa a ser o mais próximo dia útil (se este já estiver dentro das férias forenses, o vencimento do prazo será o primeiro dia útil subsequente ao encerramento das férias ou do recesso).

I – for determinado o fechamento do fórum;
Vide Projeto de CPC, art. 192, § 1º, I.

O prazo identicamente se prorroga ou alonga-se na hipótese de o termo *ad quem* cair em um dia em que, por qualquer motivo, o fórum esteja fechado por determinação do presidente do Tribunal de Justiça (nas comarcas onde o Tribunal tem sede) ou do juiz de direito (nas demais comarcas). A mesma disciplina vale para a hipótese de a lei de organização judiciária excluir os sábados do expediente forense.

II – o expediente forense for encerrado antes da hora normal.
Vide Projeto de CPC, art. 192, § 1º, II.

Protrai-se também o prazo se, por qualquer razão, o expediente forense (ou seja, a atividade forense) se encerrar antes da hora normal, que é a fixada pela lei estadual de organização judiciária (via de regra, dezoito horas). O direito da parte de praticar o ato vai até o último minuto da hora final, de sorte que o fechamento anterior tolhe este direito, desencadeando a prorrogação. Se, contudo, o protocolo permaneceu aberto, não há alongamento.

§ 2º Os prazos somente começam a correr do primeiro dia útil após a intimação (art. 240 e parágrafo único).
Vide Projeto de CPC, art. 192, §§ 2º e 3º.

A norma tem por escopo fixar o critério para determinação do *dies a quo* dos prazos, o que está em perfeita sintonia com o disposto no art. 240, referido no texto, que no seu *caput* afirma que os prazos se contam da intimação. Quanto ao parágrafo único que identicamente é objeto de remissão, torna-se necessário esclarecer: na hipótese de a intimação ter ocorrido em um dia em que não há expediente forense (*v.* art. 175 e inciso I do § 1º deste artigo), considera-se realizada no primeiro dia útil seguinte, de sorte que o primeiro dia do prazo será, na verdade, o segundo dia útil subsequente.

Art. 185. Não havendo preceito legal nem assinação pelo juiz, será de 5 (cinco) dias o prazo para a prática de ato processual a cargo da parte.

Vide Projeto de CPC, art. 193.

A norma em questão fecha o sistema de prazos do CPC, porquanto determina que, na ausência de prazo legal e judicial, a parte tem cinco dias para a prática do ato facultado. Logo, dada a sua existência, não é possível que para um ato da parte não se saiba qual é o prazo disponível. Observe-se, outrossim, que a incidência do dispositivo sempre dependerá de uma entre duas circunstâncias: ou o juiz, por descuido, não fixa o prazo (fixação esta prevista pelo art. 177, *in fine*), ou o juiz, propositalmente, deixa de fixá-lo, contando com a incidência deste art. 185.

Art. 186. A parte poderá renunciar ao prazo estabelecido exclusivamente em seu favor.

Vide Projeto de CPC, art. 194.

A previsão legal só tem razão de ser se se pensar na figura do litisconsórcio, uma vez que fora dela é evidente que a parte só pode renunciar a prazo estabelecido em seu favor, o que a lei não precisava dizer. Já sob o prisma do litisconsórcio, a regra faz sentido: só vale a renúncia de prazo se o litisconsórcio for comum; não vale a renúncia, por outro lado, se o litisconsórcio for unitário, porque aí o prazo não é erigido exclusivamente em favor de um litisconsorte.

Art. 187. Em qualquer grau de jurisdição, havendo motivo justificado, pode o juiz exceder, por igual tempo, os prazos que este Código lhe assina.

Vide Projeto de CPC, art. 195.

A prescrição coloca em destaque a natureza jurídica diferenciada dos prazos concedidos ao juiz: os prazos judiciais são impróprios, isto é, prazos que não se submetem ao fenômeno da preclusão, tanto que o magistrado os pode exceder sem perder o direito de praticar o ato. Se houver excesso sem motivo, ainda assim não haverá preclusão, sujeitando-se o juiz exclusivamente à sanção administrativa aplicável. Próprios, por outro lado, são todos os atos das partes, a teor do contido no art. 183, como visto.

Art. 188. Computar-se-á em quádruplo o prazo para contestar e em dobro para recorrer quando a parte for a Fazenda Pública ou o Ministério Público.

Vide Projeto de CPC, arts. 158 e 161.

Este prazo especial é criado pela lei por causa da organização burocratizada que envolve o MP e a Fazenda. Nada há de inconstitucional nele, haja vista que isonomia é, também, tratar desigualmente os desiguais. Fazenda Pública, no texto, é apenas a pessoa jurídica de direito público e as autarquias autorizadas (não se incluem as empresas públicas nem as sociedades de economia mista). MP é a instituição, qualquer que seja a posição que ocupe no processo. Contestar, no texto, deve ser compreendido como resposta (as do art. 297 e outras como impugnação ao valor da causa, denunciação, chamamento, nomeação, etc.). Já recorrer, no enunciado, só pode ser entendido restritivamente como exercício do direito de interpor recurso e não como direito de contra-arrazoar. Não se aplicam cumulativamente os benefícios deste artigo e do art. 191.

Art. 189. O juiz proferirá:

Vide Projeto de CPC, art. 196, caput *e III.*

O dispositivo sob apreciação e o seguinte estariam mais bem situados se tivessem sido colocados logo depois da prescrição do art. 187, porque as três (187, 189 e 190) dizem respeito a prazos impróprios que, como visto, são aqueles que não se sujeitam ao fenômeno da preclusão (*v.* nota ao art. 187).

I – os despachos de expediente, no prazo de 2 (dois) dias;

Vide Projeto de CPC, art. 196, I.

O prazo de dois dias para os chamados despachos de mero expediente (art. 162, § 3º) – que também se aplica aos atos meramente ordinatórios previstos pelo § 4º do art. 162 – começa a fluir do recebimento dos autos que tenham ido à conclusão (art. 190). O excesso de prazo, como visto, não gera preclusão (art. 187).

II – as decisões, no prazo de 10 (dez) dias.

Vide Projeto de CPC, art. 196, II.

Por "decisões", no texto, deve-se entender somente as interlocutórias (*v.* art. 162, § 2º), uma vez que as sentenças, embora decisões em sua essência, têm prazo de proferimento expressamente estabelecido nos arts. 281 e 456 (dez dias tanto no rito sumário como no ordinário). O prazo se conta da mesma forma que os despachos (*v.* nota ao inciso I deste artigo).

Art. 190. Incumbirá ao serventuário remeter os autos conclusos no prazo de 24 (vinte e quatro) horas e executar os atos processuais no prazo de 48 (quarenta e oito) horas, contados:

Vide Projeto de CPC, art. 197, caput

Serventuário, no texto sob enfoque, é o escrivão ou chefe da secretaria, cujos atos vêm disciplinados pelos arts. 141, 142 e 166 a 171 (*v.* nota ao art. 139). Os prazos aqui previstos, embora impróprios, isto é, não sujeitos à preclusão, submetem-se, contudo, à fiscalização judicial e sanções administrativas (arts. 193 e 194).

I – da data em que houver concluído o ato processual anterior, se lhe foi imposto pela lei;

Vide Projeto de CPC, art. 197, I.

O termo *a quo* assim estabelecido pelo presente dispositivo se explica logicamente: à prática de qualquer ato pelo escrivão deve-se seguir imediatamente a manifestação do magistrado, que é o responsável pela condução do processo e pela marcha do procedimento (*dominus processus*).

II – da data em que tiver ciência da ordem, quando determinada pelo juiz.

Vide Projeto de CPC, art. 197, II.

O prazo de 48 horas é contado do dia em que o escrivão toma conhecimento, pelo manuseio dos autos, da determinação judicial. Tal ciência depende da rotina que se impõe ao serventuário de examinar imediatamente todos os autos que voltem para o cartório após o despacho. Também as partes podem provocar essa tomada de ciência.

Parágrafo único. Ao receber os autos, certificará o serventuário o dia e a hora em que ficou ciente da ordem, referida no n. II.

Vide Projeto de CPC, art. 197, §§ 1º e 2º.

O dever de certificação aqui previsto, embora vise a trazer segurança para o processo, não é comumente cumprido, dada a circunstância de ser mais fácil praticar, desde logo, o ato ordenado do que certificar para só depois praticar. A certificação representa, a bem da verdade, mera duplicação de trabalho.

Art. 191. Quando os litisconsortes tiverem diferentes procuradores, ser-lhes-ão contados em dobro os prazos para contestar, para recorrer e, de modo geral, para falar nos autos.

Vide Projeto de CPC, art. 198.

Este prazo especial não depende de requerimento nem de procuração nos autos para incidir; basta a existência de litisconsórcio e procuradores distintos, quaisquer que sejam as ações de que se cogite. Quanto ao prazo em dobro para contestar (entenda-se responder, incluindo exceções, reconvenção e outras respostas, mas não para embargar), só ao final do trigésimo dia será possível dizer se incidiu o benefício ou não; aplica-se a regra mesmo que o litisconsorte fique revel ou mesmo que apenas um deles recorra, seja o litisconsorte, a Fazenda Pública ou o MP. "Recorrer", no texto, significa interposição de quaisquer recursos e não o ato de contra-arrazoar. Contudo, as contrarrazões incluem-se na categoria das falas, de modo geral. Havendo revelia ou recurso de um só litisconsorte, com base na resposta ou interposição, deixam de ser dobrados os demais prazos.

Art. 192. Quando a lei não marcar outro prazo, as intimações somente obrigarão a comparecimento depois de decorridas 24 (vinte e quatro) horas.

Vide Projeto de CPC, art. 199.

Outra regra geral relativa a prazos é esta que afirma não nascer ônus, dever ou obrigação de comparecimento (ato material da parte, do MP, da testemunha, etc.) se entre a concretização da intimação e o comparecimento exigido não houverem decorrido 24 horas. Exceção à regra é, *v. g.*, o prazo de cinco dias concedido ao perito e ao assistente pelo parágrafo único do art. 435.

Seção II

Da Verificação dos Prazos e das Penalidades

Vide Projeto de CPC, arts. 200 a 204
(Seção II – Da Verificação dos Prazos e das Penalidades).

Ao magistrado, como *dominus processus* (senhor, comandante do processo), cabe fiscalizar se todos os prazos estão sendo cumpridos, bem como aplicar, caso assim determine a lei, as sanções pertinentes. Tal verificação e penalização são atos do juiz que integram e expressam exercício da função jurisdicional.

Art. 193. Compete ao juiz verificar se o serventuário excedeu, sem motivo legítimo, os prazos que este Código estabelece.

Vide Projeto de CPC, art. 200, caput

O primeiro objeto de fiscalização judicial quanto a prazos é o serventuário, ou seja, o escrivão ou o chefe de secretaria e o escrevente autorizado (art. 142). A lei os obriga à prática de atos dentro de certos prazos, logo o juiz pode exigir deles o cumprimento estrito desse dever funcional, só admitindo escusa na hipótese de motivo legítimo que deve ser avaliado caso a caso.

Art. 194. Apurada a falta, o juiz mandará instaurar procedimento administrativo, na forma da Lei de Organização Judiciária.

Vide Projeto de CPC, art. 200, § 1º.

"Apurada a falta", no texto, significa a constatação informal pelo magistrado de que houve excesso injustificado de prazos pelo serventuário. Informal, dizemos, porque a verificação formal corresponde ao procedimento administrativo previsto na lei estadual em que, garantida a defesa e o contraditório (CF, art. 5º, LV), aplicar-se-á ou não a sanção adequada.

Art. 195. O advogado deve restituir os autos no prazo legal. Não o fazendo, mandará o juiz, de ofício, riscar o que neles houver escrito e desentranhar as alegações e documentos que apresentar.

Vide Projeto de CPC, art. 201.

A regra complementa a disciplina do exercício do direito do advogado de ter em seu poder os autos do processo para exame (arts. 40, *caput* e parágrafos, e 155, parágrafo único); findo o prazo, cessa o direito e nasce o dever de restituição. A sanção de caráter processual prevista na segunda parte do dispositivo só tem aplicação se a retirada tinha a finalidade de permitir a prática de algum ato; se não tinha, só se poderá cogitar das sanções do art. 196.

Art. 196. É lícito a qualquer interessado cobrar os autos ao advogado que exceder o prazo legal. Se, intimado, não os devolver dentro em 24 (vinte e quatro) horas, perderá o direito à vista fora de cartório e incorrerá em multa, correspondente à metade do salário mínimo vigente na sede do juízo.

Vide Projeto de CPC, art. 202, caput *e § 1º.*

A norma prevê sanção processual e disciplinar (administrativa) a que se sujeita o advogado que não devolva os autos no prazo. Para a caracterização da falta é necessária a prévia intimação pessoal, sendo automática a aplicação pelo juiz da sanção de perda do direito de vista (sanção processual); quanto à multa (disciplinar), só o órgão de classe, a OAB, poderá aplicá-la, uma vez que o magistrado não é superior hierárquico do advogado. O Estatuto da Advocacia prevê: "Art. 34. Constitui infração disciplinar: [...] XXII – reter, abusivamente, ou extraviar autos recebidos com vista ou em confiança".

Parágrafo único. Apurada a falta, o juiz comunicará o fato à seção local da Ordem dos Advogados do Brasil, para o procedimento disciplinar e imposição da multa.

Vide Projeto de CPC, art. 202, § 2º.

De acordo com o presente regramento, constatada a falta, o juiz deve declarar nos autos a perda do direito de vista – anotando-a na capa o escrivão – e, ato contínuo, oficiar a OAB, comunicando o ocorrido para que se instaure o procedimento adequado que levará à imposição da multa. Prescreve o EAOAB: "Art. 37. A suspensão é aplicável nos casos de: I – infrações definidas nos incisos XVII a XXV do art. 34"; "Art. 39. A multa [...] é aplicável cumulativamente com a censura ou suspensão, em havendo circunstâncias agravantes".

Art. 197. Aplicam-se ao órgão do Ministério Público e ao representante da Fazenda Pública as disposições constantes dos arts. 195 e 196.

Vide Projeto de CPC, art. 203.

Ao MP cabe aplicar sanções disciplinares aos seus órgãos; à Fazenda Pública incumbe a mesma providência em relação a seus procuradores. Também em relação a estes o juiz só pode aplicar sanções de natureza processual (art. 195 e a primeira parte do art. 196). Para o fim da incidência dessa regra pouco importa a função que o órgão ministerial desempenhe no processo (autor, substituto processual, assistente do incapaz ou fiscal da lei).

Art. 198. Qualquer das partes ou o órgão do Ministério Público poderá representar ao presidente do Tribunal de Justiça contra o juiz que excedeu os prazos previstos em lei. Distribuída a representação ao órgão competente, instaurar-se-á procedimento para apuração da responsabilidade. O relator, conforme as circunstâncias, poderá avocar os autos em que ocorreu excesso de prazo, designando outro juiz para decidir a causa.

Vide Projeto de CPC, art. 204.

O direito de representação é direito fundamental e garantia constitucional que tem por escopo afastar concretamente infração que tenha sido cometida por autoridade (difere do direito de petição, que serve à defesa de direitos, mas que não pressupõe ofensa). A prerrogativa em questão se presta, portanto, à responsabilização do magistrado que excede prazos (arts. 189, 197, 280 e 456) injustificadamente (*v.* art. 187). O direito de avocação aqui previsto é instrumento a serviço da pronta e minuciosa verificação da falta, falta esta que pode levar até à substituição do juiz. Lamentavelmente, a norma tem pouca ou nenhuma aplicação prática. Observe-se, por derradeiro, que em razão da Reforma do Judiciário (EC n. 45/2004), o direito de representação contra juízes passará a ter um outro significado a partir de agora em face das novas responsabilidades impostas aos magistrados pela Reforma e da nova cultura jurídica que ela tende a propiciar (*v.* EC n. 45/2004).

Art. 199. A disposição do artigo anterior aplicar-se-á aos tribunais superiores na forma que dispuser o seu regimento interno.

O mandamento processual em questão deve ser interpretado no sentido de que não só contra juiz de direito ou juiz federal é possível a representação, mas também contra juízes de Tribunais de Justiça (desembargadores), de Tribunais Regionais Federais (desembargadores federais), do STJ e do STF (ministros), etc. O que depende de regulamentação em regimento interno dos tribunais é a forma do procedimento administrativo que, no entanto, sempre deverá observar as garantias de motivação, publicidade e *quorum* qualificado (CF, art. 93, X), além do contraditório e da ampla defesa (CF, art. 5º, LV).

CAPÍTULO IV
DAS COMUNICAÇÕES DOS ATOS

Vide Projeto de CPC, arts. 205 a 250 (Capítulo IV – Das Comunicações dos Atos).

O tema sob comentário envolve dois aspectos fundamentais: a necessidade de cientificação às partes do ato processual praticado (anterior) e a necessidade de cientificação da determinação judicial do ato a ser praticado (posterior). E que o procedimento, como encadeamento lógico e cronológico de atos, exige para o seu desenrolar que o ato passado seja comunicado, de sorte a permitir que o subsequente, previsto pela lei, tenha lugar, levando o processo ao seu fim (*v.* Lei n. 11.419/2006, art. 7º, sobre as cartas e as comunicações por meio eletrônico).

Seção I
Das Disposições Gerais

Vide Projeto de CPC, arts. 205 e 206 (Seção I – Disposições Gerais).

Art. 200. Os atos processuais serão cumpridos por ordem judicial ou requisitados por carta, conforme hajam de realizar-se dentro ou fora dos limites territoriais da comarca.

Vide Projeto de CPC, art. 205.

O ato realizável dentro da comarca (limite territorial da competência do juiz de primeira instância da Justiça Estadual e que equivale à "seção judiciária" da Federal para os fins aqui estabelecidos – *v.* CF, art. 110) é ordenado pelo magistrado; o instrumento formal da ordem é chamado mandado judicial. O ato realizável fora da comarca é apenas requisitado pelo juiz a outro; o veículo formal da requisição é denominado carta.

Art. 201. Expedir-se-á carta de ordem se o juiz for subordinado ao tribunal de que ela emanar; carta rogatória, quando dirigida à autoridade judiciária estrangeira; e carta precatória nos demais casos.

Vide Projeto de CPC, art. 206.

A carta de ordem corresponde à delegação de poder feita por tribunal a juiz singular para a prática de determinados atos (*v. g.*, nos processos de competência originária dos tribunais – *v.* arts. 483 a 495, especialmente art. 492). A carta rogatória é requisição de ato processual a juízo estrangeiro (*v.* arts. 210 a 212, 231, § 1º, e 338). A carta precatória, a mais comumente expedida, é solicitação de prática de ato a juiz que detém a mesma competência do juiz solicitante, mas em outro território – outra comarca ou seção judiciária na Justiça Federal (*v.* arts. 202 a 209, 338, 1.006, 1.149 e 1.213).

Seção II
Das Cartas

Vide Projeto de CPC, arts. 229 a 240 (Seção III – Das Cartas).

Por meio das cartas viabiliza-se a prática de atos processuais que devem ser cumpridos fora da comarca, seja qual for a natureza que tiverem: probatórios (oitiva de uma testemunha, depoimento pessoal da parte e realização da perícia), de constrição (penhora, arresto, sequestro, busca e apreensão, *v. g.*) ou meramente de comunicação (intimações, citações, etc.).

Art. 202. São requisitos essenciais da carta de ordem, da carta precatória e da carta rogatória:

Vide Projeto de CPC, art. 229, caput*.*

Assim como tantos outros atos do processo, também a carta se reveste de formalidades essenciais cujo único escopo é o de garantir a exatidão do seu conteúdo e, com isso, a segurança jurídica. Afinal de contas, não podemos esquecer que a forma, em Direito, é sinônimo de segurança e garantia de direitos (José Frederico Marques).

I – a indicação dos juízes de origem e de cumprimento do ato;
Vide Projeto de CPC, art. 229, I.

A indicação dos juízes que se vinculam pela carta é indispensável. Devem constar expressamente do documento – pensemos na precatória – o nome completo do juiz de origem, sua qualidade de juiz titular ou substituto, o número e a denominação da Vara por que responde, a comarca e o Estado. A indicação do destinatário se restringe a dados como Estado, comarca e modalidade de juízo.

II – o inteiro teor da petição, do despacho judicial e do instrumento do mandato conferido ao advogado;
Vide Projeto de CPC, art. 229, II.

A petição referida é aquela que veiculou o requerimento de expedição de carta (que pode no caso concreto não existir); a lei fala de inteiro teor porque todo o seu conteúdo deve ser reproduzido (na prática, o que instrui a carta é a cópia reprográfica da petição, quando houver). Despacho judicial é a decisão que defere a expedição da carta. Por mandato entenda-se o seu instrumento (a procuração); tantas quantas forem as procurações, tantas quantas as cópias que instruirão a carta com vistas à intimação dos advogados (arts. 236 e 237). Tal não é necessário se um só foi constituído para acompanhar a carta.

III – a menção do ato processual, que lhe constitui o objeto;
Vide Projeto de CPC, art. 229, III.

A menção ao ato que deve ser praticado – lembramos que objeto pode ser conceituado com aquilo em torno do que gravita uma atividade – normalmente consta do próprio despacho deferitório que é reproduzido na carta. Nada impede, no entanto, que o juiz se manifeste por um simples "defiro", o que faz incidir a presente regra jurídica, de sorte que o cartório (ou secretaria) faça constar expressamente da carta a menção ao ato que se espera seja praticado.

IV – o encerramento com a assinatura do juiz.
Vide Projeto de CPC, art. 229, IV.

O encerramento, que é o fechamento solene da requisição, deve vir acompanhado imprescindivelmente da assinatura do juiz de origem indicado (inciso I) e da respectiva autenticação que é realizada pelo escrivão. É curioso observar que o CPC exige expressamente a assinatura do juiz como requisito essencial das cartas, mas esqueceu de fazer idêntica exigência quando se trata da sentença (art. 458), o ato mais importante do processo.

---

§ 1º O juiz mandará trasladar, na carta, quaisquer outras peças, bem como instruí-la com mapa, desenho ou gráfico, sempre que estes documentos devam ser examinados, na diligência, pelas partes, peritos ou testemunhas.

Vide Projeto de CPC, art. 229, § 1º.

Quaisquer documentos que pareçam importantes ao cumprimento do ato podem ser traslados (transferidos por cópia reprográfica) na carta por ordem do juiz. O rol de peças mencionado é evidentemente exemplificativo e corresponde à necessidade de tornar mais eficaz, sob o prisma probatório, o depoimento das pessoas referidas.

---

§ 2º Quando o objeto da carta for exame pericial sobre documento, este será remetido em original, ficando nos autos reprodução fotográfica.

Vide Projeto de CPC, art. 229, § 2º.

A hipótese se verifica quando a perícia técnica sobre documento relevante para a causa tem de ser realizada fora da comarca (*v. g.*, em "estabelecimentos oficiais especializados", como prescreve o art. 434). É curial em tais casos que da carta conste o original, permanecendo nos autos cópia reprográfica (fotográfica, em sentido amplo). Examine-se, ainda, a regra contida no art. 428 sobre o assunto.

---

§ 3º A carta de ordem, carta precatória ou carta rogatória pode ser expedida por meio eletrônico, situação em que a assinatura do juiz deverá ser eletrônica, na forma da lei.

Vide Projeto de CPC, art. 229, § 3º.

Se toda a longa regulamentação processual contida neste art. 202 (*caput*, quatro incisos e os dois parágrafos anteriores) tem como escopo a confecção físico-documental das cartas de ordem, precatória e rogatória, o presente § 3º reconhece expressamente a admissibilidade da forma eletrônica, o que nos remete ao novo § 2º, do art. 154 – também criado pela Lei n. 11.419/2006 –, que reconhece o meio eletrônico como utilizável em "todos os atos e termos do processo" (*v.* nota). Quanto ao dispositivo sob enfoque, particularmente, chama a atenção o fato de haver aqui explícita referência ao ato de expedição – que, na verdade, tem o sentido tanto de produção (ou criação), como de transmissão (ato de levar ao conhecimento de outrem), mas também ao ato de assinar eletronicamente, o que nos reporta ao inciso III, do § 2º, do art. 1º, da Lei n.

11.419/2006 que considera assinatura eletrônica, tanto a digital baseada em certificado da mesma natureza emitido por Autoridade Certificadora credenciada *(a)*, como a que se dá mediante cadastro de usuário no Poder Judiciário *(b)*. Lembremos, por derradeiro, do que dispõe o art. 7º, da mesma Lei n. 11.419/2006: "Art. 7º As cartas precatórias, rogatórias, de ordem e, de um modo geral, todas as comunicações oficiais que transitem entre órgãos do Poder Judiciário, bem como entre os deste e os dos demais Poderes, serão feitas preferentemente por meio eletrônico" (texto de acordo com a Lei n. 11.419/2006).

Art. 203. Em todas as cartas declarará o juiz o prazo dentro do qual deverão ser cumpridas, atendendo à facilidade das comunicações e à natureza da diligência.

Vide Projeto de CPC, art. 230.

A marcação de prazo só obriga o juiz destinatário na hipótese de carta de ordem, dada a subordinação ao tribunal. A precatória e a rogatória, esta com mais razão ainda, não geram exigibilidade de cumprimento, o que, contudo, não afasta a necessidade da declaração referida no dispositivo que se presta para os fins dos arts. 265, IV, *b*, e 338 (o processo fica suspenso pelo prazo marcado para o cumprimento da carta). Examine-se, ainda, o art. 212, à frente.

Art. 204. A carta tem caráter itinerante; antes ou depois de lhe ser ordenado o cumprimento, poderá ser apresentada a juízo diverso do que dela consta, a fim de se praticar o ato.

Vide Projeto de CPC, art. 231.

O caráter itinerante da carta representa a possibilidade dela ser apresentada e cumprida por juízo que não o indicado formalmente como seu destinatário. Se, *v. g.*, fica constatado que o réu reside em comarca diferente da do juízo deprecado, basta a remessa da precatória à comarca certa, mediante petição da parte interessada e deferimento do próprio órgão jurisdicional deprecado.

Art. 205. Havendo urgência, transmitir-se-ão a carta de ordem e a carta precatória por telegrama, radiograma ou telefone.

Vide Projeto de CPC, art. 232.

A urgência de cumprimento do ato opera a transmudação do veículo formal da carta. Em vez de documentos serem levados fisicamente a outro juízo, a ordem ou solicitação é transmitida pelos meios previstos. Recebida a mensagem, e observado o disposto no artigo subsequente, procederá o juízo destinatário da mesma forma como procederia caso tivesse em mãos a carta documentada. Hoje, em face do desenvolvimento tecnológico, é possível, com base no presente dispositivo, que a carta seja transmitida por "fac-símile", "telex" ou "*e-mail*".

Art. 206. A carta de ordem e a carta precatória, por telegrama ou radiograma, conterão, em resumo substancial, os requisitos mencionados no art. 202, bem como a declaração, pela agência expedidora, de estar reconhecida a assinatura do juiz.

Vide Projeto de CPC, art. 233.

Como dissemos ao comentar o art. 202, os requisitos formais ali instituídos visam a assegurar o conteúdo do ato para garantir o direito das pessoas e não para satisfazer interesses burocráticos. Logo, pouco importa se se trata de carta documentada ou transmitida. Em qualquer caso, a obediência aos requisitos do art. 202 é de rigor, assim como a declaração da agência expedidora sobre o reconhecimento da firma para assegurar a legitimidade do ato e definir a responsabilidade pela transmissão.

Art. 207. O secretário do tribunal ou o escrivão do juízo deprecante transmitirá, por telefone, a carta de ordem, ou a carta precatória ao juízo, em que houver de cumprir-se o ato, por intermédio do escrivão do primeiro ofício da primeira vara, se houver na comarca mais de um ofício ou de uma vara, observando, quanto aos requisitos, o disposto no artigo antecedente.

Vide Projeto de CPC, art. 234, caput

O dispositivo estabelece regra especial de competência de juízo (funcional, absoluta) e de atribuição funcional ao definir a primeira vara e o primeiro ofício para o cumprimento de cartas transmitidas por telegrama ou radiograma; de atribuição funcional também se trata a parte inicial da regra. A *ratio* da norma está claramente ligada à necessidade de excluir tais formas de carta do ato de distribuição, permitindo assim a transmissão direta a quem participará do seu cumprimento. Também por "fac-símile", "telex" ou "*e-mail*" é lícito ao secretário do tribunal transmitir a carta com fundamento neste artigo.

§ 1º O escrivão, no mesmo dia ou no dia útil imediato, telefonará ao secretário do tribunal ou ao escrivão do juízo deprecante, lendo-lhe os termos da carta e solicitando-lhe que lha confirme.

Vide Projeto de CPC, art. 234, § 1º.

A confirmação, posta como condição de cumprimento da carta, tem por finalidade impedir fraudes, o que parece de todo recomendável, uma vez que a segurança não deve ser preterida mesmo quando se trate de providências urgentes. Embora a regra em questão refira apenas o telefonema, nada impede que hoje se realize a confirmação por meio de "fac-símile", "telex" ou "*e-mail*", assim como se dá com a transmissão (*v.* nota ao *caput*).

---

§ 2º Sendo confirmada, o escrivão submeterá a carta a despacho.
Vide Projeto de CPC, art. 234, § 2º.

A confirmação tem natureza de verdadeiro requisito de validade do ato processual carta de ordem ou precatória. Verificada, é dever funcional do escrivão submetê-la ao juiz para que mande praticar o ato (*v.* nota ao *caput*).

Art. 208. Executar-se-ão, de ofício, os atos requisitados por telegrama, radiograma ou telefone. A parte depositará, contudo, na secretaria do tribunal ou no cartório do juízo deprecante, a importância correspondente às despesas que serão feitas no juízo em que houver de praticar-se o ato.
Vide Projeto de CPC, art. 235.

Execução de ofício significa a prática dos atos requisitados pelo juiz destinatário independentemente da tomada de qualquer providência pela parte. O conhecimento do valor a ser depositado é possível devido ao prévio contato com o escrivão do primeiro ofício da primeira vara (art. 207). Contudo, dada a redação da primeira parte, o cumprimento do ato não se condiciona ao depósito (*v.* notas aos arts. 205 e 207 sobre o recurso ao "fac-símile", "telex" ou "*e-mail*").

Art. 209. O juiz recusará cumprimento à carta precatória, devolvendo-a com despacho motivado:
Vide Projeto de CPC, art. 236, caput

No exercício da atividade de cooperação que realiza o juízo deprecado não há lugar para recusa nem para qualquer avaliação sobre a necessidade do ato requisitado. Essa é a regra geral a que o artigo em questão abre expressamente três exceções em rol taxativo. A norma se aplica também às cartas de ordem.

I – quando não estiver revestida dos requisitos legais;
Vide Projeto de CPC, art. 236, I.

São requisitos legais da carta aqueles previstos pelo art. 202 (indicação dos juízes; petição, despacho e mandato; menção do ato e encerramento – *v.* notas), cuja presença deve ser aferida pelo juízo deprecado para que esse ordene o cumprimento do ato.

II – quando carecer de competência em razão da matéria ou da hierarquia;
Vide Projeto de CPC, art. 236, II e parágrafo único.

A precatória só pode ser cumprida se o juízo deprecado é competente objetivamente (matéria, pessoa e valor – *v.* notas aos arts. 91 e 92), funcionalmente pela hierarquia (os critérios da fase do processo, objeto do juízo e natureza do ato não se aplicam aqui – *v.* nota ao art. 93) e territorialmente (arts. 94 e segs.), embora este inciso não o diga. Na defesa exclusiva da sua competência, e não na do deprecante, o juiz declara a incompetência e devolve a carta.

III – quando tiver dúvida acerca de sua autenticidade.
Vide Projeto de CPC, art. 236, III.

A autenticidade posta em dúvida pode dizer respeito não só à assinatura do juiz e seu reconhecimento (*v.* art. 202, IV), mas também aos demais requisitos, como a falsidade da petição, do despacho deferitório ou dos mandados (art. 202, II) ou, ainda, rasuras suspeitas quanto à indicação dos juízes e à menção do ato (art. 202, I e III).

Art. 210. A carta rogatória obedecerá, quanto à sua admissibilidade e modo de seu cumprimento, ao disposto na convenção internacional; à falta desta, será remetida à autoridade judiciária estrangeira, por via diplomática, depois de traduzida para a língua do país em que há de praticar-se o ato.
Vide Projeto de CPC, arts. 237 e 238.

Se há convenção firmada entre o Brasil e o país a que se dirige a rogatória, esta disciplinará inteiramente o procedimento do envio e cumprimento da carta. Caso não haja, a remessa é feita por via diplomática, isto é, por meio do representante diplomático do país rogado no Brasil, passando a carta previamente pelos Ministérios da Justiça e das Relações Exteriores. Não havendo representante diplomático, a solução é a prevista pelo art. 231, § 1º: edital por inacessibilidade do país estrangeiro.

Art. 211. A concessão de exequibilidade às cartas rogatórias das justiças estrangeiras obedecerá ao disposto no Regimento Interno do Supremo Tribunal Federal.
Vide Projeto de CPC, art. 239.

O artigo remete ao Regimento Interno do STF o procedimento para a outorga do chamado *exequatur*, que é a ordem para cumprimento de carta rogatória no Brasil. Ocorre, entretanto, que a Reforma do Judiciário (EC n. 45/2004) exclui tal competência do STF, transferindo-a para o STJ (art. 105, I, *i*), de sorte que, a partir de agora, caberá ao STJ processar e julgar, originariamente, a concessão do *exequatur* às cartas rogatórias. As normas regimentais aplicáveis, que até então eram os arts. 225 a 229 do RISTF, deverão ser definidas pelo STJ para dar cumprimento à disposição constitucional.

Art. 212. Cumprida a carta, será devolvida ao juízo de origem, no prazo de 10 (dez) dias, independentemente de traslado, pagas as custas pela parte.
Vide Projeto de CPC, art. 240.

Essa norma que fecha a Seção tem, evidentemente, aplicação restrita às cartas de ordem e precatória, dado o princípio jurisdicional da aderência ao território (a lei processual brasileira não alcança autoridades judiciárias estrangeiras). O prazo estabelecido destina-se ao juiz e, por isso, impróprio, vale dizer, não sujeito ao fenômeno da preclusão. Recebida a carta, seus autos são normalmente juntados por inteiro aos autos do processo.

Seção III
Das Citações

Vide Projeto de CPC, arts. 207 a 228 (Seção II – Da Citação).

O direito inalienável de ser citado corresponde à primeira e fundamental garantia de um processo livre e democrático. É por meio dele que se expressa, inicialmente e em toda a sua magnitude, o princípio do contraditório, que é decomposto em: direito à informação e direito à contradição (à participação dialética e efetiva na relação processual ou direito à defesa). Em outras palavras, o direito de ser citado é a primeira expressão jurídica do princípio do contraditório e da ampla defesa que são, por sua vez, expressões principiológicas do devido processo legal (CF, art. 5º, LIV) que é um dos fundamentos do Estado Democrático de Direito.

Art. 213. Citação é o ato pelo qual se chama a juízo o réu ou o interessado a fim de se defender.
Vide Projeto de CPC, art. 207.

Citação é o ato de cientificação do sujeito passivo do processo de que em face dele uma demanda foi ajuizada e de outorga da oportunidade para se defender. A citação é o ato que introduz, independentemente de sua vontade, o réu na relação processual, sujeitando-o aos seus efeitos (princípio da inevitabilidade da jurisdição). A lei fala de interessado porque também o procedimento de jurisdição voluntária se inicia por citação (art. 1.105) (*v*. Lei n. 11.419/2006, arts. 6º e 9º, sobre a citação em processo eletrônico).

Art. 214. Para a validade do processo é indispensável a citação inicial do réu.

Vide Projeto de CPC, art. 208, caput

A citação é pressuposto processual de desenvolvimento, isto é, requisito de validade da relação processual e não de sua existência, uma vez que o processo já existe antes dela (pressuposto processual nada tem que ver com condição da ação – *v.* nota aos arts. 3º e 267, VI). Trata-se de pressuposto processual objetivo positivo (ao lado de petição inicial, sua regularidade formal e distribuição ou despacho); negativos são aqueles fenômenos que devem estar ausentes (coisa julgada, litispendência e convenção de arbitragem). Sobre os pressupostos subjetivos, *v.* notas aos arts. 7º e 13. Processo sem citação, ou com citação viciada, é nulo (art. 247).

§ 1º O comparecimento espontâneo do réu supre, entretanto, a falta de citação.

Vide Projeto de CPC, art. 208, § 1º.

Por comparecimento espontâneo entenda-se o ingresso nos autos de procuração outorgada, com firma reconhecida, pelo réu a advogado; a expressa manifestação, por petição, de que vem dar-se por citado, embora recomendável, não é imprescindível. Comparecendo, assim, o sujeito passivo, suprida fica a necessidade de citação, ordenando o juiz a devolução do mandado. Os efeitos da citação a que alude o art. 219 só se produzem a partir do comparecimento.

§ 2º Comparecendo o réu apenas para arguir a nulidade e sendo esta decretada, considerar-se-á feita a citação na data em que ele ou seu advogado for intimado da decisão.

Vide Projeto de CPC, art. 208, § 2º.

O comparecimento nos moldes previstos supre a necessidade de citação, ainda que a nulidade venha a ser decretada (outro ato citatório jamais se realizará). Se ao comparecimento se soma a arguição da inexistência ou nulidade da citação exclusivamente, duas soluções são possíveis: *a*) decretada a nulidade, procede-se nos termos estabelecidos na parte final do dispositivo; *b*) rejeitada a arguição, declara-se que a preclusão do direito de resposta já se operou. Por tal motivo, e dado o risco, é que se costuma arguir, em preliminar, o vício e ao mesmo tempo responder. Nesse caso, se a nulidade é decretada, nova oportunidade deve ser dada ao réu para se defender, desentranhando-se a peça ofertada e trasladando-se apenas a arguição que assim permanece nos autos.

Art. 215. Far-se-á a citação pessoalmente ao réu, ao seu representante legal ou ao procurador legalmente autorizado.

Vide Projeto de CPC, art. 211, caput

A regra é a citação pessoal do réu (por carta ou mandado); exceções encontram-se na última hipótese deste dispositivo, nos seus parágrafos, e nos processos de demarcação (art. 953, *in fine*), divisão (art. 968) e inventário (art. 999, § 1º, *in fine*). É citação pessoal a realizada na pessoa do representante legal (ou órgão) da pessoa jurídica (art. 12, I, II, VI e VIII) ou de patrimônios desprovidos de personalidade jurídica, mas que têm capacidade processual ou "personalidade judiciária" (art. 12, III a V, VII e IX). Não pessoal, por seu turno, é a realizada na pessoa do procurador, cuja peculiaridade maior é a liberdade dada a este pela lei para receber ou não a citação (*v.* art. 38).

§ 1º Estando o réu ausente, a citação far-se-á na pessoa de seu mandatário, administrador, feitor ou gerente, quando a ação se originar de atos por eles praticados.

Vide Projeto de CPC, art. 211, § 1º.

Esta é outra situação em que a lei admite, excepcionalmente, a citação não pessoal. Ausência, no texto, é a ausência física – e não a declarada judicialmente (CC, arts. 22 e segs.) –, e para que fique caracterizada é necessária a procura exaustiva do próprio réu. Somente a pessoa que se enquadre em uma das categorias previstas pode ser citada e, assim mesmo, desde que a *causa petendi* da ação se identifique com ato por ela praticado. Faltando qualquer dos três requisitos, nula é a citação (art. 247).

§ 2º O locador que se ausentar do Brasil sem cientificar o locatário de que deixou na localidade, onde estiver situado o imóvel, procurador com poderes para receber citação, será citado na pessoa do administrador do imóvel encarregado do recebimento dos aluguéis.

Vide Projeto de CPC, art. 211, § 2º.

A regra institui o ônus processual do titular do polo ativo da locação (locação de qualquer tipo, mas apenas locação) de deixar Procurador no foro do contrato quando estiver ausente transitoriamente do País. O seu descumprimento traz como consequência a autorização para a citação do locador na pessoa do administrador do imóvel, ainda que sem contrato escrito. Inovação quanto ao ato citatório é instituída pelo art. 58, IV, da Lei n. 8.245/91 (Lei do Inquilinato). Observe-se, por fim, o que dispõe, hoje em caráter genérico, a parte final do parágrafo único do art. 223 (*v.* nota).

Art. 216. A citação efetuar-se-á em qualquer lugar em que se encontre o réu.

Vide Projeto de CPC, art. 212, caput

A lei não restringe territorialmente o local onde a citação deva realizar-se. O réu pode ser citado em seu domicílio, residência, local de trabalho, de lazer, etc., salvo nos locais previstos pelos incisos I e II do art. 217. Ainda que o autor haja indicado apenas um local (art. 282, II, *in fine*), nada impede o oficial de procurar o réu em outros que venha a descobrir por sua própria conta. Se esses outros endereços estão fora da comarca, só por carta a citação se aperfeiçoará (arts. 202 e segs. – examine-se, contudo, o art. 230). O art. 226 diz como o oficial deve proceder.

Parágrafo único. O militar, em serviço ativo, será citado na unidade em que estiver servindo se não for conhecida a sua residência ou nela não for encontrado.

Vide Projeto de CPC, art. 212, parágrafo único.

A norma não é meramente explicativa, mas sim especial. A validade da citação do militar da ativa, na unidade em que serve, depende do desconhecimento da sua residência ou no caso de não ser encontrado nela. Não é legítimo, assim, perante a lei, que, por conveniência, realize-se a citação no local do serviço; só após a declaração da parte de que não conhece o endereço ou a certidão negativa do oficial é que se pode procurar o militar em sua unidade para fins citatórios.

Art. 217. Não se fará, porém, a citação, salvo para evitar o perecimento do direito:

Vide Projeto de CPC, art. 213, caput

O dispositivo estabelece o rol taxativo de impedimentos à realização da citação, pouco importando a forma que ela assuma (por meio de oficial – mandado – ou por carta). A exceção expressamente aberta no final do enunciado concerne às hipóteses de iminente consumação de prescrição e decadência. A citação em tais casos realiza-se mesmo no curso das férias (art. 173, II).

I – a quem estiver assistindo a qualquer ato de culto religioso;

Vide Projeto de CPC, art. 213, I.

A norma sob apreciação assegura o respeito e a intangibilidade do direito de culto, que é expressão da liberdade de crença, prerrogativas que constituem, perante o nosso sistema jurídico, direitos fundamentais do cidadão brasileiro (CF, art. 5º, VI). A tutela abarca não só os assistentes, como também os oficiantes do culto.

II – ao cônjuge ou a qualquer parente do morto, consanguíneo ou afim, em linha reta, ou na linha colateral em segundo grau, no dia do falecimento e nos 7 (sete) dias seguintes;

Vide Projeto de CPC, art. 213, II.

O respeito ao luto do cônjuge ou de parentes do falecido dentro dos limites postos fundamenta a prescrição. A morte deve ser documentalmente comprovada para gerar o impedimento. Dentro deste prazo legal, nula é a citação (art. 247). Sobre o parentesco consanguíneo ou afim, em linha reta e na colateral, examinem-se os arts. 1.591 a 1.595 do CC.

III – aos noivos, nos 3 (três) primeiros dias de bodas;

Vide Projeto de CPC, art. 213, III.

A regra cria este impedimento em homenagem à importância que tem em nossa sociedade e cultura a comemoração das bodas. A prerrogativa alcança tanto o próprio dia do casamento, como os três subsequentes de gala. A norma não se aplica se a ação é proposta por um noivo em face do outro.

IV – aos doentes, enquanto grave o seu estado.

Vide Projeto de CPC, art. 213, IV.

A solidariedade, exigida de todos nós por norma de caráter moral, respalda a criação deste impedimento. O infortúnio por que passa aquele que padece de uma enfermidade grave repercute, no plano jurídico, no dever de abstenção do ato citatório. A gravidade da doença há de ser provada por atestado ou declaração de médico.

Art. 218. Também não se fará citação, quando se verificar que o réu é demente ou está impossibilitado de recebê-la.

Vide Projeto de CPC, art. 214, caput

O presente dispositivo estabelece impedimento absoluto à citação do doente mental, assim, de forma elástica, deve ser interpretado o termo "demente" no texto, ainda mais agora que o atual estatuto civil fala expressamente de "enfermo mental" (art. 1.548, I) e "doença mental grave" (arts. 1.557, IV, e 1.769, I). A enfermidade a que alude a regra é aquela de caráter permanente ou, pelo menos, de duração imprevisível, no que fica ressaltada a distinção entre essa hipótese e aquela enunciada pelo inciso IV do art. 217. A impossibilidade de receber citação, prevista na parte final do preceito, é aquela que decorre, de modo direto, da doença mental. A respeito da citação do interditando, examine-se o art. 1.181.

§ 1º O oficial de justiça passará certidão, descrevendo minuciosamente a ocorrência. O juiz nomeará um médico, a fim de examinar o citando. O laudo será apresentado em 5 (cinco) dias.

Vide Projeto de CPC, art. 214, § 1º.

Verificando o meirinho que o citando sofre de qualquer doença mental que o impede de compreender o significado do ato, a lei exige a imediata lavratura de certidão minuciosa, deixando-se evidentemente de realizar a citação. A constatação da enfermidade pode também ser antecipada pelo autor, constando da própria inicial, o que, então, dispensa a diligência do meirinho, seguindo-se diretamente a nomeação de médico e vista ao MP (art. 82, I). Nomeado nos autos, o médico procede desde logo ao exame, entregando o laudo no prazo legal (dispensam-se as formalidades da produção da prova pericial).

§ 2º Reconhecida a impossibilidade, o juiz dará ao citando um curador, observando, quanto à sua escolha, a preferência estabelecida na lei civil. A nomeação é restrita à causa.

Vide Projeto de CPC, art. 214, § 3º.

O reconhecimento da impossibilidade de receber citação é o ato judicial amparado pelas conclusões do médico; o juiz não fica vinculado, em hipótese alguma, contudo, às impressões do *expert* (argumento – art. 436 aplicado por analogia). Se a impossibilidade é declarada pelo magistrado, segue-se a nomeação de curador de direito processual, já que sua função se limita à causa (tal nomeação, todavia, não dispensa a intervenção do MP – art. 82, I). Caso o juiz venha a reconhecer a possibilidade de receber citação, o mandado será desentranhado para tal fim.

§ 3º A citação será feita na pessoa do curador, a quem incumbirá a defesa do réu.

Vide Projeto de CPC, art. 214, § 4º.

Na qualidade de curador de direito processual nomeado formalmente nos autos, será tal pessoa citada pelo oficial de justiça, a partir do que contratará advogado, se não dispuser de capacidade postulatória, ou apresentará por si própria todas as defesas que couberem no caso (contestação, exceção, reconvenção, impugnação ao valor da causa, denunciação da lide, chamamento, nomeação, etc.).

Art. 219. A citação válida torna prevento o juízo, induz litispendência e faz litigiosa a coisa; e, ainda quando ordenada por juiz incompetente, constitui em mora o devedor e interrompe a prescrição.

Vide Projeto de CPC, art. 209, caput

O dispositivo em questão disciplina os efeitos processuais e materiais da citação válida (a nula não gera tais efeitos; a determinada por juiz suspeito é válida, a ordenada por juiz impedido é nula). Os efeitos processuais são: a prevenção (entre juízos de foros diferentes – *v.* conceito e a outra hipótese na nota ao art. 106), a litispendência (a pendência do processo – *v.* art. 301, V), a integração da relação processual (a citação torna o processo, agora sim, *actum trium personarum* – *v.* art. 213) e a inadmissibilidade de modificação da causa e do pedido (arts. 264 e 294) e das partes (art. 264, *in fine*). São efeitos materiais da citação: a litigiosidade da coisa (*v.* efeitos: arts. 42 e parágrafos, 592, V, e 593), a constituição do devedor em mora (se fato anterior não o constituiu em mora – *v.* CC, arts. 394 a 401) e a interrupção da prescrição (CC, arts. 202 a 204 e, especificamente, art. 202, I). A operação destes dois últimos efeitos se dá ainda que o juiz seja incompetente, como também diz o art. 202, I, do CC (mesmo de forma absoluta: *v.* art. 113, § 2º, do CPC) porque a citação que determina é válida e eficaz para tais fins.

§ 1º A interrupção da prescrição retroagirá à data da propositura da ação.

Vide Projeto de CPC, art. 209, § 1º.

O parágrafo em questão instituiu a retroatividade do efeito material da interrupção da prescrição à data da propositura da ação, diferentemente do regime anterior, que a dava à data do despacho que ordenava a citação e que suscitava enormes problemas. A vantagem desta disciplina é que a data à qual retroage a interrupção passa a depender de ato do próprio autor (de despachar sua petição inicial com o juiz ou de distribuí-la, simplesmente – CPC, art. 263) e não mais do conteúdo do despacho liminar positivo. Observe-se que, ainda que o juiz venha a praticar o ato previsto pelo art. 284, a ação proposta já existe e à data da propositura retroagirá a interrupção da prescrição, bastando que o autor cumpra a determinação judicial e, posteriormente, o disposto nos §§ 2º e 3º deste artigo. Idêntico raciocínio vale mesmo no caso de o órgão jurisdicional indeferir liminarmente a inicial, posto que este ato é sentença, e sentença pressupõe processo instaurado, isto é, ação proposta (a redação do § 1º do art. 219 é resultado da Lei n. 8.952/94).

---

§ 2º Incumbe à parte promover a citação do réu nos 10 (dez) dias subsequentes ao despacho que a ordenar, não ficando prejudicada pela demora imputável exclusivamente ao serviço judiciário.

Vide Projeto de CPC, art. 209, §§ 2º e 3º.

Para que a interrupção da prescrição retroaja à data da propositura da ação, é necessário que o autor, nos dias que se seguem à intimação do despacho que manda citar o réu, tome todas as providências exigidas para que o ato citatório ocorra no decêndio previsto (forneça cópia da inicial – CPC, art. 225, parágrafo único –, recolha a diligência do oficial de justiça, etc.). Assim deve ser entendida a incumbência da parte de "promover a citação do réu". Note-se que, quanto a esse aspecto, não houve qualquer alteração em relação ao regime anterior. Por derradeiro, cumpre assinalar que a parte final deste § 2º introduz no sistema regra forjada pela jurisprudência ao tempo da vigência da prescrição antiga: a demora para a efetivação da citação, imputável exclusivamente ao juiz, ao escrivão, aos escreventes, ao oficial de justiça, à máquina do Judiciário, enfim, não prejudica em hipótese alguma o autor que foi diligente e fez a sua parte para que a citação acontecesse no prazo de dez dias (a redação deste § 2º foi dada pela Lei n. 8.952/94).

---

§ 3º Não sendo citado o réu, o juiz prorrogará o prazo até o máximo de 90 (noventa) dias.

De acordo com a atual redação deste § 3º, o autor não precisa mais requerer a prorrogação do prazo para manter acesa a expectativa de ver retroativamente interrompida a prescrição; ao juiz caberá de ofício declarar nos autos prorrogado o prazo até noventa dias. Em outras palavras, vencido o prazo de dez dias – previsto no § 2º – sem que a citação do réu tenha se concretizado, cumprirá ao órgão judiciário, assim que os autos lhe forem conclusos, declarar prorrogado o prazo por até noventa dias. Declarada a prorrogação, o autor terá somente esse tempo para ver realizado o ato citatório, sob pena de haver-se por não interrompida a prescrição. Por causa disso, com antecedência razoável, deverá o autor esgotar todos os meios a seu alcance para que a citação pessoal ocorra, de sorte que possa valer-se a tempo do último recurso, que é a citação ficta por edital. Aplicam-se ao prazo prorrogado as previsões contidas nos arts. 182 e 183 do CPC (a redação deste § 3º resulta da Lei n. 8.952/94).

§ 4º Não se efetuando a citação nos prazos mencionados nos parágrafos antecedentes, haver-se-á por não interrompida a prescrição.

Vide Projeto de CPC, art. 209, § 2º.

A conduta imposta pelo parágrafo em questão é, na verdade, a declaração formal do juiz da extinção do processo com julgamento de mérito por prescrição, via sentença (art. 329 c/c o art. 269, V), o que, todavia, só pode ter lugar após contestação do réu e arguição da prescrição, já que o juiz não pode decretá-la de ofício (*v.* nota ao parágrafo subsequente). Mas para que isto aconteça é necessário que o autor tenha omitido providências no prazo do § 2º. Se, pelo contrário, o autor desincumbiu-se de seus ônus diligentemente, ainda que a citação demore a ocorrer, ter-se-á a prescrição por interrompida na data do despacho liminar positivo.

§ 5º O juiz pronunciará, de ofício, a prescrição.

O dispositivo sob enfoque, com a redação que lhe deu a Lei n. 11.280/2006, corresponde a uma das mais importantes novidades criadas pela Reforma do Processo Civil. Registre-se, desde logo, que, em face do novo regramento, fica revogado o art. 194 do estatuto civil que permitia o reconhecimento *ex officio* da prescrição apenas quando esta favorecesse a absolutamente incapaz – a revogação expressa se encontra prevista no art. 11 da mencionada Lei n. 11.280/2006. De agora em diante (maio de 2006), toda e qualquer hipótese de ocorrência de prescrição civil, não importando o diploma legal que a preveja, é passível de reconhecimento de ofício pelo juiz da causa, o que significa, em termos processuais, que a prescrição deixa a classe das "exceções substanciais" para ingressar definitivamente na classe das "objeções substanciais" (matérias relativas ao mérito reconhecíveis pelo magistrado independentemente de arguição do réu, como a decadência, a nulidade absoluta do negócio jurídico, etc.). Observe-se, por outro lado, que a extensão do tratamento processual da decadência à prescrição torna um pouco menos importante a distinção entre os fenômenos, lembrando que a disciplina expressa da decadência, pelo CC/2002, já representou um avanço significativo para a superação das discussões acerca das suas diferenças (sobre a decadência, *v.* CC, arts. 207 a 211 e, ainda, arts. 45, parágrafo único, 48, parágrafo único, 119, parágrafo único, 178, 501, 504, 1.148, 1.560 e 1.649). Por último, queremos apenas registrar a relevância da previsão do art. 189 do CC para a distinção dos fenômenos: a prescrição atinge a pretensão (a pretensão material ou exigibilidade), enquanto a decadência fulmina de morte o próprio direito subjetivo (nesse sentido, Pontes de Miranda) (texto de acordo com a Lei n. 11.280/2006).

§ 6º Passada em julgado a sentença, a que se refere o parágrafo anterior, o escrivão comunicará ao réu o resultado do julgamento.

Vide Projeto de CPC, art. 210.

Dada a circunstância de que a pronúncia de ofício da prescrição, a que se refere o § 5º deste artigo (como também a pronúncia de decadência), pode se traduzir numa sentença de mérito proferida antes mesmo de o réu ter sido citado (logo, uma sentença liminarmente outorgada como a que indefere a petição inicial – arts. 295, IV, e 296), é que o presente § 6º se ocupa de impor ao escrivão a comunicação do resultado do julgamento ao réu, na hipótese de trânsito em julgado de tal sentença. Observe-se que a comunicação de que tratamos só tem cabimento se houver coisa julgada, nada devendo ser comunicado ao réu no caso de interposição de apelação por parte do autor, o que coloca o presente dispositivo em perfeita sintonia com a criticável regra estabelecida pelo atual parágrafo único do art. 296 (*v.* nota).

Art. 220. O disposto no artigo anterior aplica-se a todos os prazos extintivos previstos na lei.

Vide Projeto de CPC, art. 209, § 4º.

O único e claro intento deste dispositivo é subordinar os prazos de decadência à disciplina dos §§ 1º a 6º do art. 219, de sorte a permitir que se considere plenamente exercido o direito só com a propositura da ação, independentemente da citação efetiva do réu, se o autor cumprir a exigência do § 2º. A extensão disciplinar instituída é de todo legítima, dada a similitude de situações. Quanto aos demais efeitos materiais e todos os processuais, nem precisaria haver regra expressa para que eles se verifiquem também em relação às causas que envolvam decadência (sobre os casos de decadência no novo estatuto civil, examine-se a nota ao § 5º do art. 219).

Art. 221. A citação far-se-á:

Vide Projeto de CPC, art. 215, caput *e III.*

O ato de citação, invariavelmente ordenado pelo magistrado (princípio da mediação), pode assumir algumas formas diferenciadas. Além das elencadas a seguir, existe a citação na pessoa do procurador constituído (arts. 57, 316 e 1.057, parágrafo único), que é realizada por simples publicação no *Diário Oficial.*

I – pelo correio;
Vide Projeto de CPC, art. 215, I.

A citação pelo correio, ou pela via postal, é forma de citação real (oposta à ficta, na qual a convocação é apenas presumida). Trata-se de modalidade de cabimento hoje generalizado, dado o teor da disposição do art. 222; seu procedimento é regulado pelos arts. 223 e 241, I.

II – por oficial de justiça;
Vide Projeto de CPC, art. 215, II.

A citação por oficial de justiça, ou citação por mandado, outra forma de citação real, é ainda bastante utilizada na prática, dada a segurança que proporciona. Seu procedimento é disciplinado pelos arts. 224 a 226, 230 e 241, II e III. Variante desta modalidade de citação é a "com hora certa", que o oficial realiza obedecendo a formalidades distintas (arts. 227 a 229) que transmudam a sua natureza; trata-se de citação *ficta* (*v.* art. 9º, II).

III – por edital;
Vide Projeto de CPC, art. 215, IV.

A citação por edital é a que se realiza por meio de publicação de editais em jornal. É modalidade ficta de citação porque a convocação do sujeito passivo é apenas presumida. Por causa da inerente insegurança que a envolve, seus requisitos de admissibilidade precisam ser acuradamente verificados. Os arts. 231 e 241, V, estabelecem as regras do seu procedimento.

IV – por meio eletrônico, conforme regulado em lei própria.
Vide Projeto de CPC, art. 215, V.

A criação deste inciso IV pela Lei n. 11.419/2006 – que institui a informatização do processo judicial – traz para o processo civil brasileiro a forma eletrônica do ato citatório, em estrita obediência ao princípio da legalidade das formas (*v.* notas ao *caput* e ao § 2º, do art. 154, que reconhece o meio eletrônico para a prática dos atos processuais em geral). Acerca da citação eletrônica, não podemos nos esquecer dos seguintes aspectos disciplinares ora contidos na Lei n. 11.419/2006 e que passamos a elencar: 1º) o art. 6º manda observar "as formas e as cautelas do art. 5º" (*v.* adiante), mas admite expressamente a convocação eletrônica da Fazenda Pública; 2º) o art. 9º afirma que "no processo eletrônico, todas as citações, intimações e notificações, inclusive da Fazenda Pública, serão feitas por meio eletrônico, na forma desta Lei" (a previsão final do art. 6º impõe condição genérica: "desde que a íntegra dos autos seja acessível ao citando"); 3º) o § 1º, do art. 9º, diz que "as citações, intimações, notificações e remessas que viabilizem o acesso à íntegra do processo correspondente serão consideradas vista pessoal do interessado para todos os efeitos legais"; 4º) o § 2º, do mesmo art. 9º, prescreve que "quando, por motivo técnico, for inviável o uso do meio eletrônico para a realização da citação, intimação ou notificação, esses atos processuais poderão ser praticados segundo as regras ordinárias, digitalizando-se o documento físico, que deverá ser posteriormente destruído" (*v.* textos completos no comentário ao parágrafo único do art. 237); 5º) o art. 5º, que fala de intimações e deve ser observado, dispõe sobre quando se considera realizado o ato (no dia em que se efetivar a consulta eletrônica ao teor do ato – § 1º), sobre a consulta em dia não útil (o ato é considerado realizado no primeiro dia útil seguinte – § 2º), sobre o prazo da consulta (deve ser feita em dez dias corridos da data do envio do ato, sob pena de considerar-se o ato automaticamente realizado na data do término desse prazo – § 3º), sobre a remessa de correspondência eletrônica, em caráter informativo, aos que manifestarem interesse por esse serviço (correspondência comunicando o envio da intimação e a abertura automática do prazo nos termos do § 3º – § 4º), sobre a prática do ato por outro meio (nos casos urgentes em que o ato eletrônico possa causar prejuízo ou quando se evidenciar tentativa de burla ao sistema – § 5º) e sobre considerar-se pessoal o ato praticado para todos os efeitos legais (quando o ato é praticado na forma deste art. 5º – § 6º). Sobre o texto completo destes §§ 1º a 6º, do art. 5º, remetemos o consulente ao comentário dado ao parágrafo único do art. 237 (*v.* nota). Registre-se, por último, que a citação pelos meios ordinários também decorre da simples circunstância de o citando não dispor de qualquer ferramenta tecnológica que lhe permita receber citação pela via eletrônica (texto de acordo com a Lei n. 11.419/2006).

Art. 222. A citação será feita pelo correio, para qualquer comarca do País, exceto:

Vide Projeto de CPC, art. 216, caput

Por força da norma jurídica sob comentário, a citação real pelo correio deixa de ser exceção para tornar-se a regra, a forma comum de chamamento do réu ou requerido a juízo no processo civil brasileiro. Seja como for, muito bem fez o legislador ao ressalvar, dentre as seis exceções ao cabimento, a simples vontade da parte como determinante para o não emprego dessa modalidade citatória (art. 222, *f*), já que tal forma de convocação sempre deixa uma certa insegurança no ar (a redação deste art. 222 foi instituída pela Lei n. 8.710/93).

a) **nas ações de estado;**
Vide Projeto de CPC, art. 216, I.

Ações de estado são as que versam sobre a posição da pessoa na família *(status familiae)*, bem como as que dizem respeito ao estado político *(status civitatis)* (*v.* art. 82, II). O motivo da exceção está no fato de que tais causas concernem a direitos intensamente indisponíveis razão por que se exige absoluta segurança quanto ao ato citatório, vale dizer, citação por mandado (texto de acordo com a Lei n. 8.710/93).

b) **quando for ré pessoa incapaz;**
Vide Projeto de CPC, art. 216, II.

A *ratio* da presente exceção é idêntica à da anterior letra *a*. Todos os direitos do incapaz são considerados indisponíveis pela lei (*v.* art. 82, I), de sorte que também aqui não se dispensa o máximo de segurança para o chamamento a juízo de um réu ou requerido incapaz (texto de acordo com a Lei n. 8.710/93).

c) **quando for ré pessoa de direito público;**
Vide Projeto de CPC, art. 216, III.

Malgrado a indisponibilidade que caracteriza os interesses das pessoas jurídicas de direito público, outro motivo parece mais forte para determinar a exceção em epígrafe: o enorme aparato burocrático que envolve tais entes públicos sejam eles de finalidade política (União, Estados, Municípios), sejam de finalidade estritamente administrativa (as autarquias). Em razão disso, abre-se exceção à citação por carta (texto de acordo com a Lei n. 8.710/93).

d) **nos processos de execução;**

Dada a agressão patrimonial inerente ao processo executivo, sob qualquer de suas formas, opta a lei pela segurança máxima, no que diz respeito ao chamamento do sujeito passivo a juízo, abrindo exceção mais uma vez à citação pelo correio (texto de acordo com a Lei n. 8.710/93).

e) **quando o réu residir em local não atendido pela entrega domiciliar de correspondência;**
Vide Projeto de CPC, art. 216, IV.

A razão pela qual o CPC abre exceção neste caso à regra do cabimento da citação por carta é pragmática e por demais evidente ante a simples leitura do texto, que é muito claro. Observamos apenas que ao autor, em primeiro lugar, caberá informar ao juiz acerca da inacessibilidade do local de residência do réu, nada impedindo, contudo, que de ofício o órgão jurisdicional reconheça tal circunstância para indeferir o pedido de citação epistolar (texto de acordo com a Lei n. 8.710/93).

---

f) quando o autor a requerer de outra forma.
Vide Projeto de CPC, art. 216, V.

Graças à sensibilidade da lei à resistência compreensível de parte significativa dos advogados em relação à instituição da citação pelo correio como modalidade comum, fica aqui expressamente reconhecida a vontade do autor – na verdade, do advogado – como suficiente para que o chamamento do réu a juízo, em qualquer causa que não se enquadre nas previsões anteriores, seja realizado por meio de oficial de justiça. Basta, assim, o requerimento explícito na petição inicial de que a citação assuma outra forma para que o juiz fique absolutamente impedido de deferi-la pelo correio. Se, apesar disso, o magistrado determinar o contrário, cabe mandado de segurança para enfrentar o ato judicial ilegal (texto de acordo com a Lei n. 8.710/93).

Art. 223. Deferida a citação pelo correio, o escrivão ou chefe da secretaria remeterá ao citando cópias da petição inicial e do despacho do juiz, expressamente consignada em seu inteiro teor a advertência a que se refere o art. 285, segunda parte, comunicando, ainda, o prazo para a resposta e o juízo e cartório, com o respectivo endereço.
Vide Projeto de CPC, art. 217.

Não se verificando nenhuma das exceções previstas nas letras do art. 222 e, por isso, deferida a citação por carta, ao escrivão caberá colocar dentro do envelope (embora não se trate mais de exigência legal, normalmente o envelope vai com timbre impresso do Poder Judiciário): *a*) uma carta do juízo citando o réu, isto é, dando-lhe notícia da causa ajuizada (com indicação da Justiça, vara, ofício, endereço, juiz, número dos autos, espécie de ação, nome do autor), bem como outorgando-lhe a oportunidade de defesa em certo prazo, com a expressa advertência de que o não oferecimento de contestação fará que se presumam verdadeiros os fatos alegados (CPC, art. 285); *b*) uma cópia de todas as laudas que compõem a petição inicial, na qual normalmente estará estampado o despacho do juiz, mandando citar o réu (nada impede que o despacho liminar positivo conste de documento autônomo também enviado ou da própria carta) (texto de acordo com a Lei n. 8.710/93).

Parágrafo único. A carta será registrada para entrega ao citando, exigindo-lhe o carteiro, ao fazer a entrega, que assine o recibo. Sendo o réu pessoa jurídica, será válida a entrega a pessoa com poderes de gerência geral ou de administração.

Vide Projeto de CPC, art. 217.

Inicialmente, é necessário consignar que o registro da carta com AR é formalidade indispensável à validade da citação, de sorte que o seu desrespeito acarreta nulidade absoluta, decretável *ex officio* a qualquer momento, a teor do disposto no art. 247. Em segundo lugar, chamamos a atenção para o fato de que a entrega da carta à própria pessoa do citando – e não a qualquer outra, salvo procurador habilitado – e a consequente colheita da sua assinatura no recibo também representam requisitos para o aperfeiçoamento formal da citação pelo correio. A falta de assinatura acarreta a nulificação do ato, que só não será declarada se houver comparecimento posterior voluntário que demonstre o alcance do objetivo da carta: a cientificação do demandado. Por último, resta-nos comentar a parte final do dispositivo. Tratando-se de ré pessoa jurídica de direito privado (porque a de direito público não pode ser citada pelo correio – art. 222, *c*), ter-se-á por válido e eficaz o seu chamamento se a carta for recebida por qualquer pessoa com poderes gerais de gerência ou administração. Observe-se que o gerente ou administrador aqui previsto pode não ser o representante legal da pessoa jurídica (arts. 12, VI, e 215), o que revela o avanço legislativo ora experimentado (fora dessa situação, só excepcionalmente, e mediante o preenchimento de requisitos rígidos, admite-se a citação de gerente ou administrador, arts. 12, VIII, e 215, §§ 1º e 2º). O CPC poderia, contudo, ter sido mais ousado ainda, presumindo a citação pelo só recebimento da carta por funcionário autorizado a receber correspondências em geral. Fica a sugestão (texto de acordo com a Lei n. 8.710/93).

Art. 224. Far-se-á a citação por meio de oficial de justiça nos casos ressalvados no art. 222, ou quando frustrada a citação pelo correio.

Vide Projeto de CPC, art. 218.

Dada a circunstância de o CPC atribuir à citação pelo correio a condição de modalidade comum ou regra (art. 222, *caput*), nunca o cabimento da citação por oficial de justiça revelou tanta residualidade: somente nas hipóteses ressalvadas pelas letras *a* a *f* do art. 222 ou quando frustrada a tentativa de citação pelo correio (*v. g.*, o local não é atendido pelo correio; o réu nunca é encontrado) é que será expedido mandado citatório para cumprimento pelo meirinho (texto de acordo com a Lei n. 8.710/93).

Art. 225. O mandado, que o oficial de justiça tiver de cumprir, deverá conter:

Vide Projeto de CPC, art. 219, caput *e IV.*

Mandado, como visto, é o instrumento formal de ordens ou determinações do juízo a que, para os fins desta Seção do Código – a citação –, o oficial de justiça deve dar cumprimento, obedecidos seus requisitos. Recordemos apenas que a atividade processual do oficial de justiça é regulada fundamentalmente pelo art. 143 deste diploma processual.

I – os nomes do autor e do réu, bem como os respectivos domicílios ou residências;

Vide Projeto de CPC, art. 219, I.

Do mandado de citação devem constar os nomes completos das partes (todos os litisconsortes, o denunciado). Quanto aos endereços, os dos citandos constam do mandado, mas os dos autores normalmente só constam da cópia da inicial, que é parte integrante daquele (*v.* parágrafo único).

II – o fim da citação, com todas as especificações constantes da petição inicial, bem como a advertência a que se refere o art. 285, segunda parte, se o litígio versar sobre direitos disponíveis;

Vide Projeto de CPC, art. 219, II.

O requisito aqui previsto concerne à identificação da causa quanto aos seus elementos objetivos: causa de pedir (fatos e fundamentos jurídicos) e o pedido (com todas as suas especificações). Se o mandado é instruído com a cópia da inicial, esta preenche cabalmente a formalidade.

III – a cominação, se houver;

Vide Projeto de CPC, art. 219, III.

Trata-se de requisito eventual só exigido dos mandados extraídos de processos cujas ações tenham em seus objetos um aspecto cominatório, *v. g.*, nos casos de ações cominatórias especificamente (arts. 287, 461, § 4º, e 461-A, § 3º), de ações de depósito (art. 902, § 1º – prisão), de interdito proibitório (art. 932 – pena pecuniária) e de nunciação de obra nova (art. 936, II – pena pecuniária) ou de ação monitória. A advertência sobre a presunção de veracidade dos fatos, caso não se conteste a ação (art. 285), pode constar tanto do mandado como da cópia da inicial (por meio de carimbo).

IV – o dia, hora e lugar do comparecimento;

Vide Projeto de CPC, art. 219, V.

Essa é outra formalidade eventual, uma vez que apenas em processos de rito sumário (art. 278, *in fine*), e outros poucos, é o réu citado para praticar outro ato que não o de contestar a ação proposta.

V – a cópia do despacho;

Vide Projeto de CPC, art. 219, VI.

O inciso refere-se à cópia do assim chamado despacho liminar positivo, que é, na verdade, a decisão irrecorrível que manda citar o réu. Normalmente, a reprodução exigida é feita no próprio texto do mandado e não por meio de cópia reprográfica.

VI – o prazo para defesa;

Vide Projeto de CPC, art. 219, II.

Outro elemento essencial do mandado, sem o qual o próprio direito de defesa fica comprometido, é este: a expressa alusão ao prazo de que dispõe o demandado para contestar a ação. No sumário o prazo está implícito, já que é designada uma audiência (art. 277, *caput*); na consignatória deve estar explicitada a circunstância de que no prazo para defesa, de quinze dias (art. 297), o réu deverá levantar o depósito ou oferecer resposta (art. 893, II).

VII – a assinatura do escrivão e a declaração de que o subscreve por ordem do juiz.

Vide Projeto de CPC, art. 219, VII.

A assinatura que consta do mandado pode indubitavelmente ser a do próprio juiz, já que a citação é ato seu. Pode, contudo, ser a do escrivão ou do chefe de secretaria, desde que este esteja expressamente autorizado para tanto, autorização que também deverá ser referida no mandado (o número da lei, da resolução, da portaria, a sua data, etc.).

Parágrafo único. O mandado poderá ser em breve relatório, quando o autor entregar em cartório, com a petição inicial, tantas cópias desta quan-

tos forem os réus; caso em que as cópias, depois de conferidas com o original, farão parte integrante do mandado.

A hipótese prevista por este parágrafo único – de mandado sucinto acompanhado de cópias da petição inicial – corresponde ao que frequentemente é praticado pelos nossos cartórios, haja vista a constante exigência dirigida aos advogados no sentido de que providenciem reproduções da peça exordial. Embora não se trate de dever, mas mera faculdade, os causídicos cooperam porque isso representa significativa diminuição de trabalho burocrático.

Art. 226. Incumbe ao oficial de justiça procurar o réu e, onde o encontrar, citá-lo:

Vide Projeto de CPC, art. 220, caput

O oficial não se limita, em sua procura, aos endereços fornecidos pelo autor. Descobrindo por sua própria conta onde encontrar o réu, nada impede que o meirinho neste novo local proceda à citação. As únicas restrições são as concernentes ao tempo em que o ato citatório não se realiza: durante as férias (art. 173, salvo nas situações dos incisos); domingos e feriados (art. 172, salvo nos casos do § 2º); e antes das seis ou após as vinte horas (art. 172, salvo nas hipóteses dos §§ 1º e 2º). Outra restrição é, evidentemente, a territorial, mas que também admite exceção (*v.* art. 230). Nos incisos a seguir, a lei descreve o procedimento do meirinho no cumprimento da diligência citatória.

I – lendo-lhe o mandado e entregando-lhe a contrafé;

Vide Projeto de CPC, art. 220, I.

Encontrando o réu, os primeiros atos que o oficial deve praticar são os descritos a seguir: leitura do mandado ao citando (o que, na prática, muitas vezes não acontece, substituído que é por algumas breves informações) e a entrega da contrafé, que é a cópia do mandado e da petição inicial que o integra normalmente (isto, sim, invariavelmente acontece). A falta da leitura pode, contudo, gerar nulidade. Recomenda-se ao oficial que, antes de citar, exija a apresentação de documento de identidade do citando.

II – portando por fé se recebeu ou recusou a contrafé;

Vide Projeto de CPC, art. 220, II.

Portar por fé, no início da disposição legal, significa certificar. O objeto da certificação é o fato de o réu ter recebido ou recusado receber a contrafé. Tal declaração do oficial, que goza de fé pública, sempre deve estar presente porque importa à segurança do ato citatório. A sua falta gera nulidade.

III – obtendo a nota de ciente, ou certificando que o réu não a apôs no mandado.

Vide Projeto de CPC, art. 220, III.

Após oferecer ao réu a contrafé – oferecimento que gera as consequências previstas pelo inciso anterior –, deve o oficial de justiça procurar obter do citando nota de ciente ("ciente", data e assinatura) no próprio mandado. Caso a isso se recuse o réu, o meirinho deve certificar que houve recusa e, como medida de prudência e segurança, descrever com detalhes a pessoa do citando. A falta dessa certificação também gera nulidade.

Art. 227. Quando, por três vezes, o oficial de justiça houver procurado o réu em seu domicílio ou residência, sem o encontrar, deverá, havendo suspeita de ocultação, intimar a qualquer pessoa da família, ou em sua falta a qualquer vizinho, que, no dia imediato, voltará, a fim de efetuar a citação, na hora que designar.

Vide Projeto de CPC, art. 221.

O dispositivo sob comentário introduz a disciplina legal da chamada citação com hora certa (a denominação encontra-se expressa apenas no art. 229), típica modalidade de citação ficta (ou *ficta vocatio*). O primeiro requisito de sua admissibilidade é a procura do réu em três oportunidades (as três devem estar certificadas minuciosamente quanto ao local, à data, ao horário e a outras circunstâncias; a falta desses informes ou a utilização de impressos de dizeres genéricos torna nula a citação). O segundo requisito é a suspeita de ocultação, que deve ser declarada e fundamentada. O terceiro é a comunicação à pessoa da família ou vizinho que no dia seguinte (exceto se esse for domingo ou feriado) a tal hora voltará para citar o réu. A falta do segundo ou terceiro requisito identicamente gera nulidade. Não se tem admitido a hora certa em processo de execução.

Art. 228. No dia e hora designados, o oficial de justiça, independentemente de novo despacho, comparecerá ao domicílio ou residência do citando, a fim de realizar a diligência.

Vide Projeto de CPC, art. 222, caput

No dia imediato (ou primeiro dia útil subsequente) e na hora marcada (exatamente) tem o oficial o dever de retornar, sob pena de se tornar nula a citação que fizer em desrespeito à data ou ao horário marcados. Se o meirinho não comparecer ou atrasar-se, será necessária nova intimação ao vizinho ou ao parente. Comparecendo e encontrando o réu, realiza-se a citação, obedecido o disposto no art. 226; comparecendo e não encontrando o réu, procede-se na conformidade do § 1º.

§ 1º Se o citando não estiver presente, o oficial de justiça procurará informar-se das razões da ausência, dando por feita a citação, ainda que o citando se tenha ocultado em outra comarca.
Vide Projeto de CPC, art. 222, § 1º.

A ausência do citando na data e no horário marcados faz nascer para o oficial o dever de informar-se sobre os motivos para fins de certificação, seguindo-se a declaração à pessoa intimada – o que também será objeto de certificação – de que a citação do réu está realizada. Atente-se para mais essa circunstância, que é, na verdade, um último requisito: para o oficial dar por feita a citação, é necessário que a suspeita de ocultação persista, o que deve ser certificado; em caso contrário, *v. g.*, na hipótese de ter havido justo motivo para a ausência, o oficial deve considerar sem efeito a primeira marcação e realizar outra (art. 227).

§ 2º Da certidão da ocorrência, o oficial de justiça deixará contrafé com pessoa da família ou com qualquer vizinho, conforme o caso, declarando-lhe o nome.
Vide Projeto de CPC, art. 222, § 2º.

A hipótese estabelecida neste § 2º pressupõe a ocorrência da situação prevista no parágrafo anterior. Ausente o citando e consumada a sua citação de forma ficta, é dever do oficial certificar todo o ocorrido imediatamente e, ato contínuo, fazer a entrega da contrafé (cópia do mandado com a certidão e cópia da inicial) à pessoa da família ou ao vizinho, que pode não ser a mesma que, antes, recebeu a intimação (art. 227, *caput*). Daí a necessidade de declarar-lhe o nome e, se possível, alguns dados identificadores.

Art. 229. Feita a citação com hora certa, o escrivão enviará ao réu carta, telegrama ou radiograma, dando-lhe de tudo ciência.
Vide Projeto de CPC, art. 223.

Trata-se de mera providência complementar, uma vez que a citação se aperfeiçoa no momento em que é levantada, ou seja, no instante em que o oficial dá o réu por citado, nos termos do § 1º do art. 228. Tal formalidade, que se situa fora do procedimento citatório, em nada interfere no curso do prazo para resposta, que, segundo o art. 241, II, começa a fluir da juntada aos autos do mandado cumprido. Assim, juntado o mandado, o escrivão envia a carta para o réu, sob pena de nulidade, seguindo-se o aguardo do decurso do prazo de resposta e a outorga de curador especial, em caso de revelia (art. 9º, II, do CPC).

Art. 230. Nas comarcas contíguas, de fácil comunicação, e nas que se situem na mesma região metropolitana, o oficial de justiça poderá efetuar citações ou intimações em qualquer delas.

Vide Projeto de CPC, art. 224.

A norma sob apreciação permite que a atividade do oficial de justiça extrapole os limites territoriais da competência do juiz, cuja ordem apenas cumpre. Tal permissão excepcional da lei depende, em primeiro lugar, do somatório de dois requisitos: contiguidade de comarcas (comarcas que fazem fronteira, independentemente de pertencerem a um mesmo Estado) e fácil comunicação entre elas (o que faz presumir a razoabilidade e a legitimidade do ato, cabendo ao juiz afirmar, caso a caso, tal circunstância). Paralelamente à contiguidade de comarcas de fácil comunicação, passa a lei a permitir, em segundo lugar, que todas as comarcas situadas dentro de uma mesma região metropolitana sejam objeto da atuação citatória ou intimatória do oficial de justiça. Região metropolitana é o espaço geográfico, ou território, dentro do qual se aglomeram vários municípios, que gravitam em torno de um deles – normalmente por razões econômicas –, o qual lhe dá o nome (*v. g.*, Grande São Paulo, Grande Rio, Grande Belo Horizonte, etc.). Também aqui caberá ao juiz avaliar, *a posteriori*, a legitimidade ou não de cada ato praticado pelo meirinho fora da sua comarca (texto de acordo com a Lei n. 8.710/93).

Art. 231. Far-se-á a citação por edital:

Vide Projeto de CPC, arts. 225, caput*, e 228.*

A citação por edital, como visto (art. 221, III), é típica modalidade de *ficta vocatio* porque a cientificação do réu não é efetiva, mas meramente presumida. Os ordenamentos jurídicos admitem-na em homenagem ao direito de ação e à necessidade social e política de que esse sempre possa ser exercido. A citação por edital tem cabimento em qualquer das hipóteses elencadas a seguir.

I – quando desconhecido ou incerto o réu;

Vide Projeto de CPC, art. 225, I.

A distinção é difícil: desconhecido é o réu cujo nome e demais elementos identificadores não se encontram à disposição do autor, embora se trate de pessoa determinada (*v. g.*, detentor de um título extraviado); incerto é o réu que não pode ser determinado exatamente dentro de uma coletividade, ainda que todos os seus integrantes possam ser identificados (os muitos moradores de uma gleba de terra, esbulhada), ou aquele sobre cuja identificação pairam sérias dúvidas.

II – quando ignorado, incerto ou inacessível o lugar em que se encontrar;

Vide Projeto de CPC, art. 225, II.

O inciso prevê situações objetivas bem diferenciadas, tenha-se em conta que subjetivamente não há dúvida sobre quem seja o citando. Ignorado é o lugar totalmente desconhecido pelo autor; incerto é o lugar que, embora conhecido em termos regionais (um Estado, uma cidade ou mesmo um bairro), não pode ser definido em termos de endereço; inacessível é o lugar perfeitamente conhecido cujo acesso físico é impossível, muito difícil ou perigoso (por causa de uma calamidade, de uma revolução, etc.).

III – nos casos expressos em lei.

Vide Projeto de CPC, art. 225, III.

São eles: a citação dos credores do devedor declarado insolvente (art. 761, II); a citação dos herdeiros que não tenham domicílio na comarca por onde corre o inventário (art. 999, § 1º); a citação dos confinantes ou comunheiros que não residam na comarca onde tramita o processo demarcatório ou divisório (arts. 953 e 968); a citação, chamada de intimação, dos sujeitos passivos no procedimento dos protestos, notificações e interpelações (art. 870, I a III); a citação dos réus ausentes, incertos e desconhecidos no processo de usucapião (art. 942).

---

§ 1º Considera-se inacessível, para efeito de citação por edital, o país que recusar o cumprimento de carta rogatória.

Vide Projeto de CPC, art. 225, § 1º.

O parágrafo sob apreciação cria uma hipótese de inacessibilidade jurídica que depende do comportamento de recusa das autoridades estrangeiras em dar cumprimento à carta rogatória proveniente do Brasil. Jurídica, diz-se, porque o lugar é acessível fisicamente e a impossibilidade decorre de ato de soberania do país solicitado que diz não ao cumprimento da rogatória em seu território.

§ 2º No caso de ser inacessível o lugar em que se encontrar o réu, a notícia de sua citação será divulgada também pelo rádio, se na comarca houver emissora de radiodifusão.

Vide Projeto de CPC, art. 225, § 2º.

A regra e seu comando se dirigem exclusivamente à inacessibilidade física (caso contrário, o texto faria referência a lugar ou país). Havendo emissora de rádio na comarca onde corre o processo (esta é a condição legal), obrigatoriamente divulgar-se-á por esse meio a notícia da citação.

Art. 232. São requisitos da citação por edital:

Vide Projeto de CPC, art. 226, caput

O artigo veicula as formalidades essenciais à validade da citação ficta por edital. Todas devem estar presentes, e a falta de apenas uma delas gera a nulidade do ato. Relembremos, mais uma vez, que a forma, em Direito, é sinônimo de segurança jurídica e garantia de direitos (José Frederico Marques).

I – a afirmação do autor, ou a certidão do oficial, quanto às circunstâncias previstas nos ns. I e II do artigo antecedente;

Vide Projeto de CPC, art. 226, I e II.

A afirmação do autor (na inicial ou petição posterior) não é suficiente para o deferimento da citação. Tem-se entendido, com razão, que só após esgotados todos os meios para a localização do endereço do réu (com a expedição de ofícios a algum instituto de identificação, ao INSS, à Receita Federal e a outros órgãos oficiais) legitima-se a *ficta vocatio.* Também a certidão do oficial que aponte *a posteriori* para o cabimento da citação por edital não é, por si só, decisiva, aplicando-se a mesma exigência mencionada anteriormente, qual seja, o esgotamento dos meios de localização.

II – a afixação do edital, na sede do juízo, certificada pelo escrivão;

De acordo com o dispositivo examinado, o edital – que deve ser afixado na porta do cartório ou da vara ou no átrio do fórum – pode estar redigido de forma resumida e sua afixação devidamente certificada nos autos ("certidão – certifico e dou fé que, nesta data, afixei [...]"). A falta de afixação gera nulidade; a falta de certificação, mera irregularidade sem sanção.

III – a publicação do edital no prazo máximo de 15 (quinze) dias, uma vez no órgão oficial e pelo menos duas vezes em jornal local, onde houver;

Vide Projeto de CPC, art. 226, parágrafo único.

O prazo de quinze dias é o que deve haver entre a primeira e a última publicação do edital. Órgão oficial é o *Diário Oficial;* jornal local é o jornal diário ou semanal circulante na comarca onde corre o processo (pode ser também o da comarca onde residiu, por último, o citando). Se não houver jornal local, dispensa a lei a publicação. Semelhante solução tem lugar se o autor é beneficiário da assistência judiciária (*v.* § 2º e Lei n. 1.060, de 05.02.1950 – Lei da Assistência Judiciária –, art. 3º, parágrafo único). Observe-se, por fim, que no edital "é obrigatória [...] a utilização de um corpo suficientemente legível, devendo o tipo de letra ser, no mínimo, de corpo seis, de quaisquer famílias, e que o título dessas publicações seja de tipo doze ou maior, de qualquer família" (art. 1º da Lei n. 8.639, de 31.03.1993). O desrespeito a tal formalidade gera a nulidade do ato.

IV – a determinação, pelo juiz, do prazo, que variará entre 20 (vinte) e 60 (sessenta) dias, correndo da data da primeira publicação;

Vide Projeto de CPC, art. 226, III.

Esse prazo, também denominado prazo de dilação, é aquele livremente fixado pelo juiz dentro dos limites legais e que serve para consumar o ato citatório e dar maior oportunidade de conhecimento efetivo da citação ao réu. Publicada a primeira vez o edital, começa a contagem da dilação, cujo término desencadeia o fluxo do prazo para a resposta. Conta-se, assim, da primeira publicação o prazo de trinta dias (a dilação que frequentemente se fixa) e após o de quinze dias de contestação (no procedimento ordinário). A fixação do prazo de dilação deve constar obrigatoriamente do edital, sob pena de nulidade.

V – a advertência a que se refere o art. 285, segunda parte, se o litígio versar sobre direitos disponíveis.

Vide Projeto de CPC, art. 226, IV.

De acordo com a disposição legal focalizada, a advertência de que, em caso de não contestação, presumir-se-ão verdadeiros os fatos alegados pelo autor na petição inicial deve constar de forma expressa do texto do edital, sob pena de nulidade. A gravidade dos efeitos materiais da revelia, por si só, justifica a exigência.

§ 1º Juntar-se-á aos autos um exemplar de cada publicação, bem como do anúncio, de que trata o n. II deste artigo.

Complementando a disciplina dos requisitos formais da citação por edital, exige a lei que cada publicação realizada encontre representação nos autos, o que se dá pela juntada da folha do jornal onde o edital foi impresso (normalmente é a própria agência publicadora que providencia a chegada desses exemplares ao cartório). A falta desses documentos gera nulidade do ato. Exige-se ainda, e finalmente, que o anúncio afixado também encontre reprodução nos autos do processo.

---

§ 2º A publicação do edital será feita apenas no órgão oficial quando a parte for beneficiária da Assistência Judiciária.

O dispositivo vem ao encontro de antigo e equânime entendimento doutrinário (em igual sentido, o art. 3º, parágrafo único, da Lei n. 1.060/50 – Lei da Assistência Judiciária). O beneficiário da assistência judiciária gratuita, assim, não arca com nenhuma despesa de edital (no *Diário Oficial* já não arcava, pelo disposto no art. 3º, III, da Lei n. 1.060/50; nos jornais de circulação local, ante a dispensa ora instituída).

Art. 233. A parte que requerer a citação por edital, alegando dolosamente os requisitos do art. 231, I e II, incorrerá em multa de 5 (cinco) vezes o salário mínimo vigente na sede do juízo.

Vide Projeto de CPC, art. 227, caput

Dada a insegurança inerentemente envolvida na citação editalícia (mal necessário à realização do direito de demanda), somente mediante o preenchimento estrito dos requisitos do art. 232 torna-se viável a sua utilização. Daí o rigor da punição imposta a quem dela se valha dolosamente. Dolo aqui é o comprovado por elementos constantes dos autos, ainda que possa ser inferido por indícios. Observe-se que o conhecimento posterior do paradeiro do réu não configura má-fé, nem anula a citação realizada (sobre o dolo, no CC, arts. 145 a 150).

Parágrafo único. A multa reverterá em benefício do citando.

Vide Projeto de CPC, art. 227, parágrafo único.

A multa é aplicada *ex officio*, ou a requerimento, pelo magistrado por meio de decisão interlocutória (art. 162, § 2º) – que deve ser fundamentada, ainda que de modo conciso (art. 165) –, uma vez que contra ela a parte que se sinta prejudicada poderá interpor agravo (art. 522). Examine-se, ainda, o art. 35, que fala expressamente a respeito das sanções impostas às partes em consequência de má-fé (*v.* nota respectiva).

Seção IV
Das Intimações

Vide Projeto de CPC, arts. 241 a 250 (Seção IV – Das Intimações).

Sistematicamente falando, sobreleva a importância do instituto intimação, porque dele depende a comunicação de todos os atos do processo às partes (e a outros sujeitos) para que os atos subsequentes do procedimento possam ter lugar e assim a relação processual se desenvolva rumo ao seu objetivo. A comunicação de todos os atos processuais é exigência do princípio do contraditório.

Art. 234. Intimação é o ato pelo qual se dá ciência a alguém dos atos e termos do processo, para que faça ou deixe de fazer alguma coisa.

Vide Projeto de CPC, art. 241.

Embora não seja própria de Códigos, a definição de institutos – esse trabalho é da doutrina –, viu por bem o CPC conceituar intimação. Quem dá ciência dos atos a alguém (partes, procuradores, testemunhas, oficiais, contadores, peritos, etc.) é o magistrado, que, para isso, vale-se de despachos (art. 162, § 3º). Sobre a intimação e alguns aspectos particulares de sua disciplina, consultem-se os arts. 49, 192, 247 e 322 (*v.* Lei n. 11.419, de 19.12.2006, arts. 4º, § 2º, 5º, 9º, 12, § 5º, sobre as intimações no processo eletrônico).

Art. 235. As intimações efetuam-se de ofício, em processos pendentes, salvo disposição em contrário.

Vide Projeto de CPC, art. 243.

A norma dispõe sobre a iniciativa do ato de intimação. A regra geral é a de que o juiz procede de ofício, isto é, sem necessidade de provocação, haja vista que a lei lhe outorga o dever de impulsionar o processo (o impulso oficial, art. 262, *in fine*). Contudo, em algumas situações expressamente previstas, à parte cabe requerer a intimação, sob pena de esta não se efetuar (*v. g.*, arts. 407 e 435).

Art. 236. No Distrito Federal e nas Capitais dos Estados e dos Territórios, consideram-se feitas as intimações pela só publicação dos atos no órgão oficial.

Vide Projeto de CPC, art. 244, caput

O dispositivo se dirige exclusivamente aos advogados (para as partes vale o art. 238; para o órgão do MP vale o § 2º deste art. 236). Consideram-se intimados os procuradores constituídos para a causa, nos processos que correm nos locais indicados no texto, mediante a simples publicação das intimações no *Diário Oficial*. Nada impede, contudo, que mesmo os advogados se deem por intimados, sejam intimados pelo escrivão (art. 141, II) ou por oficial de justiça (*v.* Lei n. 11.419/2006, art. 4º, sobre o Diário da Justiça eletrônico).

§ 1º É indispensável, sob pena de nulidade, que da publicação constem os nomes das partes e de seus advogados, suficientes para sua identificação.
Vide Projeto de CPC, art. 244, § 2º, vide também os §§ 1º e 3º.

A publicação no *Diário Oficial* é realizada a partir de "relação" elaborada pelo cartório (relação digitada das intimações que se devem formalizar). De cada intimação relacionada devem constar, pelo menos, sob pena de nulidade, os nomes das partes (por extenso, ou somente as iniciais em caso de segredo de justiça) e os nomes dos advogados por extenso, além, é óbvio, do ato a ser praticado. Constam, ainda, normalmente o juízo, o número dos autos e o tipo de procedimento. As intimações podem ser realizadas de forma resumida. O erro na publicação acarreta nulidade e republicação.

§ 2º A intimação do Ministério Público, em qualquer caso, será feita pessoalmente.

Seja qual for a função que desempenhe o MP no processo (autor, substituto processual, assistente do incapaz ou fiscal da lei), seu órgão oficiante só pode ser intimado pessoalmente, isto é, mediante o recebimento efetivo dos autos com registro no livro de carga ou mediante aposição de "ciente" nos próprios autos. Como normalmente há proximidade física entre os órgãos ministerial e jurisdicional, não é utilizada a intimação por carta ou por oficial, que, contudo, é legítima em outras situações.

Art. 237. Nas demais comarcas aplicar-se-á o disposto no artigo antecedente, se houver órgão de publicação dos atos oficiais; não o havendo, competirá ao escrivão intimar, de todos os atos do processo, os advogados das partes:
Vide Projeto de CPC, art. 245, caput

Aplicam-se o *caput* e o § 1º do art. 236 aos processos que têm curso nas comarcas do interior se nestas houver jornal destinado a veicular intimações judiciais. Se não houver, as intimações são realizadas na forma prevista nos incisos I e II a seguir. A regra não impede, antes sugere a implantação no interior de todos os estados brasileiros do sistema de publicações via *Diário Oficial* do

Estado, o que torna incabível o recurso a jornais locais, salvo apenas se oficialmente autorizados. Observe-se, por fim, que a prescrição legal se destina à intimação dos advogados e não das partes (*v.* Lei n. 11.419/2006, art. 4º, sobre o Diário da Justiça eletrônico).

I – pessoalmente, tendo domicílio na sede do juízo;

Vide Projeto de CPC, art. 245, I.

O inciso em questão, cotejado com o seguinte, deixa claro que o advogado domiciliado na comarca deve ser intimado fisicamente pelo escrivão quando aquele comparecer ao cartório ("pessoalmente", no texto, significa, então, verbalmente), o que pode acontecer, inclusive, em audiência (*v.* art. 141, II c/c III). Se tal intimação não se puder realizar, ante a ausência do advogado, a solução é a prevista pelo art. 238 (sobre o domicílio, no CC, arts. 70 a 78).

II – por carta registrada, com aviso de recebimento, quando domiciliado fora do juízo.

Vide Projeto de CPC, art. 245, II.

Se o advogado não tem domicílio na comarca por onde tramita o processo, a solução é a carta com AR. Para a validade da intimação, nesse caso, basta a comprovação do recebimento no endereço do procurador, não se exigindo a sua assinatura; o prazo para a prática do ato, contudo, conta-se a partir da juntada do AR. Nada impede, por outro lado, o recurso à carta precatória na hipótese de o causídico residir fora dos limites territoriais da comarca.

Parágrafo único. As intimações podem ser feitas de forma eletrônica, conforme regulado em lei própria.

Vide Projeto de CPC, art. 242.

Da mesma maneira como o novo inciso IV do art. 221 estabelece a forma eletrônica para a prática do ato citatório, o presente parágrafo único a institui para as intimações, com o que se obedece estritamente ao princípio da legalidade das formas processuais (*v.* nota ao *caput* e ao § 2º, do art. 154, que reconhece o meio eletrônico como utilizável para os atos do processo em geral). Pois bem, acerca das intimações por meio eletrônico, parece relevante que se acentue, desde logo, que a Lei n. 11.419/2006 dispõe de uma larga disciplina, razão por que passamos a transcrever o seu art. 5º: "Art. 5º As intimações serão feitas por meio eletrônico em portal próprio aos que se cadastrarem na forma do art. 2º desta Lei, dispensando-se a publicação no órgão oficial, inclusive eletrônico"; "§ 1º Considerar-se-á realizada a intimação no dia em que o intimando efetivar a consulta eletrônica ao teor da intimação, certificando-se nos autos a sua realização"; "§ 2º Na hipótese do § 1º deste artigo, nos casos em que a consulta se dê em dia não útil, a intimação será considerada como realizada no primeiro dia útil seguinte"; "§ 3º A consulta referida nos §§ 1º e 2º deste artigo deverá ser feita em até 10 (dez) dias corridos contados da data do envio da intimação, sob pena de considerar-se a intimação automaticamente realizada na data do término desse prazo"; "§ 4º Em caráter informativo, poderá ser efetivada remessa de correspondência eletrônica, comunicando o envio da intimação e a abertura automática do prazo processual nos termos do § 3º deste artigo, aos que manifestarem interesse por esse serviço"; "§ 5º Nos casos urgentes em que a intimação feita na forma deste artigo possa causar prejuízo a quaisquer das partes ou nos casos em que for evidenciada qualquer tentativa de burla ao sistema, o ato processual deverá ser realizado por outro meio que atinja a sua finalidade, conforme determinado pelo juiz"; "§ 6º As intimações feitas na forma deste artigo, inclusive da Fazenda Pública, serão consideradas pessoais para todos os efeitos legais". Observe-se, de outra parte, que se o advogado não se cadastrar na forma do art. 2º, como prevê o *caput* do art. 5º, não ocorrerá a dispensa da publicação no órgão oficial, como afirma o próprio *caput*, de sorte que, neste caso, abre-se a porta para a aplicação do art. 4º, da mesma Lei, que estabelece, em suma, o seguinte: os tribunais poderão criar Diário da Justiça eletrônico (art. 4º, *caput*); o sítio e o conteúdo das publicações deverão ser assinados digitalmente (§ 1º); a publicação eletrônica na forma deste artigo substitui qualquer outro meio e publicação oficial, para quaisquer efeitos legais, à exceção dos casos que, por lei, exigem intimação ou vista pessoal (§ 2º); considera-se como data da publicação o primeiro dia útil seguinte ao da disponibilização no DJ eletrônico (§ 3º); os prazos processuais terão início no primeiro dia útil que seguir ao considerado como data da publicação (§ 4º); a criação do DJ eletrônico deverá ser acompanhada de ampla divulgação (§ 5º). Por derradeiro, fiquem registradas as disposições legais do art. 9º, da mesma Lei n. 11.419/2006, que regulam outros aspectos das comunicações processuais: "Art. 9º No processo eletrônico, todas as citações, intimações e notificações, inclusive da Fazenda Pública, serão feitas por meio eletrônico, na forma desta Lei"; "§ 1º As citações, intimações, notificações e remessas que viabilizem o acesso à íntegra do processo correspondente serão consideradas vista pessoal do interessado para todos os efeitos legais"; "§ 2º Quando, por motivo técnico, for inviável o uso do meio eletrônico para a realização de citação, intimação ou notificação, esses atos processuais poderão ser praticados segundo as regras ordinárias, digitalizando-se o documento físico, que deverá ser posteriormente destruído" (texto de acordo com a Lei n. 11.419/2006).

Art. 238. Não dispondo a lei de outro modo, as intimações serão feitas às partes, aos seus representantes legais e aos advogados pelo correio ou, se presentes em cartório, diretamente pelo escrivão ou chefe de secretaria.

Vide Projeto de CPC, art. 246, caput

De acordo com o presente dispositivo, a intimação pelo correio tem cabimento residual, isto é, tem lugar toda vez que a lei não dispuser de outro modo ou não for possível ao escrivão intimar direta e verbalmente a parte, seu representante ou o advogado em cartório. Quanto aos advogados, há regras particulares (publicação – art. 236; verbal, para o domiciliado na comarca – art. 237, I; por carta, para o domiciliado fora – art. 237, II). Quanto às partes, poucas são as regras específicas (*v. g.*, arts. 343, § 1º, e 687, § 5º), de sorte que no geral aplica-se este art. 238. Também em relação aos representantes legais (art. 12, I a IX), nada impede a aplicação do artigo sob comentário (texto de acordo com a Lei n. 8.710/93).

Parágrafo único. Presumem-se válidas as comunicações e intimações dirigidas ao endereço residencial ou profissional declinado na inicial, contestação ou embargos, cumprindo às partes atualizar o respectivo endereço sempre que houver modificação temporária ou definitiva.

Vide Projeto de CPC, art. 246, parágrafo único.

Este novo parágrafo único do art. 238 – obra da Lei n. 11.382/2006, que institui a Reforma da Execução Extrajudicial – revela-se de suma importância para todo o processo civil brasileiro, mas particularmente para as novas formas de execução recém-introduzidas pelo CPC. Careceríamos, de fato, de um dispositivo que estabelecesse literalmente a presunção de validade das comunicações e intimações pelo correio, dirigidas ao endereço residencial ou profissional das partes, e que estendesse a elas o ônus de declarar (nas principais peças processuais) o endereço em que receberá intimação, bem como o de comunicar ao escrivão qualquer mudança; no regime anterior, tais ônus eram impostos exclusivamente aos advogados pelo art. 39 deste Código. A partir de agora, estando as partes também submetidas aos mesmos ônus, justificada juridicamente fica a presunção de validade estabelecida pela parte inicial do dispositivo sob enfoque. Pois bem, algumas observações se impõem. A primeira no sentido de que todas as intimações por carta dirigidas ao último endereço da parte declinado nos autos gozam da presunção de validade, independentemente do objetivo do ato a ser praticado (comparecer a uma audiência, prestar depoimento pessoal, participar da liquidação de sentença, cumprir a sentença ou ser comunicado da penhora realizada; nestes últimos três casos, desde, é óbvio, que não haja advogado constituído ao qual se possa dirigir a intimação – *v.* notas aos arts. 475-A, § 1º, e 475-J, *caput* e § 1º). A segunda no sentido de que se a intimação que se dirige ao advogado depende de carta registrada (arts. 39, parágrafo único, *in fine*, 237, II, e 687, § 5º), o mesmo não se aplica às partes, já que nem o *caput* deste art. 238, nem o presente parágrafo único faz qualquer referência a tal formalidade (também não faz o art. 343, § 1º). A terceira concerne ao termo "embargos" empregado no texto: como na nova execução extrajudicial o oferecimento dos embargos à execução se dá no prazo de quinze dias da citação (art. 738, *caput*) e independentemente de segurança do juízo (art. 736, *caput*), a lei optou por atribuir ao executado o ônus da declaração de endereço apenas com a petição inicial dos embargos; como a execução judicial se tornou mera fase do processo de conhecimento, valem os endereços fornecidos "na inicial" e na "contestação". E, finalmente, a quarta observação se dirige à "modificação temporária ou definitiva" do endereço: qualquer mudança de endereço (quer de exercício profissional, de domicílio ou de residência, quer se trate apenas de acréscimo de mais uma residência), desde que relevante para a efetiva localização da parte, precisa ser comunicada ao juízo, sob pena de valer a comunicação ou a intimação dirigida ao último endereço residencial ou profissional constante dos autos. Da falta de atualização do endereço, presume-se absolutamente a desnecessidade de envio de intimação a qualquer outro local, senão ao declinado na inicial, contestação ou embargos (texto de acordo com a Lei n. 11.382/2006).

Art. 239. Far-se-á a intimação por meio de oficial de justiça quando frustrada a realização pelo correio.

Vide Projeto de CPC, art. 247, caput *e § 2º.*

A regra em questão representa verdadeira válvula de escape institucional para a hipótese de não poder se realizar a intimação da parte, representante legal ou advogado pelo correio (*v. g.*, porque a localidade não é atendida pelo serviço, porque a pessoa não é encontrada, etc.): expedir-se-á mandado intimatório para cumprimento pelo oficial de justiça, que sairá à procura do intimando, permitindo, assim, que o processo volte ao seu curso normal (texto de acordo com a Lei n. 8.710/93).

Parágrafo único. A certidão de intimação deve conter:

Vide Projeto de CPC, art. 247, § 1º.

Os requisitos formais aqui estabelecidos subordinam a validade da intimação realizada pelo oficial de justiça. Evidentemente, a exigência de várias formalidades para o ato processual intimatório praticado pelo oficial de justiça decorre do postulado de que a forma, em Direito, é sinônimo de segurança jurídica e garantia de direitos (José Frederico Marques).

I – a indicação do lugar e a descrição da pessoa intimada, mencionando, quando possível, o número de sua carteira de identidade e o órgão que a expediu;
Vide Projeto de CPC, art. 247, § 1º, I.

O lugar pode ser o próprio cartório (na intimação do advogado ou da parte – arts. 237, I, e 238) ou qualquer outro onde se localize a pessoa (*v.* art. 230). A descrição da pessoa e a identificação (número do RG e órgão que o expediu – *v. g.*, SSP/SP) são exigidas ainda que se trate de advogado, quando, então, o número de Ordem, sem prejuízo da identidade civil, será mencionado. À falta de documento de identificação, a pessoa deve ser minuciosamente descrita pelo oficial de justiça.

II – a declaração de entrega da contrafé;
Vide Projeto de CPC, art. 247, § 1º, II.

A entrega da contrafé (cópia do mandado ou petição) só se faz necessária quando a intimação é realizada fora da sede do juízo. Logo, o preenchimento desse requisito não é exigido do escrivão que intime pessoalmente o advogado (arts. 237, I, e 238), mas apenas do oficial de justiça na lavratura da sua certidão.

III – a nota de ciente ou certidão de que o interessado não a apôs no mandado.
Vide Projeto de CPC, art. 247, § 1º, III.

A palavra "ciente", seguida da data e da assinatura, ou apenas da assinatura (ou rubrica), do interessado (intimado), pode ser aposta em qualquer parte do mandado de intimação para surtir seu efeito jurídico. Apenas na hipótese de o interessado não desejar apor o seu "ciente" é que deverá o oficial de justiça certificar, normalmente no verso do mandado, que houve recusa, sendo dispensada qualquer outra providência (*v. g.*, testemunhas, como exigia o texto anterior), em razão da fé pública de que gozam as declarações do meirinho (redação de acordo com a Lei n. 8.952/94).

Art. 240. Salvo disposição em contrário, os prazos para as partes, para a Fazenda Pública e para o Ministério Público contar-se-ão da intimação.
Vide Projeto de CPC, art. 248, caput

O artigo põe em relevo a circunstância de que os prazos processuais só são contados a partir da intimação, ou seja, da cientificação dos atos praticados no passado por qualquer dos sujeitos da relação processual. A intimação assume, assim, a condição de fenômeno detonador de prazos para a prática futura de atos. As partes e a Fazenda são intimadas na pessoa de seus procuradores na forma que lhes é própria (arts. 236, *caput*, 237 e 238). O MP, sempre pessoalmente (art. 236, § 2º) (*v*. Lei n. 11.419/2006, art. 9º, sobre a intimação eletrônica da Fazenda Pública).

Parágrafo único. As intimações consideram-se realizadas no primeiro dia útil seguinte, se tiverem ocorrido em dia em que não tenha havido expediente forense.

Vide Projeto de CPC, art. 248, parágrafo único.

Ocorrendo a intimação num domingo ou feriado (art. 172, § 2º, analogicamente aplicado) ou num sábado, dias em que não há expediente forense, considera-se realizada a intimação no primeiro dia útil subsequente, de sorte que este dia útil (o dia considerado como o da intimação) é excluído da contagem de acordo com a primeira parte do art. 184, remanescendo o segundo dia útil como o primeiro do prazo para a prática do ato processual.

Art. 241. Começa a correr o prazo:

Vide Projeto de CPC, art. 249, caput *e VI.*

Os prazos de resposta do réu e outros, já que os incisos à frente também falam de intimação, têm a sua fluência iniciada pelos seguintes atos processuais elencados a seguir, aplicando-se-lhes o disposto no art. 184, que, ao disciplinar a contagem dos prazos, determina a exclusão do dia do começo e a inclusão do dia do vencimento (*v*. nota respectiva).

I – quando a citação ou intimação for pelo correio, da data de juntada aos autos do aviso de recebimento;

Vide Projeto de CPC, art. 249, I.

A citação e a intimação pelo correio, hoje tornadas regra pelos arts. 222 e 238 do CPC, dependem para gerar o efeito desencadeador do fluxo de prazos da juntada aos autos do AR (aviso de recebimento), não importando tratar-se de ato cientificatório da parte, do representante legal ou do advogado. Antes dessa juntada não corre prazo para ninguém, salvo se voluntariamente o citado ou intimado comparecer e der-se por cientificado ou retirar os autos do cartório, no caso do procurador (texto de acordo com a Lei n. 8.710/93).

II – quando a citação ou intimação for por oficial de justiça, da data de juntada aos autos do mandado cumprido;

Vide Projeto de CPC, art. 249, II.

A regra em questão disciplina o fluxo de prazo em quatro situações diferentes: *a*) a do réu único citado de forma real pelo oficial de justiça; *b*) a do réu único citado fictamente com hora certa; *c*) a da parte intimada de forma real pelo oficial de justiça; *d*) a da parte intimada fictamente com hora certa (por aplicação analógica do art. 227). Em todos esses casos o prazo para a prática do ato começa a fluir da juntada aos autos do mandado devidamente cumprido (arts. 143, III, e 168) (texto de acordo com a Lei n. 8.710/93).

III – quando houver vários réus, da data de juntada aos autos do último aviso de recebimento ou mandado citatório cumprido;

Vide Projeto de CPC, art. 249, III.

O dispositivo regula o termo *a quo* do prazo de resposta na hipótese de litisconsórcio passivo, fixando o critério da juntada aos autos do último aviso de recebimento ou mandado cumprido. Embora o texto refira apenas aviso de recebimento e mandado, impõe-se a aplicação da norma também à situação de várias citações formalmente diferentes, caso em que a locução "último aviso ou mandado" deve ser entendida como "última citação realizada". Assim, se o último réu a ser citado o foi por edital, do término da dilação (inciso V) começará a correr o prazo para todos, exatamente como aconteceria na hipótese de citação por carta precatória, isto é, da juntada da carta (inciso IV) (texto de acordo com a Lei n. 8.710/93).

IV – quando o ato se realizar em cumprimento de carta de ordem, precatória ou rogatória, da data de sua juntada aos autos devidamente cumprida;

Vide Projeto de CPC, art. 249, IV.

Cumprida a carta (precatória, de ordem ou rogatória), impõe a lei a sua devolução (art. 212). Juntada aos autos pelo escrivão (art. 168), tem-se por desencadeado o prazo para a prática do ato. Atente-se para a circunstância de que a norma sob comentário aplica-se indistintamente tanto às citações como às intimações. Qualquer que seja o prazo, flui esse a partir da juntada, observado o disposto no art. 184 (texto de acordo com a Lei n. 8.710/93).

V – quando a citação for por edital, finda a dilação assinada pelo juiz.

Vide Projeto de CPC, art. 249, V.

Como sabido, é requisito do edital de citação a determinação de um prazo chamado de dilação, que começa a fluir da data da primeira publicação (art.

232, IV). Muito bem, o efeito processual do término da dilação é o de desencadear o prazo para resposta segundo o presente dispositivo. Observe-se, contudo, que, se a citação por edital não for a última realizada, valerá como termo *a quo* do prazo de defesa a juntada do último aviso de recebimento ou mandado cumprido (inciso III) ou da juntada da carta (inciso IV). *V.* nota ao inciso III deste artigo, na qual abordamos o assunto (texto de acordo com a Lei n. 8.710/93).

Art. 242. O prazo para a interposição de recurso conta-se da data, em que os advogados são intimados da decisão, da sentença ou do acórdão.

Vide Projeto de CPC, art. 250, caput

A norma em questão tem caráter meramente explicitativo, já que é sempre da ciência de um ato que se desencadeia o prazo para a prática do seguinte na ordem do procedimento: da ciência da decisão flui o prazo para recurso. Também o art. 506 reproduz a regra, com a diferença de que alude ao art. 184 e parágrafos – evidentemente aplicáveis ainda que nada se dissesse –, e distingue expressamente as três modalidades de intimação de decisões em seu corpo.

---

§ 1º Reputam-se intimados na audiência, quando nesta é publicada a decisão ou a sentença.

Vide Projeto de CPC, art. 250, § 1º.

Este parágrafo e os seguintes disciplinam uma forma especial de intimação: a intimação de decisões judiciais em audiência. Para que essa se aperfeiçoe é necessária a publicação do ato, que não se confunde com a própria intimação. Publicação é o ato de tornar pública a decisão por meio do seu proferimento verbal pelo juiz em audiência. Na medida em que fala, a decisão vai-se publicando e, concomitantemente, dela vai sendo cientificado o advogado. Se esse, intimado, não comparecer, reputa-se ciente da decisão na data da audiência.

---

§ 2º Havendo antecipação da audiência, o juiz, de ofício ou a requerimento da parte, mandará intimar pessoalmente os advogados para ciência da nova designação.

Vide Projeto de CPC, art. 250, § 2º.

A previsão concerne especificamente à antecipação de audiência destinada à publicação de decisão ou sentença. Se tal acontecer, estabelece a norma que o advogado deverá ser intimado pessoalmente (mandado ou carta) da nova data. Não o sendo, por algum motivo, aplica-se o § 2º; sendo intimado e não comparecendo, aplica-se o § 1º (reputa-se intimado na audiência). (O § 2º anterior foi revogado pela Lei n. 8.952, de 13.12.1994, o que provocou a renumeração do presente dispositivo, o qual correspondia ao § 3º.)

CAPÍTULO V
DAS NULIDADES

Vide Projeto de CPC, arts. 251 a 258 (Capítulo V – Das Nulidades).

Nulidade é a sanção processual imposta ao ato praticado em desconformidade com os modelos legais que estabelecem formas com o fito de assegurar certos conteúdos desejáveis. A adequação do ato ao modelo é exigida porque em nosso sistema processual vige o princípio da tipicidade das formas (*v.* art. 154 e respectiva nota). Entrementes, deve-se ter em conta que as violações de forma comportam gradações que assim podem ser elencadas: *a)* inexistência; *b)* nulidade absoluta (violação de norma tutelatória de interesse público); *c)* nulidade relativa (violação de norma tutelatória de caráter cogente instituída em favor da parte); *d)* anulabilidade (violação de norma dispositiva); e *e)* mera irregularidade. Critica-se o presente capítulo porque o CPC se preocupou mais em dizer o que não acarreta nulidade do que em sistematizar o instituto.

Art. 243. Quando a lei prescrever determinada forma, sob pena de nulidade, a decretação desta não pode ser requerida pela parte que lhe deu causa.

Vide Projeto de CPC, art. 251.

Este artigo de lei institui o princípio do interesse de agir (que nada tem que ver com a condição da ação interesse de agir – art. 267, VI). Segundo ele, a parte que provoca a nulidade não pode requerer-lhe a decretação. O princípio em questão, atente-se, não se aplica à nulidade absoluta, porque a razão de ser dessa está na tutela do interesse público, na boa administração da justiça. Pouco importa, assim, quem deu causa à nulidade de citação (art. 214) ou do processo por incompetência absoluta (art. 89 c/c o art. 113, § 2º); mesmo este pode requerer a sua decretação. A prescrição de texto legal "sob pena de nulidade" não dá ao vício, nem tira dele, a condição de absoluto; a natureza da norma é que revela a sua qualificação processual (*v.* ainda arts. 11, parágrafo único, 13, I, 84, 246, 247, 618 e 1.105).

Art. 244. Quando a lei prescrever determinada forma, sem cominação de nulidade, o juiz considerará válido o ato se, realizado de outro modo, lhe alcançar a finalidade.

Vide Projeto de CPC, art. 252.

A regra estabelece o princípio da instrumentalidade das formas segundo o qual consideram-se válidos os atos que, apesar de praticados em desconformidade com o modelo legal, alcançam a finalidade para a qual foram criados (além do art. 154, que expressa identicamente esse postulado, completam a disciplina da instrumentalidade os §§ 1º e 2º do art. 249). Da mesma forma que o artigo anterior, não tem cabimento a invocação do princípio em relação às hipóteses de nulidade absoluta (o próprio texto deixa clara tal circunstância ao referir-se a "sem cominação de nulidade"). Exemplifique-se a situação com a nulidade gerada pela falta de vista para réplica (arts. 326 e 327) ou falta do ato de saneamento do processo (art. 331, § 2º). A instrumentalidade não tem cabimento.

Art. 245. A nulidade dos atos deve ser alegada na primeira oportunidade em que couber à parte falar nos autos, sob pena de preclusão.

Vide Projeto de CPC, art. 253, caput

Outro princípio basilar do sistema de nulidades é o da preclusão, que vem esculpido neste artigo. De acordo com ele, preclui (desaparece) o direito de arguição da nulidade se a parte não o fizer na primeira oportunidade que tiver para falar nos autos. Exemplo: se o advogado não reclamar imediatamente no caso de violação do art. 236, § 1º, não poderá reclamar depois, uma vez que a formalidade estabelecida na lei visa a resguardar o interesse do procurador exclusivamente.

Parágrafo único. Não se aplica esta disposição às nulidades que o juiz deva decretar de ofício, nem prevalece a preclusão, provando a parte legítimo impedimento.

Vide Projeto de CPC, art. 253, parágrafo único.

É evidente que o mandamento contido no *caput* deste art. 245 não se aplica à nulidade absoluta, que é resultado da violação de norma tutelatória do interesse público. O interesse aqui em jogo é o da parte e não o da administração da justiça; "nulidades que o juiz deva decretar de ofício" no texto, é frase que revela com clareza a ideia de nulidade absoluta. Por fim, observe-se que a lei abre válvula de escape à consumação da preclusão na hipótese de legítimo impedimento (*v.* art. 183 e parágrafos).

Art. 246. É nulo o processo, quando o Ministério Público não for intimado a acompanhar o feito em que deva intervir.

Vide Projeto de CPC, art. 254, caput

O presente artigo e o seguinte consagram situações concretas de nulidade, e não regras abstratas ou princípios sobre o assunto como os arts. 243 a 245. É nulo o processo por falta de intimação do MP para intervir (só para intervir, não para agir); não é necessária atuação efetiva do *parquet*, bastando a outorga de oportunidade para a intervenção. A regra se aplica a todas as hipóteses de intervenção, não importando a função ministerial (fiscal da lei, assistente do incapaz, substituto processual); a falta de intimação em qualquer caso gera nulidade absoluta cuja decretação dependerá, todavia, da verificação de prejuízo para o incapaz (art. 249, § 2º) ou para a função fiscalizatória (art. 82, II e III), o mesmo não se exigindo na hipótese de substituição processual.

Parágrafo único. Se o processo tiver corrido, sem conhecimento do Ministério Público, o juiz o anulará a partir do momento em que o órgão devia ter sido intimado.

Vide Projeto de CPC, art. 254, §§ 1º e 2º.

Se a atuação do MP de segunda instância não puder suprir a falta da primeira, a partir desse instante se anula o processo. A intervenção fundada no art. 82, I e II, é exigida desde o início do feito; logo, a partir de tal momento se anula o processo. Já se a intervenção é amparada pelo art. 82, III, a exigibilidade da intimação depende da definição do interesse público que pode acontecer em momento bem posterior. Só a partir daí, em tese, é que deve ser anulado o processo. Em qualquer caso, muitos atos poderão ser aproveitados.

Art. 247. As citações e as intimações serão nulas, quando feitas sem observância das prescrições legais.

Vide Projeto de CPC, art. 255.

Os requisitos de validade para as várias modalidades de citação encontram-se previstos pelos arts. 213 a 233; as formalidades relativas às várias espécies de intimação são previstas pelos arts. 236 a 239. A falta de cada um deles deve ser examinada à luz do caso concreto e da sua essencialidade para o aperfeiçoamento do ato, acarretando, por conseguinte, inexistência, nulidade absoluta, relativa, anulabilidade ou mera irregularidade sem sanção. Recomendamos a leitura das anotações que fizemos a cada requisito. A citação ou intimação nas férias não é nula, mas apenas ineficaz (*v.* arts. 221, IV, e 237, parágrafo único, sobre citações e intimações por meio eletrônico).

Art. 248. Anulado o ato, reputam-se de nenhum efeito todos os subsequentes, que dele dependam; todavia, a nulidade de uma parte do ato não prejudicará as outras, que dela sejam independentes.

Vide Projeto de CPC, art. 256.

A primeira parte do dispositivo consagra o princípio da causalidade. A segunda institui o princípio da conservação dos atos processuais. Ambos os princípios têm aplicação indistinta a todas as formas de nulidade: são nulos os atos que dependem do anulado e válidos os que dele não dependem (causalidade); compartimentalizado que seja um ato, não são nulas as partes que possam ser tidas como autônomas em relação à parte anulada (conservação). Essa regra e as seguintes (arts. 249 e 250) têm por fundamento comum o princípio da economia processual.

Art. 249. O juiz, ao pronunciar a nulidade, declarará que atos são atingidos, ordenando as providências necessárias, a fim de que sejam repetidos, ou retificados.

Vide Projeto de CPC, art. 257, caput

A lei trata apenas de repetição (nova prática do ato) e de retificação (complementação ou alteração do ato) como providências que o juiz deve ordenar em caso de declaração de nulidade. Além dessas, todavia, outras providências podem e devem ser tomadas pelo magistrado. Trata-se da sanação (que é a sua ratificação mediante aceitação expressa posterior) e da substituição (que é a prática de ato diferente do anteriormente realizado). Todas essas providências decorrem do princípio da causalidade disciplinada pela primeira parte do art. 248.

§ 1º O ato não se repetirá nem se lhe suprirá a falta quando não prejudicar a parte.

Vide Projeto de CPC, art. 257, § 1º.

Este parágrafo complementa o princípio da instrumentalidade das formas consagrado pelos arts. 154 e 244 e corresponde ao brocardo, em francês, *pas de nullité sans grief*, que faz depender a decretação da nulidade da ocorrência de prejuízo. Como o prejuízo é, em regra, presumido *jure et de jure* quando se verifica violação de norma tutelatória de interesse público, é evidente que a aplicação do princípio se limita às nulidades não absolutas. O prejuízo é relevante, destarte, apenas nas hipóteses de nulidade relativa ou de anulabilidade.

§ 2º Quando puder decidir do mérito a favor da parte a quem aproveite a declaração da nulidade, o juiz não a pronunciará nem mandará repetir o ato, ou suprir-lhe a falta.

Vide Projeto de CPC, art. 257, § 2º.

Outro aspecto, ainda, do mesmo princípio da instrumentalidade é o previsto por este § 2º: a nulidade do ato não deve ser decretada se ela aproveita (isto é, se ela beneficia) a parte que vai vencer a causa. A ideia central é a de que não há razão lógica para se anular um processo pelo desrespeito de formalidade que tinha por escopo proteger justamente aquele que, apesar da nulidade ocorrida, pode receber sentença de mérito em seu favor. Também a presente norma jurídica, é de se ver, não tem aplicação se se tratar de nulidade absoluta.

Art. 250. O erro de forma do processo acarreta unicamente a anulação dos atos que não possam ser aproveitados, devendo praticar-se os que forem necessários, a fim de se observarem, quando possível, as prescrições legais.

Vide Projeto de CPC, art. 258, caput

Erro de "forma do processo" é sinônimo de erro de escolha do procedimento. Verificada a inadequação, devem ser aproveitados tantos atos quantos possíveis em homenagem ao princípio da conservação dos atos e ao da economia processual, além do da instrumentalidade. Algumas observações sobre a normatividade dessa importante regra se fazem necessárias: *a)* nem o juiz nem as partes têm qualquer liberdade de escolha do procedimento; *b)* percebida a inadequação no início, a conversão deve ser determinada imediatamente (do sumário para o ordinário, a conversão se dá em audiência, abrindo-se prazo para contestação; do ordinário para o sumário, mediante aditamento da inicial); *c)* percebida a inadequação do rito ordinário depois de oferecida a resposta, a solução é não anular porque não há prejuízo para a defesa; *d)* se o sumário é inadequado, mas ainda não há sentença, a solução é a conversão com vista à especificação e saneamento; *e)* se a causa corre pelo rito ordinário em vez de especial, não se deve anular o processo, exceto se o autor, não culpado, o requerer; *f)* se a causa corre pelo rito especial quando não deveria ser, anula-se imediatamente e converte-se; e *g)* não é possível a conversão de processos (conhecimento em execução ou cautelar; execução em conhecimento; cautelar em conhecimento).

Parágrafo único. Dar-se-á o aproveitamento dos atos praticados, desde que não resulte prejuízo à defesa.

Vide Projeto de CPC, art. 258, parágrafo único.

O dispositivo sob apreciação institui o limite da conversibilidade, estabelecendo como critério o prejuízo para a defesa. Caso a caso, deve ser verificado se o procedimento inadequado (processo nunca) não gerou comprometimento ao exercício do direito de defesa, o sagrado direito do réu garantido pelo princípio constitucional da ampla defesa (CF, art. 5º, LV).

CAPÍTULO VI
DE OUTROS ATOS PROCESSUAIS

Tecnicamente, os outros atos processuais disciplinados no Capítulo que se abre são apenas a distribuição e o registro (Seção I), uma vez que o valor da causa (Seção II) não é ato autônomo, mas somente um aspecto da petição inicial, e com esta deveria ter sido regulamentado.

Seção I
Da Distribuição e do Registro

Vide Projeto de CPC, arts. 259 a 265 (Capítulo VI – Da Distribuição e do Registro).

Art. 251. Todos os processos estão sujeitos a registro, devendo ser distribuídos onde houver mais de um juiz ou mais de um escrivão.

Vide Projeto de CPC, art. 259.

O ato processual do registro corresponde à necessidade de documentar a instauração de cada feito. Registrar é historiar, inscrever, arrolar, lançar em livro próprio cada processo que nasce com seus elementos identificadores. É função do escrivão realizável, via de regra, após o despacho do juiz, seguindo-se a autuação (*v.*, ainda, art. 547). A distribuição, que antecede o registro, é o ato pelo qual se repartem os processos entrados entre vários juízes igualmente competentes ou entre vários escrivães. Trata-se de pressuposto processual objetivo positivo, ao lado da petição inicial, da sua regularidade formal e do ato citatório (*v.* Lei n. 11.419/2006, art. 10, sobre a distribuição de petição inicial em processo eletrônico).

Art. 252. Será alternada a distribuição entre juízes e escrivães, obedecendo a rigorosa igualdade.

Vide Projeto de CPC, art. 260.

A regra estabelece o princípio da paridade. A alternância com igualdade, no ato de distribuição, tem por escopo impedir a sobrecarga de trabalho, quer para juízes, quer para escrivães. Observe-se que a distribuição a escrivães mencionada aqui e no artigo anterior depende da existência de um único juiz e, é claro, mais de um cartório (ofício). Nos Estados mais desenvolvidos todo o trabalho de distribuição é realizado, segundo o critério da lei, por computador.

Art. 253. Distribuir-se-ão por dependência as causas de qualquer natureza:
Vide Projeto de CPC, art. 261, caput

Regula o presente dispositivo – alterado em sua redação e estrutura pela Lei n. 10.358/2001 – a conhecida e relevantíssima figura da distribuição por dependência, que significa exceção ao princípio da paridade instituído pelo art. 252 do CPC, ou seja, significa ressalva à exigência de alternância com igualdade no ato de distribuição. Observe-se que com a modificação introduzida e o estabelecimento de uma nova hipótese autorizadora (a do inciso II), a distribuição por dependência passa a ter dois regramentos completamente distintos e alternativos, como veremos à frente. Por fim, cumpre registrar que, dada a circunstância de já se saber de antemão qual é o juízo que processará a causa nas hipóteses deste art. 253, é possível colocar em dúvida a qualidade de "distribuição" do ato sob enfoque. Talvez aqui se possa falar de "imputação de causa" ou "imputação de feito".

I – quando se relacionarem, por conexão ou continência, com outra já ajuizada;
Vide Projeto de CPC, art. 261, I.

A conexão e a continência (arts. 103 e 104), como fenômenos modificadores da competência (inseridos na Seção IV, do Capítulo III, do Título IV, do Livro I), determinam a necessidade de certas causas serem distribuídas a juízos preestabelecidos, quais sejam, àqueles juízos que, em decorrência da prevenção (arts. 106 e 219), já se tornaram competentes para tais feitos. Se a parte, ao promover a segunda ação (relacionada por conexão, ou continência, com outra já em curso), dirigir-se ao primeiro juízo requerendo autorização para distribuí-la por dependência e o magistrado reconhecer a existência do fenômeno modificador, a hipótese será de distribuição por dependência, com base no presente inciso. Se, por outro lado, distribuição por dependência não houve, mas distribuição livre de uma segunda causa, aí então se aplica a solução do art. 105 (ordem de reunião de processos, via de regra a partir da alegação do art. 301, VII) determinada pelo juízo prevento de acordo com o art. 106 ou 219 do CPC.

II – quando, tendo sido extinto o processo, sem julgamento de mérito, for reiterado o pedido, ainda que em litisconsórcio com outros autores ou que sejam parcialmente alterados os réus da demanda;
Vide Projeto de CPC, art. 261, II.

A alteração redacional introduzida no presente inciso II pela Lei n. 11.280/2006 – integrante da chamada Reforma do Processo Civil – tem sua razão de ser na percepção, pelo legislador reformista, da insuficiência do texto anterior para permitir uma aplicação mais abrangente da distribuição por dependência, de sorte a alcançar os outros casos de extinção sem julgamento do mérito, a par da desistência (a única hipótese contemplada pela redação antiga). Além disso, amplia-se também o cabimento da distribuição por dependência para atingir os casos em que os réus são parcialmente alterados na segunda demanda com o objetivo escuso de se fugir da dependência e, com isso, do juízo que já proferiu uma sentença terminativa em prejuízo dos autores originários (na versão anterior deste inciso, a lei só se ocupou da alteração subjetiva no polo ativo). Esta última ampliação realizada merece todo o aplauso porque fecha a brecha legislativa que ainda permitia a autores mal-intencionados conseguir uma distribuição livre mediante a simples alteração do rol de demandados na segunda ação, o que era, aliás, relativamente fácil quando se tratasse de litisconsórcio facultativo. Quanto à primeira, também não podemos deixar de reconhecê-la como elogiável, tendo em vista que não apenas a desistência, mas outros motivos de extinção (principalmente aqueles previstos pelos incisos I a VI do art. 267) justificam a exigência de que um mesmo magistrado processe e julgue a ação que seja reiterada. No mais, lembramos que o presente regramento significa a elevação do fenômeno da extinção do processo à condição de critério de fixação de competência funcional na linha horizontal, na categoria processos sucessivos. Assim pensamos, porque a extinção passa a implicar automática atribuição de competência ao juízo do processo extinto para processar e julgar a causa que a mesma parte (ou em litisconsórcio) venha a repropor. Observe-se que não se trata de fenômeno modificador da competência (como a conexão ou a continência) que sempre tem lugar após o momento da *perpetuatio fori* (art. 87, *initio*), representando a subtração de uma competência estabelecida (segundo critérios territoriais ou valorativos) de um órgão jurisdicional. A extinção não modifica a competência de ninguém, pelo contrário, significa critério, em abstrato, de fixação legal de competência do próprio juízo que encerrou o feito para a futura ação que se reproponha. A imposição de distribuição por dependência, prevista pelo dispositivo que nos ocupa, é mera consequência do estabelecimento desse critério a que nos referimos. Note-se que, ao lado das normas tradicionais de competência funcional previstas pelos arts. 575 (execução) e 800 (cautelar), o CPC passa a dispor de mais uma – esta deste inciso II – na categoria funcional-horizontal-processos sucessivos. Registre-se, por último, que, para a aplicação do presente dispositivo, qualquer juízo incompetente, ao qual se distribua uma ação reproposta, deverá, de ofício, reconhecer sua incompetência (art. 113) e ordenar a imediata redistribuição (ou "imputação", como dissemos) e a remessa dos autos ao juízo competente. Redobrada atenção também se impõe ao distribuidor, de agora em diante.

III – quando houver ajuizamento de ações idênticas, ao juízo prevento.
Vide Projeto de CPC, art. 261, III.

Outra inovação trazida pela Reforma do Processo Civil – Lei n. 11.280/2006 – é esta consubstanciada no presente inciso que determina a distribuição por dependência, ao juízo já prevento pela primeira demanda, de todas as ações idênticas que se promovam. O objetivo da novidade legislativa parece bastante claro: evitar que a distribuição livre de algumas ações idênticas, em um curto espaço de tempo, pelo mesmo autor, resulte na concessão de uma liminar por um dos vários juízes, a que se siga a imediata desistência das outras ações que não resultaram em providência *in limine*. A diferença entre a previsão do inciso anterior (inciso II, deste art. 253) e o que ora focalizamos está no fato de que, enquanto lá a imposição de distribuição por dependência decorre da extinção do primeiro feito (por qualquer das razões elencadas no art. 267, I a VI e VIII), aqui a imposição da distribuição por dependência decorre apenas e tão somente de a primeira das ações idênticas ter sido despachada (prevenção é a fixação da competência em um dentre dois ou mais juízes igualmente competentes pelo critério territorial – art. 106). Observe-se que o primeiro despacho é suficiente para levar todas as demais causas iguais ao juízo prevento, impedindo assim a tentativa de escolha do juiz que concede liminar, em violação ao princípio do juiz natural. Por derradeiro, chamamos a atenção para o desdobramento da concentração das causas idênticas em um só juiz: recebendo os autos, o magistrado deve extinguir todos os processos com base na litispendência (arts. 267, V, e 301, §§ 1º a 3º), condenando o autor pela litigância de má-fé (art. 17) (texto de acordo com a Lei n. 11.280/2006).

Parágrafo único. Havendo reconvenção ou intervenção de terceiro, o juiz, de ofício, mandará proceder à respectiva anotação pelo distribuidor.
Vide Projeto de CPC, art. 261, parágrafo único.

A ordem judicial de anotação pelo distribuidor depende de um desses atos se verificar: reconvenção (art. 315), declaratória incidental (arts. 5º e 325, por aplicação analógica), exibição de documento ou coisa (art. 355, também por analogia), assistência simples ou litisconsorcial (arts. 50 e 54; assistente é tecnicamente terceiro), oposição (art. 56), nomeação à autoria (art. 62), denunciação da lide (art. 70) e chamamento ao processo (art. 77). A ordem de anotação (não de distribuição, que nesses casos não há) é exarada quando do momento do ato ou quando do saneamento do processo.

Art. 254. É defeso distribuir a petição não acompanhada do instrumento do mandato, salvo:

Vide Projeto de CPC, art. 262, caput, *parágrafo único e III.*

A regra legal sob apreciação determina que o distribuidor recuse o recebimento de petição inicial desacompanhada de procuração (o instrumento público ou particular do mandato judicial), o que se deve ao fato de o nosso CPC exigir que a parte seja "representada em juízo por advogado legalmente habilitado" como expressamente afirma o art. 36, parte inicial. Destarte, como regra, deverá o distribuidor recusar-se a receber a petição inicial desacompanhada do instrumento procuratório, devolvendo a peça ao seu portador. Abrem-se, no entanto, as seguintes exceções elencadas adiante.

I – se o requerente postular em causa própria;

Vide Projeto de CPC, art. 262, parágrafo único, I.

É evidente que a parte que advoga em causa própria não precisa exibir instrumento de mandato, uma vez que é titular de capacidade postulatória (ou se encontra na excepcional situação de não ter advogado com quem possa contar – art. 36, *in fine*). Advogar em causa própria significa a parte sustentar suas próprias razões em juízo por ter a condição de advogado (na visão de Pontes de Miranda, "presentar-se"), dispensada, obviamente, de passar procuração a si mesma.

II – se a procuração estiver junta aos autos principais;

A hipótese legal sob enfoque corresponde a qualquer daquelas em que a petição inicial a ser distribuída é a de uma causa ou processo acessório, vale dizer, de feito vinculado a outro, anterior, já pendente, como, *v. g.*, no caso de inicial de ação cautelar incidental (art. 796, mas *v.* art. 273, § 7º), exibição de documento ou coisa contra terceiro (arts. 360 a 363), arguição de falsidade de documento oferecido após encerrada a instrução (art. 393), etc.

III – no caso previsto no art. 37.

Vide Projeto de CPC, art. 262, parágrafo único, II.

Trata-se da situação emergencial em que a ação é proposta com o fim de interromper a prescrição (*v.* art. 219 e parágrafos) ou de impedir a consumação de decadência (*v.* art. 220). Nesses casos, admite-se a petição inicial desacompanhada de instrumento de mandato, ficando o advogado, contudo, obrigado a regularizar a representação no prazo de quinze dias e a ratificar os atos praticados, sob pena de inexistência destes (*v.* art. 37, *caput* e parágrafo único).

Art. 255. O juiz, de ofício ou a requerimento do interessado, corrigirá o erro ou a falta de distribuição, compensando-a.

Vide Projeto de CPC, art. 263.

Nenhum juiz pode validamente despachar uma petição inicial sem que ela tenha sido antes distribuída, onde houver mais de uma vara (art. 263). Faltando distribuição, o magistrado ordenará a sua feitura. Erro de distribuição ocorre, por seu turno, quando não se obedece ao critério da paridade (art. 252) ou quando se constatam vícios formais no ato como equívocos quanto à identificação da causa.

Art. 256. A distribuição poderá ser fiscalizada pela parte ou por seu procurador.

Vide Projeto de CPC, art. 264.

A prescrição institui o princípio da publicidade do ato distribuição, explicitando, na verdade, o que é comum a todos os atos processuais (art. 155). Da publicidade decorre, assim, o direito de fiscalizar, que será exercido no cartório do distribuidor mediante presença física e acompanhamento do procedimento da distribuição.

Art. 257. Será cancelada a distribuição do feito que, em 30 (trinta) dias, não for preparado no cartório em que deu entrada.

Vide Projeto de CPC, art. 265.

Preparo, no texto, significa adiantamento de custas ou pagamento de custas iniciais. A exigência destas, bem como do prazo de que dispõe a parte, depende do respectivo regimento, que é lei estadual, e não do CPC. A finalidade do dispositivo em questão é apenas a de regulamentar o cancelamento da distribuição que terá lugar como consequência lógica da sentença de extinção por abandono (art. 267, III e § 2º).

Seção II
Do Valor da Causa

Vide Projeto de CPC, arts. 266 a 268 (Capítulo VII – Do Valor da Causa).

Malgrado o enfoque disciplinar autonomista da presente Seção, o valor da causa não deve ser visto como um ato processual isolado (mais um ato do *iter* procedimental), mas sim como um requisito da petição inicial que é (art. 282, V). Dada a enorme gama de repercussões processuais que advém do valor da causa (*v.* nota ao art. 258), a lei processual achou por bem regulá-lo mais detalhada e extensamente nos artigos que se seguem.

Art. 258. A toda causa será atribuído um valor certo, ainda que não tenha conteúdo econômico imediato.

Vide Projeto de CPC, art. 266.

De toda petição inicial deve constar a atribuição de um valor econômico, expresso em dinheiro, ainda que provisório; não existem "causas de valor inestimável" perante a lei vigente. Portanto, mesmo às ações de divórcio, à investigação de paternidade, à interdição, à busca e apreensão e nas cautelares em geral deve ser dado um valor certo. Do valor da causa dependem alguns atos processuais, tais como: custas iniciais; definição do procedimento sumário (art. 275, I) e do arrolamento sumário (art. 1.036); fixação de honorários (art. 20); cabimento de recurso (art. 34 da Lei n. 6.830/80); juizado cível especial (Lei n. 9.099/95), etc.; bem como a definição de competência dos tribunais estaduais (art. 91 deste Código). Observe-se, por fim, que se tem entendido que o juiz pode determinar a correção do valor da causa, *ex officio*, se houver previsão expressa disciplinando a fórmula do cálculo a ser utilizada em determinada hipótese.

Art. 259. O valor da causa constará sempre da petição inicial e será:

Vide Projeto de CPC, art. 267, caput *e VIII.*

Este requisito ou formalidade essencial da petição inicial (art. 282, V) expressa a exigência da lei do processo de que toda causa se apresente ao juiz com um valor econômico certo atribuído pelo autor, de acordo com os critérios estabelecidos à frente. Na falta de critério legal, orientará o magistrado o seu prudente arbítrio sobre qual seja a repercussão econômica da demanda. Observe-se, por último, que em face das poucas previsões constantes dos incisos I a VII deste art. 259, deverá o juiz, com frequência, valer-se da interpretação analógica e extensiva para dar a máxima aplicação aos critérios aqui estabelecidos. Quanto às ações meramente declaratórias, em geral, discute-se sobre a aplicabilidade do presente art. 259.

I – na ação de cobrança de dívida, a soma do principal, da pena e dos juros vencidos até a propositura da ação;

Vide Projeto de CPC, art. 267, I.

O critério da soma de parcelas é empregado sempre que se tratar de ação que objetive o recebimento (ou a assecuração do recebimento) de dinheiro. Assim, tem ele aplicação às ações condenatórias ao pagamento de quantia (processo de conhecimento), às ações de execução por quantia (processo de execução) ou às ações cautelares de arresto e outras inominadas (*v. g.*, bloqueio de conta bancária). Sobre os juros legais e cláusula penal no novo estatuto civil, examinem-se os arts. 406 a 416.

II – havendo cumulação de pedidos, a quantia correspondente à soma dos valores de todos eles;

Vide Projeto de CPC, art. 267, II.

A cumulação de pedidos aqui prevista é a simples, a que se estabelece ou pelo litisconsórcio ativo facultativo (duas pessoas cobram dois créditos do mesmo devedor) ou pela vontade do autor de cobrar duas ou mais verbas distintas (lucros cessantes e danos emergentes). A cumulação referida é também chamada de concurso de pedidos (*v.* nota ao art. 292).

III – sendo alternativos os pedidos, o de maior valor;

Vide Projeto de CPC, art. 267, III.

A previsão se identifica com a figura do pedido alternativo em que o acolhimento de um pedido exclui o do outro, e vice-versa. Daí que para fins de valor da causa, o que prevalece é o pedido de maior valor (*v.* nota ao art. 288). Observe-se que o pedido alternativo se funda, normalmente, em obrigações alternativas assim como reguladas pelos arts. 252 a 256 do CC.

IV – se houver também pedido subsidiário, o valor do pedido principal;

Vide Projeto de CPC, art. 267, IV.

Trata-se da cumulação subsidiária em que o juiz aprecia o segundo pedido, em não podendo dar acolhimento ao primeiro; por isso a referência a pedido subsidiário no texto e a opção legislativa, para fins de valor da causa, pelo valor do pedido principal (*v.* nota ao art. 289). Caso típico do pedido subsidiário no CC é o que se funda no art. 500, *caput*, no qual o comprador pede o complemento da área e, não sendo isso possível, pede a resolução do contrato.

V – quando o litígio tiver por objeto a existência, validade, cumprimento, modificação ou rescisão de negócio jurídico, o valor do contrato;

Vide Projeto de CPC, art. 267, V.

A regra aqui instituída, que é a da atribuição do valor do contrato, aplica-se às seguintes causas: ações declaratórias de existência ou inexistência de negócio jurídico (art. 4º, I); ações anulatórias por qualquer fundamento (CC, arts. 138 a 165); ações visando ao cumprimento de obrigações de dar, fazer ou não fazer; ações renovatórias ou revisionais, consignatórias; ações de rescisão contratual e outras.

VI – na ação de alimentos, a soma de 12 (doze) prestações mensais, pedidas pelo autor;

Vide Projeto de CPC, art. 267, VI.

A solução é específica para a atribuição do valor às causas nas quais se exijam alimentos, e tudo dependerá do *quantum* pleiteado pelo autor, bastando multiplicar tal valor por doze. Não importa o procedimento escolhido – o rito pode ser o especial, da Lei n. 5.478/68, o cautelar dos alimentos provisionais, dos arts. 852 a 854 do CPC, ou o comum ordinário, dos arts. 282 e segs. –, o critério será sempre o mesmo.

VII – na ação de divisão, de demarcação e de reivindicação, a estimativa oficial para lançamento do imposto.

Vide Projeto de CPC, art. 267, VII.

Estimativa oficial para o lançamento do imposto é sinônimo de valor venal constante do *carnet* do Imposto Predial e Territorial Urbano (IPTU). Tal valor deve ser atribuído às ações demarcatórias (arts. 946 a 966), às ações divisórias (arts. 946, II, e 967 a 981), às ações reivindicatórias (fundadas na propriedade e cujo processo tem rito ordinário) e também às de imissão na posse, às possessórias em geral (arts. 920 a 933; inclusive nunciação de obra nova – arts. 934 a 940) e às ações de usucapião (arts. 941 a 945).

Art. 260. Quando se pedirem prestações vencidas e vincendas, tomar-se-á em consideração o valor de umas e outras. O valor das prestações vincendas será igual a uma prestação anual, se a obrigação for por tempo indeterminado, ou por tempo superior a 1 (um) ano; se, por tempo inferior, será igual à soma das prestações.

Vide Projeto de CPC, art. 267, §§ 1º e 2º.

A hipótese corresponde a um desdobramento particularizado da situação genericamente prevista pelo inciso II do art. 259 (concurso de pedidos, que, na verdade, é um só pedido com vários fundamentos – *v.* nota ao art. 292). Quanto às prestações vencidas, o art. 290 é claro em afirmar que elas são consideradas incluídas no pedido; logo, em qualquer hipótese, teriam repercussão sobre o valor da causa (art. 259, II). O aspecto disciplinar diferenciado está na segunda parte do dispositivo: as prestações vincendas são parte do pedido para fins de valor da causa nos termos postos.

Art. 261. O réu poderá impugnar, no prazo da contestação, o valor atribuído à causa pelo autor. A impugnação será autuada em apenso, ouvindo-se o autor no prazo de 5 (cinco) dias. Em seguida o juiz, sem suspender o processo, servindo-se, quando necessário, do auxílio de perito, determinará, no prazo de 10 (dez) dias, o valor da causa.

Vide Projeto de CPC, arts. 268 e 267, § 3º.

A norma sob comentário regula o incidente processual da impugnação ao valor da causa. Trata-se de incidente cuja instauração depende de peça própria do réu que veicule a pretensão impugnativa, já que seu oferecimento gera autos separados que serão apensados aos da causa. O fundamento do pedido de alteração do valor é o desrespeito ao critério fixado pelo art. 259, e seu acolhimento leva ao proferimento de decisão interlocutória atacável por agravo retido (arts. 162, § 2º, 522 e 523 deste Código). É possível ao juiz, sem impugnação, ordenar a alteração do valor da causa se este foi fixado fora dos ditames de critério legal expresso. Admite-se impugnação no corpo da contestação apenas em procedimento sumário.

Parágrafo único. Não havendo impugnação, presume-se aceito o valor atribuído à causa na petição inicial.

A lei opta, como regra, pela intangibilidade do valor atribuído à causa pelo autor na hipótese de o réu não o impugnar pela via adequada, que é o incidente aqui disciplinado. Contudo, esse princípio cede ante a possibilidade de o juiz determinar a correção *ex officio,* quando o critério para a atribuição esteja expressamente previsto em lei (*v.* parte final da nota ao *caput*).

TÍTULO VI
DA FORMAÇÃO, DA SUSPENSÃO E DA EXTINÇÃO DO PROCESSO

Vide Projeto de CPC, arts. 287 a 291
(Título X – Formação, Suspensão e Extinção do Processo).

O presente Título deste Livro I, do CPC, é dedicado à disciplina do nascimento e integração da relação processual (e alguns de seus efeitos), à regulamentação das circunstâncias que operam o sobrestamento do processo (suspensão) e daquelas outras que determinam a sua morte. Assim como o ser humano, também o processo surge no mundo com o único objetivo de desaparecer. Observe-se, outrossim, que a presente disciplina é fundamental para o sistema, uma vez que ela se aplica a todos os tipos de processo e a todas as modalidades de procedimento, tanto do CPC, como da legislação extravagante.

CAPÍTULO I
DA FORMAÇÃO DO PROCESSO

Vide Projeto de CPC, art. 287 (Capítulo I – Da Formação do Processo).

Os requisitos de existência e validade da relação processual são chamados pressupostos processuais. Objetivamente falando, temos que para o processo nascer e se desenvolver validamente é necessário: petição inicial, distribuição ou despacho, regularidade formal da petição inicial e citação (os dois primeiros são requisitos de existência; os dois últimos, de validade). Esses são os pressupostos objetivos positivos. Negativos são os que não podem estar presentes: coisa julgada, litispendência e convenção de arbitragem (os três são requisitos negativos de validade do processo). Sobre os pressupostos subjetivos examine-se a nota ao capítulo concernente à "capacidade processual" (Livro I, Título II, Capítulo I) e também o comentário aos "atos do juiz" (Livro I, Título V, Capítulo I, Seção III).

Art. 262. O processo civil começa por iniciativa da parte, mas se desenvolve por impulso oficial.

Vide Projeto de CPC, art. 2º.

A regra consagra o princípio dispositivo ou princípio da iniciativa de parte, segundo o qual o processo para nascer depende de provocação do interessado mediante ação (o art. 2º expressa o aspecto negativo do mesmo princípio, afirmando que o juiz não presta a tutela jurisdicional de ofício). Mas, se para se formar a relação processual exige provocação, para se desenvolver o processo conta com a atuação espontânea do próprio magistrado (o impulso oficial). Expressão do impulso oficial, por outro lado, é o poder que tem o juiz para determinar provas (art. 130), o que é, da mesma maneira, exceção ao princípio dispositivo.

Art. 263. Considera-se proposta a ação, tanto que a petição inicial seja despachada pelo juiz, ou simplesmente distribuída, onde houver mais de uma vara. A propositura da ação, todavia, só produz, quanto ao réu, os efeitos mencionados no art. 219 depois que for validamente citado.

Vide Projeto de CPC, art. 287.

A propositura da ação (fenômeno que depende da distribuição ou despacho da petição inicial) é sinônimo de instauração do processo e provocação da função jurisdicional. Dela resultam efeitos processuais (prevenção – art. 106 – e litispendência) e materiais (litigiosidade da coisa – art. 42; e interrupção da prescrição subordinada às circunstâncias dos parágrafos do art. 219). Quanto ao réu, todavia, tais efeitos só se produzem (somados à constituição em mora – efeito material) com o ato citatório realizado validamente.

Art. 264. Feita a citação, é defeso ao autor modificar o pedido ou a causa de pedir, sem o consentimento do réu, mantendo-se as mesmas partes, salvo as substituições permitidas por lei.

Vide Projeto de CPC, art. 304, caput

Outro efeito processual decorrente da citação é o impedimento de que o autor modifique unilateralmente a causa de pedir (art. 282, III) ou o pedido (arts. 282, IV, e 294), ou peça a citação de mais alguém não indicado a princípio como réu. A regra consagra o princípio da estabilidade do processo, que se presta a impedir surpresas para o sujeito passivo, permitindo, assim, o pleno exercício do direito de defesa e a prática do contraditório.

Parágrafo único. A alteração do pedido ou da causa de pedir em nenhuma hipótese será permitida após o saneamento do processo.

Vide Projeto de CPC, art. 304, II.

Antes de realizada a citação, é lícito ao autor alterar o pedido ou a causa de pedir livremente. Após a citação, só mediante concordância expressa do réu (*caput* deste artigo). Este parágrafo representa limitação absoluta às alterações referidas, ainda que o sujeito passivo concorde com elas; proferido o saneamento pelo juiz (art. 331, *caput* e §§ 2º e 3º), nenhuma modificação pode mais ter lugar. No sumário, o limite é o momento da audiência.

CAPÍTULO II
DA SUSPENSÃO DO PROCESSO

Vide Projeto de CPC, arts. 288 e 289
(Capítulo II – Da Suspensão do Processo).

Suspensão do processo é o fenômeno jurídico identificado pelo sobrestamento da marcha da relação processual decorrente de atos ou fatos processuais expressamente previstos em lei. A suspensão paralisa temporariamente o curso do processo, sem, contudo, afetar a integridade da relação processual.

Art. 265. Suspende-se o processo:
Vide Projeto de CPC, art. 288, caput e IV.

Como poderemos perceber, a partir do exame dos vários incisos que compõem o presente art. 265, a suspensão do processo é o ato do juiz, do tipo decisão interlocutória (art. 162, § 2º) que declara a paralisação já ocorrida ou que decreta o sobrestamento do processo. O rol de hipóteses que se segue é bastante rico em termos de possibilidades legais de paralisação momentânea da marcha do processo civil.

I – pela morte ou perda da capacidade processual de qualquer das partes, de seu representante legal ou de seu procurador;
Vide Projeto de CPC, art. 288, I.

A morte faz desaparecer a personalidade e, por consequência, a capacidade para ser parte; morta a parte, desaparece um dos sujeitos do processo e torna-se necessária a habilitação do espólio ou sucessores (art. 43 c/c os arts. 1.055 a 1.062), razão por que o processo é suspenso pelo juiz (exceto na hipótese do art. 267, IX). Se a parte perde a capacidade processual (entenda-se capacidade para estar em juízo) pela perda da capacidade civil, suspende-se o feito, por decreto, para que o curador se habilite a representá-la (inclusive o processual do art. 9º, I, que não é representante, mas substituto processual). Se o representante legal da parte morre ou perde a capacidade, a suspensão decretada permite a sua substituição, o mesmo acontecendo em relação ao advogado (*v.* §§ 1º e 2º deste artigo).

II – pela convenção das partes;
Vide Projeto de CPC, art. 288, II.

O acordo entre as partes no sentido da suspensão só gera efeitos quando o juiz, à vista da manifestação, decreta o sobrestamento do feito; a suspensão não é, portanto, automática. Observe-se, contudo, que o magistrado não pode recusar o sobrestamento, porque a lei dá às partes tal direito, que é limitado apenas pela disposição do § 3º. A existência do presente regramento é mais uma demonstração de que a relação processual é triangular, e não angular apenas, uma vez que a convenção aqui autorizada é fruto do relacionamento jurídico processual direto havido entre autor e réu.

III – quando for oposta exceção de incompetência do juízo, da câmara ou do tribunal, bem como de suspeição ou impedimento do juiz;
Vide Projeto de CPC, art. 288, III.

A oposição de exceção de incompetência, suspeição ou impedimento do juiz (arts. 304 a 314) gera a automática suspensão do processo até seu julgamento (art. 306), o que implica, naturalmente, a automática suspensão do prazo para contestação ou outra resposta. O juiz apenas declara o sobrestamento, mandando processar a exceção (arts. 308 e 313). Julgada a exceção e publicada a decisão, flui o restante do prazo eventualmente faltante (art. 180, *in fine*).

IV – quando a sentença de mérito:
Vide Projeto de CPC, art. 288, V.

De acordo com o CPC, sentença de mérito é aquela que aprecia ou julga o pedido formulado, que se pronuncia sobre o direito material discutido, que enfrenta o litígio e a este dá solução. Assim, sob o ângulo sociológico, mérito é o litígio (lide ou conflito de interesses); sob o prisma material, é o direito subjetivo, o interesse juridicamente tutelado, a pretensão material; e sob a ótica estritamente processual, é o pedido ou pretensão processual.

***a)* depender do julgamento de outra causa, ou da declaração da existência ou inexistência da relação jurídica, que constitua o objeto principal de outro processo pendente;**
Vide Projeto de CPC, art. 288, V, a.

A alínea sob comentário versa sobre questão prejudicial que é a questão de mérito (não de processo) cuja solução é pressuposto lógico necessário da decisão que estará contida na sentença. A prejudicialidade aqui referida é a externa, haja vista que a decisão de que depende o julgamento da causa constitui objeto principal de outra (prática de um crime, anulação de um casamento). A ação declaratória mencionada no texto é ação autônoma e não a declaração incidente (arts. 5º e 325), posto que esta não gera suspensão do processo. Nas hipóteses desta alínea a suspensão é decretada pelo juiz.

***b)* não puder ser proferida senão depois de verificado determinado fato, ou de produzida certa prova, requisitada a outro juízo;**
Vide Projeto de CPC, art. 288, V, b.

Esta alínea não concerne à questão prejudicial (que tem caráter de relação jurídica – *v.* art. 5º), mas à simples verificação de fato ou prova requisitada a outro juízo e que servirá para compor a fundamentação da sentença. Para que a carta precatória ou rogatória expedida para tal fim gere a suspensão do processo é necessário que tenha sido requerida antes do saneamento (art. 338).

c) tiver por pressuposto o julgamento de questão de estado, requerido como declaração incidente;

Vide Projeto de CPC, art. 288, V, a.

Declaração incidente, no texto desta alínea, deve ser entendida como ação declaratória. Suspende-se o processo, assim, na hipótese de, perante outro juízo, estar em curso ação declaratória que tenha por objeto questão de estado de cuja solução dependa o julgamento da lide. Declaração incidente ou declaratória incidental, hipótese de prejudicialidade interna – que se decide no mesmo processo (arts. 5º e 325) –, não pode gerar suspensão do processo.

V – por motivo de força maior;

Vide Projeto de CPC, art. 288, VI.

Por motivo de força maior deve-se compreender toda e qualquer circunstância de natureza física que represente obstáculo intransponível ao desenvolvimento do processo, por exemplo, a ruína do prédio do fórum, uma inundação, um incêndio ou outra calamidade que atinja o local onde a função jurisdicional seja exercida (*v.* art. 507).

VI – nos demais casos, que este Código regula.

Vide Projeto de CPC, art. 288, VII.

Outras hipóteses de suspensão do processo previstas pelo CPC são: a constatação pelo magistrado de que ocorre incapacidade ou irregularidade de representação (art. 13); oposição (art. 60); nomeação à autoria (art. 64); denunciação (art. 72); chamamento (art. 79); incidente de falsidade deduzido após a instrução (art. 394); embargos à execução (art. 791, I); falta de bens penhoráveis (art. 791, III); concessão pelo credor de prazo ao devedor para cumprir a obrigação (art. 792); artigos de atentado (art. 881); embargos de terceiros (art. 1.052), etc.

§ 1º No caso de morte ou perda da capacidade processual de qualquer das partes, ou de seu representante legal, provado o falecimento ou a incapacidade, o juiz suspenderá o processo, salvo se já tiver iniciado a audiência de instrução e julgamento; caso em que:

Vide Projeto de CPC, art. 288, § 1º.

Para que se opere a suspensão do processo por morte ou perda de capacidade – o que se dá por decreto judicial e não automaticamente – é mister a comprovação documental do fato; caso apenas se alegue, o juiz deve conceder prazo para a comprovação, suspendendo depois o processo com efeito retroativo se for necessário. Todavia, mesmo provada por documento a morte ou a perda de capacidade, não suspenderá o juiz o processo se a audiência de instrução já estiver em curso.

***a)* o advogado continuará no processo até o encerramento da audiência;**

Morta ou tendo-se tornado incapaz a parte, prossegue a audiência validamente apenas com a presença do advogado que praticará por ela todos os atos necessários: reperguntando a outra parte, insistindo na oitiva de testemunhas faltantes, contraditando, reperguntando testemunhas, protestando e debatendo. Nada impede, contudo, que desde logo se habilitem os herdeiros ou o espólio (art. 43 c/c os arts. 1.052 e segs.).

***b)* o processo só se suspenderá a partir da publicação da sentença ou do acórdão.**

Sobrevindo o proferimento de sentença (de mérito ou terminativa, pouco importa) em audiência ou em data posterior – o que se encontra aqui em jogo é a presteza e eficiência da atividade jurisdicional –, só a partir da publicação do ato final é que se encontrará automaticamente sobrestado o andamento do processo.

§ 2º No caso de morte do procurador de qualquer das partes, ainda que iniciada a audiência de instrução e julgamento, o juiz marcará, a fim de que a parte constitua novo mandatário, o prazo de 20 (vinte) dias, findo o qual extinguirá o processo sem julgamento do mérito, se o autor não nomear novo mandatário, ou mandará prosseguir no processo, à revelia do réu, tendo falecido o advogado deste.

Vide Projeto de CPC, art. 288, § 2º.

Diferentemente da solução dada para a hipótese de morte ou perda de capacidade da parte (§ 1º), a morte do advogado cria para o juiz o dever de conceder imediatamente à parte, por vinte dias, com a suspensão do processo, a oportunidade para regularização da representação, sob pena de extinção do processo (para o autor) ou de reputar-se presente a revelia (para o réu). Não importa se a audiência encontra-se aberta ou não – a solução é a mesma – uma vez que a parte não pode ser prejudicada pela ausência de procurador em audiência. Tem-se entendido, com razão, que a morte do advogado gera suspensão automática do processo, porque não é justo que um prazo de resposta, recurso ou outro seja perdido em decorrência do falecimento do causídico, que normalmente não é levado ao conhecimento da parte.

§ 3º A suspensão do processo por convenção das partes, de que trata o n. II, nunca poderá exceder 6 (seis) meses; findo o prazo, o escrivão fará os autos conclusos ao juiz, que ordenará o prosseguimento do processo.

Vide Projeto de CPC, art. 288, § 3º.

O limite legal de seis meses de suspensão do processo no caso de convenção das partes (art. 265, II) se funda na necessidade de que as pendências judiciais não perpetuem. Assim, ainda que do acordo escrito conste prazo maior, o juiz, ao decretar o sobrestamento, o fixará em seis meses. Encerrado o prazo, imediatamente os autos devem ir conclusos ao juiz para que esse dê impulso ao feito, restabelecendo o curso do procedimento.

§ 4º No caso do n. III, a exceção, em primeiro grau da jurisdição, será processada na forma do disposto neste Livro, Título VIII, Capítulo II, Seção III; e, no tribunal, consoante lhe estabelecer o regimento interno.

A disposição simplesmente explicita a localização topográfica das exceções no CPC (arts. 304 a 314), remetendo ao regimento interno de cada tribunal (lei administrativa) o procedimento das exceções de incompetência da câmara ou tribunal, e das de suspeição e impedimento opostas contra seus juízes, desembargadores, desembargadores federais ou ministros.

§ 5º Nos casos enumerados nas letras *a*, *b* e *c* do n. IV, o período de suspensão nunca poderá exceder 1 (um) ano. Findo este prazo, o juiz mandará prosseguir no processo.

Vide Projeto de CPC, art. 288, §§ 4º e 5º.

Também em relação ao sobrestamento por força de prejudicialidade ou dependência de fato ou prova, limita a lei no tempo a suspensão do processo. É que a outorga da prestação jurisdicional por um juízo não pode esperar indefinidamente pela solução de causa que tramita perante outro. Assim, vencido o prazo de um ano, fica livre o magistrado para dar seguimento ao feito e, sobretudo, para sentenciar.

Art. 266. Durante a suspensão é defeso praticar qualquer ato processual; poderá o juiz, todavia, determinar a realização de atos urgentes, a fim de evitar dano irreparável.

Vide Projeto de CPC, art. 289.

Durante o curso do prazo de suspensão – decretado ou declarado, não importa – não se praticam atos processuais. Essa é a regra de que decorre, contudo, não a nulidade do ato praticado, mas apenas a sua ineficácia dentro do período de sobrestamento. Abre-se expressa exceção à regra, todavia, na hipótese de necessidade de atos urgentes para evitar dano irreparável, o que deve ser compreendido como sinônimo de providências cautelares de ofício (art. 797) ou resultantes de ação cautelar nominada (arts. 813 e segs.) ou inominada (arts. 798 e 799). Examine-se, ainda, o art. 173 como argumento interpretativo. Quanto à execução, *v.* art. 793.

CAPÍTULO III
DA EXTINÇÃO DO PROCESSO

Vide Projeto de CPC, arts. 290 e 291 (Capítulo III – Da Extinção do Processo).

Todo processo nasce e se desenvolve com o fim de morrer mediante o proferimento de sentença ou mediante o cumprimento da sentença (*v.* nota ao § 1º do art. 162). Se a relação processual foi constituída e desenvolvida validamente e estavam presentes as condições da ação, profere o juiz sentença de mérito (art. 269). Se a relação processual padece de vícios de constituição ou validade ou, se perfeita, falta condição da ação, profere o juiz sentença terminativa (art. 267). As hipóteses que conduzem à extinção do processo, suas nuanças e seus efeitos, são disciplinadas no presente Capítulo.

Art. 267. Extingue-se o processo, sem resolução de mérito:
Vide Projeto de CPC, art. 472, caput *e § 5º.*

Como tivemos a oportunidade de ver quando da análise da alteração conceitual introduzida no § 1º, do art. 162, pela Lei n. 11.232/2005 (Reforma da Execução Judicial), a sentença, no processo civil brasileiro, não é mais necessariamente o ato do juiz que põe fim ao processo, porque nos casos de procedência do pedido, reconhecimento jurídico e transação (art. 269, I a III), nas hipóteses de ações condenatórias ou mandamentais, é apenas ato decisório de transição da fase cognitiva para a fase executiva do processo de conhecimento (*v.* nota ao § 1º do art. 162). Contudo, nas hipóteses de decadência, prescrição e renúncia (art. 269, IV e V) e nas elencadas nos onze incisos deste art. 267, a sentença continua sendo ato de extinção do processo, como, aliás, expressamente afirma o dispositivo sob enfoque: "extingue-se o processo, sem resolução do mérito". É que frente à verificação da ausência de certos pressupostos processuais objetivos positivos (incisos I a IV deste art. 267) ou da presença de pressupostos objetivos negativos (incisos V e VII), ou dada a constatação da falta de condições da ação (incisos VI e VIII a X), o processo não se revela habilitado a seguir adiante, de forma que, a bem do interesse público, o CPC determina que o magistrado decrete o seu encerramento. Observe-se, sob tal ótica, que diferentemente disso, a nova redação do art. 269 já não se utiliza da locução "extingue-se", nem de qualquer outra que sugira o encerramento do processo. Quanto à troca da palavra "julgamento", do texto anterior, por "resolução", do atual, remetemos o leitor à nota dedicada ao *caput* do art. 269. Por fim, registre-se que, de acordo com a literalidade do texto enfocado, a relação jurídico-processual deve ser encerrada pelo órgão de jurisdição, monocrático ou colegiado, por sentença ou acórdão, sem apreciação do direito discutido, toda vez que qualquer das hipóteses a seguir elencadas se verificar. Note-se que o escopo social da figura da extinção do processo sem julgamento do mérito repousa na necessidade de permitir ao Poder Judiciário livrar-se de causas processualmente inviáveis.

I – quando o juiz indeferir a petição inicial;

Vide Projeto de CPC, art. 472, I.

O indeferimento da petição inicial decorre fundamentalmente de vícios formais dessa peça – o que significa ausência de pressuposto processual, já que a regularidade formal da inicial é requisito objetivo positivo de validade da relação processual –, ou de falta de condições da ação (art. 295). Observe-se que o indeferimento da inicial pressupõe processo já pendente, haja vista que a existência da relação processual depende apenas de petição inicial e distribuição (objetivamente) e de investidura do juiz e capacidade para ser parte (subjetivamente). Portanto, o indeferimento da inicial é sentença, ou seja, ato que põe termo ao processo (art. 162, § 1º), embora o réu não tenha sido sequer citado.

II – quando ficar parado durante mais de 1 (um) ano por negligência das partes;

Vide Projeto de CPC, art. 472, II.

A atividade de impulso do autor – expressa pelo ônus que lhe é atribuído de dar andamento ao processo – é pressuposto processual de desenvolvimento. Somada a negligência do autor à inércia do réu, que também tem interesse na solução do litígio, impõe a lei, passado um ano, a extinção do processo, observadas as cautelas do § 1º. A inércia por tão longo período faz presumir que desapareceu o interesse pelo processo, o que, no entanto, não pode ser reconhecido de ofício pelo magistrado (§ 3º). Examine-se, ainda, o art. 268, parágrafo único, a respeito do fenômeno da perempção.

III – quando, por não promover os atos e diligências que lhe competir, o autor abandonar a causa por mais de 30 (trinta) dias;

Vide Projeto de CPC, art. 472, III.

Essa hipótese de extinção por ausência do mesmo pressuposto de desenvolvimento (atividade de impulso do autor) se distingue da prevista no inciso II pelo fato de a lei exigir que se caracterize abandono por falta da promoção de atos e diligências específicas. É necessário não só o decurso do tempo – muito mais curto por razões óbvias –, mas a existência de prazos em curso para que o autor pratique atos determinados. O descumprimento do ônus de praticar tais atos acarreta a extinção que o juiz deve decretar, observadas, identicamente, as cautelas previstas pelo § 1º.

IV – quando se verificar a ausência de pressupostos de constituição e de desenvolvimento válido e regular do processo;

Vide Projeto de CPC, art. 472, IV.

Quanto aos pressupostos objetivos positivos, como petição inicial, distribuição, tais não geram extinção porque sem eles não há processo; quanto à citação, a solução é a anulação; quanto à regularidade formal da inicial, todas as hipóteses estão compreendidas pelo inciso I. No que concerne aos objetivos negativos, encontram eles disciplina nos incisos V e VII. Restam os subjetivos: a falta de investidura do juiz gera inexistência, devendo ser extinto o pseudoprocesso; a falta de competência ou imparcialidade não acarreta extinção, mas a anulação; a falta de capacidade para ser parte provoca habilitação ou extinção (mas há previsão expressa – art. 13); a falta de capacidade para estar em juízo, regularização ou extinção (mas há previsão – art. 13); a falta de capacidade postulatória, regularização ou extinção (mas também há previsão expressa – art. 265, § 2º). Fatos supervenientes ou nulidades não sanadas permitem a extinção com base nessa regra.

V – quando o juiz acolher a alegação de perempção, litispendência ou de coisa julgada;

Vide Projeto de CPC, art. 472, V.

Coisa julgada (existência de sentença ou acórdão de mérito transitado em julgado sobre a causa proposta em juízo – art. 301, VI) e litispendência (pendência de processo anterior versando sobre a mesma lide submetida a julgamento – art. 301, V) são pressupostos processuais objetivos negativos, de sorte que a sua presença gera a extinção do processo. Já a perempção, que é o desaparecimento da ação (*v.* art. 268, parágrafo único), gera igualmente a extinção da relação processual, posto identificar-se igualmente como requisito negativo de desenvolvimento do processo.

VI – quando não concorrer qualquer das condições da ação, como a possibilidade jurídica, a legitimidade das partes e o interesse processual;

Vide Projeto de CPC, art. 472, VI.

Condições da ação são uma categoria jurídico-processual composta dos requisitos de existência do direito de ação (direito a uma sentença de mérito). Três e somente três são as condições da ação: legitimidade das partes (ou *legitimatio ad causam*), interesse de agir e possibilidade jurídica do pedido. Legitimidade é a qualidade processual de titular da ação decorrente da titularidade, em abstrato, da relação controvertida deduzida em juízo (ordinária) ou da vontade da lei (extraordinária). Interesse de agir é identificado pelo binômio necessidade-adequação (necessidade concreta do processo e adequação do provimento e do procedimento para a solução do litígio). Possibilidade jurídica corresponde à inexistência, na ordem jurídica, de proibição à formulação do pedido deduzido. Veja-se, ainda, sobre o tema o art. 301, X e § 4º.

VII – pela convenção de arbitragem;

Vide Projeto de CPC, art. 472, VII.

De acordo com o art. 3º da Lei n. 9.307/96, por "convenção de arbitragem" entende-se a "cláusula compromissória" ("a convenção através da qual as partes em um contrato comprometem-se a submeter à arbitragem os litígios que possam vir a surgir, relativamente a tal contrato" – art. 4º) e o "compromisso arbitral" ("a convenção através da qual as partes submetem um litígio à arbitragem de uma ou mais pessoas, podendo ser judicial ou extrajudicial" – art. 9º). De agora em diante, portanto, tanto o compromisso já firmado como a simples cláusula compromissória representam obstáculos ao desenvolvimento do processo (pressupostos objetivos negativos) e provocam a sua extinção (texto de acordo com a Lei n. 9.307/96).

VIII – quando o autor desistir da ação;

Vide Projeto de CPC, art. 472, VIII.

Desistência da ação é o ato unilateral do autor (incondicionado ou condicionado – *v.* § 4º e art. 298, parágrafo único) pelo qual se abre mão do processo como meio de solução do litígio. Não se confunde com renúncia, que tem por objeto o direito material, nem com ato de disposição do direito de ação, que teria como consequência não permitir a repropositura. Do que se abre mão na desistência é apenas do instrumento, a relação processual, nada impedindo que a ação volte a ser proposta (art. 268, *caput*).

IX – quando a ação for considerada intransmissível por disposição legal;
Vide Projeto de CPC, art. 472, IX.

Intransmissibilidade da ação é o desaparecimento do direito de ação em decorrência do desaparecimento do direito material, que se pretendia fazer valer por seu intermédio, em razão do caráter personalíssimo desse ou de simples vontade da lei, como sói acontecer nas hipóteses dos direitos à separação judicial, divórcio, conversão, extinção de poder familiar, se uma das partes vem a falecer. Se a ação é transmissível, opera-se a habilitação (arts. 1.055 a 1.062); segundo o art. 1.700 do CC, a obrigação de prestar alimentos transmite-se aos herdeiros. O processo é extinto porque a ação desaparece e não porque falte pressuposto processual.

X – quando ocorrer confusão entre autor e réu;
Vide Projeto de CPC, art. 472, X.

Confusão é uma modalidade de extinção da obrigação decorrente da circunstância de se confundirem na mesma pessoa as qualidades de credor e devedor (CC, arts. 381 a 384). Em termos processuais, extingue-se o litígio por se confundirem na mesma parte a titularidade da pretensão (autor) e da resistência (réu). A consequência é o desaparecimento da ação (não há mais interesse de agir, direito à sentença de mérito por falta de litígio), o que leva à extinção do processo. Na prática, a confusão normalmente ocorre em causas que envolvam ascendente e descendente, com a morte de um deles; para a extinção, a confusão deve ser total.

XI – nos demais casos prescritos neste Código.
Vide Projeto de CPC, art. 472, XI.

São eles: não suprimento da incapacidade processual ou irregularidade de representação (art. 13, I); não ratificação da petição inicial apresentada sem procuração (art. 37, parágrafo único); não promoção da citação de litisconsorte necessário (art. 47, parágrafo único); não constituição de novo procurador em substituição ao falecido (art. 265, § 2º); satisfação da obrigação, transação, remissão ou renúncia do crédito na execução (art. 794).

§ 1º O juiz ordenará, nos casos dos ns. II e III, o arquivamento dos autos, declarando a extinção do processo, se a parte, intimada pessoalmente, não suprir a falta em 48 (quarenta e oito) horas.
Vide Projeto de CPC, art. 472, § 1º.

De acordo com o presente dispositivo, é requisito indispensável para a extinção do processo e seu corolário o arquivamento dos autos, nos casos de abandono da causa, a prévia intimação pessoal da parte (por mandado, carta ou, excepcionalmente, por edital) para dar andamento ao feito no prazo referido. Somente após o decurso desse prazo, contado na forma do art. 241 – no caso de mandado, da efetiva intimação –, é que o juiz poderá proferir sentença, extinguindo o processo.

§ 2º No caso do parágrafo anterior, quanto ao n. II, as partes pagarão proporcionalmente as custas e, quanto ao n. III, o autor será condenado ao pagamento das despesas e honorários de advogado (art. 28).

Vide Projeto de CPC, art. 472, § 2º.

A regra focalizada estabelece disciplina especial para a sucumbência nos casos de abandono: na hipótese do inciso II, repartem-se as despesas e não há condenação em honorários porque as duas partes foram negligentes; na hipótese do inciso III, o autor arca integralmente com a responsabilidade decorrente da sucumbência porque deu causa exclusivamente à extinção do processo, recaindo sobre ele, ainda, o dever de pagar previamente as despesas e honorários ao réu se quiser repropor a ação (art. 268).

§ 3º O juiz conhecerá de ofício, em qualquer tempo e grau de jurisdição, enquanto não proferida a sentença de mérito, da matéria constante dos ns. IV, V e VI; todavia, o réu que a não alegar, na primeira oportunidade em que lhe caiba falar nos autos, responderá pelas custas de retardamento.

Vide Projeto de CPC, art. 472, § 3º.

As matérias dos incisos previstos (pressupostos processuais e condições da ação) são chamadas de objeções processuais exatamente porque são passíveis de reconhecimento pelo órgão jurisdicional independentemente de alegação da parte. Para o juízo de primeiro grau, o conhecimento de ofício é possível até o proferimento da sentença. O tribunal não fica impedido de conhecer dessas matérias ainda que só em apelação sejam ventiladas (mesmo que tenham sido rechaçadas no saneamento e deste não se tenha agravado). Nas hipóteses de convenção de arbitragem, intransmissibilidade da ação e confusão exige-se alegação da parte, como também, e é óbvio, no caso de desistência, que tem de ser manifestada. Quanto ao indeferimento da petição inicial, o juiz também o faz de ofício porque seu conteúdo é idêntico aos dos incisos IV a VI. Em caso de abandono pelo inciso II é evidente a dispensabilidade de alegação. A não alegação no tempo previsto das matérias dos incisos IV a VI não gera preclusão nem impede o conhecimento de ofício pelo juiz, mas acarreta a sanção de pagar despesas de retardamento.

§ 4º Depois de decorrido o prazo para a resposta, o autor não poderá, sem o consentimento do réu, desistir da ação.

Vide Projeto de CPC, art. 472, § 4º.

A desistência do processo é ato incondicionado do autor enquanto não for apresentada defesa; torna-se condicionado ao assentimento do réu a partir do instante em que esse ofereça resposta (tanto no procedimento ordinário como no sumário). A desistência e seus motivos e o eventual assentimento do réu não são objeto de fiscalização judicial (exceto se se tratar de lide que verse sobre direitos indisponíveis), mas para produzir seus efeitos dependem de homologação do magistrado. Se houver litisconsórcio passivo, aplica-se o parágrafo único do art. 298; se a desistência é formulada em relação a todos, todos devem assentir se se tratar de litisconsórcio unitário.

Art. 268. Salvo o disposto no art. 267, V, a extinção do processo não obsta a que o autor intente de novo a ação. A petição inicial, todavia, não será despachada sem a prova do pagamento ou do depósito das custas e dos honorários de advogado.

Vide Projeto de CPC, art. 473, caput *e §§ 1º e 2º.*

Como o que se extingue é o processo (a relação processual, o instrumento da jurisdição), desde que o direito de ação permaneça íntegro é possível a sua repropositura. Assim, corrigida a legitimação ou deduzido um pedido adequado e possível, é viável submeter a mesma causa objetivamente (causa de pedir e pedido) a julgamento, ou causa semelhante, mantidas as mesmas partes (idêntica causa de pedir e pedido diferente); logicamente, se há coisa julgada, litispendência ou perempção (inciso V do art. 267), a ação não pode ser reproposta. Impossível será a repropositura, identicamente, se a convenção de arbitragem (inciso VII do art. 267) não tiver sido extinta, se a confusão (inciso X do art. 267) não tiver desaparecido (CC, art. 384), ou se a base da extinção foi a intransmissibilidade (inciso IX do art. 267). Possível ainda será repropor a ação se o que faltou e gerou a extinção foram pressupostos processuais subjetivos ou objetivos concernentes à regularidade formal da inicial. Em qualquer hipótese, contudo, o autor terá de pagar as despesas e honorários, previamente, juntando com a inicial a guia de recolhimento, ou após determinação do juiz.

Parágrafo único. Se o autor der causa, por três vezes, à extinção do processo pelo fundamento previsto no n. III do artigo anterior, não poderá

intentar nova ação contra o réu com o mesmo objeto, ficando-lhe ressalvada, entretanto, a possibilidade de alegar em defesa o seu direito.

Vide Projeto de CPC, art. 473, § 3º.

O parágrafo em questão institui a figura da perempção da ação (literalmente, morte da ação) em virtude de três extinções por abandono. Por consequência, fica o autor impossibilitado de deduzir em face do réu o mesmo pedido, fundado na mesma causa de pedir, não assim de alegar em defesa o seu direito em causa que envolva o réu ou terceiro. Observe-se que a perempção aqui prevista não se confunde com aquela outra instituída pelo art. 8º da Lei do Mandado de Segurança (Lei n. 12.016, de 07.08.2009).

Art. 269. Haverá resolução de mérito:

Vide Projeto de CPC, art. 474, caput

A alteração do conceito de sentença, realizada pelo § 1º do art. 162 deste Código, por força da Lei n. 11.232/2005 (Reforma da Execução Judicial), implicou a necessária modificação do texto do presente dispositivo, de sorte que o coloque em sintonia com a ideia de que a sentença condenatória ou mandamental, nas hipóteses elencadas a seguir, significa, a partir de agora, apenas e tão somente ato decisório de transição da fase cognitiva para a fase executiva do processo de conhecimento. Assim é porque, proferida sentença de procedência que "reconheça a existência de obrigação de fazer, não fazer, entregar coisa ou pagar quantia" (no dizer do inciso I do novo art. 475-N), ou proferida sentença que acolha o reconhecimento jurídico do pedido ou que homologue transação celebrada entre as partes (incisos I a III deste art. 269), o processo de conhecimento não se extingue, nem se encerra, mas continua vivo, estendendo-se em sua sobrevida naquilo que pode ser chamado de fase de execução da sentença ou fase de "cumprimento da sentença", como se encontra escrito no título do Capítulo X. Ora, se as sentenças anteriormente mencionadas, deste art. 269, apenas provocam a instauração de uma nova fase do processo cognitivo, sem encerrá-lo, é evidente que o *caput* que nos ocupa já não poderia mesmo se utilizar da locução "extingue-se o processo" (como faz o *caput* do art. 267), tornando-se imprescindível a alteração do texto do § 1º, do art. 162, em sua versão original. Ao proclamar de forma singela "haverá resolução de mérito", como faz a disposição legal sob comentário, coerente e lógico se revela o CPC que não mais exige "processo de execução" para a efetivação das sentenças de procedência, satisfazendo-se, pelo contrário, apenas com uma nova etapa do procedimento em que se praticam atos de força e agressão patrimonial. Nos casos do art. 269 não há mais, destarte, sentenças de extinção do processo, mas apenas de resolução de mérito (*v.* notas aos incisos IV e V, onde, além da resolução, ocorre também a extinção). Por derradeiro, chamamos a atenção para o fato de que o focalizado dispositivo já não fala de "julgamento de mérito", mas de "resolução de mérito". Quanto ao assunto, temos para nós que a modificação era desnecessária porque à tese de que nas hipóteses dos incisos II a V o juiz não realizava "julgamento de mérito", o que tornaria justificada a mudança terminológica, respondemos que o magistrado, a partir de agora, também não realizará "resolução de mérito" nestes mesmos casos, porque resolver nada mais significa que dar solução, deliberar, decidir, exatamente o que o magistrado não faz quando se defronta com reconhecimento jurídico do pedido, transação das partes, prescrição, decadência ou renúncia (incisos II a V); o juiz não julga nem resolve o litígio, o pedido ou a pretensão, ele apenas homologa o acordo, a renúncia ou o reconhecimento e, quanto à prescrição e à decadência, ele declara a existência do fenômeno, não decidindo, deliberando, julgando, nem mesmo resolvendo a postulação do autor... (texto de acordo com a Lei n. 11.232/2005).

I – quando o juiz acolher ou rejeitar o pedido do autor;
Vide Projeto de CPC, art. 474, I.

O julgamento de procedência (acolhimento) ou improcedência do pedido (rejeição) depende exclusivamente da existência ou inexistência do direito material invocado pelo autor. Esta é a hipótese em que verdadeiramente o juiz resolve o litígio deduzido mediante a aplicação da vontade da lei, atuando em substituição às partes. Por isso, é que, em doutrina, costuma-se dizer que a presente previsão constitui a genuína ou típica sentença de mérito.

II – quando o réu reconhecer a procedência do pedido;
Vide Projeto de CPC, art. 474, II.

O reconhecimento jurídico do pedido identifica-se com a admissão pelo réu de que o autor tem razão, o direito alegado existe e o pedido é procedente. Tal admissão, que para valer depende da disponibilidade do direito discutido, pode ser expressa pelo réu explícita ou implicitamente (pedido de purgação da mora no despejo, comparecimento do credor para receber na consignatória), exigindo-se na primeira hipótese que o advogado tenha poderes especiais para tanto (art. 36). A figura em questão não se confunde com a confissão, que tem por objeto fatos exclusivamente (art. 348); o reconhecimento tem por objeto a pretensão, o direito. Trata-se, na verdade, de extinção do litígio por autocomposição unilateral, uma vez que o juiz simplesmente a reconhece na sentença.

III – quando as partes transigirem;
Vide Projeto de CPC, art. 474, III.

Transação é, hoje, o contrato típico de direito civil por meio do qual os interessados previnem ou terminam o litígio mediante concessões mútuas (CC, arts. 840 a 850); processualmente falando, é a forma de extinção do litígio que se opera no processo mediante concessões recíprocas entre as partes; é forma de autocomposição bilateral. Sob a ótica processual, é possível a seguinte distinção: conciliação é a transação provocada pelo magistrado (arts. 447 a 449); acordo é a transação alcançada espontaneamente pelas partes e levada para os autos. Para ter efeito processual, a transação depende de o direito ser disponível e de homologação do juiz, que é ato de aprovação ou confirmação expressa por sentença. Examinem-se, ainda, os arts. 38, 158, 475-N, III, 485, VIII, e 794, II.

IV – quando o juiz pronunciar a decadência ou a prescrição;
Vide Projeto de CPC, art. 474, IV e parágrafo único.

À luz do CPC, prescrição e decadência geram identicamente sentença de mérito, de sorte que para fins processuais a distinção não é tão relevante. Como não se pode dizer que a prescrição atinja a ação, pela ótica do sistema vigente – como também pelo prisma do estatuto civil em vigor que fala, no art. 189, de extinção da pretensão pela prescrição –, a diferença entre elas pode ser estabelecida da seguinte maneira: decadência é o fenômeno jurídico identificado pela extinção do próprio direito subjetivo pelo decurso do tempo (são exemplos de prazos decadenciais, no estatuto civil, os previstos pelo art. 45, parágrafo único, 48, parágrafo único, 119, parágrafo único, 178, 501, 504, 1.148, 1.560 e 1.649); já a prescrição é fenômeno jurídico caracterizado pela extinção que decorre do fator tempo e do fator vontade conjugados (daí a necessidade de ser alegada em juízo, em regra – CC, art. 193). Outra maneira de distinguir os dois fenômenos é levando em conta os seus efeitos: direito prescritível é aquele que, levado a juízo e reconhecido, gera sentença condenatória; direito submetido à decadência é aquele que, levado a juízo e reconhecido, gera sentença declaratória ou constitutiva positiva ou negativa.

V – quando o autor renunciar ao direito sobre que se funda a ação.
Vide Projeto de CPC, art. 474, V.

Renúncia é o ato abdicativo manifestado pelo autor que tem por objeto o direito material em que se encontra fundada a pretensão deduzida. Trata-se, identicamente, de forma de autocomposição unilateral do litígio, só que agora por iniciativa do sujeito ativo da ação e do processo. A validade da renúncia exige a disponibilidade do direito, mas não o assentimento do réu, que é irrelevante (esse só importa na desistência da ação, que é abdicação apenas do processo e não do direito discutido – art. 267, § 4º). Finalmente, observe-se que, manifestada a renúncia, o juiz é chamado a proferir sentença homologatória desse ato (*v.* art. 38).

TÍTULO VII
DO PROCESSO E DO PROCEDIMENTO

Vide Projeto de CPC, arts. 292 a 499 (Título I – Do Procedimento Comum).

Processo é relação jurídica e procedimento. Relação jurídica sob ponto de vista da sua natureza (substância), e procedimento sob o enfoque da sua manifestação exterior (forma). Na sua essência, processo é o relacionamento que se trava entre autor, réu e juiz sob contraditório e que o CPC disciplina; na sua forma, é o conjunto coordenado de atos, lógica e, cronologicamente, instituído com o fim de gerar um ato de autoridade final (rito). Disciplinar o processo é sinônimo de regulamento da relação processual e do procedimento simultaneamente.

CAPÍTULO I
DAS DISPOSIÇÕES GERAIS

Vide Projeto de CPC, art. 292 (Capítulo I – Das Disposições Gerais).

Art. 270. Este Código regula o processo de conhecimento (Livro I), de execução (Livro II), cautelar (Livro III) e os procedimentos especiais (Livro IV).

Só existem três tipos de processo e esses são os expressamente mencionados na parte inicial do texto (conhecimento, execução e cautelar). Os procedimentos especiais correspondem apenas a ritos diferenciados, via de regra, do processo de conhecimento e são instituídos pela lei com a finalidade de permitir a melhor dedução e discussão de determinados direitos materiais (*v.* nota ao título do Livro I, bem como aos títulos do Livro IV e do Título I deste mesmo Livro IV).

Art. 271. Aplica-se a todas as causas o procedimento comum, salvo disposição em contrário deste Código ou de lei especial.

Vide Projeto de CPC, art. 292, caput

O dispositivo se dirige apenas ao processo de conhecimento porque alude ao procedimento comum (*v.* art. 272 a seguir, só aplicável a esse), sendo que as disposições em contrário correspondem aos arts. 890 a 1.102-C (procedimentos especiais de jurisdição contenciosa), bem como àquelas que, fora do Código, regulamentam outros procedimentos (mandado de segurança, ação popular, alienação fiduciária, alimentos, discriminatória, etc.). Quanto ao processo de execução e ao cautelar, têm eles seus próprios procedimentos (execução – *v.* arts. 621 e segs. e leis especiais; cautelar – arts. 801 e segs. e 813 e segs.).

Art. 272. O procedimento comum é ordinário ou sumário.

Inicialmente, cumpre-nos consignar que vem em boa hora a alteração do nome "procedimento sumaríssimo" para "procedimento sumário". Nunca se compreendeu o porquê do adjetivo "sumaríssimo" num sistema processual que não conhecia procedimento "sumário". Agora, com o conserto operado pela Lei n. 8.952/94, o binômio ordinário-sumário passa a refletir plena harmonia conceptual. Feitas tais observações, voltemos para o texto como um todo. Diz a lei que o procedimento é ordinário ou sumário, logo, é o processo de conhecimento que possui tais ritos e não a ação (não existe ação ordinária nem sumária; ação é apenas o direito que se exerce para fazer nascer um processo). Cotejada a presente norma com a anterior (art. 271), conclui-se que o processo de conhecimento pode ter rito comum (ordinário ou sumário) ou especial (regulado dentro ou fora do CPC) (a nova redação do art. 272 origina-se da Lei n. 8.952/94). Com a entrada em vigor da Lei n. 11.232/2005 (Reforma da Execução), *v.* art. 475-F.

Parágrafo único. O procedimento especial e o procedimento sumário regem-se pelas disposições que lhes são próprias, aplicando-se-lhes, subsidiariamente, as disposições gerais do procedimento ordinário.

Vide Projeto de CPC, art. 292, parágrafo único.

Sob o ponto de vista da sua disciplina orgânica, melhor teria sido se a lei considerasse o procedimento sumário como especial, haja vista que o presente dispositivo os aproxima: tanto o sumário como os procedimentos especiais são regidos por regras específicas e só mesmo subsidiariamente pelas normas do procedimento ordinário. Este sim é ontologicamente rito comum (o texto deste parágrafo resulta da Lei n. 8.952/94).

Art. 273. O juiz poderá, a requerimento da parte, antecipar, total ou parcialmente, os efeitos da tutela pretendida no pedido inicial, desde que, existindo prova inequívoca, se convença da verossimilhança da alegação e:

Vide Projeto de CPC, arts. 269 a 286, particularmente, arts. 269, 270 e 275.

Este art. 273 corresponde ao maior e, também, ao mais perigoso de todos os avanços introduzidos pela chamada Reforma do Processo Civil. Por meio dele, fica instituída a possibilidade de concessão de medida liminar antecipatória da providência de mérito em todo e qualquer processo ou procedimento – pelo menos a princípio (*v.* limitações a seguir) –, mediante o preenchimento dos rígidos requisitos previstos no *caput* sob exame, nos incisos I e II e nos §§ 2º e 6º. Muita prudência e comedimento são exigidos do juiz para o exercício dessa imensa parcela de poder que a lei agora coloca à sua disposição com o intuito de fomentar a justiça célere e efetiva. Observe-se, já sob esse aspecto, que, em hipótese alguma, a providência antecipatória poderá ser concedida *ex officio* (o texto é claro ao afirmar a necessidade de requerimento da parte, isto é, do sujeito ativo), nem fora dos limites do pedido de providência definitiva. No que concerne à natureza jurídica da tutela antecipável (declaratória, constitutiva ou condenatória), nenhuma limitação se encontra no texto, mas é preciso ter em mente que em relação à medida mandamental fundada em obrigação de fazer ou não fazer, ou entregar coisa, incidem tanto os arts. 461, § 3º, e 461-A, § 3º, como o presente art. 273. Quanto à tutela executiva, parece-nos não ser ela antecipável por duas razões: primeira, o processo de execução é provido de medidas de força desde o seu início (*v. g.*, arts. 625, 631, 633, 643, 659, 733, § 1º, e 751, III); segunda, as medidas cautelares, como o arresto e o sequestro, prestam-se particularmente ao resguardo da eficiência desse processo. Relativamente à tutela acautelatória, não há que se pensar em antecipação por este art. 273 simplesmente pelo motivo de que no próprio processo cautelar existe a figura da liminar que cumpre tal mister. Voltando ao processo de conhecimento, somos da opinião de que, fora os procedimentos ordinário e sumário, para os quais o presente art. 273 foi dirigido basicamente, não resta muito espaço no âmbito dos procedimentos especiais que não dispõem de liminar (consignatória, depósito, anulatória de títulos, prestação de contas, usucapião, divisória e demarcatória, monitória, etc.) para a aplicação da tutela antecipatória de que cogitamos, mas não descartamos a possibilidade. A partir dessa visão, concluímos que a variada disciplina das liminares do Livro IV, Título I, permanece intocada (arts. 928, 936, I, 1.051 e 1.071). O mesmo raciocínio vale para os procedimentos especiais disciplinados em leis extravagantes (mandado de segurança, ação popular, ação civil pública, alienação fiduciária, alimentos, ações de locação, desapropriação, etc.). Falaremos dos requisitos da tutela antecipada ("prova inequívoca" e "verossimilhança") nos comentários aos incisos I e II a seguir (texto de acordo com a Lei n. 8.952/94).

I – haja fundado receio de dano irreparável ou de difícil reparação; ou

Vide Projeto de CPC, art. 278, caput *e III e IV.*

Antes de examinarmos os requisitos da tutela antecipada previstos neste inciso I, precisamos enfrentar os dois primeiros que se encontram estabelecidos no *caput*. Inicialmente, é preciso deixar claro que "prova inequívoca", como verdade processual, não existe, porque toda e qualquer prova depende de valoração judicial para ser reconhecida como boa, ou má, em face do princípio do livre convencimento (art. 131). Logo, por "prova inequívoca" só pode o intérprete entender "prova literal", locução já empregada pelo CPC, nos arts. 814, I, e 902, como sinônima de prova documental de forte potencial de convencimento. Tanto parece exata a colocação que o art. 273 em nenhuma de suas previsões sequer alude à possibilidade de audiência de justificação, o que exclui a admissibilidade de qualquer forma de prova oral; admitimos, no entanto, a audiência de justificação apenas para a demonstração do difícil requisito sob enfoque: o *periculum in mora*. Quanto ao segundo requisito, a verossimilhança – qualidade do que é verossímil, semelhante à verdade, que tem aparência de verdadeiro ou, simplesmente, *fumus boni iuris* –, haverá o juiz de se convencer da sua existência no caso concreto, exatamente como faz ao examinar idêntico requisito no âmbito das cautelares (*v.* arts. 801, III, e 804). A finalidade desse exame, além da forma de apuração, é que o distingue aqui e no processo cautelar. Convencido o magistrado, deverá ele fundamentar claramente sua percepção, na decisão que proferir, nos termos do § 1º a seguir. Chegamos, finalmente, aos requisitos previstos por este inciso I. De acordo com o texto global deste art. 273, além da prova documental e do convencimento acerca do *fumus boni iuris*, para a concessão da tutela antecipada deverá o juiz reconhecer expressamente a existência de "fundado receio de dano irreparável ou de difícil reparação", ou seja, a existência de *periculum in mora*, exatamente como faz no procedimento cautelar. Uma importante correção foi feita pela lei em relação ao texto, *v. g.*, do art. 798: o receio pode ter por objeto um dano não reparável ou, simplesmente, um dano reparável, mas de difícil reparação. Observe-se que os três requisitos precisam somar-se para que tenha cabimento a antecipação: 1º) prova documental de forte potencial de convencimento; 2º) convencimento sobre a presença de *fumus boni iuris;* 3º) convencimento sobre a existência de *periculum in mora*. Tais convencimentos decorrerão, como é óbvio, de um único documento, de um somatório deles, assim como da própria razoabilidade dos fatos e fundamentos jurídicos apresentados pelo autor na sua petição inicial (texto de acordo com a Lei n. 8.952/94).

II – fique caracterizado o abuso de direito de defesa ou o manifesto propósito protelatório do réu.

Vide Projeto de CPC, art. 278, I.

A caracterização fática de uma das figuras aqui instituídas ("abuso de direito de defesa" ou "manifesto propósito protelatório do réu") corresponde ao fundamento alternativo ao *periculum in mora* previsto no inciso I, o que é irrefutavelmente demonstrado pela disjuntiva "ou" empregada no final do texto do inciso anterior. Dessa forma, ainda que o autor não consiga demonstrar o fundado receio de dano, o que lhe priva de receber a liminar *inaudita altera parte*, sua expectativa em relação à tutela antecipada não desaparece, haja vista que, dependendo da atitude do réu, o juiz poderá vir a conceder a providência logo após a contestação ou a réplica. Vejamos a dupla face desse fundamento alternativo. "Abuso de direito de defesa" é o uso excessivo ou exorbitante das faculdades que compõem o direito de contestar (a mais típica manifestação do direito de defesa no processo civil), como a apresentação de várias objeções processuais, ou defesas de mérito diretas ou indiretas, sem razoável fundamento ou articulação (o juiz deverá ser cuidadoso na sua avaliação tendo em conta os princípios da concentração e da eventualidade consagrados no art. 300). Já "o manifesto propósito protelatório do réu" deve ser entendido como o resultado do uso exorbitante do direito de responder (art. 297), o que se verifica na hipótese de oferecimento simultâneo de várias respostas (contestação, reconvenção, exceção, impugnação ao valor da causa, denunciação, etc.) descabidas todas ou algumas, ou desprovidas de razoável fundamento (texto de acordo com a Lei n. 8.952/94).

---

§ 1º Na decisão que antecipar a tutela, o juiz indicará, de modo claro e preciso, as razões do seu convencimento.

Vide Projeto de CPC, art. 271.

Dada a natureza de decisão interlocutória (art. 162, § 2º) da medida que antecipa a tutela e a extrema importância que esse ato tem no processo, pareceu bem ao legislador não o submeter à regra geral do art. 165, que autoriza a fundamentação concisa. Assim, em relação a essa particular decisão interlocutória, o juiz fica obrigado pela lei a dar, de modo claro e preciso, as razões do seu convencimento, o que significa indicar inteligivelmente, e com exatidão, por escrito, porque no caso concreto se fazem presentes "prova inequívoca", verossimilhança da alegação *(fumus boni iuris)* e o receio de dano (*periculum in mora*), ou "abuso de direito de defesa" ou "propósito protelatório", além da reversibilidade da medida (§ 2º). Não basta simplesmente afirmar a presença desses requisitos; é necessário dizer expressamente os motivos pelos quais cada um deles se encontra caracterizado, de sorte que convença não só as partes, mas também a opinião pública e a segunda instância do acerto da decisão tomada (texto de acordo com a Lei n. 8.952/94).

---

§ 2º Não se concederá a antecipação da tutela quando houver perigo de irreversibilidade do provimento antecipado.

A contrario sensu, a regra sob comentário estabelece mais um requisito a ser preenchido para que se legitime a concessão da tutela antecipada: a segura reversibilidade do provimento (segura, dizemos, porque, se houver apenas perigo de irreversibilidade, a medida não tem cabimento). Assim, além da prova documental, da verossimilhança (*caput*), do fundado receio de dano (inciso I), do abuso de direito de defesa ou do propósito protelatório (inciso II), ou ainda, da total ou parcial incontrovérsia do pedido (§ 6º), haverá o autor de alegar e demonstrar ao órgão jurisdicional que é seguramente possível reverter o provimento em caso de sua revogação ou modificação (§ 4º) ou em caso de improcedência. Imagine-se que, a título de antecipação da tutela, o autor haja requerido ao juiz autorização para a prática de certo ato ou a determinação de que o réu cumpra de imediato certa prestação de dar. Em ambas as situações o autor precisará demonstrar a sua própria condição de fazer as coisas voltarem ao estado anterior assim que instado, sob pena de indeferimento da medida (*v.* nota ao § 3º a seguir) (texto de acordo com a Lei n. 8.952/94).

---

§ 3º A efetivação da tutela antecipada observará, no que couber e conforme sua natureza, as normas previstas nos arts. 588, 461, §§ 4º e 5º, e 461-A.

Vide Projeto de CPC, art. 273.

O dispositivo sob enfoque – modificado pela Lei n. 10.444/2002 – inova em aspectos importantíssimos a disciplina do cumprimento das decisões antecipatórias. Em primeiro lugar, porque, falando de "efetivação" (e não mais de "execução"), dá a entender que a tutela antecipada tem natureza preponderantemente mandamental (e não condenatória), tanto que o parágrafo sob análise faz agora expressa remissão aos §§ 4º e 5º do art. 461 e ao art. 461-A, remanescendo o caráter condenatório apenas quando se cogite da aplicação do art. 588 – hoje, 475-O, haja vista a revogação do art. 588 pela Lei n. 11.382/2006 – em casos de obrigação pecuniária. Em segundo lugar – é isto o que mais chama a atenção no novo regramento – porque, a partir de agora, o instituto das *astreintes* se aplica, não apenas na hipótese de obrigação de fazer (seu *habitat* natural de longa data – art. 461, § 2º), mas também nos casos de obrigação de entregar coisa (art. 461-A, § 3º) e nas causas que versem sobre obrigações pecuniárias. Ora, se a lei processual estendeu às obrigações de entregar coisa a multa cominatória (art. 461-A, § 3º, que remete ao art. 461, §§ 1º a 6º, onde se encontra a cominação: art. 461, § 4º) é porque reconhece que a multa cominatória é apenas uma ferramenta a serviço do cumprimento de quaisquer obrigações (fazer, não fazer, entregar coisa certa ou incerta ou entregar dinheiro), ferramenta de caráter econômico-psicológico para constranger qualquer devedor a cumprir a sua obrigação. Não esqueçamos, ainda nesse diapasão, de quatro aspectos normativos: 1º) a tutela antecipada genericamente regulada faz referência em seu bojo às três espécies de obrigação: dar quantia (art. 588, hoje revogado), fazer e não fazer (art. 461) e entregar coisa (art. 461-A); 2º) a tutela antecipada genérica adota, assim, as técnicas das específicas (arts. 461, §§ 4º e 5º, e 461-A, § 3º); 3º) a previsão remissiva "observará, no que couber e conforme sua natureza" deixa transparecer a ideia de que as ferramentas previstas pelos arts. 461 e 461-A são livremente utilizáveis, desde que caibam conforme a natureza da providência antecipada solicitada (a lei não realiza discriminações prévias quanto às providências, nem quanto às obrigações); 4º) "depósito em dinheiro" (previsto pelo art. 588, II –, hoje, 475-O, III) pode, destarte, ser realizado mediante ameaça de multa. Observe-se, de outra parte, que, não existindo mais disciplinas separadas como antes, a tutela antecipada passa a desfrutar de um regramento, que é um todo orgânico, o que tem como efeito, dentre os vários já apontados, o de permitir-se a realização da justificação do art. 461, § 3º, à tutela antecipada concernente às obrigações de entregar coisa ou dar dinheiro, mas apenas para a comprovação do *periculum in mora*; outra consequência dessa unidade disciplinar é que não há dúvida de que a "prova inequívoca" que gera convencimento "da verossimilhança da alegação" (do *caput* do art. 273) é a mesma coisa que o "relevante [...] fundamento" (do § 3º do art. 461 – no sentido dessa unidade, Antônio Cláudio da Costa Machado). Por fim, resta registrar que, quer se trate de obrigação de fazer, entregar coisa ou dar dinheiro, pode o juiz com base no presente art. 273 conceder a antecipação da tutela para: 1) dar prazo para o cumprimento voluntário da obrigação (*v. g.*, 5 dias – art. 461-A, *caput*); 2) fixar multa a partir do final desse prazo (para cumprimento voluntário), mas por tempo determinado (*v. g.*, multa de R$ 500,00 a partir do 5º dia, pelo prazo de 15 dias); 3.1) mandar expedir mandado de busca e apreensão ou imissão na posse ao final dos 15 dias (obrigação de entregar coisa – art. 461-A, § 2º); ou 3.2) autorizar o autor ou terceiro a realizar a prestação no lugar do réu renitente (obrigação de fazer – art. 461, § 5º); ou 3.3) mandar cessar a atividade nociva com o auxílio de força policial (obrigação de não fazer – art. 461, § 5º, ainda); ou 3.4) ordenar a instauração de execução provisória com penhora e alienação forçada do bem penhorado (obrigação de dar quantia – arts. 273, § 3º, e 475-O, II, combinados, do CPC – para a cobrança do valor determinado pela liminar de tutela antecipada) (texto de acordo com a Lei n. 10.444/2002).

---

§ 4º A tutela antecipada poderá ser revogada ou modificada a qualquer tempo, em decisão fundamentada.

Vide Projeto de CPC, art. 283.

Assim como dispõe o magistrado de poder para conceder a tutela antecipada liminarmente ou após a resposta, em qualquer momento do *iter* procedimental até o proferimento da sentença (incisos I e II), faculta-lhe a lei, como é natural, a possibilidade de revogá-la ou modificá-la a qualquer tempo. Quanto à modificação do conteúdo da providência, assim como ocorre no processo cautelar, tal pode assumir a feição quantitativa (ampliação ou redução do seu próprio objeto), como também a qualitativa (pela substituição do objeto – *v. g.*, depósito de uma outra coisa – ou pela substituição da medida – *v. g.*, entrega da coisa em substituição do depósito em dinheiro). Acerca da cláusula "a qualquer tempo" parece-nos conveniente acentuar apenas que ela evidentemente autoriza o juiz a revogar – de preferência sempre expressamente – o provimento antecipado na própria sentença de improcedência (texto de acordo com a Lei n. 8.952/94).

§ 5º Concedida ou não a antecipação da tutela, prosseguirá o processo até final julgamento.

Alterando entendimento que sustentamos sobre o presente § 5º, em trabalho anterior, já não pensamos que o significado relevante deste dispositivo seja a impossibilidade de concessão da tutela antecipada após ter sido a mesma indeferida antes ou logo depois da contestação. Em outras palavras, não mais nos convence a interpretação de que, concedida ou não a antecipação da tutela, deva o processo prosseguir até final julgamento (por sentença) sem que existam outros momentos para a reiteração do requerimento de tutela antecipada. É que os fundamentos alternativos para a precipitação eficacial podem, de fato, só se tornar perceptíveis em momento posterior ao indeferimento da liminar, como sói acontecer na hipótese, *v. g.*, de o *periculum in mora* (art. 273, I) só ficar caracterizado em momento próximo ao da especificação de provas ou o manifesto propósito protelatório do réu (art. 273, II) só se manifestar no curso da fase instrutória ou, ainda, no caso de incontrovérsia parcial do pedido (art. 273, § 6º) só tomar corpo nos autos com o depoimento pessoal do réu em audiência. Em todos esses casos, apesar de a liminar requerida com a inicial ter sido indeferida de plano ou em seguida à resposta, é perfeitamente possível ao autor reiterar o requerimento em momento posterior, desde, é óbvio, que lastreado em fatos diferentes dos alegados inicialmente, mas que configurem perigo de dano irreparável ou de difícil reparação, abuso do direito de defesa ou manifesto propósito protelatório ou, finalmente, incontrovérsia total ou parcial do pedido. Por fim, consigne-se que a visão hermética que defendemos anteriormente não se compraz, em absoluto, com os mais altos escopos da figura da tutela antecipada que são, respectivamente, a segurança jurídica (pela neutralização do *periculum in mora*, escopo nitidamente cautelar), o combate à falta de ética no processo (antecipação de cunho sancionatório ao abuso e à protelação processual) e, finalmente, a efetividade em sua mais pura expressão, quando se trate de antecipação fundada na incontrovérsia sobre a existência do direito do autor.

§ 6º A tutela antecipada também poderá ser concedida quando um ou mais dos pedidos cumulados, ou parcela deles, mostrar-se incontroverso.

Vide Projeto de CPC, art. 278, caput *e II.*

Este § 6º – introduzido no art. 273 pela Lei n. 10.444/2002 – significa uma importante modificação na disciplina da tutela antecipada posto que estabelece um terceiro e distinto fundamento para a precipitação eficacial ao lado da antecipação outorgável em razão de *periculum in mora* (art. 273, *caput* e I) e da outorgável em razão de abuso ou propósito protelatório (art. 273, *caput* e II). A partir de agora, portanto, também em função da exclusiva incontrovérsia sobre a existência do direito (art. 273, § 6º) fica o juiz autorizado a emitir provimento antecipatório (note-se que, segundo a regulamentação original, a mera controvérsia não justificava, por si só, a antecipação, porque se ela podia ser entendida como uma particular expressão de "prova inequívoca" – art. 273, *caput* –, sempre seria necessária a verificação de um *plus*, representado quer pelo *periculum*, quer pelo abuso ou propósito protelatório – incisos I ou II). Pois bem, firmada a premissa de que o dispositivo em questão instituiu um novo e autônomo fundamento da tutela antecipada – sem o concurso de *periculum in mora* ou do "abuso" ou "propósito protelatório", ou até mesmo da "prova inequívoca" enquanto fenômeno estritamente probatório –, examinemos alguns aspectos da sua normatividade. Inicialmente, parece relevante consignar que a previsão de "pedido incontroverso" (chamemos assim, genericamente, o fundamento da antecipação deste § 6º, do art. 273) nada mais significa, sob o ponto de vista técnico, do que uma das seguintes hipóteses: *a*) o réu contesta a ação, mas não impugna, sob o ângulo fático e jurídico, um ou mais dos pedidos cumulados (*v. g.*, o réu impugna o pedido de perdas e danos, mas não o de reintegração de posse; impugna o pedido de demolição, mas não o de perdas e danos); *b*) o réu contesta a ação, mas reconhece em parte a juridicidade do pedido do autor (*v. g.*, o réu nega que o crédito seja de R$ 10.000,00, mas admite que é de R$ 5.000,00; nega que o novo aluguel deva ser fixado em R$ 3.000,00, mas admite a correção do valor de R$ 2.000,00, acima, *v. g.*, dos R$ 1.500,00 dos provisórios); *c*) o réu contesta a ação, mas confessa certos fatos que, por si só, dão sustentação ao direito em que se funda o pedido ou um dos pedidos; *d*) o réu contesta a ação, mas deixa de impugnar certos fatos suficientes, por si sós, para dar amparo ao direito em que se funda o pedido ou um dos pedidos; *e*) o réu contesta a ação e impugna todos os fatos, mas no curso do processo reconhece em parte a juridicidade do pedido ou de um dos pedidos do autor; e *f*) o réu contesta a ação e impugna todos os fatos, mas no curso do feito confessa certos fatos suficientes, por si sós, para dar amparo ao direito em que se funda o pedido ou um dos pedidos. Observe-se, entrementes, que a figura do pedido incontroverso não se identifica com o instituto da revelia; "mostrar-se incontroverso" o pedido (art. 273, § 6º) não é sinônimo de "reputar-se-ão verdadeiros os fatos", por ausência de contestação (art. 319, *caput*). A consequência da incontrovérsia do pedido é a antecipação da tutela; a da revelia com efeitos, o julgamento antecipado da lide (art. 330, II). Na verdade, a revelia é revalorizada com a presente alteração do art. 273 porque passa a ser uma legítima opção do réu, enquanto estratégia de defesa, permitindo-lhe ficar isento à antecipação da tutela.

---

§ 7º Se o autor, a título de antecipação de tutela, requerer providência de natureza cautelar, poderá o juiz, quando presente os respectivos pressupostos, deferir a medida cautelar em caráter incidental do processo ajuizado.

Vide Projeto de CPC, art. 269.

Contrariamente ao posicionamento corrente da doutrina que vem vislumbrando no presente dispositivo apenas a fungibilidade do pedido de tutela antecipada, ousamos divergir para afirmar que este § 7º significa muito mais que isso, posto que a ideia de fungibilidade pressupõe o equívoco da parte ao solicitar providência antecipatória em vez da de natureza cautelar, quando, na verdade, o que o texto sob enfoque permite é que, a partir de agora, peça-se naturalmente providência cautelar da mesma forma como se pede antecipação da tutela, vale dizer, independentemente de propositura de ação cautelar incidental. Note-se que esta singela mudança do ângulo de visão da nova figura faz toda a diferença porque potencializa ao máximo a racionalidade, a economia, enfim, a efetividade que o legislador buscou imprimir ao processo de conhecimento. O que queremos salientar é que a parte não precisa errar na qualificação jurídica da providência para que o juiz possa conceder-lhe o provimento acautelatório – se a postulação inadequada ocorrer, sem nenhum problema o juiz poderá compreendê-la, à luz da necessidade real da parte, e conceder a cautela, tendo em conta a fungibilidade –, pelo contrário, pode deliberada e conscientemente requerer por essa nova forma a tutela cautelar incidental. Para que se alcance toda a potência normativa que este novo § 7º proporciona, destarte, basta que se interprete a locução "a título" como "na forma" e aí teremos um resultado exegético verdadeiramente significativo para o processo civil. Atente-se, por derradeiro, para o fato de que essa nova regulamentação introduzida no art. 273 não representa o desaparecimento do processo cautelar, porquanto as cautelares antecedentes (chamadas preparatórias) permanecem intactas no sistema (art. 796 do CPC) nem mesmo a morte do processo cautelar incidental, na medida em que o art. 796 referido não foi alterado pela Lei n. 10.444/2002 (e ele fala de "procedimento cautelar [...] no curso do processo principal"), de sorte que apenas quando o juiz verifique que o requerimento de cautela (art. 273, § 7º) se encontra bem instruído, não depende de prova oral e não vai gerar tumulto nos autos do processo cognitivo, então, o órgão jurisdicional concede a providência solicitada; caso contrário, o magistrado determina ao requerente que postule a medida acautelatória em sede própria, ajuizando ação cautelar incidental, o que permitirá a ampla discussão da matéria fática e jurídica sem comprometer o andamento do processo principal (texto de acordo com a Lei n. 10.444/2002).

CAPÍTULO II
DO PROCEDIMENTO ORDINÁRIO

Art. 274. O procedimento ordinário reger-se-á segundo as disposições dos Livros I e II deste Código.

O dispositivo sob exame contém uma grande impropriedade: o procedimento ordinário não se rege pelo Livro II ("Do Processo de Execução") deste Código. A execução possui suas regras gerais e ritos próprios (*v.* nota ao art. 271) que nada, absolutamente nada, tem que ver com o processo de conhecimento ou com o seu rito comum ordinário (a execução é que se rege subsidiariamente, entre outras, pelas regras disciplinadoras do rito ordinário – *v.* art. 598 e nota). Quanto à parte inicial da prescrição, deve-se observar que nem tudo do Livro I ("Do Processo de Conhecimento") se aplica ao procedimento ordinário, *v. g.*, a disciplina "Do Processo nos Tribunais" (Título IX).

CAPÍTULO III
DO PROCEDIMENTO SUMÁRIO

Esse procedimento se caracteriza pela predominância da oralidade, o que significa dizer que nele tem lugar a aplicação dos princípios da imediatidade e da concentração de atos em audiência (que, ao lado da irrecorribilidade das interlocutórias – que o CPC não adotou –, compõem os subprodutos da oralidade). A imediatidade se traduz no contato pessoal entre o juiz, as partes, seus procuradores e testemunhas, contato este que se estabelece em duas oportunidades, quais sejam, na audiência de conciliação e na de instrução, que, no entanto, agora é eventual, dada a admissibilidade do julgamento antecipado da lide. Informa ainda o procedimento sumário o princípio da economia processual, posto que o recurso a tal procedimento permite a solução rápida de litígios com menor dispêndio de energia das partes e do juiz.

Art. 275. Observar-se-á o procedimento sumário:

Em virtude da forma verbal imperativa que inicia o texto deste art. 275, fica bastante claro para o intérprete da lei que a observância do rito sumário – bastante remodelado em relação ao antigo sumaríssimo pela Reforma do Processo Civil – não convive absolutamente com a liberdade de escolha por parte do autor nem com a discricionariedade judicial, revelando-se, por isso, obrigatória a sua aplicação, desde que a causa deduzida em juízo (perante a Justiça comum – *v.* observação à frente) se enquadre em qualquer das previsões normativas elencadas adiante. Sobre a conversão do procedimento sumário para ordinário examine-se o § 4º do art. 277; quanto à conversão do procedimento ordinário para sumário, aplica-se a regra geral do art. 250 do CPC. Observe-se, ainda, que se a obrigatoriedade de que cogitamos anteriormente incide de modo pleno na Justiça comum (na qual tem lugar os procedimentos comuns "ordinário" e "sumário" que o CPC disciplina), o mesmo já não se pode dizer ao se confrontar o procedimento sumário em questão com o procedimento especial da Lei do Juizado Especial, porquanto nas causas cujo valor não exceda 40 salários mínimos, ou nas elencadas no inciso II deste artigo (art. 3º, I e II, da Lei n. 9.099/95) ao autor é lícito escolher livremente entre o juizado especial e o procedimento sumário (texto de acordo com a Lei n. 9.245/95).

I – nas causas cujo valor não exceda a 60 (sessenta) vezes o valor do salário mínimo;

O critério pelo valor que determina a adequação ou não do procedimento sumário é o do salário mínimo decretado pelo Executivo Federal e vigente na data da propositura da ação. A atribuição de valor da causa pela parte, por seu turno, que repercute diretamente sobre o cabimento ou não do sumário, deve obedecer aos critérios instituídos pelos arts. 258 a 260. Procedente a impugnação (art. 261) ou modificado o valor pelo juiz de ofício (*v.* nota ao art. 261 e seu parágrafo único), a consequência poderá ser a submissão ou a insubmissão do processo ao rito sumário. Observe-se, por derradeiro, que a Lei n. 10.444/2002 elevou a alçada do procedimento sumário a 60 vezes o valor do salário mínimo (lembremos que, antes, o limite valorativo de cabimento do sumário era de 20 salários), o que tornou mais racional e adequado ao nosso sistema positivo esse procedimento comum do CPC, uma vez que, de agora em diante, passamos a ter três patamares distintos de valor para fins processuais e procedimentais: 1º) de zero a 40 salários, o demandante opta entre o sumário e o juizado especial; 2º) de 40 a 60 salários, o demandante tem a seu dispor apenas o procedimento sumário; 3º) nas causas superiores a 60 salários, o demandante se vale do procedimento comum ordinário (texto de acordo com a Lei n. 10.444/2002).

II – nas causas, qualquer que seja o valor:

O critério legal estabelecido pelo legislador para tornar adequado o procedimento sumário é claramente misto: o valor é determinante se a causa pela sua matéria (ou natureza) não estiver prevista no rol desse inciso ou em outra regra disciplinadora de procedimento especial (de dentro ou de fora do CPC); a matéria é absolutamente determinante nos casos arrolados a seguir, independentemente do valor. O elenco que segue é exaustivo *(numerus clausus)* e não comporta interpretação extensiva. Observe-se, entrementes, que várias demandas que antes se processavam pelo então "rito sumaríssimo", pela matéria, não permaneceram integrando o rol das que obedecem ao rito sumário, o que se explica em razão da normal complexidade e demora das provas exigidas para a sua solução, *v. g.*, as previstas pelas letras *a, g, h, i, j* e *l* do inciso II do antigo art. 275 (texto de acordo com a Lei n. 9.245/95).

***a)* de arrendamento rural e de parceria agrícola;**

Causas de arrendamento rural são as ações que visem ao cumprimento de obrigações oriundas desse contrato, a decretação da sua renovação, a indenização por benfeitorias, a preferência na aquisição (Estatuto da Terra, Lei n. 4.504/64, art. 95), bem como o despejo por qualquer motivo, inclusive falta de pagamento, em que cabe purgação da mora (Decreto n. 59.566/66, art. 32). Parceria agrícola, no texto, é sinônimo de parceria rural, englobando a pecuária, a agroindustrial e a extrativa. Causas de parceria são as ações para exigir cumprimento de obrigações como a de renovação do contrato, a de pagamento de despesas, a de pagamento de frutos, a de indenização por benfeitorias, etc. (Lei n. 4.504/64, art. 96, e Decreto n. 59.566/66). Examine-se, ainda, o art. 107, § 1º, do Estatuto da Terra. Finda a parceria, o que cabe é ação possessória.

***b)* de cobrança ao condômino de quaisquer quantias devidas ao condomínio;**

A previsão convive no sistema com o disposto no art. 585, V, de conteúdo semelhante. O crédito aqui previsto e cobrado por processo de conhecimento tem por titular o condomínio; o crédito cobrado por execução tem por titular o locador (o que possui "contrato escrito"). A distinção é clara, de acordo com a literalidade dos dois dispositivos. Logo, o CPC revogou a prescrição contida no § 2º do art. 12 da Lei n. 4.591/64, que dava execução ao condomínio, porque tratou a matéria de maneira diversa. Em outros termos, a norma instituidora de título executivo perdeu sua vigência em face do tratamento diferenciado contido nesta alínea *b* do art. 275. Por fim, registre-se que "quaisquer quantias devidas ao condomínio" englobam, como dizia a letra *c* do inciso II do antigo art. 275, impostos, taxas, contribuições, despesas, bem como prestação pecuniária devida por força da administração contratada de prédio em condomínio (texto de acordo com a Lei n. 9.245/95).

c) de ressarcimento por danos em prédio urbano ou rústico;

O termo "prédio", logicamente interpretado, só pode ter o significado de imóvel e não simplesmente o de edificação, restrição que seria de todo absurda. Prédio é, portanto, o bem imóvel, urbano ou rural, isto é, o solo, ou o solo e sua construção e tudo o que a ela seja incorporada como parte integrante essencial. Prédio engloba, ainda, a pertença, que é aquilo que permanece a ajudar a coisa, e a acessão, que corresponde à união de duas coisas de proprietários diversos, sendo uma delas principal (nessa figura está compreendida a acessão de produção, *v. g.*, os frutos de uma árvore, etc. – Calmon de Passos). Dano causado ao prédio, destarte, é dano à sua parte integrante, pertenças, acessões ou mesmo frutos. A reparação desses danos é pedida por processo de rito sumário (texto de acordo com a Lei n. 9.245/95).

d) de ressarcimento por danos causados em acidente de veículo de via terrestre;

Acidente, no texto, tanto pode ser o abalroamento entre veículos como a colisão de um automóvel com uma coisa qualquer (provocados, *v. g.*, por uma derrapagem, capotamento ou não funcionamento dos freios), ou mesmo o atropelamento de uma pessoa ou semovente. Vê-se, portanto, que o dano reparável é o que tem por objeto pessoa ou simplesmente coisa. Já o termo "veículo de via terrestre" compreende não só os não motorizados (bicicleta, charrete, etc.) como também os motorizados (automóveis, ônibus, caminhões, trens, motocicletas, etc.). O rito é adequado para se pedir a condenação (em danos emergentes e lucros cessantes) do causador do acidente, bem como do só responsável nos termos do direito material. Sobre competência examine-se o art. 100, parágrafo único (texto de acordo com a Lei n. 9.245/95).

e) de cobrança de seguro, relativamente aos danos causados em acidente de veículo, ressalvados os casos de processo de execução;

A ressalva contida na parte final do texto diz respeito à previsão do inciso III do art. 585 do CPC, que reconhece como título executivo extrajudicial o contrato de seguro de vida. Assim, afora tal situação particular em que a apólice é título executivo, o segurado haverá de instaurar processo de conhecimento de rito sumário para receber da seguradora a indenização pelos danos pessoais e materiais originários de acidente que envolva veículos de qualquer espécie, já que a restrição existente na letra *d* já comentada não se reproduz no dispositivo legal sob enfoque (são veículos, no texto, tanto os de via terrestre como os hidroviários ou as aeronaves) (texto de acordo com a Lei n. 9.245/95).

***f*) de cobrança de honorários dos profissionais liberais, ressalvado o disposto em legislação especial;**

Profissionais liberais são aqueles que exercem autonomamente, por sua própria conta e risco, qualquer atividade profissional. Para o fim jurídico aqui previsto, não há nenhuma razão lógica para se restringir o significado de "profissionais liberais" apenas aos de nível superior; tanto estes como os de nível médio estão compreendidos na previsão, quer suas atividades sejam regulamentadas por lei, quer não. Para a cobrança dos honorários se viabilizar pelo rito sumário não se exige nem contrato escrito, nem a prévia convenção sobre o valor do respectivo serviço, que pode ser determinado por arbitramento. A referência à legislação especial, expressamente ressalvada no texto, significa que nada impede que uma lei crie título executivo (art. 585, VIII) em favor deste ou daquele profissional liberal (texto de acordo com a Lei n. 9.245/95).

***g*) que versem sobre revogação de doação;**

A revogação da doação é disciplinada pelos arts. 555 a 564 do CC. O artigo de abertura afirma que a doação pode ser revogada por ingratidão ou inexecução do encargo. Os casos de ingratidão se encontram previstos pelos arts. 557 e 558, enquanto a inexecução de encargo é regulada pelo art. 562. A ação de revogação deve ser ajuizada no prazo de um ano a partir do conhecimento do fato pelo doador. Observe-se que a submissão dessas causas ao procedimento sumário – imposta pela Lei n. 12.122/2009 – agiliza seu procedimento e julgamento.

***h*) nos demais casos previstos em lei.**

Além das sete hipóteses referidas anteriormente, a obrigatória e imperativa observância do rito sumário tem lugar – independentemente do valor econômico que se venha a atribuir à demanda – toda vez que uma lei codificada ou não, de conteúdo processual ou mesmo material, diga expressamente que determinada causa por esta forma procedimental deva processar-se. São exemplos dessa determinação: as ações de adjudicação compulsória de imóveis (DL n. 58/37, art. 16; *v.* CC/2002, arts. 1.417 e 1.418), acidente do trabalho (Lei n.

6.367/76, art. 19, II), discriminação de terras devolutas (Lei n. 6.383/76, art. 20), retificação de erros de grafia no registro civil (Lei n. 6.015/73, art. 110, § 4º), indenização por acidente coberto por seguro obrigatório (Lei n. 6.194/74, art. 10), responsabilização por direito aeronáutico (Lei n. 7.565/86) e usucapião especial de imóvel rural (Lei n. 6.969/81, art. 5º) (texto de acordo com a Lei n. 12.122/2009).

Parágrafo único. Este procedimento não será observado nas ações relativas ao estado e à capacidade das pessoas.

Dado o caráter de indisponibilidade que envolve os direitos relativos ao estado das pessoas *(status familiae, status civitatis)* ou à sua capacidade (estado pessoal para alguns civilistas), exclui a lei, de forma expressa, a possibilidade de que tais direitos sejam discutidos e definidos jurisdicionalmente por meio de processo de rito sumário. A razão está no fato de que a alta relevância social desses interesses não se concilia com a agilidade, a rapidez, a comodidade das partes ou a economia processual, que marcam o procedimento sumário (texto de acordo com a Lei n. 9.245/95).

Art. 276. Na petição inicial, o autor apresentará o rol de testemunhas e, se requerer perícia, formulará quesitos, podendo indicar assistente técnico.

Vide Projeto de CPC, art. 296.

A peça que instaura o procedimento sumário deve preencher, assim como qualquer inicial, todos os requisitos elencados pelo art. 282 do CPC, distinguindo-se ela das demais apenas pela circunstância de o presente dispositivo exigir que o rol de testemunhas, o rol de quesitos e a indicação de assistente técnico se façam presentes desde logo. A razão dessas exigências está no princípio da concentração de atos, que permite a rápida passagem da conciliação para a instrução (hoje separadas) mediante a eliminação da fase do depósito do rol de testemunhas, que antecede a audiência de instrução (art. 407), bem como da que prepara a retirada dos autos pelo perito (art. 421, § 1º). Antes da citação qualquer rol pode ser alterado (argumento: art. 264). Observe-se, por fim, que, como em relação a outras provas, nada há que dificulte a transição que mencionamos – o requerimento de depoimento pessoal do réu e os documentos indispensáveis à propositura da ação já a integram (arts. 282, VI, e 283) –, as duas exigências constantes do texto sob enfoque realmente tornam ágeis a instrução e a solução do litígio (texto de acordo com a Lei n. 9.245/95).

Art. 277. O juiz designará a audiência de conciliação a ser realizada no prazo de 30 (trinta) dias, citando-se o réu com a antecedência mínima de

10 (dez) dias e sob a advertência prevista no § 2º deste artigo, determinando o comparecimento das partes. Sendo ré a Fazenda Pública, os prazos contar-se-ão em dobro.

Vide Projeto de CPC, art. 323, caput

A regra disciplina basicamente o conteúdo do despacho liminar positivo no procedimento sumário, impondo ao juiz, assim que tenha em mãos a inicial, a imediata designação de data e horário para a audiência de conciliação e a ordem de comparecimento das partes, se não for o caso, obviamente, de indeferimento liminar (art. 295). No que concerne ao prazo de trinta dias (ou sessenta, no caso da Fazenda), cujo destinatário é o magistrado, tal se conta da data do deferimento da inicial, mas sua observância dependerá, mais do que tudo, da pauta do juízo (trata-se de imposição de conduta desprovida de sanção processual para o caso de não cumprimento). Já quanto ao prazo de antecedência mínima para a realização do ato citatório, o que significa, na prática, o tempo de que dispõe o réu para a elaboração da defesa, a sua inobservância gera nulidade, mas o reconhecimento depende de alegação tempestiva por parte do demandado (art. 245), incluindo a Fazenda, que tem prazo em dobro. Observe-se, por fim, que este prazo se conta da efetiva citação, e não da juntada aos autos do AR ou do mandado, porque nada no texto sugere a aplicação do art. 241 (texto de acordo com a Lei n. 9.245/95).

§ 1º A conciliação será reduzida a termo e homologada por sentença, podendo o juiz ser auxiliado por conciliador.

Vide Projeto de CPC, art. 323, §§ 1º e 9º.

Segundo o disposto no *caput*, e no parágrafo sob enfoque, a primeira e mais importante tarefa que a lei espera que o juiz realize nesta audiência prévia é seu empenho intelectual e psicológico no sentido de tentar levar as partes à autocomposição. Na verdade, a própria instituição do procedimento sumário se escora prevalentemente na ideia de busca da conciliação, tanto que, antes mesmo de se cogitar de defesa, tenciona a lei que o magistrado seja capaz de levar os litigantes a um acordo. Pois bem, cumprido que seja o desiderato conciliatório, determina a lei processual que seja a transação reduzida a escrito (por meio de um ato do serventuário denominado termo, arts. 154 e 156) para o fim de ser homologada, ato contínuo, pelo órgão judicante, com o que estará extinto o processo com coisa julgada material (arts. 269 e 475-N, IV). Por último, não podemos deixar de dar ênfase à grande inovação introduzida no sistema pelo presente dispositivo, que autoriza a presença de um conciliador nas audiências prévias do procedimento sumário. Trata-se de um novo auxiliar da justiça, preferentemente recrutado dentre os bacharéis em direito, que assistirá ao juiz e realizará especificamente essa função, que não demanda tanto conhecimento técnico (a figura já existia no juizado de pequenas causas e, hoje, no juizado especial cível, regulado pela Lei n. 9.099/95 – arts. 7º e 22) (texto de acordo com a Lei n. 9.245/95).

§ 2º Deixando injustificadamente o réu de comparecer à audiência, reputar-se-ão verdadeiros os fatos alegados na petição inicial (art. 319), salvo se o contrário resultar da prova dos autos, proferindo o juiz, desde logo, a sentença.

Vide Projeto de CPC, art. 323, § 6º.

A previsão explícita do efeito material da revelia, para o caso de não comparecimento injustificado do réu à audiência prévia de conciliação, ampara-se e vincula-se à circunstância disciplinar de o art. 278 estabelecer que nela própria o demandado deve apresentar a sua resposta na hipótese de não ser possível a autocomposição. Em outras palavras, só porque tal audiência também possui finalidade postulatória, além da conciliatória, há a possibilidade de pensar em revelia e seu efeito no caso de não comparecimento. Observe-se, entrementes, que a justa causa prevista no art. 183, § 1º, do Código ("[...] o evento imprevisto, alheio à vontade da parte, e que a impediu de praticar o ato por si ou por mandatário") elimina tanto a revelia como a presunção de veracidade dos fatos alegados, impondo a anulação da audiência e a sua repetição. Registre-se, ainda, que, mesmo no caso de revelia indiscutível, a presunção não tem lugar se, aos olhos do juiz, o contrário, isto é, a improcedência do pedido, resultar claro da própria fundamentação exposta pelo autor na petição inicial, somada à prova documental existente ou à sua falta. A sentença de procedência não é, portanto, consequência necessária da revelia, como sempre se entendeu em doutrina (texto de acordo com a Lei n. 9.245/95).

§ 3º As partes comparecerão pessoalmente à audiência, podendo fazer-se representar por preposto com poderes para transigir.

Vide Projeto de CPC, art. 323, §§ 7º e 8º.

A grande inovação trazida ao sistema pela regra que ora enfocamos está, evidentemente, na autorização expressa no texto para que as partes se façam representar em juízo por preposto e não por advogado. Observe-se, contudo, que a figura do preposto aqui instituída distingue-se tanto da do direito comercial como da do direito trabalhista, uma vez que no procedimento sumário o contrato de preposição se restringe ou limita apenas à finalidade processual conciliatória da audiência prévia (no processo do trabalho o depoimento pessoal pode ser prestado pelo preposto – CLT, art. 843, § 1º). Em suma, a partir de agora, a parte já não precisa estar acompanhada de procurador para sair da audiência com um acordo homologado, bastando que envie uma pessoa capaz, de sua confiança (parente, amigo, empregado, etc.), munida de carta de preposição com poderes para transigir, para que o objetivo conciliatório se realize plenamente. Por fim, deixamos registrada uma dúvida quanto à eficácia prática do novel instituto em relação ao demandado: dada a circunstância de o réu ter de oferecer resposta na própria audiência em caso de não ser possível o acordo (art. 278), dispensará ele a contratação de advogado, correndo o risco de ficar revel? A dúvida só não procede se se admitir que o preposto apresente a contestação escrita firmada por procurador, mas nesse caso perguntamos: que vantagem teve a parte, se já precisou contratar advogado? (texto de acordo com a Lei n. 9.245/95).

---

§ 4º O juiz, na audiência, decidirá de plano a impugnação ao valor da causa ou a controvérsia sobre a natureza da demanda, determinando, se for o caso, a conversão do procedimento sumário em ordinário.

A ubicação da presente regra no complexo normativo deste art. 277 deixa claro, inicialmente, que a decisão da impugnação do valor, ou da controvérsia sobre a natureza da demanda, tem lugar depois de ter sido rejeitada a conciliação (§§ 1º e 3º), porém antes do oferecimento da resposta (art. 278). O esclarecimento parece oportuno, uma vez que, separando com nitidez o momento processual desses incidentes do momento da contestação e referindo-se a julgamento de plano, o presente dispositivo rompe com a disciplina do art. 261 do CPC (aqui não há autuação em apenso, prazo de cinco dias, nem auxílio de perito). Além disso, note-se que este § 4º cria um novo incidente, tendo por objeto exclusivo a adequação procedimental (a causa posta em juízo se enquadra no inciso II do art. 275?), o que nos leva a crer que ficou estabelecida a autonomia formal dessas impugnações, que passam, portanto, a depender de uma única ou de duas peças separadas da contestação. Se assim não fosse, a disposição sob análise deveria constar de um parágrafo (quiçá o § 1º) do art. 278, e não deste art. 277, entendimento que também é corroborado, a nosso ver, pelo resultado do incidente, que pode ser a conversão para o rito ordinário, de forma que permita ao réu apresentar sua contestação no prazo de quinze dias e não em audiência (nem se argumente, em sentido contrário, com o § 5º – examine-se o que escrevemos a seguir). Quanto ao processamento dessas impugnações, o juiz ouve o autor sobre o valor da causa, e/ou sobre a natureza da ação, em homenagem ao princípio do contraditório, e decide, em seguida, por decisão interlocutória (texto de acordo com a Lei n. 9.245/95).

§ 5º A conversão também ocorrerá quando houver necessidade de prova técnica de maior complexidade.

Diferentemente dos dois incidentes previstos no parágrafo anterior, que se processam de forma expedita e que recebem decisão imediata na própria audiência prévia de conciliação, mas antes do oferecimento da resposta (art. 278), a conversão fundada na complexidade da prova técnica é questão que só comporta julgamento depois de praticados os seguintes atos: *a*) apresentação de contestação; *b*) réplica sobre as preliminares e fatos novos; *c*) decisão de rejeição das preliminares; e *d*) decisão pelo cabimento da prova pericial. Só depois de tudo isso é que o magistrado estará pronto a proferir mais uma decisão a respeito da complexidade da prova técnica para, admitindo-a, determinar a conversão do procedimento sumário em ordinário. Note-se que, se tal decisão for proferida, isso implicará a desconsideração dos quesitos apresentados pelas partes, bem como da indicação dos assistentes técnicos (esses requisitos são exclusivos da inicial e da contestação do procedimento sumário), e a abertura de vista, pelo prazo de cinco dias, para os fins do art. 421, § 1º, do CPC, sem designação concomitante de audiência de instrução, como autoriza o art. 331, § 2º, *in fine* (afinal, a partir da decisão de conversão já se está no procedimento ordinário e não mais no sumário) (texto de acordo com a Lei n. 9.245/95).

Art. 278. Não obtida a conciliação, oferecerá o réu, na própria audiência, resposta escrita ou oral, acompanhada de documentos e rol de testemunhas e, se requerer perícia, formulará seus quesitos desde logo, podendo indicar assistente técnico.

Este art. 278, como um todo, disciplina a segunda e eventual fase da audiência de conciliação, cuja primeira se encontra detalhadamente regulada pelos §§ 1º a 4º do art. 277. Particularmente em relação ao *caput* sob exame, o que temos de mais significativo é a previsão de que, frustrada por qualquer motivo a tentativa de conciliação, fica imediatamente assegurado ao réu o direito subjetivo processual de resposta, direito que ele poderá exercer oferecendo peça escrita com a sua contestação (arts. 300 e segs.), exceção (arts. 304 e segs.) ou a pretensão em sentido contrário com base nos mesmos fatos (§ 1º deste art. 278), ficando vedadas as respostas previstas no art. 280. Se qualquer das modalidades admitidas for apresentada verbalmente, os respectivos fundamentos e pedidos deverão ser reduzidos a escrito no termo geral da audiência (art. 457 – mas *v.* art. 279 à frente). Por último, registre-se que, se o réu pretender produzir provas, haverá ele, como o autor do procedimento sumário (art. 276), de apresentar todos os documentos pertinentes, bem como desde logo arrolar suas testemunhas, apresentar quesitos e indicar assistente técnico, sob pena de preclusão (sobre o processamento da contestação, *v.* o que dissemos acerca do § 5º do art. 277 e o que diremos acerca dos §§ 1º e 2º a seguir) (texto de acordo com a Lei n. 9.245/95).

§ 1º É lícito ao réu, na contestação, formular pedido em seu favor, desde que fundado nos mesmos fatos referidos na inicial.

Vide Projeto de CPC, art. 326.

O dispositivo legal em epígrafe significa a introdução do fenômeno da duplicidade no âmbito disciplinar do procedimento sumário, o que é feito com a finalidade de impedir, principalmente em processos de indenização por acidente de trânsito, a tão frequente propositura de ação contrária autônoma pelo réu que se entende vítima. Não se trata de reconvenção, outrossim, porque esta possui procedimento próprio, o que não é o caso da figura aqui prevista. Observe-se, ainda, que a ação dúplice ora instituída não possui a mesma amplitude da reconvenção (art. 315), porquanto a sua admissibilidade se restringe, como diz o texto, aos fatos referidos na inicial (conexão apenas pela causa de pedir, portanto, e não pelo pedido), o que também não abarca, à evidência, a conexão pelo fundamento da defesa (*v. g.*, nos casos de compensação ou direito de retenção). Assim, por exemplo, com base no mesmo choque de automóveis, ou no mesmo desabamento, o réu pode deduzir pretensão ressarcitória a seu favor por meio de simples contestação, independentemente de pedido reconvencional (exatamente isto é a ação dúplice). Quanto ao seu processamento, observe-se apenas que, se o réu deduzir tal pretensão, o juiz deverá, ato contínuo à recepção da peça contestatória em audiência, dar a oportunidade ao autor para falar em réplica sobre ela – assim também em relação às preliminares ao mérito –, seguindo-se a prática de um dos atos previstos no § 2º a seguir (texto de acordo com a Lei n. 9.245/95).

§ 2º Havendo necessidade de produção de prova oral e não ocorrendo qualquer das hipóteses previstas nos arts. 329 e 330, I e II, será designada audiência de instrução e julgamento para data próxima, não excedente de 30 (trinta) dias, salvo se houver determinação de perícia.

Outra regra importante do procedimento sumário encontra-se na admissão do julgamento conforme o estado, antes negada no antigo sumaríssimo. A inovação merece aplausos porque permite ao juiz decidir a causa (com ou sem julgamento do mérito – arts. 329 e 330) à vista apenas das provas documentais produzidas, sem precisar realizar audiência de instrução, o que significa evidente economia de tempo e de trabalho. Observe-se, outrossim, que somente após o cumprimento da fase postulatória do procedimento, que envolve a contestação (*caput* deste artigo) e a réplica nos casos de preliminares e fatos novos, incluindo a hipótese do § 1º, é que o juiz estará apto a cogitar da extinção, do julgamento antecipado, ou do saneamento aqui particularmente previsto. Assim, diante da conclusão das manifestações postulatórias e das provas produzidas até então, se não for o caso de proferir sentença (arts. 329 e 330), o magistrado rejeitará expressamente as preliminares ao mérito (art. 301) e designará audiência, deferindo as provas que nela serão produzidas (depoimento pessoal das partes, prova testemunhal), além da perícia técnica, caso em que a data da audiência poderá ficar além dos trinta dias previstos. Note-se, por derradeiro, que duas são as diferenças que existem entre o saneamento aqui disciplinado e o do § 2º do art. 331 (o do procedimento ordinário): *a*) no sumário a designação de audiência é obrigatória, não assim no ordinário; *b*) no sumário o deferimento da perícia significa apenas a nomeação do perito e a marcação de prazo para o laudo, não assim no ordinário, que exige a prática do ato do art. 421, § 1º (texto de acordo com a Lei n. 9.245/95).

Art. 279. Os atos probatórios realizados em audiência poderão ser documentados mediante taquigrafia, estenotipia ou outro método hábil de documentação, fazendo-se a respectiva transcrição se a determinar o juiz.

Acompanhando a regra de caráter genérico prevista pelo art. 170 – outra inovação trazida pela Reforma do Processo Civil –, a presente disposição legal autoriza o juiz que comanda o procedimento sumário a determinar que a documentação dos atos probatórios da audiência se dê por meio de taquigrafia, isto é, estenografia (sistema gráfico composto de sinais abreviados), estenotipia (que é a estenografia mecanizada) ou outro método hábil (como a gravação em fita cassete ou de vídeo). Note-se, em primeiro lugar, que o texto sob exame apenas autoriza o recurso aos métodos modernos de registro, mas não ordena, em consideração à realidade do Judiciário brasileiro (*v.* parágrafo único a seguir); em segundo, que a autorização referida, sem que se faça a respectiva transcrição, alcança apenas os atos probatórios, mas não, obviamente, o termo geral da audiência, que sempre haverá de ser transcrito. Em último lugar, saliente-se que, de acordo com o disposto no § 1º do art. 417, aplicável à espécie, o depoimento da parte ou da testemunha será passado para a versão datilográfica obrigatoriamente quando houver sido interposta apelação da sentença, quando a parte o requerer para preparar suas razões ou contrarrazões ou, facultativamente, por outro motivo relevante assim considerado pelo juiz (observe-se que o *caput* do art. 417 permite às partes a gravação dos depoimentos por sua própria conta) (texto de acordo com a Lei n. 9.245/95).

Parágrafo único. Nas comarcas ou varas em que não for possível a taquigrafia, a estenotipia ou outro método de documentação, os depoimentos serão reduzidos a termo, do qual constará apenas o essencial.

Com o intuito de tornar aderente a Reforma do Processo Civil à realidade de todas as comarcas de nosso país, e não apenas à dos Estados mais ricos da Federação, reproduz o presente parágrafo, em sua parte final, a previsão contida no antigo art. 279. Pois bem, em face da prescrição normativa que ora nos ocupa, fica estabelecido que, não sendo possível o recurso aos métodos modernos de registro (*v.* nota ao *caput*), os depoimentos das partes e das testemunhas darão ensejo à lavratura de termo (ato do escrivão ou do auxiliar de justiça praticado na sede do juízo), segundo o disposto no art. 169 do Código, que determina que "Os atos e termos do processo serão datilografados ou escritos com tinta escura e indelével, assinando-os as pessoas que neles intervieram [...]". Por fim, saliente-se que quem determina o que constará do termo é o juiz, mas o que for essencial não poderá deixar de passar pelo crivo dos depoentes e dos advogados em audiência (texto de acordo com a Lei n. 9.245/95).

Art. 280. No procedimento sumário não são admissíveis a ação declaratória incidental e a intervenção de terceiros, salvo a assistência, o recurso de terceiro prejudicado e a intervenção fundada em contrato de seguro.

Este art. 280 – alterado pela Lei n. 10.444/2002 – surge com o intuito de atribuir ao procedimento sumário a desejada agilidade e eficiência, o que se buscou realizar tornando expressamente inadmissível a ação declaratória incidental (tanto pelo autor como pelo réu – arts. 5º e 325), bem como todas as modalidades de intervenção de terceiros previstas no Capítulo VI, do Título II, do Livro I (a oposição, a nomeação à autoria, a denunciação da lide e o chamamento ao processo), salvo a assistência, o recurso de terceiro prejudicado (que nada mais é do que uma intervenção do assistente após o proferimento da sentença – arts. 50 e segs. e 499 e seu § 1º) e a nova figura da "intervenção fundada em contrato de seguro", que não passa de uma hipótese de denunciação da lide, mas amparada em uma situação específica (contrato de seguro), o que foge da previsão geral do art. 70, III, que fala de "ação regressiva". É que, correspondendo a maioria desses casos proibidos a ações que provocam desdobramentos procedimentais frequentemente demorados (só a nomeação e o chamamento não possuem tal natureza, mas também geram complexidade intensa do procedimento), pareceu conveniente à lei afastar a causa do retardo, limitando a participação de terceiros à assistência, cuja admissão é muito simples (idem para o recurso de terceiro prejudicado) ou, quando muito, processa-se em apenso, não interferindo no andamento da causa, e a intervenção fundada em contrato de seguro que, apesar de poder procrastinar o processo, gera economia por impedir a instauração de uma segunda causa (aplicam-se aqui os arts. 71, 72, 75 e 76 do CPC). Quanto à reconvenção, é importante salientar que, apesar de revogado o antigo § 2º do art. 315, ela continua não cabendo, dada a nova previsão do § 1º do art. 278, que deu duplicidade à ação que se processa pelo rito sumário e proibiu implicitamente, assim, o pedido reconvencional (texto de acordo com a Lei n. 10.444/2002).

Art. 281. Findos a instrução e os debates orais, o juiz proferirá sentença na própria audiência ou no prazo de 10 (dez) dias.

Aqui tem regramento a derradeira etapa da audiência de instrução a que alude o § 2º do art. 278, e que se compõe de um último ato de caráter postulatório assegurado a cada litigante e do ato final decisório do litígio, a cargo do órgão jurisdicional. Como o texto deixa claro, essa derradeira etapa só tem cabimento uma vez encerrada a instrução, o que se dá, via de regra, quando acaba o depoimento da última testemunha do réu (art. 452, III) e o juiz declara formalmente que se concluíram os trabalhos instrutórios. Observe-se que, dada a ausência de outras regulamentações no texto, o estudioso do procedimento sumário fica autorizado a concluir pela aplicação analógica de duas regras do procedimento ordinário: *a*) a do art. 456, que autoriza a substituição dos debates pelo oferecimento de memoriais, até porque este art. 281 prevê expressamente a possibilidade de a sentença ser proferida em dez dias fora da audiência, portanto; *b*) a do art. 454, que confere o prazo de vinte minutos aos advogados do autor e do réu para a sustentação oral das suas postulações conclusivas (texto de acordo com a Lei n. 9.245/95).

TÍTULO VIII
DO PROCEDIMENTO ORDINÁRIO

Vide Projeto de CPC, art. 292 (Capítulo I – Das Disposições Gerais).

Este Título VIII, do Livro I, disciplina muito mais do que a rubrica "Do Procedimento Ordinário" sugere. A maior parte das matérias regulamentadas em seu bojo tem aplicação generalizada, alcançando o processo de execução, o cautelar, bem como os procedimentos especiais do CPC e os da legislação extravagante. Apenas as regras estritamente procedimentais têm aplicação mais restrita, mas nem assim deixam de extrapolar o procedimento puramente ordinário. Na sistemática do CPC/73 o procedimento ordinário corresponde genuinamente ao rito comum do processo de conhecimento, dado o caráter residual da sua aplicação, vale dizer, dada a circunstância de ser de fato a vala comum na qual desembocam todas as causas que não exijam procedimento especial ou sumário. Falamos "genuinamente" porque o rito sumário, embora formalmente classificado como comum, tem mesmo algo de especial ante o casuísmo com que o legislador institui as hipóteses do seu cabimento no art. 275.

CAPÍTULO I
DA PETIÇÃO INICIAL

Vide Projeto de CPC, arts. 293 a 306 (Capítulo II – Da Petição Inicial).

Petição inicial é o instrumento ou veículo formal da ação (ação em sentido constitucional como demanda ou direito ao processo ou em sentido processual como direito a uma sentença de mérito). É o meio formal pelo qual o autor deduz em juízo uma causa, fazendo assim nascer um processo. E justamente sob este ponto de vista é que se diz que a petição inicial corresponde ao primeiro ato da relação processual e do procedimento, tendo, portanto, a natureza de pressuposto de constituição ou formação do processo ou primeiro pressuposto processual objetivo positivo (*v.* nota ao art. 267, IV).

Seção I
Dos Requisitos da Petição Inicial

Vide Projeto de CPC, arts. 293 a 306 (Capítulo II – Da Petição Inicial).

Os requisitos formais da peça inicial do processo, como todas as formalidades em direito, representam, como já visto, segurança jurídica ou, se quisermos, garantia de direitos (José Frederico Marques). A preocupação da lei é, na verdade, com o conteúdo do ato, de sorte que garanta as pessoas contra demandas levianas, mal caracterizadas e contra o arbítrio. O meio pelo qual a lei impõe os conteúdos necessários para estabelecer a segurança almejada é a forma e, ao lado desta, um sistema de sanções para o caso de desobediência (*v.* nota ao Capítulo V, do Título V – "Das Nulidades").

Art. 282. A petição inicial indicará:

Vide Projeto de CPC, arts. 293, caput*, e 296.*

Os requisitos a seguir elencados possuem basicamente duas finalidades, quais sejam a formação do processo (incisos I, II, V, VI e VII) e a identificação da ação (incisos II, III e IV). Quanto ao conteúdo das declarações a que correspondem, os requisitos podem ser divididos em declarações preponderantemente de vontade (incisos I, IV, VI e VII) e declarações preponderantemente de ciência (incisos II, III e V). Outra classificação distingue os requisitos da petição inicial em intrínsecos e extrínsecos. Intrínsecos são todos os expressamente arrolados neste art. 282 e mais os seguintes: forma escrita, exigência de expressão em vernáculo, assinatura (art. 169) e endereço do advogado (art. 39, I). Extrínsecos são: a procuração, os documentos indispensáveis (art. 283), a guia de custas (em que a lei estadual – regimento de custas – exija o recolhimento prévio), a cópia da petição para instruir o mandado (art. 225, parágrafo único) e as cópias para autos suplementares (art. 159), estas últimas sem aplicação prática.

I – o juiz ou tribunal, a que é dirigida;

Vide Projeto de CPC, art. 293, I.

O requisito concerne formalmente ao cabeçalho da peça inaugural e substancialmente à competência do órgão jurisdicional para o processamento da causa. A definição da competência rege-se pelo Título IV deste Livro I (arts. 86 a 100), mas pode depender também de prescrições da CF ou das leis estaduais de organização judiciária.

II – os nomes, prenomes, estado civil, profissão, domicílio e residência do autor e do réu;

Vide Projeto de CPC, art. 293, II.

O requisito sob comentário importa sobremodo à formação do processo (e também à identificação da ação) porque define a feição subjetiva da relação processual (e da ação). Em relação à identificação do autor exige-se a presença de todos os elementos previstos; quanto à do réu, apenas os que forem do conhecimento do autor. Além dos legalmente instituídos, outros dados de identificação podem constar: é de praxe a referência ao número do RG e do CPF. Nome (apelido de família – o art. 16, do CC/2002, fala expressamente de sobrenome) e prenome exigem-se também do representante legal da pessoa jurídica; quanto ao réu, pessoa física, pode não ser completo. O estado civil das partes importa à incidência ou não da exigência de autorização ou citação do cônjuge (art. 10). A profissão do réu tem importante repercussão no pleno citatório (art. 216, parágrafo único). O domicílio (residência com ânimo definitivo) das partes interessa à determinação da competência (arts. 94 a 100); a residência do réu é relevantíssima para fins de citação.

III – o fato e os fundamentos jurídicos do pedido;

Vide Projeto de CPC, art. 293, III.

A norma sob análise disciplina a feição que deve ter a causa de pedir (o primeiro elemento objetivo da ação; o segundo é o pedido; o subjetivo, as partes). Fundamento jurídico não se confunde com fundamento legal (a referência ao número da lei ou do artigo de lei invocado); só o primeiro é exigência legal, o segundo não. A nomeação da demanda também não é exigência do CPC. Fundamento jurídico corresponde à qualificação jurídica ou enquadramento jurídico dos fatos: *v. g.*, o autor afirma que, perante o direito, os fatos narrados assumem a condição de ato ilícito, infração contratual, violação de dever conjugal, esbulho possessório, fraude contra credores, simulação, etc. Fato é o evento ou conjunto de eventos ocorridos apto a gerar o nascimento do direito ou da relação jurídica de que o autor se diz titular: o acidente, a destruição do imóvel alugado, a agressão física ao cônjuge, a invasão do terreno, os atos de dilapidação do seu patrimônio pelo devedor, os atos ocultos pelo negócio aparente, etc. Para o autor vencer a demanda é necessária a conclusão do juiz de que os fatos ocorreram e de que a qualificação dada pelo autor está correta, pois ao magistrado compete aplicar ou declarar o direito *(jura novit curia, narra mihi factum, dabo tibi jus)*; em caso contrário, o pedido deve ser julgado improcedente. Causa de pedir remota é a razão remota do pedido: o contrato de locação, o casamento, a posse do imóvel. A causa de pedir próxima, a razão próxima: a infração, a violação de dever conjugal, o esbulho perpetrado.

IV – o pedido, com as suas especificações;

Vide Projeto de CPC, art. 293, IV.

O pedido (segundo elemento objetivo da ação) é comumente classificado pela doutrina em imediato e mediato. Pedido imediato é a espécie de providência jurisdicional que o sujeito ativo da ação exige do Poder Judiciário: no processo de conhecimento, uma sentença declaratória, constitutiva ou condenatória, mandamental ou executiva *lato sensu*; no processo de execução, uma determinada providência satisfativa; no processo cautelar, uma determinada medida cautelar (por meio de uma liminar ou de uma sentença). Pedido mediato é o bem da vida reclamado pelo autor por meio da ação: no processo de conhecimento, a declaração de um direito, a rescisão ou a anulação ou a revisão de um contrato, uma prestação de dar, fazer ou não fazer do réu; no processo de execução, o dinheiro, tantas cabeças de gado ou a casa em poder do executado; no processo cautelar, o bem móvel arrestado, a criança entregue ao requerente, a prova produzida antecipadamente, etc. O pedido precisa ser cuidadosamente especificado porque só aquilo que tenha sido expressamente pedido pode ser atendido (*v.* arts. 286 a 294, 458, III, 459, início, e 460), mas recordemos que certos pedidos assumem a forma implícita e podem ser acolhidos pelo juiz, como a condenação ao pagamento da correção monetária, dos juros legais (art. 293), dos honorários advocatícios (art. 20) e das prestações periódicas vincendas (art. 290) e da multa cominatória imposta ao réu (art. 461, § 1º). Observe-se, por fim, que a nomeação da ação não é requisito da inicial, como dissemos no comentário ao inciso III.

V – o valor da causa;
Vide Projeto de CPC, art. 293, V.

O valor da causa é instituído como requisito da petição inicial porque da expressão econômica do litígio decorrem várias consequências processuais, tais como o recolhimento de custas (conforme o respectivo regimento, que é lei estadual), a fixação de honorários advocatícios (arts. 20 e segs.), o cabimento do procedimento sumário (art. 275, I) ou do inventário, sob forma de arrolamento (art. 1.036), o cabimento do recurso de embargos infringentes (art. 34 da Lei n. 6.830/80), etc. Os critérios para a atribuição do valor da causa cujos fins, como visto, são fiscais e processuais encontram-se expressamente regulamentados pelos arts. 259 e 260.

VI – as provas com que o autor pretende demonstrar a verdade dos fatos alegados;
Vide Projeto de CPC, art. 293, VI.

O requisito em questão não tem o menor significado prático porque todo protesto por provas é absolutamente genérico: indicam-se "todos os meios de prova, sem exceção de nenhum, e especialmente [...]" todos! Logo, a indicação não tem nenhuma utilidade para o juiz, que é o destinatário das provas. Ainda que falte o requisito, o autor não perde o direito de provar se indicar concretamente os meios no momento da especificação (art. 324; *v.* nota), ou o juiz, até independentemente disso, sanear o processo (art. 331, § 2º). Se a falta é percebida pelo magistrado ao exarar o despacho liminar, deve ele ordenar ao autor a emenda, sob pena de indeferimento (art. 284), porque de qualquer forma o requisito é legal e, portanto, exigível. Nenhuma importância tem, por outro lado, o verbo que o autor usa para fazer a proposição de provas: requerer, indicar, protestar, propor, tudo é a mesma coisa. Destarte, absurdo dos absurdos é a decisão que indefere a produção de provas pelo autor porque este protestou e não requereu!

VII – o requerimento para a citação do réu.
Vide Projeto de CPC, art. 293, VII.

Como a ação é direito que se exerce contra o Estado (direito à tutela jurisdicional que corresponde ao dever deste de proferir uma decisão) e não contra o réu (mas apenas em face deste), a citação é ato judicial e não do autor (art. 285). Corolário dessa circunstância é que o sujeito ativo tem o ônus de requerer ao órgão de jurisdição a ordem para a citação do sujeito passivo. Além da vontade do autor, e da do juiz se a inicial é deferida, a citação ainda depende, normalmente, do recolhimento pelo autor do numerário correspondente à diligência do oficial de justiça.

Art. 283. A petição inicial será instruída com os documentos indispensáveis à propositura da ação.

Vide Projeto de CPC, art. 294.

A regra disciplina a categoria dos documentos indispensáveis, impondo ao autor o ônus processual de sua juntada, sob pena de indeferimento liminar (art. 284); para o réu não subsiste a categoria. Trata-se, examinado o fenômeno por outro ângulo, da regulamentação de um dos requisitos extrínsecos da inicial (os outros encontram-se referidos na nota ao *caput* do art. 282). São documentos indispensáveis: o instrumento público quando a lei o considerar como da substância do ato (arts. 302, II, 320, III, e 366) e este corresponder a algum aspecto da causa de pedir; outros documentos públicos ou particulares sem os quais a pretensão não possa ser exercida; a prova da propriedade na ação demarcatória, o registro do automóvel na indenizatória por acidente de trânsito, a prova do pagamento do tributo na ação de repetição de indébito, a prova da morte em ação previdenciária, a prova do arrendamento mercantil na ação reintegratória, a prova da existência da caderneta de poupança em ação que busca discutir correção monetária, o título executivo extrajudicial na ação de execução, o demonstrativo do débito atualizado realizado pelo exequente (art. 614, II), a prova da condição ou termo ainda na execução (art. 614, III, c/c o art. 572), a prova literal do depósito (art. 902, *caput*), a planta do imóvel e certidão do registro no usucapião (art. 942), a prova literal de dívida líquida e certa no arresto (art. 814, I), etc. Não são documentos indispensáveis, por outro lado, os recibos não pagos em ação de despejo ou os extratos das contas do FGTS em ação que verse sobre o índice aplicável de correção monetária.

Art. 284. Verificando o juiz que a petição inicial não preenche os requisitos exigidos nos arts. 282 e 283, ou que apresenta defeitos e irregularidades capazes de dificultar o julgamento de mérito, determinará que o autor a emende, ou a complete, no prazo de 10 (dez) dias.

Vide Projeto de CPC, art. 295, caput

Trata-se de providência preliminar tomada pelo juiz no despacho da inicial (fora da fase de saneamento, portanto – arts. 323 a 328) e cujo objetivo é escoimar, desde logo, o processo de quaisquer irregularidades; a regularidade formal da petição inicial é pressuposto processual objetivo positivo. A providência cabe na hipótese de falta de preenchimento ou mal preenchimento dos sete requisitos intrínsecos expressamente previstos pelo art. 282 – além dos implicitamente instituídos (*v.* nota ao *caput* do art. 282) –, no caso de falta de documento indispensável (art. 283), bem como nas situações especificamente referidas no texto. Irregularidades são aquelas decorrentes da falta de endereço do advogado (art. 39, I), falta de procuração (art. 37), falta de cópia para o mandado (art. 225, parágrafo único) ou falta de guia de custas ou de recolhimento suficiente. Defeito capaz de dificultar o julgamento de mérito é sinônimo de ausência de clareza ou precisão na exposição fática ou jurídica, de sorte que prejudique a compreensão satisfatória do conflito de interesses pelo juiz (o texto do art. 284 deveria ter se referido primeiro às irregularidades e depois aos defeitos para fazer pleno sentido). Já a parte final da regra deixa claro que, seja qual for a irregularidade formal da inicial – exceto na hipótese de inépcia que corresponde a irregularidade gravíssima e é disciplinada diretamente pelo art. 295 –, o juiz tem o dever de dar a oportunidade ao autor para emendá-la ou completá-la no prazo de dez dias.

Parágrafo único. Se o autor não cumprir a diligência, o juiz indeferirá a petição inicial.

Vide Projeto de CPC, art. 295, parágrafo único.

Este parágrafo único conclui a disciplina da atividade inaugural de saneamento do processo, impondo a sanção de extinção da relação jurídica processual caso o autor não emende ou complete a petição inicial, isto é, não a regularize no prazo de dez dias a partir da intimação. O indeferimento da petição inicial – tanto neste caso em que é posterior à ordem de regularização, como nas hipóteses de indeferimento por inépcia (art. 295, I e parágrafo único) – tem a natureza jurídica de sentença terminativa (art. 162, § 1º, c/c o art. 267, I) e comporta, por isso, recurso de apelação (art. 513).

Art. 285. Estando em termos a petição inicial, o juiz a despachará, ordenando a citação do réu, para responder; do mandado constará que, não sendo contestada a ação, se presumirão aceitos pelo réu, como verdadeiros, os fatos articulados pelo autor.

Vide Projeto de CPC, art. 323.

O dispositivo versa sobre o assim chamado despacho liminar positivo (no procedimento sumário, *v.* art. 277) cujo conteúdo básico – o aqui previsto – é a ordem de citação do réu, decorrendo *ex vi legis* o dever do escrivão de fazer constar do mandado (também da precatória, carta ou edital) a advertência de que a inércia do réu quanto à defesa, ou revelia, desencadeará a produção dos seus efeitos. Além desse conteúdo básico, o despacho liminar positivo pode apresentar outros não previstos neste art. 285: a ordem de registro da inicial em livro próprio do cartório, a ordem de autuação (art. 166), bem como e eventualmente a ordem de correção da distribuição (art. 255). Seja como for, o despacho liminar positivo tem natureza de decisão interlocutória (art. 162, § 2º), porém irrecorrível, posto que a matéria decidida não fica coberta pela preclusão ante a possibilidade de o réu vir a discuti-la por meio da peça contestatória (art. 297).

Art. 285-A. Quando a matéria controvertida for unicamente de direito e no juízo já houver sido proferida sentença de total improcedência em outros casos idênticos, poderá ser dispensada a citação e proferida sentença, reproduzindo-se o teor da anteriormente prolatada.

Vide Projeto de CPC, art. 307, caput

Inspirada evidentemente no princípio da economia processual e dirigida ao escopo de imprimir mais agilidade ao exercício da jurisdição civil, surge a Lei n. 11.277/2006 para introduzir no CPC a nova figura do que podemos chamar de "julgamento da improcedência *initio litis*", com o que se elimina (na especialíssima hipótese prevista no texto do *caput*, deste art. 285-A, e apenas nela), todo o procedimento restante de primeira instância, diferindo-se o contraditório (citação e sua primeira manifestação) para o momento subsequente à interposição do recurso de apelação pelo autor (*v.* § 2º, à frente). Trata-se de técnica algo parecida com a da ação monitória em que o juiz profere uma decisão de mérito positiva *in limine* que não será substituída por sentença alguma, posto que esgota a atividade decisória (sentença haverá apenas nos embargos, se forem opostos; caso contrário, constitui-se de pleno direito o título executivo judicial – *v.* arts. 1.102-A a 1.102-C); aqui, no "julgamento de improcedência *initio litis*", a decisão de mérito negativa que se profere, desde logo, é substancial e formalmente sentença (sentença de mérito de improcedência), mas também esgota a atividade decisória em primeiro grau. Na monitória, o contraditório só ocorre depois da decisão, pela via dos embargos; no "julgamento de improcedência *initio litis*", o contraditório também só ocorre após a sentença, mas pela via recursal (para o autor, interpondo apelação; para o réu, sendo citado e respondendo ao recurso). Seja como for, o fato é que a nova figura não infringe qualquer princípio constitucional porque, apesar da supressão de quase todo o procedimento de primeira instância (permanecem somente a petição inicial e a sentença): *a)* ao autor é assegurado o contraditório via apelação e ao réu via resposta ao recurso; *b)* a garantia da ampla defesa também não é violada porque, afinal, só cabe tal julgamento quando a matéria ventilada "for unicamente de direito"; *c)* o princípio do duplo grau de jurisdição permanece identicamente intocado, porquanto duas decisões de mérito via de regra se produzirão no processo. Acerca dos requisitos do "julgamento de improcedência *initio litis*", o que se pode dizer, em primeiro lugar, é que não basta a existência de uma única causa idêntica já sentenciada; o texto é claro ao exigir "outros casos idênticos", no plural, o que induz à conclusão de que, pelo menos, duas hão de ser as demandas já decididas de modo igual para que possa o juiz aplicar o presente art. 285-A (não se exige a reiteração de causas, consigne-se, porque se assim fosse a lei o teria dito expressamente, como fez, *v. g.*, o art. 103-A, *caput*, da CF, ao tratar da súmula de efeito vinculante). Em segundo lugar, chama a atenção a circunstância de que o novo texto faz depender a admissibilidade desta forma excepcional de julgamento de as sentenças serem de "total improcedência em outros casos idênticos", o que deixa de fora as de improcedência parcial. Veja-se que o significado último desta exigência está na necessidade de o juiz não ter manifestado hesitação ao julgar improcedentes os pedidos anteriores, razão por que proferiu sentenças de "total" improcedência. Note-se, ainda, que a lei não exige que já existam acórdãos nessas demandas já decididas e muito menos trânsito em julgado (tal suficiência é claramente demonstrada pela frase: "no juízo já houver sido proferida sentença de total improcedência"). Em terceiro, não podemos deixar de mencionar o requisito expresso na necessidade de que "a matéria controvertida" seja "unicamente de direito". Explica-se a exigência facilmente: somente causas que não envolvam discussões e dúvidas sobre fatos podem gerar no magistrado a convicção, de pronto, de que o autor não tem razão; havendo qualquer dúvida no espírito do julgador sobre se a causa preenche tal requisito – e, por conseguinte, se ela é realmente idêntica às anteriormente julgadas – deixa de ter cabimento a nova figura. Por derradeiro, e aproveitando o ensejo do que acabamos de afirmar, tenha-se em conta que a parte final do texto sob enfoque deixa estampado de forma clara o poder que é conferido ao juiz, e não o dever, de proferimento dessa sentença de caráter excepcional ("poderá ser dispensada a citação e proferida sentença"). Justifica-se a não imposição de dever justamente pela dificuldade que, vez por outra, encontrará o magistrado para reconhecer a identidade entre as causas de pedir – principalmente, mais do que entre as pretensões ou os pedidos – das ações já decididas e a que apenas acabou de ser ajuizada. Frente à dúvida razoável, o julgador há de se abster de sentenciar, proferindo o despacho liminar positivo de que cogita o art. 285 deste Código, "ordenando a citação do réu, para responder" (texto de acordo com a Lei n. 11.277/2006).

---

§ 1º Se o autor apelar, é facultado ao juiz decidir, no prazo de 5 (cinco) dias, não manter a sentença e determinar o prosseguimento da ação.

Vide Projeto de CPC, art. 307, § 3º.

Proferido o "julgamento de improcedência *initio litis*" previsto no *caput* deste art. 285-A – que reproduz "o teor da anteriormente prolatada" e de cuja fundamentação deverá constar de forma expressa a alusão ao preenchimento das condições da ação e dos pressupostos processuais, além dos requisitos da matéria unicamente de direito e da existência de pelo menos duas decisões idênticas de improcedência total (*v.* nota ao *caput*) –, prevê o focalizado § 1º que o autor poderá apelar e que, nesse caso, ao juiz é facultado decidir em cinco dias se mantém a sentença extraordinariamente proferida ou se se retrata, determinando o prosseguimento da ação. Pois bem, o texto sob enfoque suscita algumas questões que passamos a enfrentar. A primeira delas diz respeito ao momento em que ao magistrado se abre a oportunidade de manutenção ou retratação. Observe-se que distintamente do regramento contido no § 2º, do art. 518, que oportuniza a retratação (quanto ao recebimento do recurso), após a resposta, o presente § 1º chama o juiz a decidir logo em seguida à interposição do apelo pelo autor. Nem poderia ser diferente, na medida em que a resposta do réu depende de citação e esta da retratação, objeto do próprio ato decisório de que estamos cogitando. Sobre o ato judicial de manutenção da sentença, remetemos o leitor ao que escrevemos no comentário ao § 2º a seguir. Pois bem, vejamos, então, agora, alguns problemas relacionados com a parte final do texto. Antes de mais nada, não podemos deixar de fazer uma crítica de ordem redacional: não compreendemos o porquê de não ter o legislador reformista feito constar do texto o vocábulo "retratação". Este ato de "não manter a sentença" nada mais é do que a decisão judicial de retratação em relação ao julgamento *initio litis*. Se é verdade que ele não existiu no sistema do Código Buzaid, não menos verdade é que ele passou a existir com a edição desta Lei n. 11.277/2006: retratar-se é desdizer-se, retirar o que se disse, tornar sem efeito o que se produziu. Ora, ao "não manter a sentença", o juiz se retrata e torna sem efeito a sentença que prolatou, por meio de uma decisão interlocutória que reconhece as razões expendidas pelo autor na apelação. Veja-se que se trata de exceção à regra da inalterabilidade da sentença pelo próprio prolator, que o art. 463 consagra. Feita a crítica, prosseguimos para concluir que a consequência necessária desta retratação é a ordem, constante do próprio ato, de "prosseguimento da ação", vale dizer, a ordem de que seja citado o réu para responder aos termos da demanda, nos moldes do art. 285, ou, em outras palavras, a determinação para que o processo de conhecimento tenha sua marcha normal, como se nenhuma sentença de improcedência *initio litis* tivesse tido lugar. Do ato de retratação não cabe recurso algum (texto de acordo com a Lei n. 11.277/2006).

---

§ 2º Caso seja mantida a sentença, será ordenada a citação do réu para responder ao recurso.

Vide Projeto de CPC, art. 307, § 3º.

Se o § 1º permite que o juiz se retrate e ordene a citação do réu para responder à ação, tudo como consequência da interposição do recurso de apelação do autor contra a "sentença de improcedência *initio litis*" (*v.* nota), o enfocado § 2º regula o desdobramento procedimental da outra alternativa posta à frente do magistrado que é a da manutenção da sentença proferida com base neste novo art. 285-A. De acordo com o texto, mantida a sentença, o efeito imediato desta decisão também é a ordem de citação do réu, mas não para contestar (§ 1º) e sim para responder ao recurso interposto. Pois bem, acerca do ato judicial de manutenção, parece importante esclarecer que efetivamente se trata de uma decisão interlocutória, apenas que não sujeita ao recurso de agravo em virtude da falta de interesse, uma vez que já existe nos autos apelação interposta que conduzirá o inconformismo do autor ao julgamento do tribunal competente. Note-se que dessa interlocutória não precisa constar motivação explícita da manutenção, bastando ao juiz fazer referência aos próprios fundamentos da sentença apelada, já que os motivos do ato sentencial serão comumente os mesmos que sustentam a manutenção. Nada impede, por outro lado, que o juiz da causa rebata explicitamente os argumentos expendidos pelo autor-apelante, de sorte que fique mais bem respaldada, sob o prisma jurídico, a decisão de manutenção por ele tomada. Por fim, desejamos dar registro ao fato de que a "citação do réu para responder ao recurso" foi expediente constante do CPC em sua versão original, valendo a pena lembrar que o antigo art. 296 previa tal chamamento do demandado para acompanhar o recurso, significando tal ato, dentre outras coisas, contra-arrazoá-lo. Infelizmente, tal providência citatória não foi mantida no vigente parágrafo único do art. 296 (instituído pela Lei n. 8.952/94), mas reaparece agora no bojo da disciplina do processamento da apelação interponível contra o "julgamento de improcedência *initio litis*". Antes tarde, e de limitada aplicação, do que nunca... Seja como for, é certo que, pelo menos aqui (neste contexto de contraditório diferido – *v.* nota ao *caput*), o réu será sempre citado para responder ao recurso na tentativa de fazer prevalecer a sentença atacada que lhe favoreceu com o julgamento *initio litis* de improcedência total do pedido (texto de acordo com a Lei n. 11.277/2006).

Seção II
Do Pedido

Vide Projeto de CPC, arts. 297 a 304 (Seção II – Do Pedido).

Pedido é o objeto do processo, aquilo em torno do que gravita toda a atividade jurisdicional. Pedido é a exigência que o autor apresenta ao Estado-juiz por meio do exercício do direito de ação e que possui dois conteúdos distintos. O primeiro é de caráter estritamente processual e corresponde à espécie de prestação jurisdicional que se postula (sentença, liminar cautelar, provimento satisfativo); a doutrina se refere a este aspecto falando de pedido imediato. Já o segundo conteúdo é de direito material e se identifica com o bem da vida que se pleiteia (certa soma de dinheiro, o imóvel, a rescisão do contrato, etc.); a ele alude a doutrina como pedido mediato (*v.* nota ao inciso IV do art. 282). Pedido é, portanto, o invólucro técnico processual da pretensão material (exigência de subordinação do interesse alheio ao próprio), que é fenômeno sociológico, pré e extraprocessual.

Art. 286. O pedido deve ser certo ou determinado. É lícito, porém, formular pedido genérico:

Vide Projeto de CPC, art. 297, caput *e parágrafo único.*

Os requisitos instituídos pela parte inicial do dispositivo não são alternativamente exigidos, como parece demonstrar o texto, mas cumulativamente: entenda-se a partícula "ou" como "e". Pedido certo é sinônimo de pedido expresso, de pedido formalmente explícito. Determinado, por seu turno, é o pedido perfeitamente definido quanto à quantidade e qualidade não só do bem da vida (mediato) como da prestação jurisdicional (imediato); em outras palavras, é a exata caracterização de tudo o que se quer. A parte final da regra autoriza a formulação de pedido genérico ou ilíquido – isto é, o não definido em relação ao *quantum debeatur* – nas hipóteses adiante elencadas de forma exaustiva e cuja interpretação deve ser restrita (*v.*, ainda, art. 459, parágrafo único).

I – nas ações universais, se não puder o autor individuar na petição os bens demandados;

Vide Projeto de CPC, art. 297, I.

Ações universais são aquelas cujo pedido mediato corresponde a uma universalidade de bens, como uma herança (universalidade de direito), um rebanho ou uma pinacoteca (universalidade de fato). Observe-se que a lei só permite o pedido genérico ou ilíquido nas ações universais se o autor não puder individualizar os bens. Dita impossibilidade é, portanto, *conditio sine qua non* da viabilidade do pedido genérico. Registre-se, por último, que prescrevem os arts. 90 e 91 do CC: "Art. 90. Constitui universalidade de fato a pluralidade de bens singulares que, pertinentes à mesma pessoa, tenham destinação unitária"; "Art. 91. Constitui universalidade de direito o complexo de relações jurídicas, de uma pessoa, dotadas de valor econômico".

II – quando não for possível determinar, de modo definitivo, as consequências do ato ou do fato ilícito;

Vide Projeto de CPC, art. 297, II.

O contexto processual de admissibilidade do pedido genérico agora é outro: as ações indenizatórias por perdas e danos. Em relação a estas, a impossibilidade deve atingir a determinação conclusiva sobre as consequências do ato (fato humano) ou fato (fato não humano) ilícito. É o que ocorre, *v. g.*, nas hipóteses em que a invalidez temporária pode tornar-se permanente ou se transformar em morte; no caso das perdas verificadas, que na época da propositura eram parciais, durante o curso do processo podem tornar-se totais (os exemplos são de Calmon de Passos). Note-se, outrossim, que o presente dispositivo não autoriza o pedido genérico em ações de indenização por dano moral. Se dificuldade existe para definir o *quantum debeatur*, esta é imposta ao autor que deve deduzir pedido determinado como condição do próprio exercício do direito de defesa pelo réu.

III – quando a determinação do valor da condenação depender de ato que deva ser praticado pelo réu.

Vide Projeto de CPC, art. 297, III.

Hipótese concreta típica da previsão deste inciso III é a ação de prestação de contas proposta por quem tem o direito de exigi-las (art. 914, I – prestação de contas provocada), em que o *quantum* da condenação depende fundamentalmente do conteúdo das contas que venha a prestar o réu (art. 915). Embora a sentença seja nominalmente declaratória (art. 918), o seu conteúdo é inequivocamente condenatório, dando ensejo à instauração de fase de execução por quem seja reconhecido como credor pela sentença (autor ou réu), dada a duplicidade da ação de prestação de contas.

Art. 287. Se o autor pedir que seja imposta ao réu a abstenção da prática de algum ato, tolerar alguma atividade, prestar ato ou entregar coisa, poderá requerer cominação de pena pecuniária para o caso de descumprimento da sentença ou da decisão antecipatória de tutela (arts. 461, § 4º, e 461-A).

O dispositivo sob enfoque – alterado em sua redação pela Lei n. 10.444/2002 – tem pouca utilidade prática no contexto do sistema processual estabelecido a partir da Reforma de 1994. É que com a criação da tutela específica das obrigações de fazer e não fazer, do art. 461, e a previsão da multa cominatória no seu § 4º, a disciplina contida no presente artigo perdeu importância. Embora o pouco significado normativo permaneça, o que explica a alteração do art. 287 é o fato de a mesma Lei n. 10.444/2002 ter instituído a tutela específica (mandamental) da obrigação de entregar coisa e, com ela, a multa cominatória (art. 461-A, § 3º, c/c o art. 461, § 4º). Assim, em razão da figura das *astreintes* já não ser exclusividade do processo das obrigações de fazer e de não fazer, o legislador agiu bem ao modificar a disposição sob comentário para dizer que, identicamente em relação às obrigações de entregar coisa, admite-se a "cominação de pena pecuniária". Outra alteração – adequada, embora também de pouca utilidade prática – é a que se identifica com a introdução, no dispositivo, da referência à dupla sede da cominação judicial ("sentença" ou "decisão antecipatória de tutela"), com o que este art. 287 fica colocado em paralelo perfeito com os arts. 461, §§ 3º e 4º, e 461-A, § 3º (que faz remissão ao art. 461). Por fim, registre-se que dada a natureza mandamental da tutela específica das obrigações de fazer e de não fazer e das obrigações de entregar coisa, o enfocado art. 287 já não fala mais de "condenação do réu", mas de imposição de conduta ao réu, que é efetivada sem instauração de processo de execução, dependendo apenas de mandado judicial (texto de acordo com a Lei n. 10.444/2002).

Art. 288. O pedido será alternativo, quando, pela natureza da obrigação, o devedor puder cumprir a prestação de mais de um modo.

Vide Projeto de CPC, art. 298, caput.

O pedido alternativo aqui disciplinado não se confunde, em absoluto, com a cumulação alternativa regida pelo art. 289. Nesta, há cúmulo de pedidos (mais de um, portanto), enquanto naquele, o pedido, embora alternativo, é único. O pedido imediato, na hipótese sob comentário, corresponde a uma sentença mandamental ou condenatória, e o mediato a uma prestação do réu que pode assumir mais de uma forma: prestação de fazer ou prestação de dar; prestação de dar dinheiro ou prestação de dar alguma coisa (a obrigação alternativa é regulada pelos arts. 252 a 256 do CC). O pedido, destarte, é único, pois o que se exige do órgão jurisdicional é uma sentença de conteúdo processual único, predeterminado, que é uma condenação ou mandamento (pedido imediato) do réu a cumprir a sua obrigação única cujo objeto é uma prestação indefinida (pedido mediato). Essa prestação indefinida – objeto da obrigação única do devedor e do direito único do credor – é que corresponde ao bem da vida perseguido pelo sujeito ativo da ação. Sobre o valor da causa e a execução de obrigação alternativa, *v.* arts. 259, III, e 571.

Parágrafo único. Quando, pela lei ou pelo contrato, a escolha couber ao devedor, o juiz lhe assegurará o direito de cumprir a prestação de um ou de outro modo, ainda que o autor não tenha formulado pedido alternativo.

Vide Projeto de CPC, art. 298, parágrafo único.

Havendo obrigação alternativa – é a lei material ou o contrato que diz se há ou não –, deve o autor pedir a condenação do réu a cumprir a sua obrigação, ou mandamento para que o réu a cumpra, explicitando a faculdade desse de cumpri-la do modo que lhe aprouver. A regra em questão, todavia, permite ao juiz, de ofício, reconhecer a alternatividade e conceder ao réu o direito de optar por esse ou aquele modo de cumprimento, independentemente da explicitação mencionada. A alternatividade da obrigação corresponde em termos processuais, portanto, a uma objeção substancial e, ao mesmo tempo, a uma autorização expressa para o juiz proferir sentença *extra petita* (*v.* art. 460). Exemplo concreto da hipótese prevista, neste parágrafo único, é encontrada no § 2º, do art. 500, do CC/2002.

Art. 289. É lícito formular mais de um pedido em ordem sucessiva, a fim de que o juiz conheça do posterior, em não podendo acolher o anterior.

Vide Projeto de CPC, art. 299.

A cumulação subsidiária aqui instituída é também chamada em doutrina de cúmulo alternativo, sucessivo ou eventual (daí a confusão terminológica com o pedido alternativo previsto no art. 288). Na cumulação subsidiária dois ou mais pedidos são formulados, podendo cada um deles corresponder a uma espécie diferente de sentença (pedido imediato) e correspondendo sempre a uma particularização da prestação (pedido mediato ou bem da vida). Entre os pedidos cumulados sob a normatividade deste art. 289 estabelece-se uma relação de subsidiariedade que revela a maior e a menor vontade do autor: o segundo só é apreciado se o primeiro não puder ser acolhido. Vejamos alguns exemplos. O autor pede o complemento da área alienada na venda *ad mensuram* como pedido principal e, se não puder ser atendido, a rescisão do contrato (como subsidiário); pede-se o complemento da área ou o abatimento do preço (ambos os exemplos do art. 500 do CC); o autor pede mandamento para que o réu cumpra determinada obrigação de fazer (como pedido principal) e, se isso não for possível, que haja condenação em perdas e danos (pedido subsidiário); pede-se a declaração de que a sociedade está dissolvida e, se assim não for reconhecido, que se decrete a dissolução; pede-se a declaração de nulidade do contrato e, se isso não for possível, que se decrete a sua anulação.

Art. 290. Quando a obrigação consistir em prestações periódicas, considerar-se-ão elas incluídas no pedido, independentemente de declaração expressa do autor; se o devedor, no curso do processo, deixar de pagá-las ou de consigná-las, a sentença as incluirá na condenação, enquanto durar a obrigação.

Vide Projeto de CPC, art. 300.

A regra disciplina a chamada cumulação implícita, reputando incluídas no pedido todas as prestações periódicas vincendas – isto é, aquelas que só vencerão no curso do processo – independentemente de o autor ter-se referido a elas (tecnicamente, prestações periódicas são aquelas que decorrem de obrigações de trato sucessivo). A segunda parte do dispositivo complementa a regulamentação, afirmando que a sentença deve incluir na condenação as prestações vencidas no curso do processo e não pagas, bem como, não tão claramente, as que se vencerem depois do trânsito em julgado e que da mesma forma não forem pagas. Tal conclusão interpretativa decorre do fato de o texto da lei consignar em sua parte final que a sentença incluirá prestações vencidas "enquanto durar a obrigação" e não enquanto durar o processo. A sentença neste caso, portanto, produz condenação condicional (para o futuro). Sobre o assunto, examine-se ainda o art. 892.

Art. 291. Na obrigação indivisível com pluralidade de credores, aquele que não participou do processo receberá a sua parte, deduzidas as despesas na proporção de seu crédito.

Vide Projeto de CPC, art. 301.

A norma sob análise regula uma repercussão processual importante do fenômeno substancial da solidariedade ativa: fica instituído o direito do credor solidário de prestação indivisível que não promoveu a ação (posto que é lícito a qualquer dos credores acionar para exigir a dívida por inteiro – CC, art. 275) de receber a sua cota proporcional, desde que rateadas as despesas processuais. Tais despesas são as custas, as diligências, a diária de testemunha, a honorária pericial, etc. Se o credor-autor já foi reembolsado, não há despesas a ratear. Para o exercício deste direito processual pelo credor que não foi parte, bastará que ele ingresse nos autos devidamente representado e prove a sua condição para que o juiz lhe defira o levantamento de sua cota-parte. Observe-se, por fim, que a hipótese prevista neste art. 291 não concerne à cumulação de pedidos, mas sim a pedido único de parte legitimada não participante até então por meio de intervenção anômala.

Art. 292. É permitida a cumulação, num único processo, contra o mesmo réu, de vários pedidos, ainda que entre eles não haja conexão.

Vide Projeto de CPC, art. 302, caput

A figura da cumulação de pedidos num único processo inspira-se inequivocamente no princípio da economia e tem por finalidade impedir a proliferação de causas mediante o julgamento único de vários litígios. Se vários pedidos se cumulam, na verdade o que há é uma cumulação de ações, uma vez que cada pedido corresponde a uma ação e isso independentemente da identidade ou não da causa de pedir. Além da cumulação subsidiária (art. 289) e da implícita (art. 290), já examinadas, outras formas existem, como a cumulação sucessiva, a simples e o concurso de pedidos, que, a rigor, não é cumulação pelo menos pelo prisma formal. As três se encontram admitidas pelo presente dispositivo. Cumulação sucessiva se verifica quando se deduzem dois pedidos e o segundo só é apreciado no caso de o primeiro ser julgado procedente (*v. g.*, investigação de paternidade e petição de herança ou alimentos; reintegração e perdas e danos; rescisão contratual e reintegração). Já a cumulação simples é a que tem lugar em função da independência dos pedidos cumulados (*v. g.*, dois pedidos de cobrança fundados em dois contratos semelhantes; um pedido de cobrança e outro de declaração de inexistência de débito contra o mesmo réu, pedidos de indenização por dano material e por dano moral). E, por fim, consideremos o concurso de pedidos que se dá nas hipóteses em que há formalmente um só pedido e vários fundamentos (despejo por infração legal e contratual; anulação de um ato por erro e simulação; separação judicial por agressão e abandono, anulação de várias multas de trânsito por incompetência).

---

§ 1º São requisitos de admissibilidade da cumulação:
Vide Projeto de CPC, art. 302, § 1º.

De acordo com o dispositivo sob análise, cumulação de pedidos só tem cabimento se os três requisitos elencados nos incisos se fizerem presentes simultaneamente num caso concreto. Faltando apenas um deles, a cumulação deve ser rejeitada pelo magistrado sob a forma adequada ao requisito inexistente (*v.* comentários aos incisos a seguir). Se a rejeição não for liminar, ainda é possível realizá-la no momento do julgamento conforme o estado do processo, quer sob a forma de extinção (art. 329), quer sob a forma de saneamento, se a rejeição for parcial (art. 331, § 2º).

I – que os pedidos sejam compatíveis entre si;
Vide Projeto de CPC, art. 302, § 1º, I.

Pedidos compatíveis são os pedidos juridicamente conciliáveis, aqueles que podem coexistir, que não se excluem mutuamente. Porque não é possível exigir que o próprio magistrado faça a escolha de um dos pedidos em lugar do autor, impõe a lei, como consequência da incompatibilidade, o indeferimento da petição inicial por inépcia (art. 295, parágrafo único, IV). São exemplos de pedidos incompatíveis: a anulação do testamento e a entrega do legado; a rescisão do contrato e a condenação do réu a entregar a coisa que é seu objeto. Admite-se, todavia, em hipóteses como estas, que o juiz, em vez de indeferir a inicial, determine ao autor que opte por um dos dois pedidos (art. 284), mas sempre, evidentemente, antes da citação do réu.

II – que seja competente para conhecer deles o mesmo juízo;
Vide Projeto de CPC, art. 302, § 1º, II.

O juiz do processo, no qual o autor cumula pedidos, deve ser competente de forma objetiva, funcional e territorial, para julgar todos eles. Se em relação a um pedido o magistrado não possui, *v. g.*, competência pela matéria (Vara da Família em vez de Cível) ou pela pessoa (Justiça Federal em vez de Estadual), a solução é o seu reconhecimento e, ato contínuo, a ordem para que se desmembre a inicial e se remetam os autos desmembrados ao juízo competente (art. 113, § 2º), já que não é caso de indeferimento e o outro pedido será processado. Tratando-se de incompetência territorial, há de se esperar o oferecimento de exceção pelo réu (art. 304). Procedente a exceção em relação a um pedido, a solução é identicamente o desdobramento e a ordem de remessa dos autos ao juízo competente (art. 311), se entre as causas cumuladas não há conexão (art. 103).

III – que seja adequado para todos os pedidos o tipo de procedimento.
Vide Projeto de CPC, art. 302, § 1º, III.

A regra exige que todos os pedidos se submetam a um mesmo procedimento: o ordinário, o sumário e o especial do Livro IV. O termo "procedimento", no texto, deve ser entendido, ainda, como sinônimo de processo (posto que procedimento é apenas o aspecto exterior, formal do processo), de sorte que não é possível cumular, em hipótese alguma, um pedido de providência satisfativa ou cautelar com um pedido de sentença em processo de conhecimento. Sobre a cumulação de pedidos em processo de execução, especificamente, *v.* arts. 573 e 741, IV; para o processo cautelar não há regra específica, aplicando-se este art. 292.

§ 2º Quando, para cada pedido, corresponder tipo diverso de procedimento, admitir-se-á a cumulação, se o autor empregar o procedimento ordinário.
Vide Projeto de CPC, art. 302, § 2º.

A norma estabelece exceção ao princípio consagrado no inciso III do § 1º deste artigo, permitindo, em tese, a cumulação de pedidos que exigem procedimentos (nunca processos) diversos, desde que se empregue o procedimento ordinário. Assim, é lícito cumular em procedimento ordinário: um pedido que exige ordinário e outro que, pelo valor ou pela matéria, exige sumário; um que exige ordinário e outro que exige especial; dois especiais, etc. Dissemos "em tese" porque a especialidade de um procedimento pode ser tão acentuada de forma a inviabilizar o desenvolvimento do processo pelo rito ordinário (*v. g.*, consignação, anulação e substituição de título, usucapião).

Art. 293. Os pedidos são interpretados restritivamente, compreendendo-se, entretanto, no principal os juros legais.

Vide Projeto de CPC, art. 303.

Trata-se de regra instituidora de critério de interpretação – dirigida, portanto, ao juiz – cuja finalidade última é impedir o proferimento de sentença *ultra* ou *extra petita* (arts. 128, 459 e 460). Como a sentença é a resposta ao pedido, a interpretação restritiva deste limita automaticamente o conteúdo daquela. A imposição legal ao juiz de interpretação restritiva do pedido significa, em outras palavras, a proibição de interpretação extensiva, ampliativa ou analógica, valendo, portanto, aquilo que o autor expressa e literalmente pediu e não aquilo que quis pedir (*v.*, quanto a esse aspecto, o que o art. 282, IV, exige do autor). Já a parte final da regra estabelece o conteúdo implícito de todo pedido: os juros legais de mora, não os convencionais. Em relação àqueles, destarte, não é necessário pedir expressamente (*v.*, ainda, arts. 20 e 290; e Lei n. 6.899/81 – correção monetária, art. 1º).

Art. 294. Antes da citação, o autor poderá aditar o pedido, correndo à sua conta as custas acrescidas em razão dessa iniciativa.

Vide Projeto de CPC, art. 304, caput *e I, e parágrafo único.*

A regra, interpretada *a contrario sensu*, compõe com o disposto no art. 264 o princípio da estabilidade do processo, segundo o qual não é possível alterar a causa de pedir ou o pedido, uma vez realizada a citação. Observe-se que a parte inicial da previsão tem caráter meramente explicativo, porquanto apenas põe em relevo a circunstância de que antes do chamamento a juízo do sujeito passivo é possível aditar o pedido, o que o art. 264 já dissera, inclusive de forma mais perfeita (não só aditar o pedido, modificá-lo por completo, mas também alterar em todos os aspectos a *causa petendi* é lícito ao sujeito ativo antes da citação). Na verdade, o valor disciplinar deste art. 294 concentra-se na segunda parte da sua previsão, que atribui ou imputa exclusivamente ao autor, requerente ou exequente a responsabilidade pelas despesas (assim entenda-se o termo "custas", que foi mal empregado) decorrentes da modificação do pedido ou da causa de pedir (texto deste art. 294 estabelecido pela Lei n. 8.718/93).

Seção III
Do Indeferimento da Petição Inicial

Vide Projeto de CPC, arts. 305 e 306 (Seção III – Do Indeferimento da Petição Inicial).

O indeferimento da petição inicial significa a rejeição liminar do pedido de citação do réu formulado pelo autor, correspondendo à extinção do processo no seu nascedouro em virtude da ausência de alguns dos pressupostos processuais, das condições da ação ou da presença de decadência. Trata-se, portanto, de ato judicial que se reveste formalmente da roupagem de sentença terminativa (art. 162, § 1º, c/c o art. 267, I).

Art. 295. A petição inicial será indeferida:
Vide Projeto de CPC, art. 305, caput

O indeferimento da petição inicial (aniquilamento liminar do processo recém-nascido) é um dever imposto ao magistrado, e não uma faculdade, como se infere do texto legal que emprega a locução "será". Verificada, assim, a presença de qualquer dos fenômenos processuais previstos – e basta a presença de um deles –, a solução da lei é o indeferimento, não se aplicando o disposto no art. 284 cuja incidência se circunscreve às hipóteses nele previstas (irregularidades que não as constantes dos seis incisos e do parágrafo único a seguir). Sob outro prisma, o indeferimento corresponde a uma sanção dirigida à petição cujo conteúdo não se conforma com o exigido pela lei expresso em formalidades (o indeferimento impede a produção dos efeitos da inicial). Observe-se, por fim, que, se a petição for deferida, nada impede o magistrado de extinguir o processo posteriormente com base nos mesmos fenômenos, apenas que agora, não mais se pode falar de indeferimento (art. 267, IV a VI, c/c o art. 329).

I – quando for inepta;
Vide Projeto de CPC, art. 305, I.

Sob o ponto de vista semântico, inépcia é ineptidão ou inaptidão, aquilo que é carecedor de aptidão, ou de inteligência, o que é inábil, tolo. Pois bem, em termos estritamente processuais, a inépcia da petição inicial é fenômeno minuciosamente disciplinado pelo parágrafo único deste art. 295. Remetemos, portanto, o leitor aos respectivos comentários aos incisos I a IV do referido dispositivo legal.

II – quando a parte for manifestamente ilegítima;
Vide Projeto de CPC, art. 305, II.

Sobre os conceitos de condições da ação e de legitimação para agir (legitimidade para a causa ou *legitimatio ad causam*), uma de suas espécies, examine-se o comentário ao inciso VI do art. 267. A ilegitimidade aqui prevista é apenas a *ad causam*, que referimos, uma vez que a outra (a *ad processum*) é chamada pelo CPC de incapacidade processual, no art. 13; nessa hipótese a solução instituída é obrigatoriamente a ordem de sanação, sendo que só depois do seu desatendimento é que o juiz pode indeferir a petição inicial (*v.* art. 13, I, e nota). A lei exige, por outro lado, que a ilegitimidade seja manifesta, porque caso não seja (havendo dúvida no espírito do juiz) a solução é o deferimento da inicial, ficando a decisão sobre a legitimidade *ad causam* postergada para o momento do julgamento conforme o estado do processo (arts. 329 a 331).

III – quando o autor carecer de interesse processual;

Vide Projeto de CPC, art. 305, III.

O conceito de interesse processual (ou interesse de agir) encontra-se expresso no comentário ao inciso VI do art. 267, ao qual remetemos o leitor. São exemplos de falta de interesse de agir-necessidade: o devedor que promove ação de cancelamento de protesto quando esse direito pode ser exercido administrativamente mediante exibição de recibo de quitação; o filho reconhecido pelo pai que pede declaração judicial da sua filiação para espancar quaisquer dúvidas; o contratante que pede a declaração de que um contrato não é anulável; o credor que promova ação cautelar sem demonstrar que um outro processo corre o risco de perder sua eficácia. Em todas as situações narradas não existe necessidade concreta do processo ou razão para o recurso ao Judiciário. Já a falta de interesse de agir-adequação se revela quando: o provimento pleiteado não serve para atender à necessidade do autor (pedido de rescisão contratual por ocorrência de vício do consentimento; pedido de reintegração na posse de imóvel por infração ao contrato de locação); ou o procedimento escolhido não é o adequado ao pedido que se formula (*v.* inciso V deste artigo e nota; art. 250 e nota).

IV – quando o juiz verificar, desde logo, a decadência ou a prescrição (art. 219, § 5º);

Vide Projeto de CPC, art. 307, caput *e § 1º.*

A previsão corresponde à única hipótese de julgamento de mérito em sede de indeferimento da petição inicial. Trata-se de situação absolutamente excepcional dentro do sistema, posto que a sentença de mérito – geradora, portanto, de coisa julgada material nos termos dos arts. 467 e 468 – é proferida independentemente da citação do réu. Sobre a distinção entre prescrição e decadência à luz do CPC, consultem-se as notas aos arts. 219, § 5º, e 269, IV, observando-se que a prescrição que o juiz pode conhecer de ofício (art. 219, § 5º) não é prescrição, mas decadência, uma vez que concerne a direitos não patrimoniais. Sobre prescrição e decadência, examinem-se os arts. 189 a 211 do CC.

V – quando o tipo de procedimento, escolhido pelo autor, não corresponder à natureza da causa, ou ao valor da ação; caso em que só não será indeferida, se puder adaptar-se ao tipo de procedimento legal;

A adequação do procedimento corresponde a uma das formas pelas quais se expressa o interesse de agir, de sorte que a inadequação aqui referida significa, na verdade, falta de uma das condições da ação e não falta de algum pressuposto processual, como poderia parecer (*v.* inciso III deste artigo e art. 267, IV e VI, e respectivas notas). A peculiaridade marcante dessa prescrição dentro do contexto do art. 295 está no fato de que o seu reconhecimento pelo magistrado não gera o indeferimento automático da petição inicial, porquanto fica o órgão jurisdicional autorizado a ordenar a adaptação caso isso seja possível, o que se dá nas hipóteses de procedimento ordinário para sumário (pelo valor ou pela natureza) e vice-versa, ordinário para especial e vice-versa ou sumário para especial e vice-versa (não assim entre ritos de processos diferentes: conhecimento e execução, conhecimento e cautelar, cautelar e execução e vice-versa). Sobre o assunto, examine-se, ainda, o art. 250 e, especialmente, o art. 277, §§ 4º e 5º.

VI – quando não atendidas as prescrições dos arts. 39, parágrafo único, primeira parte, e 284.
Vide Projeto de CPC, art. 305, IV.

A primeira hipótese prevista diz respeito à necessidade de que o autor faça constar da petição inicial o endereço onde o seu advogado receberá intimações. Em caso de desrespeito a este requisito intrínseco da peça inaugural (*v.* nota ao art. 282, *caput*), o juiz determinará a regularização em 48 horas, sob pena de indeferimento. A rejeição da petição, destarte, não é automática, mas depende de posterior inércia do autor. A segunda previsão concerne à verificação judicial de irregularidades (como visto, não as previstas neste art. 295 – *v.* nota ao *caput*), e à obrigatória outorga de oportunidade ao autor para emendar ou complementar a petição inicial, sob pena de indeferimento. Também aqui a rejeição da peça e a extinção do processo dependem da omissão do autor.

Parágrafo único. Considera-se inepta a petição inicial quando:
Vide Projeto de CPC, art. 305, parágrafo único.

Sobre o que significa inépcia, examine-se a nota ao inciso I deste art. 295. Pois bem, inepta é a petição inicial cujos defeitos tornam impossível o julgamento da causa pelo seu mérito, inviável a apreciação do pedido do autor ou da lide que envolve as partes. Inépcia da inicial, portanto, é a irregularidade formal gravíssima que impede, de forma absoluta, que o órgão jurisdicional se pronuncie sobre o direito de que o autor se diz titular. Não se trata, destarte, de ausência de ação, mas sim de regularidade formal da petição inicial que é pressuposto processual objetivo positivo (sobre a classificação dos pressupostos, *v.* comentário ao art. 267, IV).

I – lhe faltar pedido ou causa de pedir;

Vide Projeto de CPC, art. 305, parágrafo único, I.

Ação nada mais é do que o direito de pedir uma providência jurisdicional ao Estado. Se não há pedido, não pode haver providência, pois, se o autor não diz, o juiz não pode dizer, evidentemente, o que o autor quer. Logo, a ausência de pedido impede qualquer apreciação sobre o direito, razão por que o magistrado deve indeferir a petição inicial ante a percepção de que o processo não vai mesmo chegar ao seu objetivo. Também a falta de *causa petendi* induz à solução referida. Como a sentença só pode reconhecer direitos mediante a demonstração dos fatos que lhe dão vida (já que é sempre necessário que o autor diga por que se entende titular de um direito – art. 282, III, 1ª figura), faltando dita demonstração não é possível ao juiz apreciar sob qualquer ângulo o pedido e o direito do autor. Entende-se faltar causa de pedir, contudo, não só na hipótese de ausência de narrativa de fatos, como naquela em que o autor deixa de expor o fundamento jurídico do pedido, ou seja, deixa de referir o necessário enquadramento jurídico dos fatos (art. 282, III, 2ª figura).

II – da narração dos fatos não decorrer logicamente a conclusão;

Vide Projeto de CPC, art. 305, parágrafo único, II.

Entre os fatos narrados e o direito – que, em função desses fatos, o autor diz existir – sempre deve haver uma relação lógica. Por isso é que se afirma que na petição inicial existe um silogismo, isto é, um raciocínio lógico composto de duas premissas (a maior, a norma jurídica; a menor, os fatos) a partir das quais se chega a uma conclusão: a existência ou a inexistência do direito invocado. Se essa relação lógica não existe, não é possível ao magistrado dizer se o pedido procede ou não. Exemplos: para o fato não há direito, o direito exposto não é aplicável aos fatos; da aplicação do direito aos fatos não pode decorrer, nem em tese, a procedência do pedido (os exemplos são de João Mendes), ou, ainda, a narrativa dos fatos é realizada de maneira obscura, ou contraditória, de sorte que não permita a compreensão do que seja a causa eficiente do pedido. Observe-se que para a caracterização da inépcia e o indeferimento da inicial é necessário que o juiz vislumbre, nitidamente, a ausência dessa relação lógica apontada a partir de uma relativa segurança acerca da ocorrência dos fatos narrados.

III – o pedido for juridicamente impossível;

A possibilidade jurídica do pedido, como visto, é condição da ação, isto é, requisito de existência do direito de exigir do Estado uma sentença de mérito (*v.* art. 267, VI, e respectiva nota). A sua falta, ou impossibilidade jurídica, é um fenômeno processual tão sério que a lei o identifica no sistema com a própria inépcia da inicial. O requisito, na sua essência, está no plano da ação, mas a lei o traz para o plano do processo, tratando-o como se fosse vício formal. O requisito possibilidade jurídica deve ser sempre encarado sob um prisma negativo, o que significa dizer que ele existe na medida em que não haja expressa proibição no direito positivo. Exemplos de impossibilidade jurídica são: o pedido de cobrança de dívida de jogo; o pedido de prisão por dívida; o pedido de mandado de segurança normativo (contra lei em tese); o pedido de penhora de bem público, etc.

IV – contiver pedidos incompatíveis entre si.
Vide Projeto de CPC, art. 305, parágrafo único, III.

A modalidade de inépcia aqui prevista depende obrigatoriamente da existência de cumulação de pedidos, tema que é disciplinado genericamente pelo art. 292 e especificamente pelos arts. 289 e 290, aos quais remetemos o leitor. A compatibilidade de pedidos, é bom lembrar, corresponde a requisito da própria admissibilidade de cumulação (art. 292, § 1º, I) e se identifica com a necessidade de que os pedidos formulados sejam juridicamente conciliáveis, isto é, não contraditórios no plano lógico-jurídico (*v.* nota ao artigo referido). Muito bem, a presente prescrição, considerando inepta a inicial que contenha pedidos incompatíveis, nada mais faz do que instituir a obrigatoriedade da sua rejeição, sem nenhuma possibilidade de o autor emendá-la ou completá-la.

Art. 296. Indeferida a petição inicial, o autor poderá apelar, facultado ao juiz, no prazo de 48 (quarenta e oito) horas, reformar sua decisão.
Vide Projeto de CPC, art. 306, caput

A parte inicial do texto prevê clarissimamente que o indeferimento da petição inicial é uma sentença e que, por conseguinte, é ato que se ataca por apelação. A afirmação textual é perfeita, uma vez que indeferir a inicial é sinônimo de extinguir (aniquilar) o processo no seu nascedouro (*v.* art. 162, § 1º). Porém, é indubitavelmente a parte final a que mais chama a atenção neste dispositivo inovador, posto que, por um lado, dispensa a citação do réu, uma vez interposta a apelação, e, por outro, institui o juízo de retratação no procedimento desse recurso. Quanto ao estabelecimento do juízo de retratação em si, o avanço parece louvável, porque significa diminuição, ainda que pequena, do volume de trabalho dos órgãos de segunda instância nos casos em que o autor conseguir convencer o juiz de que não havia razão para o indeferimento liminar. Nesse sentido, a possibilidade de o juiz voltar atrás é salutar, porquanto não compromete em nada o sistema processual como um todo nem o recursal em particular. Já no que concerne à dispensa de citação do réu para acompanhar o recurso – a inteligência da literalidade do texto não leva a outra conclusão –, a inovação não merece os mesmos aplausos. Mas cumpre distinguir. Quanto à dispensa de citação para o fim exclusivo de agilizar o juízo reformatório do despacho liminar impugnado, não vemos problema algum, porque a citação deferida não prejudica o réu: quando ele for citado – um pouco depois –, alegará contra o despacho reformado tudo o que teria alegado antes e mais alguma coisa. O problema sério está na dispensa da citação do réu para acompanhar o recurso quando os autos subirem ao tribunal. Falaremos do assunto no comentário ao parágrafo único a seguir (texto de acordo com a Lei n. 8.952/94).

Parágrafo único. Não sendo reformada a decisão, os autos serão imediatamente encaminhados ao tribunal competente.

Vide Projeto de CPC, art. 306, §§ 1º e 2º.

Pelo que se depreende do texto sob análise, mantido o indeferimento da petição inicial, nenhuma providência ao juiz cabe tomar senão a de determinar, de pronto, a subida dos autos à segunda instância para julgamento da apelação. E se assim é, não há lugar para a citação do réu antes da subida do processo, e ao tribunal é que não compete ordenar tal chamamento. Essa a tranquila conclusão interpretativa que resulta da literalidade da prescrição, mas que revela um pecado mortal: a desconsideração do direito do réu de saber que é réu e de que a sua causa está na iminência de ser julgada já em segunda instância, julgamento que, nesse caso, corresponde, na verdade, à terceira manifestação judicial decisória. Alguém perguntaria: mas qual é o prejuízo? Resposta: o prejuízo está exatamente no desconhecimento acerca da existência do processo já em estado avançado; o prejuízo está no desrespeito ao direito de ser informado, que é inerente à garantia constitucional do contraditório. E mais, o prejuízo está na possibilidade de o réu só vir a saber que foi réu quando precisar de uma certidão negativa às vésperas de obter um financiamento, de vender um imóvel ou de concorrer a um concurso público. A presente regra talvez seja a razão de nenhuma dessas coisas acontecer... (texto de acordo com a Lei n. 8.952/94).

CAPÍTULO II
DA RESPOSTA DO RÉU

Vide Projeto de CPC, arts. 324 a 330
(Capítulo VI – Da Contestação), particularmente, o art. 326.

Resposta do réu é o conjunto de meios formais pelos quais o sujeito passivo da ação deduz suas defesas. Resposta é, assim, veículo formal (a forma) da defesa (que é a substância). A ação do autor corresponde à defesa (ou exceção) do réu, posto que o processo, como meio de solução de litígios, é fenômeno dialético que se desenvolve por intermédio do contraditório; ao direito do autor de pedir uma providência jurisdicional corresponde o direito do réu de resistir a ela, haja vista que ninguém pode ser condenado sem ser ouvido. As defesas, quanto ao seu conteúdo, podem ser processuais ou de mérito. As processuais são objeções (matérias de defesa processual reconhecíveis de ofício pelo juiz) ou exceções (matérias de defesa processual cujo reconhecimento depende de arguição). Tanto umas como outras podem ser peremptórias (aquelas cujo reconhecimento acarreta a extinção do processo) ou dilatórias (as que apenas provocam a procrastinação do feito). Já as defesas de mérito são diretas (aquelas que se contrapõem diretamente ao fato constitutivo do direito do autor) ou indiretas (aquelas que reconhecem o fato constitutivo, mas lhe opõem outros, extintivos, modificativos ou impeditivos).

Seção I
Das Disposições Gerais

Art. 297. O réu poderá oferecer, no prazo de 15 (quinze) dias, em petição escrita, dirigida ao juiz da causa, contestação, exceção e reconvenção.

Vide Projeto de CPC, art. 324.

A prescrição legal institui o direito (e não o dever) de o réu se defender por meio das respostas aqui expressamente previstas, bem como por outras não referidas – mas autorizadas por interpretação extensiva –, tais quais: a impugnação ao valor da causa (art. 261); a nomeação à autoria (art. 62); a denunciação da lide (art. 70); o chamamento ao processo (art. 77); a declaração incidente (arts. 59 e 325); ou a exibição de documento ou coisa (art. 355). O prazo para o oferecimento dessas defesas – que é peremptório (art. 182) – é contado segundo as regras contidas nos arts. 173, parágrafo único, e 241, mas flui também a partir do comparecimento espontâneo previsto pelo art. 214, § 1º. O prazo será maior na hipótese do art. 188 e menor nos casos de processo cautelar e certos procedimentos especiais. De qualquer maneira, o que demonstra a tempestividade da resposta é tanto a sua protocolização como o despacho exarado pelo juiz na respectiva peça; nada impede, por outro lado, que a defesa seja apresentada antes do início da fluência do respectivo prazo. Observe-se, ainda, que cada resposta das expressamente previstas deve ser ofertada em peça própria (art. 299), bem como a impugnação ao valor da causa e a nomeação à autoria; as demais admitem a forma de capítulo da contestação, embora a melhor forma seja a petição autônoma em qualquer dos casos.

Art. 298. Quando forem citados para a ação vários réus, o prazo para responder ser-lhes-á comum, salvo o disposto no art. 191.

A situação aqui disciplinada é a do litisconsórcio passivo (seja ele de que espécie for – art. 47) para fins de contagem de prazo para resposta. O comando da lei é no sentido de que o prazo para os vários réus é um só, o que é absolutamente exato porquanto afirma o inciso III do art. 241 ser da juntada do último mandado que corre o prazo. A ressalva da parte final do dispositivo ao art. 191 está, no entanto, mal colocada, porque, ainda que haja réus com advogados diferentes, o prazo será sempre dobrado para todos e não apenas para alguns (a possível dúvida sobre se o prazo é ou não dobrado não lhe retira, em hipótese alguma, o caráter de comunidade – *v.* art. 191 e nota).

Parágrafo único. Se o autor desistir da ação quanto a algum réu ainda não citado, o prazo para a resposta correrá da intimação do despacho que deferir a desistência.

A regra aborda a desistência do processo (não da ação – *v.* art. 267, VIII) em relação a algum ou alguns litisconsortes e sua influência sobre o prazo de resposta. Evidentemente, "o prazo [...] correrá da intimação" apenas na hipótese de o réu, em relação a quem se desiste, ser o último que falta para receber citação, pois, caso contrário, não é possível ainda cogitar da detonação do prazo (art. 241, III). Observe-se, ainda, que intimação, no texto, refere-se à intimação única a todos os litisconsortes ou à última intimação que se realize. Por fim, atente-se para a circunstância de que a lei chama de despacho o que é, na realidade, típica decisão interlocutória, dado o seu conteúdo decisório (art. 162, § 2º); não se trata, por certo, de sentença porque o litisconsorte nem chegou a integrar o processo (ainda que se pense que há processo entre o autor e o juiz em relação a este litisconsorte, o que parece correto, de sentença não se trata porque o ato judicial não pôs fim ao procedimento – *v.* nota ao art. 162, § 1º).

Art. 299. A contestação e a reconvenção serão oferecidas simultaneamente, em peças autônomas; a exceção será processada em apenso aos autos principais.

Vide Projeto de CPC, art. 326.

Contestação e reconvenção devem ser apresentadas em peças autônomas por causa do conteúdo absolutamente diferenciado de cada uma delas. Embora as duas peças sejam juntadas nos mesmos autos, o primeiro ato processual mencionado tem caráter defensivo, enquanto o segundo tem caráter inequivocamente ofensivo por se tratar de ação. A diferença de naturezas justifica a separação formal. Já no que concerne à previsão de oferecimento simultâneo, esse deve ser entendido apenas como oferecimento no mesmo prazo, o que não exclui a possibilidade de o réu só reconvir e não contestar (*v.* art. 315). Quanto à exceção, a peça tem de ser autônoma porque esta forma de defesa é processada em autos separados (em apenso aos autos principais).

Seção II
Da Contestação

Vide Projeto de CPC, arts. 324 a 330 (Capítulo VI – Da Contestação).

Contestação é, de longe, a mais importante modalidade de resposta do réu. É que por meio dela se deduzem todas as defesas de mérito – vale dizer, todas as defesas que visam a demonstrar a improcedência do pedido do autor, a inexistência do seu direito, quer pela impugnação direta aos fatos ou ao fundamento do pedido (defesa de mérito direta), quer pela oposição de fatos extintivos, modificativos ou impeditivos (defesa de mérito indireta) – bem como a maioria das defesas processuais que são aquelas que consubstanciam ataques à própria relação processual ou à ação (defesas processuais que se classificam em objeções ou exceções). Contestação é a ferramenta típica para o exercício do direito de defesa no processo civil (*v.* Lei n. 11.419/2006, art. 10, sobre a juntada da contestação em processo eletrônico).

Art. 300. Compete ao réu alegar, na contestação, toda a matéria de defesa, expondo as razões de fato e de direito, com que impugna o pedido do autor e especificando as provas que pretende produzir.

Vide Projeto de CPC, art. 325.

O art. 300 consagra explicitamente o princípio da concentração, segundo o qual todas as defesas contra o pedido que o réu possua devem ser deduzidas na peça contestatória, sob pena de preclusão. Assim, todas as defesas meritórias – tanto as diretas como as indiretas, quer as fundadas em razões fáticas, quer as fundadas em razões jurídicas – têm de se concentrar na contestação, sob pena de não poderem ser utilizadas em momento posterior pelo réu (as exceções ao princípio encontram-se disciplinadas no art. 303). Corolário lógico da concentração é o chamado princípio da eventualidade, identicamente agasalhado pelo dispositivo sob comentário, e que se expressa na seguinte ideia: ainda que o réu esteja certo de que suas defesas processuais prevalecerão, deve ele *ad eventum* alegar as suas defesas de mérito; ainda que esteja convencido de que a defesa direta é suficiente para garantir-lhe a vitória, deve o réu aduzir as indiretas, e assim sucessivamente. Em razão do princípio da eventualidade, portanto, não precisa haver entre as defesas perfeita sintonia lógica (*v. g.*, o réu alega que o contrato não existe; mas se existe, é nulo; e, se não é nulo, o crédito está prescrito). Da contestação deve constar, ainda, segundo a parte final do dispositivo, a especificação de provas, requisito, em tudo e por tudo, semelhante ao previsto no art. 282, VI, exigido da inicial. Além disso, faculta o art. 396 a juntada de documentos ao réu.

Art. 301. Compete-lhe, porém, antes de discutir o mérito, alegar:

Vide Projeto de CPC, art. 327, caput *e III e XIII.*

O artigo elenca e disciplina as defesas processuais que o réu preliminarmente – isto é, antes de se defender no mérito – pode alegar. Por isso é que tais defesas são chamadas de preliminares ao mérito, correspondendo ontologicamente a objeções processuais, ou seja, a defesas contra o processo ou contra a ação que podem ser conhecidas pelo juiz de ofício, isto é, independentemente de arguição (*v.* nota ao Capítulo II deste Título VIII). Malgrado tal natureza, a lei achou por bem explicitar a faculdade de o réu deduzir tais defesas, com o que definiu de forma expressa o conteúdo processual da contestação para distingui-lo do de outras formas de resposta, como as exceções, etc. Observe-se que apenas a convenção de arbitragem não é objeção, mas exceção (*v.* inciso IX e § 4º adiante).

I – inexistência ou nulidade da citação;

Vide Projeto de CPC, art. 327, I.

Citação inexistente é a convocação do réu que concretamente não se realizou, embora formalmente haja nos autos um mandado cumprido (*v. g.*, porque foi citada pessoa diversa). Citação nula é aquela que é feita sem observância das prescrições legais, nos termos do art. 247 (*v. g.*, nas hipóteses de desrespeito dos arts. 217, 218, 222, 225, 227, 231 e 232). Sobre a consequência da arguição da nulidade, *v.* art. 214, § 2º; sobre o comparecimento espontâneo, *v.* art. 214, § 1º. Observe-se, por fim, que se trata de objeção dilatória, porquanto o reconhecimento do vício não provoca a extinção do processo, mas apenas a sua procrastinação.

II – incompetência absoluta;

Vide Projeto de CPC, art. 327, II.

De acordo com a disciplina do CPC, há incompetência absoluta quando em razão da matéria ou da pessoa (arts. 91 e 92), ou em razão de aspectos funcionais (art. 93) não existe relação de adequação entre a causa e o juiz a que esta é dirigida. Ainda segundo a presente lei codificada, que nos ocupa, a incompetência absoluta deve ser declarada nos termos do art. 113, *caput*, isto é, de ofício (independentemente de alegação) e traz como consequência a remessa dos autos ao juiz competente (§ 2º). Trata-se evidentemente, assim, de uma objeção dilatória.

III – inépcia da petição inicial;
Vide Projeto de CPC, art. 327, IV.

A inépcia da petição inicial é fenômeno processual expressa e minuciosamente regulamentado pelo art. 295, I e parágrafo único, ao qual remetemos o leitor. O reconhecimento da inépcia gera evidentemente a extinção do processo (arts. 267, I, 295 e 296), de sorte que, no plano das defesas, essa tem natureza de objeção peremptória. Observe-se que se a inépcia não foi reconhecida desde logo, o que geraria o indeferimento da petição inicial (arts. 295, I, e 267, I, combinados), a inépcia gera a extinção do processo no momento do julgamento conforme o estado (art. 329), mas com fundamento legal no art. 267, IV (falta de pressuposto processual), porque o art. 267, I, fala apenas de indeferimento da petição inicial (o art. 295, assim, deve ser combinado com o art. 267, IV).

IV – perempção;
Vide Projeto de CPC, art. 327, V.

O fenômeno processual da perempção identifica-se com a morte da ação decorrente do fato de terem havido três extinções de processos iguais por abandono (sobre o assunto, examinem-se os arts. 267, III, e 268, parágrafo único, e respectivas notas). O fenômeno corresponde, pois, evidentemente, a uma objeção peremptória, uma vez que o seu reconhecimento gerará a extinção do quarto processo (art. 267, V). Como já tivemos a oportunidade de dizer anteriormente, a perempção aqui prevista não se confunde com aquela outra prevista pelo art. 8º da Lei do Mandado de Segurança – Lei n. 12.016, de 07.08.2009.

V – litispendência;
Vide Projeto de CPC, art. 327, VI.

O termo "litispendência", no texto, deve ser entendido como exceção de litispendência, o que significa a alegação de existência de um processo instaurado anteriormente versando sobre a mesma lide que é submetida a julgamento no processo em que o réu oferece dita defesa (*v.* §§ 1º e 3º deste artigo). O seu reconhecimento gera a extinção do segundo processo (art. 267, V) porque um dos principais efeitos da litispendência é justamente o de impedir a reprodução de causa idêntica perante outro juízo (*v.* art. 219). Trata-se, obviamente, de objeção peremptória (*v.*, ainda, art. 22).

VI – coisa julgada;
Vide Projeto de CPC, art. 327, VII.

Coisa julgada, no texto, é sinônimo de exceção de coisa julgada, que é a defesa processual fundada no fato de, em processo anterior já encerrado, ter transitado materialmente em julgado sentença ou acórdão que apreciou a mesma lide deduzida no feito em que o réu oferece dita defesa (*v.* §§ 1º e 3º deste artigo). Sobre o conceito de coisa julgada, examine-se o comentário ao art. 467. Assim como acontece com a litispendência, também o reconhecimento de coisa julgada provoca a extinção do processo (art. 267, V), posto que ela significa exatamente a impossibilidade de se reabrir discussão acerca de pedido já apreciado (CF, art. 5º, XXXVI).

VII – conexão;
Vide Projeto de CPC, art. 327, VIII.

Por conexão entenda-se tanto a conexão propriamente dita como a continência, dois fenômenos modificadores da competência cujas feições jurídicas encontram-se expressamente definidas pelos arts. 103 e 104 (*v.* comentários respectivos). O reconhecimento da conexão ou continência, que pode ser feito de ofício pelo juiz, não acarreta a extinção do processo, mas unicamente a reunião de feitos para julgamento conjunto (art. 105). Logo, trata-se de objeção dilatória.

VIII – incapacidade da parte, defeito de representação ou falta de autorização;
Vide Projeto de CPC, art. 327, IX.

A incapacidade processual e a irregularidade de representação das partes encontram-se reguladas pelo art. 13. A falta de autorização, por seu turno, é expressamente prevista pelo art. 11, parágrafo único, que se vincula à exigência instituída pelo art. 10, *caput.* Os dois primeiros fenômenos, como matérias de defesa, têm a natureza de objeção dilatória, a princípio, uma vez que o seu reconhecimento provoca a suspensão do processo e a oportunidade de sanação, de acordo com a parte final do art. 13. Somente após tal oportunidade é que o juiz poderá extinguir o processo, tornando-se peremptória a objeção (art. 13, I). Quanto ao último fenômeno referido, embora não previsto expressamente pelo art. 13, a solução será a mesma aplicável aos dois primeiros, uma vez que a falta de autorização é ontologicamente vício concernente à capacidade para estar em juízo (*v.* comentários aos artigos mencionados e ao art. 267, IV).

IX – convenção de arbitragem;

Vide Projeto de CPC, art. 327, X.

De acordo com a nova redação do inciso VII do art. 267 deste Código, a convenção de arbitragem ("assim entendida a cláusula compromissória e o compromisso arbitral" – Lei n. 9.307/96, art. 3º, *in fine*) representa fato impeditivo ao desenvolvimento da relação processual, razão por que vem prevista por este art. 301 como matéria de defesa. Trata-se, contudo, não de objeção, mas de exceção, já que não é passível de reconhecimento de ofício (§ 4º). Como, no entanto, provoca a extinção do feito, deve-se admitir que tal convenção é exceção processual peremptória, aliás a única no sistema brasileiro (texto de acordo com a Lei n. 9.307/96).

X – carência de ação;

Vide Projeto de CPC, arts. 327, XI, e 328.

Carência de ação é a forma técnica de se dizer que o autor não preenche todas as condições da ação, que são os requisitos de existência do direito à obtenção de uma sentença de mérito (sobre o conceito de condições de ação, *v.* nota ao art. 267, VI; sobre o conceito de cada uma delas, *v.* nota ao mesmo art. 267, VI, bem como as notas lançadas aos incisos II e III, e ao parágrafo único, IV, do art. 295). A carência de ação – que significa o mesmo que inexistência do direito processual de ação – provoca evidentemente a extinção do processo; logo, trata-se de objeção peremptória.

XI – falta de caução ou de outra prestação, que a lei exige como preliminar.

Vide Projeto de CPC, art. 327, XII.

A falta de caução prevista pelo dispositivo como matéria de defesa processual é, por certo, a *cautio judicatum solvi* exigida pelo art. 835 a cujos comentários remetemos o leitor. Já quanto a outras prestações que a lei exige como preliminar temos as figuras do depósito de 5% sobre o valor da causa em ação rescisória (art. 488, II), o depósito do valor correspondente às despesas e aos honorários no caso de extinção anterior (art. 268) ou o depósito das custas iniciais que a lei estadual (regimento de custas) eventualmente exija.

§ 1º Verifica-se a litispendência ou a coisa julgada, quando se reproduz ação anteriormente ajuizada.

Vide Projeto de CPC, art. 327, § 1º.

Este parágrafo possui um conteúdo normativo completamente despiciendo: em primeiro lugar, porque a missão de conceituar institutos é da doutrina e não da lei; em segundo, porque os conceitos expendidos são, a um só tempo, incompletos e impróprios. Sobre as exceções de litispendência e coisa julgada, examinem-se os incisos V e VI do *caput* deste artigo, bem como o inciso V do art. 267 (*v.* Lei n. 11.419/2006, art. 14, parágrafo único, sobre a identificação de litispendência e coisa julgada por sistema eletrônico).

§ 2º Uma ação é idêntica à outra quando tem as mesmas partes, a mesma causa de pedir e o mesmo pedido.

Vide Projeto de CPC, art. 327, § 2º.

O parágrafo em questão padece de mal semelhante ao presente no anterior: conceitua quando não precisava, mas, diferentemente do § 1º, conceitua bem, só que mediante a afirmação do óbvio. É evidente que a falta de identidade em relação a qualquer dos elementos da ação permite a conclusão de que duas ações não são idênticas (porque as partes são diferentes, porque o pedido é diferente ou porque a causa de pedir é diferente).

§ 3º Há litispendência, quando se repete ação, que está em curso; há coisa julgada, quando se repete ação que já foi decidida por sentença, de que não caiba recurso.

Vide Projeto de CPC, art. 327, § 3º.

Incompreensivelmente, mais uma vez a lei volta a insistir em realizar tarefa que não é sua: a conceituação das figuras litispendência e coisa julgada, só que agora acrescentando explicitamente aos conceitos algo que faltou no § 1º para permitir a distinção entre elas e, assim mesmo, de forma atécnica (ação em curso e ação decidida por sentença). Melhor teria sido o silêncio (examinem-se os comentários aos incisos V e VI do *caput* deste artigo e ao inciso V do art. 267).

§ 4º Com exceção do compromisso arbitral, o juiz conhecerá de ofício da matéria enumerada neste artigo.

Vide Projeto de CPC, art. 327, § 4º.

A regra sob comentário estabelece excepcionalmente o caráter de exceção da matéria de defesa processual compromisso arbitral (entenda-se convenção de arbitragem já que o art. 3º, da Lei n. 9.307/96, prescreve: "Art. 3º As partes interessadas podem submeter a solução de seus litígios ao juízo arbitral mediante convenção de arbitragem, assim entendida a cláusula compromissória e o compromisso arbitral") tornando o seu reconhecimento pelo juiz dependente da vontade do réu mediante arguição explícita em contestação. Se o réu não manifestar a sua vontade, ainda que haja convenção de arbitragem para o litígio deduzido em juízo, livre estará o magistrado para validamente atuar o seu poder jurisdicional.

Art. 302. Cabe também ao réu manifestar-se precisamente sobre os fatos narrados na petição inicial. Presumem-se verdadeiros os fatos não impugnados, salvo:

Vide Projeto de CPC, art. 329, caput

A norma jurídica contida neste art. 302 explicita um aspecto particular do ônus imposto ao réu pelo art. 300. Segundo esse, o réu deve alegar todas as defesas em contestação (princípio da concentração), inclusive as complementares, *ad eventum* (princípio da eventualidade). De acordo com o dispositivo sob comentário, o réu tem o ônus de afrontar particularmente todos os fatos alegados pelo autor, sob pena de os não afrontados serem tidos como verdadeiros pelo órgão julgador (princípio da impugnação específica dos fatos). Observe-se, por outra parte, que o ônus estabelecido não alcança as razões de direito aduzidas pelo autor, uma vez que a qualificação jurídica dos fatos é trabalho que o juiz realiza livremente segundo a sua convicção porque vigem em nosso sistema o princípio do *iura novit curia* e do *narra mihi factum, dabo tibi jus.* A regra enfocada, portanto, significa, quanto aos fatos, limite tanto à liberdade do réu sobre como se defender, como à liberdade do juiz sobre como definir o que é verdade e o que não é, salvo se ocorrer qualquer das circunstâncias elencadas a seguir.

I – se não for admissível, a seu respeito, a confissão;

Vide Projeto de CPC, art. 329, I.

A primeira exceção ao princípio da impugnação específica dos fatos encontra-se na hipótese de o direito discutido em juízo pertencer à categoria dos direitos indisponíveis, posto que só em relação a estes os fatos que lhes dão vida não se submetem à confissão (não só à confissão, mas também à renúncia, ao reconhecimento jurídico do pedido, à transação e, às vezes, à prescrição e à penhora). Sobre tais direitos, examinem-se os comentários aos arts. 82, 320, II, 333, parágrafo único, I, 347, parágrafo único, e 351.

II – se a petição inicial não estiver acompanhada do instrumento público que a lei considerar da substância do ato;

Vide Projeto de CPC, art. 329, II.

Quando a ação versa diretamente sobre ato jurídico em relação ao qual a lei considera como da sua substância o instrumento público, "nenhuma outra prova, por mais especial que seja, pode suprir-lhe a falta", diz o art. 366 (documento *ad solemnitatem* previsto pelos arts. 108 e 109 do CC). Corolário disso é que o art. 283 considera tal documento indispensável à propositura da ação. Muito bem, se a inicial for deferida a despeito da inexistência deste documento (na verdade, deveria ter sido indeferida – art. 295, VI, c/c o art. 284), o réu não se submete em hipótese alguma ao ônus da impugnação específica e, por consequência, à presunção estabelecida na parte final do *caput.*

III – se estiverem em contradição com a defesa, considerada em seu conjunto.

Vide Projeto de CPC, art. 329, III.

A exceção à aplicação do princípio do ônus da impugnação específica dos fatos prevista neste inciso se funda na ideia de impugnação implícita, não expressa, mas certa, dada a incompatibilidade lógica de um fato não impugnado com a defesa apresentada pelo réu considerado como um todo. É claro, se o sujeito passivo da ação não impugna um ou mais fatos, mas impugna outros que com este se atrelam visceralmente, não será possível concluir pela veracidade dos primeiros sem destruir *a priori* a dúvida resultante da impugnação dos segundos.

Parágrafo único. Esta regra, quanto ao ônus da impugnação especificada dos fatos, não se aplica ao advogado dativo, ao curador especial e ao órgão do Ministério Público.

Vide Projeto de CPC, art. 329, parágrafo único.

Dispensando tais pessoas do ônus da impugnação específica, nada mais faz a lei do que autorizá-las a responder genericamente ao pedido, ou seja, a contestar a ação "por negação geral". Explique-se que tal prerrogativa ou privilégio só é concedido pela circunstância de estas pessoas normalmente não conhecerem os aspectos fáticos da causa. Observe-se, e isto é importante, que curador especial, no texto, é tanto aquele previsto pelo art. 218, como aquele outro contemplado pelo art. 9º, quando tal função não é exercida pelo MP, o que acontece, como regra, hoje quando advogados são nomeados para o exercício da curatela especial. Observe-se, por outro lado, que quando o MP excepcionalmente cumpre este papel – o texto traz referência expressa –, ele o faz exatamente como quando funciona na qualidade de assistente dos incapazes (art. 82, I) ou das fundações (CC, art. 66); nunca quando intervém como *custos legis* (arts. 82, II e III, e 844, etc.). O efeito da contestação por negação geral é o de manter os fatos controvertidos e o ônus da prova sobre o autor (*v.* nota ao art. 9º, parágrafo único).

Art. 303. Depois da contestação, só é lícito deduzir novas alegações quando:

Vide Projeto de CPC, art. 330, caput

Essa regra excepciona o princípio da concentração – estabelecido pelo art. 300 – em atendimento a circunstâncias particularíssimas para as quais o sistema processual não poderia fechar os olhos. Assim, nas hipóteses elencadas a seguir, e só com base nelas, poderá o juiz admitir novas alegações do réu após o oferecimento de contestação.

I – relativas a direito superveniente;

Vide Projeto de CPC, art. 330, I.

Direito superveniente é o direito subjetivo (do autor, do réu ou de um terceiro) nascido no curso do processo, em razão de fatos ocorridos após a apresentação da contestação, e que interfere de alguma forma na relação jurídica deduzida em juízo para acertamento. Surgindo, assim, tal direito (*ius superveniens*) – que não necessariamente o juiz pode reconhecer de ofício nem é objeto de expressa previsão legal –, poderá o réu alegá-lo no processo com o fito de vê-lo reconhecido na sentença.

II – competir ao juiz conhecer delas de ofício;

Vide Projeto de CPC, art. 330, II.

A previsão contida nesse inciso se distingue da do anterior porque nela não há referência a direito. Logo, parece absolutamente certo que fatos supervenientes – cujo reconhecimento judicial possa ser feito de ofício pelo juiz – encontram-se presentes no centro dessa previsão normativa. Ora, desses fatos trata especificamente o art. 462, de sorte que ao réu será lícito alegar no curso do processo a ocorrência de fato constitutivo, modificativo ou extintivo para que o juiz o tome em consideração quando julgar a causa (aplica-se o art. 22). Nessa categoria enquadram-se também os fatos não alegados por motivo de força maior a que alude o art. 517, porque, se é possível alegá-los em apelação, é lícito alegá-los antes disso, logicamente.

III – por expressa autorização legal, puderem ser formuladas em qualquer tempo e juízo.

Vide Projeto de CPC, art. 330, III.

O inciso I fala de direito superveniente. O inciso II, por seu teor, prevê fatos supervenientes. Este inciso III, dada a maneira como se expressa, admite tanto direito como fatos, quer ligados ao mérito como nas hipóteses anteriores, quer ligados ao contexto estritamente processual. Em qualquer tempo e juízo alegam-se: a prescrição (CC, art. 193), a incompetência absoluta (art. 113), a nulidade absoluta (art. 245, parágrafo único), o impedimento do juiz (art. 134), etc.

Seção III
Das Exceções

Formalmente falando, exceção é modalidade de resposta do réu, ao lado da contestação e da reconvenção (art. 297), da impugnação ao valor da causa (art. 261), da nomeação (art. 62), da denunciação (art. 70), do chamamento (art. 77), etc. Substancialmente falando, exceção é matéria de defesa processual não conhecível de ofício pelo juiz. As exceções aqui disciplinadas são também denominadas exceções rituais porque o seu exercício depende de rito apropriado que tem lugar paralelamente ao processo.

Art. 304. É lícito a qualquer das partes arguir, por meio de exceção, a incompetência (art. 112), o impedimento (art. 134) ou a suspeição (art. 135).

Via de regra, o direito de excepcionar por incompetência (a relativa – art. 112) é exercitado pelo réu, assumindo a exceção a forma de resposta (art. 297). Dizendo, contudo, o dispositivo que qualquer das partes pode valer-se da exceção, é curial que, excepcionalmente, poderá ocorrer de o autor se utilizar da faculdade, como aconteceria se, após julgada procedente a exceção do réu, os autos fossem remetidos (art. 311) a juiz errado; o autor, então, excepcionaria. Observe-se que ainda é possível cogitar de exceção de incompetência pelo autor – mas, é claro, também pelo réu – na hipótese do art. 87, *in fine*, quando, então, a exceção tem por objeto, de forma excepcional, incompetência absoluta. Quanto às exceções de impedimento ou suspeição, sem dúvida nenhuma, autor e réu indistintamente as utilizam.

Art. 305. Este direito pode ser exercido em qualquer tempo, ou grau de jurisdição, cabendo à parte oferecer exceção, no prazo de 15 (quinze) dias, contado do fato que ocasionou a incompetência, o impedimento ou a suspeição.

A regra aparentemente contradiz o disposto no art. 297. Trata-se, na verdade, de dois termos *a quo* diferentes, porque duas são as hipóteses: o art. 297 é aplicado (exceção no prazo de resposta) se a incompetência, a suspeição ou o impedimento é preexistente, isto é, se já era conhecido ao tempo do oferecimento da resposta; este art. 305 se aplica (exceção em quinze dias do fato – melhor, da ciência do fato) se o fundamento dessa defesa é superveniente, ou seja, é posterior ao momento da resposta.

Parágrafo único. Na exceção de incompetência (art. 112 desta Lei), a petição pode ser protocolizada no juízo de domicílio do réu, com requerimento de sua imediata remessa ao juízo que determinou a citação.

O parágrafo único que nos ocupa – criação da Lei n. 11.280/2006 (Reforma do Processo Civil) – tem clara inspiração no princípio da economia processual e representa um avanço em termos de comodidade para o réu que pretende opor exceção de incompetência (ou exceção declinatória de foro). Com efeito, se, no regime anterior, o réu, uma vez citado, tinha de se deslocar (ele próprio ou um advogado) até a sede do juízo onde tramitava o processo para poder protocolizar a petição inicial da exceção (art. 307), deslocamento que sempre envolvia dispêndio de tempo e de dinheiro, a partir de maio de 2006, todo esse trabalho desaparece pela facilidade instituída no texto em epígrafe que autoriza o demandado a ir ao fórum da sua comarca (ou ao da sua capital ou do seu foro regional, na Justiça Federal) e ali protocolar a exceção, com o requerimento de que a petição seja imediatamente remetida ao juízo da causa (localizado, às vezes, a centenas de quilômetros dali) que ordenou o ato citatório; o sistema de "protocolo integrado" viabiliza a remessa imediata exigida pelo novo dispositivo. Observe-se que a facilitação instituída significa o cumprimento da ideia básica em que se funda o art. 94, *caput*, qual seja, a de que o demandado, em regra, deve litigar em seus domínios; o não deslocamento do réu ao foro, ao qual o autor equivocadamente se dirigiu, concretiza a expectativa de justiça do art. 94, representando o presente parágrafo único, por isso, avanço que merece aplausos. Note-se, por fim, que a novidade estabelecida não interfere em nada no restante da disciplina do processamento da exceção de incompetência (arts. 304 a 311) (texto de acordo com a Lei n. 11.280/2006).

Art. 306. Recebida a exceção, o processo ficará suspenso (art. 265, III), até que seja definitivamente julgada.

Por recebimento da exceção entenda-se oferecimento ou apresentação, uma vez que é da prática deste ato que fica automaticamente suspenso o processo (art. 265, III), o que significa o imediato sobrestamento do prazo para outras respostas (contestação, reconvenção, etc.). Por exceção definitivamente julgada – termo *ad quem* do prazo de suspensão – entenda-se a intimação da decisão interlocutória de improcedência proferida pelo órgão monocrático ou intimação do recebimento pelo outro juiz, se procedente (na exceção de incompetência), ou intimação do acórdão (nas exceções de impedimento ou suspeição). Observe-se que só o acórdão e não a decisão do juiz corresponde realmente a julgamento definitivo. Examinem-se, ainda, os arts. 180, 266, 497 e 791, II.

Subseção I
Da Incompetência

Exceção de incompetência (ou *exceptio declinatori fori*) é a modalidade de exceção ritual pela qual se argúi a incompetência relativa do juiz, isto é, aquela instituída pelo critério territorial ou pelo valor (arts. 91, 94 a 101, 102 a 107 e 111 a 114). Atente-se para o fato de que o não oferecimento de exceção provoca a prorrogação da competência (o juiz relativamente incompetente se torna competente – art. 113, § 1º).

Art. 307. O excipiente arguirá a incompetência em petição fundamentada e devidamente instruída, indicando o juízo para o qual declina.

Vide Projeto de CPC, art. 64.

Dada a circunstância de as exceções gerarem processamento em apenso (art. 299, *in fine*), é necessária a arguição da incompetência por petição autônoma em que se declarem os motivos da falta de competência (arts. 94 a 101, 102 a 107 e 219), o pedido de procedência e remessa dos autos ao juízo competente indicado (art. 311), além de rol de testemunhas (art. 312, analogicamente aplicado). Estes, os requisitos intrínsecos (*v.* nota ao Capítulo I – Da Petição Inicial). Quanto aos extrínsecos, são eles: documentos que devem acompanhar a petição para prova da incompetência e reprodução da procuração (facultativamente).

Art. 308. Conclusos os autos, o juiz mandará processar a exceção, ouvindo o excepto dentro em 10 (dez) dias e decidindo em igual prazo.

A ordem de processamento da exceção e de intimação do excepto – na pessoa do advogado pela imprensa – para resposta ("Recebo a exceção. Processe-se em apenso, intimando-se a parte contrária para responder em dez dias") tem natureza de decisão interlocutória, contudo, irrecorrível. Este prazo de dez dias para o excepto é preclusivo, não assim o outorgado ao juiz, que é impróprio (não preclusivo). Observe-se que, ainda quando a parte perca o prazo, isto não significará, por si só, a procedência da exceção, porque a matéria em discussão é de ordem pública.

Art. 309. Havendo necessidade de prova testemunhal, o juiz designará audiência de instrução, decidindo dentro de 10 (dez) dias.

A eventual necessidade de prova testemunhal decorre do fato de que, muitas vezes, não é possível comprovar documentalmente o domicílio ou a residência das partes, circunstâncias relevantes para a fixação da competência territorial (arts. 94, 96 a 98 e 100). Nesse caso, para julgar a exceção, é necessária a designação de audiência de instrução especial, seguindo-se o proferimento de decisão interlocutória, pela qual se dará pela procedência ou pela improcedência da exceção. Dessa decisão, de que cabe agravo de instrumento (arts. 162, § 2º, 522 e 524 e segs.), só constará condenação nas despesas do incidente e, nunca, em honorários (art. 20, § 1º).

Art. 310. O juiz indeferirá a petição inicial da exceção, quando manifestamente improcedente.

O indeferimento liminar da exceção (*limine* significa batente da porta; indeferimento sem prévia oitiva do excepto) não decorre apenas da hipótese prevista no texto (manifesta improcedência). Também no caso de a petição não preencher os requisitos intrínsecos do art. 307 ou ter sido apresentada fora dos prazos dos arts. 297 ou 305, a consequência é a mesma: o indeferimento liminar. Tal ato do juiz, identicamente, é decisão interlocutória atacável por agravo de instrumento (arts. 162, § 2º, 522 e 524 e segs.), da qual só pode constar condenação nas despesas do incidente, se houver (art. 20, § 1º).

Art. 311. Julgada procedente a exceção, os autos serão remetidos ao juiz competente.

A procedência da exceção significa o reconhecimento pelo magistrado de que é incompetente segundo as normas que fixam competência pelo território ou pelo valor. Logo, a consequência disso é que o juiz determina a remessa dos autos ao órgão jurisdicional que seja o competente. Como se trata de decisão interlocutória que é passível de agravo de instrumento sem efeito suspensivo (arts. 162, § 2º, 522 e 524 e segs. e 497, *in fine*), a ordem de envio dos autos deve ser cumprida assim que transcorra *in albis* o prazo de dez dias para a interposição do recurso ou após a não retratação do magistrado, que é oportunizada pelo art. 526 deste Código (*v.* Lei n. 11.419/2006, art. 12, § 2º, sobre a remessa a outro juízo de processo eletrônico).

Subseção II
Do Impedimento e da Suspeição

Vide Projeto de CPC, arts. 124 a 128 (Capítulo II – Dos Impedimentos e da Suspeição).

As exceções de impedimento ou suspeição são modalidades de exceção ritual pelas quais se argúem fatos que inibem o poder jurisdicional (art. 134) ou que geram suspeita de parcialidade do magistrado (art. 135). O procedimento para as duas é o mesmo (e diferente do da exceção de incompetência) porque nesses casos excepto é o próprio juiz e não a parte. Quanto a outros sujeitos do processo, examine-se o art. 138; em relação à execução, veja-se o conteúdo do art. 742.

Art. 312. A parte oferecerá a exceção de impedimento ou de suspeição, especificando o motivo da recusa (arts. 134 e 135). A petição, dirigida ao juiz da causa, poderá ser instruída com documentos em que o excipiente fundar a alegação e conterá o rol de testemunhas.

Vide Projeto de CPC, art. 126, caput

Para o reconhecimento da suspeição do juiz é imprescindível o oferecimento de exceção (o direito de impugnar sujeita-se à preclusão); nos casos de impedimento, a apresentação de exceção é apenas facultativa (não há preclusão, podendo a parte alegar o fato como preliminar de contestação, como objeto de petição autônoma a qualquer tempo, por recurso ou até por ação rescisória – art. 485, II). Seja como for, para a apresentação dessas exceções, a petição inicial deve obedecer aos requisitos intrínsecos referidos, além do pedido nos moldes previstos pelo art. 313, bem como o extrínseco relativo a procuração e documentos. A inicial é dirigida ao próprio juiz da causa, atente-se.

Art. 313. Despachando a petição, o juiz, se reconhecer o impedimento ou a suspeição, ordenará a remessa dos autos ao seu substituto legal; em caso contrário, dentro de 10 (dez) dias, dará as suas razões, acompanhadas de documentos e de rol de testemunhas, se houver, ordenando a remessa dos autos ao tribunal.

Vide Projeto de CPC, art. 126, § 2º.

Arguido o impedimento ou a suspeição pela via formal da exceção, duas possibilidades de conduta se abrem ao juiz excepto: ou este reconhece o fato, declarando-se impedido ou suspeito, e ordena a remessa dos autos ao seu substituto; ou recusa a arguição, apresentando no prazo legal a sua defesa escrita com rol de testemunhas e documentos, se houver, mandando que os autos da exceção subam ao tribunal que julgará o conflito na forma do seu regimento interno (art. 265, § 4º, *in fine*). Tenha-se presente que do procedimento da exceção não há lugar para a oitiva da outra parte.

Art. 314. Verificando que a exceção não tem fundamento legal, o tribunal determinará o seu arquivamento; no caso contrário condenará o juiz nas custas, mandando remeter os autos ao seu substituto legal.

Vide Projeto de CPC, art. 126, §§ 3º e 4º.

A previsão enfocada vincula-se à segunda parte do artigo anterior, ou seja, à hipótese de o juiz não reconhecer o fato alegado, apresentando sua defesa. Nesse caso não é o próprio magistrado, evidentemente, quem julga a exceção (como ocorreria na arguição de incompetência), mas o tribunal a quem está ele subordinado. Julgada improcedente a exceção por ausência ou não comprovação do impedimento ou suspeição (arts. 134 e 135), a consequência é o encerramento do incidente e o arquivamento dos autos (o mesmo ocorrerá se for reconhecida a intempestividade da arguição). Julgada procedente a exceção, o juiz é condenado nas despesas, indo os autos do processo para o substituto legal. Em qualquer caso, não há recurso contra o acórdão.

Seção IV
Da Reconvenção

Vide Projeto de CPC, art. 326.

Reconvenção é contra-ataque; é a ação de conhecimento incidente que o réu move ao autor no mesmo processo, dada a sua conexão com a causa principal (*reconventio*, etimologicamente, significa "citação em sentido contrário", "voltar-se contra o autor na justiça" – Pontes de Miranda). A reconvenção faz nascer uma nova relação processual (envolvendo réu-reconvinte, juiz e autor reconvindo) que se desenvolve obedecendo ao procedimento em curso e que, por isso, termina pelo proferimento da sentença única com o julgamento das duas causas, a ação e a reconvenção (art. 318).

Art. 315. O réu pode reconvir ao autor no mesmo processo, toda vez que a reconvenção seja conexa com a ação principal ou com o fundamento da defesa.

O momento oportuno para a apresentação da reconvenção – que depende de petição autônoma (art. 299 c/c o art. 282) – é o do oferecimento da resposta (art. 297, aplicados os arts. 188 e 191). Quanto à sua admissibilidade, além de se exigir idêntica competência (art. 109) e adequação do procedimento (art. 292, § 1º, III, por analogia), a reconvenção depende de conexão: com a ação principal pela causa de pedir (em uma ação divisória, o réu pede a venda do bem comum; em uma ação de cobrança, o réu pede a anulação do contrato; em uma ação para entrega da coisa, o réu pede o pagamento do saldo); com a ação principal pelo pedido (em uma ação de cobrança, o réu reconvém para cobrar dívida fundada em outro contrato; em uma ação de separação judicial por abandono, a mulher reconvém para pedir a mesma separação por adultério); com o fundamento da defesa (em uma ação de cobrança, o réu reconvém para alegar compensação; em uma ação para reconhecimento de servidão, o réu reconvém para reivindicar o imóvel; em uma ação de despejo, o réu reconvém para pedir a retenção do imóvel).

Parágrafo único. Não pode o réu, em seu próprio nome, reconvir ao autor, quando este demandar em nome de outrem.

A regra significa a proibição da reconvenção quando o autor é substituto processual de alguém, isto é, quando o autor move ação com legitimação extraordinária exclusiva, ou concorrente, não figurando no processo, assim, o titular do direito discutido. É o que acontece, *v. g.*, na hipótese de ação proposta pelo condômino ou pelo sócio em substituição ao condomínio ou à sociedade anônima (art. 21, parágrafo único, da Lei n. 4.591/64; art. 159, § 3º, da Lei n. 6.404/76), caso em que o réu não pode reconvir porque no processo não está presente o titular do direito. Sobre substituição processual, examinem-se, ainda, os arts. 6º e 9º.

Art. 316. Oferecida a reconvenção, o autor reconvindo será intimado, na pessoa do seu procurador, para contestá-la no prazo de 15 (quinze) dias.
Vide Projeto de CPC, art. 326, caput

Apresentada a reconvenção e recebida pelo juiz (com a ordem de processamento e comunicação ao distribuidor para anotação – art. 253, parágrafo único), determinará o magistrado, ato contínuo, a citação do autor-reconvindo, na pessoa do seu advogado, por publicação pela imprensa. Quer dizer, trata-se de citação mesmo (ato de chamamento do sujeito passivo para se defender), mas que é realizada com a forma de intimação (daí a referência legal à intimação). Não contestada a reconvenção, sujeitar-se-á o autor-reconvindo aos efeitos da revelia (art. 319), exceto se os fatos e os fundamentos jurídicos apresentados na inicial da ação representarem por si só contrariedade explícita ou implícita ao pedido reconvencional. Observe-se, por fim, que a alusão à contestação no texto não deve induzir o intérprete a negar a licitude do oferecimento de reconvenção à reconvenção (contestação nesse contexto é sinônimo de resposta). Contra o ato que não admite a reconvenção, cabe agravo de instrumento.

Art. 317. A desistência da ação, ou a existência de qualquer causa que a extinga, não obsta ao prosseguimento da reconvenção.

Vide Projeto de CPC, art. 326, § 2º.

Ação e reconvenção, embora conexas, são causas que podem ser apreciadas isoladamente pelo órgão jurisdicional, de sorte que o desaparecimento de uma não interfere no julgamento da outra. A extinção do processo sem julgamento de mérito em relação exclusivamente à ação por qualquer fundamento (art. 267) não significa, portanto, nenhum óbice ao julgamento da reconvenção e vice-versa. Essa extinção parcial ocorre normalmente no saneamento do processo (art. 329 c/c o art. 331), o que dá ao ato de extinção a natureza de decisão interlocutória (art. 162, § 2º) atacável por agravo de instrumento (arts. 522 e 524 e segs.). Cientificamente, isso se explica pelo fato de que reconvenção e ação correspondem a duas relações processuais distintas e, uma vez que apenas uma é encerrada, o processo não se extingue porque uma relação sobrevive, o que significa, formalmente falando, a sobrevida do procedimento (processo é sinônimo de relação jurídica e procedimento). Daí a natureza não sentencial do ato (*v.* nota ao art. 162, § 1º).

Art. 318. Julgar-se-ão na mesma sentença a ação e a reconvenção.

Se a reconvenção é ação incidente que se processa nos mesmos autos (art. 299) é porque a lei deseja que as duas relações se expressem por meio do mesmo procedimento, o que significa, em última análise, que também o último ato do procedimento em primeiro grau seja único: a sentença. Assim, do relatório constará a história relevante da ação e da reconvenção (art. 458, I); quanto à fundamentação, nada impede que o magistrado entrelace argumentos fáticos e jurídicos de uma e outra sem separação formal (art. 458, II); e finalmente, no que concerne ao dispositivo, é recomendável que o juiz apresente julgamento explícito e discriminado dos pedidos (art. 458, III). Observe-se, outrossim, que não há obstáculo ao julgamento antecipado da lide (art. 330) se as duas causas (ação e reconvenção) encontrarem-se identicamente maduras para receber tal julgamento.

CAPÍTULO III
DA REVELIA

Vide Projeto de CPC, arts. 331 a 333 (Capítulo VII – Da Revelia).

Revelia (de *rebellis,* rebeldia) é o estado de contumácia do sujeito passivo do processo, a situação de inércia do réu quanto ao exercício do direito de defesa. A revelia não é pena, portanto, mas simplesmente o estado jurídico decorrente da não apresentação de defesa e que gera efeitos processuais e materiais. Observe-se que, frente ao disposto no inciso II do art. 273 e à modificação introduzida na disciplina da tutela antecipada em 2002 (art. 273, § 6º – incontrovérsia do pedido, *v.* nota), a revelia foi revalorizada como verdadeira estratégia do réu, porque entre abusar do direito de defesa (art. 273, II) ou, contestando, tornar incontroverso total ou parcialmente o pedido (art. 273, § 6º), é melhor ficar revel, o que desencadeia apenas o julgamento antecipado da lide que é atacável com apelação de duplo efeito, em regra.

Art. 319. Se o réu não contestar a ação, reputar-se-ão verdadeiros os fatos afirmados pelo autor.

Vide Projeto de CPC, art. 331.

O dispositivo institui os efeitos materiais que normalmente defluem do estado processual da revelia. Dizemos "normalmente" porque nem sempre eles se verificam (*v.* art. 320), o que mostra que revelia e efeitos da revelia não se confundem. A presunção de veracidade dos fatos alegados, embora a lei não diga expressamente, é relativa, o que significa dizer que o juiz poderá não levá-la em conta caso tenha dúvidas decorrentes de documentos ou outras provas dos autos ou, simplesmente, decorrentes da falta de verossimilhança dos fatos alegados. Presentes tais dúvidas no espírito do juiz, pode este, a despeito da revelia e do disposto neste artigo, sanear o processo e designar audiência para que o autor faça prova oral dos fatos aduzidos. Pode, ainda, determinar a produção de outras provas de ofício (art. 130). Em princípio, quaisquer demandas admitem os efeitos da revelia, salvo se o direito discutido é indispensável.

Art. 320. A revelia não induz, contudo, o efeito mencionado no artigo antecedente:

Vide Projeto de CPC, art. 332, caput

A regra estabelece, para os casos que menciona, a não incidência dos efeitos materiais da revelia. Atente-se para a circunstância de que nas hipóteses aqui previstas nenhuma liberdade de convicção é dada ao magistrado; embora haja revelia não há efeitos, porque a lei assim determina. O dispositivo representa, destarte, a pura e absoluta eliminação da presunção instituída pelo art. 319 quando qualquer das seguintes situações se verificar.

I – se, havendo pluralidade de réus, algum deles contestar a ação;

Vide Projeto de CPC, art. 332, I.

Pluralidade de réus, no texto, é sinônimo de litisconsórcio passivo (*v.* nota ao título da Seção I, do Capítulo V, do Título II, deste Livro I). Como o vínculo litisconsorcial pode assumir naturezas diferentes, é preciso distinguir: se o litisconsórcio é comum (*v.* nota ao art. 48), isto é, se o que o caracteriza é a independência entre os litigantes, é óbvio que o presente inciso não se aplica; agora, se o litisconsórcio é unitário (*v.* nota ao art. 47), fica coerente a ideia de que a contestação de um beneficia a todos por causa da incindibilidade da relação jurídica que o caracteriza.

II – se o litígio versar sobre direitos indisponíveis;

Vide Projeto de CPC, art. 332, II.

Direitos indisponíveis são aqueles direitos cuja realização interessa à própria sobrevivência e manutenção da sociedade, à própria existência do Estado, embora seus titulares sejam particulares (direitos de família, direitos da personalidade, etc.). Os direitos públicos, como regra geral, são indisponíveis (direito administrativo, penal, previdenciário). Direitos indisponíveis, tecnicamente, são os que encontram regramento jurídico nas chamadas leis de ordem pública e cujas características básicas são as seguintes: inalienabilidade, intransigibilidade, irrenunciabilidade, impenhorabilidade, não sujeição a reconhecimento jurídico no processo e à confissão e realizabilidade obrigatória em muitos casos (daí a outorga de legitimação ativa ao MP para a propositura de ação – art. 81).

III – se a petição inicial não estiver acompanhada do instrumento público, que a lei considere indispensável à prova do ato.

Vide Projeto de CPC, art. 332, III.

A previsão legal diz respeito àquelas situações em que a lei considera o instrumento público como da substância do ato, como sói acontecer na hipótese de atos traslativos de direitos reais imobiliários e pactos antenupciais (CC, arts. 108, 109, 1.640, parágrafo único, e outros). Toda vez, assim, que tais atos forem causa de pedido declaratório, condenatório ou constitutivo positivo ou negativo, o instrumento público passa à condição de documento indispensável à propositura da ação (arts. 283 e 284). De outra parte, se o ato que depende de instrumento público não corresponde à causa de pedir, mas apenas a mais um fato a ser discutido, quanto a ele a revelia não induz efeito algum. Se, contudo, apesar da sua ausência, a inicial foi despachada, e ordenada a citação do réu, a revelia deste não gera efeitos quanto a tais atos (art. 302, II). Examine-se, ainda, o art. 366.

Art. 321. Ainda que ocorra revelia, o autor não poderá alterar o pedido, ou a causa de pedir, nem demandar declaração incidente, salvo promovendo nova citação do réu, a quem será assegurado o direito de responder no prazo de 15 (quinze) dias.

A proibição estampada neste dispositivo visa, em primeiro lugar, a resguardar a integridade do patrimônio jurídico do réu revel contra a possibilidade de este sofrer ação declaratória incidental (arts. 5º e 325) pelo simples fato de o autor saber de antemão que o réu não se defenderá; em segundo, a explicitar, para o caso de revelia, vedação já estabelecida genericamente pelos arts. 264 e 294. A regra é estabelecida em homenagem ao princípio e à garantia do contraditório.

Art. 322. Contra o revel que não tenha patrono nos autos, correrão os prazos independentemente de intimação, a partir da publicação de cada ato decisório.

Vide Projeto de CPC, art. 333, caput

Declarada a revelia do sujeito passivo, desencadeia-se automaticamente o efeito processual previsto no texto: fluência de prazos sem necessidade de intimação, observado o que dispõe o art. 184. Saliente-se, por outro lado, que o dispositivo sob enfoque – alterado em sua redação pela Lei n. 11.280/2006 que também lhe subtraiu a antiga previsão final para criar um novo parágrafo único – estabelece duas novidades correspondentes a duas explicitações que são inseridas na disciplina da revelia, na tentativa de dissipar dúvidas surgidas no regime anterior. A primeira delas se revela na previsão "[...] o revel que não tenha patrono nos autos [...]" e cujo significado é o seguinte: se a revelia é decretada, mas o réu tem advogado constituído nos autos (como nos casos de desentranhamento de contestação intempestiva ou oferecimento exclusivo de reconvenção), os prazos contra o revel dependem sim para fluir da intimação deste, exatamente como ocorreria se ele não fosse revel (a constituição e a presença do advogado demonstram inequivocamente o desejo do réu de participar, apesar da revelia, o que justifica a mudança empreendida); a nova previsão dissipa dúvida e incrementa segurança jurídica, razão por que é bem-vinda. Quanto à segunda, expressa na frase "[...] a partir da publicação de cada ato decisório", significa que tornado público o ato judicial, vale dizer, presente nos autos a sentença, a decisão ou o despacho devidamente assinado e datado, aperfeiçoada está a publicação de que cogita o texto, fenômeno que não se confunde, em absoluto, com a publicação da intimação a que o dispositivo se refere singela e genericamente como "intimação". A novidade é boa, porque espanca dúvida do regime anterior se interpretada devidamente, mas o texto poderia ter sido melhor como aconteceria se dele constasse: "a partir da publicação, entendida como a presença nos autos de cada ato judicial".

Parágrafo único. O revel poderá intervir no processo em qualquer fase, recebendo-o no estado em que se encontrar.

Vide Projeto de CPC, art. 333, parágrafo único.

O presente parágrafo único – instituído pela Lei n. 11.280/2006 – corresponde a mero desmembramento do antigo art. 322 que, em sua parte final, previa justamente a mesma coisa. Veja-se que a razão de tal desmembramento se funda apenas na conveniência organizacional de tratar em um dispositivo (no *caput*) o primeiro efeito processual da revelia (a dispensa da intimação para a fluência de prazos) e em outro (neste parágrafo) o segundo efeito, que é o recebimento do processo no estado em que se encontra em caso de ingresso posterior do revel. Quanto ao significado deste segundo efeito processual, o que precisa ser dito é que intervindo posteriormente no feito, nenhum ato passado é repraticado, porém, deste momento para a frente, abre-se para o revel o direito de praticar todos os atos que o procedimento ainda lhe permita (na especificação, pedir audiência com vistas a ouvir testemunhas em contraprova; agravar do saneamento; indicar assistente e formular quesitos; arrolar testemunhas; juntar documentos; contraditar; reperguntar e debater em audiência; apelar ou contra-arrazoar apelação ou outro recurso).

CAPÍTULO IV
DAS PROVIDÊNCIAS PRELIMINARES

Vide Projeto de CPC, arts. 334 a 339
(Capítulo VIII – Das Providências Preliminares e do Saneamento).

Providências preliminares são determinadas medidas que o magistrado é chamado a tomar imediatamente após vencido o prazo de resposta – tenha esta sido apresentada ou não – e que se fundam principalmente na necessidade de se manter o processo aquecido pelo contraditório. As providências preliminares correspondem à primeira etapa da fase de saneamento (fase ordinatória ou fase das providências preliminares), fase esta que se completa com o ato de saneamento que normalmente se pratica na audiência preliminar do art. 331 (§ 2º). Se ocorrer a extinção do processo (art. 329) ou o julgamento antecipado (art. 330), isto significa que a fase de saneamento se encerrou com o cumprimento referido na parte inicial do art. 328.

Art. 323. Findo o prazo para a resposta do réu, o escrivão fará a conclusão dos autos. O juiz, no prazo de 10 (dez) dias, determinará, conforme o caso, as providências preliminares, que constam das seções deste Capítulo.
Vide Projeto de CPC, art. 334.

Por uma questão lógico-temporal as providências preliminares devem ser apresentadas na seguinte ordem: primeira, oportunidade para réplica em caso de preliminares (art. 327, 1ª parte, c/c o art. 301); segunda, oportunidade para réplica em caso de exceções substanciais (art. 326); terceira, suprimento de nulidades ou irregularidades (art. 327, 2ª parte); e quarta, oportunidade para especificação de provas (art. 324). A quinta, que, segundo o texto legal, seria a declaração incidente, não é providência preliminar (*v.* art. 325)

Seção I
Do Efeito da Revelia

Vide Projeto de CPC, arts. 335 e 336 (Seção I – Da Não Incidência dos Efeitos da Revelia).

A providência preliminar prevista nessa Seção (art. 324) corresponde a mais um efeito processual da revelia ao lado daqueles disciplinados pelos arts. 321 e 322 já comentados. Fala-se aqui de providência preliminar, pois o efeito se identifica justamente com uma medida que é dado ao juiz tomar.

Art. 324. Se o réu não contestar a ação, o juiz, verificando que não ocorreu o efeito da revelia, mandará que o autor especifique as provas que pretenda produzir na audiência.
Vide Projeto de CPC, arts. 335 e 336.

A previsão legal literalmente interpretada é restritiva ao extremo: só tem cabimento a medida se houver revelia sem efeitos (art. 320). Por causa disso, tem-se interpretado o dispositivo liberalmente, de sorte a exigir-se a providência de especificação em toda e qualquer hipótese, mesmo quando não ocorra revelia. Tal forma de interpretação afigura-se-nos de todo acertada: a especificação permite que as partes (e não só o autor) digam exatamente o que pretendem em termos probatórios, o que significa relevante contribuição para a formação do convencimento do órgão jurisdicional a respeito do julgamento conforme o estado (arts. 329 a 331). A oportunidade de especificação tem natureza de despacho de mero expediente (art. 162, § 3º), sendo, por isso, ato judicial irrecorrível.

Seção II
Da Declaração Incidente

A ação declaratória incidental não é providência preliminar, mas a oportunidade dada ao autor, *ex vi legis,* de intentar demanda incidente logo após a contestação da ação. Portanto, declaração incidente não é medida que o magistrado tome, mas simplesmente um pedido que é dado ao sujeito ativo deduzir nesse instante do *iter* procedimental. Por causa da identidade de momentos em relação à prática desses atos (providências preliminares e declaração incidente) é que a lei trata aqui desse assunto.

Art. 325. Contestando o réu o direito que constitui fundamento do pedido, o autor poderá requerer, no prazo de 10 (dez) dias, que sobre ele o juiz profira sentença incidente, se da declaração da existência ou da inexistência do direito depender, no todo ou em parte, o julgamento da lide (art. 5º).

Este artigo disciplina especificamente a dedução de ação declaratória incidental pelo autor, enquanto o art. 5º regulamenta a mesma ação de forma genérica, o que permite a propositura pelo réu. São requisitos da declaração incidente: *a*) o pedido deve versar sobre relação jurídica e não fato; *b*) a relação jurídica precisa ter se tornado controvertida pela contestação; *c*) a relação jurídica precisa ser prejudicial (*v.* notas ao art. 265, IV); *d*) o juiz há de ser competente para a causa incidente. O autor tem dez dias da intimação da contestação para promover a demanda incidente, sob pena de preclusão; tal prazo é contado como qualquer outro prazo processual (art. 184). A citação para a declaratória é feita na pessoa do advogado pela imprensa, e o prazo de defesa é de quinze dias. Quanto à sentença que a lei diz "incidente", entenda-se apenas que a decisão da declaratória estará embutida na sentença única do processo; não tem o menor cabimento a ideia de que uma sentença autônoma deva ser proferida (*v.* nota ao art. 5º e remissões respectivas).

Seção III
Dos Fatos Impeditivos, Modificativos ou Extintivos do Pedido

Vide Projeto de CPC, art. 337

(Seção II – Do Fato Impeditivo, Modificativo ou Extintivo do Direito do Autor).

A providência preliminar em questão concerne à necessidade de tornar efetivo o contraditório (a ciência e a oportunidade de impugnação) sobre fato novo deduzido por meio da peça contestatória. A medida judicial aqui instituída se traduz formalmente no despacho de vista ao autor que consubstancia a oportunidade de réplica outorgada a esse.

Art. 326. Se o réu, reconhecendo o fato em que se fundou a ação, outro lhe opuser impeditivo, modificativo ou extintivo do direito do autor, este será ouvido no prazo de 10 (dez) dias, facultando-lhe o juiz a produção de prova documental.

Vide Projeto de CPC, art. 337.

Os fatos extintivos, modificativos ou impeditivos correspondem às chamadas defesas de mérito indiretas ou exceções substanciais (*v.* referência à classificação completa das defesas na nota ao Capítulo II – Da Resposta do Réu). Fatos extintivos são a decadência, a prescrição, o pagamento, a remissão, o desaparecimento da coisa. Modificativos são a novação, a prorrogação contratual, a alteração contratual. Impeditivos são a retenção por benfeitorias, a *exceptio non adimpleti contractus*, a compensação, a incapacidade absoluta, a simulação, a nulidade do ato jurídico. Basta a alegação de qualquer desses fatos – ou outros que na classificação se enquadrem – para que nasça o dever do juiz, sob pena de nulidade do processo, de abrir vista da contestação ao autor para réplica pelo prazo de dez dias, facultando-lhe prova documental, já que fica invertido o ônus probatório (art. 333, II). Na prática, é notado o mau costume de se abrir vista ao autor sempre que haja oferecimento de contestação, o que está errado levando em conta o estabelecimento do desequilíbrio da relação processual pela maior oportunidade de fala ao autor (duas vezes contra uma do réu), sem necessidade.

Seção IV
Das Alegações do Réu

Vide Projeto de CPC, arts. 338 e 339 (Seção III – Das Alegações do Réu).

A *ratio* da primeira providência preliminar prevista pelo art. 327 (parte inicial) é exatamente a mesma da anterior, vale dizer, a necessidade de permitir o contraditório quando o réu alegue fato novo. A segunda medida (art. 327, *in fine*), por outro lado, concerne à necessidade de o juiz realizar a atividade saneadora do processo que é concentrada nesse momento (tal atividade é parte da fase de saneamento, fase essa que se encerra pelo ato formal chamado saneamento – art. 331, *caput* e §§ 2º e 3º).

Art. 327. Se o réu alegar qualquer das matérias enumeradas no art. 301, o juiz mandará ouvir o autor no prazo de 10 (dez) dias, permitindo-lhe a produção de prova documental. Verificando a existência de irregularidades ou de nulidades sanáveis, o juiz mandará supri-las, fixando à parte prazo nunca superior a 30 (trinta) dias.

Vide Projeto de CPC, arts. 118, caput *e IX, 328, 338 e 343.*

A obrigatória oportunidade que o magistrado deve dar ao autor para réplica decorre da simples presença na contestação das chamadas preliminares ao mérito arroladas pelo art. 301 (idêntica solução se impõe se o autor-reconvindo alegar qualquer delas em defesa ou discutir a admissibilidade da reconvenção – art. 315); sobre a classificação das preliminares, examine-se a nota ao Capítulo II – Da Resposta do Réu. Transcorrido o prazo para a réplica – tenha essa sido apresentada ou não –, outra providência preliminar é chamado o juiz a proferir, com o que o saneamento do processo (atividade e não ato) se viabiliza: o suprimento de irregularidades e nulidades saneáveis. É nesse momento que o juiz ordena de ofício, *v. g.*, a regularização da representação, o recolhimento de custas faltantes, a comunicação ao distribuidor, a juntada de documento indispensável, a abertura de vista ao MP ou, ainda, decide positivamente a respeito de denunciação da lide, chamamento ao processo, nomeação à autoria, oposição, pedido de assistência, citação de litisconsorte necessário. Se a decisão é negativa, o juiz normalmente a toma quando profere o ato saneamento (art. 331, § 2º).

Art. 328. Cumpridas as providências preliminares, ou não havendo necessidade delas, o juiz proferirá julgamento conforme o estado do processo, observando o que dispõe o capítulo seguinte.

Vide Projeto de CPC, art. 339.

O cumprimento das providências preliminares determina o encerramento da primeira etapa da fase de saneamento do processo; o não cumprimento pode gerar a extinção sem julgamento do mérito, ato que já corresponderá à etapa subsequente, que é a do julgamento conforme o estado (art. 267 c/c o art. 329). Passa-se também a esta segunda etapa quando não há necessidade de providências preliminares, diz a lei, como acontece se o réu não alegar preliminares, nem defesas de mérito indiretas, e a isso se somar a ausência de irregularidades. Não é bem assim: a providência correspondente à oportunidade para especificação sempre tem lugar, dada a interpretação liberal conferida ao art. 324 (*v.* nota). Em suma, cumpridas as providências, ou a providência do art. 324, apto está o magistrado a proferir o julgamento conforme o estado.

CAPÍTULO V
DO JULGAMENTO CONFORME O ESTADO DO PROCESSO

Vide Projeto de CPC, arts. 340 a 343
(Capítulo IX – Do Julgamento Conforme o Estado do Processo).

O julgamento conforme o estado, sob a forma de audiência preliminar (art. 331), corresponde à segunda e última etapa da fase procedimental de saneamento; sob a forma de extinção do processo (art. 329) ou julgamento antecipado (art. 330), é ato da fase decisória do processo de conhecimento, posto que a fase de saneamento (ou ordinatória) terá sido encerrada com o cumprimento das providências referido no art. 328. Trata-se de instituto novo e muito mais abrangente do que o antigo "despacho saneador", porque permite a extinção do processo, mas também a resolução do mérito, independentemente de dilação probatória e realização de audiência (arts. 329 e 330). Se não for o caso de extinção (art. 329) ou resolução (art. 330), o juiz designa audiência preliminar na qual proferirá verbalmente, no caso de esta restar infrutífera, o ato de saneamento (art. 331, § 2º), que fecha a fase de saneamento e abre a fase instrutória.

Seção I
Da Extinção do Processo

Vide Projeto de CPC, art. 340 (Seção I – Do Julgamento da Lide).

Essa Seção I deveria ter sido dedicada à extinção sem resolução do mérito exclusivamente (art. 267), já que as hipóteses dos incisos II a V do art. 269, referidas no art. 329, enquadram-se no instituto do julgamento antecipado da lide, que é destinado apenas às decisões de mérito. Seja como for, *habemus legis*, de sorte que extinção aqui é sinônimo tanto de sentença terminativa como de algumas definitivas.

Art. 329. Ocorrendo qualquer das hipóteses previstas nos arts. 267 e 269, II a V, o juiz declarará extinto o processo.

Vide Projeto de CPC, art. 340.

O fato de o magistrado perceber que poderá vir a extinguir o processo sem resolução do mérito não deve significar obstáculo à providência de especificação de provas, porque esta é muito útil à formação do seu convencimento a respeito da necessidade de extinção (*v.* art. 324 e nota). O mesmo raciocínio se aplica à hipótese de alegação de decadência ou prescrição (art. 269, IV). Já quanto ao reconhecimento jurídico (art. 269, II), transação (art. 269, III) e renúncia (art. 269, V), livre está o magistrado para proferir sentença homologatória assim que seja praticado qualquer desses atos, se não houver irregularidades a sanar (art. 327, *in fine*), e o ato preencher todos os seus requisitos.

Seção II
Do Julgamento Antecipado da Lide

Vide Projeto de CPC, art. 341 (Seção II – Do Julgamento Imediato da Lide).

O julgamento antecipado da lide (resolução do mérito da causa logo após a fase de saneamento, independentemente de audiência e prova oral) corresponde a uma das maiores conquistas do CPC/73, porque permite significativa economia de tempo e de atividade processual. Por outro lado, como a má utilização do instituto pode representar grande perigo ao direito de defesa e ao direito de provar, exige-se do magistrado muita cautela e responsabilidade no seu manuseio. Consignem-se algumas observações sobre a sua aplicação: julgamento antecipado é dever do juiz quando for o caso (não há nenhuma liberdade de escolha); a concordância das partes a respeito do seu cabimento é irrelevante; a determinação de especificação de provas (art. 324) não impede o julgamento antecipado; a perda do prazo para especificação nada significa identicamente; o proferimento de saneamento (art. 331) só é obstáculo ao julgamento antecipado posterior se o juiz tiver deferido prova pericial.

Art. 330. O juiz conhecerá diretamente do pedido, proferindo sentença:
Vide Projeto de CPC, art. 341, caput

Conhecer do pedido significa apreciá-lo, julgá-lo, dizer da sua procedência ou improcedência. Conhecimento direto representa, portanto, apreciação imediata independentemente de audiência e prova oral, o que se dá por meio de sentença de mérito (a que justamente enfrenta o pedido, o litígio, o direito material). Se o processo versar sobre mais de uma causa (cumulação de pedidos, declaração incidente, reconvenção, denunciação, etc.), o julgamento antecipado só tem cabimento se todas as causas estiverem maduras simultaneamente para receber apreciação de mérito; caso contrário, a solução é o saneamento (art. 331, § 2º).

I – quando a questão de mérito for unicamente de direito, ou, sendo de direito e de fato, não houver necessidade de produzir prova em audiência;
Vide Projeto de CPC, art. 341, I.

Duas hipóteses autorizadoras de julgamento antecipado estão aqui previstas. Questões de mérito exclusivamente de direito existem quando só há pontos controvertidos de direito a serem solucionados no processo, como ocorre, *v. g.*, em ação declaratória de inexistência de débito fiscal por inconstitucionalidade de lei, em ação declaratória de invalidade de cláusula contratual, ou de nulidade de ato que depende de escritura pública. Haverá, ainda, julgamento antecipado no caso de pendência de questões fáticas se não for preciso produzir prova oral em audiência (fundamentalmente prova testemunhal) para a sua apreciação. Toda vez que os fatos relevantes da causa não dependerem de prova (art. 334), e/ou estiverem provados documentalmente sem impugnação (art. 372), caberá o julgamento antecipado. Se o juiz tiver dúvida em seu espírito sobre a necessidade de prova testemunhal, a solução deverá ser a designação de audiência de conciliação na qual eventualmente proferirá o saneamento do processo (art. 331, § 2º), com o que não se correrá o risco de cercear o direito de provar do autor ou o direito de defesa do réu.

II – quando ocorrer a revelia (art. 319).
Vide Projeto de CPC, art. 341, II.

A ocorrência de revelia não é, por si mesma, suficiente para autorizar o julgamento antecipado da lide: é necessário que à revelia se somem os seus efeitos (art. 320 interpretado *a contrario sensu*) e a convicção judicial de que os fatos alegados pelo autor são, pelo menos, verossímeis. Se há revelia sem efeitos ou persistem dúvidas sobre a veracidade dos fatos, pode o magistrado legitimamente – e sem possibilidade de ser censurado pelo tribunal – ordenar a realização de audiência, saneando o processo (art. 331, § 2º). O comparecimento do revel não impede o julgamento antecipado nem torna nula a sentença que tenha sido proferida.

Seção III
Da Audiência Preliminar

Vide Projeto de CPC, arts. 342 e 343 (Seção III – Do Saneamento do Processo).

Apesar do novo título desta Seção III, o ato denominado "saneamento do processo" não desapareceu. De acordo com texto reformado do art. 331, saneamento do processo é o ato do juiz, proferido verbalmente na audiência preliminar – eis a razão do novo título desta Seção III, que enfatiza sobremodo a importância da tentativa de conciliação (art. 331, § 1º) –, que declara a validade e a regularidade da relação processual, a presença das condições da ação e a imaturidade da causa para receber resolução de mérito, impelindo o feito rumo à audiência de instrução e julgamento. Observe-se que o saneamento assim previsto e integrado na audiência preliminar é um ato judicial que não se confunde com a "fase de saneamento" (arts. 323 a 328) nem com a chamada atividade de saneamento, que se concentra – sem se esgotar – na "fase de saneamento". Atente-se para a circunstância de que o ato em questão tem natureza de decisão interlocutória, daí não se tratar de mero despacho (o CPC/39 denominava atecnicamente esse ato de "despacho saneador", o que só por descuido foi repetido pelo CPC, na sua versão original, no art. 338). Observe-se, por fim, que havendo designação de audiência preliminar, esta acaba por se constituir no ato complexo que encerra a "fase de saneamento" e que inaugura a fase instrutória.

Art. 331. Se não ocorrer qualquer das hipóteses previstas nas seções precedentes, e versar a causa sobre direitos que admitam transação, o juiz designará audiência preliminar, a realizar-se no prazo de 30 (trinta) dias, para a qual serão as partes intimadas a comparecer, podendo fazer-se representar por procurador ou preposto, com poderes para transigir.

Vide Projeto de CPC, art. 342.

Inovando o procedimento ordinário, estabelece o art. 331, por seu *caput*, a audiência preliminar como ato antecedente do saneamento do processo, que passa a ser disciplinado pelo § 2º. O que se dá então, é que, toda vez que o juiz reconhecer que não é o caso de extinção do processo, nem de julgamento antecipado da lide (arts. 329 e 330), mas que a causa envolve direitos transacionáveis, deverá ele designar audiência para tentar conciliar as partes no prazo assinado no texto (se a ação versar sobre direitos que não se submetem à transação não cabe a tentativa, mas diretamente o saneamento – *v.* arts. 82 e 320, II); também não cabe a audiência preliminar na hipótese prevista na parte final do § 3º deste art. 331 (*v.* nota). Observe-se que para essa audiência serão intimadas apenas as partes, que tanto poderão se fazer representar por procurador habilitado (advogado), como por preposto, merecendo realce a circunstância disciplinar de que basta a presença de procurador habilitado, ou do preposto, para que o processo possa se encerrar por transação provocada (ou conciliação) homologada pelo juiz (arts. 269, III, e 475-N, III). Examine-se a nota ao inciso IV do art. 125. Por fim, queremos deixar consignada a nossa dúvida a respeito da eficiência dessa audiência preliminar para desafogar o Judiciário, uma vez que a figura ora instituída representa duplicação de atos, complicação, e não simplificação do procedimento. Desconfiamos, sobretudo, porque, dada a inexistência de sanção – que não poderia mesmo existir –, o réu, já em pleno clima de beligerância por causa da contestação e da réplica, e por isso mesmo não muito interessado em acordo a essa altura, com maior ou menor frequência não comparecerá à audiência. Observamos, por fim, que parece ter sido justamente essa dúvida que levou o legislador reformista a introduzir o § 3º, neste art. 331, ao qual remetemos o leitor (texto de acordo com a Lei n. 10.444/2002).

§ 1º Obtida a conciliação, será reduzida a termo e homologada por sentença.

Obtida a conciliação – porque as partes e/ou seus advogados ou prepostos compareceram à audiência preliminar designada e nela se entenderam e chegaram a acordo –, o juiz ditará ao escrivão (ou escrevente – art. 141, III) todas as condições da transação alcançada para que tudo fique reduzido a termo (termo de conciliação é o instrumento formal desta, do qual constarão o nome do juiz, o número da vara e dos autos, o tipo de ação, o nome das partes e seus advogados, bem como outros elementos identificatórios das partes). Lavrado o termo e assinado pelas partes e procuradores (ou prepostos), o acordo torna-se irretratável, ainda que por alguma circunstância o juiz ainda não o tenha homologado. O normal, contudo, é que o magistrado o homologue no ato pela aposição da sua assinatura no termo lavrado, o que o torna sentença e título executivo (arts. 269, III, e 475-N, III) (texto de acordo com a Lei n. 8.952/94).

---

§ 2º Se, por qualquer motivo, não for obtida a conciliação, o juiz fixará os pontos controvertidos, decidirá as questões processuais pendentes e determinará as provas a serem produzidas, designando audiência de instrução e julgamento, se necessário.

Vide Projeto de CPC, art. 342.

Algumas são as razões por que a tentativa de conciliação pode vir a ficar infrutífera: *a)* uma das partes não comparece, e o advogado (ou preposto) não está habilitado a transigir; *b)* a parte e o advogado (ou preposto) não comparecem; *c)* as duas partes não comparecem, e os advogados (ou prepostos) não têm poderes, ou pelo menos um; *d)* as partes e/ou os advogados (ou prepostos) comparecem, mas não chegam a acordo. Seja qual for o motivo, diz a lei inicialmente que, não obtida a conciliação, o juiz fixará os pontos controvertidos, o que significa a declaração ou referência formal, no ato de saneamento, às questões que serão objeto de atividade probatória. Nada impede que o órgão jurisdicional vincule a referência a uma ou mais questões à própria determinação de prova que o texto pouco mais abaixo exige (observe-se que o ato de fixação previsto pelo art. 451, quando praticado, o é verbalmente). Após fixar os pontos controvertidos, o juiz "decidirá as questões processuais pendentes", quais sejam: *a*) questões relativas à relação processual (art. 267, I, IV, V, VII, VIII e XI); *b*) questões relativas à ação (art. 267, VI); *c*) questões relativas ao cabimento do julgamento antecipado da lide (art. 330). Quatro observações: primeira, o juiz decidirá tais questões, afastando preliminares (*v. g.*, de inépcia, de nulidade de citação, de carência de ação), pois, se acolher pelo menos uma, o caso não será de aplicação do art. 331, mas do art. 329; segunda, o juiz deve declarar expressamente o não cabimento do julgamento antecipado (pois há necessidade de prova oral), porque, em caso contrário, ele não pratica o ato do art. 331, mas o do art. 330; terceira, falando de decisão de "questões processuais", fica incluída a controvérsia relativa à assistência judiciária, mas ficam de uma vez por todas excluídas do objeto do saneamento as questões concernentes à prescrição e decadência, que têm natureza de questões de mérito (defesas de mérito indiretas – *v.* art. 326); quarta, malgrado a omissão do texto, o ato previsto e disciplinado por este § 2º continua tendo o nome de "saneamento" – apesar de o título desta Seção III não mais fazer referência a ele também – razão pela qual, após a tomada das decisões aludidas, o magistrado deverá declarar, formalmente, saneado o processo, deferindo as provas que serão produzidas e designando audiência de instrução e julgamento, se necessário. Quanto à prova oral (depoimento pessoal e prova testemunhal), o magistrado simplesmente declarará a sua admissibilidade e deferirá de forma expressa a sua produção, ordenando ainda a intimação das partes (art. 343), se for o caso. Já no que concerne à prova pericial, cujo deferimento ou determinação é ato eventual do saneamento, é preciso esclarecer que, além da necessidade de fundamentação (art. 162, § 2º), o órgão jurisdicional nomeará o perito (indicando o seu nome completo, número de registro no órgão de classe, se houver – art. 145 e seus parágrafos –, endereço e telefone) e fixará a data para a entrega do laudo (art. 433) e os honorários provisórios a serem depositados pela parte (art. 33, parágrafo único). Por fim, ainda no mesmo ato, facultará às partes a indicação de assistente técnico e a apresentação de quesitos em cinco dias (art. 421, § 1º). Em relação à designação da audiência, é necessário consignar que tal ato tem hoje caráter facultativo (o texto diz "se necessário") e não mais natureza obrigatória, o que decorre da sensibilidade da legislação reformadora à circunstância de que no caso de deferimento de prova pericial é mais producente a não designação, desde logo, da audiência.

---

§ 3º Se o direito em litígio não admitir transação, ou se as circunstâncias da causa evidenciarem ser improvável sua obtenção, o juiz poderá, desde logo, sanear o processo e ordenar a produção da prova, nos termos do § 2º.

Dada a ineficiência revelada por esta audiência preliminar, que foi instituída pela Reforma de 1994, para fomentar a tão desejada conciliação (*v.* nossas críticas em nota ao *caput* deste art. 331), é que a Lei n. 10.444/2002 criou o presente § 3º, por meio do qual fica facultado ao juiz dispensar a audiência e sanear diretamente o processo quando "as circunstâncias da causa evidenciarem ser improvável a sua obtenção" (obtenção de acordo em audiência). Mas, afinal, que circunstâncias são essas? Passamos a elencar algumas: primeira, o autor ou o réu, espontaneamente, declara, *v. g.*, no momento da especificação de provas, que não deseja conciliação; segunda, o teor agressivo e intransigente da contestação, ou da réplica, faz supor a improbabilidade de acordo; terceira, as partes, expressamente consultadas pelo juiz sobre um possível acordo, quando da determinação de especificação (ou antes), respondem incisiva e negativamente. Pois bem, qualquer que seja a maneira pela qual o juiz perceba a improbabilidade de conciliação, a consequência é que, declarando-a nos autos, o magistrado deve passar a elaborar, por escrito, o saneamento do processo, tomando todas as decisões sugeridas pelo § 2º deste art. 331, inclusive, se for o caso, a de designar audiência de instrução e julgamento. Note-se que o saneamento por escrito tem a grande vantagem de não expor o juiz à publicidade quando do proferimento de decisões processuais às vezes tão difíceis e que, por isso, exigem meditação reservada (*v.* nota ao § 2º deste artigo). Além disso, o tempo que se economiza é fator relevante a ser considerado num quadro judiciário de excessivo volume de trabalho como o que vivemos. Muito sábia, assim, parece-nos a novidade introduzida (texto de acordo com a Lei n. 10.444/2002).

CAPÍTULO VI
DAS PROVAS

Vide Projeto de CPC, arts. 353 a 471 (Capítulo XI – Das Provas).

Procedimentalmente falando, o capítulo sob análise diz respeito à disciplina da fase instrutória ou probatória, que corresponde à terceira fase do procedimento do processo cognitivo. Antes tiveram lugar a fase postulatória, que compreende a propositura da ação com a petição inicial e a resposta do réu (Capítulos I e II), e a fase de saneamento que engloba as providências preliminares e o ato saneador (Capítulos IV e V, Seção III; nas hipóteses das Seções I e II há extinção do processo e não encerramento de fase). O termo "prova" deve ser compreendido neste Capítulo quer como o direito processual de provar – vale dizer, de persuadir, de demonstrar a veracidade de um fato –, quer como o estado psíquico de certeza estabelecido na mente do juiz sobre o fato demonstrado, ou ainda, como cada instrumento ou meio legal destinado ao convencimento do magistrado acerca de um fato. Sob o prisma do conteúdo disciplinar, este capítulo nos apresenta o regramento de três dos quatro momentos de prova: a sua admissão (arts. 342 e 443 c/c o art. 331), a sua produção (art. 336) e a sua valoração (arts. 335, 345, 359, 366, 436 e 439, parágrafo único). Apenas o primeiro momento, que é o da proposição da ação (arts. 282, III, e 300), não encontra aqui disciplina robusta (mas *v.* arts. 338, 356, III, e 396).

Seção I
Das Disposições Gerais

Vide Projeto de CPC, arts. 353 a 366 (Seção I – Das Disposições Gerais).

Art. 332. Todos os meios legais, bem como os moralmente legítimos, ainda que não especificados neste Código, são hábeis para provar a verdade dos fatos, em que se funda a ação ou a defesa.

Vide Projeto de CPC, arts. 353 e 370.

Meio de prova é o instrumento pessoal ou material que é trazido para o processo com o intuito de revelar ao juiz a veracidade de um fato. Meios legais são os disciplinados especificamente pelo CPC (depoimento pessoal, prova documental, testemunhal, pericial, etc.). Moralmente legítimos são, *v. g.*, a prova emprestada, o reconhecimento de pessoas e a reconstituição de fatos sem o rigor da inspeção judicial; moralmente ilegítimos são aqueles cuja obtenção violou a lei material ou garantia constitucional (Ada Pellegrini Grinover). Saliente-se que o art. 212 do CC prescreve: "Art. 212. Salvo o negócio a que se impõe forma especial, o fato jurídico pode ser provado mediante: I – confissão; II – documento; III – testemunha; IV – presunção; V – perícia".

Art. 333. O ônus da prova incumbe:

Vide Projeto de CPC, arts. 357, caput*, e 358.*

Ônus é o encargo processual (não é obrigação nem dever) cujo não desincumbimento acarreta um gravame previamente estabelecido. O não desincumbimento do ônus de provar, assim como regrado pelo dispositivo, gera, em tese, a perda da causa pelo não reconhecimento judicial de fato relevante (dizemos "em tese" porque a norma contida neste art. 333 não é absoluta). Observe-se que pela instituição do ônus da prova fica entregue ao juiz um critério objetivo e seguro que sempre permitirá uma solução de mérito para a causa.

I – ao autor, quanto ao fato constitutivo do seu direito;

Vide Projeto de CPC, art. 357, I.

Fato constitutivo é aquele que é apto a dar nascimento à relação jurídica que o autor afirma existir ou ao direito que dá sustentação à pretensão deduzida pelo autor em juízo. Normalmente, ao autor é atribuído o encargo de provar vários fatos constitutivos e não apenas um; tudo dependerá da maior ou menor complexidade da causa de pedir apresentada na petição inicial. Assim, exemplificativamente, tem o demandante o ônus de provar o vínculo locatício em ação de despejo, o comodato, a dependência econômica da vítima em ação indenizatória, a impotência na ação de anulação de casamento, o benefício à família em embargos de terceiro; em caso de inversão do ônus da prova, não incide o inciso I deste art. 333. A consequência do não desincumbimento do ônus da prova pelo autor é o julgamento de improcedência do pedido (*actore non probante absolvitur reus*).

II – ao réu, quanto à existência de fato impeditivo, modificativo ou extintivo do direito do autor.

Vide Projeto de CPC, art. 357, II.

A alegação de fato extintivo, modificativo ou impeditivo do direito do autor (*v.* notas ao Capítulo II – Da Resposta do Réu – e ao art. 326) pressupõe, no plano lógico, a admissão implícita ou explícita pelo réu do fato constitutivo. Eis o motivo por que incumbe ao réu provar o que alegou. Não provando este, *v. g.*, que houve pagamento (extintivo), novação (modificativo) ou exceção do contrato não cumprido (impeditivo), procedente será julgado o pedido *(allegare nihil et allegatum non probare paria sunt)*. Outros fatos ainda há cuja prova é imposta pela lei ao réu: *a*) a prova contrária de fato incompatível com o afirmado pelo autor; *b*) a negativa absoluta, quando esta negativa implica afirmação de um fato; *c*) direito municipal, estadual, estrangeiro e consuetudinário (art. 337).

Parágrafo único. É nula a convenção que distribui de maneira diversa o ônus da prova quando:

Vide Projeto de CPC, art. 359, caput *e parágrafo único.*

A regra jurídica sob enfoque, de origem italiana, tem quase ou nenhuma aplicação prática entre nós. Trata-se de disposição que faculta às partes a prática de ato dispositivo bilateral (convenção processual) sobre distribuição do ônus da prova, mas que acabou não se incorporando à mentalidade jurídico-processual de nossos advogados. Seja como for, a faculdade é limitada nas hipóteses que seguem.

I – recair sobre direito indisponível da parte;

Vide Projeto de CPC, art. 359, I.

Como visto, se o direito é indisponível (*v.* nota ao art. 320, II), os fatos que lhe dão fundamento existencial não se submetem à confissão (arts. 348 e segs.), ao reconhecimento jurídico do pedido (art. 269, II) e, por conseguinte, também não à convenção sobre ônus da prova. É que o direito indisponível importa à própria sobrevivência do Estado, de sorte que, no processo, disponibilidade não poderá haver no que concerne à sua prova.

II – tornar excessivamente difícil a uma parte o exercício do direito.

Vide Projeto de CPC, art. 359, II.

A regra significa autorização – e, mais que isso, ordem – dada pela lei ao juiz para negar homologação à convenção das partes que, distribuindo diversamente ao disposto no *caput* o ônus probatório, torne impraticável a realização da prova por alguma delas (tal verificação judicial deverá ser feita caso por caso). A regra, além de inaplicável praticamente, recebe veemente repúdio de parte considerável da doutrina.

Art. 334. Não dependem de prova os fatos:
Vide Projeto de CPC, art. 360, caput

Vista pela ótica das partes, que têm sobre si o ônus da prova, a norma em questão significa que não é preciso provar por qualquer meio os fatos elencados a seguir. Além desses, também os fatos impertinentes, bem como os irrelevantes para a causa, não dependem de prova.

I – notórios;
Vide Projeto de CPC, art. 360, I.

Fatos notórios são os fatos de conhecimento geral. A notoriedade de um fato, no entanto, comporta gradações e vai desde o conhecimento de que são possuidoras todas as pessoas do planeta, passando pelo conhecimento dos habitantes de um país, de uma região, de um Estado, de uma cidade ou mesmo de uma localidade. O fato notório não precisa ser provado e, observe-se, nada tem que ver com presunção (*v.* nota ao inciso IV deste artigo).

II – afirmados por uma parte e confessados pela parte contrária;
Vide Projeto de CPC, art. 360, II.

Confessados são os fatos alegados por uma das partes e reconhecidos explicitamente como verdadeiros pela outra – na contestação, na réplica ou em outra manifestação constante dos autos. Também a confissão judicial formal a que aludem os arts. 348 a 350 enquadra-se na previsão enfocada. Os fatos confessados não dependem de prova porque se as partes os reputam ocorridos, não é lógico que a lei e o juiz os considerem de maneira diferente. Trata-se, portanto, de limite à investigação (art. 130) e à cognição judicial (*v.* art. 131) (*v.*, ainda, art. 212, I, do CC).

III – admitidos, no processo, como incontroversos;
Vide Projeto de CPC, art. 360, III.

Incontroversos, no presente inciso, são os fatos não contestados especificamente, *ex vi* do disposto no art. 302, *in fine*, que prescreve: "[...] presumem-se verdadeiros os fatos não impugnados [...]" (as exceções estão previstas nos incisos e no parágrafo único). Nessa categoria enquadram-se, ainda, os fatos alegados pelo autor quando o réu fique revel segundo a prescrição do art. 319 (as exceções se encontram no art. 320). Distinguem-se os fatos incontroversos dos confessados porque esses são reconhecidos explicitamente, enquanto aqueles são tidos pela lei como existentes dada a atitude omissiva do réu ou do autor.

IV – em cujo favor milita presunção legal de existência ou de veracidade.
Vide Projeto de CPC, art. 360, IV.

Presunção é uma forma de raciocínio lógico por meio da qual se conclui pela ocorrência de um fato não provado ante a comprovação de um outro que recebe o nome de fato básico. Não se trata, assim, de meio de prova, mas apenas de uma forma legal de raciocínio utilizável na apreciação da prova. Se a lei estabelece presunção absoluta, não é possível prova contrária se o fato básico está provado. Já se a presunção é relativa, lícita se revela tal prova.

Art. 335. Em falta de normas jurídicas particulares, o juiz aplicará as regras de experiência comum subministradas pela observação do que ordinariamente acontece e ainda as regras da experiência técnica, ressalvado, quanto a esta, o exame pericial.
Vide Projeto de CPC, art. 361.

O art. 335 complementa a regra esculpida no art. 131 sobre a apreciação das provas, autorizando o juiz a valer-se das "regras de experiência" quando tenha de enfrentar prova indiciária (indício é a circunstância fática da qual se pode inferir a ocorrência de um fato principal com certo grau de probabilidade). As "regras de experiência comum", normas ditadas pela cultura geral do homem comum (*v. g.*, objeto queimado revela incêndio, marca de pneu mostra freada), são aplicadas na falta de regras específicas sobre prova legal (p. ex., art. 366) ou presunções legais. Nessa mesma hipótese devem ser aplicadas as "regras da experiência técnica" quando o conhecimento técnico for necessário para a valoração do fato (*v. g.*, rachadura aponta abalo, sintoma indica doença, etc.).

Art. 336. Salvo disposição especial em contrário, as provas devem ser produzidas em audiência.
Vide Projeto de CPC, art. 435, caput.

Produzir prova significa fazê-la ingressar nos autos do processo. O que a regra diz é que normalmente as provas são produzidas em audiência, o que decorre do atendimento ao princípio da imediatidade, que é expressão da oralidade (*v.* nota ao art. 132). Exceções à regra são as hipóteses de depoimento de testemunha antecipado, por carta ou fora do juízo (arts. 338, 410 e 411), apresentação de laudo pericial (art. 433) e depoimento pessoal antecipado (art. 846).

Parágrafo único. Quando a parte, ou a testemunha, por enfermidade, ou por outro motivo relevante, estiver impossibilitada de comparecer à audiên-

cia, mas não de prestar depoimento, o juiz designará, conforme as circunstâncias, dia, hora e lugar para inquiri-la.

Vide Projeto de CPC, art. 435, parágrafo único.

O depoimento antecipado ou postergado da parte ou da testemunha segundo o presente dispositivo decorre de circunstâncias que, em si mesmas, não representam perigo de não realização da prova (horário incompatível, viagem inadiável, defeito físico, idade avançada). Se tal perigo se verifica (doença grave, operação delicada), a solução é o recurso ao processo cautelar de antecipação de prova (arts. 846 e segs.). Verificada a hipótese do parágrafo, ao magistrado abrem-se duas possibilidades: ou ele marca outra data para o depoimento (antes ou depois da audiência); ou ele vai até o local onde se encontra a pessoa e lá toma o seu depoimento (no hospital, na casa de repouso, etc.).

Art. 337. A parte, que alegar direito municipal, estadual, estrangeiro ou consuetudinário, provar-lhe-á o teor e a vigência, se assim o determinar o juiz.

Vide Projeto de CPC, art. 362.

Esta norma parece expressar exceção ao princípio de que só os fatos são passíveis de prova e não o direito (*jura novit curia, narra mihi factum, dabo tibi jus*), mas, na verdade, tal não ocorre porque "o teor e a vigência" da lei são fatos. Seja como for, dada a dificuldade de o juiz conhecer toda a legislação existente, a lei impõe a prova a quem alegar direito municipal, estadual, estrangeiro e consuetudinário (quanto ao direito federal, a lei presume absolutamente que o juiz o conheça). A prova pode ser feita por meio de certidões, publicações no *Diário Oficial,* compilações legislativas reconhecidas e, no caso de direito estrangeiro, também referências expressas a textos legais em livros de doutrinadores, desde que devidamente traduzidos.

Art. 338. A carta precatória e a carta rogatória suspenderão o processo, no caso previsto na alínea *b* do inciso IV do art. 265 desta Lei, quando, tendo sido requeridas antes da decisão de saneamento, a prova nelas solicitada apresentar-se imprescindível.

Vide Projeto de CPC, art. 363, caput

A primeira regra que deflui do presente dispositivo é a de que a suspensão do processo no caso do art. 265, IV, *b* (necessidade de ser produzida prova em outro juízo), depende para se desencadear de requerimento da parte antes do saneamento (na inicial, contestação, réplica ou outra peça), mas só se opera efetivamente após proferida a dita decisão interlocutória; a suspensão implica apenas a não designação de audiência enquanto não voltar a carta precatória, rogatória (e também de ordem), enviada por iniciativa da parte. Se não houver requerimento tempestivo e for expedida carta, o não retorno desta até a data da audiência marcada só gera a possibilidade de o juiz adiá-la segundo o seu prudente arbítrio (o magistrado não tem o dever de assim agir). Já a segunda se relaciona com a alteração deste art. 338 pela Lei n. 11.280/2006 que ocorreu por três motivos: dois meramente formais e apenas um de substância. O primeiro motivo de forma foi a conveniência redacional de transformar a frase de cunho negativo em frase de caráter positivo. O segundo foi a necessidade de substituir pura e simplesmente a locução "despacho saneador" (antigo e impróprio tecnicamente) pela locução "decisão de saneamento" (moderna e tecnicamente adequada ao CPC Buzaid). Já no que concerne ao único motivo ligado à substância da regulamentação processual aqui estabelecida, o que se deve registrar é que, desde maio de 2006, já não basta requerer a expedição da carta precatória ou rogatória (também a carta de ordem) antes do saneamento, para que a parte veja assegurada a suspensão do processo no caso do art. 265, IV, *b* (que fala da necessidade de ser produzida prova em outro juízo). A parte há de demonstrar, em seu requerimento de expedição da carta, que a produção da prova solicitada é imprescindível ao julgamento do mérito, o que significa dizer que, sem tal prova (pericial, inspeção, testemunhal ou depoimento da parte) a ser realizada em outro juízo (outra comarca, seção judiciária ou juiz estrangeiro), não é possível chegar ao conhecimento da verdade de que depende a procedência ou a rejeição do pedido formulado. O reconhecimento da imprescindibilidade referida e a consequente atribuição de efeito suspensivo à carta (para impedir, na prática, a realização da audiência de instrução) é decisão interlocutória e, como tal, atacável por agravo (texto de acordo com a Lei n. 11.280/2006).

Parágrafo único. A carta precatória e a carta rogatória, não devolvidas dentro do prazo ou concedidas sem efeito suspensivo, poderão ser juntas aos autos até o julgamento final.

Vide Projeto de CPC, art. 363, parágrafo único.

O prazo a que alude a regra é o do art. 203, o fixado pelo juiz expedidor para o cumprimento da carta, com vista à tomada do depoimento. A norma, em primeiro lugar, autoriza o magistrado a designar audiência caso o prazo seja desrespeitado na hipótese de a carta ter sido expedida com efeito suspensivo (vale dizer, vencido o prazo cessa a suspensão em tese). Em segundo lugar, permite a juntada da carta a qualquer tempo, mesmo depois da audiência, da sentença ou em segunda instância (na qual se profere o "julgamento final", via de regra).

Art. 339. Ninguém se exime do dever de colaborar com o Poder Judiciário para o descobrimento da verdade.

Vide Projeto de CPC, art. 364.

O dever de colaborar com o Poder Judiciário, esculpido nessa norma jurídica, corresponde a verdadeiro dever cívico, assim como o são o serviço militar ou o serviço prestado como jurado. Ninguém pode eximir-se de tal colaboração porque a função jurisdicional é função estatal para a realização da justiça e para o reequilíbrio das relações jurídicas, importando, assim, à própria sobrevivência da sociedade. Trata-se, portanto, de dever processual de todos para com o juiz. O CPC disciplina, a cada passo, os limites desse dever (*v. g.*, os arts. 340, 341, 362 e 399).

Art. 340. Além dos deveres enumerados no art. 14, compete à parte:

Vide Projeto de CPC, art. 365, caput.

O art. 14 do CPC impõe genericamente às partes o dever de litigar com lealdade, o que deflui do princípio da probidade ou da eticidade que deve pautar toda atuação processual. A violação a esse dever gera as sanções previstas pelos arts. 16 a 18. Neste art. 340 disciplina a lei alguns deveres específicos impostos às partes.

I – comparecer em juízo, respondendo ao que lhe for interrogado;

Vide Projeto de CPC, art. 365, I.

Três deveres distintos são aqui instituídos: o dever de comparecer a juízo para prestar depoimento sobre os fatos da causa (arts. 342 e 343) cujo descumprimento gera a sanção consubstanciada na pena de confissão (art. 343, § 1º); o dever de responder ao que for perguntado no caso de comparecimento, cuja inobservância gera identicamente a aplicação da pena de confesso (art. 345); e o dever de dizer a verdade ao juiz quando interrogado. Somente este último não corresponde à sanção específica, posto que a litigância de má-fé prevista pelo art. 17 não alcança o depoimento pessoal; se alcançasse, isso representaria por si só obstáculo ao direito da parte de se defender.

II – submeter-se à inspeção judicial, que for julgada necessária;

Vide Projeto de CPC, art. 365, II.

O dever de sujeição da parte à inspeção judicial disciplinada pelos arts. 440 a 443 encontra limite nas previsões de escusa estabelecidas pelo art. 347, analogicamente aplicáveis. É que, se a parte não está obrigada a depor sobre aqueles fatos, evidentemente não pode ser forçada a se submeter a um exame que tenha por objeto a comprovação desses mesmos fatos (*v.* notas aos incisos do art. 347).

III – praticar o ato que lhe for determinado.
Vide Projeto de CPC, art. 365, III.

A determinação judicial de atos a serem praticados pelas partes tem por balizamento as autorizações legais conferidas ao magistrado para a condução do processo rumo ao seu objetivo. Em outras palavras, o juiz só pode ordenar às partes aquilo que é da vontade da lei e não da sua própria (o juiz é escravo da lei). Ilustram, assim, as determinações aqui previstas as ordens de comparecimento para interrogatório ou depoimento (arts. 342 e 343), a ordem para exibir documento ou coisa (art. 355), a ordem para comparecer para fins de acareação (art. 418, II), a ordem para exibir coisa para fins periciais (art. 420).

Art. 341. Compete ao terceiro, em relação a qualquer pleito:
Vide Projeto de CPC, art. 366, caput *e parágrafo único.*

O dever cívico de colaborar com a Justiça, genericamente imposto a todas as pessoas pelo art. 339, é aqui especificamente disciplinado. Terceiro, no texto, é toda pessoa que não tenha a qualidade de parte num determinado processo (esse conceito nada tem que ver com o conceito técnico e restrito de terceiro para fins de intervenção de terceiros – arts. 56 a 80).

I – informar ao juiz os fatos e as circunstâncias, de que tenha conhecimento;
Vide Projeto de CPC, art. 366, I.

O dever de informação imposto a qualquer terceiro se expressa tecnicamente quer pela prestação de depoimento como testemunha (arts. 400 e 405), quer pela prestação de informações por escrito ao juiz. Podem os terceiros escusar-se dessa prestação alegando a tutela jurídica do sigilo profissional (*v. g.*, do médico, do advogado, do radialista, do psicólogo) ou institucional (sigilo bancário). O próprio órgão jurisdicional dará a última palavra sobre a escusa.

II – exibir coisa ou documento, que esteja em seu poder.
Vide Projeto de CPC, art. 366, II.

A exibição de documento ou coisa por parte de terceiro pode ser solicitada por qualquer juiz, mas a imposição de uma ordem a ele depende da ação incidente prevista pelos arts. 360 a 362. Diferentemente da prestação de informações, o pleno contraditório é assegurado a todo aquele que possa vir a ser compelido judicialmente a exibir algo que lhe pertença.

Seção II
Do Depoimento Pessoal

Vide Projeto de CPC, arts. 371 a 374 (Seção IV – Do Depoimento Pessoal).

Depoimento pessoal é o meio de prova (art. 332) pelo qual se realiza o interrogatório da parte no curso do processo com o fim genérico de permitir o esclarecimento dos fatos controvertidos da causa e o fim específico de provocar a confissão. O depoimento pessoal do direito brasileiro não se confunde, em absoluto, com a figura do juramento existente, *v. g.*, na ordem jurídica italiana.

Art. 342. O juiz pode, de ofício, em qualquer estado do processo, determinar o comparecimento pessoal das partes, a fim de interrogá-las sobre os fatos da causa.

O interrogatório instituído por este art. 342 corresponde ao chamado "interrogatório livre ou informal" de origem italiana e não ao depoimento pessoal propriamente dito, que é disciplinado pelo art. 343. O interrogatório do art. 342 se distingue do depoimento pessoal porque não é produzido na audiência de instrução e julgamento e não tem o fim específico de provocar a confissão. Determinado pelo juiz, a parte contrária deve ser cientificada para poder manifestar-se no ato ou posteriormente. Observe-se, outrossim, que a faculdade do art. 342 não se destina à tentativa de conciliação entre as partes, mas tem caráter evidentemente instrutório.

Art. 343. Quando o juiz não o determinar de ofício, compete a cada parte requerer o depoimento pessoal da outra, a fim de interrogá-la na audiência de instrução e julgamento.

Vide Projeto de CPC, art. 371, caput *e §§ 3º e 4º.*

Em três momentos diferentes pode a parte requerer o depoimento pessoal da outra: na inicial ou contestação (arts. 282, VI, e 300); na especificação de provas (art. 324); ou após o saneamento, se o "juiz não o determinar de ofício" (art. 343, p. inicial). O requerimento, a que alude o artigo sob comentário, pode ser feito pela parte, em regra, até dez dias antes da audiência, por aplicação analógica do art. 407 do CPC. O fato de a parte não ter protestado (arts. 282, VI, e 300) ou especificado (art. 324) não lhe retira a faculdade do requerimento se o juiz não determinar, de ofício, o depoimento pessoal na decisão saneadora (*v.*, ainda, art. 340, I).

§ 1º A parte será intimada pessoalmente, constando do mandado que se presumirão confessados os fatos contra ela alegados, caso não compareça ou, comparecendo, se recuse a depor.

Vide Projeto de CPC, art. 371, § 1º.

Para que se aplique a pena de confissão aqui estabelecida e no § 2º, é mister, em primeiro lugar, que a parte seja pessoalmente intimada por meio de carta ou mandado (a intimação do advogado pela imprensa é irrelevante para ela); a referência a mandado no texto é meramente exemplificativa. Em segundo, é necessário que da carta ou do mandado conste expressamente a advertência mencionada, sob pena de invalidade da sanção que o magistrado venha a aplicar (art. 247).

§ 2º Se a parte intimada não comparecer, ou comparecendo, se recusar a depor, o juiz lhe aplicará a pena de confissão.

Vide Projeto de CPC, art. 371, § 1º.

A pena de confissão é aplicada, em primeiro lugar, se a parte não comparecer, desde que tenha sido intimada na forma do § 1º. Mesmo assim a presunção de veracidade não é absoluta, mas relativa: o juiz só considerará verdadeiros os fatos verossímeis e que também sejam coerentes com as demais provas já produzidas. Aplicada a pena, ficará essa sem efeito, no entanto, se o não comparecimento for cabalmente justificado mais tarde (invoca-se aqui a normatividade contida no art. 453, II). Idêntica orientação (exigência de verossimilhança e coerência) pautará o magistrado na segunda hipótese de aplicação da pena de confissão: o comparecimento com recusa de depor (*v.*, ainda, o art. 345). Se a confissão for reputada suficiente, fica o juiz autorizado a dispensar outras provas.

Art. 344. A parte será interrogada na forma prescrita para a inquirição de testemunhas.

Das regras disciplinadoras da inquirição das testemunhas (arts. 414 a 417) aplicam-se ao depoimento pessoal apenas o *caput* do art. 414 (qualificação) – o § 1º (contradita) não se aplica à parte e o § 2º (escusa) tem paralelo no art. 347 –, o art. 416, em parte (reperguntas só a parte contrária formula), e o art. 417 (redução a termo). O art. 415 é inaplicável porque a parte não presta compromisso de dizer a verdade, mas pode e deve ser informada acerca da litigância de má-

-fé e suas consequências (CPC, arts. 16 a 18). Melhor seria se a lei tivesse estabelecido expressamente neste artigo, com um texto um pouco mais longo, toda a disciplina da forma do depoimento pessoal.

Parágrafo único. É defeso, a quem ainda não depôs, assistir ao interrogatório da outra parte.

Vide Projeto de CPC, art. 371, § 2º.

Eis um aspecto diferenciado da forma da tomada do depoimento pessoal que a lei resolveu instituir explicitamente: como quem depõe em primeiro lugar é o autor (art. 452, II), no momento do seu depoimento o réu deve abandonar a sala de audiências, nela permanecendo apenas o seu advogado que, por ele, formulará reperguntas (art. 344, *caput*, c/c o art. 416, *caput*). Depondo o réu em segundo lugar e desde que o autor já prestou o seu depoimento, não é necessário que esse se retire da vara quando aquele for interrogado pelo juiz.

Art. 345. Quando a parte, sem motivo justificado, deixar de responder ao que lhe for perguntado, ou empregar evasivas, o juiz, apreciando as demais circunstâncias e elementos de prova, declarará, na sentença, se houve recusa de depor.

Vide Projeto de CPC, art. 372.

Este artigo complementa a disciplina genérica imposta pelo inciso I do art. 340, bem como o tratamento da aplicação da pena de confissão prevista pelo § 2º do art. 343. O deixar de responder é apenado porque representa manifestação presumida de vontade, como consequência do abuso do direito de silenciar (Moacyr Amaral Santos). Equipara a lei à recusa de depor o emprego de evasivas, ainda, porque tal procedimento significa intuito malicioso de desviar o juiz da verdade pela ocultação. Observe-se, por fim, que o presente artigo consubstancia norma de valoração do depoimento, posto que permite ao juiz aplicar a pena de confissão na sentença (em qualquer caso a confissão só é aplicada na sentença e não na audiência).

Art. 346. A parte responderá pessoalmente sobre os fatos articulados, não podendo servir-se de escritos adrede preparados; o juiz lhe permitirá, todavia, a consulta a notas breves, desde que objetivem completar esclarecimentos.

Vide Projeto de CPC, art. 373.

A prescrição coloca em pauta dúvida acerca do cabimento do depoimento pessoal por procuração, uma vez que se expressa dizendo que "a parte responderá pessoalmente [...]". O depoimento por procuração deve ser entendido como cabível desde que observados os seguintes requisitos: *a*) ser inútil sob o prisma probatório exigir-se a presença da parte (*v. g.*, se o representante da pessoa jurídica nada sabe; se a parte desconhece os fatos porque tudo ocorreu por meio de procurador); *b*) ter o procurador conhecimento próprio dos fatos controvertidos; *c*) ser o procurador constituído por instrumento público com poderes especiais para depor e confessar. A consulta a notas, que visa apenas a esclarecer e precisar detalhes, depende de aprovação judicial mediante apresentação e verificação do conteúdo do escrito.

Art. 347. A parte não é obrigada a depor de fatos:
Vide Projeto de CPC, art. 374, caput *e III e IV.*

O dever da parte de responder ao que lhe é perguntado – genericamente imposto pelo art. 340, I, e especificamente detalhado pelos arts. 343 e 345 – encontra limite nos fatos arrolados a seguir cuja natureza torna lícito e justificado o silêncio, posto que os valores neles envolvidos são mais preciosos do que o estabelecimento da verdade fática no processo. Quanto a esses fatos não há confissão possível, mesmo que a parte, regularmente intimada, não compareça para depor. Examine-se, ainda, o art. 229 do CC.

I – criminosos ou torpes, que lhe forem imputados;
Vide Projeto de CPC, art. 374, I.

Tem o ônus de provar fatos criminosos ou torpes quem os alega, não sendo lícito que a parte contrária, a quem, são imputados, fique exposta pelo dever de sobre eles se manifestar. Assim, dada a gravidade desses fatos, são eles excluídos do objeto do depoimento pessoal, mas não da ação da Polícia Judiciária e do MP que, todavia, atuarão fora dos limites do processo civil. Observe-se que o art. 229 do estatuto civil não faz referência a essa hipótese específica de exclusão do dever da parte de depor em juízo, aludindo genericamente a fato "a que não possa responder sem desonra própria, de seu cônjuge, parente em grau sucessível, ou amigo íntimo" e, ainda, a fato que exponha tais pessoas a "perigo de vida, de demanda, ou de dano patrimonial imediato" (art. 229, II e III, do CC).

II – a cujo respeito, por estado ou profissão, deva guardar sigilo.
Vide Projeto de CPC, art. 374, II.

O exercício de determinadas profissões, tais como as de advogado, médico, psicólogo, jornalista, radialista, pastor, padre, etc., que dependem de absoluta confiança, traz à luz o conhecimento de fatos que precisam permanecer sob o manto do sigilo, sob pena de descrédito e imprestabilidade social desses ofícios. Daí a lei material e processual resguardá-los. Idêntico raciocínio se aplica às informações e fatos que vêm à tona por causa do íntimo relacionamento afetivo que o casamento ou o parentesco estabelece entre as pessoas. Note-se que o art. 229, I, do estatuto civil estabelece idêntica previsão.

Parágrafo único. Esta disposição não se aplica às ações de filiação, de desquite e de anulação de casamento.

Vide Projeto de CPC, art. 374, parágrafo único.

Tendo em vista a enorme relevância para o Estado e para a sociedade que os direitos envolvidos em causas relativas à filiação (investigação de paternidade, negatória de maternidade, etc.), desquite (hoje separação judicial) ou anulação de casamento (também nulidade ou declaração de inexistência) sejam perfeitamente definidos jurisdicionalmente, torna-se mais importante resguardar a família, como instituição, do que o indivíduo. Logo, abre-se expressa exceção à regra protetiva do *caput*.

Seção III
Da Confissão

Vide Projeto de CPC, arts. 375 a 381 (Seção V – Da Confissão).

A confissão, assim como conceituada no art. 348, tem valor de prova legal e, por isso, obriga o juiz a submeter-se aos exatos termos em que é posta para fins do julgamento da causa (José Frederico Marques). Isso significa que a veracidade do fato confessado fica excluída de qualquer apreciação judicial, devendo o magistrado apenas qualificá-lo juridicamente. Não se devem confundir confissão, que tem por objeto exclusivo os fatos, e reconhecimento jurídico do pedido, que tem por objeto o direito ou pretensão material (art. 269, II). São requisitos da confissão: plena capacidade para estar em juízo, o litígio versar sobre direitos disponíveis e inexigibilidade de forma especial para o ato. Examinem-se, ainda, os arts. 212, I, 213 e 214 do CC.

Art. 348. Há confissão, quando a parte admite a verdade de um fato, contrário ao seu interesse e favorável ao adversário. A confissão é judicial ou extrajudicial.

Vide Projeto de CPC, art. 375.

O conceito de confissão estampado neste dispositivo torna claros alguns aspectos relevantes da sua disciplina: *a*) a confissão pode ser feita tanto pelo autor como pelo réu; *b*) pela confissão admite-se apenas a verdade de um fato e não a justiça ou injustiça da pretensão (*v.* nota à Seção); *c*) a verdade reconhecida concerne sempre a um fato contrário ao interesse do confitente (caso contrário, a admissão não passa de alegação). Quanto à classificação estabelecida, observe-se que a confissão judicial é regulada especificamente pelos arts. 349 e 350, enquanto a extrajudicial é regida pelo art. 353; a ambas se aplicam as regras contidas nos arts. 351, 352 e 354.

Art. 349. A confissão judicial pode ser espontânea ou provocada. Da confissão espontânea, tanto que requerida pela parte, se lavrará o respectivo termo nos autos; a confissão provocada constará do depoimento pessoal prestado pela parte.

Vide Projeto de CPC, art. 376, caput

A confissão judicial espontânea é, em primeiro lugar, aquela que a parte voluntariamente tenciona fazer e, por isso, requer ao juiz que ordene a lavratura do respectivo termo (art. 168); em segundo, é aquela que a parte já faz constar da própria petição e que segue idêntica formalidade (o juiz despacha: "tome-se por termo"). Já a confissão provocada é aquela que a parte faz, voluntária ou involuntariamente, quando presta depoimento pessoal em audiência. Tanto a confissão espontânea como a provocada são modalidades de confissão real, que se contrapõe à ficta disciplinada pelos arts. 343 e 345 (pena de confissão).

Parágrafo único. A confissão espontânea pode ser feita pela própria parte, ou por mandatário com poderes especiais.

Vide Projeto de CPC, art. 376, parágrafo único.

Como a confissão implica, ou pode implicar, renúncia de direito, exige a lei a plena capacidade da parte confitente, além da disponibilidade (que significa renunciabilidade) do direito em jogo (art. 351). O dispositivo autoriza a própria parte, independentemente de procurador, a confessar, devendo para tanto firmar a petição ou comparecer em cartório para fins da lavratura do termo (*v.* nota ao *caput*). Poderá a parte ainda confessar por meio de representante, em consonância com o disposto nos arts. 38, do CPC, e 213, parágrafo único, do CC. ("Art. 213. [...] Parágrafo único. Se feita a confissão por um representante, somente é eficaz nos limites em que este pode vincular o representado.") Tal procurador poderá ou não ser o advogado constituído para a causa, mas, seja como for, os poderes devem ser explicitamente mencionados no instrumento, que deve conter ainda a referência aos fatos que serão objeto da confissão.

Art. 350. A confissão judicial faz prova contra o confitente, não prejudicando, todavia, os litisconsortes.

Vide Projeto de CPC, art. 377, caput

De acordo com o focalizado dispositivo, a formação de prova firme contra o confitente (salvo o caso de anulação do art. 352) é o primeiro grande efeito da confissão: fato confessado é fato provado contra quem confessou. Havendo litisconsórcio unitário, no entanto, a confissão de um litisconsorte não produz a indiscutibilidade assinalada, remanescendo no processo como mero indício a ser analisado pelo juiz (art. 48). Fora dessa hipótese excepcional, o magistrado fica absolutamente vinculado, em termos de convicção, ao fato confessado (art. 334, II), porque se trata verdadeiramente de caso de prova legal.

Parágrafo único. Nas ações que versarem sobre bens imóveis ou direitos sobre imóveis alheios, a confissão de um cônjuge não valerá sem a do outro.

Vide Projeto de CPC, art. 377, parágrafo único.

A vênia conjugal nas ações reais imobiliárias corresponde à forma de integração da capacidade processual, de acordo com o disposto no art. 10 do CPC. Se assim é, parece de todo lógico que, para a prática de ato que pode implicar renúncia e para o qual se exige capacidade plena, estabeleça a lei a necessidade de que ambos os cônjuges confessem. A simples possibilidade de renúncia advinda da confissão já justificaria a imposição à luz das prescrições contidas no art. 1.647 do atual estatuto civil.

Art. 351. Não vale como confissão a admissão, em juízo, de fatos relativos a direitos indisponíveis.

Vide Projeto de CPC, art. 378.

Uma das características básicas dos direitos indisponíveis é justamente a não submissão dos fatos que lhes dão existência ao instituto da confissão, tanto que o art. 213, *caput,* do Código Civil estabelece que "Não tem eficácia a confissão se provém de quem não é capaz de dispor do direito a que se referem os fatos confessados". Como o direito indisponível importa à própria sobrevivência do Estado e da sociedade, a sua perfeita definição jurisdicional – corolário da sua importância – não pode depender exclusivamente da boa atuação das partes. É por isso que no processo em que tais direitos estejam envolvidos intervém o MP (art. 82), busca-se a verdade real e não a formal e proíbem-se o reconhecimento jurídico do pedido e a confissão.

Art. 352. A confissão, quando emanar de erro, dolo ou coação, pode ser revogada:

Vide Projeto de CPC, art. 379, caput

Assim como os atos jurídicos em geral, também o ato confissão se submete à anulação por vício do consentimento (revogação no texto); o art. 214 do CC estabelece: "Art. 214. A confissão é irrevogável, mas pode ser anulada se decorreu de erro de fato ou de coação". Erro é o falso conhecimento da realidade; só o juízo incorreto acerca dos fatos da causa (erro de fato e não de direito) justifica a anulação da confissão. Dolo é a indução voluntária de alguém em erro; se esse alguém é a parte confitente, a confissão pode ser anulada. Coação é a ameaça injusta de dano ("fundado temor de dano iminente e considerável à sua pessoa, à sua família, ou aos seus bens" – art. 151, *caput*, do CC) que vicia o consentimento e, por isso, permite o desfazimento de qualquer ato jurídico, inclusive a confissão (*v.* CC, arts. 151 a 155). O que determina a adequação do remédio jurídico para desconstituir a confissão viciada é a circunstância de haver litispendência ou não do processo de que emanou a confissão. É o que estabelecem os incisos deste *caput*.

I – por ação anulatória, se pendente o processo em que foi feita;

Vide Projeto de CPC, art. 379, caput

Ação anulatória, no texto, é a ação de conhecimento desconstitutiva, processo autônomo que se instaura para o fim de desfazer o ato viciado. Dada a conexidade com a causa de que emanou a confissão, pode o juiz ordenar a reunião de processos para julgamento conjunto (art. 105). A consequência da procedência do pedido de anulação será a declaração de ineficácia da confissão realizada.

II – por ação rescisória, depois de transitada em julgado a sentença, da qual constituir o único fundamento.

A previsão guarda inteira sintonia com o dispositivo estampado no art. 485, VIII. Cabe ação rescisória contra a sentença ou acórdão transitado materialmente em julgado se a decisão tem como fundamento único (motivação) a confissão realizada no processo. A consequência do julgamento de procedência do pedido será a rescisão da sentença ou acórdão (juízo *rescindens*) e o eventual proferimento de novo julgamento (juízo *rescisorium*).

Parágrafo único. Cabe ao confitente o direito de propor a ação, nos casos de que trata este artigo; mas, uma vez iniciada, passa aos seus herdeiros.

Vide Projeto de CPC, art. 379, parágrafo único.

A parte inicial da regra deixa explicitada a circunstância de que o confitente tem legitimação ativa *ad causam* para a ação desconstitutiva (anulatória ou rescisória); a rigor não precisava, porque é evidente a legitimação ordinária do confitente. A intenção última da norma, na verdade, foi a de expressar a transmissibilidade, em qualquer caso, do direito à anulação, desde que a ação tenha sido proposta pelo confitente em vida.

Art. 353. A confissão extrajudicial, feita por escrito à parte ou a quem a represente, tem a mesma eficácia probatória da judicial; feita a terceiro, ou contida em testamento, será livremente apreciada pelo juiz.

Vide Projeto de CPC, art. 380, caput

A norma sob enfoque disciplina expressamente as formas de confissão extrajudicial (confissão receptícia): a feita por escrito à parte vale como a judicial, o que significa dizer que tem a qualidade de prova legal, vinculando de forma absoluta o magistrado (art. 350); a feita por escrito a terceiro ou contida em testamento vale como prova comum, o que é o mesmo que dizer que ela não tem força vinculante, restando ao juiz avaliá-la e valorá-la com liberdade, segundo o disposto no art. 131 deste Código.

Parágrafo único. Todavia, quando feita verbalmente, só terá eficácia nos casos em que a lei não exija prova literal.

Vide Projeto de CPC, art. 380, parágrafo único.

O parágrafo em questão se ocupa da confissão verbal extrajudicial, quer seja ela feita à parte, a quem a represente, ou a terceiro. A sua eficácia – que depende de a lei não exigir prova escrita (literal, a "forma especial" de que fala o art. 212, *caput*, do CC) – atrela-se, portanto, ao cabimento da prova testemunhal nestes termos: a confissão verbal extrajudicial precisa ser provada por meio de testemunhas, devendo o juiz apreciá-la livremente.

Art. 354. A confissão é, de regra, indivisível, não podendo a parte, que a quiser invocar como prova, aceitá-la no tópico que a beneficiar e rejeitá-la no que lhe for desfavorável. Cindir-se-á, todavia, quando o confitente lhe aduzir fatos novos, suscetíveis de constituir fundamento de defesa de direito material ou de reconvenção.

Vide Projeto de CPC, art. 381.

A indivisibilidade instituída pela parte inicial do art. 354 é característica da chamada confissão pura, a que tem por objeto apenas os fatos que já integram a causa (os fatos constitutivos do direito do autor ou os fatos de qualquer espécie alegados pelo réu). A cisão, prevista pela parte final do dispositivo, só é possível em relação à confissão que recebe o nome de qualificada, aquela em que se reconhecem fatos da causa e outros, novos, que poderão ser objeto de prova (*v. g.*, o réu reconhece um fato constitutivo, mas alude a outros extintivos, modificativos ou impeditivos, correspondendo estes a novas questões que deverão ser discutidas no processo).

Seção IV
Da Exibição de Documento ou Coisa

Vide Projeto de CPC, arts. 382 a 390
(Seção VI – Da Exibição de Documento ou Coisa).

Trata-se de incidente da fase probatória pela ótica procedimental e de ação incidente pelo prisma da natureza jurídica. São aqui disciplinados o poder do juiz de determinar a exibição (art. 355), o direito de uma parte exigir tal ato da outra (arts. 356 a 359), o direito de uma parte exigi-lo de um terceiro (arts. 360 a 362) e as escusas da parte e do terceiro (art. 363). Exibição é o ato ou a atividade de trazer alguma coisa a público, de submeter alguma coisa à faculdade de ver e tocar de outrem (*v.*, ainda, notas aos arts. 844 e 845).

Art. 355. O juiz pode ordenar que a parte exiba documento ou coisa, que se ache em seu poder.
Vide Projeto de CPC, art. 382.

Este art. 355 representa, antes de tudo, uma explicitação do poder instrutório genericamente conferido ao juiz pelo art. 130. Logo, é poder que o magistrado também exerce *ex officio* independentemente do pedido a que alude o art. 356. O fundamento dessa assertiva repousa no dever que todos têm, e especialmente as partes, de colaborar com o descobrimento da verdade (art. 339). Por outro lado, como a aplicação das sanções do art. 359 encontra-se estritamente ligada à instauração do incidente, o não atendimento à determinação *ex officio* de exibição deve ser tido pelo juiz apenas como mais um elemento de convicção, sem a força vinculante da admissão prevista naquele dispositivo. O princípio dispositivo e o da disponibilidade que permeiam o processo civil fortalecem este entendimento.

Art. 356. O pedido formulado pela parte conterá:
Vide Projeto de CPC, art. 383, caput

O requerimento a que alude o dispositivo não dá ensejo à autuação própria e ao processamento em apartado; o pedido de exibição tem lugar nos próprios autos sob a forma de petição autônoma juntada a qualquer tempo ou de capítulo da petição inicial ou da peça contestatória.

I – a individuação, tão completa quanto possível, do documento ou da coisa;

Vide Projeto de CPC, art. 383, I.

A individuação minuciosa do documento ou da coisa, objeto da ação exibitória incidental, é importantíssima para fins de demonstração da sua existência. O conhecimento desses aspectos identificatórios pela parte já é um indício da procedência do pedido, razão por que a lei exige tal requisito. O documento pode assumir a feição de prova direta do fato litigioso (um recibo de pagamento, um instrumento de contrato) ou de prova indireta (uma carta, um balancete). À idêntica classificação se submetem as coisas: prova direta (os livros, objeto de contrafação) e indireta (os objetos queimados ou destruídos num acidente).

II – a finalidade da prova, indicando os fatos que se relacionam com o documento ou a coisa;

Vide Projeto de CPC, art. 383, II.

A demonstração da relação existente entre o documento ou a coisa e a prova que se pretende fazer é imprescindível à apreciação do mérito do pedido exibitório. Tecnicamente, temos que a falta dessa indicação é sinônimo de falta de interesse de agir, posto que só há necessidade concreta da ação exibitória incidental se do objeto da exibição depende a prova de fato controvertido na causa. Se essa relação não é apontada, ou não aparece implicitamente no requerimento, o juiz deve indeferir liminarmente o pedido (art. 162, § 2º).

III – as circunstâncias em que se funda o requerente para afirmar que o documento ou a coisa existe e se acha em poder da parte contrária.

Vide Projeto de CPC, art. 383, III.

Além da identificação do inciso I e do apontamento do escopo probatório do inciso II, exige a lei a referência expressa às circunstâncias aludidas no texto como forma de assegurar a seriedade e a viabilidade do pedido exibitório. Exigindo tais afirmações, o que provocará contradição, dá a lei um importante passo no sentido de permitir o surgimento da verdade acerca da existência do documento ou coisa e sua posse.

Art. 357. O requerido dará a sua resposta nos 5 (cinco) dias subsequentes à sua intimação. Se afirmar que não possui o documento ou a coisa, o juiz permitirá que o requerente prove, por qualquer meio, que a declaração não corresponde à verdade.

Vide Projeto de CPC, art. 384.

Deferido liminarmente o processamento da ação exibitória (art. 162, § 2º), ordenará o magistrado a intimação (que na verdade é citação) do requerido (na pessoa do seu advogado pela imprensa) para responder em cinco dias. Quatro atitudes do sujeito passivo são possíveis, embora só uma (a última à frente) tenha sido mencionada textualmente: *a*) o requerido exibe o documento ou a coisa, o que provoca a extinção do incidente; *b*) o requerido fica revel; o que gera a consequência do inciso I do art. 359; *c*) o requerido nega o dever de exibir, o que faz incidir os arts. 358, 359, II, e 363; *d*) o requerido nega a posse do documento ou coisa, o que desencadeia a necessidade de o requerente provar segundo a parte final do dispositivo sob comentário (prova documental ou testemunhal em audiência, via de regra).

Art. 358. O juiz não admitirá a recusa:

Vide Projeto de CPC, art. 385, caput

A inadmissibilidade de recusa aqui prevista decorre do dever processual de exibição imposto às partes nas três hipóteses taxativamente elencadas nos incisos, o que gera, por seu turno, a aplicação da sanção prevista pelo art. 359, II (a admissão da veracidade dos fatos que, por meio do documento ou da coisa, a parte pretendia provar, se a recusa for reputada ilegítima pelo juiz).

I – se o requerido tiver obrigação legal de exibir;

Vide Projeto de CPC, art. 385, I.

Há dever inescusável de exibir documento ou coisa toda vez que a lei expressamente refira de forma abstrata tal obrigação. É o que acontece nas hipóteses previstas: no CC, art. 1.191 (exibição integral de livros comerciais ou exibição parcial); no CTN, art. 195 (exibição de todos os documentos e mercadorias em causas fiscais); na Lei de S.A., art. 105 (exibição integral dos livros da companhia); na Lei de Recuperação Judicial e Falência, art. 22, I, *b* (fornecimento – pelo administrador judicial – aos credores de todas as infomações pedidas) e *c* (entrega de extratos dos livros do devedor para fins de habilitações ou impugnações); inciso III, *q* (entrega ao seu substituto de todos os bens e documentos da massa em seu poder); art. 104, V (entrega – pelo falido – de todos os bens, livros, papéis e documentos ao administrador judicial); no CPC, arts. 381 (exibição integral nos casos que menciona – *v.* nota) e 382 (exibição parcial – *v.* nota).

II – se o requerido aludiu ao documento ou à coisa, no processo, com o intuito de constituir prova;

Vide Projeto de CPC, art. 385, II.

O dever inescusável de exibição aqui instituído tem por fundamento o ato processual da parte de simplesmente afirmar, sob qualquer forma (na inicial, na contestação ou em qualquer outra peça), que juntará certo documento ou apresentará determinada coisa em juízo. A só alusão a tal documento ou coisa gera para a parte que fez a declaração o dever de exibir. Trata-se de solução inteligente da lei para inibir o blefe processual e suas consequências.

III – se o documento, por seu conteúdo, for comum às partes.
Vide Projeto de CPC, art. 385, III.

Há dever inescusável de exibição, ainda, se o documento é comum às partes, não no sentido de propriedade comum, mas no sentido de que as declarações de vontade nele contidas dizem respeito às duas partes. Se a parte que alega a existência de um contrato perdeu o seu instrumento, a outra que o detenha pode ser compelida a exibi-lo em juízo porque o documento é comum. O mesmo se dá em relação a uma cópia de recibo ou outro documento.

Art. 359. Ao decidir o pedido, o juiz admitirá como verdadeiros os fatos que, por meio do documento ou da coisa, a parte pretendia provar:
Vide Projeto de CPC, art. 386, caput *e parágrafo único.*

Dada a circunstância de a ação exibitória incidental se processar nos mesmos autos, parece de todo recomendável, em função da natureza de mérito do julgamento que se realiza (a admissão da verdade de fatos), que o magistrado profira sentença única para as duas causas, exatamente como acontece com a ação declaratória incidental e a reconvenção. Se o requerente não preenche a condição da ação interesse de agir, que para a exibitória é o escopo de provar um fato pela vinda a público do documento ou coisa (art. 356, II), é evidente que o juiz a indeferirá de plano por decisão interlocutória (art. 162, § 2º).

I – se o requerido não efetuar a exibição, nem fizer qualquer declaração no prazo do art. 357;
Vide Projeto de CPC, art. 386, I.

A primeira hipótese de procedência do pedido exibitório e seu corolário, a admissão da veracidade do fato alegado que se pretendia provar, é a revelia do requerido: não efetuando a exibição nem se defendendo no prazo do art. 357, autorizado está o juiz a aplicar a sanção estabelecida.

II – se a recusa for havida por ilegítima.
Vide Projeto de CPC, art. 386, II.

Este inciso, que alude ao reconhecimento judicial da ilegitimidade da recusa, abarca as duas hipóteses de defesa pela arguição de ausência do dever de exibir (arts. 358 e 363), bem como a defesa pela afirmação de não possuir o requerido o documento ou a coisa (art. 357). Em qualquer dos três casos, declarada a ilegitimidade da recusa, sentenciará o magistrado nos moldes previstos no *caput*. Observe-se que o fato de o pedido exibitório ter sido julgado procedente não torna precluso o direito do requerido de juntar o documento ou apresentar a coisa em momento posterior.

Art. 360. Quando o documento ou a coisa estiver em poder de terceiro, o juiz mandará citá-lo para responder no prazo de 10 (dez) dias.

Vide Projeto de CPC, art. 387.

Este artigo e os dois seguintes disciplinam a ação exibitória contra terceiro, que se traduz identicamente num incidente da fase probatória, mas que se distingue da exibitória contra a parte pelo fato de ter processamento em apenso. A formação de autos apartados se justifica pela necessidade de impedir o tumulto procedimental que adviria da participação de um estranho na relação processual. Duas outras diferenças importantes podem ser inferidas a partir do texto deste art. 360: primeira, a citação (citação mesmo) do requerido deve ser feita por oficial de justiça; segunda, o prazo de resposta do terceiro é o dobro do da parte (dez dias).

Art. 361. Se o terceiro negar a obrigação de exibir, ou a posse do documento ou da coisa, o juiz designará audiência especial, tomando-lhe o depoimento, bem como o das partes e, se necessário, de testemunhas; em seguida proferirá a sentença.

Vide Projeto de CPC, art. 388.

Quatro atitudes são possíveis ao terceiro requerido, embora apenas duas tenham recebido da lei expressa referência: *a*) a exibição do documento ou coisa no prazo de resposta, o que extingue o processo no seu nascedouro; *b*) inércia, quer quanto à exibição, quer quanto à defesa, o que autoriza o julgamento imediato do pedido; *c*) defesa do terceiro negando a obrigação de exibir (art. 358, I, por analogia, e art. 363); *d*) defesa do terceiro negando a posse do documento ou coisa. Nessas duas últimas hipóteses – as que estão previstas no texto – a regra sob comentário impõe a designação de audiência antes que o juiz profira sentença. Se em relação ao art. 359 pode surgir dúvida sobre se se trata de decisão ou sentença (art. 162, §§ 1º e 2º), aqui a lei é expressa ao dizer "proferirá a sentença".

Art. 362. Se o terceiro, sem justo motivo, se recusar a efetuar a exibição, o juiz lhe ordenará que proceda ao respectivo depósito em cartório ou noutro lugar designado, no prazo de 5 (cinco) dias, impondo ao requerente que o embolse das despesas que tiver; se o terceiro descumprir a ordem, o juiz expedirá mandado de apreensão, requisitando, se necessário, força policial, tudo sem prejuízo da responsabilidade por crime de desobediência.

Vide Projeto de CPC, art. 389.

Este art. 362 disciplina, em todos os aspectos, o conteúdo da sentença que se profere na exibição proposta em face de terceiro e também a sanção em caso de não cumprimento. Julgado procedente o pedido, o magistrado condenará o requerido a efetuar a exibição do documento ou coisa mediante depósito em cartório em cinco dias, impondo, ato contínuo, ao requerente o reembolso das despesas. Descumprida a ordem, e independentemente de provocação, expede-se mandado de busca e apreensão (sentença mandamental que prescinde de processo de execução), podendo o terceiro responder, ainda, por crime de desobediência (CP, art. 330) a ser apurado em processo próprio. Observe-se que a previsão de recusa da parte inicial do dispositivo concerne apenas à falta de exibição por terceiro no prazo do art. 360 e não à possibilidade de duas decisões contra o requerido. Com a entrada em vigor da Lei n. 11.232/2005 (Reforma da Execução), *v.* art. 475-B, § 2º.

Art. 363. A parte e o terceiro se escusam de exibir, em juízo, o documento ou a coisa:

Vide Projeto de CPC, art. 390, caput

Se o art. 358 prevê situações em que o dever de exibir é inescusável (em relação ao terceiro só têm aplicação os incisos I e III), o dispositivo sob comentário estabelece hipóteses em que, mesmo presente, em tese, o dever, a parte e o terceiro têm o direito de não exibir, dadas as legítimas justificativas elencadas a seguir.

I – se concernente a negócios da própria vida da família;

Vide Projeto de CPC, art. 390, I.

A intimidade da vida familiar é resguardada pela lei, por meio do presente inciso, por se tratar de interesse jurídico mais relevante do que o de trazer à luz a verdade de um fato para fins estritamente processuais. Lembremos aqui que o art. 229 do estatuto civil afirma que "ninguém pode ser obrigado a depor sobre fato: [...] a que não possa responder sem desonra própria, de seu cônjuge, parente em grau sucessível [...]" (art. 229, II). Parece-nos, contudo, perfeitamente legítima a invocação analógica do parágrafo único do art. 347, deste Código, nessa hipótese ("Art. 347. [...] Parágrafo único. Esta disposição não se aplica às ações de filiação, de desquite e de anulação de casamento.").

II – se a sua apresentação puder violar dever de honra;
Vide Projeto de CPC, art. 390, II.

O interesse jurídico que aqui prevalece sobre o escopo de alcance da verdade processual é o dever de honra imposto à parte ou terceiro em relação a outra pessoa. Recordemos aqui também que o art. 229 do CC escusa as pessoas de deporem sobre fato que exponha cônjuge, parente e amigo íntimo à desonra (CC, art. 229, II). Escusa-se, assim, o requerido, *v. g.*, de exibir documento ou coisa que prove o adultério de outrem. A escusa identicamente cede ante a previsão do parágrafo único do art. 347 do CPC aplicável por analogia (*v.* texto transcrito na nota ao inciso I).

III – se a publicidade do documento redundar em desonra à parte ou ao terceiro, bem como a seus parentes consanguíneos ou afins até o terceiro grau; ou lhes representar perigo de ação penal;
Vide Projeto de CPC, art. 390, III.

Este inciso, que complementa o anterior, estende a tutela legal ao bem jurídico honra do próprio requerido (parte ou terceiro) e explicita a circunstância de que seus familiares também se beneficiam da escusa, tanto em caso de desonra como em caso de perigo de ação penal. Não esqueçamos que o art. 229 do CC prescreve que ninguém é obrigado a depor sobre fato que exponha cônjuge, parente ou amigo íntimo a perigo de vida ou de demanda (CC, art. 229, III, figuras iniciais).

IV – se a exibição acarretar a divulgação de fatos, a cujo respeito, por estado ou profissão, devam guardar segredo;
Vide Projeto de CPC, art. 390, IV.

O bem jurídico aqui resguardado é o dever de sigilo (*v.* nota ao art. 347, II). Assim como a parte não é obrigada a depor sobre fatos sigilosos, a parte ou o terceiro não pode ser obrigado a exibir documento ou coisa que tenha por finalidade a prova desses mesmos fatos. Dada a similitude de situações, não há dúvida sobre a aplicação analógica do parágrafo único do art. 347 deste Código. O art. 229 do CC diz que ninguém é obrigado a depor sobre fato a cujo respeito, por estado ou profissão, deva guardar segredo (CC, art. 229, I).

V – se subsistirem outros motivos graves que, segundo o prudente arbítrio do juiz, justifiquem a recusa da exibição.
Vide Projeto de CPC, art. 390, V.

O conteúdo da norma deixa claro que o rol previsto neste art. 363 não é *numerus clausus,* mas meramente exemplificativo. A gravidade dos motivos deverá ser examinada caso a caso pelo magistrado à luz da situação concreta que a causa apresente. Reconhecendo-a ou negando-a, deverá o órgão jurisdicional sempre fundamentar suficientemente a sua decisão (art. 458, II).

Parágrafo único. Se os motivos de que tratam os ns. I a V disserem respeito só a uma parte do conteúdo do documento, da outra se extrairá uma suma para ser apresentada em juízo.
Vide Projeto de CPC, art. 390, parágrafo único.

Atingindo a escusa prevista nos incisos do art. 363 apenas parte do documento (ou coisa também), a solução será a extração de suma da outra parte ou a reprodução integral desta porção se o documento ou a coisa o permitir. Toda essa operação deverá ser realizada na presença e sob a fiscalização do magistrado.

Seção V
Da Prova Documental

Vide Projeto de CPC, arts. 391 a 424 (Seção VII – Da Prova Documental).
Vide ainda arts. 425 a 427 (Seção VIII – Dos Documentos Eletrônicos).

Prova documental, em sentido amplo, é o meio de prova pelo qual se chega à verdade dos fatos litigiosos mediante a presença nos autos de uma coisa capaz de representar um ato (um papel escrito, um desenho, um quadro, uma foto, um filme, uma fita, etc.). Em sentido restrito, prova documental é aquela extraída de papéis que fixam materialmente (fisicamente) um ato ou fato jurídico. Ainda hoje, a prova documental possui a condição de certa proeminência no processo civil, uma vez que certos fatos só por ela se provam (art. 366) e quanto aos demais a sua presença dispensa a prova testemunhal (arts. 372 e 373) (*v.* Lei n. 11.419/2006, art. 11 e seus parágrafos, sobre a produção de documentos eletrônicos).

Subseção I
Da Força Probante dos Documentos

Vide Projeto de CPC, arts. 391 a 416
(Subseção I – Da Força Probante dos Documentos).

Documento é toda representação material destinada a reproduzir determinada manifestação do pensamento (Chiovenda) ou toda coisa capaz de representar um ato (Carnelutti). A força probante dos documentos depende de vários fatores conjugados (origem, autenticidade, veracidade, formalidade), mas não traduz superioridade em relação à força de outras provas, posto inexistir hierarquia entre elas (art. 131).

Art. 364. O documento público faz prova não só da sua formação, mas também dos fatos que o escrivão, o tabelião, ou o funcionário declarar que ocorreram em sua presença.

Vide Projeto de CPC, art. 391.

Documento público é aquele de cuja criação participa o Estado por seus órgãos ou repartições públicas. Pela simples circunstância de possuir tal origem, o documento assim criado faz prova judicial da sua formação, isto é, da sua autenticidade (certeza da sua proveniência) e da veracidade da declaração nele contida (não da veracidade dos fatos, objeto da declaração), mas também dos fatos que qualquer das pessoas previstas declarar que ocorreram na sua presença. A presunção legal de autenticidade e da veracidade das declarações do documento público origina-se na fé pública que a lei dá aos atos do Estado. Observe-se, por fim, que este art. 364 é regra de valoração da prova documental, pois o juiz fica vinculado (limitado em seu convencimento) pela autenticidade e veracidade instituídas. O art. 215 do CC estabelece que "A escritura pública, lavrada em notas de tabelião, é documento dotado de fé pública, fazendo prova plena" (o § 1º institui os seus requisitos).

Art. 365. Fazem a mesma prova que os originais:

Vide Projeto de CPC, art. 392, caput.

O texto sob enfoque equipara, para fins de efeitos probatórios em juízo, o documento original (que é o primeiro criado) às suas reproduções sob as formas elencadas nos incisos (*v.* LRP, art. 161, *caput*). Observe-se que também o art. 216 do estatuto civil inicia a sua previsão dizendo: "Art. 216. Farão a mesma prova que os originais [...]".

I – as certidões textuais de qualquer peça dos autos, do protocolo das audiências, ou de outro livro a cargo do escrivão, sendo extraídas por ele ou sob sua vigilância e por ele subscritas;

Vide Projeto de CPC, art. 392, I.

De conformidade com o art. 141, V, incumbe ao escrivão "dar, independentemente de despacho, certidão de qualquer ato ou termo do processo [...]". O presente inciso dá plena eficácia às certidões lavradas pelo escrivão: de qualquer peça (documento) existente nos autos do processo; de qualquer folha do livro "protocolo das audiências" (*v.* art. 457, § 1º); ou de folhas de quaisquer outros livros a seu cargo (*v. g.*, livro de registro de iniciais, registro de sentenças, de carga, de compromisso, etc.). No mesmo sentido, o art. 216 do CC, que prescreve a mesma coisa, acrescentando ao final: "assim como os traslados de autos, quando por outro escrivão consertados". Observe-se, ainda, o que estabelece o art. 218 do mesmo estatuto: "Art. 218. Os traslados e as certidões considerar-se-ão instrumentos públicos, se os originais se houverem produzido em juízo como prova de algum ato".

II – os traslados e as certidões extraídas por oficial público, de instrumentos ou documentos lançados em suas notas;
Vide Projeto de CPC, art. 392, II.

O inciso refere atos praticados por oficiais públicos que não os judiciais, tais como os oficiais dos cartórios de registros públicos, tabeliães, escreventes juramentados, etc. Traslado é a cópia textual do que se encontra no livro de notas; é a cópia do documento público, a sua duplicata (fala-se em primeiros e segundos traslados e, ainda, traslado de traslado). Já a certidão não é duplicata do documento original, mas a asseveração autêntica (declaração) de documentos constantes de notas ou livros (podem ser integrais – textual, inteiro teor, *verbo ad verbum* –, parciais ou em breve relatório – Moacyr Amaral Santos). No mesmo sentido, o art. 217 do CC que estabelece: "Art. 217. Terão a mesma força probante os traslados e as certidões, extraídos por tabelião ou oficial de registro, de instrumentos ou documentos lançados em suas notas".

III – as reproduções dos documentos públicos, desde que autenticadas por oficial público ou conferidas em cartório, com os respectivos originais;
Vide Projeto de CPC, art. 392, III.

Este inciso III refere as cópias reprográficas (fotocópias ou xerocópias) autenticadas por oficiais públicos, bem como a chamada pública-forma, que é a cópia de documento avulso extraída por oficial público. A reprodução reprográfica de outra reprodução reprográfica só é admitida sob a feição de pública-forma, exceto aquelas que correspondem a documentos considerados originários, como as cartas de ordem, de sentença, de arrematação, de adjudicação, formais de partilha, certidões de registros, inclusive de protestos e Junta Comercial. Examinem-se, ainda, os arts. 383 e 385, que disciplinam outras formas de reprodução.

IV – as cópias reprográficas de peças do próprio processo judicial declaradas autênticas pelo próprio advogado sob sua responsabilidade pessoal, se não lhes for impugnada a autenticidade;

Vide Projeto de CPC, art. 392, IV.

Grande é a novidade introduzida no CPC pelo presente inciso IV – fruto da Lei n. 11.382/2006 – que passa a reconhecer de forma generalizada a autenticidade de cópias reprográficas de peças do próprio processo judicial se declaradas autênticas pelo advogado sob sua responsabilidade pessoal. Antes, a prerrogativa do causídico só alcançava as peças para formação de agravo de instrumento contra indeferimento de recurso especial ou extraordinário (art. 544, § 1º, *in fine*) ou para requerer execução provisória – art. 475-O, § 3º). A novidade é, portanto, extremamente bem-vinda. Algumas observações impõem-se. A primeira no sentido de que a declaração de autenticidade a ser realizada pelo advogado deve constar expressamente da petição que estiver levando a juízo as peças reproduzidas (a inicial de uma exceção, impugnação, agravo de instrumento, requerimento de execução provisória, cautelar incidental etc.). A segunda no sentido de que o emprego da locução "próprio processo" (que não aparece no § 1º do art. 544) quer significar a limitação imposta ao advogado de só poder realizar a declaração de autenticidade em relação às peças dos autos do processo em que esteja atuando e não em relação a qualquer outro de que não participe. A terceira no sentido da existência de outro limitador ao poder declaratório: a impugnação, realizada por quem quer que seja, da autenticidade de certo documento, inviabiliza de forma absoluta a declaração do advogado. E, por derradeiro, em quarto lugar, deve-se dar registro ao fato de que a responsabilidade a que alude o dispositivo tem tríplice natureza, vale dizer, processual, civil e criminal, o que assegura e potencializa a eficiência do presente regramento (texto de acordo com a Lei n. 11.382/2006).

V – os extratos digitais de bancos de dados, públicos e privados, desde que atestado pelo seu emitente, sob as penas da lei, que as informações conferem com o que consta na origem;

Vide Projeto de CPC, art. 392, V.

O dispositivo sob enfoque – criado pela Lei n. 11.419/2006 que regula a informatização do processo judicial – significa, em primeiro lugar, a instituição dos extratos digitais de bancos de dados como documentos perante o direito processual e, em segundo, o reconhecimento normativo de que, no processo total ou parcialmente eletrônico, tais documentos fazem a mesma prova que os originais (*v.* art. 154, § 2º). Observe-se que a presente disposição legal se coloca sob o manto da previsão genérica contida no *caput*, do art. 11, da Lei n. 11.419/2006 ("Art. 11. Os documentos produzidos eletronicamente e juntados aos processos eletrônicos com garantia da origem e de seu signatário, na forma estabelecida nesta Lei, serão considerados originais para todos os efeitos legais"), mas também encontra explicitação normativa no seu § 1º ("§ 1º Os extratos digitais e os documentos digitalizados e juntados aos autos pelos órgãos da Justiça e seus auxiliares, pelo MP e seus auxiliares, pelas procuradorias, pelas autoridades policiais, pelas repartições públicas em geral e por advogados públicos e privados têm a mesma força probante dos originais, ressalvada a alegação motivada e fundamentada de adulteração antes ou durante o processo de digitalização"). Chamamos apenas a atenção para o fato de que a referência ao "atestado pelo seu emitente [...] que as informações conferem com o que consta na origem" (presente no texto em epígrafe), nada mais representa, realmente, do que a própria "garantia da origem e de seu signatário, na forma estabelecida nesta Lei" (prevista no *caput* do art. 11 transcrito), vale dizer, a assinatura eletrônica enquanto via de identificação inequívoca do signatário (art. 1º, § 2º, III, da Lei n. 11.419/2006) (texto de acordo com a Lei n. 11.419/2006).

VI – as reproduções digitalizadas de qualquer documento, público ou particular, quando juntados aos autos pelos órgãos da Justiça e seus auxiliares, pelo Ministério Público e seus auxiliares, pelas procuradorias, pelas repartições públicas em geral e por advogados públicos ou privados, ressalvada a alegação motivada e fundamentada de adulteração antes ou durante o processo de digitalização.

Vide Projeto de CPC, art. 392, VI.

Este dispositivo, identicamente criado pela Lei n. 11.419/2006, surge no cenário jurídico para instituir as reproduções digitalizadas como documentos reconhecidos pelo direito processual, bem como para estabelecer que eles também fazem a mesma prova que os originais (*v.* art. 154, § 2º). Observe-se, desde logo, que a previsão sob enfoque é cópia, quase *ipsis literis*, do § 1º, do art. 11, da mencionada Lei n. 11.419 que, aliás, transcrevemos, por inteiro, no comentário ao inciso V (*v.* nota). Seja como for, fazemos questão de dar destaque ao fato de que o § 6º do mesmo art. 11 ainda nos apresenta um regramento importante concernente à matéria: "§ 6º Os documentos digitalizados juntados em processo eletrônico somente estarão disponíveis para acesso por meio da rede externa para suas respectivas partes processuais e para o MP, respeitado o disposto em lei para as situações de sigilo e de segredo de justiça". Por último, também merece registro o que dispõe sobre o assunto o § 3º, do art. 10, da mesma Lei: "§ 3º Os órgãos do Poder Judiciário deverão manter equipamentos de digitalização e de acesso à rede mundial de computadores à disposição dos interessados para distribuição de peças processuais" (*v.* § 1º deste artigo) (texto de acordo com a Lei n. 11.419/2006).

§ 1º Os originais dos documentos digitalizados, mencionados no inciso VI do *caput* deste artigo, deverão ser preservados pelo seu detentor até o final do prazo para interposição de ação rescisória.

Vide Projeto de CPC, art. 392, § 1º.

Se o inciso VI, deste art. 365, reconhece as reproduções digitalizadas e seu efeito probatório (*v.* nota), o focalizado § 1º se ocupa apenas de dar regramento aos originais dos documentos digitalizados, estabelecendo a exigência, que se impõe ao seu detentor, no sentido de que os preserve até o final do prazo para interposição (*rectius*, ajuizamento) de ação rescisória. Observe-se, nesse passo, que a disposição legal sob exame é reprodução quase idêntica do § 3º, do art. 11, da Lei n. 11.419/2006 assim positivado: "§ 3º Os originais dos documentos digitalizados, mencionados no § 2º deste artigo [objeto de arguição de falsidade], deverão ser preservados pelo seu detentor até o trânsito em julgado da sentença ou, quando admitida, até o final do prazo para interposição de ação rescisória". Como se vê, este § 1º é apenas mais abrangente. De qualquer maneira, o que realmente parece digno de registro aqui é o teor normativo do § 5º, deste mesmo art. 11, que contempla uma outra situação envolvendo documentos físicos originais: "§ 5º Os documentos cuja digitalização seja tecnicamente inviável devido ao grande volume ou por motivo de ilegibilidade deverão ser apresentados ao cartório ou secretaria no prazo de 10 (dez) dias contados do envio da petição eletrônica comunicando o fato, os quais serão devolvidos à parte após o trânsito em julgado" (*v.* art. 154, § 2º) (texto de acordo com a Lei n. 11.419/2006).

§ 2º Tratando-se de cópia digital de título executivo extrajudicial ou outro documento relevante à instrução do processo, o juiz poderá determinar o seu depósito em cartório ou secretaria.

Vide Projeto de CPC, art. 392, § 2º.

Importante disciplina processual é esta contida no focalizado § 2º, que foi criado pela Lei n. 11.419/2006 – instituidora, entre nós, da informatização do processo judicial. Importante, a uma, porque reconhece de forma expressa a reprodução digitalizada de título executivo extrajudicial e, por conseguinte, o processo de execução eletrônico que no título digitalizado se funda e, a duas, porque, ao admitir a cópia digital de "outro documento relevante à instrução do processo", reconhece a forma eletrônica dos outros "documentos indispensáveis à propositura da ação" de que cogita o art. 283, do CPC, com o que assegura, por via de consequência, a viabilidade eletrônica, em tese, do processamento completo de qualquer ação de conhecimento. Por cautela, no entanto, estabelece a lei que tanto num caso, como no outro – na verdade, o título executivo é espécie de documento indispensável –, o juiz poderá determinar o seu depósito em cartório ou secretaria (desta apresentação em cartório também fala o § 5º, do art. 11, da Lei n. 11.419/2006 – *v.* texto completo na nota dirigida ao § 1º deste artigo). Observe-se que a lei não impõe ao juiz determinação do depósito, mas apenas poder para determinar, o que acaba por implicar a exigência de que a parte conserve o documento sob sua responsabilidade (desta preservação imposta ao detentor fala o § 3º, do mesmo art. 11 – *v.* texto completo na nota ao § 1º) (texto de acordo com a Lei n. 11.419/2006).

Art. 366. Quando a lei exigir, como da substância do ato, o instrumento público, nenhuma outra prova, por mais especial que seja, pode suprir-lhe a falta.

Vide Projeto de CPC, art. 393.

A norma regula a eficácia dos documentos *ad solemnitatem* ou *ad substantia negotii*, escrituras públicas que integram a substância de determinados atos (pactos antenupciais – art. 1.640, parágrafo único, do CC, contratos constitutivos ou translativos de direitos reais sobre imóveis de valor superior a 30 salários – arts. 108 e 1.245 do CC –, instituição de fundação – art. 62 do CC –, etc.). A prova desses atos só pode ser feita por meio de instrumento público (instrumento é a espécie de documento que é criado com o fim específico de provar), de sorte que, sob o prisma da valoração das provas, a regra sob comentário representa exceção ao princípio do livre convencimento ou persuasão racional (art. 131). Trata-se de regra instituidora de prova legal.

Art. 367. O documento, feito por oficial público incompetente, ou sem a observância das formalidades legais, sendo subscrito pelas partes, tem a mesma eficácia probatória do documento particular.

Vide Projeto de CPC, art. 394.

O dispositivo consagra a ideia de que o documento público (documento ou instrumento) lavrado por oficial sem atribuição legal para lavrá-lo ou lavrado sem obediência à forma legal (*v.* art. 215, §§ 1º a 5º, do CC) perde a presunção de autenticidade a que alude o art. 364, valendo como se fosse documento particular, que é *ad probationem tantum*. Observe-se, contudo, que a identificação da eficácia referida depende de que o ato jurídico a provar não seja daqueles que exijam a escritura pública como da substância do ato (art. 366 c/c arts. 62, 108, 1.245 e 1.640, parágrafo único, do CC), bem como de que, apesar dos vícios apontados, preencha os requisitos exigidos do instrumento particular.

Art. 368. As declarações constantes do documento particular, escrito e assinado, ou somente assinado, presumem-se verdadeiras em relação ao signatário.

Vide Projeto de CPC, art. 395, caput

Documento particular é aquele de cuja formação não participa o Estado por seus órgãos ou repartições. Sob o ponto de vista formal, o documento particular admite as seguintes feições: *a*) escrito e assinado pelo declarante; *b*) escrito por outrem e assinado pelo declarante; *c*) escrito pela parte, mas não assinado; e *d*) nem escrito, nem assinado. Apenas as duas primeiras encontram-se regidas pelo presente dispositivo, de sorte que só no que concerne a elas vale a presunção de veracidade em relação ao signatário (e não em relação a terceiro, atente-se). Tenha-se em vista, ainda, que a presunção instituída é relativa *(juris tantum)*, posto que depende do reconhecimento previsto pelo art. 372. Observe-se que dos documentos com a quarta feição referida no início tratam os arts. 378 a 382 (livros comerciais). Por fim, registre-se o que estabelece o art. 219 do CC: "Art. 219. As declarações constantes de documentos assinados presumem-se verdadeiras em relação aos signatários".

Parágrafo único. Quando, todavia, contiver declaração de ciência, relativa a determinado fato, o documento particular prova a declaração, mas não o fato declarado, competindo ao interessado em sua veracidade o ônus de provar o fato.

Vide Projeto de CPC, art. 395, parágrafo único.

Todo e qualquer documento possui dois e apenas dois conteúdos: declaração de vontade e declaração de ciência (declaração de conhecimento de algum fato). Este parágrafo estabelece que o documento particular só prova a declaração do fato, mas não o próprio fato, que permanece controvertido no processo (*v. g.*, se o compromissário-vendedor declara que o imóvel foi construído em tal data, a declaração está provada, mas não a data). Quanto a esse aspecto da eficácia probatória, o documento particular difere do público porque os fatos declarados pelo oficial gozam de presunção de veracidade (art. 364). Observe-se o que prescreve o parágrafo único do art. 219 do CC: "Parágrafo único. Não tendo relação direta, porém, com as disposições principais ou com a legitimidade das partes, as declarações enunciativas não eximem os interessados em sua veracidade do ônus de prová-las".

Art. 369. Reputa-se autêntico o documento, quando o tabelião reconhecer a firma do signatário, declarando que foi aposta em sua presença.

Vide Projeto de CPC, art. 396.

A regra institui a primeira forma pela qual se torna indiscutível a autenticidade do documento particular; a segunda vem disciplinada pelo art. 372. Reputa-se autêntico, isto é, certo quanto à proveniência, o documento cuja assinatura é reconhecida pelo tabelião. Tenha-se presente, todavia, que esse reconhecimento é o que se dá mediante declaração formal de que a assinatura foi aposta na presença do oficial, não se tratando, portanto, do mero reconhecimento de firma por semelhança, tão comumente utilizado (sobre este, *v.* art. 370, V). Observe-se, por fim, que a presunção em favor da autenticidade também é relativa, uma vez que pode ser afrontada por arguição de falsidade (arts. 387 e 390 a 395).

Art. 370. A data do documento particular, quando a seu respeito surgir dúvida ou impugnação entre os litigantes, provar-se-á por todos os meios de direito. Mas, em relação a terceiros, considerar-se-á datado o documento particular:

Vide Projeto de CPC, art. 397, caput.

Embora a data constante do documento particular seja presumida como verdadeira surgindo dúvida a seu respeito, admite-se, por qualquer meio, que se prove o contrário (também se o documento não traz data). É o que diz a primeira parte da regra. Já a segunda estabelece que em relação a terceiros a data declarada no documento não tem valor probatório, prevalecendo nessa hipótese as datas dos eventos arrolados nos incisos, se houver controvérsia a seu respeito, evidentemente.

I – no dia em que foi registrado;

Vide Projeto de CPC, art. 397, I.

Para que se operem efeitos em relação a terceiros exige a lei o registro do documento no cartório de registro público adequado (arts. 135 e 1.067 do CC). Todavia, para os fins processuais aqui disciplinados, abre a lei quatro exceções que correspondem aos incisos subsequentes, dada a segurança representada pelos fatos neles previstos. De qualquer forma a prova exata da data do documento sempre poderá ser feita pela parte.

II – desde a morte de algum dos signatários;
Vide Projeto de CPC, art. 397, II.

De acordo com o dispositivo focalizado, se a parte ou o terceiro signatário faleceu, presume-se datado o documento na época do falecimento ou antes (e, como é óbvio, jamais daí para a frente).

III – a partir da impossibilidade física, que sobreveio a qualquer dos signatários;
Vide Projeto de CPC, art. 397, III.

Se à parte ou ao terceiro tornou-se fisicamente impossível participar do ato documentado (*v. g.*, porque se encontrava desaparecido ou em viagem à Europa), presume-se que a data do documento é a do instante a partir do qual a impossibilidade se caracterizou ou a de instante anterior.

IV – da sua apresentação em repartição pública ou em juízo;
Vide Projeto de CPC, art. 397, IV.

A apresentação do documento pela parte ou pelo terceiro em repartição ou em cartório (cartório mesmo ou nos autos) faz presumir que nessa data ou em época anterior (nunca posterior) é que o documento foi datado.

V – do ato ou fato que estabeleça, de modo certo, a anterioridade da formação do documento.
Vide Projeto de CPC, art. 397, V.

O ato jurídico normalmente praticado ou utilizado para fazer prova da data do documento particular é o reconhecimento de firma por semelhança, que não se confunde com o reconhecimento regulado pelo art. 369. Reconhecida a firma em determinada data, prevalecerá esta em confronto com data posterior que conste do documento.

Art. 371. Reputa-se autor do documento particular:
Vide Projeto de CPC, art. 398, caput

A regra estabelece expressamente a presunção legal de autoria do documento particular em favor das pessoas que são mencionadas nos incisos que seguem. Tenha-se mais uma vez presente que tal presunção é relativa (*juris tantum*), admitindo, portanto, prova em contrário (*v.* art. 221, parágrafo único, do estatuto civil).

I – aquele que o fez e o assinou;
Vide Projeto de CPC, art. 398, I.

É evidente que aquele que faz e assina um documento (por isso chamado autógrafo) deve ser reputado seu autor até prova em contrário (*v. g.*, a falsidade material da assinatura). Tal presunção traz como consequência outra presunção, qual seja, a de que as declarações de vontade constantes do documento são verdadeiras a teor do disposto no art. 368 (*v.* arts. 219, *caput*, e 221 do CC).

II – aquele, por conta de quem foi feito, estando assinado;
Vide Projeto de CPC, art. 398, II.

A presunção de autoria do documento particular também decorre do simples fato de alguém assinar um documento, mesmo sem tê-lo elaborado materialmente. Se o documento foi criado, no plano físico, por conta de alguém, e este o assina como seu criador intelectual, legítima se revela a presunção de autoria. Como na hipótese do inciso I, da presunção relativa estabelecida também deflui a presunção estampada no art. 368 (*v.*, ainda, art. 221 do estatuto civil).

III – aquele que, mandando compô-lo, não o firmou, porque, conforme a experiência comum, não se costuma assinar, como livros comerciais e assentos domésticos.
Vide Projeto de CPC, art. 398, III.

A presunção de autoria aqui prevista decorre apenas da circunstância de alguém ter mandado compor documentos, porque tais documentos não se assinam. Livros comerciais são típicos documentos heterógrafos, vale dizer, documentos produzidos por terceiros, razão por que basta a ordem de composição para que quem a deu seja reputado seu autor, já que não exigem assinatura. Se o assento doméstico for heterógrafo, aplica-se a presunção deste inciso III, porque pode não ser (*v.* notas aos arts. 376 e 377; sobre livros comerciais, *v.* arts. 378 a 382).

Art. 372. Compete à parte, contra quem foi produzido documento particular, alegar, no prazo estabelecido no art. 390, se lhe admite ou não a autenticidade da assinatura e a veracidade do contexto; presumindo-se, com o silêncio, que o tem por verdadeiro.
Vide Projeto de CPC, art. 399.

A regra institui a segunda forma de tornar indiscutível a autenticidade de um documento particular, bem como a maneira de tornar induvidosa a sua veracidade. O reconhecimento da parte como ato integrativo é exigido por este art. 372 por dois motivos: *a*) o documento particular não traz consigo a prova da sua paternidade (o documento público, sim – art. 364, 1ª parte); *b*) tal documento não carrega a presunção de veracidade *erga omnes*, mas apenas em relação ao signatário (o documento público gera efeito contra todos – art. 364, *in fine*). Quanto aos livros comerciais e ao documento cuja firma foi reconhecida nos termos do art. 369, não se aplica a exigência de reconhecimento da autenticidade da assinatura (*v.* notas aos arts. 369 e 371, III). A referência textual ao art. 390 não significa que sempre terá de ser instaurado o incidente de arguição de falsidade, posto que pode bastar a impugnação por petição simples para a discussão e decisão sobre a autenticidade e veracidade (*v.* nota aos arts. 387 e 388).

Parágrafo único. Cessa, todavia, a eficácia da admissão expressa ou tácita, se o documento houver sido obtido por erro, dolo ou coação.

Duas hipóteses podem aqui se verificar: *a*) no ato de reconhecimento expresso, a parte admite que a assinatura é sua, mas impugna a veracidade do contexto por causa de um dos vícios do consentimento; *b*) posteriormente ao reconhecimento expresso ou tácito, a parte impugna a veracidade do contexto por ter descoberto o seu estado de erro (espontâneo ou induzido) quando da formação do documento. Dada a circunstância de a lei não exigir ação anulatória para a desconstituição do documento – como faz o art. 352 em relação à confissão –, há de se admitir que o vício possa ser discutido e apreciado como mais uma questão *incidenter tantum* da causa (*v.* nota à Subseção "Da Arguição da Falsidade").

Art. 373. Ressalvado o disposto no parágrafo único do artigo anterior, o documento particular, de cuja autenticidade se não duvida, prova que o seu autor fez a declaração, que lhe é atribuída.

Vide Projeto de CPC, art. 400, caput

A previsão legal corresponde a mero corolário lógico do ato expresso ou tácito de reconhecimento (art. 372) ou da autenticação (art. 369). Autenticada a assinatura, segue-se o efeito, que é a prova de que o autor fez a declaração. Reconhecida a autenticidade da assinatura e a veracidade total do contexto, segue-se, obviamente, o mesmo efeito probatório. Distinção há de ser feita quando o reconhecimento da veracidade é parcial: os fatos declarados, mas impugnados, serão objeto de prova como quaisquer outros da causa (por prova testemunhal, depoimento pessoal ou mesmo outro documento).

Parágrafo único. O documento particular, admitido expressa ou tacitamente, é indivisível, sendo defeso à parte, que pretende utilizar-se dele, aceitar os fatos que lhe são favoráveis e recusar os que são contrários ao seu interesse, salvo se provar que estes se não verificaram.

Vide Projeto de CPC, art. 400, parágrafo único.

A regra consagrada no dispositivo é a indivisibilidade, em princípio, do documento particular, desde que reconhecido de acordo com o art. 372 (não se perca de vista que é possível o reconhecimento apenas parcial do contexto – *v.* nota ao *caput*). Contudo, ainda que reconhecido totalmente quanto à veracidade das declarações, será lícito à parte mais tarde provar que um ou mais dos fatos reconhecidos não se verificaram. Trata-se, portanto, de permissão à impugnação superveniente ao reconhecimento, o que faz com que a divisibilidade ou a indivisibilidade do documento particular só possa ser afirmada *a posteriori* (*v.* arts. 354 e 380).

Art. 374. O telegrama, o radiograma ou qualquer outro meio de transmissão tem a mesma força probatória do documento particular, se o original constante da estação expedidora foi assinado pelo remetente.

Vide Projeto de CPC, art. 401, caput

O dispositivo disciplina a eficácia probatória dos documentos particulares que menciona. Telegrama é a cópia da tradução da mensagem codificada – transmitida a partir de um texto original (despacho, minuta) – realizada pela estação receptora. Radiograma é o documento escrito da mensagem transmitida a partir de um texto original. Outros meios de transmissão são, exemplificativamente, o cabograma e o telex, o fac-símile, etc. Todos esses documentos só têm força probatória se do original (o escrito a partir do qual se transmite) constar a assinatura do remetente, e mesmo assim dependem do reconhecimento a que alude o art. 372 (*v.*, ainda, art. 222 do CC).

Parágrafo único. A firma do remetente poderá ser reconhecida pelo tabelião, declarando-se essa circunstância no original depositado na estação expedidora.

Vide Projeto de CPC, art. 401, parágrafo único.

Trata-se de mera faculdade a autenticação da assinatura do remetente do telegrama, radiograma ou outros meios de transmissão (*v.* nota ao *caput*). A autenticação aludida, que é a prevista pelo art. 369, torna induvidosa a autenticidade desses documentos e deve ser mencionada expressamente na transmissão.

O que não se dispensa em relação a tais documentos é a assinatura do remetente, que sempre precisa ser mencionada pelo expedidor (*caput* deste artigo).

Art. 375. O telegrama ou o radiograma presume-se conforme com o original, provando a data de sua expedição e do recebimento pelo destinatário.
Vide Projeto de CPC, art. 402.

A presunção de conformidade com o original, que se estende também aos documentos que expressem outros meios de transmissão, é meramente relativa (*juris tantum*), mas depende, para se verificar, da presença dos dois requisitos estampados no texto. A data da expedição sempre deve constar do documento; o recebimento pelo destinatário é documento complementar formado posteriormente (em relação ao telegrama, radiograma e cabograma; não, assim, em relação ao telex e ao fac-símile). Observe-se que, mesmo presentes tais requisitos, é possível provar a não conformidade por se tratar de presunção relativa (*v.*, ainda, art. 222 do CC).

Art. 376. As cartas, bem como os registros domésticos, provam contra quem os escreveu quando:
Vide Projeto de CPC, art. 403, caput

Essa norma jurídica se restringe apenas aos escritos não assinados, uma vez que os assinados têm sua disciplina expressa pelo art. 368. O termo "cartas", no texto, compreende tanto a carta missiva (comunicação de conhecimento ou vontade realizada por intermédio do correio) como a carta doméstica (que prescinde de tal intermediação) e que pode assumir a forma singela de bilhetes ou recados. Já os registros domésticos correspondem a livros de anotações (ou só anotações), diários, memórias, etc. Tais documentos provam contra quem os escreveu nas hipóteses dos incisos a seguir.

I – enunciam o recebimento de um crédito;
Vide Projeto de CPC, art. 403, I.

Enunciar o recebimento de um crédito significa, por exemplo, a declaração do credor de que ocorreu o pagamento da dívida ou de que houve compensação, novação ou, ainda, extinção da obrigação por remissão (perdão da dívida) (*v.*, ainda, art. 223, parágrafo único, do CC, que não conflita em absoluto com o presente regramento).

II – contêm anotação, que visa a suprir a falta de título em favor de quem é apontado como credor;

Vide Projeto de CPC, art. 403, II.

Trata-se aqui da referência expressa, da menção explícita, num escrito qualquer, a uma dívida do declarante para com alguém, que, contudo, não gerou por algum motivo a formação de um título de crédito, mas que poderia ter gerado (*v.*, ainda, art. 223, parágrafo único, do estatuto civil brasileiro, que não conflita em absoluto com a disciplina aqui estabelecida).

III – expressam conhecimento de fatos para os quais não se exija determinada prova.

Vide Projeto de CPC, art. 403, III.

A previsão sob análise se refere à declaração contida em escritos de fatos cuja prova pode ser feita por qualquer meio legal ou legítimo, prescindindo, portanto, de forma especial como o instrumento público (arts. 332 e 366, combinados).

Art. 377. A nota escrita pelo credor em qualquer parte de documento representativo de obrigação, ainda que não assinada, faz prova em benefício do devedor.

Vide Projeto de CPC, art. 404, caput

A nota a que se refere o texto legal é a chamada nota liberatória, pela qual o credor (ou quem o represente – CC, art. 308) expressamente declara cumprida a obrigação. De acordo com o dispositivo, a prova do benefício (a liberação da obrigação) ocorre mesmo que a declaração não esteja assinada, mas depende dela constar em qualquer parte (no verso, ao pé da folha, na margem) do documento representativo da obrigação (*v. g.*, o título de crédito, o instrumento do contrato, etc.).

Parágrafo único. Aplica-se esta regra tanto para o documento, que o credor conservar em seu poder, como para aquele que se achar em poder do devedor.

Vide Projeto de CPC, art. 404, parágrafo único.

Segundo a regra presentemente focalizada, não importa em poder de quem se encontre o documento representativo da obrigação (o título de crédito, o instrumento do contrato) do qual conste a nota liberatória. A prova desse benefício depende da existência da nota, sendo irrelevante quem detenha o documento ou quem o faça juntar aos autos do processo (*v.* CC, art. 324 e, especialmente, o seu parágrafo único que prescreve: "Ficará sem efeito a quitação assim operada se o credor provar, em 60 dias, a falta de pagamento").

Art. 378. Os livros comerciais provam contra o seu autor. É lícito ao comerciante, todavia, demonstrar, por todos os meios permitidos em direito, que os lançamentos não correspondem à verdade dos fatos.

Vide Projeto de CPC, art. 405.

A parte inicial da prescrição corresponde parcialmente ao que dispõe o art. 226, *initio,* do CC ("Art. 226. Os livros e fichas dos empresários e sociedades provam contra as pessoas a que pertencem [...]"). Autor, no texto, é o proprietário do livro, originário ou por sucessão. Já a segunda parte da regra explicita a relatividade da presunção de veracidade das declarações imprimidas nos livros comerciais: os lançamentos sempre poderão ser discutidos em juízo, por iniciativa até do próprio empresário (ou sociedade), interessado na demonstração de que seus registros não correspondem à verdade. Observe-se, por derradeiro, o que institui o parágrafo único do mesmo art. 226 do estatuto material: "Parágrafo único. A prova resultante dos livros e fichas não é bastante nos casos em que a lei exige escritura pública, ou escrito particular revestido de requisitos especiais, e pode ser ilidida pela comprovação da falsidade ou inexatidão dos lançamentos".

Art. 379. Os livros comerciais, que preencham os requisitos exigidos por lei, provam também a favor do seu autor no litígio entre comerciantes.

Vide Projeto de CPC, art. 406.

A norma aqui esculpida tem paralelo na parte final do *caput* do art. 226 do CC que prescreve: "Art. 226. Os livros e fichas dos empresários e sociedade provam [...] em seu favor, quando, escriturados sem vício extrínseco ou intrínseco, forem confirmados por outros subsídios". Duas observações se impõem a partir do cotejo deste art. 379 com o 226 do estatuto civil: 1ª) em razão da posterioridade da disciplina material, a limitação estabelecida pelo art. 379 ("litígio entre comerciantes") já não se justifica; a regularidade da escrituração e a confirmação por outros elementos instrutórios sempre fazem dos livros e das fichas provas a favor do empresário ou da sociedade; 2ª) a exigência da confirmação da regularidade da escrituração para todos os casos (litígios entre dois empresários ou entre empresário e não empresário) é novidade trazida pelo CC que condiciona de forma absoluta, a interpretação do presente art. 379.

Art. 380. A escrituração contábil é indivisível: se dos fatos que resultam dos lançamentos, uns são favoráveis ao interesse de seu autor e outros lhe são contrários, ambos serão considerados em conjunto como unidade.

Vide Projeto de CPC, art. 407.

Diferentemente das regras estabelecidas pelos arts. 354 e 373, parágrafo único, que admitem a divisibilidade, a norma sob comentário não a permite, ordenando ao juiz a apreciação da escrituração como um todo ou unidade (a norma constitui inovação já que por sua natureza a escrituração contábil é divisível). Entrementes, tem-se entendido que esta regra de valoração da prova só se aplica nos casos em que a única prova existente é a escrituração contábil. Observe-se, ainda, que a indivisibilidade deve ser examinada à luz de cada negócio registrado no livro e que à parte contrária sempre será lícito demonstrar a inverdade parcial de lançamentos.

Art. 381. O juiz pode ordenar, a requerimento da parte, a exibição integral dos livros comerciais e dos documentos do arquivo:

Vide Projeto de CPC, art. 408, caput

A ordem judicial de exibição plena de livros comerciais aqui prevista se funda, antes de mais nada, no disposto no art. 1.191 do CC e corresponde a uma explicitação do poder instituído pelo art. 355 (que, por sua vez, é explicitação do poder genericamente estabelecido pelo art. 130). Na hipótese do presente dispositivo fica o juiz autorizado a mandar exibir os livros, independentemente da instauração do incidente de "exibição de documento ou coisa", mas sempre na dependência do requerimento da parte nos autos. A necessidade de iniciativa da parte e a dispensa do incidente formal caracterizam a disciplina deste art. 381, destarte. Negada a exibição pela parte contrária nas situações elencadas nos incisos, a solução será a aplicação do disposto no art. 1.192 do estatuto civil que reza: "Art. 1.192. Recusada a apresentação dos livros [...] serão apreendidos judicialmente e, no do seu § 1º, ter-se-á como verdadeiro o alegado pela parte contrária para se provar pelos livros".

I – na liquidação de sociedade;

Vide Projeto de CPC, art. 408, I.

Refere-se a lei à hipótese de pendência de processo de dissolução de sociedade (CC, arts. 1.033 a 1.035 c/c o art. 1.218, VII, do CPC), bem como à hipótese de processo ou fase de liquidação que se siga à decretação ou declaração da dissolução (CC, arts. 1.036, parágrafo único, 1.037 e 1.102 a 1.112, c/c os arts. 655 a 657 do CPC/39). A regra tem aplicação específica, ainda, aos casos de liquidação de firma individual (art. 669), de sociedade comercial sem personalidade jurídica (art. 673 c/c o art. 12, VII) ou de sociedades anônimas (art. 674 do CPC/39).

II – na sucessão por morte de sócio;

Vide Projeto de CPC, art. 408, II.

A situação aqui prevista é a do processo de apuração de haveres por morte, a que alude o art. 668 do CPC/39 c/c o art. 1.218, VII, do estatuto processual vigente. Nesse caso, interessa sobremodo aos sucessores do sócio (a título universal ou singular) o exame integral da escrituração. Essa hipótese encontra-se expressamente prevista pelo art. 1.191, *caput*, do CC.

III – quando e como determinar a lei.
Vide Projeto de CPC, art. 408, III.

O art. 1.191, *caput*, do CC, determina a exibição integral de livros e papéis de escrituração. Como os incisos anteriores já referiram expressamente as hipóteses de liquidação (inciso I) e sucessão por morte (inciso II), restam, do art. 1.191 mencionado, os casos de dúvidas sobre a comunhão (entre os sucessores de qualquer tipo e os sócios remanescentes), questões sobre administração ou gestão à conta de outrem (mandato, gestão sem mandato) e quaisquer outras questões relativas à sociedade.

Art. 382. O juiz pode, de ofício, ordenar à parte a exibição parcial dos livros e documentos, extraindo-se deles a suma que interessar ao litígio, bem como reproduções autenticadas.
Vide Projeto de CPC, art. 409.

A norma sob comentário, que prevê a exibição parcial para extração de suma, tem aplicação não só nas hipóteses do art. 381 como em quaisquer outras em que um comerciante seja parte, garantida a fiscalização da exibição por parte deste, de acordo com o art. 1.191, §§ 1º e 2º, do CC. Observe-se, contudo, que o cabimento dessa modalidade de exibição depende de o registro ser comum às partes, isto é, de o registro dizer respeito a transações que envolvam diretamente os litigantes (Súmula n. 260 do STF). A exibição parcial, diferentemente da integral ou plena, pode ser determinada de ofício pelo magistrado, aplicando-se em caso de recusa injustificada a solução prevista pelo art. 359, hoje também estabelecida pelo art. 1.192 do estatuto civil.

Art. 383. Qualquer reprodução mecânica, como a fotográfica, cinematográfica, fonográfica ou de outra espécie, faz prova dos fatos ou das coisas representadas, se aquele contra quem foi produzida lhe admitir a conformidade.
Vide Projeto de CPC, art. 410, caput

As reproduções mecânicas previstas no texto, como documentos particulares que são (documento em sentido amplo é toda representação material de um ato ou fato), dependem de reconhecimento expresso ou tácito da veracidade daquilo que representam. Daí aplicar-se analogicamente o art. 372 quanto ao prazo para impugnação, bem como quanto ao cabimento da modalidade tácita de admissão. Observe-se o que prescreve o art. 225 do CC: "As reproduções fotográficas, cinematográficas, os registros fonográficos e, em geral, quaisquer outras reproduções mecânicas ou eletrônicas de fatos ou de coisas fazem prova plena destes, se a parte, contra quem forem exibidos, não lhes impugnar a exatidão".

Parágrafo único. Impugnada a autenticidade da reprodução mecânica, o juiz ordenará a realização de exame pericial.

Vide Projeto de CPC, art. 410, parágrafo único.

A impugnação da autenticidade (autenticidade tem o sentido de veracidade no texto) deve ser feita no prazo de dez dias a que alude o art. 372, mas não obrigatoriamente sob a forma de petição inicial de incidente de falsidade; a impugnação pode corresponder apenas a mais uma questão fática a ser dirimida na instrução. A não impugnação no prazo faz presumir que a parte aceita a veracidade da reprodução.

Art. 384. As reproduções fotográficas ou obtidas por outros processos de repetição, dos documentos particulares, valem como certidões, sempre que o escrivão portar por fé a sua conformidade com o original.

Vide Projeto de CPC, art. 411.

A regra disciplina especificamente a reprodução fotográfica e outras obtidas por repetição, como a fotocópia, a xerocópia, a microfilmagem, etc. De acordo com a sua normatividade, tais reproduções de documentos particulares têm o mesmo valor de certidões dos originais caso tenham sido autenticadas pelo oficial público competente, isto é, a reprodução deve ser tida no processo como o original, o que não significa equiparação quanto aos efeitos com a autenticação prevista pelo art. 369, nem impede impugnação da autenticidade ou da veracidade do contexto a que alude o art. 372.

Art. 385. A cópia de documento particular tem o mesmo valor probante que o original, cabendo ao escrivão, intimadas as partes, proceder à conferência e certificar a conformidade entre a cópia e o original.

Vide Projeto de CPC, art. 412, caput

Este dispositivo disciplina, em sua segunda parte, a conferência pelo escrivão de cópias (autênticas, autenticadas, "públicas-formas", simples ou extratos) impugnadas nos termos do art. 372. Só em caso de impugnação é que cabe a intimação das partes para a conferência e posterior certificação via lavratura de termo; a regra não se presta, observe-se, a simplesmente colocar à disposição do litigante mais um meio de autenticação. Já a primeira parte da regra afirma a equivalência probatória entre a cópia e o original, exceto, é claro, se a desconformidade for demonstrada.

§ 1º Quando se tratar de fotografia, esta terá de ser acompanhada do respectivo negativo.

Vide Projeto de CPC, art. 412, § 1º.

Para a conferência e certificação da conformidade da fotografia é imprescindível a apresentação do negativo, uma vez que aquela nada mais é do que a cópia deste. A falta de negativo impede de forma absoluta a conferência, mas não significa que a fotografia não possa ser considerada pelo juiz como prova, uma vez que em relação à valoração desta vige o princípio da persuasão racional (art. 131).

§ 2º Se a prova for uma fotografia publicada em jornal, exigir-se-ão o original e o negativo.

Vide Projeto de CPC, art. 412, §§ 2º a 4º.

A regra explicita a exigência de negativo ainda que se trate de fotografia publicada em jornal (o negativo, nesse caso, é o que serviu para o "clichê"). A *ratio* deste parágrafo, bem como a do anterior, é a mesma, qual seja a de impedir fraudes processuais mediante montagem de imagens fictícias e o desvirtuamento da verdade.

Art. 386. O juiz apreciará livremente a fé que deva merecer o documento, quando em ponto substancial e sem ressalva contiver entrelinha, emenda, borrão ou cancelamento.

Vide Projeto de CPC, art. 413.

A liberdade de valoração da prova instituída por este dispositivo tem lugar toda vez que o documento particular apresente os vícios extrínsecos mencionados, independentemente de ter ou não havido a impugnação prevista pelo art. 372. Ponto substancial, no texto, é o ponto relevante, crucial, basilar do conteúdo do documento, e a ressalva que a lei pressupõe inexistir é aquela colocada expressamente antes da assinatura com o fim de eliminar os defeitos contidos no documento. Se o vício atinge pontos não substanciais desaparece a liberdade de valoração, devendo o juiz declarar tal circunstância na sentença (*v.* art. 171 a respeito dos atos processuais).

Art. 387. Cessa a fé do documento, público ou particular, sendo-lhe declarada judicialmente a falsidade.

Vide Projeto de CPC, art. 414, caput

Reputa-se idôneo o documento se o seu contexto é veraz – isto é, se são verdadeiras as declarações nele presentes – e se sua assinatura é autêntica. Cessa a fé do documento, por conseguinte, se a falsidade que atinge o seu contexto ou a sua assinatura é declarada judicialmente. Por três formas a falsidade pode ser declarada: *a*) *incidenter tantum*, como parte da motivação da sentença sem necessidade de ação de qualquer tipo (art. 388, I); *b*) *principaliter*, mediante propositura da arguição de falsidade que é ação incidente; *c*) *principaliter*, mediante propositura de ação autônoma (art. 4º, II). Examine-se a nota à Subseção II adiante ("Da Arguição de Falsidade").

Parágrafo único. A falsidade consiste:

Vide Projeto de CPC, art. 414, parágrafo único.

A falsidade referida neste parágrafo único não é exclusivamente a material, como poderia à primeira vista parecer, mas abrange também a ideológica. Examinem-se os incisos que seguem.

I – em formar documento não verdadeiro;

Vide Projeto de CPC, art. 414, parágrafo único, I.

Documento não verdadeiro é, em primeiro lugar, aquele cuja formação nunca foi desejada (o documento formado por outrem e não por aquele que consta como seu autor); nesse caso a falsidade é material. Mas formar documento não verdadeiro é também o ato de declarar, em documento materialmente verdadeiro, fatos inverídicos; aí temos a falsidade ideológica (Moacyr Amaral Santos).

II – em alterar documento verdadeiro.

Vide Projeto de CPC, art. 414, parágrafo único, II.

Trata-se da inserção material de novidade em documento verdadeiro, como acontece nas hipóteses de alteração material de uma cláusula de contrato, a alteração de certas palavras desta ou, ainda, a mudança de uma única palavra que possa desvirtuar o significado de uma frase. Alteração também acontece se todo um parágrafo é suprimido ou se algumas palavras simplesmente são apagadas (*v. g.*, a data ou o lugar).

Art. 388. Cessa a fé do documento particular quando:
Vide Projeto de CPC, art. 415, caput

A referência exclusiva a documento particular se explica pelo fato de os vícios aqui previstos (contestação da assinatura e preenchimento abusivo) só poderem alcançar essa modalidade de documento. Enquanto a fé do documento público (art. 364) e do particular autenticado (art. 369) só cessa com a declaração da falsidade (art. 387), nas hipóteses elencadas adiante o que faz cessar a fé é a impugnação prevista pelo art. 372. Logo, devendo ser provada a autenticidade ou veracidade do contexto, tal questão para ser dirimida não exige ação, bastando a sua discussão na própria causa e decisão como fundamento da sentença.

I – lhe for contestada a assinatura e enquanto não se lhe comprovar a veracidade;
Vide Projeto de CPC, art. 415, I.

A contestação da assinatura pode ser feita pela parte contra quem foi produzido o documento, no prazo de dez dias, por simples petição na qual aponte a falsidade, a teor do disposto no art. 372. Assim fazendo, desencadeada estará a controvérsia a respeito da autenticidade, que será dirimida por prova pericial via de regra (*v.* art. 420, parágrafo único, III). Nada impede, por outro lado, que a parte prefira instaurar o incidente de arguição de falsidade (art. 390). Tratando-se de documento público, só por meio de ação autônoma poder-se-á declarar a sua falsidade.

II – assinado em branco, for abusivamente preenchido.
Vide Projeto de CPC, art. 415, II.

Trata-se da figura, hoje legal, do documento assinado em branco, mas preenchido em desacordo com a convenção estabelecida entre o signatário e aquele a quem incumbe o preenchimento (*v.* parágrafo único). Interpretada a previsão à luz da regência disciplinar do *caput*, conclui-se que a parte contra quem se produziu tal documento deve impugná-lo nos termos do art. 372 para que cesse a sua fé e se abra a oportunidade de prova da violação ou do desrespeito ao contrato.

Parágrafo único. Dar-se-á abuso quando aquele, que recebeu documento assinado, com texto não escrito no todo ou em parte, o formar ou o completar, por si ou por meio de outrem, violando o pacto feito com o signatário.
Vide Projeto de CPC, art. 415, parágrafo único.

O parágrafo em questão torna explícito o que a lei considera exatamente o abuso previsto no inciso II do *caput*, de sorte a autorizar a impugnação fundada no art. 372. O pacto existente entre as partes, que tanto pode ser escrito como verbal, será objeto de quaisquer dos meios de prova (depoimento pessoal, testemunhas, outros documentos), competindo ao juiz, na sentença, rejeitar a eficácia probatória do documento se ficar reconhecido o abuso quanto à sua formação.

Art. 389. Incumbe o ônus da prova quando:
Vide Projeto de CPC, art. 416, caput

Essa regra especial de distribuição do ônus da prova (a geral se encontra esculpida pelo art. 333) se aplica tanto à ação declaratória autônoma de falsidade (art. 4º, II) como à ação declaratória incidental (art. 390) ou, ainda, à discussão, na própria causa, da questão incidente relativa à falsidade.

I – se tratar de falsidade de documento, à parte que a arguir;
Vide Projeto de CPC, art. 416, I.

Sempre que uma das partes impugnar um documento por falsidade ideológica ou material do seu contexto (art. 372 ou 390), a ela competirá a prova. Idêntica é a imposição probatória se o documento particular teve a sua assinatura aposta na presença do tabelião, na hipótese do art. 369.

II – se tratar de contestação de assinatura, à parte que produziu o documento.
Vide Projeto de CPC, art. 416, II.

Inverte a lei o ônus da prova na hipótese de impugnação à assinatura: quem faz ingressar nos autos um documento e afirma a sua autenticidade deve prová-la se a parte contrária a puser em dúvida. Tal discussão, como visto (art. 388, I), dar-se-á tanto no bojo da arguição de falsidade como no âmbito da própria causa em que o documento foi produzido.

Subseção II
Da Arguição de Falsidade

Vide Projeto de CPC, arts. 417 a 420 (Subseção II – Da Arguição de Falsidade).

A arguição de falsidade é uma ação declaratória incidental cujo objeto é a declaração da falsidade de um documento relevante para o julgamento da causa. O objeto da arguição de falsidade é exclusivamente a falsidade material, que ocorre, *v. g.*, nos casos previstos pelos arts. 387 e 388, sendo que em relação a este último o incidente é mera faculdade. Já a falsidade ideológica – aquela que atinge as declarações constantes do documento, mas não a sua materialidade – não se submete à arguição, devendo ser admitida a seguinte distinção: se o negócio jurídico que o documento representa é simulado ou foi realizado por erro, dolo ou coação, a solução é a propositura de ação própria anulatória ou a discussão da desconformidade como mais uma questão *incidenter tantum* da causa (*v.* nota ao parágrafo único do art. 372); se apenas algumas declarações são inverídicas, mas o ato em si não é viciado, basta a prova da desconformidade pelos meios adequados na própria causa.

Art. 390. O incidente de falsidade tem lugar em qualquer tempo e grau de jurisdição, incumbindo à parte, contra quem foi produzido o documento, suscitá-lo na contestação ou no prazo de 10 (dez) dias, contados da intimação da sua juntada aos autos.

Vide Projeto de CPC, art. 417.

Instaura-se o incidente por pedido constante de capítulo próprio da contestação, se o documento é juntado com a inicial, ou por petição inicial autônoma, em dez dias da ciência da juntada, se o documento ingressa nos autos posteriormente. Em qualquer caso só tem cabimento a arguição se o documento é relevante para a causa; se não é, falta interesse de agir e o pedido deve ser indeferido liminarmente, o que também deve acontecer se o prazo (quinze ou dez dias) é perdido (nessa hipótese só resta a ação do art. 4º, II, c/c o art. 265, IV, *a*, ou rescisória – art. 485, VI) (*v.* Lei n. 11.419/2006, art. 11, § 2º, sobre a arguição de falsidade processada eletronicamente). Lembramos que o incidente de falsidade cabe, em regra, em qualquer procedimento cognitivo, mas só pode ter por objeto a falsidade material, admitindo para a sua demonstração quaisquer meios de prova.

Art. 391. Quando o documento for oferecido antes de encerrada a instrução, a parte o arguirá de falso, em petição dirigida ao juiz da causa, expondo os motivos em que funda a sua pretensão e os meios com que provará o alegado.

Vide Projeto de CPC, art. 418.

O encerramento da instrução (declarada pelo juiz ao final da audiência) é o fenômeno processual que determina a forma de processamento da arguição de falsidade. Antes dele, a arguição é processada nos mesmos autos, como acontece com a reconvenção ou a declaratória incidental (arts. 315 e 325); depois dele, o incidente é processado em apenso, como ordena o art. 393. O deferimento do processamento da arguição nos mesmos autos aqui previsto não gera o efeito de suspensão do processo a que alude o art. 394, mas o juiz não deve sentenciar o feito antes de concluída a arguição (*v.* nota aos arts. 394 e 395).

Art. 392. Intimada a parte, que produziu o documento, a responder no prazo de 10 (dez) dias, o juiz ordenará o exame pericial.

Vide Projeto de CPC, art. 419, caput.

A intimação prevista no texto tem natureza jurídica de citação (convocação do sujeito passivo da arguição, que é ação, para se defender – art. 213), mas é realizada sob a forma de intimação (na pessoa do procurador constituído pela imprensa). A falta de resposta por parte de quem produziu a prova não gera os efeitos previstos pelo art. 319, contudo, porque se entende que a revelia na arguição é sinônimo de afirmação da autenticidade e veracidade do documento. Quanto à ordem de exame pericial, deve-se compreendê-la apenas como uma possibilidade (aliás, a mais comum), posto que ao juiz é lícito designar audiência para ouvir as partes e as testemunhas sobre a falsidade se a perícia não for viável, por exemplo.

Parágrafo único. Não se procederá ao exame pericial, se a parte, que produziu o documento, concordar em retirá-lo e a parte contrária não se opuser ao desentranhamento.

Vide Projeto de CPC, art. 419, parágrafo único.

Uma das atitudes do arguido pode ser a de, ante a impugnação, manifestar-se no sentido de retirar o documento dos autos. Nesse caso, o juiz deve abrir vista ao arguinte, que deverá dizer se concorda ou não, posto que pode ter interesse em ver declarada a falsidade do documento e dirimida toda a dúvida a esse respeito de uma vez por todas (*v.* nota ao art. 395). Observe-se que a regra tem aplicação também nas hipóteses em que a impugnação do art. 372 não assume a feição de arguição de falsidade.

Art. 393. Depois de encerrada a instrução, o incidente de falsidade correrá em apenso aos autos principais; no tribunal processar-se-á perante o relator, observando-se o disposto no artigo antecedente.

A observância do disposto no art. 392 é exigida tanto na hipótese de arguição em apenso em primeira como em segunda instância na qual o incidente é conduzido pelo relator (ou pelo presidente do tribunal, se ainda não houver relator). Correr em apenso significa que os documentos da arguição (petição inicial, resposta, provas, etc.) serão autuados separadamente, mas permanecerão vinculados aos autos principais.

Art. 394. Logo que for suscitado o incidente de falsidade, o juiz suspenderá o processo principal.

A suspensão do processo, como efeito da arguição da falsidade, só ocorre na hipótese de o incidente ser instaurado depois de encerrada a instrução. É que este art. 394 alude de forma expressa "processo principal", figura que, tecnicamente, só se verifica na hipótese de ser formado apenso; só em relação a esse é que há "autos principais" (art. 393) ou "processo principal" como está no texto. Se o incidente é processado nos mesmos autos (art. 391) não se pode falar em "processo principal", mas apenas em ação ou causa principal. Além do mais, parece um grande contrassenso a ideia de sobrestar uma causa quando o lógico e o normal é que as duas se desenvolvam em conjunto, principalmente se ambas exigem atos de postulação, saneamento e instrução.

Art. 395. A sentença, que resolver o incidente, declarará a falsidade ou autenticidade do documento.

Vide Projeto de CPC, art. 420.

O texto deixa clara a natureza jurídica do ato judicial que resolve o incidente de falsidade: trata-se de sentença e não de decisão interlocutória, no que acertou plenamente o legislador, dada a natureza de mérito da questão relativa à falsidade. Como a arguição é uma verdadeira ação declaratória incidental, a sentença do incidente deve ser proferida em conjunto com a sentença da causa principal (em Capítulo desta, o juiz resolve a questão, exatamente como acontece na ação incidente dos arts. 5º e 325 e na reconvenção, art. 315). Observe-se, ainda, que, dada a natureza meritória assinalada e o pedido declaratório deduzido por ação, tal sentença faz indubitavelmente coisa julgada material (arts. 467 a 470).

Subseção III
Da Produção da Prova Documental

Vide Projeto de CPC, arts. 421 a 424
(Subseção III – Da Produção da Prova Documental).

Produção de prova documental é o ato ou atividade, disciplinada pela lei processual, pela qual se faz inserir validamente nos autos do processo um documento para que este passe a integrar aqueles como peça probatória.

Art. 396. Compete à parte instruir a petição inicial (art. 283), ou a resposta (art. 297), com os documentos destinados a provar-lhe as alegações.

Vide Projeto de CPC, art. 421.

A regra disciplina os momentos iniciais da produção da prova documental. Quanto ao autor, documentos há que a lei reputa indispensáveis (art. 283, *v.* nota) e que, por isso, precisam ser juntados com a inicial sob pena de indeferimento (art. 284), e outros que ela reputa dispensáveis, portanto inexigíveis (art. 283, *a contrario sensu*). Quanto ao réu, a distinção não cabe, sendo sempre direito desse apenas juntar os documentos que repute relevantes à defesa (art. 297).

Art. 397. É lícito às partes, em qualquer tempo, juntar aos autos documentos novos, quando destinados a fazer prova de fatos ocorridos depois dos articulados, ou para contrapô-los aos que foram produzidos nos autos.

Vide Projeto de CPC, art. 422.

Malgrado o estreito limite em que é posto o cabimento da produção da prova documental superveniente de acordo com a literalidade da prescrição deste art. 397, tem-se entendido doutrinária e jurisprudencialmente que a regra não pode deixar de ser interpretada de forma extensiva e liberal, de sorte que permita às partes a juntada, a qualquer tempo, em qualquer fase do procedimento, salvo se já encerrada a instrução em primeira ou segunda instância, de documentos novos ou não, para a prova tanto dos fatos articulados como daqueles que ocorrem depois dos articulados, sejam ou não para contrapô-los a documentos já produzidos, inclusive sob a qualificação de prova emprestada. A flexibilidade interpretativa é de todo justificável para que não fiquem tolhidos o direito processual de provar e a própria efetividade jurisdicional. Examinem-se os arts. 312, 326 e 327, que expressamente autorizam a posterior produção de prova documental.

Art. 398. Sempre que uma das partes requerer a juntada de documento aos autos, o juiz ouvirá, a seu respeito, a outra, no prazo de 5 (cinco) dias.

Vide Projeto de CPC, art. 423.

A *ratio* do dispositivo se vincula indubitavelmente ao princípio do contraditório, e sua normatividade garante, em última análise, o direito da parte de se defender sempre contra quaisquer documentos juntados aos autos. Isso significa a real possibilidade de impugnação (art. 372) e de contraprova mediante a juntada de outro documento ou prova oral. É por causa dessa garantia que não se admite a juntada de documentos, em regra, em audiência ou dentro do prazo de cinco dias que a antecede ou que surge com os memoriais. Observe-se, outrossim, que a falta de intimação da parte gera nulidade que só não se decreta ante a total ausência de prejuízo ou em face da completa irrelevância do documento para o deslinde da causa.

Art. 399. O juiz requisitará às repartições públicas em qualquer tempo ou grau de jurisdição:

Vide Projeto de CPC, art. 424, caput

O poder judicial aqui instituído, bem como o previsto pelos arts. 355, 381 e 382, corresponde a meras explicitações do poder instrutório genericamente consagrado pelo art. 130. O que caracteriza fundamentalmente a prerrogativa sob comentário é o fato de que ela só deve ser exercida na hipótese de impossibilidade – comprovada ou seriamente alegada – de a parte obter o documento por sua própria iniciativa. Trata-se, portanto, de atividade judicial complementar e não substitutiva da atividade da parte. Por repartições públicas, no texto, devem ser entendidos os tabelionatos, os cartórios de registro civil, de imóveis, de protestos, etc. (*v.*, ainda, art. 339).

I – as certidões necessárias à prova das alegações das partes;

Vide Projeto de CPC, art. 424, I.

Toda e qualquer certidão pode ser requisitada pelo juiz da causa nos limites estabelecidos pelo *caput* (*v.* nota), inclusive aquelas provenientes da Delegacia da Receita Federal. É tranquila hoje a orientação de que cópias de declarações feitas pelo contribuinte ao Fisco podem ser requisitadas judicialmente não só para a descoberta de endereços para fins citatórios, como também para o conhecimento do próprio acervo patrimonial da parte, desde que tais informes se mostrem relevantes para o processo que pode ser de qualquer tipo (conhecimento, execução ou cautelar).

II – os procedimentos administrativos nas causas em que forem interessados a União, o Estado, o Município, ou as respectivas entidades da administração indireta.

Vide Projeto de CPC, art. 424, II.

São interessadas na causa as pessoas jurídicas de direito público referidas, as autarquias (pessoas jurídicas de direito público exclusivamente administrativas), as sociedades de economia mista e as empresas públicas – exceto as primeiras, todas participantes da administração indireta – quando figurarem no processo como autoras, rés, opoentes ou assistentes (*v.* art. 188 e nota). Todos os procedimentos administrativos que tenham curso perante tais entes podem ser requisitados, desde que digam respeito aos direitos discutidos em juízo.

§ 1º Recebidos os autos, o juiz mandará extrair, no prazo máximo e improrrogável de 30 (trinta) dias, certidões ou reproduções fotográficas das peças indicadas pelas partes ou de ofício; findo o prazo, devolverá os autos à repartição de origem.

Vide Projeto de CPC, art. 424, § 1º.

A criação do presente § 1º, pela Lei da Informatização do Processo Judicial, deve-se exclusivamente à circunstância de ter desejado a Lei n. 11.419/2006 acrescentar um parágrafo novo a este art. 399, de forma que o presente dispositivo foi despojado da sua condição de parágrafo único e transformado em § 1º, dada a necessidade apontada de criação de um segundo parágrafo, o § 2º a seguir que trata da autorização para as repartições públicas em geral passarem a fornecer todos os documentos em meio eletrônico (*v.* nota). Como nada, absolutamente nada, mudou no texto deste ora § 1º, em relação ao anterior parágrafo único, reproduzimos aqui o que já havíamos escrito sobre o dispositivo. Senão, vejamos. O "prazo máximo e improrrogável de 30 (trinta) dias", previsto no texto para que o juiz mande extrair certidões ou reproduções das peças de procedimentos administrativos – o parágrafo em questão vincula-se exclusivamente ao inciso II, deste art. 399 – é facilmente explicável ante a necessidade de que o funcionamento da Administração Pública não seja comprometido por mais tempo do que o expressamente tolerado pelo presente dispositivo. Observe-se que, recebidos os autos do procedimento, o juiz deve ordenar *incontinenti* a extração de cópia ou certidão e que, concluído o trabalho pelo cartório, os autos devem ser devolvidos sem delongas, mesmo antes da aproximação do vencimento do prazo (o prazo de 30 dias é máximo, não mínimo). Registre-se, por fim, que, havendo ou não indicação de peças pelas partes, o juiz pode, de ofício, ordenar a reprodução, poder que também significa explicitação da prerrogativa judicial prevista pelo art. 130 do CPC.

§ 2º As repartições públicas poderão fornecer todos os documentos em meio eletrônico conforme disposto em lei, certificando, pelo mesmo meio, que se trata de extrato fiel do que consta em seu banco de dados ou do documento digitalizado.

Vide Projeto de CPC, art. 424, § 2º.

A rigor, o presente § 2º – criação da Lei n. 11.419/2006 que institui a informatização do processo judicial (*v.* nota ao § 1º deste artigo) – não tem natureza nem caráter processual, mas nitidamente substancial, posto que autoriza as repartições públicas a fornecerem todos os seus documentos em meio eletrônico. Veja-se que, apenas por via transversa, o direito processual é atingido, na medida em que, cumprindo-se a previsão normativa, os objetos da requisição judicial de que cogitam os incisos I e II, deste art. 399, passam a ter a forma eletrônica. É justamente essa consequência verificável em juízo que justifica a inserção do dispositivo no CPC. Pois bem, para compreender o regramento sob enfoque, é necessário lembrar, inicialmente, que a Lei n. 11.419/2006 define meio eletrônico como sendo "qualquer forma de armazenamento ou tráfego de documentos e arquivos digitais" (art. 1º, § 2º, I) e que a certificação eletrônica, referida no texto – de que "se trata de extrato fiel do que consta em seu banco de dados ou do documento digitalizado" –, corresponde à identificação inequívoca do signatário viabilizada pela assinatura eletrônica, também prevista pela mesma Lei (art. 1º, § 2º, III). Observe-se, por último, que dada a implantação do fornecimento eletrônico de documentos pelas repartições públicas, tanto a própria requisição de que fala o *caput*, deste art. 399, como o envio direto a juízo das certidões, procedimentos administrativos e outros documentos poderão ocorrer pela via eletrônica, assim como os requerimentos das partes e o envio dos documentos às partes de que não participe de qualquer modo o juiz da causa. Tudo isso e muito mais fica agora plenamente legitimado por este novo § 2º (*v.* art. 154, § 2º) (texto de acordo com a Lei n. 11.419/2006).

Seção VI
Da Prova Testemunhal

Vide Projeto de CPC, arts. 428 a 484 (Seção IX – Da Prova Testemunhal).

Prova testemunhal é aquela obtida por meio do depoimento verbal, prestado em juízo, de pessoa estranha ao processo que relata o que se encontra em sua memória a respeito dos fatos litigiosos (as testemunhas representam no processo os olhos e os ouvidos da Justiça – Bentham). Quanto à fonte do conhecimento, as testemunhas podem ser presenciais (as que conhecem os fatos porque assistiram a eles) ou de referência (as que os conhecem por relato de terceiros). Referidas são as testemunhas cuja convocação se tornou possível dada a referência da sua pessoa no depoimento de outrem. Já quanto à função que prestam, as testemunhas podem ser judiciárias (as que relatam o que sabem ao juiz) ou instrumentárias (as que atestam, firmando, a realização de negócio jurídico).

Subseção I
Da Admissibilidade e do Valor da Prova Testemunhal

Vide Projeto de CPC, arts. 428 a 435
(Subseção I – Da Admissibilidade e do Valor da Prova Testemunhal).

A admissibilidade da prova testemunhal quanto aos fatos é expressamente disciplinada pelos arts. 400 a 404 e 406; o art. 405 regula o seu cabimento quanto à própria pessoa da testemunha, de acordo com a sua idoneidade. Quanto ao valor, como é sabido, não existe hierarquia entre as provas (art. 131), restando inócua a previsão do art. 405, § 4º, *in fine* (*v.* nota).

Art. 400. A prova testemunhal é sempre admissível, não dispondo a lei de modo diverso. O juiz indeferirá a inquirição de testemunhas sobre fatos:
Vide Projeto de CPC, art. 428, caput

De acordo com o presente art. 400, a regra é a admissibilidade da prova testemunhal, o que é explicitado pelos arts. 402 a 404. A exceção é a inadmissibilidade, que sempre vai depender de um texto legal expresso que imponha outra modalidade probatória como faz o próprio inciso II que refere duas hipóteses típicas de descabimento da prova testemunhal. Inviável que se revele esta, como sói acontecer nas situações previstas pelos incisos, a consequência será o indeferimento.

I – já provados por documento ou confissão da parte;
Vide Projeto de CPC, art. 428, I.

Documento, no texto, é o *ad probationem tantum* não impugnado quanto à autenticidade ou veracidade (art. 372); em caso contrário é lícito provar com testemunhas. Confissão é o ato pelo qual uma das partes admite a verdade de um fato contrário ao seu interesse e favorável ao adversário, qualquer que seja a sua feição, exceto a extrajudicial feita a terceiro (arts. 348 a 351 e 353). Para os fins desse inciso, equiparam-se aos fatos confessados os fatos incontroversos (art. 334, III). Examinem-se, ainda, os arts. 212, III, e 227 a 230 do CC.

II – que só por documento ou por exame pericial puderem ser provados.
Vide Projeto de CPC, art. 428, II.

Documento, neste inciso II, é obviamente o *ad solemnitatem*, cuja disciplina se encontra expressa no art. 366 (*v.* nota ao inciso I e referências ao CC); o documento *ad probationem tantum*, no contexto do presente dispositivo, é previsto pelo inciso I. Também a necessidade de exame pericial sobre determinados fatos inviabiliza a prova por meio de testemunhas, o que ocorre na hipótese do inciso I do parágrafo único do art. 420, interpretado *a contrario sensu.*

Art. 401. A prova exclusivamente testemunhal só se admite nos contratos cujo valor não exceda o décuplo do maior salário mínimo vigente no país, ao tempo em que foram celebrados.

Vide Projeto de CPC, art. 429.

A norma aqui expressa significa restrição, a um só tempo, ao direito probatório das partes, como também ao livre convencimento do magistrado (trata-se, portanto, de exceção ao princípio esculpido no art. 130). Observe-se que os contratos a que se refere o dispositivo são apenas aqueles que admitem forma livre (*v.* o teor do art. 366). No que concerne à limitação prevista propriamente dita, esta deve ser mitigada quando o contrato for de valor maior do que o legal, não havendo nenhum documento escrito que o comprove (não nos referimos evidentemente às hipóteses do art. 402). No mesmo sentido do art. 401, o art. 227, *caput*, do CC: "Art. 227. Salvo os casos expressos, a prova exclusivamente testemunhal só se admite nos negócios jurídicos cujo valor não ultrapasse o décuplo do maior salário mínimo vigente no País ao tempo em que foram celebrados".

Art. 402. Qualquer que seja o valor do contrato, é admissível a prova testemunhal, quando:

Vide Projeto de CPC, art. 430, caput.

A redação do *caput* deste art. 402 torna clara a circunstância de que as hipóteses previstas nos dois incisos a seguir consubstanciam expressas exceções à normatividade contida no art. 401. No que concerne ao presente regramento, observe-se que o atual parágrafo único do art. 227 do CC (Lei n. 10.406/2002) dispõe em sentido semelhante: "Parágrafo único. Qualquer que seja o valor do negócio jurídico, a prova testemunhal é admissível como subsidiária ou complementar da prova por escrito".

I – houver começo de prova por escrito, reputando-se tal o documento emanado da parte contra quem se pretende utilizar o documento como prova;

Vide Projeto de CPC, art. 430, I.

Começo de prova é qualquer documento escrito pela pessoa contra quem se quer fazer prova do contrato (ou escrito por aquela que a representa) cujo teor torna verossímil ou crível que o contrato realmente existe (*v. g.*, uma carta, telegrama, bilhete, fax ou *e-mail* dirigido a terceiro, em que a parte, contra quem se quer fazer prova do contrato, refere expressamente a sua existência). Este inciso, destarte, autoriza a prova testemunhal se houver pelo menos um indício (o começo de prova) da existência do negócio jurídico. É, por isso, que o art. 227, parágrafo único, do CC, refere-se à prova testemunhal, nesse caso, como "subsidiária ou complementar da prova por escrito".

II – o credor não pode ou não podia, moral ou materialmente, obter a prova escrita da obrigação, em casos como o de parentesco, depósito necessário ou hospedagem em hotel.
Vide Projeto de CPC, art. 430, II.

O inciso sob análise permite genericamente a prova testemunhal em situações em que não se pode exigir que o credor possua um documento que comprove o crédito em razão de motivos morais ou materiais. Dizemos "genericamente" porque o rol estabelecido no texto é apenas exemplificativo. Motivo moral é, *v. g.*, o parentesco, que impede o credor de obter documento, dada a confiança que permeia as relações jurídicas em família. Motivos materiais, a lei cita dois: o depósito necessário (o realizado por ocasião de calamidade como o incêndio, a inundação, o naufrágio ou o saque – CC, art. 647, II); a hospedagem em hotel onde o depósito é tido por existente por força de lei independentemente de qualquer documento (CC, art. 649).

Art. 403. As normas estabelecidas nos dois artigos antecedentes aplicam-se ao pagamento e à remissão da dívida.
Vide Projeto de CPC, art. 431.

Trata-se de norma de extensão pela qual os dois institutos de direito civil mencionados, e apenas estes (o pagamento e a remissão – CC, arts. 304 a 333 e 385 a 388, respectivamente), ficam subordinados às mesmas regras que regem os contratos para fins de admissibilidade da prova testemunhal (arts. 401 e 402). Portanto, também o pagamento e o perdão da dívida se provam: exclusivamente com testemunhas se o valor for abaixo ou igual ao legal ou se não houver nenhum documento; com testemunhas complementarmente se houver começo de prova por escrito ou razão moral ou material para que o devedor não tenha obtido o respectivo documento comprobatório.

Art. 404. É lícito à parte inocente provar com testemunhas:
Vide Projeto de CPC, art. 432, caput

O dispositivo enfocado tem por pano de fundo os processos das ações anulatórias de negócios jurídicos e por destinatária da autorização da prova exclusivamente testemunhal a parte inocente, assim considerada aquela que se diz prejudicada pela simulação ou vício e que, por isso, a argúi em juízo. Também a terceiros se estende a prerrogativa, porquanto a vontade da lei tem sido apenas a de impedir que a parte culpada (a que praticou simulação fraudulenta ou fraude, etc.) prove com testemunhas o que não pode nem mesmo alegar (CC, art. 150, *v. g.*).

I – nos contratos simulados, a divergência entre a vontade real e a vontade declarada;

Vide Projeto de CPC, art. 432, I.

Quando a *causa petendi* da ação de nulidade de negócio jurídico é a simulação (CC, art. 167), a divergência entre a vontade real e a declarada pode ser provada exclusivamente com testemunhas porque esse é normalmente o único meio de demonstrá-la, o que se faz, com frequência, pela comprovação de indícios ou circunstâncias. Do somatório desses, concluir-se-á pela ocorrência de simulação que, como sabemos, não é vício do consentimento.

II – nos contratos em geral, os vícios do consentimento.

Vide Projeto de CPC, art. 432, II.

A *ratio* da autorização da prova exclusivamente testemunhal nesse caso é semelhante à presente na norma contida no inciso anterior. Os vícios do consentimento (erro, dolo, coação, estado de perigo ou lesão – CC, arts. 171, II, e 138 a 157) normalmente só se tornam passíveis de demonstração mediante prova indiciária, na qual as testemunhas quase sempre ocupam papel de extremo destaque (sobre a prova por indícios, examine-se o art. 435 deste Código).

Art. 405. Podem depor como testemunhas todas as pessoas, exceto as incapazes, impedidas ou suspeitas.

Vide Projeto de CPC, art. 433, caput

Em relação à fonte da prova testemunhal, a regra é a admissibilidade em juízo do testemunho de quaisquer pessoas; a exceção, a inadmissibilidade nas hipóteses expressa e casuisticamente elencadas nos três parágrafos deste artigo, que não comportam interpretação extensiva ou ampliativa. Se a testemunha se enquadrar em qualquer das situações a seguir previstas, assegura-se à parte contrária o exercício do direito de contraditá-la em audiência (art. 414, § 1º).

§ 1º São incapazes:

Vide Projeto de CPC, art. 433, § 1º.

A incapacidade de depor como testemunha (de fim estritamente processual, portanto) não tem paralelo perfeito na incapacidade civil porque o relativamente incapaz pode ser testemunha (inciso III), mas não o plenamente capaz se alguma doença ou circunstância lhe houver tirado a consciência ainda que momentaneamente (inciso II) ou se lhe faltar algum sentido (inciso IV). O art.

228, *caput*, do CC, diz simplesmente: "Art. 228. Não podem ser admitidos como testemunhas".

I – o interdito por demência;

Vide Projeto de CPC, art. 433, § 1º, I.

Interdito por demência é a pessoa que sofreu processo de interdição (procedimento de jurisdição voluntária disciplinado pelos arts. 1.177 a 1.186) e que teve contra si proferida sentença que lhe subtraiu a capacidade de exercício (ou de fato) pelo fundamento indicado: demência – hoje, "enfermidade ou deficiência mental" (CC, arts. 3º, II, e 9º, III). Se a interdição teve outro motivo (surdo-mudez ou prodigalidade) não incide a restrição. A regra especifica um aspecto do que o CC já havia enunciado genericamente no seu art. 228, II.

II – o que, acometido por enfermidade, ou debilidade mental, ao tempo em que ocorreram os fatos, não podia discerni-los; ou, ao tempo em que deve depor, não está habilitado a transmitir as percepções;

Vide Projeto de CPC, art. 433, § 1º, II.

Este inciso retira a capacidade de depor (processual, destarte) da pessoa civilmente capaz pelo simples fato de ter sofrido qualquer doença que tenha impedido o discernimento do fato, que é objeto de discussão em juízo, no momento em que ele ocorreu; ou pelo fato de sofrer qualquer doença que a impeça, no momento do testemunho, de declarar ao juiz o que sabe. A regra é mais ampla do que a constante do art. 228, II, do CC, que reza: "Art. 228. [...] II – aqueles que, por enfermidade ou retardamento mental, não tiverem discernimento para a prática dos atos da vida civil".

III – o menor de 16 (dezesseis) anos;

Vide Projeto de CPC, art. 433, § 1º, III.

O absolutamente incapaz no plano civil (CC, art. 3º, I) também o é no plano processual para o fim de prestar depoimento como testemunha em juízo. A razão é evidentemente a presunção legal inarredável de falta de desenvolvimento intelectual suficiente. A regra sob enfoque é reprodução do art. 228, I, do CC.

IV – o cego e o surdo, quando a ciência do fato depender dos sentidos que lhes faltam.

Vide Projeto de CPC, art. 433, § 1º, IV.

Há incapacidade de depor, logicamente, se à pessoa falta o sentido necessário à percepção do fato litigioso a respeito do qual vai depor em juízo. Assim, não só em relação ao cego ou ao surdo existe a proibição, como também em relação àquele a quem falte tato, olfato ou paladar, se desses sentidos depender a percepção do fato. A regra em questão tem paralelo redacional quase perfeito no art. 228, III, do estatuto civil.

§ 2º São impedidos:
Vide Projeto de CPC, art. 433, § 2º.

Impedimento é a incompatibilidade com a função de testemunhar, isto é, com a função de transmitir ao órgão jurisdicional o conhecimento a respeito do fato controvertido. Todas as razões de impedimento previstas nos incisos que se seguem estão ligadas ao fato de a testemunha ter vínculo jurídico com alguém ligado direta ou indiretamente à relação processual. Observe-se que, de todas as previsões constantes dos incisos deste parágrafo, somente a primeira (inciso I) tem paralelo no CC.

I – o cônjuge, bem como o ascendente e o descendente em qualquer grau, ou colateral, até o terceiro grau, de alguma das partes, por consanguinidade ou afinidade, salvo se o exigir o interesse público, ou, tratando-se de causa relativa ao estado da pessoa, não se puder obter de outro modo a prova, que o juiz repute necessária ao julgamento do mérito;
Vide Projeto de CPC, art. 433, § 2º, I.

O termo "cônjuge" tem de ser interpretado tecnicamente, de sorte que não compreende o convivente ou concubino, que entram na categoria do amigo íntimo (§ 3º, III). Quanto aos colaterais (pessoas que descendem de ancestral comum) por afinidade, para a contagem de graus, basta colocar um cônjuge no lugar do outro; *v. g.*, cunhados são afins em segundo grau. A ressalva da parte final do dispositivo permite ao juiz tomar o depoimento do cônjuge ou parentes por consanguinidade ou afinidade – independentemente de compromisso (§ 4º), é claro –, caso entenda existente, segundo o seu prudente arbítrio, interesse público, ou se a causa versar sobre estado da pessoa (*status civitatis*, *status familiae* ou estado civil), que é fenômeno objetivamente constatável. O texto sob comentário tem paralelo no art. 228, V, e seu parágrafo único do CC.

II – o que é parte na causa;
Vide Projeto de CPC, art. 433, § 2º, II.

Nenhuma forma de incompatibilidade com a função de testemunhar é maior ou mais intensa do que a da parte. Quem é parte não pode, em hipótese alguma, ser admitido a prestar depoimento como testemunha. Testemunha, conceitualmente, é sempre um estranho ao feito que vai a juízo dizer o que sabe sobre o fato litigioso.

III – o que intervém em nome de uma parte, como o tutor na causa do menor, o representante legal da pessoa jurídica, o juiz, o advogado e outros, que assistam ou tenham assistido as partes.

Vide Projeto de CPC, art. 433, § 2º, III.

O que justifica fundamentalmente a instituição do impedimento aqui é a grande identificação que as pessoas mencionadas no texto guardam com a parte, de sorte que os seus depoimentos não podem deixar de ser tidos em sua substância como depoimentos das próprias partes (o tutor, o curador, o advogado, o mandatário *ad negotia*, o representante legal da pessoa jurídica). A outra justificativa concerne à intensa vinculação objetiva da pessoa com a causa, de forma que o seu depoimento se torna absolutamente incompatível (o juiz, o árbitro, o órgão do MP, o assistente social, etc.).

---

§ 3º São suspeitos:

Vide Projeto de CPC, art. 433, § 3º.

Suspeição é sinônimo de falta de credibilidade. Suspeita é a testemunha cujo interesse ou cuja vida pregressa ou presente desautoriza a Justiça a confiar no seu depoimento. Observe-se que das previsões a seguir, apenas as constantes nos incisos III e IV a seguir têm paralelo no estatuto civil vigente.

I – o condenado por crime de falso testemunho, havendo transitado em julgado a sentença;

Vide Projeto de CPC, art. 433, § 3º, I.

A caracterização da suspeição aqui é absolutamente objetiva, de sorte que nenhum juízo de valor é exigido do magistrado nesse caso: é suspeita a testemunha que tenha sido condenada, por sentença transitada materialmente em julgado, pela prática do crime definido no art. 342 do CP.

II – o que, por seus costumes, não for digno de fé;

Vide Projeto de CPC, art. 433, § 3º, II.

Contrariamente ao paradigma objetivo estabelecido para a detecção da suspeição no inciso anterior, no presente o critério eleito é subjetivo. O juiz, segundo o seu prudente e ponderado arbítrio, é quem decidirá, à luz do caso concreto, se a testemunha, por sua maneira de viver, é digna ou não de confiança: a avaliação da credibilidade que deve merecer certo criminoso, um desocupado ou uma prostituta dependerá de aspectos sociológicos, culturais ou morais de uma região geográfica que variam segundo o momento histórico.

III – o inimigo capital da parte, ou o seu amigo íntimo;
Vide Projeto de CPC, art. 433, § 3º, III.

Outro critério extremamente subjetivo é instituído por este inciso III para a detecção da testemunha suspeita. Ao juiz competirá prudentemente decidir sobre o grau de amizade ou de inimizade existente entre a parte e a testemunha, não podendo, no entanto, afastar-se da necessidade de caracterizar como intenso o relacionamento entre elas para dar aplicação à presente norma jurídica (sócios, compadres, ex-concubinos podem ou não ser amigos íntimos; inimigos políticos podem ou não ser inimigos capitais segundo a lei). A regra em questão tem paralelo no art. 228, IV, parte final, do CC.

IV – o que tiver interesse no litígio.
Vide Projeto de CPC, art. 433, § 3º, IV.

O critério aqui estabelecido é quase tão objetivo quanto o presente no inciso I. O interesse que a testemunha deve ter no litígio deve ser pessoal e jurídico, como o do fiador na causa do afiançado, do cedente na causa do cessionário, o vendedor, sujeito à evicção, na causa do comprador (os exemplos são de Moacyr Amaral Santos). Se o interesse é apenas fático ou moral, suspeição não há. Também o presente inciso tem paralelo normativo no art. 228, mas no inciso IV, parte inicial, do estatuto civil.

§ 4º Sendo estritamente necessário, o juiz ouvirá testemunhas impedidas ou suspeitas; mas os seus depoimentos serão prestados independentemente de compromisso (art. 415) e o juiz lhes atribuirá o valor que possam merecer.
Vide Projeto de CPC, art. 433, § 4º.

Há estrita necessidade de oitiva de testemunhas impedidas ou suspeitas quando, por qualquer motivo, não houver outro meio de prova que possa conduzir o juiz ao conhecimento do fato litigioso (*v. g.*, porque somente tais testemunhas poderiam ter tido contato com as pessoas envolvidas no fato controvertido na causa). Nessas hipóteses, o compromisso de dizer a verdade (art. 415) tem de ser dispensado por razões óbvias. Já quanto aos incapazes, são esses ouvidos, em caso de necessidade, não como testemunhas, mas como meros informantes do juízo. Por derradeiro, deve ser observado que a parte final do dispositivo consubstancia regra absolutamente supérflua, uma vez que a qualquer prova, e não só a essa, o juiz atribui o valor que lhe pareça adequado segundo a norma genérica de valoração estabelecida pelo art. 131. A regra em questão tem paralelo no parágrafo único do art. 228 do CC.

Art. 406. A testemunha não é obrigada a depor de fatos:

Vide Projeto de CPC, art. 434, caput

A regra consagra exceções ao dever instituído pelo art. 341, I, segundo o qual ao terceiro compete "informar ao juiz os fatos e as circunstâncias, de que tenha conhecimento". A *ratio* destas exceções é bastante semelhante à que desobriga a parte de depor sobre os fatos previstos pelo art. 347: ninguém deve ser obrigado a se autoacusar, a acusar familiares ou a divulgar informações legalmente sigilosas. As testemunhas, nas circunstâncias deste artigo, devem requerer que o juiz as escuse de depor (art. 414, § 2º). A regra tem paralelo no art. 229 do CC.

I – que lhe acarretem grave dano, bem como ao seu cônjuge e aos seus parentes consanguíneos ou afins, em linha reta, ou na colateral em segundo grau;

Vide Projeto de CPC, art. 434, I.

A lei propositadamente deixa de especificar os fatos que são objeto da escusa da testemunha, com o que autoriza o magistrado a decidir, com base no caso concreto, o que seja ou o que não seja "grave dano" (em relação à parte, a escusa só pode fundar-se nas circunstâncias explicitamente indicadas pelo inciso I do art. 347: fatos criminosos ou fatos torpes). Em relação às pessoas que são beneficiadas pela escusa, o texto limita de forma objetiva a apreciação judicial; somente as indicadas recebem o beneplácito da proteção legal. A norma jurídica em questão tem paralelo no art. 229, II e III, do estatuto civil: "Art. 229. Ninguém pode ser obrigado a depor sobre fato: [...] II – a que não possa responder sem desonra própria, de seu cônjuge, parente em grau sucessível, ou amigo íntimo; III – que o exponha, ou às pessoas referidas no inciso antecedente, a perigo de vida, de demanda, ou de dano patrimonial imediato".

II – a cujo respeito, por estado ou profissão, deva guardar sigilo.

Vide Projeto de CPC, art. 434, II.

A presente disposição é literalmente idêntica à expressa pelo art. 347, II, que rege a escusa de depor da parte, razão por que remetemos o leitor ao comentário realizado àquela prescrição. Seja como for, o presente dispositivo tem paralelo no art. 229, I, do CC, que diz a mesma coisa salvo a palavra final: o estatuto civil utiliza a palavra "segredo", em vez de "sigilo".

Subseção II
Da Produção da Prova Testemunhal

Vide Projeto de CPC, arts. 436 a 448 (Subseção II – Da Produção da Prova Testemunhal).

Produção da prova testemunhal é a atividade pela qual se faz com que o depoimento de uma testemunha passe a integrar o processo como peça de instrução. Antes do momento da produção, que é normalmente o da audiência de instrução (arts. 450 e segs.), a prova testemunhal já venceu as etapas do requerimento (arts. 282, VI, e 300) e do deferimento (art. 331; no sumário, art. 277).

Art. 407. Incumbe às partes, no prazo que o juiz fixará ao designar a data da audiência, depositar em cartório o rol de testemunhas, precisando-lhes o nome, profissão, residência e o local de trabalho; omitindo-se o juiz, o rol será apresentado até 10 (dez) dias antes da audiência.

Vide Projeto de CPC, art. 436.

O prazo preclusivo aqui regulamentado – judicial ou legal de dez dias – tem a peculiaridade de ser um prazo inverso, porquanto corresponde a um lapso temporal dentro do qual o ato não pode ser praticado. Contudo, a disciplina do Código sobre contagem de prazos é única, não discrimina prazos e prazos, de sorte que se aplicam os arts. 178, 179 e 184 a esse prazo inverso (*v. g.*, no caso de prazo de dez dias, se a audiência é no dia 20, terça-feira, o último dia para o oferecimento do rol será a sexta-feira, dia 9; se a audiência é na segunda, 19, o último dia será o dia 6, porque o prazo inverso não começa a correr no domingo, 18, mas só na sexta, 16, e o último dia proibido para a prática do ato é o dia 7, quarta). Depósito em cartório é sinônimo de entrega da petição despachada em cartório (não no protocolo geral) ou, na pior das hipóteses, no protocolo do cartório para posterior despacho. Sem razão as decisões que consideram o protocolo geral como prolongamento do cartório para este fim específico do art. 407 (a lei fala "depositar em cartório"). Se a audiência for adiada – audiência adiada é audiência não realizada – fica sem efeito o arrolamento, começando a correr outra vez o prazo deste art. 407 a partir da nova data designada. Observe-se, ainda, que a presente prescrição se aplica ao rito sumário se as testemunhas dependem de intimação (*v.* arts. 412, *caput*, e 278, § 2º) e também ao réu revel. Por fim, registramos que o presente dispositivo foi alterado pela Lei n. 10.358/2001 que outorgou ao juiz poder para fixar o prazo da apresentação do rol de testemunhas e, para o caso de omissão judicial, estabelece em dez dias o prazo legal para tal ato, disciplina que veio a representar um grande avanço em relação à disciplina anterior que fixava o exíguo prazo legal de cinco dias que dava margem a todo tipo de manobra protelatória (texto de acordo com a Lei n. 10.358/2001).

Parágrafo único. É lícito a cada parte oferecer, no máximo, 10 (dez) testemunhas; quando qualquer das partes oferecer mais de 3 (três) testemunhas para a prova de cada fato, o juiz poderá dispensar as restantes.

A norma assegura às partes o direito subjetivo processual de arrolar até dez testemunhas e de ouvir três sobre cada fato controvertido na causa. Se a parte arrolar mais do que dez, ao juiz é lícito simplesmente desconsiderar as testemunhas que estiverem além do limite (a partir da décima primeira, portanto). Quanto à oitiva, tratando-se do mesmo fato, só pode o magistrado indeferir o depoimento a partir da quarta, nunca o da terceira. Se a quarta testemunha sabe de todos os fatos, ela só deve ser admitida a depor sobre aqueles que não foram objeto de depoimento das três anteriores.

Art. 408. Depois de apresentado o rol, de que trata o artigo antecedente, a parte só pode substituir a testemunha:

Vide Projeto de CPC, art. 437, caput

O contexto no qual se insere o dispositivo sob análise é o do prazo proibido dos dez ou mais dias que antecedem a audiência. Logo, dentro desse prazo proibido só é lícito substituir testemunhas arroladas nas hipóteses descritas nos incisos que se seguem. Por outro lado, se o rol foi apresentado muito antes da audiência, às partes é assegurada a faculdade de livremente substituir testemunhas (acrescentar ou subtrair) até a data limite do décimo dia anterior à audiência (sobre a contagem desse prazo, *v.* comentário ao *caput* do artigo anterior). A previsão deste art. 408 como um todo se funda na ideia de que não é justo que a parte perca a oportunidade de ouvir uma testemunha por razões imponderáveis como as enunciadas adiante.

I – que falecer;

Vide Projeto de CPC, art. 437, I.

A morte da testemunha deve ser comunicada e provada (ou só comunicada) pela parte ao juiz o mais rápido possível para permitir a tomada de providências no sentido da intimação da substituta. A falta de certidão de óbito no instante da comunicação não impede o juiz de deferir a substituição, devendo a parte providenciar a sua juntada aos autos em prazo razoável que o juiz determine (art. 178).

II – que, por enfermidade, não estiver em condições de depor;
Vide Projeto de CPC, art. 437, II.

A lei não discrimina a enfermidade, como não podia mesmo discriminar, de sorte que a demonstração pela parte de qualquer doença da testemunha e da consequente impossibilidade (ou grave inconveniência) de comparecimento à audiência deve levar o juiz a deferir a substituição. Como acontece com a morte (inciso I), a doença deve ser comprovada (*v. g.*, por atestado médico), mas a sua falta não obstaculiza o deferimento da substituição, devendo o juiz identicamente assinar prazo para a comprovação documental. Observe-se, entretanto, que, se a testemunha, por seu profundo conhecimento dos fatos, não pode ser eficientemente substituída, a solução pode ser alternativamente a propositura da ação cautelar de antecipação de prova (art. 410, I, c/c os arts. 846 e segs.) ou a tomada de seu depoimento fora da sede do juízo (art. 410, III).

III – que, tendo mudado de residência, não for encontrada pelo oficial de justiça.
Vide Projeto de CPC, art. 437, III.

A comprovação desta circunstância não depende em nada da parte, mas exclusivamente da certidão do oficial de justiça lavrada no mandado de intimação juntado aos autos. Como ocorre em relação à hipótese de enfermidade (inciso II), também aqui a solução a ser escolhida pela parte pode não ser a substituição, mas o oferecimento de novos dados para a localização da testemunha, em virtude do seu conhecimento profundo sobre os fatos litigiosos.

Art. 409. Quando for arrolado como testemunha o juiz da causa, este:
Vide Projeto de CPC, art. 438, caput

Juiz da causa, no texto, é o que presidirá a audiência (art. 445) e não o que tenha simplesmente funcionado em fase anterior do procedimento, que pode ser arrolado sem que isso gere qualquer incidente.

I – declarar-se-á impedido, se tiver conhecimento de fatos, que possam influir na decisão; caso em que será defeso à parte, que o incluiu no rol, desistir de seu depoimento;

Vide Projeto de CPC, art. 438, I.

A exigência legal de declaração de impedimento por parte do juiz que tenha sido arrolado como testemunha e conheça os fatos litigiosos complementa a disciplina contida na parte final do art. 134, II, que alude ao fenômeno por já ter o magistrado prestado depoimento.

II – se nada souber, mandará excluir o seu nome.

Vide Projeto de CPC, art. 438, II.

A ordem do juiz no sentido de que se exclua o seu nome do rol de testemunhas consubstancia típica decisão interlocutória (art. 162, § 2º) passível de agravo (art. 522). O fato de a parte não ter oferecido exceção de impedimento anteriormente, quando soube da vinculação pessoal do juiz com a lide (art. 304 c/c o art. 134), não lhe retira o direito de impugnar a decisão negativa do magistrado, uma vez que isso lhe é facultado a qualquer tempo (*v.* comentário ao art. 134, *caput*).

Art. 410. As testemunhas depõem, na audiência de instrução, perante o juiz da causa, exceto:

Vide Projeto de CPC, art. 439, caput *e §§ 1º e 2º.*

A norma institui o momento do processo em que tem lugar a produção da prova testemunhal – a audiência de instrução (arts. 450 e segs.) –, mas estabelece também, de forma expressa, as exceções nos incisos que se seguem.

I – as que prestam depoimento antecipadamente;

Vide Projeto de CPC, art. 439, I.

Este inciso se refere expressamente à medida cautelar nominada de produção antecipada de prova que é resultado de processo cautelar do mesmo nome (arts. 846 a 848 e 851). Para que tenha cabimento a medida cautelar aludida (liminarmente ou não, pouco importa), é necessária a presença de *fumus boni juris* (a viabilidade de um processo principal) e *periculum in mora*, assim como definido no art. 847 e seus incisos (*v.* notas respectivas). Sem eles não é possível a antecipação.

II – as que são inquiridas por carta;

Vide Projeto de CPC, art. 439, II.

Carta, no texto, significa qualquer das modalidades de carta previstas pelo art. 201 (de ordem, rogatória ou precatória) e cuja disciplina se encontra exposta pelos arts. 202 a 212. Testemunha inquirida por carta de ordem é aquela que presta depoimento perante órgão monocrático a quem um tribunal dirigiu ordem para esse fim; por carta rogatória é a que testemunha perante juiz estrangeiro por solicitação de órgão jurisdicional brasileiro; por carta precatória é a que presta depoimento perante juízo de comarca distinta daquela em que tem curso o processo.

III – as que, por doença, ou outro motivo relevante, estão impossibilitadas de comparecer em juízo (art. 336, parágrafo único);
Vide Projeto de CPC, art. 439, III.

Verificando-se a impossibilidade de comparecimento da testemunha à audiência por uma das circunstâncias previstas neste inciso III, a parte deve imediatamente comunicá-la ao juízo, comprovando-a, para que se viabilize a designação de dia, hora e lugar para a tomada do seu depoimento (art. 336, parágrafo único – *v.* nota). Observe-se, entretanto, que ainda quando haja comprovação do motivo legal e da impossibilidade, renasce para o juiz a faculdade de determinar que se aguarde a realização da audiência para só nela decidir, conforme as novas circunstâncias, sobre o pedido de designação de audiência especial (argumento – arts. 130 e 446, I). Se a situação é, *v. g.*, de vida ou morte, o que cabe é a ação cautelar de produção antecipada de provas (inciso I).

IV – as designadas no artigo seguinte.
Vide Projeto de CPC, art. 439, IV.

A regra em questão, de caráter estritamente remissivo, insere na exceção instituída pelo *caput* as autoridades que o art. 411 longamente elenca.

Art. 411. São inquiridos em sua residência, ou onde exercem a sua função:
Vide Projeto de CPC, art. 440, caput

O depoimento em sua própria residência é prerrogativa funcional das autoridades do Executivo, do Legislativo e do Judiciário expressamente elencadas nos incisos a seguir. Também os magistrados (art. 33, I, da LOMAN), os membros do MP (art. 40, I, da LONMP – Lei n. 8.625, de 12.02.1993) e membros da Defensoria Pública (art. 44, XIV, da LC n. 80, de 12.01.1994) gozam de semelhante prerrogativa.

I – o Presidente e o Vice-Presidente da República;
Vide Projeto de CPC, art. 440, I.

II – o presidente do Senado e o da Câmara dos Deputados;

III – os ministros de Estado;
Vide Projeto de CPC, art. 440, II.

IV – os ministros do Supremo Tribunal Federal, do Superior Tribunal de Justiça, do Superior Tribunal Militar, do Tribunal Superior Eleitoral, do Tribunal Superior do Trabalho e do Tribunal de Contas da União;
Vide Projeto de CPC, art. 440, III.

V – o procurador-geral da República;
Vide Projeto de CPC, art. 440, IV.

VI – os senadores e deputados federais;
Vide Projeto de CPC, art. 440, V.

VII – os governadores dos Estados, dos Territórios e do Distrito Federal;
Vide Projeto de CPC, art. 440, VI.

VIII – os deputados estaduais;
Vide Projeto de CPC, art. 440, VII.

IX – os desembargadores dos Tribunais de Justiça, os juízes dos Tribunais de Alçada, os juízes dos Tribunais Regionais do Trabalho e dos Tribunais Regionais Eleitorais e os conselheiros dos Tribunais de Contas dos Estados e do Distrito Federal;
Vide Projeto de CPC, art. 440, VIII.

X – o embaixador de país que, por lei ou tratado, concede idêntica prerrogativa ao agente diplomático do Brasil.
Vide Projeto de CPC, art. 440, IX.

Parágrafo único. O juiz solicitará à autoridade que designe dia, hora e local a fim de ser inquirida, remetendo-lhe cópia da petição inicial ou da defesa oferecida pela parte, que arrolou como testemunha.

Vide Projeto de CPC, art. 440, parágrafo único.

Este parágrafo único complementa a disciplina da prerrogativa funcional instituída pelo *caput*, atribuindo expressamente à autoridade o direito subjetivo processual de designar dia, hora e local da inquirição, cujo exercício é provocado por solicitação judicial instruída com a inicial ou contestação da parte que a arrolou. Na data e hora designadas (por ofício remetido ao juízo), o magistrado deslocar-se-á ao local indicado para tomar o depoimento da autoridade.

Art. 412. A testemunha é intimada a comparecer à audiência, constando do mandado dia, hora e local, bem como os nomes das partes e a natureza da causa. Se a testemunha deixar de comparecer, sem motivo justificado, será conduzida, respondendo pelas despesas do adiamento.

Vide Projeto de CPC, art. 441, caput *e §§ 1º e 5º.*

Embora o texto se refira expressamente a mandado, esta é apenas uma das formas pelas quais se aperfeiçoa a intimação da testemunha. Outras são: a intimação por carta rogatória ou precatória (arts. 201 e segs.) e a intimação por carta postal registrada com entrega em mão própria conforme o § 3º à frente (forma sucedânea do mandado e a mais comum). Seja qual for a modalidade utilizada, os requisitos constantes do texto haverão de estar presentes. Deixando injustificadamente de comparecer a testemunha intimada, a solução ou sanção legal é a condução coercitiva (sob vara) instrumentalizada por mandado a ser cumprido pelo oficial de justiça com o auxílio de força policial, se for o caso. Observe-se, entretanto, que, em se tratando de testemunha intimada por carta postal, é usual que o magistrado ordene nova intimação, agora por mandado, antes de decretar a condução coercitiva (para estar obrigada a comparecer, a testemunha precisa ter sido intimada pelo menos 24 horas antes da audiência – art. 192). A consequência processual interna do não comparecimento da testemunha é, em qualquer caso, o adiamento ou a suspensão da audiência (art. 453, II).

§ 1º A parte pode comprometer-se a levar à audiência a testemunha, independentemente de intimação; presumindo-se, caso não compareça, que desistiu de ouvi-la.

Vide Projeto de CPC, art. 441, §§ 2º a 4º, I e III.

O parágrafo reconhece e disciplina a categoria das testemunhas cujo comparecimento não depende de intimação judicial. Malgrado a instituição da informalidade para o fim de comparecimento à audiência, tanto estas como as referidas no *caput* precisam ter sido arroladas de acordo com o art. 407. Quanto ao risco de não comparecimento da testemunha pelo fato de não ter sido formalmente intimada, todo ele é carreado à parte, posto que a lei presume, embora de maneira relativa, que esta desistiu de ouvi-la. A demonstração de uma justificativa séria permite o adiamento da audiência e a oitiva da mesma testemunha posteriormente.

§ 2º Quando figurar no rol de testemunhas funcionário público ou militar, o juiz o requisitará ao chefe da repartição ou ao comando do corpo em que servir.

Vide Projeto de CPC, art. 441, § 4º, II.

Com a finalidade de não provocar distúrbio na atividade das repartições públicas de qualquer nível, estabelece a lei uma modalidade especial de intimação, a realizada mediante ofício expedido pelo juiz ao chefe da repartição pelo qual se solicita a presença do funcionário com vistas à tomada do seu depoimento como testemunha.

§ 3º A intimação poderá ser feita pelo correio, sob registro ou com entrega em mão própria, quando a testemunha tiver residência certa.

Por meio do presente dispositivo, fica agora expressamente reconhecida a possibilidade de o ato intimatório de testemunhas ser realizado pelo correio (antes da criação deste § 3º, era necessário interpretar flexivelmente o *caput* para se chegar a semelhante conclusão). Observe-se, no entanto, que a lei preferiu não tornar obrigatório o recurso à modalidade postal de intimação, uma vez que se utilizou da forma verbal "poderá", e não "deverá", no texto sob exame, deixando ao juiz em cada caso concreto a liberdade para avaliar a conveniência de mandar intimar por carta ou por mandado. Outro aspecto disciplinar que chama a atenção no texto está no fato de a regra distinguir, embora inadequadamente, a forma postal sob registro da entrega em mão própria. Dizemos inadequadamente porque a entrega em mão própria nada mais é do que uma outra modalidade de carta registrada (mais eficiente, por sinal, porque o carteiro só está autorizado a entregá-la ao próprio destinatário e a mais ninguém) (texto de acordo com a Lei n. 8.710/93).

Art. 413. O juiz inquirirá as testemunhas separada e sucessivamente; primeiro as do autor e depois as do réu, providenciando de modo que uma não ouça o depoimento das outras.

Vide Projeto de CPC, art. 442.

A regra legal consagra o princípio da incomunicabilidade entre as testemunhas de forma a garantir que o depoimento se revista da maior pureza e credibilidade possíveis. Quanto à ordem estabelecida – que é também a prevista pelo art. 452, III –, esta não precisa ser seguida à risca, sob pena de ficar comprometida a celeridade processual. O que se permite é que o juiz ouça primeiro todas as testemunhas do réu, se assim lhe parecer conveniente, mas não que ouça apenas algumas do autor e outras do réu, misturando-as (*v.* comentário ao inciso III do art. 452).

Art. 414. Antes de depor, a testemunha será qualificada, declarando o nome por inteiro, a profissão, a residência e o estado civil, bem como se tem relações de parentesco com a parte, ou interesse no objeto do processo.

Vide Projeto de CPC, art. 443, caput

A qualificação formal da testemunha é exigida porque é necessário que fique caracterizada nos autos, da melhor maneira possível, a sua identidade. A partir dela e da declaração positiva ou negativa de parentesco com a parte ou de interesse no litígio é que nascerá ou não o direito processual de contraditar cujo regramento encontra-se estampado no § 1º.

§ 1º É lícito à parte contraditar a testemunha, arguindo-lhe a incapacidade, o impedimento ou a suspeição. Se a testemunha negar os fatos que lhe são imputados, a parte poderá provar a contradita com documentos ou com testemunhas, até três, apresentadas no ato e inquiridas em separado. Sendo provados ou confessados os fatos, o juiz dispensará a testemunha, ou lhe tomará o depoimento, observando o disposto no art. 405, § 4º.

Vide Projeto de CPC, art. 443, § 1º.

O incidente da audiência denominado contradita é disciplinado pelo presente parágrafo. Contraditar a testemunha é sinônimo de impugná-la mediante a arguição da sua incapacidade, impedimento ou suspeição, de acordo com as previsões contidas no art. 405. Malgrado tratar-se de direito da parte, a lei não impede que o juiz reconheça de ofício qualquer dos motivos de contradita. Quanto ao momento, observe-se que a parte deve apresentar a impugnação assim que se encerre a qualificação da testemunha, antes do depoimento e não no seu curso quando a preclusão temporal já se terá operado; a contradita admite tanto a forma escrita (por petição trazida pronta à audiência) como a verbal, caso em que a fala do advogado será transcrita no respectivo termo. No que concerne ao procedimento do incidente, o texto legal é bem explícito, mas vale a pena aclarar alguns detalhes. Ofertada a impugnação, o juiz deve imediatamente dar à testemunha a oportunidade de se defender. Caso esta reconheça os fatos alegados, o juiz declara procedente a contradita, encerrando o incidente. Em caso contrário, a parte fica com o direito de provar o que alegou com documentos (que já podem ter sido apresentados com a própria petição) ou com testemunhas (que tanto podem ser as já arroladas como outras trazidas informalmente). A lei não diz, mas, após a negativa da testemunha e a colheita das provas, o juiz deve ouvir a parte contrária, em obediência ao princípio do contraditório de aplicação irrestrita. Ouvida a parte que arrolou a testemunha, resta apenas ao magistrado julgar a contradita, dando-a por procedente, nos termos da parte final do parágrafo, ou improcedente, por meio de decisão interlocutória (art. 162, § 2º), que poderá ser atacada por agravo retido (arts. 522 e 523).

---

§ 2º A testemunha pode requerer ao juiz que a escuse de depor, alegando os motivos de que trata o art. 406; ouvidas as partes, o juiz decidirá de plano.

Vide Projeto de CPC, art. 443, § 2º.

Trata-se de outro incidente da audiência: a escusa da testemunha quanto ao dever de depor. Evidentemente, é a própria testemunha quem deve suscitá-lo por meio de pedido verbal ao magistrado no instante em que seja arguida sobre qualquer dos fatos elencados pelo art. 406. Diferentemente da contradita, aqui a exigência de oitiva das partes por força do contraditório é expressa, decidindo o juiz em seguida por meio de decisão interlocutória (art. 162, § 2º) que constará do respectivo termo.

Art. 415. Ao início da inquirição, a testemunha prestará o compromisso de dizer a verdade do que souber e lhe for perguntado.

Vide Projeto de CPC, art. 444, caput

A regra determina que, antes de depor, a testemunha preste compromisso de dizer a verdade. Esse compromisso é corolário lógico do dever cívico instituído pelo art. 341, I, que afirma competir ao terceiro, em relação a qualquer causa, "informar ao juiz os fatos e as circunstâncias, de que tenha conhecimento". Não fosse o dever de dizer a verdade, de nada, ou de muito pouco, valeria o depoimento de testemunhas em juízo. Daí a razão de exigir a lei compromisso.

Parágrafo único. O juiz advertirá à testemunha que incorre em sanção penal quem faz a afirmação falsa, cala ou oculta a verdade.

Vide Projeto de CPC, art. 444, parágrafo único.

Com o intuito de prestigiar a verdade e a função jurisdicional, a lei penal tipifica o falso testemunho como crime contra a administração da justiça no art. 342, apenando-o com reclusão de um a três anos. A advertência a que alude o dispositivo corresponde, em primeiro lugar, ao ato judicial inicial que provoca o compromisso da testemunha referido no *caput*, mas significa também a possibilidade de o juiz chamar a atenção da testemunha, de ofício ou a requerimento da parte, a qualquer momento no curso do depoimento, na medida em que perceba que esta começa a faltar com a verdade.

Art. 416. O juiz interrogará a testemunha sobre os fatos articulados, cabendo, primeiro à parte, que a arrolou, e depois à parte contrária, formular perguntas tendentes a esclarecer ou completar o depoimento.

Vide Projeto de CPC, art. 445, caput *e § 1º.*

A norma sob comentário disciplina a forma do interrogatório da testemunha, dando ao magistrado o direito de inquiri-la sobre todos os fatos e circunstâncias que lhe pareçam relevantes, bem como às partes – evidentemente por meio de seus advogados (art. 36, início) – o direito à formulação das chamadas reperguntas, sempre dirigidas ao juiz e cuja finalidade é o complemento do depoimento. As reperguntas só podem ser formuladas na ordem estabelecida no texto.

§ 1º As partes devem tratar as testemunhas com urbanidade, não lhes fazendo perguntas ou considerações impertinentes, capciosas ou vexatórias.

Vide Projeto de CPC, art. 445, § 2º.

Este parágrafo disciplina um dos aspectos do vínculo jurídico-processual que liga autor e réu (outros encontram-se regidos pelos arts. 14 a 18, 20, 21, 265, II, 446, III, e 453, I). Especificamente em relação ao dever de tratar as testemunhas com urbanidade – o que significa civilidade, respeito, cortesia – são seus defensores o magistrado, tanto que deve indeferir "perguntas ou considerações impertinentes, capciosas ou vexatórias", como as próprias partes e advogados (normalmente, o da parte que a arrolou) que devem intervir para resguardar a testemunha das perguntas ou considerações ilegítimas previstas no texto.

§ 2º As perguntas que o juiz indeferir serão obrigatoriamente transcritas no termo, se a parte o requerer.

Vide Projeto de CPC, art. 445, § 3º.

A disposição legal institui o direito processual da parte de ver sua repergunta indeferida transcrita no termo de audiência; o juiz não pode, sob nenhum pretexto, indeferir tal requerimento. O indeferimento de reperguntas pode fundar-se nas hipóteses previstas no § 1º, como também no fato de as reperguntas serem impertinentes (fora do contexto do litígio), irrelevantes (dentro do contexto, porém sem importância) ou por já terem sido respondidas pela testemunha.

Art. 417. O depoimento, datilografado ou registrado por taquigrafia, estenotipia ou outro método idôneo de documentação, será assinado pelo juiz, pelo depoente e pelos procuradores, facultando-se às partes a sua gravação.

Vide Projeto de CPC, art. 446, caput

Compõe a formalização da produção da prova testemunhal a elaboração de um termo de depoimento – documento do escrivão ou do escrevente (art. 141, III) datilografado, taquigrafado, estenotipado ou registrado por outro meio idôneo –, assinado pelo juiz, pelo depoente e pelos procuradores, desde que estes últimos estejam presentes à audiência. Por depoente, no texto, entenda-se obviamente a testemunha, mas também a parte em depoimento pessoal, uma vez que a presente disposição a esse ato se aplica (art. 344). Observe-se, por fim, que, além do reconhecimento expresso da admissibilidade da taquigrafia, da estenotipia ou de outro método idôneo de documentação (o presente dispositivo está de acordo com a regra do art. 170 – *v.* nota respectiva), fica estabelecido o direito do autor e do réu de gravarem, em mídia eletrônica, o depoimento da testemunha ou da parte para posterior juntada aos autos.

§ 1º O depoimento será passado para a versão datilográfica quando houver recurso da sentença ou noutros casos, quando o juiz o determinar, de ofício ou a requerimento da parte.

Vide Projeto de CPC, art. 446, § 1º.

A única razão de ser da presença deste § 1º na Lei n. 11.419/2006 – que institui a informatização do processo judicial – foi a necessidade de inserção de um novo parágrafo no art. 417, o que determinou, então, a necessidade de transformar o antigo parágrafo único em § 1º (o ora focalizado), para abrir espaço à criação do § 2º adiante, exatamente como ocorreu com o art. 399 (*v.* nota ao seu § 2º). Assim é que, em face da manutenção integral do texto de que agora cogitamos, passamos a reproduzir o comentário anterior. Senão, vejamos. Tendo sido o termo de depoimento lavrado sob a forma da taquigrafia, estenotipia ou outro método idôneo de documentação (o que inclui a gravação em CD, DVD, outras mídias ou vídeo, como método judicial, sem confusão com a prerrogativa do *caput*), deverá o juiz determinar a sua versão para a forma digitada: *a)* obrigatoriamente, quando houver sido interposta apelação contra a sentença; *b)* ainda obrigatoriamente, antes do proferimento da sentença e da interposição do recurso, quando a parte o requerer com o fim de poder preparar eventuais razões ou contrarrazões de apelação; *c)* facultativamente, quando a parte o requerer por outro motivo ou ao juiz parecer conveniente a imediata passagem do depoimento para a forma datilográfica. No primeiro caso, a obrigatoriedade explica-se pela necessidade de o tribunal conhecer a prova oral para poder julgar a apelação. No segundo, pelo inafastável direito da parte à informação inteligível como pressuposto fático do direito de impugnar (princípio do contraditório). Tenha-se presente, por fim, que, via de regra, a parte formulará o seu pedido de versão na própria audiência em que tenha sido colhido o depoimento (texto criado pela Lei n. 8.952/94 e transformado em § 1º pela Lei n. 11.419/2006).

§ 2º Tratando-se de processo eletrônico, observar-se-á o disposto nos §§ 2º e 3º do art. 169 desta Lei.

Vide Projeto de CPC, art. 446, § 2º.

Este § 2º sob enfoque – criação da Lei n. 11.419/2006 que institui a informatização do processo judicial – surge no cenário do processo civil com o objetivo de apenas explicitar a aplicabilidade dos novos §§ 2º e 3º, do art. 169, à formalização da tomada de depoimentos de testemunhas (e também das partes – *v.* art. 344). Observe-se, desde logo, que, a rigor, nem haveria necessidade de tal explicitação, uma vez que a tomada de depoimentos em juízo se enquadra perfeitamente na previsão mais ampla de "atos processuais praticados na presença do juiz", contida no § 2º, do art. 169 (*v.* art. 154, § 2º). Seja como for, a remissão legal torna indiscutível que tais depoimentos "poderão ser produzidos e armazenados de modo integralmente digital em arquivo eletrônico inviolável, na forma da lei, mediante registro em termo que será assinado digitalmente pelo juiz e pelo escrivão ou chefe de secretaria, bem como pelos advogados das partes" (§ 2º do art. 169), mas não pelas testemunhas que não disporão de assinatura digital. Por força do dispositivo sob comento, também as "eventuais contradições na transcrição deverão ser suscitadas oralmente no momento da realização do ato, sob pena de preclusão, devendo o juiz decidir de plano, registrando-se a alegação e a decisão no termo" (§ 3º do art. 169) (*v.* notas aos §§ 2º e 3º do art. 169; *v.*, ainda, arts. 154, § 2º, e 457, § 4º) (texto de acordo com a Lei n. 11.419/2006).

Art. 418. O juiz pode ordenar, de ofício ou a requerimento da parte:

Vide Projeto de CPC, art. 447, caput

A faculdade outorgada ao juiz para ordenar especificamente a realização dos atos instrutórios elencados nos incisos que se seguem decorre diretamente do poder instituído de forma geral pelo art. 130. Portanto, este art. 418 significa mera explicitação do poder instrutório genérico que o CPC dá ao magistrado.

I – a inquirição de testemunhas referidas nas declarações da parte ou das testemunhas;

Vide Projeto de CPC, art. 447, I.

Testemunhas referidas são aquelas pessoas, estranhas à causa, que são mencionadas – no depoimento pessoal do autor ou réu ou no depoimento de qualquer testemunha – como conhecedoras dos fatos litigiosos. Reconhecendo o juiz a necessidade de essas testemunhas serem ouvidas, deverá ele ordenar as suas intimações, o que provocará a suspensão da audiência (*v.* comentário ao *caput* do art. 453). Examine-se, ainda, a nota à Seção VI – Da Prova Testemunhal.

II – a acareação de 2 (duas) ou mais testemunhas ou de alguma delas com a parte, quando, sobre fato determinado, que possa influir na decisão da causa, divergirem as suas declarações.

Vide Projeto de CPC, art. 447, II.

Acareação é a confrontação de depoimentos realizada mediante a colocação de duas testemunhas divergentes, ou da parte e uma testemunha, frente a frente, na presença do juiz, para que dela possa vir à tona a verdade sobre um fato relevante para a causa. A determinação ou deferimento do pedido de acareação pelo magistrado provoca identicamente a suspensão da audiência, posto tratar-se de incidente que demanda tempo e atividade processual para ser superado (sobre suspensão, *v.* nota ao *caput* do art. 453).

Art. 419. A testemunha pode requerer ao juiz o pagamento da despesa que efetuou para comparecimento à audiência, devendo a parte pagá-la logo que arbitrada, ou depositá-la em cartório dentro de 3 (três) dias.

Vide Projeto de CPC, art. 448, caput

Despesa efetuada pela testemunha é o dispêndio realizado em virtude de viagem ou de diária a que alude o art. 20, § 2º. A responsabilidade pelo seu pagamento, segundo este art. 419, é carreada à parte que a arrolou, embora esta possa ser reembolsada ao final, caso vença a demanda, como ordena o art. 20, § 2º. A testemunha deve requerer o pagamento da despesa no momento da audiência, antes ou depois do seu depoimento, ou mesmo independentemente de ter sido ouvida. Arbitrado o valor, mediante a apresentação de documentos comprobatórios das despesas (ou sem eles), a parte deve pagar imediatamente contra recibo ou em três dias.

Parágrafo único. O depoimento prestado em juízo é considerado serviço público. A testemunha, quando sujeita ao regime da legislação trabalhista, não sofre, por comparecer à audiência, perda de salário nem desconto no tempo de serviço.

Vide Projeto de CPC, art. 448, parágrafo único.

Dado o caráter de dever cívico do depoimento prestado em juízo pelas testemunhas (arts. 341, I, e 415), o CPC, que é lei federal, expressamente retira da falta ao emprego a qualificação jurídica de violação ao contrato de trabalho, explicitando, por conseguinte, que nenhuma sanção pode ser aplicada à pessoa que funcionou no processo como testemunha.

Seção VII
Da Prova Pericial

Vide Projeto de CPC, arts. 449 a 467 (Seção X – Da Prova Pericial).

Prova pericial é a que se obtém por meio de um laudo que contém declaração de ciência e afirmação de juízo de valor a respeito de fato litigioso realizadas por especialista em determinado ramo do conhecimento humano. O perito se distingue da testemunha pelo fato de se valer da ciência, e não da memória, para declarar e explicar a ocorrência de fatos. A determinação ou deferimento da prova pericial no saneamento (art. 331) torna a fase instrutória do procedimento bastante delineada. Examine-se, ainda, o art. 212, V, do CC.

Art. 420. A prova pericial consiste em exame, vistoria ou avaliação.

Vide Projeto de CPC, art. 449, caput.

Exame é a inspeção judicial feita por perito que tem por objeto pessoas, animais ou coisas móveis de qualquer espécie (do "exame médico" e "perícia médica" falam, respectivamente, os arts. 231 e 232 do CC). Vistoria é a inspeção judicial feita por perito que tem por objeto bem imóvel para a constatação da sua localização, estado ou outra circunstância qualquer. Avaliação é a inspeção judicial feita por perito que tem por objeto a determinação do valor de um bem corpóreo qualquer ou incorpóreo (*v. g.*, o direito de uso de uma marca, as cotas de uma sociedade, etc.).

Parágrafo único. O juiz indeferirá a perícia quando:

Vide Projeto de CPC, art. 449, parágrafo único.

Prevendo as hipóteses de indeferimento da prova pericial, nada mais faz o parágrafo em questão do que instituir *a contrario sensu* os seus pressupostos de cabimento. Tanto o deferimento como o indeferimento da perícia representam decisão interlocutória, nos termos do art. 162, § 2º, e, por isso, atacável por agravo, a teor do disposto no art. 522.

I – a prova do fato não depender do conhecimento especial de técnico;

Vide Projeto de CPC, art. 449, parágrafo único, I.

A contrario sensu, o primeiro pressuposto ou requisito de cabimento da prova pericial é a circunstância de que o fato litigioso só possa ser captado, compreendido e explicado em sua realidade por alguém que disponha de conhecimento técnico especializado (*v. g.*, na área médica – *v.* arts. 231 e 232 do CC –, contábil, de engenharia, arquitetura, agronomia, grafotécnica – art. 434 do CPC –, psicológica, etc.).

II – for desnecessária em vista de outras provas produzidas;

Vide Projeto de CPC, art. 449, parágrafo único, II.

O segundo pressuposto de admissibilidade da prova pericial é a necessidade do conhecimento técnico especializado, para a percepção do fato controvertido no processo, mesmo tendo em vista as provas orais ou documentais já produzidas. É necessário, portanto, que nenhuma prova produzida tenha tido o condão de elucidar a dúvida sobre o fato litigioso. Se, contudo, o fato, que deveria em tese ser analisado por técnico, consubstancia fato incontroverso na causa (art. 334, III) ou foi confessado (art. 334, II), não cabe a prova pericial. A circunstância de ter sido realizada antecipadamente a prova pericial (vistoria *ad perpetuam rei memoriam*) não impede por si só a realização de perícia. Observe-se, por fim, que o atual art. 427 – alterado que foi pela Lei n. 8.455/92 – permite ao juiz dispensar a prova pericial quando as partes apresentarem espontaneamente pareceres técnicos ou documentos que lhe pareçam suficientemente elucidativos (*v.* nota respectiva).

III – a verificação for impraticável.

Vide Projeto de CPC, art. 449, parágrafo único, III.

A contrario sensu, o terceiro e último requisito ou pressuposto de cabimento da prova pericial é a sua realizabilidade prática. Em outras palavras, a prova pericial tem de ser possível. Não é, *v. g.*, em relação a fatos ou circunstâncias passageiras, transitórias, que não deixam vestígios materiais.

Art. 421. O juiz nomeará o perito, fixando de imediato o prazo para a entrega do laudo.

Vide Projeto de CPC, art. 450, caput *e § 3º.*

A nomeação do perito (ou *expert* judicial) – normalmente acompanhada da fixação provisória dos honorários periciais a serem depositados pela parte – é ato a ser praticado pelo magistrado no momento do saneamento do processo (art. 331). Já no processo de rito sumário, o deferimento ou a determinação da prova pericial acontece logo após a oferta de contestação em audiência (examinem-se as notas ao § 2º e ao *caput* do art. 278, bem como ao art. 280). Mesmo no procedimento ordinário, pode ocorrer excepcionalmente de o juiz precisar deferir ou determinar a prova pericial pouco antes, no curso ou logo depois da audiência de instrução e julgamento. Não há ilegalidade nesta atitude judicial (argumento – art. 130). Quanto à segunda parte do dispositivo, merece realce o fato de que a lei passa a exigir expressamente do juiz a fixação do prazo para entrega do laudo no próprio ato de nomeação (a exigência foi criada pela Lei n. 8.455/92). Note-se que a alteração se explica, sistematicamente, pela circunstância de os antigos arts. 427, II, e 433, conjugados, terem deixado a impressão de que a designação da data da audiência no saneamento (na qual também se nomeia o perito) era suficiente para estabelecer o prazo para a entrega do laudo. Fica, assim, em virtude da modificação introduzida, explicitada a necessidade do juiz nomear o perito e, ato contínuo, marcar prazo para entrega do laudo (sobre a concomitante designação de audiência e o prazo para os assistentes técnicos, *v.* art. 433 e nota respectiva). Observe-se, ainda, que, para o caso de determinação de perícia médica, incide o disposto no art. 231 do CC: "Art. 231. Aquele que se nega a submeter-se a exame médico necessário não poderá aproveitar-se de sua recusa". Por fim, registre-se que para a hipótese de perícia complexa, incide a disciplina do art. 431-B (*v.* nota).

§ 1º Incumbe às partes, dentro em 5 (cinco) dias, contados da intimação do despacho de nomeação do perito:

Vide Projeto de CPC, art. 450, § 1º.

Da intimação do despacho de nomeação do perito (que é despacho mesmo e não decisão interlocutória – art. 162, § 3º) começa a correr o prazo de cinco dias para a prática dos atos elencados nos incisos que se seguem. Trata-se de prazo preclusivo, tanto no que concerne à indicação de assistente técnico como no que respeita à apresentação de quesitos. A discriminação, quanto à questão da preclusão, além de carecer de amparo textual, só traz instabilidade para o procedimento e insegurança para as partes.

I – indicar o assistente técnico;
Vide Projeto de CPC, art. 450, § 1º, I.

A indicação de assistente técnico não é um dever processual imposto à parte, mas apenas um direito, cujo exercício é limitado no tempo pelo § 1º. A indicação tempestiva é necessária, mas não suficiente, contudo, para que o assistente indicado funcione no processo: o juiz deverá aprová-lo. Esta aprovação, embora tenha natureza jurídica de decisão (art. 162, § 2º), não é agravável porque à parte contrária é facultada a sua impugnação por ausência de conhecimento técnico ou científico (não mais por impedimento ou suspeição, *v.* arts. 422, *in fine*, e 146), o que provocará do magistrado uma decisão acerca da habilitação do assistente. Reconhecendo-a, o juiz o aprova; não a reconhecendo, o juiz o declara impossibilitado de participar da prova, não cabendo à parte qualquer substituição (art. 424, *v.* nota ao *caput*). Dessa decisão caberá agravo de instrumento (art. 522), nos termos do art. 423.

II – apresentar quesitos.
Vide Projeto de CPC, art. 450, § 1º, II.

Assim como a indicação de assistente técnico, também a apresentação de quesitos é facultativa e sujeita à preclusão temporal estabelecida no *caput*. Quesitos são os questionamentos ou as perguntas dirigidas ao perito judicial a respeito do fato litigioso que será objeto de investigação. Esses, que são os originários – o art. 425 disciplina os complementares –, devem ser deduzidos de forma precisa e objetiva, de sorte que esgote as dúvidas que a parte possa ter sobre o fato litigioso. Antes de serem submetidos ao perito, os quesitos têm de passar pelo crivo da avaliação do juiz, que os deferirá total ou parcialmente segundo o critério da pertinência e da relevância. Observe-se que os quesitos são necessários também no caso de prova pericial informal (art. 421, § 2º).

§ 2º Quando a natureza do fato o permitir, a perícia poderá consistir apenas na inquirição pelo juiz do perito e dos assistentes, por ocasião da audiência de instrução e julgamento a respeito das coisas que houverem informalmente examinado ou avaliado.
Vide Projeto de CPC, art. 450, § 2º.

Outra importante modificação introduzida na produção da prova pericial pela Lei n. 8.455/92 é a consubstanciada na autorização para que o juiz dispense a lavratura de laudo e pareceres quando "a natureza do fato o permitir". Inicialmente, é preciso esclarecer que o termo natureza, no texto, deve ser entendido como sinônimo de complexidade, de forma que os fatos litigiosos mais simples (aqueles cujas características revelam menor embaraço) possam ser examinados informalmente pelos *experts* por explícita decisão judicial no ato do saneamento. Observe-se, entrementes, que a maior ou menor complexidade fática pode ser detectada, ainda, à luz do quanto de valoração o perito deva declarar ao magistrado, nos seguintes termos: se a prova técnica visa preponderantemente a constatação de fatos, pode-se afirmar, em tese, a pequena complexidade; se a perícia, por outro lado, busca a emissão de variada fama de juízos de valor sobre os fatos, deve-se afirmar categoricamente a alta complexidade. Como se vê, o critério não é absoluto, mas pode ser útil. Muito bem, decidindo o juiz, no saneamento, pela prova informal, à nomeação do perito não se seguirá fixação de prazo para entrega de laudo (*caput*) porque não há laudo, bastando a designação de audiência da qual o *expert* terá conhecimento quando da sua intimação pela nomeação. Quanto aos assistentes, deverão estes ser indicados pelas partes no prazo do § 1º e posteriormente intimados pelo juiz para a audiência em que serão inquiridos sobre o que houverem informalmente examinado.

Art. 422. O perito cumprirá escrupulosamente o encargo que lhe foi cometido, independentemente de termo de compromisso. Os assistentes técnicos são de confiança da parte, não sujeitos a impedimento ou suspeição.

Vide Projeto de CPC, art. 451.

Duas importantes regras são introduzidas no sistema processual civil pelo presente dispositivo, cuja nova redação advém da Lei n. 8.455/92. Em primeiro lugar, fica abolida a figura do compromisso do perito e dos assistentes técnicos, formalidade de pouca significação prática e jurídica, uma vez que as responsabilidades que sobre o *expert* judicial repousam dela prescindem totalmente (arts. 147 e 424, II). Em segundo, fica corrigido um erro técnico de longa história, haja vista que nunca se compreendeu, em doutrina, o porquê da lei processual exigir imparcialidade do assistente técnico, quando se sabe que ele evidentemente não o é, nem o pode ser (*v.* art. 138, III, que não faz mais referência ao assistente técnico). As duas modificações instituídas representam inegável avanço, pela economia processual que proporcionam.

Art. 423. O perito pode escusar-se (art. 146), ou ser recusado por impedimento ou suspeição (art. 138, III); ao aceitar a escusa ou julgar procedente a impugnação, o juiz nomeará novo perito.

Vide Projeto de CPC, art. 452.

A recusa, pela parte do perito, por impedimento ou suspeição deve obedecer à disciplina prevista pelo § 1º do art. 138. Exige-se que a recusa seja formulada no prazo de cinco dias da intimação da nomeação (essa é a "primeira oportunidade" a que alude o § 1º do art. 138) por meio de petição escrita fundamentada e instruída com documentos, se for o caso. Protocolada a petição, o juiz ordenará o processamento do incidente em separado (autos apartados que serão apensados aos do processo), seguindo-se resposta do técnico em cinco dias, provas e julgamento por decisão interlocutória. Quanto à escusa do perito, esta deve ser apresentada em cinco dias da sua intimação ou do impedimento superveniente (art. 146, parágrafo único), seguindo-se a imediata decisão do incidente que tem curso nos próprios autos.

Art. 424. O perito pode ser substituído quando:
Vide Projeto de CPC, art. 453, caput.

A substituição do perito só pode ser deferida nas hipóteses previstas no art. 423 (escusa ou recusa por impedimento ou suspeição) ou nas expressamente elencadas nos incisos a seguir. O incidente aqui previsto, cujo processamento se dá nos próprios autos, deve ser suscitado pela parte assim que se verifique a situação autorizadora da substituição. A solução do incidente se dá por decisão interlocutória (arts. 162, § 2º, e 522).

I – carecer de conhecimento técnico ou científico;
Vide Projeto de CPC, art. 453, I.

A falta de conhecimento técnico ou científico torna a prova pericial, formalizada no laudo, absolutamente inidônea para a demonstração do fato litigioso. Logo, o juiz deve valorá-la dessa maneira (art. 131), quer porque a parte o requereu, quer de ofício. A carência de conhecimento especializado deve estar suficientemente comprovada para que o magistrado a reconheça, não se podendo perder de vista que conhecimento técnico não é sinônimo de diploma universitário (pode ser se a lei expressamente o exigir, *v. g.*, nos casos dos engenheiros, arquitetos, médicos, psicólogos). Seja como for, a decisão que o juiz profira deve indicar expressamente as razões por que a substituição é necessária.

II – sem motivo legítimo, deixar de cumprir o encargo no prazo que lhe foi assinado.
Vide Projeto de CPC, art. 453, II.

O encargo a que alude o texto – modificado pela Lei n. 8.455/92 – é evidentemente a apresentação do laudo pericial no prazo fixado pelo juiz nos termos do art. 421, *caput* (*v.* nota). Como se percebe, a lei condiciona a substituição à falta de motivo legítimo (*v. g.*, doença repentina, acidente no curso dos trabalhos, inviabilidade intercorrente do exame pericial), devendo o magistrado investigá-lo antes de proferir decisão de substituição. Observe-se, entretanto, que dado o alto custo das perícias e o longo tempo que demanda a realização de outra, prudência e flexibilidade se hão de exigir do magistrado para aplicar a regra sob enfoque, porque, afinal de contas, as partes nenhuma responsabilidade têm, via de regra, no atraso de quem foi nomeado e desfruta da confiança do juízo.

Parágrafo único. No caso previsto no inciso II, o juiz comunicará a ocorrência à corporação profissional respectiva, podendo, ainda, impor multa ao perito, fixada tendo em vista o valor da causa e o possível prejuízo decorrente do atraso no processo.

Vide Projeto de CPC, art. 453, parágrafo único.

As sanções processuais previstas no texto – que decorrem do não cumprimento do encargo de apresentar o laudo no prazo fixado no saneamento e que podem ser aplicadas cumulativamente se assim entender necessário o juiz – têm por veículo formal decisão interlocutória fundamentada, contra a qual o próprio perito pode-se insurgir por agravo (arts. 162, § 2º, e 522 – note-se que o *expert* é parte em relação a essa questão específica, razão por que tem legitimidade para recorrer). Registrem-se algumas observações relativas às penalidades: *a*) a comunicação à corporação profissional depende, evidentemente, dela existir (*v.* nota ao inciso I do *caput*); *b*) a multa a ser imposta ao perito sempre será fixada de acordo com o duplo critério estabelecido e não apenas com base em um deles (valor da causa "e o possível prejuízo" advindo do atraso, *v. g.*, o montante já adiantado, o preço atual de uma perícia, etc.); *c*) a multa instituída, em boa hora, foi completamente desvinculada do salário mínimo.

Art. 425. Poderão as partes apresentar, durante a diligência, quesitos suplementares. Da juntada dos quesitos aos autos dará o escrivão ciência à parte contrária.

Vide Projeto de CPC, art. 454.

Quesitos suplementares são aqueles questionamentos ou dúvidas que surgem no espírito das partes em virtude dos próprios trabalhos periciais em curso. Devem ser admitidos, portanto, até o encerramento das diligências. À parte que não apresentou quesitos originários (art. 421, § 1º, II) não é lícito formular suplementares, pois só é possível suplementar o que já exista. Os quesitos suplementares devem ser deduzidos por petição nos autos, e a lei manda que, da sua juntada, ouça-se a parte contrária (em respeito ao contraditório), seguindo-se a decisão deferitória ou indeferitória a ser tomada pelo juiz segundo os critérios estabelecidos pelo art. 426. Deferidos que sejam, o magistrado deve, ato contínuo, ordenar a intimação do perito para respondê-los, enviando-lhe cópia desses quesitos.

Art. 426. Compete ao juiz:

Vide Projeto de CPC, art. 455, caput

Esta regra se aplica não só aos quesitos suplementares (art. 425) – como revela a sua própria localização topográfica dentro da presente seção –, mas também aos quesitos originários (art. 421, § 1º, II), de sorte que a aprovação judicial de quaisquer requisitos é sempre pressuposto da intimação do perito para respondê-los.

I – indeferir quesitos impertinentes;

Vide Projeto de CPC, art. 455, I.

O indeferimento de quesitos impertinentes (e também dos irrelevantes) não depende de requerimento da parte contrária; é ato que o juiz pratica de ofício a bem da regularidade da produção da prova pericial. Trata-se, evidentemente, de decisão interlocutória passível de agravo (arts. 162, § 2º, e 522), razão por que o juiz deve fundamentá-la ainda que concisamente (art. 165, *in fine*). Sobre a dimensão contextual da aplicação dessa regra examine-se a nota ao *caput*.

II – formular os que entender necessários ao esclarecimento da causa.

Vide Projeto de CPC, art. 455, II.

A formulação de quesitos por parte do juiz é prerrogativa que decorre diretamente do fato de este ser o destinatário de todas as provas, inclusive, é óbvio, da pericial. Logo, nada mais coerente do que o próprio órgão julgador poder, desde logo, questionar o perito a respeito de dúvidas existentes *a priori* em seu espírito (*v.* nota ao art. 130 deste Código).

Art. 427. O juiz poderá dispensar prova pericial quando as partes, na inicial e na contestação, apresentarem sobre as questões de fato pareceres técnicos ou documentos elucidativos que considerar suficientes.

Vide Projeto de CPC, art. 456.

Este art. 427, cuja feição normativa foi totalmente remodelada pela Lei n. 8.455/92, introduz no sistema processual novidade de grande alcance prático: a possibilidade de dispensa da prova pericial em caso de presença nos autos de pareceres ou documentos considerados suficientemente elucidativos pelo juiz. Vista a regra pelo ângulo literal, a dispensa se funda no fato de os litigantes virem a juízo já munidos de documentos técnicos, ou de pareceres de profissionais especializados, sobre os fatos controvertidos na causa; veja-se que o texto alude expressamente à petição inicial e à contestação. Nesse contexto específico, surge uma primeira dúvida: e se apenas o autor, ou somente o réu, apresentar-se munido da prova técnica extrajudicial, cabe a dispensa? Respondemos que sim, porque ainda que a parte impugne a documentação ou o parecer da outra, o juiz não fica impedido de considerar suficiente a prova unilateralmente produzida. Já sob o prisma teleológico, a regra pode se revelar aplicável a situações processuais diversas: *a*) só o autor traz documento, ou parecer, mas no momento da especificação (art. 324); *b*) nem o autor, nem o réu produziu qualquer desses documentos, mas por circunstâncias alheias à vontade das partes, documentos suficientemente elucidativos acabam ingressando nos autos (porque um terceiro o juntou por ordem ou com autorização do juiz). Nesses dois casos, ainda que não previstos, também é aplicável a regra de dispensa deste art. 427 do CPC.

Art. 428. Quando a prova tiver de realizar-se por carta, poderá proceder-se à nomeação de perito e indicação de assistentes técnicos no juízo, ao qual se requisitar a perícia.

A norma institui a faculdade – não dever, já que o texto emprega a palavra "poderá" – de o juiz deprecado, isto é, aquele a quem se requisita a prática de um ato por carta precatória, nomear o perito e comandar o procedimento da produção da prova pericial. Tal faculdade depende obviamente de o juiz deprecante não ter, no saneamento, nomeado perito e facultado às partes a indicação de assistente e a apresentação de quesitos. Quando a carta precatória for expedida para fins periciais, ela deverá ser instruída com as peças requeridas pelas partes (art. 202, § 1º), bem como com o original do documento a ser periciado, ficando a reprodução nos autos (art. 202, § 2º).

Art. 429. Para o desempenho de sua função, podem o perito e os assistentes técnicos utilizar-se de todos os meios necessários, ouvindo testemunhas, obtendo informações, solicitando documentos que estejam em poder de parte ou em repartições públicas, bem como instruir o laudo com plantas, desenhos, fotografias e outras quaisquer peças.

Vide Projeto de CPC, art. 457.

O dispositivo em questão institui a liberdade do perito e assistentes no que concerne à investigação e ao exame do fato litigioso, liberdade esta que só pode ser limitada por preceitos legais de ordem técnica que estabeleçam métodos obrigatórios de averiguação. O perito e os assistentes devem pessoalmente, e não por interpostas pessoas, valer-se dos meios adequados à realização do trabalho, inclusive dos meios exemplificativamente elencados no texto. Oitiva de testemunhas é apenas a obtenção informal de subsídios para a perícia a partir de pessoas envolvidas que conheçam o fato. A solicitação de documentos pode ser feita direta e informalmente à parte ou por intermédio do juízo, o mesmo acontecendo em relação a informações cuja fonte sejam repartições públicas. Por fim, observe-se que este art. 429 não fala do acesso aos autos do processo, o que sempre depende de autorização expressa do juiz a ser dada no próprio saneamento do processo ou depois.

Art. 430. ***(Revogado pela Lei n. 8.455, de 24.08.1992.)***
Art. 431. ***(Revogado pela Lei n. 8.455, de 24.08.1992.)***

Art. 431-A. As partes terão ciência da data e local designados pelo juiz ou indicados pelo perito para ter início a produção da prova.
Vide Projeto de CPC, art. 458.

Este art. 431-A do CPC – introduzido no sistema pela Lei n. 10.358/2001, mas de forma inexplicável com número e letra (431-A), quando na verdade poderia ter ingressado no corpo do Código com o número 430 que se encontra vago desde a revogação do art. 430 por lei de 1992 – traz de volta o poder judicial de designação da data e do local em que terão lugar os trabalhos técnico-periciais. Dizemos que traz de volta, porque a versão original do art. 427 do CPC Buzaid assim prescrevia: "Art. 427. O juiz, sob cuja direção e autoridade se realizará a perícia, fixará por despacho: I – o dia, hora e lugar em que terá inicio a diligência [...]". Tal poder de controle sobre o "dia, hora e lugar" da perícia, que havia desaparecido do texto da lei – mas não da atuação prática de alguns juízes, apesar das dificuldades inerentes a uma forma de controle e fixação –, retorna agora com o intuito de permitir aos magistrados uma proximidade maior da produção da prova pericial para que, com isso, possa-se dar desenvolvimento mais ágil e racional à atividade processual probatória. Observe-se que há um aspecto disciplinar neste art. 431-A que merece destaque: a indicação feita pelo perito acerca do tempo e lugar dos trabalhos. Esse detalhe chama a atenção porque tira do juiz o dever de marcar por conta própria a data e o local, o que às vezes é dificultoso ou trabalhoso demais para quem tem centenas de feitos sob sua responsabilidade, mas impõe ao perito o dever de indicar (sugerir) a data, o horário e o local, ficando com o juiz, nesse caso, apenas o dever de chancelar (aprovar) a indicação do perito, mas sempre observando, é claro, a conveniência e a razoabilidade da sugestão com vista ao resguardo do interesse das partes, como do próprio interesse público de bem administrar a justiça.

Art. 431-B. Tratando-se de perícia complexa, que abranja mais de uma área de conhecimento especializado, o juiz poderá nomear mais de um perito e a parte indicar mais de um assistente técnico.

Vide Projeto de CPC, art. 459.

A figura da perícia complexa que abrange mais de uma área de conhecimento especializado – agora expressamente reconhecida e disciplinada no seu sentido de permitir ao juiz a nomeação de mais de um perito e às partes a indicação de mais de um assistente técnico – surge no cenário jurídico por conta da Lei n. 10.358/2001 como forma de ampliação do poder instrutório pericial regulado genericamente pelo art. 421. Registre-se que a ampliação a que nos referimos já havia começado com a Lei n. 8.455/92, que conferiu ao magistrado poder para colher a prova pericial mediante simples inquirição do perito e dos assistentes em audiência (§ 2º do art. 421), prosseguindo com a autorização, trazida pela mesma lei, para que o magistrado dispense a prova pericial quando as partes, na inicial e na contestação, apresentem pareceres técnicos ou documentos elucidativos (art. 427). Observe-se que falamos de ampliação do poder instrutório em todos esses casos porque tanto a lei de 1992, como a de 2001, tiveram o escopo de alargar as possibilidades de obtenção de convencimento judicial por meio da prova técnica, vale dizer, a lei instituiu maneiras diferentes de o juiz chegar ao conhecimento do fato litigioso pela via pericial: perícia simples, inquirição do *expert* (art. 421, § 2º); pareceres técnicos e documentos elucidativos suficientes, dispensa da perícia (art. 427); e, agora, perícia complexa, nomeação de mais de um perito (art. 431-B). Particularmente em relação ao dispositivo que ora nos ocupa, parece relevante consignar que a sua importância decorre da dúvida, vigente nas últimas décadas, sobre se o juiz podia nomear mais de um perito numa mesma causa; a insegurança se encontra dissipada pelo texto deste art. 431-B. Por último, saliente-se que nada, ou quase nada, muda em termos de produção da prova pericial, se dois ou mais peritos forem nomeados, salvo que o juiz deverá se preocupar justamente com a aplicação do art. 431-A, de sorte que não permita que os trabalhos de uma perícia atrapalhem a realização da outra ou das outras (texto de acordo com a Lei n. 10.358/2001).

Art. 432. Se o perito, por motivo justificado, não puder apresentar o laudo dentro do prazo, o juiz conceder-lhe-á, por uma vez, prorrogação, segundo o seu prudente arbítrio.

Vide Projeto de CPC, art. 460.

A norma legal sob apreciação reconhece o direito processual do perito à prorrogação do prazo para a entrega do laudo se este demonstrar ao juiz motivo ponderável. Duas observações interpretativas se impõem. A primeira concerne à titularidade do benefício instituído: aplica-se analogicamente a faculdade de pedir a prorrogação aos assistentes técnicos. A segunda diz respeito à atitude que os juízes com frequência tomam em razão da possibilidade de os *experts* pedirem prorrogação: nossos magistrados não designam audiência, no saneamento, quando determinam ou deferem prova pericial, para não correrem o risco de vê-la adiada a pedido do perito ou do assistente (*v.* art. 433 e nota).

Parágrafo único. ***(Revogado pela Lei n. 8.455, de 24.08.1992.)***

Art. 433. O perito apresentará o laudo em cartório, no prazo fixado pelo juiz, pelo menos 20 (vinte) dias antes da audiência de instrução e julgamento.
Vide Projeto de CPC, art. 461, caput

Dispõe o art. 421, *caput,* que o juiz, ao nomear o perito, deve fixar o prazo para a entrega do laudo, o que se dá, via de regra, no saneamento (art. 331, § 2º). Já de acordo com o presente art. 433 – modificado pela Lei n. 8.455/92 – fica estabelecido que o *expert* deve desincumbir-se do referido encargo "no prazo fixado pelo juiz, pelo menos 20 (vinte) dias antes da audiência". Surge a dúvida sobre como conciliar os dois preceitos. A solução não é difícil. Inicialmente é necessário ressaltar que a previsão concernente ao prazo de vinte dias, no texto deste art. 433, não se dirige ao perito, mas sim ao juiz, haja vista que este já conferiu àquele, no saneamento, o prazo exato dentro do qual deve apresentar o laudo (art. 421, *caput*). Resta explicar a questão relativa à designação da audiência: observe-se que como a regra sob enfoque fala de prazo do laudo, vinculando-a à audiência, parece certo que o desejo da lei foi o de que a designação ocorra antes da entrega do laudo, o que leva a duas conclusões alternativas: primeira, num mesmo ato, o juiz nomeia o perito, fixa o prazo do laudo e designa audiência, observando o mínimo de vinte dias de intervalo entre as duas datas; segunda, o juiz nomeia o perito e fixa o prazo do laudo no saneamento, designando audiência depois, mas antes da entrega do laudo, observando da mesma maneira o intervalo instituído. Mas, como tornar viável, na prática, a interpretação alvitrada? É muito simples: basta que ao realizar os três atos em conjunto no saneamento (nomeação, fixação e designação), o juiz da causa deixe um intervalo grande – quem sabe de sessenta dias – entre a data da entrega e a da audiência, porque assim todos os demais atos da produção da prova pericial (incidentes ou não) poderão ter lugar sem comprometimento da audiência (vista às partes sobre o laudo, prazo razoável para os assistentes técnicos elaborarem seus pareceres, pedido de prorrogação de prazo pelo perito, requerimento de esclarecimentos ou puro e simples atraso na entrega do laudo). A designação da audiência após a entrega do laudo afronta o disposto nessa regra.

Parágrafo único. Os assistentes técnicos oferecerão seus pareceres no prazo comum de 10 (dez) dias, após intimadas as partes da apresentação do laudo.

Vide Projeto de CPC, art. 461, parágrafo único.

A única forma de dar aplicação prática ao presente parágrafo é mediante o reconhecimento do acerto da interpretação que sustentamos sobre o *caput* e, também, pelo atendimento à recomendação no sentido de que o juiz deixe um intervalo grande entre a data da entrega do laudo e a data da audiência. Assim é, porque a se entender que o perito tem o prazo de até vinte dias da audiência para se desincumbir do encargo – o que é afronta ao art. 421, *caput,* como vimos –, torna-se impossível aos assistentes técnicos elaborarem e apresentarem os seus pareceres até dez dias antes da audiência. Sim, porque se o laudo pode ser apresentado vinte dias antes da audiência e os assistentes têm dez a partir do laudo, é óbvio que o termo *ad quem* deste último prazo se identificará com o décimo dia anterior à audiência. Destarte, ou se interpreta o *caput* como fizemos ou a presente disposição se tornará letra morta, o que pode levar muitos magistrados a não marcarem audiência antes da presença do laudo nos autos, o que também é desrespeitar a lei (o *caput* desse art. 433 justamente). Por fim, registre-se que a Lei n. 10.358/2001 introduziu importante alteração no texto do presente parágrafo único ao eliminar a absurda frase final "independentemente de intimação", substituindo-a por "após intimadas as partes da apresentação do laudo". De agora em diante, portanto, só se cogita de prazo para os assistentes técnicos apresentarem os seus pareceres quando as partes forem intimadas da presença do laudo pericial nos autos. Essa alteração de enorme significado prático para os advogados só corrobora o que sustentamos no início deste comentário sobre a forma de articular a designação das datas de apresentação do laudo e da audiência de instrução pelo juiz.

Art. 434. Quando o exame tiver por objeto a autenticidade ou a falsidade de documento, ou for de natureza médico-legal, o perito será escolhido, de preferência, entre os técnicos dos estabelecimentos oficiais especializados. O juiz autorizará a remessa dos autos, bem como do material sujeito a exame, ao diretor do estabelecimento.

Vide Projeto de CPC, art. 462, caput *e §§ 1º a 3º.*

A falsidade ou a autenticidade de documento coloca-se como questão incidente no processo, nas hipóteses previstas pelos arts. 387, parágrafo único, e 388, sejam elas objeto ou não de arguição de falsidade (*v.* arts. 387, 388 e 390). A norma sob comentário não obriga, mas apenas recomenda, que, nesses casos, bem como na hipótese de exame médico-legal, o perito seja escolhido entre os técnicos dos próprios estabelecimentos oficiais. Observe-se que perito será sempre um técnico (pessoa física) e não o estabelecimento (pessoa jurídica); a lei recomenda estabelecimentos oficiais porque são estes os que normalmente possuem pessoal e o instrumental técnico necessários à realização desses exames. Embora não diga expressamente, quem deve escolher o perito oficial em tais casos é o próprio diretor do estabelecimento, a quem o juiz delega tal poder. Note-se que já não se exige a formalidade do compromisso do perito (art. 422) (texto resultante da Lei n. 8.952/94).

Parágrafo único. Quando o exame tiver por objeto a autenticidade da letra e firma, o perito poderá requisitar, para efeito de comparação, documentos existentes em repartições públicas; na falta destes, poderá requerer ao juiz que a pessoa, a quem se atribuir a autoria do documento, lance em folha de papel, por cópia, ou sob ditado, dizeres diferentes, para fins de comparação.

Vide Projeto de CPC, art. 462, § 4º.

A faculdade conferida ao *expert* oficial de requisitar documentos a repartições tem como único escopo agilizar os trabalhos periciais. Se houver recusa da repartição pública, duas alternativas se colocam à frente do perito: reclamar contra o funcionário ao diretor ou comunicar o ato ao juiz para que este oficie ao estabelecimento. A segunda parte do dispositivo apenas consagra o que é procedimento corriqueiro nas perícias grafológicas: a requisição ao juízo para que a pessoa envolvida escreva em papel, sob ditado, em cartório, palavras ou frases para que este escrito sirva como elemento comparativo para o perito.

Art. 435. A parte, que desejar esclarecimento do perito e do assistente técnico, requererá ao juiz que mande intimá-lo a comparecer à audiência, formulando desde logo as perguntas, sob forma de quesitos.

Vide Projeto de CPC, art. 463, caput

O dispositivo institui a figura dos esclarecimentos do perito e assistentes, disciplinando as formalidades que precisam ser obedecidas. O pedido de esclarecimento é admitido na hipótese de o laudo não ser suficientemente claro quanto a algum aspecto da perícia; trata-se, portanto, de questionamentos voltados à elucidação do trabalho e não à inovação investigatória. As perguntas devem ser formuladas pela parte sob a forma de quesitos que, uma vez aprovados pelo juiz (art. 426), serão submetidos ao perito mediante intimação judicial (cópia da petição instruirá o mandado ou a carta) com vistas à obtenção de respostas verbais deste em audiência (*v.* parágrafo único c/c o art. 452, I). Observe-se que o direito de pedir esclarecimentos aqui instituído não desaparece caso o magistrado ordene ao perito que responda por escrito, imediatamente, aos quesitos formulados.

Parágrafo único. O perito e o assistente técnico só estarão obrigados a prestar os esclarecimentos a que se refere este artigo, quando intimados 5 (cinco) dias antes da audiência.

Vide Projeto de CPC, art. 463, parágrafo único.

Este parágrafo condiciona o dever do perito (e/ou assistentes técnicos) de comparecer à audiência à sua intimação com antecedência mínima de cinco dias. Veja-se que esse prazo tem por termo *a quo* a efetiva intimação e não a juntada aos autos do mandado, bem como que é regra especial que excepciona a geral estabelecida pelo art. 192. O não comparecimento do perito regularmente intimado provoca o adiamento da audiência (art. 453, II; *v.* nota).

Art. 436. O juiz não está adstrito ao laudo pericial, podendo formar a sua convicção com outros elementos ou fatos provados nos autos.

Vide Projeto de CPC, art. 464.

Trata-se de norma de valoração da prova pericial dirigida ao órgão julgador, cuja inspiração se atrela evidentemente ao princípio do livre convencimento (ou persuasão racional) instituído pelo art. 131. Porque o juiz é o perito dos peritos (*peritus peritorum*), pode ele simplesmente desconsiderar as conclusões do *expert*, desde que se convença do seu desacerto em razão de outros elementos e provas constantes dos autos. É claro que para isso o juiz precisa fundamentar a sua decisão (art. 131 c/c o art. 458, II). Caso não fosse assim, o laudo pericial teria o valor de sentença arbitral, o que seria o mesmo que transformar o perito em juiz. Observe-se, por outro lado, que, ainda que o juiz tenha conhecimento técnico especializado, a ele não é lícito dispensar a prova pericial (não se deve esquecer que o perito é o necessário olho técnico do magistrado quando a matéria exija tal exame). Registre-se, por fim, o que dispõe o art. 232 do CC: "A recusa à perícia médica ordenada pelo juiz poderá suprir a prova que se pretendia obter com o exame".

Art. 437. O juiz poderá determinar, de ofício ou a requerimento da parte, a realização de nova perícia, quando a matéria não lhe parecer suficientemente esclarecida.

Vide Projeto de CPC, art. 465.

O cabimento da nova perícia, ou segunda perícia, de acordo com o texto legal sob exame, depende exclusivamente da circunstância de ao juiz não parecer suficientemente esclarecida a matéria ("[..] quando a matéria não lhe parecer [...]", diz a lei). Portanto, como só mesmo o magistrado pode afirmar a suficiência ou a insuficiência do trabalho técnico realizado, não tem a parte agravo contra a decisão que defira ou indefira a nova perícia, porque à segunda instância não é lícito nem possível ordenar ao juiz que mude o seu convencimento sobre a necessidade de repetição de uma prova.

Art. 438. A segunda perícia tem por objeto os mesmos fatos sobre que recaiu a primeira e destina-se a corrigir eventual omissão ou inexatidão dos resultados a que esta conduziu.

Vide Projeto de CPC, art. 466.

Dada a circunstância de a lei explicitar os escopos da segunda perícia (correção de eventual omissão ou inexatidão de resultados), parece óbvio que o seu sucesso depende da nomeação de novo perito, porquanto não é razoável esperar do primeiro que reconheça que foi omisso ou inexato. Por outro lado, e com o intuito de tornar a segunda perícia o mais eficiente possível, uma vez deferida ou determinada, deve o magistrado abrir a oportunidade às partes para nova apresentação de quesitos e indicação de assistentes técnicos (art. 439 c/c o art. 421, § 1º).

Art. 439. A segunda perícia rege-se pelas disposições estabelecidas para a primeira.

Vide Projeto de CPC, art. 467, caput

A par dos dois aspectos já ventilados no comentário ao art. 438, todo o restante da disciplina da produção da prova pericial estabelecida pelo Código tem aplicação a segunda perícia por força do presente dispositivo: indicação de assistente técnico (art. 421, § 1º, I), escusa e recusa (art. 423), substituição (art. 424), fixação de prazo para a entrega do laudo (art. 433), perícia por carta (art. 428), atividade (arts. 429 a 431-B), prorrogação de prazo (art. 432), perícia de documento ou médico-legal (art. 434), esclarecimentos (art. 435) e valoração (art. 436).

Parágrafo único. A segunda perícia não substitui a primeira, cabendo ao juiz apreciar livremente o valor de uma e outra.

Vide Projeto de CPC, art. 467, parágrafo único.

A natureza jurídica da regra contida neste parágrafo único é idêntica à da prevista pelo art. 436: trata-se de norma de valoração da prova dirigida ao juiz (*v.* nota ao artigo mencionado). A ideia de não substituição se prende à necessidade de permitir ao juiz o acesso ao maior número possível de informações técnicas para que assim possa ele bem formar o seu convencimento. O fato de a primeira perícia ser omissa ou inexata quanto a alguns aspectos não lhe retira o valor informativo e probatório quanto aos demais.

Seção VIII
Da Inspeção Judicial

Vide Projeto de CPC, arts. 468 a 471 (Seção XI – Da Inspeção Judicial).

Inspeção judicial é o meio legal de prova (art. 332), por cujo intermédio se dá o exame direto de pessoa ou coisa pelo magistrado, com o fim de que este se informe sobre a realidade fática do litígio (art. 130). Por meio da inspeção se viabiliza, no processo, o contato imediato, direto – sem intermediários – do juiz com a fonte da prova (princípio da imediatidade). Observe-se, por derradeiro, o que dispõe o art. 126 da CF: "Art. 126. Para dirimir conflitos fundiários, o Tribunal de Justiça proporá a criação de varas especializadas, com competência exclusiva para questões agrárias. Parágrafo único. Sempre que necessário à eficiente prestação jurisdicional, o juiz far-se-á presente no local do litígio".

Art. 440. O juiz, de ofício ou a requerimento da parte, pode, em qualquer fase do processo, inspecionar pessoas ou coisas, a fim de se esclarecer sobre fato, que interesse à decisão da causa.

Vide Projeto de CPC, art. 468.

Desde que pareça ao juiz conveniente e oportuno para melhor se informar a respeito dos fatos litigiosos, poderá ele (trata-se de poder, não de dever) dirigir-se pessoalmente ao lugar onde se encontre a pessoa ou a coisa com a finalidade de examiná-la, investigá-la. Se a pessoa for a própria parte, ela tem o dever de submeter o seu corpo e os seus bens à inspeção judicial (art. 340, II e III); se a pessoa for um terceiro, o dever se restringe à exibição de documento ou coisa (art. 341, II), não alcançando o seu corpo. Tanto a parte como o terceiro podem escusar-se de exibir documento ou coisa para fins de inspeção nas hipóteses do art. 363, analogicamente aplicado; mas, uma vez definido o dever por decisão judicial, a parte que se recusar poderá ser declarada litigante de má-fé (art. 17) e o terceiro que se recusar poderá ser processado criminalmente por desobediência. Curiosamente, a CF/88 refere uma situação concreta em que o juiz pode realizar inspeção judicial: nas questões agrárias (CF, art. 126, parágrafo único).

Art. 441. Ao realizar a inspeção direta, o juiz poderá ser assistido de um ou mais peritos.

Vide Projeto de CPC, art. 469.

Embora o texto desse art. 441 não fale expressamente, parece de todo lógico que se interprete a disposição legal como dizendo que a realização da inspeção depende de prévia determinação judicial (argumento sistemático – art. 331, § 2º). Tal determinação, expressa de ofício ou a requerimento, consubstancia verdadeira decisão interlocutória (art. 162, § 2º) inatacável, contudo, por agravo, por se tratar de ato cuja necessidade só ao juiz é lícito afirmar (*v.* art. 437 e nota – hipótese semelhante). No que concerne à previsão de presença de peritos, é importante salientar que não há necessidade de nomeação formal (embora seja recomendável), nem as partes terão a faculdade de indicar assistentes técnicos ou de apresentar quesitos. Atente-se que da inspeção pode resultar a necessidade de prova pericial.

Art. 442. O juiz irá ao local, onde se encontre a pessoa ou coisa, quando:

Vide Projeto de CPC, art. 470, caput

A necessidade de o juiz sair da sede do juízo para ir pessoalmente examinar pessoa ou coisa decorre da circunstância de que, às vezes, somente o contato pessoal com a prova dá ao órgão julgador elementos seguros de convicção. Nas hipóteses enumeradas nos incisos – em caráter exemplificativo – a lei apresenta algumas dessas situações de necessidade que, contudo, só ao juiz compete avaliar.

I – julgar necessário para a melhor verificação ou interpretação dos fatos que deva observar;

Vide Projeto de CPC, art. 470, I.

O julgamento de necessidade aqui previsto corresponde inequivocamente a uma expressão do livre convencimento do juiz, que lhe é assegurado pelo art. 131 (princípio da persuasão racional). O juiz avaliará sempre à luz do caso concreto a conveniência do seu deslocamento para a verificação ou interpretação *in loco* dos fatos controvertidos da causa.

II – a coisa não puder ser apresentada em juízo, sem consideráveis despesas ou graves dificuldades;
Vide Projeto de CPC, art. 470, II.

O texto fala apenas de coisa, mas é evidente que a necessidade de inspeção pode resultar da impossibilidade ou da dificuldade de locomoção também de uma pessoa. Observe-se que, mesmo presentes as circunstâncias impeditivas referidas expressamente, o juiz poderá entender desnecessária a sua verificação pessoal por considerar absolutamente suficiente o exame que o perito judicial realizar.

III – determinar a reconstituição dos fatos.
Vide Projeto de CPC, art. 470, III.

A reconstituição ou reprodução simulada dos fatos como meio de prova não é exclusividade do inquérito policial (CPP, art. 7º). Também no processo civil ela pode representar papel importante para o alcance da verdade mediante a encenação dos fatos controvertidos pelas partes envolvidas e o confronto de versões na presença do juiz. Segundo o sistema processual civil, a reconstituição dos fatos é veiculada pelo meio de prova inspeção judicial. Como em relação aos incisos anteriores, só o magistrado é quem pode afirmar a conveniência da sua realização.

Parágrafo único. As partes têm sempre direito a assistir à inspeção, prestando esclarecimentos e fazendo observações que reputem de interesse para a causa.
Vide Projeto de CPC, art. 470, parágrafo único.

Para que se torne factível o exercício do direito processual subjetivo assegurado às partes pelo presente dispositivo é mister que o juiz, ao decidir pela realização da inspeção direta, ordene, ato contínuo, a intimação das partes em obediência ao princípio do contraditório. Da intimação, por carta ou mandado, constarão obrigatoriamente a data, o horário e o local em que a diligência terá lugar. Dentro do direito de assistir e prestar esclarecimentos e observações está incluído, por certo, o direito da parte de se fazer acompanhar de técnicos (que formalmente não são assistentes técnicos) para a melhor compreensão dos fatos que serão investigados pelo juiz.

Art. 443. Concluída a diligência, o juiz mandará lavrar auto circunstanciado, mencionando nele tudo quanto for útil ao julgamento da causa.
Vide Projeto de CPC, art. 471, caput.

Realizada a inspeção judicial na data e no horário designados, mediante assistência ou não de peritos (art. 441), com ou sem a presença das partes (art. 442, parágrafo único), o magistrado ordenará, ao escrivão ou ao escrevente que o acompanha na diligência, a lavratura de auto circunstanciado (auto e não termo porque se trata de ato processual realizado fora da sede do juízo). Esse documento, datilografado (art. 169), poderá ser elaborado tanto no local da inspeção como em cartório, desde que o juiz tenha em sua mente ou em anotações detalhadas as informações que comporão o seu conteúdo.

Parágrafo único. O auto poderá ser instruído com desenho, gráfico ou fotografia.

Vide Projeto de CPC, art. 471, parágrafo único.

A enumeração é evidentemente exemplificativa, podendo o juiz que tenha realizado a inspeção direta instruir o auto, que instrumentaliza os resultados da diligência, com todo e qualquer documento que lhe pareça conveniente para a elucidação do fato investigado.

CAPÍTULO VII
DA AUDIÊNCIA

Vide Projeto de CPC, arts. 344 a 352
(Capítulo X – Da Audiência de Instrução e Julgamento).

Audiência é o ato processual único, público, complexo e solene realizado na sede do juízo, sob a presidência do magistrado, cuja finalidade fundamental é a colheita dos depoimentos pessoais das partes e das testemunhas, bem como a discussão da causa pelos procuradores e seu julgamento. Eventualmente nela realizam-se outros atos, como a tentativa de conciliação e a colheita dos esclarecimentos dos peritos e assistentes técnicos. A audiência, como ato essencial do processo, é instituto que decorre diretamente do princípio da oralidade e seus subprodutos, a imediatidade e a concentração de atos.

Seção I
Das Disposições Gerais

As regras contidas nos arts. 444 a 446 são qualificadas como de caráter geral porque têm aplicação não só à audiência de instrução e julgamento, que é disciplinada pelos arts. 450 a 457, como à audiência preliminar prevista pelo *caput* do art. 331, e a todas as chamadas audiências especiais reguladas pelo CPC: audiência de interrogatório livre ou informal das partes (art. 342); audiência na produção antecipada de provas (arts. 846 a 848); audiência para depoimento antecipado (art. 336, parágrafo único); audiência de justificação liminar da posse (art. 928); audiência de justificação prévia em processo cautelar (art. 804). Aplicam-se, ainda, as presentes disposições gerais às audiências constantes de procedimentos especiais regulados por leis extravagantes.

Art. 444. A audiência será pública; nos casos de que trata o art. 155, realizar-se-á a portas fechadas.

Vide Projeto de CPC, art. 352.

A publicidade da audiência é uma das características básicas desse ato processual e deve ser compreendida não apenas no sentido expresso no texto, mas também num outro que se encontra subjacente à norma escrita. A audiência é pública porque a ela pode ter acesso qualquer do povo – salvo a necessidade de segredo de justiça a que alude o art. 155 (*v.* nota respectiva) –, mas a audiência também é pública, e aqui sem restrição nenhuma, porque à parte não pode ser subtraído o direito de participar de tudo o que nela se realize, desde a tentativa de conciliação, passando pelos atos instrutórios, seus incidentes, alcançando os debates e o julgamento da causa. Em outros termos, a garantia da publicidade corresponde à segurança de que nenhum de seus atos será realizado em secreto pelo juiz. Examine-se o art. 93, IX, da CF, que institui o princípio constitucional da publicidade dos atos processuais.

Art. 445. O juiz exerce o poder de polícia, competindo-lhe:

Vide Projeto de CPC, art. 345, caput *e IV e V.*

Como presidente que é da audiência (art. 446, I), afirma o texto legal que o juiz exerce o poder de polícia. Este corresponde ao poder constitucional inerente à soberania do Estado pelo qual se assegura, no contexto da atividade jurisdicional, o bom desempenho da função de distribuição da justiça. Malgrado se critique a previsão legal, dada a consideração de que poder de polícia é expressão perigosa e inadequada para o regramento da relação processual – melhor seria, diz-se, redação assemelhada à do art. 251 do CPP –, o fato é que o art. 445 o institui clara e expressamente, de sorte que ao intérprete não é lícito negá-lo, mas sim recomendar sempre que seu exercício pelo juiz seja comedido, não ultrapassando nunca os limites do estritamente necessário (*v.* parte final da nota ao inciso I a seguir).

I – manter a ordem e o decoro na audiência;

Vide Projeto de CPC, art. 345, I.

Exercer poder de polícia no âmbito da atividade jurisdicional em audiência é, em primeiro lugar, proceder de tal forma que estabeleça um clima de cordialidade, moralidade e respeito mútuo entre as partes litigantes, seus advogados, testemunhas, órgãos do MP, etc. (art. 125). Para alcançar tal desiderato o juiz precisa ser autoridade e não autoritário. Tal exercício do poder de polícia, destarte, também é expressão ou manifestação do poder-dever-atividade jurisdicional do Estado.

II – ordenar que se retirem da sala da audiência os que se comportarem inconvenientemente;

Vide Projeto de CPC, art. 345, II.

O comportamento inconveniente que justifica a ordem de retirada de alguém da sala de audiência deve estar objetivamente estampado, por palavras ou atos, não podendo, em hipótese alguma, ser confundido com a veemência ou mesmo com a radicalidade do advogado que defende com ardor o interesse do seu constituinte. Firmeza de posição quanto à interpretação da lei ou intransigência quanto aos direitos processuais do cliente não caracterizam comportamento reprovável.

III – requisitar, quando necessário, a força policial.

Vide Projeto de CPC, art. 345, III.

Expressão extrema do poder de polícia que o juiz exerce em audiência é o emprego da força física por intermédio de agentes policiais. Este recurso último só deve ser utilizado em situações de exacerbada gravidade, quando a ordem para retirada da sala de audiência, prevista no inciso II, houver sido desobedecida por qualquer dos participantes desse ato processual (art. 125, III).

Art. 446. Compete ao juiz em especial:

Diferentemente do art. 445, que institui o poder de polícia a ser exercido pelo juiz em audiência, a presente disposição estabelece o poder de direção formal dos atos que nela hajam de ser praticados. Tal poder, expresso nas prerrogativas elencadas nos incisos, nada mais representa do que explicitação do poder geral de condução do processo previsto pelo art. 125 (por isso é que se diz que o magistrado é o *dominus processus*).

I – dirigir os trabalhos da audiência;

A condução dos trabalhos em audiência compreende a prática de um sem-número de atos, tais como a ordem de abertura da audiência (art. 450), a tentativa de conciliação (arts. 447 a 449), a tomada dos depoimentos das partes e testemunhas, a decisão de seus incidentes, a dispensa de testemunhas, a presidência dos debates (art. 454, *caput*), a substituição dos debates por memoriais (art. 454, § 3º), a suspensão da audiência, a conversão do julgamento em diligência e o julgamento da causa, entre outros.

II – proceder direta e pessoalmente à colheita das provas;

O trabalho de colheita da prova oral, isto é, a tomada dos depoimentos das partes e das testemunhas – bem como dos esclarecimentos dos peritos –, mediante a formulação de perguntas, é ato que o juiz deve praticar pessoal e diretamente, sendo-lhe vedado valer-se de interpostas pessoas para o alcance desse propósito legal. Explicitam esse dever os arts. 342 a 344 c/c os arts. 416 (para as partes) e 413 e 416 (para as testemunhas). O juiz não deve, por isso, restringir o interrogatório às perguntas dos advogados, o que demonstra descaso e desconhecimento da causa.

III – exortar os advogados e o órgão do Ministério Público a que discutam a causa com elevação e urbanidade.

A exortação a que alude o dispositivo corresponde ao primeiro e mais importante meio de que se deve valer o magistrado para alcançar a manutenção da ordem e do decoro em audiência (art. 445, I); só depois de se revelar frustrado esse meio é que deve ameaçar ordenar a retirada (art. 445, II) o que, então, já representará estrito exercício do poder de polícia. Ao dever de urbanidade, previsto no texto e dirigido expressamente aos advogados (também às partes, evidentemente) e ao órgão ministerial, não escapa o próprio magistrado (LOMAN, art. 35, IV), de sorte que não só a discussão, mas a própria exortação e a própria condução formal dos trabalhos devem pautar-se pela civilidade e respeito.

Parágrafo único. Enquanto depuserem as partes, o perito, os assistentes técnicos e as testemunhas, os advogados não podem intervir ou apartear, sem licença do juiz.

Vide Projeto de CPC, art. 346, parágrafo único.

A necessidade de licença ou autorização do magistrado para que os advogados possam intervir na tomada dos depoimentos é decorrência direta do poder de condução formal dos trabalhos instituído pelo *caput*. Se o juiz é *dominus processus*, inclusive em audiência, é óbvio que só a ele compete autorizar ou não intervenções não previstas em lei, ainda que voltadas apenas ao esclarecimento de fatos e circunstâncias relevantes para a causa.

Seção II
Da Conciliação

Vide Projeto de CPC, art. 323, §§ 1º a 9º (Capítulo V – Da Audiência de Conciliação).

Conciliação é a atividade processual disciplinada pela lei segundo a qual o juiz provoca, instiga e aconselha as partes à realização da autocomposição. Conciliação é, portanto, autocomposição provocada, enquanto transação é autocomposição alcançada espontaneamente pelas partes (arts. 269, III, e 475-N, III). Sob o prisma estritamente formal, a conciliação é incidente obrigatório da audiência sempre que a lei estabeleça o seu cabimento, como também o objeto principal da audiência prevista pelo art. 331, com a nova redação que lhe deram a Reforma de 1994 e a Lei n. 10.444/2002.

Art. 447. Quando o litígio versar sobre direitos patrimoniais de caráter privado, o juiz, de ofício, determinará o comparecimento das partes ao início da audiência de instrução e julgamento.

A regra é incompleta sob o ponto de vista textual: nenhuma alusão existe a respeito do objetivo do comparecimento das partes ao início da audiência, o que, no entanto, é inferido facilmente pela colocação do artigo nessa Seção II e pela previsão do art. 448. Seja como for, o fato é que a lei impõe a conciliação como parte essencial da audiência, apenas nas hipóteses de direitos patrimoniais (pessoais ou reais) de caráter privado, o que significa o mesmo que dizer direitos privados disponíveis. Logo, se o direito discutido é privado, mas indisponível (*v. g.*, direitos de família – *v.* art. 82 e notas) ou público, que só excepcionalmente não é indisponível, não terá lugar o incidente da conciliação. Para o fim previsto neste art. 447 as partes devem ser intimadas pessoalmente (por mandado ou carta), não valendo a intimação na pessoa do advogado pela imprensa. Nada impede, no entanto, que, ausentes as partes, seus procuradores celebrem acordo em audiência, bastando que estejam munidos de procuração com poderes especiais para transigir (art. 38). Examine-se, ainda, o que dispõe o § 2º, do art. 331.

Parágrafo único. Em causas relativas à família, terá lugar igualmente a conciliação, nos casos e para os fins em que a lei consente a transação.

Este parágrafo único explicita a circunstância de que, se a causa versar sobre direitos de família (direitos privados de caráter indisponível, portanto, que não admitiriam a conciliação pela norma do *caput*), a autocomposição é possível se a lei material ou processual permitir expressamente a transação. São exemplos dessa autorização legal a tentativa de conciliação no processo e a conciliação a respeito do *quantum* em processo de alimentos (Lei n. 5.478/68).

Art. 448. Antes de iniciar a instrução, o juiz tentará conciliar as partes. Chegando a acordo, o juiz mandará tomá-lo por termo.

Vide Projeto de CPC, arts. 344, parágrafo único, e 323, §§ 1º e 9º.

Em primeiro lugar o dispositivo completa, sob o prisma textual, a prescrição do art. 447, *caput*, que é lacônica quanto à finalidade do comparecimento das partes. Em segundo – o que é mais importante –, explicita o exato momento em que o juiz deve realizar a atividade conciliatória: assim que iniciada a audiência e antes que tenha lugar a colheita das provas orais (no sumário, *v.* art. 277, *caput* e §§ 1º e 3º). Alcançado o desiderato da conciliação que é a autocomposição, o juiz deve ordenar, ato contínuo, ao escrivão ou escrevente autorizado, que transcreva as cláusulas do acordo no termo de audiência, seguindo-se a prática dos atos previstos no artigo subsequente. Não haverá conciliação no processo de conhecimento de rito ordinário se o juiz julgar antecipadamente a lide (art. 330).

Art. 449. O termo de conciliação, assinado pelas partes e homologado pelo juiz, terá valor de sentença.

Vide Projeto de CPC, art. 323, § 9º.

O termo de conciliação – instrumento formal do acordo – é, na verdade, o próprio termo geral de audiência em que o nome do juiz presidente, o nome das partes, a espécie de processo e ação, o número da vara e dos autos e outros elementos de identificação se encontram expressamente referidos. Assinado o termo de conciliação pelas partes, a transação se torna irretratável, mesmo que o juiz, por algum motivo, ainda não a tenha homologado. A homologação judicial (homologar significa dizer o mesmo, chancelar) é a aprovação estatal do acordo que torna o termo de conciliação sentença de mérito (art. 269, III) e título executivo (art. 475-N, III).

Seção III

Da Instrução e Julgamento

Vide Projeto de CPC, arts. 344 a 352
(Capítulo X – Da Audiência de Instrução e Julgamento).

A audiência de instrução e julgamento não é a única, como visto (*v.* nota à Seção I – Das Disposições Gerais), mas apenas a mais importante audiência disciplinada pelo CPC. São suas características gerais a presidência do juiz (arts. 445 e 446) e a publicidade (art. 444). São, por outro lado, suas características específicas: a essencialidade (art. 336); a complexidade (arts. 447 a 457); a solenidade (arts. 450 a 452 e 454 a 456); a finalidade concentrada (arts. 447, 452, 454 e 456); e a unidade e a continuidade (art. 455).

Art. 450. No dia e hora designados, o juiz declarará aberta a audiência, mandando apregoar as partes e os seus respectivos advogados.

Vide Projeto de CPC, art. 344.

Este art. 450 disciplina os dois últimos atos preparatórios da audiência de instrução e julgamento, ordenando ao juiz que, no momento designado, declare-a aberta e ordene o pregão das partes pelo serventuário (na prática, só o pregão acontece de uma maneira formal – *v.* nota ao art. 453, I). Tais atos não esgotam, contudo, os atos preparatórios da audiência, que são: *a*) a designação da data e do horário, que acontece, via de regra, no saneamento do processo (art. 331, § 2º); *b*) a intimação pessoal das partes por carta ou mandado (art. 343, § 1º, c/c o art. 447), bem como dos procuradores (por publicação, na imprensa, do ato de saneamento); e *c*) o depósito do rol de testemunhas até dez dias antes da data da audiência ou outro fixado pelo juiz (art. 407).

Art. 451. Ao iniciar a instrução, o juiz, ouvidas as partes, fixará os pontos controvertidos sobre que incidirá a prova.

A fixação pelo juiz, com ou sem a contribuição dos advogados, dos pontos controvertidos de fato (ou questões fáticas), sobre os quais incidirá a prova oral em audiência, corresponde a ato meramente facilitador dos trabalhos instrutórios, de sorte que a sua falta não gera nenhuma consequência processual. Essa faculdade que tem o juiz, de fixar formal e previamente os pontos controvertidos, decorre diretamente do poder instrutório genérico instituído pelo art. 130. Hoje, de acordo com a nova previsão contida no § 2º do art. 331, tal fixação deve ocorrer ao final da audiência de conciliação – se a audiência de conciliação prévia ocorrer, evidentemente, já que ela não é mais obrigatória (§ 3º do art. 331) –, correspondendo o presente dispositivo apenas à exigência da sua repetição na audiência de instrução e julgamento.

Art. 452. As provas serão produzidas na audiência nesta ordem:

Vide Projeto de CPC, art. 346, caput *e parágrafo único.*

A ordem lógica e cronológica estabelecida para o desenvolvimento da instrução probatória por este art. 452, apesar de representar método racional para a colheita da prova e sua eficiência, não pode ser imposta rigorosamente ao magistrado, sob pena de comprometimento da celeridade e economia processuais. O juiz não deve inverter a ordem dos depoimentos pessoais (primeiro o do autor, depois o do réu) nem a ordem depoimento pessoal e depoimento de testemunhas, mas nada impede que, justificado por circunstâncias relevantes do caso concreto, o juiz inverta a ordem do depoimento das testemunhas (todas, de preferência, e não apenas algumas) ou realize a oitiva dos peritos depois da tomada de todos os depoimentos. Só haverá nulidade do processo se a parte, que não concordou com a inversão, conseguir demonstrar o prejuízo e fizer a arguição na primeira oportunidade que tiver para falar nos autos (art. 245).

I – o perito e os assistentes técnicos responderão aos quesitos de esclarecimentos, requeridos no prazo e na forma do art. 435;

Vide Projeto de CPC, art. 346, I.

As respostas aos quesitos de esclarecimentos poderão ser dadas pelos *experts* em audiência, oralmente ou por escrito, nada impedindo que as partes, por seus advogados, questionem, no ato, os esclarecimentos prestados. O que não é lícito às partes é o aproveitamento da oportunidade para a formulação de novas perguntas ou de perguntas que, apesar de não serem novas, não foram objeto dos quesitos apresentados aos técnicos.

II – o juiz tomará os depoimentos pessoais, primeiro do autor e depois do réu;

Vide Projeto de CPC, art. 346, II.

A ordem estabelecida por este inciso II não deve ser alterada porque a dialética processual, que se desenvolve pelo contraditório, não pode prescindir da ideia de que é o autor que pede e de que o réu apenas impede. Porque o autor teve a iniciativa do processo, mediante a ação, é que deve ter ele a oportunidade de, inicialmente, falar e alegar ao juiz em audiência e não o réu (do depoimento pessoal falam os arts. 343 e segs.).

III – finalmente, serão inquiridas as testemunhas arroladas pelo autor e pelo réu.

Vide Projeto de CPC, art. 346, III.

Aos depoimentos pessoais das partes deve seguir-se a inquirição das testemunhas porque esta é a ordem natural das coisas: às alegações dos litigantes – cuja veracidade nem a lei exige – segue-se a prova por meio de pessoas de quem a lei requer intransigentemente a verdade. Logo, sob pena de subversão da verdade processual de que a alegação precede a prova, não deve o juiz ouvir as testemunhas antes de ouvir as partes. Já quanto à ordem estabelecida para a oitiva das testemunhas, pode o juiz invertê-la, caso entenda imprescindível ao bom desenvolvimento do processo no caso concreto, mas deve tomar o cuidado de não permitir que se misturem os depoimentos de testemunhas do autor e do réu.

Art. 453. A audiência poderá ser adiada:

Vide Projeto de CPC, art. 347, caput *e III.*

Adiamento da audiência é o ato do juiz que decide pela não realização da audiência; logo, audiência adiada é sinônimo de audiência não realizada. Como o texto emprega o termo "poderá", fica claro que ao juiz é lícito, com liberdade, decidir pelo adiamento ou não nas situações elencadas nos incisos. Além destas, provocam automaticamente o adiamento da audiência o não comparecimento do próprio magistrado ou a não entrega do laudo pelo perito (art. 433, *in fine*).

I – por convenção das partes, caso em que só será admissível uma vez;

Vide Projeto de CPC, art. 347, I.

A convenção das partes a que alude o texto tanto pode expressar-se por petição conjunta apresentada ao juiz antes da audiência, como pela manifestação verbal dos litigantes na presença do magistrado antes do seu início (observe-se que o pregão é ato preparatório, mas não inaugural da audiência, e que a declaração de abertura referida pelo art. 450, na prática, comumente não existe). À convenção de adiamento, só realizável uma vez, aplica-se analogicamente o art. 265, § 3º: se às partes só é lícita a suspensão do processo por seis meses, que é o mais, só podem elas adiar a audiência, que é o menos, por igual período.

II – se não puderem comparecer, por motivo justificado, o perito, as partes, as testemunhas ou os advogados.

Vide Projeto de CPC, art. 347, II.

Examinemos hipótese por hipótese. O não comparecimento, ainda que com motivo justificado, do perito via de regra não provoca o adiamento da audiência, porquanto a sua oitiva pode ser realizada após os depoimentos das partes e das testemunhas (*v.* nota ao art. 452, *caput*) ou mesmo ser dispensada pelas partes em audiência. O não comparecimento justificado da parte normalmente gera adiamento (a comprovação documental da justificativa deve ser feita com antecedência nos autos ou verbalmente ao juiz momentos antes da audiência); o não comparecimento sem justificativa acarreta a aplicação da pena de confissão (art. 343, §§ 1º e 2º). O não comparecimento não justificado das duas partes tem também duas soluções: ou o juiz adia a audiência ou a realiza sem depoimentos pessoais. O não comparecimento da testemunha, com justificativa, não provoca normalmente o adiamento, porque as partes, após outros depoimentos, podem desistir da sua oitiva; a falta de justificação pode gerar condução coercitiva (*v.* art. 412 e respectiva nota). O não comparecimento justificado do advogado único frequentemente acarreta o adiamento (*v.* § 1º); o não comparecimento puro e simples provoca a sanção processual aplicável à parte e prevista pelo § 2º desse art. 453.

---

§ 1º Incumbe ao advogado provar o impedimento até a abertura da audiência; não o fazendo, o juiz procederá à instrução.

Vide Projeto de CPC, art. 347, § 1º.

A prova do impedimento (*v. g.*, outra audiência no mesmo horário ou outro obstáculo) pode ser provado pelo advogado com antecedência, mediante petição nos autos ou comunicação verbal de terceiro momentos antes da audiência, mas também posteriormente a ela caso tenha havido impossibilidade de comunicação. Na primeira hipótese, o juiz normalmente adia a audiência; na segunda, a solução é a declaração da nulidade e a designação de nova data para a sua realização.

---

§ 2º Pode ser dispensada pelo juiz a produção das provas requeridas pela parte cujo advogado não compareceu à audiência.

Vide Projeto de CPC, art. 347, § 2º.

O parágrafo estabelece a faculdade (não dever) do juiz de dispensar a produção de provas da parte cujo advogado deixou de comparecer sem justificativa, o que significa dizer que o depoimento da parte contrária e a oitiva de testemunhas, do perito judicial e dos assistentes podem deixar de se realizar por simples vontade do magistrado. Nada impede, portanto, o juiz de tomar um ou outro depoimento, sem participação da parte, por meio de reperguntas, dispensando as demais provas. Outras hipóteses de dispensa excepcional pelo magistrado da prova requerida encontram-se previstas pelos arts. 407, parágrafo único, *in fine*, e 414, § 1º, parte final.

---

§ 3º Quem der causa ao adiamento responderá pelas despesas acrescidas.

Vide Projeto de CPC, art. 347, § 3º.

Dá causa ao adiamento da audiência o fato de qualquer das pessoas previstas no inciso II deste art. 453 a ela não comparecer sem motivo justificado (o perito, a parte, a testemunha ou o advogado; não assim o órgão do MP, porque não tem dever de comparecer à audiência). Quanto à responsabilidade pelas despesas acrescidas, deve-se observar que a presente regra corresponde à explicitação do dever genericamente instituído pelos arts. 19, *caput*, e 29.

Art. 454. Finda a instrução, o juiz dará a palavra ao advogado do autor e ao do réu, bem como ao órgão do Ministério Público, sucessivamente, pelo prazo de 20 (vinte) minutos para cada um, prorrogável por 10 (dez), a critério do juiz.

Vide Projeto de CPC, art. 348, caput

O instituto disciplinado por esse art. 454 tem o nome de debate oral, embora somente o § 3º expressamente o refira. A presente disposição normativa estabelece a forma pela qual as partes exercerão o direito de sustentar oralmente as razões que lhes assistam quanto ao quadro fático ou jurídico da causa perante o órgão julgador (observe-se que esse direito se funda no princípio da imediatidade, subproduto da oralidade). Quanto ao momento da fala, tratando-se do MP, ocorrerá variação de acordo com a função que desempenhe: se for autor da ação civil pública (art. 81), falará como autor; se for substituto processual de assistente diferenciado do incapaz (réu), falará como réu; se for assistente do incapaz (art. 82, I), falará como terceiro (§ 1º); e, se for fiscal da lei (art. 82, II e III, etc.), falará depois das partes, como afirma o texto.

---

§ 1º Havendo litisconsorte ou terceiro, o prazo, que formará com o da prorrogação um só todo, dividir-se-á entre os do mesmo grupo, se não convencionarem de modo diverso.

Vide Projeto de CPC, art. 348, § 1º.

Litisconsorte, no texto, é a parte cuja disciplina encontra-se sistematizada nos arts. 46 a 49, bem como o denunciado (arts. 74 e 75, I) e o chamado ao processo (art. 79 c/c o art. 74). Já terceiro é o assistente simples ou litisconsorcial (arts. 52 e 54), e o MP, quando funciona como assistente (art. 82, I – *v.* nota ao *caput*); a situação do opoente nos debates orais é expressamente regulada pelo § 2º. Tenha-se em mira, finalmente, que, se com a divisão do tempo de trinta minutos entre todos os participantes o prazo de cada um ficar muito exíguo, pode o juiz prorrogá-lo principalmente se houver vários advogados que queiram fazer uso da palavra (argumento – art. 191).

§ 2º No caso previsto no art. 56, o opoente sustentará as suas razões em primeiro lugar, seguindo-se-lhe os opostos, cada qual pelo prazo de 20 (vinte) minutos.

Pelo fato de a oposição significar a ação de um terceiro deduzida em face do autor e do réu, quando dos debates orais em audiência (audiência única para instrução das duas causas), falará o opoente em primeiro lugar e só depois falarão os opostos, que se defenderão contra a oposição, inicialmente e, em seguida, sustentarão suas razões um contra o outro. A ordem cronológica estabelecida pela regra deriva da circunstância de que o juiz deve decidir primeiro a oposição – que é causa prejudicial – e só depois a ação (art. 61).

§ 3º Quando a causa apresentar questões complexas de fato ou de direito, o debate oral poderá ser substituído por memoriais, caso em que o juiz designará dia e hora para o seu oferecimento.

Vide Projeto de CPC, art. 348, § 2º.

Este parágrafo institui a figura da substituição dos debates por memoriais. Inicialmente, observe-se que a substituição não é direito das partes, mas sim do juiz, que pode deferi-la ou não; a lei diz que "o debate oral poderá ser substituído [...]". Normalmente, a substituição é requerida pelas partes, mas nada impede que o juiz a determine de ofício quando se verifique a hipótese de cabimento (complexidade fática ou jurídica da causa). Deferindo-a, via de regra, a designação da data e horário de oferecimento, bem como dos dias de retirada dos autos, é feita de acordo com a conveniência dos procuradores manifestada ao juiz. No dia marcado, as partes entregam em cartório ou protocolam seus memoriais (instrumentos que formalizam as razões finais) sem que uma conheça os argumentos da outra.

Art. 455. A audiência é una e contínua. Não sendo possível concluir, num só dia, a instrução, o debate e o julgamento, o juiz marcará o seu prosseguimento para dia próximo.

Vide Projeto de CPC, art. 349.

A unidade da audiência instituída pela presente disposição legal significa que esse ato do processo é tido pelo sistema como um todo, de sorte que a violação à forma de qualquer dos atos que a compõem gera a nulidade da audiência inteira e não só de uma parte dela. Corolário lógico dessa unidade legal é a sua continuidade no sentido de que, embora fracionada no tempo em várias sessões, a audiência é a mesma. A unidade e a continuidade da audiência decorrem diretamente dos princípios da concentração e da imediatidade (subprodutos da oralidade) que a informam.

Art. 456. Encerrado o debate ou oferecidos os memoriais, o juiz proferirá a sentença desde logo ou no prazo de 10 (dez) dias.
Vide Projeto de CPC, art. 350.

Este art. 456 autoriza expressamente o juiz a declarar encerrada a audiência, uma vez concluídos os debates, ou deferida a sua substituição, independentemente do proferimento de sentença. Tanto é assim que o texto refere de maneira explícita a possibilidade de o juiz decidir "desde logo ou no prazo de dez dias"; dez dias do encerramento da audiência em que houve debates ou do oferecimento dos memoriais. A previsão, dessa forma interpretada, significa, então, duas coisas: em primeiro lugar, que o julgamento da causa é ato eventual da audiência (*v.* nota ao art. 457, *caput*); em segundo, que a publicação da sentença também não precisa ocorrer em audiência, bastando a sua juntada aos autos e posterior intimação às partes. Idêntica conclusão interpretativa decorre do fato de a lei mencionar debate ou memoriais: o debate tem lugar em audiência (a sentença é proferida desde logo), e os memoriais são oferecidos após o encerramento da audiência (a sentença é proferida em dez dias do oferecimento). Examine-se o art. 132 sobre o princípio da identidade física do juiz.

Art. 457. O escrivão lavrará, sob ditado do juiz, termo que conterá, em resumo, o ocorrido na audiência, bem como, por extenso, os despachos e a sentença, se esta for proferida no ato.
Vide Projeto de CPC, art. 351, caput.

A regra disciplina a documentação da audiência e seu conteúdo. Termo de audiência é o instrumento formal dos atos nela praticados elaborado pelo escrivão, ou escrevente autorizado (art. 141, III), sob ordem do juiz. Observe-se que, excetuados os atos judiciais mencionados, dele apenas constam resumidamente as ocorrências da audiência (as pessoas que dela participaram, que a tentativa de conciliação teve lugar, que as partes e as testemunhas depuseram com a referência aos incidentes acontecidos, que houve debates ou substituição por memoriais, que houve declaração da suspensão ou encerramento da audiência). Os depoimentos tomados são instrumentalizados por termos separados que acompanham o geral da audiência.

§ 1º Quando o termo for datilografado, o juiz lhe rubricará as folhas, ordenando que sejam encadernadas em volume próprio.
Vide Projeto de CPC, art. 351, § 1º.

A regra estabelece a necessidade de que o cartório (ou secretaria) possua um livro próprio em que se encontrem reproduzidos todos os termos de audiência; a exigência não pode ser afastada pela lei de organização judiciária, que é estadual, atente-se. O livro de audiências tem a finalidade de permitir a fácil consulta e a fácil expedição de certidões a respeito desse importante ato do processo, uma vez que com o trânsito em julgado material das sentenças ou acórdãos os autos são arquivados.

---

§ 2º Subscreverão o termo o juiz, os advogados, o órgão do Ministério Público e o escrivão.

Vide Projeto de CPC, art. 351, § 2º.

Além das pessoas mencionadas de forma expressa no texto legal, firmarão identicamente o termo de audiência as partes, desde que presentes ao ato. Observe-se que a assinatura do magistrado é fundamental, não só porque é ele quem preside a audiência (art. 446), mas também por causa do princípio da identidade física do juiz (art. 132). Quanto ao MP, atente-se que dois ou mais órgãos ministeriais podem oficiar simultaneamente no processo. Finalmente, deve ser notado que a saída da parte ou do procurador antes do encerramento da audiência, e a consequente falta de assinatura, não invalida o termo.

---

§ 3º O escrivão trasladará para os autos cópia autêntica do termo de audiência.

Vide Projeto de CPC, art. 351, § 3º.

Dos autos deve constar obrigatoriamente cópia autêntica do termo de audiência porque, afinal de contas, tal documento é a única representação material de tudo que teve lugar em meio a esse complexo ato do processo. Se a audiência se fracionar no tempo em várias sessões, tantos serão os termos que terão de ser lavrados e juntados aos autos (*v.* art. 455 e nota).

---

§ 4º Tratando-se de processo eletrônico, observar-se-á o disposto nos §§ 2º e 3º do art. 169 desta Lei.

Vide Projeto de CPC, art. 351, §§ 4º a 6º.

De maneira a dar complemento à instituição da forma eletrônica dos atos processuais, e estendê-la a todos os atos que se praticam em audiência, é que o focalizado § 4º entra em cena para fazer remissão expressa aos §§ 2º e 3º do art. 169. Observamos que, também aqui, não era necessária tal remissão, dada a generalidade entrevista no próprio § 2º, do art. 169, que fala de "atos processuais praticados na presença do juiz", mas com o objetivo de tornar escoimada de qualquer dúvida a aplicação do meio eletrônico para a confecção e o armazenamento do termo de audiência (de que trata o presente art. 457) é que surge esse novo § 2º. Veja-se, de outra parte, que o mesmo objetivo inspirou a Lei n. 11.419/2006 a inserir no art. 417 o seu atual § 2º que, ao fazer idêntica remissão, autoriza o emprego do meio eletrônico para a tomada de depoimentos (*v.* nota respectiva e, ainda, art. 154, § 2º). Por derradeiro, cumpre-nos apenas consignar que, no que concerne à aplicação do § 3º (do art. 169) aos termos de audiência, as eventuais contradições na "transcrição" haverão de ser compreendidas com flexibilidade, porque o termo de audiência traz registros e não transcrições (texto de acordo com a Lei n. 11.419/2006).

CAPÍTULO VIII
DA SENTENÇA E DA COISA JULGADA

Vide Projeto de CPC, arts. 472 a 495 (Capítulo XII – Da Sentença e da Coisa Julgada).

Sentença é o ato do juiz que põe termo ao processo, com ou sem julgamento de mérito (*v.* art. 162, § 1º, e comentário). Coisa julgada material é o atributo de imutabilidade dos efeitos da sentença, e coisa julgada formal é o atributo de imutabilidade da própria sentença dentro do processo (*v.* art. 467 e comentário).

Seção I
Dos Requisitos e dos Efeitos da Sentença

Vide Projeto de CPC, arts. 476 a 482
(Seção II – Dos Requisitos e Efeitos da Sentença).

Na presente Seção, este, que é o mais importante ato do juiz no processo, é disciplinado em quase todos os seus aspectos básicos e gerais. Muito mais do que apenas os requisitos ou os efeitos da sentença, a forma da sua prolação é regulada, os limites da atividade cognitiva e decisória são claramente estabelecidos, o meio para a sua complementação é instituído, etc. O título da seção, portanto, diz menos do que deveria.

Art. 458. São requisitos essenciais da sentença:
Vide Projeto de CPC, art. 476, caput

Requisitos essenciais da sentença devem ser entendidos de duas maneiras: são os requisitos formais estruturais, bem como os requisitos substanciais de existência, validade e eficácia deste ato do juiz que julga o litígio. Trata-se, portanto, de requisitos de forma e de substância a um só tempo. Formalmente, são os requisitos que o escrito do juiz chamado sentença deve preencher; substancialmente, os requisitos para que a decisão jurisdicional tomada exista e valha juridicamente. Além dos requisitos expressamente previstos nos três incisos deste art. 458, outros são exigidos pelo sistema processual, como a clareza e a precisão, posto que a sentença é ato de inteligência (*v.* art. 535 e nota).

I – o relatório, que conterá os nomes das partes, a suma do pedido e da resposta do réu, bem como o registro das principais ocorrências havidas no andamento do processo;

Vide Projeto de CPC, art. 476, I.

Relatório é a narrativa sintética do desenvolvimento do processo a partir da petição inicial até o último ato que antecede a sentença, incluindo a referência a todos os incidentes (trata-se da história relevante do processo, nas palavras de Pontes de Miranda). Os elementos identificatórios da ação e da defesa constantes do texto são absolutamente indispensáveis à narração, sob pena de nulidade. Quanto aos nomes, todos devem ser expressamente mencionados por extenso; quanto à ação, o pedido e suas especificações (art. 282, IV) devem ser referidos, bem como um resumo da causa de pedir (art. 282, III); quanto à resposta (*rectius*, defesa) apresentada pelo réu, seus principais pontos devem ser sinteticamente aludidos. A falta de relatório gera nulidade da sentença; o relatório sucinto é apenas irregularidade sem sanção (em relação às sentenças terminativas, *v.* art. 459).

II – os fundamentos, em que o juiz analisará as questões de fato e de direito;

Vide Projeto de CPC, art. 476, II e parágrafo único.

O fundamento ou motivação da sentença – requisito diretamente ligado ao princípio do livre convencimento (art. 131) – é exigido pelo sistema processual por três razões: *a*) a sentença é ato de vontade do Estado que deve traduzir justiça e não arbítrio, de sorte que deve convencer não só as partes envolvidas, mas também a opinião pública; *b*) a exigência de motivação, por si só, assegura o exame criterioso dos fatos e do direito pelo juiz; *c*) somente por meio do conhecimento da motivação da sentença é possível ao tribunal julgá-la justa ou injusta, certa ou errada, por força do recurso da parte vencida. De acordo com o texto, são objeto da fundamentação as questões (pontos controvertidos) de fato e de direito. A lei está correta, devendo ser salientado que todas estas questões compõem a causa de pedir ou o fundamento da defesa sob o prisma fático (fatos e circunstâncias) ou sob o enfoque jurídico (todas as qualificações simples e complexas que dão corpo ou negam subsistência ao fundamento jurídico do pedido). A falta de enfrentamento de todo um fundamento jurídico apresentado pelo autor ou de todo um fundamento da defesa é sinônimo de falta de motivação, tornando nula a sentença. A ausência de enfrentamento apenas de algumas questões, por outro lado, nada significa. Por fim, observe-se que não basta ao juiz transcrever lições doutrinárias ou citar a jurisprudência para ter como fundamentada uma sentença. É preciso que ele diga por que a lição ou a decisão referida tem aplicação à situação concreta. Se não disser, a sentença é nula por falta de motivação.

III – o dispositivo, em que o juiz resolverá as questões, que as partes lhe submeterem.

Vide Projeto de CPC, art. 476, III.

A previsão sob análise contém um gravíssimo erro redacional: no dispositivo o juiz decide ou julga o mérito da causa (o pedido formulado pelo autor) e não, como diz o texto, "as questões que as partes lhe submeterem"; a lei reproduziu no inciso III o que já havia dito no inciso II ("questões de fato e de direito" são exatamente aquelas que as partes submetem ao magistrado). Destarte, este inciso III só pode ser interpretado como dizendo mérito ou pedido deduzido pelo autor e nunca simplesmente questões, que nada mais são do que pontos controvertidos de fato ou de direito, que não se identificam com aquilo que o autor exige do órgão de jurisdição. Somente a decisão do pedido – e não das questões – é que é dispositivo da sentença e, portanto, transita em julgado. Observe-se, por fim, que o dispositivo (ou *decisum*) não precisa estar colocado formalmente na parte final da sentença; pode estar, mas pode também estar localizado antes ou no meio da fundamentação. Logo, o critério para a sua detecção no corpo da sentença é substancial e não meramente formal.

Art. 459. O juiz proferirá a sentença, acolhendo ou rejeitando, no todo ou em parte, o pedido formulado pelo autor. Nos casos de extinção do processo sem julgamento do mérito, o juiz decidirá em forma concisa.

Vide Projeto de CPC, art. 477.

A parte inicial da disposição refere-se expressamente ao conteúdo típico da sentença de mérito: aquela que julga procedente (acolhe) ou improcedente (rejeita) o pedido apresentado pelo sujeito ativo da ação, nos exatos termos do inciso I do art. 269. Dizemos "típico" porque esse conteúdo expressa o que é inerente ao órgão jurisdicional, que é a sua atividade substitutiva e decisória do litígio. Nas demais hipóteses do art. 269, o juiz se limita a reconhecer que houve autocomposição bilateral (transação – inciso III) ou unilateral (reconhecimento jurídico do pedido ou renúncia – incisos II e V), homologando o ato das partes de extinção do litígio, ou se limita a declarar que há decadência ou prescrição (inciso IV). Já a segunda parte deste art. 459 trata de assunto completamente diferente, permitindo a concisão formal das sentenças terminativas (também extensível às definitivas fundadas nos incisos II, III e V do art. 269), o que significa dizer que, quanto a estas, o juiz pode ser breve quando relata, motiva e decide pela extinção sem julgamento do mérito (art. 267). Esta norma estaria melhor colocada se fosse parágrafo único do art. 458.

Parágrafo único. Quando o autor tiver formulado pedido certo, é vedado ao juiz proferir sentença ilíquida.

Vide Projeto de CPC, art. 478.

Pedido certo, no texto legal, é o pedido determinado, no sentido de pedido definido quanto à qualidade e quantidade do bem da vida e que se contrapõe ao pedido genérico, ambos aludidos pelo art. 286 (de certeza não se trata, posto que esta corresponde apenas à necessidade de que o pedido seja explícito ou expresso). Muito bem, se o pedido é determinado ou líquido não pode o juiz julgá-lo procedente genérica ou iliquidamente, vale dizer, não pode deixar de aludir à quantidade ou à qualidade do bem da vida que concede. Se, contudo, isso acontecer, duas atitudes são possíveis ao autor: exigir complementação da sentença por embargos declaratórios (art. 535, II) ou apelar da sentença para que o tribunal a anule por infringência à regra sob comentário, já que a sua substituição por um acórdão líquido fere o princípio do duplo grau de jurisdição.

Art. 460. É defeso ao juiz proferir sentença, a favor do autor, de natureza diversa da pedida, bem como condenar o réu em quantidade superior ou em objeto diverso do que lhe foi demandado.

Vide Projeto de CPC, art. 479, caput

Esta prescrição consagra o princípio da adstrição da sentença ao pedido estabelecido de forma genérica pelo art. 128 e cuja *ratio* se encontra vinculada a outro grande fundamento do direito processual civil, que é o princípio dispositivo ou da iniciativa de parte instituído pelos arts. 2º e 262 do CPC. Segundo ele, o *decisum* do juiz fica limitado inexoravelmente ao *petitum* do autor, sem nenhuma possibilidade de extrapolação. Em outras palavras, o magistrado só pode dizer sim ou não àquilo que foi expressamente deduzido como exigência do autor, dela não se podendo afastar em absoluto. Assim é que ao juiz é proibido julgar, em primeiro lugar, fora do pedido ou *extra petita*: quanto ao pedido imediato – sentença de natureza diversa –, *v. g.*, condena-se quando foi pedida declaração ou vice-versa, declara-se quando foi pedida desconstituição e vice-versa, acautela-se quando foi pedida condenação, etc.; ou quanto ao pedido mediato ou bem da vida – condenação em objeto diverso – por exemplo, condena-se em dinheiro quando se pediu coisa ou vice-versa, manda-se fazer quando se pediu condenação em pecúnia e vice-versa, etc. Em segundo lugar, fica o magistrado proibido de julgar além do pedido ou *ultra petita*, sempre quanto ao pedido mediato ou bem da vida – condenação em quantidade superior –, o que sói acontecer se o juiz condena a pagar valor acima do pedido ou manda entregar quantidade de coisas além do que for pedido, etc. A sentença *extra petita* é nula e assim deve ser declarada; a *ultra petita* deve ser apenas reduzida pelo tribunal.

Parágrafo único. A sentença deve ser certa, ainda quando decida relação jurídica condicional.

Vide Projeto de CPC, art. 479, parágrafo único.

Este art. 460, parágrafo único – antes da Reforma a presente disposição correspondia ao art. 461 do CPC –, explicitamente reconhece a existência das chamadas sentenças condicionais, ou com reserva, que são justamente aquelas que decidem relação jurídica condicional, *v. g.*, contrato de fornecimento condicionado à ocorrência de determinado evento futuro e certo (termo) ou futuro e incerto (condição). Tanto é assim que o art. 572, disciplinando o exercício da ação de execução, dispõe que nesses casos "o credor não poderá executar a sentença sem provar que se realizou a condição ou que ocorreu o termo". O que o texto legal impõe é que, ainda quando o objeto do dispositivo da sentença seja uma relação condicional, esse ato do juiz deverá preencher o requisito da certeza, isto é, a sentença deverá ser exata quanto àquilo a que se condena, declara, constitui ou manda, precisa no que concerne à afirmação da relação jurídica, bem como no que diz respeito à própria condição ou termo. Examinem-se os arts. 121 a 137 do CC (parágrafo único de acordo com a Lei n. 8.952/94).

Art. 461. Na ação que tenha por objeto o cumprimento de obrigação de fazer ou não fazer, o juiz concederá a tutela específica da obrigação ou, se procedente o pedido, determinará providências que assegurem o resultado prático equivalente ao do adimplemento.

Vide Projeto de CPC, arts. 484 a 488, particularmente, os arts. 484 e 485.

O art. 461 sob comentário – alterado em sua redação pela Reforma do Processo Civil de 1994 – consagra a disciplina da tutela jurisdicional específica das obrigações de fazer e não fazer, bem como da inespecífica, em suas várias formas de expressão. Por tutela específica entenda-se a tutela direta, aquela que busca proporcionar ao credor o mesmo resultado prático que ele obteria caso tivesse havido o adimplemento da obrigação; inespecífica, ou indireta, é aquela providência que elimina as consequências da violação ou compensa pecuniariamente o credor em razão dela (Barbosa Moreira). Note-se, desde logo, que a regra sob exame não se encontra bem redigida sob esse aspecto conceitual, já que dá a entender que as "providências que assegurem o resultado prático [...]" se contrapõem à tutela específica, o que não é verdadeiro (o § 5º gera idêntica impressão – bem melhor é o art. 11 da LACP, Lei n. 7.347/85). Antes de aprofundar o exame do texto, parece-nos de suma importância registrar que, de acordo com a atual redação do inciso II do art. 585 do CPC, as obrigações de fazer ou não fazer, desde 1994, também podem ser objeto de título executivo extrajudicial – inclusive com fixação liminar de multa diária no processo, a teor do disposto no art. 645 –, de sorte que apenas quando não seja possível promover de pronto a execução é que terá cabimento o recurso à ação aqui regulada. Voltando para a regra sob análise, chamamos a atenção para outro defeito textual que não pode passar despercebido: a locução "ou, se procedente o pedido" está mal colocada porque dá a sensação de que na sentença o juiz não concederá a tutela específica, mas somente "providências que assegurem [...]", o que não faz o menor sentido. Tentemos, então, vislumbrar a distinção entre as duas categorias de providência que, mal ou bem, o *caput* deste artigo nos apresenta. Tutela específica é a ordem dirigida ao réu para que, em determinado prazo, por exemplo, elabore o projeto arquitetônico, apresente o parecer jurídico, pinte um mural, realize o *show*, restaure um quadro antigo, apresente a peça teatral, preste fiança, constitua uma sociedade (obrigações de fazer infungíveis), conserte o automóvel, construa um muro, repare o aqueduto, pinte a casa, ladrilhe uma calçada (obrigações fungíveis) ou, ainda, abstenha-se de produzir ruídos, de emitir poluentes, de interromper a vazão de um córrego, de modificar um açude, de usar marca comercial ou tolere a utilização do seu prédio pelo vizinho (obrigações de não fazer). Observe-se que, segundo o texto que nos ocupa, em todos esses casos a tutela específica identificar-se-á com o estabelecimento de imposição de um preceito ao réu, quer seja ela deferida antecipadamente (§§ 3º e 4º) ou no momento da sentença. Já no que concerne às providências que asseguram o resultado prático equivalente (que também possuem natureza de tutela específica, como visto), observe-se que elas tanto se aplicam no âmbito das obrigações de fazer fungíveis, das obrigações de não fazer, como em relação às infungíveis, embora estas se resolvam mais frequentemente em perdas e danos se não houver vontade do devedor de cumpri-las, como dispõe o art. 247 do estatuto civil. Mas, afinal, quais são elas? A principal é, sem sombra de dúvida, a autorização judicial contida na sentença para que a prestação de fazer fungível seja executada por terceiro às custas do devedor (CC, art. 249, *caput*), o que será realizado mediante ordem judicial independentemente de processo de execução. Outra é a autorização sentencial para que a prestação seja executada pelo próprio autor, ou por alguém sob sua direção e vigilância, o que também só dependerá para se realizar da ordem judicial (expressa em mandado) a ser cumprida independentemente de qualquer outro processo. E, finalmente, quanto às obrigações de não fazer, a providência que assegura o resultado prático equivalente é a autorização do juiz, na sentença, para que terceiro ou o próprio autor realize o desfazimento do ato (*v. g.*, restabelecendo o curso do córrego, o estado anterior do açude – CC, art. 251, *caput*) ou para que, *manu militari*, fique impedida a atividade nociva à segurança, sossego ou saúde do autor (*v. g.*, mediante o fechamento da boate ou da fábrica – *v.* § 5º deste artigo). Por último, faz-se necessário anotar que as obrigações de emitir declaração de vontade permanecem submetidas ao regime dos arts. 639 a 641, de forma que a elas não se aplica o art. 461 (texto de acordo com a Lei n. 8.952/94). Com a entrada em vigor da Lei n. 11.232/2005 (Reforma da Execução), *v.* art. 475-I, *caput*.

---

§ 1º A obrigação somente se converterá em perdas e danos se o autor o requerer ou se impossível a tutela específica ou a obtenção do resultado prático correspondente.

Vide Projeto de CPC, art. 486.

Este § 1º regula a forma processual da conversão da obrigação de fazer e não fazer em perdas e danos, que, do ponto de vista material, é regida pelos arts. 247 a 249 e 251 do CC. Desde logo, destaque-se que a conversão prevista pelo art. 633 do CPC só tem cabimento no contexto do processo executório, razão por que seu regramento não nos interessa aqui, lembrando que o processo de execução das obrigações de fazer e não fazer hoje se limita aos títulos extrajudiciais (art. 644). Quanto ao dispositivo focalizado propriamente, o que em primeiro lugar chama a atenção é a necessidade de o autor da ação afirmar na sua petição inicial que pretende a indenização: *a*) porque o devedor recusou prestação infungível (CC, art. 247); *b*) porque prefere-a à execução específica por terceiro, se fungível (CC, art. 249, *caput*); *c*) porque o devedor praticou ato a cuja abstenção se obrigara (CC, art. 251, *caput*). Como se vê, qualquer que seja o fundamento do pedido indenizatório (CPC, art. 282, III e IV), já não se cogitará, por vontade do autor, de tutela específica, nem sob a forma de preceito (o que o *caput* chamou de tutela específica) nem sob a roupagem de providência que assegure o resultado prático equivalente (que, como visto, também é forma de tutela específica). Contudo, o próprio texto deste § 1º abre exceção à regra e autoriza o juiz a conceder perdas e danos *ex officio* (isto é, sem pedido do autor) se reconhecer, na motivação da sentença, que a tutela específica desejada pelo credor (preceito e/ou medida que assegure o resultado prático) é impossível: *v. g.*, porque a prestação de edificar tornou-se inviável pela venda do terreno pelo devedor (CC, art. 248, *in fine*) ou porque ficou comprovada a infungibilidade da obrigação de fazer pelas circunstâncias do caso concreto (o conserto do veículo só foi contratado em razão dos atributos profissionais do mecânico) e o devedor já se mostrou renitente ao cumprimento voluntário, desobedecendo ao preceito imposto liminarmente (*v.* §§ 2º e 3º). Por fim, vale a pena esclarecer que nada impede que o autor (credor da obrigação, em tese, fungível) cumule pedidos sucessivamente (CPC, art. 289), requerendo: em primeiro lugar, a tutela específica sob a forma de preceito; em segundo, a tutela sob a forma de execução por terceiro, em não sendo atendido o preceito; e, em terceiro, perdas e danos caso não seja possível realizar o direito por execução de interposta pessoa (texto de acordo com a Lei n. 8.952/94).

---

§ 2º A indenização por perdas e danos dar-se-á sem prejuízo da multa (art. 287).

Vide Projeto de CPC, art. 487.

Inovando em relação ao regime anterior, que não permitia a cumulação da ação cominatória com a de indenização (tal era a interpretação que se dava ao isolado art. 287), a presente disposição legal inverte absolutamente o quadro normativo e autoriza dito cúmulo de forma explícita. É bom que desde logo se diga que a razão de ser da disposição em epígrafe é preparar o terreno para a aplicação do § 4º, que permite ao juiz, de ofício – na medida liminar antecipatória ou na sentença –, impor multa diária ao réu se esta for compatível com a obrigação. Ora, se à lei pareceu conveniente facultar ao juiz tal iniciativa, o que por si só habilitaria o autor a requerê-la, e como é comum a dedução de pedido indenizatório cumulado com o de tutela específica, nada melhor do que já ficar expressamente instituída a cumulação. É o que o texto sob exame faz. Destarte, em razão do presente dispositivo é possível ao credor de obrigação de fazer, ou de não fazer, pedir: *a*) a tutela específica do *caput* (isto é, a cominação do preceito); *b*) a pena cominatória do presente § 2º; *c*) providência que assegure o resultado prático equivalente; *d*) as perdas e danos do § 1º para o caso das três medidas anteriores se revelarem ineficientes. Observe-se que a tutela específica (*a*) e a multa cominatória (*b*) tanto podem ser concedidas em conjunto sob a forma de liminar, como sob a forma de provimento final de mérito, de acordo com os §§ 3º e 4º a seguir. Observe-se, por fim, que ao credor também é lícito requerer as perdas e danos do § 1º, isoladamente, caso não deseje tentar ver cumprida especificamente a obrigação (texto de acordo com a Lei n. 8.952/94).

---

§ 3º Sendo relevante o fundamento da demanda e havendo justificado receio de ineficácia do provimento final, é lícito ao juiz conceder a tutela liminarmente ou mediante justificação prévia, citado o réu. A medida limi-

nar poderá ser revogada ou modificada, a qualquer tempo, em decisão fundamentada.

O dispositivo sob exame regula a concessão de medida liminar antecipatória da tutela específica de obrigação de fazer ou não fazer sob a forma de cominação de preceito (consubstanciado, é claro, num *facere* ou *non facere*) dirigido ao devedor para que este o cumpra em prazo determinado. Ainda em linha introdutória, tenha-se em conta que a antecipação liminar da tutela específica de obrigação de fazer ou não fazer não é disciplinada exclusivamente por este § 3º, mas também pelo art. 273, que tem feição genérica. Relembramos apenas que as obrigações que têm por objeto declaração de vontade escapam à incidência do presente dispositivo, permanecendo sujeitas ao regime dos arts. 639 a 641. E para encerrar esta breve introdução, ressaltamos que a disposição legal sob enfoque corresponde a um dos grandes e elogiáveis avanços introduzidos no sistema pela Reforma do Processo Civil de 1994, porquanto carrega de efetividade a tutela jurisdicional que brota no mundo das obrigações de fazer e não fazer. Pois bem, o texto suscita várias ponderações interpretativas, que passamos a realizar articuladamente: 1ª) o fundamento da liminar deste art. 461 não é diferente do previsto pelo art. 273 posto que à "prova inequívoca" deste artigo corresponde o "relevante fundamento" do presente dispositivo; 2ª) também em relação ao segundo fundamento (o *periculum in mora*), não se distingue este do previsto pelos arts. 273 e 798; também aqui se exige a avaliação acerca da irreparabilidade ou difícil reparabilidade do dano (o receio de ineficácia corresponde ao receio de dano); 3ª) quanto à forma de concessão, cremos que também não existem discrepâncias, ficando autorizada a audiência de justificação prévia tanto aqui (o texto é expresso), como para fins da tutela antecipada do art. 273; 4ª) relativamente à revogação ou modificação da medida, as liminares deste art. 461 e a do 273 identificam-se absolutamente, razão por que remetemos o leitor ao que dissemos alhures; 5ª) finalmente, no que concerne à iniciativa do órgão jurisdicional para a outorga da medida, parece-nos que a concessão *ex officio* está proibida, haja vista que o *caput* do art. 273 o estabelece, como também porque toda vez que, no âmbito deste art. 461, a lei quis estabelecer tal poder ela o fez expressamente, como no § 4º (dizendo "independentemente de pedido do autor"), no § 5º ("poderá o juiz, de ofício ou a requerimento") e no § 1º (que admite a conversão mesmo sem pedido do demandante: "se o autor o requerer ou se impossível a tutela [...]"). Note-se mais que existe explícita vinculação do § 4º ao ora examinado, o que dá força ao argumento (texto de acordo com a Lei n. 8.952/94).

§ 4º O juiz poderá, na hipótese do parágrafo anterior ou na sentença, impor multa diária ao réu, independentemente de pedido do autor, se for

suficiente ou compatível com a obrigação, fixando-lhe prazo razoável para o cumprimento do preceito.

Vide Projeto de CPC, art. 522, caput *e §§ 1º, 2º e 4º a 7º.*

Explícita e expressamente, admite o § 4º que ora nos ocupa a possibilidade de o magistrado impor *ex officio* multa diária ao réu quando conceda a medida liminar regulada no parágrafo anterior ou quando emita provimento final de mérito. Trata-se, como se vê, de forma diferenciada de imposição da pena cominatória prevista genericamente pelo art. 287, hoje cumulável, aliás, com pedido indenizatório, em consonância com o § 2º acima (*v.* nota). O primeiro aspecto normativo que desejamos destacar da regra, à luz do contexto jurídico que vimos examinando, está no fato de que apenas a imposição da multa pecuniária ao réu pode ser concedida de ofício, mas não a própria liminar de tutela específica, que depende necessariamente de requerimento do autor (*v.* nota ao § 3º). Assim, concedida que seja a tutela *in limine* (isto é, cominado o preceito para que o devedor faça ou deixe de fazer alguma coisa, *v. g.*, para que, em dez dias, inicie a restauração da obra de arte ou para que tolere a passagem forçada), fica o juiz autorizado a impor, por sua própria conta, também a multa diária, num valor determinado, a ser suportada pelo devedor caso descumpra o preceito. Caso não comine a multa na liminar, o juiz, ainda, poderá fazê-lo quando sentenciar a causa. A inovação parece bastante interessante porque torna imediata a pressão psicológica e sua eficácia persuasiva sobre o réu, o que pode determinar, e certamente determinará, a pronta satisfação, no mais das vezes, do direito afirmado pelo autor. Note-se que, no regime anterior do isolado art. 287 (antes de 1994, portanto), a multa só incidia a partir do trânsito em julgado, o que era inegável obstáculo à consecução do sonhado ideal de efetividade do processo. Muito bem, vejamos os requisitos necessários para que se autorize a imposição de multa. Desde logo, saliente-se que o texto refere a suficiência "ou" compatibilidade com a obrigação, quando, na verdade, os dois devem ser exigidos cumulativamente, uma vez que, se houver incompatibilidade, a questão da suficiência não poderá deixar de ser tida como prejudicada. Observe-se, entretanto, que em face do disposto nos vigentes § 3º do art. 273 e § 3º do art. 461-A, a multa cominatória é compatível com todas as espécies de obrigação: fazer fungível ou infungível, não fazer (não há mais restrição no art. 287); entregar coisa (art. 461-A, § 3º, que remete aos §§ 1º a 5º deste art. 461); dar quantia por força da nova disposição contida no § 3º do art. 273 (*v.* nota). Já no que concerne à suficiência da medida, esta deve ser examinada hipotética e potencialmente à luz das circunstâncias econômicas, sociais e psicológicas de cada caso concreto submetido à apreciação judicial (texto de acordo com a Lei n. 8.952/94).

§ 5º Para a efetivação da tutela específica ou a obtenção do resultado prático equivalente, poderá o juiz, de ofício ou a requerimento, determinar as medidas necessárias, tais como a imposição de multa por tempo de atraso, busca e apreensão, remoção de pessoas e coisas, desfazimento de obras e impedimento de atividade nociva, se necessário com requisição de força policial.

Vide Projeto de CPC, art. 521.

De acordo com o presente § 5º deste art. 461, fica autorizado o juiz – que haja antecipado a tutela específica, ou a providência que assegure o resultado prático equivalente, por liminar (§ 3º) ou a tenha concedido na sentença – a determinar, no mesmo ato, outras medidas complementares que possam significar, uma vez cumpridas, a realização do interesse do autor, isto é, a execução da obrigação de fazer ou não fazer. Observe-se que o rol contido no texto é claramente exemplificativo, e não exaustivo. Imaginemos algumas situações que possam ilustrar o exercício desse grande poder conferido ao magistrado pelo CPC. Quanto ao impedimento de atividade nociva: *a*) uma fábrica emite poluentes diretamente sobre os imóveis dos autores. Proposta a ação e concedida a liminar com cominação de preceito, uma vez desrespeitado que seja este, o juiz determina o desligamento das máquinas por oficial de justiça, com ou sem auxílio de força policial; *b*) violação de sossego por emissão de ruídos excessivos por parte de casa de *shows,* em que o juiz determine no preceito o limite em decibéis. O fechamento da casa pode ser consequência do desrespeito à ordem. Quanto à remoção de pessoas e coisas: *a*) instalação não autorizada de canil em zona residencial. Descumprido o preceito que determinou a paralisação, o juiz ordena o fechamento da casa e a remoção dos animais; *b*) instalação não autorizada de depósito de lixo ao lado de casa de repouso. Descumprida a ordem de paralisação, o juiz determina o fechamento do terreno e a remoção do lixo remanescente. Quanto ao desfazimento de obras: liminar que ordena ao réu que desfaça muro lateral, de altura irregular, que impede a entrada de sol no imóvel vizinho. Descumprido o preceito, o juiz autoriza a demolição parcial do muro por terceiro ou pelo próprio autor (ou seja, o seu desfazimento). Quanto à busca e apreensão: determinação, por liminar, ao réu que inicie os trabalhos de agrimensura. Uma vez descumprido o preceito, o juiz ordena a busca e apreensão dos mapas em seu poder. E observe-se que todas essas ordens podem estar acompanhadas da ameaça judicial de multa cominatória, como expressamente refere o texto focalizado que foi alterado pela Lei n. 10.444/2002 que introduziu a cláusula "imposição de multa por tempo de atraso" (texto de acordo com a Lei n. 10.444/2002).

§ 6º O juiz poderá, de ofício, modificar o valor ou a periodicidade da multa, caso verifique que se tornou insuficiente ou excessiva.

Vide Projeto de CPC, art. 522, § 3º.

Existe uma razão sistemática pela qual o legislador reformista decidiu introduzir – por meio da Lei n. 10.444/2002 – este último parágrafo no corpo disciplinar do art. 461: a necessidade de resgatar uma regra que desapareceu do ordenamento processual com a alteração do art. 644. Senão, vejamos. Como é sabido, o antigo regramento do art. 644 submetia ao processo de execução a sentença (condenatória) relativa às obrigações de fazer e não fazer, estabelecendo o parágrafo único a modificabilidade do valor da multa "pelo juiz da execução". Ocorre, no entanto, que, ao alterar o art. 644 para transformar tal sentença em mandamental, sujeitando-a ao regime do art. 461 ("Art. 644. A sentença relativa a obrigação de fazer ou não fazer cumpre-se de acordo com o art. 461 [...]"), excluindo-a, assim, do processo executivo, a Lei n. 10.444/2002 fez desaparecer o mencionado parágrafo único que se referia, como visto, ao "juiz da execução", permanecendo a modificabilidade prevista apenas no art. 645 que regula genericamente o procedimento executório, hoje exclusivamente destinado aos títulos extrajudiciais. Pois bem, para que a efetivação (não mais execução) da sentença relativa às obrigações de fazer e não fazer (mandamental e não mais condenatória) não ficasse desprovida da modificabilidade, tão útil para gerar satisfação, é que se inclui neste art. 461, o presente dispositivo. Sobre a regra propriamente dita, cumpre assinalar que a modificação de que cogita a lei, realizável inclusive de ofício, ocorre no momento que antecede a expedição do mandado para cumprimento da sentença, tendo por objeto não só o valor da multa como a periodicidade que foram fixados na sentença, quer por iniciativa própria do juiz (§ 4º deste art. 461 – *v.* nota) quer por acolhimento de pedido deduzido pelo autor com a inicial da ação ou em momento posterior (texto de acordo com a Lei n. 10.444/2002).

Art. 461-A. Na ação que tenha por objeto a entrega de coisa, o juiz, ao conceder a tutela específica, fixará o prazo para o cumprimento da obrigação.

Vide Projeto de CPC, art. 485, caput

Se a Reforma do Processo Civil de 1994 teve a virtude de romper com o passado instituindo a tutela específica das obrigações de fazer e de não fazer – tornando processualmente possível a realização da própria prestação objeto de tais obrigações e atribuindo à conversão em perdas e danos o atributo de último expediente a ser empregado, se o credor não a desejar (art. 461 e seus parágrafos e, especialmente, o § 1º) –, a Lei n. 10.444/2002 teve a coragem de estender a conquista da tutela específica às obrigações de entregar coisa de modo geral, com o que estabeleceu a aplicação de ferramentas processuais valiosíssimas à efetiva entrega da coisa como a liminar de tutela específica antecipada, a multa cominatória (acoplada quer à liminar, quer à sentença), além, é claro, da busca e apreensão ou imissão na posse, deferíveis igualmente em sede liminar ou sentencial (art. 461-A e seus parágrafos e, especialmente, o § 3º que faz remissão aos §§ 1º a 6º do fabuloso art. 461). Ainda em linha introdutória, não se pode deixar de registrar que assim como a Lei n. 10.444/2002 alterou o art. 644 do CPC para transformar em mandamental a sentença relativa às obrigações de fazer e não fazer, eliminando, assim, o correspondente processo de execução, a mesma lei modificou o art. 621 com o que produziu idêntica transformação no âmbito das obrigações de entregar coisa, posto que restringiu o processo de execução aos títulos extrajudiciais; as sentenças que ordenam entrega não mais se executam, de agora em diante elas se efetivam de acordo com as disposições dos §§ 1º a 6º do art. 461. A mudança introduzida no nosso sistema processual é, de fato, gigantesca. Resta apenas observar, em relação ao *caput*, deste novo art. 461-A, que a alusão à fixação de "prazo para o cumprimento da obrigação" não limita em nada o recurso às demais ferramentas processuais colocadas à disposição do juiz pelo § 3º: a fixação de prazo corresponde apenas ao primeiro passo da liminar ou da sentença em busca do cumprimento específico da obrigação; os demais ficam por conta dos §§ 4º e 5º do art. 461 (§ 4º, multa; § 5º, medidas de reforço). Registre-se, por derradeiro, que toda essa revolução processual operada não interfere na disciplina material das obrigações de dar, cuja maior ocupação e preocupação é a de regulamentar as muitas hipóteses de incidência das perdas e danos, como nos casos de perda da coisa (CC, art. 234), deterioração (art. 235), culpa do devedor pela deterioração (art. 236), culpa do devedor pela perda (art. 239), deterioração de coisa restituível (art. 240), melhoramento ou acréscimo (art. 241), alegação de perda ou deterioração antes da escolha (art. 246) (texto de acordo com a Lei n. 10.444/2002). Com a entrada em vigor da Lei n. 11.232/2005 (Reforma da Execução), *v.* art. 475-I, *caput*.

---

§ 1º Tratando-se de entrega de coisa determinada pelo gênero e quantidade, o credor a individualizará na petição inicial, se lhe couber a escolha; cabendo ao devedor escolher, este a entregará individualizada, no prazo fixado pelo juiz.

Vide Projeto de CPC, art. 485, parágrafo único.

Este § 1º do art. 461-A estabelece a exigência processual de que o autor da ação de conhecimento que vise a entrega de coisa incerta (no plano material, o credor) a individualize na petição inicial quando a escolha da coisa, determinada pelo gênero e quantidade, lhe couber. A exigência se funda na circunstância de o "título da obrigação", como diz o art. 244 do estatuto civil, atribuir a escolha ao credor, já que a regra é a escolha pertencer ao devedor, quando o objeto da prestação é coisa incerta. Cabendo, por outro lado, ao devedor a escolha – como visto, a regra segundo o art. 244, do CC –, estabelece a parte final do presente dispositivo que "este a entregará individualizada, no prazo fixado pelo juiz", o que significa que a oportunidade de escolha pelo réu (pelo devedor, no plano material) lhe é concedida ou pela sentença, se o processo correu sem liminar, ou pela própria medida que antecipe a tutela específica (art. 461-A, § 3º, c/c o 461, § 3º). Observe-se que, em qualquer das duas hipóteses, o cumprimento da obrigação de entrega individualizada pelo réu-devedor não sé dá em sede de processo de execução – não existe mais processo nesse caso, como visto (*v.* nota ao *caput*) –, mas em sede de fase de efetivação da sentença (ou da liminar) que é instaurada pela expedição de mandado do qual consta o "prazo fixado pelo juiz", como diz o texto, e que guarda plena identificação com "o prazo para o cumprimento" a que alude o *caput* deste art. 461-A. Por fim, registrem-se duas observações: a primeira, no sentido de que a exigência de entrega "individualizada" significa que o devedor deve particularizar a coisa que deseja entregar antes de fazê-lo e também que tal particularização deverá constar de petição e/ou da certidão do oficial de justiça que cumprir a ordem judicial; a segunda, no sentido de que existe regra muito semelhante a esta que vimos examinando no art. 629 deste Código, mas cujo âmbito de aplicação é a "execução para entrega de coisa", hoje, como visto, adequada apenas à satisfação de obrigações contidas em títulos executivos extrajudiciais (art. 621) (texto de acordo com a Lei n. 10.444/2002).

---

§ 2º Não cumprida a obrigação no prazo estabelecido, expedir-se-á em favor do credor mandado de busca e apreensão ou de imissão na posse, conforme se tratar de coisa móvel ou imóvel.

Vide Projeto de CPC, art. 523, caput

Para a perfeita compreensão deste § 2º, precisamos ter em mente, antes de mais nada, que o "prazo estabelecido" a que faz referência o texto – também previsto pelo *caput* e pelo § 1º deste artigo – recorde-se, tanto pode ter sido objeto de deliberação judicial na sentença, como em medida liminar de antecipação da tutela específica que se tenha concedido, com fundamento no § 3º do art. 461 (aplicável por força do § 3º deste art. 461-A). Outra observação preliminar que não deve ser desconsiderada é a de que, tanto na sentença como em liminar, a ordem de entrega da coisa "no prazo estabelecido" normalmente estará apoiada na ameaça de incidência da multa cominatória regulada pelo § 4º do art. 461 (identicamente aplicável *ex vi* do § 3º deste art. 461-A). Tudo isso, então, está a significar que a expedição, em favor do credor, de mandado de busca e apreensão, ou de imissão na posse, corresponde apenas ao terceiro passo ou à terceira ferramenta processual utilizável com vista ao cumprimento específico da obrigação de entregar coisa. Observe-se que falamos de terceira ferramenta porque, numa sequência de decisões (contida na liminar ou na sentença, insistimos), o juiz pode ter, em primeiro lugar, fixado prazo de tantos dias para o cumprimento voluntário da ordem de entrega; em segundo, pode ter determinado que, não cumprida a ordem nesse prazo, ficaria o réu-devedor submetido à multa diária de tantos reais, por um determinado tempo; e, em terceiro lugar, pode o magistrado ter decidido que, vencido esse segundo prazo (acompanhado de multa) sem a entrega da coisa, o cartório estaria autorizado a expedir mandado de busca e apreensão (para o caso de se tratar de bem móvel) ou de imissão na posse (para o caso de se tratar de bem imóvel). Eis porque dissemos que a expedição de mandado de busca ou imissão corresponde apenas à terceira ferramenta. É que este § 2º não pode ser interpretado isoladamente em face do que dispõe a regra processual de grande amplitude normativa contida no § 3º deste novo art. 461-A (*v.* nota) (texto de acordo com a Lei n. 10.444/2002).

§ 3º Aplica-se à ação prevista neste artigo o disposto nos §§ 1º a 6º do art. 461.

Vide Projeto de CPC, art. 523, parágrafo único.

Ao afirmar o presente § 3º que à ação que tenha por objeto a entrega de coisa se aplicam os §§ 1º a 6º do art. 461, quis a lei munir o juiz, no respectivo processo, de algumas ferramentas essenciais à promoção da efetiva tutela específica da obrigação de dar coisa certa ou incerta. Para começar, é nítida a intenção da lei de colocar o expediente da conversão em perdas e danos como última alternativa ("se impossível a tutela específica", diz o § 1º do art. 461), salvo se o credor assim o desejar ("se o autor o requerer") com fundamento na disciplina civil (CC, arts. 233 a 246). Observamos, aqui, que a figura da "obtenção do resultado prático correspondente" é inaplicável no contexto da tutela específica das obrigações de entregar coisa, posto tratar-se de fenômeno próprio e exclusivo das obrigações de fazer e de não fazer. Prosseguindo, a lei torna clara a ideia, com a remissão ao § 2º, de que eventual indenização por perdas e danos não é incompatível com a multa cominatória. É necessário esclarecer: apesar de o autor da ação poder optar exclusivamente por deduzir pedido condenatório por perdas e danos, como sugerimos linhas atrás, também é possível ao autor, com base no § 2º do art. 461, cumular pedidos, deduzindo, inicialmente, pedido de tutela específica com multa cominatória e, subsidiariamente, pedido de busca e apreensão ou imissão na posse, deduzindo, em seguida, e mais uma vez subsidiariamente, pedido de indenização, caso a busca ou a imissão não possa ser cumprida. Eis a possível aplicação do § 2º do art. 461 à tutela específica das obrigações de entregar coisa. Pois bem, em relação ao importantíssimo § 3º, é necessário apenas salientar que é este dispositivo, objeto de remissão, que autoriza a concessão da tutela específica aqui cogitada sob a forma de providência liminar (remetemos o leitor à nota respectiva). Quanto ao § 4º, é ele que permite a aplicação, até de ofício, da multa cominatória, tanto no caso de liminar, como no de sentença; os requisitos da suficiência e da compatibilidade precisam ser examinados, é claro, à luz da disciplina civil das obrigações de entregar coisa (CC, arts. 233 a 246). Já no que concerne ao § 5º, objeto de remissão, é preciso esclarecer que dele só é possível cogitar, no âmbito de aplicação das obrigações de entregar coisa, quanto às seguintes providências: imposição de multa, busca e apreensão e requisição de força policial (remoção de pessoas e coisas, desfazimento de obras e impedimento de atividade nociva são exclusivas do âmbito de aplicação das obrigações de fazer e não fazer). Finalmente, nenhum obstáculo existe à aplicação do § 6º do art. 461 à tutela específica das obrigações de entregar coisa, uma vez que também aqui é possível imaginar que o valor da multa ou sua periodicidade se torne insuficiente ou excessiva à vista do escopo de realização concreta da obrigação de entregar uma coisa móvel ou imóvel (texto de acordo com a Lei n. 10.444/2002).

Art. 462. Se, depois da propositura da ação, algum fato constitutivo, modificativo ou extintivo do direito influir no julgamento da lide, caberá ao juiz tomá-lo em consideração, de ofício ou a requerimento da parte, no momento de proferir a sentença.

Vide Projeto de CPC, art. 480.

A tomada em consideração pelo juiz na sentença dos fatos aqui previstos só é possível e legítima uma vez que a causa de pedir não seja alterada, porque os arts. 264 e 294 vedam expressamente tal alteração. Quanto ao fato constitutivo que cria direito novo para o autor, normalmente será este quem o alegará e provará (art. 333, I), embora o juiz o possa reconhecer de ofício. Quanto aos fatos modificativos ou impeditivos que interessam ao réu, via de regra, este os arguirá (art. 333, II: também o fato impeditivo), mesmo depois da contestação, por expressa autorização do inciso II do art. 303, que excepciona o princípio da impugnação específica dos fatos. Observe-se que a *ratio* da presente disposição legal está ligada à ideia de que nem sempre o contexto fático da causa permanece como era quando da propositura da ação – o que, evidentemente, seria o ideal –, de sorte que ao juiz cabe apropriar-se da realidade presente ao tempo da sentença para decidir com justiça o litígio. A regra se aplica também ao acórdão. Examine-se, ainda, o art. 517.

Art. 463. Publicada a sentença, o juiz só poderá alterá-la:

Vide Projeto de CPC, art. 481, caput

Com o propósito de tornar harmônico e coerente o sistema estabelecido pelo CPC, é que a Lei n. 11.232/2005 (Reforma da Execução) se preocupou em alterar a redação do presente dispositivo legal. A razão é clara e de fácil entendimento: como a efetivação das sentenças de mérito não depende, em regra, de "processo de execução", mas tão somente de uma etapa procedimental ou fase de execução – o Capítulo X, do Título VIII, arts. 475-I a 475-R, denomina-a "cumprimento da sentença" –, instituído ficou que a sentença não corresponde mais a um ato do juiz que põe fim ou termo ao processo (*v.* § 1º do art. 162 e nota), de sorte que já não se pode mais dizer, sob qualquer justificativa, que, ao proferi-la, "o juiz cumpre e acaba o ofício jurisdicional", como afirmava o *caput* deste art. 463 em sua redação original. Se tal proposição normativa já era criticável antes, hoje ela seria completamente insustentável, numa perspectiva sistemática, porque o juiz não se desincumbe e não esgota o trabalho jurisdicional pelo fato de proferir sentença de mérito. Como visto, tal proferimento apenas instaura a fase executiva do processo, durante a qual o magistrado praticará inumeráveis atos de jurisdição, desde a eventual liquidação da sentença até a efetiva concretização do direito do autor quando, então e só então, o processo se encerrará. Posta a questão nesses termos, só resta a este novo art. 463 regulamentar a característica de inalterabilidade da sentença – assim como fazia o antigo – e prescrever as exceções nos dois incisos que seguem. Observe-se, por fim, que a afirmação contida na antiga versão deste art. 463 nunca correspondeu à verdade: o ofício jurisdicional não se esgota pelo fato de o juiz ter publicado a sentença de mérito, tanto que a parte vencida dela podia recorrer, prosseguindo o feito rumo à nova manifestação jurisdicional. A norma, na realidade, instituía apenas a inalterabilidade da sentença publicada por parte do seu prolator. Publicação, aqui, é o ato de tornar pública a decisão proferida – que ocorre em virtude da juntada aos autos da sentença –, que não se confunde com a intimação das partes, que se dá pela publicação da suma do dispositivo no *Diário Oficial*. Registre-se, ainda, que a norma jurídica contida neste art. 463 se aplica também à sentença terminativa (a que não aprecia o mérito – art. 267). As exceções à regra da inalterabilidade vêm nos incisos que se seguem.

I – para lhe corrigir, de ofício ou a requerimento da parte, inexatidões materiais, ou lhe retificar erros de cálculo;

Vide Projeto de CPC, art. 481, I.

As inexatidões materiais passíveis de correção de ofício pelo juiz podem localizar-se tanto no relatório da sentença (equívoco quanto ao nome das partes, omissão de algum litisconsorte) como na fundamentação (troca de data, do nome de um local) ou na sua parte dispositiva (declaração de procedência ou improcedência em total contradição com os fundamentos apresentados; condenação em R$ 1.000,00 em vez dos R$ 10.000.000,00 pedidos; também se o juiz condiciona a tomada de uma providência ao trânsito em julgado quando o recurso não tem efeito suspensivo). Erros de cálculo, por outro lado, haverá toda vez que um equívoco meramente aritmético determinar a presença na sentença de uma expressão monetária ou verba no lugar de outra. Nesses casos a parte pode requerer a correção por simples petição, como também interpor embargos declaratórios (art. 535). Tratando-se de acórdão, só por meio de embargos é possível a correção, posto que o relator não é o único titular da decisão prolatada.

II – por meio de embargos de declaração.

Vide Projeto de CPC, art. 481, II.

Este meio processual de alteração da sentença se encontra hoje inteiramente disciplinado pelos arts. 535 a 538, segundo as alterações introduzidas pela Lei n. 8.950/94. Remetemos, portanto, o leitor aos comentários lá expendidos. Além dos embargos declaratórios, alude a doutrina ao procedimento liquidatório (arts. 475-A a 475-H) como outra forma de se obter uma alteração da sentença expressa pela integração do título executivo pelo requisito da liquidez.

Art. 464. ***(Revogado pela Lei n. 8.950, de 13.12.1994.)***

Art. 465. ***(Revogado pela Lei n. 8.950, de 13.12.1994.)***

Art. 466. A sentença que condenar o réu no pagamento de uma prestação, consistente em dinheiro ou em coisa, valerá como título constitutivo de hipoteca judiciária, cuja inscrição será ordenada pelo juiz na forma prescrita na Lei de Registros Públicos.

Vide Projeto de CPC, art. 482, caput

O dispositivo sob análise institui a hipoteca judiciária como um efeito secundário ou acessório da sentença, que é aquele efeito que decorre *ex vi legis* do atendimento de certo pedido (outros são, segundo Liebman: a dissolução da comunhão de bens ou a perda do direito de usar o nome do marido pela sentença de separação; a perempção da ação pela terceira sentença terminativa – arts. 267, III, e 268, parágrafo único; valer a sentença como declaração de vontade não emitida na hipótese do art. 641, etc.). Lembremos, ainda, da extinção da concessão como efeito secundário da decretação da falência das concessionárias de serviços públicos (Lei n. 11.101, de 09.02.2005, art. 195). Como deixa claro o texto, a hipoteca judiciária é efeito secundário apenas da sentença condenatória em obrigação de dar pecúnia ou coisa (em relação à entrega de coisa, a sentença não é mais considerada condenatória, mas mandamental – *v.* art. 461-A) e nunca da sentença mandamental para cumprimento de obrigação de fazer, ou não fazer, ou da sentença constitutiva ou meramente declaratória. A hipoteca judiciária aqui instituída é, na verdade, uma modalidade de hipoteca legal ao lado da disciplinada pelos arts. 1.489 e segs. do CC – e contraposta à convencional –, embora o art. 167, I, n. 2, da LRP assim não a considere. O grande efeito da constituição dessa garantia real pelo seu registro (não inscrição) é o surgimento do direito de sequela. O registro da hipoteca judiciária depende de prévia especialização por procedimento próprio de jurisdição voluntária (arts. 1.205 e segs.).

Parágrafo único. A sentença condenatória produz a hipoteca judiciária:
Vide Projeto de CPC, art. 482, §§ 1º e 2º.

O que este parágrafo único significa é que a sentença condenatória em obrigação de dar tem por efeito secundário a hipoteca judiciária, e vale como seu título constitutivo para fins de registro, ainda que se verifique qualquer dos fenômenos processuais elencados nos incisos.

I – embora a condenação seja genérica;
Vide Projeto de CPC, art. 482, § 1º, I.

Ainda que a condenação constante da sentença seja ilíquida, vale dizer, não definida no que concerne ao *quantum debeatur* – o que é autorizado nas hipóteses do art. 286 –, a hipoteca judiciária continua sendo efeito secundário do ato condenatório. Para fins de registro, contudo, o valor a ser considerado será o que tiver sido atribuído à causa (Moacyr Amaral Santos).

II – pendente arresto de bens do devedor;

Não deixa a sentença condenatória de possuir o efeito secundário de hipoteca judiciária pelo fato de ter sido instaurado anteriormente processo cautelar de arresto com medida liminar ou sentença já executada tendo por objeto bens do devedor (arts. 813 e segs.). Nesse caso, constituída a hipoteca pelo registro, esta simplesmente substitui o arresto decretado.

III – ainda quando o credor possa promover a execução provisória da sentença.

Vide Projeto de CPC, art. 482, § 1º, III.

Não afeta, ainda, o efeito secundário da sentença a circunstância de o autor da ação e credor poder ajuizar execução provisória em virtude da ausência de suspensividade do recurso interposto contra ela (art. 521 c/c os arts. 587 e segs.). Na verdade, a possibilidade de execução provisória – e não o trânsito em julgado, atente-se – é sempre requisito indispensável para que se viabilize tanto a especialização como o registro da hipoteca judiciária, uma vez que, se o recurso interposto suspende o momento da produção dos efeitos principais, logicamente também o faz com os efeitos secundários da sentença, entre os quais se inclui a hipoteca judiciária.

Art. 466-A. Condenado o devedor a emitir declaração de vontade, a sentença, uma vez transitada em julgado, produzirá todos os efeitos da declaração não emitida.

Vide Projeto de CPC, art. 488.

O fato de constar expressamente da redação deste dispositivo que o devedor é condenado a emitir declaração de vontade induz à conclusão de que a sentença deve sempre fixar prazo para o cumprimento voluntário da obrigação pelo devedor, sob pena de valer a própria sentença como declaração não emitida (o legislador esqueceu-se de introduzir a cláusula final "se o devedor não cumprir a obrigação imposta pela sentença"). A execução, contudo, dessa sentença ou acórdão transitado em julgado é sempre imprópria, haja vista que bastará a intimação do devedor para emitir a vontade e sua inércia para que o juiz, independentemente de processo de execução, faça expedir em favor do credor alvará do qual conste que a sentença proferida – parcialmente transcrita – substitui a declaração de vontade do devedor, ficando autorizada a lavratura do instrumento público por qualquer tabelião (ou o instrumento particular por outra pessoa). Anote-se, outrossim, que a sentença ou acórdão nesses casos tem forte carga mandamental e constitutiva, porquanto pode, por si só, gerar a formação de negócio jurídico (*v.* art. 64 do CC). Por fim, cumpre-nos registrar que a revogação do art. 641 e a transposição da sua prescrição normativa, sem qualquer alteração, para o presente art. 466-A – tudo operado pela Lei n. 11.232/2005 (Reforma da Execução Judicial) –, não interfere na maneira como este dispositivo é interpretado, valendo a pena consignar que a disciplina aqui estabelecida é perfeitamente compatível com a reforma que se encontra em curso, tanto que a sentença de que ora se cogita não depende de "processo de execução" (eis porque falamos anteriormente de execução imprópria), mas ficou melhor situada, do ponto de vista disciplinar, nesta Seção dedicada aos "requisitos e efeitos da sentença" do que dentro do Livro II (Processo de Execução), e, por derradeiro, que ela efetivamente tem natureza mandamental e não condenatória como inadvertidamente consta do texto. Este art. 466-A corresponde a uma regulamentação específica e particularizada de proferimento e cumprimento de sentença de obrigação de fazer, não se lhe aplicando a disciplina genérica do art. 461, prevista pelo novo art. 475-I (texto de acordo com a Lei n. 11.232/2005).

Art. 466-B. Se aquele que se comprometeu a concluir um contrato não cumprir a obrigação, a outra parte, sendo isso possível e não excluído pelo título, poderá obter uma sentença que produza o mesmo efeito do contrato a ser firmado.

O negócio jurídico que, como *causa petendi*, admite a formulação do pedido aqui previsto tanto pode ser um compromisso de compra e venda não registrado (se há registro, cabe a adjudicação compulsória de rito sumário – arts. 22 do DL n. 58/37 e 1.418 do CC) como uma promessa de cessão de direitos relativos a compromisso, proposta de compra, reserva de lote ou pré-contrato (Lei n. 6.766/79, art. 27), contratos preliminares ou preparatórios de modo geral (CC, arts. 462 a 466). Para que o pedido seja acolhido, é necessário, segundo o texto sob exame, o preenchimento de dois requisitos: *a)* que seja possível pelo título; e *b)* que não seja excluído pelo título. O primeiro significa a necessidade de que o ato documentado (compromisso, promessa, pré-contrato, etc.) identifique exatamente os contratantes, o objeto do contrato e a coisa com um mínimo de detalhamento, as condições de pagamento, etc.; a possibilidade é, ainda, sinônimo de validade do negócio. O segundo se identifica com a inexistência, no instrumento, de cláusula de arrependimento ou outro óbice convencional. Consigne-se ainda que a obrigação de prestar declaração de vontade prevista neste artigo não é passível de medida liminar antecipatória da providência de mérito regulada pelo art. 461 e, particularmente, pelo seu § 3º, porque não é possível a antecipação dos efeitos jurídicos da sentença, mas somente de efeitos fáticos. Observe-se, por fim, que também aqui a revogação do art. 639 e a transposição da sua integral normatividade para o presente art. 466-B, por força da Lei n. 11.232/2005 (Reforma da Execução Judicial), não prejudicaram a interpretação que se dá ao dispositivo sob a atual topografia processual (na Seção dedicada aos requisitos e efeitos da sentença), valendo registrar apenas que, na regulamentação originária do CPC, o artigo sob enfoque tinha o número 639 e era o primeiro dos três ora sequencialmente revogados (arts. 639, 640 e 641), enquanto, à luz da vigente organização, o dispositivo que abre a sequência (o art. 466-A) tem correspondência no revogado art. 641, aparecendo o presente em segundo lugar na ordem. A explicação para a inversão parece estar apenas no fato de que a Reforma desejou aproximar os dois dispositivos que tratam de "contrato" (os arts. 466-B e 466-C), deixando isolado o que versa sobre "declaração de vontade" (art. 466-A). Por último, note-se que a disciplina ora focalizada também é específica e particular se comparada à genérica do art. 461, valendo aqui o que dissemos sobre o art. 466-A (texto de acordo com a Lei n. 11.232/2005).

Art. 466-C. Tratando-se de contrato que tenha por objeto a transferência da propriedade de coisa determinada, ou de outro direito, a ação não será acolhida se a parte que a intentou não cumprir a sua prestação, nem a oferecer, nos casos e formas legais, salvo se ainda não exigível.

A norma em questão, que encerra a disciplina iniciada pelo artigo anterior, explicita a aplicabilidade à presente causa do princípio da *exceptio non adimpleti contractus*, pelo qual não é lícito a um contratante exigir o implemento da obrigação do outro enquanto ele próprio não cumprir a sua (o princípio tem por contexto os contratos bilaterais – CC, art. 476). Contudo, o próprio texto sob exame ressalva a possibilidade de o credor da emissão de vontade cumprir a sua obrigação (*v. g.*, por meio de consignação em pagamento) antes de entrar em juízo ou no curso da demanda, mas sempre antes do proferimento da sentença de mérito. O credor só não será obrigado a adimplir a sua obrigação previamente se ainda não for exigível, como se encontra estabelecido na parte final do texto. Observe-se, ainda, que se tem admitido ao magistrado reconhecer o direito à emissão de vontade e, na própria sentença, condicionar o efeito desse reconhecimento à contraprestação do autor, o que faz incidir os arts. 460, parágrafo único (sentença condicional), 615, IV, e 582 (que tratam, *in executivis*, da exceção do contrato não cumprido). A solução se inspira evidentemente no princípio da economia processual. Por derradeiro, registramos também aqui que a expressa revogação do art. 640 pela Lei n. 11.232/2005 (Reforma da Execução Judicial) e a transposição da sua prescrição normativa, sem qualquer mudança redacional, para o enfocado art. 466-C, que está fora do âmbito da execução, em nada comprometem a interpretação do dispositivo, valendo em tudo e por tudo o que dissemos sobre a especialidade desta disciplina em relação ao art. 461 (*v.* nota ao art. 466-B) (texto de acordo com a Lei n. 11.232/2005).

Seção II
Da Coisa Julgada

Vide Projeto de CPC, arts. 489 a 495 (Seção V – Da Coisa Julgada).

Art. 467. Denomina-se coisa julgada material a eficácia, que torna imutável e indiscutível a sentença, não mais sujeita a recurso ordinário ou extraordinário.

Vide Projeto de CPC, art. 489.

O dispositivo sob apreciação teve claramente o intuito de conceituar a coisa julgada material, mas não logrou alcançar o seu intento com eficiência, posto que cometeu alguns equívocos técnicos. Em primeiro lugar, coisa julgada material não é "eficácia", mas sim um atributo ou qualidade da eficácia: a sua imutabilidade. Em segundo, porque, ao falar de "eficácia que torna imutável", o texto legal acabou conceituando coisa julgada formal: a imutabilidade da sentença pelo esgotamento ou inaproveitamento da via recursal. Assim, é preciso deixar bem clara a distinção de conceitos. Coisa julgada material é a qualidade de imutabilidade que reveste os efeitos naturais da sentença (o conjunto de efeitos que a sentença produz na condição de decisão final do litígio, como qualquer outro ato do Estado). Já coisa julgada formal é a imutabilidade da própria sentença como ato do processo (e não dos seus efeitos) em virtude de não mais caberem quaisquer recursos ou em decorrência da não utilização dos recursos cabíveis. A distinção de conceitos aqui estabelecida é fruto do gênio e da obra de Enrico Tullio Liebman.

Art. 468. A sentença, que julgar total ou parcialmente a lide, tem força de lei nos limites da lide e das questões decididas.

Vide Projeto de CPC, art. 490.

Este art. 468 se propõe a disciplinar os limites objetivos da coisa julgada (as fronteiras da imutabilidade dos efeitos naturais da sentença), mas, como ocorre com o art. 467, não consegue fazê-lo bem, porque introduz no sistema processual ideias carneluttianas que não se adaptam às que inspiram a regulamentação da coisa julgada. Seja como for, é necessário interpretar a regra para torná-la harmônica. Muito bem, a cláusula referente a julgamento total ou parcial da lide deve ser compreendida como ocorrência ou não de apreciação de todos os pedidos (para Carnelutti, a dicotomia se prende à circunstância de a ação compreender ou não toda a lide sociológica). Se apenas um de dois pedidos, *v. g.*, for decidido, só em relação a ele haverá coisa julgada material. Em seguida, alude o texto legal à "força de lei nos limites da lide", o que significa que a decisão de mérito e seus efeitos tornados imutáveis são lei entre as partes. Como dizer que a limitação da imutabilidade está no pedido é dizer o óbvio, porque a decisão só cobre mesmo o pedido, é lícito afirmar que a cláusula "nos limites da lide" é sinônima de "nos limites dos fundamentos jurídicos apresentados pelo autor". Observe-se, entretanto, que como a causa de pedir – fundamentos jurídicos e "questões decididas", a que alude a parte final do texto – nunca transita em julgado, de acordo com o art. 469, a cláusula "nos limites da lide" cumpre apenas a função de explicar em que contexto *(causa petendi)* o pedido foi julgado, pois com base nele especificamente jamais poderá voltar o autor a formular pedido idêntico.

Art. 469. Não fazem coisa julgada:
Vide Projeto de CPC, art. 491, caput.

A afirmação legal de que não fazem coisa julgada os fundamentos da sentença – sim, porque os incisos abaixo nada mais expressam do que três aspectos diferentes da motivação sentencial – significa tão somente que o sistema considera fora dos limites objetivos da coisa julgada todas as razões que levam o magistrado a julgar procedente ou improcedente o pedido. Como visto, apenas a resposta positiva ou negativa, dada a pretensão deduzida, isto é, o dispositivo da sentença (art. 458, III), é que transita materialmente em julgado.

I – os motivos, ainda que importantes para determinar o alcance da parte dispositiva da sentença;
Vide Projeto de CPC, art. 491, I.

Tratando genericamente de motivação da sentença, como faz o presente inciso, o que se percebe desde logo é que nenhuma necessidade haveria das demais previsões (incisos II e III) que nela estão indubitavelmente compreendidas. De qualquer maneira, o que a lei quis fazer foi explicitar aspectos importantes da fundamentação, de sorte que, excluindo as verdades factuais (inciso II) e a decisão de questão prejudicial (inciso III), o que sobra para o inciso sob enfoque são todas as decisões (*incidenter tantum,* obviamente) de questões jurídicas que compõem o amplo espectro do fundamento jurídico do pedido e do fundamento da defesa.

II – a verdade dos fatos, estabelecida como fundamento da sentença;
Vide Projeto de CPC, art. 491, II.

A lei explicita que todas as decisões de questões meramente fáticas (pontos de fato sobre os quais incide controvérsia), sem exceção, e que compõem a motivação da sentença (art. 458, II), não transitam em julgado materialmente. Assim, jamais se poderá cogitar de coisa julgada acerca de decisões tais como: o réu passou no sinal vermelho, estava embriagado, entregou o dinheiro ao autor, recusou-se a receber a coisa de alguém, agrediu fisicamente a esposa, removeu a cerca divisória, demoliu a parede, etc.

III – a apreciação da questão prejudicial, decidida incidentemente no processo.

Questão prejudicial é a questão fática ou jurídica que origina uma relação jurídica de cuja decisão depende o julgamento do pedido como seu pressuposto lógico necessário e que poderia constituir, por si própria, objeto de uma ação autônoma. São exemplos de questão prejudicial: a dúvida sobre a existência ou validade do contrato, sobre o domínio da coisa em ação indenizatória, sobre a paternidade em ação de alimentos, etc. Todas essas decisões tomadas pelo juiz incidentalmente no processo *(incidenter tantum)*, vale dizer, como fundamento da sentença (art. 458, II), estão fora dos limites objetivos da coisa julgada. Sobre o assunto examinem-se, ainda, os arts. 5º, 325 e 470.

Art. 470. Faz, todavia, coisa julgada a resolução da questão prejudicial, se a parte o requerer (arts. 5º e 325), o juiz for competente em razão da matéria e constituir pressuposto necessário para o julgamento da lide.

O meio jurídico-processual pelo qual se requer que uma questão prejudicial passe a ser apreciada pelo juiz como pedido, e não mais como causa de pedir, tem o nome de ação declaratória incidental ou declaração incidente. Para que o autor possa promovê-la no prazo previsto pelo art. 325, ou o réu no prazo da contestação segundo os arts. 5º e 315, é necessário que estejam presentes os seguintes requisitos: questão prejudicial (relação jurídica de cuja apreciação dependa o julgamento do mérito da causa); litigiosidade da relação jurídica (que se estabelece pela sua impugnação pelo réu, o que a torna pressuposto lógico necessário – não mais eventual – da apreciação do pedido); e competência objetiva (pela matéria e pela pessoa) do órgão jurisdicional. Examinem-se as notas aos arts. 5º, 325 e 469.

Art. 471. Nenhum juiz decidirá novamente as questões já decididas, relativas à mesma lide, salvo:
Vide Projeto de CPC, art. 492, caput

Este artigo, em sua parte inicial, apenas explicita a repercussão concreta no mundo jurídico da coisa julgada material (ou imutabilidade dos efeitos naturais da sentença), que é a impossibilidade de o juiz da causa, ou outro qualquer, voltar a apreciar o pedido já decidido relativamente a certa lide (o termo "questões" no texto está mal colocado, uma vez que, como visto, as questões fáticas e jurídicas a que alude o art. 469 não transitam em julgado e, por isso, podem voltar a ser discutidas pelas mesmas partes e decididas por outro juiz, desde que em novo processo). A ressalva da parte final do dispositivo significa, então, que nas situações previstas na sequência será lícito a um outro juiz voltar a apreciar um pedido já decidido por sentença transitada materialmente em julgado.

I – se, tratando-se de relação jurídica continuativa, sobreveio modificação no estado de fato ou de direito; caso em que poderá a parte pedir a revisão do que foi estatuído na sentença;

Vide Projeto de CPC, art. 492, I.

A previsão legal sob comentário reconhece a categoria das chamadas "sentenças determinativas", aquelas que contêm em seu bojo, implicitamente, a cláusula *rebus sic stantibus.* Tais sentenças transitam em julgado como quaisquer outras, mas pelo fato de veicularem relações jurídicas continuativas, a imutabilidade dos seus efeitos naturais só persiste enquanto não sobrevierem modificações no estado de fato ou de direito (porque essas sentenças admitem revisão, contra elas não tem cabimento ação rescisória). São exemplos típicos de sentença determinativa: a que regulamenta a guarda dos filhos e o direito de visitas (se houver modificações das circunstâncias familiares); e a que aprecia pedido indenizatório por acidente de trabalho (na hipótese de haver agravamento da lesão).

II – nos demais casos prescritos em lei.

Vide Projeto de CPC, art. 492, II.

Outra hipótese de sentença determinativa (sobre o conceito, *v.* nota ao inciso anterior) é aquela que condena em alimentos (Lei n. 5.478/68, art. 15). Observa-se que o artigo mencionado diz que tal sentença não transita em julgado, o que não é verdade; trata-se da sentença determinativa a que alude este art. 471.

Art. 472. A sentença faz coisa julgada às partes entre as quais é dada, não beneficiando, nem prejudicando terceiros. Nas causas relativas ao estado de pessoa, se houverem sido citados no processo, em litisconsórcio necessário, todos os interessados, a sentença produz coisa julgada em relação a terceiros.

Vide Projeto de CPC, art. 493.

A norma em questão disciplina os limites subjetivos da coisa julgada no que concerne aos conflitos individuais de interesses (quanto aos conflitos transindividuais, examine-se a Lei n. 8.078/90 – CDC – arts. 103 e 104). Dizendo que "a sentença faz coisa julgada às partes entre as quais é dada", nada mais institui a lei que a restrição aos litigantes da imutabilidade dos efeitos do ato decisório de mérito (sentença ou acórdão), de sorte que em relação a terceiros a coisa julgada não impede a rediscussão do julgamento do pedido (referimo-nos aos terceiros juridicamente interessados – aqueles cujo direito é incompatível com o declarado –, pois os terceiros apenas praticamente interessados ou desinteressados não têm acesso a qualquer discussão, embora se submetam mais ou menos intensamente aos efeitos naturais da sentença). Eis a regra. A exceção vem estabelecida na segunda parte deste art. 472: se o processo versar sobre ação de estado (litígio tendo por objeto *status familiae* ou *status civitatis*, os únicos reconhecidos pelo direito moderno – *v.* nota ao art. 82, II), e todos os legitimados *ad causam* estiverem presentes, a imutabilidade dos efeitos da sentença é estendida *erga omnes* (a expressa exigência de litisconsórcio dos interessados é de todo supérflua).

Art. 473. É defeso à parte discutir, no curso do processo, as questões já decididas, a cujo respeito se operou a preclusão.

Vide Projeto de CPC, art. 494.

Diferentemente das regras comentadas até aqui, que regulamentaram, sob vários aspectos, o fenômeno da coisa julgada, este art. 473 tem o escopo de disciplinar a perda do direito de discutir questões processuais. Todas as questões de ordem formal que, no curso do processo, vão sendo resolvidas por decisões interlocutórias (*v. g.*, valor da causa, incompetência relativa, necessidade de prova pericial, conexão de causas, etc.) submetem-se ao fenômeno da preclusão, que, no caso, é a perda do direito de impugná-las. Isso se dá em virtude de três fatores: *a*) porque a parte já impugnou por agravo – art. 522 – e perdeu (preclusão consumativa); *b*) porque a parte deixou de impugnar no prazo (preclusão temporal – *v.* arts. 183 e 245); e *c*) porque a parte praticou um ato incompatível com a vontade de impugnar. Só não se submetem à preclusão as chamadas objeções processuais previstas pelo art. 301.

Art. 474. Passada em julgado a sentença de mérito, reputar-se-ão deduzidas e repelidas todas as alegações e defesas, que a parte poderia opor assim ao acolhimento como à rejeição do pedido.

Vide Projeto de CPC, art. 495.

A coisa julgada não só convalida todas as nulidades eventualmente verificadas no processo como, em relação ao mérito, faz presumir, de forma absoluta, que todos os fatos e argumentos fáticos e jurídicos dedutíveis, mas não deduzidos – pelo autor e pelo réu para fortalecer o fundamento jurídico do pedido e o fundamento da defesa –, foram rechaçados pela sentença definitiva. É óbvio que entre os fatos reputados deduzidos e repelidos não se compreendem aqueles que por si só – dada a sua autonomia e relevância jurídicas – têm o condão de dar à parte um novo direito e, por isso, um novo fundamento jurídico que respalde a formulação de outro pedido por ação.

Art. 475. Está sujeita ao duplo grau de jurisdição, não produzindo efeito senão depois de confirmada pelo tribunal, a sentença:
Vide Projeto de CPC, art. 483, caput *e III.*

O artigo sob comentário institui a figura do duplo grau de jurisdição obrigatório nas situações que menciona (interesses do Estado resguardados por normas de ordem pública). Trata-se do antigo recurso *ex officio*, nomenclatura hoje abandonada pelo fato de ser incoerente a ideia de que o juiz recorra da sua própria sentença. Não se trata, portanto, de recurso – que é sempre uma manifestação de inconformismo –, mas sim de um reexame necessário ou reapreciação da sentença *ex vi legis* que condiciona a liberação dos seus efeitos (exceto em mandado de segurança, ação civil pública, entre outros) à formação da coisa julgada. Mas lembremos que em certos casos o duplo grau não é exigido: execução fiscal até 50 ORTN – Lei n. 6.830/80, art. 34; Juizado Especial Federal – Lei n. 10.259/2001, art. 13; determinação pela AGU de não interposição de recurso – MP n. 2.180-35/2001, art. 12. O reexame necessário se processa exatamente como se fosse uma apelação, exceto pelo fato de que não há preparo (porque não há impugnação). Consequência disso é que, mantida ou reformada a sentença (nunca decisão interlocutória) por maioria de votos, ainda que a parte não tenha apelado, pode ela interpor embargos infringentes (arts. 530 e segs.). Por fim, observe-se que leis especiais também estabelecem a necessidade de reexame necessário: Leis ns. 2.664/55 e 6.739/79.

I – proferida contra a União, o Estado, o Distrito Federal, o Município, e as respectivas autarquias e fundações de direito público;
Vide Projeto de CPC, art. 483, I.

Sentença proferida contra qualquer das pessoas jurídicas de direito público mencionadas é tanto o ato decisório de mérito que lhe seja desfavorável total ou parcialmente (procedência total ou parcial quando ré, ou procedência parcial ou improcedência quando autora), como o ato de extinção do processo sem julgamento do mérito quando o Estado for o demandante. Observe-se que sentença "proferida contra" é tanto a desfavorável outorgada no processo de conhecimento (rito ordinário sumário ou especial; de natureza condenatória, constitutiva, declaratória, mandamental ou executiva *lato sensu*) como a proferida no processo cautelar (procedimento comum ou específico) ou, ainda, na execução fiscal quando acolhe exceção de pré-executividade do devedor (é também a sentença desfavorável proferida em liquidação por arbitramento ou artigos). Quanto aos entes públicos, registre-se que todas as autarquias de qualquer nível de governo estão favorecidas (a Lei n. 9.469/97, que excluía o INSS – art. 7º – caiu no vazio), bem como as fundações de direito público (não as de direito privado). Estão excluídas, evidentemente, do benefício da lei tanto as empresas públicas como as sociedades de economia mista, que são pessoas jurídicas de direito privado (texto de acordo com a Lei n. 10.352/2001).

II – que julgar procedentes, no todo ou em parte, os embargos à execução de dívida ativa da Fazenda Pública (art. 585, VI).
Vide Projeto de CPC, art. 483, II.

A redação imprimida a este inciso pela Lei n. 10.352/2001 – na verdade, o presente inciso corresponde ao de n. III da antiga versão do art. 475, uma vez que o de n. I ("I – que anular o casamento") foi eliminado pelo legislador reformista – tem sua razão de ser na necessidade de corrigir o equivocadíssimo texto anterior que mencionava "julgar improcedente a execução de dívida ativa da Fazenda Pública", quando sabemos que, no próprio processo de execução, não existe julgamento de improcedência do pedido satisfativo, mas sim procedência dos embargos do devedor, a sede institucional adequada da atividade cognitiva no âmbito executivo. Pois bem, foi justamente para corrigir o erro que surgiu a nova versão, que coloca em patamares técnicos a segunda hipótese de reexame necessário: "Art. 475. Está sujeita ao duplo grau de jurisdição [...] a sentença: [...] II – que julgar procedentes, no todo ou em parte, os embargos à execução de dívida ativa da Fazenda Pública (art. 585, VI)". A respeito do texto, algumas observações se impõem: primeira, a execução de que cogita a lei é a execução fiscal, regulada fundamentalmente pela Lei n. 6.830/80; segunda, os embargos à execução de que se fala (ou embargos do devedor ou do executado) se encontram disciplinados pelos arts. 16 a 20 da lei mencionada; terceira, a procedência total ou parcial aludida pode estribar-se em variados fundamentos (falta ou nulidade de citação, ilegitimidade de parte, inexigibilidade da dívida, excesso de execução, nulidade da execução, pagamento, novação, compensação, transação ou prescrição, incompetência do juízo da execução, etc. – *v.* arts. 741 e 745 deste Código); quarta, equivale à sentença de procedência dos embargos, para fins de reexame necessário, a sentença que extingue a execução acolhendo exceção de pré-executividade oferecida pelo devedor (*v.* nota ao art. 737) (texto de acordo com a Lei n. 10.352/2001).

---

§ 1º Nos casos previstos neste artigo, o juiz ordenará a remessa dos autos ao tribunal, haja ou não apelação; não o fazendo, deverá o presidente do tribunal avocá-los.

Vide Projeto de CPC, art. 483, § 1º.

Pelo fato de a figura do reexame necessário não se identificar com a do recurso, uma vez vencido o prazo para que a(s) parte(s) apele(m) – apelação é sempre um ato voluntário –, deve o magistrado ordenar de ofício a remessa dos autos ao tribunal. Do contrário, o reexame obrigatório não se viabiliza. Se a ordem não ocorrer espontaneamente, pode a parte requerê-la e, caso tal requerimento seja indeferido, caberá à parte interpor agravo (art. 522). Independentemente de tudo isso, a lei deixa expresso o poder-dever que tem o presidente do tribunal de avocar (chamar) os autos *ex officio.*

---

§ 2º Não se aplica o disposto neste artigo sempre que a condenação, ou o direito controvertido, for de valor certo não excedente a 60 (sessenta) salários mínimos, bem como no caso de procedência dos embargos do devedor na execução de dívida ativa do mesmo valor.

Vide Projeto de CPC, art. 483, § 2º.

De acordo com este parágrafo – introduzido pela Lei n. 10.352/2001, que também criou o § 3º e transformou o antigo parágrafo único em § 1º com pequenas alterações –, fica estabelecida a inaplicabilidade do instituto do duplo grau obrigatório (ou reexame necessário) às causas envolvendo os entes públicos elencados no inciso I do art. 475, mas cujas sentenças, condenatórias ou outras, incluindo a de procedência dos embargos do devedor em execução fiscal, versem sobre valores não superiores a sessenta salários mínimos. Observe-se, inicialmente, que a *ratio* do presente dispositivo é contribuir para desafogar os tribunais com dispensa de reexame de causas de pequeno valor, chamando a atenção o fato de que tal pequeno valor se identifica com a alçada do procedimento sumário prevista pelo inciso I do art. 275 deste Código. Já no que concerne às sentenças que se incluem na previsão, merece registro o fato de que a dispensa alcança, além da condenatória, que é fácil de imaginar, as seguintes: a sentença declaratória negativa de débito de até sessenta salários; a sentença declaratória ou constitutiva, positiva ou negativa, proferida contra ente público, na qual o direito discutido não ultrapasse o limite valorativo indicado; a sentença mandamental ou executiva *lato sensu* proferida em ação cujo direito controvertido não ultrapasse o mesmo limite; e, finalmente, a sentença de procedência dos embargos em execução fiscal de dívida cujo montante a realizar ou satisfazer judicialmente seja igual ou inferior aos sessenta salários mínimos mencionados. Por fim, relembramos que, em execução fiscal, a sentença em causas até 50 ORTN (correspondente a 283,43 UFIRs e, de qualquer forma, muito inferior aos sessenta salários) não é atacável por meio de apelação, mas sim por embargos infringentes (Lei n. 6.830/80, art. 34), o que, por si só, já representaria dispensa do reexame necessário, ainda que o presente § 2º não existisse, já que se trata de recurso para o próprio juiz da causa (texto de acordo com a Lei n. 10.352/2001).

---

§ 3º Também não se aplica o disposto neste artigo quando a sentença estiver fundada em jurisprudência do plenário do Supremo Tribunal Federal ou em súmula deste Tribunal ou do tribunal superior competente.

Vide Projeto de CPC, art. 483, § 3º.

Se para a constatação da dispensa do reexame obrigatório à luz do § 2º deste art. 475, é necessário verificar o valor pecuniário da condenação, ou do objeto da declaração, da constituição, do mandamento ou da execução *lato sensu*, para a constatação da dispensa segundo o presente § 3º – também introduzido pela Lei n. 10.352/2001 – é necessário verificar o fundamento em que se apoiou a sentença proferida contra os entes públicos mencionados no inciso I deste artigo. Veja-se que não se trata de examinar a causa de pedir da ação ou o fundamento da defesa, mas apenas a motivação da sentença que pode, mas não necessariamente está relacionada com a sustentação fático-jurídica do pedido ou da resistência. Pois bem, a hipótese cogitada no presente dispositivo se identifica pela circunstância de a sentença proferida contra a União, o estado, o Distrito Federal, o município, as autarquias ou as fundações de direito público estar fundada: *a*) em jurisprudência, vale dizer, em decisão reiterada do plenário do STF (e não em uma decisão única, porque, se assim não fosse, o texto teria se valido da locução "decisão do plenário"); *b*) em súmula, vale dizer, jurisprudência sumulada do STF ou; *c*) em súmula de tribunal superior, vale dizer, jurisprudência sumulada do STJ, do TST ou do TSE, todos tribunais superiores de competência civil dentro da organização constitucional da Justiça brasileira. Registre-se, por fim, que, verificada a hipótese de dispensa, deve o juiz da causa declará-la nos autos com o fim de não determinar a sua remessa ao tribunal, ficando o destino do feito na dependência exclusiva do recurso da(s) parte(s) (texto de acordo com a Lei n. 10.352/2001).

CAPÍTULO IX
DA LIQUIDAÇÃO DE SENTENÇA

Vide Projeto de CPC, arts. 496 a 499 (Capítulo XIII – Da Liquidação de Sentença).

Art. 475-A. Quando a sentença não determinar o valor devido, procede-se à sua liquidação.

Vide Projeto de CPC, art. 496.

A criação do presente Capítulo IX pela Lei n. 11.232/2005 e sua inserção neste Título VIII, do Livro I, que é dedicado ao processo de conhecimento, são devidas evidentemente ao fato de a Reforma ter feito desaparecer do nosso sistema o "processo de execução" como forma de realização do direito de crédito constante de sentença condenatória. Em outras palavras, porque as sentenças deste tipo não exigem mais a instauração de "processo", posto que provocam apenas e tão somente o surgimento de uma fase de execução que o Capítulo X chama de "cumprimento da sentença" (*v.* o teor do art. 475-I, *caput*), é que se fez necessária a transposição da disciplina "Da Liquidação de Sentença", que se encontrava no Livro II, para o Livro I que ora nos ocupa. Com efeito, se a execução das sentenças corresponde agora apenas a uma fase ou um desdobramento do processo cognitivo, nada mais curial que o procedimento de liquidação, que é preparatório da execução, também tenha a sua disciplina estabelecida no Livro I. Eis a clara justificativa de o presente Capítulo anteceder o que regula essa nova fase de execução (Capítulo X – "Do Cumprimento da Sentença"). Realizadas, assim, tais considerações introdutórias, detenhamo-nos no que dispõe o focalizado art. 475-A, a regra de abertura deste novo Capítulo. Para começar, chama a atenção o fato de o presente dispositivo limitar a aplicabilidade do procedimento liquidatório às sentenças que condenem ao pagamento em dinheiro, tanto que o texto faz referência expressa apenas à sentença que "não determinar o valor devido", deixando propositalmente de fora da previsão a hipótese de não individuação do "objeto da condenação", como fazia o revogado art. 603. A limitação se explica facilmente se tivermos em conta que a sentença a qual determina a entrega de coisa se cumpre na conformidade do art. 461-A e parágrafos (*v.*, mais uma vez, o art. 475-I), valendo lembrar que o seu § 1º trata, de forma particularizada, do incidente de individualização da coisa a ser entregue. Não se aplica, portanto, a disciplina da liquidação às sentenças que determinam a entrega de coisa, nem tampouco, é evidente, àquelas outras que determinam o cumprimento de obrigação de fazer ou não fazer. Mas, afinal de contas, o que é liquidação, segundo a nova sistemática? Liquidação da sentença é o procedimento que, eventualmente, segue-se à emissão da sentença, ou do acórdão, por meio do qual se busca a definição precisa do *quantum debeatur* da obrigação reconhecida – ou a determinação do "valor devido" conforme a dicção do presente dispositivo sob comentário –, como forma de permitir o preenchimento do requisito da liquidez do título executivo (art. 586) e viabilizar a instauração da fase de execução ou do "cumprimento da sentença", como diz o art. 475-I. Observe-se que a instauração do procedimento liquidatório, segundo a atual disciplina, depende apenas de intimação do devedor, na pessoa do seu advogado (§ 1º), que ela pode ocorrer na pendência de recurso, quando se processa em autos apartados (§ 2º), que ela não admite nova discussão da lide (art. 475-G) e que o seu julgamento se dá por meio de decisão interlocutória atacável por agravo de instrumento (art. 475-H). Por derradeiro, registre-se que, assim como ocorria antes, também agora a liquidação de sentença pode assumir as formas de liquidação por arbitramento (arts. 475-C e 475-D), de liquidação por artigos (arts. 475-E e 475-F) e, finalmente, de "liquidação por memória de cálculo" (art. 475-B e seus parágrafos) que é a realizada pelo próprio credor no momento de instauração da fase de cumprimento da sentença, inexistindo, então, procedimento liquidatório, propriamente dito, mas apenas ato de liquidação concomitante com o requerimento de execução (texto de acordo com Lei n. 11.232/2005).

§ 1º Do requerimento de liquidação de sentença será a parte intimada, na pessoa de seu advogado.

Diferentemente do regime anterior, que exigia o ato citatório da parte para o desenvolvimento do processo de liquidação (parágrafo único do revogado art. 603), o presente § 1º estabelece apenas a necessidade de intimação do devedor, na pessoa do seu advogado, para o desenvolvimento do procedimento liquidatório, tornando explícita, ainda, a exigência de "requerimento" como forma legal de instauração da "liquidação de sentença". O que realmente chama a atenção na nova disciplina imposta pela Lei n. 11.232/2005 (Reforma da Execução Judicial) é que, de fato, a liquidação de sentença deixa de ter natureza de processo e passa, inequivocadamente, à condição de mera fase procedimental do processo de conhecimento condenatório, uma vez que se instaura por simples requerimento (e não mais por ação) e se desenvolve mediante simples intimação do devedor, na pessoa do advogado, tudo em consonância com a ideia central da Reforma, que foi a de desobstruir e agilizar a passagem processual da condenação para a execução, objetivos que são plenamente atingidos quando se considera que também a fase de execução (ou de "cumprimento da sentença" – Capítulo X à frente) instaura-se independentemente do ato de citação, o grande vilão das liquidações e das execuções e, por conseguinte, da satisfação dos créditos no Brasil nestes últimos trinta anos. Vejamos, então, a partir de agora, os aspectos disciplinares que exigem considerações interpretativas. Inicialmente, não podemos deixar de dizer algo sobre o requerimento de liquidação de sentença. Trata-se de pedido veiculado por petição elaborada pela parte, nos casos de liquidação por artigos ou por arbitramento, que, embora não instrumentalize ação, deve se pautar no modelo previsto pelo art. 282 (salvo os incisos V e VII – valor da causa e requerimento de citação). Observe-se que se o pedido for feito na pendência de recurso, a peça deve estar devidamente instruída com documentos (§ 2º deste art. 475-A); se se tratar de "liquidação por memória de cálculo", o pedido não tem autonomia formal, integrando-se no requerimento da própria execução. Já no que concerne à intimação da parte "na pessoa de seu advogado", a única dúvida aqui é a relativa à forma que o ato intimatório deve assumir. Temos para nós que basta a intimação pela imprensa, dispensada a expedição de carta de intimação ao advogado constituído nos autos, salvo, é óbvio, se a comarca não é servida pelo sistema de publicação pelo *Diário Oficial*. É que não se trata de citação na pessoa do procurador (como ocorre, *v. g.*, no caso de oposição – art. 57 do CPC), mas simples intimação, e não podemos deixar de reconhecer que o nosso sistema de publicações tem se revelado suficientemente seguro, de sorte que se garanta a informação ao advogado de que existe liquidação de sentença em curso. Por fim, registre-se que tal intimação (do requerimento da liquidação) se dará simultaneamente com a comunicação ao advogado do requerido da nomeação do perito, da faculdade de apresentação de quesitos e da fixação do prazo para a entrega do laudo (art. 475-D, *caput*), na liquidação por arbitramento. Na liquidação por artigos, a intimação do requerimento que nos ocupa identifica-se com o ato pelo qual se oportuniza ao devedor o oferecimento de contestação (texto de acordo com a Lei n. 11.232/2005).

---

§ 2º A liquidação poderá ser requerida na pendência de recurso, processando-se em autos apartados, no juízo de origem, cumprindo ao liquidante instruir o pedido com cópias das peças processuais pertinentes.

Vide Projeto de CPC, art. 499.

O substrato normativo que o presente parágrafo veicula corresponde a uma inovação bastante oportuna introduzida no nosso sistema pela Lei n. 11.232/2005, que corporifica a assim chamada Reforma da Execução Judicial. Oportuna porque, apesar de praticada no regime anterior, o CPC não trazia nenhuma regra expressa que tratasse da possibilidade de a liquidação ser requerida na pendência de recurso; previa-se apenas que a execução era provisória "quando a sentença for impugnada mediante recurso, recebido só no efeito devolutivo" (art. 587, hoje modificado em sua redação). O que ocorria, então, é que, para executar provisoriamente uma sentença ilíquida, requeria-se a prévia liquidação nos próprios autos da carta de sentença, mas sem que para isso houvesse um regramento expresso, defluindo tal autorização apenas da interpretação do revogado § 2º do art. 586, que admitia, frente a uma sentença em que houvesse uma parte líquida e outra ilíquida, que o credor promovesse "simultaneamente a execução daquela e a liquidação desta", o que ensejava, então, a formação de autos apartados ou carta de sentença para viabilizar os dois processamentos. Veja-se que a solução não era segura e a alguns juízes ela parecia inviável. Nada melhor, destarte, do que uma regulamentação explícita, como a que ora focalizamos, no sentido de autorizar o requerimento de liquidação na pendência de recurso e de prever o seu processamento em autos apartados ("carta de sentença"?) perante o próprio juízo de origem (*v.* parte final da nota ao § 3º do art. 475-O). Fica, portanto, expressamente estabelecida, a bem da segurança do sistema processual, a faculdade do credor de requerer esta "liquidação provisória", como procedimento antecedente da execução provisória, com o mesmo processamento desta (arts. 475-A, *caput* e § 1º, e 475-O, § 3º) (texto de acordo com a Lei n. 11.232/2005).

---

§ 3º Nos processos sob procedimento comum sumário, referidos no art. 275, inciso II, alíneas *d* e *e* desta Lei, é defesa a sentença ilíquida, cumprindo ao juiz, se for o caso, fixar de plano, a seu prudente critério, o valor devido.

Fugindo, de alguma forma, do contexto normativo do presente art. 475-A, que estabelece parte das regras sobre a liquidação de sentença – a outra parte encontra-se nos arts. 475-G e 475-H –, o focalizado § 3º institui vedação ao pedido ilíquido nas hipóteses de processos de rito sumário em que se postule "ressarcimento por danos causados em acidente de veículo de via terrestre" ou "cobrança de seguro, relativamente aos danos causados em acidente de veículo [...]" (art. 275, II, *d* e *e*, deste CPC). Note-se que, de fato, muito antes de este § 3º regular o tema liquidação, ele, na verdade, proíbe, em duas situações específicas, que a parte deduza o pedido genérico ou ilíquido previsto pelo art. 286, o que significa, por via de consequência, que, nesses casos, o juiz encontra-se impedido de proferir sentença ilíquida (*v.* art. 459, parágrafo único), o que, por sua vez, significa também que, em tais hipóteses de procedimento sumário, o ato sentencial proferido jamais poderá dar ensejo à instauração da fase de liquidação de sentença. Seja como for, apesar da grande volta normativa realizada pela Lei n. 11.232/2005 (que instituiu a Reforma da Execução) – mais adequado sistematicamente teria sido criar mais um parágrafo no art. 275 –, o fato é que a simplicidade presumida dos litígios relacionados com acidentes de trânsito fez com que o legislador reformista estabelecesse que não se admite nem pedido nem sentença ilíquida, devendo o magistrado sempre definir o valor devido sobre o qual recairá a execução (texto de acordo com a Lei n. 11.232/2005).

Art. 475-B. Quando a determinação do valor da condenação depender apenas de cálculo aritmético, o credor requererá o cumprimento da sentença, na forma do art. 475-J desta Lei, instruindo o pedido com a memória discriminada e atualizada do cálculo.

Vide Projeto de CPC, art. 496, § 2º.

O dispositivo sob comentário, que tem sua origem no antigo *caput* do art. 604, cuja normatividade foi trazida em parte para o bojo do presente art. 475-B pela Lei n. 11.232/2005 (Reforma da Execução Judicial), regulamenta aquilo que pode ser chamado de "liquidação por memória do cálculo", figura que substituiu, em 1994, a liquidação por cálculo do contador. Tal forma de liquidação, mantida no sistema atual, distingue-se das outras duas reguladas à frente (arbitramento e por artigos – arts. 475-C a 475-F) porque não dá ensejo a um desdobramento procedimental, propriamente, não provoca a instauração de uma fase de liquidação com vista à preparação da fase executiva (ou de "cumprimento da sentença", como diz o art. 475-I). A liquidação por memória de cálculo, pelo contrário, encontra-se integrada na própria fase de execução, tanto que o seu aperfeiçoamento se dá por meio de uma simples "memória discriminada e atualizada do cálculo", que corresponde a um documento preparado pelo credor o qual instrui o pedido de cumprimento da sentença ou que corresponde a um capítulo da própria petição de requerimento de execução da sentença. O que temos, então, é que, quando incide o art. 475-B sob enfoque, proferida a sentença condenatória em dinheiro, ou proferido o acórdão da mesma natureza, o processo de conhecimento passa diretamente da fase decisória para a fase executiva sem necessidade de uma fase intermediária voltada à liquidação da sentença, liquidando-se a obrigação como incidente da própria fase executiva (*v.* §§ 1º a 4º a seguir). Observe-se, por fim, que o art. 614, II, chama esse mesmo documento de "demonstrativo do débito atualizado" (texto de acordo com a Lei n. 11.232/2005).

§ 1º Quando a elaboração da memória do cálculo depender de dados existentes em poder do devedor ou de terceiro, o juiz, a requerimento do credor, poderá requisitá-los, fixando prazo de até trinta dias para o cumprimento da diligência.

Buscando viabilizar a elaboração da memória do cálculo, ônus imposto ao credor pelo *caput* deste art. 475-B (*v.* nota), o presente § 1º autoriza o juiz a requisitar dados existentes em poder do devedor ou de terceiro antes da apresentação da petição de requerimento de cumprimento da sentença que condene a pagar quantia. Em outras palavras, o que este § 1º – criado em seu delineamento normativo básico pela Lei n. 10.444/2002 (§ 1º do art. 604) e agora reproduzido com alterações pela Lei n. 11.232/2005 (Reforma da Execução Judicial) – está a permitir é que, percebendo o credor que não tem condições de elaborar o cálculo por falta de elementos e, por conseguinte, de requerer o cumprimento da sentença, postule ele, preliminarmente, ao magistrado que requisite os informes necessários. Pois bem, duas considerações interpretativas aqui se impõem. A primeira, no sentido de que, como se trata de ato judicial anterior à fase executiva, ele ainda faz parte da fase decisória (em sentido amplo) do processo condenatório que gerou a decisão exequenda, e a requisição a ser feita ao devedor haverá de ter, é claro, a forma de simples intimação na pessoa do advogado pela imprensa, o que garante a rapidez do desenvolvimento do incidente. Já a segunda diz respeito ao terceiro. Quanto a ele, temos o seguinte: *a)* a sua intimação (art. 234 do CPC) pode ser realizada tanto por ofício (se se tratar de autoridade pública), por carta com aviso de recebimento ou, ainda, por meio de oficial, se o credor fizer o recolhimento da diligência; *b)* da intimação deve constar expressamente que a não apresentação, no prazo fixado, implica todas as consequências previstas no art. 362 (*v.* § 2º a seguir); e *c)* o prazo para a apresentação fluirá a partir da juntada do ofício recebido, do aviso de recebimento ou do mandado cumprido, tudo de acordo com o art. 241 e seus incisos I a III deste Código (texto de acordo com a Lei n. 11.232/2005).

---

§ 2º Se os dados não forem, injustificadamente, apresentados pelo devedor, reputar-se-ão corretos os cálculos apresentados pelo credor, e, se não o forem pelo terceiro, configurar-se-á a situação prevista no art. 362.

Afigura-se-nos interessante observar, desde logo, que o § 2º sob enfoque corresponde à previsão final, com modificações, do § 1º do revogado art. 604. É que à Lei n. 11.232/2005 (que instituiu a Reforma da Execução Judicial) pareceu bem desdobrar em dois parágrafos o que antes era tratado unitariamente, justificando-se a alteração realizada na prolixidade e consequente densidade normativa que marcavam o § 1º do mencionado art. 604. Pois bem, acerca do dispositivo ora focalizado, o que se deve acentuar, de início, como relevante, pelo ângulo interpretativo, é que apenas a não apresentação pura e simples dos elementos de informação pelo devedor, no prazo fixado pelo juiz, acarreta o imediato reconhecimento da presunção de correção dos cálculos a que se refere o texto; se o devedor apresentar justificativa para a não apresentação, o magistrado deverá ouvir o credor para, só depois, pronunciar-se sobre ela, caso em que duas alternativas se colocam: *a)* o juiz acolhe a justificativa e declara nos autos que ao credor cabe a obtenção dos dados ou que eles já se encontram nos autos, por exemplo – trata-se de decisão interlocutória; *b)* o juiz rejeita a justificativa e declara a aplicabilidade da presunção da parte final do texto quando da ulterior apresentação do requerimento de cumprimento da sentença pelo credor. Registre-se, entrementes, que a presunção de correção aventada serve apenas para definir a dimensão da penhora, a ser realizada posteriormente, porque o devedor poderá discutir, por certo, os cálculos quando da impugnação prevista pelos arts. 475-L e 475-M. Mas não nos esqueçamos de um outro possível desdobramento nesse caso: declarada pelo juiz, por meio de decisão interlocutória, a presunção de correção dos cálculos (que ainda serão apresentados), pode o devedor antecipar-se ao requerimento de execução e apresentar os documentos que serão utilizados pelo credor para a elaboração da memória do cálculo, o que torna sem efeito a presunção declarada, mas viabiliza indubitavelmente a boa instauração da fase de cumprimento da sentença. Já no que concerne ao descumprimento da ordem de apresentação de dados por terceiro, a novidade trazida pela Reforma da Execução Judicial fica por conta da enorme ampliação das possibilidades que se colocam à frente do credor e do juiz para o alcance do objetivo deste incidente que é a efetiva apresentação dos elementos informativos. Aplicando-se o art. 362, o que temos é que da intimação dirigida ao terceiro constará expressa e sequencialmente o seguinte: *a)* prazo de cinco dias para depositar a documentação em cartório, ou em outro lugar que o juiz designar; *b)* ameaça de expedição de mandado de busca e apreensão contra o terceiro, caso não cumpra a ordem no prazo, inclusive mediante emprego de força policial; e *c)* ameaça de ser o terceiro processado por crime de desobediência. Observe-se, entretanto, que nada disso impede o terceiro de, no prazo fixado, apresentar suas justificativas segundo o disposto no art. 363 (identicamente aplicável), provocando o proferimento de uma nova decisão interlocutória que ordene a liberação das sanções mencionadas, caso as justificativas do terceiro sejam rejeitadas após manifestação do credor (texto de acordo com a Lei n. 11.232/2005).

---

§ 3º Poderá o juiz valer-se do contador do juízo, quando a memória apresentada pelo credor aparentemente exceder os limites da decisão exequenda e, ainda, nos casos de assistência judiciária.

Assim como ocorre com os §§ 1º e 2º deste art. 475-B, que são desmembramentos do § 1º do revogado art. 604, o presente § 3º é desmembramento do § 2º, correspondendo a sua parte inicial com alterações redacionais decorrentes da sistemática imposta pela Lei n. 11.232/2005 (Reforma da Execução Judicial). Detenhamo-nos, então, no que nos apresenta este § 3º. Inicialmente, o que se deve reconhecer é que o contexto de aplicação do dispositivo sob enfoque é diferente daquele sobre o qual incidiram os parágrafos anteriores: aqui já estamos vivenciando a fase executiva do processo condenatório (ou a fase do "cumprimento da sentença", como diz o art. 475-I), tanto que a memória do cálculo já foi apresentada e isso depende, como visto (*v.* nota ao *caput*), de o credor já ter apresentado o seu requerimento de execução ao juiz da causa. Esclarecido e reconhecido o contexto processual, podemos avançar. Pois bem, se o magistrado perceber, *prima ictu oculi*, discrepâncias no cálculo constante do demonstrativo, o que repercute diretamente sobre a dimensão da penhora, poderá ele, fundado na expressa autorização deste § 3º, ordenar a remessa dos autos ao contador para a verificação da correção ou da incorreção das contas à luz da decisão exequenda. Observe-se que, realizado o cálculo, o juiz deverá, conforme se infere do texto, abrir vista ao credor para que este diga se concorda ou não com a conta apresentada pelo auxiliar do juízo, ao que se seguirão alguns desdobramentos que serão examinados no comentário ao § 4º. Por ora, vale ainda referir que o juiz também está autorizado a remeter os autos ao contador quando o credor for beneficiário da assistência judiciária, em razão da presunção legal absoluta de dificuldade que cerca a elaboração da memória do cálculo por parte daqueles que prestam ou exercem tão relevante serviço público (texto de acordo com a Lei n. 11.232/2005).

---

§ 4º Se o credor não concordar com os cálculos feitos nos termos do § 3º deste artigo, far-se-á a execução pelo valor originariamente pretendido, mas a penhora terá por base o valor encontrado pelo contador.

Como visto, a norma processual contida no parágrafo anterior admite que o juiz se sirva da contadoria quando perceba que o cálculo apresentado pelo credor, na sua memória, aparentemente excede os limites da decisão exequenda. Vimos, ainda, que, concluído o trabalho do auxiliar do juízo, o credor deve ser ouvido, ao que se seguem alguns possíveis desdobramentos assim elencáveis: 1) o juiz ordena nova remessa à contadoria para que se proceda às correções requeridas pelo credor; 2) o juiz ordena nova remessa para que se refaçam as contas a partir da própria constatação judicial de equívocos; 3) o juiz determina a intimação do devedor, via imprensa, para que efetue o pagamento em quinze dias, sob pena de multa de acréscimo de 10% (art. 475-J, *caput*), intimação esta à qual fará referência expressa: 3.1) ao cálculo originariamente apresentado e chancelado pelo contador; 3.2) ao cálculo originariamente apresentado, com a ressalva de que a eventual penhora terá por base o valor encontrado pelo contador; 3.3) ao cálculo originariamente apresentado, com a ressalva de que a eventual penhora terá por base o valor definido pelo juiz em decisão tomada nos autos (se o juiz encontrar um terceiro valor como supostamente devido). Observe-se, nesse diapasão, que se o credor concordar com o valor mais baixo, apurado pela contadoria, nada impede que ele proceda ao aditamento da sua requisição de cumprimento da sentença, de sorte que a intimação já faça referência ao valor aditado constante do pedido de execução. Por último, consigne-se que somente após decorrido o prazo de quinze dias, contado da intimação mencionada pela imprensa (art. 236 e seu § 1º), é que terá lugar a expedição do mandado de penhora e avaliação de que cogita o art. 475-J, *caput* (texto de acordo com a Lei n. 11.232/2005).

Art. 475-C. Far-se-á a liquidação por arbitramento quando:
Vide Projeto de CPC, art. 496, caput *e I.*

Dada a completa disciplina imposta à liquidação de sentença pela Lei n. 11.232, de 22.12.2005 (Reforma da Execução Judicial) – mediante a criação do presente Capítulo IX e a transposição das regras que se encontravam previstas nos arts. 603 e seguintes –, já não resta nenhuma dúvida de que a liquidação por arbitramento teve transmudada a sua natureza jurídica, assumindo, de uma vez por todas, a condição de simples fase do processo condenatório por quantia que se segue à fase decisória e que antecede à de execução (*v.* nota ao *caput* do art. 475-A). Mas, afinal de contas, o que é liquidação por arbitramento frente à nova sistemática instituída? Liquidação por arbitramento é procedimento eventual, que visa a definição do *quantum debeatur* da obrigação reconhecida pela sentença condenatória por intermédio da estimação ou avaliação técnica realizada por *expert* da confiança do juiz. Veja-se que a liquidação por arbitramento se distingue da liquidação por artigos porque, enquanto esta última depende da prova de fatos novos, aquela é realizada por técnico que arbitrará o *quantum* devido a partir de fatos já provados nos autos, mas que a sentença propositalmente não os enfrentou nessa perspectiva econômico-valorativa. Registre-se, por último, que também cabe, excepcionalmente, a liquidação por arbitramento como procedimento preparatório em processo de execução fundado em título extrajudicial nas hipóteses previstas pelos arts. 628, 633, parágrafo único, e 638, parágrafo único, todos do CPC (texto de acordo com a Lei n. 11.232/2005).

I – determinado pela sentença ou convencionado pelas partes;
Vide Projeto de CPC, art. 496, I.

De início, consigne-se que a Reforma da Execução Judicial (Lei n. 11.232/2005), ao transpor para o focalizado art. 475-C a normatividade contida no antigo art. 606, fez questão de manter *ipsis litteris* a redação dos três dispositivos transpostos, valendo a pena registrar, ainda, que se a compreensão sistemática do *caput* foi inteiramente modificada – referimo-nos à distinta natureza jurídica que a liquidação por arbitramento assume no atual sistema (*v.* nota ao *caput*) –, quanto ao presente inciso e ao subsequente não é necessário dizer coisas diferentes daquelas que foram ditas antes, porque se trata de disposições legais voltadas apenas e tão somente ao regramento da admissibilidade dessa forma de liquidação. Pois bem, a convenção das partes a que alude a disposição legal é tanto a cláusula inserida em contrato celebrado antes da instauração do processo como o acordo estabelecido no curso da demanda para o fim de submeter a apuração do *quantum* devido ao procedimento do arbitramento. Já a determinação pela sentença (ou acórdão) identifica-se com a ordem judicial explícita de que o valor da condenação seja apurado pela forma de arbitramento, o que ocorre quando o dispositivo sentencial estabelece, *v. g.*, que o valor da indenização corresponderá a um terço do valor de mercado de um certo imóvel ou ao preço médio auferível por determinada lavoura (que fora destruída por culpa do réu) (texto de acordo com a Lei n. 11.232/2005).

II – o exigir a natureza do objeto da liquidação.
Vide Projeto de CPC, art. 496, I.

Repetindo o que dissemos em nota ao inciso anterior, com exclusivo intuito didático, fique registrado que o presente dispositivo legal é transcrição literal, sem qualquer alteração, do inciso II do antigo art. 606, cuja interpretação não sofre interferência da mudança de natureza jurídica experimentada pela liquidação por artigos (*v.* nota ao *caput*). Feita essa consideração introdutória, vejamos o que nos oferece a disposição legal sob enfoque. O cabimento residual da liquidação por arbitramento aqui estabelecido se fundamenta num elemento objetivo que é a própria natureza do objeto do pedido (o pedido mediato ou bem da vida), se esse também for, é claro, o objeto da condenação, independentemente de a sentença ter ordenado de forma expressa que o arbitramento se realize. Imagine-se, exemplificativamente, que o pedido e a sentença sejam no sentido de que o réu indenize o autor pela desvalorização de um móvel ou imóvel determinado; pelos lucros cessantes ante a não prestação de um serviço; ante a perda parcial da capacidade laborativa de uma pessoa, etc. Nesses casos não é necessário que o juiz determine o arbitramento, pois a própria natureza do objeto da condenação impõe essa forma de tornar líquida a obrigação (texto de acordo com a Lei n. 11.232/2005).

Art. 475-D. Requerida a liquidação por arbitramento, o juiz nomeará o perito e fixará o prazo para a entrega do laudo.
Vide Projeto de CPC, art. 497.

A disposição legal que ora nos ocupa – reprodução *ipsis litteris* do *caput* do antigo art. 607, que a Lei n. 11.232/2005 realizou para compor a disciplina do procedimento liquidatório – também não sofre influência em seus contornos interpretativos pelo fato de a liquidação por arbitramento ter assumido definitivamente a condição de mera fase do processo de conhecimento condenatório (por quantia). O que temos, então, em relação ao presente dispositivo é que, requerido pelo credor o arbitramento por petição, deve o magistrado, ato contínuo – e desde, é óbvio, que seja o caso –, nomear perito e fixar prazo para entrega do laudo, além de facultar às partes a indicação de assistentes técnicos (art. 421, § 1º, I, por analogia) e ordenar ao requerente o recolhimento dos honorários provisórios do perito, embora o texto não diga. Tal ato será levado ao conhecimento do requerente para que se desenvolva o procedimento liquidatório rumo à apresentação do laudo pelo *expert* do juízo (texto de acordo com a Lei n. 11.232/2005).

Parágrafo único. Apresentado o laudo, sobre o qual poderão as partes manifestar-se no prazo de dez dias, o juiz proferirá decisão ou designará, se necessário, audiência.

Na comparação com o parágrafo único do revogado art. 607, no qual o presente dispositivo tem sua origem, a única diferença significativa fica por conta da atual alusão ao proferimento de "decisão" (decisão interlocutória), já que o julgamento das liquidações não se compatibiliza mais com o ato sentencial conforme a nova sistemática trazida pela Reforma da Execução Judicial (Lei n. 11.232/2005) e, particularmente, com o disposto no art. 475-H. Seja como for, o laudo a que se refere o dispositivo é evidentemente o apresentado pelo perito nomeado, mas, como visto, às partes é lícita a juntada dos pareceres dos seu respectivos assistentes técnicos em prazo idêntico ao do *expert* judicial (não se aplica por analogia o art. 433). Aberta vista simultânea às partes para falarem sobre os trabalhos técnicos, segue-se a designação de audiência apenas na hipótese de o magistrado concluir pela absoluta necessidade de ouvir pessoalmente os *experts* sobre as conclusões periciais (não cabe depoimento pessoal nem prova testemunhal). Em caso contrário, à manifestação ou ao silêncio das partes, segue-se o imediato proferimento de decisão interlocutória por meio da qual se dará a fixação fundamentada do *quantum debeatur* (texto de acordo com a Lei n. 11.232/2005).

Art. 475-E. Far-se-á a liquidação por artigos, quando, para determinar o valor da condenação, houver necessidade de alegar e provar fato novo.

Vide Projeto de CPC, art. 496, caput *e II.*

Assim como ocorre com a maioria dos dispositivos que compõem o atual Capítulo IX, dedicado à liquidação, o focalizado art. 475-E também tem origem na disciplina anterior que constava do Livro II e, particularmente, na previsão do antigo art. 608, do qual é reprodução *ipsis litteris*. Assim como a liquidação por arbitramento deixou de ser processo, do mesmo modo ocorre com a liquidação por artigos, que passa, definitivamente, à condição de simples procedimento preparatório da execução, identificando-se, a partir da vigência da Lei n. 11.232/2005, como mera fase do processo condenatório por quantia, fase ou etapa procedimental que sucede à decisória *lato sensu* (decisória e recursal) e que antecede à executiva, hoje denominada fase "do cumprimento da sentença" (arts. 475-I a 475-R). Liquidação por artigos é a fase que permite a complementação da sentença proferida no processo de conhecimento condenatório, cujo escopo é identicamente o alcance da definição do *quantum debeatur* de uma obrigação reconhecida judicialmente, mas que se desenvolve mediante atividade probatória das partes, dada a não discussão anterior dos fatos concernentes à definição quantitativa da condenação. A liquidação por artigos tem cabimento, *v. g.*, quando a sentença condena a indenizar por perdas e danos sem declarar concretamente que perdas e danos são esses (quais plantações, animais, máquinas, obras de arte, automóveis foram destruídos?). Registre-se, finalmente, que atualmente os arts. 628, 633, parágrafo único, e 638, parágrafo único, permitem concluir que também cabe o processo liquidatório como procedimento preparatório ou incidental de execução fundada em título executivo extrajudicial (texto de acordo com a Lei n. 11.232/2005).

Art. 475-F. Na liquidação por artigos, observar-se-á, no que couber, o procedimento comum (art. 272).

Vide Projeto de CPC, art. 498.

Embora reprodução do revogado art. 609, como quase todos os outros deste Capítulo IX criado pela Lei n. 11.232/2005 (Reforma da Execução Judicial) – as exceções ficam por conta dos parágrafos do art. 475-A e do art. 475-H –, achou por bem o legislador reformista inverter a ordem das palavras, bem como eliminar a referência ao "Livro I deste Código" (porque a liquidação agora integra justamente o Livro I) e acrescentar, à frente da alusão ao "procedimento comum", a indicação do artigo correspondente (o "art. 272"). Seja como for, o fato é que, postas de lado as alterações meramente redacionais, o conteúdo normativo deste art. 475-F não se modificou. Vejamos, então, o que ele nos apresenta. A remissão legal ao procedimento comum torna clara a aplicabilidade à liquidação por artigos tanto do procedimento ordinário como do rebatizado procedimento sumário, previstos pelo art. 272 com a redação que lhe deu a Reforma de 1994. Desde então, portanto, quando da instauração do procedimento liquidatório, obedecer-se-á ao procedimento ordinário, se ordinário foi o rito do processo cognitivo cuja sentença se quer liquidar por arbitramento, ou ao sumário, se a este foi submetido o processo de conhecimento antecedente. E se a sentença que se pretende liquidar foi proferida em processo de rito especial de dentro ou de fora do CPC? Bem, nesse caso, parece-nos mais apropriado pensar na aplicação do rito ordinário, uma vez que esse é ontologicamente o procedimento comum (*v.* notas ao art. 272 e seu parágrafo único) e não o sumário (texto de acordo com a Lei n. 11.232/2005).

Art. 475-G. É defeso, na liquidação, discutir de novo a lide ou modificar a sentença que a julgou.

Vide Projeto de CPC, art. 496, § 3º.

O dispositivo sob enfoque – reprodução *ipsis litteris* do revogado art. 610 – restringe o campo de atividade defensiva do devedor em sede de liquidação de sentença e, por conseguinte, a extensão da atividade cognitiva do magistrado, limitando-a aos fatos que digam respeito ao *quantum debeatur*. Se não é possível discutir de novo a lide com o intuito de alterar a solução dada pela sentença é porque, independentemente de esta (ou do acórdão) já ter transitado em julgado – lembremos que o § 2º do art. 475-A admite a liquidação na pendência de recurso –, toda e qualquer matéria relacionada com o *an debeatur* não pode ser alegada pelo devedor nem conhecida pelo juiz que julgará a liquidação. Assim, ao devedor só será lícito: na liquidação por artigos, por contestação, negar os fatos novos trazidos pelo credor ou alegar fatos outros contrários aos sustentados pelo requerente; na liquidação por arbitramento, na manifestação sobre o laudo, negar fatos, levados em consideração pelo perito, que a sentença condenatória não reconheceu como existentes ou, ainda, propugnar uma estimação ou uma avaliação econômica dos fatos diferente da apresentada pelo perito. Observe-se, por fim, que diferentemente de vários dispositivos anteriores deste Capítulo IX, acerca dos quais dissemos que não sofriam interferência interpretativa pela mudança de natureza jurídica da liquidação, este art. 475-G definitivamente sofre, porque, ao tempo da vigência do revogado art. 610, ao devedor era possível, na liquidação por artigos, alegar carência de ação, o que hoje absolutamente não se admite (texto de acordo com a Lei n. 11.232/2005).

Art. 475-H. Da decisão de liquidação caberá agravo de instrumento.

Inovando em relação ao sistema anterior, que instituía a sentença como o ato final de julgamento da liquidação (os revogados arts. 607, parágrafo único, e 609, respectivamente), a Lei n. 11.232/2005, ao criar o presente art. 475-H, torna clara a ideia do legislador reformista de que a resolução da liquidação de sentença se dá por meio de decisão interlocutória, tanto que o texto diz enfaticamente "da decisão de liquidação caberá agravo de instrumento", e é o próprio CPC, por seu art. 522, que estabelece "das decisões interlocutórias caberá agravo [...]". Observe-se que a novidade trazida pela Reforma está em perfeita sintonia com a transformação do processo de execução em fase executiva, porque se a ideia matriz era agilizar a passagem da condenação para a execução (o que se fez eliminando o ato citatório), tal agilidade depende também de que o procedimento da liquidação de sentença que se coloca como ponte entre a condenação e a execução não traga em si um grande obstáculo como a interposição de uma apelação. Eis o motivo pelo qual do julgamento da liquidação passa a caber agravo de instrumento, de acordo com o dispositivo focalizado. As vantagens desse regime recursal são evidentes: em primeiro lugar, porque o agravo de instrumento processa-se diretamente no tribunal, e a permanência dos autos do procedimento liquidatório na primeira instância facilita a instauração da execução; em segundo, porque, não dispondo o agravo de instrumento de efeito suspensivo, como regra, a tendência será a de que ao julgamento da liquidação siga-se o imediato requerimento e a pronta instauração da fase executiva (arts. 475-I a 475-R). Por fim, queremos enfatizar que o agravo de instrumento de que cogita o presente art. 475-H não se submete ao regime da conversão que vem estabelecido pelo inciso III do art. 527. A razão é simples: como à decisão da liquidação não se segue nenhuma apelação no processo condenatório, uma eventual conversão do agravo de instrumento em retido nesse caso tornaria impossível o acesso ao órgão de segunda instância por falta de veículo processual que possa permitir o julgamento do agravo retido. É que, no sistema ora implantado, não existem mais embargos do devedor, e a impugnação que foi criada também é julgada por meio de decisão "recorrível mediante agravo de instrumento" (art. 475-M, § 3º, p. inicial), o que inviabiliza o julgamento do retido que depende de apelação (art. 523 e seu § 1º). Nem se pense, por outro lado, em argumentar que a sentença de encerramento da execução (arts. 475-M, § 3º, p. final, 794 e 795) pode assumir o papel de veículo para levar o retido a julgamento. De todo absurdo seria cogitar de reforma do valor pelo qual deve se desenvolver a execução no momento em que o próprio processo se encerra; absoluto *nonsense* seria admitir que ao apagar das luzes de uma execução que correu, imagine-se, por 50 mil reais com o praceamento de um imóvel desse valor, venha o tribunal, só neste instante, a dar provimento ao agravo retido para reconhecer que a decisão da liquidação estava errada e que a execução deve correr por 20 mil... O que nos parece é que, posta a questão nesses termos, fica a certeza de que toda vez que se cogitar de agravo de instrumento contra decisão a qual julga liquidação de sentença, ou da impugnação regulada pelos arts. 475-L e 475-M, o perigo de dano irreparável ou de difícil reparação de que trata o art. 527, III, estará sempre presente, de sorte que tais agravos sempre estarão imunes ao fenômeno da conversão (texto de acordo com a Lei n. 11.232/2005).

CAPÍTULO X
DO CUMPRIMENTO DA SENTENÇA

Vide Projeto de CPC, arts. 500 a 523 (Título II – Do Cumprimento da Sentença).

Art. 475-I. O cumprimento da sentença far-se-á conforme os arts. 461 e 461-A desta Lei ou, tratando-se de obrigação por quantia certa, por execução, nos termos dos demais artigos deste Capítulo.

Vide Projeto de CPC, arts. 500, caput *e §§ 2º e 3º, 501, 505 e 521 a 523.*

Pode-se dizer, sem medo de errar, que de todos os dispositivos da chamada Reforma da Execução Judicial (Lei n. 11.232/2005), dois deles correspondem, de fato, à coluna vertebral do sistema implantado: o art. 162, § 1º, que eliminou do conceito de sentença a necessária eficácia de extinção do processo (*v.* nota); e o presente art. 475-I, *caput*, que cria a fase de "cumprimento da sentença". Nessa sistemática, a efetivação, concretização ou a realização do comando sentencial condenatório já não dependem mais da instauração de um outro processo, o "processo de execução" (com citação, embargos e nova sentença), mas apenas da abertura, sem entraves e sem solenidades, de uma simples fase do próprio processo de conhecimento condenatório durante a qual se realizará a penhora, permitir-se-á ao devedor exercer defesa (por meio de impugnação) e se praticarão os demais atos executivos tendentes à satisfação do crédito. Esse modelo tem tudo para dar certo, não só porque elimina da execução o ato citatório e cria uma multa severa para quem não cumpre a sentença (art. 475-J, *caput*), mas porque faz desaparecer os embargos do devedor (ação de conhecimento incidente) e os substitui pela "impugnação", que é julgada por decisão interlocutória, como regra (art. 475-M, § 3º). Observe-se, por outro lado, que ao estabelecer o presente dispositivo que "o cumprimento da sentença far-se-á conforme os arts. 461 e 461-A desta Lei ou, tratando-se de obrigação por quantia certa, por execução, nos termos dos demais artigos deste Capítulo", ele nos apresenta uma discriminação terminológica bastante significativa: só se deve falar de "execução de sentença" se esta tiver natureza condenatória, vale dizer, se ela reconhecer "obrigação por quantia certa" (somente aqui "o cumprimento da sentença far-se-á [...] por execução"); de outra parte, se se trata de sentença mandamental ou executiva *lato sensu*, qual seja, a que reconhece obrigação de fazer, não fazer ou entregar coisa, não se deve, então, falar de "execução de sentença", mas apenas de "cumprimento de sentença [...] conforme os arts.

461 e 461-A". Note-se que tal discriminação tem fundamento na própria história recente do direito processual civil brasileiro, posto que o CPC primeiro eliminou a necessidade de "processo de execução" para as sentenças relativas a obrigações de fazer, não fazer e entregar coisa (arts. 621, *caput*, e 644) e só agora eliminou o "processo de execução" para as sentenças relativas à obrigação por quantia certa. Ainda nesse diapasão, cumpre registrar que a exclusiva vinculação atual da sentença condenatória à "obrigação por quantia certa" encontra também justificativa em outros dispositivos da Reforma da Execução Judicial, como nos arts. 475-B, *caput*, e 475-E (que falam de "valor de condenação"), no art. 475-J, *caput* (que se refere ao "condenado ao pagamento de quantia certa") e no art. 475-N, I, que, por tratar num mesmo dispositivo de sentenças de naturezas diversas, absteve-se, coerentemente, de falar de condenação ("sentença proferida no processo civil que reconheça a existência de obrigação de fazer, não fazer, entregar coisa ou pagar quantia" – *v.* nota respectiva). Por fim, cabe-nos, com intuito apenas didático, enfatizar que quer se trate de sentença condenatória (a que condena em dinheiro), quer se trate da mandamental ou executiva *lato sensu* (a que ordena um *facere, non facere*, ou a entrega de coisa, sob pena de uma intervenção direta do juiz), todas elas já não extinguem mais o processo de conhecimento (art. 162, § 1º), mas apenas e tão somente permitem a instauração de uma fase do procedimento que a Lei n. 11.232/2005 denomina "cumprimento de sentença", com o que se viabiliza a mais ágil e pronta realização do direito do vencedor, tudo para que se cumpra a expectativa constitucional de uma jurisdição que se qualifique e se dignifique pela efetividade (texto de acordo com a Lei n. 11.232/2005).

§ 1º É definitiva a execução da sentença transitada em julgado e provisória quando se tratar de sentença impugnada mediante recurso ao qual não foi atribuído efeito suspensivo.

Vide Projeto de CPC, art. 500, caput *e § 1º.*

O dispositivo sob enfoque tem paralelo normativo no art. 587, que se encontra inserido no Livro II, dedicado ao processo de execução. Observe-se, desde logo, que a Lei n. 11.232/2005, que criou o presente Capítulo X, não revogou o mencionado art. 587, o que confirma o paralelismo normativo a que fizemos referência e torna necessário discriminar os dois regramentos. Pois bem, este § 1º do art. 475-I situa-se no âmbito disciplinar do processo de conhecimento e, particularmente, em meio à regulamentação do "cumprimento de sentença" que, como visto, corresponde a uma mera fase do processo de conhecimento que se segue ao proferimento da decisão da causa (*v.* nota ao *caput*). Ora, porque se trata de regulamento de uma simples etapa procedimental do processo cognitivo, é que o parágrafo de que cogitamos não trata de "execução" no sentido de "processo de execução" (*v.* nota ao § 2º), nem menciona título executivo extrajudicial (que também gera "processo de execução") como faz o art. 587. Eis o motivo por que esse artigo do Livro II não foi revogado e o § 1º se revela de todo relevante na atual sistemática. Vejamos, destarte, o que ele sugere do ponto de vista interpretativo. Em primeiro lugar, chama a atenção o fato de que o dispositivo em questão só se aplica às sentenças condenatórias, vale dizer, às sentenças que reconhecem o direito ao pagamento de quantia. Tal conclusão funda-se não apenas na utilização da locução "execução de sentença" (*v.* a parte final da nota ao *caput*), mas também porque o § 2º a seguir trata de liquidez e iliquidez (fenômenos exclusivamente relacionados com as obrigações pecuniárias), e a disciplina da execução provisória deste Capítulo X dá facilmente a entender que seu objeto é crédito em dinheiro (art. 475-O, III, e seu § 2º, I). Além disso, não podemos esquecer que, segundo o *caput* deste art. 475-I, o cumprimento das sentenças relativas às obrigações de fazer, não fazer e entregar coisa, "far-se-á conforme os arts. 461 e 461-A", do que se conclui que não se submete ao regime "dos demais artigos deste Capítulo", tão marcados pela ideia de busca de satisfação pecuniária. Em segundo lugar, o que se deve reconhecer é que a definitividade da execução decorre justamente de a atividade executiva estar baseada numa sentença transitada em julgado, vale dizer, numa decisão de que não cabe mais recurso (coisa julgada formal) e cujo efeito material condenatório já se tornou imutável (coisa julgada material), de sorte que todos os atos executivos que nessa etapa procedimental se praticam (arts. 646 a 651, 653 a 729 e 791 a 795) não se submetem aos cuidados, às reservas e às garantias impostos pelas muitas disposições normativas que integram o art. 475-O. A provisoriedade da execução, por outro lado, decorre de a atividade executiva que se realiza nesta fase do procedimento estribar-se em uma sentença que ainda não se tornou imutável enquanto ato processual (porque contra ela pende recurso no tribunal sem efeito suspensivo, mas que pode alterá-la) e cujos efeitos condenatórios, por conseguinte, ainda não se tornaram imutáveis, de forma que os atos executivos que se pratiquem ficam submetidos a desconstituição, o exequente fica submetido à responsabilização por prejuízos e os atos finais de satisfação ficam dependentes de caução, como regra (art. 475-O, I a III) (*v.* art. 475-O, seus incisos e parágrafos) (texto de acordo com a Lei n. 11.232/2005).

---

§ 2º Quando na sentença houver uma parte líquida e outra ilíquida, ao credor é lícito promover simultaneamente a execução daquela e, em autos apartados, a liquidação desta.

Vide Projeto de CPC, art. 496, caput *e § 1º.*

Exatamente como ocorre com o § 1º deste art. 475-I, também o presente § 2º tem paralelo normativo em disposição contida no Livro II, qual seja, no § 2º do revogado art. 586. A *ratio* do paralelismo também é a mesma: o revogado art. 586, § 2º, disciplinava "processo de execução" que podia se fundar em sentenças condenatórias (a penal condenatória transitada em julgado, a sentença arbitral ou a estrangeira homologada pelo STJ – art. 475-N, II, IV e VI), enquanto o § 2º deste 475-I disciplina a sentença condenatória oriunda de processo de conhecimento que demanda "execução", vale dizer, fase de execução ou de "cumprimento de sentença", como estabelece o *caput*. Muito bem, se houver na sentença uma parte líquida e outra ilíquida (porque dois pedidos foram acolhidos, um "certo ou determinado", como diz a primeira parte do art. 286, e outro genérico, como prevê a segunda parte e os três incisos do mesmo art. 286 – *v.* notas), poderá o credor requerer, simultaneamente, a execução da parte líquida nos próprios autos e a liquidação da outra em autos apartados. Duas considerações interpretativas se impõem. A primeira, no sentido de que a liquidação genericamente referida tanto pode assumir a forma de arbitramento como a de liquidação por artigos (arts. 475-C a 475-F); se a liquidação depender apenas de cálculos aritméticos, a saída é a instauração apenas da execução, devendo o exequente, por petição única, formular os dois pedidos e, quanto ao ilíquido, apresentar a "memória discriminada e atualizada do cálculo" (*caput* do art. 475-B) para que, superado o incidente da liquidação (parágrafos do art. 475-B), proceda-se à execução pela soma dos dois valores. A segunda, no sentido de que o dispositivo focalizado menciona "autos apartados" para sinalizar que não se deve formar apenso, o que se explica pela necessidade de permitir a liberdade de movimentação dos autos nesses casos (texto de acordo com a Lei n. 11.232/2005).

Art. 475-J. Caso o devedor, condenado ao pagamento de quantia certa ou já fixada em liquidação, não o efetue no prazo de quinze dias, o montante da condenação será acrescido de multa no percentual de dez por cento e, a requerimento do credor e observado o disposto no art. 614, inciso II, desta Lei, expedir-se-á mandado de penhora e avaliação.

Vide Projeto de CPC, arts. 509, 510 e 512.

A disposição legal sob enfoque corresponde a uma das mais importantes novidades trazidas pela Lei n. 11.232/2005, que instituiu a Reforma da Execução Judicial. Importante, em primeiro lugar, porque ela elimina o ato citatório do procedimento da execução por quantia; é justamente tal eliminação que permitiu à Reforma transformar o então "processo de execução por quantia" em "fase de execução", segundo o previsto pelo *caput* do art. 475-I. Importante, em segundo lugar, porque fixa o prazo autônomo de quinze dias para o pagamento da dívida reconhecida; autônomo, na medida em que desvinculado do ato de penhora, que passa a depender de expedição posterior de mandado de penhora e avaliação. Importante, em terceiro lugar, porque institui uma sanção econômica pesada para o devedor que não pague voluntariamente a dívida reconhecida no prazo de quinze dias ("o montante da condenação será acrescido de multa no percentual de dez por cento"). E importante, em quarto lugar, porque atribui ao oficial de justiça poder para realizar a avaliação dos bens penhorados, o que significa indubitável agilização da execução. A partir deste quadro de importantes novidades, cumpre-nos esclarecer alguns pontos sobre os quais podem surgir dúvidas. Inicialmente, é necessário reconhecer qual o ato processual que corresponde ao termo *a quo* do prazo de quinze dias para pagar. Trata-se, evidentemente, do ato de intimação que o devedor receberá logo após a ocorrência de um dos seguintes conjuntos de fatos processuais sequencialmente verificados: 1º) a certidão do trânsito em julgado da sentença condenatória, caso não tenha havido recurso de apelação, seguida do requerimento de execução; 2º) o retorno dos autos do processo do Tribunal de Justiça, ou de um dos Tribunais Regionais Federais, com a certidão do trânsito em julgado do acórdão condenatório proferido, seguido do requerimento de execução; 3º) o retorno dos autos do STJ, ou STF, identicamente com certidão do trânsito, e seguido do requerimento de execução; 4º) a publicação da decisão interlocutória que tenha julgado a liquidação processada nos mesmos autos (art. 475-H) seguida do requerimento de execução; 5º) o requerimento de execução provisória nos autos da "carta de sentença" ("carta de sentença"? – *v.* parte final da nota dedicada ao art. 475-O, § 3º); 6º) o requerimento de execução provisória, nos autos apartados, no qual se processou a liquidação na pendência de recurso (art. 475-A, § 2º), seguido à publicação da interlocutória que haja julgado a liquidação; 7º) a publicação da decisão judicial do § 4º do art. 475-B (que julga o incidente ocorrido em torno da memória do cálculo) e que pode se verificar em qualquer das hipóteses anteriormente cogitadas. Ainda sobre a intimação que se segue a um dos conjuntos de fatos elencados, é preciso esclarecer que ela será determinada pelo juiz e cumprida sob a forma prevista no § 1º deste art. 475-J, já que nada diz o *caput* que focalizamos a esse respeito. Se para intimar da penhora e da avaliação, que é o mais, cabe a intimação na pessoa do advogado pela imprensa (art. 236), é óbvio que para intimar para o simples pagamento, que é o menos – na atual sistemática executiva, a intimação para pagar é mera e simples consequência da condenação, e seu não atendimento não gera, por si, ato constritivo algum, visto que este dependerá de posterior mandado de penhora –, tal intimação na pessoa do advogado está perfeitamente justificada e legitimada, servindo de termo *a quo* do prazo de quinze dias. Observe-se, de outra parte, que o requerimento de instauração da execução, a que fizemos referência tantas vezes no início deste comentário, não se encontra explicitamente disciplinado pelo presente dispositivo – tal requerimento é apenas referido pelos §§ 3º e 5º deste art. 475-J, bem como pelo § 3º do art. 475-O, este último com mais detalhes por se tratar de instauração da execução provisória –, razão pela qual, para a sua compreensão, devem o intérprete e o operador se socorrerem, subsidiariamente, dos arts. 614 e 615, que regulam os requisitos da petição inicial da ação de execução (art. 475-R). Por derradeiro, precisamos esclarecer que, apresentado o requerimento de execução, intimado o devedor na pessoa do seu advogado para pagar e seguindo-se o não pagamento, deve o credor, segundo o texto enfocado, requerer a expedição do mandado de penhora e avaliação à vista do "demonstrativo do débito atualizado" de que fala o art. 614, II. Note-se que o texto não é muito claro e poderia dar a entender que tal "requerimento [...] observado o disposto no art. 614, inciso II" seria o próprio requerimento de instauração da execução, ou seja, poder-se-ia pensar que a intimação do devedor para pagar é anterior ao requerimento de execução. Nada mais equivocado. É que, apesar da substituição do "processo de execução" pela fase "de cumprimento da sentença", tal cumprimento depende de iniciativa de parte e dela depende a intimação para pagar. Veja-se, por outro lado, que, sem um mínimo balizamento valorativo, não é possível submeter o executado à exigência de pagamento, e tanto isso parece exato que o próprio dispositivo que ora examinamos faz expressa referência à quantia "[...] já fixada em liquidação [...]". Mas não é só. Veja-se que o *caput* do art. 475-B afirma categoricamente que quando o valor da condenação depender de operações aritméticas, "o credor requererá o cumprimento da sentença, na forma do art. 475-J desta Lei, instruindo o pedido com a memória discriminada e atualizada do cálculo". Ora, o valor da condenação precisa estar previamente estabelecido para que se postule o "cumprimento da sentença", o que desencadeia a intimação para pagar (pagamento é forma de cumprimento da sentença, e cumprimento precisa ser requerido). E mais, se o dispositivo mencionado diz que o credor "requererá o cumprimento da sentença, na forma do art. 475-J", isso significa, em primeiro lugar, que o cumprimento da sentença sempre depende de requerimento e, em segundo, que a cláusula "na forma do art. 475-J" só pode significar a exigência de postulação para que o devedor seja intimado a pagar em quinze dias, sob pena de multa. Além disso, não podemos deixar de perceber que a ideia de intimação para pagamento, de ofício, haveria de estar consagrada explicitamente, se a lei assim o desejasse, por se tratar de forma excepcional de atuação da jurisdição. Consigne-se, ainda, que é possível argumentar com base na disciplina da execução provisória. É que esta não é diferente da definitiva, quanto a sua instauração e seu desenvolvimento, e o § 3º do art. 475-O é claro ao exigir postulação e documentos, só depois se podendo cogitar de intimação do executado para pagar. Assim é na execução provisória, mas se se pensar que o requerimento "de cumprimento da sentença" não é exigido na execução definitiva, teremos dois tratamentos processuais completamente distintos na perspectiva do executado. Sobre um último argumento em prol da tese que defendemos, examine-se a parte final do comentário dedicado ao § 3º à frente. Conclui-se, destarte, que a intimação do devedor para pagar depende da instauração da fase "do cumprimento da sentença" e que, só depois de caracterizado o inadimplemento, terá lugar a postulação do credor no sentido da expedição do mandado de penhora e de avaliação que examinaremos no comentário ao § 1º (texto de acordo com a Lei n. 11.232/2005).

---

§ 1º Do auto de penhora e de avaliação será de imediato intimado o executado, na pessoa de seu advogado (arts. 236 e 237), ou, na falta deste, o seu representante legal, ou pessoalmente, por mandado ou pelo correio, podendo oferecer impugnação, querendo, no prazo de quinze dias.

Vide Projeto de CPC, arts. 500, §§ 2º e 3º, e 511.

Como tivemos a oportunidade de ver no comentário ao *caput* deste art. 475-J, requerida a execução, intimado o devedor para pagar e não se verificando o pagamento, segue-se o requerimento do exequente para a expedição do mandado de penhora e avaliação, mandado este que estará estribado comumente no valor definido na memória do cálculo (art. 614, II). Como visto, também, uma das boas novidades trazidas pela Reforma da Execução Judicial foi a expressa atribuição de poder ao oficial de justiça para, além de penhorar, já proceder à avaliação dos bens. Pois bem, ao dispor o presente § 1º, logo no início, que "do auto de penhora e de avaliação será de imediato intimado o executado [...]", o que se percebe é que a lei aqui não se preocupou em oferecer disciplina própria para esses dois atos – salvo o disposto nos §§ 2º e 3º a seguir –, de sorte que a compreensão da penhora e da avaliação, em seus aspectos gerais, dependerá do que prescrevem os arts. 659 a 679 (sobre a penhora) e 680 a 685 (sobre a avaliação), aplicáveis à fase de cumprimento da sentença, na medida da não incompatibilidade (art. 475-R). Sobre o conceito de penhora, remetemos o consulente ao que dissemos em nota ao *caput* do art. 659; da avaliação trataremos na nota ao § 3º a seguir. Prosseguindo, cumpre-nos esclarecer que, como a previsão inicial do dispositivo sob enfoque não faz referência à "juntada aos autos", a penhora e a avaliação de bens móveis, uma vez formalizada pelo oficial de justiça, mediante a elaboração do respectivo auto (auto de penhora, depósito e avaliação – arts. 664 e 665, IV), deve ser dada, imediatamente, ao conhecimento do executado pelo próprio oficial, no local onde as diligências tiverem sido concluídas, o que dispensa a posterior intimação na pessoa do advogado de que cogita o texto. Se se tratar, por outro lado, de penhora realizada em cartório pelo escrivão (por se tratar de bens móveis ou imóveis nomeados à penhora pelo devedor ou indicados pelo credor – *v.* notas aos §§ 3º e 4º a seguir) e formalizada por "termo de penhora", aí sim a intimação deverá ocorrer na forma expressamente prevista no texto que ora nos ocupa. Observe-se, de outra parte, que, realizada a intimação por qualquer das maneiras admitidas, desse ato começa a fluir o prazo de quinze dias para o oferecimento de impugnação à execução (arts. 475-L e 475-M), como prevê a parte final do texto deste § 1º. Como não se fala, também aqui, de "juntada" (diferentemente do que fazia o revogado art. 738, I, que aludia à "juntada aos autos da prova da intimação da penhora"), o que se conclui é que a fluência do prazo para oferta da impugnação ocorre da efetiva ciência do devedor (a ele dada pelo oficial na primeira hipótese aventada anteriormente), da data da publicação do ato intimatório (se feita na pessoa do advogado), do efetivo cumprimento do mandado (se dirigida ao devedor, ou representante legal) ou da data do aviso de recebimento (se feita pelo correio). Por derradeiro, precisamos dizer algo sobre o que nos parece ser a grande falha do presente dispositivo: a expressa admissão legal de que não tenha o devedor, nesse momento da intimação da penhora e da avaliação, advogado constituído nos autos. Como a diferença entre ter advogado constituído e não ter, nesse momento, é enorme (ter significa a certeza de ser imediatamente intimado e não ter significa a possibilidade de infinitas formas de procrastinação), temos por certo que muitos devedores se sentirão tentados a revogar a procuração de seus advogados após o julgamento do recurso com o fito de fugir às prontas intimações para pagar (*v.* nota ao *caput*) e para ter ciência da penhora. Pensamos que a Reforma deveria ter previsto essa possibilidade e estabelecido que qualquer ato de revogação ou renúncia, após o julgamento do recurso, não teria efeito antes da intimação da penhora e da avaliação. Como, infelizmente, isso não aconteceu, a saída que o texto nos oferece é a utilização da intimação do devedor, pelo correio, reputando-se plenamente suficiente, pela aplicação da teoria da aparência, a entrega da carta no endereço da residência ou do domicílio da pessoa física, ou no endereço da pessoa jurídica, sem outras exigências formais, já que a lei não as estabelece justamente porque não se trata de citação e, de fato e de verdade, porque se pode presumir que o devedor está muito ciente de que existe condenação contra ele dirigida a esta altura do desenvolvimento do processo (texto de acordo com a Lei n. 11.232/2005).

---

§ 2º Caso o oficial de justiça não possa proceder à avaliação, por depender de conhecimentos especializados, o juiz, de imediato, nomeará avaliador, assinando-lhe breve prazo para a entrega do laudo.

Este § 2º, do qual agora nos ocupamos, só tem razão de existir em função do poder recebido pelo oficial de justiça para, além de proceder à penhora, realizar desde logo a avaliação dos bens do devedor submetidos à constrição (*v. caput* e nota); avaliação significa o ato ou a atividade de avaliar e de determinar o valor econômico de um bem corpóreo ou incorpóreo. Trata-se de novidade importante, porque reúne em um mesmo auxiliar da justiça dois atos intimamente conexos, o que agiliza inegavelmente o processamento da execução, aproximando o processo civil, também por esse aspecto, do processo do trabalho. Ocorre, entretanto, que se, na maioria das situações, o próprio oficial de justiça tem condição de, formalizado o auto de penhora e depósito, prosseguir realizando a avaliação dos bens penhorados e elaborando o auto de avaliação (com base em manuais, tabelas, informativos e outros documentos disponíveis), em outras situações o meirinho pode constatar a impossibilidade de realizar o trabalho avaliatório dada a necessidade de conhecimentos especializados para avaliar objetos incomuns, por exemplo. Nesses casos, deve o oficial certificar a impossibilidade de avaliação, no próprio auto de penhora e depósito ou em documento apartado e entregá-lo em cartório para posterior deliberação judicial. Observe-se que, assim procedendo, fica comprometido o aperfeiçoamento formal desse ato complexo que envolve a penhora, o depósito e, agora, também a avaliação; sem avaliação, não se pode falar de "auto de penhora e avaliação" (*v.* previsão inicial do § 1º deste artigo) e, por conseguinte, de intimação do executado. O que ocorrerá nessa hipótese, então, é que, nomeado o avaliador especialista pelo juiz e oferecido o laudo em "breve prazo", esse laudo substitui o auto de avaliação, de sorte a permitir que se proceda agora à intimação do devedor sob qualquer das formas previstas no § 1º deste art. 475-J. Registre-se, por fim, que a nomeação do avaliador especialista, pelo juízo da execução, deverá estar acompanhada da explicitação do bem a avaliar e sua localização, da fixação do prazo para a entrega do laudo, como dito, da ordem para sua intimação, da dispensa de compromisso e, eventualmente, da fixação dos honorários do avaliador e da intimação do exequente para recolhê-los. Note-se, ainda, que apesar de a avaliação não ter ocorrido, a penhora e o depósito já se aperfeiçoaram, de forma que o executado responde, perante a execução, pela integridade dos bens e sua entrega, se solicitada (texto de acordo com a Lei n. 11.232/2005).

---

§ 3º O exequente poderá, em seu requerimento, indicar desde logo os bens a serem penhorados.

Outra interessante novidade trazida pela Lei n. 11.232/2005, que instituiu a Reforma da Execução Judicial e criou a fase "do cumprimento da sentença", é a norma jurídica contida no presente § 3º que autoriza expressamente o credor a indicar, desde logo, em seu requerimento da execução, os bens que devem ser penhorados. Veja-se que a novidade se encontra hoje instituída, também, pelo art. 652, § 2º, para as execuções de título extrajudicial. Pois bem, cogitemos agora de algumas situações processuais que se relacionam com esse ato e seus desdobramentos. Observe-se, inicialmente, que na hipótese de o requerimento de execução vir acompanhado da indicação de bens, isso não interfere em nada na exigência de que o devedor seja intimado para pagar, nem na sua prerrogativa de, em quinze dias, pagar parcialmente para livrar-se da multa (§ 4º) ou indicar bens à penhora nos termos do art. 652, § 3º. Note-se que, ocorrendo tal indicação, antes de ser expedido o mandado de penhora e avaliação (*caput* deste artigo), o juiz deverá resolver as dúvidas; sendo reconhecida como boa, ordena-se a penhora sobre o bem indicado pelo credor. Registre-se aqui, outrossim, que, se se entender que a intimação para pagar independe de requerimento da execução (*v.* nota ao *caput*), é possível que se tenha uma nomeação de bens pelo devedor, o que torna pelo menos estranho que, posteriormente, venha o credor a requerer a execução, indicando "desde logo os bens a serem penhorados" – eis mais um argumento em favor da tese que sustentamos. Cogitemos agora da situação inversa, qual seja, a do credor que requeira execução, com indicação prévia do bem a penhorar, seguida da intimação para pagamento e da completa inércia do devedor. Nesse caso, não precisará o juiz ordenar a expedição de mandado de penhora, bastando que ordene a lavratura de termo de penhora pelo escrivão (desde, é claro, que a propriedade do bem esteja demonstrada –, *v. g.*, art. 659, § 5º, p. inicial), e, ato contínuo, determine a elaboração de auto de avaliação pelo oficial de justiça (§ 2º) e a intimação do executado para os fins do § 5º, *in fine*, do art. 659, e do § 1º deste art. 475-J (texto de acordo com a Lei n. 11.232/2005).

---

§ 4º Efetuado o pagamento parcial no prazo previsto no *caput* deste artigo, a multa de dez por cento incidirá sobre o restante.

Vide Projeto de CPC, art. 509, § 2º.

Este penúltimo parágrafo do art. 475-J também nos apresenta uma novidade importante desse atual procedimento da execução por quantia, qual seja, a possibilidade de o devedor pagar parcialmente a dívida para se livrar, pelo menos em parte, da multa estabelecida pelo *caput*. Bastante importante se nos afigura a criativa solução engendrada pela Reforma da Execução Judicial, na medida em que ela significa incentivo econômico ao devedor que cumpre pelo menos uma parte da sentença voluntariamente; a vantagem representada pelos 10% certamente contribuirá para aumentar o número de executados dispostos a pagar já para pagar menos. Seja como for, o que importa registrar, desde logo, é que esse regramento também não interfere em nada na exigência de prévio requerimento de execução (antecedido ou não de liquidação de sentença), no incidente da liquidação por memória do cálculo, bem como na exigência de intimação do executado para pagar prevista no *caput* deste artigo. A rigor, nada impede que o devedor, verificando que se aproxima o momento da instauração da execução ou da sua intimação para pagar, antecipe-se ao exequente ou ao juiz e proceda a um depósito judicial de um valor qualquer com o fito de livrar-se da multa, pelo menos nessa parte. Registre-se, ainda nesse diapasão, contudo, que, trate-se ou não de pagamento parcial (o montante depositado pode até ser superior ao total devido), o efetivo cumprimento da sentença continua dependendo da prévia liquidação, do requerimento de execução, do processamento do incidente da liquidação por memória do cálculo e da própria intimação do executado, porque só depois de tudo isso é que se poderá, eventualmente, cogitar do levantamento do dinheiro pelo exequente. Veja-se que nem mesmo a intimação do devedor, de que cogita o *caput* deste artigo, torna-se dispensável se o pagamento foi parcial (ou, pelo menos, aparentemente parcial) porque, ainda que antecipado o pagamento, isso não tira do devedor o direito de, intimado, pagar a diferença para livrar-se integralmente da multa de 10%. Observe-se, por fim, que nada se dispensa, porque é necessário apurar o exato valor do crédito exequendo, inclusive para poder devolver ao executado o que ele efetivamente tenha pago a mais (texto de acordo com Lei n. 11.232/2005).

§ 5º Não sendo requerida a execução no prazo de seis meses, o juiz mandará arquivar os autos, sem prejuízo de seu desarquivamento a pedido da parte.

Identicamente inovador se nos apresenta o regramento contido neste § 5º, que encerra a longa e relevante disciplina do art. 475-J. Inovador porque a figura do arquivamento dos autos, autonomamente considerada (isto é, desacompanhada da extinção do processo), não existia no CPC até a entrada em vigor da Reforma da Execução Judicial; o § 1º do art. 267 prevê "[...] o arquivamento dos autos, declarando [o juiz] a extinção do processo [...]". Relevante também porque, apesar de muito praticado nas últimas décadas, no âmbito da atividade executiva, nada melhor que colocá-lo dentro do sistema, mediante regulamentação expressa, para criar segurança jurídica e previsibilidade. E foi justamente isso o que a Lei n. 11.232/2005 conseguiu ao instituir o prazo de seis meses para que o credor requeira a execução da sentença, sob pena de arquivamento dos autos; arquivamento e não extinção, porque a extinção depende da ocorrência de algum dos casos previstos, explícita ou implicitamente (*v. g.*, prescrição), pelo art. 794, fenômenos relacionados com o desaparecimento do direito de crédito e não a defeitos do processo. Seja como for, o fato é que o prazo de espera de seis meses, previsto pelo dispositivo, para que se mande os autos para o arquivo, parece bastante razoável, merecendo registro a circunstância na qual o termo *a quo* desse prazo corresponde a qualquer dos fatos processuais por nós elencados no comentário ao *caput* deste art. 475-J (o trânsito em julgado da sentença, o retorno dos autos da instância superior, a publicação da decisão da liquidação, etc.). Observe-se, ainda, que tal prazo é interrompido se houver pedido de liquidação da sentença, mas volta a fluir quando se fizer publicar o seu julgamento; e, também, que não existe prazo algum quando se cogita de execução provisória por razões óbvias. Por último, desejamos consignar que, ocorrido o arquivamento dos autos, nada impede o credor de postular o seu desarquivamento em momento posterior para poder requerer a execução tardia da sentença ou do acórdão. Eis o que significa a previsão final do texto "sem prejuízo de seu desarquivamento a pedido da parte" (texto de acordo com a Lei n. 11.232/2005).

Art. 475-L. A impugnação somente poderá versar sobre:

Vide Projeto de CPC, art. 511 e também art. 504.

Outra das grandes inovações trazidas para o sistema processual civil brasileiro pela Lei n. 11.232/2005, que instituiu entre nós a chamada Reforma da Execução Judicial, é a substituição do instituto dos "embargos à execução fundada em sentença" (arts. 741 a 743) pela figura da "impugnação", ou impugnação à execução, que os arts. 475-L e 475-M regulamentam. Antes de mais nada, registre-se que a substituição mencionada ocorreu por conta de uma simples mudança terminológica: trocou-se a locução "[...] fundada em sentença" por outra ("[...] contra a Fazenda Pública"), no título do Capítulo II do Título III ("Dos Embargos do Devedor") do Livro II ("Processo de Execução") – e também no *caput* do art. 741, no qual a locução substituída foi "título judicial" –, e com isso limitou-se o cabimento dos embargos apenas à execução contra a Fazenda e, ao mesmo tempo, disciplinou-se neste artigo e no subsequente o instituto da impugnação à execução. Parece importante observar que a inexistência dos embargos à execução, no âmbito disciplinar deste inovador Capítulo X dedicado ao "cumprimento da sentença", deve-se claramente ao fato de ter a Reforma (da Lei n. 11.232/2005) transformado o "processo" de execução por quantia em "fase de execução" (do processo condenatório), com o que se eliminou, a um só tempo, tanto a necessidade de novo ato citatório como a possibilidade de ajuizamento da ação incidental de embargos, tudo à luz do propósito mais alto de tornar a execução de sentença por quantia um procedimento ágil e eficiente (*v.* notas aos arts. 475-I e 475-J); os embargos à execução continuam existindo apenas no processo de execução por quantia, fundado em título extrajudicial (art. 745), e na execução contra a Fazenda Pública (art. 741). Pois bem, concluído esse breve introito de caráter sistemático, focalizemos a figura da impugnação à execução. Algumas considerações se fazem necessárias. Em primeiro lugar, chama a atenção o fato de que o recém-criado instituto não tem natureza de ação de conhecimento incidente, como os embargos à execução, mas se traduz em simples exercício do direito de defesa contra a execução. No regime dos embargos, a sua oposição não deixa de significar exercício de defesa, mas se trata de defesa que só se veicula por meio de ação (*v.* nota ao art. 736), enquanto no regime do "cumprimento da sentença", o direito de defesa não depende mais de dedução de pretensão a ser atendida para destruir o título ou nulificar o processo, manifestando-se apenas como resistência aos atos executivos que já se praticaram por desconformidade com a lei processual ou material. Em segundo lugar, é necessário reconhecer a existência de uma distinção formal relevantíssima: enquanto os embargos à execução dependem de petição inicial e de processamento em apartado (art. 736, parágrafo único), a impugnação à execução se processa, como regra, nos próprios autos onde se desenvolve a fase de "cumprimento da sentença" (art. 475-M, § 2º) – afinal, trata-se de exercício do direito de defesa apenas. Mas sob que procedimento? Veja-se que o presente art. 475-L e o subsequente art. 475-M nada prescrevem a esse respeito, o que nos leva a concluir que, aplicando-se subsidiariamente "as normas que regem o processo de execução de título extrajudicial" (art. 475-R), deve-se buscar no art. 740, *caput*, os regramentos da forma de processar a impugnação à execução (recebimento, intimação do credor para manifestar-se em quinze dias, eventual julgamento antecipado, designação de audiência de instrução e proferimento de sentença – *v.* art. 740 e notas). E quanto à segurança do juízo como requisito do oferecimento de defesa? Bem, em relação a esse assunto, dispõe expressamente o § 1º do art. 475-J que "do auto de penhora e de avaliação será de imediato intimado o executado [...], podendo oferecer impugnação, querendo, no prazo de quinze dias". O que se percebe, então, é que, apesar de o presente Capítulo X não fazer referência expressa à segurança do juízo, parece indubitável que o requisito continua exigido pela atual sistemática. Também a circunstância de a redação do art. 736 não mais exigir segurança do juízo (conforme a Lei n. 11.382/2006) não elimina a necessidade de penhora para permitir a defesa do executado, uma vez que se trata aqui de execução de título judicial (sentença condenatória). Por derradeiro, não podemos deixar de dar registro ao fato de que, também nessa fase de execução, ou fase "do cumprimento da sentença", tem cabimento a exceção de pré-executividade, por meio da qual, em situações excepcionais, o devedor pode tentar buscar o proferimento de uma sentença de extinção da execução e, assim, livrar-se da necessidade de ver seus bens penhorados para poder se defender pela via da impugnação (*v.* notas ao título da Subseção II, anterior ao art. 652, e ao título do Título III, anterior ao art. 736) (texto de acordo com a Lei n. 11.232/2005).

I – falta ou nulidade da citação, se o processo correu à revelia;

Vide Projeto de CPC, art. 511, I.

Diferentemente de todos os dispositivos anteriores que integram o presente Capítulo X, os seis incisos deste art. 475-L, salvo o inciso III, significam transposições literais, perfeitas ou imperfeitas, dos incisos do art. 741 em sua versão original e, ao mesmo tempo, textos paralelos do vigente art. 741 com a redação que lhe deu a Lei n. 11.232/2005. O presente inciso I não foge à regra. Pois bem, a ocorrência de qualquer das duas situações aqui previstas autoriza o impugnante a pedir, e o juiz a decretar, a rescisão da sentença transitada em julgado em que se funda a execução independentemente de ação rescisória. Entre todas as defesas dedutíveis pelo devedor, essa é a única que expressa função jurisdicional rescisória da decisão da impugnação à execução, o que se deve à extrema gravidade do vício representado pela falta ou pela nulidade de citação quando disso resultou revelia na fase cognitiva do processo de conhecimento. Por falta de citação, deve-se entender não só a pura e simples ausência do ato (ausência de ordem, de mandado ou de cumprimento comprovado nos autos) como também a sua presença fática e documental, mas dirigida a pessoa que não o réu indicado pelo autor (*v. g.*, em caso de homonímia). Já por nulidade de citação, deve-se compreender toda a citação realizada sem observância dos seus requisitos legais, tais como: a feita por quem não é oficial de justiça (art. 143, I); a feita a réu demente ou impossibilitado de recebê-la (art. 218); a citação por edital de quem não se encontre nas situações do art. 231; a com hora certa sem respeito às formalidades do art. 227; a por carta nas situações não autorizadas pelo art. 222 (texto de acordo com a Lei n. 11.232/2005).

II – inexigibilidade do título;

Vide Projeto de CPC, art. 511, III.

Outro dispositivo que tem origem em inciso do art. 741 em sua configuração anterior à Lei n. 11.232/2005 é o focalizado inciso II, que, no entanto, foi transcrito *ipsis litteris*. Vejamos, então, o que ele nos oferece. A exigibilidade da obrigação constante do título é requisito expressamente instituído pelo art. 586, de sorte que a sua falta pode ser alegada por meio de impugnação à execução, de acordo com a presente disciplina. A falta de exigibilidade pode assumir, no entanto, diferentes formas. Citamos duas que, contudo, estão previstas nos incisos IV e V do art. 743: a sentença decidiu relação jurídica sujeita à condição ou a termo que não foi provado (arts. 572, 614, III, e 618, III); a sentença reconhece *exceptio non adimpleti contractus* e a prova da contraprestação não foi feita (arts. 582 e 615, IV). Na verdade, todas as hipóteses do art. 743 são de inexigibilidade. Observe-se que toda vez que houver inexigibilidade do título, como diz o texto, tal situação se qualificará processualmente como carência de ação por falta de interesse de agir (art. 267, VI), porque, enquanto o exequente não demonstra a exigibilidade, o recurso ao processo ou à jurisdição ainda não se revela necessário (*v.* notas aos arts. 267, VI, e 295, III). Sobre outras alegações de carência por falta de interesse de agir, examine-se a figura da nulidade da execução do inciso V a seguir. Por último, registre-se que o § 1º deste art. 475-L cria mais algumas hipóteses de inexigibilidade do título executivo (*v.* nota respectiva) (texto de acordo com a Lei n. 11.232/2005).

III – penhora incorreta ou avaliação errônea;

Vide Projeto de CPC, art. 511, § 4º.

De todas as previsões constantes dos incisos deste art. 475-L, a única que não significa reprodução de texto do art. 741, em sua redação originária, e paralelo normativo do atual (*v.* nota ao inciso I já mencionado), é a ora enfocada, que prevê a "penhora incorreta ou avaliação errônea". Quanto à primeira figura, trata-se, a bem da verdade, de previsão específica que antes podia ser localizada na cláusula genérica da "nulidade desta [da execução] até a penhora" que constava da parte final do inciso V do art. 741, em sua redação original. Pois bem, ao falar de "penhora incorreta", o texto legal quer se referir, inicialmente, a, pelo menos, duas classes de defeito que maculam a penhora, nulificando-a: 1ª) a penhora de bens absolutamente impenhoráveis (art. 649); 2ª) a penhora de bens relativamente impenhoráveis, se existiam outros sobre os quais podia recair a constrição (art. 650). Além disso, "penhora incorreta" também pode ser detectada toda vez que se infringir uma das muitas regras de forma de realização ou aperfeiçoamento da penhora, como as previstas pelos arts. 659 a 679 deste CPC. Veja-se que também se deve considerar integrante da nova categoria da "penhora incorreta" toda sorte de desvio formal que marque a realização da intimação de que trata o § 1º do art. 475-J; se assim não se entender, esse importantíssimo ato estará descoberto de proteção, e com ele o direito de defesa do executado, porque em nenhum dos demais incisos deste art. 475-L é possível enquadrar a nulidade da intimação (aplica-se, por analogia, a esta hipótese, o art. 214, § 2º). Por fim, não podemos deixar de dizer algo sobre a figura da "avaliação errônea". Trata-se, à evidência, de qualquer infringência aos regramentos contidos no § 2º do art. 475-J (*v.* nota respectiva) ou às normas contidas nos arts. 680 a 684 que são compatíveis e, por isso, aplicáveis à avaliação que o oficial de justiça, ou o avaliador, realiza nesta fase de "cumprimento da sentença" (*v.* art. 475-R). Parece-nos, por outro lado, incompatível, a princípio, o regramento contido no art. 685, porque, percebendo o oficial de justiça a discrepância entre o valor do crédito e o valor da avaliação, ele, de *motu* próprio, deixará de penhorar tantos bens ou procurará penhorar mais bens, com vista a tornar equilibrados os valores de crédito e de garantia – tudo isso é possível porquanto um só auxiliar da justiça realiza, a um só tempo, os atos de penhora e de avaliação (texto de acordo com a Lei n. 11.232/2005).

IV – ilegitimidade das partes;

Vide Projeto de CPC, art. 511, II.

Assim como ocorre com os incisos I e II deste art. 475-L, também a presente disposição normativa corresponde à reprodução *ipsis litteris* de inciso do modificado art. 741 (inciso III), razão pela qual podemos nos valer aqui, de maneira semelhante, dos comentários já realizados. A ilegitimidade das partes aqui prevista é evidentemente a falta da condição da ação de legitimidade para agir, legitimação para a causa ou *legitimatio ad causam* de que fala de forma explícita o art. 267, VI, do CPC. A ilegitimidade que o impugnante pode alegar é tanto a sua própria (a ilegitimidade para figurar como sujeito passivo da execução – art. 568) como a do exequente (para figurar como sujeito ativo – arts. 566 e 567). Não se perca de vista, contudo, a peculiaridade de que, nas hipóteses do art. 567, a legitimação ali instituída pode ter o caráter de superveniente (*v.* notas respectivas) (texto de acordo com a Lei n. 11.232/2005).

V – excesso de execução;

Vide Projeto de CPC, art. 511, IV e V.

O dispositivo legal sob enfoque corresponde à reprodução apenas em parte do inciso V do art. 741 em sua versão redacional anterior à Reforma instituída pela Lei n. 11.232/2005; apenas em parte, porque toda a cláusula final da disposição revogada ("[...] ou nulidade desta até a penhora") não foi trazida para o regramento que ora nos ocupa. Muito bem, a figura do excesso de execução encontra-se inteiramente disciplinada pelo art. 743 e seus cinco incisos, mas pode ser aqui conceituada de forma genérica como sendo o descompasso entre o pedido satisfativo formulado e o título executivo em que se funda tal pedido (remetemos, portanto, o leitor ao art. 743 e respectivas notas) (texto de acordo com a Lei n. 11.232/2005).

VI – qualquer causa impeditiva, modificativa ou extintiva da obrigação, como pagamento, novação, compensação, transação ou prescrição, desde que superveniente à sentença.

Vide Projeto de CPC, art. 511, VII.

Encerrando o rol das matérias alegáveis por meio da impugnação à execução, encontramos este último dispositivo, que representa reprodução *ipsis litteris* do inciso VI do art. 741 em sua versão redacional originária, isto é, a que prevaleceu até a entrada em vigor da Lei n. 11.232/2005 que instituiu a chamada Reforma da Execução Judicial. Vejamos, portanto, o que ele nos apresenta. Este inciso VI disciplina a dedução pelo executado das chamadas exceções substanciais aqui elencadas de forma exemplificativa. Para que possa ser reconhecida qualquer dessas defesas, deixa claro o texto que o fato tem de ter ocorrido após o proferimento da sentença exequenda, o que se explica em função da garantia da coisa julgada. Quanto ao pagamento, trata-se de fato extintivo do crédito exequendo e, por conseguinte, da pretensão executória. A mesma natureza possui a compensação se ela extingue totalmente o crédito; é fato modificativo, contudo, se o que se opera é apenas a sua redução (idem na transação). Identicamente extintivo é o efeito do reconhecimento da prescrição. Modificativo, por outro lado, é o efeito produzido pela novação, que se identifica com a alteração objetiva do crédito (se nova dívida surge como efeito da extinção da dívida anterior) ou subjetiva (pela substituição do credor ou do devedor, o que repercute no plano da legitimação, podendo tornar inviável a própria execução). Outros fatos são a recuperação da empresa, a falência ou a insolvência civil (texto de acordo com a Lei n. 11.232/2005).

§ 1º Para efeito do disposto no inciso II do *caput* deste artigo, considera-se também inexigível o título judicial fundado em lei ou ato normativo declarados inconstitucionais pelo Supremo Tribunal Federal, ou fundado em aplicação ou interpretação da lei ou ato normativo tidas pelo Supremo Tribunal Federal como incompatíveis com a Constituição Federal.

Vide Projeto de CPC, art. 511, §§ 5º e 6º.

Este § 1º sob enfoque corresponde à reprodução, com pequenas alterações redacionais, do parágrafo único do art. 741 em sua versão anterior à Reforma da Execução Judicial (Lei n. 11.232/2005). A seu respeito, é necessário dizer, desde logo, que ele institui a perda da eficácia do título executivo judicial, quando este possuir como fundamento a aplicação da lei ou de ato normativo que tenha sido declarado inconstitucional pelo STF, ou quando tiver como fundamento a aplicação ou a interpretação (ainda, de lei ou ato normativo) reputada incompatível com a Constituição Federal pelo mesmo STF. Observe-se, desde logo, que o mais importante nesse regramento é que ele subverte por completo a disciplina da coisa julgada material que este Código institui ao estabelecer a imutabilidade dos efeitos da sentença de mérito (no art. 467) e a exclusão dos "motivos, ainda que importantes", do âmbito daquilo que faz coisa julgada, que é apenas o dispositivo da sentença (art. 469, I – *v.* notas aos arts. 467 a 474). A subversão que apontamos está no fato de que o presente dispositivo, ao declarar "inexigível o título judicial fundado [...]" – o mesmo que declarar inexequível a sentença transitada em julgado quando estribada em ato normativo reputado inconstitucional –, acaba por relativizar aquela imutabilidade em virtude da feição que assumam os motivos sobre os quais a decisão foi construída (lei declarada inconstitucional ou aplicação ou interpretação de lei reconhecida como incompatível com a CF). Deixando de lado o problema de constitucionalidade que envolve tal dispositivo, não podemos deixar de reconhecer que este § 1º tem a virtude de prestigiar a Constituição, por um lado (não é justo que uma lei inconstitucional gere a condenação de quem quer que seja), mas, a nosso ver, exagera, por outro, ao equiparar à inconstitucionalidade a aplicação ou a interpretação meramente incompatíveis com a Lei Maior. Seja como for, algumas últimas observações se impõem: a primeira, no sentido de que a declaração de inconstitucionalidade ou o reconhecimento da incompatibilidade hão de ocorrer na via do controle concentrado (ações declaratórias de inconstitucionalidade ou constitucionalidade), como na via do controle difuso (julgamento de recurso extraordinário pelo STF); a segunda, no sentido de que o parágrafo focalizado institui o que institui de forma indireta (torna-se "inexigível o título judicial" porque se admite a quebra da coisa julgada, o que significa, por sua vez, que a sentença perdeu sua eficácia); a terceira observação, no sentido de que toda sentença condenatória, a partir do regramento examinado, tem sua eficácia e a qualidade de imutabilidade de sua eficácia condicionadas à não declaração de inconstitucionalidade ou incompatibilidade constitucional do seu fundamento; a quarta, no sentido de que, com a presente disciplina, ficam estabelecidos mais dois fundamentos jurídicos, tanto para a oposição de impugnação à execução como para a arguição de exceção de pré-executividade (texto de acordo com a Lei n. 11.232/2005).

---

§ 2º Quando o executado alegar que o exequente, em excesso de execução, pleiteia quantia superior à resultante da sentença, cumprir-lhe-á declarar de imediato o valor que entende correto, sob pena de rejeição liminar dessa impugnação.

Vide Projeto de CPC, arts. 511, § 1º, e 520, § 1º.

O presente parágrafo corresponde a mais uma novidade trazida para o nosso sistema processual pela Lei n. 11.232/2005, que institui a Reforma da Execução Judicial. Ela se corporifica na complementação da disciplina de um dos fundamentos da impugnação e mais exatamente daquele que se encontra previsto no inciso V acima: o "excesso de execução". Deixando de lado tudo o que já dissemos a seu respeito, incluindo a remissão que fizemos ao art. 743, que trata minuciosamente da matéria (*v.* nota ao inciso V), resta-nos apenas chamar a atenção para o fato de que este regramento visa a tornar mais clara a questão processual que o juiz haverá de resolver quando do julgamento da impugnação fundada no excesso de execução. Com efeito, à luz da nova sistemática, já não basta ao executado alegar que existe excesso por estar o exequente pleiteando "quantia superior à resultante da sentença" (art. 743, I); haverá ele necessariamente de declarar, no próprio corpo da defesa arguida, exatamente o porquê do excesso ou onde, nos cálculos apresentados, repousa a discrepância, porquanto, no caso contrário, o juiz fica autorizado a rejeitar liminarmente a impugnação. Observe-se que esta exigência estabelecida – criada, como dissemos, para facilitar o julgamento mediante a visualização clara da controvérsia e dos seus fundamentos pelo magistrado – inspira-se na mesma ideia que levou a Lei n. 8.951/94 a instituir o parágrafo único do art. 896 no âmbito da disciplina da ação consignatória (*v.* parágrafo único do art. 896 e nota). Por último, registrem-se duas considerações acerca da "rejeição liminar" de que cogita o texto sob enfoque: a primeira, no sentido de que se a alegação de excesso, prevista no texto, corresponder à única defesa apresentada, o juiz ficará autorizado a rejeitar liminarmente a própria impugnação por decisão interlocutória, encerrando o incidente; a segunda, no sentido de que se a alegação de excesso corresponder apenas a mais uma entre várias defesas apresentadas, deverá o juiz aguardar que o procedimento da impugnação se desenvolva (*v.* nota ao *caput*) para, somente ao final, rejeitá-la, exatamente como faria com qualquer outra, quando do julgamento da impugnação. A diferença entre tal rejeição e as demais fica apenas por conta da desnecessidade de maior fundamentação decisória quando se tratar especificamente dessa defesa (texto de acordo com a Lei n. 11.232/2005).

Art. 475-M. A impugnação não terá efeito suspensivo, podendo o juiz atribuir-lhe tal efeito desde que relevantes seus fundamentos e o prosseguimento da execução seja manifestamente suscetível de causar ao executado grave dano de difícil ou incerta reparação.

Vide Projeto de CPC, art. 511, § 2º.

Este artigo que ora nos ocupa disciplina o efeito que o oferecimento da impugnação tem sobre o desenvolvimento da execução da sentença, que é regulado pelo presente Capítulo X. Trata-se aqui de prever e de estabelecer se o oferecimento da impugnação pelo executado terá ou não o condão de suspender a atividade executiva que vinha se desenvolvendo desde o instante em que o credor requereu o "cumprimento da sentença". Note-se, desde logo, que, segundo a parte inicial do texto focalizado, a regra é a não suspensividade, ou seja, a não interferência da impugnação ofertada e do seu processamento sobre o andamento da execução, hipótese em que, consequentemente, a impugnação será "instruída e decidida [...] em autos apartados" (§ 2º adiante), uma vez que a execução tem de prosseguir livremente sem o obstáculo representado pelo processamento da impugnação. Essa é a regra. Contudo, o próprio texto deste *caput*, logo em seguida, abre a exceção, afirmando que o juízo da causa pode atribuir à impugnação efeito suspensivo desde que dois requisitos, cumulativamente verificados, façam-se presentes: a relevância dos fundamentos e o risco de "grave dano de difícil ou incerta reparação". Observe-se que a suspensividade, que é efeito excepcional, depende, assim, de postulação expressa do executado (na peça que instrumentaliza a impugnação) no sentido da concessão do efeito suspensivo sob o argumento de que: *a*) são bastante ponderáveis as defesas apresentadas, são relevantes os argumentos fáticos e jurídicos deduzidos, tudo a revelar a probabilidade de vitória do executado no julgamento da impugnação (ou, em outras palavras, de imenso significado processual, que está presente o *fumus boni iuris*); *b*) que o prosseguimento da execução, a prática dos atos preparatórios da arrematação e a própria arrematação podem causar ao executado-impugnante um grave dano de difícil ou incerta reparação (ou, em outras palavras, que se faz presente *periculum in mora* – o perigo de que a demora do julgamento da impugnação sem efeito suspensivo permita que a execução chegue à expropriação e que, em caso de posterior decisão favorável ao executado, seja difícil reparar o dano por este experimentado). Veja-se que, segundo o texto, somente mediante a demonstração cumulativa desses dois requisitos é que pode o juiz conceder o efeito suspensivo à impugnação, o que ele fará por meio da decisão de recebimento, proferida à vista da peça elaborada pelo executado. Note-se que se a decisão for contrária à postulação do devedor, no mesmo ato o juiz determinará o processamento da impugnação em autos apartados, nos quais se processará a defesa do executado a partir de então (*v.* § 2º adiante e nota). Por derradeiro, registre-se que toda essa disciplina, imposta à impugnação do executado, é hoje muito semelhante àquela que rege o processo de execução por quantia fundado em título extrajudicial (art. 745) ou que rege a execução contra a Fazenda Pública (art. 741) na qual o oferecimento de embargos também não tem, como regra, efeito suspensivo (art. 739-A – *v.* nota) (texto de acordo com a Lei n. 11.232/2005).

---

§ 1º Ainda que atribuído efeito suspensivo à impugnação, é lícito ao exequente requerer o prosseguimento da execução, oferecendo e prestando caução suficiente e idônea, arbitrada pelo juiz e prestada nos próprios autos.

Vide Projeto de CPC, art. 511, § 3º.

O § 1º sob enfoque regulamenta um possível desdobramento procedimental da hipótese, consagrada no *caput*, de o magistrado haver concedido efeito suspensivo à impugnação oferecida pelo executado. Como visto, tal concessão é exceção e não regra (diferente da disciplina dos embargos), depende de decisão do juiz à vista de requerimento expresso do executado (constante da própria peça que veicula a impugnação) e se fundamenta na afirmação judicial explícita da presença dos requisitos do *fumus boni iuris* e do *periculum in mora* (*v.* nota ao *caput*). Veja-se que a desdobramento nos referimos, porque o presente dispositivo admite que, apesar da concessão do efeito suspensivo, a execução prossiga, se o exequente se dispuser a prestar caução "suficiente e idônea" que resguarde o executado do perigo de dano grave de difícil ou incerta reparação que o aflija no caso de a execução prosseguir. Parece-nos que a Reforma da Execução Judicial foi bastante sábia nesse passo, porque, se o objetivo perseguido sempre foi o de agilizar e de tornar eficiente o "cumprimento da sentença", nada mais lógico do que facilitar o prosseguimento da atividade executiva mediante prestação de caução pelo exequente, que neutraliza, por completo, o *periculum in mora*. Algumas questões aqui se colocam. A primeira se traduz na dúvida sobre se pode o juiz, de ofício, já reconhecendo a possibilidade de o exequente querer prestar caução, fixar o valor na própria decisão concessiva do efeito suspensivo. Temos para nós que nenhum prejuízo pode resultar de tal postura judicial e, na verdade, tal antecipação só torna mais rápida a retomada da execução. A segunda concerne aos critérios do arbitramento. Qual o valor da caução a ser prestada? Pensamos que tudo dependerá do caso concreto, mas que isso significa levar em conta todos os fatores objetivos envolvidos na causa, como o valor do crédito, o valor dos bens penhorados, a relevância das defesas oferecidas, a dimensão do possível dano e, também, a capacidade econômica do exequente, de sorte que tudo bem balanceado gere uma decisão justa. Por fim, questiona-se sobre se pode ou não a caução ser prestada por meio de procedimento cautelar. Afirmamos peremptoriamente que não, em face da previsão explícita e enfática da parte final do texto, que determina arbitramento e prestação "nos próprios autos". Se fosse da vontade da lei admitir outra fórmula, o dispositivo certamente teria omitido essa cláusula de encerramento (texto de acordo com a Lei n. 11.232/2005).

§ 2º Deferido efeito suspensivo, a impugnação será instruída e decidida nos próprios autos e, caso contrário, em autos apartados.

Como visto, a nova figura da impugnação à execução, como regra, não dispõe de efeito suspensivo, mas o juiz pode atribuir-lhe, excepcionalmente, a suspensividade se o executado conseguir demonstrar que militam a seu favor os requisitos do *fumus boni iuris* e do *periculum in mora* (*v.* nota ao *caput*). Muito bem, o presente § 2º disciplina especificamente as formas de processamento da impugnação num caso e no outro, impondo o processamento em apartado quando a defesa do executado é recebida sem efeito suspensivo e determinando o processamento nos próprios autos quando a defesa é recebida com efeito suspensivo. A distinção de tratamento é facilmente compreensível, como também tivemos a oportunidade de antever quando comentamos o *caput*. Como a ideia que inspirou a Reforma da Execução Judicial (Lei n. 11.232/2005) sempre foi a de agilizar o procedimento executivo, nada melhor do que impedir que o processamento da impugnação do executado pudesse representar embaraço à fluidez da atividade executiva. Eis o motivo pelo qual se instituiu a não suspensividade, como regra, e o processamento em autos apartados, permitindo-se, assim, que a execução desenvolva-se livremente. Note-se, nesse diapasão, que a lei fala de autos apartados e não de "apenso" (exatamente como se encontra hoje também previsto pelo parágrafo único do art. 736, que regula os embargos), uma vez que também o apenso significa entrave à livre movimentação dos autos do processo em fase de execução (o apenso é próprio do regime de suspensividade dos antigos embargos do devedor). Pelo contrário, se o juiz, ao receber a impugnação, concede-lhe efeito suspensivo – o que, repita-se, é exceção e não regra –, isso significa que a atividade executiva deixará de se desenvolver enquanto se processar a impugnação, não havendo, então, nenhum motivo para que a defesa do executado precise ser processada em apartado; nos próprios autos se praticam os atos, que integram o procedimento da impugnação e que se encontram previstos pelo art. 740 e seu parágrafo único, aplicáveis subsidiariamente (*v.* nota ao *caput* do art. 475-L). Observe-se, em complemento, que, quando o juiz recebe a impugnação sem efeito suspensivo, ato contínuo, ele determina o seu processamento em autos apartados, e quando ele a recebe com efeito suspensivo, ato contínuo, ele pode já fixar o valor da caução a cuja prestação se submeterá o exequente se quiser que a execução prossiga (§ 1º anterior). Neste último caso, a peça da impugnação deve ser juntada normalmente aos autos, após o recebimento – as atividades executivas estão suspensas, como visto –, para que se aguarde, em primeiro lugar, a intimação do exequente para responder no prazo de quinze dias (art. 740 aplicado subsidiariamente) e, em segundo, o oferecimento da própria resposta em que, preliminarmente, o credor requererá o prosseguimento da execução, juntando desde logo uma carta de fiança bancária, por exemplo, ou solicitando prazo ao juiz da causa para prestação desta ou outra forma de caução fidejussória ou real (fiança, depósito de dinheiro, penhor, hipoteca, etc.). Prestada a caução, de imediato ou em prazo que seja assinado pelo juiz – enquanto não prestada, a execução permanece suspensa –, deve o magistrado, ato contínuo, ordenar o desentranhamento da peça da impugnação e os demais atos por conta dela praticados, incluindo a resposta do exequente e documentos e a própria prestação da caução, para que se formem agora os autos apartados, o que significa liberar os autos do processo para o prosseguimento da execução (texto de acordo com a Lei n. 11.232/2005).

§ 3º A decisão que resolver a impugnação é recorrível mediante agravo de instrumento, salvo quando importar extinção da execução, caso em que caberá apelação.

Finalizando a disciplina deste instituto processual denominado impugnação (ou impugnação à execução), estabelece o § 3º, sob comentário, as duas formas que o seu julgamento pode assumir: decisão interlocutória ou sentença, conforme o caso. Inicialmente, consigne-se que a dicotomia normativa apresentada pelo texto legal encontra-se perfeitamente justificada se tivermos em conta que o julgamento da defesa apresentada pelo devedor tanto pode concluir que a execução deve ser extinta (porque o devedor provou, *v. g.*, a inexigibilidade do título, que já pagou a dívida ou que esta se encontra prescrita), caso em que o ato judicial a proferir só pode ser sentença (arts. 794 e 795), como pode concluir que a execução deve prosseguir (com o refazimento da penhora, com a redução do crédito exequendo, quer por excesso de execução ou por comprovação de pagamento parcial, por exemplo), hipótese em que o ato judicial a proferir só pode mesmo ser uma decisão interlocutória (art. 162, § 2º). Registre-se, ainda nesse diapasão, que a forma processual que o julgamento assumirá depende apenas do seu efeito sobre o processo (extinção ou prosseguimento) e não, absolutamente, da forma que o processamento da impugnação assumiu (nos próprios autos ou em autos apartados – *v.* § 2º já mencionado). Note-se, também, que, à luz da sistemática implantada pela Lei n. 11.232/2005, o presente dispositivo faz questão de empregar o verbo "resolver" em vez de "julgar", o que não nos parece ter muita relevância (*v.* parte final do comentário dirigido ao § 1º do art. 162, em que criticamos a mudança terminológica). Seja como for, o fato é que a dupla natureza jurídica do ato de resolução (ou de julgamento) da impugnação, que o texto sob enfoque claramente admite, repercutirá sobre o recurso cabível, e isso é realmente importante. Observe-se que, se a decisão implicará extinção da execução e do processo, deverá o magistrado tornar claro, ao proferi-la, que se trata de sentença, para que não paire dúvida sobre o cabimento da apelação (art. 513), cujo processamento se dá nos próprios autos, autos esses que, em seguida, são endereçados à segunda instância. Algo muito diferente disso ocorre se a decisão implicar prosseguimento da execução e do processo, quando, então, o juiz da causa deverá se preocupar em esclarecer que seu julgamento corresponde a uma decisão interlocutória, haja vista que a consequência imediata da sua resolução é permitir a retomada da prática de atos executivos nos próprios autos (porque a execução estava suspensa) ou permitir que nos autos principais se continue, desde logo, praticando outros atos executivos com vista à satisfação do crédito (porque a execução não se suspendeu pela impugnação). Tudo isso é perfeitamente factível, atente-se, porque o recurso que se há de interpor aqui contra a decisão é o agravo de instrumento, que se processa diretamente no tribunal e não interfere na marcha da execução em primeira instância. E veja-se que tanta é a importância da definição da natureza do ato decisório pelo próprio juiz, dada a repercussão que o recurso tem sobre o processo num e noutro caso, que o focalizado § 3º, numa perspectiva redacional, preocupou-se mais com o cabimento do recurso em cada hipótese do que com a própria natureza jurídico-processual dos dois atos de julgamento. Por derradeiro, cabe-nos acentuar que, assim como ocorre com a decisão interlocutória que julga a liquidação de sentença (art. 475-H), também esta, que dá pelo prosseguimento da execução, não fica submetida ao novo regime do agravo de instrumento e sua conversão em agravo retido, porque, ao se cogitar de conversão, não haverá apelação possível que sirva de veículo ao julgamento do retido. Como dissemos alhures, não tem o menor cabimento imaginar que o recurso interposto contra uma decisão de prosseguimento da execução injusta ou ilegal só venha a ser conhecido meses ou anos após o encerramento da execução, no julgamento simultâneo da apelação e do agravo retido. Nesses casos, o *periculum in mora* sempre está presente, de sorte que assegure o processamento imediato do agravo de instrumento perante a segunda instância (texto de acordo com a Lei n. 11.232/2005).

Art. 475-N. São títulos executivos judiciais:

Vide Projeto de CPC, art. 502, caput e *V.*

Este art. 475-N, que corresponde em grande parte de seus regramentos ao revogado art. 584 – inclusive o *caput*, sob enfoque, que é reprodução *ipsis litteris* do *caput* deste último artigo –, disciplina matéria da mais alta importância para a construção do sistema executivo instituído pela Lei n. 11.232/2005: o título executivo judicial. Trata-se, a bem da verdade, de mais um daqueles seletos dispositivos que integram aquilo que pode ser considerado a coluna vertebral desta Reforma da Execução Judicial. Diferentemente de outros, como o art. 162, § 1º, e os arts. 475-I, J, L e M, que por si mesmos implicam alterações profundas no sistema, o presente art. 475-N, por outro lado, como que apenas recebe todas as influências e assiste à transformação, pela via interpretativa, do próprio conceito de título executivo, valendo ressaltar que nem mesmo a força do seu parágrafo único é capaz de romper com essa lógica (salvo pela referência ao art. 475-J) e tampouco o reformado inciso I, que, enxergado isoladamente, parece somente ter sido direcionado a eliminar (ou esconder) a comprometedora figura da sentença condenatória... Seja como for, precisamos, de fato, interpretar a presente disposição legal para que cheguemos ao conceito a que fizemos menção. Pois bem, comecemos com o conceito mais amplo de título executivo para depois alcançarmos o mais restrito de título executivo judicial. Mas, afinal, do que se trata? Título executivo é o ato jurídico documentado, expressamente previsto em lei, que consagra obrigação de qualquer tipo, certa e líquida, e que permite ao credor a propositura de uma ação de execução (a instauração de um "processo de execução") ou a instauração da "fase de cumprimento da sentença" do processo de conhecimento. Trata-se do ato ou fato jurídico que libera em favor do credor a coação estatal para a realização concreta do direito nele reconhecido e torna adequado o processo de execução ou o procedimento executivo eleito. Observe-se que o fundamento político da instituição do título executivo repousa na verificação legislativa de que certos atos trazem em si um alto grau de probabilidade de existência do direito, de sorte que o risco de sacrifício injusto do interesse do devedor torna-se pequeno na grande maioria dos casos (esta última observação é de Cândido Rangel Dinamarco). Eis o conceito de título executivo. Como se pode perceber, tal conceito encontra-se amoldado ao novo sistema, valendo a pena chamar a atenção para o fato de que foi a mudança da noção de título judicial que conduziu toda a transformação em termos conceituais. Se é verdade que o título executivo judicial é aquele de cuja formação participa o Estado (nacional ou estrangeiro – inciso VI a seguir), salvo a sentença arbitral (inciso IV), Justiça civil ou penal (inciso II), mediante resolução ou atividade homologatória (incisos III, V e VI), também verdade é que a grande transformação pela qual passou o título judicial não se situa no plano da caracterização das suas modalidades – as novidades são poucas nesse sentido (incisos I e V) –, mas no plano da sua eficácia, qual seja, a potencialidade para provocar a instauração de "processo de execução" (como era, à luz do revogado art. 584) como para provocar a simples instauração da "fase de execução" (ou fase "do cumprimento da sentença"), o que só se opera com a entrada em vigor da Lei n. 11.232/2005, que corporifica, entre nós, a chamada Reforma da Execução Judicial (texto de acordo com a Lei n. 11.232/2005).

I – a sentença proferida no processo civil que reconheça a existência de obrigação de fazer, não fazer, entregar coisa ou pagar quantia;

Vide Projeto de CPC, art. 502, I.

De todos os sete incisos que integram o presente art. 475-N, o que mais sofreu alterações por conta da necessidade de adaptação da noção de título executivo judicial à atual sistemática implantada pela Lei n. 11.232/2005 foi este inciso I que já não menciona – como fazia o mesmo inciso do revogado art. 584 – "sentença condenatória proferida no processo civil", mas sim "sentença proferida no processo civil que reconheça a existência de obrigação de fazer, não fazer, entregar coisa ou pagar quantia". O que, desde logo, chama a atenção nessa disposição legal é que ela amplia significativamente o conceito de título executivo judicial, na medida em que passa a atribuir tal qualificação às sentenças que antes não a possuíam, como as que reconhecem obrigações de fazer, não fazer e entregar coisa. Note-se que, à luz do regime anterior, tais sentenças eram vistas por boa parte da doutrina como integrantes da classe dos provimentos mandamentais e executivos *lato sensu*, atos judiciais que não se identificavam com a sentença condenatória prevista pelo inciso I do art. 584. É que a Reforma do Processo Civil, que modificou a redação do art. 461, e a Lei n. 10.444/2002, que criou o art. 461-A, colocaram uma pá de cal, da perspectiva do regime então vigente, na ideia de que tais sentenças pudessem ser reconhecidas como condenatórias e, por conseguinte, como títulos executivos judiciais, uma vez que não davam ensejo a qualquer processo de execução (o art. 644 afirmava, como afirma, que "a sentença relativa a obrigação de fazer ou não fazer cumpre-se de acordo com o art. 461 [...]", e o art. 621 limitava, como limita, o processo de execução para entrega de coisa aos títulos executivos extrajudiciais). Pois bem, o focalizado inciso I deste art. 475-N surge no cenário jurídico para transformar agora todas as sentenças indicadas no texto em títulos judiciais, com o que a Reforma justifica o fato de que todas elas têm como efeito endoprocessual provocar a instauração da fase de execução do processo de conhecimento, como afirma o *caput* do art. 475-I. Ou, em outras palavras, como a partir de agora, a realização concreta dos direitos reconhecidos por essas sentenças não depende mais de "processo de execução", mas de uma simples "fase de execução" (subsequente) que integra o próprio processo cognitivo (denominada "cumprimento da sentença"), todas elas precisaram ser reconhecidas como títulos executivos judiciais para que se adequassem à sistemática implantada. Mas ainda restou um grande problema, traduzido nas ponderações que seguem. O dispositivo sob enfoque não se posicionou expressamente em relação à natureza jurídica das sentenças que elenca. Seriam todas elas condenatórias, a partir da Reforma da Execução Judicial? E se são condenatórias, que espaço resta para a classe das mandamentais e das executivas *lato sensu*, a partir de agora? Estamos convencidos de que este inciso I não se posicionou propositalmente, porque teve como único intuito o de reunir sob o manto comum dos títulos executivos judiciais, por uma necessidade sistemática, a sentença condenatória do antigo art. 584, I (vale dizer, a que condena a pagar quantia – *v.* histórico neste comentário), e as mandamentais e executivas *lato sensu* que se alternam, em preponderância, quando se cogita de sentenças que reconhecem a existência de obrigações de fazer, não fazer e entregar coisa. Tivesse tido a lei o propósito de definir naturezas jurídicas e ficaria extremamente difícil, do ponto de vista redacional e especificamente verbal, construir um dispositivo que abrangesse as três. Observe-se, nesse diapasão, que existem alguns argumentos legais que amparam a tese, que sustentamos, de que as sentenças condenatórias continuam vinculadas apenas às obrigações de pagar quantia: 1º) o art. 475-B, *caput*, que fala de "valor da condenação", para fins de liquidação; 2º) o art. 475-E, *caput*, que, no mesmo contexto, repete a locução "valor da condenação"; 3º) o art. 475-J, *caput*, refere-se a devedor "condenado ao pagamento de quantia certa" e, logo a seguir, a "montante da condenação". Registre-se que não há neste Capítulo X, que congrega a imensa maioria dos dispositivos da Reforma, qualquer referência à "condenação" ou à "sentença condenatória" quando se cogita de outras obrigações que não a de pagar quantia. A única exceção, encontrável na Lei n. 11.232/2005, fica por conta do disposto no art. 466-A (do Capítulo VIII), que alude a "condenado o devedor a emitir declaração de vontade [...]", o que se explica como escorregão terminológico pelo fato de a Reforma ter reproduzido *ipsis litteris* o revogado art. 641 sem sequer cogitar da possível consequência que tal descuido poderia provocar no plano sistemático; não se pode levar a sério a locução do antigo art. 641, e atual art. 466-A, pela simples razão de que o CPC/73, em sua versão original, só cogitava de sentenças declaratórias, constitutivas e condenatórias, o que explica a desatualização da previsão. Moderna e adequada, por outro lado, é a previsão contida no art. 475-Q, *caput*, onde se assistiu a devida substituição da antiga locução "condenará o devedor", do revogado art. 602, *caput*, pela atual "ordenar ao devedor", o que, mais uma vez, reforça o entendimento que vimos sustentando. Por fim, resta-nos apenas esclarecer um ponto: a estranheza da locução "reconheça a existência de obrigação de [...]", constante do texto sob análise, decorre somente da exigência sistemática e da dificuldade redacional que apontamos anteriormente e não pode levar ninguém a concluir que a sentença declaratória também se tornou título executivo; tanto as declaratórias como as constitutivas não são títulos porque não geram nem processo nem fase de execução, pelo contrário, satisfazem por si mesmas ao interesse do autor, que repousa na própria declaração ou na própria constituição, positiva ou negativa, de uma relação jurídica; a providência complementar administrativa ("execução imprópria") não é execução para os fins da atual sistemática processual (texto de acordo com a Lei n. 11.232/2005).

II – a sentença penal condenatória transitada em julgado;
Vide Projeto de CPC, art. 502, VI.

Diferentemente da sentença civil condenatória (a que reconhece a existência de obrigação de pagar quantia) e das mandamentais e executivas *lato sensu* (as que reconhecem a existência de obrigação de fazer, não fazer ou de entregar coisa) – todas elas hoje qualificadas pelo art. 475-N, I, como títulos executivos (*v.* nota ao *caput*) –, a sentença penal condenatória depende de forma inexorável do trânsito material em julgado para assumir a feição de título executivo, segundo a disposição legal enfocada. E mais, tal sentença exige, ainda, a instauração prévia de uma verdadeira ação de liquidação perante um juízo cível (art. 575, IV), com o procedimento descrito nos arts. 475-E e 475-F, de sorte a torná-la apta a gerar, aí sim, a instauração da fase de "cumprimento da sentença" (arts. 475-I e segs.) por iniciativa do ofendido, seu representante legal, seus herdeiros ou pelo MP, segundo o disposto nos arts. 63 e 68 do CPP.

Observe-se que a instauração da liquidação de sentença ou execução com base na sentença penal condenatória não impede o ajuizamento da ação civil *ex delicto* para o reconhecimento de outras responsabilidades. Registre-se, por derradeiro, que o reconhecimento da viabilidade da instauração prévia de uma "verdadeira ação de liquidação", a que fizemos referência linhas atrás, é uma necessidade inafastável para se poder fazer valer a condenação embutida na sentença penal condenatória. Quanto à existência desta "verdadeira ação" é preciso ressaltar que ela decorre diretamente do enfocado inciso II, conjugado com a disciplina da liquidação por arbitramento ou por artigos e do parágrafo único deste art. 475-N, que determina a inclusão no mandado inicial da ordem de citação, no juízo cível, para liquidação ou execução. Trata-se, sim, de ação de liquidação (pedido deduzido diante de uma autoridade judiciária civil em face do responsável, com vista à definição do valor devido) que gera um processo genuíno (relação processual que nasce de petição inicial e se integra por citação), mas que produzirá uma decisão interlocutória (conforme o regramento consagrado pelo art. 475-H); decisão esta apta a viabilizar a instauração da fase de cumprimento da sentença, que é regulada pelos arts. 475-I a 475-R (texto de acordo com a Lei n. 11.232/2005).

III – a sentença homologatória de conciliação ou de transação, ainda que inclua matéria não posta em juízo;

Vide Projeto de CPC, art. 502, II.

Dada a circunstância de o art. 269, III, equiparar a transação, ou melhor, a sentença homologatória da transação à sentença de mérito, é que o presente dispositivo legal reconhece tanto a sentença homologatória de conciliação (a transação provocada pelo magistrado – arts. 447 a 449) como a transação propriamente dita (o acordo alcançado e instrumentalizado espontaneamente pelas partes e levado, em seguida, aos autos) como títulos executivos judiciais. Observe-se que pela ótica estritamente processual, as duas figuras do texto correspondem ao fenômeno da autocomposição bilateral, que é caracterizado pelo fato de as próprias partes realizarem o acertamento da relação controvertida (ou definição) e não o juiz, limitando-se esse a homologar (chancelar, testificar) o ato das partes. Quanto à parte final do texto, reintroduzida no sistema pela Lei n. 10.358/2001 e mantida pela Lei n. 11.232/2005, é necessário esclarecer que ela amplia o objeto da transação para tornar a respectiva sentença homologatória título executivo também em relação a questões que não integram o conflito de interesses submetido à apreciação judicial (*v. g.*, o acordo de desocupação do imóvel numa ação revisional; o acordo para entrega de um móvel numa ação de cobrança; o acordo para a prestação de certo serviço numa ação indenizatória). Quanto à inovação instituída – nem tanto, já que a Lei n.

8.953/94 havia introduzido a mesma autorização, depois desaparecida com a Lei n. 9.307/96 –, queremos consignar, ainda, que, malgrado a ampliação do título, este não se transmuda, do ponto de vista da sua qualificação processual, pelo fato de trazer em seu bojo matéria estranha ao processo em que foi formado. Em outras palavras, o processo de origem é que determinará a qualificação do título executivo e não aquele (inexistente) em que ele hipoteticamente poderia ter sido forjado. Assim, a homologação do acordo de desocupação do imóvel na revisional não poderá jamais ser qualificada como o seria de acordo com a lei processual aplicável à matéria não posta em juízo (a de locação e sua disciplina do despejo), de sorte que a parte terá de se valer do art. 461-A, em caso de inadimplemento, mas jamais invocar a Lei do Inquilinato para tal fim, o mesmo se podendo dizer na segunda hipótese imaginada, em que não seria possível solicitar a aplicação da efetivação do provimento reintegratório, mas apenas, mais uma vez, o art. 461-A. Observe-se, por fim, que se o acordo tiver por objeto obrigação pecuniária, a execução dessa sentença homologatória obedecerá ao procedimento descrito nos arts. 475-I a 475-R, posto que tal execução corresponderá apenas à fase ou à etapa procedimental de "cumprimento de sentença", que se segue naturalmente ao proferimento do ato homologatório, no caso de o devedor não honrar o compromisso avençado (texto de acordo com a Lei n. 11.232/2005).

IV – a sentença arbitral;

Vide Projeto de CPC, art. 502, VII.

A sentença arbitral (decisão proferida pelos árbitros por força da instituição da arbitragem – Lei n. 9.307/96), tem natureza de sentença de mérito, de sorte que é também reconhecida pela lei como título executivo judicial. Em relação a ela, observe-se, entretanto, que seu caráter de ato definitivo decorre diretamente da Lei n. 9.307/96 (que hoje regula a arbitragem no Brasil), art. 31, que dispõe de forma expressa: "A sentença arbitral produz, entre as partes e seus sucessores, os mesmos efeitos da sentença proferida pelos órgãos do Poder Judiciário e, sendo condenatória, constitui título executivo". Observamos, ainda, relativamente à sentença arbitral sob enfoque, que a sua eficácia já não depende de qualquer ato homologatório do órgão jurisdicional, como explicitamente dispõe o art. 18: "O árbitro é juiz de fato e de direito, e a sentença que proferir não fica sujeita a recurso ou a homologação pelo Poder Judiciário". Registramos, por fim, que não há qualquer inconstitucionalidade no desaparecimento do recurso ao juiz, nem na exclusão da necessidade de homologação da sentença arbitral, na medida em que o art. 33 da Lei n. 9.307/96 estabelece uma forma de controle *a posteriori* pelo juiz, ao dispor: "Art. 33. A parte interessada poderá pleitear ao órgão do Poder Judiciário competente a decretação da nulidade da sentença arbitral, nos casos previsto nesta lei". E, ainda: "§ 3º A decretação da nulidade da sentença arbitral também poderá ser arguida mediante ação de embargos do devedor, conforme o art. 741 e seguintes do CPC, se houver execução judicial". Note-se que a "execução judicial", cogitada pelo texto legal mencionado, corresponde a verdadeiro "processo de execução" que se instaura mediante propositura de ação perante o Judiciário, pelo vencedor da arbitragem, e que, por isso, depende de citação do perdedor, de sorte que se aplica, nesse caso, o parágrafo único deste art. 475-N, que prevê a inclusão no mandado inicial (aquele a que alude o art. 475-J, *caput*) "a ordem de citação do devedor, no juízo cível, para liquidação ou execução, conforme o caso". Se, por outro lado, a sentença arbitral tiver natureza mandamental ou executiva *lato sensu* (nos casos de obrigações de fazer, não fazer ou entregar coisa), registre-se que não se aplicam os arts. 461 e 461-A, pelo menos diretamente, mas os arts. 621, 632, 642, 644 e 645, tudo dada a exigência de citação do perdedor, posto que para tais espécies sentenciais não foi prevista nenhuma regra de exceção como a estabelecida no parágrafo único a seguir, que rege apenas as sentenças condenatórias (obrigação pecuniária) (texto de acordo com a Lei n. 11.232/2005).

V – o acordo extrajudicial, de qualquer natureza, homologado judicialmente;

Vide Projeto de CPC, art. 502, III.

De todas as novidades trazidas pela Lei n. 11.232/2005, que instituiu a Reforma da Execução Judicial, nenhuma delas parece mais comprometedora ou perigosa para o exercício da jurisdição civil, nestes tempos de crise em que vivemos, do que a estampada no presente inciso V. Se todo o propósito reformista sempre esteve ligado à ideia de facilitação e agilização dos procedimentos executivos e, com isso, à desburocratização da atividade judiciária para propiciar mais rendimento, não se compreende como uma previsão normativa como esta, que parece criar uma nova forma de acesso à Justiça voltada exclusivamente à perseguição de chancelas para acordos extrajudiciais, possa ter surgido no bojo de uma Reforma bem intencionada. Escancarar as portas do Judiciário para a atividade homologatória irrestrita de avenças extrajudiciais parece-nos um retrocesso enorme. Seja como for, o fato é que o regramento como que estranhamente complementa o já estatuído pelo art. 585, II, deste CPC, que, disciplinando os títulos extrajudiciais, prescreve: "Art. 585. São títulos executivos extrajudiciais: [...] II – a escritura pública ou outro documento público assinado pelo devedor; o documento particular assinado pelo devedor e por duas testemunhas; o instrumento de transação referendado pelo MP, pela Defensoria Pública ou pelos advogados dos transatores". Dizemos "estranhamente" porque se as partes, ao celebrar uma transação, podem dar a ela com facilidade a condição de título extrajudicial – ao formalizarem-na por instrumento ou documento público, ao introduzirem nela duas testemunhas ou ao buscarem o referendo do MP, da Defensoria Pública ou dos advogados envolvidos –, que propósito existe em a lei agora permitir a criação de um título judicial mediante simples pedido de homologação ao Poder Judiciário? Se, por nada menos do que seis maneiras, é tão fácil criar um título extrajudicial, para que serve o estabelecimento de uma sétima para a criação de título judicial? Por mais que busquemos, não conseguimos encontrar uma resposta minimamente satisfatória para tal indagação. Diante de tamanha perplexidade, o que nos parece é que a homologação pelo Judiciário de "acordo extrajudicial, de qualquer natureza", só pode ser compreendida como uma providência excepcional e extraordinária, dada a gama de outras possibilidades colocadas à disposição dos particulares. Se não for assim, poderemos assistir, de uma hora para outra, a uma enxurrada de requerimentos de homologação, apenas em razão da força jurídica maior que o título judicial possui. Talvez devamos pensar aqui, em nome dos princípios da razoabilidade e proporcionalidade – que para muitos integram o próprio devido processo legal (CF, art. 5º, LIV) – e dos princípios da instrumentabilidade do processo e das formas, que a solicitação de homologação de acordo extrajudicial ao Judiciário só tem cabimento se os interessados demonstrarem, alternativamente: *a)* a extraordinária importância jurídica, social ou econômica do acordo a ser homologado; ou *b)* a impossibilidade ou dificuldade efetiva de acesso ao MP ou à Defensoria Pública em hipóteses relacionadas com as suas atribuições. Somente a partir de uma interpretação assim restritiva do dispositivo sob enfoque será possível extrair dele alguma valia. Caso contrário, estaremos de fato retrocedendo e contribuindo para a manutenção do estado de sobrecarga da nossa Justiça civil (texto de acordo com a Lei n. 11.232/2005).

VI – a sentença estrangeira, homologada pelo Superior Tribunal de Justiça;

Vide Projeto de CPC, art. 502, VIII.

Por sentença estrangeira, no texto deste inciso VI – alterado em sua redação pela Lei n. 11.232/2005 (Reforma da Execução Judicial) –, entende-se não apenas a sentença condenatória como também a declaratória, a constitutiva, a mandamental, a executiva *lato sensu* ou arbitral (Lei n. 9.307/96, arts. 34 a 40) que possua algum efeito a ser cumprido no Brasil (*v.* art. 483 e nota). A homologação pelo STJ (CF, art. 105, I, *i*; CPC, arts. 483 e 484) consubstancia requisito essencial do título executivo, de forma que, sem ela, título não há e execução não pode ser instaurada (arts. 586 e 618, I). Já no que concerne ao título extrajudicial estrangeiro, a sua disciplina encontra-se estabelecida expressamente no § 2º do art. 585, ao qual remetemos o leitor. Observe-se, por derradeiro, que a execução de sentença estrangeira após a homologação corresponde a verdadeiro "processo de execução" que se instaura perante a Justiça Federal (art. 109, X, da CF) com base em título executivo judicial, processo este que depende, para ser instaurado, de citação, aplicando-se, então, o parágrafo único deste art. 475-N, que determina a inclusão no mandado inicial (art. 475-J) da "ordem de citação do devedor, no juízo cível, para liquidação ou execução, conforme o caso" (texto de acordo com a Lei n. 11.232/2005).

VII – o formal e a certidão de partilha, exclusivamente em relação ao inventariante, aos herdeiros e aos sucessores a título singular ou universal.

Vide Projeto de CPC, art. 502, IV.

Formal de partilha é o documento, ou conjunto de documentos, expedido pelo juízo do inventário, que instrumentaliza a transmissão da herança e cujos requisitos formais encontram-se elencados no art. 1.027, *caput*. Já a certidão de partilha, instituída pelo parágrafo único desse mesmo art. 1.027, pode ser conceituada como o instrumento de transmissão de bens cujo valor não exceda cinco salários mínimos e que se traduz num documento único. Com base em qualquer deles é possível ajuizar execução. Observe-se, entrementes, que a parte final do texto sob enfoque – que correspondia ao parágrafo único do revogado art. 584 – estabelece de forma explícita a legitimação passiva *ad causam* para a execução fundada no formal ou na certidão de partilha: somente em face do inventariante pode ser ajuizada execução para o recebimento dos bens que compõem a herança ou o legado (se os bens estiverem em poder de terceiros, ação de conhecimento deverá ser proposta, salvo se o próprio inventariante os tiver transmitido por ato *inter vivos*, quando ao terceiro comprador, *v. g.*, caberá figurar no polo passivo da relação processual); falecendo o inventariante, automaticamente se legitimam os seus próprios herdeiros ou legatários para a execução. Observe-se, por último, que valem aqui as considerações finais que fizemos a respeito dos incisos IV e VI deste art. 475-N, dada a necessidade de citação dos executados, apesar da ausência de alusão do parágrafo único deste art. 475-N ao inciso VII sob enfoque (*v.* notas) (texto de acordo com a Lei n. 11.232/2005).

Parágrafo único. Nos casos dos incisos II, IV e VI, o mandado inicial (art. 475-J) incluirá a ordem de citação do devedor, no juízo cível, para liquidação ou execução, conforme o caso.

Vide Projeto de CPC, art. 502, parágrafo único.

Reconhecendo a circunstância extraordinária representada pelo fato de que, em algumas das hipóteses previstas pelo *caput*, o título executivo judicial demanda a instauração de um verdadeiro "processo de execução", dependente de petição inicial, citação do devedor e autuação própria e autônoma – tudo muito diferente daquilo que ocorre normalmente quando o título judicial se forma dentro de um processo de conhecimento, quando, então, a liquidação de sentença e a sua execução correspondem apenas a fases ou etapas procedimentais que se seguem à decisão da causa, nos mesmos autos (arts. 475-A a 475-H e 475-I a 475-R) –, é que o presente dispositivo determina a inclusão no mandado inicial a que alude o art. 475-J, *caput*, da "ordem de citação do devedor, no juízo cível, para a liquidação ou execução, conforme o caso". As hipóteses em que a instauração de um próprio e verdadeiro processo de execução é necessária são evidentemente as indicadas no texto, quais sejam: a da sentença penal condenatória transitada em julgado (inciso II); a da sentença arbitral (inciso IV); e a da sentença estrangeira, homologada pelo STJ (inciso VI). Acerca dessas situações, remetemos o leitor aos comentários respectivos, mas fazemos questão de chamar a atenção para o fato de que, ao excluir propositalmente da previsão deste parágrafo único o inciso V, o legislador reformista optou por considerar que o "acordo extrajudicial [...] homologado judicialmente", para ser executado, não demanda nova autuação, nem citação, mas mera intimação do devedor para pagar nos termos do art. 475-J, *caput*. No entanto, registre-se que se tal acordo tiver por objeto obrigação de fazer, não fazer ou entrega de coisa, já não é possível aplicar o mencionado art. 475-J, mas os arts. 461 e 461-A por conta do previsto no art. 475-I, *caput*. Por último, consigne-se que o que dissemos sobre o acordo extrajudicial (inciso V) também se aplica à liquidação ou à execução do formal ou da certidão de partilha (inciso VII), hipótese identicamente excluída da ressalva prevista neste parágrafo único (texto de acordo com a Lei n. 11.232/2005).

Art. 475-O. A execução provisória da sentença far-se-á, no que couber, do mesmo modo que a definitiva, observadas as seguintes normas:

Vide Projeto de CPC, arts. 506, caput *e §§ 1º a 3º, e 513.*

De início, convém chamar a atenção para o fato de que o presente art. 475-O e seus incisos correspondem a reproduções de dispositivos do revogado art. 588 (com algumas alterações), o que nos permite o aproveitamento dos comentários que realizamos antes da entrada em vigor da Lei n. 11.232/2005 (Reforma da Execução Judicial). Pois bem, a provisoriedade da execução é decorrência inerente do fato de a lei outorgar executoriedade a certas decisões antes de que sobre elas se forme a coisa julgada, o que, por seu turno, é resultado da circunstância de o sistema processual retirar o efeito suspensivo de certos recursos (o extraordinário, o ordinário constitucional e o especial previstos pela Constituição) ou da apelação em determinadas situações (as previstas pelos arts. 520, 1.184 e outras estabelecidas pela legislação extravagante). Presente, assim, o fenômeno da executoriedade antecipada à coisa julgada, é lícito ao credor requerer execução de caráter provisório, cujo procedimento é regulado pelo corpo normativo constante dos incisos e parágrafos deste art. 475-O. Observe-se que foi a Lei n. 10.444/2002 que substituiu a palavra "princípios" por "normas" na parte final do texto do *caput* do revogado art. 588, de que o presente é reprodução parcial. De fato, os incisos que seguem à frente consubstanciam regras processuais e não princípios, razão por que a alteração foi bem-vinda. Observe-se, por derradeiro, que a locução "no que couber", presente no dispositivo focalizado, deixa aberta a possibilidade de questionamento sobre a compatibilidade ou a incompatibilidade de certas normas da execução com o procedimento da execução provisória, o que parece de todo conveniente (texto de acordo com a Lei n. 11.232/2005).

I – corre por iniciativa, conta e responsabilidade do exequente, que se obriga, se a sentença for reformada, a reparar os danos que o executado haja sofrido;

Vide Projeto de CPC, art. 506, I.

A responsabilidade do exequente por prejuízos causados ao executado já se encontra instituída como regra da execução pelo art. 574. Aqui, a norma é reiterada e explicitada pelo fato de que os atos executivos serão praticados sem que nem ao menos haja se tornado imutável a decisão que os fundamenta. Ora, se a execução definitiva (art. 475-I, § 1º) pode gerar responsabilidade quando a decisão dada à impugnação e à execução (arts. 475-L e 475-M) declara "inexistente, no todo ou em parte, a obrigação, que deu lugar à execução" (art. 574), o que não dizer da provisória que é fundada em sentença ainda passível de reforma pelo órgão de segunda instância? Comparadas as duas situações, o que se tem é que se na própria execução definitiva existe risco de geração de prejuízos para o executado, na provisória tal risco é, pelo menos, duas vezes maior, uma vez que o título executivo sequer alcançou o grau de maturidade que a coisa julgada propicia. Eis o motivo por que se encontra perfeitamente justificada a norma sob enfoque no corpo disciplinar deste art. 475-O. Observe-se, por fim, que o dispositivo sob enfoque traz como novidade a locução "por iniciativa", no início do texto, para sinalizar que, assim como a execução definitiva, também a execução provisória depende de requerimento por petição escrita, petição essa, aliás, que hoje se encontra expressamente disciplinada pelo § 3º à frente (texto de acordo com a Lei n. 11.232/2005).

II – fica sem efeito, sobrevindo acórdão que modifique ou anule a sentença objeto da execução, restituindo-se as partes ao estado anterior e liquidados eventuais prejuízos nos mesmos autos, por arbitramento;

Vide Projeto de CPC, art. 506, II.

Outra regra inerente à execução provisória é a exigência legal de que a situação jurídica das partes, que tenha sido alterada de alguma maneira por força de atos executivos, volte ao *status quo ante* na hipótese de ser dado provimento ao recurso recebido sem efeito suspensivo que autorizou a execução. Anulada ou modificada a sentença objeto da execução provisória (ou a decisão que haja rejeitado a impugnação à execução oferecida pelo devedor), a reversão da situação se dará nos próprios autos do processo por ordem judicial *ex officio* adequada a tal mister. Observe-se, por último, que a parte final do dispositivo sob exame ("e liquidados eventuais prejuízos nos mesmos autos, por arbitramento") foi acrescentada pela Reforma da Execução Judicial ao texto original do inciso III do revogado art. 588, de que o presente é reprodução. Sobre o acréscimo disciplinar, trata-se de regramento evidentemente inspirado no princípio da economia processual, que permite a imediata instauração do procedimento liquidatório (liquidação por arbitramento – arts. 475-A, *caput* e § 1º, 475-C, D, G e H) nos próprios autos da execução provisória assim que surja a notícia de que um acórdão modificou a sentença exequenda ou modificou a decisão que havia rejeitado a impugnação ofertada. Com a nova disciplina, facilita-se formalmente (pela liquidação que se processa nos mesmos autos) e agiliza-se significativamente a responsabilização do credor, já que tal liquidação é julgada por decisão interlocutória, a qual permite, por sua vez, a instauração da execução contra o exequente (texto de acordo com a Lei n. 11.232/2005).

III – o levantamento de depósito em dinheiro e a prática de atos que importem alienação de propriedade ou dos quais possa resultar grave dano ao executado dependem de caução suficiente e idônea, arbitrada de plano pelo juiz e prestada nos próprios autos.

Vide Projeto de CPC, art. 506, IV.

Inovando de forma extremamente corajosa a disciplina da execução provisória no Brasil, o inciso II do art. 588, com a redação que lhe deu a Lei n. 10.444/2002, estabeleceu, pela primeira vez entre nós, a autorização para a "prática de atos que importem alienação de domínio", isto é, a possibilidade de se realizar, em sede de execução provisória, os atos expropriatórios previstos pelo art. 647 do CPC, quais sejam, a adjudicação, a alienação por iniciativa particular, a alienação em hasta pública e o usufruto de móvel ou imóvel. Pois bem, o que a Reforma da Execução Judicial (Lei n. 11.232/2005) faz, por meio do presente inciso III, é reproduzir com modificações o inciso II do art. 588, que fica revogado, mantendo os delineamentos básicos da modificação radical trazida para o nosso sistema pela Lei n. 10.444/2002. Observe-se, desde logo, que a execução provisória deixa de ser um instituto de pouca utilização prática para se tornar um contundente meio de pressão a ser exercido contra o executado, com vista à satisfação voluntária do crédito, via pagamento, ou, pelo menos, com vista à celebração de um acordo. Sim, porque a simples expectativa de antecipação dos atos mais agressivos do processo civil numa sequência ininterrupta (penhora e expropriação), com certeza, levará muitos devedores a procurarem uma saída que evite o ato de alienação forçada. Registre-se, no entanto, que, dada a manutenção quase sem alterações do art. 520 pela Reforma do CPC (Lei n. 11.232/2005), salvo seu inciso III, que foi revogado, a execução provisória não teve o seu cabimento alargado, salvo no que concerne à aplicabilidade desse regramento à efetivação da tutela antecipada em relação às obrigações de entregar quantia, o que não deixa de ser bastante significativo (*v.* art. 273, § 3º, e nota). Pois bem, examinando o texto focalizado como um todo, o que chama a atenção é que a previsão da "prática de atos que importem alienação de propriedade" – "propriedade" e não mais "domínio" – se encontra situada entre duas outras ("o levantamento de depósito em dinheiro" e a dos atos "dos quais possa resultar grave dano ao executado"), todas dependendo de prestação de caução idônea para a sua viabilidade jurídica. Quanto à primeira previsão, é importante ressaltar que o depósito mencionado tanto pode ocorrer em sede de efetivação de tutela antecipada como em sede de execução provisória propriamente dita; como nos dois casos as respectivas decisões que propiciaram o depósito não são definitivas, o seu levantamento depende de caução idônea, isto é, caução que cubra inteiramente o valor a ser levantado. Já no que concerne à segunda, salientamos apenas que não é a instauração do procedimento da execução provisória que depende de caução (com era antes – antiga redação do inciso I do art. 588), mas somente a prática de "atos que importem alienação de propriedade", o que significa que a realização dos atos previstos pelo art. 647 é que depende de prévio oferecimento de caução pelo exequente. Quanto à terceira, a relativa aos atos "dos quais possa resultar grave dano ao executado", é necessário esclarecer que tal cláusula funciona como regra de extensão, alcançando todo e qualquer ato particularizado do procedimento da execução provisória que possa gerar, por si, um prejuízo considerável para o executado, como a penhora, seu registro, a publicação do edital de praça, etc. (*v.* parte final da nota dedicada ao *caput*). Note-se que a justificativa da exigência de caução, em qualquer caso, é sempre a mesma: a executoriedade sem a prévia formação de coisa julgada. Por último, fique consignado que, em todas as hipóteses, a caução deve ser requerida, discutida, julgada e prestada nos próprios autos da execução provisória, observado analogicamente o disposto nos arts. 826 e segs. do CPC. Sobre a dispensa de caução, examine-se o § 2º adiante (texto de acordo com a Lei n. 10.444/2002 e mantido com alterações pela Lei n. 11.232/2005).

§ 1º No caso do inciso II do *caput* deste artigo, se a sentença provisória for modificada ou anulada apenas em parte, somente nesta ficará sem efeito a execução.

Vide Projeto de CPC, art. 506, III.

Este § 1º, que já havia sido alterado em sua numeração pela Lei n. 10.444/2002 e agora mantido com o mesmo número, mas transportado para o presente art. 475-O pela Lei n. 11.232/2005 (Reforma da Execução Judicial), apenas complementa a disciplina imposta pelo inciso II deste artigo, explicitando que a anulação ou a modificação parcial da sentença exequenda (ou da decisão interlocutória de rejeição da impugnação oferecida pelo executado – art. 475-M, § 3º) determinará somente a restituição das partes ao estado anterior (ao *status quo ante*) na medida da modificação ou da anulação experimentada, sem comprometer a validade e a eficácia dos atos executivos praticados com fundamento na parte não modificada da sentença (texto de acordo com a Lei n. 11.232/2005).

§ 2º A caução a que se refere o inciso III do *caput* deste artigo poderá ser dispensada:

Vide Projeto de CPC, art. 507, caput *e II e IV, e parágrafo único.*

O presente § 2º – que corresponde em sua normatividade ao § 2º do revogado art. 588, mas apresentado, da perspectiva formal, de maneira completamente distinta pela Lei n. 11.232/2005; o § 2º originário foi seccionado e dividido entre o *caput* sob enfoque e o inciso I a seguir, tudo por conta da necessidade de acréscimo do inciso II que a Reforma resolveu inserir neste parágrafo – excepciona a exigência de caução para que se possa proceder ao levantamento de depósito em dinheiro, à prática de atos que importem alienação de propriedade ou à pratica de atos que possam representar grave dano ao executado. Nas hipóteses a seguir, todos os atos previstos no *caput* do inciso III deste artigo poderão ser praticados sem que o exequente precise prestar garantia. Vejamos (texto de acordo com a Lei n. 11.232/2005).

I – quando, nos casos de crédito de natureza alimentar ou decorrente de ato ilícito, até o limite de sessenta vezes o valor do salário mínimo, o exequente demonstrar situação de necessidade;

Vide Projeto de CPC, art. 507, I.

Este inciso I – desdobramento do § 2º do revogado art. 588, feito constar do presente dispositivo pela Lei n. 11.232/2005 (Reforma da Execução Judicial) – estabelece ressalva ao dever de prestar caução em sede de execução provisória nos "casos de crédito de natureza alimentar ou decorrente de ato ilícito", desde que respeitados os dois requisitos expressa e cumulativamente impostos pelo texto. Observe-se que a dispensa de caução aqui instituída, que só atinge crédito de "natureza alimentar ou decorrente de ato ilícito", tem aplicação quer quando se trate de levantamento de depósito em dinheiro, quer quando se trata da prática de atos de alienação de propriedade (inciso III anterior). Mas que depósito é esse cujo levantamento não depende de caução? E que atos de alienação são esses que podem ser praticados sem prestação de garantia? Quanto ao depósito, trata-se de ato do devedor realizado em execução provisória de qualquer sentença reconhecedora de crédito de natureza alimentar ou decorrente de ato ilícito, incluindo, por certo, a execução da sentença que condena ao pagamento de prestação alimentícia prevista pelo art. 732 do CPC (note-se que o parágrafo único deste art. 732 prevê autorização bastante semelhante), bem como a execução especial regulada pelo arts. 733 e 734. Se, assim, por qualquer motivo, em qualquer desses procedimentos, ocorrer um depósito em dinheiro, tal depósito pode ser levantado independentemente de caução se o valor não ultrapassar os sessenta salários mínimos e o exequente demonstrar que se encontra em estado de necessidade. Já no que concerne aos atos de alienação, trata-se da praça, do leilão ou da adjudicação que estejam por se praticar em sede de execução provisória de qualquer sentença ou da particular sentença condenatória em "prestação alimentícia" (art. 732), mas, sempre, desde que respeitado o limite de sessenta salários e a comprovação do estado de necessidade. Registre-se, por último, que também é possível cogitar da dispensa de caução quando se trate de atos "dos quais possa resultar grave dano ao executado", o que se justifica em razão do pequeno valor do crédito, do estado de necessidade e do caráter alimentar do direito, objeto da execução, três circunstâncias poderosas que militam a favor do exequente (texto de acordo com a Lei n. 11.232/2005).

II – nos casos de execução provisória em que penda agravo perante o Supremo Tribunal Federal ou o Superior Tribunal de Justiça (art. 544), salvo quando da dispensa possa manifestamente resultar risco de grave dano, de difícil ou incerta reparação.

Vide Projeto de CPC, art. 507, III.

Comparando o substrato normativo do presente inciso II – criado pela Lei n. 11.232/2005 e alterado em sua redação pela Lei n. 12.322/2010 – com o do inciso I já comentado, o que fica claro para o intérprete é a ocorrência de uma gradação da conveniência legal de permissão da dispensa da caução a que alude o *caput* do inciso III deste art. 475-O. Se na hipótese prevista no inciso I exige-se do exequente – de crédito alimentar ou decorrente de ato ilícito – a demonstração da situação de necessidade, com base neste inciso II a necessidade econômica não precisa ser demonstrada, porque aqui a probabilidade de existência do crédito é mais intensa, na medida em que já existem duas decisões no processo, uma sentença e um acórdão, tanto que contra este último foi interposto recurso extraordinário ou especial (CF, arts. 102, III, e 105, III) que não foi admitido, e contra tal indeferimento, por sua vez, houve a interposição de agravo nos próprios autos para o STF ou o STJ (CPC, art. 544). Dada, então, a presença de uma manifestação mais forte de aparência de direito é que este inciso II admite a dispensa da prestação de caução, somente a exigindo se se puder reconhecer que a dispensa significa "risco de grave dano, de difícil ou incerta reparação" para o executado. Em outras palavras, se com base no inciso I a necessidade precisa ser demonstrada, *a priori*, com base no inciso II dispensa-se tal demonstração, mas se exige a verificação de um requisito negativo (que a dispensa não significará risco de grave dano) que o juízo da execução provisória há de realizar, julgando a questão por meio de decisão interlocutória, após a oportunidade dada às partes para o exercício do contraditório (inciso acrescentado pela Lei n. 11.232/2005 e alterado em sua redação pela Lei n. 12.322, de 09.09.2010).

---

§ 3º Ao requerer a execução provisória, o exequente instruirá a petição com cópias autenticadas das seguintes peças do processo, podendo o advogado declarar a autenticidade, sob sua responsabilidade pessoal:

Vide Projeto de CPC, art. 508, caput

O presente § 3º, com os seus cinco incisos, encerra a disciplina contida neste Capítulo X sobre a execução provisória, elencando o rol de peças processuais que devem instruir o requerimento. Observe-se que, de uma perspectiva estritamente lógica, talvez este § 3º devesse corresponder ao dispositivo de abertura da regulamentação (requerimento e peças que o instruem), seguindo-se das normas que apontam para o que se pode praticar em execução provisória (como o inciso III e os dois parágrafos) e encerrando-se, quem sabe, com as previsões acerca das consequências da reforma ou da anulação da sentença exequenda (os incisos I e II anteriores). Seja como for, o fato é que a disposição legal que nos ocupa trata do requerimento de execução provisória e substitui os arts. 589 e 590 que foram revogados pela Lei n. 11.232/2005 que instituiu a Reforma da Execução Judicial; como visto, o revogado art. 588 foi substituído pelos incisos I a III deste art. 475-O (*v.* notas), restando ao presente § 3º substituir os revogados arts. 589 (que falava de carta de sentença) e 590 (que elencava os seus requisitos). Registre-se que o desaparecimento da figura da "carta de sentença" não merece qualquer elogio porque, além de tratar-se de locução consagrada pela tradição do nosso direito processual, nenhuma dificuldade ou impedimento haveria em se estender a sua aplicação à liquidação que hoje pode ser requerida na pendência de recurso (conforme o disposto no § 2º do art. 475-A). Veja-se, ainda, que o fato de o "processo de execução por quantia" ter sido transformado em fase de "cumprimento da sentença", pela Reforma, não justifica, em absoluto, a eliminação da "carta de sentença". Também não podemos deixar de criticar a alteração empreendida porque, ao omitir "carta de sentença", a presente disciplina da execução provisória ficou desprovida de regra sobre a forma de processamento, salvo pela invocação do § 2º do art. 475-A que manda processar em autos apartados a liquidação requerida na pendência de recurso. Ocorre que nem sempre a execução provisória é precedida de procedimento de liquidação, de forma que para a maioria das situações (requerimento de execução provisória acompanhada apenas de memória de cálculo – art. 475-B), continuamos sem regra de processamento! E quando alguém perguntar, então, sobre como se processa a execução provisória nesses casos, talvez a única resposta possível seja mesmo esta: como sempre foi, quer dizer, por meio de "carta de sentença"... Por derradeiro, convém salientar a inescondível importância da previsão final do texto sob enfoque que autoriza o advogado a "declarar a autenticidade, sob sua responsabilidade pessoal" das peças que escolher para instruir a petição de requerimento da execução provisória – o texto, que antes apenas fazia referência ao art. 544, § 1º, hoje modificado, foi alterado pela Lei n. 12.322/2010 para tornar explícita a faculdade concedida ao advogado. Duas observações: a primeira no sentido de que a responsabilidade instituída tem tríplice natureza jurídica: processual, civil e criminal, o que assegura a aplicabilidade, seriedade e eficiência do regime de autenticação estabelecido; a segunda no sentido de que a declaração de autenticidade das peças a ser realizada pelo advogado deve constar expressamente da própria petição de requerimento da execução provisória com exata indicação dos documentos que são declarados autênticos (parágrafo acrescentado pela Lei n. 11.232/2005 e alterado em sua redação pela Lei n. 12.322, de 09.09.2010).

I – sentença ou acórdão exequendo;

Vide Projeto de CPC, art. 508, I.

A reprodução da sentença ou do acórdão exequendo corresponde a um dos documentos indispensáveis ao requerimento de execução provisória pelo simples fato de que ele constitui o próprio título que justifica a prática de atos executivos contra o devedor (*v.* arts. 475-I, § 1º, 475-N, I, e 583). Observe-se que a sentença ou o acórdão reproduzido – segundo o *caput* deste § 3º, o advogado pode se valer da prerrogativa do art. 544, § 1º, que é a de declarar autênticas as cópias das peças processuais que apresenta sob sua responsabilidade – não é, a rigor, uma simples cópia do título, mas o próprio título, o que confirma a tese de que o título executivo não tem natureza jurídica de documento, mas sim de ato documentado, já que pode ser reproduzido indefinidamente (eis uma das características dos títulos executivos judiciais hoje previstos pelo art. 475-N do CPC).

II – certidão de interposição do recurso não dotado de efeito suspensivo;

Vide Projeto de CPC, art. 508, II.

Outro documento indispensável ao requerimento de execução provisória é a "certidão de interposição do recurso não dotado de efeito suspensivo", segundo o presente dispositivo. Observe-se que é com esse documento que se faz demonstração do cabimento da execução provisória, que depende justamente de "[...] sentença impugnada mediante recurso ao qual não foi atribuído efeito suspensivo" (art. 475-I, § 1º, *in fine*). Contudo, num momento de Reforma do Processo Civil, em que se busca facilitar, agilizar e desburocratizar, não se consegue compreender como a presente disposição legal exige "certidão de interposição do recurso não dotado [...]". Nada mais burocrático... Se o advogado da parte pode se valer do disposto no art. 544, § 1º, para todos os fins deste § 3º, por que não pode declarar, sob sua responsabilidade pessoal, que são autênticas as peças de interposição do recurso e aquela outra em que se encontra estampada a decisão judicial de recebimento só no efeito devolutivo? De fato, não compreendemos (texto de acordo com a Lei n. 11.232/2005).

III – procurações outorgadas pelas partes;

Vide Projeto de CPC, art. 508, III.

As procurações outorgadas pelas partes são, da mesma forma, documentos indispensáveis ao requerimento de execução provisória, conforme a disposição focalizada, não só porque permitem a constatação da regularidade da representação processual, mas também porque viabilizam a identificação completa do exequente e do executado. Lembremos, por fim, que, também em relação às procurações, pode o advogado se valer da prerrogativa estampada no § 1º do art. 544 à luz do disposto no *caput* deste § 3º (texto de acordo com a Lei n. 11.232/2005).

IV – decisão de habilitação, se for o caso;

Vide Projeto de CPC, art. 508, IV.

A "decisão de habilitação", a que alude o presente inciso, é tanto o julgamento da habilitação por sentença (art. 1.062, parte inicial), como a admissão da habilitação nos casos em que ela independe de sentença (arts. 1.060 e 1.062, parte final). Tanto num caso como no outro, a parte deve instruir o seu requerimento de execução provisória com a cópia da sentença ou da decisão interlocutória que declara a habilitação, podendo o advogado socorrer-se da prerrogativa do § 1º do art. 544 (*v.* previsão final do *caput* deste § 3º), em que declara, sob sua pessoal responsabilidade, que a peça juntada é autêntica. A prova da habilitação permite a constatação da legitimação ativa daquele que vem postular execução provisória e a passiva daquele cujo patrimônio será submetido aos atos executivos (texto de acordo com a Lei n. 11.232/2005).

V – facultativamente, outras peças processuais que o exequente considere necessárias.

Vide Projeto de CPC, art. 508, V.

Além das cópias da sentença ou do acórdão exequendo, da certidão de interposição do recurso recebido só no efeito devolutivo, das procurações passadas pelas partes e da habilitação, se for o caso – documentos que se qualificam como indispensáveis ao requerimento de execução provisória –, pode a parte, se quiser, juntar à peça de abertura todos os demais documentos dos autos que reputar úteis à compreensão, pelo juiz, dos aspectos particulares que marcam a decisão exequenda ou o contexto processual ou material em que ela foi forjada. Assim como todos os outros documentos, salvo a "certidão de interposição" (*v.* nota ao inciso II anterior), pode o advogado declarar, de próprio punho, a autenticidade das peças copiadas e juntadas, sob sua responsabilidade pessoal (*v. caput*, parte final deste § 3º já citado e art. 544, § 1º, parte final), com o que se tem por significativamente facilitada a instauração da execução provisória (texto de acordo com a Lei n. 11.232/2005).

Art. 475-P. O cumprimento da sentença efetuar-se-á perante:

Vide Projeto de CPC, art. 503, caput

O presente dispositivo – que tem suposto paralelo no art. 575 deste Código – surge no cenário da Reforma da Execução Judicial (Lei n. 11.232/2005) com o propósito de regular a questão da competência à luz da fase procedimental denominada "do cumprimento da sentença", de que trata o Capítulo X que estamos examinando. Observe-se que, enquanto este art. 475-P regula a competência à luz da fase executiva do processo de conhecimento, o art. 575 mencionado se propõe a regular a competência à luz do processo de execução que se funde em título executivo judicial. Ocorre, entretanto, que como o art. 475-P reproduz as três hipóteses previstas pelo art. 575, incluindo a última, que fala de "sentença penal condenatória" e "sentença arbitral", acrescentando, ainda, a referência à sentença estrangeira, não há situação possível que justifique a aplicação deste último regramento, o que nos conduz à conclusão de que o art. 475-P regula inteiramente a matéria, revogando, por tal motivo, o art. 575 do CPC; não há processo de execução fundado em outro título executivo judicial, na perspectiva da nova sistemática implantada, que não a sentença penal condenatória, a sentença arbitral e a sentença estrangeira (texto de acordo com a Lei n. 11.232/2005).

I – os tribunais, nas causas de sua competência originária;

Vide Projeto de CPC, art. 503, I.

Respeitando o princípio secular segundo o qual processa a execução da sentença o juiz que a proferiu, e respeitando também, pelo menos em relação ao STF, a previsão constitucional contida no art. 102, I, *m*, que diz competir ao STF "a execução de sentença nas causas de sua competência originária, facultada a delegação de atribuições para a prática de atos processuais", é que o presente inciso afirma a competência dos tribunais (todos e não apenas os superiores, como prescrevia o revogado art. 575) para o cumprimento da sentença, nas causas de sua competência originária (sobre competência originária, *v.* CF, arts. 102, I, 105, I, 108, I, e 125, § 1º). Note-se que, como a Constituição não criou exceções expressas ao princípio, pode o legislador infraconstitucional regular, com base na sua discricionariedade legislativa, a competência para o processamento da execução da sentença, assuma ele a forma de "processo de execução", como ocorria no regime anterior (art. 575, I), assuma ele a forma de fase de "cumprimento da sentença", como ocorre a partir da Reforma de 2005 (art. 475-P, I). Não fosse assim, não teria qualquer significado jurídico o presente dispositivo legal, pelo menos perante o STJ e os TRFs, que têm suas competências fixadas no próprio texto constitucional (texto de acordo com a Lei n. 11.232/2005).

II – o juízo que processou a causa no primeiro grau de jurisdição;

Vide Projeto de CPC, art. 503, II.

Como visto, corresponde a princípio secular a ideia de que o juízo que profere a sentença é competente para processar a sua execução, o que vale, inclusive, em relação aos tribunais, nas causas de sua competência originária (*v.* inciso I e nota). Na verdade, nada mais apropriado do que deferir ao juízo monocrático, que conheceu todos os aspectos fáticos e jurídicos da causa e sentenciou, competência para o processamento da execução do seu próprio ato sentencial, que assuma tal atividade executiva a forma de processo, como se dava no sistema anterior (art. 575, II), ou que assuma a execução a forma de mera fase de "cumprimento da sentença", como se dá agora com o novo sistema implantado pela Lei n. 11.232/2005 (Reforma da Execução Judicial). A justificativa técnico-científica desse regramento repousa na evidente e intensa vinculação entre as fases cognitiva e executiva, entre as etapas de reconhecimento do direito e de realização do direito. Nada mais conveniente do que o mesmo magistrado que já solucionou o litígio de pretensão resistida solucione também o seu desdobramento que é o litígio de pretensão insatisfeita existente entre as mesmas partes (*v.* parágrafo único adiante) (texto de acordo com a Lei n. 11.232/2005).

III – o juízo cível competente, quando se tratar de sentença penal condenatória, de sentença arbitral ou de sentença estrangeira.

Vide Projeto de CPC, art. 503, III.

Dada a circunstância de que as três sentenças previstas no texto deste inciso III foram proferidas por julgadores outros que não um juiz civil (o juiz penal, o árbitro e o juiz estrangeiro com chancela do STJ) e tendo em conta que o CPC as reconhece como títulos executivos judiciais (art. 475-N, II, IV e VI), vale dizer, como atos hábeis à instauração de processos de execução no cível, é que se torna necessária a existência de uma regra como esta, que ora focalizamos, para disciplinar justamente a competência do juiz civil nesses casos. Observe-se, entrementes, que como este inciso III refere-se apenas a "juízo cível competente" sem realizar a definição normativa que se poderia esperar, não resta outra alternativa ao intérprete senão se socorrer das regras gerais de competência para estabelecer o seguinte quadro: *a*) tratando-se de sentença penal condenatória, aplica-se o critério do domicílio do réu e seus desdobramentos, na conformidade dos arts. 94 e 97, já que não é possível aplicar o art. 100, IV, *d* (lugar onde a obrigação deve ser satisfeita); *b*) tratando-se de sentença arbitral, aplica-se o art. 100, IV, *d*, do CPC (local da satisfação da obrigação), como regra, e, à sua falta, os arts. 94 e 97 (foro do domicílio do réu e seus desdobramentos), valendo salientar que a alusão ao "órgão do Poder Judiciário a que, originariamente, tocaria o julgamento da causa" (constante dos arts. 6º, parágrafo único, 13, § 2º, e 22, § 4º, da Lei n. 9.307/96) só parece reforçar a tese da aplicabilidade das regras gerais do CPC; nem se cogite de conexão para justificar o processamento da execução da sentença arbitral perante o juízo cível onde correu a ação de que fala, *v. g.*, o parágrafo único do art. 6º da Lei n. 9.307/96, porque não há conexão entre ação de conhecimento e de execução e também porque não há conexão entre processo já extinto (o de conhecimento) e outro que ainda nascerá (o de execução); *c)* tratando-se de sentença estrangeira homologada pelo STJ, em razão do presente regramento, aplica-se identicamente o art. 100, IV, *d*, do CPC (lugar da satisfação da obrigação), com regra, ou os arts. 94 e 97 (foro do domicílio do réu e seus desdobramentos) se a obrigação não versar sobre prestação pecuniária (texto de acordo com a Lei n. 11.232/2005).

Parágrafo único. No caso do inciso II do *caput* deste artigo, o exequente poderá optar pelo juízo do local onde se encontram bens sujeitos à expropriação ou pelo do atual domicílio do executado, casos em que a remessa dos autos do processo será solicitada ao juízo de origem.

A disposição legal sob enfoque – criação da Lei n. 11.232/2005, que instituiu a Reforma da Execução Judicial – estabelece, unicamente em relação à hipótese prevista pelo inciso II do *caput* deste art. 475-P (a regra que define a competência do juiz que proferiu a sentença para o processamento da sua execução), algumas opções conferidas ao exequente em termos de competência. Observe-se, no entanto, que para podermos compreender bem a atual disciplina, precisamos, antes de mais nada, conjugar o inciso II mencionado e o presente parágrafo único, porque somente assim será possível reconhecer com clareza as alternativas que são dadas ao credor-exequente. A primeira opção consiste na pura e simples desconsideração deste parágrafo único por parte do credor que, com base no inciso II, requer a instauração da execução (ou "cumprimento da sentença" – art. 475-I) e declara, na sua petição, a vontade de que ela se processe perante o mesmo juízo que proferiu a sentença – trata-se da estrita aplicação do inciso II do *caput* deste art. 475-P. Já a segunda opção de que dispõe o credor é requerer a instauração da execução, nos próprios autos, como é curial, mas declarar ao juiz que pretende vê-la processada perante o "juízo do local onde se encontram bens sujeitos à expropriação" e solicitar ao magistrado que determine a remessa dos autos (os autos do processo condenatório que tramitou até aqui e onde se juntou a petição de requerimento da execução) à comarca onde se localizam os bens que o próprio exequente já indica (art. 475-J, § 3º). Finalmente, a terceira opção que é conferida ao exequente pelo presente dispositivo é o requerimento de execução dirigido ao juiz da causa com a declaração de que deseja vê-la processada perante o juízo do "atual domicílio do executado" (desde logo provado) e acompanhada da solicitação de remessa dos autos ao juízo dessa outra comarca. Registre-se, por derradeiro, que nenhuma providência prévia é exigida do magistrado para a tomada da decisão de envio dos autos à comarca indicada pelo exequente (texto de acordo com a Lei n. 11.232/2005).

Art. 475-Q. Quando a indenização por ato ilícito incluir prestação de alimentos, o juiz, quanto a esta parte, poderá ordenar ao devedor constituição de capital, cuja renda assegure o pagamento do valor mensal da pensão.

Vide Projeto de CPC, art. 518, caput

O dispositivo sob enfoque – reprodução com pequenas alterações do revogado art. 602, *caput*, do CPC, e inserido no presente Capítulo X pela Lei n. 11.232/2005, que instituiu a Reforma da Execução Judicial – tem seu campo de aplicação limitado, como se vê, às execuções de sentenças ou acórdãos que contenham condenações em prestações alimentícias que façam parte da obrigação de indenizar por ato ilícito, isto é, pela prática de homicídio ou lesões corporais, dolosa ou culposamente praticados (CC, arts. 948 a 951). Dada a relevância sociojurídica do direito a alimentos, nessas circunstâncias particulares é que a lei impõe ao devedor a constituição de um capital que assegure, numa perspectiva futura, o adimplemento da obrigação de alimentar. As prestações vencidas se executam normalmente pelo procedimento "do cumprimento da sentença" disciplinado pelos arts. 475-I a 475-R. Por fim, desejamos deixar registradas duas observações de ordem sistemática. A primeira, no sentido de que o deslocamento da presente disciplina do Livro II (revogado art. 602) para o Capítulo X deste Livro I se justifica perfeitamente pelo fato de a Lei n. 11.232/2005 ter eliminado o "processo de execução" como forma de realizar os direitos de crédito, transformando-o em "fase de execução do processo condenatório", não podendo passar despercebida, nesse contexto, a circunstância de que o focalizado art. 475-Q versa sobre indenização por ato ilícito que inclui prestação de alimentos, vale dizer, obrigação pecuniária que poderá vir a dar ensejo à instauração de uma execução por quantia. A segunda observação, que se relaciona intimamente com a primeira, concerne à natureza jurídica da decisão que provoca a constituição de capital. Veja-se que o dispositivo sob comentário já não fala mais de condenação à constituição (como fazia o revogado art. 602, *caput*), mas de ordem ao devedor para tal constituição, o que nos leva a concluir que se trata, nessa parte, de eficácia mandamental cuja efetivação (a constituição do capital) fica a depender identicamente de instauração de fase de "cumprimento da sentença", mas na conformidade do art. 461, posto tratar-se de obrigação de fazer (art. 475-I, *caput*) (texto de acordo com a Lei n. 11.232/2005).

§ 1º Este capital, representado por imóveis, títulos da dívida pública ou aplicações financeiras em banco oficial, será inalienável e impenhorável enquanto durar a obrigação do devedor.

Vide Projeto de CPC, art. 518, § 1º.

O capital a ser constituído pelo executado para ser a fonte da qual se originarão os rendimentos necessários ao cumprimento da obrigação alimentar não deixa de ser propriedade do devedor, mas sobre tal patrimônio é imposto, por força de sentença, um direito real sobre coisa alheia semelhante à hipoteca judiciária (art. 466) e ao instituto civil da constituição de renda (CC, arts. 803 a 813). A inalienabilidade e a impenhorabilidade que passam a recair sobre o capital, *ex vi legis*, decorrem da necessidade de impedir, por qualquer meio, a saída dos bens do acervo patrimonial do executado em prejuízo do exequente alimentando. Observe-se, por outro lado, que a parte final do texto ("enquanto durar a obrigação do devedor") tem sua origem na também parte final do inciso II do revogado art. 602, que a Lei n. 11.232/2005 transportou para o dispositivo único que é a roupagem formal do presente § 1º. Seja como for, esta última disposição normativa limita no tempo – e não poderia mesmo deixar de ser assim – o gravame real que a lei e o juiz fazem recair sobre o patrimônio do executado (imóveis, títulos da dívida pública ou aplicações financeiras em banco oficial) para a garantia do adimplemento da obrigação alimentar (texto de acordo com a Lei n. 11.232/2005).

---

§ 2º O juiz poderá substituir a constituição do capital pela inclusão do beneficiário da prestação em folha de pagamento de entidade de direito público ou de empresa de direito privado de notória capacidade econômica, ou, a requerimento do devedor, por fiança bancária ou garantia real, em valor a ser arbitrado de imediato pelo juiz.

Vide Projeto de CPC, art. 518, § 2º.

A substituição da constituição do capital pela inclusão em folha, fiança bancária ou garantia real não é direito subjetivo do executado, mas apenas faculdade concedida ao juiz, que avaliará a sua conveniência em face de cada caso concreto. Da forma como o texto está redigido, nenhuma restrição há ao deferimento da substituição antes mesmo da constituição do capital, o que, na verdade, é solução ágil e econômica. Já no que concerne às formas de substituição, algumas ponderações interpretativas podem ser feitas: 1ª) a inclusão em folha de pagamento constitui-se num meio executivo especial de que já cogita o CPC quando trata de execução de obrigação alimentar (art. 734), chamando a atenção o fato de que a inclusão do beneficiário corresponde a uma determinação judicial para que um terceiro (uma entidade de direito público, de que o credor seja funcionário ou empregado, ou uma empresa de direito privado de notória capacidade econômica, de que o credor seja sócio ou empregado) efetue o desconto da prestação pecuniária, da remuneração devida ao alimentante, o que se dá, via de regra, pelo depósito da importância descontada em conta bancária aberta em nome do alimentando; 2ª) quanto à substituição da constituição do capital por fiança bancária, cumpre salientar que tal prestação tanto pode ser realizada pela via do processo cautelar (arts. 826 a 838 – procedimento "da caução") como por meio de simples e informal apresentação da carta de fiança nos autos, logo após o proferimento da decisão que arbitre o valor; 3ª) por fim, quanto à substituição por garantia real, parece-nos que, identicamente, ela pode se dar por processo cautelar ou pela prestação de caução real sob a forma de hipoteca ou penhor, nos próprios autos (texto de acordo com a Lei n. 11.232/2005).

§ 3º Se sobrevier modificação nas condições econômicas, poderá a parte requerer, conforme as circunstâncias, redução ou aumento da prestação.

Vide Projeto de CPC, art. 518, § 3º.

Este § 3º – reprodução, com pequena alteração redacional do § 3º do revogado art. 602, que outrora já reproduzira, por sua vez, a disposição contida no art. 1.699 do estatuto civil – autoriza o magistrado a prover, de acordo com as novas circunstâncias econômicas das partes, a exoneração, a redução ou a agravação do encargo. Trata-se, portanto, de típica norma material enxertada no estatuto processual civil, apenas que agora localizada no bojo deste Capítulo X, com o que a Lei n. 11.232/2005 deslocou para o Livro I (dedicado ao processo de conhecimento) a disciplina desse aspecto da eficácia sentencial e da sua mutação. Por fim, evidentemente, tais pedidos só podem ser deduzidos pelo credor ou pelo devedor por meio de processo próprio de exoneração ou revisão de alimentos e jamais como requerimento incidental da fase de execução da sentença (texto de acordo com a Lei n. 11.232/2005).

§ 4º Os alimentos podem ser fixados tomando por base o salário mínimo.

Vide Projeto de CPC, art. 518, § 4º.

Inovando em relação à disciplina do revogado art. 602, a Lei n. 11.232/2005 (Reforma da Execução Judicial) institui por meio do presente dispositivo o que o STF há muito já vinha admitindo, que é a fixação da prestação de alimentos com base no salário mínimo, inclusive pela via sumular (Súmula n. 490: "A pensão correspondente à indenização oriunda de responsabilidade civil deve ser calculada com base no salário mínimo vigente ao tempo da sentença e ajustar-se-á às variações ulteriores"; em sentido semelhante, a Súmula n. 562 que, no entanto, não fala de pensão, mas de "indenização de danos materiais decorrentes de ato ilícito"). Trata-se, destarte, de consagração legislativa expressa de orientação jurisprudencial antiga, que nem mesmo o CC teve a iniciativa de fazer, tanto que diz apenas que "as prestações alimentícias, de qualquer natureza, serão atualizadas segundo o índice oficial regularmente estabelecido" (art.

1.710). Tal índice, a partir de agora, não há dúvida alguma, é o salário mínimo, pelo menos em relação às prestações alimentícias decorrentes de indenização por ato ilícito. Por fim, cumpre-nos somente registrar que o dispositivo focalizado tem natureza material e não processual, mas passa a integrar o CPC, dispondo sobre o tema salário mínimo, o que já fazem outros tantos regramentos (com outros propósitos, evidentemente), tais quais os contidos nos arts. 275, I, 401 e 1.027, parágrafo único (texto de acordo com a Lei n. 11.232/2005).

§ 5º Cessada a obrigação de prestar alimentos, o juiz mandará liberar o capital, cessar o desconto em folha ou cancelar as garantias prestadas.

Vide Projeto de CPC, art. 518, § 5º.

De acordo com o presente dispositivo – reprodução com alterações do § 4º do revogado art. 602, que a Lei n. 11.232/2005 (Reforma da Execução Judicial) fez constar desta disciplina dedicada à indenização que inclui prestação de alimentos –, o efeito natural da extinção da obrigação alimentar, reconhecível até *ex officio*, é o desaparecimento da necessidade de que haja um capital constituído pelo executado para assegurar o adimplemento daquela obrigação (art. 475-Q, *caput*). Por consequência, operar-se-á a liberação pelo juiz, por decisão ou sentença, dos imóveis, dos títulos e das aplicações financeiras vinculadas à dívida. Observe-se, de outra parte, que se houve substituição da constituição do capital nos termos do § 2º, a extinção da obrigação do devedor identicamente acarreta a desnecessidade de manutenção do desconto em folha, da fiança bancária ou da garantia real prestada. Nesses casos, destarte, reconhecida a extinção, deve o juiz no mesmo ato: *a)* determinar a expedição de ofício à autoridade ou a intimação à empresa para que paralise o desconto; *b)* declarar a cessação dos efeitos da fiança bancária; *c)* ordenar que, pela forma jurídica adequada, se proceda ao levantamento da hipoteca ou do penhor (texto de acordo com a Lei n. 11.232/2005).

Art. 475-R. Aplicam-se subsidiariamente ao cumprimento da sentença, no que couber, as normas que regem o processo de execução de título extrajudicial.

A disposição legal que ora nos ocupa – novidade trazida pela Lei n. 11.232/2005 – tem paralelo no art. 598, cujo campo de incidência é o processo de execução disciplinado pelo Livro II. A existência desse duplo regramento justifica-se pelo fato de que o presente Capítulo X, no qual se insere o art. 475-R, tem como objeto de normatividade a "fase de execução" do processo de conhecimento, enquanto o art. 598 tem por objeto o próprio "processo de execução". Assim, se para o processo autônomo pareceu importante ao legislador de 1973 estabelecer a aplicabilidade subsidiária das "disposições que regem o processo de conhecimento" (*v.* nota ao art. 598), ao legislador reformista de 2005 pareceu bem instituir a aplicabilidade subsidiária "das normas que regem o processo de execução de título extrajudicial". Note-se, a bem da verdade, que o disposto no art. 598 também se aplica ao "cumprimento da sentença", porque não se pode deixar de reconhecer que muito da disciplina anterior do Título VIII e muito dos demais Títulos do Livro I, indiscutivelmente aplicam-se a esta fase (executiva) do processo de conhecimento; perfeito seria o texto deste art. 475-R se ele dispusesse: "Aplicam-se [...] no que couber, as normas gerais deste Livro I, bem como as que regem o processo de execução de título extrajudicial". Mas se assim não prescreveu, resta-nos invocar o art. 598, que, afinal de contas, refere-se à "execução", e tal palavra bem pode ser compreendida, à luz da nova sistemática, quer como processo, quer como fase. E tanto parece adequada essa visão de integração – mais do que de mero paralelismo disciplinar – que o próprio art. 475-R manda aplicar "as normas que regem o processo de execução por título extrajudicial", revelando a confluência de regulamentações (Livros I e II) que marca a colocação em prática dos comandos contidos neste Capítulo "Do Cumprimento Da Sentença" (texto de acordo com a Lei n. 11.232/2005).

TÍTULO IX
DO PROCESSO NOS TRIBUNAIS

Vide Projeto de CPC, arts. 942 a 947 (Capítulo VIII – Da Reclamação).

CAPÍTULO I
DA UNIFORMIZAÇÃO DA JURISPRUDÊNCIA

Vide Projeto de CPC, arts. 930 a 941
(Capítulo VII – Do Incidente de Resolução de Demandas Repetitivas).

A uniformização de jurisprudência não é um recurso, mas sim um incidente do procedimento recursal ou do julgamento de ação de competência originária pelo qual se busca a certeza do direito a ser aplicado e a homogeneidade da jurisprudência (jurisprudência é a orientação uniforme do Poder Judiciário na interpretação e no entendimento de determinada questão jurídica – Rogério Lauria Tucci). Esse incidente no julgamento do tribunal provoca a cisão funcional da competência, isto é, desloca momentaneamente a competência para outro órgão do tribunal, a quem cabe a fixação da tese jurídica a ser aplicada. Fixada esta, segue o julgamento o seu curso normal perante o órgão fracionário que apreciará o recurso ou a ação de competência originária, aplicando a decisão tomada por força do incidente.

Art. 476. Compete a qualquer juiz, ao dar o voto na turma, câmara, ou grupo de câmaras, solicitar o pronunciamento prévio do tribunal acerca da interpretação do direito quando:

Este art. 476 institui os três pressupostos do incidente de uniformização de jurisprudência: *a*) julgamento em curso ("voto na turma, câmara [...]"); *b*) divergência na interpretação do direito (incisos I e II); *c*) provocação ("qualquer juiz"; ou "a parte [...] ao arrazoar" – parágrafo único). Quanto ao julgamento em curso, o incidente só tem cabimento quando os órgãos expressamente indicados estiverem judicando; não assim quando se tratar de julgamento do Pleno em Câmaras Cíveis Reunidas (José Carlos Barbosa Moreira). Não importa, por outro lado, o objeto do julgamento: rescisória, mandado de segurança, apelação, embargos infringentes ou reapreciação obrigatória. Observe-se, finalmente, que tribunal, no texto, não significa obrigatoriamente o pleno, podendo ser, conforme o regimento interno, *v. g.*, uma turma especial da seção, uma seção civil ou órgão especial.

I – verificar que, a seu respeito, ocorre divergência;

A rigor, dada a generalidade da previsão deste inciso I, não haveria necessidade da subsequente que nele está embutida. Contudo, como o texto do inciso II refere expressamente "julgamento recorrido", resta examinar a presente norma residualmente. Muito bem, em primeiro lugar, a divergência aqui instituída é aquela que se verifica entre dois acórdãos de órgãos distintos do mesmo tribunal proferidos antes do julgamento. Essa é justamente uma das situações que permitem à parte suscitar o incidente ao arrazoar o recurso (parágrafo único). Em segundo lugar, trata-se da divergência que surge no curso do próprio julgamento quando se percebe que determinada interpretação está para prevalecer, *v. g.*, pelo fato de o relator e o revisor já terem proferido seus votos em sentido oposto à tese jurídica consagrada em outras decisões do mesmo tribunal (nesse caso, o incidente só pode ser suscitado pelo juiz).

II – no julgamento recorrido a interpretação for diversa da que lhe haja dado outra turma, câmara, grupo de câmaras ou câmaras cíveis reunidas.

A divergência que envolve especificamente o julgamento recorrido é aquela que se estabelece quando a decisão contra a qual se recorre (a sentença por apelação, o acórdão não unânime por embargos infringentes) é divergente da interpretação que lhe haja dado outro órgão do mesmo tribunal, tendo em vista a aplicação de idêntica norma jurídica. Nesse caso, como já se conhecem previamente as decisões divergentes – exatamente como acontece na primeira hipótese com que ilustramos a divergência instituída pelo inciso I –, é óbvio que as partes podem suscitar o incidente por meio da própria petição que veicule as razões ou as contrarrazões do recurso.

Parágrafo único. A parte poderá, ao arrazoar o recurso ou em petição avulsa, requerer, fundamentadamente, que o julgamento obedeça ao disposto neste artigo.

A forma aqui prevista de a parte suscitar o incidente de uniformização de jurisprudência (por meio da petição que instrumentaliza as razões ou contrarrazões, petição avulsa ou também – embora o texto não diga – por intermédio da sustentação oral) só tem cabimento quando se trate de divergência prévia, vale dizer, quando a divergência é anterior à própria interposição do recurso, como acontece quando a sentença apelada ou o acórdão embargado consagra tese contrária à contida em outra decisão do tribunal, ou quando ao recorrer já se indica ao tribunal a existência de duas decisões do mesmo pretório que sustentam posicionamentos interpretativos antagônicos acerca da mesma regra legal (*v.* notas aos incisos I e II anteriormente).

Art. 477. Reconhecida a divergência, será lavrado o acórdão, indo os autos ao presidente do tribunal para designar a sessão de julgamento. A secretaria distribuirá a todos os juízes cópia do acórdão.

A norma sob apreciação disciplina o procedimento a ser observado pelo órgão fracionário quando do reconhecimento da divergência. Do ponto de vista do julgamento pelo tribunal, a divergência de interpretação do direito é questão preliminar, de sorte que a sua apreciação antecederá obrigatoriamente o exame do mérito da causa ou do recurso. Apreciada a questão suscitada, duas são as soluções: *a*) o órgão colegiado não reconhece a divergência, fazendo constar do acórdão que venha a proferir tal decisão; *b*) o órgão colegiado reconhece a ocorrência de divergência, o que determinará a lavratura de acórdão do qual constarão expressamente o antagonismo interpretativo, a suspensão do julgamento e a decisão de remessa dos autos ao presidente do tribunal para que este marque data para o julgamento pelo Pleno (aplicam-se à espécie as normas contidas no art. 552 e parágrafos). Já a segunda parte do dispositivo explicita apenas um detalhe do procedimento que terá lugar entre a lavratura do acórdão que reconhece a divergência e o julgamento pelo Pleno (via de regra) do tribunal: a distribuição de cópias. O restante é regulamentado pelo respectivo regimento interno.

Art. 478. O tribunal, reconhecendo a divergência, dará a interpretação a ser observada, cabendo a cada juiz emitir o seu voto em exposição fundamentada.

O art. 477 disciplina o procedimento perante o órgão fracionário. Este art. 478 e também o art. 479 regulam o procedimento da uniformização perante o tribunal. Duas são as possíveis soluções: *a*) o tribunal não reconhece a divergência (observe-se que a questão da divergência é examinada outra vez, agora pelo tribunal como um todo) e lavra acórdão nesse sentido, ordenando a restituição dos autos ao órgão originário para que dê seguimento normal ao julgamento; *b*) o tribunal reconhece, unanimemente, ou por maioria, a divergência pelo voto fundamentado de todos os juízes participantes e faz consignar do acórdão a interpretação jurídica a ser observada pelo órgão fracionário, ordenando a este que prossiga no julgamento suspenso (aplicam-se os arts. 556, 563 e 564). Atente-se para o fato de que o órgão originário está obrigado a aplicar a tese consagrada pelo acórdão, não podendo dela afastar-se em hipótese alguma. Contra o acórdão proferido em uniformização de jurisprudência só cabem embargos declaratórios (arts. 535 a 538) e nada mais.

Parágrafo único. Em qualquer caso, será ouvido o chefe do Ministério Público que funciona perante o tribunal.

A *ratio* do dispositivo se liga à necessidade que tem o sistema processual de ver resguardado o interesse indisponível envolvido na uniformização e que se expressa pela repercussão generalizada que a tese jurídica fixada tem sobre julgamentos futuros. É que interessa à ordem pública a segurança jurídica que é propiciada pelo incidente, posto que seu escopo é justamente homogeneizar o entendimento de determinadas questões pelo Poder Judiciário. Por esse motivo intervém o MP, como fiscal da lei, em todas as uniformizações, exceto se o próprio órgão ministerial, que já funcione como *custos legis,* seja o suscitante do incidente.

Art. 479. O julgamento, tomado pelo voto da maioria absoluta dos membros que integram o tribunal, será objeto de súmula e constituirá precedente na uniformização da jurisprudência.

O texto deste art. 479, que é lei federal, condiciona expressamente a formação de súmula (sobre a interpretação fixada pelo tribunal) ao fato de o julgamento da uniformização ter sido resultado do voto da maioria absoluta dos membros que o integram (metade mais um dos membros). Interpretada *a con-*

trario sensu, fica fácil inferir que o que a norma afirma é que, se o julgamento for tomado por maioria simples (metade mais um dos presentes, observado o *quorum* mínimo), a solução do incidente só valerá para o caso concreto, proibida a formação de súmula a respeito da matéria. Observe-se, outrossim, que, ainda que ocorra a formação de súmula, a tese nela consagrada não vincula outros tribunais, órgãos de primeira instância, nem vincula de forma absoluta o próprio tribunal que a fez nascer, posto que é sempre possível a revisão da tese sumulada.

Parágrafo único. Os regimentos internos disporão sobre a publicação no órgão oficial das súmulas de jurisprudência predominante.

O CPC, por meio da presente norma legal, remete ao regimento interno de cada tribunal do país a disciplina a ser observada no que concerne à formação das súmulas de jurisprudência dominante (o termo "dominante" já deixa clara a relatividade do efeito vinculativo da súmula – *v.* nota ao *caput*). Embora o texto só refira expressamente um aspecto da criação da súmula (a sua "publicação no órgão oficial"), é evidente que a vontade da lei é mais ampla, de sorte a permitir que cada um dos tribunais regulamente com especificidade todos os demais aspectos procedimentais necessários a essa atividade, respeitada apenas a limitação estabelecida pelo *caput*.

CAPÍTULO II
DA DECLARAÇÃO DE INCONSTITUCIONALIDADE

Vide Projeto de CPC, arts. 901 a 903
(Capítulo III – Da Declaração de Inconstitucionalidade).

Assim como a uniformização de jurisprudência, também a declaração de inconstitucionalidade aqui instituída não corresponde a um recurso, mas apenas a um incidente no julgamento de recurso ou de ação de competência originária do tribunal que provoca a necessidade de prévia manifestação do Pleno, ou órgão especial (CF, art. 97), sobre a questão da constitucionalidade envolvida na causa. Da ótica do sistema processual vigente, a figura que ora nos ocupa se traduz em um dos aspectos da via incidental do controle da constitucionalidade das leis que é realizado por todos os tribunais; a via principal se dá, fundamentalmente, pela propositura da ação direta de inconstitucionalidade de lei ou ato normativo federal ou estadual e da ação declaratória de constitucionalidade de lei ou ato normativo federal previstas pelo art. 102, I, *a*, da Lei Maior, com a redação que lhe deu a EC n. 3/93.

Art. 480. Arguida a inconstitucionalidade de lei ou de ato normativo do poder público, o relator, ouvido o Ministério Público, submeterá a questão à turma ou câmara, a que tocar o conhecimento do processo.

Vide Projeto de CPC, art. 901.

O incidente da declaração de inconstitucionalidade – que tem por objeto o ato formalmente legislativo (lei) ou outros atos administrativos normativos de qualquer nível de governo – não depende, para ser instaurado, de forma específica: o autor da ação rescisória pode fazê-lo na inicial ou em petição avulsa posterior; o réu, na contestação; o recorrente pode fazê-lo nas razões; o recorrido, nas contrarrazões, ou, ainda, por meio de sustentação oral; o MP, em sua manifestação; qualquer juiz pode fazê-lo verbalmente em sessão. Suscitado o incidente, por qualquer das formas elencadas, o relator da ação rescisória ou do recurso deve, via de regra (*v.* art. 481), submetê-lo à apreciação do órgão fracionário com o fim de ser julgada a sua admissibilidade: é necessário que a questão constitucional seja prejudicial do julgamento, isto é, que da sua decisão dependa o julgamento do mérito da causa ou do recurso.

Art. 481. Se a alegação for rejeitada, prosseguirá o julgamento; se for acolhida, será lavrado o acórdão, a fim de ser submetida a questão ao tribunal pleno.

Vide Projeto de CPC, art. 902, caput

A rejeição da alegação de inconstitucionalidade prevista na parte inicial do texto significa duas coisas diferentes: em primeiro lugar, corresponde ao indeferimento liminar que o próprio relator faz se verificar o descabimento do pedido de declaração (nesse caso ele deve referir os motivos do indeferimento na exposição da causa a que aludem os arts. 549, parágrafo único, e 554); em segundo lugar, corresponde ao não acolhimento da arguição pelo próprio órgão fracionário na hipótese de o relator ter-lhe submetido a questão (nesse caso, a decisão da turma ou câmara constará preliminarmente do acórdão que julgue o processo). A rejeição, sob qualquer das duas formas, é sempre irrecorrível (na primeira situação, nada impede que outro juiz venha a suscitar o incidente). Já o acolhimento previsto na parte final do texto significa apenas a decisão do órgão fracionário (unânime ou por maioria, não importa) de submeter ao Pleno do tribunal ou ao órgão especial (CF, art. 97) a questão da inconstitucionalidade, decisão esta que constará do acórdão ao lado da declaração da suspensão do julgamento da causa ou do recurso.

Parágrafo único. Os órgãos fracionários dos tribunais não submeterão ao plenário, ou ao órgão especial, a arguição de inconstitucionalidade, quando

já houver pronunciamento destes ou do plenário do Supremo Tribunal Federal sobre a questão.

Vide Projeto de CPC, art. 902, parágrafo único.

Evidentemente inspirado pelo princípio da economia processual, o parágrafo único deste art. 481 – introduzido no sistema pela Lei n. 9.756/98 – torna desnecessário o julgamento pelo Pleno ou pelo órgão especial de qualquer tribunal, a arguição incidental de inconstitucionalidade regulada pelos arts. 480 a 482 deste Código, sempre que o STF ou o próprio tribunal já tenha se pronunciado sobre a questão da constitucionalidade ou inconstitucionalidade. Algumas observações interpretativas aqui se impõem: em primeiro lugar, é preciso deixar claro que o impedimento imposto depende ou da existência de pronunciamento do Supremo (entendido como decisão de ação direta de inconstitucionalidade ou constitucionalidade ou, ainda, decisão proferida em julgamento de recurso especial) ou pronunciamento do próprio tribunal em que foi suscitado o incidente, por seu Pleno ou órgão especial (CF, art. 97); não assim se apenas houver pronunciamento de um outro tribunal qualquer sobre o assunto. Em segundo lugar, é necessário esclarecer que os "órgãos fracionários dos tribunais" que não poderão submeter a matéria ao pleno ou órgão especial são, normalmente, câmaras ou turmas, mas nada impede que se trate de outros, como grupos de câmara, câmaras cíveis reunidas ou seções do tribunal, tudo dependendo das competências fixadas nos regimentos internos. E, finalmente, em terceiro, salientamos que para a compreensão do objeto da arguição incidental, basta que nos reportemos à figura da "lei ou ato normativo federal ou estadual" (CF, art. 102, I, *a*), "tratado ou lei federal" (art. 102, III, *b*), "ato de governo local" (art. 102, III, *c*) ou "lei local" (art. 102, III, *d*).

Art. 482. Remetida a cópia do acórdão a todos os juízes, o presidente do tribunal designará a sessão de julgamento.

Vide Projeto de CPC, art. 903, caput

O procedimento a ser observado entre a lavratura do acórdão de acolhimento do incidente (art. 481, *caput*, parte final) e o julgamento pelo Pleno do tribunal (art. 482, p. final) é aquele que estiver estabelecido pelo respectivo regimento interno, uma vez que o texto legal sob exame só se preocupa em disciplinar dois pequenos detalhes: a necessidade de remessa de cópias e a designação de sessão de julgamento pelo presidente (à qual se aplicarão as regras contidas no art. 552 e seus §§ 1º e 2º); outros aspectos do processamento são regulados pelos §§ 1º a 3º, a seguir. Processado, assim, o incidente, segundo o regimento interno, o Pleno do tribunal, ou seu órgão especial (CF, art. 97), decidirá sobre a admissibilidade ou não do incidente (opera-se aqui o segundo juízo de admissibilidade) e, em caso positivo, julgará o seu mérito, declarando inconstitucional, ou não, o artigo de lei, o capítulo, ou a lei (lei ordinária, complementar, delegada, etc., medida provisória, decreto, resolução, portaria, etc.). O acórdão que se profira nesse caso é irrecorrível, dado que a decisão nele contida haverá de ser levada em conta obrigatoriamente no julgamento da causa pelo órgão fracionário, de sorte que contra este é que caberão eventuais recursos (*v.* Súmulas ns. 293, 455 e 513 do STF).

---

§ 1º O Ministério Público e as pessoas jurídicas de direito público responsáveis pela edição do ato questionado, se assim o requererem, poderão manifestar-se no incidente de inconstitucionalidade, observados os prazos e condições fixados no Regimento Interno do Tribunal.

Vide Projeto de CPC, art. 903, § 1º.

Este § 1º do art. 482 – introduzido pela Lei n. 9.868/99 – institui uma forma diferenciada de intervenção de terceiros no particular incidente da declaração de inconstitucionalidade, visando permitir ao MP e às pessoas jurídicas de direito público (responsáveis pela edição do ato questionado) a manifestação que possa elucidar e contribuir fática e/ou juridicamente para o deslinde da questão da constitucionalidade ou inconstitucionalidade, objeto do incidente (sobre tal objeto, *v.* nota ao parágrafo único do art. 481). Curiosamente, trata-se de previsão reguladora de duas formas de intervenção, e não de uma, como poderia parecer, uma vez que para o MP a intervenção é obrigatória, enquanto para as pessoas jurídicas mencionadas a intervenção é facultativa. É que, em relação ao *parquet*, não existem participações facultativas e este é um caso típico de interesse público (direito objetivamente indisponível representado pela dúvida acerca da constitucionalidade) a demandar a intervenção a título de *custos legis*. Quanto às pessoas jurídicas responsáveis pela edição do ato, a intervenção é, de fato, facultativa ou voluntária, não exigindo a lei qualquer providência de cientificação de qualquer desses entes, afirmação que parece fortalecida pela locução "se assim o requererem" presente no texto focalizado (a assertiva não se aplica ao MP – art. 83). Por último, ressalte-se que os regimentos internos dos tribunais podem disciplinar outros aspectos do processamento dessas intervenções na declaração incidental de inconstitucionalidade, como prazos, requisitos da petição, formas de comunicação, movimentação dos autos dentro do tribunal, memoriais, juntada de documentos, etc. (*v.* nota ao § 2º) (texto de acordo com a Lei n. 9.869/99).

---

§ 2º Os titulares do direito de propositura referidos no art. 103 da Constituição poderão manifestar-se, por escrito, sobre a questão constitucional objeto de apreciação pelo órgão especial ou pelo Pleno do Tribunal, no

prazo fixado em Regimento, sendo-lhes assegurado o direito de apresentar memoriais ou de pedir a juntada de documentos.

Vide Projeto de CPC, art. 903, § 2º.

Se o § 1º deste art. 482 admite expressamente a intervenção do MP (obrigatória) e a das pessoas jurídicas de direito público responsáveis pela edição do ato questionado (facultativa), o presente parágrafo – também introduzido pela Lei n. 9.869/99 – autoriza um segundo grupo de pessoas e entidades a intervir no processo quando da instauração do incidente, perante um tribunal, de declaração de inconstitucionalidade. De acordo com o texto sob enfoque, podem intervir – também de forma excepcional – aqueles que recebem do art. 103 da Lei Maior legitimação *ad causam* ativa para a propositura da ação de inconstitucionalidade (o Presidente da República, a Mesa do Senado Federal, a Mesa da Câmara dos Deputados, a Mesa da Assembleia Legislativa, o Governador de Estado, o Procurador-Geral da República, o Conselho Federal da OAB, o partido político com representação no Congresso Nacional, a confederação sindical ou entidade de classe de âmbito nacional). Note-se que, assim como é necessário preencher o requisito da pertinência temática para o ajuizamento da ação direta de inconstitucionalidade, também para intervir no incidente de declaração de inconstitucionalidade é preciso demonstrar ao pretório tal pertinência, vale dizer, a relação entre os direitos em tese protegidos pela legitimação outorgada a cada pessoa ou ente e o direito concretamente discutido na causa (*v.* § 3º a seguir e respectiva nota). Observe-se, por outro lado, que diferentemente da redação do § 1º, este que ora nos ocupa faz expressa referência ao fato de o regimento interno do tribunal dever fixar o prazo para a manifestação interventiva, bem como ao direito processual do interveniente de apresentar memoriais ou de requerer a juntada de documentos, o que, à evidência, também se aplica ao § 1º, que fala apenas de "prazos e condições" de forma genérica (texto de acordo com a Lei n. 9.869/99).

§ 3º O relator, considerando a relevância da matéria e a representatividade dos postulantes, poderá admitir, por despacho irrecorrível, a manifestação de outros órgãos ou entidades.

Vide Projeto de CPC, art. 903, § 3º.

Seguindo uma escala de autorizações, o parágrafo focalizado encerra o presente art. 482 legitimando "outros órgãos ou entidades" a intervir no processo quando do incidente de declaração de inconstitucionalidade perante algum tribunal. De escala de autorizações falamos porque o § 1º legitima o MP e as pessoas jurídicas de direito público responsáveis pela edição do ato questionado, o § 2º, os legitimados ativos para a propositura da ação direta de inconstitucionalidade e, agora, finalmente, este § 3º, que legitima "outros órgãos ou entidades", desde que preenchidos os requisitos da "relevância da matéria e a representatividade dos postulantes". Algumas observações se impõem: a primeira, no sentido de que o poder conferido ao relator para "admitir, por despacho irrecorrível, a manifestação de outros [...]" não tem natureza discricionária, posto que ou existe relevância da matéria e representatividade do postulante ou não existe, cabendo, assim, ou não, a intervenção; há apenas uma solução legal para o requerimento e não mais de uma (a lei trabalha aqui com um conceito indeterminado, e não com discricionariedade); segunda, a "relevância da matéria" é atributo ligado à questão da inconstitucionalidade, objetivamente considerada, enquanto a "representatividade dos postulantes" é atributo ligado à subjetividade do(s) interveniente(s); terceira, a lei faz alusão a "órgãos ou entidades" porque não apenas pessoas jurídicas (pessoas de direito público ou privado) ou órgãos de pessoas jurídicas podem se legitimar a intervir como também entidades sem personalidade jurídica ou pessoas físicas havendo relevância e representatividade. A doutrina fala aqui da figura do *amicus curiae*, do Direito anglo-americano, que pode ser um professor, cientista ou pesquisador, pessoa munida de profundos conhecimentos de certo assunto, que pode auxiliar, por via direta ou indireta, o tribunal no deslinde da questão constitucional (de *amicus curiae* também falam Nery e Nery).

CAPÍTULO III
DA HOMOLOGAÇÃO DE SENTENÇA ESTRANGEIRA

Vide Projeto de CPC, arts. 913 a 918
(Capítulo V – Da Homologação de Sentença Estrangeira ou de Sentença Arbitral).

A figura da homologação da sentença estrangeira possui dois fundamentos: um político e outro jurídico. O primeiro concerne à necessidade de proteger os valores da pessoa humana, que transcendem os limites dos Estados e seus territórios; o segundo se vincula ao reconhecimento do direito natural e à supremacia do direito internacional. Trata-se de homologação (*homologeu*, no grego, significa literalmente dizer o mesmo – *homo*, mesmo; *logeu,* falar) porque o Poder Judiciário brasileiro é chamado a confirmar, testificar, chancelar a sentença proferida em outro país para que esta tenha efeitos no território nacional; por meio da homologação opera-se exclusivamente a importação da eficácia da sentença estrangeira e não da sua existência nem da sua validade. Observe-se, por fim, que a homologação de sentença estrangeira tem natureza jurídica de processo (procedimento genuinamente jurisdicional) e não de procedimento de jurisdição voluntária, como afirmam alguns.

Art. 483. A sentença proferida por tribunal estrangeiro não terá eficácia no Brasil senão depois de homologada pelo Supremo Tribunal Federal.

Vide Projeto de CPC, arts. 913 a 917.

Sentença proferida por tribunal estrangeiro, no texto legal, não é sinônimo de ato do Poder Judiciário necessariamente. Se a lei alienígena reconhece a validade de ato legislativo ou administrativo (singular ou coletivo, inferior ou superior) para gerar determinado efeito que no Brasil dependeria de ato jurisdicional, esse ato estrangeiro é sentença para os fins do art. 483. Pouco importa, identicamente, se a sentença trazida à homologação é civil ou penal, definitiva ou terminativa, declaratória, condenatória ou constitutiva, resultado de jurisdição contenciosa ou voluntária da ótica da lei brasileira; em qualquer caso, esse ato estrangeiro é passível de ser homologado independentemente da sua forma ou denominação. A homologação é, assim, o ato formal, futuro e incerto, de que depende a eficácia da sentença estrangeira no Brasil, como diz o texto, e não requisito do reconhecimento da sua existência ou validade. Por fim, observe-se que, entre os sistemas de reconhecimento existentes no direito comparado, o brasileiro recebe o nome de sistema do controle limitado porque o STJ – a partir da Reforma Judiciária de 2004 – só homologa ou nega homologação, estando ou não preenchidos certos requisitos adrede instituídos (*v.* parágrafo único).

Parágrafo único. A homologação obedecerá ao que dispuser o Regimento Interno do Supremo Tribunal Federal.

Vide Projeto de CPC, art. 913, parágrafo único.

O procedimento da homologação de sentença estrangeira encontrava-se totalmente disciplinado pelos arts. 215 a 224 do RISTF, a quem competia processar e julgar tal causa (CF, art. 102, I, *h*). Ocorre que a Reforma do Poder Judiciário, realizada pela EC n. 45, de 08.12.2004, transferiu a competência para a homologação para o STJ (CF, art. 105, I, *i*), o que provocou a edição da Resolução n. 9, de 04.05.2005, do STJ, que dispõe, em caráter transitório, sobre a competência acrescida pela mencionada EC, estabelecendo o que segue acerca do procedimento da homologação: "Art. 3º A homologação de sentença estrangeira será requerida pela parte interessada, devendo a petição inicial conter as indicações constantes da lei processual, e ser instruída com a certidão ou cópia autêntica do texto integral da sentença estrangeira e com outros documentos indispensáveis, devidamente traduzidos e autenticados"; "Art. 5º Constituem requisitos indispensáveis à homologação de sentença estrangeira: I – haver sido proferida por autoridade competente; II – terem sido as partes citadas ou haver-se legalmente verificado a revelia; III – ter transitado em julgado; e IV – estar autenticada pelo cônsul brasileiro e acompanhada de tradução por tradutor oficial ou juramentado no Brasil"; "Art. 8º A parte interessada será citada para, no prazo de 15 (quinze) dias, contestar o pedido de homologação de sentença estrangeira ou intimada para impugnar a carta rogatória. Parágrafo único. A medida solicitada por carta rogatória poderá ser realizada sem ouvir a parte interessada quando sua intimação prévia puder resultar na ineficácia da cooperação internacional"; "Art. 9º Na homologação de sentença estrangeira e na carta rogatória, a defesa somente poderá versar sobre autenticidade dos documentos, inteligência da decisão e observância dos requisitos desta Resolução. § 1º Havendo contestação à homologação de sentença estrangeira, o processo será distribuído para julgamento pela Corte Especial, cabendo ao Relator os demais atos relativos ao andamento e à instrução do processo. § 2º Havendo impugnação às cartas rogatórias decisórias, o processo poderá, por determinação do Presidente, ser distribuído para julgamento pela Corte Especial. § 3º Revel ou incapaz o requerido, dar-se-lhe-á curador especial que será pessoalmente notificado"; "Art. 10. O MP terá vista dos autos nas cartas rogatórias e homologações de sentenças estrangeiras, pelo prazo de dez dias, podendo impugná-las"; "Art. 11. Das decisões do Presidente na homologação de sentença estrangeira e nas cartas rogatórias cabe agravo regimental". Quanto à competência propriamente dita, examine-se a nota remissiva dedicada ao título deste Capítulo III; quanto à homologabilidade da sentença estrangeira, *v.* nota remissiva ao *caput* deste art. 483; e quanto à execução da homologação, examine-se o art. 484 e nota respectiva. Por fim, observe-se que, como pelo nosso sistema não se examina a justiça da decisão, o conteúdo da sentença é experimentado apenas (por isso, juízo de delibação – *delibationis*, tocar de leve) à luz de um mínimo de garantias processuais compatíveis com a ordem jurídica brasileira.

Art. 484. A execução far-se-á por carta de sentença extraída dos autos da homologação e obedecerá às regras estabelecidas para a execução da sentença nacional da mesma natureza.

Vide Projeto de CPC, art. 918.

A regra sob comentário tem paralelo no art. 12 da Resolução n. 9, de 04.05.2005, que dispõe, em caráter transitório, sobre a competência acrescida ao STJ pela EC n. 45/2004 ("Art. 12. A sentença estrangeira homologada será executada por carta de sentença, no Juízo Federal competente"). Seja como for, carta de sentença é o instrumento formal da execução provisória (*v.* nota ao § 3º do art. 475-O); aqui, porém, é o instrumento formal de uma execução definitiva, posto que não tem aplicação o art. 587, mas é necessária a reprodução de peças da homologação para que se formem autos próprios que permitam a propositura de ação de execução perante a Justiça Federal (CF, art. 109, X). O título executivo dessa execução é a própria sentença estrangeira homologada de acordo com a previsão do art. 475-N, VI, do CPC.

CAPÍTULO IV
DA AÇÃO RESCISÓRIA

Vide Projeto de CPC, arts. 919 a 929
(Capítulo VI – Da Ação Rescisória e da Ação Anulatória).

Ação rescisória é a ação de competência originária dos tribunais por meio da qual se pede a anulação ou desconstituição de uma sentença ou acórdão transitado materialmente em julgado e a eventual reapreciação do seu mérito. Trata-se de um outro meio de impugnação judicial colocado no sistema ao lado do recurso, mas que com este não se confunde justamente porque tem por objeto uma decisão imutável dentro do processo em que foi proferida. O fundamento jurídico da rescindibilidade é o vício formal ou substancial da sentença como ato jurídico. Politicamente falando, o seu fundamento é a necessidade de reparar injustiças contidas em decisões transitadas em julgado e prover a reestabilização das relações jurídicas.

Art. 485. A sentença de mérito, transitada em julgado, pode ser rescindida quando:
Vide Projeto de CPC, art. 919, caput

Dada a circunstância de o fenômeno jurídico coisa julgada ser tido pela ordem constitucional como uma das garantias fundamentais do indivíduo (CF, art. 5º, XXXVI), a sua quebra ou o seu rompimento só pode acontecer em hipóteses expressamente consagradas pela lei. Daí o rol taxativo *(numerus clausus)*, expresso pelos incisos abaixo. O próprio *caput* desse art. 485, contudo, já estabelece uma importante limitação genérica ao direito (processual ou material?) de pedir rescisão: rescisória só cabe se o ato atacado é sentença (sentença mesmo ou acórdão – arts. 162, § 1º, e 163) de mérito, vale dizer, decisão jurisdicional que aprecia o pedido solucionando o litígio e que, por isso, faz coisa julgada material (arts. 269, 467 e 468); sentenças terminativas (art. 267) jamais são passíveis de ação rescisória. O trânsito material em julgado, portanto, é que dá o interesse de agir da rescisória, já que o mero trânsito formal não impede a repropositura da ação (art. 268). Observe-se, outrossim, que há sentenças eivadas de vícios tão graves que a ação rescisória como remédio é totalmente dispensável. Imagine-se a hipótese de uma sentença proferida por juiz sem investidura (qualquer órgão judicial pode declará-la inexistente – *querela nullitatis*) ou a situação de uma sentença prolatada em processo em que o réu tido por revel não foi citado ou o foi invalidamente (bastam os embargos do devedor para que se declare inválida tal sentença – art. 741, I). Anote-se, finalmente, que a sentença rescindível, enquanto não rescindida, goza de plena validade e eficácia (exequibilidade).

I – se verificar que foi dada por prevaricação, concussão ou corrupção do juiz;

Vide Projeto de CPC, art. 919, I.

Para que a decisão transitada em julgado seja desconstituída com base neste inciso, não é necessário que o processo penal tenha sido anteriormente instaurado e julgado, bastando a caracterização de um dos ilícitos referidos no próprio bojo da rescisória. Prevaricação é definida pela lei penal como "retardar ou deixar de praticar, indevidamente, ato de ofício, ou praticá-lo contra disposição expressa de lei, para satisfazer interesse ou sentimento pessoal" (CP, art. 319). Já concussão significa "exigir, para si ou para outrem, direta ou indiretamente, ainda que fora da função ou antes de assumi-la, mas em razão dela, vantagem indevida" (CP, art. 316). E, finalmente, a corrupção é tipificada sob a modalidade passiva como "solicitar ou receber, para si ou para outrem, direta ou indiretamente, ainda que fora da função ou antes de assumi-la, mas em razão dela, vantagem indevida, ou aceitar promessa de tal vantagem" (CP, art. 317).

II – proferida por juiz impedido ou absolutamente incompetente;

Vide Projeto de CPC, art. 919, II.

Impedimento são as circunstâncias de caráter objetivo, expressa e taxativamente elencadas pelo art. 134, que representam obstáculos irremovíveis ao funcionamento do juiz no processo; trata-se de circunstâncias que inibem de forma absoluta o exercício do poder jurisdicional pelo magistrado. Não se confundem com impedimentos os motivos de suspeição, previstos pelo art. 135, que apenas geram a suspeita de que o juiz seja parcial; a dúvida sobre a suspeição é sempre dirimida dentro do processo por meio de exceção e não dá ensejo à rescisória. Também no que concerne à incompetência, dois fenômenos precisam ser separados: somente a incompetência absoluta – a fundada no critério material, pessoal ou funcional (*v.* arts. 91 a 93 e 113) – é motivo de rescisória e não a relativa – a assentada no critério do valor e do território (*v.* arts. 91 e 94 a 101) – que só pode ser discutida por meio de exceção e que se submete ao fenômeno da prorrogação (arts. 112 e 114).

III – resultar de dolo da parte vencedora em detrimento da parte vencida, ou de colusão entre as partes, a fim de fraudar a lei;

Vide Projeto de CPC, art. 919, III.

O dolo processual é violação ao dever que as partes têm de proceder com lealdade e boa-fé, segundo o disposto no art. 14. Por isso, a lei o erige em motivo de rescindibilidade de decisões. O dolo aqui referido se expressa pela circunstância de a parte ou seu procurador desviar propositalmente com seus atos o juiz da verdade, *v. g.*, mediante a ocultação de uma prova ou o impedimento à produção de prova favorável ao adversário. Já colusão é o acordo estabelecido entre os litigantes com o fim de alcançar um resultado ilícito por meio do processo. Se o juiz de primeiro grau constatar que as partes estão valendo-se da Justiça para praticar ato simulado, ou conseguir fim proibido por lei, ele deve proferir sentença anulatória de acordo com o estabelecido no art. 129; se não constatar, transitada em julgado a sentença que proferiu, a solução é o emprego da ação rescisória (*v.*, ainda, art. 487, III, *b*).

IV – ofender a coisa julgada;

Vide Projeto de CPC, art. 919, IV.

A formação de coisa julgada material significa obstáculo absoluto à instauração de novo processo que verse sobre o mesmo litígio já solucionado. Por esse prisma é que o sistema considera a coisa julgada pressuposto processual objetivo negativo ao lado da litispendência e da convenção de arbitragem (art. 267, V e VII). Muito bem, se apesar do obstáculo – que é garantia constitucional (art. 5º, XXXVI) –, outra decisão de mérito foi proferida e transitou em julgado, esta segunda ofende a primeira, coberta pela garantia, de sorte que a solução é a propositura de ação rescisória com vistas ao seu aniquilamento e à reestabilização das relações jurídicas. Não proposta a rescisória, conviverão no plano jurídico duas decisões, eventualmente antagônicas, sobre um mesmo conflito de interesses.

V – violar literal disposição de lei;

Vide Projeto de CPC, art. 919, V.

Violação literal de disposição de lei deve ser entendida como ofensa flagrante, inequívoca, à lei. Esse fundamento de rescisão se identifica com o desrespeito claro, induvidoso, ao conteúdo normativo de um texto legal processual ou material, seja este último formalmente legislativo ou não. Observe-se que, se o texto legal aplicado é de interpretação controvertida pelos tribunais, a sentença ou o acórdão atacado não deve ser rescindido porque a função da ação rescisória não é tornar mais justa a decisão, mas sim afastar a aplicação repugnante, evidentemente *contra legem*, o que não se verifica na hipótese de controvérsia que por si só aponta para a razoabilidade da interpretação consagrada (Súmula n. 343 do STF). Idêntico raciocínio vale em relação à hipótese de aplicação ou não de um texto legal a uma determinada situação concreta em que a jurisprudência se divida quanto a aplicar ou inaplicar certo texto normativo. Por fim, anote-se que a reapreciação de prova ou a reinterpretação de cláusula contratual não autorizam ação rescisória.

VI – se fundar em prova, cuja falsidade tenha sido apurada em processo criminal ou seja provada na própria ação rescisória;

Vide Projeto de CPC, art. 919, VI.

A falsidade da prova como fundamento de ação rescisória tanto pode expressar-se pelo falso testemunho prestado em juízo como pela falsidade material ou ideológica de um documento. Em qualquer dos casos, no entanto, a prova falsa tem que ter sido determinante da procedência ou da improcedência do pedido; se foi apenas mais um elemento, e sem ela o resultado teria sido o mesmo, a rescisória não terá sucesso. No que concerne à demonstração da falsidade, esta tanto pode ter ocorrido por força de um processo criminal instaurado e encerrado com sentença transitada em julgado como pode acontecer no próprio bojo do processo da ação rescisória como produto de prova pericial, documental ou até mesmo oral.

VII – depois da sentença, o autor obtiver documento novo, cuja existência ignorava, ou de que não pôde fazer uso, capaz, por si só, de lhe assegurar pronunciamento favorável;

Vide Projeto de CPC, art. 919, VII.

Diante da clara redação do inciso sob exame, verifica-se que a novidade do documento não diz respeito ao momento da sua formação, mas sim ao instante da sua produção: é documento novo aquele que foi elaborado, *v. g.*, antes da propositura da ação, mas que não foi juntado aos autos porque a parte desconhecia a sua existência ou porque, embora dela sabendo, esteve impossibilitada de juntá-lo por justa causa ou força maior (*v.* nota ao § 1º do art. 183). Seja como for, observe-se que é condição indispensável à rescisão da sentença ou do acórdão nesse caso que o documento agora apresentado com a petição inicial da rescisória seja, por si só, suficiente para alterar o resultado da demanda. Em caso contrário, a rescisória não terá sucesso.

VIII – houver fundamento para invalidar confissão, desistência ou transação, em que se baseou a sentença;

Os possíveis motivos para invalidação dos atos aqui referidos são os vícios do consentimento genericamente disciplinados pela lei civil: erro ou ignorância (CC, arts. 138 a 144); dolo (CC, arts. 145 a 150); coação (CC, arts. 151 a 155), bem como o estado de perigo (CC, art. 156) e a lesão (CC, art. 157). Quanto à confissão, dispõe expressamente o art. 352 que por esses fundamentos ela pode ser anulada por ação autônoma, se ainda pende o processo (inciso I), ou rescindida, se a sentença que nela se apoiou já transitou em julgado (inciso II). Já no que diz respeito à desistência, maior labor interpretativo é necessário para que se compreenda esse fundamento da rescisória: como a desistência da ação (art. 267, VIII) não gera sentença de mérito, que é exigida pela rescisória (*v. caput* deste art. 485), o termo "desistência" só pode ser entendido como desistência do direito que o Código denomina renúncia (art. 269, V) e reconhecimento jurídico do pedido (art. 269, II), típicas modalidades de autocomposição unilateral. Quanto à forma bilateral, que é a transação, o que há a observar é que, a despeito da redação do texto deste inciso, a jurisprudência tem entendido que a ação para desconstituir transação homologada é a anulatória do art. 486 e não a rescisória.

IX – fundada em erro de fato, resultante de atos ou de documentos da causa.

Vide Projeto de CPC, art. 919, VIII.

Este inciso IX que ora nos ocupa não pode ser compreendido a partir de interpretação literal, pois a frase empregada não faz sentido ("erro de fato, resultante de atos ou documentos da causa"). Contudo, a interpretação lógica do texto à luz do § 1º adiante permite o entendimento: se o erro é a admissão judicial de fato inexistente ou não admissão de fato existente (§ 1º), esse (o erro) é revelado pelos atos e documentos da causa, isto é, torna-se claro pelos autos do processo. Assim, se o que aponta a existência do erro são os autos (conjunto de atos documentados), basta compreender a locução "resultante de" como "revelado pelos" para que a previsão ganhe sentido.

§ 1º Há erro, quando a sentença admitir um fato inexistente, ou quando considerar inexistente um fato efetivamente ocorrido.

Vide Projeto de CPC, art. 919, parágrafo único.

O parágrafo em questão tem o explícito escopo de conceituar o erro de fato previsto no inciso IX do *caput*, o que acaba representando um elemento decisivo para a interpretação dessa norma jurídica, dada a sua flagrante deficiência redacional (*v.* nota ao inciso IX). Há erro de fato, assim, toda vez que um fato, por si só capaz de determinar o resultado diferente para a causa, tenha sido totalmente desconsiderado pela sentença rescindenda ou, se inequivocamente inexistente, tenha sido determinante da procedência ou improcedência do pedido.

§ 2º É indispensável, num como noutro caso, que não tenha havido controvérsia, nem pronunciamento judicial sobre o fato.
Vide Projeto de CPC, art. 919, parágrafo único.

Assim como acontece com o texto do inciso IX deste art. 485, também este deixa o intérprete perplexo, porque se não houve pronunciamento judicial sobre o fato, como é possível que tenha havido erro por admissão de fato inexistente? Mais uma vez é necessário interpretar logicamente o dispositivo e repudiar a interpretação literal. Na verdade, o que a regra significa é que para a caracterização do erro de fato, para fins de rescisória, é indispensável que o fato (existente desconsiderado) não tenha sido resultado de uma escolha ou uma opção do juiz diante de uma controvérsia, mas sim de uma desatenção. Se o magistrado decidiu controvérsia para afirmar ou negar o fato, já não haverá o fundamento em questão (o erro de fato) para justificar o pedido rescisório. Não fosse assim, qualquer erro poderia autorizar o prejudicado a buscar a rescisão da sentença, o que provocaria a instabilidade da garantia da coisa julgada (Vicente Greco Filho).

Art. 486. Os atos judiciais, que não dependem de sentença, ou em que esta for meramente homologatória, podem ser rescindidos, como os atos jurídicos em geral, nos termos da lei civil.
Vide Projeto de CPC, art. 929.

Embora o texto sob exame se refira expressamente à rescisão dos atos jurídicos em geral, entenda-se por rescisão as ações de declaração de nulidade ou de anulação, que são os remédios previstos pela lei civil (CC, arts. 166 a 184). Atos judiciais que não dependem de sentença são: a arrematação (art. 694) e a adjudicação (art. 685-B), desde que não tenham sido objeto de embargos (art. 746); a renúncia ao direito de recorrer (art. 502); a desistência do recurso (art. 501); a procuração passada nos autos, etc. São, por outro lado, sentenças meramente homologatórias: várias das proferidas em procedimentos de jurisdição voluntária (separação consensual, partilha em separação consensual, emancipação, sub-rogação, alienação de bens, abertura de sucessão provisória, nomeação de tutor ou curador, etc.), bem como a homologação de acordo (art. 269, III), desde que não padeça a própria sentença de algum vício formal. Exigem rescisória a homologação de partilha precedida de controvérsia e a adjudicação em processo de inventário.

Art. 487. Tem legitimidade para propor a ação:

Vide Projeto de CPC, art. 920, caput

Este art. 487 disciplina casuisticamente a legitimação ativa *ad causam* para fins de ação rescisória, no que foi bem, porque autoriza de forma expressa o terceiro juridicamente interessado (inciso II) e o MP (inciso III) a instaurarem o processo, uma vez que sem a presente disposição não o poderiam fazer (arts. 6º e 81).

I – quem foi parte no processo ou o seu sucessor a título universal ou singular;

Vide Projeto de CPC, art. 920, I.

O inciso nada mais expressa do que a legitimação ordinária para a ação rescisória: pode promovê-la – ainda que esta regra não existisse –, evidentemente, quem foi parte no processo ou o seu herdeiro (sucessor a título universal) ou legatário (sucessor a título singular). A previsão está em perfeita sintonia com o espírito do art. 43, que autoriza a sucessão processual, pois se no mesmo processo a habilitação do espólio ou herdeiros é admitida, é claro que o fenômeno morte da parte há de provocar a legitimação dos sucessores para a ação rescisória. Tanto a sucessão processual do art. 43 como a legitimação dos sucessores aqui prevista se fundam no fato de que a estes se estende a imutabilidade dos efeitos da sentença. Por fim, observe-se que por sucessor, no texto, deve-se entender também o sucessor *inter vivos*, a quem a lei legitima ativamente para a rescisória.

II – o terceiro juridicamente interessado;

Vide Projeto de CPC, art. 920, II.

A legitimação ativa do terceiro interessado para a ação rescisória tem caráter preponderantemente extraordinário (art. 6º), uma vez que ele nem sempre é o titular da relação jurídica definida pela sentença transitada em julgado. Assim, não fosse a presente prescrição legal, o terceiro não poderia ajuizar ação rescisória. Muito bem, para os fins desta disposição normativa, é possível vislumbrar três situações diferentes em que alguém aparece como terceiro juridicamente interessado: *a*) é terceiro o que era parte ordinariamente legitimada para a ação, mas que para ela não foi citado (art. 47, parágrafo único); *b*) é terceiro o que era exclusiva e extraordinariamente legitimado para a ação e dela não participou; *c*) é terceiro, ainda, o que poderia ter intervindo como assistente qualificado ou simples (arts. 54 e 50) e não o fez.

III – o Ministério Público:
Vide Projeto de CPC, art. 920, III.

O MP só detém legitimação ativa *ad causam* para a ação rescisória nas hipóteses expressamente elencadas nas letras *a* e *b* deste inciso, o que está perfeitamente de acordo com a disposição genérica contida no art. 81 sobre a ação civil pública. A título de observação geral, cumpre salientar que, se o MP é quem promove a rescisória, não há necessidade de que outro órgão da instituição intervenha no processo como *custos legis* – o que ocorreria se qualquer outra pessoa fosse a autora da ação (art. 82, III) –, porquanto a posição de instaurador do processo não tira do *parquet* a sua condição de imparcialidade, o que representa concretamente a possibilidade de o MP, ao final, tanto opinar pela improcedência do próprio pedido que formulou como recorrer contra o acórdão que haja acolhido a sua pretensão rescisória.

***a*) se não foi ouvido no processo, em que lhe era obrigatória a intervenção;**
Vide Projeto de CPC, art. 920, III, a.

A falta de intervenção do MP nos processos de jurisdição contenciosa em que ela é exigida (arts. 82, I, II e III, 944 e inúmeras outras previsões da legislação extravagante) tem por consequência a sua nulidade, a teor do disposto nos arts. 84 e 246 do CPC (referimos aqui apenas a jurisdição contenciosa, porque na voluntária não há coisa julgada – art. 1.111 – e, por conseguinte, possibilidade de rescisória). Muito bem, toda vez que um processo se tenha desenvolvido sem a participação do MP e gere decisão de mérito transitada em julgado, pode o *parquet* tomar a iniciativa da rescisão da sentença ou acórdão assim proferido. Na verdade, o presente fundamento de rescindibilidade (falta de intervenção) nada mais é do que uma particular hipótese de violação de literal disposição de lei, a que alude o inciso V do art. 485.

***b*) quando a sentença é o efeito de colusão das partes, a fim de fraudar a lei.**
Vide Projeto de CPC, art. 920, III, b.

Se, com amparo na letra *a*, o MP promove ação rescisória para defender a perfeita definição jurisdicional de quaisquer interesses indisponíveis em juízo, com base na presente disposição o *parquet* resguarda o particular interesse público de que não prevaleça nenhuma sentença transitada em julgado e o direito que ela consagra, fruto de processo simulado ou colusivo. Se ao juiz passou despercebida a intenção fraudulenta dos litigantes e, por isso, ele não anulou o processo (art. 129), resta à sociedade, representada pelo MP, buscar a rescisão da decisão proferida (art. 485, III, 2ª figura – como as partes na causa estão em conluio, só mesmo por meio da legitimação do *parquet* ou de um terceiro interessado, nem sempre existente, é possível reprimir a fraude).

Art. 488. A petição inicial será elaborada com observância dos requisitos essenciais do art. 282, devendo o autor:

Vide Projeto de CPC, art. 921, caput

O *caput* deste art. 488 simplesmente remete ao art. 282 – que é regra disciplinadora genérica da forma de todas as petições iniciais no processo civil – o modelo a ser obedecido pela peça que veiculará a ação rescisória. Assim, afora os requisitos específicos instituídos pelos incisos I e II a seguir, no mais a inicial se pautará pelas formalidades previstas pelo art. 282 (I – tribunal a que é dirigida, via de regra na pessoa do seu presidente; II – qualificação das partes; III – fatos e fundamentos jurídicos; IV – pedido com suas especificações; V – valor da causa, que será o da ação corrigido monetariamente ou outro se o que se busca é rescisão parcial; VI – indicação de provas, *v.* art. 492; VII – requerimento de citação do réu, *v.* art. 491).

I – cumular ao pedido de rescisão, se for o caso, o de novo julgamento da causa;

Vide Projeto de CPC, art. 921, I.

O pedido de rescisão (ou desconstituição) da sentença ou acórdão é chamado de *rescindens;* o de novo julgamento da causa é denominado *rescissorium.* A norma sob comentário exige como requisito indispensável da inicial da rescisória a cumulação dos dois pedidos, caso o fundamento deduzido o autorize, como sói acontecer, *v. g.*, nas hipóteses de falsidade da prova, documento novo, invalidade de confissão, desistência ou transação, erro de fato (art. 485, VI a IX), etc. Não poderá haver cumulação, por outro lado, nos casos de decisão viciada por prevaricação, concussão ou corrupção do juiz, incompetência absoluta, ofensa à coisa julgada (art. 485, I, II e IV), etc., porque nessas situações a reapreciação da causa pode representar supressão de um grau de jurisdição, incompetência do próprio tribunal ou pura desnecessidade. A exigência aqui estabelecida deve ser examinada à luz de cada fundamento se mais de um for deduzido.

II – depositar a importância de 5% (cinco por cento) sobre o valor da causa, a título de multa, caso a ação seja, por unanimidade de votos, declarada inadmissível, ou improcedente.

Vide Projeto de CPC, art. 921, II.

A multa instituída por este dispositivo tem a única e clara finalidade de desincentivar a propositura de ações rescisórias que não possuam sólidos fundamentos. Assim, declarada a extinção do processo sem julgamento do mérito por qualquer motivo ou julgado improcedente o pedido, sempre por decisão unânime do tribunal, o depósito será revertido em proveito do réu, que o levantará quando transitar em julgado a decisão da rescisória (art. 494, *in fine*). Sobre o depósito em si, observe-se que ele deve ser realizado previamente ao ajuizamento da ação, e a respectiva guia comprobatória é documento indispensável que deve instruir a inicial. Todavia, o atendimento posterior ao requisito por força do despacho previsto pelo art. 284 impede o indeferimento (*v.* art. 490, II).

Parágrafo único. Não se aplica o disposto no n. II à União, ao Estado, ao Município e ao Ministério Público.

Vide Projeto de CPC, art. 921, § 1º.

O casuísmo do rol contido nesta previsão legal deixa clara a intenção da lei de beneficiar apenas as pessoas jurídicas de direito público mencionadas e o MP com a dispensa do ônus do depósito prévio. Logo, das autarquias de qualquer nível exige-se o depósito de 5% para as ações rescisórias que intentem. Observe-se, por fim, que a norma sob análise não limita sob qualquer ângulo os efeitos da Lei de Assistência Judiciária (Lei n. 1.060/50), sendo claro que o autor de rescisória necessitado que goze desse benefício ficará isento do recolhimento da verba estabelecida pelo inciso II deste art. 488.

Art. 489. O ajuizamento da ação rescisória não impede o cumprimento da sentença ou acórdão rescindendo, ressalvada a concessão, caso imprescindíveis e sob os pressupostos previstos em lei, de medidas de natureza cautelar ou antecipatória de tutela.

Vide Projeto de CPC, art. 922.

Dado o fato de a rescisória não ser recurso, mas ação de caráter excepcional, não teria mesmo sentido que a sua propositura pudesse ter o condão de suspender automaticamente a execução da sentença rescindenda. Para espancar qualquer dúvida a esse respeito, a lei torna explícita a não suspensividade, ressalvando, todavia, em situações especiais de manifesta ilegalidade, a concessão desse efeito por força de liminares; mas não se perca de vista jamais que a suspensão é exceção e não regra. As modificações introduzidas no presente art. 489 pela Lei n. 11.280/2006 não apenas aperfeiçoam a redação do dispositivo, numa perspectiva formal, como também o atualizam e o inovam disciplinarmente pela ótica das recentes conquistas legislativas do processo civil brasileiro. Quanto ao aperfeiçoamento formal, chama a atenção o fato de o texto agora referir-se explicitamente ao "ajuizamento da ação rescisória" (antes se falava apenas de "ação rescisória"), além de dizer, tecnicamente, que ele "não impede o cumprimento da sentença ou acórdão rescindendo" (antes se falava "não suspende a execução da sentença rescindenda"). Já no que diz respeito à atualização, lembramos que o "cumprimento da sentença" (ou do acórdão) é instituto trazido para o nosso direito processual pela Lei n. 11.232, de 22.12.2005 e que transforma o processo executivo em fase do próprio processo de conhecimento (arts. 475-I a 475-R). E, finalmente, quanto à inovação disciplinar, fica agora estabelecido com todas as letras que, excepcionalmente (o texto se vale da locução "casos imprescindíveis"), é possível a concessão de tutela antecipada no bojo do próprio processo da ação rescisória (basicamente a fundada no art. 273, I, deste Código), bem como a concessão de providências cautelares, quer por meio de ação cautelar preparatória da rescisória, quer por meio cautelar incidental (art. 796 do CPC), e, ainda, sob a forma diferenciada prevista no § 7º do art. 273. Registre, por último, que transitada em julgado a rescisão da sentença: *a*) a execução já não será instaurada; *b*) instaurada que tenha sido antes, o processo será anulado por impugnação (art 475-L, VI) ou de ofício; *c*) superada a fase de impugnação, a execução será extinta de ofício (art. 794).

Art. 490. Será indeferida a petição inicial:
Vide Projeto de CPC, art. 921, § 2º.

O indeferimento da petição inicial da ação rescisória não difere em nada do indeferimento de qualquer outra inicial, exceto pelo fato de que admite um fundamento a mais, peculiar dessa ação, que é a falta de depósito a que alude o inciso II deste artigo, bem como pela circunstância de que o órgão jurisdicional que o realiza não é definido pela lei processual, mas sim pelo regimento interno de cada tribunal. Desse ato cabe, via de regra, agravo regimental ou mandado de segurança na falta de recurso adequado que seja estabelecido pelo regimento interno.

I – nos casos previstos no art. 295;
Vide Projeto de CPC, art. 921, § 2º.

Das hipóteses de indeferimento elencadas pelo art. 295, apenas as concernentes ao inciso V (erro de escolha de procedimento) e ao inciso IV, segunda figura (prescrição), não têm aplicação usual à rescisória. Todas as demais encontram plena guarida no contexto dessa ação especial: inciso I e parágrafo único (inépcia); inciso II (manifesta ilegitimidade – *v.* art. 487); inciso III (falta de interesse de agir – na hipótese de claro descabimento da rescisória por qualquer dos incisos do art. 485); inciso IV, primeira figura (decadência – *v.* art. 495); inciso VI (não atendimento às prescrições dos arts. 39 e 284).

II – quando não efetuado o depósito, exigido pelo art. 488, II.
Vide Projeto de CPC, art. 921, § 2º.

A falta do depósito previsto pelo inciso II do art. 488 não gera o automático indeferimento da petição inicial da rescisória, como acontece com as hipóteses previstas pelo art. 295. Pelo contrário, à exigência do depósito se aplica a norma contida no art. 284, que autoriza o órgão jurisdicional competente a determinar ao autor que proceda à regularização no prazo de dez dias. Somente no caso de não cumprimento da diligência nesse prazo é que ocorrerá o indeferimento da inicial (art. 284, parágrafo único).

Art. 491. O relator mandará citar o réu, assinando-lhe prazo nunca inferior a 15 (quinze) dias nem superior a 30 (trinta) para responder aos termos da ação. Findo o prazo com ou sem resposta, observar-se-á no que couber o disposto no Livro I, Título VIII, Capítulos IV e V.
Vide Projeto de CPC, art. 923.

No procedimento da rescisória, o prazo de resposta tem natureza diferenciada dos demais prazos desse tipo disciplinados pelo CPC: trata-se de prazo judicial e não legal, razão por que pode variar segundo os limites estabelecidos no texto (o que torna inaplicáveis as regras contidas nos arts. 188 e 191). Dentro desse prazo, o réu poderá, além de evidentemente contestar, oferecer exceção de suspeição ou impedimento a ser processado segundo o que dispuser o regimento interno (arts. 134, 135 e 265, § 4º), reconvir, desde que se trate também de pedido rescisório da mesma decisão, apresentar denunciação da lide (art. 70), impugnar o valor da causa (art. 261), requerer exibição de documento ou coisa (arts. 355 a 363) ou arguir a falsidade de documento (art. 390). Não cabe reconhecimento do pedido (art. 269, II). Encerrada a fase postulatória, o relator abrirá vista ao autor para réplica (arts. 326 e 327, 1ª parte), determinará providências de regularização (art. 327, 2ª parte) e ordenará a especificação de provas (art. 324). Observe-se que na rescisória pode haver revelia, como diz o texto, mas não há efeitos da revelia porque se trata de causa que versa sobre direito indisponível (art. 320, I – *v.* nota ao art. 487, III). Por fim, anote-se que, quanto ao julgamento conforme o estado, o relator só pode proferir saneamento (por escrito) ou decretar a extinção (art. 329) e nunca julgamento antecipado da lide, que só cabe ao órgão colegiado prolatar.

Art. 492. Se os fatos alegados pelas partes dependerem de prova, o relator delegará a competência ao juiz de direito da comarca onde deva ser produzida, fixando prazo de 45 (quarenta e cinco) a 90 (noventa) dias para a devolução dos autos.

Vide Projeto de CPC, art. 925.

A hipótese prevista pelo dispositivo é evidentemente a de saneamento do processo, ato disciplinado pelo art. 331 e cujo cabimento depende da necessidade de prova testemunhal ou pericial. Nesse caso, o relator fará expedir carta de ordem (art. 201) ao juiz da comarca onde a prova deve ser produzida, delegando-lhe competência para todos os atos necessários: nomeação de perito, fixação de prazos, arbitramento de honorários, designação de audiência, intimação e oitiva das partes e testemunhas, etc. Quanto ao prazo para devolução dos autos, embora o texto não diga, considera-se implícita a possibilidade de concessão de prorrogação.

Art. 493. Concluída a instrução, será aberta vista, sucessivamente, ao autor e ao réu, pelo prazo de 10 (dez) dias, para razões finais. Em seguida, os autos subirão ao relator, procedendo-se ao julgamento:

Vide Projeto de CPC, arts. 926 e, também, 924.

Por conclusão da instrução deve ser entendido não só o efetivo encerramento da produção da prova oral e/ou pericial, mas também, obrigatoriamente, a devolução dos autos que as instrumentalizam. Chegando, assim, ao tribunal os autos da carta de ordem, o relator, sem mais delongas – exceto se alguma regularização do processo tiver lugar –, determinará a abertura de vista às partes para razões finais, momento em que essas procurarão explorar todos os aspectos favoráveis da instrução realizada, com o que concluirão as suas postulações, seguindo-se o julgamento da causa, vale dizer, a prática dos atos previstos pelos arts. 84 (vista ao MP – art. 82, III), 549 (exposição dos pontos controvertidos pelo relator e devolução dos autos com o seu "visto"), 553 (extração de cópias autenticadas do relatório para distribuição entre os juízes) e 551, § 2º (conclusão dos autos ao revisor, que aporá o seu "visto" e pedirá data para julgamento).

I – no Supremo Tribunal Federal e no Superior Tribunal de Justiça, na forma dos seus regimentos internos;

A alteração de texto introduzida neste inciso I pela Lei n. 11.382/2006 tem como razão de ser o desaparecimento do TFR da nossa estrutura judiciária – o que se operou por força da CF/88 – e sua substituição pelo STJ (hoje órgão de cúpula de toda a Justiça comum) e os TRF (*v.* CF, arts. 104, 105, 106, I, 107 e 108). De acordo com o presente dispositivo, em sua literalidade, apenas o STF e o STJ podem regular, em seus regimentos internos, o processamento da ação rescisória (RISTF, arts. 259 a 262; RISTJ, arts. 233 a 238), mas a nosso ver a modificação trazida não retira a legalidade dos regimentos internos dos TRF que disciplinam a matéria (*v. g.*, RITRF, 3ª R., arts. 187 a 191).

II – nos Estados, conforme dispuser a norma de Organização Judiciária.

Dispõe a LOMAN: "Art. 101. Os Tribunais compor-se-ão de Câmaras ou Turmas, especializadas ou agrupadas em Seções especializadas. A composição e competência das Câmaras ou Turmas serão fixadas na lei e no Regimento Interno [...]. § 3º A cada uma das Seções caberá processar e julgar: [...] *e)* [...] ações rescisórias dos julgamentos de primeiro grau, da própria Seção ou das respectivas Turmas [...]". Destarte, no que concerne à competência para a ação rescisória, as leis de organização judiciária deverão pautar-se pelo disposto na lei federal, restando-lhes disciplinar os detalhes procedimentais do julgamento não regulados por este Código.

Art. 494. Julgando procedente a ação, o tribunal rescindirá a sentença, proferirá, se for o caso, novo julgamento e determinará a restituição do depósito; declarando inadmissível ou improcedente a ação, a importância do depósito reverterá a favor do réu, sem prejuízo do disposto no art. 20.

Vide Projeto de CPC, art. 927.

Três são os juízos que o tribunal é chamado a realizar quando da apreciação da rescisória: *a)* o juízo de admissibilidade, no qual serão examinadas as condições da ação rescisória (arts. 485 e 487); *b)* o juízo *rescindens* – em caso de julgamento positivo de admissibilidade –, no qual o tribunal afirmará a procedência ou a improcedência total ou parcial do pedido de rescisão da sentença ou acórdão; *c)* o juízo *rescissorium,* correspondente ao novo julgamento da causa que ocorrerá dependendo do fundamento que seja acolhido pelo tribunal para a rescisão (p. ex., nas hipóteses previstas pelos incisos VI a IX do art. 485; *v.* art. 488, I, e respectiva nota). Se o julgamento for de procedência do pedido rescisório, o depósito a que alude o inciso II do art. 488 será restituído ao autor, que poderá levantá-lo *ex vi* do disposto na parte inicial deste dispositivo; se o resultado da rescisória for a improcedência ou a inadmissibilidade, o valor será revertido em favor do réu com todos os acréscimos devidos de acordo com o contrato de depósito realizado, juros e correção monetária). Contra o acórdão proferido em rescisória cabem, respectivamente, embargos de declaração (arts. 535 a 538), embargos infringentes, em caso de não unanimidade (arts. 530 a 534), recurso especial para o STJ (CF, art. 105, III) ou recurso extraordinário para o STF (CF, art. 102, III).

Art. 495. O direito de propor ação rescisória se extingue em 2 (dois) anos, contados do trânsito em julgado da decisão.

Vide Projeto de CPC, art. 928.

Na verdade, não é o direito de ação que se extingue, decorrido o prazo de dois anos contado a partir do trânsito em julgado, mas sim o próprio direito material à desconstituição da sentença ou acórdão. Daí que o prazo aqui previsto é de decadência e não de prescrição, já que se trata de direito não patrimonial (*v.* nota ao art. 219, § 5º), de sorte que ele não se submete aos fenômenos da suspensão e interrupção. A propositura da rescisória fora desse prazo gerará, assim, o indeferimento liminar da inicial, com apreciação do mérito (arts. 295, IV, e 269, IV), hipótese excepcional no nosso sistema.

TÍTULO X
DOS RECURSOS

Vide Projeto de CPC, arts. 948 a 998 (Título II – Dos Recursos).

A palavra "recurso" em direito processual pode ser compreendida em quatro sentidos diferentes. Em primeiro lugar, recurso é um dos meios de impugnação de decisões judiciais (além dele, existem as ações impugnativas, como a ação rescisória – arts. 485 e segs. –, o mandado de segurança e o *habeas corpus*). Em segundo, recurso é o direito subjetivo processual que a parte tem de impugnar decisões. Em terceiro, é a palavra que identifica cada um dos recursos em espécie (apelação, agravo, etc. – *v.* art. 496 a seguir). E, finalmente, em quarto lugar, recurso é o instituto jurídico-processual que torna concreto o princípio do duplo grau de jurisdição.

CAPÍTULO I
DAS DISPOSIÇÕES GERAIS

Vide Projeto de CPC, arts. 948 a 962 (Capítulo I – Das Disposições Gerais).

Art. 496. São cabíveis os seguintes recursos:

Vide Projeto de CPC, art. 948.

I – apelação;

II – agravo;

III – embargos infringentes;

IV – embargos de declaração;

V – recurso ordinário;

VI – recurso especial;

VII – recurso extraordinário;

VIII – embargos de divergência em recurso especial e em recurso extraordinário.

Este art. 496 elenca os principais recursos ordinários existentes no sistema processual (incisos I a III e V – além desses, *v. g.*, existem os chamados embargos infringentes da execução fiscal), bem como os dois recursos especiais instituídos pela CF (incisos VI e VII), que têm seu procedimento disciplinado pelo CPC. Recursos ordinários são aqueles que existem apenas para permitir o exercício do direito ao duplo grau de jurisdição, o exercício da faculdade da parte de se inconformar com uma decisão (apelação, agravo, embargos infringentes, recurso ordinário). Especiais são aqueles instituídos com a finalidade de assegurar a autoridade da Constituição (recurso extraordinário) ou a autoridade, a supremacia e a uniformidade interpretativa da lei federal (recurso especial). Quanto aos embargos de divergência (inciso VIII), por tratar-se de recurso só interponível em causas já em fase de recurso especial ou extraordinário, sua natureza acompanha a do recurso originário, dada a identidade de escopo institucional (texto de acordo com a Lei n. 8.950/94).

Art. 497. O recurso extraordinário e o recurso especial não impedem a execução da sentença; a interposição do agravo de instrumento não obsta o andamento do processo, ressalvado o disposto no art. 558 desta Lei.

Vide Projeto de CPC, arts. 949 e 968.

O dispositivo expressamente retira, para os fins aludidos, o efeito suspensivo dos recursos que menciona, e isso porque, na falta de regra restritiva como a presente, os recursos têm, além do efeito devolutivo, o efeito suspensivo (sobre o que significam exatamente tais efeitos, examine-se o art. 520, *caput*, e respectivo comentário). Na prática, o que a primeira parte do texto legal autoriza é que o vencedor da causa em segunda instância promova imediatamente a execução provisória do acórdão por meio de carta de sentença (arts. 588 a 590), a despeito da interposição do recurso especial ou extraordinário. Em relação à parte final do dispositivo, o que a lei quer dizer é que a interposição de agravo de instrumento não representa qualquer obstáculo ao normal desenvolvimento do processo rumo à sentença, salvo nas hipóteses expressamente previstas pelo art. 558.

Art. 498. Quando o dispositivo do acórdão contiver julgamento por maioria de votos e julgamento unânime, e forem interpostos embargos infringentes, o prazo para recurso extraordinário ou recurso especial, relativamente ao julgamento unânime, ficará sobrestado até a intimação da decisão nos embargos.

Este art. 498 – alterado em sua redação pela Lei n. 10.352/2001 – impõe disciplina recursal à hipótese de um único acórdão trazer em seu bojo, simultaneamente, decisão unânime e decisão por maioria de votos. Na versão original do dispositivo, nesse caso, os dois (ou três) recursos cabíveis deveriam ser interpostos ao mesmo tempo, o que sempre soou inconveniente e irracional, pelo prisma da atividade advocatícia. De acordo com a redação atual deste art. 498, ficam estabelecidos a razoabilidade e o bom-senso no trato processual da hipótese, instituindo-se que, publicado o acórdão, começa a fluir apenas o prazo para interposição do recurso de embargos infringentes, sobrestada que se encontra a fluência do lapso temporal para a interposição do recurso especial e/ou extraordinário, até que sejam decididos os embargos e intimadas as partes da sua decisão. Observe-se que se o parágrafo único a seguir regulamenta a forma da sucessividade dos prazos quando a parte legitimada e interessada deixa transcorrer *in albis* o prazo para o recurso de embargos infringentes (*v.* nota), o texto que ora nos ocupa – que pressupõe uma decisão positiva – não responde explicitamente a algumas perguntas quando se cogite de ter a parte interposto os embargos: 1ª) e se a interposição foi intempestiva?; 2ª) e se os embargos não forem conhecidos pelo tribunal por falta de outros requisitos de admissibilidade?; 3ª) e se a parte recorrente renunciar ao direito de recorrer (art. 502), aceitar a decisão (art. 503) ou desistir do recurso (art. 501)? À primeira indagação, respondemos que como a interposição intempestiva equivale à não interposição, aplica-se o parágrafo único deste art. 498 e a solução lá prevista (*v.* nota). À segunda, respondemos que se os embargos não forem conhecidos por falta de cabimento, legitimação, interesse, regularidade formal ou preparo (em que se exija o requisito), o prazo para o especial está sobrestado e só deixará de estar no momento em que ocorrer a intimação da decisão de não conhecimento dos embargos, assim como dispõe o texto sob enfoque. Já no que concerne à terceira indagação, respondemos que, havendo renúncia ao direito de recorrer (art. 502), da publicação da intimação da decisão monocrática que a reconheça – e que significa o reconhecimento do desaparecimento superveniente do interesse recursal – flui o prazo para o recurso especial ou extraordinário; havendo desistência do recurso já interposto (art. 501), vale o mesmo raciocínio, fluindo o segundo prazo a partir da publicação da intimação do ato decisório; finalmente, havendo aceitação do acórdão, é necessário apenas distinguir o seguinte: se a aceitação é anterior à interposição, o reconhecimento se dá como o da renúncia, aplicando-se a mesma solução; se a aceitação é posterior, o reconhecimento tem a forma do da desistência, aplicando-se também a solução já alvitrada (texto de acordo com a Lei n. 10.352/2001).

Parágrafo único. Quando não forem interpostos embargos infringentes, o prazo relativo à parte unânime da decisão terá como dia de início aquele em que transitar em julgado a decisão por maioria de votos.

O parágrafo único em questão – também introduzido pela Lei n. 10.352/2001 – disciplina a sucessividade de prazo de interposição de recursos – instituída pelo *caput* – na particular hipótese de o litigante ter deixado passar em branco o prazo dos embargos infringentes, adotando a solução de contar-se o prazo sucessivo (para o recurso especial e/ou extraordinário) a partir do fenômeno do trânsito em julgado da decisão não unânime. Veja-se, inicialmente, que a hipótese fática cogitada (não interposição de embargos infringentes) realmente demandava previsão e solução específicas, pois em todos os casos enquadráveis no *caput* sempre existe uma deliberação judicial positiva que funciona como termo *a quo* do prazo sucessivo: o acórdão que julga o mérito dos embargos, o acórdão que não conhece os embargos, a decisão monocrática que reconhece renúncia, desistência ou aceitação do acórdão. Aqui, pelo contrário, o prazo sucessivo precisa fluir sem que exista uma decisão, o que fez com que o legislador se ocupasse de estabelecer a data do trânsito em julgado da decisão não unânime como termo *a quo*. A grande dúvida que fica no ar, no entanto, é a de se saber se, interpostos os embargos infringentes, extemporaneamente, se aplica o *caput* ou o presente parágrafo único. Como tivemos a oportunidade de sustentar no comentário anterior, parece-nos que a intempestividade se equipara à não interposição, o que significa dizer que a decisão não unânime, quando da interposição intempestiva, já havia transitado em julgado, o que justifica, então, plenamente, a aplicabilidade deste parágrafo único e não do *caput* (texto de acordo com a Lei n. 10.352/2001).

Art. 499. O recurso pode ser interposto pela parte vencida, pelo terceiro prejudicado e pelo Ministério Público.
Vide Projeto de CPC, art. 950, caput

A norma jurídica em questão disciplina dois dos três requisitos intrínsecos dos recursos, que são o interesse e a legitimação para recorrer (o terceiro é o cabimento do recurso). Tratando-se de parte vencida, refere-se a lei ao autor, ao réu – e litisconsortes obviamente –, ao réu-reconvinte, ao autor-reconvindo, ao opoente, ao chamado ao processo, ao denunciado (todos partes, no sentido de Chiovenda: aqueles que pedem ou contra quem se pede uma providência jurisdicional), desde que vencidos na causa, isto é, desde que, em algum aspecto, os seus pedidos ou as suas defesas não tenham sido inteiramente atendidos. Quanto ao terceiro prejudicado e ao MP – sua legitimação e seu interesse recursais –, examinem-se os parágrafos e respectivos comentários adiante.

§ 1º Cumpre ao terceiro demonstrar o nexo de interdependência entre o seu interesse de intervir e a relação jurídica submetida à apreciação judicial.

Vide Projeto de CPC, art. 950, parágrafo único.

Por terceiro prejudicado, neste parágrafo e no *caput*, entende a lei toda pessoa que deveria ter participado da relação processual como parte – porque tem legitimidade *ad causam* – e que não foi citada para ser ré (art. 213) nem para ser autora (art. 47, parágrafo único) – para aqueles que admitem a intervenção *iussu iudicis* no polo ativo da demanda –, como também aquela que poderia ter intervindo no processo como assistente simples ou litisconsorcial e que não interveio (arts. 50 e 54). Para recorrer, basta que essas pessoas façam demonstração da sua *legimatio ad causam* (art. 6º) ou do seu interesse jurídico (arts. 50 e 54), não sendo necessário, em absoluto, o apontamento de qualquer "nexo de interdependência" (a lei equivocou-se flagrantemente ao exigir tal requisito). Observe-se, por fim, que o assistente já admitido no processo tem legitimidade e interesse recursais por força do disposto no art. 52 e não em virtude deste art. 499.

§ 2º O Ministério Público tem legitimidade para recorrer assim no processo em que é parte, como naqueles em que oficiou como fiscal da lei.

Vide Projeto de CPC, art. 950, caput.

Para espancar qualquer dúvida a respeito da legitimidade recursal do MP, fez a lei questão de explicitar a circunstância de que o direito de impugnar decisões pelo *parquet* não depende da sua qualidade de parte parcial no processo. Assim, tanto está o MP legitimado a recorrer quando atue como substituto processual, como assistente do incapaz, com base no art. 82, I, ou quando intervenha como *custos legis*, com amparo nos arts. 82, II e III, 944, etc. Quanto ao interesse recursal do MP, é importante salientar que este depende de sucumbência ou prejuízo (*v.* nota ao *caput*) se o órgão ministerial funcionar como substituto ou assistente. Não dependerá de nada, por outro lado, se figurar no processo como fiscal da lei, de sorte que o seu interesse existirá, ainda que tenha opinado em sentido inverso ao que tencione agora ver prevalecer por meio do recurso.

Art. 500. Cada parte interporá o recurso, independentemente, no prazo e observadas as exigências legais. Sendo, porém, vencidos autor e réu, ao recurso interposto por qualquer deles poderá aderir a outra parte. O recurso adesivo fica subordinado ao recurso principal e se rege pelas disposições seguintes:

Vide Projeto de CPC, art. 951, caput *e parágrafo único.*

A norma sob comentário institui a figura do recurso adesivo, que nada mais é do que uma forma diferenciada de interposição dos recursos elencados no inciso II. Seu pressuposto único é a sucumbência recíproca expressa pelo não atendimento total do pedido formulado pelo autor, o que significa não atendimento integral do pedido do réu (*v. g.*, o autor recebe tudo o que pediu, exceto honorários, certa correção monetária ou juros; o réu é condenado em metade, um terço ou parte mínima do pedido). Logo, o interesse para recorrer sob essa forma só existe de uma parte em relação a outra e jamais de uma parte em relação ao seu litisconsorte ou assistente. De acordo com essa disciplina, o que se vê é que a denominação "adesivo" é de todo inadequada, porque não há adesão, mas divergência; melhor teria sido chamá-lo subordinado ou dependente (a crítica é de Theotonio Negrão). Havendo dois ou mais pedidos, a sucumbência recíproca deve ser verificada a partir do todo pedido e não isoladamente à luz de cada um deles (há simultânea sucumbência se o autor é atendido totalmente quanto a um e não atendido totalmente quanto ao outro, quer por improcedência, quer por carência). O motivo está no fato de que o recurso adesivo tem a exclusiva finalidade de impedir que uma parte apele autonomamente apenas movida pelo temor de que a outra o faça.

I – será interposto perante a autoridade competente para admitir o recurso principal, no prazo de que a parte dispõe para responder;

Vide Projeto de CPC, art. 951, parágrafo único, I.

O recurso principal a que alude o dispositivo é um dos quatro previstos pelo inciso II. Falando em recurso principal, dá a lei a entender, com razão, que o adesivo nada mais é, em sua essência, do que um recurso subordinado. Seja como for, o fato é que a presente disposição legal ocupa-se de disciplinar a forma como o recurso adesivo deve ser interposto. Antes de mais nada, é preciso declarar que a atual redação deste inciso elimina do sistema uma dicotomia formal incompreensível, tornando racional a interposição do recurso adesivo: a partir da Reforma de 1994, a parte dispõe do prazo de resposta para recorrer adesivamente e não apenas de parte dele como acontecia antes (embora o termo *a quo* fosse o mesmo, a parte dispunha de apenas dez dias para o adesivo). Assim, intimado o litigante do recebimento do recurso principal e da abertura de vista à parte contrária (arts. 236 e 237), daí fluirá o prazo de quinze dias para responder (art. 508) e também para interpor o adesivo, em petições distintas, evidentemente. A inovação é, portanto, de todo elogiável (texto de acordo com a Lei n. 8.950/94).

II – será admissível na apelação, nos embargos infringentes, no recurso extraordinário e no recurso especial;

Vide Projeto de CPC, art. 951, parágrafo único, II.

Para que caiba a modalidade adesiva de interposição dos quatro recursos aqui previstos, além da sucumbência recíproca, evidentemente, é necessário que os requisitos específicos de cada um deles estejam presentes. Assim, em relação aos embargos infringentes é preciso que a parte que vá recorrer adesivamente haja sucumbido por decisão não unânime que haja reformado sentença de mérito (art. 530); quanto ao recurso extraordinário ou especial, é absolutamente indispensável que tenha havido na decisão contrária ao recorrente adesivo afronta à Constituição ou à lei federal (CF, arts. 102, III, e 105, III) além do prequestionamento (Súmulas ns. 282 e 356 do STF).

III – não será conhecido, se houver desistência do recurso principal, ou se for ele declarado inadmissível ou deserto.

Vide Projeto de CPC, art. 951, parágrafo único, III.

Este inciso estabelece de forma explícita a subordinação do recurso adesivo ao principal: o conhecimento daquele depende inexoravelmente do conhecimento – isto é, do julgamento no mérito – deste. A regra se explica pelo fato de que o recurso adesivo só existe em virtude da interposição do principal – para que o litigante parcialmente sucumbente não recorra, como visto, apenas por causa do temor de que o outro o faça –, de sorte que, se por qualquer motivo (a falta de um dos requisitos intrínsecos, ou extrínsecos, ou desistência) o principal não for conhecido, automaticamente deixa de ser conhecido o adesivo.

Parágrafo único. Ao recurso adesivo se aplicam as mesmas regras do recurso independente, quanto às condições de admissibilidade, preparo e julgamento no tribunal superior.

Vide Projeto de CPC, art. 951, parágrafo único.

Como tivemos a oportunidade de ver no comentário ao *caput*, o recurso adesivo é apenas uma forma diferente de interposição dos recursos previstos no inciso II, de modo que os seus requisitos de admissibilidade são os próprios de cada recurso principal (*v.* nota ao inciso II). Genericamente, portanto, o adesivo depende dos mesmos requisitos intrínsecos (legitimidade, interesse e cabimento) ou extrínsecos (tempestividade, regularidade formal e preparo) de admissibilidade dos recursos, e particularmente dos requisitos específicos dos embargos infringentes e dos especiais.

Art. 501. O recorrente poderá, a qualquer tempo, sem a anuência do recorrido ou dos litisconsortes, desistir do recurso.

Vide Projeto de CPC, art. 952.

Desistência do recurso é a exteriorização formal de vontade pela qual o recorrente põe fim ao processamento do recurso que antes havia interposto (para esse ato é necessário que o procurador da parte tenha poderes especiais, a teor do disposto no art. 38). De acordo com o texto, a desistência não depende da concordância da parte contrária nem dos litisconsortes do recorrente, mas se se tratar de litisconsórcio unitário a anuência não pode ser dispensada (*v.* arts. 47 e 509 e respectivas notas). Por fim, observe-se que a lei não exige a homologação judicial para a eficácia da desistência do recurso (o art. 158, parágrafo único, só fala de ação).

Art. 502. A renúncia ao direito de recorrer independe da aceitação da outra parte.

Vide Projeto de CPC, art. 953.

Renúncia ao direito de recorrer é a exteriorização formal de vontade pela qual a parte que já pode recorrer – porque tem legitimidade e interesse – abre mão voluntariamente do exercício desse direito subjetivo processual. A renúncia difere da desistência prevista no art. 501 porque, enquanto esta pressupõe recurso interposto, aquela pressupõe inexistência de recurso, já que, por seu intermédio, a parte abre mão da própria faculdade de interpô-lo. Segundo o texto de lei, nenhuma anuência é exigida da parte contrária, o mesmo se podendo inferir no que concerne a qualquer litisconsorte, seja de que espécie for.

Art. 503. A parte, que aceitar expressa ou tacitamente a sentença ou a decisão, não poderá recorrer.

Vide Projeto de CPC, art. 954, caput

Aceitar a sentença ou a decisão é sinônimo de se conformar inteira ou parcialmente com ela, de sorte que já não será lícito à parte interpor recurso porque perdeu o interesse recursal. De acordo com o texto, a aceitação pode ser expressa ou tácita. Expressa, quando a parte por petição escrita endereçada ao juiz da causa afirma inequivocamente o seu conformismo com a sentença ou a decisão interlocutória proferida. É tácita a aceitação quando a parte se conduz nos termos da previsão contida no parágrafo único.

Parágrafo único. Considera-se aceitação tácita a prática, sem reserva alguma, de um ato incompatível com a vontade de recorrer.

Vide Projeto de CPC, art. 954, parágrafo único.

A prática de ato incompatível com a vontade de recorrer opera a chamada preclusão lógica acerca do direito da parte de se inconformar com uma sentença ou decisão interlocutória (*v. g.*, se o réu no prazo do recurso cumpre a sentença, pagando o débito, entregando o imóvel, abstendo-se de determinada prática, requerendo o levantamento dos depósitos na consignatória, prestando as contas exigidas, etc.). Atente-se, contudo, para o fato de que a lei condiciona a preclusão à ausência de reserva, o que significa que a incompatibilidade lógica deve ser encarada restritivamente, de sorte a não contaminar outras partes do dispositivo da sentença (art. 458, III) que não sejam objeto de aceitação.

Art. 504. Dos despachos não cabe recurso.

Vide Projeto de CPC, art. 955.

Despachos, segundo o art. 162, § 3º, são os "atos do juiz praticados no processo, de ofício ou a requerimento da parte, a cujo respeito a lei não estabelece outra forma" (*v.* nota respectiva). Em outras palavras, são todos os atos judiciais que não têm conteúdo decisório e que se prestam apenas a permitir o andamento do processo, a sequência do procedimento (*v. g.*, "diga o autor sobre a contestação", "voltem conclusos", "especifiquem provas", "digam sobre o laudo", "ao contador", "oficie-se ao distribuidor", etc.). Note-se que, além do critério do conteúdo decisório, a doutrina ainda trabalha com o critério da lesividade para distinguir despacho de decisão. Observe-se, por outro lado, que decisões há que são irrecorríveis pelo simples fato de poderem ser discutidas por outros meios (*v. g.*, a que defere a inicial e manda citar o réu, executado ou requerido; a que nomeia perito; a que ordena o processamento de apelação, etc.). Já em relação ao focalizado art. 504, propriamente, o que se deve esclarecer é que ele teve sua redação alterada pela Lei n. 11.276/2006, que lhe suprimiu a expressão "de mero expediente", que qualificava o despacho, ato judicial objeto precípuo do presente dispositivo. A alteração redacional se justifica: em primeiro lugar, porque o § 3º do art. 162 trata apenas de despacho, sem qualquer qualificação; em segundo, porque os "atos meramente ordinatórios", criados pelo § 4º do mesmo art. 162 (por força da Lei n. 8.952/94 – *v.* nota), passaram para o âmbito de atribuições dos cartórios; em terceiro, porque nunca se compreendeu bem a distinção suscitada por este art. 504 (em sua versão original), sem acompanhamento do art. 162, § 3º, entre "despacho" e "despacho de mero expediente" – porque, se havia, no sistema, um "despacho de mero expediente" (art. 504) e o § 3º aludido mencionava genericamente "despacho", é porque existiriam despachos que não eram "de mero expediente". A mudança é bem recebida, portanto. O que caracteriza, assim, o despacho frente à decisão interlocutória é a ausência de conteúdo decisório. No mais, remetemos o leitor ao comentário do art. 162, § 3º, bem como ao do art. 504, em sua versão original, que permanece útil e foi mantido na presente obra (texto de acordo com a Lei n. 11.276/2006).

Art. 505. A sentença pode ser impugnada no todo ou em parte.
Vide Projeto de CPC, art. 956.

Não só a sentença, mas também as decisões interlocutórias (art. 162, § 2º) e acórdãos (art. 163) podem ser impugnados no todo ou em parte. No que concerne a qualquer desses atos é importante observar que somente a sua parte dispositiva (art. 458, III) é que pode ser impugnada, porque o que vale é a decisão e não o seu fundamento. Impugnação parcial ocorre quando o recorrente explicitamente restringe o seu inconformismo a alguma parte do dispositivo (ou *decisum*). Impugnação total, por outro lado, haverá em duas situações diferentes: *a*) quando o recorrente especificamente se insurge contra todas as decisões constantes do dispositivo; *b*) quando o recorrente genericamente ataca toda a parte dispositiva, sem especificar decisões e sem fundamentar explicitamente os ataques. Nessas duas hipóteses, indistintamente, opera-se o efeito devolutivo previsto pelo art. 515.

Art. 506. O prazo para a interposição do recurso, aplicável em todos os casos o disposto no art. 184 e seus parágrafos, contar-se-á da data:
Vide Projeto de CPC, art. 957, caput

A faculdade da parte de não se conformar com uma decisão do juiz corresponde a um direito subjetivo processual submetido ao fenômeno da preclusão, de sorte que o seu exercício fica limitado, dentre outros fatores, pelo fator tempo. Logo, o recurso deve ser manifestado dentro de um prazo (lapso temporal dentro do qual um ato deve ser praticado), sob pena de não poder sê-lo mais tarde. Este art. 506 disciplina o termo *a quo* do prazo recursal, isto é, os fatos processuais que desencadeiam o fluxo desse prazo (*v.* notas ao art. 184 e parágrafos).

I – da leitura da sentença em audiência;
Vide Projeto de CPC, art. 957, I.

Esta previsão legal encontra-se vinculada à regra estabelecida no art. 456, que afirma: "Encerrado o debate [...] o juiz proferirá a sentença desde logo [...]". Muito bem, se a sentença for proferida em audiência, desta data fluirá o prazo recursal, aplicada automaticamente a norma do *caput* do art. 184. Observe-se que, neste caso, na medida em que o juiz for proferindo verbalmente a sentença, esta irá sendo paulatinamente publicada, do que resultará a plena intimação das partes, no final da fala judicial, e o início do prazo para o exercício do direito de recorrer. Para esse fim, pouco importa se as partes estão presentes ou não ao ato.

II – da intimação às partes, quando a sentença não for proferida em audiência;
Vide Projeto de CPC, art. 957, II.

Quando a sentença não é proferida em audiência (*v.* art. 456 e nota), o prazo para recurso só começa a fluir a partir do instante em que as partes são intimadas – diz a lei de forma precisa sob o ponto de vista técnico –, o que pode significar três coisas diferentes: *a)* a publicação no *Diário Oficial* do dispositivo da sentença (art. 236, *caput*); *b)* intimação pessoal dos advogados (art. 237, I); *c)* intimação por carta registrada com AR dos procuradores constituídos (art. 237, II). Neste último caso o prazo começa a correr da juntada aos autos do aviso de recebimento (art. 241, I).

III – da publicação do dispositivo do acórdão no órgão oficial.
Vide Projeto de CPC, art. 957, III.

De forma a aperfeiçoar a previsão do ato a partir do qual começa a correr o prazo para a interposição de recursos contra acórdãos (o conceito de acórdão se encontra no art. 163 – *v.* nota), é que a Lei n. 11.276/2006 substituiu o vocábulo "súmula" por "dispositivo", no texto do presente inciso. Veja-se que trata-se de aperfeiçoamento porque a precisão redacional traz segurança jurídica, sob a forma de previsibilidade, e nada melhor que a lei poder descrever aquilo que realmente ocorre quando se cogita da publicação de acórdão: o que sempre se praticou, e que agora se torna lei, é a publicação do dispositivo do acórdão, vale dizer, apenas da parte do julgamento do tribunal no qual se aprecia o pedido (deduzido na ação ou no recurso), dispensada qualquer alusão aos motivos ou fundamentos. No regime anterior, a previsão de "súmula do acórdão" (súmula é pequena suma, que significa sinopse, resumo) impunha a publicação no órgão oficial também da fundamentação da decisão colegiada (o resumo, por certo, envolve tanto o dispositivo como os motivos), exigência que, via de regra, não era obedecida. A nova previsão aperfeiçoa, destarte, o CPC, razão pela qual é bem-vinda (texto de acordo com a Lei n. 11.276/2006).

Parágrafo único. No prazo para a interposição do recurso, a petição será protocolada em cartório ou segundo a norma de organização judiciária, ressalvado o disposto no § 2º do art. 525 desta Lei.

Vide Projeto de CPC, art. 957, parágrafo único.

A razão pela qual a Lei n. 11.276/2006 alterou a previsão final do texto sob enfoque – para substituir a antiga remissão ao "art. 524" pela atual "§ 2º do art. 525" – repousa no fato de que, enquanto o art. 524 afirma, de maneira genérica, que "o agravo de instrumento será dirigido diretamente ao tribunal competente [...]", o § 2º do art. 525 regulamenta, de forma específica, a forma processual da interposição do agravo de instrumento perante o órgão de segunda instância: "no prazo do recurso, a petição será protocolada no tribunal, ou postada no correio sob registro com aviso de recebimento, ou, ainda, interposta por outra forma prevista na lei local". Esta disciplina específica é que corresponde à ressalva ao regramento genérico prevista pelo dispositivo ora focalizado. No mais, o que precisa ser salientado é que o regramento em questão tem, inicialmente, a virtude de dar tratamento genérico à forma da interposição dos recursos, o que não havia no regime anterior (apenas os arts. 514, parágrafo único, e 531 tocavam no assunto, mas sem a devida generalidade e precisão). Mais do que isso, o texto sabiamente remete à lei estadual de organização judiciária a regulamentação dos detalhes relativos ao ato de protocolização, o que significa outorga de liberdade à Justiça local. Vejamos. Em primeiro lugar, chama a atenção o fato de a norma dispensar o despacho judicial na petição para que se tenha por interposto o recurso, bastando o protocolo, qualquer que seja a feição que ele assuma (ainda que uma máquina não exista, o recibo do escrivão na petição e/ou na sua cópia equivale ao protocolo). Ainda nesse diapasão, note-se que o parágrafo único sob enfoque não impede que a petição chegue ao tribunal por carta, telegrama, telex ou fac-símile, mas o recurso só estará interposto, de acordo com o texto, se a petição veiculada por qualquer desses meios for protocolada regularmente dentro do prazo legal. Quanto à lei de organização judiciária, a ela fica reservada a liberdade de estabelecer o tipo de protocolo a ser usado (eletrônico, mecânico, manual), a existência de protocolo geral ou de protocolos gerais utilizáveis (*v. g.*, para envio de petição recursal de uma comarca para outra), ou de determinar apenas que em cada cartório haja um protocolo. Vale a pena lembrar, ainda, que é a lei estadual também que fixa o horário do expediente forense, nos termos do § 3º do art. 172.

Art. 507. Se, durante o prazo para a interposição do recurso, sobrevier o falecimento da parte ou de seu advogado, ou ocorrer motivo de força maior, que suspenda o curso do processo, será tal prazo restituído em proveito da parte, do herdeiro ou do sucessor, contra quem começará a correr novamente depois da intimação.

Vide Projeto de CPC, art. 958.

A regra sob comentário disciplina o motivo de força maior como fenômeno gerador da interrupção do prazo recursal (trata-se de interrupção, não suspensão, já que o texto fala que o prazo "começará a correr novamente", o que significa pelo tempo integral). Quanto ao falecimento da parte, a interrupção não é automática, devendo ser denunciada pelo advogado; se não for, isto não obsta o conhecimento do recurso. Quanto ao falecimento do advogado, a interrupção é automática, porque a parte não pode ser prejudicada pela perda do prazo em virtude de fato como este. Automática será também a interrupção em outras hipóteses de força maior, como a doença do advogado que o impossibilite de recorrer (se substabelecer não há interrupção), ou outra impossibilidade física de atuação profissional (prisão, desaparecimento, calamidade pública, greve, etc.). A restituição do prazo é concedida pelo órgão jurisdicional, mediante requerimento e comprovação, por decisão interlocutória (art. 162, § 2º).

Art. 508. Na apelação, nos embargos infringentes, no recurso ordinário, no recurso especial, no recurso extraordinário e nos embargos de divergência, o prazo para interpor e para responder é de 15 (quinze) dias.

Vide Projeto de CPC, art. 948, caput e *§ 1º.*

Afora os embargos declaratórios, cujo prazo de interposição é de cinco dias (art. 536), e o recurso de agravo, cujo prazo é de dez dias (art. 522, *caput*), todos os demais recursos previstos no art. 496, que estão aqui elencados, têm o interregno de quinze dias como prazo comum de interposição e resposta. Observe-se que a tal prazo aplicam-se os arts. 191 (prazo em dobro para recorrer e responder quando houver litisconsortes com diferentes procuradores) e 188 (prazo em dobro para responder quando a parte for a Fazenda ou o Ministério Público); note-se que simplesmente não há prazo para resposta nos embargos declaratórios (arts. 536 e 537). Por derradeiro, tenham-se presentes duas circunstâncias quanto à regulamentação dos prazos recursais: primeira, a intempestividade é tema que sempre pode ser conhecido de ofício pelo juiz; segunda, para ser apreciada a tempestividade é necessário que o recurso esteja interposto, o que ocorre quando a sua petição ingressa em juízo pelo protocolo, nos termos do art. 506, parágrafo único (texto de acordo com a Lei n. 8.950/94).

Parágrafo único. (*Revogado pela Lei n. 6.314, de 16.12.1975.*)

Art. 509. O recurso interposto por um dos litisconsortes a todos aproveita, salvo se distintos ou opostos os seus interesses.

Vide Projeto de CPC, art. 959, caput

A parte inicial do dispositivo pode ser examinada por dois ângulos diferentes: sob o ponto de vista recursal, trata-se de exceção ao princípio da personalidade consagrado na parte final, segundo o qual o recurso só aproveita ao próprio recorrente; sob o prisma do litisconsórcio, trata-se de exceção ao princípio da independência dos litigantes ("os atos e as omissões de um não prejudicarão nem beneficiarão os outros", art. 48). Como o texto ressalva expressamente a situação do litisconsórcio em que os colitigantes tenham interesses distintos ou opostos, fica fácil concluir que o recurso que aproveita a todos é apenas aquele que é manifestado no contexto do litisconsórcio unitário e não do comum ou simples, em regra (*v.* arts. 46 e 47 e respectivas notas).

Parágrafo único. Havendo solidariedade passiva, o recurso interposto por um devedor aproveitará aos outros, quando as defesas opostas ao credor lhes forem comuns.

Vide Projeto de CPC, art. 959, parágrafo único.

A norma explicita uma situação particular de litisconsórcio em que o recurso de colitigante aproveita aos outros: a solidariedade passiva (arts. 275 a 285 do CC), mas desde que as defesas apresentadas pelos devedores contra o credor sejam comuns (*v. g.*, na hipótese do art. 281 c/c o art. 177 do CC). Ao órgão jurisdicional que apreciar o recurso caberá reconhecer ou não o benefício em favor dos litisconsortes que não recorreram. Observe-se, finalmente, que esse dispositivo é um exemplo típico de norma jurídica que adapta o processo às peculiaridades do direito material.

Art. 510. Transitado em julgado o acórdão, o escrivão, ou secretário, independentemente de despacho, providenciará a baixa dos autos ao juízo de origem, no prazo de 5 (cinco) dias.

Vide Projeto de CPC, art. 960.

A previsão sob enfoque disciplina o ato derradeiro do procedimento recursal, impondo expressamente ao escrivão do cartório de segunda instância (estes, os nomes na Justiça Estadual; na Federal, secretário e secretaria) o dever de proceder de ofício – isto é, independentemente de despacho judicial e de qualquer requerimento da parte – à remessa dos autos à vara de origem. Essa providência tem lugar após a certificação cartorária de que o acórdão proferido transitou formalmente em julgado.

Art. 511. No ato de interposição do recurso, o recorrente comprovará, quando exigido pela legislação pertinente, o respectivo preparo, inclusive porte de remessa e de retorno, sob pena de deserção.

Vide Projeto de CPC, art. 961, caput

Preparo é o pagamento prévio da taxa devida ao Estado pelo processamento dos recursos e que depende do Regimento de Custas, que é lei federal ou estadual – a ela se refere o texto reformado sob enfoque ao aludir à "legislação pertinente". Trata-se, como se sabe, de requisito extrínseco de admissibilidade dos recursos, ao lado da tempestividade e da regularidade formal do ato de interposição. Observe-se que, em face da atual redação desse art. 511, ficou eliminada a figura da conta de preparo e sua respectiva intimação, com o que se racionalizou e agilizou o procedimento recursal. Da Reforma de 1994 para a frente, portanto, a realização do preparo passou a depender exclusivamente da parte que, ao interpor o recurso, juntará à sua petição a guia comprobatória do recolhimento da verba correspondente ao preparo, segundo o que dispuser a lei disciplinadora das custas. A parte recolherá também o porte de retorno (a despesa relativa ao transporte dos autos), se esse for exigido (texto de acordo com a Lei n. 8.950/94).

---

§ 1º São dispensados de preparo os recursos interpostos pelo Ministério Público, pela União, pelos Estados e Municípios e respectivas autarquias, e pelos que gozam de isenção legal.

Vide Projeto de CPC, art. 961, I.

A dispensa de preparo e a consequente impossibilidade de deserção (a sanção imposta ao não desincumbimento do ônus de efetuá-lo – *v.* § 2º), com que a lei beneficia as instituições mencionadas, devem-se ao fato de ser muito difícil à máquina estatal, lenta e burocrática, separar, a cada recurso que interpõe, verbas para efetuar o pagamento do preparo. Observe-se que, como a lei não discrimina, a dispensa vale para todos os recursos interpostos (sob a forma de recurso principal ou adesivo) pelas entidades indicadas, sejam elas partes ou terceiros prejudicados. Quanto ao MP, não importa a função que exerça. Note-se, por fim, que o presente § 1º, antes da Lei n. 9.756/98, era parágrafo único e este, que foi introduzido pela Lei n. 8.950/94, correspondia originariamente à previsão do art. 511, que não tinha parágrafos. A única diferença substancial, introduzida em 1994 e mantida no texto em 1998, ficou por conta da atual isenção incondicionada atribuída às autarquias e da previsão de outras entidades que gozem de isenção por força de lei (texto de acordo com a Lei n. 9.756/98).

---

§ 2º A insuficiência no valor do preparo implicará deserção, se o recorrente, intimado, não vier a supri-lo no prazo de 5 (cinco) dias.

Vide Projeto de CPC, art. 961, II e §§ 1º e 2º.

Este § 2º, sob enfoque, foi introduzido no nosso sistema recursal pela Lei n. 9.756/98 – tal lei já havia transformado em § 1º o anterior parágrafo único (*v.* nota) – com o claro escopo de eliminar uma dúvida importante, surgida com a Reforma de 1994, sobre qual seria a consequência processual do fato de o recorrente realizar, com a interposição, a comprovação do preparo (art. 511, *caput*), mas um preparo de valor menor do que o efetivamente exigido no caso concreto pelo respectivo regimento de custas. A dúvida, então, era: estaria deserto o recurso assim interposto? Ou haveria uma oportunidade de correção antes de se declarar deserto o recurso? Eis a *ratio* do presente parágrafo que elimina a dúvida instituindo a obrigatória oportunidade para a complementação do valor (complementação, atente-se, e não realização do depósito), antes que possa o juiz da causa declarar a deserção. Observe-se, por fim, que a parte recorrente disporá, na hipótese prevista, do prazo de cinco dias não só para realizar o depósito complementar, mas para requerer a juntada da guia comprobatória do depósito, por petição dirigida ao juiz da causa, sob pena de preclusão e, por conseguinte, de deserção (texto de acordo com a Lei n. 9.756/98).

Art. 512. O julgamento proferido pelo tribunal substituirá a sentença ou a decisão recorrida no que tiver sido objeto de recurso.

Vide Projeto de CPC, art. 962.

O acórdão proferido pelo tribunal não "confirma" nem "reforma" a sentença ou decisão, como se costuma dizer; ele a substitui por outra, embora esta possa eventualmente possuir o mesmíssimo conteúdo da sentença ou decisão interlocutória atacada. Tenha-se presente, entretanto, que o campo da substituição fica limitado pela vontade da parte de, segundo o art. 505, impugnar a decisão total ou parcialmente ("no que tiver sido objeto de recurso", diz a lei claramente). A consequência é que a parte que não recorreu não pode em hipótese alguma ser beneficiada pelo recurso da outra, ou, pelo prisma inverso, o recorrente não pode, de maneira alguma, ser prejudicado pelo recurso que interpôs. Em outras palavras, fica absolutamente vedada pela lei a possibilidade da *reformatio in pejus* (ou reforma para pior).

CAPÍTULO II
DA APELAÇÃO

Vide Projeto de CPC, arts. 963 a 968 (Capítulo II – Da Apelação).

Art. 513. Da sentença caberá apelação (arts. 267 e 269).

Vide Projeto de CPC, art. 963.

Como o próprio texto afirma, apelação é o recurso cabível contra a sentença, que, segundo o CPC, "é o ato pelo qual o juiz põe termo ao processo, decidindo ou não o mérito da causa" (art. 162, § 1º); a remissão expressa aos arts. 267 e 269 (extinção sem e com julgamento de mérito, respectivamente) torna claro que a apelação é adequada para o ataque tanto à sentença terminativa como à definitiva. O que importa, assim, para a caracterização da sentença não é o conteúdo da decisão, mas o efeito de encerramento do processo (entendido como relação processual mais procedimento). É o que ocorre nas hipóteses dos arts. 296, 361, 718, 783, 1.101, 1.110 e 1.184, em que a lei fala expressamente de sentença ou de apelação; não assim quando o juiz indefere ou extingue a reconvenção ou a declaratória incidental (arts. 5º, 315 e 325), posto que nesses casos a relação processual é encerrada mas não o procedimento. Excepcionalmente acontece de o ato apenas encerrar uma fase do processo; mas porque esta é bem delineada, a lei diz – e tem que dizer – que cabe apelação: arts. 758, 761 e 772, § 2º. Com a entrada em vigor da Lei n. 11.232/2005 (Reforma da Execução), fica alterado o conceito de sentença previsto pelo art. 162, § 1º.

Art. 514. A apelação, interposta por petição dirigida ao juiz, conterá:

Vide Projeto de CPC, art. 964, caput

A regra disciplina os requisitos formais da petição que instrumentaliza a manifestação da vontade de apelar. Em outras palavras, está aí disciplinada a regularidade formal da apelação, que é requisito extrínseco de admissibilidade dos recursos, ao lado da tempestividade e do preparo. O *caput* desse art. 514 já apresenta expressamente, além da exigência de petição (assinada), um requisito que merece comentário: o endereçamento ao juiz. Muito bem, a petição de interposição do recurso deve ser dirigida ao juízo de primeira instância por meio do qual corre o processo (o equívoco quanto ao número da vara constitui mera irregularidade, não invalidando o ato). Já quanto às razões de apelação dirigidas ao tribunal, que acompanham a petição de interposição, não é necessário que delas conste o nome do Pretório, bastando o endereçamento genérico à segunda instância.

I – os nomes e a qualificação das partes;

Vide Projeto de CPC, art. 964, I.

Esse requisito que deve ser preenchido pela petição de interposição se presta à identificação subjetiva do recurso. Quanto aos nomes dos recorrentes, é suficiente a indicação daquele que encabeça a petição inicial ou a contestação; se quem recorre é apenas um dos litisconsortes, a referência a "e outros" deve desaparecer, evidentemente (o equívoco na expressão gráfica do nome do recorrente constitui mera irregularidade, sem sanção). Também no que concerne à qualificação das partes, basta a alusão à qualificação anterior realizada na inicial, contestação ou outra peça ("já qualificado nos autos do processo da ação [...]"); se o recorrente se apresenta nos autos do processo pela primeira vez – como no caso do terceiro prejudicado (art. 499, *caput* e § 1º) –, a sua qualificação completa é exigida.

II – os fundamentos de fato e de direito;

Vide Projeto de CPC, art. 964, II.

A motivação fática e jurídica do apelo deve constar expressamente das razões do recurso que são apresentadas ao tribunal, sob pena de indeferimento liminar do seu processamento pelo juízo *a quo* ou não conhecimento da apelação pelo juízo *ad quem*. Trata-se, portanto, de elemento formal indispensável à admissibilidade do recurso, que não pode ser substituído por simples remissões às razões constantes da petição inicial, contestação ou outra peça processual. Sem saber exatamente por que o recorrente se inconforma com a sentença proferida, não é possível ao tribunal apreciar a correção ou justiça da decisão atacada, de sorte que o não conhecimento nesses casos é de rigor (a motivação está para o recurso como a *causa petendi* para a inicial ou como o fundamento para a sentença). Também a falta da própria petição com as razões obviamente inviabiliza a apreciação do apelo, mas se esta for apresentada dentro do prazo recursal, embora de forma autônoma, fica suprida a irregularidade (sobre o tema, ainda, examine-se o art. 515 e respectivas notas).

III – o pedido de nova decisão.

Vide Projeto de CPC, art. 964, III.

Exatamente como a motivação (exigida pelo inciso anterior), também o pedido de nova decisão corresponde a elemento formal indispensável ao conhecimento do recurso examinado. Se a apelação é a manifestação volitiva pela qual se impugna uma sentença, como é possível que se admita que o recorrente não diga expressa e explicitamente o que quer do tribunal? Apelar nada mais é do que expressar inconformismo com o único intuito de obter a cassação da sentença ou a sua substituição por outra decisão (art. 512), de sorte que a falta de pedido é obstáculo intransponível à apreciação da apelação; não há pedido implícito. Ou ele é explícito e, por isso, existe, ou ele não existe, e a apelação não pode ser conhecida.

Parágrafo único. ***(Revogado pela Lei n. 8.950, de 13.12.1994.)***

Art. 515. A apelação devolverá ao tribunal o conhecimento da matéria impugnada.

Vide Projeto de CPC, art. 965, caput

Este art. 515 disciplina o efeito devolutivo da apelação, isto é, o efeito do recurso de transferir competência para o órgão jurisdicional de segunda instância (o nome "devolutivo" dado ao efeito decorre do princípio que a presente regra consagra segundo o qual *tantum devolutum quantum appellatum*; no direito moderno não há devolução nenhuma, mas sim transferência – em Roma devolvia-se o poder de julgar ao imperador). Tenha-se presente, desde logo, que o *caput* sob exame regulamenta apenas a extensão objetiva, no plano horizontal, do efeito devolutivo e não a sua profundidade (plano vertical), que é regida pelos §§ 1º a 3º. De acordo com o texto, a transferência de competência ao tribunal se restringe à "matéria impugnada", que significa a parte do dispositivo (ou *decisum* – art. 458, III) que tenha sido afrontada pela apelação (*v. g.*, se o juiz dá pela procedência de dois pedidos e o recorrente apela apenas quanto a um, só o conhecimento deste e de todos os seus fundamentos é transferido ao tribunal; se a apelação é contra sentença fundada em uma das hipóteses do art. 269, II a V, a apelação só transfere competência para a apreciação dessa matéria específica). Idêntica disciplina vale para a sentença terminativa (art. 267), de sorte que não pode o tribunal substituí-la por um acórdão que julgue o mérito da causa, mas, excepcionalmente, isso é hoje possível em decorrência do § 3º deste art. 515 que foi introduzido pela Lei n. 10.352/2001 (*v.* nota).

§ 1º Serão, porém, objeto de apreciação e julgamento pelo tribunal todas as questões suscitadas e discutidas no processo, ainda que a sentença não as tenha julgado por inteiro.

Vide Projeto de CPC, art. 965, § 1º.

O parágrafo sob enfoque disciplina a profundidade do efeito devolutivo da apelação (a dimensão do poder dado ao tribunal para apreciar os fundamentos da sentença), não se podendo perder de vista, no entanto, que esse poder só é exercitado dentro dos limites objetivamente definidos pelo *caput* (a "matéria impugnada" ou parte do dispositivo infringida pelo recurso). Segundo o texto legal, pode o órgão de segunda instância apreciar e julgar "todas as questões suscitadas e discutidas [...]", o que, em outras palavras, significa que, quanto à profundidade da matéria impugnada, o conhecimento permitido é integral. Questões suscitadas e discutidas são todas as questões – pontos de fato ou de direito controvertidos – relacionadas com a causa de pedir ou com a defesa, isto é, envolvidas com o litígio deduzido em juízo (os fatos incontroversos, os confessados, embora se submetam à apreciação do tribunal por força desse § 1º – para que seja reavaliada a sua repercussão sobre a causa –, não podem ser considerados como não ocorridos simplesmente – *v.* art. 302 e nota). Quanto à cláusula final ("ainda que a sentença [...]"), significa ela que não importa para o fim da transferência de competência que a decisão do órgão monocrático não as tenha apreciado, não as tenha enfrentado expressamente na motivação – porque o juiz as pode ter considerado irrelevantes para o julgamento do pedido –, de sorte que tais questões poderão ser validamente decididas pelo tribunal com vista à dação ou negação de provimento ao recurso.

§ 2º Quando o pedido ou a defesa tiver mais de um fundamento e o juiz acolher apenas um deles, a apelação devolverá ao tribunal o conhecimento dos demais.

Vide Projeto de CPC, art. 965, § 2º.

Nesse parágrafo a lei já não fala de questões, mas sim de fundamentos, isto é, fundamentos jurídicos do pedido (*v. g.*, infração contratual, violação de dever conjugal, esbulho, fraude contra credores, simulação no negócio jurídico – art. 282, III), ou fundamento da defesa (inexistência ou nulidade do contrato, pagamento, prescrição – art. 303). A diferença está em que cada fundamento de que se possa cogitar se decompõe numa variedade de questões fáticas ou jurídicas. Então, o que esse § 2º determina é que ainda que apenas um fundamento da ação ou da defesa tenha sido acolhido pela sentença, os outros que foram rejeitados também se transferem ao conhecimento do tribunal (logicamente, se estes amparam o mesmo pedido que foi decidido e cuja decisão foi objeto de impugnação nos termos do *caput*). Observe-se, contudo, que se um fundamento foi inteiramente esquecido pela motivação da sentença, ele não se transfere à segunda instância, devendo o tribunal anular a decisão para que órgão singular o aprecie. Caso contrário, fica violado o princípio do duplo grau de jurisdição.

§ 3º Nos casos de extinção do processo sem julgamento do mérito (art. 267), o tribunal pode julgar desde logo a lide, se a causa versar questão exclusivamente de direito e estiver em condições de imediato julgamento.

Vide Projeto de CPC, art. 965, § 3º.

Este parágrafo – introduzido recentemente no nosso sistema recursal pela Lei n. 10.352/2001 – significa importante avanço no campo da disciplina da profundidade (ou plano vertical) do efeito devolutivo dos recursos. Relembramos que, no plano horizontal, a extensão do efeito devolutivo é regulada exclusivamente pelo *caput* deste art. 515, enquanto no plano vertical tal efeito é regulado pelos §§ 1º e 2º (o § 2º submete ao tribunal o conhecimento de todos os "fundamentos" de um determinado pedido ou da defesa a ele dirigido; o § 1º submete ao tribunal o conhecimento de "todas as questões suscitadas e discutidas no processo" relacionadas com determinado fundamento do pedido ou da defesa – *v.* notas). Pois bem, o presente § 3º regula mais um aspecto desse plano vertical ao determinar que, interposta apelação contra uma sentença terminativa (art. 267), possa o tribunal proferir acórdão definitivo (art. 269), desde que observadas as condições expressamente estabelecidas no texto. Veja-se que dizemos que de apenas mais um aspecto da disciplina da profundidade se trata porque o dispositivo focalizado permite que, em razão de certas questões de mérito decididas pelo juiz na sentença terminativa (e, por conseguinte, em razão de uma certa abordagem do fundamento do pedido ou da defesa), o tribunal substitua (art. 512) tal sentença por um acórdão definitivo. O que sustentamos, então, é que o enfocado § 3º significa a possibilidade de o tribunal – reconhecendo que o juízo *a quo* efetivamente decidiu o mérito da causa, mas que se equivocou no momento de concluir, decretando a carência de ação – apanhar o dispositivo terminativo da sentença e substituí-lo por um dispositivo definitivo estampado no acórdão que profira. Observe-se que essa interpretação, ao mesmo tempo que afasta qualquer ideia de violação do princípio do duplo grau de jurisdição, revela a harmonia normativa interna do art. 515 e permite a compreensão dos requisitos estabelecidos na parte final do texto: a causa deve "versar questão exclusivamente de direito" e estar "em condições de imediato julgamento". É que, na perspectiva do tribunal, a causa que versa questão exclusivamente de direito permite a fácil requalificação jurídica do *decisum* (carência não, improcedência ou procedência sim) por que, de alguma forma, o fundamento jurídico foi examinado, razão pela qual não há violação ao duplo grau de jurisdição. Mas não basta, é necessário, ainda, que a causa esteja "em condições de imediato julgamento", requisito que se explica facilmente dada a circunstância de que se a sentença terminativa recorrida é a que indefere liminarmente a petição inicial, evidentemente não há "condições" de se julgar o mérito. Já no que concerne à causa que verse sobre questões fáticas, pareceu prudente ao legislador excluí-la do âmbito da requalificação jurídica do *decisum* porque, talvez, isso pudesse trazer alguma insegurança ao sistema, embora pensemos que se perdeu uma excelente oportunidade de conferir aos tribunais, também em relação a causas que envolvem discussões fáticas, poder para requalificar decisões terminativas de primeira instância evidentemente equivocadas (texto de acordo com a Lei n. 10.352/2001).

§ 4º Constatando a ocorrência de nulidade sanável, o tribunal poderá determinar a realização ou renovação do ato processual, intimadas as partes; cumprida a diligência, sempre que possível prosseguirá o julgamento da apelação.

O presente dispositivo – criado pela Lei n. 11.276/2006 – compõe com o parágrafo único do art. 560 deste Código, que permanece em pleno vigor, a disciplina do enfrentamento pelo tribunal de certas nulidades e do seu desdobramento, tudo no âmbito do julgamento da apelação. Desde logo, o que nos cumpre observar é que a compatibilidade normativa entre esses dois dispositivos apontados se funda nas seguintes circunstâncias: 1ª) as duas disposições legais se aplicam ao julgamento da apelação, mas o parágrafo único se aplica também ao agravo, aos embargos infringentes e à ação rescisória; 2ª) os dois regramentos têm por objeto apenas a nulidade sanável – o parágrafo único chama de "suprível" –, identificando-se esta com as previstas basicamente pelo art. 249; 3ª) enquanto o § 4º deste art. 515 permite que a sanação ocorra como simples incidente do julgamento da apelação, o parágrafo único do art. 560 prevê a conversão do julgamento em diligência com a ordem de "remessa dos autos ao juiz"; 4ª) enquanto o enfocado § 4º estabelece que "[...]cumprida a diligência, sempre que possível prosseguirá o julgamento da apelação", o parágrafo único do art. 560 afirma que "[...] havendo necessidade, converterá o julgamento em diligência[...]". Mas, afinal de contas, quando se aplica um e quando se aplica o outro? Deixando de lado a primeira circunstância apontada, o que nos parece é que, tendo em mira o julgamento de uma apelação, a chave para responder a essa pergunta está nas peculiaridades do caso concreto e na consequente necessidade de conversão do julgamento em diligência. Não é sem razão, assim, que se compatibilizam sistematicamente os dois dispositivos referidos, tanto que o parágrafo único do art. 560 condiciona a conversão à necessidade ("[...] o tribunal, havendo necessidade, converterá [...]") e o focalizado § 4º estabelece que o julgamento prosseguirá se possível for ("[...] o tribunal poderá determinar a realização ou renovação do ato processual [...]; cumprida a diligência, sempre que possível prosseguirá o julgamento da apelação"). Na verdade, e em conclusão, o que este dispositivo prevê é algo que já se praticava no passado – inclusive sob o comando do próprio relator, o que não deixará de ocorrer (art. 557) –, mas que agora ganha força de lei e aplicabilidade segura (texto de acordo com a Lei n. 11.276/2006).

Art. 516. Ficam também submetidas ao tribunal as questões anteriores à sentença, ainda não decididas.

Este art. 516, com nova feição redacional, institui e disciplina um resíduo do efeito devolutivo da apelação: a transferência de competência ao órgão de segunda instância para apreciar e julgar questões de caráter meramente processual que, por algum motivo, não foram decididas no curso do procedimento (o texto elimina a fonte das intermináveis discussões que tiveram lugar durante os primeiros vinte anos de vigência do CPC). Exemplos possíveis de questões não decididas são a impugnação ao valor da causa, o pedido de assistência judiciária gratuita, a controvérsia sobre o desentranhamento de algum documento, sobre o recolhimento de diferença de custas, etc. Observe-se, por derradeiro, que a norma jurídica sob exame não dá ao tribunal competência para apreciar nenhuma questão resolvida, mas apenas a não decidida, como claramente reza o texto, de sorte que, em relação às questões resolvidas em audiência a que se siga imediato proferimento de sentença, a parte que se sinta prejudicada deverá agravar nos dez dias e apelar nos quinze subsequentes, porque só a apelação não transfere à instância superior competência para apreciar decisão não impugnada (texto de acordo com a Lei n. 8.950/94).

Art. 517. As questões de fato, não propostas no juízo inferior, poderão ser suscitadas na apelação, se a parte provar que deixou de fazê-lo por motivo de força maior.

Vide Projeto de CPC, art. 967.

A norma jurídica sob comentário permite a proposição em apelação, tanto de fatos supervenientes à propositura da ação (fatos constitutivos, modificativos ou extintivos do direito a que alude o art. 462), como de fatos não supervenientes (aqueles cujo desconhecimento impediu a parte de suscitá-los, em primeira instância), mas, nas duas hipóteses, apenas se a parte demonstrar que deixou de fazê-lo por motivo de força maior. Apreciada e reconhecida a admissibilidade do fato pelo tribunal, se houver necessidade de prova por testemunhas, este ordenará a sua produção em primeira instância, por aplicação analógica do art. 492 (veja-se que o juízo monocrático é invocado apenas para a realização da prova e não para a sua apreciação). Se o fato novo depender exclusivamente de prova documental, bastará que o relator do recurso ordene a abertura de vista à parte contrária, de acordo com o art. 398, para ficar assegurada a validade do processo. Observe-se, por fim, que nenhuma restrição existe à juntada de documentos em apelação (art. 397 – *v.* nota), de sorte que em relação a tal prática não se exige demonstração de força maior.

Art. 518. Interposta a apelação, o juiz, declarando os efeitos em que a recebe, mandará dar vista ao apelado para responder.

Vide Projeto de CPC, art. 966.

A previsão legal que ora nos ocupa disciplina o recebimento da apelação, que pode ser conceituado como o ato pelo qual o juiz manda processar a apelação por estarem presentes os seus requisitos intrínsecos e extrínsecos de admissibilidade. No que concerne à declaração dos efeitos, de nenhuma liberdade dispõe o juiz, porque somente a lei pode dar ou tirar o efeito suspensivo de recurso, merecendo consignação a circunstância de que, à falta de previsão expressa, tal efeito sempre estará presente (*v.* arts. 520 e 542, § 2º). Mas, imagine-se que o magistrado se equivoque na declaração dos efeitos em que recebe a apelação. Nesse caso, ou o juiz realiza a correção, de ofício ou a requerimento da parte, ou tornar-se-á sujeito passivo em mandado de segurança pela prática de ato ilegal (em caso de recusa). Observe-se, por outro lado, que no mesmo ato em que o juiz recebe a apelação, por força do presente dispositivo, ele abrirá vista à parte contrária para resposta, ou contrarrazões, pelo prazo de quinze dias (art. 508 – aplica-se o art. 191, mas não o 188). Por fim, tenha-se em consideração que o texto deste art. 518 já não fala de remessa dos autos ao contador, figura que desapareceu do sistema, dada a nova prescrição do art. 511 (texto de acordo com a Lei n. 8.950/94).

---

§ 1º O juiz não receberá o recurso de apelação quando a sentença estiver em conformidade com súmula do Superior Tribunal de Justiça ou do Supremo Tribunal Federal.

Dentre todas as novidades trazidas para o sistema do processo civil brasileiro pelas recentes reformas que integram o braço infraconstitucional da chamada Reforma do Poder Judiciário, a criação da figura da súmula de efeito impeditivo, pela Lei n. 11.276/2006, corresponde a uma das mais polêmicas na tentativa de desobstruir os nossos tribunais. Malgrado não se aplicarem à nova figura as conhecidas críticas dirigidas à súmula de efeito vinculante, o grande senão fica por conta da força exagerada atribuída às súmulas do STF e do STJ, na medida em que passam a constituir impedimentos ao conhecimento dos recursos (requisito negativo de admissibilidade, sob o ponto de vista da técnica recursal) e a significar óbices de difícil transposição ao exercício do direito de recorrer pela parte vencida na demanda. Seja como for, o fato é que, verificando o juiz da causa, em primeira instância, que a sua sentença está fundada em jurisprudência sumulada de um desses dois Tribunais Superiores, ele fica autorizado a não receber a apelação interposta, vale dizer, autorizado a indeferir o processamento do recurso sob a justificativa, que deve ser explicitada, de que sua decisão está em conformidade com uma súmula. Observe-se, entrementes, que apenas as súmulas de conteúdo material (substancial) autorizam o não recebimento, porque somente estas têm o condão de servir de fundamento direto a uma sentença de procedência ou improcedência do pedido (não importa se a natureza da matéria é constitucional, civil, comercial, tributária ou previdenciária, desde que se trate de decisão sumulada de cunho não processual). Pois bem, para reverter a decisão de não recebimento, a parte prejudicada poderá interpor agravo de instrumento, recurso que, no entanto, fica imune à conversão em retido, dada a circunstância de ter por objeto decisão de "inadmissão da apelação", o que lhe garante o processamento imediato, por força da ressalva contida na parte final do art. 522. Ainda neste diapasão, registre-se que todo o esforço do agravante, neste caso, deverá se concentrar na tentativa de persuadir o tribunal no sentido de que a súmula é inaplicável ao caso concreto, que a causa demanda aplicação diferente da súmula ou, ainda, em se tratando de agravo interposto pelo demandado, que estão ausentes as condições da ação ou algum pressuposto processual, de forma a que fique afastado o impedimento sumular, já que a causa não poderia ter sido julgada no mérito (texto de acordo com a Lei n. 11.276/2006).

---

§ 2º Apresentada a resposta, é facultado ao juiz, em cinco dias, o reexame dos pressupostos de admissibilidade do recurso.

Inovando completamente o sistema recursal brasileiro, este § 2º institui o duplo juízo de admissibilidade da apelação em primeira instância, o que significa facultar ao magistrado o juízo de retratação, isto é, a possibilidade de voltar atrás em sua decisão de receber o recurso, após o oferecimento das contrarrazões. A partir de agora, portanto, o recebimento da apelação passa a ser bifásico: na primeira etapa, o magistrado aprecia os requisitos de admissibilidade apenas em face da sentença proferida e da apelação interposta (recebido o recurso, abrir-se-á necessariamente a segunda fase após as contrarrazões; não recebido, segunda fase não há, cabendo ao apelante interpor agravo); na segunda etapa, o juiz reexamina os mesmos requisitos, agora em face da impugnação à admissibilidade apresentada pelo recorrido na resposta (convencido da admissibilidade do apelo, o juiz manterá expressamente nos autos o recebimento; dissuadido pelas preliminares das contrarrazões de que pelo menos um dos requisitos não se encontra presente, o juiz retratar-se-á, declarando que o recurso não pode ser processado, caso em que caberá ao apelante interpor agravo em dez dias do ato intimatório dessa decisão). Observe-se que o fato de o recorrido não contra-arrazoar não compromete em nada a possibilidade de retratação conferida pela lei ao magistrado: tanto poderá ele manter o recebimento – por certo, o que ocorrerá comumente nesses casos –, como poderá voltar atrás para indeferir o processamento da apelação, o que exigirá coragem e humildade. Finalmente, não se perca de vista que, ato contínuo ao recebimento definitivo do recurso pelo órgão monocrático, este determinará a subida dos autos ao tribunal competente. Acerca das alterações introduzidas no texto pela Lei n. 11.276/2006, basta salientar que o antigo parágrafo único foi transformado em § 2º e que foi inserida a locução "em cinco dias", previsão que condiciona a prática do reexame pelo magistrado.

Art. 519. Provando o apelante justo impedimento, o juiz relevará a pena de deserção, fixando-lhe prazo para efetuar o preparo.

Vide Projeto de CPC, art. 961, §§ 1º e 2º.

O dispositivo, que é regra aplicável a todos os recursos que exijam o requisito do preparo, disciplina a restituição à parte do prazo para efetuá-lo na hipótese de ser relevada a pena de deserção em caso de justo impedimento (deserção, como visto, é a sanção processual imposta àquele que não se desincumbe do ônus de realizar o preparo). Muito bem, toda vez que houver alegação de justo impedimento – assim considerada a justa causa ou "o evento imprevisto, alheio à vontade da parte, e que a impediu de praticar o ato por si ou por mandatário" (art. 183, § 1º), e cujos bons exemplos são o falecimento ou a doença grave do advogado (art. 507), etc. –, o juiz deverá apreciá-la cuidadosamente e, estando comprovada, a declarará, restituindo à parte o prazo que entender adequado para a realização do preparo. Note-se que o prazo flui a partir da intimação da decisão que releve a pena. A disposição legal sob análise é muito próxima, em sua redação, à do antigo texto do § 1º do art. 519, com uma única diferença substancial: no regime anterior, o juiz restituía porque havia prazo autônomo para o preparo, enquanto hoje o magistrado o fixa dado o desaparecimento desse prazo, *ex vi* do disposto no art. 519 (texto de acordo com a Lei n. 8.950/94).

Parágrafo único. A decisão referida neste artigo será irrecorrível, cabendo ao tribunal apreciar-lhe a legitimidade.

Vide Projeto de CPC, art. 961, § 1º.

Este parágrafo único – correspondente ao § 2º do antigo art. 519, com pequena alteração redacional – explicita a vontade da lei de tornar irrecorrível a decisão interlocutória que releva a pena de deserção e fixa o prazo para a parte efetuar o preparo. Interpretado *a contrario sensu*, fica claro que a decisão que indefere o pedido de relevação da pena é inquestionavelmente agravável. Dizendo o texto, em sua segunda parte, que ao tribunal caberá apreciar a legitimidade da decisão de relevação, tal significa que, apesar de irrecorrível, a questão do justo impedimento permanece aberta, vale dizer, não coberta pela preclusão, de sorte que, se o tribunal não reconhecer a justa causa, deixará de conhecer o recurso por falta de um de seus requisitos de admissibilidade: o preparo (texto de acordo com a Lei n. 8.950/94).

Art. 520. A apelação será recebida em seu efeito devolutivo e suspensivo. Será, no entanto, recebida só no efeito devolutivo, quando interposta de sentença que:

Vide Projeto de CPC, arts. 949 e 968.

No nosso sistema, a regra é que os recursos tenham efeito devolutivo e suspensivo; excepcionalmente, porém, poderão apresentar apenas o efeito devolutivo, mas para que isso aconteça é necessário norma expressa, como a que ora examinamos (observe-se que, além dos referidos, os recursos têm ainda o efeito de impedir a preclusão e o de estabelecer litispendência recursal). Devolutivo é o efeito de transferir competência para o tribunal e sua disciplina se encontra estampada no art. 515. Já o suspensivo, objeto da regulamentação aqui abordada, é aquele pelo qual se suspende o momento da produção dos efeitos naturais da sentença (só quando preclusos os recursos munidos de efeito suspensivo é que a sentença terá eficácia). Além das sentenças elencadas a seguir, outras há que são desafiadas por recurso sem efeito suspensivo, como, *v. g.*, a de interdição (art. 1.184), a que concede mandado de segurança (Lei n. 12.016/2009, art. 14, § 3º), etc.

I – homologar a divisão ou a demarcação;

A sentença homologatória da divisão é a que põe fim à segunda fase do processo da ação divisória e que se encontra prevista pelo art. 980. Somente esta – e não a referida pelo art. 979 – é apelável apenas no efeito devolutivo. A sentença homologatória da demarcação é a que encerra a etapa executiva do processo e que está prevista no art. 966. Como na hipótese anterior, também a primeira sentença desse procedimento – a instituída pelo art. 958 – não se submete a este art. 520.

II – condenar à prestação de alimentos;

A sentença de procedência do pedido de condenação em alimentos aqui mencionada é tanto a proferida em processo de conhecimento de rito ordinário (já que para o rito especial existe a regra do art. 14 da Lei n. 5.478/68) como a prolatada em processo cautelar de alimentos provisionais (arts. 852 a 854). Quanto à sentença de procedência do pedido de investigação de paternidade cumulado com alimentos, a apelação interposta não tem efeito suspensivo no que respeita à prestação alimentícia, já que o art. 5º da Lei n. 883/49 permite que o autor requeira os provisionais.

III – (*Revogado pela Lei n. 11.232, de 22.12.2005.*)

IV – decidir o processo cautelar;

Qualquer que seja a solução contida numa sentença cautelar (não em medida liminar, atente-se, que é decisão interlocutória), a apelação interposta não impedirá o seu cumprimento imediato, dada a carência de efeito suspensivo do recurso. Assim, decretado, *v. g.*, o arresto por sentença, automaticamente é expedido o mandado. Pelo contrário, revogada a liminar pela sentença cautelar, ainda que se apele, levantado imediatamente será o sequestro, por exemplo, ante a ausência de efeito suspensivo.

V – rejeitar liminarmente embargos à execução ou julgá-los improcedentes;

De acordo com o presente dispositivo, tanto a sentença que rejeita liminarmente os embargos à execução, como a que os julga improcedentes, são passíveis de recurso de apelação sem efeito suspensivo. Assim é porque, tratando-se de execução de título extrajudicial, a sentença de rejeição liminar (por intempestividade, inépcia ou caráter protelatório – art. 739) ou de improcedência (em qualquer dos casos do art. 745) sempre põe em destaque a maior probabilidade de que o devedor-embargante não tenha razão, o que justifica o imediato prosseguimento do feito executivo. Observe-se que, por se tratar de norma restritiva de direito, sua interpretação deve ser também restritiva, o que leva à conclusão que este inciso V não pode ser invocado para aplicação ao recurso que se interpõe contra a sentença de improcedência dos embargos ao mandado monitório (os embargos referidos pelo art. 1.102-C, § 3º, não são "embargos à execução" ou "embargos do devedor"). Aplica-se perfeitamente o regramento sob enfoque, por outro lado, tanto à sentença de rejeição ou improcedência no caso de embargos à execução contra a Fazenda Pública (arts. 741 a 743), como na hipótese de embargos à arrematação e à adjudicação (art. 746). Observe-se, por último, que não importa, para fins da incidência do presente inciso V deste art. 520, se a sentença de rejeição liminar ou de improcedência foi proferida em embargos aos quais se atribui ou aos quais se negou a atribuição de eficácia suspensiva (art. 739-A).

VI – julgar procedente o pedido de instituição de arbitragem;

A sentença referida no texto encontra-se disciplinada pelo § 7º do art. 7º da Lei n. 9.307/96, e representa inovação introduzida no sistema, posto que permite ao juiz, a partir de agora, constituir compromisso arbitral entre as partes desde que exista cláusula compromissória previamente convencionada entre elas (art. 7º, *caput*) (texto de acordo com a Lei n. 9.307/96).

VII – confirmar a antecipação dos efeitos da tutela.

Este último inciso do art. 520 – introduzido no sistema de recursos do CPC pela Lei n. 10.352/2001 – tem um significado importantíssimo no âmbito disciplinar da tutela antecipada prevista pelos arts. 273, 461 e 461-A. É que diante dessa nova regulamentação, já não pode mais o réu sustentar a tese de que, apesar da concessão e efetivação da tutela antecipada e da sua confirmação pela sentença, ainda assim a apelação contra tal ato teria efeito suspensivo, por ausência de previsão do art. 520, o que garantiria a ele (demandado) não continuar sofrendo os efeitos antecipados até o julgamento do recurso pelo tribunal. O dispositivo sob enfoque coloca uma pá de cal sobre a dúvida, tirando o efeito suspensivo de toda apelação que se interponha contra sentenças confirmatórias de decisões que antecipam efeitos da providência final de mérito. Observe-se que, focalizado o atual regramento por um ponto de vista um pouco diferente, o que temos é que os efeitos antecipados por decisão interlocutória, se não forem eliminados no curso do processo pelo próprio juiz (por revogação) ou pelo tribunal (por agravo), sendo confirmados explícita ou implicitamente pela sentença, tornam-se imunes ao efeito suspensivo da apelação, o que assegura a sua permanência, em tese, até que o acórdão os elimine ou os confirme e, neste último caso, propicie a sua substituição, no momento próprio, pelos efeitos materiais definitivos da decisão de mérito da causa (texto de acordo com a Lei n. 10.352/2001).

Art. 521. Recebida a apelação em ambos os efeitos, o juiz não poderá inovar no processo; recebida só no efeito devolutivo, o apelado poderá promo-

ver, desde logo, a execução provisória da sentença, extraindo a respectiva carta.

A bem da verdade, pouco importa se há recurso interposto ou não, como também não importam os efeitos em que o juiz recebe o apelo, uma vez que, segundo o disposto no art. 463, publicada a sentença de mérito, o juiz já não pode modificá-la, salvo para corrigir-lhe inexatidões materiais ou por meio de embargos declaratórios. A regra em questão, portanto, apenas reafirma a proibição, para logo em seguida explicitar a consequência processual de o recurso não dispor de efeito suspensivo: a antecipação da eficácia material da sentença (antecipação à formação da coisa julgada), que pode expressar-se pela possibilidade de se ajuizar execução (essa hipótese prevista é meramente exemplificativa), bem como pelo seu registro no Cartório de Registro Civil, no caso da sentença de interdição (art. 1.184), ou pelo prosseguimento da execução, na hipótese de rejeição dos embargos do devedor (art. 520, V), etc.

CAPÍTULO III
DO AGRAVO

Vide Projeto de CPC, arts. 969 a 974 (Capítulo III – Do Agravo de Instrumento). Vide, ainda, art. 975 (Capítulo IV – Do Agravo Interno).

Art. 522. Das decisões interlocutórias caberá agravo, no prazo de 10 (dez) dias, na forma retida, salvo quando se tratar de decisão suscetível de causar à parte lesão grave e de difícil reparação, bem como nos casos de inadmissão da apelação e nos relativos aos efeitos em que a apelação é recebida, quando será admitida a sua interposição por instrumento.

Vide Projeto de CPC, art. 969.

A existência do agravo, no sistema do nosso direito processual civil, significa atenuação do princípio da oralidade que tem na concentração de atos em audiência, na imediatidade e, justamente, na irrecorribilidade das interlocutórias os seus subprincípios; tal atenuação não existe no processo do trabalho, por exemplo. Quanto ao recurso de agravo que ora nos ocupa, parece interessante acentuar que seu cabimento se limita às "decisões interlocutórias", posto que se o ato que se deseja atacar é uma sentença, o que cabe é apelação (art. 513), valendo lembrar que contra os "despachos de mero expediente não cabe recurso" (art. 504). Segundo o art. 162, § 2º, do CPC, decisão interlocutória é o ato pelo qual o juiz, no curso do processo, resolve questão incidente. São exemplos de resolução de "questão incidente" o julgamento da exceção de incompetência, da impugnação ao valor da causa, a concessão de assistência judiciária ou o indeferimento de prova após debate entre as partes, o afastamento de preliminares em saneamento, o julgamento da contradita, da exceção de pré-executividade após manifestação do exequente ou a decisão que revoga uma liminar cautelar. Veja-se, de outra parte, que apesar de a lei falar de "questão incidente", há decisões interlocutórias que não significam resolução de qualquer controvérsia entre as partes, mas simples atendimento ou não atendimento a certas postulações, *v. g.*, o indeferimento de processamento de exceções rituais, de reconvenção, de declaratória incidental, de nomeação à autoria, de chamamento ao processo, de denunciação da lide, de exibição de documento ou coisa, de arguição de falsidade, o indeferimento de pedido de assistência, o não recebimento de apelação, a concessão, ou não concessão, de tutela antecipada, tutela específica ou liminar cautelar, as três, desde que sob a forma *inaudita altera parte,* etc. Mas, registre-se ainda que as decisões interlocutórias também podem assumir a forma de providências que o juiz toma de ofício, vale dizer, espontaneamente, sem que tenha havido qualquer tipo de requerimento ou provocação. É o que se dá, exemplificativamente, quando o juiz altera o valor da causa, determina a citação de litisconsorte necessário (art. 47, parágrafo único), ordena a realização de prova pericial, a convocação de uma testemunha não arrolada ou a inspeção judicial (art. 130), concede medida liminar cautelar de ofício (art. 797), impõe multa diária ao réu independentemente de pedido do autor (art. 461, § 4º), etc. Pois bem, feita essa breve introdução, passemos ao exame das alterações introduzidas pela Lei n. 11.187, de 19.10.2005, na disciplina do agravo. Antes de mais nada, o que é preciso dizer é que o agravo retido (aquele que se processa sob a forma retida porque fica retido nos autos do processo) passa à condição de regra e o agravo de instrumento (aquele que se processa sob a forma de instrumento e é endereçado diretamente ao tribunal) passa à condição de exceção no sistema recursal brasileiro a partir de janeiro de 2006. É que, com a nova redação do *caput* deste art. 522, o Código só torna admissível o agravo de instrumento nas três hipóteses indicadas no texto, ficando reservado para todas as outras o cabimento do agravo retido. Observe-se que, antes, todas as decisões interlocutórias eram passíveis de agravo de instrumento (o cabimento do agravo de instrumento era a regra), salvo as proferidas em audiência de instrução e julgamento, o que dava aos advogados a razoável expectativa de que o relator não converteria o agravo de instrumento em retido (o inciso II do art. 527 dizia apenas "poderá converter") desde que estivesse demonstrada situação que envolvesse *periculum in mora* (o mesmo inciso II ainda tratava de "provisão jurisdicional de urgência" como hipótese de imunização à conversão), tudo, na verdade, com a intenção primeira de alcançar o efeito suspensivo ou ativo que o relator poderia atribuir ao agravo de instrumento. A nova redação deste art. 522, somada às outras alterações decorrentes da Lei n. 11.187/2005, muda o quadro processual significativamente, por alguns motivos: 1º) instituído o agravo retido como regra, pela disposição legal ora enfocada, o próprio cabimento do agravo de instrumento deixa de existir fora dos três casos elencados, o que certamente significará desencorajamento à interposição despreocupada de agravos diretamente no tribunal, inclusive porque descabido o agravo de instrumento, nesse contexto, não haverá lugar para a aplicação do princípio da fungibilidade dos recursos e a possibilidade de recorrer retidamente terá sido perdida; 2º) desaparece aquilo que chamamos de razoável expectativa dos advogados quanto à não conversão do agravo de instrumento em retido, uma vez que a nova redação do inciso II do art. 527 estabelece enfaticamente que o relator "converterá o agravo de instrumento [...]", o que significa reforço ao desencorajamento mencionado; 3º) a exigência constante de demonstração de *periculum in mora*, para caracterizar o cabimento do recurso, salvo "nos casos de inadmissão da apelação e nos relativos aos efeitos em que a apelação é recebida", mas que compreende todos os agravos que digam respeito à provisão jurisdicional de urgência, coloca, desde logo, o problema da "lesão grave e de difícil reparação" no centro da preocupação dos advogados – porque dele depende o cabimento do recurso – e não mais como problema secundário a ser enfrentado, pela via do agravo interno, se o relator viesse a praticar o ato de conversão por ausência de *periculum in mora*; 4º) o desaparecimento do agravo interno – o recurso que viabilizava o combate à decisão monocrática do relator que convertesse o agravo de instrumento em retido, segundo dispunha a parte final do inciso II, em sua redação anterior, do art. 527 – por óbvio identifica-se como mais um fator a desencorajar a interposição, perante os tribunais, de agravos de instrumento inadmissíveis. Esclareça-se, por fim, que fizemos questão de realizar todas essas ponderações e prognósticos com o escopo de mostrar que, de fato, as alterações introduzidas no sistema são relevantes e que poderão representar, desde que aplicadas com firmeza pelo Judiciário, uma ferramenta bastante útil no enfrentamento da morosidade jurisdicional. Acerca das três hipóteses em que tem admissibilidade o agravo de instrumento, remetemos o consulente ao comentário dedicado ao inciso II do art. 527 (texto de acordo com a Lei n. 11.187/2005).

Parágrafo único. O agravo retido independe de preparo.

Este parágrafo, que é lei federal, dispensa a parte que interpõe recurso de agravo, sob a forma retida, de efetuar preparo (preparo é o pagamento prévio da taxa devida ao Estado pelo processamento dos recursos). Logo, é evidente que nenhum regimento de custas, que é lei estadual, pode impô-lo, sob pena de afronta ao CPC. A *ratio* do dispositivo é clara: a interposição de agravo retido representa pouca sobrecarga de trabalho jurisdicional, posto que não há formação de autos separados, mas apenas a prática de alguns atos processuais a mais nos próprios autos (interposição, resposta e retratação), ficando a sua apreciação condicionada à existência e conhecimento da apelação (texto de acordo com a Lei n. 9.139/95).

Art. 523. Na modalidade de agravo retido o agravante requererá que o tribunal dele conheça, preliminarmente, por ocasião do julgamento da apelação.

O presente artigo disciplina o procedimento a ser observado quando da interposição do recurso de agravo, sob a forma retida, modalidade que o CPC reconhece como regra e não mais como exceção (*v.* nota ao *caput* do art. 522). Embora o texto não o diga expressamente, é óbvio que o ato postulatório de agravar, sob a forma retida, depende de petição escrita que a parte dirige ao juiz da causa e que é juntada aos autos do processo (dá-se o nome de retido ao agravo justamente porque a sua petição fica retida nos autos, em contraposição ao de instrumento, que gera autos separados que se formam perante o tribunal). Quanto aos requisitos formais dessa petição, aplica-se analogicamente o disposto nos incisos I ("a exposição do fato e do direito") e II ("as razões do pedido de reforma da decisão") do art. 524, além da exigência expressamente consagrada no texto sob análise de que o agravante requeira que o tribunal, quando do julgamento da apelação, conheça preliminarmente do agravo retido (*v.* nota ao § 1º a seguir) (texto de acordo com a Lei n. 9.139/95).

§ 1º Não se conhecerá do agravo se a parte não requerer expressamente, nas razões ou na resposta da apelação, sua apreciação pelo Tribunal.

Como se sabe, para a apreciação do mérito dos recursos, inclusive do agravo, alguns requisitos devem ser preenchidos: os denominados intrínsecos (legitimação, interesse recursal e cabimento), que guardam paralelo com as condições da ação; e os extrínsecos (tempestivamente, preparo e regularidade formal), que guardam paralelo com os pressupostos processuais. O não preenchimento de qualquer deles leva ao não conhecimento da postulação recursal. Pois bem, a regra sob enfoque estabelece expressamente a sanção de não apreciação do agravo caso não seja obedecido este outro requisito de regularidade formal que é o pedido da parte, nas suas razões ou contrarrazões de apelação, para que o agravo seja apreciado pelo tribunal. Observe-se, entrementes, que, embora de idêntico conteúdo volitivo, o requisito estabelecido no *caput* não se confunde com o desse § 1º: aquele precisa ser preenchido pela petição inicial do agravo; este pela petição por meio da qual se apela ou se responde à apelação. A omissão do agravante quanto ao cumprimento do requisito deste § 1º pode ser entendida, ainda, à luz da teoria geral dos recursos, como forma de desistência tácita (art. 501 do CPC) (texto de acordo com a Lei n. 9.139/95).

§ 2º Interposto o agravo, e ouvido o agravado no prazo de 10 (dez) dias, o juiz poderá reformar sua decisão.

Inegavelmente, a regra sob enfoque – introduzida em 1995 – corresponde a um dos grandes avanços disciplinares introduzidos no procedimento do agravo retido, na medida em que torna superadas as dúvidas surgidas no regime anterior, quer quanto à exigência de resposta do agravado, quer quanto à admissibilidade do juízo de retratação no âmbito dessa modalidade de procedimento recursal. Observe-se que parte da doutrina sempre considerou a possibilidade de reforma da decisão agravada, pelo seu próprio prolator, como algo que integrava a natureza do agravo, independentemente da sua feição formal e da omissão do texto do antigo § 1º do art. 522, de sorte que a consagração textual ora estabelecida não pode deixar de ser bem recebida. Registre-se, por outro lado, que também o agravo de instrumento continua integrado pelo juízo de retratação, apesar do deslocamento do seu processamento para a segunda instância (*v.* o teor do atual art. 529). Por fim, tenha-se presente que, reformada a decisão, o então recorrido haverá de interpor novo agravo, se desejar ver apreciada a questão pelo tribunal, caso em que já não terá cabimento um segundo juízo de retratação. Observe-se, por fim, que a Lei n. 10.352/2001 alterou a ordem das frases desse § 2º e substituiu a referência ao prazo do juiz pela referência ao prazo concedido ao agravado com o que o texto ganhou em clareza e inteligibilidade (texto de acordo com a Lei n. 10.352/2001).

§ 3º Das decisões interlocutórias proferidas na audiência de instrução e julgamento caberá agravo na forma retida, devendo ser interposto oral e imediatamente, bem como constar do respectivo termo (art. 457), nele expostas sucintamente as razões do agravante.

Não há dúvida de que a reforma introduzida pela Lei n. 9.139/95, no procedimento do agravo retido, significou um importante avanço ao admitir expressamente o § 3º deste art. 523 a interposição do recurso sob a forma oral. Chegamos a comentar, então, que o legislador mostrara-se sensível aos reclamos de parte da doutrina que considerava legítima e conveniente a interposição oral do agravo, apesar do silêncio do texto do antigo § 1º, do art. 522. Afirmávamos que o princípio da economia processual justificava, de maneira plena, a autorização para que alguém impugnasse de forma verbal uma decisão do juiz, também verbal, tomada em audiência. E, por último, dizíamos que nada mais lógico seria que constassem do mesmo termo (o termo de audiência – CPC, art.

457) tanto a decisão e seu fundamento como o agravo e suas razões, o que permitiria, inclusive, que o magistrado se retratasse na própria audiência, após a manifestação da parte contrária, como determinava e determina o § 2º, desde que, é óbvio, ela concordasse em responder ao recurso no mesmo momento, já que seu prazo era, como é, de dez dias conforme o mencionado § 2º. Pois bem, se a admissibilidade da interposição oral foi inegavelmente um avanço, o mesmo não podemos dizer da obrigatoriedade agora imposta pela Lei n. 11.187/2005 quando se tratar de decisões proferidas na audiência de instrução e julgamento. A alteração introduzida, parece-nos, só não é pior porque o dispositivo limita a obrigatoriedade à audiência de instrução (arts. 450 a 457), não atingindo a audiência de conciliação (arts. 125, IV, e 277 e parágrafos), a audiência preliminar (art. 331), qualquer das audiências de justificação (arts. 804, 815, 858, 928, etc.), nem a de produção antecipada de prova oral (art. 847). Facultar à parte a interposição oral do agravo retido é diferente de obrigar a parte a interpor "oral e imediatamente", de acordo com o texto, o seu recurso, sob pena de preclusão – a preclusão passa a ser a consequência inexorável do não exercício imediato do direito processual de recorrer nesses casos. Trata-se, realmente, de situações muito diferentes, porque a facultatividade leva o advogado a discriminar situações, a interpor o agravo imediatamente em alguns casos de gravidade e importância, deixando outros para uma avaliação mais detida nos dez dias que se seguem, o que pode significar efetiva contribuição ao bom andamento da audiência de instrução. A obrigatoriedade estabelecida, pelo contrário, não deixará outra saída ao advogado senão interpor o retido sempre em caso de dúvida, para não correr o risco de prejudicar o cliente, aumentando, assim, o número de incidentes da audiência e o truncamento da atividade instrutória. O que se espera é que, apesar da sensação de risco e insegurança, os advogados tenham bom senso no exercício do direito de recorrer. A novidade não merece aplausos (texto de acordo com a Lei n. 11.187/2005).

§ 4º (*Revogado pela Lei n. 11.187, de 19.10.2005.*)

Art. 524. O agravo de instrumento será dirigido diretamente ao tribunal competente, através de petição com os seguintes requisitos:

Vide Projeto de CPC, art. 970, caput

Dentre todas as modificações introduzidas na disciplina do agravo pela Reforma do Processo Civil nos anos 1990, nenhuma delas foi mais significativa do que a estabelecida pelo presente artigo, que transferia integralmente o processamento do agravo de instrumento para a segunda instância. Apesar da boa intenção do legislador reformista, estes últimos anos de prática do novo agravo acabaram demonstrando o enorme inconveniente de seu processamento estar entregue inteiramente aos nossos tribunais que ficaram congestionados com milhares de agravos em detrimento da função de julgar apelações, o que acabou por provocar, recentemente, o estabelecimento do agravo retido como regra, segundo o disposto no *caput* do art. 522 com a nova redação que lhe foi dada pela Lei n. 11.187/2005. De qualquer maneira, esta não é a sede própria para esse tipo de consideração. Por ora, basta o informe de que a petição inicial do agravo de instrumento, de 1995 para a frente, passou a ser protocolada diretamente no tribunal, dela devendo constar, como seus requisitos intrínsecos essenciais (para fins de regularidade formal), a postulação e as declarações previstas nos três incisos adiante, sob pena de não conhecimento (texto de acordo com a Lei n. 9.139/95).

I – a exposição do fato e do direito;
Vide Projeto de CPC, art. 970, I.

De modo a tornar coerente a interpretação deste inciso – em relação ao subsequente e ao próprio art. 514, que disciplina a mesma matéria sob a ótica da apelação –, a exposição do fato e do direito, aludida no texto sob análise, só pode ser compreendida como a exposição do contexto processual em que surgiu a decisão interlocutória atacada e a própria referência ao seu exato teor. Logicamente, então, esse requisito não concerne propriamente ao fundamento do recurso, uma vez que este se encontra previsto de forma clara pelo inciso II a seguir. É evidente, por outro lado, que tal exposição muito contribui para o perfeito esclarecimento do relator do agravo, e depois do órgão colegiado, sobre as circunstâncias fáticas e jurídicas que cercam a decisão que se impugna. Mais ainda sobreleva o requisito intrínseco em questão ao se pensar que pela primeira vez o relator toma contato com a causa (texto de acordo com a Lei n. 9.139/95).

II – as razões do pedido de reforma da decisão;
Vide Projeto de CPC, art. 970, II.

O inciso sob exame diz respeito especificamente aos fundamentos fáticos e jurídicos do inconformismo do recorrente quanto à decisão interlocutória atacada. Não basta ao agravante afirmar que a decisão prolatada infringe a lei processual (só a lei processual, e não a material, pode ser objeto de decisão interlocutória); é necessário que se exponham claramente os motivos por que o ato judicial não guarda conformidade com os ditames da lei do processo. A falta de razões inviabiliza de forma absoluta o conhecimento do recurso pelo tribunal (texto de acordo com a Lei n. 9.139/95).

III – o nome e o endereço completo dos advogados, constantes do processo.

Vide Projeto de CPC, art. 970, III.

Este último requisito intrínseco da petição inicial do agravo de instrumento se vincula especificamente à necessidade de intimação das partes, para o fim do regular processamento do recurso. É que, assim como se dá em primeira instância, também em segunda a parte precisa estar representada por advogado habilitado para poder receber intimação dos atos praticados e se comunicar com o juízo (CPC, arts. 35, 234 e 158). Observe-se que a identificação, pelo agravante, do causídico do agravado é indispensável para que ocorra a resposta ao recurso segundo o disposto no inciso V do art. 527, bem como a identificação de ambos os advogados é fundamental para os fins dos arts. 398, 528 e 557. Quanto à forma da identificação, tanto poderão os informes vir impressos no papel da petição (no caso do advogado do agravante) como simplesmente referidos na petição como quaisquer outras declarações de relevância processual (é o que normalmente ocorrerá em relação aos dados do causídico do agravado). *V.*, ainda, o art. 525, I (texto de acordo com a Lei n. 9.139/95).

Art. 525. A petição de agravo de instrumento será instruída:

Vide Projeto de CPC, art. 971, caput.

Se o art. 524 disciplina os requisitos intrínsecos essenciais da petição inicial do agravo de instrumento, o presente art. 525 regula os seus requisitos extrínsecos, vale dizer, os documentos que devem, necessária ou facultativamente, instruir a inicial do recurso que é endereçada à segunda instância. Note-se, outrossim, que a não anexação dos documentos indicados a seguir à peça elaborada pelo agravante torna absolutamente impossível ao tribunal apreciar o mérito do recurso. Trata-se, portanto, assim como os do art. 524, de requisitos concernentes à regularidade formal do agravo de instrumento.

I – obrigatoriamente, com cópias de decisão agravada, da certidão da respectiva intimação e das procurações outorgadas aos advogados do agravante e do agravado;

Vide Projeto de CPC, art. 971, I e § 3º.

A obrigatória instrução da inicial do recurso com as peças referidas no texto atende, como visto, à exigência de documentação mínima para que o tribunal possa apreciar o mérito do agravo de instrumento. Sim, porque, sem conhecer o teor da decisão agravada, não é possível dizer sobre o cabimento do recurso ou sobre a correção ou incorreção da decisão (que é o mérito do recurso), e sem a prova documental da intimação da parte, que é o termo *a quo* do prazo recursal, não é possível afirmar a sua tempestividade ou intempestividade. Quanto à exigência de anexação das procurações, deve-se esta à necessidade de ficar comprovado documentalmente que o advogado que subscreve a peça é de fato o procurador do agravante – aquele que supre a incapacidade postulatória deste – e que o causídico que será intimado para responder ao recurso (arts. 524, III, e 527, V) é de fato o procurador do agravado. A ausência de qualquer desses documentos fará com que o relator indefira o processamento do recurso, não cabendo pensar no suprimento da falta por meio da requisição prevista pelo inciso IV do art. 527 (texto de acordo com a Lei n. 9.139/95).

II – facultativamente, com outras peças que o agravante entender úteis.

Vide Projeto de CPC, art. 971, II.

Além das cópias da decisão agravada, da certidão da intimação e das procurações, pode o recorrente, se quiser, juntar à petição inicial do agravo de instrumento todas as outras peças dos autos que reputar, de alguma forma, úteis à compreensão, por parte do relator e do órgão colegiado que haverá de apreciar o recurso, do contexto processual em que foi proferida a decisão impugnada. Na prática, com frequência, é a apresentação dessas peças não obrigatórias que representa a diferença entre haver entendimento por parte do tribunal, ou não haver entendimento, acerca da ilegalidade praticada pelo juiz ao proferir a decisão atacada. Por isso, extremamente importante se afigura o sábio exercício dessa faculdade por parte do advogado do agravante. Registre-se, por outro lado, que é justamente a falta dessas peças facultativas que fará com que o relator requisite informações ao órgão monocrático com fundamento no inciso IV do art. 527 (*v.* nota) (texto de acordo com a Lei n. 9.139/95).

---

§ 1º Acompanhará a petição o comprovante do pagamento das respectivas custas e do porte de retorno, quando devidos, conforme tabela que será publicada pelos tribunais.

Vide Projeto de CPC, art. 971, § 1º.

Acompanhando a regra prevista pelo art. 511, determina o texto sob enfoque que o preparo do agravo de instrumento e o porte de retorno sejam comprovados, por meio das respectivas guias de recolhimento (ou via única), já no instante em que se protocola, no tribunal, a inicial do recurso. Em outras palavras, o comprovante do pagamento das custas e do porte de retorno é erigido pela presente disposição legal à condição de documento que obrigatoriamente deve instruir a petição inicial do agravo, apesar de sua não inclusão no texto do inciso I, retro. Assim, a falta dessas guias autoriza o relator, a quem for distribuído o agravo, a indeferir liminarmente o seu processamento por falta de requisito extrínseco de admissibilidade. Note-se, ainda, que um eventual erro de cálculo ou de recolhimento, mas justificável pelas circunstâncias (*v. g.*, a complexidade da tabela publicada pelo tribunal, o depósito de dez reais em vez de cem, por equívoco do banco ou do depositante), autoriza o relator a admitir a complementação por parte do agravante em prazo que fixar (texto de acordo com a Lei n. 9.139/95).

---

§ 2º No prazo do recurso, a petição será protocolada no tribunal, ou postada no correio sob registro com aviso de recebimento, ou, ainda, interposta por outra forma prevista na lei local.

Vide Projeto de CPC, art. 971, §§ 2º e 3º.

Em razão do fato de o agravo de instrumento ser dirigido diretamente ao tribunal e não mais ao juiz da causa (art. 524, *caput*), o que torna inaplicável o parágrafo único do art. 506, que tem por base normativa a protocolização em cartório, fez-se necessária uma regra especial, como a presente, que disciplinasse a forma de interposição do agravo no tribunal. Pois bem, de acordo com o texto sob enfoque, fica estabelecido pelo CPC, que é lei federal, que, no prazo do recurso, tem o agravante garantidamente ao seu dispor o protocolo do tribunal ou a postagem no correio com aviso de recebimento, significando isto que a lei estadual não pode restringir a utilização de nenhum desses dois meios a seu bel-prazer, por exemplo, afirmando a necessidade de a petição postada no correio chegar ao tribunal dentro do prazo (note-se que o presente § 2º dá ao agravante o direito de postá-la até o último dos dez dias, se quiser). No que concerne à cláusula final do texto, assinale-se que o CPC admite que a lei local estabeleça outras modalidades de interposição, como o telegrama, o telex, o fac-símile ou *e-mail*, tudo, no entanto, sem prejuízo daquelas duas primeiras formas, que são inafastáveis (texto de acordo com a Lei n. 9.139/95).

Art. 526. O agravante, no prazo de 3 (três) dias, requererá juntada, aos autos do processo, de cópia da petição do agravo de instrumento e do comprovante de sua interposição, assim como a relação dos documentos que instruíram o recurso.

Vide Projeto de CPC, art. 972.

Dada a circunstância de o art. 524 instituir a autonomia procedimental do agravo de instrumento, tornou-se necessário criar um mecanismo que permita ao juiz da causa inteirar-se do recurso tirado contra sua decisão, mas de cujo processamento não mais participa. Esse mecanismo, que pode ser chamado d "petição de notícia do agravo", traduz-se na exigência, prevista no texto sob enfoque, de que o agravante, em três dias, junte aos autos do processo que tramita em primeira instância a cópia da inicial do agravo, do comprovante de sua interposição (protocolo, postagem ou outro que a lei local estabeleça), bem como da relação dos documentos que instruíram o recurso (a relação tanto pode constar do próprio corpo da petição como de documento separado, recomendando-se sempre a referência aos números das folhas dos autos que foram reproduzidas). Quanto ao aspecto temporal, note-se que o termo *a quo* do prazo de três dias corresponde à data em que a parte efetivamente recorreu, e não ao último dia do prazo para agravar (este art. 526 está imediata e logicamente ligado ao § 2º do art. 525, o que conduz à conclusão que firmamos) (texto de acordo com a Lei n. 9.139/95).

Parágrafo único. O não cumprimento do disposto neste artigo, desde que arguido e provado pelo agravado, importa inadmissibilidade do agravo.

Este parágrafo único – introduzido no corpo do art. 526 pela Lei n. 10.352/2001 – surge no cenário do processo civil como novidade significativa sob o ponto de vista da segurança jurídica que se exige de um sistema recursal. É que até o surgimento do presente dispositivo, reinou dúvida sobre se o desatendimento do prazo de três dias, para a notícia do agravo ao juiz, gerava, ou não, algum tipo de sanção para a parte. Embora a jurisprudência viesse se posicionando firmemente no sentido da penalização, representada pelo não conhecimento do agravo pelo tribunal, achou por bem o legislador reformista aproveitar a oportunidade para transformar a petição de notícia do agravo em mais um requisito extrínseco de admissibilidade desta modalidade de recurso a ser verificado pelo tribunal, com o que concordamos inteiramente, apesar de termos nos posicionado em sentido oposto, quando do surgimento da Reforma, em razão da ausência de previsão expressa. Observe-se, entrementes, que o texto sob enfoque deixa uma grande dúvida quando utiliza a frase intercalar "desde que arguido e provado pelo agravado". O que nos parece é que, utilizando essas palavras, a lei quis deixar claro que nem o relator, nem o tribunal pode reconhecer, de ofício, a falta da notícia do agravo ao juiz, ficando sob inteira responsabilidade do agravado arguir e provar tal matéria, quando da resposta ao recurso, se desejar provocar o não conhecimento do agravo pelo tribunal. Se, pelo contrário, o agravado não realizar a arguição e a prova, concomitantemente na sua resposta, nos dez dias que a lei lhe confere, não restará ao relator e ao tribunal outra atitude senão julgar o mérito do agravo, desde, é claro, que todos os demais requisitos de admissibilidade se façam presentes (texto de acordo com a Lei n. 10.352/2001).

Art. 527. Recebido o agravo de instrumento no tribunal, e distribuído incontinenti, o relator:
Vide Projeto de CPC, art. 973, caput

A prescrição normativa que ora nos ocupa regula os dois atos da secretaria do tribunal que preparam o despacho liminar da petição do agravo de instrumento. São eles, respectivamente: 1º) o recebimento da inicial do agravo pela secretaria, mediante protocolo (qualquer que tenha sido a forma de interposição), ao que se seguirá, na conformidade do regimento interno, o registro da peça, a verificação de sua integridade e dos documentos que a instruem, bem como a ordenação para distribuição (embora inaplicável, o art. 547 do CPC serve de paradigma para tais normas regimentais); 2º) a distribuição *incontinenti* a um relator, o que se dará de acordo com o que dispõem os respectivos regimentos internos dos tribunais (os princípios estabelecidos pelo art. 548 também funcionam como perfeitos paradigmas dessas regras regulamentares). Praticados esses dois atos com toda prontidão – exigência que deflui do emprego do termo *incontinenti* no texto sob exame –, o relator escolhido é chamado a proferir o despacho liminar, que poderá ter vários conteúdos de acordo com as previsões constantes dos incisos I a VI interpretados a seguir (texto de acordo com a Lei n. 10.352/2001).

I – negar-lhe-á seguimento, liminarmente, nos casos do art. 557;

Este inciso I que ora nos ocupa disciplina exclusivamente a decisão liminar negativa que o relator do agravo de instrumento profere com fundamento no art. 557. Se, pelo contrário, a decisão do relator, no tribunal, é no sentido positivo, ele a pratica com base nos incisos III a V deste mesmo art. 527. Deixando, de lado, portanto, as decisões que constituem processamento do agravo (v. notas adiante), concentremo-nos nas hipóteses de indeferimento liminar à luz do art 557. Inicialmente, parece-nos de bom alvitre consignar que a regulamentação da decisão negativa se encontra prevista apenas no *caput* do mencionado art. 557 e que esse dispositivo não tem redação muito técnica. Senão vejamos. A primeira decisão que o relator pode tomar é a de indeferir liminarmente o processamento (a lei fala de "negar seguimento a recurso") por se tratar de agravo "manifestamente inadmissível", o que significa que: *a*) o agravante não tem legitimação recursal; *b*) o agravante não dispõe de interesse recursal (falta prejuízo ou gravame); *c*) o agravo não é cabível (art. 522, *caput*); *d*) falta regularidade formal (arts. 524 e 526); *e*) o agravo é intempestivo (foi interposto fora do prazo de 10 dias – art. 522); *f*) não preenche o requisito do preparo (em Estado da Federação que o exija). Já a segunda decisão negativa que o relator pode tomar é a de indeferir liminarmente o agravo porque "manifestamente [...] im procedente", o que tem o significado de julgamento de mérito do recurso; melhor seria se a lei tivesse empregado a locução técnica "negar provimento ao recurso". A terceira, segundo o texto do art. 557, *caput*, é a decisão indeferitória por se revelar o recurso "manifestamente [...] prejudicado", o que não passa de mais uma hipótese de falta de interesse recursal, dentre outras, como se houve desistência do recurso, renúncia ou aceitação da decisão (art. 501 a 503). Finalmente, afirma o art. 557 que o relator "negará seguimento a recurso [...] em confronto com súmula ou com jurisprudência dominante do respectivo tribunal, do STF, ou de Tribunal Superior", o que não deixa de ser uma decisão que nega provimento ao recurso. Seja como for, lembramos apenas que, de qualquer dessas decisões, cabe o agravo interno do § 1º, imponha ela ou não a multa prevista pelo § 2º que encerra o art. 557 (texto de acordo com a Lei n. 10.352/2001).

II – converterá o agravo de instrumento em agravo retido, salvo quando se tratar de decisão suscetível de causar à parte lesão grave e de difícil reparação, bem como nos casos de inadmissão da apelação e nos relativos aos efeitos em que a apelação é recebida, mandando remeter os autos ao juiz da causa;

Como sabemos, a grande novidade introduzida pela Lei n. 10.352/2001, na disciplina do agravo de instrumento, foi a possibilidade concedida ao relator, segundo a disposição normativa então estabelecida, de determinar a conversão do agravo de instrumento em agravo retido, desde que o caso concreto não se incluísse nas ressalvas previstas no texto. Lembramos que a razão da criação desse dispositivo foi inequivocamente o excesso de agravos que comprometeu nestes últimos anos o funcionamento normal dos nossos tribunais. O que nos parece é que a solução encontrada pelo legislador não podia ser melhor porque, ao mesmo tempo em que não impede o exercício do direito processual de agravar, condiciona o seu processamento, em segunda instância, a razões objetivamente determinadas, reveladoras da necessidade de um julgamento em prazo curto. Em caso contrário, o relator determinava, como determina, a conversão em agravo retido, o que significa que os autos do instrumento deverão ser remetidos pela secretaria ao juiz da causa, onde serão apensados aos autos principais no aguardo de futura e eventual apelação que conduza a causa e o agravo ao tribunal para julgamento sucessivo, aplicando-se os arts. 523, §§ 1º a 3º, e 559. Pois bem, mantendo a figura da conversão em seus aspectos normativos gerais, surge no cenário processual brasileiro a Lei n. 11.187, de 19.10.2005, que nela introduz algumas modificações importantes. A primeira e mais radical de todas é sem dúvida alguma a substituição da expressão "poderá converter" pelo imperativo "converterá" com o que se retira do relator a faculdade de não converter o agravo de instrumento em retido, salvo quando se verificar qualquer das três hipóteses expressamente previstas no texto sob enfoque. Com base na expressão original ("poderá converter"), trazida pela Lei n. 10.352/2001, é que se sustentava a esperança dos advogados, a que fizemos referência no comentário ao *caput* do art. 522, e que tanto contribuiu à interposição de agravos sem a qualidade de urgência exigida desde 2001. De agora em diante, à falta de urgência, o relator haverá necessariamente de proceder à conversão com o que fica sobremodo fortalecida a nova disciplina segundo a qual o agravo retido é a regra e não mais o de instrumento (art. 522, *caput*) e garantida a volta à normalidade funcional dos nossos tribunais. Seja como for, vejamos a partir de agora quais são as hipóteses legais – previstas neste inciso II e também no *caput* do art. 522 – que justificam o processamento imediato do agravo ou que, em outras palavras, tornam o agravo de instrumento admissível. Começando pela última previsão deste remodelado dispositivo, temos que tal modalidade recursal é cabível nos casos "relativos aos efeitos em que a apelação é recebida". Quanto a essa hipótese, que envolve dúvida acerca dos efeitos da apelação, parece interessante registrar que a lei processual faculta a interposição do agravo de instrumento porque o recebimento equivocado do apelo, quanto aos seus efeitos, provoca, ilegalmente, inovação imediata ou estagnação repentina da situação material das partes (dada a possibilidade ou a impossibilidade de execução provisória ou efetivação imediata da sentença), o que torna razoável que a parte possa buscar prontamente a correção do recebimento da apelação pela via do agravo de instrumento. Observe-se que não há lugar para qualquer cogitação acerca do requisito do *periculum in mora*, que é previsto na parte inicial do texto de forma genérica; basta tratar-se de decisão relativa a efeitos da apelação para que tenha admissibilidade o agravo de instrumento. Já no que concerne aos "casos de inadmissão da apelação", tem cabimento o agravo de instrumento pela simples circunstância de que, se não fosse assim, a parte ficaria inteiramente desprovida de meio processual para chegar à segunda instância e lutar pelo deferimento da apelação, porque é justamente a apelação o veículo que conduz o agravo retido ao tribunal. Em outras palavras, se não coubesse o agravo de instrumento e sim o retido nesse caso, não seria possível à parte prejudicada chegar ao tribunal, porque é exatamente da apelação (que não foi admitida) que se depende para que o agravo retido suba à segunda instância. Também aqui a admissibilidade do agravo do instrumento nenhuma relação tem com o requisito do *periculum in mora*, atente-se. Por último, enfrentemos a classe das decisões interlocutórias suscetíveis "de causar à parte lesão grave e de difícil reparação". A respeito delas, é necessário observar, desde logo, que se trata de quaisquer decisões, proferidas em qualquer sede (processo de conhecimento, de execução ou cautelar) que possam, potencialmente, gerar para o direito processual ou material da parte um risco ("suscetível de causar", de acordo com a lei) de dano grave (ou "lesão grave"), irreparável (embora não dito, integra o requisito), ou "de difícil reparação" (previsão de um *minus* na perspectiva da irreparabilidade). Em outros termos, o que se verifica é que a lei passa a exigir, para o cabimento do agravo e seu processamento imediato, com base nessa abstrata previsão, que a decisão interlocutória recorrida signifique para o direito da parte perigo de que a demora para o julgamento do agravo acarrete dano irreparável ou de difícil reparação, isto é, que a decisão venha acompanhada de *periculum in mora*, aquele mesmo requisito que caracteriza as cautelares (*v.* notas aos arts. 273, I, 558 e 804, IV). Ainda nesse diapasão, não podemos deixar de fazer algumas considerações acerca da "provisão jurisdicional de urgência" que era prevista anteriormente e de que o texto atual não mais cogita. Ao que parece, a lei processual resolveu dar tratamento igual a todas as formas de tutela de urgência com a alteração implementada. Mas como? É que parte significativa dos provimentos de urgência já vem acompanhada naturalmente da questão do *periculum in mora*, como ocorre com todas as cautelares (nominadas ou inominadas, conservativas ou antecipatórias), com a forma mais importante de tutela antecipada (a prevista pelo art. 273, I) e, ainda, com as modalidades de tutela específica liminar que têm no *periculum in mora* seu fundamento (arts. 461, § 3º, e 461-A, § 3º). Proferida, assim, qualquer interlocutória concessiva ou não concessiva de cautelar, de tutela antecipada do art. 273, I, ou de tutela específica liminar, o agravo de instrumento que se interponha sempre estará justificado, em tese, pelo perigo de "lesão grave e de difícil reparação" porque a não concessão da medida sempre significa risco potencial para o autor e a concessão, risco potencial para o réu. Observe-se que, a partir da entrada em vigor deste inciso II, um interessantíssimo fenômeno ocorrerá cada vez que um agravo de instrumento for interposto nesses casos: a parte explorará a questão do *periculum in mora* tanto para demonstrar o cabimento do recurso (art. 522, *caput*), para justificar a atribuição de efeito suspensivo ou ativo (art. 527, III, c/c o art. 558), bem como para, no mérito, convencer o órgão jurisdicional da legalidade do provimento a ser dado ao agravo (arts. 273, I, 461, § 3º, 461-A, § 3º, e 798). Por fim, cumpre-nos esclarecer que o tratamento igual dirigido às formas de tutela de urgência, a que fizemos alusão, decorre do fato de que, pelo contrário, quando se tratar de decisões interlocutórias que tenham como objeto providências jurisdicionais que não dependam de *periculum in mora* (como as liminares puramente antecipatórias, tais quais as possessórias, o embargo judicial da obra, a apreensão em reserva de domínio, os embargos de terceiro, a desocupação do imóvel da lei inquilinária, a busca e apreensão em alienação fiduciária, a imissão na posse em desapropriação, e, ainda, a tutela antecipada do art. 273, II, ou § 6º), também aqui o agravo de instrumento tem sua admissibilidade dependente da demonstração do perigo ou do risco de "lesão grave e de difícil reparação", de sorte que não só o processamento imediato do recurso exigirá a invocação do *periculum in mora*, como a atribuição de efeito suspensivo ou ativo pelo relator – não, é óbvio, o provimento final –, o que acaba por deslocar inexoravelmente para dentro da discussão recursal de tais providências a questão fulcral do *periculum in mora*, equiparando, assim, todas as medidas liminares. Quanto ao desaparecimento da possibilidade de recurso (agravo interno) contra decisão de conversão, remetemos o leitor aos comentários dedicados ao parágrafo único deste art. 527 (texto de acordo com a Lei n. 11.187/2005).

III – poderá atribuir efeito suspensivo ao recurso (art. 558), ou deferir, em antecipação de tutela, total ou parcialmente, a pretensão recursal, comunicando ao juiz sua decisão;

Vide Projeto de CPC, art. 973, I.

Antes de abordarmos os aspectos disciplinares que o presente dispositivo sugere, não podemos deixar de fazer referência à *ratio* última da sua inserção no procedimento do agravo de instrumento, que foi a necessidade de eliminar da nossa prática forense a impetração de mandados de segurança para dar efeito suspensivo a este recurso, que dele não dispõe e não dispunha no regime anterior. Pois bem, à luz dessa preocupação e escopo é que a lei expressamente confere ao relator o poder de atribuir suspensividade em todas as hipóteses de agravo de instrumento (*v.* art. 558 e nota), de sorte a tornar desnecessário o recurso ao *mandamus*, bastando à parte requerer dito efeito na própria petição que dirige ao tribunal. Além disso, a redação do inciso confere expressamente ao relator poder para conceder o chamado efeito ativo ou, como diz o texto, a antecipação da tutela recursal. Quanto ao teor normativo da primeira previsão legal, propriamente, cumpre esclarecer que o efeito suspensivo tanto pode ser outorgado, sob a forma liminar, à vista apenas dos documentos que instruem a inicial, como após a requisição das informações prevista pelo inciso IV, uma vez que a probabilidade de lesão grave e de difícil reparação a que alude o art. 558, em algumas circunstâncias, pode só ficar clara ao relator após um conhecimento um pouco mais aprofundado da causa. Note-se que, nesta última hipótese, dada a concomitância entre a requisição e a intimação do agravado, a concessão do efeito suspensivo dar-se-á, via de regra, após a resposta do recurso, interpretação que não deve ser repudiada ante o caráter nitidamente cautelar de tal providência. Seja qual for o momento da concessão, o relator deve comunicar imediatamente a sua decisão ao juiz da causa, por ofício. Já no que concerne à segunda previsão constante do texto focalizado, qual seja, a que dispõe sobre o que podemos continuar chamando de efeito ativo, é preciso esclarecer, desde logo, que tal inovação, criada pela Lei n. 10.352/2001, merece aplausos porque colocou o poder do relator em paralelo com o do juiz da causa, que tanto pode suspender a prática de atos como antecipar efeitos, embora as formas de exercício sejam diferentes. Outro esclarecimento interessante diz respeito ao fato de que também entre os poderes instituídos por este inciso III existe um paralelo no plano do fundamento: se o efeito suspensivo depende, quase sempre, do *periculum in mora* previsto na parte final do art. 558 (a remissão ao art. 558 é expressa), o efeito ativo também depende, quase sempre, do *periculum* porque a disposição normativa em questão refere expressamente a figura da "antecipação da tutela" e esta exige "receio de dano" [...] (art. 273, I, o fundamento mais utilizado). Por fim, registre-se que sobre os momentos e formas de concessão da antecipação da pretensão recursal, tudo o que dissemos anteriormente a respeito da concessão da suspensividade vale plenamente (texto de acordo com a Lei n. 10.352/2001).

IV – poderá requisitar informações ao juiz da causa, que as prestará no prazo de 10 (dez) dias;

A requisição de informações ao juiz da causa tem admissibilidade todas as vezes em que, apesar da presença de vasta documentação instrutória com a petição inicial do agravo, persistir dúvida importante no espírito do relator sobre algum aspecto do desenvolvimento do processo que lhe impeça de atribuir, de imediato, o efeito suspensivo ou ativo requerido pelo agravante (inciso III) ou, ainda, que lhe induza a pensar, prospectivamente, que mesmo a resposta do agravado não será suficiente para esclarecê-la. Será, assim, dentro desse contexto cognitivo de dúvida significativa *a priori* – que não basta para indeferir o processamento, mas que também não permite ao relator a segurança mínima necessária à concessão de efeito suspensivo ou ativo (por exemplo, se o relator percebe que toda a discussão sobre a interlocutória está desfocalizada) –, que terá cabimento a requisição de informações para que o prolator da decisão agravada preste esclarecimentos sobre a causa. Finalmente, observe-se que a providência prevista neste inciso IV, se tomada, tem lugar, via de regra, concomitantemente com a intimação do agravado prevista no inciso V a seguir (texto de acordo com a Lei n. 9.139/95 e não alterado, mas apenas renumerado pela Lei n. 10.352/2001).

V – mandará intimar o agravado, na mesma oportunidade, por ofício dirigido ao seu advogado, sob registro e com aviso de recebimento, para que responda no prazo de 10 (dez) dias (art. 525, § 2º), facultando-lhe juntar a documentação que entender conveniente, sendo que, nas comarcas sede de tribunal e naquelas em que o expediente forense for divulgado no diário oficial, a intimação far-se-á mediante publicação no órgão oficial;

Vide Projeto de CPC, art. 973, II.

Se as providências previstas pelos incisos III e IV deste art. 527 podem ser, ou não, tomadas pelo relator (*v.* notas), a medida que ora focalizamos é de observância necessária para que se cumpra a fase postulatória e o contraditório no processamento do agravo de instrumento. Note-se, desde logo, que a locução "na mesma oportunidade", assim como inserida no texto, dá claramente a entender que a intimação do agravado é ato que se pratica simultaneamente com a requisição de informações ou com a atribuição do efeito suspensivo ou ativo; como visto, entendemos que, mesmo na primeira hipótese (requisição de informações), não está o relator impedido de conceder a suspensividade ou o efeito ativo depois do oferecimento da contraminuta. Outro aspecto disciplinar importante que o dispositivo apresenta está no estabelecimento da dupla forma de intimação admitida: *a*) intimação por ofício dirigido ao advogado do agravado, sob registro e com aviso de recebimento, se este tem seu escritório (art. 39, I) fora da comarca onde tem sede o tribunal (aplica-se o art. 241, I, no que concerne à contagem do prazo de resposta); *b*) intimação pela só publicação do ato no órgão oficial ("para que responda no prazo de dez dias") se o advogado tem escritório na comarca sede do Pretório ou em outra onde o expediente forense é divulgado pelo *Diário Oficial* (aplica-se a essa intimação o § 1º do art. 236). Registre-se, entrementes, que a alusão ao art. 525, § 2º, significa que o agravado também pode se valer do protocolo ou da postagem no correio. No que concerne ao direito de provar, observe-se que o agravado pode juntar à petição que instrumentaliza a sua resposta quaisquer peças dos autos ou outras quaisquer ("documentação", conforme o regramento, significando quaisquer documentos novos) que reputar convenientes – para ele não há peças obrigatórias; mas se juntar um documento novo (art. 397), haverá este de passar pelo crivo do contraditório, assim como manda o art. 398 do CPC. Por fim, acentue-se que o mesmo prazo que tem a parte para agravar (dez dias, segundo o *caput* do art. 522), possui o agravado para responder, segundo o princípio da igualdade (texto de acordo com a Lei n. 10.352/2001 e agora modificado pela Lei n. 11.187/2005).

VI – ultimadas as providências referidas nos incisos III a V do *caput* deste artigo, mandará ouvir o Ministério Público, se for o caso, para que se pronuncie no prazo de 10 (dez) dias.

Vide Projeto de CPC, art. 973, III.

Decorrido o prazo de dez dias para o oferecimento de resposta pelo agravado, vindo ela ou não – prazo cujo termo *a quo* é a data de juntada aos autos do AR (art. 241, I), ou da publicação da intimação no *Diário Oficial* (art. 236), e cujo decurso deve ser verificado tendo em conta o disposto no § 2º do art. 525 (*v.* inciso V anterior) – só se considerarão "ultimadas as providências referidas nos incisos III a V" se uma das seguintes hipóteses tiver lugar: *a*) chegaram as informações prestadas pelo juiz da causa, seguindo-se a concessão da suspensividade ou do efeito ativo, e a comunicação desta decisão ao juízo por ofício (*v.* nota ao inciso III); *b*) chegaram as informações do juiz da causa, seguindo-se a decisão denegatória da suspensividade ou do efeito ativo; *c*) não houve requisição de informações e o efeito suspensivo, ou ativo, já havia sido denegado; *d*) não houve requisição de informações e o efeito suspensivo, ou ativo, já havia sido concedido, expedido o ofício de comunicação. Verificada qualquer dessas hipóteses após o decurso do prazo de contraminuta, pronto estará o agravo de instrumento para ser remetido ao Ministério Público nos casos de sua intervenção, que são aqueles previstos pelos arts. 82, 944, 1.105, todos do CPC, bem como por outros dispositivos da legislação especial (alimentos, ação popular, registros públicos, etc.). Lembremo-nos, ainda, de que a intimação do órgão do *parquet* é sempre pessoal, nos termos do § 2º do art. 236. Por derradeiro, não podemos deixar de dizer algo sobre a novidade introduzida no texto deste inciso VI, pela Lei n. 11.187/2005, e representada pela substituição da menção aos "incisos I a V" pela atual referência aos "incisos III a V". Observe-se, de pronto, que a *ratio* da alteração se prende à preocupação de tornar explícita a desnecessidade de abrir vista ao Ministério Público nos casos dos incisos I e II deste art. 527, ou seja, quando o relator determinar a conversão do agravo de instrumento em retido (inciso II) ou quando o relator negar seguimento, liminarmente, ao agravo de instrumento nas hipóteses do art. 557 (inciso I). Nos dois casos, o que temos são ressalvas legais explícitas e específicas ao mandamento genérico do art. 83, I, do CPC, que exige que o *parquet* seja "intimado de todos os atos do processo". Assim dispondo, este dispositivo remove o obstáculo, representado pela manifestação do órgão ministerial, à efetiva concretização da conversão (a remessa dos autos ao juiz da causa), bem como agiliza a interposição do agravo interno contra a decisão monocrática que nega seguimento ao agravo. A rapidez na consumação desses dois atos processuais (a retenção do agravo e a interposição do agravo interno) justificam, destarte, a mudança (texto de acordo com a Lei n. 11.187/2005).

Parágrafo único. A decisão liminar, proferida nos casos dos incisos II e III do *caput* deste artigo, somente é passível de reforma no momento do julgamento do agravo, salvo se o próprio relator a reconsiderar.

Vide Projeto de CPC, art. 973, parágrafo único.

Alterando profundamente a redação deste parágrafo único, com o intuito de extirpar do sistema os mais graves defeitos do regime anterior que eram a induvidosa recorribilidade da decisão que convertesse o agravo de instrumento em retido (inciso II) e a discutível recorribilidade da que atribuísse ou negasse efeito suspensivo ou ativo ao agravo interposto (inciso III), surge a Lei n. 11.187/2005, para estabelecer que elas somente são passíveis "de reforma no momento do julgamento do agravo, salvo se o próprio relator a reconsiderar". Malgrado a imperfeição do dispositivo, a sua normatividade nuclear é facilmente percebida: contra tais decisões liminares não cabe mais impugnação via recurso. Observe-se, nesse diapasão e para não ficar nenhuma dúvida, que se "a decisão liminar [...] somente é passível de reforma no momento do julgamento do agravo", é porque só o próprio julgamento pode reformá-la, não cabendo, por consequência, nenhuma outra forma de ataque à liminar, conclusão que é reforçada pela circunstância de a parte final do texto sob análise afirmar categoricamente: "salvo se o próprio relator a reconsiderar". Ora, se as decisões liminares previstas nos incisos II e III só podem ser reformadas no julgamento do agravo ou, então, por reconsideração do relator, é porque contra tais decisões não se admite qualquer modalidade recursal, mas apenas o pedido de reconsideração. Além disso, não podemos deixar de dar atenção ao fato de que a parte final do inciso II deste art. 527 foi propositalmente alterada e dela subtraída a previsão de recorribilidade; a cláusula de encerramento do texto anterior ("[...] cabendo agravo dessa decisão ao órgão colegiado competente") simplesmente não existe mais! Por todos esses motivos, não há que se duvidar de que o presente parágrafo único fez desaparecer o agravo interno contra a decisão que converte, e também contra a que não converte, o agravo de instrumento em retido e contra aquela outra que atribui ou nega efeito suspensivo ou ativo ao agravo. Quanto à imperfeição de que falamos linhas atrás, ela se mostra clara pela utilização de uma longa frase de caráter positivo ("[...] somente é passível de reforma no momento do julgamento do agravo [...]"), quando, a rigor, bastaria uma pequena frase de caráter negativo para revelar com precisão a normatividade desejada pelo legislador reformista: "[...] não é passível de reforma [...]". A crítica procede já que a construção de caráter positivo não tem sentido processual na maior parte dos casos, o que faz com que a previsão de "reforma no momento do julgamento do agravo" traduza-se num verdadeiro *nonsense* jurídico. Assim é porque de nada vale e para nada serve ao recorrente ver a decisão de conversão reformada no momento do julgamento do agravo retido; o que atende minimamente ao seu interesse no instante do julgamento é o provimento a ser dado ao agravo e não a reforma da decisão de conversão. O mesmo deve ser dito da decisão que, não determinando a conversão, concedeu o efeito suspensivo (ou o ativo), porquanto no instante em que se julgar o agravo de instrumento, não haverá lugar para qualquer reforma da liminar concessiva de um dos efeitos do inciso III, posto que, nesse momento, o tribunal está pronto para julgar o mérito do agravo e, no caso de reconhecimento de que o agravante não tem razão, negará provimento ao recurso, o que não significa reforma da liminar, mas apenas a sua superação por uma decisão definitiva. Também na hipótese contrária, o *nonsense* se repete: não determinada a conversão e negado o efeito suspensivo (ou o ativo), a possibilidade alvitrada pela lei de "reforma no momento do julgamento do agravo" não tem significado, uma vez que, nesse instante do iter procedimental, o que espera o agravante é o provimento do recurso (a modificação da decisão interlocutória agravada) e não a reforma da decisão denegatória de efeitos; se o tribunal está preparado para julgar o mérito do recurso, não há espaço para uma simples reforma da liminar. Na verdade, tudo isso mostra quão imprópria é a frase de caráter positivo constante do texto sob análise. Mas, apesar da crítica, não podemos deixar de dar registro ao fato de que, em pelo menos uma hipótese, a construção legal faz sentido. Trata-se de uma variante das duas últimas situações cogitadas. Imagine-se que, interposto um agravo de instrumento, o relator não determine a conversão, não importando, também, qual a decisão tomada a seguir, com base no inciso III deste art. 527 (se concessiva de efeito suspensivo, ou de ativo, ou se não concessiva). Imagine-se agora que chegado o momento do julgamento do agravo, aperceba-se o tribunal que não era o caso de agravo de instrumento e determine, nesse instante, a conversão em agravo retido. Nessa hipótese, e apenas nessa hipótese, teremos o que a lei previu ("a reforma no momento do julgamento do agravo"), acompanhada, inclusive, da reforma da liminar do inciso III, se essa tinha sido concessiva do efeito suspensivo ou ativo. Como se vê, apesar do acerto legal, na perspectiva desta última hipótese cogitada, permanece criticável a construção de cunho positivo, porque ela se revela imprestável para regular as mais importantes situações que envolvem o agravo de instrumento, como visto. Por derradeiro, gostaríamos de manifestar nosso receio de que o desaparecimento da recorribilidade das decisões liminares dos incisos II e III deste art. 527 acabe por ressuscitar o mandado de segurança como meio de combater o decreto de conversão do agravo e as liminares concessivas ou denegatórias de efeito suspensivo (ou ativo). Que fique, então, registrado o nosso apelo ao bom senso dos advogados, no sentido de que entendam que só excepcionalmente deverão se socorrer do *mandamus*, e à firmeza dos nossos desembargadores, na apreciação de agravos e de mandados de segurança, para que possam fazer valer a nova vontade da lei processual que é a de não admitir, como regra, a impugnação a tais decisões monocráticas (texto de acordo com a Lei n. 11.187/2005).

Art. 528. Em prazo não superior a 30 (trinta) dias da intimação do agravado, o relator pedirá dia para julgamento.

Vide Projeto de CPC, art. 974.

Como facilmente se percebe, o termo *a quo* desse prazo de trinta dias para o relator pedir data para julgamento do agravo de instrumento é o mesmo do prazo de dez de que dispõe o agravado para oferecer a sua resposta, isto é, a juntada aos autos do AR do ofício de intimação ou a publicação no *Diário Oficial* do ato intimatório. Assim, nos dez primeiros o agravado contraminuta, e nos vinte subsequentes o relator pede dia para julgamento. A lei presume, nesse passo, que vinte dias são suficientes para a eventual chegada das informações prestadas pelo juiz da causa, bem como para a também eventual concessão *a posteriori* de efeito suspensivo que dessas informações dependa (*v.* nota ao inciso III do art. 527). Observe-se, no entanto, que tal prazo é reputado impróprio pelo sistema, significando que o seu não atendimento pelo relator não tem sanção. Em último lugar, registre-se que o pedido de dia para julgamento é dirigido ao presidente do órgão fracionário (a quem compete julgar o agravo), que, ao designá-lo, mandará publicar a respectiva pauta no órgão oficial, a teor do disposto no art. 552 do CPC (texto de acordo com a Lei n. 9.139/95).

Art. 529. Se o juiz comunicar que reformou inteiramente a decisão, o relator considerará prejudicado o agravo.

À falta de limite temporal explícito que conste do texto, o dispositivo sob análise só pode significar, à evidência, que o juiz da causa tem poder para reformar a decisão impugnada até o momento em que o tribunal, por seu órgão colegiado competente, pronuncie-se de forma definitiva a respeito do agravo de instrumento. Mas será que esse juízo de retratação pode ser exercitado independentemente de pedido da parte? A resposta comporta duas vertentes: primeira, a retratação só pode ocorrer se a parte houver agravado, porque se assim não fez é porque se conformou com o decidido, consumando-se daí a preclusão e não havendo motivo para o juiz modificá-la; segunda, interposto o agravo, ou seja, manifestado o inconformismo, entra em cena a presente disposição, que não exige pedido explícito da parte, ficando o órgão de primeira instância autorizado a reformar o decidido como efeito *ex lege* da litispendência recursal (presume-se de forma absoluta o interesse da parte que agravou). Consigne-se, contudo, que, se ao órgão monocrático é dado voltar atrás independentemente de pedido específico, nada impede que a parte requeira a retratação na petição de notícia do agravo a que alude o art. 526. É o que frequentemente ocorre na prática. Por fim, registre-se que, reformada, inteira ou parcialmente, a decisão pelo magistrado, tem ele o dever de expedir imediatamente ofício ao tribunal, comunicando a retratação, o que provocará uma de duas consequências: *a*) se a reforma é parcial, o agravo subsiste pela parte não modificada; *b*) se a reforma é total, o relator considerará prejudicado o recurso, remetendo o instrumento à primeira instância para ser apensado aos autos do processo (texto de acordo com a Lei n. 9.139/95).

CAPÍTULO IV
DOS EMBARGOS INFRINGENTES

Art. 530. Cabem embargos infringentes quando o acórdão não unânime houver reformado, em grau de apelação, a sentença de mérito, ou houver julgado procedente ação rescisória. Se o desacordo for parcial, os embargos serão restritos à matéria objeto da divergência.

Os embargos infringentes são um recurso cujo fundamento político é a conveniência de que se rediscuta a decisão que, em determinadas circunstâncias, não foi tomada unanimemente pelo tribunal. Sob o ponto de vista classificatório, trata-se de um recurso ordinário (porque existe para fazer valer o duplo grau de jurisdição – *v.* nota ao art. 496), mas cujos requisitos são especiais. Relativamente ao seu cabimento, os embargos infringentes se restringem aos acórdãos proferidos em apelação (decisões definitivas que hajam reformado a sentença) ou em ação rescisória (decisões definitivas de procedência). Dada a aproximação ontológica entre a apelação e a devolução obrigatória do art. 475, também cabem embargos em relação a esta; não assim no que concerne ao recurso de agravo de instrumento, salvo a hipótese de este conter decisão definitiva, como pode acontecer quando, num agravo tirado contra saneamento do processo que haja rejeitado preliminar de prescrição, o acórdão haja reconhecido a prescrição (art. 269, IV). Não cabem embargos, outrossim, contra o julgamento de mandado de segurança quando este é julgado diretamente pelo tribunal, mas cabe quando o acórdão é proferido por força de apelação. Já no que respeita ao requisito da não unanimidade, é importantíssimo frisar que o que interessa é *o decisum* ou dispositivo (art. 458, III) e não a motivação do acórdão (art. 458, II). Vejamos alguns exemplos. Há plena unanimidade, por exemplo, se o acórdão deu provimento à apelação, considerando dois juízes que há fato extintivo e um que o autor apelado não provou o fato constitutivo. Há unanimidade num acórdão em ação rescisória se cada desembargador apresenta uma razão diferente para concluir que houve violação de literal disposição de lei (art. 485, V). Existe decisão não unânime, por outro lado, se o desacordo for total, como, *v. g.*, na hipótese de dois juízes, reformando a sentença, condenarem o réu a pagar toda a quantia pleiteada pelo autor e um julgar inteiramente improcedente o pedido; ou parcial, como acontece se dois juízes mandarem entregar 10% das mercadorias e um mandar entregar 15% (neste caso, há unanimidade quanto aos 10% e falta de unanimidade quanto aos 5% apenas). Ocorrendo desacordo parcial, tudo o que o embargante pode pleitear por meio do recurso é o prevalecimento da decisão expressa no voto vencido. Por fim, registre-se que o presente art. 530 foi bastante alterado em sua redação pela Lei

n. 10.352/2001 que limitou o cabimento dos embargos, tanto no contexto do julgamento da apelação, como no contexto do julgamento da ação rescisória. No primeiro contexto (apelação), a limitação fica por conta do fato de que apenas contra o acórdão que haja reformado a sentença de mérito cabem os infringentes, o que significa, em primeiro lugar, que todas as sentenças terminativas (art. 267) estão excluídas do âmbito dos embargos, porque o CPC passou a considerá-las pouco importantes para justificar mais um pedido de reapreciação do julgamento e, em segundo, que, para a verificação do cabimento, daqui para a frente, a decisão do juiz de primeira instância passa a ter importância no cálculo do resultado final da causa que autoriza os embargos. Senão vejamos: não cabem infringentes se o acórdão confirmou a sentença de mérito porque, neste caso, o resultado final da causa, pela soma de julgamentos individualmente considerados, está 3 x 1 (dois votos dos juízes do tribunal mais a decisão do órgão monocrático, de um lado, e uma decisão isolada, do outro lado); cabem os infringentes, de outra parte, se o acórdão reformou a sentença definitiva do juiz, porque, nesta hipótese, pela soma dos pronunciamentos decisórios, o julgamento está empatado em 2 x 2 (o juiz de direito e um juiz do tribunal, de um lado, e dois juízes do tribunal, do outro). Somente a divergência numericamente qualificada passa, então, a justificar os embargos (2 x 2). Já no que concerne à rescisória, como não há julgamento de órgão monocrático, o CPC resolveu tornar relevante, para justificar os embargos, apenas a divergência no caso de o pedido de rescisão ter sido acolhido, porque a quebra da coisa julgada é um fenômeno excepcional e muito sério, na perspectiva da segurança jurídica, razão pela qual só em caso de procedência se admitirá nova discussão da causa (texto de acordo com a Lei n. 10.352/2001).

Art. 531. Interpostos os embargos, abrir-se-á vista ao recorrido para contrarrazões; após, o relator do acórdão embargado apreciará a admissibilidade do recurso.

A segunda parte da regra sob enfoque atribui ao relator do acórdão embargado – nem sempre o relator da apelação ou da ação rescisória (art. 556) – o juízo de admissibilidade dos embargos infringentes, o que significa o poder-dever de indeferir o seu processamento, nos termos do art. 532, como o de mandar processá-lo, a teor do disposto no art. 533. Observe-se que o objeto de conhecimento e decisão do relator do acórdão, a quem a petição de interposição e razões deve ser dirigida, restringe-se aos requisitos intrínsecos (art. 530) e extrínsecos (arts. 506, parágrafo único, 508 e 511) dos embargos, não alcançando jamais o seu mérito. Já no que concerne à primeira parte do texto, é necessário salientar que ela corresponde a uma importante novidade criada pela Lei n. 10.352/2001, novidade esta representada pela antecipação do contraditório à decisão do relator. Em outras palavras, diferentemente da disciplina pretérita, a partir de agora, ao recorrido deve ser dada a oportunidade de apresentar suas contrarrazões antes do proferimento da decisão de admissão ou inadmissão dos embargos infringentes (arts. 532 e 533). Essa inovação coloca o processamento dos embargos em paralelo com o da apelação (art. 518), do recurso ordinário (art. 540) e com o dos recursos extraordinário e especial (art. 542). Por fim, registre-se que a antecipação do contraditório que mencionamos dá mais elementos de convicção e segurança, por conseguinte, ao relator para julgar a admissibilidade dos embargos (texto de acordo com a Lei n. 10.352/2001).

Parágrafo único. (*Revogado pela Lei n. 8.950, de 13.12.1994.*)

Art. 532. Da decisão que não admitir os embargos caberá agravo, em 5 (cinco) dias, para o órgão competente para o julgamento do recurso.

O dispositivo prevê o indeferimento do processamento dos embargos infringentes, o que ocorrerá toda vez que o relator ficar convencido de que tal recurso não tem cabimento, de que o embargante não possui legitimidade ou interesse recursal (art. 530) ou de que a sua petição de interposição foi protocolada a destempo (arts. 508), não veio acompanhada da comprovação do preparo, onde este seja exigido (art. 511), ou não preenche o requisito da regularidade formal (*v. g.*, não possui fundamentação ou pedido de reforma). Inadmitido, assim, por qualquer desses motivos, o processamento dos embargos, contra tal decisão interlocutória (decisão mesmo, como diz o texto) caberá agravo e não mais recurso inominado como acontecia antes da Reforma por que passou o CPC em 1994. Observe-se, ainda, que à interposição do agravo deve seguir-se a abertura de vista ao agravado para responder por força do princípio do contraditório (*v.* nota ao art. 557, § 1º). Tenha-se em conta, por fim, que o órgão competente para o julgamento do recurso ao qual será dirigido o agravo é aquele que o regimento interno do respectivo tribunal indicar (texto de acordo com a Lei n. 8.950/94).

Art. 533. Admitidos os embargos, serão processados e julgados conforme dispuser o regimento do tribunal.

A admissão dos embargos mencionada no texto reformado tem dois sentidos completamente diferentes: em primeiro lugar, é a admissão por decisão interlocutória proferida pelo relator do acórdão embargado, ou seja, o juízo positivo de admissibilidade; em segundo lugar, é o provimento, por acórdão, dado pelo órgão colegiado competente, ao agravo interposto com fulcro no art. 532 contra o indeferimento dos embargos. Em qualquer das duas hipóteses mencionadas, a consequência é exatamente a mesma, segundo o texto: o processamento e julgamento do recurso conforme dispuser o regimento do tribunal, o que pode significar – segundo a disciplina anterior, significava necessariamente –, o sorteio do novo relator, isto é, o sorteio do relator dos próprios embargos, uma vez que aquele que admitiu ou inadmitiu o recurso anteriormente era apenas o relator do acórdão embargado (*v.* nota ao art. 531). Observe-se, destarte, que o texto deste art. 533 (lei federal) confere aos regimentos internos dos tribunais liberdade para definir o procedimento a ser respeitado para que validamente ocorra o julgamento dos embargos infringentes (texto de acordo com a Lei n. 10.352/2001).

Art. 534. Caso a norma regimental determine a escolha de novo relator, esta recairá, se possível, em juiz que não haja participado do julgamento anterior.

Dada a circunstância normativa de que a nova redação do art. 533 confere aos tribunais liberdade para a definição do processamento dos embargos infringentes – novidade introduzida pela Lei n. 10.352/2001 (*v.* nota ao art. 533) –, a partir de agora a figura da escolha de novo relator assume, no texto sob enfoque, a condição de simples lembrança ou quando muito, recomendação, na medida em que ela perdeu o caráter de exigência. Note-se que a *ratio* da recomendação fica por conta da conveniência de que o relator dos embargos não seja um juiz que tenha participado do acórdão infringido, posto que a sua decisão sobre a matéria controvertida já é conhecida *a priori*, o que compromete a isenção. Quanto às formalidades para a escolha do novo relator, elas também ficarão sujeitas, evidentemente, ao que dispuser o regimento interno de cada tribunal. Observe-se, por derradeiro, que, na hipótese de dispensa de escolha de novo relator pelo regimento interno, o que teremos é que o próprio relator do acórdão embargado conduzirá o processamento do recurso à luz da disciplina contida nos arts. 549, 551 a 558 e 560 a 565, todos do capítulo dedicado a "ordem dos processos no tribunal" (texto de acordo com a Lei n. 10.352/2001).

CAPÍTULO V
DOS EMBARGOS DE DECLARAÇÃO

Vide Projeto de CPC, arts. 976 a 980 (Capítulo V – Dos Embargos de Declaração).

Art. 535. Cabem embargos de declaração quando:

Vide Projeto de CPC, art. 976, caput *e III, parágrafo único.*

Embargos de declaração (ou embargos declaratórios) não são um recurso, como alguns chegam a pensar, já que por meio deles não se impugna a sentença ou acórdão, mas apenas se pede esclarecimento ou complementação. Trata-se, portanto, apenas de um meio formal de integração do ato decisório, pelo qual se exige do seu prolator uma sentença ou acórdão complementar que opere dita integração. A *ratio* do instituto liga-se evidentemente ao fato de que são requisitos da sentença e do acórdão, além dos enumerados no art. 458, a sua clareza e precisão. Observe-se que a partir da Reforma de 1994, o presente dispositivo passou a corresponder à sede única de regulamentação dos embargos declaratórios, abrangendo, assim, como já deixamos antever, tanto as sentenças como os acórdãos. A unificação disciplinar merece aplausos porque o regramento dicotômico anterior, além de ser ilógico, gerava problemas interpretativos (*v.* nota ao art. 538, parágrafo único). Por fim, registre-se que aos embargos declaratórios aplicam-se os arts. 188 e 191, por sua ubiquação no Título X (dos recursos) do Livro I, mas não a regra contida no art. 512 das disposições gerais, haja vista que o acórdão somente integra, mas não substitui a decisão embargada (texto de acordo com a Lei n. 8.950/94).

I – houver, na sentença ou no acórdão, obscuridade ou contradição;

Vide Projeto de CPC, art. 976, I.

Toda e qualquer sentença ou acórdão (arts. 162, § 1º, e 163), independentemente do seu conteúdo – até mesmo a sentença ou acórdão resultante de embargos declaratórios –, é passível de complementação ou integração se nela houver obscuridade ou contradição. Obscuridade nada mais é do que a falta de clareza por insuficiência de raciocínios lógicos (Moacyr Amaral Santos). Já a contradição é a incompatibilidade lógica entre decisões ou fundamentos apresentados pela sentença ou acórdão. Registre-se, ainda nesse diapasão, que o dispositivo legal sob exame não se refere mais à dúvida como embasamento dos embargos, uma vez que tal vício é mera consequência do ato decisório obscuro ou contraditório. Observe-se, por derradeiro, que, embora a finalidade dos embargos se restrinja à correção de vícios da decisão, às vezes a declaração importa em alteração do julgamento, como acontece, *v. g.*, na hipótese de contradição entre capítulos do dispositivo (desde que não se trate de erro material – art. 463, I) (texto de acordo com a Lei n. 8.950/94).

II – for omitido ponto sobre o qual devia pronunciar-se o juiz ou tribunal.

Vide Projeto de CPC, art. 976, II.

O termo "ponto", no texto, pode ser entendido de várias maneiras. Em primeiro lugar, ponto é a simples questão (ponto controvertido de fato ou de direito) como aspecto do fundamento jurídico do pedido ou da defesa que o órgão jurisdicional deveria ter enfrentado na motivação da sentença ou do acórdão (o réu passou ou não o sinal vermelho, valeu ou não uma notificação). Em segundo, ponto é um dos fundamentos jurídicos do pedido ou da defesa, como um todo, que o juiz ou o tribunal não apreciou (houve ou não coação, houve ou não remissão da dívida ou prescrição). Em terceiro, ponto ainda pode ser um pedido formulado pelo autor que o magistrado deixou de decidir (o pedido reintegratório cumulado ao de rescisão do contrato, o pedido de perdas e danos que se cumulou ao de anulação do ato, o de guarda dos filhos na separação judicial). Quando a omissão diz respeito a pedido, diz-se que a sentença é *citra petita*. Finalmente, queremos deixar consignada a ideia de que algumas matérias só podem ser objeto de embargos declaratórios em segundo grau de jurisdição, como, por exemplo: *a*) as questões fáticas não propostas perante o juízo monocrático (art. 517); *b*) a multa imposta ao agravante por não conhecimento do recurso (art. 529); *c*) a multa de cinco por cento imposta ao autor da ação rescisória quando esta é julgada inadmissível ou o pedido é julgado improcedente (art. 488). A prescrição sob exame só se distingue da anterior por causa do acréscimo do termo "juiz" (texto de acordo com a Lei n. 8.950/94).

Art. 536. Os embargos serão opostos, no prazo de 5 (cinco) dias, em petição dirigida ao juiz ou relator, com indicação do ponto obscuro, contraditório ou omisso, não estando sujeitos a preparo.

Vide Projeto de CPC, art. 977.

Consequência da unificação disciplinar empreendida pelo art. 535 é que os embargos declaratórios contra sentença agora dispõem do mesmo prazo de interposição dos embargos contra acórdão: cinco dias. O termo *a quo* nas duas hipóteses é também evidentemente o mesmo: a intimação da parte na pessoa do seu advogado (arts. 236 a 238). Quanto à regularidade formal da petição que veicula os embargos, o texto desse art. 536 é explícito ao exigir endereçamento ao juiz da causa, ou ao relator, além da indicação, que deve ser precisa e objetiva, do seu fundamento: obscuridade, contradição ou omissão (no texto anterior, tal exigência explícita não havia no art. 465, mas apenas no 536). Ainda sob esse aspecto, registre-se que, se por algum motivo faltarem razões ou indicações claras do fundamento, os embargos simplesmente não poderão ser conhecidos. Por último, observe-se que o texto sob exame, que é lei federal, afirma peremptoriamente que os embargos não estão sujeitos a preparo, o que significa que nenhum regimento de custas, que é lei federal ou estadual, pode estabelecer pagamento de taxa judiciária pela prática desse ato (texto de acordo com a Lei n. 8.950/94).

Art. 537. O juiz julgará os embargos em 5 (cinco) dias; nos tribunais, o relator apresentará os embargos em mesa na sessão subsequente, proferindo voto.

Vide Projeto de CPC, arts. 978 e 979.

A primeira conclusão interpretativa importante que se pode tirar do texto deste art. 537 é a de que a oitiva da parte contrária não integra o procedimento dos embargos declaratórios (exatamente como era antes). Tanto isso é verdade que o art. 536 regula a interposição dos embargos, e o presente dispositivo inicia a sua previsão ordenando que o magistrado os julgue em cinco dias; em primeira instância, portanto, interpostos os embargos, os autos serão conclusos imediatamente ao juiz para julgamento (acolhimento ou rejeição). Já no que concerne aos embargos contra acórdão, parece fundamental salientar que a circunstância de o texto sob enfoque utilizar o termo "apresentará" significa que a lei não autoriza o relator a indeferir de plano os embargos em hipótese alguma; tal é atribuição exclusiva do próprio órgão prolator da decisão e de mais ninguém. Se, entretanto, o relator o fizer ao arrepio da lei, a solução será a impetração de mandado de segurança. Finalmente, note-se que, por se tratar de embargos declaratórios, em relação ao seu julgamento, não têm lugar os atos previstos pelos arts. 553 e 554 (texto de acordo com a Lei n. 8.950/94).

Art. 538. Os embargos de declaração interrompem o prazo para a interposição de outros recursos, por qualquer das partes.

Vide Projeto de CPC, art. 980, caput

O efeito interruptivo dos embargos declaratórios sobre o prazo para outros recursos (não mais suspensivo, atente-se como era no regime anterior à reforma) decorre exclusivamente da sua interposição (art. 506, parágrafo único) e não de seu recebimento ou acolhimento; caso contrário, a verificação do efeito seria aleatória. Exige-se, contudo, e assim não poderia deixar de ser, que a interposição seja tempestiva; se for intempestiva, nenhum efeito se operou, o que é lógico. Irrelevante, por outro lado, é o fato de os embargos não serem conhecidos por outro motivo que não seja a intempestividade, bem como a circunstância de serem declarados meramente protelatórios (*v.* parágrafo único a seguir). De fato, é bastante razoável que se interprete assim o dispositivo, uma vez que o posicionamento contrário, por gerar grande insegurança processual, pode acarretar a própria inviabilização do instituto. Observe-se, por derradeiro, que a interrupção operada por força dos embargos agora se estende indubitavelmente aos prazos recursais da parte contrária, haja vista a cláusula expressa constante da parte final do texto sob comentário (fica assim dissipada a dúvida que floresceu no regime anterior dada a duplicidade regulamentar dos arts. 538 e 465, parágrafo único). Assim, diante da novel disciplina, interpostos que sejam embargos de declaração contra sentença ou acórdão, à parte contrária sempre fica reservado o direito de aguardar o julgamento, e consequente ato intimatório, para só então ver fluir integralmente o seu próprio prazo para interpor apelação, embargos infringentes, recurso especial, etc. (texto de acordo com a Lei n. 8.950/94).

Parágrafo único. Quando manifestamente protelatórios os embargos, o juiz ou o tribunal, declarando que o são, condenará o embargante a pagar ao embargado multa não excedente de 1% (um por cento) sobre o valor da causa. Na reiteração de embargos protelatórios, a multa é elevada a até 10% (dez por cento), ficando condicionada a interposição de qualquer outro recurso ao depósito do valor respectivo.

Vide Projeto de CPC, art. 980, §§ 4º a 6º.

A aplicação *ex officio*, ou a requerimento, da multa a que alude o dispositivo reformado – hoje aplicável em primeira ou segunda instância – deve constar expressamente da sentença ou acórdão que reconheça que os embargos de declaração são manifestamente protelatórios. Além disso, é mister que da decisão também constem explicitamente os motivos que levaram o juiz ou o tribunal a essa convicção. Tal exigência decorre diretamente dos princípios do contraditório e da persuasão racional. Sobre a segunda parte do texto, que institui o décuplo da multa em caso de reiteração e condicionamento da interposição de outro recurso ao seu depósito – inovação introduzida pela Reforma de 1994 –, parece importante esclarecer que o órgão jurisdicional haverá de declarar de forma expressa todas essas circunstâncias no julgamento dos segundos embargos, que tanto são os interpostos contra a própria declaração (embargos contra o resultado dos embargos) como os interpostos contra um outro ato decisório (embargos contra o acórdão, *v. g.*, do julgamento da apelação, na hipótese de a parte ter embargado a sentença). Três últimas observações: 1ª) o depósito da condenação há de ser realizado na forma prevista para o preparo, por aplicação analógica do art. 511, *caput*; 2ª) tal depósito assume a natureza de requisito extrínseco especial do recurso a interpor, qualquer que seja ele; 3ª) ainda que não seja interposto o recurso, por qualquer motivo, a multa poderá ser cobrada pela via executiva (texto de acordo com a Lei n. 8.950/94).

CAPÍTULO VI
DOS RECURSOS PARA O SUPREMO TRIBUNAL FEDERAL E O SUPERIOR TRIBUNAL DE JUSTIÇA

Vide Projeto de CPC, arts. 981 a 998 (Capítulo VI – Dos Recursos para o Supremo Tribunal Federal e para o Superior Tribunal de Justiça).

Seção I
Dos Recursos Ordinários

Vide Projeto de CPC, arts. 981 a 982 (Seção I – Do Recurso Ordinário).

Art. 539. Serão julgados em recurso ordinário:

Vide Projeto de CPC, art. 981, caput

O dispositivo sob enfoque – alterado em sua redação pela Reforma do Processo Civil de 1994 – introduz no Código a disciplina do recurso ordinário para o STF e STJ, acompanhando os respectivos textos constitucionais (*v.* notas aos incisos). Observe-se que, diferentemente dos recursos extraordinário e especial, hoje regulados pelos arts. 541 e segs. do CPC, o recurso ordinário não depende do preenchimento de requisitos especiais ou diferenciados de admissibilidade, mas apenas dos comuns a todos os recursos: legitimação, interesse recursal, cabimento (os intrínsecos), tempestividade, regularidade formal e preparo (os extrínsecos). Eis aí a razão do nome "recurso ordinário", merecendo lembrança o fato de que tal recurso possui, como todos os ordinários, apenas o escopo institucional de permitir ao recorrente o exercício do direito ao duplo grau de jurisdição, embora perante o STF ou STJ. Note-se, por fim, que, segundo a nova sistemática, o recurso ordinário assume a feição de entidade recursal autônoma, deixando de ser visto pelo CPC como apelação cível. Examine-se, ainda, o que dissemos em nota ao art. 496 (texto de acordo com a Lei n. 8.950/94).

I – pelo Supremo Tribunal Federal, os mandados de segurança, os habeas data e os mandados de injunção decididos em única instância pelos Tribunais Superiores, quando denegatória a decisão;

Vide Projeto de CPC, art. 981, I.

Com pequena modificação redacional (a alusão no próprio texto ao STF e a exclusão da referência ao *habeas corpus*, que refoge à disciplina do processo civil), este inciso I do art. 539 reproduz literalmente a previsão contida na letra *a* do inciso II do art. 102 da CF. Observe-se que, de acordo com a presente norma jurídica, o recurso ordinário só tem cabimento na hipótese de qualquer das ações constitucionais mencionadas ter a natureza de ação de competência originária dos Tribunais Superiores, isto é, ação proposta diretamente perante o STJ, TST, TSE ou STM (daí a referência exclusiva do texto às decisões em "única instância"). Além disso, para que se torne adequado o recurso ordinário, exigem o texto constitucional e o legal, como se vê, que a decisão seja denegatória (improcedência ou carência, não importa – *v.* nota à letra *a* do inciso II), do que se conclui que, se o pedido for atendido (*v. g.*, a concessão pelo STJ), o recurso que desafia tal julgamento não é o ordinário, mas o extraordinário (CF, art. 102, III; CPC, arts. 541 e segs.). Por fim, não se perca de vista que, pelo fato de o recurso ordinário cumprir o papel de uma apelação, o STF, nesse caso, tanto aprecia questões constitucionais como não constitucionais, materiais ou processuais (texto de acordo com a Lei n. 8.950/94).

II – pelo Superior Tribunal de Justiça:

Vide Projeto de CPC, art. 981, II.

A competência do STJ para julgar causas em recurso ordinário encontra-se expressamente regulada na CF, por seu art. 105, II, *a*, *b* e *c* (*habeas corpus*, mandados de segurança e causas envolvendo Estado estrangeiro ou organismo internacional, respectivamente). Evidentemente, dada a circunstância de o CPC não se ocupar de matéria penal, o inciso que ora enfocamos não faz qualquer referência ao *habeas corpus* nas regras estabelecidas a seguir (texto de acordo com a Lei n. 8.950/94).

***a)* os mandados de segurança decididos em única instância pelos Tribunais Regionais Federais ou pelos Tribunais dos Estados e do Distrito Federal e Territórios, quando denegatória a decisão;**

Vide Projeto de CPC, art. 981, II, a.

Seguindo os passos da disposição contida no inciso anterior, o presente dispositivo reproduz integral e literalmente a alínea *b* do inciso II do art. 105 da CF (a reprodução é *ipsis litteris*), estabelecendo que a decisão denegatória proferida em mandado de segurança impetrado diretamente perante os tribunais mencionados ("única instância", portanto) é atacável por recurso ordinário dirigido ao STJ. Observe-se, desde logo, que, como acontece no mandado de segurança processado originariamente pelos Tribunais Superiores, também aqui o cabimento do recurso ordinário independe do fato de a ordem ter sido denegada pelo mérito (o direito invocado não existe) ou por falta de condição da ação (*v. g.*, "direito líquido e certo" não existe, o que é caso de falta de interesse de agir, ou o impetrante é parte ilegítima), visto que nas duas hipóteses tem-se "decisão denegatória" (texto de acordo com a Lei n. 8.950/94).

***b)* as causas em que forem partes, de um lado, Estado estrangeiro ou organismo internacional e, do outro, Município ou pessoa residente ou domiciliada no País.**

Vide Projeto de CPC, art. 981, II, b.

A prescrição legal sob exame, alterando apenas a posição na frase da locução "de um lado", reproduz a regra contida na alínea *c* do inciso II do art. 105 da CF. Note-se que, contrariamente às demais previsões deste artigo, a que ora abordamos já se encontrava presente no CPC antes da reforma, sob a roupagem formal de *caput* do art. 539. Muito bem, em primeira instância, o julgamento dos conflitos intersubjetivos de interesse aqui previstos são da competência da Justiça Federal, a teor do disposto no art. 109, II, da Lei Maior. Assim, é contra a sentença do juiz federal que caberá o recurso ordinário fundado nesta disposição para o STJ. Quanto às causas que envolvam Estado estrangeiro ou organismo internacional, de um lado, e União, estados, Distrito Federal ou territórios, do outro, a competência é originária do STF (art. 102, I, *e*), de sorte que nesse caso evidentemente não se aplica a regra em questão. Organismo internacional é a coletividade de Estados, ou a coletividade de outros entes constituídos por Estados, que realiza interesses comuns a esses, sendo exemplos a ONU, a OEA, a UE, etc. (texto de acordo com a Lei n. 8.950/94).

Parágrafo único. Nas causas referidas no inciso II, alínea b, caberá agravo das decisões interlocutórias.

Vide Projeto de CPC, art. 981, parágrafo único.

A disposição legal sob exame decorre do fato de as causas mencionadas na alínea *b* do inciso II deste art. 539 serem processadas perante órgão jurisdicional monocrático (o juiz federal, nos termos do art. 109, II, da CF), o que não acontece nas demais hipóteses. A bem da verdade, tal previsão tem caráter meramente explicitativo, porque, ainda que ela não existisse, a regra do art. 522 seria suficiente para autorizar a interposição de agravo, e, além do mais, em mandado de segurança (cujo procedimento se aplica ao *habeas data* e ao mandado de injunção) não cabe mesmo recurso contra as interlocutórias. Logo, despiciendo por completo se nos afigura o dispositivo (texto de acordo com a Lei n. 8.950/94).

Art. 540. Aos recursos mencionados no artigo anterior aplica-se, quanto aos requisitos de admissibilidade e ao procedimento no juízo de origem, o disposto nos Capítulos II e III deste Título, observando-se, no Supremo Tribunal Federal e no Superior Tribunal de Justiça, o disposto nos seus regimentos internos.

Vide Projeto de CPC, art. 982.

Quatro são os significados normativos deste remodelado art. 540. Em primeiro lugar, fica submetido o recurso ordinário fundado no art. 539, II, *b* (causas em que forem partes Estado estrangeiro ou organismo internacional [...]), à disciplina da admissibilidade e processamento da apelação (Capítulo II deste Título X, isto é, arts. 513 a 521). Em segundo, fica submetido o recurso de agravo previsto pelo art. 539, parágrafo único, ao regramento que lhe é próprio (Capítulo III deste Título X, isto é, arts. 522 a 529); como se percebe, a referência era dispensável. Em terceiro, fica estabelecido pelo texto que o recurso ordinário fundado no art. 539, I (o interposto em mandados de segurança, *habeas data* e mandados de injunção impetrados perante Tribunais Superiores), fica sujeito ao que dispuser o RISTF, que terá de adaptar-se à nova exigência legal. E, finalmente, em quarto, fica também estabelecido que o recurso ordinário fundado no art. 539, II, *a* (o interposto em mandado de segurança impetrado, *v. g.*, perante um TRF ou TJ), fica sujeito ao que dispõe o RISTJ (RISTJ, arts. 247 e 248) (texto de acordo com a Lei n. 8.950/94).

Seção II
Do Recurso Extraordinário e do Recurso Especial

Vide Projeto de CPC, arts. 983 a 989 (Subseção I – Disposições Gerais).
Vide, particularmente, o art. 988.

Art. 541. O recurso extraordinário e o recurso especial, nos casos previstos na Constituição Federal, serão interpostos perante o presidente ou o vice-presidente do tribunal recorrido, em petições distintas, que conterão:

Vide Projeto de CPC, art. 983, caput

Este art. 541 – revigorado pela Reforma do Processo Civil de 1994 – encabeça o corpo disciplinar do recurso extraordinário, que foi reintroduzido no Código, e do recurso especial, que passou a integrá-lo a partir de 1994. A consequência imediata da presença de tal regulamentação no CPC é que ficaram revogados os arts. 26 a 29 da Lei n. 8.038/90, que tratavam desses procedimentos recursais (nos comentários que se seguirão, compararemos os textos atuais com os revogados). Especificamente no que concerne à previsão contida no art. 541 que nos ocupa, é interessante observar que o texto reproduz com pequenas alterações redacionais, e uma previsão complementar, o art. 25 da Lei n. 8.038/90; a previsão complementar é a que autoriza a interposição dos recursos perante o vice-presidente do tribunal *a quo*. Outro aspecto normativo relevante é a previsão de simultânea interposição dos recursos extraordinário e especial – nos mesmos quinze dias do art. 508 –, desde que por meio de petições autônomas. Quanto ao escopo institucional dos dois recursos sob análise, remetemos o leitor ao que dissemos em nota ao art. 496. Já no que diz respeito às hipóteses de cabimento, delas tratamos com alguma preocupação interpretativa no inciso II a seguir. Por fim, queremos apenas consignar que a Reforma do Poder Judiciário (EC n. 45, de 08.12.2004) introduziu um requisito novo de admissibilidade do recurso extraordinário, "a repercussão geral das questões constitucionais discutidas" (CF, art. 102, § 3º) e, também, que, a par dos requisitos comuns dos recursos, o extraordinário e o especial possuem um requisito particular de admissibilidade que não se encontra explicitado nos textos constitucional e legal, mas que é resultado de criação da jurisprudência do STF. Referimo-nos ao prequestionamento (Súmulas ns. 282 e 356), ou seja, a exigência de que a questão constitucional, ou federal, ventilada no recurso tenha sido objeto de apreciação por parte da decisão atacada (no juízo *a quo*, destarte); se houve omissão do acórdão, o recorrente deve interpor embargos declaratórios para que haja manifestação expressa a respeito da questão (note-se que somente em casos excepcionais admite-se o prequestionamento implícito) (texto de acordo com a Lei n. 8.950/94).

I – a exposição do fato e do direito;

Vide Projeto de CPC, art. 983, I.

O dispositivo legal sob enfoque estabelece a necessidade da exposição fática e da jurídica constarem expressamente das razões do recurso extraordinário e/ou recurso especial que são apresentadas ao tribunal, sob pena de indeferimento liminar do seu processamento. Assim como acontece com as razões da apelação, a exigência da exposição do fato e do direito corresponde a requisito formal indispensável à admissibilidade do recurso, que não pode ser substituído por meras referências a tais elementos já constantes da apelação, embargos infringentes, etc. Trata-se, na verdade, de elemento integrante da regularidade formal, que é um dos requisitos extrínsecos comuns a todos os recursos (ao lado da tempestividade e do preparo). Observe-se que a exposição exigida por este inciso I distingue-se das razões previstas pelo inciso III porque, enquanto aqui o que se narra ao tribunal é todo o desenvolvimento da causa desde o seu início sob os dois ângulos propostos, lá o que se exige do recorrente são os precisos motivos por que a decisão atacada afronta a Constituição, ou a lei federal, de sorte a merecer reforma (texto de acordo com a Lei n. 8.950/94).

II – a demonstração do cabimento do recurso interposto;

Vide Projeto de CPC, art. 983, II.

O recurso extraordinário tem cabimento, segundo o art. 102, III, da CF, nas "causas" (demandas em sentido genérico que compreendem feitos de jurisdição contenciosa ou voluntária) "decididas em única" (ações de competência originária dos tribunais) "ou última instância" (ações de competência do juízo monocrático com recursos ordinários esgotados) "quando a decisão recorrida: *a*) contrariar dispositivo desta Constituição" (afronta ao seu comando jurídico); "*b*) declarar a inconstitucionalidade de tratado ou lei federal" (tal declaração pela via incidental é facultada a qualquer juiz ou tribunal, destarte – *v.*, ainda, CPC, arts. 480 a 482); "*c*) julgar válida lei ou ato de governo local contestado em face desta Constituição" (lei municipal ou estadual; atos administrativos de qualquer dos Poderes); "*d*) julgar válida lei local contestada em face de lei federal" (letra *d* introduzida pela Reforma do Poder Judiciário) (EC n. 45, de 08.12.2004). Quanto ao recurso especial (sobre o seu escopo, *v.* nota ao art. 496), tem esse cabimento, segundo o art. 105, III, da CF, nas "causas decididas, em única ou última instância" (vale o que dissemos anteriormente acerca do extraordinário), "pelos TRF ou pelos tribunais dos estados, do Distrito Federal e Territórios" (lembre-se que o STJ é órgão de cúpula da Justiça Comum), "quando a decisão recorrida: *a*) contrariar tratado ou lei federal, ou negar-lhes vigência" (negar vigência é negar aplicação, aplicar inadequadamente – a fatos que exigem norma diversa – ou aplicar errônea e aberrantemente a regra de direito material ou processual); "*b*) julgar válido ato de governo local contestado em face de lei federal" (*v.* o que dissemos antes); "*c*) der à lei federal interpretação divergente da que lhe haja atribuído outro tribunal" (somente a divergência externa, vale dizer, entre dois tribunais estaduais, dois regionais federais, um estadual e um regional federal, qualquer desses e o próprio STJ), o STF ou mesmo o extinto TFR (texto de acordo com a Lei n. 8.950/94).

III – as razões do pedido de reforma da decisão recorrida.

Vide Projeto de CPC, art. 983, III.

Exatamente como a exposição do fato e do direito aludida no inciso I (*v.* nota), também a apresentação das razões do pedido de reforma corresponde a elemento indispensável ao conhecimento dos recursos aqui tratados, revelando-se como parte integrante da regularidade formal, que é requisito extrínseco comum a todas as modalidades recursais. Não basta, assim, ao recorrente afirmar genericamente que a decisão prolatada infringe a Constituição ou lei federal; é necessário que se exponham claramente os motivos pelos quais tal afronta se expressa. A falta de razões inviabiliza absolutamente o conhecimento do recurso pelo STF ou STJ. Além disso, o recorrente deve, ainda, explicitar da maneira mais detalhada possível o pedido de reforma da decisão atacada (art. 512: cassação e em que termos? substituição e em que termos?). Ora, se o recurso é manifestação volitiva pela qual se impugna uma decisão, como se poderá admitir que o recorrente não diga expressamente o que quer do pretório? A ausência de pedido explícito é, portanto, obstáculo identicamente irremovível à apreciação do recurso extraordinário e/ou especial (texto de acordo com a Lei n. 8.950/94).

Parágrafo único. Quando o recurso fundar-se em dissídio jurisprudencial, o recorrente fará a prova da divergência mediante certidão, cópia autenticada ou pela citação do repositório de jurisprudência, oficial ou credenciado, inclusive em mídia eletrônica, em que tiver sido publicada a decisão divergente, ou ainda pela reprodução do julgado disponível na Internet, com indicação da respectiva fonte, mencionando, em qualquer caso, as circunstâncias que identifiquem ou assemelhem os casos confrontados.

Vide Projeto de CPC, art. 983, §§ 1º a 3º.

Este parágrafo único, criado pela Reforma de 1994 (Lei n. 8.950/94) – e agora acrescido de duas frases pela Lei n. 11.341 de 07.08.2006 –, reproduz com aperfeiçoamentos o mesmo parágrafo do art. 26 da Lei n. 8.038/90, merecendo destaque os seguintes aspectos interpretativos: *a*) o dissídio jurisprudencial aqui regulado é fundamento exclusivo do recurso especial e não mais do extraordinário, dada a dicção do art. 102, III, da CF, que não o prevê (note-se que o presente texto refere-se apenas à "interpretação da lei federal"); *b*) disciplinando a aplicação desse dispositivo, o art. 255, § 2º, do RISTJ prescreve que, "Em qualquer caso, o recorrente deverá transcrever os trechos dos acórdãos que configurem o dissídio, mencionando as circunstâncias que identifiquem ou assemelhem os casos confrontados", do que se conclui que a exposição analítica do conteúdo dos acórdãos cotejados é indispensável ao conhecimento do recurso especial fundado em dissídio, não sendo suficiente a transcrição de ementas, salvo se estas se mostrarem excepcionalmente esclarecedoras; *c*) inovando em relação ao texto anterior (Lei n. 8.038/90), a regra sob exame permite expressamente que a prova da divergência se faça não só por citação do repositório de jurisprudência – hoje encontrável, inclusive, em mídia eletrônica, quando, então, o acórdão é reproduzido diretamente da internet, com indicação da respectiva fonte, segundo a alteração redacional trazida pela Lei n. 11.341/2006 – ou certidão, mas também por cópia autenticada dos acórdãos, que é a forma mais simples de provar quando a decisão não se encontra publicada em repertório oficial ou credenciado; *d*) ainda sobre a prova da divergência, o art. 255, § 3º, do RISTJ dispõe que "São repositórios oficiais de jurisprudência, para o fim do § 1º, *b*, deste artigo [que fala de "repositório oficial autorizado ou credenciado"], a Revista Trimestral de Jurisprudência do STF, a Revista do STJ e a Revista do TFR, e, autorizados ou credenciados, os habilitados na forma do art. 134 e seu parágrafo único deste Regimento" (tal dispositivo autoriza o credenciamento de publicações especializadas, sem a obrigação de divulgar a jurisprudência desse tribunal) (texto original criado pela Lei n. 8.950/94 e alterado pela Lei n. 11.341/2006).

Art. 542. Recebida a petição pela secretaria do tribunal, será intimado o recorrido, abrindo-se-lhe vista, para apresentar contrarrazões.

Vide Projeto de CPC, art. 984, caput

O dispositivo sob enfoque – reprodução quase integral do art. 27, *caput,* da Lei n. 8.038/90 e modificado recentemente pela Lei n. 10.352/2001 – disciplina, como se vê, o ato da secretaria do tribunal de receber a petição do recurso e não o ato de recebimento do recurso em si, que é da competência do presidente ou vice-presidente do tribunal (art. 541, *caput*). Inicialmente, registre-se que mais de uma petição de recurso pode ser protocolada na secretaria pela mesma parte, dada a permissão de interposição simultânea prevista pelo art. 541. Assim é que, no prazo de quinze dias do art. 508 (*v.* nota), o autor, *v. g.*, pode protocolar ao mesmo tempo as petições que veiculam o recurso extraordinário e o especial, seguindo-se a abertura de vista ao recorrido para contrarrazões, como reza o texto. Registrem-se duas observações: *a*) a abertura de vista mencionada é ato da secretaria, dele não participando o presidente ou vice-presidente do tribunal; trata-se de ato hoje qualificado como "meramente ordinatório" pelo § 4º do art. 162 (*v.* nota); *b*) publicada a vista para contrarrazões, disporá o recorrido do prazo de quinze dias para a prática desse ato, *ex vi* da nova disposição do art. 508 (eis a razão por que já não se encontra no texto sob exame a cláusula alusiva a tal prazo). Por fim, não se perca de vista que a resposta deve se dirigir a cada recurso interposto (uma para o extraordinário e outra para o especial, em peças separadas), devendo o recorrido alegar não só a inadmissibilidade (falta de cabimento, prequestionamento, tempestividade, preparo, regularidade formal, legitimação, interesse) como demonstrar que, no mérito, não há de prosperar a impugnação (por não existir qualquer afronta à Constituição ou à lei federal ou por não ocorrer dissídio de jurisprudência) (texto de acordo com a Lei n. 8.950/94 e reformado pela Lei n. 10.352/2001).

---

§ 1º Findo esse prazo, serão os autos conclusos para admissão ou não do recurso, no prazo de 15 (quinze) dias, em decisão fundamentada.

Vide Projeto de CPC, art. 984, parágrafo único.

A regra que ora nos ocupa – reprodução com duas alterações significativas do disposto no § 1º do art. 27 da Lei n. 8.038/90 – regula a forma como se deve dar o ato de apreciação da admissibilidade do recurso extraordinário e/ou especial pelo tribunal *a quo* (art. 541). Inicialmente, disciplina o texto a preparação do ato de recebimento, dizendo que, esgotado o prazo para contrarrazões (pouco importando, destarte, se foram apresentadas), a secretaria deve realizar a conclusão dos autos ao presidente ou vice-presidente do tribunal (segundo o que dispuser o seu regimento interno) para que este julgue a admissibilidade do(s) recurso(s) interposto(s). Note-se que se for o caso de intervenção do MP (*v. g.*, art. 82), antes da conclusão ao presidente, a secretaria abre vista à Procuradoria da Justiça. Já no que concerne ao recebimento em si, merece destaque a circunstância de que a regra sob enfoque aumentou para quinze dias o prazo de que dispõe o presidente para a prática desse ato, tornando-o evidentemente mais realista (esta, a primeira alteração significativa a que aludimos). Além disso, fica estabelecida expressamente a necessidade de fundamentação do ato decisório, com o que se impede a prática relativamente comum e simplória, que teve lugar até aqui, de o presidente não admitir o recurso por "não estarem preenchidos os seus requisitos de admissibilidade" ou por "não ter cabimento, na espécie, o recurso interposto". A exigência de motivação explícita vem, portanto, em boa hora (esta, a segunda modificação relevante). Admitido o recurso, aplica-se o art. 543; inadmitido, tem incidência o art. 544 (*v.* notas respectivas). Em qualquer dos casos, tem-se entendido cabíveis embargos declaratórios contra a decisão (texto de acordo com a Lei n. 8.950/94).

---

§ 2º Os recursos extraordinário e especial serão recebidos no efeito devolutivo.

A prescrição legal sob exame – reprodução *ipsis litteris* do § 2º do art. 27 da Lei n. 8.038/90 –, interpretada *a contrario sensu*, significa que os recursos extraordinário e especial não possuem efeito suspensivo. Observe-se que a presença dessa norma no sistema é fundamental, visto que, à falta de disposição explícita em sentido oposto, todo recurso tem o duplo efeito (devolutivo e suspensivo). Em outras palavras, a retirada do efeito suspensivo sempre depende de texto expresso da lei, o que dá sentido à interpretação *a contrario sensu* que realizamos (*v.* art. 520, de igual teor normativo). No que concerne ao efeito que ora abordamos (que, por sinal, não é o único além do devolutivo: todo recurso tem o efeito de impedir a preclusão e o de fazer nascer a instância ou fase recursal – litispendência recursal), parece-nos importante consignar que a suspensividade pode ser concedida ao recurso extraordinário ou especial pelo STF ou pelo STJ, por ação cautelar inominada, desde, é claro, que se comprovem os requisitos do *fumus boni iuris* e do *periculum in mora* (texto de acordo com a Lei n. 8.950/94).

§ 3º O recurso extraordinário, ou o recurso especial, quando interpostos contra decisão interlocutória em processo de conhecimento, cautelar, ou embargos à execução ficará retido nos autos e somente será processado se o reiterar a parte, no prazo para a interposição do recurso contra a decisão final, ou para as contrarrazões.

O § 3º sob enfoque – criado pela Lei n. 9.756/98 – introduziu no nosso sistema recursal a figura da retenção do recurso extraordinário ou especial (quando um desses for interposto contra acórdão que consubstancie decisão interlocutória), o que significa sequencialmente: *a*) a permanência da peça recursal nos autos do agravo de instrumento; *b*) o seu não processamento (até que sobrevenha a "decisão final da causa"; sobre o significado desta locução falaremos logo à frente); *c*) a remessa dos autos do agravo de instrumento à primeira instância; *d*) o apensamento do instrumento do agravo aos autos principais até que, sobrevindo a "decisão final da causa" e a interposição do recurso cabível, a parte reitere o pedido de processamento do recurso sobrestado. Várias são as considerações interpretativas que o texto sugere. A primeira, no sentido de que, embora semelhante, o presente instituto não se confunde com o agravo retido (art. 523), porque o objeto da retenção não é um agravo, mas o recurso extraordinário ou o especial interposto nos autos de um agravo; observe-se que nada têm a ver com o instituto os §§ 2º a 4º do art. 523. A segunda consideração se relaciona com as decisões interlocutórias contra as quais o recurso extraordinário ou especial é interposto para ficar retido. Trata-se de decisão interlocutória, traduzida num acórdão – contra acórdão é que se interpõe extraordinário ou especial – que formaliza o julgamento dado ao agravo de instrumento, tirado, por sua vez, contra uma das decisões referidas no texto: decisão em processo de conhecimento (*v. g.*, toda forma de concessão ou denegação de tutela antecipada, liminares possessórias, decisões de incidentes, decisões contidas no saneamento, etc., em procedimentos comuns ou especiais), em processo cautelar (liminares concedidas ou negadas e outras decisões, em cautelares nominadas ou inominadas) ou em embargos à execução (decisões de incidentes, decisões do saneamento, etc.), mas não assim as proferidas em processo de execução. Veja-se, assim, que é a decisão interlocutória proferida pelo órgão monocrático (o primeiro elemento da cadeia decisão-agravo-acórdão-recurso) que determina a retenção do recurso (o último elemento da cadeia mencionada). A terceira consideração diz respeito à "decisão final da causa" que não corresponde à sentença do juiz, como poderia parecer, mas sim ao acórdão do tribunal contra o qual se poderá interpor recurso extraordinário ou especial. Somente quando da interposição de um desses contra a "decisão final", é que deverá a parte (nas suas razões ou contrarrazões) reiterar o pedido de processamento do extraordinário ou especial retido, para que, ao lado do processamento do recurso então interposto, se dê processamento ao recurso há muito retido. Os dois passam, assim, a se processar simultaneamente, um nos autos principais e outro nos autos do agravo de instrumento apensado, onde se encontra o recurso que ficou retido. Note-se, por derradeiro, que se não houver a interposição do recurso extraordinário ou especial contra a "decisão final", não se processará o recurso retido, exatamente como ocorre com o agravo retido (art. 523, § 1º). Tenha-se em conta, também, que é justamente a falta de um veículo recursal, que possa levar o retido à Brasília, que explica o fato de o presente § 3º não falar de "decisão interlocutória em processo de execução", uma vez que não há na execução uma "decisão final", o que significa que, no contexto do processo executivo, o recurso extraordinário ou especial interposto contra acórdão que julga agravo tem processamento imediato, não se submetendo à retenção. Não se submete à retenção, identicamente, o recurso extraordinário ou especial interposto contra acórdão proferido em agravo de instrumento contra saneamento (oriundo de processo de conhecimento), quando tal acórdão tenha decretado a extinção do processo sem julgamento do mérito porque, nesse caso, a "decisão final" é o próprio acórdão recorrido (texto de acordo com a Lei n. 9.756/98).

Art. 543. Admitidos ambos os recursos, os autos serão remetidos ao Superior Tribunal de Justiça.

Vide Projeto de CPC, art. 985, caput

O art. 543, revigorado pela Reforma do Processo Civil – o texto é reprodução do § 3º do art. 27 da Lei n. 8.038/90 com exclusão do termo "imediatamente" –, disciplina de forma explícita a hipótese de admissão pelo tribunal *a quo* (por seu presidente ou vice-presidente) dos recursos extraordinário e especial, interpostos simultaneamente. Muito bem, admitidos que sejam ambos os recursos, por estarem preenchidos todos os seus requisitos de admissibilidade (observe-se que o extraordinário exige preparo, por aplicação analógica do art. 107 do RISTF, enquanto o especial não, por força do art. 112 do RISTJ), e não se pronunciando o tribunal *a quo* sobre a inconstitucionalidade ou sobre a negativa de vigência da lei federal, que correspondem ao seu mérito, saliente-se, diz a lei que os autos serão remetidos ao STJ, o que se explica pela precedência que o julgamento do recurso especial sempre tem em relação ao extraordinário (*v.* § 1º deste artigo e § 4º do art. 544). Uma última observação: os autos que são remetidos do STJ terão em seu bojo não só a petição de interposição, razões e contrarrazões, e o "despacho" de recebimento do recurso especial, mas também todas essas mesmas peças e a admissão relativas ao extraordinário, uma vez que tudo se processa nos próprios autos do processo (evidentemente, o STJ desconsiderará o segundo conjunto documental, salvo para os fins do § 2º adiante) (texto de acordo com a Lei n. 8.950/94).

§ 1º Concluído o julgamento do recurso especial, serão os autos remetidos ao Supremo Tribunal Federal, para apreciação do recurso extraordinário, se este não estiver prejudicado.

Vide Projeto de CPC, art. 985, § 1º.

O procedimento aplicável ao julgamento do recurso especial encontra-se regulado pelos arts. 255 a 257 do RISTJ, onde se lê: "Art. 256. Distribuído o recurso, o relator, após vista ao MP, se necessário, pelo prazo de 20 dias, pedirá dia para julgamento, sem prejuízo da atribuição que lhe confere o art. 34, parágrafo único". Este parágrafo único foi revogado pela Emenda Regimental n. 1/91, mas, em contrapartida, ao art. 34 acrescentou-se o inciso XVIII, que prescreve: "Art. 34. São atribuições do relator: [...] XVIII – negar seguimento a pedido ou recurso manifestamente intempestivo, incabível, improcedente, contrário a súmula do Tribunal, ou quando for evidente a incompetência deste" (tal regra corresponde ontologicamente ao que dispõe o art. 38 da Lei n. 8.038/90, ainda em vigor). Contra a decisão do relator que nega seguimento ao recurso especial cabe, em cinco dias, agravo regimental, que, no entanto, só será julgado na hipótese de não haver retratação por parte do relator (RISTJ, arts. 258 e 259). Concluindo, dispõe o art. 257: "Art. 257. No julgamento do recurso especial, verificar-se-á, preliminarmente, se o recurso é cabível. Decidida a preliminar pela negativa, a Turma não conhecerá do recurso; se pela afirmativa, julgará a causa, aplicando o direito à espécie". Muito bem, encerrado o julgamento do recurso especial, qualquer que seja o resultado contido no acórdão, cessa a função judicante do STJ, razão por que manda a lei que os autos sejam remetidos à Corte Suprema para apreciação do recurso extraordinário, se este não estiver prejudicado. Tal avaliação é feita evidentemente no próprio STF, pelo ministro a quem caiba relatar o recurso (RISTF, art. 21, IX) ou pela Turma incumbida de apreciá-lo (RISTF, art. 9º, III), segundo as regras de procedimento estabelecidas pelos arts. 321, 323 e 324 do Regimento Interno (texto de acordo com a Lei n. 8.950/94).

§ 2º Na hipótese de o relator do recurso especial considerar que o recurso extraordinário é prejudicial àquele, em decisão irrecorrível sobrestará o seu julgamento e remeterá os autos ao Supremo Tribunal Federal, para o julgamento do recurso extraordinário.

Vide Projeto de CPC, arts. 985, § 2º, e 986.

O dispositivo legal enfocado – reprodução com aperfeiçoamentos redacionais do disposto no § 5º do art. 27 da Lei n. 8.038/90 – regula a decisão do relator de suspender a apreciação da causa pelo STJ e de enviar os autos ao STF por estar convencido de que o julgamento do recurso extraordinário é prejudicial ao do especial. Inicialmente, é preciso consignar que o relator do recurso não dispõe de faculdade alguma, mas de dever de sobrestar o julgamento na hipótese ventilada, isto é, desde que fique convencido da presença da prejudicialidade. Note-se que tal ato apenas parece facultativo, e isso por uma razão muito simples: dada a irrecorribilidade dessa decisão, o relator é o único e exclusivo senhor da avaliação da prejudicialidade, de sorte que a falta de controle do seu julgamento faz parecer, apenas parecer, que existe liberdade (a decisão do MP de não intervir num feito e a do juiz de sanear um processo são exemplos de deveres que se confundem com faculdades pela falta de controle). Outro aspecto que merece registro está no fato de que tal decisão é tomada no momento previsto pelo art. 256 do RISTJ, vale dizer, assim que o relator escolhido recebe os autos (após a distribuição e eventual manifestação do *parquet*) e desde, é claro, que não lhe pareça ser o caso de negar seguimento ao recurso por intempestividade, falta de cabimento, falta de competência do STJ, etc. Por fim, observe-se que sempre será uma questão constitucional aquela que haverá de ser solucionada pelo STF como pressuposto lógico necessário do julgamento do recurso especial, segundo a avaliação do relator. A prejudicialidade verifica-se, em regra, porque o acórdão recorrido é amparado basicamente (não só, é claro, senão não caberia o recurso especial) em fundamento constitucional (*v. g.*, o princípio da legalidade ou da anterioridade tributária) (texto de acordo com a Lei n. 8.950/94).

---

§ 3º No caso do parágrafo anterior, se o relator do recurso extraordinário, em decisão irrecorrível, não o considerar prejudicial, devolverá os autos ao Superior Tribunal de Justiça, para o julgamento do recurso especial.
Vide Projeto de CPC, arts. 985, § 3º, e 987.

Como claramente se vê, a regra sob exame – reprodução exata do § 6º do art. 27 da Lei n. 8.038/90 – vincula-se à do parágrafo antecedente, que prevê a suspensão do julgamento pelo STJ e o envio dos autos ao STF para a apreciação da questão constitucional. Pois bem, de acordo com a presente disposição, o ministro da Corte Suprema a quem for distribuído o recurso extraordinário (RISTF, arts. 66 e 67) tem o dever, e não a faculdade (*v.* nota ao § 2º), de ordenar a devolução dos autos ao STJ se discordar da decisão anterior deste pretório de que existe prejudicialidade. Observe-se, em primeiro lugar, que tal manifestação decisória do relator enquadra-se na prescrição contida do inciso XVII do art. 21 do RISTF, que reza: "Art. 21. São atribuições do Relator: [...] XVII – praticar os demais atos que lhe incumbam ou sejam facultados em lei e no Regimento". Por fim, note-se que, assim como acontece com a decisão prevista no § 2º, também a do relator do recurso extraordinário que determina a volta dos autos é irrecorrível, não estando, por isso, sujeita ao controle de qualquer outro órgão do STF. Tal decisão, por outro lado, obriga de forma inexorável o STJ, por seu órgão colegiado competente, a apreciar o recurso especial (texto de acordo com a Lei n. 8.950/94).

Art. 543-A. O Supremo Tribunal Federal, em decisão irrecorrível, não conhecerá do recurso extraordinário, quando a questão constitucional nele versada não oferecer repercussão geral, nos termos deste artigo.

Vide Projeto de CPC, art. 989, caput

Este art. 543-A – acrescentado ao CPC pela Lei n. 11.418/2006 – surge no cenário jurídico brasileiro para regulamentar o § 3º do art. 102 da CF naquilo que concerne ao requisito da "repercussão geral" instituído pela EC n. 45/2004, que nos trouxe a chamada Reforma do Poder Judiciário. A regulamentação era absolutamente necessária, porque o texto constitucional fala da exigência de demonstração da "repercussão geral das questões constitucionais discutidas no caso, nos termos da lei". Assim, a partir de agora, nos termos do CPC, ficam perfeitamente disciplinados os contornos da nova figura. Inicialmente, cumpre-nos salientar que, quanto à localização topográfica, o presente artigo suscita dúvidas. É que enquanto estritamente regulamentador de um requisito de admissibilidade do recurso extraordinário (*caput* e §§ 1º a 3º) este dispositivo legal estaria melhor localizado logo depois do art. 541 que fala de cabimento. Entretanto, como os §§ 4º a 7º tratam de decisões que se tomam no próprio STF (coisas do final do processamento do recurso extraordinário em Brasília) surge a dúvida sobre onde localizar o artigo. Acrescente-se a isto a circunstância de o art. 543-B referir-se a fatos processuais ocorríveis no tribunal de origem, o que tornou ainda mais complicada a decisão do legislador sobre a topografia mais conveniente. Eram tantos os dados e uma dúvida crescente que se optou por localizar os dois artigos, na sequência, logo depois do art. 543, bem no meio da disciplina do recurso extraordinário, quando, na verdade, tudo também poderia ter sido concentrado na parte final, antes do art. 546. Seja como for *habemus legis*. Pois bem, voltemos nossos olhos especificamente para o texto e a disciplina que ele nos apresenta. Em primeiro lugar, chama a atenção o fato de que este *caput* fala de uma decisão irrecorrível de não conhecimento do recurso extraordinário da parte do próprio STF, o que torna clara a ideia de que somente a Corte Suprema pode decidir sobre a presença ou a ausência do requisito da repercussão geral e mais ninguém; a previsão do § 2º a seguir é expressa ao dizer "apreciação exclusiva", e o texto do § 3º do art. 102 da CF já permitia vislumbrar tal conclusão. Além disso, a disciplina ora contida no § 1º do art. 543-B aponta no mesmo sentido, tanto que o tribunal de origem só está autorizado a "selecionar um ou mais recursos representativos da controvérsia e encaminhá-los ao Supremo [...]" e nada mais! Em segundo, chama a atenção a própria irrecorribilidade estabelecida que se coloca em perfeita sintonia com o *status* do STF de guardião da Constituição (art. 102, *caput*, da CF); se ele tem a palavra final sobre a Lei Maior e o requisito da "repercussão geral" é fenômeno constitucional, nada mais lógico que não caiba recurso algum sobre a decisão do STF quanto à verificação do requisito. E, finalmente, em terceiro, queremos consignar que, sob o ponto de vista pragmático, o regramento ora estabelecido tende, de fato, a viabilizar a desobstrução da Suprema Corte pela eliminação de milhares de recursos que, desde logo, não revelem a superioridade ou a transcendência das questões discutidas em sede de recurso extraordinário (*v.* nota ao § 1º) (texto de acordo com a Lei n. 11.418/2006).

---

§ 1º Para efeito da repercussão geral, será considerada a existência, ou não, de questões relevantes do ponto de vista econômico, político, social ou jurídico, que ultrapassem os interesses subjetivos da causa.

Vide Projeto de CPC, art. 989, § 1º.

De todos os dispositivos que integram a disciplina da repercussão geral, presente nos arts. 543-A e 543-B – que regulamentam o § 3º do art. 102 da CF – este que ora nos ocupa tem papel central e nuclear, porquanto nele encontramos a conceituação da figura recém-criada. Do que se pode extrair do texto, pela via interpretativa, repercussão geral é a reflexão ou a propagação no meio econômico, político, social ou jurídico da decisão judicial que se impugna por meio de recurso extraordinário de sorte que a sua eficácia, sob tal perspectiva, ultrapassa os interesses subjetivos das partes. Em outras palavras, a repercussão geral significa, numa perspectiva externa, a exacerbada importância econômica, política, social ou jurídica da decisão judicial proferida e que se impugna – importância que ultrapassa os interesses subjetivos das partes, portanto – e que se manifesta, numa perspectiva interna do processo, em questões relevantes da causa. Por conta desta perspectiva externa (eficácia econômica, política...) é que se fala de "relevância", de "transcendência" no sentido de superioridade, daquilo que se eleva acima dos interesses das partes. Observe-se, já sob a perspectiva interna, que a questão relevante (no singular posto que apenas uma é ou pode ser suficiente) tanto pode estar representada no processo pelo próprio pedido deduzido pelo autor (*v. g.*, a declaração de existência ou inexistência de um direito), como por verdadeiras questões sob o prisma técnico (dúvidas sobre o fundamento, pontos de direito controvertidos, enquanto antecedentes lógicos do *decisum*) que se traduzem em aspectos da causa de pedir e, por consequência, em fundamentos da decisão a ser proferida (*v. g.*, as razões do decreto mandamental ou constitutivo ou os motivos da condenação). Mas, afinal de contas, como distinguir as manifestações de relevância explicitadas no texto? Parece-nos que a relevância jurídica precisa ser considerada em primeiro lugar, porque, sob a ótica do STF (ou judicial), o critério jurídico é sempre o mais objetivo – o § 3º a seguir confirma a tese – e somente quando ele se revelar inoperante é que se deve buscar as outras formas de relevância. Relevantes, assim, são as questões relacionadas com a aplicação de princípios constitucionais, os preceitos fundamentais, os direitos fundamentais e tudo o que cada uma dessas categorias jurídicas possa significar. Já a relevância política, que pode ou não se relacionar com a relevância jurídica, há de se manifestar, de qualquer maneira, como repercussão ou reflexão sensível, importante no plano das relações de poder do Estado, seja qual for o nível de governo. Quanto à relevância econômica (macro ou microeconômica), que também pode estar imbricada com a relevância jurídica, deve-se ter presente que ela há de se revelar ampla, geral, mas não necessariamente nacional, regional, estadual ou municipal, podendo se apresentar na perspectiva de um pequeno espaço geográfico, porém de grande densidade populacional, por exemplo. E, finalmente, quanto à relevância social – a última a ser considerada numa ordem decrescente de objetividade – há de ser dito que ela também precisa ser enxergada de forma abrangente sob o prisma espacial para permitir o acesso a um julgamento do mérito do recurso extraordinário quando não se consiga vislumbrar, de pronto, repercussão jurídica, política ou econômica (texto de acordo com a Lei n. 11.418/2006).

---

§ 2º O recorrente deverá demonstrar, em preliminar do recurso, para apreciação exclusiva do Supremo Tribunal Federal, a existência da repercussão geral.

Vide Projeto de CPC, art. 989, § 2º.

O presente dispositivo bem poderia corresponder a mais um parágrafo do art. 541 que institui os requisitos formais da peça de interposição do recurso extraordinário. Assim nos manifestamos porque o regramento sob enfoque nada mais faz que explicitar a exigência de preenchimento, pelo recorrente, na interposição, do requisito da "repercussão geral" que foi instituído pelo § 3º, do art. 102, da Constituição, e regulamentado pela Lei n. 11.418/2006. Com efeito, se, conforme o texto em epígrafe, "o recorrente deverá demonstrar, em preliminar do recurso [...] a existência da repercussão geral", isto significa que o § 2º que ora nos ocupa complementa a regra contida no inciso II do mencionado art. 541, que estabelece, em previsão genérica, a exigência de que a parte faça "a demonstração do cabimento do recurso interposto" (*v.* nota ao *caput* sobre o problema topográfico deste art. 543-A). Recordamos que a "repercussão geral" corresponde a mais um requisito de admissibilidade do extraordinário e que a locução "demonstração do cabimento" (art. 541, II) sempre teve de ser interpretada como admissibilidade para alcançar plena aplicação. Outra observação importante diz respeito à previsão de "apreciação exclusiva do STF", previsão que corrobora inteiramente o que a regra constitucional já estabelecera sem explicitude e também o que o *caput* deste art. 543-A já deixara antever (*v.*, mais uma vez, nota ao *caput*, bem como aos §§ 4º e 5º à frente). Por fim, cumpre-nos esclarecer que a alusão textual "em preliminar" significa, à evidência, que, antes de expor as razões de mérito, a parte recorrente deve, em capítulo prévio da petição, apresentar as razões que mostram o cabimento em sentido estrito (art. 105, III, *a*, *b* ou *c*), o prequestionamento, bem como, agora, que revelam a "repercussão geral" (texto de acordo com a Lei n. 11.418/2006).

---

§ 3º Haverá repercussão geral sempre que o recurso impugnar decisão contrária a súmula ou jurisprudência dominante do Tribunal.

Vide Projeto de CPC, art. 989, § 3º.

Em termos topográficos, parece-nos sem sombra de dúvida que o presente dispositivo legal deveria corresponder ao § 2º, deste art. 543-A – invertendo-se a ordem com o § 3º – pela simples razão de que a regra focalizada representa mera explicitação da relevância jurídica, uma das conotações da repercussão geral prevista pelo § 1º. Veja-se que se o apontado § 1º fala genericamente de "questões relevantes do ponto de vista [...] jurídico" – por nós identificadas, recorde-se, como questões imiscuídas com princípios constitucionais, preceitos fundamentais ou direitos fundamentais (*v.* nota) –, este § 3º atribui o caráter de repercussão geral à "decisão contrária a súmula ou jurisprudência dominante do Tribunal" com o fim de dar admissibilidade ao recurso extraordinário que se interponha. Trata-se, na verdade, de uma presunção absoluta de relevância ou transcendência jurídica que repousa sobre a existência de uma decisão judicial (normalmente acórdão) que haja contrariado súmula ou jurisprudência dominante do Tribunal (vale dizer, do próprio STF). Observe-se que a contrariedade se verifica toda vez que a decisão impugnada traz em seu bojo ofensa à normatividade explícita ou implícita da súmula ou da jurisprudência dominante, quando o tribunal deixa, pura e simplesmente, de aplicar a súmula ou a jurisprudência dominante ou, ainda, quando o órgão judiciário aplica súmula ou jurisprudência inadequada. Em qualquer desses casos o obstáculo representado pelo requisito da repercussão geral estará removido, mas não assim as questões relativas ao cabimento do próprio recurso extraordinário (CF, art. 102, III, *a*, *b*, *c* ou *d*) ou ao prequestionamento (texto de acordo com a Lei n. 11.418/2006).

---

§ 4º Se a Turma decidir pela existência da repercussão geral por, no mínimo, 4 (quatro) votos, ficará dispensada a remessa do recurso ao Plenário.

Os §§ 4º e 5º deste art. 543-A compõem a disciplina do exame de admissibilidade do recurso extraordinário à luz do requisito da repercussão geral que o art. 102, § 3º, da Constituição institui ("§ 3º No recurso extraordinário o recorrente deverá demonstrar a repercussão geral das questões constitucionais discutidas no caso, nos termos da lei, a fim de que o Tribunal examine a admissão do recurso [...]"). O presente § 4º regula o reconhecimento da repercussão geral pela Turma; o § 5º, a seguir, regula o não reconhecimento pelo Plenário. Observe-se que essas duas regras mencionadas se sobrepõem à outra, geral, prevista no RISTF que transcrevemos: "Art. 324. No julgamento do recurso extraordinário, verificar-se-á, preliminarmente, se o recurso é cabível. Decidida a preliminar pela negativa, a Turma ou o Plenário não conhecerá do mesmo; se pela afirmativa, julgará a causa, aplicando o direito à espécie". Pois bem, focando nossa atenção agora apenas no § 4º em epígrafe, o que temos é que se a Turma do STF, que apreciará o extraordinário, decidir, em preliminar, "pela existência da repercussão geral por, no mínimo, 4 (quatro) votos", diz expressamente o texto, na sequência, que, neste caso, "ficará dispensada a remessa do recurso ao Plenário", previsão que se justifica pelo fato de que o Plenário só precisa ser acessado para decidir pela recusa e não pela aceitação da existência da repercussão geral (CF, art. 102, § 3º, parte final – *v.* § 5º e nota). Em outros termos, a afirmação de dispensa da remessa contida no texto significa apenas que a Turma está livre para prosseguir no julgamento do extraordinário, exatamente como diz o art. 324 (do RISTF), que transcrevemos nesta nota. Consigne-se, ainda neste diapasão, que se a decisão da Turma não alcançar o *quorum* legal estabelecido no texto, a remessa dos autos ao Plenário é de rigor para que este realize novo juízo de admissibilidade e, aí, então, admita ou não definitivamente a existência da repercussão geral. Registre-se, de outra parte e por último, que se a decisão da Turma, com qualquer *quorum*, for pela negativa, a remessa dos autos ao Plenário também se torna obrigatória, porque só o Pleno pode recusar definitivamente a repercussão geral, mas pode admiti-la evidentemente (*v.* §§ 5º a 7º à frente) (texto de acordo com a Lei n. 11.418/2006).

---

§ 5º Negada a existência da repercussão geral, a decisão valerá para todos os recursos sobre matéria idêntica, que serão indeferidos liminarmente, salvo revisão da tese, tudo nos termos do Regimento Interno do Supremo Tribunal Federal.

Vide Projeto de CPC, art. 989, §§ 4º e 7º.

Se o § 4º disciplina fundamentalmente o reconhecimento da repercussão geral pela Turma (*v.* nota), o presente § 5º disciplina fundamentalmente o não reconhecimento da repercussão geral pelo Plenário, o que decorre diretamente da previsão constitucional contida na parte final do § 3º do art. 102 que estabelece: "[...] a fim de que o Tribunal examine a admissão do recurso, somente podendo recusá-lo pela manifestação de dois terços de seus membros". Observe-se, desde logo, que o texto deste § 5º não diz expressamente que órgão realiza a declaração de inexistência da repercussão geral, mas nem precisaria, porque é a própria Constituição, no trecho transcrito, que impõe o Plenário do STF, na medida em que apenas nele é possível encontrar "dois terços de seus membros" e a lei infraconstitucional (no caso, a Lei n. 11.418/2006 que criou o art. 543-A) não poderia mesmo dispor diferentemente. Lembremos, outrossim, para a boa compreensão do dispositivo focalizado, que, à luz do § 4º, interpretado *a contrario sensu*, se a Turma não reconhecer a existência da repercussão geral, ela fica obrigada a fazer a remessa dos autos ao Plenário, o que vai então permitir a declaração de inexistência, que somente ele (Plenário do STF) pode realizar, bem como a de existência, caso a Turma não tenha reconhecido a repercussão geral. Muito bem, o § 5º que ora nos ocupa afirma que, negada a repercussão geral, "a decisão valerá para todos os recursos sobre matéria idêntica, que serão indeferidos liminarmente, salvo revisão da tese, tudo nos termos do RISTF". Algumas considerações interpretativas se impõem. A primeira, no sentido de que, conforme o § 7º à frente, "A Súmula da decisão sobre a repercussão geral constará de ata, que será publicada no Diário Oficial e valerá com o acórdão" (*v.* nota). A segunda, no sentido de que tal decisão dispõe de uma forma de efeito vinculante em relação a causas que versem sobre matéria idêntica; trata-se aqui de mais uma expressão jurídica de decisão *ultra petita* implícita de eficácia inclusive futura e também de decisão cujos fundamentos (além, é claro, do dispositivo) geram o efeito indeferitório mencionado (sobre esses aspectos das decisões vinculantes, examine-se o § 2º do art. 102 da CF). A terceira, no sentido de que, publicada a decisão na forma prevista no § 7º, todos os recursos que chegarem ao STF versando sobre matéria idêntica (examinado o feito sob o ângulo não apenas do pedido, mas também da causa de pedir) serão indeferidos liminarmente, reportando-se o órgão prolator à ata publicada que valerá como acórdão. E, finalmente, a quarta, no sentido de que a ressalva constante do texto ("salvo revisão da tese") dependerá de procedimento a ser definido pelo STF em seu regimento interno (texto de acordo com a Lei n. 11.418/2006).

---

§ 6º O Relator poderá admitir, na análise da repercussão geral, a manifestação de terceiros, subscrita por procurador habilitado, nos termos do Regimento Interno do Supremo Tribunal Federal.

Vide Projeto de CPC, art. 989, § 5º.

Diferentemente dos enormes poderes concedidos ao relator pelos arts. 544, §§ 3º e 4º, e 557, *caput* e § 1º-A, deste CPC, o § 6º sob enfoque não confere nenhum poder ao relator do recurso extraordinário para apreciar monocraticamente a existência do requisito da repercussão geral. E tanto isto parece exato que o reconhecimento da existência do requisito é entregue à Turma do STF e, em hipótese alguma, ao relator (§ 4º) e o reconhecimento da inexistência é entregue, com exclusividade, ao Plenário (§ 5º, fundado no § 3º do art. 102 da CF), de sorte não há nenhum espaço à atuação isolada de qualquer Ministro do STF, enquanto relator do recurso extraordinário, pelo menos na perspectiva da análise da chamada repercussão geral. Entretanto, no que concerne ao procedimento previsto para o alcance de uma decisão (positiva ou negativa) sobre o requisito, estabelece o presente § 6º o poder conferido ao relator para admitir "[...] a manifestação de terceiros, subscrita por procurador habilitado, nos termos do RISTF". Trata-se da figura do *amicus curiae* – que as Leis ns. 9.868/99 (arts. 9º e 20) e 9.882/99 (art. 6º) já reconhecem e disciplinam –, e que cumpre o papel de viabilizar a prática ou o exercício do princípio do contraditório com o fim específico de dar maturidade à discussão e maior legitimidade à decisão que venha a reconhecer a existência ou a inexistência da repercussão geral, seja qual for a feição que ela assuma (jurídica, política, econômica ou social). Observe-se, neste diapasão, que o relator mencionado no texto deste § 6º é tanto o Ministro que integra a Turma (órgão que pode decidir pela presença do requisito – § 4º), como o que integra o Plenário (que pode decidir pela ausência da repercussão geral – § 5º) (*v.* § 5º, do art. 543-B, que remete ao RISTF a definição de todas as atribuições nesta seara). Por último, resta apenas consignar que a admissão, a legitimação, a convocação, a forma da manifestação, o prazo e outros detalhes procedimentais ficam a cargo do RISTF que certamente se inspirará nos dispositivos citados das Leis ns. 9.868/99 e 9.882/99 para disciplinar a figura do *amicus curiae* aqui prevista (texto de acordo com a Lei n. 11.418/2006).

---

§ 7º A Súmula da decisão sobre a repercussão geral constará de ata, que será publicada no Diário Oficial e valerá como acórdão.

Vide Projeto de CPC, art. 989, § 6º.

Com o intuito de facilitar a tomada de decisões pelo STF acerca da repercussão geral e agilizar a sua formalização, é que o § 7º sob enfoque estabelece que "a Súmula da decisão [...] constará de ata, que será publicada no Diário Oficial e valerá como acórdão". Observe-se, inicialmente, que a "Súmula da decisão" não se encontra discriminada quanto ao conteúdo, de sorte que ela tanto pode trazer em seu bojo uma decisão positiva de admissibilidade (da Turma, com *quorum* qualificado de quatro votos – § 4º), uma decisão positiva (do Plenário, com qualquer *quorum*), bem como uma decisão negativa de admissibilidade (do Plenário com o *quorum* constitucional de dois terços dos seus membros – § 3º do art. 102 da CF); a decisão negativa do Plenário que não alcance o *quorum* constitucional equivale a uma decisão positiva quanto à repercussão geral, salientamos. Muito bem, seja qual for a decisão de que se trate, o fato é que ela depende, para o seu aperfeiçoamento formal, apenas da lavratura de uma súmula (uma pequena suma ou resumo sintético do julgamento) sobre a repercussão geral, escrito que constará de uma ata, seu suporte físico-documental, sendo que o texto sob análise exige a publicação, no Diário Oficial, somente desta ata para que ela tenha *ex vi legis* valor processual de acórdão (a denominação que se dá aos julgamentos colegiados dos tribunais – arts. 163 e 563). Registre-se, por derradeiro, que da publicação da ata surgem os efeitos previstos pelos §§ 4º e 5º, quais sejam, a dispensa de remessa ao Plenário e consequente liberação da Turma para prosseguir no julgamento do recurso extraordinário (§ 4º), ou, negada a existência da repercussão geral, valer a decisão para todos os recursos sobre matéria idêntica e, seu corolário, o indeferimento liminar de todos eles (§ 5º) (texto de acordo com a Lei n. 11.418/2006).

Art. 543-B. Quando houver multiplicidade de recursos com fundamento em idêntica controvérsia, a análise da repercussão geral será processada nos termos do Regimento Interno do Supremo Tribunal Federal, observado o disposto neste artigo.

Se o art. 543-A disciplina o requisito da repercussão geral na perspectiva apenas do STF – a quem se atribui a competência exclusiva para reconhecê-lo ou recusá-lo –, este art. 543-B, sob enfoque, regula a repercussão geral sob o prisma do tribunal de origem e seu relacionamento com o STF, na medida em que fica instituído o sobrestamento de recursos extraordinários fundados em idêntica controvérsia (§ 1º, parte final). Vejamos em rápidas digressões quais são as bases que sustentam o relacionamento apontado. A primeira consideração a fazer diz respeito ao fato de que, interposto um recurso extraordinário perante um tribunal qualquer (*v. g.*, um TJ ou um TRF), o juízo de admissibilidade a cargo do seu presidente (art. 542, § 1º) não sofre nenhuma interferência deste art. 543-B, devendo seguir seu curso absolutamente natural (admissão, publicação e preparação dos autos para remessa a Brasília; inadmissão, publicação, interposição de agravo nos próprios autos e seu processamento para posterior envio a Brasília). Tenha-se presente que a apreciação do requisito da repercussão geral é da exclusiva competência do STF, razão por que tal requisito não é objeto de apreciação pelo presidente do Tribunal *a quo*. Mas quando incide o art. 543-B de que ora nos ocupamos? Resposta: apenas no momento em que, em meio ao processamento de inúmeros recursos extraordinários perante um determinado tribunal, o seu presidente (ou outro órgão) se aperceba da existência de uma "multiplicidade de recursos com fundamento em idêntica controvérsia" – como se encontra aqui previsto – e, por isso, decida "selecionar um ou mais recursos representativos da controvérsia" e encaminhá-los ao STF, "sobrestando os demais até o pronunciamento definitivo da Corte" – como se encontra previsto no § 1º. Veja-se que todo esse incidente ocorre sem interferir no processamento do recurso extraordinário, até porque, como visto, o presidente não tem competência para apreciar o requisito da repercussão geral, mas tem poder para perceber a "multiplicidade" aqui prevista, selecionar alguns recursos e enviá-los ao STF. Eis o pano de fundo da aplicação deste art. 543-B. A segunda consideração interpretativa que merece registro fica por conta da previsão de "multiplicidade de recursos com fundamento em idêntica controvérsia". Trata-se, a uma, de idêntica controvérsia constitucional (o § 3º do art. 102 da CF fala expressamente de "repercussão geral das questões constitucionais discutidas no caso"); a duas, de controvérsia idêntica multiplicada que se reconhece quer sob a ótica do pedido recursal formulado, quer sob o ângulo da fundamentação deduzida (tanto pelo lado fático, como principalmente pelo lado jurídico). E, finalmente, a terceira consideração relaciona-se com o fato de que o poder atribuído pelo CPC ao STF, para regular em seu Regimento Interno o processamento da "análise da repercussão geral", abrange não apenas o procedimento a ser observado dentro da Corte Suprema, mas também aspectos procedimentais do reconhecimento da multiplicidade, prazos, encaminhamento, dimensão do sobrestamento etc. (texto de acordo com a Lei n. 11.418/2006).

---

§ 1º Caberá ao Tribunal de origem selecionar um ou mais recursos representativos da controvérsia e encaminhá-los ao Supremo Tribunal Federal, sobrestando os demais até o pronunciamento definitivo da Corte.

A disposição contida neste § 1º é uma daquelas que deverão receber especial atenção da parte do RISTF que, de acordo com a previsão final do *caput*, deverá observar as prescrições dos parágrafos deste art. 543-B para definir o processamento da análise da repercussão geral, em caso de multiplicidade de recursos (*v.* nota ao *caput*). Em primeiro lugar, caberá ao RISTF regulamentar a seleção dos recursos representativos da controvérsia, vale dizer, a forma, o tempo da seleção (o momento), o número mínimo e máximo de recursos, os critérios da identificação para fins de seleção etc. Nesta estrita perspectiva, chamamos a atenção para o tempo da seleção que certamente haverá de compreender todo o período que vai da interposição dos extraordinários até o instante da remessa ao STF; todos os recursos em tramitação entre esses dois momentos se mostrarão, em tese, selecionáveis. Em segundo lugar, caberá à atividade regulamentatória definir a forma e os prazos relacionados com o encaminhamento dos recursos a Brasília. E, em terceiro, caberá ao RISTF estabelecer a disciplina do sobrestamento dos demais recursos, vale dizer, o regramento a ser observado no decreto do presidente do tribunal *a quo* (ou de outro órgão) que ordenar a suspensão da tramitação dos recursos extraordinários não selecionados. Problemas poderão surgir se se pensar que recursos em estágios diferentes de processamento serão sobrestados (imagine-se, *v. g.*, que haverá recursos admitidos e não admitidos, acompanhados de recurso especial e não acompanhados, recursos que provocaram a interposição de agravo de instrumento e outros que não) e tudo isto haverá de ser levado em conta pelo STF no trabalho de alteração do seu regimento interno à luz deste art. 543-B. Por derradeiro, queremos deixar consignada nossa posição no sentido de que a seleção de um recurso e seu encaminhamento para análise da repercussão geral pelo STF têm natureza jurídica de incidente da fase recursal, o mesmo devendo ser dito do sobrestamento de um recurso não selecionado (texto de acordo com a Lei n. 11.418/2006).

§ 2º Negada a existência de repercussão geral, os recursos sobrestados considerar-se-ão automaticamente não admitidos.

O dispositivo sob enfoque estabelece regramento que parte do pressuposto de que, tendo ocorrido o fenômeno processual da "multiplicidade de recursos com fundamento em idêntica controvérsia" (*caput*), o tribunal de origem procedeu à seleção de "recursos representativos da controvérsia" e os encaminhou ao STF para fins de análise do requisito da repercussão geral (§ 1º). Muito bem, este § 2º trata única e exclusivamente de um dos resultados possíveis da análise conjunta pelo STF dos recursos selecionados: a declaração de inexistência de repercussão geral e seu corolário, a inadmissão automática dos recursos sobrestados no tribunal de origem. Eis aqui mais alguns objetos de necessário detalhamento disciplinar por parte do RISTF: o órgão que vai realizar a análise (primeiro a Turma e depois o Plenário – §§ 4º e 5º, do art. 543-A? apenas o Plenário?); a aplicação ou não do § 6º do art. 543-A à análise conjunta (cabe manifestação do *amicus curiae*?); a aplicação ou não do § 7º do mesmo art. 543-A (vale como acórdão para os recursos sobrestados a súmula constante da ata?) ou a inadmissão automática, fundada na ata, depende de declaração de presidente do tribunal?); a aplicação ou não do mesmo § 7º aos recursos selecionados. Veja-se quanta coisa depende de explicitação normativa. Seja como for, o que nos cumpre salientar é que a negativa de existência de repercussão geral, preconizada neste § 2º que nos ocupa, determina a inadmissão de recursos selecionados e sobrestados, o que significa dizer que estes não serão julgados pelo mérito (o julgamento de mérito é previsto e regulado no § 3º a seguir), mas não podemos desconsiderar a hipótese que, entre os recursos selecionados, algum ou alguns deles recebem da Turma a declaração de admissibilidade dado o reconhecimento da existência de repercussão geral, o que determinará, por seu turno, talvez, o reconhecimento da admissibilidade de algum ou alguns dos recursos sobrestados na origem (*v.* §§ 3º e 4º a seguir) (texto de acordo com a Lei n. 11.418/2006).

---

§ 3º Julgado o mérito do recurso extraordinário, os recursos sobrestados serão apreciados pelos Tribunais, Turmas de Uniformização ou Turmas Recursais, que poderão declará-los prejudicados ou retratar-se.

A chave para a boa compreensão deste § 3º repousa na frase inicial do texto ("julgado o mérito do recurso extraordinário [...]"), que nos leva a algumas digressões acerca da sua significação. Antes de mais nada, é preciso ter em mira que como a previsão concernente ao julgamento de mérito se vincula umbilicalmente a dos recursos sobrestados que serão apreciados na origem, não há dúvida de que tal julgamento é o que ocorre imediatamente após a declaração de existência de repercussão geral pelo STF (Turma ou Plenário). Nesse sentido, observe-se que, enquanto o § 2º prevê como resultado a inadmissibilidade (pela inexistência da repercussão geral), o presente § 3º prevê como resultado a admissibilidade (pela declaração da existência da repercussão) e seu corolário, o julgamento meritório que, logo em seguida, realiza o STF. Note-se que este julgamento que tem por objeto um recurso admitido (dentre os vários selecionados e encaminhados), e que se realiza de imediato, tanto pode se expressar por um acórdão do STF que lhe dá provimento, como por um que lhe negue provimento. É desta dicotomia decisória que resulta a dicotomia, expressa na parte final do texto, no sentido de que o tribunal de origem declare prejudicados os recursos sobrestados ou se retrate. Percebam-se as várias possibilidades que se colocam: 1ª) o STF dá provimento ao extraordinário, reformando a decisão atacada; nos recursos sobrestados, na origem, o presidente do tribunal pode retratar-se para agora admitir o processamento do extraordinário, uma vez que este recurso "com fundamento em idêntica controvérsia" possivelmente será julgado de igual forma pelo STF; 2ª) o STF dá provimento ao extraordinário, reformando a decisão atacada, mas por razões rigorosamente particulares deste recurso provido, ficando clara, na fundamentação do acórdão, a impossibilidade de provimento fora da situação especificamente enfrentada; nos recursos sobrestados, o presidente do tribunal os declara prejudicados pela antevisão do seu desprovimento pelo STF (parece-nos que tal decisão é definitiva e irrecorrível); 3ª) o STF nega provimento ao extraordinário, mantendo a decisão atacada por seus próprios fundamentos; nos recursos sobrestados, o presidente do tribunal de origem os declara prejudicados pela antevisão do seu desprovimento (também aqui, parece-nos que tal decisão é definitiva e irrecorrível); 4ª) o STF nega provimento ao extraordinário, mantendo a decisão atacada, mas por razões particulares deste recurso desprovido; nos recursos sobrestados, o presidente se retrata e admite o extraordinário pela antevisão de seu possível provimento (esta 4ª hipótese se encontra expressamente contemplada pelo § 4º a seguir – *v.* nota). Observe-se, por derradeiro, que a alusão textual a "Tribunais, Turmas de Uniformização ou Turmas Recursais" diz respeito, evidentemente, aos tribunais ou órgãos jurisdicionais aos quais compete, por seu presidente, o juízo de admissibilidade do recurso extraordinário: Tribunais são os tribunais estaduais, federais regionais ou os das justiças especiais; as Turmas de Uniformização são as previstas pelos arts. 14 e 15 da Lei n. 10.259/2001 (que dispõe sobre os Juizados Especiais Federais); e as Turmas Recursais são os órgãos de segundo grau dos Juizados Especiais Estaduais ou Federais (arts. 41 e seu § 1º, da Lei n. 9.099/95, e 21, da Lei n. 10.259/2001) (texto de acordo com a Lei n. 11.418/2006).

§ 4º Mantida a decisão e admitido o recurso, poderá o Supremo Tribunal Federal, nos termos do Regimento Interno, cassar ou reformar, liminarmente, o acórdão contrário à orientação firmada.

Reconhecida a presença do requisito da repercussão geral em algum dos recursos selecionados e encaminhados ao STF (§ 1º) e, ato contínuo, julgado o mérito deste recurso extraordinário (§ 3º), podemos nos defrontar com a prolação de um acórdão que haja negado provimento ao pedido extremo, o que significa exatamente o que se encontra previsto na frase inicial deste § 4º: "Mantida a decisão [...]". Veja-se que, realmente, negar provimento ao extraordinário é o mesmo que manter a decisão atacada pelo recurso, qual seja, a decisão consagrada no acórdão proferido, *v. g.*, por um tribunal estadual ou federal. Mas, observe-se, ainda – como tivemos a oportunidade de esclarecer no comentário ao parágrafo anterior – que, apesar da negativa de provimento, é possível que a fundamentação do acórdão do STF tenha registrado a particularidade do caso concreto decidido, de sorte que deixe aberta a porta para que algum ou alguns dos recursos sobrestados na origem recebam do presidente uma decisão de retratação (uma decisão de admissão superveniente), tendo em vista a probabilidade de provimento deste recurso, ou destes recursos, pelo Supremo, no futuro (*v.* nota ao § 3º). Pois bem, é justamente este o pano de fundo processual do dispositivo que ora nos ocupa ("mantida a decisão e admitido o recurso", diz o texto), pano de fundo que torna compreensível o resto da previsão legal focalizada que estabelece: "[...] poderá o STF, nos termos do Regimento Interno, cassar ou reformar, liminarmente, o acórdão contrário à orientação firmada". É claro, se mantida a decisão e admitido o recurso, fica o STF inteiramente livre, segundo o texto, para, conhecendo dos recursos (então sobrestados e agora chegados a Brasília), "reformar, liminarmente, o acórdão contrário à orientação firmada" (significando que a probabilidade referida se transformou em realidade) ou "cassar [...], liminarmente, o acórdão contrário à orientação firmada" (significando que a probabilidade referida se frustrou). Note-se que tanto a reforma, como a cassação liminar – isto é, sem a prática de outros atos processuais preparatórios da decisão – representam enorme economia de tempo e energia processual, economia plenamente justificada, no entanto, pelo acórdão proferido anteriormente que firmou orientação sobre a matéria. Registre-se, por último, que a reforma liminar e a cassação liminar dependem de regulamentação a ser inserida no RISTF, conforme o texto (texto de acordo com a Lei n. 11.418/2006).

---

§ 5º O Regimento Interno do Supremo Tribunal Federal disporá sobre as atribuições dos Ministros, das Turmas e de outros órgãos, na análise da repercussão geral.

Diferentemente do que poderia sugerir a localização topográfica do presente parágrafo (§ 5º, do art. 543-B), o regramento nele veiculado – no sentido de atribuir ao STF poder para regulamentar, em seu Regimento Interno, as atribuições dos Ministros, Turmas e outros órgãos – não se limita à análise da repercussão geral apenas na perspectiva do fenômeno da "multiplicidade de recursos", pelo contrário, estende-se às hipóteses de cunho individual de verificação deste requisito previstas e reguladas no art. 543-A. É que apesar da explicitação de atos muito importantes que praticam a Turma (§ 4º do art. 543-A), o Plenário (§§ 4º e 5º) e o relator (§ 6º), tais disciplinas não esgotam as atribuições desses órgãos, mesmo sob a ótica estrita da análise da repercussão geral. Lembramos, de outra parte, como já tivemos a oportunidade de ressaltar, que também neste art. 543-B encontramos algumas previsões que demandam regulamentação normativa detalhada com implicações diretas sobre as competências de órgãos do STF, como, por exemplo, as relativas à negativa de existência da repercussão geral (§ 2º), ao julgamento do mérito do recurso extraordinário (§ 3º) e à cassação ou reforma liminar de acórdão (§ 4º) (*v.* notas respectivas). Aliás, o próprio *caput*, deste art. 543-B, fala da necessidade de o RISTF regular o processamento da análise da repercussão geral, "observado o disposto neste artigo", vale dizer, observadas as disposições contidas nos §§ 1º a 4º que acabamos de comentar. Em suma, o poder conferido ao STF, pelo CPC, para dispor sobre atribuições ou competências de seus órgãos, envolve vários aspectos do processamento da análise da repercussão geral cuja disciplina se encontra esboçada nos focalizados arts. 543-A e 543-B (texto de acordo com a Lei n. 11.418/2006).

Art. 543-C. Quando houver multiplicidade de recursos com fundamento em idêntica questão de direito, o recurso especial será processado nos termos deste artigo.

Vide Projeto de CPC, art. 990.

Prosseguindo no trabalho legislativo de reforma do CPC, surge o art. 543-C para instituir a maneira pela qual se dará o processamento e julgamento de recursos repetitivos perante o STJ. O objetivo que se busca como a nova regulamentação é claro: o de permitir que um número significativo de recursos especiais, que versem sobre uma mesma questão de direito, receba uma única decisão do STJ que signifique definitiva denegação de seguimento (se a decisão recorrida coincidir com a orientação de Brasília) ou que signifique autorização para novo exame de admissibilidade (se a decisão recorrida divergir da orientação firmada). Tal objetivo é alcançado na medida em que se permite ao STJ julgar alguns poucos recursos selecionados (porque "representativos da controvérsia") que lhe foram enviados e fixar a orientação que valerá para todos os de fundamento idêntico que se encontram nos tribunais de origem. Eis a *ratio* deste instituto criado para tentar desafogar o STJ e dar-lhe mais agilidade e eficiência no cumprimento do seu mister institucional de defesa da autoridade e uniformidade interpretativa da lei federal. Para concluir este comentário de abertura, cumpre-nos esclarecer dois pontos: o primeiro, no sentido de que a previsão inicial, "quando houver multiplicidade de recursos" é exatamente igual à estampada no art. 543-B, *caput*, o que nos remete às observações compatíveis que lá deixamos registradas; o segundo concerne ao fato de que enquanto este art. 543-C fala de "recursos com fundamento em idêntica questão de direito" o art. 543-B se refere à "[...] idêntica controvérsia", significando que, para fins de recursos especiais repetitivos, exige-se identidade jurídica, desprezada a identidade meramente fática que pode legitimar o exame do fenômeno da repercussão geral perante o STF.

§ 1º Caberá ao presidente do tribunal de origem admitir um ou mais recursos representativos da controvérsia, os quais serão encaminhados ao Superior Tribunal de Justiça, ficando suspensos os demais recursos especiais até o pronunciamento definitivo do Superior Tribunal de Justiça.

Vide Projeto de CPC, art. 991, caput

O dispositivo legal sob enfoque tem paralelo no § 1º, do art. 543-B, que trata dos recursos extraordinários repetitivos, com a diferença de que aqui a lei atribui especificamente ao "presidente do tribunal" (ou ao vice-presidente – art. 1º, *caput*, da Resolução n. 8/2008 do STJ) a competência para "admitir um ou mais recursos representativos da controvérsia", com o fim de encaminhamento ao STJ e "suspensão" dos demais recursos; lá, no art. 543-B, fala-se de "Tribunal de origem", "selecionar", STF e sobrestamento. Observe-se que os "recursos representativos da controvérsia", que serão objeto do ato de admissão (ou "seleção", como diz o § 1º do art. 543-B), tanto podem estar deferidos, como indeferidos, na origem – inclusive, nesse caso, com agravo de instrumento interposto –, vale dizer, tais recursos já devem ter ultrapassado a fase do juízo de admissibilidade (argumento, § 7º, II, à frente), sem que, no entanto, tenham sido encaminhados autonomamente ou por meio de agravo ao STJ (nestas últimas duas hipóteses, só é possível a seleção realizada por iniciativa do relator no próprio STJ – § 2º a seguir). Outra observação importantíssima diz respeito ao ato de seleção praticado pelo presidente do tribunal de origem, matéria que recebeu da Resolução n. 8/2008 disciplina particularizada dos §§ 1º a 3º do art. 1º que não podemos deixar de transcrever: "§ 1º Serão selecionados pelo menos um processo de cada Relator e, dentre esses, os que contiverem maior diversidade de fundamentos no acórdão e de argumentos no recurso especial"; "§ 2º O agrupamento de recursos repetitivos levará em consideração apenas a questão central discutida, sempre que o exame desta possa tornar prejudicada a análise de outras questões arguidas no mesmo recurso"; "§ 3º A suspensão será certificada nos autos". O que os parágrafos transcritos preveem são as três etapas do processo seletivo dos recursos especiais "representativos da controvérsia". Na primeira (prevista pelo § 1º), por determinação do presidente (ou do vice), os relatores dos acórdãos impugnados por recurso especial são chamados a indicar quais são recursos mais representativos da matéria controvertida (de antemão definida no ofício do presidente), devendo levar em conta, como critério de escolha, os recursos "que contiveram maior diversidade de fundamentos no acórdão e de argumentos no recurso especial"; nessa etapa inicial da seleção importa pré-selecionar os casos mais ricos em termos de conteúdo jurídico, tanto pelo lado dos acórdãos (ricos de fundamentação), como pelo lado dos próprios recursos especiais interpostos (ricos em argumentação). Já na segunda etapa da seleção (§ 2º), o próprio presidente (ou vice) deve se ocupar de fazer o agrupamento dos recursos representativos da controvérsia, levando em conta prioritariamente a "questão central discutida", com o objetivo de escolher aquelas causas em que a decisão de tal questão torna as demais questões sem importância; se a questão central conviver em termos de relevância com outras periféricas, as causas em que isso se verifica também podem ser selecionadas, mas devem constituir, se possível, um agrupamento autônomo. Por fim, registre-se que a terceira etapa da seleção (§ 3º) corresponde ao agrupamento das causas não representativas que receberão do presidente o decreto de "suspensão" e que sofrerão diretamente os efeitos da solução única a ser proferida pelo STJ (*v.* §§ 7º e 8º deste art. 543-C); para esse fim, nos autos dos recursos sobrestados, a secretaria certificará documentalmente a suspensão decretada.

§ 2º Não adotada a providência descrita no § 1º deste artigo, o relator no Superior Tribunal de Justiça, ao identificar que sobre a controvérsia já existe jurisprudência dominante ou que a matéria já está afeta ao colegiado, poderá determinar a suspensão, nos tribunais de segunda instância, dos recursos nos quais a controvérsia esteja estabelecida.

Vide Projeto de CPC, art. 991, §§ 1º a 4º.

Se o § 1º deste art. 543-C se ocupa da seleção dos recursos especiais repetitivos que realiza o presidente do tribunal de origem, com o fim de encaminhá-los ao STJ, o § 2º sob enfoque prevê a possibilidade de qualquer relator, no âmbito do STJ, detectar a controvérsia atual e difusa sobre determinada questão de direito, e a existência de orientação já encaminhada da corte, com o fim de determinar a suspensão, nos tribunais de segunda instância, dos recursos nos quais penda a controvérsia detectada. Em outras palavras, enquanto o § 1º prevê a seleção na instância inferior como causa do julgamento comum pelo STJ, este § 2º prevê a possibilidade de julgamento comum pelo STJ como causa de suspensão de recursos na instância inferior. Observe-se inicialmente que a identificação da controvérsia pelo relator, no STJ, é fenômeno espontâneo, mas que pode contar com o apoio das informações previstas pelo § 3º a seguir; nada impede que para a constatação segura da existência da controvérsia atual e difusa, como dissemos, o relator solicite informações prévias às instâncias inferiores para assim formar a sua convicção sobre a necessidade de ordenar a suspensão de recursos (*v.* nota ao § 3º). Outro aspecto interpretativo importante a salientar fica por conta do fato de que, diferentemente da providência prevista pelo § 1º, não basta o relator identificar uma controvérsia atual e difusa para que ele possa ordenar a suspensão de recursos nas instâncias inferiores e, assim, instaurar o incidente de julgamento de recursos repetitivos. De acordo com o texto deste § 2º, é necessária a constatação de que "sobre a controvérsia já existe jurisprudência dominante ou que a matéria já está afeta ao colegiado". Veja-se que a previsão relativa à existência de jurisprudência dominante (ou seja, predominante, mas não sumulada – *v.*, *v. g.*, art. 557, *caput* e seu § 1º-A) não desperta dúvidas, o mesmo não se podendo dizer da que se expressa pela frase "que a matéria já está afeta ao colegiado". O que nos parece é que essa condição estabelecida pela lei significa a exigência de que o colegiado a que pertence o relator (uma turma, por exemplo) já teve contato com a matéria anteriormente e já se pronunciou sobre o assunto pelo menos uma vez. Com isso, o art. 543-C retira de relatores, cujos colegiados nunca enfrentaram certas matérias, o poder para instaurar o incidente sobre elas, ainda que verifiquem a existência de controvérsia atual e difusa. Por fim, cumpre-nos registrar que o art. 2º, § 2º, da Resolução n. 8/2008, do STJ, revela-se aplicável à presente hipótese de processamento de recursos especiais repetitivos: "§ 2º A decisão do Relator será comunicada aos demais Ministros e ao Presidente dos Tribunais de Justiça e dos TRFs, conforme o caso, para suspender os recursos que versem sobre a mesma controvérsia".

§ 3º O relator poderá solicitar informações, a serem prestadas no prazo de quinze dias, aos tribunais federais ou estaduais a respeito da controvérsia.

Vide Projeto de CPC, art. 992, caput *e § 1º.*

Dada a localização topográfica do presente regulamento – § 3º deste art. 543-C, logo depois da previsão da identificação da controvérsia pelo presidente do tribunal de origem (§ 1º) e da identificação pelo próprio relator no STJ (§ 2º) –, não fica difícil concluir que o poder de solicitação de informações "aos tribunais federais ou estaduais" que é dado ao relator tanto pode ser utilizado quando a iniciativa do incidente de julgamento de recursos repetitivos tenha partido da instância inferior (via seleção e envio dos recursos a Brasília), como quando tal iniciativa tenha partido de um Ministro-relator do STJ (via decisão de ordenar o sobrestamento de recursos nos tribunais locais). A conclusão a que chegamos tem importância porque se a interpretação sugerida estiver correta, a solicitação de que fala este § 3º assume duas feições completamente distintas. Sob a perspectiva primeira, a solicitação de informações se coloca como que um ato de instrução, anterior ao julgamento dos recursos repetitivos, que chegaram do tribunal de origem; após as informações só restam a possível manifestação do *amicus curiae* (§ 4º), a fala do MP (§ 5º) e a inclusão do(s) recurso(s) em pauta para julgamento. Já sob a perspectiva da segunda, a solicitação de informações tanto pode se identificar como uma providência preliminar à própria constatação da controvérsia (pense-se que o relator, no STJ, antes da instauração do incidente, solicita informações para fortalecer a sua convicção sobre a existência da controvérsia), como pode corresponder também a uma providência instrutória, como a descrita, apenas com a diferença de que o julgamento aqui vai ocorrer como decorrência da própria iniciativa do relator e não como decorrência do ato de seleção do presidente de um tribunal inferior. Observe-se ainda, que, segundo a literalidade do texto legal sob análise, o prazo para a prestação das informações, em qualquer caso, é de quinze dias. Por último, desejamos colocar em destaque um aspecto do processamento dos recursos repetitivos para o qual a disciplina contida neste § 3º não oferece resposta. Referimo-nos à questão traduzida na seguinte indagação: como chegam os "recursos representativos da controvérsia" ao relator de que trata o presente § 3º? Resposta: mediante distribuição, ato processual não tratado pelo legislador reformista, nem aqui nem em qualquer outro dispositivo contido neste art. 543-C. Todavia, existe a Resolução n. 8/2008, do STJ que, oferece uma solução para a dúvida. Com efeito, dispõe o § 4º, do art. 1º, da Resolução n. 8: "§ 4º No STJ, os recursos especiais de que trata este artigo serão distribuídos por dependência e submetidos a julgamento nos termos do art. 543-C do CPC e desta Resolução". Veja-se que distribuição por dependência haverá se por alguma razão a competência para apreciar um dos recursos especiais escolhidos já tiver sido fixada em um determinado relator, como pode ocorrer, *v. g.*, na hipótese de existência de ação cautelar já ajuizada perante o STJ. Mas, se não tiver ocorrido prevenção por qualquer motivo, a distribuição dos recursos selecionados e enviados a Brasília será livre. Registre-se, por fim e por outro lado, que, quando a iniciativa do incidente é do próprio relator, a ele serão redistribuídos por dependência outros recursos que, por acaso, venham a se agregar aos já atribuídos (*v.* § 6º e nota).

---

§ 4º O relator, conforme dispuser o regimento interno do Superior Tribunal de Justiça e considerando a relevância da matéria, poderá admitir manifestação de pessoas, órgãos ou entidades com interesse na controvérsia.

Vide Projeto de CPC, art. 992, § 2º.

Bastante evidente parece que o enfocado dispositivo tem inspiração próxima no § 6º, do art. 543-A (que trata da repercussão geral) e remota nos parágrafos iniciais dos arts. 9º e 20, da Lei n. 9.868/99, e 6º, da Lei n. 9.882/99 (que tratam dos procedimentos da ADI, ADC e ADPF). Como se percebe, todos esses regramentos e o que ora nos ocupa dizem respeito a uma mesma e única figura processual, qual seja, a do *amicus curiae* que, como já tivemos a oportunidade de dizer anteriormente, cumpre o papel de viabilizar a prática ou o exercício do princípio do contraditório com o fim específico de dar maturidade à discussão e maior legitimidade à decisão que vai ser proferida e, no caso deste § 4º, vai julgar sobre a admissibilidade ou não de recursos especiais repetitivos. De fato, a autorização para a "manifestação de pessoas, órgãos ou entidades com interesse na controvérsia" indubitavelmente contribui e muito para o aprofundamento da discussão sobre a controvérsia, bem como para a maturação e, consequentemente, para a autoridade jurídica da decisão que o STJ vai proferir acerca da importante questão dos recursos repetitivos. Não é por outro motivo, assim, que o presente § 4º acentua a "relevância da matéria", que pode ser maior ou menor segundo diferentes pontos de vista (jurídico, político, social, econômico), como requisito para a admissão do *amicus curiae*. Note-se, por outro lado, que enquanto o § 6º do art. 543-A fala apenas de "manifestação de terceiros" e os parágrafos dos artigos indicados se referem a "pessoas com experiência e autoridade na matéria", este § 4º objeto da nossa atenção é bem mais minucioso ao aludir a "pessoas, órgãos ou entidades", o que parece se explicar pelo fato de que a "controvérsia", para fins de recursos repetitivos, pode gravitar em torno de temas menos abstratos do que os tratados em sede de controle de constitucionalidade e, por isso, mais variados, porque sempre à luz da extensa legislação federal que possuímos. Por fim, damos registro à circunstância de que a Resolução n. 8/2008 também se ocupou do *amicus curiae*, em seu art. 3º, ao prever: "Art. 3º Antes do julgamento do recurso, o Relator: I – poderá solicitar informações aos tribunais estaduais ou federais a respeito da controvérsia e autorizar, ante a relevância da matéria, a manifestação escrita de pessoas, órgãos ou entidades com interesse na controvérsia, a serem prestadas no prazo de quinze dias". Eis a disposição de caráter regimental a que faz referência o início do texto deste § 4º.

§ 5º Recebidas as informações e, se for o caso, após cumprido o disposto no § 4º deste artigo, terá vista o Ministério Público pelo prazo de quinze dias.

O recebimento das informações a que alude o focalizado § 5º corresponde evidentemente à resposta da tribunal federal ou estadual de origem à solicitação do relator prevista pelo § 3º que, como vimos, tanto pode ocorrer quando o incidente de julgamento de recursos repetitivos tem a iniciativa do presidente de um tribunal inferior, como quando tal iniciativa é do próprio relator, no STJ (*v.* nota ao § 3º). Pois bem, o que de mais importante se encontra aqui previsto é que, recebidas as informações – não importando o contexto processual da solicitação, repetimos –, terá lugar eventualmente a admissão da manifestação do *amicus curiae* (*v.* § 4º e nota) e obrigatoriamente a abertura de vista, pelo prazo de quinze dias, ao órgão do MP que oficia perante o STJ. Observe-se que a intervenção do *parquet*, nesse caso, decorre de expressa previsão legal (a deste § 5º, do art. 543-C) e se justifica pela indisponibilidade do interesse processual envolvido no incidente dos recursos repetitivos, qual seja, o de ver-se definida jurisdicionalmente, da melhor e mais perfeita maneira possível, a necessidade, ou não, de firmar, num sentido ou no outro, a orientação que conduzirá o tribunal de origem no trato do destino a ser dado aos muitos recursos repetitivos suspensos. Trata-se inegavelmente de interesse ou direito processual da mais absoluta indisponibilidade, posto que não sujeito a qualquer tipo de disposição jurídica (transação, renúncia, reconhecimento, confissão, etc.) e nem a fenômenos extintivos (preclusão, perempção, decadência ou prescrição). Essa é a justificativa também dos arts. 116, parágrafo único, 478, parágrafo único, e 480, *caput*, do CPC. Por derradeiro, registre-se que, identicamente, a Resolução n. 8/2008, do STJ, ocupou-se da participação necessária do defensor dos interesses indisponíveis aos prescrever no seu art. 3º: "Art. 3º Antes do julgamento do recurso, o Relator: I – poderá solicitar informações [...]; II – dará vista dos autos ao MP por quinze dias".

---

§ 6º Transcorrido o prazo para o Ministério Público e remetida cópia do relatório aos demais Ministros, o processo será incluído em pauta na seção ou na Corte Especial, devendo ser julgado com preferência sobre os demais feitos, ressalvados os que envolvam réu preso e os pedidos de *habeas corpus*.

Vide Projeto de CPC, art. 992, § 3º.

Este § 6º que ora nos ocupa trata fundamentalmente da competência para o julgamento dos recursos repetitivos pelo STJ, ao dispor que "o processo será incluído em pauta na seção ou na Corte Especial". Desde logo, observe-se que, acerca desse tema central, é necessário que nos socorramos da Resolução n. 8/2008 que prescreve no seu art. 2º: "Art. 2º Recebendo recurso especial admitido com base no art. 1º, *caput*, desta Resolução, o Relator submeterá o seu julgamento à Seção ou à Corte Especial, desde que, nesta última hipótese, exista questão de competência de mais de uma Seção"; "§ 1º A critério do Relator, poderão ser submetidos ao julgamento da Seção ou da Corte Especial, na forma deste artigo, recursos especiais já distribuídos que forem representativos de questão jurídica objeto de recursos repetitivos". Duas considerações interpretativas aqui se impõem. A primeira no sentido de que a Corte Especial só tem competência se, dentre os recursos selecionados na origem e enviados a Brasília, algumas das matérias centrais discutidas couberem (em tese) à apreciação de mais de uma Seção; se todas as matérias se enquadrarem na competência de apenas uma Seção, dela será a atribuição para julgar o incidente. Já a segunda consideração diz respeito ao poder conferido ao relator (a quem haja sido distribuído o "processo" integrado pelos recursos repetitivos selecionados no tribunal de origem) para submeter ao julgamento da Seção ou da Corte Especial, além dos recursos enviados, outros recursos especiais que já se encontram no STJ (distribuídos ou não distribuídos). Em outros termos, o que se permite é o aproveitamento da oportunidade de julgamento, aberta pelos recursos selecionados e enviados, para a apreciação de outros que tenham sido distribuídos no STJ pelas vias normais, ou não, mas que também sejam "representativos da questão jurídica objeto dos recursos repetitivos", como diz o § 1º transcrito. A estes últimos podemos chamar de recursos "agregados", vale dizer, aqueles que, por determinação do relator originário, também passarão pelo julgamento conjunto do órgão colegiado, viabilizando-se, assim, a aplicação do princípio da economia processual. Eis o texto do § 1º do art. 2º da Resolução: "§ 1º A critério do Relator, poderão ser submetidos ao julgamento da Seção ou da Corte Especial, na forma deste artigo, recursos especiais já distribuídos que forem representativos de questão jurídica objeto de recursos repetitivos". Por derradeiro, registre-se apenas que a inclusão em pauta de que trata este § 6º é procedimentalmente antecedida da manifestação do Ministério Público e da remessa de cópia do relatório aos demais ministros, ficando, no entanto, condicionado o julgamento preferencial à inexistência de outros feitos de prioridade máxima, como os que envolvem réu preso e os *habeas corpus*. É também o que estabelece o art. 4º, da Resolução n. 8/2008, que transcrevemos: "Art. 4º Na Seção ou na Corte Especial, o recurso especial será julgado com preferência sobre os demais, ressalvados os que envolvam réu preso e os pedidos de *habeas corpus*." "Parágrafo único. A coordenadoria do órgão julgador extrairá cópias do acórdão recorrido, do recurso especial, das contrarrazões, da decisão de admissibilidade, do parecer do MP e de outras peças indicadas pelo Relator encaminhando-as aos integrantes do órgão julgador pelo menos 5 (cinco) dias antes do julgamento".

---

§ 7º Publicado o acórdão do Superior Tribunal de Justiça, os recursos especiais sobrestados na origem:

Vide Projeto de CPC, arts. 993 e 994, caput

O presente § 7º deste art. 543-C disciplina o efeito da publicação do julgamento dos recursos especiais "representativos da controvérsia" sobre todos os demais recursos repetitivos que se encontram sobrestados na instância inferior. Não é sem motivo assim, que o parágrafo que nos ocupa diz com todas as letras que "publicado o acórdão do STJ, os recursos especiais sobrestados na origem: I – terão seguimento denegado [...]; ou II – serão novamente examinados pelo tribunal de origem [...]". Observe-se, inicialmente, e isso parece de relevo, que o acórdão a que alude o texto deste *caput* corresponde tanto ao julgamento de um único recurso especial "representativo da controvérsia", como de vários recursos "representativos". Registre-se que apesar de o § 1º abrir a possibilidade de admissão de apenas um recurso e o § 6º falar que "o processo será incluído em pauta" (subentendendo uma unidade recursal – no que é seguido, também, pelo texto do art. 5º, *caput*, da Resolução n. 8/2008 ("Art. 5º Publicado o acórdão do julgamento do recurso especial pela seção ou pela Corte Especial, os demais recursos [...]") –, nada impede, como visto, que o STJ realize o julgamento unificado de um conjunto de recursos "representativos". Note-se, ademais, que outra importante observação a fazer vincula-se ao fato de que, enquanto este § 7º e seus incisos só tratam dos efeitos do julgamento sobre os recursos sobrestados na origem, a Resolução n. 8, já tantas vezes citada, vai além, para regulamentar tais efeitos na perspectiva dos recursos sobrestados no próprio STJ, posto que, como acentuado, o relator pode ter determinado a "agregação" de outros recursos com a finalidade de julgamento conjunto, como prevê o § 1º do art. 2º da Resolução, fenômeno acerca do qual tecemos algumas considerações no comentário ao § 6º (inclusive, com citação literal do texto do § 1º mencionado). Sendo assim, vale a pena transcrever aqui os incisos do art. 5º da Resolução: "Art. 5º Publicado o acórdão [...]: I – se já distribuídos, serão julgados pelo relator, nos termos do art. 557 do CPC; II – se ainda não distribuídos, serão julgados pela Presidência, nos termos da Resolução n. 3, de 17.04.2008; III – se sobrestados na origem, terão seguimento na forma prevista nos parágrafos sétimo e oitavo do art. 543-C, do CPC". Como se vê, portanto, para os recursos "agregados" (os que já se encontram no STJ – distribuídos ou não –, mas que por determinação do relator também integram o julgamento por sua "representatividade") valem as regras da Resolução: os já distribuídos são julgados na forma do art. 557 (negativa de seguimento ou dação de provimento, de acordo com o teor da orientação firmada) pelo relator; os não distribuídos são julgados pelo presidente da Seção ou da Corte Especial, nos termos da Resolução n. 3, com o que rapidamente têm seu destino estabelecido, também, tanto num sentido, como no outro. Nesse diapasão, veja-se o que dispõe a mencionada Resolução n. 3/2008: "Art. 1º Compete ao Presidente, antes da distribuição: I – não conhecer de agravo de instrumento manifestamente inadmissível; II – negar seguimento a recurso especial manifestamente inadmissível, prejudicado ou em confronto com súmula ou jurisprudência dominante do Tribunal; III – dar provimento a recurso especial, se o acórdão recorrido estiver em confronto com súmula ou jurisprudência dominante no Tribunal; IV – conhecer de agravo de instrumento para: *a)* negar seguimento a recurso especial, na hipótese prevista no inciso II; *b)* dar provimento a recurso especial, na hipótese prevista no inciso III. § 1º O Presidente julgará embargos de declaração opostos contra as decisões que emitir. § 2º Interposto agravo regimental contra decisão emitida pelo Presidente, os autos serão distribuídos, observando-se o art. 9º do Regimento Interno". Por fim, registre-se que, qualquer que seja a forma que assuma o julgamento dos recursos especiais repetitivos, o último ato do procedimento perante o STJ será sempre o mesmo, de acordo com o art. 6º da Resolução n. 8/2008 que transcrevemos: "Art. 6º A coordenadoria do órgão julgador expedirá ofício aos tribunais de origem com cópia do acórdão relativo ao recurso especial julgado na forma desta Resolução".

I – terão seguimento denegado na hipótese de o acórdão recorrido coincidir com a orientação do Superior Tribunal de Justiça; ou

Vide Projeto de CPC, art. 994, I.

Este primeiro inciso do § 7º do art. 543-C estabelece o efeito do julgamento do STJ sobre os recursos especiais sobrestados no tribunal de origem, na hipótese de o teor da decisão emitida "coincidir" com o teor do acórdão recorrido:

o efeito é que terão seguimento denegado todos os recursos sobrestados (ou suspensos). Algumas observações interpretativas aqui se impõem para a boa compreensão do texto sob enfoque. A primeira, no sentido de que o julgamento realizado pelo STJ é chamado de "orientação" pelo fato de que a decisão proferida sempre funcionará apenas como paradigma para o tribunal de origem, ficando a denegação de seguimento a depender de uma avaliação, em cada recurso especial sobrestado, da efetiva identidade da orientação firmada com as peculiaridades do caso concreto; ao presidente do tribunal caberá a emissão de um pronunciamento nesse sentido para que se tenha por definitivamente denegado o recurso especial interposto. A segunda concerne à explicitação da justificativa do presente regramento: se o teor do acórdão atacado pelo recurso especial (no tribunal de origem) é "coincidente" com o teor da orientação firmada em Brasília (no STJ), o recurso então suspenso há de ter necessariamente o seu seguimento denegado, uma vez que já se sabe de antemão que tal recurso não tem nenhuma possibilidade de prosperar no órgão de cúpula da Justiça comum. Esclareça-se que a "coincidência" a que alude o inciso sempre se dá num contexto negativo, vale dizer, ela ocorre quando o teor do acórdão atacado na origem enquadra-se na orientação do STJ que sempre tem um teor negativo, de proibição, de explicitação de uma tese jurídica que não autoriza a subida do recurso. Assim é porque o objetivo último deste art. 543-C é necessariamente negativo, de eliminação de recursos repetitivos que não vão dar em nada, o que dá à "orientação" e à "coincidência" este invariável caráter de negatividade. Por fim, tenha-se em conta, como terceira observação, o fato de que a decisão conclusiva do presidente com base na orientação firmada, no sentido da denegação de seguimento do recurso, é definitiva, deste ato não cabendo qualquer outra forma de impugnação.

II – serão novamente examinados pelo tribunal de origem na hipótese de o acórdão recorrido divergir da orientação do Superior Tribunal de Justiça.

Vide Projeto de CPC, art. 994, II.

Se o inciso I deste § 7º prevê a negativa de seguimento para os recursos sobrestados na origem como resultado da "coincidência" com a orientação do STJ, o dispositivo sob enfoque institui um novo exame dos recursos sobrestados como resultado da verificação da "divergência" com a orientação firmada em Brasília. Antes de mais nada, saliente-se, apenas com o intuito de firmar a ideia, que a divergência prevista ocorre porque o teor do acórdão recorrido não se enquadra na vedação ou proibição estabelecida pelo STJ (sobre a negatividade, *v.* nota ao inciso I), do que deflui a possibilidade de novo exame pelo tribunal de origem. Acerca da frase "serão novamente examinados", observe-se que ela significa que o presidente, ou vice-presidente, de um TJ ou de um TRF – que já havia deferido ou indeferido o processamento de recursos especiais que, mais tarde, foram sobrestados pela instauração do incidente do julgamento de recursos repetitivos – fica autorizado a proferir novo juízo de admissibilidade se o acórdão impugnado escapou da denegação definitiva de seguimento que é resultado da coincidência do inciso I. O que se dá, então, é que esta segunda decisão pode significar agora a admissão do especial (antes inadmitido) ou a manutenção da admissão (porque o recurso já havia sido admitido) ou, ainda, a ordem para imediata subida do agravo de instrumento que estava sobrestado (aqui não há um segundo juízo de admissibilidade, porque o agravo já estava interposto, mas apenas a liberação da subida até então obstaculizada). Por fim, registre-se apenas que a hipótese de novo exame de admissibilidade prevista pelo dispositivo ora localizado não se confunde com a prevista no § 8º a seguir que trata de uma situação completamente diferente (*v.* nota).

---

§ 8º Na hipótese prevista no inciso II do § 7º deste artigo, mantida a decisão divergente pelo tribunal de origem, far-se-á o exame de admissibilidade do recurso especial.

Vide Projeto de CPC, art. 994, § 1º.

Ao realizar expressamente a remissão ao inciso II do § 7º, já no início da prescrição sob enfoque, nada mais faz este § 8º do que disciplinar a prática de um ato que se relaciona com um "novo exame" que o tribunal de origem é chamado a emitir, mas que não se confunde com nenhum dos particulares pronunciamentos do presidente ou do vice-presidente, aos quais nos referimos no comentário anterior. É que enquanto o presidente (ou o vice) examina "novamente" (quer dizer, pela segunda vez) o recurso especial (o que estivera sobrestado) por causa da divergência entre a orientação firmada e o acórdão recorrido, tudo é diferente quando se cogita da aplicação do presente parágrafo. Em primeiro lugar, porque, ao dizer "mantida a decisão divergente pelo tribunal de origem", este § 8º autoriza de forma expressa o órgão colegiado, que proferiu o acórdão recorrido, a manter a "decisão divergente" (manter a decisão é muito diferente de apreciá-la outra vez) ou, pelo contrário, a reformar o acórdão recorrido, quando, então, a nova decisão colegiada passa a se conformar com a orientação do STJ, tornando-se, por isso, na prática inatacável por outro recurso especial. Eis a novidade interessante trazida pelo presente regramento: se ele não existisse, aplicar-se-ia o inciso II do § 7º e o recurso especial provavelmente subiria a Brasília por causa da divergência; existindo, fica autorizado o tribunal, por causa da mesma divergência, a retratar-se (emitindo outro acórdão) e, com isso, colocando-se ao lado do STJ e obstaculizando a interposição de novo recurso, o que, afinal de contas, significa aplicação do princípio da economia processual. Observe-se, em segundo lugar, que, tratando-se de manutenção da "decisão divergente", haverá, de fato, um novo "exame de admissibilidade do recurso especial", como se dá na hipótese do inciso II do § 7º (a diferença é que o acórdão aqui é do mesmo teor, porém, outro – o de manutenção); já na hipótese de retratação – a não prevista expressamente por este § 8º –, não haverá um "novo" juízo de admissibilidade, pelo contrário, o que ocorrerá será a interposição de outro recurso especial (com muito pouca chance de prosperar, aliás) e um outro juízo de admissibilidade. Registre-se, por derradeiro, que a interpretação que sustentamos conduz à conclusão de que faltou no texto uma alusão expressa ao ato de interposição do novo recurso especial (antes da previsão final "[...] far-se-á o exame de admissibilidade [...]"), mas que se trata efetivamente de uma hipótese processual distinta das possíveis com base no inciso II do § 7º.

§ 9º O Superior Tribunal de Justiça e os tribunais de segunda instância regulamentarão, no âmbito de suas competências, os procedimentos relativos ao processamento e julgamento do recurso especial nos casos previstos neste artigo.

Com o intuito de finalizar os presentes comentários ao art. 543-C, parece-nos de todo útil e didático transcrever na íntegra a Resolução n. 8, de 07.08.2008, do STJ, com o que se terá uma ideia de conjunto da regulamentação que, no órgão de cúpula da Justiça Comum, receberam "os procedimentos relativos ao processamento e julgamento do recurso especial" nos casos de recursos repetitivos. Apesar de termos sempre nos valido de forma expressa dos dispositivos desta Resolução n. 8 nos comentários aos parágrafos anteriores deste art. 543-C, a visão como um todo da Resolução n. 8/2008 certamente facilitará a compreensão da reforma que se introduziu no CPC para permitir o julgamento racional e eficiente dos recursos repetitivos. Senão vejamos: "Resolução n. 8, de 07.08.2008 – *Estabelece os procedimentos relativos ao processamento e julgamento de recursos especiais repetitivos.* O PRESIDENTE DO STJ, no uso da atribuição que lhe é conferida pelo art. 21, XX, do Regimento Interno, *ad referendum* do Conselho de Administração, e Considerando a necessidade de regulamentar os procedimentos para admissibilidade e julgamento dos recursos especiais repetitivos, previstos na Lei n. 11.672, de 08.05.2008, Resolve: Art. 1º Havendo multiplicidade de recursos especiais com fundamento em idêntica questão de direito, caberá ao presidente ou ao vice-presidente do tribunal recorrido (CPC, art. 541) admitir um ou mais recursos representativos da controvérsia, os quais serão encaminhados ao STJ, ficando os demais suspensos até o pronunciamento definitivo do Tribunal. § 1º Serão selecionados pelo menos um processo de cada Relator e, dentre esses, os que contiverem maior diversidade de fundamentos no acórdão e de argumentos no recurso especial. § 2º

O agrupamento de recursos repetitivos levará em consideração apenas a questão central discutida, sempre que o exame desta possa tornar prejudicada a análise de outras questões arguidas no mesmo recurso. § 3º A suspensão será certificada nos autos. § 4º No STJ, os recursos especiais de que trata este artigo serão distribuídos por dependência e submetidos a julgamento nos termos do art. 543-C do CPC e desta Resolução. Art. 2º Recebendo recurso especial admitido com base no art. 1º, *caput*, desta Resolução, o Relator submeterá o seu julgamento à Seção ou à Corte Especial, desde que, nesta última hipótese, exista questão de competência de mais de uma Seção. § 1º A critério do Relator, poderão ser submetidos ao julgamento da Seção ou da Corte Especial, na forma deste artigo, recursos especiais já distribuídos que forem representativos de questão jurídica objeto de recursos repetitivos. § 2º A decisão do Relator será comunicada aos demais Ministros e ao Presidente dos Tribunais de Justiça e dos TRFs, conforme o caso, para suspender os recursos que versem sobre a mesma controvérsia. Art. 3º Antes do julgamento do recurso, o Relator: I – poderá solicitar informações aos tribunais estaduais ou federais a respeito da controvérsia e autorizar, ante a relevância da matéria, a manifestação escrita de pessoas, órgãos ou entidades com interesse na controvérsia, a serem prestadas no prazo de quinze dias. II – dará vista dos autos ao MP por quinze dias. Art. 4º Na Seção ou na Corte Especial, o recurso especial será julgado com preferência sobre os demais, ressalvados os que envolvam réu preso e os pedidos de *habeas corpus*. Parágrafo único. A Coordenadoria do órgão julgador extrairá cópias do acórdão recorrido, do recurso especial, das contrarrazões, da decisão de admissibilidade, do parecer do MP e de outras peças indicadas pelo Relator, encaminhando-as aos integrantes do órgão julgador pelo menos 5 (cinco) dias antes do julgamento. Art. 5º Publicado o acórdão do julgamento do recurso especial pela Seção ou pela Corte Especial, os demais recursos especiais fundados em idêntica controvérsia: I – se já distribuídos, serão julgados pelo relator, nos termos do art. 557 do CPC; II – se ainda não distribuídos, serão julgados pela Presidência, nos termos da Resolução n. 3, de 17.04.2008. III – se sobrestados na origem, terão seguimento na forma prevista nos parágrafos sétimo e oitavo do art. 543-C do CPC. Art. 6º A coordenadoria do órgão julgador expedirá ofício aos tribunais de origem com cópia do acórdão relativo ao recurso especial julgado na forma desta Resolução. Art. 7º O procedimento estabelecido nesta Resolução aplica-se, no que couber, aos agravos de instrumento interpostos contra decisão que não admitir recurso especial. Art. 8º Esta Resolução entra em vigor em 08.08.2008 e será publicada no *Diário de Justiça* eletrônico, ficando revogada a Resolução n. 7, de 14.07.2008. Brasília, 07.08.2008. Ministro Cesar Asfor Rocha". Por derradeiro, registre-se que o presente dispositivo também autoriza que os tribunais de segunda instância (os Tribunais de Justiça dos Estados e do Distrito Federal e os TRFs) regulamentem, no âmbito de suas competências, os procedimentos relativos ao julgamento de recursos repetitivos.

Art. 544. Não admitido o recurso extraordinário ou o recurso especial, caberá agravo nos próprios autos, no prazo de 10 (dez) dias.

Vide Projeto de CPC, art. 996, caput

O presente art. 544 – com a redação que lhe deu a Lei n. 12.322/2010 – introduz no sistema recursal do nosso CPC mais uma modalidade de agravo, a do "agravo nos próprios autos", conforme a expressa literalidade do *caput* que ora examinamos. Trata-se de modalidade de recurso de agravo que vem substituir a figura do agravo de instrumento contra indeferimento de recurso especial ou extraordinário que, como o próprio nome indicava, exigia a formação de um instrumento, constituído de inúmeras cópias de peças processuais, que era endereçado ao STJ e/ou STF com vista à reforma da decisão indeferitória do presidente do tribunal estadual ou federal. Com o novo instituto de direito processual civil elimina-se a necessidade de formação de instrumento e permite-se a interposição do agravo e o oferecimento de resposta nos próprios autos do processo em curso para que estes mesmos autos – já com o agravo interposto e respondido – sejam remetidos à superior instância com vista à reapreciação do julgamento de inadmissibilidade do recurso especial ou extraordinário. A vantagem do novo regime processual é evidente porque, ao mesmo tempo em que facilita a interposição do recurso pelo agravante (pela dispensa de reprodução e autenticação de infinitas peças), ainda permite o conhecimento direto e completo da causa pelo relator (e eventualmente pelo tribunal), representando também a eliminação da necessidade de armazenamento de autos na segunda instância e da subsequente movimentação em caso de ser dado provimento ao agravo interposto (a subida dos autos principais para o julgamento do especial ou do extraordinário). Tudo, de fato, aponta para a inescondível superioridade do novo regime jurídico pela economia de tempo e de trabalho que representa e pela racionalidade que impõe ao sistema de recursos na reta final do seu funcionamento (redação dada pela Lei n. 12.322, de 09.09.2010).

§ 1º O agravante deverá interpor um agravo para cada recurso não admitido.

Vide Projeto de CPC, art. 996, § 1º.

Com o intuito de dar prosseguimento à disciplina do agravo nos próprios autos, estabelece este § 1º a forma que a sua interposição deve obedecer, regulamentação que se revela indispensável na medida em que se tenha em conta que o presente recurso sempre se destina a atacar uma ou duas decisões indeferitórias proferidas pelo presidente do tribunal. E é justamente porque o agravo deste art. 544 pode impugnar tanto o indeferimento de processamento do recurso especial como o do recurso extraordinário, que o focalizado parágrafo se mostra relevante ao prescrever que o "agravante deverá interpor um agravo para cada recurso não admitido", deixando claro desde logo que, apesar de se tratar de recurso que se interpõe nos próprios autos do processo em curso, não se admite que um único agravo ataque as duas decisões, pelo contrário, exige a lei processual que cada decisão seja atacada por um agravo particularizado, o que se explica e se justifica pelo fato de que as razões que mostram a admissibilidade do recurso especial são invariavelmente diferentes das que apontam para a admissibilidade do recurso extraordinário. Eis a *ratio* da exigência de dois agravos, de duas peças, de duas minutas que sempre veicularão argumentações jurídicas distintas (redação dada pela Lei n. 12.322, de 09.09.2010).

§ 2º A petição de agravo será dirigida à presidência do tribunal de origem, não dependendo do pagamento de custas e despesas postais. O agravado será intimado, de imediato, para no prazo de 10 (dez) dias oferecer resposta, podendo instruí-la com cópias das peças que entender conveniente. Em seguida, subirá o agravo ao tribunal superior, onde será processado na forma regimental.

Vide Projeto de CPC, art. 996, § 2º.

Apesar de a Lei n. 12.322/2010 ter mantido o texto do § 2º deste art. 544 em sua integralidade, o que se percebe com clareza é que apenas a parte inicial do presente dispositivo se sustenta em face da reforma empreendida. É que toda a parte final do longo dispositivo dirigida ao agravado (intimação, prazo de dez dias e poder para instruir o agravo com cópias) e ao processamento do recurso (subida do agravo ao tribunal superior e remissão ao regimento interno) se encontra inequivocamente revogada pelos §§ 3º e 4º deste mesmo art. 544. Quanto à atividade do agravado, ela é disciplinada por completo pelo § 3º que fala da intimação e do prazo para resposta, mas por óbvio já não fala mais de poder instrutório, uma vez que o agravo nos próprios autos dispensa de forma absoluta qualquer necessidade de instrução documental. E no que concerne ao processamento, o mencionado § 4º já não fala mais de subida do agravo, pela simples razão de que, com o novo recurso, sobem à superior instância os autos do processo como um todo e não mais apenas o instrumento do agravo. A conclusão a que se chega, portanto, é que, dada a revogação tácita da parte final do texto, mantém-se em vigor apenas a primeira sentença do presente § 2º que prescreve: "§ 2º A petição de agravo será dirigida à presidência do tribunal de origem, não dependendo do pagamento de custas e despesas postais". Pois bem, em relação ao texto que ainda vigora, o que se deve dizer, inicialmente, é que a explicitação da exigência de endereçamento à presidência do tribunal representa a base disciplinar do ato de inadmissão do recurso especial e/ou extraordinário que se encontra previsto no *caput* deste art. 544, uma vez que tanto sob o ponto de vista lógico, como cronológico, é o endereçamento do recorrente que permitirá ao presidente o proferimento da decisão (ou das decisões) de inadmissibilidade que se ataca por meio do agravo nos próprios autos. Em segundo lugar, chama a atenção o fato de que é a própria lei federal (o CPC) que retira do âmbito desta modalidade recursal a exigência do pagamento de custas, vale dizer, a necessidade de se efetuar preparo para que se torne admissível o agravo neste caso (art. 511), não podendo nenhuma lei estadual sequer cogitar de impor o pagamento de taxa judiciária para o processamento do agravo nos próprios autos. E, por fim, em terceiro lugar, observamos que é identicamente a lei federal que de maneira expressa e explícita exclui deste recurso que nos ocupa o pagamento das despesas postais (redação dada pela Lei n. 10.352, de 26.12.2001).

§ 3º O agravado será intimado, de imediato, para no prazo de 10 (dez) dias oferecer resposta. Em seguida, os autos serão remetidos à superior instância, observando-se o disposto no art. 543 deste Código e, no que couber, na Lei n. 11.672, de 8 de maio de 2008.

Vide Projeto de CPC, art. 996, § 3º.

Como tivemos a oportunidade de dizer no comentário anterior, toda a parte final do longo texto do § 2º se encontra revogada pelo presente § 3º, que regula de forma diferente tanto a atividade do agravado como a subida dos autos ao tribunal superior. Quanto à segunda sentença do § 2º ("[...] O agravado será intimidado [...] podendo instruí-la com cópias das peças que entender conveniente [...]"), fica clara a sua revogação pelo fato de ter desaparecido a necessidade do agravado de instruir o recurso com peças, na medida em que o agravo deste art. 544 se processa nos "próprios autos", como diz o *caput*. Basta, portanto, que o focalizado § 3º estabeleça apenas que "O agravado será intimado, de imediato, para no prazo de 10 (dez) dias oferecer resposta", sem qualquer alusão à instrução documental. Quanto à terceira sentença ("[...] Em seguida, subirá o agravo ao tribunal [...]"), a revogação é ainda mais patente pela circunstância de que já não existe agravo (instrumento do agravo) que deva subir ao tribunal, tornando suficiente a afirmação deste § 3º de que "Em seguida, os autos [do processo] serão remetidos à superior instância [...]". Feitas tais considerações introdutórias, o que nos cabe assinalar é que a simplicidade do processamento do agravo nos próprios autos na instância inferior (intimação do agravado-resposta-não retratação – remessa dos autos a Brasília) não deixa margem a muitas dúvidas. No entanto, algumas observações se impõem. A primeira no sentido de que, na hipótese de duplo indeferimento, a intimação do agravado para resposta só deve ocorrer após esgotado o prazo de dez dias para a interposição dos possíveis recursos, o que se explica pelo fato de que, como o § 1º não exige interposição simultânea dos dois agravos, nada impede que um deles seja interposto, por exemplo, antes do décimo dia e outro apenas no último dia do prazo recursal, tornando necessária a espera pelo segundo e eventual agravo para que se deflagre a intimação do recorrido para responder aos dois. A segunda observação concerne à hipótese de apenas o recurso especial (ou apenas o extraordinário) ter sido inadmitido pelo presidente do tribunal. Nesse caso, o que se deve registrar é que, como o focalizado § 3º só admite a subida dos autos do processo à superior instância após o processamento do agravo, vale dizer, após a intimação, oportunidade de resposta e não retratação, o que se conclui é que a vontade da lei aqui é a de que sempre se aguarde pela possível interposição do agravo contra o indeferimento único ocorrido, seu processamento ou a certificação de que o prazo recursal se esgotou, para que só então se proceda à remessa dos autos à instância superior. É que como a remessa dos autos a Brasília, nesse caso, cumpre o propósito de permitir o julgamento de dois recursos na instância superior (o especial ou extraordinário e o agravo interposto contra o indeferimento único ocorrido), sempre será preciso esperar pelo possível processamento do agravo para que os autos do processo subam ao STF ou STJ. Já a terceira observação diz respeito à hipótese de apenas um recurso extremo ter sido apresentado (ou o especial ou o extraordinário), o presidente do tribunal ter indeferido o seu processamento e a parte ter interposto agravo nos próprios autos. Note-se que, na situação aqui ventilada, nenhuma dúvida pode surgir, nem sobre o momento da deflagração da intimação do agravado, nem sobre o momento da remessa dos autos a Brasília, porque, afinal de contas, só há um recurso a ser enviado para julgamento do STF ou STJ: o próprio agravo. E, finalmente, a quarta observação que não pode deixar de ser feita, ainda sobre a questão da remessa: mesmo que o agravo nos próprios autos tenha sido interposto intempestivamente (em afronta ao art. 544, *caput*) ou que um único agravo tenha sido apresentado para impugnar conjuntamente as duas decisões indeferitórias do presidente (em afronta ao § 1º) ou mesmo que a petição que veicula o agravo seja inequivocamente inepta (em afronta aos arts. 295, I e parágrafo único, e 524, analogicamente aplicados), ainda assim não poderá a presidência do tribunal, ou sua secretaria, abster-se de realizar a remessa dos autos à superior instância, porque somente a ela pertence o juízo de admissibilidade do agravo. Prosseguindo, resta-nos enfrentar algumas dificuldades interpretativas que a parte final do texto deste § 3º sugere ao dizer que "[...] os autos serão remetidos à superior instância, observando-se o disposto no art. 543 deste Código e, no que couber, na Lei n. 11.672, de 08.05.2008". Em primeiro lugar, cabe a observação de que a remissão legal ao "art. 543 deste Código" aponta apenas para a disciplina da remessa dos autos que deve ser observada pelo presidente do tribunal (ou sua secretaria) na hipótese de terem sido "admitidos ambos os recursos [...]" (vale dizer, o especial e o extraordinário), quando então "[...] os autos serão remetidos ao STJ" (art. 543, *caput*). Note-se que essa hipótese de remessa dos autos ao STJ parte da ideia de inexistência de "agravo nos próprios autos", tratando-se de situação que foge completamente de tudo o que dissemos na parte inicial deste comentário que foi dedicada a três situações de existência de agravo nos autos: 1ª) a de dois recursos, dois indeferimentos e dois agravos; 2ª) a de dois recursos, um indeferimento e um agravo; e 3ª) a de um recurso, um indeferimento e um agravo. Atente-se mais para o fato de que a hipótese de que ora tratamos (dois deferimentos – art. 543) torna o texto deste § 3º incoerente se enxergado como um todo, porque a remessa à superior instância que observa o art. 543 não pressupõe processamento do agravo, deixando sem sentido a sentença que vem na sequência ("[...] Em seguida, os autos serão remetidos à superior instância [...]"). Veja-se que a falta de sentido lógico é absoluta na medida em que se tenha em conta que a remessa dos autos com os dois recursos admitidos (o especial e o extraordinário) não é consequência de o agravado ter sido intimado e de ter respondido, pela simples circunstância de que agravo não existe, porque não é possível a sua interposição neste caso. Contudo, embora a remissão ao art. 543 no contexto redacional deste § 3º não faça nenhum sentido lógico, ela faz relativo sentido jurídico porquanto coloca em destaque a norma segundo a qual, se os dois recursos extremos forem admitidos, o presidente do tribunal deve remeter os autos ao STJ. Em segundo lugar, queremos deixar consignado o registro de que também a remissão à "Lei n. 11.672, de 8 de maio de 2008" se revela imperfeita sob o ponto de vista formal, uma vez que não se compreende o porquê de este § 3º não ter realizado uma simples remissão ao art. 543-C que corresponde justamente ao artigo introduzido no sistema recursal pela Lei n. 11.672/2008: o art. 543-C regulamenta o incidente de julgamento de recursos repetitivos pelo STJ (*v.* notas respectivas). Parece-nos que o único motivo que poderia justificar a remissão à Lei n. 11.672/2008, e não ao art. 543-C, seria o comando contido no § 2º desta Lei, que afirma expressamente a aplicabilidade do incidente "aos recursos já interpostos por ocasião da sua entrada em vigor". Como se trata de regra diferenciada de eficácia da lei processual no tempo – o normal seria só valer o novo procedimento para os recursos futuros –, talvez isto tenha levado o § 3º sob enfoque a fazer uma remissão genérica à Lei n. 11.672 e não ao art. 543-C. Mas mesmo tal explicação não se mostra satisfatória, uma vez que a presente remissão não significa coisa alguma em termos de aplicabilidade do julgamento dos recursos especiais repetitivos, pela simples razão de que o STJ o pratica desde 2008, por força do art. 543-C, nada representando a remissão aqui contida. Logo, continuamos não entendendo o que possa realmente significar a formulação final do dispositivo sob comentário. Seja como for, o que desejamos salientar é que a observância, "no que couber", do art. 543-C, no contexto do processamento do agravo nos próprios autos, implica alguns esclarecimentos. Como só se pode cogitar da aplicabilidade do art. 543-C na hipótese de admissão do recurso especial, quatro são as situações diante das quais o presidente do tribunal *a quo* poderá ser colocado: 1ª) no processo só houve a interposição de recurso especial e este é admitido pelo presidente do tribunal como "representativo da controvérsia", nos termos do art. 543-C, § 1º (a hipótese não suscita qualquer dúvida porque não há agravo interposto); 2ª) no processo houve a interposição do recurso especial e do extraordinário, sendo os dois recursos admitidos, e o especial reconhecido como "representativo da controvérsia" (também aqui a hipótese não suscita dúvida porque não há a interposição de agravo – o caso se enquadra no art. 543); 3ª) no processo houve a interposição do recurso especial e do extraordinário, sendo o primeiro admitido como "representativo da controvérsia" e o extraordinário indeferido, seguindo-se a interposição do agravo nos próprios autos. Eis o primeiro esclarecimento necessário: dada a aplicabilidade aqui do art. 543-C, § 1º, o processamento do agravo perante o STF ficará sobrestado até o encerramento do incidente do julgamento dos recursos especiais repetitivos, orientação disciplinar que é plenamente confirmada pelo art. 543, *caput* e seu § 1º, normas que priorizam o julgamento do STJ. Veja-se que se no caso de deferimento dos dois recursos extremos a prioridade é do especial (art. 543), o que não dizer no caso de o especial ter sido deferido e o extraordinário indeferido?; 4ª) no processo houve a interposição do recurso especial e do extraordinário, sendo que o extraordinário teve seu processamento admitido, mas não o especial, o que fez com que a parte interpusesse agravo nos próprios autos. Eis o segundo e último esclarecimento relevante: neste caso não se cogita nem da aplicação do art. 543 (que pressupõe o deferimento dos dois recursos extremos), nem do art. 543-C (cujo § 1º pressupõe admissão do recurso especial), restando ao operador do Direito valer-se do método de interpretação sistemática para afirmar que, mesmo na hipótese de estar apenas o recurso extraordinário admitido, os autos devem ser enviados ao STJ para julgamento do agravo interposto, ficando sobrestado o processamento do extraordinário até que se defina a situação do recurso especial que deve ser sempre apreciado antes do extraordinário. Por fim, duas palavras sobre o juízo de retratação que sempre é possível ao órgão jurisdicional quando se trate de recurso de agravo, qualquer que seja a sua forma (instrumento, retido, interno ou nos próprios autos). Sobre o tema, chamamos a atenção para a circunstância de que, seja qual for a hipótese de agravo nos próprios autos (agravo contra decisão única, contra duas decisões indeferitórias ou contra o indeferimento de um recurso extremo, estando o outro deferido), ao presidente do tribunal sempre será facultado retratar-se no sentido de admitir o processamento do recurso especial ou extraordinário antes inadmitido (ou de ambos se os dois haviam sido indeferidos), o que ele fará em momento subsequente à conclusão do processamento do agravo perante o tribunal *a quo* e sempre, é óbvio, antes da ordem de remessa dos autos ao STJ ou STF (redação dada pela Lei n. 12.322, de 09.09.2010).

§ 4º No Supremo Tribunal Federal e no Superior Tribunal de Justiça, o julgamento do agravo obedecerá ao disposto no respectivo regimento interno, podendo o relator:

Ao remeter ao regimento interno do STF e do STJ a regulamentação do julgamento do agravo nos próprios autos, nada mais faz o CPC (a lei federal) do que abrir mão de disciplinar o processamento deste recurso perante o guardião da Constituição e perante o órgão de cúpula da Justiça comum, entregando-lhes a atribuição para definir o procedimento, os prazos e as formalidades, mas não os poderes do relator que são expressa, específica e minuciosamente elencados nos dois incisos e nas três letras que compõem o conteúdo normativo do presente § 4º. Assim prescrevendo, abre-se a oportunidade para que os dois tribunais superiores mencionados alterem os seus respectivos regimentos com o objetivo de criar uma regulamentação precisa sobre o desenvolvimento do trâmite recursal do agravo deste art. 544. Enquanto isto não ocorre, entretanto, permanecem aplicáveis em parte os arts. 313 a 316 do RISTF e 253 e 254 do RISTJ que passamos a transcrever, acompanhados de pequenas anotações interpretativas intercalares. Senão, vejamos. Comecemos pelo RISTF: "Capítulo III – Dos Agravos. Seção I – Do Agravo de Instrumento" (o desaparecimento do instrumento do agravo não prejudica a aplicabilidade dos dispositivos que seguem). "Art. 313. Caberá agravo de instrumento: [...] II – de despacho de Presidente de Tribunal que não admitir recurso de competência do STF [...]"; "Art. 314. O agravo de instrumento obedecerá, no juízo ou Tribunal de origem, às normas da legislação processual vigente"; "Art. 315. Distribuído o agravo e ouvido, se necessário, o Procurador-Geral, o relator o colocará em mesa para julgamento, sem prejuízo das atribuições que lhe confere o art. 21, nos incisos VI e IX e no seu § 1º" (o inciso VI já não vigora porque autoriza o relator a determinar, em agravo de instrumento, a subida de recurso denegado, o que não é mais possível no agravo nos próprios autos; o inciso IX é aplicável por autorizar o relator a julgar prejudicado pedido de recurso que haja perdido o objeto; o § 1º refere o poder para arquivar, negar seguimento ou julgar improcedente recurso – *v.* notas aos incisos à frente deste § 4º). "Art. 316. O provimento de agravo de instrumento, ou a determinação do relator para que subam os autos, não prejudica o exame e o julgamento, no momento oportuno, do cabimento do recurso denegado" (sem vigor apenas a norma que fala da subida dos autos). "§ 1º O provimento será registrado na ata e certificado nos autos, juntando-se ulteriormente a transcrição do áudio." "§ 2º O provimento do agravo de instrumento e a determinação do relator para que suba o recurso serão comunicados ao tribunal de origem pelo Presidente do Tribunal para processamento do recurso" (este parágrafo já não vigora mais pela incompatibilidade do seu teor normativo com o art. 544 do CPC). "§ 3º Se os autos principais tiverem subido em virtude de recurso da parte contrária, serão devolvidos à origem para processamento do recurso admitido" (este parágrafo também perdeu o vigor por sua incompatibilidade com a disciplina do art. 544). Vejamos agora como o assunto é tratado no âmbito do RISTJ: "Título IX – Dos Recursos", "Capítulo I – Dos Recursos Ordinários", "Seção IV – Do Agravo de Instrumento". "Art. 253. O agravo de instrumento obedecerá, no juízo ou Tribunal de origem, às normas da legislação processual vigente". "Parágrafo único. Se interposto de decisão que inadmitiu o recurso especial, além das peças mencionadas no parágrafo único do art. 523 do CPC, serão obrigatoriamente trasladados o acórdão recorrido, a petição de interposição do recurso especial e as contrarrazões, se houver" (como se vê, este parágrafo único já não vigora, porque fala de traslado de peças, o que não é mais necessário). "Art. 254. Distribuído o agravo e ouvido, se necessário, o MP, no prazo de cinco dias, o relator, sem prejuízo das atribuições que lhe confere o art. 34, parágrafo único:" (este parágrafo único do art. 34 foi transformado em inciso XVIII do mesmo artigo – nota de Theotonio Negrão) "I – proferirá decisão, dando-lhe ou negando-lhe provimento, quando interposto de decisão que inadmitiu o recurso especial;" (*v.* notas aos incisos e alíneas deste § 4º sob comentário) "II – pedirá dia para o julgamento nos demais casos. § 1º O provimento do agravo pelo relator não prejudica o exame e o julgamento pela Turma, do cabimento do recurso especial, no momento processual oportuno. § 2º Se o instrumento contiver os elementos necessários ao julgamento do mérito do recurso, o relator, ao dar provimento ao agravo, determinará seja ele autuado como recurso especial e incluído em pauta, salvo se houver recurso adesivo" (observe-se que, como os elementos para o julgamento do recurso especial sempre estão presentes, quando se cogita de agravo nos próprios autos, perfeitamente aplicável remanesce a parte final do § 2º do art. 254 do RISTJ). Registre-se, ainda, o que dispõe a Resolução n. 3, de 17.04.2008, do STJ, sobre a competência do Presidente antes da distribuição: "Art. 1º Compete ao Presidente, antes da distribuição: I – não conhecer de agravo de instrumento manifestamente inadmissível; II – negar seguimento a recurso especial manifestamente inadmissível, prejudicado ou em confronto com súmula ou jurisprudência dominante no Tribunal; III – dar provimento a recurso especial, se o acórdão recorrido estiver em confronto com súmula ou jurisprudência dominante no Tribunal; IV – conhecer de agravo de instrumento para: *a)* negar seguimento a recurso especial, na hipótese prevista no inciso II; *b)* dar provimento a recurso especial, na hipótese prevista no inciso III. § 1º O Presidente julgará embargos de declaração opostos contra as decisões que emitir. § 2º Interposto agravo regimental contra decisão emitida pelo Presidente, os autos serão distribuídos, observando-se o art. 9º do Regimento Interno" (este art. 9º, seus parágrafos e inúmeros incisos tratam da competência das seções e das respectivas turmas do STJ, que é fixada em razão da natureza da relação jurídica litigiosa) (*v.* notas aos incisos e alíneas deste § 4º que virão a seguir). Por último e em conclusão, não podemos deixar de reconhecer que o presente art. 544, no que concerne aos poderes conferidos ao relator no STF e STJ – poderes que são antevistos pela locução final do texto "podendo o relator" e explicitados nos dois incisos e três alíneas à frente –, compõe com as disposições do *caput* e do § 1º-A do art. 557 o fabuloso arsenal de poderes com que o CPC agracia os relatores de recursos em todos os tribunais brasileiros. Observe-se, neste diapasão, que se o art. 557 estabelece previsões genéricas, aplicáveis a todos os tribunais, o focalizado § 4º se situa no âmbito mais estreito do STF e do STJ para outorgar ao relator poder para monocraticamente decidir em sentido bastante amplo o agravo (o agravo nos próprios autos) interposto contra o indeferimento do recurso especial ou extraordinário, podendo inclusive dar provimento ao próprio recurso extremo, de acordo com a alínea *c* do inciso II abaixo, em paralelo com a previsão do art. 557, § 1º-A (*v.* notas aos incisos que seguem) (redação dada pela Lei n. 12.322, de 09.09.2010).

I – não conhecer do agravo manifestamente inadmissível ou que não tenha atacado especificamente os fundamentos da decisão agravada;

Diferentemente do regime anterior que não explicitava em nenhuma parte do art. 544 o poder do relator no STJ para "não conhecer do agravo", o que exigia a aplicação da norma genérica da parte inicial do *caput* do art. 557 para a prática deste ato, o presente inciso I torna expressa a prerrogativa conferida aos ministros do STJ e do STF de "não conhecer do agravo manifestamente inadmissível ou que não tenha atacado especificamente os fundamentos da decisão agravada". Observe-se, inicialmente, que o dispositivo sob análise é mais técnico do que o *caput* do art. 557 que falava de "negar seguimento", porque, na verdade, na hipótese de manifesta inadmissibilidade (falta do preenchimento de qualquer dos requisitos de admissibilidade), o caso é de não conhecimento do recurso (não conhecimento do mérito recursal), o que apenas de uma maneira pouco preocupada com o rigor terminológico pode ser identificado como negativa de seguimento (assim como no art. 557, *caput*, a falta de precisão técnica marca a alínea *b* do inciso II a seguir – *v.* nota). Seja como for, o que deve ser aqui salientado é que a autorização concedida ao relator se limita à manifesta inadmissibilidade, vale dizer, à situação em que é clara e isenta de dúvidas a falta de preenchimento dos requisitos extrínsecos de admissibilidade (a falta de regularidade formal da peça que veicula o agravo nos próprios autos, ou a intempestividade da interposição do agravo) ou dos intrínsecos (a falta de legitimação recursal, de interesse recursal ou de cabimento do agravo nos próprios autos). Ainda acerca da manifesta inadmissibilidade – o objeto único da presente regulamentação legal – chamamos a atenção para o fato de que, à luz do agravo nos próprios autos e dos requisitos de admissibilidade no estrito âmbito do funcionamento desta modalidade recursal, dificilmente um ministro do STJ ou STF encontrará dificuldade para detectar a manifesta inadmissibilidade, salvo se tivermos em conta a previsão final do texto deste inciso I. Realmente, ao precisar a exigência de ataque específico aos fundamentos da decisão agravada, nada mais faz o inciso sob enfoque do que normatizar particularizadamente um aspecto da regularidade formal do agravo neste caso e, por conseguinte, do próprio interesse recursal: para impugnar uma decisão de inadmissão de recurso especial ou extraordinário, é necessário atacar cada um dos motivos ou fundamentos, especificamente, que sustentam a decisão indeferitória do presidente do tribunal *a quo*. Não basta um único ataque genérico, nem considerações impugnativas superficiais sobre os fundamentos do *decisum* e muito menos a apresentação de razões dispersas e vagas sobre o porquê do cabimento do recurso extremo inadmitido. Nesse caso, sim, será possível que o Ministro-relator fique em dúvida sobre a existência, ou não, do ataque específico aos fundamentos, dada a maior complexidade que pode envolver o julgamento sobre a satisfação ou não deste requisito formal-substancial pela minuta do agravo nos próprios autos. Mas se, apesar desta maior complexidade avaliatória, concluir o relator que os fundamentos não foram atacados especificamente, ainda assim legitimada estará a decisão monocrática de não conhecimento do agravo por manifesta inadmissibilidade, mesmo que a redação da parte final deste inciso I pareça sugerir que a falta de ataque específico corresponda a fundamento diverso da manifesta inadmissibilidade (inciso acrescentado pela Lei n. 12.322, de 09.09.2010).

II – conhecer do agravo para:

Ao disciplinar este inciso II os possíveis efeitos do ato do relator, no STJ ou STF, no sentido de "conhecer do agravo" (do agravo nos próprios autos), o presente dispositivo a um só tempo se aproxima e se distancia do regime anterior. Dizemos que se aproxima, em primeiro lugar, porque na redação pretérita do art. 544 havia uma única alusão ao conhecimento do agravo no seu § 3º, mas com o fim exclusivo de permitir a dação de "provimento ao próprio recurso especial" (*v*. alínea *c* à frente). Mas dizemos também que se distancia, porque as duas outras hipóteses de conhecimento aqui referidas ("negar-lhe provimento [...]" e "negar seguimento ao recurso manifestamente [...]" – alíneas *a* e *b*) não encontram qualquer correspondência na redação anterior deste art. 544, sendo que tais atos eram praticados com base no *caput* do art. 557. Observamos que a regulamentação unificada e completa do conhecimento do agravo ora estabelecida é bem-vinda, uma vez que torna mais fácil a compreensão deste aspecto do processamento do agravo perante as instâncias superiores do STJ e do STF. Por derradeiro, queremos apenas salientar que "conhecer do agravo" significa, tecnicamente, reconhecer que todos os requisitos de admissibilidade do agravo nos próprios autos estão preenchidos (os intrínsecos – legitimação recursal, interesse recursal e cabimento –, bem como os extrínsecos – regularidade formal e tempestividade) e que, portanto, se encontra juridicamente autorizada a apreciação ou o julgamento do mérito recursal, vale dizer, do pedido de reforma da decisão do presidente do tribunal que inadmitiu o recurso especial ou o extraordinário (inciso com redação dada pela Lei n. 12.322, de 09.09.2010).

***a)* negar-lhe provimento, se correta a decisão que não admitiu o recurso;**

O dispositivo sob enfoque tem paralelo na previsão do *caput* do art. 557 deste CPC quando diz que o relator "negará seguimento a recurso manifestamente [...] improcedente". A bem da verdade, como visto, era o próprio art. 557 que era aplicado pelos ministros do STJ e STF, antes da entrada em vigor da Lei n. 12.322/2010, quando percebiam que o agravante não tinha nenhuma razão e sim o presidente do tribunal. O que muda com a focalizada alínea *a* é que, em primeiro lugar, com ela a disciplina desta matéria fica incorporada ao art. 544 – sua sede própria – e, em segundo, que o texto se tornou mais técnico porque fala de negativa de "provimento" (melhor do que negativa de "seguimento") e, além disso, ainda explicita o motivo da negação de provimento pelo relator, que é estar "correta a decisão que não admitiu o recurso" (especial ou extraordinário). Cabe aqui, no entanto, um esclarecimento importante antecedido da seguinte indagação: mas quando é que a decisão que não admite o recurso está correta ou quando é que ela está errada? A resposta tem de ser procurada no próprio texto da Constituição quando explicita as hipóteses de cabimento dos recursos extraordinário e especial (CF, arts. 102, III, e 105, III). O problema é que todas as previsões constitucionais legitimadoras dos recursos da classe dos extraordinários acabam por fundir (não separar ou não distinguir) cabimento (que é requisito de admissibilidade) e o próprio mérito do recurso (que é o motivo que dá razão ao recorrente e que determina a reforma da decisão impugnada – causa de pedir e pedido recursais). Exemplificando: com base no art. 102, III, *a*, da CF, cabe o recurso extraordinário quando a decisão recorrida "contrariar dispositivo desta Constituição". Mas o que é necessário para que o recorrente tenha vitória no mérito? Resposta: que a decisão recorrida contrarie dispositivo desta Constituição! Como se vê, cabimento e mérito se confundem; contudo, o que precisa ser reconhecido aqui é que, em face da disciplina deste inciso II, *a*, o acerto ou erro da "decisão que não admitiu o recurso", corresponde a problema de cabimento do recurso especial ou extraordinário (cabimento, como visto, e não mérito), mas tal acerto ou erro se identifica, no plano do agravo nos próprios autos, como mérito do recurso (mérito, e não cabimento), tanto que fica autorizado o conhecimento do agravo e a negação de provimento se a decisão agravada for reputada correta pelo relator. Em outras palavras, o presente dispositivo autoriza o ministro-relator a conhecer do agravo para negar-lhe provimento (julgamento do mérito do agravo) se concluir que está correta a decisão do presidente no sentido de negar o cabimento do recurso especial ou extraordinário anteriormente interposto. Ainda nesse diapasão, observe-se que a diferença entre a decisão indeferitória do presidente do tribunal e a decisão do relator que nega provimento ao agravo (ambas tendo por objeto o cabimento do recurso extremo) reside apenas no grau de aprofundamento da cognição realizada por esses dois órgãos jurisdicionais: a decisão do presidente é menos aprofundada no plano vertical do que a do relator. Finalizando, o que desejamos enfatizar sobre a interpretação do dispositivo que ora nos ocupa é que está "correta a decisão que não admitiu o recurso" quando o ministro do STJ ou do STF, em cognição mais aprofundada que a do presidente do tribunal *a quo*, reconhece, com grau razoável de convicção, que a decisão atacada (agravada), por exemplo, não contraria a Constituição, não contraria a lei federal, nem lhe nega vigência. Apesar do julgamento do agravo nos próprios autos ocorrer por meio de um órgão monocrático, a sua impugnabilidade, pelo agravo interno previsto pelo art. 545, oferece ao recorrente já duas vezes frustrado mais uma oportunidade para tentar obter a reforma do decidido e o reconhecimento do cabimento do especial ou extraordinário pelo órgão colegiado competente, o que de alguma forma dilui o risco de prevalecimento de uma decisão leviana sobre tão relevante matéria (alínea acrescentada pela Lei n. 12.322, de 09.09.2010).

***b)* negar seguimento ao recurso manifestamente inadmissível, prejudicado ou em confronto com súmula ou jurisprudência dominante no tribunal;**

Por mais que nos esforcemos para compreender a autonomia e coerência normativa do dispositivo sob enfoque, à luz da disciplina trazida pelo inciso II deste art. 544 como um todo, parece-nos que toda tentativa é inútil porque existem nele três incongruências lógico-jurídicas insuperáveis. Antes de abordá-las, no entanto, fazemos questão de esclarecer que a origem da redação desta alínea *b* reside no tantas vezes lembrado art. 557, *caput*, que diz coisa muito parecida – acrescida da referência ao "recurso [...] improcedente"–, mas que faz sentido pela amplitude da previsão inicial ("o relator negará seguimento") e principalmente pela ausência de vinculação com um dispositivo legal como o da alínea *a* deste inciso. O que queremos dizer, neste diapasão, é que a alínea *b* focalizada, em confronto com a normatividade da alínea *a*, não se sustenta logicamente. É o que veremos. Seja como for, examinemos as incongruências a que fizemos menção. Para começar, chamamos a atenção para o fato de que, quando se fala aqui de "recurso manifestamente inadmissível", por óbvio, isto tem a ver com a inadmissibilidade do recurso especial ou do extraordinário e não com a do próprio agravo, o que é claramente demonstrado pela redação do inciso I deste § 4º a que prevê justamente a hipótese de não conhecimento do "agravo manifestamente inadmissível". Também comprova a nossa assertiva a circunstância redacional de esta letra *b* não mencionar "negar-lhe", como a letra *a* faz, mas "negar seguimento ao recurso", o que aponta indubitavelmente para o recurso especial ou extraordinário, objeto desta previsão legal sob enfoque. Eis, então, a primeira incongruência a que fizemos menção: se o recurso especial (ou o extraordinário) é manifestamente inadmissível, isto significa que está "correta a decisão que não admitiu o recurso", como diz a letra *a*, o que torna a presente previsão completamente dispensável do ponto de vista lógico e jurídico. E se a decisão do presidente do tribunal *a quo* está certa, dada a inadmissibilidade manifesta do recurso extremo, o que deve fazer o Ministro-relator (do STJ ou STF) é conhecer do agravo para negar-lhe provimento e não "negar seguimento ao recurso", como diz a focalizada letra *b*. Eis a segunda incongruência a que nos referimos. Vejamos agora a terceira: também na hipótese de o recurso especial ou extraordinário apresentar razões ou fundamentos que se coloquem em "confronto com súmula ou jurisprudência dominante no tribunal" – o STF, o STJ ou o "respectivo tribunal", conforme o art. 557, *caput* –, o que temos mais uma vez é a possível incidência da previsão da letra *a*, qual seja, estar "correta a decisão que não admitiu o recurso", dado o confronto com súmula ou jurisprudência dominante reconhecido pelo presidente do tribunal, dando ensejo à negativa de provimento ao agravo interposto. Mas observe-se que aqui é possível cogitar de uma situação diferente que talvez pudesse justificar a existência desta letra *b*: referimo-nos ao caso de o relator reconhecer o confronto previsto sem que o presidente do tribunal o tenha feito, o que afastaria a incidência da previsão de "correta a decisão que não admitiu o recurso" da letra *a*. Pois bem, se esta hipótese se verificar, e ela é perfeitamente viável, poder-se-ia dizer que a focalizada letra *b* passa a fazer sentido, mas remanesce o problema incontornável relacionado à previsão "negar seguimento", porque também nesta situação o caso é de negativa de provimento ao agravo. Não é possível, na verdade, ao relator, ao julgar monocraticamente o agravo nos próprios autos, "negar seguimento" (ao especial ou extraordinário), em razão do confronto com súmula ou jurisprudência dominante, sem "conhecer do agravo para: *a)* negar-lhe provimento", como diz a letra *a*. Tratar-se-ia aqui apenas de o relator apresentar uma fundamentação diferente para justificar a negativa de provimento ao agravo: o confronto com súmula ou jurisprudência dominante que é razão de ordem pública que retira do recurso especial ou extraordinário o seu cabimento, mesmo quando o presidente não a tenha reconhecido no momento em que inadmitiu o recurso extremo. E agora, já nos encaminhando para o final, precisamos abordar o problema concernente à previsão do "recurso [...] prejudicado", que também faz parte desta letra *b*. Pois bem, em relação a ela, temos a dizer que se o recurso especial ou extraordinário perdeu seu objeto em razão de circunstância posterior (posterior ao momento da decisão do presidente do tribunal *a quo*), o que implica desaparecimento do interesse recursal, o enquadramento desta situação é o de inadmissibilidade ulterior do recurso, o que não torna, à evidência, correta a decisão pretérita do presidente, mas justifica identicamente a negativa de provimento ao agravo nos próprios autos por inadmissibilidade do recurso especial ou extraordinário. Em conclusão, queremos deixar consignado que as três hipóteses previstas nesta letra *b* bem que poderiam ter sido elencadas na própria letra *a* que trata da negativa de provimento ao agravo, porquanto as três se relacionam com a inadmissibilidade do recurso especial ou extraordinário (o objeto da decisão do presidente que é atacada pelo agravo deste art. 544). Nada, na verdade, justifica o comando jurídico "negar seguimento" no início do texto que ora nos ocupa, uma vez que, no plano do processamento do agravo nos próprios autos, tudo nesta letra *b* conduz à negação de provimento ao agravo, diferentemente do que se passa no *caput* do art. 557, que autoriza qualquer relator, de qualquer tribunal brasileiro, a "negar seguimento" a qualquer recurso que lhe chegue às mãos, generalidade que explica a locução ("negar seguimento") que tanto criticamos no contexto desta letra ou alínea *b* (alínea acrescentada pela Lei n. 12.322, de 09.09.2010).

_c)_ dar provimento ao recurso, se o acórdão recorrido estiver em confronto com súmula ou jurisprudência dominante no tribunal.

Vide Projeto de CPC, art. 996, § 6º, e também §§ 4º e 5º.

Se a alínea *a* deste inciso II trata da negação de provimento ao agravo por uma razão genérica de inadmissibilidade do recurso especial ou extraordinário e a alínea *b* apenas repete tal razão e explicita duas outras para o mesmo fim (*v.* nota respectiva), a presente alínea *c* muda completamente de tom para regulamentar a dação de provimento ao próprio recurso especial ou extraordinário quando o acórdão atacado pelo recurso extremo estiver em confronto com súmula ou jurisprudência dominante no tribunal. Pois bem, a primeira e relevante observação a fazer aqui é a de que, por uma razão de natureza estritamente lógico-jurídica, a dação de provimento ao próprio recurso especial ou extraordinário, assim como preconizada pelo texto, passa pela antecedente e necessária dação de provimento ao agravo interposto contra a decisão indeferitória do presidente do tribunal. Assim pensamos por que admitir o salto proposto pelo dispositivo significaria, além da simples quebra de lógica, permitir que a decisão do Ministro do STJ ou do STF passe por cima das razões por que tinha admissibilidade e cabimento o recurso especial ou extraordinário indeferido na origem. Sim, porque se do conhecimento do agravo (inciso II, cabeça), passa-se diretamente ao provimento do recurso extremo (alínea *c*), ocultas ficarão para as partes, para o Tribunal Superior como um todo e para a opinião pública, os motivos ou fundamentos relacionados à admissibilidade e cabimento do recurso especial ou extraordinário. Mesmo que consideremos o fato de que, no âmbito dos recursos extraordinários, cabimento e mérito recursal se confundem – disto falamos quando comentamos a alínea *a* –, mesmo assim não nos parece que seja constitucional ou conveniente, do ponto de vista da ordem processual e dos que vão se submeter a tal decisão, que não fiquem declaradas as razões particulares pelas quais se equivocou o presidente do tribunal *a quo* quando inadmitiu o recurso, que não fiquem explicitados os motivos pelos quais a decisão indeferitória estava errada, até porque a inadmissibilidade pode não ter nada a ver com o cabimento. Uma coisa, na verdade, é dizer onde se encontram os equívocos da decisão reformada (a suposta intempestividade ou irregularidade formal, afirmada pelo presidente), outra é dizer com todas as letras porque o acórdão recorrido confronta com súmula ou jurisprudência dominante do tribunal; uma coisa é mostrar o erro da decisão atacada, outra é revelar o erro do acórdão frente à orientação jurisprudencial. Talvez alguém objete dizendo: mas que preciosismo! Parece-nos, no entanto, que, ainda que de forma singela e sumária, deve o relator fundamentar o provimento do agravo para só depois, com vagar e mais profundidade, proclamar a afronta à súmula ou à jurisprudência dominante. Seja como for, outro aspecto relevante que exige esclarecimento diz respeito ao vocábulo "tribunal". Sobre o assunto, não podemos deixar de invocar mais uma vez o art. 557, *caput*, que, tratando da mesma matéria – apenas sob a perspectiva genérica do recurso e não do acórdão e sob a ótica de todos os relatores e não apenas os do STJ e STF –, prescreve literalmente: "[...] ou em confronto com súmula ou com jurisprudência dominante do respectivo tribunal, do STF, ou de Tribunal Superior". Ora, em face dessa regulamentação genérica (porque aplicável a todos os relatores), porém explícita no que concerne aos tribunais que produzem súmula ou jurisprudência, fica fácil concluir, que para dar provimento ao recurso extraordinário, o relator do STF só pode fazê-lo se o acórdão estiver em confronto com súmula ou jurisprudência dominante do próprio STF, assim como, no STJ, o relator só pode dar provimento ao especial se o confronto ocorrer com súmula ou jurisprudência do próprio STJ. Nem teria sentido que fosse diferente, já que as competências constitucionais do STF e do STJ são completamente distintas. Registre-se, por fim, que a previsão relativa ao "respectivo tribunal" do art. 557 não tem qualquer aplicação no âmbito deste art. 544, na medida em que a súmula ou jurisprudência dominante produzida por um tribunal estadual ou federal só tem serventia para que um desembargador possa negar seguimento a qualquer recurso que lhe chegue às mãos e nunca para que um ministro do STF ou STJ dê provimento a um recurso extraordinário ou especial, obviamente (inciso com redação dada pela Lei n. 12.322, de 09.09.2010).

Art. 545. Da decisão do relator que não conhecer do agravo, negar-lhe provimento ou decidir, desde logo, o recurso não admitido na origem, caberá agravo, no prazo de 5 (cinco) dias, ao órgão competente, observado o disposto nos §§ 1º e 2º do art. 557.

Este art. 545 – modificado pela Lei n. 12.322/2010 – prevê o cabimento do recurso de agravo regimental (ou agravo interno) contra o ato do relator que: *a*) não conhecer do agravo (agravo nos próprios autos) interposto, nos moldes do art. 544, I (note-se que o art. 28, § 5º, da Lei n. 8.038/90 falava "negar seguimento", assim também o art. 557, *caput*, bem como o fazem o RISTJ, art. 34, XVIII, e o RISTF, art. 21, § 1º; a locução aqui empregada é mais técnica e, por isso, mais apropriada); *b*) negar-lhe provimento (isto é, apreciar-lhe o mérito, julgando improcedente o pedido da reforma nos moldes da alínea *a* do inciso II do art. 544); *c*) ou "decidir, desde logo, o recurso não admitido", como afirma o texto (o que tem lugar nas hipóteses previstas nas alíneas *b* e *c* do inciso III do art. 544 – *v.* notas). Inicialmente, cumpre assinalar que o nome "agravo regimental" não perde a sua propriedade por completo apenas pelo fato de ter passado a ser previsto pelo CPC, uma vez que seu processamento continua disciplinado minuciosamente pelos regimentos internos do STJ e STF. Por último, consigne-se que o art. 39 da Lei n. 8.038/90 não perdeu vigência por força da revogação de seus arts. 26 a 29. Vejamos, então, como se encontra disciplinado o agravo regimental. No STJ a matéria é regulada pelos arts. 258 e 259, que assim prescrevem: "Art. 258. A parte que se considerar agravada por decisão do Presidente da Corte Especial, de Seção, de Turma ou de relator, poderá requerer, dentro de cinco dias, a apresentação do feito em mesa, para que a Corte Especial, a Seção ou a Turma sobre ela se pronuncie, confirmando-a ou reformando-a. § 1º O órgão do Tribunal competente para conhecer do agravo é o que seria competente para o julgamento do pedido ou recurso. § 2º Não cabe agravo regimental [...]" (*v.* o que dissemos anteriomente). E prossegue o RISTJ: "Art. 259. O agravo regimental será submetido ao prolator da decisão, que poderá reconsiderá-la ou submeter o agravo ao julgamento da Corte Especial, da Seção ou da Turma, conforme o caso, computando-se também o seu voto. Parágrafo único. Se a decisão agravada for do Presidente da Corte Especial ou da Seção, o julgamento será presidido por seu substituto, que votará no caso de empate". Já no STF, a matéria é tratada pelo art. 317, que reza: "Art. 317. Ressalvadas as exceções previstas neste Regimento, caberá agravo regimental, no prazo de cinco dias, de decisão do Presidente do Tribunal, de Presidente de Turma ou do Relator, que causar prejuízo ao direito da parte. § 1º A petição conterá, sob pena de rejeição liminar, as razões do pedido de reforma da decisão agravada. § 2º O agravo regimental será protocolado e, sem qualquer outra formalidade, submetido ao prolator do despacho, que poderá reconsiderar seu ato ou submeter o agravo ao julgamento do Plenário ou da Turma, a quem caiba a competência, computando-se também o seu voto. § 3º Provido o agravo, o Plenário ou a Turma determinará o que for de direito. § 4º O agravo regimental não terá efeito suspensivo". Observe-se, ainda, que: *a*) ao prazo de cinco dias do agravo regimental aplicam-se os arts. 188 e 191; *b*) o recurso é processado nos próprios autos; *c*) não há resposta no agravo regimental. Finalmente algumas palavras sobre a remissão que faz o presente art. 544 aos §§ 1º e 2º do art. 557. Em primeiro lugar, convém esclarecer, que em relação ao § 1º-A do art. 557 (dispositivo erroneamente numerado, mas que integra o § 1º), a remissão é despicienda, na medida em que o poder concedido ao relator para "dar provimento ao recurso" (§ 1º-A) já está compreendido na previsão do art. 544, II, *c*, de sorte que a remissão, neste caso, nada significa. Em segundo lugar, salientamos a importância da remissão que o focalizado art. 545 faz ao § 1º do art. 557, uma vez que este, em sua parte final, explicita o poder-dever de retratação conferido ao relator e a consequência procedimental da não retratação, *verbis*: "[...] se não houver retratação, o relator apresentará o processo em mesa, proferindo voto; provido o agravo, o recurso terá seguimento" (*v.* nota ao § 1º do art. 557). Em terceiro lugar, chamamos a atenção para o fato de que é o § 2º do art. 557 – também objeto de remissão deste art. 545 – que legitima a imposição de multa pelo tribunal em decorrência da interposição de agravo (agravo nos próprios autos) que se revele "[...] manifestamente inadmissível ou infundado [...], bem como que institui a condição, representada pelo depósito do valor, para que qualquer outro recurso seja interposto" (*v.* nota ao § 2º do art. 557 à frente) (artigo com redação dada pela Lei n. 12.322, de 09.09.2010).

Art. 546. É embargável a decisão da turma que:

Vide Projeto de CPC, arts. 997, caput*, e 998.*

A presente disposição legal – reprodução do art. 29 da Lei n. 8.038/90 com profundas modificações – introduz no sistema do CPC os embargos de divergência, previstos pelo inciso VIII do seu art. 496. Observe-se, de início, que, diferentemente da previsão do art. 29 da Lei n. 8.038/90, que de forma inexplicável somente previa tais embargos no âmbito do recurso especial, este art. 546, corrigindo a falha, estende sua disciplina ao recurso extraordinário, a sede de origem dos embargos de divergência (foi a Corte Suprema quem os estabeleceu, com a autorização constitucional, pela via do regimento interno – antes, a Lei n. 623/49 os houvera criado no STF). Seja como for, o fato é que a partir desta modificação legislativa, tanto no STJ como no STF, os embargos de divergência passaram a ter idênticos fundamento e sede regulamentar primária: o CPC. Aplicam-se aos embargos de divergência os arts. 188 e 191, que preveem as hipóteses de prazo em dobro para recorrer (sobre o prazo, *v.* notas aos incisos I e II a seguir). Por derradeiro, note-se que, como o texto sob apreciação refere-se exclusivamente à decisão da Turma como embargável, contra acórdão proferido por Seção, no STJ, ou contra acórdão do Plenário, no STF, não cabe recurso (texto de acordo com a Lei n. 8.950/94).

I – em recurso especial, divergir do julgamento de outra turma, da seção ou do órgão especial;

Vide Projeto de CPC, art. 997, I.

No âmbito do STJ, os embargos de divergência são regulados pelos arts. 266 e 267 do seu regimento interno, que assim dispõem: "Art. 266. Das decisões [unânimes ou não] da Turma, em recurso especial [não em agravo regimental], poderão, em 15 dias, ser interpostos embargos de divergência, que serão julgados pela Seção competente [RISTJ, art. 12, parágrafo único, I], quando as Turmas divergirem entre si [não divergência dentro da própria Turma] ou de decisão da mesma Seção [mas sempre dentro do STJ]. Se a divergência for entre Turmas de Seções diversas, ou entre Turma e outra Seção ou com a Corte Especial, competirá a esta o julgamento dos embargos [RISTJ, art. 11, XIII]. § 1º A divergência indicada deverá ser comprovada na forma do disposto no art. 255, §§ 1º e 2º, deste Regimento [por certidões ou cópias autenticadas dos acórdãos apontados ou citação de repositório oficial autorizado ou credenciado – § 1º, *a* e *b* – e transcrição dos trechos que configurem o dissídio, com menção das circunstâncias que identifiquem ou assemelhem os casos confrontados – § 2º]. § 2º Os embargos serão juntados aos autos independentemente de despacho e não terão efeito suspensivo. § 3º Sorteado o relator, este poderá indeferi-los, liminarmente, quando intempestivos, ou quando contrariarem Súmula do Tribunal, ou não se comprovar ou não se configurar a divergência jurisprudencial. § 4º Se for caso de ouvir o Ministério Público, este terá vista dos autos por 20 dias. Art. 267. Admitidos os embargos [só admitidos e não julgados no mérito; não admitidos cabe agravo regimental – RISTJ, art. 258] em despacho fundamentado, promover-se-á a publicação, no *Diário da Justiça* [de acordo com o art. 236 do CPC], do termo de 'vista' ao embargado para apresentar impugnação nos 15 dias subsequentes [de acordo com o art. 508 do CPC]. Parágrafo único. Impugnados ou não os embargos, serão os autos conclusos ao relator, que pedirá a inclusão do feito na pauta de julgamento". Note-se que todas as informações entre colchetes correspondem a observações nossas (texto de acordo com a Lei n. 8.950/94).

II – em recurso extraordinário, divergir do julgamento da outra turma ou do plenário.

No âmbito do STF, os embargos de divergência são regulados pelos arts. 330 a 332, 334 a 336 do seu regimento interno, ao lado dos embargos infringentes, na Seção I do Capítulo VI, sob a rubrica "Dos Embargos" (os infringentes são disciplinados pelo art. 333 e os comuns pelos arts. 334 a 336). Vejamos como a matéria é tratada: "Art. 330. Cabem embargos de divergência à decisão de Turma que, em recurso extraordinário [competência – RISTF, art. 9º, III] ou em agravo de instrumento [RISTF, arts. 82, I, e 10], divergir de julgado de outra Turma ou do Plenário [não há Seções no STF – RISTF, art. 3º] na interpretação do direito federal [não cabem embargos se o acórdão no agravo é pelo provimento – RISTF, art. 305]. Art. 331. A divergência será comprovada pela forma indicada no art. 322 [essa regra refere-se às certidões ou cópias autenticadas – *v.* obs. entre parênteses no inciso I]. Parágrafo único. Não serve para comprovar divergência acórdão já invocado para demonstrá-la, mas repelido como não dissidente no julgamento do recurso extraordinário [também não serve acórdão proferido em agravo regimental]. Art. 332. Não cabem embargos, se a jurisprudência do Plenário ou de ambas as Turmas estiver firmada no sentido da decisão embargada, salvo o disposto no art. 103" (esse dispositivo afirma que qualquer dos ministros pode propor a revisão da jurisprudência assentada em matéria constitucional e da compendiada na súmula, procedendo-se ao sobrestamento do feito, se necessário). E prossegue mais à frente: "Art. 334. Os embargos de divergência e os embargos infringentes [*v.* o que dissemos no início] serão opostos no prazo de quinze dias, perante a Secretaria, e juntos aos autos, independentemente de despacho. Art. 335. Feita a distribuição, serão conclusos os autos ao Relator [se a decisão embargada for de uma Turma, a distribuição será feita entre os ministros da outra – RISTF, art. 76, parte inicial], para serem ou não admitidos os embargos. § 1º Admitidos os embargos, não poderá o Relator reformar seu despacho para inadmiti-los [inadmitido cabe agravo regimental – RISTF, art. 317]. § 2º A Secretaria, admitidos os embargos, e efetuado o preparo, abrirá vista ao embargado por dez dias, para impugnação [quinze, de acordo com o art. 508 do CPC]. § 3º O prazo para o preparo será contado da publicação, no órgão oficial, do despacho de admissão dos embargos [no mais, ao preparo aplica-se hoje o art. 511, que condiciona o RISTF e o RISTJ]. Art. 336. Na sessão de julgamento, aplicar-se-ão, supletivamente, as normas do processo originário, observado o disposto no art. 146 [essa regra refere-se às hipóteses em que o presidente do Plenário profere voto]. Parágrafo único. Recebidos os embargos de divergência, o Plenário julgará a matéria restante, salvo nos casos do art. 313, I e II, quando determinará a subida do recurso principal" (o art. 313 alude ao cabimento de agravo contra decisão de juiz singular nas causas a que se refere o art. 6º, III, *d*, contra despacho do presidente que não admite recurso de competência do STF, e na hipótese de retardamento do despacho ou remessa de processo ao STF). Assim se processam os embargos de divergência. Note-se que os textos entre colchetes correspondem a observações nossas (texto de acordo com a Lei n. 8.950/94).

Parágrafo único. Observar-se-á, no recurso de embargos, o procedimento estabelecido no regimento interno.

Vide Projeto de CPC, art. 998.

O dispositivo legal sob enfoque – cujo conteúdo corresponde à previsão final do revogado art. 29 da Lei n. 8.038/90 – remete expressamente ao regimento interno do STJ e STF, citados no *caput*, a disciplina do procedimento dos embargos de divergência. Dada a circunstância de já termos realizado a transcrição literal de todas as normas regimentais aplicáveis nas notas aos incisos I e II anteriores, dispensamo-nos nesse momento de outras ponderações, ressaltando apenas que a dupla remissão aqui contida torna coerente e harmônico o sistema recursal codificado, porque nenhuma diferença faz, do ponto de vista desse, se os embargos de divergência são interpostos perante o STJ ou o STF (nenhum sentido tinha a dicotomia regulamentar contida na Lei n. 8.038/90). Registramos, por derradeiro, que a reintrodução do recurso extraordinário e do agravo contra decisão denegatória no CPC e a introdução do recurso especial, do agravo regimental e dos embargos de divergência no seu corpo disciplinar significam inquestionável avanço e modernização do direito processual civil brasileiro (texto de acordo com a Lei n. 8.950/94).

CAPÍTULO VII
DA ORDEM DOS PROCESSOS NO TRIBUNAL

Vide Projeto de CPC, arts. 882 e 883 (Capítulo I – Disposições Gerais). Vide, ainda, arts. 884 a 947 (Título I – Dos Processos nos Tribunais).

Art. 547. Os autos remetidos ao tribunal serão registrados no protocolo no dia de sua entrada, cabendo à secretaria verificar-lhes a numeração das folhas e ordená-los para distribuição.

Vide Projeto de CPC, art. 884, caput

O dispositivo disciplina os atos preparatórios da distribuição dos autos no tribunal. O primeiro deles é o registro, cuja finalidade é documentar a entrada dos autos na sede física do órgão jurisdicional de segunda instância. O segundo é o exame da numeração das folhas dos autos, para que se ateste a sua integridade. O terceiro é a colocação de todos os autos recebidos em ordem numérica, para permitir a distribuição organizada. Todos esses atos são praticados por um ou mais cartórios. Observe-se, entrementes, o que estabeleceu a Reforma do Poder Judiciário (EC n. 45, de 08.12.2004), no seu art. 5º: "LXXVIII – a todos, no âmbito judicial e administrativo, são assegurados a razoável duração do processo e os meios que garantam a celeridade de sua tramitação"; e no art. 93: "XV – a distribuição de processos será imediata, em todos os graus de jurisdição" (*v.* notas à EC n. 45/2004).

Parágrafo único. Os serviços de protocolo poderão, a critério do tribunal, ser descentralizados, mediante delegação a ofícios de justiça de primeiro grau.

Vide Projeto de CPC, art. 884, parágrafo único.

Este parágrafo único – introduzido pela Lei n. 10.352/2001 – corresponde a regramento dos mais relevantes para o futuro do funcionamento do sistema recursal, uma vez que permite aos tribunais o estabelecimento, por meio de delegação a ofícios de justiça de primeiro grau, a descentralização dos serviços de protocolo. Tal descentralização significa que os atos de interposição de recursos, de resposta a recursos, ou de quaisquer outros que se dirijam a um tribunal, passam a poder ser praticados perante cartórios de primeira instância nas mais longínquas comarcas (nas Justiças dos Estados) ou foros regionais (na Justiça Federal). Com isso, o acesso das partes aos tribunais de todo o país é facilitado, cumprindo-se o desiderato constitucional consubstanciado no princípio do acesso à Justiça esculpido no inciso XXXV do art. 5º da CF (texto de acordo com a Lei n. 10.352/2001).

Art. 548. Far-se-á a distribuição de acordo com o regimento interno do tribunal, observando-se os princípios da publicidade, da alternatividade e do sorteio.

Vide Projeto de CPC, arts. 885 e 886.

Distribuição é o ato processual pelo qual se repartem, entre as várias câmaras e juízes que compõem o tribunal, todos os processos em fase de recurso ou petições iniciais de ações de sua competência originária. Segundo o dispositivo sob comentário, esse importante ato do procedimento (recursal ou não) é praticado de acordo com o que dispõe o regimento interno do tribunal, que é um corpo de normas administrativas cuja fonte é o próprio tribunal e que regula as suas muitas atividades. Todavia, aos três princípios estabelecidos neste artigo, que é lei federal, não pode fugir o regimento interno: *a*) publicidade, que se traduz no direito da parte e do seu advogado de fiscalizar a realização da distribuição (aplicam-se os arts. 254 a 256); *b*) alternatividade, que se expressa pela distribuição por classe de processos (de competência originária, apelações, agravos, etc.); *c*) sorteio, que se manifesta pela distribuição aleatória, não previamente determinada pela vontade de quem quer que seja.

Art. 549. Distribuídos, os autos subirão, no prazo de 48 (quarenta e oito) horas, à conclusão do relator, que, depois de estudá-los, os restituirá à secretaria com o seu "visto".

Vide Projeto de CPC, art. 887.

Segundo a ordem do procedimento que se desenvolve no tribunal, à distribuição segue-se o ato de remessa física dos autos (ou conclusão) ao juiz sorteado como relator para que ele os examine e devolva posteriormente, em cartório, com o seu "visto" (que significa examinado, estudado) e com a exposição a que se refere o parágrafo único.

Parágrafo único. O relator fará nos autos uma exposição dos pontos controvertidos sobre que versar o recurso.

A exposição dos pontos controvertidos a que alude o parágrafo sob exame recebe o nome de "relatório", que só tem cabimento na hipótese de recurso, como diz a parte final do dispositivo. Se os autos que foram à conclusão do relator sorteado são de processos de competência originária do tribunal (ação rescisória, mandado de segurança, *habeas corpus*), o ato que o juiz é chamado a praticar é o despacho liminar positivo ou negativo, verdadeira decisão que nada tem que ver com o relatório.

Art. 550. Os recursos interpostos nas causas de procedimento sumário deverão ser julgados no tribunal, dentro de 40 (quarenta) dias.

A norma jurídica contida neste art. 550 é meramente programática. Como esse prazo tem por destinatário o órgão jurisdicional – sendo, por isso, considerado pelo sistema prazo impróprio, ou seja, que não se submete à preclusão –, o seu desrespeito não gera nenhuma consequência processual, de sorte que tal regra, na prática, não passa de recomendação.

Art. 551. Tratando-se de apelação, de embargos infringentes e de ação rescisória, os autos serão conclusos ao revisor.

Vide Projeto de CPC, art. 889, caput

Este art. 551 institui a figura da revisão como ato obrigatório do procedimento recursal nas hipóteses que menciona, bem como do procedimento originário, no caso de ação rescisória (logo, não há revisão no procedimento do agravo de instrumento nem no de embargos de declaração). Tratando-se de ato obrigatório estabelecido por lei federal, não é possível a nenhum regimento interno excluí-lo, e se numa hipótese concreta, apesar da previsão regimental, não houver revisão quando a lei manda que haja, o acórdão que se profira é nulo. A *ratio* da prescrição se liga à necessidade de se cercar de maiores cuidados o exame dessas controvérsias, de forma que garanta conhecimento mais profundo ao órgão jurisdicional e, por conseguinte, julgamento mais abalizado.

§ 1º Será revisor o juiz que se seguir ao relator na ordem descendente de antiguidade.

Vide Projeto de CPC, art. 889, § 1º.

O contexto dentro do qual a presente regra jurídica tem aplicação é o de qualquer dos órgãos fracionários do tribunal a quem incumba o julgamento da causa (câmara, grupo de câmaras, turmas ou outros órgãos que o regimento interno institua). Assim, é no âmbito desses órgãos colegiados que a lei estabelece a designação automática do revisor segundo o critério da ordem descendente de antiguidade: será revisor o juiz que se siga imediatamente em antiguidade ao relator sorteado.

§ 2º O revisor aporá nos autos o seu "visto", cabendo-lhe pedir dia para julgamento.

Vide Projeto de CPC, art. 889, § 2º.

A aposição do "visto" nos autos pelo revisor representa a afirmação formal e documentada de que a causa foi objeto de seu exame e que, por conseguinte, o processo está pronto para ser julgado. Daí a previsão da segunda parte do dispositivo, que determina que o próprio revisor peça a designação de data para o julgamento do feito, o que ele faz valendo-se da locução "à mesa" ou "à mesa para julgamento". Diferentemente do relator, não se exige do revisor nenhuma exposição (*v.* art. 549, parágrafo único).

---

§ 3º Nos recursos interpostos nas causas de procedimentos sumários, de despejo e nos casos de indeferimento liminar da petição inicial, não haverá revisor.

Vide Projeto de CPC, art. 889, § 3º.

O presente dispositivo – com a nova redação que lhe deu a Reforma do Processo Civil de 1994 – tem o claro intuito de agilizar o procedimento dos recursos, razão por que estendeu a duas hipóteses não contempladas no regime antecedente a dispensa de relator. Assim é que não só nas causas de procedimento sumário (antigo sumaríssimo – *v.* nota ao art. 272), mas também nos processos de despejo e nos casos de indeferimento liminar da inicial, o relator é quem pedirá a designação de data para o julgamento após ter praticado os atos previstos pelo art. 549 e seu parágrafo único. Algumas considerações interpretativas: *a*) não importa o fundamento da causa sujeita ao procedimento sumário para que tenha lugar a dispensa (art. 275); *b*) tal dispensa contribui para o cumprimento da norma programática do art. 550; *c*) não importa o fundamento da ação de despejo identicamente; *d*) a regra não se aplica a outros procedimentos da lei de locações; *e*) também não importa para a dispensa qual seja o fundamento da sentença que indefere a inicial (art. 295) (texto de acordo com a Lei n. 8.950/94).

Art. 552. Os autos serão, em seguida, apresentados ao presidente, que designará dia para julgamento, mandando publicar a pauta no órgão oficial.

Vide Projeto de CPC, art. 890, caput

Como decorrência do pedido do revisor para a designação de data para julgamento (art. 551, § 2º), os autos são enviados pelo cartório ao presidente do órgão fracionário (e não do tribunal), para que esse marque o dia em que a causa será apreciada. Designada a data, impõe o texto sob análise, em sua parte final, a prática de ato indispensável à validade do julgamento que vai ter lugar, que é a publicação da pauta (a relação dos processos que vão ser julgados na mesma sessão) no *Diário Oficial.* Desta publicação devem constar, além da data da sessão e da referência ao órgão jurisdicional, os nomes das partes e dos seus procuradores, a teor do disposto no art. 236, § 1º.

---

§ 1º Entre a data da publicação da pauta e a sessão de julgamento mediará, pelo menos, o espaço de 48 (quarenta e oito) horas.

Vide Projeto de CPC, art. 890, § 1º.

A exigência estabelecida pelo texto legal está inicialmente ligada ao primeiro aspecto do princípio do contraditório, que é o direito que as partes têm de ser informadas de todos os atos e termos do processo. Em segundo lugar, a exigência se vincula à faculdade que o recorrente e recorrido têm de sustentar oralmente as suas razões perante o tribunal na sessão de julgamento. Logo, a falta de obediência ao prazo aqui instituído gera a nulidade do acórdão que se profira. Observe-se, entrementes, que se houver adiamento do julgamento, esse fato processual não força nova publicação se o feito for incluído na sessão ordinária subsequente (não assim se se tratar de sessão extraordinária). Nova publicação é exigida, outrossim, se o processo for simplesmente retirado da pauta.

---

§ 2º Afixar-se-á a pauta na entrada da sala em que se realizar a sessão de julgamento.

Vide Projeto de CPC, art. 890, § 2º.

O ato processual de afixação da pauta – documento escrito do qual consta a relação de processos que vão ser julgados, *v. g.*, pela câmara na sessão do dia designado – visa inequivocamente a dar atendimento ao princípio da publicidade que deve permear todas as atividades jurisdicionais. Trata-se de medida a ser tomada pelo serventuário da justiça (o fiel) que funcione junto ao órgão fracionário e cuja falta consubstancia mera irregularidade sem sanção, salvo prova inequívoca de prejuízo.

---

§ 3º Salvo caso de força maior, participará do julgamento do recurso o juiz que houver lançado o "visto" nos autos.

Vide Projeto de CPC, art. 890, § 3º.

A circunstância de um juiz – na qualidade de relator ou revisor, pouco importa – lançar nos autos do processo o seu "visto" (arts. 549 e 551, § 2º) tem o efeito processual de vinculá-lo ao julgamento da causa, segundo a disposição legal sob comentário. Eis a regra. A exceção é o motivo de força maior (aposentadoria, promoção, impedimento, doença, etc.), que, efetivamente demonstrado, permite a não participação do juiz no julgamento, sem qualquer prejuízo para a validade desse.

Art. 553. Nos embargos infringentes e na ação rescisória, devolvidos os autos pelo relator, a secretaria do tribunal expedirá cópias autenticadas do relatório e as distribuirá entre os juízes que compuserem o tribunal competente para o julgamento.

A regra se justifica pelo fato de que do julgamento dos embargos infringentes e da ação rescisória participam mais que três juízes, e esses, às vezes, são provenientes de câmaras diferentes do tribunal (*v. g.*, quando a competência é de um grupo de câmaras), de sorte que se torna necessário que todos os juízes conheçam, pelo menos, o relatório (a exposição dos pontos controvertidos realizada pelo relator – art. 549, parágrafo único), com o fim de poderem proferir suas decisões com maior conhecimento de causa. Se o revisor (art. 551, *caput*) retificar o relatório, da retificação também deverão os juízes do órgão competente (e não do tribunal, como diz o texto) ter ciência, o que precisa ocorrer, evidentemente, antes da sessão de julgamento.

Art. 554. Na sessão de julgamento, depois de feita a exposição da causa pelo relator, o presidente, se o recurso não for de embargos declaratórios ou de agravo de instrumento, dará a palavra, sucessivamente, ao recorrente e ao recorrido, pelo prazo improrrogável de 15 (quinze) minutos para cada um, a fim de sustentarem as razões do recurso.

Vide Projeto de CPC, art. 892. Vide, ainda, art. 891.

Trata o dispositivo das etapas iniciais do complexo procedimento que marca o julgamento de ação ou recurso pelo tribunal. A primeira não se encontra expressa no texto, mas é por ele pressuposta: a abertura dos trabalhos, que é realizada verbalmente pelo presidente do órgão fracionário. A segunda, já referida no texto, é a exposição também verbal que faz o relator dos pontos controvertidos na ação ou no recurso, manifestação essa que não precisa ser reprodução idêntica da realizada anteriormente por escrito (art. 549, parágrafo único), antes devendo ser mais longa e minuciosa, de sorte que contribua, de fato, para a formação da convicção do terceiro juiz sobretudo. E, finalmente, a disposição legal alude à terceira e eventual etapa, que é a sustentação oral das razões (do pedido, defesa ou recurso) pelos advogados das partes perante o tribunal. A prescrição torna explícito, por outro lado, o não cabimento de sustentação quando se tratar de julgamento de agravo de instrumento e embargos declaratórios.

Art. 555. No julgamento de apelação ou de agravo, a decisão será tomada, na câmara ou turma, pelo voto de 3 (três) juízes.

Vide Projeto de CPC, art. 896, § 2º.

Os recursos de apelação, agravo de instrumento e embargos declaratórios – de competência de câmara ou turma do tribunal, segundo o respectivo regimento interno – são apreciados por três juízes: o relator, o revisor e o terceiro juiz (também chamado vogal). A decisão do órgão jurisdicional colegiado é o somatório dos pronunciamentos dos juízes votantes, prevalecendo a vontade da maioria em caso de divergência. Na hipótese de ocorrer divergência entre os votos do relator e do revisor, o terceiro juiz não tem o dever de se posicionar ao lado de nenhum deles, podendo manifestar uma terceira decisão autônoma. Se isso acontecer, o regimento interno do tribunal é que ditará a solução para o impasse: quantitativamente, via de regra, prevalece o sistema da média aritmética; qualitativamente, a saída mais interessante é a realização de nova votação entre duas posições, para que se elimine uma e a vencedora possa ser cotejada com a terceira, até que reste uma só decisão.

§ 1º Ocorrendo relevante questão de direito, que faça conveniente prevenir ou compor divergência entre câmaras ou turmas do tribunal, poderá o relator propor seja o recurso julgado pelo órgão colegiado que o regimento indicar; reconhecendo o interesse público na assunção de competência, esse órgão colegiado julgará o recurso.

Vide Projeto de CPC, art. 900.

O presente regramento – introduzido no corpo disciplinar do art. 555, do CPC, pela Lei n. 10.352/2001 – institui o incidente que bem pode ser chamado de "incidente de assunção de competência" e que tem lugar no curso de qualquer procedimento recursal perante um tribunal com o fim de se prevenir ou solucionar divergência entre câmaras ou entre turmas. Apesar da aparente novidade, o incidente ora previsto já se encontra regulado pelos arts. 12, parágrafo único, II, e 14, II, do RISTJ nos seguintes termos: "Art. 12. Compete às Seções processar e julgar: [...] Parágrafo único. Compete, ainda, às Seções: [...] II – julgar feitos de competência de turma, e por esta remetidos (art. 14) [...] Art. 14. As Turmas remeterão os feitos de sua competência à Seção de que são integrantes: [...] II – quando convier pronunciamento da Seção, em razão da relevância da questão, e para prevenir divergência entre as Turmas da mesma Seção". Como se vê, o presente § 1º é mais explícito e, por isso, mais completo, sob o ponto de vista disciplinar, do que o RISTJ, uma vez que; *a)* fala expressamente de "assunção de competência" (o art. 12 fala apenas de "julgar feitos de competência de turma [...]"); *b)* regula minuciosamente a forma da sua instauração, dizendo que "poderá o relator propor seja o recurso julgado pelo órgão colegiado que o regimento indicar" (o art. 14 apenas faz menção à circunstância de que "As Turmas remeterão os feitos de sua competência à Seção [...]"); *c)* é também mais claro e preciso quanto à hipótese de cabimento do incidente ao se referir à "relevante questão de direito, que faça conveniente prevenir ou compor divergência entre câmaras ou turmas do tribunal", explicitando, ainda, que "[...] reconhecendo o interesse público na assunção de competência, esse órgão colegiado julgará o recurso" (o art. 14 se limita a dizer:

"quando convier pronunciamento da Seção, em razão da relevância da questão, e para prevenir divergência entre as turmas da mesma Seção"). Pois bem, algumas outras observações se impõem. A primeira, no sentido de que a questão que autoriza o incidente há de ser jurídica e não fática, expressando-se por dúvida relevante sobre o significado e alcance de determinada regra de competência do regimento interno do tribunal. Tanto é assim que o texto focalizado alude à efetiva ou potencial "divergência entre câmaras ou turmas do tribunal", divergência que só pode ter por objeto regra de competência dada a limitação imposta pela locução "questão de direito". A segunda, no sentido de que a relevância mencionada se relaciona com a ideia de profundidade e seriedade da dúvida sobre qual é o órgão competente para certo caso concreto; é a dúvida profunda, escorada em posições interpretativas sólidas e díspares, que autoriza o incidente. A terceira, no sentido de que tamanha é a dúvida sobre a interpretação a ser dada à regra de competência, que o CPC opta por admitir que um terceiro órgão, indicado no próprio regimento, mas superior aos envolvidos na disputa, julgue o recurso, com o que se evita que a questão tenha de ser dirimida em prejuízo do bom andamento do processo (eis o porquê de a lei dizer "reconhecendo o interesse público na assunção da competência"). Por fim, a quarta observação, no sentido de que a proposta do relator deve encontrar eco nos integrantes da turma ou câmara para levar o feito ao órgão superior, mas que é este que dá a última palavra, assumindo ou não a competência para julgar o recurso (texto de acordo com a Lei n. 10.352/2001).

---

§ 2º Não se considerando habilitado a proferir imediatamente seu voto, a qualquer juiz é facultado pedir vista do processo, devendo devolvê-lo no prazo de 10 (dez) dias, contados da data em que o recebeu; o julgamento prosseguirá na 1ª (primeira) sessão ordinária subsequente à devolução, dispensada nova publicação em pauta.

Vide Projeto de CPC, art. 895, caput

Este § 2º do art. 555 foi bastante alterado em sua redação pela Lei n. 11.280/2006 (Reforma do Processo Civil) com o claro propósito de dar um tratamento mais detalhado ao incidente do "pedido de vista" e, com isso, impedir que os tribunais, ao criarem as suas próprias disciplinas, em sede regimental, contribuam para a insegurança e para a falta de previsibilidade quando se tratar de julgamento pelos órgãos colegiados. Com esse intuito, a nova disposição legal reconhece o direito subjetivo processual de "qualquer juiz" de "pedir vista do processo" (*rectius*, dos autos) quando não se considerar "habilitado a proferir imediatamente seu voto" – o que inclui, por certo, o relator que fique em dúvida, *v. g.*, em função da sustentação oral da parte –, contudo, em seguida, estabelece a novidade representada pelo dever de devolvê-los no prazo de dez dias a partir da data em que o magistrado recebeu os autos. Malgrado tratar-se de prazo judicial e, por isso, impróprio (sem sanção), salvo a prevista pelo § 3º a seguir, a simples existência dessa regra e as reclamações que se seguirão em caso de desrespeito certamente contribuirão para o seu cumprimento por parte dos juízes (*v.* § 3º). Mas não fica nisso a novidade, porque o texto sob comentário ainda institui que "o julgamento prosseguirá na 1ª (primeira) sessão ordinária subsequente à devolução, dispensada nova publicação em pauta", previsão que, a par da segurança proporcionada para o desenvolvimento do processo, ainda significa alavanca moral para a maior rapidez dos julgamentos e barreira ao represamento de feitos nos tribunais (texto de acordo com a Lei n. 11.280/2006).

---

§ 3º No caso do § 2º deste artigo, não devolvidos os autos no prazo, nem solicitada expressamente sua prorrogação pelo juiz, o presidente do órgão julgador requisitará o processo e reabrirá o julgamento na sessão ordinária subsequente, com publicação em pauta.

Vide Projeto de CPC, art. 895, parágrafo único.

A criação deste § 3º pela Lei n. 11.280/2006 (integrante da chamada Reforma do Processo Civil) decorre diretamente do fato de o remodelado § 2º ter estabelecido, de forma expressa e inovadora, a exigência de que o julgador que pedir "vista do processo" o devolva no prazo de dez dias da data em que o recebeu (*v.* nota ao § 2º). É como se o dispositivo sob enfoque criasse uma sanção processual para o descumprimento do prazo ao instituir que a não devolução tempestiva implica a requisição dos autos pelo presidente do órgão julgador (câmara ou turma), requisição esta a ser realizada de ofício (independentemente de requerimento da parte) e que pode assumir qualquer das seguintes feições: 1ª) requisição verbal informal, mediante requerimento ou não, dirigida ao juiz para que apresente os autos na sessão seguinte (a que gera constrangimento mínimo); 2ª) requisição verbal em sessão, mediante requerimento ou não (a que gera um pouco mais de constrangimento); 3ª) requisição documentada (por escrito), mediante requerimento ou não (a que gera constrangimento máximo). Observe-se que, para impedir a requisição, pode o juiz solicitar expressamente (verbalmente em sessão ou por escrito) a prorrogação pelo prazo de até dez dias (não faz sentido que se defira prorrogação por tempo maior que o próprio prazo originário), desde que o faça dentro do decêndio; se já vencido o prazo de devolução, não cabe pedido de prorrogação e a requisição se torna de rigor. Por derradeiro, registrem-se os dois desdobramentos procedimentais obrigatórios da ocorrência da requisição: 1º) publicação em pauta da reabertura do julgamento; 2º) reabertura do julgamento na sessão ordinária subsequente. Se o julgamento não puder acontecer porque, ainda assim, o juiz não apresentou a causa para apreciação pelo órgão colegiado na sessão designada, a consequência da falta passa para o plano estritamente administrativo (texto de acordo com a Lei n. 11.280/2006).

Art. 556. Proferidos os votos, o presidente anunciará o resultado do julgamento, designando para redigir o acórdão o relator, ou, se este for vencido, o autor do primeiro voto vencedor.

Vide Projeto de CPC, art. 896.

O presente dispositivo e os contidos nos arts. 563 e 564 ocupam-se da etapa derradeira do julgamento realizado por órgão jurisdicional colegiado. Este art. 556, especificamente, prevê o anúncio pelo presidente da turma ou câmara do resultado do julgamento, bem como o critério para a definição do relator do acórdão. Se o voto do relator da apelação, ou do agravo, é vencedor, esse será o relator do acórdão; se o seu voto é vencido, o relator do acórdão será o autor do primeiro voto vencedor. Observe-se que até o momento do anúncio é possível a retratação do voto por qualquer dos participantes do julgamento, salvo se o regimento interno o impedir.

Parágrafo único. Os votos, acórdãos e demais atos processuais podem ser registrados em arquivo eletrônico inviolável e assinados eletronicamente, na forma da lei, devendo ser impressos para juntada aos autos do processo quando este não for eletrônico.

Vide Projeto de CPC, art. 897.

Este parágrafo único – criação da Lei n. 11.419/2006 que institui a informatização do processo judicial – reconhece expressamente a admissibilidade do emprego do meio eletrônico para a prática dos atos que indica, quais sejam, os votos, os acórdãos e demais atos. Observe-se que, antes, o art. 154, § 2º, já havia previsto a utilização da forma eletrônica para os atos processuais em geral (*v.* nota). O que se percebe, então, é que também aqui o regramento vem para explicitar o cabimento do meio eletrônico em relação a atos particularizados, exatamente como fazem outros tantos dispositivos (*v.* relação no comentário ao § 2º, do art. 154). Outra observação que merece registro concerne ao fato de que o dispositivo em epígrafe, ao mesmo tempo em que autoriza o meio eletrônico, impõe a assinatura eletrônica – claro, em caso de processo que tramita total ou parcialmente sob tal forma –, o que nos remete ao disposto no parágrafo único, do art. 164, e também ao art. 1º, § 2º, III, da Lei n. 11.419/2006, que regulamenta a assinatura eletrônica (*v.* texto transcrito na parte final do comentário ao parágrafo único do art. 164 deste CPC). Anote-se, ainda, que o regramento sob análise afirma que os atos podem ser registrados em "arquivo eletrônico inviolável", previsão que nos faz lembrar do § 2º, do art. 169, que traz a mesma locução, razão pela qual remetemos o consulente ao que ali dissemos (*v.* nota ao § 2º do art. 169). Por derradeiro, ressaltamos a circunstância de que a parte final do texto deste parágrafo único impõe expressamente a necessidade de conversão do texto eletrônico em texto impresso em papel "para juntada aos autos do processo quando este não for eletrônico", previsão legal única que vale também para outros atos processuais como os previstos nos arts. 169, § 2º, 202, § 3º, 365, V e VI, 399, § 2º, 417, § 2º, e 457, § 4º (texto de acordo com a Lei n. 11.419/2006).

Art. 557. O relator negará seguimento a recurso manifestamente inadmissível, improcedente, prejudicado ou em confronto com súmula ou com jurisprudência dominante do respectivo tribunal, do Supremo Tribunal Federal, ou de Tribunal Superior.

Vide Projeto de CPC, art. 888, caput

A prescrição normativa sob enfoque – alterada em sua redação pela Lei n. 9.756/98 – compõe com o § 1º-A deste artigo e com o § 4º do art. 544, o fabuloso arsenal de poderes com que o nosso direito processual contemplou os relatores de recursos nos tribunais brasileiros. Destaque-se, desde logo, que, enquanto o presente dispositivo e o parágrafo a seguir estabelecem previsões genéricas, o § 4º, do mencionado art. 544, prevê atos só praticáveis por relatores no STJ e STF, entre eles o provimento ao próprio recurso extremo nos autos do agravo (agravo nos próprios autos). Quanto aos muitos outros atos de conteúdo negativo que os relatores em geral podem praticar, é o presente art. 557, *caput,* que os regulamenta, chamando a atenção o fato de que a soma de prerrogativas a eles conferida não tem precedente na história do processo civil brasileiro. Pois bem, vejamos que atos de conteúdo negativo podem os relatores praticar assim que lhes chegue às mãos os autos de quaisquer processos em sede recursal. Antes de mais nada, este art. 557 sob exame autoriza o relator a negar seguimento ao recurso, o que significa indeferir liminarmente o seu processamento: *a*) por manifesta inadmissibilidade, ou seja, porque a decisão que se ataca não é passível de recurso (falta de cabimento), porque a decisão não gera nenhum gravame para a parte (falta de interesse recursal), porque o recurso foi interposto extemporaneamente (falta de tempestividade), porque o recorrente não pagou as custas respectivas (falta de preparo), ou porque a petição se encontra desprovida de pedido, de fundamentação ou de inteligibilidade (falta de regularidade formal); *b*) por manifesta improcedência, vale dizer, porque se constata *prima ictu oculi* que o recorrente não tem a menor razão para pedir a reforma da decisão atacada; *c*) por encontrar-se prejudicado, ou seja, porque, em razão de acontecimentos posteriores, a decisão simplesmente deixou de trazer qualquer prejuízo processual à parte; e *d*) por ser contrário o pedido formulado, por meio do recurso, à súmula ou à jurisprudência dominante do STF, Tribunal Superior ou do próprio tribunal. Observe-se, ainda, que tomada qualquer dessas decisões por um relator, aplica-se o § 1º adiante, que prevê o recurso cabível, por sua vez, contra tal ato. Por fim, desejamos salientar que, comparando a redação do focalizado art. 557 com a do atual art. 544, o que se percebe é que as previsões dos incisos e alíneas deste último são mais técnicas e precisas do que as aqui encontradas, o que se explica pelo fato de que o *caput* sob comentário tem caráter genérico – de poderes exercitáveis por todos os relatores de tribunais brasileiros – justificando-se, assim, a utilização da locução pouco clara e inespecífica como "O relator negará seguimento a recurso [...]", que submete tanto a hipótese de manifesta inadmissibilidade, como a de improcedência, a de recurso prejudicado ou a de recurso em confronto com súmula ou jurisprudência dominante de todo e qualquer tribunal (*v.* notas aos incisos e alíneas do art. 544).

§ 1º-A Se a decisão recorrida estiver em manifesto confronto com súmula ou com jurisprudência dominante do Supremo Tribunal Federal, ou de Tribunal Superior, o relator poderá dar provimento ao recurso.

Vide Projeto de CPC, art. 888, V.

Deixando de lado a circunstância injustificável desse parágrafo ter sido numerado como "§ 1º-A" e de se localizar topograficamente antes do § 1º, examinemos o que o presente dispositivo – introduzido no sistema pela Lei n. 9.756/98 – tem a nos oferecer. Inicialmente, cumpre registrar que se o *caput* deste art. 557 só prevê atos de conteúdo negativo, este § 1º-A consagra uma hipótese de conteúdo positivo, expressa pelo julgamento imediato do mérito do recurso com a outorga de provimento a ele por parte do próprio relator. Note-se que tal autorização excepcionalíssima se coloca em paralelo com o § 4º, II, *c*, do art. 544, mas com a diferença de que, enquanto este § 4º mencionado se aplica exclusivamente ao relator no STF ou STJ – em sede de agravo nos próprios autos e apenas para fins de provimento do recurso extraordinário ou especial –, o focalizado § 1º-A tem aplicação a todos os relatores de todos os tribunais civis do país, em sede de quaisquer recursos ordinários. Note-se, outrossim, que, no que concerne ao fundamento, a autorização aqui instituída é bastante semelhante àquela outra prevista pelo § 4º, do art. 544, ficando a diferença apenas por conta do fato de que, neste § 1º-A, admite-se o "confronto com súmula ou com jurisprudência dominante" (até aqui a previsão é idêntica) de "Tribunal Superior", o que inclui o STJ e o TSE (o § 4º do art. 544 só faz menção ao STF e STJ, mas não admite nenhum outro, evidentemente). Por fim, registre-se que assim como se passa com o relator no STF ou no STJ, também aqui, só cabe ao relator dar provimento ao recurso se a incompatibilidade da decisão recorrida e de seus fundamentos com uma súmula, ou com entendimento dominante expresso jurisprudencialmente, for clara e inequívoca.

§ 1º Da decisão caberá agravo, no prazo de 5 (cinco) dias, ao órgão competente para o julgamento do recurso, e, se não houver retratação, o relator apresentará o processo em mesa, proferindo voto; provido o agravo, o recurso terá seguimento.

Vide Projeto de CPC, art. 975, caput *e § 1º.*

Se, sob o ponto de vista numérico, não se compreende a topografia do presente dispositivo (*v.* nota ao parágrafo anterior), sob a perspectiva sistemática-funcional, a disposição legal focalizada – também introduzida pela Lei n. 9.756/98 – se revela inteiramente adequada. É que da mesma maneira como se afigura excepcional a autorização para o relator negar "seguimento a recurso manifestamente inadmissível [...]" (*caput* deste art. 557), excepcional, e mais que excepcional – excepcionalíssima –, se apresenta a autorização para o relator "dar provimento ao recurso", como se encontra previsto no parágrafo anterior (§ 1º-A deste mesmo art. 557). A consequência nas duas hipóteses é exatamente a mesma, como não poderia deixar de ser: da decisão caberá agravo ao órgão competente para o julgamento do recurso. Algumas observações interpretativas se impõem. A primeira, no sentido de que a regra sob análise se aplica, evidentemente, tanto ao caso de negativa de seguimento, sob qualquer fundamentação (art. 557, *caput*), como ao caso de provimento ao recurso (art. 557, § 1º-A). A segunda observação, no sentido de que a decisão recorrível aqui prevista tem natureza de decisão interlocutória (art. 162, § 2º, deste Código) ainda que proferida por um órgão monocrático de segunda instância (o relator). A terceira, no sentido de que o agravo aqui instituído bem pode ser denominado de "agravo interno", porque não forma instrumento, não fica retido, nem se confunde com o previsto pelo art. 544; agravo interno porque se processa nos próprios autos para julgamento imediato pelo órgão competente (preferimos a qualificação "interno" à "regimental", uma vez que esse agravo se encontra hoje regulado pelo próprio CPC e não exclusivamente por regimento interno, mas a utilização do adjetivo "regimental" não é de todo inadequada pelo passado legislativo desse instituto). A quarta observação, no sentido de que será o regimento interno do tribunal que indicará qual o órgão colegiado que tem competência para julgar o agravo interno (ou regimental) de que cogitamos. A quinta se refere ao fato de que o prazo para a interposição desse agravo é mais curto (cinco dias) e, por isso, especial em relação ao prazo comum de dez dias previsto pelos arts. 522, *caput*, e 544, *caput* (identicamente, em cinco dias, interpõem-se os agravos também internos dos arts. 532 e 545 deste CPC). A sexta se relaciona com a circunstância de que, apesar de o texto sob enfoque não fazer qualquer alusão à resposta ao recurso, parece evidente que, por força do princípio constitucional do contraditório (art. 5º, LV, da CF), à parte contrária deve ser assegurado o direito de contraminutar o agravo, em cinco dias, antes do seu julgamento pelo órgão competente. A sétima, no sentido de que a interposição deste agravo interno suspende o prazo para quaisquer outros recursos eventualmente cabíveis. A oitava observação fazemos para ressaltar o fato de que, seguindo as características naturais do recurso de agravo, também esse que ora examinamos permite ao relator o juízo de retratação, tanto que o texto diz que "se não houver retratação, o relator apresentará o processo em mesa [...]"; havendo retratação, da nova decisão que mandar processar o recurso (der "seguimento ao recurso" – *caput* deste art. 557 – ou voltar atrás na decisão de "dar provimento" – § 1º-A) não cabe qualquer tipo de impugnação. E, finalmente, a nona observação, no sentido de que, não havendo retratação, à abertura de vista ao agravado (com ou sem a subsequente oferta de resposta), seguir-se-á a imediata apresentação dos autos do processo pelo relator ao órgão colegiado para julgamento (na próxima sessão ou em uma das próximas), mas sempre mediante prévia inclusão do feito em pauta para fins de publicação (o que depende, à evidência, de comunicação do relator dirigida ao presidente do órgão colegiado). Por derradeiro, chamamos a atenção para o fato de que o presente § 1º é aplicável ao agravo interno interposto com fundamento no art. 545, por expressa imposição normativa deste (*v.* nota).

---

§ 2º Quando manifestamente inadmissível ou infundado o agravo, o tribunal condenará o agravante a pagar ao agravado multa entre 1% (um por cento) e 10% (dez por cento) do valor corrigido da causa, ficando a interposição de qualquer outro recurso condicionada ao depósito do respectivo valor.

Vide Projeto de CPC, art. 975, § 2º.

Dando sequência e encerramento à disciplina contida neste importantíssimo art. 557, o presente § 2º – também criação da Lei n. 9.756/98 – estabelece severa multa a ser imposta ao recorrente que interpuser o agravo interno do § 1º de forma temerária ou procrastinatória, o que ocorre, de acordo com o texto, se o agravo se mostrar "manifestamente inadmissível ou infundado". A inadmissibilidade se dá quando falta cabimento, interesse, regularidade formal ou tempestividade; infundado é o recurso se as razões de mérito são de todo absurdas, inadequadas ou impertinentes. Pois bem, verificando-se a manifesta inadmissibilidade ou a manifesta falta de fundamento, observe-se que ao órgão colegiado competente (*v.* § 1º e nota) caberá decidir pela imposição da multa e jamais ao relator monocraticamente (a ele pertence apenas um voto no julgamento colegiado). Outra consideração relevante que não pode deixar de ser feita é a concernente à multa de 1 a 10% do valor da causa corrigido: a gradação da multa a ser imposta pelo tribunal depende não apenas do próprio valor da causa corrigido (causa de valor corrigido muito baixo pode gerar multa em percentual mais alto; valor da causa muito alto pode gerar multa em percentual mais baixo), mas também do grau do ilícito praticado (do quão temerário ou procrastinatório se revele o agravo interposto aos olhos dos juízes que integram o órgão julgador). Por fim, registre-se que, estabelecida expressamente a multa pelo tribunal, no acórdão proferido, a interposição subsequente de qualquer outro recurso de que se cogite – recorde-se que o prazo para esse recurso ficou automaticamente suspenso com o agravo interno interposto – depende do preenchimento de um requisito extrínseco a mais que é o depósito do valor da multa, a ser comprovado no momento da interposição desse recurso subsequente. O valor da multa é revertido à parte contrária. Para concluir, lembramos que também o presente § 2º é aplicável ao agravo interno interposto com base no art. 545, por explícita imposição normativa deste (*v.* nota).

Art. 558. O relator poderá, a requerimento do agravante, nos casos de prisão civil, adjudicação, remição de bens, levantamento de dinheiro sem caução idônea e em outros casos dos quais possa resultar lesão grave e de difícil reparação, sendo relevante a fundamentação, suspender o cumprimento da decisão até o pronunciamento definitivo da turma ou câmara.

Inicialmente, deve-se consignar que a redação dada a este art. 558 pela Reforma do Processo Civil, de 1994, deixa francamente estampada a natureza cautelar da atribuição de efeito suspensivo ao agravo pelo relator (art. 527, III), uma vez que exige, de forma expressa, a demonstração de que o ato decisório pode gerar lesão grave e de difícil reparação para o agravante. A par dessa explicitação, a inovação relevantíssima que o texto apresenta se encontra no fato de que a atribuição de efeito suspensivo, desde 1994, passou a abarcar toda e qualquer decisão interlocutória, remanescendo as hipóteses expressamente referidas apenas como rol de exemplos e não mais como elenco taxativo de admissibilidade. Assim, toda vez que a parte se veja em perigo de sofrer dano irreparável, ou de difícil reparação, por força de uma decisão interlocutória proferida, ela pode interpor agravo de instrumento, dirigindo-se ao tribunal por meio da petição disciplinada pelo art. 524 do CPC, e, no seu próprio bojo, solicitar ao relator que, liminarmente, outorgue efeito suspensivo à decisão atacada, sem para isso precisar impetrar mandado de segurança (*v.* nota ao inciso III do art. 527; *v.*, ainda, no entanto, art. 527, II) (texto de acordo com a Lei n. 9.139/95).

Parágrafo único. Aplicar-se-á o disposto neste artigo às hipóteses do art. 520.

O presente dispositivo, de efeitos importantes sobre o sistema recursal, permite que toda vez que seja interposta a apelação contra qualquer das sentenças previstas pelo art. 520 do CPC (homologatória de divisão ou demarcação, condenatória à prestação de alimentos, de processo cautelar, de embargos do devedor, pela rejeição ou improcedência, de improcedência de instituição de arbitragem ou de confirmação de tutela antecipada) requeira o apelante, por meio das suas razões, que se suspenda o cumprimento da sentença até o pronunciamento definitivo da turma ou câmara. Assim, a partir de 1994, da mesma maneira como é possível obter-se efeito suspensivo para qualquer agravo, independentemente do teor da decisão interlocutória, torna-se também viável obter-se idêntico efeito para a apelação nos poucos casos em que ela é desprovida, *ex lege*, de suspensividade. Observe-se, no entanto, que há uma diferença procedimental significativa: enquanto no agravo o pedido de efeito suspensivo é dirigido imediata e diretamente ao tribunal (arts. 524 e 527, III), na apelação, tal pedido constará das razões endereçadas à primeira instância (art. 514), mas só poderá ser apreciado tempos depois, quando da distribuição dos autos a um relator (arts. 519, *in fine*, e 549). Cremos que, em função do caráter acautelatório da atribuição do efeito suspensivo previsto pelo *caput* do art. 558, e da demora natural do processamento da apelação, em casos de extremada urgência o recurso ao agravo de instrumento para esse fim não está obstaculizado pelo presente dispositivo (*v.* art. 527, II) (texto de acordo com a Lei n. 9.139/95).

Art. 559. A apelação não será incluída em pauta antes do agravo de instrumento interposto no mesmo processo.

Vide Projeto de CPC, art. 899, caput

Segundo o dispositivo, fica estabelecida a proibição, em relação a um mesmo processo, de a apelação ser julgada pelo tribunal antes do agravo de instrumento. O motivo por que a lei institui a vedação é simples: o julgamento do agravo de instrumento (só o de instrumento, evidentemente) pode prejudicar a apreciação do apelo se, *v. g.*, for dado provimento ao agravo tirado contra o saneamento (art. 331, § 2º) para extinguir o processo sem julgamento do mérito (art. 267); ou para ordenar à primeira instância a realização de prova pericial.

Parágrafo único. Se ambos os recursos houverem de ser julgados na mesma sessão, terá precedência o agravo.

Vide Projeto de CPC, art. 899, parágrafo único.

A regra aqui estabelecida é mera extensão da do *caput* e confirmação do seu espírito. Ainda que a apelação e o agravo se encontrem elencados na mesma pauta de julgamento, não se procederá à apreciação da apelação antes que se decida o agravo de instrumento, uma vez que este pode prejudicar o primeiro recurso nas hipóteses referidas exemplificativamente no comentário ao *caput*.

Art. 560. Qualquer questão preliminar suscitada no julgamento será decidida antes do mérito, deste não se conhecendo se incompatível com a decisão daquela.

Vide Projeto de CPC, art. 893, caput

As preliminares a que alude o dispositivo são as preliminares ao mérito do recurso (legitimação e interesse recursais, cabimento, tempestividade, preparo, regularidade formal), as preliminares ao mérito da ação (as objeções processuais elencadas pelo art. 301), bem como as preliminares de mérito (prescrição, decadência, etc.) e as nulidades que o tribunal possa conhecer de ofício (arts. 245, parágrafo único, 246 e 247). Todas as preliminares podem ter sido suscitadas nas razões ou contrarrazões de apelação ou ser suscitadas pelo próprio órgão jurisdicional. Se a decisão da preliminar for incompatível com a apreciação do mérito (intempestividade, carência de ação, nulidade a partir da citação), esse não será conhecido. Não há incompatibilidade, por outro lado, se a preliminar reconhecida concerne a questões processuais, *v. g.*, juntada de documentos, assistência judiciária, valor da causa, etc. (*v.* art. 516).

Parágrafo único. Versando a preliminar sobre nulidade suprível, o tribunal, havendo necessidade, converterá o julgamento em diligência, ordenando a remessa dos autos ao juiz, a fim de ser sanado o vício.

Vide Projeto de CPC, art. 893, §§ 1º e 2º.

O texto alude especificamente à nulidade suprível (art. 249, *caput* e § 1º) como fenômeno determinador da conversão do julgamento em diligência. É evidente, assim, que o reconhecimento de nulidades que não possua tal feição, o acolhimento de objeções do art. 301 ou a verificação de que falta requisito de admissibilidade da apelação não geram, em hipótese alguma, conversão. Há nulidade suprível, *v. g.*, se ocorre defeito de representação (falta de instrumento público, vício na procuração, inexistência nos autos de substabelecimento), se há necessidade de habilitação do espólio ou herdeiros no processo, se há impedimento do juiz que participará do julgamento, etc.

Art. 561. Rejeitada a preliminar, ou se com ela for compatível a apreciação do mérito, seguir-se-ão a discussão e julgamento da matéria principal, pronunciando-se sobre esta os juízes vencidos na preliminar.

Vide Projeto de CPC, art. 894.

Este art. 561 ordena e disciplina o prosseguimento do julgamento caso a preliminar tenha sido afastada ou, sendo acolhida, tal acolhimento não seja incompatível com a apreciação do mérito (*v.* art. 560, *caput*). Em qualquer dessas hipóteses determina o texto legal que todos os juízes que compõem o órgão julgador pronunciem-se a respeito do mérito, e não apenas aqueles que entendem viável tal julgamento. Mesmo o juiz que ficou vencido porque votou acolhendo preliminar incompatível (*v. g.*, nulidade absoluta do processo, carência de ação ou prescrição) tem, segundo a norma, que votar agora sobre o mérito, uma vez que sem o seu pronunciamento não é possível o alcance de uma decisão, posto tratar-se de órgão jurisdicional colegiado.

Art. 562. Preferirá aos demais o recurso cujo julgamento tenha sido iniciado.

Vide Projeto de CPC, art. 891.

Há julgamento iniciado e não concluído de um recurso em qualquer das seguintes situações: foi suscitado incidente de uniformização de jurisprudência (art. 476 e segs.) ou de declaração de inconstitucionalidade (art. 480 e segs.); um dos juízes pediu vista (art. 555, parágrafo único); ou foi ordenada a conversão do julgamento em diligência (art. 560, parágrafo único). Muito bem, ocorrendo uma dessas situações e sendo incluído novamente em pauta o processo, o seu julgamento ocorrerá, por força da prescrição legal sob exame, antes do de qualquer outro feito. Observe-se que, embora o texto fale apenas de recurso, a norma em questão se aplica também às causas de competência originária e às hipóteses de duplo grau obrigatório do art. 475 (José Carlos Barbosa Moreira).

Art. 563. Todo acórdão conterá ementa.

Vide Projeto de CPC, art. 897, § 1º.

De acordo com a redação dada a este art. 563 pela Reforma do CPC de 1994, o juiz incumbido de lavrar o acórdão (recebe a denominação de acórdão o julgamento proferido pelos tribunais – art. 163) tem agora o dever de fazer constar do documento assinado que o instrumentaliza a sua ementa. Ementa é o resumo escrito, suma ou síntese abreviada do que ficou decidido pelo órgão judiciário e que encabeça do ponto de vista formal-documental a decisão para permitir o fácil conhecimento do seu teor. A intenção da lei ao estabelecer mais um requisito para o ato decisório de órgão colegiado – além dos já contidos no art. 458 – é justamente esta que acabamos de mencionar: dar a qualquer pessoa que tenha interesse pelo processo a capacidade de facilmente tomar conhecimento do conteúdo decisório do acórdão. A formalidade instituída é requisito de regularidade desse ato jurídico (texto de acordo com a Lei n. 8.950/94).

Art. 564. Lavrado o acórdão, serão as suas conclusões publicadas no órgão oficial dentro de 10 (dez) dias.

Vide Projeto de CPC, art. 897, § 2º.

Para o fim da disciplina deste art. 564, considera-se acórdão lavrado o documento final datilografado e assinado que se encontre juntado aos autos do processo (*v.* nota ao art. 563). Presente, assim, o acórdão nos autos, o cartório tem o prazo consignado no texto para proceder à intimação das partes mediante a publicação no *Diário Oficial* das suas conclusões, isto é, do resultado do julgamento (*v. g.*, "por votação unânime, dá-se provimento à apelação") acompanhado da identificação da causa e nomes dos advogados. Observe-se que o que é objeto de publicação não é a ementa do acórdão (enunciado sintético da tese acolhida pelo tribunal), mas apenas o resultado técnico-processual do julgamento.

Art. 565. Desejando proferir sustentação oral, poderão os advogados requerer que na sessão imediata seja o feito julgado em primeiro lugar, sem prejuízo das preferências legais.

Vide Projeto de CPC, art. 892, § 2º.

A regra está evidentemente mal colocada, porque diz respeito apenas a detalhe do regulamento da sustentação oral, e devia, por isso, ter constado do próprio corpo do art. 554 ou de parágrafo que se criasse. Seja como for, o fato é que o advogado que queira realizar sustentação deve requerê-la ao presidente do órgão fracionário do tribunal. Tal pedido – que não se restringe à sustentação em sessão subsequente, mas que pode ser formulado na própria sessão em curso, desde que não iniciado o julgamento da causa – há de ser deduzido verbalmente ou por escrito e, uma vez deferido, dará ensejo à prática desse importante ato postulatório pelo patrono da parte. Se o pedido for realizado antes do início da sessão, o processo será julgado antes de todos os outros da pauta, salvo as preferências legais (art. 559, *caput* e parágrafo único, além do art. 562); iniciada a sessão, antecipa-se o julgamento do processo aos remanescentes.

Parágrafo único. Se tiverem subscrito o requerimento os advogados de todos os interessados, a preferência será concedida para a própria sessão.

Vide Projeto de CPC, art. 892, § 2º.

Apesar de o texto empregar o termo "subscrito", não tem amparo a interpretação que vê na regra a impossibilidade de o pedido de sustentação oral ser realizado verbalmente pelo advogado. O que a norma sob análise impõe é apenas a necessidade de que todos os advogados concordem com a antecipação do julgamento na própria sessão, vontade essa que pode ser aferida sem maiores formalidades.

LIVRO II
DO PROCESSO DE EXECUÇÃO

Vide Projeto de CPC, arts. 730 a 881 (Livro III – Do Processo de Execução).

Processo de execução é o processo disciplinado pela lei cujo escopo é a entrega pelo Estado de um provimento jurisdicional que satisfaça concretamente o direito já reconhecido num título executivo extrajudicial, em regra (exceções: art. 475-N, II a VII). Por meio dele não se busca a declaração de direitos, mas a realização efetiva e material desses, o que se dá pela invasão do patrimônio jurídico do devedor, em seu mais amplo sentido, pelo Estado. Com a entrada em vigor da Lei n. 11.232/2005 (Reforma da Execução), a satisfação dos créditos reconhecidos em títulos executivos judiciais passa a depender apenas de uma "fase de execução" do processo de conhecimento, denominada "cumprimento da sentença" (arts. 475-I a 475-R). A consequência disso é que o presente Livro II passa a reger, principalmente, o processo de execução fundado em título executivo extrajudicial e subsidiariamente, a execução de título judicial (art. 475-R).

TÍTULO I
DA EXECUÇÃO EM GERAL

Vide Projeto de CPC, arts. 730 a 753
(Título I – Da Execução em Geral).

Este Título I (arts. 566 a 601) corresponde, como o próprio nome indica, ao corpo de regras que tem aplicação em tese a todos os procedimentos previstos pelo Título II, bem como ao regulado pelo Título IV. Dizemos em tese porque essas regras não são aplicadas se, na disciplina específica de um procedimento, houver norma incompatível. Observe-se que, incoerentemente, o Capítulo V, deste Título I, recebe a denominação "Das Disposições Gerais", o que não era necessário, dada a generalidade de todo o Título. Já o Capítulo I, do Título II, assim também denominado, deveria fazer parte do Título I, pelo mesmo motivo. Com a entrada em vigor da Lei n. 11.232/2005 (Reforma da Execução Judicial), este Título I se aplica subsidiariamente ao "cumprimento da sentença" (arts. 475-I a 475-R). Observe-se, por derradeiro, que a Lei n. 11.382/2006 (Reforma da Execução Extrajudicial) alterou mais de uma dezena de dispositivos constantes deste Título I.

CAPÍTULO I
DAS PARTES

Vide Projeto de CPC, arts. 737 a 739 (Capítulo II – Das Partes).

Sob esta rubrica, o Código regulamenta expressamente a legitimação ativa e passiva para a execução (arts. 566 e 568), bem como vários aspectos do seu exercício (arts. 569 a 574), e não propriamente o tema "partes". O conceito de parte não varia por se tratar de processo de execução: parte é aquele que pede ou contra quem se pede uma providência jurisdicional (Chiovenda) ou todo aquele que se encontra num contraditório perante o juiz (Liebman).

Art. 566. Podem promover a execução forçada:

Vide Projeto de CPC, art. 737, caput

A lei processual, por meio da presente disposição e da subsequente (art. 567), indica explicitamente as pessoas que detêm legitimidade ativa *ad causam* para a execução forçada. Observe-se que execução forçada é sinônimo de ação de execução e, por isso, deve ser conceituada como a de conhecimento ou cautelar com apenas uma adaptação: ação de execução não é o direito à sentença de mérito, mas o direito a um provimento de mérito.

I – o credor a quem a lei confere título executivo;

Vide Projeto de CPC, art. 737, I.

Tem legitimação ordinária ativa para instaurar execução, em primeiro lugar, aquela pessoa que é apontada pelo título executivo como credora de uma prestação qualquer (sobre o conceito de título, *v.* nota ao art. 585, *caput*). E assim, normalmente, a própria literalidade do documento, tido pela lei como título executivo, que revela a pessoa legitimada a se tornar exequente. Outras vezes, é necessário o recurso ao que a lei diz, como acontece nas hipóteses do art. 567, para que se descubra quem está legitimado para agir *in executivis.*

II – o Ministério Público, nos casos prescritos em lei.
Vide Projeto de CPC, art. 737, II.

O dispositivo sob apreciação complementa a regra instituída pelo art. 81, que atribui genericamente legitimidade ativa ao MP para a propositura de ações civis públicas nos casos previstos em lei. Trata-se de norma de extensão importantíssima porque, via de regra, os textos legais legitimadores do *parquet* não lhe dão autorização expressa para a execução (exceções: art. 16 da Lei n. 4.717/65 – LAP; art. 68 do CPP, etc.). Assim, segundo a presente disposição, toda vez que o MP tiver legitimação para uma ação de conhecimento, ele estará automaticamente legitimado para instaurar o processo de execução ou a fase de "cumprimento da sentença" (idêntico raciocínio vale para o processo cautelar).

Art. 567. Podem também promover a execução, ou nela prosseguir:
Vide Projeto de CPC, art. 737, parágrafo único.

A única distinção existente entre a norma contida neste art. 567 e a do art. 566 é que aqui a lei se preocupa não só em afirmar *a legitimatio ad causam* originária das pessoas a seguir elencadas, como também estabelece a superveniente, o que significa dizer que elas estarão autorizadas a ingressar posteriormente para dar prosseguimento à execução. Quanto a este segundo aspecto normativo, trata-se de autorização semelhante à prevista pelos arts. 42 e 43, com a diferença de que, pela regra sob comentário, a legitimidade é alterada, razão por que o consentimento da parte contrária não é exigido (*v.* art. 42, *caput* e parágrafos).

I – o espólio, os herdeiros ou os sucessores do credor, sempre que, por morte deste, lhes for transmitido o direito resultante do título executivo;
Vide Projeto de CPC, art. 737, parágrafo único, I.

Falecendo o credor antes de ser instaurado o processo de execução, ou a fase de "cumprimento da sentença", quem recebe legitimidade da lei para fazê-lo é o espólio, se os bens ainda não foram partilhados no inventário, ou o herdeiro (sucessor a título universal) ou o legatário (sucessor a título singular), se os bens já foram partilhados. Se, por outro lado, o falecimento acontece no curso da execução, essas mesmas pessoas legitimam-se de forma superveniente e ficam autorizadas a ingressar no processo para lhe dar prosseguimento, sucedendo o *de cujus*.

II – o cessionário, quando o direito resultante do título executivo lhe foi transferido por ato entre vivos;
Vide Projeto de CPC, art. 737, parágrafo único, II.

Cessionário é o sujeito passivo do contrato de cessão de crédito por meio do qual se opera a transmissão de direitos de qualquer espécie (CC, arts. 286 a 298). Transferido, assim, por este ato *inter vivos*, o direito consagrado no título executivo, fica o seu novo titular legitimado não só a promover a execução em face do devedor, como também a ingressar no processo com legitimação superveniente para prosseguir na execução em curso, independentemente da concordância do executado (o qual deve apenas ser cientificado da cessão para que esta valha contra ele – CC, art. 290). Se a cessão de crédito alcançar todo o crédito exequendo, a legitimação ordinária do cedente exequente desaparece; se a cessão for parcial, a legitimação do cedente não desaparece obviamente, restando ao cessionário intervir no processo como assistente litisconsorcial do exequente (art. 54). A intervenção do cessionário é facultativa nos dois casos.

III – o sub-rogado, nos casos de sub-rogação legal ou convencional.

Vide Projeto de CPC, art. 737, parágrafo único, III.

Há sub-rogação legal, ou de pleno direito, quando: o credor paga a dívida do devedor comum ao credor, a quem competia direito de preferência; o adquirente do imóvel hipotecado paga ao credor hipotecário; o terceiro interessado paga a dívida pela qual era ou podia ser obrigado no todo ou em parte (CC, art. 346, I a III). Há sub-rogação convencional quando: o credor recebe o pagamento de terceiro e expressamente lhe transfere todos os seus direitos; a terceira pessoa empresta ao devedor a quantia precisa para saldar a dívida, sob condição expressa de ficar sub-rogado nos direitos do credor satisfeito (CC, art. 347, I e II). Diferentemente da cessão de crédito, à sub-rogação não se aplicam as formalidades dos arts. 288 e 290 do CC, mas assim como é facultativa a intervenção do cessionário também o é a do sub-rogado.

Art. 568. São sujeitos passivos na execução:

Vide Projeto de CPC, art. 738, caput

O dispositivo elenca casuisticamente as situações de legitimação *ad causam* passiva para a execução, observando que a técnica empregada é inexplicavelmente diferente da usada para a regulamentação da legitimação ativa: aqui o legislador se valeu de prescrição única; lá, de duas disposições para o elenco de cinco hipóteses. Atente-se, ainda, para o fato de que o art. 592 nada tem a ver com o presente artigo de lei: este art. 568 trata de *legitimatio ad causam;* o art. 592 versa sobre responsabilidade patrimonial apenas (*v.* nota ao art. 592).

I – o devedor, reconhecido como tal no título executivo;

Vide Projeto de CPC, art. 738, I.

A regra tem paralelo no inciso I do art. 566: assim como o credor, também o devedor é normalmente aquela pessoa revelada pela literalidade textual do documento que a lei reconhece como título executivo (arts. 475-N e 585), e, porque devedor, a lei lhe outorga legitimidade para figurar como sujeito passivo da execução, vale dizer, para assumir a posição de executado no processo ou fase de "cumprimento da sentença". São exemplos de devedor o emitente de um título, o endossante, o aceitante, o fiador que a devedor se equipara, etc. (o fiador judicial encontra-se previsto pelo inciso IV adiante). Com a entrada em vigor da Lei n. 11.232/2005 (Reforma da Execução), fica revogado o art. 584 e a disciplina do título executivo judicial vai para o art. 475-N.

II – o espólio, os herdeiros ou os sucessores do devedor;
Vide Projeto de CPC, art. 738, II.

A regra, de igual modo, tem paralelo no disposto no inciso I, agora do art. 567: assim como, falecido o credor, podem promover ação (ou instaurar fase de execução), ou prosseguir na execução, o espólio, os herdeiros ou os sucessores, também o falecimento do devedor (ou do executado) permite a instauração da execução contra as pessoas textualmente referidas nos limites dos direitos transmitidos com a morte (ou o seu ingresso posterior no polo passivo da relação processual). Antes de partilhada a dívida, a legitimação passiva é do espólio; homologada a partilha, a legitimação passa aos sucessores a título universal (herdeiros) ou aos sucessores a título singular (legatários). Na execução contra espólio, havendo concordância do inventariante ou herdeiros, o processo pode ser substituído por habilitação no inventário (art. 1.019).

III – o novo devedor, que assumiu, com o consentimento do credor, a obrigação resultante do título executivo;
Vide Projeto de CPC, art. 738, III.

Novo devedor é a pessoa que, por ato unilateral (*v. g.*, por mera liberalidade), ou por ato bilateral celebrado com o devedor originário, assume a condição de devedor e, por conseguinte, de executado no processo, com ou sem exoneração do primitivo. A eficácia desse ato de transmissão do débito perante o credor depende, contudo, de exclusiva vontade deste, tanto no plano do direito material (cessão do débito pré-processual) quanto no do direito processual (cessão do débito no curso da execução). Trata-se aqui da figura da assunção de dívida, hoje expressamente reconhecida e disciplinada pelo CC, nos seus arts. 299 a 303.

IV – o fiador judicial;
Vide Projeto de CPC, art. 738, IV.

Fiador judicial é aquela pessoa que, no curso de um processo qualquer, presta garantia pessoal sob a forma de fiança, responsabilizando-se pelo adimplemento de uma determinada obrigação (é o caso da caução fidejussória a que alude o art. 826). Exigem caução, *v. g.*, os arts. 690 e 695 (para garantir a arrematação), 925 (para garantir perdas e danos, a ser suportada pelo autor mantido ou reintegrado na posse), 940 (para garantir o prosseguimento da obra embargada), etc. O fiador responde sem ser devedor, mas, uma vez que pague a dívida, opera-se a sub-rogação em seu favor, o que lhe permite ajuizar execução nos mesmos autos em face do afiançado (art. 595, parágrafo único).

V – o responsável tributário, assim definido na legislação própria.
Vide Projeto de CPC, art. 738, V e VI.

Responsável tributário, no texto do presente inciso, é aquele que, sem auferir vantagem econômica do fato gerador, tem obrigação perante o Fisco por força de expressa previsão legal (CTN, art. 121, parágrafo único, II). Tecnicamente, o responsável se opõe ao contribuinte, o devedor tributário, que é a pessoa que tem relação pessoal e direta com a situação que constitua o fato gerador (CTN, art. 121, parágrafo único, I); para fins processuais, o contribuinte se enquadra na categoria do devedor previsto pelo inciso I do art. 568. A execução pela Fazenda Pública do responsável tributário depende, contudo, da regular inscrição do crédito na repartição competente, o que gera a certidão da dívida ativa, título que fundamenta a execução (art. 585, VII; CTN, arts. 201 a 204; Lei n. 6.830/80, art. 4º, V).

Art. 569. O credor tem a faculdade de desistir de toda a execução ou de apenas algumas medidas executivas.
Vide Projeto de CPC, art. 734, caput

A desistência do processo de execução é aqui tratada de uma maneira diferente da do processo de conhecimento em pelo menos um aspecto: este ato de disposição pode alcançar não só o processo como um todo (ou a fase de execução, como um todo) – o que representa a não realização da pretensão executória –, mas também apenas algumas medidas executivas, como, *v. g.*, a prisão do devedor na execução de alimentos (art. 733, § 1º) ou a pena pecuniária na execução da obrigação de fazer (art. 645). Tal dicotomia é impensável no processo de conhecimento. No que diz respeito à necessidade de consentimento da parte contrária, já não se cogita mais de aplicar subsidiariamente o § 4º do art. 267 à execução (art. 598), uma vez que tal matéria encontra-se hoje disciplinada inteiramente pelo parágrafo único a seguir (*v.* nota).

Parágrafo único. Na desistência da execução, observar-se-á o seguinte:
Vide Projeto de CPC, art. 734, parágrafo único.

A disciplina estabelecida por este parágrafo único veio a resolver de maneira explícita uma controvérsia que nasceu com a entrada em vigor do CPC/73: a aplicabilidade ou inaplicabilidade subsidiária do § 4º do art. 267, que exige o consentimento do réu para que se opere a desistência do processo (no caso, a desistência da execução). Diante do duplo regramento a seguir, fica de uma vez por todas dirimida a dúvida (texto de acordo com a Lei n. 8.953/94).

***a)* serão extintos os embargos que versarem apenas sobre questões processuais, pagando o credor as custas e os honorários advocatícios;**
Vide Projeto de CPC, art. 734, parágrafo único, I.

Interpretada a presente disposição normativa à luz da previsão residual constante da letra *b*, que se refere aos "demais casos", conclui-se, já de início, que, tratando-se de embargos fundados exclusivamente em matéria processual, a extinção da execução não depende de concordância do devedor-embargante. Tal conclusão é perfeitamente lógica porque não existe nada que justifique a exigência de consentimento de alguém que jamais se opôs ao direito material afirmado. Em outros termos, se o devedor só embargou por razões processuais, nenhum consentimento dele se exigirá, tendo em vista que a desistência do credor vai direta e inteiramente ao encontro do seu interesse de livrar-se da execução, e para esse fim tanto faz se o juiz acolhe as suas razões ou simplesmente extingue o processo por ato do credor. Já no que concerne ao conteúdo disciplinar explícito desta letra *a*, temos a dizer que a extinção dos embargos é consequência natural e automática da desistência da execução na hipótese de embargos fundados exclusivamente em matéria processual. Daí que, homologada a desistência, por sentença, nos autos do processo de execução, deverá o juiz, ato contínuo, proferir segunda sentença nos embargos e nela condenar o credor-embargado nas despesas e nos honorários (art. 20, § 4º) (texto de acordo com a Lei n. 8.953/94).

***b)* nos demais casos, a extinção dependerá da concordância do embargante.**
Vide Projeto de CPC, art. 734, parágrafo único, II.

Afora a hipótese prevista na letra *a* de embargos fundados exclusivamente em questões processuais, em todos os demais casos (ou seja, embargos de fundamento material exclusivo, ainda que amparado em apenas uma única causa extintiva como a prescrição, ou embargos de fundamento material e processual variado – nulidade de citação, ilegitimidade de parte, inexigibilidade da obrigação e compensação –, que são os mais comuns), a extinção do processo executivo dependerá da concordância do devedor-embargante, como diz o texto sob exame. O motivo é bastante claro: como o devedor se opõe materialmente à pretensão executiva, tem ele o direito de não ver encerrada a execução até que se julguem definitivamente os embargos, até que fique perfeita e imutavelmente definida a relação creditória; antes disso, portanto, a extinção da execução, e consequentemente dos embargos, depende do consentimento do devedor-embargante. Por fim, queremos observar que, a partir do trânsito em julgado da sentença de improcedência total ou parcial dos embargos, o destino da execução volta a depender única e exclusivamente da vontade do exequente, que pode a qualquer instante desistir de toda a execução. Dizemos que o destino da execução "volta" a depender da vontade do exequente porque até a oposição dos embargos absoluta é a liberdade do exequente para desistir, uma vez que a regra da exigência do consentimento do executado, instituída por este parágrafo único, pressupõe necessariamente embargos opostos. Assim, antes da oposição de embargos, ou depois do seu julgamento definitivo, total é a liberdade do exequente para abrir mão do processo por força do presente parágrafo (texto de acordo com a Lei n. 8.953/94).

Art. 570. (*Revogado pela Lei n. 11.232, de 22.12.2005.*)

Art. 571. Nas obrigações alternativas, quando a escolha couber ao devedor, este será citado para exercer a opção e realizar a prestação dentro em 10 (dez) dias, se outro prazo não lhe foi determinado em lei, no contrato, ou na sentença.

Vide Projeto de CPC, art. 757, caput

O fato de o texto referir expressamente lei, contrato ou sentença torna clara a aplicabilidade da presente disposição a qualquer espécie de execução, vale dizer, tanto à fundada em título judicial (fase de "cumprimento de sentença") quanto à fundada em extrajudicial, bastando apenas que a obrigação nele contida seja alternativa, sem importar a sua natureza (dar, fazer ou não fazer – *v.* nota ao art. 585, II). Tratando-se, assim, de obrigação desse tipo (*v. g.*, no caso do art. 288, parágrafo único), é imprescindível para a viabilidade da execução que o seu objeto (a prestação) torne-se determinado, o que acontece mediante a intimação ou citação do executado, em dez dias, para manifestar a sua escolha e realizar a prestação, se essa lhe couber, evidentemente (*v.* CC, art. 252).

§ 1º Devolver-se-á ao credor a opção, se o devedor não a exercitou no prazo marcado.

Vide Projeto de CPC, art. 757, § 1º.

Cabendo ao devedor, como previsto pelo *caput*, a opção de cumprir a obrigação de uma ou outra maneira – o que se dá porque a lei, o contrato ou a sentença lhe assegura tal direito –, será ele intimado ou citado para, em dez dias ou prazo diverso, exercitar a escolha e realizar a prestação. A escolha pode ser expressa verbalmente ao oficial de justiça ou por escrito posteriormente, mas em qualquer caso o cumprimento tem de ter lugar até o décimo dia. Não ocorrendo a escolha e o cumprimento no prazo marcado, opera-se automaticamente a preclusão desse direito (art. 183), razão por que o juiz abrirá vista ao credor para fazer a opção, não podendo o devedor impugná-la.

§ 2º Se a escolha couber ao credor, este a indicará na petição inicial da execução.

Vide Projeto de CPC, art. 757, § 2º.

A regra é corolário lógico da circunstância material de a escolha caber ao credor. Nessa hipótese, ao devedor-executado só resta a possibilidade de se insurgir contra a escolha por meio de embargos à execução (arts. 741 ou 745), não lhe sendo lícito impugná-la incidentemente nos próprios autos. Nada impede, por outro lado, que o credor-exequente renuncie ao direito de escolha, caso em que requererá, na inicial, simplesmente a citação ou intimação do executado nos moldes previstos pelo *caput*. Se a escolha eventualmente couber a um terceiro, por força de uma disposição contratual, *v. g.*, o exequente a provará por documento que deverá instruir a petição inicial (a escolha do terceiro equipara-se a uma condição nesse caso – *v.* art. 572).

Art. 572. Quando o juiz decidir relação jurídica sujeita a condição ou termo, o credor não poderá executar a sentença sem provar que se realizou a condição ou que ocorreu o termo.

O presente dispositivo complementa a disciplina a que se submete a sentença condicional (ou com reserva) prevista pelo art. 460, parágrafo único, estabelecendo a necessidade de que o exequente prove a ocorrência da condição ou do termo (CC, arts. 121 e segs.). Trata-se de documento indispensável, porquanto representa elemento adicional de comprovação de que o credor possui interesse de agir *in executivis*. Nesses casos, não basta a existência de título para que o interesse processual se manifeste (art. 586).

Art. 573. É lícito ao credor, sendo o mesmo o devedor, cumular várias execuções, ainda que fundadas em títulos diferentes, desde que para todas elas seja competente o juiz e idêntica a forma do processo.

Vide Projeto de CPC, art. 739.

A norma se inspira indubitavelmente no princípio da economia processual: um só processo como resultado do exercício de várias ações de execução em face de um mesmo devedor; *a contrario sensu,* a propositura de várias execuções em face de diversos devedores não é autorizada. A exigência legal de "idêntica forma do processo" significa a necessidade de que para todas as execuções ajuizadas (cada uma fundada num título, evidentemente) o procedimento adequado seja o mesmo (quantia certa contra devedor solvente, execução para entrega de coisa, execução de obrigação de fazer, etc.). Além da identidade procedimental, exige a lei, ainda, a competência de um único juízo para todas as execuções cumuladas (arts. 575 e 576). Declarada a incompetência, a cumulação será automaticamente rejeitada.

Art. 574. O credor ressarcirá ao devedor os danos que este sofreu, quando a sentença, passada em julgado, declarar inexistente, no todo ou em parte, a obrigação, que deu lugar à execução.

Vide Projeto de CPC, art. 735.

O dispositivo institui a figura da execução ilegal e disciplina os seus efeitos. A declaração de inexistência do crédito, a que alude o texto, é a declaração contida em sentença de procedência dos embargos do devedor (fundada, *v. g.*, no pagamento da dívida ou na falsidade do título), declaratória de processo autônomo ou de acolhimento de impugnação (art. 475-M, § 3º). Quanto ao dever de indenizar, é importante a observação de que este não depende de dolo ou mesmo culpa; trata-se, portanto, de hipótese de responsabilidade objetiva. Por fim, atente-se para a circunstância de que os danos objeto de ressarcimento são todos os prejuízos efetivamente ocorridos em virtude da execução ilegal.

CAPÍTULO II
DA COMPETÊNCIA

Vide Projeto de CPC, arts. 740 e 741 (Capítulo III – Da Competência).

Art. 575. A execução, fundada em título judicial, processar-se-á perante:

De acordo com o dispositivo sob apreciação, apenas a competência para a execução que se funde em título judicial é regulada por este artigo. A competência para a execução amparada em títulos extrajudiciais (art. 585) é regrada pelo art. 576 deste Código. Com a entrada em vigor da Lei n. 11.232/2005 (Reforma da Execução Judicial), passou a regular inteiramente a matéria, qual seja, a competência para a fase de "cumprimento da sentença" o art. 475-P, de sorte que nos parece estar revogado tacitamente o focalizado art. 575, até porque as três previsões aqui estabelecidas se encontram reproduzidas no mencionado art. 475-P (*v.* nota respectiva).

I – os tribunais superiores, nas causas de sua competência originária;

No que concerne às causas de competência originária dos tribunais (em relação a todos, as ações rescisórias e mandados de segurança; em relação, *v. g.*, ao STF, a declaração de inconstitucionalidade e outros conflitos – CF, art. 102, I, *a*, *e* e *f*), parece lógico que o sistema processual confira competência para a execução ao próprio órgão jurisdicional do qual emane o título executivo (ainda em relação ao STF, *v.* CF, art. 102, I, *m*, norma de conteúdo semelhante ao da comentada). A solução é coerente com o princípio de que o juízo da ação é o da execução (*v.* nota ao inciso II). Examine-se o art. 475-P, I.

II – o juízo que decidiu a causa no primeiro grau de jurisdição;

A regra segundo a qual o juízo da ação (ação condenatória) é o competente para a execução (hoje, fase de execução) é tradicional em nosso direito. Sob o ponto de vista técnico-científico, a norma se justifica ante a conexão existente entre as fases (entre as fases do procedimento que visam, respectivamente, ao reconhecimento e à realização do direito material). Pelo prisma da competência, trata-se da modalidade horizontal (porque concernente a processos sucessivos) da competência funcional, absoluta, portanto (sobre o assunto, *v.* nota ao art. 93).

III – *(Revogado pela Lei n. 10.358, de 27.12.2001.)*

IV – o juízo cível competente, quando o título executivo for sentença penal condenatória ou sentença arbitral.

A sentença penal condenatória transitada em julgado é título executivo cuja obrigação nele contida é, via de regra, ilíquida, de sorte que para a execução se viabilizar haverá necessidade de liquidação (arts. 475-A a 475-H, 475-N, II, e 586). Assim sendo, competente para a execução fundada nesse título será o juízo perante o qual correr a liquidação e este, por sua vez, corresponderá normalmente ao foro do domicílio do réu (art. 94). Já no que concerne à sentença arbitral, trata-se da sentença regulada pelos arts. 23 a 33 da Lei da Arbitragem (Lei n. 9.307/96), cujo art. 31 dispõe, expressamente, que ela "produz, entre as partes e seus sucessores, os mesmos efeitos da sentença proferida pelos órgãos do Poder Judiciário e, sendo condenatória, constitui título executivo". Observe-se, então, que é justamente pelo fato de a sentença arbitral ter a qualidade de título executivo e de, por isso, poder gerar processo de execução, que o presente inciso regulamenta a competência nesse caso. Examine-se o art. 475-P, III.

Art. 576. A execução, fundada em título extrajudicial, será processada perante o juízo competente, na conformidade do disposto no Livro I, Título IV, Capítulos II e III.

Vide Projeto de CPC, art. 740.

A competência para a execução fundada em quaisquer dos títulos extrajudiciais elencados pelo art. 585 é disciplinada pelos arts. 88 a 124 do CPC, vale dizer, é determinada pelas mesmas disposições que regem o processo de conhecimento. Destarte, havendo eleição de foro, contratualmente estabelecida, prevalecerá este (art. 111). Inexistindo foro de eleição, a norma que se aplica é a que impõe o foro do lugar onde a obrigação deve ser cumprida (art. 100, IV, *a*) ou o foro do domicílio do executado (art. 94) se a execução for por quantia (mesmo em relação à insolvência civil – *v.* art. 762, *caput* e § 1º). Tratando-se de execução para a entrega de coisa imóvel, a regra a ser aplicada é a prevista pelo art. 95.

Art. 577. Não dispondo a lei de modo diverso, o juiz determinará os atos executivos e os oficiais de justiça os cumprirão.

Vide Projeto de CPC, art. 741, caput *e § 1º.*

No contexto da atividade processual *in executivis*, a regra é que o magistrado ordene a prática de atos de execução e que os oficiais de justiça os cumpram, como acontece nas hipóteses de arresto (art. 653 – medida cautelar), penhora (art. 659), prisão do devedor (art. 733), imissão na posse ou busca e apreensão (art. 625), etc. Somente por via de exceção é que atos executivos não são praticados por oficiais de justiça, o que se dá, *v. g.*, nos casos de estimativa do valor do bem e seu arbitramento (art. 627, § 1º), prestação de fato por terceiro (art. 634 e parágrafo único), etc.

Art. 578. A execução fiscal (art. 585, VI) será proposta no foro do domicílio do réu; se não o tiver, no de sua residência ou no do lugar onde for encontrado.

Trata-se de regra de competência a ser aplicada exclusivamente ao processo da execução fiscal, que é a que se funda em certidão da dívida ativa, título executivo extrajudicial (art. 585, VII). A regra é a competência do juízo do foro do domicílio do executado, mas se este não existir ou não for conhecido, subsidiariamente, ajuizar-se-á a ação no foro da sua residência ou do lugar onde o sujeito passivo for encontrado, na hipótese de a residência também não ser conhecida (o domicílio fiscal é irrelevante para fins processuais). Observa-se que o enfocado dispositivo foi plenamente recepcionado pela Constituição de 1988 (art. 109, § 1º). Registre-se, ainda, que, a respeito de execução proposta pela Fazenda Pública da União, essa se processará perante a Justiça Estadual, no juízo do foro do domicílio do devedor se esse domicílio não corresponder à sede de Vara da Justiça Federal (CF, art. 109, § 3º, *in fine*, c/c a Lei n. 5.010/66, art. 15, I; *v.* ainda, art. 5º da Lei n. 6.830/80).

Parágrafo único. Na execução fiscal, a Fazenda Pública poderá escolher o foro de qualquer um dos devedores, quando houver mais de um, ou o foro de qualquer dos domicílios do réu; a ação poderá ainda ser proposta no foro do lugar em que se praticou o ato ou ocorreu o fato que deu origem à dívida, embora nele não mais resida o réu, ou, ainda, no foro da situação dos bens, quando a dívida deles se originar.

Este parágrafo único em parte explicita e em parte excepciona o *caput*, conferindo à Fazenda Pública o direito de escolher o foro mais conveniente para a propositura da execução fiscal nas hipóteses que menciona. Há explicitação nas duas primeiras situações: a Fazenda opta pelo foro de qualquer dos devedores no caso de litisconsórcio passivo; a Fazenda opta pelo foro de qualquer dos domicílios (ou residências) do executado único. Há exceção, por outro lado, nas duas últimas situações referidas, o que, em última análise, significa que o executado não tem o direito subjetivo processual de ser acionado no foro do seu domicílio porque a Fazenda pode optar pelo foro do lugar do ato, ou fato, ou pelo foro da situação dos bens, em prejuízo da comodidade do executado. Observe-se, entretanto, que, a nosso ver, essas duas exceções previstas no texto ("foro do lugar em que se praticou o ato ou ocorreu o fato que deu origem à dívida") não foram recepcionadas pela CF/88, quando se cogite da União-exequente, uma vez que o art. 109 só permite opções ao particular quando intenta ação contra a União (§ 2º – domicílio do autor, lugar da ocorrência do ato ou fato, situação da coisa ou Distrito Federal) e não à União quando aciona o particular como previsto no texto do parágrafo único sob enfoque (*v.* art. 109, da CF).

Art. 579. Sempre que, para efetivar a execução, for necessário o emprego da força policial, o juiz a requisitará.

Vide Projeto de CPC, art. 741, § 2º.

Proscrita universalmente que se encontra a Justiça privada, resta ao Estado, por meio do Poder Judiciário, a prática substitutiva dos atos executivos necessários à realização do direito do exequente. Havendo resistência injustificada do executado e/ou de terceiros, fica autorizado o juiz a requisitar à força pública – polícia militar ou civil, Exército, Marinha ou Aeronáutica – o emprego do desforço físico, armado ou não, para a efetivação da medida determinada. Trata-se do poder de polícia conferido ao magistrado como instrumento inerente à função jurisdicional e ao exercício dessa parcela da soberania (*v.*, ainda, arts. 125, III, e 445, III).

CAPÍTULO III
DOS REQUISITOS NECESSÁRIOS PARA REALIZAR QUALQUER EXECUÇÃO

Vide Projeto de CPC, arts. 742 a 746
(Capítulo IV – Dos Requisitos Necessários para Realizar Qualquer Execução).

Seção I
Do Inadimplemento do Devedor

Vide Projeto de CPC, arts. 744 a 746
(Seção II – Da Exigibilidade da Obrigação).

Art. 580. A execução pode ser instaurada caso o devedor não satisfaça a obrigação certa, líquida e exigível, consubstanciada em título executivo.
Vide Projeto de CPC, art. 744.

Buscando o aprimoramento técnico da redação do focalizado art. 580 é que a Lei n. 11.382/2006 – instituidora da Reforma da Execução Extrajudicial – revoga o antigo parágrafo único e funde num único dispositivo todos os elementos caracterizadores do interesse de agir *in executivis*. Para começar, eliminaram-se do texto as referências a "inadimplemento" (antigo *caput*) e "inadimplente" (antigo parágrafo único) por reconhecer o legislador reformista o caráter material (e não processual) deste fenômeno, como também porque nem sempre o interesse de agir, na perspectiva executiva, decorria do inadimplemento (pense-se, *v. g.*, no vencimento antecipado da dívida oriundo da falência ou da insolvência, caso em que o interesse para a execução existe sem que tenha havido inadimplemento). Seja como for, o presente dispositivo condiciona o acesso à via executiva (processo de execução, no caso dos títulos extrajudiciais – art. 585; ou fase de execução, no caso dos judiciais – art. 475-N) à existência do próprio título executivo que consagre "obrigação certa, líquida e exigível" somada ao não cumprimento espontâneo da obrigação por parte do devedor. Veja-se que havendo título de obrigação certa e líquida e verificando-se a não satisfação voluntária da obrigação, caracteriza-se a condição da ação interesse de agir *in executivis* (o interesse-necessidade e, também, o interesse-adequação), de sorte que permita ao credor a instauração do processo de execução (no caso dos títulos extrajudiciais) ou da fase de execução (no caso dos títulos judiciais). Eis o duplo significado da locução "a execução pode ser instaurada" sob a ótica da nova sistemática executiva trazida pelas recentes reformas do CPC (texto de acordo com a Lei n. 11.382/2006).

Parágrafo único. ***(Revogado pela Lei n. 11.382, de 06.12.2006.)***

Art. 581. O credor não poderá iniciar a execução, ou nela prosseguir, se o devedor cumprir a obrigação; mas poderá recusar o recebimento da prestação, estabelecida no título executivo, se ela não corresponder ao direito ou à obrigação; caso em que requererá ao juiz a execução, ressalvado ao devedor o direito de embargá-la.

Vide Projeto de CPC, art. 746.

Ocorrendo o adimplemento da obrigação consagrada no título executivo, não dispõe o credor de interesse de agir para instaurar ou ajuizar execução, razão por que sua inicial deverá ser indeferida (arts. 580 e 295, III, c/c o art. 267, VI). Se, por outro lado, o cumprimento da obrigação se der no curso da execução – o que é expressamente facultado ao devedor pelo art. 651 –, o juiz extinguirá o processo por sentença (art. 794, I). Pode acontecer, no entanto, que o devedor realize a sua prestação de forma inadequada (*v. g.*, oferece-se coisa distinta da prevista no título – CC, art. 863), caso em que o credor promoverá a execução ou requererá o seu prosseguimento, ressalvado ao devedor o direito de embargá-la (arts. 741 ou 745) ou impugná-la (art. 475-L).

Art. 582. Em todos os casos em que é defeso a um contraente, antes de cumprida a sua obrigação, exigir o implemento da do outro, não se procederá à execução, se o devedor se propõe satisfazer a prestação, com meios considerados idôneos pelo juiz, mediante a execução da contraprestação pelo credor, e este, sem justo motivo, recusar a oferta.

Vide Projeto de CPC, art. 745, caput

Este art. 582 disciplina a repercussão processual da circunstância de o título executivo ser um contrato bilateral ou uma sentença que reconheça tal bilateralidade (CC, arts. 476 e 477). Verificando o magistrado que o exequente só pode exigir o implemento da obrigação pelo executado após ter cumprido a sua, e percebendo que tal prova não existe nos autos, a solução será uma das três que seguem: *a)* se a verificação ocorre quando do despacho da inicial (ou do requerimento de execução), o juiz aplicará o art. 616, ordenando a complementação probatória, sob pena de indeferimento; *b)* se a verificação se dá posteriormente ao despacho liminar positivo, nada pode fazer o magistrado senão aguardar a dedução de embargos à execução pelo devedor (art. 741 ou 745), ou o oferecimento da impugnação (art. 475-L), em que a questão será debatida; *c)* se o devedor, antes de opor embargos, ou da impugnação, manifesta a oferta a que alude a parte final do dispositivo (de cumprir a sua obrigação se o credor adimplir a dele) e o credor recusar, a solução será a discussão por embargos (ou impugnação) ou o depósito a que alude o parágrafo único; se o credor concordar, realizadas as prestações, o juiz profere sentença (art. 794, I).

Parágrafo único. O devedor poderá, entretanto, exonerar-se da obrigação, depositando em juízo a prestação ou a coisa; caso em que o juiz suspenderá a execução, não permitindo que o credor a receba, sem cumprir a contraprestação, que lhe tocar.

Vide Projeto de CPC, art. 745, parágrafo único.

Na hipótese de o executado espontaneamente, ou em razão de cientificação judicial, manifestar a proposta a que alude o *caput*, recusando-a o exequente, fica aquele autorizado, por meio da presente disposição, a realizar nos próprios autos a prestação devida, com o que se exonerará da sua obrigação. Observe-se que a execução só será tida por encerrada, no entanto, quando o exequente realizar a sua prestação. Caso isso não ocorra voluntariamente, em prazo razoável, só restará ao executado instaurar novo processo de execução (ou nova fase de "cumprimento da sentença") em face do exequente para haver o que lhe é devido.

Seção II
Do Título Executivo

Vide Projeto de CPC, arts. 742 e 743 (Seção I – Do Título Executivo).

Título executivo é o ato jurídico documentado, expressamente previsto em lei, que consagra obrigação certa, líquida e exigível e permite ao credor a instauração da fase de cumprimento de sentença ou a propositura da ação de execução. Trata-se do ato ou fato jurídico que libera em favor do credor a coação estatal para a realização concreta do direito nele reconhecido e torna adequado o processo e o procedimento executivo eleito. O fundamento político da instituição do título executivo repousa na verificação de que certos atos trazem em si um alto grau de probabilidade de existência do direito, de sorte que o risco de sacrifício injusto do interesse do devedor se torna pequeno na grande maioria dos casos (Cândido Rangel Dinamarco). Com a entrada em vigor da Lei n. 11.232/2005 (Reforma da Execução Judicial), *v.* nota ao art. 475-N, *caput.*

Art. 583. *(Revogado pela Lei n. 11.382, de 06.12.2006.)*
Vide Projeto de CPC, art. 742.

Não nos parece justificável, sob qualquer pretexto, a revogação do art. 583 empreendida pela Lei n. 11.382/2006. Em primeiro lugar, porque este princípio fundamental da execução – consagrado no brocardo *nulla executio sine titulo* – permanece rigorosamente aplicável à nova sistemática da execução civil brasileira (*v.* arts. 475-N e 585). Em segundo, porque nem mesmo o deslocamento da disciplina da execução de título judicial para os arts. 475-A a 475-R (do Título VIII, do Livro I – Do Processo de Conhecimento) justifica a revogação, uma vez que continuam de aplicação genérica a toda forma de execução inúmeros dos dispositivos do Livro II (Do Processo de Execução), como os que tratam de legitimidade das partes (arts. 566 a 568), desistência (art. 569), obrigação alternativa (art. 571), relação jurídica sujeita a condição ou termo (art. 572), competência (arts. 575 e 576), cumprimento dos atos executivos (art. 577), emprego de força policial (art. 579), instauração da execução (art. 580), cumprimento inadequado da obrigação (art. 581), bilateralidade da obrigação (art. 582), exigência de título de obrigação líquida, certa e exigível (art. 586), todos os dispositivos presentes nos Capítulos I a III, do Título I (Da Execução em Geral) deste Livro II (Do Processo de Execução). Recordamos também, por outro lado, que a grande maioria dos regramentos constantes dos Capítulos IV (Da Responsabilidade Patrimonial), V (Das Disposições Gerais), ainda deste mesmo Título I, é perfeitamente aplicável à execução de título judicial. Não se sustenta, destarte, em absoluto, a revogação do art. 583 ante a suposta necessidade de manter o mencionado Título I isento de regras invocáveis na nova fase de "cumprimento da sentença". Insustentável, pela simples razão de que é impossível não aplicá-las na execução de título judicial! Ao que parece, talvez a única justificativa que se possa dar à revogação deste art. 583 esteja na vontade, despropositada e irrealizável, de o legislador reformista limitar o campo de aplicação da sua normatividade à execução de título extrajudicial. Entretanto, como não era possível eliminar do texto apenas a referência a "título executivo judicial" – absurdo seria declarar o art. 583 que "toda execução tem por base título executivo extrajudicial" –, cometeu-se o desatino de revogar todo o texto em flagrante e desnecessária mutilação do CPC (texto de acordo com a Lei n. 11.382/2006).

Art. 584. *(Revogado pela Lei n. 11.232, de 22.12.2005.)*

Art. 585. São títulos executivos extrajudiciais:

Vide Projeto de CPC, art. 743, caput

A presente disposição elenca os atos jurídicos não provenientes do Poder Judiciário, salvo uma exceção, a que a lei federal reconhece o *status* de título executivo. Observe-se que os créditos aprovados judicialmente a que alude o inciso VI são considerados títulos extrajudiciais pelo fato de que o magistrado, nesses casos, apenas os homologa, sem realizar atividade decisória. Note-se, ainda, que o inciso VIII permite expressamente à legislação extravagante a criação de outros títulos (examinem-se os comentários feitos ao revogado art. 583 e art. 475-N, *caput*).

I – a letra de câmbio, a nota promissória, a duplicata, a debênture e o cheque;

Vide Projeto de CPC, art. 743, caput *e I.*

Disciplinam a letra de câmbio (que é uma ordem de pagamento) e a nota promissória (promessa de pagamento feita por uma pessoa em favor de outra) a Lei Uniforme, que consta como Anexo I da Convenção de Genebra, de 1930, salvo o art. 10, terceira alínea do art. 41, ns. 2 e 3, do art. 43, e quinta e sexta alíneas do art. 44, por força de reservas assinaladas pelo Brasil (o art. 38 é completado por uma delas); quanto à taxa de juros por mora aplica-se o Decreto n. 22.626/33. No mais, permanecem em vigor, por omissão da Lei Uniforme, os seguintes artigos do Decreto n. 2.044/1908: 3º, 10, 14, 19, II, 20, 29, 33, 36, 48 e 54, I (Fábio Ulhoa Coelho). Já a duplicata mercantil (ordem de pagamento que instrumentaliza a compra e venda mercantil) é regulada pela Lei n. 5.474/68, enquanto o cheque (ordem de pagamento à vista sacada contra banco) é disciplinado pela Lei n. 7.357/85. Em relação à debênture (título representativo do contrato de mútuo em que a companhia é a mutuária e o debenturista, o mutuante), regida pela Lei n. 6.404/76 (Lei das S.A. – Capítulo V, arts. 52 a 74), parece relevante consignar que o seu reconhecimento pelo CPC como título executivo merece aplausos, haja vista a enorme importância econômica e jurídica que tais papéis têm assumido em nossos dias (texto de acordo com a Lei n. 8.953/94).

II – a escritura pública ou outro documento público assinado pelo devedor; o documento particular assinado pelo devedor e por duas testemunhas;

o instrumento de transação referendado pelo Ministério Público, pela Defensoria Pública ou pelos advogados dos transatores;

Vide Projeto de CPC, art. 743, II a IV.

A nova redação deste inciso e a correção disciplinar que ele impõe representam um grande avanço para o sistema processual civil brasileiro que, finalmente, vê-se livre das incompreensíveis restrições presentes no texto válido desde a entrada em vigor do CPC. Da Reforma de 1994 para frente, já não importa a natureza da obrigação consubstanciada no documento público ou particular para caracterizar o título executivo extrajudicial: é título tanto o instrumento que consagra obrigação de dar quantia determinada (*v. g.*, contrato de compromisso de compra e venda, mútuo, abertura de crédito bancário, inclusive cartão de crédito, confissão de dívida, etc.), ou de entregar coisa fungível ou infungível (contrato de fornecimento de produtos químicos, compra e venda de café – fungíveis –, doação de um quadro, permuta de dois automóveis – infungíveis), quanto aquele outro que traz em seu bojo obrigações de fazer (construir um galpão, elaborar um parecer técnico, realizar uma intervenção cirúrgica) ou de não fazer (não utilizar uma marca, não emitir poluentes, não produzir ruídos acima de cinquenta decibéis, etc.). Em relação à forma, exige-se do documento particular, além da assinatura do devedor, a assinatura de duas testemunhas; quanto ao documento público (que não a escritura pública, evidentemente), basta a assinatura do devedor. Relativamente ao instrumento de transação referendado pelo MP, trata-se daquela mesma figura instituída pelo parágrafo único do art. 57 da Lei n. 9.099/95 (Lei do Juizado Especial), que o CPC agora encampa. Elencamos suas características: *a)* dispensa de participação judicial ou de advogados; *b)* dispensa de subscrição de testemunhas; *c)* necessidade de serem os direitos envolvidos disponíveis; *d)* necessidade de serem os direitos envolvidos não litigiosos (se forem, ao juiz cabe a homologação); *e)* necessidade de a obrigação reconhecida ser líquida; *f)* ausência de qualquer limitação quanto ao valor. No que concerne ao instrumento referendado pela Defensoria Pública e pelos advogados (ou procuradores do Estado que cumpram a função de defensores onde a instituição não esteja organizada – *v.* CF, arts. 5º, LXXIV, e 134, parágrafo único), exigir-se-ão os mesmos requisitos acima, sem qualquer exceção (texto de acordo com a Lei n. 8.953/94). Com a entrada em vigor da Lei n. 11.232/2005 (Reforma da Execução Judicial), *v.* art. 475-N, V.

III – os contratos garantidos por hipoteca, penhor, anticrese e caução, bem como os de seguro de vida;

Vide Projeto de CPC, art. 743, V.

Se a previsão do inciso II é genérica, a deste inciso III é específica porque explicita alguns contratos que recebem do sistema jurídico a qualidade de título para a execução. Os três primeiros correspondem a contratos que estejam garantidos por atos instituidores de direitos reais de garantia: a hipoteca convencional (CC, arts. 1.473 a 1.488 e 1.492 a 1.498); o penhor convencional (CC, arts. 1.431 e segs.); e a anticrese (CC, arts. 1.506 a 1.510). O quarto concerne a contrato garantido por ato instituidor de direito pessoal de garantia, a caução, cujo regramento é difuso na lei civil (CC, arts. 1.280, 1.281, 1.305, parágrafo único, 1.400, etc.). Quanto ao quinto contrato, o de seguro de vida (CC, arts. 757 a 777 – regras sobre seguro; 789 a 802 – seguro de pessoa), parece importante observar que o presente inciso III já não faz qualquer referência ao seguro de acidentes pessoais (CC, art. 794) que cogitava o texto anterior à Reforma da Lei n. 11.382/2006, de sorte que apenas o seguro de vida propriamente dito mantém-se como título executivo extrajudicial, o que sepulta definitivamente a condição de título do seguro de acidentes pessoais e com ele todas as críticas que se levantavam no sentido de que a discussão sobre a incapacidade do segurado (CC, art. 799) jamais deveria ser admitida em sede de processo de execução (texto de acordo com a Lei n. 11.382/2006).

IV – o crédito decorrente de foro e laudêmio;

Vide Projeto de CPC, art. 743, VI.

Os créditos previstos no texto dizem respeito à enfiteuse, instituto que não se encontra regulado pelo CC/2002, mas cujo art. 2.038 estabelece que ficam subordinadas "as existentes, até sua extinção, às disposições do CC anterior" (CC/1916, arts. 678 a 694). Nessa medida, assim, a previsão do presente inciso IV ainda tem vigor (*v.*, ainda, inciso I, do § 1º, do art. 2.038, do CC/2002). Foro é a pensão anual paga pelo enfiteuta ao senhorio direto como contraprestação pela transferência do domínio útil do imóvel operada por contrato ou testamento (CC/1916, art. 678). Já o laudêmio é a compensação dada ao senhorio por não consolidar, na sua pessoa, o direito de propriedade quando cabe a opção (Clóvis Beviláqua – CC/1916, arts. 683 a 686). Observe-se que, quanto ao foro, todos os requisitos exigidos do título executivo (certeza, liquidez e exigibilidade) são facilmente detectáveis pelo exame do próprio instrumento do contrato que institui a enfiteuse, o mesmo não ocorrendo com o laudêmio, porque este depende de cálculo sobre o preço da avaliação, de sorte que, ao lado do instrumento da enfiteuse, deverá o exequente apresentar, com a inicial da execução, o instrumento da alienação (texto de acordo com a Lei n. 11.382/2006).

V – o crédito, documentalmente comprovado, decorrente de aluguel de imóvel, bem como de encargos acessórios, tais como taxas e despesas de condomínio;

Vide Projeto de CPC, art. 743, VII.

Comparada a redação do presente inciso V – decorrente da Reforma introduzida pela Lei n. 11.382/2006 – com a parte final do antigo inciso IV, que tratava do mesmo tema, a primeira conclusão a que se chega é a de que o texto sob enfoque deixou deliberadamente de fora a figura da "renda", que tinha o significado de contraprestação devida em decorrência de constituição de renda (CC, arts. 803 a 813), arrendamento rural (Lei n. 4.504/64, art. 95; art. 275, II, *a*, deste CPC) ou arrendamento mercantil (Lei n. 8.245/91, art. 1º, parágrafo único, *b*). Tais créditos, ainda que documentados e consubstanciados em contrato, não constituem mais títulos extrajudiciais, pelo menos na perspectiva deste inciso V; talvez com base no inciso II ou VIII deste mesmo art. 585. Quanto à clássica figura do crédito decorrente de aluguel de imóvel (a contraprestação devida pelo locatário ao locador pelo uso do bem), merece consignação o fato de que a atual redação deste dispositivo torna clara a exigência da forma escrita do contrato de aluguel para caracterizá-lo como título executivo ("crédito, documentalmente comprovado"), embora dele não se exijam testemunhas instrumentárias (a Lei n. 8.245/91 exige, *v. g.*, para os fins do seu art. 33, parágrafo único). Não importa também se o contrato está vencido e prorrogado por tempo determinado ou indeterminado. Chamamos atenção, ainda, para outra importante novidade: ficam expressamente legitimados os "encargos acessórios" da locação (gerais, inespecíficos, como os relativos a água, luz, gás, telefone – *v.* Lei n. 8.245/91, art. 23, VIII), como também os particularmente indicados no texto: "taxas" (que incluem outros tributos incidentes sobre o imóvel, desde que convencionados – a Lei n. 8.245/91 fala de "impostos e taxas" no seu art. 22, VIII) e "despesas de condomínio" (as despesas ordinárias – *v.* Lei n. 8.245/91, art. 23, XII). Sobre estas, cumpre assinalar que o locador cobra despesas de condomínio do locatário pela via executiva, com base no presente dispositivo, enquanto o condomínio cobra do condômino pela via cognitiva do processo de rito sumário (art. 275, II, *b*, do CPC) (texto de acordo com a Lei n. 11.382/2006).

VI – o crédito de serventuário de justiça, de perito, de intérprete, ou de tradutor, quando as custas, emolumentos ou honorários forem aprovados por decisão judicial;

Vide Projeto de CPC, art. 502, caput *e V.*

A renumeração do presente dispositivo – realizada pela Lei n. 11.382/2006 – é decorrente do fato de a Reforma da Execução Extrajudicial ter desmembrado o inciso IV, deste art. 585, em dois (os novos incisos IV e V), o que acabou por impor a presente renumeração. Pois bem, a categoria dos serventuários ou servidores da justiça é composta daquelas pessoas que trabalham no foro e que são os escrivães, os oficiais de justiça, os contadores, os partidores, os distribuidores, etc. Além dessas, beneficiam-se pela regra as pessoas exemplificativamente elencadas no texto e aquelas outras que são tidas pelo CPC como auxiliares da justiça: o perito (arts. 145 a 147); o depositário e o administrador (arts. 148 a 150); e o intérprete (arts. 151 e 152). Em qualquer desses casos, o título executivo corresponderá às peças dos autos que expressem despesas e mais a aprovação judicial, cujo caráter é meramente homologatório (sobre a natureza extrajudicial deste título, *v.* nota ao *caput* deste art. 585) (texto de acordo com a Lei n. 11.382/2006).

VII – a certidão de dívida ativa da Fazenda Pública da União, dos Estados, do Distrito Federal, dos Territórios e dos Municípios, correspondente aos créditos inscritos na forma da lei;

Vide Projeto de CPC, art. 743, VIII.

Dois motivos justificam a presença deste dispositivo na Reforma da Execução Extrajudicial, da Lei n. 11.382/2006: a colocação no plural dos vocábulos Estados, Municípios, etc., e a necessidade de renumeração por causa do desmembramento do antigo inciso IV deste art. 585 (*v.* nota ao inciso VI já apresentado). Pois bem, a certidão da dívida ativa é o documento elaborado pela própria Fazenda Pública (compreendidas nesse conceito as autarquias) que instrumentaliza o crédito tributário ou não tributário regularmente inscrito de acordo com a lei (a inscrição é ato formal de registro em livro próprio da Administração e cuja finalidade é o controle administrativo da legalidade do crédito e a geração de presunção de certeza e liquidez desse). Todos os aspectos da execução fiscal, inclusive os relacionados com o seu respectivo título executivo, encontram-se hoje disciplinados pela Lei n. 6.830/80. Trata-se, portanto, de processo de execução de rito especial (texto de acordo com a Lei n. 11.382/2006).

VIII – todos os demais títulos a que, por disposição expressa, a lei atribuir força executiva.

Vide Projeto de CPC, art. 743, X.

O regramento sob enfoque – mantido integralmente em seu conteúdo e apenas renumerado pela Lei n. 11.382/2006 – decorre diretamente do princípio segundo o qual não há título executivo sem lei anterior que o defina *(nullo titulo sine lege)*, princípio que deriva e se imiscui com outro da mesma magnitude segundo o qual não há execução sem título *(nulla executio sine titulo)* e que encontrava no revogado art. 583 (equivocadamente revogado, aliás) e no atual art. 586 seu assento no estatuto processual civil (*v.* notas ao título desta Seção II – Do Título Executivo, bem como ao art. 475-N, *caput*). Seja como for, o que não pode deixar de ser dito é que o presente inciso VIII admite a legitimidade jurídico-processual de todos os demais títulos instituídos por lei – lei federal, obviamente, uma vez que apenas ela pode legislar sobre direito processual segundo o art. 22, I, da CF –, títulos, então, que se tornam expressamente reconhecidos como atos jurídicos hábeis a desencadear processos de execução. Para exemplificar, elencamos alguns títulos executivos extrajudiciais criados por leis especiais: EOAB, arts. 24 e 46; ECA, art. 211; LACP, art. 5º, § 6º; Lei das S.A., art. 117, § 2º; Lei dos Juizados Especiais Cíveis, art. 57; Lei n. 5.474/68, arts. 15, § 13, e 22, § 4º; DL n. 70/66, arts. 32, § 2º, 35, § 1º, 38; DL n. 167/67, arts. 41, 44 e 52; Lei n. 5.741/71, art. 10; Lei n. 6.313/75; Lei n. 4.728/65, art. 75, *caput* e § 2º; DL n. 73/66, art. 27; Lei n. 6.206/75, art. 2º; Lei n. 6.385/76, art. 10, § 7º; DL n. 1.801/80, art. 15, §§ 3º e 4º; Decreto n. 68.704/71, art. 45; Lei n. 6.822/80, art. 3º; Lei n. 8.668/93, art. 13, parágrafo único; Lei n. 9.307/96, art. 11, parágrafo único; Lei n. 9.514/97, art. 6º; Lei n. 9.605/98, art. 79-A; e Lei n. 12.529/2011, arts. 34, 85, § 8º, e 93.

§ 1º A propositura de qualquer ação relativa ao débito constante do título executivo não inibe o credor de promover-lhe a execução.

Vide Projeto de CPC, art. 743, § 1º.

Com nova redação, este § 1º passa a contemplar de forma expressa todo e qualquer exequente – e não apenas a Fazenda Pública, como ocorria antes – com mais uma posição processual vantajosa em relação ao executado, que, por força dessa prescrição, não pode impedir a instauração nem o desenvolvimento da execução por meio de prévio ou contemporâneo ajuizamento de ação anulatória ou declaratória negativa do crédito. Na verdade, a extensão normativa ora realizada representa apenas a consagração do que a jurisprudência já interpretava ao tempo em que vigorou o texto original. Contudo, em relação à execução fiscal, particularmente, ao devedor remanesce a prerrogativa de proceder ao depósito preparatório da quantia devida com acréscimos, por meio de processo cautelar antecedente à anulatória ou declaratória, com o que ficará inibida a propositura da execução, *ex vi* do disposto no art. 38, *in fine*, da Lei n. 6.830/80 e do art. 151, II, do CTN, que institui a suspensão da exigibilidade do crédito tributário na hipótese de depósito do seu montante integral (texto de acordo com a Lei n. 8.953/94).

§ 2º Não dependem de homologação pelo Supremo Tribunal Federal, para serem executados, os títulos executivos extrajudiciais, oriundos de país es-

trangeiro. O título, para ter eficácia executiva, há de satisfazer aos requisitos de formação exigidos pela lei do lugar de sua celebração e indicar o Brasil como o lugar de cumprimento da obrigação.
Vide Projeto de CPC, art. 743, § 2º.

Apenas a sentença estrangeira depende de homologação (art. 475-N, VI) e não os títulos extrajudiciais, como afirma o texto que se examina (somente o previsto pelo inciso VI não é passível de execução aqui por razões óbvias). No que concerne ao estabelecimento dos requisitos de eficácia (eficácia, não validade) desses atos no Brasil, é importante verificar que a presente norma apenas reproduz o conteúdo do art. 9º, *caput* e § 1º, da Lindb: a lei estrangeira é que rege a forma do ato que preveja obrigação a ser cumprida no Brasil. Algumas observações merecem destaque. Primeira, para a comprovação do preenchimento das formalidades exigidas pela lei estrangeira, o exequente deverá instruir a sua inicial com documento probatório do texto e da vigência (art. 337 c/c a Lindb, art. 14). Segunda, tratando-se de título executivo redigido em língua estrangeira, necessária será a sua versão por tradutor juramentado (art. 157 c/c o CC, art. 224). Terceira, a indicação do Brasil no título pode ser tanto genérica ("Brasil") como específica (qualquer lugar no Brasil). Quarta, aplicam-se à espécie o art. 9º, *caput*, e § 3º, sobre competência. Quinta e última, a competência para a homologação de sentença estrangeira não é mais do STF, mas do STJ, conforme o estabelecido pela Reforma do Judiciário (EC n. 45, de 08.12.2004) que criou a letra *i* no inciso I, do art. 105 da CF.

Art. 586. A execução para cobrança de crédito fundar-se-á sempre em título de obrigação certa, líquida e exigível.
Vide Projeto de CPC, art. 742.

Com o intuito de aprimorar a redação do presente dispositivo, foi que a Lei n. 11.382/2006 – instituidora da Reforma da Execução Extrajudicial – introduziu a locução "de obrigação", colocou no feminino os vocábulos "líquido" e "certo" e procedeu a inversão da sua ordem no texto. Salvo esta última modificação, as duas primeiras não merecem elogio, porque a certeza não é requisito da obrigação, mas do título (*v.* comentário mais à frente). Seja como for, parece-nos relevante consignar, ainda preliminarmente, que antes da vigência e vigor da Lei n. 11.382 costumava-se dizer, comentando o focalizado art. 586, que ele complementava a disciplina instituída pelo art. 583, infeliz e equivocadamente revogado (*v.* nota que endereçamos a tal revogação). Assim, a partir de agora, o princípio milenar, traduzido no conhecidíssimo brocardo "*nulla executio sine titulo*", encontra-se despojado de uma previsão legal específica que o dignifique no sistema, restando ao intérprete encontrá-lo disperso em inúmeros dispositivos do CPC (*v. g.*, arts. 566 a 568, 573, 575, 576, 581, 585, 618, I, etc.). Pois bem, voltando propriamente ao texto deste art. 586, o que temos de novidade, como visto, é que os requisitos da certeza, liquidez e exigibilidade passam a ser enxergados pelo legislador como requisitos da obrigação e não mais do título. Examinemo-los um a um. Quanto à exigibilidade, realmente não há dúvida de que ela nunca esteve ligada ao título, mas à obrigação (*v.* arts. 580 a 582), significando apenas a falta de impedimento legal à satisfação da vontade concreta da lei por meio de ação ou, em outros termos, que o direito material já se mostra impotente para realizar o direito do credor (Cândido Rangel Dinamarco). O legislador reformista parece ter acertado aqui, destarte. Entretanto, quando se cogita do requisito da certeza, ele se equivocou, uma vez que a ideia de certeza não se identifica, em absoluto, com a de inquestionabilidade do direito de crédito, mas apenas com a perfeita previsão literal, isto é, por escrito, no próprio título, da natureza jurídica do direito subjetivo material nele consagrado (neste sentido, mais uma vez Cândido Rangel Dinamarco). Tal requisito, em conclusão, é requisito formal do título executivo e não da obrigação, o que revela o equívoco em que incorre o novo texto. Por fim, no que concerne à liquidez, que corresponde à exata determinação do *quantum debeatur* no próprio título ou, pelo menos, à determinabilidade do montante devido por simples cálculos aritméticos a partir de índices conhecidos (*v. g.*, ORTN, OTN, BTN, IPC, TR, poupança, etc.), parece-nos que também aqui não se trata de requisito da obrigação, mas sim do próprio ato documentado em que se traduz o título executivo, razão por que, entre o texto anterior e o presente, temos para nós que o antigo errava menos (texto de acordo com a Lei n. 11.382/2006).

§§ 1º e 2º *(Revogados pela Lei n. 11.382, de 06.12.2006.)*

Art. 587. É definitiva a execução fundada em título extrajudicial; é provisória enquanto pendente apelação da sentença de improcedência dos embargos do executado, quando recebidos com efeito suspensivo (art. 739).

O primeiro motivo pelo qual a Lei n. 11.382/2006 alterou a redação deste art. 587 foi evidentemente o desejo do legislador reformista de restringir o âmbito disciplinar do presente dispositivo às execuções fundadas em título extrajudicial, tanto é assim que desapareceu do texto qualquer referência à execução fundada em sentença. Ao que parece, foi justamente essa intenção limitadora que serviu de explicação à equivocada revogação do art. 583 (*v.* críticas em nota ao art. 583 revogado). Portanto, no que concerne à definitividade ou provisoriedade das execuções de sentença, vale exclusivamente a disciplina contida no

§ 1º do art. 475-I. Pois bem, voltando nossos olhos agora apenas para a literalidade do focalizado art. 587, o que devemos perceber de pronto é a ênfase declarada que o legislador imprime à ideia de que a execução fundada em título extrajudicial é definitiva, isto é, definitiva desde o seu início, desde a sua instauração, exatamente como o é a execução de sentença transitada em julgado, conforme o § 1º do art. 475-I. Com tal declaração legislativa enfática, supera-se, de uma vez por todas, a tese – inclusive, por nós defendida – de que a execução extrajudicial, em seu início, seria sempre provisória. Observe-se, entretanto, que a prescrição normativa contida na segunda parte do texto sob enfoque também torna claro que a execução extrajudicial pode se converter em provisória desde que ocorram certos fatos processuais sequencialmente verificados. Trata-se de mais uma novidade desta Reforma empreendida pela Lei n. 11.382/2006, posto que de tal mudança de regime jamais se cogitou ao tempo da vigência do texto anterior; falava-se apenas da provisoriedade da execução de sentença quando esta (a sentença em que se fundava a execução) tivesse sido impugnada por recurso sem efeito suspensivo. De agora em diante, destarte, fica reconhecida a conversão do regime de definitividade para o regime de provisoriedade "enquanto pendente apelação da sentença de improcedência dos embargos do executado, quando recebidos com efeito suspensivo (art. 739)". Registre-se que, para que ocorra a conversão – que se opera *ex vi legis*, independentemente de qualquer ato do juiz –, é necessária a prática dos seguintes atos processuais sequencialmente verificados, como dissemos: 1º) a oposição de embargos do executado nos 15 dias da citação (arts. 736 *caput*, e 738, *caput*); 2º) recebimento destes embargos pelo juiz com efeito suspensivo (art. 739-A, § 1º); 3º) proferimento de sentença de improcedência dos embargos (art. 740, *caput*); 4º) interposição de apelação contra tal sentença pelo executado, recurso que não tem efeito suspensivo (art. 520, V). Verificada a ocorrência de todos esses fatos processuais, conclui-se que a execução, que teve seu curso paralisado pelo recebimento dos embargos com efeito suspensivo, torna-se agora passível de desenvolvimento outra vez (a partir do momento da interposição da apelação contra a sentença de improcedência dos embargos), mas já sob o regime da execução provisória, o que significa dizer que se aplicará, por analogia, a disciplina contida no art. 475-O, seus incisos e parágrafos aos atos executivos que se pratiquem por iniciativa do exequente daí para a frente. Note-se que como a nova disciplina impõe que os embargos sejam sempre autuados em apartado (art. 736, parágrafo único), o que permite que subam ao tribunal sem comprometer a execução, a execução provisória que se instaure se processa nos autos do próprio processo executivo e prossegue provisória apenas até o momento em que deixe de pender a apelação no tribunal, isto é, até o momento em que seja publicado o acórdão negando provimento ao apelo do embargante (texto de acordo com a Lei n. 11.382/2006).

Arts. 588 a 590. (*Revogados pela Lei n. 11.232, de 22.12.2005.*)

CAPÍTULO IV
DA RESPONSABILIDADE PATRIMONIAL

Vide Projeto de CPC, arts. 747 a 753 (Capítulo V – Da Responsabilidade Patrimonial).

Art. 591. O devedor responde, para o cumprimento de suas obrigações, com todos os seus bens presentes e futuros, salvo as restrições estabelecidas em lei.

Vide Projeto de CPC, art. 747.

A norma jurídica contida na presente disposição legal não possui, como comumente se afirma, natureza material. Pelo contrário, trata-se de norma tipicamente processual, porque a responsabilidade instituída só subsiste em face do Estado, o único detentor do poder de invadir o patrimônio do devedor para os fins da execução (Liebman, fundado em lição de Carnelutti). Assim, a situação de sujeição patrimonial do devedor não é elemento integrante da relação obrigacional (direito material), mas da relação jurisdicional (direito processual).

Art. 592. Ficam sujeitos à execução os bens:

Vide Projeto de CPC, art. 748, caput.

Excepcionando a regra estabelecida pelo art. 591, esse dispositivo institui a responsabilidade que recai sobre o patrimônio de pessoas que não têm a qualidade jurídica de obrigadas, isto é, que não são devedoras. A consequência desse tratamento é que, proposta a execução em face de qualquer dos legitimados arrolados no art. 568, os bens das pessoas aqui previstas podem ser objeto de atos de constrição (arresto, penhora, depósito) e de alienação forçada (arrematação, adjudicação, etc.).

I – do sucessor a título singular, tratando-se de execução fundada em direito real ou obrigação reipersecutória;

Vide Projeto de CPC, art. 748, I.

A alteração imposta à redação do presente inciso pela Lei n. 11.382/2006 – que instituiu a Reforma da Execução Extrajudicial – teve a clara intenção, por um lado, de trocar o campo de incidência do focalizado dispositivo, tornando-o aplicável às execuções de título extrajudicial e agora incompatível com as execuções de sentença; e por outro, de permitir a sua aplicação tanto à execução fundada em direito real como à fundada em direito pessoal. Acerca da troca do campo de incidência, deve-se reconhecer que ela em nada prejudica o sistema da execução civil, uma vez que os bens do sucessor a título singular, no caso de "execução de sentença proferida em ação fundada em direito real" (como dizia o texto anterior), permanecem vinculados à execução por força do inciso V deste mesmo art. 592 ("V – alienados [...] em fraude de execução"), haja vista que o art. 593, a seguir, considera em fraude de execução "[...] a alienação ou oneração de bens: I – quando sobre eles pender ação fundada em direito real". O texto reformado, portanto, significa aperfeiçoamento sistemático. Já no que concerne ao sucessor a título singular (o terceiro que de alguma forma recebeu do devedor o bem que deveria responder pelo cumprimento de sua obrigação) e à sujeição de seus bens às duas hipóteses de execução previstas (a "fundada em direito real", como a baseada em "obrigação reipersecutória"), a novidade merece elogios porque preenche dois pontos-cegos da disciplina do antigo art. 592 que não contemplava nenhuma das duas hipóteses: o inciso I falava de execução de sentença; o inciso II se refere a sócio apenas; o III, a devedor, mas que não realizou alienação; o IV, a cônjuge, e o V, à alienação ou gravação em fraude de execução que, segundo o art. 593, I e II, é fenômeno que depende de anterior ação de conhecimento. Assim é que, com a entrada em vigor da Lei n. 11.382/2006, o regramento da responsabilidade de terceiros se completa nas duas hipóteses de execução extrajudicial para entrega de coisa: a fundada em direito real (CC, arts. 1.225 a 1.227; CPC, arts. 621 e segs.) e a fundada em obrigação reipersecutória,vale dizer, a obrigação pessoal que permite a alguém perseguir em juízo alguma coisa móvel, imóvel ou semovente, como ocorre nos casos de despejo, reintegração de posse fundada em contrato de locação ou imissão na posse fundada em contrato de comodato, etc. (texto de acordo com a Lei n. 11.382/2006).

II – do sócio, nos termos da lei;
Vide Projeto de CPC, art. 748, II.

No que concerne à responsabilidade do sócio, a regra é a de que os bens particulares deste não respondem pelas dívidas da sociedade, como diz a parte inicial do art. 596 do CPC, em harmonia com o princípio basilar de direito privado de que não se confundem os patrimônios das pessoas físicas com os da pessoa jurídica por elas constituídas. No entanto, a lei pode estabelecer exceções à regra, o que também se encontra previsto pelo art. 596 e pelo focalizado inciso II deste art. 592. Pois bem, são hipóteses de responsabilidade do sócio no CC: art. 990 (responsabilidade solidária e ilimitada dos sócios, na sociedade em comum – a de fato ou irregular); art. 991, parágrafo único (responsabilidade do sócio ostensivo, na sociedade em conta de participação – a oculta); arts. 997, VIII (responsabilidade subsidiária do sócio), e 1.023 (responsabilidade do sócio pelo saldo, na sociedade simples – a não empresária); art. 1.039 (responsabilidade solidária e ilimitada dos sócios, na sociedade em nome coletivo); art. 1.045 (responsabilidade solidária e ilimitada dos comanditados e limitada ao valor da quota dos comanditários, na sociedade em comandita simples); art. 1.052 (responsabilidade limitada do sócio ao valor das suas quotas e solidária de todos pela integralização do capital social, na sociedade limitada); art. 1.091, *caput* e § 1º (responsabilidade subsidiária e ilimitada do diretor e solidária dos diretores, na sociedade em comandita por ações); art. 1.095 (responsabilidade limitada ou ilimitada do sócio, na sociedade cooperativa). Por derradeiro, observe-se que o novo art. 50 do estatuto civil prevê genericamente a extensão da responsabilidade aos bens particulares dos sócios (ou administradores) em quaisquer situações de "abuso da personalidade jurídica, caracterizado pelo desvio de finalidade, ou pela confusão patrimonial".

III – do devedor, quando em poder de terceiros;

Vide Projeto de CPC, art. 748, III.

A previsão legal sob análise se distingue ontologicamente da contida no inciso I, porque aquela pressupõe alienação do bem a terceiro. O presente inciso parte apenas da ideia de que o bem do devedor não se encontra em sua posse direta, como ocorre, *v. g.*, nas hipóteses de locação, arrendamento, comodato, etc. Em relação à comum situação de um imóvel ter sido comprometido à venda, deve-se entender como legítima e viável a defesa do compromissário-comprador por embargos de terceiro, ainda que seu contrato não esteja registrado: no compromisso, a transferência da posse é definitiva, ao contrário do que acontece nos casos de locação, comodato, etc.

IV – do cônjuge, nos casos em que os seus bens próprios, reservados ou de sua meação respondem pela dívida;

Vide Projeto de CPC, art. 748, IV.

De acordo com o CC/2002 e a farta disciplina nele contida a respeito do regime de bens no casamento (arts. 1.639 a 1.688), existe a responsabilidade do cônjuge por dívidas, a que alude o presente inciso, nas seguintes hipóteses que passamos a elencar ilustrativamente e que dividimos em três grupos para obedecer a sequência de previsões do dispositivo sob enfoque. No primeiro grupo, localizamos os casos em que bens próprios do cônjuge respondem por dívidas do outro: art. 1.663, § 1º ("§ 1º As dívidas contraídas no exercício da administração obrigam os bens comuns e particulares do cônjuge que os administra, e os do outro na razão do proveito que houver auferido" – na comunhão parcial); art. 1.677 ("Art. 1.677. Pelas dívidas posteriores ao casamento, contraídas por um dos cônjuges, somente este responderá, salvo prova de terem revertido, parcial ou totalmente, em benefício do outro" – no regime da participação final nos aquestos). Já em relação ao segundo grupo, o dos bens reservados (CC/1916, art. 246), que teriam desaparecido com a CF/88, parece que o novo estatuto civil os restabeleceu ao prescrever, no âmbito do regime da comunhão parcial: "Art. 1.659. Excluem-se da comunhão: [...] VI – os proventos do trabalho pessoal de cada cônjuge". Malgrado o retrocesso apontado por alguns civilistas, parece-nos que realmente o CC/2002 trouxe de volta a figura dos bens reservados (embora sem o nome), mas alcançando os dois cônjuges, o que impede qualquer argumento no sentido da sua inconstitucionalidade. Pois bem, tanto na hipótese do art. 1.663, § 1º, como na do art. 1.677, anteriormente referidos, tais bens reservados (art. 1.659, VI) respondem pela dívida contraída pelo outro cônjuge. Por fim, esclareça-se que no terceiro grupo, vale dizer, no dos bens da meação, existe responsabilidade nas seguintes hipóteses: art. 1.644 ("Art. 1.644. As dívidas contraídas para os fins do artigo antecedente obrigam solidariamente ambos os cônjuges"); art. 1.666, interpretado *a contrario sensu* ("Art. 1.666. As dívidas, contraídas por qualquer dos cônjuges na administração de seus bens particulares e em benefício destes, não obrigam os bens comuns" – na comunhão parcial); art. 1.668, III ("Art. 1.668. São excluídos da comunhão: [...] III – as dívidas anteriores ao casamento, salvo se provierem de despesas com seus aprestos, ou reverterem em proveito comum" – na comunhão universal); art. 1.659, IV ("Art. 1.659. Excluem-se da comunhão: [...] IV – as obrigações provenientes de atos ilícitos, salvo reversão em proveito do casal" – na comunhão parcial). Encerrando o comentário, saliente-se apenas que se o cônjuge não foi citado para a execução, cuja penhora tenha recaído sobre seus "bens próprios, reservados ou de sua meação", a defesa se dará por meio de embargos de terceiro (art. 1.046, § 3º); se foi citado o cônjuge para a execução, a defesa se opera por meio do manejo dos embargos do devedor (arts. 736 e segs.).

V – alienados ou gravados com ônus real em fraude de execução.

Vide Projeto de CPC, art. 748, V e VI.

Dada a alteração de texto imposta ao inciso I, deste art. 592, pela Lei n. 11.382/2006 – alteração que tornou o inciso I aplicável apenas às execuções extrajudiciais e não mais às execuções de sentença –, restou valorizado o dispositivo sob enfoque, posto que passa a disciplinar a hipótese anteriormente prevista pelo inciso I: a do sucessor singular, tratando-se de execução de sentença proferida em ação fundada em direito real. Assim ocorre porque a previsão deste inciso V se relaciona diretamente com a do inciso inaugural do art. 593

("quando sobre eles pender ação fundada em direito real"), de sorte que o presente regramento ganha espaço significativo no sistema e, a um só tempo, elimina dois pontos-cegos do regime anterior (*v.* nota ao inciso I modificado deste art. 592). Pois bem, voltando nossa atenção agora propriamente para o texto que nos ocupa, o que temos é que os bens alienados (vendidos, doados, etc.) em fraude à execução permanecem sujeitos ao processo executivo, a despeito de já se terem integrado formalmente ao patrimônio de um terceiro, isto é, dada a fraude, continuam a responder pelas dívidas do alienante, razão por que podem ser penhorados, arrematados, etc. Identicamente ineficaz em relação à execução movida ao devedor é a constituição fraudulenta de hipoteca, penhor, anticrese, etc., o que torna o exequente imune às garantias concedidas a outros credores pelo devedor.

Art. 593. Considera-se em fraude de execução a alienação ou oneração de bens:
Vide Projeto de CPC, art. 749, caput *e II e III, e parágrafo único.*

Fraude de execução (ou à execução) é todo e qualquer ato praticado pelo devedor (simulado ou não), com ou sem intenção enganosa, que produza como efeito a subtração de bens particularizados que devam ser entregues ao credor ou a subtração não particularizada que gere a sua insolvência. A fraude à execução não se confunde com a fraude contra credores (CC, arts. 158 a 165) por alguns motivos: a fraude à execução é ato atentatório à função jurisdicional (a contra credores é fenômeno que importa ao credor e devedor); é ato ineficaz em relação ao exequente (a contra credores é ato anulável); é ato que se declara incidentalmente no processo de execução ou na fase de execução (a contra credores só pode ser declarada por ação própria de conhecimento – ação pauliana); é ato cujo reconhecimento prescinde da constatação da intenção de fraudar (a contra credores depende da verificação da intenção fraudulenta – *consilium fraudis*). Examine-se, por fim, o novo regramento contido no art. 615-A, § 3º, deste CPC, que cria uma nova hipótese de fraude à execução.

I – quando sobre eles pender ação fundada em direito real;
Vide Projeto de CPC, art. 749, I.

Só há fraude à execução, com base neste inciso I, se ao tempo da alienação ou oneração de bens (móveis ou imóveis, pouco importa) já havia litispendência, vale dizer, pendência da causa na qual o autor pedia o reconhecimento de direito real (*v. g.*, em ação reivindicatória, reserva de domínio). A litispendência, de acordo com o sistema processual, é efeito da citação válida (art. 219), de sorte que, para o fim de caracterização da fraude, é necessário que na data da alienação ou oneração o réu já tenha sido citado. É interessante observar que a declaração judicial da fraude à execução só tem lugar quando for instaurado o processo executivo (ou instaurada a fase de execução) e não no curso do processo de conhecimento.

II – quando, ao tempo da alienação ou oneração, corria contra o devedor demanda capaz de reduzi-lo à insolvência;

Vide Projeto de CPC, art. 749, IV.

A previsão de fraude à execução aqui estampada se assemelha à estabelecida pelo inciso I no que concerne ao ponto no tempo em que a alienação ou oneração se consuma: há fraude se a consumação da alienação ou oneração se dá após concretizado o ato citatório do réu; não há, se qualquer daqueles atos se aperfeiçoa antes da citação. Já no que diz respeito aos demais elementos caracterizadores do fenômeno, nenhuma semelhança há com o inciso anterior. Para que a fraude aqui prevista ocorra é necessário que tenha sido instaurado um processo de execução ou de conhecimento (normalmente de caráter condenatório) acompanhado da ciência do adquirente cuja potencialidade seja gerar a insolvência do réu, que só poderá ser concretamente aferida *a posteriori* no curso da execução, mais precisamente no instante da penhora. Se nesse momento o executado possui bens que respondam pela dívida, ainda que antes não existissem, não há que se cogitar de fraude; se não possuir, será preciso verificar em que momento ou que alienação tornou o executado insolvente. Se não houver prévia ação de conhecimento, por outro lado, a constatação do estado de insolvência é quase que imediata.

III – nos demais casos expressos em lei.

Vide Projeto de CPC, art. 749, V.

O inciso sob análise acolhe genericamente como atos de fraude à execução todos aqueles que o próprio CPC e outros textos normativos codificados, ou não, reconheçam como tal. Exemplos dessas previsões são as contidas nos arts. 615-A, § 3º, e 672, § 3º, deste estatuto processual, art. 240 da Lei n. 6.015/73, art. 185 do CTN, etc. (*v.* nota ao novo § 3º do art. 615-A, de enorme importância para o sistema executivo).

Art. 594. O credor, que estiver, por direito de retenção, na posse de coisa pertencente ao devedor, não poderá promover a execução sobre outros bens senão depois de excutida a coisa que se achar em seu poder.

Vide Projeto de CPC, art. 750.

O dispositivo em questão disciplina o chamado *beneficium excussionis realis*, que é a prerrogativa conferida ao devedor de não ver nenhum dos bens que estão em seu poder penhorados, salvo depois de o credor haver executado o bem que por direito de retenção esteja em sua posse (*v. g.*, por causa de uma estipulação contratual ou por força de penhor legal – CC, arts. 1.467 a 1.472). Somente se esse bem se revelar insuficiente para a satisfação do crédito é que poderá o exequente requerer a penhora de outros bens do patrimônio do executado, cabendo ao juiz indeferir todo pedido de constrição que infrinja a norma examinada.

Art. 595. O fiador, quando executado, poderá nomear à penhora bens livres e desembargados do devedor. Os bens do fiador ficarão, porém, sujeitos à execução, se os do devedor forem insuficientes à satisfação do direito do credor.

Vide Projeto de CPC, art. 751, caput *e § 1º.*

A prerrogativa aqui instituída recebe o nome de *beneficium excussionis personalis*, dado o escopo legal de proteção do patrimônio do fiador executado enquanto houver bens do devedor que respondam pela dívida. Podem exercer o benefício de ordem tanto o fiador judicial como o extrajudicial, exceto se este se enquadrar em qualquer das hipóteses do art. 828 do CC (renúncia expressa, assunção da qualidade de pagador principal ou devedor solidário, ou insolvência).

Parágrafo único. O fiador, que pagar a dívida, poderá executar o afiançado nos autos do mesmo processo.

Vide Projeto de CPC, art. 751, § 2º.

A regra sob apreciação se funda evidentemente no princípio da economia processual e, no plano técnico, representa a aquisição superveniente de *legitimatio ad causam* ativa pelo fiador que paga a dívida dada a ocorrência de sub-rogação legal (art. 567, III, c/c art. 831 do CC). Em termos práticos, essa autorização concedida ao fiador se traduz no direito de pedir a imediata citação do afiançado para pagar a dívida e acréscimos no prazo de três dias, sob pena de penhora (art. 652, *caput* e § 1º), seguindo o processo o trâmite da execução por quantia (art. 646).

Art. 596. Os bens particulares dos sócios não respondem pelas dívidas da sociedade senão nos casos previstos em lei; o sócio, demandado pelo pagamento da dívida, tem direito a exigir que sejam primeiro excutidos os bens da sociedade.

Vide Projeto de CPC, art. 752, caput *e §§ 1º e 4º.*

A primeira parte do dispositivo apenas reproduz o que o direito civil institui acerca da responsabilidade por dívidas das sociedades, colocando ainda em destaque, genericamente, as ressalvas que a própria lei material estabelece no sentido de responsabilizar os sócios por dívidas da pessoa jurídica. Exemplos de tais ressalvas são as contidas nos arts. 990, 991, parágrafo único, 997, VIII, 1.023, 1.039, 1.045, 1.052, 1.091, *caput* e § 1º, 1.095, além do art. 50, todos do estatuto civil (*v.* art. 592, II, e nota). Seja como for, o fato é que, sendo o sócio acionado por dívida da sociedade, a ele será lícito recorrer ao *beneficium excussionis personalis* (CC, art. 1.024), exatamente assim como o fiador o faz (art. 595), salvo quando a lei expressamente o exclua, como se dá no caso do art. 990, parte final, do CC.

§ 1º Cumpre ao sócio, que alegar o benefício deste artigo, nomear bens da sociedade, sitos na mesma comarca, livres e desembargados, quantos bastem para pagar o débito.

Vide Projeto de CPC, art. 752, § 2º.

A prerrogativa estabelecida em favor do sócio de exigir a prévia excussão dos bens da sociedade sofre uma limitação significativa se comparada com o benefício outorgado ao fiador pelo art. 595. É que a presente disposição condiciona a eficácia da nomeação de bens da sociedade à circunstância de estes se localizarem na comarca onde tem curso o processo de execução. Destarte, se ao fiador é lícito nomear bens do afiançado de fora da comarca, ainda que os seus próprios nela se situem, ao sócio só será possível fazê-lo se a sociedade possuir bens na comarca ou, não os possuindo, se os próprios do sócio também estiverem fora dela, porque nesse caso nenhum prejuízo poderá sofrer o credor.

§ 2º Aplica-se aos casos deste artigo o disposto no parágrafo único do artigo anterior.

Vide Projeto de CPC, art. 752, § 3º.

Porque o sócio, nos termos da previsão do *caput* deste art. 596, responde por uma dívida que não é sua, mas da sociedade, nada mais lógico que a ele também se outorgue a prerrogativa de acionar a pessoa jurídica devedora nos próprios autos do processo em que tenha quitado o débito. Assim como o fiador, identicamente o sócio responsável se sub-roga legalmente no crédito contra a sociedade, razão por que a lei lhe faculta executá-la sem mais delongas ou formalidades.

Art. 597. O espólio responde pelas dívidas do falecido; mas, feita a partilha, cada herdeiro responde por elas na proporção da parte que na herança lhe coube.

Vide Projeto de CPC, art. 753.

A regra é repetição quase literal do art. 1.997 do CC, que institui a não responsabilidade dos herdeiros por dívidas que ultrapassem as forças da herança (*ultra vires hereditatis*). Explícito nesse sentido é o art. 1.792 do estatuto civil. Antes de feita a partilha, a execução por dívida do morto deve ser ajuizada em face do espólio representado por seu inventariante (art. 12, V), porque os bens ainda se encontram em estado de indivisão; nada impede que os herdeiros intervenham como assistentes litisconsorciais (art. 54). Homologada que seja a partilha, a execução passa a ter por legitimados passivos os herdeiros, que responderão não solidariamente, mas proporcionalmente ao que tiverem efetivamente recebido.

CAPÍTULO V
DAS DISPOSIÇÕES GERAIS

Vide Projeto de CPC, arts. 730 a 736 (Capítulo I – Disposições Gerais e Dever de Colaboração), particularmente o art. 730.

Art. 598. Aplicam-se subsidiariamente à execução as disposições que regem o processo de conhecimento.

Vide Projeto de CPC, art. 730, parágrafo único.

Dada a sistemática contida no CPC, que tem no Livro I (Do Processo de Conhecimento) a sua verdadeira parte geral, nada mais lógico que ao processo de execução se apliquem subsidiariamente – isto é, na medida da inexistência de regras particulares e da não incompatibilidade com os institutos da execução – as normas que disciplinam os muitos aspectos da atividade dos sujeitos da relação processual cognitiva. Assim, tudo aquilo que não for contrário ao expressamente disposto neste Livro II, ou inadequado ao espírito do processo executivo, terá aqui aplicação. Com a entrada em vigor da Lei n. 11.232/2005 (Reforma da Execução), *v.* art. 475-R.

Art. 599. O juiz pode, em qualquer momento do processo:

Vide Projeto de CPC, arts. 731, caput, *e 732.*

O poder conferido ao magistrado por este art. 599 representa a um só tempo a aplicação do princípio da probidade ao processo executivo (ou à fase de execução) – o que complementa a disciplina prevista pelos arts. 14 a 17 e 273, II –, como o reforço e a explicitação do poder repressor aos atos que comprometem a atividade judiciária; reforço porque o art. 125, III, diz a mesma coisa (*v.*, ainda, o art. 579). O que se busca por meio da outorga ao juiz das prerrogativas que seguem é permitir-lhe direta e pessoalmente o acesso às partes com vista ao restabelecimento da normalidade processual.

I – ordenar o comparecimento das partes;

Vide Projeto de CPC, art. 731, I.

A ordem de comparecimento das partes (das duas simultaneamente ou de uma só) a essa audiência especial tanto pode ter o escopo de mera advertência como a finalidade conciliatória acerca do próprio litígio, uma vez que o texto legal não predetermina nem especifica o objeto a ser alcançado (*v.*, ainda, art. 125, IV). Completamente diferente disso é a audiência designada com fundamento no art. 342, cujo escopo é preestabelecido pela lei: o interrogatório das partes.

II – advertir ao devedor que o seu procedimento constitui ato atentatório à dignidade da justiça.

Vide Projeto de CPC, art. 731, caput *e II.*

A *ratio* dessa prerrogativa judicial de escopo específico se prende à circunstância de que é normalmente o devedor quem pratica atos de procrastinação do processo com o fim de se livrar, pelo menos por algum tempo, da outorga pelo Estado da prestação jurisdicional satisfativa. Dada a posição de vantagem do credor na execução, dificilmente é ele o responsável pelo não desenvolvimento do processo. Os atos considerados pela lei como atentatórios à dignidade da justiça encontram-se expressamente previstos pelo artigo subsequente, o art. 600, e a sanção, pelo art. 601. Por fim, observe-se que a advertência a que alude o dispositivo pode ter a forma verbal, em audiência (sendo levada a termo – art. 141, III), ou escrita, por decisão nos autos.

Art. 600. Considera-se atentatório à dignidade da Justiça o ato do executado que:

Vide Projeto de CPC, art. 733, caput *e III.*

A verificação do que a lei define como ato atentatório à dignidade da justiça depende fundamentalmente da avaliação subjetiva e contextual que realize o magistrado diante de cada situação concreta, uma vez que apenas a hipótese prevista no inciso I a seguir se refere a fatos objetivos. Contudo, malgrado a dificuldade de aplicação dessa norma jurídica de conteúdo tão intensamente ético, a sua presença no sistema é mais um instrumento a serviço da efetividade da jurisdição *in executivis*. Sobre a nova figura do ato atentatório ao exercício da jurisdição, examine-se o parágrafo único do art. 14 (*v.* nota). Observe-se, por fim, que a única alteração de texto realizada no presente dispositivo pela Lei n. 11.382/2006 foi a substituição do vocábulo "devedor" pelo vocábulo "executado", com o que se aperfeiçoa tecnicamente a redação do *caput* sob enfoque (texto de acordo com a Lei n. 11.382/2006).

I – frauda a execução;

Vide Projeto de CPC, art. 733, I.

Frauda a execução (ou comete fraude de execução) o devedor que aliena ou onera os bens que compõem o seu patrimônio nas circunstâncias previstas pelos incisos I, II e III do art. 593, provocando assim a não realizabilidade do provimento satisfativo, escopo último do processo de execução ou da fase de execução. Dada a objetividade desse ato atentatório à dignidade da justiça (*v.* notas ao art. 593), a previsão sob exame é indubitavelmente a que mais desencadeia atos repressivos concretos da parte dos magistrados contra devedores na execução.

II – se opõe maliciosamente à execução, empregando ardis e meios artificiosos;

Vide Projeto de CPC, art. 733, II.

Por causa do institucional desequilíbrio entre as partes que permeia o processo de execução ou a fase de execução (*v. g.*, arts. 612 e 646), a atividade de oposição aos atos executivos por parte do devedor configura natural exercício de direito e não ilícito processual. O que a lei reprime é apenas a oposição maliciosa, artificiosa, a qual nem sempre é fácil de ser detectada pelo juiz. É por isso que a aplicação dessa regra no mais das vezes só ocorrerá se o magistrado possuir coragem e determinação, além, é óbvio, de convicção firme de que a malícia está presente na atividade do executado (p. ex., indicação de bem manifestamente fora da ordem do art. 655, impugnação da avaliação sem motivo plausível ou a oposição infundada de embargos – os exemplos são de Alcides de Mendonça Lima).

III – resiste injustificadamente às ordens judiciais;

Vide Projeto de CPC, art. 733, IV.

Apenas a resistência injustificada – e não a legítima e jurídica expressa pelos direitos de impugnação do executado – é que é objeto de repressão legal. Mais uma vez, o subjetivismo entra em jogo para comprometer a aplicabilidade da regra, mas, seja como for, alguns exemplos a doutrina nos oferece: o executado não junta documentos exigidos pelo juiz, não presta informações, não cumpre diligências determinadas nos prazos legais (aqui também os exemplos são de Alcides de Mendonça Lima).

IV – intimado, não indica ao juiz, em 5 (cinco) dias, quais são e onde se encontram os bens sujeitos à penhora e seus respectivos valores.

Vide Projeto de CPC, art. 733, V.

Diferentemente das hipóteses previstas nos incisos II e III retro, a que essa disposição normativa consagra se reveste de maior objetividade porque pressupõe a omissão do executado no que concerne à indicação de bens; se a indicação for maliciosamente equivocada, ainda assim é possível pensar na incidência da norma, mas com todos os inconvenientes anteriormente apontados. De qualquer maneira, consigne-se que o descumprimento desse dispositivo também pode ser enfrentado pela aplicação do art. 399, I, que permite a expedição de ofícios à delegacia da Receita Federal, solução de grande eficiência prática contra devedores maliciosos. Observe-se, ainda, que a Lei n. 11.382/2006 introduziu no texto deste inciso IV importantes alterações visando tornar mais eficiente a presente regra processual. A primeira diz respeito à exigência de intimação do executado, providência que obedecerá à nova disciplina prevista pelo parágrafo único do art. 238, de suma relevância. A segunda concerne ao prazo de cinco dias que restringe o arbítrio judicial e que também se revela prudente. Já quanto à terceira e à quarta – exigência de informação sobre "quais são" os bens e "seus respectivos valores" –, pouco há a dizer, salvo que se trata de dados importantíssimos para a execução. E quanto à quinta – a troca do vocábulo "execução" pelo vocábulo "penhora" – trata-se de aperfeiçoamento técnico-redacional de pouca importância prática (texto de acordo com a Lei n. 11.382/2006).

Art. 601. Nos casos previstos no artigo anterior, o devedor incidirá em multa fixada pelo juiz, em montante não superior a 20% (vinte por cento) do valor atualizado do débito em execução, sem prejuízo de outras sanções de natureza processual ou material, multa essa que reverterá em proveito do credor, exigível na própria execução.

Vide Projeto de CPC, arts. 733, parágrafo único, e 736.

Malgrado a completa modificação do presente dispositivo pela Reforma de 1994, este art. 601 continua significando exceção ao princípio da igualdade, posto que institui pesada sanção econômica aplicável ao executado que pratique quaisquer dos atos definidos pelo artigo anterior como atentatórios à dignidade da justiça. Inicialmente, queremos parabenizar o legislador pela alteração disciplinar realizada, uma vez que a sanção estritamente processual, que perdeu vigor, além de complicada, pouco ou quase nada contribuiu, na prática, para a moralização do processo executivo. Agora sim, pesando no bolso, o executado pensará duas vezes antes de insistir na prática de atos reprováveis. Sobre a nova sanção, parece importante consignar que a multa de até 20% do débito atualizado (e não o nominal, frise-se), que o juiz fixa segundo o seu prudente arbítrio, deverá ser aplicada em qualquer momento do processo em que o ilícito se verifique: antes da penhora (*v. g.*, art. 600, IV); depois da penhora (*v. g.*, art. 600, II e III); logo após o julgamento dos embargos (*v. g.*, art. 600, I ou IV); antes da expropriação (*v. g.*, art. 600, II), etc. A multa será sempre aplicada por decisão interlocutória (art. 162, § 2º), sem prejuízo de outras sanções (arts. 15, 16 a 18, 22, 30, 740, parágrafo único, e 746, § 3º, etc.) (texto de acordo com a Lei n. 8.953/94).

Parágrafo único. O juiz relevará a pena, se o devedor se comprometer a não mais praticar qualquer dos atos definidos no artigo antecedente e der fiador idôneo, que responda ao credor pela dívida principal, juros, despesas e honorários advocatícios.

A relevação da pena aqui prevista é uma imposição da lei ao juiz e não uma simples faculdade, porém, condicionada de qualquer forma às duas atitudes previstas e somadas do executado: o compromisso de abstenção e a apresentação de fiador idôneo. Quanto ao compromisso do devedor, esse tem lugar em qualquer situação, mas pode provocar alguns efeitos diferentes: se o executado ainda não agravou e faz o compromisso, ele já não tem mais interesse em recorrer; se o agravo já foi interposto, a prestação do compromisso faz o recurso perder o seu objeto; se o agravo já foi julgado contra o devedor, o compromisso não gera nenhum outro efeito além do previsto no texto. Quanto ao fiador judicial, a única qualidade que dele se exige é a idoneidade financeira, a ser avaliada pelo juiz; na sua falta, nada impede que a caução real seja dada em substituição.

Art. 602. (*Revogado pela Lei n. 11.232, de 22.12.2005.*)

CAPÍTULO VI
DA LIQUIDAÇÃO DA SENTENÇA
(Revogado pela Lei n. 11.232, de 22.12.2005.)

Arts. 603 a 611. *(Revogados pela Lei n. 11.232, de 22.12.2005.)*

TÍTULO II
DAS DIVERSAS ESPÉCIES DE EXECUÇÃO

Vide Projeto de CPC, arts. 754 a 869 (Título II – Das Diversas Espécies de Execução).

CAPÍTULO I
DAS DISPOSIÇÕES GERAIS

Vide Projeto de CPC, arts. 754 a 762 (Capítulo I – Das Disposições Gerais).

Art. 612. Ressalvado o caso de insolvência do devedor, em que tem lugar o concurso universal (art. 751, III), realiza-se a execução no interesse do credor, que adquire, pela penhora, o direito de preferência sobre os bens penhorados.

Vide Projeto de CPC, art. 754, caput.

A regra consagra o princípio do *prior tempore, potior jure,* segundo o qual o credor que em primeiro lugar no tempo faz a penhora adquire o direito de preferência (*v.* nota ao art. 613). Tal princípio tem aplicação dirigida à execução movida ao devedor solvente, porque no campo da insolvência, vige *a par conditio creditorum,* isto é, a igualdade entre os credores. O fenômeno do concurso universal corresponde à ideia de que todo o patrimônio do devedor é arrecadado (art. 751, II) e todos os seus credores convocados (art. 761, II), para que, em igualdade de condições, concorram à execução comum. Já a penhora individualiza o bem do devedor que responderá pelo crédito levado a juízo pelo credor singular.

Art. 613. Recaindo mais de uma penhora sobre os mesmos bens, cada credor conservará o seu título de preferência.

Vide Projeto de CPC, art. 754, parágrafo único.

Esta disposição legal complementar disciplina a situação de vários credores que obtenham penhoras sobre os mesmos bens do devedor comum em diferentes processos. Dada a incidência do princípio do *prior tempore, potior jure,* o credor que primeiro realizar a averbação da penhora no caso de bem imóvel (Lei n. 6.015/73, art. 167, I, 5) – e não o que vir lavrado o primeiro termo ou auto de penhora – é que obterá o direito de preferência (*v.* § 4º do art. 659). Já em relação a outros bens que não imóveis, terá a preferência aquele exequente que antes dos outros vir efetivada a penhora nos termos do art. 664. Tanto num caso como no outro a posição de primazia em relação aos demais credores só não prevalecerá se sobre o bem penhorado repousar direito real de garantia (hipoteca, penhor, etc.).

Art. 614. Cumpre ao credor, ao requerer a execução, pedir a citação do devedor e instruir a petição inicial:

Vide Projeto de CPC, art. 755, caput *e III.*

Este artigo e o subsequente (art. 615) preveem os requisitos específicos que devem ser preenchidos pela petição inicial da ação de execução e os documentos que a devem instruir. Além destes aplicam-se a ela os requisitos gerais previstos pelos incisos I, II, IV e V do art. 282, aplicáveis à execução *ex vi* do disposto no art. 598. O primeiro deles já se encontra estampado no próprio *caput* sob comentário: a necessidade de o exequente requerer de forma expressa a citação do executado (tal exigência é imposta genericamente pelo inciso VII do art. 282). Nos incisos que seguem, a lei estabelece dois documentos que devem instruir a inicial *in executivis.*

I – com o título executivo extrajudicial;

Vide Projeto de CPC, art. 755, I, a.

Dada a circunstância de o *caput* deste art. 614 falar expressamente de "citação do devedor" (*rectius*: do executado), não resta dúvida de que o presente artigo do CPC aplica-se exclusivamente ao processo de execução fundado em título executivo extrajudicial – a fase de execução própria da sentença condenatória encontra-se regulada pelos novos arts. 475-A a 475-R –, de sorte que pareceu adequado, ao legislador reformista (da Lei n. 11.382/2006), alterar o enfocado inciso I para que dele passasse a constar apenas a exigência de instrução da petição inicial "com o título executivo extrajudicial", desaparecendo a antiga alusão à sentença. Seja como for, remetemos o consulente ao conceito de título executivo que se encontra na nota dirigida ao título da Seção II (Do Título Executivo), deste Capítulo III, do Título I, bem como aos comentários aos arts. 585, *caput*, e 475-N, *caput*. Pois bem, o título executivo extrajudicial é o ato documentado expressamente previsto em lei (no art. 585 ou por norma da legislação especial – *v.* inciso VIII, do próprio art. 585) que dá a alguém o acesso direto ao processo de execução. O título é, destarte, documento indispensável à propositura da execução porque sem ele o exequente é simplesmente carecedor da ação *in executivis*, por falta de interesse de agir (arts. 283, 267, VI, 295, III, 586 e 618, I). Observe-se que só se admite a instrução da inicial com cópia autenticada do título (art. 384), e não com o próprio, quando haja motivo justificável reconhecido pelo juiz (*v. g.*, o documento encontra-se nos autos de outro processo ou há perigo de degeneração física do documento, etc.). Registre-se, por derradeiro, que o presente dispositivo é aplicável, por analogia, à execução de sentença quando se trate de pleito fundado nos títulos judiciais previstos pelos incisos II, IV e VI, do art. 475-N, deste CPC (*v.* parágrafo único, do mesmo art. 475-N) (texto de acordo com a Lei n. 11.382/2006).

II – com o demonstrativo do débito atualizado até a data da propositura da ação, quando se tratar de execução por quantia certa;

Vide Projeto de CPC, art. 755, I, b, *e parágrafo único.*

Dada a disciplina contida no art. 475-B, *caput* – criada pela Lei n. 11.232/2005 –, e voltada exclusivamente às execuções de sentença, ficou o presente inciso II limitado em sua aplicabilidade às execuções fundadas em título extrajudicial para exigir daquele que promove uma ação de execução por quantia que apresente com o requerimento de execução um documento que consubstancie o demonstrativo do débito atualizado com todas as suas parcelas devidamente indicadas (principal, juros, correção monetária, com os respectivos índices estabelecidos em lei). Nada impede, por outro lado, que demonstrativos sem complexidade assumam a forma de simples tópico do requerimento, com o que ficará identicamente satisfeita a exigência contida no presente dispositivo. Veja-se, por fim, que a mesma exigência vale para a petição inicial da execução por quantia certa, qual seja, a fundada em título executivo extrajudicial (texto de acordo com a Lei n. 8.953/94) (*v.* art. 475-B, *caput*, de semelhante conteúdo e aplicabilidade às execuções de sentença).

III – com a prova de que se verificou a condição, ou ocorreu o termo (art. 572).

Vide Projeto de CPC, art. 755, I, c.

A prova documental da ocorrência da condição ou termo – na hipótese de sentença que declare relação jurídica subordinada a uma dessas cláusulas (art. 572) – é que atesta a exigibilidade do crédito (art. 586) e dá ao exequente interesse de agir-necessidade *in executivis*, de sorte que sem ela ao juiz só resta ordenar o suprimento, a teor do disposto no art. 616 (aplicável por analogia), sob pena de indeferimento do requerimento. É que o art. 572 categoricamente afirma que "o credor não poderá executar a sentença sem provar que se realizou a condição ou que ocorreu o termo" (*v.* CC, arts. 121 a 137). Observe-se, por fim, que o presente inciso III é o único deste art. 614 que se aplica às execuções de sentença.

Art. 615. Cumpre ainda ao credor:

Vide Projeto de CPC, art. 756, caput *e III.*

O art. 615 complementa o anterior com a disciplina relativa a mais alguns requisitos que a petição inicial do processo de execução (ou o requerimento que instaura a fase de execução) deve preencher, bem como institui outro documento indispensável à propositura da ação (ou à instauração da fase executiva) e prevê, ainda, atitudes que o credor pode ou deve tomar no curso da demanda.

I – indicar a espécie de execução que prefere, quando por mais de um modo pode ser efetuada;

Vide Projeto de CPC, art. 755, II.

A previsão contida neste inciso corresponde à exigência de que o credor manifeste de forma explícita na petição inicial (ou requerimento) a espécie de execução a que pretende ver submetido o devedor quando por mais de uma forma processual (rito) for possível executá-lo. É o que ocorre, exemplificativamente, na hipótese do credor, que, segundo um mesmo título extrajudicial, pode exigir do devedor a coisa (execução para entrega de coisa) ou determinada soma em dinheiro (execução por quantia); a demolição de um muro (execução de obrigação de fazer) ou a multa adrede convencionada (execução por quantia).

II – requerer a intimação do credor pignoratício, hipotecário, ou anticrético, ou usufrutuário, quando a penhora recair sobre bens gravados por penhor, hipoteca, anticrese ou usufruto;

Vide Projeto de CPC, art. 756, I.

O requerimento de intimação de uma das pessoas mencionadas no texto sob exame só excepcionalmente constará da petição inicial ou do requerimento de execução: apenas quando o exequente já saiba, *a priori*, que o bem que vai ser penhorado foi dado em hipoteca, penhor, anticrese ou usufruto, é que tem lugar o requerimento prévio de intimação, cujo deferimento, todavia, sempre ficará na dependência da consumação da penhora pela lavratura do respectivo auto (art. 664). Intimado que seja o credor (ou titular do usufruto), a ele fica aberta a oportunidade de intervir voluntariamente para acompanhar a execução e, ao final, exercer a sua preferência. Observe-se, ainda, que nova intimação dos credores referidos no texto (e do titular do usufruto) é exigida pelo art. 619 para que tenha eficácia em relação a eles o praceamento do imóvel. Já o art. 698 estabelece a nulidade da arrematação (não apenas a ineficácia) se o senhorio direto, o credor com garantia real ou com penhora anteriormente averbada não forem intimados (*v.* nota).

III – pleitear medidas acautelatórias urgentes;

Vide Projeto de CPC, art. 756, II.

O requerimento de providências acautelatórias pelo credor contra atos de dilapidação patrimonial ou outros praticados pelo devedor depende de propositura de ação cautelar antecedente (arts. 796 e 801) ou incidente ao processo ou fase de execução. A presente disposição legal não autoriza o juiz a conceder medidas cautelares independentemente de ação e processo, salvo se houver regra expressa no sentido da possibilidade da medida *ex officio*, como ocorre nas hipóteses previstas pelos arts. 653 (arresto incidente na execução), 655-A, *caput*, *in fine* (determinação de indisponibilidade de ativos financeiros) e 793 (providências cautelares urgentes durante a suspensão da execução). É que este art. 615, III, tem caráter meramente explicitativo do direito do exequente de pedir medidas cautelares. Na situação do art. 653, e apenas nela, é lícito ao exequente já com a petição inicial (ou com o requerimento) pleitear *ad eventum* o arresto de bens do executado (*v.* notas aos artigos mencionados no texto).

IV – provar que adimpliu a contraprestação, que lhe corresponde, ou que lhe assegura o cumprimento, se o executado não for obrigado a satisfazer a sua prestação senão mediante a contraprestação do credor.

Vide Projeto de CPC, art. 755, I, d.

A previsão complementa a disciplina imposta pelo art. 582 e explicita a necessidade de o exequente instruir a sua petição inicial (ou requerimento de execução) com os documentos comprobatórios do cumprimento da sua própria obrigação quando se tratar de contrato bilateral ou sentença que reconheça relação jurídica dele originária (CC, art. 476). Faltando tal comprovação, o magistrado deve agir em conformidade com o art. 616, indeferindo a inicial (ou não admitindo, ainda, a instauração da fase de execução) caso o exequente não supra a omissão no prazo de dez dias. O não adimplemento da contraprestação pelo exequente se traduz, processualmente, em carência de ação por falta de interesse de agir/necessidade por ausência de exigibilidade (arts. 586, 267,

VI, e 295, III), no caso de execução fundada em título executivo extrajudicial, ou falta de interesse de agir *in executivis*, no caso de execução de sentença.

Art. 615-A. O exequente poderá, no ato da distribuição, obter certidão comprobatória do ajuizamento da execução, com identificação das partes e valor da causa, para fins de averbação no registro de imóveis, registro de veículos ou registro de outros bens sujeitos à penhora ou arresto.

Vide Projeto de CPC, arts. 785, caput, *e 756,* caput *e IV.*

O presente art. 615-A corresponde à criação da Lei n. 11.382/2006, que instituiu a chamada Reforma de Execução Extrajudicial, e tem como claro objetivo permitir a publicidade, pela via dos registros públicos, dos atos de ajuizamento de execuções por quantia certa contra devedor solvente (a parte final fala de "penhora ou arresto"), com o que se busca incrementar a proteção institucional deste processo executivo contra a fraude à execução (*v.* § 3º a seguir). A novidade, a nosso ver, merece todos os elogios, porque viabiliza o pronto estabelecimento de uma barreira jurídica (o ato de averbação) à alienação ou oneração fraudulenta de bens do executado, posto que dá efetivo conhecimento a terceiros do aforamento de ação de execução contra o titular do bem que se pretende alienar ou onerar. Concluída esta breve introdução, passemos às observações interpretativas mais importantes que o texto suscita. A primeira concerne ao fato de que a lei não impõe dever, nem ônus, ao exequente, mas apenas a faculdade processual para requerer a certidão de distribuição ("o exequente poderá [...]"). A segunda diz respeito ao momento do requerimento e da obtenção da certidão comprobatória: trata-se de atos praticados após a distribuição da causa (arts. 251 a 254 e 256), sendo certo que os cartórios de distribuição haverão de estar preparados material e tecnologicamente para atender a este novo direito dos exequentes (*v.* nota ao § 5º a seguir, que confere poder regulamentar aos tribunais nesta matéria). Já a terceira se refere à averbação, que fica na inteira dependência da vontade e iniciativa do exequente que haverá de se dirigir ao registro de imóveis, de veículos ou de outros bens para provocar a sua prática. Observe-se que não há nenhum prazo estabelecido no texto para que exequente leve a certidão comprobatória à averbação, mas apenas a exigência do § 1º de que comunique ao juízo a averbação realizada, esta comunicação sim submetida ao prazo de dez dias (*v.* nota ao § 1º a seguir, em que também fazemos referência a algumas questões registrárias) (texto de acordo com a Lei n. 11.382/2006).

---

§ 1º O exequente deverá comunicar ao juízo as averbações efetivadas, no prazo de 10 (dez) dias de sua concretização.

Vide Projeto de CPC, art. 785, § 1º.

Como tivemos a oportunidade de dizer no comentário ao *caput*, não há prazo estabelecido para que o exequente providencie a averbação da certidão do ajuizamento em um dos registros públicos. Sobre este ato, cumpre consignar que a averbação é o ato ou atividade de averbar, que significa anotar à margem do assento já existente um fato ou ato jurídico que o modifica ou cancela; sua disciplina se encontra na Lei n. 6.015/73, arts. 13, II (em regra), e 167, II (averbação no Registro de Imóveis). Ainda em relação à averbação, é importante dizer que este art. 615-A é regra instituidora de mais uma hipótese de averbação, ao lado das inúmeras previstas pelo inciso II do art. 167 da LRP, que regula a prática deste ato no registro imobiliário, o que também significa que os órgãos de registro de veículos (os Detrans) e de "outros bens sujeitos à penhora ou arresto" (*v. g.*, as CVMs para as ações das sociedades anônimas de capital aberto e debêntures) ficam, a partir da entrada em vigor da Lei n. 11.382/2006, obrigados a realizar averbações com base em "certidão comprobatória do ajuizamento de execução". Pois bem, concretizada que se encontre a averbação requerida pelo exequente – tal requerimento encontra-se genericamente previsto pelo inciso II do art. 13 da Lei n. 6.015/73 –, haverá a parte de comunicar ao juízo a averbação efetivada no prazo de dez dias, o que impõe a observação no sentido de que o desrespeito ao prazo estabelecido dá ao juiz poder para determinar o seu cancelamento até mesmo de ofício. Caso assim não se considere, chegaremos indubitavelmente à conclusão que o presente prazo legal não tem qualquer significado prático e nenhum valor jurídico (texto de acordo com a Lei n. 11.382/2006).

---

§ 2º Formalizada penhora sobre bens suficientes para cobrir o valor da dívida, será determinado o cancelamento das averbações de que trata este artigo relativas àqueles que não tenham sido penhorados.

Vide Projeto de CPC, art. 785, § 2º.

Dada a circunstância de que a averbação da "certidão comprobatória" no registro público cria uma barreira importante à alienação ou oneração dos bens pertencentes ao executado, mas tendo em conta que o valor da execução ajuizada pode ser superior – às vezes, bem superior – ao valor de um determinado bem, o que pode determinar a conveniência de uma segunda averbação, estabelece o presente dispositivo um contrapeso a essa barreira mediante a imposição do dever ao juiz no sentido de que determine o cancelamento das averbações relativas a bens que não tenham sido penhorados. Parece-nos que a dúvida mais importante que o texto acaba por suscitar aqui fica por conta dos limites que devem ser reconhecidos ao poder do órgão de registro público e, por via de consequência, ao direito do exequente de requerer averbações. Temos para nós que o "valor da causa" constante da "certidão comprobatória" (art. 615-A, *caput*) é a chave para se definir o limite da averbação nos seguintes termos: se a execução (objeto da averbação) é de valor inferior ao do bem (objeto do registro), uma segunda averbação não pode ser admitida; se, pelo contrário, a execução é de valor superior ao do bem, uma segunda ou terceira averbação (no mesmo registro – em outra matrícula, *v. g.* – ou em outro) está legitimada, hipótese que talvez provoque a aplicação do presente dispositivo, tempos depois no processo de execução por quantia, quando se verificar que a penhora não incidiu sobre certos bens atingidos pela averbação. É aqui que entra o poder do juiz para ordenar o cancelamento da averbação sobre o excesso. Seja como for, chamamos a atenção para o fato de que esta é apenas mais uma das matérias que deverão ser objeto da regulamentação dos tribunais de que cogita o § 5º, deste art. 615-A, com o que se tornará, particularmente em relação a este aspecto da nova figura, aplicável o regramento sob enfoque mediante critérios objetivos de justiça e razoabilidade (texto de acordo com a Lei n. 11.382/2006).

---

§ 3º Presume-se em fraude à execução a alienação ou oneração de bens efetuada após a averbação (art. 593).

Vide Projeto de CPC, art. 785, § 3º.

O dispositivo processual sob enfoque corresponde a uma ampliação do campo de incidência do fenômeno da fraude à execução prevista e disciplinada pelo art. 593 deste Código. A partir da entrada em vigor da Lei n. 11.382/2006, ao lado dos casos previstos pelos incisos I e II do art. 593, fica instituída pelo CPC mais uma hipótese de fraude à execução – enquadrável "nos demais casos expressos em lei" do inciso III –, porém de conteúdo bastante diferenciado. Note-se que o presente parágrafo significa ampliação, como dissemos, porque, na perspectiva da execução de título extrajudicial, a regra focalizada desloca, para momento anterior ao da citação, o instante em que se verifica a fraude. Lembremos que, no regime passado, era necessário provar que o executado já tinha conhecimento da "demanda capaz de reduzi-lo à insolvência" (art. 593, II) quando da alienação ou oneração de bens, isto é, era necessária a prévia citação para o processo executivo a fim de que se pudesse reconhecer a fraude. Agora, tendo ocorrido a mera averbação da "certidão comprobatória do ajuizamento da execução" (de que cogita o *caput*), qualquer alienação posterior a este ato, mesmo que anterior ao ato citatório, é tida como fraudulenta. Opera-se, destarte, com o presente § 3º, a antecipação do momento em que as alienações (ou onerações de bens) tornam-se vedadas ao executado, o que significa indubitável progresso do sistema em direção a maior efetividade do processo de execução. Observe-se, por fim, que esta nova disciplina destaca a importância da comunicação exigida do exequente pelo § 1º (texto de acordo com a Lei n. 11.382/2006).

§ 4º O exequente que promover averbação manifestamente indevida indenizará a parte contrária, nos termos do § 2º do art. 18 desta Lei, processando-se o incidente em autos apartados.

Vide Projeto de CPC, art. 785, § 4º.

Com o intuito de criar um ambiente ético para a prática da averbação "da certidão comprobatória", instituída pelo *caput* deste novo art. 615-A do CPC, é que o parágrafo sob enfoque equipara a "averbação manifestamente indevida" à litigância de má-fé para fins de indenizabilidade (já que se faz referência expressa ao § 2º do art. 18), mas não para fins de aplicação de multa prevista quer pelo *caput*, quer pelo § 1º, do mesmo art. 18. Observe-se que nos parece ter optado o legislador reformista pela equiparação à litigância de má-fé e não ao ato "atentatório à dignidade da Justiça" do art. 600 (instituto, a princípio, mais próprio por se tratar de ato executivo) por três razões: 1ª) a categoria do ato atentatório limita-se às condutas antijurídicas do sujeito passivo (executado), enquanto que a litigância de má-fé alcança tanto o sujeito passivo quanto o ativo; 2ª) não há previsão de indenização como consequência do ato atentatório, o que existe e se encontra expressamente regulado, como visto, pelo art. 18, § 2º, no plano da litigância de má-fé; 3ª) porque a averbação indevida pode não ter relação com qualquer processo executivo (*v.* a seguir). Já no que concerne à figura da "averbação manifestamente indevida", ela se verifica, por exemplo, quando se leva à averbação certidão expedida sobre petição inicial de ação condenatória, monitória, cautelar ou qualquer outra que não a inicial de execução por quantia ou, ainda, quando o valor constante da certidão é superior ao da inicial, o que pode dar ensejo a uma averbação que extrapole os limites legais (*v.* nota ao § 3º, deste art. 615-A). Quanto à indenização prevista a favor do sujeito passivo, dois caminhos procedimentais podem ser trilhados: 1º) o do incidente do processo de execução, "em autos apartados", quando a averbação indevida decorre de excesso (*v. g.*, bastava uma averbação, mas foram feitas duas pelo excesso do valor constante da certidão); 2º) o da propositura de uma ação de indenização, processo autônomo de rito ordinário ou sumário, se a averbação indevida não poderia jamais ter ocorrido por se tratar de ajuizamento de ação cognitiva ou cautelar (não há como pensar aqui em qualquer "incidente" pela simples inexistência de processo de execução – eis o fundamento da terceira razão referida no início). Por fim, registre-se que, em qualquer dos dois casos, não se pode cogitar de condenação de ofício, em primeiro lugar porque não se aplica aqui o *caput* do art. 18, do CPC, e, em segundo, porque a expressa alusão, no corpo do presente dispositivo, a "incidente em autos apartados" parece obstar claramente a ideia de condenação de ofício; o prejudicado há de tomar a iniciativa e requerer a condenação daquele que realizou a averbação indevida (texto de acordo com a Lei n. 11.382/2006).

§ 5º Os tribunais poderão expedir instruções sobre o cumprimento deste artigo.
Vide Projeto de CPC, art. 785, § 5º.

A autorização dada pelo CPC aos tribunais, por meio deste § 5º, tem sua razão de ser nas várias dificuldades que se colocam à frente do legislador reformista (da Lei n. 11.382/2006) quanto à viabilidade de uma definição única e uniforme da disciplina de vários dos atos relacionados com a "certidão comprobatória do ajuizamento da execução" e a nova "averbação" instituídas pelo *caput* deste art. 615-A. Registre-se que tais dificuldades só justificam a expedição de instruções pelos pretórios porque estão relacionadas com a enorme heterogeneidade organizacional e de recursos materiais que caracteriza não só os tribunais, mas também os órgãos de registros públicos, dos vinte e sete estados da federação brasileira, de sorte que regramentos impostos pelo CPC nesta seara particular poderiam dificultar a aplicação do novo instituto em várias localidades. Passamos, então, a elencar, exemplificativamente, as matérias que deverão ser objeto de regulamentação pelos tribunais estaduais: 1) o que se deve considerar exatamente "ato da distribuição"; 2) a forma do requerimento da certidão; 3) o momento (ou prazo) da apresentação do requerimento; 4) as custas eventualmente devidas; 5) a forma da "certidão comprobatória do ajuizamento"; 6) o momento (ou prazo) da elaboração da certidão; 7) a retirada ou envio da certidão; 8) a forma eletrônica de todos estes atos; 9) requisitos formais diferenciados do requerimento e da certidão nos casos de registro de imóveis, de veículos e outros bens; 10) o que se deve considerar, particularizadamente, "averbação manifestamente indevida" e seus desdobramentos procedimentais; 11) as formalidades relacionadas com o cumprimento das averbações nos vários órgãos de registros públicos, etc. (texto de acordo com a Lei n. 11.382/2006).

Art. 616. Verificando o juiz que a petição inicial está incompleta, ou não se acha acompanhada dos documentos indispensáveis à propositura da execução, determinará que o credor a corrija, no prazo de 10 (dez) dias, sob pena de ser indeferida.
Vide Projeto de CPC, art. 758.

Incompleta será a petição inicial *in executivis* se não forem obedecidos os requisitos formais genericamente previstos pelos incisos I, II, IV e V do art. 282, bem como se não forem atendidos os requisitos especificamente estabelecidos pelos arts. 614, *caput*, e 615, I, ou outros que a lei expressamente preveja. Documentos indispensáveis à propositura da execução, por outro lado, são os previstos pelos incisos I a III do art. 614 e inciso IV do art. 615, assim como os genericamente enquadráveis no art. 283. Em qualquer desses casos a solução legal é a ordem de correção no prazo referido, sob pena de indeferimento, que é sentença que desafia apelação (arts. 162, § 1º, e 513). Deferida que seja a inicial, a discussão das matérias aqui referidas só pode ocorrer por meio de embargos do devedor (art. 741 ou 745), que poderão ser acolhidos com o fim de pôr termo ao processo de execução (art. 267, IV – a irregularidade formal da inicial significa falta de pressuposto processual objetivo). Com a entrada em vigor da Lei n. 11.232/2005 (Reforma da Execução), recordamos que a execução de título judicial não depende mais de "processo", mas de "cumprimento da sentença" (arts. 475-I a 475-R), aplicando-se, no entanto, subsidiariamente, o presente dispositivo (art. 475-R).

Art. 617. A propositura da execução, deferida pelo juiz, interrompe a prescrição, mas a citação do devedor deve ser feita com observância do disposto no art. 219.

Vide Projeto de CPC, art. 759.

A norma jurídica sob comentário é traslado de parte da disciplina contida no art. 219 para o campo do processo de execução (o art. 219 diz que "a citação válida [...] interrompe a prescrição"). O art. 263 considera proposta a ação – e, consequentemente, a execução, que é sua espécie – assim que a inicial seja despachada pelo juiz ou distribuída, onde houver mais de uma vara; essa regra de dupla previsão se aplica plenamente à execução, logo, interrompe-se a prescrição pela só distribuição ou pela ordem de citação do executado. Dispondo, por outro lado, a parte final do artigo sob exame que a citação do devedor deve ocorrer segundo o art. 219, nada mais faz esse art. 617 que identicamente condicionar o efeito interruptivo à citação do executado, nos termos dos §§ 1º a 4º daquela regra processual. Observe-se, por fim, que na execução fundada em sentença – a qual também se aplica o regramento, apesar da inexistência de citação – o prazo de prescrição é o mesmo da ação; na amparada por título extrajudicial, o prazo é o que instituir a lei material regulamentadora de cada título (cheque, promissória, letra de câmbio, etc.).

Art. 618. É nula a execução:

Vide Projeto de CPC, art. 760, caput

Examinada a natureza jurídica de cada uma das situações previstas nos três incisos deste art. 618, o que se conclui é que apenas a segunda concerne ao tema "nulidade" referido no *caput*. A explicação para a aparente incoerência existe e deve ser mencionada: é que, para permitir a imediata cessação da atividade jurisdicional nesses casos tão graves, o sistema traz fenômenos envolvidos com o tema "ação" para o campo do processo com vista à sua liminar extinção. Logo, o que o art. 618 faz não foge da técnica processual.

I – se o título executivo extrajudicial não corresponder a obrigação certa, líquida e exigível (art. 586);

Vide Projeto de CPC, art. 760, I.

A alteração da redação do presente inciso I – imposta pela Lei n. 11.382/2006 – resulta inicialmente da conveniência de limitar a aplicabilidade do dispositivo às execuções extrajudiciais (daí o acréscimo do vocábulo "extrajudicial") e, depois, da necessidade de adequar terminologicamente a previsão legal sob enfoque ao novo texto do art. 586 (*v.* nota). Seja como for, o que nos cumpre aqui registrar desde logo é que, a rigor, a ausência dos requisitos de certeza, liquidez e exigibilidade que devem revestir a obrigação encarnada no título executivo representa típica situação de carência de ação por falta de interesse de agir, tanto quanto à própria inexistência de título a amparar o pedido de provimento satisfativo (art. 614, I). Contudo, dada a gravidade de quaisquer dessas omissões, a lei faculta ao juiz indeferir liminarmente a petição inicial – com o que põe fim ao processo – por nulidade da execução (*v.* nota ao *caput*). Também posteriormente, quando dos embargos, será lícito ao magistrado julgá-los procedentes para declarar nula a execução nesses casos (no regime anterior, admitia-se tal declaração independentemente de embargos pela via da exceção de pré-executividade). Se o juiz, em vez de declarar nula a execução, extinguir o feito por carência (arts. 295, III, e 267, VI, c/c o art. 586), nenhum reparo à sentença precisará ser imputado (texto de acordo com a Lei n. 11.382/2006).

II – se o devedor não for regularmente citado;

Vide Projeto de CPC, art. 760, II.

Verdadeira e tecnicamente nulo é o processo de execução na hipótese de o executado não ter sido regularmente convocado a juízo (arts. 213 e segs.). Nesse caso, a solução não é o proferimento de sentença e a extinção do processo, como na hipótese do inciso anterior, mas sim a declaração da nulidade da citação e a ordem de repetição do ato ou a própria determinação de sua realização original, se citação não houve (*v. g.*, se foi citado um homônimo). Tal vício pode ser reconhecido de ofício (art. 301, I), ou alegado por petição simples nos autos, ou por embargos.

III – se instaurada antes de se verificar a condição ou de ocorrido o termo, nos casos do art. 572.

Vide Projeto de CPC, art. 760, III.

A não comprovação, com o requerimento da execução, da ocorrência da condição ou termo, nas hipóteses de relações jurídicas subordinadas a tais cláusulas, corresponde à típica situação processual de falta de interesse de agir *in executivis* – necessidade derivada da inexigibilidade da obrigação (*v.* nota aos arts. 572 e 614, III). Na verdade, a situação aqui referida já se encontra genericamente prevista pelo inciso I retro (título não exigível – art. 586). Seja como for, o fato é que, apesar de se tratar de hipótese de falta de interesse, o vício parece ao legislador tão grave que ele o coloca como questão de processo, para ensejar a imediata paralisação das atividades executivas.

Art. 619. A alienação de bem aforado ou gravado por penhor, hipoteca, anticrese ou usufruto será ineficaz em relação ao senhorio direto, ou ao credor pignoratício, hipotecário, anticrético, ou usufrutuário, que não houver sido intimado.

Vide Projeto de CPC, art. 761.

A regra constante do art. 615, II, não se confunde com a aqui prevista. Aquela impõe apenas a intimação da penhora dos credores referidos, enquanto esta estabelece a necessidade de intimação desses mesmos credores e do senhorio direto quando da designação da data do praceamento do bem (a segunda supre a falta da primeira). Falando, contudo, o presente dispositivo em ineficácia – e não em nulidade, que é instituída somente pelo art. 698 –, o que se deve entender é que a arrematação que se realize sem a necessária intimação não será invalidada, mas apenas considerada sem efeito em relação às pessoas mencionadas, vale dizer, quem arrematar os bens (ciente dos ônus, obviamente – art. 686, V) não se desvinculará do respectivo gravame. Só na hipótese do art. 698 é que a lei considera nulo o praceamento, e isso por força da disciplina material da enfiteuse e da hipoteca (*v.* nota).

Art. 620. Quando por vários meios o credor puder promover a execução, o juiz mandará que se faça pelo modo menos gravoso para o devedor.

Vide Projeto de CPC, art. 762.

O dispositivo consagra o princípio do *favor debitoris,* segundo o qual, entre dois ou mais atos executivos a serem praticados em desfavor do executado dentro de um mesmo procedimento, o juiz deve sempre optar pelo ato menos gravoso. Saliente-se, desde logo, que o texto legal se expressa mal quando alude a vários meios de o credor "promover a execução" (nesse caso a opção é legítimo direito do credor, nos termos do art. 615, I); o que a lei quis, na verdade, foi beneficiar o devedor na escolha de atos e não na escolha das espécies de execução. O princípio vale como orientador permanente da atividade judicial *in executivis*, mas pode ser exemplificado concretamente no sistema pelas seguintes disposições do CPC: arts. 655, 659, § 2º, 668, 685, I, 692, 702, 759 c/c o art. 748 (o rol é de José Frederico Marques); 570 (ora revogado), 581, 582, parágrafo único, 588, I (revogado), 589 (revogado), 594, 618, 716, 741 e 745 c/c o art. 623 (o rol é de Alcides de Mendonça Lima).

CAPÍTULO II
DA EXECUÇÃO PARA A ENTREGA DE COISA

Vide Projeto de CPC, arts. 763 a 770
(Capítulo II – Da Execução para a Entrega de Coisa).

Os procedimentos aqui disciplinados são, ao lado dos procedimentos da execução das obrigações de fazer e de não fazer, modalidades de execução direta ou específica: a obrigação é satisfeita pela entrega da própria coisa que corresponde ao seu objeto (na verdade, objeto da prestação); a execução genérica é a execução por quantia, valendo registrar que execuções específicas podem se converter em genéricas – arts. 627, 631, 633 e 643, parágrafo único). Observe-se que, com a entrada em vigor da Lei n. 10.444/2002, os procedimentos executivos previstos neste Capítulo só podem ser instaurados com fundamento em título extrajudicial (*v.* art. 621 e nota). A partir da entrada em vigor da Lei n. 11.232/2005 que criou o art. 475-I, *caput*, o qual faz referência ao art. 461-A, a sentença que determina a entrega de coisa passa a se submeter ao regime do cumprimento de sentença, o que significa o desaparecimento do processo de execução nesse caso.

Seção I
Da Entrega de Coisa Certa

Vide Projeto de CPC, arts. 763 a 767 (Seção I – Da Entrega de Coisa Certa).

Art. 621. O devedor de obrigação de entrega de coisa certa, constante de título executivo extrajudicial, será citado para, dentro de 10 (dez) dias, satisfazer a obrigação ou, seguro o juízo (art. 737, II), apresentar embargos.

Vide Projeto de CPC, art. 763, caput

Este art. 621 – alterado em sua redação pela Lei n. 10.444/2002 que acrescentou ao texto a palavra “extrajudicial” – corresponde a um verdadeiro divisor de águas dentro do nosso remodelado sistema do processo civil. É que, limitando o processo de execução para a entrega de coisa (arts. 621 a 631) aos títulos extrajudiciais (art. 585), o que o presente dispositivo acaba por fazer é afirmar que a sentença que ordena a entrega de coisa não depende mais para ser cumprida do procedimento executivo aqui regulado. A consequência disso é que o cumprimento de tal sentença é disciplinado inteiramente pelo art. 461-A, que trata de "efetivação" e não mais de "execução" da sentença que ordena a entrega de coisa. Observe-se, outrossim, que, apesar da ausência de uma regra explícita (como a que existe no art. 644 para as obrigações de fazer e não fazer), não há nenhuma dúvida de que é o próprio art. 461-A que passa a regulamentar inteiramente a efetivação das sentenças relativas às obrigações de entregar coisa, dada a clara dicção do focalizado art. 621, *caput*, que, como dissemos, limitou expressamente o processo de execução aos títulos extrajudiciais. Pois bem, voltando nossos olhos, a partir de agora, apenas ao que o texto sob análise nos oferece, o que temos é que ajuizada a execução fundada em um dos documentos previstos pelo art. 585, II, deste Código, manda a lei que o devedor de obrigação de entrega de coisa certa seja citado (pessoalmente, por meio de oficial de justiça, ou precatória, incabível a citação por carta – art. 222, *d*) para que, em dez dias (contados na forma do art. 241), tome uma das seguintes atitudes: *a)* cumpra a obrigação, entregando a coisa (art. 624 – *v.* nota); *b)* apresente embargos independentemente de depósito, já que o art. 737 indicado no texto se encontra revogado pela Lei n. 11.382/2006 (Reforma da Execução Extrajudicial) (*v.* art. 736 e nota); *c)* fique completamente inerte, o que implicará a expedição a favor do exequente de mandado de imissão na posse ou de busca e apreensão (art. 625 – *v.* nota) (texto de acordo com a Lei n. 10.444/2002).

Parágrafo único. O juiz, ao despachar a inicial, poderá fixar multa por dia de atraso no cumprimento da obrigação, ficando o respectivo valor sujeito a alteração, caso se revele insuficiente ou excessivo.

Vide Projeto de CPC, art. 763, § 1º.

O dispositivo em questão dá ao procedimento executório aqui previsto feições semelhantes à efetivação da sentença relativa às obrigações de entregar coisa que o art. 461-A institui. Não é por outro motivo que o parágrafo sob enfoque autoriza o juiz a fixar liminarmente, quando despacha a inicial, uma multa por dia de atraso no cumprimento da obrigação. Diferentemente do que sustentamos na edição anterior, parece-nos que a compatibilidade da multa cominatória com a execução para entrega de coisa depende da seguinte combinação de atos judiciais que devem estar presentes no chamado "despacho liminar positivo": 1) ordem para que o executado entregue voluntariamente a coisa no prazo de dez dias (*caput* deste art. 621); 2) fixação de multa diária para o caso de descumprimento da ordem, aplicável a partir do décimo dia até o instante da ocorrência da entrega, depósito ou da efetiva consumação da busca e apreensão ou imissão na posse (argumento: art. 645, *in fine*); 3) ordem de expedição do mandado de imissão na posse ou de busca e apreensão (art. 625) a ser cumprido logo que expirado o prazo inicial de dez dias. Observe-se que a multa assim aplicada não fere o direito do executado de só entregar a coisa ao final do décimo dia, conforme *caput* deste art. 621, mas funciona como importante pressão psicológica e econômica sobre o devedor para que deposite ou entregue a coisa mesmo após os dez dias. Sobre a alteração do valor da multa, vide nota ao § 6º do art. 461.

Art. 622. O devedor poderá depositar a coisa, em vez de entregá-la, quando quiser opor embargos.

Apesar de o presente art. 622 parecer ter sido revogado tacitamente pelo art. 736 – que hoje afirma de maneira categórica que "o executado, independentemente de penhora, depósito ou caução, poderá opor-se a execução por meio de embargos" (*v.* nota) –, o fato é que basta enxergá-lo sob a ótica do novo contexto trazido pela Lei n. 11.382/2006, para que seus dizeres assumam uma outra dimensão normativa. À luz da nova redação do art. 736, o que temos é que, de fato, o "devedor poderá depositar a coisa, em vez de entregá-la, quando quiser opor embargos". Veja-se que este art. 622 jamais disse, e não diz, que o devedor "deverá" realizar o depósito para embargar, mas apenas "poderá", de sorte que, sob a nova sistemática introduzida, o regramento sob enfoque acaba agora colocando em destaque a conveniente atitude do executado (não obrigatória, insistimos), no sentido de depositar a coisa, mesmo porque a oposição de embargos não suspende, em regra, a execução, nem impede que o depósito ocorra por iniciativa do oficial de justiça (art. 739-A, §§ 1º e 6º).

Art. 623. Depositada a coisa, o exequente não poderá levantá-la antes do julgamento dos embargos.

Assim como ocorre com o art. 622, também o presente dispositivo legal ganha nova dimensão interpretativa com a entrada em vigor da Lei n.11.382/2006, que instituiu a Reforma da Execução Extrajudicial. É que a possibilidade agora estabelecida pelo art. 739-A, de que os embargos sejam recebidos com ou sem efeito suspensivo (*v.* notas), abre a perspectiva de aplicação deste art. 623 de uma maneira diferente da anteriormente vislumbrada: tendo havido oposição de embargos – não importando se com antecedente ou superveniente ocorrência de depósito –, o levantamento da coisa não acontecerá, como diz literalmente o texto, mas apenas se os embargos tiverem sido recebidos com efeito suspensivo (art. 739-A, § 1º). Veja-se que, à luz da Reforma de 2006, deve-se considerar implícita na previsão sob enfoque a condição "se recebidos no efeito suspensivo", porque, à falta de tal suspensividade (incogitável até a entrada em vigor da Reforma), torna-se perfeitamente viável o levantamento da coisa pelo exequente. Basta, portanto, ter-se como presente a referida condição implícita para que se possa considerar em vigor este art. 623 e aplicável seu comando à execução para a entrega de coisa.

Art. 624. Se o executado entregar a coisa, lavrar-se-á o respectivo termo e dar-se-á por finda a execução, salvo se esta tiver de prosseguir para o pagamento de frutos ou ressarcimento de prejuízos.

Vide Projeto de CPC, art. 764.

A entrega da coisa pelo executado, aqui prevista, não se confunde em absoluto com o seu depósito. Depósito é ato que viabiliza o prosseguimento da execução para a entrega de coisa (art. 622), enquanto a entrega da coisa é o próprio adimplemento da obrigação do executado. É por esse motivo que à entrega e à lavratura do respectivo termo (com a perfeita descrição da coisa) a execução específica se encerra, prosseguindo apenas a genérica (execução por quantia), se, de acordo com o título e a lei, o pagamento de frutos e perdas e danos for devido. Trata-se, assim, de execução sucessiva nos mesmos autos. Caso a execução genérica não caiba, a específica é encerrada por sentença nos termos dos arts. 794, I, e 795 (texto de acordo com a Lei n. 10.444/2002).

Art. 625. Não sendo a coisa entregue ou depositada, nem admitidos embargos suspensivos da execução, expedir-se-á, em favor do credor, mandado de imissão na posse ou de busca e apreensão, conforme se tratar de imóvel ou de móvel.

Vide Projeto de CPC, art. 763, § 2º.

O dispositivo em questão prevê a consequência processual da atitude de o devedor se manter totalmente inerte (*v.* nota ao art. 621) em relação à execução que foi ajuizada: a expedição de mandado de imissão na posse ou busca e apreensão. Das três situações concretas previstas, duas correspondem a puras omissões (não entrega e não depósito da coisa), mas a terceira precisa ser analisada. Observe-se que com a entrada em vigor da Lei n. 11.382/2006, que criou o art. 739-A, o qual admite a ausência de efeito suspensivo para os embargos (como regra), o presente dispositivo legal tornou-se perfeitamente adequado ao novo sistema da execução civil, posto que explicita a consequência natural do recebimento dos embargos sem atribuição de suspensividade, qual seja, a imediata expedição de mandado de imissão na posse (para imóvel) ou de busca e apreensão (para bem móvel), para cumprimento pelo oficial de justiça (art. 143, I). Registre-se, por fim, que tal ordem de expedição de mandado não acontecerá se, mesmo sem precisar, o executado houver previamente depositado a coisa nos termos do disposto no art. 622.

Art. 626. Alienada a coisa quando já litigiosa, expedir-se-á mandado contra o terceiro adquirente, que somente será ouvido depois de depositá-la.

Vide Projeto de CPC, art. 765.

A alienação pelo devedor da coisa objeto dessa execução específica é considerada fraude de execução se tiver acontecido após a sua citação válida; não assim se ocorrer antes do ato citatório (art. 219 c/c o art. 598). Sendo assim litigiosa a coisa alienada, pouco importa qualquer discussão sobre prejuízo, porque este é inerente à subtração de algo que é objeto do direito do credor (na execução sob exame, o credor busca apenas a posse da coisa, pois a propriedade já é sua). Destarte, a solução legal é a imediata expedição de mandado (de busca e apreensão ou imissão na posse) contra o terceiro. Apreendida a coisa, ao terceiro é lícito ser "ouvido", diz a lei, o que significa a possibilidade de recorrer aos embargos de terceiro (art. 1.046).

Art. 627. O credor tem direito a receber, além de perdas e danos, o valor da coisa, quando esta não lhe for entregue, se deteriorou, não for encontrada ou não for reclamada do poder de terceiro adquirente.

Vide Projeto de CPC, art. 766, caput

Nas quatro situações aqui previstas, este art. 627 reconhece o direito do credor de receber, além de perdas e danos, o valor da coisa: *a)* se ela não lhe foi entregue (art. 625, início) por impossibilidade física ou jurídica (*v. g.*, porque o bem se perdeu ou era indisponível); *b)* se ela se deteriorou (sofreu perda ou diminuição do seu valor por razões físicas ou jurídicas); *c)* se ela não foi encontrada nem em poder do devedor nem de terceiro, apesar da tentativa de cumprimento do mandado de busca e apreensão (arts. 625 e 626); *d)* se o credor decidiu voluntariamente não reclamá-la de terceiro que a tenha adquirido, na hipótese do art. 626. Em todos esses casos, o credor deve requerer a conversão do procedimento da execução específica em liquidação, de sorte a permitir a posterior execução por quantia (o processo se transmuda, não se extingue).

§ 1º Não constando do título o valor da coisa, ou sendo impossível a sua avaliação, o exequente far-lhe-á a estimativa, sujeitando-se ao arbitramento judicial.

Vide Projeto de CPC, art. 766, § 1º.

Como se percebe, todas as soluções previstas pelo *caput* pressupõem execução específica instaurada e, por conseguinte, título executivo extrajudicial (art. 621, *caput*). Muito bem. Se do próprio título consta de forma expressa o valor da coisa – o que é normal, mas pode não ocorrer –, ao credor é lícito desde logo requerer a conversão do procedimento para liquidação, de sorte a se apurarem as perdas e danos *(v. caput)* e mais tarde se executarem estas e o valor do bem pelo rito da execução por quantia (arts. 646 e segs.). Se, contudo, o título executivo extrajudicial não menciona valor nenhum – o que não ocorre, em regra –, a solução é a conversão para dupla liquidação: arbitramento do valor da coisa e apuração das perdas e danos. Quanto ao valor da coisa, ainda, é possível evitar a liquidação se o devedor concordar com a estimativa feita pelo credor.

§ 2º Serão apurados em liquidação o valor da coisa e os prejuízos.
Vide Projeto de CPC, art. 766, § 2º.

Havendo discordância do devedor quanto à estimativa do credor (§ 1º), não resta outra solução senão o arbitramento judicial do valor da coisa, o que se dá por meio da aplicação analógica do procedimento da liquidação por arbitramento (arts. 475-C e 475-D). Já no que concerne às perdas e danos, o procedimento liquidatório adequado é, identicamente, por analogia, o da liquidação por artigos (arts. 475-E e 475-F), de forma que duas liquidações diferentes têm cabimento simultaneamente. A saída para tal impasse é uma, entre duas: ou os dois procedimentos se desenvolvem a um só tempo, um nos autos principais e o outro em carta de sentença, ou se realizam liquidações sucessivas, aguardando a primeira pela segunda para que se instaure, depois, uma única execução por quantia (texto de acordo com a Lei n. 10.444/2002).

Art. 628. Havendo benfeitorias indenizáveis feitas na coisa pelo devedor ou por terceiros, de cujo poder ela houver sido tirada, a liquidação prévia é obrigatória. Se houver saldo em favor do devedor, o credor o depositará ao requerer a entrega da coisa; se houver saldo em favor do credor, este poderá cobrá-lo nos autos do mesmo processo.
Vide Projeto de CPC, art. 767.

Dada a circunstância de o art. 621 do CPC, em sua versão atual, restringir o cabimento do processo "da execução para entrega de coisa" aos títulos executivos extrajudiciais, o presente art. 628 há de ser interpretado à luz dessa nova premissa. Em primeiro lugar, é preciso reconhecer que a frase inicial do texto ("havendo benfeitorias indenizáveis") não mais indica, evidentemente, sentença em cujo bojo se encontre o reconhecimento da indenizabilidade de certas benfeitorias, mas apenas que o próprio título extrajudicial (um contrato, *v. g.*) expressamente prevê a indenização. Em segundo, será necessário admitir que a "liquidação prévia" de que cogita o dispositivo sob análise corresponde quer à "liquidação por arbitramento" (arts. 475-C e 475-D), quer à "liquidação por artigos" (arts. 475-E e 475-F), mas sempre desvinculada do fenômeno "sentença" que, segundo o art. 475-A, é requisito essencial para a instauração do procedimento liquidatório. Em outras palavras, a partir de agora, também com base em título extrajudicial, é possível instaurar procedimento liquidatório, servindo como argumento, além deste art. 628, o art. 633, parágrafo único, o art. 638, parágrafo único, e o inciso I do art. 475-C (que fala de convenção das partes). Em segundo lugar, chamamos a atenção para o fato de que, apesar de a iniciativa do procedimento liquidatório ser do credor da obrigação de entrega de coisa, a decisão que vai ser proferida pode ter dois conteúdos completamente diferentes, de acordo com a parte final do texto sob enfoque: se houver o que indenizar, a decisão fixa o valor e o credor precisará depositá-lo para instaurar a execução e requerer a entrega da coisa; se não houver o que indenizar e, pelo contrário, o credor conseguir demonstrar que a coisa a ser entregue se encontra deteriorada (*v.* previsão do art. 627), a decisão reconhecerá o direito à indenização e condenará o devedor a pagá-la, daí a previsão final de cobrança "nos autos do mesmo processo". Neste caso, proferida a decisão, a execução que se inicia é a que tem por objeto a entrega da coisa – nela não cabendo, evidentemente, a oposição de embargos de retenção por benfeitorias –, instaurando-se a execução por quantia certa de uma de duas maneiras: simultaneamente, com a execução para entrega, por meio de carta de sentença; sucessivamente, nos próprios autos, após a consumação da entrega e o encerramento da primeira execução. Finalmente, observamos que, se o credor promover a execução para entrega de coisa, desconsiderando a existência do direito do devedor à indenização pelas benfeitorias, e o juiz não se aperceber da necessidade da "liquidação prévia" de que cogita o presente art. 628, ordenando a citação do devedor para os fins do art. 621, a este caberá, então, opor embargos de retenção por benfeitorias nos termos do art. 745, IV, deste Código (*v.* nota).

Seção II
Da Entrega de Coisa Incerta

Vide Projeto de CPC, arts. 768 a 770 (Seção II – Da Entrega de Coisa Incerta).

Art. 629. Quando a execução recair sobre coisas determinadas pelo gênero e quantidade, o devedor será citado para entregá-las individualizadas, se lhe couber a escolha; mas se essa couber ao credor, este a indicará na petição inicial.

Vide Projeto de CPC, art. 768.

A execução para entrega de coisa incerta (ou de obrigação genérica) depende obrigatoriamente da prévia determinação da coisa a ser entregue entre outras da mesma classe ou gênero (coisas fungíveis – CC, art. 85). Daí a razão de este art. 629 instituir o procedimento de definição da coisa sobre a qual recairá especificamente a execução: se a escolha cabe ao credor, este a indica na própria petição inicial; se ao devedor, a sua citação tem por finalidade imediata a outorga da oportunidade de escolha no prazo de dez dias, de acordo com os arts. 621 e 631, combinados (CC, arts. 243 a 246). Observe-se, ainda, que essa execução para a entrega de coisa incerta só pode se fundar em título extrajudicial, a teor do expressamente disposto no art. 621, *caput*, deste Código.

Art. 630. Qualquer das partes poderá, em 48 (quarenta e oito) horas, impugnar a escolha feita pela outra, e o juiz decidirá de plano, ou, se necessário, ouvindo perito de sua nomeação.

Vide Projeto de CPC, art. 769.

Este art. 630 consagra explicitamente a necessidade de se aplicar o princípio do contraditório ao procedimento prévio de definição da coisa, o que se dá concretamente nos seguintes termos: se a escolha já consta da inicial, o devedor será citado para impugnar a escolha do credor no prazo de 48 horas, seguindo-se a decisão judicial do incidente, que, confirmando ou não a escolha do credor, mandará intimar o devedor para entregar a coisa em dez dias (a escolhida pelo credor ou outra); se a escolha couber ao devedor, este será citado para entregar as coisas que ele próprio individualize em dez dias, seguindo-se a intimação do credor para impugnar a escolha e a decisão do incidente (o devedor pode entregá-las pura e simplesmente – caso em que a execução se encerra se a escolha for confirmada – ou embargar – arts. 722 e 736). Observe-se, ainda, que a referência textual à decisão de plano não impede o juiz de designar audiência, bem como que o prazo instituído é de quarenta e oito horas e não de dois dias.

Art. 631. Aplicar-se-á à execução para entrega de coisa incerta o estatuído na seção anterior.

Vide Projeto de CPC, art. 770.

De acordo com o presente dispositivo, aplicam-se à execução para entrega de coisa incerta os arts. 621 (citação do devedor para depositar ou entregar a coisa em dez dias se a escolha lhe couber), 622 (depósito – não obrigatório – com a finalidade de apresentação dos embargos), 623 (impedimento ao levantamento da coisa antes do julgamento dos embargos), 624 (lavratura do termo de entrega e encerramento da execução), 625 (expedição de mandado de imissão na posse ou busca e apreensão), 626 (mandado contra terceiro), 627 (direito ao valor da coisa e perdas e danos) e 628 (direito à indenização por benfeitorias).

CAPÍTULO III
DA EXECUÇÃO DAS OBRIGAÇÕES DE FAZER E DE NÃO FAZER

Vide Projeto de CPC, arts. 771 a 780
(Capítulo III – Da Execução das Obrigações de Fazer e de Não Fazer).

O procedimento da execução das obrigações de fazer e de não fazer corresponde à segunda modalidade de execução específica disciplinada pelo CPC; a primeira é a execução para entrega de coisa (arts. 621 a 631). Fala-se em execução específica porque com ela é possível o alcance da plena satisfação do credor por meio da própria e particular prestação a que se obrigou o devedor. Observe-se, por fim, que a fungibilidade ou infungibilidade da obrigação de fazer não importa à viabilidade da execução aqui prevista. Com a entrada em vigor da Lei n. 11.232/2005 (Reforma da Execução), *vide* art. 475-I, *caput*, que faz referência ao art. 461, o que só vem a confirmar a previsão do art. 645 que limita o "processo de execução das obrigações de fazer e de não fazer" aos títulos extrajudiciais.

Seção I
Da Obrigação de Fazer

Vide Projeto de CPC, arts. 771 a 777 (Seção I – Da Obrigação de Fazer).

Art. 632. Quando o objeto da execução for obrigação de fazer, o devedor será citado para satisfazê-la no prazo que o juiz lhe assinar, se outro não estiver determinado no título executivo.

Vide Projeto de CPC, art. 771.

O conteúdo disciplinar deste art. 632 – imposto pela Reforma de 1994 – é decorrência natural da previsão do inciso II do art. 585, que deixou de restringir o título executivo extrajudicial às obrigações de dar quantia determinada e de entregar coisa fungível. Assim, em razão da amplitude atual desse último dispositivo, o art. 632 teve de ser remodelado, em sua redação, para abranger a execução de obrigação de fazer fundada em título extrajudicial, o que foi feito pela exclusão da locução "cumprir o julgado", sua substituição por "satisfazê-la" (a obrigação resultante de qualquer título) e o acréscimo da locução "no título executivo" (sem discriminar) na parte final da previsão. Hoje, portanto, também a obrigação de fazer documentada, não reconhecida judicialmente, fundamenta ação de execução (nesse sentido, *v.*, ainda, art. 645). Observe-se, mais, que o texto sob enfoque, assim como reformado em 1994, encontra-se perfeitamente adaptado à alteração do art. 644 – realizada pela Lei n. 10.444/2002 – que deixou de fora do processo "de execução das obrigações de fazer e não fazer" a sentença relativa a tais obrigações (*v.* art. 644), o que é repetido pelo art. 475-I, *caput*, criado pela Reforma da Execução Extrajudicial (Lei n. 11.382/2006). Pois bem, o prazo em que o devedor deverá adimplir a sua obrigação (e que constará do mandado de citação – arts. 225, II, e 222, *d*, combinados) poderá estar previsto no próprio título; se não estiver, tal prazo será objeto de assinação judicial (arts. 638, 178 e 185), admitindo-se a sua prorrogação por motivo relevante apresentado pelo devedor. Por derradeiro, observe-se que, em vez de cumprir a obrigação constante do título extrajudicial, pode o devedor simplesmente embargar a execução, nos termos do art. 736 do CPC (texto de acordo com a Lei n. 10.444/2002), que não exige mais segurança do juízo (*v.* nota).

Art. 633. Se, no prazo fixado, o devedor não satisfizer a obrigação, é lícito ao credor, nos próprios autos do processo, requerer que ela seja executada à custa do devedor, ou haver perdas e danos; caso em que ela se converte em indenização.

Vide Projeto de CPC, art. 772, caput

As normas jurídicas contidas neste art. 633, e nos subsequentes até o art. 637, concernem à execução de obrigação de fazer fungível (o art. 638 disciplina a execução no caso de infungibilidade). De acordo com o texto, três são os possíveis desdobramentos do procedimento: *a)* o devedor cumpre a sua obrigação no prazo fixado (art. 632), o que provoca a extinção do processo (arts. 794, I, e 795); *b)* o devedor não a cumpre, e o credor opta pela realização da prestação (um serviço, uma obra, etc.) por um terceiro à custa do devedor (arts. 634 e 635); *c)* o devedor não a cumpre, e o credor opta por ver convertida a execução específica em ação de indenização por perdas e danos. Observe-se, por fim, que a conversão aqui prevista é fenômeno processual relativamente raro no nosso sistema jurídico.

Parágrafo único. O valor das perdas e danos será apurado em liquidação, seguindo-se a execução para cobrança de quantia certa.

Vide Projeto de CPC, art. 772, parágrafo único.

Dada a excepcional autorização conferida pelo *caput* ao credor de requerer a conversão da execução específica em perdas e danos, nada mais lógico, em caso de deferimento, que ocorra a imediata instauração do procedimento liquidatório – por força de aplicação analógica, já que não existe sentença a liquidar – que poderá ter a forma de liquidação por artigos, se houver necessidade de se provar fato novo (arts. 475-E e 475-F), ou por arbitramento (arts. 475-C e 475-D). Por outro lado, não haverá liquidação, mas instauração imediata da execução, observado o disposto no art. 614, II, se as perdas e danos já estiverem prefixadas como cláusula penal (CC, art. 409). Concluída a liquidação, como diz o texto, segue-se a execução por quantia certa.

Art. 634. Se o fato puder ser prestado por terceiro, é lícito ao juiz, a requerimento do exequente, decidir que aquele o realize à custa do executado.

Vide Projeto de CPC, art. 773, caput

A disciplina contida no presente dispositivo e nos dois seguintes dirige-se ao sucedâneo da execução específica, que é a execução da prestação à custa do devedor (art. 633, *caput*). Como se infere do texto, só tem cabimento essa solução no caso de obrigação de fazer fungível, porque apenas no que respeita a esta o fato pode ser prestado por terceiros. Observe-se que a execução por terceiro depende de requerimento do credor e de deferimento do juiz, que pode ocorrer ou não (o texto diz que "é lícito ao juiz" e não que o juiz deve); tudo dependerá da verificação judicial da admissibilidade da conversão, isto é, da afirmação da fungibilidade da obrigação (se esta for *intuitu personae*, a conversão não tem cabimento). Por fim, registre-se que a alteração de texto imposta ao presente dispositivo pela Lei n. 11.382/2006 decorreu apenas da necessidade de substituir os vocábulos "credor" e "devedor" por "exequente" e "executado" (texto de acordo com a Lei n. 11.382/2006).

Parágrafo único. O exequente adiantará as quantias previstas na proposta que, ouvidas as partes, o juiz houver aprovado.

Vide Projeto de CPC, art. 773, parágrafo único.

O presente parágrafo único – criado pela Lei n. 11.382/2006 que instituiu entre nós a chamada Reforma da Execução Extrajudicial – surge no cenário do processo da execução das obrigações de fazer e não fazer como regramento único substitutivo dos §§ 1º a 7º deste art. 634 que foram expressamente revogados. Diferentemente, portanto, da minuciosa disciplina anterior de uma concorrência pública, o novo parágrafo limita-se a estabelecer uma previsão sintética, similar à do antigo § 7º, na qual, entretanto, localizam-se três elementos nucleares que revelam a importância da sua normatividade: 1º) proposta de um terceiro, 2º) manifestação das partes, 3º) aprovação judicial, 4º) exigência de que o exequente adiante as quantias previstas na proposta. Veja-se que, para interpretar o parágrafo sob enfoque, devemos ter em conta que o *caput* deste art. 634 já deixou claro que houve um requerimento do exequente (fundado na possibilidade de o fato ser prestado por terceiro) e uma decisão judicial autorizando a prestação do fato por um terceiro, o que significa a vinda de uma proposta para os autos (este elemento, oculto no *caput*, aparece claramente no parágrafo único que se refere a uma proposta existente). Pois bem, de acordo com o focalizado parágrafo único e verificada a prática dos atos que correspondem aos elementos nucleares a que fizemos alusão (proposta nos autos, manifestação das partes, aprovação judicial e adiantamento das quantias previstas pelo exequente), todo o restante do procedimento destinado ao cumprimento da prestação correspondente à obrigação de fazer ou não fazer a cargo do terceiro fica na dependência do que estiver previsto na proposta aprovada, razão por que restaram revogados os §§ 1º a 7º que tratavam de detalhes e minúcias relacionadas com uma concorrência pública que já não existe mais. Da disciplina anterior permanecem em vigor os regramentos contidos nos arts. 635 (prestação do fato pelo terceiro e reconhecimento do cumprimento), 636 (não prestação do fato ou prestação defeituosa), 637, *caput* (execução pelo exequente sob sua responsabilidade); o parágrafo único do art. 637 foi alterado (*v.* nota respectiva). Observe-se, por derradeiro, que em face do novo regime não há mais espaço para qualquer disputa de propostas (o exequente providenciará a vinda de uma, como visto, e o executado não tem direito de oferecer proposta), o que é corroborado inteiramente pela nova redação do parágrafo único do art. 637 (texto de acordo com a Lei n. 11.382/2006).

Art. 635. Prestado o fato, o juiz ouvirá as partes no prazo de 10 (dez) dias; não havendo impugnação, dará por cumprida a obrigação; em caso contrário, decidirá a impugnação.

Vide Projeto de CPC, art. 774.

A prestação do fato a que alude o texto é evidentemente a conclusão da obra ou serviço a que o terceiro havia se obrigado nos termos da proposta aprovada (art. 634, parágrafo único). Comunicado que seja o cumprimento do contrato pelo terceiro ao juízo da execução, a lei impõe que se dê vista de imediato às partes, com o que se assegura a aplicação do princípio do contraditório ao incidente. Na verdade, critica-se tal oportunidade de fala do executado, porque esta é despicienda, uma vez que o cumprimento da proposta é assunto que só diz respeito ao exequente e ao terceiro; no entanto, a lei manda abrir vista às "partes". Se não houver impugnação, o juiz declara, de plano, cumprida a proposta e prestado o fato. Caso haja impugnação, o juiz é chamado a resolvê-la, e, nesse caso, tanto pode declarar prestado o fato como não prestado, podendo, inclusive, autorizar a providência prevista pelo art. 636. Trata-se de decisão interlocutória (art. 162, § 2º).

Art. 636. Se o contratante não prestar o fato no prazo, ou se o praticar de modo incompleto ou defeituoso, poderá o credor requerer ao juiz, no prazo

de 10 (dez) dias, que o autorize a concluí-lo, ou a repará-lo, por conta do contratante.

Vide Projeto de CPC, art. 775, caput

O requerimento aqui facultado ao exequente (trata-se de faculdade e não dever) decorre da sua própria iniciativa quando por qualquer meio chegue-lhe ao conhecimento uma das circunstâncias previstas no texto, ou resulta da iniciativa do terceiro de afirmar prestado o fato (art. 635) quando, na verdade, este o foi de maneira incompleta ou defeituosa; o prazo de dez dias só tem aplicação nesta última hipótese. Observe-se que a autorização judicial admitida pelo presente dispositivo depende obrigatoriamente da prática dos dois primeiros atos previstos no parágrafo único (oitiva do terceiro e avaliação do custo das despesas), e corresponde a um único ato jurisdicional de triplo conteúdo: a fixação do custo das despesas; a autorização para o exequente proceder à conclusão ou reparo da obra até o limite desse custo; e a prévia condenação do terceiro a ressarcir o exequente pelas despesas que efetuar até esse limite.

Parágrafo único. Ouvido o contratante no prazo de 5 (cinco) dias, o juiz mandará avaliar o custo das despesas necessárias e condenará o contratante a pagá-lo.

Vide Projeto de CPC, art. 775, parágrafo único.

Formulado o requerimento pelo exequente a que alude o *caput*, manda a lei que o juiz faculte manifestação ao terceiro, que, nessa oportunidade, poderá negar o inadimplemento (afirmando que prestou o fato no prazo e forma convencionados) ou reconhecê-lo, com o fim de se dispor à conclusão ou reparo em prazo que o juiz fixar. Na primeira hipótese, o juiz ordena imediatamente a realização de avaliação; na segunda – desde que, é óbvio, o pedido do terceiro tenha sido deferido –, aguardar-se-á o decurso do prazo fixado para só então proceder-se à avaliação, em caso de descumprimento, ou ao julgamento da prestação do fato (art. 635). Caso ocorra a condenação do terceiro, é necessário ter em vista que, como pelo mesmo ato o juiz autoriza o exequente a proceder à conclusão ou reparo da obra (*v.* nota ao *caput*), a execução do terceiro dependerá de prévia liquidação por artigos (arts. 475-E e 475-F), em que se apurarão concretamente as despesas havidas pelo exequente.

Art. 637. Se o credor quiser executar, ou mandar executar, sob sua direção e vigilância, as obras e trabalhos necessários à prestação do fato, terá preferência, em igualdade de condições de oferta, ao terceiro.

Vide Projeto de CPC, art. 776, caput

O direito do exequente de preferir ao terceiro na prestação do fato (na realização da "obra" ou "trabalho", como diz o texto) não desvirtua, em nada, esse procedimento sucedâneo que é a execução à custa do executado, uma vez que o seu objetivo e a responsabilidade do executado permanecem incólumes, alterando-se apenas o titular da prestação do fato, pela substituição do terceiro pelo exequente. A preferência em igualdade de condições significa que o compromisso que o exequente assume perante o Estado terá os mesmíssimos contornos daquele que o terceiro iria assumir, isto é, as mesmas condições de execução, idêntico prazo e idêntica exigência de qualidade (sim, porque somente na medida da efetiva e adequada execução da obra pelo exequente é que o executado responderá pelos seus custos).

Parágrafo único. O direito de preferência será exercido no prazo de 5 (cinco) dias, contados da apresentação da proposta pelo terceiro (art. 634, parágrafo único).

Vide Projeto de CPC, art. 776, parágrafo único.

O focalizado parágrafo único deste art. 637 – alterado em sua configuração redacional pela Lei n. 11.382/2006 – estabelece a forma de exercício pelo exequente do seu direito de preferência, instituindo o prazo de cinco dias "contados da apresentação da proposta pelo terceiro". Esclareça-se, desde logo, que tal apresentação é aquela prevista pelo parágrafo único do art. 634 a qual é seguida pela oitiva das partes e subsequente aprovação judicial. Entretanto e justamente porque à apresentação se segue a oitiva das partes, o prazo para o exequente exercitar o seu direito de preferência flui, na verdade, do despacho de abertura de vista para manifestação e não da mera juntada aos autos da proposta pelo terceiro. Observe-se, de outra parte, que a substituição do vocábulo "escolha" por "apresentação", no texto deste parágrafo único, revela claramente a vontade da nova lei de eliminar, de uma vez por todas, a possibilidade de qualquer disputa de propostas, como tivemos a oportunidade de dizer no comentário dedicado ao reformulado parágrafo único do art. 634 (*v.* nota) (texto de acordo com a Lei n. 11.382/2006).

Art. 638. Nas obrigações de fazer, quando for convencionado que o devedor a faça pessoalmente, o credor poderá requerer ao juiz que lhe assine prazo para cumpri-la.

Vide Projeto de CPC, art. 777, caput

Este art. 638 disciplina a execução das obrigações de fazer infungíveis, ou seja, aquelas que são criadas levando em conta uma qualidade pessoal específica do devedor, como a sua ciência, técnica, arte, etc.; são as obrigações criadas *intuitu personae*. Dada a infungibilidade que permeia tais obrigações, a lei exclui do campo do processo de execução a possibilidade de elas serem executadas à custa do devedor, porque nem o credor tem de aceitar a prestação de terceiro nem o devedor tem o dever de arcar com o custo de prestação alheia, de sorte que só resta, segundo o texto legal, em caso de inadimplemento, a solução das perdas e danos, em perfeita consonância com o art. 247 do CC. E mais, a norma processual sob exame ainda estabelece outra distinção: em relação às obrigações infungíveis, o devedor só será citado para prestar o fato se a prestação ainda interessar ao credor no momento da propositura da execução, posto que é seu direito exigir perdas e danos diretamente de acordo com o disposto no parágrafo único a seguir.

Parágrafo único. Havendo recusa ou mora do devedor, a obrigação pessoal do devedor converter-se-á em perdas e danos, aplicando-se outrossim o disposto no art. 633.

Vide Projeto de CPC, art. 777, parágrafo único.

Embora o texto do presente dispositivo preveja somente a recusa ou *mora* do devedor e não a simples manifestação do credor como pressuposto da conversão procedimental instituída, o intérprete e o aplicador da lei não podem perder de vista que a regra sob análise se rege pelo *caput* e não o contrário. Logo, é evidente que a só vontade do credor, expressa na inicial, é suficiente para que o processo ou procedimento de liquidação das perdas e danos se instaure (artigos ou arbitramento – arts. 475-E e 475-F, e 475-C e 475-D, aplicados analogicamente). Conversão propriamente dita ocorrerá, por outro lado, se o credor optar pela execução específica e o devedor, citado para cumprir a prestação no prazo que o juiz lhe tenha assinado, recusar-se expressamente ou deixar transcorrer *in albis* dito prazo. Nesse caso, o credor requererá a conversão e o juiz a deferirá, ordenando o processamento da liquidação.

Arts. 639 a 641. (*Revogados pela Lei n. 11.232, de 22.12.2005.*)

Seção II
Da Obrigação de Não Fazer

Vide Projeto de CPC, arts. 778 e 779 (Seção II – Da Obrigação de Não Fazer).

Art. 642. Se o devedor praticou o ato, a cuja abstenção estava obrigado pela lei ou pelo contrato, o credor requererá ao juiz que lhe assine prazo para desfazê-lo.

Vide Projeto de CPC, art. 778.

A execução de obrigação de não fazer, disciplinada por este dispositivo e pelo subsequente, funda-se exclusivamente em título executivo extrajudicial, dada a redação do inciso II do art. 585, resultado da Reforma de 1994, e dado o novo texto conferido ao art. 644 pela Lei n. 10.444/2002 (*v.* nota). Já sob o prisma estritamente executivo, a regra esculpida neste art. 642 significa que a prática pelo réu do ato a que devia abster-se (*v. g.*, a construção do muro, o prosseguimento da fundação, a conclusão do curral) dá ao autor a possibilidade de ajuizar processo de execução com a finalidade de ver o ato desfeito (se isso não for possível, aplica-se o parágrafo único do art. 643). Para tanto, a lei estabelece a necessidade de que o devedor seja citado para proceder ao desfazimento no prazo razoável que o juiz lhe arbitrar. Este art. 642 guarda paralelo, como se vê, com o art. 632 (*v.*, ainda, CC, art. 251, *caput*). Registre-se, ainda, que além da assinação de prazo para o desfazimento, deve o juiz fixar multa no despacho liminar positivo, a teor do disposto nos arts. 644 e 645. Observe-se, finalmente, que, de acordo com a atual redação do art. 738, os embargos à execução de obrigação de não fazer podem ser oferecidos no prazo de quinze dias, contados da data da juntada aos autos do mandado de citação.

Art. 643. Havendo recusa ou mora do devedor, o credor requererá ao juiz que mande desfazer o ato à sua custa, respondendo o devedor por perdas e danos.

Vide Projeto de CPC, art. 779, caput

A regra em questão institui duas sanções cumuladas para a hipótese de o devedor não proceder ao desfazimento voluntário do ato praticado em desobediência à ordem judicial: desde que o requeira o exequente, o juiz poderá autorizá-lo a desfazer o ato à custa do devedor e este, ainda, responderá por perdas e danos. Observe-se que, diferentemente da solução prevista pelo art. 633, a aqui estabelecida não corresponde a soluções alternativas, mas cumuladas (execução à custa do devedor e perdas e danos). Note-se, ainda, que, dada a completa omissão deste dispositivo acerca do procedimento a ser observado no desfazimento do ato à custa do devedor, é cabível a aplicação analógica dos arts. 634 a 636, que regulam a prestação do fato por terceiro (Alcides de Mendonça Lima). Não vemos por quê não possa também o próprio credor realizar o desfazimento nos termos do art. 637.

Parágrafo único. Não sendo possível desfazer-se o ato, a obrigação resolve-se em perdas e danos.

Vide Projeto de CPC, art. 779, parágrafo único.

A impossibilidade de desfazimento do ato praticado pelo devedor em desobediência à ordem judicial pode resultar da circunstância física de não haver simplesmente o que desfazer – quando o ato não é sinônimo de obra –, como acontece na hipótese de o devedor ter comerciado em local que o contrato lhe proíba, por exemplo. Mas a impossibilidade pode resultar, ainda, de já não interessar ao credor o desfazimento de uma obra como forma de satisfação do seu direito. Nesse caso, permite-se pura e simplesmente a conversão do processo em perdas e danos, porque não pode o Estado exigir que o credor queira o desfazimento. As perdas e danos serão apuradas em liquidação (arts. 475-C a 475-H, analogicamente aplicados).

Seção III

Das Disposições Comuns às Seções Precedentes

Vide Projeto de CPC, art. 780 (Seção III – Disposições Comuns).

Art. 644. A sentença relativa a obrigação de fazer ou não fazer cumpre-se de acordo com o art. 461, observando-se, subsidiariamente, o disposto neste Capítulo.

O dispositivo sob enfoque – alterado em sua redação pela Lei n. 10.444/2002 – institui importante novidade, a um só tempo, no âmbito da disciplina do processo de execução brasileiro, bem como no da regulamentação do cumprimento das sentenças relativas às obrigações de fazer e de não fazer. Sob o primeiro ponto de vista, a regra é importante porque significa a limitação do cabimento do processo de execução, a partir de agora, apenas aos casos de título executivo extrajudicial e, sob o segundo, porque institui a mandamentalidade das sentenças relativas às obrigações de fazer e de não fazer, o que implica não sujeição a processo e que sua efetivação (cumprimento, não mais "execução") passa a depender do disposto no art. 461 e, subsidiariamente, do que se encontra previsto neste Capítulo (arts. 632 e segs.). Observe-se, entrementes, que se, no que concerne às obrigações de fazer e não fazer reconhecidas em sentença, existe uma regra explícita como esta do art. 644 que estamos examinando, no sentido de afastá-la do processo de execução, a mesma técnica não foi utilizada em relação às obrigações de dar coisa em que o afastamento do processo de execução ficou por conta do fato de o art. 621 referir-se exclusivamente a "título executivo extrajudicial", bem como por conta da nova previsão contida no art. 475-I, *caput*, que submete a sentença à forma de cumprimento regulada pelo art. 461-A. Pois bem, quanto à aplicabilidade do art. 461 à efetivação da sentença aqui prevista – insistimos, independentemente de processo de execução (execução "ex intervalo", como diz a doutrina), bastando à efetivação que o juiz ordene a expedição de mandado com ordem ao devedor para cumprir a sentença –, vale a pena registrar as seguintes observações: *a)* quanto ao § 1º do art. 461 (a conversão em perdas e danos), ela cabe, desde logo, se o autor o requerer ou, posteriormente, quando se constatar que a tutela específica e/ou a obtenção do resultado prático equivalente não são possíveis (aplicam-se aqui também os arts. 633 e 638); *b)* quanto ao § 2º (perdas e danos sem prejuízo da multa), note-se que tal fenômeno somente ocorrerá se o autor não requerer desde logo a conversão (*v.* observação *a* acima); *c)* quanto ao § 3º (tutela específica antecipada), tal regra é inaplicável em sede de efetivação de sentença porque a efetivação aqui é a definitiva; tutela específica antecipada é instituto do processo de conhecimento; *d)* quanto ao § 4º (multa cominatória), como o próprio texto diz, ela é aplicável tanto em caso de antecipação ("hipótese do parágrafo anterior"), quanto em caso de sentença ("ou na sentença"), logo aplicável à efetivação da sentença de que cogitamos; *e)* quanto ao § 5º (medidas de reforço), são elas evidentemente aplicáveis à efetivação da sentença se o que se busca é a "efetivação da tutela específica ou a obtenção do resultado prático equivalente"; não assim se houver requerimento imediato de conversão em perdas e danos; *f)* quanto ao § 6º (modificação do valor ou periodicidade da multa), também ela se mostra aplicável, salvo em caso de conversão em perdas e danos imediatamente requerida. Já no que concerne à aplicabilidade subsidiária do "disposto neste Capítulo", registre-se apenas que se a obrigação tiver de ser "executada à custa do devedor" (art. 633, *caput*), por meio de terceiro, aplicam-se os arts. 634 a 636 deste Código; se por meio do próprio credor, aplica-se o art. 637. Por fim, tenha-se em conta que os arts. 466-A a 466-C não têm qualquer aplicação à efetivação da sentença porquanto constituem regras específicas para as hipóteses também específicas que regulam. Com a entrada em vigor da Lei n. 11.232/2005 (Reforma da Execução), *v.* art. 475-I, *caput*, que identicamente faz referência ao art. 461.

Art. 645. Na execução de obrigação de fazer ou não fazer, fundada em título extrajudicial, o juiz, ao despachar a inicial, fixará multa por dia de atraso no cumprimento da obrigação e a data a partir da qual será devida.

Vide Projeto de CPC, art. 780, caput

A disciplina constante deste art. 645 é semelhante à contida nos arts. 287 e 461, § 2º, mas tem por objeto específico a execução fundada em título extrajudicial aqui regulada. Ajuizada que seja a execução de obrigação de fazer ou de não fazer, por petição inicial que observe os requisitos genéricos aplicáveis dos arts. 282, 614 e 615, ao juiz fica determinado pela lei que fixe multa ou pena pecuniária diária a ser imposta ao executado e a data a partir da qual ela será devida (via de regra, a partir do final de determinado prazo após a citação –

prazo que o juiz fixa para cumprimento voluntário). Sobre a forma da fixação, examine-se o parágrafo único a seguir. Assim, despachada a petição inicial, será expedido o mandado executivo do qual constarão, além da determinação para que seja satisfeita a obrigação pelo devedor, o prazo para cumprimento voluntário, o valor da multa fixada e o termo *a quo* da sua incidência (arts. 225, II, e 222, *d*, combinados). Observe-se que, se a petição inicial apresentar irregularidades, o juiz não deve fixar a multa prevista no texto, mas proceder em conformidade com o art. 616 (texto de acordo com a Lei n. 8.953/94).

Parágrafo único. Se o valor da multa estiver previsto no título, o juiz poderá reduzi-lo, se excessivo.

Vide Projeto de CPC, art. 780, parágrafo único.

Em razão do fato de o art. 645 regular exclusivamente a execução de obrigação de fazer e de não fazer fundada em título extrajudicial, não é possível pensar em aumento da multa no despacho liminar positivo, mas apenas em redução, como prevê o texto sob análise, haja vista que a fixação da multa pecuniária é resultado de vontade negocialmente estabelecida. Destarte, o juiz, a seu critério, poderá manter o *quantum* da pena, exatamente como previsto no título, ou reduzi-lo se entender excessivo para provocar o cumprimento do *facere* ou *non facere* pelo devedor. Se, por outro lado, o título não traz em seu bojo qualquer previsão acerca de multa cominatória, incide o *caput*, que autoriza o magistrado a fixar livremente o seu *quantum* (texto de acordo com a Lei n. 8.953/94).

CAPÍTULO IV
DA EXECUÇÃO POR QUANTIA CERTA CONTRA DEVEDOR SOLVENTE

Vide Projeto de CPC, arts. 781 a 865 (Capítulo IV – Da Execução por Quantia Certa).

As execuções para entrega de coisa e de obrigação de fazer e de não fazer – hoje reduzidas aos títulos extrajudiciais e chamadas pela doutrina de específicas, posto que por meio delas se busca a satisfação do credor mediante a realização da própria prestação a que se obrigou o devedor – contrapõem-se às execuções por quantia certa, apelidadas de genéricas ante a circunstância de que a satisfação do credor é alcançada pela entrega de um montante em dinheiro que nem sempre corresponde à prestação por este desejada. Nos casos de impossibilidade da prestação ou recusa obstinada do devedor em cumprir uma prestação específica, a correspondente execução pode se converter em genérica (arts. 627 e 633). É evidente, por outro lado, que, sob tal ponto de vista classificatório, o termo "execução genérica" não se sustenta em nenhuma das situações em que o desejo e a pretensão do credor têm por objeto exatamente a quantia certa, visto que nesse contexto a execução por quantia é tão específica quanto as execuções específicas. Já a execução por quantia certa contra devedor solvente é a mais comum das execuções indubitavelmente, não só por causa da possibilidade de conversão aludida, como também porque a maioria das relações jurídicas no mundo moderno envolve prestações pecuniárias e, além disso, a prática mostra que a regra é a solvência e não a insolvência dos devedores (a execução por quantia certa contra devedor insolvente – arts. 748 a 786 – é a outra modalidade de execução genérica disciplinada pelo CPC). Com a entrada em vigor da Lei n. 11.232/2005 (Reforma da Execução), o presente Capítulo IV passa a reger o processo de execução por quantia fundado em título executivo extrajudicial apenas, porque os títulos judiciais se executam por meio de "cumprimento da sentença", ou seja, uma fase de execução do próprio processo condenatório (arts. 475-I a 475-R). Aplicam-se as normas deste Capítulo IV ao "cumprimento da sentença" apenas subsidiariamente (art. 475-R).

Seção I
Da Penhora, da Avaliação e da Expropriação de Bens

Com a entrada em vigor da Lei n. 11.232/2005 – que instituiu a chamada Reforma da Execução Judicial –, aplicam-se ao "cumprimento da sentença" as normas jurídicas constantes desta Seção I, salvo as incompatíveis.

Subseção I
Das Disposições Gerais

Vide Projeto de CPC, arts. 781 a 783 (Seção I – Disposições Gerais).

Art. 646. A execução por quantia certa tem por objeto expropriar bens do devedor, a fim de satisfazer o direito do credor (art. 591).

Vide Projeto de CPC, art. 781.

O procedimento da execução por quantia certa contra devedor insolvente – que hoje se funda apenas em título extrajudicial, art. 585 – tem por escopo a invasão do patrimônio do executado com o fim de que o exequente o adjudique ou de que se transformem os bens em dinheiro para entregá-lo ao exequente (excepcionalmente, bens de terceiros, e não do devedor, é que são atingidos pela execução, daí a referência ao art. 591). Em relação a esse procedimento executivo, portanto, a satisfação do credor depende do ato expropriatório, no que ele se distingue das demais espécies de execução (*v.* conceito a seguir – nota ao art. 647).

Art. 647. A expropriação consiste:

Vide Projeto de CPC, art. 782, caput.

Expropriação, em sentido técnico-processual, é o ato executivo pelo qual o Estado-juiz opera a alienação forçada (ou transferência coativa) da propriedade plena (ou de alguns dos seus elementos) dos bens do devedor com vista à satisfação do crédito exequendo. O ato expropriatório, destarte, não tem natureza contratual porque a alienação não depende, em absoluto, da vontade do proprietário-executado, mas sim, exclusivamente, da vontade soberana do Estado de dar realização concreta aos direitos reconhecidos em títulos executivos. Observe-se, por fim, que a Lei n. 11.382/2006 – que instituiu a chamada Reforma da Execução Extrajudicial – inverte a ordem das formas de expropriação, cria a "alienação por iniciativa particular" e altera o objeto da concessão de usufruto (excluindo a empresa e introduzindo os bens móveis), com o que busca o legislador reformista agilizar o processo de execução e, ao mesmo tempo, torná-lo mais efetivo.

I – na adjudicação em favor do exequente ou das pessoas indicadas no § 2º do art. 685-A desta Lei;

Vide Projeto de CPC, art. 782, I.

Uma das boas inovações trazidas pela chamada Reforma da Execução Extrajudicial – instituída pela Lei n. 11.382/2006 – encontra-se justamente na inversão da ordem das duas mais importantes formas de expropriação conhecidas pelo direito processual civil brasileiro: se no regime anterior, a prioridade era dada ao que hoje se denomina "alienação em hasta pública" ("alienação dos bens do devedor", do antigo inciso I do art. 647), a partir de agora a prioridade máxima repousa sobre a "adjudicação em favor do exequente", como prescreve o dispositivo *sub apretiationis*, sendo criada a "alienação por iniciativa particular" (atual inciso II) apenas como segunda forma de expropriação a ser empregada e a "alienação em hasta pública" (atual inciso III), como terceira, antes apenas do também novo "usufruto de bem móvel ou imóvel" (atual inciso IV). A grande vantagem de a adjudicação estar agora priorizada pelo sistema é que nada melhor para a agilização das execuções (de título extrajudicial ou judicial) que antes do oferecimento do bem penhorado a terceiros (ao público) se oferte o bem ao próprio exequente, ou outras pessoas definidas em lei, pelo valor da avaliação e isto independentemente de editais ou "praça sem lançador", como exigia o revogado art. 714. Pois bem, sobre a adjudicação é bom que se diga, desde logo, que ela corresponde à forma de expropriação de bens do executado (ou meio de alienação forçada) caracterizada pela transferência coativa do bem penhorado diretamente para o patrimônio do exequente, de outros credores ou de pessoa da família do executado, sem a necessidade de prévia tentativa de transformá-lo em dinheiro pela via da praça ou leilão. Sobre a disciplina da adjudicação, examinem-se os novos arts. 685-A e 685-B (texto de acordo com a Lei n. 11.382/2006).

II – na alienação por iniciativa particular;

Vide Projeto de CPC, art. 782, II.

A nova figura da alienação por iniciativa particular (art. 685-C) – criada pela Lei n. 11.382/2006 – surge no sistema para substituir a intermediação da alienação por corretor que era regulada pelo ora revogado art. 700 do CPC, na versão redacional que lhe deu a Lei n. 6.851/80. Trata-se, realmente, de novidade não apenas porque ocupa o segundo lugar na ordem de importância e aplicabilidade das formas de expropriação, mas também e principalmente porque se distingue daquela outra prevista pelo antigo art. 700 que se limitava à intermediação de corretor, convivia com a publicação de editais e dependia da concordância das partes em relação à proposta apresentada. As vantagens do novel instituto se revelam claras: *a)* trata-se de figura mais ampla porquanto compreende, além da intermediação de corretor, a alienação pela "própria iniciativa" do exequente; *b)* a alienação por iniciativa particular não convive com a publicação de editais (*v.* art. 686); *c)* a aprovação da proposta apresentada não depende da concordância das partes. O que nos parece é que a novidade é boa e pode representar um grande avanço no sentido da maior efetividade da nossa remodelada execução civil (*v.* art. 685-C e notas respectivas) (texto de acordo com a Lei n. 11.382/2006).

III – na alienação em hasta pública;

Vide Projeto de CPC, art. 782, II.

A alienação em hasta pública – anteriormente denominada "alienação de bens do devedor", conforme o inciso I em sua redação original – permanece identificando-se, no sistema, como alienação forçada ou transferência coativa de bens do executado a terceiro mediante arrematação, mas o seu novo regime, implantado pela Lei n. 11.382/2006, distingue-se do anterior em dois aspectos fundamentalmente: 1º) porque a alienação em hasta pública só tem lugar se não requerida a adjudicação e não realizada a alienação particular do bem penhorado (art. 686, *caput*); 2º) porque a arrematação presencial prevista pelos arts. 686 a 689 pode ser substituída pela alienação virtual, que é criada pelo art. 689-A e cuja disciplina dependerá do CJF e dos TJs (parágrafo único do mesmo artigo). Seja como for, o fato é que a alienação em hasta pública passa a figurar apenas em terceiro lugar na ordem de importância e aplicabilidade das formas de expropriação reconhecidas pelo CPC, de maneira que parece certo que o número das execuções que vão alcançar a fase de arrematação tende inexoravelmente ao decréscimo com a entrada em vigor da Reforma da Execução Extrajudicial, o que não deixa de significar, a um só tempo, economia de tempo e energia e esperança de um pouco mais de rapidez para o alcance da satisfação efetiva dos créditos em juízo (texto de acordo com a Lei n. 11.382/2006).

IV – no usufruto de bem móvel ou imóvel.

Vide Projeto de CPC, art. 782, III.

Exatamente como ocorria no regime jurídico anterior à Reforma da Execução Extrajudicial (Lei n. 11.382/2006), que tratava do "usufruto de imóvel ou de empresa" no inciso III deste art. 647, o usufruto ora previsto continua a representar uma forma diferenciada de expropriação, porque não tem como objeto a propriedade em sua plenitude, mas apenas os direitos de usar e gozar (excluído o de dispor) de um bem imóvel ou de um bem móvel, afastada desta nova versão a figura da empresa como seu objeto (*v.* arts. 716 a 724). Ao que parece, o legislador reformista teve em conta três fatores para levar a cabo a eliminação da empresa do âmbito de incidência do instituto: 1º) a dificuldade procedimental tanto para a decretação, quanto para o exercício deste usufruto sobre uma complexidade tão grande de bens como a que envolve uma empresa; 2º) a consequente pouca utilização do instituto nestas três décadas de vigência do CPC; 3º) as enormes implicações de toda ordem decorrentes da troca do ocupante do cargo de administrador de uma empresa. A novidade é bem-vinda (texto de acordo com a Lei n. 11.382/2006).

Art. 648. Não estão sujeitos à execução os bens que a lei considera impenhoráveis ou inalienáveis.

Vide Projeto de CPC, art. 789.

A norma jurídica em questão excepciona o princípio instituído pelo art. 591 e corresponde exatamente à ressalva contida na parte final deste. A inalienabilidade de bens é resultado, em regra, da indisponibilidade dos direitos e sempre depende de previsão legal expressa (*v. g.*, CC, arts. 100, 101, 1.691, 1.717, 1.848, 1.911, etc.). Já a impenhorabilidade – também prevista em muitos textos legais – é mera decorrência da inalienabilidade, mas observe-se que a recíproca não é verdadeira, como revelam os arts. 649 e 650 que seguem (sobre a impenhorabilidade do bem de família, *v.* a Lei n. 8.009/90).

Art. 649. São absolutamente impenhoráveis:

Vide Projeto de CPC, art. 790, caput

Os bens aqui arrolados, salvo os previstos pelo inciso I, são considerados absolutamente impenhoráveis pela lei, embora nenhuma inalienabilidade recaia sobre eles. A *ratio* do dispositivo, por conseguinte, está atrelada primordial e simplesmente à necessidade de se protegerem certos valores dos seres humanos universalmente reconhecidos como relevantes. Em outros termos, tutela-se aqui a dignidade da pessoa humana (CF, art. 1º, III). Observe-se que as alterações introduzidas no presente art. 649 pela Lei n. 11.382/2006 (Reforma da Execução Extrajudicial) significam aperfeiçoamentos técnico-jurídicos importantes e avanços indubitáveis sob a perspectiva social.

I – os bens inalienáveis e os declarados, por ato voluntário, não sujeitos à execução;

Vide Projeto de CPC, art. 790, I.

Bens inalienáveis, no texto, são aqueles assim reconhecidos pelo direito e que, portanto, ganham de forma automática a condição de absolutamente impenhoráveis *ex vi* do presente dispositivo (*v.* art. 648 e nota). Já o ato voluntário é o contrato de doação ou o testamento que institui as cláusulas de inalienabilidade e impenhorabilidade (basta, na verdade, apenas a primeira, posto que a segunda é mera consequência), bem como a instituição de bem de família de que cogita o CC (*v.* CC, arts. 1.711 a 1.722 e, particularmente, os arts. 1.715 e 1.716).

II – os móveis, pertences e utilidades domésticas que guarnecem a residência do executado, salvo os de elevado valor ou que ultrapassem as necessidades comuns correspondentes a um médio padrão de vida;

Vide Projeto de CPC, art. 790, II.

A alteração de texto – introduzida no presente inciso II pela Lei n. 11.382/2006 – é de inegável alcance social, porquanto torna absolutamente impenhoráveis bens importantes para o dia a dia, mas em geral inúteis ao propósito de satisfação dos créditos. Assim é que ao mesmo tempo em que se resguarda a dignidade da pessoa humana, pela não apreensão de "móveis, pertences e utilidades domésticas que guarnecem a residência do executado", tutela-se também a execução por quantia. Observe-se, entretanto, que escapam do benefício da impenhorabilidade os móveis, pertences e utilidades domésticas de "elevado valor" (*v. g.*, móveis de valor histórico, exclusivos ou importados caros; pertences, objetos de uso pessoal com esses mesmos atributos ou qualidades; utilidades domésticas sofisticadas de qualquer procedência) ou, ainda, "que ultrapassam as necessidades comuns correspondentes a um médio padrão de vida" (*v. g.*, móveis, pertences ou utilidades domésticas supérfluas, de mero deleite ou em número excessivo). Trata-se aqui de mais um daqueles conceitos de conteúdo indeterminado que ao juiz caberá concretizar tendo em vista o contexto social em que estiver imersa a execução (*v.* Lei n. 8.009/90, arts. 1º, parágrafo único, e 2º, *caput* e parágrafo único) (texto de acordo com a Lei n. 11.382/2006).

III – os vestuários, bem como os pertences de uso pessoal do executado, salvo se de elevado valor;

Vide Projeto de CPC, art. 790, III.

Outro dispositivo, modificado em sua redação pela Lei n. 11.382/2006 com o claro objetivo de colocá-lo em sintonia com a realidade, é o focalizado inciso III que amplia o campo de incidência da impenhorabilidade para direcioná-la aos "vestuários, bem como os pertences de uso pessoal do executado", substituindo a arcaica previsão anterior relativa ao "anel nupcial e os retratos de família", que, no entanto, enquadram-se como exemplos aplicativos da nova previsão. A locução "pertences de uso pessoal", cujo significado é idêntico ao de "bens de uso pessoal" (empregada pelo art. 1.659, VI, do estatuto civil), assegura a generalidade e a amplitude necessárias à boa aplicação do novo regime pelo juiz. Registre-se, entrementes, que a lei fez questão de ressaltar "os vestuários" como impenhoráveis, o que dá a entender que eles não necessariamente se situam entre os pertences de uso pessoal. Por fim, é preciso salientar que exatamente como se passa com os bens elencados no inciso II, deste art. 649, todos os bens aqui enquadráveis perdem a qualidade de impenhoráveis se tiverem "elevado valor", com o que se garante a efetividade das execuções; valem em relação ao presente dispositivo as observações introdutórias que fizemos ao comentar o inciso anterior sobre o alcance social do novo regramento (texto de acordo com a Lei n. 11.382/2006).

IV – os vencimentos, subsídios, soldos, salários, remunerações, proventos de aposentadoria, pensões, pecúlios e montepios; as quantias recebidas por liberalidade de terceiro e destinadas ao sustento do devedor e sua família, os ganhos de trabalhador autônomo e os honorários de profissional liberal, observado o disposto no § 3º deste artigo;

Vide Projeto de CPC, art. 790, IV.

Se o inciso IV deste art. 649, em sua versão original, estabelecia a impenhorabilidade apenas dos "vencimentos dos magistrados, dos professores e dos funcionários públicos, o soldo e os salários", a nova redação do presente inciso – imposta pela Lei n. 11.382/2006 – amplia, inclusive pela incorporação ao dispositivo da antiga previsão do inciso VII, as espécies de remuneração submetidas à impenhorabilidade, ao prever, expressamente, os "vencimentos" (sem referir a titularidade), "subsídios" (*v. g.*, dos Parlamentares, Ministros, Secretários – CF, art. 39, § 4º; dos magistrados – CF, arts. 93, V, e 95, III), "soldos" (dos militares), "salários" (dos trabalhadores em geral – CF, art. 7º, IV e segs.), "remunerações" (*v. g.*, dos servidores públicos – CF, art. 37, X e XI), "proventos de aposentadoria, pensões, pecúlios e montepios; quantias recebidas por liberalidade de terceiro e destinadas ao sustento do devedor e sua família" – eis a longa previsão que migrou com pequenas alterações do antigo inciso VII –, "os ganhos de trabalhador autônomo" (*v. g.*, dos prestadores de serviço, em geral) e "os honorários de profissional liberal" (médicos, dentistas, advogados – EOAB, arts. 22 a 26). Como se vê, a ampliação realizada é bastante significativa e restringirá as discussões judiciais acerca da aplicação da impenhorabilidade baseada no focalizado inciso. Registre-se, ainda, que o fundamento político da norma se vincula à ideia reconhecida universalmente de que a lei deve proteger aquilo que corresponda às necessidades básicas de sustento do ser humano (dignidade da pessoa humana – CF, art. 1º, III; *v.* nota ao *caput*). Por último, tenha-se em conta que o § 3º, referido expressamente na parte final do dispositivo, foi vetado, razão por que apenas o § 2º à frente exige observância quando se cogitar da aplicação do presente inciso deste art. 649 (texto de acordo com a Lei n. 11.382/2006).

V – os livros, as máquinas, as ferramentas, os utensílios, os instrumentos ou outros bens móveis necessários ou úteis ao exercício de qualquer profissão;

Vide Projeto de CPC, art. 790, V.

O inciso sob enfoque – alterado em sua redação pela Lei n. 11.382/2006 – tem paralelo no antigo inciso VI deste mesmo art. 649 e surge em meio à Reforma da Execução Extrajudicial apenas com o intuito de aperfeiçoar o texto com o acréscimo de duas previsões: a relativa às "ferramentas" e a concernente aos "bens móveis". Veja-se que o fundamento principiológico da regra continua o mesmo: a dignidade da pessoa humana (CF, art. 1º, III) expressa no alto valor representado pelas coisas que se ligam ao exercício do sagrado direito ao trabalho que se vincula, por sua vez, aos sagrados direitos à vida e à sobrevivência – três direitos fundamentais que revelam a dignidade (*v.* nota ao *caput*). Pois bem, quanto à tentativa de aperfeiçoamento redacional, o que se deve ressaltar é que a inserção do termo "ferramentas" e da locução "outros bens móveis", embora interessante, não era propriamente necessária, porque o vocábulo "instrumentos" tem significação aberta, apta a juridicizar não apenas as ferramentas de trabalho, como todos os outros bens móveis necessários ou úteis ao exercício de qualquer profissão. De pouca importância, portanto, a modificação redacional empreendida (texto de acordo com a Lei n. 11.382/2006).

VI – o seguro de vida;

Vide Projeto de CPC, art. 790, VI.

Observe-se, desde logo, que a previsão sob enfoque simplesmente reproduz *ipsis litteris* o texto do antigo inciso IX, deste art. 649, o que se explica pelo fato de a Lei n. 11.382/2006 – instituidora da Reforma da Execução Extrajudicial – ter alterado a numeração dos incisos, razão por que nada mudou aqui. Seja como for, vale lembrar, como já havíamos feito quando comentamos tal dispositivo, que a previsão legal sob apreciação significa tutela da expectativa jurídica que nasce no instante do aperfeiçoamento do contrato de seguro de vida (CC, arts. 757 a 759). Veja-se que a expectativa jurídica do segurado (a expectativa de que alguém se beneficie economicamente com a sua morte – o beneficiário) é protegida pela impenhorabilidade porque não tem sentido que o seguro de vida seja coativamente transferido a um terceiro – numa execução movida ao segurado – se este terceiro não puder tirar dele nenhuma vantagem econômica (apenas o beneficiário poderá) e a manutenção da expectativa depende exclusivamente dos pagamentos dos prêmios que estão a cargo do segurado... Logo, numa execução movida ao segurado, o seguro de vida é impenhorável. Perceba-se, por outro lado, que também a expectativa jurídica do beneficiário (a expectativa de ver-se beneficiado com a morte do segurado) é protegida pela impenhorabilidade porque, antes do evento morte, o benefício econômico é apenas expectativa e ela não pode ser coativamente transferida ao credor do beneficiário, segundo o presente regramento. Eis a proteção. Diferente, entretanto, é a hipótese de o beneficiário já ter recebido o valor do seguro (pela morte já ocorrida do segurado), quando, então, uma execução que lhe seja movida por um credor pode atingir o respectivo numerário que já se incorporou ao seu patrimônio e é, portanto, perfeitamente penhorável (Celso Neves) (texto de acordo com a Lei n. 11.382/2006).

VII – os materiais necessários para obras em andamento, salvo se essas forem penhoradas;

Vide Projeto de CPC, art. 790, VII.

Exatamente como ocorre com o inciso anterior, o presente também significa reprodução idêntica, só que agora do antigo inciso VIII, em decorrência de a Lei n. 11.382/2006 ter realizado a renumeração dos dispositivos integrantes deste art. 649. Não havendo, assim, qualquer alteração disciplinar que justifique um novo comentário, ficam valendo as observações que já fizemos antes e que passamos a repetir, qual seja, a de que a instituição da absoluta impenhorabilidade dos "materiais necessários para obras em andamento" se funda na ideia de não permitir dois prejuízos somados ao executado: o de tê-los penhorados e o de ver paralisado o andamento da obra concomitantemente. Os materiais a que se refere o dispositivo – que são aqueles bens móveis previstos pelo art. 84 do CC ("os materiais destinados a alguma construção, enquanto não forem empregados" e que "conservam sua qualidade de móveis [...]") – só podem ser penhorados, diz a parte final da regra, se a própria obra o for; isso significa que o que define a penhorabilidade é a situação processual da obra em que serão utilizados (texto de acordo com a Lei n. 11.382/2006).

VIII – a pequena propriedade rural, assim definida em lei, desde que trabalhada pela família;

Vide Projeto de CPC, art. 790, VIII.

O dispositivo sob apreciação – bastante modificado em sua redação e renumerado pela Lei n. 11.382/2006 – ingressa no sistema do processo civil para colocar a disciplina da impenhorabilidade do imóvel rural em sintonia com o art. 5º, XXVI, da CF/88, que prescreve: "XXVI – a pequena propriedade rural, assim definida em lei, desde que trabalhada pela família, não será objeto de penhora para pagamento de débitos decorrentes de sua atividade produtiva [...]". Como se vê, se a CF assegura a impenhorabilidade apenas em relação aos "débitos decorrentes da sua atividade produtiva", o CPC torna a pequena propriedade rural impenhorável em relação a todas as demais dívidas executáveis, com o que fica o produtor rural amplamente protegido, o que parece extremamente justo. Mas, observe-se, que tanto a tutela constitucional como a infraconstitucional ficam a depender da demonstração do executado de que a propriedade rural é trabalhada pela família, nenhuma importância tendo mais o fato de ser única, ou não, a pequena propriedade. Por último, tenha-se em conta que o art. 4º, § 2º, da Lei n. 8.009/90 (a Lei da Impenhorabilidade do Bem de Família) permanece em pleno vigor para todos os demais casos de execução sobre imóvel rural – apenas a "pequena propriedade rural", assim definida em lei, goza da ampla proteção do CPC –, em que somente a "sede de moradia, com os respectivos bens móveis", é agraciada com o favor da impenhorabilidade. Sobre a definição legal da pequena propriedade rural, examinem-se os incisos I e II do art. 4º, da Lei n. 4.504/64 (Estatuto da Terra) (texto de acordo com a Lei n. 11.382/2006).

IX – os recursos públicos recebidos por instituições privadas para aplicação compulsória em educação, saúde ou assistência social;

Vide Projeto de CPC, art. 790, IX.

Inteiramente nova é a presente disposição normativa que a Lei n. 11.382/2006 introduz no sistema do processo civil brasileiro para tornar absolutamente impenhoráveis os "recursos públicos recebidos por instituições privadas para aplicação compulsória em educação, saúde ou assistência social". Para começar, chama a atenção a *ratio* do dispositivo que se identifica com a necessidade de criar uma blindagem patrimonial para as instituições privadas que desempenham as funções públicas indicadas no texto, no sentido de que não vejam os recursos provenientes do poder público comprometidos com dívidas anteriores de qualquer origem. Veja-se que, com a impenhorabilidade instituída, as próprias políticas públicas que subjazem à transferência de dinheiro tendem a se fortalecer, salvo, é óbvio, se a corrupção se ocupar de desviar recursos... Em segundo lugar, destacamos que não têm a menor importância, para fins de aplicação do regramento sob enfoque: *a)* a origem dos recursos públicos; *b)* o órgão encarregado de fazer o repasse; *c)* a natureza jurídica das instituições privadas. Relevantíssimo, por outro lado, é que a finalidade dos repasses seja a "aplicação [...] em educação, saúde ou assistência social" e apenas nelas, porque nenhum outro destino justifica a impenhorabilidade. Por último, registramos que o vocábulo "compulsória", no texto, tem o significado de necessário(a), obrigatório(a), não facultativo(a), uma vez que somente a vinculação inevitável entre recursos públicos repassados e a prestação de serviços de educação, de saúde ou de assistência social fundamenta o reconhecimento pelo juiz da impenhorabilidade desses montantes em execuções contra tais instituições privadas ou mesmo contra outras pessoas jurídicas ou físicas em que se cogite responsabilizar (art. 592) as ditas instituições (texto de acordo com a Lei n. 11.382/2006).

X – até o limite de 40 (quarenta) salários mínimos, a quantia depositada em caderneta de poupança;

Vide Projeto de CPC, art. 790, X.

Outro dispositivo de inegável alcance social criado pela Lei n. 11.382/2006 – que instituiu a chamada Reforma da Execução Extrajudicial – é este que ora nos ocupa e que torna absolutamente impenhoráveis as quantias depositadas em caderneta de poupança, até o limite de quarenta salários mínimos. Observe-se que esta revolucionária norma processual – uma das duas do extenso rol do art. 649 (a outra está no inciso IX) que fazem incidir a impenhorabilidade sobre dinheiro – há de ser interpretada com cuidado, sob pena de importar enorme insegurança e ineficiência do sistema executivo. Apesar de o texto não ser explícito, parece-nos, por um lado, que não importa se o montante de quarenta salários mínimos encontra-se concentrado em uma única caderneta ou distribuído em várias cadernetas de poupança, porque, até esse limite, o montante presente em uma ou em várias é impenhorável. Mas parece-nos, também, por outro lado, que, ultrapassado o limite em uma única caderneta, o valor em excesso é perfeitamente penhorável, bem como todos os demais montantes encontráveis em outras cadernetas. A não se interpretar assim, chegar-se-ia ao absurdo de imaginar que alguém que conseguisse distribuir todo o seu dinheiro em inúmeras cadernetas de poupança de valor inferior aos quarenta salários estaria imune à penhora em qualquer execução que viesse a ser instaurada. Em conclusão, manifestamos nossa dúvida sobre a justiça do dispositivo, posto que, sob o ângulo estritamente macroeconômico, a mudança representará um fator relevantíssimo de fomento da poupança nacional, sob o ângulo microeconômico, a alteração legislativa sob enfoque tornará grande parcela dos pequenos créditos irrealizáveis pelo Poder Judiciário (texto de acordo com a Lei n. 11.382/2006).

XI – os recursos públicos do fundo partidário recebidos, nos termos da lei, por partido político.

Vide Projeto de CPC, art. 790, XI.

A inserção deste inciso XI no art. 649 do CPC – por força da Lei n. 11.694/2008 – tem o claro intuito de estabelecer a incolumidade ou intangibilidade processual dos recursos públicos do fundo partidário recebidos por partido político, o que decorre e se explica em razão dos altos valores que marcam os escopos institucionais da agremiação partidária. A Lei n. 9.096/95 prescreve em seu art. 1º: "Art. 1º O partido político, pessoa jurídica de direito privado, destina-se a assegurar, no interesse do regime democrático, a autenticidade do sistema representativo e a defender os direitos fundamentais definidos na CF" (*v.* CF, art. 17). Já o art. 44, *caput*, desta mesma lei prevê: "Art. 44. Os recursos oriundos do Fundo Partidário serão aplicados: I – na manutenção das sedes e serviços do partido, permitido o pagamento de pessoal [...]; II – na propaganda doutrinária e política; III – no alistamento e campanhas eleitorais; IV – na criação e manutenção de instituto ou fundação de pesquisa e de doutrinação e educação política [...]". Eis o porquê de o CPC instituir a absoluta impenhorabilidade dos recursos públicos do fundo partidário recebidos por partidos políticos. Registrem-se algumas informações gerais sobre a disciplina contida no "Capítulo II – Do Fundo Partidário" (arts. 38 a 44) da mencionada Lei n. 9.096/95, que regula os partidos políticos: o "Fundo Especial de Assistência Financeira aos Partidos Políticos (Fundo Partidário)" é constituído por multas e penalidades pecuniárias, recursos financeiros que lhe forem destinados por lei, doações e dotações orçamentárias da União (art. 38); a previsão orçamentária de recursos para o Fundo Partidário é consignada, no Anexo do Poder Judiciário, ao TSE (art. 40), tribunal que realiza a distribuição dos recursos aos órgãos nacionais dos partidos (art. 41), em percentuais expressamente previstos (art. 41-A); em caso de cancelamento ou caducidade do órgão nacional, a quota que lhe caberia reverte ao Fundo Partidário (art. 42); depósitos e movimentações dos recursos do Fundo são feitos em estabelecimentos bancários controlados pelo Poder Público (art. 43); a aplicação vinculada dos recursos do Fundo Partidário pelos partidos é estabelecida expressamente (art. 44, *caput* – *v.* previsões transcritas anteriormente neste comentário); é exigida a prestação de contas à Justiça Eleitoral (§ 1º) que pode investigar sobre a aplicação dos recursos (§ 3º). Consigne-se ainda que, segundo o art. 39, *caput*, da mesma lei, "[...] o partido político pode receber doações de pessoas físicas ou jurídicas para constituição de seus fundos" (a disciplina dessas doações diretas aos partidos é regulada pelos §§ 1º a 3º do art. 39), do que se conclui que, em relação a tais recursos financeiros de origem privados, não incide a impenhorabilidade reconhecida pelo presente inciso XI (*v.* § 4º do art. 655-A). Por fim, parece importante observar que a impenhorabilidade absoluta que recai sobre os "recursos públicos do fundo partidário" independe do destino regular ou irregular que o partido político venha dando aos recursos, do conteúdo adequado ou inadequado da prestação de contas anteriormente oferecida ou de qualquer procedimento fiscalizatório instaurado contra a agremiação; os recursos públicos do fundo partidário são absolutamente impenhoráveis por sua própria condição de fomentadores dos valores relacionados à vida democrática, razão pela qual basta ao órgão partidário municipal, estadual ou nacional demonstrar a origem pública dos recursos depositados para que eles sejam reconhecidos processualmente como não sujeitos a atos de constrição, como a penhora, o arresto, o decreto de indisponibilidade, etc.

---

§ 1º A impenhorabilidade não é oponível à cobrança do crédito concedido para a aquisição do próprio bem.
Vide Projeto de CPC, art. 790, § 1º.

A criação deste § 1º pela Lei n. 11.382/2006 deve-se indubitavelmente ao fato de ter sido bastante ampliado pela Reforma da Execução Extrajudicial o campo de abrangência do benefício da impenhorabilidade deste art. 649, de forma que pareceu conveniente e razoável ao legislador reformista estabelecer um contrapeso em favor dos exequentes ao prescrever que "a impenhorabilidade não é oponível à cobrança do crédito concedido para a aquisição do próprio bem". Com efeito, nada mais justo do que impedir ao executado a invocação do benefício legal aqui instituído se o bem foi penhorado em execução fundada justamente no crédito concedido para a sua aquisição. Nesse sentido, observe-se que, para fins da descaracterização da impenhorabilidade, não importa se o crédito se consubstancia num título executivo extrajudicial (um contrato, *v. g.*) ou numa sentença condenatória (que reconhece que o contrato foi descumprido e condena a pagar), uma vez que o dispositivo fala propositalmente de "cobrança do crédito", locução que abrange tanto a ação de execução, quanto a condenatória. Não importa, por via de consequência, identicamente, se a execução instaurada é fase do processo de conhecimento (arts. 475-A a 475-R) ou tem a forma de verdadeiro processo de execução (arts. 646 e segs.). Irrelevante, também, a espécie de contrato que viabilizou a concessão do crédito para a aquisição do bem (contrato de financiamento, arrendamento mercantil, crédito pessoal para aquisição de automóvel, etc.), bem como a natureza mobiliária ou imobiliária do bem adquirido com o crédito que se concedeu (texto de acordo com a Lei n. 11.382/2006).

---

§ 2º O disposto no inciso IV do *caput* deste artigo não se aplica no caso de penhora para pagamento de prestação alimentícia.

Vide Projeto de CPC, art. 790, § 2º.

Se o § 1º estabelece um contrapeso em favor dos exequentes em caso de "cobrança do crédito concedido para a aquisição do próprio bem", o § 2º que ora nos ocupa – também criado pela Lei n. 11.382/2006 – segue a mesma trilha principiológica para instituir, sem dizer expressamente, a inoponibilidade do benefício às execuções de prestação alimentícia quando se tratar de penhora das remunerações previstas pelo inciso IV deste art. 649. O que nos cumpre salientar, desde logo, é que também aqui não importa a forma que tome a execução da prestação alimentícia, bastando que se tenha chegado à penhora de "vencimentos, subsídios, soldos, salários [...]" etc., para que se torne inoponível a impenhorabilidade. Igualmente importante reconhecer, neste contexto, que como a penhora normalmente incide sobre depósito bancário, e não sobre dinheiro diretamente, a discussão que se estabelece diante do juiz da execução é a de saber se o crédito penhorado realmente corresponde a alguma das formas de remuneração descritas no inciso IV (o que interessa ao executado) ou se se trata de crédito de outra origem que pode ser penhorado (o que interessa ao exequente). Por último, chamamos a atenção para a circunstância de que se a impenhorabilidade for afastada em favor do exequente com base no presente § 2º, não pode o executado se valer do inciso X, deste mesmo art. 649, para invocá-la em razão do valor, porque ao admitir-se a tese, a inoponibilidade deste parágrafo ficaria extremamente enfraquecida em detrimento dos pequenos créditos alimentícios que correspondem à imensa maioria das execuções em curso (texto de acordo com a Lei n. 11.382/2006).

---

§ 3º *(Vetado.)*

Vide Projeto de CPC, art. 790, § 3º.

Art. 650. Podem ser penhorados, à falta de outros bens, os frutos e rendimentos dos bens inalienáveis, salvo se destinados à satisfação de prestação alimentícia.

Vide Projeto de CPC, art. 791.

A alteração redacional introduzida neste art. 650 pela Lei n. 11.382/2006 – que instituiu a Reforma da Execução Extrajudicial – decorre de dois fatores: 1º) da conveniência de aperfeiçoar tecnicamente o dispositivo (pela eliminação do extenso rol de titulares do direito a alimentos – antigo inciso I); 2º) da necessidade de atualizá-lo ou modernizá-lo (pela eliminação da anacrônica referência às "imagens e objetos do culto religioso, sendo de grande valor" – antigo inciso II). Eis os motivos por que o legislador reformista se ocupou de modificar o texto deste artigo. Seja como for, o fato é que a focalizada prescrição legal institui o que a doutrina chama de penhorabilidade relativa (ou como querem alguns, "impenhorabilidade relativa"), porquanto os "frutos e rendimentos dos bens inalienáveis" (por isso impenhoráveis – art. 649, I) tornam-se sujeitos à constrição *ex vi* deste art. 650, mas apenas e tão somente se não forem localizados quaisquer outros bens que possam responder pela dívida e se tais frutos e rendimentos não estiverem destinados à satisfação de prestação alimentícia, destinação que pode decorrer de decisão judicial, diretamente da lei, ou de contrato. Assim é que "à falta de outros bens", como diz o texto, admite-se a penhora (e também o arresto) dos mencionados "frutos e rendimentos", mas apenas se eles já não estiverem vinculados juridicamente, *a priori*, à satisfação do crédito alimentício de alguém. Observe-se que, se não fosse estabelecida a ressalva, para o credor de prestação alimentícia pouco significaria a destinação instituída, pela possibilidade de penhora dos tais frutos e rendimentos em favor de credores comuns (texto de acordo com a Lei n. 11.382/2006).

Parágrafo único. ***(Vetado.)***

Art. 651. Antes de adjudicados ou alienados os bens, pode o executado, a todo tempo, remir a execução, pagando ou consignando a importância atualizada da dívida, mais juros, custas e honorários advocatícios.

Vide Projeto de CPC, art. 783.

A única razão pela qual a Lei n. 11.382/2006 empreendeu modificação no texto deste art. 651 foi a necessidade de adequar a previsão inicial à nova ordem de importância e aplicabilidade das formas de expropriação que a Reforma da Execução Extrajudicial impôs ao art. 647. Realmente, como a nova prioridade do sistema executivo repousa sobre a adjudicação, e não mais sobre a arrematação como era antes, é que se viu obrigado o legislador reformista a substituir a antiga frase inaugural ("antes de arrematados ou adjudicados os bens") pela nova que se adapta perfeitamente à sistemática implantada ("antes de adjudicados ou alienados os bens", alienação esta que compreende tanto a realizável por iniciativa particular quanto a que decorre de hasta pública – art. 647, II e III). Fica assim justificada a alteração redacional. Pois bem, voltando nossos olhos especificamente para o texto que ora nos ocupa, o que temos é que o presente art. 651 institui em favor do executado o direito subjetivo processual de, a qualquer tempo antes de adjudicados ou alienados os bens – independentemente de se tratar de processo de execução ou simples fase de cumprimento de sentença –, remir a execução, pagando ou consignando as importâncias previstas no texto. Remição da execução é, portanto, o ato voluntário do executado de dar cumprimento integral à obrigação encarnada no título executivo extrajudicial ou judicial antes da expropriação dos bens penhorados e que gera a extinção do processo de execução ou do próprio processo condenatório (art. 794, I). Observe-se, entrementes, que a remição aqui prevista, a remição da execução, não se confunde com a remissão de que cogitam os arts. 385 a 388 do estatuto civil, e que significa perdão da dívida pelo credor. Registre-se, por derradeiro, que dada a disciplina material do pagamento, o direito de remir a execução pode ser exercido por qualquer terceiro, interessado ou não (*v.* CC, arts. 304 e 305) (neste sentido a posição de Amílcar de Castro) (texto de acordo com a Lei n. 11.382/2006).

Subseção II
Da Citação do Devedor e da Indicação de Bens

Vide Projeto de CPC, arts. 784 a 787 (Seção II – Da Citação do Devedor e do Arresto).

A presente Subseção disciplina a citação do devedor (*rectius*, do executado) para pagar e as consequências do não pagamento (art. 652 e parágrafos), os honorários na execução (art. 652-A), o arresto de ofício (arts. 653 e 654), a ordem preferencial da penhora (art. 655), o bloqueio *on-line* (art. 655-A), a substituição da penhora (art. 656), bem como a expedição de precatória para a penhora, avaliação e alienação dos bens no foro da situação (art. 658). Como se vê, nenhuma alusão existe nesta Subseção, nem em qualquer outra parte do Código, à possibilidade de o executado apresentar defesa independentemente de embargos. Contudo, já há algum tempo, nossos juízes e tribunais vêm admitindo que o executado, uma vez ciente da execução, apresente desde logo uma peça que se tem costumado chamar de exceção de pré-executividade, por meio da qual se busca o proferimento imediato de uma sentença que extinga a execução por conta da constatação, *prima facie*, de que o exequente é carecedor da ação ou não preenche os pressupostos processuais, condições e pressupostos que constituem requisitos de admissibilidade da entrega pelo Estado-juiz de um provimento de mérito (na execução, tal provimento corresponde a uma providência satisfativa). O argumento, sustentado por Pontes de Miranda desde os anos 60, é o de que se tais matérias de ordem pública podem ser reconhecidas de ofício pelo juiz (art. 301 do CPC atual), nada impede que o executado as alegue de pronto para que o juiz tenha uma segunda oportunidade (a primeira, perdida, foi a do despacho liminar – arts. 616 e 617) para encerrar o processo; não é justo que para se defender contra execução manifestamente infundada, o executado haja de submeter seu patrimônio à penhora posto que, mesmo com a reforma instituída pela Lei n. 11.382/2006, a oposição de embargos não impede a ocorrência da penhora (art. 739-A, §§ 1º, *in fine*, e 6º), razão por que nos parece que a execução de pré-executividade sobreviveu à Reforma da Execução Extrajudicial. Vejamos, então, algumas hipóteses que autorizam a exceção de pré-executividade: a inicial da execução não veio acompanhada de título executivo (carência por falta de interesse – arts. 586 e 614, I); a obrigação contida no título ainda não é exigível (carência por falta de interesse – arts. 586, 614, III, e 615, IV); falta liquidez à obrigação (carência por falta de interesse – arts. 586 e 614, II: falta de demonstrativo); falta certeza, certeza quanto à natureza da obrigação que o título não indica (carência, identicamente – art. 586, ainda); o exequente ou o executado é parte manifestamente ilegítima (carência por ausência de legitimação para a causa – arts. 295, II, 301, X, e 267, VI); o pedido é juridicamente impossível (carência por impossibilidade jurídica do pedido – arts. 295, parágrafo único, III, 301, X, e 267, VI); inépcia da petição inicial executiva (falta de pressuposto objetivo positivo – arts. 295, I e parágrafo único, I, II e IV, 267, I, e 615, I); inexistência ou nulidade de citação (falta de pressuposto processual objetivo positivo – arts. 213, 214, 222, *d*, 282, VII, 301, I, 617, 618, II, 621, 632 e 652); existência de decisão transitada em julgado que impede a execução (presença de pressuposto processual objetivo negativo – arts. 301, VI e §§ 1º e 2º, e 267, V); presença de litispendência (também pressuposto negativo – arts. 301, V e § 3º, e 267, V); prescrição da dívida que é alegável a qualquer tempo (CC, art. 193; CPC, arts. 295, IV, e 269, IV); pagamento, remissão, novação, confusão, dação em pagamentos (CC, arts. 313 a 326, 385 a 388, 360 a 367, 381 a 384 e 356 a 359) desde que comprovados cabalmente pela via documental. Observe-se que apenas em face destas últimas defesas materiais indicadas (exceções substanciais) é que se justifica a locução "exceção" de pré-executividade; melhor seria, em face das defesas processuais a que aludimos anteriormente, chamar-se a figura de "objeção" de pré-executividade. Contudo, como ambas são alegáveis, talvez melhor ainda fosse chamar a figura de "arguição" de pré-executividade. "Pré-executividade"? Tal locução não faz sentido: o melhor aqui seria "não executividade" (sobre os desdobramentos procedimentais da exceção de pré-executividade, examine-se a nota ao Título III deste Livro II).

Art. 652. O executado será citado para, no prazo de 3 (três) dias, efetuar o pagamento da dívida.

Vide Projeto de CPC, art. 786, caput

Diferentemente do texto original deste art. 652, *caput*, que previa a citação do devedor para, em vinte e quatro horas, pagar ou nomear bens à penhora, o novo dispositivo criado pela Lei n. 11.382/2006 – instituidora da chamada Reforma da Execução Extrajudicial – altera o conteúdo disciplinar anterior para: *a)* aperfeiçoá-lo tecnicamente, ao substituir o vocábulo "devedor" pelo vocábulo "executado", de caráter estritamente processual; *b)* aumentar o prazo concedido para três dias; *c)* eliminar a previsão da nomeação de bens à penhora. Recordemos, neste diapasão, que Carnelutti entendia que a citação *in executivis* tem o escopo de confirmar o inadimplemento – no que se distingue do processo cognitivo em que o réu é citado para se defender –, razão por que, sob tal perspectiva, despicienda se mostrava a outorga da escolha (pagar ou nomear) ao executado, além do que a experiência sempre revelou com clareza a sua pouca utilidade. Destarte, acerca da eliminação empreendida, nenhuma crítica importante pode ser levantada, contudo, observamos que nada impede o executado de, antecipando-se, indicar os bens sujeitos à penhora (arts. 600, IV, e 656, § 1º), no prazo de três dias, com o que contribui para o rápido desenvolvimento da execução. Mas, em face disto, pergunta-se: para quê serve a mudança, então? Resposta: para que o CPC deixe claro que o comportamento desejado e esperado do sujeito passivo, *in executivis*, não é a nomeação ou a indicação (a forma indireta de cumprimento da obrigação), mas sim o pagamento da dívida (a forma direta de cumpri-la)! Já no que concerne à alteração do prazo, duas considerações merecem registro: 1ª) o prazo em dias é muito mais fácil de contar e de operar processualmente do que o prazo em horas; 2ª) o prazo de três dias é mais confortável para o executado do que o prazo de vinte e quatro horas, além disso, esta pequena diferença, em termos globais da atividade executiva, não tem a menor importância. Por fim, chamamos a atenção para a nova articulação sistemática que envolve o ato citatório aqui previsto: o art. 736, *caput*, estabelece que o executado, independentemente de penhora, depósito ou caução, poderá opor-se à execução por meio de embargos; o art. 738, *caput*, institui que os embargos serão oferecidos no prazo de quinze dias, contados da data da juntada aos autos do mandado de citação; e o § 1º, deste art. 652, prevê que, não efetuado o pagamento, o oficial de justiça procederá de imediato à penhora de bens (*v.* nota respectiva) (texto de acordo com a Lei n. 11.382/2006).

§ 1º Não efetuado o pagamento, munido da segunda via do mandado, o oficial de justiça procederá de imediato à penhora de bens e a sua avaliação, lavrando-se o respectivo auto e de tais atos intimando, na mesma oportunidade, o executado.

Vide Projeto de CPC, arts. 786, § 1º, e 798.

O parágrafo sob enfoque – completamente alterado em sua redação pela Lei n. 11.382/2006 – limita-se a tratar dos atos executivos que o oficial de justiça é chamado a praticar, uma vez decorrido o prazo da citação sem que o executado tenha efetuado qualquer pagamento. Vale a pena, no entanto, lembrar que a citação de que cogita o presente art. 652 é a citação que se realiza por meio do próprio oficial de justiça – tanto que o § 1º que nos ocupa fala expressamente de "segunda via do mandado" –, o que também nos reporta ao art. 222, *d*, que proíbe a citação pelo correio no processo de execução, e aos arts. 231 a 233 que tratam da citação por edital, aplicáveis ao processo executivo, indubitavelmente, a nosso ver, mas sempre na dependência da vontade do exequente de arcar com as despesas respectivas; permanece vetada, pela via jurisprudencial, de outra parte, a citação com hora certa (arts. 227 a 229) *in executivis*. Pois bem, voltando ao texto deste § 1º especificamente, o que temos é que, "não efetuado o pagamento" no prazo de três dias – prazo que flui da data da citação efetivamente realizada e independentemente da juntada aos autos do mandado executivo, posto que tal juntada só ocorrerá após a concretização da penhora ou sua frustração –, o oficial de justiça voltará ao local da citação, "munido da segunda via do mandado", para proceder "de imediato à penhora de bens e a sua avaliação". Note-se que o surgimento do poder do oficial para penhorar bens ocorre no exato instante *(ex vi legis)* em que se esgota o prazo de três dias, prazo que se conta observando o disposto no art. 184 do CPC. Registre-se, por último, que, realizada a penhora com a nomeação do depositário (art. 664), deve o próprio oficial proceder à avaliação dos bens (no mesmo sentido, o art. 475-J e seus §§ 1º e 2º), lavrando o respectivo auto (auto de penhora, depósito e avaliação – *v.* art. 681) e, em seguida, intimar o executado de tudo o que se realizou se ele estiver presente ao ato, evidentemente. Se não estiver, aplicam-se os §§ 3º a 5º à frente (*v.* notas) (texto de acordo com a Lei n. 11.382/2006).

§ 2º O credor poderá, na inicial da execução, indicar bens a serem penhorados (art. 655).

Vide Projeto de CPC, art. 786, § 2º.

Semelhantemente ao que dispõe o art. 475-J, § 3º, que faculta ao exequente, em seu requerimento, indicar desde logo os bens a serem penhorados, o § 2º sob enfoque permite ao credor, em sua petição inicial, realizar a mesma indicação, observando o que dispõe o art. 655. Observe-se que o paralelo disciplinar, estabelecido pela Lei n. 11.382/2006 que alterou a redação deste § 2º, é de todo justificado porque não importa se se trata de fase de execução ou de processo de execução, uma vez que o exequente sempre tem todo o interesse em contribuir para a viabilização e agilização da penhora. A explicitação normativa deste direito subjetivo processual conferido ao exequente é, portanto, de todo bem-vinda. Seja como for, o que nos cumpre esclarecer aqui é que a indicação ora autorizada deve ser procedida da forma mais perfeita e completa possível, inclusive com a juntada dos documentos comprobatórios da titularidade dos bens a serem penhorados, com o que se antecipa a preparação da prática da penhora, ato fundamental da execução por quantia (texto de acordo com a Lei n. 11.382/2006).

---

§ 3º O juiz poderá, de ofício ou a requerimento do exequente, determinar, a qualquer tempo, a intimação do executado para indicar bens passíveis de penhora.

Outra novidade introduzida no procedimento da execução por quantia pela Lei n. 11.382/2006 é esta que se encontra prevista no presente § 3º e que significa a autorização, agora expressa, no sentido de que o juiz determine, a qualquer tempo, de ofício ou a requerimento do exequente, a intimação do executado para indicar bens passíveis de penhora. A grande questão que se coloca em relação à nova disciplina é a que concerne ao primeiro momento processual em que tem lugar a ordem judicial de intimação do executado. Sobre ela, temos para nós que tal ato intimatório só deve ser determinado ou deferido após a tentativa frustrada do oficial de justiça de proceder à penhora. Assim pensamos, em primeiro lugar, porque da citação prevista no *caput* já não consta mais qualquer referência ao ato de nomear bens, de sorte que a ordem deste § 3º em conjunto com a citação para pagar significaria ressuscitar exatamente aquilo que o *caput* deste art. 652 quis abolir! Em segundo, porque, de acordo com o § 1º retro, à verificação do não pagamento segue-se "de imediato" a tentativa de penhora a ser realizada por iniciativa própria do oficial de justiça ("munido da segunda via do mandado", como diz o texto), de forma que também aqui não há, ainda, espaço para a intimação do executado. Frustradas, portanto, a expectativa de pagamento (prevista pelo *caput*) e a tentativa de penhora por parte do oficial de justiça (prevista pelo § 1º), agora sim tem pleno cabimento e perfeita adequação procedimental a ordem do juiz para que se intime o executado para indicar bens passíveis de penhora (art. 600, IV; *v.*, ainda, § 1º do art. 656) (texto de acordo com a Lei n. 11.382/2006).

§ 4º A intimação do executado far-se-á na pessoa de seu advogado; não o tendo, será intimado pessoalmente.

Vide Projeto de CPC, art. 798, § 2º.

A intimação a que se refere o focalizado § 4º – criação da Lei n. 11.382/2006 – é evidentemente a prevista pelo parágrafo anterior e que se destina especificamente à indicação de bens penhoráveis pelo executado (*v.* nota ao § 3º retro). Veja-se, quanto ao seu conteúdo disciplinar, que ele se aproxima daquele previsto pelo § 1º, do art. 475-J, que regula a intimação da penhora, na pessoa do advogado do executado e que também prevê a intimação pessoal da parte se não houver advogado constituído (*v.* nota respectiva). Seja como for, o que se deve salientar, neste passo, é que a intimação para indicar bens penhoráveis na pessoa do advogado pode ser realizada pela publicação do ato no órgão oficial (art. 236), pessoalmente ou por carta registrada com aviso de recebimento (art. 237), por invocação analógica do mencionado § 1º do art. 475-J. Por outro lado, observe-se que, se o próprio executado tiver de ser intimado pessoalmente, tal intimação poderá ser realizada pelo correio, de acordo com a nova previsão do art. 238, parágrafo único, que estabelece: "presumem-se válidas as comunicações e intimações dirigidas ao endereço residencial ou profissional declinado na inicial, contestação ou embargos [...]". Como, para os fins do presente dispositivo, o executado foi apenas citado para a execução, pressupondo-se também que ele ainda não tenha oferecido embargos – o que é possível, mas não muito provável (*v.* arts. 652, *caput* e § 1º, e 738, *caput*) –, valerá o endereço onde se procedeu ao ato citatório para a intimação voltada à indicação de bens passíveis de penhora (texto de acordo com a Lei n. 11.382/2006).

§ 5º Se não localizar o executado para intimá-lo da penhora, o oficial certificará detalhadamente as diligências realizadas, caso em que o juiz poderá dispensar a intimação ou determinará novas diligências.

Vide Projeto de CPC, art. 798, § 1º.

Se o § 4º disciplina especificamente o ato de intimação do executado para o fim de indicação de bens passíveis de constrição a que se refere o § 3º, o presente § 5º vincula-se inexorável e expressamente à exigência de intimação estampada no § 1º deste art. 652, qual seja, a intimação da penhora. Observe-se que a solução engendrada pelo § 5º sob enfoque só tem mesmo razão de ser na perspectiva da intimação da penhora, porque esta nova previsão criada pela Lei n. 11.382/2006 abre espaço justamente para a dispensa do ato intimatório por decisão do juiz. O contexto processual de aplicação da dispensa é o seguinte: à consumação da penhora e correspondente lavratura do auto de penhora e depósito (nomeado um terceiro) e laudo de avaliação, segue-se a tentativa frustrada do oficial de justiça de intimar do ato de constrição o executado, a lavratura de certidão detalhada sobre as diligências sem sucesso e, ato contínuo, a devolução do mandado executivo, auto de penhora e certidão negativa em cartório. Note-se que, presente este quadro fático-jurídico, o juiz é chamado a decidir pela realização de novas diligências ou pela simples dispensa do ato intimatório. Mas quando decidirá o magistrado por uma ou por outra solução? Tudo dependerá do teor das informações constantes da certidão do oficial de justiça: se o oficial atesta detalhadamente fatos que revelam o intuito furtivo do executado, a decisão deve ser pela dispensa; caso perceba o juiz que tudo não passou de um desencontro ou de um desaparecimento momentâneo e justificado, novas diligências devem ser determinadas (texto de acordo com a Lei n. 11.382/2006).

Art. 652-A. Ao despachar a inicial, o juiz fixará, de plano, os honorários de advogado a serem pagos pelo executado (art. 20, § 4º).

Vide Projeto de CPC, art. 784.

A novidade representada pelo estabelecimento deste art. 652-A – empreendido pela Lei n. 11.382/2006 – significa a consagração legislativa de uma prática de longa data das execuções por quantia fundadas em título extrajudicial: a fixação de plano dos honorários advocatícios pelo juiz. Com efeito, nada melhor do que prever e regulamentar expressamente, de uma vez por todas, este importantíssimo ato integrante do despacho liminar positivo da inicial da execução, tornando certos a legitimidade e o momento da fixação dos honorários. Várias observações impõem-se. A primeira no sentido de que, na verdade, desde 1994, o sistema dispunha de uma previsão de fixação de honorários para as "execuções, embargadas ou não" (§ 4º do art. 20), mas não havia previsão explícita do momento da fixação; o novo texto supre justamente tal lacuna. A segunda no sentido de que o texto não é claro sobre o pagamento a ser feito pelo executado, mas o parágrafo único torna límpida a ideia de que os honorários fixados no despacho liminar positivo deverão ser pagos juntamente com o principal, e acessórios no prazo de três dias de que fala o *caput* do art. 652. E, finalmente, a terceira no sentido que a fixação "de plano" observará o critério da "apreciação equitativa do juiz", e não a do valor da causa ou da dívida, conclusão que decorre diretamente da remissão legal ao § 4º do art. 20 do CPC; quisesse a lei impor percentuais (ainda que variáveis) e ela o teria feito expressamente sem a menor dificuldade redacional (texto de acordo com a Lei n. 11.382/2006).

Parágrafo único. No caso de integral pagamento no prazo de 3 (três) dias, a verba honorária será reduzida pela metade.

Vide Projeto de CPC, art. 784.

O presente parágrafo único cumpre dois papéis diferentes no contexto disciplinar em que se encontra plantado. O primeiro diz respeito ao esclarecimento interpretativo do *caput*, posto que, fazendo referência expressa ao "pagamento no prazo de 3 (três) dias", remete ao art. 652, *caput* – que institui tal prazo para o sujeito passivo cumprir sua obrigação, uma vez citado –, permitindo assim ao intérprete e ao operador do Direito a compreensão sobre qual seja o momento e o ato mais abrangente que engloba o pagamento dos honorários advocatícios fixados de plano (*v.* nota ao *caput*). O segundo e mais importante papel, no entanto, está relacionado com a vontade do legislador reformista – da Lei n. 11.382/2006 que instituiu a Reforma da Execução Extrajudicial – de estabelecer uma vantagem, um benefício ou um prêmio para o executado que resolver pagar integralmente a dívida no prazo da citação: a redução *ex vi legis*, à metade, dos honorários advocatícios fixados liminarmente pelo juiz. Esta nova previsão legal merece todos os elogios porque, de fato, a redução dos honorários pode significar importante encorajamento à quitação integral e imediata da dívida por parte dos executados, tornando as execuções por quantia processos mais eficientes. É isto, pelo menos, o que se pode esperar do novo regramento (texto de acordo com a Lei n. 11.382/2006).

Art. 653. O oficial de justiça, não encontrando o devedor, arrestar-lhe-á tantos bens quantos bastem para garantir a execução.

Vide Projeto de CPC, art. 787, caput

Este artigo institui uma das poucas situações em que o sistema processual admite a medida cautelar de ofício a que alude o art. 797 (*v.* nota). Trata-se aqui do arresto *ex officio*, que o Estado realiza, pela mão do oficial de justiça, independentemente de ação cautelar e, até mesmo, de expressa autorização do juiz quando se verifique a situação, não tão comum na prática, de se encontrarem bens do devedor, mas não a sua pessoa. Nesse caso, o meirinho não cita, mas arresta, lavrando, ato contínuo, o respectivo auto com nomeação de depositário, que tanto pode ser um terceiro como eventualmente o próprio exequente, além do auto de avaliação, a partir de agora também exigido (art. 652, § 1º), uma vez que o arresto nada mais é do que uma preparação da penhora e tem como destino a própria conversão em penhora (art. 654, *in fine*). Observe-se, por derradeiro, que o arresto de ofício aqui disciplinado também se aplica ao procedimento do "cumprimento da sentença" previsto pelos arts. 475-I e seguintes deste Código.

Parágrafo único. Nos 10 (dez) dias seguintes à efetivação do arresto, o oficial de justiça procurará o devedor três vezes em dias distintos; não o encontrando, certificará o ocorrido.
Vide Projeto de CPC, art. 787, § 1º.

O parágrafo em questão disciplina o procedimento que a lei exige do oficial de justiça para que tenha validade o arresto efetuado: dentro dos dez dias que se sigam à lavratura do auto de arresto e depósito (e do laudo de avaliação), o oficial tem de procurar o executado três vezes em dias diferentes, certificando minuciosamente cada uma das tentativas (data, local, horário e outras circunstâncias que lhe pareçam relevantes). Embora a lei não exija como requisito de validade, tudo recomenda que também os horários das três buscas sejam diferentes, por razões óbvias. Certificadas, assim, as ocorrências (no verso do mandado executivo ou papel avulso), deve o oficial devolver imediatamente, em cartório, o mandado com o auto de arresto.

Art. 654. Compete ao credor, dentro de 10 (dez) dias, contados da data em que foi intimado do arresto a que se refere o parágrafo único do artigo anterior, requerer a citação por edital do devedor. Findo o prazo do edital, terá o devedor o prazo a que se refere o art. 652, convertendo-se o arresto em penhora em caso de não pagamento.
Vide Projeto de CPC, art. 787, §§ 2º e 3º.

A parte inicial do dispositivo estabelece o último requisito de validade da medida cautelar incidental de arresto na execução: o requerimento de citação por edital (basta o requerimento, não o deferimento; citação por edital e não com hora certa que não cabe *in executivis*). Já a parte final institui o elemento a que se subordina a permanência da eficácia do arresto no curso da execução: a consumação da citação por edital (arts. 231 e 232). Não requerida a citação editalícia no prazo legal – contado da intimação, pela imprensa, do exequente na pessoa do seu advogado –, o arresto perde a sua validade: não realizada a citação por edital – que sempre é precedida da expedição de ofícios à Receita Federal, INSS, institutos de identificação, etc. –, o arresto perde o seu efeito (aplica-se o art. 267, III e § 1º). Por medida de economia processual, tem-se admitido, com razão, que pelo edital se pratiquem três atos diferentes em ordem sucessiva: a citação de executado (art. 652), a conversão automática do arresto em penhora, caso não haja pagamento ou indicação de bens (contam-se os prazos dos arts. 232, IV, e 652, um após o outro), e a intimação, também automática, da penhora realizada.

Art. 655. A penhora observará, preferencialmente, a seguinte ordem:
Vide Projeto de CPC, art. 792, caput *e § 1º.*

Dada a circunstância de ter desaparecido do sistema processual a figura da nomeação de bens – ato alternativo ao pagamento que o executado podia praticar assim que citado para a execução por quantia – é que a Lei n. 11.382/2006 teve de proceder à completa alteração redacional do presente dispositivo para passar a dizer de maneira simples e clara que a "penhora observará, preferencialmente, a seguinte ordem:". Observe-se, desde logo, que se a regra antiga dirigia-se, num primeiro momento, ao executado, o novo regramento dirige-se, neste instante inicial, ao oficial de justiça encarregado de realizar a penhora após a constatação de que não houve pagamento no prazo de três dias da citação (art. 652, § 1º). Realizado o ato de constrição, o dispositivo agora se direciona às partes (exequente e executado) que, segundo o também novo art. 656, podem requerer a substituição da penhora na hipótese de ela não ter obedecido à "ordem legal" (art. 656, I). A modificação introduzida no texto, portanto, é bastante significativa (texto de acordo com a Lei n. 11.382/2006).

I – dinheiro, em espécie ou em depósito ou aplicação em instituição financeira;

Vide Projeto de CPC, art. 792, I.

O conteúdo disciplinar dado ao presente inciso pela Lei n. 11.382/2006 é de suma importância para a nova execução que as recentes reformas do processo civil implantaram. De suma importância, afirmamos, porque a equiparação do "dinheiro, em espécie" ao "depósito" (*v. g.*, bancário) e à "aplicação em instituição financeira" vem resolver sérios problemas práticos surgidos ao tempo do regime anterior, posto que muitos sustentavam – inclusive nós – que depósitos correspondiam a crédito e não a dinheiro, o que os colocava na categoria dos "direitos" no final da fila do art. 655 (inciso X). A equiparação agora realizada torna indubitável a preferência que a lei dá aos depósitos e às aplicações (ao lado do dinheiro, é claro) sobre todos os demais bens que o presente art. 655 elenca, o que é facilmente explicável pelo fato de tais bens jurídicos adequarem-se perfeitamente ao mais alto escopo almejado por qualquer execução por quantia que é permitir a satisfação do crédito exequendo pela via direta da entrega do valor ao exequente (arts. 709 a 713), tornando dispensável o recurso à via indireta da expropriação (art. 647) e viabilizando a rápida extinção da própria execução (arts. 794, I, e 795).

Indubitavelmente, o dinheiro é o bem jurídico que nomeado à penhora pelo devedor mais interessa ao credor porque o escopo almejado pelo processo de execução (a satisfação do direito consagrado no título) realiza-se independentemente de arrematação ou adjudicação, vale dizer, aperfeiçoa-se mediante a simples entrega do dinheiro ao exequente (arts. 709 a 713). Observe-se que o depósito bancário não é dinheiro, mas crédito, razão por que se enquadra no inciso X a seguir e não no presente.

II – veículos de via terrestre;
Vide Projeto de CPC, art. 792, II.

A importância dos veículos de via terrestre para as pessoas em geral é tão grande, neste início de século XXI, que o legislador processual não poderia mesmo permanecer insensível ao fato, mantendo tais bens no sexto lugar das preferências legais para a penhora, como fazia o presente artigo do CPC antes da Reforma da Execução Extrajudicial. Eis, então, a virtude deste inciso II, corretamente reposicionado e com nova redação que restringe a figura aos veículos via terrestre, o que significa que a Lei n. 11.382/2006 os priorizou em detrimento de todos os outros bens móveis previstos por este art. 655 (os móveis em geral do inciso III; os navios e aeronaves do inciso V, as pedras e metais preciosos do inciso VIII). Observe-se, entrementes, que, sob o prisma da natureza jurídica, veículos são típicos bens móveis, vale dizer, bens suscetíveis de movimento próprio ou de remoção por força alheia – de acordo com o art. 82, *in fine,* do estatuto civil – e, ainda, sob a ótica da sua funcionalidade, bens que se prestam a um fim específico que é o transporte de pessoas ou coisas. Quanto aos veículos de via terrestre, propriamente ditos, vale a pena ressaltar que eles também se encontram previstos pelo art. 275, II, *d*, para fins de cabimento do procedimento sumário, e, como lá, podem ser lembrados os motorizados (automóveis, caminhões, motocicletas, trens) e os não motorizados (bicicletas, charretes, etc.) (texto de acordo com a Lei n. 11.382/2006).

III – bens móveis em geral;
Vide Projeto de CPC, art. 792, III.

Os "móveis" que no regime anterior ocupavam apenas o quinto lugar na ordem de preferência para fins de penhora, com a entrada em vigor da Lei n. 11.382/2006, passam a ocupar o terceiro e ganham da Reforma da Execução Extrajudicial uma nova feição redacional: "III – bens móveis em geral". Muito bem, de acordo com os arts. 82 e 83 do estatuto civil são bens móveis "os bens suscetíveis de movimento próprio, ou de remoção por força alheia" (art. 82), bem como "as energias que tenham valor econômico" (art. 83, I), "os direitos reais sobre objetos móveis e as ações correspondentes" (art. 83, II), "os direitos pessoais de caráter patrimonial e respectivas ações" (art. 83, III). Observe-se que, dada a explicitação contida nos incisos II (veículos de via terrestre), V (navios e aeronaves) e VIII (pedras e metais preciosos), bens móveis penhoráveis com fundamento no presente inciso III são todos aqueles outros que não se enquadram nas previsões que acabamos de elencar (texto de acordo com a Lei n. 11.382/2006).

IV – bens imóveis;
Vide Projeto de CPC, art. 792, IV.

Se, no regime processual anterior, os imóveis ocupavam apenas a oitava posição no rol dos bens preferencialmente penhoráveis, com a vigência e vigor da Lei n. 11.382/2006 passam eles a ocupar a quarta, o que inegavelmente moderniza o sistema pelo reconhecimento da exacerbada importância que tais bens têm no tráfego jurídico tanto de pessoas naturais como jurídicas de qualquer tipo. E, numa perspectiva estritamente processual, nada melhor, realmente, depois de dinheiro, veículos de via terrestre e móveis (incisos I a III), que a constrição de bens imóveis para fazer frente aos propósitos da execução por quantia. Pois bem, bens imóveis, segundo o art. 79, do estatuto civil, são "o solo e tudo quanto se lhe incorporar natural ou artificialmente", bem assim "os direitos reais sobre imóveis e as ações que os asseguram" (art. 80, I), "o direito à sucessão aberta" (art. 80, II), não perdendo o caráter de imóveis, ainda, "as edificações que, separadas do solo, mas conservando a sua unidade, forem removidas para outro local" (art. 81, I) e "os naturais provisoriamente separados de um prédio, para nele se reempregarem" (art. 81, II). Quanto à penhora desses bens, não devemos esquecer, ainda, que a constrição há de alcançar as benfeitorias (CC, arts. 96 e 97) e respeitar a exigência de intimação do cônjuge do executado, como prescreve o § 2º abaixo (texto de acordo com a Lei n. 11.382/2006).

V – navios e aeronaves;
Vide Projeto de CPC, art. 792, V.

O que desde logo chama-nos a atenção no focalizado inciso é que no regime anterior navios e aeronaves ocupavam o nono lugar e agora detêm o quinto na nova ordem de preferência instituída pela Lei n. 11.382/2006. Apesar de não se tratar de bens frequentemente encontráveis para penhora, o fato é que, para o legislador reformista, esses bens parecem mais adequados aos propósitos executivos do que o "percentual do faturamento de empresa devedora" que ocupa o sétimo lugar na preferência, certamente porque a sua penhora não interfere, em regra, no funcionamento das empresas quando delas se cogitar como executadas, é claro. E, sob a ótica das pessoas naturais, correspondem a bens muito valiosos, embora não tão fáceis de expropriar, mas de qualquer maneira mais atrativos para os escopos da execução do que a penhora de "ações e quotas [...]", "pedras e metais preciosos", "títulos da dívida pública [...]" ou "títulos e valores mobiliários [...]" (incisos VI, VIII, IX e X, deste art. 655). Seja como for, vale a pena lembrar que navios e aeronaves são, por sua natureza, bens móveis enquadráveis na previsão do art. 82, *in fine*, do CC (o inciso III deste artigo os prevê genericamente) e, sob o prisma da funcionalidade ou da utilidade, são veículos (o inciso II refere apenas os "de via terrestre"), de sorte que sua penhora só tem cabimento se não forem encontrados outros bens móveis (incisos II e III) ou imóveis (inciso IV) passíveis de constrição. Observe-se, por fim, que, apesar de os navios serem essencialmente móveis, eles podem ser objeto de hipoteca (CC, art. 1.473, VI) e, também, que a penhora de aeronaves deve observar o disposto no art. 155, da Lei n. 7.565/86 (Código Brasileiro de Aeronáutica) (texto de acordo com a Lei n. 11.382/2006).

VI – ações e quotas de sociedades empresárias;

Vide Projeto de CPC, art. 792, VI.

Inovando em relação ao regime anterior, a Lei n. 11.382/2006 – que instituiu a chamada Reforma da Execução Extrajudicial – cria e estabelece o presente regramento com o fim de explicitar a primazia, para fins de penhora, dos bens que elenca, colocando-os na sexta posição, bem à frente de outros tantos que no passado gozavam de bastante prestígio como as pedras e os metais preciosos e os títulos da dívida pública (hoje ocupantes do oitavo e do nono posto, respectivamente). Acerca das ações, trata-se das parcelas do capital da sociedade anônima ou companhia que é regulada pela Lei n. 6.404/76 e, nos casos omissos, pelas disposições do CC (arts. 1.088 e 1.089), bem como das parcelas do capital da sociedade em comandita por ações (CC, art. 1.090) ou das sociedades coligadas (CC, arts. 1.097 a 1.101). Já no que concerne às quotas de sociedades empresárias, refere-se a lei às parcelas do capital social da sociedade limitada (CC, arts. 1.052 a 1.087), da sociedade cooperativa (CC, arts. 1.093 a 1.096), ou, ainda, das mesmas sociedades coligadas que têm seu capital social dividido tanto em ações como em quotas (CC, arts. 1.097 a 1.101). De acordo com a nova disciplina, ações e quotas passam a gozar posição de destaque no rol dos bens preferidos para fins de penhora, ficando atrás apenas de dinheiro ou depósito, veículos de via terrestre, bens móveis em geral, imóveis ou navios e aeronaves (incisos I a V, deste art. 655) (texto de acordo com a Lei n. 11.382/2006).

VII – percentual do faturamento de empresa devedora;

Vide Projeto de CPC, art. 792, VII.

A previsão expressa da possibilidade de penhora do faturamento de empresa devedora – que já acontecia antes, mas que só agora é objeto de regulamentação pela Lei n. 11.382/2006 que instituiu a Reforma da Execução Extrajudicial – é novidade que merece aplausos, inclusive pela sua adequada localização neste inciso VII, a revelar que somente após frustradas as muitas outras possibilidades colocadas pelo presente art. 655 é que se deve admitir a constrição deste elemento tão importante para o funcionamento e a sobrevivência de qualquer empresa que é o seu faturamento; faturamento não é dinheiro, nem depósito, nem aplicação, pelo menos para fins de penhora, com base no presente dispositivo. Observe-se, desde logo, que o § 3º do art. 655-A à frente inova procurando regular com cuidado certos aspectos da "penhora de percentual do faturamento da empresa executada", do que se extrai que apenas um "percentual" pode ser penhorado e jamais a integralidade do faturamento. Mas que percentual? Tem-se admitido a penhora de, no máximo, 20 ou, excepcionalmente, 30%, do faturamento da empresa executada, mas nossos juízes devem sempre estar atentos para o fato de que mesmo 20% pode, por vezes, comprometer irremediavelmente as atividades de uma empresa e colocar sua sobrevivência econômica – e com ela a capacidade de gerar riquezas, empregos e impostos – sob sério risco (*v.* art. 655-A, § 3º) (texto de acordo com a Lei n. 11.382/2006).

VIII – pedras e metais preciosos;
Vide Projeto de CPC, art. 792, VIII.

As pedras e metais preciosos que no regime anterior eram bens extremamente privilegiados para fins de penhora, tanto que ocupavam nada menos que o segundo lugar na ordem de preferência legal – e que, por isso, também, deram margem a incontáveis nomeações temerárias dada a relatividade do seu valor – hoje encontram-se rebaixadas para o oitavo posto na lista, por força da entrada em vigor da Lei n. 11.382/2006, que instituiu a chamada Reforma da Execução Extrajudicial. Veja-se que, de agora em diante, tais bens só poderão ser penhorados à falta de todos os outros que se encontram listados neste art. 655, prevalecendo apenas sobre os títulos da dívida pública, os títulos e valores mobiliários e de "outros direitos" não previstos. Registre-se, por derradeiro, que uma vez penhoradas pedras ou metais preciosos, devem constar claramente do auto da penhora a qualidade (da pedra ou do metal), a sua quantidade, a cotação eventual, o valor de resgate (*v.* art. 666, § 2º) e outros detalhes identificatórios, se possível, tais como a origem, os documentos de aquisição, etc. (texto de acordo com a Lei n. 11.382/2006).

IX – títulos da dívida pública da União, Estados e Distrito Federal com cotação em mercado;
Vide Projeto de CPC, art. 792, IX.

Outra classe de bens rebaixada de forma radical, na ordem de preferência para fins de penhora, é a dos títulos da dívida pública. Se tal classe ocupava o prestigioso terceiro lugar no regime anterior, com o surgimento da Lei n. 11.382/2006 ela passa para o nono, ficando à frente apenas dos títulos e valores mobiliários e dos "outros direitos" (incisos X e XI) que fecham a lista atual deste art. 655. De qualquer maneira, o que vale a pena registrar aqui é que, além do desprestígio agora experimentado pelos títulos da dívida pública, existe uma outra alteração disciplinar introduzida no dispositivo: o presente artigo de lei só considera penhoráveis os títulos "com cotação em mercado", o que impede a penhora de títulos antigos, difíceis de avaliar – lembremos que o ato avaliatório é agora incumbência do oficial de justiça (art. 652, § 1º). Por derradeiro, observe-se um aspecto jurídico que não mudou com a Reforma da Execução Extrajudicial: apenas os títulos da dívida pública federal e estadual (a esta adequadamente equiparada a do Distrito Federal) são passíveis de penhora, mas não os da dívida pública municipal que, em regra, despertam pouco interesse, razão por que não se encontram contemplados pelo presente dispositivo (texto de acordo com a Lei n. 11.382/2006).

X – títulos e valores mobiliários com cotação em mercado;

Vide Projeto de CPC, art. 792, X.

No penúltimo lugar, na nova ordem de preferência de bens penhoráveis estabelecida pela Reforma da Execução Extrajudicial (Lei n. 11.382/2006), surgem os "títulos e valores mobiliários com cotação em mercado". Veja-se que, na verdade, a previsão legal instituída não é completamente nova porque se trata de texto aperfeiçoado, técnica e redacionalmente, a partir da antiga previsão do inciso IV, do art. 655, que falava singelamente de "títulos de crédito, que tenham cotação em bolsa". O dispositivo sob enfoque é mais abrangente por um lado (porque fala de "cotação em mercado"), e mais restrito, por outro (porque fala de "títulos e valores mobiliários"). Pois bem, para alcançar a compreensão do presente dispositivo, precisamos nos reportar à Lei n. 6.385/76 que dispõe sobre o mercado de valores mobiliários e que os define no seu art. 2º, dizendo: "Art. 2º São valores mobiliários sujeitos ao regime desta Lei: I – ações, debêntures e bônus de subscrição; II – os cupons, direitos, recibos de subscrição e certificados de desdobramento relativos aos valores mobiliários referidos no inciso II; III – os certificados de depósito de valores mobiliários; IV – as cédulas de debêntures; V – as cotas de fundos de investimento em valores mobiliários ou de clubes de investimento em quaisquer ativos; VI – as notas comerciais; VII – os contratos futuros, de opções e outros derivativos, cujos ativos subjacentes sejam valores mobiliários; VIII – outros contratos derivativos, independentemente dos ativos subjacentes; IX – quando ofertados publicamente, quaisquer outros títulos ou contratos de investimento coletivo, que gerem direito de participação, de parceria ou de remuneração, inclusive resultante de prestação de serviços, cujos rendimentos advêm do esforço do empreendedor ou de terceiros". Veja-se, ainda, o que o § 1º deste mesmo art. 2º prescreve: "§ 1º Excluem-se do regime desta Lei: I – os títulos da dívida pública federal, estadual ou municipal; II – os títulos cambiais de responsabilidade de instituição financeira, exceto as debêntures". O que parece interessante observar é que, segundo o disposto neste inciso X que ora nos ocupa, são penhoráveis os títulos e valores mobiliários que tenham "cotação em mercado", o que é, de fato, mais abrangente do que cotação em bolsa, já que o mercado de valores mobiliários compreende tanto as atividades das Bolsas de Valores e das Bolsas de Mercadorias e Futuros (mercados de bolsa), quanto as atividades de outros mercados como os de derivativos (mercado de balcão) (texto de acordo com a Lei n. 11.382/2006).

XI – outros direitos.
Vide Projeto de CPC, art. 792, XI.

Ocupando o último lugar na lista dos bens penhoráveis deste art. 655, vamos encontrar a classe dos "outros direitos", classe mantida intacta na nova ordem preferencial instituída pela Lei n. 11.382/2006 que procedeu apenas a um aperfeiçoamento técnico do texto, deixando para trás a antiga previsão dos "direitos e ações" e substituindo-a pela atual que prevê apenas "outros direitos". Observe-se, entretanto, que apesar do abandono da antiga locução referida, é ela que ainda nos ajuda a compreender o conteúdo disciplinar deste inciso por nos permitir a lembrança do que dispunha o art. 931 do CPC/39 que detalhava expressamente tais direitos: "Art. 931. Consideram-se direitos e ações, para os efeitos de penhora: as dívidas ativas, vencidas ou vincendas, constantes de documentos; as ações reais, reipersecutórias, ou pessoais para cobrança de dívida; as cotas de herança em autos de inventário e partilha e os fundos líquidos que possua o executado em sociedade comercial ou civil". Trata-se, apenas, de uma orientação interpretativa, mas de qualquer forma útil porque nos reporta a algumas formas de penhora que o CPC disciplina, como a penhora de crédito (arts. 671 e 672), a penhora de "direito e ação do devedor" (arts. 673 e 674), a penhora "sobre dívidas de dinheiro a juros, de direito a rendas, ou de prestações periódicas" (art. 675), bem como a "penhora sobre direito que tenha por objeto prestação ou restituição de coisa determinada" (art. 676). Enfim, registre-se que a generalidade e a residualidade da previsão "outros direitos" permitem, de fato, que quaisquer outros direitos, desde que tenham valor sob o ponto de vista econômico, estejam sujeitos à penhora, segundo o dispositivo focalizado (texto de acordo com a Lei n. 11.382/2006).

§ 1º Na execução de crédito com garantia hipotecária, pignoratícia ou anticrética, a penhora recairá, preferencialmente, sobre a coisa dada em garantia; se a coisa pertencer a terceiro garantidor, será também esse intimado da penhora.

Vide Projeto de CPC, art. 792, § 2º.

O regramento sob enfoque – conteúdo do anterior § 2º que a Lei n. 11.382/2006 transformou em § 1º, uma vez que as incumbências atribuídas ao devedor pelo antigo § 1º passaram para o parágrafo único do art. 668 – representa exigência das mais lógicas e naturais quando se cogita de execução de crédito com garantia hipotecária, pignoratícia ou anticrética. De fato, como é da essência dos negócios jurídicos hipoteca, penhor e anticrese a constituição da vinculação de bens ao pagamento de dívidas (CC, arts. 1.225, VIII a X, e 1.419), nada mais curial que a lei do processo explicite a exigência de que a penhora recaia, preferencialmente, sobre a própria coisa dada em garantia caso o executado não efetue o pagamento no prazo de três dias que lhe faculta o *caput* do art. 652, bem como a de que tais credores sejam intimados da penhora. Observe-se que, diferentemente do texto originário, este que ora nos ocupa emprega o vocábulo "preferencialmente", o que se deve à circunstância de que, no momento da realização da penhora, o bem dado em garantia pode ter desaparecido e não ter sido substituído (CC, art. 1.425, IV – pense-se no penhor), pode ter-se deteriorado ou depreciado e não ter sido reforçada a garantia ou substituído o bem (CC, art. 1.425, I) ou, ainda, ter sido desapropriado o bem dado em garantia (CC, art. 1.425, V). Em todos esses casos, a execução de crédito com garantia pode gerar uma penhora que não recaia sobre a própria coisa, destarte. Registre-se, ainda, que a previsão final do texto também é nova: "se a coisa pertencer a terceiro garantidor, será também esse intimado da penhora". Esclareça-se: a previsão focalizada decorre da possibilidade de um terceiro ter prestado garantia real por dívida alheia, o que é perfeitamente admitido pelo art. 1.427 do estatuto civil, de sorte que, como neste caso a coisa a ser penhorada (ou já penhorada) pertence a um terceiro (o terceiro garantidor), este deve necessariamente ser intimado da penhora, exatamente como o executado (art. 652, §§ 1º e 5º) e os credores com garantia real, segundo o texto que emprega o vocábulo "também", o que aponta para a exigência (*v.*, ainda, arts. 594 e 698) (texto de acordo com a Lei n. 11.382/2006).

§ 2º Recaindo a penhora em bens imóveis, será intimado também o cônjuge do executado.

Vide Projeto de CPC, art. 799.

Em razão da expressa revogação do art. 669 pela Lei n. 11.382/2006, o conteúdo disciplinar do seu então parágrafo único foi transportado para o focalizado § 2º deste art. 655, com o que se tornou mais coerente o sistema, uma vez que não apenas a intimação da penhora do executado (art. 652, §§ 1º e 5º) e a intimação dos credores com garantia real (§ 1º deste art. 655) permanecem integrando a presente subseção, como também, agora, a intimação do cônjuge do executado, na hipótese de a penhora recair sobre bem imóvel, passa a integrá-la. Nada mais conveniente. De qualquer forma, o que nos cabe esclarecer é que a intimação do cônjuge não o torna parte da execução (executado é apenas o outro), mas por meio dela abre-se-lhe a oportunidade para defender a sua meação por meio de embargos de terceiro (ação que visará à desconstituição de parte ou de toda a penhora – art. 1.046, § 3º) ou remir a execução (art. 651 c/c o art. 304 do estatuto civil). Tem-se entendido, ainda, que a mulher, dado o evidente interesse jurídico que tem sobre a causa ajuizada em face do marido, tem legitimação para opor embargos à execução se pretender discutir o título em que se funda o processo executivo. Observe-se, por derradeiro: 1) que a intimação do cônjuge é exigida independentemente do regime de bens em vigor, bastando que a penhora tenha recaído sobre imóvel; 2) que a falta de intimação, neste caso, gera nulidade absoluta do processo a partir da penhora; 3) que o ato intimatório do cônjuge deve ser realizado por carta com aviso de recebimento ou por meio de oficial de justiça (texto de acordo com a Lei n. 11.382/2006).

Art. 655-A. Para possibilitar a penhora de dinheiro em depósito ou aplicação financeira, o juiz, a requerimento do exequente, requisitará à autoridade supervisora do sistema bancário, preferencialmente por meio eletrônico, informações sobre a existência de ativos em nome do executado, podendo no mesmo ato determinar sua indisponibilidade, até o valor indicado na execução.

Vide Projeto de CPC, art. 810, caput *e §§ 1º, 2º, 6º a 9º.*

O surgimento do presente art. 655-A – criação inteiramente nova da Lei n. 11.382/2006 que instituiu a Reforma da Execução Extrajudicial – representa a resposta legislativa já há algum tempo esperada para a tormentosa questão da penhora *on-line*. Sua chegada é, portanto, de todo bem vinda porque significa regulamentação por lei federal, pelo CPC, com o que se supera a primeira grande e contundente crítica à sua aplicação que era a afronta ao princípio do devido processo legal (CF, art. 5º, LIV), em face da falta de regramentos básicos do exercício de um poder ilimitado por parte dos nossos juízes e de uma insegurança generalizada, tudo isso proporcionado por simples convênios celebrados com o Banco Central... Pois bem, a primeira consideração interpretativa a ser feita é a de que o texto é claro ao afirmar que a requisição judicial a ser realizada, preferencialmente por meio eletrônico, serve "para possibilitar a penhora de dinheiro em depósito ou aplicação financeira", do que se conclui que, como a penhora só pode ocorrer após decorrido o prazo de três dias para o pagamento da dívida (art. 652, § 1º), a requisição eletrônica não cabe antes da citação para pagar, nem no curso do prazo que dela decorre. Em casos de real urgência (*v. g.*, porque o devedor não citado está prestes a esvaziar suas contas e aplicações para escapar à execução), deve o credor promover uma ação cautelar de arresto preparatória (arts. 796 e 813 a 821) ou iniciar a execução e requerer incidentemente o decreto de uma providência acautelatória, mas desde que justificada plenamente a urgência da medida (art. 615, III). Veja-se que a determinação de indisponibilidade, prevista na parte final do texto, acompanha (ou pode acompanhar) a requisição judicial que, como visto, só é admitida depois do prazo para pagar. Logo, não reconhece o presente regramento o decreto liminar da indisponibilidade, como se pratica, por exemplo, na Justiça do Trabalho. Outra importante dúvida que o texto vem resolver é a relativa à necessidade de provocação da parte ("a requerimento do exequente"), o que torna inconteste a ideia de que a indisponibilidade não pode ser decretada de ofício. Ainda mais, o texto é bastante enfático quanto ao limite valorativo do decreto de indisponibilidade ("até o valor indicado na execução"), o que significa que, em hipótese alguma, o bloqueio dos ativos pode ser superior ao valor postulado pelo exequente. Neste contexto, saliente-se que a decisão pela indisponibilidade (ou bloqueio) deve ser fundamentada, posto que resolve sobre uma postulação do exequente (CF, art. 93, IX; CPC, art. 165, p. final). Por derradeiro, algumas observações sobre a requisição "preferencialmente por meio eletrônico": 1ª) o vocábulo "preferencialmente" reconhece que nem sempre será possível ao juiz requisitar as informações por via eletrônica (há incontáveis comarcas no Brasil que não dispõem de acesso a tal meio tecnológico); 2ª) a atividade da "autoridade supervisora do sistema bancário" demanda regulamentação administrativa; 3ª) a operacionalização da requisição eletrônica deve ser realizada pelo próprio juiz da causa – após o proferimento da decisão motivada nos autos –, o que traz segurança para todos os envolvidos; 4ª) o bloqueio dos ativos financeiros pode dar-se pelo acesso a um ou mais depósitos e/ou aplicações, mas deve respeitar o limite do "valor indicado na execução"; 5ª) o desbloqueio dos ativos há de ser regulamentado administrativamente – e facilitado sob o ponto de vista operacional – para dar plena mobilidade e poder exercitável ao juiz que decidir pelo levantamento imediato da indisponibilidade (texto de acordo com a Lei n. 11.382/2006).

§ 1º As informações limitar-se-ão à existência ou não de depósito ou aplicação até o valor indicado na execução.

Este § 1º sob apreciação estabelece claramente um limite ao poder de informar de que dispõe a autoridade administrativa "supervisora do sistema bancário". De limite ao poder de informar falamos, porque o presente parágrafo prevê expressamente que as "informações [prestáveis pela "autoridade supervisora"] limitar-se-ão à existência ou não de depósito ou aplicação até o valor indicado na execução", isto significando que ela não informará o montante existente nas contas ou nas aplicações, mas apenas que existe (ou não) uma conta ou uma aplicação que dispõe de numerário até o valor indicado na execução. Assim sendo, se o valor presente na conta ou na aplicação é superior ao indicado na execução, do excesso não será informado o juiz (eis a limitação), com o que se preserva, nesta parte, o sigilo bancário; se o valor presente é inferior, é óbvio que o juiz será informado do montante que estará sendo bloqueado, justamente para que se possa viabilizar um segundo bloqueio, observada a mesma limitação, qual seja, o juiz é informado apenas de que a segunda conta ou aplicação é hábil para o bloqueio da diferença, mas não do total nela disponível. Veja-se que se não houver uma segunda conta ou aplicação, disso o juiz será informado, o que permitirá ao exequente postular a penhora de quaisquer dos outros bens relacionados nos incisos do art. 655. A mesma coisa se verificará se a informação obtida pela via eletrônica, *v. g.*, apontar a inexistência de quaisquer depósitos ou aplicações em nome do executado identificado por determinado CPF ou CNPJ (texto de acordo com a Lei n. 11.382/2006).

---

§ 2º Compete ao executado comprovar que as quantias depositadas em conta-corrente referem-se à hipótese do inciso IV do *caput* do art. 649 desta Lei ou que estão revestidas de outra forma de impenhorabilidade.

Vide Projeto de CPC, art. 810, §§ 3º a 5º.

Apesar de o dispositivo em epígrafe localizar-se no contexto normativo da disciplina da chamada penhora *on-line*, sua exploração interpretativa irá além dessa suposta limitação topográfica. Inicialmente, o que nos cumpre esclarecer é que ao mencionar o texto sob exame "as quantias depositadas em conta corrente", ele se refere a montantes em dinheiro disponíveis especificamente "em conta corrente" e não em outros depósitos ou aplicações financeiras, o que se deve ao fato de que o presente regramento só admitirá discussão sobre a impenhorabilidade se se tratar de depósitos "em conta corrente" ou em conta poupança que, para os fins legais aqui estabelecidos, à conta corrente se equiparam; a lei presume a penhorabilidade de ativos financeiros presentes em outros tipos de depósito. A segunda consideração interpretativa que demanda atenção concerne à circunstância de que "as quantias depositadas em conta-corrente" podem assumir diferentes conotações processuais com diferentes consequências técnicas: 1ª) tais quantias depositadas já se encontram bloqueadas (sobre elas o juiz já determinou a indisponibilidade prevista no *caput*); 2ª) tais quantias estão prestes a ser bloqueadas (as informações eletrônicas já foram prestadas, mas o juiz não determinou a indisponibilidade); 3ª) tais quantias são ainda completamente desconhecidas e não foram objeto de qualquer investigação para fins de penhora. No primeiro caso, o executado deve se manifestar nos autos, assim que tiver conhecimento do bloqueio, para demonstrar a impenhorabilidade, vê-la reconhecida e, assim, solicitar o desbloqueio, evitando a penhora; no segundo, o executado deve se manifestar, também prontamente, para arguir a impenhorabilidade e, assim, impedir o bloqueio e a consequente penhora; já no terceiro, o executado pode se antecipar à investigação eletrônica, manifestando-se nos autos e provando a existência da conta antes mesmo de esgotado o prazo de três dias do art. 652, *caput*, com o fim de ver reconhecida a impenhorabilidade desde logo e, assim, precaver-se em relação a eventual bloqueio e à possível penhora (texto de acordo com a Lei n. 11.382/2006).

§ 3º Na penhora de percentual do faturamento da empresa executada, será nomeado depositário, com a atribuição de submeter à aprovação judicial a forma de efetivação da constrição, bem como de prestar contas mensalmente, entregando ao exequente as quantias recebidas, a fim de serem imputadas no pagamento da dívida.

Vide Projeto de CPC, art. 821.

O dispositivo legal que ora nos ocupa estabelece a regulamentação cuidadosa do procedimento a ser observado toda vez que ocorrer a "penhora de percentual do faturamento da empresa executada", prevista pelo inciso VII, do art. 655, com a nova redação que lhe deu a Lei n. 11.382/2006 que instituiu a chamada Reforma da Execução Extrajudicial. Desde logo, o que se deve observar é que tal modalidade de penhora não se confunde com a penhora da própria empresa que o Código disciplina nos arts. 677 e 678, embora com ela guarde algumas semelhanças (*v.* notas respectivas). A primeira semelhança concerne à nomeação do depositário que é ato judicial praticável após a lavratura do auto de penhora do oficial de justiça. Note-se que, embora o texto não preveja a oitiva das partes como ato preparatório da nomeação, aplica-se analogicamente o § 1º do art. 677, a nosso ver, o que garante o contraditório e o aprimoramento qualitativo da decisão interlocutória que o magistrado pronuncia (o § 2º do art. 677 parece-nos incompatível com o presente regramento). Eis aqui, então, a segunda semelhança. Já a terceira diz respeito, evidentemente, à "atribuição de submeter à aprovação judicial a forma de efetivação da constrição" (a previsão final do art. 677, *caput*, fala de "forma de administração" da empresa). Trata-se de um projeto administrativo da própria constrição, por meio do qual se definirão os meios, as formas, os prazos, as condições, os limites e as garantias para que seja possível e viável, sob o ponto de vista econômico-empresarial, a entrega de tempos em tempos das quantias do faturamento "a fim de serem imputadas no pagamento da dívida", como diz a frase final do texto. Registre-se que, embora também aqui não haja previsão de participação das partes como antecedente da aprovação judicial, temos para nós como absolutamente certa tal exigência por aplicação direta do princípio do contraditório previsto na CF (art. 5º, LV). Por derradeiro, lembramos da quarta e última semelhança que reside na obrigação atribuída ao depositário de prestar contas mensalmente, observando-se o disposto no art. 919 do CPC. Por derradeiro, parece relevante consignar que, encontrados outros bens penhoráveis do executado, deve cessar a constrição representada pela penhora de faturamento (texto de acordo com a Lei n. 11.382/2006).

---

§ 4º Quando se tratar de execução contra partido político, o juiz, a requerimento do exequente, requisitará à autoridade supervisora do sistema bancário, nos termos do que estabelece o *caput* deste artigo, informações sobre a existência de ativos tão somente em nome do órgão partidário que tenha contraído a dívida executada ou que tenha dado causa a violação de direito ou ao dano, ao qual cabe exclusivamente a responsabilidade pelos atos praticados, de acordo com o disposto no art. 15-A da Lei n. 9.096, de 19 de setembro de 1995.

O claro objetivo da criação e inserção do presente § 4º neste art. 655-A – pela Lei n. 11.694/2008 – foi o de dar forma processual-executiva ao estabelecimento dos limites à responsabilidade do partido político que o art. 15-A, da Lei n. 9.096/1995 – também criado pela Lei n. 11.694/2008 –, realizou ao dispor: "Art. 15-A. A responsabilidade, inclusive civil, cabe exclusivamente ao órgão partidário municipal, estadual ou nacional que tiver dado causa ao não cumprimento da obrigação, à violação de direito, a dano a outrem ou a qualquer ato ilícito, excluída a solidariedade de outros órgãos de direção partidária". O que se vê, portanto, é que em face da repartição da responsabilidade patrimonial (art. 591 do CPC) entre os órgãos partidários municipal, estadual e nacional, tornou-se necessário fazer surgir no plano do processo civil um regramento paralelo para vincular apenas o patrimônio do órgão que, de alguma forma, contraiu a obrigação à satisfação do débito pela via processual da execução civil. Assim fazendo, o focalizado § 4º deixa claro ao juiz que a busca de informações sobre a existência de ativos, para fins de penhora *on-line* (determinação de indisponibilidade), fica limitada ao órgão partidário (municipal, estadual ou nacional) que tenha contraído a obrigação, restando vedada a penhora de recursos dos órgãos de outro nível político-jurídico que não o expressamente apontado no título executivo judicial ou extrajudicial. Na verdade e a rigor, este

§ 4º nem precisaria existir, uma vez que o art. 15-A mencionado (e transcrito anteriormente), ao limitar expressamente a responsabilidade ao referir todas as possíveis origens da obrigação, já significaria, por si só, barreira intransponível tanto à instauração de uma execução (ação de execução ou fase de cumprimento de sentença), quanto à própria realização do ato de penhora (sob qualquer forma) contra um órgão partidário de nível político-jurídico diferente do apontado como responsável. Seja como for e para não restar qualquer dúvida, é que o presente dispositivo foi construído para reforçar a defesa patrimonial das outras esferas político-jurídicas da agremiação devedora. Por fim, registrem-se três observações interpretativas sobre este § 4º. A primeira no sentido de que a limitação de responsabilidade criada pelo art. 15-A, da Lei n. 9.096/95, atinge também a responsabilidade criminal, o que vai repercutir na execução civil que se instaure com base na sentença penal condenatória transitada em julgado (art. 475-N, II). A segunda, no sentido de que, além da responsabilidade penal, todas as formas de responsabilidade civil estão compreendidas na ampla previsão contida no art. 15-A, da Lei n. 9.096/95. Embora menos abrangente em termos literais, o focalizado § 4º em nada se distingue, quanto à responsabilidade, do seu paralelo material. E, agora, a terceira e última observação: os órgãos de direção partidária não podem ser responsabilizados solidariamente pelo ilícito ou pelo inadimplemento praticado pelo órgão partidário municipal, estadual ou nacional, o que significa processualmente que, *in executivis*, não será possível perseguir bens de integrantes do órgão de direção partidária.

Art. 655-B. Tratando-se de penhora em bem indivisível, a meação do cônjuge alheio à execução recairá sobre o produto da alienação do bem.

Este novo art. 655-B – criação da Lei n. 11.382/2006 que instituiu a chamada Reforma da Execução Extrajudicial – surge no sistema do CPC para dar uma disciplina diferente à situação do cônjuge (normalmente da mulher) que, vendo os bens do casal penhorados por dívidas contraídas pelo marido em execução a ele movida, tentava livrar a sua meação por embargos de terceiro. O presente dispositivo rompe radicalmente com esta solução para estabelecer que "tratando-se de penhora de bem indivisível" (bem do casal, evidentemente), "a meação do cônjuge alheio à execução" (o cônjuge que não figura no polo passivo do processo executivo) "recairá sobre o produto da alienação do bem", isso significa o mesmo que dizer que a meação já não recairá mais sobre a metade do próprio bem, mas apenas sobre a metade do resultado econômico final da expropriação. O que se percebe, desde logo, é que a nova solução representa uma tomada de posição em favor da efetividade da execução por quantia e, por conseguinte, em favor dos credores que não verão mais execuções comprometidas em seu resultado por causa da dificuldade de levar à expropriação apenas 50% de um imóvel, por exemplo. Algumas observações se impõem. A primeira no sentido de que o conceito de bem indivisível é extraído da interpretação *a contrario sensu* do art. 87 do estatuto civil que dispõe: "Art. 87. Bens divisíveis são os que se podem fracionar sem alteração na sua substância, diminuição considerável de valor, ou prejuízo do uso a que se destinam". A segunda concerne ao fato de que, segundo o § 2º do art. 655 deste Código: "§ 2º Recaindo a penhora em bens imóveis, será intimado também o cônjuge do executado" (*v.* nota respectiva). E, finalmente, a terceira no sentido de que o focalizado art. 655-B esvazia, quanto aos bens indivisíveis, para fins de embargos de terceiro, em parte, o § 3º do art. 1.046 que prevê: "Considera-se também terceiro o cônjuge quando defende a posse de bens dotais, próprios, reservados ou de sua meação" (texto de acordo com a Lei n. 11.382/2006).

Art. 656. A parte poderá requerer a substituição da penhora:
Vide Projeto de CPC, arts. 804 e 805.

Este art. 656 – alterado radicalmente em seu conteúdo normativo pela Lei n. 11.382/2006 – apresenta vários significados para o novo sistema da execução civil: em primeiro lugar, porque elimina qualquer resquício da antiga figura da nomeação de bens pelo executado; em segundo, porque coloca o incidente da substituição da penhora logo após a efetivação do ato constritivo pelo oficial de justiça (incisos I a V); em terceiro, porque admite o requerimento, posterior e extraordinário, de substituição pelo executado em caso de ausência de prejuízo (inciso VII); em quarto, porque permite a substituição do próprio ato de penhora, a qualquer tempo, desde que por fiança bancária ou seguro garantia judicial (§ 2º); em quinto, porque faculta ao exequente requerer a substituição uma vez fracassada a tentativa de alienação sob qualquer de suas formas (inciso VI). Como se vê, trata-se de regramento de amplo espectro que impõe modificações profundas ao procedimento da execução por quantia certa. Observe-se, de antemão, que o requerimento de substituição da penhora formulável com fundamento nos cinco primeiros incisos deste art. 656 – quer pelo exequente quer pelo executado, já que o texto se refere genericamente à "parte" – cumpre o papel de permitir o exercício do contraditório acerca da penhora realizada, propósito que não é encontrado nos demais casos de substituição (*v.* nota ao inciso I). Registre-se, também, que os incisos II a V representam critérios objetivos de conveniência legal da realização do ato de penhora, de sorte que acabam assumindo, no sistema, o papel de condições adicionais de penhorabilidade a serem observadas quando do aperfeiçoamento do ato pelo oficial de justiça. Por último, cumpre-nos salientar que, à falta de previsão sobre o prazo para requerer a substituição, incide o disposto no art. 185 do CPC ("não havendo preceito legal nem assinação pelo juiz, será de 5 (cinco) dias o prazo para a prática do ato processual a cargo da parte"), salvo para a hipótese do § 2º, em que a substitutividade se estende até o início da fase de excussão, e para o caso do inciso VI em que efetivamente não há prazo algum para que o exequente a requeira (texto de acordo com a Lei n. 11.382/2006).

I – se não obedecer à ordem legal;

Vide Projeto de CPC, art. 804, I.

Como tivemos a oportunidade de dizer quando comentamos o *caput*, o requerimento de substituição da penhora, fundado em qualquer dos cinco primeiros incisos deste art. 656, significa a viabilização do cumprimento do princípio do contraditório acerca da constrição levada a cabo pelo oficial de justiça, o que é plenamente confirmado por esta previsão legal de abertura. Com efeito, lavrado o auto de penhora, depósito e avaliação (art. 652, § 1º) e juntado aos autos, começa a correr o prazo de cinco dias (art. 185) para que qualquer das partes requeira a substituição da penhora por inobservância da ordem legal de preferência do art. 655. Veja-se que, efetivamente, qualquer das partes pode requerê-la, uma vez que o desrespeito à ordem legal pode estar prejudicando tanto o exequente (*v. g.*, porque foram penhoradas quotas de uma sociedade, quando havia um automóvel), quanto o executado (*v. g.*, porque foi penhorado o percentual de faturamento da empresa quando havia inúmeros bens móveis que podiam fazer frente ao crédito exequendo). O que nos parece relevante observar é que a discussão sobre a ordem de preferência está, de fato, submetida ao regime da preclusão temporal, porque, se há desobediência à ordem, nada justifica a inércia da parte, pelo contrário, deve tomar, desde logo, a iniciativa de provocar o incidente; se se queda inerte, presume-se, é porque concorda que não houve ilegalidade. O que não nos parece razoável é que o executado postergue a discussão, demore para provocar o incidente apenas com o intuito de retardar o início da fase de excussão (parágrafo único do art. 685). A noção de preclusão aqui nos parece fundamental para o sadio desenvolvimento das execuções a partir de agora, até porque uma das ideias centrais da reforma em curso é a celeridade e esta pode ficar comprometida caso entenda-se que não há prazo para a discussão da ordem de preferência das penhoras. Além disso, não podemos olvidar que a ausência de referência a um prazo, no *caput* do art. 656, deve-se à heterogeneidade das hipóteses que constituem fundamentos da substituição e não, absolutamente, ao descuido ou à vontade do legislador reformista de manter aberta indefinidamente a porta da discussão da legalidade da penhora (texto de acordo com a Lei n. 11.382/2006).

II – se não incidir sobre os bens designados em lei, contrato ou ato judicial para o pagamento;

Vide Projeto de CPC, art. 804, II.

O dispositivo sob enfoque – alterado pela Lei n. 11.382/2006 apenas quanto a aspectos formais em relação ao texto que vigorou ao tempo do regime anterior, quando se cogitava de nomeação ineficaz – institui a segunda hipótese de requerimento da substituição da penhora e a vincula fundamentalmente à previsão contida no § 1º do art. 655. Com efeito, de acordo com o texto, a parte poderá requerer a substituição da penhora se a constrição não recaiu sobre os "bens designados em lei", como se dá, *v. g.*, se, numa execução de crédito com garantia hipotecária, pignoratícia ou anticrética, foram penhorados bens outros que não os dados em garantia, não ocorrendo qualquer justificativa para tanto (*v.* nota ao § 1º do art. 655). É possível imaginar, ainda, que o exequente requeira a substituição por conta de uma cláusula contratual expressa, que vinculava determinado bem ao pagamento da dívida, cláusula que tenha sido completamente ignorada pelo oficial de justiça que realizou a penhora (eis a não incidência "sobre os bens designados em [...] contrato"). Trata-se, neste caso, de desrespeito à pré-especificação, no plano do direito material, dos bens sobre os quais deva correr a execução (Celso Neves). Imagine-se, por fim, que numa decisão judicial, que aprova crédito de serventuário da justiça e que constitui título executivo (art. 585, VI), o juiz já tivesse previsto o bem sobre o qual recairia a penhora, e tal determinação fosse desrespeitada pelo meirinho (eis a não incidência "sobre bens designados em [...] ato judicial para pagamento"). Observe-se que, assim como ocorre com a previsão do inciso I, também aqui o exequente ou o executado dispõe do prazo de cinco dias para requerer a substituição sob pena de preclusão (*v.* notas ao *caput* e ao inciso I) (texto de acordo com a Lei n. 11.382/2006).

III – se, havendo bens no foro da execução, outros houverem sido penhorados;

Vide Projeto de CPC, art. 804, III.

A previsão legal contida no presente inciso III, deste art. 656, corresponde à reprodução quase *ipsis litteris* do texto vigente no regime anterior da nomeação ineficaz. Como se vê, nesse passo, o legislador reformista (da Lei n. 11.382/2006) não sentiu nenhuma necessidade de alteração, dada a perfeita adaptabilidade do texto antigo (mantido) aos novos propósitos da substituição da penhora. Muito bem, o que sobre a focalizada prescrição normativa se deve dizer, desde logo, é que ela corresponde a um regramento genérico aplicável à feitura da penhora pelo oficial de justiça em todos os casos previstos pelo art. 655, no sentido de impedir que se penhorem bens situados fora dos limites territoriais da competência do juiz da execução, quando outros, de semelhantes característi-cas (dentro de uma mesma classe, salientamos – *v. g.*, dentro da classe dos veículos de via terrestre ou dos imóveis), houver no foro da execução. Assim como se passa com as hipóteses que examinamos anteriormente (incisos I e II), também aqui a parte tem apenas o prazo de cinco dias para requerer a substituição, sob pena de assistir ao desaparecimento do seu direito subjetivo processual (*v.* nota ao *caput* e ao inciso I já comentados) (texto de acordo com a Lei n. 11.382/2006).

IV – se, havendo bens livres, a penhora houver recaído sobre bens já penhorados ou objeto de gravame;

Vide Projeto de CPC, art. 804, IV.

O presente inciso sob análise – bastante alterado em sua redação pela Lei n. 11.382/2006 se comparado ao antigo inciso IV deste art. 656 – institui outra regra de caráter geral aplicável à realização da penhora pelo oficial de justiça em todas as hipóteses previstas pelo art. 655: os bens livres sempre preferem aos já penhorados ou que já são objeto de gravame dentro de uma mesma classe (*v. g.*, dentro da classe dos bens móveis o mobiliário importado não penhorado – ou não submetido a penhor – prefere ao maquinário que já é objeto de penhora – ou de penhor). Observe-se que o texto faz referência a bens "objeto de gravame", e gravame, no plano material, é tanto o penhor, como a hipoteca ou a anticrese, a cláusula de inalienabilidade, como a de impenhorabilidade; já o gravame processual – desconsiderada a penhora que encontra no texto previsão explícita – é tanto o arresto, como o sequestro, o depósito, a busca e apreensão, a arrecadação, o arrolamento, etc. Registre-se, ainda, que nada impede, numa discussão sobre a substituição da penhora, que o exequente opte por um bem livre de uma classe subsequente se não encontrar, na classe do bem penhorado ou onerado, outro livre sobre o qual possa recair a penhora. Assim como se passa no plano das previsões anteriores (incisos I a III), a parte dispõe do prazo de cinco dias para requerer a substituição, sob pena de preclusão (texto de acordo com a Lei n. 11.382/2006).

V – se incidir sobre bens de baixa liquidez;

Vide Projeto de CPC, art. 804, V.

O dispositivo legal que ora nos ocupa corresponde à primeira real novidade introduzida neste remodelado art. 656 pela Lei n. 11.382/2006. De novidade verdadeiramente se trata, porque a previsão de "baixa liquidez" não se confunde, em absoluto, com a de insuficiência para garantir a execução do texto anterior:

a baixa liquidez significa dificuldade para alcançar expropriação com sucesso econômico; insuficiência significa impossibilidade (no novo regime, a insuficiência só pode provocar a necessidade de ampliação da penhora, do art. 685, e não a substituição da penhora, deste art. 656). Pois bem, verificando-se o aperfeiçoamento de uma penhora de bem de baixa liquidez – liquidez é a facilidade com que um ativo pode ser convertido em dinheiro (Aurélio Buarque de Holanda) –, cabe ao exequente requerer, de imediato, vale dizer, em cinco dias, a substituição do bem penhorado, sob pena de preclusão (*v.* notas ao *caput* e ao inciso I), o que não impedirá, no entanto, novo pedido com base no inciso subsequente, quando se revelar frustrada a alienação judicial (texto de acordo com a Lei n. 11.382/2006).

VI – se fracassar a tentativa de alienação judicial do bem; ou

Vide Projeto de CPC, art. 804, VI.

A segunda novidade, criada e introduzida neste remodelado art. 656 pela Lei n. 11.382/2006, é indubitavelmente a previsão de fracasso da tentativa de alienação judicial como fundamento da substituição da penhora realizada pelo oficial de justiça. Observe-se, quanto a ela, que, diferentemente de todas as anteriores já examinadas, o incidente provocado pelo requerimento de substituição aqui não tem lugar imediatamente após o aperfeiçoamento da penhora (lavratura do auto e juntada), pelo contrário, só se desenvolverá depois da tríplice tentativa de alienação (não requerida a adjudicação, não realizada a alienação particular e frustrada a arrematação em segunda praça ou segundo leilão). Eis um dos motivos por que o *caput* deste art. 656 não podia mesmo estabelecer prazo para o requerimento de substituição: é que se o sistema processual o estabelece para os cinco primeiros casos (*v.* notas ao *caput* e ao inciso I), ele não pode estabelecer para este que nos ocupa, pela simples razão de que a execução é chegada ao final da linha e não se pode impor preclusão a quem não tem mais nada a fazer senão requerer a substituição do bem penhorado para poder voltar a sonhar com a satisfação do seu crédito (texto de acordo com a Lei n. 11.382/2006).

VII – se o devedor não indicar o valor dos bens ou omitir qualquer das indicações a que se referem os incisos I a IV do parágrafo único do art. 668 desta Lei.

Vide Projeto de CPC, art. 804, VII.

A exata compreensão do significado normativo deste inciso VII – criação da Lei n. 11.382/2006 – dentro do contexto disciplinar da remodelada figura da substituição da penhora não é objetivo que se alcança com facilidade. A razão encontra-se na falta de explicitação textual sobre qual seja o pano de fundo em que pode ocorrer a situação descrita no inciso. Mas, afinal, que pano de fundo é este? Ao que parece, a única maneira de dar aplicação ao dispositivo sob enfoque é compreender que ele está relacionado com a postulação da substituição da penhora formulada pelo próprio executado com base em qualquer um dos incisos I a V deste art. 656, o que implica necessariamente o apontamento pelo sujeito passivo de outro bem que possa se sujeitar à penhora (de outra classe, o designado pelo contrato, o bem que exista no foro da execução, o bem livre de gravame ou outro de boa liquidez). Ora, o deferimento da substituição, em qualquer caso, dependerá de o executado provar qualquer das circunstâncias listadas anteriormente e ter feito as indicações previstas no parágrafo único do art. 668, podendo, no entanto, acontecer de ele não conseguir se desincumbir bem dessa tarefa a ponto de inviabilizar a própria substituição. É justamente aqui que incide a previsão focalizada no sentido de que havendo o magistrado indeferido o pedido de substituição por falta de atendimento das exigências legais (parágrafo único do art. 668), mas reconhecendo a violação do art. 656 (por qualquer dos fatos ali previstos), surge a autorização para que o exequente requeira a substituição com base neste inciso VII. Ao CPC interessa primordialmente que se respeite a ordem de preferência para fins de penhora e, para que se cumpra tal desiderato, faculta ao exequente a indicação de outro bem para substituir aquele que foi ilegitimamente penhorado (texto de acordo com a Lei n. 11.382/2006).

---

§ 1º É dever do executado (art. 600), no prazo fixado pelo juiz, indicar onde se encontram os bens sujeitos à execução, exibir a prova de sua propriedade e, se for o caso, certidão negativa de ônus, bem como abster-se de qualquer atitude que dificulte ou embarace a realização da penhora (art. 14, parágrafo único).

Vide Projeto de CPC, art. 803, § 2º.

A circunstância de a presente disposição normativa encontrar-se inserida em um parágrafo deste art. 656, e não em outro qualquer artigo do Livro II, aponta indubitavelmente para a sua relação disciplinar com a figura da substituição da penhora e, mais precisamente, com a previsão contida no inciso VII que acabamos de comentar. Descobrir qual seja a relação entre os dois dispositivos legais é a tarefa a que nos propomos cumprir. De início, o que nos parece relevante observar é que se o inciso VII autoriza o exequente a requerer a substituição na hipótese de o executado não ter se desincumbido do ônus de fazer as indicações exigidas pelo parágrafo único do art. 668 – posto que interessa ao CPC, antes de tudo, o respeito à ordem de preferência do art. 655 (*v.* nota ao inciso VII) –, também verdade é que, em face de circunstâncias alheias à sua vontade, o exequente pode vir a deparar-se com a impossibilidade, ou a enorme dificuldade, de indicar outro bem para a substituição, situação que levará o juiz a interferir. Eis o contexto da aplicação do regramento sob enfoque. Veja-se que, como o executado não fez as indicações exigidas e o exequente, em seguida, não conseguiu apontar outro bem à penhora – em substituição ao que foi ilegitimamente submetido à constrição –, ao magistrado cabe intervir para, com base no presente § 1º e no inciso IV do art. 600, intimar o executado para que este indique "onde se encontram os bens sujeitos à execução", determinando, ainda, que já realize a exibição da "prova de sua propriedade e, se for o caso, certidão negativa de ônus" e, finalmente, advertindo-o para se abster "de qualquer atitude que dificulte ou embarace a realização da penhora", sob pena de incorrer na prática de ato atentatório ao exercício da jurisdição (art. 14, parágrafo único) e na prática de ato atentatório à dignidade da justiça (art. 600, IV), para o caso de não indicação dos bens. O que se percebe, destarte, é que o presente § 1º estabelece seríssimas consequências para o executado que deixa de cumprir as incumbências decorrentes do seu próprio pedido de substituição (inciso VII), na hipótese de o exequente não conseguir levá-la a cabo por sua própria iniciativa. Registre-se, por derradeiro, que nada impede o executado, instado à indicação na forma deste parágrafo, de simplesmente cumprir as determinações, agora, dos incisos do parágrafo único, do art. 668, viabilizando, assim, a substituição originariamente requerida, o prosseguimento da execução e, a um só tempo, livrando-se das pesadas sanções aqui previstas (texto de acordo com a Lei n. 11.382/2006).

---

§ 2º A penhora pode ser substituída por fiança bancária ou seguro garantia judicial, em valor não inferior ao do débito constante da inicial, mais 30% (trinta por cento).

Vide Projeto de CPC, art. 803, § 3º.

Apesar de assumir a forma de parágrafo (§ 2º) deste art. 656, o dispositivo ora focalizado corresponde, na sua essência, a mais uma hipótese em que fica autorizado o requerimento de substituição da penhora, ao lado das sete previstas pelos incisos deste artigo. De fato, o presente regramento apenas cria mais uma autorização, só que endereçada com exclusividade ao executado e instituidora da "fiança bancária ou seguro garantia judicial" como os únicos bens substitutos admissíveis do próprio ato de penhora e, ainda assim, desde que "em valor não inferior ao do débito constante da inicial, mais 30% (trinta por cento)". Como se vê, se as previsões dos setes incisos são genéricas, a previsão deste parágrafo para a substituição é específica, tanto sob o ponto de vista subjetivo, quanto objetivo. Algumas observações interpretativas fazem-se necessárias. A primeira, no sentido de que esta forma particularíssima de substituição não está submetida a prazo certo, podendo ser requerida até mesmo no curso da fase de expropriação. A segunda, no sentido de que é livre a escolha do executado por uma ou outra forma de garantia, mas deve-se ter em conta que o novo instrumento denominado "seguro garantia judicial" precisa ser criado e regulamentado, por lei ou administrativamente, por bancos, seguradoras, etc., para que possa ser utilizado efetivamente. E, finalmente, a terceira, no sentido de que o deferimento da substituição, neste caso, dispensa a lavratura de novo auto de penhora, porque não se trata da substituição do bem que é objeto da penhora, mas do próprio ato da penhora por outro que é a fiança bancária ou o "seguro garantia judicial", disso resultando que, julgados improcedentes os embargos, o juiz determinará diretamente a entrega do dinheiro ao exequente – não há fase de expropriação – e, em caso de não pagamento, intimará o banco fiador ou a companhia seguradora para que realize a garantia com o depósito em juízo do montante devido (texto de acordo com a Lei n. 11.382/2006).

---

§ 3º O executado somente poderá oferecer bem imóvel em substituição caso o requeira com a expressa anuência do cônjuge.

Vide Projeto de CPC, art. 803, § 4º.

O § 3º que ora nos ocupa se relaciona genérica e operacionalmente com todas as previsões dos incisos deste art. 656, na medida em que disciplina um aspecto subjetivo da substituição de qualquer bem penhorado por um imóvel, desde que este imóvel seja oferecido pelo executado. Realmente, deferida pelo juiz a substituição do bem penhorado por qualquer dos motivos já previstos (desobediência à ordem legal, não incidência sobre o bem adequado, incidência sobre bem já gravado, baixa liquidez, etc.) e recaindo, por conta disto, o ônus do oferecimento de outro bem sobre o executado (quer porque ele próprio requereu a substituição, quer porque o exequente requereu mas não conseguiu indicar – *v.* inciso VII e § 1º), se se tratar de imóvel, a concretização da substituição fica condicionada, segundo o texto focalizado, à expressa anuência do cônjuge, exigência que se coloca em paralelo jurídico com o § 2º, do art. 655, tornando desnecessária a intimação posterior do marido ou da mulher para o prosseguimento da execução (texto de acordo com a Lei n. 11.382/2006).

Art. 657. Ouvida em 3 (três) dias a parte contrária, se os bens inicialmente penhorados (art. 652) forem substituídos por outros, lavrar-se-á o respectivo termo.

Este art. 657 – alterado radicalmente em sua configuração redacional pela Lei n. 11.382/2006 que institui a Reforma da Execução Extrajudicial – regula o procedimento a ser obedecido no incidente da substituição da penhora cujo cabimento é detalhadamente disciplinado pelo artigo anterior. Veja-se que se o incidente instaura-se por requerimento escrito dirigido ao juiz da causa pelo exequente ou pelo executado, ele se desenvolve, segundo o presente dispositivo, mediante necessária abertura de vista à parte contrária pelo prazo de três dias, com o que se assegura o cumprimento da garantia do contraditório que permite a prática da dialética, o amadurecimento da discussão e a maior legitimidade da decisão judicial a ser proferida. Note-se que a prática do contraditório aqui envolve ou pode envolver sucessivas manifestações das partes (motivadas principalmente pela prova documental e informações que aportem nos autos), tudo com vista ao alcance de uma decisão justa para o incidente. Observe-se, de outra parte, que a previsão subsequente, do texto sob enfoque, refere-se à situação mais comum verificável em execuções que é a da penhora ter sido realizada inicialmente, logo após o decurso do prazo três dias para pagamento (art. 652, § 1º). Pois bem, neste caso, estabelece o regramento em epígrafe – embora de maneira imperfeita sob a ótica redacional – que, deferida a substituição pelo juiz (por decisão interlocutória), ato contínuo, será determinada a lavratura do respectivo termo (o termo de substituição da penhora) precedido, no entanto, de outro, qual seja, o de levantamento da penhora do bem que está sendo substituído. Consigne-se, ainda neste diapasão, que o requerimento de substituição e a conseguinte decisão deferitória podem ter como objeto o próprio bem substituto, o que pode acontecer, *v. g.*, nas hipóteses enquadráveis nos incisos V e VI do artigo anterior, desencadeando novamente a aplicação do presente art. 657 (texto de acordo com a Lei n. 11.382/2006).

Parágrafo único. O juiz decidirá de plano quaisquer questões suscitadas.
Vide Projeto de CPC, art. 809, parágrafo único.

Dada a circunstância topográfica de o presente dispositivo figurar como parágrafo único deste art. 657, que regula o processamento do incidente da substituição da penhora, afigura-se-nos como que inevitável pensar na sua significação, pelo menos a princípio, à luz de tal contexto. Pois bem, ao afirmar a lei que "o juiz decidirá de plano quaisquer questões suscitadas", o que ela parece querer dizer é que todas as dúvidas surgidas a respeito da concretização processual da substituição do bem penhorado – ou da própria penhora por fiança bancária ou seguro garantia judicial na hipótese prevista pelo § 2º, do art. 656 – hão de ser resolvidas de pronto pelo juiz, uma vez que a decisão de substituir já se encontra tomada. São exemplos dessas questões: *a)* dúvida sobre o bem a substituir, entre os vários penhorados; *b)* dúvida sobre o bem substituto; *c)* dúvida sobre a documentação apresentada ou faltante; *d)* dúvidas sobre a formalização do termo de levantamento ou de substituição; *e)* dúvida sobre a substituição do depositário; *f)* dúvida sobre o valor ou sobre a avaliação do bem substituto; *g)* dúvida sobre o estado ou a localização dos bens substitutos; *h)* dúvidas sobre a administração no caso de penhora de faturamento da empresa; *i)* dúvidas sobre a continuação ou paralisação da operação de navios e aeronaves, etc. Não se perca de vista, entretanto, que todas essas dúvidas podem surgir muito tempo depois do deferimento e da concretização da substituição, mas enquanto os bens ainda permanecem sob a constrição judicial, de sorte que, também em momentos posteriores, o juiz pode ser chamado a decidir "de plano quaisquer questões suscitadas", com base legal no focalizado parágrafo único, deste art. 657 (texto de acordo com a Lei n. 11.382/2006).

Art. 658. Se o devedor não tiver bens no foro da causa, far-se-á a execução por carta, penhorando-se, avaliando-se e alienando-se os bens no foro da situação (art. 747).

Vide Projeto de CPC, art. 801, § 2º.

A regra jurídica sob análise excepciona expressamente o princípio segundo o qual o juiz do processo de conhecimento é o juiz da execução e seus incidentes (art. 575, II). É que, por força de outro princípio – o da economia –, parece curial que onde estejam os bens, aí se os penhorem, avaliem e praceiem, voltando o processo à sua competência originária após a conversão dos bens penhorados em dinheiro (Celso Neves). Observe-se que, de acordo com o art. 747, expressamente referido (*v.* nota), o poder que se delega ao juízo deprecado não envolve o de comandar e julgar os embargos do devedor (arts. 736 a 740 e 745), nem os embargos de retenção (art. 745, IV), os embargos à arrematação e à adjudicação (art. 746), salvo se qualquer desses embargos versar exclusivamente sobre "vícios ou defeitos da penhora, avaliação ou alienação dos bens", segundo o disposto no art. 747, com a redação que lhe deu a Lei n. 8.953/94 (*v.* nota). Observe-se, por fim, que, segundo o § 5º do art. 659, "quando apresentada certidão da respectiva matrícula, a penhora de imóveis, independentemente de onde se localizem, será realizada por termo nos autos". Esse parágrafo do art. 659 excepciona, portanto, a disciplina imposta pelo presente art. 658.

Subseção III
Da Penhora e do Depósito

Vide Projeto de CPC, arts. 794 a 800

(Subseção II – Da Documentação da Penhora, de seu Registro e do Depósito).

Art. 659. A penhora deverá incidir em tantos bens quantos bastem para o pagamento do principal atualizado, juros, custas e honorários advocatícios.

Vide Projeto de CPC, art. 788.

O focalizado art. 659, com a redação que lhe deu a Lei n. 11.382/2006 – instituidora da chamada Reforma da Execução Extrajudicial –, corresponde à complementação normativa do também modificado art. 652, cujo *caput* estabelece o prazo de três dias para o pagamento da dívida e cujo § 1º autoriza o oficial de justiça a proceder, de imediato, à penhora de bens caso o executado não efetue o pagamento tempestivamente. Pois bem, a penhora – que, segundo o texto, deve incidir "em tantos bens quantos bastem para o pagamento do principal atualizado, juros, custas e honorários advocatícios" – pode ser conceituada como o ato jurídico processual executivo que fixa a responsabilidade patrimonial do executado sobre um ou mais bens individualizados do seu acervo, proporcionando a sua apreensão e conservação pelo depósito, com vista ao escopo expropriatório da execução por quantia e à satisfação efetiva do direito do credor (art. 646). Note-se, ainda, que o aperfeiçoamento da penhora cria determinados direitos processuais, tais como o direito de preferência (espécie de direito real – art. 612), o direito de sequela (direito de perseguir o bem penhorado onde quer que ele esteja, não importando as mãos de quem o detenha – § 1º à frente –, do que decorre a ineficácia, perante o processo, de quaisquer alienações), e o direito de vê-la reconhecida incidentemente na execução (fraude de execução – art. 593, II). Por derradeiro, registre-se que o aperfeiçoamento formal da penhora depende da lavratura, pelo oficial de justiça ou pelo escrivão (ou chefe de secretaria), do respectivo auto ou termo de penhora, depósito e avaliação (art. 652, § 1º), observados os requisitos previstos pelo art. 665 deste Código (texto de acordo com a Lei n. 11.382/2006).

---

§ 1º Efetuar-se-á a penhora onde quer que se encontrem os bens, ainda que sob a posse, detenção ou guarda de terceiros.

Vide Projeto de CPC, art. 801, caput

Este § 1º que ora nos ocupa – modificado em sua redação pela Lei n. 11.382/2006 que eliminou do dispositivo a referência aos bens localizados em repartição pública e à respectiva requisição ao chefe para viabilizar o ato constritivo – trata da dimensão espacial do poder conferido ao oficial de justiça para realizar a penhora ao prever expressamente que a constrição efetuar-se-á "onde quer que se encontrem os bens, ainda que sob a posse, detenção ou guarda de terceiros". Veja-se que neste poder conferido ao meirinho – *longa manu* do magistrado – insere-se a autorização para, antes, procurar os bens penhoráveis onde quer que eles supostamente se encontrem, típico poder-meio, ou poder instrumental, voltado à viabilização do exercício do poder-fim que é o de efetivamente apreender bens do executado a título de penhora. Observe-se, neste diapasão, que tanto o poder-meio, quanto o poder-fim mencionado, esbarra em três limites objetivamente detectáveis: primeiro, o limite geográfico do poder jurisdicional do magistrado (competência territorial); segundo, o limite representado pela propriedade de terceiros (a propriedade cabalmente demonstrada impede o oficial de penhorar, não assim a mera posse, detenção ou guarda); terceiro, o limite representado pelo pequeno valor dos bens em comparação com o crédito (§ 2º deste art. 659). Observe-se que o texto reformado explicita o não impedimento representado pela posse, detenção ou guarda de terceiros, porquanto tais manifestações de poder de fato não comprometem nem eliminam a propriedade sobre a coisa, de sorte que baste a constatação de que o executado é proprietário para que isto viabilize a penhora e o correspondente escopo jurisdicional de expropriação do bem apreendido (*v.* CC, arts. 1.196 e 1.198, sobre os conceitos de possuidor e detentor; do conceito de detentor, *a contrario sensu*, alcança-se o conceito de guarda ou guardador) (texto de acordo com a Lei n. 11.382/2006).

---

§ 2º Não se levará a efeito a penhora, quando evidente que o produto da execução dos bens encontrados será totalmente absorvido pelo pagamento das custas da execução.

Vide Projeto de CPC, art. 793, caput

A *ratio* do dispositivo está no fato de que a desproporção entre o valor dos bens e o valor do crédito exequendo, nos termos da previsão, gera inexoravelmente a ineficiência da atividade processual que se desenvolva a partir da penhora, posto que não se alcançará o atendimento da pretensão satisfativa. A decisão de não penhorar é do oficial de justiça, mas deve estar fundada em informações objetivas expressas na sua certidão (*v.* § 3º), uma vez que o credor poderá requerer ao juiz da causa o proferimento de decisão contrária e somente tendo em conta tais informações poderá o juiz avaliar o acerto ou desacerto do ato do meirinho.

---

§ 3º No caso do parágrafo anterior e bem assim quando não encontrar quaisquer bens penhoráveis, o oficial descreverá na certidão os que guarnecem a residência ou o estabelecimento do devedor.

Vide Projeto de CPC, art. 793, parágrafo único.

Complementando a disciplina imposta à decisão do oficial de justiça de não penhorar bens do executado por desproporção de valor, estabelece a previsão sob comentário a absoluta necessidade da descrição referida, uma vez que somente por meio dela poderá o magistrado avaliar e declarar a legalidade ou ilegalidade do ato do oficial de justiça, o que provocará a decisão judicial de não penhorar aqueles bens (atacável por agravo pelo exequente), ou a decisão de penhorá-los a ser cumprida pelo próprio oficial mediante aditamento do mandado (tal decisão poderá ser atacada pelo executado por meio de embargos – art. 745, II ou III).

---

§ 4º A penhora de bens imóveis realizar-se-á mediante auto ou termo de penhora, cabendo ao exequente, sem prejuízo da imediata intimação do executado (art. 652, § 4º), providenciar, para presunção absoluta de conhecimento por terceiros, a respectiva averbação no ofício imobiliário, mediante a apresentação de certidão de inteiro teor do ato, independentemente de mandado judicial.

Vide Projeto de CPC, art. 800, caput

O dispositivo com o qual nos defrontamos foi ligeiramente alterado em sua redação pela Lei n. 11.382/2006 – que institui a Reforma da Execução Extrajudicial – apenas para que dele ficasse constando a remissão ao art. 652, § 4º (no lugar da antiga remissão ao art. 669), bem como para que fosse inserida a locução "respectiva averbação" (no lugar da antiga "respectivo registro"). Nada mais. Por tal motivo, reproduzimos a seguir o que já havíamos escrito sobre este importante parágrafo que tinha sido bastante modificado e ampliado pela Lei n. 10.444/2002. Senão vejamos. O parágrafo sob enfoque cumpre no sistema do processo de execução um papel de extrema importância por, pelo menos, três razões. Em primeiro lugar, porque mantém explícita a dupla feição documental, instituída pela Reforma de 1994, que pode assumir o ato executivo penhora, vale dizer, porque autoriza a sua formalização tanto por auto (ato do oficial de justiça, fora do cartório), quanto por termo (ato do escrivão, dentro do cartório). Em segundo lugar, porque mantém a obrigatoriedade da averbação da penhora no Cartório de Registro de Imóveis, também instituída em 1994, potencializando, no entanto, ao máximo, a sua eficácia ("para presunção absoluta de conhecimento por terceiros"). E, finalmente, em terceiro lugar, porque, inovando em relação ao texto anterior, torna claro e inequívoco que a averbação no ofício imobiliário não é requisito de validade, nem de eficácia da penhora, mas tão somente ato complementar. Algumas considerações interpretativas se fazem aqui necessárias. Inicialmente, registre-se que a lavratura do termo de penhora, de que cogita o texto, pelo escrivão (ou chefe de secretaria) pode decorrer tanto da indicação de bens pelo exequente, que hoje pode ser realizada com a petição inicial da execução (art. 652, § 2º), quanto da própria indicação do executado no prazo de pagamento (art. 652, *caput*), que absolutamente não se encontra proibida pelo novo regime, ou, ainda, da indicação do executado fundada nos arts. 600, IV, e 656, § 1º ou § 3º (*v.* notas respectivas). Outra observação que merece destaque concerne ao fato de que o presente parágrafo não estabelece prazo para a averbação da penhora (o texto diz apenas "cabendo ao exequente, sem prejuízo [...], providenciar, para presunção [...], a respectiva averbação [...]"), do que se infere que a demora desfavorece ao exequente que não poderá invocar em litígio com terceiro (embargos de terceiro) a presunção de conhecimento. Consigne-se, ainda, que este § 4º facilita enormemente a formalização da averbação da penhora (Lei n. 6.015/73, art. 167, I, n. 5) ao estabelecer que ela não depende de mandado judicial, mas apenas da "apresentação de certidão de inteiro teor do ato" (da penhora) que lavre o escrivão a requerimento do exequente. Por derradeiro, duas palavras sobre a eficácia da averbação: tratando-se de "presunção absoluta", como diz o texto, a consequência disto é que não será possível ao terceiro, ainda que de boa-fé, alegar que desconhecia o ato de penhora para tentar livrar o imóvel adquirido, via embargos, da sujeição ao processo (texto de acordo com a Lei n. 11.382/2006).

---

§ 5º Nos casos do § 4º, quando apresentada certidão da respectiva matrícula, a penhora de imóveis, independentemente de onde se localizem, será realizada por termo nos autos, do qual será intimado o executado, pessoalmente ou na pessoa de seu advogado, e por este ato constituído depositário.

Vide Projeto de CPC, art. 801, § 1º.

A primeira parte deste parágrafo – introduzido no sistema da execução por quantia certa pela Lei n. 10.444/2002 – institui a penhora por termo nos autos de quaisquer imóveis situados no território brasileiro, desde que apresentada a certidão da respectiva matrícula nos autos do processo de execução. O que se percebe, desde logo, então, é que o requisito essencial para o aperfeiçoamento dessa forma de penhora incidente sobre quaisquer imóveis, ainda que situados fora da comarca por onde tramita o feito executivo, é que de alguma maneira ocorra a apresentação da certidão da respectiva matrícula. Observe-se que, ao se referir o texto aos "casos do § 4º", o que desejou a lei foi abrir espaço para que a penhora desse § 5º ocorra tanto na hipótese de o executado indicar bens à penhora (arts. 652 e 655), seguindo-se a exibição da prova de propriedade dos bens (art. 656, § 1º), quanto naquela outra em que o próprio exequente realiza a indicação de bens, siga-se a apresentação por ele mesmo da certidão a que alude a regra sob enfoque; nos dois casos, desde, é claro, que apresentada a certidão, penhorar-se-á o imóvel por termo nos autos lavrados pelo escrivão. Ainda nesse diapasão, registre-se que, com a vigência desse § 5º, a normatividade do art. 658, do CPC, ficou limitada aos casos em que, por um motivo ou por outro, a certidão da matrícula não for apresentada ao juízo da execução. Mas o dispositivo sob enfoque não parou na regulamentação dessa forma de penhora. O presente § 5º estabelece que, formalizada a penhora com a lavratura do respectivo termo, o executado seja intimado do ato constritivo na pessoa de seu advogado, intimação esta que também resulta na constituição *ex vi legis* do próprio executado como depositário dos bens penhorados. Em outras palavras, lavrado o termo de penhora, dispensa-se a intimação pessoal do executado – um dos grandes motivos da morosidade das execuções por quantia nas últimas décadas –, bastando para isto que ele já tenha constituído um advogado para a causa, com procuração nos autos, advogado este na pessoa de quem o executado será intimado. Acerca dessa intimação, vale a pena consignar que ela deverá ser feita por simples publicação no *Diário Oficial* ou por meio do correio (art. 652, § 4º, observado o disposto no art. 238, parágrafo único). Por derradeiro, observe-se que a constituição automática do depositário é fenômeno processual que se aplica também à penhora de móveis ou semoventes, etc., desde que o sujeito passivo tenha advogado constituído nos autos (*v.* nota ao art. 657).

---

§ 6º Obedecidas as normas de segurança que forem instituídas, sob critérios uniformes, pelos Tribunais, a penhora de numerário e as averbações de penhoras de bens imóveis e móveis podem ser realizadas por meios eletrônicos.

Vide Projeto de CPC, art. 794.

O presente § 6º – criação da Lei n. 11.382/2006 que nos trouxe a chamada Reforma da Execução Extrajudicial – surge no cenário do Livro II para instituir formalmente a admissibilidade do emprego do meio eletrônico para a realização da penhora de numerário, bem como para a realização das averbações de penhoras de bens móveis e imóveis. Na verdade, a regra em questão apenas explicita algo que o recém-criado § 2º, do art. 154 deste CPC, já houvera reconhecido de forma genérica ao proclamar: "§ 2º Todos os atos e termos do processo podem ser produzidos, transmitidos, armazenados e assinados por meio eletrônico" (*v.* nota). Lembramos, entrementes, que a definição de meio eletrônico nos é dada pelo art. 1º, § 2º, I, da Lei n. 11.419/2006, onde se lê: "§ 2º Para o disposto nesta Lei, considera-se: I – meio eletrônico qualquer forma de armazenamento ou tráfego de documentos e arquivos digitais". Pois bem, ao estabelecer o focalizado § 6º que a penhora de numerário pode ser realizada por meio eletrônico, nada mais faz este dispositivo que complementar a disciplina criada pelo art. 655-A que trata da requisição de informações bancárias e da determinação eletrônica da indisponibilidade de ativos financeiros; de complementação falamos porque o § 6º em questão agora reconhece a penhora a ser praticada direta e eletronicamente pelo próprio magistrado de dentro de seu gabinete. Já no que concerne à atribuição conferida aos tribunais pelo CPC para criarem "normas de segurança [...] sob critérios uniformes", duas considerações merecem registro: a primeira, no sentido que a lei federal reconhece a conveniência de que cada estado da federação tenha liberdade para estabelecer formalidades, padrões tecnológicos e dispositivos de segurança compatíveis com a sua realidade para os fins propostos (penhoras de dinheiro e averbações de penhoras); a segunda, no sentido de que a regulamentação estadual, vista pela ótica de registros públicos, nada mais significa que uma outra forma de disciplinar e fiscalizar as atividades do foro extrajudicial, atribuição administrativa comum do Poder Judiciário (texto de acordo com a Lei n. 11.382/2006).

Art. 660. Se o devedor fechar as portas da casa, a fim de obstar a penhora dos bens, o oficial de justiça comunicará o fato ao juiz, solicitando-lhe ordem de arrombamento.

Vide Projeto de CPC, art. 802, caput

O que o texto quer deixar claro é que o oficial de justiça, ainda que *longa manu* do magistrado, não pode praticar espontaneamente o ato de arrombamento, que é expressão material do poder de polícia conferido aos órgãos jurisdicionais (arts. 125 e 600, III): a prática desse ato dependerá sempre de expressa autorização do juiz veiculada formalmente por mandado. Expedido o mandado, agora sim o oficial de justiça, acompanhado de outro (art. 661), poderá, com ou sem auxílio da força pública (polícia militar ou civil, exército, etc. – *v.* art. 662), arrombar portas, móveis, gavetas, etc., de sorte a encontrar bens que possam ser penhorados.

Art. 661. Deferido o pedido mencionado no artigo antecedente, dois oficiais de justiça cumprirão o mandado, arrombando portas, móveis e gavetas, onde presumirem que se achem os bens, e lavrando de tudo auto circunstanciado, que será assinado por duas testemunhas, presentes à diligência.

Vide Projeto de CPC, art. 802, § 1º.

A exigência de que o cumprimento da ordem de arrombamento se realize por dois oficiais de justiça, na presença de pelo menos duas testemunhas, prende-se evidentemente à necessidade de cercar esse ato de agressão física ao patrimônio do devedor de toda a segurança possível. Se o escopo executivo de satisfação do crédito não pode prescindir de atos de força, o direito processual que os disciplina também não pode prescindir da outorga ao devedor de um mínimo de garantia para que o arrombamento não ultrapasse os limites da estrita legalidade. Auto circunstanciado é sinônimo de auto minucioso que descreva com detalhes tudo o que se passar no curso da diligência de arrombamento.

Art. 662. Sempre que necessário, o juiz requisitará força policial, a fim de auxiliar os oficiais de justiça na penhora dos bens e na prisão de quem resistir à ordem.

Vide Projeto de CPC, art. 802, § 2º.

O texto deixa claro que nem sempre a requisição de reforço policial – que se dá pela expedição de ofício ao chefe da respectiva força – é necessária para a efetivação do ato coercitivo de arrombamento. Logo, a conclusão a que se chega é a de que o próprio oficial de justiça pode realizá-lo se não encontrar obstáculo pessoal ou material intransponível (do primeiro, *v. g.*, a ameaça dirigida ao meirinho; do segundo, a incapacidade técnica para abrir uma porta, um cofre, etc.). Observe-se, ainda, que a norma também está a autorizar *a contrario sensu* o oficial a dar ordem de prisão e a realizá-la contra quem manifestar resistência à penhora (*v.*, ainda, art. 825, parágrafo único, e CP, art. 329).

Art. 663. Os oficiais de justiça lavrarão em duplicata o auto de resistência, entregando uma via ao escrivão do processo para ser junta aos autos e a outra à autoridade policial, a quem entregarão o preso.

Vide Projeto de CPC, art. 802, § 3º.

A regra, como se vê, pressupõe a consumação da prisão daquele que se opõe ao cumprimento da ordem judicial de penhora. Realizada a prisão pelo meirinho – com ou sem auxílio policial (art. 662) –, o que a lei exige é que seja lavrado auto de resistência, que é a declaração formal, com fé pública, de que teve lugar a resistência prevista no artigo anterior. Note-se que o oficial não lavra auto de prisão em flagrante, que é ato afeto à autoridade policial exclusivamente (*v.* parágrafo único e nota).

Parágrafo único. Do auto de resistência constará o rol de testemunhas, com a sua qualificação.

Vide Projeto de CPC, art. 802, § 4º.

Com base no auto de resistência lavrado pelos oficiais de justiça é que a autoridade policial elaborará o respectivo auto de prisão em flagrante. É justamente por causa desse motivo – a necessidade de instauração do inquérito para a apuração do crime previsto pelo art. 329 do CP – que este parágrafo institui a exigência de que do auto de resistência conste o rol de testemunhas. As testemunhas que devem ser arroladas são aquelas que presenciaram a resistência e a prisão efetuada.

Art. 664. Considerar-se-á feita a penhora mediante a apreensão e o depósito dos bens, lavrando-se um só auto se as diligências forem concluídas no mesmo dia.

Vide Projeto de CPC, art. 796, caput.

A norma jurídica sob apreciação estabelece explicitamente a exigência de que se realize o depósito dos bens para que se considere aperfeiçoado formalmente o ato de constrição. Isto quer dizer que, embora substancialmente distintos, a lei considera o depósito como elemento de integração da penhora (Celso Neves), o que significa atribuir àquele ato a condição de requisito formal deste. Entretanto, apesar dessa unidade na forma, o próprio texto examinado, na sequência, deixa claro que dois autos separados podem ser lavrados, sem prejuízo da validade da penhora, mas apenas na hipótese de não ser possível nomear depositário no mesmo dia (*v.* nota ao art. 665, IV).

Parágrafo único. Havendo mais de uma penhora, lavrar-se-á para cada qual um auto.

Vide Projeto de CPC, art. 796, parágrafo único.

A multiplicidade de penhoras a que alude a disposição atrela-se à possibilidade de as diligências se prolongarem por vários dias, caso em que para cada dia será lavrado um auto autônomo em obediência à norma contida no *caput*. Se várias diligências ocorreram no mesmo dia, basta a lavratura de um único auto. Como a lei não faz qualquer discriminação, pouco importa a natureza dos bens apreendidos (móveis ou imóveis) para os fins da presente regra.

Art. 665. O auto de penhora conterá:

Vide Projeto de CPC, art. 795, caput

Esse artigo elenca o rol dos requisitos que devem ser preenchidos pelo documento que veicula formalmente a penhora (o auto de penhora). Trata-se, portanto, dos requisitos de que dependem a existência e a regularidade formal desse ato executivo.

I – a indicação do dia, mês, ano e lugar em que foi feita;

Vide Projeto de CPC, art. 795, I.

A exigência constante deste inciso visa a situar processualmente no tempo o ato de penhora – o que repercute sobre a constituição do direito de preferência a que aludem os arts. 612 e 613 – bem como estabelecer registro do ponto geográfico em que teve lugar – o que permite a verificação da sua validade em face dos limites territoriais impostos à atividade do oficial de justiça.

II – os nomes do credor e do devedor;
Vide Projeto de CPC, art. 795, II.

A perfeita e completa identificação das partes envolvidas no processo de execução de que emanou a ordem judicial de penhora é elemento imprescindível à regularidade desse ato, posto que, a um só tempo, fundamenta e legitima a sua prática, permitindo, assim, o controle de legalidade. Além da identificação das partes é de todo recomendável que o oficial refira expressamente no auto o número da vara, dos autos e o nome do juiz.

III – a descrição dos bens penhorados, com os seus característicos;
Vide Projeto de CPC, art. 795, III.

Trata-se de requisito formal da penhora que pode assumir duas dimensões processuais completamente distintas: se, simplesmente, não existe no auto identificação alguma do bem, penhora não há por falta de objeto (aqui o requisito é de existência); se, por outro lado, identificação existe, mas a descrição com seus característicos não é perfeita, ao juiz se impõe avaliar e declarar a sua regularidade ou não, cabendo, neste último caso, a ordem de correção (aqui o requisito é de validade ou regularidade). O problema da identificação pode assumir gravidade tanto em relação aos móveis quanto em relação aos imóveis (*v.* arts. 656, VII, e 668, parágrafo único).

IV – a nomeação do depositário dos bens.
Vide Projeto de CPC, art. 795, IV.

Dada a normatividade contida no art. 664, o aperfeiçoamento formal da penhora depende da realização do depósito, como visto – além da realização da avaliação conforme os arts. 475-J e 652, § 1º –, de sorte que sem a nomeação de depositário e sua assinatura, no auto, a penhora não está formalizada para fins processuais; com a Reforma da Execução Extrajudicial, exige-se agora também a elaboração do laudo de avaliação pelo oficial de justiça (arts. 680 e 681). Quanto à nomeação especificamente, é importante observar que o novo § 1º, do art. 666, afirma que somente com expressa anuência do exequente ou nos casos de difícil remoção os bens serão depositados em poder do executado. Veja-se, então, que não sendo nomeado o executado, qualquer terceiro ou o próprio exequente pode assumir o *munus.* Observe-se, entretanto, que de acordo com o § 5º, do art. 659, na hipótese ali prevista, a constituição do executado como depositário decorre da própria lei, *ex vi legis* (*v.* nota).

Art. 666. Os bens penhorados serão preferencialmente depositados:
Vide Projeto de CPC, art. 797, caput.

O *caput* deste art. 666 foi completamente modificado em sua redação pela Lei n. 11.382/2006 – que institui a Reforma da Execução Extrajudicial – com o claro objetivo de eliminar da ordem de preferência dos depositários o executado que, no regime anterior, ocupava a posição de primazia justamente em função do que dispunha o presente dispositivo ("Se o credor não concordar em que fique como depositário o devedor, depositar-se-ão:"). À falta de discordância expressa do exequente, o executado acabava quase sempre nomeado depositário. Veja-se que a nova e singela redação do *caput* deste art. 666, que não fala mais de devedor, nem de concordância do credor, significa um rompimento radical com o passado, porque deixa o executado de fora do rol dos depositários, sinalizando uma inversão da lógica processual que vem consagrada no também novo § 1º, que admite deixar-se de lado as preferências estabelecidas pelos três incisos abaixo, mas apenas na hipótese de "expressa anuência do exequente ou nos casos de difícil remoção", quando, aí sim, "os bens poderão ser depositados em poder do executado" (*v.* nota ao mencionado § 1º) (texto de acordo com a Lei n. 11.382/2006).

I – no Banco do Brasil, na Caixa Econômica Federal, ou em um banco, de que o Estado-Membro da União possua mais de metade do capital social integralizado; ou, em falta de tais estabelecimentos de crédito, ou agências suas no lugar, em qualquer estabelecimento de crédito, designado pelo juiz, as quantias em dinheiro, as pedras e os metais preciosos, bem como os papéis de crédito;
Vide Projeto de CPC, art. 797, I.

A longa e exaustiva previsão legal sob enfoque fala por si mesma, merecendo realce apenas a circunstância de que a preferência que repousa sobre as instituições de crédito oficiais se funda na ideia de outorgar mais segurança aos bens penhorados. Observe-se que, salvo em relação à Justiça Federal, que exige depósito na CEF (Lei n. 9.289/96 – Regimento de Custas da Justiça Federal), o depósito de dinheiro a título de pagamento ou indicação de bens em qualquer instituição bancária ligada à Justiça não depende de autorização judicial e, também, que a sua posterior conversão em penhora identicamente prescinde de qualquer comunicação do juiz. Observe-se, por fim, que a Lei

n. 9.703/98 regula os depósitos judiciais e extrajudiciais de valores referentes a tributos e contribuições federais, depósitos que, identicamente, deverão ser feitos na CEF.

II – em poder do depositário judicial, os móveis e os imóveis urbanos;

Vide Projeto de CPC, art. 797, II.

Não se tratando de depósito de dinheiro, nem de pedras e metais preciosos ou papéis de crédito (inciso I) e na impossibilidade de ser nomeado depositário o próprio executado (*v.* § 1º à frente), resta a solução alvitrada pelo presente dispositivo para os bens móveis em geral e imóveis urbanos: a nomeação de depositário público. Registre-se, entretanto, que a viabilidade dessa proposição legal, que prioriza o depositário público em detrimento do depositário particular (inciso III – *v.* nota), sempre dependerá da existência na comarca de depositário público, o que não ocorre com frequência, de sorte que, à falta deste, a nomeação de um particular para o *munus* do depósito de móveis em geral e imóveis urbanos acabará representando a solução mais prática e barata para a guarda e conservação dos bens (arts. 148 e 150).

III – em mãos de depositário particular, os demais bens.

Este inciso III sob enfoque – alterado em sua redação pela Lei n. 11.382/2006 que eliminou a frase final ("na forma prescrita na Subseção V deste Capítulo") do texto anteriormente em vigor – coloca em terceiro lugar, na ordem dos depositários dos bens penhorados, o depositário particular, com a incumbência residual de guardar e conservar "os demais bens". Observe-se que se para dinheiro, pedras, metais e papéis de crédito a lei prefere instituições bancárias (inciso I) e para móveis em geral e imóveis urbanos a preferência recai sobre o depositário público (inciso II), para todos os demais bens penhorados a preferência repousa sobre o depositário particular que se ocupará, então, dos veículos de via terrestre, imóveis rurais, navios e aeronaves, ações e quotas, percentual do faturamento de empresa, títulos da dívida pública, títulos e valores mobiliários e outros direitos (art. 655, II, IV a VII e IX a XI, respectivamente). Registre-se, entretanto, que tais preferências da lei podem ceder nas hipóteses de "expressa anuência do exequente ou nos casos de difícil remoção", quando, então, "os bens poderão ser depositados em poder do executado" (*v.* nota ao § 1º a seguir). Por último, saliente-se que na hipótese de o juiz, a requerimento ou de ofício, reconhecer a conveniência de desrespeitar as preferências deste art. 666, nada o impede por exemplo, de nomear um depositário particular para um imóvel urbano, um público para automóveis ou uma instituição bancária para custodiar títulos de qualquer espécie, fazendo constar do mandado executivo tal autorização prévia ou ratificando, em momento posterior, a nomeação informalmente autorizada e formalizada pelo oficial de justiça (*longa manu* do magistrado) (texto de acordo com a Lei n. 11.382/2006).

---

§ 1º Com a expressa anuência do exequente ou nos casos de difícil remoção, os bens poderão ser depositados em poder do executado.

Vide Projeto de CPC, art. 797, § 1º.

Neste § 1º – criação da Lei n. 11.382/2006 – repousa uma das grandes novidades da chamada Reforma da Execução Extrajudicial. Novidade porque subverte completamente o regime anterior ao colocar todo o peso, ou toda a ênfase, sobre a expressa vontade do exequente para que se viabilize a nomeação do executado como depositário dos bens penhorados. Antes, como visto no comentário ao novo *caput* deste art. 666, a regra era a nomeação do executado e sua viabilidade dependia apenas da omissão do exequente, disciplina que tendia a fortalecer e confirmar a regra. Pois bem, em face do novel regramento, estando o oficial de justiça prestes a realizar a lavratura do auto de penhora, as disposições legais que lhe servirão de bússola para a nomeação do depositário serão naturalmente os três incisos deste art. 666 – e não mais o *caput* que antes priorizava o executado –, salvo se já constar do mandado de penhora a advertência de que o sujeito passivo deva ser nomeado (*v. g.*, porque na própria inicial ou em outra peça posterior, o exequente manifestou expressamente sua vontade neste sentido) ou, ainda, porque, presente ao ato, o exequente manifesta diretamente ao oficial sua vontade de ver o executado nomeado depositário. Veja-se que o exequente também pode ser consultado a distância, por qualquer meio, no instante da penhora, assentir e comprometer-se a manifestar, em breve tempo nos autos, sua vontade ratificadora da nomeação realizada pelo oficial de justiça. Registre-se, por fim, que, também "nos casos de difícil remoção" (dos bens penhorados), o presente dispositivo autoriza a nomeação do sujeito passivo da execução, ficando a diferença por conta da desnecessidade de qualquer manifestação (prévia ou não) do exequente para tornar válida a constituição do depositário (*v.* nota ao inciso III sobre a possibilidade de desrespeito às preferências legais deste art. 666) (texto de acordo com a Lei n. 11.382/2006).

---

§ 2º As joias, pedras e objetos preciosos deverão ser depositados com registro do valor estimado de resgate.

Vide Projeto de CPC, art. 797, § 2º.

Este parágrafo criado pela Lei n. 11.382/2006 se imiscui na disciplina contida no anterior inciso I que atribui a instituições bancárias o *munus* do depósito de "pedras e [...] metais preciosos". Além desses bens, ainda prevê o texto "joias" e "objetos preciosos" (enquadráveis na categoria dos "bens móveis em geral" do art. 655, III) como submetidos ao regramento sob enfoque, qual seja, o do depósito bancário, significando, então, o presente dispositivo uma extensão normativa do inciso inaugural deste art. 666. Seja como for, o que o presente § 2º representa para a disciplina do depósito (enquanto ato processual que complementa a penhora) é que, uma vez depositados quaisquer desses bens para custódia de uma instituição bancária, fica estabelecida como formalidade essencial desse depósito o registro do valor estimado de resgate, com o que se assegura o reembolso da instituição pelo serviço de guarda e conservação dos bens no momento em que o depósito se extinguir pela entrega da coisa (*v.* CC, arts. 627 a 646) (texto de acordo com a Lei n. 11.382/2006).

§ 3º A prisão de depositário judicial infiel será decretada no próprio processo, independentemente de ação de depósito.

A disposição normativa que ora nos ocupa – outra novidade trazida pela Lei n. 11.382/2006 que institui a Reforma da Execução Extrajudicial – nada mais significa que a consagração em sede legislativa de uma orientação exegética que dominou a execução civil brasileira nestas últimas décadas, qual seja, a de que a decretação da prisão de depositário judicial infiel – prevista genericamente pelo art. 5º, LXVII, da CF, e pelos arts. 902, § 1º, e 904, parágrafo único, do CPC – não depende de propositura de ação, nem de instauração de processo autônomo. Fica, assim, pela primeira vez, estabelecida explícita e expressamente pelo CPC a possibilidade de o juiz da causa, incidentemente no processo de execução (ou na fase de cumprimento de sentença), decretar a prisão do depositário judicial infiel, toda vez que lhe for determinada a entrega da coisa a alguém e ele quedar-se inerte frente à ordem judicial. E para tal fim, não importa se se trata de uma pessoa natural (o depositário particular), de uma pessoa jurídica como um banco (inciso I deste art. 666) caso em que o gerente por ele responde, um funcionário público (inciso II) no caso do depositário público ou mesmo o executado que tenha recebido o encargo do depósito (§ 1º, deste mesmo art. 666). Não importa, decreta-se a prisão nos próprios autos independentemente de ação de depósito, decisão que se ataca por agravo de instrumento (arts. 524 e 558) ou *habeas corpus*, com o fim de se discutir a legalidade da prisão (texto de acordo com a Lei n. 11.382/2006).

Art. 667. Não se procede à segunda penhora, salvo se:
Vide Projeto de CPC, art. 807, caput

A regra que ora nos ocupa tem por contexto um mesmo e determinado processo de execução e não sucessivos processos como a princípio poderia parecer. Isto significa que a autorização nela prevista, e expressa particularizadamente nas hipóteses dos incisos que seguem, é para que num mesmo processo se realize uma segunda penhora.

I – a primeira for anulada;
Vide Projeto de CPC, art. 807, I.

A desconstituição da penhora – ou a sua anulação, como diz o texto – acontece entre outras situações, *v. g.*, nas seguintes hipóteses: não ter havido nomeação de depositário ou este, embora nomeado, não ter assinado o auto (arts. 664 e 665, IV); não haver descrição suficientemente clara que torne identificável o bem (art. 665, III); terem sido julgados procedentes embargos de terceiro para desconstituição de penhora que recaiu sobre bens não pertencentes ao devedor ou responsável (art. 1.046), etc. Observe-se que, nas duas primeiras situações referidas, a desconstituição pode se operar por força de sentença a ser proferida em embargos do devedor (art. 740).

II – executados os bens, o produto da alienação não bastar para o pagamento do credor;
Vide Projeto de CPC, art. 807, II.

A situação aqui prevista se funda no princípio de que o processo de execução deve proporcionar ao exequente a total e cabal satisfação do crédito exequendo, não se exaurindo enquanto tal escopo não for inteiramente alcançado. Corolário desse princípio é exatamente a regra que enfocamos, segundo a qual a constatação pelo juiz de que o produto da adjudicação, da alienação por iniciativa particular, da hasta pública ou do usufruto de móvel ou imóvel (art. 647, I a IV) não foi suficiente para satisfazer a integralidade do crédito permite a realização de segunda penhora (na verdade, até mesmo de terceira ou quarta).

III – o credor desistir da primeira penhora, por serem litigiosos os bens, ou por estarem penhorados, arrestados ou onerados.
Vide Projeto de CPC, art. 807, III.

A desistência da penhora, que o exequente pode manifestar com o intuito de abrir espaço à constrição de outros bens do devedor, segundo o texto, só pode ter por fundamento uma das situações aqui previstas. Litigiosos são os bens penhorados acerca dos quais não existe certeza quanto à sua titularidade, dada a pendência de ação em que a mesma é discutida; tal dúvida objetiva autoriza a desistência. Também a penhora anterior (arts. 612 e 613), o arresto anterior, que é ato cautelar preparatório da penhora (art. 813), ou a antecedente oneração dos bens (hipoteca, penhor, anticrese, etc.) identicamente autorizam a desistência porque em todos estes casos o processo de execução, muito provavelmente, não alcançará o seu escopo, que é a satisfação do crédito exequendo.

Art. 668. O executado pode, no prazo de 10 (dez) dias após intimado da penhora, requerer a substituição do bem penhorado, desde que comprove cabalmente que a substituição não trará prejuízo algum ao exequente e será menos onerosa para ele devedor (art. 17, incisos IV e VI, e art. 620).

Vide Projeto de CPC, art. 803, caput

Se a substituição da penhora requerida com base no art. 656 sempre se funda num impedimento jurídico à manutenção da penhora assim como realizada (*v.* notas), o requerimento de substituição amparado pelo presente art. 668 se funda apenas numa razão de conveniência baseada na ausência de prejuízo e na menor onerosidade. Enquanto a substituição do art. 656 pode ser requerida por qualquer das partes, esta do art. 668 só pode ser requerida pelo executado. Enquanto aquela é requerida no prazo de cinco dias, à falta de previsão expressa (art. 185), esta é requerida no prazo de dez dias da intimação da penhora, conforme expressamente previsto pelo texto focalizado. Estabelecidas as diferenças mais importantes, passamos a realizar algumas considerações interpretativas sobre essa particularizada forma de substituição dos bens penhorados. A primeira que nos parece relevante fazer está no fato de que a comprovação cabal de não prejuízo para o exequente relaciona-se com o preenchimento dos requisitos previstos pelos incisos do parágrafo único à frente. Com efeito, as indicações pormenorizadas sobre o bem substituto, somadas à atribuição de valor, permitem a constatação não apenas do não prejuízo, como também da menor onerosidade. Outra consideração interessante a realizar fica por conta da ameaça legal e legítima, porém velada, contida no dispositivo que faz remissão expressa aos incisos IV e VI do art. 17, significando advertência quanto à litigância de má-fé. Por fim, queremos deixar consignado que a substituição aqui prevista – como visto, fundada em razões de conveniência e não em impedimento legal – enquadra-se perfeitamente na previsão do *favor debitoris* consagrado pelo art. 620: "Art. 620. Quando por vários meios o credor puder promover a execução, o juiz mandará que se faça pelo modo menos gravoso para o devedor" (*v.* nota) (texto de acordo com a Lei n. 11.382/2006).

Parágrafo único. Na hipótese prevista neste artigo, ao executado incumbe:

Vide Projeto de CPC, art. 803, § 1º.

De certa forma, o presente parágrafo único estabelece os requisitos formais a serem preenchidos pelo executado que deseje requerer a substituição do bem penhorado com base no art. 668. Assim nos manifestamos, uma vez que será por meio do preenchimento das exigências a seguir instituídas que o sujeito passivo da execução procurará demonstrar a conveniência da substituição expressa pelo não prejuízo para o exequente e pela menor onerosidade para o próprio postulante da medida (*v.* nota ao *caput*); a não observância das exigências apontará, inexoravelmente, para a inconveniência da substituição e a necessidade de manutenção do objeto da penhora realizada. Observe-se, de outra parte e por último, que a referência expressa a este parágrafo único pelo inciso VII, do art. 656, explica-se por uma necessidade disciplinar própria e específica deste inciso apontado, dentro de um contexto jurídico também próprio, que não se confunde, em absoluto, com a substituição por conveniência de que nos ocupamos aqui (*v.* nota respectiva) (texto de acordo com a Lei n. 11.382/2006).

I – quanto aos bens imóveis, indicar as respectivas matrículas e registros, situá-los e mencionar as divisas e confrontações;

Vide Projeto de CPC, art. 803, § 1º, I.

A exigência da indicação das respectivas matrículas e registros (LRP, art. 167) deve-se ao fato de dispor a lei civil que só se adquire a propriedade imóvel pelo registro do título translativo no Registro de Imóveis (CC, art. 1.245). Realizar tais indicações significa, portanto, concretamente referir o número do Cartório de Registro Imobiliário, o número do registro, a data, o título de transferência, as pessoas envolvidas, a data da lavratura da escritura, o tabelionato, etc. Exige-se, também, que o devedor declare a situação do imóvel, isto é, a sua localização, construções, metragem, etc., bem como que mencione com que imóveis o indicado à substituição confronta. Embora a regra não exija, tudo recomenda que o executado junte com a indicação do instrumento público do ato translativo a certidão do registro de imóveis (texto de acordo com a Lei n. 11.382/2006).

II – quanto aos móveis, particularizar o estado e o lugar em que se encontram;

Vide Projeto de CPC, art. 803, § 1º, II.

Como a propriedade mobiliária não depende de registro do executado que indique para substituição bens móveis, a lei só exige a particularização do estado – que significa a declaração dos elementos identificadores do bem e a declaração do estado de conservação em que se encontra – e o lugar onde o bem possa ser localizado para fins de penhora pelo oficial de justiça. A exigência tem aplicação às hipóteses previstas pelos incisos II, III, V e VIII do art. 655. Observe-se, entrementes, que, quanto a certos veículos de via terrestre (automóveis, ônibus, caminhões, motocicletas, etc.), há de se exigir, sim, o certificado de registro e licenciamento (do Detran), bem como os respectivos registros de bens como navios e aeronaves e, eventualmente, das pedras e metais preciosos (se existirem ou puderem ser emitidos) (texto de acordo com a Lei n. 11.382/2006).

III – quanto aos semoventes, especificá-los, indicando o número de cabeças e o imóvel em que se encontram;

Vide Projeto de CPC, art. 803, § 1º, III.

Como se vê, a exigência está vinculada exclusivamente à hipótese de indicação à substituição de semoventes, isto é, de animais de qualquer espécie que, segundo o estatuto civil, são bens móveis "suscetíveis de movimento próprio" (CC, art. 82). Observe-se, neste diapasão, que o dispositivo focalizado apenas explicita uma exigência formal necessária à identificação desta particular modalidade de bens móveis representada pelos semoventes, apesar de esta modalidade já não se encontrar prevista expressamente no rol do atual art. 655. Seja como for, o que vale registrar é que especificar, portanto, nesse contexto, significa indicar a raça, o porte, o nome, a procedência, o registro, o *pedigree*, as características (se for o caso), etc. Tratando-se de coletividade (vacas, bois, porcos, etc.), o número de cabeças é obviamente indispensável e, em qualquer caso, também o local onde possam ser encontrados pelo oficial de justiça que procederá ao ato de penhora (texto de acordo com a Lei n. 11.382/2006).

IV – quanto aos créditos, identificar o devedor e qualificá-lo, descrevendo a origem da dívida, o título que a representa e a data do vencimento; e

Vide Projeto de CPC, art. 803, § 1º, IV.

A necessidade de identificação dos créditos, a que alude o dispositivo sob exame, prende-se evidentemente a várias hipóteses previstas pelos incisos do art. 655: VI (ações e quotas), IX (títulos da dívida pública), X (títulos e valores mobiliários) e XI (outros direitos). Veja-se que sob a estrita ótica identificatória do presente inciso, há de se reputar a palavra "créditos", do texto sob enfoque, num sentido largo, de forma que abranja até direitos que não propriamente creditórios. Seja como for, o que parece certo é que toda vez que o executado se proponha a indicar tais créditos como bem substituto para o penhorado, ele deverá indicá-los com riqueza de detalhes (tipo, número, data do título), esclarecendo objetivamente a identidade do credor e do devedor, a origem da dívida e outros informes relevantes (texto de acordo com a Lei n. 11.382/2006).

V – atribuir valor aos bens indicados à penhora.
Vide Projeto de CPC, art. 803, § 1º, V.

A instituição do presente inciso V corresponde a uma correção, ou melhor, a uma complementação normativa há muito reclamada pelos intérpretes e aplicadores do CPC. A regra em questão é de todo relevante porque o conhecimento do valor dos bens indicados à penhora é um dos elementos fundamentais para o julgamento da conveniência ou inconveniência da substituição do bem penhorado. Além desse aspecto, o valor dos bens indicados interfere, de forma direta, na definição da necessidade ou desnecessidade de dispensa de avaliação (art. 684, I), de nova avaliação (art. 683, II), bem como de reforço de penhora (art. 685, II) (*v.*, ainda, art. 680) (texto de acordo com a Lei n. 11.382/2006).

Art. 669. ***(Revogado pela Lei n. 11.382, de 06.12.2006.)***

Art. 670. O juiz autorizará a alienação antecipada dos bens penhorados quando:
Vide Projeto de CPC, art. 808, caput*.*

A autorização para a alienação antecipada de bens significa a dispensa das formalidades próprias para o aperfeiçoamento do ato de alienação forçada, o que torna necessário que o juiz fixe, na decisão interlocutória que profira, segundo o seu prudente arbítrio à luz do caso concreto, o procedimento a ser observado para que se revista de um mínimo de segurança o ato de transferência coativa da propriedade. Observe-se que é possível vislumbrar nesse ato um caráter acautelatório, posto que o seu escopo básico é afastar o perigo de que a demora possa acarretar um dano irreparável ou de difícil reparação às partes (ou simplesmente *periculum in mora*).

I – sujeitos a deterioração ou depreciação;
Vide Projeto de CPC, art. 808, I.

Deterioração é sinônimo de estrago, danificação ou ruína, de sorte que quando os bens penhorados correm o risco de sofrer qualquer tipo de degeneração física é de rigor o cabimento da medida de alienação antecipada como forma de preservar o interesse do credor de ver seu direito realizado, do Estado de ver a execução alcançar seu escopo e também do devedor de ver resguardada a potencialidade econômica do patrimônio que fará frente à obrigação. Identicamente, o processo de diminuição valorativa, atual ou pelo menos previsível, a que esteja sujeito o bem penhorado, por razões alheias à vontade das partes, justifica o cabimento da antecipação.

II – houver manifesta vantagem.

Vide Projeto de CPC, art. 808, II.

A manifesta vantagem a que alude o texto é toda e qualquer circunstância – que não a deterioração ou depreciação previstas no inciso anterior – que revele clara e indiscutivelmente o proveito econômico de se alienarem antecipadamente os bens penhorados (*v. g.*, a alta extraordinária, no mercado, dos preços de certos produtos). Tal vantagem ou benefício deve ser examinado pelo juiz tanto sob a ótica do devedor quanto sob o prisma do credor, porque o que importa mesmo é que a vantagem se expresse objetivamente.

Parágrafo único. Quando uma das partes requerer a alienação antecipada dos bens penhorados, o juiz ouvirá sempre a outra antes de decidir.

Vide Projeto de CPC, art. 809.

À lei parece tão relevante o incidente processual da alienação antecipada de bens que ela faz questão de tornar explícito que o contraditório é elemento indispensável ao seu desenvolvimento e ao alcance da decisão interlocutória, que consagrará ou rejeitará a antecipação. Assim, provocado o incidente por uma das partes, o juiz abrirá vista à outra obrigatoriamente, sob pena de nulidade.

Subseção IV
Da Penhora de Créditos e de Outros Direitos Patrimoniais

Vide Projeto de CPC, arts. 811 a 816 (Subseção VI – Da Penhora de Créditos). Vide, particularmente, arts. 822 a 824 (Subseção X – Da Penhora de Frutos e Rendimentos de Coisa Móvel ou Imóvel).

Art. 671. Quando a penhora recair em crédito do devedor, o oficial de justiça o penhorará. Enquanto não ocorrer a hipótese prevista no artigo seguinte, considerar-se-á feita a penhora pela intimação:

Vide Projeto de CPC, art. 811, caput

O dispositivo sob análise excepciona a regra contida no art. 664 e reconhece como suficiente para o aperfeiçoamento da penhora de títulos de crédito a simples lavratura do respectivo auto – independentemente de apreensão física –, seguida da intimação das pessoas apontadas a seguir. Em outras palavras, a regra institui a antecipação dos efeitos da penhora na particular hipótese de esse ato constritivo recair sobre crédito. Observe-se, ainda, que as duas intimações previstas devem ocorrer sucessivamente, mas que a realização de cada uma delas *de per si* gera seus efeitos específicos. A intimação do devedor (inciso II) deve ser antecedida da do terceiro (inciso I).

I – ao terceiro devedor para que não pague ao seu credor;
Vide Projeto de CPC, art. 811, I.

Terceiro devedor, no texto, é evidentemente o terceiro devedor do executado que precisa ser intimado pessoalmente pelo oficial de justiça para que não pague a dívida ao seu credor, mas sim deposite em juízo o objeto da prestação se quiser se ver livre do vínculo obrigacional, já que o crédito correspondente se encontra ligado pela penhora a um processo de execução. Intimado o devedor do executado, este já não poderá validamente pagar ao seu credor, mesmo que o executado ainda não tenha recebido a sua intimação (*v.* inciso II).

II – ao credor do terceiro para que não pratique ato de disposição do crédito.
Vide Projeto de CPC, art. 811, II.

Credor do terceiro é o próprio devedor-executado a quem se deve comunicar, de qualquer maneira, a ocorrência da penhora em consonância com o disposto na regra geral do art. 652, § 1º. Contudo, aqui, a lei impõe a intimação do executado por meio do presente inciso com um fim específico que é o de tornar ineficaz, em relação à execução, qualquer ato de alienação ou oneração do crédito após o aperfeiçoamento do ato intimatório.

Art. 672. A penhora de crédito, representada por letra de câmbio, nota promissória, duplicata, cheque ou outros títulos, far-se-á pela apreensão do documento, esteja ou não em poder do devedor.
Vide Projeto de CPC, art. 812, caput

A previsão deste art. 672 articula-se com a do artigo anterior, que disciplina o aperfeiçoamento da penhora de créditos independentemente da apreensão da respectiva cártula. A distinção, portanto, é a seguinte: se o oficial puder apreender o título, em poder do executado ou de terceiro, ele o faz e lavra o auto de penhora em obediência à norma sob comentário (*v.* art. 666, I, *in fine*); se o oficial não encontrar o título, ele fica autorizado a lavrar o auto e a proceder de acordo com o art. 671 (*v.* nota); se o oficial na procura do título se defrontar com o terceiro (seu provável detentor) e este confessar a dívida, ele agirá em conformidade com o § 1º a seguir (*v.* nota).

§ 1º Se o título não for apreendido, mas o terceiro confessar a dívida, será havido como depositário da importância.

Vide Projeto de CPC, art. 812, § 1º.

A hipótese aqui prevista excepciona expressamente o *caput* porque permite a formalização da penhora independentemente de apreensão. De fato, se o terceiro confessa que é devedor do executado e a lei extrai desta confissão o fundamento para considerá-lo depositário da importância, nada mais lógico que tal depósito, sob o ponto de vista formal, assuma a condição de elemento integrante da penhora. Logo, em caso de confissão, o oficial de justiça lavra o auto de penhora e declara explicitamente tal circunstância, constituindo, assim o terceiro depositário da quantia de que ele mesmo se reconheceu devedor.

§ 2º O terceiro só se exonerará da obrigação, depositando em juízo a importância da dívida.

Vide Projeto de CPC, art. 812, § 2º.

O efeito processual da constituição *ex vi legis* do terceiro como depositário a que alude o § 1º é, em tudo e por tudo, semelhante ao efeito da intimação do terceiro devedor disciplinada pelo inciso I do art. 671: constituído depositário, já não poderá o terceiro pagar a dívida validamente ao seu devedor, mas somente depositar a importância correspondente em juízo, posto que essa é considerada, pela lei, penhorada. Note-se que a incidência deste § 2º sob enfoque depende de expressa confissão do terceiro, o que provoca a lavratura do auto de penhora *a posteriori*, enquanto na situação do inciso I do art. 671 a lavratura é anterior à intimação do terceiro.

§ 3º Se o terceiro negar o débito em conluio com o devedor, a quitação, que este lhe der, considerar-se-á em fraude de execução.

Vide Projeto de CPC, art. 812, § 3º.

O conluio a que se refere o texto legal se expressa pelo fato de o terceiro declarar ao oficial que não deve ao executado, de comum acordo com esse, quando na verdade deve. As consequências dessa falsa declaração podem ser assim elencadas: *a)* o oficial declarará não apreendido o título, bem como a afirmação do terceiro, deixando de realizar a penhora; *b)* o credor poderá, por meio do incidente a que alude o § 4º, demonstrar a falta de veracidade da declaração do terceiro; *c)* declarada judicialmente a falsidade, qualquer quitação que o devedor tenha dado ao terceiro se torna ineficaz em relação ao processo desde que posterior à certidão do oficial de justiça (porque o ato foi praticado em fraude à execução – art. 593).

§ 4º A requerimento do credor, o juiz determinará o comparecimento, em audiência especialmente designada, do devedor e do terceiro, a fim de lhes tomar os depoimentos.

Vide Projeto de CPC, art. 812, § 4º.

O incidente processual aqui previsto se prende claramente à situação disciplinada pelo inciso anterior. A necessidade de se tomarem os depoimentos do devedor e do terceiro em audiência especial decorre diretamente do conluio que os envolva e que tenha sido objeto da impugnação lançada nos autos pelo credor. Sobre a normatividade desse parágrafo, duas observações se impõem: *a)* o juiz não está obrigado a realizar audiência para julgar o incidente desde que o conluio possa ser demonstrado por prova documental; *b)* o julgamento do incidente se dá por decisão interlocutória (art. 162, § 2º, c/c o art. 522) que, via de regra, ordenará a realização da penhora sobre o crédito ocultado pelo terceiro (a decisão proferida equivale para fins de penhora à confissão do § 1º).

Art. 673. Feita a penhora em direito e ação do devedor, e não tendo este oferecido embargos, ou sendo estes rejeitados, o credor fica sub-rogado nos direitos do devedor até a concorrência do seu crédito.

Vide Projeto de CPC, art. 813, caput

Se os arts. 671 e 672 disciplinam a forma da penhora de créditos representados por cártulas, este art. 673 regula os efeitos de penhora que recaia sobre direitos outros de qualquer espécie, discutidos ou não em juízo (art. 655, XI – "outros direitos"). O que a lei cria de diferente nesse passo é o direito subjetivo processual do exequente de receber por adjudicação o direito penhorado independentemente do procedimento da excussão a que aludem os arts. 680 a 707 e da adjudicação disciplinada pelos arts. 685-A e 685-B, mas desde que o executado não tenha oferecido embargos ou os tenha perdido. Note-se que, verificada a hipótese autorizada da adjudicação (embora a lei fale de sub-rogação), o juiz proferirá decisão – e, mais tarde, expedirá carta de adjudicação –, cujo conteúdo será a outorga da legitimação *ad causam* ao adjudicatário para iniciar ou prosseguir no processo se se tratar de ação (art. 42), ou a outorga de título de transferência do direito para que o seu novo titular possa exercê-lo.

§ 1º O credor pode preferir, em vez da sub-rogação, a alienação judicial do direito penhorado, caso em que declarará a sua vontade no prazo de 10 (dez) dias contados da realização da penhora.

Vide Projeto de CPC, art. 813, § 1º.

Trata-se do direito conferido ao credor de fazer com que a execução prossiga normalmente como se não houvesse penhora de direito ou ação (art. 655, XI – "outros direitos"). Observe-se que dada a previsão contida na parte final do texto, o exequente há de manifestar expressamente o seu desejo de ver os bens penhorados submetidos às formas regulares de excussão e ao seu escopo, que é a transformação dos bens em dinheiro. A falta de tal manifestação do exequente no prazo de dez dias – contados da sua cientificação formal da penhora, mas que pode ser suspenso pela oposição de embargos – torna precluso o direito e infenso o processo à ideia de adjudicação, arrematação, etc., seguindo esse o rumo da especial adjudicação prevista pelo *caput.*

§ 2º A sub-rogação não impede ao sub-rogado, se não receber o crédito do devedor, de prosseguir na execução, nos mesmos autos, penhorando outros bens do devedor.

Vide Projeto de CPC, art. 813, § 2º.

A norma contida neste parágrafo é mero corolário de a circunstância da adjudicação aqui disciplinada ter natureza *pro solvendo* (Celso Neves). Assim, à medida que o exequente adjudicatário demonstre documentalmente, nos autos, que o direito recebido é de difícil ou de dispendiosa realização, o que depende de reconhecimento judicial por decisão interlocutória (art. 162, § 2º), fica o credor autorizado pela lei a prosseguir no processo, nos mesmos autos e requerer a penhora de outros bens do devedor (art. 655). Nesse caso, a adjudicação é desconstituída.

Art. 674. Quando o direito estiver sendo pleiteado em juízo, averbar-se-á no rosto dos autos a penhora, que recair nele e na ação que lhe corresponder, a fim de se efetivar nos bens, que forem adjudicados ou vierem a caber ao devedor.

Vide Projeto de CPC, art. 816.

A chamada penhora no rosto dos autos é a forma que assume este ato de constrição na hipótese de o seu objeto ser direito discutido em juízo (arts. 655, XI e 673, que disciplinam apenas os seus efeitos). O procedimento completo dessa modalidade de penhora é o seguinte: expedido o mandado de penhora, o oficial dirigir-se-á ao cartório por onde corre o processo em que é credor o execu tado (inventário, execução, cobrança, reintegração, etc.) e lavrará o respectivo auto de penhora na presença do escrivão do feito que, ato contínuo, realizará a averbação mediante certidão lavrada no verso da primeira folha dos autos, mencionando o auto de penhora (primeira fase); quando o executado entrar na efetiva posse dos bens, objeto da ação, expedir-se-á novo mandado de penhora que será realizado agora sobre tais bens especificamente (segunda fase). A penhora no rosto dos autos é, portanto, ato executivo provisório (Carvalho Santos).

Art. 675. Quando a penhora recair sobre dívidas de dinheiro a juros, de direito a rendas, ou de prestações periódicas, o credor poderá levantar os juros, os rendimentos ou as prestações à medida que forem sendo depositadas, abatendo-se do crédito as importâncias recebidas, conforme as regras da imputação em pagamento.

Vide Projeto de CPC, art. 814.

No que concerne à primeira previsão, a penhora tem por objeto o principal, bem como os respectivos juros; quanto às duas seguintes, a constrição se restringe às rendas ou às prestações periódicas. Observe-se que, em qualquer dos casos, o devedor do executado deve ser intimado a não pagar a seu credor, mas sim em juízo, aplicando-se o disposto nos arts. 671, I, e 672, § 2º. Note-se, ainda, que, à medida que os depósitos forem sendo feitos, o exequente fica autorizado a levantá-los, desde que os compute a crédito do executado (CC, arts. 352 a 355 – imputação de pagamento), o que, no entanto, só será admitido pelo juiz se não tiverem sido oferecidos embargos, se eles tiverem sido recebidos sem efeito suspensivo ou se houverem sido rejeitados (esta norma sempre foi muito criticada pela doutrina).

Art. 676. Recaindo a penhora sobre direito, que tenha por objeto prestação ou restituição de coisa determinada, o devedor será intimado para, no vencimento, depositá-la, correndo sobre ela a execução.

Vide Projeto de CPC, art. 815.

A regra em questão disciplina especificamente a penhora sobre o direito do devedor ao recebimento de coisa certa (por restituição – *v. g.*, de coisa emprestada – ou não); trata-se de mais um direito que se enquadra na previsão do inciso XI, do art. 655. Note-se que a única peculiaridade normativa deste art. 676 fica por conta da exigência expressa de que o oficial de justiça intime o devedor do executado a depositar a coisa em juízo quando do vencimento da obrigação, o que determinará a automática conversão do objeto da penhora – de direito em coisa –, passando a correr sobre esta a execução (explícita exigência de intimação é também encontrada no art. 671, I; implícita, no art. 675).

Subseção V
Da Penhora, do Depósito e da Administração de Empresa e de Outros Estabelecimentos

Vide Projeto de CPC, arts. 818 a 820 (Subseção VIII – Da Penhora de Empresa, de Outros Estabelecimentos e de Semoventes). Vide, particularmente, art. 817 (Subseção IX – Da Penhora de Percentual de Faturamento de Empresa).

Art. 677. Quando a penhora recair em estabelecimento comercial, industrial ou agrícola, bem como em semoventes, plantações ou edifício em construção, o juiz nomeará um depositário, determinando-lhe que apresente em 10 (dez) dias a forma de administração.

Vide Projeto de CPC, art. 818, caput

Este artigo, na sua parte inicial, e o subsequente disciplinam com detalhes a penhora que recaia sobre empresa – complexo de bens e atividades voltadas para um fim lucrativo ou não, segundo Celso Neves –, entidade que se traduz fisicamente em um dos estabelecimentos previstos no texto. Além da empresa, são mencionados os semoventes, as plantações e os edifícios em construção neste art. 677, porque a penhora de todos esses bens exige, ao lado do depósito, que processualmente fique assegurada a continuidade dessas atividades, o que se realiza mediante um plano administrativo a ser apresentado e executado pelo depositário. Observe-se, ainda, que diante do teor da prescrição sob exame não cabe ao oficial de justiça a nomeação do depositário, mas ao próprio juiz (*v.* parágrafos a seguir e art. 678). Registre-se, por fim, que, até a entrada em vigor do art. 655-A, § 3º, entendia-se aplicável o presente art. 677 à penhora de faturamento de empresa. Aliás, sobre o assunto, examinem-se as notas dedicadas ao inciso VII, do art. 655, e § 3º do art. 655-A.

---

§ 1º Ouvidas as partes, o juiz decidirá.

Vide Projeto de CPC, art. 818, § 1º.

Lavrado e devolvido em cartório o auto de penhora dos bens previstos no *caput*, o juiz deve ouvir as partes, em primeiro lugar, a respeito da nomeação do depositário, posto que este, além da mera conservação dos bens, os administrará (*v.* § 2º e art. 678, *caput, in fine*). Eis o primeiro objeto da decisão interlocutória aqui prevista. O segundo corresponderá ao próprio planejamento a ser apresentado pelo depositário-administrador nomeado no prazo de dez dias da assinatura do respectivo termo, após manifestação das partes. Veja-se que a necessidade de prévia oitiva das partes para a nomeação do depositário-

-administrador excepciona a exigência do art. 665, IV (o depositário, de preferência, deve ser um diretor – art. 678, por analogia).

§ 2º É lícito, porém, às partes ajustarem a forma de administração, escolhendo o depositário; caso em que o juiz homologará por despacho a indicação.

Vide Projeto de CPC, art. 818, § 2º.

A faculdade conferida às partes de estabelecerem por acordo o depositário-administrador, e de convencionarem minudentemente a forma de administração dos bens, deve ser exercida no prazo que o juiz lhes outorgue para falar a respeito do auto de penhora juntado aos autos. Se as partes acordarem apenas em relação ao depositário, mas não em relação à administração, o juiz homologará a nomeação, ordenando a sua intimação para assinar o termo, bem como para apresentar o plano administrativo (§ 1º e *caput* parte final). Caso as partes acordem sobre tudo, basta ao juiz, em um único ato, homologar o acordo, ordenando a intimação do depositário para assinar o termo, para que a execução prossiga em seus trâmites normais.

Art. 678. A penhora de empresa, que funcione mediante concessão ou autorização, far-se-á, conforme o valor do crédito, sobre a renda, sobre determinados bens, ou sobre todo o patrimônio, nomeando o juiz como depositário, de preferência, um dos seus diretores.

Vide Projeto de CPC, art. 819, caput

No texto sob comentário, penhora de empresa propriamente só ocorre se todo o complexo de bens for objeto do ato de constrição; a penhora apenas da renda ou de determinados bens não é sinônimo de penhora de empresa tecnicamente falando. Quanto à nomeação do depositário-administrador – que de preferência será um dos seus diretores quando se trata de empresa que funcione mediante concessão ou autorização –, aplica-se analogicamente o procedimento previsto pelo § 1º do artigo anterior, isto é, a prévia abertura de vista às partes para manifestação sobre a pessoa que deva exercer o *munus*, seguindo-se a decisão interlocutória de nomeação (não interfere no procedimento o fato de a penhora recair sobre todo o patrimônio ou não).

Parágrafo único. Quando a penhora recair sobre a renda, ou sobre determinados bens, o depositário apresentará a forma de administração e o esquema de pagamento observando-se, quanto ao mais, o disposto nos arts. 716 a 720; recaindo, porém, sobre todo o patrimônio, prosseguirá a execução

os seus ulteriores termos, ouvindo-se, antes da arrematação ou da adjudicação, o poder público, que houver outorgado a concessão.

Vide Projeto de CPC, art. 819, §§ 1º e 2º.

O longo regramento contido neste parágrafo único discrimina a penhora de empresa propriamente da penhora de renda e de bens. Sobre a penhora de empresa – referida apenas para fins de excussão na segunda parte do dispositivo –, é de se observar que do depositário-administrador nomeado, desde que seja seu gerente, não se exige a elaboração de nenhum plano administrativo próprio, pela simples razão de que sob o seu gerenciamento a atividade empresarial não sofre qualquer modificação. Já no caso de a penhora recair sobre a renda da empresa ou sobre determinados bens, o plano de administração não pode ser dispensado (quanto às rendas, nunca; quanto aos bens, às vezes) porque a constrição (periódica de numerário e permanente de bens) representa obstáculo ao curso normal das atividades empresariais.

Art. 679. A penhora sobre navio ou aeronave não obsta a que continue navegando ou operando até a alienação; mas o juiz, ao conceder a autorização para navegar ou operar, não permitirá que saia do porto ou aeroporto antes que o devedor faça o seguro usual contra riscos.

Vide Projeto de CPC, art. 820.

A regra disciplina um dos efeitos da penhora quando ela recaia sobre qualquer desses bens móveis especificamente previstos no texto. Institui-se aqui o relativo obstáculo criado pela penhora à continuação da navegação ou voo, uma vez que o proprietário-devedor fica com o ônus de contratar seguro contra riscos se desejar o prosseguimento das operações do seu navio ou aeronave. A *ratio* da permissão se liga claramente à exigência de dar continuidade ao serviço de transporte que interessa diretamente à sociedade e ao Estado. O fundamento político da permissão está, portanto, no interesse público (*v.* art. 655, V).

Subseção VI
Da Avaliação

Vide Projeto de CPC, arts. 825 a 830 (Subseção XI – Da Avaliação).

Art. 680. A avaliação será feita pelo oficial de justiça (art. 652), ressalvada a aceitação do valor estimado pelo executado (art. 668, parágrafo único, inciso V); caso sejam necessários conhecimentos especializados, o juiz no-

meará avaliador, fixando-lhe prazo não superior a 10 (dez) dias para entrega do laudo.

Vide Projeto de CPC, art. 825.

De acordo com o remodelado art. 680 – criado pela Lei n. 11.382/2006 que institui a chamada Reforma da Execução Extrajudicial –, a avaliação deixou de ser de uma providência tomável após o esgotamento inaproveitado do prazo para embargos ou, o mais frequente, após o julgamento dos embargos do devedor, para se tornar parte integrante de momento inicial do procedimento, logo após a confirmação do inadimplemento do executado pela não satisfação voluntária do crédito no prazo de três dias do art. 652, *caput*. Com efeito, é o próprio parágrafo único deste art. 652 que ordena ao oficial de justiça proceder imediatamente à penhora e, ato contínuo, à avaliação dos bens penhorados, previsão agora repetida pelo focalizado art. 680. Pois bem, antes de mais nada, vejamos o conceito. Avaliação é o ato processual executivo, indispensável aos escopos da execução por quantia, porquanto representa a definição do valor em dinheiro (em moeda nacional) do bem penhorado e, com isso, permite o equilíbrio entre a responsabilidade e o crédito exequendo – equilíbrio que deságua na redução ou ampliação da penhora do art. 685 –, bem como estabelece o paradigma valorativo da admissibilidade da alienação forçada: em primeiro lugar, da adjudicação (*v.* art. 685-A, *caput*); em segundo, da alienação por iniciativa particular (art. 685-C, § 1º); e, finalmente, em terceiro, da alienação em hasta pública (art. 686, II e VI). Observe-se que, em conformidade com o texto *sub apretiationis*, apesar de estar agora investido o oficial de justiça do dever de realizar a avaliação, admite-se, excepcionalmente, que o juiz nomeie avaliador para a tarefa, na hipótese de não dispor o meirinho de conhecimento especializado para avaliar bens que não se qualifiquem como coisas comuns. Neste caso, logo após a certificação da falta de conhecimentos pelo oficial (que lavrou o auto de penhora, mas não o laudo de avaliação – art. 681 –, certificando a ausência de conhecimento), nomear-se-á, de pronto, o avaliador que irá dispor do prazo de dez dias para apresentar o laudo avaliatório. Por derradeiro, parece extremamente importante abordar a ressalva contida no texto, no sentido da dispensa do próprio ato de avaliação, na hipótese de ter o exequente aceito o valor estimado pelo executado quando a indicação do bem para penhora tenha partido deste. Veja-se que isto pode ocorrer em algumas situações: 1ª) no prazo de três dias para pagamento (art. 652, *caput*), o executado já se antecipa e indica certo bem à penhora, identificando-o e atribuindo-lhe valor; 2ª) frustrada a tentativa de penhora pelo oficial de justiça (art. 652, parágrafo único), adianta-se o executado e faz a indicação nos mesmos moldes; 3ª) frustrada a tentativa de penhora pelo oficial, determina o juiz a intimação do executado para indicar bens (art. 656, § 1º), seguindo-se a indicação nos moldes já aventados; 4ª) requerida e deferida a substituição da penhora com fundamento em qualquer inciso do art. 656, segue-se a indicação do executado; 5ª) requerida a substituição com fundamento no inciso VII, do art. 656 (*v.* nota) e instado o executado a indicar bens (art. 656, § 1º), segue-se a indicação na mesma forma apontada; 6ª) requerida a substituição com base no art. 668, o executado cumpre as exigências do respectivo parágrafo único e seu inciso V, atribuindo valor ao bem substituto (*v.* nota). Em todos esses casos, desde que se siga a concordância expressa do exequente, dispensada estará a necessidade de avaliação e, em todos, registre-se, com fundamento direto, quer na previsão do art. 684, I, quer na do parágrafo único do art. 668, objeto de expressa remissão do presente art. 680 (texto de acordo com a Lei n. 11.382/2006).

Art. 681. O laudo da avaliação integrará o auto de penhora ou, em caso de perícia (art. 680), será apresentado no prazo fixado pelo juiz, devendo conter:

Vide Projeto de CPC, art. 827, caput

Identicamente alterado em conteúdo e forma – pela Lei n. 11.382/2006 – afigura-se-nos o presente dispositivo legal que prevê a integração do laudo de avaliação ao auto de penhora, o que decorre, à evidência, do fato de ter o art. 652, § 1º, atribuído ao oficial de justiça o dever de praticar, sucessivamente, esses dois atos – o art. 680 repete expressa e explicitamente a atribuição da incumbência avaliatória ao meirinho. Veja-se que tal integração não significa a elaboração de um documento único (integração física), mas que o laudo de avaliação passa a integrar juridicamente o auto de penhora, que já é integrado, por sua vez, pela nomeação do depositário conforme o art. 665, IV (integração jurídica). Na prática, assim, dois documentos, em regra, serão elaborados, em ordem sucessiva, o auto de penhora e depósito e o laudo de avaliação. Observe-se, de outra parte, que o dispositivo legal focalizado abre exceção "em caso de perícia (art. 680)", diz o texto, exceção que corresponde à necessidade de a avaliação ser realizada por um "avaliador" (diz o art. 680) nomeado pelo juiz para a hipótese de o oficial de justiça não se sentir habilitado por falta de "conhecimentos especializados" (*v.* nota). Nesta situação, o aperfeiçoamento formal da penhora, enquanto ato processual complexo apto a gerar o desenvolvimento da execução, fica na dependência da apresentação e juntada superveniente do laudo avaliatório aos autos, quando, então, dar-se-á a final integração jurídica do auto de penhora prevista pelo presente regramento (texto de acordo com a Lei n. 11.382/2006).

I – a descrição dos bens, com os seus característicos, e a indicação do estado em que se encontram;
Vide Projeto de CPC, art. 827, I.

Requisito formal indispensável do laudo de avaliação é a perfeita descrição dos bens penhorados e a declaração do seu estado. Quanto à descrição dos bens, reportamo-nos aos comentários feitos aos incisos do parágrafo único do art. 668 que bem servirão de paradigma para o oficial de justiça, assim como para o *expert* judicial ao lado da descrição constante do próprio auto de penhora (art. 665, III). No que concerne ao estado do bem, é evidente que apenas a declaração do seu estado atual interessa, uma vez que este tem repercussão direta sobre o valor do bem penhorado.

II – o valor dos bens.
Vide Projeto de CPC, art. 827, II.

A declaração do valor pecuniário dos bens penhorados corresponde à própria razão de ser do ato executivo de avaliação e, por conseguinte, ao objetivo único de todo o trabalho avaliatório consubstanciado formalmente no auto ou laudo. A falta de explícita referência ao resultado da avaliação – expresso em moeda nacional corrente – torna o ato inválido, de sorte que exija pronta complementação (*v. g.*, no caso de descuido datilográfico) ou repetição se, além da falta, todo o trabalho se revela objetivamente imprestável (*v.* art. 683).

Parágrafo único. Quando o imóvel for suscetível de cômoda divisão, o avaliador, tendo em conta o crédito reclamado, o avaliará em partes, sugerindo os possíveis desmembramentos.
Vide Projeto de CPC, art. 827, §§ 1º e 2º.

A incidência da norma contida neste parágrafo único é nitidamente eventual: somente quando a requerimento das partes (via de regra, do executado), ou de ofício, o magistrado perceba a possibilidade de cômoda divisão do imóvel submetido à penhora é que será ordenado ao oficial de justiça ou ao perito avaliá-lo em partes. A regra ora comentada não impede, contudo, que o próprio meirinho ou *expert,* reconhecendo a desproporção entre o valor do bem e o crédito exequendo, espontaneamente avalie o imóvel em partes, além de avaliá-lo no todo, de forma que agilize a solução do incidente que eventualmente venha a ser suscitado pelo devedor quanto ao desmembramento (texto de acordo com a Lei n. 11.382/2006).

Art. 682. O valor dos títulos da dívida pública, das ações das sociedades e dos títulos de crédito negociáveis em bolsa será o da cotação oficial do dia, provada por certidão ou publicação no órgão oficial.

Vide Projeto de CPC, art. 826, III.

Este art. 682 institui uma exceção expressa à regra segundo a qual o bem penhorado deve ser submetido à prévia avaliação para poder ser validamente levado à alienação forçada: tratando-se de títulos da dívida pública da União, Estados ou Distrito Federal (art. 655, IX), ações e quotas das sociedades empresárias (art. 655, VI) ou títulos e valores mobiliários com cotação em mercado (art. 655, X), a avaliação judicial fica substituída pela certidão expedida pela bolsa ou pela juntada aos autos da publicação no órgão oficial da respectiva cotação, na data da avaliação (*v.* nota ao art. 684, II). Observe-se, por fim, que em situação análoga, o art. 684, III, também dispensa a avaliação.

Art. 683. É admitida nova avaliação quando:

Vide Projeto de CPC, art. 828, caput

Apesar da alteração redacional imposta ao presente dispositivo pela Lei n. 11.382/2006 – que institui a chamada Reforma da Execução Extrajudicial – e a substituição da antiga frase de cunho negativo ("Não se repetirá a avaliação, salvo quando:") pela ora focalizada de caráter positivo ("É admitida nova avaliação quando:"), o regramento processual aqui consubstanciado continua exatamente o mesmo, qual seja, a irrepetibilidade, em regra, da avaliação, somente se admitindo um novo trabalho avaliatório nos casos expressamente previstos nos três incisos deste art. 683. Veja-se que sobre a nova avaliação, parece importante salientar que ela só será realizada mediante decisão interlocutória proferida pelo juiz de ofício (incisos II e III) ou a requerimento de qualquer das partes, requerimento este que deverá estar fundado, obviamente, em uma das hipóteses adiante previstas. Lembramos, outrossim, que ainda é possível pedir nova avaliação com respaldo no inciso I, do art. 424, deste CPC, invocável por analogia: falta de conhecimento técnico ou científico do oficial de justiça ou do avaliador, fato que pode ser percebido ante a imprestabilidade do trabalho apresentado (texto de acordo com a Lei n. 11.382/2006).

I – qualquer das partes arguir, fundamentadamente, a ocorrência de erro na avaliação ou dolo do avaliador;

Vide Projeto de CPC, art. 828, I.

O presente dispositivo, identicamente alterado em sua versão redacional pela Lei n. 11.382/2006, passa agora a dispor expressamente que a admissibilidade da nova avaliação depende de arguição fundamentada de qualquer das partes, alteração que, a nosso ver, não se justifica, dada a gravidade dos vícios erro e dolo e seus efeitos nefastos sobre a atividade jurisdicional; era melhor que o juiz continuasse podendo reconhecê-los de ofício. Seja como for, dolo deve ser compreendido, no texto, como a intencional alteração da verdade pelo oficial de justiça ou pelo avaliador e que se expressa tanto pela falsa descrição dos bens ou do seu estado, quanto pela utilização de critérios sabidamente inadequados para a realização do trabalho avaliatório ou, ainda, pela declaração inverídica sobre qual seja o valor do objeto da penhora. As sanções processuais do dolo são, respectivamente, a responsabilidade por perdas e danos (arts. 144, II, e 147, parte inicial) e a inabilitação temporária aludida pelo art. 147, parte final. Já quanto ao erro, que é a falsa percepção da realidade traduzida numa declaração inverídica, mas sem intenção ilícita, a nova avaliação semelhantemente se impõe, mas deve-se reconhecer que a sanção só será aplicada na hipótese de o erro ser inescusável. Por último, registre-se que a arguição fundamentada (ou seja, motivada por argumentos fáticos e jurídicos e eventualmente acompanhada de documentos) deve ser apresentada por qualquer das partes assim que tome conhecimento do vício, aplicando-se à espécie o disposto no art. 245 deste Código (texto de acordo com a Lei n. 11.382/2006).

II – se verificar, posteriormente à avaliação, que houve majoração ou diminuição no valor do bem; ou

Vide Projeto de CPC, art. 828, II.

Desde logo, parece necessário dar registro ao fato de que o presente dispositivo legal foi alterado pela Lei n. 11.382/2006 apenas para que dele passasse a constar a "majoração" (do valor dos bens) como hipótese também autorizadora de feitura de nova avaliação, alteração que significa observância estrita do princípio constitucional de isonomia (CF, art. 5º, *caput*). No mais, nada mudou. De qualquer forma, o que nos cumpre salientar é que tanto a superveniente diminuição quanto a superveniente majoração do valor dos bens penhorados, por qualquer motivo que não o procedimento do próprio exequente, autorizam a repetição do ato avaliatório para que nenhuma das partes saia prejudicada: o credor, pela diminuição do valor real do bem e consequente insuficiência patrimonial da penhora; o devedor, pela majoração do valor do bem penhorado que pode levar a uma expropriação de proporções desnecessárias. Observe-se que a feitura da nova avaliação permite que se proceda à ampliação da penhora, no primeiro caso (art. 685, II), ou à redução da penhora no segundo (art. 685, I), colocando em franco e aberto equilíbrio a força do crédito contida no título executivo e a dimensão do patrimônio afetado pela penhora. Observe-se, por derradeiro, que a nova avaliação, fundada no aumento do valor dos bens, só deve ser admitida se a majoração for claramente desproporcional mesmo considerando a correção monetária que incide sobre o valor fixado pela primeira avaliação (texto de acordo com a Lei n. 11.382/2006).

III – houver fundada dúvida sobre o valor atribuído ao bem (art. 668, parágrafo único, inciso V).

Vide Projeto de CPC, art. 828, III.

Diferentemente do que ocorre com o inciso II, o dispositivo sob enfoque foi alterado pela Lei n. 11.382/2006 com o único intuito de que fosse substituída a remissão antiga (ao art. 655, § 1º, V) pela remissão ora constante do texto (ao art. 668, parágrafo único, inciso V). No mais, também aqui nada mudou, o que nos leva a reproduzir o comentário que antes já havíamos realizado. Muito bem. Esta última hipótese autorizadora de nova avaliação vincula-se evidentemente à exigência de que o executado, ao indicar bens à penhora, atribua-lhes um valor em pecúnia assim como estabelecido expressamente pelo art. 668, parágrafo único, V. Observe-se que a verificação da "fundada dúvida sobre o valor" só tem cabimento obviamente se houve uma primeira avaliação, o que por sua vez dependeu da inocorrência das circunstâncias previstas pelo art. 684 (quais sejam aceitação da estimativa pelo credor, bens com cotação em bolsa). É importante ter em mente esse contexto. Assim, se posteriormente à juntada aos autos do laudo avaliatório (arts. 680 e 681) o exequente demonstrar a desproporção (para mais ou para menos) entre o valor declarado pelo oficial de justiça ou pelo avaliador nomeado e o atribuído pelo executado, de sorte que tal desproporção coloque em dúvida o valor constante do laudo, poderá ele pedir repetição da avaliação. Essa parece ser uma interpretação viável para a regra sob enfoque, que não é fácil, em razão da remissão ao art. 688, quando deveria ser ao art. 681, II (havendo laudo nos autos, a dúvida que autoriza a repetição só pode ser a que incide sobre o valor dado pelo oficial ou avaliador e não a pretérita atribuição feita pelo executado) (texto de acordo com a Lei n. 11.382/2006).

Art. 684. Não se procederá à avaliação se:

Vide Projeto de CPC, art. 826, caput

A dispensa de avaliação aqui preconizada – exceção à exigência de que a expropriação (ou excussão) seja sempre precedida de ato avaliatório dos bens penhorados (arts. 685-A e seu § 1º, 685-C, § 1º, e 686, VI) – tem dois, e apenas dois, fundamentos de acordo com o presente art. 684: a aceitação pelo exequente da estimativa feita pelo executado (inciso I); e a comprovação por certidão ou publicação oficial da cotação em bolsa (inciso II). Observe-se que, em razão da revogação expressa ao antigo inciso III (que falava de bens de pequeno valor) pela Lei n. 11.382/2006 – que institui a Reforma da Execução Extrajudicial –, ficam de fato reduzidas a duas, e não mais três, as razões ou justificativas para a dispensa do ato avaliatório no procedimento da execução por quantia contra devedor solvente (*v.* notas aos incisos a seguir).

I – o exequente aceitar a estimativa feita pelo executado (art. 668, parágrafo único, inciso V);

Vide Projeto de CPC, art. 826, I.

O presente inciso, reformulado em sua feição redacional por conta da conveniência de que constasse expressamente do texto a remissão ao art. 668, parágrafo único, inciso V – alteração empreendida pela Lei n. 11.382/2006 –, representa uma importante exceção à regra geral impositiva da exigência de ato avaliatório prévio para legitimar a expropriação. Tão importante que o legislador reformista fez questão, como visto, de acrescentar explicitamente ao dispositivo a remissão apontada, como que enfatizando a necessidade de que o exequente aceite expressamente, por petição nos autos, a atribuição de valor realizada pelo executado quando da sua indicação de bens (em qualquer hipótese) ao juízo da execução. Observe-se que tal aceitação, expressa como salientado, não tem prazo certo para ser realizada, bastando que se dê antes da conclusão do trabalho avaliatório (a aceitação tardia pode implicar responsabilização pelas despesas) (texto de acordo com a Lei n. 11.382/2006).

II – se tratar de títulos ou de mercadorias, que tenham cotação em bolsa, comprovada por certidão ou publicação oficial;

Vide Projeto de CPC, art. 826, II e III.

O motivo da dispensa da avaliação na hipótese aqui prevista é objetivo e muito simples: como os títulos e as mercadorias referidas têm cotação em bolsa, o ato judicial avaliatório acaba se revelando absolutamente inútil, bastando que do edital de arrematação conste que o valor do bem é o da cotação do dia antecedente ao da sua expedição, a teor do disposto no § 1º do art. 686, valor esse a ser comprovado por certidão ou publicação oficial juntada aos autos (*v.*, ainda, art. 682).

III – ***(Revogado pela Lei n. 11.382, de 06.12.2006.)***

Art. 685. Após a avaliação, poderá mandar o juiz, a requerimento do interessado e ouvida a parte contrária:

Vide Projeto de CPC, art. 829, caput.

A redução ou ampliação da penhora corresponde a incidente do processo de execução por quantia (ou da fase de "cumprimento da sentença"), cujo objetivo é realizar a equiparação entre o valor dos bens penhorados e o valor do crédito exequendo. De acordo com o texto, o momento de instauração do incidente é o que se segue à avaliação ("após a avaliação"), valendo a pena consignar que, dada a circunstância de o novo § 1º do art. 652 atribuir ao oficial de justiça a tarefa avaliatória, o incidente da redução ou ampliação da penhora acabou sendo bastante antecipado em relação ao que ocorria no regime anterior. Veja-se que, a partir de agora, na hipótese de não ter sido atribuído efeito suspensivo aos embargos (art. 739-A), o incidente tem lugar logo depois de outro incidente, o da substituição da penhora, hoje disciplinado com minúcias pelos arts. 656 e 657. Em outras palavras, somente após a resolução de todas as discussões que possam ter sido travadas em torno da possível ilegalidade da penhora realizada (art. 656 e seus sete incisos), é que se abrirá espaço para a redução ou ampliação da penhora deste art. 685. Ainda neste diapasão, registrem-se algumas observações em ordem sequencial: a primeira no sentido de que a instauração do incidente depende de intimação (da penhora) dirigida às duas partes; a segunda, no sentido de que a instauração é ato da parte (executado ou exequente) e não do juiz, de ofício; a terceira, no sentido de que, a partir da intimação das partes, flui o prazo de cinco dias, via de regra, para requerer a substituição da penhora (*v.* nota ao art. 656, *caput*); a quarta, no sentido de que, somente após decorrido *in albis* o prazo de cinco dias, é que tem cabimento o pedido de redução ou ampliação da penhora; a quinta, no sentido de que, instaurado o incidente de substituição da penhora, a ampliação ou redução fica para os cinco dias após a intimação da penhora realizada em substituição. Anote-se, por último, que se os embargos tiverem sido recebidos com efeito suspensivo, somente após a sua cessação terá lugar o incidente de que cogita o presente art. 685, mas sempre antecedido da atualização da conta de liquidação.

I – reduzir a penhora aos bens suficientes, ou transferi-la para outros, que bastem à execução, se o valor dos penhorados for consideravelmente superior ao crédito do exequente e acessórios;

Vide Projeto de CPC, art. 829, I.

De acordo com o texto, a redução da penhora – típica decisão interlocutória do processo de execução – pode-se expressar de duas maneiras diferentes. Primeira, pela transferência da constrição que repousa sobre os bens apreendidos (art. 665, III) para outros de valor aproximado ao do crédito que o devedor haja indicado em sua petição de redução (nesse caso, o juiz ordena a lavratura de termo de levantamento da penhora dos primeiros bens e a lavratura de auto ou termo de penhora dos indicados). Segunda, pela efetiva e literal redução da penhora a alguns dos bens apreendidos (nesse caso, o juiz ordena apenas a lavratura de termo de levantamento da penhora dos bens que especificar).

II – ampliar a penhora, ou transferi-la para outros bens mais valiosos, se o valor dos penhorados for inferior ao referido crédito.
Vide Projeto de CPC, art. 829, II.

Também a ampliação da penhora, que seja deferida pelo juiz, pode assumir duas feições distintas. Primeira, pela transferência da constrição que incide sobre os bens apreendidos para outros, de valor maior, que o credor indique em sua petição de ampliação (lavra-se termo de levantamento da penhora dos bens constritos originariamente e auto ou termo de penhora tendo por objeto os indicados). Segunda, pela concreta ampliação da penhora, o que significa dizer, por outra penhora que recaia sobre os novos bens do devedor que o exequente haja apontado (lavra-se apenas mais um auto ou termo de penhora).

Parágrafo único. Uma vez cumpridas essas providências, o juiz dará início aos atos de expropriação de bens.
Vide Projeto de CPC, art. 830.

Dada a circunstância de ter sido invertida a ordem dos atos de expropriação pelo art. 647 (adjudicação em primeiro lugar, alienação por iniciativa particular em segundo e hasta pública em terceiro) é que houve a necessidade de a Lei n. 11.382/2006 – que nos trouxe a chamada Reforma da Execução Extrajudicial – estabelecer neste parágrafo único que "uma vez cumpridas essas providências, o juiz dará início aos atos de expropriação de bens", ficando para trás a previsão anterior que mandava "publicar os editais de praça". A razão da alteração é, portanto, facilmente compreensível. Observe-se que as providências a que alude o texto são justamente a ampliação ou redução da penhora que o juiz defira e que se formalize via lavratura dos respectivos termos. Superado assim tal incidente, a execução por quantia certa ingressa na fase de expropriação (ou excussão) dos bens penhorados, o que o presente dispositivo reconhece e declara com todas as letras e que significará a abertura de vista ao exequente, pelo prazo que o juiz assinar, para os fins do art. 686, *caput*, quais sejam, o requerimento de adjudicação (arts. 685-A e 685-B) ou o requerimento de alienação por iniciativa particular (art. 685-C) (texto de acordo com a Lei n. 11.382/2006).

Subseção VI-A
Da Adjudicação

Vide Projeto de CPC, arts. 831 a 833 (Subseção I – Da Adjudicação).

Art. 685-A. É lícito ao exequente, oferecendo preço não inferior ao da avaliação, requerer lhe sejam adjudicados os bens penhorados.

Vide Projeto de CPC, art. 831, caput *e § 1º.*

O surgimento desta nova subseção – inserida no Capítulo IV dedicado à execução por quantia certa contra devedor solvente – e a criação deste novo art. 685-A, que define a admissibilidade da adjudicação, decorrem diretamente da circunstância de ter a Lei n. 11.382/2006 invertido a ordem dos atos expropriatórios, pela alteração do art. 647 que dá primazia à adjudicação em detrimento das outras formas de expropriação (*v.* notas aos arts. 647, I, e 685, parágrafo único). A alteração topográfica e a revogação dos arts. 714 e 715 (que antes regulavam a adjudicação) são perfeitamente compreensíveis, portanto. De qualquer maneira, comecemos pelo conceito dessa modalidade expropriatória. Adjudicação é a transferência coativa de quaisquer bens penhorados diretamente para o patrimônio do exequente, de credores que hajam penhorado o mesmo bem, ou para o patrimônio do cônjuge, descendentes ou ascendentes do executado, com o que se alcança a satisfação do crédito sem oferta ao público e sem expedição de editais. Observe-se que essa nova configuração do ato adjudicatório resulta de três significativas mudanças em relação ao regime anterior: 1ª) a eliminação, do título da subseção, da referência a "imóvel", com o que se tornou cabível a adjudicação de quaisquer bens; 2ª) o desaparecimento, do texto deste dispositivo inaugural, do requisito da "praça sem lançador", o que faz a adjudicação não depender mais de hasta pública frustrada que dependia, por sua vez, da publicação de editais; 3ª) a ampliação dos legitimados à adjudicação pela referência expressa ao cônjuge, descendentes e ascendentes do executado, o que implicou o desaparecimento do instituto da remição, revogados que foram os arts. 787 a 790 deste CPC. Registre-se, de outra parte, que o texto legal sob enfoque continua exigindo, como condição de aperfeiçoamento da adjudicação, o requerimento, vale dizer, a vontade de adjudicar, manifestada por petição dirigida ao juiz da causa, da qual conste, também de forma expressa, o oferecimento de preço não inferior ao da avaliação, traduzido em guia comprobatória do depósito que acompanha o requerimento (sobre o valor a depositar, *v.* § 1º a seguir; sobre o requerimento dos outros legitimados, *v.* § 2º). Por derradeiro, registre-se que dada a circunstância de o presente dispositivo não estabelecer prazo para a adjudicação, assim como também não o faz o art. 686, *caput* ("Não requerida a adjudicação e não realizada a alienação particular do bem penhorado, será expedido o edital de hasta pública [...]"), concluímos que cabe ao juiz fixar prazo para o requerimento de adjudicação (ou de alienação particular) quando abrir vista às partes para os fins do art. 686, logo após a conclusão do incidente da ampliação ou redução da penhora (*v.* parágrafo único do art. 685), o que, entretanto, não impede a sua formulação posterior, mas apenas até o limite do momento da arrematação e desde que o requerente responda por todas as despesas acrescidas como editais, etc. (art. 29 do CPC) (texto de acordo com a Lei n. 11.382/2006).

---

§ 1º Se o valor do crédito for inferior ao dos bens, o adjudicante depositará de imediato a diferença, ficando esta à disposição do executado; se superior, a execução prosseguirá pelo saldo remanescente.

Vide Projeto de CPC, art. 831, § 2º.

De forma a aprimorar a disciplina da adjudicação, é que a Lei n. 11.382/2006 fez surgir o focalizado § 1º com o objetivo de regular expressa e fundamentalmente a situação do adjudicante (exequente ou credor) que percebe que o seu crédito atualizado é inferior ao valor da avaliação dos bens penhorados e que, por isso, deve depositar de imediato a diferença. De aprimoramento falamos porque, no regime anterior, não havia regra expressa como esta para a adjudicação, o que tornava necessário aplicar analogicamente o § 2º do art. 690 (ora revogado) que dava a mesma solução para o exequente que pretendesse arrematar os bens. Pois bem, acerca da normatividade contida no presente regramento, algumas considerações são de rigor. A primeira, no sentido de que o valor dos bens, neste contexto, é indubitavelmente o valor da avaliação (arts. 652, § 1º, e 680); ele é que definirá a necessidade, ou não, de um depósito da diferença em favor do executado. A segunda, no sentido de que tal depósito (da diferença, quando exigida) deve acompanhar o requerimento de adjudicação; a petição precisa estar instruída com a guia de depósito para permitir ao juiz a verificação do cumprimento do requisito. A terceira, no sentido de que, na hipótese de o crédito exequendo ser superior ao valor dos bens (o valor da avaliação, como visto), a adjudicação pode ser deferida em favor do adjudicante, mas isso não impedirá o prosseguimento da execução, com a penhora de novos bens, com vista à satisfação do remanescente do crédito (da diferença não coberta pelo ato expropriatório). E, finalmente, a quarta, no sentido de que o executado só levantará a diferença a seu favor (na hipótese de o bem ter valor superior ao do crédito) ao final, depois de todas as apurações necessárias e de preclusas todas as possíveis decisões interlocutórias tomadas a partir do deferimento da adjudicação (*v.* art. 746) (texto de acordo com a Lei n. 11.382/2006).

---

§ 2º Idêntico direito pode ser exercido pelo credor com garantia real, pelos credores concorrentes que hajam penhorado o mesmo bem, pelo cônjuge, pelos descendentes ou ascendentes do executado.

Vide Projeto de CPC, art. 831, § 3º.

Também aqui, inovando em relação ao regime anterior à Lei n. 11.382/2006, dispõe o § 2º sob enfoque, que, além do credor com garantia real e dos credores concorrentes que hajam penhorado o mesmo bem (previsão semelhante ao do revogado art. 714, § 1º), passam agora o cônjuge, descendente ou ascendente do executado identicamente a exercer o direito subjetivo processual à adjudicação dos bens penhorados. Note-se que, como já dissemos no comentário ao *caput*, a novidade trazida implicou o desaparecimento da figura da remição que só oportunizava a intervenção do cônjuge ou parentes após a alienação forçada (art. 787, *caput*); a revogação dos arts. 787 a 790, do CPC, representa evolução do sistema porque agora fica antecipada a participação de familiares sob a forma de adjudicação, com o mesmo resultado prático que é a transferência coativa de bens, mas apenas dentro da esfera restrita da entidade familiar (também os conviventes ou companheiros – união estável – beneficiam-se do instituto). Antecipando-se tal intervenção, o que se verifica, por outro lado, é que, ao invés de dois atos procedimentalizados (arrematação e remição ou adjudicação e remição, sucessivamente praticados), passa-se a ter somente um (a adjudicação requerida por um dos membros da família), o que significa indubitável economia processual e avanço sistemático. Já no que concerne ao credor com garantia real (hipoteca, penhor, anticrese, usufruto), observe-se que ele pode tanto ter ajuizado antes a sua própria execução, quanto não ter ajuizado execução alguma, mas de qualquer forma ter sido cientificado da penhora (arts. 615, II, e 619), de sorte que fique habilitado a exercer o seu direito à adjudicação (via petição escrita, acompanhada de procuração, documentos e, eventualmente, de guia de depósito – *v.* § 1º já mencionado). Da mesma forma, podem requerer adjudicação, segundo o texto, os credores concorrentes que hajam penhorado os mesmos bens (os credores quirografários, evidentemente, posto que os munidos de garantia real se quadram na previsão anterior e nem precisam ter movido qualquer execução, como visto), hipótese que pode exigir a aplicação do § 3º abaixo (mais de um pretendente) e, quanto à repartição futura do dinheiro, a aplicação dos arts. 612 e 613 e 711 a 713, todos deste CPC (texto de acordo com a Lei n. 11.382/2006).

---

§ 3º Havendo mais de um pretendente, proceder-se-á entre eles à licitação; em igualdade de oferta, terá preferência o cônjuge, descendente ou ascendente, nessa ordem.

Vide Projeto de CPC, art. 831, § 4º.

O presente § 3º foi substancialmente alterado pela Lei n. 11.382/2006 no sentido de agora conferir preferência, em caso de igualdade de ofertas, aos familiares do executado, e não mais a qualquer espécie de credor como ocorria antes. Eis a modificação empreendida que aprimora e torna mais justo o nosso sistema de execução civil. Seja como for, examinando o dispositivo focalizado a partir da sua previsão inicial, o que temos é que a situação alvitrada de mais de um pretendente pelo mesmo preço pode envolver tanto mais de um filho, os dois pais, mais de um avô, dois ou mais credores quirografários ou hipotecários, quanto ainda credores de classes diferentes ou credores de qualquer classe de um lado, e familiares do outro. O certo é que, em qualquer hipótese, diz a parte inicial do regramento que a solução será sempre a realização de licitação entre todos eles, o que se dará por meio de intimação judicial para que, em data designada, proceda-se ao certame perante o escrivão ou o próprio juiz. Observe-se, entretanto, que, se dessa licitação surgirem pelo menos duas ofertas vencedoras iguais, entra em funcionamento a previsão final do texto que atribui a preferência para a adjudicação ao cônjuge, descendente ou ascendente, "nessa ordem", o que significa a eliminação de qualquer possibilidade de um credor (de qualquer classe) ser contemplado judicialmente com a adjudicação do bem penhorado, salvo se apenas entre eles tiver ocorrido a licitação, obviamente, quando então a preferência deve ser reconhecida em favor do credor com garantia real (argumento: critério do § 2º do art. 714, ora revogado). Registre-se, ainda, que a regra focalizada não fala mais da necessidade de sentença de adjudicação (§ 2º do revogado art. 715), do que se conclui que, em qualquer caso, a adjudicação depende apenas de decisão interlocutória. E, finalmente, que o dispositivo em questão não parece proibir o negócio processual entre os credores ou entre os familiares no sentido da negociação da preferência (texto de acordo com a Lei n. 11.382/2006).

---

§ 4º No caso de penhora de quota, procedida por exequente alheio à sociedade, esta será intimada, assegurando preferência aos sócios.

Vide Projeto de CPC, art. 831, § 5º.

Este § 4º – criação da Lei n. 11.382/2006 que institui a denominada Reforma da Execução Extrajudicial – estabelece uma forma de preferência diferenciada em favor dos sócios da sociedade, cuja quota foi penhorada por iniciativa de exequente que dela não participa (a penhora de quota de sociedade empresária se encontra hoje prevista pelo art. 655, VI, deste Código, registre-se). Veja-se que falamos de forma de preferência diferenciada porque a preferência dos sócios não depende da ocorrência de mais de um pretendente, nem de licitação de que resulte duas ofertas iguais, como prevê o § 3º. Pelo contrário, a preferência aqui estabelecida decorre simplesmente do fato de alguém (um credor ou um familiar) ter requerido adjudicação da quota da sociedade empresária, requerimento que por si só faz nascer a exigência de intimação da sociedade para viabilizar o exercício da preferência da parte de qualquer sócio. Em outras palavras, a preferência deste § 4º existe em relação a qualquer adjudicante e não se condiciona à ocorrência de disputa, revelando-se autossuficiente para encobrir e eliminar o direito de quem quer que seja à adjudicação. Não fosse assim, o presente parágrafo teria trazido uma frase inicial, ou intercalar, apontando para a hipótese do § 3º, tal como: "Na mesma hipótese do parágrafo anterior, no caso de penhora de quota [...]" ou "No caso de penhora de quota, ocorrendo a igualdade de ofertas a que se refere o parágrafo anterior [...]". Como nada disso se verifica, parece-nos claro que a preferência do sócio tem perfil jurídico diferenciado. Observe-se, entrementes, que, intimada a sociedade assim que requerida a adjudicação, pode ocorrer que dois ou mais de seus sócios ingressem nos autos pleiteando a transferência forçada da quota para si, o que neste caso, então, haverá de provocar a licitação do § 3º entre eles (e apenas entre eles) para que se defina quem efetivamente terá a preferência (texto de acordo com a Lei n. 11.382/2006).

---

§ 5º Decididas eventuais questões, o juiz mandará lavrar o auto de adjudicação.

Vide Projeto de CPC, art. 832, caput

As eventuais questões relacionadas com a adjudicação que o juiz é chamado a decidir, *ex vi* do presente § 5º – novidade identicamente criada pela Lei n. 11.382/2006 –, são, por exemplo, as relacionadas com a tempestividade do requerimento de adjudicação (*v.* nota ao *caput* deste art. 685-A), a legitimação para requerê-la (§ 2º), a forma do requerimento (petição fundamentada) e os documentos que devem instruí-lo (procuração, certidões comprobatórias de casamento, parentesco e outros relativos aos credores), a diferença em dinheiro a ser depositada de imediato (e a respectiva guia), a eficácia das várias pretensões adjudicatórias, a regularidade das intimações dos pretendentes para fins de licitação, as regras a serem observadas na licitação (data, local, autoridade que a conduz, forma dos lanços e sua apuração), as preferências comuns estabelecidas pelo § 3º (em favor do cônjuge, descendente e ascendente), a preferência diferenciada conferida aos sócios pelo § 4º (sócios da sociedade cuja quota foi penhorada por iniciativa de exequente que a ela não pertence), a qualidade dos sócios pretendentes à adjudicação, etc. Note-se que todas essas "eventuais questões" (pontos de fato ou de direito sobre os quais repousa controvérsia e que, por isso, exigem decisão judicial) são julgadas como pressupostos lógicos necessários da ordem de lavratura do respectivo auto de adjudicação, como deixa claramente antever o texto sob exame. Observe-se, por fim, que eventuais agravos, interponíveis contra tais decisões, terão a forma de instrumento (arts. 522, *caput*, e 524 a 529), não se submetendo ao regime da conversão em agravo retido (art. 527, II), dada a presença, em todos esses casos, do requisito do *periculum in mora*, inerente às discussões travadas em sede de execução (*v. g.*, arts. 475-H e 475-M, § 3º) (texto de acordo com a Lei n. 11.382/2006).

Art. 685-B. A adjudicação considera-se perfeita e acabada com a lavratura e assinatura do auto pelo juiz, pelo adjudicante, pelo escrivão e, se for presente, pelo executado, expedindo-se a respectiva carta, se bem imóvel, ou mandado de entrega ao adjudicante, se bem móvel.

Vide Projeto de CPC, art. 832, § 1º.

O presente dispositivo legal – criado pela Lei n. 11.382/2006 sob inspiração do revogado art. 715, mas alterado significativamente em seu perfil redacional e conteúdo – estabelece a disciplina para o aperfeiçoamento formal da adjudicação. O que, em primeiro lugar, chama a atenção no texto – aliás, como já acontecia com o anterior art. 715 – é a constatação do seu paralelismo com o art. 694 que prevê semelhante regramento para a arrematação (*v.* nota). Em segundo, mas já saindo do texto, apontamos o desaparecimento da regra que só autorizava a assinatura do auto vinte e quatro horas após o deferimento do pedido de adjudicação (§ 1º do revogado art. 715), desaparecimento que é facilmente explicado pela revogação dos arts. 787 a 790 que tratavam da remição, figura abolida do sistema. Voltando para o paralelismo a que fizemos menção, o que nos cabe salientar é que, tanto quanto a arrematação, também a adjudicação é ato processual complexo e procedimentalizado, posto que depende de requerimento e de decisão deferitória, mas que só se aperfeiçoa mediante a lavratura do respectivo auto, que é o instrumento formal da adjudicação e que viabilizará a expedição da carta de adjudicação ou do mandado de entrega ao adjudicante. Eis porque o dispositivo sob enfoque começa dizendo que "a adjudicação considera-se perfeita e acabada com a lavratura e assinatura do auto pelo juiz, pelo adjudicante, pelo escrivão e, se for presente, pelo executado [...]". Veja-se que a expressa referência à necessidade de assinatura de todos os participantes do ato é novidade da Lei n. 11.382/2006. Por último, registre-se que, com a entrada em vigor da Reforma da Execução Extrajudicial, carta de adjudicação só se expede para bem imóvel, enquanto para os bens móveis, o CPC passa a se satisfazer apenas com o mandado de entrega ao adjudicante, como diz expressamente o texto examinado em sua parte final (*v.* nota ao parágrafo único abaixo) (texto de acordo com a Lei n. 11.382/2006).

Parágrafo único. A carta de adjudicação conterá a descrição do imóvel, com remissão a sua matrícula e registros, a cópia do auto de adjudicação e a prova de quitação do imposto de transmissão.

Vide Projeto de CPC, arts. 832, § 2º, e 833.

Apesar de o auto de adjudicação corresponder ao instrumento ou veículo formal do ato adjudicatório (peça dos autos do processo que consubstancia a decisão do Estado de transferir coativamente o bem penhorado ao adjudicante), para fins jurídicos materiais (externos ao processo, portanto), a transferência patrimonial coativa que ocorre perante a autoridade registrária depende de um conjunto de documentos a que se dá o nome de carta de adjudicação, hoje destinada exclusivamente a permitir a alienação forçada de imóveis (*v.* parte final do texto do *caput* deste artigo). É justamente deste conjunto de documentos que trata o focalizado parágrafo único, no sentido de exigir dele um conteúdo mínimo, mediante a imposição de certas formalidades, com o objetivo de proporcionar segurança ao tráfego jurídico. Assim é que, segundo o presente regramento, a carta de adjudicação deverá conter "a descrição do imóvel, com remissão a sua matrícula e registros, a cópia do auto de adjudicação e a prova de quitação do imposto de transmissão". Observe-se que são exatamente esses os mesmos requisitos formais exigidos da carta de arrematação pelo art. 703 do CPC, que se vale, inclusive, de idêntica formulação redacional, apesar de tratar deles em três incisos (art. 703, I a III). Por tal motivo, remetemos o leitor ao que escrevemos lá sobre tais requisitos, lembrando apenas do que dispõem os arts. 1.245 do CC ("Art. 1.245. Transfere-se entre vivos a propriedade mediante o registro do título translativo no Registro de Imóveis") e 167, I, 26, da LRP ("Art. 167. No Registro de Imóveis, além da matrícula, serão feitos: [...] I – o registro: [...] 26 – da arrematação e da adjudicação em hasta pública") (texto de acordo com a Lei n. 11.382/2006).

Subseção VI-B
Da Alienação por Iniciativa Particular

Vide Projeto de CPC, arts. 834 a 858
(Subseção II – Da Alienação), particularmente, o art. 834.

Art. 685-C. Não realizada a adjudicação dos bens penhorados, o exequente poderá requerer sejam eles alienados por sua própria iniciativa ou por intermédio de corretor credenciado perante a autoridade judiciária.

Vide Projeto de CPC, art. 835, caput

Deixando de lado as considerações gerais de caráter introdutório – que fizemos ao novo instituto quando do comentário ao inciso II, do art. 647, e cuja leitura recomendamos –, a primeira observação relevante a fazer é a de que o presente dispositivo condiciona expressamente o deferimento da alienação por iniciativa particular a não realização da adjudicação dos bens penhorados. Eis um primeiro ponto que não poderá ser alterado pelos provimentos dos tribunais por força do § 3º à frente (*v.* nota). Pois bem, como explicar o condicionamento? A resposta pode ser encontrada na conjugação interpretativa dos arts. 685-A, *caput* e seu parágrafo único, e 686, *caput*. Veja-se que como a nova disciplina da adjudicação (art. 685-A, *caput*) não estabelece mais expressamente um momento certo a partir do qual cabe o requerimento adjudicatório (como fazia o *caput* do revogado art. 714 que dizia "Finda a praça sem lançador"), sustentamos que, com fulcro no parágrafo único do art. 685 (que ordena ao juiz dar "início aos atos de expropriação de bens"), deve o magistrado abrir vista ao exequente para os fins do art. 686, *caput* (quais sejam, para os fins de adjudicação ou alienação por iniciativa particular), em prazo que assine, segundo seu prudente arbítrio. Ora, fixado tal prazo pelo juiz, algumas possibilidades se colocam: 1ª) o exequente requer a adjudicação, seguindo o processo a trilha estabelecida pelos arts. 685-A e 685-B; 2ª) o exequente requer a alienação por iniciativa particular, o que significa estar abrindo mão da prerrogativa adjudicatória; o feito toma, então, o caminho deste art. 685-C; 3ª) o exequente queda-se inteiramente inerte ou silente, o que deve ser compreendido como o desejo de que o processo percorra o caminho da hasta pública com a expedição de editais; eis aqui a previsão do *caput*, do art. 686, sob um primeiro ponto de vista ("Não requerida a adjudicação e não realizada a alienação particular do bem penhorado, será expedido o edital de hasta pública [...]"). Observe-se, que no prazo fixado judicialmente, pode o exequente requerer tanto a adjudicação, quanto a alienação particular e justamente esta situação explica a previsão inicial deste art. 685-C, *caput* ("Não realizada a adjudicação dos bens penhorados, o exequente poderá requerer sejam eles alienados por sua própria iniciativa [...]"). A não realização da adjudicação aqui decorre apenas do não requerimento adjudicatório por parte do exequente (ou das outras pessoas elencadas no § 2º, do art. 685-A), o que, então, proporciona-lhe requerer a alienação por iniciativa particular (o requerimento das duas providências, ao mesmo tempo, é incompatível, obviamente). Registre-se, por outro lado, que também na hipótese de ter o exequente requerido a adjudicação e de vê-la frustrada, por qualquer razão, ainda será possível ao credor requerer a alienação particular supervenientemente, o que da mesma maneira significa aplicação do presente dispositivo. Sobre a feição desta segunda forma preferencial de alienação forçada e seus desdobramentos procedimentais, examinem-se os parágrafos a seguir e respectivos comentários (texto de acordo com a Lei n. 11.382/2006).

---

§ 1º O juiz fixará o prazo em que a alienação deve ser efetivada, a forma de publicidade, o preço mínimo (art. 680), as condições de pagamento e as garantias, bem como, se for o caso, a comissão de corretagem.

Vide Projeto de CPC, art. 835, § 1º.

Como tivemos a oportunidade de ver quando comentamos o inciso II, do art. 647, a alienação por iniciativa particular distingue-se da alienação do revogado art. 700 por fundamentalmente três razões: 1ª) vai além da intermediação de um corretor; 2ª) não depende da prévia publicação de editais; 3ª) a aprovação da proposta apresentada não depende da concordância das partes (*v.* nota). Quanto à feição básica da nova figura, parece relevante registrar, desde logo, que a alienação por iniciativa do próprio exequente pode assumir inúmeras formas que não necessariamente exigirão regulamentação por provimento dos tribunais (*v.* § 3º à frente), mas que se submetem ao regramento e às condições contidas no presente dispositivo, assim como a elas também se submete a alienação por corretor. Eis as condições, conforme o texto: *a)* a fixação de prazo para que a alienação se efetive (porque a efetivação da alienação não pode demorar indefinidamente); *b)* a forma da publicidade (com o que o Estado-juiz pode realizar controle sobre a eficiência da iniciativa particular ou do corretor); *c)* o preço mínimo (que é o da avaliação – art. 680) pelo qual é possível que a alienação forçada se concretize (qualquer que seja a forma de publicidade empregada, o valor mínimo nunca pode deixar de ser informado); *d)* as condições de pagamento (que podem variar conforme a proposta de iniciativa e a vontade judicial, mas que devem estar sempre muito claras para o público); *e)* as garantias (garantias ofertáveis pelo proponente para o pagamento e que deverão estar clara e previamente indicadas para conhecimento geral); *f)* a comissão de corretagem (devida apenas na hipótese de alienação por intermédio de corretor credenciado perante a autoridade judiciária). Observe-se que todas essas condições já podem constar (ou melhor, já devem constar) da própria petição do exequente que veicule o requerimento da alienação por iniciativa particular, condições que servirão de base para o deferimento da medida executiva pelo magistrado, que, certamente, poderá estabelecer outras de forma que potencialize e compatibilize a tentativa de alienação às peculiaridades do caso concreto. Registre-se, ainda neste diapasão, que o § 3º, deste art. 685-C, autoriza expressamente os tribunais a expedir "provimentos detalhando o procedimento da alienação prevista neste artigo, inclusive com o concurso de meios eletrônicos [...]", o que significará incremento regulamentatório importante para dar aplicação prática ao novo instituto (*v.* nota respectiva) (texto de acordo com a Lei n. 11.382/2006).

---

§ 2º A alienação será formalizada por termo nos autos, assinado pelo juiz, pelo exequente, pelo adquirente e, se for presente, pelo executado, expedindo-se carta de alienação do imóvel para o devido registro imobiliário, ou, se bem móvel, mandado de entrega ao adquirente.

Vide Projeto de CPC, art. 835, § 2º.

Se o *caput* deste art. 685-C prevê o requerimento de alienação por própria iniciativa do exequente (ou por intermédio de corretor credenciado) e o § 1º procura descrever o conteúdo mínimo da decisão interlocutória que defere as providências de tentativa de alienação (a serem executadas, nos termos da regulamentação do § 3º), o focalizado § 2º disciplina o aperfeiçoamento formal ato expropriatório, a formalização documental da alienação forçada em razão de ter o adquirente efetuado o pagamento integral do valor do bem penhorado oferecido à aquisição. De acordo com o texto, a "alienação será formalizada por termo nos autos" (termo de alienação por iniciativa particular, termo de alienação por intermédio de corretor ou, simplesmente, termo de alienação), ato processual do escrivão (art. 141, I), decorrente de expressa autorização judicial, que vai contar com as assinaturas do juiz, do exequente, do adquirente e, se presente, do executado. Observe-se que tal documento equivale, em seu significado endoprocessual, aos autos de arrematação (art. 703) e de adjudicação (art. 685-B, *caput*), o que torna necessária a expedição da respectiva "carta de alienação do imóvel para o devido registro imobiliário [...]", com o que se cumpre o efeito material externo ao processo que é a efetiva transferência da propriedade para o adquirente (aplicam-se, identicamente, aqui os arts. 1.245, do CC, e 167, I, 26, da LRP – *v.* textos em nota ao parágrafo único do art. 685-B); se se tratar de alienação de bem móvel, o que se expede é apenas um "mandado de entrega ao adquirente", diz a parte final do dispositivo sob enfoque (idêntica solução encontra-se estampada no parágrafo único do art. 685-B que regula a adjudicação) (texto de acordo com a Lei n. 11.382/2006).

---

§ 3º Os Tribunais poderão expedir provimentos detalhando o procedimento da alienação prevista neste artigo, inclusive com o concurso de meios eletrônicos, e dispondo sobre o credenciamento dos corretores, os quais deverão estar em exercício profissional por não menos de 5 (cinco) anos.

Vide Projeto de CPC, art. 835, §§ 3º e 4º.

Três são os objetos da regulamentação atribuída aos tribunais pelo CPC no que concerne à alienação por iniciativa particular: 1º) o detalhamento do "procedimento da alienação prevista neste artigo"; 2º) a utilização de meios eletrônicos neste procedimento; e 3º) o credenciamento de corretores. Sem nenhuma dúvida, o tema que mais suscita ou pode suscitar controvérsias dentre os três é o relativo ao procedimento da alienação, o que nos leva a algumas considerações. A primeira, no sentido de que os tribunais não podem inverter a ordem de preferência estabelecida pelo *caput* deste art. 685-C, para preterir a adjudicação em favor da alienação por iniciativa particular, bem como não podem fazer depender tal alienação da publicação de editais de hasta pública nem estabelecer a concordância do executado como condição de deferimento da alienação particular (*v.* notas ao *caput* e ao § 1º deste artigo). A segunda, no sentido de que os pretórios, por provimento, poderão detalhar normativamente vários atos previstos pelo § 1º (prazo para a efetivação da alienação, forma de publicidade, condições de pagamento e garantias e comissão de corretagem), mas não o preço mínimo de aquisição do bem penhorado que é o da sua avaliação (art. 680). A terceira, no sentido de que também as possíveis formas de iniciativa particular podem ser regulamentadas, mas com o cuidado, advertimos, de não retirar do juiz o poder para admitir iniciativas extraordinárias para situações extraordinárias (*v. g.*, a procura pessoal e direta de determinado diretor de uma empresa estrangeira, de um determinado fazendeiro, o convite para uma reunião com certos investidores), tudo em busca de alcançar um adquirente para o bem penhorado. A quarta, no sentido de que os tribunais não poderão instituir outros requisitos para a formalização da alienação além dos estabelecidos pelo § 2º, mas, parece-nos, podem regulamentar a prática de licitação entre os adquirentes em moldes semelhantes aos previstos pelo § 3º, do art. 685-A, que trata da adjudicação. Já no que concerne ao segundo objeto de regulamentação, a utilização de meios eletrônicos, note-se que ele se encontra fundamentalmente relacionado com a forma de publicidade da alienação por iniciativa particular, mas não necessariamente, porquanto o meio eletrônico também pode ser autorizado para a comunicação do adquirente com o juízo, se bem que para a prática de tais atos (que se enquadram na classe dos atos processuais) existe hoje o regramento de caráter genérico do § 2º do art. 154 (*v.* nota). E, finalmente, quanto ao terceiro objeto, o credenciamento dos corretores, registre-se que os tribunais não poderão dilargar o prazo de cinco anos de exercício profissional estabelecido no texto, mas deverão regular, por certo, a forma eletrônica de credenciamento e outros atos pertinentes ao relacionamento entre corretores e o Poder Judiciário daqui para a frente (texto de acordo com a Lei n. 11.382/2006).

Subseção VII
Da Alienação em Hasta Pública

Vide Projeto de CPC, arts. 834 a 858
(Subseção II – Da Alienação), particularmente, o art. 834.

Art. 686. Não requerida a adjudicação e não realizada a alienação particular do bem penhorado, será expedido o edital de hasta pública, que conterá:

Vide Projeto de CPC, arts. 836 e 837.

Dada a circunstância de ter o art. 647, do CPC, invertido a ordem da prática dos atos de expropriação – priorizando a adjudicação (arts. 685-A e 685-B) e, depois dela, a alienação por iniciativa particular (art. 685-C) –, restou relegada a terceiro plano a forma de excussão representada pela hasta pública. É exatamente por essa razão que o *caput* deste art. 686 afirma que só será expedido o edital se não for requerida a adjudicação e não for realizada a alienação particular do bem penhorado. Observe-se, nesse passo, que a verificação sequencial dos dois fenômenos aludidos ocorre em uma das seguintes situações propostas: 1ª) no prazo fixado pelo juiz com base no parágrafo único do art. 685, o exequente manifesta expressamente seu interesse, quer pela adjudicação, quer pela alienação particular; 2ª) no mesmo prazo, o exequente requer a alienação por iniciativa particular do bem penhorado (o que significa logicamente o desinteresse pela adjudicação), seguida do seu processamento e não ocorrência da alienação; 3ª) o exequente simplesmente deixa transcorrer *in albis* o prazo assinado pelo juiz, o que deve ser compreendido como rejeição tácita quer da adjudicação, quer da alienação por iniciativa particular; 4ª) requerida no prazo judicial a adjudicação, e processado o requerimento, a postulação adjudicatória é indeferida por qualquer motivo, seguindo-se a manifestação, expressa ou tácita, de rejeição da alienação particular por parte do exequente. Verificada qualquer uma dessas situações, autorizado fica o magistrado a declará-la nos autos e ordenar a expedição do edital de hasta pública, independentemente de requerimento do exequente e de qualquer outra providência. Já no que concerne ao edital em si, tenha-se presente que a sua publicação corresponde a requisito indispensável de validade da hasta pública (a oferta ao público, em licitação, do bem penhorado – anunciada pelo edital) e da arrematação que nela tenha lugar, valendo esclarecer que arrematação é o ato executivo pelo qual, a um só tempo, o Estado aliena forçadamente o bem penhorado e uma pessoa qualquer o adquire como resultado de ter oferecido o melhor lanço ao responsável pela condução dos trabalhos da praça ou do leilão. O teor do edital de hasta pública vem minuciosamente tratado nos seis incisos que vêm a seguir (texto de acordo com a Lei n. 11.382/2006).

I – a descrição do bem penhorado, com suas características e, tratando-se de imóvel, a situação e divisas, com remissão à matrícula e aos registros;

Vide Projeto de CPC, art. 837, I.

O primeiro requisito formal imprescindível à validade do edital e da própria arrematação é a clara descrição do bem penhorado, sem a qual a oferta ao público se torna inócua. Quanto à forma da descrição, vale o comentário que fizemos ao inciso I do parágrafo único do art. 668, que serve, portanto, de paradigma, ao lado do auto de penhora, para a elaboração da minuta que será submetida ao juiz da causa. Tratando-se de imóvel, é importante observar que a certidão atualizada do registro deve ser juntada aos autos previamente para que, com base nela, o edital possa ser preparado e sua expedição e publicação, deferidas (do edital devem constar obrigatoriamente os números de matrícula e o registro do imóvel – LRP, art. 167). Observe-se, por fim, que o presente inciso I foi alterado em sua redação pela Lei n. 11.382/2006 apenas para que fosse substituída a locução final ("transcrição aquisitiva ou a inscrição") pela atual "com remissão à matrícula e aos registros" (texto de acordo com a Lei n. 11.382/2006).

II – o valor do bem;

Vide Projeto de CPC, art. 837, II.

Pela locução valor do bem, no texto, deve ser entendido o valor da avaliação que é o resultado final do trabalho avaliatório do oficial de justiça ou do avaliador constante do laudo (art. 681, II). Será com base nele que o juiz: *a)* apreciará a admissibilidade da alienação em primeira praça ou leilão (*v.* inciso VI, adiante); *b)* considerará ou não vil o preço para deferir a alienação em segunda praça ou leilão (*v.* art. 692); *c)* fiscalizará a alienação de imóvel de incapaz (art. 701), etc.

III – o lugar onde estiverem os móveis, veículos e semoventes; e, sendo direito e ação, os autos do processo, em que foram penhorados;

Vide Projeto de CPC, art. 837, III.

A exigência legal de que conste do edital de arrematação o lugar onde se acham os bens móveis (arts. 655, II, III, V e VIII, e 668, parágrafo único, II e III) e os elementos identificadores do processo no qual o direito e a ação foram penhorados nos termos do art. 674 (números da vara e dos autos, espécie de ação, procedimento, nome das partes) prende-se à necessidade de permitir aos eventuais interessados o acesso físico às coisas ou aos autos como fator indispensável do aperfeiçoamento do negócio jurídico que o Estado oferece ao público.

IV – o dia e a hora de realização da praça, se bem imóvel, ou o local, dia e hora de realização do leilão, se bem móvel;

Vide Projeto de CPC, art. 837, IV.

O presente dispositivo foi alterado em sua redação pela Lei n. 11.382/2006 apenas por causa de alguns detalhes: *a)* eliminar a referência ao lugar onde se realiza a praça (ela sempre ocorre no átrio do fórum – § 2º adiante); *b)* explicitar que a praça tem por objeto apenas imóvel (já que o art. 697, que dizia a mesma coisa, foi revogado); *c)* manter a tripla previsão de "local, dia e hora" apenas para o leilão; *d)* explicitar que o leilão tem por objeto apenas o bem móvel. Como se vê, malgrado o aperfeiçoamento redacional, em termos de conteúdo normativo, nada mudou, razão por que reproduzimos o comentário anterior para esclarecer que a referência expressa, no corpo do edital, ao dia e hora da praça e ao local, dia e hora do leilão consubstancia requisito inafastável de validade da arrematação que venha a ser realizada, uma vez que, por se tratar de oferta ao público, a alienação forçada não pode ocorrer sem que a ciência do momento do ato também se torne pública, geral; proíbe-se, assim, terminantemente a arrematação secreta. A falta de preenchimento desse requisito pelo edital, destarte, inquina-o de nulidade absoluta, posto que a publicidade é elemento inerente ao ato de excussão (texto de acordo com a Lei n. 11.382/2006).

V – menção da existência de ônus, recurso ou causa pendente sobre os bens a serem arrematados;

Vide Projeto de CPC, art. 837, V.

Outro requisito de validade da arrematação é a menção explícita no edital à existência de ônus, recurso ou causa pendente sobre os bens a serem excutidos. Os ônus a que alude o texto são os ônus reais que recaiam sobre a coisa penhorada, tais como quaisquer formas de hipoteca, locação com cláusula de vigência em casos de alienação, constrições judiciais, servidões, usufruto, anticrese, rendas, enfiteuse (LRP, art. 167, I, ns. 2 a 8, 10 e 11), penhor de coisas móveis em geral, de animais ou de máquinas e aparelhos de indústria (LRP, arts. 127, II e IV, e 167, I, n. 4), etc. Já quanto aos recursos pendentes, trata-se, *v. g.*, dos agravos interpostos contra a decisão sobre indicação de bens, avaliação, forma de publicação dos editais ou, ainda, das apelações interpostas contra a rejeição liminar dos embargos ou contra sentença de improcedência dos mesmos (sobre o efeito de tais sentenças, *v.* arts. 520, V, 587 e 739-A). Por fim, causas pendentes sobre os bens a serem arrematados – previsão introduzida neste inciso V – são, exemplificativamente, os embargos de terceiro, uma ação de reintegração de posse ou de usucapião, tendo por objeto o bem penhorado (texto de acordo com a Lei n. 8.953/94).

VI – a comunicação de que, se o bem não alcançar lanço superior à importância da avaliação, seguir-se-á, em dia e hora que forem desde logo designados entre os 10 (dez) e os 20 (vinte) dias seguintes, a sua alienação pelo maior lanço (art. 692).

Este inciso VI do art. 686 institui a figura da primeira e segunda praça ou primeiro e segundo leilão, restringindo a alienação, na primeira oferta, ao mínimo da avaliação e liberando, na segunda, a alienação pelo maior lanço ou a quem mais der (assim falava o texto revogado), desde que o preço oferecido não seja considerado vil pelo juiz, nos termos do art. 692, *caput* (a prática tem consagrado o valor entre 50 e 70% da avaliação como paradigma, o que é razoável, mas o juiz não está obrigado a segui-lo, por não se tratar de critério legal). Observe-se que a decisão a respeito de oferta abaixo dos 50%, em segunda praça ou leilão, pode ser tomada pelo juiz da causa posteriormente, o que significa procrastinação da conclusão do ato (*v.* art. 693 e nota ao art. 692, *caput*). Como visto, a única alteração introduzida nesse inciso foi a substituição da locução "sua venda a quem mais der" por "sua alienação pelo maior lanço", mais técnica e apropriada, já que o Estado não vende, mas aliena forçadamente (texto de acordo com a Lei n. 8.953/94).

---

§ 1º No caso do art. 684, II, constará do edital o valor da última cotação anterior à expedição deste.

Vide Projeto de CPC, art. 837, parágrafo único.

Dada a circunstância de a lei dispensar a avaliação de bens penhorados que tenham cotação em bolsa (títulos ou mercadorias), nos termos do art. 684, II, nada mais lógico do que o CPC exigir que do edital conste, no lugar do valor da avaliação, o valor da cotação dos bens desde que documentalmente comprovado. Note-se que o texto determina que a cotação que vai constar do edital seja a última tornada pública antes da sua expedição (a expedição do edital), o que pode representar a cotação do dia imediatamente anterior ou não.

---

§ 2º A praça realizar-se-á no átrio do edifício do Fórum; o leilão, onde estiverem os bens, ou no lugar designado pelo juiz.

Vide Projeto de CPC, art. 854.

A lei processual predetermina apenas o local onde deve acontecer a praça (esse é o nome que o inciso IV deste art. 686 e o art. 704 dão à alienação forçada de imóvel por oferta ao público). Quanto ao leilão (alienação forçada de bem móvel), o texto deixa a encargo do juiz da causa a fixação do lugar, indicando apenas como sugestão o local onde estiverem os bens. Normalmente, tanto as praças quanto os leilões ocorrem no átrio (ou saguão) do fórum ou em sala especial destinada às hastas públicas. Seja como for, o lugar precisa estar expressamente referido no edital de arrematação.

§ 3º Quando o valor dos bens penhorados não exceder 60 (sessenta) vezes o valor do salário mínimo vigente na data da avaliação, será dispensada a publicação de editais; nesse caso, o preço da arrematação não será inferior ao da avaliação.

Vide Projeto de CPC, art. 838, § 4º.

A primeira consideração a fazer sobre o presente § 3º é a de que ele foi modificado em sua redação pela Lei n. 11.382/2006 – que institui a chamada Reforma da Execução Extrajudicial – em virtude da necessidade, percebida pelo legislador reformista, de alterar o critério para a definição dos bens penhorados de pequeno valor, dos vinte para os atuais sessenta salários mínimos, bem como de abandonar a antiga referência ao art. 275, deste Código. A segunda diz respeito ao fato de que a locução "valor dos bens penhorados" deve ser compreendida necessariamente como valor atribuído aos bens pelo laudo de avaliação elaborado pelo oficial de justiça ou pelo avaliador nomeado (arts. 652, 680 e 681) ou, ainda, o valor estimado pelo executado e aceito pelo exequente (conforme o mesmo art. 680). Já a terceira concerne à circunstância de que a lei dispensa apenas a publicação pela imprensa (art. 687, *caput* e §§ 1º e 3º), mas não a sua elaboração e afixação no átrio do fórum como exige o *caput* do art. 687 (*v.* nota). A quarta e última consideração fica por conta de que, tratando-se de bem penhorado de pequeno valor (aquele avaliado ou estimado abaixo dos sessenta salários mínimos, valendo, para tal fim, o valor do salário na data da avaliação e não na data da arrematação), a lei processual estabelece o descabimento da alienação a quem mais der – no que fica excepcionado o disposto no inciso VI deste art. 686 –, sendo exigido o valor mínimo da avaliação quer em primeira, quer em segunda praça ou leilão (texto de acordo com a Lei n. 11.382/2006).

Art. 687. O edital será afixado no local do costume e publicado, em resumo, com antecedência mínima de 5 (cinco) dias, pelo menos uma vez em jornal de ampla circulação local.

Vide Projeto de CPC, art. 838, §§ 1º a 3º.

O art. 687 disciplina minuciosamente a forma que deve assumir a publicação do edital de arrematação, sendo que o *caput* sob comentário estabelece as duas providências de publicidade que a lei considera indispensáveis à validade do edital e da alienação que se realize. Em primeiro lugar, exige o texto a afixação do edital no local de costume (via de regra, o edital, cujo original se encontra nos autos, é afixado não só no saguão ou no átrio do fórum e/ou na sala das hastas públicas – *v.* art. 686, § 2º – como também na porta do cartório); provada a falta de afixação e o prejuízo, a arrematação pode ser anulada. Em segundo lugar, é exigência da lei – já aqui sob pena de nulidade absoluta, insanável – a publicação do resumo do edital (o essencial, inclusive em forma de linguagem telegráfica) pela imprensa local, isto é, por jornal de ampla circulação na cidade ou região onde tem a sede da comarca. Ainda quanto à forma de publicidade, merece especial registro o fato de que a publicação única do edital, como regra, é inovação de todo elogiável, haja vista a sua pouca eficiência prática e alto custo (mas, observem-se, em contrapartida, as previsões dos §§ 2º e 3º, que visam a dar maior divulgação ao ato). Por fim, tenha-se presente que o prazo de publicação (pelo menos cinco dias antes da praça ou leilão) deve ser obedecido rigorosamente, sob pena de nulidade reconhecível de ofício, alegável por petição nos autos ou por embargos à arrematação, nos termos do art. 746 (texto de acordo com a Lei n. 8.953/94).

§ 1º A publicação do edital será feita no órgão oficial, quando o credor for beneficiário da justiça gratuita.

O dispositivo legal sob análise – inovação introduzida pela Reforma de 1994 no corpo deste art. 687 – trouxe de volta a publicação de edital de alienações judiciais no órgão da imprensa oficial, mas vincula tal providência exclusiva e expressamente à hipótese de exequente beneficiário da justiça gratuita. Destarte, somente quando o credor for considerado necessitado ("aquele cuja situação econômica não lhe permita pagar as custas do processo e os honorários de advogado, sem prejuízo do sustento próprio ou da família" – Lei n. 1.060/50, art. 2º, parágrafo único), e o juiz o declare como tal (art. 5º da mesma lei), é que terá cabimento a publicação única do edital de praça ou leilão no *Diário Oficial*. Nenhuma outra situação, por mais especial que seja, permite o recurso à imprensa oficial para esse fim executivo específico (texto de acordo com a Lei n. 8.953/94).

§ 2º Atendendo ao valor dos bens e às condições da comarca, o juiz poderá alterar a forma e a frequência da publicidade na imprensa, mandar divulgar avisos em emissora local e adotar outras providências tendentes a mais ampla publicidade da alienação, inclusive recorrendo a meios eletrônicos de divulgação.

Vide Projeto de CPC, art. 838, § 5º.

Este § 2º sob enfoque – alterado em seu perfil redacional pela Lei n. 11.382/2006 apenas para que fosse inserida a frase de encerramento relativa ao recurso a meios eletrônicos de divulgação – atribui ao juiz poder discricionário para adaptar a forma e a frequência da publicidade na imprensa às peculiaridades do caso concreto, de sorte que torne mais eficiente a divulgação da hasta pública. Seja como for, o elemento valorativo que permite ao juiz alterar a forma e a frequência da publicidade é indubitavelmente o alto valor econômico dos bens penhorados. Tendo em conta que em tal hipótese a ampla e eficaz divulgação da praça ou do leilão interessa tanto ao exequente quanto ao executado (embora o juiz já não os tenha de ouvir), fica o magistrado autorizado, *v. g.*, a duplicar ou triplicar o número de publicações, determinar a publicação editalícia em jornal de circulação estadual ou nacional, ou em revista especializada, ou ainda ordenar a divulgação por mala direta, etc. Essas são algumas das outras providências a que alude o texto, ao lado dos avisos radiofônicos ou televisivos, também determináveis a requerimento e às custas de qualquer das partes. Por derradeiro, observe-se que a frase final do texto autoriza o emprego de meios eletrônicos de divulgação da praça ou do leilão, previsão que explicita mais uma hipótese de prática de ato processual com a forma eletrônica, lembrando que o § 2º do art. 154 a reconhece e institui de maneira geral e indiscriminada (*v.* nota respectiva) (texto de acordo com a Lei n. 11.382/2006).

§ 3º Os editais de praça serão divulgados pela imprensa preferencialmente na seção ou local reservado à publicidade de negócios imobiliários.

Vide Projeto de CPC, art. 838, § 6º.

A norma regula especificamente a publicação pela imprensa do edital de praça, isto é, do instrumento formal da oferta pública de bem imóvel (arts. 686, IV, e 704), ordenando que a publicação seja veiculada no espaço reservado aos negócios imobiliários, de preferência. Assim prescreve o texto legal porque é possível que não exista tal seção no jornal de circulação local a que se refere o *caput*, de forma que a exigência não pode ter caráter absoluto. Havendo o espaço publicitário especial e não sendo ali publicado o edital de arrematação, a nulidade pode ser decretada pelo juiz, mas apenas se a parte demonstrar efetivo prejuízo (texto de acordo com a Lei n. 11.382/2006).

§ 4º O juiz poderá determinar a reunião de publicações em listas referentes a mais de uma execução.

Vide Projeto de CPC, art. 838, § 7º.

A regra focalizada – criação da Reforma de 1994 – visa, a um só tempo, a baratear as despesas relativas às publicações de editais de arrematação (em benefício dos exequentes, via de regra), assim como também, e principalmente, racionalizar as publicações que devem ser feitas em vários processos por um mesmo juízo (em benefício da própria atividade judiciária). Por meio dela, fica o magistrado autorizado a ordenar que todas as publicações de edital oriundas dos processos executivos sob o seu comando, dentro de um período de tempo por ele preestabelecido, sejam encaminhadas à imprensa como um bloco ou em pacote único; daí falar a lei em "listas referentes a mais de uma execução". Às vantagens desse sistema apontadas acima opõe-se apenas a restrição à liberdade de cada exequente, principalmente nas grandes comarcas, de escolher a agência publicadora e o jornal que lhe pareçam mais convenientes. Contudo, *habemos legis*.

---

§ 5º O executado terá ciência do dia, hora e local da alienação judicial por intermédio de seu advogado ou, se não tiver procurador constituído nos autos, por meio de mandado, carta registrada, edital ou outro meio idôneo.

Vide Projeto de CPC, art. 839, I.

A grande alteração disciplinar introduzida no presente art. 687 pela Reforma da Execução Extrajudicial, da Lei n. 11.382/2006, está contida no focalizado § 5º que determina que a intimação do executado do dia, hora e local da praça ou do leilão será feita na pessoa do seu advogado, como regra. Deixa-se de lado a exigência de intimação pessoal (por mandado ou carta com AR) que tanto comprometeu a agilidade das execuções por quantia nestas últimas décadas. Na verdade, este novo regramento se inspira nas conquistas já alcançadas pela Lei n. 11.232/2005 que instituiu tal forma de intimação nos arts. 475-A, § 1º (para a liquidação), e 475-J, § 1º (da penhora realizada na execução judicial). Seja como for, o fato é que, a partir de agora, é suficiente intimar o executado, na pessoa do seu advogado pela imprensa (art. 236 e seu § 1º), para que se tenha por válida a hasta pública a realizar, salvo, evidentemente, se não houver advogado constituído nos autos, caso em que a lei admite, como válvula de escape, a intimação do devedor por mandado, carta registrada, edital ou outro meio idôneo. Observe-se, entrementes, que dada a nova redação atribuída ao parágrafo único, do art. 238, pela própria Lei n. 11.382/2006, nem haverá necessidade de se cogitar de intimação por mandado, ou edital, na maioria das vezes, porque o mencionado dispositivo estabelece com todas as letras: "Parágrafo único. Presumem-se válidas as comunicações e intimações dirigidas ao endereço residencial ou profissional declinado na inicial, contestação ou embargos, cumprindo às partes atualizar o respectivo endereço sempre que houver modificação temporária ou definitiva" (*v.* nota). Veja-se que o recurso à intimação por mandado, carta, edital ou outro meio idôneo só terá lugar se o executado, citado para a execução (art. 652, *caput*), houver desaparecido após seu chamamento a juízo sem ter deixado registrado seu endereço residencial ou profissional; se constou endereço do mandado citatório cumprido, bastará intimá-lo da penhora e, depois, da hasta pública, na forma preconizada pelo parágrafo único do mencionado e transcrito art. 238 deste Código (texto de acordo com a Lei n. 11.382/2006).

Art. 688. Não se realizando, por motivo justo, a praça ou o leilão, o juiz mandará publicar pela imprensa local e no órgão oficial a transferência.

Vide Projeto de CPC, art. 838, § 8º.

Justo ou injusto o motivo que dê causa à não realização da praça ou leilão, idêntica será a consequência processual: a necessidade de se publicar pela imprensa local a transferência (ser justo ou injusto o motivo só influi em nível da sanção prevista pelo parágrafo único – Celso Neves). Observe-se que dada a inexigência atual de publicação do edital em órgão oficial, nos termos do art. 687, *caput*, não há que se cogitar de publicação de mera transferência por tal órgão, mas só pela imprensa local. Quanto à forma da publicidade da transferência vale a pena ressaltar que basta uma única publicação para a validade do ato de alienação em data posterior. Justo motivo é a ausência do juiz, o fechamento do fórum, uma calamidade pública, etc.

Parágrafo único. O escrivão, o porteiro ou o leiloeiro, que culposamente der causa à transferência, responde pelas despesas da nova publicação, podendo o juiz aplicar-lhe a pena de suspensão por 5 (cinco) a 30 (trinta) dias.

Vide Projeto de CPC, art. 838, § 9º.

O parágrafo em questão regula apenas a hipótese de não realização da praça ou do leilão sem justo motivo, ou seja, por motivo injusto (*v.* nota ao *caput*), ordenando ao juiz a aplicação de sanção civil (responsabilidade pelas despesas da publicação da transferência) e facultando-lhe a aplicação de sanção administrativa (suspensão). A culpa referida no texto tanto pode se expressar pela ausência injustificada como pela justificação tardia que impossibilite a substituição do porteiro ou leiloeiro. A culpa deve ser declarada e fundamentada pelo juiz em decisão interlocutória.

Art. 689. Sobrevindo a noite, prosseguirá a praça ou o leilão no dia útil imediato, à mesma hora em que teve início, independentemente de novo edital.

Vide Projeto de CPC, art. 855.

O dispositivo sob enfoque inaugura a disciplina concernente às formalidades que devem ser obedecidas quando da realização do ato da arrematação. Curiosamente, a regra que nos ocupa não se refere à abertura da hasta pública – que se dá pelo anúncio do leiloeiro ou porteiro seguido da leitura do edital e da oferta ao público –, mas apenas à sua suspensão pela chegada da noite, o que determina o automático prosseguimento no dia útil subsequente, no mesmo horário em que se iniciou a arrematação, isto é, a fixada no edital, independentemente de qualquer outra comunicação formal ao público. Quanto ao termo "noite", no texto, entenda-se o desaparecimento da luz solar e não o horário das 20h, pois do contrário o dispositivo o teria dito (argumento, art. 172).

Art. 689-A. O procedimento previsto nos arts. 686 a 689 poderá ser substituído, a requerimento do exequente, por alienação realizada por meio da rede mundial de computadores, com uso de páginas virtuais criadas pelos Tribunais ou por entidades públicas ou privadas em convênio com eles firmado.

Vide Projeto de CPC, art. 852, caput

Novidade significativa introduzida no sistema da execução civil pela Lei n. 11.382/2006 – que institui a Reforma da Execução Extrajudicial – é a possibilidade de substituição do procedimento da hasta pública, disciplinado pelos arts. 686 a 689, pela chamada alienação por meio da rede mundial de computadores (ou, simplesmente, alienação eletrônica ou pela internet). Várias considerações se impõem. A primeira, no sentido de que esta nova modalidade de alienação nada mais é do que uma variante eletrônica da alienação por arrematação que exigirá amplo regulamento por parte do CJF e dos TJs, conforme o parágrafo único adiante (*v.* nota). A segunda, no sentido de que o presente dispositivo reconhece e institui mais uma hipótese de prática de ato processual por meio eletrônico, o que o § 2º, do art. 154, já autoriza de maneira abrangente e outros tantos dispositivos deste CPC já preveem de maneira particularizada (*v.* rol no comentário ao mesmo § 2º, do art. 154). A terceira, no sentido de que, em conformidade com o expressamente previsto pelo dispositivo focalizado, a substituição aqui autorizada depende de forma exclusiva da vontade do exequente que haverá de requerê-la ao juiz da causa – inadmitida a substituição de ofício – no prazo fixado com base no parágrafo único do art. 685 (*v.* nota). Assim, da mesma maneira como pode o exequente abrir mão da adjudicação (apenas) ou da adjudicação e da alienação particular (simultaneamente, pela manifestação expressa ou por deixar transcorrer *in albis* o prazo fixado – *v.* nota ao art. 686, *caput*), pode o exequente abrir mão, desde logo, de tudo em prol da alienação eletrônica ou percorrer o caminho que desejar, passando pelas tentativas de adjudicação, alienação particular e hasta pública antes de requerer a alienação eletrônica. Nesse sentido, parece-nos que nada impede que se reconheça a nova figura como modalidade substitutiva ou como modalidade residual a ser utilizada em último lugar, portanto, depois da hasta pública dos arts. 686 a 689. Já no que concerne à previsão final do regramento que trata de alguns mecanismos para a implementação da alienação eletrônica, remetemos o leitor ou consulente ao comentário dedicado ao parágrafo único a seguir (texto de acordo com a Lei n. 11.382/2006).

Parágrafo único. O Conselho da Justiça Federal e os Tribunais de Justiça, no âmbito das suas respectivas competências, regulamentarão esta modalidade de alienação, atendendo aos requisitos de ampla publicidade, autenticidade e segurança, com observância das regras estabelecidas na legislação sobre certificação digital.

Vide Projeto de CPC, arts. 852, parágrafo único, e 853.

Se o *caput* deste art. 689-A institui a modalidade da alienação eletrônica (ou alienação pela internet), o presente parágrafo único atribui ao CJF e aos TJs a regulamentação da nova figura, estabelecendo os parâmetros normativos que deverão ser observados no trabalho regulamentatório: ampla publicidade, autenticidade, segurança e observância da legislação sobre certificação digital. Além destes, não podemos olvidar que a previsão final do *caput* também se ocupa da implementação do novo instituto ao referir a utilização de "páginas virtuais criadas pelos Tribunais ou por entidades públicas ou privadas em convênio com eles firmado". Pois bem, antes de mais nada, o que nos cumpre anotar é que, enquanto variante eletrônica da alienação por arrematação, a expropriação que se realize pelo meio eletrônico (sobre este conceito, *v.* nota ao parágrafo único, do art. 38, deste CPC) não prescindirá de edital (edital eletrônico em página virtual, ou páginas virtuais, que obedeça aos requisitos do art. 686, salvo o do seu § 2º; inaplicáveis, também, as regras do art. 687 e seus §§ 1º a 4º), tema que exigirá regulamentação visando à mais "ampla publicidade" como cogita o texto. Do mesmo modo, a intimação do executado do dia (dia ou período) e hora (hora ou período) da realização da licitação eletrônica haverá de ser regulada, para que se cumpra o § 5º, do art. 687, regramento inafastável. O mesmo se deve dizer da necessidade de definição normativa da forma de participação dos licitantes e do executado do procedimento licitatório (realização dos lanços, aceitação pelo juiz, encerramento do pregão, forma do pagamento, embargos à arrematação, auto de arrematação, carta de arrematação, etc.), tudo de sorte a prover autenticidade e segurança à alienação eletrônica, incluindo a observância da legislação própria sobre certificação digital, o que nos induz a lembrar da Lei n. 11.419/2006, a qual regula a informatização do processo judicial e estabelece os conceitos de meio eletrônico, transmissão eletrônica e assinatura eletrônica que compreende a assinatura digital (baseada em certificado digital emitido por Autoridade Certificadora credenciada, na forma da lei específica), além da assinatura mediante cadastro de usuário no Poder Judiciário (art. 1º, § 2º, I a III). Por último, registre-se que os convênios com entidades públicas ou privadas, de que cogita a parte final do *caput*, podem ter por objeto muito mais que apenas a criação ou a utilização de páginas virtuais, alcançando inúmeros outros aspectos do procedimento da alienação eletrônica. Tudo dependerá da iniciativa regulamentatória do CJF (para a execução civil na Justiça Federal) dos TJs (para a execução nas Justiças Estaduais) (texto de acordo com a Lei n. 11.382/2006).

Art. 690. A arrematação far-se-á mediante o pagamento imediato do preço pelo arrematante ou, no prazo de até 15 (quinze) dias, mediante caução.

Vide Projeto de CPC, art. 842.

O presente dispositivo legal – alterado em sua redação pela Lei n. 11.382/2006 para que fossem substituídas as locuções "com dinheiro à vista" pela atual "mediante o pagamento imediato pelo arrematante", e a antiga "ou no prazo de 3 (três) dias" pela vigente "ou, no prazo de até 15 (quinze) dias" – regulamenta a forma processual do pagamento do preço da arrematação pelo licitante vencedor, ou da oferta de garantia pelo pagamento, atos que constarão do auto de arrematação a ser lavrado em consonância com o disposto no art. 693, *caput*, à frente. Veja-se que, quanto à forma do pagamento ao Estado do preço da arrematação, a lei é rigorosa: ou o pagamento é feito à vista, via de regra, por depósito bancário em favor do juízo, ou é feito em quinze dias se assim o arrematante preferir, mas desde que preste caução real ou fidejussória. Observe-se que tanto o pagamento à vista como o a prazo só são exigíveis a partir do momento em que for lavrado o auto de arrematação, valendo a pena lembrar que, segundo a redação atual do art. 693, "a arrematação constará de auto que será lavrado de imediato [...]", já não se cogitando mais daquele prazo de 24 horas que se interpunha entre o encerramento do pregão e a assinatura do auto (antigo *caput* do art. 693), dada a revogação dos arts. 787 a 790 que regulavam a remição, hoje abolida do sistema. Observe-se, por derradeiro, que o art. 694, § 1º, II, também deixa claro que o pagamento do preço da arrematação não é exigido antes da lavratura do respectivo auto. As alterações introduzidas no texto são realmente significativas, como se pode facilmente perceber (*v.* nota ao mencionado art. 693) (texto de acordo com a Lei n. 11.382/2006).

§ 1º Tratando-se de bem imóvel, quem estiver interessado em adquiri-lo em prestações poderá apresentar por escrito sua proposta, nunca inferior à avaliação, com oferta de pelo menos 30% (trinta por cento) à vista, sendo o restante garantido por hipoteca sobre o próprio imóvel.

Este § 1º – criação da Lei n. 11.382/2006 que estabelece a Reforma da Execução Extrajudicial – institui a alienação forçada de imóvel por proposta (ou alienação de imóvel a prestações), com o que excepciona a disciplina do *caput* que prevê apenas o pagamento imediato ou no prazo de quinze dias, mediante caução (*v.* nota ao § 4º à frente). Observe-se, desde logo, que o presente regramento tem certo paralelo no revogado art. 700, o qual autorizava a apresentação de propostas até cinco dias antes da realização da praça (era o que dizia o *caput*) e que fazia depender sua homologação judicial da concordância das partes (era o que dizia o § 2º). Diferentemente disso, a nova forma de alienação de imóvel por proposta não traz em sua disciplina (iniciada por este § 1º e complementada pelos §§ 2º a 4º) nada que sugira concordância das partes nem estabelece prazo para o oferecimento da proposta ou das propostas de possíveis adquirentes. Quanto ao prazo, à falta de qualquer previsão, só se pode concluir que a(s) proposta(s) somente pode(m) ser apresentada(s) até o momento do início da realização da praça; iniciado o pregão, qualquer interessado só poderá fazer lanços de valores integrais para pagamento na forma preconizada pelo *caput*. Apresentada, assim, a qualquer tempo, a(s) proposta(s), e juntada(s) aos autos (§ 2º), aguardar-se-á até o momento da hasta pública para que o magistrado sobre ela(s) se pronuncie, deferindo ou não a arrematação (§ 3º). Deixando de lado o significado de cada um desses parágrafos (*v.* notas à frente), o que nos cabe esclarecer aqui é que a forma e o conteúdo da proposta apresentável encontram-se perfeitamente descritos no regramento que nos ocupa: *a)* a proposta terá a forma escrita, necessariamente, e deverá ser encaminhada por petição subscrita pelo próprio proponente sem o concurso de advogado; *b)* o valor total ofertado pelo imóvel não pode ser inferior ao da avaliação (o constante do laudo a que alude o art. 681); *c)* o valor ofertado para pagamento à vista (correspondente ao sinal ou à primeira prestação) não pode ser inferior a trinta por cento do valor da avaliação; *d)* a garantia deste negócio jurídico processual é dada obrigatoriamente por hipoteca, a ser constituída sobre o próprio imóvel a ser forçadamente alienado. Sobre os outros requisitos exigidos, examine-se o § 2º a seguir (texto de acordo com a Lei n. 11.382/2006).

I a III – *(Revogados pela Lei n. 11.382, de 06.12.2006.)*

---

§ 2º As propostas para aquisição em prestações, que serão juntadas aos autos, indicarão o prazo, a modalidade e as condições de pagamento do saldo.

Vide Projeto de CPC, art. 845, §§ 1º e 2º.

O parágrafo que ora nos ocupa complementa a disciplina do conteúdo da proposta escrita que o interessado pode endereçar ao juízo da execução para adquirir o imóvel penhorado a prestações. Falamos de complemento disciplinar, porque vários dos aspectos do conteúdo da proposta já se encontram perfeitamente explicitados no texto do § 1º (*v.* nota). Pois bem, de acordo com o regramento focalizado, a proposta a ser juntada aos autos deve indicar "o prazo, a modalidade e as condições de pagamento do saldo", o que significa, grosso modo, a necessidade do maior detalhamento possível do negócio jurídico processual que o proponente leva ao conhecimento do juiz. Na prática, então, o que se deve ter em conta é que a proposta deve explicitar de forma clara e precisa: *a)* a descrição do imóvel, objeto da possível aquisição; *b)* a sua situação processual enquanto bem sujeito à penhora (quando, onde e como foi realizada, com a indicação da vara, número dos autos, nome das partes, título executivo, valor do crédito, valor da avaliação etc.); *c)* o número de prestações a pagar, de sorte a perfazer o valor total (*v.* § 1º); *d)* o valor de cada parcela em moeda corrente; *e)* a periodicidade dos pagamentos parciais (quinzenal, mensal, bimestral); *f)* as datas dos pagamentos (dia, mês e ano de cada um); *g)* a correção monetária eventualmente incidente; *h)* os juros de mora e a multa para a hipótese de atraso na quitação de qualquer prestação; *i)* o prazo dentro do qual, a partir do deferimento, a hipoteca sobre o imóvel será constituída. Presentes todos esses requisitos, que se somam aos estabelecidos no § 1º, a proposta estará formalmente perfeita para receber a análise judicial de que cogita o § 3º (*v.* nota) (texto de acordo com a Lei n. 11.382/2006).

---

§ 3º O juiz decidirá por ocasião da praça, dando o bem por arrematado pelo apresentante do melhor lanço ou proposta mais conveniente.

Vide Projeto de CPC, art. 842, § 3º.

O parágrafo sob enfoque regulamenta a tomada da decisão judicial acerca das propostas (de aquisição do imóvel penhorado a prestações) apresentadas e juntadas aos autos até o início do pregão licitatório (*v.* nota ao § 1º apresentado anteriormente). Observe-se, desde logo, que ao afirmar o texto que "o juiz decidirá por ocasião da praça", nada mais faz a lei que identificar o momento da decisão com o tempo em que transcorre o complexo ato da alienação em hasta pública, o que significa dizer que tal pronunciamento do juiz se imiscui no referido complexo, passando a integrá-lo e alterando completamente o seu perfil jurídico. E tanto isto parece exato que o próprio texto se ocupa de concluir prevendo que o magistrado dará "o bem por arrematado pelo apresentante do melhor lanço ou proposta mais conveniente". Ora, o que faz o dispositivo aqui é prever dois atos distintos ("melhor lanço", de um lado, e "proposta mais conveniente", do outro) com o que dá ao juiz dois caminhos diferentes a seguir: 1º) atribuir o bem ao licitante que deu o lanço mais alto; ou 2º) atribuir o bem ao proponente da melhor oferta de aquisição a prestações. Veja-se que tal dicotomia nos leva a concluir também que a decisão judicial de que estamos cogitando só pode ser tomada após a conclusão do pregão, vale dizer, depois que o leiloeiro ou o porteiro dos auditórios der por encerrado o praceamento do imóvel quando um determinado lanço que tenha sido aceito (art. 692) não for coberto por nenhum outro. Somente neste instante, e à vista do melhor lanço e das propostas apresentadas, é que o juiz da execução decidirá pelo deferimento da alienação forçada a um ou a outro, segundo o que melhor atenda aos interesses do credor-exequente. Duas considerações finais: a primeira, no sentido de que tudo recomenda, embora o texto não diga, que, ao início do pregão, sejam tornadas públicas as propostas oferecidas para que os licitantes tenham-nas em conta durante o pleito licitatório; a segunda, no sentido de que o conhecimento prévio das propostas, por si só, poderá elevar o valor dos lanços, de sorte que o montante final oferecido (*v. g.*, à vista) seja mais interessante, do ponto de vista econômico, do que a proposta de aquisição a prestações; a terceira e última, no sentido de que o juiz terá à sua frente, na hipótese com que trabalhamos, sempre, e apenas, duas opções (o melhor lanço e a proposta mais conveniente, que é uma entre todas as apresentadas), cumprindo-nos registrar que à luz da possível manifestação do exequente, desde que presente ao ato, ou apenas à luz do prudente arbítrio judicial, é que a decisão sobre a quem atribuir o bem penhorado será tomada (texto de acordo com a Lei n. 11.382/2006).

---

§ 4º No caso de arrematação a prazo, os pagamentos feitos pelo arrematante pertencerão ao exequente até o limite de seu crédito, e os subsequentes ao executado.

Vide Projeto de CPC, art. 842, § 4º.

Este § 4º encerra a disciplina criada para a nova figura da alienação de imóvel a prestações, que o presente dispositivo de fechamento chama de "arrematação a prazo". Perceba-se, desde logo, que tal "arrematação a prazo" corresponde ao próprio instituto de que temos nos ocupado (§§ 1º ao 4º), nada tendo a ver com o prazo (de quinze dias) de que cogita o *caput*, que trata de arrematação à vista. Muito bem, quanto à afirmação do texto de que "os pagamentos feitos pelo arrematante pertencerão ao exequente até o limite do seu crédito", parece interessante consignar que tais pagamentos (realizados nos termos da proposta – § 2º) deverão ser objeto da devida comprovação nos autos a cada período estipulado por parte do arrematante (o proponente que se tornou arrematante por força da decisão judicial), com o que os respectivos valores pecuniários irão paulatinamente satisfazendo o crédito do exequente, mediante sucessivos levantamentos deferidos em seu favor. Somente no momento em que se reconheça que o crédito já se encontra integralmente satisfeito – por meio do confronto do remanescente atualizado com os pagamentos demonstrados nos autos, trabalho a cargo do contador do juízo – é que os valores passarão a ser contados a crédito do executado que, a partir de então, poderá levantá-los sucessivamente até que a última prestação seja paga (texto de acordo com a Lei n. 11.382/2006).

Art. 690-A. É admitido a lançar todo aquele que estiver na livre administração de seus bens, com exceção:

Vide Projeto de CPC, art. 840, caput

Este art. 690-A corresponde, em seu conteúdo e forma, quase que exatamente ao que dispunha o § 1º, do art. 690, na sua versão redacional anterior à vigência da Lei n. 11.382/2006. A razão de ser da renumeração se prende à circunstância de a Reforma da Execução Extrajudicial ter criado a figura da alienação de imóvel a prestações e de tê-la disciplinado inteiramente nos §§ 1º a 4º do atual art. 690, o que tornou necessário descolocar o rol dos que não podem participar de licitação para um novo artigo, o presente 690-A. Pois bem, quanto ao conteúdo normativo deste *caput*, o que se deve observar é que, como qualquer outro negócio jurídico, também a arrematação para ser válida depende da capacidade do agente, isto é, da plena capacidade de exercício do arrematante (CC, art. 104, I), exigência que o texto deste dispositivo expressa como liberdade para administrar seus próprios bens. Destarte, basta que qualquer pessoa seja maior de idade ou, se menor púbere, que esteja regularmente assistida, para que a lei lhe reconheça legitimidade material para o ato processual da arrematação (texto de acordo com a Lei n. 11.382/2006).

I – dos tutores, curadores, testamenteiros, administradores, síndicos ou liquidantes, quanto aos bens confiados a sua guarda e responsabilidade;

Vide Projeto de CPC, art. 840, I.

Porque as pessoas referidas no texto agem no plano do direito material ou como representantes de outras (tutores, curadores e administradores, em quaisquer hipóteses de exercício de tais atribuições), ou como representantes de massas patrimoniais (síndicos – a nova Lei de Falências fala hoje de administrador judicial – e liquidantes), ou em prol do interesse de quem já faleceu (testamenteiro, seja qual for o tipo de testamento), a lei processual lhes retira a legitimidade para a arrematação como forma de prevenir conflitos de interesses e moralizar a atividade jurisdicional (texto de acordo com a Lei n. 11.382/2006).

II – dos mandatários, quanto aos bens de cuja administração ou alienação estejam encarregados;

Vide Projeto de CPC, art. 840, II e IV.

A *ratio* da ilegitimidade aqui estabelecida é a mesma da presente no inciso anterior: como o procurador encarna na sua pessoa os interesses do mandante (CC, arts. 653, 661 e 675) e os seus próprios, parece de todo conveniente que não possa o mandatário arrematar os bens que o mandante lhes confiou para administrar ou alienar. Previnem-se, assim, identicamente, conflitos de interesse e, ao mesmo tempo, moraliza-se a atividade judiciária e fortalece-se o contrato de mandato que tem na confiança a sua base de sustentação (texto de acordo com a Lei n. 11.382/2006).

III – do juiz, membro do Ministério Público e da Defensoria Pública, escrivão e demais servidores e auxiliares da Justiça.

Vide Projeto de CPC, art. 840, III a V.

A vedação instituída, acima de tudo, tem por escopo resguardar o prestígio do Poder Judiciário e o interesse público representado pela necessária irrepreensibilidade que deve permear a atuação do juiz, do membro do MP ou da Defensoria Pública e dos sujeitos secundários no processo (no caso, o escrivão, o escrevente, o oficial de justiça, o perito, o depositário ou o administrador etc.). Quanto ao magistrado, é indiscutível que, como sujeito imparcial, não lhe é lícito tomar parte no ato da arrematação. Quanto aos demais, também envolvidos com o interesse público, não convém à Justiça que se lhes permita tirar proveito econômico do ato processual de arrematação quando de alguma forma dele participem ou com ele colaborem (texto de acordo com a Lei n. 11.382/2006).

Parágrafo único. O exequente, se vier a arrematar os bens, não estará obrigado a exibir o preço; mas, se o valor dos bens exceder o seu crédito, depositará, dentro de 3 (três) dias, a diferença, sob pena de ser tornada sem efeito a arrematação e, neste caso, os bens serão levados a nova praça ou leilão à custa do exequente.

Vide Projeto de CPC, art. 842, § 2º.

Duas verdades processuais relevantíssimas para a execução são detectadas no texto. A primeira é clara e concerne à expressa autorização legal para que o exequente participe da arrematação como qualquer outro licitante, disputando o bem em hasta pública em igualdade com terceiros; apenas a forma de pagamento em caso de arrematação pelo exequente é que é diferenciada, uma vez que a existência do crédito torna desnecessária a exibição do preço até o limite da sua força. A segunda verdade, fruto de interpretação sistemática, é a de que a expressão "valor dos bens" só pode ser entendida como o valor da arrematação (e não como valor da avaliação); como o exequente participa em igualdade de condições com terceiros, não tem sentido que ele não possa identicamente aspirar a fazer um bom negócio adquirindo o bem por valor inferior ao da avaliação (se além disso o preço for inferior ao seu crédito, ele prosseguirá no processo pela diferença). Quanto à parte final do texto, importa apenas notar que o desfazimento aludido (tornada sem efeito a arrematação) depende de decisão interlocutória (art. 694, § 1º, II; o prazo é contado do auto – art. 693) e que a principal despesa imposta ao exequente é a relativa à publicação de novos editais (texto de acordo com a Lei n. 11.382/2006).

Art. 691. Se a praça ou o leilão for de diversos bens e houver mais de um lançador, será preferido aquele que se propuser a arrematá-los englobadamente, oferecendo para os que não tiverem licitante preço igual ao da avaliação e para os demais o de maior lanço.

Vide Projeto de CPC, art. 843.

Inicialmente, cumpre consignar que a lei autoriza, numa mesma hasta pública, a oferta individualizada de cada bem penhorado (quando isso for possível, é claro) como meio de dar atendimento ao princípio consagrado no art. 620, o qual se expressa, entre outros, pela regra contida no art. 692. Muito bem, havendo vários bens, e antes de começar, o público deve ser advertido de que nenhuma arrematação será considerada concluída antes que a arrematação global seja tentada e torne-se frustrada. Assim, presentes os lances finais dos bens, o condutor da hasta pública deve fazer a oferta global e aguardar que alguém se proponha a pagar de acordo com as exigências do texto. Se isso acontecer, encerra-se o ato e lavra-se auto de arrematação único; se não, cada arrematação particular é dada por encerrada, lavrando-se tantos autos quantos forem os arrematantes. Por derradeiro, observe-se que nada impede que o leiloeiro tente primeiro a alienação global e só depois oferte particularizadamente os bens penhorados ao público.

Art. 692. Não será aceito lanço que, em segunda praça ou leilão, ofereça preço vil.

Preço vil é o preço diminuto ou desprezível que não guarda a menor sintonia com o valor constante do edital de arrematação (art. 686, VI), que é, via de regra, o declarado pelo oficial de justiça ou pelo perito no seu laudo avaliatório (art. 681, II). Como se vê, a presente disposição legal não estabelece critério objetivo para a definição do que seja preço vil, razão pela qual ao juiz competirá tal definição, caso a caso, segundo o seu prudente arbítrio. Consigne-se apenas, como já fizemos anteriormente, que o critério de 50 a 70% vem sendo observado por nossos juízes e tribunais, mas, é claro, sem força de imposição legal. A nosso ver, fez bem o legislador em manter a omissão quanto ao critério, porque situações há em que o juiz deve deferir a arrematação por valor inferior aos 70% da avaliação por verificar efetivamente que o bem não tem o valor que o edital estabelece (texto de acordo com a Lei n. 8.953/94).

Parágrafo único. Será suspensa a arrematação logo que o produto da alienação dos bens bastar para o pagamento do credor.

A regra em questão guarda clara vinculação lógica com o art. 691, uma vez que pressupõe a cisão da arrematação com a oferta particularizada dos vários bens penhorados. O texto legal fala de suspensão, mas, na verdade, trata-se de encerramento da arrematação tão logo o somatório dos preços ofertados seja suficiente para a integral satisfação do crédito exequendo. Nesse caso, dispensa-se o condutor da hasta pública, é claro, da necessidade de realizar a oferta global a que alude o art. 691, permitindo-lhe a lei que declare encerrado o ato alienatório assim que perceba a suficiência da soma de dinheiro já alcançada. Note-se, por fim, que a ordem da oferta dos bens pode ser livremente alterada pelo leiloeiro em virtude dessa regra, que é a concretização do princípio instituído pelo art. 620 do CPC (texto de acordo com a Lei n. 8.953/94, que manteve intacta a redação do anterior art. 692).

Art. 693. A arrematação constará de auto que será lavrado de imediato, nele mencionadas as condições pelas quais foi alienado o bem.

Vide Projeto de CPC, art. 856, caput

O presente art. 693 teve sua redação e conteúdo normativo completamente modificados pela Lei n. 11.382/2006 em decorrência do desaparecimento do instituto da remição que vinha previsto e regulado pelos então vigentes arts. 787 a 790. De fato, com o fim da remição, deixou de fazer qualquer sentido a protelação da lavratura do auto de arrematação, como se dava no regime anterior, razão pela qual o texto que nos ocupa agora declara, com todas as letras, que o auto "será lavrado de imediato", desaparecendo, por conseguinte, a estranha figura da "súmula de arrematação" que servia apenas para o pretendente-arrematante comprovar a sua expectativa de direito... Observe-se, de outra parte, que existe no texto deste art. 693, *caput*, uma outra novidade que é a conveniente explicitação de que do auto constem "as condições pelas quais foi alienado o bem", o que significa a exigência de uma série de registros que passamos a elencar: *a)* Justiça, comarca, foro, fórum, vara, nome do juiz (titular ou substituto); *b)* espécie do processo, tipo do procedimento, número dos autos; *c)* nome das partes e seus advogados; *d)* nome do arrematante e sua qualificação completa; *e)* data e local da primeira (ou segunda) praça (ou leilão) (sala das arrematações ou átrio do fórum); *f)* descrição do bem penhorado, objeto da arrematação, e sua avaliação, com indicação da folha dos autos; *g)* espécie de arrematação realizada (arrematação à vista ou arrematação de imóvel a prestações); *h)* o valor pelo qual o bem foi arrematado e a forma de pagamento; *i)* a decisão judicial atributiva da arrematação (art. 690, § 3º). Veja-se que, além desses requisitos, estabelece o art. 694, *caput*, em complementação, a exigência das assinaturas para o aperfeiçoamento formal do auto (*v.* nota) (texto de acordo com a Lei n. 11.382/2006).

Parágrafo único. A ordem de entrega do bem móvel ou a carta de arrematação do bem imóvel será expedida depois de efetuado o depósito ou prestadas as garantias pelo arrematante.

Vide Projeto de CPC, art. 856, parágrafo único.

Se o *caput* deste art. 693 institui o auto como instrumento formal da arrematação e disciplina o instante do seu aperfeiçoamento (imediatamente após a conclusão do pregão), o parágrafo único sob enfoque regula o efeito da sua lavratura (a expedição da carta de arrematação ou a ordem de entrega do bem móvel), condicionando-o, no entanto, ao pagamento do preço ou à efetiva prestação das garantias. Como se pode perceber, a lavratura do auto de arrematação é condição necessária, mas não suficiente para expedição da carta ou da ordem que dependerá concretamente da verificação judicial de um dos seguintes atos do arrematante: *a)* da comprovação, nos autos, do pagamento imediatamente realizado, no caso do art. 690, *caput*, *initio* (por guia de depósito); *b)* da comprovação do pagamento realizado no prazo de quinze dias, no caso do art. 690, *caput*, *in fine* (também por guia de depósito); *c)* da comprovação, nos autos, da constituição da hipoteca (art. 690, § 1º), no caso de arrematação de imóvel a prestações. Veja-se que "prestadas as garantias pelo arrematante", de que cogita o texto, resumem-se à hipoteca do caso do art. 690, § 1º, salvo se se admitir, excepcionalmente, outra forma de garantia (*v. g.*, uma fiança bancária) na hipótese de obstáculo à constituição de hipoteca ou da sua pura e simples inconveniência. Sobre a carta de arrematação, remetemos o leitor ao comentário dedicado ao art. 703; sobre o mandado de entrega, remetemos ao comentário dirigido ao *caput* do art. 685-B, que dele também trata, apenas que na perspectiva da adjudicação (texto de acordo com a Lei n. 11.382/2006).

Art. 694. Assinado o auto pelo juiz, pelo arrematante e pelo serventuário da justiça ou leiloeiro, a arrematação considerar-se-á perfeita, acabada e irretratável, ainda que venham a ser julgados procedentes os embargos do executado.

Vide Projeto de CPC, art. 857, caput

Importantíssima alteração disciplinar foi introduzida no presente dispositivo por conta da Reforma empreendida pela Lei n. 11.382/2006. Referimo-nos, evidentemente, à frase de encerramento ("ainda que venham a ser julgados procedentes os embargos do executado"), o que nos obriga a enfrentar, primeiro, a parte inalterada da regra em epígrafe, como pressuposto lógico da compreensão da novidade trazida. Muito bem. Inicialmente, cumpre assinalar que o regramento sob enfoque complementa o art. 693, *caput*, que institui o auto de arrematação como veículo formal da alienação forçada decorrente de licitação e já lhe impõe determinadas formalidades ao prever a necessidade de que dele constem "as condições pelas quais foi alienado o bem", locução que deve ser compreendida em acepção larga (*v.* nota). De complementação falamos porque o dispositivo focalizado estabelece, na sua previsão inicial, a exigência do preenchimento de outros requisitos para o aperfeiçoamento formal do auto de arrematação, quais sejam, as assinaturas do juiz, do arrematante, do serventuário da justiça (ou leiloeiro). Veja-se que assinado, assim, o auto, "a arrematação considerar-se-á perfeita, acabada e irretratável", conforme a segunda previsão do texto, o que significa, justamente e a um só tempo, o aperfeiçoamento formal aludido ("perfeita"), a conclusão ou o encerramento deste importante ato processual praticado ("acabada") e a sua imodificabilidade na perspectiva da vontade do arrematante ("irretratável"). Mas, apesar de todo o *status* processual alcançado pela arrematação, com a assinatura do auto, ela pode ser excepcionalmente desfeita nas hipóteses previstas pelo § 1º à frente (*v.* notas). Entretanto, o que desejamos ressaltar, agora, é a terceira e revolucionária previsão introduzida no texto pela Lei n. 11.382/2006: "ainda que venham a ser julgados procedentes os embargos do executado", a arrematação continua sendo considerada pelo CPC perfeita, acabada e irretratável. Com efeito, examinando as hipóteses de desfazimento da arrematação do § 1º a seguir, o que se percebe é que, dentre elas, não se encontra o julgamento de procedência dos embargos do executado (enquanto previsão genérica) e o § 2º, na sequência, torna clara a ideia de solidez e intangibilidade da arrematação neste caso, do que se conclui que, a partir de agora, em tese, apenas os vícios e as imperfeições da própria arrematação podem levar ao seu desfazimento e não à pura e simples procedência dos embargos, restando ao sujeito passivo haver do exequente o produto da arrematação, nos termos do § 2º. Entretanto, há de se considerar, também, o que dispõe o art. 746, *caput*, que, regulamentando os embargos à adjudicação, alienação ou arrematação, prevê a nulidade da própria execução e a causa extintiva de obrigação, desde que superveniente, como fundamentos da desconstituição desses atos expropriatórios (*v.* nota) (texto de acordo com a Lei n. 11.382/2006).

§ 1º A arrematação poderá, no entanto, ser tornada sem efeito:
Vide Projeto de CPC, art. 857, §§ 1º e 2º.

Comparado o texto atual do *caput* deste § 1º com o do parágrafo único, o qual vigorava antes da Lei n. 11.382/2006, o que se constata é que houve uma tentativa de aperfeiçoamento redacional, em primeiro lugar, pela introdução do vocábulo "arrematação" no início do texto e, em segundo, pela substituição da antiga forma verbal "desfazer-se" pela frase "ser tornada sem efeito". Seja como for, o que temos é que, em face de qualquer um dos motivos elencados nos seis incisos adiante, fica o juiz da execução autorizado a tornar "sem efeito" a arrematação formalizada, como afirma o texto vigente, o que, na verdade, é o mesmo que dizer que ele está autorizado a desconstituir o ato ou desfazê-lo, como dizia o texto antigo, tudo a significar exatamente a mesma coisa, ou seja, a anulação do ato processual arrematatório como sempre disso se falou em sede doutrinária e jurisprudencial. Neste sentido, a modificação redacional realizada é, de fato, pouco ou nada importante. Relevante mesmo é observar que a anulação ou o desfazimento tanto pode ser praticada de ofício pelo magistrado (salvo nas hipóteses dos incisos III e IV) como a requerimento da parte (em todos os casos), quase sempre pela via da decisão interlocutória que o juiz proferirá quer em sede de embargos à arrematação (art. 746), quer independentemente deles, quando agir de ofício (texto de acordo com a Lei n. 11.382/2006).

I – por vício de nulidade;
Vide Projeto de CPC, art. 857, § 1º, I.

O vício de nulidade aqui previsto e que pode tornar sem efeito a arrematação é a inobservância de formalidade concernente ao próprio ato arrematatório e não ao processo de execução (a nulidade da execução pode ser objeto dos embargos à arrematação – art. 746, *caput* – ou, é evidente, de embargos do executado – art. 745 – ou da impugnação – art. 475-L). Ilustram o vício de nulidade da arrematação os seguintes desvios formais: *a)* a descrição equivocada do bem penhorado (*v. g.*, bem inexistente, não pertencente ao executado ou já arrematado em outro processo), em violação ao inciso I do art. 686; *b)* a informação equivocada do valor da avaliação (para menos), em violação ao inciso II; *c)* a informação equivocada do dia, da hora e do local da alienação, em violação ao inciso IV; *d)* a falta de designação da segunda praça ou leilão pelo edital, em violação ao inciso VI; *e)* dispensa equivocada da publicação de editais na hipótese do § 3º do art. 686; *f)* a falta de observância das regras de publicidade estabelecidas pelo art. 687 e seus parágrafos; *g)* a falta de legitimidade do arrematante, em violação ao regramento instituído pelo art. 690-A e seus incisos; *h)* a falta de oportunidade de exercício do direito de preferência a que alude o art. 691; *i)* o deferimento de proposta de alienação a prestações que infrinja qualquer dos requisitos estabelecidos pelos §§ 1º e 2º, do art. 690; *j)* a ocorrência de práticas irregulares no procedimento licitatório (pregão) que comprometam a validade da arrematação alcançada (*v. g.*, a realização do pregão em local não previsto, a licitação secreta, a inexistência de licitação e a falsidade ideológica do auto, a condução do certame por pessoa não autorizada, etc.); *k)* a arrematação de imóvel de incapaz por valor inferior a oitenta por cento do valor da avaliação, em violação ao art. 701; *l)* a arrematação realizada com completa desconsideração do pagamento total da dívida (já realizado e comprovado por guia de depósito), da transação presente nos autos ou da substituição deferida e efetivada do bem penhorado por dinheiro. Observe-se que, em qualquer dessas hipóteses, pode o juiz anular, de ofício, a arrematação, mas, se não o fizer, apesar de provocado por requerimento da parte (em regra, do executado), tem ela o direito de opor embargos à arrematação (desde que no prazo legal de cinco dias – art. 746, *caput*) para ver desconstituído o ato alienatório por um ou mais desses fundamentos. Registre-se, por derradeiro, que mesmo perdido o prazo dos embargos à arrematação, pode a parte ajuizar a ação autônoma do art. 486 deste Código para postular o desfazimento da alienação forçada (*v.* nota) (texto de acordo com a Lei n. 11.382/2006).

II – se não for pago o preço ou se não for prestada a caução;

Vide Projeto de CPC, art. 857, § 1º, III.

É causa também de anulação, desconstituição ou desfazimento de arrematação já instrumentalizada pelo auto a falta de comprovação do pagamento do preço pelo arrematante (o pagamento imediato previsto pelo *caput* do art. 690). Como o pagamento não pode ser exigido antes da lavratura do auto – o presente dispositivo é a clara demonstração do que estamos dizendo –, pode acontecer que o arrematante o assine e deixe de efetuar o depósito imediatamente ou que pague com cheque e esse seja devolvido (por isso é comum a exigência de cheque visado no exato instante da assinatura). Identicamente, o desfazimento se impõe se não for prestada a caução de imediato (art. 690, *caput, in fine*), ou, se prestada, o arrematante não comprova o depósito nos quinze dias subsequentes. Outra hipótese de desfazimento é o caso de arrematação de imóvel a prestações deferida pelo juiz, e devidamente formalizada pelo auto de arrematação (arts. 690, §§ 1º e 3º, e 693), a que não se siga a constituição da hipoteca no prazo convencionado (art. 690, § 1º, última previsão). Observe-se que, nesse caso, o não pagamento das prestações (em número previamente estabelecido) tanto pode dar ensejo à anulação, como à execução da hipoteca, dependendo da convenção constante da proposta (texto de acordo com a Lei n. 11.382/2006).

III – quando o arrematante provar, nos 5 (cinco) dias seguintes, a existência de ônus real ou de gravame (art. 686, inciso V) não mencionado no edital;

Vide Projeto de CPC, art. 857, §§ 5º e 6º.

Se o inciso I deste § 1º prevê genericamente os vícios de nulidade do complexo ato de arrematação (*v.* nota), o presente dispositivo prevê especificamente o vício de nulidade por infringência ao disposto no inciso V do art. 686, que determina a obrigatória menção, no edital de leilão ou praça, "da existência de ônus, recurso ou causa pendente sobre os bens a serem arrematados" (*v.* nota). Perceba-se que a falta de uma previsão como esta, que ora focalizamos, não significaria qualquer prejuízo para o sistema, na medida em que o vício aqui apontado se enquadraria perfeitamente no regramento genérico do inciso I, salvo pela exigência de requerimento da parte. Eis a razão pela qual o CPC fez questão de dar destaque à violação do inciso V do art. 686. É que, diferentemente da disciplina genérica do inciso inaugural acima que permite ao juiz o reconhecimento *ex officio*, este inciso III sob análise exige peremptoriamente que a arrematante tome a iniciativa da arguição e prove, nos cinco dias seguintes à lavratura do auto de arrematação, a existência de ônus real ou gravame não mencionado no edital; para fins processuais esta é uma matéria tipicamente enquadrável no art. 245 do CPC. Observe-se, por fim, que o vocábulo "gravame", constante do texto focalizado, parece querer significar também "recurso ou causa pendente sobre os bens a serem arrematados", previsão que o inciso V do art. 686 apresenta, mas que o dispositivo *sub apretiationis*, por alguma razão, não referiu. Afinal de contas, gravame significa agravamento, encargo, incômodo, importunação ou vexame, tudo o que, na verdade, a existência de um recurso ou uma causa pendente não informada pelo edital pode representar para um arrematante minimamente consciente dos problemas que pode vir a ter (texto de acordo com a Lei n. 11.382/2006).

IV – a requerimento do arrematante, na hipótese de embargos à arrematação (art. 746, §§ 1º e 2º);

Vide Projeto de CPC, art. 857, § 3º.

Criação inteiramente nova da Lei n. 11.382/2006 – a qual institui a Reforma da Execução Extrajudicial –, o presente inciso IV amplia o campo da anulabilidade da arrematação, mas, na verdade, por força da previsão do § 1º do art. 746, que institui o direito subjetivo processual do arrematante de desistir da aquisição toda vez que forem opostos embargos. Veja-se, então, que o presente inciso IV apenas explicita a circunstância de que a arrematação pode ser tornada sem efeito no caso da desistência do arrematante que vem prevista alhures. Observe-se, de outra parte, que, ao instituir expressamente o dispositivo sob enfoque a necessidade de requerimento do arrematante, ele está, a um só tempo, enfatizando a importância da sua manifestação volitiva e eliminando a possibilidade de reconhecimento de ofício desse fundamento da anulabilidade. Outro detalhe normativo interessante que envolve o preceito legal focalizado é o de que a previsão do § 2º do art. 746 (que autoriza o juiz a deferir de plano o requerimento de desistência com a imediata liberação do depósito feito pelo adquirente) é uma demonstração inequívoca de que, com base neste inciso IV, não tem cabimento a oposição de embargos à arrematação pelo próprio arrematante, bastando que ele peça, nos próprios autos, para ser atendido no seu interesse de ver imediatamente desconstituída a arrematação. Tampouco é possível cogitar, neste caso, obviamente, da ação autônoma do art. 486 do CPC (texto de acordo com a Lei n. 11.382/2006).

V – quando realizada por preço vil (art. 692);

Vide Projeto de CPC, art. 857, § 1º, IV.

Identicamente novo se nos afigura o inciso V sob enfoque que especifica este vício de nulidade da arrematação representado pela oferta e pela aceitação de lanço de valor diminuto ou desprezível, o chamado "preço vil" (*v.* nota ao art. 692). Note-se que, diferentemente da explicitação do inciso III – justificada pela necessidade de tirar do juiz a possibilidade de declarar de ofício a violação do art. 686, V –, a presente explicitação não se mostra necessária, a uma, porque a violação da normatividade do art. 692, *caput*, enquadra-se na previsão genérica dos vícios de nulidade da arrematação e, a duas, porque, dada a simplicidade com que foi redigido este inciso V, parece não restar nenhuma dúvida de que o juiz pode reconhecer o "preço vil" *ex officio*. Seja como for, o fato é que a prescrição normativa focalizada, por sua explicitude, acaba por fortalecer a regra que impõe a proibição do lanço de valor desprezível, de forma que, sob tal ótica e por via transversa, o dispositivo acaba se revelando útil a se pensar em termos de sistema da execução civil (texto de acordo com a Lei n. 11.382/2006).

VI – nos casos previstos neste Código (art. 698).

Vide Projeto de CPC, art. 857, § 1º, V, vide também o inciso II.

Este dispositivo, de fechamento do rol das hipóteses em que a arrematação pode ser anulada, desconstituída ou tornada sem efeito, tem caráter nitidamente residual, apesar de não ser utilizada a tradicional locução "nos demais casos" e, apesar ainda, de ser feita remissão a apenas um artigo deste Código (o art. 698). Numa perspectiva estilística, talvez tivesse sido melhor se o legislador reformista houvesse substituído a previsão sob enfoque por, quem sabe, "nos casos previstos no art. 698" ou, para ser mais explícito, "nos casos de inobservância da cientificação do senhorio direto, do credor com garantia real ou com penhora anteriormente averbada, que não seja de qualquer modo parte na execução (art. 698)". Na verdade, o texto ficou redigido como se encontra, apenas porque pareceu à Lei n. 11.382/2006 mais fácil eliminar, pura e simplesmente, a referência ao art. 699 que foi por ela revogado, sem se preocupar com estilo ou precisão redacional. Seja como for, insistimos na ideia de residualidade do presente regramento, porque situações extraordinárias não expressamente previstas pelos arts. 686 a 707, e não enquadráveis tecnicamente como "vício de nulidade" (inciso I), podem exigir a aplicação deste inciso VI para permitir a retirada dos efeitos da arrematação realizada (texto de acordo com a Lei n. 11.382/2006).

---

§ 2º No caso de procedência dos embargos, o executado terá direito a haver do exequente o valor por este recebido como produto da arrematação; caso inferior ao valor do bem, haverá do exequente também a diferença.

Vide Projeto de CPC, art. 857, § 4º.

A normatividade contida neste novo § 2º – criação da Lei n. 11.382/2006, a qual institui a chamada Reforma da Execução Extrajudicial – relaciona-se evidentemente com a revolucionária previsão do *caput* que afirma considerar-se "perfeita, acabada e irretratável" (a arrematação), "ainda que venham a ser julgados procedentes os embargos do executado". Com efeito, se o julgamento de procedência dos embargos, por si só, não desfaz o ato arrematatório – os incisos do § 1º acima também confirmam a prescrição –, este fato processual acaba por justificar de alguma forma o regramento que ora nos ocupa que, partindo dessa base, determina que "o executado terá o direito a haver do exequente o valor por este recebido como produto da arrematação". Mas, em que termos? Várias considerações aqui se impõem. A primeira, no sentido de que o presente § 2º opta pelo interesse da Justiça e do arrematante em detrimento do interesse do executado que desejaria ver a expropriação desconstituída pela procedência dos embargos. A segunda, no sentido de que a lei, nesse passo, resolveu tornar irrelevante o resultado dos embargos à execução sobre as arrematações já formalizadas (art. 694, *caput*) e remeter qualquer dúvida sobre a validade do ato licitatório perfeito e acabado para a sede própria dos embargos à arrematação (art. 746). A terceira, no sentido de que os embargos do art. 746 são receptáculos hábeis ao amplo contraditório, posto que admitem como fundamento a "nulidade da execução", fenômeno muito mais amplo do que o simples "vício de nulidade" do inciso I do § 1º já comentado. A quarta, no sentido de que os embargos à arrematação apresentarão, eventualmente, como fundamento, matérias já decididas em sede de embargos do executado (já que a procedência destes não implica desfazimento da arrematação) e obriga o executado a opor os embargos do art. 746, o que poderá determinar as mais díspares soluções quando do seu julgamento: *a)* procedência ou improcedência na hipótese de excesso de execução ou cumulação indevida (art. 745, III), dependendo da solução que tenha sido dada pelo juiz à matéria e da sua repercussão sobre a arrematação realizada; *b)* procedência ou improcedência na hipótese de penhora incorreta ou avaliação errônea (art. 745, II), dependendo, identicamente, da solução que tenha sido dada e da repercussão sobre a arrematação; *c)* procedência ou improcedência nas hipóteses de outras matérias dedutíveis (art. 745, V) ou de causa superveniente extintiva da obrigação (art. 746, *caput*), dependendo, da mesma forma, da solução e da repercussão; *d)* procedência na hipótese de "nulidade da execução, por não ser executivo o título apresentado" (art. 745, I). Note-se que a mencionada irrelevância do julgamento dos embargos à execução (instituída pelo *caput* deste art. 694) não impede, como visto, a rediscussão das matérias em sede de embargos à arrematação nem o julgamento de procedência destes, no sentido de desconstituir o ato arrematatório (*v. g.*, nas hipóteses anteriormente elencadas, como também, é óbvio, nos casos dos incisos do § 1º). Mas fica a pergunta no ar: quando, então, terá lugar o direito do executado de "haver do exequente o valor por este recebido como produto da arrematação", assim como preconizado por este § 2º? Resposta: apenas na hipótese de terem sido julgados procedentes os embargos à execução e de não terem sido opostos embargos à arrematação nos cinco dias da lavratura do auto (com o objetivo de desconstituí-la), ocorrência que acaba significando a consolidação definitiva da arrematação (apesar da anterior procedência dos embargados do executado) e a configuração do direito do executado de haver o produto da arrematação. A não se interpretar assim, ter-se-ia o absurdo de legitimar todas as arrematações oriundas de execuções nulas ou infundadas. E finalmente, para concluir, a quinta e sexta considerações. A quinta, no sentido de que, como o recebimento do produto da arrematação pelo exequente só deve ocorrer após o julgamento dos embargos à arrematação, o executado não terá de haver do exequente o dinheiro depositado (como se encontra previsto na parte inicial do texto), mas sim diretamente do juiz da execução; apenas no caso de quantia depositada inferior ao valor do bem (como previsto na parte final) é que o executado terá de levantar a parte depositada e cobrar do exequente a diferença. Já no que concerne à sexta e última consideração, queremos deixar registrado que na medida em que não tenha ainda transitado em julgado a sentença dos embargos à execução, deverá o juiz suspender o andamento dos embargos à arrematação até o momento da coisa julgada, para só, então, decidir (art. 265, IV) (texto de acordo com a Lei n. 11.382/2006).

Art. 695. Se o arrematante ou seu fiador não pagar o preço no prazo estabelecido, o juiz impor-lhe-á, em favor do exequente, a perda da caução, voltando os bens a nova praça ou leilão, dos quais não serão admitidos a participar o arrematante e o fiador remissos.

Vide Projeto de CPC, art. 848.

O presente art. 695 – alterado em sua feição redacional e conteúdo normativo pela Lei n. 11.382/2006 – estabelece a sanção que se impõe ao arrematante pelo não pagamento do preço da arrematação, bem como a consequência procedimental deste inadimplemento. Tanto a sanção, como a consequência são novidades trazidas pela Reforma da Execução Extrajudicial. Quanto à primeira, cumpre observar que o pagamento a que se obriga o arrematante é aquele que se segue imediatamente após a lavratura do auto ou o que se dá no prazo de quinze dias, mediante caução – ambos previstos no *caput* do art. 690. Observe-se que se constar do auto que o pagamento se dará de imediato, a exigibilidade é também imediata, de sorte que o decurso dos próximos minutos (ou, no máximo, das próximas horas) já faz incidir o art. 694, § 1º, II (o reconhecimento de ofício do não pagamento e a desconstituição da arrematação por decisão interlocutória). Se, por outro lado, à assinatura se seguir a prestação de caução, o decurso do prazo de quinze dias sem pagamento fará incidir, conjuntamente, o mencionado art. 694, § 1º, II (a desconstituição) e este art. 695 (a imposição da perda da caução, em favor do exequente) com a prolação de uma decisão interlocutória única. Veja-se, ainda neste diapasão, que o pagamento em quinze dias pode deixar de ter sido feito quer pela desídia do arrematante, quer pela do fiador (no caso de caução fidejussória), mas isto não tem a menor importância. Quanto à arrematação de imóvel a prestações, note-se que a sua desconstituição depende do convencionado na proposta e, em qualquer caso, não se aplica a sanção do presente art. 695; a falta de pagamento pode dar ensejo, na verdade, à execução da hipoteca (*v.* nota ao inciso II, do § 1º, do art. 694). Já no que concerne à consequência procedimental prevista, o que deve ser destacado é que a decisão judicial de liberar os bens para nova praça ou leilão (com a imposição de impedimento à participação do arrematante e do fiador) depende do pronunciamento conjunto do magistrado, no sentido de desconstituir a arrematação, com fundamento no inciso II do § 1º, do art. 694, acompanhado, ou não, da imposição da perda da caução em favor do exequente (texto de acordo com a Lei n. 11.382/2006).

§§ 1º a 3º *(Revogados pela Lei n. 11.382, de 06.12.2006.)*

Art. 696. O fiador do arrematante, que pagar o valor do lanço e a multa, poderá requerer que a arrematação lhe seja transferida.

Vide Projeto de CPC, art. 847.

De acordo com o novo regime estabelecido pelo art. 695, com a redação que lhe deu a Lei n. 11.382/2006, em apenas uma hipótese opera-se a sub-rogação do fiador no direito do arrematante-afiançado: naquela em que o fiador paga o preço da arrematação no prazo mencionado no art. 690, *caput*, qual seja, nos quinze dias contados a partir da data em que teve lugar a arrematação. Eis a situação expressamente disciplinada pelo texto. Seja como for, para que se formalize a transferência da arrematação, basta que o fiador comprove o pagamento nos autos e requeira ao juiz que declare a sub-rogação e defira-lhe a expedição da respectiva carta de arrematação ou da ordem de entrega do bem móvel (art. 693, parágrafo único).

Art. 697. *(Revogado pela Lei n. 11.382, de 06.12.2006.)*

Art. 698. Não se efetuará a adjudicação ou alienação de bem do executado sem que da execução seja cientificado, por qualquer modo idôneo e com pelo menos 10 (dez) dias de antecedência, o senhorio direto, o credor com garantia real ou com penhora anteriormente averbada, que não seja de qualquer modo parte na execução.

Vide Projeto de CPC, art. 839, caput *e II.*

Quatro motivos levaram a Lei n. 11.382/2006 – que institui a Reforma da Execução Extrajudicial – a alterar em conteúdo e forma o presente art. 698 do CPC: 1º) a necessidade de fazer alusão expressa, no corpo do dispositivo, à adjudicação que por ocorrer agora antes da hasta pública, tem sua validade dependente das cientificações aqui exigidas; 2º) a necessidade de substituir a locução "credor hipotecário" por "credor com garantia real" para abranger também o pignoratício, o anticrético e o usufrutuário, com o que se coloca a previsão focalizada em paralelo com os arts. 615, II, e 619, deste Código; 3º) a conveniência de substituir a previsão de intimação pela de cientificação (acrescida da locução "por qualquer modo idôneo"); 4º) a necessidade de criar a exigência de cientificação do credor "com penhora anteriormente averbada", que não seja parte na execução. Pois bem, vejamos o que o dispositivo nos oferece. De início, cumpre assinalar que diferentemente do art. 615, II, que estabelece a necessidade de intimação da penhora das pessoas que menciona, e do art. 619, que estabelece a exigência de intimação dessas mesmas pessoas e do senhorio direto quando da designação do praceamento sob pena de ineficácia em relação a elas do ato alienatório (*v.* nota ao art. 619), o presente dispositivo institui a nulidade mesmo da praça ou do leilão nos casos de enfiteuse, crédito com garantia real ou crédito quirografário com penhora anteriormente averbada. É que o art. 1.501 do estatuto civil prescreve que: "Não se extinguirá a hipoteca, devidamente registrada, a arrematação ou adjudicação, sem que tenham sido notificados judicialmente os respectivos credores hipotecários, que não forem de qualquer modo partes na execução". O CPC foi fiel, assim, à lei civil. Veja-se, então, que somente aos credores indicados no texto e ao senhorio direto é lícito propugnar pela anulação da praça ou do leilão por falta de cientificação, o que pode ser feito por embargos de terceiro (art. 1.047, II, c/c o art. 694, § 1º, VI) ou ação autônoma do art. 486 deste Código (texto de acordo com a Lei n. 11.382/2006).

Arts. 699 e 700. *(Revogados pela Lei n. 11.382, de 06.12.2006.)*

Art. 701. Quando o imóvel de incapaz não alcançar em praça pelo menos 80% (oitenta por cento) do valor da avaliação, o juiz o confiará à guarda e administração de depositário idôneo, adiando a alienação por prazo não superior a 1 (um) ano.

Vide Projeto de CPC, art. 846, caput

A regra disciplina a alienação forçada de imóvel de incapaz (tanto do absoluta como do relativamente incapaz que seja devedor, responsável ou titular de cota de herança quando o espólio seja executado). O que diferencia a arrematação nesse caso é que em segunda praça o imóvel não é alienável a quem mais der, mas apenas a quem der no mínimo oitenta por cento do valor da avaliação (a exigência deve constar expressamente do edital, mas a sua falta não gera nulidade, trata-se de mera irregularidade, porque o juiz não permitirá a alienação por menos em hipótese nenhuma). Infrutífera, assim, que se revele a segunda praça, a lei ordena (não se trata de faculdade) que o magistrado nomeie depositário para o imóvel, mas, é óbvio, apenas se isso for necessário (não é, *v. g.*, se o incapaz possui pai ou mãe – CC, art. 1.689). Em qualquer caso, o juiz deve declarar nos autos a decisão de adiar a alienação por, no máximo, um ano, como manda a lei.

§ 1º Se, durante o adiamento, algum pretendente assegurar, mediante caução idônea, o preço da avaliação, o juiz ordenará a alienação em praça.

Vide Projeto de CPC, art. 846, § 1º.

Diferentemente da proposta disciplinada pelo art. 690, §§ 1º e 2º, a que envolve imóvel de incapaz não tem por objeto a alienação do bem, mas apenas a expectativa de breve realização da praça. Por isso é que, apresentada a proposta por qualquer terceiro (aplica-se o art. 690-A) e uma vez prestada a caução real ou fidejussória, o juiz designa a data da hasta pública e ordena a expedição de novo edital de praça (art. 686). Observe-se que a concordância das partes para tanto não é exigida em hipótese alguma; somente ao juiz compete avaliar a idoneidade da caução.

§ 2º Se o pretendente à arrematação se arrepender, o juiz lhe imporá a multa de 20% (vinte por cento) sobre o valor da avaliação, em benefício do incapaz, valendo a decisão como título executivo.

Vide Projeto de CPC, art. 846, § 2º.

O arrependimento a que alude o texto tanto pode se manifestar pelo não comparecimento do pretendente à primeira e segunda praça, como pelo seu comparecimento a qualquer das duas sem que oferte lance pelo menos igual ao valor da avaliação. Verificado, assim, o arrependimento após o encerramento da segunda praça – pouco importando se, nesta, outra pessoa arrematou o imóvel por 80% da avaliação –, o juiz deve impor a multa aludida no texto ao pretendente, decisão interlocutória que valerá como título executivo em favor do incapaz-executado.

§ 3º Sem prejuízo do disposto nos dois parágrafos antecedentes, o juiz poderá autorizar a locação do imóvel no prazo do adiamento.

Vide Projeto de CPC, art. 846, § 3º.

Durante o ano que se segue ao encerramento da segunda praça de imóvel de incapaz, em que vige o adiamento da alienação forçada, pode o juiz, a requerimento do incapaz – por seu representante legal, tutor ou curador de qualquer tipo, inclusive o MP (arts. 9º, I, ou 82, I) –, deferir a expedição de alvará para que o imóvel penhorado seja alugado pelo período do adiamento. A limitação temporal da locação se prende evidentemente à necessidade de não tornar ainda mais difíceis as futuras tentativas de alienação.

§ 4º Findo o prazo do adiamento, o imóvel será alienado, na forma prevista no art. 686, VI.

Vide Projeto de CPC, art. 846, § 4º.

A expressa alusão ao inciso VI do art. 686 significa que, nesta terceira praça que se realize após o prazo de adiamento, o imóvel do incapaz poderá ser alienado exatamente como qualquer outro, isto é, a sua venda será feita "a quem mais der", salvo, por certo, se o juiz considerar vil o preço oferecido (art. 692). Aplica-se à arrematação prevista nesse art. 701 o negócio processual disciplinado pelo art. 690, §§ 1º a 4º, observadas evidentemente as peculiaridades impostas pelo presente dispositivo (*caput* e parágrafos), bem como as demais modalidades de excussão (arts. 685-A a 685-C e 716 a 724).

Art. 702. Quando o imóvel admitir cômoda divisão, o juiz, a requerimento do devedor, ordenará a alienação judicial de parte dele, desde que suficiente para pagar o credor.
Vide Projeto de CPC, art. 844, caput.

A regra se inspira claramente no princípio consagrado pelo art. 620, que determina que a execução e seus atos se realizem pelo modo menos gravoso para o devedor. Já quanto ao seu conteúdo estritamente normativo é importante salientar que a admissibilidade da cômoda divisão a que alude o texto depende do reconhecimento judicial (espontâneo ou provocado) dessa circunstância no auto ou laudo avaliatório a teor do disposto no parágrafo único do art. 681 (*v.* nota). Destarte, avaliado o imóvel no todo ou em partes, é lícito ao juiz, a requerimento do devedor, ordenar que a sua arrematação seja realizada preferencialmente em partes, ficando a alienação do todo reservada apenas para a hipótese de a primeira forma restar infrutífera (*v.* parágrafo único a seguir).

Parágrafo único. Não havendo lançador, far-se-á a alienação do imóvel em sua integridade.
Vide Projeto de CPC, art. 844, §§ 1º e 2º.

Dada a circunstância de que à infrutífera tentativa de alienação em partes segue-se, ato contínuo, a oferta ao público da alienação total do imóvel, como dispõe o parágrafo sob enfoque, o magistrado, ao marcar data para a arrematação, deve ordenar que do respectivo edital conste expressamente a advertência de que, não havendo lançador para a parte em segunda praça, será admitida a alienação do todo, o que depende, evidentemente, de haver explícita referência aos valores parciais e ao valor total no próprio corpo do edital (art. 686, II).

Art. 703. A carta de arrematação conterá:
Vide Projeto de CPC, art. 858.

Carta de arrematação é o conjunto de documentos que veicula formalmente o ato de arrematação e que corresponde ao título hábil à transferência coativa da propriedade imobiliária pelo registro (CC, art. 1.245, I; LRP, art. 167, I, 26). A carta de arrematação, entre outros efeitos, gera o direito à imissão na posse que se concretiza por mandado expedido pelo juiz contra o depositário nos próprios autos da execução, independentemente da propositura de qualquer ação pelo arrematante. A transferência coativa da propriedade mobiliária depende apenas da expedição de mandado de entrega (art. 693, parágrafo único).

I – a descrição do imóvel, com remissão à sua matrícula e registros;
Vide Projeto de CPC, art. 858.

Este inciso I – alterado em sua redação pela Lei n. 11.382/2006 apenas para que fosse substituída a antiga previsão final ("constante do título, ou, à sua falta, da avaliação") pela presente, muito mais adequada ao seu propósito disciplinar – regulamenta o conteúdo descritivo do imóvel que deve fazer parte da carta de arrematação. Pois bem, a descrição do imóvel aqui cogitada é aquela constante da certidão do registro de imóveis que, via de regra, tem origem em escritura pública apresentada ao cartório imobiliário. Esses dois documentos – quase sempre presentes nos autos desde a época da penhora, porque com base neles é que o escrivão lançou, no termo de penhora, a descrição do imóvel (art. 659, § 4º) –, servem identicamente para a elaboração do laudo de avaliação (art. 681, I), dos editais de praça (art. 686, I) e, finalmente, para a confecção da carta de arrematação. Observe-se que a novidade introduzida no texto, no sentido da exigência explícita de referência à matrícula (número, data e outros informes – LRP, art. 167, *caput*) e aos registros (de possíveis atos materiais e processuais vinculados ao imóvel, além das averbações, *v. g.*, a ora instituída pelo art. 615-A – LRP, art. 167, I e II), parece de todo conveniente, apesar de que esses requisitos formais, na prática, sempre estiveram presentes, como elementos identificadores relevantíssimos, à elaboração de todos os autos, termos, laudos e cartas concernentes a imóveis em processos de execução civil (texto de acordo com a Lei n. 11.382/2006).

II – a cópia do auto de arrematação; e
Vide Projeto de CPC, art. 858.

Inicialmente, registre-se que o presente dispositivo foi renumerado e alterado em sua redação pela Lei n. 11.382/2006 apenas para que nele fosse inserido o vocábulo "cópia" no início da singela previsão sob enfoque. Seja como for, como é o auto de arrematação que instrumentaliza sob o ponto de vista formal a alienação forçada do bem penhorado endoprocessualmente, isto é, para fins estritamente processuais, nada mais curial do que a lei exigir que da carta de arrematação, que é ato hábil a gerar o efeito material da transferência da propriedade, conste obrigatoriamente o auto que lhe empresta e reforça a legitimidade. Faltando a cópia do auto, bem como quaisquer dos outros requisitos previstos nesse art. 703, a consequência é que, no plano do direito material, será recusado o registro da carta de arrematação (LRP, art. 167, I, 26) e, por conseguinte, ter-se-á por inoperante o efeito de transferência coativa da propriedade do imóvel penhorado (texto de acordo com a Lei n. 11.382/2006).

III – a prova de quitação do imposto de transmissão.
Vide Projeto de CPC, art. 858.

Este inciso III foi identicamente renumerado e modificado em sua feição redacional pela Lei n. 11.382/2006 apenas para que nele fosse substituída a antiga locução genérica "quitação dos impostos" pela específica e precisa "quitação do imposto de transmissão". Veja-se que a alteração realizada, de fato, procede. É que o imposto (e não impostos) cuja quitação deve ser documentalmente comprovada nos autos, antes que se defira a expedição da carta de arrematação (art. 693, parágrafo único), é apenas o municipal de transmissão *inter vivos* previsto pelo art. 156, II, da CF. Provado o pagamento pela juntada da respectiva guia aos autos, fica o juiz autorizado a deferir a expedição da carta em favor do arrematante ou do seu fiador no caso da transferência regulada pelo art. 696. Por fim, registre-se que o arrematante não está obrigado a pagar tributos incidentes sobre o imóvel que sejam da responsabilidade do executado (imposto predial, *v. g.*), uma vez que o depósito do valor da arrematação responde pela dívida diante do Fisco (a observação é de Theotonio Negrão) (texto de acordo com a Lei n. 11.382/2006).

IV – ***(Revogado pela Lei n. 11.382, de 06.12.2006.)***

Art. 704. Ressalvados os casos de alienação de bens imóveis e aqueles de atribuição de corretores da Bolsa de Valores, todos os demais bens serão alienados em leilão público.
Vide Projeto de CPC, art. 836, § 2º.

Alterado em sua redação pela Lei n. 11.382/2006 – com o objetivo de que fosse inserida, no texto, a expressa referência à alienação de bens imóveis –, passa o presente art. 704 a discriminar efetivamente a figura da praça, reservada à hasta pública de imóveis, da figura do leilão (ou leilão público, como diz o texto), reservada à hasta pública de móveis, tudo, aliás, em perfeita sintonia com o disposto no inciso IV do art. 686. Observe-se que a alteração redacional se encontra plenamente justificada pelo fato de que o texto anterior, ao omitir a ressalva ora dedicada aos imóveis, acabava não permitindo a discriminação mencionada, dando ao leilão público uma abrangência que contrariava outros dispositivos que falavam e falam explicitamente de praça, em contraposição a leilão (*v. g.*, arts. 686, § 2º, 688, 689, 691 etc. – *v.* notas). Por fim, registre-se apenas, sobre os casos de alienação atribuídos a "corretores da Bolsa de Valores", que eles se referem à alienação de "títulos da dívida pública [...] com cotação em mercado" (art. 655, IX) e de "títulos e valores mobiliários com cotação em mercado" (art. 655, X) (texto de acordo com a Lei n. 11.382/2006).

Art. 705. Cumpre ao leiloeiro:
Vide Projeto de CPC, art. 850, caput

Leiloeiro, sob o ponto de vista processual, é o auxiliar da justiça (art. 139) a quem compete a realização das arrematações (hastas públicas em sentido genérico que compreendem as praças e os leilões – art. 704). Sob o ponto de vista material, trata-se de um auxiliar do comércio, profissional autônomo, com registro na Junta Comercial, a quem compete a realização de leilões públicos e cuja atividade é regulada pelo Decreto n. 21.981/32. Esse art. 705 disciplina, obviamente, apenas a atividade processual do leiloeiro oficial ou público.

I – publicar o edital, anunciando a alienação;
Vide Projeto de CPC, art. 850, I.

A publicação do edital do art. 686, o qual anuncia a alienação, é da responsabilidade do leiloeiro em termos. A ele compete: providenciar e fiscalizar a elaboração da minuta de edital pelo cartório; verificar o seu conteúdo; retirar a minuta para levá-la ao órgão publicador; diligenciar para que a publicação ocorra nas datas adequadas (art. 687, *caput*), etc. Não é sua responsabilidade, contudo, o adiantamento das despesas relativas à publicação, adiantamento este que cabe ao exequente. Logo, a falta de publicação por esse motivo não pode ser atribuída ao leiloeiro (na prática, isso não acontece porque, via de regra, o pagamento é posterior à publicação).

II – realizar o leilão onde se encontrem os bens, ou no lugar designado pelo juiz;
Vide Projeto de CPC, art. 850, II.

A arrematação é realizada sob a presidência do leiloeiro oficial e a fiscalização mediata ou imediata do juiz no local indicado pela lei, que varia segundo a natureza do bem que vai ser oferecido ao público: o § 2º do art. 686 prescreve que "a praça realizar-se-á no átrio do edifício do Fórum; o leilão, onde estiverem os bens, ou no lugar designado pelo juiz" (*v.* nota). Posta de lado essa circunstância, nenhuma outra diferença existe entre praça e leilão (*v.* nota ao art. 704).

III – expor aos pretendentes os bens ou as amostras das mercadorias;
Vide Projeto de CPC, art. 850, III.

Como a arrematação é uma oferta de venda ao público (venda em sentido impróprio porque prescinde da vontade do proprietário do bem), e o público precisa conhecer o que vai ser vendido, outorga a lei ao leiloeiro oficial o dever de mostrar os bens (móveis ou imóveis) a qualquer pretendente que os deseje examinar. Para que a exposição aconteça, não é necessário nenhum pedido formal ao leiloeiro, mas a resistência ao seu atendimento pode provocar reclamação ao juiz da causa. Observe-se, por fim, que o cumprimento desse dever depende de o leiloeiro ter as chaves dos imóveis onde os bens se encontrem, o que a lei autoriza.

IV – receber do arrematante a comissão estabelecida em lei ou arbitrada pelo juiz;
Vide Projeto de CPC, art. 850, IV.

A comissão devida aos leiloeiros oficiais pelos arrematantes é disciplinada pelo art. 24, parágrafo único, do Decreto n. 21.981/32, que a fixa indistintamente em cinco por cento. Note-se que, segundo o texto sob exame, somente o terceiro arrematante é que arca com tal responsabilidade, nenhuma obrigação recaindo sobre as partes (salvo se o credor arrematar) ou sobre a Justiça. O não pagamento da comissão do leiloeiro não impede a expedição da carta de arrematação em favor do terceiro, mas legitima o leiloeiro a promover ação de cobrança.

V – receber e depositar, dentro em 24 (vinte e quatro) horas, à ordem do juiz, o produto da alienação;
Vide Projeto de CPC, art. 850, V.

Como quem preside a arrematação é o leiloeiro (inciso II), o pagamento do preço, nos termos do art. 690, pode ser feito pelo arrematante diretamente a ele, o que o obriga perante o Judiciário a depositar a importância recebida em 24 horas, sob pena de responsabilização criminal, civil e administrativa. Vimos, no entanto, que o normal é o arrematante proceder ao depósito em conta bancária à ordem do juízo assim que se lavre o auto de arrematação (*v.* nota ao art. 690).

VI – prestar contas nas 48 (quarenta e oito) horas subsequentes ao depósito.

Vide Projeto de CPC, art. 850, VI.

A prestação de contas do leiloeiro a que alude o dispositivo não exige o procedimento disciplinado pelos arts. 914 e seguintes do Código e nem a formação de autos em apenso. Trata-se de oferecimento de contas por petição nos próprios autos acompanhada dos documentos pertinentes que permitam ao juiz aprová-la por decisão sem maiores formalidades. Observe-se, no entanto, que o leiloeiro só está obrigado a prestar contas se houver recebido o preço do arrematante (inciso V).

Art. 706. O leiloeiro público será indicado pelo exequente.

Vide Projeto de CPC, art. 851.

Identicamente alterado em sua redação pela Lei n. 11.382/2006 – apenas com o escopo de substituir a antiga locução final "livremente escolhido pelo credor" pela atual e mais técnica "indicado pelo exequente" –, estabelece o focalizado art. 706 o direito subjetivo processual outorgado sem restrições ou condições ao exequente, mas que só pode ser exercido entre o proferimento da decisão que manda os bens à praça ou ao leilão (arts. 685, parágrafo único, e 686, *caput*) e a expedição da minuta de edital que será levada à publicação (observados os requisitos do art. 686). É que tendo o exequente escolhido o leiloeiro, e o juiz manifestado a sua aprovação, é de rigor que o seu nome conste do edital, além do que ao próprio leiloeiro competirá tomar as providências para a publicação do mesmo, a teor do disposto no inciso I do art. 705. Na falta de escolha do exequente, presidirá o leilão o porteiro dos auditórios (argumento: art. 694, *caput*) (texto de acordo com a Lei n. 11.382/2006).

Art. 707. Efetuado o leilão, lavrar-se-á o auto, que poderá abranger bens penhorados em mais de uma execução, expedindo-se, se necessário, ordem judicial de entrega ao arrematante.

O presente dispositivo – alterado em conteúdo e forma pela Lei n. 11.382/2006 que institui a chamada Reforma da Execução Extrajudicial – estabelece expressamente a exigência de lavratura do auto de arrematação, logo que encerrado o procedimento oral da alienação forçada em hasta pública de bens móveis. Observe-se, desde logo, quanto a esta particular exigência, que o focalizado art. 707

simplesmente explicita, para o leilão, o que o art. 693, *caput*, estabelece para todas as arrematações genericamente: a lavratura do auto de arrematação de imóvel (em praça) ou de móvel (auto de leilão), conforme a discriminação nominal realizada pelos arts. 686, IV, e 704. Já no que concerne à segunda previsão constante do texto – a inovação representada pela possibilidade de o auto "abranger bens penhorados em mais de uma execução" –, trata-se de autorização excepcional fundada na providência, também extraordinária, prevista no § 4º do art. 687, que confere poder ao juiz para "determinar a reunião de publicações em listas referentes a mais de uma execução" (*v.* nota). Ora, o que este art. 707 agora faz nada mais é do que regular a consequência natural da publicação de edital único (para vários leilões) que ocorrerão num único dia, hora e local (art. 686, IV, *in fine*), que é a possibilidade de um arrematante adquirir vários desses bens oferecidos (englobadamente ou não – *v.* art. 691) e, por economia e facilidade, tudo poder constar de um único auto de arrematação. Assim ocorrendo, bastará, para a validade das várias execuções envolvidas, que o auto único seja reproduzido e juntado a cada um dos autos dos processos que tramitam perante o juízo comum. Por fim, consigne-se que a parte final do dispositivo enfocado – outra novidade da Lei n. 11.382/2006 – prevê a expedição, se necessária, de "ordem judicial de entrega ao arrematante". Como se percebe, a novidade se revela em duas frentes: a primeira representada pelo desaparecimento da carta de arrematação, como ato consequencial da hasta pública de bens móveis – aliás, solução já preconizada pelo parágrafo único do art. 693 (*v.* nota); a segunda representada pela explicitação da possível desnecessidade de ordem judicial para a entrega dos bens ao arrematante, o que se dá, via de regra, quando o leiloeiro tiver autorização do magistrado para entregar os bens arrematados, no local do leilão e imediatamente, desde que lavrado o auto e recebido, em espécie, o valor da arrematação (art. 705, VI) (texto de acordo com a Lei n. 11.382/2006).

Seção II
Do Pagamento ao Credor

Vide Projeto de CPC, arts. 859 a 865 (Seção IV – Da Satisfação do Crédito).

Com a entrada em vigor da Lei n. 11.232/2005 – a qual instituiu a chamada Reforma da Execução Judicial –, aplicam-se ao "cumprimento da sentença" as normas que constam desta Seção II.

Subseção I
Das Disposições Gerais

Art. 708. O pagamento ao credor far-se-á:
Vide Projeto de CPC, art. 859, caput

O dinheiro, objeto do pagamento ao credor, ou da satisfação de crédito exequendo, corresponde ao pedido mediato da ação de execução que é alcançável por meio do provimento satisfativo (pedido imediato). Os três incisos que seguem deste art. 708 preveem justamente as formas que a providência jurisdicional satisfativa pode assumir concretamente no bojo do processo de execução ou da fase de "cumprimento da sentença".

I – pela entrega do dinheiro;
Vide Projeto de CPC, art. 859, I.

A entrega ao credor do dinheiro que tenha sido penhorado (originalmente, art. 655, I, ou posteriormente, por substituição, art. 668) ou que seja resultado da alienação forçada do bem por iniciativa particular (art. 685-C) ou oferta ao público (arts. 685-A a 707) corresponde ao mais comum dos desfechos do processo de execução. Sem dúvida, essa forma de provimento satisfativo é a única que, na execução por quantia certa, atende exatamente ao interesse do credor porque lhe dá o bem da vida especificamente pretendido e não o bem penhorado por meio da adjudicação (arts. 685-A e 685-B) ou o usufruto de móvel ou imóvel (arts. 716 a 724) que, apenas de forma sucedânea ou indireta, realizam o crédito exequendo. A disciplina minuciosa da entrega do dinheiro encontra-se adiante nos arts. 709 a 713.

II – pela adjudicação dos bens penhorados;
Vide Projeto de CPC, art. 859, II.

A adjudicação corresponde ao provimento jurisdicional executivo que opera a transferência forçada do próprio bem penhorado ao credor como forma alternativa de realização do crédito exequendo. Alternativa, porque essa modalidade de provimento satisfativo não dá ao credor exatamente aquilo que ele pediu (determinada soma em dinheiro), mas um bem que apenas por vias oblíquas atende ao seu direito e extingue a obrigação do devedor. Traçando-se um paralelo com o direito civil, pode-se dizer que a adjudicação é uma figura processual semelhante à dação em pagamento. A matéria é disciplinada pelos arts. 685-A e 685-B. Observe-se, por fim, que, com a entrada em vigor da Lei n. 11.382/2006, o CPC passa a priorizar a adjudicação como forma preferencial de satisfação dos créditos (art. 747, I), uma vez que ela simplifica e agiliza o procedimento executório.

III – pelo usufruto de bem imóvel ou de empresa.

O usufruto de imóvel ou móvel – e não mais empresa, como consta equivocadamente do texto (*v.* art. 647, IV) – corresponde a provimento jurisdicional satisfativo que pressupõe decreto judicial que concede ao credor realizar o seu crédito mediante o uso e gozo do bem penhorado. Trata-se, assim, de usufruto judicial que se decreta com o fim de gerar o paulatino pagamento do credor. Tal figura, sob o ponto de vista exclusivo dos bens imóveis, bem se assemelha à anticrese. Fala-se também, com o fito de explicar a natureza jurídica dessa providência, em adjudicação de rendimentos (Amílcar de Castro). A disciplina do instituto encontra-se minuciosamente estabelecida pelos arts. 716 a 724 adiante.

Subseção II
Da Entrega do Dinheiro

Art. 709. O juiz autorizará que o credor levante, até a satisfação integral de seu crédito, o dinheiro depositado para segurar o juízo ou o produto dos bens alienados quando:

Vide Projeto de CPC, art. 860, caput

O pagamento do credor pela entrega do dinheiro depende, como se vê, de expressa autorização judicial manifesta nos autos por uma decisão interlocutória atacável por agravo (arts. 162, § 2º, e 522). Formalmente falando, tal ato se instrumentaliza por guia ou mandado (*v.* parágrafo único) à instituição bancária, que tem em seu poder o dinheiro a título de depósito judicial. Observe-se que o dinheiro levantado pelo exequente pode ter duas origens distintas, como revela o texto: ou se trata de dinheiro depositado a título de penhora; ou se trata de dinheiro que foi depositado como fruto da alienação forçada de outro bem penhorado. Seja como for, o levantamento tem por medida o total do crédito existente (principal, correção, juros, despesas, honorários), de sorte que só dentro desse limite deve o juiz deferi-lo (*v.* incisos I e II e art. 710).

I – a execução for movida só a benefício do credor singular, a quem, por força da penhora, cabe o direito de preferência sobre os bens penhorados e alienados;

Vide Projeto de CPC, art. 860, I.

A situação aqui prevista é a contemplada pela segunda parte do art. 612 que fala da execução singular, que é a que se realiza "no interesse do credor, que adquire, pela penhora, o direito de preferência sobre os bens penhorados". Muito bem, estabelecido que seja tal direito de acordo com o art. 612 – e desde que não haja outras preferências sobre o bem, hipótese em que incide o inciso II a seguir –, fica o juiz autorizado a deferir o levantamento do dinheiro em favor do exequente.

II – não houver sobre os bens alienados qualquer outro privilégio ou preferência, instituído anteriormente à penhora.

Vide Projeto de CPC, art. 860, II.

Outra preferência que pode haver sobre o bem penhorado é a que está prevista pelo art. 613 do CPC, a qual refere a situação de mais de uma penhora sobre o mesmo bem e institui a preferência do exequente singular que primeiro a realize, segundo o princípio do *prior tempore, potior iure*. Assim, o que a prescrição comentada significa é que o exequente singular não levantará o dinheiro penhorado ou o fruto da alienação do bem sob constrição se outro exequente, em outro processo, realizou a penhora desse mesmo bem antes (não importa a data da instauração do feito, nem a data da primeira lavratura do auto de penhora, mas sim, como visto, a data de registro da penhora). Por fim, observe-se que "outro privilégio", no texto, corresponde à existência de um direito real de garantia instituído sobre o bem anterior à penhora (hipoteca, penhor e anticrese – *v.* notas aos arts. 615, II, e 619). A solução, identicamente, é o não levantamento do dinheiro pelo exequente.

Parágrafo único. Ao receber o mandado de levantamento, o credor dará ao devedor, por termo nos autos, quitação da quantia paga.

Vide Projeto de CPC, art. 861.

Como visto em nota ao *caput*, a autorização de levantamento do dinheiro pelo credor se instrumentaliza num mandado (normalmente este toma a forma de guia, a chamada guia de levantamento), que será expedido pelo cartório e entregue ao credor para ser cumprido pelo banco. Muito bem, o que o presente dispositivo ordena é que o credor, ao receber o mandado, já declare a quitação da dívida em favor do devedor. Trata-se, portanto, de condição para o seu recebimento, mas se isso não ocorrer, *v. g.*, por falta de fiscalização cartorária, nada impede que o recibo seja passado posteriormente, sem qualquer prejuízo para a validade do pagamento.

Art. 710. Estando o credor pago do principal, juros, custas e honorários, a importância que sobejar será restituída ao devedor.

Vide Projeto de CPC, art. 862.

A regra em questão se encontra estabelecida em consonância com o disposto no art. 709, *caput*: como o credor só pode levantar o correspondente ao seu crédito (principal, correção, juros e ônus da sucumbência), a respectiva guia deve explicitar de forma exata tal montante, de forma que a importância remanescente possa ser devolvida ao devedor como diz o texto. É que é o crédito que define a medida da execução, de sorte que eventuais sobras por direito têm de ser restituídas ao executado para que não haja locupletamento sem causa e a eficácia processual não extrapole os limites da legalidade e da justiça.

Art. 711. Concorrendo vários credores, o dinheiro ser-lhes-á distribuído e entregue consoante a ordem das respectivas prelações; não havendo título legal à preferência, receberá em primeiro lugar o credor que promoveu a execução, cabendo aos demais concorrentes direito sobre a importância restante, observada a anterioridade de cada penhora.

Vide Projeto de CPC, art. 863.

Duas figuras encontram disciplina neste art. 711: o concurso de preferências e o concurso de credores. O concurso de credores (parte final do artigo) pressupõe a existência de duas ou mais execuções por quantia certa contra devedor solvente em curso em que um mesmo bem foi objeto de várias penhoras. Nesse caso, a solução é a entrega do dinheiro obtido pela alienação forçada em qualquer dos processos ao credor que registrou em primeiro lugar a penhora (o exequente, primeiro penhorante, intervém no processo em que há dinheiro – *v.* art. 712 –, demonstra a anterioridade da sua penhora – e não da execução – e requer o seu levantamento). Já o concurso de preferências, ou prelações (parte inicial do artigo), não pressupõe mais de um processo, mas apenas a existência de credor com garantia real, o que, sem ajuizar execução, intervém na ajuizada para requerer o levantamento do dinheiro por força do seu direito real de garantia, nos termos do art. 712.

Art. 712. Os credores formularão as suas pretensões, requerendo as provas que irão produzir em audiência; mas a disputa entre eles versará unicamente sobre o direito de preferência e a anterioridade da penhora.

Vide Projeto de CPC, art. 864.

O incidente de caráter cognitivo aqui previsto – cujo processamento se dá nos próprios autos do processo de execução por se atrelar ao pagamento, última fase do procedimento executório – depende para existir de uma das situações consagradas no art. 711 ou das duas ao mesmo tempo, isto é: *a)* existem vários credores quirografários, entre os quais o exequente, que desejam levantar o dinheiro; *b)* existe um credor com garantia real ao lado do exequente quirografário que deseja levantá-lo; ou *c)* há credor com garantia real e vários quirografários, entre os quais o exequente, que tencionam o levantamento. Em qualquer dessas situações, exige-se tanto do credor que ajuizou a execução como dos intervenientes que deduzam suas pretensões por petição escrita dirigida ao juiz da causa, que demonstrem a existência de preferência civil ou processual (pela anterioridade da penhora) e que requeiram o deferimento do levantamento do dinheiro, protestando por provas.

Art. 713. Findo o debate, o juiz decidirá.

Vide Projeto de CPC, arts. 864 e 865.

Como é fácil perceber, o presente art. 713 foi alterado pela Lei n. 11.382/2006 – que institui a Reforma da Execução Extrajudicial – com o único e exclusivo fim de tornar o incidente do concurso de preferências ou de credores (regulado pelos arts. 711 e 712) resolvível por meio de decisão interlocutória, e não mais por meio de sentença como dispunha o artigo em sua versão redacional originária; a Reforma, nesse aspecto, segue os passos da empreendida pela Lei n. 11.232/2005 que fez a mesma coisa ao criar os arts. 475-H (julgamento da liquidação por decisão interlocutória) e 475-M, § 3º (julgamento da impugnação por decisão interlocutória). De qualquer forma, o texto sob exame fala de debate pressupondo que a solução do incidente do concurso de preferências, ou de credores, dependa da audiência a que alude o artigo anterior. Contudo, nem sempre será assim, uma vez que a prova documental carreada para os autos pelos credores pode se mostrar suficiente para o deslinde da controvérsia. Logo, a audiência nesse incidente é meramente eventual. Seja como for, parece relevante ressaltar que antes da designação da audiência, ou antes do julgamento, o magistrado deve ter dado a oportunidade a todos os credores para manifestação acerca dos demais pedidos, providência que decorre do princípio do contraditório, aplicável a despeito da ausência de qualquer referência legal. Por fim, note-se que a solução do incidente, por força da literalidade deste art. 713, tem por invólucro formal o ato decisão interlocutória – ato do juiz que, no curso do processo, resolve questão incidente e, neste caso, do processo de execução, decide pela ordem de entrega do dinheiro – que é atacável por agravo de instrumento não sujeito ao regime de conversão do art. 527, II (arts. 162, § 2º, 522 e 524 a 529) (texto de acordo com a Lei n. 11.382/2006).

Subseção III
Da Adjudicação de Imóvel

Arts. 714 e 715. *(Revogados pela Lei n. 11.382, de 06.12.2006.)*

Subseção IV

Do Usufruto de Móvel ou Imóvel

Vide Projeto de CPC, arts. 822 a 824 (Subseção X – Da Penhora de Frutos e Rendimentos de Coisa Móvel ou Imóvel).

Art. 716. O juiz pode conceder ao exequente o usufruto de móvel ou imóvel, quando o reputar menos gravoso ao executado e eficiente para o recebimento do crédito.

Vide Projeto de CPC, art. 822.

O artigo sob enfoque foi alterado em sua forma e conteúdo pela Lei n. 11.382/2006 em nada menos do que quatro aspectos: 1º) eliminou-se a locução "juiz da execução", preservando-se apenas o vocábulo "juiz"; 2º) substituíram-se os vocábulos "credor" e "devedor" pelos vocábulos técnicos "exequente" e "executado"; 3º) substituiu-se o objeto "empresa" deste usufruto processual, pelo objeto "móvel", o que justifica também a troca do título desta Subseção IV; 4º) substituiu-se o vocábulo final do texto ("dívida") pelo mais adequado ("crédito"). Muito bem, como se pode perceber, a concessão do usufruto de móvel ou imóvel, como quarta forma de provimento satisfativo prevista pelo CPC, depende de três requisitos cumulativamente: primeiro, que o exequente o peça expressamente antes da adjudicação, da alienação por iniciativa particular ou da arrematação do bem penhorado; segundo, que ao executado se dê a oportunidade de manifestação sobre o decreto de usufruto (art. 722); e terceiro, que o juiz considere tal ato executivo como eficiente para atender ao crédito e menos gravoso para o executado de acordo com o princípio estampado no art. 620. Logo, fica claro que a modalidade de usufruto aqui instituída, pela Lei n. 11.382/2006, não corresponde mais a negócio processual entre as partes que o juiz aprova sob condição. Trata-se, sim, de verdadeiro e genuíno ato expropriatório, posto que não depende de concordância do executado (*v.* nova redação do art. 722), que o juiz decreta ante a mera constatação de que é menos gravoso e mais eficiente para o recebimento do crédito. Observe-se, por fim, que quaisquer bens móveis ou semoventes se submetem ao instituto (assim já pensava Amílcar de Castro ao tempo do regime anterior) (texto de acordo com a Lei n. 11.382/2006).

Art. 717. Decretado o usufruto, perde o executado o gozo do móvel ou imóvel, até que o exequente seja pago do principal, juros, custas e honorários advocatícios.

Vide Projeto de CPC, art. 823, caput

Alterado em sua redação pela Lei n. 11.382/2006 – para substituir os antigos vocábulos ("credor" e "devedor") pelos modernos "exequente" e "executado", bem como para eliminar a referência a "empresa" e, no seu lugar, inserir a palavra "móvel" –, surge, então, este remodelado art. 717, o qual institui expressamente o efeito de direito material, resultante do decreto do usufruto pelo juiz, que é a transferência do uso e da fruição *(jus utendi et jus fruendi)* do bem penhorado ao exequente, pelo tempo necessário para a total satisfação do crédito exequendo. Quanto a esse aspecto temporal (o tempo necessário), o juiz determinará na decisão interlocutória, de acordo, via de regra, com o cálculo pericial (*v.* art. 722 e seu § 1º). Observe-se, ainda, que, decretado o usufruto, o processo de execução não se extingue (nem o processo condenatório, no caso deste se encontrar em fase de execução), ficando suspenso até final satisfação do crédito exequendo (texto de acordo com a Lei n. 11.382/2006).

Art. 718. O usufruto tem eficácia, assim em relação ao executado como a terceiros, a partir da publicação da decisão que o conceda.

Vide Projeto de CPC, art. 823, § 1º.

O focalizado art. 718, assim como os dois anteriores, também teve a sua redação modificada pela Lei n. 11.382/2006 e pelos mesmos motivos já apontados, quais sejam, a conveniência de substituir "devedor" por "executado" e, o que mais importa, a necessidade de afirmar (aqui expressamente) que o usufruto é concedido por decisão interlocutória e não mais por sentença. Muito bem, o que desde logo parece relevante registrar em relação ao texto sob análise é que a lei processual opta pela publicação da decisão interlocutória concessiva do usufruto como momento a partir do qual se produz o efeito material de transferência do uso e gozo da coisa penhorada ao exequente, o que significa que a posterior averbação da carta de constituição do usufruto, em caso de imóvel (art. 722, § 1º), é irrelevante para o fim de ser o administrador investido nos poderes que concernem ao usufruto (art. 719), bem como para o fim do usufruto tornar-se oponível *erga omnes.* A eficácia constitutiva da decisão decretatória do usufruto depende, portanto, apenas da sua publicação, isto é, do fato de se tornar público tal ato judicial, o que se dá pela sua juntada aos autos e sucessiva publicação para fins de intimação (texto de acordo com a Lei n. 11.382/2006).

Art. 719. Na sentença, o juiz nomeará administrador que será investido de todos os poderes que concernem ao usufrutuário.

Vide Projeto de CPC, art. 824, caput

Segundo a regra que se examina – esquecida pela Lei n. 11.382/2006, o que é demonstrado pelo fato de ela ainda falar de sentença quando, na verdade, a concessão do usufruto agora depende de decisão –, da sentença decretatória do usufruto de móvel ou imóvel (entenda-se decisão decretatória), deve constar obrigatoriamente a nomeação do administrador, que assume por força dela todos os poderes que se atribuem a um usufrutuário no plano do direito civil. A obrigatoriedade referida decorre, assim, do fato de a lei identificar funcionalmente o administrador com o próprio usufrutuário, de sorte que, no que concerne ao particular instituto processual que ora nos ocupa, não há, para fins de direito, usufrutuário sem que um administrador tenha sido constituído. Observe-se, por fim, que, para entrar no gozo dos poderes aludidos, o administrador nomeado precisa assinar o termo de compromisso.

Parágrafo único. Pode ser administrador:
Vide Projeto de CPC, art. 824, caput *e § 1º.*

O parágrafo dispõe expressamente a respeito das pessoas que podem assumir o *munus* da administração do bem penhorado posto sob usufruto judicial. O que é importante ressaltar aqui é que, além das pessoas posteriormente elencadas (as próprias partes da execução), nada impede, sendo da concordância do exequente e do executado, que o juiz nomeie um terceiro de sua confiança como administrador.

I – o credor, consentindo o devedor;
Vide Projeto de CPC, art. 824, caput

Como o texto deixa claro, o credor-exequente só pode ser nomeado pessoalmente para exercer a administração do bem sobre o qual recai o usufruto se houver consentimento do devedor-executado. Tal consentimento, observe-se, deve ser expresso, inadmitida quanto a esse aspecto qualquer forma de consentimento tácito.

II – o devedor, consentindo o credor.
Vide Projeto de CPC, art. 824, caput

Também em relação à nomeação do devedor-executado como administrador, exige-se o expresso consentimento do credor-exequente, uma vez que é necessário que o credor se interesse por ver o devedor administrando o bem em seu benefício, o que, em última análise, significa confiança na probidade deste.

Art. 720. Quando o usufruto recair sobre o quinhão do condômino na copropriedade, o administrador exercerá os direitos que cabiam ao executado.

Semelhantemente, este art. 720 também foi alterado em sua redação pela Lei n. 11.382/2006 para que dele se eliminassem as locuções "ou do sócio na empresa" e "numa ou noutra", bem como para que se pudesse substituir o vocábulo "devedor" por "exequente". Quanto ao dispositivo em si, o que se deve logo assinalar é que a sua *ratio* se atrela à circunstância processual de que é a dimensão da penhora que estabelece a dimensão que pode assumir o usufruto de móvel ou de imóvel. Logo, se apenas um quinhão da propriedade é penhorado, somente sobre esta parte pode recair o usufruto judicial, de sorte que a administração que se institua haverá, identicamente, de sofrer limitação. Na prática, tal restrição pode significar o aniquilamento do interesse do exequente pela constituição do usufruto (texto de acordo com a Lei n. 11.382/2006).

Art. 721. É lícito ao credor, antes da realização da praça, requerer-lhe seja atribuído, em pagamento do crédito, o usufruto do imóvel penhorado.

Vide Projeto de CPC, art. 824, §§ 5º e 6º.

O presente dispositivo estaria melhor colocado sob o prisma sistemático se correspondesse ao parágrafo único do art. 716 (que não existe), visto que regulamenta o momento processual do requerimento de usufruto judicial pelo credor. Seja como for, o fato é que a norma nele contida estabelece que o momento-limite para a postulação dessa particular forma de pagamento é a realização da praça (ou leilão), o que significa dizer que, enquanto o procedimento oral da arrematação não se inicie, é lícito ao credor requerer a concessão do usufruto (iniciado o pregão, precluso se torna tal direito que, contudo, renasce se a arrematação restar infrutífera).

Art. 722. Ouvido o executado, o juiz nomeará perito para avaliar os frutos e rendimentos do bem e calcular o tempo necessário para o pagamento da dívida.

Diferentemente do texto anterior à Lei n. 11.382/2006 que exigia para a concessão do usufruto judicial a expressa concordância do executado, a versão atual deste art. 722 abandona qualquer ideia de concordância e estabelece aqui apenas a necessidade de ser ouvido o sujeito passivo da execução antes que o juiz nomeie o perito para a avaliação e o cálculo referidos. A consequência dessa mudança é que já não se pode mais cogitar de que o usufruto tenha natureza de negócio jurídico processual (ou acordo processual) como antes, pelo contrário revela-se agora com toda a clareza o caráter expropriatório (alienação forçada mesmo) da decisão judicial que o decreta (*v.* nota ao art. 716). Seja como for, o fato é que o texto sob enfoque determina a oitiva do executado apenas para que se estabeleça o contraditório sobre as razões apresentadas pelo exequente que sustenta poder-se reputar tal medida executiva como menos gravosa e mais eficiente para a realização do crédito (mais uma vez, art. 716). Ouvido o executado, que pode se manifestar em qualquer sentido (concordando ou não), segue-se, segundo a regra, a nomeação de perito para avaliar os frutos e os rendimentos, bem como para calcular o tempo necessário para o alcance do pagamento integral da dívida. Veja-se que, apesar da literalidade deste art. 722, nada impede que o juiz indefira liminarmente a postulação do credor ou a rejeite após a manifestação do executado, sob o argumento de que não há qualquer base legal para o pedido de decretação do usufruto; cabe agravo de instrumento, evidentemente, contra tal decisão interlocutória que é tomada nos próprios autos em que se desenvolve a execução. Se, por outro lado, não houver razão para o pronto indeferimento, o magistrado nomeará perito (por decisão irrecorrível), fixando-lhe prazo, com o que se assegurará a presença nos autos de laudo de avaliação e o cálculo fundamentados para o breve proferimento de uma decisão madura sobre a concessão, ou não, do usufruto pleiteado (*v.* § 1º, à frente) (texto de acordo com a Lei n. 11.382/2006).

I e II – *(Revogados pela Lei n. 11.382, de 06.12.2006.)*

§ 1º Após a manifestação das partes sobre o laudo, proferirá o juiz decisão; caso deferido o usufruto de imóvel, ordenará a expedição de carta para averbação no respectivo registro.

Vide Projeto de CPC, art. 823, § 2º.

Este § 1º que ora nos ocupa – também alterado em sua redação pela Lei n. 11.382/2006 para que se pudesse substituir a palavra "sentença" pelo vocábulo "decisão", mudar "ouvidas as partes" por "após a manifestação das partes" e acrescentar, ao final, "para averbação no respectivo registro" – pressupõe, como se pode facilmente perceber, a realização da perícia e a apresentação do laudo único que trará a determinação do valor dos frutos e rendimentos, bem como o cálculo do tempo necessário de constrição do bem penhorado. Pois bem, o que, em primeiro lugar, chama a atenção do intérprete é a exigência de que o juiz, obrigatoriamente, abra vista às partes para manifestação sobre o laudo, com o que se assegura a prática do contraditório e, assim, a preparação de uma decisão mais amadurecida e justa. Em segundo lugar, chama a atenção o fato de que o ato judicial que defere o usufruto é decisão interlocutória mesmo, como deixa claro o texto sob enfoque que fala expressamente de "decisão" ("proferirá o juiz decisão"), e não mais sentença, como fazia o texto antigo. Recorde-se, aliás, que o próprio art. 718 já estabelecera o mesmo regramento ao referir-se à "publicação da decisão" (e não mais "publicação da sentença" como fazia o texto anterior à Lei n. 11.382/2006). Por fim, resta apenas salientar a circunstância de que a parte final do dispositivo nos traz uma previsão nova, embora de cunho meramente explicitativo, no sentido de que a carta de usufruto (o título hábil à constituição do direito real sobre imóvel – CC, art. 1.225, IV) será levada à "averbação no respectivo registro" (*v.* § 2º abaixo) (texto de acordo com a Lei n. 11.382/2006).

---

§ 2º Constarão da carta a identificação do imóvel e cópias do laudo e da decisão.

O presente dispositivo – alterado em sua redação pela Lei n. 11.382/2006, fundamentalmente para que se eliminasse a exigência relativa às "peças indicadas no art. 703", além da alusão à "sentença" – regulamenta os requisitos da carta de usufruto que corresponde ao instrumento formal da constituição do usufruto de móvel ou imóvel pelo juiz para todos os fins materiais, inclusive para fins de averbação no cartório de registro imobiliário (§ 2º). Não há dúvida de que tal instrumento se assemelha à carta de arrematação, mas o texto deste § 2º faz questão de desvinculá-las ao exigir apenas a identificação do imóvel e cópias do laudo e da decisão, dispensando quaisquer outros requisitos. Quanto à identificação do imóvel, bastará a reprodução da certidão do registro, mas nada impede que constem cópias de escritura, do auto de penhora e do laudo de avaliação (art. 681). Já no que concerne à cópia do laudo, trata-se, evidentemente, da reprodução reprográfica do laudo de avaliação de frutos e rendimentos e de cálculo a que se referem o *caput* e § 1º deste art. 722. E, por derradeiro, quanto à decisão, não resta mais dúvida que se trata da decisão interlocutória concessiva do usufruto – e não mais sentença, como tantas vezes acentuado –, decisão expressamente referida pelo art. 718 e, mais uma vez, pelo próprio § 1º deste art. 722 (texto de acordo com a Lei n. 11.382/2006).

---

§ 3º *(Revogado pela Lei n. 11.382, de 06.12.2006.)*

Art. 723. Se o imóvel estiver arrendado, o inquilino pagará o aluguel diretamente ao usufrutuário, salvo se houver administrador.

Vide Projeto de CPC, art. 824, § 3º.

Imóvel arrendado, no texto, é tanto o imóvel submetido ao contrato de arrendamento propriamente dito, como o sujeito ao contrato de locação. Em qualquer caso, para a constituição de usufruto sobre tal bem penhorado, a existência de valor definido do aluguel torna desnecessária a realização de perícia a que alude o art. 722, *caput*, uma vez que este *quantum* corresponde justamente ao valor do fruto civil desse imóvel; cabe à perícia apenas se o locatário está prestes a desocupá-lo. No que concerne ao inquilino, este deve ser intimado pelo juízo a não mais pagar o aluguel ao locador, mas sim ao credor constituído usufrutuário, o qual também é administrador (art. 719, parágrafo único, I), ou ao administrador – o devedor ou terceiro (art. 719, parágrafo único, II – *v.* nota ao *caput*).

Art. 724. O exequente usufrutuário poderá celebrar locação do móvel ou imóvel, ouvido o executado.

Vide Projeto de CPC, art. 824, § 4º.

O dispositivo sob enfoque – bastante alterado em relação ao texto anterior que foi dividido em dois com vista à criação do novo parágrafo único pela Lei n. 11.382/2006 – prevê a possibilidade do exequente, uma vez constituído usufrutuário, celebrar locação do móvel ou imóvel (pouco importa) com terceiro que se proponha a pagar um justo aluguel, mas condiciona a aprovação deste negócio jurídico à prévia manifestação do executado e, em seguida, ao beneplácito judicial. Como se vê, a disposição sob exame tem por escopo deixar claro que entre os poderes conferidos ao usufrutuário está o de alugar ou arrendar o imóvel, mas também o de instituir uma limitação que distingue essa modalidade de usufruto da de direito material, qual seja, a necessidade de manifestação do executado e de aprovação judicial, como visto. A nova locação, a que alude o texto, tanto pode significar a renovação do contrato como a sua celebração inaugural, observe-se (texto de acordo com a Lei n. 11.382/2006).

Parágrafo único. Havendo discordância, o juiz decidirá a melhor forma de exercício do usufruto.

Vide Projeto de CPC, art. 824, § 2º.

Como mencionado no início do comentário ao *caput*, este parágrafo único tem sua origem na previsão final do antigo art. 724 (*v.* nota), mas é necessário esclarecer que a redação que lhe foi dada pela Lei n. 11.382/2006 ficou bastante reduzida se comparada com o texto original. Seja como for, o que parece relevante consignar é que a discordância do executado não desconstitui o usufruto nem inviabiliza a realização da locação, uma vez que o texto permite ao juiz aprovar a proposta de contrato, por decisão interlocutória, se esta for conveniente, faculdade que se explica pela circunstância de que o usufruto decretado visa precipuamente a atender ao interesse do credor-exequente. Na hipótese de inconveniência declarada pelo magistrado, a solução fica por conta do prudente arbítrio do juiz, o qual decidirá como dar ao usufruto, frente ao conflito estabelecido, a melhor forma para o seu exercício (texto de acordo com a Lei n. 11.382/2006).

Arts. 725 a 729. ***(Revogados pela Lei n. 11.382, de 06.12.2006.)***

Seção III
Da Execução Contra a Fazenda Pública

Vide Projeto de CPC, arts. 519 e 520 (Capítulo V – Do Cumprimento de Obrigação de Pagar Quantia Certa pela Fazenda Pública).
Vide, ainda, art. 866 (Capítulo V – Da Execução contra a Fazenda Pública).

Art. 730. Na execução por quantia certa contra a Fazenda Pública, citar-se-á a devedora para opor embargos em 10 (dez) dias; se esta não os opuser, no prazo legal, observar-se-ão as seguintes regras:
Vide Projeto de CPC, art. 520, caput *e §§ 1º e 2º.*

A especialidade do procedimento executivo aqui previsto (execução por quantia contra a Fazenda apenas) tem fundamento na inalienabilidade dos bens públicos, do que decorre a sua impenhorabilidade (CC, art. 100). Trata-se de execução imprópria porque não há atividade judicial substitutiva da atividade das partes (Vicente Greco Filho). Por Fazenda Pública deve-se compreender não só as pessoas jurídicas de direito público – União, estados, municípios, Distrito Federal e territórios –, como também as suas respectivas autarquias e fundações públicas (de regime de direito público) que são identicamente pessoas jurídicas de direito público, mas de fins estritamente administrativos (quanto às federais *v.* art. 59 da Lei n. 5.010/66); não se aplica o procedimento às empresas públicas, às sociedades de economia mista, nem às fundações de direito privado. Observe-se que, segundo a regra sob exame, a Fazenda é citada para opor embargos e não para pagar, o que se deve justamente à impenhorabilidade do seu patrimônio, de sorte que nessa hipótese não se pode cogitar de efeito suspensivo dos embargos. O prazo para a oposição é contado a partir da juntada aos autos do mandado de citação devidamente cumprido, mediante aplicação do art. 241, II. Observe-se, nesse diapasão, que o prazo, originariamente fixado pelo CPC em dez dias, foi aumentado para trinta dias pelo art. 1º-B, da Lei n. 9.494/97 (artigo introduzido nesta lei por meio de medida provisória), de sorte que também aqui a Fazenda Pública dispõe de prazo ampliado para se defender. Por derradeiro, note-se que as normas a seguir elencadas incidirão tanto na hipótese de não oposição de embargos (devidamente certificada nos autos) como também na hipótese de os embargos terem sido rejeitados definitivamente.

I – o juiz requisitará o pagamento por intermédio do presidente do tribunal competente;

Vide Projeto de CPC, art. 520, § 2º.

A requisição de pagamento que o juízo monocrático da execução faz ao presidente do tribunal competente recebe o nome de ofício requisitório. Segundo os regimentos internos dos tribunais, são exigidos como documentos que necessariamente devem instruir o ofício, via de regra: cópia da sentença exequenda; do acórdão que a confirmou (art. 475, I); da certidão do trânsito em julgado; cópias da sentença de rejeição liminar, carência ou improcedência dos embargos e do correspondente acórdão; da certidão de trânsito; cópia da sentença homologatória do cálculo de liquidação e do acórdão, se houver; e, finalmente, cópia da certidão do trânsito deste, entre outros. Observe-se que em razão do *caput* do art. 100 da CF – artigo inteiramente remodelado pela EC n. 62, de 09.12.2009 – referir-se expressamente a "pagamentos devidos pelas Fazendas [...] em virtude de sentença judiciária", o que se conclui é que o nosso sistema jurídico não admite a execução contra a Fazenda fundada em título extrajudicial (art. 585), o que é corroborado pelo próprio privilégio legal do duplo grau obrigatório que repousa sobre as sentenças proferidas contra a Fazenda, *ex vi* do disposto no art. 475 do CPC. Reforçam, ainda, a inadmissibilidade do título extrajudicial para fundamentar a execução contra a Fazenda os textos dos §§ 1º, 3º e 5º do mesmo art. 100 que hoje falam explicitamente de "sentença judicial transitada em julgado".

II – far-se-á o pagamento na ordem de apresentação do precatório e à conta do respectivo crédito.

Vide Projeto de CPC, art. 520, § 2º, I.

Precatório é o documento que instrumentaliza a ordem de pagamento dirigida à Fazenda Pública, vale dizer, o veículo formal da determinação do presidente do tribunal competente no sentido de que a Fazenda realize o adimplemento de sua obrigação. O pagamento pela Fazenda é disciplinado diretamente pela CF que, em seu art. 100, § 5º, prescreve: "§ 5º É obrigatória a inclusão, no orçamento das entidades de direito público, de verba necessária ao pagamento de seus débitos, oriundos de sentenças transitadas em julgado, constantes de precatórios judiciários, apresentados até 1º de julho, fazendo-se o pagamento até o final do exercício seguinte, quando terão seus valores atualizados monetariamente". De acordo com a parte final do *caput* do mesmo art. 100, os pagamentos "far-se-ão exclusivamente na ordem cronológica de apresentação dos precatórios e à conta dos créditos respectivos, proibida a designação de casos ou de pessoas nas dotações orçamentárias e nos créditos adicionais abertos para este fim".

Art. 731. Se o credor for preterido no seu direito de preferência, o presidente do tribunal, que expediu a ordem, poderá, depois de ouvido o chefe do Ministério Público, ordenar o sequestro da quantia necessária para satisfazer o débito.

A verificação do preterimento do credor a que alude o texto depende do fato de algum outro credor – cujo precatório tenha sido apresentado posteriormente ao deste que a lei diz prejudicado – receber antes o pagamento por parte da Fazenda Pública. Tal preterimento significa, destarte, o efetivo descumprimento do disposto na parte final do *caput* do art. 100 da CF, que ordena que o pagamento seja feito "exclusivamente na ordem cronológica de apresentação dos precatórios". Assim, constatado o preterimento, segundo o texto, o presidente do tribunal que tenha expedido o precatório – ouvido o MP, dada a indisponibilidade do interesse envolvido – ordenará o arresto da quantia necessária (não sequestro, como diz o texto), medida que tem natureza indiscutivelmente cautelar, uma vez que o seu objeto (o dinheiro) não se destina ao credor preterido que requereu a providência, mas sim à garantia de que o primeiro preterido na ordem de preferência receba seu pagamento de acordo com o mandamento constitucional. A norma sob enfoque é semelhante, em seu teor, ao disposto no § 6º do art. 100 da CF, a cujo texto remetemos o leitor.

CAPÍTULO V
DA EXECUÇÃO DE PRESTAÇÃO ALIMENTÍCIA

Vide Projeto de CPC, arts. 514 a 518
(Capítulo IV – Do Cumprimento da Obrigação de Prestar Alimentos).
Vide, ainda, arts. 867 a 869 (Capítulo VI – Da Execução de Alimentos).

Art. 732. A execução de sentença, que condena ao pagamento de prestação alimentícia, far-se-á conforme o disposto no Capítulo IV deste Título.

Vide Projeto de CPC, art. 516.

A execução de prestação alimentícia é outro procedimento cuja especialidade decorre da acentuada diferenciação do direito material que por meio dele se busca fazer valer: o direito a alimentos é indisponível e seu desrespeito autoriza a prisão civil (CF, art. 5º, LXVII). Por meio deste art. 732, fica apenas ressalvada a possibilidade do credor de alimentos de ajuizar a execução comum por quantia que é disciplinada pelos arts. 646 a 724 (o Capítulo IV referido), já que o procedimento especial se encontra regulado pelos arts. 733 e 734 a seguir e corresponde apenas à opção colocada à disposição do credor (*v.* art. 569). Com a entrada em vigor da Lei n. 11.232/2005 (Reforma da Execução), a opção pela execução comum, conforme este art. 732, significa a aplicação das normas que regem o "cumprimento da sentença" (arts. 475-I a 475-R) por referir-se o dispositivo legal sob enfoque à execução de título judicial ("execução de sentença") (*v.* parte final do comentário ao art. 733). Observe-se, por derradeiro, que, com base no art. 585, II, é possível executar a obrigação alimentícia em favor do cônjuge, constante da escritura a que alude o art. 1.124-A deste CPC.

Parágrafo único. Recaindo a penhora em dinheiro, o oferecimento de embargos não obsta a que o exequente levante mensalmente a importância da prestação.

Vide Projeto de CPC, art. 516.

A penhora é ato executivo típico da execução por quantia certa contra devedor solvente – ato que simplesmente não existe no procedimento especial da execução de prestação alimentícia –, de sorte que o presente parágrafo único apenas representa a retirada do efeito suspensivo dos embargos para o fim mencionado (levantamento mensal de importâncias) quando o credor tenha optado pela forma comum de execução. Observe-se que também a figura dos embargos do devedor não tem lugar na execução especial de alimentos, substituída que é pela defesa prevista pelo art. 733, *caput.* O levantamento a que alude o texto é apenas o que tem por objeto as prestações que forem vencendo no curso da execução e dos embargos e não as prestações vencidas (nesse sentido, Celso Neves).

Art. 733. Na execução de sentença ou de decisão, que fixa os alimentos provisionais, o juiz mandará citar o devedor para, em 3 (três) dias, efetuar o pagamento, provar que o fez ou justificar a impossibilidade de efetuá-lo.

Vide Projeto de CPC, arts. 514 e 517.

Este art. 733 e o subsequente são os que, de fato, regulam o procedimento especial da execução de prestação alimentícia. Inicialmente, é importante consignar que as decisões judiciais que se submetem à execução especial são as seguintes: a decisão liminar de alimentos provisórios no procedimento da Lei n.

5.478/68; a sentença proferida nesse mesmo processo; a decisão liminar de alimentos provisionais no processo cautelar dos arts. 852 a 854; a sentença proferida nesse mesmo processo; a decisão liminar de alimentos provisórios proferida em ações de separação judicial, nulidade e anulação de casamento (art. 13 da Lei n. 5.478/68); a sentença proferida em processo de rito ordinário (arts. 282 e segs. – *v.*, ainda, nota ao art. 852, III). Em qualquer dessas hipóteses – quer se trate de execução definitiva nos mesmos autos, quer se trate de execução provisória por carta de sentença –, o devedor é citado para, em três dias, pagar e provar que o fez, ou justificar a sua impossibilidade, e não para oferecer bens à penhora e embargar. É que na execução especial de alimentos não há penhora, nem embargos, posto que o devedor se defende por simples petição nos próprios autos, independentemente de segurança do juízo, porque da decisão *hic et nunc* dessa controvérsia – e desde que se trate de cobrança de até, no máximo, três das mais recentes prestações alimentícias em atraso – poderá resultar o decreto de sua prisão civil (*v.* parágrafos abaixo e respectivas notas). Observe-se, por fim, que a entrada em vigor da Lei n. 11.232/2005 (Reforma da Execução Judicial) parece-nos permitir a dispensa do ato citatório e sua substituição pela intimação na pessoa do advogado que é preconizada pelo art. 475-J, *caput* e seu § 1º, bem como a aplicação da multa de 10%, uma vez que a presente execução especial não pode ser mais branda do que a execução comum; a natureza alimentícia do crédito exequendo justifica plenamente a equiparação processual.

---

§ 1º Se o devedor não pagar, nem se escusar, o juiz decretar-lhe-á a prisão pelo prazo de 1 (um) a 3 (três) meses.

Vide Projeto de CPC, art. 514, § 1º.

O decreto da prisão civil do alimentante ocorre não só quando este deixa de se escusar, mas principalmente quando a sua escusa – defesa instrumentalizada por petição nos autos – é rejeitada por decisão interlocutória (art. 162, § 2º). Do ato jurídico de rejeição, que é o mesmo que impõe a sanção extrema, exige a lei expressa fundamentação, a qual se deve pautar no enfrentamento de todas as justificativas apresentadas. Observe-se que somente fatos objetivos e incontestes (*v. g.*, a extinção da obrigação pelo casamento da alimentanda, ou pela morte, ou a incapacidade física do alimentante) é que podem ser aceitos pelo juiz como escusa. Questões de alta indagação só podem ser discutidas por ação revisional (Vicente Greco Filho). Caso as justificativas se mostrem ponderáveis e verossímeis, de sorte a exigirem maiores investigações da parte do magistrado, a solução é a designação da audiência especial para oitiva das partes a que alude o art. 342. Por derradeiro, note-se que o decreto injustificado da prisão civil é atacável por *habeas corpus*.

§ 2º O cumprimento da pena não exime o devedor do pagamento das prestações vencidas e vincendas.

Vide Projeto de CPC, art. 514, § 2º.

A regra sob enfoque, como expressa no texto, significa que o cumprimento do mandado de prisão civil do alimentante – pelo seu recolhimento ao cárcere – não é sucedâneo do cumprimento da obrigação alimentar (daí a clara natureza coativa e não punitiva ou compensatória da prisão decretada). Destarte, ainda que o devedor permaneça recolhido à prisão pelo prazo fixado pelo juiz (um a três meses), nada impede que ao sair dela sofra ele agora a execução comum, por quantia certa, se possuir bens penhoráveis (art. 732), ou mesmo um segundo pedido de prisão caso os motivos que amparam o primeiro decreto se repitam ou ocorra inadimplemento posterior na hipótese do § 3º.

§ 3º Paga a prestação alimentícia, o juiz suspenderá o cumprimento da ordem de prisão.

Vide Projeto de CPC, art. 514, § 3º.

A suspensão do cumprimento da ordem de prisão referida no texto pode significar formalmente três coisas diferentes: em primeiro lugar, a sustação da expedição do mandado, caso o pagamento da dívida ocorra logo após o decreto da prisão pelo magistrado; em segundo, a ordem judicial de expedição de contramandado na hipótese de o pagamento ocorrer após ter sido expedido o mandado de prisão, mas antes do seu efetivo cumprimento; e, finalmente, em terceiro, a determinação de expedição de alvará de soltura caso o pagamento só aconteça quando o alimentante já se encontre recolhido à prisão. Em todos esses casos, fica o juiz autorizado a suspender o cumprimento da prisão imediatamente ou mediante prévia manifestação do contador.

Art. 734. Quando o devedor for funcionário público, militar, diretor ou gerente de empresa, bem como empregado sujeito à legislação do trabalho, o juiz mandará descontar em folha de pagamento a importância da prestação alimentícia.

Vide Projeto de CPC, art. 515, caput

Este art. 734 disciplina outro meio executivo especial aplicável à execução de prestação alimentícia. Trata-se do chamado desconto em folha de pagamento, que decorre do caráter continuativo dessa espécie de obrigação e que se traduz em determinação judicial a terceiro para que efetue o desconto da prestação alimentícia da remuneração devida ao alimentante (isso se dá, via de regra, pelo depósito da importância descontada em conta bancária aberta em nome do credor de alimentos). Observe-se que a utilização de tal meio executivo no processo depende de o devedor se enquadrar em uma das categorias previstas, ou em semelhante, posto que a enumeração contida no dispositivo não é taxativa. Por fim, parece importante consignar que o recurso ao desconto em folha de pagamento torna desnecessário o pedido e o decreto da prisão civil do art. 733 (*v.*, ainda, arts. 649, IV, do CPC e 17 da Lei n. 5.478/68).

Parágrafo único. A comunicação será feita à autoridade, à empresa ou ao empregador por ofício, de que constarão os nomes do credor, do devedor, a importância da prestação e o tempo de sua duração.

Vide Projeto de CPC, art. 515, §§ 1º e 2º.

Em todos os casos de desconto em folha de pagamento, a ordem judicial se instrumentaliza por ofício, o que significa dizer que, de acordo com o texto, tal forma de comunicação não se aplica apenas às autoridades (à Administração no caso de funcionário público ou militar), mas também às empresas e aos empregadores pessoas físicas. Seja como for, o que é relevante mesmo notar é que desse instrumento formal (o ofício) devem constar obrigatoriamente os requisitos indicados, sob pena de inviabilização do próprio escopo desse meio executivo, porque não é possível descontar se não se conhece a pessoa de quem ou a favor de quem se deve descontar, o quanto se deve deduzir ou por quanto tempo o desconto deve acontecer. Note-se, por derradeiro, que, concretizada a comunicação, esse ato equivale à penhora para fins de oposição de embargos (na execução sob a forma do art. 733, como visto, não existem embargos).

Art. 735. Se o devedor não pagar os alimentos provisionais a que foi condenado, pode o credor promover a execução da sentença, observando-se o procedimento estabelecido no Capítulo IV deste Título.

Vide Projeto de CPC, art. 516.

A regra simplesmente estende a normatividade contida no art. 732 aos alimentos provisionais, o que significa dizer que também ao requerente da ação cautelar disciplinada pelos arts. 852 a 854 é facultada a opção entre o procedimento especial (arts. 733 e 734) e o procedimento comum da execução por quantia (arts. 646 e segs.). Também aqui vale a observação de que tanto a liminar concessiva de alimentos provisionais como a sentença cautelar de alimentos podem ser executadas sob a forma especial por carta de sentença ou, excepcionalmente, nos próprios autos do processo cautelar (*v.* nota aos arts. 732 e 733).

TÍTULO III
DOS EMBARGOS DO DEVEDOR

Vide Projeto de CPC, arts. 870 a 876 (Título III – Dos Embargos à Execução).

Dada a circunstância de que o art. 738 – alterado em sua redação pela Lei n. 11.382/2006 que institui a chamada Reforma da Execução Extrajudicial – já não exige mais a segurança do juízo como requisito a ser preenchido pelo executado para poder oferecer embargos, diminui em importância, pelo menos em princípio, a figura da exceção de pré-executividade, no âmbito da execução de título extrajudicial. Com efeito, se com rapidez pode o executado opor os seus embargos antes mesmo da penhora ter sido realizada e, dada a relevância das matérias deduzidas e o *periculum in mora*, pode alcançar a concessão de efeito suspensivo (art. 739-A) para evitar a constrição prestes a se realizar, fica claro que esses fatos tornam menos importante o recurso à exceção de pré-executividade. O mesmo não se pode dizer do "cumprimento de sentença" porque neste âmbito disciplinar a exceção ainda encontra justificativa, dada a necessidade de penhora para que o executado possa se defender via impugnação (art. 475-J, § 1º – *v.* nota). Seja como for, lembramos que a prática dos nossos juízes e tribunais vem admitindo a chamada exceção de pré-executividade (ou objeção de pré-executividade) que significa a autorização para que o devedor se defenda contra o processo executivo – agora, também contra o "cumprimento da sentença" –, independentemente da penhora prévia de bens e da oposição de embargos do devedor e da impugnação de que cogitam os arts. 457-L e 475-M. Pois bem, uma vez que seja oferecida tal exceção, por meio de peça própria nos autos – a exceção tem cabimento enquanto não forem penhorados bens do executado; a partir daí a defesa há de ser veiculada obrigatoriamente por meio de embargos do devedor ou impugnação –, o magistrado deverá abrir vista ao exequente antes de decidir e isso para que se cumpra o princípio do contraditório, também aplicável à execução. Observe-se que se o juiz acolher as razões constantes da exceção, ele proferirá imediatamente sentença de extinção da execução, o que dará ensejo à interposição de recurso de apelação pelo exequente (art. 513). O que parece interessante observar aqui é que, se o tribunal der provimento ao apelo, não poderá ele, em seu acórdão, afirmar de forma definitiva que o executado não tem razão, porque, quaisquer que sejam as questões ventiladas e decididas, todas elas podem ser rediscutidas em sede de embargos do devedor ou impugnação; a decisão do tribunal, nesse caso, sempre se dá sob o manto da cognição sumária (cognição pouco aprofundada no plano vertical) para manter aberta justamente a possibilidade de rediscussão. Note-se, por outro lado, que se o juiz não acolher as alegações do executado, a decisão interlocutória que ele profira (que manda prosseguir a execução) também se fundará em cognição sumária pelo mesmo motivo: apesar de rejeitar a exceção, todas as matérias arguidas (quase sempre matérias de ordem pública) poderão ser repetidas pelo executado quando oferecer embargos do devedor ou impugnação. A consequência desse fenômeno é que, interposto agravo de instrumento contra tal decisão interlocutória, o tribunal ficará com as seguintes opções: primeira, acolhendo as razões do executado, dar provimento ao agravo para extinguir a execução por falta de exigibilidade, liquidez, prescrição, etc.; acolhendo as razões do exequente, negar provimento ao agravo, para manter a decisão recorrida (que ordenou o prosseguimento da execução, como visto), acórdão este que representa identicamente julgamento em cognição sumária, porque, apesar do seu proferimento, todas as matérias decididas poderão constituir fundamentos da impugnação que o executado se proponha a apresentar após a penhora de seus bens. Registre-se, por derradeiro, que o oferecimento de exceção de pré-executividade, a rigor, não suspende o curso da execução, mas, na prática, a penhora acaba não acontecendo enquanto o juiz não se pronuncie sobre o incidente. Afinal de contas, a *ratio* última da exceção é justamente a necessidade de impedir a penhora dos bens do executado.

CAPÍTULO I
DAS DISPOSIÇÕES GERAIS

Art. 736. O executado, independentemente de penhora, depósito ou caução, poderá opor-se à execução por meio de embargos.

Vide Projeto de CPC, art. 870, caput

Os embargos à execução (ou embargos do executado – *v.* os arts. 738, § 3º e 739-A, *caput*, adiante) são uma ação de conhecimento incidente ao processo de execução (ou processo incidente) pela qual o executado se defende contra a execução ajuizada, buscando o proferimento de uma sentença que a extinga. Tal ação cognitiva incidente – distribuída por dependência e que gera autuação própria em apartado (*v.* parágrafo único), diz o texto – corresponde à forma processual que o exercício do direito de defesa assume no processo de execução de título extrajudicial, já que em relação a este não existe contestação. Contudo, por se tratar de ação de caráter incidental, alguns requisitos diferenciados de admissibilidade se tornam exigíveis, quais sejam, a tempestividade da sua oposição (art. 738) e o cabimento da matéria deduzida (arts. 745 e 741 – este último exclusivo para os embargos à execução contra a Fazenda Pública). Veja-se que o texto deste art. 736 foi radicalmente alterado pela Lei n. 11.382/2006 – que institui a chamada Reforma da Execução Extrajudicial –, no sentido da eliminação do requisito da segurança do juízo que o art. 737 (ora revogado) estabelecia. Eis o motivo pelo qual o texto sob enfoque agora diz de forma categórica e expressa "independentemente de penhora, depósito ou caução", o que também implicou a alteração do art. 738 que autoriza o oferecimento dos embargos no prazo de quinze dias, "contados da data da juntada aos autos do mandado de citação" (sobre a significação processual da dispensa da segurança do juízo, *v.* nota ao art. 738). Por fim, registre-se que, na fase executiva do processo condenatório (ou fase de "cumprimento da sentença", criada pela Lei n. 11.232/2005), o executado não se defende por meio de embargos, mas sim por meio do novo instrumento jurídico-processual denominado impugnação (arts. 475-L e 475-M, *v.* notas) (texto de acordo com a Lei n. 11.382/2006).

Parágrafo único. Os embargos à execução serão distribuídos por dependência, autuados em apartado e instruídos com cópias das peças processuais relevantes, que poderão ser declaradas autênticas pelo advogado, sob sua responsabilidade pessoal.

Vide Projeto de CPC, art. 870, § 1º.

Como os embargos do executado têm natureza de ação de conhecimento, embora incidente, a sua oposição depende de instrumento formal próprio que é a petição inicial. Logo, dela exigem-se os mesmos requisitos intrínsecos genericamente previstos pelo art. 282 (*v.* nota à Seção I do Capítulo I do Título VIII), mas, quanto aos extrínsecos, este parágrafo único – criado pela Lei n. 11.382/2006 e alterado em sua redação pela Lei n. 12.322/2010 – afirma que os embargos podem ser "instruídos com cópias das peças processuais relevantes", o que torna inaplicáveis as exigências de procuração (art. 37) e "documentos indispensáveis à propositura da ação" (art. 283), embora tudo recomende que cópias da inicial da execução, procuração e documentos importantes instruam a peça introdutória dos embargos, documentos, aliás, que passam a poder ser declarados autênticos pelo próprio advogado sob sua responsabilidade pessoal, como expressamente estabelece o texto. Veja-se, também, que o novo regramento fala de distribuição por dependência, o que é perfeitamente justificado pela nítida conexão existente entre a execução e os embargos que se propõem a extingui-la ou, pelo menos, a modificá-la. Já no que concerne à autuação em apartado (e não mais em apenso, como dizia o antigo texto do art. 736, *caput*), trata-se de uma importantíssima novidade introduzida pela Reforma da Execução Extrajudicial – na esteira da empreendida pela Lei n. 11.232/2005 –, posto que, permitindo o processamento fisicamente autônomo, isto facilita o processamento simultâneo da execução e dos embargos (se for o caso, *v.* art. 739-A), bem como viabiliza o prosseguimento da execução quando for interposta apelação contra a sentença dos embargos (arts. 740 e 513) (parágrafo com redação dada pela Lei n. 12.322, de 09.09.2010).

Art. 737. ***(Revogado pela Lei n. 11.382, de 06.12.2006.)***

Art. 738. Os embargos serão oferecidos no prazo de 15 (quinze) dias, contados da data da juntada aos autos do mandado de citação.

Vide Projeto de CPC, art. 871, caput

Dada a circunstância de o art. 736, *caput*, ter feito desaparecer o requisito da segurança do juízo para a oposição dos embargos do executado – segurança que significava, no regime anterior da execução por quantia, que a ação incidente só podia ser ajuizada, uma vez aperfeiçoada a penhora e comunicada esta ao sujeito passivo – é que o presente art. 738 agora dispõe que os embargos serão oferecidos no prazo de quinze dias da juntada aos autos do mandado de citação (art. 241, II). Observe-se, desde logo, e isto parece relevantíssimo, que a facilitação da defesa do executado (pela não pressuposição de penhora) torna, em tese, desnecessária a denominada "exceção de pré-executividade", ferramenta criada pela prática judiciária e tão empregada nesses últimos tempos, justamente pela injustiça representada pela exigência de que o executado tivesse de oferecer seus bens à penhora apenas para poder se defender, em casos de flagrante nulidade do processo ou carência da ação de execução. Como se pode perceber, em muitas situações, já não será preciso que o executado se valha da exceção, bastando que nos quinze dias subsequentes à sua citação apresente os seus embargos e isso independentemente de a penhora já ter sido realizada, estar prestes a se realizar ou de estar longe de ser realizada, uma vez que o art. 652 e seus §§ 1º a 5º dão margem a que qualquer dessas três situações elencadas esteja ocorrendo ao tempo do oferecimento dos embargos. A vantagem dessa nova disciplina está em duas frentes ou perspectivas: 1ª) a antecipação do exercício da defesa e do seu resultado (o julgamento dos embargos), em autos apartados, pode significar encurtamento de atividade processual executiva infrutífera, na hipótese de execuções nulas ou infundadas; 2ª) o desenvolvimento paralelo e livre da execução, sem os entraves do apensamento dos embargos e sem o efeito suspensivo como regra (art. 739-A, *caput*), ou enquanto não houver penhora (art. 739-A, § 1º, *in fine*), pode significar garantia de mais agilidade e rapidez do procedimento executivo (texto de acordo com a Lei n. 11.382/2006).

I a IV – *(Revogados pela Lei n. 11.382, de 06.12.2006.)*

§ 1º Quando houver mais de um executado, o prazo para cada um deles embargar conta-se a partir da juntada do respectivo mandado citatório, salvo tratando-se de cônjuges.

Vide Projeto de CPC, art. 871, § 1º.

De forma a resolver definitivamente um velho e sério problema relacionado com a oposição dos embargos à execução, é que surge o presente § 1º – criado pela Lei n. 11.382/2006 – para estabelecer que, sendo citados para a causa vários executados, o prazo de embargos (de quinze dias – *v. caput*) flui autonomamente para cada um deles, vale dizer, corre isoladamente para cada executado a partir da juntada aos autos do seu respectivo mandado citatório, salvo quando se trate de marido e mulher. Veja-se que o novo regramento significa exceção à norma geral das citações que implica a fluência conjunta de prazos de defesa (art. 241, III), o que, no entanto, é justificável em razão das peculiaridades do processo de execução em que os embargos não têm natureza de defesa, mas de ação (ataque ao título e aos atos executivos) e dão ensejo à formação de autos separados ("apartados", diz o parágrafo único, do art. 736). Além disso, como a penhora já não é requisito da oposição de embargos (art. 736, *caput*), mais justificável ainda se revela a disposição legal focalizada que passa a enxergar cada litisconsorte passivo como um verdadeiro litigante autônomo (*v.* art. 48). Observe-se, entrementes, que nada impede o juiz de suspender o andamento dos embargos de um executado, por perceber a sua íntima vinculação com os de outro, para com isso evitar decisões contraditórias ou imaturas (art. 265, IV, *a*). Por último, registre-se que, quando os executados forem marido e mulher, a lei mantém a ideia de unidade, exigindo sempre a citação do segundo cônjuge para que tenha fluência o prazo comum para o oferecimento de embargos (*v.*, ainda, § 3º, à frente) (texto de acordo com a Lei n. 11.382/2006).

---

§ 2º Nas execuções por carta precatória, a citação do executado será imediatamente comunicada pelo juiz deprecado ao juiz deprecante, inclusive por meios eletrônicos, contando-se o prazo para embargos a partir da juntada aos autos de tal comunicação.

Vide Projeto de CPC, art. 871, § 2º.

Se o art. 658, deste CPC, prevê o cabimento da execução por carta (na hipótese de ausência de bens no foro da causa), o presente § 2º prevê a citação do devedor e impõe ao juízo deprecado que comunique a ocorrência do ato citatório imediatamente ao deprecante, para que desta comunicação comece a correr o prazo para o oferecimento dos embargos que, na conformidade com o disposto no art. 747, podem ser oferecidos tanto em um como em outro juízo (*v.* notas). Especificamente em relação ao texto que ora nos ocupa, o que se deve salientar é que este § 2º – criado pela Lei n. 11.382/2006 – também institui, e de forma expressa, a comunicação da citação pela via eletrônica, no que explicita mais um ato processual, entre tantos outros, que podem ser praticados por tal via (*v.* art. 154, § 2º, regra fundamental da informatização do processo judicial, em que apresentamos o elenco de atos praticáveis pela via eletrônica). Seja como for, chama a atenção, identicamente, o fato deste dispositivo tomar para si a iniciativa de regulamentar a fluência do prazo para oposição de embargos, estabelecendo a data da juntada aos autos de tal comunicação, como o seu termo *a quo*. Observe-se, nesse passo, que a comunicação referida há de se traduzir em documento físico de modo a ser juntada aos autos para o fim procedimental aqui cogitado, mas não podemos esquecer que a juntada eletrônica também está admitida, desde, é claro, que no contexto de um processo total ou parcialmente informatizado (texto de acordo com a Lei n. 11.382/2006).

---

§ 3º Aos embargos do executado não se aplica o disposto no art. 191 desta Lei.

Vide Projeto de CPC, art. 871, § 3º.

O dispositivo sob enfoque – criado identicamente pela Lei n. 11.382/2006 – aparece no cenário da nova execução civil para resolver outro problema sério relacionado com o oferecimento dos embargos do executado: a questão da contagem, ou não, do prazo em dobro quando os litisconsortes passivos, em processo executivo, se apresentam representados por procuradores diferentes. De acordo com o texto sob apreciação, a resposta é clara e límpida, no sentido da inaplicabilidade do art. 191 do CPC aos embargos, ficando reservada a contagem em dobro deste dispositivo para as formas de processo de conhecimento onde se fazem presentes "prazos para contestar" (embargar nunca foi "contestar", "recorrer" muito menos "falar nos autos"). Seja como for, agora *habemus legis* e o problema se encontra superado.

Art. 739. O juiz rejeitará liminarmente os embargos:

Vide Projeto de CPC, art. 874, caput

Rejeição liminar dos embargos do devedor é sinônimo de indeferimento liminar da sua petição inicial, ato cuja natureza jurídica é indubitavelmente de sentença, posto que aniquila no seu nascedouro esse processo incidente (arts. 162, § 1º, e 513). A regra contida neste art. 739 é semelhante à do art. 295, que rege o processo de conhecimento, sendo porém mais ampla porque traz em seu bojo um fundamento peculiar aos embargos (inciso I) que não existe em outros procedimentos cognitivos.

I – quando intempestivos;

Vide Projeto de CPC, art. 874, I.

Este inciso I – remodelado em sua feição redacional pela Lei n. 11.382/2006 que resolveu substituir a antiga previsão ("quando apresentados fora do prazo legal") pela presente que é mais sintética e enfática – regula a primeira hipótese de rejeição liminar dos embargos. Veja-se que dada a circunstância de os embargos à execução terem natureza de ação incidente ao processo executivo, a sua oposição eficaz se condiciona ao prazo de quinze dias instituído pelo *caput* do art. 738, de sorte que a protocolização ou o despacho da sua petição inicial fora desse prazo acarreta o indeferimento *in limine* aqui previsto em decorrência do fenômeno da preclusão (temos para nós que não se trata de preclusão, mas sim de perempção, como aquela prevista pelo art. 23 da Lei n. 12.016/2009). Observe-se, ainda quanto ao prazo, que os embargos não se submetem à disciplina dos arts. 188 e 191 (quanto à inaplicabilidade deste último, temos hoje regramento expresso – § 3º, do art. 738) (texto de acordo com a Lei n. 11.382/2006).

II – quando inepta a petição (art. 295); ou

Vide Projeto de CPC, art. 874, I.

O presente inciso II – cujo teor normativo apenas se aproxima do antigo inciso III deste art. 739 que fazia referência genérica aos "casos previstos no art. 295" – foi realocado pela Lei n. 11.382/2006 com o claro objetivo de limitar a admissibilidade da rejeição liminar dos embargos às hipóteses de inépcia da petição inicial. Com isso, parece importante registrar, desde logo, os casos previstos pelos incisos II a VI, do art. 295, que ficaram excluídos do exame liminar do magistrado em sede de embargos, o que se explica pelo fato de o legislador reformista ter desejado facilitar o "despacho liminar positivo" e remeter questões processuais menos gritantes para o julgamento final da causa, até porque o mérito dos embargos é integrado muito frequentemente por questões de caráter estritamente processual como legitimação *ad causam* e interesse de agir *in executivis*, que envolve problemas de adequação procedimental, etc. Para ilustrar e fortalecer o que afirmamos, basta que se examine o teor dos fundamentos dos embargos elencados no art. 741 ou as razões de impugnação arroladas no art. 475-L, que seguem a mesma lógica. Ou seja, a partir de agora, apenas os gravíssimos casos de inépcia do parágrafo único do art. 295 justificam o indeferimento liminar da inicial dos embargos à execução, o que torna o sistema executivo, por si só, mais coerente e mais ágil quanto ao deferimento do processamento desta ação incidente (texto de acordo com a Lei n. 11.382/2006).

III – quando manifestamente protelatórios.

Vide Projeto de CPC, art. 874, II.

De atos processuais protelatórios – com ou sem essa adjetivação – tratam alguns dispositivos do CPC, tais como os arts. 14, III (atos destituídos de fundamento) e IV (provas e atos inúteis ou desnecessários), 17, IV (atos de resistência injustificada) e V (atos temerários), 31 (despesas por atos protelatórios), 538, parágrafo único (embargos declaratórios protelatórios), e 600, III (oposição maliciosa à execução com emprego de ardis e meios artificiosos). Veja-se que o presente dispositivo – recém-criado pela Lei n. 11.382/2006 – nada mais representa do que outra disposição normativa predisposta a reprimir a falta de lealdade processual, só que agora especificamente dirigida aos embargos à execução, no sentido de obstar liminarmente o seu processamento. Eis a *ratio* desta nova prescrição legal. O que parece interessante observar aqui é que a peça introdutória destes embargos à execução "manifestamente protelatórios" não foi apresentada intempestivamente (se tiver sido, basta aplicar o inciso I deste art. 739) e não é inepta (se for, a solução é aplicar o inciso II), pelo contrário, revela-se tempestiva, apresenta pedido regular, possível e compatível, além de causa de pedir adequada com o pedido e intrinsecamente coerente, sob o ponto de vista fático e jurídico. O problema que aqui se apresenta não é formal, mas substancial, na medida em que o juiz da causa é capaz de perceber, pela simples leitura da peça e sem maiores indagações, que as razões apresentadas são completamente destituídas de fundamento, desprovidas de qualquer razoabilidade, podendo ser facilmente qualificadas como temerárias, maliciosas ou artificiosas. Presentes tais vícios de substância da inicial dos embargos, autorizado está o magistrado a indeferi-la *in limine*, o que não afronta nem compromete, de qualquer maneira, o novo sistema implantado de execução civil (*v.*, ainda, parágrafo único do art. 740) (texto de acordo com a Lei n. 11.382/2006).

§§ 1º a 3º *(Revogados pela Lei n. 11.382, de 06.12.2006.)*

Art. 739-A. Os embargos do executado não terão efeito suspensivo.
Vide Projeto de CPC, art. 875, caput

Rompendo com a consagrada ideia de que os embargos do devedor seriam sempre recebidos com efeito suspensivo – era o que dizia o revogado § 1º do art. 739 –, surge este novo dispositivo processual para estabelecer, como regra a partir de agora, a não suspensividade dos embargos do executado, ficando a atribuição judicial desse efeito como exceção de direito estrito (*v.* o § 1º a seguir que estabelece os três requisitos da suspensividade). Observe-se que, na verdade, essa inversão normativa acompanha o espírito da Reforma da Execução Judicial (da Lei n. 11.232/2005) que já houvera estabelecido no art. 475-M, *caput*, *initio*, idêntica disciplina, mas somente para a nova figura da impugnação, a qual substituiu os embargos no procedimento do cumprimento de sentença (*v.* nota). Pois bem, ao estabelecer a não suspensividade, como regra, isso significa que a oposição tempestiva e regular dos embargos à execução (arts. 736 e 738) não representará qualquer obstáculo, quer ao prosseguimento das atividades executórias que estejam sendo praticadas – tais como a penhora de bens do executado, sua avaliação ou o processamento da substituição dos bens penhorados ou da própria penhora (art. 656 e seu § 2º) –, quer ao desenvolvimento dos atos executivos subsequentes de expropriação ou excussão previstos pelos arts. 685-A, 685-B, 686 e seguintes, todos deste CPC (texto de acordo com a Lei n. 11.382/2006).

---

§ 1º O juiz poderá, a requerimento do embargante, atribuir efeito suspensivo aos embargos quando, sendo relevantes seus fundamentos, o prosseguimento da execução manifestamente possa causar ao executado grave dano de difícil ou incerta reparação, e desde que a execução já esteja garantida por penhora, depósito ou caução suficientes.

Vide Projeto de CPC, art. 875, § 1º.

Se, de acordo com o *caput* deste novo art. 739-A, os embargos à execução já não dispõem de efeito suspensivo, como regra, o focalizado § 1º regulamenta a atribuição excepcional da suspensividade pelo juiz da causa, quando verificados cumulativamente os três requisitos previstos no texto. Antes de abordá-los, no entanto, cumpre-nos consignar que a atribuição judicial de que cogitamos depende necessariamente de requerimento do executado, que conste expressamente da sua petição inicial ("o juiz poderá, a requerimento do embargante [...]"), ficando, assim, terminantemente proibido ao juiz conceder a suspensividade por ato de ofício. Registre-se, também, que, embora o texto não diga, o momento da atribuição (ou da concessão) do efeito suspensivo pelo magistrado é o do chamado "despacho liminar positivo", de que trata o art. 285, vale dizer, do mesmo ato (o que ordena o processamento dos embargos), constará, se for o caso, a expressa atribuição da suspensividade com fundamentação própria e precisa acerca do preenchimento dos seus requisitos legais (CF, art. 93, IX, *initio*, e CPC, arts. 162, § 2º, e 165). Muito bem, sobre os requisitos da concessão do efeito suspensivo aos embargos do executado, é necessário realizar algumas considerações. A primeira, no sentido de que a relevância da fundamentação se revela pela razoabilidade e ponderabilidade das defesas apresentadas, pela sustentabilidade dos argumentos fáticos e jurídicos deduzidos, tudo a apontar para o provável sucesso do executado quando do julgamento final dos embargos (em outros termos, o embargante precisa conseguir demonstrar ao juiz da causa que preenche o requisito do *fumus boni iuris*, tão conhecido na seara cautelar). A segunda, no sentido de que a longa previsão que se encontra bem no meio deste § 1º ("o prosseguimento da execução manifestamente possa causar ao executado grave dano de difícil ou incerta reparação") nada mais significa do que instituição do, também conhecidíssimo, requisito do *periculum in mora*, isto é, a necessidade de demonstração da existência de perigo de que a demora do julgamento dos embargos sem efeito suspensivo possa permitir que a execução chegue à fase de expropriação e que, em caso de posterior decisão favorável ao executado, seja difícil ou incerta a reparação do dano experimentado por ele. Mas não para aí a exigência estabelecida pelo novo regramento – eis a novidade trazida pela Lei n. 11.382/2006 e a terceira consideração: como agora a oposição dos embargos não depende mais de segurança do juízo (*v.* art. 736, *caput*, e nota), a atribuição judicial de efeito suspensivo é que passa a depender dela ("desde que a execução já esteja garantida por penhora, depósito ou caução suficientes"). Veja-se que a exigência é perfeitamente lógica: se não fosse assim, a suspensividade obstaculizaria o ato de penhora, inviabilizando o próprio prosseguimento da execução em caso de rejeição dos embargos (texto de acordo com a Lei n. 11.382/2006).

---

§ 2º A decisão relativa aos efeitos dos embargos poderá, a requerimento da parte, ser modificada ou revogada a qualquer tempo, em decisão fundamentada, cessando as circunstâncias que a motivaram.

Vide Projeto de CPC, art. 875, § 2º.

Bastante interessante se nos afigura o conteúdo normativo do presente § 2º que, inovando em relação a toda a disciplina pretérita sobre o efeito suspensivo dos embargos do devedor, admite pela primeira vez no sistema da execução civil brasileira a revogação e a modificação, a qualquer tempo, da decisão judicial concessiva (ou atributiva) de suspensividade. Com efeito, nada mais conveniente, sob o ponto de vista sistemático, do que a flexibilidade outorgada ao próprio juiz da causa para revogar ou modificar a decisão que concedeu, uma vez verificado o desaparecimento total ou parcial das circunstâncias que a motivaram. Nada melhor do que permitir ao próprio juiz da execução, antes da interposição de qualquer agravo de instrumento e da intervenção da segunda instância, reconhecer a mudança do quadro fático ou jurídico para poder adequar a decisão sobre a suspensividade à nova realidade processual. Imagine-se uma execução, paralisada pela suspensividade, em que o exequente consiga demonstrar por meio de documentos novos a insustentabilidade da principal defesa apresentada pelo executado (o enfraquecimento do *fumus boni iuris*), a sua própria hipersuficiência econômica para derrubar a tese da difícil reparabilidade de eventual dano (o desaparecimento do *periculum in mora*) ou, ainda, a extrema conveniência, sob o prisma do mercado, de se alienarem, neste momento, determinados bens penhorados como títulos da dívida pública, valores mobiliários ou certos e específicos bens móveis ou imóveis (a oportunidade de tornar a expropriação extremamente bem-sucedida). Em qualquer desses casos, tudo recomenda que possa o órgão jurisdicional decidir fundamentadamente pelo prosseguimento da execução – o que não exclui o agravo do executado – e com isso torná-la mais justa e eficiente (texto de acordo com a Lei n. 11.382/2006).

---

§ 3º Quando o efeito suspensivo atribuído aos embargos disser respeito apenas a parte do objeto da execução, essa prosseguirá quanto à parte restante.

Vide Projeto de CPC, art. 875, § 3º.

Este § 3º que ora nos ocupa – dispositivo modificado em relação ao antigo § 2º do art. 739 – estabelece regulamentação para um aspecto específico da concessão do efeito suspensivo pelo juiz, que é a possibilidade da sua limitação, tendo em vista o objeto da execução. Esclareça-se que objeto é aquilo em torno do que gravita uma atividade e que, no caso da execução por quantia, o seu objeto é o pedido que deve ser compreendido em dois sentidos: o pedido imediato que corresponde à providência jurisdicional satisfativa; e o pedido mediato que corresponde ao "bem da vida" perseguido, qual seja, o montante em dinheiro a ser alcançado (quantia certa). É justamente neste último sentido que precisamos considerar o objeto da execução para que o regramento focalizado ganhe significado. Muito bem, imagine-se que, num determinado caso concreto, o objeto da execução corresponda a dois montantes distintos oriundos de um mesmo crédito contratual (principal, correção e juros, de um lado, e multa contratual ou legal, de outro) ou, ainda, que corresponda a dois montantes oriundos de dois créditos diferentes (*v. g.*, um com assento numa nota promissória e outro com assento numa duplicata mercantil). Ora, é possível que, por meio dos embargos, o executado admita, no primeiro caso, o montante correspondente ao principal, correção e juros, mas impugne, *v. g.*, a legalidade da multa contratual, ou, no segundo, queira discutir apenas o crédito originado da duplicata. O que ocorrerá então, segundo o presente dispositivo, é que o juiz poderá deferir o efeito suspensivo para a execução da multa ou da duplicata, remanescendo submetidos à plena executividade as partes restantes do objeto da execução (texto de acordo com a Lei n. 11.382/2006).

---

§ 4º A concessão de efeito suspensivo aos embargos oferecidos por um dos executados não suspenderá a execução contra os que não embargaram, quando o respectivo fundamento disser respeito exclusivamente ao embargante.

Vide Projeto de CPC, art. 875, § 4º.

Se o § 3º trata de uma forma de limitação objetiva do efeito suspensivo concedido judicialmente aos embargos do executado (*v.* nota), o § 4º sob enfoque – modificado em relação ao antigo § 3º do art. 739 – trata dessa mesma limitação numa perspectiva subjetiva, qual seja, à relacionada com apenas um, ou mais de um, dos litisconsortes passivos de uma execução por quantia certa contra devedor solvente. Observe-se, desde logo, que o regramento examinado restringe a suspensividade da execução aos embargos efetivamente opostos por um dos litisconsortes, o que significa dizer que os demais, que ainda não embargaram, não se beneficiam do efeito suspensivo; contra eles a execução continua a correr normalmente. Entretanto, este mesmo § 4º abre exceção à regra estabelecida na hipótese de um executado que já embargou tê-lo feito com um fundamento jurídico que diga respeito ao litisconsorte que não embargou (*v. g.*, pagamento de dívida solidária, inexigibilidade ou prescrição de obrigação comum, falsidade do título), caso em que este é beneficiado pelo efeito suspensivo, de sorte que contra ele a execução não prosseguirá. Lembramos, neste diapasão, que, de acordo com o § 1º do art. 738, em caso de litisconsórcio passivo, os vários embargos podem vir em momentos completamente diferentes do *iter* procedimental da execução (*v.* nota). Seja como for, uma coisa que chama a atenção do intérprete é que no instante em que o juiz venha a deferir o requerimento do embargante, no sentido da concessão do efeito suspensivo – tal concessão depende evidente e identicamente de expresso requerimento (§ 1º, já interpretado) –, poderá o magistrado de ofício reconhecer o fundamento que vincula o embargante ao executado que não embargou e conceder a suspensividade expressamente a este último, independentemente de seu comparecimento e da manifestação da sua vontade (texto de acordo com a Lei n. 11.382/2006).

---

§ 5º Quando o excesso de execução for fundamento dos embargos, o embargante deverá declarar na petição inicial o valor que entende correto, apresentando memória do cálculo, sob pena de rejeição liminar dos embargos ou de não conhecimento desse fundamento.

Vide Projeto de CPC, art. 873, § 5º.

O § 5º sob enfoque – identicamente criado pela Lei n. 11.382/2006, mas evidentemente inspirado no § 2º do art. 475-L – institui disciplina para a hipótese de o executado deduzir como fundamento dos seus embargos a matéria "excesso de execução" que se encontra prevista no rol das matérias dedutíveis do art. 745 (no seu inciso III) e cuja conceituação se encontra especificamente estabelecida no art. 743 e seus incisos. Pois bem, para a hipótese de alegação de excesso de execução, o presente dispositivo impõe ao executado que declare explicitamente na petição inicial dos seus embargos o valor que entende correto e, além disso, ainda apresente memória do cálculo que demonstre tal correção, sob pena de indeferimento liminar da peça (e, por conseguinte, do não processamento dos próprios embargos) ou de "não conhecimento desse fundamento". Como tivemos a oportunidade de dizer quando comentamos o § 2º, do art. 475-L, o novo regramento visa a tornar mais clara a questão processual que o juiz haverá de resolver quando do julgamento desta matéria, facilitando a visualização do excesso, até mesmo por intermédio da memória do cálculo que permitirá a verificação da discrepância apontada, o exato motivo por que o exequente "pleiteia quantia superior à do título", como diz o inciso I do art. 743. Por derradeiro, cumpre registrar, acerca da previsão final do dispositivo, que se a alegação de excesso for a única defesa apresentada pelo executado, a consequência é a "rejeição liminar dos embargos", vale dizer, o indeferimento liminar da inicial – aqui, este § 5º acaba funcionando como se correspondesse a mais um inciso do art. 739 –; se, por outro lado, a alegação de excesso de execução estiver acompanhada de outras defesas quaisquer, a solução não é o indeferimento liminar (os embargos são recebidos e processados), mas o não conhecimento desse fundamento quando do julgamento final dos embargos por sentença (texto de acordo com a Lei n. 11.382/2006).

---

§ 6º A concessão de efeito suspensivo não impedirá a efetivação dos atos de penhora e de avaliação dos bens.

Vide Projeto de CPC, art. 875, § 5º.

A existência do regramento contido neste último parágrafo, do art. 739-A, decorre diretamente da circunstância normativa de ter o *caput* do art. 738 desvinculado a oposição dos embargos da ocorrência da penhora. Explicamos: só é necessário prever que a atribuição de efeito suspensivo não impede a efetivação do ato de penhora (e seu apêndice, a avaliação) porque a oposição dos embargos do executado, que já não depende mais do estabelecimento da segurança do juízo, pode acontecer antes de a constrição patrimonial ter sido formalizada, de sorte que é preciso deixar previsto expressamente que a suspensividade concedida pelo juiz não impede a concretização da penhora. Com efeito, já tivemos a oportunidade de esclarecer quando comentamos o mencionado art. 738, *caput*, que, no instante da oposição dos embargos (em um dos quinze dias da juntada aos autos do mandado citatório cumprido), é possível que a penhora já tenha ocorrido (imagine-se que, após os três dias sem pagamento, o oficial de justiça proceda a penhora e devolva, agora, o mandado de citação cumprido acompanhado do auto de penhora e depósito, e o laudo de avaliação – *v.* art. 652, *caput* e § 1º, e notas), mas é possível, também, que a penhora não tenha acontecido ainda (imagine-se que o oficial, após os três dias, não localizando nenhum bem para penhora, certifique tal circunstância e devolva o mandado citatório em cartório para sua juntada aos autos) ou esteja prestes a acontecer (se após a devolução e a juntada referidas, o exequente se adianta para indicar bens à penhora e, próximo ao cumprimento do mandado aditado, ocorre a oposição dos embargos). Como se vê e como tudo pode acontecer, teve razões o legislador reformista ao instituir o presente § 6º como forma de trazer mais segurança para o novo sistema da execução civil (texto de acordo com a Lei n. 11.382/2006).

Art. 739-B. A cobrança de multa ou de indenizações decorrentes de litigância de má-fé (arts. 17 e 18) será promovida no próprio processo de execução, em autos apensos, operando-se por compensação ou por execução.

Este novo dispositivo criado pela Lei n. 11.382/2006 – que institui a Reforma da Execução Extrajudicial – surge no cenário do Livro II para estabelecer regramento especial para a cobrança de multas e indenizações decorrentes da litigância de má-fé. Veja-se que de regra especial falamos porque se trata de disciplina nova dirigida apenas ao processo de execução (ou à fase de "cumprimento da sentença"), porque, para o processo de conhecimento, a litigância de má-fé se resolve pela aplicação do art. 18 deste CPC, que autoriza o juiz ou o tribunal a incluir a condenação do *improbus litigator* na própria sentença ou no acórdão que venham a proferir tais órgãos de jurisdição. Diferente é a situação preconizada pela presente disposição legal que prevê a cobrança de multas e indenizações por meio de ação de execução incidente, em apenso aos autos do processo executivo, com base em título executivo também diferenciado representado pelo reconhecimento incidental, pelo juiz da execução, de que houve a prática de algum dos casos de litigância de má-fé previstos pelo art. 17 (geradores de multa e indenização, conforme o art. 18), de ato atentatório à dignidade da justiça, previsto pelo art. 600 (geradores de multa, conforme o art. 601) ou da prática de embargos protelatórios prevista pelos arts. 739, III, e 740, parágrafo único (*v.* nota). O que nos parece é que não é possível interpretar a frase "a cobrança [...] será promovida no próprio processo de execução, em autos apensos" sem reconhecer nela as previsões tácitas de título executivo que nasce incidentalmente, ação de execução incidental e processamento de incidente em apenso, com o que se define, de uma vez por todas, a forma procedimental da cobrança de multas e indenizações, decorrentes de violação do dever de lealdade processual *in executivis*. Por fim, resta apenas dizer, acerca da previsão final do texto sob enfoque, que a cobrança aqui instituída tanto pode desencadear atividade tipicamente executiva com a prática de atos de demonstração do débito, intimação para pagar, penhora e expropriação (cobrança operada por execução), como pode desencadear a simples compensação de créditos se a violação da lealdade partir do exequente, for reconhecida pelo juiz da causa e, em apenso, proceder-se à elaboração do demonstrativo do débito, para viabilizar a ordem de compensação (cobrança operada por compensação) (texto de acordo com a Lei n. 11.382/2006).

Art. 740. Recebidos os embargos, será o exequente ouvido no prazo de 15 (quinze) dias; a seguir, o juiz julgará imediatamente o pedido (art. 330) ou designará audiência de conciliação, instrução e julgamento, proferindo sentença no prazo de 10 (dez) dias.

Vide Projeto de CPC, art. 876, caput

Receber os embargos do executado significa deferir a sua petição inicial mediante a ordem de processamento com a eventual suspensão da execução (sobre a concessão de tal efeito, *v.* notas ao art. 739-A). No mesmo ato – o chamado despacho liminar positivo –, o juiz deve, em conformidade com o texto sob enfoque, mandar intimar o exequente-embargado para responder em quinze dias – novidade da Lei n. 11.382/2006 –, o que equivale à contestação do procedimento ordinário. Três observações aqui merecem destaque: primeira, a de que o ato de deferimento dos embargos não é despacho, mas decisão, porém irrecorrível (*v.* nota ao art. 285); segunda, a de que a denominada intimação do embargado tem natureza de citação, embora se realize com a forma de intimação; terceira, a de que a intimação (citação) do embargado se dá na pessoa do advogado pela imprensa ou carta (por isso se fala em intimação). Observe-se, ainda, que a norma sob comentário afirma a possibilidade de o juiz julgar antecipadamente a lide, com fundamento no art. 330, após a resposta (o que não significa inaplicabilidade dos arts. 323 a 328 – providências preliminares), atitude, contudo, que somente terá cabimento se não for o caso de designar audiência de conciliação, instrução e julgamento, por perceber o juiz a necessidade de produção de prova oral. Registre-se que, em hipótese alguma, há de se cogitar da designação autônoma e isolada da "audiência preliminar" do art. 331, uma vez que o texto é claro ao exigir (eventualmente) "audiência de conciliação, instrução e julgamento", a qual se seguirá o proferimento de sentença no prazo de dez dias, como agora se encontra previsto. Por fim, algumas palavras sobre o julgamento antecipado da lide na perspectiva dos embargos à execução. A previsão legal sob enfoque insere no procedimento dos embargos um arremedo de julgamento antecipado da lide, figura típica do procedimento comum ordinário (art. 330). Também aqui, portanto, fica o juiz autorizado a conhecer diretamente do pedido quando a questão de mérito dos embargos for exclusivamente jurídica ou, sendo de direito e de fato, não houver necessidade de produção de prova oral em audiência, como visto. Observe-se, entrementes, que o presente dispositivo não faz qualquer referência à hipótese prevista pelo inciso II do art. 330 ("quando ocorrer a revelia"), o que significa que em relação ao processo incidente dos embargos não há efeitos da revelia se o exequente-embargado não oferecer resposta. Tal conclusão é absolutamente coerente com o fato de que o exequente, por ser titular de título executivo, tem em seu favor o reconhecimento legal de existência e legitimidade do seu direito em princípio. Por fim, tenha-se presente que a sentença que o juiz profere tanto pode ser terminativa (art. 267) como definitiva (art. 269), sendo que, neste último caso, a total procedência dos embargos significa extinção da execução, e a total improcedência significa ordem de prosseguimento do processo para que este alcance o provimento satisfativo adequado (texto de acordo com a Lei n. 11.382/2006).

Parágrafo único. No caso de embargos manifestamente protelatórios, o juiz imporá, em favor do exequente, multa ao embargante em valor não superior a 20% (vinte por cento) do valor em execução.

Vide Projeto de CPC, art. 876, parágrafo único.

O conteúdo do presente parágrafo único – criação da Lei n. 11.382/2006 – relaciona-se com a nova hipótese de indeferimento liminar da inicial dos embargos que se encontra contemplada pelo inciso III do art. 739, como claramente se vê, e tem o objetivo de fortalecer o sistema da execução civil mediante a imposição de pesada multa ao executado que se aventure a opor embargos manifestamente protelatórios (no mesmo sentido, o § 3º do art. 746). Veja-se que o efeito moralizador desejado decorre não apenas da autorização presente neste parágrafo, no sentido de que o juiz (no próprio indeferimento liminar) já imponha a multa de vinte por cento sobre o "valor em execução" (o valor do crédito exequendo), mas também do novo art. 739-B, que autoriza que a cobrança de multas, relacionadas com a litigância de má-fé, seja "promovida no próprio processo de execução, em autos apensos", o que vai significar certeza e agilidade no que concerne à aplicação da sanção pelo intuito protelatório dos embargos (*v.* nota ao art. 739-B). A grande dúvida, neste novo contexto (que inclui os casos dos arts. 17 e 600), fica por conta da possibilidade, ou não, destas multas serem cobradas ainda na pendência de recursos eventualmente interpostos contra tais decisões. Temos para nós que a enfática dicção do art. 739-B (transcrita anteriormente) justifica a cobrança imediata das multas ali previstas, salvo se for concedido efeito suspensivo ao agravo de instrumento, obviamente. E quanto a esta que ora nos ocupa (a multa imposta na sentença de indeferimento liminar dos embargos), parece que também ela pode ser cobrada de imediato dada a ausência de efeito suspensivo da apelação que se interponha contra a rejeição liminar (art. 520, V) (texto de acordo com a Lei n. 11.382/2006).

CAPÍTULO II
DOS EMBARGOS À EXECUÇÃO CONTRA A FAZENDA PÚBLICA

Art. 741. Na execução contra a Fazenda Pública, os embargos só poderão versar sobre:

Vide Projeto de CPC, art. 520, caput *e § 3º.*

A Lei n. 11.232/2005, que instituiu a Reforma da Execução, alterou radicalmente o presente Capítulo II mediante a limitação do seu objeto. Se até a entrada em vigor da nova lei este Capítulo tratava amplamente "Dos Embargos à Execução Fundada em Sentença", com a Reforma, ele passa a tratar exclusivamente "Dos Embargos à Execução Contra a Fazenda Pública", com o que se complementa a disciplina infraconstitucional desta forma de processo de execução que se encontrava regulada em apenas dois dispositivos (arts. 730 e 731) na Seção III do Capítulo IV do Título II deste Livro II, dedicado ao processo de execução; a disciplina constitucional é bem menos modesta (CF, art. 100 e seus parágrafos – *v.* notas). Ainda em caráter introdutório, é necessário ressaltar que, com a Reforma implementada pela Lei n. 11.232/2005, a figura dos embargos do devedor ficou restrita, em termos de execução fundada em título judicial, como visto, à execução contra a Fazenda Pública (art. 741), permanecendo abrangente apenas na perspectiva das execuções fundadas em título extrajudicial (arts. 745 e 745-A). Assim é, saliente-se, porque, em relação à execução por quantia certa comum, já não se exige mais "processo de execução", substituído que foi pela "fase de execução" ou fase "do cumprimento da sentença" (art. 475-I, *caput*), o que trouxe, como consequência, a eliminação dos embargos do devedor e a sua própria substituição, por sua vez, pela impugnação à execução de que tratam os novos arts. 475-L e 475-M. Realizadas tais digressões, vejamos o que prescreve o enfocado art. 741. Inicialmente, é preciso reconhecer que o que mais caracteriza os embargos do devedor que são opostos a uma execução fundada em título judicial é justamente o fato de a lei limitar o direito de defesa do executado às matérias elencadas nos incisos a seguir. A *ratio* dessa restrição à defesa liga-se visceralmente à ideia de que no processo de conhecimento anterior quase tudo já foi discutido e definido pelo juiz acerca do direito afirmado pelo autor, operada que se encontra a preclusão sobre as alegações e as defesas que as partes poderiam opor ao acolhimento ou à rejeição do pedido, nos termos do art. 474. Destarte, para o âmbito dos embargos remanescem apenas as relevantíssimas matérias que a própria lei, por meio do presente dispositivo, aponta como dedutíveis, por sua relativa compatibilidade com o decidido na sentença exequenda. Consigne-se, ainda, que os embargos do devedor não têm mais o efeito de suspender a execução, como regra, qualquer que seja a espécie de procedimento em que sejam opostos, haja vista o conteúdo normativo explícito do novo art. 739-A. Lembramos, por fim, que, em razão do disposto nos arts. 621 e 644 – alterados pela Lei n. 10.444/2002 –, não há mais processo de execução para entrega de coisa nem de obrigação de fazer ou não fazer que não se funde exclusivamente em título executivo extrajudicial, o mesmo se devendo dizer do processo de execução por quantia certa contra devedor solvente a partir da vigência da Lei n. 11.232/2005 que, como visto, a substituiu pela fase de "cumprimento da sentença" (texto de acordo com a Lei n. 11.232, de 22.12.2005).

I – falta ou nulidade da citação, se o processo correu à revelia;

Vide Projeto de CPC, art. 520, I.

De todas as disposições legais que compõem a Reforma da Execução, instituída pela Lei n. 11.232/2005, somente os incisos deste art. 741 surgem como prescrições que se mostram claramente repetidas na versão atual do Código de Processo Civil. Observe-se que os textos originais dos incisos do modificado art. 741 foram inicialmente reproduzidos nos incisos do art. 475-L, o qual trata da nova figura da impugnação à execução (salvo o inciso III), e agora mantidos, com pequenas alterações redacionais, nesta nova configuração do art. 741. Chamada a atenção para a curiosidade legislativa ocorrida, e tendo em conta justamente a reprodução apontada, é que nos restringiremos a algumas poucas palavras sobre o dispositivo em questão. Em primeiro lugar, desejamos esclarecer que se a "falta ou nulidade de citação [...]" no âmbito disciplinar do art. 475-L significa defesa contra a execução, esta mesma matéria aqui significa fundamento fático e jurídico do pedido de declaração da nulidade do processo de execução contra a Fazenda Pública, uma vez que o presente art. 741 regulamenta o exercício do direito a uma ação de conhecimento incidente que são os embargos do devedor. Em segundo lugar, chamamos a atenção para o fato de que a "falta ou nulidade de citação, se o processo correu à revelia" corresponde a um caso típico de fundamento daquilo que, desde o Direito Romano, é conhecido como *querella nulitatis*, um vício tão grave que permite o desencadeamento de uma decisão de caráter rescisório da sentença ou do acórdão transitado em julgado (o título executivo do processo instaurado), independentemente de ação rescisória. Sobre o que se deva entender por "falta de citação" e por "nulidade de citação", remetemos o consulente ao que dissemos em comentário ao inciso I do art. 475-L (texto de acordo com a Lei n. 11.232/2005).

II – inexigibilidade do título;

Vide Projeto de CPC, art. 520, III.

A exigibilidade da obrigação constante do título é requisito expressamente instituído pelo art. 586, de sorte que a sua falta pode ser alegada por embargos, de acordo com a presente disposição. A falta de exigibilidade pode assumir, no entanto, diferentes formas. Citamos duas que, contudo, estão previstas nos incisos IV e V do art. 743: a sentença decidiu relação jurídica sujeita a condição ou termo que não foi provado (arts. 572, 614, III, e 618, III); a sentença reconhece *exceptio non adimpleti contractus* e a prova da contraprestação não foi feita (arts. 582 e 615, IV). Na verdade, todas as hipóteses do art. 743 são de inexigibilidade. Observe-se que toda vez que houver inexigibilidade do título, como diz o texto, tal situação se qualifica processualmente como carência de ação por falta de interesse de agir (art. 267, VI), porque, enquanto o exequente não demonstra a exigibilidade, o recurso ao processo ou à jurisdição ainda não se revela necessário (*v.* notas aos arts. 267, VI, e 295, III). Sobre outras alegações de carência por falta de interesse de agir, examine-se a figura da nulidade da execução do inciso V, a seguir. Por último, registre-se que o parágrafo único, introduzido neste art. 741, cria mais algumas hipóteses de inexigibilidade do título executivo (*v.* nota respectiva; *v.*, ainda, art. 745, I).

III – ilegitimidade das partes;

Vide Projeto de CPC, art. 520, II.

A ilegitimidade das partes aqui prevista é evidentemente a falta da condição da ação legitimidade para agir, legitimação para a causa ou *legitimatio ad causam* de que fala de forma explícita o art. 267, VI, do CPC. A ilegitimidade que o embargante pode alegar é tanto a sua própria (a ilegitimidade para figurar como sujeito passivo da execução – art. 568) como a do exequente (para figurar como sujeito ativo – arts. 566 e 567). Não se perca de vista, contudo, a peculiaridade de que, nas hipóteses do art. 567, a legitimação ali instituída pode ter o caráter de superveniente (*v.* notas respectivas). Observe-se, outrossim, que a alegação de ilegitimidade *ad processum* (arts. 7º a 13) não se confunde com a *ad causam*.

IV – cumulação indevida de execuções;

Vide Projeto de CPC, art. 520, V.

Cumulação indevida de execuções é situação processual que decorre diretamente da infringência do disposto no art. 573, que reza: “É lícito ao credor, sendo o mesmo o devedor, cumular várias execuções, ainda que fundadas em títulos diferentes, desde que para todas elas seja competente o juiz e idêntica a forma do processo” (*v.* nota ao artigo transcrito). Violação a essa regra existe, *v. g.*, se, com base em dois contratos (um que prevê obrigação de dar quantia e outro que prevê uma obrigação de fazer), o credor ajuíza execução cumulando as duas pretensões satisfativas – tendo por objeto dinheiro e um *facere* – que são inacumuláveis. Nesse caso, falta identidade ritual ou de "forma do processo", o que determina a necessidade de se instaurarem duas execuções com base nos dois diferentes títulos extrajudiciais. Observe-se, por fim, que, dada a atual admissibilidade da execução contra a Fazenda fundada em título extrajudicial – o que é confirmado pela nova redação do *caput* deste art. 741 –, passa a ter sentido e aplicabilidade o presente dispositivo neste novo contexto processual criado pela Lei n. 11.232/2005.

V – excesso de execução;

Vide Projeto de CPC, art. 520, IV.

Diferentemente do inciso I, que é reprodução quase *ipsis litteris* do texto do mesmo inciso do art. 741 em sua redação original, a presente disposição normativa corresponde apenas à primeira parte do inciso V do texto originário do art. 741. Registre-se, também, que o inciso V do art. 475-L tem a mesma redação deste dispositivo que ora nos ocupa (*v.* nota ao inciso I anterior, em que aludimos à repetição), valendo lembrar que enquanto lá o excesso de execução é matéria de defesa que o devedor apresenta por meio de impugnação – o instituto novo criado pela Lei n. 11.232/2005 –, aqui o excesso de execução é fundamento fático e jurídico de embargos do devedor, ação de conhecimento incidente no processo de execução contra a Fazenda Pública. Como dissemos, quando do comentário ao art. 475-L, e agora repetimos, a figura do excesso de execução encontra-se inteiramente disciplinada pelo art. 743 e seus cinco incisos, mas pode ser aqui conceituada de forma genérica como sendo o descompasso entre o pedido satisfativo formulado e o título executivo em que se funda tal pedido. Remetemos, portanto, o consulente ao mencionado art. 743, seus incisos e respectivas notas, bem como ao § 2º do art. 475-L (*v.*, ainda, art. 745, III) (texto de acordo com a Lei n. 11.232/2005).

VI – qualquer causa impeditiva, modificativa ou extintiva da obrigação, como pagamento, novação, compensação, transação ou prescrição, desde que superveniente à sentença;

Vide Projeto de CPC, art. 520, VII.

Assim como ocorre com o inciso I, também o presente inciso corresponde à reprodução quase que *ipsis litteris* do mesmo inciso do art. 741 em sua versão original (anterior à Reforma da Execução, implementada pela Lei n. 11.232/2005). Além disso, como já dissemos, este inciso VI tem redação igual à do art. 475-L que trata do tema, no entanto, sob a perspectiva da nova figura da impugnação à execução. Pois bem, concluída esta breve observação introdutória, passemos ao exame do texto legal focalizado, aproveitando-nos dos comentários pretéritos para dizer que este inciso VI disciplina a dedução pelo executado-embargante das chamadas exceções substanciais aqui elencadas de forma exemplificativa (observe-se que, para fins de embargos, não só a presente matéria, mas todas as previstas neste art. 741 correspondem a mérito da ação incidente que examinamos). Para que possa ser reconhecida qualquer dessas defesas, deixa claro o texto que o fato tem de ter ocorrido após o proferimento da sentença exequenda, o que se explica em função da garantia da coisa julgada. Quanto ao pagamento, trata-se de fato extintivo do crédito exequendo e, por conseguinte, da pretensão executória. A mesma natureza possui a compensação se ela extingue totalmente o crédito; é fato modificativo, contudo, se o que se opera é apenas a sua redução (idem na transação). Identicamente extintivo é o efeito do reconhecimento da prescrição. Modificativo, por outro lado, é o efeito produzido pela novação, que se identifica com a alteração objetiva do crédito (se nova dívida surge como efeito da extinção da dívida anterior) ou subjetiva (pela substituição do credor ou do devedor, o que repercute no plano da legitimação, podendo tornar inviável a própria execução). Outros são a recuperação da empresa, a falência e a insolvência civil (*v.*, ainda, art. 745, V) (texto de acordo com a Lei n. 11.232/2005).

VII – incompetência do juízo da execução, bem como suspeição ou impedimento do juiz.

Vide Projeto de CPC, art. 520, VI.

A interpretação da norma jurídica sob análise precisa ser harmonizada com a disposição do art. 742, posto que ambas aludem aos mesmos fenômenos. A solução mais adequada parece mesmo ser a que limita a dedutibilidade dessas três matérias por embargos se qualquer delas corresponder ao único fundamento da ação incidente (o devedor alega, *v. g.*, incompetência funcional do juízo – art. 575, II – como única defesa por embargos). Se a incompetência, a suspeição ou o impedimento do juiz é apenas mais uma das matérias de defesa de que dispõe o executado (*v. g.*, excesso de execução e suspeição), a solução é o oferecimento de exceção de suspeição (art. 742).

Parágrafo único. Para efeito do disposto no inciso II do *caput* deste artigo, considera-se também inexigível o título judicial fundado em lei ou ato normativo declarados inconstitucionais pelo Supremo Tribunal Federal, ou fundado em aplicação ou interpretação da lei ou ato normativo tidas pelo Supremo Tribunal Federal como incompatíveis com a Constituição Federal.

Vide Projeto de CPC, art. 520, § 4º.

Quanto ao presente parágrafo único – reprodução com pequenas alterações redacionais do parágrafo único do art. 741 em sua versão original (anterior à Lei n. 11.232/2005 que instituiu a Reforma da Execução Judicial) e cópia idêntica do § 1º do art. 475-L que regula o novo instituto da impugnação –, remetemos o leitor ao comentário que dedicamos ao texto paralelo constante do mencionado art. 475-L, mas, por uma questão de conveniência didática, passamos a reproduzir o comentário para dizer que o parágrafo único sob enfoque (criado originalmente pela MP n. 1.997-37/2000 e reproduzido pela MP n. 2.180-35/2001) institui a perda da eficácia do título executivo judicial, quando este possuir como fundamento a aplicação da lei ou ato normativo que tenha sido declarado inconstitucional pelo STF, ou quando tiver como fundamento a aplicação ou a interpretação (ainda, de lei ou ato normativo) reputada incompatível com a CF pelo mesmo STF. Observe-se, desde logo, que o mais importante neste regramento é que ele subverte por completo a disciplina da coisa julgada material que este Código institui ao estabelecer a imutabilidade dos efeitos da sentença de mérito (no art. 467) e a exclusão dos "motivos, ainda que importantes" do âmbito daquilo que faz coisa julgada, que é apenas o dispositivo da sentença (art. 469, I – *v.* notas aos arts. 467 a 474). A subversão que apontamos está no fato de que o presente dispositivo, ao declarar "inexigível o título judicial fundado [...]", – o mesmo que declarar inexequível a sentença transitada em julgado quando estribada em ato normativo reputado inconstitucional –, acaba por relativizar aquela imutabilidade em virtude da feição que assumam os motivos sobre os quais a decisão foi construída (lei declarada inconstitucional, aplicação ou interpretação de lei reconhecida como incompatível com a CF). Deixando de lado o problema de constitucionalidade que envolve tal dispositivo – não que a lei não possa regular a coisa julgada, fenômeno que a Constituição prevê indeterminadamente, mas pela circunstância desta novidade possuir a roupagem formal de medida provisória –, não podemos deixar de reconhecer que este parágrafo único tem a virtude de prestigiar a Constituição, por um lado (não é justo que uma lei inconstitucional gere a condenação de quem quer que seja), mas, a nosso ver, exagera, por outro, ao equiparar à inconstitucionalidade a aplicação ou interpretação meramente incompatíveis com a Lei Maior. Seja como for, algumas últimas observações se impõem: a primeira, no sentido de que a declaração de inconstitucionalidade ou o reconhecimento da incompatibilidade hão de ocorrer na via do controle concentrado (ações declaratórias de inconstitucionalidade ou constitucionalidade), como na via do controle difuso (julgamento de recurso extraordinário pelo STF); a segunda, no sentido de que o parágrafo focalizado institui o que institui de forma indireta (torna-se "inexigível o título judicial" porque se admite a quebra da coisa julgada, o que significa, por sua vez, que a sentença perdeu sua eficácia); a terceira observação, no sentido de que toda sentença condenatória, a partir do regramento examinado, tem sua eficácia e a qualidade de imutabilidade de sua eficácia condicionadas à não declaração de inconstitucionalidade ou incompatibilidade constitucional do seu fundamento; a quarta, no sentido de que, com a presente disciplina, ficam estabelecidos mais dois fundamentos jurídicos, tanto para a oposição de embargos do devedor, como para a arguição de exceção de pré-executividade.

Art. 742. Será oferecida, juntamente com os embargos, a exceção de incompetência do juízo, bem como a de suspeição ou de impedimento do juiz.

Dada a circunstância do inciso VII do art. 741 referir expressamente as mesmas matérias de defesa aqui previstas – disso decorrendo a necessidade de harmonizar a interpretação dos dois dispositivos –, tem-se entendido que o cabimento das exceções rituais de incompetência, suspeição e impedimento depende de o embargante ter alegado outras das matérias do art. 741 por meio da inicial dos embargos; agora, também, do art. 745, já que o presente dispositivo se aplica às execuções de título extrajudicial. Essa posição hermenêutica é coerente porque a *ratio* das exceções rituais está ligada à conveniência de não se discutirem tais fatos nos mesmos autos, mas paralelamente, em autos próprios, de sorte que, existindo outras defesas, as exceções se processam autonomamente, o que significa aplicação do art. 742, enquanto na hipótese de inexistência dessas incide o art. 741, VII, que permite a discussão da incompetência, da suspeição e do impedimento por meio dos próprios embargos. Três observações finais se impõem: primeira, a de que a incompetência, objeto dos embargos ou da exceção, é sempre a funcional, portanto absoluta; segunda, a de que a alegação e discussão de incompetência funcional ou de impedimento por embargos, ainda quando somada a outras, não pode ser recusada pelo juiz, não só porque se trata de matérias conhecíveis de ofício, mas também porque podem ser discutidas até por rescisória (art. 485, II); e, finalmente, a de que o termo "juntamente" no texto legal significa concomitantemente, ou seja, no mesmo ponto no tempo, que, dentro do prazo de quinze dias, deve o embargante apresentar as duas peças.

Art. 743. Há excesso de execução:

Vide Projeto de CPC, art. 873, § 1º.

A figura do excesso de execução, aqui prevista e disciplinada de forma casuísta pelos cinco incisos que seguem, pode ser conceituada abstratamente como a situação processual executiva expressa pela desconformidade ou inadequação entre o pedido de providência satisfativa formulado pelo exequente e a dimensão do crédito encarnado no título executivo que lhe dá fundamento. Os incisos a seguir explicitam as várias formas dessa inadequação, que sempre se traduz em inexigibilidade da obrigação constante do título. Observe-se, por derradeiro, que o focalizado dispositivo é perfeitamente aplicável – salvo os incisos III e V, evidentemente – às execuções de título extrajudicial (*v.* previsão do art. 745, III).

I – quando o credor pleiteia quantia superior à do título;
Vide Projeto de CPC, art. 873, § 1º, I.

Esta primeira forma pela qual se manifesta o fenômeno do excesso de execução se vincula evidentemente à execução por quantia e caracteriza-se pelo fato de o exequente pedir em sua inicial que o executado seja citado para pagar importância superior à constante do título (art. 652). Tal inadequação pode se revelar tanto sob o ponto de vista da quantia correspondente ao principal, como sob o prisma da correção monetária incidente, juros de *mora* ou encargos de qualquer tipo.

II – quando recai sobre coisa diversa daquela declarada no título;
Vide Projeto de CPC, art. 873, § 1º, II.

A hipótese de excesso de execução aqui prevista encontra-se ligada inerentemente a outro procedimento executivo, que é o da execução para entrega de coisa certa, e é caracterizada pela circunstância de o exequente pedir a citação do executado para entregar ou depositar em juízo bem diferente daquele que corresponde ao objeto da obrigação constante do título executivo extrajudicial (art. 621). Observe-se que a inadequação pode se dar também na execução para entrega de coisa incerta se o exequente, sendo sua a escolha, indica bem distinto do devido (art. 629).

III – quando se processa de modo diferente do que foi determinado na sentença;
Vide Projeto de CPC, art. 873, § 1º, III.

Este inciso III sob enfoque institui a falta de adequação procedimental como outra forma de expressão do fenômeno do excesso de execução. Aqui o descompasso acontece entre o procedimento que é o pertinente segundo a natureza da obrigação constante da sentença – ou segundo a própria determinação do juiz – e o procedimento que foi efetivamente escolhido pelo exequente e segundo o qual se desenvolve o processo (*v. g.*, execução para entrega de coisa em vez de execução de obrigação de fazer ou vice-versa).

IV – quando o credor, sem cumprir a prestação que lhe corresponde, exige o adimplemento da do devedor (art. 582);

Vide Projeto de CPC, art. 873, § 1º, IV.

A forma de excesso de execução aqui reconhecida pela lei se identifica com a chamada *exceptio non adimpleti contractus*, que é a defesa pela qual o devedor alega a inexigibilidade da prestação desejada pelo credor em razão de este não ter cumprido antes a sua própria prestação, quando a obrigação tenha por origem contrato bilateral (*v.* arts. 582, 615, IV, e notas; *v.*, ainda, CC, arts. 476 e 477). Nesse caso, o julgamento de procedência dos embargos significará a extinção do processo de execução, sem, contudo, impedir que, adimplida a prestação pelo credor, este ajuíze nova execução. Observe-se, no entanto, que, em vez do reconhecimento da exceção, o próprio art. 582, *in fine*, e seu parágrafo único autorizam a instauração de incidente para a superação desse impasse de direito material no bojo, inclusive, dos próprios embargos (*v.* notas respectivas).

V – se o credor não provar que a condição se realizou.

Vide Projeto de CPC, art. 873, § 1º, V.

A última manifestação de excesso de execução que este art. 743 prevê é a hipótese de inexigibilidade da obrigação decorrente da não prova pelo credor de que a condição (ou o termo) se verificou quando a sentença exequenda expressa e positivamente define relação jurídica sujeita a tais cláusulas nos termos dos arts. 121 e segs., do CC, e 572, do CPC. Não demonstrada a ocorrência da condição (evento futuro e incerto) ou do termo (evento futuro, porém certo) que o art. 614, III, exige, procedente será julgado o pedido deduzido por meio dos embargos com a declaração da inexigibilidade da obrigação e a extinção da execução (*v.* art. 618, III, e nota). Semelhantemente à hipótese do inciso IV, a procedência dos embargos não impede a repropositura da ação de execução quando a condição ou termo se verificar e puder ser provado.

CAPÍTULO III
DOS EMBARGOS À EXECUÇÃO

Vide Projeto de CPC, arts. 870 a 876 (Título III – Dos Embargos à Execução).

Art. 744. ***(Revogado pela Lei n. 11.382, de 06.12.2006.)***

Art. 745. Nos embargos, poderá o executado alegar:

Vide Projeto de CPC, art. 873, caput

Dada a circunstância de ter a Lei n. 11.232/2005 extirpado a figura dos embargos do devedor do procedimento do "cumprimento de sentença" e de ter reduzido o âmbito de aplicação do art. 741 aos embargos à execução contra a Fazenda Pública, é que o presente dispositivo teve sua redação radicalmente modificada pela Lei n. 11.382/2006 com o objetivo de torná-lo sintético ante a atual e completa desnecessidade de se referir à execução extrajudicial, ao art. 741 e, por conseguinte, à previsão residual de encerramento "qualquer outra [matéria] que lhe seria lícito deduzir [...]" que passou para o último dos incisos agora criados para este novo art. 745. Eis aqui, destarte, os motivos da singeleza redacional do *caput* que ora focalizamos (texto de acordo com a Lei n. 11.382/2006).

I – nulidade da execução, por não ser executivo o título apresentado;
Vide Projeto de CPC, art. 873, I.

Este inciso que inaugura o novo art. 745 apresenta uma redação diferenciada em relação ao que existia na versão original do art. 741, que falava, no seu inciso II, de "inexigibilidade do título". Ao que parece, procurou o legislador reformista (da Lei n. 11.382/2006) aproximar a redação do presente inciso I à do art. 618, *caput* e I, que reputa "nula a execução: I – se o título executivo extrajudicial não corresponder a obrigação certa, líquida e exigível (art. 586)". Veja-se que empreendendo tal aproximação, este inciso I passa a reconhecer abertamente que a falta (jurídica ou fática) do título significa, do ponto de vista sistemático, nulidade do processo de execução e mais do que apenas carência da ação executiva como sempre se entendeu, não sem razão (*v.* nota ao *caput* do art. 618). Seja como for, o fato é que a nova previsão de "nulidade da execução, por não ser executivo o título apresentado" pode assumir diversas feições que passamos a elencar: 1ª) a defesa fundada na inexistência física do título executivo extrajudicial; 2ª) a defesa fundada na presença de suposto título que, no entanto, não se enquadra em nenhum dos *standards* do art. 585; 3ª) a defesa fundada na presença de título que não preenche o requisito da certeza; 4ª) a defesa fundada na presença de título que não satisfaz o requisito da liquidez; 5ª) a defesa fundada na presença de título que não atende ao requisito da exigibilidade (*v.* arts. 586, 618, I e III, e 741, II). Em qualquer desses casos, estará configurada a nulidade de que trata o presente inciso e autorizada, com base nele, a dedução de defesa que encontra instrumento na inicial dos embargos do executado (texto de acordo com a Lei n. 11.382/2006).

II – penhora incorreta ou avaliação errônea;
Vide Projeto de CPC, art. 873, II e § 4º.

O presente inciso – reprodução *ipsis litteris* do n. III, do art. 475-L –, assim como o inaugural, não tem paralelo perfeito no antigo art. 741, tratando-se, portanto, de disposição legal nova. Pois bem, enxergado como um todo, este dispositivo que nos ocupa corresponde a um regramento específico que, no regime anterior, podia apenas ser localizado na cláusula genérica da "nulidade desta [da execução] até a penhora" do inciso V do art. 741, em sua versão original. Como já tivemos a oportunidade de dizer, quando comentamos o art. 475-L, "penhora incorreta" pode significar duas classes diferentes de defeito: 1ª) a penhora de bens absolutamente impenhoráveis (art. 649); 2ª) a penhora de bens relativamente impenhoráveis, se existiam outros sobre os quais podia recair a constrição (art. 648). Além disso, a figura pode ser identicamente reconhecida toda vez que houver infringência a uma das muitas regras de realização ou aperfeiçoamento da penhora (arts. 659 a 679). Já no que concerne à "avaliação errônea", trata-se evidentemente de qualquer forma de violação aos regramentos contidos nos arts. 143, V, 652, § 1º, e 680 a 684 (texto de acordo com a Lei n. 11.382/2006).

III – excesso de execução ou cumulação indevida de execuções;
Vide Projeto de CPC, art. 873, III.

Diferentemente do inciso anterior que não tinha paralelo perfeito no antigo art. 741, este que ora focalizamos, ao contrário, não apenas reproduz previsões, como faz a junção da figura do excesso de execução (da parte inicial do velho inciso V) com a da cumulação indevida de execuções (do velho inciso IV). Quanto à primeira, recordamos que ela se encontra inteiramente disciplinada pelo art. 743 e seus cinco incisos, razão pela qual remetemos o leitor ou consulente aos comentários que lá realizamos, mas, de qualquer forma, vale a pena consignar que o excesso de execução pode ser conceituado, em termos genéricos, como o descompasso entre o pedido satisfativo formulado e o título executivo (aqui extrajudicial) em que se funda tal pedido (*v.* notas aos arts. 741, IV, e 475-L, V e § 2º). Já no que diz respeito à cumulação indevida de execuções, pode-se dizer que ela decorre diretamente da infringência do disposto no art. 573 deste Código, a cujos comentários também remetemos o leitor (*v.* nota ao art. 741, IV) (texto de acordo com a Lei n. 11.382/2006).

IV – retenção por benfeitorias necessárias ou úteis, nos casos de título para entrega de coisa certa (art. 621);
Vide Projeto de CPC, art. 873, IV.

Como se pode facilmente perceber, a inserção deste dispositivo no art. 745 – novidade trazida pela Lei n. 11.382/2006 – decorre da expressa revogação do art. 744, que teve parte do seu substrato normativo transplantado para o presente inciso IV e parte para os §§ 1º e 2º à frente. Veja-se que, em face da revogação mencionada, desaparece do sistema a figura autônoma dos "embargos de retenção por benfeitorias", mas fica instituída, por este regramento, a figura dos embargos do executado de retenção por benfeitorias para a hipótese específica da execução extrajudicial de obrigação de entrega de coisa certa, prevista pelo art. 621. Trata-se, portanto, de matéria estranha à execução por quantia, o objeto central da Reforma da Lei n. 11.382/2006. Seja como for, algumas considerações interpretativas se impõem. A primeira, no sentido de que, efetivamente, só têm cabimento tais embargos no âmbito da execução do art. 621, como visto. A segunda, no sentido de que dada a previsão enfática e explícita do *caput* do art. 736 ("o executado, independentemente de penhora, depósito ou caução, poderá opor-se à execução por meio de embargos"), encontra-se revogado o art. 622 que exige depósito para a oposição de embargos na execução para entrega de coisa. A terceira, no sentido de que apenas para os casos de benfeitorias necessárias ou úteis (CC, art. 96, §§ 2º e 3º) é reconhecida a admissibilidade desses novos embargos (*v.* o texto do revogado art. 744, § 1º, I). E, finalmente, a quarta, no sentido de que a locução "nos casos de título para entrega de coisa" é apenas uma variante redacional da previsão de que os embargos cabem "nos casos de execução para entrega de coisa", nenhum outro significado apresentando para o executado embargante (texto de acordo com a Lei n. 11.382/2006).

V – qualquer matéria que lhe seria lícito deduzir como defesa em processo de conhecimento.

Vide Projeto de CPC, art. 873, V.

Este inciso V, de nítido caráter residual, tem sua origem claramente reconhecida no antigo art. 745 que, após fazer remissão ao art. 741, encerrava seus dizeres com a frase completa que ora nos ocupa. Limitado o art. 741 ao âmbito dos embargos à execução contra a Fazenda Pública, surge a Lei n. 11.382/2006 para alterar radicalmente o art. 745, instituir, um a um, os fundamentos dos novos embargos à execução e estabelecer, por meio deste inciso, a abertura para que o executado deduza qualquer outra matéria, além das previstas, com que poderia se defender se se tratasse de um processo de conhecimento (*v.* nota ao *caput*). A *ratio* da presente disposição legal também é clara. Veja-se que como o seu contexto disciplinar é a execução fundada em título extrajudicial (título de cuja formação não participa o Estado, para lhe atribuir presunção de autenticidade e legitimidade), mas considerando-se que o CPC permite ao suposto credor o acesso direto à via executiva sem ter passado pelo crivo do processo de conhecimento, nada mais justo do que reconhecer a lei instrumental o direito subjetivo do executado de se defender da forma mais ampla possível, sem qualquer limitação, exatamente como faria se estivesse discutindo a dívida num processo cognitivo com amplas possibilidades argumentativas e probatórias. É exatamente isso que significa o presente regramento – aliás, como sempre significou no contexto das execuções extrajudiciais –, a admissibilidade de dedução de quaisquer outras defesas processuais ou de mérito, diretas e indiretas, exceções ou objeções substanciais, vale dizer, tudo aquilo que tão abrangentemente se encontra previsto pelos arts. 300, 301 e seus incisos, 326, 387, 388 e, ainda, pelo art. 741, VI, etc., todos deste CPC (texto de acordo com a Lei n. 11.382/2006).

---

§ 1º Nos embargos de retenção por benfeitorias, poderá o exequente requerer a compensação de seu valor com o dos frutos ou danos considerados devidos pelo executado, cumprindo ao juiz, para a apuração dos respectivos valores, nomear perito, fixando-lhe breve prazo para entrega do laudo.

Vide Projeto de CPC, art. 873, § 2º.

Visando a regular alguns aspectos do processamento dos novos embargos do executado de retenção por benfeitorias previstos pelo inciso IV deste art. 745, é que o presente § 1º admite que o exequente-embargado (o sujeito passivo da ação cognitiva incidental) postule (por meio da sua resposta) a compensação do valor que venha a ser reconhecido para as benfeitorias realizadas (em favor do executado-embargante) com os frutos ou danos que venham a ser reconhecidos como devidos pelo executado (em favor dele, exequente-embargado) (*v.* texto do antigo § 2º, do art. 744). Observe-se, desde logo, que a regra focalizada está aqui a autorizar expressamente que o embargado deduza pretensão (pedido), independentemente de reconvenção, reconhecendo, assim, a lei, a duplicidade dos embargos neste caso: se o executado pede, a rigor, a condenação do exequente pelas benfeitorias, o exequente pede a condenação do executado pelos frutos e danos, de cujo encontro de créditos resulta a compensação cogitada. Já no que concerne à previsão "dos frutos ou danos", vale a pena discriminar: os "danos" (danos emergentes) correspondem aos prejuízos decorrentes da indevida ou inadequada utilização das benfeitorias existentes pelo executado, ou, simplesmente, da falta de conservação delas; os frutos, por seu turno, só podem corresponder aos lucros cessantes decorrentes da não utilização das benfeitorias pelo exequente durante o espaço de tempo em que, legal ou contratualmente, elas já deveriam ter retornado à sua posse. Por derradeiro, cumpre registrar que, deduzidas sucessivamente as pretensões pelas duas partes, assim como cogitado, haverá o juiz de nomear perito para a apuração dos respectivos valores (das benfeitorias, de um lado, e dos "frutos e danos", do outro) fixando-lhe prazo para a entrega da avaliação. Nesse caso, o magistrado deve aguardar pelo laudo para, só então, designar audiência (art. 740), ao que se seguirá o proferimento da sentença em que, reconhecendo eventualmente os valores a compensar, declarará realizada a compensação da qual, à evidência, pode resultar crédito em favor de algum dos litigantes (texto de acordo com a Lei n. 11.382/2006).

§ 2º O exequente poderá, a qualquer tempo, ser imitido na posse da coisa, prestando caução ou depositando o valor devido pelas benfeitorias ou resultante da compensação.

Vide Projeto de CPC, art. 873, § 3º.

Concluindo a disciplina do processamento dos embargos do executado de retenção por benfeitorias iniciada pelo parágrafo anterior, reproduz o presente dispositivo com pequenas alterações o § 3º do revogado art. 744 e institui o incidente que o exequente pode suscitar com a finalidade de ser imitido na posse da coisa que é objeto do crédito exequendo, mas que se encontra em poder do executado por força do direito de retenção. De acordo com o texto, tal imissão – que é antecipada à solução definitiva dos embargos – só tem cabimento se o credor prestar caução real ou fidejussória que garanta o futuro pagamento da indenização, nos termos dos arts. 826 a 834, ou se ele se dispuser a depositar o valor correspondente ao montante devido pelas benfeitorias ou ao resultante da compensação. Quanto ao depósito do "valor devido pelas benfeitorias" – que tem natureza de pagamento da indenização e não de simples garantia – depende para ocorrer de já ter sido proferida sentença que estabeleça o *quantum* devido, não importando se contra ela tenha sido interposta apelação pelo embargante. Requerida, por petição, a imissão na posse pelo exequente-embargado e comprovado o depósito da importância fixada, nada resta ao juiz senão ordenar a expedição do respectivo mandado. Já no que concerne ao valor "resultante da compensação", a autorização para a concessão de imissão na posse em favor do exequente-embargado depende de o juiz já ter julgado os embargos e, em capítulo próprio de sua sentença, ter declarado a compensação entre o crédito decorrente das benfeitorias e o crédito decorrente dos frutos ou danos que o embargado pleiteou pelo pedido previsto no § 1º deste art. 745. Operada, assim, a compensação sentencialmente, autorizado fica o magistrado a atender ao pedido de imissão na posse que formule o exequente, ordenando a expedição do respectivo mandado (texto de acordo com a Lei n. 11.382/2006).

Art. 745-A. No prazo para embargos, reconhecendo o crédito do exequente e comprovando o depósito de 30% (trinta por cento) do valor em execução, inclusive custas e honorários de advogado, poderá o executado requerer seja

admitido a pagar o restante em até 6 (seis) parcelas mensais, acrescidas de correção monetária e juros de 1% (um por cento) ao mês.

Vide Projeto de CPC, art. 872, caput

Inovando intensamente o sistema da execução civil, particularmente no que concerne à execução por quantia certa, institui a Lei n. 11.382/2006, por meio deste art. 745-A, uma nova forma de concessão de moratória a favor do executado, com o que procura a Reforma da Execução Extrajudicial, a um só tempo, encorajar devedores renitentes ao pagamento voluntário de suas dívidas (ainda que em parcelas) e fomentar a eficiência das execuções no sentido da mais ampla recuperação dos créditos. Observe-se, de início, que a nova regra processual exige pedido expresso de parcelamento por parte do executado (por meio de petição subscrita por procurador e acompanhada de instrumento de mandato) a ser dirigido ao juiz da execução no prazo de oposição dos embargos (embora nada impeça que o requerimento seja apresentado antes da abertura do prazo, operando-se de qualquer forma a preclusão consumativa) e, o mais importante, dele constando o explícito reconhecimento do crédito exequendo e a eventual comprovação documental do depósito de 30% do valor em execução, mais custas e honorários. Duas considerações interpretativas se impõem, desde logo. A primeira no sentido de que, embora o texto não diga expressamente, o requisito do reconhecimento do crédito – forma diferenciada de reconhecimento jurídico do pedido de que trata o art. 269, II – tanto pode ser total, como parcial. Veja-se que o reconhecimento parcial é perfeitamente compatível com a apresentação de embargos quanto à parte não reconhecida, por um lado, e que, por outro, torna possível o parcelamento do montante reconhecido nos próprios autos da execução. Já a segunda consideração concerne ao depósito de trinta por cento. Como aqui, também, a lei não diz nada a respeito da forma ou do tempo em que se realiza tal ato processual, somos levados a algumas conclusões: *a)* o depósito total ou parcial (calculado pelo próprio executado) pode ser comprovado, desde logo, com o pedido de parcelamento; *b)* o depósito total ou parcial pode ser apenas postulado no instante do pedido, ficando a sua efetivação para momento posterior ao cálculo da contadoria judicial (quanto ao reconhecimento, este é eficaz e irretratável desde logo); *c)* o depósito total ou parcial, feito simultaneamente com o pedido, pode ser complementado, caso verifique o magistrado, de ofício ou a requerimento, que ele não corresponde aos trinta por cento exigidos. Parece-nos que todas essas alternativas se revelam perfeitamente possíveis, na medida em que o ponto fulcral do parcelamento está no reconhecimento da dívida e não no depósito, seu mero e simples corolário; a não efetivação ulterior do depósito, em qualquer caso, provoca apenas a aceleração da execução definitiva em relação ao débito reconhecido, porque o reconhecimento, como visto, é irretratável. Sobre o deferimento do parcelamento, examine-se o comentário ao § 1º a seguir (texto de acordo com a Lei n. 11.382/2006).

§ 1º Sendo a proposta deferida pelo juiz, o exequente levantará a quantia depositada e serão suspensos os atos executivos; caso indeferida, seguir-se-ão os atos executivos, mantido o depósito.

Vide Projeto de CPC, art. 872, § 1º.

Prosseguindo na disciplina da moratória instituída por este novo art. 745-A, o presente dispositivo prevê, inicialmente, a possibilidade de deferimento pelo juiz da "proposta" (proposta de parcelamento) e as duas consequências processuais desse ato deferitório, quais sejam, o levantamento da importância depositada por parte do exequente e a suspensão da prática de atos executivos; e, finalmente, prevê a possibilidade de indeferimento, cujo efeito natural é o prosseguimento da execução, mantido o depósito, diz o texto. Muito bem, recordamos, para começar, que a parte final do *caput* deixa estampado o modelo de pedido a ser feito pelo executado e a parte inicial, os requisitos do reconhecimento do crédito e do depósito de trinta por cento (*v.* nota), de sorte que já aqui encontramos farto material jurídico tanto para a construção do ato deferitório, como para a do indeferitório. Várias observações se tornam necessárias. A primeira e mais relevante concerne ao fato de que este § 1º fala expressamente de "proposta", o que nos leva a pensar que uma certa margem de discricionariedade é conferida ao juiz para avaliar a conveniência do pedido de parcelamento, o que põe, às claras, também, a ideia de que o deferimento da proposta não é automático. Assim, além do preenchimento dos requisitos formais do *caput*, a proposta do executado há de ser reputada conveniente sob o ponto de vista substancial, destacando-se aqui a circunstância de ter sido reconhecida a integralidade ou apenas uma parte do crédito (é evidente a maior conveniência do reconhecimento total) e também o número de parcelas em que o executado se propõe a pagar a diferença (a parte final do *caput* dá apoio à ideia ao dizer "em até 6 (seis) parcelas mensais"). A segunda observação vincula-se à primeira e diz respeito à necessidade, não explicitada no texto, de o juiz ouvir o exequente antes de decidir, em homenagem ao princípio do contraditório, o que só vai contribuir positivamente para a avaliação judicial e para dar mais maturidade e legitimidade à decisão que defira a proposta, valendo a pena ressaltar que o rigor dos magistrados quanto ao exame da conveniência pode comprometer irremediavelmente os objetivos do novo instituto. Já a terceira observação diz respeito aos efeitos processuais do deferimento: no mesmo ato em que o juiz defere a proposta (após a oitiva do exequente, a definição das dúvidas sobre o depósito, inclusive com eventual recurso à contadoria judicial, e a sua feitura – *v.* nota ao *caput*), ele já deve autorizar expressamente o exequente a levantar o depósito e decretar a suspensão da prática de quaisquer outros atos executivos, com a ressalva do § 2º deste art. 745-A. E, finalmente, a quarta sobre o indeferimento: indeferida a proposta por qualquer motivo – o que também significa o proferimento de uma decisão interlocutória nos autos do processo executivo com a possibilidade de interposição de agravo de instrumento –, no mesmo ato deve o juiz ordenar o prosseguimento da execução e declarar mantido o depósito como pagamento, uma vez que fundado em reconhecimento irretratável da dívida (texto de acordo com a Lei n. 11.382/2006).

§ 2º O não pagamento de qualquer das prestações implicará, de pleno direito, o vencimento das subsequentes e o prosseguimento do processo, com o imediato início dos atos executivos, imposta ao executado multa de 10% (dez por cento) sobre o valor das prestações não pagas e vedada a oposição de embargos.

Vide Projeto de CPC, art. 872, §§ 2º e 3º.

Se o *caput* deste art. 745-A institui a figura da moratória civil, prevendo os requisitos para a sua concessão, e o § 1º disciplina o deferimento e o indeferimento da respectiva proposta, este § 2º regulamenta, em detalhes, as consequências processuais e materiais do não pagamento de qualquer das prestações, na hipótese de deferimento da proposta apresentada pelo executado. Em primeiro lugar, chama a atenção o fato de o texto prever de forma bastante incisiva que basta o não pagamento de uma única prestação para que se opere, *ex vi legis*, o efeito antecipatório do vencimento de todas as subsequentes. Mas fica uma dúvida no ar: realizado o depósito (acrescido de multa, juros e correção) com alguns dias de atraso, dispõe o magistrado de poder para deixar de reconhecer o rompimento da proposta e não ordenar o imediato prosseguimento da execução? Pensamos que sim, dado o grande interesse que tem o exequente e a própria Justiça de que o pagamento aconteça, mas fique registrada nossa posição no sentido de que a reiteração desse comportamento irregular pode e deve conduzir o juiz da causa a dar aplicação à severa consequência prevista. Em segundo lugar, ressaltamos que a declaração judicial do inadimplemento (por decisão interlocutória nos autos do processo de execução), independentemente de requerimento do exequente, implica o vencimento antecipado das prestações subsequentes e a incidência da multa de dez por cento sobre todo o débito não pago (efeitos materiais), além do ressurgimento da execução, da autorização para a prática de atos executivos e da vedação à oposição de embargos (efeitos processuais). Nada impede, antes tudo recomenda, que o juiz, ao declarar o inadimplemento, explicite em sua decisão todos esses efeitos que decorrem de pleno direito (ou *ex vi legis*) do não pagamento tempestivo da prestação. E, finalmente, em terceiro lugar, queremos apenas esclarecer três pontos: 1º) o vencimento antecipado de toda a dívida e a incidência da multa provocam a iniciativa do exequente, no sentido da elaboração de memória atualizada do cálculo (argumento: art. 614, II); 2º) somente após tal iniciativa (que pode contar eventualmente com a participação de contador do juízo) é que se deferirá a prática de atos executivos como a expedição de mandado de penhora (se a penhora ainda não havia acontecido) ou a abertura de prazo para o início dos atos de expropriação (arts. 685, parágrafo único, e 686, *caput*); 3º) a vedação à oposição de embargos significa que, se embargos não foram oferecidos (no caso do reconhecimento total do crédito exequendo), eles não poderão ser opostos agora que o parcelamento perdeu seu efeito, mas se os embargos foram opostos anteriormente, para a discussão de parte do crédito (no caso do reconhecimento parcial), a regra focalizada não tem sobre eles nenhum efeito (texto de acordo com a Lei n. 11.382/2006).

Art. 746. É lícito ao executado, no prazo de 5 (cinco) dias, contados da adjudicação, alienação ou arrematação, oferecer embargos fundados em nulidade da execução, ou em causa extintiva da obrigação, desde que superveniente à penhora, aplicando-se, no que couber, o disposto neste Capítulo.

Diferentemente daquilo que se passou com os embargos de retenção por benfeitorias – que perderam a condição de ferramenta autônoma, pela revogação do art. 744, e transformaram-se em fundamento dos embargos à execução (art. 745, IV) –, os embargos à arrematação e adjudicação permanecem no sistema como instrumentos processuais autônomos, apenas acrescidos da figura da alienação e desprovidos de um capítulo próprio para agasalhar a sua disciplina, já que o antigo Capítulo IV deste Título III desapareceu com a Reforma da Lei n. 11.382/2006. Veja-se, quanto à autonomia a que nos referimos, que ela se revela em, pelo menos, três frentes: 1ª) o prazo de oposição é de cinco dias (os embargos à execução podem ser opostos em quinze – art. 738, *caput*); 2ª) o escopo ofensivo da sua oposição é dirigido a atos processuais específicos, isto é, à adjudicação, à alienação ou à arrematação (os embargos do art. 745 não têm tal objetivo); 3ª) o oferecimento dos embargos produz um efeito processual particularíssimo em relação ao adquirente, conforme o § 2º adiante (efeito incogitável no plano dos embargos à execução). Contudo, existe um ponto em comum que aproxima os embargos do art. 745 destes de que ora cogitamos: ambos admitem como fundamento a "nulidade da execução". Como distinguir as duas previsões? A resposta, parece-nos, passa pela consideração de dois aspectos normativos do art. 694, quais sejam, a cláusula final do *caput* e o regramento contido no seu § 2º. Senão, vejamos. Inicialmente, é necessário lembrar que o *caput* do art. 694 estabelece que "assinado o auto [...], a arrematação considerar-se-á perfeita, acabada e irretratável, ainda que venham a ser julgados procedentes os embargos do executado", e que, na sequência, o § 2º prescreve que "no caso de procedência dos embargos, o executado terá o direito a haver do exequente o valor por este recebido como produto da arrematação [...]". O que se nota, pela conjugação desses dois dispositivos legais, é que o art. 694 torna a arrematação imune ao julgamento dos embargos à execução, razão por que institui o direito creditício do executado contra o exequente. Entretanto, e apesar dessa aparente indiscutibilidade, este art. 746 que nos ocupa também estabelece como fundamento dos embargos à arrematação a "nulidade da execução", o que significa autorizar o executado (que venceu os embargos do art. 745, inclusive com base na "nulidade da execução" do seu inciso I, mas que não obteve com isso a desconstituição do ato arrematatório) a opor, agora, embargos à arrematação com o mesmo fundamento (a mesma "nulidade da execução", mas a prevista no art. 746) de forma que consiga, finalmente, a anulação do ato pelo qual um terceiro arrematou o bem penhorado, o que nos leva a concluir que o direito subjetivo do executado contra o exequente (instituído pelo § 2º do art. 694) só tem lugar se forem julgados procedentes os embargos à execução por nulidade (que não desconstitui a arrematação) e o executado deixar passar, *in albis*, o prazo de cinco dias dos embargos à arrematação com o que se consolida o ato arrematatório e o direito previsto pelo § 2º mencionado. Como já tivemos a oportunidade de dizer, ou se interpreta assim a relação do art. 694 com os arts. 745 e 746 ou legitimadas estarão todas as arrematações baseadas em execuções nulas ou infundadas (*v.* notas ao *caput* e ao § 2º do art. 694). Para concluir o comentário ao presente dispositivo, passamos a elencar algumas considerações que nos parecem relevantes. A primeira, no sentido de que, além da "nulidade da execução" de que tanto falamos, também a "causa extintiva da obrigação, desde que superveniente à penhora" ("superveniente", no singular, observe-se) pode fundamentar os embargos deste art. 746, servindo como exemplos o pagamento, a novação, a transação, a prescrição etc. (*v.* antigo texto deste art. 746). A segunda, no sentido de que no polo passivo dos embargos à arrematação deve figurar necessariamente o arrematante, a pessoa que sofrerá os efeitos da sentença. A terceira no sentido de que, no que concerne à adjudicação ou à alienação (referência à alienação por iniciativa particular), não há regra semelhante à do § 2º, do art. 694, razão por que tais atos sofrem sim o efeito desconstitutivo da sentença dos embargos do executado. E, finalmente, a quarta consideração, no sentido de que a aplicação "no que couber" do "disposto neste Capítulo" significa distribuição por dependência, autuação em apartado e cópias conforme o art. 544, § 1º (art. 736, parágrafo único), inaplicabilidade do art. 191 (art. 738, § 3º), submissão ao art. 739 (rejeição liminar), ao art. 739-A, §§ 1º a 4º (atribuição judicial de efeito suspensivo) e ao processamento do art. 740, *caput* (salvo prazo, que deve ser de cinco dias) (texto de acordo com a Lei n. 11.382/2006).

§ 1º Oferecidos embargos, poderá o adquirente desistir da aquisição.

O presente parágrafo institui e disciplina o particularíssimo efeito dos embargos à adjudicação, alienação ou arrematação, que é o de fazer surgir (ou nascer), para o adquirente do bem penhorado, o direito subjetivo processual de desistir da aquisição. Eis um dos aspectos da autonomia normativa dos embargos deste art. 746 (*v.* nota ao *caput*). Observe-se, desde logo, que, como a lei não estabelece prazo para o exercício desse direito pelo adquirente (entenda-se o adjudicante, o adquirente ou o arrematante), a desistência pode ser manifestada por petição, nos autos dos embargos, a qualquer tempo antes do proferimento da sentença de procedência. É que o adquirente pode resolver aguardar o desenvolvimento da causa para decidir, ulteriormente, se vale a pena desistir ou não da aquisição, mas apenas até o instante da emissão da sentença de procedência, porque, com o seu proferimento, a alienação forçada já se encontra desconstituída e já não há mais do que desistir. Note-se, por outro lado, que a desistência de que ora se cogita faz com que os embargos percam o seu objeto e sejam extintos imediatamente, já que o ataque ao ato expropriatório deixa de fazer qualquer sentido, na medida em que a desistência opera exatamente o efeito desconstitutivo desejado (todos os vícios formais que tenham sido apontados caem, por conseguinte, no vazio jurídico). Por fim, registre-se que a desistência que ora nos ocupa se encontra expressamente prevista pelo inciso IV do § 1º do art. 694, como fundamento expressamente explicitado da anulabilidade da arrematação, o que vai justamente ao encontro da ideia lançada anteriormente de que a desistência manifestada pelo adquirente conduz à desconstituição do ato de alienação forçada e à extinção dos embargos (*v.* nota) (texto de acordo com a Lei n. 11.382/2006).

§ 2º No caso do § 1º deste artigo, o juiz deferirá de plano o requerimento, com a imediata liberação do depósito feito pelo adquirente (art. 694, § 1º, inciso IV).

Se com apoio no § 1º pode o adjudicante, o adquirente ou o arrematante simplesmente desistir da aquisição, uma vez opostos os embargos deste art. 746, o que provoca a extinção do processo por perda de objeto (*v.* nota), o presente § 2º complementa a disciplina da desistência, determinando ao juiz que defira, de plano, o requerimento com a imediata liberação do depósito feito pelo adquirente. Desde logo, registre-se que este § 2º, embora complemento normativo, é menos abrangente que o § 1º pela simples razão de que o depósito só se pode cogitar nos casos de arrematação ou alienação por iniciativa particular, porque na hipótese de adjudicação não existe depósito que possa ser liberado, salvo se o exequente teve de depositar a diferença prevista pelo art. 685-A, § 1º. Seja como for, o fato é que a imediata liberação do valor depositado em favor do adquirente deve ser feita pelo magistrado na própria sentença de extinção do processo incidente de embargos, ato judicial que tem na desistência o seu fundamento e na liberação um de seus efeitos. Observe-se, por outro lado, que a expressa remissão do dispositivo sob enfoque ao inciso IV do § 1º do art. 694 (aplicável exclusivamente à arrematação), corresponde apenas a uma lembrança legal de que há regramento paralelo e não impedimento ou obstáculo à liberação de valores depositados em favor do adquirente no caso de adjudicação ou alienação por iniciativa particular; se a alienação se formalizou por termo nos autos (art. 685-C, § 2º) e houve depósito, ou depósitos, e se seguiu a oposição de embargos, nada mais jurídico de que o adquirente desista da alienação e requeira a liberação dos valores que depositou (texto de acordo com a Lei n. 11.382/2006).

§ 3º Caso os embargos sejam declarados manifestamente protelatórios, o juiz imporá multa ao embargante, não superior a 20% (vinte por cento) do valor da execução, em favor de quem desistiu da aquisição.

O dispositivo sob enfoque coloca mais uma vez em paralelo o regime jurídico dos embargos deste art. 746 com o dos embargos à execução. Como claramente se vê, o presente regramento corresponde à reprodução, quase *ipsis litteris*, do disposto no parágrafo único do art. 740, que institui a multa de valor não superior a vinte por cento a ser imposta ao executado-embargante na hipótese de os embargos serem considerados pelo juiz manifestamente protelatórios (*v.* nota). Veja-se que, exatamente como ocorre com o parágrafo único mencionado, também aqui o intuito protelatório, revelado pela inicial dos embargos, provoca normalmente o indeferimento liminar da peça com base no art. 739, I, aplicável a todas as formas procedimentais de embargos (*v.* parte final da nota dirigida ao § 2º deste art. 746). Identicamente, aplica-se o art. 739-B no que concerne à cobrança da multa que seja imposta pela sentença (*v.* notas ao art. 739-B e, mais uma vez, ao parágrafo único, do art. 740). Entretanto, existe uma clara diferença na disciplina instituída pelo presente dispositivo: a multa imposta ao executado-embargante de até vinte por cento do crédito exequendo é revertida em favor de quem desistiu da aquisição (o adjudicante, o adquirente ou o arrematante) e não em favor do exequente-embargado. A justificativa é simples: como quem sofre imediatamente o prejuízo com a oposição dos embargos protelatórios, neste caso, é o adquirente, o qual viu frustrada a sua expectativa de ter para si o bem penhorado, a lei opta por considerá-lo mais prejudicado que o credor e defere-lhe integralmente a multa imposta como compensação (a solução só não se aplica, evidentemente, no caso de adjudicação em que o adquirente é o próprio credor). Por fim, registre-se um problema sistemático que envolve a regra focalizada e que pode comprometer a sua aplicação prática: dada a circunstância de que o intuito protelatório é normalmente detectável *prima ictu oculi* pelo juiz, o que o leva a rejeitar liminarmente a petição inicial (art. 739, I), tal indeferimento tende a ocorrer antes que o adquirente sequer tenha a oportunidade de cogitar da desistência e, uma vez extintos os embargos por tal decisão liminar, já não cabe a desistência, tornando letra morta a previsão focalizada. Note-se que só não será assim se a rejeição por intuito protelatório for considerada suficiente para gerar a aplicação da multa, independentemente da desistência (texto de acordo com a Lei n. 11.382/2006).

CAPÍTULO IV
DOS EMBARGOS NA EXECUÇÃO POR CARTA

Capítulo renumerado pela Lei n. 11.382, de 06.12.2006.

Art. 747. Na execução por carta, os embargos serão oferecidos no juízo deprecante ou no juízo deprecado, mas a competência para julgá-los é do juízo deprecante, salvo se versarem unicamente vícios ou defeitos da penhora, avaliação ou alienação dos bens.

Vide Projeto de CPC, art. 870, § 2º.

Preliminarmente, observe-se que a transferência da competência que se opera por carta, segundo o art. 658, decorre de o devedor não possuir bens no foro da causa, de sorte que ao juízo deprecado é dado o poder para penhorar bens, avaliá-los e aliená-los. Muito bem, a nova versão redacional do presente dispositivo, a um só tempo, elimina definitivamente as dúvidas que circundaram o texto anterior, como também torna perfeitamente harmônica a sua própria disciplina em relação à regra do art. 658. Assim, se esse dá ao juízo deprecado competência para penhorar, avaliar e alienar, o art. 747 permite ao devedor oferecer embargos tanto num juízo como no outro (deprecante ou deprecado), mas confere, expressamente e com exclusividade, ao juízo deprecante competência para julgá-los, salvo se versarem sobre questões processuais relativas à penhora, avaliação e alienação. Nada mais lógico: o juízo deprecante julga embargos fundados em direito material, ou em direito material somado ao processual, não importando o fundamento; o juízo deprecado aprecia os embargos apenas se estes se fundarem "unicamente" (o que significa exclusivamente) em vícios ou defeitos relativos ao ato penhora, ao ato avaliação ou ao ato alienação de bens (um, os dois ou três, mas apenas estes). Por outro lado, consigne-se que, dada a circunstância de este art. 747 falar genericamente de embargos, aplica-se aos embargos à arrematação ou à adjudicação tudo o que foi dito anteriormente: oferecidos no juízo deprecado, este só terá competência para julgá-los se versarem unicamente sobre as matérias indicadas no texto sob enfoque. Observe-se, por derradeiro, que a competência para a prática dos atos satisfativos (*v. g.*, a entrega do dinheiro) e de extinção do processo sempre será da competência do juízo deprecante. Se, nesse caso, como em qualquer outro, os autos estiverem com o juízo incompetente, este os enviará ao competente, de ofício, ou por força de requisição (*v.*, ainda, art. 738, § 2º, e nota) (texto de acordo com a Lei n. 8.953/94).

TÍTULO IV
DA EXECUÇÃO POR QUANTIA CERTA CONTRA DEVEDOR INSOLVENTE

A execução por quantia certa contra devedor insolvente é outro procedimento típico do processo de execução e não mais um incidente como a lei anterior tratava. O que mais o caracteriza e distingue é evidentemente a sua natureza de execução coletiva e universal decorrente do fenômeno jurídico da insolvabilidade que atinja qualquer devedor que não o empresário ou a sociedade empresária. Coletiva, porque todos os credores são chamados a acorrer ao processo (art. 761, II), e universal, porque todo o patrimônio do devedor a ele se submete (art. 751, II). Tratando-se, assim, de processo que realiza o princípio da *par conditio creditorum* pela instauração do concurso universal de credores (art. 612, início), fica fácil perceber que essa modalidade de execução tem caráter de verdadeira falência civil, razão pela qual vários dos princípios consagrados na nova Lei de Falências (Lei n. 11.101/2005) aqui têm aplicação.

CAPÍTULO I
DA INSOLVÊNCIA

Art. 748. Dá-se a insolvência toda vez que as dívidas excederem à importância dos bens do devedor.

Este art. 748 institui o requisito básico para a instauração da execução por quantia certa contra devedor insolvente que é a própria configuração da insolvabilidade. Tal requisito, ao lado da existência de título executivo e da exigibilidade da obrigação, compõe o interesse de agir (necessidade e adequação) *in executivis*, nesse caso. Observe-se que, de acordo com o texto, a insolvabilidade aqui prevista é a real – e não a presumida que se encontra disciplinada pelo art. 750 –, uma vez que se exige o concreto desequilíbrio patrimonial do devedor, isto é, a objetiva comprovação de que o seu patrimônio passivo (débitos) é maior do que o seu patrimônio ativo (créditos). Note-se que quanto a esse aspecto disciplinar, o CPC difere da nova Lei de Falências, que se contenta com o simples inadimplemento para a caracterização da insolvência (Lei n. 11.101/2005, art. 94, I – Pontes de Miranda diz que nessa hipótese há apenas comprovada insolvência, ou seja, não solvência, mas que não pressupõe impossibilidade de solver, isto é, insolvabilidade).

Art. 749. Se o devedor for casado e o outro cônjuge, assumindo a responsabilidade por dívidas, não possuir bens próprios que bastem ao pagamento de todos os credores, poderá ser declarada, nos autos do mesmo processo, a insolvência de ambos.

A previsão sob enfoque estabelece a única hipótese em que se admite litisconsórcio passivo no processo de insolvência (facultativo, evidentemente). Trata-se, portanto, de regra excepcional e que, por isso, não admite interpretação extensiva, nem analógica (Vicente Greco Filho). A assunção de responsabilidade de que fala o texto – fenômeno decorrente de negócio jurídico material anterior à instauração do processo – pressupõe obrigatoriamente que entre os cônjuges não haja corresponsabilidade, porque, nesse caso, não se pode pensar em assunção. Observe-se, ainda, que entre o devedor e a pessoa que assuma a responsabilidade, que não o cônjuge, a lei não admite a formação de litisconsórcio.

Art. 750. Presume-se a insolvência quando:

No art. 748, a lei prevê a figura da insolvabilidade real, que corresponde ao efetivo desequilíbrio do patrimônio do devedor, expresso pelo fato de ser o passivo maior do que seu ativo. Já neste art. 750 o que se encontra previsto é a chamada insolvabilidade presumida, uma vez que as circunstâncias processuais reconhecidas nos dois incisos apenas fazem crer que o devedor se encontre em situação de insolvabilidade.

I – o devedor não possuir outros bens livres e desembaraçados para nomear à penhora;

Três situações jurídicas diferentes se enquadram na previsão sob exame, a saber: *a)* existe execução por quantia instaurada e nela todos os bens do devedor já se encontram penhorados, de sorte que não há outros bens que respondam na mesma ou em outra execução ajuizada ou por ajuizar; *b)* nenhuma execução foi ainda requerida, mas já se sabe que o devedor não possui bens que respondam pela dívida; *c)* há execução ajuizada (*a*) ou não (*b*), mas todos os bens do patrimônio do devedor encontram-se onerados (hipoteca, penhor, anticrese, cláusula de impenhorabilidade, etc.). Esse é o motivo de o texto se referir a "bens livres e desembaraçados", uma vez que a *par conditio creditorum* respeita as garantias reais e as cláusulas limitativas validamente instituídas.

II – forem arrestados bens do devedor, com fundamento no art. 813, I, II e III.

De acordo com o presente dispositivo, basta que os bens do devedor tenham sido arrestados por força de liminar ou sentença proferida em processo cautelar para que se presuma a insolvabilidade. Observe-se que o arresto é medida preparatória da penhora e funda-se justamente no perigo de que ao tempo da execução já não existam bens penhoráveis (art. 813 e incisos), de forma que essa sua característica, por si só, justifica a identificação do arresto à penhora para fins de presunção de insolvabilidade. Note-se, contudo, que antes do momento da exigibilidade do título, vale dizer, do vencimento da dívida, não é possível cogitar nem de execução singular, nem da coletiva (a insolvência civil que estudamos).

Art. 751. A declaração de insolvência do devedor produz:

A declaração da insolvência a que alude o texto legal é parte do conteúdo da sentença que o juiz profere como ato de encerramento da fase cognitiva do processo de execução por quantia certa contra devedor insolvente. Diferentemente das demais formas de execução, a insolvência civil começa por petição inicial onde o credor, juntando o título executivo, pede a declaração da insolvabilidade do devedor com base numa das hipóteses do art. 750, ou com fundamento no art. 748 (art. 754), e a consequente execução universal. Destarte, somente após a citação, discussão por embargos e proferimento de sentença (arts. 755 a 758), instaurar-se-á a fase propriamente executiva do procedimento com a arrecadação dos bens do devedor (inciso II abaixo) e a instauração do concurso universal de credores (inciso I a seguir). Sobre a natureza dessa sentença *v.* nota ao *caput* do art. 753. Vejamos, então, cada um dos efeitos da declaração de insolvência que este art. 751 estabelece.

I – o vencimento antecipado das suas dívidas;

Este primeiro efeito da sentença decretatória da insolvência tem caráter nitidamente material porque opera no plano dos negócios jurídicos do devedor com seus credores, tornando as obrigações deles decorrentes exigíveis desde logo. A consequência da produção do vencimento antecipado das dívidas é que todos os credores ficam legitimados a participar da execução universal que tem início (idêntico efeito é produzido pela sentença decretatória da falência – Lei n. 11.101/2005, art. 77).

II – a arrecadação de todos os seus bens suscetíveis de penhora, quer os atuais, quer os adquiridos no curso do processo;

A arrecadação de todos os bens presentes e futuros do devedor declarado insolvente é o segundo grande efeito da sentença que ora nos ocupa, este de natureza tipicamente processual. É que transitando em julgado a sentença, automaticamente se abre a segunda fase do procedimento – a execução mesmo – que se caracteriza pela imediata apreensão judicial de todo o patrimônio penhorável do devedor, ato a ser realizado pelo administrador que a própria sentença já nomeia (arts. 761, I, e 766, I), e também pela expedição do edital convocatório de todos os credores que vai permitir o concurso universal que o inciso III adiante preconiza (*v.* art. 761, II).

III – a execução por concurso universal dos seus credores.

Diz-se que a sentença decretatória da insolvência civil produz a execução por concurso universal dos credores porque é este ato judicial que desencadeia a convocação e o ingresso no processo de todos os credores para exercerem, agora coletiva e concorrentemente, o direito que do título executivo e da própria sentença resulta, isto é, o direito de exigir do Estado um provimento integral ou proporcionalmente satisfativo de seus respectivos créditos. Em outras palavras, o concurso universal dos credores é efeito da sentença porque esta é que representa o fundamento único da execução coletiva que se instaura ou o título executivo unitário de todos os credores concorrentes que vêm postular a realização de seus direitos.

Art. 752. Declarada a insolvência, o devedor perde o direito de administrar os seus bens e de dispor deles, até a liquidação total da massa.

Este art. 752 reconhece dois outros efeitos materiais da sentença decretatória da insolvência civil (o art. 751, I, já previra o vencimento antecipado das dívidas e o inciso II, a criação da massa insolvente). O primeiro é a perda, por parte do devedor declarado insolvente, do direito de administrar o seu patrimônio, posto que para o exercício de tal encargo, agora de natureza pública, é nomeado administrador pela própria sentença (art. 761, I), o que é, por sua vez, decorrência de outro efeito material: a constituição da universalidade patrimonial denominada massa do insolvente. O segundo é a perda da disponibilidade do patrimônio arrecadado, o que torna nulas de pleno direito quaisquer alienações, e não simplesmente ineficazes como acontece em relação aos bens penhorados (o texto utiliza expressamente o verbo dispor, o que não dá margem à interpretação no sentido de que se trate de mera ineficácia). A indisponibilidade se prolonga até o momento da extinção das obrigações (art. 782).

Art. 753. A declaração de insolvência pode ser requerida:

A regra disciplina expressamente a *legitimatio ad causam* ativa em relação à execução por quantia contra devedor insolvente. Nos três incisos que seguem, a lei casuisticamente elenca as pessoas que se encontram autorizadas a ajuizar essa forma de execução, cujo pedido é, a um só tempo, de providência declaratória (da insolvabilidade, por sentença) e de providência satisfativa (a se realizar como ato final da segunda fase do procedimento iniciado pela sentença). Observe-se que a sentença a que aludem os arts. 751, 752 e este 753 tem natureza constitutiva positiva – e não meramente declaratória como parece à luz da literalidade desses textos –, uma vez que tal ato judicial não só declara, mas, sobretudo, cria uma situação ou relação jurídica nova, a nova relação dos credores com o devedor declarado insolvente, a situação representada pelo decreto de insolvência que provoca o nascimento de vários direitos e obrigações materiais e processuais inequivocamente distintos.

I – por qualquer credor quirografário;

Credor quirografário é a pessoa que é indicada expressamente pelo título executivo como titular do crédito sem a garantia real que este encarna. Tal credor, segundo o texto, possui legitimação ativa do tipo ordinária porque é titular da ação em decorrência da titularidade em tese do crédito consagrado no título. Observe-se que o credor com garantia real não pode requerer a insolvência porque o seu crédito está excluído de concurso. Para ele, basta a instauração da execução singular ou o incidente previsto pelos arts. 711 a 713 em processo instaurado *inter alios*. A renúncia à garantia, no entanto, torna-o quirografário e, por conseguinte, legitima-o a pedir a decretação da insolvência civil (*v.*, ainda, nova Lei de Falências, art. 97).

II – pelo devedor;

A lei processual atribui ao devedor legitimação ativa para a insolvência civil, ou seja, o direito de pedir a decretação da própria insolvabilidade e a outorga de provimento que satisfaça o direito de todos os seus credores (*v.* nota ao art. 753). A chamada autoinsolvência ou insolvência voluntária corresponde, pois, inequivocamente, a exercício de jurisdição voluntária como sustenta a maior parte da doutrina (*v.* nota ao art. 760, *caput*).

III – pelo inventariante do espólio do devedor.

A previsão de legitimidade ativa sob enfoque comporta dupla natureza jurídica: trata-se de legitimação do tipo ordinária se o inventariante é o sucessor a quem cabe a obrigação constante do título executivo (porque é o único ou porque a recebeu por legado); trata-se, por outro lado, de legitimação extraordinária se o inventariante não é o titular da obrigação como, *v. g.*, se ele é dativo (art. 990, VI). Observe-se, por derradeiro, que em hipótese alguma a lei autoriza o juiz a instaurar a insolvência civil de ofício, mesmo que na hipótese ela tenha natureza de procedimento de jurisdição voluntária.

CAPÍTULO II
DA INSOLVÊNCIA REQUERIDA PELO CREDOR

Art. 754. O credor requererá a declaração de insolvência do devedor, instruindo o pedido com título executivo judicial ou extrajudicial (art. 586).

A insolvência requerida pelo credor (quirografário – art. 753, I) é instrumentalizada por petição inicial que deve preencher os requisitos intrínsecos genéricos previstos pelos arts. 282 (quanto ao pedido *v.* nota ao art. 753, *caput*) e 39, I. Além desses, são exigidos ainda os extrínsecos genéricos (arts. 37, 225, parágrafo único, e 283) e o específico aqui instituído, que é o título executivo judicial (art. 584, todos, salvo o do inciso V) ou extrajudicial (art. 585, todos, sem exceção). Como o texto sob exame ainda faz referência expressa ao art. 586, fica claro que a certeza, a liquidez e a exigibilidade (salvo no caso do art. 750, II) da obrigação também correspondem a requisitos que precisam ser preenchidos pelo título, sendo relevante consignar que a aplicação do disposto nos arts. 614, III, e 615, IV, é de rigor, uma vez que concernem à exigibilidade; quanto à liquidez aplicam-se os arts. 603 a 611. Por derradeiro, observe-se que ajuizada a insolvência civil opera-se outro efeito processual, que é o juízo universal da insolvência previsto e disciplinado pelo art. 762. Com a entrada em vigor da Lei n. 11.232/2005 (Reforma da Execução), os títulos executivos judiciais já não são disciplinados pelo art. 584 (que é revogado), mas pelo art. 475-N; também os arts. 603 a 611 são revogados e substituídos pelos novos arts. 475-A a 475-H que passam a regulamentar a liquidação da sentença.

Art. 755. O devedor será citado para, no prazo de 10 (dez) dias, opor embargos; se os não oferecer, o juiz proferirá, em 10 (dez) dias, a sentença.

Como a insolvência civil é requerida por meio do exercício de ação e o processo que dela surge é verdadeiramente jurisdicional (cognitivo em sua primeira fase), ao devedor é assegurado o direito de ser citado para que possa defender-se em dez dias. Veja-se que a convocação do sujeito passivo nesse caso é veiculada por citação (arts. 213 e segs.), seguindo-se a oportunidade de oposição de embargos do devedor (arts. 736 e segs.), como ocorre na execução contra a Fazenda (art. 730). É que os embargos previstos neste art. 755 se qualificam como resposta e não como ação incidente (*v.* nota ao art. 756, *caput*), de sorte que se processam nos próprios autos do processo de insolvência (aplicam-se a eles os arts. 191 e 241). O não oferecimento desses embargos – assemelhados à contestação – se traduz processualmente em revelia que, contudo, não produz efeitos, porque a discussão da insolvabilidade envolve direitos indisponíveis (art. 320, II). É justamente por causa disso que, em todo processo de insolvência, intervém o Ministério Público como fiscal da lei, *ex vi* do disposto no art. 82, III (interesse público evidenciado pela natureza da lide). A sentença que o juiz proferir julgando procedente o pedido de insolvência equivale à improcedência dos embargos para os fins do art. 520, V, de forma que a apelação contra ela interponível só possui efeito devolutivo.

Art. 756. Nos embargos pode o devedor alegar:

Dada a qualificação processual de resposta (contestação) dos embargos na insolvência civil – já que de ação incidente não se pode cogitar, uma vez que execução propriamente ainda não existe nessa fase –, todas as matérias a seguir previstas, salvo as exceções do art. 742, devem ser deduzidas em peça única, que será processada nos próprios autos e não em apenso (o apenso não tem sentido em face da natureza exclusivamente cognitiva da insolvência nesse momento). Observe-se, no entanto, que a limitação imposta à defesa contra título judicial permanece em face da explícita referência ao art. 741, no inciso I a seguir, o que é de todo coerente.

I – que não paga por ocorrer alguma das causas enumeradas nos arts. 741, 742 e 745, conforme o pedido de insolvência se funde em título judicial ou extrajudicial;

No que concerne aos embargos opostos contra pedido de insolvência fundado em título judicial (todos os do art. 475-N, salvo o previsto pelo inciso VII, que, limitado em sua eficácia, não pode respaldar tal requerimento), somente com base nas matérias elencadas pelos incisos do art. 741 é lícito ao devedor se defender. Sobre cada uma delas remetemos o leitor aos comentários lá expendidos, valendo a pena ressaltar que dificilmente poderá o devedor alegar as matérias do inciso VII do art. 741 no próprio corpo dos embargos, haja vista a normal dedutibilidade da defesa consagrada no inciso II deste art. 756. Logo, o oferecimento das exceções rituais, via de regra, dar-se-á sob a forma prevista pelo art. 742. Quanto aos embargos contra pedido fundado em título extrajudicial (todos os do art. 585 sem exceção), onde é lícita a dedução de qualquer defesa a teor do disposto no art. 745, nada de particular exige destaque (*v.*, no entanto, notas aos arts. 300 e 301). Com a entrada em vigor da Lei n. 11.232/2005 (Reforma da Execução), a indicação do art. 741, realizada pelo presente dispositivo, deve também ser compreendida à luz do novo art. 475-L.

II – que o seu ativo é superior ao passivo.

A alegação de que o patrimônio ativo do devedor é maior do que seu patrimônio passivo, isto é, que insolvabilidade real não existe (*v.* art. 748 e nota), corresponde à típica defesa de mérito no processo de insolvência. Sob o ponto de vista classificatório, trata-se claramente de defesa de mérito direta, uma vez que, por meio dela, o sujeito passivo da ação impugna frontalmente os próprios fatos constitutivos do direito em que se funda o pedido (*v.* nota ao art. 326). Observe-se, por fim, que a prova da superioridade do ativo sobre o passivo é ônus imposto ao devedor do qual ele procurará se desincumbir por meio de prova pericial normalmente (art. 333, I, e nota).

Art. 757. O devedor ilidirá o pedido de insolvência se, no prazo para opor embargos, depositar a importância do crédito, para lhe discutir a legitimidade ou o valor.

Elidir (eliminar) ou ilidir (que quer dizer afastar, rebater) o pedido de insolvência significa literalmente fazê-lo desaparecer, extingui-lo, aniquilá-lo, o que é exatamente o que este art. 757 permite ao devedor, via depósito da importância do crédito constante do título executivo. É importante esclarecer que esse ato elisivo opera a conversão do objeto do processo (Celso Neves), o que significa dizer que o pedido de insolvência e a lide a ele ligada desaparecem, remanescendo apenas a pretensão satisfativa. Destarte, elidido o pedido, o juiz já não profere sentença acerca da insolvência, convertendo-se o processo então cognitivo em executivo por força de simples decisão interlocutória. Sentença só haverá se além do depósito elisivo o devedor também se defender por embargos, caso em que a improcedência dos embargos não significará procedência da insolvência, que não se decreta, ordenando o juiz apenas o prosseguimento da execução singular.

Art. 758. Não havendo provas a produzir, o juiz dará a sentença em 10 (dez) dias; havendo-as, designará audiência de instrução e julgamento.

Não há provas a produzir no processo de insolvência nas seguintes situações: *a)* o devedor embarga, o credor replica (arts. 326 e 327, aplicáveis por força do art. 598), e a prova necessária à solução da causa é de índole exclusivamente documental; *b)* o devedor embarga e faz o depósito elisivo, o credor replica, e toda a prova necessária é documental e já foi produzida; *c)* o devedor não embarga nem deposita para elidir o pedido, e a prova documental necessária já se encontra nos autos. Observe-se que, nas três hipóteses anteriores, o juiz não deve sentenciar sem antes ordenar a especificação de provas (art. 324 c/c o art. 598) e sem ter ouvido previamente o órgão do Ministério Público (art. 82, III), o qual pode desejar fazê-la (art. 83). Se, por outro lado, a decisão sobre a insolvabilidade depende de prova oral ou pericial – o que é bastante comum –, deve o magistrado sanear o processo e designar data para a audiência de instrução e julgamento ou sanear o processo e deferir a produção de prova pericial (*v.* nota ao art. 331, § 2º).

CAPÍTULO III
DA INSOLVÊNCIA REQUERIDA PELO DEVEDOR OU PELO SEU ESPÓLIO

Art. 759. É lícito ao devedor ou ao seu espólio, a todo tempo, requerer a declaração de insolvência.

A regra sob enfoque basicamente repete o art. 753, II e III, que legitima ativamente o próprio devedor ou o inventariante do seu espólio a ajuizar o pedido de autoinsolvência, típico procedimento de jurisdição voluntária (*v.* nota aos incisos referidos). As únicas diferenças estão no fato deste art. 759 referir espólio, quando, na verdade, legitimado é o inventariante (art. 753, III, literal, e 991, VIII), e também na circunstância de estar aqui explicitado que o pedido pode ser deduzido a todo o tempo, isto é, antes ou no curso de execução singular já instaurada.

Art. 760. A petição, dirigida ao juiz da comarca em que o devedor tem o seu domicílio, conterá:

A norma disciplina o conteúdo da petição inicial da autoinsolvência ou insolvência voluntária, instituindo no *caput* regramento sobre a competência – a regra do foro do domicílio do réu (art. 94, *caput*) é a aplicável à insolvência requerida pelo credor –, e nos incisos a configuração específica que a *causa petendi* deve assumir em relação ao peculiaríssimo requerimento a que se vincula. Além desses requisitos especiais, aplicam-se à inicial aqui referida todos os requisitos intrínsecos genéricos do art. 282 (exceto o do inciso VII), do art. 39, I, bem como os extrínsecos aludidos pelos arts. 37 (exigem-se poderes especiais, contudo – art. 38), 225, parágrafo único, e 283. Como se vê, a nota marcante desse procedimento está na circunstância de a lei não exigir citação dos credores para que o juiz possa declarar a insolvabilidade do devedor-requerente. Embora, contudo, tal dispensa de angularidade seja algo extremamente excepcional, o fenômeno pode ser explicado: é que, correspondendo a autoinsolvência à confissão de fatos geradores da insolvabilidade e renúncia à administração e disponibilidade dos próprios bens em favor da satisfação geral dos credores, não há conflito de interesses (ou lide) a envolver estes e aquele, situação que é típica de jurisdição voluntária, o que justifica, então, a desnecessidade de citação. Seja como for, examinemos os requisitos que a lei estabelece para que possa o magistrado, por sentença, decretar a insolvência requerida pelo devedor. Observe-se que a falta de um desses requisitos conduz à improcedência do pedido (em qualquer caso – procedência ou improcedência – note-se, tal sentença é anulável e não rescindível – art. 486).

I – a relação nominal de todos os credores, com a indicação do domicílio de cada um, bem como da importância e da natureza dos respectivos créditos;

O primeiro elemento necessário à caracterização da insolvabilidade real, que justifica o pedido de autoinsolvência, é evidentemente a existência de dívidas ou patrimônio passivo. É por esse motivo que da petição inicial desse procedimento de jurisdição voluntária deve constar obrigatoriamente a relação nominal de todos os credores (quirografários e não quirografários), seus endereços, valores dos créditos e respectivos títulos que os encarnam com a referência a seus elementos identificadores (os títulos não precisam ser apresentados por razões óbvias). O não preenchimento desse requisito da inicial acarreta o seu indeferimento liminar por inépcia (art. 295, parágrafo único, I).

II – a individuação de todos os bens, com a estimativa do valor de cada um;

A inexistência de bens suficientes para fazer frente às dívidas é o segundo elemento necessário à caracterização da insolvabilidade real, de sorte que para os fins do pedido de autoinsolvência, ou insolvência voluntária, a petição que inaugura o procedimento não pode prescindir da completa individuação de todos os bens que compõem o patrimônio ativo do devedor, bem como dos seus respectivos valores reais (de mercado) no momento do ajuizamento do pedido. Devem instruir, assim, a petição inicial todos os documentos que demonstrem a titularidade atual de cada um dos bens arrolados (trata-se de documentos indispensáveis a teor do art. 283, regra geral de aplicação autorizada pelo art. 598). Identicamente, a falta de preenchimento desse requisito acarreta o indeferimento liminar da inicial por inépcia (art. 295, parágrafo único, I).

III – o relatório do estado patrimonial, com a exposição das causas que determinaram a insolvência.

A exposição detalhada das causas econômicas que determinaram o estado de insolvabilidade do devedor, isto é, que provocaram o desequilíbrio concreto traduzido num passivo atual maior do que o seu ativo, é o último requisito que deve constar da petição inicial da autoinsolvência, segundo o dispositivo sob análise. Diferentemente dos dois anteriores (incisos I e II), o não preenchimento do presente requisito não acarreta indeferimento liminar, posto que consubstancia elemento que não interfere na caracterização da insolvabilidade, mas apenas no arbitramento que o juiz poderá fazer acerca da pensão requerida pelo devedor (Ernane Fidélis dos Santos).

CAPÍTULO IV
DA DECLARAÇÃO JUDICIAL DE INSOLVÊNCIA

Art. 761. Na sentença, que declarar a insolvência, o juiz:

A sentença declaratória da insolvência corresponde ao ato de encerramento da primeira fase (a cognitiva) do procedimento da execução por quantia certa contra devedor insolvente e, a um só tempo, ao ato inaugural da segunda fase (a executiva), posto consubstanciar ela o título unitário da execução coletiva e universal que se instaura. Proferida a sentença, a relação processual daqui para a frente já não é mais a mesma: exequentes serão todos os credores em concurso, convocados nos termos do inciso II a seguir; executado é o devedor, agora constituído insolvente, e que, por isso, responde com todo o patrimônio, razão por que se realiza a sua arrecadação pelo administrador; seu objeto não é mais a constituição de uma situação jurídica nova, mas a satisfação (plena ou parcial) de todos os créditos habilitados. Por derradeiro, observe-se que a sentença sob enfoque é atacável por apelação no duplo efeito nos termos do art. 520 (*v.*, ainda, nova Lei de Falências – Lei n. 11.101/2005 –, art. 100).

I – nomeará, dentre os maiores credores, um administrador da massa;

O dispositivo em questão consagra mais um dos efeitos materiais da sentença que decreta a insolvência civil (outros se encontram previstos pelos arts. 751, I, 752 e 777). Dada a circunstância de o devedor insolvente perder o direito de administrar os seus bens (art. 752), nada mais curial do que constar da própria sentença a nomeação de um administrador para todo o patrimônio que, por força deste mesmo ato, constitui uma universalidade sobre a qual repousa a responsabilidade pela execução (a massa). Observe-se que a lei estabelece critério flexível para a nomeação.

II – mandará expedir edital, convocando os credores para que apresentem, no prazo de 20 (vinte) dias, a declaração do crédito, acompanhada do respectivo título.

A expedição e a publicação de edital convocatório de todos os credores do devedor comum para que se habilitem são os atos judiciais que fomentam a concretização da execução por concurso universal a que alude o inciso III do art. 751. Quanto à natureza jurídica dessa convocação, que é mais um efeito processual da sentença, trata-se de verdadeira *provocatio ad agendum*, isto é, provocação judicial do exercício do direito de ação *in executivis* de todos os credores do insolvente. A figura é absolutamente excepcional no nosso sistema jurídico, uma vez que por meio dela a ação não é exercida voluntariamente, mas por vontade do Estado, somada à certeza de prejuízo em caso de omissão – não admissão no rateio que terá lugar posteriormente na execução, art. 784 (outra situação de *provocatio ad agendum*, para alguns, é a intervenção *iussu iudicis* disciplinada pelo art. 47, parágrafo único – não concordamos com o posicionamento). À publicação do edital – que deve ocorrer nos termos do art. 232, III, invocável por analogia – seguem-se, no prazo fixado, as declarações de crédito, que são atos postulatórios de satisfação instrumentalizados por petição de todos os credores (quirografários ou não, exceto a Fazenda) – inclusive o requerente – que desejem participar do concurso universal.

Art. 762. Ao juízo da insolvência concorrerão todos os credores do devedor comum.

Outro efeito estritamente processual da sentença que reconhece a insolvabilidade é o estabelecimento do chamado juízo universal da insolvência, fenômeno que significa, em primeiro lugar, a impossibilidade de qualquer credor recorrer a outro juízo e processo que não o da própria insolvência para ver satisfeito o seu crédito e, em segundo, o deslocamento da competência de outros juízos para o da insolvência no que concerne a processos de execução instaurados antes do proferimento da sentença (§§ 1º e 2º a seguir).

§ 1º As execuções movidas por credores individuais serão remetidas ao juízo da insolvência.

Este parágrafo disciplina especificamente o deslocamento da competência que é resultado da instituição do juízo universal previsto no *caput*. Segundo o texto, apenas as execuções individuais (ou singulares) instauradas antes do decreto da insolvência é que devem ser remetidas ao juízo desta, o que significa que ações de conhecimento de qualquer tipo que sejam propostas em face do devedor não são atraídas pelo juízo universal. Não se submetem, ainda, a tal força atrativa as execuções fiscais em decorrência do que dispõe o art. 187 do CTN e Lei n. 6.830/80 (os créditos devem ser reclamados perante o administrador da massa sem deslocamento da competência – *v.*, ainda, nova Lei de Falências, art. 6º e seu § 1º), bem como a busca e apreensão em alienação fiduciária, negócio especial que exclui o bem alienado do concurso.

§ 2º Havendo, em alguma execução, dia designado para a praça ou o leilão, far-se-á a arrematação, entrando para a massa o produto dos bens.

A regra sob comentário complementa o § 1º anterior, estabelecendo uma hipótese de execução iniciada antes do decreto de insolvabilidade, mas que não se submete à força atrativa do juízo universal da insolvência. Se no processo de execução singular já houve designação de praça ou leilão (art. 686, IV), quando do decreto, deslocamento de competência não acontece, isto é, os autos não são remetidos ao juízo da insolvência, bastando a posterior transferência do resultado pecuniário da alienação a esse juízo (se na data do decreto da insolvência não havia data designada para hasta pública, opera-se o deslocamento da competência porque o que importa é o haver ou não designação explícita nos autos). Observe-se, por fim, que, havendo designação, pouco importa se a alienação forçada deixou de ocorrer por qualquer motivo. Nesse caso, não se opera o deslocamento, mas aguarda-se a realização da segunda praça ou leilão (originária ou transferida – art. 688, *v.*, ainda, nova Lei de Falências, art. 6º e seu § 1º).

CAPÍTULO V
DAS ATRIBUIÇÕES DO ADMINISTRADOR

Art. 763. A massa dos bens do devedor insolvente ficará sob a custódia e responsabilidade de um administrador, que exercerá as suas atribuições, sob a direção e superintendência do juiz.

Porque o decreto de insolvabilidade cria uma universalidade chamada massa (art. 751, II) e implica perda do direito de administrar os bens (art. 752), é que o art. 761 ordena a nomeação de um administrador (inciso I), e este art. 763 disciplina a feição de tal atividade. Note-se que o administrador não assume o papel de representante do devedor insolvente, mas exerce *munus* público, colaboração com a Justiça no sentido de satisfazer todos os credores mediante a *par conditio creditorum*. Sob o estrito prisma da relação processual, a nomeação do administrador tira do devedor a legitimação *ad causam* para todas as ações que envolvam o insolvente, quer pretéritas, quer futuras.

Art. 764. Nomeado o administrador, o escrivão o intimará a assinar, dentro de 24 (vinte e quatro) horas, termo de compromisso de desempenhar bem e fielmente o cargo.

Como espécie de auxiliar da justiça que é (arts. 139 e 148 a 150 – *v.* nota ao artigo anterior), a assunção do *munus* de administrador depende de compromisso formal mediante assinatura de termo em cartório, o que não prescinde de sua intimação pelo escrivão (por carta, pessoal em cartório ou até informalmente por telefone). O descumprimento do prazo estabelecido, desde que constatado objetivamente por certificação – no caso do telefone isso não é possível –, permite ao juiz destituir o administrador eleito e escolher outro de acordo com o critério instituído pelo inciso I do art. 761. Observe-se que assim como os outros efeitos da sentença decretatória da insolvência, também o desencadeamento deste depende do seu trânsito em julgado (*v.* art. 765).

Art. 765. Ao assinar o termo, o administrador entregará a declaração de crédito, acompanhada do título executivo. Não o tendo em seu poder, juntá-lo-á no prazo fixado pelo art. 761, II.

Segundo o texto, é *conditio sine qua non* para que o credor assuma o encargo de administrador da massa do insolvente que apresente ele declaração de crédito e junte o título que o encarna no momento em que comparece em cartório para firmar o termo de compromisso (art. 761, II, e nota). Não o possuindo – o que torna, até prova em contrário, a sua condição de credor questionável –, ao nomeado só será lícito firmar o compromisso se obtiver autorização expressa do juiz em petição em que manifeste o desejo de realizar a juntada do título executivo no prazo de vinte dias a que alude o art. 761, II, sob pena de destituição.

Art. 766. Cumpre ao administrador:

I – arrecadar todos os bens do devedor, onde quer que estejam, requerendo para esse fim as medidas judiciais necessárias;

O primeiro ato que o administrador nomeado e compromissado no processo de insolvência civil deve praticar é a arrecadação de todos os bens do devedor, providência que deflui diretamente da declaração da insolvabilidade como um de seus efeitos primordiais (art. 751, II). Embora realizada por meio do administrador, a arrecadação é o ato do juízo que faz incidir constrição processual sobre todo o patrimônio do insolvente, razão por que cada bem corpóreo que o integra precisa ser fisicamente encontrado. É por isso que a lei autoriza o administrador a requerer medidas tais como o arresto ou sequestro de bens, a busca e apreensão cautelar de outros ou a expedição de cartas precatórias com o intuito de viabilizar a apreensão judicial e a lavratura do respectivo auto de arrecadação (*v.*, ainda, nova Lei de Falências – Lei n. 11.101/2005 –, art. 22, III, *f*).

II – representar a massa, ativa e passivamente, contratando advogado, cujos honorários serão previamente ajustados e submetidos à aprovação judicial;

Apesar de a chamada massa do insolvente não possuir personalidade jurídica – trata-se apenas do acervo patrimonial arrecadado do devedor –, a lei lhe outorga capacidade para ser parte, isto é, a possibilidade de ser sujeito ativo ou passivo de ação, de sorte que se torna necessária a instituição de um representante que por ela pratique atos processuais: o administrador. Observe-se que, se o administrador é advogado, pode ele próprio suprir a incapacidade postulatória da massa – ainda assim, nada impede que ele contrate um outro profissional –, mas de qualquer maneira a validade e a eficácia do contrato de honorários ficam condicionadas à prévia aprovação do juízo da insolvência (*v.*, ainda, nota ao art. 12, III, deste CPC, e nova Lei de Falências – Lei n. 11.101/2005 –, art. 22, I, *h*, e III, *h*).

III – praticar todos os atos conservatórios de direitos e de ações, bem como promover a cobrança das dívidas ativas;

A realização dos atos conservatórios aqui previstos tanto pode envolver a prática de atos de direito material – a contratação de profissionais, a notificação de pessoas, a interpelação de devedores, a participação em assembleias (em condomínio, sociedade anônima, etc.) – como também a propositura de ações que visem a satisfação de créditos tais quais ações de execução, de cobrança em sentido estrito ou cautelares de qualquer espécie, desde que para resguardar a eficiência da cobrança. Observe-se que os atos materiais ou processuais que envolvam despesas de maior vulto devem ser autorizados expressamente pelo juízo da insolvência (*v.*, ainda, nova Lei de Falências – Lei n. 11.101/2005 –, art. 22, III, *l*).

IV – alienar em praça ou em leilão, com autorização judicial, os bens da massa.

A liquidação da massa do insolvente para a satisfação dos credores, obedecida a *par conditio creditorum*, é o escopo último da execução concursal, de sorte que a sua realização depende da prática do ato processual aqui previsto, que é a alienação forçada dos bens. Assim, o mesmo administrador que procedeu à arrecadação do patrimônio (inciso I) deverá incumbir-se não só de requerer, mas também de preparar a arrematação, o que significa providenciar todos os elementos para a elaboração do edital, a sua publicação, providenciar as intimações necessárias e fiscalizar, ao lado do Ministério Público, todo o procedimento da praça ou leilão nos termos dos arts. 686 e segs. Por fim, é relevante consignar que a alienação de bens na insolvência civil normalmente acontece após o proferimento da sentença que aprova o quadro geral de credores a que alude o art. 771 (*v.* nota e art. 773).

Art. 767. O administrador terá direito a uma remuneração, que o juiz arbitrará, atendendo à sua diligência, ao trabalho, à responsabilidade da função e à importância da massa.

A regra sob enfoque explicita o direito que o art. 149 já previra e outorgara genericamente aos administradores, acrescentando, contudo, outros elementos ao critério de que se valerá o juiz para arbitrar o montante da remuneração (este art. 767 é *lex especialis* em relação ao art. 149; quanto à responsabilidade, entretanto, aplica-se a regra do art. 150 ao administrador da massa insolvente). Observe-se que a remuneração aqui prevista é encargo imposto a todos os credores (inclusive ao administrador) e deve ser deduzido da massa na proporção dos respectivos créditos. Da decisão interlocutória que a fixa podem agravar tanto os credores discordantes como o próprio administrador (art. 522).

CAPÍTULO VI
DA VERIFICAÇÃO E DA CLASSIFICAÇÃO DOS CRÉDITOS

Art. 768. Findo o prazo, a que se refere o n. II do art. 761, o escrivão, dentro de 5 (cinco) dias, ordenará todas as declarações, autuando cada uma com o seu respectivo título. Em seguida intimará, por edital, todos os credores para, no prazo de 20 (vinte) dias, que lhes é comum, alegarem as suas preferências, bem como a nulidade, simulação, fraude, ou falsidade de dívidas e contratos.

Autuadas as declarações de crédito, uma a uma, com seus respectivos títulos nos termos da parte inicial deste art. 768, abre-se no processo de insolvência, pela publicação do edital de intimação dos credores, a possibilidade de ampla impugnação à legitimidade de todos os créditos habilitados. Observe-se que o oferecimento dessa impugnação – por qualquer credor, pelo devedor ou mesmo pelo administrador não credor por ser interessado na justa satisfação dos créditos – tem natureza jurídica de ação constitutiva negativa, de sorte que a chamada verificação dos créditos revela-se como verdadeiro incidente cognitivo do processo de insolvência, embora eventual. Dada, assim, a sua aproximação ontológica com os embargos do devedor (a diferença está no fato de que a impugnação é via de regra do credor concorrente e seu oferecimento já encontra autos preexistentes), aplica-se a limitação do art. 741 à impugnação dirigida a título judicial. Logo, as matérias previstas neste art. 768, *in fine*, só podem ser deduzidas contra títulos extrajudiciais, casos em que a sentença que se profira terá natureza declaratória (*v. g.*, da preferência, da falsidade do documento, da nulidade de uma hipoteca) ou desconstitutiva (anulatória de negócio jurídico por simulação ou fraude). Ainda quanto ao procedimento desse incidente, examinem-se o art. 772 e respectivo comentário.

Parágrafo único. No prazo, a que se refere este artigo, o devedor poderá impugnar quaisquer créditos.

A regra em questão reconhece a legitimação *ad causam* ativa do devedor insolvente para a impugnação de créditos habilitados (cada um ou todos), o que mostra a identificação desta ação incidente com os embargos do devedor (*v.* nota ao *caput*). Se, além do devedor, um credor concorrente também oferecer impugnação ao mesmo crédito, formar-se-á litisconsórcio entre os dois no polo ativo, o que dará ensejo ao proferimento de sentença única para as duas lides nos mesmos autos. Note-se que também o litisconsórcio passivo é possível desde que o devedor, ou o administrador, coloque-se no incidente ao lado do credor impugnado.

Art. 769. Não havendo impugnações, o escrivão remeterá os autos ao contador, que organizará o quadro geral dos credores, observando, quanto à classificação dos créditos e dos títulos legais de preferência, o que dispõe a lei civil.

A não ocorrência de qualquer impugnação aos créditos – habilitados na forma e no prazo do art. 761, II, e autuados nos termos do art. 768 – significa processualmente que se operou a preclusão do direito de ataque à sua existência e legitimidade, isso é, que não se instaurou o incidente cognitivo de verificação. Em outras palavras, a falta de pelo menos uma impugnação significa que o processo deve seguir como pura execução e, nesse contexto, o ato que aparece na sequência do procedimento é a remessa dos autos à contadoria para a organização e elaboração do quadro geral de credores, que é o documento que contém o elenco dos credores que participarão do rateio do produto da alienação dos bens e respectiva classificação dos créditos. Quanto a esta última, a seguinte ordem deve ser obedecida: 1) créditos trabalhistas decorrentes de salário em sentido amplo ou os decorrentes de acidente do trabalho (CTN, art. 186); 2) créditos com garantia real (CC, art. 1.422); 3) crédito com privilégio especial (CC, art. 964); 4) créditos com preferência geral (CC, art. 965); 5) créditos quirografários. Não entram no quadro, por outro lado: os créditos fiscais (Lei n. 6.830/80, art. 31); encargos e dívidas da massa; outras diminuições patrimoniais como as decorrentes de alienação fiduciária ou procedência de embargos de terceiro (a sistematização anterior e a observação final são de Vicente Greco Filho).

Parágrafo único. Se concorrerem aos bens apenas credores quirografários, o contador organizará o quadro, relacionando-os em ordem alfabética.

O intuito da regra em questão é apenas o de tornar o mais claro possível, sob o ponto de vista formal, o quadro geral de credores e, por conseguinte, as declarações que ele veicula. O que a lei deseja é que na hipótese de só existirem credores quirografários, os seus nomes (completos, sem emprego de abreviaturas) sejam relacionados em ordem alfabética, o que permite a fácil visualização e constatação, por qualquer interessado, daqueles que vão participar do rateio. *A contrario sensu*, o que se deve entender é que se houver credores não quirografários (*v.* relação na nota ao *caput*) esses serão relacionados primeiro, só depois devendo aparecer os nomes dos quirografários. Nesse caso, tudo recomenda que dentro de todas as classes a relação obedeça à ordem alfabética.

Art. 770. Se, quando for organizado o quadro geral dos credores, os bens da massa já tiverem sido alienados, o contador indicará a percentagem, que caberá a cada credor no rateio.

O aspecto normativo que mais chama a atenção no texto é evidentemente a expressa referência à autorização de que os bens da massa sejam alienados antes da organização do quadro geral dos credores, o que se explica pelo fato de a lei reputar irrelevante para os escopos da insolvência que a arrematação fique condicionada à prévia definição dos créditos que serão satisfeitos; o art. 773 identicamente alude a tal disciplina. Seja como for, o fato é que este art. 770 manda que, no caso de a alienação ter ocorrido anteriormente à elaboração do quadro, o contador já indique expressamente o *quantum* que caberá a cada credor sob a forma de um índice percentual do produto líquido da arrematação.

Art. 771. Ouvidos todos os interessados, no prazo de 10 (dez) dias, sobre o quadro geral dos credores, o juiz proferirá sentença.

A oitiva dos interessados aqui estabelecida tem por claro propósito a instituição do contraditório acerca do quadro geral de credores, o que significa dizer que a cada credor que se habilitou nos termos do art. 761, II, fica assegurado o direito de impugnar os elementos constantes do quadro, *v. g.*, a equivocada classificação de algum crédito, o erro de cálculo, a inclusão de crédito não habilitado, a omissão de algum credor, etc. Verificando o juiz a procedência da impugnação, a solução é a ordem de correção dirigida ao contador que, uma vez atendida, desencadeia o proferimento da sentença aqui prevista de caráter meramente declaratório do direito dos credores. Se, no entanto, não houver nenhuma impugnação ao quadro, o que deve estar devidamente certificado nos autos, o proferimento da sentença é imediato. Em qualquer dos casos, tal ato é desafiável por apelação de duplo efeito (arts. 513 e 520, início).

Art. 772. Havendo impugnação pelo credor ou pelo devedor, o juiz deferirá, quando necessário, a produção de provas e em seguida proferirá sentença.

Este art. 772 disciplina o procedimento a ser obedecido no caso de impugnação aos créditos (art. 768) e não na hipótese de impugnação ao quadro geral de credores (art. 771) como poderia parecer à primeira vista. Impugnado o quadro, o juiz logo profere sentença (*v.* nota ao artigo anterior); impugnado o crédito, abre-se a oportunidade de dilação probatória dada a complexidade das matérias alegáveis por qualquer credor ou pelo devedor (*v.* notas ao art. 768). Observe-se, outrossim, que a disciplina contida nesse dispositivo é semelhante à do art. 331, § 2º, o qual regula o ato de saneamento do procedimento ordinário, a cujo comentário remetemos o leitor. Quanto à sentença que o juiz profere, examine-se o comentário ao § 2º a seguir.

§ 1º Se for necessária prova oral, o juiz designará audiência de instrução e julgamento.

A regra em questão é meramente explicitativa porque, é claro, o deferimento de produção de depoimento pessoal e prova testemunhal com base no *caput* implica a designação judicial de data para audiência de instrução e julgamento (isso é muito comum, aliás, quando se alega simulação ou fraude como fundamento da impugnação de crédito de acordo com a previsão do art. 768). Não se deve esquecer, por outro lado, que, ainda com amparo no *caput* – que fala de "provas" genericamente –, é perfeitamente possível o deferimento de prova pericial no incidente de impugnação de crédito (é o que ocorre, *v. g.*, quando o pedido é fundado em falsidade do documento que encarna o crédito – art. 768, *in fine*). O dispositivo comentado não exclui evidentemente a possibilidade de o juiz ordenar a realização de prova técnica de ofício.

§ 2º Transitada em julgado a sentença, observar-se-á o que dispõem os três artigos antecedentes.

A sentença do incidente de impugnação (ou verificação) de crédito tanto pode ter natureza meramente declaratória (nas hipóteses de nulidade ou falsidade do título) como constitutiva negativa (nos casos de simulação, fraude ou alguns dos fundamentos previstos no art. 741, VI), mas de qualquer forma é sempre apelável no duplo efeito, o que fica claro ante a alusão textual ao trânsito em julgado (de acordo com o art. 520). Quanto à remissão aos três artigos antecedentes, trata-se do efeito estritamente processual do proferimento dessa sentença, que é o de desencadear a organização do quadro geral de credores (nos termos dos arts. 769 e 770 – *v.* notas), sua possível discussão e obrigatório julgamento (art. 771 – *v.* nota).

Art. 773. Se os bens não foram alienados antes da organização do quadro geral, o juiz determinará a alienação em praça ou em leilão, destinando-se o produto ao pagamento dos credores.

O dispositivo sob análise tem incidência tanto na hipótese de não ter havido qualquer impugnação aos créditos habilitados, caso em que o juiz profere sentença meramente declaratória dos direitos dos credores (arts. 769 e 771), como na hipótese de ter sido instaurado o incidente de impugnação de créditos, que exige o proferimento de sentença tipicamente de mérito, isto é, que aprecia a lide incidente (arts. 768 e 772). Nas duas situações possíveis, a regra só tem aplicação, é claro, se os bens não foram alienados logo após a sua arrecadação, o que é admitido pela lei (*v.* art. 770). Observe-se, entrementes, que a alienação em praça ou leilão – que é determinada pelo juiz após o trânsito em julgado de uma das sentenças possíveis – corresponde ao único meio pelo qual se opera a satisfação dos credores na insolvência civil, posto que nem a adjudicação (arts. 708, II, 685-A e 685-B), nem o usufruto de móvel ou imóvel (arts. 708, III, 716 a 724) é admitido nesse procedimento; somente pela arrematação alcança-se o provimento satisfativo, que é a entrega do dinheiro aos credores (art. 708, I). Por derradeiro, note-se que se o produto da arrematação for suficiente para pagar todos os credores, o processo de insolvência se encerra por sentença (art. 782); se não for, o processo pode ficar suspenso (*v.* arts. 774 a 776 e 791, III) ou pendente até a extinção das obrigações por prescrição (arts. 777 a 782) ou cumprimento de acordo (art. 783).

CAPÍTULO VII
DO SALDO DEVEDOR

Art. 774. Liquidada a massa sem que tenha sido efetuado o pagamento integral a todos os credores, o devedor insolvente continua obrigado pelo saldo.

Liquidação da massa, no texto legal sob enfoque, significa a alienação forçada de todo o patrimônio arrecadado do insolvente. O que este art. 774 estabelece é que, se todos os credores não forem totalmente satisfeitos por meio do rateio do produto da arrematação (é possível, *v. g.*, que os privilegiados e os com garantia real o sejam, mas que os quirografários não), o devedor insolvente permanece responsável pelo saldo com seus bens futuros, bem como com os presentes que, escondidos, não foram arrecadados (arts. 591 e 776).

Art. 775. Pelo pagamento dos saldos respondem os bens penhoráveis que o devedor adquirir, até que se lhe declare a extinção das obrigações.

A regra corresponde à mera explicitação do princípio consagrado pelo art. 591 do CPC que estabelece que "o devedor responde, para o cumprimento de suas obrigações, com todos os seus bens presentes e futuros, salvo as restrições estabelecidas em lei" (*v.* nota). Aqui, o texto dá realce apenas ao saldo (que é sinônimo de obrigações remanescentes) e aos bens futuros (aqueles que o insolvente venha a adquirir até que ocorra a extinção das obrigações por prescrição nos termos do art. 777), o que é absolutamente coerente com o que ocorre, via de regra, no processo de insolvência civil. Mas não esqueçamos que também os bens presentes, que por qualquer motivo não foram arrecadados (*v. g.*, porque desconhecidos ou simplesmente ocultados), submetem-se à nova arrecadação prevista pelo art. 776.

Art. 776. Os bens do devedor poderão ser arrecadados nos autos do mesmo processo, a requerimento de qualquer credor incluído no quadro geral, a que se refere o art. 769, procedendo-se à sua alienação e à distribuição do respectivo produto aos credores, na proporção dos seus saldos.

A norma contida no presente dispositivo simplesmente disciplina as consequências procedimentais do fato de os credores não terem sido integralmente satisfeitos e de o devedor insolvente continuar obrigado pelo saldo com seus bens presentes e futuros (arts. 774 e 775). Aqui, duas situações básicas podem ter lugar: verificada a existência de saldo devedor, o processo de insolvência foi suspenso; verificado o saldo devedor, o processo seguiu seu curso rumo à procura de novos bens. Muito bem, a regra que nos ocupa tem incidência nas duas situações: na primeira, após a suspensão, qualquer credor do quadro geral está legitimado a requerer a arrecadação; na segunda, o processo pode ter seguido imediatamente avante, tanto por iniciativa do administrador como por iniciativa de qualquer credor autorizado pela presente disposição. Em ambas as hipóteses, o desdobramento processual é idêntico: nova praça ou leilão e subsequente rateio do seu produto entre os credores insatisfeitos previamente relacionados em plano organizado pelo contador.

CAPÍTULO VIII
DA EXTINÇÃO DAS OBRIGAÇÕES

Art. 777. A prescrição das obrigações, interrompida com a instauração do concurso universal de credores, recomeça a correr no dia em que passar em julgado a sentença que encerrar o processo de insolvência.

A interrupção da prescrição aqui referida é mais um dos efeitos materiais da sentença que decreta a insolvência (os demais estão previstos pelos arts. 751, I, 752 e 761, I). Note-se que, processualmente falando, o decreto da insolvência se identifica com a instauração do concurso universal de credores, posto tratar-se do seu título unitário, o que explica a referência textual. Muito bem, interrompida a prescrição, como essa só volta a correr, de acordo com o presente artigo, na data do trânsito da sentença que puser fim ao processo de insolvência, isso significa que, concluídos os pagamentos aos credores, o juiz deve proferir tal sentença de encerramento assim que se verifique que não há outros bens a arrecadar (art. 775). Se houver, primeiro procederá o magistrado em conformidade com o art. 776 para, logo após, encerrar o processo por meio da sentença aqui instituída. Atenção: que não se confunda a prescrição deste art. 777 com a decadência do art. 778.

Art. 778. Consideram-se extintas todas as obrigações do devedor, decorrido o prazo de 5 (cinco) anos, contados da data do encerramento do processo de insolvência.

Diferentemente do art. 777, o qual disciplina o reinício da contagem dos prazos de prescrição dos créditos remanescentes – quanto aos prazos em si são observados os ditames da lei material que regula cada um dos títulos executivos –, este art. 778 estabelece que a extinção de todas as obrigações, sejam elas de que espécie forem, ocorrerá com o decurso de cinco anos do encerramento do processo. Vê-se, portanto, que a extinção aqui prevista de caráter geral e fulminante não se identifica com a prescrição, mas com a decadência, de forma que tal prazo não se submete nem à interrupção, nem à suspensão, uma vez iniciado pelo proferimento da sentença de encerramento da execução universal. Ressalte-se que também o termo *a quo* desse prazo (de decadência) é diferente do de prescrição. Este se identifica com o trânsito, aquele com o simples proferimento da sentença.

Art. 779. É lícito ao devedor requerer ao juízo da insolvência a extinção das obrigações; o juiz mandará publicar edital, com o prazo de 30 (trinta) dias, no órgão oficial e em outro jornal de grande circulação.

Os arts. 779 a 782 disciplinam o procedimento a ser observado quando o devedor, verificada a prescrição (art. 777) ou após o decurso de cinco anos do proferimento da sentença de encerramento do processo de execução universal (art. 778), pede nos mesmos autos a declaração da extinção das suas obrigações remanescentes (*v.* notas respectivas). Este art. 779, especificamente, determina que a primeira providência que o juiz deve tomar ao mandar processar o requerimento de extinção é a publicação de edital, ato de convocação dos credores – semelhante na forma ao do art. 761, II – para que impugnem o pedido (art. 780). Observe-se que, quanto a este edital, não se trata de *provocatio ad agendum* e que apenas duas publicações são exigidas (*v.* nota ao art. 761, II).

Art. 780. No prazo estabelecido no artigo antecedente, qualquer credor poderá opor-se ao pedido, alegando que:

No prazo de trinta dias, contado da primeira publicação do edital convocatório exigido pelo art. 779, qualquer dos credores insatisfeitos que tenham participado da execução coletiva (e somente esses) poderá impugnar o pedido de declaração de extinção das obrigações deduzido pelo devedor insolvente com base nas matérias posteriores. É o que diz o texto. Note-se que todas as oposições apresentadas, veiculadas por petição, serão juntadas aos autos do processo de insolvência, sem geração de apensos, uma vez que tais manifestações correspondem ao exercício do direito de defesa contra um mesmo e único pedido do devedor e não a uma ação incidente, como ocorre na hipótese do art. 768, *in fine*. Examinemos as matérias dedutíveis.

I – não transcorreram 5 (cinco) anos da data do encerramento da insolvência;

O inciso sob enfoque refere clara e explicitamente a situação prevista pelo art. 778, que é a de decadência dos créditos remanescentes (*v.* nota respectiva). É evidente que, se o pedido de extinção se apoiar no decurso desse prazo, a lei não pode deixar de reconhecer a possibilidade de qualquer credor insatisfeito alegar a sua não consumação. Observe-se, entretanto, que o devedor também pode requerer a extinção com base na prescrição verificada por força de lei material, nos termos do art. 777, o que identicamente permitirá a qualquer credor lançar mão de defesa amparada no não transcurso de um prazo específico supostamente consumado antes dos cinco anos (*v. g.*, com fundamento na Lei do Cheque).

II – o devedor adquiriu bens, sujeitos à arrecadação (art. 776).

A outra defesa possível ao credor que haja participado do concurso universal sem ver inteiramente satisfeito o seu crédito é a alegação de que entre a liquidação da massa (art. 774) e o pedido de declaração de extinção das obrigações (art. 779) o devedor adquiriu, por qualquer meio, bens passíveis de arrecadação, ou seja, bens penhoráveis (*v.* arts. 655, 650 e 649). Mais uma vez, parece relevante consignar que somente o credor insatisfeito pode impugnar o pedido com base nesse fundamento porque do contrário falta-lhe interesse. Comprovada que fique a existência de bens, o pedido de declaração de extinção será julgado improcedente, ordenando o juiz, ato contínuo, a sua arrecadação de sorte que viabilize posterior alienação forçada (art. 776).

Art. 781. Ouvido o devedor no prazo de 10 (dez) dias, o juiz proferirá sentença; havendo provas a produzir, o juiz designará audiência de instrução e julgamento.

Em primeiro lugar, este art. 781 prevê o direito à réplica que é assegurado ao devedor insolvente na hipótese do seu requerimento ter sido impugnado por qualquer credor insatisfeito com base numa das situações elencadas no artigo anterior (não consumação de decadência, ou prescrição, ou aquisição de bens superveniente à liquidação da massa – *v.* notas ao art. 780). Em segundo, fica expressamente instituída em favor do juiz a faculdade de deferir a produção de provas e de designar audiência caso a verificação do decurso de prazo decadencial ou prescricional afirmado pelo devedor, ou a aquisição patrimonial afirmada por um ou mais credores, dependa de documentos ou testemunhas. Se não houver necessidade de dilação probatória, o juiz profere sentença de imediato, julgando antecipadamente a lide (aplica-se aqui o art. 330, I).

Art. 782. A sentença, que declarar extintas as obrigações, será publicada por edital, ficando o devedor habilitado a praticar todos os atos da vida civil.

Duas naturezas processuais e dois efeitos materiais diferentes possuem a sentença que julga procedente o pedido do devedor fundado no art. 779. Trata-se de decisão meramente declaratória a que reconhece a extinção das obrigações remanescentes do insolvente e, seu corolário, a eliminação da responsabilidade; a própria declaração da extinção das obrigações por decadência ou prescrição corresponde ao primeiro grande efeito material. Já no que concerne à reabilitação, trata-se evidentemente de decisão constitutiva positiva – por isso de efeito *ex nunc*; a reabilitação para os atos da vida civil, isto é, a recuperação do direito de administrar seus bens e deles dispor corresponde ao segundo grande efeito material da sentença aqui regulada.

CAPÍTULO IX
DAS DISPOSIÇÕES GERAIS

Art. 783. O devedor insolvente poderá, depois da aprovação do quadro a que se refere o art. 769, acordar com os seus credores, propondo-lhes a forma de pagamento. Ouvidos os credores, se não houver oposição, o juiz aprovará a proposta por sentença.

O acordo entre o devedor insolvente e os credores habilitados, que este art. 783 disciplina, corresponde a uma figura assemelhada à concordata suspensiva. De concordata propriamente, contudo, não se trata porque o presente instituto não prescinde da aceitação unânime dos credores, vale dizer, do elemento consensual que era irrelevante no âmbito da antiga lei falimentar. Forjado o acordo e definidas todas as suas cláusulas com concordância de todos os credores (basta a discordância de um para inviabilizá-lo, mas a aceitação pode ser tácita), entra em jogo a necessidade do juiz da insolvência homologá-lo como meio jurídico de integração desse negócio processual, o que provoca a imediata suspensão do processo e, por conseguinte, a não alienação forçada do patrimônio arrecadado. Observe-se que o acordo aqui regulado só cabe após o trânsito em julgado da sentença do art. 771.

Art. 784. Ao credor retardatário é assegurado o direito de disputar, por ação direta, antes do rateio final, a prelação ou a cota proporcional ao seu crédito.

Credor retardatário é sinônimo de credor que não se habilitou na forma do art. 761, II, isto é, que não apresentou declaração de crédito nos vinte dias do edital convocatório. A esse credor, segundo o presente dispositivo, só resta a alternativa de ajuizar ação de conhecimento – disponha ele ou não de título – para que, por sentença, lhe seja declarado o direito a uma cota no rateio ou que seu crédito goza de preferência (*v.* nota ao art. 769). Observe-se que o interesse de agir do credor retardatário depende da ação ser proposta antes do rateio final acontecer no processo de insolvência; caso contrário, a petição deve ser indeferida liminarmente (art. 295, III). Competente para tal demanda é o próprio juízo da insolvência; dada a sua força de atração (art. 762, § 1º), seus sujeitos passivos, em litisconsórcio necessário, serão todos os credores habilitados e o devedor insolvente, restando consignar que a procedência do pedido determinará a inclusão do credor no quadro geral de credores, ainda que a essa altura o rateio já se tenha realizado (Ernane Fidélis dos Santos).

Art. 785. O devedor, que caiu em estado de insolvência sem culpa sua, pode requerer ao juiz, se a massa o comportar, que lhe arbitre uma pensão, até a alienação dos bens. Ouvidos os credores, o juiz decidirá.

A pensão a que alude o texto – inspirada em razões humanitárias ou *pietatis causa* – pode ser pedida tanto *ad eventum* pelo devedor por meio dos embargos (art. 755) como após a decretação da insolvência por intermédio de simples petição nos autos, mas sempre obedecidos os pressupostos de sua admissibilidade aqui instituídos. A ausência de culpa pela insolvência se dá tanto na hipótese de ter ocorrido caso fortuito, como na hipótese de se verificar a força maior como motivo determinante da redução do patrimônio ativo ou do aumento do passivo. Em qualquer caso, tal circunstância deve ser expressamente reconhecida pela sentença, quer tenha havido pedido nesse sentido, quer não. Por derradeiro, note-se que o acolhimento do pedido de pensão depende, além da ausência de culpa, do fato de a massa do insolvente o comportar, o que deve ser demonstrado pelo devedor após a arrecadação. Presentes os dois requisitos e ouvidos os credores, cabe ao juiz, segundo o seu prudente arbítrio, fixar por decisão o montante da pensão a ser paga pela massa.

Art. 786. As disposições deste Título aplicam-se às sociedades civis, qualquer que seja a sua forma.

Dada a circunstância de o direito brasileiro só reconhecer duas formas de insolvência – a do empresário e da sociedade empresária, que se veicula pelo processo de falência, e a do não empresário, que se instrumentaliza pela execução por quantia certa contra devedor insolvente neste Título regulamentado –, a locução "sociedades civis", no texto, só pode ser interpretada como sinônimo de "associações" que, segundo o CC, constituem-se "pela união de pessoas que se organizem para fins não econômicos" (CC, arts. 44, I, e 53), ou como sinônimo de "fundações", que se constituem "[...] para fins religiosos, morais, culturais ou de assistência" (CC, arts. 44, III, e 62, parágrafo único), salvo restrições legais expressamente previstas.

Art. 786-A. Os editais referidos neste Título também serão publicados, quando for o caso, nos órgãos oficiais dos Estados em que o devedor tenha filiais ou representantes.

O dispositivo sob enfoque – criado pela Lei n. 9.462/97 – estende a exigência da publicação de editais, do processo da insolvência civil, aos estados da Federação em que o devedor tenha filiais ou representantes. Eis o significado fundamental do presente regramento. Observe-se, desde logo, que, se este art. 786-A não existisse, todas as publicações de edital que o CPC exige no caso de insolvência (arts. 761, II, 786, 779 e 782) ocorreriam apenas na comarca por onde tramita o feito executivo (a "comarca em que o devedor tem seu domicílio", diz o art. 760), na forma do inciso III do art. 232, aplicável por analogia (*v.* nota ao art. 761, III). Como, no entanto, surgiu esta nova disciplina, também nos órgãos oficiais (*Diário Oficial*) dos Estados em que o devedor tenha filiais e/ou representantes – assim reconhecidos pelo juiz da causa em decisão fundamentada – publicar-se-ão os editais exigidos pela lei processual. Duas observações conclusivas: a primeira, no sentido de que o artigo focalizado não fala de publicação em jornal local, apenas refere "órgãos oficiais"; a segunda, no sentido de que a pouca ou mínima importância de uma filial ou representação autoriza o juiz a dispensar a exigência, também por decisão fundamentada ("[...] também serão publicados, quando for o caso [...]").

TÍTULO V
DA REMIÇÃO

Arts. 787 a 790. *(Revogados pela Lei n. 11.382, de 06.12.2006.)*

TÍTULO VI
DA SUSPENSÃO E DA EXTINÇÃO DO PROCESSO DE EXECUÇÃO

Vide Projeto de CPC, Livro III, arts. 877 a 881 (Título IV – Da Suspensão e da Extinção do Processo de Execução).

CAPÍTULO I
DA SUSPENSÃO

Vide Projeto de CPC, arts. 877 a 879 (Capítulo I – Da Suspensão).

Art. 791. Suspende-se a execução:
Vide Projeto de CPC, art. 877, caput e IV.

O dispositivo sob comentário abre o capítulo concernente ao fenômeno da "suspensão da execução" – melhor do que "suspensão do processo de execução", uma vez que os arts. 791 a 793 têm perfeita aplicabilidade à fase de cumprimento de sentença, sob a forma de execução, regulada pelos arts. 475-I a 475-R – remetendo, de um lado, ao regramento geral dos três primeiros incisos do art. 265 (inciso II, a seguir) e, de outro, prevendo duas situações específicas da execução, porque só nela verificáveis (incisos I e III, a seguir). O rol que segue, contudo, não é exaustivo. Examinemos as hipóteses.

I – no todo ou em parte, quando recebidos com efeito suspensivo os embargos à execução (art. 739-A);
Vide Projeto de CPC, art. 877, II.

A dicotomia suspensão no todo-suspensão em parte resulta, como se percebe, do conteúdo disciplinar do art. 739-A, mais especificamente do seu § 3º. A consequência imediata desse regramento é que desapareceu do sistema a suspensão automática da execução pela simples oposição de embargos do executado, uma vez que a partir de agora o magistrado sempre terá de declarar qual a medida da suspensão ao receber os embargos. Assim, opostos tempestivamente os embargos pelo executado único, por um ou mais dos executados ou por todos, o juiz os receberá por meio do despacho liminar positivo (tantos quantos sejam os embargos opostos) e declarará no próprio despacho a extensão do efeito suspensivo, com o que a execução ficará sobrestada a partir de então (texto de acordo com a Lei n. 11.382/2006).

II – nas hipóteses previstas no art. 265, I a III;
Vide Projeto de CPC, art. 877, I.

Da mesma forma como o processo de conhecimento, também o processo de execução, qualquer que seja o seu rito, fica suspenso nas situações previstas pelo art. 265, I a III: morte ou perda da capacidade processual de qualquer das partes, de seu representante legal ou de seu procurador (inciso I); convenção das partes (inciso II); oposição de exceção de incompetência do juízo, da câmara ou do tribunal, bem como de suspeição ou impedimento do juiz (inciso III). Sobre esse rol, observe-se, em primeiro lugar, que a convenção do art. 265, II, não se confunde com a prevista pelo art. 792 a seguir (*v.* nota), e, em segundo, que a oposição de exceções rituais (arts. 304 a 314), não acompanhadas dos embargos (*v.* art. 742 e nota), suspende automaticamente o processo de execução, mas não o prazo para a oposição dos próprios embargos. Por fim, note-se que a não referência deste inciso II ao art. 265, IV, é plenamente justificada, não assim a ausência de remissão aos incisos V e VI do mesmo artigo.

III – quando o devedor não possuir bens penhoráveis.
Vide Projeto de CPC, art. 877, III.

Trata-se claramente de situação só verificável no processo ou fase de execução, uma vez que tais procedimentos dependem de penhora (a falta de bens arrecadáveis, na insolvência civil, não é obstáculo à expedição do edital convocatório dos credores, nem à instauração do incidente de verificação e classificação dos créditos – arts. 761, II, e 768 a 772 –, mas permite a suspensão na hipótese dos arts. 774 e 775). Note-se, entrementes, que a suspensão fundada na ausência de bens penhoráveis que o exequente alegue (basta a alegação) não prescinde de decreto judicial que neste caso tem efeito *ex nunc*. Admite-se, ainda, a suspensão do processo de execução se o devedor não é encontrado para ser citado, uma vez que, se a falta de bens do devedor justifica a suspensão, também a justificará a falta do próprio titular dos bens.

Art. 792. Convindo as partes, o juiz declarará suspensa a execução durante o prazo concedido pelo credor, para que o devedor cumpra voluntariamente a obrigação.
Vide Projeto de CPC, art. 878, caput

A hipótese aqui prevista não se confunde, em absoluto, com a do art. 265, II, também aplicável à execução por força do art. 791, II, exposto anteriormente. É que a suspensão do art. 265 pressupõe convenção das partes que têm por objeto exclusivo a própria suspensão da relação processual para qualquer fim não declarado (*v. g.*, tentativa de acordo, aguardo de evento que talvez possibilite a penhora, o pagamento, ou outro), enquanto a previsão deste art. 792 pressupõe negócio jurídico processual especificamente dirigido ao cumprimento da obrigação no prazo que o credor conceda ao devedor, remanescendo o pedido comum de suspensão do feito, e seu deferimento, como mero instrumento a serviço da consecução deste intento material particular que é a satisfação do crédito. Note-se que a presente autorização não se subordina ao § 3º do art. 265.

Parágrafo único. Findo o prazo sem cumprimento da obrigação, o processo retomará o seu curso.
Vide Projeto de CPC, art. 878, parágrafo único.

A norma jurídica em epígrafe apenas explicita a consequência natural do inadimplemento da obrigação no prazo concedido pelo credor, previsto no *caput*: a retomada do curso do processo até então sobrestado. Para esse fim, bastará que o exequente, por determinação judicial ou iniciativa própria, comunique ao juízo a não ocorrência do adimplemento para que esse determine de imediato a retomada. Nada impede, por outro lado, que o magistrado assim proceda *ex officio* (texto de acordo com a Lei n. 8.953/94).

Art. 793. Suspensa a execução, é defeso praticar quaisquer atos processuais. O juiz poderá, entretanto, ordenar providências cautelares urgentes.
Vide Projeto de CPC, art. 879.

Além do efeito material identificado pelo reinício do prazo de prescrição, a declaração ou o decreto de suspensão do processo (sobre a distinção, *v.* notas aos incisos do art. 265) determina naturalmente a proibição de que quaisquer atos processuais sejam praticados; os que o forem não são nulos, mas desprovidos de efeitos (*v. g.*, o pedido de ida dos autos ao contador, de expedição de ofícios, etc.). Contudo, ocorrendo situações de emergência no curso da suspensão, como a necessidade de remoção de bens perecíveis, sua arrematação antecipada (art. 670) ou a destituição de depositário prestes a dar cabo dos bens para fugir, entre outras, lícito será ao juiz conceder medidas cautelares independentemente de processo e ação próprios (art. 797). Trata-se, assim, de autorização excepcional que por esse motivo não prevalece fora do prazo de suspensão. É que a presente regra é restritiva de direito, daí só poder ser interpretada restritivamente, ou seja, no contexto da suspensão do processo executivo e não fora dele.

CAPÍTULO II
DA EXTINÇÃO

Vide Projeto de CPC, arts. 880 e 881 (Capítulo II – Da Extinção).

Art. 794. Extingue-se a execução quando:

Vide Projeto de CPC, art. 880, I, V e VI, e parágrafo único.

Assim como todo processo, também o de execução deve morrer quando a providência jurisdicional pedida é alcançada, isto é, quando o provimento satisfativo tem lugar. Mas, ao lado da solução jurisdicional, existe ainda a autocomposição, bilateral ou unilateral, que identicamente conduz o processo ao seu encerramento, dado o alcance pelas próprias partes de uma solução do mérito *in executivis*. Dessas duas formas de solução do litígio trata a previsão sob exame. Com a entrada em vigor da Lei n. 11.382/2006 (Reforma da Execução Extrajudicial), o focalizado art. 794 e o subsequente (art. 795) passam a regular também a extinção do processo cognitivo condenatório ou mandamental cuja fase final é a de "cumprimento da sentença" (arts. 475-I a 475-R).

I – o devedor satisfaz a obrigação;

Vide Projeto de CPC, art. 880, II.

A satisfação integral da obrigação pelo executado se dá, na execução por quantia (fase ou processo), pela adjudicação dos bens penhorados, pela entrega do dinheiro decorrente da hasta pública ou da alienação por iniciativa particular, ou pelo exercício do usufruto do móvel ou imóvel; na fase ou processo de execução para entrega de coisa, pela transferência da posse do bem, objeto da obrigação, ao exequente; na execução de obrigação de fazer, pelo cumprimento do julgado ou da obrigação constante de título extrajudicial – por um *facere* ou *non facere* – ou pela execução da obrigação por um terceiro. Em todas essas hipóteses, a fase de execução ou o processo de execução se extingue porque o provimento satisfativo, seu escopo último, foi alcançado mediante a realização concreta do direito consagrado no título executivo.

II – o devedor obtém, por transação ou por qualquer outro meio, a remissão total da dívida;

Vide Projeto de CPC, art. 880, III.

A transação ou acordo corresponde, sob o ponto de vista do processo, à chamada autocomposição bilateral, isto é, à extinção do litígio por concessões recíprocas das partes que o Judiciário simplesmente chancela (*v.* art. 269, III). O acordo, formalizado por petição ou termo nos autos, pode, no entanto, prever somente a suspensão do processo até o seu cumprimento integral. Outros meios de alcance da extinção do vínculo obrigacional são a novação – que pode assumir a roupagem formal de transação – ou a remissão total da dívida, isto é, o ato material do credor de perdão da dívida – forma de autocomposição unilateral – que é levado para os autos para gerar a extinção do processo.

III – o credor renunciar ao crédito.
Vide Projeto de CPC, art. 880, IV.

A renúncia ao crédito é outra forma que pode assumir a autocomposição unilateral na fase ou no processo executivo. Trata-se aqui de ato do credor de natureza material, mas formalmente processual, por intermédio do qual ele abre mão do direito consagrado no título e que se expressa nos autos por petição ou termo que depende, contudo, de poder especial do procurador que o firme (art. 38). A diferença entre a renúncia ao crédito que este inciso III prevê e o perdão da dívida referido pelo inciso anterior está no plano jurídico em que cada um deles tem lugar: este se dá fora do processo; aquele, dentro.

Art. 795. A extinção só produz efeito quando declarada por sentença.
Vide Projeto de CPC, art. 881.

Embora o escopo de toda execução seja o alcance de uma providência jurisdicional satisfativa – e não de um mero provimento declaratório de direitos –, à efetiva satisfação do crédito exequendo ou à sua renúncia (art. 794) segue-se o necessário proferimento de uma sentença que, reconhecendo a extinção da obrigação, ponha fim à relação processual pendente entre o exequente, o executado e o juiz. Tal sentença não é o provimento satisfativo, mas o ato formal que o proclama e que encerra o processo, e cujo conteúdo material é a declaração do desaparecimento do vínculo obrigacional constante do título executivo. Observe-se que o efeito material desta sentença (a declaração da extinção da obrigação) se opera *ex tunc* (a partir da extinção) e torna-se imutável com o esgotamento dos recursos que se possam contra ela interpor. Tenha-se em vista, de outra parte, que a eficácia material declaratória desta sentença é um fenômeno jurídico inconteste, o que a torna em tudo e por tudo semelhante à sentença prevista pelo inciso I do art. 269, quanto a seus efeitos, de forma que, transitada materialmente em julgado (arts. 467 e 468), contra ela cabe ação rescisória (art. 485).

LIVRO III
DO PROCESSO CAUTELAR

Vide Projeto de CPC, arts. 269 a 286
(Título IX – Tutela de Urgência e Tutela da Evidência).

Dentro da tríplice e consagrada classificação dos processos, o processo cautelar é aquele que se presta ao alcance de um provimento jurisdicional que resguarda uma situação de fato ou de direito, tal qual ela é hoje, para que outro processo, de conhecimento ou de execução, sobre tal situação resguardada possa gerar eficientemente seus efeitos (eficácia cautelar conservativa) ou excepcionalmente antecipa os efeitos da providência cognitiva (eficácia cautelar antecipatória ou satisfativa), mas sempre com o intuito de neutralizar o *periculum in mora*; a regra, hoje, é que se busque a antecipação de efeitos por meio de tutela antecipada, mas excepcionalmente ainda se pode alcançá-la pela via das cautelares satisfativas. A providência cautelar é, por isso, ato judicial que a um só tempo declara interesses (ou direitos processuais), mas que os torna efetivos imediata, porém provisoriamente. É que não basta ao Judiciário, em situações de emergência, apenas declarar interesses, é preciso que estes sejam realizados concretamente para impedir que a alteração fática ou jurídica provoque o completo esvaziamento e insucesso do processo principal (Carnelluti afirma que o processo cautelar impede os efeitos daninhos do tempo sobre o processo). São características do processo cautelar e da cautelaridade: *a)* a preventividade (*v.* nota ao art. 798); *b)* a provisoriedade (*v.* nota ao mesmo artigo); *c)* a acessoriedade (*v.* nota ao art. 796); *d)* a instrumentalidade hipotética; *e)* a sumariedade da cognição (*v.* arts. 801, III e IV, e 804); *f)* a referibilidade.

TÍTULO ÚNICO
DAS MEDIDAS CAUTELARES

Vide Projeto de CPC, arts. 269 e 271.

Sob o ponto de vista estritamente técnico, medida cautelar é apenas o provimento jurisdicional que pode ser pedido por meio do processo cautelar. Logo, fica fácil perceber que o presente Título Único foi mal denominado, uma vez que a disciplina nele contida abrange um sem-número de figuras e institutos processuais que nada têm a ver com a providência cautelar particularmente considerada. Talvez "Das Ações Cautelares" fosse título mais adequado dada a enorme extensão e profundidade do fenômeno ação na processualística em contraposição à estreiteza de medida, que traduz apenas o ato judicial de mérito no processo cautelar (sobre a classificação das medidas, *v.* nota ao art. 799).

CAPÍTULO I
DAS DISPOSIÇÕES GERAIS

Vide Projeto de CPC, arts. 269 a 286
(Título IX – Tutela de Urgência e Tutela da Evidência).

O presente capítulo compreende, de fato, toda a disciplina genérica do processo cautelar, partindo das regras básicas sobre acessoriedade e excepcionalidade das medidas de ofício (arts. 796 e 797), debruçando-se sobre o poder geral de cautela (arts. 798 e 799) e regulando, por fim, o procedimento comum cautelar – inclusive liminar, sua eficácia, substituição, necessidade da ação principal, etc. (arts. 800 a 810) – e terminando com o regramento da responsabilidade objetiva do requerente (art. 811). Todo esse conjunto de normas jurídicas aplica-se indistintamente ao procedimento comum e aos específicos (arts. 813 e segs.), mas em relação a estes últimos apenas na medida da não incompatibilidade com as regras especiais que lhes são próprias.

Art. 796. O procedimento cautelar pode ser instaurado antes ou no curso do processo principal e deste é sempre dependente.

Vide Projeto de CPC, arts. 269 e 286.

A norma sob comentário institui um dos princípios fundamentais que regem o processo cautelar, que é a sua acessoriedade em relação ao chamado processo principal. Em outras palavras, o que este art. 796 reconhece é a instrumentalidade do processo cautelar (este é sempre um instrumento a serviço de outro processo e nunca um fim em si mesmo), de sorte que fica estabelecida a necessidade de o requerente sempre promover a ação de conhecimento ou de execução cuja eficiência a cautela visa proteger (*v.* art. 806). A disposição legal revela, ainda, as duas formas que o processo cautelar (não procedimento, como diz o texto) pode assumir diante do principal: o processo cautelar pode ser antecedente (ou preparatório), quando instaurado antes do principal, incidindo, então, o art. 806; ou incidente, quando o principal preexiste ao cautelar (sobre a distinção, *v.*, ainda, arts. 800 e 801, III e parágrafo único; examine-se, também, o novo § 7º do art. 273).

Art. 797. Só em casos excepcionais, expressamente autorizados por lei, determinará o juiz medidas cautelares sem a audiência das partes.

Vide Projeto de CPC, art. 277.

Este art. 797 proíbe terminantemente a concessão de medidas cautelares *ex officio*, isto é, de medidas sem o respectivo processo cautelar, fora de hipóteses expressamente autorizadas; "sem a audiência das partes", no texto, significa sem requerimento regular por ação. Assim, para que o magistrado possa conceder medida cautelar no bojo de processo de conhecimento ou de execução, independentemente de ação própria, é sempre necessário que a lei explícita e expressamente o autorize, como ocorre nas hipóteses que passamos a elencar: art. 266 (medidas urgentes no curso da suspensão do processo de conhecimento), art. 653 (arresto na execução contra devedor solvente), art. 588, I e II (prestação de caução na execução provisória), art. 793 (medidas urgentes no curso da suspensão da execução), art. 804 (prestação de caução para concessão de liminar), arts. 1.000, parágrafo único, e 1.001 (reserva de quinhão), e art. 1.018, parágrafo único (reserva de bens para pagamento do credor do espólio).

Art. 798. Além dos procedimentos cautelares específicos, que este Código regula no Capítulo II deste Livro, poderá o juiz determinar as medidas provisórias que julgar adequadas, quando houver fundado receio de que uma parte, antes do julgamento da lide, cause ao direito da outra lesão grave e de difícil reparação.

Vide Projeto de CPC, arts. 270, caput*, e 275.*

Os arts. 798 e 799 disciplinam o poder geral de cautela ou poder cautelar genérico, uma das maiores conquistas alcançadas pelo CPC em vigor. Trata-se de poder cautelar a ser exercido quando a situação de emergência não se enquadra em nenhuma das previsões de medidas típicas (arresto, sequestro, etc., de acordo com os arts. 813 e segs.), de sorte que o cabimento da medida fica a depender do preenchimento do *fumus boni iuris* e do *periculum in mora* genérica e abstratamente previstos no texto (aqui não existe predeterminação específica do conteúdo da medida, nem do interesse tutelado, como acontece com as medidas típicas – *v.* nota ao Capítulo II). Observe-se, entretanto, que, seja qual for a medida que se deseje (*v.* exemplos referidos na nota ao art. 799), o requerente sempre precisará propor ação cautelar inominada porque o poder geral aqui instituído não admite exercício *ex officio*, isto é, sem iniciativa de parte e processo regular (apenas o art. 797 faculta a concessão de medidas sem obediência ao princípio dispositivo a que aludem os arts. 2º e 262). Note-se, por derradeiro, que a redação deste art. 798 é bastante imperfeita: nem sempre é a parte que lesiona interesse da outra (pode ser um fato não humano); não é o direito da parte que se encontra em jogo no processo cautelar (mas apenas um interesse); nem sempre é antes do julgamento da lide que cabe a cautelar (pode ser no curso da execução em que não há julgamento); a provisoriedade é apenas uma característica da medida (o que se pede é sempre uma medida cautelar). Tais imperfeições redacionais, contudo, não impedem, em nada, o exercício do poder geral de cautela. Sobre os conceitos de *fumus boni iuris* e *periculum in mora*, e suas naturezas, examinem-se as notas aos incisos III e IV do art. 801.

Art. 799. No caso do artigo anterior, poderá o juiz, para evitar o dano, autorizar ou vedar a prática de determinados atos, ordenar a guarda judicial de pessoas e depósito de bens e impor a prestação de caução.

A previsão legal sob exame nada mais significa do que uma explicitação daquilo que o magistrado pode fazer, mediante a concessão de liminar ou sentença, em processo e ação instaurados com base no poder cautelar genérico. O rol de atitudes aqui previsto não é, portanto, taxativo, mas meramente exemplificativo, o que dá margem à criatividade dos advogados na busca de um provimento de conteúdo diferenciado que bem atenda às particularidades do caso concreto. Assim é que à parte é lícito requerer e ao juiz deferir, se lhe parecer adequada a medida à situação factual de emergência: a sustação de protesto cambial, a suspensão de deliberações sociais, o bloqueio de conta bancária, a proibição de usar nome comercial ou de praticar certos atos, a nomeação de curador provisório para fundação acéfala, o afastamento de diretores de fundação, o exercício provisório de servidão de passagem, o depósito preparatório de importâncias em dinheiro, a remoção de um doente de um lugar para outro, a libertação de animais em cativeiro, a paralisação de atividade poluente, perigosa ou ilícita, etc. Não há limites para a imaginação no que concerne a medidas cautelares inominadas desde que se respeitem os seus requisitos de admissibilidade (*v.* art. 801, III e IV, e parágrafo único).

Art. 800. As medidas cautelares serão requeridas ao juiz da causa; e, quando preparatórias, ao juiz competente para conhecer da ação principal.

Vide Projeto de CPC, art. 272, caput.

Dada a circunstância de o processo cautelar poder ser instaurado antes ou no curso do processo principal (art. 796), a disciplina da competência precisa amoldar-se a tal realidade para distinguir as duas situações. Se a ação cautelar é ajuizada incidentalmente (*v. g.*, sequestro incidente na reintegratória, reivindicatória ou despejo), a competência para o seu processamento e julgamento não poderia mesmo deixar de ser do juiz do processo principal (a competência aqui é funcional na linha horizontal e, por isso, absoluta – arts. 93 e 108). Se a ação cautelar, por outro lado, é antecedente (*v. g.*, arresto preparatório), a competência é definida à luz dos elementos da ação principal que constam da inicial cautelar (art. 801, III). Nesse caso, a definição da competência é feita sob a forma de prognóstico, valendo-se o juiz das regras gerais dos arts. 91 a 124. Assim, despachada a inicial cautelar (arts. 106 e 263), prevento estará o juízo para o processo principal, qualquer que seja o procedimento cautelar (salvo se não se tratar de processo cautelar como nos casos dos arts. 861 a 866, 867 a 873, 874 a 876 e 882 a 887). Observe-se, por fim, que a urgência excepcional (*v. g.*, a iminente dilapidação de bens) legitima a propositura de cautelar e a concessão de liminar fora da comarca adequada, mesmo porque a incompetência territorial não pode ser declarada de ofício (arts. 113, *caput*, e 114).

Parágrafo único. Interposto o recurso, a medida cautelar será requerida diretamente ao tribunal.

Vide Projeto de CPC, art. 272, parágrafo único.

A nova e clara redação deste parágrafo único coloca uma pedra sobre a grande discussão que se travou em torno do antigo texto: hoje já não importa, em absoluto, a urgência do provimento cautelar, bastando ter sido interposto o recurso para que se transfira ao tribunal a competência para conceder ou não a liminar e para conduzir o processo até final julgamento. Note-se que o presente dispositivo consubstancia regra geral, de sorte que, à falta de previsão específica em contrário, todas as ações cautelares incidentes aos processos em fase recursal serão ajuizadas diretamente no tribunal; as exceções ficam por conta das disposições legais dos arts. 853 (alimentos provisionais) e 880, parágrafo único (atentado) – além do art. 940, § 1º, que, contudo, não diz respeito a processo cautelar –, em que a competência é do juízo monocrático. Observe-se que, se a apelação, *v. g.*, já foi interposta, mas os autos ainda não subiram, o requerente deverá distribuir no tribunal sua petição instruída com todos os documentos relevantes da causa julgada; se os autos já subiram, mas ainda não houve distribuição da causa a um relator, a competência para a concessão da liminar será, normalmente, do presidente do tribunal; se já existe relator, sua, via de regra, será a competência. Finalmente, sobre a opção legislativa pela instituição da competência do tribunal como regra, queremos registrar nossa preocupação em pelo menos dois aspectos: primeiro, nossos tribunais não estão aparelhados para o processamento de ações cautelares; e segundo, a nova competência estabelecida aumentará significativamente o volume de trabalho nos pretórios. Fica a preocupação (texto de acordo com a Lei n. 8.952/94).

Art. 801. O requerente pleiteará a medida cautelar em petição escrita, que indicará:

Vide Projeto de CPC, art. 279.

Este art. 801 explicita os requisitos intrínsecos que a petição inicial cautelar deve preencher, mas não afasta a aplicação subsidiária da regra geral do art. 282, que institui a necessidade de atribuição de valor da causa e de requerimento de citação do sujeito passivo da ação (incisos V e VII) que o presente dispositivo simplesmente omitiu. Quanto ao pedido, é interessante observar que ele não consta de nenhum dos incisos a seguir, mas do próprio *caput* sob comentário, que afirma de maneira enfática que "o requerente pleiteará a medida cautelar em petição escrita". Ao pedido cautelar aplica-se, também subsidiariamente, o disposto nos arts. 286, *caput,* 293 e 294, bem como a disciplina dos arts. 289 e 292.

I – a autoridade judiciária, a que for dirigida;

A previsão repete substancialmente o enunciado pelo inciso I do art. 282, que é, contudo, mais detalhista sob o ponto de vista formal, uma vez que refere "juiz ou tribunal" e não autoridade judiciária como faz o texto sob análise. Lembre-se de que, também em relação à ação cautelar, a inicial pode ser dirigida ao tribunal (o relator do recurso ou seu presidente) de acordo com o disposto no parágrafo único do art. 800 (*v.* nota).

II – o nome, o estado civil, a profissão e a residência do requerente e do requerido;

Da mesma forma como o anterior, repete o presente inciso, em essência, o que o art. 282 estabelece acerca da qualificação das partes que deve constar da petição inicial. A diferença está no fato de que lá é exigida expressamente a indicação dos nomes e prenomes, enquanto aqui só se exige o nome; lá é exigida a indicação do domicílio e da residência, enquanto aqui, apenas da residência. Explicam-se tais dissemelhanças formais dada a circunstância de que a inicial cautelar é normalmente elaborada num contexto de urgência, o que justifica o menor rigor legal quanto à qualificação das partes e principalmente do requerido (*v.* nota ao inciso II do art. 282, contudo).

III – a lide e seu fundamento;

Vide Projeto de CPC, art. 279.

Este inciso III institui a obrigatoriedade de exposição na inicial cautelar da *causa petendi* da ação que será proposta como principal, como forma de permitir ao juiz a avaliação do requisito do *fumus boni iuris* (sobre o conceito e natureza deste, *v.* nota ao inciso subsequente). Logo, por "lide e seu fundamento", no texto, deve o intérprete compreender apenas a narrativa dos fatos e dos fundamentos jurídicos do pedido principal a que alude o inciso III do art. 282 (tal narrativa, observe-se, não precisará possuir a densidade informativa que dela se exige no processo de conhecimento). Fica claro, portanto, que a causa de pedir da ação cautelar é disciplinada apenas em parte pelo presente inciso (só um aspecto é regulado), pois a sua disciplina integral é encontrada no inciso IV (*v.* parágrafo único).

IV – a exposição sumária do direito ameaçado e o receio da lesão;

Vide Projeto de CPC, art. 279.

Direito ameaçado, no texto, é sinônimo de *fumus boni iuris* (literalmente, fumaça de bom direito ou aparência de direito). Sob o ponto de vista mais moderno, *fumus boni iuris* não corresponde propriamente à aparência de direito material, mas apenas à demonstração de que a ação que vai ser proposta como principal – e cuja *causa petendi* o requerente expõe sumariamente de acordo com o inciso III deste artigo – é possível e viável, o que revela, então, a necessidade da própria ação cautelar. Logo, sob tal ótica, o *fumus boni iuris* assume a qualidade de condição da ação interesse de agir no contexto do processo cautelar (interesse-necessidade e interesse-adequação – *v.* art. 267, VI). Note-se que essa visão desvincula completamente o processo cautelar do direito material, o que permite a tutela preventiva sem que o juiz necessite fazer qualquer prognóstico sobre o mérito da ação principal, o que ocorre, de uma forma ou de outra, quando a aparência de direito é exigida (dessa visão antiga, contudo, nossos magistrados não conseguem se afastar porque ela dá mais segurança quando do julgamento do pedido de medida liminar). Já no que concerne ao receio de lesão, trata-se claramente do outro requisito da ação cautelar: o *periculum in mora*, perigo de que a demora na outorga da providência jurisdicional definitiva acarrete um dano irreparável ou de difícil reparação. Assim, se o *fumus boni iuris* é interesse de agir (interesse na eficiente atuação de um processo principal, no dizer de Humberto Theodoro Júnior), o *periculum in mora* corresponde ao mérito da ação cautelar, aquilo que determinará o julgamento de procedência ou improcedência do pedido de cautela. Vista a realidade cautelar sob esse prisma, ficam resguardadas a eficiência e a coerência do sistema processual, que reconhece três grandes categorias aplicáveis a qualquer espécie de processo – pressupostos processuais, condições da ação e mérito – e não se corre o risco do seu esvaziamento (*v.*, ainda, notas aos arts. 804 e 808, parágrafo único).

V – as provas que serão produzidas.

A regra repete com menos palavras o disposto no inciso VI do art. 282, aludindo à necessidade de que o requerente cautelar refira em sua inicial os meios de prova com que procurará demonstrar a veracidade dos fatos alegados. Como observamos lá, nenhuma diferença faz o fato de o autor se valer do verbo requerer, indicar ou simplesmente protestar pela produção de certas provas, já que isso não gera nenhum efeito jurídico ou prático, nem em nível de deferimento da inicial, nem em nível de deferimento da produção das provas indicadas. Na verdade, embora exigido, o requisito em questão é carente de maior significação, razão por que poderia muito bem desaparecer das petições iniciais sem qualquer prejuízo para a atividade jurisdicional (*v.* nota ao art. 282).

Parágrafo único. Não se exigirá o requisito do n. III senão quando a medida cautelar for requerida em procedimento preparatório.

A norma jurídica sob enfoque retira da inicial de ações cautelares incidentes o requisito relativo à exposição da *causa petendi* da ação principal (inciso III) pelo simples fato de que o magistrado, quando vai despachá-la ou julgá-la, já tem completo conhecimento do litígio deduzido no processo principal porque este é anterior ao cautelar que está nascendo e que a ele vai atrelar-se substancial e formalmente (art. 809). Em outras palavras, nas cautelares incidentes, o *fumus boni iuris*, isto é, a condição da ação interesse de agir, não precisa ser demonstrada, uma vez que o interesse na eficiência do processo principal é revelado pela mera circunstância de ele existir (*v.* novo § 7º, do art. 273).

Art. 802. O requerido será citado, qualquer que seja o procedimento cautelar, para, no prazo de 5 (cinco) dias, contestar o pedido, indicando as provas que pretende produzir.

Vide Projeto de CPC, art. 280, caput *e § 1º.*

Exatamente como acontece em relação a qualquer processo, também o cautelar não prescinde, em hipótese alguma, da citação como ato que integra o sujeito passivo na relação processual e abre-lhe a oportunidade de defesa (a concessão e execução de liminar jamais torna dispensável a citação: "o requerido será citado, qualquer que seja o procedimento" – *v.*, ainda, o teor do parágrafo único). Quanto à sua forma, à falta de regras próprias, salvo a referência a mandado no parágrafo único, aplica-se subsidiariamente a disciplina genérica dos arts. 213 a 233 sem restrições. Observe-se que no prazo invariável de cinco dias, além de contestar a ação cautelar (arts. 300 a 303), ao requerido é lícito deduzir exceções rituais (arts. 304 a 314), impugnar o valor da causa (art. 261), nomear à autoria (arts. 62 a 69), chamar ao processo (arts. 77 a 80), requerer exibição (arts. 355 a 363), etc.

Parágrafo único. Conta-se o prazo, da juntada aos autos do mandado:
Vide Projeto de CPC, art. 280, § 2º.

Em sua literalidade, a prescrição sob exame acompanha o disposto no art. 241, II, o que, contudo, não impede a aplicação da citação postal ao processo cautelar, já que o art. 222 não a proíbe. Havendo litisconsórcio passivo, no processo cautelar aplica-se, à evidência, o princípio consagrado no art. 241, III, subsidiariamente, além da norma contida no art. 191. Nada impede, ainda, como vimos, que seja utilizada a citação por edital, ou carta precatória, no processo cautelar, o que torna aplicáveis os incisos IV e V do mesmo art. 241 (*v.* nota ao *caput*).

I – de citação devidamente cumprido;
Vide Projeto de CPC, art. 280, § 2º, I.

Embora sem dizer expressamente, a norma contida no presente inciso – que abarca tanto a citação por oficial de justiça como a com hora certa – pressupõe que no processo cautelar não tenha sido requerida medida liminar ou que esta haja sido negada pelo órgão jurisdicional. É que, se houve concessão de liminar, não é o inciso I, mas o inciso II que tem incidência (*v.* nota).

II – da execução da medida cautelar, quando concedida liminarmente ou após justificação prévia.
Vide Projeto de CPC, art. 280, § 2º, II.

Malgrado a completa omissão do texto legal quanto à referência ao ato citatório, é evidente que só a partir deste é que se conta o prazo de contestação no processo cautelar. Como explicar, então, a regra sob enfoque que não fala de citação? É simples: dizendo que o prazo se conta da execução da medida cautelar, fica subentendido que à tal execução se segue, ato contínuo, a citação do requerido, de sorte que do mesmo mandado que será juntado aos autos consta tanto a certidão da execução da liminar como a certificação de que o sujeito passivo foi citado. Observe-se, assim, que se não houver execução e citação simultâneas, mas apenas execução da medida, não fica o requerente dispensado de pedir nem o juiz de deferir a citação posteriormente (*v.* notas aos arts. 808, *caput*, e 811, II).

Art. 803. Não sendo contestado o pedido, presumir-se-ão aceitos pelo requerido, como verdadeiros, os fatos alegados pelo requerente (arts. 285 e 319); caso em que o juiz decidirá dentro em 5 (cinco) dias.

Vide Projeto de CPC, art. 281, caput *e § 2º.*

Assim como ocorre no processo de conhecimento, também aqui a não contestação da ação (ou revelia) acarreta a produção de efeito substancial, qual seja, a presunção relativa de veracidade dos fatos alegados pelo requerente prevista pelo art. 319, bem como a produção do efeito processual representado pelo desencadeamento da possibilidade de o magistrado julgar o pedido antecipadamente à semelhança do disposto no art. 330, I (a expressa referência ao art. 285 significa a necessidade de constar do mandado de citação a advertência de que eventual revelia acarretará a produção do efeito instituído pelo art. 319). Por derradeiro, observe-se que a decisão em cinco dias a que alude o texto corresponde invariavelmente ao ato sentença (art. 162, § 1º), qualquer que seja o procedimento cautelar.

Parágrafo único. Se o requerido contestar no prazo legal, o juiz designará audiência de instrução e julgamento, havendo prova a ser nela produzida.

Vide Projeto de CPC, arts. 281, § 1º, e 282.

Este parágrafo único institui, na verdade, um arremedo de saneamento no procedimento cautelar, uma vez que a designação de audiência de instrução referida no texto, via de regra, pressupõe anterior afastamento pelo juiz de preliminares arguidas pelo requerido em contestação (as objeções processuais do art. 301 ou as preliminares de mérito da parte final do art. 810). Logo, é nesse arremedo de saneamento que o juiz pratica tais atos, além, eventualmente, de outros ordinatórios (*v.* nota ao art. 327, *in fine*). Acerca da audiência de instrução especificamente, note-se que o que se busca por meio dela não é cognição plena, porquanto para o julgamento do pedido cautelar o órgão jurisdicional se satisfaz com informações sumárias fundadas em critério de mera plausibilidade (Humberto Theodoro Júnior) ou *sumaria cognitio*. Não se deve esquecer de que as medidas cautelares são, além de provisórias, meramente acessórias do processo principal e de que a sentença cautelar não interfere no julgamento deste porque não faz coisa julgada material (art. 810).

Art. 804. É lícito ao juiz conceder liminarmente ou após justificação prévia a medida cautelar, sem ouvir o réu, quando verificar que este, sendo citado, poderá torná-la ineficaz; caso em que poderá determinar que o requerente preste caução real ou fidejussória de ressarcir os danos que o requerido possa vir a sofrer.

Vide Projeto de CPC, arts. 271 e 276.

O dispositivo sob comentário disciplina a concessão da liminar em processo cautelar, estabelecendo as várias possíveis atitudes do juiz diante do requerimento de tais medidas. Pode o magistrado, em primeiro lugar, conceder a medida liminar independentemente de justificação prévia ou caução. Para que isso se dê é necessária não só uma petição inicial clara e convincente, como também a existência de bons documentos que a instruam. Caso os argumentos do requerente pareçam plausíveis e verossímeis – de sorte a ficarem caracterizados em tese o *fumus boni iuris* e o *periculum in mora* – mas as provas documentais inexistam, ou sejam muito pobres, ao juiz cabe designar audiência de justificação prévia, para permitir ao requerente, mediante testemunhas, a prova dos fatos que tornam necessária a medida liminar. Em relação à justificação prévia, observe-se que, segundo o texto, pode ser ela realizada com ou sem a presença do requerido *(inaudita altera parte)* de acordo com o critério estampado (a não convocação do requerido é necessária, *v. g.*, no caso de apreensão de incapaz prestes a desaparecer, na hipótese de arresto de bens móveis que estão para ser removidos, no caso de separação de corpos de marido violento, etc.). Nessa audiência, ouvem-se especificamente as testemunhas do requerente, mas nada impede que o juiz ouça as próprias partes e eventualmente testemunhas do requerido, desde que lhe pareça imprescindível, já que tal audiência não tem esse fim; prova documental também é admitida. Por derradeiro, a terceira possível atitude do juiz em face do pedido de liminar é a exigência de prestação de caução, que tanto pode ter lugar independentemente de justificação como posteriormente a ela. Note-se que tal exigência – também chamada de contracautela ou cautela de ofício, posto que é medida do juiz enquadrável no art. 797 – só tem cabimento em casos de cautelares de repercussão patrimonial (arresto, sequestro, busca e apreensão de coisas, sustação de protesto, etc. e não, *v. g.*, nos casos dos incisos III a VII do art. 888). Concedida a liminar – que é decisão interlocutória atacável por agravo (arts. 162, § 2º, e 522) e eventual mandado de segurança –, expede-se mandado ou ofício para seu imediato cumprimento.

Art. 805. A medida cautelar poderá ser substituída, de ofício ou a requerimento de qualquer das partes, pela prestação de caução ou outra garantia

menos gravosa para o requerido, sempre que adequada e suficiente para evitar a lesão ou repará-la integralmente.
Vide Projeto de CPC, art. 270, parágrafo único.

A substituição da medida cautelar (apenas decretada ou decretada e já cumprida) pela prestação de caução ou "outra garantia menos gravosa para o requerido" – previsão recentemente acrescentada à regra sob enfoque – corresponde normalmente a pedido que o requerido deduz por simples petição nos autos do processo cautelar, independentemente de ação, se o valor da garantia é de fácil apuração pelo juiz da causa. Mas o magistrado também pode concedê-la de ofício, como dispõe o texto reformado. Somente na hipótese de o órgão jurisdicional perceber a necessidade de maiores discussões e provas para a definição do *quantum* ou da forma de prestação é que deverá ele determinar ao requerido que ajuize a cautelar incidente de prestação de caução (arts. 826 e 834), que dará ensejo à formação de novo apenso (art. 809). Não havendo maiores dúvidas, o que se constata após oitiva da parte contrária, o magistrado, por decisão nos próprios autos, defere a substituição e fixa o valor a ser caucionado ou estabelece a forma que a caução, ou a "garantia menos gravosa", deve assumir, marcando prazo para a sua prestação (texto de acordo com a Lei n. 8.952/94).

Art. 806. Cabe à parte propor a ação, no prazo de 30 (trinta) dias, contados da data da efetivação da medida cautelar, quando esta for concedida em procedimento preparatório.
Vide Projeto de CPC, art. 282.

Dada a circunstância de o processo cautelar não ser um fim em si mesmo, mas acessório que visa assegurar a eficácia do processo principal (art. 796), não tem o menor sentido que, executada a liminar, o requerente deixe de ajuizar a demanda que é o próprio motivo da sua concessão. Eis a *ratio* do prazo decadencial de trinta dias estabelecido no texto *sub apretiationis*. Todavia, nem todas as liminares cautelares desencadeiam, quando da sua execução, a necessidade de propositura de ação principal nesse prazo. É que existem liminares que não provocam nenhuma restrição de direito ou constrição de bens, de sorte que sob o ponto de vista da atividade jurisdicional, e do requerido, nenhum prejuízo pode causar a omissão do requerente como sói acontecer nas hipóteses de produção antecipada de provas, de arrolamento de bens, de notificação e justificação (mas estes dois não são processos cautelares). Também por razões de interesse público cai o requisito como nos casos que envolvem incapazes ou a própria sobrevivência: *v. g.*, a liminar que fixa regime de visita dos filhos e de alimentos provisionais. Consigne-se, por fim, que nas restritivas de direito o prazo para a propositura da ação principal corre impreterivelmente da data da execução da medida liminar e não da sua concessão ou da juntada aos autos do mandado cumprido. Se o último dia do prazo – prazo que não se suspende, nem se interrompe – cair em férias forenses, nelas a ação deverá ser proposta (art. 173, II); se num domingo, até o último dia útil anterior. O desrespeito ao prazo acarreta a cessação da eficácia da medida nos termos do art. 808, I (*v.* nota).

Art. 807. As medidas cautelares conservam a sua eficácia no prazo do artigo antecedente e na pendência do processo principal; mas podem, a qualquer tempo, ser revogadas ou modificadas.

Vide Projeto de CPC, art. 283, caput

A parte inicial da prescrição tem caráter meramente explicitativo do fato processual de que a liminar concedida mantém a sua eficácia durante os trinta dias que se seguem a sua execução, e durante todo o tempo que durar o processo principal se este foi instaurado dentro daqueles trinta dias referidos (trata-se de mera explicitação porque o próprio art. 806 diz isso implicitamente). Já a parte final do texto nos apresenta regramento inteiramente novo, qual seja, a possibilidade de o juiz revogar ou modificar a medida liminar concedida a qualquer tempo. Sobre essa norma jurídica algumas observações se impõem. Primeira, a modificação da medida pode ser quantitativa (ampliação ou redução do seu objeto – mais ou menos um bem sob arresto, *v. g.*) ou qualitativa (mudança do bem sob arresto; arrolamento no lugar de arresto – Humberto Theodoro Júnior). Segunda, a revogação, como a modificação, também não exige ação e processo incidente, podendo o juiz concedê-la por simples decisão nos próprios autos após oitiva da parte contrária (normalmente tais pedidos são feitos pelo requerido em contestação). E, terceira, como a lei diz "a qualquer tempo", nada impede que o juiz revogue a liminar na sentença cautelar ou na própria sentença do processo principal em caso de julgamento conjunto (a revogação deve ser sempre expressa, contudo).

Parágrafo único. Salvo decisão judicial em contrário, a medida cautelar conservará a eficácia durante o período de suspensão do processo.

Vide Projeto de CPC, art. 283, §§ 1º e 2º.

A regra é a manutenção da eficácia da medida cautelar liminarmente concedida (ou sentencialmente concedida) durante todo o curso do processo principal (primeira, segunda ou terceira instância), inclusive durante o período em que este permanecer suspenso por força de qualquer das hipóteses do art. 265;

a exceção é a perda dessa eficácia no período de suspensão do processo principal, o que dependerá impreterivelmente de expressa decisão do juiz da causa nos autos desse e certificação nos autos do cautelar. Pode justificar a perda de eficácia da medida, *v. g.*, o comprovado prejuízo representado pela constrição de um bem durante o longo tempo de suspensão nos casos do inciso IV do art. 265.

Art. 808. Cessa a eficácia da medida cautelar:

Vide Projeto de CPC, art. 284, caput

A cessação da eficácia da medida cautelar aqui disciplinada decorre de fatos objetivamente verificáveis, não se confundindo, portanto, com a revogação da medida que, apesar de também gerar a extinção de seus efeitos, decorre de ato de vontade do juiz fundado na avaliação de motivos outros que não o simples decurso do tempo ou o resultado do processo principal (*v. g.*, dúvida grave superveniente acerca do *periculum in mora* ou do *fumus boni iuris*). O ato do juiz que declara cessados os efeitos da medida e ordena o restabelecimento da situação fática ou jurídica ao *status quo ante* (por ofício, contramandado, etc.) é sentença ou decisão interlocutória, dependendo do caso (*v.* incisos seguintes).

I – se a parte não intentar a ação no prazo estabelecido no art. 806;

Vide Projeto de CPC, art. 284, I.

Como visto, a propositura da ação principal no prazo do art. 806 é absolutamente necessária porque ela é a própria razão de ser da medida cautelar concedida. Assim, nada mais justo e lógico que, desrespeitado tal prazo, o requerente seja penalizado com a cessação da eficácia da medida e a volta da situação ao estado anterior à sua execução (*v.* nota ao *caput* e ao art. 806). Mas, afinal, que consequência acarreta tal fenômeno? A resposta só pode ser uma: a extinção do processo cautelar, uma vez que este só pode ser mantido vivo enquanto existir perspectiva de um processo principal que desaparece se o requerente não o instaurar em trinta dias.

II – se não for executada dentro de 30 (trinta) dias;

Vide Projeto de CPC, art. 284, II.

De acordo com a presente disposição legal, fica instituída a conservação da eficácia da medida cautelar (liminar ou não) durante o prazo de trinta dias a partir da data da sua concessão pelo órgão jurisdicional. Diferentemente, contudo, do prazo do art. 806, que é decadencial, o ora abordado é meramente preclusivo, razão por que se submete ao fenômeno da justa causa previsto pelo art. 183, *in fine*, e seus §§ 1º e 2º. Logo, a não efetivação da medida por motivo imprevisto e alheio à vontade da parte (*v. g.*, o incapaz não foi encontrado; os bens já foram removidos) impede que a cessação do efeito da medida tenha lugar desde que o requerente demonstre interesse concreto na sua execução, mediante a prática de atos processuais adequados e tempestivos. Por derradeiro, parece relevantíssimo salientar que a não execução da medida em trinta dias, ainda que por descuido ou negligência do requerente, não acarreta a extinção do processo cautelar que pode prosseguir até o seu final por iniciativa da parte com vista ao proferimento de sentença que lhe dê novamente a medida (para continuar vivendo, o processo cautelar depende do principal – que aqui ainda não é exigido –, mas não da execução da medida). O ato do juiz, portanto, que declara a cessação da eficácia é mera decisão interlocutória.

III – se o juiz declarar extinto o processo principal, com ou sem julgamento do mérito.

Vide Projeto de CPC, art. 284, III.

O proferimento de sentença terminativa (sem julgamento do mérito – art. 267) no processo principal – qualquer que seja o seu fundamento – acarreta invariavelmente a cessação da eficácia da medida concedida, uma vez que o desaparecimento do principal esvazia o processo cautelar (numa mesma sentença o juiz pode extinguir os dois processos). Já no que concerne às sentenças definitivas (com julgamento de mérito – art. 269) é preciso distinguir: a sentença de procedência do pedido não faz cessar a eficácia da cautelar porque é necessário que se resguarde a eficiência do processo principal até o momento da execução da sentença (processo ou simples fase, não importa), de sorte que à procedência do pedido soma-se a manutenção da medida cautelar; a sentença de improcedência, sim, faz cessar a eficácia cautelar porque a declaração de certeza quanto à inexistência do direito material faz desaparecer aos olhos do juiz o *fumus boni iuris* e o *periculum in mora* que justificavam a medida. Idênticos raciocínios valem para os casos previstos pelos incisos II a V do art. 269.

Parágrafo único. Se por qualquer motivo cessar a medida, é defeso à parte repetir o pedido, salvo por novo fundamento.

Vide Projeto de CPC, art. 284, § 1º.

Interpretados os incisos I a III anteriores, como fizemos, fica fácil concluir que a regra esculpida neste parágrafo único não significa que a cessação da eficácia da medida acarrete a automática extinção do processo cautelar. Pelo contrário, o dispositivo sob enfoque apenas ressalta a impossibilidade de a parte repetir o pedido de providência cautelar, uma vez operada a extinção do processo que o continha. Não se trata aqui, como poderia parecer, de coisa julgada – fenômeno ligado ao julgamento do pedido e que não existe no processo cautelar –, mas de obstáculo vinculado à *causa petendi* instituído como forma de sanção ao desrespeito às regras cogentes que disciplinam a eficácia das medidas cautelares. Inócuas seriam tais normas se ficasse o requerente livre para repetir o mesmo pedido sob o mesmo fundamento em caso de cessação da eficácia da providência requerida (Vicente Greco Filho).

Art. 809. Os autos do procedimento cautelar serão apensados aos do processo principal.

Vide Projeto de CPC, art. 282, § 1º.

Os autos do processo cautelar (não do "procedimento cautelar" como diz impropriamente a regra, já que de verdadeiro processo se trata) são apensados, isto é, anexados, de acordo com o texto, aos autos do processo principal porque à lei pareceu conveniente estabelecer dependência entre as duas relações processuais também no plano físico, vale dizer, em nível de documentação. A *ratio* do dispositivo, como se percebe, é claramente a conexão entre as duas causas, a principal e a acessória. Consigne-se, por fim, que motivos relevantes de ordem prática, desde que formalmente reconhecidos e declarados nos autos, podem justificar o não apensamento.

Art. 810. O indeferimento da medida não obsta a que a parte intente a ação, nem influi no julgamento desta, salvo se o juiz, no procedimento cautelar, acolher a alegação de decadência ou de prescrição do direito do autor.

Vide Projeto de CPC, art. 285.

Não só o indeferimento não impede a propositura da ação principal, nem influi no seu julgamento, como o próprio deferimento da medida cautelar identicamente não repercute, em absoluto, sobre a definição jurisdicional do direito deduzido por meio da ação principal. Em outras palavras, o que a parte inicial da regra sob comentário institui é que o julgamento da cautelar não transita materialmente em julgado, o que revela a autonomia teleológica do provimento cautelar. Entretanto, nas duas situações previstas na parte final da norma, abre a lei expressa exceção ao que antes estabeleceu, permitindo que nos próprios autos do processo cautelar, por sentença, o juiz declare a decadência ou a prescrição, com o que fica desde logo solucionado o litígio que seria apreciado no processo principal e formada a coisa julgada sobre tal decisão. Justificam a exceção o princípio da economia processual e o da efetividade da jurisdição (*v.* nota ao inciso IV do art. 811).

Art. 811. Sem prejuízo do disposto no art. 16, o requerente do procedimento cautelar responde ao requerido pelo prejuízo que lhe causar a execução da medida:

Vide Projeto de CPC, art. 274, caput

Este art. 811 institui a responsabilidade civil que repousa sobre o requerente da medida cautelar no caso de a sua execução causar prejuízos ao requerido (*v.* art. 804, *in fine*). Ressaltem-se três aspectos: primeiro, a responsabilidade instituída é objetiva, vale dizer, prescinde de qualquer elemento subjetivo como ocorre em algumas situações materiais (CC, arts. 186 e 927); segundo, só há responsabilidade se houver execução da medida pelo cumprimento do mandado ou do ofício; terceiro, é necessária a efetiva demonstração de danos emergentes ou lucros cessantes pelo requerido para que o requerente seja responsabilizado (*v.* parágrafo único abaixo). Esses três aspectos devem permear a compreensão das regras contidas nos incisos que seguem.

I – se a sentença no processo principal lhe for desfavorável;

Vide Projeto de CPC, art. 274, I.

Como visto, o proferimento de sentença terminativa por qualquer fundamento no processo principal, bem como a prolação de sentença definitiva pela improcedência, acarreta a automática cessação da eficácia da medida cautelar a teor do disposto no art. 808, III (*v.* nota). Assim, em qualquer dessas duas hipóteses – havendo coisa julgada –, se a medida cautelar chegou a ser concretizada efetivamente e o requerido sofreu prejuízos em razão disso, caracterizada fica a responsabilidade objetiva do requerente (*v.* nota ao *caput*). Note-se que a improcedência parcial gera responsabilidade restrita.

II – se, obtida liminarmente a medida no caso do art. 804 deste Código, não promover a citação do requerido dentro em 5 (cinco) dias;

Vide Projeto de CPC, art. 274, II.

A responsabilidade fundada no presente inciso para ficar caracterizada depende de fato processual suplementar não previsto no texto: a extinção do processo cautelar por falta de iniciativa do requerente nos termos do art. 267, III. Trata-se, portanto, de regra explicitativa do inciso I, que contém previsão de caráter geral. Na verdade, essa é a única interpretação que revela a aplicabilidade do presente dispositivo, uma vez que a não promoção da citação do requerido em cinco dias não se encontra prevista no art. 808 como causa de cessação da eficácia da medida. Ora, se não há perda da eficácia nesse caso, o processo cautelar continua vivo, de sorte que nada impede que a procedência do pedido principal traga consigo a manutenção da medida pela sentença, o que torna inviável a ideia de responsabilização do requerente.

III – se ocorrer a cessação da eficácia da medida, em qualquer dos casos previstos no art. 808, deste Código;

Vide Projeto de CPC, art. 274, III.

A regra sob enfoque só tem uma razão de ser, que é a remissão ao inciso I do art. 808: responde o requerente pelos prejuízos derivados da execução da medida se ele próprio não instaurar o processo principal em trinta dias. Quanto às duas outras situações do art. 808, a remissão do presente dispositivo é inócua. Em primeiro lugar, porque a hipótese do inciso III do art. 808 já se encontra compreendida pelo inciso I deste art. 811; em segundo, porque a situação do inciso II do art. 808 não gera responsabilidade alguma pelo simples fato de que o *caput* deste art. 811 pressupõe execução da medida que nesse caso não há (*v.* nota respectiva). Logo, a remissão genérica dessa norma jurídica é indubitavelmente equivocada.

IV – se o juiz acolher, no procedimento cautelar, a alegação de decadência ou de prescrição do direito do autor (art. 810).

Vide Projeto de CPC, art. 274, IV.

O fundamento da responsabilidade civil objetiva do requerente aqui instituído estriba-se diretamente na coisa julgada material que se forma em torno do reconhecimento da prescrição ou da decadência contido na própria sentença cautelar (o fenômeno só é possível, como visto, dada a excepcionalíssima autorização do art. 810 – *v.* nota). Observe-se, contudo, que não basta à caracterização da responsabilidade a imutabilidade da eficácia material dessa sentença, porquanto não dispensa o *caput* a verificação do efetivo prejuízo que o requerido experimente em decorrência do cumprimento da medida cautelar. Logo, precisam somar-se três fatos para que a responsabilidade seja gerada, nesta ordem: execução da medida; prejuízo do requerido; e coisa julgada sobre a declaração de prescrição ou decadência.

Parágrafo único. A indenização será liquidada nos autos do procedimento cautelar.

Vide Projeto de CPC, art. 274, parágrafo único.

Verificada a ocorrência de qualquer das hipóteses ensejadoras de responsabilidade previstas nos incisos do *caput* deste artigo – e desde que haja sentença transitada formalmente em julgado –, o que o presente dispositivo autoriza é que o requerido, por petição escrita, peça a instauração de processo de liquidação sob a forma de liquidação por artigos, uma vez que normalmente serão necessárias a alegação e a prova de fatos novos (arts. 608 a 611). Julgada a liquidação, ainda nos mesmos autos, o requerido transformar-se-á em exequente, ajuizando execução por quantia em face do requerente que, por isso, torna-se executado (arts. 646 e segs.).

Art. 812. Aos procedimentos cautelares específicos, regulados no Capítulo seguinte, aplicam-se as disposições gerais deste Capítulo.

A norma sob comentário tem caráter meramente explicitativo não só porque os arts. 796 a 811 vêm encabeçados pela rubrica "Das Disposições Gerais", mas também pelo fato de os procedimentos específicos que seguem se revelarem, em bom número, parcos de regramento procedimental. Logo, se as presentes normas gerais não esbarrarem em regras especiais contidas na disciplina dos procedimentos específicos, aplicar-se-ão as gerais. Em caso contrário, prevalecem as regras especiais sobre as gerais.

CAPÍTULO II
DOS PROCEDIMENTOS CAUTELARES ESPECÍFICOS

Vide Projeto de CPC, arts. 279 a 285 e 286, caput *e seu parágrafo único (Capítulo II – Do Procedimento das Medidas de Urgência).*

Duas são as características básicas dos procedimentos cautelares específicos ou ações cautelares nominadas: em primeiro lugar, a predeterminação do conteúdo da medida (o arresto é diferente do sequestro, que é diferente da busca e apreensão e assim sucessivamente); em segundo, a predeterminação do interesse tutelado (a lei diz exatamente que interesses são protegidos por exibição, produção antecipada de provas, alimentos provisionais, etc. – Humberto Theodoro Júnior). O que parece importante ressaltar quanto a essa segunda característica mencionada é que, estabelecendo concretamente as hipóteses de cabimento, nada mais faz a lei do que explicitar e especificar o que ela considera *periculum in mora* e *fumus boni iuris* em relação a cada uma das ações nominadas. Observe-se, por fim, que pelo prisma estritamente ritual, os chamados procedimentos específicos são mais ou menos diferenciados se comparados com o procedimento comum cautelar.

Seção I
Do Arresto

Art. 813. O arresto tem lugar:

Arresto é a medida, a ação e o procedimento cautelar cuja finalidade é o resguardo da eficácia ou da eficiência de futuro processo de execução por quantia certa contra devedor solvente ou insolvente – ou da futura fase de cumprimento de sentença sob a forma de execução (art. 475-I, *caput*) –, e que consiste na apreensão de bens indeterminados do patrimônio do devedor. Como o arresto é ato que prepara a penhora ou arrecadação, por meio dele apreendem-se apenas os bens – de que seja titular o devedor – suficientes à futura realização do crédito (sobre o interesse de agir e mérito da ação de arresto, *v.* art. 814). Muito bem, a seguir as hipóteses específicas de *periculum in mora* para fins de arresto (ou *causae arresti*), valendo a pena notar que entre os incisos I e III existe uma clara gradação de gravidade de situações.

I – quando o devedor sem domicílio certo intenta ausentar-se ou alienar os bens que possui, ou deixa de pagar a obrigação no prazo estipulado;

A hipótese de concessão de arresto prevista por este inciso I é claramente a mais grave das reconhecidas pela lei. Assim é porque o devedor que pratica qualquer dos atos aqui descritos não possui domicílio certo (compare com o inciso II, em que o devedor tem domicílio conhecido), razão pela qual também o juiz fica autorizado a ser menos rigoroso quanto à avaliação probatória dos fatos alegados pelo requerente. Quanto às atitudes do devedor, observe-se que não é necessário que ele efetivamente se ausente ou aliene bens (venda, doação, etc.), bastando a tentativa de se ausentar ou de alienar (*v. g.*, pela preparação da mudança, contratação de transportadora, fornecimento de documentação ao tabelião, anúncio de venda de automóvel, etc.). Por derradeiro, note-se que a simples verificação do inadimplemento do devedor, no caso de este não possuir domicílio conhecido, já justifica a concessão do arresto com base no presente inciso.

II – quando o devedor, que tem domicílio:

O simples fato de este inciso II prever que o devedor tem domicílio conhecido já revela, por si só, que a periculosidade das atitudes concretas enunciadas a seguir é teoricamente menos intensa do que a reconhecida pelo inciso I, deste art. 813. Por conseguinte, do ponto de vista da atividade jurisdicional, é fácil concluir que nesses casos o magistrado deverá ser mais rigoroso na avaliação probatória dos fatos alegados pelo requerente.

***a)* se ausenta ou tenta ausentar-se furtivamente;**

Como se vê, o que distingue a previsão sob análise da contida na parte inicial do inciso anterior é que para a concessão do arresto contra devedor que possui domicílio conhecido não basta a demonstração da vontade deste de se ausentar, nem a sua ausência já consumada, porquanto a qualquer desses fatos deve-se somar necessariamente o elemento subjetivo indicado no texto: a intenção de fugir. Se com base no inciso I o juiz concede a cautela ante o mero fato de o devedor estar em vias de se mudar, com base no presente inciso o arresto só estará justificado sob o ângulo do *periculum in mora* se por meio de circunstâncias puder ser demonstrado que a ausência ou tentativa de se ausentar é furtiva (*v. g.*, todos os preparativos para a mudança foram realizados às ocultas dos vizinhos ou dos conhecidos, durante a noite ou muito repentinamente).

***b)* caindo em insolvência, aliena ou tenta alienar bens que possui; contrai ou tenta contrair dívidas extraordinárias; põe ou tenta pôr os seus bens em nome de terceiros; ou comete outro qualquer artifício fraudulento, a fim de frustrar a execução ou lesar credores;**

Quatro situações diferentes encontram-se aqui previstas. Em primeiro lugar, temos a hipótese de alienação ou tentativa de alienação de bens, que se distingue da estabelecida no inciso I deste art. 813 (*v.* nota e exemplos) pela exigência de que, à época dos fatos, o patrimônio passivo do devedor já seja maior do que o seu ativo (veja-se que a insolvência não precisa estar declarada judicialmente, bastando a sua configuração em tese pela desproporcionalidade entre bens e dívidas). Em segundo lugar, temos a contração ou tentativa de contração de dívidas extraordinárias, que são aquelas que se revelam desnecessárias, despropositadas ou incompatíveis com a capacidade econômica do devedor. Em seguida, encontramos a previsão de transferência ou tentativa de transferência patrimonial a terceiros, que se revela ou pela celebração de contratos de compra e venda, compromisso, promessa de cessão, doação, dação em pagamento, etc. ou pela prática de atos preparatórios para a realização de qualquer desses negócios jurídicos. E, por fim, em quarto lugar, fica instituída uma previsão ampla para compreender quaisquer outras atitudes fraudulentas não previstas pelo legislador.

III – quando o devedor, que possui bens de raiz, intenta aliená-los, hipotecá-los ou dá-los em anticrese, sem ficar com algum ou alguns, livres e desembargados, equivalentes às dívidas;

As atitudes do devedor aqui enunciadas – não importando a existência ou a inexistência de domicílio conhecido – correspondem indubitavelmente àquelas que menor grau de periculosidade apresentam em relação aos interesses do credor. O fato é que bens imóveis não desaparecem, de sorte que a garantia representada pelo instituto da fraude à execução (art. 593) é plena nesses casos, o que por si só é fator de maior segurança jurídica. Seja como for, a par da garantia instituída pelo art. 593, o presente inciso permite ao credor, nos casos de simples tentativa de transferência (*v. g.*, por venda, doação, compromisso, cessão de direitos, etc.) ou de oneração (hipoteca e anticrese), antecipar-se à consumação do ato lesivo para *hic et nunc* impedi-lo por meio de ação cautelar. Note-se, contudo, que para a concessão da medida, é claro, torna-se necessário que não existam no patrimônio do devedor outros bens livres que respondam suficientemente pelo crédito.

IV – nos demais casos expressos em lei.

Entre as demais hipóteses previstas em lei, encontramos: o arresto *ex officio* na execução (art. 653); o sequestro – que é arresto – de quantia da Fazenda Pública (art. 731); o sequestro – que é arresto – de bens do acusado (CPP, arts. 136 e 137); o arresto de mercadorias a bordo de navio para garantia do frete (CCom, art. 527); e o arresto de quantias em favor de interessados no processo de falência (LF, art. 130).

Art. 814. Para a concessão do arresto é essencial:

O presente dispositivo sintetiza, nos dois incisos que seguem, os requisitos necessários à concessão da medida cautelar de arresto (com a forma de liminar ou não), explicitando o que a lei considera especificamente como *fumus boni iuris*, bem como dizendo por que meios o requerente pode demonstrar a presença do *periculum in mora* que o artigo anterior minuciosamente disciplinou. A falta de qualquer dos dois requisitos leva a uma das três seguintes soluções: *a)* o juiz indefere a petição inicial por falta de interesse (art. 295, III), se já há plena certeza quanto à ausência de *fumus boni iuris*; *b)* o juiz indefere a medida liminar, mas ordena a citação do requerido porque há dúvida quanto à presença do *periculum in mora*; *c)* o juiz defere ou indefere a liminar, mas ao final, por sentença, dá pela carência (porque falta *fumus boni iuris*) ou pela improcedência do pedido cautelar (porque falta *periculum in mora*).

I – prova literal da dívida líquida e certa;

Para fins de arresto, o *fumus boni iuris* – que corresponde ao interesse de agir desta ação cautelar – só está presente se o requerente dispuser de documento escrito que a lei reconheça como título executivo judicial ou extrajudicial (arts.

475-N e 585). Quaisquer outros documentos não justificam o arresto, uma vez que tal medida cautelar se presta exclusivamente à tutela da eficiência de futuro processo de execução por quantia, de modo que a prévia constatação da inviabilidade deste exclui automaticamente o propósito daquela. Observe-se, entrementes, que desse documento ("prova literal", como diz o texto) só precisam constar os requisitos de certeza e liquidez, não assim a exigibilidade (*v.* art. 586) que a regra de forma proposital omite, dado que o arresto serve justamente para permitir a constrição de bens quando, na época da inexigibilidade da obrigação, o devedor pratica atos de dilapidação patrimonial (mas a exigibilidade já presente não impede a concessão de arresto). Note-se, ainda, que, quanto ao requisito da liquidez, o parágrafo único abaixo amplia o cabimento da medida mediante a sua exclusão, mas apenas na hipótese que estabelece. Por derradeiro, é importante consignar que o pedido de arresto, quando incabível, não pode ser substituído por requerimento de medida cautelar inominada fundado nos arts. 798 e 799.

II – prova documental ou justificação de algum dos casos mencionados no artigo antecedente.

Como visto anteriormente, para fins de arresto, o *periculum in mora* tem de assumir uma das formas previstas pelos incisos do art. 813, sob pena de inadmissibilidade da medida, de sorte que tanto para a concessão da liminar como para a concessão da providência por sentença é necessário que o requerente demonstre por documentos ou prova oral que o requerido pratica ato de dilapidação. Sob o enfoque da liminar, a prova documental referida é a existente no momento da propositura da ação e que deve ser juntada à inicial (ou, na pior das hipóteses, no momento da justificação), enquanto a justificação mencionada no texto é a audiência a que alude o art. 815; sob o prisma da sentença, prova documental é a colhida em toda a instrução, e a justificação é toda a prova oral que se produza em audiência (art. 803, parágrafo único). Observe-se, ainda, que, para fins de sentença, o *periculum in mora* corresponde ao mérito da cautelar e não a qualquer condição da ação (*v.* nota ao art. 798).

Parágrafo único. Equipara-se à prova literal da dívida líquida e certa, para efeito de concessão de arresto, a sentença líquida ou ilíquida, pendente de recurso, condenando o devedor ao pagamento de dinheiro ou de prestação que em dinheiro possa converter-se.

O parágrafo sob comentário estende o cabimento do arresto (por liminar e sentença), em primeiro lugar, aos títulos executivos judiciais que não preencham o requisito da liquidez exigido pelo inciso I deste artigo em consonância com o art. 586. É que em se tratando de título judicial, a probabilidade de existência do crédito e de que uma execução possa realmente ser ajuizada no futuro – ainda que mediante prévio procedimento liquidatório – é bem maior do que nos casos de títulos extrajudiciais. Logo, a lei reconhece *fumus boni iuris* mesmo na ausência de liquidez. Já no que concerne à falta de trânsito em julgado, parece importante ressaltar que há interesse de agir para o arresto tanto na hipótese de sentença civil condenatória (art. 475-N, I, última figura) como na de sentença homologatória de conciliação ou transação (art. 475-N, III) e também no caso de sentença penal condenatória (art. 475-N, II); não assim no caso de sentença estrangeira sem homologação (art. 475-N, VI), posto que esta não tem efeitos no Brasil antes do seu reconhecimento formal pelo STJ. Note-se que, em função de a sentença arbitral não depender mais de homologação do Poder Judiciário e de ter ficado equiparada à sentença em termos eficaciais (Lei n. 9.307/96, art. 31, e CPC, art. 475-N, IV), esta também se equipara à prova literal de dívida líquida e certa para fins de arresto (texto de acordo com a Lei n. 10.444/2002).

Art. 815. A justificação prévia, quando ao juiz parecer indispensável, far-se-á em segredo e de plano, reduzindo-se a termo o depoimento das testemunhas.

A audiência de justificação prévia aqui disciplinada é a mesma que o art. 804 genericamente regula; a norma sob enfoque apenas explicita a sua admissibilidade no procedimento do arresto, bem como especifica alguns detalhes formais ligados à sua realização (*v.* nota ao art. 804). Destarte, como lá, essa audiência especial, que é facultativa, pode ocorrer com ou sem a presença do requerido ("far-se-á em segredo", diz o texto), mas, seja como for, as testemunhas que forem ouvidas terão seus depoimentos reduzidos a termo. Como tivemos a oportunidade de observar, o juiz pode, se quiser, ouvir as partes também, ainda que tal oitiva não seja o objetivo da audiência, posto que este é apenas o de permitir ao requerente fazer prova testemunhal dos fatos caracterizadores do *periculum in mora* que não pode provar de plano com documentos. A *ratio* de tal audiência, tenha-se sempre presente, é a necessidade de dar ao juiz maiores elementos de convicção – ainda que mediante *sumaria cognitio* – para que ele possa conceder a medida liminar.

Art. 816. O juiz concederá o arresto independentemente de justificação prévia:

A norma jurídica sob comentário ordena ao juiz que conceda a medida cautelar de arresto liminarmente, isto é, sem realizar audiência de justificação prévia, nas hipóteses a seguir indicadas. Não se trata, como se vê, de mera faculdade concedida ao magistrado, mas sim de dever legal. Tal obrigatoriedade, contudo, precisa ser bem compreendida: o que se dispensa ao requerente nesses casos é apenas a prova testemunhal dos fatos que revelam o *periculum in mora*, mas não a expressa exposição das circunstâncias que, enquadradas numa das previsões do art. 813, justificam a medida. A falta de narrativa do receio de lesão (art. 801, IV, 2ª figura), ou o seu descompasso com a previsão apontada do art. 813, autoriza o juiz a indeferir a concessão da liminar. Já a falta de apresentação pelo requerente de título executivo (art. 814, I), que revela carência de ação, leva à consequência mais drástica, que é o indeferimento da própria petição inicial (art. 295, III). Observe-se, por derradeiro, que a dispensa de justificação prévia só se aplica à liminar e jamais à concessão da medida cautelar de arresto por sentença.

I – quando for requerido pela União, Estado ou Município, nos casos previstos em lei;

Não só às pessoas jurídicas de direito público expressamente indicadas é dirigida a regra processual sob enfoque, mas também às suas respectivas autarquias (não assim às empresas públicas ou às sociedades de economia mista que são pessoas jurídicas de direito privado). O fundamento do privilégio instituído liga-se evidentemente à presunção de boa-fé e legitimidade dos atos praticados pela Administração Pública, inclusive o processual traduzido no pedido de medida liminar de arresto. Contudo, convém lembrar que a pessoa jurídica de direito público não fica dispensada, em hipótese alguma, de demonstrar o *fumus boni iuris* mediante a apresentação de título executivo (art. 814, I), nem de expor meticulosamente o *periculum in mora*, que justifica a concessão da liminar e a procedência do pedido ao final (arts. 814, II, e 813) (*v.* nota ao *caput*).

II – se o credor prestar caução (art. 804).

Desde que o credor apresente com a sua petição inicial a prova literal da dívida líquida e certa (art. 814, I) ou sentença que condene ao pagamento em dinheiro (art. 814, parágrafo único) – o que revela o *fumus boni iuris* – e baseie expositivamente seu pedido numa das hipóteses autorizadoras de arresto previstas na lei (art. 813) – que revele a presença de *periculum in mora* suficientemente aos olhos do juiz – e, além disso tudo, ainda preste caução que garanta o ressarcimento de eventuais danos que a execução da medida possa causar ao requerido (art. 804, *in fine*), obrigado fica o juiz a conceder-lhe a medida liminar independentemente de justificação prévia. A falta de caracterização de uma das situações previstas no art. 813 conduz à necessidade de justificação; a falta de título a que alude o art. 814, I, ao indeferimento da petição inicial (art. 295, III) (*v.* nota ao *caput*).

Art. 817. Ressalvado o disposto no art. 810, a sentença proferida no arresto não faz coisa julgada na ação principal.

A expressão "ressalvado o disposto no art. 810", contida no texto sob exame, significa que também no processo de arresto haverá a formação de coisa julgada material na hipótese de o juiz reconhecer por sentença a decadência ou a prescrição (*v.* nota respectiva). Quanto a quaisquer outras matérias que sirvam de fundamento tanto à procedência como à improcedência do pedido de arresto, fica explicitado pelo presente dispositivo que jamais se formará coisa julgada material, de modo que, no processo principal, o juiz sempre estará livre para acolher o pedido, ainda que o arresto tenha sido negado, ou rejeitá-lo, ainda que o arresto tenha sido concedido (*v.* arts. 810 e, ainda, 467 a 469 e respectivas notas).

Art. 818. Julgada procedente a ação principal, o arresto se resolve em penhora.

A ideia expressa por meio da regra sob enfoque é completamente inadequada à luz do contexto processual em que a ação de arresto se insere: como esta medida cautelar tem por finalidade resguardar a eficiência de futuro processo de execução por quantia, é evidente que não é o julgamento de procedência da ação principal que transforma o arresto em penhora, porque na execução não existe julgamento de procedência. O que na verdade a presente norma jurídica quer dizer é que proposta a execução e seguindo-se a citação do executado para pagar, e o não pagamento em três dias (art. 652), o arresto se resolve em penhora, por termo nos autos do processo de execução. Observe-se, por fim, que com a exata forma redacional deste art. 818 só é possível pensar na sua aplicação se se cogitar da insolvência civil como ação principal, uma vez que esta realmente culmina com uma sentença de procedência que abre a fase propriamente executiva do procedimento e que vai gerar a conversão do arresto em arrecadação, não em penhora (art. 751, II).

Art. 819. Ficará suspensa a execução do arresto se o devedor:

A suspensão do cumprimento do arresto aqui disciplinada não se confunde com a cessação do arresto regulada pelo art. 820. Embora os dois dispositivos falem de pagamento (arts. 819, I, e 820, I), é perfeitamente possível separar as duas hipóteses. A suspensão da execução do arresto se dá mediante cognição sumaríssima por meio de decisão interlocutória (art. 162, § 2º), enquanto a cessação do arresto ocorre mediante cognição pouco mais intensa por intermédio de sentença. A suspensão da execução do arresto é providência rápida, a decretação da cessação do arresto, por pagamento, *v. g.*, dependerá, via de regra, de cálculos do contador e prévia manifestação do requerente, embora a sentença que se profira não faça coisa julgada material (art. 810). A suspensão pressupõe arresto não cumprido; a cessação normalmente pressupõe arresto executado e formalizado.

I – tanto que intimado, pagar ou depositar em juízo a importância da dívida, mais os honorários de advogado que o juiz arbitrar, e custas;

Esta primeira hipótese de suspensão do cumprimento da medida de arresto tem caráter nitidamente satisfativo, embora o levantamento da importância depositada só vá ocorrer após a decretação da sua cessação por sentença nos termos do art. 820, I (*v.* nota ao *caput*). Observe-se que a intimação a que alude o texto pode identificar-se tanto com a cientificação dada ao requerido em audiência de justificação, quando ao seu final o juiz conceda a liminar (art. 804, *v.* nota), como com a ciência da decisão que defira a medida após a audiência de justificação (*v. g.*, pelo *Diário Oficial* na pessoa do advogado). Assim deve ser interpretada a afirmação legal porque se o pagamento vem após a intimação do arresto executado (arresto e depósito – arts. 664 a 666, aplicáveis *ex vi* do art. 821), de suspensão já não se trata, mas sim de cessação (art. 820, I). Quanto ao arbitramento judicial de honorários, esse pode ocorrer tanto antes como depois do depósito, mas o requerido deve depositar, na ausência de arbitramento, quantia que corresponda aproximadamente ao valor desta verba para ter suspensa a execução da medida.

II – der fiador idôneo, ou prestar caução para garantir a dívida, honorários do advogado do requerente e custas.

Intimado o requerido, nos termos mencionados no comentário ao inciso anterior, pode ele, em vez de pagar com o fim de livrar-se definitivamente do arresto decretado, prestar caução real (dinheiro, títulos de créditos, bens móveis ou imóveis) ou fidejussória (fiador idôneo por termo nos autos ou carta de fiança) que assegure o pagamento integral de dívida, despesas e honorários. Diferentemente da hipótese consagrada no inciso I, a presente tem natureza claramente preventiva, uma vez que representa simples garantia no processo no qual o requerido discutirá o cabimento e a legitimidade da medida pleiteada. Observe-se que a prestação de caução aqui prevista é substitutiva da medida decretada, de sorte que é forçoso concluir que a regra sob análise corresponde à mera explicitação da faculdade genericamente reconhecida pelo art. 805.

Art. 820. Cessa o arresto:

Não só nas hipóteses a seguir previstas cessa a eficácia do arresto, mas também em qualquer das situações genericamente instituídas pelo art. 808. Quanto a estas, cumpre-nos, no entanto, esclarecer que, no que concerne ao inciso III do art. 808, a extinção do processo principal corresponde à procedência total dos embargos do devedor e que, relativamente ao inciso I, o prazo de trinta dias (art. 806), no arresto, é contado a partir do momento da exigibilidade da obrigação consagrada no título e não da mera execução da medida. Já no que diz respeito especificamente às hipóteses elencadas nos incisos adiante, merece realce a circunstância interpretativa de que não se trata de rol fechado, mas meramente exemplificativo.

I – pelo pagamento;

O pagamento realizado pelo requerido na forma do art. 819, I, provoca, num primeiro momento, a suspensão da execução da medida, mas, num segundo momento – após a oitiva do requerente e a manifestação do contador –, a declaração da cessação do arresto e a extinção do processo cautelar por sentença (arts. 162, § 1º, e 513). Observe-se que não só o pagamento, mas também a inequívoca comprovação da remissão, confusão ou compensação, opera o efeito extintivo do processo cautelar de arresto (a prescrição e a decadência – previstas no art. 810, *in fine* – são, contudo, as únicas hipóteses que permitem à sentença cautelar transitar materialmente em julgado).

II – pela novação;

Também a novação, desde que comprovada por documento hábil nos autos (instrumento público ou particular ou mesmo sentença proferida em outro processo), provoca a declaração judicial da cessação da eficácia do arresto por meio de sentença cautelar. Segundo a lei civil, dá-se a novação quando: o devedor contrai com o credor nova dívida, para extinguir e substituir a anterior; novo devedor sucede ao antigo, ficando este quite com o credor; em virtude de obrigação nova, outro credor é substituído ao antigo, ficando o devedor quite com este (CC, art. 360).

III – pela transação.

Identicamente, a transação realizada entre as partes (CC, arts. 840 a 850) e formalizada por instrumento público ou particular, ou por petição conjunta apresentada nos autos, autoriza o juiz a declarar cessada a eficácia do arresto decretado (ou decretado e executado) por meio de sentença. Também sob a forma de termo de conciliação – que o juiz pode tentar embora a isso não esteja obrigado na audiência de justificação –, a autocomposição bilateral pode-se expressar para o fim de extinção do processo de arresto.

Art. 821. Aplicam-se ao arresto as disposições referentes à penhora, não alteradas na presente Seção.

As regras disciplinares da penhora (arts. 659 a 679) se aplicam em geral ao arresto porque esta medida cautelar tem entre seus escopos específicos o de resguardar a eficiência de futuro processo de execução por quantia certa contra devedor solvente, o que ela faz mediante a apreensão de bens que mais tarde se converterão em objeto do ato executivo penhora (art. 818). É por isso que se diz comumente em doutrina que o arresto nada mais é do que uma preparação da penhora, daí aplicar-se àquele, em regra, a regulamentação que o CPC dá a esta.

Seção II
Do Sequestro

Art. 822. O juiz, a requerimento da parte, pode decretar o sequestro:

Sequestro é a medida, a ação e o procedimento cautelar cuja finalidade é o resguardo da eficácia de futura execução que culmine na entrega de coisa certa ao credor e que consiste na apreensão de bens determinados que são ou serão objeto de pendência judicial. Note-se, em primeiro lugar, que falamos de execução e não, necessariamente, de processo de execução, uma vez que o sequestro pode ser utilizado para garantir a eficiência de execução imprópria (despejo, reintegração, etc.) ou a efetivação da sentença disciplinada pelo atual art. 461-A; e, em segundo, que os bens sequestráveis, sempre determinados, são litigiosos, de sorte que há dúvida, invariavelmente, sobre a titularidade da sua posse ou propriedade. Já sob o prisma de uma abordagem interpretativa do próprio texto do *caput* deste art. 822, observe-se que a alusão a "requerimento da parte" não pode deixar de ser compreendida senão como sinônima de ação cautelar, vedada que é a concessão do sequestro *ex officio* (exceção: art. 797). Nos incisos a seguir, a lei prevê especificamente o que ela considera como *fumus boni iuris* e como *periculum in mora* para fins de ação de sequestro. Vejamos.

I – de bens móveis, semoventes ou imóveis, quando lhes for disputada a propriedade ou a posse, havendo fundado receio de rixas ou danificações;

De acordo com o presente inciso, existe *fumus boni iuris*, para fins de sequestro, toda vez que haja, ou esteja por haver, litígio envolvendo a propriedade ou posse de bens de qualquer espécie (quanto aos imóveis, singulares ou coletivos, *v.* art. 286, I). Enquadram-se nessa previsão, destarte, ações tais como a reivindicatória, o usucapião, a imissão na posse, a reintegratória, a manutenção na posse, a ação de despejo, a anulatória de negócio jurídico, a ação de rescisão contratual, a ação de depósito, a anulatória de título ao portador, o inventário, a petição de herança, etc. A cautelar de sequestro em todos esses casos pode ser promovida tanto preparatória como incidentemente. Já no que concerne ao *periculum in mora*, o texto sob análise deixa claro que admite o sequestro em duas situações, a saber: quando houver fundado receio de rixas, isto é, quando haja real possibilidade de disputa pessoal entre os litigantes, seus parentes, amigos ou empregados acerca de um bem qualquer (possibilidade de atrito físico com ou sem armas); ou quando houver fundado receio de danificações, vale dizer, quando possam ocorrer agressões físicas ao bem (destruição total ou parcial, abandono, mas também a tentativa de ocultação). Observe-se que fundado receio é sinônimo de receio sério, objetivo, amparado por circunstâncias fáticas verossímeis e plausíveis. Por derradeiro, saliente-se que se o fundado receio justifica o sequestro, com muito mais razão justificará a medida a já consumação de rixas ou danificações.

II – dos frutos e rendimentos do imóvel reivindicando, se o réu, depois de condenado por sentença ainda sujeita a recurso, os dissipar;

Embora o texto refira-se apenas ao imóvel reivindicando, parece de todo coerente, à luz da normatividade mais ampla contida no inciso I, que o sequestro de bem imóvel de qualquer espécie (*v. g.*, uma fazenda, chácara, um terreno urbano ou rural, uma casa ou apartamento) possa ser decretado também quando em curso esteja uma ação de reintegração na posse (cumulada ou não com rescisão, anulação ou declaratória de nulidade de contrato) ou imissão na posse. Veja-se que para a caracterização do *fumus boni iuris* com base no presente inciso a lei não se contenta com a só litispendência de qualquer das ações mencionadas (com base no inciso I, nem isso é necessário), posto que é preciso que no processo em curso já tenha sido proferida sentença de procedência ainda não transitada em julgado; se não há sentença, não há interesse de agir. Já no que diz respeito ao *periculum in mora*, a exigência legal é a de que existam frutos civis (rendimentos) ou frutos naturais (*v. g.*, uma colheita ou safra de qualquer produto agrícola que o requerido esteja dissipando ou prestes a dissipar).

III – dos bens do casal, nas ações de separação judicial e de anulação de casamento, se o cônjuge os estiver dilapidando;

A previsão sob comentário é bastante específica, posto que restringe o *fumus boni iuris* apenas às ações de separação judicial e às de anulação de casamento, nestas compreendidas as declaratórias de nulidade ou de inexistência de casamento (*v.* nota ao art. 82, II); analogicamente, é possível estender a aplicação do dispositivo às ações de divórcio direto, às ações de conversão de separação em divórcio, bem como às ações de dissolução de união estável (o CPC é anterior à Lei do Divórcio, às leis da união estável e, evidentemente, ao novo estatuto civil), mas é só. Quanto ao *periculum in mora*, apenas uma situação de caráter geral é prevista, a dilapidação patrimonial em curso, o que não impede o requerimento preventivo de sequestro para obstaculizar o início da prática de atos dilapidatórios pelo cônjuge. Observe-se, por fim, que, em vez do sequestro – que é medida drástica e, muitas vezes, vexatória –, pode o cônjuge, nessas mesmas situações, requerer o arrolamento de bens previsto pelo art. 855 (*v.* nota).

IV – nos demais casos expressos em lei.

Para a boa interpretação deste inciso IV é necessário ter em mente a seguinte ideia: nem toda previsão da lei processual ou material que empregue o termo "sequestro" corresponde, de fato, à figura do sequestro, que é medida acautelatória de futura execução para entrega de coisa certa; muitas das prescrições alusivas a "sequestro" dizem respeito, na verdade, ao instituto do arresto (*v.* nota ao inciso IV do art. 813, onde fazemos referência a esse problema terminológico). Assim é que sequestro, genuinamente, existe apenas num pequeno grupo de regras de que é bom exemplo o sequestro dos bens imóveis adquiridos pelo indiciado com os proventos da infração, ainda que já transferidos (CPP, art. 125).

Art. 823. Aplica-se ao sequestro, no que couber, o que este Código estatui acerca do arresto.

Do conjunto de normas jurídicas que compõem a disciplina do arresto (arts. 813 a 821), aplicam-se ao sequestro os seguintes dispositivos, dada a não incompatibilidade com esse instituto: art. 814, II (a exigência de prova documental ou justificação de alguns dos casos do art. 822); art. 815 (a possibilidade de o juiz realizar justificação prévia sem a presença do requerido); art. 817 (a sentença proferida no sequestro não interfere no julgamento da ação principal); e art. 818 (julgado procedente o pedido na ação principal – aqui de fato isso acontece –, o sequestro se resolve em depósito, não em penhora, evidentemente).

Os demais artigos não têm aplicação por sua incompatibilidade com o regime jurídico do sequestro.

Art. 824. Incumbe ao juiz nomear o depositário dos bens sequestrados. A escolha poderá, todavia, recair:

Assim como ocorre com o arresto, também ao cumprimento da medida cautelar de sequestro segue-se, ato contínuo, a realização do depósito, uma vez que ambas correspondem à constrição patrimonial. No que diz respeito ao sequestro especificamente, é de se observar que o ato processual de depósito, seu corolário (expresso formalmente por auto lavrado pelo oficial), assume enorme importância, dado que o bem submetido à apreensão judicial é móvel, imóvel ou semovente objeto de disputa e, além disso, de agressão ou dilapidação. Logo, nada impede, antes tudo recomenda, que da própria petição inicial do sequestro já conste a indicação do possível depositário (quando isso ocorre, a pessoa indicada é, via de regra, o próprio requerente – art. 824, II), o que não vincula, entretanto, o juiz, que pode nomear pessoa estranha da sua exclusiva confiança. Observe-se que tal possibilidade não se encontra explicitada no texto, mas inferida a partir do poder concedido ao magistrado pela parte inicial do *caput* deste art. 824 sob análise.

I – em pessoa indicada, de comum acordo, pelas partes;

A hipótese aqui prevista depende de o requerido já estar presente no feito quando da concessão da medida liminar, o que ocorre toda vez que o juiz decide pela realização de audiência de justificação prévia e manda citar o requerido para dela participar (como visto, também no sequestro, o juiz pode decretar a medida sem fazer audiência ou, fazendo-a, sem a presença do requerido – art. 815 *a contrario sensu* –, quando, então, o presente dispositivo não tem incidência). A possibilidade de o magistrado nomear como depositário alguém escolhido de comum acordo pelos litigantes, por si só, representa fator de segurança jurídica para o processo principal em que o bem sequestrado é o objeto único da disputa entre eles.

II – em uma das partes, desde que ofereça maiores garantias e preste caução idônea.

Como tivemos a oportunidade de observar no comentário feito ao *caput*, é perfeitamente possível e legítimo que o requerente indique na petição inicial cautelar a sua própria pessoa como aquela que deve exercer o *munus* do depósito. Se isso ocorrer, e o juiz entender conveniente que assim se faça, manda o dispositivo sob enfoque que se exija do requerente a prestação de caução (real ou fidejussória) para garantia de eventuais prejuízos que sejam causados ao requerido. Se, por outro lado, o sujeito passivo da ação cautelar já foi citado quando da concessão da medida liminar, nada impede que ele requeira o deferimento do depósito em seu próprio favor, de sorte que, nesse caso, o juiz deve exigir que o requerido preste caução, segundo a regra analisada. Se houver disputa entre eles acerca do depósito, o primeiro critério de julgamento a ser utilizado é a conveniência, que o juiz avaliará caso por caso, de um ou outro ser nomeado depositário, remanescendo o critério estabelecido no texto como subsidiário para a tomada de decisão: as maiores garantias que ofereça uma das partes. Note-se que, mesmo que prevaleça a conveniência por declaração do juiz da parte escolhida, exigirá este a devida prestação de caução (*v.* nota ao art. 804, parte final).

Art. 825. A entrega dos bens ao depositário far-se-á logo depois que este assinar o compromisso.

À nomeação do depositário – que poderá ser qualquer das partes (inciso II do art. 824), pessoa indicada de comum acordo por elas (inciso I) ou terceiro de confiança do juiz *(caput)* – segue-se, como é curial, a prestação formal pela escolhida do compromisso de bem e fielmente exercer o *munus* do depósito por termo nos autos. Somente com o aperfeiçoamento do compromisso é que a pessoa nomeada se vincula à relação processual como auxiliar da justiça (nesse caso, eventual), de modo que só a partir desse instante é que estará legitimada a receber a posse do bem sequestrado (*v.* arts. 139, 148 a 150 e notas).

Parágrafo único. Se houver resistência, o depositário solicitará ao juiz a requisição de força policial.

A resistência a que alude o texto corresponde a qualquer forma de oposição ao recebimento da coisa (no caso de bem móvel) ou à entrada do depositário na posse (no caso de bem imóvel). Verificada a oposição – que pode ser tanto da parte como de qualquer terceiro –, o que significa o não cumprimento do mandado de entrega, deve o depositário comunicar tal circunstância ao juízo, por petição, requerendo-lhe a expedição de ofício à força pública (não à policial obrigatoriamente) para que, mediante esforço físico, se lhe dê a posse da coisa sequestrada (este ato é seguido pela respectiva certificação pelo oficial de justiça).

Seção III
Da Caução

Art. 826. A caução pode ser real ou fidejussória.

Caução é o nome que se dá genericamente à garantia oferecida como sucedâneo de obrigações decorrentes da lei, de negócios jurídicos materiais ou resultantes de certos atos do processo (Ernane Fidélis dos Santos). *Cautio* significa prevenção ou precaução, cautela contra um dano provável (Humberto Theodoro Júnior). As cauções podem ser classificadas da seguinte maneira: legais (CC/2002, arts. 1.280, 1.281, 1.305, parágrafo único, 1.400 e 1.953, parágrafo único; CCom, arts. 527, 580, 595 e 784, ainda em vigor); negociais (hipoteca, penhor, fiança nos contratos de compra e venda, mútuo, locação, nos contratos administrativos e outros de qualquer natureza); e processuais (CPC, arts. 475-M, § 1º, 475-O, III e § 2º, 690, 940, 1.051, 1.166, entre as quais se encontram especificamente as cauções embutidas no procedimento cautelar: arts. 799, 804, *in fine*, 805, 816, 819, II, 824, II, 835, etc. – o rol, com algumas modificações e atualizações à luz do CC/2002, é de Humberto Theodoro Júnior). Observe-se que todas as espécies de caução mencionadas podem assumir a feição procedimental aqui instituída, de sorte que a cautelaridade como fenômeno estritamente processual (preventividade mais acessoriedade mais provisoriedade) nem sempre se faz presente quando esse procedimento é utilizado. Note-se, por derradeiro, que o texto deste art. 826 explicita a forma que a caução prestável em juízo pode ter: é real quando feita sob a forma de garantia real (hipoteca, penhor); é fidejussória quando se expressa como garantia pessoal representada por fiança. Com a entrada em vigor da Lei n. 11.232/2005 (Reforma da Execução), *v.* art. 475-M, § 1º.

Art. 827. Quando a lei não determinar a espécie de caução, esta poderá ser prestada mediante depósito em dinheiro, papéis de crédito, títulos da União ou dos Estados, pedras e metais preciosos, hipoteca, penhor e fiança.

Dada a circunstância de não só a lei material ou processual poder deixar de determinar a forma da caução, mas também o mero negócio jurídico, este art. 827 acaba assumindo no sistema o papel de regra disciplinadora residual em qualquer situação que exija o processo da caução, seja ele cautelar ou não cautelar. Observe-se que as formas elencadas no texto sempre permanecerão no campo da disponibilidade do requerido, que poderá optar por uma ou outra, indistintamente, já que a ordem instituída não tem caráter preferencial e o preenchimento do requisito da idoneidade basta para que se tenha por validamente determinada (art. 834) e prestada a caução (*v.* comentários aos incisos do art. 655 aplicáveis que são à presente disposição).

Art. 828. A caução pode ser prestada pelo interessado ou por terceiro.

A regra sob enfoque tem um único intuito, que é o de tornar explícita a legitimidade tanto da parte, ou interessado como diz o texto (requerente ou requerido do processo de caução – arts. 829 e 830), como de terceiro (todo aquele que não se encontra vinculado à relação processual) para prestar a caução em favor de um dos sujeitos da ação. A autorização significa, portanto, que o bem submetido à caução real (hipoteca, penhor) pode não pertencer à parte, mas a um estranho ao feito que, por isso, precisa manifestar concordância com a criação do ônus que recairá sobre o seu móvel ou imóvel.

Art. 829. Aquele que for obrigado a dar caução requererá a citação da pessoa a favor de quem tiver de ser prestada, indicando na petição inicial:

Este art. 829, expressamente, atribui legitimação *ad causam* ativa àquele que está obrigado a dar garantia para promover a instauração do processo de caução. A obrigação referida tanto pode ter origem num texto da lei material, num negócio jurídico, como numa regra processual, já que a norma não contém nenhuma discriminação. É por isso que se pode afirmar que quando a origem e a finalidade da caução são apenas contratuais, ou legais não processuais, o procedimento aqui regulado nada tem de cautelar (Ovídio Baptista da Silva reconhece claramente tal circunstância), remanescendo como feito cognitivo, embora com rito cautelar. Observe-se, ainda quanto a esse aspecto, que não se adota o rito da caução, nem qualquer outro cautelar, na hipótese de depósito preparatório na ação redibitória, o qual deve ser feito *initio litis* em procedimento sem forma, nem figura de juízo, mediante simples despacho do juiz, sem contestação, embora o CPC atual nada fale, valendo, então, o princípio que o art. 689 do CPC de 1939 consagrava (Galeno Lacerda). Seja como for, o fato é que, além de permitir tais conclusões interpretativas, a presente disposição disciplina especificamente os requisitos intrínsecos da petição inicial da ação de caução quando esta é proposta por quem tem o dever de prestá-la. Vejamos.

I – o valor a caucionar;

Valor a caucionar é sinônimo de valor pecuniário que deve ser garantido por força de negócio jurídico, de norma jurídica material ou processual. Às vezes, sobre tal valor não existe dúvida nenhuma, de sorte que em números exatos o requerente o indica na inicial (tantos mil reais), mas se isso não for possível, porque há dúvida a respeito, o requerente deverá decliná-lo ainda que seja por estimativa, uma vez que o texto sob exame não abre exceção à necessidade de preenchimento do requisito. Neste último caso, entre as muitas questões que serão discutidas no processo estará mais esta: o valor exato a caucionar.

II – o modo pelo qual a caução vai ser prestada;

De maneira genérica, estabelece o art. 827 as formas pelas quais a caução pode ser prestada na hipótese de a lei (material ou processual) ou o contrato não previr uma forma particular (*v.* nota). Destarte, na falta de previsão, o requerente em sua inicial deverá escolher e apontar uma das modalidades previstas no dispositivo mencionado, já que entre elas não existe relação de preferência. Se, por outro lado, a lei ou o negócio jurídico estabelece a forma, é lógico que esta deverá ser a indicada na peça exordial.

III – a estimativa dos bens;

O requisito sob enfoque só tem incidência, evidentemente, na hipótese de o autor da ação de caução tencionar prestá-la sob a forma real (quando isso é cabível, é claro – *v.* nota ao inciso anterior), vale dizer, sob a forma de papéis de crédito, títulos, pedras e metais preciosos, hipoteca e penhor (art. 827 – *v.*, ainda, nota aos incisos do art. 655). É que somente nesses casos se pode cogitar sobre a estimativa dos bens que serão oferecidos em caução; não assim nos casos de dinheiro ou fiança. Observe-se, por fim, que ao juiz competirá – após contestação do requerido e eventual instrução (arts. 831 e 833) – determinar a caução por sentença mediante a declaração do valor e do bem que será dado em garantia (art. 834).

IV – a prova da suficiência da caução ou da idoneidade do fiador.

A indicação da prova da suficiência da caução (a lei trata aqui da caução real) corresponde, em primeiro lugar, ao apontamento, na petição inicial, dos meios de prova (documental, pericial) com que o requerente demonstrará a adequação entre o bem oferecido e seu valor (inciso III) e o valor a caucionar (inciso I); em segundo, corresponde à necessidade de o requerente referir expositivamente o porquê desta adequação como fundamento do seu pedido. Também no que concerne à indicação da prova da idoneidade do fiador, os mesmos dois elementos acima mencionados entram em jogo: o protesto pela prova da idoneidade do fiador; e a exposição do porquê de tal idoneidade existir. Tanto no caso da caução real como na fidejussória, a prova documental das circunstâncias aludidas pode ser feita previamente com a petição inicial.

Art. 830. Aquele em cujo favor há de ser dada a caução requererá a citação do obrigado para que a preste, sob pena de incorrer na sanção que a lei ou o contrato cominar para a falta.

A regra jurídica em questão, seguindo os passos do disposto no art. 829, explicita aqui a legitimidade *ad causam* ativa conferida ao credor da prestação de caução para o ajuizamento desta específica ação cautelar (o art. 829, lembre-se, defere idêntica legitimação ao devedor). Observe-se que, da mesma forma como acontece lá, também em relação a este art. 830, vale a advertência de que o processo de caução pode não ter natureza acautelatória, o que ocorre quando a sua instauração visa dar cumprimento à mera obrigação material decorrente da lei ou de contrato, verdade esta que é plenamente corroborada pelo disposto na parte final do texto (o processo só será cautelar se a obrigação que se quer fazer valer resulta da lei processual – *v.* nota ao art. 826). Note-se que a aplicação da sanção (de caráter material ou processual) se dá por meio da sentença que o juiz profere nos termos do art. 834, mas para isso é necessário que o requerente a postule de forma expressa em sua inicial.

Art. 831. O requerido será citado para, no prazo de 5 (cinco) dias, aceitar a caução (art. 829), prestá-la (art. 830), ou contestar o pedido.

O presente dispositivo e os três subsequentes se destinam à disciplina do procedimento da caução como um todo, não discriminando a aplicação do rito instituído em função de ser o devedor ou o credor quem tome a iniciativa da sua instauração. A norma sob enfoque se ocupa especificamente em prever as possíveis atitudes do requerido quando da sua citação para a causa (art. 802, parágrafo único, I), desencadeando cada uma delas, contudo, uma consequência diferente. A aceitação da caução pelo requerido, quando este é credor da prestação (art. 829), significa processualmente reconhecimento jurídico do pedido (art. 269, II), de sorte que a sua consequência é o imediato proferimento de sentença de mérito pelo juiz (art. 832, II, 1ª figura). A prestação da caução pelo requerido no prazo de cinco dias, quando este é devedor da caução (art. 830), tem identicamente a natureza de reconhecimento da procedência do pedido, de modo que a consequência também é a prolação imediata de sentença (art. 832, II, 2ª figura). Já na hipótese de o requerido (credor ou devedor) contestar a ação – cautelar ou não, pouco importa –, totalmente diferente se revela o seu desdobramento procedimental: dada a impugnação dos fatos ou do direito, nesse caso, o juiz julga antecipadamente o pedido (art. 832, III) ou designa audiência de instrução (art. 833).

Art. 832. O juiz proferirá imediatamente a sentença:

Nas hipóteses que seguem previstas pelos três incisos a seguir, o juiz se desincumbe de pronto da prestação jurisdicional, proferindo sentença de mérito, uma vez que não há atividade instrutória de qualquer tipo a realizar, de modo que fica patente a ideia de economia processual a inspirar tal regramento. Observe-se, entrementes, que o fato de falarmos de sentença de mérito não significa, em absoluto, que a decisão cautelar transite em julgado – porque ela só faz coisa julgada nos excepcionalíssimos casos de decadência e prescrição (art. 810) –, mas apenas que o mérito da ação de caução, quer dizer, o seu pedido, é objeto do julgamento pelo magistrado nesses casos. Coisa julgada material só haverá se o processo de caução não tiver natureza cautelar (*v.* nota aos arts. 826 e 829).

I – se o requerido não contestar;

Assim como ocorre no processo de conhecimento, também no cautelar a contumácia, ou inércia do sujeito passivo da ação, gera a presunção de veracidade dos fatos alegados pelo sujeito ativo, razão por que o art. 803, *caput*, fez questão de reconhecer tal fenômeno expressamente (*v.* nota). A regra sob enfoque nada mais faz, portanto, do que admitir de forma implícita os efeitos da revelia e autorizar o juiz de forma expressa a proferir sentença de mérito (*v.* nota ao *caput*) quando o requerido (devedor ou credor – arts. 829 e 830) deixar de oferecer contestação à ação de caução, seja ela cautelar ou não cautelar.

II – se a caução oferecida ou prestada for aceita;

Oferecimento da caução, no texto, significa a propositura da ação pelo devedor da prestação nos termos do art. 829; sua aceitação, a expressa manifestação de vontade do credor nesse sentido, por petição nos autos, após o aperfeiçoamento do ato citatório (*v.* art. 831 e nota). Prestação da caução, por outro lado, significa a atitude do devedor da prestação que, citado para ação proposta pelo credor nos termos do art. 830, apresenta a caução exigida no prazo de cinco dias ou após este (*v.* art. 831 e nota); sua aceitação, a manifestação expressa e subsequente do credor nesse sentido após a abertura de vista pelo magistrado. Como visto, tanto no caso de aceitação do credor citado como no de prestação do devedor citado, trata-se de ato que tem natureza jurídica de reconhecimento da procedência do pedido (arts. 26 e 269, II).

III – se a matéria for somente de direito ou, sendo de direito e de fato, já não houver necessidade de outra prova.

As duas hipóteses aqui previstas correspondem exatamente às autorizações de julgamento antecipado da lide contempladas pelo inciso I, do art. 330, no contexto do processo de conhecimento. A lei, nesse passo, faz questão de explicitar a permissão que é dada ao juiz, no procedimento cautelar da caução, de proferir sentença de mérito (*v.* nota ao *caput*) quando as questões debatidas no processo são exclusivamente jurídicas ou, sendo também fáticas, não há necessidade de prova oral em audiência (*v.* nota ao art. 330). Note-se que a previsão sob análise deveria ter constado do parágrafo único do art. 803, que é regra geral do procedimento cautelar, uma vez que nas situações referidas cabe o julgamento antecipado do pedido qualquer que seja o rito e não só no da caução.

Art. 833. Contestado o pedido, o juiz designará audiência de instrução e julgamento, salvo o disposto no n. III do artigo anterior.

A norma sob análise reproduz o disposto no parágrafo único do art. 803 com a única diferença que alude expressamente à ressalva concernente às hipóteses de julgamento antecipado do pedido que o inciso III do art. 832 contempla (*v.* nota e crítica respectiva). Destarte, contestada que seja a ação de caução – processo cautelar ou não cautelar – nos termos do art. 831, *in fine*, e desde que não incida o referido art. 832, inciso III, ao juiz caberá designar audiência para a tomada do depoimento pessoal das partes e das testemunhas, aplicando-se no mais o disposto no art. 456 desse estatuto processual.

Art. 834. Julgando procedente o pedido, o juiz determinará a caução e assinará o prazo em que deve ser prestada, cumprindo-se as diligências que forem determinadas.

O presente dispositivo disciplina o conteúdo específico da sentença de procedência do pedido de caução, ficando para o parágrafo único a incumbência de regular os efeitos do seu descumprimento. Muito bem, julgado procedente que seja o pedido formulado pelo devedor no sentido de que lhe seja admitido prestar caução (art. 829 e incisos), ou pelo credor no sentido de que ao devedor seja imposto o mandamento de prestar caução sob tal forma (art. 830), idêntico será o remanescente do conteúdo desta sentença nos dois casos: o juiz declara o valor a caucionar, a espécie de caução que deverá ser prestada (*v. g.*, dinheiro, títulos, hipoteca, penhor, fiança – art. 827), estabelece as formalidades a serem observadas na prestação (termo ou carta de fiança, escritura de hipoteca, termo de penhor, depósito bancário do dinheiro, etc.) – tudo isso é sinônimo de determinação da caução –, bem como fixa o prazo dentro do qual ela deve ser oferecida (quinze, trinta dias, ou outro prazo). Observe-se que tais aspectos do dispositivo da sentença (art. 458, III) seguir-se-ão à declaração ou reconhecimento do interesse ou direito do devedor de prestar a caução (art.

829) ou à expressa condenação do devedor a prestá-la, sob pena de certa sanção, na hipótese de o credor ter proposto a demanda (art. 830).

Parágrafo único. Se o requerido não cumprir a sentença no prazo estabelecido, o juiz declarará:

Antes de mais nada, parece-nos imprescindível ressaltar que os efeitos previstos nos incisos a seguir, de acordo com a literalidade do dispositivo sob comentário, só se desencadeiam após a intimação formal do devedor (requerente ou requerido) para prestar a caução no prazo fixado na sentença – intimação que se realiza por oficial imediatamente após o seu proferimento, porquanto a hipótese se enquadra no art. 520, IV, se a ação for cautelar – e o consequente decurso *in albis* desse prazo. Logo, em hipótese alguma é possível cogitar de penalização antes da intimação e do esgotamento do prazo previsto na sentença. Observe-se, entrementes, que, se o devedor-requerente (art. 829), com a sua petição inicial, já realizou o oferecimento da caução – juntando, *v. g.*, carta de fiança, guia de depósito, instrumento de hipoteca –, ao juiz, na sentença, não resta outra coisa a fazer senão julgar desde logo a prestação, ficando sem aplicação, nesse caso excepcional, e somente nele, o presente dispositivo.

I – no caso do art. 829, não prestada a caução;

Proferida a sentença de procedência do pedido do devedor no sentido de ser admitido a prestar caução na hipótese do art. 829, e uma vez intimado nos próprios autos a prestá-la, o descumprimento do *decisum* no prazo fixado faz com que o juiz fique obrigado a proferir nova sentença por meio da qual declarará não prestada a caução, o que desencadeará, por seu turno, outros efeitos de ordem material ou processual. Tal sentença, como é óbvio, pode ser atacada por apelação, mas também sem efeito suspensivo (art. 520, IV). Note-se que se a ação de caução não tiver natureza cautelar, a intimação do devedor só terá cabimento após o trânsito em julgado da sentença.

II – no caso do art. 830, efetivada a sanção que cominou.

Na hipótese de a ação cautelar nominada de caução ter sido ajuizada pelo próprio credor nos termos do disposto no art. 830, procedente que seja julgado o pedido, intimado o devedor e descumprida a ordem, a solução não é a simples declaração da não prestação, mas a explícita imputação, por nova sentença, da sanção prevista pela lei (*v. g.*, a perda de um direito) ou pelo contrato (*v. g.*, o pagamento de uma multa), desde que o requerente a tenha pedido no bojo de sua petição inicial. Observe-se que no caso de a imputação da sanção se identificar com a condenação a pagar quantia, não é possível a instauração posterior de processo de execução porque tal providência se revela incompatível com os escopos de uma ação cautelar; nesse caso, a caução é substituída por arresto (Ovídio Baptista da Silva). Entendemos, no entanto, que, se a ação de caução não possuir natureza cautelar, a execução subsequente é de todo cabível.

Art. 835. O autor, nacional ou estrangeiro, que residir fora do Brasil ou dele se ausentar na pendência da demanda, prestará, nas ações que intentar, caução suficiente às custas e honorários de advogado da parte contrária, se não tiver no Brasil bens imóveis que lhes assegurem o pagamento.

A regra sob comentário nada tem a ver com o procedimento da caução, posto que disciplina apenas uma de suas hipóteses de cabimento, a chamada *cautio iudicatum solvi* (garantia do cumprimento do julgado), ou seja, a caução que o sujeito ativo de ação de conhecimento (*v.* art. 836) deve prestar para assegurar o pagamento do reembolso das despesas do processo e honorários advocatícios caso saia derrotado da causa. Note-se que basta que o autor resida fora do Brasil quando da propositura da ação, ou que se ausente de nosso país na pendência do processo (em qualquer fase), e a isso se some a circunstância de ele não ser titular de propriedade de imóvel de qualquer tipo no território nacional (não adianta ser compromissário-comprador), para que a caução tenha de ser prestada, sob pena de extinção do processo (arts. 301, XI, e 267, IV). Verificada a necessidade da *cautio iudicatum solvi* pelo juiz – de ofício ou por requerimento do réu constante da peça contestatória –, duas soluções alternativamente se impõem: ou o magistrado ordena a prestação sem maiores formalidades, por decisão nos próprios autos; ou determina que o autor ofereça a caução pelo rito previsto pelos arts. 829 a 834. Tudo dependerá da simplicidade ou complexidade que envolva os elementos referidos pelos incisos do art. 829.

Art. 836. Não se exigirá, porém, a caução, de que trata o artigo antecedente:

Dada a circunstância de o art. 835 falar tão somente de autor – e não de credor, exequente ou requerente –, deve-se entender que apenas o sujeito ativo de ação de conhecimento se submete à exigência da *cautio iudicatum solvi*. Tal conclusão interpretativa é ainda corroborada pelo princípio informativo da execução, segundo o qual as despesas do processo sempre correm às expensas do executado (Humberto Theodoro Júnior). Destarte, é à luz desse postulado, e jamais se afastando dele, que as hipóteses previstas nos incisos seguintes devem ser compreendidas.

I – na execução fundada em título extrajudicial;

Como na execução, as despesas do processo (custas, diligências, honorários periciais, etc.) correm às expensas do devedor (*v.* nota ao *caput*), não importa a espécie de procedimento *in executivis* de que se valha o credor, porque, em face do princípio aludido e da própria literalidade do art. 835, este não se submete à exigência da *cautio iudicatum solvi.* Logo, também em relação à execução fundada em título judicial, não se aplica ao exequente o instituto da caução. Como interpretar, então, este inciso I, que fala de execução e, especificamente, da fundada em título extrajudicial? O elemento-chave para a interpretação aqui é justamente a referência ao "extrajudicial", que nos conduz ao fato de que na execução existem embargos que são uma ação de conhecimento incidente para a qual o presente dispositivo apresenta regramento quanto à questão da caução. Assim, do embargante na execução fundada em título extrajudicial não se exige caução porque, em se tratando de título ainda não discutido em juízo, e dada a amplitude da defesa realizável (art. 745), a probabilidade de existência do crédito é menor, e a possibilidade de sucesso do autor dos embargos, maior (Humberto Theodoro Júnior). Exige-se, no entanto, a *cautio* do embargante na execução de título judicial porque nesta o contexto é justamente o oposto.

II – na reconvenção.

A razão de a lei processual dispensar o autor da reconvenção da exigência da *cautio iudicatum solvi* prende-se ao fato de que tal demanda, embora de caráter cognitivo, só pode ser proposta pelo réu porque antes alguém como autor tomou a iniciativa de instaurar o processo, de modo que a reconvenção não pode deixar de ser vista, sob o prisma que nos ocupa, como resposta. Não parece, assim, razoável que se imponha o pesado ônus da caução a quem é originariamente réu e que, por isso, só pode acionar incidentemente dentro dos estreitos limites estabelecidos pelo art. 315 e, no mais das vezes, apenas para exercer defesa (*v.* art. 315 e nota).

Art. 837. Verificando-se no curso do processo que se desfalcou a garantia, poderá o interessado exigir reforço da caução. Na petição inicial, o requerente justificará o pedido, indicando a depreciação do bem dado em garantia e a importância do reforço que pretende obter.

O presente dispositivo – aplicável não apenas à hipótese do art. 835, mas a todas em que haja caução prestada – disciplina o chamado incidente de reforço de caução, que ao beneficiário da garantia é lícito instaurar sempre que ocorra desfalque (*v. g.*, porque houve deterioração dos bens, queda da cotação dos títulos caucionados ou insolvência do fiador – os exemplos são de Humberto Theodoro Júnior). Dada a circunstância de a lei se referir expressamente à petição inicial, fica fácil concluir que o incidente deve ser processado em apenso aos autos do processo em que há garantia prestada, o que torna aplicáveis as regras procedimentais dos arts. 831 a 833. Quanto à petição inicial, observe-se que o texto sob exame expressamente exige, como *causa petendi*, a exposição da depreciação da garantia (não só do bem, mas também da idoneidade do fiador, *v. g.*) e, como *petitum*, a importância que corresponda ao reforço pleiteado.

Art. 838. Julgando procedente o pedido, o juiz assinará prazo para que o obrigado reforce a caução. Não sendo cumprida a sentença, cessarão os efeitos da caução prestada, presumindo-se que o autor tenha desistido da ação ou o recorrente desistido do recurso.

Cumprido o procedimento previsto pelos arts. 831 a 833 (citação da parte contrária para reforçar ou contestar a demanda incidente, contestação e eventual audiência de instrução e julgamento), segue-se no incidente do reforço de caução a sentença que a norma sob análise disciplina. Assim como ocorre na hipótese de pedido de caução pelo credor (arts. 830 e 834), também aqui a procedência do pedido se traduz em condenação imposta ao devedor no sentido de reforçar a caução sob determinado valor e forma, em prazo que a própria sentença estabeleça, sob pena de imputação de sanção que aqui vem minuciosamente explicitada na parte final do texto (sanção de cunho estritamente processual, note-se). Observe-se que embora a regra sob enfoque não possua parágrafo, como o art. 834, é evidente que da mesma forma será exigida a intimação do devedor para cumprir a sentença no prazo fixado e também nova sentença para que a sanção prevista seja imposta em caso de omissão do obrigado (*v.* nota ao art. 834).

Seção IV
Da Busca e Apreensão

Art. 839. O juiz pode decretar a busca e apreensão de pessoas ou de coisas.

Busca e apreensão é a medida, a ação e o procedimento cautelar por meio dos quais se tenciona a preservação da eficácia da sentença proferida em outro processo mediante a apreensão de pessoas (menores ou interditos) ou coisas de qualquer tipo; por meio dela também se resguarda a produção de prova documental (apreensão de quaisquer papéis) ou da prova pericial que da apreensão desses documentos ou de outras coisas móveis (livros comerciais, o bem destruído) dependa para se realizar. Observe-se, no entanto, que o nome "busca e apreensão" pode identificar tanto medida cautelar (autônoma ou meramente instrumental de outra medida quando, então, é concedida sem ação nos autos, *v. g.*, de outra cautelar como o arresto, o sequestro, etc., ou como ferramenta da providência antecipatória ou final do art. 461 – § 5º) como medida satisfativa, o que ocorre nos casos do art. 625 ou nas hipóteses de alienação fiduciária ou entrega definitiva de criança a seus pais. Especificamente, no que concerne ao texto deste art. 839, parece relevantíssimo consignar que a busca e apreensão para ser decretada depende da propositura de ação cautelar, salvo se a hipótese puder ser enquadrada na disposição do art. 797 do CPC.

Art. 840. Na petição inicial exporá o requerente as razões justificativas da medida e da ciência de estar a pessoa ou a coisa no lugar designado.

Diferentemente das previsões dos arts. 813, 814 e 822, que explicitam, em relação ao arresto e sequestro, o que se entende por *periculum in mora* e *fumus boni iuris,* este art. 840 nada diz a respeito. Portanto, no que concerne à busca e apreensão, sempre será necessário ao intérprete, ou aplicador da lei, recorrer às ideias gerais sobre esses requisitos, razão por que remetemos o leitor ao comentário feito ao art. 798. Seja como for, o fato é que o presente dispositivo apenas ressalta a necessidade de constar da petição inicial, como seu requisito indispensável, a ciência do local onde se possa encontrar a coisa ou pessoa, posto que sem ele fica inexequível a apreensão (note-se que, embora materialmente distintos, juridicamente falando, a busca e apreensão corresponde a um ato único). Quanto aos demais requisitos da inicial, aplicam-se os arts. 282 e 801, subsidiariamente (*v.* nota ao art. 801), e também a exigência expressa pelo inciso II do art. 841 que, sem falar de inicial, acaba instituindo outro requisito indispensável desse ato.

Art. 841. A justificação prévia far-se-á em segredo de justiça, se for indispensável. Provado quanto baste o alegado, expedir-se-á o mandado que conterá:

A primeira parte da regra se preocupa em tornar explícito o cabimento da justificação prévia quando o requerente postule a busca e apreensão sob a forma de medida liminar. Exatamente como ocorre nas situações em que tem aplicação a norma geral do art. 804, fica o magistrado com a liberdade, segundo o texto, de realizar tal audiência, com ou sem a presença do requerido quando perceber que este, sendo citado, poderá tornar a medida cuja concessão será apreciada ineficaz (*v. g.*, pela possibilidade de fazer desaparecer a pessoa ou coisa). Já a segunda parte do dispositivo apenas regula o conteúdo exigido da petição inicial dessa ação cautelar. A regra é expressa quanto ao conteúdo do mandado porque, sem tais informações, não é possível aos oficiais de justiça a execução da medida (*v.* art. 842).

I – a indicação da casa ou do lugar em que deve efetuar-se a diligência;

A indicação do lugar onde a busca e apreensão será efetivada – que já constou antes da própria petição inicial a teor do disposto no art. 840 – deve estar expressa no mandado da maneira mais minuciosa possível (cidade, bairro, rua, número da casa, sua descrição, compartimentos investigáveis), de sorte que permita, sem demora, o acesso dos oficiais de justiça ao local e facilite apreensão da pessoa ou coisa.

II – a descrição da pessoa ou da coisa procurada e o destino a lhe dar;

A despeito da omissão do art. 840 em exigir que da petição inicial de busca e apreensão conste a descrição da pessoa ou da coisa e o destino que lhe será dado, nela tais informações obrigatoriamente têm de estar mencionadas, uma vez que, nesse caso, a pessoa ou coisa corresponde ao próprio objeto da ação cautelar e sem tais indicações não é possível decretar a medida: falta, na verdade, o requisito da determinação do pedido mediato (bem da vida) se tal descrição não existir, o que pode provocar o próprio indeferimento da inicial (arts. 286, *caput*, e 295, parágrafo único, I). Seja como for, o fato é que também do mandado que vai ser cumprido pelos oficiais de justiça deverão constar a descrição (se possível minuciosa) da pessoa ou coisa, bem como o destino a lhe dar, isto é, a ordem judicial de sua entrega a alguém adrede escolhido (o pai, uma clínica, no caso de pessoa; um depositário, na hipótese de coisa).

III – a assinatura do juiz, de quem emanar a ordem.

Diferentemente do que exige a lei, por exemplo, do mandado de citação – do qual pode constar a assinatura do escrivão (ou chefe de secretaria) desde que declarada a circunstância de que este o subscreve por ordem do juiz (art. 225, VII) –, o mandado de busca e apreensão cautelar não prescinde da assinatura do próprio magistrado, dada a natureza restritiva de direito que cerca tal providência. A regra, portanto, tem caráter especial e visa à segurança jurídica (idêntica exigência é feita pela lei em relação às cartas de ordem, precatória e rogatória – art. 202, IV).

Art. 842. O mandado será cumprido por dois oficiais de justiça, um dos quais o lerá ao morador, intimando-o a abrir as portas.

A exigência especial de que dois oficiais de justiça cumpram a ordem de busca e apreensão – tenha-se presente que a normalidade processual é o cumprimento de mandados judiciais por um único meirinho – funda-se claramente na necessidade que a lei reconhece de revestir a execução de tal medida cautelar das maiores garantias, uma vez que a apreensão de coisas, mas principalmente de pessoas, envolve séria invasão estatal da vida privada. A presença de dois oficiais, destarte, por si só, é sinônimo de mais segurança jurídica para cada um de nós quando se trate de busca e apreensão.

§ 1º Não atendidos, os oficiais de justiça arrombarão as portas externas, bem como as internas e quaisquer móveis onde presumam que esteja oculta a pessoa ou a coisa procurada.

O não atendimento a que alude o texto significa, à evidência, o descumprimento da ordem de abertura das portas dada ao morador por um dos oficiais de justiça após a leitura do mandado de busca e apreensão (*caput*). É interessante observar que, diferentemente da resistência oferecida à execução do mandado de arresto ou penhora, por exemplo, casos em que se exige a lavratura de auto de resistência (*v.* art. 660), a lei permite aqui aos oficiais de justiça, sem qualquer comunicação ao juízo, a imediata prática do desforço físico como meio a serviço da efetivação da medida. Trata-se de autorização legal excepcional decorrente do contexto de urgência e perigo no qual se insere a concessão de busca e apreensão de pessoa ou coisa.

§ 2º Os oficiais de justiça far-se-ão acompanhar de duas testemunhas.

Se em relação à busca e apreensão dispensa-se a comunicação da resistência ao juiz – e, por conseguinte, a requisição de força policial para que se dê execução à medida pelos oficiais de justiça (*v.* § 1º) –, a lei não pode dispensar a instituição de formalidade substitutiva que proporcione identicamente segurança à prática deste relevantíssimo ato processual: a presença de duas testemunhas ao ato de arrombamento representa justamente essa garantia mínima de legalidade e legitimidade. Quaisquer pessoas (vizinhos, parentes, transeuntes) podem funcionar como testemunhas do arrombamento, subscrevendo o auto circunstanciado que seja lavrado pelos oficiais de justiça.

§ 3º Tratando-se de direito autoral ou direito conexo do artista, intérprete ou executante, produtores de fonogramas e organismos de radiodifusão, o juiz designará, para acompanharem os oficiais de justiça, dois peritos aos quais incumbirá confirmar a ocorrência da violação antes de ser efetivada a apreensão.

O dispositivo legal sob exame tem por escopo disciplinar o cumprimento do mandado de busca e apreensão de bens objeto de contrafação, vale dizer, de coisas que expressem, total ou parcialmente, a publicação ou reprodução de obra intelectual sem a devida autorização do seu autor (titular de direito autoral), do artista que a interprete ou execute, dos produtores de fonogramas e empresas de radiodifusão (todos titulares de direitos conexos, segundo a Lei n. 9.610/98). Enquadram-se, assim, na previsão, livros, revistas e escritos em geral, CD, DVD, *blu-ray*, filmes, etc., publicados ou reproduzidos indevidamente. Tratando-se de tais bens, ordena o texto legal que o juiz designe dois peritos que acompanharão os dois oficiais de justiça com o intuito de atestar tecnicamente a contrafação por escrito no auto de busca e apreensão, sob pena de nulidade da medida (atente-se que, por causa da exigência dessa formalidade, a concessão da liminar não depende de justificação prévia). Não confirmada a violação, os oficiais deixarão de cumprir o mandado e farão constar da certidão que lavrarem o parecer negativo dos peritos nomeados (*v.* art. 843).

Art. 843. Finda a diligência, lavrarão os oficiais de justiça auto circunstanciado, assinando-o com as testemunhas.

A parte inicial da regra tem incidência em todas as situações de execução de medida cautelar de busca e apreensão, inclusive na hipótese do § 3º do art. 842, posto que também em relação a ela exige a lei dos oficiais de justiça a lavratura de auto que descreva minuciosamente a pessoa ou coisa apreendida, bem como todas as ocorrências verificadas no momento da efetivação da providência. Já a parte final do dispositivo se restringe apenas à hipótese de execução da ordem mediante arrombamento, uma vez que só no que concerne a ela tem aplicação o § 2º do art. 842.

Seção V
Da Exibição

Vide Projeto de CPC, arts. 382 a 390
(Seção VI – Da Exibição de Documento ou Coisa).

Art. 844. Tem lugar, como procedimento preparatório, a exibição judicial:
Vide Projeto de CPC, art. 382, caput

Exibição, no texto, é a medida, a ação e o procedimento cautelar cuja finalidade é a ordem judicial no sentido de que uma coisa seja trazida a público, isto é, submetida a faculdade de ver e tocar (também reproduzir) do requerente.

Distingue-se a exibição da busca e apreensão porque o requerente desta não se satisfaz com o mero ver e tocar, mas exige do Judiciário a apreensão física da coisa com o fito de garantir a eficácia ou a prova de futuro processo (*v.* nota ao art. 839). Outra diferença reside no fato de que a exibição só pode ser ajuizada como ação preparatória, limitação que não sofre a busca e apreensão. Observe-se, por fim, que a ação exibitória, ou *actio ad exhibendum*, admite três naturezas jurídicas distintas: ação cautelar (a que nos ocupa); ação cognitiva incidental (a disciplinada pelos arts. 355 a 363); e ação exibitória autônoma (a que se funda em direito material e que vai dar ensejo ao processo de conhecimento de rito ordinário ou sumário). Vejamos, destarte, as hipóteses que admitem a exibição cautelar (falaremos também nos comentários que seguem no cabimento das outras).

I – de coisa móvel em poder de outrem e que o requerente repute sua ou tenha interesse em conhecer;

Vide Projeto de CPC, art. 382, I.

Este inciso I prevê situação de exclusivo cabimento de ação exibitória cautelar, porquanto alude a interesse estritamente processual como justificativa do pedido de exibição: o interesse do requerente de ver ou tocar coisa móvel ante o simples fato de reputá-la sua. Nesse caso particular, não é possível o pedido incidente (arts. 355 a 363), nem a ação autônoma, uma vez que não existe direito processual ou material à exibição pelo mero entender de alguém que uma coisa é sua. Note-se que, com base na previsão sob enfoque, o requerente postula a exibição não como forma de antecipar a produção de prova, mas apenas como meio de angariar elementos de informação para a propositura de futura ação reivindicatória, reintegratória ou outra. Para a concessão da medida – que não é admitida sob a forma de liminar (*v.* art. 845) – exigem-se *fumus boni iuris* e *periculum in mora*, como em qualquer ação cautelar.

II – de documento próprio ou comum, em poder de cointeressado, sócio, condômino, credor ou devedor; ou em poder de terceiro que o tenha em sua guarda, como inventariante, testamenteiro, depositário ou administrador de bens alheios;

Vide Projeto de CPC, art. 382, II.

Documento próprio, no texto, deve ser compreendido como aquele cuja materialidade pertence ao requerente (ou pelo menos de que o requerente se diz proprietário); já o documento comum é aquele cujo conteúdo expresso aponta para uma relação jurídica que envolve o requerente, embora este não seja o proprietário da sua representação material. Nas duas hipóteses descritas é necessário que o postulante da medida demonstre (ou, pelo menos, alegue) a sua própria condição de sócio, condômino, credor ou devedor, ou cointeressado, figura esta de contornos amplos. Quanto aos documentos em poder de inventariante, testamenteiro, depositário ou administrador – o rol é exemplificativo –, é necessário que o requerente demonstre interesse jurídico na sua exibição, sob pena de carência. Observe-se que, em relação a todas as situações descritas, não só a ação exibitória cautelar é possível, mas também a cognitiva incidental dos arts. 355 a 366, se houver processo em curso e intento probatório, e a ação autônoma.

III – da escrituração comercial por inteiro, balanços e documentos de arquivo, nos casos expressos em lei.

Vide Projeto de CPC, art. 382, III.

Como a respeito da exibição integral dos livros comerciais fala expressamente o art. 381 e da exibição parcial trata o art. 382, remetemos o leitor aos comentários que dedicamos àqueles dispositivos no que concerne ao substrato material da presente norma jurídica que de forma explícita alude a "casos expressos em lei" (observe-se, entrementes, que o art. 845 abaixo faz expressa remissão aos mencionados dispositivos). Já no que concerne à natureza jurídica das ações que admitem a previsão fática examinada como fundamento (não o inciso III do art. 844, como fundamento, obviamente), temos que a exibitória, nesse caso, pode tanto ser cautelar, como assumir a feição de ação de conhecimento incidente se há intuito probatório ou a feição de ação autônoma (*v.* nota ao *caput*). Examinem-se os arts. 1.190 a 1.195, do CC.

Art. 845. Observar-se-á, quanto ao procedimento, no que couber, o disposto nos arts. 355 a 363, e 381 e 382.

A expressa remissão ao procedimento regulado pelos arts. 355 a 363 significa, em primeiro lugar, que, apesar de a ação exibitória aqui tratada possuir natureza cautelar, não é admitida, no bojo do processo que dela nasce, a concessão de medida *in limine,* restando, portanto, inaplicável, em face da presente disposição, a norma contida no art. 804 das Disposições Gerais. Em segundo lugar, a remissão constante desse dispositivo quer dizer que fica instituída a dicotômica disciplina ritual (arts. 356 a 359 e 360 a 362) para a hipótese de a exibitória cautelar ser proposta em face daquele que figurará no processo principal como parte, ou em face de terceiro estranho à relação processual cognitiva a ser instaurada. Quanto a todos os detalhes relativos a esses dois ritos, remetemos o leitor aos comentários expendidos alhures.

Seção VI
Da Produção Antecipada de Provas

Vide Projeto de CPC, arts. 367 a 369 (Seção II – Da Produção Antecipada de Provas).

Art. 846. A produção antecipada da prova pode consistir em interrogatório da parte, inquirição de testemunhas e exame pericial.

Vide Projeto de CPC, art. 367.

Produção antecipada de provas é a medida, a ação e o procedimento cautelar cuja finalidade é o resguardo da prova oral ou pericial contra a sua provável irrealizabilidade ao tempo da fase instrutória do processo em que ela há de ser produzida. Trata-se, portanto, de verdadeiro processo cautelar antecipatório (Carnelutti), posto que permite que antes de a ação de conhecimento estar ajuizada, ou antes de chegada a fase instrutória do procedimento, fique devidamente documentado o depoimento da parte ou testemunha ou o corpo de impressões periciais a respeito de certo fato (daí afirmar Pontes de Miranda que por meio dela exercita-se pretensão à segurança das provas). Observe-se que, embora documentada antecipadamente, a prova produzida não perde a sua natureza jurídica de prova oral ou pericial e como tal será avaliada e valorada no momento adequado. Como a medida de produção antecipada não representa constrição de bens, nem restrição de direitos, não se aplica a esta cautelar a exigência de propositura de ação principal em trinta dias (art. 806 – *v.* nota).

Art. 847. Far-se-á o interrogatório da parte ou a inquirição das testemunhas antes da propositura da ação, ou na pendência desta, mas antes da audiência de instrução:

A norma sob comentário reconhece os dois possíveis conteúdos da medida de produção antecipada de prova oral, bem como de forma explícita institui o seu cabimento como procedimento preparatório ou procedimento incidente (art. 796) e ainda introduz a disciplina específica do *periculum in mora* contida nos incisos a seguir. Observe-se que por interrogatório da parte deve-se compreender não só o depoimento pessoal propriamente dito (art. 343), como também o interrogatório previsto pelo art. 342, o que permite a alguém requerer por cautelar o seu próprio depoimento antecipado (sim, porque a única diferença teleológica entre eles está no fato de que o depoimento pessoal, que é sempre requerido pela parte contrária, tem a finalidade de provocar a confissão, mas a falta desse intuito não pode excluir a admissibilidade do pedido cautelar do próprio depoimento).

I – se tiver de ausentar-se;

Este inciso I diz o que a lei processual considera especificamente, em primeiro lugar, como *periculum in mora* para fins de produção antecipada de prova oral: a necessidade da parte ou da testemunha de se ausentar. A ausência referida no texto deve ser compreendida apenas como a ausência que importe impossibilidade ou, pelo menos, grande dificuldade para o comparecimento do depoente à audiência de instrução a ser realizada no futuro. É o que ocorre, *v. g.*, na hipótese de a parte ou testemunha estar para se mudar para outro país ou região longínqua do território brasileiro ou ter de permanecer fora do país ou região por causa de estágio profissional por período de tempo que a impeça de comparecer à audiência (tudo a ser demonstrado por declarações formais de pessoas idôneas, passaporte, passagem tirada, etc.). Note-se que a presente autorização legal não se confunde com a contida no parágrafo único do art. 336, uma vez que as circunstâncias lá previstas não representam, em si mesmas, perigo de não realização da prova (*v.* nota respectiva).

II – se, por motivo de idade ou de moléstia grave, houver justo receio de que ao tempo da prova já não exista, ou esteja impossibilitada de depor.

O inciso sob análise explicita as demais situações em que a lei considera configurado especificamente o *periculum in mora* para fins de produção antecipada de prova oral. Observe-se que, segundo o texto, o motivo de idade e a moléstia grave – desde que devidamente comprovados – só permitem o ajuizamento da ação cautelar se houver também a alegação e prova de algum fato que justifique o receio de que ao tempo da audiência o depoente já tenha falecido ou tenha-se tornado impossibilitado de depor (*v. g.*, por declaração médica do provável tempo de sobrevida do seu paciente ou do avançado estágio de comprometimento da sua memória). Note-se, por derradeiro, que a enfermidade que não põe em risco a realizabilidade da prova (art. 336, parágrafo único) não justifica o pedido de antecipação por processo cautelar (*v.* nota respectiva).

Art. 848. O requerente justificará sumariamente a necessidade da antecipação e mencionará com precisão os fatos sobre que há de recair a prova.
Vide Projeto de CPC, art. 368.

A regra ressalta dois aspectos da *causa petendi* que precisam ser observados pelo requerente da ação cautelar de produção antecipada de provas quando da elaboração da sua petição inicial: primeiro, a expressa justificação da necessidade de antecipar a prova oral mediante a demonstração de que o depoente está para se ausentar (art. 847, I) ou de que há justo receio de que faleça ou se torne impossibilitado de depor (art. 847, II); segundo, a expressa e precisa menção dos fatos em torno dos quais gravitará o depoimento da parte ou da testemunha (tais fatos correspondem ou corresponderão a um ou mais aspectos da causa de pedir da ação principal). Como se vê, o dispositivo sob enfoque nada mais faz do que especificar o conteúdo dos requisitos intrínsecos previstos genericamente pelos incisos III e IV do art. 801. Quanto aos outros, examinem-se as notas aos demais incisos do próprio art. 801 e, particularmente, o comentário ao parágrafo único abaixo. Por fim, e já que a regra analisada fala de petição inicial, parece conveniente consignar que o despacho ou a distribuição desta peça torna prevento o juízo para a ação principal (arts. 263 e 106), mas a citação do requerido não interrompe a prescrição (princípio extraído da Súmula n. 154 do STF). Este processo cautelar corre nas férias (art. 173, I).

Parágrafo único. Tratando-se de inquirição de testemunha, serão intimados os interessados a comparecer à audiência em que prestará o depoimento.

Além do preenchimento dos requisitos previstos pelo art. 801 e pelo *caput* (*v.* nota), tratando-se de inquirição de testemunha antecipada, pode o requerente postular a concessão de medida liminar (art. 804) e deve pedir entre outras providências: a designação de data para audiência especial; a intimação da testemunha para depor; e a intimação da parte contrária para participar do depoimento (que é realizada em conjunto com a citação – art. 282, VII), vale dizer, a intimação do "interessado" como diz o texto (tal interessado é a outra parte legitimada para o processo principal, inclusive a pessoa a quem será denunciada a lide, o que será chamado ao processo ou que será cientificado para intervir como assistente). Idênticas providências são requeridas – salvo a intimação da testemunha, é claro – no caso de interrogatório antecipado, o que provocará do juiz da causa o proferimento de despacho liminar positivo de semelhante conteúdo (art. 285). Por derradeiro, merecem consignação duas observações: *a)* a citação do requerido (art. 802) desencadeia normalmente o direito de resposta no prazo de cinco dias, independentemente da data marcada para audiência; *b)* não contestada a ação, o requerido não responde no processo cautelar pelas despesas e honorários quando, então, a sentença que o juiz profere é meramente homologatória; *c)* contestada a ação, o juiz profere sentença dando pela procedência ou improcedência do pedido e, no primeiro caso, condena o requerido nas verbas da sucumbência (*v.* nota ao art. 851).

Art. 849. Havendo fundado receio de que venha a tornar-se impossível ou muito difícil a verificação de certos fatos na pendência da ação, é admissível o exame pericial.

Vide Projeto de CPC, art. 367, I.

O CPC regula, por meio da presente norma jurídica, a chamada *vistoria ad perpetuam rei memoriam* (vistoria para perpetuar a memória da coisa) ou, simplesmente, a produção antecipada de prova pericial. Como deixa claro o texto, tal providência só é adequada na hipótese de ser impossível ou muito difícil a realização da perícia ao tempo da fase instrutória do processo principal, *v. g.*, porque o prédio já terá ruído, o desmoronamento já terá tido lugar, a pessoa já terá falecido, o barco já terá afundado, a safra já terá perecido, etc. Falando de impossibilidade ou de muita dificuldade, nada mais faz este texto legal do que especificar o que o requerente deve alegar como *periculum in mora* para justificar a concessão da medida com a forma de liminar (art. 804) ou de sentença. A vistoria *ad perpetuam* pode ser proposta antes ou no curso do processo principal (art. 847, por invocação analógica – *v.* art. 796), mas se tiver a forma de cautelar preparatória a sua propositura não interrompe a prescrição (Súmula n. 154 do STF).

Art. 850. A prova pericial realizar-se-á conforme o disposto nos arts. 420 a 439.

Por força da disposição legal sob comentário e da remissão realizada, a primeira conclusão a que se chega é a de que no despacho liminar positivo o juiz da causa, além de deferir fundamentadamente a liminar postulada (art. 420 e seu parágrafo único), deverá: *a)* nomear perito (art. 421, *caput*); *b)* facultar ao requerente a indicação de assistente técnico e a apresentação de quesitos (art. 421, §§ 1º e 2º), se tais elementos não constarem da petição inicial; *c)* fixar honorários provisórios; *d)* marcar, eventualmente, data para o início dos trabalhos; *e)* fixar prazo para a entrega do laudo (mas não se aplica o art. 433); e *f)* ordenar a citação do requerido para contestar (art. 802), bem como para indicar assistente e apresentar quesitos. No curso do processo, têm plena aplicação: a escusa do perito ou sua recusa (art. 423); a substituição do perito (art. 424); a apresentação de quesitos suplementares (art. 425); a atividade regulada pelos arts. 429 a 431; o pedido de prorrogação do prazo (arts. 431 e 432); a recomendação do art. 434; esclarecimentos por escrito dos *experts* (art. 435, mas não em audiência); e a realização de segunda perícia, mas só a pedido da parte (arts. 437 a 439). Note-se que nenhum juízo de valor é emitido sobre o teor da prova pelo juiz da cautelar, razão por que não incide o art. 436. Por fim, lembre-se de que, também aqui, o requerido só responde por despesas e honorários se contestar e perder a ação cautelar (*v.* nota ao parágrafo único do art. 848 e ao art. 851).

Art. 851. Tomado o depoimento ou feito exame pericial, os autos permanecerão em cartório, sendo lícito aos interessados solicitar as certidões que quiserem.

Vide Projeto de CPC, art. 369.

Concluída a tomada do depoimento da parte ou da testemunha em audiência especial, ou juntados aos autos os laudos do perito e assistentes e respectivos esclarecimentos, é chegada a hora de o magistrado encerrar o processo por meio de sentença (art. 162, § 1º). Algumas são as possibilidades que se colocam à frente do julgador: na falta de contestação, o juiz homologa a prova oral ou pericial realizada, ordenando a permanência dos autos em cartório, facultada a sua reprodução ou a expedição de certidões; contestada a ação, o juiz julga procedente o pedido de produção antecipada, homologa a prova e condena o requerido nas despesas e honorários; além disso, o juiz dá pela carência de ação (*v. g.*, ilegitimidade ou falta de *fumus boni iuris*) ou improcedência do pedido (ausência de *periculum in mora* – art. 847, I e II, ou 849), declara não homologada a prova e condena o requerente nas despesas do processo e na honorária advocatícia. Qualquer que seja o teor da sentença, dela cabe apelação (arts. 513 e 520, IV), permanecendo os autos em cartório, também nas duas últimas hipóteses, nos termos da parte final do dispositivo.

Seção VII
Dos Alimentos Provisionais

Art. 852. É lícito pedir alimentos provisionais:

Discute-se, intensamente, em doutrina, se o procedimento dos alimentos provisionais tem natureza cautelar ou não cautelar. Depois de muito meditar e escrever a respeito da cautelaridade, encontramo-nos hoje convencidos de que a providência de alimentos provisionais não possui caráter acautelatório, embora o procedimento exigido para sua obtenção siga as formalidades do processo cautelar. Senão, vejamos. A nosso ver, os alimentos provisionais não têm natureza de medida cautelar porque lhes falta o escopo de neutralização do *periculum in mora*, o que, sob outro ângulo, significa que tal requisito – o requisito ontológico das cautelares – não é exigido para concessão do provimento. Assim como ocorre com os alimentos provisórios da Lei n. 5.478/68, também os provisionais, que ora examinamos, são concedidos com fundamento exclusivo no *fumus boni iuris*, uma vez que sem a prova documental da obrigação alimentar (certidão de nascimento, casamento, etc.) não se concedem provisórios, nem provisionais; sem tal prova, pouco importa alegar que existe um risco de dano irreparável ou de difícil reparação com apoio no princípio de direito material do *venter non patitur dilationem* (o ventre não admite demora), porque o que vai determinar a outorga ou não outorga da providência judicial nesse caso é apenas a existência da prova da obrigação alimentar – somada, evidentemente, à necessidade do requerente e à possibilidade do requerido – e não o *periculum in mora*. Observe-se, então, que, dispondo a parte da prova mencionada, pode ela escolher, livremente, entre a ação de alimentos, da Lei n. 5.478/68, e a ação de alimentos provisionais, deste Código, dispensada a demonstração do *periculum in mora*. Se, por outro lado, a parte não dispõe da prova da obrigação alimentar, resta-lhe promover ação de alimentos, processo de rito ordinário, com requerimento de antecipação da tutela, com amparo no art. 273, I *(periculum in mora)*. Eis aqui uma das importantes utilizações práticas do instituto criado com a Reforma de 1994.

I – nas ações de desquite e de anulação de casamento, desde que estejam separados os cônjuges;

Além das ações de separação judicial contenciosa (CC, arts. 1.571, III, 1.572 e 1.573 – desquite, no texto) e das de anulação de casamento (CC, arts. 1.550 a 1.561), admitem também o pedido de alimentos provisionais – como ação cautelar antecedente ou incidente – as ações de divórcio direto ou conversão de separação em divórcio (CC, arts. 1.580 a 1.582 – lembre-se de que a Lei do Divórcio e o CC são posteriores ao CPC), bem como as ações declaratórias de nulidade de casamento (CC, arts. 1.548 e 1.549) e as de inexistência de casamento (CC, art. 1.514), além da declaratória de dissolução de união estável (CC, arts. 1.723 a 1.727), mas sempre dependendo de estarem separados de fato os cônjuges ou conviventes. Observe-se que, em vez da promoção da ação cautelar de alimentos provisionais, pode o requerente (via de regra, a requerente) ajuizar ação de alimentos, processo de rito especial da Lei n. 5.478/68, com o que não precisará intentar ação principal. Pode, ainda, pedir medida liminar de alimentos provisórios com a inicial de separação judicial, nulidade ou anulação de casamento (Lei n. 5.478/68, art. 13).

II – nas ações de alimentos, desde o despacho da petição inicial;

A interpretação sistemática do dispositivo sob enfoque conduz à sua completa inaplicabilidade. Senão vejamos. O processo de alimentos de natureza cognitiva – o cautelar é justamente o que o art. 852 disciplina – só pode assumir duas feições: *a)* procedimento especial da Lei n. 5.478/68 que é munido de medida liminar de alimentos provisórios (art. 4º), mas que só tem cabimento se houver prova pré-constituída da obrigação alimentar (art. 1º); e *b)* procedimento comum ordinário (arts. 282 e segs.) quando é necessário demonstrar com prova oral e outras a existência da obrigação alimentar. Muito bem, se o autor tem procedimento especial, ele não precisa de alimentos provisionais – embora também possa alternativamente requerê-los – porque naquele lhe é assegurada a concessão de medida liminar; se, por outro lado, ele não tem procedimento especial – o que significa também não ter ação de alimentos provisionais –, porque não há prova pré-constituída, no procedimento ordinário não é possível o requerimento – nem preparatório nem incidente – de alimentos provisionais porque isso representaria burla à Lei n. 5.478/68, de sorte que a presente disposição legal cai no vazio. Para concluir o raciocínio que sustentamos, resta apenas a análise do art. 5º da Lei n. 883/49 que fazemos no comentário ao inciso III a seguir.

III – nos demais casos expressos em lei.

A típica situação prevista em lei especial que ilustra o cabimento de alimentos provisionais é aquela instituída pelo art. 5º da Lei n. 883, de 21.10.1949, que dispõe: "Na hipótese de ação investigatória de paternidade, terá direito o autor a alimentos provisionais desde que lhe seja favorável a sentença de primeira instância, embora se haja, desta, interposto recurso". A disposição legal transcrita, ainda em plena vigência, deixa claro ao intérprete que não é do despacho da petição inicial que se torna viável a ação de alimentos provisionais, mas somente a partir do momento da prolação de sentença de procedência do pedido de reconhecimento da paternidade, o que, por si só, exclui a aplicabilidade do inciso II deste art. 852 (observe-se, ainda, que se após a sentença favorável na investigatória de paternidade cabe o pedido de alimentos provisionais é porque a Lei n. 883/49 o autoriza e não porque tenha aplicação o inciso II deste art. 852). Observe-se, ainda, que o art. 7º, da Lei n. 8.560, de 29.12.1992, trata de forma menos abrangente os alimentos provisionais ao prescrever que a própria sentença que julgar procedente o pedido de alimentos – de filho havido fora do casamento – fixará os alimentos provisionais ou definitivos, o que mantém em vigor a Lei n. 883/49. É ainda possível pensar em alimentos provisionais como medida preparatória, ou incidente, de ação de suspensão ou destituição do poder familiar (CC, arts. 1.635 a 1.638), ou de destituição de tutor ou curador (*v.* CC, arts. 1.728 e segs.).

Parágrafo único. No caso previsto no n. I deste artigo, a prestação alimentícia devida ao requerente abrange, além do que necessitar para sustento, habitação e vestuário, as despesas para custear a demanda.

O dispositivo explicita, inicialmente, parte de regra jurídica de direito civil, segundo a qual a prestação alimentícia compreende sustento físico (alimentação), habitação e vestuário. Observe-se que o texto não fala de educação, nem de lazer, posto tratar-se de alimentos exigidos pelo cônjuge em relação ao outro, uma vez que o parágrafo alude apenas ao inciso I. Na sequência, estabelece a lei que, além dos conteúdos normais de direito material, faz parte da peculiar pretensão a alimentos provisionais a verba destinada ao suprimento de despesas processuais tais como custas, diligências de oficial de justiça, honorários de perito, verba honorária advocatícia, etc. Este último aspecto do conteúdo dos alimentos provisionais é o que distingue tal providência dos alimentos provisórios da Lei n. 5.478/68 (*v.* nota ao *caput* do art. 852).

Art. 853. Ainda que a causa principal penda de julgamento no tribunal, processar-se-á no primeiro grau de jurisdição o pedido de alimentos provisionais.

A prescrição sob exame excepciona o disposto no parágrafo único do art. 800 que agora institui a competência do tribunal para as ações cautelares incidentes aos processos em que já houve interposição de recurso de apelação. Pelo presente dispositivo fica estabelecido que, em relação à ação de alimentos provisionais, não importa a pendência de recurso porque a competência para o seu processamento e julgamento será invariavelmente do juízo monocrático que haja sentenciado o processo principal. Com isso, fica automaticamente reconhecida a necessidade prática de que sejam extraídas cópias de peças dos autos do processo que se encontram em segunda instância para que se viabilize a propositura da ação cautelar perante o juízo de primeira instância (o parágrafo único do art. 880 possui conteúdo normativo idêntico).

Art. 854. Na petição inicial, exporá o requerente as suas necessidades e as possibilidades do alimentante.

Assim como ocorre com qualquer ação de alimentos de natureza cognitiva – processo de rito comum ordinário ou de rito especial – em que a *causa petendi* se decompõe entre as necessidades do alimentando e as possibilidades do alimentante, segundo o disposto no art. 1.694, § 1º, do CC, também em relação aos alimentos provisionais vale idêntica exigência. Observe-se, por outro lado, que nada no texto deste art. 854 sugere a necessidade de que o requerente demonstre o requisito do *periculum in mora* na inicial dos alimentos provisionais, o que reforça a ideia por nós defendida de que, embora formalmente cautelar, a ação que ora nos ocupa não tem natureza acautelatória (*v.* nota ao *caput* do art. 852).

Parágrafo único. O requerente poderá pedir que o juiz, ao despachar a petição inicial e sem audiência do requerido, lhe arbitre desde logo uma mensalidade para mantença.

A regra *sub apretiationis* nada mais representa do que explicitação formal do cabimento do pedido de medida liminar de alimentos provisionais, o que o texto refere como mensalidade para mantença. E mais, fica ainda estabelecida expressamente a autorização para que o juiz conceda a medida *inaudita altera parte*, isto é, antes da citação do requerido. Observe-se, contudo, que o fato de a lei assim dispor não significa completo afastamento da normatividade contida no art. 804, porquanto mesmo em relação a alimentos provisionais pode o juiz ordenar a realização de audiência de justificação prévia, com ou sem a presença do requerido, para se informar melhor acerca das necessidades do alimentando ou das possibilidades do alimentante. A norma sob comentário tem, portanto, caráter meramente explicitativo.

Seção VIII
Do Arrolamento de Bens

Art. 855. Procede-se ao arrolamento sempre que há fundado receio de extravio ou de dissipação de bens.

Vide Projeto de CPC, art. 367, parágrafo único.

Dada a aproximação redacional entre este art. 855 e o art. 822, que disciplina o sequestro falando de receio de danificação (inciso I) e de dissipação de bens (incisos II e III), é necessário distinguir as duas providências cautelares. Tem-se entendido, e com razão, que o arrolamento é medida mais branda do que o sequestro, uma vez que normalmente os bens são depositados em mãos do próprio possuidor. Eis a primeira diferença. A segunda reside no fato de que o arrolamento se presta especificamente ao resguardo da eficácia de processos outros que não aqueles previstos pelo art. 822 – só assim interpretada faz sentido a disposição do art. 855 dentro do sistema –, senão, vejamos: toda vez que o que se busca resguardar foi a eficácia de processos de inventário (por morte de alguém, inclusive no caso de herança jacente – art. 856, § 2º –, na hipótese de liquidação de sociedades comerciais ou civis, na hipótese de dissolução de sociedade de fato decorrente, *v. g.*, de união estável, etc.), caberá o arrolamento e não o sequestro. Observe-se que em face do disposto no inciso III do art. 822, que implicitamente alude a inventário, o que permite a distinção entre o sequestro nesse caso e o arrolamento é a intensidade do risco envolvido, conforme o primeiro critério mencionado. Portanto, é possível conceituar arrolamento como a medida, a ação e o procedimento cautelar que visa a resguardar a eficácia de futura partilha de bens, qualquer que seja o procedimento do inventário no qual essa tenha lugar. Sobre extravio e dissipação de bens, examinem-se as notas aos incisos do art. 822 e ao inciso II do art. 857.

Art. 856. Pode requerer o arrolamento todo aquele que tem interesse na conservação dos bens.

A regra disciplina expressamente a legitimação *ad causam* ativa para a ação cautelar nominada de arrolamento, autorizando todo aquele que demonstre possuir interesse na conservação de bens à instauração do processo. Observe-se que para estar legitimado para a demanda não é necessário que o requerente prove a existência de direito sobre os bens, bastando a afirmação do interesse em vê-los conservados, o que se demonstra mediante a declaração de que será ajuizada ação principal para acertamento do direito e a referência expressa à *causa petendi* que amparará a pretensão (*v.* § 1º). Trata-se, como se vê, de legitimação ordinária cuja aferição a lei vincula à demonstração do requerente de que o *fumus boni iuris* (a viabilidade concreta da ação principal) existe.

§ 1º O interesse do requerente pode resultar de direito já constituído ou que deva ser declarado em ação própria.

O dispositivo sob enfoque torna explícita a desnecessidade de o requerente do arrolamento ser titular indubitável de direito sobre os bens, uma vez que admite a suficiência da declaração de que em ação própria ele buscará o seu reconhecimento. Destarte, como tivemos a oportunidade de salientar no comentário ao *caput*, bastará a demonstração do *fumus boni iuris* pelo requerente para que se lhe reconheça legitimidade para promover a ação de arrolamento de bens (*v.* nota respectiva).

§ 2º Aos credores só é permitido requerer arrolamento nos casos em que tenha lugar a arrecadação de herança.

Dada a circunstância de o credor (assim reconhecido documentalmente) sempre possuir interesse na conservação do patrimônio do seu devedor (art. 591) – e desde que o arrolamento é medida cautelar menos drástica que o sequestro, o que torna, em tese, mais fácil a sua obtenção –, resolve a lei limitar o interesse de agir do credor à hipótese de arrecadação de herança jacente a que alude o art. 1.142. Fora dessa situação específica, o credor só dispõe de ação cautelar de sequestro (art. 822, I e II) ou de arresto (art. 813) para a defesa dos seus interesses em juízo.

Art. 857. Na petição inicial exporá o requerente:

A prescrição legal que enfocamos cumpre a exclusiva função de explicitar os dois elementos nucleares da causa de pedir da ação nominada de arrolamento de bens. A regra corresponde, portanto, à particularização normativa dos incisos III e IV do art. 801, para fins de arrolamento, dispositivo este que não deixa também de ser particularização do inciso III do art. 282. Note-se, contudo, que, se, sob o ponto de vista formal, os elementos a seguir compõem a *causa petendi*, sob o prisma da sua natureza jurídica cada um deles possui uma feição distinta. Vejamos.

I – o seu direito aos bens;

Como tivemos a oportunidade de observar, o teor literal do § 1º do art. 856 revela que o interesse do requerente da ação de arrolamento de bens tanto se expressa pela titularidade de direito sobre estes, como pela demonstração de que em ação própria se buscará o seu reconhecimento (*v.* nota). O *fumus boni iuris*, em outras palavras, tanto se revela de um como de outro modo, de sorte que o texto comentado ("o seu direito aos bens") apresenta-se aos olhos do intérprete, claramente, como dizendo menos do que devia (*minus dixit quam voluit*).

II – os fatos em que funda o receio de extravio ou de dissipação dos bens.

O texto sob análise diz respeito indubitavelmente ao mérito da ação cautelar de arrolamento, isto é, ao *periculum in mora* (aqui sim trata-se ontologicamente de causa de pedir – *v.* parte final da nota ao *caput*). Receio de extravio de bens há, *v. g.*, na hipótese de o herdeiro perceber que o inventariante ou outro herdeiro está prestes a ocultar os bens do espólio. Receio de dissipação ocorre, por outro lado, *v. g.*, quando um sócio verifica que o outro está alienando bens móveis da sociedade ou quando o cônjuge percebe que o outro, já separado de fato, tem vida desregrada que pode comprometer o patrimônio a partilhar. Todos os fatos e as circunstâncias que concernem ao receio de extravio ou dissipação devem ser claramente expostos na petição inicial pelo requerente do arrolamento de bens.

Art. 858. Produzidas as provas em justificação prévia, o juiz, convencendo-se de que o interesse do requerente corre sério risco, deferirá a medida, nomeando depositário dos bens.

A previsão de audiência de justificação prévia, na parte inicial do texto, não significa que obrigatoriamente o juiz terá de realizá-la toda vez que o pedido de liminar tiver por conteúdo o arrolamento de bens. Seria ilógico pensar que o juiz assim agisse, automaticamente, por exemplo, na hipótese de o requerente demonstrar de forma cabal por documentos a prática de negócios ruinosos pelo requerido. A regra em questão preocupou-se apenas em prever o que normalmente acontece (a necessidade de prova oral para a demonstração da razoabilidade do receio), mas não proíbe a concessão de medida liminar independentemente de justificação prévia. Quanto à parte final do texto, temos que a lei institui o depósito como medida complementar essencial do arrolamento, razão por que ordena que o juiz nomeie depositário na própria decisão interlocutória que concede a liminar (o depósito é essencial também às medidas de arresto e sequestro – arts. 666, 821 e 824).

Parágrafo único. O possuidor ou detentor dos bens será ouvido se a audiência não comprometer a finalidade da medida.

Possuidor ou detentor dos bens é justamente aquele que deve figurar no polo passivo da ação cautelar de arrolamento, de sorte que, dentro dessa ótica, a parte inicial da presente disposição apenas explicita quem são as pessoas legitimadas para a causa ordinária e passivamente; note-se que a legitimação passiva do detentor no nosso direito corresponde a algo bastante excepcional (*v.* art. 62). Já a parte final do texto tem conteúdo distinto, posto que nitidamente procedimental: o que a lei quer dizer é que, havendo designação de audiência de justificação prévia (pode não haver – *v.* nota ao *caput*), o possuidor ou o detentor somente será citado para comparecer a ela se a sua citação não puder frustrar a execução da providência que depois seja concedida (*v. g.*, porque se trata de bens de difícil remoção). A norma em questão repete o que de forma genérica o art. 804 estatui.

Art. 859. O depositário lavrará auto, descrevendo minuciosamente todos os bens e registrando quaisquer ocorrências que tenham interesse para sua conservação.

Note-se que diferentemente de quase todas as outras medidas cautelares, que são cumpridas por oficial de justiça (arresto, sequestro, busca e apreensão, etc.), a de arrolamento de bens é executada pelo depositário nomeado com a liminar ou pela sentença (art. 858, *caput*); a participação do meirinho nessa hipótese se restringe ao acompanhamento do depositário quando do ato de apreensão (expede-se mandado para tal fim). Observe-se, por outro lado, que, diferentemente da busca e apreensão, não dispõe o depositário, nem o oficial que o acompanha, de autorização para proceder ao arrombamento de portas e móveis (*v.* art. 842, §§ 1º e 2º), de sorte que sempre será necessária a requisição de força policial ao magistrado. Saliente-se, por derradeiro, que se os bens apreendidos dependem de administração, o depositário deve elaborar plano nesse sentido e submetê-lo ao juiz para aprovação (*v.* arts. 148 e 149). Atos de alienação somente podem ser praticados com autorização judicial.

Art. 860. Não sendo possível efetuar desde logo o arrolamento ou concluí-lo no dia em que foi iniciado, apor-se-ão selos nas portas da casa ou nos

móveis em que estejam os bens, continuando-se a diligência no dia que for designado.

A impossibilidade de efetuar desde logo o arrolamento se dá, por exemplo, na hipótese de o depositário e o oficial de justiça só chegarem ao local da providência por volta das vinte horas, de sorte que fiquem por tal motivo impedidos de realizá-la (*v.* art. 172 e nota). Já a impossibilidade de conclusão da diligência no próprio dia do seu início ocorre, *v. g.*, se a noite se aproxima e a falta de luz é obstáculo à finalização do ato de arrolamento. Seja qual for a razão impeditiva do início ou da conclusão no mesmo dia, selos ou lacres deverão ser apostos pelo oficial de justiça nas portas das casas, em sentido genérico (galpões, armazéns, fábricas), ou em quaisquer móveis onde haja bens arroláveis. O dia designado em que a diligência deve continuar é, via de regra, o seguinte, isto é, o imediatamente subsequente, desde que útil (art. 172).

Seção IX
Da Justificação

Vide Projeto de CPC, art. 729 (Seção XIII – Da Justificação).

Art. 861. Quem pretender justificar a existência de algum fato ou relação jurídica, seja para simples documento e sem caráter contencioso, seja para servir de prova em processo regular, exporá, em petição circunstanciada, a sua intenção.

Vide Projeto de CPC, art. 729.

O rito aqui disciplinado não corresponde a processo cautelar, mas a mero procedimento especial de jurisdição voluntária. Cautelaridade não existe, inicialmente, porque preventividade não permeia a providência requerida; o que se pede é a simples formação de documento para fins materiais ou mesmo processuais, mas sem caráter preventivo (se há necessidade de prevenção, o que cabe é a produção antecipada de prova testemunhal). Em segundo lugar, não há acessoriedade, posto que o requerente não busca por tal providência o resguardo da eficácia de outro processo, que pode, inclusive, não existir ("simples documento e sem caráter contencioso"). E, em terceiro, a medida pleiteada não se reveste do caráter de provisoriedade; a formação do documento é definitiva, por isso que os autos são entregues ao requerente sem maiores formalidades (art. 866, *caput*). Indiscutivelmente, o procedimento sob enfoque tem natureza de jurisdição voluntária, não só porque não pressupõe qualquer tipo de conflito de interesses, como também pelo fato de não significar exigência de atuação do direito pelo juiz (art. 866, parágrafo único), tanto que não se admite defesa nem recurso na justificação (art. 865). Quanto ao cabimento da justificação, é importante salientar que a documentação de mero fato ou de fato que faz nascer relação jurídica pode ser pedida com a finalidade de provar certa circunstância em procedimento puramente administrativo (perante a municipalidade, o INSS, o Cartório de Registro Civil; quanto a este, *v. g.*, "para o assento de óbito de pessoas desaparecidas" – Lei n. 6.015/73, art. 88; *v.*, ainda, art. 7º do CC, sobre morte presumida), outro procedimento de jurisdição voluntária ou mesmo em processo genuíno (*v.*, ainda, nota ao art. 865 e ao Título II do Livro IV).

Art. 862. Salvo nos casos expressos em lei, é essencial a citação dos interessados.

A necessidade de citação dos interessados, como regra, decorre da circunstância de que o procedimento da justificação cria uma situação jurídica nova, que é a constituição de documento sobre fato que pode dizer respeito também a outra pessoa que não o justificante. Portanto, quando a justificação é bilateral, ou seja, quando envolve fato que pode repercutir sobre a esfera jurídica de outrem, a sua documentação judicial não pode prescindir da citação deste. De outra parte, sendo a justificação unilateral, isto é, a que se requer sobre fato que só importa à pessoa do justificante e não se destina a ser oposto a ninguém especificamente (*v. g.*, justificação para demonstrar a idoneidade moral ou econômica do requerente – o exemplo é de Humberto Theodoro Júnior), dispensa-se a citação. Raramente a lei se preocupa em afirmar tal dispensa.

Parágrafo único. Se o interessado não puder ser citado pessoalmente, intervirá no processo o Ministério Público.

A alusão, na parte inicial do texto, à impossibilidade de citação pessoal do interessado (na justificação bilateral – *v. caput*) significa que, no procedimento de jurisdição voluntária que examinamos, é perfeitamente possível o recurso à citação ficta sob qualquer de suas duas formas. A previsão representa, portanto, que, esgotados os meios para a citação real do interessado (por oficial de justiça ou carta), fica o juiz autorizado a admitir a validade da citação com hora certa (arts. 227 a 229) ou a deferir a citação por edital (arts. 231 a 233). Observe-se, contudo, que, de acordo com a parte final do texto, uma vez verificada a ocorrência de *ficta vocatio,* o magistrado deve abrir vista ao órgão do Ministério Público imediatamente (isso porque não há defesa e, por conseguinte, prazo para resposta na justificação – art. 865). A intervenção do *parquet* nesse caso é amparada no fato de a lei reconhecer a presença de indisponibilidade no interesse de justificar e também no processamento desse pedido quando não possa participar da audiência aquele que sofrerá os reflexos da documentação do fato.

Art. 863. A justificação consistirá na inquirição de testemunhas sobre os fatos alegados, sendo facultado ao requerente juntar documentos.

Falando o dispositivo sobre o que significa formalmente a justificação, bem como sobre a prerrogativa do requerente de juntar documentos, nada mais faz do que disciplinar dois requisitos da petição inicial desse particular procedimento. Quanto ao primeiro, o que a regra sob enfoque quer dizer é que o justificante deve pedir expressamente a designação de data para a audiência em que serão tomados os depoimentos das testemunhas, requerendo, ainda, as respectivas intimações. Quanto ao segundo, que ao requerente é lícito fazer acompanhar a sua inicial de prova dos motivos que geram o seu interesse de justificar ou prova de circunstâncias relativas ao próprio fato que se quer justificar. No que concerne aos demais requisitos intrínsecos da inicial, deve ser obedecido o art. 282, e, quanto aos extrínsecos, o disposto nos arts. 37 e 225, parágrafo único, na justificação bilateral.

Art. 864. Ao interessado é lícito contraditar as testemunhas, reinquiri-las e manifestar-se sobre os documentos, dos quais terá vista em cartório por 24 (vinte e quatro) horas.

Realizada a citação dos requeridos, com o que se dá a convocação para a audiência marcada (art. 862; mas *v.* parágrafo único, que ordena a intimação do *parquet* em caso de citação ficta), e presentes a ela todos os interessados, os trabalhos se iniciam com a qualificação da primeira testemunha e a subsequente possibilidade de exercício do direito de contradita de acordo com o procedimento disciplinado pelo § 1º do art. 414 (*v.* nota). Julgada improcedente a contradita, ou sem ela, segue-se o interrogatório judicial da testemunha e, após, a sua reinquirição pelas partes, por meio de seus advogados presentes. Aplicam-se a tal depoimento a escusa prevista pelo art. 406, a prerrogativa do art. 411, a condução coercitiva disciplinada pelo art. 412, o compromisso do art. 415, o dever de tratamento urbano do art. 416, § 1º, o indeferimento de perguntas previsto pelo § 2º e, finalmente, a indenização da testemunha a que alude o art. 419, *caput,* e o direito reconhecido pelo parágrafo único desse mesmo artigo. Juntado que tenha sido algum documento pelo justificante, será no prazo de 24 horas da audiência que o interessado poderá sobre ele se manifestar.

Art. 865. No processo de justificação não se admite defesa nem recurso.

A norma contida no presente artigo de lei revela com toda clareza o caráter de jurisdição voluntária do procedimento da justificação. Dizendo de forma expressa que não cabe defesa ou recurso fica estampada a natureza não contenciosa desse procedimento, o que é o mesmo que dizer que em seu bojo não se realiza atividade verdadeiramente jurisdicional. De fato, se não há defesa, é porque não há conflito a ser solucionado, e se nada decide o magistrado sobre o mérito da prova (art. 866, parágrafo único), não há contra o que se insurgir o requerido por recurso. Observe-se que, sob tal ponto de vista, o presente procedimento é ainda menos contencioso que os previstos pelo Título II do Livro IV, que admitem resposta e apelação sem perder, contudo, a natureza de jurisdição voluntária (arts. 1.106 e 1.110). Note-se, por derradeiro, que, dada a radicalidade da norma sob análise, quaisquer vícios formais do procedimento só podem ser arguidos e reconhecidos no processo ou procedimento ao qual a justificação seja dirigida.

Art. 866. A justificação será afinal julgada por sentença e os autos serão entregues ao requerente independentemente de traslado, decorridas 48 (quarenta e oito) horas da decisão.

A sentença inapelável (art. 865) a que alude o texto tem natureza meramente homologatória da documentação do fato ou da relação jurídica operada pela formalização do depoimento da testemunha em juízo. É homologatória porque o julgamento que o magistrado emite se restringe à verificação das formalidades extrínsecas do ato, e dele não consta nenhum juízo de valor acerca da prova oral produzida (*v.* parágrafo único a seguir). É justamente por esse motivo que, decorridas 48 horas do proferimento da sentença – prazo dentro do qual as partes podem providenciar a reprodução integral do feito ou pedir certidões –, os autos do procedimento da justificação são entregues ao requerente para que este faça deles o uso que quiser (exceção: Lei n. 6.015/73, art. 111).

Parágrafo único. O juiz não se pronunciará sobre o mérito da prova, limitando-se a verificar se foram observadas as formalidades legais.

A norma disciplina especificamente o conteúdo da sentença homologatória inapelável que o juiz outorga no procedimento da justificação (arts. 865 e 866, *caput*). Como visto anteriormente, esse ato judicial é homologatório, em primeiro lugar, porquanto nenhum juízo de valor é emitido sobre a prova (*v. g.*, se o fato é existente ou não; se cria ou não relação jurídica; se a prova por testemunha vale processualmente ou se não vale); em segundo, porque o magistrado se restringe a verificar apenas a observância das formalidades legais, como diz o texto, o que significa ter fiscalizado e declarado, na sentença, a validade da citação, a competência do juízo, a regularidade da inquirição das testemunhas, entre outras questões formais que o procedimento possa apresentar.

Seção X
Dos Protestos, Notificações e Interpelações

Vide Projeto de CPC, arts. 692 a 695 (Seção II – Das Notificações e Interpelações).

Art. 867. Todo aquele que desejar prevenir responsabilidade, prover a conservação e ressalva de seus direitos ou manifestar qualquer intenção de modo formal, poderá fazer por escrito o seu protesto, em petição dirigida ao juiz, e requerer que do mesmo se intime a quem de direito.

Vide Projeto de CPC, arts. 692 e 693.

O procedimento disciplinado pelos arts. 867 a 873 não corresponde a processo cautelar, mas sim a verdadeiro procedimento de jurisdição voluntária, exatamente como ocorre com a justificação que examinamos acima. Assim é porque nele não há cautelaridade alguma, haja vista que a providência que o juiz defere, além de não ser provisória, não visa a afastar perigo de dano (o que revelaria preventividade) nem exige instauração de processo principal (o que revelaria acessoriedade). Especificamente o que concerne ao texto deste art. 867, é importante salientar que o termo "protesto" é referido com sentido genérico de forma que englobe tanto o protesto como a notificação ou a interpelação. Mas vejamos os conceitos e alguns exemplos. Notificação é a cientificação de um preceito para a prática ou não prática de um ato ou o conhecimento obrigatoriamente imposto por lei da prática de um ato para a efetiva formação de uma situação jurídica (Carvalho Santos). A dação de conhecimento obrigatória é exigida para que se opere, *v. g.*, a resilição unilateral de certos contratos, como os de locação, prestação de serviços, administração; a cientificação para a prática de ato é exigida, *v. g.*, no que concerne ao exercício do direito de preferência pelo inquilino ou pelo condômino. Já a interpelação, que é o ato pelo qual o credor cientifica o devedor de que pretende ver cumprida a obrigação (Carvalho Santos), é exigida em várias situações pela lei como meio inafastável para a constituição em mora do devedor, como acontece em relação aos contratos de compromisso de compra e venda de imóvel, entre outros. Por derradeiro, temos que o protesto é qualquer outra manifestação formal de vontade que não possua os fins específicos da notificação ou da interpelação, como ocorre no caso do protesto contra a alienação de bens (art. 870, parágrafo único).

Art. 868. Na petição o requerente exporá os fatos e os fundamentos do protesto.

O procedimento do protesto (protesto em sentido amplo), como tantos outros de jurisdição voluntária, depende para ser instaurado de petição inicial cujos requisitos intrínsecos são os previstos pelo artigo anterior (petição escrita, endereçamento a um juiz e pedido de intimação do requerido), bem como os instituídos expressamente no texto deste art. 868 (fatos e fundamentos do protesto) e subsidiariamente os arrolados pelo art. 282, II e V (identificação do requerente e requerido e valor da causa – *v.* art. 258). Note-se que não há pedido na petição inicial além do de intimação do requerido (art. 867, *in fine*), uma vez que no protesto não existe julgamento da medida, dado o caráter de voluntariedade do procedimento (*v.*, porém, art. 869). Sobre a necessidade de alusão aos fatos e fundamentos especificamente, tenha-se presente que tal exigência é inspirada em uma das garantias do contraditório, que é o direito do requerido à ampla informação sobre os motivos do protesto (observe-se que a garantia representada pelo direito de impugnação não existe – art. 871).

Art. 869. O juiz indeferirá o pedido, quando o requerente não houver demonstrado legítimo interesse e o protesto, dando causa a dúvidas e incertezas, possa impedir a formação de contrato ou a realização de negócio lícito.

Vide Projeto de CPC, art. 692.

O único juízo que recai sobre a providência pleiteada pelo requerente (notificação, interpelação ou protesto) é o relativo à sua admissibilidade, o que é feito segundo o critério explicitamente instituído por este art. 869: o interesse em manifestar pela forma judicial uma determinada intenção. De acordo com o texto, não há interesse que justifique o deferimento do protesto (não a sua procedência, repita-se) se este puder causar dúvidas e incertezas – impedimentos de ordem psicológica – que venham a significar obstáculo ao aperfeiçoamento de negócio lícito. É o que ocorre, por exemplo, na hipótese de o protesto ser de todo incabível, segundo a lei, como nos casos de notificação em que a pessoa que não tenha nenhuma relação jurídica com o requerente ou que represente comunicação de vontade para que tabeliães ou oficiais do registro imobiliário ou outros deixem de praticar atos que a lei lhes imponha (Humberto Theodoro Júnior).

Art. 870. Far-se-á a intimação por editais:

Este art. 870 disciplina a admissibilidade do deferimento da intimação sob a forma editalícia pela imprensa (*Diário Oficial* e jornais de ampla circulação). A ordem nesse sentido, quando cabível, constará obviamente do despacho liminar positivo exarado na petição inicial do procedimento do protesto (protesto em sentido amplo), salvo na situação prevista pelo parágrafo único. Como se pode perceber, as hipóteses de admissibilidade de publicação de editais neste rito são mais amplas que as previstas pelo art. 231, o que é uma decorrência do fato de essas medidas não representarem criação nem extinção de direitos.

I – se o protesto for para conhecimento do público em geral, nos casos previstos em lei, ou quando a publicidade seja essencial para que o protesto, notificação ou interpelação atinja seus fins;
Vide Projeto de CPC, art. 692.

A situação típica que ilustra, na prática forense, o protesto dirigido ao público em geral é o chamado protesto contra a alienação de bens, mas outras hipóteses também podem exigir publicidade, como deixa claro o texto. É o que ocorre, *v. g.*, quando o protestante tenciona impedir o uso de passagem por seu terreno, antes consentida por mera tolerância (Ernane Fidélis dos Santos), ou quando a notificação se destina a dar conhecimento de certo fato a todos os investidores da Bolsa de Valores ou de Mercadorias, por exemplo. Observe-se que, no que concerne ao protesto contra a alienação de bens, o magistrado pode indeferir a intimação pela imprensa e deferi-la por outra forma (*v.* parágrafo único e nota).

II – se o citando for desconhecido, incerto ou estiver em lugar ignorado ou de difícil acesso;

A regra sob enfoque é quase reprodução literal dos incisos I e II do art. 231, que permitem a citação de réus, executados e requeridos pela forma editalícia. A única diferença redacional se encontra no fato de que o inciso II do artigo mencionado alude a lugar incerto, o que a presente regra não refere, mas é evidente que também nesse caso deve ser admitida a publicação de editais, dada a proximidade de significação entre o lugar ignorado e o lugar incerto (este não deixa de ser uma forma daquele). Por causa da enorme semelhança textual, remetemos o leitor aos comentários feitos aos dois primeiros incisos do art. 231 deste Código.

III – se a demora da intimação pessoal puder prejudicar os efeitos da interpelação ou do protesto.

A previsão contida neste inciso III permite a publicação de editais de intimação pela imprensa pelo simples fato de estar ocorrendo demora para que a intimação pessoal por oficial de justiça se aperfeiçoe (*v. g.*, porque o requerido se oculta), e desde que o requerente demonstre ao juiz que isso pode vir a impedir o alcance dos efeitos pretendidos. O deferimento imediato da publicação dos editais também se justifica no caso da demora decorrer da necessidade de se intimar o requerido em outra comarca por carta precatória (arts. 200 a 212). Note-se que, assim como na hipótese prevista pelo inciso I deste artigo, a autorização aqui estabelecida se limita ao procedimento do protesto, não se estendendo a qualquer outro.

Parágrafo único. Quando se tratar de protesto contra a alienação de bens, pode o juiz ouvir, em 3 (três) dias, aquele contra quem foi dirigido, desde que lhe pareça haver no pedido ato emulativo, tentativa de extorsão, ou qualquer outro fim ilícito, decidindo em seguida sobre o pedido de publicação de editais.

Vide Projeto de CPC, art. 694.

Bastante claro é o texto no sentido de que a regra instituída só tem aplicação quando se tratar de protesto contra a alienação de bens. A lei se preocupa especialmente com essa forma de manifestação de vontade por causa do sério efeito psicológico que decorre do seu deferimento. Muito bem, no que concerne à oitiva em três dias do requerido (a pessoa que está para alienar o imóvel), tem-se entendido em sede jurisprudencial que o juiz deve (e não simplesmente pode) mandar intimá-lo para falar sobre o pedido quando o requerente tenha postulado a publicação de editais pela imprensa (art. 870, I) e pareça ao magistrado estar ocorrendo uma das hipóteses previstas no texto. Se a publicação não foi pedida, ou ao juiz parece lícito o requerimento, não há por que se exigir a prévia oitiva do requerido. Com ou sem oitiva, o juiz pode simplesmente indeferir o protesto (art. 869) ou deferir a intimação apenas sob a forma de mandado. No primeiro caso, a sentença pode ser atacada por apelação (arts. 869 e 513); no segundo, a decisão proferida sempre poderá ser agravada (arts. 162, § 2º, e 522). Por derradeiro, parece importante consignar que, em virtude de o protesto não criar nem extinguir quaisquer direitos, não é lícito ao juiz mandar averbar tal decisão, que é meramente formal, no Registro de Imóveis (tal decisão não se enquadra na previsão do art. 167, II, 12, da LRP).

Art. 871. O protesto ou interpelação não admite defesa nem contraprotesto nos autos; mas o requerido pode contraprotestar em processo distinto.

No procedimento da notificação, interpelação ou protesto de qualquer tipo, não admite a lei a dedução de nenhuma espécie de defesa por parte do requerido contra a providência deferida (a intimação por mandado, carta, carta precatória ou por edital de pessoa certa ou incerta ou do público em geral). Qualquer defesa de ordem formal ou material que o requerido eventualmente possua só poderá ser formulada no processo ou procedimento que venha a ser instaurado posteriormente com base no protesto formalizado. Outra possibilidade que a lei dá ao requerido é a de apresentar protesto em sentido contrário ao recebido (por isso, contraprotesto), por meio de petição própria e autos diferentes. Observe-se que, se a despeito da proibição, o requerido protocolar petição que instrumentalize defesa, a solução que a lei exige do magistrado é a sua pura e simples desconsideração.

Art. 872. Feita a intimação, ordenará o juiz que, pagas as custas, e decorridas 48 (quarenta e oito) horas, sejam os autos entregues à parte independentemente de traslado.

Vide Projeto de CPC, art. 695.

A norma jurídica sob análise disciplina a fase final do procedimento do protesto, ordenando que, uma vez concluída a diligência intimatória, seja por que forma for, o magistrado deve verificar se todas as despesas processuais foram pagas (custas, diligências do oficial de justiça ou outras) e, tendo sido, ordene que quarenta e oito horas após a publicação do mesmo o escrivão entregue os autos ao requerente. Note-se que tal ato de encerramento não é sentença, nem mesmo homologatória, mas mero ato administrativo sem qualquer conteúdo processual, posto que não expressa julgamento nem se presta a documentar o término de relação jurídica. As quarenta e oito horas são previstas na lei para que nesse prazo quaisquer interessados possam reproduzir os autos, mas nenhuma reprodução é exigida como requisito da retirada destes de Cartório pelo protestante.

Art. 873. Nos casos previstos em lei processar-se-á a notificação ou interpelação na conformidade dos artigos antecedentes.

O único intuito do dispositivo *sub apretiationis* é o de explicitar a exigência do CPC de que todo protesto, notificação ou interpelação de qualquer tipo que tenha de ser feita sob a forma judicial, por força de lei, haverá de respeitar o ritual disciplinado pelos arts. 867 a 872. Tal exigência não significa, por outro lado, que o procedimento aqui instituído não possa ser utilizado por simples vontade do requerente: pode para maior garantia jurídica do aperfeiçoamento e dos efeitos da manifestação de vontade (*v. g.*, CC, arts. 290, 686 e 688). Notificações, interpelações e protestos podem ser realizados, em geral, também por meio de Cartório de Títulos e Documentos ou por intermédio do Correio.

Seção XI
Da Homologação do Penhor Legal

Vide Projeto de CPC, arts. 681 a 684 (Capítulo X – Da Homologação do Penhor Legal).

Art. 874. Tomado o penhor legal nos casos previstos em lei, requererá o credor, ato contínuo, a homologação. Na petição inicial, instruída com a conta pormenorizada das despesas, a tabela dos preços e a relação dos objetos retidos, pedirá a citação do devedor para, em 24 (vinte e quatro) horas, pagar ou alegar defesa.

Vide Projeto de CPC, art. 681.

A figura do penhor legal é disciplinada pelos arts. 1.467 a 1.472 do CC, e corresponde à prerrogativa conferida ao credor de se apossar de bens do devedor com o fim de constituir direito real de garantia sobre esses bens, independentemente da vontade deste (*v.* CC, art. 1.470). São credores pignoratícios sem convenção: os hospedeiros ou fornecedores de pousada ou alimentos, sobre as bagagens, móveis, joias e dinheiro que os seus consumidores ou fregueses tiverem consigo; o dono do prédio rústico ou urbano, sobre os bens móveis que o rendeiro ou inquilino tiver guarnecendo o mesmo prédio, pelos aluguéis ou rendas (CC, art. 1.467, I e II). Como se pode perceber, sob o prisma estritamente processual, o penhor assim disciplinado nada mais representa que forma legítima de autotutela ou autorização excepcional de justiça com as próprias mãos, o que, no entanto, depende para se aperfeiçoar de pedido homologatório endereçado posteriormente ao juiz. Não se trata, por isso, evidentemente, de processo cautelar, mas de típico procedimento de jurisdição voluntária, uma vez que o que se busca é a simples constituição formal do direito de garantia e não a prevenção de um dano jurídico; a homologação que o juiz realiza, por outro lado, nada tem de provisória, o que também torna inviável a ideia de cautelaridade. Note-se, por derradeiro, que a função satisfativa desse procedimento é revelada claramente pela parte final do texto sob exame, que afirma que o devedor é citado para alegar defesa ou pagar, o que, acontecendo, provoca a extinção do feito mediante o pleno atendimento do direito do credor.

Parágrafo único. Estando suficientemente provado o pedido nos termos deste artigo, o juiz poderá homologar de plano o penhor legal.

A norma regula a concessão liminar, *inaudita altera parte*, da homologação do penhor legal, como deixa claro o texto. Para que isso aconteça necessário será que o juiz fique convencido: *a*) de que realmente houve apreensão física de bens pelo credor, o que se demonstra pela relação minuciosa dos bens retidos que deve instruir a inicial (*v. caput*); e *b*) de que a apreensão foi realizada com base numa das hipóteses autorizadas pela lei civil (CC, art. 1.467), o que se prova com a conta pormenorizada das despesas e a tabela de preços do hotel, estalagem, pensão ou pousada, documentos que também devem instruir a inicial *(v. caput)*, salvo se se tratar da hipótese de locação ou arrendamento, é óbvio (CC, art. 1.467, II). Provadas suficientemente tais circunstâncias, fica o juiz autorizado a homologar liminarmente o penhor legal, deferindo, ato contínuo, o requerimento de citação do requerido. Observe-se que a não concessão da liminar não impede a homologação posteriormente, o que se dará por sentença após a realização de audiência de instrução, via de regra.

Art. 875. A defesa só pode consistir em:

Vide Projeto de CPC, art. 682, caput

Homologado de plano o penhor legal ou denegada a liminar (*v.* parágrafo único do art. 874), o requerido será citado por qualquer das formas autorizadas pelo CPC para, no prazo de 24 horas, pagar ou alegar defesa, isto é, contestar. Se pagar, o que se dá mediante o depósito integral da importância pleiteada, o procedimento se encerra com o proferimento de sentença declaratória da extinção da obrigação, que ordenará, ainda, a devolução dos bens apreendidos ao devedor (art. 876). Se, de outra parte, optar o devedor por contestar o pedido, diz expressamente o texto deste art. 875, *caput,* que a defesa fica limitada às matérias que seguem elencadas. Vejamos.

I – nulidade do processo;

Vide Projeto de CPC, art. 682, I.

A previsão de nulidade do processo deve ser compreendida sem muito rigor técnico, para abarcar também questões relativas à ação, como ilegitimidade *ad causam* ou falta de interesse de agir (melhor seria se a lei tivesse falado de defesas processuais em vez de nulidade de processo). Seja como for, integram evidentemente o rol de defesas dedutíveis pelo requerido matérias tais quais: inépcia da petição inicial (art. 295, parágrafo único); falta de preenchimento pela petição inicial dos requisitos previstos pelo art. 282 (arts. 284 e 295, VI); falta de instrução do pedido com os documentos indispensáveis (arts. 283 e 874); nulidade da citação (art. 214); falta das capacidades processuais (arts. 13, I, e 267, XI); litispendência, coisa julgada, perempção ou convenção de arbitragem (art. 267, V e VII); impedimento, suspeição ou incompetência do juízo por exceção (arts. 304 a 314); impugnação ao valor da causa (art. 261), etc.

II – extinção da obrigação;
Vide Projeto de CPC, art. 682, II.

A extinção da obrigação a que alude o dispositivo é aquela que se operou antes da dedução do pedido de homologação do penhor legal em juízo ou, pelo menos, antes da citação, mas que não se confunde, por certo, com o pagamento realizado por força do próprio ato citatório, que é, na verdade, sucedâneo da contestação, segundo o art. 874. Na categoria da extinção da obrigação que o requerido pode alegar como preliminar de mérito, entram evidentemente o pagamento, a remissão, a novação, a transação ou a prescrição, etc., que o devedor deverá provar com documento adequado ou com testemunhas, nos termos dos arts. 401 a 403 deste Código.

III – não estar a dívida compreendida entre as previstas em lei ou não estarem os bens sujeitos a penhor legal.
Vide Projeto de CPC, art. 682, III e IV.

A primeira parte da prescrição concerne à matéria que tanto pode ser agitada, em contestação, como preliminar de ilegitimidade, ou como mérito. Sim, porque a alegação de que a dívida não está compreendida entre as previstas em lei é o mesmo que dizer que o requerente não é titular, nem em tese, de crédito decorrente de hospedagem, fornecimento de pousada ou alimento, arrendamento ou locação, ou seja, que o requerente é parte ilegítima para pleitear homologação de penhor legal. Todavia, se o juiz não acolher tal objeção de pronto e designar audiência para melhor apuração dos fatos, já não será o caso de proferir sentença terminativa após a instrução, mas sim de improcedência do pedido. Quanto à segunda parte do dispositivo, trata-se de defesa envolvida estritamente com o direito ao penhor legal, posto que não é materialmente autorizada a apreensão, nem a constituição formal da garantia por sentença homologatória, se os bens retidos pelo credor não se submetem ao instituto, o que ocorre quando a coisa é insuscetível de penhora (arts. 649 e 650).

Art. 876. Em seguida, o juiz decidirá; homologando o penhor, serão os autos entregues ao requerente 48 (quarenta e oito) horas depois, independentemente de traslado, salvo se, dentro desse prazo, a parte houver pedido certidão; não sendo homologado, o objeto será entregue ao réu, ressalvado ao autor o direito de cobrar a conta por ação ordinária.
Vide Projeto de CPC, arts. 683 e 684.

A norma disciplina especificamente os conteúdos da sentença de procedência e de improcedência do pedido de homologação do penhor legal, bem como explicita o principal efeito da decisão de rejeição. Quanto à procedência do pedido, é importante que se consigne que a interposição de apelação contra tal sentença impede, por razões óbvias, a entrega dos autos ao requerente, de sorte que o prazo previsto no texto é contado do trânsito em julgado da decisão nesse caso e não do seu proferimento. Questão polêmica que existe na hipótese de procedência do pedido de homologação é a de se saber se a constituição judicial e formal da garantia faz nascer ou não título executivo em favor do credor. Pensamos que sim por dois motivos: primeiro, se fosse da vontade da lei submeter o requerente a processo de conhecimento após obtida a homologação, este art. 876 o teria dito expressamente, porque quando quis (no caso de improcedência, *v.* parte final do texto sob comentário) ele assim o fez; segundo, a liquidez exigida genericamente pelo art. 586 é resguardada pelo requisito da conta pormenorizada prevista pelo art. 874, *caput* (concordamos nesse sentido com Ernane Fidélis dos Santos). Já quanto à sentença de improcedência, duas observações merecem realce: primeira, que a devolução dos bens ao devedor é efeito gerado imediatamente pela sentença, haja vista o disposto no art. 520, inciso IV (embora, ontologicamente, procedimento de jurisdição voluntária, a homologação de penhor legal se submeta ao regime do processo cautelar, porque no Livro III do CPC se encontra disciplinada); segunda, a ressalva da parte final do texto é meramente explicativa, mas é argumento importante para a defesa da ideia de que o penhor homologado é título executivo (*v.* parte inicial deste comentário).

Seção XII
Da Posse em Nome do Nascituro

Vide Projeto de CPC, arts. 726 a 728 (Seção XII – Da Posse em Nome do Nascituro).

Art. 877. A mulher que, para garantia dos direitos do filho nascituro, quiser provar seu estado de gravidez, requererá ao juiz que, ouvido o órgão do Ministério Público, mande examiná-la por um médico de sua nomeação.

Vide Projeto de CPC, art. 726.

Assim como a justificação, o protesto e a homologação de penhor legal, também a posse em nome do nascituro não possui natureza jurídica de processo cautelar; a uma, porque não pressupõe *periculum in mora,* o que significa que a providência judicial não é preventiva de dano irreparável, mas apenas assecuratória de interesses; a duas, porque esse procedimento não é acessório de nenhum outro, daí a não pressuposição de *fumus boni iuris.* Trata-se, na verdade, mais uma vez, de típico procedimento de jurisdição voluntária disciplinado em Livro errado. Seja como for, examinemos o texto deste art. 877. Em primeiro lugar, chama a atenção o fato de que a investidura na posse dos direitos do nascituro é providência judicial que expressa a garantia consagrada pelos arts. 2º e 1.779 do CC, de sorte que permita que a mãe, ou um curador (*v.* art. 878, parágrafo único), exerça todos os direitos que caibam ao que ainda não nasceu para a sua salvaguarda. Observe-se, quanto à legitimação ativa, que o fato de a lei empregar o termo genérico "mulher" permite a conclusão de que não só a casada, mas também a convivente ou a mulher solteira não amasiada, pode ir a juízo pleitear a investidura (a interdita é representada por seu curador). Registre-se, por outro lado, que a *causa petendi* relativa a esse pedido se limita à morte de alguém de quem o nascituro é supostamente sucessor, e ao fato biológico da gravidez, não envolvendo sob qualquer aspecto a questão da paternidade. É por isso que da petição inicial deve constar obrigatoriamente o requerimento de exame médico. Mas, como ocorre quando a ação investigatória é proposta, sujeitos passivos na posse em nome do nascituro serão, identicamente, os herdeiros do *de cujus*, embora o presente dispositivo não diga (*v.*, porém, §§ 1º e 2º a seguir). O testamenteiro figurará no polo passivo se houver legado em favor do nascituro ou, ainda, o doador, se a doação tiver sido em favor de prole eventual (nesse sentido, Humberto Theodoro Júnior). O Ministério Público intervém no feito em razão do interesse de incapaz envolvido na causa. Se a presente regra não existisse, incidiria o disposto no art. 82, I, deste Código.

§ 1º O requerimento será instruído com a certidão de óbito da pessoa, de quem o nascituro é sucessor.

Vide Projeto de CPC, art. 726.

Além dos documentos que correspondem aos requisitos extrínsecos de qualquer petição inicial (a sua cópia para instruir o mandado citatório – art. 225, parágrafo único –, a procuração – art. 37 –, a guia de custas), o presente dispositivo dá à certidão de óbito a qualidade de documento indispensável à dedução do requerimento de investidura na posse dos direitos do nascituro, no que explicita o que o art. 283 dispõe genericamente. Logo, se o requerente deixar de apresentar, já com a inicial, tal certidão, o juiz fica autorizado a determinar o suprimento da falta em dez dias, sob pena de indeferimento puro e simples da petição (art. 284 e parágrafo único). Observe-se que, em apenas uma hipótese, o requisito em questão não tem cabimento, o que se dá no caso de doação a termo para filhos concebidos de determinada pessoa, situação em que os direitos do nascituro não se originam de sucessão *causa mortis* (Jorge Americano e Pontes de Miranda *apud* Humberto Theodoro Júnior).

§ 2º Será dispensado o exame se os herdeiros do falecido aceitarem a declaração da requerente.

Vide Projeto de CPC, art. 727, caput *e § 1º.*

Embora o *caput* não fale, este parágrafo torna clara a necessidade de os herdeiros do *de cujus* serem citados, uma vez que será justamente no prazo de defesa que poderão aceitar expressamente a declaração da requerente (*v.* nota ao *caput*). Observe-se que a aceitação a que alude o texto tem por objeto exclusivo a gravidez da mulher e não a paternidade, que poderá vir a ser discutida em futuro procedimento litigioso. Aceita, assim, a declaração da requerente – no prazo de defesa, que é o de cinco dias, *ex vi* da aplicação do disposto no art. 802, por falta de regra especial, ou mesmo além dele – e dispensado, por isso, o exame médico, autorizado fica o juiz a proferir a sentença disciplinada pelo art. 878.

§ 3º Em caso algum a falta do exame prejudicará os direitos do nascituro.
Vide Projeto de CPC, art. 727, § 2º.

A falta de exame prevista pelo texto sob comentário pode significar pelo menos três coisas diferentes: *a*) que a mulher, após tê-lo requerido, não foi mais encontrada; *b*) que, realizado o exame, o médico nomeado demore para entregar em cartório o respectivo laudo; *c*) que o juiz não possa nomear desde logo médico para fazer a perícia por falta de profissional habilitado na comarca ou na região (os exemplos são de Humberto Theodoro Júnior). Nesses casos, como a lei diz que a falta de exame não prejudicará os direitos do nascituro, isto significa que o magistrado pode praticar, em caráter provisório, os atos que haviam sido requeridos em caráter definitivo (Pontes de Miranda), como a nomeação provisória de um curador, nos termos do parágrafo único, com ou sem autorização para a prática de atos específicos de defesa dos direitos do nascituro.

Art. 878. Apresentado o laudo que reconheça a gravidez, o juiz, por sentença, declarará a requerente investida na posse dos direitos que assistam ao nascituro.
Vide Projeto de CPC, art. 728, caput

Apresentado o laudo pericial pelo médico nomeado no prazo que o juiz determinou (aplicam-se os arts. 421 a 432 ao exame de gravidez), e uma vez ouvidos os interessados sobre o mesmo, estabelece o presente dispositivo que o órgão judicial profira sentença de procedência do pedido. Tal sentença, como o próprio texto deixa transparecer, tem natureza declaratória, mas é preciso notar que, ao lado desse efeito preponderante, o ato analisado possui também eficácia constitutiva, porque do seu proferimento nasce uma situação jurídica nova, que é a de alguém investido judicialmente na qualidade de possuidor dos direitos do nascituro. Observe-se, por fim, que, como sentença que é, esse ato é passível de ataque por apelação (art. 513), mas sem efeito suspensivo, uma vez que a disciplina desse procedimento de jurisdição voluntária no Livro III do CPC conduz à aplicabilidade do art. 520, IV.

Parágrafo único. Se à requerente não couber o exercício do pátrio poder, o juiz nomeará curador ao nascituro.

Vide Projeto de CPC, art. 728, parágrafo único.

A regra em questão guarda paralelo com o disposto no art. 1.779 do CC que reza: "Art. 1.779. Dar-se-á curador ao nascituro, se o pai falecer estando grávida a mulher, e não tendo o poder familiar. Parágrafo único. Se a mulher estiver interdita, seu curador será o do nascituro". A verificação do não cabimento do poder familiar à requerente da investidura é feita incidentemente pelo juiz e declarada na sentença (*v. g.*, na hipótese de ela ter sofrido condenação criminal – CC, art. 1.637, parágrafo único), o que não impede a sua discussão em processo contencioso, já que a sentença disciplinada por este art. 878 nunca transita materialmente em julgado. Seja como for, o fato é que o curador nomeado, como a própria requerente na hipótese do *caput*, pode exercer todos os direitos do nascituro, inclusive mediante a propositura de quaisquer tipos de ações.

Seção XIII
Do Atentado

Art. 879. Comete atentado a parte que no curso do processo:

Atentado é a ação, a medida e o procedimento cautelar cuja finalidade é o restabelecimento do estado fático da causa quando esse é rompido pela inovação ilegal praticada por uma das partes, ou pela violação de medidas judiciais decretadas. Trata-se de medida indubitavelmente cautelar, apesar do seu eventual caráter repressivo, uma vez que em certas situações a prevenção do dano irreparável ao processo, que o atentado busca, só é alcançada mediante a prática de atos concretos do requerido, o que torna necessário o emprego de coação processual e material contra o mesmo. Logo, nesses casos, o caráter repressivo da medida de atentado aparece no cenário processual apenas como instrumento a serviço do alcance da prevenção, ou seja, como meio para se afastar o perigo de dano à eficiência do processo principal. Observe-se, por fim, que, dado o escopo específico da medida de atentado, a propositura desta ação cautelar só admite a modalidade incidental. Vejamos, destarte, quais são as hipóteses em que a lei admite o atentado.

I – viola penhora, arresto, sequestro ou imissão na posse;

De acordo com o texto legal *sub apretiationis*, interpretado literalmente, ocorre atentado toda vez que, no processo de execução, há violação da penhora; no cautelar, violação do arresto ou sequestro; ou no de conhecimento, violação de imissão na posse. Tratando-se de apreensão de bens móveis, a violação significa, *v. g.*, a sua ocultação ou a transferência da posse; no caso de bens imóveis, violação é a turbação ou esbulho praticado pela parte contrária. Note-se que para os bens móveis a medida de atentado pode ser substituída pela simples ordem de apreensão, sob pena de prisão do depositário, incidentemente nos próprios autos; quanto aos imóveis, a ação cautelar não tem sucedâneo. Todavia, a conclusão exegética mais importante que este inciso I nos permite é a de que o rol elaborado pela lei tem caráter meramente exemplificativo. Assim, a ocultação de bens arrecadados ou apreendidos por força de busca e apreensão, ou a violação de liminares de reintegração, manutenção na posse, embargos de terceiro, desocupação de imóvel locado, etc., também autoriza a dedução de artigos de atentado com amparo no presente dispositivo legal (*v.* nota ao inciso II).

II – prossegue em obra embargada;

A previsão sob enfoque poderia estar colocada muito bem dentre as constantes do inciso I, mas não está por razões históricas: as nossas leis processuais desde há muito dão particular atenção ao prosseguimento de obra embargada. Destarte, a hipótese que nos ocupa – que representa desobediência ou violação ao embargo judicial previsto pelos arts. 935, parágrafo único, 936, I, 937 e 938 – é apenas mais uma medida liminar de natureza possessória cuja eficácia e respeito a ação cautelar de atentado protege. Como visto, outras medidas liminares são identicamente tuteladas pelo atentado, *ex vi* da interpretação ampliativa que se deve dar à previsão de imissão na posse que o inciso I expressamente consagra.

III – pratica outra qualquer inovação ilegal no estado de fato.

A norma jurídica que enfrentamos tem caráter nitidamente residual, porquanto abrange todo e qualquer outro ato da parte que se enquadre na categoria reconhecida em termos gerais pelo texto como inovação ilegal no estado de fato. Diferentemente das previsões anteriores (incisos I e II), a violação aqui contemplada não tem por objeto atos praticados pelo juiz (penhora, arresto ou liminares), mas sim a própria situação fática existente quando do ajuizamento da ação principal e que, por razões óbvias, deve ser mantida inalterada até que, por sentença, o magistrado disponha sobre a mesma. São exemplos de atos de inovação ilegal: a reforma da casa objeto de ação de despejo por mau uso do prédio locado; a invasão do imóvel pelo autor num caso de reintegração liminar denegada; a remoção de cercas divisórias numa ação de manutenção na posse; a construção de galpão em imóvel objeto de processo divisório; a retirada de madeira pelo condômino em processo de extinção de condomínio, etc.

Art. 880. A petição inicial será autuada em separado, observando-se, quanto ao procedimento, o disposto nos arts. 802 e 803.

Por meio do dispositivo sob análise a lei explicita um aspecto do processamento do atentado e, o que mais importa, disciplina as fases postulatória e instrutória desse procedimento cautelar específico. Quanto à necessidade de autuação em separado da petição inicial, o que a regra faz é romper com o art. 809, que exige de forma genérica o apenso: o atentado depende de autos próprios. Já no que concerne ao regramento das fases procedimentais, algumas observações importantes merecem realce: primeira, não existe medida liminar em processo de atentado porque o texto deste art. 880 só faz remissão aos arts. 802 e 803, o que se explica pela circunstância de que todo restabelecimento (de ato judicial ou da situação fática inovada ilegalmente) deve acontecer de forma definitiva; segunda, havendo contestação da ação em cinco dias, nada impede o juiz de deferir ou determinar a realização de perícia técnica para apurar a verdade acerca da violação ou da alteração fática ilegítima; terceira, a prova pericial realizada não é obstáculo à produção de prova oral em audiência.

Parágrafo único. A ação de atentado será processada e julgada pelo juiz que conheceu originariamente da causa principal, ainda que esta se encontre no tribunal.

A competência para o processamento e o julgamento da ação de atentado é regulada de uma forma diferente daquela instituída para a generalidade dos procedimentos cautelares. Se o art. 800, parágrafo único, do CPC, afirma que é competente o tribunal para apreciar a causa (*v.* nota), a presente prescrição estabelece regra absoluta no sentido de retirar do órgão jurisdicional de segunda instância qualquer possibilidade de apreciação do atentado: cabe invariável e incondicionalmente ao juízo monocrático o poder para mandar processar, bem como para julgar o pedido (*v.*, ainda, art. 108). As consequências práticas imediatas dessa norma de competência funcional são que, para ajuizar a ação de atentado, a parte requerente (autor, réu, assistente, chamado, etc.) precisará sempre reproduzir peças dos autos que estão no tribunal e ao juiz, ao despachar a inicial, caberá sempre comunicar, por ofício, à segunda instância a distribuição da demanda cautelar. Note-se, por derradeiro, que, em caso de procedência, ao tribunal compete aplicar as duas últimas sanções previstas pelo art. 881, o que dependerá obviamente de nova comunicação judicial.

Art. 881. A sentença, que julgar procedente a ação, ordenará o restabelecimento do estado anterior, a suspensão da causa principal e a proibição de o réu falar nos autos até a purgação do atentado.

De acordo com o texto, três são os efeitos da sentença de procedência do pedido de atentado, que é atacável por apelação sem efeito suspensivo (art. 520, IV): *a*) a ordem, dirigida ao requerido, para cumprir em obrigação de fazer ou de não fazer, com o que se busca o restabelecimento do ato violado ou da situação fática alterada (quanto a este aspecto, a sentença proferida será executada imediatamente por ordem do juiz); *b*) a decretação da suspensão do processo principal, mas não dos prazos em curso, o que poderá significar a sua perda pelo requerido em função do efeito que segue; *c*) a proibição de o requerido (réu, autor ou interveniente, e não só o réu) falar no processo principal (falar significa manifestar-se em sentido genérico, o que compreende impugnar atos, contestar, agravar ou apelar) enquanto não ficar comprovada a purgação do atentado, isto é, o restabelecimento do *status quo ante*. Registrem-se, ainda, mais duas observações: primeira, embora não diga este art. 881, o requerido deve ser condenado em despesas e honorários, *ex vi* do disposto no art. 20 do CPC; segunda, se o restabelecimento fático já não for possível, o juiz deverá interpretar a situação alterada no processo principal a favor do prejudicado.

Parágrafo único. A sentença poderá condenar o réu a ressarcir à parte lesada as perdas e danos que sofreu em consequência do atentado.

Em relação a este quarto efeito do julgamento de procedência do pedido de atentado, que é efeito de direito material, tem-se entendido em doutrina, e com toda a razão, que a sentença faz coisa julgada, de sorte que em processo posterior já não será possível ao requerido voltar a discutir nem o *an debeatur*, nem o *quantum debeatur* que o juiz no processo cautelar tenha definido. Note-se, ainda, que, por causa do efeito excepcional aqui previsto, entende-se também que a apelação interponível contra tal decisão não se submete ao inciso IV do art. 520, o que vale dizer que ela possui tanto o efeito devolutivo como o suspensivo (observe-se que a proibição de falar instituída pelo *caput* não atinge o processo de atentado).

Seção XIV
Do Protesto e da Apreensão de Títulos

Art. 882. O protesto de títulos e contas judicialmente verificadas far-se-á nos casos e com observância da lei especial.

O protesto de títulos previsto por esse artigo e pelo subsequente não é processo cautelar nem procedimento de jurisdição voluntária como a justificação, os protestos, a homologação de penhor legal ou a posse em nome do nascituro. Trata-se, na verdade, de procedimento puramente administrativo, que se desenvolve perante o Cartório de Protestos, com a finalidade específica de comprovar a falta de pagamento ou de aceite, de sorte que permita o exercício do direito de regresso contra coobrigados ou, ainda, o direito de requerer a falência de comerciante. Como se vê, a matéria não é objeto de direito processual, razão por que não deveria ter sido tratada no âmbito do CPC. Seja como for, é necessário que enfrentemos esse ato extrajudicial de caráter solene e escopo probatório. Os títulos sujeitos a protesto, segundo a lei especial, são: a letra de câmbio por falta de aceite ou pagamento (Decreto n. 2.044/08, art. 28, e Lei Uniforme, art. 44); a nota promissória por falta de pagamento (Decreto n. 2.044/08, arts. 28 e 56; e Lei Uniforme, arts. 44 e 77); a duplicata por falta de aceite, devolução e pagamento (Lei n. 5.474/68, arts. 13 e 14); a duplicata rural por falta de aceite (Decreto n. 167/67, art. 51, parágrafo único); o título vinculado a contrato de alienação fiduciária por falta de pagamento (DL n. 911/69, art. 2º, § 2º); quaisquer títulos, inclusive contas verificadas judicialmente – a que o texto deste art. 882 alude de forma expressa –, por falta de pagamento, para o fim de instrução de pedido de falência (DL n. 7.661/45, arts. 10 e 11 – revogado; atual Lei n. 11.101/2005, nova Lei de Falências, art. 94, I) (o rol é de Humberto Theodoro Júnior). Lembramos, por fim, que a Lei n. 9.492/97, define competências e regula os serviços relativos ao protesto de títulos.

Art. 883. O oficial intimará do protesto o devedor, por carta registrada ou entregando-lhe em mãos o aviso.

O procedimento administrativo do protesto não depende de petição inicial, mas apenas da apresentação do título ao oficial do Cartório. Verificada a sua regularidade formal, a adequação do local onde a providência é pleiteada e a possibilidade do protesto – que é dada pelo vencimento da dívida e não é excluída pela prescrição –, o oficial registra a entrada do documento em livro próprio, passando recibo ao apresentante, o que permite a prática do ato subsequente, que é o previsto no texto deste art. 883: a intimação do devedor por uma das formas instituídas. Observe-se, entrementes, que tal intimação se encontra regulada pelo art. 14 da Lei n. 9.492/97, que dispõe: "Art. 14. Protocolizado o título ou documento de dívida, o Tabelião de Protesto expedirá a intimação ao devedor, no endereço fornecido pelo apresentante do título ou documento, considerando-se cumprida quando comprovada a sua entrega no mesmo endereço. § 1º A remessa da intimação poderá ser feita por portador do próprio tabelião, ou por qualquer outro meio, desde que o recebimento fique assegurado e comprovado através de protocolo, aviso de recepção (AR) ou documento equivalente. § 2º A intimação deverá conter nome e endereço do devedor, elementos de identificação do título ou documento de dívida, e prazo-limite para cumprimento da obrigação no Tabelionato, bem como número do protocolo e valor a ser pago".

Parágrafo único. Far-se-á, todavia, por edital, a intimação:

A clara redação dos incisos a seguir – que estampa a estreiteza das hipóteses de cabimento da intimação por edital do devedor no procedimento do protesto de títulos – deixa patente a excepcionalidade dessa forma de comunicação da intenção de protestar. Destarte, somente nas situações a seguir elencadas é viável a intimação ficta. Quanto à matéria, veja-se, ainda, o que o art. 15 da Lei n. 9.492/97 estabelece: "Art. 15. A intimação será feita por edital se a pessoa indicada para aceitar ou pagar for desconhecida, sua localização incerta ou ignorada, for residente ou domiciliada fora da competência territorial do Tabelionato, ou, ainda, ninguém se dispuser a receber a intimação no endereço fornecido pelo apresentante. § 1º O edital será afixado no Tabelionato de Protesto e publicado pela imprensa local onde houver jornal de circulação diária".

I – se o devedor não for encontrado na comarca;

Dada a circunstância de o protesto ser tirado, como regra, no local do pagamento, de acordo com o art. 87, parágrafo único, do Decreto n. 2.044/08 e outras regras especiais, e somente, como exceção, no domicílio ou na residência do devedor se não houver no título designação do local do pagamento, ou no do credor ou da emissão se nenhum outro for indicado, fica claro que a comarca a que alude o texto deste inciso I é aquela em que o protesto foi requerido, e não obrigatoriamente aquela em que tem domicílio ou residência o devedor. E veja-se que o que dissemos não contraria, em absoluto, o disposto no art. 15, da Lei n. 9.492/97, que autoriza a intimação por edital quando "a pessoa indicada para aceitar ou pagar [...] for residente ou domiciliada fora da competência territorial do Tabelionato [...]".

II – quando se tratar de pessoa desconhecida ou incerta.

A intimação pode, ainda, ser realizada por editais, mediante publicação pela imprensa local, quando o devedor for pessoa desconhecida ou incerta, diz o texto. Desconhecida é a pessoa cujo nome e demais elementos identificadores não se encontram à disposição do oficial para que esse proceda à intimação pessoal, nos termos do art. 883, *in fine*. Incerto é o devedor em relação ao qual as informações disponíveis sobre a sua pessoa não são suficientes para identificá-lo com segurança. Note-se que no mesmíssimo sentido dispõe o *caput* do art. 15 da Lei n. 9.492/97, que alude à pessoa "desconhecida, sua localização incerta ou ignorada".

Art. 884. Se o oficial opuser dúvidas ou dificuldades à tomada do protesto ou à entrega do respectivo instrumento, poderá a parte reclamar ao juiz. Ouvido o oficial, o juiz proferirá sentença, que será transcrita no instrumento.

Este art. 884 disciplina a dúvida, outro procedimento tipicamente administrativo regulado impropriamente pelo CPC. Diferentemente do procedimento regido pelos arts. 882 e 883, que se desenvolve perante o Cartório de Protestos e que culmina com a caracterização formal da impontualidade, esse que ora examinamos se instaura perante o Poder Judiciário, que vai, como autoridade administrativa, e não como autoridade jurisdicional, decidir a controvérsia surgida entre o requerente do protesto e o oficial que, por algum motivo, deixa de realizá-lo. De acordo com o texto, apenas a parte pode suscitar a dúvida (reclamação ou dúvida às avessas), mas nada impede que o próprio oficial o faça de ofício (Antonio Macedo de Campos). É o que ocorre, por exemplo, se o oficial reconhece que o Cartório não corresponde ao local indicado para o pagamento, que não houve vencimento do título ou, ainda, que o título é flagrantemente nulo (os exemplos são de Humberto Theodoro Júnior). Havendo, assim, recusa do oficial em tirar o protesto, o credor pode reclamar diretamente ao juiz da comarca, por petição, com o que se instaura o procedimento de dúvida. Ouvido o oficial, que pode, então, declinar suas razões, o juiz profere sentença na qualidade de autoridade correcional, ato este que deve ser transcrito, segundo o texto, no instrumento de protesto. Registre-se, por derradeiro, que, de acordo com a Lei n. 9.492/97 (que define competências e regula os serviços relativos ao protesto de títulos), art. 18, as dúvidas do Tabelião serão resolvidas pelo juízo competente. Note-se que tal previsão é diferente da deste art. 884, posto que se refere às dúvidas do Tabelião, e não às da parte.

Art. 885. O juiz poderá ordenar a apreensão de título não restituído ou sonegado pelo emitente, sacado ou aceitante; mas só decretará a prisão de quem o recebeu para firmar aceite ou efetuar pagamento, se o portador provar, com justificação ou por documento, a entrega do título e a recusa da devolução.

O procedimento disciplinado pelos arts. 885 a 887 corresponde a verdadeiro processo de conhecimento por meio do qual o credor de um título, entregue ao devedor para aceite (letra de câmbio – Lei Uniforme, art. 24; duplicata – Lei n. 5.474/68, art. 7º) ou pagamento, busca a sua restituição ou recuperação. O pedido que se formula tem caráter condenatório e não cautelar, porque é o próprio direito material à posse do título que se resguarda, e não a eficácia de futuro processo de execução. Observe-se, entretanto, que, à luz do dispositivo, a condenação está implícita na ordem de apreensão. Já no que concerne ao decreto de prisão tem-se entendido, e com razão, que tal providência é inconstitucional, porque o art. 5º, LXVII, da Lei Maior, explicitamente restringe a prisão civil ao devedor de alimentos e ao depositário infiel (a CF de 1969, art. 153, § 17, era de igual teor), e a previsão deste art. 885 não se enquadra na autorização constitucional. Logo, apenas o pedido de apreensão é possível, mas note-se que o interesse de agir nesse caso depende da demonstração de que o título entregue e não devolvido não pode ser substituído com todas as garantias nele contidas (Ernane Fidélis dos Santos).

Parágrafo único. O juiz mandará processar de plano o pedido, ouvirá depoimentos se for necessário e, estando provada a alegação, ordenará a prisão.

Da forma como a regra vem redigida, pode parecer, à primeira vista, que o juiz está autorizado a conceder medida liminar, porém não é isso o que o dispositivo institui: processar de plano o pedido não é sinônimo de conceder de plano a medida de apreensão. Processar de plano significa apenas deferir a petição inicial e ordenar a citação do devedor, ato que não foi explicitado no texto, mas que é inerente ao processamento de qualquer ação. Fosse da vontade da lei estabelecer o cabimento de medida liminar e ela o teria dito expressamente. Já quanto à segunda parte do dispositivo, duas observações merecem realce: *a*) a oitiva de depoimentos, bem como quaisquer outros atos instrutórios, exige que o devedor tenha sido citado e que se lhe tenha garantido o direito de defesa (arts. 802 e 803; note-se que o art. 887 fala expressamente de contestação); e *b*) embora não haja referência no texto, a ordem de apreensão do título (não a de prisão, que, como vimos, é inconstitucional) tem por veículo formal a sentença de procedência do pedido, à qual se aplica o art. 520, IV.

Art. 886. Cessará a prisão:

Dada a inconstitucionalidade do decreto de prisão por não devolução de título (*v.* nota ao art. 885), a presente norma jurídica perde o seu significado dentro do sistema, mas, seja como for, é necessário comentar as prescrições constantes dos incisos a seguir, como forma de melhor compreender o procedimento que ora nos ocupa. Decretada a prisão simplesmente, ou decretada e cumprida a ordem de prisão, diz o texto que, nas hipóteses que seguem, o juiz tem o dever de fazê-la cessar. Vejamos.

I – se o devedor restituir o título, ou pagar o seu valor e as despesas feitas, ou o exibir para ser levado a depósito;

Três são as situações consagradas no dispositivo sob enfoque que têm o condão de livrar o devedor da prisão decretada ou decretada e cumprida. Em primeiro lugar, temos a restituição do título – realizável por depósito em cartório ou mediante entrega ao próprio credor contra recibo –, que nada mais significa processualmente do que reconhecimento jurídico do pedido que autoriza o imediato proferimento de sentença de mérito (art. 269, II). Em segundo lugar, temos o pagamento integral da dívida (principal, correção monetária e juros), e despesas realizadas, que podem identicamente representar reconhecimento da procedência do pedido (art. 269, II), mas observe-se um detalhe: essa faculdade que a lei outorga ao devedor extrapola os limites do objeto do processo, que se restringe à restituição do título (trata-se, portanto, de solução excepcional fundada no princípio da economia). E, finalmente, em terceiro lugar, temos a exibição do título ou do valor correspondente ao título para ser levado a depósito. A prerrogativa, qualquer que seja o seu objeto, distingue-se da primeira examinada pelo fato de esse depósito ser realizado pelo devedor com a finalidade de preparar a discussão do crédito em outro processo (declaratória negativa do devedor ou ação de cobrança ou execução do credor). Nesse caso, o juiz julga procedente o pedido, aplica o disposto no art. 887 e declara cessada a prisão.

II – quando o requerente desistir;

A desistência da apreensão de título, manifestada formalmente pelo credor, acarreta, como qualquer desistência, a extinção da relação processual sem julgamento do mérito (art. 267, VIII), o que deve obrigatoriamente significar a cessação dos efeitos de todos os atos processuais nela praticados. A cessação da prisão civil do devedor é, assim, consequência naturalíssima da extinção do processo por desistência. Observe-se, por outro lado, que, diferentemente do § 4º do art. 267, que exige concordância do sujeito passivo da ação para que tenha efeito a desistência, o presente dispositivo a dispensa porque a ela não faz qualquer alusão (assim também pensa Pontes de Miranda).

III – não sendo iniciada a ação penal dentro do prazo da lei;

A norma sob enfoque se destina a estabelecer limite temporal à vigência da prisão civil instituída pelo art. 885 – inconstitucional (*v.* nota ao art. 885, *caput*) –, o que o texto faz mediante o seu condicionamento à propositura da ação penal no prazo de lei, que é o de cinco dias, previsto pelo art. 46, § 1º, do CPP. A ação penal a que alude o dispositivo é a ação por apropriação indébita (CP, art. 168), delito esse caracterizado aqui pela detenção de título alheio, que é coisa móvel, e sua não devolução no prazo legal. Não oferecida a denúncia pelo Ministério Público no prazo de cinco dias da concretização da prisão civil, esta deve cessar.

IV – não sendo proferido o julgado dentro de 90 (noventa) dias da data da execução do mandado.

Outro limite temporal é aqui estabelecido para a prisão civil – para nós inconstitucional, como visto – instituída pelo art. 885. De acordo com o presente inciso, cumprido o mandado de prisão, e desde que este permaneça em vigor pelo fato de o Ministério Público ter ajuizado a ação penal pública no prazo do art. 46, § 1º, do CPP (*v.* inciso III anterior), o processo-crime assim instaurado deve estar concluído com sentença no prazo de noventa dias da execução da prisão, sob pena de imediato relaxamento por parte do juiz civil. Se esse assim não proceder, ao devedor caberá impetrar *habeas corpus* fundado na presente disposição legal.

Art. 887. Havendo contestação do crédito, o depósito das importâncias referido no artigo precedente não será levantado antes de passada em julgado a sentença.

A contestação do crédito a que alude o texto ocorre na hipótese de o devedor, no prazo de defesa, ter efetuado o depósito do valor do título não como forma de cumprimento da obrigação, mas como meio de preparar a discussão acerca da sua legitimidade, o que o sujeito passivo declara em sua peça contestatória (*v.* parte final da nota ao inciso I do art. 886). Assim, se, além da manifestação de defesa contra a dívida, o devedor fez o depósito preparatório, manda a lei que o juízo da apreensão só defira o seu levantamento a favor de uma das partes quando a sentença que se profira no processo que veicule a discussão da obrigação (a declaratória negativa proposta pelo devedor ou a de cobrança ou execução ajuizada pelo credor) transitar em julgado. Antes disso, as importâncias permanecerão intocáveis à disposição do juízo que aguarda a solução definitiva que venha a ser dada no outro processo.

Seção XV
De Outras Medidas Provisionais

Art. 888. O juiz poderá ordenar ou autorizar, na pendência da ação principal ou antes de sua propositura:

O presente dispositivo institui oito medidas cautelares típicas ou nominadas, que, diferentemente das previstas pelos arts. 813 e segs., não se submetem a procedimento específico. Pelo contrário, todas essas ações cautelares, sem exceção, darão ensejo a processo que obedecerá o rito comum dos arts. 801 a 803, sem qualquer alteração (*v.* art. 889). Na verdade, o que a norma jurídica sob enfoque faz é ampliar o rol das medidas típicas (caracterizadas pela predeterminação do seu conteúdo e do interesse tutelado), com o intuito de excluir *a priori* do poder geral de cautela a avaliação do cabimento de cada uma delas, o que significa, em última análise, maior segurança para os jurisdicionados e maior eficiência para o próprio sistema de tutela cautelar. A *ratio* deste art. 888 se prende indubitavelmente à grande relevância social das providências elencadas. Observe-se, por fim, que nenhuma delas pode ser concedida *ex officio*, isto é, independentemente de ação.

I – obras de conservação em coisa litigiosa ou judicialmente apreendida;

Trata-se, em questão, de medida cautelar incidente cuja finalidade é prevenir a deterioração física ou jurídica do bem, objeto do litígio, mediante a prática autorizada de atos de conservação. Coisa judicialmente apreendida é, de fato, bem corpóreo submetido a ato de constrição (o imóvel arrestado, o móvel sequestrado, os semoventes penhorados ou arrecadados), mas coisa litigiosa não é obrigatoriamente sinônimo de *res*: pode ser, *v. g.*, na hipótese da casa objeto de reintegração ou reivindicação, mas pode não ser se o objeto do litígio é um direito qualquer cuja conservação exija a prática de ato jurídico, como a participação numa assembleia (condomínio, sociedade anônima) ou o envio de uma interpelação ou notificação. Observe-se que, tratando-se de bens corpóreos, as obras a que alude o texto correspondem à ideia de benfeitorias necessárias (CC, art. 96, § 3º), enquanto, no caso de bens incorpóreos, o termo "obras" tem de ser entendido como ato de conservação. Por fim, note-se que somente as partes estão legitimadas para pedir essa providência cautelar e não o depositário. Este só pode comunicar ao juízo o perigo de deterioração, mas não requerer a medida (aos pequenos reparos está ele obrigado, todavia – art. 148).

II – a entrega de bens de uso pessoal do cônjuge e dos filhos;

A medida de que ora se cogita pode ou não ter natureza satisfativa, dependendo basicamente de uma circunstância, que se traduz no seguinte questionamento: há dúvida, ou não, a respeito da propriedade do bem do cônjuge ou do filho? Se o requerido, uma vez citado (art. 802), não contestar a ação ou, contestando-a, não negar a propriedade, a execução da medida liminarmente concedida não faz incidir o prazo do art. 806. Pelo contrário, se houver contestação fundada na ausência de propriedade, toda essa discussão terá de ser objeto de futura ação reivindicatória, uma vez que os bens de uso pessoal do cônjuge não integram a comunhão (CC, arts. 1.659, V, e 1.668, V) nem os do filho pertencem aos seus progenitores (CC, art. 1.689). Na primeira hipótese, o juiz profere sentença de procedência e manda os autos para o arquivo; na segunda, há de se aguardar a propositura da ação principal no prazo do art. 806, sob pena de cessação da eficácia da medida cautelar concedida (art. 808, I e II). Entre concubinos idêntica providência pode ser requerida, mas com base no poder geral de cautela (arts. 798 e 799).

III – a posse provisória dos filhos, nos casos de separação judicial ou anulação de casamento;

Cuida-se, à evidência, de medida de nítido caráter cautelar cujo escopo é permitir a regulamentação provisória da guarda dos filhos enquanto se discute, ou se vai discutir, no processo de separação litigiosa, divórcio, anulação ou nulidade de casamento, bem como no de dissolução de união estável, tal questão relativa à guarda. Para a concessão da liminar o juiz deve ater-se detidamente ao requisito do *periculum in mora*, principalmente quando isso signifique inverter a posse do incapaz ou outorgá-la a terceiro, o que é possível. Observe-se, no entanto, que, uma vez efetuada a medida, o desrespeito ao prazo do art. 806 não pode determinar automaticamente a volta ao *status quo ante*, porque isso pode significar prejuízo aos interesses do incapaz, os quais são o principal objeto de preocupação e zelo do legislador, tanto que a intervenção do Ministério Público no processo não pode ser, em hipótese alguma, dispensada (art. 82, I). Por derradeiro, parece importante salientar que ao pedido de posse, pode o requerente cumular o pedido de regulamentação de visitas em todos os seus aspectos. Examine-se, ainda, o disposto no inciso VII adiante.

IV – o afastamento do menor autorizado a contrair casamento contra a vontade dos pais;

Estabelece o art. 1.517 do CC que o homem e a mulher com 16 anos dependem de autorização de ambos os pais para casar enquanto não atingida a maioridade civil; o parágrafo único do mesmo artigo institui solução para a hipótese de discordância entre os progenitores. Já o art. 1.519 do mesmo estatuto afirma que, havendo denegação injusta, o juiz pode suprir tal consentimento, o que se aperfeiçoa por meio de procedimento de jurisdição voluntária (arts. 1.103 e segs. do CPC). Destarte, como o texto legal sob exame refere expressamente "menor autorizado [...]", fica claro que a presente ação cautelar só pode ser ajuizada pelo incapaz, uma vez obtida a autorização judicial para casar (nesse sentido Antonio Macedo de Campos); sem ela, o requerente é carecedor da ação por falta de interesse de agir, aqui expresso pelo *fumus boni iuris*. A legitimação ativa *ad causam* se estende, observe-se, ao Ministério Público e a qualquer parente do incapaz, porque a se entender restritivamente a previsão, o requerimento pode tornar-se inviável, na prática, pelo cerceamento que o pai ou o tutor (por analogia) imponha ao filho. Por fim, merece registro a peculiaridade de que a presente ação cautelar é preparatória do procedimento administrativo de habilitação matrimonial (Pontes de Miranda), posto que o sucesso desse, e do casamento que se siga, depende da liberdade de locomoção do incapaz.

V – o depósito de menores ou incapazes castigados imoderadamente por seus pais, tutores ou curadores, ou por eles induzidos à prática de atos contrários à lei ou à moral;

A ação cautelar aqui disciplinada pode ser promovida como demanda preparatória – das ações de suspensão ou destituição de poder familiar (CC, arts. 1.635 e 1.638), desconstituição de tutela, curatela ou guarda – ou como incidente de um desses processos. Estão legitimados para tal ação: ativamente, o próprio incapaz, é óbvio, mas também qualquer parente ou o Ministério Público, *ex vi* do disposto no art. 1.637 do CC (*v.* nota aos arts. 81 e 566, II); passivamente, como o próprio texto indica, os pais, os tutores ou os curadores ou, por analogia, qualquer pessoa que tenha a guarda informal do menor. Como acontece com a cautelar de posse provisória (inciso III anterior), a não propositura da ação principal em trinta dias (art. 806) não aniquila os efeitos da liminar concedida, porque o que interessa à lei material e processual é o resguardo da integridade física e moral do incapaz. No processo, sempre intervirá o Ministério Público (art. 82, I).

VI – o afastamento temporário de um dos cônjuges da morada do casal;

O dispositivo regula a chamada separação de corpos. Malgrado opiniões em contrário, trata-se de medida cautelar, uma vez que, por meio dela, comumente, busca-se o resguardo da integridade física e moral do requerente e/ou dos filhos, o que significa, sob o estrito prisma processual, resguardar a plena eficácia da sentença que decrete a separação judicial, a anulação ou a declaração de nulidade do casamento. Previne-se, assim, o dano físico ou moral à luz do *periculum in mora*. Só reconhecemos a não cautelaridade da separação de corpos quando essa visa apenas legalizar a situação do casal (CC, art. 1.562) ou quando o que se tenciona é apenas a obtenção de prazo para a separação consensual (Lei do Divórcio, art. 4º) ou para o divórcio (Lei do Divórcio, arts. 8º, 25 e 44). Seja como for, cautelar ou não cautelar, o único requisito comum que o juiz deve verificar é a prova do casamento, não sendo necessária a demonstração dos motivos que autorizam o decreto de separação ou anulação (não se dispensa, contudo, a alegação das razões, porque com base nela é que fica caracterizado o *fumus boni iuris*). No que concerne à liminar, digna de registro é a observação de que tanto é possível o pedido de afastamento do requerente do lar conjugal como a pedido de que o requerido se retire, até com o emprego de força policial. Tudo dependerá do caso concreto, mas o efeito material é sempre o mesmo: o afastamento autorizado por alvará não caracteriza abandono. Note-se, ainda, que o recurso à audiência de justificação prévia sem a presença do requerido (art. 804) revela-se extremamente útil em muitos casos e que, por se tratar de medida restritiva de direitos, uma vez concedida, é mister a propositura da ação principal em trinta dias, sob pena de perda da sua eficácia (arts. 806 e 808, I).

VII – a guarda e a educação dos filhos, regulado o direito de visita que, no interesse da criança ou do adolescente, pode, a critério do juiz, ser extensivo a cada um dos avós;

A diferença entre a previsão contida no anterior inciso III deste art. 888 e a presente sob análise repousa, grosso modo, no processo principal, cuja eficiência uma e outra visam a resguardar: lá o que se tutela diretamente é a eficiência do processo de separação, ou de anulação de casamento, como se encontra expresso no texto (*v.* nota acima); aqui, o que se acautela são os efeitos de quaisquer processos, incluindo os relativos ao casamento e outros que envolvem a discussão de poder familiar (a sua suspensão ou extinção – CC, arts. 1.635 e 1.638) ou a discussão da validade da nomeação de tutor ou curador, ou, ainda, a remoção de um desses (CC, arts. 1.732, 1.735 e 1.766). Exatamente como ocorre na hipótese de posse provisória dos filhos, também a guarda e a educação deles podem ser confiadas a terceiros, desde que ao juiz pareça conveniente tal solução. Seja como for, definida a guarda, o direito de visitas deve ser ressalvado e regulado pela providência jurisdicional, que pode assumir a feição de medida liminar (art. 804) ou de sentença (art. 803). Aliás, com a alteração de texto introduzida pela Lei n. 12.398/2011, fica expressamente estabelecida a extensão do direito de visita a cada um dos avós. Observe-se que, quando for pedida a inversão de guarda ou tiver ela de ser concedida a terceiro, o juiz deve redobrar o seu cuidado, sendo recomendável a realização de justificação prévia que, uma vez concedida a medida cautelar nesses casos, é possível que seja necessária a expedição de mandado de busca e apreensão para que o requerente possa passar a exercê-la concretamente (Humberto Theodoro Júnior). Note-se que sob o título de busca e apreensão, muitas vezes, o que se pede é apenas a definição de guarda com base no inciso III ou no presente inciso. Como última observação introdutória, registre-se que a nova figura da guarda compartilhada (CC, arts. 1.583 e 1.584) autoriza o seu requerimento consensual pela via do presente procedimento cautelar (CC, art. 1.584, I) (texto de acordo com a Lei n. 12.398, de 28.03.2011).

VIII – a interdição ou a demolição de prédio para resguardar a saúde, a segurança ou outro interesse público.

Esta medida judicial tem natureza acautelatória, malgrado opiniões em contrário, uma vez que seu escopo é apenas o de resguardar a eficácia do processo de conhecimento, no qual o direito material apontado no texto será discutido e definido. Em outras palavras, por meio dela fica desde logo garantida a segurança do prédio ou a saúde dos que nele habitam como forma de permitir à providência de mérito valer alguma coisa, porque de nada adianta a futura sentença, por exemplo, interditar quando a saúde ou a integridade física das pessoas envolvidas já foi danificada irremediavelmente. A imediata alteração – e não a simples paralisação – de uma situação fática também é efeito inerente das medidas cautelares. Às vezes, é necessário alterar a situação para afastar o temor de dano jurídico decorrente do perigo da demora, daí antecipando-se os efeitos da decisão final (Willard de Castro Villar, apoiado na lição de Chiovenda e crítica de Alberto dos Reis). Destarte, como medida cautelar que é, a demolição ou a interdição, para ser decretada, depende tanto de *fumus boni iuris* como de *periculum in mora* (*v.* notas aos incisos II e IV do art. 801), o que significa, ainda, que a sua execução (ou efetivação) torna plenamente exigível a propositura da ação principal cognitiva no prazo de trinta dias, a teor do disposto no art. 806, sob pena de perda da sua eficácia (art. 808, I). E quanto à legitimação ativa para tal ação cautelar, quem a detém? Indubitavelmente o Ministério Público, a Defensoria Pública, as pessoas jurídicas de direito público e outras entidades que possuam legitimação para a ação civil pública (autarquias, empresas públicas, fundações, sociedades de economia mista ou associações que tenham entre as suas finalidades institucionais a proteção do meio ambiente, do consumidor, ou artístico, estético, histórico, turístico ou paisagístico – Lei n. 7.347/85, art. 5º). Mas e o particular? Entendemos que estando caracterizados os requisitos do *fumus boni iuris* e do *periculum in mora*, e desde que a situação nociva se identifique com mau uso da propriedade (*v.* CC, arts. 1.277 e 1.280) e afete diretamente o particular, também a ele é facultado o exercício da ação cautelar de interdição ou demolição para a defesa do seu próprio interesse, bem como do interesse público (desse mesmo modo pensa Humberto Theodoro Júnior).

Art. 889. Na aplicação das medidas enumeradas no artigo antecedente observar-se-á o procedimento estabelecido nos arts. 801 a 803.

Como chegamos a dizer quando comentamos o *caput* do art. 888, todas as ações cautelares previstas no seu bojo – que se qualificam como típicas por seu conteúdo predeterminado – processam-se de acordo com o procedimento comum disciplinado pelos arts. 801 a 803 sem qualquer modificação. É exatamente o que assevera o presente dispositivo, a partir do que se conclui que, em hipótese alguma, é possível ao magistrado aplicar qualquer daquelas medidas sem a correspondente iniciativa de parte, segundo o princípio consagrado pelos arts. 2º e 262 deste Código. A presença dessa norma jurídica no sistema inviabiliza por completo, de outra sorte, a invocação do art. 797.

Parágrafo único. Em caso de urgência, o juiz poderá autorizar ou ordenar as medidas, sem audiência do requerido.

A norma jurídica sob enfoque representa explicitação do poder conferido pela lei ao juiz para conceder qualquer das medidas cautelares previstas pelo art. 888 sob a forma de liminar *inaudita altera parte*, isto é, antes da citação do requerido ou, citado, antes da sua manifestação defensiva, como ocorre quando o juiz determina a realização de justificação prévia. O fato de este texto legal condicionar a concessão de qualquer dessas medidas ao "caso de urgência" nada tem de significativo, porque toda providência cautelar, por sua essência, depende de urgência. Na verdade, não compreendemos a razão pela qual o *caput* deste art. 889 não inclui no seu texto a remissão ao art. 804 simplesmente, o que tornaria desnecessário o presente parágrafo único. De qualquer forma, *habemus legis*.

LIVRO IV
DOS PROCEDIMENTOS ESPECIAIS

Vide Projeto de CPC, arts. 524 a 729 (Título III – Dos Procedimentos Especiais). Vide, particularmente, arts. 585 a 595 (Capítulo V – Da Ação de Dissolução Parcial de Sociedade).

O que justifica a existência dos procedimentos especiais, disciplinados por este Livro IV, é fundamentalmente a peculiaridade ou a especificidade de certos direitos materiais cuja dedução em juízo para discussão ou atuação não se adapta bem aos procedimentos comuns regulados no Livro I. Pense-se, por exemplo, na consignação em pagamento, cujo procedimento exige um ato prévio de depósito (art. 893, I); na ação de depósito, em que se pede cominação de prisão (art. 904, parágrafo único); na prestação de contas, que pode ter duas sentenças (art. 915, §§ 2º e 3º); nas possessórias, que possuem medida liminar (art. 928); no usucapião, que exige citação edital (art. 942); na separação judicial, cujo rito é muito diferenciado (arts. 1.120 e segs.); na arrecadação de bens de ausentes, que exige a publicação reiterada de editais convocatórios (art. 1.161); na organização e na fiscalização das fundações, em que o MP pode aprovar estatutos (art. 1.201), etc. Tudo isso revela que é realmente a feição diferenciada de determinados direitos que torna necessária a adaptação do procedimento para permitir que eles sejam discutidos e apreciados em juízo da melhor maneira possível. O Livro IV, que ora examinamos, cumpre justamente esse papel de elemento adaptador, suprindo, assim, tal necessidade do sistema processual.

TÍTULO I
DOS PROCEDIMENTOS ESPECIAIS DE JURISDIÇÃO CONTENCIOSA

Vide Projeto de CPC, arts. 524 a 684 (Título III – Dos Procedimentos Especiais).

Os procedimentos especiais de jurisdição contenciosa se caracterizam pelo fato de corresponderem a processos genuínos, isto é, a procedimentos que veiculam a verdadeira jurisdição, que é poder do Estado, para atuar substitutivamente a vontade da lei, mediante o critério da legalidade estrita, com vista à solução definitiva de litígios. Diferem, pois, tais procedimentos dos de jurisdição voluntária, disciplinados pelo Título II (arts. 1.103 e segs.), que instrumentalizam atividade judicial administrativa, não substitutiva e não voltada à extinção de litígios (*v.* nota ao Título II). Observe-se, então, que, correspondendo um procedimento especial de jurisdição contenciosa a genuíno processo, isso significa que é mediante o exercício do direito de ação (direito à sentença de mérito) que a relação processual envolvendo verdadeiros litigantes se instaura, o que se dá como meio para se alcançar uma decisão jurisdicional imutável que resolva o conflito de interesses. É que litígio, partes, ação, substitutividade e coisa julgada só existem na jurisdição contenciosa e, por conseguinte, apenas quando tais procedimentos se desenvolvem. Registre-se, por fim, que os procedimentos que ora nos ocupam não correspondem a um quarto tipo de processo, que não existe, mas, como vimos, apenas a ritos diferenciados de processo de conhecimento. Seja como for, vejamos o que os caracteriza no plano estritamente formal ou ritual: *a*) a lei altera prazos (arts. 896, 902, II, 912, 915, 954 e 968); *b*) a lei altera regras relativas à iniciativa de parte (art. 989); *c*) a lei prevê ações dúplices (prestação de contas, possessórias, divisórias e demarcatórias); *d*) a lei fixa regras especiais de competência (art. 891, etc.); *e*) a lei estabelece regras especiais relativas à citação e suas finalidades (arts. 953, 999, § 1º, parte final, 893 e 894); *f*) a lei derroga o princípio da inalterabilidade do pedido (art. 920); *g*) a lei funde providências de natureza cognitiva, cautelar e executiva (arts. 928, *caput,* 935 e 1.071); *h*) a lei permite a concessão de medida *inaudita altera parte* (arts. 928, *caput,* 937 e 1.051); *i*) a lei condiciona o exercício da ação a pré-requisitos especiais, processuais e extraprocessuais (art. 942); *j*) a lei estabelece limitações e condicionamentos ao direito de defesa (arts. 896 e 910) (o rol é de Antonio Carlos Marcato – note-se que excluímos algumas referências relativas à jurisdição voluntária).

CAPÍTULO I
DA AÇÃO DE CONSIGNAÇÃO EM PAGAMENTO

Vide Projeto de CPC, arts. 524 a 534
(Capítulo I – Da Ação de Consignação em Pagamento).

Art. 890. Nos casos previstos em lei, poderá o devedor ou terceiro requerer, com efeito de pagamento, a consignação da quantia ou da coisa devida.

Vide Projeto de CPC, art. 524, caput.

A consignação em pagamento é o procedimento especial de jurisdição contenciosa que permite o exercício do direito material que tem o devedor de se ver livre da obrigação legal ou contratual mediante o pagamento por consignação, instituto que o CC disciplina organicamente nos seus arts. 334 a 345. Os casos previstos em lei a que alude o presente dispositivo são os seguintes: CC, art. 335; CTN, arts. 156 a 164; Lei n. 8.245/91, art. 67 – consignação de aluguel e acessórios da locação; DL n. 3.365/41, arts. 33 e 34, parágrafo único – desapropriação; Lei n. 6.766/79, arts. 33 e 38, § 1º – casos de consignação extrajudicial (observe-se que os §§ 1º a 4º do presente dispositivo disciplinam uma hipótese genérica de consignação extrajudicial). Entre eles, indubitavelmente, o mais importante é o art. 335 do estatuto civil, que dispõe: "A consignação tem lugar: I – se o credor não puder, ou, sem justa causa, recusar receber o pagamento, ou dar quitação na devida forma; II – se o credor não for, nem mandar receber a coisa no lugar, tempo e condição devidos; III – se o credor for incapaz de receber, for desconhecido, declarado ausente, ou residir em lugar incerto ou de acesso perigoso ou difícil; IV – se ocorrer dúvida sobre quem deva legitimamente receber o objeto do pagamento; V – se pender litígio sobre o objeto do pagamento" (*v.* notas aos incisos do art. 896). Observe-se que, se se tratar de consignação de valores relativos a títulos de crédito, não tem cabimento o presente procedimento, por causa da incerteza quanto à titularidade do crédito decorrente da possibilidade de transferência por endosso (nesse caso o que cabe é a ação especial de depósito da lei cambial). Também não é cabível a consignatória se o devedor afirma, ou deixa transparecer em sua inicial, que não sabe exatamente qual é o *quantum debeatur* (Ernane Fidélis dos Santos). Têm legitimação *ad causam* ativa para a ação o próprio devedor ou o terceiro interessado na quitação da dívida, como diz o texto, em consonância com o art. 304 do CC. Legitimado passivo para a consignatória é o credor.

§ 1º Tratando-se de obrigação em dinheiro, poderá o devedor ou terceiro optar pelo depósito da quantia devida, em estabelecimento bancário oficial, onde houver, situado no lugar do pagamento, em conta com correção monetária, cientificando-se o credor por carta com aviso de recepção, assinado o prazo de 10 (dez) dias para a manifestação de recusa.

Vide Projeto de CPC, art. 524, § 1º.

Os quatro parágrafos introduzidos pela Reforma do Processo Civil de 1994, neste art. 890, instituem e disciplinam a forma extrajudicial e facultativa de consignação em pagamento, que se coloca, a partir de agora, à disposição do devedor de quantia certa, bem como do terceiro interessado (CC, art. 304). Chama a atenção, desde logo, o fato de o Código de Processo utilizar-se do sistema bancário com o intuito de desafogar a Justiça dos Estados, mediante a criação de mais um instrumento não estatal de solução de conflitos (solução pelo depósito bancário seguido da inércia do credor – § 2º). Apesar da boa intenção do legislador e da credibilidade do sistema bancário brasileiro, só o tempo dirá da eficiência operacional do instituto. Vejamos os principais aspectos normativos deste § 1º, que submete a validade da consignação extrajudicial ao preenchimento de quatro requisitos: *a*) depósito da importância da dívida – que não de origem tributária ou desapropriatória – em conta com correção monetária (todos os bancos terão de instituir tais contas especiais já que a lei não fala em caderneta de poupança); *b*) depósito em estabelecimento bancário oficial, onde houver (não havendo, e surgindo discussão a respeito, ao credor cumprirá demonstrar que existia); *c*) depósito em estabelecimento bancário situado no lugar de pagamento (o lugar de pagamento é definido a partir das regras processuais aplicáveis – art. 891); *d*) cientificação do credor pelo banco, por carta com AR, para manifestação da recusa em dez dias (o banco é quem deverá enviar a carta, já que a ele será endereçada a recusa prevista pelo § 3º adiante; o texto não admite nenhuma outra forma de cientificação). Muito bem, preenchidos todos esses requisitos, cumprida se encontra a primeira fase do procedimento extrajudicial. A segunda, que culminará ou não no efeito liberatório da obrigação (o escopo do instituto), vem regulada pelos §§ 2º a 4º a seguir (texto de acordo com a Lei n. 8.951/94).

---

§ 2º Decorrido o prazo referido no parágrafo anterior, sem a manifestação de recusa, reputar-se-á o devedor liberado da obrigação, ficando à disposição do credor a quantia depositada.

Vide Projeto de CPC, art. 524, § 2º.

O prazo referido no parágrafo anterior é o de dez dias que consta da carta que o banco envia ao credor dando-lhe ciência de que o devedor depositou em conta com correção monetária a importância correspondente ao objeto da sua obrigação, a título de consignação extrajudicial. Embora o texto não diga, tal prazo só começa a contar a partir do momento (do dia) em que efetivamente o credor toma ciência da realização do depósito, informação essa que dependerá da devolução do AR pelo correio. Pois bem, se dentro desse prazo o credor não manifestar a sua recusa, por escrito, ao estabelecimento bancário (§

3º), diz a regra sob enfoque que "reputar-se-á o devedor liberado da obrigação, ficando à disposição do credor a quantia depositada". Para esse fim, a instituição bancária fornecerá ao devedor uma declaração formal (ou certificado) da ausência de manifestação e da transferência da disposição do dinheiro para o credor omisso. Sobre o efeito liberatório, observe-se, em primeiro lugar, que ele decorre do presente dispositivo, e não da declaração bancária, embora nela se funde sob o ponto de vista fático-documental. Em segundo, que tal efeito não impede a propositura de ação de cobrança ou executiva pelo credor, que, contudo, deverá provar a nulidade da consignação extrajudicial (*v. g.*, porque não foi intimado, a conta não dispõe de correção monetária ou o depósito foi feito fora do lugar do pagamento), caso a defesa do devedor, por contestação ou embargos, venha nele amparada; o juiz decidirá sobre quem levantará o depósito na sentença. E, finalmente, em terceiro, parece importante registrar que, na hipótese de o credor vir mais tarde a levantar a importância depositada, todo e qualquer vício do procedimento extrajudicial deixa de poder ser arguido no futuro (texto de acordo com a Lei n. 8.951/94).

---

§ 3º Ocorrendo a recusa, manifestada por escrito ao estabelecimento bancário, o devedor ou terceiro poderá propor, dentro de 30 (trinta) dias, a ação de consignação, instruindo a inicial com a prova do depósito e da recusa.

Vide Projeto de CPC, art. 524, § 3º.

A disposição legal sob enfoque prevê a hipótese em que o devedor (depositante de quantia certa em conta bancária, a título de consignação extrajudicial, nos termos do § 1º) tem o ônus de promover a ação de consignação em pagamento, sob pena de perda do efeito do depósito, perda essa que se encontra prevista no § 4º a seguir. De acordo com a regra, o consignante tem o prazo de trinta dias para promover a ação, no caso de o credor ter manifestado tempestiva e regularmente a sua recusa quanto ao depósito realizado. Quanto a esses aspectos, vale a pena lembrar que os dez dias contam-se a partir da efetiva cientificação (*v.* nota ao parágrafo anterior) e salientar que, para que se tenha por recusado o depósito, basta ao credor, no prazo, realizar a postagem da sua carta no correio ou levar a protocolo na própria agência bancária a manifestação de oposição ao depósito. No que concerne ao conteúdo da recusa, esclareça-se que, à falta de exigência expressa, dispensado está o credor de dar as razões pelas quais recusa, sendo suficiente que seu escrito revele clara e inequivocamente a vontade de não aceitar o depósito em si ou seu valor. Por fim, observe-se que, recebida a manifestação escrita pelo banco, ele deverá fornecer prontamente uma cópia ao devedor, ou ao terceiro interessado, para que esse possa instruir a petição inicial da ação consignatória se não quiser ver desaparecidos os efeitos do depósito recusado (texto de acordo com a Lei n. 8.951/94).

§ 4º Não proposta a ação no prazo do parágrafo anterior, ficará sem efeito o depósito, podendo levantá-lo o depositante.

Vide Projeto de CPC, art. 524, § 4º.

Como visto no comentário ao parágrafo anterior, assim que o banco receber a manifestação de recusa do credor, deverá ele comunicar de imediato ao consignante tal fato, fornecendo-lhe cópia do documento para instruir a inicial da consignatória, que deve ser proposta em trinta dias. A dúvida que pode ficar é a relativa ao termo *a quo* para a propositura da ação, mas parece-nos claro que os trinta dias devem ser contados a partir do recebimento da carta pelo banco (circunstância objetiva) e não da efetiva cientificação do consignante, que pode depender da eficiência ou da boa vontade de algum funcionário da instituição bancária (circunstância subjetiva). Quanto à perda do efeito do depósito, em razão do não ajuizamento da demanda no prazo legal, decorre ela automaticamente do decurso do tempo, *ex vi* do presente dispositivo, embora possa vir somente a ser conhecida muito depois, quando o juiz declarar que a ação foi proposta extemporaneamente. Corolário dessa declaração, autorizará o magistrado o levantamento do depósito por parte do devedor que viu frustrada sua tentativa de livrar-se do vínculo obrigacional (texto de acordo com a Lei n. 8.951/94).

Art. 891. Requerer-se-á a consignação no lugar do pagamento, cessando para o devedor, tanto que se efetue o depósito, os juros e os riscos, salvo se for julgada improcedente.

Vide Projeto de CPC, art. 525.

A parte inicial da regra sob enfoque disciplina a competência para o processamento e julgamento da ação consignatória; a parte final, os efeitos materiais da efetivação do depósito a que alude o art. 893, I. Quanto à competência, fica estabelecido o foro do lugar do pagamento, o que significa a prevalência deste sobre o foro do domicílio do réu (art. 94), mas não sobre o foro de eleição constante do contrato (art. 111), salvo se se tratar de contrato de adesão. Assim, em relação às dívidas portáveis – aquelas que impõem ao devedor o ônus de oferecer o pagamento no domicílio do credor (CC, art. 327, *in fine*) – o foro competente é o do domicílio do réu; em relação às dívidas quesíveis – as que impõem ao credor o ônus de buscar o pagamento no domicílio do devedor (CC, art. 327, parte inicial) – o foro competente é o do domicílio do autor. Observe-se que, se nada foi convencionado sobre o local do pagamento, a dívida é quesível, *ex vi* da primeira parte do art. 327 do CC, mas aí entra em jogo a questão do foro de eleição: se esse foi eleito contratualmente (art. 111), vale a vontade das partes, ressalvados os contratos de adesão, como visto; se não há foro de eleição, prevalece o foro do domicílio do devedor, isto é, do autor. Em qualquer caso, trata-se de competência relativa à qual se aplica o fenômeno da prorrogação (art. 114). Sobre os efeitos materiais do depósito, examine-se a nota ao art. 893.

Parágrafo único. Quando a coisa devida for corpo que deva ser entregue no lugar em que está, poderá o devedor requerer a consignação no foro em que ela se encontra.

Na previsão legal, enquadra-se a hipótese do devedor que deseje consignar em pagamento, *v. g.*, um imóvel, por força da extinção de contrato de comodato ou locação, ou maquinário industrial que deva ser entregue no local em que foi fabricado. Para tais situações estabelece a lei que a ação de consignação em pagamento deve ser proposta perante o juízo do foro do local onde a coisa se encontra. Tratando-se, como se trata, de regra instituidora de competência relativa, qualquer discussão sobre o acerto ou erro na escolha do foro haverá de ser feita por meio de exceção de incompetência, sob pena de prorrogação (art. 114).

Art. 892. Tratando-se de prestações periódicas, uma vez consignada a primeira, pode o devedor continuar a consignar, no mesmo processo e sem mais formalidades, as que se forem vencendo, desde que os depósitos sejam efetuados até 5 (cinco) dias, contados da data do vencimento.

Vide Projeto de CPC, art. 526.

A autorização contida no presente dispositivo pressupõe que a obrigação na qual se funda a consignatória seja de trato sucessivo, isto é, aquela cujas prestações se repetem no tempo a intervalos regulares (compra e venda ou compromisso de compra e venda a prestações, pagamento de mútuo ou financiamento a prestações; aluguéis e acessórios submetem-se ao procedimento da Lei n. 8.245/91, art. 67). Muito bem, tratando-se de prestações periódicas, pode o autor da ação, uma vez realizado o primeiro depósito (nos termos do art. 893), continuar a depositar os subsequentes que se forem vencendo mês a mês, para tanto juntando aos autos, até cinco dias após o vencimento, por petição simples, as respectivas guias de depósito bancário. Observe-se que, como o texto legal não estabelece explicitamente até quando tais depósitos podem ser realizados, mas refere "no mesmo processo", enquanto a relação processual não for encerrada pelo trânsito em julgado da sentença ou acórdão será possível ao autor continuar depositando. Findo o processo, somente por nova ação será lícito realizar outro depósito. Por derradeiro, registre-se que o desrespeito rigoroso ao prazo de cinco dias não acarreta, por si só, a improcedência do pedido (*v.* art. 290, de que o presente é expressão normativa).

Art. 893. O autor, na petição inicial, requererá:
Vide Projeto de CPC, art. 527, caput.

O dispositivo em questão – completamente alterado em sua essência e forma – propõe-se a disciplinar os particularíssimos requerimentos de depósito e citação que devem constar da petição inicial da ação de consignação em pagamento. Como se vê, trata-se de regra que excepciona os arts. 213, 282 e 297, ao mesmo tempo que antecipa o conteúdo do despacho liminar positivo que o juiz profere nesse procedimento especial e, consequentemente, o conteúdo da carta de citação a ser enviada pelo escrivão ao réu (texto de acordo com a Lei n. 8.951/94).

I – o depósito da quantia ou da coisa devida, a ser efetivado no prazo de 5 (cinco) dias contados do deferimento, ressalvada a hipótese do § 3º do art. 890;
Vide Projeto de CPC, art. 527, I.

De acordo com o presente dispositivo, o autor deve requerer, em sua petição inicial, autorização ao juiz para proceder ao depósito – trata-se, como se vê, de requisito intrínseco especial de formação do processo –, ao que se seguem o deferimento no despacho liminar positivo, a intimação da parte (arts. 236 a 238), a realização do depósito em conta bancária à disposição do juízo, juntada *incontinenti* aos autos da guia de depósito por petição do autor e, finalmente, a expedição da carta de citação pelo escrivão (*v.* nota ao inciso II). Observe-se que a ressalva contida neste inciso I, *in fine*, corresponde à dispensa de requerimento de depósito na hipótese de a ação consignatória ser precedida da consignação extrajudicial recusada pelo credor. A dispensa justifica-se porque, segundo o disposto no § 3º do art. 890, o devedor tem o ônus de instruir a sua petição inicial já com a prova do depósito, além da prova da recusa (*v.* nota ao § 3º mencionado) (texto de acordo com a Lei n. 8.951/94).

II – a citação do réu para levantar o depósito ou oferecer resposta.
Vide Projeto de CPC, art. 527, II.

Diferentemente do que ocorre nos procedimentos em geral, em que o sujeito passivo da ação e do processo é citado apenas para se defender (art. 213), na ação de consignação em pagamento – modificada em seu ritual pela Reforma do Processo Civil –, o réu é citado para praticar um entre dois atos que a presente disposição normativa lhe faculta: levantar o depósito que foi realizado de acordo com o inciso I ou oferecer resposta. Se o réu optar por levantar o depósito, não poderá ele apresentar contestação, uma vez que tal levantamento é incompatível com esse ato, que tem natureza jurídica de reconhecimento da procedência do pedido, forma de extinção do litígio por autocomposição unilateral. Nesse caso, requerido o levantamento, o juiz extingue o processo com julgamento de mérito (art. 269, II) e na própria sentença autoriza o credor a levantar o depósito. Se, por outro lado, o réu preferir oferecer resposta – figura que compreende, além da contestação, as exceções, a reconvenção, a impugnação ao valor da causa, etc., nos termos do art. 297 –, não requererá ele o levantamento ou, se o requerer na mesma peça, este não terá nenhum efeito, haja vista sua vontade de defender-se contra o processo e/ou contra o pedido e seus fundamentos deduzidos na petição inicial. Sobre o conteúdo da contestação, examine-se o art. 896. Registre-se, por derradeiro, que à falta de previsão expressa em contrário, a resposta na consignatória pode ser oferecida em quinze dias (*v.* nota ao art. 896) (texto de acordo com a Lei n. 8.951/94).

Art. 894. Se o objeto da prestação for coisa indeterminada e a escolha couber ao credor, será este citado para exercer o direito dentro de 5 (cinco) dias, se outro prazo não constar de lei ou do contrato, ou para aceitar que o devedor o faça, devendo o juiz, ao despachar a petição inicial, fixar lugar, dia e hora em que se fará a entrega, sob pena de depósito.

Vide Projeto de CPC, art. 528.

O incidente aqui disciplinado de escolha da coisa pelo réu tem por fundamento material a circunstância de a obrigação ser do tipo alternativa e a lei mandar, ou terem as partes convencionadas por contrato, que a opção cabe ao credor, segundo o disposto no art. 252 do CC. Registre-se que a presente regra reproduz quase literalmente a prescrição contida no art. 342, do CC, que compõe a disciplina civil do pagamento por consignação. No que concerne ao aspecto procedimental do dispositivo, parece importante salientar inicialmente que a citação do réu para fazer a opção, ou aceitar que o devedor o faça, em cinco dias, ou outro prazo, não depende de o autor ter requerido tal providência em sua inicial, porque cabe ao juiz, de ofício, reconhecer a alternatividade da obrigação e ordenar que a citação se faça com esse fim específico, fixados, desde logo, no despacho liminar positivo, a data, a hora e o lugar da audiência de oblação. Observe-se que o presente dispositivo mantém tal figura nesta particular hipótese de consignação de coisa indeterminada, uma vez que não é possível ao devedor o depósito em cinco dias do deferimento da inicial (art. 893, I) nem a citação do credor para, desde logo, levantar o depósito (art. 893, II). E por isso que a lei determina que o juiz, ao proferir o despacho liminar positivo, marque data e hora para a entrega, sob pena de depósito. Assim, citado o credor para fazer a escolha em cinco dias e realizada esta, já sabe ele quando deverá comparecer para a oblação (o juiz só deve ter o cuidado de não marcar para muito perto a data da oferta quando despacha a inicial). De outra parte, omitindo-se o credor quanto à escolha, devolve-se imediatamente tal faculdade (CC, art. 342, *in fine*) ao devedor, que a realizará em cinco dias, ainda a tempo de oferecer as coisas escolhidas na audiência de oblação, cuja data, horário e local são do conhecimento do credor por força da citação realizada. Por fim, note-se que a Lei n. 8.951/94 poderia ter alterado este art. 894, mas não o fez, do que resultou a manutenção da oblação nesse caso.

Art. 895. Se ocorrer dúvida sobre quem deva legitimamente receber o pagamento, o autor requererá o depósito e a citação dos que o disputam para provarem o seu direito.

Vide Projeto de CPC, art. 532.

A previsão sob enfoque e a constante do art. 898 disciplinam o procedimento da consignatória na particular situação de dúvida sobre quem deva legitimamente receber, a que alude o art. 335, IV, mas também os incisos V e III, do mesmo artigo do CC (*v. g.*, na hipótese de haver disputa judicial acerca da titularidade do crédito e de desconhecimento quanto ao herdeiro do credor). Nesse caso o autor da ação requer autorização para proceder imediatamente ao depósito, uma vez que os réus não serão citados para receber, mas para provar a titularidade do crédito. Destarte, no despacho liminar positivo, o juiz autoriza o depósito e, ato contínuo, defere a citação de todos os sedizentes credores para em quinze dias "provarem o seu direito", como diz o texto. Quanto aos possíveis desdobramentos procedimentais nesse caso, atente-se para o que minuciosamente prescreve o art. 898. É interessante observar que, na hipótese de dúvida, os sedizentes credores são convocados a juízo para demonstrar seus direitos, o que não significa dizer que o ato citatório, nesse caso, corresponda à figura da *provocatio ad agendum* (provocação para agir, para exercer ação), porque, na primeira fase do procedimento, os réus (sedizentes credores) apenas podem resistir à pretensão do autor no sentido de livrarem-se da obrigação, mas não deduzem, de qualquer modo, pedido ou pretensão, nem exercem ação.

Art. 896. Na contestação, o réu poderá alegar que:
Vide Projeto de CPC, art. 529, caput

O primeiro aspecto normativo que chama a atenção no regramento sob enfoque está na ausência de previsão do prazo para contestar, o que significa que também a ação consignatória se submete ao prazo de resposta de quinze dias estabelecido pelo art. 297 do CPC (observe-se que também o inciso II do art. 893, que seria a sede natural de previsão de prazo diferenciado, é omisso a respeito). Outro aspecto que nos parece digno de registro está no fato de que, apesar de a presente disposição não aludir à possibilidade de o réu alegar preliminares de caráter processual, à evidência tal faculdade lhe é assegurada diretamente pela norma de ordem pública contida no art. 301 deste Código (texto de acordo com a Lei n. 8.951/94).

I – não houve recusa ou mora em receber a quantia ou coisa devida;
Vide Projeto de CPC, art. 529, I.

A defesa fundada na ausência de recusa ocorre, via de regra, no contexto das dívidas portáveis *(portable)*, vale dizer, daquelas que impõem ao devedor o ônus de oferecer o pagamento no domicílio do credor (CC, art. 327, *caput*, parte final). Tal defesa se expressa, portanto, pela alegação de que o autor realmente procurou o réu para pagar em seu domicílio, mas esse não recusou o recebimento. Nesse caso o ônus da prova repousa sobre o autor (a prova da recusa). Já no que diz respeito à defesa fundada na ausência de mora do credor, essa tem lugar no contexto das dívidas quesíveis (*quérable* – CC, art. 327, *caput*, parte inicial) e se expressa pelo argumento de que o réu efetivamente procurou o autor no tempo e no local estabelecidos ou mandou procurador em seu lugar. Nesse caso, o ônus da prova é do réu (a prova de que realmente esteve a procurar o autor para receber a dívida).

II – foi justa a recusa;
Vide Projeto de CPC, art. 529, II.

A defesa do credor (réu da consignatória) no sentido de que a recusa foi justa pode amparar-se em um dos seguintes fatos exemplificativamente elencados: *a*) o devedor já estava constituído em mora, razão por que a prestação se tornara inútil (CC, art. 395, parágrafo único); *b*) ausência de requisitos para a realização do pagamento, tais como capacidade, liquidez, procuração do mandatário, etc. (CC, arts. 334 a 345); *c*) a coisa oferecida não correspondia à devida pela circunstância de a escolha competir ao credor e não ao devedor (CC, art. 252, *in fine*); *d*) o valor oferecido não estava de acordo com o estabelecido no contrato, que prevê correção monetária segundo o índice X e não o Y desejado pelo devedor (os dois primeiros exemplos são de Antonio Carlos Marcato).

III – o depósito não se efetuou no prazo ou no lugar do pagamento;
Vide Projeto de CPC, art. 529, III.

A hipótese prevista no texto – mera explicitação do inciso II – pode ser ilustrada pelo fato de o devedor (autor da consignatória) já se encontrar constituído em mora: *a*) ante a circunstância de a dívida ter vencido antecipadamente pela abertura de concurso creditório, pela penhora do bem dado em hipoteca ou anticrese ou pela negativa de reforço de garantia desfalcada (CC, art. 333, I a III); *b*) pela ocorrência da condição comunicada ao devedor, tratando-se de obrigações condicionais (CC, art. 332); *c*) pelo fato de ter o devedor depositado extrajudicialmente a coisa fora do lugar do pagamento convencionado no contrato (CC, art. 327, *caput, in fine*) ou a quantia fora de banco estabelecido no lugar do pagamento (art. 890, § 1º); ou *d*) pelo fato de o depósito judicial ter sido realizado fora do prazo de cinco dias a partir do deferimento da petição inicial (art. 893, I).

IV – o depósito não é integral.
Vide Projeto de CPC, art. 529, IV.

O fato de o depósito não ser integral, isto é, a circunstância de não corresponder à integralidade da dívida (falta a correção monetária ou parte dela, falta uma parte do principal, falta de juros ou faltam algumas coisas, etc.), é defesa de mérito que o credor (réu da consignatória) deduz tendo em vista a feição do depósito que o devedor (autor) realizou, nos termos da autorização contida no art. 893, I. Observe-se que, diferentemente das defesas previstas pelos três incisos anteriores, a presente dá margem a um desdobramento procedimental específico, que é a possibilidade de o devedor (autor) complementar o depósito e de o credor levantar a quantia depositada (art. 899, *caput* e § 1º).

Parágrafo único. No caso do inciso IV, a alegação será admissível se o réu indicar o montante que entende devido.
Vide Projeto de CPC, art. 529, parágrafo único.

A prescrição legal sob enfoque tem o claro escopo de impedir que o credor alegue levianamente em sua contestação a insuficiência do depósito, vale dizer, que ele se defenda sem conhecer de forma precisa a medida dessa insuficiência, sem fundamentar fática e juridicamente a sua discordância em relação ao depósito realizado. Destarte, ou o réu (o credor) indica de forma expressa o montante que entende devido e o porquê, ou sua alegação de que o depósito não é integral será simplesmente desconsiderada pelo magistrado. Observe-se que, para indicar precisamente o *quantum* devido, o réu poderá valer-se não só de argumentos fundados em cláusulas contratuais ou em textos legislativos como em tabelas oficiais, ou não, de índices de correção monetária ou juros, tabelas de evolução de preços de bens com cotação em bolsa ou quaisquer outros documentos que possam respaldar a afirmação ou o argumento de que a dívida tem tal ou qual dimensão pecuniária (texto de acordo com a Lei n. 8.951/94).

Art. 897. Não oferecida a contestação, e ocorrentes os efeitos da revelia, o juiz julgará procedente o pedido, declarará extinta a obrigação e condenará o réu nas custas e honorários advocatícios.

Vide Projeto de CPC, art. 531, caput

A parte inicial do texto, como se vê, coloca em claro destaque a diferença entre revelia e seu efeito material, demonstrando, com isso, rigor técnico: revelia acontece porque o réu simplesmente deixou de oferecer contestação no prazo legal (arts. 319, *initio,* e 297, combinados); o efeito material da revelia – a presunção de veracidade dos fatos alegados pelo autor – ocorre por não se verificar nenhuma das circunstâncias impeditivas do art. 320 (contestação de um dos litisconsortes em caso de litisconsórcio unitário, causa versando sobre direitos indisponíveis, inicial não acompanhada de documento probatório indispensável). A presença desses dois elementos leva normalmente ao julgamento de procedência do pedido; normalmente, dizemos, porque a presunção mencionada é relativa, e o magistrado pode desconsiderá-la. Quanto à segunda parte da prescrição, encontra-se previsto explicitamente apenas um dos conteúdos materiais da sentença de procedência do pedido consignatório (a declaração da extinção da obrigação). Na verdade, tal conteúdo é mais amplo, haja vista que o acolhimento do pedido significa a declaração de que o depósito realizado judicialmente é bom (arts. 893, I, e 895) e, por consequência – frise-se, apenas por consequência –, que o vínculo obrigacional se extinguiu. Trata-se, portanto, de uma sentença declaratória do efeito desconstitutivo do depósito judicial (Antonio Carlos Marcato). Por último, explicita a disposição legal sob exame a obrigação do réu de arcar com as despesas processuais verificadas (assim entenda-se o termo "custas") e com os honorários advocatícios, tudo de acordo com o art. 20 do CPC (texto de acordo com a Lei n. 8.951/94).

Parágrafo único. Proceder-se-á do mesmo modo se o credor receber e der quitação.

Vide Projeto de CPC, art. 531, parágrafo único.

Se, em vez de contestação (art. 896), o réu da consignatória requerer o levantamento da importância ou da coisa depositada pelo autor (art. 893, I), isso significa que ele está reconhecendo a juridicidade do pedido (art. 269, II), de sorte que o resultado dessa atitude só pode mesmo ser o julgamento de procedência, nos termos do *caput*, com a expressa autorização de que o réu levante o depósito contra recibo (aplica-se também o art. 20). Observe-se, entrementes, que idêntico efeito se desencadeia na hipótese de o pedido de levantamento ter lugar após a contestação, uma vez que a natureza de reconhecimento não se transmuda só por causa dessa circunstância temporal.

Art. 898. Quando a consignação se fundar em dúvida sobre quem deva legitimamente receber, não comparecendo nenhum pretendente, converter-se-á o depósito em arrecadação de bens de ausentes; comparecendo apenas um, o juiz decidirá de plano; comparecendo mais de um, o juiz declarará efetuado o depósito e extinta a obrigação, continuando o processo a correr unicamente entre os credores; caso em que se observará o procedimento ordinário.

Vide Projeto de CPC, art. 533.

A regra complementa a disciplina iniciada pelo art. 895, que estabelece procedimento diferenciado para a consignatória quando esta se funde em dúvida sobre quem deva legitimamente receber (*v.* nota). De acordo com o texto sob análise, três são os possíveis desdobramentos rituais a partir da citação de todos os sedizentes credores em litisconsórcio: *a*) nenhum deles comparece a juízo no prazo de contestação para afirmar o seu direito ao crédito, fato esse que provoca do juiz decisão que converte o depósito realizado (art. 895) em arrecadação de coisas vagas (art. 1.171); não se trata de arrecadação de bens de ausentes (art. 1.161) como diz o texto, porque não se sabe quem seja o titular do crédito, o que é próprio das coisas vagas e não da declaração de ausência; *b*) apenas um sedizente credor comparece para reclamar seu crédito, fato esse que determina o julgamento de plano pelo juiz e que pode significar a procedência do pedido, a sua improcedência, bem como – o que é comum e não está excluído pela norma – a prolação de saneamento e audiência de instrução; provada a titularidade, o juiz sentencia, nos termos do art. 897, sem condenação do réu que compareceu; não provada, o juiz converte o depósito em arrecadação; *c*) mais de um sedizente comparece no prazo de contestação para reivindicar o seu direito; se isso acontecer, demonstrada ficou patentemente a dúvida objetiva alegada pelo autor como *causa petendi* da consignação, de sorte que o magistrado profere sentença de procedência – declarando bom o depósito e extinta a obrigação do devedor – e determina que outra relação processual (processo) se instaure entre os sedizentes credores, uma vez transitada em julgado a sentença ou o acórdão. Esse ato do juiz é indubitavelmente sentença, porque extingue a relação originária (devedor *versus* sedizentes credores) e encerra o procedimento (*v.* art. 162, § 1º, e nota), dela cabendo apelação no duplo efeito (art. 513). Transitada em julgado, o magistrado abrirá vista aos sedizentes credores (por intimação) para que em prazo comum manifestem suas pretensões e, após, contestem um a pretensão do outro no prazo de quinze dias, seguindo-se a partir daí o rito ordinário.

Art. 899. Quando na contestação o réu alegar que o depósito não é integral, é lícito ao autor completá-lo, dentro em 10 (dez) dias, salvo se corresponder a prestação, cujo inadimplemento acarrete a rescisão do contrato.

Vide Projeto de CPC, art. 530, caput

A possibilidade de complementação, em dez dias, do depósito depende, como diz expressamente o texto, de o réu ter alegado em contestação que o depósito realizado judicialmente não é integral (arts. 893 e 896, IV, combinados). Tal defesa pode ser a única, como apenas mais uma entre várias contidas na peça contestatória. Seja como for, o fato é que, alegada a não integralidade do depósito, lícito será ao devedor (autor da consignação) depositar a diferença no prazo referido, que começa a fluir da sua intimação para réplica (art. 326). Realizado o depósito complementar – o que significa atendimento ao interesse manifesto pelo credor em contestação ou, em outras palavras, renúncia ao direito no qual se funda a ação (art. 269, V) –, o juiz profere sentença de procedência, declara bom o depósito como um todo e extinta a obrigação, mas condenará o autor nas despesas e nos honorários (art. 20). Por derradeiro, registre-se que a ressalva contida na parte final do texto depende de ter o credor deduzido reconvenção para ver rescindido o contrato, pois do contrário não é possível ao juiz pronunciar-se, em *decisum,* sobre a rescisão.

---

§ 1º Alegada a insuficiência do depósito, poderá o réu levantar, desde logo, a quantia ou a coisa depositada, com a consequente liberação parcial do autor, prosseguindo o processo quanto à parcela controvertida.

Vide Projeto de CPC, art. 530, § 1º.

Este § 1º dá à defesa do credor fundada no inciso IV do art. 896 (*v.* nota e parágrafo único) mais um efeito material, além daquele já instituído no *caput*:

a faculdade de ele (credor) levantar, desde logo, o objeto do depósito, com a consequente liberação parcial da dívida. O texto exige várias ponderações interpretativas. Inicialmente, é preciso registrar que somente a alegação isolada de insuficiência do depósito gera como efeito a permissão de levantamento do seu objeto, uma vez que a presença na contestação de qualquer outra defesa de mérito prevista pelo art. 896 coloca em dúvida o direito do devedor (autor) de livrar-se, ainda que parcialmente, da obrigação (não se pode esquecer que o art. 300 admite o oferecimento de defesas *ad eventum,* isto é, defesas que só serão apreciadas em caso de eventual rejeição de outras, *v. g.*: "[...] e se a recusa não foi justa e o depósito não foi extemporâneo, que seja reconhecida a sua insuficiência"; se a recusa for considerada justa ou o depósito extemporâneo, o pedido será julgado improcedente). Em segundo lugar, é necessário esclarecer que a autorização para o levantamento poderá ser dada pelo magistrado no mesmo ato em que esse abrir vista ao autor para réplica (art. 326), que é também a oportunidade para a complementação do depósito (art. 899, *caput);* os dois atos podem conviver juridicamente. Já no que concerne à liberação da obrigação, não se deve perder de vista que o seu reconhecimento formal pelo juiz só acontecerá na sentença de mérito, que é a sede própria e única para a definição da relação jurídica controvertida (assim como acontece com o depósito – art. 893, I –, que é o ato que desconstitui a obrigação, também a alegação de insuficiência, mesmo que seguida da autorização de levantamento, depende para produzir seus efeitos materiais definitivos de posterior declaração do juiz). Por fim, observe-se que a autorização de levantamento tem natureza de decisão interlocutória, razão por que é desafiável por agravo (texto de acordo com a Lei n. 8.951/94).

---

§ 2º A sentença que concluir pela insuficiência do depósito determinará, sempre que possível, o montante devido, e, neste caso, valerá como título executivo, facultado ao credor promover-lhe a execução nos mesmos autos.

Vide Projeto de CPC, art. 530, § 2º.

A situação pressuposta no texto que ora examinamos é aquela em que, no prazo de dez dias que lhe foi conferido pelo juiz logo após a contestação (art. 326), o autor não complementou o depósito (art. 899, *caput*), mas, replicando, insistiu na sua posição de que a dívida tem a dimensão quantitativa declarada na inicial. Em outras palavras, o contexto do presente dispositivo é o de controvérsia a respeito do montante devido. Destarte, quando o juiz proferir a sentença e concluir, a partir das provas produzidas, que de fato o depósito realizado é insuficiente, ele declarará, sempre que possível, diz o texto, o *quantum* que o autor deve ao réu, para que esse possa promover a execução nos mesmos autos. Fica assim reconhecida a qualidade de título executivo dessa sentença declaratória em favor do réu (credor), o que faz pensar que a ação consignatória neste caso tem natureza dúplice na hipótese de defesa fundada na insuficiência do depósito, porquanto dispensado está o réu de apresentar reconvenção para deduzir pretensão própria no sentido de receber a diferença *in pecunia* que lhe é devida. Note-se, por fim, que a sentença pode ser ilíquida (o que decorre da cláusula "sempre que possível"), tornando assim necessário o recurso à prévia liquidação para que se possa executá-la (texto de acordo com a Lei n. 8.951/94).

Art. 900. Aplica-se o procedimento estabelecido neste Capítulo, no que couber, ao resgate do aforamento.

Vide Projeto de CPC, art. 534.

Dada a circunstância de o CC/2002 reconhecer as enfiteuses existentes e de sujeitá-las à disciplina do CC/1916 (CC/2002, art. 2.038), permanece em vigor o art. 693, do Código de Clóvis Beviláqua, que dispõe: "Art. 693. Todos os aforamentos, inclusive os constituídos anteriormente a este Código, salvo acordo entre as partes, são resgatáveis dez anos depois de constituídos, mediante pagamento de um laudêmio, que será de dois e meio por centro sobre o valor atual da propriedade plena, e de dez pensões anuais pelo foreiro, que não poderá no seu contrato renunciar ao direito de resgate, nem contrariar as disposições imperativas deste Capítulo". Muito bem, desejando o enfiteuta resgatar o imóvel aforado, e desde que o senhorio direto se recuse a receber a importância devida (CC, art. 335, I), àquele caberá ajuizar a ação de consignação em pagamento com base no art. 893. Caberá identicamente tal ação na hipótese de o senhorio ter sido declarado ausente ou residir em local incerto ou inacessível (CC, art. 335, III), mas, se o fundamento do pedido for a dúvida sobre quem seja verdadeiramente o senhorio (CC, art. 335, IV), o processo terá o rito dos arts. 895 e 898 deste Código (Antonio Carlos Marcato).

CAPÍTULO II
DA AÇÃO DE DEPÓSITO

Vide Projeto de CPC, art. 278, parágrafo único.

Art. 901. Esta ação tem por fim exigir a restituição da coisa depositada.

Vide Projeto de CPC, art. 278, parágrafo único.

O procedimento especial da ação de depósito só tem cabimento quando o pedido de restituição se fundar em depósito regular, isto é, aquele cujo objeto é coisa infungível e inconsumível (CC, arts. 85 e 86, *a contrario sensu*). Dentro dessa classe pouco importa se o depósito é voluntário (o constituído contratualmente – CC, arts. 627 a 646) ou obrigatório, assuma esse a qualidade de legal (depósito de coisa penhorada, arrestada, etc. – CC, art. 647, I) ou necessário (o realizado nas hipóteses de calamidade – CC, art. 647, II). Observe-se que, por meio do procedimento da ação de depósito, o depositante busca a satisfação de uma obrigação específica, que é a restituição da própria coisa, razão por que a lei processual coloca à sua disposição instrumentos valorosos, como a medida de busca e apreensão e a própria prisão do depositário infiel, em atendimento ao disposto no art. 652 do CC (*v.* arts. 902, § 1º, e 905 do CPC). Daí afirmar-se que a natureza dessa ação é preponderantemente mandamental, posto que a efetivação da sentença que se profira prescinde de processo (execução imprópria). Registre-se, por fim, que detém legitimação *ad causam* ativa para a ação o depositante, ainda que esse não tenha a propriedade da coisa (também seus sucessores ou o sub-rogado), mas, se, na hipótese do depósito necessário, não houver depositante, o autor será quem invoque o domínio ou a posse da coisa depositada (Antonio Carlos Marcato). Legitimação passiva possui o depositário infiel, tanto a pessoa física como a jurídica, mas a prisão do representante legal depende da citação pessoal desse para a causa.

Art. 902. Na petição inicial instruída com a prova literal do depósito e a estimativa do valor da coisa, se não constar do contrato, o autor pedirá a citação do réu para, no prazo de 5 (cinco) dias:

Em primeiro lugar, institui o texto legal sob exame a prova literal do depósito como documento indispensável à propositura da ação (arts. 283 e 284). Prova literal do depósito não é obrigatoriamente o instrumento do contrato, mas apenas um começo de prova escrita, como um recibo, uma declaração do depositário, uma nota fiscal, o talão de depósito, *v. g.*, de automóvel, bagagem, etc. (Ernane Fidélis dos Santos). Basta, assim, tal elemento formal de cognição provisória – traduzido neste requisito extrínseco da inicial – para que a petição possa ser deferida (se ele não existir, o depositante terá de se valer do procedimento comum). Em segundo lugar, estabelece o texto um requisito intrínseco indispensável da petição inicial da ação de depósito, que é a estimativa do valor da coisa, cuja razão de ser é a prerrogativa conferida ao depositário de depositar o equivalente em dinheiro (*v.* inciso I a seguir). O não preenchimento do requisito pode, identicamente, levar ao indeferimento da inicial (art. 284). E para finalizar, em terceiro, fica instituída pela regra sob enfoque a redução do prazo de defesa para cinco dias na ação de depósito, o que é explicado pelo desejo da lei de agilizar o procedimento. Nesse prazo, o réu pode tomar uma ou mais das seguintes atitudes.

I – entregar a coisa, depositá-la em juízo ou consignar-lhe o equivalente em dinheiro;

A entrega da coisa pelo réu – mediante lavratura do respectivo termo – significa reconhecimento jurídico do pedido, de sorte que a sua prática gera, havendo concordância do autor, o imediato proferimento de sentença, dada a extinção da relação obrigacional (art. 269, II; aplica-se o art. 20). Pode acontecer, no entanto, que o autor discorde do depósito, *v. g.*, porque a coisa é outra. Nesse caso a solução é a decretação da revelia – se não houve contestação, é claro – e o proferimento de julgamento antecipado da lide, nos termos do art. 330, II (*v.* nota ao inciso II). Outra atitude facultada ao réu é o depósito judicial da coisa. Aqui já não se trata de entrega, mas de ato cujo escopo é apenas o de liberar o depositário dos riscos da detenção do bem, tanto que o réu em tal hipótese não deixa, via de regra, de apresentar defesa concomitantemente (inciso II); normalmente o depósito é feito mediante o argumento de que o autor se recusou por algum motivo a receber a coisa. A falta de contestação aqui gera identicamente revelia e julgamento antecipado (art. 330, II – *v.* nota ao inciso II). Por derradeiro, prevê o dispositivo que o réu pode consignar o equivalente em dinheiro – lembre-se, a inicial tem de indicar o valor da coisa –, o que, no entanto, só tem cabimento na hipótese de o bem ter desaparecido por dolo ou culpa do depositário, posto que nesses casos ele é responsável, e a consignação tem a finalidade de eximi-lo da obrigação. Realizado o depósito do dinheiro, observe-se, deve o depositário contestar o pedido, porque precisa alegar a impossibilidade de restituição; caso contrário, decretada a sua revelia, o juiz pode ordenar a entrega reconhecendo a veracidade dos fatos alegados pelo autor (arts. 319 e 330, II). Aceito o depósito pelo autor, o processo se encerra com o proferimento de sentença de mérito, dada a extinção da obrigação (arts. 20 e 269, II). Sobre outros aspectos da contestação nesses casos, *v.* nota ao inciso II.

II – contestar a ação.

Dada a circunstância de o § 2º deste art. 902 aludir genericamente às defesas de que o depositário pode se utilizar contra o pedido de restituição da coisa, queremos chamar a atenção na presente nota apenas para alguns aspectos da contestação que estão relacionados com os atos previstos no inciso I (a hipótese de contestação autônoma será, portanto, comentada logo adiante – *v.* nota ao § 2º). Muito bem, em primeiro lugar, queremos consignar que a contestação concomitante à entrega da coisa é recomendável toda vez que o depositário já saiba de antemão que o depositante vai alegar que a coisa devida é outra ou já alegou na inicial que a coisa apresenta defeitos ou deteriorações. A contestação nesses casos é imprescindível, porque só por meio dela é possível ao depositário impugnar tais alegações e provar que a coisa devida é a entregue ou que se encontra íntegra fisicamente. Em segundo lugar, abordamos a questão da contestação seguida ao depósito, em que as mesmas observações expendidas anteriormente têm cabimento: apenas pelo recurso ao ato contestatório poderá o réu atacar qualquer dos motivos apresentados pelo autor para não receber a coisa, *v. g.*, a violação do lacre ou do selo (CC, art. 630), o furto de parte da bagagem (CC, art. 649, parágrafo único), etc. Quanto à contestação seguida à consignação do equivalente em dinheiro, queremos apenas ressaltar que só por meio dela poderá o depositário alegar os fatos e as circunstâncias que demonstram o efetivo desaparecimento da coisa (perda, destruição, roubo, etc.), o que legitima a consignação como sucedâneo da entrega (sobre a exclusão de responsabilidade do depositário nesse contexto, *v.* nota ao § 2º adiante).

§ 1º No pedido poderá constar, ainda, a cominação da pena de prisão até 1 (um) ano, que o juiz decretará na forma do art. 904, parágrafo único.

A prisão do depositário infiel disciplinada no presente dispositivo se estriba na excepcional e expressa autorização contida no art. 5º, LXVII, da Lei Maior e no art. 652 do CC. Trata-se de típica medida civil coercitiva (e não qualquer tipo de pena) cujo escopo único é servir de pressão sobre a pessoa do depositário para que cumpra a obrigação de restituir a coisa. Como deixa claro o texto, a cominação da prisão deve constar do pedido, isto é, deve fazer parte formal e expressamente da petição inicial da ação de depósito, em atendimento ao princípio dispositivo, sob pena de não poder ser decretada a prisão pelo juiz (a decretação sem pedido configura medida *ex officio* e decisão *extra petita* – Adroaldo Furtado Fabrício). Destarte, omitida a dedução desse pedido na petição inicial (arts. 264 e 294), já não poderá o depositante formulá-lo mais tarde (antes ou depois do proferimento da sentença, antes ou depois da expedição do mandado a que alude o art. 904), mas a expressa referência na inicial ao § 1º do art. 902, ou ao parágrafo único do art. 904, é suficiente para que se considere preenchido o presente requisito intrínseco da peça vestibular (*v.* art. 904 e seu parágrafo único e respectivas notas).

§ 2º O réu poderá alegar, além da nulidade ou falsidade do título e da extinção das obrigações, as defesas previstas na lei civil.

Várias defesas podem ser veiculadas por meio da contestação que ofereça o sujeito passivo da ação de depósito. Deixando de lado todas aquelas que já referimos nos comentários aos incisos I e II do *caput*, que também podem ser deduzidas autonomamente (*v.* notas), fiquemos agora apenas com as não mencionadas. Sem praticar qualquer outro ato, além da própria contestação, pode o depositário alegar: *a*) a nulidade do contrato de depósito por incapacidade absoluta do agente, ilicitude ou impossibilidade do objeto, etc. (CC, art. 166); não assim a sua anulabilidade, que depende de reconvenção (CC, arts. 171 e 177; CPC, art. 315); *b*) a falsidade material do contrato, nos termos do art. 387, parágrafo único, e seus dois incisos, deste Código – formar documento não verdadeiro ou alterar documento verdadeiro –, o que o juiz poderá declarar *incidenter tantum*; *c*) a extinção da obrigação por já se ter operado a restituição, por ter havido transação, novação, remissão; não assim a compensação, que só é dedutível se fundada em outro depósito e, assim mesmo, apenas se a via reconvencional for utilizada (CC, art. 638; CPC, art. 315); *d*) a impossibilidade física de restituição da coisa, por ter sido ela perdida em razão de caso fortuito ou força maior, o que exclui a responsabilidade do depositário, quer quanto à devolução, quer quanto ao pagamento do equivalente em dinheiro (CC, arts. 642 e 650 c/c os arts. 238 e 393, parágrafo único); *e*) a impossibilidade jurídica da devolução, quando a coisa for objeto de constrição judicial (CC, art. 633), de desapropriação ou de remoção para o depósito público (CC, arts. 634, 635 e 641); a defesa fundada no direito de retenção (CC, art. 644) depende, a nosso ver, identicamente de reconvenção (o rol de defesas é de Antonio Carlos Marcato, que não fala de reconvenção nos casos de compensação e de retenção: a atualização é nossa).

Art. 903. Se o réu contestar a ação, observar-se-á o procedimento ordinário.

A norma jurídica sob enfoque torna aplicáveis ao procedimento especial da ação de depósito os seguintes institutos do procedimento ordinário: providências preliminares (arts. 323 a 328), julgamento conforme o estado do processo (arts. 329 a 331), as provas (arts. 332 a 443), a audiência (arts. 444 a 457), a sentença e a coisa julgada (arts. 458 a 475). Quanto à sentença, só se aplica, é óbvio, o que não afrontar a especificidade do conteúdo e dos efeitos da decisão disciplinada pelo art. 904. Observe-se que, a partir da sentença, aplica-se o procedimento recursal regulado pelos arts. 496 a 565, não porque o presente dispositivo existe, mas por causa de indistinta aplicabilidade dessa matéria a qualquer procedimento.

Art. 904. Julgada procedente a ação, ordenará o juiz a expedição de mandado para a entrega, em 24 (vinte e quatro) horas, da coisa ou do equivalente em dinheiro.

Este art. 904 disciplina o conteúdo e ao mesmo tempo os efeitos da sentença que julga procedente o pedido de restituição de coisa depositada (art. 269, I, 1ª figura). Inicialmente, é preciso observar que tal sentença tem caráter mandamental-condenatório, posto que acresce, à declaração do direito, a imposição de comportamento ao réu (a restituição) ou a condenação ao pagamento do equivalente em dinheiro e mais a ameaça (prevista no parágrafo único) de restrição à liberdade física do demandado para o caso de descumprimento do mandamento. Note-se que a efetivação da coação estatal – a liberação do efeito coercitivo contra o réu – não decorre da sentença, mas da decisão interlocutória referida no parágrafo único, que pressupõe o descumprimento do mandado: a sentença é apenas fonte da ordem para restituir ou da condenação a pagar e da ameaça de prisão em caso de descumprimento, mas não do próprio efeito coercitivo. Tal sentença, como qualquer outra, é atacável por apelação, mas o recurso tem seus dois principais efeitos, a teor do disposto no art. 520. Assim, somente após o julgamento da apelação é que o mandado para entrega da coisa ou do equivalente em dinheiro corrigido será expedido, independentemente de instauração de processo de execução; a execução é do tipo imprópria, bastando que haja requerimento por petição simples nos autos.

Parágrafo único. Não sendo cumprido o mandado, o juiz decretará a prisão do depositário infiel.

Expedido o mandado para entrega da coisa ou do equivalente em dinheiro corrigido em vinte e quatro horas *(caput)* e intimado regularmente o depositário pelo oficial de justiça (intimado, art. 234, e não citado), começa a correr o prazo para que o réu cumpra a sentença. Observe-se que deve constar do mandado a descrição da coisa, bem como o montante a depositar. Se no curso desse prazo, que se conta hora a hora, o depósito for feito, o juiz ouve a parte contrária e, havendo concordância quanto ao seu objeto, extingue a execução (art. 794, I), ordenando o levantamento. Se, por outro lado, nenhum depósito aconteceu no lapso temporal permitido (com certificação formal nos autos), bastará ao depositante requerer, por petição simples, a aplicação da medida coerciva para que o juiz o atenda. A decretação da prisão aqui prevista tem natureza de decisão interlocutória e deverá ser fundamentada para que fiquem claros os motivos da sua prolação, devendo ainda o juiz fixar expressamente o tempo da prisão (até o máximo de um ano – art. 902, § 1º). Publicada a decisão pela imprensa – o que significa intimação –, expedido será pelo cartório o respectivo mandado de prisão, que será cumprido pela autoridade policial. Contra essa decisão cabe agravo de instrumento, que poderá ter efeito suspensivo, nos termos do art. 558 (*v.* nota).

Art. 905. Sem prejuízo do depósito ou da prisão do réu, é lícito ao autor promover a busca e apreensão da coisa. Se esta for encontrada ou entregue voluntariamente pelo réu, cessará a prisão e será devolvido o equivalente em dinheiro.

"Sem prejuízo do depósito ou da prisão do réu", no texto, pode significar algumas coisas: *a*) que, apesar de o réu ter realizado o depósito do art. 902, I, e contestado a ação, o juiz pode ter julgado procedente o pedido, condenado o depositário a entregar a coisa devida e, mais tarde, decretado a sua prisão por descumprimento da ordem; *b*) que, intimado o depositário a entregar a coisa, e apesar do depósito que haja feito, o juiz pode ter decretado a sua prisão por reconhecer a inadequação do objeto depositado; *c*) que o juiz decretou a prisão do depositário por descumprimento da ordem, sem que nenhum depósito tenha sido feito no processo até aqui. O que a lei quer dizer é que haja o que houver (*a*, *b* ou *c*), sempre será possível ao depositante, depois de transitada em julgado a sentença de procedência do pedido de restituição, requerer incidentalmente ao juiz da causa a expedição de mandado de busca e apreensão da coisa devida, se tiver conhecimento do local onde ela se encontra (*v.* art. 841, I). É que a sentença de procedência garante ao autor da ação de depósito não só o meio prisão, mas também o meio busca e apreensão para o alcance do fim, que é a satisfação do direito de reaver a coisa. Encontrada a coisa, ou finalmente entregue, três são as possíveis soluções: *a*) preso o réu, ele será solto mediante relaxamento da prisão; *b*) depositada coisa indevida, essa será devolvida ao réu, mediante ordem de levantamento; *c*) depositada quantia insuficiente, será essa entregue ao réu mediante guia de levantamento. Em qualquer das hipóteses o juiz encerra a execução por sentença (art. 794, I).

Art. 906. Quando não receber a coisa ou o equivalente em dinheiro, poderá o autor prosseguir nos próprios autos para haver o que lhe for reconhecido na sentença, observando-se o procedimento da execução por quantia certa.

Revelando-se infrutíferos os meios para o recebimento do bem depositado ou do equivalente em dinheiro (porque nenhum depósito ocorreu, a busca e apreensão não teve sucesso, o réu está foragido, ou preso, mas não paga nem entrega a coisa), resta ao depositante valer-se de um último recurso que a lei coloca ao seu dispor, que é o exercício da ação de execução, uma vez que o presente dispositivo eleva a sentença de procedência do pedido de restituição à condição de título executivo judicial. Tal sentença pode ser imediatamente executada porque é sempre parte do seu dispositivo a fixação do *quantum debeatur* representada pela determinação do equivalente em dinheiro que o depositário pode entregar para se livrar da prisão. Assim, presente o requisito da liquidez da obrigação constante do título (art. 586), promoverá o depositante a execução por quantia certa contra devedor solvente em face do depositário nos mesmos autos do processo de depósito.

CAPÍTULO III
DA AÇÃO DE ANULAÇÃO E SUBSTITUIÇÃO DE TÍTULOS AO PORTADOR

Vide Projeto de CPC, art. 228, caput *e II.*

Três, na verdade, são as ações disciplinadas no presente capítulo: 1ª) a ação reivindicatória de título ao portador (art. 907, I); 2ª) a ação de anulação e substituição de título ao portador (art. 907, II); 3ª) a ação de mera substituição de título ao portador (art. 907, II, em caso de destruição total, ou 912). O procedimento sob enfoque deveria se chamar, destarte: "Da Ação de Reivindicação, Anulação e Substituição de Título ao Portador". Título ao portador é o escrito que encarna a obrigação assumida por alguém – mediante declaração unilateral de vontade – de pagar certa importância a qualquer pessoa que se apresente como seu portador (a transmissibilidade por tradição é a sua característica essencial – Clóvis Beviláqua). Contudo, títulos dessa espécie há que não se submetem ao procedimento que ora nos ocupa por força de previsão legal expressa: *a*) os títulos ao portador da dívida pública federal, estadual e municipal (Lei n. 4.728/65, art. 71); *b*) o título da dívida pública federal (Decreto n. 83.974/79); *c*) os títulos cambiários ou cambiariformes (DL n. 2.044/08, art. 36, que prevê o procedimento para a sua recuperação); *d*) *warrant* (Decreto n. 1.102/03). Tem cabimento o procedimento em questão, *v. g.*, quando se tratar de: *a*) ações endossáveis (Lei de Mercado de Capitais – Lei n. 4.728/65, art. 37); *b*) cheque (Lei n. 7.357/85, art. 24 e seu parágrafo único); *c*) certificado endossável ou certificado nominativo intransferível da dívida pública federal (Decreto n. 59.560/66, cujo art. 6º determina a adoção do rito da recuperação do CPC/39, hoje arts. 907 a 913); *d*) títulos representativos de crédito e capital das sociedades anônimas – debêntures e ações (Lei n. 6.404/76, art. 38, §§ 1º e 2º). Observe-se, por fim, que o CC, nos seus arts. 904 a 909, disciplina genericamente títulos ao portador que podem ser criados pelas partes.

Art. 907. Aquele que tiver perdido título ao portador ou dele houver sido injustamente desapossado poderá:

A norma jurídica sob comentário institui a perda ou o desapossamento injusto de título ao portador como *causa petendi* dos pedidos de reivindicação ou anulação e substituição previstos pelos incisos a seguir. Perda, no texto, é sinônimo tanto de desaparecimento como de destruição total do título por qualquer motivo (esquecimento em lugar determinado ou indeterminado, incêndio, inundação, desabamento, etc.). Já o desaparecimento injusto se traduz na ideia de furto, roubo, apropriação indébita ou simplesmente esbulho, mas sempre pressupondo posse anterior, evidentemente. Ocorrendo qualquer dessas situações, ao possuidor do título caberá a propositura de uma das ações previstas a seguir. Registre-se que se a destruição do título é parcial – e não total, a única que é sinônimo de perda –, a ação cabível é a disciplinada pelo art. 912.

I – reivindicá-lo da pessoa que o detiver;

Dada a circunstância de o CC/2002 não ter reproduzido, em seu corpo normativo, regra semelhante à do art. 521 do estatuto revogado ("Art. 521. Aquele que tiver perdido, ou a quem houverem sido furtados, coisa móvel, ou título ao portador, pode reavê-los da pessoa que os detiver, salvo a esta o direito regressivo contra quem lhos transferiu"), este inciso I do art. 907 do CPC passa à condição de fundamento legal exclusivo da ação reivindicatória de título ao portador. Como se vê, a viabilidade da reivindicação (Pontes de Miranda fala de vindicação da posse) depende invariavelmente de ser conhecida a pessoa que detenha o título perdido ou furtado, pois, caso contrário, o pedido de recuperação se mostra inadequado, e o autor é carecedor da ação por falta de interesse de agir (art. 267, VI). Sendo assim desconhecido o detentor, só resta ao possuidor requerer a anulação e a substituição do título, com fundamento no inciso II, providência essa que substitui a reivindicatória. Questão interessante a respeito dessa ação para reaver o título é a concernente ao rito que o processo respectivo deve obedecer. Entendemos que o procedimento da reivindicatória é o mesmo disciplinado pelos arts. 908 e 909, por alguns motivos: *a*) se não fosse da vontade da lei submeter tal ação a esse procedimento não haveria qualquer necessidade de menção ao pedido reivindicatório no presente art. 907; *b*) as medidas previstas pelo art. 908 visam a resguardar os interesses do legítimo possuidor do título e principalmente as constantes dos incisos II e III precisam ser obedecidas também para acautelar os interesses do autor da ação reivindicatória; *c*) a apresentação do título a que alude o art. 910 deve ser exigida indiscriminadamente, tanto no caso de anulação, como na hipótese de reivindicação (*v.* ainda, art. 909 do CC, regra que vale para títulos que sejam criados pelas partes com autorização da lei especial – art. 907).

II – requerer-lhe a anulação e substituição por outro.

Como visto (inciso I), a anulação e a substituição são ações cujo cabimento típico se dá na hipótese de o possuidor desapossado não saber quem é o atual detentor da cártula, razão por que, em vez de reivindicá-la, requer a sua anulação (amortização, no dizer de Pontes de Miranda) e consequente substituição por outra. Entende-se, no entanto, que também no caso de o possuidor conhecer o detentor, ele pode simplesmente optar pela anulação e pela substituição como sucedâneo do pedido reivindicatório (argumento legal: art. 908, I, que fala de citação do detentor). Seja como for, o fato é que outra distinção importantíssima precisa ser estabelecida no âmbito da presente prescrição: como o título perdido pode significar título completamente destruído (*v. g.*, no caso de incêndio, inundação, etc. – *v.* nota ao *caput*), a ação proponível deixa de ser a de anulação cumulada com substituição, uma vez que basta o pedido de substituição da cártula para que ocorra a plena satisfação do direito material do credor; é que não se anula nem se retira a eficácia de título que comprovadamente já não existe. Nesse caso, o procedimento adequado não será o dos arts. 908 a 911, mas o comum, ordinário ou sumário (Adroaldo Furtado Fabrício), porquanto as providências do art. 908 deixam de ter qualquer utilidade, e a exigência do art. 910 perde a sua razão de ser. Sujeito passivo da ação de anulação é exclusivamente o devedor do título. Em suma, anulação cumulada com substituição só tem cabimento mesmo na hipótese de desapossamento injusto (sem ou com o conhecimento do detentor) ou no caso de perda da cártula em que remanesça a dúvida do credor quanto ao seu efetivo desaparecimento físico.

Art. 908. No caso do n. II do artigo antecedente, exporá o autor, na petição inicial, a quantidade, espécie, valor nominal do título e atributos que o individualizem, a época e o lugar em que o adquiriu, as circunstâncias em que o perdeu e quando recebeu os últimos juros e dividendos, requerendo:

O dispositivo em questão regula especificamente duas ordens de requisitos intrínsecos que a petição inicial da ação de anulação e substituição (e também da de reivindicação – *v.* nota ao inciso I do art. 907) deve preencher. Ficam disciplinados pelo *caput* alguns requisitos concernentes ao libelo, isto é, os relativos à *causa petendi* que se relacionam com o litígio em si: *a*) quanto ao título (quantidade, espécie, valor nominal e outros elementos que o individualizem, como seu número, cor, tamanho, dizeres, nome do devedor, etc.); *b*) quanto à sua aquisição (época e lugar, com precisão se for possível – *v. g.*, na hipótese de existir recibo da distribuidora ou nota da Bolsa de Valores); *c*) quanto às circunstâncias da perda ou do desapossamento (a narrativa de todos os fatos relevantes); e *d*) quanto ao último recebimento de juros e dividendos, o que demonstra e atesta a existência do título. Em segundo lugar, ficam disciplinados pelos incisos a seguir dois requisitos concernentes à regularidade do processo e que correspondem aos requerimentos de citação e intimação de pessoas que sofrerão os efeitos de algumas medidas acautelatórias embutidas nesse procedimento especial. A falta de qualquer dos requisitos instituídos no corpo dessa prescrição *(caput)*, bem como a inobservância dos requisitos genéricos do art. 282, pode gerar o indeferimento liminar da petição inicial (arts. 283 e 284). Sobre competência, examine-se o art. 100, III, deste Código.

I – a citação do detentor e, por edital, de terceiros interessados para contestarem o pedido;

De acordo com o dispositivo sob comentário, deve o autor da ação reivindicatória (art. 907, I, que pressupõe réu certo) requerer exclusivamente a citação do detentor, porque nesse caso a sentença não vai produzir nenhum efeito que atinja o público em geral. Já em se tratando de anulação cumulada com substituição do título, duas e sempre duas serão as citações a realizar, mas de maneiras diferentes: ou o autor pede a citação pessoal do detentor conhecido e por edital, a de terceiros interessados, visto que o texto é claro quanto a esta segunda exigência, dada a natureza circulatória do título, ou o autor pede a citação feita do detentor desconhecido (o texto não discrimina a situação do detentor) e a dos terceiros interessados por meio de edital único. Observe-se que o procedimento-edital tem sua origem nos chamados "procedimentos provocatórios", que se destinam a lançar exigências sobre o público, cujo não atendimento significava a condenação do destinatário certo, porém desconhecido ao "perpétuo silêncio", ou seja, à perda de direitos, como consequência do princípio da *aparentia juris*, segundo o qual aquele que não se insurge, em tempo determinado, contra a "aparência jurídica" adversa a seus interesses fica sujeito ao dano decorrente da sua omissão (Clóvis do Couto e Silva). Note-se que não há *provocatio ad agendum* como efeito do procedimento-edital examinado, uma vez que o terceiro não é provocado a agir, mas apenas convocado a se defender como réu (Adroaldo Furtado Fabrício).

II – a intimação do devedor, para que deposite em juízo o capital, bem como juros ou dividendos vencidos ou vincendos;

Segundo a expressa dicção do presente inciso, o devedor – o emissor ou o ubscritor do título – não é citado para a ação de anulação e substituição, emora tecnicamente o devesse ser, já que ele é justamente um dos titulares da reação de crédito e débito deduzida em juízo e que o título apenas representa. eja como for, a lei diz que o devedor será apenas intimado, intimação essa de aráter acautelatório e cuja finalidade é tríplice: *a*) por meio dela o devedor fica ientificado acerca da existência do processo, o que lhe permite acompanhá-lo; *b*) por meio dela, embora o texto não diga, o devedor fica obrigado a não agar a quem se apresente munido do título, sob pena de ter que pagar duas ezes (se, contudo, o pagamento indevido aconteceu antes da intimação, o deedor pagou bem, de sorte que só restará ao credor voltar-se posteriormente ontra o detentor ilegítimo); *c*) por meio dela o devedor fica obrigado a depoitar em juízo as verbas expressamente referidas, desde que, é claro, já tenha se ornado exigível a obrigação (para tais depósitos, basta a juntada informal das espectivas guias aos autos do processo, independentemente da propositura de ualquer outra ação). Registre-se, por fim, que a intimação do devedor tamém é exigida quando se trate de ação reivindicatória à qual se aplica o presene procedimento (*v.* art. 907, I, e nota).

III – a intimação da Bolsa de Valores, para conhecimento de seus membros, a fim de que estes não negociem os títulos.

Também a intimação da Bolsa de Valores – nas causas que envolvam títulos ela negociáveis, à evidência – é medida assecuratória que o magistrado deve omar necessariamente se o autor o requerer. A finalidade da providência é imedir a circulação do título ou, pelo menos, criar algum tipo de obstáculo à sua irculação, por meio da cientificação da Bolsa de que pende litígio sobre o pael. Observe-se que, em não se tratando, *v. g.*, de ações ou debêntures, a proviência de cientificação de outros organismos que não a Bolsa pode ser requeda e deferida pelo juiz mediante aplicação analógica do presente dispositivo, as sempre, é claro, no bojo do processo de anulação e substituição de título. caso assim não se pense, resta o recurso ao poder geral de cautela, por ação ıcidente, para a obtenção da mesma medida (arts. 798 e 799).

Art. 909. Justificado quanto baste o alegado, ordenará o juiz a citação do réu e o cumprimento das providências enumeradas nos ns. II e III do artigo anterior.

A *ratio* da norma sob enfoque é claramente a necessidade de impedir a perturbação da livre circulação dos títulos ao portador quando não haja razões plausíveis que justifiquem a restrição representada pelos efeitos das providências instituídas pelos incisos do art. 908. É por isso que o texto exige prévia justificação do alegado como condição do deferimento da inicial, o que significa a necessidade de o autor demonstrar prefacialmente, com documentos, que os requisitos fáticos previstos pelo *caput* do artigo anterior estão presentes. Caso no entanto, o autor não disponha de prova documental suficiente, oferece-lhe o presente dispositivo a possibilidade de demonstrar com testemunhas a existência do título, sua aquisição e perda ou desapossamento, o que se dará por meio de audiência de justificação (note-se que o autor já pode ter instruído a sua inicial com os autos do procedimento autônomo de justificação a que aludem os arts. 861 a 866). Justificado, assim, o alegado – quer documental, quer testemunhalmente –, o magistrado deve proferir o despacho liminar positivo em que declara expressamente tal circunstância e determina as citações devidas e a tomada das providências dos incisos II e III do art. 908 pelo cartório. Se, por outro lado, apesar da audiência, não logrou o autor demonstrar suficientemente aos olhos do juiz a existência do título ou o seu desaparecimento, o caso é de rejeição da petição inicial por carência de ação ante a falta de interesse de agir (arts. 295, III, e 267, VI). Observe-se, por fim, que, na hipótese de deferimento da inicial, primeiro se tenta a citação pessoal do detentor (se isso é possível, é claro) para que, no caso dessa restar infrutífera, possa ser aproveitado um único edital para a citação de todos os sujeitos passivos.

Parágrafo único. A citação abrangerá também terceiros interessados, para responderem à ação.

A regra é meramente repetitiva daquilo que o inciso I do art. 908 já dispusera: a citação por edital de terceiros interessados tem a finalidade de permitir o exercício do direito de contestar a ação. Ao que parece, o legislador quis deixar muito claro, por meio do presente dispositivo, a possibilidade concreta de qualquer pessoa do povo (*uno ex publico*), desde que se apresente em juízo munida do título reclamado (art. 910), poder impugnar o pedido, alegando, por exemplo, usucapião, com amparo no art. 1.261 do CC. Em outras palavras, pareceu prudente à lei ressaltar que os terceiros citados por edital no procedimento da anulação e da substituição de título ao portador são verdadeiramente réus e não simples interessados ou possíveis intervenientes, de sorte que se lhes garante indubitavelmente a aplicação do disposto no art. 322 desse estatuto processual.

Art. 910. Só se admitirá a contestação quando acompanhada do título reclamado.

Para se compreender a particularidade normativa presente nessa regra é necessário que se tenham em mente os seguintes postulados: 1º) a citação por edital é instituída procedimentalmente, porque não é possível, via de regra, afirmar quem seja o efetivo detentor do título que se pretende anular; 2º) por causa de tal indeterminação, a lei atribui a todas as pessoas a qualidade de sujeitos passivos da ação, de sorte que, potencialmente, qualquer uma possui *legitimatio ad causam* e pode contestar (arts. 908, I, e 909, parágrafo único); e 3º) efetivamente, apenas uma pessoa *(uno ex publico)* tem interesse em contestar o pedido, posto que, tendo de fato o papel, pode alegar sobre ele direitos em contraposição aos mesmos direitos que o autor se irroga (Sérgio Sahione Fadel). É justamente em razão desse terceiro postulado que o texto sob enfoque condiciona de forma anômala e excepcional o exercício do direito de resposta à apresentação do título, uma vez que somente o efetivo detentor tem, entre a multidão, interesse jurídico em impugnar a pretensão anulatória ou reivindicatória. Observe-se que a exigência instituída não tem cabimento em situações particulares, que referimos no comentário ao parágrafo único a seguir. Registre-se, por derradeiro, que a regra contida neste art. 910 é a única que justifica a absurda previsão do art. 32 deste Código (*v.* nota).

Parágrafo único. Recebida a contestação do réu, observar-se-á o procedimento ordinário.

O recebimento da contestação – oferecida no prazo de quinze dias – depende em linha de princípio, como visto, de o réu apresentar o título juntamente com ela (*v. caput*). Contudo, em algumas situações excepcionais, a exigência precisa ceder, em face da razoabilidade que tem de permear a interpretação das regras jurídicas, inclusive as de processo. Imagine-se, por exemplo: *a*) que o apontado detentor, que foi citado pessoalmente, jamais possuiu o título; *b*) que foi detentor um dia, mas que já o transmitiu a outrem antes da citação; *c*) que é seu detentor, mas não tem a posse direta do título porque o deu em penhor ou usufruto; *d*) que foi detentor, mas sofreu ele próprio injusto desapossamento ou o perdeu acidentalmente (os exemplos são de Adroaldo Furtado Fabrício). É evidente que em todos esses casos não tem o menor sentido que fique o réu impedido de se defender por falta da juntada do título, e para alegar tais defesas ele precisa contestar. Já no que concerne à contestação acompanhada do título são basicamente três as defesas dedutíveis pelo réu: *a*) que o título sempre lhe pertenceu; *b*) que o título lhe foi regularmente transferido pelo autor; *c*) que o título lhe foi transferido por terceiro, sendo que a aquisição se deu de boa-fé. Observe-se que neste último caso o réu deve denunciar a lide ao alienante (art. 70, I), além de contestar; mas, se denunciação não houve, o alienante ainda assim pode intervir no processo como assistente (art. 50). Note-se, por fim, que mesmo tardiamente qualquer outro terceiro pode ingressar no processo e juntar o título, aplicando-se o art. 322 (a contagem do prazo para resposta no caso de citação por edital é disciplinada pelo art. 241, V). No mais, como diz o texto, observar-se-á o procedimento ordinário (*v.* nota ao art. 903).

Art. 911. Julgada procedente a ação, o juiz declarará caduco o título reclamado e ordenará ao devedor que lavre outro em substituição, dentro do prazo que a sentença lhe assinar.

Ficam aqui disciplinados os efeitos da sentença que julga procedente o pedido de anulação e substituição de título ao portador. Em primeiro lugar, chama a atenção o fato de que essa sentença é preponderantemente desconstitutiva, porque é ela própria que decreta a anulação ou a amortização do título, o que significa que somente no instante do seu proferimento o título é desconstituído; isso revela o seu efeito tipicamente *ex nunc*. Em segundo lugar, temos que tal decisão possui, ainda, efeito mandamental em relação ao devedor, que fica obrigado a lavrar outro título em substituição ao desaparecido; a explicação para essa eficácia dirigida ao devedor se funda na circunstância de que o proferimento de sentença torna o emissor, ou subscritor do título, parte daqui para a frente, o que lhe permite, inclusive, apelar. Em terceiro lugar, temos que do texto do art. 911 decorre implícita e alternativamente um dos seguintes efeitos: ou a determinação expressa na sentença de que o cartório providencie a entrega ao autor do título depositado (art. 910 – o réu é condenado nas verbas da sucumbência); ou a ordem ao réu para entregar o título e pagar as custas e os honorários no caso de este ter deixado de apresentá-lo. Registre-se, por fim, que o desatendimento da sentença poderá dar ensejo a duas consequências: a efetivação da sentença com vista à entrega da coisa (título) pelo réu, nos termos do art. 461-A, se esse for pessoa certa, ou efetivação da sentença em relação à obrigação de fazer contra o devedor que se tornou parte (concordamos nesse sentido com Clóvis do Couto e Silva e Vicente Greco Filho). A efetivação da sentença nesse caso é regulada pelo art. 461 deste Código.

Art. 912. Ocorrendo destruição parcial, o portador, exibindo o que restar do título, pedirá a citação do devedor para em 10 (dez) dias substituí-lo ou contestar a ação.

Este art. 912, autonomamente, disciplina o procedimento especial de simples substituição de título ao portador, que tem cabimento toda vez que a cártula se encontre parcialmente destruída (*v. g.*, o papel está impedido de circular porque se encontra queimado, rasgado, apagado, em processo de desintegração, etc.). Vale sempre a pena lembrar que a destruição total dá ensejo ao procedimento da anulação cumulada com substituição (arts. 907, II, a 911). Muito bem, a ação de que ora se cogita tem como autor o possuidor do título e, como réu, o seu emissor ou subscritor, sendo que a petição inicial deve estar obrigatoriamente acompanhada do título destruído, sob pena de indeferimento liminar por falta de documento indispensável (arts. 283 e 284); a *causa petendi* é identificada pelo fato de a parcial destruição impedir a circulação do título e/ou o seu resgate no tempo oportuno; o pedido, como mencionado, é de mera substituição, já que não é necessário anular ou amortizar. Observe-se que, embora se diga, vez por outra, que o rito a ser observado aqui é o ordinário, isso só é verdade a partir do oferecimento de resposta, porquanto o prazo previsto no texto é de dez dias e não de quinze, e, além disso, ao réu é assegurado praticar nesse prazo o próprio ato pedido, que é a substituição (o que significa reconhecimento jurídico do pedido – art. 269, II). Por derradeiro, cumpre ressaltar que é possível ao autor pedir, com a inicial, a providência prevista pelo art. 908, II, invocável analogicamente, ou, se assim não se entender, por meio de ação cautelar inominada (arts. 798 e 799) (*v.*, ainda, art. 908 do CC, regra que vale para título ao portador que seja criado com autorização de lei especial – CC, art. 907).

Parágrafo único. Não havendo contestação, o juiz proferirá desde logo a sentença; em caso contrário, observar-se-á o procedimento ordinário.

A regra em questão expressamente exclui a providência preliminar prevista pelo art. 324 deste Código (a determinação para que o autor especifique as provas que pretende produzir em audiência) no caso de haver revelia por parte do emissor ou do subscritor do título no processo da ação de substituição. Não havendo, assim, contestação, o juiz profere sentença imediatamente, que, via de regra, será de procedência, mas não obrigatoriamente, posto que o juiz pode concluir pela inexistência do direito à substituição, por exemplo, porque não há a decomposição física alegada ou essa não impede a circulação da cártula ou o seu resgate (*v.* nota ao art. 330, II). Já a parte final da regra ordena a aplicação do procedimento ordinário a partir do oferecimento de contestação, o que significa que terão lugar no processo: providências preliminares (arts. 323 a 328), audiência de conciliação e saneamento (art. 331), provas (arts. 332 a 443), audiência (arts. 444 a 457), sentença e coisa julgada (arts. 458 a 475).

Quanto aos recursos, nenhuma diferença existe: da sentença – que nesse caso é puramente condenatória – cabe apelação com efeito suspensivo (arts. 513 e 520).

Art. 913. Comprado o título em bolsa ou leilão público, o dono que pretender a restituição é obrigado a indenizar ao adquirente o preço que este pagou, ressalvado o direito de reavê-lo do vendedor.

A prescrição sob exame é reprodução quase literal do parágrafo único do art. 521 do CC/1916, com a diferença de que este falava de "leilão público, feira ou mercado" e omitia a ressalva contida na parte final do texto do art. 913. Observe-se que tal regra permanece no sistema porque o CC/2002, abstendo-se de disciplinar, deixou com o CPC a regulamentação da matéria. Trata-se, portanto, de típica norma de direito material, que o juiz deverá aplicar quando do proferimento da sentença que julgar procedente o pedido reivindicatório ou de anulação e substituição do título (arts. 907 a 910 – sim, também no caso de anulação, porque, ainda que o detentor seja pessoa determinada, é possível tal pedido, o que significa da mesma maneira aniquilamento do direito do detentor de boa-fé (*v.* nota ao inciso II do art. 907). Consigne-se, entretanto, que o direito à indenização depende de o réu da ação reivindicatória ou anulatória ter apresentado reconvenção (art. 315); já no que concerne ao direito do autor de ser reembolsado (ressalva da parte final do texto) somente por ação própria tal desiderato poderá ser alcançado, porque não é possível a denunciação da lide pelo sujeito ativo após a contestação e a reconvenção (ou é, no prazo da contestação à reconvenção, como sujeito passivo dessa?). Por fim, registre-se uma observação de ordem material com repercussão processual: a regra presume apenas relativamente a boa-fé, de sorte que essa pode ser contrariada pelo autor, e só no caso de má-fé demonstrada é que haverá sucumbência (Sérgio Sahione Fadel).

CAPÍTULO IV
DA AÇÃO DE PRESTAÇÃO DE CONTAS

Vide Projeto de CPC, arts. 535 a 539 (Capítulo II – Da Ação de Exigir Contas).

Art. 914. A ação de prestação de contas competirá a quem tiver:

A prestação de contas é o procedimento especial por cujo intermédio se busca a realização do direito de exigir ou do direito de prestar contas a alguém. A prestação – que em qualquer dos dois casos corresponde a uma obrigação de fazer infungível – tem sempre sua origem numa relação jurídica de que decorre o direito de alguém de receber e de efetuar pagamentos com dinheiro alheio, como acontece quando determinados contratos são celebrados (mandato, representação mercantil, sociedade, etc.), certos atos materiais praticados (gestão de negócios, tutela) ou quando no processo alguns fatos têm lugar (a nomeação de curador, inventariante ou administrador, a presença de sucessor provisório ou de testamenteiro, etc.). Observe-se que, sob o ponto de vista da concreta atividade do prestador de contas, tal prestação significa fazer alguém a outrem, pormenorizadamente, parcela por parcela, a exposição dos componentes do débito e do crédito resultantes de determinada relação jurídica, concluindo pela apuração aritmética do saldo credor, ou devedor, ou de sua inexistência (o conceito transcrito literalmente é de Adroaldo Furtado Fabrício).

I – o direito de exigi-las;
Vide Projeto de CPC, art. 535.

De acordo com o presente inciso, fica reconhecida expressamente a *legitimatio ad causam* ativa do titular do direito de exigir contas para o ajuizamento da ação que busca a efetiva prestação dessas (trata-se claramente de legitimação do tipo ordinário, que, por isso, nem precisava ter sido prevista pela lei, mas o foi por causa do disposto no inciso II). Quando quem promove a ação é aquele que tem o direito de exigi-la, costuma-se falar que a ação é de prestação de contas provocada. Observe-se que em nível ritual essa modalidade de prestação de contas admite duas fases distintas: a primeira corresponde às previsões do art. 915, *caput* e § 2º); a segunda, à previsão do § 3º desse mesmo artigo. Dizemos que o procedimento admite, porque nem sempre isso acontecerá: o processo pode encerrar-se por meio de fase única, nos termos do § 1º do art. 915 (*v.* notas). Seja como for, registre-se que a ação de prestação é uma ação dúplice (sobre o conceito, *v.* nota ao art. 918).

II – a obrigação de prestá-las.

A razão de ser de todo o art. 914 reside no conteúdo deste inciso II, vale dizer, no fato de a lei ter desejado explicitar a legitimidade ativa do obrigado para o ajuizamento da prestação de contas, uma vez ela própria disciplinou todo o seu ritual no art. 916, parecendo-lhe então conveniente não deixar de ressaltar de forma expressa tal circunstância normativa. É que se o Código tivesse instituído apenas o procedimento instaurável pelo credor não seria necessária regra como essa do art. 914, já que a sua legitimação não precisaria estar explícita em texto algum, dada a sua natureza ordinária (arts. 3º e 6º). Seja como for, aproveitamos o ensejo para algumas observações. Primeira, a ação proposta pelo obrigado recebe comumente o nome de ação de prestação de contas espontânea (como vimos, a do inciso I é chamada de provocada). Segunda, o procedimento da prestação de contas espontânea não admite em hipótese alguma duas fases, pelo simples fato de que as contas já são prestadas com a petição inicial (art. 916, §§ 1º e 2º). Terceira, a prestação de contas espontânea também é ação dúplice (*v.* art. 918).

Art. 915. Aquele que pretender exigir a prestação de contas requererá a citação do réu para, no prazo de 5 (cinco) dias, as apresentar ou contestar a ação.

Vide Projeto de CPC, art. 536, caput

Inicialmente, duas são as características que distinguem o procedimento da prestação de contas do procedimento padrão, que é o comum ordinário: em primeiro lugar, o prazo de contestação, que é de apenas cinco dias, observado, quanto às formas de citação e contagem de prazo, o disposto nos arts. 214 a 233 e 241, I a V, sem modificações; em segundo, que a finalidade da citação corresponde a algo mais amplo do que o previsto pelo art. 213, porque, além de poder responder (contestar, excepcionar, impugnar o valor da causa, etc. – *v.* nota ao art. 916, *caput*), o réu pode cumprir desde logo a sua obrigação, prestando as contas exigidas. Se isso ocorrer – o que significa que o devedor reconhece a procedência do pedido, nos termos do art. 269, II –, fica automaticamente excluída qualquer possibilidade de duplicação de fases no procedimento (*v.* § 1º). Se, por outro lado, o réu contestar a ação – negando, por exemplo, a existência do direito às contas em virtude de nulidade do contrato de mandato, de representação comercial ou a inexistência de gestão de negócios –, a solução será a observância do procedimento ordinário daqui para a frente, com a prática das providências preliminares (arts. 323 a 328), audiência de conciliação e saneamento (art. 331), fase instrutória (arts. 332 a 443), audiência (arts. 444 a 457) e prolação de sentença, que, se for de procedência, obedecerá ao disposto no § 2º, *in fine* (note-se que as hipóteses de defesa aventadas anteriormente não se enquadram nem no § 1º – fase única – nem na parte inicial do § 2º, que também corresponde à primeira fase do procedimento.

---

§ 1º Prestadas as contas, terá o autor 5 (cinco) dias para dizer sobre elas; havendo necessidade de produzir provas, o juiz designará audiência de instrução e julgamento; em caso contrário, proferirá desde logo a sentença.

Vide Projeto de CPC, art. 536, § 1º.

A regra sob comentário prevê a única situação em que a prestação de contas provocada não se desdobra em duas fases, mas corresponde a procedimento de uma fase só: o réu, no prazo de cinco dias, em vez de contestar a ação, apresenta desde logo as contas exigidas pelo autor (sobre a forma, *v.* art. 917). Observe-se que nesse caso não existe discussão a respeito da obrigação de prestar contas, uma vez que a prestação do réu significa estar ele reconhecendo a procedência do pedido e o direito do autor às contas, de forma que só resta às partes discutir a correção ou a incorreção do seu conteúdo para que o juiz as julgue por meio de uma única sentença. É por isso que, em nível estritamente procedimental, à prestação das contas seguem-se a manifestação do autor em cinco dias e o proferimento imediato de sentença ou o saneamento do processo, se houver necessidade de provas de qualquer tipo: oral (depoimento pessoal e oitiva de testemunhas), documental ou mesmo pericial (perícia contábil). Produzidas as provas necessárias, o magistrado julga as contas por sentença única apelável no duplo efeito, o que gerará, após o trânsito em julgado, um processo de execução por quantia (art. 918).

---

§ 2º Se o réu não contestar a ação ou não negar a obrigação de prestar contas, observar-se-á o disposto no art. 330; a sentença, que julgar procedente a ação, condenará o réu a prestar as contas no prazo de 48 (quarenta e oito) horas, sob pena de não lhe ser lícito impugnar as que o autor apresentar.

Vide Projeto de CPC, art. 536, §§ 2º e 3º.

Se o § 1º disciplinou a prestação de contas de fase única, este § 2º nos apresenta a feição formal que o processo assume quando duas fases têm obrigatoriamente de ser cumpridas porque uma das situações que seguem se verificou: *a*) o réu deixou de contestar a ação, ficando revel (hipótese prevista no texto); *b*) o réu contestou a ação, mas não negou a obrigação de prestar contas (hipótese também prevista no texto); ou *c*) o réu contestou a ação e negou o dever de prestar contas, alegando, *v. g.*, inexistência ou nulidade do contrato (a hipótese não está aqui prevista, mas se enquadra na previsão do *caput* – *v.* nota). Em qualquer desses casos não pode haver sentença única porque não existiu prestação pelo réu, de sorte que o juiz precisa declarar o direito às contas e condenar o devedor a prestá-las em 48 horas, como diz o texto, sob pena desse não poder impugnar as que o autor venha a apresentar. Sobre tal sentença, que encerra a primeira fase do procedimento, algumas observações se impõem: primeira, havendo revelia ou contestação sem impugnação ao dever de prestar, o seu proferimento é imediato (art. 330); segunda, havendo contestação e expressa impugnação ao direito às contas, a sentença não pode ser proferida, via de regra, sem instrução prévia; terceira, a sentença condenatória a que alude o texto é apelável com efeito suspensivo (arts. 513 e 520), de forma que a segunda fase do procedimento só se abre com o seu trânsito em julgado; quarta, a condenação mencionada torna fungível a obrigação de prestar contas, posto que, na segunda fase (§ 3º), o próprio autor poderá prestá-las no lugar do réu, em caso de omissão, e esse não poderá impugná-las, como diz o texto (trata-se da chamada execução por sub-rogação de que fala Chiovenda).

---

§ 3º Se o réu apresentar as contas dentro do prazo estabelecido no parágrafo anterior, seguir-se-á o procedimento do § 1º deste artigo; em caso contrário, apresentá-las-á o autor dentro em 10 (dez) dias, sendo as contas julgadas segundo o prudente arbítrio do juiz, que poderá determinar, se necessário, a realização do exame pericial contábil.

Vide Projeto de CPC, art. 536, § 4º.

O dispositivo que nos ocupa disciplina especificamente a segunda fase do procedimento da prestação de contas, que se abre com o trânsito em julgado da sentença condenatória a que alude o parágrafo anterior. Note-se que essa segunda fase tem natureza jurídica mista: é executória do direito às contas, posto que vai culminar de qualquer maneira na sua concreta prestação, mas é também cognitiva, porquanto acaba gerando uma outra sentença que definirá o *quantum debeatur* e que, por isso, permitirá a propositura de ação de execução por quantia. Seja como for, vejamos como transcorre essa segunda fase. Antes de mais nada, cumpre observar que, transitada em julgado a sentença condenatória, o réu deve ser intimado pessoalmente (via de regra, por oficial de justiça) a prestar as contas em 48 horas. Praticado tal ato, duas possibilidades se abrem, de acordo com o texto sob exame: *a*) o réu apresenta as contas, seguindo-se a manifestação do autor em cinco dias e a prolação de sentença ou saneamento, caso haja fatos que precisem ser apurados oral, documental ou pericialmente (é o que estabelece o § 1º, ao qual o texto faz remissão); *b*) o réu não apresenta as contas nas quarenta e oito horas, seguindo-se a apresentação das mesmas pelo autor – no prazo de dez dias da abertura de vista – e o proferimento de sentença de julgamento das contas a que o réu não as pode impugnar – (*v.* § 1º, *in fine*) ou a prolação de saneamento para a realização de instrução probatória (não só exame pericial contábil, mas também prova documental ou oral). Registrem-se, por fim, três observações: primeira, se o autor não dispuser de dados para apresentar as contas no lugar do réu, a perícia contábil pode substituí-las, dispensando o juiz a apresentação pela parte; segunda, se para a apresentação das contas pelo autor forem necessários documentos que se encontram em poder do réu ou de terceiros, é possível a instauração do incidente de exibição de documento ou coisa (arts. 355 a 363); terceira, o autor pode apresentar as suas contas por estimativa, caso não disponha de todos os elementos necessários (*v.* art. 917).

Art. 916. Aquele que estiver obrigado a prestar contas requererá a citação do réu para, no prazo de 5 (cinco) dias, aceitá-las ou contestar a ação.

Este art. 916 regula inteiramente o procedimento da chamada prestação de contas espontânea, que é aquele que o obrigado pela lei ou pelo contrato ajuíza em face do credor com a finalidade de se exonerar dessa obrigação de fazer (art. 914, II – *v.* nota). Especificamente no que concerne ao texto do *caput* sob enfoque, quatro observações merecem consignação: primeira, a petição inicial já deve vir acompanhada das contas em forma mercantil, sob pena de indeferimento liminar por falta de documento indispensável à propositura da ação (arts. 283 e 284); segunda, assim como ocorre na prestação de contas provocada, o prazo de resposta é identicamente reduzido a cinco dias; terceira, também aqui a citação do réu tem finalidade mais ampla do que apenas permitir o exercício do direito de defesa (art. 213), porquanto ao sujeito passivo é lícito aceitar expressamente as contas; quarta, no prazo de cinco dias pode o réu ainda oferecer exceções (arts. 304 a 314), impugnação ao valor da causa (art. 261), exibição de documento ou coisa (arts. 355 a 363); arguição de falsidade (arts. 390 a 395), mas não assim reconvenção (arts. 315 a 318), uma vez que a ação de prestação de contas é dúplice (*v.* nota ao art. 918).

§ 1º Se o réu não contestar a ação ou se declarar que aceita as contas oferecidas, serão estas julgadas dentro de 10 (dez) dias.

O dispositivo sob análise tem a finalidade de tornar explícito o desdobramento procedimental nas hipóteses de revelia e de aceitação das contas apresentadas, determinando que o magistrado as julgue imediatamente por sentença. Tal desdobramento é absolutamente lógico, uma vez que no caso de revelia consideram-se verdadeiros os fatos contábeis alegados (art. 319), e, dada a agilidade que se quis imprimir a esse procedimento, não é de se estranhar que a lei tenha excluído a prática do ato judicial previsto pelo art. 324 (mas o juiz pode decidir realizar prova pericial antes de sentenciar – *v.* nota ao art. 319, II); quanto à aceitação das contas, e seu caráter de reconhecimento jurídico do pedido (art. 269, II), nada mais curial identicamente que a lei autorize o imediato proferimento de decisão da causa. Nas duas hipóteses, a sentença que o juiz prolata é de procedência do pedido e terá dois efeitos distintos: primeiro, o julgamento das contas, isto é, a declaração de que as contas são boas e, eventualmente, que existe saldo a favor de uma das partes (*v.* art. 918 e nota); segundo, a declaração da extinção da obrigação do autor de prestar contas, independentemente do saldo que seja apurado (aplica-se o art. 20).

§ 2º Se o réu contestar a ação ou impugnar as contas e houver necessidade de produzir provas, o juiz designará audiência de instrução e julgamento.

De acordo com o texto e sua melhor interpretação, três são as outras possíveis atitudes facultadas ao réu no procedimento da prestação de contas espontânea: *a*) apenas a contestação ao dever de prestar contas ("contestar a ação", no texto); *b*) a contestação mediante impugnação das contas prestadas ("impugnar as contas", no texto, o que pressupõe reconhecimento do dever à prestação); *c*) a contestação tanto ao dever como às contas apresentadas. Antes de mais nada, é importante observar que, seja qual for a atitude do réu – inclusive a primeira, ressalte-se –, o procedimento da prestação espontânea sempre terá fase única, inadequada que se revela qualquer cogitação de decisão condenatória do réu a prestar contas, uma vez que o próprio autor já as apresentou com a sua petição inicial (concordamos com Antonio Carlos Marcato nesse sentido). Assim, se o réu apenas se defender, *v. g.*, com as objeções do art. 301, ou, no mérito, alegar inexistência ou invalidade do negócio jurídico que dá origem à obrigação, deixando de impugnar as contas apresentadas, o juiz haverá de considerar tais fatos como incontroversos, em razão do princípio da eventualidade e concentração, julgando a lide (arts. 300 e 334, III). Observe-se, por derradeiro, que também nesse caso de não impugnação às contas poderá ser realizada a audiência de instrução autorizada pela parte final do texto sob exame, se assim parecer conveniente ao juiz da causa.

Art. 917. As contas, assim do autor como do réu, serão apresentadas em forma mercantil, especificando-se as receitas e a aplicação das despesas, bem como o respectivo saldo; e serão instruídas com os documentos justificativos.
Vide Projeto de CPC, art. 537.

Como deixa claro o texto, a regra em questão disciplina a forma que deve ser obedecida pelo documento que instrumentaliza a prestação de contas que a parte apresenta nos autos do processo. Tal documento, via de regra, não é a petição inicial (art. 916, *caput*) nem a petição do réu (art. 915, § 1º ou § 3º), mas um instrumento autônomo que acompanha qualquer dessas peças. Quanto à exigência de forma mercantil – melhor seria forma "contábil" –, isso significa a necessidade de que haja colunas separadas de "deve" e "haver" e "saldo", precedidas do correspondente "histórico", bem como a obediência da ordem cronológica dos lançamentos, para garantir a continuidade do demonstrativo e a compreensão da apuração do saldo final, que é a própria razão de ser das contas (Adroaldo Furtado Fabrício). A *ratio* da restrição à liberdade de forma se prende à necessidade de emprego no processo do que é comum e padronizado no plano do comércio jurídico material. Já no que concerne aos documentos justificativos, trata-se, como é óbvio, da mera comprovação documental dos lançamentos, que são, de certa forma, parte integrante da própria prestação de contas e que constituem os mais adequados elementos de verificação da sua exatidão (Adroaldo Furtado Fabrício). Tais documentos poderão ser debatidos pelas partes, e sua apreciação pelo perito e pelo juiz corresponderá, entre outros elementos, à motivação do julgamento das contas.

Art. 918. O saldo credor declarado na sentença poderá ser cobrado em execução forçada.

Vide Projeto de CPC, art. 538.

Dada a circunstância de a ação de prestação de contas ser uma ação dúplice – o que significa a possibilidade de o réu deduzir pretensão material contra o autor por meio de contestação, independentemente de pedido reconvencional –, dispõe genericamente este art. 918 que "o saldo credor declarado na sentença" poderá ser executado, o que quer dizer, em outras palavras, que tanto o autor como o réu, desde que beneficiado com a declaração de saldo, está autorizado a cobrar a dívida. Na verdade, a despeito da afirmação legal de que essa sentença tem caráter declaratório, é evidente que a sua real natureza é condenatória, posto que se traduz em título para execução (art. 475-N, I). O termo "condenação" ou "condeno" pode até não estar expresso na sentença, mas é esse, de fato, o seu efeito preponderante. Assim, transitada em julgado a sentença que aprecia as contas (arts. 915, § 1º, *in fine*, ou § 3º, *in fine*, e 916, § 1º, *in fine*, ou § 2º) nos mesmos autos, será instaurado o processo de execução por quantia certa contra devedor solvente pelo credor em face do devedor, não importando quem seja um ou outro (arts. 646 e segs.).

Art. 919. As contas do inventariante, do tutor, do curador, do depositário e de outro qualquer administrador serão prestadas em apenso aos autos do processo em que tiver sido nomeado. Sendo condenado a pagar o saldo e não o fazendo no prazo legal, o juiz poderá destituí-lo, sequestrar os bens sob sua guarda e glosar o prêmio ou gratificação a que teria direito.

Vide Projeto de CPC, art. 539.

A primeira parte deste último artigo do Capítulo dedicado à prestação de contas consubstancia típica regra de competência funcional, que exemplifica o previsto no art. 93, *in fine*, do CPC: fica estabelecido de forma absoluta e improrrogável o poder do juiz do inventário e dos procedimentos da tutela e curatela para processar e julgar as prestações de contas, em apenso, do inventariante, do tutor e do curador. Note-se que a norma em questão também se aplica aos casos de administradores e depositários nomeados em quaisquer outros processos. Já a parte final do dispositivo institui sanções diferentes da prevista pelo § 2º do art. 915 para o caso de descumprimento da sentença. De acordo com o texto, fica o juiz autorizado a praticar três atos concomitantemente: destituir de pronto o inventariante, o tutor, o curador, o depositário, etc.; ordenar *ex officio* o sequestro dos bens sob sua guarda para garantia do processo e do credor; e decretar a perda do prêmio a que eventualmente faça jus. Caso a caso, o juiz decidirá que sanções aplicar.

CAPÍTULO V
DAS AÇÕES POSSESSÓRIAS

Vide Projeto de CPC, arts. 540 a 553 (Capítulo III – Das Ações Possessórias).

Sob a rubrica "Das Ações Possessórias", disciplina o CPC o procedimento especial de jurisdição contenciosa cuja finalidade é permitir o exercício dos direitos materiais do possuidor de ser mantido na posse em caso de turbação, restituído no caso de esbulho e de impetrar mandado proibitório que o resguarde de violência iminente (CC, art. 1.210). Tais direitos aos chamados interditos possessórios, embora só realizáveis por meio do processo, não deixam de ser materiais. Como é sabido, nossa lei civil adotou, sobre o assunto, a teoria objetiva de Ihering – ao conceituar possuidor em seu art. 1.196 –, segundo a qual posse é poder de fato sobre a coisa, ainda que exercitado em nome alheio, enquanto a propriedade é poder de direito (para a teoria subjetiva de Savigny, é necessária a vontade de ter a coisa como sua para se ter posse). Logo, do simples poder de fato decorrem os interditos possessórios, que, como vimos, são direitos materiais, razão por que o CC os considera como efeitos da posse. Observe-se, entrementes, que a proteção possessória não se dá exclusivamente pelos interditos, que se veiculam por intermédio das ações possessórias típicas, mas acontecem também pela via da ação de nunciação de obra nova, embargos de terceiro, etc., que veiculam direitos de idêntica índole, ou mesmo extrajudicialmente, pelo desforço físico imediato autorizado pelo art. 1.210, § 1º, do CC. Não se confunda, ainda, *jus possessionis* com *jus possidendi*: o primeiro é o direito de exercer as faculdades de fato sobre a coisa; o segundo, o direito de ser possuidor. Nas ações possessórias discute-se apenas o direito de exercício dos poderes de fato ou direito de posse. Se, por outro lado, o que se pretende é a declaração judicial do direito à posse, a ação não é possessória, mas petitória, como ocorre quando se ajuíza ação reivindicatória (o fundamento do pedido é a propriedade e seu corolário o direito à posse, mas não o direito de posse que o autor não tem).

Seção I
Das Disposições Gerais

Vide Projeto de CPC, arts. 540 a 545 (Seção I – Disposições Gerais).

Art. 920. A propositura de uma ação possessória em vez de outra não obstará a que o juiz conheça do pedido e outorgue a proteção legal correspondente àquela, cujos requisitos estejam provados.

Vide Projeto de CPC, art. 540.

Institui o art. 920 sob comentário o princípio da fungibilidade entre as ações possessórias, que corresponde à expressa exceção ao princípio da adstrição da sentença ao pedido, consagrado pelos arts. 128, 264, 294 e 460. Segundo o princípio da fungibilidade, expresso no texto, o juiz pode conceder: reintegração de posse em processo de manutenção ou interdito proibitório; manutenção em processo de reintegração ou interdito proibitório; interdito proibitório em processo de reintegração ou manutenção (observe-se, contudo, que o princípio não se aplica em absoluto entre ações possessórias e petitórias). A *ratio* do dispositivo está a um só tempo no princípio da economia processual e na necessidade material de tornar mais efetiva a tutela da posse, quando se sabe que as circunstâncias fáticas dos litígios possessórios podem alterar-se com facilidade – ou serem imperceptíveis ao juiz algumas dessas circunstâncias no momento da propositura da ação –, o que torna plenamente justificável que o magistrado possa conceder o provimento jurisdicional correto, ainda que a descrição contida na petição inicial não corresponda exatamente à realidade alcançada por meio da atividade instrutória (Vicente Greco Filho).

Art. 921. É lícito ao autor cumular ao pedido possessório o de:

Vide Projeto de CPC, art. 541, caput

A cumulação de pedidos, ou de ações, aqui autorizada tem natureza de cumulação sucessiva – enquadrável na permissão do art. 292, e não na do art. 289, que disciplina a cumulação alternativa –, uma vez que o pedido possessório é prejudicial de qualquer dos três pedidos previstos pelos incisos adiante, isto é, a possibilidade de atendimento do segundo pedido (perdas e danos, cominação ou desfazimento de obra) depende obrigatoriamente do acolhimento do pedido possessório, e a rejeição deste impede pura e simplesmente a apreciação daquele (*v.* notas aos arts. 289 e, principalmente, 292, que estabelece os requisitos de admissibilidade de qualquer espécie de cumulação). Observe-se, por fim, que, dada a duplicidade das possessórias (art. 922), é lícito ao réu cumular os mesmos pedidos a seguir por meio de contestação.

I – condenação em perdas e danos;

Vide Projeto de CPC, art. 541, I.

A admissibilidade da cumulação do pedido de perdas e danos ao pedido de proteção possessória depende inicialmente de que os prejuízos alegados pelo autor se vinculem diretamente aos fatos relacionados com a turbação, o esbulho ou o receio de moléstia, que é posta como *causa petendi* da ação ajuizada. Se, por exemplo, o autor pede indenização por inadimplemento de contrato que não tem nada que ver com o litígio possessório deduzido, é óbvio o descabimento da cumulação. Caberá essa, por outro lado, *v. g.*, na hipótese de o autor querer ser indenizado por meio do pagamento do equivalente ao valor do aluguel do imóvel esbulhado enquanto esteja fora da sua posse, ou ainda na situação do possuidor que, na manutenção de posse, pede indenização pela perda de negócio decorrente do próprio ato de turbação que espantou um eventual contratante.

II – cominação de pena para caso de nova turbação ou esbulho;

Vide Projeto de CPC, art. 541, II.

A regra em questão torna explícito o cabimento do pedido cominatório, que é tratado de maneira genérica pelo art. 287, às ações possessórias que menciona (reintegração e manutenção, mas não no caso de interdito proibitório, que já tem em si mesmo tal caráter). Assim, com o intuito de impedir que, após cumprida a sentença de reintegração ou manutenção, a parte vencida pratique nova turbação ou esbulho, permite a lei que o autor na inicial, ou o réu na contestação, peça que o juiz comine multa para o caso de repetição de ato de agressão à posse. Observe-se que o acolhimento desse pedido significa ordem para cumprimento de uma obrigação de não fazer, sob pena de a parte sofrer multa, normalmente diária, e cujo montante é apurado por processo de liquidação por artigos (*v.* nota ao art. 287).

III – desfazimento de construção ou plantação feita em detrimento de sua posse.

Vide Projeto de CPC, art. 541, III.

O pedido de mandamento à parte contrária com vista ao desfazimento de construção ou de plantação só é admissível, obviamente, quando tenha ocorrido esbulho, vale dizer, perda da posse, porque somente nesse caso é possível pensar que a parte tenha podido construir ou plantar em detrimento da posse alheia (se o que houve foi apenas receio de moléstia ou ameaça de esbulho, é claro que construção ou plantação em imóvel de outrem não pode existir). Assim, promovendo ação reintegratória, ou respondendo a ela (art. 922), pode a parte postular o mandamento dirigido à outra para que cumpra obrigação de fazer, sob pena de incidência dos §§ 4º e 5º do art. 461 deste CPC.

Art. 922. É lícito ao réu, na contestação, alegando que foi o ofendido em sua posse, demandar a proteção possessória e a indenização pelos prejuízos resultantes da turbação ou do esbulho cometido pelo autor.

Vide Projeto de CPC, art. 542.

O dispositivo sob enfoque reconhece expressamente a duplicidade das ações possessórias, o que significa justamente o proposto pelo texto: a possibilidade de o réu deduzir pretensão material contra o autor, independentemente de pedido reconvencional, para tanto bastando que de sua contestação conste, de forma explícita e expressa, o pedido de proteção possessória, no caso dele, réu, estar sofrendo ameaça, turbação ou esbulho, praticada pelo autor (se o réu apresentar reconvenção nesse caso, ele é carecedor da ação por falta de interesse de agir – art. 267, VI). Trata-se, portanto, de autorização excepcional de contra-ataque, ou contrapedido, sem reconvenção, o que se justifica pela necessidade que a lei percebe de conferir à tutela possessória maior agilidade e eficiência com economia processual. Já a segunda parte da regra apenas explicita o que o art. 921, I, autoriza de forma genérica, o que não representa obstáculo à utilização pelo réu do pedido cumulado de cominação ou desfazimento previstos pelos incisos II e III do mesmo artigo.

Art. 923. Na pendência do processo possessório, é defeso, assim ao autor como ao réu, intentar a ação de reconhecimento do domínio.

Vide Projeto de CPC, art. 543.

De acordo com a redação atual deste art. 923 – decorrente da Lei n. 6.820/80, que suprimiu a segunda parte da previsão que tinha conteúdo idêntico ao do antigo art. 505 do CC/1916 –, o que se encontra proibido é o ajuizamento de ação reivindicatória por qualquer das partes enquanto esteja em curso o processo possessório. A proibição se justifica, inicialmente, porque a lei processual reconhece a plena autonomia do litígio possessório em relação ao litígio que envolva propriedade, ou seja, a lei reconhece a plena possibilidade de se discutir posse sem que se tenha de perquirir sobre quem seja proprietário. Ocorre, no entanto – e aqui vai a segunda justificativa –, que as pretensões do autor e do réu no processo possessório podem estar fundadas em alegações de domínio, o que faz com que a controvérsia haja necessariamente de ser resolvida pelo juiz com base neste fundamento, vedada a ação reivindicatória enquanto pender o pleito possessório e isso para que não se produzam decisões contraditórias. Justificada, assim, a proibição de "intentar a ação de reconhecimento do domínio" – o que não significa não se poder discutir *incidenter tantum* a questão da propriedade, como visto –, fica no ar uma importante indagação: e se apenas o réu, na possessória, afirma ser proprietário, é possível tal discussão? A resposta seria afirmativa se se considerasse que a Lei n. 6.820/80, que suprimiu a parte final do texto deste art. 923, não revogou, em 1980, o art. 505 do estatuto civil que teria continuado a viger ("Art. 505. Não obsta à manutenção, ou reintegração na posse, a alegação de domínio, ou de outro direito sobre a coisa. Não se deve, entretanto, julgar a posse em favor daquele a quem evidentemente não pertencer o domínio."). Veja-se que a ressalva da parte final ("Não se deve [...]"), ao dar relevância à alegação de domínio, permitia concluir que era lícito ao réu invocar, na possessória, a sua condição de proprietário. Ocorre, no entanto, que o argumento estribado na parte final do art. 505 do CC/1916 está definitivamente superado porque o CC/2002 prescreve no § 2º, do art. 1.210, somente o seguinte: "Não obsta à manutenção ou reintegração na posse a alegação de propriedade, ou de outro direito sobre a coisa". Apenas isso! Ora, ao assim dispor, o atual estatuto civil retirou, por completo, a relevância processual da alegação de domínio, dando ênfase total à situação possessória. Destarte, em face da redação atual deste art. 923 e do art. 1.210, § 2º, do CC, a resposta à indagação que formulamos linhas atrás é negativa; a única possibilidade de discutir domínio no bojo do processo possessório fica por conta da circunstância de ambas as partes invocarem propriedade como fundamento da sua posse. O que ocorre, todavia, é que essa resposta negativa, fundada numa interpretação literal, acaba criando uma situação de absoluta injustiça que traduzimos na seguinte pergunta: se a atual lei civil despreza a alegação de domínio (CC, art. 1.210, § 2º) e a processual proíbe a ação petitória no curso da possessória (o presente art. 923), fica o proprietário inteiramente à mercê, impedido de exercer o direito de defender o que é seu (com base na propriedade) pelo simples fato de alguém ter tomado a iniciativa de mover-lhe uma demanda possessória? Temos para nós que a interpretação da lei não pode conduzir ao absurdo, de sorte que o que parece justo, equânime e socialmente adequado, em termos interpretativos (Lindb, art. 5º), é considerar-se que a proibição do art. 923 só alcança a hipótese em que as duas partes alegam propriedade, quando então se justifica que ninguém possa promover ação reivindicatória (tudo se discute e se decide na possessória, embora a decisão não faça coisa julgada em relação à declaração de quem seja proprietário); se apenas o réu alegar propriedade, como defesa na possessória, não está ele impedido de ajuizar a demanda reivindicatória, porque só por meio dela ele poderá fazer valer o seu direito de propriedade, já que, na possessória, o art. 1.210, § 2º, do CC/2002, exclui a alegação de domínio como processualmente relevante.

Art. 924. Regem o procedimento de manutenção e de reintegração de posse as normas da seção seguinte, quando intentado dentro de ano e dia da turbação ou do esbulho; passado esse prazo, será ordinário, não perdendo, contudo, o caráter possessório.

Vide Projeto de CPC, art. 544.

Por meio da presente norma jurídica fica instituída a dicotomia procedimental das ações possessórias, dependendo do fato de a posse turbada ou esbulhada ser nova ou velha no momento do ajuizamento da ação. Tratando-se de posse nova (aquela cuja ofensa tem menos de ano e dia), o rito será o especial dos arts. 926 a 931. Já se se tratar de posse velha (aquela cuja ofensa tem mais de ano e dia), o rito será o comum ordinário, dos arts. 282 e segs. A *ratio* do dispositivo está evidentemente no princípio segundo o qual *dormientibus non securitus*. Observe-se, por fim, a forma de contagem: o dia da violação ou da turbação não é contado (*v. g.*, turbação em 15 de março; o primeiro dia do prazo é o dia 16), seguindo-se a contagem de um ano (de 16 de março a 15 de março) e um dia (o dia 16 do ano subsequente), de sorte que até o dia subsequente ao da turbação ou do esbulho no ano seguinte será possível intentar ação com rito especial. No caso de lesão continuada permanente, conta-se o prazo do início da lesão; se a lesão é repetida, conta-se do último ato; não se conta no período em que o possuidor retomou a posse plenamente, caso em que nova violação desencadeia novo prazo (Vicente Greco Filho). Observe-se, por derradeiro, que a ausência no CC/2002 de regras de teor semelhante ao deste art. 924 (os antigos arts. 506 a 508 do CC/1916) nada significa em termos de vigência e eficácia do dispositivo sob enfoque, que possui nítido caráter processual e exclusivo.

Art. 925. Se o réu provar, em qualquer tempo, que o autor provisoriamente mantido ou reintegrado na posse carece de idoneidade financeira para, no caso de decair da ação, responder por perdas e danos, o juiz assinar-lhe-á o prazo de 5 (cinco) dias para requerer caução sob pena de ser depositada a coisa litigiosa.

Vide Projeto de CPC, art. 545.

Este art. 925 se encontra deslocado topograficamente, porque regula situação atrelada à medida liminar, razão por que a matéria deveria ter sido disciplinada no art. 929. Seja como for, trata-se de hipótese que, verificada, determina a necessidade de ser prestada caução por meio de ação cautelar incidente no processo possessório e cujo procedimento será o dos arts. 826 a 834. Observe-se que a alegação do réu de que o autor – beneficiado com a liminar – não dispõe de idoneidade financeira para arcar com perdas e danos pressupõe logicamente que o réu tenha deduzido tal pedido, por contestação (art. 922), ou ajuizado ação autônoma nesse sentido; se não teve nenhuma dessas duas atitudes, não tem ele direito à garantia instituída (a ação cautelar, nesse caso, só admite a modalidade incidental, dada a obrigatória vinculação à ação de perdas e danos já pendente, como sugere o texto). Provada suficientemente pelo réu a inidoneidade, o juiz fixa o prazo legal para o ajuizamento da cautelar de caução pelo autor, sob pena de ser depositada a coisa. Tal decisão interlocutória – que deve ser fundamentada – não impede a rediscussão da idoneidade no bojo do processo cautelar incidente.

Seção II

Da Manutenção e da Reintegração de Posse

Vide Projeto de CPC, arts. 546 a 551
(Seção II – Da Manutenção e da Reintegração de Posse).

Art. 926. O possuidor tem direito a ser mantido na posse em caso de turbação e reintegrado no de esbulho.

Vide Projeto de CPC, art. 546.

O conteúdo da presente regra tem nítido caráter material, haja vista que reproduz literalmente o disposto na primeira previsão do *caput*, do art. 1.210 do CC/2002 ("O possuidor tem direito a ser mantido na posse em caso de turbação, restituído no de esbulho [...]"; a palavra "restituído" é usada no lugar de "reintegrado". Fica, assim, tão só para fins didáticos, consagrado no próprio corpo do CPC dois dos mais significativos efeitos da posse (o direito à manutenção e o direito à reintegração), que o procedimento especial sob enfoque tornará realidade concreta. Seja como for, a norma permite a clara visualização da *legitimatio ad causam* ativa e passiva para fins de ação de manutenção e reintegração na posse, bem como do interesse de agir, quer sob o prisma da necessidade do processo, quer sob o prisma da adequação do provimento ou do procedimento da possessória. Em suma, a regra, além de didática, é útil à compreensão de aspectos relevantes dessas ações possessórias, malgrado sua natureza não processual.

Art. 927. Incumbe ao autor provar:

Vide Projeto de CPC, art. 547, caput

A prescrição sob análise pode ser enfocada por dois ângulos distintos: em primeiro lugar, representa o rol dos elementos fáticos e jurídicos que compõem a *causa petendi* das ações de manutenção e reintegração de posse; em segundo lugar, corresponde ao objeto da prova prefacial que o autor tem de fazer para fins de concessão de medida liminar (arts. 928 e 929). Quanto a este segundo aspecto, parece conveniente ressaltar que o meio de prova mais importante é, sem sombra de dúvida, o documental, como veremos a seguir, mas também a prova testemunhal assume um papel de enorme relevância num sem-número de situações, tanto que a lei prevê, embora facultativamente, o recurso à audiência de justificação prévia, que é destinada à sua produção (arts. 928, *caput, in fine,* e parágrafo único, 929 e 930, parágrafo único). Nada impede, por outro lado, ainda, que laudos periciais produzidos alhures ou justificações procedimentalizadas (arts. 861 a 866) sejam utilizados como prova.

I – a sua posse;

Vide Projeto de CPC, art. 547, I.

Sem a demonstração mínima, por documentos ou justificação, de que o autor exerce ou exerceu posse, não existe interesse de agir que autorize o deferimento da petição inicial da ação de manutenção ou reintegração de posse (arts. 267, VI, e 295, III). É que somente o possuidor (CC, art. 1.196) tem o direito a ser mantido na posse, em caso de turbação, e reintegrado, no caso de esbulho (CC, art. 1.210, *caput*; CPC, art. 926), de sorte que a falta de tal comprovação leva o juiz a concluir: *a*) que o autor ainda não tem necessidade concreta do processo possessório; ou *b*) que o procedimento eleito é inadequado quando se trata de situação que permita, de pronto, o exercício de ação petitória (reivindicatória, imissão na posse). Note-se que a carência de prova documental acerca da posse – escritura pública, instrumento de contrato, declaração do vendedor, recibos de quitação de compromisso, fotos, etc. – não gera obrigatoriamente o indeferimento da inicial, mas apenas a determinação de justificação prévia, se alguns elementos de convicção houver em prol da existência da posse. Somente após tal ato é que o magistrado decidirá entre a extinção por carência ou o processamento da causa sem medida liminar, se a questão da existência da posse ainda lhe parecer nebulosa.

II – a turbação ou o esbulho praticado pelo réu;
Vide Projeto de CPC, art. 547, II.

Turbação é a restrição, a perturbação imposta ao livre e pleno exercício da posse (imagine-se que alguém abra a cerca do vizinho para permitir que o seu gado vá nele pastar e depois o recolha; que alguém desvie o curso de um córrego para a gleba vizinha, etc.). Já o esbulho é a perda da posse, o aniquilamento do poder fático do possuidor sobre a coisa em virtude de ato humano (imagine-se que alguém, mediante violência física, expulse o possuidor da sua casa; que alguém subtraia ao vizinho parte do seu terreno pela alteração das cercas divisórias; que alguém, agindo clandestinamente, invada fazenda e nela se instale sem que o seu possuidor o saiba). Seja qual for a modalidade de agressão à posse, deve o autor, sob pena de inépcia (art. 295, I), declará-la em sua petição inicial, bem como procurar demonstrá-la com documentos (mapas, fotos, declarações de terceiros, etc.). Observe-se que a falta de prova documental da turbação ou do esbulho normalmente não leva o juiz ao indeferimento da inicial, mas à determinação de audiência de justificação prévia (art. 928, *in fine*), e o insucesso desta não conduz, via de regra, à extinção, mas ao prosseguimento do processo rumo à fase instrutória.

III – a data da turbação ou do esbulho;
Vide Projeto de CPC, art. 547, III.

O elemento fático concernente à data da turbação ou do esbulho tem repercussão direta sobre a adequação do procedimento, como vimos, uma vez que somente a posse de força nova dá ao possuidor o direito ao procedimento especial, cuja característica mais importante é a presença em seu bojo de medida liminar (*v.* art. 924 e nota). Muito bem, em face dessa repercussão processual tão intensa, fica fácil perceber o porquê da exigência legal de que o autor declare expressamente em sua peça vestibular a data em que teve lugar a turbação ou o esbulho. De qualquer maneira, cumpre observar que também esse requisito precisa ser provado cabalmente (por meio de documentos ou, na sua falta, por testemunhas), para que possa o juiz deferir o processamento da ação e, eventualmente, a medida liminar. Não provada cabalmente a data, cumpre ao juiz ordenar que o autor emende a sua petição inicial para adaptá-la ao rito ordinário, sob pena de indeferimento (*v.* nota ao art. 295, V).

IV – a continuação da posse, embora turbada, na ação de manutenção; a perda da posse, na ação de reintegração.

Vide Projeto de CPC, art. 547, IV.

A previsão se vincula inerentemente à contida no inciso II, pondo em relevo a necessidade de o autor declarar em sua inicial, de forma expressa – bem como a exigência de que ele prove já, para fins de liminar –, que, a despeito da turbação, a sua posse não foi perdida ou, no caso de ação reintegratória, que a situação de momento é efetivamente a de ausência de posse. Note-se que o presente requisito como um todo tem a finalidade de colocar às claras a realidade factual do conflito no instante da propositura da ação possessória, como forma de minimizar a possibilidade de outorga de um provimento inadequado. Em outras palavras, de acordo com esse inciso IV fica estampada a exigência de declaração e prova de que a turbação não se transformou em esbulho até o momento da distribuição da inicial, nem que ao esbulho perpetrado não se seguiu recuperação da posse do bem objeto do pedido reintegratório (observe-se que o CC em seu art. 1.210, § 1º, autoriza a autotutela, ou legítima defesa da posse por desforço físico, em caso de conflitos possessórios).

Art. 928. Estando a petição inicial devidamente instruída, o juiz deferirá, sem ouvir o réu, a expedição do mandado liminar de manutenção ou de reintegração; no caso contrário, determinará que o autor justifique previamente o alegado, citando-se o réu para comparecer à audiência que for designada.

Vide Projeto de CPC, art. 548.

A parte inicial do dispositivo disciplina a concessão *inaudita altera parte* da medida liminar de reintegração ou de manutenção na posse, que tem natureza jurídica de antecipação da providência de mérito (como a liminar de alimentos provisórios, a decisão que ora examinamos nada tem que ver com medida cautelar). De acordo com o texto, para a concessão da liminar antes mesmo da citação do réu, é necessário que a inicial esteja "devidamente instruída", o que significa que ela deve estar acompanhada de prova documental robusta dos requisitos previstos pelos incisos I a III do art. 927 (*v.* notas). Parecendo, assim, ao juiz suficientemente demonstrados a posse anterior e o esbulho a menos de ano e dia, ou a posse e a turbação atuais, a concessão da liminar é de rigor. Todavia, caso ocorra a hipótese de o autor não possuir documentos, ou os que apresente não despertem convicção suficiente, cabe ao juiz obrigatoriamente designar data para a audiência de justificação prévia, mandando, ato contínuo, citar o réu. É o que diz a parte final da regra. Duas observações: primeira, o juiz só pode deixar de ordenar a justificação se for o caso de indeferimento da inicial (*v.* notas aos incisos I e II do art. 927; examine-se também o art. 295); segunda, a citação do réu tem de ser necessariamente realizada para a validade da justificação (a citação com hora certa é muito útil; sobre a oportunidade de defesa, *v.* art. 930). Quanto à audiência de justificação em si, algumas considerações se impõem: *a*) tal audiência não tem escopo conciliatório, mas o juiz pode (não deve) provocar a autocomposição; *b*) nela o juiz deve ouvir as testemunhas arroladas pelo autor, mas pode ouvir as que o réu traga consigo (cabem contradita e reinquirição pelas partes); *c*) nela o juiz pode admitir a juntada de documentos por ambas as partes; *d*) ao seu final o juiz pode proferir a decisão sobre a liminar se se sentir habilitado (*v.* art. 929). A concessão da medida liminar, sem ou com justificação, será sempre uma decisão interlocutória atacável por agravo de instrumento (arts. 162, § 2º, 522, 524 e segs.). Ainda sobre o assunto, examine-se a nota ao art. 929, *caput*.

Parágrafo único. Contra as pessoas jurídicas de direito público não será deferida a manutenção ou a reintegração liminar sem prévia audiência dos respectivos representantes judiciais.

Vide Projeto de CPC, art. 548.

A *ratio* da prerrogativa processual que a regra institui se funda, à evidência, na presunção da legitimidade dos atos administrativos, o que impede o juiz de tomar uma decisão contrária a tal presunção sem conhecimento mais profundo sobre a alegada agressão à posse praticada pela administração. Em outras palavras, a presunção de legitimidade retira a eficácia da prova unilateralmente produzida pelo autor e, por conseguinte, o poder do juiz de conceder a liminar que nela se sustenta. Quanto à regra em si, duas notas de ordem interpretativa se impõem. A primeira concerne à circunstância de que no conceito de pessoa jurídica de direito público se enquadram as autarquias, que possuem tal natureza, embora não desempenhem função política (empresas públicas ou sociedades de economia mista não gozam, portanto, do privilégio). Já a segunda diz respeito à particularíssima figura da "prévia audiência", estabelecida no texto, que não é sinônimo de contestação nem de participação da audiência, mas mera manifestação, em prazo fixado pelo juiz, a respeito do pedido de liminar. Ouvida a Administração, pode o juiz conceder a medida ou designar justificação.

Art. 929. Julgada procedente a justificação, o juiz fará logo expedir mandado de manutenção ou de reintegração.

Vide Projeto de CPC, art. 549.

Julgamento da justificação é o ato pelo qual o magistrado, no final da audiência prévia ou no momento subsequente, defere ou indefere o pedido de medida liminar de manutenção ou reintegração de posse. Nos dois casos, trata-se de decisão interlocutória (fundamentada) atacável por agravo de instrumento, ao qual o relator, no tribunal, poderá atribuir efeito suspensivo com fundamento no inciso III do art. 527 reformado deste Código; se a liminar for indeferida, o autor, ao agravar, pedirá ao relator que lhe conceda a própria medida denegada e não o efeito suspensivo, que, em tal hipótese, é de nenhuma valia (nesse caso atribui-se o chamado efeito ativo com base no mesmo inciso III do art. 527, agora explicitamente reconhecido). Seja como for, examinemos o texto especificamente. De acordo com ele, a procedência da justificação, ou seja, a concessão de liminar, implica a imediata expedição do mandado respectivo, o que quer dizer que a reintegração física do autor na posse da coisa será cumprida de pronto (no caso de manutenção a simples expedição do mandado e seu conhecimento pelo réu atendem plenamente ao interesse do autor turbado em sua posse). Quanto a tais atos, vale a pena repetir que a reintegração, ou a manutenção deferida, corresponde a um adiantamento provisório da prestação jurisdicional final, sem qualquer índole cautelar. Por fim, é necessário consignar que a concessão da medida não impede o juiz de revogá-la a qualquer tempo – inclusive na sentença, como é curial – se ficar convencido posteriormente da sua inadequação.

Art. 930. Concedido ou não o mandado liminar de manutenção ou de reintegração, o autor promoverá, nos 5 (cinco) dias subsequentes, a citação do réu para contestar a ação.

Vide Projeto de CPC, art. 550, caput

Três são as hipóteses que recebem a regência da norma jurídica sob enfoque, razão por que é preciso distinguir cada uma delas. Em primeiro lugar, temos a situação da liminar concedida antes da citação do réu (art. 928, p. inicial): em cinco dias da concessão, o autor deve providenciar tudo para que a citação aconteça (diligência do oficial, cópias da inicial, etc.); normalmente tais providências já estão cumpridas quando do despacho da petição. Em segundo lugar, temos a situação da liminar concedida após a audiência de justificação (art. 928, parte final): nesse caso, o réu já foi citado para comparecer à audiência, de sorte que não se repete o ato, bastando a intimação para que flua o prazo para defesa (*v.* parágrafo único). Em terceiro, temos a hipótese de denegação da liminar após a audiência de justificação (lembre-se de que o juiz não pode indeferi-la antes – art. 928, *in fine* – embora possa indeferir a própria inicial); aqui também não há necessidade de qualquer providência do autor, uma vez que não se repete o ato citatório anteriormente realizado, bastando a intimação para que se desencadeie o prazo de contestação (*v.* parágrafo único e nota).

Parágrafo único. Quando for ordenada a justificação prévia (art. 928), o prazo para contestar contar-se-á da intimação do despacho que deferir ou não a medida liminar.

Vide Projeto de CPC, art. 550, parágrafo único.

Como se vê, o parágrafo em questão disciplina apenas a hipótese de o juiz designar data para a audiência de justificação prévia, mandando, ato contínuo, citar o réu para comparecer a ela (art. 928, *in fine*). Está fora, portanto, da regência do dispositivo a hipótese de concessão da liminar sem prévia citação do réu (art. 928, *initio*). Muito bem, desde que já houve citação, e tal ato só tem lugar uma vez, em qualquer procedimento, basta agora intimar o réu da decisão de procedência ou improcedência da justificação para que se desencadeie o prazo para resposta, o que admite, contudo, algumas variantes: primeira, o réu foi citado e não compareceu à audiência, caso em que se presume a sua intimação no momento em que o juiz deferir ou indeferir a liminar, porque ele tinha o ônus de comparecer a ela (aplica-se analogicamente o art. 322); segunda, o réu compareceu à audiência sem advogado, caso em que sai intimado da audiência se nela foi proferida a decisão, ou terá que ser intimado pessoalmente depois, se só mais tarde o juiz decidiu sobre a liminar; terceira, o réu compareceu com advogado e juntou procuração em audiência, caso em que sai intimado da justificação se nela a decisão foi proferida ou, se não, será intimado pela imprensa mais tarde, na pessoa do advogado, daí fluindo o prazo de resposta; quarta, só o advogado compareceu à justificação e juntou instrumento de mandato, caso em que o réu sai intimado da audiência na sua pessoa ou, mais tarde, também na sua pessoa, pela imprensa.

Art. 931. Aplica-se, quanto ao mais, o procedimento ordinário.

Vide Projeto de CPC, art. 551.

O fato de a prescrição sob exame afirmar que se aplica o procedimento ordinário "quanto ao mais" – somado à circunstância de que nenhum dos artigos anteriores (arts. 926 a 930) disciplina o prazo de defesa nem qualquer outro aspecto ritual posterior à contestação – permite concluir com facilidade que a remissão aludida alcança os arts. 297 e seguintes deste Código. Isso significa que o prazo de defesa é de quinze dias e que nele o réu pode contestar a ação ou apresentar exceções, além de impugnação ao valor da causa, denunciação da lide, nomeação à autoria ou exibição de documento, etc. (*v.* art. 297 e nota), mas não reconvenção, dada a duplicidade das possessórias (art. 922). Assim, ainda quanto às respostas, aplicam-se os arts. 298 a 314 e, quanto ao mais, o instituto da revelia (arts. 319 a 322), das providências preliminares (arts. 323 a 328), o julgamento conforme o estado do processo (arts. 329 a 331), as provas (arts. 332 a 443), a audiência (arts. 444 a 457), a sentença e a coisa julgada (arts. 458 a 475).

Seção III
Do Interdito Proibitório

Vide Projeto de CPC, arts. 552 e 553 (Seção III – Do Interdito Proibitório).

Art. 932. O possuidor direto ou indireto, que tenha justo receio de ser molestado na posse, poderá impetrar ao juiz que o segure da turbação ou esbulho iminente, mediante mandado proibitório, em que se comine ao réu determinada pena pecuniária, caso transgrida o preceito.

Vide Projeto de CPC, art. 552.

O dispositivo sob enfoque se funda na previsão final do art. 1.210, *caput*, do CC/2002 ("[...] e segurado de violência iminente, se tiver justo receio de ser molestado"), que institui o interdito proibitório. Diferentemente dos dois outros interditos possessórios já estudados (a manutenção e a reintegração na posse), o presente não pressupõe ofensa à posse consumada, mas apenas o justo receio de turbação ou esbulho iminente que sinta o possuidor (*v. g.*, na hipótese de ameaça séria do vizinho de invadir o terreno, da real possibilidade de construir muro dentro dos seus limites, de desviar o curso de córrego para dentro do imóvel lindeiro, de permitir a penetração de gado na fazenda vizinha, etc.). Trata-se, portanto, de interdito de caráter nitidamente preventivo, posto que visa a resguardar o possuidor contra agressão iminente e que se materializa numa advertência judicial no sentido de que o réu não pratique certo ato, sob pena de sofrer multa se o fizer. Apesar de se exigir probabilidade de agressão, que gera temor justificado (ou seja, o baseado em fatos concretos) e iminência (proximidade no tempo), o interdito proibitório não é ação cautelar, porque não visa a resguardar a eficiência de outro processo, antes busca dar atendimento ao direito material do autor no próprio processo mediante a advertência e a cominação de pena, podendo, inclusive, a providência se transmudar em reintegração ou manutenção, dada a fungibilidade da proteção possessória (art. 920).

Art. 933. Aplica-se ao interdito proibitório o disposto na seção anterior.
Vide Projeto de CPC, art. 553.

Ao procedimento especial do interdito proibitório aplicam-se não só as regras constantes da seção anterior, mas também as presentes na Seção I, com algumas restrições, quais sejam: não se aplica ao art. 921 porque os seus três incisos pressupõem ofensa à posse já consumada, inclusive o inciso II, que fala em "nova turbação ou esbulho" (não seria mesmo possível cumular nesse caso, porque a cominação integra visceralmente o interdito proibitório); não se aplica o art. 924 porque, em relação à ameaça, não cabe falar em posse velha ou nova; não se aplica o art. 925, haja vista que pressupõe reintegração ou manutenção realizada. Quanto ao mais, tudo se aplica (arts. 920, 922 e 923). Já no que concerne à Seção II, todas as regras têm aplicação, salvo o inciso IV do art. 927, que não comporta adaptação como os demais. Destarte, cabe medida liminar, com ou sem justificação prévia (arts. 928 a 930), e, no mais, o procedimento ordinário (art. 931).

CAPÍTULO VI
DA AÇÃO DE NUNCIAÇÃO DE OBRA NOVA

Art. 934. Compete esta ação:

A ação de nunciação de obra nova é o procedimento especial de jurisdição contenciosa pelo qual se busca o prevalecimento de certos direitos do particular contra o seu vizinho, do direito do condômino contra outro, e do direito da municipalidade contra o particular, fundado em restrição administrativa, todos eles tendo por objeto o impedimento de obra nova prejudicial, e cuja proteção se dá processualmente por meio de embargo da obra e cominação de pena pecuniária (*v.* notas aos incisos a seguir e ao art. 936). Note-se que, no contexto do presente procedimento, obra é tanto a edificação como a reforma, ou a remodelação de prédio, em sentido amplo, e também a terraplenagem de terreno, sua escavação, a extração de minérios, a colheita, o corte de madeiras ou outra atividade qualquer que ponha em risco o direito de propriedade ou que signifique violação de restrições administrativas legalmente impostas. Já sobre ser nova a obra, é preciso ter em conta que, enquanto a edificação ou reforma, etc. se encontra apenas no plano das intenções – mesmo que elaborada planta, obtida licença ou comunicada ao vizinho –, ainda não existe obra nova tecnicamente, posto que essa depende de a intenção já se manifestar por fatos exteriores, *v. g.*, pelo depósito de materiais, pelas marcações que sejam feitas no terreno ou pela preparação de canteiros (Antonio Carlos Marcato).

I – ao proprietário ou possuidor, a fim de impedir que a edificação de obra nova em imóvel vizinho lhe prejudique o prédio, suas servidões ou fins a que é destinado;

A regra sob enfoque tem paralelo na disposição contida no art. 1.301 do CC, mas se sobrepõe a essa por basicamente dois motivos. Em primeiro lugar, porque sua previsão é genérica, de forma que abarca muito mais situações do que as especificamente reconhecidas pelo estatuto civil (além do art. 1.301, também o art. 1.308 reconhece obras embargáveis). Note-se, quanto a esse aspecto, que o texto coloca expressamente sob o manto da tutela legal as servidões e também os fins a que o prédio se destina. Em segundo, porque a norma sob comentário deixa claro que também o possuidor tem o direito de embargar, seja ele possuidor direto ou indireto. Observe-se que a nunciação pelo particular pode ter por fundamento qualquer das matérias previstas pela antiga (revogada) alínea *g* do inciso II do art. 275 (distância entre prédios, plantio de árvores, construção e conservação de tapumes e paredes divisórias, reguladas exclusivamente pela lei civil ou por leis e posturas municipais), mas apenas se a obra ainda puder ser considerada nova, de acordo com o presente inciso; se a obra já se encontra concluída – inclusive a que dependa apenas de acabamento, reboco ou pintura –, o que cabe é o procedimento comum. Idêntico raciocínio vale para as hipóteses previstas pela alínea *j* (uso nocivo da propriedade) do inciso II do art. 275 na sua versão anterior à Reforma.

II – ao condômino, para impedir que o coproprietário execute alguma obra com prejuízo ou alteração da coisa comum;

A previsão deste inciso II tem por claro substrato material o disposto no parágrafo único, do art. 1.314, do CC, que reza: "Parágrafo único. Nenhum dos condôminos pode alterar a destinação da coisa comum, nem dar posse, uso ou gozo dela a estranhos, sem o consenso dos outros". Como se vê, a lei processual apenas adaptou o direito material em questão ao procedimento da nunciação e tornou mais claro o que se entende por alteração da coisa comum, prevista na lei civil, explicitando a correspondência de tal ideia com a execução de alguma obra ou com a mera alteração propriamente da coisa, objeto de condomínio (outros direitos e deveres dos condôminos encontram-se previstos pelo CC, nos arts. 1.314 a 1.322). É importante notar aqui que a obra não autorizada do condômino pode qualificar-se como verdadeiro esbulho ou turbação da posse do outro, como acontece, *v. g.*, se um condômino ocupa área de uso comum do edifício e passa a usá-la privativamente. Nesse caso, o que cabe é reintegração de posse e não nunciação, porque essa só é cabível quando, sem violação da posse alheia, um condômino pratica o ato vedado pelo art. 1.314, parágrafo único, do estatuto civil (Vicente Greco Filho). Registre-se que, embora a nunciação de obra nova tenha natureza possessória, essa ação não pressupõe turbação ou esbulho, mas apenas obra nova prejudicial.

III – ao Município, a fim de impedir que o particular construa em contravenção da lei, do regulamento ou de postura.

Ao entrar em vigor o CPC/73, o presente inciso inovou o direito processual civil brasileiro ao conferir de forma expressa ao Município *legitimatio ad causam* ativa para a ação de nunciação de obra nova. Algumas observações interpretativas sobre a regra merecem realce. Em primeiro lugar, chama a atenção o fato de que apenas a Municipalidade recebe legitimação, e não o Estado ou a União, o que se explica pela circunstância de que é à Administração neste nível de governo que pertence o interesse direto e concreto de impedir obras ilegais. Em segundo, é preciso ressaltar que por Município é legítimo entender a autarquia municipal, pessoa jurídica de direito público de finalidade estritamente administrativa, a quem pode competir a fiscalização de obras. E, finalmente, em terceiro lugar, é necessário que se tenha em vista que não importa a natureza federal, estadual ou municipal da norma jurídica que fundamenta o pedido de embargo, uma vez que o texto não apresenta nenhuma restrição (Adroaldo Furtado Fabrício).

Art. 935. Ao prejudicado também é lícito, se o caso for urgente, fazer o embargo extrajudicial, notificando verbalmente, perante duas testemunhas, o proprietário ou, em sua falta, o construtor, para não continuar a obra.

O embargo extrajudicial previsto e disciplinado por este art. 935 corresponde à instituição pela lei de hipótese de autotutela legítima, ou justiça com as próprias mãos, em tudo semelhante à legítima defesa da posse (CC, art. 1.210, § 1º), à apreensão de bem por força de penhor legal (CC, arts. 1.467 e 1.469) ou à autoexecutoriedade do ato administrativo. O que a lei reconhece, assim, nesse passo, é o direito do prejudicado de paralisar a obra nova mediante simples manifestação verbal realizada na presença de duas testemunhas. Observe-se que, segundo o texto, o cabimento da notificação verbal está condicionado à urgência da medida, o que significa dizer que é necessária a iminência de prejuízo para legitimar o embargo: é o que se dá, *v. g.*, se o prosseguimento da obra por mais um dia pode acarretar o desmoronamento, o alagamento ou o comprometimento da estrutura ou do sistema hidráulico da casa do vizinho, hipóteses em que não é possível aguardar pela concessão de medida judicial, senão sob sério risco de dano. No que concerne à forma, nenhum requisito, além da presença de duas testemunhas – a garantia do embargado –, é exigido. Destarte, nenhuma palavra sacramental, nem qualquer ato simbólico são necessários, bastando a firmeza de propósito e a autoridade com que o embargante deve dirigir-se ao proprietário da obra, ou ao responsável de fato por ela, no momento do embargo. Sobre o efeito do embargo extrajudicial, examine-se a parte final da nota ao parágrafo único a seguir.

Parágrafo único. Dentro de 3 (três) dias requererá o nunciante a ratificação em juízo, sob pena de cessar o efeito do embargo.

A ratificação, confirmação ou homologação judicial do embargo é pedido que o prejudicado deve fazer constar obrigatoriamente da petição inicial da ação de nunciação de obra nova que distribua até o terceiro dia subsequente à notificação verbal. Como se vê, é por meio do ajuizamento da própria ação de nunciação que se requer a ratificação, e não, como pensam alguns, por intermédio de ação cautelar inominada. De fato, os arts. 936, I, e 937 deixam claro que o procedimento da nunciação admite liminar e, mais, não fazem qualquer discriminação quanto à natureza desse ato judicial, que, então, tanto pode ter índole homologatória como de decisão concessiva autônoma. Observe-se que, deferida a ratificação, o juiz deve ordenar, ato contínuo, a expedição do mandado, a que alude o art. 938, para imediato cumprimento pelo oficial de justiça. Registre-se, por derradeiro, que o descumprimento do prazo de três dias acarreta a perda dos efeitos do embargo extrajudicial (o de estabelecer, de imediato, a obrigação material do proprietário de se abster de prosseguir a obra e, processualmente, o de se abster de praticar atentado – *v.* arts. 879, II, e 881, parágrafo único). Assim, se a ação de nunciação foi proposta extemporaneamente, o juiz não homologa o embargo extrajudicial, o que significa declarar com eficácia *ex tunc*, isto é, da data do embargo, que o proprietário nunca esteve obrigado a nada (como que por golpe de magia se estabelece a reversão do tempo, como afirma Leitão de Abreu apud Adroaldo Furtado Fabrício).

Art. 936. Na petição inicial, elaborada com observância dos requisitos do art. 282, requererá o nunciante:

A clara redação dos textos que integram o presente art. 936 deixa patente quais são os requisitos intrínsecos gerais e especiais da petição inicial da ação de nunciação de obra nova. Quanto ao art. 282 e aos requisitos genéricos por ele instituídos para todo o processo civil, nenhuma observação aqui merece realce, mas aproveitamos a oportunidade para consignar que o sujeito passivo da nunciação – que deve ser qualificado e cuja citação será requerida, art. 282, II e VII – é sempre o proprietário da obra, que normalmente é, mas que pode não ser, o proprietário do imóvel. Atente-se ainda para a circunstância de que o construtor, o responsável e os operários que trabalham na obra são apenas intimados e não citados (*v.* art. 938, *in fine*).

I – o embargo para que fique suspensa a obra e se mande afinal reconstituir, modificar ou demolir o que estiver feito em seu detrimento;

O pedido de embargo para a suspensão da obra, a que alude a parte inicial do dispositivo, é indubitavelmente o pedido de medida liminar, que o nunciante requer tanto com caráter homologatório (art. 935, parágrafo único), como com caráter de providência autônoma. Na primeira hipótese, o ato do juiz apenas confirma os efeitos que o embargo extrajudicial desencadeou; na segunda, é a medida judicial mesma que produz o efeito suspensivo da obra, uma vez cumprida. Observe-se que, nas duas situações, a medida liminar – que tem de ser requerida obrigatoriamente pelo nunciante, sob pena de descaracterização da própria ação – possui natureza de pura antecipação da providência de mérito e não de providência cautelar. Já no que concerne à segunda parte da prescrição sob exame, fica identicamente claro que o requerimento de ordem para que o réu afinal reconstitua, modifique, etc., tem caráter de pedido de providência conclusiva de mérito, a ser atendida por sentença e não por decisão liminar.

II – a cominação de pena para o caso de inobservância do preceito;

Assim como o pedido de liminar de embargo da obra não pode deixar de constar da petição inicial, sob pena de descaracterização da própria ação de nunciação (inciso I, 1ª parte), da mesma forma o pedido cominatório não pode ser omitido pelo nunciante, porque sem ele não há como tornar potencial e praticamente eficiente a imposição ao réu da obrigação de não prosseguir a obra. É que a imposição da obrigação de não fazer, sob pena de multa pecuniária, é uma coisa só, tanto na previsão genérica do art. 287 como nesta específica da nunciação de obra nova, uma vez que não se trata de pedidos cumulados, mas de uma unidade jurídica indivisível. Já no que diz respeito à multa, o autor deve pedi-la com valor certo, porém, é óbvio que fica submetida ao prudente arbítrio do magistrado a sua fixação na sentença, obedecido o limite estabelecido pela inicial.

III – a condenação em perdas e danos.

As perdas e os danos que o nunciante pode pedir com a petição inicial decorrem do fato de a obra nova ter gerado prejuízos materiais, e são apurados, via de regra, depois de o réu ter cumprido a ordem de reconstruir, modificar ou demolir o que estava em detrimento do prédio do vizinho ou do condômino (inciso I, *in fine*). Observe-se que a volta da situação fática ao *status quo ante*, em razão do cumprimento da sentença, pode remover, em certos casos, por completo, os prejuízos desse momento para a frente, de forma que, em tal hipótese, só restará verificar os prejuízos havidos entre o início da obra nova e a reposição das coisas no estado originário. Registre-se, assim, que nada impede a dedução de pedido genérico, ou ilíquido, pelo nunciante se não for possível determinar as consequências do ilícito antes da reconstrução, da modificação ou da demolição da obra nova pelo réu, de acordo com o art. 286, II (Adroaldo Furtado Fabrício).

Parágrafo único. Tratando-se de demolição, colheita, corte de madeiras, extração de minérios e obras semelhantes, pode incluir-se o pedido de apreensão e depósito dos materiais e produtos já retirados.

A norma jurídica sob enfoque a um só tempo alarga a concepção tradicional de obra nova – sim, porque é indubitavelmente por causa do presente texto que hoje se afirma que obra nova também é colheita, corte de madeiras ou extração de minérios, etc. –, bem como introduz no procedimento a possibilidade de o nunciante pedir a apreensão de materiais e produtos já retirados. Note-se que tal providência tem nítido caráter acautelatório, uma vez que resguarda a existência e a integridade dos bens apreendidos até que, por meio da sentença definitiva, o juiz resolva sobre o destino a lhes dar. Trata-se, portanto, de medida cautelar que o nunciante pede com a inicial e que o magistrado pode conceder junto com o embargo de suspensão da obra – que nada tem de cautelar –, sob a forma de liminar.

Art. 937. É lícito ao juiz conceder o embargo liminarmente ou após justificação prévia.

Por embargo no texto deve-se compreender tanto o que é de fato concedido pelo juiz (art. 936, I, parte inicial) como aquele que é realizado pela parte e que o magistrado apenas homologa (art. 935, *caput* e parágrafo único). Assim pensamos por basicamente três motivos: primeiro, a existência do embargo extrajudicial autoriza o entendimento de que a sua ratificação seja uma forma de concessão pelo magistrado (lembre-se de que sem ela cessam os efeitos do ato do nunciante); segundo, a forma da ratificação do embargo extrajudicial não é disciplinada pelo art. 935, embora não se possa discutir que o juiz a deva realizar liminarmente; terceiro, também para a ratificação pode ser necessário o recurso à audiência de justificação prévia com vista à demonstração do seu cabimento, de acordo com uma das hipóteses autorizadoras do art. 934. Destarte, concessão do embargo neste art. 937 é, a um só tempo, a decisão de embargar como a decisão de confirmar o embargo extrajudicial. Muito bem, seja como for, o fato é que o presente dispositivo regula a forma da concessão discriminando-a em "liminar" e "após justificação prévia". A liminar é a que o juiz concede mediante a prova exclusivamente documental que acompanhe a inicial; a após justificação é a que o juiz concede depois de ouvir em audiência especial as testemunhas arroladas pelo nunciante. Observe-se que, malgrado a distinção nominal que a lei faz, a circunstância de o juiz só conceder o embargo após justificação prévia não retira da concessão a natureza de medida liminar.

Art. 938. Deferido o embargo, o oficial de justiça, encarregado de seu cumprimento, lavrará auto circunstanciado, descrevendo o estado em que se encontra a obra; e, ato contínuo, intimará o construtor e os operários a que não continuem a obra sob pena de desobediência e citará o proprietário a contestar em 5 (cinco) dias a ação.

Inicialmente, cumpre esclarecer algo relativo ao indeferimento do embargo: se o juiz não se convencer com a justificação prévia de que há motivos para suspender a obra, não estando também convencido de que seja o caso de extinção por falta de interesse de agir (art. 267, VI), nada impede que ele mande processar o pedido sem liminar e determine a citação do réu, exatamente como acontece nas ações possessórias. Pelo contrário, deferida a liminar, com ou sem justificação (art. 937), entra em cena justamente o presente dispositivo, que estabelece três atos sequenciais a serem praticados pelo oficial de justiça incumbido de dar cumprimento ao mandado. O primeiro concerne à exigência de constatação do estado atual da obra a ser suspensa por meio da lavratura de auto detalhado (a exigência tem a finalidade de permitir a verificação, a qualquer instante, do prosseguimento ou não da obra). O segundo diz respeito à obrigatória intimação pessoal de todos os diretamente envolvidos para que não continuem a obra, sob pena de processo por crime de desobediência (CP, art. 330). E, finalmente, o terceiro, que corresponde à conduta corriqueira atribuída ao meirinho, que é a citação do proprietário da obra (que pode não ser o proprietário do imóvel, atente-se) para responder à ação no prazo especial aqui instituído de cinco dias (sobre as possíveis atitudes do réu, examine-se o comentário ao art. 939).

Art. 939. Aplica-se a esta ação o disposto no art. 803.

De acordo com a expressa remissão contida no texto sob análise, havendo revelia no processo da ação de nunciação de obra nova, desencadeiam-se dois efeitos: primeiro, o efeito material, que é o de se presumirem aceitos pelo réu como verdadeiros os fatos alegados pelo autor, para tanto sendo necessário, contudo, que do mandado conste tal advertência (art. 803, parte inicial); segundo, o efeito processual, que é o de permitir ao juiz prolatar sentença de pronto, independentemente da providência preliminar do art. 324 (art. 803, parte final; outro efeito processual é o estabelecido pelo art. 322). Já no que concerne à hipótese de o réu contestar o pedido, dispõe a regra objeto de remissão que o juiz deve designar imediatamente audiência de instrução e julgamento se houver prova oral a produzir (art. 803, parágrafo único). Nada impede, contudo, o magistrado de dar ao autor oportunidade para réplica nas situações previstas pelos arts. 326 e 327. Registre-se, por fim, que, além de contestar a ação, pode o nunciado oferecer exceções, reconvenção, impugnação ao valor da causa, denunciação da lide, nomeação à autoria, exibição de documento ou coisa, arguição de falsidade, etc. ("contestação", nos arts. 938 e 803, parágrafo único, é palavra sinônima de resposta).

Art. 940. O nunciado poderá, a qualquer tempo e em qualquer grau de jurisdição, requerer o prosseguimento da obra, desde que preste caução e demonstre prejuízo resultante da suspensão dela.

O requerimento de prosseguimento da obra mediante garantia é incidente do processo de nunciação instaurável pelo réu desde o momento em que tenha sido cumprido o embargo, nos termos do art. 938: antes ou depois da contestação ou da sentença (*v.* § 1º), portanto. Trata-se de incidente procedimentalizado, todavia, uma vez que o atendimento do pedido sempre está vinculado à prévia prestação de caução, que depende, por sua vez, de processo cautelar cujo rito é o dos arts. 826 a 834. Mas não é só por isso. É que tanto a caução como o prosseguimento da obra são medidas indiscutivelmente cautelares e que, no presente contexto, ligam-se a um mesmo requisito, que é a demonstração do prejuízo resultante da suspensão (na verdade, esse é o *periculum in mora* que justifica o prosseguimento para o réu e, consequentemente, a caução para o autor já atendido pelo embargo). Logo, por meio de sentença única é que o juiz decidirá sobre as duas coisas. Observe-se que não é qualquer prejuízo que pode fundamentar o pedido, mas apenas o prejuízo à própria obra, porque é óbvio que toda suspensão acarreta prejuízos econômicos. Destarte, só será deferido o prosseguimento, *v. g.*, se o nunciado demonstrar a necessidade de cobertura, a fixação de travejamento mal firme ou a segurança de escavações em risco de desabamento (Jorge Americano apud Adroaldo Furtado Fabrício).

§ 1º A caução será prestada no juízo de origem, embora a causa se encontre no tribunal.

A regra sob enfoque é de competência funcional (art. 93), e por causa dela fica excluída a incidência do parágrafo único do art. 800, que regula de forma genérica as hipóteses de processo cautelar incidente. Logo, não importa que os autos do processo de nunciação de obra nova estejam no tribunal por força de apelação interposta por qualquer das partes, a competência será sempre do juízo de primeira instância para o processamento e o julgamento da ação cautelar de prestação de caução e prosseguimento da obra. Observe-se que ao nunciado nesse caso caberá reproduzir peças dos autos para instruir a petição inicial da cautelar e ao juiz, comunicar ao tribunal, uma vez julgada a ação, o teor da sentença que proferiu (*v.* art. 520, IV). Registre-se, por derradeiro, que a simples existência do presente dispositivo no sistema justifica o entendimento de que a caução para prosseguimento de obra embargada não pode ser prestada informalmente nos autos, mas sempre depende de processo cautelar.

§ 2º Em nenhuma hipótese terá lugar o prosseguimento, tratando-se de obra nova levantada contra determinação de regulamentos administrativos.

O dispositivo restringe a admissibilidade do pedido incidente de prosseguimento da obra embargada às hipóteses de nunciação fundadas nos incisos I e II do art. 934. A *ratio* da limitação se vincula evidentemente ao interesse público que envolve o litígio de que são partes o Município e o particular, acerca da legalidade ou da ilegalidade de certa construção. O que a lei processual faz, nesse passo, nada mais é do que conferir presunção de legitimidade à decisão judicial que concede a medida liminar de suspensão – ainda que provisória e lastreada por cognição sumária – e retirar da parte o direito de vê-la substituída por caução. Assim, concedido o embargo à Administração – ou ao particular fundado exclusivamente em infringência à lei administrativa –, somente por decisão do tribunal em agravo ou apelação será possível o prosseguimento da obra.

CAPÍTULO VII
DA AÇÃO DE USUCAPIÃO DE TERRAS PARTICULARES

Sob a rubrica "Da Ação de Usucapião de Terras Particulares", disciplina o CPC o procedimento especial de jurisdição contenciosa por meio do qual se busca o reconhecimento (ou a declaração) da aquisição do domínio de imóvel ou da servidão predial, por força de usucapião ordinário (CC, art. 1.242 – posse contínua e incontestada, com justo título e boa-fé, por dez anos) ou extraordinário (CC, art. 1.238 – posse sem interrupção ou oposição independentemente de título e boa-fé por quinze anos). Já no que concerne ao usucapião especial constitucional de imóveis rurais (CF: "Art. 191. Aquele que, não sendo proprietário de imóvel rural ou urbano, possua como seu, por cinco anos ininterruptos, sem oposição, área de terra, em zona rural, não superior a 50 hectares, tornando-a produtiva por seu trabalho ou de sua família, tendo nela sua moradia, adquirir-lhe-á a propriedade"); a Lei n. 6.969/81, em seu art. 5º, impõe o "procedimento sumaríssimo", hoje sumário. O mesmo ocorre com o usucapião especial constitucional de imóvel urbano (CF: "Art. 183. Aquele que possuir como sua área urbana de até 250 metros quadrados, por cinco anos, ininterruptamente e sem oposição, utilizando-a para sua moradia ou de sua família, adquirir-lhe-á o domínio, desde que não seja proprietário de outro imóvel urbano ou rural"), cuja Lei n. 10.257/2001, por seu art. 14, impõe o rito sumário. Por fim, registre-se que, em relação ao usucapião de bens móveis (CC, arts. 1.260 a 1.262), aplica-se o procedimento comum, ordinário ou sumário pelo valor.

Art. 941. Compete a ação de usucapião ao possuidor para que se lhe declare, nos termos da lei, o domínio do imóvel ou a servidão predial.

O artigo inaugural deste Capítulo VII, em primeiro lugar, explicita a legitimação *ad causam* ativa do possuidor para ação de usucapião. Já quanto a esse aspecto, é relevante consignar que possuidor não é necessariamente o atual, posto que a perda, a modificação ou a interrupção da posse após a consumação do prazo de usucapião são totalmente irrelevantes. Em segundo lugar, o texto deixa expressa a natureza declaratória da ação de usucapião, o que é absolutamente exato, dada a circunstância de que a aquisição do domínio não ocorre por força da sentença, mas em decorrência do decurso do tempo, o que o ato judicial apenas declara com efeito *ex tunc* (é por isso que a perda ou a interrupção posterior é indiferente). Observe-se, ainda, que o presente dispositivo limita expressamente a admissibilidade do procedimento especial aos imóveis (para os móveis aplica-se, como visto, o procedimento comum) e à servidão predial, que é o direito real voluntariamente imposto a um prédio em favor de outro e que determina a perda do exercício de alguns dos direitos dominicais do proprietário ou a obrigação desse de tolerar que dele se utilize, para certo fim, o dono do prédio dominante (CC, art. 1.378). Registre-se, por fim, o que dispõe expressamente o art. 1.379 do CC: "O exercício incontestado e contínuo de uma servidão aparente, por dez anos, nos termos do art. 1.242, autoriza o interessado a registrá-la em seu nome no Registro de Imóveis, valendo-lhe como título a sentença que julgar consumado a usucapião".

Art. 942. O autor, expondo na petição inicial o fundamento do pedido e juntando planta do imóvel, requererá a citação daquele em cujo nome estiver registrado o imóvel usucapiendo, bem como dos confinantes e, por edital, dos réus em lugar incerto e dos eventuais interessados, observado quanto ao prazo o disposto no inciso IV do art. 232.

Este art. 942 – com a redação que lhe deu a Reforma do Processo Civil de 1994 – disciplina os requisitos intrínsecos e extrínsecos da petição inicial da ação de usucapião. Contudo, antes de enfrentá-los, queremos fazer duas observações: primeira, se o autor da ação for casado, sua esposa deverá figurar junto com ele no polo ativo da ação ou prestar-lhe o consentimento (art. 10, *caput*); segunda, o foro competente para processar o usucapião é aquele onde se encontra situado o imóvel (art. 95). Feitas tais considerações, examinemos os vários requisitos previstos neste art. 942. Quanto ao primeiro, a exposição do fundamento do pedido – previsão correlata à exposição da *causa petendi* exigida pelo art. 282, III –, trata-se da necessidade de o autor declarar as circunstâncias em que obteve a posse, como o seu exercício se desenvolveu e por quanto tempo, a natureza jurídica do usucapião verificado e demais detalhes fáticos ou jurídicos relevantes. No que concerne ao segundo, que é a planta do imóvel, é preciso observar que tal exigência tem a finalidade de permitir ao juiz a exata caracterização e localização topográfica do imóvel objeto do pedido, porque sobre elas também se instaurará o contraditório. Além disso, a perfeita descrição do imóvel é necessária para fins de registro (LRP, art. 225). A planta é, portanto, documento indispensável à propositura da ação (art. 283), merecendo destaque o fato de que deverá ser elaborada por profissional habilitado segundo as técnicas da topografia. Anote-se, ainda, que, apesar da omissão do texto sob exame, possui a qualidade de documento indispensável à propositura da ação a certidão atualizada do registro de imóveis, que permite da mesma forma a identificação do bem usucapiendo e aponta os seus titulares para fins de citação. Relativamente a esse ato, o dispositivo sob enfoque explicita o rol dos legitimados passivos, reconhecendo inicialmente a necessidade de ser chamada a juízo a pessoa em nome de quem se encontra registrado o imóvel usucapiendo; se forem várias, todas receberão citação, bem como seus respectivos cônjuges (art. 10, § 1º, I). Observe-se que a lei nem precisaria ter dito isso, porque a declaração da aquisição do domínio por um implica necessariamente a perda do domínio por outro, de forma que o atual proprietário é citado no usucapião porque é titular da relação controvertida (legitimado ordinário, portanto), e não porque o presente texto o exija. Destarte, quanto a esse aspecto, a regra é meramente explicitativa. Em segundo lugar, devem ser citados os confinantes, vale dizer, todos os confrontantes do imóvel usucapiendo, em razão da presunção legal de que tenham interesse de discutir o pedido por causa da contiguidade (*v. g.*, porque parte da área descrita pertence ao vizinho pelo lado direito). Registre-se que não só os proprietários, mas também os possuidores dos imóveis confrontantes, devem ser pessoalmente citados (Súmulas ns. 263 e 391 do STF). E, finalmente, em terceiro, devem ser citados por edital os réus em lugar incerto e os eventuais e possíveis interessados em impugnar o pedido, mas cuja identidade não é do conhecimento do autor (*uno ex populo*), já que a sentença ao final gerará efeitos *erga omnes*. Note-se que, como os "eventuais interessados" sempre têm de ser citados fictamente, os réus certos que não puderem ser citados por carta ou oficial de justiça (quais sejam os "réus em lugar incerto" mencionados no texto atual) serão incluídos no edital destinado aos "eventuais interessados" (note-se que apenas a revelia dos réus e não a dos interessados desencadeia a nomeação do curador especial do art. 9º, II). Por último, parece-nos relevantíssimo registrar que, em face da atual redação deste art. 942, desapareceu do procedimento do usucapião a figura da audiência preliminar de justificação da posse (audiência de pouca utilidade e que só emperrava o desenvolvimento do processo), de sorte que, nos termos do art. 241, III, é que fluirá o prazo de quinze dias para contestar, previsto pelo art. 297 do CPC (texto de acordo com a Lei n. 8.951/94).

Art. 943. Serão intimados por via postal, para que manifestem interesse na causa, os representantes da Fazenda Pública da União, dos Estados, do Distrito Federal, dos Territórios e dos Municípios.

A obrigatória intimação por carta postal das Fazendas Públicas, a que alude o dispositivo, tem o claro escopo de permitir a qualquer desses entes a manifestação do seu interesse na causa, o que se dá, entre outras razões, quando o bem usucapiendo já foi declarado de utilidade pública para fins de desapropriação, já foi tombado por seu valor histórico, está situado próximo à área de segurança que restrinja seu uso ou é simplesmente terra pública (os exemplos são de Adroaldo Furtado Fabrício). Observe-se que, manifestado o interesse pela Fazenda Pública de qualquer dos níveis de governo, mediante a apresentação de contestação, o ente até então meramente cientificado torna-se parte na causa e nessa qualidade atuará no processo (o deslocamento da competência para a Justiça Federal é outro possível efeito dessa anômala forma de intervenção). Para gozar do prazo quadruplicado do art. 188, sem provocar tumulto processual, deve a Fazenda comunicar ao juízo a sua intenção dentro do prazo comum das partes citadas. Por fim, registre-se que este art. 943 teve sua redação completamente alterada pela reforma empreendida no CPC e também que seu atual conteúdo corresponde ao anterior § 2º do art. 942, com pequenos reparos terminológicos (texto de acordo com a Lei n. 8.951/94).

Art. 944. Intervirá obrigatoriamente em todos os atos do processo o Ministério Público.

A intervenção do MP como fiscal da lei nos processos de usucapião se justifica por três motivos: primeiro, sob o ponto de vista material, o usucapião é forma originária e excepcional de aquisição da propriedade, de sorte que existe indisponibilidade em certo grau nos litígios que versem sobre tal matéria, o que impede, por exemplo, que os efeitos da revelia sejam produzidos; segundo, afirma-se em doutrina que há um interesse de toda a sociedade de que não se adquiram por usucapião terras de quem não tenha tido conhecimento da ação e que, assim, não haja podido defender-se (Pontes de Miranda – como se vê, o jurista vincula a intervenção à exigência do procedimento-edital); e, em terceiro, a consumação do prazo de usucapião provoca uma crise de veracidade ou de segurança no sistema de registro, porque esse passa a não traduzir mais a verdadeira situação jurídica do imóvel, pela alteração informal da titularidade do domínio (Antônio Cláudio da Costa Machado). Destarte, esses três motivos conjugados determinam que o CPC se preocupe em afirmar a necessidade da intervenção do MP a título de *custos legis* (sobre a função, *v.* nota ao art. 83). Note-se, por fim, que apenas a revelia dos réus certos citados fictamente gera a necessidade de participação do curador especial, nos termos do art. 9º, II.

Art. 945. A sentença, que julgar procedente a ação, será transcrita, mediante mandado, no registro de imóveis, satisfeitas as obrigações fiscais.

A sentença que julga procedente o pedido de usucapião nada mais faz do que declarar que o autor adquiriu o domínio (não a propriedade, que depende de registro) como decorrência da posse do imóvel por certo tempo. É por isso que o *caput* do art. 941 deixa claro que a natureza da ação de usucapião, qualquer que seja o seu fundamento, é meramente declaratória, mas não se pode olvidar que um certo efeito constitutivo também é produzido pelo fato de a sentença de procedência ser título hábil à transferência da propriedade. Observe-se, entrementes, que, como tal ato é apelável no duplo efeito (arts. 513 e 520), somente após o trânsito em julgado dessa sentença de eficácia *erga omnes* é que ocorrerá o registro mediante mandado a que alude o texto (a Lei n. 6.015/73, ou LRP, dispõe em seu art. 167: "No Registro de Imóveis, além da matrícula, serão feitos: I – o registro: [...] 28) das sentenças declaratórias de usucapião"). E o art. 226 da mesma lei complementa: "Tratando-se de usucapião, os requisitos da matrícula devem constar do mandado judicial". Registre-se, por derradeiro, que não há obrigação fiscal a ser satisfeita em decorrência da sentença de procedência, porque o art. 35 do CTN fala de transmissão, enquanto o usucapião é a modalidade de aquisição originária da propriedade, de sorte que não há fato gerador que legitime a cobrança do imposto.

CAPÍTULO VIII
DA AÇÃO DE DIVISÃO E DA DEMARCAÇÃO DE TERRAS PARTICULARES

Vide Projeto de CPC, arts. 554 a 584
(Capítulo IV – Da Ação de Divisão e da Demarcação de Terras Particulares).

O motivo por que o CPC disciplina em conjunto a ação demarcatória e a divisória reside no fato histórico de o Direito Romano tratá-las como espécies de um mesmo gênero. Em Roma, três eram as modalidades da então chamada ação divisória: a *actio finium regundorum* (cujo escopo específico era o estabelecimento de limites e a resolução de incertezas a seu respeito); a *actio familiae erciscundae* (ação de partilha de bem comum adquirido a título universal por herança); e a *actio comuni dividundo* (ação de partilha de bem comum adquirido a título singular, *v. g.*, por compra e venda) (Antonio Carlos Marcato). Observe-se, ainda, quanto ao título do procedimento, que a restrição às "terras particulares" se deve a duas circunstâncias: uma histórica, pelo fato de o Decreto n. 720/1820 ter disposto dessa maneira; e uma sistemática, pelo fato de as terras devolutas não se submeterem ao CPC, mas à Lei n. 6.383/76, que institui a ação discriminatória (a observação também é de Antonio Carlos Marcato).

Seção I
Das Disposições Gerais

Vide Projeto de CPC, arts. 554 a 559 (Seção I – Disposições Gerais).

Art. 946. Cabe:

I – a ação de demarcação ao proprietário para obrigar o seu confinante a estremar os respectivos prédios, fixando-se novos limites entre eles ou aviventando-se os já apagados;

Vide Projeto de CPC, art. 554, caput *e I.*

A demarcatória é o procedimento especial de jurisdição contenciosa por meio do qual se busca fazer valer o direito subjetivo reconhecido pelo art. 1.297, *caput,* ou 1.298, do CC. Dispõe o primeiro: "Art. 1.297. O proprietário tem direito [...] e pode constranger o seu confinante a proceder com ele à demarcação entre os dois prédios, a aviventar rumos apagados e a renovar marcos destruídos ou arruinados, repartindo-se proporcionalmente entre os interessados as respectivas despesas" (o presente inciso fala apenas de aviventar os já apagados). Já o art. 1.298 prescreve: "Art. 1.298. Sendo confusos, os limites, em falta de outro meio, se determinarão de conformidade com a posse justa; e, não se achando ela provada, o terreno contestado se dividirá por partes iguais entre os prédios, ou, não sendo possível a divisão cômoda, se adjudicará a um deles, mediante indenização ao outro" (o inciso em questão fala apenas de fixação de novos limites). Note-se que, quando o pedido que se formula é apenas o de demarcação, a ação é chamada de demarcatória simples; quando, por outro lado, além da demarcação, o autor pede reintegração ou reivindicação, a ação passa a ser denominada demarcatória qualificada. A ação de demarcação pode ser, ainda, total ou parcial, se tem por objeto todo o imóvel ou apenas parte dele. Registre-se, por fim, que somente o proprietário, ou o condômino, evidentemente (e não o mero possuidor), detém legitimação ativa para o pedido demarcatório, já que o conflito de limites entre prédios tem natureza dominial e não possessória (aplica-se, por isso, a exigência do art. 10, § 1º, I); passivamente, a legitimação é conferida pela lei ao proprietário do prédio confinante.

II – a ação de divisão, ao condômino para obrigar os demais consortes, a partilhar a coisa comum.

Vide Projeto de CPC, art. 554, II.

A divisória é o procedimento especial de jurisdição contenciosa por cujo intermédio se busca fazer valer o direito subjetivo estabelecido pelo art. 1.320, *caput*, primeira parte, do CC, que dispõe: "A todo tempo será lícito ao condômino exigir a divisão da coisa comum [...]". Note-se, inicialmente, que se a coisa for fisicamente indivisível ou se tornar imprópria ao seu destino natural ou econômico pela divisão, adequada será a ação de extinção de condomínio, com a venda da coisa comum, nos termos dos arts. 1.322, *caput*, e 504 do CC, e não a ação divisória (esta ação também não cabe se a indivisibilidade for jurídica, como acontece com os imóveis rurais de tamanho inferior ao módulo de propriedade rural, nos termos da legislação agrária). Observe-se, por outro lado, que, se todos os condôminos forem maiores e capazes e houver acordo quanto à forma de dividir, não há necessidade de processo, nem procedimento de jurisdição voluntária, bastando a celebração da divisão por meio de escritura pública. Por fim, tenha-se em mira que legitimados, ativa e passivamente, para a ação de divisão são evidentemente os condôminos, quer se trate de compropriedade, quer se trate de comunhão de outro direito real qualquer, como o usufruto, o uso ou a enfiteuse. Mas, diferentemente da demarcatória, também os compossuidores podem pedir a divisão, nos termos da previsão contida no art. 1.199 do CC.

Art. 947. É lícita a cumulação destas ações; caso em que deverá processar-se primeiramente a demarcação total ou parcial da coisa comum, citando-se os confinantes e condôminos.

Vide Projeto de CPC, arts. 555 e 556.

O dispositivo em questão, inspirado claramente no princípio da economia, autoriza o ajuizamento conjunto, por meio de uma única petição inicial, das ações de demarcação e de divisão. É interessante observar desde logo que a forma de cumulação aqui instituída é absolutamente anômala em relação à prevista pelo art. 292, uma vez que não há identidade procedimental, tanto que a regra manda processar a demarcatória em primeiro lugar, e não há também identidade de sujeitos passivos, já que os réus na demarcatória são os confinantes, enquanto na divisória são os condôminos (compare com o art. 292, *caput* e III). Como, no entanto, os confinantes e os condôminos são citados simultaneamente – os primeiros, como réus, e os segundos, como autores –, temos que nesse contexto o processo que se forma é único, já que todos os integrantes estão presentes, mas o seu desenvolvimento se dá por meio de duas relações processuais subjetivamente diferentes e dois procedimentos distintos. Em outras palavras, a relação que se inicia com o autor e os condôminos citados (art. 47, parágrafo único) como sujeitos ativos e, passivos, os confinantes (no procedimento da demarcatória) se transmuda totalmente quando da fixação dos marcos da linha de demarcação (art. 948), passando os condôminos à condição de réus, e ganhando os confinantes a qualidade de terceiros (no procedimento da divisória que se segue). Observe-se que não se trata de dois processos sucessivos, visto que a formação da demarcatória e da divisória cumuladas é única, porque uma só é a petição inicial e únicas as citações que se realizam.

Art. 948. Fixados os marcos da linha de demarcação, os confinantes considerar-se-ão terceiros quanto ao processo divisório; fica-lhes, porém, ressalvado o direito de vindicarem os terrenos de que se julguem despojados por invasão das linhas limítrofes constitutivas do perímetro ou a reclamarem uma indenização pecuniária correspondente ao seu valor.

Vide Projeto de CPC, art. 557.

A primeira parte deste art. 948 regula a passagem do procedimento da demarcatória para o procedimento da divisória, na hipótese de ter o autor cumulado os dois pedidos, nos termos do art. 947. De acordo com o texto, a mudança de rito se dá quando tiverem sido "fixados os marcos da linha de demarcação", o que significa a conclusão da execução material da demarcação (art. 959) que foi determinada pela sentença de procedência prevista pelo art. 958. Embora a regra não diga, o procedimento da divisão só pode ter início uma vez proferida sentença homologatória da demarcação (art. 966), porquanto é ela que encerra o procedimento. Observe-se, ainda quanto à mudança de rito, que essa provoca a imediata perda da legitimação passiva pelos confinantes, uma vez que eles não têm mais nenhum interesse na divisão, que vai ser discutida exclusivamente pelos condôminos. É por isso que a partir desse instante a lei os considera terceiros e não mais réus. Já a segunda parte do dispositivo que analisamos reconhece o direito material de qualquer confinante de exigir a restituição do terreno, de que tenha sido despojado pela demarcação diversa da fixada na sentença do art. 958, ou indenização pecuniária, pelo mesmo fundamento. Note-se que, dado o teor do art. 949, fica claro que o exercício do direito à restituição ou à indenização depende de processo próprio, a ser instaurado pelo confinante, e não de postulação incidental no procedimento divisório, que a lei não admite.

Art. 949. Serão citados para a ação todos os condôminos, se ainda não transitou em julgado a sentença homologatória da divisão; e todos os quinhoeiros dos terrenos vindicados, se proposta posteriormente.

Vide Projeto de CPC, art. 558, caput

A ação a que alude o texto é evidentemente a de restituição de terreno ou de indenização que promova o confinante despojado por obra dos trabalhos demarcatórios (art. 948). O que o texto sob enfoque faz questão de ressaltar é que, enquanto estiver pendendo o procedimento divisório, todos os condôminos que nele litigam deverão ser citados, porque não é possível saber qual deles foi beneficiado indevidamente, já que o estado de comunhão ainda permanece. Pelo contrário, se o procedimento divisório já foi encerrado pela respectiva sentença homologatória (art. 980), com trânsito em julgado – o que significa cessação do estado de comunhão –, precisam ser citados apenas aqueles que tenham sido agraciados com os quinhões correspondentes aos terrenos exigidos pelo confinante-autor (*v.*, ainda, art. 974).

Parágrafo único. Neste último caso, a sentença que julga procedente a ação, condenando a restituir os terrenos ou a pagar a indenização, valerá como título executivo em favor dos quinhoeiros para haverem dos outros condôminos, que forem parte na divisão, ou de seus sucessores por título universal, na proporção que lhes tocar, a composição pecuniária do desfalque sofrido.

Vide Projeto de CPC, arts. 558, parágrafo único, e 559.

A sentença de procedência, que recebe da norma jurídica sob enfoque a qualidade de título executivo, é apenas a que condena em quantia certa como indenização pelo despojamento indevido do terreno. É que, entre os quinhoeiros ou os condôminos (as partes no processo divisório), a recomposição patrimonial tem exclusiva natureza pecuniária, de acordo com a parte final do texto, de sorte que uma sentença que condene a entregar o próprio terreno, ou parte dele, e que seja cumprida contra um dos quinhoeiros, não pode ser executada contra os demais a título de reembolso proporcional, pelo simples fato de que o *quantum debeatur* não é definido. Mas, para impedir o prejuízo representado pela impossibilidade de executar nos mesmos autos outros condôminos, no caso de sentença que condene à entrega do terreno, pode o réu denunciar a lide a outro(s) quinhoeiro(s), com fundamento no art. 70, I, deste Código. Admite-se, ainda, a intervenção como assistentes das outras partes do processo divisório que não foram citadas ou denunciadas (art. 50) (*v.*, ainda, art. 974, § 2º).

Seção II
Da Demarcação

Vide Projeto de CPC, arts. 560 a 573 (Seção II – Da Demarcação).

Art. 950. Na petição inicial, instruída com os títulos da propriedade, designar-se-á o imóvel pela situação e denominação, descrever-se-ão os limites por constituir, aviventar ou renovar e nomear-se-ão todos os confinantes da linha demarcanda.

Vide Projeto de CPC, art. 560.

A norma regula especificamente dois dos requisitos especiais da petição inicial da ação demarcatória, um extrínseco e outro intrínseco. Quanto aos demais, aplica-se eventualmente o art. 951 (pedido de restituição) e, subsidiariamente, o art. 282 e seus incisos I a VII (*v.* notas). O requisito intrínseco previsto pelo texto corresponde à necessidade de o autor da ação descrever com o máximo de objetividade a localização e as características do imóvel como um todo, bem como dos limites a aviventar, dos marcos destruídos ou arruinados, dos rumos apagados ou, ainda, a exata localização onde deverão ser constituídos os novos limites. Trata-se, como fica fácil de perceber, de explicitação e detalhamento legal da *causa petendi* do pedido demarcatório, sem a qual não é possível o deferimento da petição inicial (a falta de individuação da área demarcanda, o desconhecimento dos limites ou das confrontações geram a inépcia dessa peça – art. 295, parágrafo único, I). Já no que concerne ao requisito extrínseco, trata-se da elevação do título de propriedade (instrumento público, ou particular com valor de público, levado a registro) à condição de documento indispensável à propositura da ação, a teor do disposto no art. 283 deste estatuto, o que se explica pela exclusiva legitimação ativa do proprietário para a ação de divisão.

Art. 951. O autor pode requerer a demarcação com queixa de esbulho ou turbação, formulando também o pedido de restituição do terreno invadido com os rendimentos que deu, ou a indenização dos danos pela usurpação verificada.

O dispositivo sob análise, contrariamente ao que parece, não disciplina a cumulação de pedido demarcatório com pedido possessório. A restituição do terreno invadido, a que alude o texto, não tem por fundamento o poder fático sobre a coisa, mas sim o próprio domínio que o autor invoca como supedâneo da pretensão demarcatória. O simples fato de a regra aludir à "queixa de esbulho ou turbação" dá a ideia de que tal queixa tem por amparo a propriedade e não a posse (Antonio Carlos Marcato). Duas consequências decorrem dessa postura interpretativa: primeira, como proprietário o autor não precisa ter tido posse efetiva anteriormente para postular a restituição; segunda, não há que se cogitar de medida de reintegração ou manutenção *in limine*, que não tem o menor cabimento em face do procedimento demarcatório. Observe-se, por fim, que o autor pode pedir, além dos rendimentos que o terreno invadido proporcionou, indenização pelos danos decorrentes da usurpação verificada. Dado o caráter dúplice da ação demarcatória, também o réu, por contestação, pode pleitear a restituição aqui prevista.

Art. 952. Qualquer condômino é parte legítima para promover a demarcação do imóvel comum, citando-se os demais como litisconsortes.
Vide Projeto de CPC, art. 561.

A parte inicial deste art. 952 – em perfeita consonância com o disposto nos arts. 946, I, e 1.297, *caput*, 2ª parte, do CC – torna explícita a legitimação ativa de qualquer condômino para postular a demarcação de terras particulares, mas a sua parte final institui a obrigatoriedade de serem todos os demais comproprietários citados como litisconsortes do autor da ação. A exigência se explica pelo fato de que a eficácia da sentença atingirá todos os condôminos de maneira uniforme, inexoravelmente, o que revela que a situação da demarcatória nesse caso é de litisconsórcio necessário unitário (Celso Agrícola Barbi). Daí determinar o texto sob comentário que os demais condôminos sejam citados para integrar o polo ativo da ação, fenômeno nada comum no nosso sistema (*v.* art. 47, parágrafo único, e nota). Registre-se, por fim, que se aplica o art. 10, § 1º, I, a todos os litisconsortes (a observação é de Antonio Carlos Marcato).

Art. 953. Os réus que residirem na comarca serão citados pessoalmente; os demais, por edital.
Vide Projeto de CPC, art. 562.

Critica-se veementemente em doutrina a presente disposição legal porque ela rompe sem a menor necessidade com o critério instituído pelo art. 231 do Código, que disciplina a citação por edital. Afinal de contas, que razão há que justifique a citação feita dos confinantes da área demarcanda só pelo fato de eles não residirem na mesma comarca? Há mesmo quem sustente a inconstitucionalidade desse dispositivo por violação ao princípio do contraditório (Vicente Greco Filho). Seja como for, o que parece razoável é que se interprete a regra sem muito rigor literal, de sorte que permita que o juiz fique autorizado a ordenar a citação de todos os confinantes por mandado ou precatória, inicialmente, ficando apenas como último recurso a determinação da citação por edital dos residentes fora da comarca. Note-se, por derradeiro, que pelo fato de o dispositivo ter ignorado a regra do art. 107 do Código, o termo "comarca", no texto, deve ser compreendido como sinônimo de toda a localidade do imóvel e não apenas como uma circunscrição judiciária (a observação é de Antonio Carlos Marcato, com apoio em lição de Ernane Fidélis dos Santos).

Art. 954. Feitas as citações, terão os réus o prazo comum de 20 (vinte) dias para contestar.
Vide Projeto de CPC, art. 563.

A interpretação deste art. 954 sugere três importantes indagações: *a*) o que se deve entender pelo verbo "contestar"; *b*) o que significa "prazo comum"; *c*) em que circunstância tem lugar o prazo de vinte dias. À primeira questão deve-se retorquir que, evidentemente, a lei utiliza o verbo "contestar" como sinônimo de responder, exatamente como fez ao disciplinar outros procedimentos especiais (*v.* arts. 902, II, 1.053, 1.057, 1.065 e 1.071, § 2º). Logo, além de contestar, podem os réus na ação demarcatória excepcionar – não assim reconvir, dada a natureza dúplice dessa ação –, bem como impugnar o valor da causa, nomear à autoria, promover exibição de documento ou coisa, etc. (*v.* art. 297 e nota). Quanto à segunda indagação, é possível responder que a alusão a prazo comum significa que, independentemente de qualquer coisa, o prazo sempre será de vinte dias, o que significa dizer que o mesmo não se submete ao fenômeno da duplicação do art. 191, que pressupõe réus com diferentes procuradores. E, finalmente, no que concerne à terceira dúvida suscitada, é necessário deixar claro que o prazo de vinte dias estabelecido no texto não depende de haver mais de uma pessoa no polo passivo. Ainda que no processo só haja um único réu, o seu prazo para responder continuará a ser o especial desse procedimento, isto é, o de vinte dias, contado de acordo com o disposto no art. 241. Note-se que o texto não distingue situações – apenas refere o que ocorre normalmente, que é a existência de litisconsórcio passivo –, de sorte que não é lícito ao intérprete distinguir.

Art. 955. Havendo contestação, observar-se-á o procedimento ordinário; não havendo, aplica-se o disposto no art. 330, II.

Vide Projeto de CPC, art. 564.

Dada a circunstância normativa de o art. 954 ter estabelecido o prazo especial de vinte dias para a resposta na ação demarcatória, fica claro, de acordo com a parte inicial do presente dispositivo, que o rito ordinário só tem aplicação a partir das providências preliminares (arts. 323 a 328) e, especificamente, a partir da réplica (arts. 326 e 327). Já no que diz respeito à parte final da disposição que alude à revelia, fica apenas explicitada a admissibilidade do julgamento antecipado da lide, o que não significa, contudo, que o juiz deverá agir assim necessariamente (*v.* nota ao inciso II do art. 330). Observe-se, ainda, que simplesmente deixa de caber o julgamento antecipado se qualquer dos litisconsortes, no litisconsórcio unitário que é o presente na demarcatória, contestar a ação (art. 320, I). Por fim, parece relevante deixar consignadas algumas das matérias que o réu pode alegar por contestação, além das objeções processuais do art. 301, evidentemente: *a*) que o autor não tem domínio ou outro direito real sobre o imóvel demarcando; *b*) que os imóveis não são contíguos; *c*) que os limites legítimos não são os descritos na inicial; *d*) que os limites já foram traçados, ou ainda existem, ou que não exigem aviventação; *e*) que já ocorreu usucapião (o rol é de Hamilton de Moraes e Barros).

Art. 956. Em qualquer dos casos do artigo anterior, o juiz, antes de proferir a sentença definitiva, nomeará dois arbitradores e um agrimensor para levantarem o traçado da linha demarcanda.

Vide Projeto de CPC, art. 565.

De acordo com a prescrição legal *sub apretiationis*, fica instituída a obrigatoriedade da produção da prova pericial no processo demarcatório, ainda que haja revelia e necessidade do proferimento de julgamento antecipado da lide (observe-se que o texto afirma "em qualquer dos casos do artigo anterior"). A exigência é fácil de compreender: sem prova pericial, não é possível ao juiz declarar qual deva ser o exato traçado da linha demarcanda. A regra cria, contudo, uma situação absolutamente anômala, porque o julgamento antecipado nesse contexto fica condicionado à prova técnica. Seja como for, o que merece realce é que, diferentemente de outras perícias, o levantamento do traçado da linha demarcanda tem de ser realizado por dois arbitradores e um agrimensor, peritos para fins técnico-processuais. Quanto à nomeação e demais atos relativos à produção desta prova obrigatória aplica-se em tudo e por tudo a disciplina contida nos arts. 421 a 432 e 435 a 439 deste Código, observadas peculiaridades previstas pelo art. 957.

Art. 957. Concluídos os estudos, apresentarão os arbitradores minucioso laudo sobre o traçado da linha demarcanda, tendo em conta os títulos, marcos, rumos, a fama da vizinhança, as informações de antigos moradores do lugar e outros elementos que coligirem.

Vide Projeto de CPC, art. 566.

A norma sob enfoque guarda um certo paralelo com a contida no art. 429 e, na verdade, com ela se conjuga, uma vez que, no exercício da sua função, os arbitradores e o agrimensor poderão utilizar-se de todos os meios necessários para a obtenção de informações, tais como o requerimento de documentos às próprias partes, ou a repartições públicas, a oitiva de testemunhas sem forma nem figura de juízo, é claro – note-se que o texto fala de "informações de antigos moradores" e "fama da vizinhança" (*v.* nota ao art. 429). Do somatório de todas essas atividades surgirá a conclusão dos estudos pelos técnicos, os quais elaborarão um laudo minucioso que conterá uma proposta de demarcação tendo justamente em conta as informações obtidas (observe-se que títulos, no texto, não são apenas documentos que provam o domínio, mas também aqueles que façam certa a posse de determinada área fronteiriça, ou de certo limite, ou ponto de partida – Hamilton de Moraes e Barros).

Parágrafo único. Ao laudo, anexará o agrimensor a planta da região e o memorial das operações de campo, os quais serão juntos aos autos, podendo as partes, no prazo comum de 10 (dez) dias, alegar o que julgarem conveniente.

Este parágrafo único prevê os documentos que a lei considera indispensáveis à apresentação do laudo que instrumentaliza o plano de demarcação e que, por isso, devem acompanhá-lo obrigatoriamente: a planta da região e o memorial das operações de campo. A planta da região visa a permitir a visão global do magistrado, e das partes, da área demarcanda e do traçado da linha demarcatória proposta. Já o memorial das operações de campo representa a declaração detalhada dos técnicos sobre os trabalhos demarcatórios que serão cumpridos materialmente, uma vez julgado procedente o pedido. A título de ilustração veja-se o que dispunha o art. 428 do CPC de 1939: "À vista das informações das testemunhas e dos títulos, o agrimensor procederá às diligências necessárias à verificação do ponto de partida para a medição do perímetro dividendo ou demarcando, ou ao reconhecimento do marco primordial, rumos e vestígios que sirvam para fixar a base das operações de demarcação do que tudo apresentará ao juiz relatório e parecer fundamentado". Já quanto à parte final do texto, trata a lei de explicitar que, juntando esse conjunto de documentos aos autos, fica assegurada às partes o direito de manifestação sobre ele, em homenagem ao princípio do contraditório.

Art. 958. A sentença, que julgar procedente a ação, determinará o traçado da linha demarcanda.

Vide Projeto de CPC, art. 567.

Juntado aos autos o laudo a que se refere o art. 957 e sobre ele se manifestando ou não as partes, pronto estará o juiz para designar audiência de instrução e julgamento (se houve contestação) ou para sentenciar o processo demarcatório (se houve revelia ou se houve contestação, mas não há necessidade de prova oral ou esclarecimentos dos peritos). Sentenciando no sentido da procedência do pedido, e somente nesse caso, é claro, o juiz determinará o traçado da linha demarcanda, isto é, o ponto exato onde deve passar a linha demarcatória. Tal sentença – cuja natureza jurídica é declaratória na hipótese do fundamento da ação ser o art. 1.297, *caput*, do CC e constitutiva de situação dominial nova no caso do fundamento ser o art. 1.298 – é ato apelável no duplo efeito (devolutivo e suspensivo), haja vista o disposto no art. 520, I, que se refere apenas à sentença homologatória da demarcação (a do art. 966). Voltando à questão da natureza jurídica, temos que a sentença é meramente declaratória porque simplesmente reconhece, com base nos limites prefixados nos títulos de domínio, aviventados os rumos apagados, ou renovados os marcos destruídos ou arruinados. É constitutiva, por outro lado, porque o juiz divide a área objeto da ação entre as partes (os confinantes) ou, na impossibilidade de divisão, adjudica-se a uma delas, mediante indenização à prejudicada (Antonio Carlos Marcato) (*v.*, ainda, nota ao artigo subsequente).

Art. 959. Tanto que passe em julgado a sentença, o agrimensor efetuará a demarcação, colocando os marcos necessários. Todas as operações serão consignadas em planta e memorial descritivo com as referências convenientes para a identificação, em qualquer tempo, dos pontos assinalados.

Vide Projeto de CPC, art. 568.

O dispositivo sob comentário disciplina a execução material da demarcação a ser realizada pelo agrimensor em cumprimento à sentença do art. 958 que encerrou a chamada fase contenciosa do procedimento. A execução aqui disciplinada também recebe o nome de execução imprópria porque não depende da instauração de outro processo. Trata-se, portanto, de mera fase executiva do procedimento demarcatório, condicionado apenas ao trânsito em julgado da sentença que reconheceu o direito do autor à demarcação. Feitas tais considerações, vejamos as regras técnicas que o texto estabelece para a execução material dos trabalhos demarcatórios. A colocação dos marcos é atividade de fincar ou encravar no chão as balizas da linha divisória, isto é, as pilastras ou os postes de ferro (cimento, pedra ou madeira). Tais marcos têm nomes especiais: marco primordial, que é o que indica o ponto de partida da demarcação; marco terminal (o nome diz tudo); e marcos condutores ou de seguimento que são aqueles que se colocam entre o primordial e o terminal (Hamilton de Moraes e Barros – *v.*, ainda, art. 963). Já de acordo com a parte final da regra, todas as operações (a colocação dos marcos segundo as regras do art. 960) serão consignadas em planta (cuja elaboração é regulada pelo art. 961) e memorial descritivo (cujo conteúdo é disciplinado pelo art. 962) com vista a permitir a fácil identificação e localização por qualquer interessado no futuro dos pontos assinalados. O escopo de tais formalidades é evidentemente probatório.

Art. 960. Nos trabalhos de campo observar-se-ão as seguintes regras:

Este art. 960 estabelece as regras técnicas de agrimensura que os *experts* nomeados pelo juiz (art. 956) deverão observar quando da realização das operações materiais de demarcação da área (ou de divisão do imóvel – *v.* art. 972), trabalhos estes que posteriormente se traduzirão numa planta e num memorial descritivo de acordo com as exigências contidas nos arts. 961 e 962. Apesar da crítica da doutrina, no sentido de que tais regras são impróprias de uma lei processual (Pontes de Miranda, entre outros), a sua presença no CPC significa padronização de procedimento técnico e, por conseguinte, fator de segurança tanto para as partes como para os órgãos jurisdicionais que venham a funcionar no processo.

I – a declinação magnética da agulha será determinada na estação inicial;

É na estação inicial, ponto de partida ou lugar onde é cravado o marco primordial, que os técnicos deverão determinar a inclinação magnética da agulha. A regra se explica pelo fato de que devido a fatores externos como fiação elétrica, e outros, criam-se campos magnéticos que desviam a agulha da bússola do norte verdadeiro em relação ao qual são medidos os ângulos que orientarão as linhas que estabelecerão as distâncias que limitam o terreno. Assim, o teodolito – aparelho que vai medir os ângulos em relação ao norte verdadeiro – deve ser submetido a uma correção na estação inicial para que passe do norte magnético para o norte verdadeiro, o que é feito mediante orientação do sol.

II – empregar-se-ão os instrumentos aconselhados pela técnica;

Basicamente, os instrumentos que se utilizam nas operações de campo são o teodolito e a trena. Observe-se que as miras, as estacas e as balizas não são propriamente instrumentos, mas tão somente acessórios necessários para a determinação dos pontos que serão visados pelo teodolito. Registre-se, ainda, que atualmente existem distanciômetros eletrônicos que podem substituir a trena em medições que exijam precisão rigorosa.

III – quando se utilizarem fitas metálicas ou correntes, as medidas serão tomadas horizontalmente, em lances determinados pelo declive, de 20 (vinte) metros no máximo;

A regra tem aplicação na hipótese da área demarcanda possuir declive, isto é, ladeira ou descida. Nesse caso as medidas são tomadas com a trena na horizontal, sendo que a distância entre uma medida e outra é estabelecida pelo declive, não podendo ultrapassar vinte metros. Em outras palavras, o que a presente norma estabelece é que as medidas, no caso de terreno em declive, devem ser tomadas como se se tratassem dos degraus de uma escada, e cada medida (cada degrau) não pode ter mais do que vinte metros.

IV – as estações serão marcadas por pequenas estacas, fortemente cravadas, colocando-se ao lado estacas maiores, numeradas;

Na marcação da área utilizam-se estacas (de ferro, cimento, pedra ou madeira) que devem ser fortemente cravadas no solo para fixar cada ponto. De acordo com o texto, ao lado de cada pequena estaca necessariamente haverá uma outra, maior e numerada, cuja finalidade é apenas a de permitir a visualização a distância. Essas estacas maiores que revelam os pontos demarcatórios são chamadas de "testemunhas".

V – quando as estações não tiverem afastamento superior a 50 (cinquenta) metros, as visadas serão feitas sobre balizas com o diâmetro máximo de 12 (doze) milímetros;

A limitação representada pelo diâmetro máximo das balizas de doze milímetros tem lugar toda vez que entre uma estação (marcada por uma estaca) e outra não houver distância superior a cinquenta metros. A fixação do diâmetro máximo de doze milímetros, instituída pelo texto, tem a finalidade de fazer com que a linha vertical da luneta do teodolito, que deverá se sobrepor à baliza que se encontra a distância, não sofra senão pequeníssimas variações.

VI – tomar-se-ão por aneroides ou por cotas obtidas mediante levantamento taqueométrico as altitudes dos pontos mais acidentados.

A regra sob enfoque estabelece a exigência técnica de que, nas medições de diferença de altura (taqueometria é o conjunto de atividades destinado ao levantamento de plantas do relevo), tenha-se como cota de origem, ou de partida, o ponto mais elevado do terreno. Assim, para a medição de imóveis acidentados tomar-se-á por cota de origem sempre o ponto mais alto, realizando-se a partir desse ponto para baixo as medições necessárias. Aneroides é o nome que se dá ao aparelho que mede a pressão e que permite a verificação de altura.

Art. 961. A planta será orientada segundo o meridiano do marco primordial, determinada a declinação magnética e conterá:

As normas contidas neste art. 961 correspondem às exigências de uma boa planta que no presente contexto é aquela que perfeita e fidedignamente retrata o terreno demarcando, dando ao juiz, às partes e a quaisquer terceiros a segurança quanto ao estabelecimento das linhas, o perímetro da área e as características relevantes do imóvel, permitindo ainda a sua incorporação à planta cadastral. Lembre-se de que a planta do terreno, ao lado do memorial descritivo e das cadernetas, é documento indispensável à apresentação do laudo a que se refere o parágrafo único do art. 957. Observe-se, por fim, no que concerne à regra técnica estabelecida no presente dispositivo, que a planta deve ser orientada segundo o meridiano do marco primordial, isto é, da estação inicial ou do ponto de partida onde é realizada a correção da declinação magnética da agulha (art. 960, I – *v.* nota).

I – as altitudes relativas de cada estação do instrumento e a conformação altimétrica ou orográfica aproximativa dos terrenos;

A exigência contida na prescrição identifica-se com a necessidade de que em cada ponto onde se coloque o teodolito seja tomada a altura e depois, na planta, todos os pontos com a mesma altura sejam unidos por linhas que recebem o nome de curvas de nível. Na medida em que tais curvas estejam mais próximas umas das outras, isso quer dizer que o terreno muda de altitude mais rapidamente, o que, em outras palavras, significa a presença de uma montanha. Ao contrário, o distanciamento ou o espaçamento entre as curvas de nível representa que a superfície do terreno não é tão íngreme (orografia é sinônimo de descrição das montanhas).

II – as construções existentes, com indicação dos seus fins, bem como os marcos, valos, cercas, muros divisórios e outros quaisquer vestígios que possam servir ou tenham servido de base à demarcação;

Fica expressamente estabelecida pelo inciso em questão a exigência de que da planta do imóvel demarcando ou dividendo (art. 972) conste a representação gráfica de todas as construções existentes, sem exceção, com a indicação dos seus fins atuais (*v. g.*, moradia, estábulo, galpão), bem como de todos os demais elementos referidos no texto que serão marcados na planta de acordo com as convenções gráficas vigentes (*v.* art. 962, II, que é mais explícito). Todas essas informações ou representações têm a finalidade de bem caracterizar os trabalhos demarcatórios, de sorte que proteja o seu resultado final, tão demorado e custoso, contra a atuação da natureza ou contra a ilícita atividade humana.

III – as águas principais, determinando-se, quando possível, os volumes, de modo que se lhes possa calcular o valor mecânico;

A exigência de expressa indicação das águas principais e seus volumes, na planta do imóvel demarcando ou dividendo (art. 972), tem a finalidade de esclarecer quais as partes mais valorizadas do terreno pela abundância de água (rios, lagos, barragens) e quais as partes desvalorizadas pela sua falta. Se possível, os técnicos devem determinar o volume das áreas, notadamente quando o reduzido à vista da seca, de forma que se possa calcular o seu valor mecânico (Carvalho Santos). Também no caso de grande volume e sua importância energética é exigido o cálculo do respectivo valor em sendo isso possível.

IV – a indicação, por cores convencionais, das culturas existentes, pastos, campos, matas, capoeiras e divisas do imóvel.

A necessária indicação de todos esses elementos geográficos na planta, por suas cores convencionais, tem o escopo de permitir a mais exata caracterização do imóvel demarcando ou dividendo para fins probatórios, e ainda dar condições a quem lida com a planta (inicialmente o juiz e as partes – *v.* arts. 976 e 977 – e depois quaisquer terceiros) de estimar o valor do imóvel. Observe-se que as exigências contidas nos dois incisos anteriores (II e III) identicamente se prestam a tal fim.

Parágrafo único. As escalas das plantas podem variar entre os limites de 1 (um) para 500 (quinhentos) a 1 (um) para 5.000 (cinco mil) conforme a extensão das propriedades rurais, sendo admissível a de 1 (um) para 10.000 (dez mil) nas propriedades de mais de 5 (cinco) quilômetros quadrados.

Vide Projeto de CPC, art. 569.

Quanto às escalas das plantas dos imóveis demarcandos ou dividendos (art. 972), duas são as regras que o parágrafo único sob enfoque consagra: *a*) a escala entre um para quinhentos – isto é, cada metro da planta representando quinhentos da realidade – e um para cinco mil é adequada para os imóveis de área total até cinco quilômetros quadrados; *b*) a escala poderá ser (e não terá de ser) a de um para dez mil se o terreno possuir área superior a cinco quilômetros quadrados (nada impede, assim, que a escala da planta desses imóveis mais extensos seja a de um para cinco mil, por exemplo).

Art. 962. Acompanharão as plantas as cadernetas de operações de campo e o memorial descritivo, que conterá:

Vide Projeto de CPC, art. 569, caput.

Caderneta de campo é uma caderneta com papel quadriculado no qual se anotam todos os números obtidos com os aparelhos utilizados nos trabalhos demarcatórios (*v.* art. 960, II). Tais anotações são importantes porque com base nelas é que a planta do imóvel demarcando ou dividendo será elaborada, sendo esse o motivo de a lei exigir que a caderneta acompanhe a planta e o memorial descritivo. Com isso se permite a elucidação de todas as dúvidas que surjam no momento do exame de qualquer dessas peças (*v. g.*, para se constatar a exatidão de representação de uma linha à luz de uma leitura específica do aparelho), assegurando-se, assim, a correção dos resultados. Já o memorial descritivo nada mais é do que um relatório minucioso, por meio do qual o agrimensor procura instruir a planta, mostrando os trabalhos efetuados e descrevendo os detalhes de sua execução para completo e cabal esclarecimento e inteligência da planta a que serve de documentação (Camara Leal apud Carvalho Santos). Segue o rol de conteúdos necessários do memorial descritivo.

I – o ponto de partida, os rumos seguidos e a aviventação dos antigos com os respectivos cálculos;

Vide Projeto de CPC, art. 569, I.

Além da exata localização do ponto de partida, ou da estação inicial, que deve constar expressamente do memorial descritivo, deve o agrimensor, de acordo com o texto, declarar o rumo seguido, ou seja, o ângulo que o novo ponto forma em relação ao anterior e assim sucessivamente em relação a cada ponto. Quando se tratar de mera aviventação dos rumos antigos, exige a lei que o agrimensor refira a exata localização de cada linha, bem como os cálculos que realizou para chegar a tal conclusão. Observe-se que nesse caso não há marcações novas de estações (art. 960, IV), mas o agrimensor é chamado a explicar as marcas antigas exatamente como faria se essas fossem novas.

II – os acidentes encontrados, as cercas, valos, marcos antigos, córregos, rios, lagoas e outros;

Vide Projeto de CPC, art. 569, II.

Todos esses elementos que o texto menciona encontram-se anotados na caderneta de operações de campo como decorrência das observações que o agrimensor tem de realizar para dar cumprimento à exigência estabelecida pelo inciso II do art. 961. Assim, após fazer constar da planta do imóvel demarcando ou dividendo a presença de marcos, valos, cercas, lagos, etc., nada mais curial do que a lei estabelecer a necessidade desses informes fazerem parte também do memorial descritivo.

III – a indicação minuciosa dos novos marcos cravados, das culturas existentes e sua produção anual;
Vide Projeto de CPC, art. 569, III.

A parte inicial deste inciso III apenas explicita circunstância já prevista de alguma forma no inciso I: a indicação minuciosa dos novos marcos cravados nada mais significa, em primeiro lugar, do que a declaração do exato local do ponto de partida e, em segundo, a declaração dos locais dos demais pontos (ou estações – art. 960, IV) que servem de base para o estabelecimento dos rumos. Já a parte final da regra apenas cria a exigência de dois outros elementos especiais de caracterização que bem poderiam estar previstos no inciso II já citado: os tipos de culturas ou lavouras existentes no imóvel e a estimativa de sua produção anual com base nas produções anteriores e outros informes.

IV – a composição geológica dos terrenos, bem como a qualidade e extensão dos campos, matas e capoeiras;
Vide Projeto de CPC, art. 569, IV.

A exigência de que seja indicada a composição geológica dos terrenos no memorial descritivo tem caráter precipuamente identificatório, mas também funciona como elemento de referência para a sua avaliação econômica. Observe-se que a verificação da composição geológica é feita por meio de sondagem e que o resultado final desse trabalho vai determinar a classificação das terras de acordo com determinadas normas, o que identicamente transparecerá no memorial. A respeito de cada porção do terreno de composição diferente, deverá o agrimensor esclarecer a cultura ou o destino a que melhor se preste (Carvalho Santos).

V – as vias de comunicação;
Vide Projeto de CPC, art. 569, V.

As vias de comunicação existentes no terreno demarcando ou dividendo – como uma estrada vicinal, um rio navegável ou uma estrada de ferro – são elementos importantíssimos de identificação ou caracterização do imóvel, sendo essa a razão por que a lei exige tais informes como conteúdo do memorial descritivo. Registre-se, todavia, que, além desse escopo estritamente identificatório, a referência às vias de comunicação representa elemento fundamental para a determinação do valor das terras (*v.* art. 976).

VI – as distâncias à estação da estrada de ferro, ao porto de embarque e ao mercado mais próximo;

Vide Projeto de CPC, art. 569, VI.

A exigência de expressa indicação das distâncias mencionadas no texto se prende ao fato de que tais informes importam diretamente ao escoamento da produção agrícola ou industrial, o que significa a um só tempo elemento identificatório e avaliatório relevantíssimo das terras demarcandas ou dividendas. Por esse motivo é que a lei processual impõe ao agrimensor o dever de fazer constar do memorial descritivo as distâncias que separam o imóvel da estação, da estrada de ferro, do porto de embarque – também da estrada de rodagem – ou do mercado mais próximo.

VII – a indicação de tudo o mais que for útil para o levantamento da linha ou para a identificação da linha já levantada.

Vide Projeto de CPC, art. 569, VII.

Exemplificam entre outros elementos úteis ao levantamento da linha, ou à identificação da já levantada, a confluência entre duas estradas ou dois córregos, um lago, uma grande pedra ou um morrete, uma torre de alta tensão, etc. Tendo servido qualquer desses elementos como ponto de referência para a determinação do marco inicial ou final, ou de um dos marcos condutores, declarará o agrimensor no memorial descritivo que tal estação dista tantos metros a tantos graus da confluência do lago, do morrete, etc.

Art. 963. É obrigatória a colocação de marcos assim na estação inicial – marco primordial –, como nos vértices dos ângulos, salvo se algum destes últimos pontos for assinalado por acidentes naturais de difícil remoção ou destruição.

Vide Projeto de CPC, art. 570.

A norma sob enfoque explicita e tecnicamente regulamenta a colocação dos marcos que a primeira parte do art. 959 já havia previsto, contudo sem detalhes. De acordo com o texto, o primeiro marco a ser fixado ou cravado com obrigatoriedade é evidentemente o que corresponde à estação inicial, porque é a partir dele que será calculado o ângulo que permitirá o conhecimento do primeiro perímetro do imóvel (ou linha de contorno), onde poderão ser colocados outros marcos, mas de forma facultativa. Obrigatoriamente, ainda segundo o texto, serão colocados marcos em todos os vértices dos ângulos do imóvel demarcando para que as várias linhas do polígono possam ser estabelecidas (observe-se que todo imóvel é um polígono). Dispensam-se tais marcos apenas na hipótese de os pontos correspondentes aos vértices identificarem-se com acidentes naturais de difícil remoção ou destruição, como uma grande pedra ou um morrete, por exemplo.

Art. 964. A linha será percorrida pelos arbitradores, que examinarão os marcos e rumos, consignando em relatório escrito a exatidão do memorial e planta apresentados pelo agrimensor ou as divergências porventura encontradas.

Vide Projeto de CPC, art. 571.

Se os trabalhos demarcatórios propriamente ditos são realizados pelo agrimensor (arts. 959, 960 e 963), bem como a subsequente elaboração de planta e memorial descritivo (arts. 961 e 962), a atividade disciplinada por este art. 964 é exclusiva dos arbitradores, os mesmos que já haviam apresentado laudo sobre o traçado da linha demarcanda de acordo com o art. 957. Segundo o presente dispositivo, os arbitradores devem realizar uma revisão ou uma verificação do trabalho total do agrimensor mediante o exame *in loco* dos marcos e dos rumos estabelecidos, de sorte que possam afirmar, ou não, a conformidade da linha demarcanda com o traçado determinado pelo juiz (art. 958). Chegando às suas próprias conclusões acerca da demarcação realizada, da planta e do memorial, devem os arbitradores formalizá-las por relatório escrito que será juntado aos autos e do qual constará a declaração formal da correção do trabalho e da exatidão da planta e do memorial ou a declaração contrária, somadas as observações concernentes às divergências ou às inexatidões de qualquer ordem que sejam encontradas.

Art. 965. Junto aos autos o relatório dos arbitradores, determinará o juiz que as partes se manifestem sobre ele no prazo comum de 10 (dez) dias. Em seguida, executadas as correções e retificações que ao juiz pareçam necessárias, lavrar-se-á o auto de demarcação em que os limites demarcandos serão minuciosamente descritos de acordo com o memorial e a planta.

Vide Projeto de CPC, art. 572.

Embora o texto reconheça literalmente apenas a necessidade de oitiva das partes sobre o relatório dos arbitradores – o que faz claramente em atendimento ao princípio do contraditório –, parece de todo lógico e útil que o juiz determine em primeiro lugar a oitiva do próprio agrimensor, já que é o trabalho desse que está sendo criticado e é ele quem tem melhores condições de negar as divergências apontadas ou explicá-las. Destarte, somente após a oitiva do autor do trabalho demarcatório é que as partes deverão ser intimadas a se manifestar (concordamos nesse sentido com Hamilton de Moraes e Barros). Observe-se, ainda, que se a fala das partes trouxer novas críticas de qualquer ordem sobre a demarcação ou o relatório dos arbitradores (obscuridades, contradições, omissões, imperfeições técnicas) mais uma vez o juiz deve ouvir os arbitradores e/ou o agrimensor para que o debate amplie os horizontes cognitivos do magistrado e possa esse, então, determinar as correções e as retificações por decisão interlocutória passível de recurso (art. 522) (Hamilton de Moraes e Barros também pensa assim). Somente após cumpridas as providências ordenadas pelo juiz é que será lavrado o auto de demarcação nos termos da parte final do texto sob comentário. Note-se, contudo, que se o tribunal der provimento ao agravo de qualquer das partes, o auto terá de ser alterado, o que também condicionará a homologação que se deve seguir.

Art. 966. Assinado o auto pelo juiz, arbitradores e agrimensor, será proferida a sentença homologatória da demarcação.
Vide Projeto de CPC, art. 573.

Elaborado e devidamente assinado o auto de demarcação – quer porque as partes aceitaram os trabalhos do agrimensor e dos arbitradores, quer porque o juiz, acolhendo alguma(s) crítica(s), determinou correções e essas foram executadas – pronto estará o magistrado, em tese, para homologar a demarcação. Dizemos "em tese" porque se o auto formalizado contém algum equívoco técnico, é omisso ou contraditório, ainda é necessária a sua correção, de ofício ou a requerimento, para que o juiz se dê por satisfeito e resolva encerrar o processo por sentença homologatória (a homologação da demarcação, como se vê, não é automática, mas depende do auto expressar exatamente o que foi decidido anteriormente. Se nesse instante surgir dúvida séria e o juiz for chamado a decidir a respeito de uma alteração pleiteada, indeferindo-a por considerar perfeito o auto, deve o magistrado proferir desde logo a homologação, o que permitirá, também desde logo, a interposição de apelação (art. 520, I). Se, entretanto, sua decisão for no sentido da alteração do auto, não poderá ele, por certo, homologar a demarcação, já que essa pressupõe auto definitivo que expresse situações achadas certas, exatas e precisas, de sorte que, nesse caso, a parte que se entender prejudicada pode mais uma vez interpor agravo (art. 522). Por fim, é de rigor salientar que a sentença homologatória da demarcação a que alude o texto sob análise não é meramente homologatória, porque contém decisão acerca da execução dos trabalhos demarcatórios e sua formalização. É julgamento de mérito, portanto, que poderá ser atacado por ação rescisória, inclusive (*v.* art. 485). Note-se que tal sentença assemelha-se à prevista pelo art. 794 do CPC por seu conteúdo declaratório se o fundamento da demarcatória for o art. 1.297, *caput*, do CC, mas será constitutiva na hipótese de o fundamento ser o art. 1.298.

Seção III
Da Divisão

Vide Projeto de CPC, arts. 574 a 584 (Seção III – Da Divisão).

Art. 967. A petição inicial, elaborada com observância dos requisitos do art. 282 e instruída com os títulos de domínio do promovente, conterá:
Vide Projeto de CPC, art. 574, caput

Sobre o conceito e o fundamento da ação divisória, consulte-se o art. 946, II, e o respectivo comentário, uma vez que o presente dispositivo se limita a disciplinar os requisitos especiais (um extrínseco e alguns intrínsecos) da petição inicial do processo divisório. Muito bem, o *caput* que ora nos ocupa reconhece como indispensável à propositura da ação divisória o título do domínio do promovente, isto é, o instrumento público, ou particular com força de público, levado a registro e que demonstra a propriedade ou outro direito real como usufruto, o uso ou a enfiteuse que o autor exerça em comunhão com outrem (mas lembre-se de que também a composse autoriza a divisão – CC, art. 1.199). Aplica-se a esse documento a disciplina processual estampada nos arts. 283 e 284 do CPC sem qualquer restrição. Já no que concerne à remissão genérica ao art. 282 quis a lei deixar estabelecida expressamente a aplicação dos seus incisos I a VII a toda petição inicial de ação divisória.

I – a indicação da origem da comunhão e a denominação, situação, limites e característicos do imóvel;
Vide Projeto de CPC, art. 574, I.

A exigência de indicação da origem da comunhão – que é requisito intrínseco especial da peça vestibular da divisória relacionado com a *causa petendi* – tem a finalidade de permitir a constatação da sua existência pelo juiz e pelos réus, uma vez que não há comunhão se todos os apontados condôminos não remontarem a um único e primitivo dono. É a sucessão a esse dono originário – por herança, compra em comum, permuta em comum, doação em comum –

que explica a indivisão e fundamenta o pedido divisório (a observação é de Hamilton de Moraes e Barros). Quanto às demais exigências, permanecem elas no plano da necessidade de ficar bem caracterizado o imóvel sobre o qual repousa a pretensão divisória e que corresponde ao objeto da ação. Note-se que a caracterização do imóvel pelo autor na própria inicial deve ser a mais perfeita possível, mas a falta de exata descrição não gera indeferimento.

II – o nome, o estado civil, a profissão e a residência de todos os condôminos, especificando-se os estabelecidos no imóvel com benfeitorias e culturas;

Vide Projeto de CPC, art. 574, II.

A primeira parte da regra apenas reafirma a exigência de qualificação dos réus – o que o inciso II do art. 282 faz genericamente –, explicitando ainda a circunstância material de que esses são condôminos em razão do disposto no art. 1.320 do CC e do consequente litisconsórcio passivo necessário que entre eles se forma. Já no que diz respeito à segunda parte, é preciso observar que se trata de requisito intrínseco especial a exigência de declaração da situação específica de cada condômino no sentido de estar ou não estabelecido no imóvel e de ter ou não benfeitorias e culturas. A exigência de inventário prévio das benfeitorias e das culturas se explica pelo fato de ser necessário conhecer tais circunstâncias fáticas para que se possa estabelecer um plano de partilha que se aproxime o mais possível do justo, por exemplo, pela adjudicação ao condômino da área onde ele próprio já esteja estabelecido, tenha iniciado cultura ou realizado algum tipo de benfeitoria.

III – as benfeitorias comuns.

Vide Projeto de CPC, art. 574, III.

A necessidade de o autor da ação divisória preencher mais este requisito intrínseco especial, que é a declaração no próprio corpo da petição das benfeitorias comuns existentes no imóvel, prende-se identicamente à ideia de permitir que a partilha a ser realizada no futuro se concretize da forma mais equânime possível, mas sob um outro enfoque (*v.* inciso II). É que havendo várias benfeitorias no imóvel, o justo será que se procure distribuir proporcionalmente entre os condôminos as benfeitorias existentes, de sorte que cada um receba quinhão delas também provido. O requisito aqui instituído, portanto, cumpre o papel de estabelecer desde logo na causa a perspectiva desta solução ideal.

Art. 968. Feitas as citações como preceitua o art. 953, prosseguir-se-á na forma dos arts. 954 e 955.

Vide Projeto de CPC, art. 575.

De acordo com a parte inicial do presente dispositivo, os réus da ação de divisão (os condôminos do imóvel dividendo) são citados na forma estabelecida pelo art. 953. Como já tivemos a oportunidade de comentar tal regra, abstemo-nos de qualquer outra consideração, mas reafirmamos a necessidade de sua interpretação ser flexibilizada também no caso de ação divisória (*v.* nota). Já no que diz respeito à parte final do texto, algumas observações merecem consignação. Em primeiro lugar, parece conveniente ressaltar que nada do que foi dito em relação ao art. 954 muda pelo fato de se tratar de ação divisória. Em segundo, que a contestação dos réus na ação de divisão (art. 955) tanto pode ter por conteúdo as objeções do art. 301, como matérias de mérito representadas pelas seguintes alegações: *a*) que o autor não é condômino; *b*) que seu título tem outra origem; *c*) que a indivisão se impõe por vontade do testador, doador ou dos próprios condôminos (CC, art. 1.320, §§ 1º e 2º); *d*) que não há condomínio; *e*) que o imóvel não pode ser dividido; *f*) que não são exatos os limites do imóvel declarados pelo autor; *g*) que a relação de condôminos não está correta; *h*) que determinados réus desejam manter o condomínio, motivo por que a divisão deve ser parcial (o rol de defesas é de Hamilton de Moraes e Barros). Em terceiro lugar, que, contrariamente ao procedimento da demarcação, a perícia técnica não é indispensável no processo divisório porque não se aplicam os arts. 956 e 957 como o texto deixa claro. E, finalmente, em quarto lugar, que, realizada a perícia técnica, ou não, segue-se o proferimento de sentença que julgará procedente ou improcedente o pedido de divisão. Observe-se que, no caso de procedência, trata-se de decisão de caráter declaratório e não atributivo de propriedade. É que tal sentença apenas reconhece o direito do autor à divisão e não se confunde com a prevista pelo art. 1.320 que tem natureza constitutiva negativa do condomínio e efeitos executórios (*v.* nota ao art. 969).

Art. 969. Prestado o compromisso pelos arbitradores e agrimensor, terão início, pela medição do imóvel, as operações de divisão.

Vide Projeto de CPC, art. 576.

Inicialmente, chama a atenção na disposição sob enfoque o fato de que a parte final do texto fala que "terão início [...] as operações de divisão", o que pressupõe evidentemente o julgamento de procedência do pedido divisório. Tal constatação de ordem redacional dá apoio inconteste, portanto, à afirmação de que a primeira sentença no procedimento analisado é dada antes das providências reguladas pelos arts. 969 a 973 e não depois (*v.* a quarta observação na nota ao art. 968). Assim, o que temos é que somente após o trânsito em julgado desta sentença, que é atacável por apelação nos dois efeitos (o art. 520, I, fala apenas da homologatória), terá lugar a nomeação dos técnicos e o começo das operações de divisão. Note-se que essas só se desencadeiam efetivamente após os incidentes previstos pelos arts. 970 e 971. Observe-se, por fim, que como ao procedimento divisório não se aplicam os arts. 956 e 957 (*v.* texto do art. 968), a eventual perícia que se realize em seu bojo – antes da sentença, destarte – obedecerá exclusivamente ao disposto nos arts. 420 e segs. deste Código.

Art. 970. Todos os condôminos serão intimados a apresentar, dentro em 10 (dez) dias, os seus títulos, se ainda não o tiverem feito; e a formular os seus pedidos sobre a constituição dos quinhões.
Vide Projeto de CPC, art. 577.

Imediatamente após iniciada a fase de execução do processo divisório com a nomeação do agrimensor e dos arbitradores (art. 969), o juiz por despacho tomará a providência a que alude este art. 970, abrindo vista às partes (autores e réus) para que formulem seus pedidos de constituição de quinhão (*v.* art. 967, II e III, e notas). Normalmente, este prazo de dez dias tem apenas o escopo indicado, uma vez que via de regra os condôminos-réus juntam seus títulos com a peça contestatória; se, contudo, não o fizerem naquele momento, podem requerer sua juntada aos autos no prazo aqui instituído. Registre-se, por derradeiro e em tom de mera repetição, que as operações de divisão a que alude o art. 969, *in fine*, só começam a ocorrer efetivamente após a decisão dos pedidos de quinhão de acordo com o parágrafo único do art. 971 (não tem o menor sentido que os técnicos iniciem os trabalhos de medição de que fala o art. 972 sem que antes o juiz resolva sobre a forma da divisão – art. 971, parágrafo único).

Art. 971. O juiz ouvirá as partes no prazo comum de 10 (dez) dias.
Vide Projeto de CPC, art. 578, caput

A prescrição legal que ora nos ocupa tem por fundamento direto o princípio do contraditório, significando, por isso, a um só tempo dação judicial de ciência às partes dos pedidos de constituição de quinhão (e documentos) e oportunidade de impugnação dos seus conteúdos específicos por qualquer delas em relação aos das demais. O fato de o prazo de dez dias ser reputado comum pela lei, entretanto, quer dizer que ele não se submete ao fenômeno da duplicação prevista pelo art. 191 em nenhuma hipótese, bastando para o início da sua contagem a publicação do despacho intimatório do advogado no

Diário Oficial ou a juntada aos autos do AR no caso de intimação por carta postal do procurador da parte (art. 241, I).

Parágrafo único. Não havendo impugnação, o juiz determinará a divisão geodésica do imóvel; se houver, proferirá, no prazo de 10 (dez) dias, decisão sobre os pedidos e os títulos que devam ser atendidos na formação dos quinhões.

Vide Projeto de CPC, art. 578, parágrafo único.

Duas são as possíveis atitudes de cada uma das partes em relação aos pedidos de constituição de quinhão das outras: *a*) concordância expressa ou tácita por falta de impugnação; *b*) discordância total ou parcial de um, alguns ou todos os pedidos formulados. Na hipótese de não haver nenhuma impugnação aos pedidos, diz a lei que o juiz deve determinar a divisão geodésica do imóvel, que é a que se faz de uma superfície em muitas outras, iguais ou proporcionais, ou correspondentes à força dos títulos de cada um dos condôminos (Carvalho Santos). Observe-se que tal divisão já pode ter sido proposta pela perícia se essa foi realizada antes do proferimento da sentença (*v.* nota ao art. 968). Em caso contrário, o juiz simplesmente a determinará para que os técnicos a realizem de acordo com os pedidos não impugnados das partes ou segundo o que o juiz resolva no caso de haver alguma dúvida ou inconciliabilidade entre os pedidos. Já na segunda hipótese, que é a das partes terem impugnado os pedidos umas das outras, a solução que o texto apresenta é o proferimento de decisão interlocutória fundamentada em que o juiz julgará os pedidos formulados segundo os títulos presentes nos autos e sua força e as conveniências das partes (*v.* art. 967, II e III, e notas), tudo à luz do prudente arbítrio e do bom-senso que sempre devem permear as decisões judiciais. Tal decisão é agravável (art. 522), mas desencadeia imediatamente o início das operações de divisão em conformidade com o seu comando (arts. 969, *in fine*, e 972 e segs.).

Art. 972. A medição será efetuada na forma dos arts. 960 a 963.

A regra sob enfoque cumpre no sistema a função exclusiva de submeter as operações de divisão (art. 969, *in fine*) aos princípios técnicos de agrimensura que os arts. 960 a 963 consagram. Em outras palavras, os trabalhos de campo de preparação da divisão (o que é sinônimo de início das operações de divisão) serão pautados pelas técnicas esculpidas nos incisos do art. 960. Em seguida, quando da elaboração da planta a que alude o art. 975, o agrimensor deverá obedecer não só ao § 1º deste, mas também às regras técnicas contidas no art. 961, o mesmo ocorrendo com a organização do memorial descritivo que conterá, além das informações exigidas pelo § 2º do art. 975, as constantes do art. 962. Observe-se que entre os arts. 975, § 1º, e 961 e entre os arts. 975, § 2º, e 962 existem algumas diferenças e várias semelhanças, o que não deveria acontecer, mas, seja como for, em face do presente art. 972, todas as exigências de um e outro deverão ser obedecidas pelos técnicos. Critica-se, em doutrina, a própria existência dessas regras de agrimensura – além de tudo extremamente mutáveis nos dias de hoje – no corpo de um CPC.

Art. 973. Se qualquer linha do perímetro atingir benfeitorias permanentes dos confinantes, feitas há mais de 1 (um) ano, serão elas respeitadas, bem como os terrenos onde estiverem, os quais não se computarão na área dividenda.

Vide Projeto de CPC, art. 579.

O dispositivo em questão encontra-se inserido no contexto da execução material da divisão, que é resultado da sentença prevista pelo art. 979, que delibera sobre a partilha do imóvel. Assim, iniciados os trabalhos de divisão e estando o agrimensor pronto para fixar qualquer parte da linha do perímetro (via de regra, pela ligação de dois marcos), e constatando ele que a linha que se vai estabelecer atinge benfeitorias de qualquer confinante, manda o Código que o agrimensor a desvie em respeito à posse alheia, contornando o obstáculo e consignando, na planta e no memorial, o desvio realizado (observe-se que não se traça outra linha). O que a lei deseja nesses casos é apenas que se desconsidere, a princípio, a área ocupada para fins de composição dos quinhões, razão por que fica dispensada a sua avaliação (*v.* art. 976). Note-se que o destino dessa área e, por conseguinte, desta parcela da linha do perímetro vai depender do que ficar decidido no processo que o confinante instaurou para reivindicar o terreno despojado (arts. 948 e 949) ou no processo autônomo reintegratório que o confinante provocou antes do ajuizamento da ação demarcatória ou divisória. Em caso de julgamento desfavorável ao confinante, realizar-se-á a sobredivisão ou a sobrepartilha do terreno excluído (sobre o prazo de um ano, *v.* nota ao parágrafo único).

Parágrafo único. Consideram-se benfeitorias, para os efeitos deste artigo, as edificações, muros, cercas, culturas e pastos fechados, não abandonados há mais de 2 (dois) anos.

Tanto a apuração da idade a que alude o *caput*, como a verificação do tempo de abandono de edificações, muros, cercas, culturas e pastos fechados, são atividades que a lei processual defere ao agrimensor e aos arbitradores. Para realizar tal mister podem os *experts* valer-se de exames técnicos, mas também de informações de qualquer origem que possam angariar (*v.* art. 429, que é aplicável à espécie). Concluindo que a benfeitoria tem menos de um ano ou, tendo mais do que isso, que, *v. g.*, a edificação, a cerca ou o pasto encontra-se abandonado há mais de dois, os técnicos deixarão de respeitá-la, assinalando no memorial descritivo tal circunstância e suas razões. No caso contrário, procederão nos termos do *caput*, desviando a linha do perímetro, mas consignarão identicamente no memorial os motivos que os levaram a agir assim.

Art. 974. É lícito aos confinantes do imóvel dividendo demandar a restituição dos terrenos que lhes tenham sido usurpados.

Vide Projeto de CPC, art. 580, caput

A única distinção existente entre a hipótese contemplada pelo presente dispositivo e a prevista no art. 948 é a de que lá os confinantes foram citados como réus da ação demarcatória, que foi cumulada com a divisória nos termos do art. 947, e o despojamento de área ocorreu por força da execução da sentença que ordenou a demarcação, enquanto aqui a restituição de terrenos é demandada por quem não foi parte em ação nenhuma e tem como fundamento a usurpação decorrente da própria execução da sentença divisória a que aludem os arts. 979 e 973. Assim como na situação do art. 948, trata-se de ação que gera processo autônomo. Observe-se, por fim, que a decisão proferida nessa causa vai determinar o destino das benfeitorias respeitadas nos moldes do art. 973.

---

§ 1º Serão citados para a ação todos os condôminos, se ainda não transitou em julgado a sentença homologatória da divisão; e todos os quinhoeiros dos terrenos vindicados, se proposta posteriormente.

Vide Projeto de CPC, art. 580, § 1º.

Esta regra definidora da legitimação passiva para a ação que o confinante propõe com vista à reivindicação de terrenos usurpados tem redação idêntica à contida no art. 949, razão por que dispensamo-nos de qualquer outro comentário e remetemos o leitor ao que dissemos alhures. É que embora a situação jurídica dos confinantes seja diferente (lá eles foram partes, aqui não) a situação dos condôminos ou dos quinhoeiros é exatamente a mesma.

---

§ 2º Neste último caso terão os quinhoeiros o direito, pela mesma sentença que os obrigar à restituição, a haver dos outros condôminos do pro-

cesso divisório, ou de seus sucessores a título universal, a composição pecuniária proporcional ao desfalque sofrido.

Vide Projeto de CPC, art. 580, § 2º.

Com pequena alteração redacional na sua primeira parte, o presente dispositivo apenas reproduz o que o parágrafo único do art. 949 dispõe acerca do efeito da sentença de procedência do pedido reivindicatório em relação aos demais condôminos ou quinhoeiros. Logo, também no que concerne a essa regra remetemos o leitor ao que deixamos consignado no comentário à prescrição legal referida.

Art. 975. Concluídos os trabalhos de campo, levantará o agrimensor a planta do imóvel e organizará o memorial descritivo das operações, observado o disposto nos arts. 961 a 963.

Este art. 975 complementa o art. 972, que ordena a realização da medição do imóvel dividendo. Observe-se que os trabalhos de campo a que alude a presente regra correspondem à atividade disciplinada pelo art. 960, que é aplicável ao procedimento divisório por força do art. 972. Concluídos tais trabalhos – a medição e a consequente determinação da linha-perimétrica do imóvel e sua avaliação – estabelece o texto a exigência de que o agrimensor elabore a planta do imóvel e organize o memorial descritivo, o que ele fará observando, além das regras técnicas dos arts. 961 e 962, as constantes dos parágrafos a seguir. Note-se que o art. 963, objeto de remissão textual, não tem aplicação nesse momento, mas apenas quando se tratar da execução da demarcação dos quinhões, atividade esta que é regulada pelo art. 979. Registre-se, por fim, que como todo esse trabalho é apenas preparatório da sentença que deliberará sobre a partilha (art. 979), o art. 978 determina que, além da planta e do memorial descritivo, o agrimensor e os arbitradores apresentem laudo que proponha uma forma de divisão (*v.* nota ao art. 978).

§ 1º A planta assinalará também:

A planta do imóvel dividendo, que será orientada segundo o meridiano do marco primordial e elaborada nos termos do *caput* do art. 961, seus incisos e parágrafo único (*ex vi* do *caput* deste art. 975), ainda conterá, de acordo com este § 1º, as assinalações que seguem. Como se verá, as exigências são, em sua maioria, meras repetições dos incisos do art. 961, razão por que não precisariam existir. Seja como for, e apesar da má colocação da matéria, examinemos cada um dos incisos do parágrafo.

I – as povoações e vias de comunicação existentes no imóvel;

Inicialmente, este inciso I estabelece exigência completamente nova em relação à planta do imóvel demarcando (art. 961), porque torna necessária a expressa referência às povoações presentes nas terras dividendas. Observe-se que o requisito se explica dada a necessidade de se levar em conta também esse elemento para uma divisão cômoda e equânime do imóvel (*v.* o teor do art. 978). Já no que concerne à exigência de alusão às vias de comunicação não se trata de requisito tão inédito, uma vez que a lei, nesse passo, apenas transportou para a planta elemento informativo obrigatório do memorial descritivo (*v.* § 2º, VI, e respectiva nota).

II – as construções e benfeitorias, com a indicação dos seus fins, proprietários e ocupantes;

A exigência de assinalação das construções e seus fins é mera repetição do disposto no art. 961, II, mas a referência às benfeitorias, bem como a indicação de seus proprietários e ocupantes destas e daquelas, corresponde a informações textualmente exclusivas da planta do imóvel que é objeto de processo divisório (note-se, entretanto, que não está o agrimensor impedido de consignar tais informações na planta do imóvel demarcando se elas forem importantes como base do trabalho demarcatório – *v.* art. 961, II, *in fine*). Observe-se que a exigência se explica como a anterior (inciso I): a indicação das construções e das benfeitorias é relevante para que se possa determinar com justiça a divisão das terras entre os quinhoeiros (*v.* o teor dos arts. 976 a 978; *v.*, ainda, § 2º, V).

III – as águas principais que banham o imóvel;

A assinalação das águas principais que banham o imóvel corresponde à exigência já explicitada pelo inciso III do art. 961, que o faz, contudo, em termos mais rigorosos porque nele fica estabelecida a necessidade de determinação dos respectivos volumes (nada impede o agrimensor de consignar tal informação também aqui se lhe parecer relevante para a divisão que será proposta no laudo – art. 978). A *ratio* da prescrição é idêntica à das regras contidas nos incisos anteriores (*v.* nota ao inciso III do art. 961; *v.*, ainda, § 2º, II, deste artigo).

IV – a composição geológica, qualidade e vestimenta dos terrenos, bem como o valor destes e das culturas.

A expressa indicação da composição geológica e da qualidade dos terrenos é requisito não exigido da planta do imóvel demarcando (art. 961), mas apenas do dividendo, segundo a presente disposição legal, o que se explica pelo fato desse elemento ser de extremada importância para divisão justa das terras entre os condôminos (*v.* art. 978). Também a consignação do valor dos terrenos e das culturas neles existentes se justifica pelos propósitos divisórios (*v.* arts. 976 e 977). Observe-se que o dispositivo sob enfoque transporta para a planta do imóvel dividendo requisito próprio e comum do memorial descritivo (*v.* § 2º, I, e nota).

§ 2º O memorial descritivo indicará mais:

Também o memorial descritivo do imóvel dividendo deverá ser juntado aos autos acompanhando a planta e a caderneta de operações de campo a teor do disposto no art. 962, *caput,* aplicável ao procedimento divisório por força do *caput* do art. 975 sob comentário. Sobre o que sejam o memorial descritivo e a caderneta de campo, consulte-se o que dissemos a respeito da regra anteriormente mencionada. Observe-se, por derradeiro, que os oito elementos informativos elencados a seguir têm paralelo bastante imperfeito nos incisos do art. 962. Vejamos.

I – a composição geológica, a qualidade e o valor dos terrenos, bem como a cultura e o destino a que melhor possam adaptar-se;

Se a indicação da composição geológica, da qualidade e do valor dos terrenos é exigida da planta do imóvel dividendo (§ 1º, IV) é evidente a necessidade de expressa alusão a tais elementos informativos no memorial que a explica. Quanto à indicação do destino a que melhor possam adaptar-se, trata-se de exigência ligada ao fato de que o juiz precisa estar inteirado deste tipo de informação para poder dividir com justiça e equilíbrio o imóvel entre os condôminos (*v.* art. 978). Compare-se a presente disposição com o inciso IV do art. 962 e consulte-se a respectiva nota.

II – as águas que banham o imóvel, determinando-lhes, tanto quanto possível, o volume, de modo que se lhes possa calcular o valor mecânico;

A expressão redacional da disposição sob análise é quase que reprodução literal do disposto no inciso III do art. 961, que institui requisito da planta do imóvel demarcando. Como em relação ao procedimento divisório a lei exige que a própria planta indique as águas principais que banham as terras (§ 1º,

III), nada mais curial que o memorial descritivo esclareça, além da caracterização das águas, também o volume e o seu valor mecânico, o que é significativo para os propósitos de divisão equânime que o art. 978 institui. Sobre águas, volume e valor remetemos o consulente ao que dissemos acerca do inciso III do referido art. 961.

III – a qualidade e a extensão aproximada de campos e matas;

Embora o § 1º deste art. 975 não faça alusão à exigência de que o agrimensor assinale na planta do imóvel dividendo os campos, as matas e suas extensões, tais elementos informativos são de referência obrigatória por força do disposto no inciso IV do art. 961 que os menciona expressamente. Lembre-se de que o *caput* do art. 975 sob comentário faz remissão ao art. 961, o que transporta os seus requisitos para a planta do imóvel a ser dividido. Logo, se os elementos referidos são exigência da planta, também o serão do memorial descritivo (*v.* nota ao inciso IV do artigo apontado).

IV – as indústrias exploradas e as suscetíveis de exploração;

A respeito de indústrias exploradas ou por se explorar, nada fala o art. 962 (que institui os requisitos do memorial descritivo do imóvel demarcando), nem a tal elemento se refere o § 1º deste art. 975 (que estabelece os requisitos da planta dos terrenos dividendos). A omissão indicada se explica por dois motivos: *a*) para o processo demarcatório não é relevante se nas construções existentes funciona indústria ou se nelas se fez sede ou galpões (*v.* art. 961, II, parte inicial e final); *b*) para o processo divisório, tal circunstância funcional do imóvel é relevante (*v.* art. 978), mas não para fins de sua caracterização geográfica, razão por que da planta nada precisa constar nesse sentido. Assim, por força do presente dispositivo deve o agrimensor ocupar-se, quando da elaboração do memorial, com a caracterização da indústria, mediante a declaração de todos os seus elementos identificadores mais importantes, ou sugerir a sua exploração de acordo com as conveniências do imóvel examinado.

V – as construções, benfeitorias e culturas existentes, mencionando-se os respectivos proprietários e ocupantes;

A necessidade de identificação das construções e das benfeitorias existentes no imóvel dividendo decorre, em última instância, da importância desses elementos para os objetivos consagrados pelo art. 978, bem como do fato de a lei ter exigido que tais informes constem da planta elaborada pelo agrimensor (§

1º, II). Idêntico raciocínio vale para as culturas (§ 1º, IV, *in fine*), exigindo-se em ambos os casos a indicação dos proprietários e dos ocupantes. Note-se que tais informações não são exigidas pelo art. 962, que disciplina os requisitos do memorial descritivo do imóvel demarcando, o que se explica pela irrelevância desse elemento para os fins estritamente demarcatórios.

VI – as vias de comunicação estabelecidas e as que devam ser abertas;

A expressa alusão, no memorial descritivo, às vias de comunicação existentes no imóvel dividendo (ou que devem ser estabelecidas nele futuramente) é de enorme importância para o alcance dos fins de justiça instituídos pelo art. 978. Eis a *ratio* do presente dispositivo, o que também explica, ao lado da relevância identificatória, o requisito constante do inciso I do § 1º anterior. Sobre o que sejam tais vias de comunicação remetemos o leitor ao que dissemos acerca do inciso V do art. 962, que possui conteúdo normativo semelhante.

VII – a distância aproximada à estação de transporte de mais fácil acesso;

A distância do imóvel dividendo da estação de transporte de mais fácil acesso é outro elemento informativo importantíssimo para a caracterização das terras, o que, por isso, também importa sobremaneira aos fins de justiça que o art. 978 contempla. Observe-se que idêntica informação é exigida do agrimensor ao elaborar o memorial descritivo do imóvel demarcando nos termos do inciso VI do art. 962, merecendo consignação a circunstância de que, dado o maior detalhamento normativo desta última regra, deve ela ser observada quando da elaboração do memorial no processo divisório, *ex vi* do disposto no *caput* deste art. 975 (*v.* comentário ao art. 962, VI, destarte).

VIII – quaisquer outras informações que possam concorrer para facilitar a partilha.

Este inciso VIII estabelece genericamente a necessidade de o agrimensor consignar no seu memorial descritivo quaisquer outras informações que possam contribuir para o fim específico do processo divisório que é a partilha das terras em quinhões a ser determinada pelo juiz por sentença (art. 979). Logo, apenas sob o prisma da atividade entregue pela lei ao agrimensor, e não pelos seus fins, é que há paralelo entre a presente disposição e a constante do inciso VII do art. 962. Outras informações nesse contexto, assim, são, por exemplo, a indicação de benfeitorias ou reformas que possam ser facilmente realizáveis para valorizar certas áreas, a terraplenagem de determinado morro para equiparar os quinhões, etc.

Art. 976. Durante os trabalhos de campo procederão os arbitradores ao exame, classificação e avaliação das terras, culturas, edifícios e outras benfeitorias, entregando o laudo ao agrimensor.

Para o agrimensor, os trabalhos de campo no processo divisório se identificam inicialmente com o levantamento da planta do imóvel e a organização do memorial descritivo, atividade esta que é disciplinada basicamente pelo art. 975. Já para os arbitradores, os trabalhos de campo significam o abrangente exame das terras para fins avaliatórios e classificatórios de acordo com o texto sob exame. Nada impede que física e temporalmente o agrimensor e os arbitradores trabalhem juntos, mas o centro da atenção destes estará apenas na avaliação das terras, das culturas, dos edifícios e das benfeitorias, o que lhes permitirá, em seguida, classificar eventualmente, porque se as terras são homogêneas e não possuem culturas, nem benfeitorias, não haverá o que classificar (*v.* art. 977). Observe-se que elementos como águas, vias de comunicação, proximidade de mercado, estações ou centro urbano interferem diretamente no trabalho avaliatório, razão por que devem ser consignados no laudo que os arbitradores entregarão ao agrimensor.

Art. 977. O agrimensor avaliará o imóvel no seu todo, se os arbitradores reconhecerem que a homogeneidade das terras não determina variedade de preços; ou o classificará em áreas, se houver diversidade de valores.

Na hipótese das terras examinadas serem heterogêneas, quem avaliará as várias glebas ou terrenos que as compõem são os arbitradores nos termos do artigo anterior. Se, pelo contrário, constatarem os arbitradores que se trata de imóvel homogêneo, esses farão constar do seu laudo tal circunstância como fundamento e o entregarão ao agrimensor para que este proceda à avaliação global das terras. Da posse desse laudo, o agrimensor realizará agora um novo exame, esse de cunho estritamente avaliatório, que poderá apresentar dois resultados diferentes: *a*) o agrimensor conclui que, de fato, as terras são homogêneas e, nesse caso, declara o seu valor total, expondo os seus cálculos por meio de laudo autônomo que será juntado aos autos com a planta, o memorial descritivo e o laudo dos arbitradores, além do laudo a que se refere o art. 978; *b*) o agrimensor discorda do laudo dos arbitradores e, como consequência e sem mais delongas, realiza o seu próprio, classificando as áreas segundo os diferentes valores apurados. Observe-se, por fim, que se as terras forem avaliadas por glebas pelos arbitradores, ainda assim competirá ao agrimensor realizar a avaliação do todo por meio de laudo autônomo. Eis o motivo por que os arbitradores entregam o seu laudo ao agrimensor nos termos da parte final do art. 976.

Art. 978. Em seguida os arbitradores e o agrimensor proporão, em laudo fundamentado, a forma da divisão, devendo consultar, quanto possível, a comodidade das partes, respeitar, para adjudicação a cada condômino, a preferência dos terrenos contíguos às suas residências e benfeitorias e evitar o retalhamento dos quinhões em glebas separadas.

Vide Projeto de CPC, art. 581.

Inicialmente, queremos ressaltar o aspecto processual da regra: ao lado da planta (art. 975, § 1º), do memorial descritivo (art. 975, § 2º), do laudo dos arbitradores (art. 976) e do laudo avaliatório total do agrimensor (art. 977), manda o presente dispositivo que o agrimensor e os arbitradores elaborem conjuntamente e entreguem em juízo um último laudo do qual conste a formulação de uma proposta concreta de divisão das terras. Estes cinco documentos serão oferecidos e juntados simultaneamente aos autos do processo divisório. Examinemos agora a questão de fundo envolvida. Muito bem, de acordo com a parte final da norma sob enfoque, o primeiro critério a ser utilizado pelos *experts* para a apresentação de proposta é a comodidade das partes. É que a boa divisão, além de justa, tem de ser cômoda, isto é, não deve ser fonte de futuros problemas ou embargos decorrentes da criação, já a princípio, de propriedades desvalorizadas, dadas as dificuldades de exploração ou convívio com os vizinhos (a observação é de Hamilton de Moraes e Barros). Na medida do possível, assim, deverão os técnicos constituir para cada condômino um quinhão, que seja integrado pelos terrenos contíguos à sua residência ou benfeitoria, munido de um pouco d'água, matas e saída para a via pública. Observe-se que o retalhamento de um quinhão em mais de uma gleba deve ser evitado sempre que possível. Todavia, tais princípios não podem, às vezes, ser obedecidos porque ocasionam o prejuízo a outros interessados, razão por que em assunto dessa natureza a razoabilidade e o bom-senso são imprescindíveis.

§ 1º O cálculo será precedido do histórico das diversas transmissões efetuadas a partir do ato ou fato gerador da comunhão, atualizando-se os valores primitivos.

Tendo em conta o *caput* do art. 979 que literalmente distingue o cálculo do plano divisório, a conclusão a que se chega é a de que o cálculo referido no presente dispositivo só pode mesmo ser o conjunto de operações aritméticas que fundamentam e explicam a proposta de divisão. O que a lei manda, nesse passo, portanto, é que, antes de os técnicos exporem tal fundamentação, devem deles ocupar-se com a história das compras, das doações, das heranças, etc. que tiveram por objeto o imóvel dividendo desde o momento em que se formou o condomínio, declarando-se também a própria origem da comunhão (compra em comum, herança comum ou outro ato jurídico). A atualização dos valores visa a dar ao juiz e às partes parâmetros mais reais acerca da dimensão econômica da causa e das terras.

§ 2º Seguir-se-ão, em títulos distintos, as contas de cada condômino, mencionadas todas as aquisições e alterações em ordem cronológica bem como as respectivas datas e as folhas dos autos onde se encontrem os documentos correspondentes.

Ainda antes da formulação da proposta de divisão, deverão o agrimensor e os arbitradores mencionar no laudo a situação jurídica de cada condômino com a expressa alusão ao seu título de domínio, os partícipes do ato, a data do instrumento e do registro, as folhas dos autos nos quais se encontram juntados, tudo em ordem cronológica, para dar não só ao juiz, mas também às partes, uma ideia exata da situação global do imóvel. Esse requisito e o anterior (§ 1º), vistos como um todo, aproximam, em sua forma, este laudo dos peritos de um instrumento público ou particular qualquer.

§ 3º O plano de divisão será também consignado em um esquema gráfico.

A regra em questão institui documento obrigatório que deve acompanhar o laudo pericial que instrumentaliza a proposta de divisão formulada em conjunto pelo agrimensor e pelos arbitradores. Trata-se do esquema gráfico do plano, como diz o texto, que se traduz, via de regra, numa segunda planta do imóvel que expresse formalmente todos os quinhões em que os terrenos poderão ser repartidos com suas características e exatas dimensões.

Art. 979. Ouvidas as partes, no prazo comum de 10 (dez) dias, sobre o cálculo e o plano da divisão, deliberará o juiz a partilha. Em cumprimento desta decisão, procederá o agrimensor, assistido pelos arbitradores, à demarcação dos quinhões, observando, além do disposto nos arts. 963 e 964, as seguintes regras:

Vide Projeto de CPC, art. 582, caput

Presentes nos autos os laudos a que se referem os arts. 976 a 978, ordenará o juiz, ato contínuo, a abertura de vista aos litigantes para que sobre eles se manifestem. É o que diz a parte inicial do dispositivo sob enfoque em franca homenagem ao princípio do contraditório. Observe-se que apesar da ausência de previsão, se houver críticas ou ressalvas, manifestadas por quaisquer das partes, nada impede o magistrado de ouvir o agrimensor ou os arbitradores antes de decidir. A deliberação sobre a partilha a que alude o texto corresponde à típica decisão interlocutória por meio da qual ficará estabelecida a forma da divisão geodésica do imóvel. Como o recurso interponível contra tal ato – o agravo de instrumento – não tem efeito suspensivo (art. 497, *in fine*), o seu cumprimento é imediato pelo agrimensor e os arbitradores nos termos dos arts. 963 e 964. Registre-se, por fim, que as regras específicas elencadas a seguir não orientam, como pode parecer, os trabalhos dos *experts*, mas sim a deliberação da partilha que o juiz realiza.

I – as benfeitorias comuns, que não comportarem divisão cômoda, serão adjudicadas a um dos condôminos mediante compensação;

Vide Projeto de CPC, art. 582, I.

A norma em questão tem nítido caráter material e sua finalidade é impedir futuros conflitos mediante a harmonização desde logo dos interesses das partes no processo divisório. Dada a relatividade do conceito de divisão cômoda, deve o magistrado agir com bastante prudência e equilíbrio no caso concreto, avaliando e declarando todos os elementos de convicção que o levam a adjudicar as benfeitorias a um condômino, e não a outro, em razão da impossibilidade de divisão cômoda, conclusão que também precisa ser justificada evidentemente. O senso de justiça é o substrato fundamental desta decisão interlocutória.

II – instituir-se-ão as servidões, que forem indispensáveis, em favor de uns quinhões sobre os outros, incluindo o respectivo valor no orçamento para que, não se tratando de servidões naturais, seja compensado o condômino aquinhoado com o prédio serviente;

Vide Projeto de CPC, art. 582, II.

O que primeiro chama a atenção neste dispositivo é que a lei reconhece a possibilidade de o juiz emitir um provimento jurisdicional sem a devida iniciativa de parte. A instituição de servidões nesse contexto significa, portanto, exceção ao princípio dispositivo ou ao princípio da ação (arts. 2º e 262) porque o magistrado a concede sem que ninguém a tenha pedido anteriormente.

Seja como for, parece relevante consignar que tal providência só tem cabimento na hipótese de as servidões serem indispensáveis à utilização da gleba, o que o juiz deverá declarar e fundamentar (o fundamento é buscado, via de regra, no laudo que contém a proposta de divisão do agrimensor e dos arbitradores). Observe-se, ainda, que, não se tratando de servidões naturais, ordena o texto que o seu valor seja indicado de forma expressa para que o condômino do prédio serviente seja compensado, compensação esta que deve ser objeto de decisão constante do mesmo ato (*v.*, ainda, art. 980, § 2º, III).

III – as benfeitorias particulares dos condôminos, que excederem a área a que têm direito, serão adjudicadas ao quinhoeiro vizinho mediante reposição;

Vide Projeto de CPC, art. 582, III.

As benfeitorias particulares, isto é, aquelas que já pertenciam ao condômino antes da instauração do processo divisório, têm destino predeterminado segundo o texto sob análise, o que significa que em relação a elas o juiz não dispõe de arbítrio como acontece na hipótese do inciso I. Assim, se qualquer benfeitoria particular acabar ficando fora do quinhão do seu respectivo proprietário por força da decisão prevista pelo *caput*, a solução é a sua adjudicação ao quinhoeiro vizinho mediante reposição em dinheiro (mas *v.* inciso IV), cujo valor o magistrado fixará (lembre-se de que do laudo a que se refere o art. 976 consta a avaliação das benfeitorias).

IV – se outra coisa não acordarem as partes, as compensações e reposições serão feitas em dinheiro.

Vide Projeto de CPC, art. 582, IV.

O acordo entre as partes a que alude o texto é negócio jurídico material introduzido nos autos por petição conjunta antes da deliberação da partilha de que fala o *caput*. Havendo tal acordo, o juiz determinará que as compensações e as reposições serão feitas nos termos convencionados; não havendo, elas se realizam pelo meio pecuniário, o que, no entanto, não impede as partes envolvidas de convencionarem coisa diferente quando da operação efetiva da compensação ou da reposição, uma vez que se trata, via de regra, de patrimônio disponível.

Art. 980. Terminados os trabalhos e desenhados na planta os quinhões e as servidões aparentes, organizará o agrimensor o memorial descritivo. Em

seguida, cumprido o disposto no art. 965, o escrivão lavrará o auto de divisão, seguido de uma folha de pagamento para cada condômino. Assinado o auto pelo juiz, agrimensor e arbitradores, será proferida sentença homologatória da divisão.
Vide Projeto de CPC, art. 583, caput

Concluídos os trabalhos demarcatórios que são realizados nos termos do art. 963 (*v. caput* do art. 979), e elaborada a respectiva planta com a indicação de todos os quinhões e as servidões aparentes (que certamente tomará por base a prevista pelo § 1º do art. 975), manda o texto que o agrimensor organize um novo memorial descritivo do qual constarão as mesmas informações que foram objeto do primeiro (art. 975, § 2º), acrescidas de todos os dados concernentes à partilha determinada pelo juiz e que o próprio agrimensor executar. Juntados aos autos o memorial e a planta, sobre tais documentos manifestar-se-ão as partes em dez dias, e também os técnicos se for necessário, seguindo-se a ordem de correção e/ou retificações com o que se preparará a lavratura do auto de divisão (*v.* comentário ao art. 965 em tudo e por tudo aplicável à presente situação processual). Assinado o auto pelo juiz e pelos técnicos, proferirá o magistrado sentença homologatória da divisão (*v.* nota ao art. 966 também aplicável *in casu*), que é ato decisório de mérito de caráter constitutivo negativo, posto que extingue o condomínio, criando situação dominial nova. A apelação contra tal ato não tem efeito suspensivo nos termos do art. 520, I.

§ 1º O auto conterá:
Vide Projeto de CPC, art. 583, § 1º.

O auto de divisão é a peça do processo divisório, de conteúdo determinado pela lei, cuja finalidade é a criação de título nos autos que declare expressa e minuciosamente a dimensão do imóvel dividendo, bem como de cada um dos imóveis desmembrados, suas fronteiras, a qualidade das terras, sua composição, assim como todos os seus principais elementos identificadores. A seguir ficam instituídos detalhadamente os requisitos substanciais e formais que o auto de divisão deve preencher.

I – a confinação e a extensão superficial do imóvel;
Vide Projeto de CPC, art. 583, § 1º, I.

O requisito relativo à extensão superficial do imóvel é preenchido pelo escrivão mediante a declaração: *a*) da área total, em metros quadrados, do imóvel dividendo; *b*) da figura geométrica pela qual se expressa; *c*) da descrição da linha do perímetro de acordo com a planta e o memorial (arts. 975, §§ 1º e 2º, 961 e 962, combinados). Já quanto à confinação, trata-se da declaração dos nomes dos proprietários de todos os imóveis que fazem fronteira com o terreno dividendo, o que o escrivão vai realizando na medida em que descreve a linha do perímetro.

II – a classificação das terras com o cálculo das áreas de cada consorte e a respectiva avaliação, ou a avaliação do imóvel na sua integridade, quando a homogeneidade das terras não determinar diversidade de valores;

Vide Projeto de CPC, art. 583, § 1º, II.

De acordo com o presente dispositivo, também a declaração da classificação das terras, o cálculo das áreas de cada quinhoeiro e a respectiva avaliação devem constar expressamente do auto de divisão, informações estas que se encontram presentes no laudo avaliatório e classificatório dos arbitradores (art. 976), bem como no laudo conjunto de proposta de divisão (art. 978). Quanto à avaliação do imóvel em sua integridade a que alude a prescrição, trata-se de informação encontrável no laudo avaliatório que o próprio agrimensor realiza quando há homogeneidade das terras (art. 977).

III – o valor e a quantidade geométrica que couber a cada condômino, declarando-se as reduções e compensações resultantes da diversidade de valores das glebas componentes de cada quinhão.

Vide Projeto de CPC, art. 583, § 1º, III.

A disposição legal sob exame institui como requisito do auto de divisão a declaração da extensão superficial do quinhão cabente a cada condômino, o que será realizado mediante a afirmação da "quantidade geométrica", como diz o texto, e ainda pela precisa indicação da linha do perímetro com seus marcos e rumos e dos principais elementos identificadores da porção de terra atribuída ao quinhoeiro (*v.* art. 975, § 2º, I a VIII). Além disso, estabelece a prescrição a necessidade de que conste do auto o valor das terras (*v.* arts. 976 e 977) e as reposições e as compensações que o juiz houver determinado na sentença de deliberação da partilha (*v.* art. 979, *caput* e incisos I, II e III).

---

§ 2º Cada folha de pagamento conterá:

Vide Projeto de CPC, art. 583, § 2º.

Diferentemente do auto, que é documento único do processo divisório, a folha de pagamento é peça que cada condômino receberá e que, somada à decisão do art. 979 e à sentença homologatória da divisão, servirá de título para fins de registro (LRP, art. 167, I, 23). Assim como o auto, também a folha de pagamento deve preencher certos requisitos para ter validade perante a lei. Tais requisitos diferem, contudo, um pouco daqueles relativos ao auto. Vejamos.

I – a descrição das linhas divisórias do quinhão, mencionadas as confinantes;

Vide Projeto de CPC, art. 583, § 2º, I.

Como, a partir da divisão, cada condômino passa a ter a qualidade de proprietário exclusivo do seu quinhão, nada mais lógico que, de cada folha de pagamento, conste a exata e precisa descrição do imóvel desmembrado, mediante a declaração do seu perímetro, isto é, da linha divisória, com seus marcos e rumos, bem como com a indicação expressa de todos os seus confinantes (ex--condôminos ou não). Embora o texto não diga, tudo recomenda que também da folha de pagamento conste expressamente a extensão superficial do imóvel, por metros quadrados, e a sua configuração geométrica.

II – a relação das benfeitorias e culturas do próprio quinhoeiro e das que lhe foram adjudicadas por serem comuns ou mediante compensação;

Vide Projeto de CPC, art. 583, § 2º, II.

Outra exigência imposta à folha de pagamento que cada condômino vai receber é a relação de benfeitorias e culturas que já lhe pertenciam, somada a de benfeitorias e culturas que lhe foram adjudicadas (art. 979, I e III). Tal requisito, como se vê, tem finalidade claramente identificatória e deve ser preenchido pelo escrivão a partir das informações constantes do memorial descritivo elaborado pelo agrimensor (art. 975, § 2º, V) e do laudo conjunto (art. 978). Note-se que idêntica exigência não é feita pela lei em relação ao auto de divisão (*v.* § 1º).

III – a declaração das servidões instituídas, especificados os lugares, a extensão e modo de exercício.

Vide Projeto de CPC, art. 583, § 2º, III.

As servidões a que alude a disposição legal sob enfoque são apenas aquelas que o juiz institui *ex officio* porque indispensáveis à utilização do quinhão e que se encontram previstas pelo inciso II do art. 979 (*v.* nota). As servidões preexistentes não precisam ser declaradas, haja vista que a lei não as reconhece como elemento identificatório importante, tanto que delas não fala o § 1º anterior, nem o art. 975. Observe-se que, na hipótese de ser necessária a declaração de servidões, exige a lei a específica referência do seu lugar, da sua extensão e do modo de seu exercício, dados estes encontráveis na decisão interlocutória que as institui (art. 979).

Art. 981. Aplica-se às divisões o disposto nos arts. 952 a 955.

Vide Projeto de CPC, art. 584.

A regra sob enfoque é absolutamente despicienda no sistema do Código – e mais do que isso, repetitiva –, uma vez que o art. 968 de forma expressa afirma a aplicação dos arts. 953 a 955 ao processo divisório. Também no que concerne à remissão ao art. 952 a norma é de pouca utilidade porque o art. 1.320, *caput*, do CC, é explícito ao consignar que "a todo tempo será lícito ao condômino exigir a divisão da coisa comum", de sorte que o único elemento normativo neste art. 981 que tem alguma valia é a remissão à parte final do art. 952, que manda citar os demais condôminos como litisconsortes. E só!

CAPÍTULO IX
DO INVENTÁRIO E DA PARTILHA

Vide Projeto de CPC, arts. 596 a 659
(Capítulo VI – Do Inventário e da Partilha).

Sob o título "Do Inventário e da Partilha" disciplina o CPC o procedimento especial por cujo intermédio se realiza "a descrição individuada e clara dos bens da herança, sejam móveis ou imóveis, dívidas ativas e outros direitos", com vista à entrega pelo juiz de uma providência que faça cessar entre os herdeiros "o estado de comunhão incidente determinado pelo concurso de direitos, que eles têm sobre os bens do acervo hereditário" (Clóvis Beviláqua). Trata-se, assim, do procedimento consistente no arrolamento de todos os bens que compõem dito acervo mais a sua partilha entre os herdeiros, ou a adjudicação de toda a herança ao herdeiro único (Antonio Carlos Marcato). Sobre a sua natureza jurídica, estamos convencidos de que o legislador de 1973 procedeu com acerto ao situar o inventário e a partilha entre os procedimentos especiais de jurisdição contenciosa. Inicialmente, cumpre ressaltar que todo o ritual do inventário é construído sob a perspectiva de um litígio que só se revela concretamente quando as partes formulam seus "pedidos de quinhão" e o juiz o julga ao proferir o "despacho de deliberação da partilha" (art. 1.022); a pressuposição de um litígio e o escopo de sua resolução, mediante atividade substitutiva do juiz, caracterizam a verdadeira jurisdição (*v.* nota ao título do Capítulo I, do Título I, do Livro I). Afirmar-se, portanto, com base no art. 984, que no inventário não há litígio, não é correto, uma vez que tal dispositivo significa apenas uma limitação à atividade cognitiva do juiz (a investigação fática só se admite se estribada em documentos) e jamais um impedimento a que o juiz resolva litígio. Nem se argumente, por outro lado, que, na maioria das vezes, o inventário se encerra com uma sentença homologatória de partilha amigável, argumento com o qual se busca negar a jurisdicionalidade desse procedimento. Insistimos: o inventário é construído sob a perspectiva de um litígio, que só aparece quando do pedido de quinhão, e sob a perspectiva de sua eliminação pelo "despacho de deliberação da partilha" (art. 1.022); o acordo entre as partes no curso do processo e sua homologação não transmuda a natureza do inventário, assim como o acordo numa ação de despejo, *v. g.*, não torna o despejo um procedimento de jurisdição voluntária. Afirmar-se, de outra parte, como argumento, que, no inventário, não há autor, nem réu, também não convence. O inventário é um procedimento tão especial que a ideia de petição inicial se dilui em quatro atos: o de abertura do processo (art. 987), as primeiras e as últimas declarações (arts. 993 e 1.111), e o pedido de quinhão (art. 1.022); tão especial que a ideia de contestação se dilui em mais alguns: a manifestação sobre as primeiras declarações (art. 1.000), sobre a avaliação (art. 1.009), sobre as últimas declarações (art. 1.012), sobre o cálculo (art. 1.013) e, finalmente, sobre os pedidos de quinhão (sem regra expressa) e sobre o esboço (art. 1.024). Se, somente para argumentar, se pudesse admitir a inexistência, no sistema, do procedimento do inventário, a utilização do procedimento ordinário, no seu lugar, implicaria ter a inicial aqueles quatro conteúdos indicados e a contestação aqueles vários outros. Não há autor, nem réu, no inventário, porque não convém, já que todos os herdeiros se encontram na mesma situação jurídica no plano material; a especialidade do inventário impede que alguém assuma a posição de autor ou de réu; todos têm, simultaneamente, a mesma condição de quem postula e de quem se defende. Não é por outra razão que, com bastante frequência, as citações previstas no inventário (art. 999) não acontecem, uma vez que os herdeiros voluntariamente se habilitam, dispensando o ato convocatório, porque não são réus propriamente, mas autores e réus ao mesmo tempo. Observe-se, também, que é justamente esse quadro de intensa especialidade que autoriza o juiz a instaurar o inventário de ofício (art. 989) sem que isso comprometa minimamente a sua imparcialidade, porquanto a instauração do procedimento não significa vinculação ao interesse de quem quer que seja, posto que o litígio só aparecerá claramente no instante do pedido de quinhão. No inventário, destarte, há litígio sim, pretensões e resistências, prova de fatos controvertidos (só por documentos – no mandado de segurança, coisa semelhante acontece), substitutividade do juiz (embora não haja sentença de procedência ou improcedência, já que não há quem seja exclusivamente autor ou réu), escopo de atuação do direito por meio de processo (do qual não se exige inércia do magistrado) e definitividade da sentença, vale dizer, sentença que faz coisa julgada (a que julga a partilha), tanto que rescindível (art. 1.030). Tudo a demonstrar que o inventário é genuinamente um procedimento especial de jurisdição contenciosa, e não de jurisdição voluntária.

Seção I
Das Disposições Gerais

Vide Projeto de CPC, arts. 596 a 600 (Seção I – Disposições Gerais).

Art. 982. Havendo testamento ou interessado incapaz, proceder-se-á ao inventário judicial; se todos forem capazes e concordes, poderá fazer-se o inventário e a partilha por escritura pública, a qual constituirá título hábil para o registro imobiliário.

Vide Projeto de CPC, art. 596, caput

Rompendo com a longa tradição do nosso direito de exigir a obrigatória participação do Poder Judiciário para a concretização de qualquer inventário e partilha de bens a título *causa mortis*, surge a revolucionária Lei n. 11.441/2007 para alterar a redação do presente art. 982 do CPC e restringir expressamente a atuação judicial aos inventários fundados em testamento ou aos inventários de que participe algum incapaz como interessado. Não havendo testamento, nem incapaz envolvido, e desde que todas as partes estejam concordes, o procedimento jurisdicional do inventário e partilha é substituído pela escritura pública (escritura pública de inventário e partilha) a ser celebrada nos termos dos parágrafos deste art. 982. Observe-se, desde logo, que não basa a inexistência de testamento somada à inexistência de interessado incapaz para que se tenha por admitido o inventário por via administrativa. Além desses dois requisitos negativos, é necessária a expressa concordância de todos os herdeiros capazes (*v.* parágrafos seguintes e nota) para que se viabilize o inventário e a partilha por escritura pública. Não se trata, portanto, da instituição do cabimento generalizado do inventário administrativo quando não haja testamento ou incapaz, mas apenas da admissibilidade da substituição do procedimento judicial do inventário sem litígio pela escritura pública de inventário e partilha consensuais. Havendo litígio entre os interessados – mesmo que não exista nenhum incapaz e mesmo que o falecido não tenha deixado testamento – o processo de inventário e partilha continua necessário como sempre, porque, no estado de direito, salvo poucas exceções, é o Poder Judiciário que tem o papel institucional de solucionar conforme o Direito, imparcial e definitivamente, conflitos de interesse ou litígios surgidos entre as pessoas, incluindo, obviamente, herdeiros, cônjuge ou companheiro de falecido *ab intestato*. Sobre o novo posicionamento sistemático do art. 1.031 deste Código, que trata da homologação de partilha amigável, remetemos o leitor ao comentário respectivo (texto de acordo com a Lei n. 11.441/2007).

---

§ 1º O tabelião somente lavrará a escritura pública se todas as partes interessadas estiverem assistidas por advogado comum ou advogados de cada uma delas ou por defensor público, cuja qualificação e assinatura constarão do ato notarial.

Vide Projeto de CPC, art. 596, § 1º.

O presente parágrafo – criado pela Lei n. 11.441/2007 e alterado pela Lei n. 11.965/2009 – complementa a disciplina iniciada pelo *caput*, repetindo a necessidade de participação de todas as partes interessadas, explicitando a atribuição do tabelião para lavrar a escritura pública de inventário e partilha e, finalmente, instituindo a exigência de que todos os interessados estejam assistidos por advogado comum, cada um deles pelo seu respectivo advogado ou por defensor público. Trata-se, como se vê, de regra que particulariza hipótese de indispensabilidade de assistência a ser prestada por advogado ou defensor público, mas não para um fim judicial, e sim civil. Algumas observações interpretativas se impõem. A primeira, no sentido de que nada impede a parte interessada, que também seja advogado, de se autoassistir perante o tabelião. A segunda, no sentido de que o texto deste parágrafo não proíbe que um grupo de interessados se faça assistir por um advogado e outro grupo por um segundo advogado ou defensor público; sob o ponto de vista estético-redacional, não era conveniente ou possível explicitar tal hipótese. A terceira, no sentido de que, apesar da falta de maior clareza, este parágrafo não exige o comparecimento pessoal dos interessados, estando admitida a representação por procurador habilitado munido de procuração por instrumento público e da qual constem poderes específicos para o inventário e a partilha consensual; se o procurador for também advogado, constando do instrumento do mandato a assistência por ele prestada para o ato, dispensada também fica a presença física de advogado na celebração da escritura. E, finalmente, a quarta observação: se, por qualquer motivo, não for conveniente ou confortável para as partes a realização da escritura pública de inventário e partilha consensual, permanece aberta a porta da instauração do procedimento de arrolamento sumário de que trata o art. 1.031 deste Código; a previsão "poderá fazer-se", do *caput* deste art. 982, aponta para a facultatividade do inventário e da partilha pela via administrativa (texto de acordo com a Lei n. 11.965/2009).

§ 2º A escritura e demais atos notariais serão gratuitos àqueles que se declararem pobres sob as penas da lei.
Vide Projeto de CPC, art. 596, § 2º.

Inspirado pela constante exigência de aprimoramento do sistema jurídico, institui o presente § 2º a gratuidade da escritura pública de inventário e partilha para todos aqueles que se declararem pobres sob as penas da lei. A regra é de suma importância social porque atribui ao que recorre à via da escritura pública para fazer inventário e partilha o mesmo benefício de que usufrui aquele que recorre ao processo judicial, qual seja, a gratuidade prevista pela Lei de Assistência Judiciária. Com efeito, se a Lei n. 1.060, de 05.02.1950, por seu art. 2º, *caput*, afirma que "gozarão dos benefícios desta Lei os nacionais ou estrangeiros residentes no país que necessitarem recorrer à justiça penal, civil, militar, ou do trabalho", permaneceriam fora de seu alcance os que se valem da atividade administrativa que desempenha o tabelião quando lavra a escritura pública e pratica os outros atos notariais pertinentes ao inventário extrajudicial. Ocorre que tal exclusão significaria uma discriminação injustificada contra o que se vale deste novo meio substitutivo da jurisdição que é a escritura para fins de inventário. Afinal, por que o pobre que vai à Justiça tem o direito à gratuidade e o pobre que vai ao tabelião não tem? Foi justamente para criar o tratamento isonômico que o focalizado § 2º agora estabelece de forma expressa a gratuidade em favor dos que "se declararem pobres sob as penas da lei". Observe-se que a equiparação jurídica de que cogitamos também se revela na forma de exercício do direito: assim como o art. 4º da Lei da Assistência Judiciária se contenta com a "simples afirmação, na própria petição inicial, de que não está em condições de pagar as custas do processo e os honorários de advogado, sem prejuízo próprio ou de sua família", o presente § 2º se satisfaz com o ato dos necessitados de "se declararem pobres sob as penas da lei", incidindo por analogia a exigência de declaração sobre a falta de condições de arcar com as custas (despesas da escritura) e com os honorários (o que também explica a expressa alusão ao defensor público no *caput* e no § 1º deste art. 982), sem prejuízo próprio ou de sua família.

Art. 983. O processo de inventário e partilha deve ser aberto dentro de 60 (sessenta) dias a contar da abertura da sucessão, ultimando-se nos 12 (doze) meses subsequentes, podendo o juiz prorrogar tais prazos, de ofício ou a requerimento de parte.
Vide Projeto de CPC, art. 597.

A *ratio* do presente art. 983 – alterado em sua redação pela Lei n. 11.441/2007, que dobra os dois prazos aqui previstos – continua exatamente a mesma do texto anterior: o estado de comunhão de direitos, que nasce em decorrência da morte do autor da herança (CC, art. 1.784), não deve prolongar-se indefinidamente. Observe-se, de início, que este novo regramento revoga, quanto ao prazo, o estabelecido pelo art. 1.796 do estatuto civil que, na esteira do presente art. 983, instituía o lapso temporal de trinta dias para a instauração do inventário. Veja-se, mais, que o desrespeito ao prazo de sessenta dias não desencadeia qualquer tipo de sanção, de acordo com o CPC, mas pode desencadear por força de leis estaduais que prevejam multas pelo atraso na instauração do processo de inventário e partilha, valendo recordar o que dispõe a Súmula n. 542 do STF: "Não é inconstitucional a multa instituída pelo Estado-membro, como sanção pelo retardamento do início ou da ultimação do inventário". Aliás, também o prazo para a conclusão deste procedimento especial de jurisdição contenciosa foi alterado pela Lei n. 11.441/2007: dos antigos seis meses, agora temos o prazo, bem mais realista, de doze meses para o encerramento do inventário. A inobservância desse prazo é que pode levar à imposição de multa pela legislação estadual, em conformidade com a súmula mencionada. A questão é: podem ou devem as partes ser penalizadas pelo atraso na conclusão do inventário se pelo menos uma parte da causa do retardamento é atribuída ao próprio Poder Judiciário? O que nos parece é que esse prazo de doze meses não passa de norma meramente programática assim como o é, por exemplo, a contida no art. 550, de sorte que nem o CPC estabelece, nem qualquer lei estadual deve estabelecer sanção pelo seu descumprimento, o que mais exato ainda parece quando se considera a possibilidade de prorrogação judicial que o texto também contempla. Sobre esta, o que nos cumpre registrar é que a justificativa para a prorrogação repousa sobre obstáculos ao normal desenvolvimento do inventário, tais como dificuldades relacionadas com a citação de herdeiros, o volume exagerado de documentos, impugnações ou incidentes, a obtenção de certidões, os prazos concedidos para o alcance de acordos, etc. Consigne-se, por último, que a prática revela a pouca utilização pelos nossos juízes do recurso à expressa prorrogação em processo de inventários (texto de acordo com a Lei n. 11.441/2007).

Parágrafo único. ***(Revogado pela Lei n. 11.441, de 04.01.2007.)***

Art. 984. O juiz decidirá todas as questões de direito e também as questões de fato, quando este se achar provado por documento, só remetendo para os meios ordinários as que demandarem alta indagação ou dependerem de outras provas.

Vide Projeto de CPC, art. 598.

O envio das partes às vias ordinárias que a regra sob comentário institui é um dos motivos importantes por que se afirma que o inventário é um procedimento de jurisdição voluntária. No entanto, como visto anteriormente (nota ao título deste Capítulo IX), tal envio significa apenas que a lei limita a cognição do juiz às questões que possam ser dirimidas por meio de prova documental. Este art. 984 não impede o julgamento do litígio que existe no inventário, e que toma corpo no momento dos pedidos de quinhão, apenas limita a investigação probatória do juiz. Nada mais além disso. De acordo com a melhor doutrina, questão de alta indagação é a que depende de prova a ser colhida fora do inventário e não a de indagação difícil, ou a relacionada com interpretação polêmica. Posto que o juiz deve decidir todas as questões de direito, segundo o texto – porque *iura novit curia* –, remanescem no inventário como questões não solucionáveis apenas aquelas que exigirem provas de natureza diversa da documental, como a testemunhal, pericial ou inspeção judicial. Questão de alta indagação é, portanto, a dúvida que exsurge em razão de controvérsia fática que demanda dilação probatória e decisão a ser proferida em processo de conhecimento declaratório, condenatório ou constitutivo. A decisão de remessa às vias ordinárias é agravável (art. 522). Exemplificam tais questões: a admissão de herdeiro que depende de investigação de paternidade ou maternidade (art. 1.000, III e parágrafo único); o problema da venda de bens a filhos; o problema da anulação de testamento (não nulidade ou inexistência que podem ser claras); o problema relativo aos bens (anteriores ou posteriores ao casamento no regime de separação?); a petição de legado; a ação de sonegados (art. 994); a exclusão de herdeiro indigno (CC, art. 1.815), etc. (os exemplos são de Hamilton de Moraes e Barros e Antonio Carlos Marcato).

Art. 985. Até que o inventariante preste o compromisso (art. 990, parágrafo único), continuará o espólio na posse do administrador provisório.

Vide Projeto de CPC, art. 599.

Dada a imediatidade com que o domínio e a posse da herança transmitem-se aos herdeiros (CC, art. 1.784), cria a lei processual a figura do administrador provisório com vista à assecuração da integridade do acervo hereditário enquanto o inventário não se instaura e nele não se nomeia o inventariante. Trata-se, assim, de situação de fato a que o CPC atribui efeitos jurídicos (arts. 986 e 987) independentemente de formalidades. A administração provisória é, por isso, um encargo transitório, porém inevitável, que a lei impõe a quem esteja na posse dos bens a inventariar até que perante o Judiciário se formalize a constituição de administrador para o espólio. De acordo com o art. 1.797 do CC, a matéria ficou assim disciplinada: "Até o compromisso do inventariante, a administração da herança caberá, sucessivamente: I – ao cônjuge ou companheiro, se com o outro convivia ao tempo da abertura da sucessão; II – ao herdeiro que estiver na posse e administração dos bens, e, se houver mais de um nessas condições, ao mais velho; III – ao testamenteiro; IV – a pessoa de confiança do juiz, na falta ou escusa das indicadas nos incisos antecedentes, ou quando tiverem de ser afastadas por motivo grave levado ao conhecimento do juiz". Na verdade, este novo art. 1.797 torna explícita a regulamentação da figura do administrador provisório de que apenas cogitava genericamente o enfocado art. 985 do CPC (no estatuto civil revogado, o art. 1.579, ao dispor sobre a nomeação de inventariante, apenas induzia à ideia de que ao cônjuge sobrevivente, herdeiro ou testamenteiro caberia a administração dos bens antes da abertura do inventário e do compromisso do inventariante). Observe-se, por último, que o inciso IV deste art. 1.797 cria uma figura nova que é a nomeação e afastamento judiciais do administrador provisório desde que requeridas tais providências por meio de ações cautelares inominadas.

Art. 986. O administrador provisório representa ativa e passivamente o espólio, é obrigado a trazer ao acervo os frutos que desde a abertura da sucessão percebeu, tem direito ao reembolso das despesas necessárias e úteis que fez e responde pelo dano a que, por dolo ou culpa, der causa.

Vide Projeto de CPC, art. 600.

Este art. 986 disciplina os efeitos materiais e processuais da instituição informal do administrador provisório (*v.* art. 985). Materialmente, da administração provisória decorrem dois deveres e um direito. O primeiro dever que o possuidor dos bens do espólio tem é o de perceber os seus frutos naturais e civis, bem como o de apresentá-los ao juízo do inventário, prestando contas se a isso for instado. O segundo é o de responder civilmente pelos danos que por dolo ou culpa causar a quaisquer dos bens que compõem o acervo hereditário, enquanto o direito que o texto atribui ao administrador provisório é o de ser reembolsado pelas despesas necessárias (*v. g.*, a reparação de partes destruídas do imóvel) ou úteis (*v. g.*, a pintura da casa) desde que comprovadamente demonstradas. Já sob o prisma estritamente processual, a administração provisória significa o poder-dever de representar ativa e passivamente o espólio se ação tiver de ser proposta em seu favor ou se a demanda for ajuizada em face de tal ente (*v.* art. 12, V, de que o presente é uma expressa exceção).

Seção II
Da Legitimidade para Requerer o Inventário

Vide Projeto de CPC, arts. 601 e 602 (Seção II – Da Legitimidade para Requerer o Inventário).

Art. 987. A quem estiver na posse e administração do espólio incumbe, no prazo estabelecido no art. 983, requerer o inventário e a partilha.

Vide Projeto de CPC, art. 601, caput

A norma jurídica sob enfoque outorga de forma expressa ao administrador provisório – figura hoje disciplinada detalhadamente pelo art. 1.797 do CC – legitimação ativa para instaurar o inventário e, mais do que isso, confere-lhe o dever de assim agir, já que o texto fala de incumbência e submete a prática de tal iniciativa ao prazo de trinta dias previsto pelo art. 983. Observe-se que esse duplo comando se explica pelo fato de que, ao dever de ajuizar o pedido, precisa corresponder o poder para fazê-lo; a regra, então, explicita as duas circunstâncias normativas. Note-se, ainda, que não há sanção que possa ser imposta ao administrador provisório pelo descumprimento do dever instituído, salvo a responsabilização por perdas e danos fundada na previsão final do art. 986 (*v.* nota).

Parágrafo único. O requerimento será instruído com a certidão de óbito do autor da herança.

Vide Projeto de CPC, art. 601, parágrafo único.

A certidão de óbito do autor da herança (LRP, arts. 77 a 88) corresponde a documento indispensável ao ajuizamento do pedido de inventário e partilha porque sem a comprovação da morte esse procedimento não tem, obviamente, razão de ser. Dita certidão, assim, é documento que deve obrigatoriamente instruir a petição inicial do inventário, sob pena de indeferimento, nos termos dos arts. 283 e 284 deste estatuto processual.

Art. 988. Tem, contudo, legitimidade concorrente:

Vide Projeto de CPC, art. 602, caput

O fato de o presente dispositivo afirmar, de maneira explícita, que a legitimação é concorrente significa que a autorização para requerer abertura de inventário pertence simultaneamente a todas as pessoas elencadas a seguir e que não há entre elas relação de sucessividade, de sorte que qualquer uma pode deflagrar o procedimento mesmo antes do administrador provisório (logo, a legitimação instituída pelo *caput* do art. 987 não prefere a das pessoas aqui mencionadas). Observe-se, contudo, que o elenco deste art. 988 é taxativo ou *numerus clausus,* razão por que não admite interpretação ampliativa, o que não quer dizer, entretanto, que o inventário não será aberto se um terceiro não arrolado for o único interessado na sua instauração. Nesse caso, basta que ele comunique o falecimento ao juiz para que este inicie o processo de ofício nos termos do art. 989. Anote-se, por fim, que se o art. 1.797 do CC estabelece sucessividade para o rol daqueles que são considerados administradores provisórios, o que limita, por consequência, a legitimação para instaurar o inventário previsto pelo artigo antecedente (art. 987), a legitimidade concorrente instituída pela regra ora focalizada amplia *ad infinitum* tal poder de instauração. O que se extrai dessa dicotomia é que mais importante é ser considerado pela lei administrador provisório do que possuir poder para abrir processo de inventário.

I – o cônjuge supérstite;
Vide Projeto de CPC, art. 602, I.

O cônjuge supérstite, ou sobrevivente, tem legitimação ativa para requerer a abertura do inventário qualquer que seja o regime de bens do casamento (comunhão parcial, que é o regime legal, comunhão universal, participação final nos aquestos, separação de bens legal e convencional – CC, arts. 1.639 a 1.688). Assim é porque o texto legal não faz nenhuma discriminação (*ubi lex non distinguit* [...]), mas é evidente que o interesse na causa e, por conseguinte, a iniciativa concreta de ajuizá-la vai depender do regime vigente, porque disso pode resultar a condição de meeiro e de sucessor do cônjuge supérstite (CC, arts. 1.829 e segs.), o que, via de regra, determina a sua efetiva participação, a começar pelo pedido de abertura do inventário.

II – o herdeiro;
Vide Projeto de CPC, art. 602, II.

A lei processual legitima o herdeiro do *de cujus* – o sucessor a título universal – para o requerimento de abertura do inventário por seu flagrante e indubitável interesse na causa: antes do cumprimento de todas as etapas desse procedimento, o direito sucessório do herdeiro não passa de uma realidade abstrata, porque somente com a formalização da partilha é que se definirá efetivamente a dimensão do quinhão que lhe cabe e, por conseguinte, os bens materiais ou imateriais que lhe chegarão às mãos de forma concreta.

III – o legatário;
Vide Projeto de CPC, art. 602, III.

Legatário é o sucessor a título singular e cujo direito se funda diretamente na vontade do *de cujus*, manifestada por meio de testamento validamente celebrado de acordo com as prescrições da lei civil (CC, arts. 1.845 a 1.990). Dada a semelhança de posicionamento entre o herdeiro e o legatário diante da herança, nada mais lógico que também a este último a lei processual contemple com legitimação para instaurar o inventário.

IV – o testamenteiro;

Vide Projeto de CPC, art. 602, IV.

Testamenteiro é a pessoa física incumbida pelo testador, ou pelo juiz, de realizar, no plano processual e material, a vontade do *de cujus* expressa no testamento; é a pessoa natural encarregada de dar cumprimento às disposições de última vontade do falecido e cuja nomeação, direitos e deveres se encontram especificamente disciplinados pela lei civil (CC, arts. 1.976 a 1.990). Se ao testamenteiro cumpre tornar realidade concreta a vontade do morto, e isso depende necessariamente de inventário, é curial que a lei do processo lhe confira legitimação para a instauração do procedimento.

V – o cessionário do herdeiro ou do legatário;

Vide Projeto de CPC, art. 602, V.

Cessionário é a pessoa física ou jurídica a quem o herdeiro ou legatário transfere os seus direitos hereditários (CC, arts. 286 a 298). Observe-se que a cessão só é possível desde que a sucessão já esteja aberta, uma vez que a lei proíbe a celebração de contrato tendo por objeto herança de pessoa viva (CC, art. 426). Note-se, ainda, que, como o CC considera para fins legais o direito a sucessão aberta como imóvel (art. 80, II), a cessão a que aludimos tem de ser realizada obrigatoriamente por instrumento público, posto tratar-se de ato traslativo de direito real imobiliário. Como o cessionário se coloca, no plano jurídico, no lugar do herdeiro ou do legatário, nada mais natural que a lei também o legitime para deflagrar o procedimento de inventário.

VI – o credor do herdeiro, do legatário ou do autor da herança;

Vide Projeto de CPC, art. 602, VI.

Como é no inventário que se realiza a liquidação do patrimônio do *de cujus*, bastante claro se revela o interesse do credor do autor da herança no sentido de instaurar o procedimento: eis a oportunidade de receber o que o morto lhe devia, de sorte que sua iniciativa, mais do que uma diligência útil, revela-se como ato criador de condição favorável à satisfação do seu crédito (Hamilton de Moraes e Barros). Raciocínio semelhante explica a legitimação do credor do herdeiro ou do legatário: como é no inventário que se define o quinhão do herdeiro, ou se libera o legado, não havendo outros bens, será sobre estes que recairá a penhora (art. 655, X). Observe-se, por fim, que a prova da condição de credor não está restrita à qualidade de credor exequente que exige título executivo, bastando qualquer prova documental para habilitá-lo a tomar a iniciativa da instauração do inventário (a observação também é de Hamilton de Moraes e Barros) (*v.*, ainda, o art. 1.813 do CC).

VII – o síndico da falência do herdeiro, do legatário, do autor da herança ou do cônjuge supérstite;

Dada a circunstância de que os direitos hereditários do herdeiro, do legatário ou do morto falido, ou seu cônjuge, também devem integrar a massa, a lei expressamente legitima o síndico da falência – hoje, administrador judicial, segunda os arts. 21 a 25 da Lei de Recuperação Judicial e Falência, Lei n. 11.101/2005 – a provocar a instauração do procedimento do inventário com vista à arrecadação e definição dos bens que vão se submeter ao processo falimentar. Se o falido for o morto, ou seu cônjuge, o inventário revelará o que ele tinha; se o falido for o herdeiro, o inventário é que irá dizer que bens integram o seu quinhão; se o falido for o legatário, por meio do inventário é que o legado será liberado. Tudo isto explica o porquê da lei processual dar legitimação ativa ao síndico da falência (*v.* Lei de Recuperação Judicial e Falência – Lei n. 11.101/2005 –, art. 23, *i*, *l*, *n* e *o*).

VIII – o Ministério Público, havendo herdeiros incapazes;

Vide Projeto de CPC, art. 602, VII.

Entre as múltiplas funções que o MP exerce no processo civil, a defesa dos incapazes em juízo revela-se como uma das que mais o aproximam da realidade social, porque diferentemente da função fiscalizatória em que a instituição busca a tutela de interesses objetivamente definidos, a assistência aos incapazes se ocupa com pessoas em estado de hipossuficiência (compare o inciso I com o inciso II do art. 82; *v.* notas). É justamente essa preocupação com os juridicamente desprotegidos que fundamenta a legitimação do *parquet* para instaurar o procedimento do inventário.

IX – a Fazenda Pública, quando tiver interesse.

Vide Projeto de CPC, art. 602, VIII.

A Fazenda Pública tem interesse no processamento do inventário por três ordens de motivo: em primeiro lugar, porque a ela cabe o recebimento do imposto de transmissão *causa mortis* (CF, art. 155, I e § 1º); em segundo, porque a ela – município e Distrito Federal – cabe a herança jacente, nos termos da lei civil (CC, art. 1.822); em terceiro, porque lhe compete, em qualquer hipótese, fiscalizar a incidência ou não do imposto (CPC, art. 999). Todos esses motivos somados justificam, então, a previsão da norma sob enfoque que legitima ativamente a Fazenda Pública para o procedimento de inventário.

Art. 989. O juiz determinará, de ofício, que se inicie o inventário, se nenhuma das pessoas mencionadas nos artigos antecedentes o requerer no prazo legal.

A regra sob comentário representa, no sistema, expressa exceção ao princípio dispositivo ou princípio da inércia jurisdicional que os arts. 262 e 2º consagram, correspondendo também a um dos argumentos importantes que a doutrina utiliza para afirmar a voluntariedade, ou não contenciosidade, do procedimento do inventário. Observe-se que, do ponto de vista estritamente funcional, a norma tem grande valor porque qualquer pessoa não arrolada no art. 988 (*v.* nota ao *caput*) pode provocar indiretamente a instauração do inventário mediante a comunicação ao juiz de direito da ocorrência da morte de alguém, o que fará elaborando e distribuindo petição ao órgão judicial competente, do qual conste a sua identificação, a juntada da certidão de óbito e a declaração de outros informes que lhe pareçam relevantes, *v. g.*, a existência de bens, herdeiros, dívidas, etc.

Seção III

Do Inventariante e das Primeiras Declarações

Vide Projeto de CPC, arts. 603 a 611

(Seção III – Do Inventariante e das Primeiras Declarações).

Art. 990. O juiz nomeará inventariante:

Vide Projeto de CPC, art. 603, caput

Inventariante é a pessoa física, cuja nomeação é disciplinada pelo presente dispositivo, a quem é atribuído o *munus* de representar o espólio, zelar pelos bens que o compõem, administrá-lo e praticar todos os atos processuais necessários para que o inventário se ultime. Duas são as espécies de inventariança. A legítima, que é a exercida pelas pessoas arroladas nos incisos I a IV, cabendo ao inventariante com exclusividade, nesses casos, a administração e representação do espólio, nos termos do art. 12, V; e a dativa, que é exercida por pessoa estranha (incisos V e VI) a quem não cabe representar o espólio com exclusividade, uma vez que o art. 12, § 1º, estabelece que nessa hipótese todos os sucessores do falecido deverão figurar como autores ou réus nas ações em que o espólio for parte. Observe-se, por fim, que o CC não disciplinou a nomeação do inventariante, continuando tal matéria a ser regida com exclusividade pelo CPC e por este art. 990; o estatuto civil se limitou a tratar do administrador provisório (CC, art. 1.797; o inciso I fala do cônjuge ou companheiro) e da administração da herança após o compromisso do inventariante (CC, art. 1.991).

I – o cônjuge ou companheiro sobrevivente, desde que estivesse convivendo com o outro ao tempo da morte deste;

Vide Projeto de CPC, art. 603, I.

Os incisos I e II tiveram suas redações alteradas pela Lei n. 12.195, de 14.01.2010, com o objetivo de abranger todos os cônjuges – e não mais apenas os casados em regime de comunhão de bens – e adequar a lei ao entendimento de que, na união estável, o companheiro substitui o cônjuge sobrevivente para fins de nomeação de inventariante. Com relação a este inciso, a lei exige dois pressupostos para a nomeação do inventariante: estar casado, independentemente do regime de bens, ou em união estável; e convivendo com o *de cujus* ao tempo de sua morte. No que concerne ao requisito da convivência ao tempo da morte, tal se explica pela presunção de que o cônjuge ou companheiro supérstite conhece bem o patrimônio, razão por que está mais habilitado que os herdeiros, por exemplo, para inventariar os bens que devam sê-lo. Presentes os dois pressupostos instituídos, ao cônjuge ou companheiro sobrevivente será atribuído o *munus* da inventariança, dispensando a lei qualquer perquirição a respeito das qualidades das pessoas previstas pelos incisos II, III, V e VI; o testamenteiro, nos termos do inciso IV, prefere a todos os demais.

II – o herdeiro que se achar na posse e administração do espólio, se não houver cônjuge ou companheiro sobrevivente ou estes não puderem ser nomeados;

Vide Projeto de CPC, art. 603, II e III.

Inexistindo, ou não preenchendo o cônjuge ou companheiro sobrevivente os requisitos do inciso I anterior, será nomeado como inventariante o herdeiro que se encontre na situação prevista no texto, o que pode ser explicado pelo fato de a lei processual presumir que o herdeiro que tem a posse direta dos bens e os administra conhece mais profundamente o estado do patrimônio e, por isso, está mais habilitado a exercer o encargo de inventariante do que outros herdeiros que não possuam tal conhecimento.

III – qualquer herdeiro, nenhum estando na posse e administração do espólio;

Vide Projeto de CPC, art. 603, IV e V.

Na falta de cônjuge ou companheiro qualificado nos termos do inciso I e de herdeiro que tenha a posse direta e a administração dos bens do espólio, manda a lei que o magistrado nomeie para o cargo de inventariante qualquer outro herdeiro. Para realizar tal escolha o juiz pode se valer dos seguintes critérios, que em hipótese alguma podem ser considerados desautorizados pelo presente dispositivo, já que todos os herdeiros gozam de presunção de idoneidade: o herdeiro mais próximo prefere ao mais remoto; o herdeiro mais velho prefere ao mais novo; o herdeiro que tenha a confiança da maioria prefere ao que tenha a confiança da minoria dos demais herdeiros. O sexo, o grau de escolaridade, a profissão ou o domicílio são, por outro lado, irrelevantes para a nomeação.

IV – o testamenteiro, se lhe foi confiada a administração do espólio ou toda a herança estiver distribuída em legados;

Vide Projeto de CPC, art. 603, VI e VII.

Este inciso IV talvez merecesse figurar no rol ora examinado como inciso I, porque o testamenteiro que se enquadre em uma das hipóteses previstas no texto prefere tanto ao cônjuge ou companheiro supérstite como ao herdeiro que tenha posse e administração dos bens. Assim é porque, se não fosse da vontade da lei preterir o cônjuge ou companheiro e o herdeiro, não precisaria a regra em questão explicitar circunstâncias; se o fez, e tão detalhada e especificamente, foi porque quis dar primazia à figura do testamenteiro, o que revela que a vontade do morto em confiar-lhe a administração dos bens, ou em dividir todo o patrimônio em legados, é determinante para a nomeação daquele a quem competirá a inventariança. Por outro lado, o testamenteiro que não se enquadrar na previsão ocupará apenas o quarto lugar na ordem de pessoas que podem ser nomeadas como inventariante.

V – o inventariante judicial, se houver;

Vide Projeto de CPC, art. 603, VIII.

Inexistindo as pessoas citadas nos incisos anteriores, ou não podendo elas exercer o *munus* da inventariança por falta de qualificação ou outro motivo, resta ao magistrado nomear este primeiro inventariante dativo que é o judicial. Como o texto deixa claro, tal nomeação só se realizará se houver, na comarca, serventuário da justiça a quem se atribua tal mister, o que depende, por seu turno, de a Lei de Organização Judiciária, que é lei estadual, ter criado e estabelecido a figura. Havendo esse serventuário – cuja idoneidade moral e capacidade técnica são presumidas –, receberá ele o encargo; se não houver, resta a solução prevista pelo inciso VI que segue.

VI – pessoa estranha idônea, onde não houver inventariante judicial.
Vide Projeto de CPC, art. 603, IX.

O dispositivo sob enfoque institui a faculdade de o juiz nomear um terceiro, completamente estranho à causa, mas da sua confiança, para exercer o encargo se não existir na comarca inventariante judicial, ou o que houver não puder exercê-lo por alguma razão. Este inventariante dativo, assim como o judicial, depende para ser nomeado apenas da vontade do juiz, mas é necessário que ele goze de boa reputação e confiança entre os diretamente interessados na sucessão, porque do contrário a sua nomeação para o cargo será mais um motivo de discórdias e conflitos entre as partes, o que a lei quer evitar. Observe-se, por derradeiro, que, de acordo com o disposto no art. 12, § 1º, deste Código, a representação do espólio não fica afeta com exclusividade ao inventariante dativo que a reparte com todos os sucessores do morto.

Parágrafo único. O inventariante, intimado da nomeação, prestará, dentro de 5 (cinco) dias, o compromisso de bem e fielmente desempenhar o cargo.
Vide Projeto de CPC, art. 603, parágrafo único.

A forma da intimação do inventariante varia basicamente de acordo com a sua qualidade de legítimo (incisos I a IV) ou dativo (incisos V e VI). Normalmente, a pessoa que é nomeada para exercer a inventariança legítima já se encontra representada nos autos por procurador (art. 36), de sorte que a sua intimação depende apenas de comunicação pela imprensa, ou por carta (arts. 236, *caput*, e 237), ao advogado; se advogado constituído não há, a intimação será, então, pessoal, por carta ou oficial de justiça. Quanto ao inventariante dativo, este é, via de regra, intimado por mandado. Já no que concerne ao prazo para firmar compromisso em cartório, tal não é preclusivo, de sorte que o seu desrespeito, desde que não muito prolongado, não gera qualquer consequência processual.

Art. 991. Incumbe ao inventariante:
Vide Projeto de CPC, art. 604, caput

Nomeado o inventariante nos termos do art. 990, *caput*, e regularmente compromissado nos autos de acordo com o parágrafo único do mesmo artigo, passa ele a ter sobre si uma variada gama de deveres de ordem processual e material que o presente dispositivo e o subsequente elencam minuciosamente. Observe-se que, em contraposição às incumbências previstas pelo art. 992, as arroladas nos incisos a seguir são exercidas pelo inventariante com liberdade, com plena autonomia, isto é, independentemente de qualquer autorização judicial. Vejamos.

I – representar o espólio ativa e passivamente, em juízo ou fora dele, observando-se, quanto ao dativo, o disposto no art. 12, § 1º;

Vide Projeto de CPC, art. 604, I.

A representação ativa e passiva do espólio (que é a massa patrimonial correspondente ao acervo hereditário, ente despersonalizado ao qual a lei do processo reconhece, no entanto, capacidade para ser parte e, por consequência, legitimação *ad causam*) é o primeiro grande encargo processual conferido ao inventariante. De acordo com a expressa remissão contida no texto, fica estabelecida a restrição à liberdade do inventariante dativo de representar o espólio, o que não se dá em relação ao legítimo (*v.* notas aos arts. 12, § 1º, 990, *caput*, e 986).

II – administrar o espólio, velando-lhe os bens com a mesma diligência como se seus fossem;

Vide Projeto de CPC, art. 604, II.

A administração do patrimônio com o zelo de um proprietário é o principal encargo atribuído pela lei ao inventariante; seu corolário, o dever de prestar contas da gestão nos termos do inciso VII. Note-se que, relativamente a essa incumbência, não deve o inventariante, dada a efemeridade do *munus*, tomar iniciativas muito arrojadas, nem as de longa duração, posto que outras podem ser as intenções dos sucessores. Deve, no entanto, dar continuidade aos trabalhos iniciados pelo *de cujus* de sorte que fomente a colheita dos resultados úteis pretendidos. Quanto às despesas necessárias à manutenção ou ao funcionamento dos empreendimentos do morto, desde que gerais e ordinárias, o inventariante as deve realizar como atividade normal inerente de sua administração (as observações são de Hamilton de Moraes e Barros).

III – prestar as primeiras e últimas declarações pessoalmente ou por procurador com poderes especiais;

Vide Projeto de CPC, art. 604, III.

A exigência de prestação de declarações (arts. 993 e 1.011) corresponde à primeira grande incumbência processual interna imposta pelo presente dispositivo ao inventariante. Posto tratar-se de atos fundamentais do procedimento do inventário – os que consubstanciam as informações detalhadas acerca do *de cujus*, dos sucessores, dos bens deixados e seus valores – não poderia mesmo o Código deixar ao alvedrio do inventariante a sua prática, nem o prazo, nem a forma a ser observada: a prestação – que deve obedecer ao roteiro contido no art. 993 – deve ser realizada pelo próprio inventariante ou por procurador com poderes especiais (o que traduz mais uma exceção à regra do art. 38). Quanto ao valor intrínseco das informações, merece destaque o fato de que, dada a presunção de veracidade de que goza, o que for contrário à palavra do inventariante precisa ser provado por documento nos autos, sob pena de assumir a informação impugnada a condição de questão de alta indagação a ser resolvida nas vias ordinárias (nesse sentido, mais uma vez, Hamilton de Moraes e Barros).

IV – exibir em cartório, a qualquer tempo, para exame das partes, os documentos relativos ao espólio;

Vide Projeto de CPC, art. 604, IV.

Dada a sua condição de administrador do espólio e, por isso, de possuidor direto da documentação relativa aos bens que o compõem, nada mais lógico que ao inventariante se atribua o dever consagrado nessa regra. A exibição a que alude o texto tanto pode ser voluntária – o que sempre se espera em face do inequívoco direito dos interessados ao exame de documentos – como determinada pelo juiz em caso de recusa. Antes de ordenar a exibição, nada impede que o magistrado ouça o inventariante sobre os motivos que o levaram a não exibir. Observe-se que não tem lugar aqui o incidente de exibição de documento ou coisa dos arts. 355 a 363, o que se explica pela existência de sanção particularizada que é a remoção (art. 995, *v.* nota).

V – juntar aos autos certidão do testamento, se houver;

Vide Projeto de CPC, art. 604, V.

Outro dever ligado à documentação do inventário é o relativo à necessidade de certidão do testamento nos autos: se há disposição de última vontade, o que altera a ordem de vocação hereditária, nada mais curial que se exija do inventariante a apresentação de certidão deste ato jurídico. Observe-se que, havendo testamento de qualquer tipo, antes do inventário ser aberto, o cônjuge, o herdeiro, o legatário ou o testamenteiro já deve ter requerido a ordem de cumprimento ao juiz por meio do procedimento de jurisdição voluntária disciplinado pelos arts. 1.125 a 1.134. A juntada da certidão do testamento aos autos do inventário é imprescindível à efetiva realização da vontade do morto, o que se buscará alcançar com a colaboração do MP (art. 82, II).

VI – trazer à colação os bens recebidos pelo herdeiro ausente, renunciante ou excluído;

Vide Projeto de CPC, art. 604, VI.

Trazer bens à colação significa reconstituir o acervo hereditário com o fim de igualar as legítimas (CC, art. 2.003), o que se dá mediante a conferência por termo nos autos, dos bens ou do valor que o herdeiro, o renunciante ou o excluído haja recebido do morto como doação (CC, arts. 2.002 a 2.012). Tal fenômeno (a colação), que se encontra disciplinado sob o prisma processual pelos arts. 1.014 a 1.016 adiante, tem como partícipe, segundo o presente dispositivo, também o inventariante uma vez que a ele cabe apontar nos autos já com as primeiras declarações, ou mesmo depois delas, a existência de bens que se submetem à conferência.

VII – prestar contas de sua gestão ao deixar o cargo ou sempre que o juiz lhe determinar;

Vide Projeto de CPC, art. 604, VII.

Como visto, o dever do inventariante de prestar contas decorre lógica e diretamente do fato de ele administrar o espólio, o que significa lidar com dinheiro alheio (*v.* inciso II anterior). Observe-se que a prestação que o inventariante realiza ao deixar o cargo (porque foi removido ou destituído) é sempre obrigatória, enquanto a exigência judicial das contas no curso do procedimento é facultativa. Em qualquer das hipóteses, contudo, a forma da prestação será a mesma: de acordo com a parte inicial do art. 919, as contas serão apresentadas em apenso aos autos do inventário, sob pena de destituição no caso de prestação facultativa (art. 995, V).

VIII – requerer a declaração de insolvência (art. 748).

Vide Projeto de CPC, art. 604, VIII.

Constatando o inventariante nomeado que o espólio se encontra em estado de insolvência (de acordo com o art. 748 "dá-se a insolvência toda vez que as dívidas excederem à importância dos bens do devedor" – *v.* nota respectiva), deve ele tomar a iniciativa do requerimento da sua declaração, o que se encontra em perfeita consonância com o disposto no art. 759 que diz ser lícito ao devedor ou ao seu espólio, a todo tempo, requerer a declaração da insolvência. O ajuizamento do pedido de autoinsolvência, nesse caso, provoca a suspensão do procedimento do inventário, porque não tem sentido que se permita a partilha de bens que poderão vir a ser arrecadados com o fim exclusivo de dar satisfação aos direitos dos credores.

Art. 992. Incumbe ainda ao inventariante, ouvidos os interessados e com autorização do juiz:
Vide Projeto de CPC, art. 605, caput

Contrariamente às incumbências previstas pelo artigo anterior que o inventariante exerce com plena autonomia, as providências constantes deste art. 992 não podem ser tomadas senão após consulta aos interessados – isto é, consulta ao cônjuge-meeiro, aos herdeiros, aos legatários, à Fazenda Pública e eventualmente ao MP – e autorização judicial expressa sob a forma de decisão interlocutória. A restrição se explica porque os quatro atos elencados adiante representam disposição patrimonial, o que foge ao poder de mera administração do inventariante.

I – alienar bens de qualquer espécie;
Vide Projeto de CPC, art. 605, I.

A alienação de bens do espólio que se encontra proibida pelo texto é tanto a que tem por objeto imóveis, como a que tem por objeto móveis ou semoventes; o texto não discrimina, razão por que não é lícito ao intérprete discriminar. Contudo, parece relevante ponderar que a alienação sob a forma de compra e venda de bens móveis ou semoventes de pequeno valor, de que dependa, por exemplo, a atividade agropecuária de uma fazenda, ou um sítio, prescinde de autorização judicial, dado o caráter preponderantemente administrativo de tais atos. Havendo, no entanto, qualquer manifestação de desconfiança da parte dos interessados no inventário, a solução é a cessação dos atos e o imediato pedido de autorização específica para a sua prática.

II – transigir em juízo ou fora dele;
Vide Projeto de CPC, art. 605, II.

Dada a circunstância de a transação envolver necessariamente recíprocas concessões, ou "concessões mútuas" (CC, art. 840), não se pode negar que ela também signifique ato de disposição patrimonial, razão por que a prescrição sob enfoque veda a sua prática ao inventariante sem autorização do juiz. Contudo, chamamos a atenção mais uma vez para a ponderação de que nos valemos ao comentar o inciso anterior: se a transação envolve bens móveis ou semoventes de pequeníssimo valor e tal ato puder ser qualificado como de mera administração.

III – pagar dívidas do espólio;
Vide Projeto de CPC, art. 605, III.

Da mesma forma como a alienação e a transação (incisos I e II), também o pagamento de dívidas do espólio significa ato de disposição patrimonial, razão por que a lei faz depender a sua prática da prévia consulta aos interessados e expressa autorização judicial. Observe-se, ainda, que o pagamento das dívidas corresponde a incidente do procedimento do inventário que a lei regula com detalhes nos arts. 1.017 a 1.021, o que também explica a limitação imposta ao inventariante pelo presente dispositivo. Contudo, assim como procuramos relativizar a restrição nos casos de alienação e transação nas hipóteses de bens móveis ou semoventes de pequeno valor, cremos ser viável sustentar a mesma relativização aqui quando se tratar de dívidas insignificantes, cujo pagamento poderá então ser qualificado como mero ato de administração (*v.* notas aos incisos anteriores).

IV – fazer as despesas necessárias com a conservação e o melhoramento dos bens do espólio.

Vide Projeto de CPC, art. 605, IV.

Como tivemos a oportunidade de ver quando comentamos o inciso II do art. 991, que refere o poder-dever e a administração dos bens do espólio, não está o inventariante impedido de dar continuidade aos trabalhos iniciados pelo morto com vista a alcançar os seus objetivos, ou de realizar despesas necessárias à manutenção ou ao funcionamento de seus empreendimentos já em curso. Ora, se tais despesas devem ser consideradas como atos normais de administração, é claro que também as mencionadas nesse inciso (as relacionadas especificamente com a conservação e o melhoramento de bens de qualquer tipo) não podem ser qualificadas de maneira diferente, desde que envolvam quantias pequenas de dinheiro.

Art. 993. Dentro de 20 (vinte) dias, contados da data em que prestou o compromisso, fará o inventariante as primeiras declarações, das quais se lavrará termo circunstanciado. No termo, assinado pelo juiz, escrivão e inventariante, serão exarados:

Vide Projeto de CPC, art. 606, caput

Prestado o compromisso pelo inventariante – o que se dá mediante lavratura de termo nos autos (*v.* nota ao art. 990, parágrafo único) –, automaticamente começa a fluir o prazo de vinte dias para a apresentação das primeiras declarações, aplicando-se a tal prazo a regra de contagem do art. 184 (observe-se que, na prática, não se aplica a sanção de remoção prevista pelo art. 995, I, pelo só fato de o prazo não ter sido rigorosamente cumprido). Quanto às chamadas primeiras declarações, trata-se de ato fundamental e típico do procedimento do inventário e cujo conteúdo é o rol minucioso e preciso de informações documentadas acerca do falecido, seus sucessores e dos bens deixados. A partir dessas informações – que poderão ser retificadas a qualquer tempo, inclusive por meio das últimas declarações de que fala o art. 1.011 – é que se desenvolverão todos os demais atos e etapas do inventário até o seu encerramento com a partilha dos bens a quem de direito. Apresentadas as primeiras declarações por petição do inventariante (art. 991, III), determina a prescrição sob análise que delas se lavre termo circunstanciado (termo de primeiras declarações) do qual deverão constar as assinaturas das pessoas indicadas no texto. Vejamos, então, o conteúdo deste ato basilar do inventário.

I – o nome, estado, idade e domicílio do autor da herança, dia e lugar em que faleceu e bem ainda se deixou testamento;

Vide Projeto de CPC, art. 606, I.

A exata e detalhada qualificação do autor da herança é informação imprescindível ao desenvolvimento do inventário por razões óbvias. Sobre os elementos identificatórios constantes do texto queremos ressaltar apenas algumas considerações: o nome e prenome do *de cujus* devem ser declarados por extenso, sem qualquer abreviatura; a menção ao estado civil do falecido é de rigor porque dele depende a nomeação do inventariante (art. 990), bem como a maneira pela qual os bens vão ser partilhados (todo o patrimônio se o morto era solteiro, viúvo ou casado no regime da separação total); as referências ao regime de bens do casamento e ao nome completo do cônjuge são identicamente imprescindíveis, embora o texto deles não fale, uma vez que há necessidade de separar a meação do cônjuge em caso de comunhão parcial (às vezes); a idade do *de cujus* não tem nenhuma repercussão sobre o inventário; já o seu domicílio é informação relevantíssima, ao lado do lugar do falecimento e da situação dos bens, porque disso depende a fixação da competência (art. 96, parágrafo único; *v.*, ainda, art. 89, II); a data do óbito, por seu turno, importa para os fins previstos pelo art. 983 (*v.* nota); e, finalmente, a expressa alusão à existência ou não de testamento é também de rigor porque as disposições de última vontade modificam as expectativas dos que vão suceder a título universal. Além dessas informações, pode ainda acrescentar o inventariante os números da cédula de identidade, de inscrição no CPF e outros documentos importantes do morto. Note-se, por derradeiro, que tudo recomenda que, já com as primeiras declarações, o inventariante faça juntar aos autos todos os documentos relativos aos elementos identificatórios mencionados.

II – o nome, estado, idade e residência dos herdeiros e, havendo cônjuge supérstite, o regime de bens do casamento;

Vide Projeto de CPC, art. 606, II.

Assim como a qualificação do *de cujus* (inciso I), a perfeita identificação de todos os herdeiros também é fundamental para o desenvolvimento do inventário, já que entre eles é que o patrimônio haverá de ser partilhado. Observe-se, entrementes, que melhor teria sido se a lei tivesse falado de sucessores, em vez de herdeiros, porque não há neste art. 993 qualquer alusão aos legatários, e o presente dispositivo a estes evidentemente se aplica: pelo termo herdeiros entenda-se, portanto, sucessores que compreendem os herdeiros em sentido estrito (sucessores a título universal) e os legatários (os sucessores a título singular). Seja como for, note-se que: os nomes e os prenomes de todos os sucessores deverão ser arrolados por extenso e sem abreviaturas (é conveniente que se separem em grupos, na petição, os herdeiros dos legatários); o estado civil dos sucessores e os nomes completos dos respectivos cônjuges, se houver, também são informações imprescindíveis porque da presença destes últimos dependerá o regular desenvolvimento do inventário (se os cônjuges não comparecerem voluntariamente, serão citados – art. 999); a idade dos sucessores importa para os fins dos arts. 999, *in fine*, e 1.031 e seguintes; já a residência dos sucessores repercute sobre a sua eventual citação (art. 999, § 1º), enquanto a existência de cônjuge supérstite do sucessor pode ou não repercutir dependendo do regime de bens, razão por que a lei exige a sua declaração (CC, arts. 1.659, I, 1.660, III, etc.).

III – a qualidade dos herdeiros e o grau de seu parentesco com o inventariado;

Vide Projeto de CPC, art. 606, III.

A expressa indicação do grau de parentesco dos sucessores a título universal (os herdeiros em sentido estrito) é exigência que se impõe ao inventariante ao prestar as primeiras declarações, porque dela depende o modo de partilhar, ou seja, a maneira pela qual a partilha vai ser realizada na etapa final do procedimento de inventário: *a*) haverá partilha por cabeça na hipótese de existir igualdade de grau de parentesco entre os descendentes ou entre os colaterais, situação que determina a divisão dos bens em tantos quinhões quantos sejam os herdeiros (CC, arts. 1.835 e 1.840); *b*) partilha por linha na hipótese de os herdeiros serem os ascendentes do *de cujus*, caso em que a herança é dividida ao meio, cabendo uma metade à linha paterna e a outra à linha materna (CC, art. 1.836, § 2º); *c*) partilha por estirpe na hipótese de desigualdade de graus de parentesco entre os herdeiros descendentes ou entre os herdeiros colaterais, em que os filhos do herdeiro premorto se colocam no lugar do pai ou da mãe e herdam por representação (CC, arts. 1.840 e 1.851 a 1.856).

IV – a relação completa e individuada de todos os bens do espólio e dos alheios que nele forem encontrados, descrevendo-se:

Vide Projeto de CPC, art. 606, IV.

O terceiro requisito substancial e formal inerente às primeiras declarações – ao lado da qualificação do autor da herança e da identificação dos sucessores (incisos I e II) – é evidentemente o arrolamento de todos os bens que compõem o acervo hereditário, com as suas características, inclusive valor que deve ser declarado após cada bem descrito (*v.* letra *h* e nota). Note-se que, para resguardar ao máximo a integridade do espólio, o texto ordena que os bens alheios, que com os do espólio forem encontrados, também devem ser arrolados. Com isso a lei resguarda o acervo contra eventuais enganos que o inventariante possa cometer ao fazer uma precipitada devolução. Registre-se que, sem a relação completa dos bens que integram o patrimônio do morto, o inventário não pode desenvolver-se, não pode ir avante por razões óbvias. Vejamos os bens que devem ser descritos e como.

***a)* os imóveis, com as suas especificações, nomeadamente local em que se encontram, extensão da área, limites, confrontações, benfeitorias, origem dos títulos, números das transcrições aquisitivas e ônus que os gravam;**

Vide Projeto de CPC, art. 606, IV, a.

De acordo com o CC: "Art. 79. São bens imóveis o solo e tudo quanto se lhe incorporar natural ou artificialmente"; "Art. 80. Consideram-se imóveis para os efeitos legais: I – os direitos reais sobre imóveis e as ações que os asseguram; II – o direito à sucessão aberta"; "Art. 81. Não perdem o caráter de imóveis: I – as edificações que, separadas do solo, mas conservando a sua unidade, forem removidas para outro local; II – os materiais provisoriamente separados de um prédio, para nele se reempregarem". Muito bem, para fins de primeiras declarações todos e quaisquer bens imóveis devem ser descritos com suas especificações, não importando a espécie em que se enquadrem. Observe-se que ao descrever bens imóveis, na prática, os inventariantes inicialmente declaram se se trata de apartamento, casa, chácara, lote, etc. para facilitar a identificação, seguindo-se a declaração do endereço (rua, bairro, cidade, Estado), e a indicação da área total e/ou construída em metros quadrados e suas características físicas principais. É normalmente no final da descrição que se indica o título de aquisição, sua forma e data, o nome do anterior titular bem como os números e datas do registro (antiga matrícula) e as eventuais averbações, o registro de hipoteca, etc. Ao final de tudo é que vem a informação a respeito do valor do imóvel usualmente (*v.* letra *h* adiante; ainda, nota ao inciso I do § 1º do art. 655, no qual falamos de transcrição e outros informes sobre imóveis).

***b)* os móveis, com os sinais característicos;**

Vide Projeto de CPC, art. 606, IV, b.

Em conformidade com o estatuto civil: "Art. 82. São móveis os bens suscetíveis de movimento próprio, ou de remoção por força alheia, sem alteração da substância ou da destinação econômico-social"; "Art. 83. Consideram-se móveis para os efeitos legais: I – as energias que tenham valor econômico; II – os direitos reais sobre objetos móveis e as ações correspondentes; III – os direitos pessoais de caráter patrimonial e respectivas ações"; "Art. 84. Os materiais destinados a alguma construção, enquanto não forem empregados, conservam sua qualidade de móveis; readquirem essa qualidade os provenientes da demolição de algum prédio". Registre-se que, com base no presente dispositivo, serão arrolados todos os bens móveis que não se enquadrem nas previsões específicas das letras *d* e *e* (*v. g.*, veículos de qualquer tipo, mobília, máquinas, bens de uso pessoal, etc.).

***c)* os semoventes, seu número, espécies, marcas e sinais distintivos;**

Vide Projeto de CPC, art. 606, IV, c.

Semoventes são os bens móveis "suscetíveis de movimento próprio" (CC, art. 82, parte inicial – os animais de qualquer espécie). As especificações que o texto exige se explicam: tratando-se de coletividade (*v. g.*, gado), a indicação do número de cabeças é fundamental por razões óbvias; quanto à espécie, sem tal declaração simplesmente não há identificação, o que também justifica a circunstância de a lei referir a necessidade do inventariante mencionar as marcas e os sinais distintivos (quando isso seja possível, é claro, como acontece, *v. g.*, na hipótese de ser preciso inventariar um cavalo de corrida ou um touro premiado). A localização dos animais pode e deve ser mencionada.

***d)* o dinheiro, as joias, os objetos de ouro e prata, e as pedras preciosas, declarando-se-lhes especificadamente a qualidade, o peso e a importância;**

Vide Projeto de CPC, art. 606, IV, d.

O dinheiro a inventariar deve ser indicado em sua quantidade, não importando a moeda em que se expresse, mas é relevantíssima a declaração sobre onde ele se encontra (banco, cofre, etc.). Quanto às joias, aos objetos de ouro e prata e às pedras preciosas deve o inventariante individualizá-las da forma mais detalhista possível (qualidade, peso, como diz o texto, mas também a aparência, o tamanho, os adornos), inclusive com a declaração do seu estado atual, da origem, dos eventuais documentos de aquisição, do local onde se encontram, etc.

***e)* os títulos da dívida pública, bem como as ações, cotas e títulos de sociedade, mencionando-se-lhes o número, o valor e a data;**

Vide Projeto de CPC, art. 606, IV, e.

Não importa evidentemente a qualidade de federal, estadual ou municipal dos títulos da dívida pública que são relacionados pelo inventariante, nem tampouco o fato de eles serem nominativos ou ao portador, mas a expressa menção a todos os seus elementos identificatórios é imprescindível por se tratar de coisas móveis. A mesma preocupação com a identificação deve pautar os informes que vão constar das primeiras declarações relativamente às ações de sociedades anônimas, as cotas das limitadas ou outros títulos representativos de capital de que fosse titular o *de cujus*. A expressa referência ao local onde se encontram, embora não exigida, também aqui é relevante.

***f)* as dívidas ativas e passivas, indicando-se-lhes as datas, títulos, origem da obrigação, bem como os nomes dos credores e dos devedores;**

Vide Projeto de CPC, art. 606, IV, f.

Os créditos ou os débitos que o inventariante deve relacionar nas primeiras declarações por força do presente dispositivo são tanto os devidamente documentados (representados, portanto, por títulos) como aqueles outros que ainda não possuam representação material por qualquer motivo ou que dependam de apuração judicial (quanto a débito não reconhecido pelo *de cujus* dispensa-se o arrolamento, o que não impede evidentemente que o suposto credor acione o espólio). Observe-se que em relação a todos os créditos e débitos arrolados deve o inventariante declarar o nome do titular do direito ou da obrigação, a sua identidade (por meio de outros informes se isso for possível), a origem do vínculo (a espécie de negócio jurídico) e a sua respectiva data.

***g)* direitos e ações;**

Vide Projeto de CPC, art. 606, IV, g.

Falando a respeito de direitos e ações para fins de penhora, o CPC/39, no seu art. 931, nos dá uma ideia do que a lei tem em mente quando se vale de tal locução: "Art. 931. Consideram-se direitos e ações, para os efeitos de penhora, as dívidas ativas, vencidas ou vincendas, constantes de documentos; as ações reais, reipersecutórias, ou pessoais para cobrança de dívida; as quotas de herança em autos de inventário e partilha e os fundos líquidos que possua o executado em sociedade comercial ou civil". Como se vê, a ideia de direitos e ações é bastante semelhante à de dívidas ativas e passivas prevista pela letra *f*, razão por que é lícito concluir, em face da necessidade de dar aplicação a esta letra g, que se trata de todo e qualquer direito não especificamente creditício. Só assim ganha vida a previsão sob enfoque.

h) o valor corrente de cada um dos bens do espólio.
Vide Projeto de CPC, art. 606, IV, h.

A exigência de expressa menção ao valor corrente de cada um dos bens do espólio no corpo das primeiras declarações corresponde a requisito que melhor estaria localizado na própria previsão constante do inciso IV que rege as letras *a* a *g*. Seja como for, o fato é que tal declaração de valores tem sua razão de ser no imposto de transmissão *causa mortis*, que é devido à Fazenda Pública (art. 1.026). Observe-se, entrementes, que, dependendo do Estado da Federação e sua legislação específica (CF, art. 155, I, *a*), o valor que a Fazenda aceitará nos termos do art. 1.007 tanto poderá ser o venal (o tido pelo Município como critério para o IPTU) como o real, o que, então, via de regra, tornará necessária a avaliação do imóvel (arts. 1.003 a 1.011). Nada impede, assim, antes tudo recomenda, salvo os interesses pessoais dos herdeiros, que o inventariante sempre atribua aos bens o valor mais próximo da realidade independentemente das circunstâncias do local onde corre o inventário.

Parágrafo único. O juiz determinará que se proceda:
Vide Projeto de CPC, art. 606, §§ 1º e 2º.

Da forma como o presente dispositivo se encontra redigido parece absolutamente certa a conclusão interpretativa de que a lei processual exige, e não apenas sugere, que o magistrado tome uma das providências instituídas a seguir quando a situação comercial do *de cujus* se enquadre no respectivo *standard* normativo. Se não fosse essa a vontade da lei, ela certamente não empregaria a locução "o juiz determinará", mas outra que pudesse revelar a faculdade ou o arbítrio concedido ao magistrado que conduz o inventário. Os incidentes procedimentais referidos adiante são, portanto, obrigatórios e instauráveis de ofício (*v.* art. 1.003, parágrafo único).

I – ao balanço do estabelecimento, se o autor da herança era comerciante em nome individual;
Vide Projeto de CPC, art. 606, § 1º, I.

Tendo o falecido a condição de comerciante em nome individual, determina o presente dispositivo que se proceda ao balanço do estabelecimento, o que permitirá ao inventariante realizar a sua liquidação mediante a apuração e a realização do ativo e o pagamento do passivo. Tanto o balanço como a liquidação devem ser feitos pelo inventariante-liquidante em apenso aos autos do inventário, sob contraditório, figurando em seu bojo apenas o resultado líquido da apuração (positivo ou negativo) que retratará a situação econômica e financeira do *de cujus* (*v.* art. 669 do CPC/39, mantido em vigor pelo art. 1.218, VII). Note-se que o problema relativo à continuação ou não da atividade comercial pelos sucessores é questão que o juiz do inventário deverá decidir à luz do caso concreto, tendo em vista a capacidade para ser comerciante dos herdeiros entre outras aptidões. Registre-se, por fim, que se o falecido for o cônjuge do comerciante individual, não é necessário que se liquide o estabelecimento, já que nada impede que esse continue a funcionar sob o comando de quem já o explorava; basta, nesse caso, que se proceda ao balanço a fim de que o saldo ativo venha a compor a herança e, assim, possa ser partilhado (Hamilton de Moraes e Barros).

II – a apuração de haveres, se o autor da herança era sócio de sociedade que não anônima.

Vide Projeto de CPC, art. 606, § 1º, II.

De acordo com o art. 668 do CPC/39, mantido em vigor pelo inciso VII do art. 1.218, "se a morte ou a retirada de qualquer dos sócios não causar a dissolução da sociedade, serão apurados exclusivamente os seus haveres fazendo-se o pagamento pelo modo estabelecido no contrato social, ou pelo convencionado, ou, ainda, pelo determinado na sentença". Esse dispositivo se encontra em consonância com o art. 1.028 do CC que prescreve: "No caso de morte de sócio, liquidar-se-á sua quota, salvo: I – se o contrato dispuser diferentemente; II – se os sócios remanescentes optarem pela dissolução da sociedade; III – se, por acordo com os herdeiros, regular-se a substituição do sócio falecido". Observe-se que é este art. 1.028 do CC – presente na disciplina da sociedade simples, mas aplicável à sociedade limitada (CC, art. 1.053) – que prevê, *a contrario sensu*, a hipótese em que a morte do sócio não causa a dissolução da sociedade, dando ensejo, assim, à apuração de haveres de que cogita o enfocado inciso II sob análise. Muito bem, em face do exposto, fica claro que a apuração de haveres incidente no inventário a que alude a presente disposição legal é apenas aquela que não é acompanhada de dissolução porque essa providência depende de ação e processo autônomos (no juízo do inventário só se procede à liquidação de firma individual – CPC/39, art. 669 c/c o art. 1.218, VII). Verificada, assim, que a morte do sócio não dá ensejo à extinção da sociedade, a apuração de haveres, que depende de balanço social, será realizada por meio de apenso aos autos do inventário com a participação de todos os interessados; apenas o resultado da apuração passará mais tarde a integrar o inventário como peça informativa.

Art. 994. Só se pode arguir de sonegação ao inventariante depois de encerrada a descrição dos bens, com a declaração, por ele feita, de não existirem outros por inventariar.

Vide Projeto de CPC, art. 607.

Sonegação é a ocultação de bens do espólio que se expressa tanto pela omissão maliciosa do inventariante, que não os descreve nas primeiras e nas últimas declarações (arts. 991, III, e 993), como pelo fato de o herdeiro donatário não os trazer à colação (CC, art. 1.992, e CPC, art. 991, VI). Observe-se que o dolo na sonegação existe *in reipsa,* porque inerente tal elemento subjetivo ao ato de ocultar que nada mais é do que o desviar bens com intenção de prejudicar os demais interessados (Washington de Barros Monteiro). Quanto às penas impostas ao sonegador examinem-se os arts. 1.992 a 1.995 do CC (note-se que para o inventariante a sanção instituída é a remoção – CC, art. 1.993; CPC, art. 995, VI). De acordo com o texto, a arguição de sonegação – que se manifesta pela propositura da ação de sonegados (CC, art. 1.994) – só pode ser realizada depois de encerrada a descrição dos bens com a declaração de inexistência de outros (CC, art. 1.996), o que se dá processualmente no momento em que é lavrado o termo de últimas declarações (art. 1.011). A ressalva se explica ante a circunstância de que, até o instante da prestação das últimas declarações, pode o inventariante aditar as primeiras com o fim de incluir bens desconhecidos ou omitidos no rol dos que serão submetidos à partilha. A ação de sonegados é demanda a ser proposta autonomamente no foro do inventário e que não é impedida pela concordância do herdeiro com as primeiras declarações, pelo acordo dos interessados quanto à partilha, nem pela promessa de conferência dos bens por ocasião da partilha (nesse sentido, Washington de Barros Monteiro). Cabe a ação não só aos sucessores (herdeiros e legatários), mas também aos credores, inclusive à Fazenda Pública.

Art. 995. O inventariante será removido:

Vide Projeto de CPC, art. 608, caput

Remoção não se confunde com destituição. Esta é a decisão resultante de fato exterior ao processo como a condenação criminal, ou a falência, que revela a inidoneidade do inventariante (Hamilton de Moraes e Barros); aquela é "a resolução judicial que retira o cargo de inventariante, por haver esse incorrido em falta, no exercício do cargo" (Pontes de Miranda). A remoção é, portanto, resultado de omissão funcional no processo que o juiz decreta de ofício, ou a requerimento de qualquer interessado, quando pelo menos uma das situações previstas nos incisos a seguir se verificar. Note-se que o rol consagrado por este art. 995 é taxativo, *numerus clausus,* não comportando, assim, interpretação ampliativa. Por fim, registre-se que o ato judicial que remove o inventariante é decisão interlocutória e, por isso, atacável por agravo (arts. 162, § 2º, e 522).

I – se não prestar, no prazo legal, as primeiras e as últimas declarações;
Vide Projeto de CPC, art. 608, I.

O prazo legal para a prestação das primeiras declarações é o previsto pelo art. 993; já a oportunidade para as últimas está disciplinada no art. 1.011, que a fixa como sendo o momento que se segue à apresentação do laudo avaliatório dos bens ou à prolação de decisão a respeito das impugnações suscitadas contra ele; para haver propriamente prazo nesse caso o juiz deve determiná-lo (arts. 177 e 185). Observe-se que, dado o enorme incômodo processual representado pela necessidade de nomear outro inventariante em caso de remoção, o presente dispositivo não é aplicado rigorosamente pelos nossos juízes, o que, em outras palavras, significa que, na prática, admite-se a prestação extemporânea das primeiras e últimas declarações (*v.* nota ao inciso III do art. 991).

II – se não der ao inventário andamento regular, suscitando dúvidas infundadas ou praticando atos meramente protelatórios;
Vide Projeto de CPC, art. 608, II.

Entre os deveres de índole estritamente processual que a lei atribui ao inventariante, encontra-se o de dar impulso ao feito rumo à efetivação da partilha que é o escopo institucional desse procedimento. Tão clara é a existência desse dever que o art. 991 nem se preocupou em relacioná-lo, restando, todavia, ao presente dispositivo referi-lo, dada a relevância do seu descumprimento. Seja como for, observe-se que não é qualquer razão de retardamento que justifica a remoção, mas apenas a indesculpável que revele claramente o desinteresse pela causa. Ainda assim, antes de proferir a decisão de remoção parece-nos sempre recomendável que o juiz mande intimar pessoalmente o inventariante a dar andamento ao feito em prazo que determine, consignando-se no mandado que sua omissão gerará remoção do cargo. Dispensa-se, por óbvio, tal providência se o fundamento da remoção é a prática de atos evidentemente protelatórios ou a reiterada suscitação de dúvidas desprovidas de sentido jurídico.

III – se, por culpa sua, se deteriorarem, forem dilapidados ou sofrerem dano bens do espólio;
Vide Projeto de CPC, art. 608, III.

Dada a sua qualidade de administrador do espólio e titular do dever de velar pelos bens que o compõem como se fossem seus (art. 991, II), não se pode admitir que por culpa do inventariante o patrimônio sob sua guarda sofra deterioração pelo tempo, dano por atos de terceiro ou desapareça por qualquer motivo. Se os bens são por sua natureza perecíveis (*v. g.*, uma safra de laranja ou soja) a solução é a alienação antecipada (art. 992, I) ou o depósito remunerado (art. 992, IV), que poderão ser requeridos a qualquer tempo ao juiz da causa. Despesas também podem ser feitas com autorização judicial para que os bens não mais fiquem sujeitos ao tempo ou a furto, o que o administrador deve diligenciar. Se nada disso o inventariante toma a iniciativa de fazer, deve o magistrado removê-lo para preservar a integridade do acervo hereditário e o direito dos sucessores.

IV – se não defender o espólio nas ações em que for citado, deixar de cobrar dívidas ativas ou não promover as medidas necessárias para evitar o perecimento de direitos;

Vide Projeto de CPC, art. 608, IV.

De acordo com o inciso I do art. 991 incumbe ao inventariante dativo a representação não exclusiva nos termos do art. 12, § 1º. Fica claro, assim, que à previsão deste inciso IV só diz respeito ao inventariante legítimo (art. 990, I a IV), porque só ele tem a possibilidade de, citado para uma ação qualquer, não defender o espólio que representa, ou, vencendo uma dívida, não cobrá-la por ação de execução ou de conhecimento condenatória, ou, ainda, não promover demandas para evitar perecimento de direitos como ações cautelares (arresto, sequestro, busca e apreensão, etc.), renovatórias de locação ou de cobrança, *v. g.*, para impedir a consumação de prescrição. Quanto ao inventariante dativo nada disso é possível, porque para acionar ele precisa da companhia dos sucessores e para defender o espólio nas contrárias todos estes mesmos sucessores precisarão ser citados (art. 12, § 1º). Comprovada suficientemente a omissão, ou as omissões, do inventariante legítimo, o juiz decretará a sua remoção.

V – se não prestar contas ou as que prestar não forem julgadas boas;

Vide Projeto de CPC, art. 608, V.

O inciso em questão se encontra em perfeita sintonia com o disposto no art. 991, VII, que impõe ao inventariante, obrigatória ou facultativamente, a prestação de contas quando deixar o cargo na forma do art. 919 deste Código (*v.* notas). Esclareça-se, entrementes, que, de acordo com a presente disposição, não só a inércia quanto à prestação, mas também a prestação malsucedida, assim declarada por sentença (arts. 916, § 1º, e 918 no processo de prestação espontânea), dão ensejo à remoção do inventariante. Como o texto não fixa prazo para a instauração do processo de prestação de contas pelo administrador do espólio, tudo recomenda que, antes de removê-lo, o juiz fixe prazo para a iniciativa, sob pena de aplicação da sanção.

VI – se sonegar, ocultar ou desviar bens do espólio.

Vide Projeto de CPC, art. 608, VI.

A sanção processual representada pelo decreto judicial da remoção do inventariante por sonegação (que é justamente a ocultação ou o desvio dos bens do espólio – *v.* art. 994 e nota) é pena que o próprio CC prevê em regra nitidamente heterotópica que dispõe: "Art. 1.993. Além da pena cominada no artigo antecedente [a perda do direito do herdeiro que sonegue bens], se o sonegador for o próprio inventariante, remover-se-á, em se provando a sonegação, ou negando ele a existência dos bens, quando indicados". Observe-se, no entanto, que o texto sob análise não exige a propositura da ação de sonegados em face do inventariante, nem sentença de procedência para que a remoção se dê, devendo-se respeitar apenas o limite temporal estabelecido pelo art. 994 (após o encerramento da descrição dos bens nos termos do art. 1.011) para que o incidente se instaure.

Art. 996. Requerida a remoção com fundamento em qualquer dos números do artigo antecedente, será intimado o inventariante para, no prazo de 5 (cinco) dias, defender-se e produzir provas.

Vide Projeto de CPC, art. 609, caput.

O procedimento do incidente de remoção que esse dispositivo e os subsequentes (arts. 997 e 998) regulam só tem aplicação quando houver pedido de algum interessado no sentido do afastamento do inventariante, porque para o juiz decretar *ex officio* a remoção nenhuma formalidade procedimental é exigida, bastando a declaração do seu convencimento de que qualquer das faltas previstas pelo art. 995 está caracterizada. Nesse caso o decreto ocorre nos próprios autos do inventário. Vejamos, então, como se dá a remoção no caso de iniciativa do interessado. Em primeiro lugar, cumpre esclarecer que tanto o cônjuge-meeiro como qualquer sucessor ou o MP podem suscitar o incidente, desde que o façam por petição escrita em que apontem a prática pelo inventariante legítimo ou dativo de omissão funcional prevista pelo art. 995. Em segundo, que, com o recebimento da petição, o juiz deverá tomar necessariamente duas providências: ordenar o processamento do incidente em apenso (*v.* parágrafo único) e determinar imediatamente a intimação pessoal (por mandado ou carta) do inventariante para se defender e produzir prova, prerrogativas que decorrem do princípio do contraditório. A intimação do inventariante não deve ser realizada pela imprensa em razão da gravidade que o incidente revela.

Parágrafo único. O incidente da remoção correrá em apenso aos autos do inventário.

Vide Projeto de CPC, art. 609, parágrafo único.

A *ratio* do dispositivo se vincula à necessidade reconhecida pela lei de que não seja perturbada a marcha do procedimento enquanto se discute se o inventariante deve ser removido ou não, discussão esta que pode levar meses dada a garantia do direito de prova e contraprova que o *caput* de forma plena institui. Assim, deferido que seja o processamento do incidente, o juiz deverá, no mesmo despacho, ordenar que o cartório providencie a autuação separada da petição e seu apensamento aos autos do inventário para que *a latere* se trave todo o debate e a produção de provas tendentes à demonstração da existência ou inexistência da falta apontada.

Art. 997. Decorrido o prazo com a defesa do inventariante ou sem ela, o juiz decidirá. Se remover o inventariante, nomeará outro, observada a ordem estabelecida no art. 990.

Vide Projeto de CPC, art. 610.

A disposição legal sob enfoque demanda três observações. A primeira, no sentido de que, em linha de princípio, a lei não admite dilação probatória no incidente de remoção, tanto que determina o imediato proferimento de decisão, uma vez esgotado o prazo de defesa, tenha ou não havido inércia do inventariante. A segunda concerne à natureza jurídica do ato judicial de remoção, que é indubitavelmente uma decisão interlocutória, passível, por isso, de ataque por agravo (arts. 162, § 2º, e 522). E, finalmente, a terceira diz respeito à necessidade de o juiz nomear outra pessoa para o desempenho do *munus*: a impossibilidade de nomeação de substituto, de pronto, não impede o juiz de remover o inventariante negligente, razão por que é recomendável que o interessado requerente da remoção já indique em sua petição quem poderá ocupar o cargo.

Art. 998. O inventariante removido entregará imediatamente ao substituto os bens do espólio; deixando de fazê-lo, será compelido mediante mandado de busca e apreensão, ou de imissão na posse, conforme se tratar de bem móvel ou imóvel.

Vide Projeto de CPC, art. 611.

A regra sob comentário deixa explícito textualmente o principal dever imposto ao inventariante removido que é a imediata entrega dos bens do espólio ao seu substituto (ou a quem o juiz designar na hipótese de impossibilidade de pronta nomeação). Observe-se que da própria decisão que o juiz profere já deve constar a ordem de entrega e o respectivo prazo, de forma a permitir a fácil verificação cartorária do seu decurso com vista à expedição de mandado de busca e apreensão ou imissão na posse. Tais providências independem de ação e processo autônomos, bastando o requerimento, por simples petição, de qualquer interessado ao juiz da causa.

Seção IV

Das Citações e das Impugnações

Vide Projeto de CPC, art. 612
(Seção IV – Das Citações e das Impugnações).

Art. 999. Feitas as primeiras declarações, o juiz mandará citar, para os termos do inventário e partilha, o cônjuge, os herdeiros, os legatários, a Fazenda Pública, o Ministério Público, se houver herdeiro incapaz ou ausente, e o testamenteiro, se o finado deixou testamento.

Vide Projeto de CPC, art. 612, caput

A citação para o procedimento do inventário, que é regulada por este art. 999, apresenta algumas peculiaridades interessantes como se pode notar pelo teor da norma enfocada e dos parágrafos que seguem. Chama a atenção, em primeiro lugar, o fato de que, contrariamente à normalidade, a iniciativa da citação é ato judicial, uma vez que nem do requerente do inventário, nem do inventariante a lei exige pedido de citação (*v.* arts. 983, 987 e 990; compare com o art. 282, VII). Outro aspecto merecedor de realce é a circunstância de que é muito comum que o meeiro, os herdeiros, os legatários e seus respectivos cônjuges (que também devem ser citados) e o testamenteiro compareçam espontaneamente antes ou logo após a prestação das primeiras declarações, o que dispensa obviamente o ato citatório (*v.* art. 214, § 1º). Observe-se, ainda, que de acordo com a parte final do dispositivo, a citação do MP (intimação, na verdade) é nitidamente eventual, posto que depende de haver no inventário interessado incapaz ou ausente. Quanto à Fazenda Pública, a estadual, esta sempre deve ser citada (§ 4º).

---

§ 1º Citar-se-ão, conforme o disposto nos arts. 224 a 230, somente as pessoas domiciliadas na comarca por onde corre o inventário ou que aí

foram encontradas; e por edital, com o prazo de 20 (vinte) a 60 (sessenta) dias, todas as demais, residentes, assim no Brasil como no estrangeiro.
Vide Projeto de CPC, art. 612, § 1º.

A mesma crítica lançada à previsão do art. 953 pode ser dirigida à prescrição sob exame (*v.* nota ao art. 953). Assim como lá, também aqui não está o juiz proibido de deferir ou determinar que a citação de pessoas domiciliadas ou residentes fora da comarca do inventário, mas no Brasil, seja realizada por carta precatória (arts. 200 e 211 c/c os arts. 224 a 230). Essa providência, além de mais eficiente, é muito mais econômica se bem-sucedida; se não, resta a citação por edital a se efetuar em conjunto com as das pessoas desde o início tidas como em lugar incerto e não sabido (art. 231, III e II). Observe-se que o prazo estabelecido no texto é mera repetição do disposto no art. 232, IV. Quanto à Fazenda e ao MP, aplica-se o § 4º.

§ 2º Das primeiras declarações extrair-se-ão tantas cópias quantas forem as partes.
Vide Projeto de CPC, art. 612, § 2º.

Sob o ponto de vista do contraditório, isto é, do direito de impugnar as declarações do inventariante, a peça que formaliza as primeiras declarações corresponde, em tudo e por tudo, à petição inicial do processo de conhecimento. É justamente por isso, que tantos quantos forem os interessados a citar pessoalmente (na comarca ou fora dela – *v.* § 1º), tantas serão as cópias das primeiras declarações que o escrivão deverá extrair (na prática, o inventariante as fornece) para instrução do mandado citatório. A regra se coloca no sistema em paralelo com o disposto no art. 225, parágrafo único, deste Código.

§ 3º O oficial de justiça, ao proceder à citação, entregará um exemplar a cada parte.
Vide Projeto de CPC, art. 612, § 3º.

O parágrafo em questão apenas torna explícito um dos atos que ao oficial de justiça cumpre efetuar quando da diligência citatória, porque, a rigor, a sua atuação no inventário não é diferente em nada daquela que ele realiza em qualquer outra causa. Destarte, aplica-se à hipótese sem nenhuma ressalva o disposto no art. 226, que dispõe: "Art. 226. Incumbe ao oficial de justiça procurar o réu e, onde o encontrar, citá-lo: I – lendo-lhe o mandado e entregando-lhe a contrafé; II – portando por fé se recebeu ou recusou a contrafé; III – obtendo a nota de ciente, ou certificando que o réu não a após no mandado" (*v.* notas).

§ 4º Incumbe ao escrivão remeter cópias à Fazenda Pública, ao Ministério Público, ao testamenteiro, se houver, e ao advogado, se a parte já estiver representada nos autos.

Vide Projeto de CPC, art. 612, § 4º.

Até o momento da reforma do art. 222 pela Lei n. 8.710/93, dizia-se que o presente dispositivo instituía regra especial de citação e intimação no inventário. Hoje, contudo, a situação é diferente: dado o novo contexto jurídico da citação no CPC, que estabelece o meio postal como forma comum de convocação do réu, a prescrição sob exame passa a representar mera extensão da regra do art. 222, com duas peculiaridades: *a*) aqui não é possível optar-se pela citação por oficial de justiça (art. 222, *f*); *b*) a intimação do órgão ministerial tem aqui forma especial (envio de cópias) que, no entanto, é substituída, na prática, pela remessa dos próprios autos do processo à instituição.

Art. 1.000. Concluídas as citações, abrir-se-á vista às partes, em cartório e pelo prazo comum de 10 (dez) dias, para dizerem sobre as primeiras declarações. Cabe à parte:

Vide Projeto de CPC, art. 613, caput.

De acordo com a expressão literal do presente dispositivo, o prazo comum de dez dias aqui previsto não tem por termo *a quo* a última citação realizada (art. 241), mas a abertura de vista que o próprio juiz realiza quando verifica que ninguém mais precisa ser citado para o inventário nos termos do art. 999; o termo *a quo* desse prazo é, portanto, a publicação do despacho que determina "vista aos interessados para os fins do art. 1.000", por exemplo, e não, *v. g.*, a juntada aos autos do último mandado de citação cumprido. Seja como for, é neste prazo de dez dias (não se aplica o art. 191) que os interessados poderão impugnar as primeiras declarações sob vários de seus aspectos, como mostram os três incisos a seguir. Note-se que se trata da possibilidade de exercício de verdadeira defesa pelas partes contra os fatos e os direitos neles assentados que traduzem parcela relevante do substrato material com que trabalhará o inventário para chegar à justa partilha.

I – arguir erros e omissões;

Vide Projeto de CPC, art. 613, I.

Erro nas primeiras declarações haverá, por exemplo, se o inventariante se engana na descrição de bens do espólio, na sua valoração, ou se se equivoca na qualificação do *de cujus,* do cônjuge-meeiro ou de algum sucessor ou na declaração do grau de parentesco ou regime de bens de certo herdeiro (art. 993, I a

IV). Omissão, por outro lado, haverá se o inventariante, intencionalmente ou não, omite bens móveis ou imóveis, créditos ou débitos que pertençam ao acervo hereditário ou a pessoas que deviam ter sido incluídas a título de sucessor e não o foram (art. 993, II e IV). Registre-se que podem arguir erros e omissões o cônjuge supérstite, qualquer sucessor, o testamenteiro, o MP, quando participe do feito, ou mesmo a Fazenda Pública em relação aos bens sobre cujas transmissões incidirá o imposto *causa mortis*.

II – reclamar contra a nomeação do inventariante;

Vide Projeto de CPC, art. 613, II.

A reclamação contra a nomeação de inventariante a que alude o texto se identifica com o pedido de destituição de que falamos quando expendemos comentários ao *caput* do art. 995. A diferença entre remoção e destituição está no fato de que enquanto a primeira se funda numa das hipóteses taxativamente arroladas nos incisos do art. 995, a segunda se estriba, por exemplo, na inobservância da ordem de nomeação (art. 990), na falta de capacidade civil do inventariante, na sua inidoneidade moral ou incompatibilidade entre os seus interesses e os do inventário (os exemplos são de Hamilton de Moraes e Barros). Podem reclamar contra a nomeação de inventariante, por qualquer fundamento, os sucessores, o cônjuge-meeiro ou o MP. Observe-se que nem o credor do espólio nem a Fazenda Pública têm interesse em pedir a remoção com base no desrespeito à ordem de preferência do art. 990.

III – contestar a qualidade de quem foi incluído no título de herdeiro.

Vide Projeto de CPC, art. 613, III.

A contestação ou impugnação à qualidade de herdeiro de quem foi incluído como tal nas primeiras declarações (art. 993, II e III) é ato que compete obviamente a qualquer sucessor a título universal, mas também ao MP que atua como assistente do herdeiro incapaz ou substituto processual do herdeiro ausente, ou, ainda, como fiscal da lei na hipótese de haver testamento a ser cumprido. Note-se que tal impugnação, diferentemente das demais (incisos I e II), só será resolvida pelo magistrado no bojo do inventário no sentido positivo ou negativo se os fatos controvertidos puderem ser provados cabalmente por documentos, vale dizer, se as questões ventiladas não constituírem matéria de alta indagação que exige o envio das partes às vias ordinárias nos termos do parágrafo único a seguir.

Parágrafo único. Julgando procedente a impugnação referida no n. I, o juiz mandará retificar as primeiras declarações. Se acolher o pedido, de que

trata o n. II, nomeará outro inventariante, observada a preferência legal. Verificando que a disputa sobre a qualidade de herdeiro, a que alude o n. III, constitui matéria de alta indagação, remeterá a parte para os meios ordinários e sobrestará, até o julgamento da ação, na entrega do quinhão que na partilha couber ao herdeiro admitido.

Vide Projeto de CPC, art. 613, §§ 1º a 3º.

Este parágrafo único prevê três atos que o juiz pode praticar diante das impugnações fundadas nas matérias constantes dos incisos anteriores. Tenha-se presente que tais decisões interlocutórias (art. 162, § 2º) são proferidas nos próprios autos do inventário após a oitiva do inventariante e demais interessados (embora a lei não refira tal manifestação, a abertura de vista às partes é de rigor por força do princípio do contraditório). Vejamos, então, seus respectivos conteúdos: 1º) o reconhecimento de que há erros e/ou omissões nas primeiras declarações conduz à ordem de que o inventariante as retifique no prazo que o juiz fixar; 2º) acolhida a impugnação à nomeação do inventariante outro será nomeado, observada a ordem de preferência do art. 990 (*v.* nota ao art. 997); 3º) reconhecido pelo magistrado que, de fato, pairam dúvidas sobre a qualidade de herdeiro em face da documentação presente ou carreada para os autos, a solução é a declaração judicial de que a questão constitui matéria de alta indagação e o envio das partes às vias ordinárias, isto é, a determinação de que as partes discutam a questão relativa à qualidade de herdeiro por meio de processo autônomo. Observe-se que nesse último caso a decisão do juiz é positiva apenas porque reconhece a dúvida suscitada pela parte, mas não define o direito material envolvido (ter ou não a pessoa a qualidade de herdeiro), razão por que tal decisão interlocutória consubstancia verdadeiro *non liquet* (o que significa não manifestação, não decisão da questão), o que representa expressa ressalva ao princípio consagrado pelo art. 126. Registre-se, por fim, que declarada a questão como de alta indagação, a lei impõe ao magistrado que determine a reserva de quinhão em favor de quem tenha contestada a sua qualidade de herdeiro. A reserva de quinhão é medida cautelar *ex officio* enquadrável na previsão do art. 797, pela qual fica resguardado o quinhão que na partilha caberia ao herdeiro contestado até que seja julgada a ação autônoma (aplica-se à hipótese o disposto no art. 1.039, I – *v.* nota).

Art. 1.001. Aquele que se julgar preterido poderá demandar a sua admissão no inventário, requerendo-o antes da partilha. Ouvidas as partes no prazo de 10 (dez) dias, o juiz decidirá. Se não acolher o pedido, remeterá o requerente para os meios ordinários, mandando reservar, em poder do inventariante, o quinhão do herdeiro excluído até que se decida o litígio.

Vide Projeto de CPC, art. 614.

Se de acordo com o art. 1.000, III, alguém foi indevidamente incluído no rol de herdeiros que consta das primeiras declarações, aqui a situação é justamente a oposta: alguém que foi esquecido e, por isso, preterido, tenciona a sua admissão no inventário. Três são as possíveis soluções para o incidente: 1º) se o requerimento for formulado pelo suposto herdeiro depois da partilha, impedido está o juiz de acolher a pretensão, devendo remetê-lo necessariamente às vias ordinárias (para a ação de nulidade de partilha); 2º) se o requerimento veio para os autos antes da partilha, o juiz pode acolher o seu pedido, admitindo-o no inventário como herdeiro, por decisão interlocutória, mas isso depende de prova documental que o postulante apresente; 3º) se o requerimento é tempestivo, mas o suposto herdeiro não dispõe de prova documental (*v. g.*, a sua certidão de nascimento e outras de casamento e nascimento), o juiz nega a sua admissão e o remete às vias ordinárias, ordenando de ofício a reserva de quinhão até que se julgue a ação autônoma de petição de herança (a medida cautelar de reserva de quinhão é exclusiva do herdeiro, não alcançando a concubina que depende para o mesmo fim de ação cautelar inominada – Theotonio Negrão). Aplica-se à hipótese o disposto no art. 1.039, I (*v.* nota).

Art. 1.002. A Fazenda Pública, no prazo de 20 (vinte) dias, após a vista de que trata o art. 1.000, informará ao juízo, de acordo com os dados que constam de seu cadastro imobiliário, o valor dos bens de raiz descritos nas primeiras declarações.

Vide Projeto de CPC, art. 615.

Segundo a literalidade do presente dispositivo, o prazo de vinte dias de que dispõe a Fazenda Pública Estadual para prestar as informações cadastrais referidas começa a fluir automaticamente após o decurso do prazo instituído pelo art. 1.000, isto é, como efeito cascata. Tem-se entendido contudo, e com razão, que tal prazo não é preclusivo, o que abre flanco à ideia de que, nos Estados da Federação onde tais informes sejam de fato necessários, o juiz possa abrir prazo à Fazenda para esse fim específico, uma vez decididas as impugnações que se façam às primeiras declarações. A flexibilidade interpretativa que sustentamos representa, a um só tempo, garantia de não obstáculo à marcha dos incidentes e de sucesso da atividade avaliatória, como também comodidade para a Fazenda, que poderá aguardar a solução das impugnações para prestar informações. Observe-se, por fim, que o valor declarado pela Fazenda corresponde apenas a mais um elemento a ser levado em conta pelo avaliador, mas pode significar processualmente a possibilidade de dispensa de avaliação na situação prevista pelo art. 1.008 (*v.* nota).

Seção V
Da Avaliação e do Cálculo do Imposto

Vide Projeto de CPC, arts. 616 a 624 (Seção V – Da Avaliação e do Cálculo do Imposto).

Art. 1.003. Findo o prazo do art. 1.000, sem impugnação ou decidida a que houver sido oposta, o juiz nomeará um perito para avaliar os bens do espólio, se não houver na comarca avaliador judicial.

Vide Projeto de CPC, art. 616, caput

Decorrido *in albis* o prazo do art. 1.000, *caput*, ou julgada por decisão interlocutória a impugnação manifestada nos termos dos seus incisos, encerrada se encontra a fase das primeiras declarações, o que dá ensejo à abertura da fase subsequente, que é a da avaliação e cálculo do imposto ou, simplesmente, cálculo do imposto. É que, dependendo da legislação tributária estadual, a avaliação pode ser desnecessária para a fixação do *quantum* devido aos cofres públicos, como, *v. g.*, quando se tem por critério legal estabelecido o valor venal do imóvel. Observe-se que em tais hipóteses basta a remessa dos autos ao contador para a apuração do valor devido após a prestação das últimas declarações pelo inventariante (arts. 1.012 e 991, III); nesses casos a fase da avaliação simplesmente não existe. Registre-se, por fim, que mesmo na hipótese de a lei estadual exigir avaliação, a lei federal, que é o CPC, a dispensa dependendo da atitude da Fazenda (art. 1.007) ou da parte (arts. 1.008 e 1.002, combinados). Dispensa-se identicamente tal ato se houver avaliação recente realizada em outro feito como ocorre na hipótese de inventário cumulativo (art. 1.043).

Parágrafo único. No caso previsto no art. 993, parágrafo único, o juiz nomeará um contador para levantar o balanço ou apurar os haveres.

Vide Projeto de CPC, art. 616, parágrafo único.

De acordo com a disposição legal sob enfoque fica estabelecida a fase da avaliação como o momento procedimental adequado em que terá lugar a perícia contábil destinada a levantar o balanço do estabelecimento do autor da herança, comerciante em nome individual, ou destinada a proceder à apuração de haveres se o *de cujus* era sócio de sociedade não anônima. Destarte, fica desde logo afastada qualquer dúvida sobre se o juiz deve ou não nomear perito contador logo após a prestação das primeiras declarações pelo inventariante nas hipóteses alvitradas no parágrafo único do art. 993. Note-se que se a avaliação de bens for dispensável por qualquer motivo e, por conseguinte, a fase de avaliação, neste instante do *iter* procedimental, realizar-se-á apenas a perícia a que alude o texto. A decisão que indeferir tal perícia é agravável (arts. 162, § 2º, e 522).

Art. 1.004. Ao avaliar os bens do espólio, observará o perito, no que for aplicável, o disposto nos arts. 681 a 683.

Vide Projeto de CPC, art. 617.

A expressa remissão contida neste art. 1.004 significa, em primeiro lugar, que o perito avaliador nomeado nos autos do inventário dispõe do prazo de dez dias para a apresentação do seu laudo, de acordo com o disposto no *caput* do art. 681. Lá como aqui o prazo de entrega do laudo avaliatório não é preclusivo, o que pode levar o juiz a dilatá-lo na medida das necessidades do caso concreto (se há vários bens, por exemplo). A remissão mencionada significa, em segundo lugar, que ao laudo se aplicam os requisitos substanciais previstos pelos incisos do mesmo art. 681; observe-se que o parágrafo único é inaplicável. Em terceiro, que, na hipótese de comporem o acervo os títulos referidos no art. 682, o perito não os precisará avaliar, bastando a juntada, ao laudo ou aos autos, da certidão da respectiva cotação oficial (*v.* nota). E, finalmente, em quarto, que a repetição da avaliação dos bens do espólio só ocorrerá nas hipóteses de erro ou dolo do avaliador ou de diminuição ou aumento superveniente e imprevisto do valor dos bens de acordo com a normatividade contida no art. 683.

Art. 1.005. O herdeiro que requerer, durante a avaliação, a presença do juiz e do escrivão, pagará as despesas da diligência.

Assim como a inspeção judicial (arts. 440 a 443) é meio de prova excepcionalmente utilizado no processo cognitivo, também a providência aqui prevista – que não é meio de prova, mas apenas ato de fiscalização da atividade avaliatória – é de pouca aplicação prática dado o inconveniente representado pela necessidade de deslocamento físico do juiz. Contudo, pareceu legítimo à lei não só reconhecer a possibilidade de o magistrado acompanhar a perícia fora da sede do juízo, como também disciplinar expressamente a imputação do ônus econômico decorrente dessa medida excepcional.

Art. 1.006. Não se expedirá carta precatória para a avaliação de bens situados fora da comarca por onde corre o inventário, se eles forem de pequeno valor ou perfeitamente conhecidos do perito nomeado.

Vide Projeto de CPC, art. 618.

A regra se inspira claramente no princípio da economia processual e apresenta duas questões básicas: *a*) o que se deve entender por bens de pequeno valor?; *b*) como se verifica o conhecimento do perito acerca de bens do espólio situados em outra comarca? À primeira pergunta deve-se responder que fica ao arbítrio do juiz decidir sobre se determinados bens são ou não são de valor diminuto, o que ele fará à luz da sua prudência e do caso concreto, porque é impossível fixar interpretativamente um critério que a própria lei achou por bem não estabelecer. Quanto à segunda deve-se responder que tudo depende fundamentalmente da declaração formal que o próprio perito faça nos autos, ou no laudo, de que possui tal conhecimento. Observe-se que tanto num caso como no outro tais circunstâncias fáticas deverão passar pelo prévio crivo do contraditório antes que o juiz resolva pela não expedição da precatória, de sorte que os riscos de uma decisão inadequada ficam minimizados pela oportunidade de impugnação que é facultada a qualquer das partes. Registre-se, por derradeiro, que basta evidentemente apenas uma das duas circunstâncias previstas para que se tenha por autorizada a quebra da regra geral que é a necessidade de avaliação de todos os bens do acervo hereditário.

Art. 1.007. Sendo capazes todas as partes, não se procederá à avaliação, se a Fazenda Pública, intimada na forma do art. 237, I, concordar expressamente com o valor atribuído, nas primeiras declarações, aos bens do espólio.

Vide Projeto de CPC, art. 619.

Este art. 1.007 estabelece a primeira hipótese em que o Código dispensa a realização da avaliação dos bens do espólio, ato cujo escopo aqui considerado é o de permitir o pagamento do imposto de transmissão *causa mortis* (outro escopo é a fixação do valor do monte partível ou herança líquida para os fins dos arts. 1.846 e 1.847 do CC – a observação é de Antonio Carlos Marcato). Muito bem, de acordo com a prescrição examinada, não havendo nenhum incapaz interessado na causa (cônjuge, herdeiro ou legatário) e desde que a Fazenda Pública Estadual – intimada pessoalmente por mandado na pessoa do seu procurador – manifeste concordância expressa nos autos com os valores constantes das primeiras declarações (art. 993, IV, *h*), o juiz declarará dispensado o ato avaliatório. Note-se que a concordância, apesar de expressa, pode atingir apenas parcialmente os bens arrolados, hipótese em que, à evidência, a dispensa também será parcial (*v.* art. 1.008).

Art. 1.008. Se os herdeiros concordarem com o valor dos bens declarados pela Fazenda Pública, a avaliação cingir-se-á aos demais.

Vide Projeto de CPC, art. 620.

Se o art. 1.007 prevê a dispensa de avaliação por concordância da Fazenda com as primeiras declarações, a presente disposição admite a dispensa por concordância de todos os interessados com as informações prestadas pela Fazenda nos termos do art. 1.002. Algumas observações se impõem: primeira, a dispensa nesse caso depende necessariamente de a Fazenda ter informado o juízo sobre os valores cadastrais, esvaziando-se a regra se isto não tiver acontecido (observe-se que a falta das informações do art. 1.002 não se equipara à concordância para os fins do art. 1.007); segunda, deve haver obrigatoriamente unanimidade entre as partes quanto à concordância com os valores apresentados pela Fazenda (se a unanimidade se limita a certos bens, só em relação a estes se operará a dispensa); terceira, todos os interessados (cônjuge sobrevivente, herdeiros e legatários) devem concordar e não apenas os herdeiros, como diz o texto; quarta, não há falta de unanimidade se vários interessados concordam expressamente por petição nos autos e um ou alguns se omitem. Note-se, por derradeiro, que tanto o art. 1.007 como este 1.008 se fundamentam no princípio da economia processual para tornar o inventário mais célere.

Art. 1.009. Entregue o laudo de avaliação, o juiz mandará que sobre ele se manifestem as partes no prazo de 10 (dez) dias, que correrá em cartório.

Vide Projeto de CPC, art. 621, caput

A apresentação do laudo pelo avaliador judicial ou pelo perito (art. 1.003) no prazo e forma do art. 681 (art. 1.004) corresponde em tese ao encerramento de mais uma etapa do procedimento do inventário, uma vez que tal ato processual fixa o valor dos bens que servirá de base tanto para o cálculo do imposto de transmissão *causa mortis* (arts. 1.012 e 1.013) como para a composição dos quinhões quando do momento da partilha (arts. 1.022 a 1.026). Dizemos em tese porque as impugnações a que aludem os parágrafos a seguir procrastinam o término dessa fase. De acordo com o presente dispositivo, imediatamente após a juntada do laudo aos autos, deve o juiz abrir vista aos interessados para que sobre ele digam no prazo de dez dias. Estabelece-se, assim, *ex vi legis,* o contraditório sobre a avaliação dos bens e seus fundamentos. Note-se que tal prazo para manifestação é comum a todas as partes e preclusivo, identificando-se a inércia de qualquer interessado com a concordância tácita acerca das conclusões avaliatórias.

---

§ 1º Versando a impugnação sobre o valor dado pelo perito, o juiz a decidirá de plano, à vista do que constar dos autos.

Vide Projeto de CPC, art. 621, § 1º.

Três diferentes posturas são possíveis aos interessados quando da sua intimação para falar sobre o laudo avaliatório: o silêncio que há de ser considerado como assentimento tácito, como visto; a expressa concordância, por petição, com as avaliações realizadas e declaradas; ou a impugnação às conclusões periciais. Esta última atitude das partes é explicitamente disciplinada pela regra sob enfoque. Tendo havido discordância quanto aos valores em que foram estimados os bens do espólio – manifestada por um ou mais dos interessados, não importa – deverá o juiz ordenar imediatamente a oitiva do avaliador sobre a impugnação, ainda que o texto não o diga, para só depois decidir à vista do que constar dos autos. Tal decisão poderá ter um de dois conteúdos: ou o juiz rejeita a impugnação e declara boa a avaliação, mantendo as conclusões periciais; ou julga procedente a impugnação, agindo de acordo com o § 2º deste art. 1.009. Qualquer que seja o teor da decisão, dela cabe agravo (arts. 162, § 2º, e 522).

§ 2º Julgando procedente a impugnação, determinará o juiz que o perito retifique a avaliação, observando os fundamentos da decisão.

Vide Projeto de CPC, art. 621, § 2º.

A consequência lógica do reconhecimento pelo magistrado de que o laudo pericial é falho quanto às suas conclusões avaliatórias é naturalmente a ordem ao avaliador ou perito para que este o retifique. É o que diz a lei neste passo. Observe-se que, em conformidade com o texto sob exame, a retificação a ser realizada deve-se pautar pelos fundamentos da decisão que deu pela procedência da impugnação manifestada pela parte, do que se conclui que necessariamente o juiz da causa deve motivar o seu julgamento, declarando explicitamente onde o perito se equivocou ou em que se omitiu. Não se perca de vista que o juiz no processo é *peritus peritorum*, o que justifica o dispositivo (*v.* nota ao art. 436).

Art. 1.010. O juiz mandará repetir a avaliação:

A presente norma jurídica guarda paralelo com a disposição contida no art. 683, que disciplina a avaliação para fins executivos, com a única diferença de que lá a frase empregada no texto é no sentido negativo ("não se repetirá a avaliação, salvo quando"). Tanto lá como aqui fica claro que a regra é a irrepetibilidade da avaliação, mas que excepcionalmente outro ou outros atos avaliatórios são admitidos pela lei.

I – quando viciada por erro ou dolo do perito;

Sobre o que se deve entender por erro e dolo do perito, no que concerne à avaliação dos bens do espólio, remetemos o leitor ao comentário dirigido ao inciso I do art. 683, que consagra substancialmente a mesma previsão, distinguindo-se esta apenas pelo fato de que se destina a regular o ato avaliatório de bens penhorados. Note-se que nesse mesmo comentário referido também fazemos alusão às sanções aplicáveis ao perito. Havendo erro ou dolo, a solução é a repetição do ato, mas observe-se que outro *expert*, que não o originário, é que deve proceder à segunda avaliação.

II – quando se verificar, posteriormente à avaliação, que os bens apresentam defeito que lhes diminui o valor.

Dado o paralelismo existente entre este inciso e o inciso II do art. 683, parece apropriado interpretar ampliativamente o termo defeito, no texto, de sorte a identificá-lo como qualquer motivo objetivamente comprovado de diminuição do valor dos bens do espólio, inclusive a verificação superveniente de ônus reais, fiscais, ou convencionais como a anticrese ou a servidão, ou, ainda, a existência de longo contrato de arrendamento ou de locação sobre certo imóvel que lhe retire a rentabilidade (os exemplos, fundados no art. 960 do CPC de 1939, são de Hamilton de Moraes e Barros). Tendo em vista ainda o inciso II do art. 683 e sua interpretação, entendemos que também as circunstâncias que elevem desproporcionalmente o valor de algum bem de forma a comprometer a justiça da partilha devem autorizar a realização de novo ato avaliatório.

Art. 1.011. Aceito o laudo ou resolvidas as impugnações suscitadas a seu respeito lavrar-se-á em seguida o termo de últimas declarações, no qual o inventariante poderá emendar, aditar ou completar as primeiras.

Vide Projeto de CPC, art. 622.

Com a aceitação do laudo (o que significa a expressa ou tácita concordância dos interessados no prazo do art. 1.009) ou com a decisão sobre a manifestação impugnativa da parte (§§ 1º e 2º do mesmo artigo) encerra-se, de fato, mais uma etapa do procedimento do inventário, que é a da avaliação dos bens do espólio. Fixados, assim, os valores sobre os quais incidirá o imposto de transmissão, e que servirão de critério para a realização da justa partilha, determina a lei que nesse momento o inventariante apresente as últimas declarações (arts. 991, III, e 995, I), o que ele fará por petição cujo teor servirá de substrato para a lavratura do respectivo termo pelo escrivão. Quanto ao conteúdo, distinguem-se as últimas declarações das primeiras pelo fato de que nelas será retratado o patrimônio que efetivamente será partilhado (bens podem ter sido alienados, excluídos, outros podem ter sido trazidos à colação – arts. 992, I, e 991, VI) com seu valor estabelecido (por avaliação ou aceitação – arts. 1.007 e 1.008), bem como declarados serão os reais titulares dos direitos sucessórios (o testamento pode ter sido declarado nulo, um herdeiro pode ter sido excluído do rol ou admitido nele – arts. 1.000, parágrafo único, e 1.001). Observe-se que é exatamente por causa de todas essas possibilidades que o texto sob comentário expressamente autoriza o inventariante a emendar, aditar ou completar as primeiras declarações. Registre-se, por fim, que como o presente dispositivo não estabelece prazo para a prestação das últimas declarações, o juiz deverá fixá-lo segundo o seu arbítrio.

Art. 1.012. Ouvidas as partes sobre as últimas declarações no prazo comum de 10 (dez) dias, proceder-se-á ao cálculo do imposto.

Vide Projeto de CPC, art. 623.

Embora este art. 1.012 não refira explicitamente a possibilidade de as partes impugnarem as últimas declarações mediante a arguição de omissões ou erros como faz o art. 1.000, I, é evidente que a presente norma jurídica está autorizando de forma implícita tal atitude. Se isto ocorrer, e ao juiz parecer procedente a manifestação impugnativa, a solução para o incidente será a ordem de retificação, exatamente como está previsto na parte inicial do parágrafo único do art. 1.000. Havendo, assim, impugnação e seu julgamento, ou concordância expressa ou tácita das partes em relação às últimas declarações, manda a lei que o juiz ordene, de ofício ou a requerimento, a ida dos autos ao contador para a realização do cálculo do imposto devido ao Estado.

Art. 1.013. Feito o cálculo, sobre ele serão ouvidas todas as partes no prazo comum de 5 (cinco) dias, que correrá em cartório e, em seguida, a Fazenda Pública.

Vide Projeto de CPC, art. 624, caput

Elaborado pela contadoria (art. 139) o cálculo do imposto de transmissão *causa mortis* e devolvidos os autos, mediante carga, ao cartório, procederá o escrivão à sua conclusão (art. 141, IV, *a*) para que o juiz possa dar cumprimento à disposição contida neste artigo, que é a abertura de vista às partes, com o que fica estabelecido o contraditório também acerca desse ato. Falando ou não os interessados no prazo comum estabelecido – e certificado o decurso do mesmo em relação aos que não se manifestaram – ordena ainda a lei que o juiz abra vista isolada, especificamente, à Fazenda Pública para manifestação, fechando-se, assim, as oportunidades de ataque ao cálculo. O silêncio dos interessados, incluindo a Fazenda, será reputado como concordância tácita, dando ensejo à homologação do cálculo, que é típica decisão interlocutória (arts. 162, § 2º, e 522). Aplicam-se ao cálculo do imposto de transmissão as Súmulas ns. 112 a 116, 331 e 590, todas do STF (Theotonio Negrão).

§ 1º Se houver impugnação julgada procedente, ordenará o juiz novamente a remessa dos autos ao contador, determinando as alterações que devam ser feitas no cálculo.

Vide Projeto de CPC, art. 624, § 1º.

Qualquer interessado que não se conforme com o cálculo realizado pela contadoria poderá impugná-la, desde que o faça dentro do prazo de cinco dias contado da sua respectiva intimação (os herdeiros ou sucessores da intimação dos seus advogados, que é a primeira a ser formalizada; a Fazenda Pública, da intimação do seu procurador, que é a segunda nos termos do *caput*). Observe-se que os dois prazos de cinco dias são preclusivos, de sorte que a sua perda acarreta o desaparecimento do direito à impugnação. Seja como for, verificando o juiz que qualquer das impugnações lançadas tem fundamento (tal exame só deve ser feito após o decurso do segundo prazo, que é o da Fazenda), a solução legal, de acordo com o texto, é o proferimento de despacho motivado que determine nova remessa dos autos ao contador (*v.* § 2º). Note-se que a motivação desse ato representa o elemento orientador da contadoria no que concerne às alterações a realizar. Tenha-se em conta ainda que nada impede o juiz de consultar o auxiliar da justiça em caso de dúvida fundada antes de proferir o despacho de envio dos autos para a correção do cálculo.

§ 2º Cumprido o despacho, o juiz julgará o cálculo do imposto.

Vide Projeto de CPC, art. 624, § 2º.

A circunstância de o texto legal sob exame empregar a palavra despacho – que no sistema do Código é carregada de significação técnica como se pode perceber pelo teor das disposições contidas nos arts. 162, § 3º, e 504 – torna claro ao intérprete que a ordem da remessa dos autos à contadoria para correção é ato judicial irrecorrível, o que se explica também pelo fato de que julgado o cálculo do imposto, isto é, proferida a sua homologação, podem as partes ainda inconformadas valer-se do recurso de agravo de instrumento (*v.* nota ao art. 1.013, *caput*).

Seção VI
Das Colações

Vide Projeto de CPC, arts. 625 a 627 (Seção VI – Das Colações).

Art. 1.014. No prazo estabelecido no art. 1.000, o herdeiro obrigado à colação conferirá por termo nos autos os bens que recebeu ou, se já os não possuir, trar-lhes-á o valor.

Vide Projeto de CPC, art. 625, caput.

No prazo de dez dias – a que alude o art. 1.000 que tem por termo *a quo* a abertura de vista às partes – ficam os descendentes, que concorram à sucessão do ascendente comum, obrigados, para igualar as legítimas, a conferir o valor das doações que dele receberam em vida, sob pena de sonegação (CC, art. 2.002, *caput* – *v.*, ainda, arts. 544 e 1.992 –, salvo arts. 2.005 e 2.006). Como visto no comentário ao inciso VI do art. 991, trazer bens à colação significa reconstituir o acervo hereditário com o fim de igualar as legítimas, o que, segundo o presente dispositivo, formaliza-se mediante "conferência por termo nos autos", ou seja, mediante lavratura de termo pelo escrivão do qual conste a declaração do herdeiro que por este ato vem trazer à colação (restituir) os bens doados. Ainda de acordo com o texto sob exame, que é estabelecido em harmonia com a lei civil, a colação pode ser feita *in natura* se o próprio bem é restituído ao acervo ou por imputação do valor se o correspondente em dinheiro é trazido à colação (CC, art. 2.003, parágrafo único).

Parágrafo único. Os bens que devem ser conferidos na partilha, assim como as acessões e benfeitorias que o donatário fez, calcular-se-ão pelo valor que tiverem ao tempo da abertura da sucessão.

Vide Projeto de CPC, art. 625, parágrafo único.

Se é verdade que este parágrafo único revogou tacitamente, quando da entrada em vigor do Código Buzaid de 1973, o art. 1.792 do CC então vigente, uma vez que o presente dispositivo faz referência a cálculo pelo "valor que tiverem ao tempo da abertura da sucessão" e o estatuto civil falava de "estimação [...] na data da doação", não menos verdade também é que o art. 2.004 do CC/2002 reestabeleceu com todas as letras o critério originário ao dispor: "Art. 2.004. O valor de colação dos bens doados será aquele, certo ou estimativo, que lhes atribuir o ato de liberalidade". "§ 1º Se do ato de doação não constar valor certo, nem houver estimação feita naquela época, os bens serão conferidos na partilha pelo que então se calcular valessem ao tempo da liberalidade". Como se vê, se o parágrafo único deste art. 1.014 do CPC/73 revogou o art. 1.792 do CC/1916 porque "a lei posterior revoga a anterior quando [...] seja com ela incompatível" (Lindb, art. 2º, § 1º, 2ª figura), o art. 2.004 do CC/2002 revogou o parágrafo único deste art. 1.014 do CPC/73 ao estabelecer o critério do valor "ao tempo da liberalidade". Mas não é só. Pelos mesmos motivos anteriormente expostos, o parágrafo único sob enfoque também perdeu vigência no que diz respeito a submeter à colação as "benfeitorias que o donatário fez". É que o CC/2002 reestabeleceu a regra original ao prescrever no § 2º do mesmo art.

2.004: "Só o valor dos bens doados entrará em colação; não assim o das benfeitorias acrescidas, as quais pertencerão ao herdeiro donatário [...]".

Art. 1.015. O herdeiro que renunciou à herança ou o que dela foi excluído não se exime, pelo fato da renúncia ou da exclusão, de conferir, para o efeito de repor a parte inoficiosa, as liberalidades que houve do doador.

Vide Projeto de CPC, art. 626, caput.

O dispositivo legal em questão reproduz quase que literalmente a regra de direito material contida no art. 2.008 do CC, que reza: "Art. 2.008. Aquele que renunciou a herança ou dela foi excluído, deve, não obstante, conferir as doações recebidas, para o fim de repor o que exceder o disponível". Já no que concerne à parte inoficiosa, mencionada no texto, esclareça-se que ela é a parte da doação que exceder a legítima e mais a metade disponível (como dizia o antigo parágrafo único do art. 1.790 do CC/1916). Observe-se que a renúncia à herança é disciplinada pelos arts. 1.806 a 1.813 do CC, enquanto o fenômeno da exclusão da sucessão é regulado pelos arts. 1.814 a 1.818 do mesmo estatuto. Dado o conteúdo estritamente material das presentes disposições dispensamo-nos de outros comentários.

§ 1º É lícito ao donatário escolher, dos bens doados, tantos quantos bastem para perfazer a legítima e a metade disponível, entrando na partilha o excedente para ser dividido entre os demais herdeiros.

Vide Projeto de CPC, art. 626, § 1º.

Este parágrafo e o subsequente regulam alguns aspectos do instituto das colações de que a lei civil não cogitou. O pano de fundo do presente dispositivo é a obrigação de qualquer herdeiro donatário, e não apenas a do renunciante ou excluído, de restituir ao acervo os bens recebidos com o fim de dar ensejo à reposição da parte inoficiosa. Muito bem, de acordo com o texto, fica assim qualquer herdeiro donatário livre para escolher entre os bens doados aqueles que sejam suficientes para recompor a legítima e a metade disponível. Por conseguinte, voltarão para o acervo em qualquer caso apenas os bens escolhidos, que são justamente os que correspondem ao excedente que vai ser partilhado entre os demais herdeiros. Ocorrendo isto, tudo recomenda que na partilha tais bens integrem o próprio quinhão do colacionante (argumento: § 2º).

§ 2º Se a parte inoficiosa da doação recair sobre bem imóvel, que não comporte divisão cômoda, o juiz determinará que sobre ela se proceda entre os herdeiros à licitação; o donatário poderá concorrer na licitação e, em igualdade de condições, preferirá aos herdeiros.

Vide Projeto de CPC, art. 626, § 2º.

Se o bem imóvel que o herdeiro donatário trouxe à colação (inclusive sob a forma de escolha que é disciplinada pelo § 1º anteriormente citado) não couber no quinhão de nenhum dos concorrentes à sucessão nem for passível de divisão cômoda entre eles (eis os dois significados do não comportar divisão cômoda no texto), determina a lei que o juiz ordene a realização de licitação entre todos os herdeiros, incidente cujas regras o próprio magistrado fixará no despacho de deliberação da partilha (art. 1.022). Observe-se, no entanto, que o texto concede preferência ao herdeiro colacionante na disputa com os demais, na hipótese de igualdade de ofertas, o que se explica pela maior comodidade processual e material que essa solução representa.

Art. 1.016. Se o herdeiro negar o recebimento dos bens ou a obrigação de os conferir, o juiz, ouvidas as partes no prazo comum de 5 (cinco) dias, decidirá à vista das alegações e provas produzidas.

Vide Projeto de CPC, art. 627, caput

O incidente que este art. 1.016 disciplina pressupõe que o inventariante, nas primeiras declarações, haja apontado bens doados que se submetem à conferência (art. 990, VI) ou que um herdeiro qualquer o tenha feito. Reconhecida, assim, nos autos, a existência da obrigação de colacionar, no prazo estabelecido no art. 1.000, o herdeiro donatário pode ter duas atitudes: 1ª) realizar a conferência por termo nos autos de acordo com o art. 1.014; 2ª) negar o recebimento dos bens ou a obrigação de os conferir, como diz o texto. Observe-se que a negativa de recebimento é possível quando, *v. g.*, o herdeiro não tenha sido agraciado com a doação de bem móvel como afirma o inventariante (CC, art. 541). Já a negativa da obrigação de colacionar é manifestação do herdeiro que pode fundamentar-se, por exemplo, na dispensa de colação (CC, arts. 2.005 e 2.006). Negado assim o recebimento ou a obrigação por petição escrita dirigida ao juiz da causa, manda a lei que o juiz abra o contraditório acerca da questão e decida o incidente à vista das alegações dos interessados (herdeiros, inventariante, testamenteiro, cônjuge supérstite, companheiro, MP, eventualmente) e respectivos documentos juntados.

§ 1º Declarada improcedente a oposição, se o herdeiro, no prazo improrrogável de 5 (cinco) dias, não proceder à conferência, o juiz mandará sequestrar-lhe, para serem inventariados e partilhados, os bens sujeitos à colação, ou imputar ao seu quinhão hereditário o valor deles, se já os não possuir.

Vide Projeto de CPC, art. 627, § 1º.

A norma *sub apretiationis* regula os efeitos processuais da decisão interlocutória que julga improcedente a oposição deduzida pelo herdeiro em face das alegações e das provas documentais carreadas para os autos. Rejeitando as suas razões, deve o magistrado, de acordo com a presente disposição, determinar expressamente que a colação se realize por termo nos autos no prazo de cinco dias, explicitando desde logo a sanção que o herdeiro sofrerá caso descumpra o preceito judicial: o sequestro dos bens apontados (via expedição de mandado); ou, caso não mais os possua, a imputação do seu valor no quinhão do sucessor recalcitrante (o que significará que no cálculo da sua porção será descontado o valor dos bens recebidos em doação e que foram alienados). Note-se que o proferimento dessa decisão depende de o juiz estar plenamente convencido pela prova documental do recebimento do bem ou da existência da obrigação de colacionar. Registre-se, por fim, que, antes da instauração desse incidente, qualquer herdeiro pode promover autonomamente a chamada *actio supplendam legitimam*, cujo pedido é a redução das doações e das disposições de última vontade à real disponibilidade do *de cujus* (a observação é de Hamilton de Moraes e Barros).

---

§ 2º Se a matéria for de alta indagação, o juiz remeterá as partes para os meios ordinários, não podendo o herdeiro receber o seu quinhão hereditário, enquanto pender a demanda, sem prestar caução correspondente ao valor dos bens sobre que versar a conferência.

Vide Projeto de CPC, art. 627, § 2º.

Reconhecendo o juiz do inventário que as dúvidas reinantes acerca do recebimento de bens por doação, ou sobre a existência da obrigação de colacionar, não podem ser dissipadas pelas provas produzidas, mas dependem de outras (oral, pericial ou mesmo documental mais acurada), a solução que outra vez a lei institui é o envio das partes às vias ordinárias nas quais a questão poderá ser debatida profundamente e julgada por sentença de mérito em processo autônomo (ação mandamental para a entrega de coisa certa ou *actio ad supplendam legitimam* dos herdeiros lesados – *v.* § 1º e nota – ou, ainda, ação declaratória por parte do herdeiro donatário). Estabelece a lei, entretanto, nesse caso, um efeito processual particular que decorre da decisão de remessa às vias ordinárias: enquanto pender qualquer demanda sobre a questão relativa ao dever de trazer bens à colação (ajuizada por força do ato judicial a que alude este § 2º ou *ex vi* da iniciativa própria e anterior de qualquer sucessor) não poderá o herdeiro receber o seu quinhão, salvo se prestar caução real correspondente ao valor dos bens sobre que versar a conferência.

Seção VII
Do Pagamento das Dívidas

Vide Projeto de CPC, arts. 628 a 632 (Seção VII – Do Pagamento das Dívidas).

Art. 1.017. Antes da partilha, poderão os credores do espólio requerer ao juízo do inventário o pagamento das dívidas vencidas e exigíveis.

Vide Projeto de CPC, art. 628, caput.

O pagamento das dívidas no curso do inventário é um procedimento incidental – que tem processamento em apenso (§ 1º) – cuja iniciativa pertence a qualquer dos credores do *de cujus* que demonstre cabalmente a existência de dívida líquida e exigível, com o fim de ver seu crédito satisfeito. Observe-se que a instauração do incidente é mera faculdade do credor, uma vez que esse pode optar livremente pela propositura de ação de cobrança, ou de execução, em face do espólio. No que concerne ao incidente em si, é interessante observar que o dispositivo em questão não fixa termo inicial para que o credor requeira o pagamento, mas apenas o final, proibindo que ele o faça se a partilha já tiver ocorrido. É que realizada a distribuição dos bens, o espólio já não deve, porque deixou de existir com a consumação da partilha, devendo a ação autônoma, a partir de então, ser dirigida aos sucessores do morto. A locução "antes da partilha" deve ser entendida como antes de homologada a partilha para os fins do presente artigo.

§ 1º A petição, acompanhada de prova literal da dívida, será distribuída por dependência e autuada em apenso aos autos do processo de inventário.

Vide Projeto de CPC, art. 628, § 1º.

O fato de o requerimento do credor ser processado em apenso se explica pela conveniência reconhecida pela lei de que não se tumultue o andamento do inventário com a intromissão de um terceiro, cujo único interesse é ver o seu próprio direito reconhecido e satisfeito sem maiores formalidades. Eis a *ratio* deste comando específico. Quanto à exigência da assim chamada "prova literal da dívida" é bom esclarecer desde logo: não se trata necessariamente de documento que o Código reconheça como título executivo (arts. 475-N e 585), bastando que ele tenha em si o poder de convencer os interessados (herdeiros, legatários – *v.* art. 1.020 –, cônjuge-meeiro, testamenteiro e a Fazenda Pública que vai ver diminuído o monte partível e consequentemente o valor do imposto devido) de que o crédito realmente existe, o que se dá, por exemplo, mediante a apresentação de um cheque prescrito, uma nota fiscal, um recibo ou uma carta de próprio punho do falecido. Registre-se, por fim, que a petição que instrumentaliza o requerimento não precisa ser submetida à distribuição por dependência, como diz o texto, porque não se trata de ação, ou seja, direito à sentença de mérito, mas mero pedido incidente (nesse sentido, Hamilton de Moraes e Barros).

§ 2º Concordando as partes com o pedido, o juiz, ao declarar habilitado o credor, mandará que se faça a separação de dinheiro ou, em sua falta, de bens suficientes para o seu pagamento.

Vide Projeto de CPC, art. 628, § 2º.

O atendimento ao pedido formulado pelo credor depende obrigatoriamente da concordância expressa de todos os interessados que se manifestem, bastando uma única impugnação – salvo da Fazenda, que não tem efeito impeditivo – para que caia por terra a pretensão incidente. Note-se que vinculamos a exigência de unanimidade apenas aos interessados que se manifestarem no prazo que o juiz assinar (arts. 177 e 185), uma vez que a inércia de qualquer deles deverá ser tida como anuência tácita (o texto não diz que todas as partes devem concordar expressamente – *v.* art. 1.018). Concordes, assim, as partes sobre o requerimento – o que é possível, inclusive, na hipótese do documento apresentado não traduzir dívida exigível no momento nos termos do art. 1.019 –, ordena o texto sob enfoque que o juiz declare habilitado o credor, e mande que se faça a separação de dinheiro, se houver, ou de quaisquer outros bens que em dinheiro possam se converter, ato este que se enquadra claramente na categoria das decisões interlocutórias (art. 162, § 2º). Ressalte-se que é de rigor que o juiz declare já na própria decisão quais os bens que serão separados, o que ele poderá fazer em consonância com a eventual sugestão das partes (*v.* § 3º).

§ 3º Separados os bens, tantos quantos forem necessários para o pagamento dos credores habilitados, o juiz mandará aliená-los em praça ou leilão, observadas, no que forem aplicáveis, as regras do Livro II, Título II, Capítulo IV, Seção I, Subseção VII e Seção II, Subseções I e II.

Vide Projeto de CPC, art. 628, § 3º.

Dada a circunstância de que a finalidade do requerimento de pagamento da dívida é a satisfação *in pecunia* do credor que seja declarado habilitado, nada mais lógico do que a lei estabelecer a conversão de bens do espólio em dinheiro como forma de realização desse desiderato. Observe-se que a ordem de alienação mencionada pelo dispositivo também é conteúdo da decisão interlocutória que declara a habilitação do credor e que decreta a separação de bens, de sorte que uma vez proferida tal decisão, imediatamente são praticados os atos a que aludem os arts. 686 e segs., salvo se for necessária a feitura de avaliação.

Realizada a praça (de imóveis) ou o leilão (de móveis), seguir-se-á nos próprios autos do incidente a entrega do dinheiro ao credor nos termos dos arts. 708 a 713, com o que este se encerra.

§ 4º Se o credor requerer que, em vez de dinheiro, lhe sejam adjudicados, para o seu pagamento, os bens já reservados, o juiz deferir-lhe-á o pedido, concordando todas as partes.

Vide Projeto de CPC, art. 628, §§ 4º e 5º.

Como os bens que o juiz manda separar ou, como diz o texto, reservar se destinam à arrematação com vista à sua transformação em dinheiro (§§ 2º e 3º), nenhuma diferença faz, sob o ponto de vista dos sucessores, se esses bens serão alienados a terceiros ou ao próprio credor que requereu o pagamento. É exatamente isso que a lei reconhece quando confere ao credor a faculdade de pedir que os bens lhe sejam adjudicados. Note-se que, diferentemente do que ocorre no processo de execução, a adjudicação aqui prevista não depende para ser deferida do preenchimento dos requisitos constantes do art. 714, mas apenas de requerimento do credor – dedutível antes mesmo da expedição de editais – e de concordância de todas as partes. Sobre essa valem as considerações que expendemos a respeito do § 2º (*v.* nota). Registrem-se, por fim, duas observações: *a*) se forem dois os credores habilitados, e ambos requererem a adjudicação, aplica-se o § 2º do art. 714; o espírito da regra conduz a essa conclusão e não ao afastamento da adjudicação; *b*) a adjudicação é prerrogativa exclusiva do credor e não alcança, em hipótese alguma, o herdeiro.

Art. 1.018. Não havendo concordância de todas as partes sobre o pedido de pagamento feito pelo credor, será ele remetido para os meios ordinários.

Vide Projeto de CPC, art. 629, caput.

O dispositivo sob enfoque regula o efeito processual da discordância expressa que manifeste qualquer interessado em relação ao requerimento de pagamento de dívida formulado pelo credor. Como já havíamos observado no comentário ao art. 1.017, § 2º, basta uma única manifestação contrária para inviabilizar o atendimento do pedido, bem como para provocar a prolação de decisão de remessa do credor para as vias ordinárias, provocação esta que o texto *sub apretiationis* explicita. Eis o efeito automático que tem qualquer impugnação, o que é justificado no sistema pela circunstância de a lei perceber a inconveniência de que se discuta a existência de qualquer espécie de crédito no bojo do inventário, razão por que, também, o Código não dá ao pedido incidente do credor o *status* de ação, mas de mero requerimento.

Parágrafo único. O juiz mandará, porém, reservar em poder do inventariante bens suficientes para pagar o credor, quando a dívida constar de documento que comprove suficientemente a obrigação e a impugnação não se fundar em quitação.

Vide Projeto de CPC, art. 629, parágrafo único.

Dois são os requisitos cujo preenchimento a lei exige para que o juiz possa determinar a reserva de bens em favor do credor, na hipótese de envio desse às vias ordinárias: 1º) que o magistrado reconheça de maneira expressa, de ofício ou a requerimento do credor, que o documento apresentado comprova suficientemente, isto é, pelo menos aparentemente a existência da obrigação, de forma que justifique o decreto da medida cautelar de reserva de bens (lembre-se que historicamente o *fumus boni iuris* é identificado com a aparência de direito); 2º) que a impugnação que tornou inviável a habilitação não se tenha fundado na defesa de mérito pagamento, porque nesse caso a lei resolve, contrariamente, presumir a inexistência do *fumus boni iuris*. Observe-se que, decretada a reserva de bens (*v.* art. 797), o credor não admitido tem trinta dias para promover a ação de cobrança ou de execução adequada, sob pena de cessação da eficácia da medida (art. 1.039, I, *in fine*). Ganhando o credor a ação, incidem os §§ 3º e 4º do art. 1.017; perdendo, os bens serão partilhados ou sobrepartilhados.

Art. 1.019. O credor de dívida líquida e certa, ainda não vencida, pode requerer habilitação no inventário. Concordando as partes com o pedido, o juiz, ao julgar habilitado o crédito, mandará que se faça separação de bens para o futuro pagamento.

Vide Projeto de CPC, art. 630.

Remotamente, a regra se explica pelo princípio da economia processual; proximamente, pela circunstância normativa de a lei só permitir o pagamento de dívidas do espólio no bojo do inventário na hipótese de haver concordância de todas as partes (arts. 1.017, § 2º, e 1.018, *caput*). A falta de exigibilidade do crédito, assim, fica suprida pela vontade soberana do conjunto de sucessores no sentido de abrir mão da legítima e autorizada abstenção que a lei material reconhece. É que, concordando com o pagamento antecipado, impede-se a possibilidade de ajuizamento de ação pelo credor cujo processo acarretará ainda mais ônus econômicos para o espólio, como correção monetária, juros, honorários advocatícios e despesas. O adimplemento de dívida não vencida, destarte, é medida de prudência e de bom-senso em muitas situações.

Art. 1.020. O legatário é parte legítima para manifestar-se sobre as dívidas do espólio:
Vide Projeto de CPC, art. 631, caput.

A presente norma jurídica torna explícita a legitimação passiva do legatário para o incidente do pagamento de dívidas nas hipóteses que refere. Tal autorização decorre obviamente do interesse jurídico que o sucessor a título singular tem quando toda a herança é dividida em legados ou quando o reconhecimento de dívidas implicar a sua redução. Sob o prisma do direito material, a explicitação aqui contida se justifica pelo fato de o legatário não entrar imediatamente na posse do bem legado (CC, art. 1.923, § 1º).

I – quando toda a herança for dividida em legados;
Vide Projeto de CPC, art. 631, I.

Dado o fato de a herança responder pelo pagamento de todas as dívidas do falecido, a teor do disposto no art. 1.997 do CC, a circunstância de ela ter sido dividida inteiramente em legados – partindo do pressuposto que seja legítima tal divisão – significa que o reconhecimento de obrigações vai determinar necessariamente a redução dos legados, o que a um só tempo revela o interesse jurídico do sucessor a título singular e explica a sua legitimação para o incidente que o credor tenha instaurado.

II – quando o reconhecimento das dívidas importar redução dos legados.
Vide Projeto de CPC, art. 631, II.

A previsão contida neste inciso, que alude expressamente ao fenômeno da redução de legados, distingue-se da anterior pelo elemento que dá causa ou origem à diminuição patrimonial: enquanto lá a redução se deve ao fato de a herança ter sido inteiramente dividida em legados, aqui, a redução decorre da circunstância de o testador ter ultrapassado a metade disponível quando da constituição dos legados, o que só se percebe em razão da dívida que subtrairá bens da herança (CC, arts. 1.967 e 1.968).

Art. 1.021. Sem prejuízo do disposto no art. 674, é lícito aos herdeiros, ao separarem bens para o pagamento de dívidas, autorizar que o inventariante os nomeie à penhora no processo em que o espólio for executado.
Vide Projeto de CPC, art. 632.

Sem prejuízo da chamada penhora no rosto dos autos – que é a que recai sobre direito pleiteado em juízo "e na ação que lhe corresponder, a fim de se efetivar nos bens, que forem adjudicados ou vierem a caber ao devedor" (art. 674, literal), bem como a que se realiza quando o executado é o próprio espólio, hipótese aqui contemplada –, explicita o texto sob exame a faculdade dos herdeiros de separarem os bens do espólio que quiserem com vista à, ainda possível, nomeação à penhora no prazo do disposto no art. 652 (três dias da efetivação da citação do espólio na pessoa do inventariante na execução por quantia). Para a consecução desse particular fim executivo esclarece a lei que os sucessores devem, ato contínuo à separação de bens, autorizar o inventariante para que esse, representando o espólio (art. 991, I), faça por petição e por meio de advogado a nomeação (a autorização pode ser feita por petição ou outro documento). Idêntica prerrogativa é conferida aos herdeiros no que concerne ao ato de separação de bens a que aludem os §§ 2º e 3º, do art. 1.017 (*v.* notas).

Seção VIII
Da Partilha

Vide Projeto de CPC, arts. 633 a 644 (Seção VIII – Da Partilha).

Art. 1.022. Cumprido o disposto no art. 1.017, § 3º, o juiz facultará às partes que, no prazo comum de 10 (dez) dias, formulem o pedido de quinhão; em seguida proferirá, no prazo de 10 (dez) dias, o despacho de deliberação da partilha, resolvendo os pedidos das partes e designando os bens que devam constituir quinhão de cada herdeiro e legatário.

Vide Projeto de CPC, arts. 633 a 635.

O pedido de quinhão a ser formulado pelos herdeiros abre a segunda fase deste procedimento especial, que é a fase de partilha, cujo escopo é a extinção do estado de comunhão existente sobre os bens da herança. De acordo com o texto, a primeira etapa, que é a do inventário propriamente dito, se encerra com a separação de dinheiro ou a alienação dos bens separados (art. 1.017, § 3º), o que depende, por certo, de ter sido instaurado o incidente do pagamento das dívidas; se não houve o incidente, o que encerrou a fase de inventário foi a homologação do cálculo do imposto (art. 1.013, § 2º – observe-se que, antes disso, deve ter havido colação ou julgamento da oposição, arts. 1.014 e 1.016). Cumprida assim uma das providências do art. 1.017, § 3º, ou homologado o cálculo nos termos do art. 1.013, § 2º, o juiz abrirá vista às partes para que formulem pedido de quinhão no prazo de dez dias, o que elas farão de acordo com os seus exclusivos interesses, por petição. À manifestação de todas, ou apenas de algumas – o prazo é preclusivo –, seguir-se-á o proferimento do despacho de deliberação da partilha (ou a determinação da partilha), que não é despacho, mas a decisão interlocutória por meio da qual o magistrado declarará os bens que comporão a meação do cônjuge sobrevivente, o quinhão de cada herdeiro e os legados se houver testamento a cumprir, explicitando ainda a forma da partilha (cabeça ou estirpe) e dispondo sobre eventual redução dos legados, licitação dos bens que não comportam divisão cômoda (art. 1.015, § 2º), adjudicação (art. 1.017, § 4º), etc. Pautará todo esse trabalho judicial o princípio da igualdade no que concerne à composição dos quinhões (deve-se repartir equitativamente o bom e o ruim) e também a observância da comodidade das partes na medida do possível.

Art. 1.023. O partidor organizará o esboço da partilha de acordo com a decisão, observando nos pagamentos a seguinte ordem:
Vide Projeto de CPC, art. 637, caput

O esboço de partilha é ato jurídico processual que compete, de acordo com o texto sob análise, ao partidor, órgão auxiliar do juízo (*v.* art. 139), cuja atribuição específica é disciplinada pelo presente dispositivo: a organização, a elaboração formal do projeto ou o plano de partilha em conformidade com o conteúdo preceptivo contido na decisão deliberatória prevista pelo artigo anterior. Como se fosse um balanço, deve o esboço explicitar todos os bens que compõem o acervo (*v.* art. 993, IV), vale dizer, o seu ativo, o que recebe o nome de monte-mor. A partir daí fixam os incisos a seguir os critérios que o partidor deverá obedecer para concluir o seu trabalho.

I – dívidas atendidas;
Vide Projeto de CPC, art. 637, I.

Deduzidas do monte-mor (*v.* notas ao *caput*) as dívidas atendidas – isto é, as vencidas e as vincendas que foram objeto de habilitação incidente no inventário nos termos dos arts. 1.017, § 2º, e 1.019, bem como as que levaram os herdeiros a separarem bens e autorizarem a nomeação à penhora nos moldes do art. 1.021 –, as concernentes às despesas de funeral (CC, art. 1.998), e as relativas às custas e aos honorários autorizados pelo juiz, chega-se ao chamado monte partível. Observe-se o que dispõe o art. 1.847 do CC: "Art. 1.847. Calcula-se a legítima sobre o valor dos bens existentes na abertura da sucessão, abatidas as dívidas e as despesas do funeral, adicionando-se, em seguida, o valor dos bens sujeitos a colação".

II – meação do cônjuge;
Vide Projeto de CPC, art. 637, II.

Inicialmente, parece relevante consignar que se o *de cujus* era solteiro, viúvo, divorciado, separado judicialmente ou casado sob o regime da separação de bens (inexistindo aquestos), o monte partível (*v.* inciso I e nota) corresponderá à totalidade da herança, uma vez que nesses casos não se cogita de meação (a observação é de Antonio Carlos Marcato). Muito bem, se pelo contrário, o morto era casado no regime da comunhão universal ou parcial (havendo aquestos, vale dizer, bens adquiridos pelo esforço do casal na constância da união), a meação do cônjuge supérstite será deduzida do monte partível, já que tal porção patrimonial não integra a herança. O restante (inclusive a metade dos aquestos) representa a meação do inventário sobre a qual incidem os direitos sucessórios.

III – meação disponível;
Vide Projeto de CPC, art. 637, III.

A meação disponível corresponde à metade da meação do inventariado, parcela do patrimônio esta de que o autor da herança podia validamente dispor sem comprometimento da legítima nos termos do art. 1.846 do CC que dispõe: "Art. 1.846. Pertence aos herdeiros necessários, de pleno direito, a metade dos bens da herança, constituindo a legítima" ("Art. 1.845. São herdeiros necessários os descendentes, os ascendentes e o cônjuge"). Note-se que os bens trazidos à colação, nos termos dos arts. 1.014 a 1.016, integram a legítima, isto é, a porção patrimonial que vai ser dividida entre os herdeiros necessários (CC, art. 1.847).

IV – quinhões hereditários, a começar pelo coerdeiro mais velho.
Vide Projeto de CPC, art. 637, IV.

Por derradeiro, ordena a lei processual que o partidor organize o quadro dos quinhões que deve ser encabeçado pelo herdeiro mais velho. Tal exigência não privilegia, nem beneficia de qualquer maneira o ancião, mas representa apenas um critério entre muitos de que poderia o legislador se valer para orientar o partidor na elaboração do esboço. Deve, portanto, o auxiliar da justiça relacionar um a um os herdeiros, indicando em seguida os bens que comporão o seu quinhão e respectivos valores. Embora a lei não discrimine, parece de todo recomendável, sob o ponto de vista metodológico, que só depois dos sucessores a título universal passe o partidor a relacionar os sucessores a título singular e seus respectivos legados.

Art. 1.024. Feito o esboço, dirão sobre ele as partes no prazo comum de 5 (cinco) dias. Resolvidas as reclamações, será a partilha lançada nos autos.
Vide Projeto de CPC, art. 638.

Formalizada a juntada do esboço de partilha aos autos do inventário, sobre tal ato manda a lei que se instaure o contraditório mediante a abertura de vista às partes pelo prazo comum de cinco dias. Podem falar sobre o esboço não só os herdeiros, os legatários, o cônjuge supérstite, o inventariante, o testamenteiro, mas também o MP e a Fazenda Pública (o *parquet* para defender eventuais interesses de incapazes, ausentes, fundações, ou o próprio testamento; a Fazenda para resguardar o seu interesse fiscal). Observe-se que nesse prazo o interessado pode manifestar o seu inconformismo com qualquer aspecto formal ou substancial do projeto elaborado, o que provocará a tomada de posição do juiz frente às reclamações deduzidas. Resolvidas todas as dúvidas pelo magistrado, diz o texto que a partilha será lançada nos autos, o que significa que nova peça deverá ser elaborada pelo partidor de acordo com as decisões tomadas, traduzindo esse documento não mais um projeto, mas a própria partilha que corresponde à divisão da herança determinada pelo órgão judicial.

Art. 1.025. A partilha constará:

Vide Projeto de CPC, art. 639, caput

Este art. 1.025 disciplina o conteúdo dos atos processuais que o partidor tem a incumbência de realizar para que o procedimento do inventário chegue a bom termo. Tanto o esboço, que é o projeto ou o plano da partilha, como a partilha definitiva que o auxiliar do juízo lança nos autos – ambos fundados em determinações do magistrado – devem preencher os requisitos substanciais e formais elencados a seguir. Percebe-se, assim, que a elaboração do esboço e da partilha não é livre, pelo contrário, trata-se de ato que se deve pautar necessariamente pelas formalidades instituídas, de sorte que fique retratado, com fidelidade, nos autos, o patrimônio e sua divisão entre as partes.

I – de um auto de orçamento, que mencionará:

Vide Projeto de CPC, art. 639, I.

Chama a lei de auto de orçamento à primeira parte da peça processual que instrumentaliza o esboço de partilha e a partilha e cujo conteúdo específico é a síntese do inventário realizado, vale dizer a organizada declaração dos bens que serão divididos e das pessoas, que por diferentes títulos, serão contempladas.

***a)* os nomes do autor da herança, do inventariante, do cônjuge supérstite, dos herdeiros, dos legatários e dos credores admitidos;**

Vide Projeto de CPC, art. 639, I, a.

A indicação nominal pelo partidor, no auto de orçamento, das pessoas previstas no texto, normalmente se pauta nas últimas declarações prestadas pelo inventariante (art. 1.011). Tal indicação deve ser feita na ordem proposta pela regra pelo fato disso facilitar a compreensão do fenômeno sucessório. Observe-se que apesar de o presente dispositivo não conter a exigência de identificação do morto e de cada um dos interessados como manda o art. 993, tudo recomenda que do próprio auto de orçamento constem tais informações. Note-se ainda que também os credores admitidos devem ser indicados no auto, o que pode não constar das últimas declarações, já que o pedido de pagamento de dívidas pode ter sido formulado depois delas (*v.* art. 1.017).

---

b) **o ativo, o passivo e o líquido partível, com as necessárias especificações;**
Vide Projeto de CPC, art. 639, I, b.

Todo o patrimônio ativo (bens imóveis, móveis e semoventes, bem como os demais indicados no inciso IV do art. 993), o passivo (as dívidas declaradas nos termos da letra *f* do inciso IV do mesmo art. 993 e outras habilitadas), bem como o líquido partível (ou monte partível, que é o monte-mor, deduzidas as dívidas do espólio e outras despesas – art. 1.023, I) devem ser particularizadamente indicados pelo partidor no auto de orçamento, uma vez que tais declarações é que servirão de base, ao lado das constantes na letra *a*, para a formalização das folhas de pagamento (inciso II a seguir).

---

c) **o valor de cada quinhão;**
Vide Projeto de CPC, art. 639, I, c.

O valor de cada quinhão, como requisito da peça que instrumentaliza a partilha, melhor estaria situado no inciso II a seguir, que disciplina os elementos informativos inerentes às folhas de pagamento e não no presente inciso, que se restringe a regular o auto de orçamento. É que somente com a elaboração das folhas é que ficam definidos (provisória ou definitivamente) os quinhões, o que demanda, então, a declaração de cada um dos seus valores.

II – de uma folha de pagamento para cada parte, declarando a quota a pagar-lhe, a razão do pagamento, a relação dos bens que lhe compõem o quinhão, as características que os individualizam e os ônus que os gravam.
Vide Projeto de CPC, art. 639, II.

Se o conteúdo do auto de orçamento é basicamente a declaração dos bens que serão partilhados e das pessoas que serão contempladas, a folha de pagamento – que corresponde à segunda parte da peça elaborada pelo partidor –

tem por conteúdo a própria divisão ou partilha do patrimônio com a indicação nominal dos seus respectivos titulares, a titulação (meeiro, herdeiro, legatário, credor), a cota (o correspondente em dinheiro a cada parte) e a identificação dos bens que compõem cada um dos quinhões. Em outras palavras, cada folha de pagamento retrata especificamente a forma como cada interessado teve seu direito realizado no plano concreto por meio da partilha.

Parágrafo único. O auto e cada uma das folhas serão assinados pelo juiz e pelo escrivão.

Vide Projeto de CPC, art. 639, parágrafo único.

Dada a extremada importância que o ato da partilha assume no procedimento do inventário, as peças que o integram formalmente (o auto de orçamento e as folhas de pagamento elaboradas pelo partidor) devem receber do juiz da causa e do escrivão, seu principal auxiliar, expressa autenticação para que produzam efeitos processuais. Tal autenticação mediante assinatura ou rubrica atesta a conformidade da partilha com a vontade judicial expressa pela decisão ou pelas decisões previstas pelo art. 1.024.

Art. 1.026. Pago o imposto de transmissão a título de morte, e junta aos autos certidão ou informação negativa de dívida para com a Fazenda Pública, o juiz julgará por sentença a partilha.

Vide Projeto de CPC, art. 640.

A norma jurídica sob enfoque disciplina, de acordo com o texto, o ato judicial de julgamento da partilha. Trata-se de sentença de eficácia meramente declaratória da extinção do estado de comunhão sobre a herança, uma vez que, segundo a lei civil, o domínio e a posse dessa se transmitem desde logo aos herdeiros mediante a simples abertura da sucessão (CC, art. 1.784). Observe-se que tal julgamento deve ser reputado como homologatório pelo fato dessa sentença simplesmente corresponder à chancela ou à confirmação judicial daquilo que já havia sido decidido no chamado despacho de deliberação da partilha (arts. 1.022, *in fine*, e 1.023, *caput*) e, eventualmente, na resolução de reclamações (art. 1.024). Havendo apenas um interessado (cônjuge, herdeiro ou legatário) o juiz não partilha, mas sim adjudica os bens da herança por sentença; outra sentença verdadeiramente homologatória é a prevista pelo art. 1.029. Seja como for, institui a lei como requisito para o proferimento quer da homologação, quer da adjudicação, em primeiro lugar, que o inventariante providencie o pagamento do *causa mortis* (art. 1.013, § 2º) e junte aos autos a respectiva guia comprobatória; em segundo, que venha para os autos a certidão negativa de tributos federais (passada pela Delegacia da Receita Federal – DL n. 1.715/79 e Decreto n. 35.450/80); e, por último, que seja apresentada a certidão negativa de imposto municipal sobre os bens do espólio (passada pela Prefeitura – CTN, art. 192).

Art. 1.027. Passada em julgado a sentença mencionada no artigo antecedente, receberá o herdeiro os bens que lhe tocarem e um formal de partilha, do qual constarão as seguintes peças:
Vide Projeto de CPC, art. 641, caput

Transitada em julgado a sentença homologatória da partilha ou concessiva da adjudicação dos bens – por força do esgotamento das vias recursais ou pela renúncia expressa de todos os interessados ao direito de recorrer (art. 502) –, o próximo passo no procedimento do inventário é a expedição dos formais de partilha, ou carta de adjudicação, que correspondem aos documentos extraídos dos autos que irão servir de título para a transferência da propriedade perante o registro imobiliário (LRP, art. 167, I, 24 e 25) e de título executivo para a propositura de execução (CPC, art. 475-N, VII). Integram tanto o formal, como a carta, as peças do inventário arroladas a seguir.

I – termo de inventariante e título de herdeiros;
Vide Projeto de CPC, art. 641, I.

As primeiras peças do inventário que precisarão ser reproduzidas para integrar necessariamente o formal de partilha (ou a carta de adjudicação) são: o termo de compromisso do inventariante, ou seja, o documento elaborado pelo escrivão que instrumentaliza o compromisso do inventariante nomeado de cumprir bem e fielmente o *munus* que o juiz lhe confiou (art. 990, parágrafo único); e o título de herdeiro, que não é documento, mas o *status* jurídico de sucessor decorrente de vários fatos que por documentos se provam como a certidão de óbito do autor da herança somada à certidão de nascimento do herdeiro e eventualmente a outras certidões de nascimento (em caso de herdeiro neto ou avô, por exemplo) e/ou de casamento (em caso de cônjuge herdeiro ou colaterais). Note-se que todas as certidões que, juntas, revelam o estado de sucessor (inclusive de testamento) devem ser reproduzidas para integrar o formal.

II – avaliação dos bens que constituíram o quinhão do herdeiro;
Vide Projeto de CPC, art. 641, II.

O laudo avaliatório dos bens do espólio, quando existente nos autos do inventário (lembre-se que é possível que a avaliação seja dispensada – arts. 1.003,

1.007, 1.008 e notas), corresponde ao terceiro documento que integra obrigatoriamente o formal de partilha (ou a carta de adjudicação). A *ratio* do dispositivo é a necessidade de que do título hábil para o registro (*v.* nota ao *caput*) constem a identificação, a exata caracterização e o valor dos imóveis transmitidos pela morte: sem tais elementos informativos simplesmente não é possível registrar. Observe-se que se não há avaliação de bens no inventário, suprem a sua falta as primeiras e últimas declarações prestadas pelo inventariante.

III – pagamento do quinhão hereditário;

Vide Projeto de CPC, art. 641, III.

No texto em questão, pagamento do quinhão hereditário é sinônimo de folha de pagamento, a segunda peça que integra a partilha lançada nos autos por determinação judicial (art. 1.025, II). Como visto, é justamente ela que define formalmente no inventário a dimensão de cada um dos quinhões, razão por que sem folha de pagamento partilha não há e, sem partilha formalizada e homologada, formal não pode haver. A reprodução da folha para a sua integração no formal de partilha é, portanto, requisito de existência desse ato processual.

IV – quitação dos impostos;

Vide Projeto de CPC, art. 641, IV.

A circunstância de o texto empregar o termo "impostos" (no plural), e não "imposto" (no singular), deixa claro que não só a prova da quitação do imposto de transmissão *causa mortis* é exigida como requisito do formal de partilha (arts. 1.013, § 2º, e 1.026), mas também a demonstração da quitação do IPTU relativo aos imóveis do espólio (mediante certidão negativa expedida pela Prefeitura) e a prova de nada dever o *de cujus* ao imposto de renda (por certidão negativa da Receita Federal; *v.* nota ao art. 1.026 e a respectiva legislação indicada).

V – sentença.

Vide Projeto de CPC, art. 641, V.

A sentença a que alude o dispositivo é indubitavelmente a que, segundo o art. 1.026, julga a partilha e cujo trânsito em julgado torna viável a expedição do respectivo formal de acordo com o *caput* deste art. 1.027. Como visto, tal ato judicial tem natureza e forma de sentença homologatória, uma vez que apenas chancela a partilha lançada nos autos em consonância com o despacho de deliberação e, eventualmente, com a decisão que julga reclamações (arts. 1.022

e 1.024, parte final). Dado, assim, o caráter meramente homologatório desse ato, parece sustentável que se interprete a presente exigência no sentido de que também o despacho de deliberação da partilha, que a fundamenta, integre o formal.

Parágrafo único. O formal de partilha poderá ser substituído por certidão do pagamento do quinhão hereditário, quando este não exceder 5 (cinco) vezes o salário-mínimo vigente na sede do juízo; caso em que se transcreverá nela a sentença de partilha transitada em julgado.

Vide Projeto de CPC, art. 641, parágrafo único.

Examinado o formal de partilha (espécie de carta de sentença) pelo prisma da sua eficácia, temos que esse documento assume duas dimensões diferentes: no plano material, corresponde ao título do domínio adquirido pelo sucessor, o que determina a transferência da propriedade mediante o registro no Cartório de Registro de Imóveis; no plano processual, desencadeia a execução da partilha com vista à aquisição da posse direta dos bens, o que se dá mediante a propositura de ação de conhecimento ou de execução, já que se traduz em título executivo judicial (art. 475-N, VII). Muito bem, o presente dispositivo visa, claramente, a facilitar a execução da partilha de bens móveis, pela substituição do formal, que é um conjunto de documentos, por um documento único passado pelo escrivão que certifique o pagamento do quinhão, dele constando os elementos referidos no art. 1.025, I, *a* e *c*, e II, além da transcrição da sentença de partilha transitada em julgado (art. 1.026). Assim como o formal, a certidão do pagamento do quinhão também é título executivo (art. 475-N, VII, 2ª figura).

Art. 1.028. A partilha, ainda depois de passar em julgado a sentença (art. 1.026), pode ser emendada nos mesmos autos do inventário, convindo todas as partes, quando tenha havido erro de fato na descrição dos bens; o juiz, de ofício ou a requerimento da parte, poderá, a qualquer tempo, corrigir-lhe as inexatidões materiais.

Vide Projeto de CPC, art. 642.

A previsão final deste art. 1.028 consubstancia regra que simplesmente explicita, no contexto do inventário, a autorização genérica concedida ao juiz pelo art. 463, I, primeira parte: a correção *ex officio* de inexatidões materiais. Observe-se apenas que o texto sob exame põe em destaque a circunstância de que o magistrado pode mandar realizar as correções na partilha (*v. g.*, do nome do *de cujus* ou do herdeiro, da sua qualificação, etc.) mesmo depois de passada em julgado a sentença ou o acórdão que a apreciou. Quanto à primeira previsão, trata-se de norma verdadeiramente especial do procedimento do inventário, haja vista que dá poder ao juiz, mediante anuência das partes, para ordenar a emenda da partilha em caso de erro de fato na descrição dos bens. É o que ocorre, por exemplo, se um imóvel é descrito como outro, se parte da descrição foi omitida, se elementos estranhos ao bem foram introduzidos na sua descrição, etc. (tudo isso pode impedir a execução da partilha ou o registro do formal – *v.* art. 1.027, parágrafo único). Note-se que, se qualquer interessado impugnar o pedido de emenda, o juiz não pode deferi-la, restando ao prejudicado o recurso à ação anulatória a que alude o parágrafo único do art. 1.029.

Art. 1.029. A partilha amigável, lavrada em instrumento público, reduzida a termo nos autos do inventário ou constante de escrito particular homologado pelo juiz, pode ser anulada, por dolo, coação, erro essencial ou intervenção de incapaz.

Vide Projeto de CPC, art. 643, caput

A figura da partilha amigável vem prevista pelo CC no seu art. 2.015, que reza: "Art. 2.015. Se os herdeiros forem capazes, poderão fazer partilha amigável, por escritura pública, termo nos autos do inventário, ou escrito particular, homologado pelo juiz". Ainda segundo o art. 2.027 do mesmo estatuto "A partilha, uma vez feita e julgada, só é anulável pelos vícios e defeitos que invalidam, em geral, os negócios jurídicos". Como se percebe, o presente dispositivo apenas refere o instituto da partilha amigável com a finalidade de explicitar a sua anulabilidade pelos vícios mencionados, rol este que identicamente se traduz em mera explicitação da normatividade contida na lei civil.

Parágrafo único. O direito de propor ação anulatória de partilha amigável prescreve em 1 (um) ano, contado este prazo:

Vide Projeto de CPC, art. 643, parágrafo único.

O presente dispositivo tem paralelo no parágrafo único do art. 2.027 do CC que afirma: "Extingue-se em um ano o direito de anular a partilha". Quanto a essa regra, pondera-se que o prazo de um ano só tem aplicação às hipóteses de anulabilidade e que a nulidade pode ser alegada no prazo da rescisória (Clóvis Beviláqua). Posta a questão nesses termos, fica fácil concluir que o presente dispositivo apenas explicita o que já se entendia acerca da lei civil, ficando a rescindibilidade da sentença como objeto de regra autônoma, o art. 1.030. Observe-se, por derradeiro, que o prazo aqui instituído não é de prescrição, mas sim de decadência.

I – no caso de coação, do dia em que ela cessou;

Vide Projeto de CPC, art. 643, parágrafo único, I.

A fixação do termo *a quo* estabelecida pelo presente dispositivo está em consonância com a disposição genérica contida no art. 178, I, do CC, que fala do dia em que cessar a coação. Observe-se, entretanto, que para a anulação dos atos em geral o prazo é de quatro anos, o que revela que a regra sob enfoque é especial. Lembre-se apenas que coação é a violência moral *(vis compulsiva)* dirigida a alguém no sentido de produzir manifestação de vontade não desejada (CC, arts. 151 a 155).

II – no de erro ou dolo, do dia em que se realizou o ato;

Vide Projeto de CPC, art. 643, parágrafo único, II.

Assim como na hipótese constante do inciso anterior, também aqui a fixação do termo *a quo* do prazo decadencial para a propositura da ação anulatória tem paralelo no CC, que, em seu art. 178, II, diz que o prazo se conta, em caso de "erro, dolo [...] do dia em que se realizou o negócio jurídico". Para os atos em geral, a anulação pode ser pedida em quatro anos; para a desconstituição da partilha o prazo é de apenas um, como visto (*v. caput* e nota ao inciso I). Lembre-se que erro é o falso conhecimento da realidade como pano de fundo da prática de um ato jurídico e que o erro essencial ou substancial é o que "interessa à natureza do negócio, ao objeto principal da declaração, ou a alguma das qualidades a ele essenciais", o que "concerne à identidade ou à qualidade essencial da pessoa a quem se refira a declaração de vontade, desde que tenha influído nesta de modo relevante", como também "sendo de direito e não implicando recusa à aplicação da lei, for o motivo único ou principal do negócio jurídico" (CC, art. 139 – *v.*, ainda, arts. 141 e 142). Já o dolo é a indução voluntária e maliciosa de alguém em erro com o fim de se obter uma declaração de vontade não desejada (CC, arts. 145 a 150).

III – quanto ao incapaz, do dia em que cessar a incapacidade.

Vide Projeto de CPC, art. 643, parágrafo único, III.

Inicialmente é importante notar que a incapacidade como fundamento da ação anulatória da partilha amigável se estriba diretamente no art. 2.015 do CC, que veda de forma absoluta a prática desse negócio jurídico a todos os incapazes; o *caput* deste art. 1.029 apenas explicita tal circunstância, destarte. Quanto ao termo *a quo* fixado, observe-se que a presente regra é estabelecida em consonância com a ideia consagrada pelo art. 198, I, do estatuto civil, que afirma não correr a prescrição contra incapazes. Contudo, uma distinção aqui é necessária: se a partilha é de fato anulável, porque um de seus participantes é relativamente incapaz (CC, art. 171, I), o prazo para ação anulatória é o previsto no *caput* deste art. 1.029; já se a partilha é nula, porque o agente é absolutamente incapaz (CC, art. 166, I), o prazo é o da rescisória (art. 495) (a observação é de Antonio Carlos Marcato).

Art. 1.030. É rescindível a partilha julgada por sentença:

Vide Projeto de CPC, art. 644, caput

Se o art. 1.029 se ocupa com a desconstituição da partilha amigável (por ação anulatória), este art. 1.030 disciplina a desconstituição da sentença que julga a partilha nos termos do art. 1.026 (por ação rescisória). Observe-se que, apesar do caráter homologatório da sentença que julga a partilha – o que se deve exclusivamente à circunstância procedimental da decisão sobre a partilha estar propriamente contida no chamado "despacho de deliberação" a que alude o art. 1.022 –, esta é rescindível e não anulável porque indubitavelmente não se trata de partilha amigável. Registre-se, ainda, a respeito da rescindibilidade aqui regulada, que além dos fundamentos expressamente instituídos pelos três incisos a seguir, qualquer dos motivos previstos pelo art. 485 dá sustentação à ação rescisória da sentença que julga a partilha, bastando que essa tenha transitado em julgado, evidentemente (da data do trânsito corre o prazo do art. 495).

I – nos casos mencionados no artigo antecedente;

Vide Projeto de CPC, art. 644, I.

A prescrição sob enfoque eleva à condição de fundamento de rescisória os vícios do consentimento (dolo, coação e erro substancial), cujos conceitos encontram-se referidos nos comentários aos incisos do parágrafo único do art. 1.029. Como a ação rescisória, de acordo com o *caput* deste art. 1.030, não é remédio contra partilha amigável, e a incapacidade só representa obstáculo ao aperfeiçoamento desta (CC, art. 2.015), parece claro que a "intervenção de incapaz" não pode ser fundamento para a ação rescisória de sentença que julga partilha. Erro substancial para fins rescisórios haverá, por exemplo, na hipótese de o sucessor ter concordado expressamente com o esboço de partilha sob a falsa percepção de que seu quinhão era qualitativamente igual aos demais, quando não era. Dolo haverá, por seu turno, se o falso conhecimento da realidade foi provocado maliciosamente por outro sucessor, seu advogado ou pelo inventariante, *v. g.* Já a coação terá lugar se a concordância com o esboço, a renúncia ao direito de recorrer contra a sentença de julgamento da partilha ou a desistência de recurso interposto se deu por intimidação praticada por alguém.

II – se feita com preterição de formalidades legais;

Vide Projeto de CPC, art. 644, II.

A preterição de formalidades legais, a que alude o texto, identifica-se inicialmente com o inatendimento das exigências contidas nos arts. 1.022 (oportunidade para formulação de pedido de quinhão e proferimento de despacho de deliberação da partilha), 1.023 (organização do esboço de partilha com o preenchimento dos requisitos previstos pelos seus incisos), 1.024 (prazo de manifestação sobre o esboço e solução das reclamações) e 1.025 (requisitos atinentes à partilha lançada nos autos – auto de orçamento e folhas de pagamento e seus conteúdos específicos). Além da preterição dessas formalidades apontadas, também é fundamento da ação rescisória contra a sentença que julga a partilha a nulidade do processo de inventário por qualquer motivo não enquadrável nas previsões do art. 485, uma vez que esses são, por si só, suficientes para estribar o pedido de desconstituição da sentença ou acórdão transitado em julgado (*v.* nota ao *caput*).

III – se preteriu herdeiro ou incluiu quem não o seja.

Vide Projeto de CPC, art. 644, III.

A preterição de herdeiro como fundamento da rescisória contra sentença que julga partilha demanda alguns esclarecimentos. Se o herdeiro se habilitou no inventário e dele foi excluído pela decisão judicial prevista pelo parágrafo único do art. 1.000 (excluído sem remessa às vias ordinárias – *v.* nota), caracterizada se encontra a hipótese deste inciso III, e o remédio de que o preterido dispõe é a rescisória. Se, pelo contrário, o herdeiro preterido não foi cientificado sobre a existência do inventário e, por isso, dele não participou como parte, tal sucessor não tem ação rescisória contra a sentença que julgou a partilha, mas sim a ação de petição de herança, cumulada ou não com investigação de paternidade, a ser proposta em vinte anos nos termos da Súmula n. 149 do STF.

Seção IX
Do Arrolamento

Vide Projeto de CPC, arts. 645 a 653 (Seção IX – Do Arrolamento).

Art. 1.031. A partilha amigável, celebrada entre partes capazes, nos termos do art. 2.015 da Lei n. 10.406, de 10 de janeiro de 2002 – Código Civil, será homologada de plano pelo juiz, mediante a prova da quitação dos tributos relativos aos bens do espólio e às suas rendas, com observância dos arts. 1.032 a 1.035 desta Lei.

Vide Projeto de CPC, art. 645, caput

Este art. 1.031 – alterado em sua redação pela Lei n. 11.441/2007 que substituiu a referência ao CC/1916 pela referência ao atual de 2002 – apresenta-nos uma primeira e relevante dúvida: qual o seu papel no sistema em face do que dispõe o vigente art. 982 que admite a escritura pública de inventário e partilha? A resposta começa pelo próprio texto do *caput* do art. 982 que institui a facultatividade do recurso ao inventário pela via administrativa ("[...] se todos forem capazes e concordes, poderá fazer-se o inventário e partilha por escritura pública [...]"). Com efeito, se o inventário administrativo pode ou não ser utilizado, isto significa que, quando não puder, há de existir outro caminho rumo à partilha dos bens do autor da herança: o caminho previsto pelo presente art. 1.031. Mas quando isto pode ocorrer? Também essa resposta se nos afigura bastante singela: toda vez que não parecer necessário, conveniente ou mesmo confortável, sob algum ponto de vista, a qualquer uma das partes interessadas, o comparecimento físico ou jurídico ao tabelionato para a celebração da escritura pública de inventário e partilha. Pois bem, superada a questão relativa ao novo posicionamento sistemática do dispositivo focalizado, voltemos nossas atenções para o seu próprio significado normativo. Inicialmente, cumpre registrar que os arts. 1.031 a 1.035 disciplinam o arrolamento sumário (*v.* art. 1.032, *caput*), que corresponde a procedimento diferenciado de inventário, cuja característica básica é a simplificação ou a redução de formalidades com vista ao rápido proferimento de sentença homologatória de partilha amigável celebrada por partes maiores e capazes. Observe-se que diferentemente do arrolamento comum (art. 1.036) o presente rito não tem sua adequação condicionada, em absoluto, ao valor dos bens, bastando a total concordância dos interessados acerca do patrimônio e da partilha que com a petição inicial já é apresentada (art. 1.032). Registre-se, ainda, que a quitação dos tributos concernentes aos imóveis do espólio (IPTU e imposto de transmissão *causa mortis*) e suas rendas (imposto de renda) tanto poderá ser realizada anteriormente ao ajuizamento do pedido – quando, então, a respectiva guia comprobatória é juntada com a inicial – como logo após a instauração do procedimento, mas sempre antes do proferimento do ato de homologação, como deixa claro o texto (*v.* § 2º do art. 1.034) (texto de acordo com a Lei n. 11.441/2007).

---

§ 1º O disposto neste artigo aplica-se, também, ao pedido de adjudicação, quando houver herdeiro único.

Vide Projeto de CPC, art. 645, § 1º.

As regras jurídicas constantes do *caput* que se aplicam ao requerimento de adjudicação são, evidentemente, apenas as relativas à observância do rito disciplinado pelos arts. 1.032 a 1.035 e à comprovação de pagamento de tributos, uma vez que o pedido adjudicatório não depende da celebração prévia do negócio jurídico partilha amigável, justamente por se tratar de herdeiro único, nem tecnicamente de homologação judicial, porquanto o ato que o magistrado pratica nesse caso não é de mera chancela, mas essencialmente decisório.

§ 2º Transitada em julgado a sentença de homologação de partilha ou adjudicação, o respectivo formal, bem como os alvarás referentes aos bens por ele abrangidos, só serão expedidos e entregues às partes após a comprovação, verificada pela Fazenda Pública, do pagamento de todos os tributos.
Vide Projeto de CPC, art. 645, § 2º.

Por meio da presente disposição, fica o juiz impedido de expedir formal e alvará enquanto não se comprovar nos autos a verificação do pagamento dos tributos pela Fazenda. Para esse fim, a parte requererá a verificação na via administrativa, uma vez que no arrolamento não se conhecem tais questões (art. 1.034, *caput* e § 2º) nem se intima o ente fazendário (texto de acordo com a Lei n. 9.280/96).

Art. 1.032. Na petição de inventário, que se processará na forma de arrolamento sumário, independentemente da lavratura de termos de qualquer espécie, os herdeiros:
Vide Projeto de CPC, art. 646, caput

O dispositivo em questão se destina a regular os requisitos intrínsecos da petição inicial do procedimento do arrolamento sumário, mas apresenta no seu corpo norma específica de processamento expressa pela proibição de lavratura de qualquer espécie de termo (note-se que tal vedação atende justamente aos reclamos de informalidade e de agilidade que marcam o rito sob enfoque). Quanto aos requisitos intrínsecos, parece importante salientar que, além dos explicitamente indicados nos incisos a seguir, os sucessores precisam estar perfeitamente qualificados na peça inicial, nos termos do inciso II do art. 282, bem como devem pedir de forma expressa, ao final, a homologação da partilha que apresentem, a teor do disposto no inciso IV do mesmo art. 282 c/c o art. 1.031, *caput*. Por derradeiro, cumpre-nos chamar a atenção para um aspecto relativo ao mandato judicial (requisito extrínseco): da procuração devem constar poderes especiais por se tratar de ato que envolve disposição de direitos (art. 38).

I – requererão ao juiz a nomeação do inventariante que designarem;
Vide Projeto de CPC, art. 646, I.

Exatamente como ocorre no procedimento comum de inventário, também aqui é necessária a nomeação de inventariante para os fins previstos pelos arts.

991 (exceto o referido no inciso III) e 992, de sorte que a lei estabelece de forma expressa, desde logo, a exigência de que os sucessores, já de comum acordo quanto à partilha, também de comum acordo requeiram dita nomeação. Dois detalhes sobre tal ato: primeiro, os herdeiros não estão adstritos à ordem prevista pelo art. 990 quando pedem a nomeação, nem o juiz quando a defere (note-se que o texto diz "inventariante que designarem"); segundo, nomeado o inventariante, não se lavrará nenhum termo, haja vista a disposição contida no *caput* (*v.* nota). Observe-se, por fim, que ao despachar a petição inicial o magistrado procederá à nomeação se o rito for, de fato, o adequado; se não for, o juiz deixa de realizá-la e determinará a conversão do arrolamento sumário em inventário (ou arrolamento comum) e as providências de adaptação a serem tomadas.

II – declararão os títulos dos herdeiros e os bens do espólio, observado o disposto no art. 993 desta Lei;

Vide Projeto de CPC, art. 646, II.

A declaração dos títulos dos herdeiros a que alude o texto corresponde às mesmas informações previstas e exigidas pelos incisos I a III do art. 993, que regulam o teor inicial das primeiras declarações. Observe-se que, para que fique clara a titulação dos sucessores, não só a completa qualificação desses (inciso II do art. 993) e a explicitação do relacionamento de cada um deles com o morto (inciso III) são necessárias, como também a própria e perfeita identificação do autor da herança (inciso I) é imprescindível à caracterização formal do fenômeno sucessório. No que concerne à declaração dos bens do espólio, parece evidente que tal requisito intrínseco da petição inicial do arrolamento sumário se identifica com a previsão contida no inciso IV do art. 993, o que dispensa outros comentários (*v.* nota). Lembre-se, por fim, que da petição já deve constar a partilha do patrimônio de acordo com o art. 1.031, *caput*, o que, na peça, virá após a relação dos bens.

III – atribuirão o valor dos bens do espólio, para fins de partilha.

Vide Projeto de CPC, art. 646, III.

Assim como acontece no procedimento comum do inventário, também aqui para cada bem declarado deverão os sucessores atribuir um valor expresso em moeda corrente nacional (art. 993, IV, *h*). Observe-se, contudo, que não para aí a exigência explicitada por este inciso III: como o texto fala expressamente "para fins de partilha", parece fácil concluir que após a definição dos quinhões deverão os sucessores atribuir um valor específico para cada um deles, o que significa cumprimento da norma contida na letra *c* do inciso I do art. 1.025 (*v.* nota). Registre-se que todo o teor normativo do art. 1.025 é aplicável à partilha que se formaliza na petição inicial do arrolamento sumário.

Art. 1.033. Ressalvada a hipótese prevista no parágrafo único do art. 1.035 desta Lei, não se procederá a avaliação dos bens do espólio para qualquer finalidade.

Vide Projeto de CPC, art. 647.

Outra peculiaridade do procedimento do arrolamento sumário que ora nos ocupa é a estabelecida na presente disposição legal: a dispensa de avaliação dos bens do espólio para qualquer finalidade, salvo na hipótese de impugnação pelo credor declarado habilitado (art. 1.035, parágrafo único; compare com os arts. 1.003 a 1.013). A regra, como se vê, é de todo coerente com o escopo de tornar ágil o processamento do inventário em caso de partilha celebrada nos termos do art. 2.015 do CC (*v.* art. 1.031, *caput,* e nota). É coerente também sob o ponto de vista sistemático, uma vez que o art. 1.034 e seus parágrafos afastam do bojo desse procedimento qualquer discussão a respeito dos valores atribuídos aos bens, remetendo ao campo administrativo, e às ações próprias, eventuais dúvidas sobre a matéria.

Art. 1.034. No arrolamento, não serão conhecidas ou apreciadas questões relativas ao lançamento, ao pagamento ou à quitação de taxas judiciárias e de tributos incidentes sobre a transmissão da propriedade dos bens do espólio.

Vide Projeto de CPC, art. 648, caput

Dada a intenção da lei de tornar rápida a entrega aos herdeiros da sentença homologatória da partilha amigável, fica instituída a impossibilidade de discussão não só a respeito do valor dos bens para fins de *causa mortis*, ou de recolhimento da taxa judiciária, como também acerca da própria correção ou não dos valores lançados e/ou pagos por força de obrigação tributária (inaplicáveis, portanto, os arts. 1.007, 1.008, 1.012 e 1.013 ao procedimento sob análise). Contudo, a partir da vigência do § 2º, do art. 1.031 (Lei n. 9.280/96), fica o juiz também impedido de expedir formal ou alvará enquanto o pagamento do imposto, que a parte realiza por sua conta e risco nos autos, não for verificado pela Fazenda (*v.* nota ao § 2º do art. 1.031).

§ 1º A taxa judiciária, se devida, será calculada com base no valor atribuído pelos herdeiros, cabendo ao fisco, se apurar em processo administrativo

valor diverso do estimado, exigir a eventual diferença pelos meios adequados ao lançamento de créditos tributários em geral.

Vide Projeto de CPC, art. 648, § 1º.

Este parágrafo explicita a primeira matéria sobre a qual não pode haver qualquer tipo de discussão no curso do arrolamento sumário: a taxa judiciária. Por meio do presente dispositivo fica o juiz vinculado, de forma absoluta, aos valores atribuídos pelos sucessores aos bens do espólio, restando-lhe apenas fiscalizar se o recolhimento da taxa judiciária foi feito de acordo com o valor do patrimônio constante da petição inicial (lembre-se que segundo o Regimento de Custas, que é lei estadual, o recolhimento prévio da taxa judiciária pode ser dispensado, caso em que fica esvaziada a atividade fiscalizatória do juiz do arrolamento). Se a Fazenda Pública não concordar com esses valores, a ela só cabe instaurar o procedimento administrativo adequado e acionar o interessado autonomamente por meio de execução fiscal, mas nunca impugnar tais valores nos autos do arrolamento.

§ 2º O imposto de transmissão será objeto de lançamento administrativo, conforme dispuser a legislação tributária, não ficando as autoridades fazendárias adstritas aos valores dos bens do espólio atribuídos pelos herdeiros.

Vide Projeto de CPC, art. 648, § 2º.

Outra matéria que no curso do arrolamento sumário não pode ser discutida é o valor que serve de base ao recolhimento do imposto de transmissão. Segundo o *caput* que rege este parágrafo, não se conhecem ou apreciam questões relativas ao lançamento e ao pagamento do imposto de transmissão e de acordo com o presente dispositivo as autoridades fazendárias não estão adstritas aos valores atribuídos pelos herdeiros. Conclusão: quanto à quitação de impostos fica o juiz limitado apenas a fiscalizar se o recolhimento "dos tributos relativos aos bens do espólio e às suas rendas" foi feito uma vez que o art. 1.031, *caput*, coloca o pagamento como pressuposto necessário da homologação da partilha amigável quanto ao imposto de transmissão, eventual erro ou sonegação só pode ser apurado administrativamente, e nunca nos autos do arrolamento, o que pode permitir à Fazenda Pública executar de forma autônoma os herdeiros devedores.

Art. 1.035. A existência de credores do espólio não impedirá a homologação da partilha ou da adjudicação, se forem reservados bens suficientes para o pagamento da dívida.

Vide Projeto de CPC, art. 649, caput

Sob o ponto de vista dos credores do espólio, não discrepa muito o inventário comum do arrolamento sumário, uma vez que também aqui a lei permite a instauração do incidente disciplinado pelos arts. 1.017 a 1.021 (de certa forma, o dispositivo em questão representa quebra da ideia matriz que inspira o arrolamento). Autuado em apenso o pedido de pagamento, antes da homologação da partilha, determinará o magistrado que as partes se manifestem, daí resultando duas possibilidades: *a*) havendo concordância, o juiz declara habilitado o credor e manda separar dinheiro ou bens (art. 1.017, §§ 1º e 2º); *b*) havendo discordância, o juiz remete o credor às vias ordinárias, mas manda reservar bens se a dívida estiver suficientemente demonstrada (art. 1.018 e parágrafo único). É justamente esse segundo caso que serve de base fática para o efeito previsto pelo presente art. 1.035: o decreto de reserva de bens suficientes autoriza a imediata homologação da partilha amigável (salvo se ocorrer o que o parágrafo único estabeleceu). Observe-se, entretanto, que se a reserva afetar a proporcionalidade dos quinhões, os sucessores deverão retificar a partilha, exceto se o prejudicado não se opuser à diminuição patrimonial (a observação é de Ernane Fidélis dos Santos).

Parágrafo único. A reserva de bens será realizada pelo valor estimado pelas partes, salvo se o credor, regularmente notificado, impugnar a estimativa, caso em que se promoverá a avaliação dos bens a serem reservados.

Vide Projeto de CPC, art. 649, parágrafo único.

De acordo com a primeira parte da disposição sob enfoque, a reserva de bens deve pautar-se pelos valores constantes da petição inicial do arrolamento sumário. Assim, após a manifestação de discordância das partes nos termos do art. 1.018 (*v.* nota do *caput*), mas antes da decisão do incidente, deve o juiz ordenar a intimação (não notificação) do credor para que diga sobre tais valores em cinco dias. Nesse prazo, tanto poderá o requerente concordar com a estimativa – o que provoca o imediato julgamento do pedido incidental com a eventual decretação da reserva pelo juiz sobre os bens que entender suficientes (eventual porque o juiz pode não estar convencido da necessidade da medida – *v.* art. 1.018, parágrafo único) – como impugná-la, significando tal ato o seu inconformismo *a priori* com os bens que serão objeto do decreto cautelar, o que determinará a ordem judicial de avaliação de todo o patrimônio, ou de parte dele, para que, ao final, se reservem, de fato, bens suficientes para resguardar a satisfação do crédito.

Art. 1.036. Quando o valor dos bens do espólio for igual ou inferior a 2.000 (duas mil) Obrigações do Tesouro Nacional – OTN, o inventário processar-se-á na forma de arrolamento, cabendo ao inventariante nomeado,

independentemente da assinatura de termo de compromisso, apresentar, com suas declarações, a atribuição do valor dos bens do espólio e o plano da partilha.

Vide Projeto de CPC, arts. 650, caput*, e 651.*

Se o arrolamento sumário pressupõe partilha amigável (art. 1.031), este procedimento especial de inventário que ora nos ocupa – o arrolamento comum – pressupõe exclusivamente que os bens sejam de pequeno valor (para o alcance do valor atual das duas mil OTNs é necessário que se proceda a todas as conversões de índices determinadas por leis posteriores). Registre-se que também a presente modalidade de arrolamento corresponde a rito que deve ser obrigatoriamente seguido, verificado o seu pressuposto fático, não podendo os interessados optar pelo procedimento comum do inventário. Sobre o processamento é necessário salientar, desde logo, que requerida a instauração do arrolamento por petição – distribuída por quem tenha legitimação nos termos dos arts. 987 e 988 –, seguir-se-á a nomeação de inventariante, como diz o texto – nos moldes previstos pelo art. 990, *caput* –, e a subsequente apresentação de declarações, independentemente de lavratura do termo a que alude o parágrafo único do mesmo art. 990. Duas observações sobre a apresentação de declarações nesse procedimento merecem destaque: primeira, as declarações devem ser oferecidas no prazo de vinte dias a que alude o art. 993, *caput*, que é aplicável à espécie; segunda, a forma das declarações do inventariante deve obedecer aos mesmos requisitos previstos pelos incisos I a IV do art. 993, *caput*, além do expressamente estabelecido pelo texto sob exame que é o plano de partilha. Por derradeiro, note-se que à apresentação das declarações pelo inventariante segue-se a citação dos interessados de acordo com o art. 999, identicamente aplicável ao arrolamento comum (*v.* nota ao § 1º a seguir).

§ 1º Se qualquer das partes ou o Ministério Público impugnar a estimativa, o juiz nomeará um avaliador que oferecerá laudo em 10 (dez) dias.

Vide Projeto de CPC, art. 650, § 1º.

Embora este § 1º nada diga a respeito do ato citatório no procedimento do arrolamento comum, o seu teor deixa clara a pressuposição da *vocatio* de todos os interessados, porque só assim lhes será possível impugnar a estimativa do valor dos bens realizada pelo inventariante, bem como acompanhar o desenvolvimento da causa. A omissão disciplinar apontada torna patente, portanto, a aplicabilidade do art. 999 ao rito sob análise. Realizada, assim, a citação do cônjuge, dos herdeiros, dos legatários, do testamenteiro e a intimação (não citação) do MP – quando haja interessado incapaz ou ausente, uma fundação ou testamento a cumprir –, abrir-se-á vista a todos, pelo prazo comum de dez dias, para dizerem a respeito das declarações e do plano de partilha a teor do disposto no art. 1.000, identicamente aplicável (note-se que a Fazenda Pública não é citada no arrolamento por força da regra contida no § 4º a seguir – *v.* nota). Voltando especificamente ao conteúdo normativo do presente parágrafo, cumpre salientar que basta a impugnação de um interessado à estimativa realizada pelo inventariante para que o juiz fique obrigado a determinar perícia para a avaliação dos bens (*v.* § 2º a seguir).

---

§ 2º Apresentado o laudo, o juiz, em audiência que designar, deliberará sobre a partilha, decidindo de plano todas as reclamações e mandando pagar as dívidas não impugnadas.

Vide Projeto de CPC, art. 650, § 2º.

Como visto, de acordo com o § 1º, apenas na hipótese de haver impugnação de algum interessado é que o juiz ordenará a avaliação dos bens do espólio no arrolamento comum. Muito bem, tendo havido a nomeação de avaliador, o laudo deverá ser apresentado no prazo de dez dias, seguindo-se a abertura de vista às partes para manifestação, já que a designação da audiência prevista pode ser dispensada dada a inocuidade da prova oral nesse caso (a previsão de audiência, no texto, é mera recomendação da lei – concordamos neste sentido com Ernane Fidélis dos Santos). Observe-se, por outro lado, e isto parece muito importante, que o ato de deliberação da partilha aqui instituído se faz acompanhar da decisão sobre as eventuais reclamações deduzidas (art. 1.000 – *v.* nota ao § 1º), bem como da ordem de pagamento das dívidas não impugnadas (art. 1.017, § 2º – *v.* nota ao art. 1.035). É que, diferentemente do procedimento comum do inventário (arts. 1.022 a 1.024), tudo é resolvido por decisão interlocutória única, haja vista que o plano de partilha já é apresentado com as declarações do inventariante no arrolamento comum, o que dispensa a participação do partidor. Registre-se, por fim, que a deliberação de partilha e essas outras decisões mencionadas são atos que o juiz pratica mesmo que não haja determinação de avaliação.

---

§ 3º Lavrar-se-á de tudo um só termo, assinado pelo juiz e pelas partes presentes.

Vide Projeto de CPC, art. 650, § 3º.

A lavratura de termo único prevista por esse dispositivo pressupõe evidentemente a realização da audiência instituída pelo parágrafo anterior na qual o juiz delibera sobre a partilha, decide reclamações e manda pagar dívida não impugnada; tudo isso compõe o objeto do termo que é assinado pelo juiz e pelas partes presentes à audiência. Note-se, por outro lado, que se o juiz resolveu não designar audiência, esta decisão interlocutória complexa que o juiz profere, como ato meramente escrito que é, não depende de termo algum. Observe-se que nas duas situações apontadas o que se seguirá no procedimento será o lançamento da partilha nos autos pelo próprio inventariante, uma vez que, dada a informalidade que permeia o arrolamento e a ausência de regra expressa, não há lugar para a atuação do partidor (apesar disso, sabe-se que na prática é relativamente comum a ordem de remessa dos autos a esse auxiliar do juiz para o lançamento da partilha; tal ato não invalida de maneira nenhuma o procedimento, todavia). Por último, queremos chamar a atenção para mais uma circunstância procedimental: se, apreciando o laudo de avaliação dos bens (§§ 1º e 2º), o juiz se convencer de que o valor do acervo é superior ao limite de duas mil OTNs, a solução é o imediato proferimento de conversão do arrolamento em inventário comum, aproveitando-se os atos já praticados, desde que não incompatíveis (a observação é de Ernane Fidélis dos Santos).

---

§ 4º Aplicam-se a esta espécie de arrolamento, no que couberem, as disposições do art. 1.034 e seus parágrafos, relativamente ao lançamento, ao pagamento e à quitação da taxa judiciária e do imposto sobre a transmissão da propriedade dos bens do espólio.

Vide Projeto de CPC, art. 650, § 4º.

A remissão expressa que o presente dispositivo faz ao art. 1.034 e seus parágrafos significa, em primeiro lugar, que a taxa judiciária, se devida – pode não ser de acordo com a respectiva lei estadual –, será paga exclusivamente com base na estimativa realizada pelo inventariante, salvo se a avaliação dos bens determinada nos autos revelar valores superiores (§§ 1º e 2º) quando, então, ao juiz cumprirá exigir a diferença; eventuais erros de cálculo ou de recolhimento em qualquer dessas duas situações só podem ser apurados por procedimento administrativo e processo próprios. Em segundo lugar, a remissão significa que o imposto de transmissão *causa mortis* também será recolhido exclusivamente com base nos valores estimados ou, quando muito, com base nos apurados por força da avaliação determinada pelo juiz, restando à Fazenda Pública, em caso de equívocos no cálculo ou no recolhimento, instaurar, da mesma forma, o procedimento administrativo adequado e sucessivamente a execução fiscal (Lei n. 6.830/80) (*v.* parágrafo subsequente).

---

§ 5º Provada a quitação dos tributos relativos aos bens do espólio e às suas rendas, o juiz julgará a partilha.

Vide Projeto de CPC, art. 650, § 5º.

Semelhantemente ao que acontece no procedimento comum do inventário (art. 1.026), também no arrolamento comum exige a lei, como requisito para o julgamento da partilha, a prova da quitação do imposto de transmissão *causa mortis* (pela juntada de uma cópia da guia de recolhimento), do IPTU (pela juntada da certidão negativa expedida pela Prefeitura), bem como do imposto de renda (pela certidão negativa passada pela Delegacia da Receita Federal em relação aos rendimentos do autor da herança). Observe-se que esses documentos comprobatórios, nos procedimentos referidos, só vêm para os autos na sua etapa final, via de regra, enquanto no arrolamento sumário tais documentos normalmente acompanham a própria petição inicial (art. 1.031, *caput*). Seja como for, no arrolamento comum que nos interessa, somente após a comprovação das quitações tributárias é que o juiz da causa proferirá o julgamento da partilha, vale dizer, a sentença homologatória da partilha, assim chamada e considerada pelo fato de ter sido a decisão deliberatória anterior (*v.* § 2º) o ato judicial que efetivamente definiu os contornos e dimensões de cada quinhão. O que dissemos em relação ao art. 1.026 vale aqui (*v.* nota).

Art. 1.037. Independerá de inventário ou arrolamento o pagamento dos valores previstos na Lei n. 6.858, de 24 de novembro de 1980.
Vide Projeto de CPC, art. 652.

Dispõe a Lei n. 6.858/80: "Art. 1º Os valores devidos pelos empregadores aos empregados e os montantes das contas individuais do Fundo de Garantia do Tempo de Serviço e do Fundo de Participação PIS-Pasep, não recebidos em vida pelos respectivos titulares, serão pagos, em quotas iguais, aos dependentes habilitados perante a Previdência Social ou na forma da legislação específica dos servidores civis e militares, e, na sua falta, aos sucessores previstos na lei civil, indicados em alvará judicial, independentemente de inventário ou arrolamento. § 1º As quotas atribuídas a menores ficarão depositadas em caderneta de poupança, rendendo juros e correção monetária, e só serão disponíveis após o menor completar 18 (dezoito) anos, salvo autorização do juiz para aquisição de imóvel destinado à residência do menor e de sua família ou para dispêndio necessário à subsistência e educação do menor. § 2º Inexistindo dependentes ou sucessores, os valores de que trata este artigo reverterão em favor, respectivamente, do Fundo de Previdência e Assistência Social, do Fundo de Garantia do Tempo de Serviço ou do Fundo de Participação PIS-Pasep, conforme se tratar de quantias devidas pelo empregador ou de contas de FGTS e do Fundo PIS-Pasep. Art. 2º O disposto nesta Lei se aplica às restituições relativas ao Imposto de Renda e outros tributos, recolhidos por pessoa física, e, não existindo outros bens sujeitos a inventário, aos saldos bancários e de contas de cadernetas de poupança e fundos de investimento de valor até 500 Obrigações do Tesouro Nacional. Parágrafo único. Na hipótese de inexistirem dependentes ou sucessores do titular, os valores referidos neste artigo reverterão em favor do Fundo de Previdência e Assistência Social". Essa lei foi regulamentada pelo Decreto n. 88.845, de 26.03.1981, e não se aplica a diversas hipóteses de interesse da União conforme o DL n. 2.292, de 21.11.1986, art. 13 (Theotonio Negrão; *v.* nota ao art. 982).

Art. 1.038. Aplicam-se subsidiariamente a esta Seção as disposições das seções antecedentes, bem como as da seção subsequente.

Vide Projeto de CPC, art. 653.

A norma jurídica sob análise expressamente estabelece a aplicabilidade aos procedimentos do arrolamento sumário (arts. 1.031 a 1.034) e do arrolamento comum (art. 1.036) das disposições legais disciplinadoras do procedimento comum do inventário (arts. 982 a 1.030) que compõem as Seções I a VIII – deste Capítulo X do Título I do Livro IV –, referidas no presente texto como seções antecedentes; aplicam-se identicamente aos dois ritos de arrolamento as prescrições comuns (arts. 1.039 a 1.045) que integram a Seção X, ou, como diz o texto, a seção subsequente. Observe-se que este art. 1.038 fala de aplicação subsidiária, significando isso que os arts. 982 a 1.030 e 1.039 a 1.045 somente regerão os procedimentos de arrolamento na medida da não incompatibilidade. Para facilitar a compreensão do tema remetemos o leitor aos comentários que expendemos aos arts. 1.031 a 1.036, onde fazemos expressa referência às regras do rito comum que têm efetiva incidência.

Seção X
Das Disposições Comuns às Seções Precedentes

Vide Projeto de CPC, arts. 654 a 659
(Seção X – Das Disposições Comuns a Todas as Seções deste Capítulo).

Art. 1.039. Cessa a eficácia das medidas cautelares previstas nas várias seções deste Capítulo:

Vide Projeto de CPC, art. 654, caput

A cessação da eficácia das medidas cautelares de reserva de quinhão (arts. 1.000, parágrafo único, e 1.001) e de reserva de bens (art. 1.018, parágrafo único) – medidas acautelatórias que o juiz concede independentemente de ação e processo próprio, por isso enquadráveis na disposição agasalhada pelo art. 797 do CPC – é regulamentada por este art. 1.039 de maneira semelhante à instituída pelo art. 808, I e III (semelhante, mas não idêntica; *v.* nota ao inciso I a seguir). Observe-se que o presente dispositivo não cogita da hipótese prevista pelo inciso II do art. 808 justamente por se tratar de medidas *ex officio*.

I – se a ação não for proposta em 30 (trinta) dias, contados da data em que da decisão foi intimado o impugnante (art. 1.000, parágrafo único), o herdeiro excluído (art. 1.001) ou o credor não admitido (art. 1.018);

Vide Projeto de CPC, art. 654, I.

Diferentemente da previsão contida no art. 806, que estabelece como termo *a quo* do prazo para a propositura da ação principal a data da efetivação da medida cautelar, o presente inciso institui para o mesmíssimo fim a data da mera intimação da decisão concessiva da providência pelo juiz. A distinção se explica pelo fato de que a efetivação da reserva (de quinhão ou bens) no bojo do inventário não depende de nenhum ato concreto fora da sede do juízo (*v. g.*, a apreensão da coisa ou pessoa, o arrolamento de bens, o afastamento do cônjuge, etc.), mas apenas da decisão mesma de reservar. Logo, ciente o interessado desse ato, começa a fluir o prazo para o ajuizamento da ação principal, sob pena de cessação da eficácia da medida. Assim, em trinta dias da intimação: o impugnante deverá promover a ação para exclusão do herdeiro (art. 1.000, parágrafo único); o herdeiro não reconhecido ajuizará a ação de investigação de paternidade cumulada com petição de herança (art. 1.001); e o credor não admitido deverá intentar a ação de cobrança do seu crédito (art. 1.018, parágrafo único).

II – se o juiz declarar extinto o processo de inventário com ou sem julgamento do mérito.

Vide Projeto de CPC, art. 654, II.

Sob o ponto de vista do sistema processual, a regra em questão pode ser explicada, não assim sob o prisma da sua normatividade intrínseca. Quanto ao primeiro aspecto, parece evidente que se as medidas cautelares da reserva de quinhão e de bens têm por finalidade resguardar interesses que só por meio do inventário se realizam, a extinção deste só pode mesmo acarretar o desaparecimento daquelas. É que a medida cautelar de reserva é acessória em relação ao inventário e a acessório segue a sorte do principal. Já no que concerne à normatividade intrínseca da regra sob análise, esta merece sérias críticas: em primeiro lugar, porque no inventário não existe julgamento de mérito, pelo menos nos moldes como o art. 269 o concebe, o que torna este último dispositivo inaplicável; em segundo, porque também a figura da extinção do processo sem julgamento de mérito, como disciplinada pelo art. 267, não se amolda ao inventário (*v. g.*, as omissões previstas pelos incisos II e III não geram extinção, mas apenas a remoção do inventariante nos termos do art. 995, II). Em face dessas dificuldades, o presente dispositivo só pode ser interpretado no sentido de que a extinção anormal do inventário é que provoca a cessação da eficácia das medidas cautelares, o que ocorre quando não existem bens a inventariar, a certidão de óbito do autor da herança é falsa, o espólio for declarado insolvente (arts. 748 e 759) ou falido se o *de cujus* era comerciante individual (LF, art. 39, parágrafo único).

Art. 1.040. Ficam sujeitos à sobrepartilha os bens:
Vide Projeto de CPC, art. 655, caput

Sobrepartilha é a nova (ou outra) partilha que se realiza nos mesmos autos do inventário na hipótese de a primeira realizada não ter exaurido, por algum motivo, os bens que a este ato de divisão deveriam ter-se submetido, mas ao qual não se submeteram. A sobrepartilha tem a mesma natureza, fim e forma da partilha e corresponde a ato subsequente eventual do procedimento do inventário. Note-se que a *ratio* da figura se liga à ideia de que o líquido não deve ser sacrificado pelo ilíquido, nem esperar por ele (Teixeira de Freitas apud Hamilton de Moraes e Barros), bem como à circunstância de que o inventário sempre está aberto [...] Nos incisos que se seguem – cujo rol não é exaustivo, atente-se –, estabelece a lei as hipóteses que dão ensejo à sobrepartilha. Vejamos.

I – sonegados;
Vide Projeto de CPC, art. 655, I.

Bens sonegados, como visto, são aqueles que o inventariante ou herdeiro maliciosamente oculta com o fim de não submetê-los à partilha (sobre o assunto, *v.* comentário aos arts. 994, 995, VI, e 1.014 a 1.016). Muito bem, proposta a ação de sonegados e executada a sua sentença de procedência, ou sendo colacionados voluntariamente os bens pelo herdeiro após a realização da partilha, os móveis ou imóveis que por um desses atos venham para o inventário deverão ser sobrepartilhados, ainda que, para isso, seja necessária a sua prévia avaliação. Do mesmo teor normativo é a parte final do art. 2.021 do CC (*v.* nota ao inciso subsequente).

II – da herança que se descobrirem depois da partilha;
Vide Projeto de CPC, art. 655, II.

A prescrição sob enfoque reproduz a parte final do último dispositivo regulamentador do ato da partilha constante do CC, que assim se expressa: "Art. 2.022.

Ficam sujeitos a sobrepartilha os bens sonegados e quaisquer outros bens da herança de que se tiver ciência após a partilha". Como se vê, de acordo com a presente disposição, não importa o motivo por que o bem era desconhecido e, por isso, não foi partilhado, bastando não ter sido efetivamente para que ele deva se submeter à sobrepartilha quando for descoberto. Se o motivo foi a sonegação (inciso I) ou qualquer dos dois previstos a seguir (incisos III e IV), não tem incidência a regra como é curial.

III – litigiosos, assim como os de liquidação difícil ou morosa;

Vide Projeto de CPC, art. 655, III.

Bens litigiosos são aqueles bens materiais ou imateriais que correspondem a objeto de lide deduzida perante o Poder Judiciário por meio de ação (*v.* arts. 42 e 219). No texto sob apreciação, é fácil perceber que tais bens são os que se encontram no centro de disputa judicial envolvendo originariamente o *de cujus*, ou já o espólio, como sujeito ativo ou passivo de qualquer tipo de processo. Por outro lado, são bens de liquidação difícil ou morosa aqueles que demandem árduo trabalho verificatório como, por exemplo, a coleta de vasto patrimônio mobiliário espalhado entre várias galerias de arte. É interessante observar que essa hipótese é contemplada por disposição paralela do estatuto civil que reza: "Art. 2.021. Quando parte da herança consistir em bens remotos do lugar do inventário, litigiosos, ou de liquidação morosa ou difícil, poderá proceder-se, no prazo legal, à partilha dos outros, reservando-se aqueles para uma ou mais sobrepartilhas, sob a guarda e administração do mesmo ou diverso inventariante, e consentimento da maioria dos herdeiros". Em face dessa regra civil conclui-se que a conveniência é que vai determinar a deixa ou não de bens para sobrepartilha, devendo o juiz decidir de acordo com a maioria (arts. 162, § 2º, e 522).

IV – situados em lugar remoto da sede do juízo onde se processa o inventário.

Vide Projeto de CPC, art. 655, IV.

A previsão que ora nos ocupa se enquadra, como a anterior, no disposto no art. 2.021 do CC, que reproduzimos no comentário ao inciso III deste art. 1.040 (*v.* nota). Como visto, também neste caso apenas "poderá proceder-se, no prazo legal, à partilha dos outros, reservando-se aqueles [os situados em lugar remoto] para uma ou mais sobrepartilhas", o que significa, identicamente, que será a conveniência da maioria dos interessados que definirá a realização da partilha já ou o aguardo de momento posterior para a realização da sobrepartilha. Ao juiz cumprirá a decisão do incidente.

Parágrafo único. Os bens mencionados nos ns. III e IV deste artigo serão reservados à sobrepartilha sob a guarda e administração do mesmo ou de diverso inventariante, a aprazimento da maioria dos herdeiros.

Vide Projeto de CPC, art. 655, parágrafo único.

Este parágrafo único tem a parte final da sua redação pautada inteiramente na disposição contida no art. 2.021 do CC que reproduzimos *ipsis litteris* no comentário expendido ao inciso III deste art. 1.040 (*v.* nota). Observe-se, contudo, que existe uma pequena diferença redacional: enquanto o art. 2.021 afirma "poderá proceder-se", o presente dispositivo diz "os bens [...] serão reservados à sobrepartilha". Temos para nós que não há incongruência entre os dois textos, haja vista que o civil é apenas mais explícito – alude ao fato de "proceder-se, no prazo legal, à partilha dos outros, reservando-se aqueles para uma ou mais sobrepartilhas" –, do que se conclui que o consentimento das partes condiciona o próprio deferimento da deixa de bens para sobrepartilha. Registre-se, por fim, que a nomeação de outro inventariante – na falta, impossibilidade ou vontade de não mais exercer o *munus* do anterior – provocará a necessidade no novo compromisso (art. 990, parágrafo único; salvo arts. 1.032, *caput*, e 1.036; sobre os demais atos *v.* art. 1.041).

Art. 1.041. Observar-se-á na sobrepartilha dos bens o processo de inventário e partilha.

Vide Projeto de CPC, art. 656, caput

Embora o texto se refira a "processo de inventário e partilha" – dando a entender que outro processo se instaura quando a sobrepartilha tem lugar, o que não é verdade (*v.* nota ao *caput* do art. 1.040) –, deve-se interpretar a regra em questão apenas no sentido de que as mesmas formalidades procedimentais que cercaram a partilha e a sua preparação têm de ser observadas. Assim, requerida a sobrepartilha por petição do inventariante (ou de qualquer das pessoas mencionadas no art. 988), da qual já conste a identificação do bem e dos sucessores (art. 993, IV, II e III), seguir-se-á eventual citação destes (art. 999), manifestação (art. 1.000) e decisões (art. 1.000, parágrafo único). Realizada a avaliação do bem, ou sem ela (art. 1.003 e nota), proceder-se-á ao cálculo do imposto e sua homologação (art. 1.013), formulando as partes os seus pedidos de quinhão, e proferindo o juiz o despacho de deliberação da partilha (art. 1.022), com vista ao seu lançamento nos autos, julgamento e expedição do respectivo formal (arts. 1.023 a 1.027). Percebe-se, destarte, que, na prática, o procedimento da sobrepartilha é um pouco menos complicado porque, via de regra, o bem já vem perfeitamente descrito e acompanhado de certidões do registro, o que significa dispensa de boa parte da fase de inventário.

Parágrafo único. A sobrepartilha correrá nos autos do inventário do autor da herança.

Vide Projeto de CPC, art. 656, parágrafo único.

Justamente porque não se trata de novo processo de inventário, mas apenas de seu ressurgimento com o fim específico de permitir a retalhação de bem que, por um motivo ou outro, escapou da partilha outrora realizada, é que o presente dispositivo afirma que a sobrepartilha correrá nos autos do inventário do autor da herança. Como nesse caso o procedimento apenas se estende ou se prolonga, para concluir trabalho inacabado, nada mais lógico que nos próprios autos desarquivados (o desarquivamento é providência prévia normalmente necessária) sejam praticados todos os atos da sobrepartilha.

Art. 1.042. O juiz dará curador especial:

Vide Projeto de CPC, art. 657, caput.

A previsão legal sob enfoque nada mais representa do que explicitação do disposto no art. 9º do CPC, regra geral de aplicação indistinta a todos os tipos de processo e procedimento. A figura do curador especial aqui instituída corresponde à antiga curadoria à lide do Código anterior e significa suprimento de defesa concedido às pessoas mencionadas adiante pelo instrumental técnico da legitimação extraordinária que a lei outorga ao MP ou a quem o juiz nomeie nos autos do inventário.

I – ao ausente, se o não tiver;

Vide Projeto de CPC, art. 657, I.

Ausente, no texto, é qualquer pessoa que deva participar do inventário na qualidade de cônjuge meeiro, herdeiro, ou legatário, e que, tendo sido citada por edital – nos termos do § 1º do art. 999, ou após tentativa frustrada do oficial de justiça (*v.* nota respectiva) – permaneceu inerte frente ao prazo de dez dias para manifestação previsto pelo art. 1.000, *caput*. Trata-se, portanto, de situação específica enquadrável, em termos, na previsão do inciso II do art. 9º; em termos porque no inventário não se pode falar de réu, nem de revelia e seus efeitos propriamente, o que torna necessária uma regra especial como esta que examinamos. Resta, no entanto, uma indagação: por que o texto alude à condição "se o não tiver"? Temos para nós que a interpretação dessa cláusula legal é a seguinte: o único ausente que já pode ter curador quando da sua citação para o inventário é o ausente assim declarado nos termos da lei civil (CC, art. 24; CPC, art. 1.160). Se a ausência já se caracterizou, mas ainda não houve nomeação de curador pelo juiz no procedimento de jurisdição voluntária já existente, ao magistrado, no inventário, cabe outorgar-lhe curador processual (o curador especial deste inciso I; *v.* art. 9º, parágrafo único e nota).

II – ao incapaz, se concorrer na partilha com o seu representante.
Vide Projeto de CPC, art. 657, II.

A prescrição deste inciso II corresponde inequivocamente a uma explicitação da hipótese prevista de forma genérica pela segunda parte do inciso I do art. 9º do CPC, que reza: "Art. 9º O juiz dará curador especial: I – ao incapaz, se não tiver representante legal, ou se os interesses deste colidirem com os daquele". Concorrer na partilha o incapaz com o seu representante é caso típico de colidência objetiva de interesses, o que torna necessária a nomeação de curador ao hipossuficiente como forma de assegurar-lhe a incolumidade de seus direitos sucessórios. Observe-se que exatamente como acontece na situação contemplada pelo inciso I deste art. 1.042, curador especial do incapaz será o órgão do MP ou um advogado que atue na comarca por onde corra o inventário nos termos do parágrafo único do art. 9º, que é aplicável à espécie evidentemente (*v.* nota respectiva). Além do curador, nos dois casos, intervirá o *parquet* no feito em razão do art. 82, I.

Art. 1.043. Falecendo o cônjuge meeiro supérstite antes da partilha dos bens do premorto, as duas heranças serão cumulativamente inventariadas e partilhadas, se os herdeiros de ambos forem os mesmos.
Vide Projeto de CPC, art. 658, caput.

A norma jurídica *sub apretiationis* regula a chamada cumulação de inventários, que tem cabimento, de acordo com o texto, toda vez que antes da partilha (entenda-se, antes da sua homologação por sentença – arts. 1.026 ou 1.031) faleça o cônjuge meeiro sobrevivente, deixando como herdeiros os mesmos sucessores do premorto (não assim os legatários e credores que podem ser diferentes). Nesse caso estabelece a lei que o segundo inventário (ou arrolamento – art. 1.038) será processado em apenso ao primeiro (§ 2º) e, com um único inventariante (§ 1º) o procedimento se desenvolverá. Ao inventariante nomeado nos autos em apenso (*v.* nota ao § 2º) caberá requerer nova avaliação dos bens se os valores se alteraram, já que as primeiras declarações originárias valem para o segundo inventário a teor do disposto no art. 1.045, *caput* (*v.* nota onde falamos sobre outros atos do inventariante). Observe-se, por derradeiro, que a cumulação de inventários também é admissível na hipótese de falecimento simultâneo de marido e mulher ou de morte sucessiva destes, não tendo sido aberto o primeiro inventário até o momento do segundo óbito. Nessas hipóteses, é claro, a cumulação é originária e não superveniente como a prevista por este artigo.

§ 1º Haverá um só inventariante para os dois inventários.

Indubitavelmente, a existência da figura da cumulação de inventários a um só tempo representa impedimento à duplicação de atos processuais e despesas, bem como o fator permissivo da maior agilidade do procedimento da partilha. Tudo isso revela que a nítida inspiração do instituto é o princípio da economia processual, o que explica sem outras considerações o teor do dispositivo sob análise. Observe-se que por se tratar de novo inventário – embora cumulado – não está o juiz dispensado de realizar outra nomeação formal de inventariante nos autos em apenso, ato que atribuirá pela segunda vez o *munus* à mesma pessoa, salvo se esta era justamente o cônjuge supérstite recém-falido quando, então, o juiz nomeará para os dois inventários (o antigo e o novo) um outro interessado nos termos do art. 990.

§ 2º O segundo inventário será distribuído por dependência, processando-se em apenso ao primeiro.

Exatamente porque o fundamento principiológico do instituto da cumulação de inventários é a economia processual (redução de tempo e gastos e, por consequência, mais agilidade para o alcance da partilha – *v.* nota ao § 1º) é que a lei, nesse passo, estabelece o obrigatório processamento em apenso do inventário dos bens do cônjuge supérstite falecido antes do ato final de retalhação. Se tudo pode ser feito de uma só vez, por que duplicar a atividade das partes e do Estado? Destarte, distribuída a petição inicial do segundo inventário por dependência (dada a conexão, art. 253, I; sobre o seu teor, *v.* nota ao *caput* deste art. 1.043), seguir-se-á a nomeação de inventariante (§ 1º) e o envio dos autos ao distribuidor, por ofício, para que realize a respectiva anotação (art. 253, parágrafo único). Sobre os demais atos do procedimento, examine-se a nota ao art. 1.045.

Art. 1.044. Ocorrendo a morte de algum herdeiro na pendência do inventário em que foi admitido e não possuindo outros bens além do seu quinhão na herança, poderá este ser partilhado juntamente com os bens do monte.

Vide Projeto de CPC, art. 658, III.

O permissivo legal sob enfoque – que também se fundamenta no princípio da economia processual (*v.* notas aos §§ 1º e 2º do art. 1.043) – encontra-se em perfeita sintonia com o instituto da representação que o CC disciplina nos arts. 1.851 a 1.856. De acordo com o texto, a chamada habilitação de herdeiro representante (da figura assim fala Antonio Carlos Marcato) só tem cabimento se o sucessor falecido no curso do inventário (herdeiro ou legatário) não possuir outros bens a partilhar, porque se possuir, outro inventário autônomo e independente terá de ser necessariamente instaurado (observe-se que o enquadramento dos outros bens no disposto na Lei n. 6.858/80 – *v.* art. 1.037 – não é obstáculo à realização dessa habilitação incidente). A restrição se explica porque, do contrário, estar-se-ia a admitir a instauração de um inventário dentro de outro inventário, o que levaria ao completo tumulto processual (a observação é de Hamilton de Moraes e Barros). Sobre os desdobramentos procedimentais no caso da habilitação do herdeiro representante examine-se o art. 1.045.

Art. 1.045. Nos casos previstos nos dois artigos antecedentes prevalecerão as primeiras declarações, assim como o laudo de avaliação, salvo se se alterou o valor dos bens.

Vide Projeto de CPC, art. 659.

Tanto na hipótese de cumulação de inventários (art. 1.043) como na hipótese de habilitação de herdeiro representante (art. 1.044), as primeiras declarações apresentadas originariamente pelo inventariante nos termos do art. 993 não precisarão ser repetidas, bem como a avaliação realizada nos moldes dos arts. 1.003 a 1.010, salvo se tiver havido alteração superveniente de valores. É o que o texto legal sob exame estabelece. Muito bem, em face de tal preceito normativo resta saber que atos o inventariante ainda terá de praticar para que a partilha conjunta aconteça. Mas vai depender do momento em que a morte do cônjuge supérstite ou do herdeiro se tenha verificado. Vejamos algumas situações. Primeira, a morte se segue às primeiras declarações: tudo entre esse ato e a partilha terá de ter lugar, inclusive a avaliação (arts. 999 a 1.013 e 1.017 a 1.026). Segunda, a morte se segue à avaliação: o inventariante presta as últimas declarações, o cálculo do imposto é homologado, dívidas são pagas e toda a fase da partilha propriamente tem lugar (arts. 1.011 a 1.013, 1.017 a 1.021 e 1.022 a 1.026). Terceira, a morte se dá pouco antes da homologação da partilha: o juiz ordena a organização de novo esboço de partilha (eventualmente antecedida de reavaliação dos bens), traçando a orientação para tal, ao que se segue a sua discussão, lançamento nos autos, pagamento dos impostos de transmissão (mediante prévio cálculo do novo valor a quitar) e homologação da partilha (arts. 1.003 a 1.013 – eventual – e 1.022 a 1.026).

Parágrafo único. No inventário a que se proceder por morte do cônjuge herdeiro supérstite, é lícito, independentemente de sobrepartilha, descrever e partilhar bens omitidos no inventário do cônjuge premorto.

Este parágrafo único, que fecha o Capítulo IX dedicado ao inventário, prevê a situação muito particular do falecimento do cônjuge sobrevivente, no curso do processo, que seja herdeiro, e não apenas meeiro do *de cujus* (dada a circunstância da inexistência de descendentes ou ascendentes no momento da morte do autor da herança e de não estar dissolvida a sociedade conjugal nesse mesmo instante – CC, arts. 1.829, III, e 1.838). Muito bem, verificada tal hipótese de cumulação de inventários, estabelece o dispositivo em questão que os herdeiros do cônjuge recém-falecido que se habilitem (*v. g.*, as pessoas que são descendentes exclusivamente deste) poderão descrever e partilhar não só todo o patrimônio já inventariado pertencente ao cônjuge herdeiro (metade por força de meação e a outra metade por força de herança), como também quaisquer bens que tenham sido omitidos no inventário do premorto por qualquer razão. Observe-se que a solução normal seria a sobrepartilha desse remanescente, mas que, em função da regra especial sob enfoque, tais bens serão incluídos na nova descrição e partilhados juntamente como todos os outros. Mais uma vez, a lei homenageia o princípio da economia processual.

CAPÍTULO X
DOS EMBARGOS DE TERCEIRO

Vide Projeto de CPC, arts. 660 a 667 (Capítulo VII – Dos Embargos de Terceiro).

Art. 1.046. Quem, não sendo parte no processo, sofrer turbação ou esbulho na posse de seus bens por ato de apreensão judicial, em casos como o de penhora, depósito, arresto, sequestro, alienação judicial, arrecadação, arrolamento, inventário, partilha, poderá requerer lhe sejam manutenidos ou restituídos por meio de embargos.

Vide Projeto de CPC, art. 660, caput

Os embargos de terceiro são uma ação que tem por objeto a desconstituição dos efeitos de decisões judiciais e cujo processo tem rito especial que admite a concessão de medida liminar. Por meio deles completa o CPC o sistema de proteção possessória mediante o amparo de todo aquele que, não sendo parte numa causa, sofre turbação ou esbulho na posse de bens por força de ato do juiz (observe-se que a tutela possessória se dá também por meio das ações possessórias – arts. 920 e segs. – e da nunciação de obra nova – arts. 934 e segs. – que pressupõem, contudo, agressão de particular). Também por seu intermédio, o Código resguarda a coisa julgada (art. 472) justamente porque defende terceiros contra atos constritivos de processos instaurados *inter alios* (nesses dois sentidos, Vicente Greco Filho). Tenha-se presente, ainda, que o pedido de exclusão de bens de terceiro da constrição judicial pode amparar-se tanto no direito de propriedade como na simples posse (§ 1º), o que também repercute diretamente no plano da legitimação ativa *ad causam*; o outro elemento que repercute é exatamente a condição de não parte. Já no que concerne ao esbulho (perda da posse) ou turbação (ameaça de perda) que o texto deste art. 1.046 se propõe a disciplinar, explicitando hipóteses, deve-se observar que tal rol não é taxativo, mas meramente exemplificativo, de sorte a compreender, entre outros, os atos de busca e apreensão cautelar (art. 839), executiva (art. 625) ou decorrente de alienação fiduciária (DL n. 911/69), como também a imissão na posse de imóvel (art. 625), a reintegração na posse determinada pelo juiz (art. 930), etc.

---

§ 1º Os embargos podem ser de terceiro senhor e possuidor, ou apenas possuidor.

Vide Projeto de CPC, art. 660, § 1º.

De acordo com a expressão literal do texto, fica assegurado ao terceiro – aquele que não é parte no processo – defender, por meio de embargos, não somente a propriedade, como a posse de seus bens, ainda que apenas indireta. A regra em questão cumpre no sistema, veja-se, o papel de explicitar dois aspectos concernentes à legitimação ativa para os embargos, o que sugere alguns problemas, sendo o mais importante deles, indubitavelmente, a situação do compromissário-comprador de imóvel. Quanto à polêmica, tem-se entendido em sede jurisprudencial que o compromisso de compra e venda de imóvel, ainda que não levado a registro perante o Cartório de Registro de Imóveis, autoriza o compromissário-comprador a deduzir embargos desde que: *a*) o contrato anterior à dívida que gerou a execução e a penhora; *b*) irretratável o compromisso; *c*) o embargante já imitido na posse do imóvel (nesse sentido Sálvio de Figueiredo Teixeira). Observe-se, de outra parte, que é na condição de terceiro senhor e possuidor que o sócio busca excluir por embargos os seus bens particulares da apreensão judicial realizada em processo de execução fundado na responsabilidade da sociedade. Mas atente-se que o mero possuidor direto também pode embargar, como o depositário, o comodatário, o locatário, etc. Sobre a responsabilidade dos sócios, à luz do CC, examinem-se os arts. 50, 990, 991, parágrafo único, 997, VIII, 1.016, 1.023, 1.039, 1.045, 1.052, 1.091 e 1.095.

§ 2º Equipara-se a terceiro a parte que, posto figure no processo, defende bens que, pelo título de sua aquisição ou pela qualidade em que os possuir, não podem ser atingidos pela apreensão judicial.

Vide Projeto de CPC, art. 660, § 2º, II e III.

Outra questão interessante relacionada com a legitimação *ad causam* ativa para fins de embargos é a posta pelo presente dispositivo. Segundo ele, é considerada terceiro a parte, ou seja, o sujeito ativo ou passivo da ação, que tencione defender bem que, dado o contexto jurídico em que foi adquirido, não se submete ao processo que gerou a constrição. Imagine-se a hipótese de alguém que introduza acessórios em veículo sujeito à alienação fiduciária. A busca e apreensão que o juiz defira liminarmente não tem por objeto os acessórios acrescentados, mas apenas o veículo, de sorte que a parte pode embargar para excluir da apreensão tais bens. Imagine-se, ainda, a situação do possuidor vencido numa ação reintegratória que veja um outro imóvel seu, que não o disputado, sendo entregue ao autor. O réu nesse caso vem a juízo com titulação diferente, isto é, na qualidade de litigante sobre bem distinto – terceiro, portanto –, o que lhe permite o manuseio dos embargos, embora seja parte na ação possessória.

§ 3º Considera-se também terceiro o cônjuge quando defende a posse de bens dotais, próprios, reservados ou de sua meação.

Vide Projeto de CPC, art. 660, § 2º, I.

Por meio do presente parágrafo, prossegue o art. 1.046 disciplinando a *legitimatio ad causam* ativa, para fins de embargos de terceiro, referindo agora a posição do cônjuge diante dos diferentes bens mencionados no texto (os bens próprios, CC, arts. 1.659, 1.668, 1.672, 1.673 e 1.687; os de sua meação, CC, arts. 1.660 e 1.667; os reservados, CC, arts. 1.659, VI; os bens dotais desapareceram com o CC). Quanto aos embargos de terceiro pelo cônjuge, merece consignação inicialmente o fato de que se a mulher casada for litisconsorte de seu marido em execução ajuizada, não lhe cabe a ação de embargos de terceiro, mas apenas os embargos do devedor, uma vez que a questão relativa à responsabilidade da meação ou dos bens reservados integra *ab initio* o próprio litígio, de forma que não há razão para se admitir a sua qualidade de terceiro (concordamos nesse sentido com Humberto Theodoro Júnior). Mas, se parte na execução é apenas o marido, à mulher fica evidentemente assegurada a possibilidade de se socorrer dos embargos de terceiro para livrar seus bens ou meação a partir do momento em que tome ciência da penhora realizada (art. 655, § 2º), o que não a torna parte no feito executivo. Observe-se que, quando se trata de discussão envolvendo meação, tanto no caso de embargos do devedor, como na hipótese de embargos de terceiro opostos pela mulher, quase toda a controvérsia gira em torno de se saber se a dívida contraída pelo marido o foi em benefício do casal ou não, pois no caso positivo a meação responde, enquanto no caso negativo a meação não responde (cabe à mulher embargante provar que a dívida não foi realizada em benefício do casal; *v.* CC, arts. 1.642, V, 1.663, § 1º, 1.664, 1.666, 1.668, III, 1.677, 1.679, 1.680, 1.681, parágrafo único, etc.).

Art. 1.047. Admitem-se ainda embargos de terceiro:

Por fim, estabelece este art. 1.047 as duas últimas hipóteses em que o CPC confere legitimidade a alguém expressamente para a oposição de embargos de terceiro. Registre-se que à lei pareceu conveniente explicitar tais situações, haja vista o escopo de impedir qualquer discussão acerca da qualidade de terceiro do possuidor não participe da ação divisória ou demarcatória, bem como do credor com garantia real.

I – para a defesa da posse, quando, nas ações de divisão ou de demarcação, for o imóvel sujeito a atos materiais, preparatórios ou definitivos, da partilha ou da fixação de rumos;

O possuidor a quem este primeiro inciso legitima para a dedução de embargos de terceiro é evidentemente a pessoa que não participa do processo demarcatório ou divisório, vale dizer, aquele que não foi citado para qualquer dessas duas ações (arts. 953 e 968). De fato, porque do contrário, quaisquer discussões a respeito da correção ou da incorreção de atos materiais da divisão ou da demarcação serão dirimidas pelo próprio juiz da causa (arts. 965, 966, 979 e 980). Exemplificativamente, temos que deverá opor embargos de terceiro o confrontante do imóvel dividendo, que, não sendo parte na ação divisória por razões óbvias, veja a linha do perímetro prometer invadir, ou invadir suas terras por qualquer motivo; ou, ainda, o não confrontante que vislumbre a invasão do seu terreno por força de atos materiais de fixação de rumos estabelecida em processo demarcatório em relação ao qual é completamente estranho.

II – para o credor com garantia real obstar alienação judicial do objeto da hipoteca, penhor ou anticrese.

Vide Projeto de CPC, art. 660, § 2º, IV.

O credor com garantia real (o credor hipotecário, pignoratício ou anticrético) só dispõe de embargos de terceiro para impedir a alienação judicial da coisa (a arrematação em processo de execução) caso não tenha havido a sua intimação regular nos termos do disposto nos arts. 619 e 698. Se houve, só lhe resta exercer a preferência no que concerne ao levantamento do produto (*v.*, contudo, nota ao inciso II do art. 615). Observe-se mais que, procedentes os embargos, e obstada a alienação, cumprirá ao exequente (credor quirografico) requerer nova designação de data para a arrematação e a intimação do credor com garantia real, o que tornará o segundo ato de alienação deferido imune a novos embargos (as observações são de Theotonio Negrão – lembra o comentarista, ainda, que se têm admitido embargos pelo credor com garantia real sob o fundamento de que o devedor comum é solvente e possui outros bens livres que podem responder pelo crédito).

Art. 1.048. Os embargos podem ser opostos a qualquer tempo no processo de conhecimento enquanto não transitada em julgado a sentença, e, no processo de execução, até 5 (cinco) dias depois da arrematação, adjudicação ou remição, mas sempre antes da assinatura da respectiva carta.

Vide Projeto de CPC, art. 661.

Dada a circunstância de os embargos de terceiro sempre estarem vinculados a atos de constrição judicial, estabelece o CPC prazos dentro dos quais tal ação deve ser ajuizada, sob pena de perda da via processual especial (por isso é que se diz comumente aqui tratar-se de prazo de decadência – Vicente Greco Filho). Muito bem, a lei distingue expressamente duas situações, mas ao intérprete é lícito vislumbrar quatro, que passamos a elencar. Primeira, o processo de conhecimento: em relação a esse admite-se a oposição de embargos mesmo depois do trânsito em julgado pela simples circunstância de que, via de regra, atos de constrição só acontecem após a formação da coisa julgada, *v. g.*, nas hipóteses de reintegração na posse, imissão na posse, demarcação, divisão, etc. Segunda, o processo de execução ou fase de cumprimento de sentença: quanto a esse é indubitável que a regra se mostra plenamente lógica e, por isso, aplicável, não podendo a oposição dos embargos ultrapassar o prazo de cinco dias a partir dos atos referidos, desde que devidamente formalizados (*v.* art. 694, parágrafo único e notas). Terceira, o processo cautelar: relativamente a esse o prazo para dedução de embargos se estende até o exato momento do trânsito em julgado da decisão no processo principal, ou até cinco dias dos atos executivos previstos no texto, se a ação principal é execução. Quarta, procedimentos de jurisdição voluntária: aplica-se a tais procedimentos o que dissemos sobre o processo de conhecimento, salvo se neles forem inseridos atos próprios da execução.

Art. 1.049. Os embargos serão distribuídos por dependência e correrão em autos distintos perante o mesmo juiz que ordenou a apreensão.

Vide Projeto de CPC, art. 662.

A distribuição por dependência da petição inicial dos embargos de terceiro se deve logicamente à clara conexão (embora imprópria) que sempre existe entre o ato judicial constritivo e este procedimento especial cujo objetivo é justamente a sua desconstituição. Trata-se, como se vê, de regra de competência funcional enquadrável genericamente no art. 93, *in fine*, e, por isso, absoluta, isto é, não sujeita ao fenômeno da prorrogação. Note-se, entrementes, que, se a apreensão se der por força de carta precatória, quem processa e julga os embargos de terceiro é o juízo deprecado, salvo se o juízo deprecante pertencer à outra Justiça como ocorre nas hipóteses em que o juiz federal pede a colaboração de juiz estadual de comarcas do interior (a observação é de Vicente Greco Filho). Já no que concerne à autuação distinta a que alude o texto, merece consignação o fato de que não se trata de autuação em apenso (se fosse a lei teria dito expressamente – argumento: arts. 261, 299, *in fine*, 1.017, § 1º, etc.), mas apenas de autuação separada, autônoma dos embargos, embora perante o mesmo juízo. Destarte, os autos dos embargos não serão anexados aos do processo de conhecimento, de execução ou cautelar onde se praticou o ato constritivo.

Art. 1.050. O embargante, em petição elaborada com observância do disposto no art. 282, fará a prova sumária de sua posse e a qualidade de terceiro, oferecendo documentos e rol de testemunhas.

Vide Projeto de CPC, art. 663, caput *e § 4º.*

A regra, em si, não apresenta maiores dificuldades. Em primeiro lugar, aplicam-se à petição inicial dos embargos de terceiro todos os requisitos intrínsecos previstos pelos sete incisos do art. 282, como diz o texto, além daquele instituído pelo art. 39, I (endereço do advogado), que também é regra. Quanto aos requisitos extrínsecos, o dispositivo em questão apenas faz referência a dois (a prova sumária – que normalmente é feita por documentos, mas, *v.* § 1º – da posse do embargante e da sua qualidade de terceiro, verdadeira explicitação do art. 283, o que, entretanto, não exclui a aplicação do disposto nos arts. 38 – procuração – e 225, parágrafo único – cópia da inicial para instituir o mandado). Queremos chamar a atenção, todavia, para um aspecto que foge à estrita normatividade deste art. 1.050, mas que não pode ficar sem menção: legitimado passivo para os embargos de terceiro é sempre o sujeito ativo do processo em cujo bojo foi praticado o ato constritivo, vale dizer, embargado é sempre quem dá causa objetivamente à apreensão, ainda que não tenha sido quem indicou o bem que foi penhorado, por exemplo.

§ 1º É facultada a prova da posse em audiência preliminar designada pelo juiz.

Vide Projeto de CPC, art. 663, caput *e § 1º.*

Exatamente como acontece em outros procedimentos especiais disciplinados pelo Código (possessórias, nunciação de obra nova), também aqui estabelece a lei a possibilidade de o embargante fazer com testemunhas a prova que com documentos não conseguiu fazer para demonstrar a existência da posse atual sobre a coisa apreendida, bem como a sua qualidade de terceiro. A diferença está no fato de que enquanto nas possessórias e na nunciação a lei chama tal audiência de justificação prévia, nos embargos de terceiro a lei as denomina audiência preliminar (a distinção é meramente terminológica; quanto ao objeto da prova, as semelhanças entre as três são acentuadas). Assim, no que diz respeito à atividade que o juiz e as partes realizam concretamente nessa audiência, remetemos o leitor ao que dissemos acerca do *caput* do art. 928 em que procuramos desenhar o perfil desse ato processual.

§ 2º O possuidor direto pode alegar, com a sua posse, domínio alheio.

Vide Projeto de CPC, art. 663, § 2º.

Sob o ponto de vista sistemático, o presente dispositivo se encontra deslocado porque trata de mais uma situação legitimante dos embargos de terceiro e não de qualquer aspecto relativo à petição inicial ou à audiência de justificação prévia, objetos do *caput* e do § 1º deste art. 1.050, respectivamente. Melhor seria, portanto, que a norma *sub apretiationis* compusesse o § 1º, do art. 1.046, em que a situação do mero possuidor é regulada. Seja como for, o que interessa ressaltar nesse passo é que o preceito em questão permite ao possuidor direto, como o usufrutuário, o credor pignoratício ou o locatário, o ajuizamento de embargos de terceiro desde que alegue o domínio daquele com quem tem a relação jurídica por força da qual a posse direta da coisa lhe foi conferida (*v.* art. 1.197 do CC).

§ 3º A citação será pessoal, se o embargado não tiver procurador constituído nos autos da ação principal.

Vide Projeto de CPC, art. 663, § 3º.

Resolvendo antiga dúvida interpretativa, fica estabelecido de uma vez por todas que, se o embargado (o exequente, requerente ou autor da ação principal) estiver regularmente representado por advogado, a sua citação não será pessoal, o que significa dizer que o chamamento para a defesa (art. 213) ocorrerá por intermédio do procurador, pela via da publicação no *Diário Oficial* do deferimento da inicial dos embargos com a ordem citatória na pessoa do advogado. Fica, portanto, absolutamente dispensada a intermediação do oficial de justiça para a realização da citação em processos de embargos de terceiro em caso de existência de advogado, aliás, como já pensávamos antes do surgimento da Lei n. 12.125/2009.

Art. 1.051. Julgando suficientemente provada a posse, o juiz deferirá liminarmente os embargos e ordenará a expedição de mandado de manutenção ou de restituição em favor do embargante, que só receberá os bens depois de prestar caução de os devolver com seus rendimentos, caso sejam afinal declarados improcedentes.

Vide Projeto de CPC, art. 664.

O dispositivo em questão disciplina, como se vê, a concessão da medida liminar no procedimento dos embargos de terceiro. Inicialmente, é preciso que fique claro que tal medida não possui natureza cautelar, antes revelando-se como mera antecipação da providência de mérito, exatamente como acontece nas hipóteses de reintegração de posse, nunciação de obra nova, alimentos provisórios ou desocupação liminar do imóvel da lei do inquilinato (Lei n. 8.245/91, art. 59, § 1º). Outra observação importante é a de que a lei se contenta com a *sumaria cognitio* para a concessão da providência, uma vez que o texto se refere à prova suficiente da posse, o que descarta a ideia de cognição plena. E, finalmente, merece realce a circunstância de que a exigência de prestação de caução só terá lugar nos embargos de terceiro se houver razões objetivas que levem o juiz a constatar o perigo de deterioração ou desaparecimento da coisa. Se tal perigo não houver (*periculum in mora*), dispensado fica o magistrado de impor *ex officio* a medida cautelar de caução como pressuposto da ordem de restituição ou manutenção.

Art. 1.052. Quando os embargos versarem sobre todos os bens, determinará o juiz a suspensão do curso do processo principal; versando sobre alguns deles, prosseguirá o processo principal somente quanto aos bens não embargados.

O tema aqui tratado é a suspensão do processo principal como efeito da concessão da liminar; lembre-se que, embora processo acessório, os embargos de terceiro não se processam em apenso de acordo com o art. 1.049. Pois bem, quanto ao efeito suspensivo da liminar – os outros são a outorga da posse do bem ao embargante e a litigiosidade da coisa –, optou o Código por instituir um duplo critério, que busca o equilíbrio entre os interesses das partes: para não favorecer inteiramente o embargante com a invariável paralisação do processo principal – o que poderia dar ensejo à malícia e ao abuso – fica estabelecida a suspensividade restrita ao bem quando haja outros bens que permitam o andamento da causa; se, pelo contrário, a coisa sobre a qual incide a ação de embargos é a única constrita, fica assegurada a total paralisação do feito principal. A solução é justa e adequada.

Art. 1.053. Os embargos poderão ser contestados no prazo de 10 (dez) dias, findo o qual proceder-se-á de acordo com o disposto no art. 803.
Vide Projeto de CPC, arts. 665 e 667.

Distribuída por dependência a inicial dos embargos (art. 1.049), e independentemente da concessão ou não da liminar (arts. 1.050 e 1.051), fica garantido ao embargado o exercício do direito de resposta (por contestação, exceções, impugnação ao valor da causa, etc.) no prazo de dez dias. Registre-se que parece evidente que a fluência desse prazo depende da citação do embargado (art. 213), que no procedimento especial sob exame se dá por meio da pessoa do advogado constituído pelo autor, exequente ou requerente nos autos do processo principal. Aliás, como ficou expressamente estabelecido pelo § 3º do art. 1.050, o qual faz depender o ato citatório da publicação no *Diário Oficial* do despacho que defere a inicial dos embargos (com ou sem liminar) com a ordem de citação, ficando assim integrado o embargado à relação processual, dispensada a atuação do meirinho. Note-se, por fim, que se houver contestação aplica-se o parágrafo único do art. 803; se não houver, tem incidência o *caput* desse mesmo artigo (*v.* notas respectivas). A remissão ao art. 803 visa tornar mais ágil e concentrado o procedimento dos embargos de terceiro. A sentença proferida é atacável por apelação no duplo efeito (art. 520), o que significa a suspensão do processo até final julgamento do recurso.

Art. 1.054. Contra os embargos do credor com garantia real, somente poderá o embargado alegar que:
Vide Projeto de CPC, art. 666, caput

O preceito legal sob enfoque estabelece exceção à regra de que o embargado, como qualquer sujeito passivo de ação, pode alegar toda a matéria de defesa de mérito de que disponha para combater o pedido deduzido pelo embargante (art. 300): tratando-se de embargos opostos por credor com garantia real, isto é, pelo credor hipotecário, pignoratício ou anticrético, só poderá o embargado exercer defesa se fundamentado numa das matérias contempladas nos incisos a seguir, o que se explica pela própria significação jurídica do direito real incidente sobre a coisa apreendida. Observe-se que não há limitação ao emprego pelo embargado das objeções do art. 301.

I – o devedor comum é insolvente;
Vide Projeto de CPC, art. 666, I.

A primeira das três defesas de mérito que ao embargado é lícito deduzir é a insolvência do devedor comum (devedor comum é o titular do bem que foi apreendido no processo principal e que é objeto dos embargos opostos pelo credor com garantia real). O permissivo legal se explica nos seguintes termos: como a insolvabilidade permite a instauração do processo de execução universal em que todos os créditos podem ser discutidos (inclusive os com garantia real) com vista à simultânea e proporcional satisfação de todos os credores, nada mais lógico que se permita ao credor singular (o exequente-embargado) a sua alegação no próprio bojo dos embargos para que o reconhecimento dessa provoque a instauração do processo de insolvência civil ou de falência posteriormente (*v.* arts. 748 e segs.).

II – o título é nulo ou não obriga a terceiro;
Vide Projeto de CPC, art. 666, II.

Se em qualquer processo de conhecimento é possível ao juiz declarar de ofício as nulidades do ato jurídico previstas pelos arts. 166 e 167 do estatuto civil, nos termos do parágrafo único do art. 168, nada de estranho existe na autorização particular aqui estampada no sentido de que possa o embargado alegar a nulidade absoluta do ato constitutivo da hipoteca, do penhor ou da anticrese com amparo numa das hipóteses previstas pelos mesmos arts. 166 e 167. Tais contratos, entretanto, não valem contra terceiros, quando forem desobedecidos os mandamentos contidos no art. 1.424 ou quando se verificar qualquer das situações previstas pelos arts. 221, 1.438 e 1.492 do CC. Atente-se por fim, que não cabe ao embargado qualquer defesa que se funde na mera anulabilidade do ato jurídico (CC, art. 171).

III – outra é a coisa dada em garantia.
Vide Projeto de CPC, art. 666, III.

É evidente que, se a constrição judicial realizada no processo principal não recaiu sobre a coisa que o embargante alega ter-lhe sido dada em garantia pelo devedor comum, não poderia mesmo a lei deixar de reconhecer ao embargado o direito de alegar tal matéria por contestação. Cabe, assim, ao sujeito passivo dos embargos, nesse caso, demonstrar que a coisa apreendida não é a que o credor-embargante afirma ter sido arrestada, penhorada, arrolada, etc., mas outra que nada tem que ver com o objeto da hipoteca, do penhor ou da anticrese.

CAPÍTULO XI
DA HABILITAÇÃO

Vide Projeto de CPC, arts. 668 a 673 (Capítulo VIII – Da Habilitação).

Art. 1.055. A habilitação tem lugar quando, por falecimento de qualquer das partes, os interessados houverem de suceder-lhe no processo.

Vide Projeto de CPC, art. 668.

Habilitação é o procedimento incidente que se processa em apenso aos autos de qualquer tipo de processo (conhecimento, execução ou cautelar, ou procedimento de jurisdição voluntária) por meio do qual se busca permitir a sucessão da parte falecida por seu espólio ou sucessores com a suspensão da causa principal (art. 265, I e § 1º). Observe-se que a transmissibilidade do direito material corresponde ao interesse de agir-necessidade dessa ação incidente, de sorte que a inexistência desse requisito determina o indeferimento liminar da petição inicial da habilitação (art. 267, VI, c/c o art. 295, III; observe-se que é o inciso IX deste art. 267 que fala da intransmissibilidade – *v.* nota). Registre-se, por fim, que o art. 43 do CPC contém regra semelhante à ora examinada.

Art. 1.056. A habilitação pode ser requerida:

Vide Projeto de CPC, art. 669, caput

A norma jurídica sob enfoque disciplina a legitimação ativa *ad causam* para a ação incidente de habilitação, merecendo pronto realce o fato de que tanto a parte contrária (inciso I), como os sucessores do falecido (inciso II), podem instaurar o processo, o que se explica pela antevisão da lei de que qualquer deles pode carecer de interesse de fato ou econômico em relação à habilitação: os sucessores podem omitir-se quanto às providências para a sucessão voluntária; a parte contrária pode manter-se inerte quanto à provocação da habilitação dos sucessores. O certo é que em nenhuma hipótese pode o juiz instaurar o processo de ofício (nesse sentido Antonio Carlos Marcato com apoio de lição de Clóvis do Couto e Silva).

I – pela parte, em relação aos sucessores do falecido;

Vide Projeto de CPC, art. 669, I.

Falecendo uma das partes no curso do processo e demonstrada tal circunstância nos autos, imediatamente deve o juiz da causa decretar a suspensão do feito. É o que diz a lei (art. 265, I e § 1º). Pode acontecer nesse caso que mesmo estando informados da morte, e da suspensão, não tomem os sucessores do falecido qualquer iniciativa para a habilitação voluntária nos termos do art. 1.060. *Quid juris?* Resposta: a legitimação ativa conferida pelo presente dispositivo à parte contrária para ajuizar a ação incidente de habilitação (*v.* art. 1.057). Com isso, em curto prazo, o processo então suspenso poderá voltar a se desenvolver.

II – pelos sucessores do falecido, em relação à parte.
Vide Projeto de CPC, art. 669, II.

Havendo omissão da parte contrária no que concerne à instauração do processo incidente, restam aos sucessores da parte falecida duas possibilidades: *a*) ou todos os herdeiros necessários (todos) requerem a sua habilitação nos próprios autos do processo sem procedimento incidente nos termos do art. 1.060; ou *b*) alguns requerem a habilitação procedimentalizada com fundamento na presente norma jurídica, requerendo a citação dos outros como litisconsortes necessários nos termos do parágrafo único do art. 47. Observe-se que, se já há inventário aberto, não há necessidade de artigos de habilitação, bastando ao inventariante requerer o ingresso do espólio nos termos do art. 1.060 (*v.* notas correspondentes).

Art. 1.057. Recebida a petição inicial, ordenará o juiz a citação dos requeridos para contestar a ação no prazo de 5 (cinco) dias.
Vide Projeto de CPC, art. 671, caput

Protocolada ou despachada a petição inicial da habilitação e indo esta com os autos do processo principal à conclusão, o juiz só a receberá desde que verifique o preenchimento dos requisitos dos arts. 282 e 283, entre os quais se incluem a certidão de óbito e as certidões de nascimento e casamento (no caso do inciso II do art. 1.056). Observe-se que o despacho liminar positivo, nesse caso, conterá não só a ordem de citação dos requeridos, como também a ordem de processamento em apenso, porque "nos autos da causa principal" só se processa a habilitação fundada no art. 1.060 (*v.* redação do artigo). Note-se, por derradeiro, que, dependendo de quem tenha tido a iniciativa da ação incidente, a forma da citação variará (*v.* parágrafo único).

Parágrafo único. A citação será pessoal, se a parte não tiver procurador constituído na causa.
Vide Projeto de CPC, art. 671, parágrafo único.

Normalmente, a parte contrária (a sobrevivente) se encontra representada nos autos do processo principal, de sorte que, quando a iniciativa da ação parte dos sucessores do falecido (art. 1.056, II), com frequência o requerido é citado na pessoa do seu procurador, dispensada qualquer atuação do oficial de justiça. Já quando quem toma a iniciativa de instaurar o processo incidente é a parte, parece lógico que o recurso ao mandado citatório e ao meirinho não pode ser dispensado porque, afinal de contas, os requeridos não se encontram de qualquer forma representados nos autos, de sorte que cada um deles (ou o espólio na pessoa do inventariante) será citado pessoalmente, inclusive com hora certa ou edital se for necessário (arts. 227 a 229 e 231 a 233).

Art. 1.058. Findo o prazo da contestação, observar-se-á o disposto nos arts. 802 e 803.

Vide Projeto de CPC, arts. 672 e 673.

A imposição do rito comum cautelar ao processo de habilitação tem o claro escopo de tornar célere o seu processamento. Observe-se, entrementes, que a remissão ao art. 802 quase não tem utilidade, uma vez que o próprio *caput* do art. 1.057 já institui o prazo de cinco dias para a resposta, restando aplicável apenas o parágrafo único do art. 802 que fixa o termo *a quo* do prazo de defesa na juntada aos autos do mandado (note-se que, ainda que não houvesse a remissão, a solução seria a mesma por força da aplicação subsidiária do art. 241). Já quanto ao art. 803, a remissão é de todo adequada porque assim fica claramente disciplinado o rito tanto na hipótese de revelia (art. 803, *caput*) como no caso de oferecimento de contestação (art. 803, parágrafo único) (*v.* notas correspondentes).

Art. 1.059. Achando-se a causa no tribunal, a habilitação processar-se-á perante o relator e será julgada conforme o disposto no regimento interno.

Este art. 1.059 torna clara a vontade da lei de atribuir competência aos órgãos jurisdicionais de instância superior – por onde corram os respectivos processos principais – para o processamento e julgamento da habilitação. Preferiu, contudo, não disciplinar o ritual desse processo incidente, remetendo aos correspondentes regimentos internos a exclusiva regulamentação procedimental da sucessão da parte falecida. No STF, a matéria é minuciosamente tratada pelos arts. 288 a 296; no STJ, a matéria é abordada de forma bem menos detalhada que na Corte Constitucional pelos arts. 283 a 287 do seu Regimento Interno.

Art. 1.060. Proceder-se-á à habilitação nos autos da causa principal e independentemente de sentença quando:

Vide Projeto de CPC, art. 670.

Disciplina o preceito legal sob enfoque a habilitação incidente desprocedimentalizada, isto é, aquela que se realiza independentemente de processo e de sentença, nos próprios autos da causa principal. Fica, assim, excepcionalmente autorizada pela lei nas hipóteses que seguem, e apenas nelas, a dispensa da ação de habilitação, bastando o requerimento da parte legitimada, por petição instruída com os documentos pertinentes, para que possa o magistrado declará-la realizada, voltando o processo ao seu curso normal (art. 1.062).

I – promovida pelo cônjuge e herdeiros necessários, desde que provem por documento o óbito do falecido e a sua qualidade;

O primeiro aspecto normativo que chama a atenção do intérprete deste inciso é que todos os herdeiros necessários, sem exclusão de nenhum, precisam ter requerido a habilitação nos autos do processo principal para que se tenha por eficaz a sucessão da parte falecida. Basta a ausência de um único herdeiro necessário ou do cônjuge supérstite – se este existir, é claro – para tornar indispensável o recurso dos sucessores à ação de habilitação incidente de que tratam os arts. 1.056 a 1.059. A razão da dispensa da habilitação procedimentalizada nesse caso é evidente: provando cabalmente os requerentes o falecimento da parte (por certidão de óbito) e a sua própria qualidade de sucessores (por certidões de nascimento e casamento), ou de cônjuge sobrevivente (por certidão de casamento), não há por que opor-se a parte contrária à integração informal da relação processual para que essa possa ir avante. Idêntico proceder se aplica ao requerimento do inventariante como representante do espólio habilitando.

II – em outra causa, sentença passada em julgado houver atribuído ao habilitando a qualidade de herdeiro ou sucessor;

Declarada por sentença transitada em julgado em outro processo de conhecimento a qualidade de herdeiro do habilitando (*v. g.*, sentença de procedência em ação de investigação de paternidade ou de improcedência em ação para exclusão de herdeiro – arts. 1.001 e 1.000, parágrafo único), fica assegurado ao sucessor assim reconhecido o seu ingresso no processo em substituição à parte falecida, independentemente de habilitação procedimentalizada. Para a comprovação da sentença passada em julgado basta o requerente instruir a petição de habilitação com cópias autênticas da sentença, do acórdão correspondente e da certidão do trânsito, ou com certidão passada pelo escrivão do feito. Observe-se que se houver, além do sucessor aqui referido, outros herdeiros, todos deverão requerer a habilitação, fundando-a nos incisos I e III deste art. 1.060.

III – o herdeiro for incluído sem qualquer oposição no inventário;

O fato de alguém ter requerido a sua admissão no inventário na qualidade de herdeiro, somado à falta de oposição expressa dos demais sucessores, determina não só a declaração formal da sua habilitação no feito (art. 1.001, 1ª e 2ª parte), como a autorização do habilitado a requerer junto com os demais herdeiros o seu ingresso em processos outros na qualidade de sucessores processuais do autor da herança. É o que reza o presente dispositivo. A autorização se explica pela circunstância de ser incontroversa a condição de herdeiro do requerente, o que torna indiscutível tal atributo também pelo prisma da parte contrária no processo no qual se discute direito transmissível do *de cujus*.

IV – estiver declarada a ausência ou determinada a arrecadação da herança jacente;

A declaração de ausência (do herdeiro), a que alude o texto, é evidentemente aquela prevista pelo art. 1.159 deste Código. Observe-se que o juiz já deve tê-la reconhecido formalmente, bem como já deve ter nomeado o respectivo curador (art. 1.160), malgrado a lacuna redacional. Quanto à herança jacente, é necessário que a sua arrecadação já tenha sido determinada nos termos do art. 1.142, como diz o texto, bem como que o curador já tenha sido nomeado (art. 1.143), embora também aqui haja omissão textual. Em qualquer dos dois casos quem requererá a habilitação nos autos do processo será o curador nomeado em atendimento ao disposto nos arts. 8º (o curador de ausentes) e 12, IV (o curador da herança jacente). Note-se que tal requerimento identicamente exigirá o acompanhamento dos demais sucessores do autor da herança (*v.* inciso I já comentado).

V – oferecidos os artigos de habilitação, a parte reconhecer a procedência do pedido e não houver oposição de terceiros.

Sistematicamente falando, a regra em questão deveria integrar o art. 1.058 porque ela estabelece como pressuposto o oferecimento de artigos de habilitação, ou seja, ela coloca como requisito a circunstância de os herdeiros terem promovido a ação incidente de habilitação disciplinada pelos arts. 1.056 a 1.058. Seja como for, o fato é que o escopo do presente preceito foi claramente o de afastar a necessidade de sentença no processo de habilitação quando a parte contrária reconhecer a procedência do pedido, intenção esta que terá de se expressar necessariamente de forma ativa, assim compreendida a concordância explícita, como o tão comum "nada a opor", desde que expresso por petição.

Registre-se, por fim, que o terceiro que pode se opor ao pedido é aquele que se julgar com direito à sucessão material e processual do falecido e que não figura como autor da ação de habilitação (nesse sentido Carvalho Santos).

Art. 1.061. Falecendo o alienante ou o cedente, poderá o adquirente ou o cessionário prosseguir na causa, juntando aos autos o respectivo título e provando a sua identidade.

A regra *sub apretiationis* se articula com o § 1º do art. 42, que proíbe o ingresso do adquirente ou do cessionário, no lugar do alienante ou cedente, salvo se a parte contrária o consentir. Pois bem, o presente dispositivo parte do pressuposto que a parte contrária não concordou com o ingresso, *v. g.*, do donatário ou do comprador do bem litigioso, permanecendo no processo o doador ou o vendedor como legitimado extraordinário. Ocorre que, se no curso do feito vier a falecer o alienante ou o cedente, fica o adquirente ou o cessionário automaticamente legitimado a requerer a sua habilitação na causa e isso sem depender de qualquer anuência dos herdeiros do morto, uma vez que a eles não se transmitiu direito algum. É o que a regra em questão autoriza, merecendo destaque, no entanto, algumas ponderações: *a*) o requerimento de habilitação nesse caso se dá nos próprios autos e não depende de ação incidente; *b*) a admissão especificamente do cessionário no processo supre a exigência do art. 290 do CC; *c*) os cessionários dos herdeiros só depois da habilitação desses poderão apresentar-se (as duas últimas observações são de Hamilton de Moraes e Barros).

Art. 1.062. Passada em julgado a sentença de habilitação, ou admitida a habilitação nos casos em que independer de sentença, a causa principal retomará o seu curso.

Dada a circunstância de o falecimento de qualquer das partes no curso de um processo determinar o imediato decreto da sua suspensão pelo juiz, a teor do disposto no art. 265, I, e § 1º, preocupa-se a lei nesse passo em deixar explícito que, encerrado o processo de habilitação por sentença irrecorrível (arts. 1.056 a 1.058) ou simplesmente admitida a habilitação nos próprios autos (arts. 1.060 e 1.061), a causa principal retomará o seu curso, efeito este que deverá ser objeto de declaração do juiz (na sentença ou na decisão de habilitação). Como se vê, a regra tem, de fato, caráter meramente explicitativo porque, ainda que ela não existisse, o efeito de retomada do processo ao seu curso é consequência natural da consumação da habilitação dos sucessores do morto na relação processual.

CAPÍTULO XII
DA RESTAURAÇÃO DE AUTOS

Vide Projeto de CPC, arts. 674 a 680 (Capítulo IX – Da Restauração de Autos).

Art. 1.063. Verificado o desaparecimento dos autos, pode qualquer das partes promover-lhes a restauração.

Vide Projeto de CPC, art. 674.

A restauração de autos é o procedimento especial cuja finalidade é o restabelecimento físico de todos os documentos que integram os autos de um processo que, por qualquer motivo, desapareceram (autos são a soma de todos os escritos que exteriorizam os atos processuais, a soma de todos os documentos do processo – Antonio Carlos Marcato). Posta a definição, examinemos o conteúdo normativo deste art. 1.063. Muito bem, de acordo com o texto, fica estabelecida a legitimação ativa *ad causam* de qualquer das partes para a ação de restauração de autos. No conceito de parte devemos compreender não só as originárias (autor, réu, exequente, executado, requerente ou requerido), como também quaisquer intervenientes (o denunciado, o chamado, o nomeado, o assistente qualificado ou simples). Além das partes, o próprio advogado pode requerer a restauração se os autos desaparecidos se encontravam em seu poder. Registre-se, por derradeiro, que, na hipótese de o extravio ter sido ocasionado pelo órgão do MP, por serventuário ou pelo próprio juiz, as partes deverão ser intimadas para que tomem a iniciativa do processo (a observação é de Antonio Carlos Marcato).

Parágrafo único. Havendo autos suplementares, nestes prosseguirá o processo.

O principal escopo da figura dos autos suplementares – que é reconhecida e disciplinada pelo art. 159 do CPC – é justamente este, o de permitir o desenvolvimento do processo na hipótese de extravio ou desaparecimento dos autos originais (*v.* o texto do § 2º do mencionado art. 159). Observe-se, no entanto, que a própria redação deste parágrafo único deixa antever que autos suplementares podem não existir, o que se explica juridicamente pelo fato de o art. 159 afirmar: "Salvo no Distrito Federal e nas Capitais dos Estados, todas as petições e documentos que instruírem o processo, não constantes de registro público, serão sempre acompanhados de cópia, datada e assinada por quem os oferecer. § 1º Depois de conferir a cópia, o escrivão ou chefe de secretaria irá formando autos suplementares, dos quais constará a reprodução de todos os atos e termos do processo original" (*v.* notas). Já vimos que, na prática, mesmo nas comarcas do interior é inviável a formação de autos suplementares, o que torna também o presente dispositivo letra morta.

Art. 1.064. Na petição inicial declarará a parte o estado da causa ao tempo do desaparecimento dos autos, oferecendo:

Vide Projeto de CPC, art. 675, caput

A regra deixa explícito o principal aspecto da *causa petendi* da ação de restauração de autos, que é a declaração do estado da causa, ou seja, a necessidade de o autor dizer de forma expressa em sua inicial em que fase do procedimento o processo se encontrava quando os autos desapareceram (postulatória, ordinária, instrutória ou decisória no processo de conhecimento ou cautelar; de penhora, de embargos ou de arrematação na execução); o outro aspecto da *causa petendi* – omitido no texto – corresponde às circunstâncias em que os autos foram perdidos. O requisito concernente à declaração do estado da causa se explica dada a exigência de que o juiz fique inteirado acerca dos documentos dos autos que efetivamente precisarão ser restaurados, merecendo consignação ainda a circunstância de que a informação a ser prestada pelo autor também tem por destinatário o sujeito passivo da ação.

I – certidões dos atos constantes do protocolo de audiências do cartório por onde haja corrido o processo;

Vide Projeto de CPC, art. 675, I.

Embora o texto refira exclusivamente o "protocolo de audiência", parece claro que o autor da ação de restauração de autos deve instruir a sua petição inicial, segundo o presente dispositivo, com as certidões dos atos processuais registrados em quaisquer dos livros do Cartório por onde tenha tido curso o processo. Assim, deverá ele providenciar a expedição, pelo escrivão ou chefe de secretaria (art. 141, V), de certidões relativas ao registro da inicial, da carga ao oficial de justiça e ao perito, da sentença, bem como da ficha de acompanhamento do andamento do processo (*v.* § 3º do art. 1.066 e nota).

II – cópia dos requerimentos que dirigiu ao juiz;

Vide Projeto de CPC, art. 675, II.

Por cópia dos requerimentos que dirigiu ao juiz deve-se entender a reprodução (autenticada ou não) de todas as petições elaboradas pelo autor da ação de restauração que foram despachadas (ou protocoladas) e juntadas aos autos desaparecidos: petição inicial, contestação, reconvenção, exceções, impugnação ao valor da causa e respectivas respostas, réplica, especificação de provas, agravos, memoriais e todas as demais manifestações escritas nos autos. Também os requerimentos expressos por cotas dos advogados, desde que reproduzidos evidentemente, enquadram-se na presente previsão, devendo, assim, instruir a petição inicial da restauração (*v.* § 3º do art. 1.066 e nota).

III – quaisquer outros documentos que facilitem a restauração.

Vide Projeto de CPC, art. 675, III.

Outros documentos que podem instruir a petição inicial da ação de restauração de autos de acordo com a disposição sob enfoque são: as cópias (autenticadas ou não) de instrumentos particulares que serviram de prova às alegações constantes da inicial, contestação, réplica, etc.; os instrumentos públicos que cumpriram o mesmo papel; as cópias de procurações, laudos periciais, ofícios e suas respostas de que disponha a parte, as contrafés da citação e intimações, as cópias de atos judiciais (despachos e decisões), as suas respectivas publicações pelo *Diário Oficial*, etc. Tudo enfim que possa facilitar a restauração deve ser admitido (*v.* § 3º do art. 1.066 e nota).

Art. 1.065. A parte contrária será citada para contestar o pedido no prazo de 5 (cinco) dias, cabendo-lhe exibir as cópias, contrafés e mais reproduções dos atos e documentos que estiverem em seu poder.

Vide Projeto de CPC, art. 676, caput

Dada a circunstância de a ação de restauração pressupor o desaparecimento dos autos, parece lógico que a citação da parte contrária se dê mediante – e caráter de incidente processual – simples intimação na pessoa do advogado (o que se admite, *v. g.*, nos embargos do devedor). Observe-se que a citação nesse caso permite à parte não só o oferecimento de contestação, como diz expressamente a regra sob comentário, mas também a concordância com o pedido, nos termos do § 1º, merecendo realce, contudo, a circunstância normativa de que, seja qual for a postura do sujeito passivo, tem ele o dever de exibir todos os documentos relativos aos autos restaurandos que possua (*v.* notas aos incisos do artigo anterior). Contestando a ação, poderá a parte impugnar, no todo ou em parte, os atos processuais que, segundo o seu entender, não correspondem aos efetivamente praticados.

§ 1º Se a parte concordar com a restauração, lavrar-se-á o respectivo auto que, assinado pelas partes e homologado pelo juiz, suprirá o processo desaparecido.

Vide Projeto de CPC, art. 676, § 1º.

A concordância a que alude o texto é a expressa anuência da parte citada com a declaração sobre o estado da causa, com a exposição dos atos praticados e com o teor de cada um deles de acordo com os documentos que instruem a petição inicial. Sendo total a concordância, lavrar-se-á auto de acordo que, homologado por sentença pelo juiz, encerra a restauração e supre os autos extraviados (o juiz deve, por meio desse ato, declarar expressamente restaurados os autos e encerrado o procedimento da restauração, com o que o processo seguirá o seu curso normal). Observe-se que, se a parte citada concordar com o pedido nos moldes mencionados, mas juntar documentos, o juiz da restauração deve sobre eles ouvir a outra antes de determinar a lavratura do termo de acordo, porque o autor da ação pode não concordar, por sua vez, como eles (*v.* § 2º).

§ 2º Se a parte não contestar ou se a concordância for parcial, observar-se-á o disposto no art. 803.
Vide Projeto de CPC, art. 676, § 2º.

Duas são as hipóteses previstas pelo texto e duas também as soluções instituídas: 1ª) havendo revelia, ou seja, ausência de contestação, aplica-se o art. 803, *caput*, que autoriza o juiz a proferir sentença baseada no reconhecimento da veracidade dos fatos alegados pelo autor; 2ª) ocorrendo concordância parcial – quer porque o sujeito passivo da ação não concordou com tudo, quer porque o sujeito ativo não concordou com os documentos trazidos, *v.* nota ao § 1º – aplica-se o parágrafo único do art. 803 que permite ao magistrado designar audiência de instrução para posterior julgamento da causa. Registre-se que, ocorrendo concordância parcial, o juiz deve determinar a imediata lavratura de termo de acordo em relação aos pontos incontroversos, deixando a sua homologação para o momento em que tenha de proferir sentença de julgamento do conflito.

Art. 1.066. Se o desaparecimento dos autos tiver ocorrido depois da produção das provas em audiência, o juiz mandará repeti-las.
Vide Projeto de CPC, art. 677, caput

A ordem de repetição da prova oral produzida em audiência a que se refere o dispositivo só tem cabimento evidentemente quando os depoimentos das partes e das testemunhas não constem de livro próprio do cartório (o protocolo da audiência) ou as cópias dos respectivos termos não possam ser juntadas aos autos pelas partes. Tal conclusão se torna ainda mais firme ao se constatar que o inciso I do art. 1.064 menciona expressamente "certidões dos atos constantes do protocolo de audiência do cartório" como documentos que devem instruir a petição inicial da ação de restauração de autos (nesse sentido

Hamilton de Moraes e Barros). Observe-se, por fim, que todas as repetições de atos previstas pelos parágrafos a seguir se darão no curso do processo de restauração, e não após o seu encerramento.

§ 1º Serão reinquiridas as mesmas testemunhas; mas se estas tiverem falecido ou se acharem impossibilitadas de depor e não houver meio de comprovar de outra forma o depoimento, poderão ser substituídas.

Vide Projeto de CPC, art. 677, § 1º.

A previsão sob enfoque é condicionada, como visto, à inexistência de documentos que registrem a tomada dos depoimentos das testemunhas (*v.* nota ao *caput*). Muito bem, havendo necessidade de reinquirição, manda o texto que as mesmas testemunhas sejam ouvidas, o que dependerá obviamente de designação de data para a audiência e nova intimação formal das testemunhas (arts. 331, § 2º – nesse caso, contudo, a designação e a ordem não dependem de audiência –, e 412). Verificado, entretanto, o falecimento ou a impossibilidade de depor – mediante afirmação do interessado e a respectiva comprovação documental se isso for possível – admite a lei que a parte requeira e que o juiz defira a substituição da testemunha por outra. Observe-se que a autorização torna aplicável ao procedimento da restauração de autos a norma contida nos incisos do art. 408 do CPC (*v.* ainda, § 4º).

§ 2º Não havendo certidão ou cópia do laudo, far-se-á nova perícia, sempre que for possível e de preferência pelo mesmo perito.

Vide Projeto de CPC, art. 677, § 2º.

Se o parágrafo anterior disciplina a repetição da prova testemunhal, o presente regula a repetição da prova pericial na hipótese de não haver em cartório certidão ou cópia do laudo, somada à circunstância de não possuir nenhuma das partes e o próprio perito reprodução do laudo apresentado. Note-se que a referência ao "sempre que for possível" tem a única finalidade de explicitar que a prova técnica pode deixar de ser realizada se a verificação tiver se tornado impraticável (art. 420, III), o que é óbvio. Registre-se, por fim, que a lei apenas recomenda (mas não obriga) que a nova perícia seja feita pelo mesmo *expert*. Quanto ao procedimento da produção da prova pericial aplicam-se os arts. 421 e segs.

§ 3º Não havendo certidão de documentos, estes serão reconstituídos mediante cópias e, na falta, pelos meios ordinários de prova.

Vide Projeto de CPC, art. 677, § 3º.

Este § 3º regula o restabelecimento da prova documental perdida com o extravio dos autos, afirmando a licitude da apresentação de cópias dos documentos pelas partes e do seu suprimento pelos meios ordinários (prova testemunhal ou mesmo documental – arts. 400 a 403 e 365). Quanto à apresentação de cópias, a ela já nos referimos quando comentamos os incisos do art. 1.064, bastando ressaltar, nesse passo, que mesmo as reproduções não autenticadas – isto é, as não rubricadas pelo escrivão (o escrivão rubrica a cópia quando passa recibo da petição), nem protocoladas em cartório (ou no protocolo geral) – são admitidas desde que sobre tais documentos não levante dúvida a parte contrária quanto à sua autenticidade ou efetiva correspondência com os atos praticados no processo (*v.* §§ 1º e 2º do art. 1.065 e notas).

---

§ 4º Os serventuários e auxiliares da justiça não podem eximir-se de depor como testemunhas a respeito de atos que tenham praticado ou assistido.
Vide Projeto de CPC, art. 677, § 4º.

O dispositivo em questão melhor localizado estaria, sob o ponto de vista sistemático, se correspondesse ao § 2º deste art. 1.066, já que o § 1º prevê a reinquirição de testemunhas e o vigente § 2º trata da repetição da prova pericial, matéria completamente diferente. Seja como for, o fato é que a regra em questão estabelece a inescusabilidade dos serventuários da justiça (art. 139) no que concerne ao dever de prestar depoimento como testemunhas acerca dos atos praticados ou assistidos. Quanto a estes últimos é interessante observar que o serventuário tanto pode ser arrolado como testemunha substituta, para depor sobre o que a testemunha falecida ou impossibilitada afirmou em juízo (§ 1º, 2ª parte), como também na qualidade de testemunha para a reconstituição de documento perdido sem cópia (§ 3º – reconstituição pelos meios ordinários, *v.* nota). Relativamente aos atos praticados, de grande valia informativa sempre será o depoimento dos auxiliares da justiça (*v.* art. 1.064, I a III).

---

§ 5º Se o juiz houver proferido sentença da qual possua cópia, esta será junta aos autos e terá a mesma autoridade da original.
Vide Projeto de CPC, art. 677, § 5º.

A disposição legal *sub apretiationis* fecha o presente art. 1.066 explicitando o fato de que a cópia da sentença proferida possui a mesma autoridade da original. Duas observações aqui merecem consignação: primeira, os cartórios possuem livro próprio em que são reproduzidas todas as sentenças prolatadas, de sorte que basta a cópia extraída desse livro para que se tenha por restabelecido nos autos da restauração tal ato decisório; segunda, se não houver livro de sentenças, ou também esse estiver extraviado, poderá qualquer das partes juntar aos autos a reprodução que possua da decisão proferida, caso em que bastará ao juiz reconhecê-la como autêntica para que se tenha por suprida a falta.

Art. 1.067. Julgada a restauração, seguirá o processo os seus termos.
Vide Projeto de CPC, art. 678, caput.

O julgamento da restauração – ato que se contrapõe por seu conteúdo à mera homologação do acordo levado a termo e que dispensa maiores formalidades (*v.* art. 1.065, §§ 1º e 2º e notas) – tem natureza jurídica de sentença porque opera indubitavelmente o efeito de julgar o conflito sobre a restauração (resolução de mérito – arts. 269, I, e 162, § 1º). Note-se que, como ato decisório de mérito que é, seus principais efeitos são, respectivamente: *a*) a declaração de que os autos se encontram restaurados e como (isto é, que os autos restaurados são compostos dos atos que a própria sentença reconhece); *b*) a ordem de prosseguimento do processo cujos autos foram restabelecidos; *c*) a condenação da parte culpada pelo extravio nas despesas e nos honorários. Registre-se, por último, que dada a sua condição de sentença, tal ato deve-se pautar pelo comando do art. 458 quanto à sua forma, dele cabendo apelação no duplo efeito (arts. 513 e 520).

§ 1º Aparecendo os autos originais, nestes se prosseguirá sendo-lhes apensados os autos da restauração.
Vide Projeto de CPC, art. 678, parágrafo único.

A regra, por sua clareza, dispensa maiores comentários, convindo ressaltar apenas a sua logicidade e uma repercussão prática. Como o processo de restauração de autos é mero instrumento a serviço de outro (o restaurando) nada mais curial que, ressurgindo os autos extraviados, neles o processo se desenvolva, já que os autos formados supervenientemente perderam a sua razão de ser. Manda a lei, contudo, que os autos da restauração (ou restaurados) sejam apensados aos autos originais. Mas, observe-se o seguinte desdobramento prático: como alguns atos já foram praticados nos autos restaurados, antes do apensamento deve o juiz determinar a reprodução de tais atos (certidões ou cópias reprográficas) para que eles passem a integrar os autos originais (tal solução vem esculpida pelo § 2º a seguir).

§ 2º Os autos suplementares serão restituídos ao cartório, deles se extraindo certidões de todos os atos e termos a fim de completar os autos originais.

A previsão sob enfoque é de pequena ou quase nenhuma aplicação prática porque são poucos os cartórios em nosso país que têm condições de cumprir o disposto no art. 159. Seja como for, o fato é que no caso de dispensa do processo de restauração em virtude da existência de autos suplementares (*v.* parágrafo único do art. 1.063), o aparecimento dos autos originais determinará a volta dos complementares ao seu estado originário, deles se extraindo, contudo, as cópias e certidões dos atos praticados para que esses passem a compor os autos recém-surgidos, nos quais se materializará a relação processual daqui por diante (a solução também se aplica à hipótese prevista pelo § 1º).

Art. 1.068. Se o desaparecimento dos autos tiver ocorrido no tribunal, a ação será distribuída, sempre que possível, ao relator do processo.

Vide Projeto de CPC, art. 679, caput.

Para os fins desta regra de competência funcional, pouco importa se o processo, cujos autos foram extraviados, é de competência originária do tribunal (ação rescisória, mandado de segurança, etc.) ou se nele se encontra em fase recursal (por força de apelação), uma vez que o texto não discrimina. Em qualquer das duas hipóteses, a competência para processar a restauração é do relator do processo (ação, apelação, embargos infringentes) – ou do Presidente do Tribunal se a um relator os autos ainda não foram distribuídos, daí o "sempre que possível" no texto –, cabendo o seu julgamento evidentemente ao órgão ao qual compete a apreciação da ação ou do recurso.

§ 1º A restauração far-se-á no juízo de origem quanto aos atos que neste se tenham realizado.

Vide Projeto de CPC, art. 679, § 1º.

Observe-se que a presente disposição legal não excepciona o *caput* no sentido de dar competência para processar e julgar a restauração ao juízo monocrático, mas apenas explicita o poder conferido a este de realizar, por via de repetição, os atos que antes praticara nos autos restaurandos ou outros. O efeito processual concreto desta atribuição funcional é que o relator do processo deve ordenar que se expeça carta de ordem ao juízo de origem para a reinquirição de testemunhas (art. 1.066, § 1º) ou de serventuários (art. 1.066, § 4º), inclusive do próprio juiz, ou para a realização de nova perícia (art. 1.066, § 2º); quanto à restauração de documentos, inclusive sentença (art. 1.066, §§ 3º e 5º) não é necessária a carta de ordem, bastando a determinação à parte ou ao juízo, por ofício, para que a providência se concretize.

§ 2º Remetidos os autos ao tribunal, aí se completará a restauração e se procederá ao julgamento.

Vide Projeto de CPC, art. 679, § 2º.

Cumprida a ordem do relator no sentido da repetição de atos (reinquirição de testemunhas ou nova perícia) ou da prática de novos (oitiva de serventuários ou do próprio magistrado) determinará o juízo destinatário da carta de ordem a sua devolução ao tribunal para o fim de ser esta juntada aos autos da restauração. Procedida a juntada da carta pela secretaria, caberá ao relator dar andamento ao processo mediante abertura de vista às partes, seguindo o procedimento seu curso normal rumo ao julgamento (quanto à restauração de autos perante o STF, *v.* RISTF, arts. 298 a 303).

Art. 1.069. Quem houver dado causa ao desaparecimento dos autos responderá pelas custas da restauração e honorários de advogado, sem prejuízo da responsabilidade civil ou penal em que incorrer.

Vide Projeto de CPC, art. 680.

Esta regra de fechamento disciplina as responsabilidades decorrentes do desaparecimento dos autos, ficando claro, pela redação do texto, que elas só poderão ser atribuídas a quem der causa ao extravio, do que se conclui que a perda dos autos por enchentes, desabamentos, incêndios, calamidades, enfim, não gera, em princípio, responsabilização. Note-se, por outro lado, que dada a circunstância normativa de o texto não discriminar pessoas, tanto as partes, como seus advogados, qualquer serventuário ou mesmo o promotor oficiante ou o juiz da causa podem ser responsabilizados criminalmente e civilmente (CC, arts. 186 e 942, mas *v.* CPC, arts. 85 e 133, I). Já quanto à responsabilização processual (despesas e honorários) somente as partes da restauração poderão sofrê-la, enquanto a responsabilidade profissional dependerá da lei que disciplina cada classe respectivamente (EAOAB, LOMP, LOMAN, etc.).

CAPÍTULO XIII
DAS VENDAS A CRÉDITO COM RESERVA DE DOMÍNIO

A reserva de domínio é o pacto adjeto ao contrato de compra e venda de bem móvel, segundo o qual o vendedor se reserva a propriedade da coisa alienada até o instante em que se verifique o integral pagamento do preço, ficando, no entanto, o comprador investido, desde o momento da celebração do contrato, na posse do bem. Caracterizam a reserva de domínio: *a*) o fato de ser ela uma venda sob condição suspensiva (CC, arts. 121 e 125); *b*) ter por objeto somente coisa móvel (*v.* art. 1.070, § 2º, que fala de leilão, e art. 704); *c*) ser contrato que exige forma escrita (LRP, art. 129, § 5º); *d*) não impedir a alienação da coisa pelo comprador havendo anuência do vendedor (o rol de características é de Antonio Carlos Marcato). Observe-se que o *pactum reservati dominii* não se confunde nem com o contrato preliminar, cujo objeto é a celebração de outro contrato, nem com a compra e venda a crédito, em que a propriedade da coisa se transfere de pronto ao comprador (Hamilton de Moraes e Barros). Por fim, cumpre consignar que, verificada a mora do comprador, sob a forma da falta de pagamento das prestações, dá a lei processual ao vendedor a seguinte opção: ou a propositura de ação para receber o preço ajustado (a de execução prevista pelo art. 1.070 ou de conhecimento de rito comum) ou a ação de rescisão do contrato com vista à recuperação da posse da coisa vendida (disciplinada pelo art. 1.071). Optando por uma delas fica automaticamente fechada a outra via processual ao vendedor *(electa una via, non datur regressum ad altera)*.

Art. 1.070. Nas vendas a crédito com reserva de domínio, quando as prestações estiverem representadas por título executivo, o credor poderá cobrá-las, observando-se o disposto no Livro II, Título II, Capítulo IV.

De acordo com o dispositivo *sub apretiationis*, fica assegurado ao credor, na venda a crédito com reserva de domínio, ajuizar execução por quantia certa contra devedor solvente nos termos dos arts. 646 e seguintes deste Código toda vez que ocorra inadimplemento da obrigação do comprador de pagar o preço, e a prestação esteja representada por documento que a lei reconheça como título executivo: notas promissórias, duplicatas, letras de câmbio ou cheques (títulos extrajudiciais – art. 585, I), o próprio instrumento do contrato (extrajudicial ainda – art. 585, II) ou sentença condenatória no saldo do preço (título judicial – art. 475-N, I). Observe-se que não havendo no texto qualquer alusão à possibilidade de o credor cobrar as prestações vincendas, somente as vencidas poderão ser executadas nos exatos termos da regra geral do art. 586 (as vencidas admitirão cobrança apenas na hipótese da lei ou do contrato estabelecer expressamente o vencimento antecipado da dívida total). Por derradeiro, tenha-se presente que, inexistindo título ou falta um dos requisitos do inciso II do art. 585, ainda resta ao credor, dentro da presente perspectiva, promover ação de cobrança, processo de rito ordinário ou sumário, para realizar seu crédito. A outra perspectiva, como vimos, é o ajuizamento da ação de rescisão, que é regulada pelo art. 1.071.

§ 1º Efetuada a penhora da coisa vendida, é lícito a qualquer das partes, no curso do processo, requerer-lhe a alienação judicial em leilão.

A regra sob enfoque exige uma explicação prévia: a propositura da ação de execução pelo vendedor significa, em nível de direito material, a afirmação tácita da validade do contrato e da vontade de ver transferida a propriedade da coisa ao comprador – uma vez que já não pode aquele optar pela recuperação do bem por meio da ação de rescisão (*electa una via...* – *v.* parte final da nota ao título do Capítulo) – de sorte que a *res vendita*, passando a integrar o patrimônio do devedor, pode ser penhorada como qualquer outro bem (concordamos nesse sentido com Hamilton de Moraes e Barros). Muito bem, efetuada a penhora da coisa vendida – quer porque o devedor a nomeou, quer porque o credor a indicou diante da omissão do devedor – fica expressamente autorizada pela presente disposição a prática de um ato excepcional no procedimento da execução por quantia, qual seja, a alienação forçada imediata do bem vendido (independentemente de avaliação, mas não de editais, é claro), o que se justifica pela correspondência virtual existente entre a coisa e o preço devido.

§ 2º O produto do leilão será depositado, sub-rogando-se nele a penhora.

Realizada a arrematação antecipada da coisa vendida, de acordo com a excepcional autorização contida no § 1º anterior, manda a lei que no seu produto – vale dizer, no montante pecuniário oferecido por qualquer do povo, aceito pelo juiz e depositado – se sub-rogue a penhora efetuada. Em outras palavras, a regra sob comentário está a prever a possibilidade da *res vendita* não ser suficiente para satisfazer o direito do credor, razão por que determina que no produto da alienação se sub-rogue a penhora, de sorte que permita a constrição superveniente de outros bens do patrimônio do devendo em síntese, mediante a permissão do leilão prematuro fica facultada a rápida solução do litígio e resguardados tanto os interesses do vendedor como os do comprador no sentido de se ver livre em pouco tempo da sujeição ao processo executivo.

Art. 1.071. Ocorrendo mora do comprador, provada com o protesto do título, o vendedor poderá requerer, liminarmente e sem audiência do comprador, a apreensão e depósito da coisa vendida.

A segunda opção de que dispõe o credor, em caso de inadimplemento do devedor quanto ao pagamento do preço, é a propositura da ação de rescisão do contrato cujo procedimento especial é minuciosamente regido por este art. 1.071. Antes de mais nada, note-se que apenas a mora do comprador quanto ao preço pode fundamentar a presente ação, posto que outras faltas, como a inobservância do dever de cuidar da coisa, do dever de exibi-la para fins de vistoria, do dever de não removê-la de certo lugar ou do dever de fazer seguro, desde que previstas contratualmente, só justificam ação de rescisão, processo de rito comum, não o presente, que é especial; quanto à sanção de rescisão por falta de pagamento, o instrumento contratual não precisa mencioná-la (nesses sentidos Hamilton de Moraes e Barros). Prosseguindo na análise do texto, temos como primeira e relevante observação a de que apenas os títulos cambiais precisam ser protestados para a caracterização da impontualidade; quando o crédito é representado pelo instrumento do contrato opera-se, de pleno direito, a constituição em mora do devedor pelo simples decurso do tempo a teor do disposto no art. 397 do CC. Outra observação importante concerne à natureza jurídica da medida liminar prevista no texto: como não se trata de liminar de reintegração de posse, mas apenas de "apreensão e depósito da coisa vendida", cuja finalidade é assegurar justamente a viabilidade da reintegração prevista pelo § 3º a seguir, fica claro o caráter acautelatório dessa providência, presumindo a lei no presente contexto processual a existência do *periculum in mora* (o *fumus boni iuris* que se revela na própria pendência do processo de rescisão).

§ 1º Ao deferir o pedido, nomeará o juiz perito, que procederá à vistoria da coisa e arbitramento do seu valor, descrevendo-lhe o estado e individuando-a com todos os característicos.

Na própria petição inicial da ação de rescisão do contrato fundada neste art. 1.071, deve pedir o vendedor a concessão da medida cautelar liminar de apreensão e depósito da coisa vendida que descreve, bem como requerer que o juiz determine a sua pronta avaliação. Despachando positivamente a peça inaugural – porque presente o contrato de reserva de domínio e a prova da impontualidade – o magistrado ordenará a apreensão e nomeará, no mesmo ato, o perito, que realizará a vistoria em seguida ao aperfeiçoamento do ato de apreensão pelo oficial de justiça (os dois atos são, assim, praticados quase que simultaneamente, bastando a expedição de mandado único de variado conteúdo). Observe-se que tanto a apreensão como o arbitramento se realizam *inaudita altera parte,* isto é, antes da citação do comprador-réu, que só tomará conhecimento da demanda ajuizada posteriormente (logo após o cumprimento da liminar, ou depois com base no mesmo mandado). Essa é mais uma situação de contraditório diferido instituída pelo CPC (*v.* art. 804 e nota).

§ 2º Feito o depósito, será citado o comprador para, dentro em 5 (cinco) dias, contestar a ação. Neste prazo poderá o comprador, que houver pago mais de 40% (quarenta por cento) do preço, requerer ao juiz que lhe conceda 30 (trinta) dias para reaver a coisa, liquidando as prestações vencidas, juros, honorários e custas.

Como visto na parte final do comentário ao parágrafo anterior, cumpridas a medida liminar de apreensão e depósito e a ordem de arbitramento do valor da coisa, segue-se a citação do réu que, de acordo com o presente dispositivo, disporá do prazo de cinco dias para resposta. Nesse prazo o comprador poderá tomar quatro atitudes diferentes, sendo que duas estão previstas por este § 2º, enquanto outras duas vêm estabelecidas e disciplinadas pelo § 3º. Muito bem, segundo o texto enfocado, poderá o réu, em primeiro lugar, contestar a ação, o que ele fará, por exemplo, alegando as objeções processuais do art. 301 ou arguindo, no mérito, a nulidade ou a falsidade do contrato, o vulto ilegítimo do saldo devedor, o pagamento, a dilação concedida pelo credor, etc. (a falta de registro do instrumento do contrato é, por outro lado, totalmente irrelevante, porque este é condição apenas da produção de efeitos *erga omnes* – as matérias arroladas e a observação são de Hamilton de Moraes e Barros). Observe-se, entretanto, que, em vez de contestar, pode o réu, em conformidade com a segunda parte da regra, assumir uma segunda atitude diante do pedido de rescisão, que é o requerimento do prazo de trinta dias para purgar a mora, mediante liquidação das prestações vencidas e encargos, com o que poderá reaver a coisa depositada. Note-se, contudo, que isso somente será possível se o comprador já tiver pago, até o momento da propositura da ação, quarenta por cento do preço da coisa. Duas observações aqui se fazem necessárias. A primeira é no sentido de que a apuração dos quarenta por cento e do total da dívida vencida pode depender da ida dos autos ao contador, o qual levará em consideração para aquele primeiro fim apenas os valores nominais previstos no instrumento do contrato. A segunda é no sentido de que o prazo de trinta dias tem por termo *a quo* a decisão autorizatória da emenda da mora proferida pelo juiz.

§ 3º Se o réu não contestar, deixar de pedir a concessão do prazo ou não efetuar o pagamento referido no parágrafo anterior, poderá o autor, mediante a apresentação dos títulos vencidos e vincendos, requerer a reintegração imediata na posse da coisa depositada; caso em que, descontada do valor arbitrado a importância da dívida acrescida das despesas judiciais e extrajudiciais, o autor restituirá ao réu o saldo, depositando-o em pagamento.

Este § 3º prevê duas outras possíveis atitudes do comprador perante o pedido de rescisão do contrato de compra e venda com reserva de domínio. Se, com base no parágrafo anterior, ele pode contestar a ação ou requerer a purgação da mora, com amparo na presente disposição ele tem a faculdade de manter-se absolutamente inerte, não contestando nem requerendo a emenda, ou a de requerer a emenda e não efetuar o pagamento no prazo de trinta dias concedido pelo juiz. Tanto num caso como no outro, diz a lei que o vendedor poderá requerer a imediata reintegração na posse da coisa vendida e depositada desde que apresente todos os títulos vincendos – os vencidos já se encontram nos autos – e se disponha a pagar eventual saldo que se apure em favor do comprador; observe-se que o requerimento depende apenas da apresentação dos títulos, mas a efetiva reintegração dependerá do prévio pagamento, nos autos, do saldo (a ordem de reintegração e a condenação a restituir são os dois conteúdos da sentença de procedência nesse caso). É interessante observar que, nas duas hipóteses ventiladas no texto, o juiz fica autorizado a proferir sentença independentemente de dilação probatória por causa do reconhecimento da veracidade dos fatos alegados pelo autor: na hipótese de revelia, por força do seu efeito material (art. 319); na hipótese de não purgação no prazo concedido, por força do reconhecimento do pedido pelo réu (art. 269, II). Em ambas as situações, registre-se, a sentença somente será proferida após a realização de cálculo pelo contador nos termos da parte final do dispositivo sob enfoque (desconto do montante correspondente à dívida total atual do valor em que a coisa foi estimada pelo perito). Se o valor da coisa for superior à dívida, o autor é reintegrado, mas restitui ao réu a diferença; se o valor da coisa é menor do que o da dívida, o autor é reintegrado e ainda remanesce como credor do réu pela diferença. Por fim, tenha-se presente que, no caso de o juiz declarar na sentença saldo favorável ao réu, o autor só será reintegrado na posse da coisa após depositar nos próprios autos o valor devido (argumento: art. 582). Transitada em julgado a sentença, rescindido estará o contrato.

§ 4º Se a ação for contestada, observar-se-á o procedimento ordinário, sem prejuízo da reintegração liminar.

A norma jurídica *sub apretiationis* contempla o desdobramento procedimental do processo de rescisão do contrato de compra e venda com reserva de domínio na hipótese de o réu ter oferecido contestação ao pedido no prazo de cinco dias, nos termos do § 2º: observar-se-á o procedimento ordinário a partir de então, isto é, praticar-se-ão no feito os atos descritos pelos arts. 323 a 466 (providências preliminares, julgamento conforme o estado, produção de provas, audiência de instrução e sentença). Note-se, entrementes, que o texto sob enfoque afirma a aplicação do procedimento ordinário "sem prejuízo da reintegração liminar", o que não tem o menor sentido, uma vez que reintegração liminar não há, mas apenas apreensão liminar (*v. caput* e nota; e mais, a reintegração prevista pelo § 3º anterior não é liminar, mas definitiva). Entenda-se, portanto, a locução reintegração liminar, no texto analisado, como sinônima de apreensão liminar (acompanhamos nesse sentido Hamilton de Moraes e Barros).

CAPÍTULO XIV
DO JUÍZO ARBITRAL

Seção I
Do Compromisso

Arts. 1.072 a 1.077. ***(Revogados pela Lei n. 9.307, de 23.09.1996.)***

Seção II
Dos Árbitros

Arts. 1.078 a 1.084. *(Revogados pela Lei n. 9.307, de 23.09.1996.)*

Seção III
Do Procedimento

Arts. 1.085 a 1.097. *(Revogados pela Lei n. 9.307, de 23.09.1996.)*

Seção IV
Da Homologação do Laudo

Arts. 1.098 a 1.102. *(Revogados pela Lei n. 9.307, de 23.09.1996.)*

CAPÍTULO XV
DA AÇÃO MONITÓRIA

Ação monitória ou procedimento monitório – também identificada como processo injuncional – é o procedimento especial de jurisdição contenciosa pelo qual se busca a concessão liminar de providência condenatória com vistas à rápida constituição de título executivo, constituição esta que se opera na hipótese de o devedor não se defender no prazo que lhe é dado para cumprir a ordem do juiz. Tal procedimento se enquadra naquilo que Chiovenda chamava genericamente de declarações com predominante função executiva (declaração não definitiva, porém, munida de eficácia executória). Não se trata de processo de execução, porque a simples liminar não assegura ao autor a prática de atos de agressão patrimonial, nem provimento satisfativo, pois a defesa tempestiva do réu instaura a fase incidente cognitiva e impede a formação do título; não se trata, identicamente, de processo cautelar por ausência da sua nota marcante, o seu escopo institucional específico, que é a eliminação do *periculum in mora*. Eis o motivo por que o processo monitório foi colocado, no CPC, entre os procedimentos de cognição, o que não impede o reconhecimento da sua proximidade intensa da tutela executiva, haja vista a possibilidade de conversão, no mesmo processo, do mandado inicial em mandado executivo. Observe-se, entrementes, que, apesar da inadmissibilidade a princípio, excepcionalmente tem-se admitido a conversão da execução em ação monitória em homenagem aos princípios da instrumentalidade do processo e da economia processual. Quanto à opção entre a monitória e a ação de cobrança, não há dúvida na doutrina. Discute-se, por outro lado, sobre a existência do interesse processual para se ajuizar monitório em face da Fazenda Pública.

Art. 1.102-A. A ação monitória compete a quem pretender, com base em prova escrita sem eficácia de título executivo, pagamento de soma em dinheiro, entrega de coisa fungível ou de determinado bem móvel.

A clara redação do texto em epígrafe explicita o caráter documental da ação monitória brasileira (procedimento monitório documental), em contraposição à forma pura (na qual a prova escrita é dispensável), que foi rejeitada pelo nosso CPC. Assim sendo, somente à vista de petição inicial devidamente instruída, como diz o dispositivo subsequente, é que o magistrado estará apto a avaliar em cognição sumária (não exauriente) a probabilidade de existência do crédito afirmado pelo autor na petição inicial que, como qualquer outra, não prescinde da indicação dos fatos e dos fundamentos jurídicos do pedido (art. 282, III – aplicam-se à inicial da monitória todos os demais requisitos do art. 282, salvo o requerimento de provas). Em outras palavras, só com base em documentos (ou "prova escrita") poderá o juiz concluir pela presença de *fumus boni iuris* em torno do crédito afirmado, requisito este que não estará preenchido em qualquer das seguintes hipóteses: *a*) nenhum documento foi apresentado; *b*) o documento apresentado não formaliza obrigação enquadrável em um dos três casos indicados no texto (*v. g.*, obrigação de entregar imóvel ou obrigação ilíquida); *c*) o documento apresentado não contém declarações ou informações verossímeis; *d*) o documento apresentado tem a qualidade de título executivo. Verificada uma das situações mencionadas, a inicial deve ser indeferida liminarmente por falta de interesse de agir (art. 295, III). Já no que concerne especificamente ao pedido que o autor deduz em sua petição inicial (art. 282, IV), é necessário observar que ele se limita à ordem para pagar ou entregar em quinze dias, o que desencadeia o direito do sujeito passivo de oferecer embargos, e, em caso negativo, a constituição, de pleno direito, de título executivo judicial com a conversão do mandado monitório em mandado executivo. Registre-se, por fim, que da inicial monitória não precisa constar requerimento de provas (art. 282, VI), porque qualquer discussão sobre o crédito depende da iniciativa do devedor por meio de embargos assim como qualquer outra ação, a monitória se submete às condições da ação e o seu processo aos pressupostos processuais.

Art. 1.102-B. Estando a petição inicial devidamente instruída, o juiz deferirá de plano a expedição do mandado de pagamento ou de entrega da coisa no prazo de 15 (quinze) dias.

Como se vê, a presente disposição legal disciplina o conteúdo do despacho liminar positivo deste procedimento de jurisdição contenciosa, que é a ação monitória. Apesar de se falar de "despacho" liminar, evidentemente, trata-se de uma decisão interlocutória, porém irrecorrível. Observe-se que o estar "devidamente instruída" a petição inicial, no texto, significa não só a presença de "prova escrita sem eficácia de título executivo", a que alude o art. 1.102-A (*v.* nota), que é considerado documento indispensável à propositura da ação (art. 283), mas também a constatação de que a peça vestibular se encontra acompanhada dos seguintes documentos: *a*) procuração (art. 36); *b*) cópia da inicial para instrução do mandado (art. 225, parágrafo único); *c*) guia comprobatória do pagamento das custas iniciais; e *d*) guia relativa à diligência do oficial de justiça (quando exigida previamente). Pois bem, estando em termos a inicial, diz a lei que "o juiz deferirá de plano a expedição do mandado de pagamento ou de entrega", o que quer dizer que o magistrado está autorizado a proferir, fundamentadamente e *inaudita altera parte,* uma decisão liminar antecipatória da condenação do devedor, traduzida na ordem para que este pague ou entregue a coisa no prazo de quinze dias *(praeceptum de solvendo),* ou ofereça embargos. Note-se que, em razão do caráter antecipatório de eficácia material deste provimento e da automática conversibilidade do mandado monitório em mandado executivo no caso de silêncio do devedor (art. 1.102-C), não se admite, em hipótese alguma, a expedição da carta prevista pelo art. 222 do CPC no âmbito do procedimento monitório. Deferida, assim, que seja a ordem para pagamento imediato, elaborará o escrivão o mandado que, acompanhado de cópia da inicial, será entregue ao oficial de justiça para cumprimento (CPC, arts. 141, I, e 143, I). Por último, registre-se que o termo "monitório" significa conselho, advertência, repreensão, o que dá bem ideia do conteúdo do mandado liminarmente dirigido ao devedor, tendo em conta as duas perspectivas que se lhe são explicitamente abertas pelo art. 1.102-C, que vem logo a seguir (texto de acordo com a Lei n. 9.079/95).

Art. 1.102-C. No prazo previsto no art. 1.102-B, poderá o réu oferecer embargos, que suspenderão a eficácia do mandado inicial. Se os embargos não forem opostos, constituir-se-á, de pleno direito, o título executivo judicial, convertendo-se o mandado inicial em mandado executivo e prosseguindo-se na forma do Livro I, Título VIII, Capítulo X, desta Lei.

Observe-se, de início, que o presente dispositivo teve a sua parte final alterada apenas com o propósito de colocá-lo em sintonia com a sistemática implementada pela Reforma da Execução Judicial (Lei n. 11.232/2005) que transformou o processo de execução por quantia, fundado em sentença condenatória, em mera fase executiva, o que determinou, então, a necessidade de eliminar a referência final deste art. 1.102-C ao "Livro II, Título II, Capítulos II e IV", substituindo-a pela atual "Livro I, Título VIII, Capítulo X, desta Lei", que regula justamente a fase executiva a que fizemos menção ou fase de "cumprimento da sentença" (arts. 475-I a 475-R). Concluída tal observação introdutória, vejamos o que dispõe o focalizado art. 1.102-C. Pois bem, juntado aos autos do processo o mandado monitório devidamente cumprido, segundo o disposto no art. 241, II, do CPC, começa a correr o prazo de quinze dias para que o devedor, advertido, tome uma das três seguintes atitudes: *a)* mantenha-se silente, o que provoca a constituição de título executivo, de pleno direito; *b)* ofereça embargos, o que suspende a eficácia da ordem para pagar ou entregar a coisa; ou *c)* cumpra a decisão liminar, adimplindo a obrigação. Quanto à primeira atitude, a revelia (o estado processual de quem, citado, não se defende), ela produz como efeito material a presunção de veracidade dos fatos alegados pelo autor, o que se traduz na legitimidade do crédito representado pelo documento que instrui a inicial e na consequente constituição, *ex vi legis*, de título executivo judicial em favor do credor. Observe-se que tal constituição não depende de ato do juiz, mas exclusivamente do fato processual de o réu não ter embargado, ou tê-lo feito extemporaneamente, razão por que a lei refere de forma explícita a locução "de pleno direito". Contudo, tanto na hipótese de embargos intempestivos como na de o réu simplesmente não embargar, deve o magistrado declarar nos autos a ocorrência da constituição do título pleno *iure* e determinar, em virtude disso, a conversão do mandado inicial em mandado executivo para que este, uma vez aditado, seja entregue ao oficial de justiça que procurará o devedor para intimá-lo nos termos dos arts. 461-A ou 475-J, *caput* (lembre-se que, por se tratar de execução fundada em título judicial, o devedor só poderá impugnar a execução, instaurada a fase de "cumprimento da sentença", nas hipóteses expressamente elencadas no art. 475-L do CPC). Quanto à segunda atitude, o oferecimento de embargos (embargos mesmo, ação por meio da qual o devedor toma a iniciativa do contraditório – *v.* nota ao § 2º), saliente-se que a suspensividade do *praeceptum de solvendo* significa que esta ordem judicial, desde a sua emanação, esteve submetida a uma condição resolutiva (tanto que ela se resolve, como sempre se disse, em simples citação, agora intimação – *resolvitur in vim simplicis citationis*). Destarte, oferecidos embargos, tudo se passa como se nenhuma condenação antecipada tivesse tido lugar (*v.* nota ao § 3º à frente). Quanto à terceira possível atitude do réu, examine-se o § 1º a seguir (texto de acordo com a Lei n. 9.079/95, alterado pela Lei n. 11.232, de 22.12.2005).

---

§ 1º Cumprindo o réu o mandado, ficará isento de custas e honorários advocatícios.

O dispositivo sob enfoque regula explicitamente dois dos efeitos da terceira possível atitude do réu ante o mandado monitório (o *praeceptum de solvendo*), que é o cumprimento voluntário da obrigação no prazo de quinze dias. As outras duas atitudes, como visto, são a contumácia e a oposição de embargos, respectivamente (*v.* nota ao art. 1.102-C). Pois bem, adimplida que seja, por vontade própria do obrigado, a prestação de pagar soma em dinheiro, ou de entregar uma coisa, e desde que comprovado documentalmente o adimplemento nos autos, o mais importante efeito procedimental deste ato do devedor no processo monitório é a imediata prolação da sentença a que alude o inciso I do art. 794 do CPC. Apesar de a presente disposição normativa ter-se omitido quanto a esse efeito principal, parece claro que o ato decisório em cujo bojo cabem as isenções estabelecidas no texto não é outro senão a extinção da execução por satisfação do crédito, de sorte que dele haverá de constar de forma expressa que o devedor neste caso deixa de arcar, *ex vi legis,* tanto com as custas (custas em sentido amplo, abarcando também as despesas) como com os honorários advocatícios, que, assim, correm por conta exclusiva do autor da demanda monitória (texto de acordo com a Lei n. 9.079/95).

§ 2º Os embargos independem de prévia segurança do juízo e serão processados nos próprios autos, pelo procedimento ordinário.

A primeira consideração interpretativa relevante que o texto sob exame sugere está na circunstância de que, como a ação monitória ou injuncional não é sinônimo de procedimento executório – trata-se de processo de conhecimento, como vimos; *v.* nota ao Título do Capítulo XV –, não há de se cogitar de segurança do juízo, assim como também se dá com a previsão atual do art. 736. Não se pense, por outro lado – eis uma segunda consideração importante –, que pelo fato de não se tratar de execução não tenha querido a lei estabelecer no âmbito do procedimento monitório uma ação como meio processual de o devedor exercitar o seu direito de defesa. Na ação monitória, a defesa se dá por embargos (que são uma ação) porque nela há inversão do contraditório, o que significa que esse somente se estabelece por iniciativa do devedor (lembre-se que, se ele se cala, a constituição do título executivo se dá de pleno direito – art. 1.102-C, *in fine*). Acrescente-se, por outro lado, que, se fosse da vontade da lei instituir defesa por simples contestação, ela o teria dito expressamente, o que seria muito fácil; se falou com insistência em embargos (no *caput*, aqui e no § 3º) foi porque quis dar natureza de ação à defesa no processo monitório pelo motivo exposto. Observe-se, ainda, que a forma de processamento desses embargos (nos próprios autos) decorre diretamente do princípio da economia e não serve, absolutamente, como argumento, para infirmar a natureza da ação da impugnação do devedor. Mas, porque ação, a petição inicial dos embargos deve obedecer a todos os requisitos estabelecidos pelo art. 282 do CPC. Por fim, registre-se que pelo rito ordinário o que se processa são os embargos, e não a monitória (o que gera sentença ao final do procedimento são os embargos, e não o processo monitório), nada havendo de estranho no fato de a lei desejar processamento seguro para tal ação (texto de acordo com a Lei n. 9.079/95).

§ 3º Rejeitados os embargos, constituir-se-á, de pleno direito, o título executivo judicial, intimando-se o devedor e prosseguindo-se na forma prevista no Livro I, Título VIII, Capítulo X, desta Lei.

Exatamente como ocorreu com o *caput* do art. 1.102-C, que foi modificado pela Reforma da Execução Judicial (Lei n. 11.232/2005) para adequá-lo à sistemática implementada (*v.* nota respectiva), também o presente § 3º precisou ser reformulado em sua previsão final para que se substituísse a referência originária ao "Livro II, Título II, Capítulo II e IV" pela atual "Livro I, Título VIII, Capítulo X, desta Lei", capítulo que disciplina a chamada fase de "cumprimento da sentença" (arts. 475-I a 475-R). Feita a observação, prossigamos com o comentário ao dispositivo. Assim como se dá na hipótese de o devedor quedar-se inerte ante o *preceptum de solvendo*, em que o título executivo judicial é constituído de pleno direito (*v.* o que dispõe o *caput*, *in fine*), também no caso de os embargos serem julgados improcedentes por sentença, idêntico efeito processual se verifica. Note-se que é a rejeição do pedido deduzido por embargos, como fato processual, que faz nascer o título executivo, e não a vontade do juiz de criá-lo (a lei, portanto, e não a sentença estabelece o título). Essa circunstância explica o emprego da locução "de pleno direito" no texto em epígrafe. Mas, posta a questão em termos tão paralelos com o *caput* – o que parece de todo exato –, por que razão refere este § 3º a necessidade de intimação do devedor antes que o processo de execução seja instaurado? A resposta é simples: como na hipótese versada no presente dispositivo não se pode cogitar da conversão prevista no *caput*, uma vez que a eficácia do *praeceptum de solvendo* foi suspensa pelos embargos – a conversão referida no *caput* depende justamente de o *praeceptum* permanecer eficaz durante todo o prazo de embargos para, ao seu final, em razão da revelia, ganhar a qualidade de título executivo, *ex vi legis* –, há de se esperar pela ocorrência de uma segunda condição suspensiva da formação do título, que é o fato processual representado pelo proferimento da sentença de rejeição dos embargos. Ora, porque se trata de sentença, nada mais natural do que a lei exigir expressamente a intimação do embargante antes que se instaure o processo de execução. Mas, na verdade, a intimação do devedor, prevista no texto, nada tem a ver com a execução, significando apenas a exigência de dar atendimento ao princípio do contraditório, posto que a instauração da fase executiva depende única e tão somente da constituição, de pleno direito, do título executivo judicial que se atrela, por sua vez, à rejeição dos embargos e não à ciência do devedor. Intimação e prosseguimento na forma prevista no Capítulo X, portanto, são dois atos completamente independentes, o que exclui qualquer perspectiva exegética de se sustentar que o texto deste § 3º dispensa a exigência de intimação do devedor para a fase executiva que logo a seguir se instaure. Pelo contrário, a locução "prosseguindo-se na forma prevista no Livro I [...]" significa que, constituído o título, intimar-se-á o devedor para pagar, na pessoa do seu advogado (*v.* nota ao *caput*, do art. 475-J), se o desdobramento é a execução por quantia, ou para os fins do art. 461-A, se o desdobramento é a execução para a entrega de coisa. Por derradeiro, registre-se que, se no procedimento monitório não há recurso, o mesmo não ocorre no procedimento dos embargos que comporta apelação (arts. 513 e 520, V), de forma que, interposto tal recurso (nos autos da monitória, porque os embargos neles se processam – *v.* § 2º anterior), a execução fundada no título judicial recentemente constituído haverá de se processar sob a forma disciplinada pelo art. 475-O, seus incisos e parágrafos, do CPC (execução provisória) (texto de acordo com a Lei n. 9.079/95 e alterado pela Lei n. 11.232, de 22.12.2005).

TÍTULO II
DOS PROCEDIMENTOS ESPECIAIS DE JURISDIÇÃO VOLUNTÁRIA

Vide Projeto de CPC, arts. 685 a 729
(Capítulo XI – Dos Procedimentos não Contenciosos).

Já se disse que a jurisdição voluntária não é jurisdição nem voluntária (José Alberto dos Reis). Não é jurisdição porque as características da verdadeira *jurisdictio* não se fazem presentes; não é voluntária porque, via de regra, a utilização de tais procedimentos especiais é obrigatória, sob pena de não realização dos interesses que por eles são veiculados (se em relação à jurisdição contenciosa os litigantes dela se socorrem, comumente, como último recurso, na voluntária os interessados têm-na como único recurso). Retornando à questão das características, vejamos em que medida a jurisdição voluntária se afasta da genuína jurisdição. Em primeiro lugar, não há substitutividade na jurisdição voluntária: a atividade que o magistrado desenvolve é integrativa (o juiz não se substitui às partes, mas soma a sua atividade à dos interessados para a obtenção de certo efeito jurídico). Em segundo, a jurisdição voluntária não pressupõe litígio (ou lide) como a contenciosa, mas se ocupa apenas com a realização, independentemente de conflito, de interesses que a lei reputa relevantíssimos do ponto de vista social (indisponíveis, diríamos nós). Em terceiro, não se forma coisa julgada material sobre a decisão do juiz na jurisdição voluntária (art. 1.111), o que revela a inexistência de definitividade. Em quarto, na jurisdição voluntária o princípio da inércia não tem a mesma magnitude que possui no campo da contenciosa, haja vista que é quebrado inúmeras vezes (*v.* art. 1.104 e nota). E, finalmente, em quinto lugar, temos que o escopo de atuação do direito existe na jurisdição voluntária, mas essa atuação não é realizada sob o critério da estrita legalidade como ocorre com a contenciosa, e sim sob o critério da oportunidade e da conveniência, que é tipicamente administrativo. Concordamos, por isso, com a afirmação de que a jurisdição voluntária corresponde ao exercício de atividade administrativa pelo Poder Judiciário (administração pública de interesses privados – José Frederico Marques). *V.* nota ao Capítulo I do Título I do Livro I.

CAPÍTULO I
DAS DISPOSIÇÕES GERAIS

Vide Projeto de CPC, arts. 685 a 691 (Seção I – Disposições Gerais).

Art. 1.103. Quando este Código não estabelecer procedimento especial, regem a jurisdição voluntária as disposições constantes deste Capítulo.

Vide Projeto de CPC, art. 685.

Assim como ocorre com o processo de conhecimento e com o cautelar, também aqui a lei institui a dicotomia procedimento comum – procedimentos especiais, de sorte que à falta de previsão de rito particularizado (Capítulos II a XI) para uma determinada situação que exija jurisdição voluntária aplicar-se-á o rito comum que encontra disciplina nos arts. 1.104 a 1.111 que seguem. Duas considerações, contudo, merecem destaque. A primeira é a de que a existência de procedimento especial não exclui, por si só, a incidência das regras gerais deste Capítulo I; estas só perdem espaço na medida da incompatibilidade com as normas específicas. A segunda concerne à circunstância normativa de que o Livro I (Processo de Conhecimento) também regula a jurisdição voluntária porque corresponde à verdadeira parte geral do CPC. Em síntese, fica estabelecido por meio do presente dispositivo o princípio da subsidiariedade em matéria procedimental.

Art. 1.104. O procedimento terá início por provocação do interessado ou do Ministério Público, cabendo-lhes formular o pedido em requerimento dirigido ao juiz, devidamente instruído com os documentos necessários e com a indicação da providência judicial.

Vide Projeto de CPC, art. 686.

A norma jurídica sob enfoque estabelece expressamente o princípio dispositivo ou da iniciativa de parte com o que mantém a orientação geral do Código (arts. 2º, 262, 566, 567, 580, 797 e 801). Observe-se, entretanto, que vários procedimentos especiais admitem a instauração *ex officio* (arts. 1.113, 1.129, 1.142, 1.160, 1.170 e 1.197 – *v.* nota ao Título). Note-se que interessado, no texto, é a pessoa que demonstre legitimidade para a causa (a titularidade em tese do interesse deduzido em juízo) e interesse processual (a necessidade do recurso à via judicial), enquadrando a lei nessa categoria, ainda, o MP que, por isso, pode provocar a instauração do procedimento, mas apenas em uma das seguintes circunstâncias normativas: *a*) a lei estabelece expressamente a sua legitimação ativa (*v. g.*, arts. 1.177, III, 1.194, etc.); *b*) a lei permite ao juiz a instauração *ex officio*, de sorte que o *parquet* também pode requerê-la. Já no que concerne à parte final do texto é preciso salientar que o requerimento de providência em jurisdição voluntária se formaliza por petição inicial que deve obedecer os requisitos previstos pelos arts. 282 e 283 (*v.* notas).

Art. 1.105. Serão citados, sob pena de nulidade, todos os interessados, bem como o Ministério Público.

Vide Projeto de CPC, art. 687.

Embora não se trate de verdadeiro processo (porque o processo é o instrumento da jurisdição, que é, por sua vez, resultado do exercício do direito de pedir ao Judiciário providência que extinga o litígio), o procedimento de jurisdição voluntária também submete aos seus efeitos os titulares dos interesses que em seu bojo hão de se realizar, de sorte que também aqui é necessária a convocação, por citação, de todos os interessados (arts. 213 a 233). Quanto a esse aspecto, destarte, a regra é facilmente compreendida, o que não é o caso da prescrição constante da parte final do texto que manda citar o MP. A crítica que se faz aqui é esta: o *parquet* nunca depende de citação para intervir em qualquer tipo de processo ou procedimento, mas sim de intimação pessoal (art. 236, § 2º), de modo que a exigência de citação aqui estabelecida é de todo absurda e despropositada (quanto ao fundamento da intervenção do MP, *v.* nota ao art. 1.107).

Art. 1.106. O prazo para responder é de 10 (dez) dias.

À falta de prazo diferente para a resposta (*v. g.*, o de cinco dias do art. 1.182) aos procedimentos de jurisdição voluntária aplica-se o prazo estabelecido por esse artigo. Observe-se que nos dez dias que se sigam a qualquer dos fatos descritos no art. 241, os interessados podem responder ao pedido, contestando, excepcionando ou impugnando o valor da causa. Responder envolve esses três atos na jurisdição voluntária. É interessante observar, por outro lado, que, como o contraditório não tem a mesma significação nesses procedimentos por causa da ausência de litigiosidade, os efeitos da revelia sofrem sensível mitigação dado o caráter inquisitório da atividade judicial. A consequência é que não há necessidade de nomeação de curador especial ao revel, nem de assistente ao incapaz, porque ao *parquet*, como fiscal da lei, cumprirá buscar, ao lado do juiz, a verdade real em qualquer circunstância (*v.* nota ao art. 1.107).

Art. 1.107. Os interessados podem produzir as provas destinadas a demonstrar as suas alegações; mas ao juiz é lícito investigar livremente os fatos e ordenar de ofício a realização de quaisquer provas.

Dada a circunstância de a jurisdição voluntária sempre envolver interesses indisponíveis, segue-se a consequência de que o que se busca por seu intermédio é a verdade real, de sorte que a lei se vê obrigada a conferir ao magistrado bastante poder instrutório, o que significa, por outro ângulo, a inserção da inquisitoriedade no procedimento. Assim, ao lado do direito de provar conferido expressamente aos interessados pelo presente dispositivo, fica reservado ao magistrado um poder investigatório intenso com vista ao alcance da verdade e da justiça. Registre-se nesse contexto que é justamente tal inquisitoriedade – consequência da indisponibilidade dos interesses a realizar – que determina a necessidade de intervenção do MP: intervindo o *parquet* (art. 1.105), pode o juiz, com toda a tranquilidade, permanecer na sua posição de equidistância para bem aplicar a lei; ao MP cabe fazer aquilo que o interessado, por algum motivo, não faz, bem como aquilo que o juiz pode fazer, mas não deve, para não ver comprometida a sua imparcialidade (*v.* nota ao art. 83).

Art. 1.108. A Fazenda Pública será sempre ouvida nos casos em que tiver interesse.

Vide Projeto de CPC, art. 688.

O fato de o art. 1.105 afirmar categoricamente a necessidade de citação de "todos os interessados" torna patente a inocuidade da previsão legal sob enfoque. O que parece é que a lei quis chamar a atenção para a circunstância de que os Poderes Públicos podem ter interesses envolvidos em certos procedimentos de jurisdição voluntária como, por exemplo: na partilha de bens que se siga à separação consensual (art. 1.121, parágrafo único, c/c os arts. 999 e 1.026); na arrecadação de herança jacente (arts. 1.145, § 2º, e 1.151); na arrecadação de bens de ausentes (arts. 1.160 e 1.169); na arrecadação de coisas vagas (arts. 1.172 e 1.173). A referência expressa à Fazenda Pública, assim, somente por tal motivo pode ser compreendida, porque de outro modo é dispensável (José Olympio de Castro Filho).

Art. 1.109. O juiz decidirá o pedido no prazo de 10 (dez) dias; não é, porém, obrigado a observar critério de legalidade estrita, podendo adotar em cada caso a solução que reputar mais conveniente ou oportuna.

Vide Projeto de CPC, art. 689.

Requerida a providência de jurisdição voluntária por petição distribuída ao juiz competente (arts. 94 e segs. e 263), citados os interessados e oferecida ou não resposta (*v.* art. 1.106 e nota), seguir-se-á, eventualmente, a realização de audiência (arts. 450 a 457) e, por fim, o proferimento de sentença cujo conteúdo decisório é disciplinado pela parte final deste art. 1.109. De acordo com o texto *sub apretiationis*, o juiz não fica obrigado a observar a legalidade estrita, como ocorre na jurisdição contenciosa (*v.* art. 126), mas pode valer-se de critério nitidamente administrativo, que é o da conveniência e da oportunidade, fundado no qual proferirá a solução mais justa, mais adequada às particularidades do caso concreto, sem com isso ser arbitrário porque a norma legal e o direito nela consagrado continuam a servir-lhe de paradigma obrigatório; o que se dispensa o juiz de observar é apenas a solução pronta e formal contida na regra de direito positivo aplicável. Não se trata, como pode parecer, de privilégio concedido ao juiz, mas sim de instrumento de segurança colocado à disposição dos interessados, pois torna possível ao órgão judicial decidir de forma mais conveniente ao atendimento das pretensões por eles formuladas (Antonio Carlos Marcato).

Art. 1.110. Da sentença caberá apelação.

Vide Projeto de CPC, art. 690.

A regra em questão repete *ipsis litteris* o disposto no art. 513 com a única diferença de que não faz remissão aos arts. 267 e 269, que, contudo, também aqui podem ser invocados dada a possibilidade de o juiz apreciar ou não o pedido em jurisdição voluntária. Por meio dessa disposição o Código mantém a unidade e a coerência interna do sistema porque submete a um mesmo recurso (a apelação) todos os atos que, proferidos em jurisdição contenciosa ou voluntária, implicam alguma das situações previstas pelos arts. 267 e 269, em consonância com a previsão contida no § 1º do art. 162 (*v.* nota). Observe-se, entrementes, que, em certos casos, na jurisdição voluntária, a lei não usa a expressão "sentença", mas desse ato evidentemente se trata: arts. 1.113, § 1º, 1.126, 1.133, 1.141, 1.157 e seu parágrafo único, 1.172, 1.183, parágrafo único, 1.193, 1.201, § 2º, etc. (a observação e o rol de hipóteses são de Antonio Carlos Marcato).

Art. 1.111. A sentença poderá ser modificada, sem prejuízo dos efeitos já produzidos, se ocorrerem circunstâncias supervenientes.

Em razão de a jurisdição voluntária não ter como escopo sociojurídico a solução de litígios – do que decorre também a ausência de atividade substitutiva do magistrado – não tem sentido que os efeitos da sentença proferida com base na oportunidade e na conveniência se tornem imutáveis. É justamente isto, a inexistência de coisa julgada material, que o presente dispositivo estabelece ao permitir que a sentença seja alterada ou modificada se surgirem circunstâncias fáticas ou jurídicas novas que determinem a necessidade de o interesse ser regulado de forma diferente. Note-se, entretanto, que, como a sentença prolatada em procedimento de jurisdição voluntária transita formalmente em julgado exatamente como qualquer outra sentença, só por intermédio da instauração de novo procedimento, via de regra, é que será possível pleitear a alteração do que foi decidido (exceção: o restabelecimento da sociedade conjugal – Lei do Divórcio, art. 46 e seu parágrafo único).

Art. 1.112. Processar-se-á na forma estabelecida neste Capítulo o pedido de:

Vide Projeto de CPC, art. 691, caput e *VII.*

Dado o princípio da subsidiariedade instituído pelo art. 1.103, toda vez que não haja previsão de procedimento especial para uma determinada situação jurídica que exija providência de jurisdição voluntária, como visto, aplicar-se-á o procedimento comum disciplinado pelos arts. 1.104 a 1.111. Note-se que o dispositivo sob enfoque expressamente submete as hipóteses que menciona a esse procedimento, o que revela, desde logo, a inexistência de rito especial para qualquer delas no Capítulo II adiante (arts. 1.113 e segs.). Esclareça-se, ainda, nesse passo, que o CC, em várias passagens, prevê situações que demandarão o recurso ao procedimento comum referido, tais como as estabelecidas pelos arts. 1.519, 1.541, 1.648, 1.691, 1.732, 1.734, 1.740, II, 1.741, 1.746, 1.748, 1.753, etc.

I – emancipação;

Vide Projeto de CPC, art. 691, I.

Dispõe o art. 5º e seu parágrafo único e incisos do CC: "Art. 5º A menoridade cessa aos dezoito anos completos, quando a pessoa fica habilitada à prática de todos os atos da vida civil. Parágrafo único. Cessará, para os menores, a incapacidade: I – pela concessão dos pais, ou de um deles na falta do outro, mediante instrumento público, independentemente de homologação judicial, ou por sentença do juiz, ouvido o tutor, se o menor tiver dezesseis anos completos; II – pelo casamento; III – pelo exercício de emprego público efetivo; IV – pela colação de grau em curso de ensino superior; V – pelo estabelecimento civil ou comercial, ou pela existência de relação de emprego, desde que, em função deles, o menor com dezesseis anos completos tenha economia própria". Muito bem, a emancipação prevista pelos incisos II a V do parágrafo único transcrito corresponde à chamada emancipação legal, que não depende de qualquer participação do Poder Judiciário. Já em relação à prevista pelo inciso I é preciso distinguir: a emancipação referida na primeira parte da regra, a denominada emancipação voluntária, depende apenas da vontade do progenitor, formalizável por escritura pública sujeita a registro (LRP, arts. 89 a 91); a emancipação aludida na parte final da regra, a chamada emancipação judicial, esta sim, como o próprio nome diz, não prescinde da participação do magistrado. Em duas situações diferentes o procedimento de jurisdição voluntária será exigido: primeira, o menor com dezesseis anos, não sujeito ao poder familiar, contrata advogado e manifesta seu desejo de emancipar-se; segunda, o tutor, desejando emancipar o pupilo, deduz o pedido, alegando a existência de discernimento mental suficiente desse para reger sua própria pessoa e bens.

II – sub-rogação;

Vide Projeto de CPC, art. 691, II.

De acordo com o art. 1.911, e seu parágrafo único, do CC, nas hipóteses de desapropriação de bem clausulado, ou de sua alienação por conveniência econômica do donatário ou do herdeiro, (*v. g.* desvalorização de um imóvel) mediante autorização judicial, cabe a transmissão do vínculo ao bem, posteriormente adquirido com o produto da alienação dos primeiros. Note-se, entrementes, que, com base nesses mesmos dispositivos, deve-se entender que também na hipótese de comprovada necessidade (*v. g.*, em caso de destruição do bem) – que não deixa de ser, na verdade, também um caso de conveniência econômica –, é lícito o pedido de transmissão do vínculo, aplicando-se o DL n. 6.777/44, que permite a substituição de um imóvel por outro, ou por títulos da dívida pública (art. 1º), determinando, ainda, neste último caso, a alienação do bem em hasta pública (art. 2º). Observe-se que a jurisprudência tem admitido a sub-rogação da inalienabilidade em capital rentável, como caderneta de poupança, por interpretação do art. 1.109 do CPC (a observação é de Ernane Fidélis dos Santos). Requerida, assim, a sub-rogação pelo proprietário do bem, citado o doador se for vivo e ouvido o MP, seguir-se-ão a avaliação pericial e a audiência de instrução com o fim de dar elementos ao juiz para julgar o pedido e autorizar a transferência da cláusula para outro bem, se esse já é de propriedade do requerente, ou autorizá-la mediante a venda do bem originário e a compra de outro que receberá o ônus ou a cláusula.

III – alienação, arrendamento ou oneração de bens dotais, de menores, de órfãos e de interditos;
Vide Projeto de CPC, art. 691, III.

Embora sejam seus administradores legais (CC, art. 1.689, II), "não podem os pais alienar, ou gravar de ônus real os imóveis dos filhos [...] salvo por necessidade ou evidente interesse da prole, mediante prévia autorização do juiz" (CC, art. 1.691, *caput*). Tal proibição também atinge os bens dos incapazes sob tutela: "Os imóveis pertencentes aos menores sob tutela somente podem ser vendidos quando houver manifesta vantagem, mediante prévia avaliação judicial e aprovação do juiz" (CC, art. 1.750). O mesmo se diga em relação aos interditos (CC, art. 1.781). Em todas as hipóteses que acabamos de mencionar, só terá validade a alienação (venda, permuta, dação em pagamento), o arrendamento (de qualquer tipo) ou a oneração (hipoteca, anticrese) se, por sentença proferida em procedimento de jurisdição voluntária, o juiz de direito expressamente autorizá-lo.

IV – alienação, locação e administração da coisa comum;
Vide Projeto de CPC, art. 691, IV.

A respeito da alienação de coisa comum, dispõe o art. 1.322, *caput*, do CC: "Art. 1.322. Quando a coisa for indivisível, e os consortes não quiserem adjudicá-la a um só, indenizando os outros, será vendida e repartido o apurado, preferindo-se, na venda, em condições iguais de oferta, o condômino ao estranho, e entre os condôminos aquele que tiver na coisa benfeitorias mais valiosas, e, não as havendo, o de quinhão maior". Duas observações: 1ª) só há interesse processual para o pedido de alienação se houver discordância entre os condôminos (se há concordância tudo se resolve por escritura pública; não há interesse identicamente se já foi proposta a ação divisória – CC, art. 1.320); 2ª) o pedido de alienação, a rigor, não se enquadra nos moldes da jurisdição voluntária porque há partes em litígio. Já no que concerne à administração do condomínio, havendo discórdia a respeito do destino a ser dado ao bem ou invalidade da deliberação (CC, arts. 1.323 a 1.325), poderá qualquer condômino solicitar ao juiz a decisão para a controvérsia (aplica-se o art. 1.109). Também aqui não se trata de exercício de jurisdição voluntária, na verdade.

V – alienação de quinhão em coisa comum;
Vide Projeto de CPC, art. 691, V.

A previsão sob análise distingue-se da anterior porque aqui não se trata de pedido de alienação da coisa comum, mas sim de quinhão em coisa comum, cuja regência material vem estampada no art. 504 e seu parágrafo único do CC, onde se lê: "Art. 504. Não pode um condômino em coisa indivisível vender a sua parte a estranhos, se outro consorte a quiser, tanto por tanto. O condômino, a quem não se der conhecimento da venda, poderá, depositando o preço, haver para si a parte vendida a estranhos, se o requerer no prazo de 180 dias, sob pena de decadência. Parágrafo único. Sendo muitos os condôminos, preferirá o que tiver benfeitorias de maior valor e, na falta de benfeitorias, o de quinhão maior. Se as partes forem iguais, haverão a parte vendida os comproprietários, que a quiserem, depositando previamente o preço". Assim, na hipótese de um condômino desejar vender seu quinhão a um estranho, poderá ele requerer ao magistrado a respectiva autorização (havendo oposição, é claro, porque se não houver, basta a escritura pública com a interveniência de todos os demais condôminos). Se algum condômino citado pretender exercer o direito de preferência, deverá ele depositar o valor relativo ao preço, para que o juiz possa, reconhecendo tal interesse, proferir sentença de adjudicação.

VI – extinção de usufruto e de fideicomisso.

Vide Projeto de CPC, art. 691, VI.

Estabelece o CC em seu art. 1.410: "Art. 1.410. O usufruto extingue-se, cancelando-se o registro no Cartório de Registro de Imóveis: I – pela renúncia ou morte do usufrutuário; II – pelo termo de sua duração; III – pela extinção da pessoa jurídica, em favor de quem o usufruto foi constituído, ou, se ela perdurar, pelo decurso de 30 anos da data em que se começou a exercer; IV – pela cessação do motivo de que se origina; V – pela destruição da coisa, guardadas as disposições dos arts. 1.407, 1.408, 2ª parte, e 1.409; VI – pela consolidação; VII – por culpa do usufrutuário, quando aliena, deteriora, ou deixa arruinar os bens, não lhes acudindo com os reparos de conservação, ou quando, no usufruto de títulos de crédito, não dá às importâncias recebidas a aplicação prevista no parágrafo único do art. 1.395; VIII – pelo não uso, ou não fruição, da coisa em que o usufruto recai (arts. 1.390 e 1.399)". Observe-se que apenas excepcionalmente não será necessário o recurso à jurisdição voluntária para que se veja reconhecida a extinção do usufruto, como ocorre nas hipóteses de morte do usufrutuário (inciso I), consolidação (incorporação na mesma pessoa da qualidade de nu-proprietário e de usufrutuário – inciso VI). Nesses casos, basta a comprovação dos fatos pela certidão de óbito e pela escritura pública perante o Cartório de Registro no caso de imóveis. Quanto ao fideicomisso – ato pelo qual o testador institui herdeiros ou legatários "estabelecendo que, por ocasião de sua morte, a herança ou o legado se transmita ao fiduciário, resolvendo-se o direito deste, por sua morte, a certo tempo ou sob certa condição, em favor de outrem, que se qualifica de fideicomissário" (CC, art. 1.951) – disciplinam a sua extinção os arts. 1.955 (renúncia à herança ou ao legado pelo fideicomissário ou destruição do bem) e 1.958 (morte do fideicomissário anterior ao falecimento do fiduciário ou morte do fideicomissário antes da verificação da condição ou termo). No caso de renúncia expressa ao fideicomisso por escritura pública, ou termo nos autos do inventário, dispensa-se o procedimento judicial.

CAPÍTULO II
DAS ALIENAÇÕES JUDICIAIS

Vide Projeto de CPC, art. 696 (Seção III – Das Alienações Judiciais).

Art. 1.113. Nos casos expressos em lei e sempre que os bens depositados judicialmente forem de fácil deterioração, estiverem avariados ou exigirem grandes despesas para a sua guarda, o juiz, de ofício ou a requerimento do depositário ou de qualquer das partes, mandará aliená-los em leilão.

Vide Projeto de CPC, art. 696.

O pedido de alienação previsto por este art. 1.113 se distingue daqueles contemplados pelos incisos III a V do artigo anterior por duas ordens de razão: uma procedimental, o requerimento aqui disciplinado tem caráter de incidente de processo em curso (o do art. 1.112 se processa autonomamente); outra substancial, o requerimento em pauta só se justifica ante a avaria da coisa, a exigência de grandes despesas para a guarda ou a fácil deterioração (o do art. 1.112 não pressupõe nada disso). Quanto "aos casos expressos" que autorizam a providência, segue o rol: bens imóveis de menor tutelado (CC, arts. 1.748, IV, e 1.750); bens do interdito (CC, art. 1.774); bens vagos (CC, art. 1.237, *caput*; CPC, arts. 1.170 a 1.176); bens condominiais (CC, art. 504); bens imóveis da herança que não admitam cômoda divisão (CC, art. 2.019, *caput*); coisa vendida com reserva de domínio (CPC, art. 1.070, § 1º); bens da herança jacente (art. 1.155), etc. (o rol é de Antonio Carlos Marcato – a atualização dos artigos é nossa). Ressalte-se, por fim, que os bens anteriormente mencionados precisam encontrar-se em uma das situações previstas no *caput* deste art. 1.113 para que a parte, ou seu depositário, ou o juiz de ofício instaure o procedimento incidente de alienação judicial.

§ 1º Poderá o juiz autorizar, da mesma forma, a alienação de semoventes e outros bens de guarda dispendiosa; mas não o fará se alguma das partes se obrigar a satisfazer ou garantir as despesas de conservação.

O escopo da regra sob enfoque é claramente o de estender a autorização de alienação judicial a bens que não se encontram previstos expressamente em lei, mas cuja situação fática – a circunstância de exigirem despesas de vulto para sua guarda ou conservação – também justifica a pronta alienação em hasta pública. Observe-se, entretanto, que malgrado a equiparação disciplinar estabelecida pelo parágrafo, aliás de todo justificada, acrescenta a lei à situação dos semoventes e bens móveis *sub judice* um elemento normativo a mais: o deferimento da alienação judicial de tais bens sempre fica condicionado à não assunção por qualquer das partes da responsabilidade pelas despesas de conservação, ou guarda, manifestação esta que tanto pode se expressar por petição apresentada ao juízo na forma prevista pelo § 2º, como por requerimento dedutível até o instante do proferimento da sentença.

§ 2º Quando uma das partes requerer a alienação judicial, o juiz ouvirá sempre a outra antes de decidir.

Apesar do caráter incidental do procedimento que ora nos ocupa, não dispensa a lei o ato citatório da parte figurante no processo (ou procedimento) que não pediu a alienação judicial. Ao que parece, a falta de referência à *vocatio* no texto sob análise se explica pelo fato de a lei se contentar nesse caso com a citação da parte contrária na pessoa do seu advogado, exatamente como se passa nas hipóteses de embargos do devedor, embargos de terceiro, reconvenção, etc. Dada, assim, a circunstância de a lei admitir que a citação do requerido assuma a feição formal de simples intimação no procedimento das alienações judiciais, não precisava mesmo o texto em questão dizer mais do que disse: "o juiz ouvirá sempre a outra [parte] antes de decidir".

§ 3º Far-se-á a alienação independentemente de leilão, se todos os interessados forem capazes e nisso convierem expressamente.

A previsão final do *caput* deste art. 1.113 ("mandará aliená-los em leilão"), somada à prescrição contida nesse parágrafo, interpretada *a contrario sensu,* revela claramente o caráter imperativo que reveste o ato processual hasta pública (ou leilão) no contexto das alienações judiciais. Somente na hipótese de os interessados serem capazes e estarem de acordo quanto à não realização de hasta pública é que esta deverá ser dispensada pelo juiz. É que havendo incapazes envolvidos na causa e, por conseguinte, direitos indisponíveis, tanto o ato de avaliação dos bens (art. 1.114), como a alienação sob a forma de leilão e seu pressuposto necessário – a publicação de editais (arts. 686, 687 e 704 a 707) – recebem do sistema o atributo de atos indispensáveis do procedimento, sob pena de nulidade (quanto à avaliação, o art. 1.114 abre duas exceções).

Art. 1.114. Os bens serão avaliados por um perito nomeado pelo juiz quando:

Os bens serão avaliados por um perito, como diz o texto, apenas na hipótese de não haver na comarca avaliador judicial (art. 680). É que se deve aplicar à alienação excepcional e incidente tudo aquilo que vale para a alienação regular realizada em processo autônomo, o que faz incidir também a norma contida no art. 684, II, que dispensa a avaliação em caso de títulos ou mercadorias que tenham cotação em bolsa (art. 682). Tenha-se em mente, ainda, que, como na execução, nada impede que os interessados indiquem assistentes técnicos para a realização do trabalho avaliatório, aplicando-se no mais as regras que disciplinam tal atividade processual (arts. 420 e segs. e 681 a 684).

I – não o hajam sido anteriormente;

A avaliação anterior a que alude o texto é evidentemente aquela que se tenha realizado no processo principal de que o procedimento da alienação seja acessório. É o que ocorre, por exemplo, na hipótese de os bens já terem sido avaliados no processo da execução por quantia contra devedor solvente (arts. 680 e segs.), no processo da insolvência civil (a previsão do art. 773 pressupõe avaliação; *v.*, ainda, art. 766, IV), no procedimento de arrecadação de coisas vagas (art. 1.173) ou num processo cautelar de produção antecipada de prova (arts. 846 e segs.) incidente de outro em que tenha ocorrido o depósito judicial da coisa.

II – tenham sofrido alteração em seu valor.

A previsão de avaliação de bens que tenham sofrido alteração em seu valor só faz sentido se compreendida à luz da regra constante do inciso I (anterior avaliação dos bens no bojo do processo principal de que o procedimento da alienação judicial é incidente). Em outras palavras, só se pode cogitar de alteração de valor se uma prévia avaliação já tenha acontecido. Assim, o que a lei determina, nesse passo, é que apenas na hipótese de se ter verificado substancial alteração valorativa do bem – quer por causa do longo tempo passado, quer em razão de outro motivo excepcional, *v. g.*, a repentina "explosão" do mercado – terá cabimento o ato avaliatório no próprio procedimento de jurisdição voluntária que nos ocupa. Fora dessa situação excepcional e anômala prevalecerá o valor apurado no processo principal, com base nele se realizando o leilão (art. 1.115).

Art. 1.115. A alienação será feita pelo maior lanço oferecido, ainda que seja inferior ao valor da avaliação.

A norma jurídica contida neste art. 1.115 consubstancia *lex specialis* em relação à previsão do inciso VI do art. 686 que, em primeira praça ou leilão, só admite que os bens sejam alienados por valor superior ao da avaliação. No contexto das alienações judiciais, portanto, não vale a restrição, de sorte que o juiz pode entregar o bem a quem mais der – desde, é claro, que a oferta não lhe pareça vil –, ainda que se trate de primeiro leilão. Observe-se que à falta de disciplina sobre a forma da alienação vale a regra que determina que o juiz marque duas datas para a arrematação em conformidade com o próprio art. 686, VI. Registre-se, por derradeiro, que o presente dispositivo não atinge a situação excepcionalíssima do imóvel de incapaz, uma vez que a normatividade do art. 701 não pode ser afastada justamente por causa do envolvimento em seu bojo de direito indisponível.

Art. 1.116. Efetuada a alienação e deduzidas as despesas, depositar-se-á o preço, ficando nele sub-rogados os ônus ou responsabilidades a que estiverem sujeitos os bens.

Dada a circunstância de as alienações judiciais só terem cabimento quando os bens submetidos à constrição exigirem pronta transformação em dinheiro (art. 1.113), toda vez que se efetuar a arrematação será necessário que no preço se sub-roguem os ônus ou as responsabilidades que incidiam primariamente sobre o bem, como, *v. g.*, a penhora, o arresto, a caução, a hipoteca, o penhor, a cláusula de inalienabilidade, etc. Coloca-se, assim, uma coisa (o dinheiro) no lugar de outra (o bem), fenômeno esse que recebe o nome de sub-rogação real, que só não alcança, segundo o texto, a parte do dinheiro que corresponda às despesas decorrentes do próprio ato de alienação, como a publicação dos editais, diligências do oficial de justiça, etc. Observe-se que, como se opera uma verdadeira substituição, é evidente que o numerário depositado não é levantado por nenhum dos interessados, mas permanece submetido ao processo a título de bem arrestado, penhorado, etc.

Parágrafo único. Não sendo caso de se levantar o depósito antes de 30 (trinta) dias, inclusive na ação ou na execução, o juiz determinará a aplicação do produto da alienação ou do depósito, em obrigações ou títulos da dívida pública da União ou dos Estados.

A regra *sub apretiationis* apresenta uma solução para a hipótese de o dinheiro depositado não poder ser levantado antes de trinta dias da realização do leilão: manda a lei, nesse caso, que o juiz ordene a aplicação do produto da alienação em obrigações ou títulos da dívida pública, com o que se impede que a inflação desgaste o poder aquisitivo da importância depositada. A solução alvitrada pode, entretanto, ser substituída sem nenhum problema pela determinação de que o numerário fique depositado em conta com correção monetária (caderneta de poupança). Entenda-se, por outro lado, a previsão inicial do texto: é possível que em prazo inferior a trinta dias o credor, na execução, já tenha condições de levantar o dinheiro, quer porque não houve embargos, quer porque esses foram julgados definitivamente (isso não ocorre, *v. g.*, nas hipóteses de arresto ou de penhora em execução recém-iniciada). Nesta hipótese, a solução prevista é dispensada porque em pouco tempo o credor já poderá dispor livremente do dinheiro (*v.* art. 666).

Art. 1.117. Também serão alienados em leilão, procedendo-se como nos artigos antecedentes:

Este art. 1.117 submete ao procedimento incidental das alienações judiciais as situações expressamente previstas nos três incisos a seguir, o que significa concretamente que também nesses casos serão aplicados os §§ 2º e 3º do art. 1.113 (citação e decisão; dispensa de leilão), bem como dos arts. 1.114 a 1.116 (avaliação, forma e efeitos da venda). Percebe-se, assim, claramente, que o presente dispositivo corresponde a uma típica regra processual de extensão.

I – o imóvel que, na partilha, não couber no quinhão de um só herdeiro ou não admitir divisão cômoda, salvo se adjudicado a um ou mais herdeiros acordes;

A regra sob enfoque tem paralelo no art. 2.019, *caput,* do CC que dispõe: "Os bens insuscetíveis de divisão cômoda, que não couberem na meação do cônjuge sobrevivente ou no quinhão de um só herdeiro, serão vendidos judicialmente partilhando-se o valor apurado, a não ser que haja acordo para serem adjudicados a todos". Duas observações sobre o tema merecem destaque. A primeira concerne à circunstância de que se o bem – móvel ou imóvel, a restrição é afastada pela doutrina – cabe no quinhão de um herdeiro, ou admite divisão cômoda, não pode ser atendido o pedido de alienação judicial. A divisão não é cômoda quando represente diminuição do valor da coisa ou quando torne o bem impróprio ao uso a que se destina (*v. g.*, a retalhação de uma coleção de louças ou cristais, de aglomerados comerciais ou industriais, de ações e quotas de uma sociedade). Já a segunda diz respeito à possibilidade de adjudicação, que tem sido entendida como inadmissível se a ela se opuser algum dos herdeiros, de sorte que a simples verificação de desacordo entre os sucessores torna viável a alienação judicial (as observações e os exemplos são de José Olympio de Castro Filho).

II – a coisa comum indivisível ou que, pela divisão, se tornar imprópria ao seu destino, verificada previamente a existência de desacordo quanto à adjudicação a um dos condôminos;

Dispõe a parte inicial do art. 1.322, *caput,* do CC: "Quando a coisa for indivisível, e os consortes não quiserem adjudicá-la a um só, indenizando os outros, será vendida e repartido o apurado, preferindo-se, na venda [...]". Observe-se que a norma civil e processual sob enfoque articula-se com a primeira previsão do inciso IV do art. 1.112, o que precisa ser compreendido: proferida a sentença pelo juiz no sentido de ser alienada a coisa comum, de acordo com os arts. 1.104 a 1.111, seguir-se-á a avaliação do bem e a sua alienação em hasta pública na conformidade dos arts. 1.114 a 1.116. Note-se que na particular situação deste inciso II, a alienação judicial não tem feição de procedimento completo, mas apenas de fase executiva do procedimento instaurado pelo pedido de alienação de coisa comum. Toda a controvérsia sobre a eventual adjudicação do bem a um condômino, bem como a discussão sobre a divisão tornar ou não tornar a coisa imprópria ao seu destino, é questão superada na fase de alienação.

III – os bens móveis e imóveis de órfãos nos casos em que a lei o permite e mediante autorização do juiz.

Assim como se passa com a previsão anterior, também a presente se encontra vinculada a uma hipótese contemplada pelo art. 1.112, cujo inciso III exige que a alienação de bens de menores, órfãos e interditos seja precedida de autorização judicial. Obtida a autorização por sentença proferida em procedimento regular (arts. 1.104 a 1.111), seguir-se-á a alienação judicial da coisa nos moldes previstos pelos arts. 1.114 a 1.116. Registre-se, em primeiro lugar, que o termo órfão, no texto que nos ocupa, revela-se absolutamente impróprio para expressar o que a lei pretendeu: a hipótese examinada abrange tanto os bens de menores sob tutela (que não são órfãos necessariamente – CC, art. 1.728, II) como os bens de interditos e os dotais da mulher, que hoje não mais existem (a observação é de Antonio Carlos Marcato). Em segundo, merece consignação o fato de que também aqui a alienação judicial não corresponde a procedimento completo, mas a simples fase executiva do procedimento gerado pelo pedido de alienação de bem de incapaz.

Art. 1.118. Na alienação judicial de coisa comum, será preferido:

A regra, como se pode perceber, é ligada tanto à disposição contida no inciso II do art. 1.117, que submete ao procedimento dos arts. 1.114 a 1.116 a alienação de coisa comum indivisível (CC, art. 1.322, *caput*), como à disposição do inciso IV do art. 1.112, que pressupõe o simples desacordo como fundamento do pedido de alienação (CC, art. 1.323), e, por fim, à previsão do inciso V do mesmo art. 1.112, que não deixa de se identificar com alienação de coisa comum (CC, art. 504). Destarte, nas três hipóteses, o exercício do direito de preferência que a lei faculta ao condômino será exercido segundo a disciplina estabelecida a seguir.

I – em condições iguais, o condômino ao estranho;

De acordo com os arts. 1.322, *caput*, e 504 do CC, o condômino prefere ao estranho: "Art. 1.322. Quando a coisa for indivisível [...] preferindo-se, na venda, em condições iguais de oferta, o condômino ao estranho [...]"; "Art. 504. Não pode um condômino em coisa indivisível vender a sua parte a estranhos, se outro consorte a quiser, tanto por tanto" (*v.* CPC, arts. 1.112, IV e V, e 1.114 a 1.116). Observe-se que a preferência deve ser exercida pelo condômino mediante o depósito do valor do lance do terceiro no prazo de vinte e quatro horas a partir do encerramento da arrematação, ou seja, dentro do prazo de espera que a lei exige para a lavratura do respectivo auto (arts. 693 e 788, I, por analogia). É claro, portanto, que a validade da alienação nesses casos depende da intimação pessoal de todos os condôminos para o leilão (art. 687, § 3º, por analogia), porque a se pensar o contrário sempre ficaria frustrada a possibilidade de exercício do direito de preferência. Corolário dessa visão, também, é que o condômino não perde o seu direito por não estar presente à hasta pública.

II – entre os condôminos, o que tiver benfeitorias de maior valor;

O critério estabelecido no texto repete o disposto nos arts. 1.322, *caput*, e 504, parágrafo único, do CC: "Art. 1.322. [...] entre os condôminos aquele que tiver na coisa benfeitorias mais valiosas [...]"; "Art. 504. [...] Parágrafo único. Sendo muitos os condôminos, preferirá o que tiver benfeitorias de maior valor [...]" (*v.* CPC, arts. 1.112, IV e V, 1.114 a 1.116). A questão aqui é a seguinte: se nas vinte e quatro horas que se seguirem à conclusão do leilão dois ou mais condôminos manifestarem a intenção de ficar com o bem por força do direito de preferência (*v.* nota ao inciso I), verificando o juiz tal circunstância, deverá ele fixar prazo comum para que eles provem a existência de suas benfeitorias. Provada cabal e documentalmente a superioridade de valor de suas benfeitorias por parte de um dos interessados, a esse o magistrado deferirá o pedido; se restarem dúvidas, a solução é a realização de avaliação pericial, a qual se seguirá a decisão do incidente.

III – o condômino proprietário de quinhão maior, se não houver benfeitorias.

Mais uma vez o critério instituído segue o disposto no CC: "Art. 1.322 [...] benfeitorias mais valiosas, e, não as havendo, o de quinhão maior"; "Art. 504 [...] Parágrafo único [...] e, na falta de benfeitorias, o de quinhão maior". Mas, e se todos os pretendentes demonstrarem ao juiz que são titulares de quinhões condominiais rigorosamente idênticos? A resposta está na parte final do parágrafo único do art. 504 do estatuto civil que este art. 1.118 não previu: "Se as partes forem iguais, haverão a parte vendida os comproprietários, que a quiserem, depositando previamente o preço". A nosso ver, como o CPC exige o prévio depósito do preço em qualquer situação (arts. 693 e 788, I, por analogia; *v.* nota ao inciso I), a previsão que transcrevemos só pode ser compreendida no sentido de que entre os pretendentes preferirá o que oferecer maior preço em nova licitação que se realize entre eles de acordo com o art. 789, *caput*, da lei processual. Fica assim resguardada a relevância e a eficácia do elemento volitivo que o estatuto civil estabeleceu.

Art. 1.119. Verificada a alienação de coisa comum sem observância das preferências legais, o condômino prejudicado poderá requerer, antes da assinatura da carta, o depósito do preço e adjudicação da coisa.

Este art. 1.119 disciplina o incidente procedimentalizado – e que, por isso, se processa em apenso – por meio do qual o condômino, a quem não se tenha dado ciência do leilão, pede a adjudicação da coisa para si mediante o depósito do preço e demais despesas. Tal requerimento, como se vê, depende de três fatores conjugados: *a*) alienação da coisa sem oportunidade de participação do condômino; *b*) depósito do preço da alienação; *c*) não expedição da carta de arrematação ou carta de adjudicação em favor do terceiro ou outro condômino. Observe-se que, se outros vícios houve (*v. g.*, a falta ou a irregularidade do edital, a inexistência ou nulidade de citação), o caso será de anulação da arrematação ou do procedimento como um todo e não de adjudicação em favor do condômino preterido. Note-se, ainda, que a adjudicação instituída em favor do condômino prejudicado contra o terceiro arrematante é perfeitamente justificável, porque, afinal de contas, aquele é titular do direito de preferência. O mesmo não se dá, contudo, quando a situação envolve dois ou mais condôminos, do que se conclui que a adjudicação nesse caso só ocorrerá se o condômino preterido provar que tem benfeitorias mais valiosas ou é titular de quinhão condominial maior (se não for o caso, a solução será a realização de nova licitação entre eles).

Parágrafo único. Serão citados o adquirente e os demais condôminos para dizerem de seu direito, observando-se, quanto ao procedimento, o disposto no art. 803.

Instaurado o incidente pelo deferimento da petição inicial que foi dirigida ao juiz da alienação, e uma vez autuada a respectiva peça, seguir-se-á a citação de todos os condôminos (na pessoa dos seus advogados constituídos) e do arrematante (por oficial de justiça) para que contestem o pedido de adjudicação no prazo de cinco dias. Contestado o pedido, realiza-se audiência de instrução se esta for necessária; não contestado, fica o juiz livre para julgar diretamente o requerimento com amparo nos efeitos da revelia. Seja como for, o julgamento do incidente se dá por sentença contra a qual quem se entender prejudicado poderá interpor recurso de apelação (art. 513). Por esse ato o juiz poderá deferir a adjudicação ao condômino, confirmar a validade da arrematação realizada pelo terceiro, anular a arrematação por inobservância das suas formalidades intrínsecas ou anular todo o procedimento se outros vícios se revelarem (*v.* nota ao *caput*).

CAPÍTULO III
DA SEPARAÇÃO CONSENSUAL

Vide Projeto de CPC, arts. 697 a 700 (Seção IV – Do Divórcio e da Extinção de União Estável Consensuais e da Alteração do Regime de Bens do Matrimônio).

Art. 1.120. A separação consensual será requerida em petição assinada por ambos os cônjuges.
Vide Projeto de CPC, arts. 697, caput *e 700.*

Dispõe o art. 1.574 do CC/2002: "Dar-se-á a separação judicial por mútuo consentimento dos cônjuges se forem casados por mais de um ano e o manifestarem perante o juiz, sendo por ele devidamente homologada a convenção". Já o art. 34, *caput,* da Lei n. 6.515/77 prescreve: "Art. 34. A separação judicial consensual se fará pelo procedimento previsto nos arts. 1.120 e 1.124 do CPC, e as demais pelo procedimento ordinário". Pelo rito ordinário se processam os pedidos de separação litigiosa (CC, arts. 1.572 e 1.573; Lei do Divórcio, art. 5º) e o pedido de conversão de separação em divórcio requerido por um dos cônjuges em apenso aos autos da separação (CC, arts. 1.580 a 1.582; Lei do Divórcio, art. 35, *caput* e parágrafo único). Também o art. 40, § 2º, da mesma Lei n. 6.515/77 (Lei do Divórcio) prescreve: "§ 2º No divórcio consensual, o procedimento adotado será o previsto nos arts. 1.120 a 1.124 do CPC, observadas, ainda, as seguintes normas [...]". Observe-se que, como o elemento comum nos dois casos é o consenso ou a concordância dos cônjuges, exige este art. 1.120 que a petição seja assinada por ambos. De tais requerimentos ao Poder Judiciário, do seu processamento e final decisão homologatória depende necessariamente – não mais, em razão do disposto no art. 1.124-A (*v.* nota) – a produção dos efeitos de extinção da sociedade conjugal (na separação, art. 2º, III; CC, art. 1.571, III) e de extinção do vínculo e sociedade conjugal (no divórcio, arts. 24, *caput,* e 2º, IV; CC, art. 1.571, IV, e §§ 1º e 2º). Esta circunstância demonstra o quanto o recurso à jurisdição voluntária não é nada voluntário, mas obrigatório – não mais, em função do previsto pelo art. 1.124-A –, porque não existe outro meio para se alcançar a separação ou o divórcio (*v.* nota ao Título II deste Livro IV).

---

§ 1º Se os cônjuges não puderem ou não souberem escrever, é lícito que outrem assine a petição a rogo deles.

É como providência de segurança na captação da vontade dos cônjuges que o *caput* e o presente parágrafo exigem que os próprios separandos assinem a petição inicial ao lado dos advogados, admitindo-se, contudo, a assinatura a rogo no caso de impossibilidade ou analfabetismo. Criticam-se tais dispositivos porque eles traduzem desconfiança, em relação a toda a classe dos advogados, aos quais a lei entrega a representação exclusiva das partes em juízo de acordo com o art. 36 (José Olympio de Castro Filho). Seja como for, o fato é que *habemus legis,* de sorte que ao juiz caberá exigir a própria assinatura dos cônjuges, fato processual que assume, então, a condição de requisito intrínseco da petição inicial, fazendo incidir o art. 284 na hipótese de sua inobservância. Podem assinar a rogo dos cônjuges o próprio advogado ou outra pessoa desde que perfeitamente identificável (*v.* § 3º do art. 34 da Lei do Divórcio de idêntico conteúdo; *v.* ainda § 2º e nota).

---

§ 2º As assinaturas, quando não lançadas na presença do juiz, serão reconhecidas por tabelião.

Dada a circunstância normativa de o procedimento da separação consensual não dispensar o ato de oitiva dos cônjuges (art. 1.122, § 1º), fica fácil perceber que o prévio e simples reconhecimento das firmas destes pelo tabelião – ainda que por mera semelhança – não compromete a segurança que a lei quis imprimir à manifestação de vontade nesse caso. É que bastará ao juiz, no momento da audiência das partes, exigir a apresentação da carteira de identidade, ou outro documento hábil, para que se confirme que a petição inicial adrede assinada o foi de fato pelos cônjuges. A indubitável eficácia dessa medida pode mesmo permitir ao juiz simplesmente dispensar os separandos do reconhecimento de firma na petição que apresentem, haja vista que a posterior identificação supre a falta originária (*v.* § 4º do art. 34 da Lei do Divórcio, de idêntico conteúdo).

Art. 1.121. A petição, instruída com a certidão de casamento e o contrato antenupcial se houver, conterá:

Vide Projeto de CPC, art. 697, caput

Antes do comentário ao texto, cumpre-nos dizer alguma coisa sobre a legitimação ativa para a separação consensual. De acordo com o § 1º do art. 3º da Lei n. 6.515/77, "o procedimento judicial da separação caberá somente aos cônjuges, e, no caso de incapacidade, serão representados por curador, ascendente ou irmão" (a regra foi repetida literalmente pelo parágrafo único do art. 1.576 do CC). Queremos chamar a atenção nesse passo para a circunstância de que, como o § 2º do mesmo art. 3º, e o art. 1.122 a seguir, exigem oitiva pessoal dos cônjuges, a incapacidade de qualquer deles é obstáculo irremovível à separação consensual, só podendo ser exercitada a representação instituída (suprimento de incapacidade e não forma de substituição processual) quando se tratar de separação litigiosa (concordamos nesse sentido com Antonio Carlos Marcato). Voltando ao texto, é necessário salientar que o *caput* deste art. 1.121 nada mais faz do que explicitar os documentos que a lei reputa indispensáveis à dedução do pedido de separação consensual (certidão de casamento sempre; pacto antenupcial se houver), o que torna invocáveis e aplicáveis as normas contidas nos arts. 283 e 284 deste Código. Observe-se, por fim, que também os requisitos previstos pelo art. 282 são exigidos da petição inicial da separação consensual, aliás como de qualquer outra.

I – a descrição dos bens do casal e a respectiva partilha;

Vide Projeto de CPC, art. 697, I.

A descrição de todos os bens do casal com suas características (imóveis, móveis, semoventes, direitos e também os que integram o patrimônio particular de um deles) é exigência da lei porque sem ela não é possível a realização da partilha, que corresponde ao efeito econômico da dissolução da sociedade conjugal (Lei do Divórcio, art. 3º: "A separação judicial põe termo [...] ao regime matrimonial de bens [...]"). Observe-se, entretanto, que, segundo o parágrafo único a seguir, podem os cônjuges deixar para depois a partilha do patrimônio, o que revela a não imperatividade da exigência contida neste inciso I. Ainda quanto ao tema, é importante salientar o que dispõe o atual parágrafo único, do art. 1.574, do estatuto civil: "Parágrafo único. O juiz pode recusar a homologação e não decretar a separação judicial se apurar que a convenção não preserva suficientemente os interesses dos filhos ou de um dos cônjuges" (em idêntico sentido, o art. 34, § 2º, da Lei do Divórcio). Registrem-se, por fim, mais algumas observações: *a*) a doação de um cônjuge ao outro de todo seu patrimônio é nula (inoficiosa) nos termos do art. 548 do CC; *b*) tem-se admitido a promessa de doação (ou doação) dos bens, ou de parte deles, aos filhos em separação consensual (entendemos que deve o juiz ordenar nesse caso a lavratura da competente escritura pública pelos cônjuges); *c*) a decretação do divórcio não depende mais da partilha de acordo com o art. 1.581 do CC.

II – o acordo relativo à guarda dos filhos menores e ao regime de visitas;
Vide Projeto de CPC, art. 697, III.

Disciplinam, particularmente, a questão da guarda dos filhos menores, em separação consensual, os arts. 9º e 13 da Lei do Divórcio, bem como os arts. 1.583 e 1.586 do CC. Vejamos: "Art. 9º No caso de dissolução da sociedade conjugal pela separação judicial consensual (art. 4º), observar-se-á o que os cônjuges acordarem sobre a guarda dos filhos" (no mesmo sentido, o art. 1.583, do CC); "Art. 13. Se houver motivos graves, poderá o juiz, em qualquer caso, a bem dos filhos, regular por maneira diferente da estabelecida nos artigos anteriores a situação deles com os pais" (no mesmo sentido, o art. 1.586, do CC). Já no que concerne, especificamente, à questão do regime de visitas – acerca do qual o presente inciso II agora exige de forma explícita acordo entre os cônjuges (alteração introduzida pela Lei n. 11.112/2005) – vale a pena lembrar o que dispõem o art. 15 da Lei do Divórcio e o art. 1.598 do estatuto civil: "Art. 15. Os pais, em cuja guarda não estejam os filhos, poderão visitá-los e tê-los em sua companhia, segundo fixar o juiz, bem como fiscalizar sua manutenção e educação" (em idêntico sentido, o art. 1.589 do CC). Valerá, em princípio, assim, o que os cônjuges estabelecerem sobre a guarda e o regime de visitas, exceto se ao juiz parecer conveniente, à vista da gravidade da situação que o caso concreto apresente, modificar a convenção estampada na inicial (*v.* novo § 2º deste art. 1.121 à frente) (texto de acordo com a Lei n. 11.112, de 13.05.2005).

III – o valor da contribuição para criar e educar os filhos;
Vide Projeto de CPC, art. 697, IV.

A respeito da contribuição para criação e educação dos filhos, vale, em princípio, o que os cônjuges livremente estabelecerem, exatamente como ocorre com a guarda (inciso II). Em princípio, dizemos, porque, de acordo com o § 2º do art. 34 da Lei do Divórcio, "o juiz pode recusar a homologação e não decretar a separação judicial, se comprovar que a convenção não preserva suficientemente os interesses dos filhos" (no mesmo sentido, o art. 1.574, parágrafo único, do CC). Tais interesses podem, por certo, relacionar-se com a módica quantia que, *v. g.*, os cônjuges admitam que um deles (o abastado) pague a título de alimentos ao filho comum. Em caso como este, ou os cônjuges alteram a convenção para satisfazer o interesse do filho ou não se separam. Observe-se, por derradeiro, que o art. 22, *caput*, da Lei do Divórcio, impõe a correção monetária às prestações alimentícias, e que seu parágrafo único afirma a responsabilidade do inadimplente pelas custas e pelos honorários que se apurem no processo que seja necessário instaurar para o recebimento das prestações em atraso (o art. 1.710 do CC estabelece: "As prestações alimentícias, de qualquer natureza, serão atualizadas segundo índice oficial regularmente estabelecido"). O art. 23, por outro lado, estabelece que a obrigação alimentícia se transmite aos herdeiros do devedor sendo que o CC repetiu a regra ao estabelecer: "Art. 1.700. A obrigação de prestar alimentos transmite-se aos herdeiros do devedor, na forma do art. 1.694" (*v.* arts. 732 a 735 deste Código que regulam a execução de alimentos).

IV – a pensão alimentícia do marido à mulher, se esta não possuir bens suficientes para se manter.

Vide Projeto de CPC, art. 697, II.

Relativamente à pensão alimentícia devida pelo marido à mulher, é necessário salientar que o texto a relaciona com o fato de a mulher não possuir bens suficientes para se manter, o que traz uma consequência relevantíssima: se a mulher renunciar a alimentos, quando da separação, sem ter condições de sustento, tal renúncia será entendida apenas como não exercício do direito, de sorte que ela poderá cobrá-los posteriormente por ação própria, provando aquela circunstância (nesse sentido a Súmula n. 379 do STF recepcionada pela nova ordem constitucional). Saliente-se, por outro lado, que a vedação contida no art. 1.707 do CC não tem aplicação à hipótese que nos ocupa, uma vez que ela se refere à obrigação alimentar oriunda de parentesco, relação que não existe entre cônjuges (a observação é de Antonio Carlos Marcato). Por fim, tenha-se presente que o texto não proíbe, como é curial: *a*) que a mulher por cláusula expressa apenas deixe de exercer, temporariamente, o direito a alimentos; *b*) que ela se comprometa a pagar alimentos ao marido, embora isso não seja comum; e *c*) que ela receba alimentos mesmo deles não necessitando (ainda sobre alimentos entre os cônjuges, *v.* os arts. 1.694, 1.702, 1.704 e 1.708 a 1.710, todos do CC).

§ 1º Se os cônjuges não acordarem sobre a partilha dos bens, far-se-á esta, depois de homologada a separação consensual, na forma estabelecida neste Livro, Título I, Capítulo IX.

Vide Projeto de CPC, art. 697, parágrafo único.

A regra sob enfoque abre expressa exceção à exigência de partilha dos bens que vem estampada no inciso I, autorizando os cônjuges que não estiverem de acordo com ela – no momento da dedução ao juiz do pedido de separação consensual – a realizá-la posteriormente por meio do procedimento de inventário e partilha que é regido pelos arts. 982 a 1.045 do CPC. Assim, após a homologação da separação, e quando melhor lhes convier, requererão os cônjuges nos mesmos autos a instauração de inventário. Mas, e quanto à exigência de descrição dos bens contida no mesmo inciso I, está ela dispensada também? O que nos parece é que se a lei dispensa a partilha, que é o efeito econômico da separação, não há porque não se pensar que tenha ela dispensado identicamente a causa desse efeito, que é a alusão à existência do patrimônio mediante sua descrição na petição inicial. Que diferença faz, afinal de contas, conhecer os bens, quando da abertura do procedimento, se eles não serão mesmo partilhados? A nosso ver, nenhuma.

---

§ 2º Entende-se por regime de visitas a forma pela qual os cônjuges ajustarão a permanência dos filhos em companhia daquele que não ficar com sua guarda, compreendendo encontros periódicos regularmente estabelecidos, repartição das férias escolares e dias festivos.

Antes de mais nada, parece interessante observar que a criação do presente dispositivo decorre diretamente do fato de a Lei n. 11.112/2005 ter introduzido, no inciso II deste art. 1.121, a exigência de que o acordo sobre o regime de visitas também conste expressamente da petição dos cônjuges que instaura o procedimento da separação consensual. Foi muito bem o legislador ao instituir a novidade porque nunca se entendeu bem a razão pela qual um acordo de tanta importância para a vida futura dos cônjuges e dos filhos poderia não abranger a convenção sobre o exercício do direito de visitas. Seja como for, chama a atenção no novo regramento, além da conceituação de "regime de visitas", para que não fique nenhuma dúvida ("a forma pela qual os cônjuges ajustarão a permanência dos filhos em companhia daquele que não ficar com sua guarda"), a explicitação de que ele compreende "encontros periódicos regularmente estabelecidos". A cláusula há de ser entendida como as reuniões do pai ou da mãe com seu(s) filho(s) ou filha(s) ("encontro") que se repetem de tempos em tempos (a palavra período significa o tempo transcorrido entre duas datas ou dois fatos) com constância previamente acordada ("regularmente estabelecidos", vale dizer, estabelecidos com constância ou frequência determinada). Assim é que, frente ao texto legal, estando a periodicidade expressamente instituída (*v. g.*, todos os dias, toda semana, toda quinta-feira) não haverá lugar para o prevalecimento da vontade do cônjuge que tem a guarda sobre a do cônjuge que não tem. Chama a atenção também a explícita exigência da "repartição das férias escolares e dias festivos" com o que se assegura a concretização do direito de visita nestes períodos extraordinários e se previnem conflitos entre os cônjuges, tudo no sentido de preservar os interesses dos filhos menores na sua mais ampla dimensão (texto de acordo com a Lei n. 11.112/2005).

Art. 1.122. Apresentada a petição ao juiz, este verificará se ela preenche os requisitos exigidos nos dois artigos antecedentes; em seguida, ouvirá os cônjuges sobre os motivos da separação consensual, esclarecendo-lhes as consequências da manifestação de vontade.

Vide Projeto de CPC, art. 698, caput

Este art. 1.122 institui a prévia oitiva dos cônjuges e a tentativa de conciliação que o juiz logo a seguir realiza, como pressuposto de desenvolvimento válido do procedimento da separação consensual. Em outras palavras, está o magistrado impedido pela lei de homologar a separação consensual sem ter tentado a conciliação e isso sob pena de nulidade (para a separação litigiosa o mesmo requisito é imposto pelos arts. 5º e 6º da Lei n. 968/49). Algumas observações se impõem. A primeira é no sentido de que o juiz só inquirirá os cônjuges sobre os motivos da separação – que são irrelevantes para o decreto em si – como meio para tornar mais eficaz o seu mister conciliatório. A segunda concerne ao fato de que o esclarecimento das consequências da separação que o juiz comunica aos cônjuges (os efeitos jurídicos e pessoais do rompimento para os cônjuges e principalmente para os filhos) também tem em vista aumentar as possibilidades de conciliação, fim precípuo desse ato. Realizada a tentativa, procederá o juiz de acordo com o disposto no § 1º a seguir, se esta se revelar ineficaz; em caso de sucesso devolverá a petição às partes, ordenando eventualmente o cancelamento da distribuição (*v.* art. 3º, §§ 2º e 3º, da Lei do Divórcio).

§ 1º Convencendo-se o juiz de que ambos, livremente e sem hesitações, desejam a separação consensual, mandará reduzir a termo as declarações e, depois de ouvir o Ministério Público no prazo de 5 (cinco) dias, a homologará; em caso contrário, marcar-lhes-á dia e hora, com 15 (quinze) a 30 (trinta) dias de intervalo, para que voltem a fim de ratificar o pedido de separação consensual.

Vide Projeto de CPC, art. 698, § 1º.

Dois são os desdobramentos procedimentais que esse parágrafo prevê para a hipótese da tentativa de conciliação ter restado infrutífera: *a*) convencendo-se de que os cônjuges se encontram firmes na decisão de se separarem – ou seja, que "livremente e sem hesitações", como diz o texto, desejam o rompimento –, a solução estabelecida pela lei é a redução a termo das suas declarações (não quanto aos motivos, que são irrelevantes), ao que se seguirá a oitiva do MP e a homologação da separação (tudo isso consta de um único termo, na prática); *b*) convencendo-se de que a manifestação de vontade dos cônjuges não é livre, firme, segura ou suficientemente consciente, a solução que a lei estabelece é a designação de nova audiência, nos termos do texto, destinada à ratificação do pedido pelas partes (nesse intervalo as partes poderão meditar sobre toda a situação, voltando atrás em sua vontade ou mantendo e fortalecendo o seu intuito de separação). Ratificado o pedido, seguem-se a fala do *parquet* e a homologação; não ratificado, por ausência ou manifestação expressa, segue-se a extinção do processo (*v.* § 2º).

---

§ 2º Se qualquer dos cônjuges não comparecer à audiência designada ou não ratificar o pedido, o juiz mandará autuar a petição e documentos e arquivar o processo.

Vide Projeto de CPC, art. 698, § 2º.

O parágrafo sob análise se vincula de maneira clara ao anterior porque prevê alternativamente duas situações relacionadas à audiência de ratificação e à consequência procedimental que elas provocam. A primeira hipótese prevista concerne ao não comparecimento de "qualquer dos cônjuges" à audiência, como diz o texto, previsão que tem de ser interpretada extensivamente para compreender também o não comparecimento de ambos os cônjuges. A segunda diz respeito ao comparecimento das partes e à não ratificação do pedido por apenas uma delas (mas também pelas duas). Para tais situações a solução é a mesma: a ordem de autuação da petição e dos documentos e a determinação do arquivamento dos autos do procedimento (não do processo), haja vista o desinteresse manifesto em relação à separação pelo não comparecimento ou pela não ratificação.

Art. 1.123. É lícito às partes, a qualquer tempo, no curso da separação judicial, lhe requererem a conversão em separação consensual; caso em que será observado o disposto no art. 1.121 e primeira parte do § 1º do artigo antecedente.

O dispositivo sob análise prevê e disciplina fenômeno bastante excepcional dentro do nosso sistema de direito positivo, que é a conversão do procedimento: fica aqui estabelecida a faculdade das partes, na separação litigiosa, de requererem a qualquer tempo a conversão do processo em separação consensual, vale dizer, a conversão do processo em procedimento de jurisdição voluntária, o que se faz mediante petição elaborada de acordo com os requisitos consagrados pelo art. 1.121 e seus quatro incisos. Despachada tal petição – que não deixa de ser inicial, apenas que exclusivamente do novo procedimento –, ordenará o juiz a redução a termo das declarações e, depois de ouvir o MP, homologará a separação consensual nos termos da parte inicial do § 1º do art. 1.122. Outra hipótese excepcional de conversão do procedimento, no CPC, encontra-se prevista, *v. g.*, no art. 633 (conversão da execução de obrigação de fazer em ação indenizatória).

Art. 1.124. Homologada a separação consensual, averbar-se-á a sentença no registro civil e, havendo bens imóveis, na circunscrição onde se acham registrados.

Dispõe o art. 3º da Lei n. 6.515/77: "A separação judicial põe termo aos deveres de coabitação, fidelidade recíproca e ao regime matrimonial de bens, como se o casamento fosse dissolvido". São justamente estes os principais efeitos materiais que decorrem da homologação da separação consensual. Ao lado desses, tornam-se eficazes os acordos quanto à partilha dos bens, à guarda dos filhos e regime de visitas e à pensão para os filhos e o cônjuge (art. 1.121), bem como quanto ao uso do nome do marido (CC, art. 1.565, § 1º). Transitada em julgado a sentença homologatória – na prática o trânsito se verifica imediatamente porque os separandos renunciam no mesmo ato ao direito de recorrer (art. 502) – segue-se a pronta expedição do mandado para a averbação da separação no Cartório de Registro Civil (LRP, art. 100) e, eventualmente, a expedição de carta de sentença (se houve partilha) para o registro da alteração da propriedade imobiliária (LRP, art. 167, I; sobre a averbação, art. 167, II e item 14).

Art. 1.124-A. A separação consensual e o divórcio consensual, não havendo filhos menores ou incapazes do casal e observados os requisitos legais quanto aos prazos, poderão ser realizados por escritura pública, da qual constarão as disposições relativas à descrição e à partilha dos bens comuns e à pensão alimentícia e, ainda, ao acordo quanto à retomada pelo cônjuge de seu nome de solteiro ou à manutenção do nome adotado quando se deu o casamento.

Vide Projeto de CPC, art. 699, caput

Da mesma maneira como o art. 982 rompe com a longa tradição do Direito brasileiro de exigir o processamento judicial dos inventários, o presente e novo art. 1.124-A – também criado pela revolucionária Lei n. 11.441/2007 – quebra a barreira da judicialidade das separações consensuais e dos divórcios consensuais, permitindo a lavratura de escritura pública em sua substituição. A novidade merece todos os elogios porque, a um só tempo, contribui para desobstruir o Judiciário e facilita a vida das pessoas que desejam se separar sem litígio, mediante a instituição de uma formalidade jurídica mais próxima do povo e mais econômica. Veja-se que paralelamente ao que ocorre com o inventário consensual administrativo que não admite interessado incapaz, também aqui se estabelece um pressuposto negativo representado pela necessidade de que os separandos ou divorciandos não tenham filhos menores ou incapazes (CC, arts. 3º e 4º), exigência plenamente justificada pela indisponibilidade (intransigibilidade) dos direitos dos incapazes (só o juiz pode decidir a respeito deles). Outro requisito da separação ou divórcio consensual por via administrativa é o relativo aos prazos ("observados os requisitos legais quanto aos prazos"), quais sejam, um ano de casamento, para a separação (CC, art. 1.574), e dois anos de separação de fato, para o divórcio consensual (CC, art. 1.580, § 2º), separação de fato que se demonstra por meio da declaração uníssona dos cônjuges, sob pena de cometimento de crime de falsidade ideológica (CP, art. 299), e por intermédio de testemunhas que atestem o fato e que se submetem ao mesmo regramento penal. Observe-se que, além da necessidade de preenchimento do requisito negativo apontado e do positivo representado pelo prazo, os cônjuges deverão manifestar consensualmente ao tabelião suas vontades quanto "à descrição e à partilha dos bens comuns" (os bens excluídos da comunhão – CC, arts. 1.659 e 1.668 – não se submetem ao negócio jurídico), "à pensão alimentícia" (livres são os cônjuges para estipular o que quiserem: o pagamento de pensão, a renúncia aos alimentos ou o não exercício temporário do direito) e, ainda, "ao acordo quanto à retomada pelo cônjuge de seu nome de solteiro ou à manutenção do nome adotado quando se deu o casamento" (a liberdade convencional permeia tal cláusula, como se vê). Sobre a lavratura da escritura, sua gratuidade e seus participantes, *v.* §§ 2º e 3º, à frente; sobre seus efeitos jurídicos, *v.* § 1º (texto de acordo com a Lei n. 11.441/2007).

---

§ 1º A escritura não depende de homologação judicial e constitui título hábil para o registro civil e o registro de imóveis.

Vide Projeto de CPC, art. 699, § 1º.

O § 1º que ora nos ocupa institui a plena eficácia civil da escritura pública que instrumentaliza a separação consensual ou o divórcio consensual, vale dizer, a completa e suficiente capacidade desse ato administrativo para produzir o efeito de terminar a sociedade conjugal, no caso da separação (CC, art. 1.571, III), ou de dissolver o casamento e encerrar a sociedade conjugal, no caso do divórcio (CC, art. 1.571, I e § 1º, e CF, art. 226, § 6º). Diferentemente do que se passava no regime anterior, de longa tradição, como dito, tais efeitos civis já não dependem mais de procedimento em juízo, nem de qualquer forma de chancela ou aprovação judicial, razão por que o texto sob enfoque é construído, numa perspectiva redacional, de forma clara e contundente ao prever que "a escritura não depende de homologação judicial e constitui título hábil para o registro civil e o registro de imóveis". Veja-se que, quanto a constituir a escritura título hábil para o registro civil, trata a lei de reconhecer expressamente a mencionada suficiência para que, com base nela (escritura), preceda-se à averbação, no Registro Civil das Pessoas Naturais, da separação ou do divórcio (CC, art. 10), com o que se opera, no plano administrativo, a desconstituição do casamento e/ou da sociedade conjugal, bem como a alteração de nome (LRP, art. 29, § 1º). Quanto a constituir título hábil para o registro de imóveis, trata-se da mesma suficiência, só que agora para gerar registro no Registro de Imóveis em relação à transferência de propriedade imobiliária ou à averbação da alteração de nome que repercuta sobre tal registro (LRP, art. 167) (texto de acordo com a Lei n. 11.441/2007).

---

§ 2º O tabelião somente lavrará a escritura se os contratantes estiverem assistidos por advogado comum ou advogados de cada um deles ou por defensor público, cuja qualificação e assinatura constarão do ato notarial.

Vide Projeto de CPC, at. 699, § 2º.

Da mesma forma como se dá em relação à lavratura da escritura de inventário (§ 1º do art. 982), também a celebração da separação ou do divórcio consensual pela via administrativa é regulada por dispositivo que traz em seu bojo a repetição da ideia de necessidade de participação e manifestação volitiva dos cônjuges, a explicitação da atribuição administrativa do tabelião para elaborar a escritura e a instituição da exigência de que os separandos ou os divorciandos estejam assistidos por advogado comum, ou defensor público, ou cada um por seu respectivo advogado ou defensor público. Trata-se, também aqui, de regra que particulariza hipótese de indispensabilidade de assistência de advogado, não para fim judicial, pelo contrário, civil. Consigne-se, entrementes, que o presente dispositivo é reprodução quase *ipsis litteris* do mencionado § 1º do art. 982, o que nos obriga a repetir observações. Se não, vejamos: 1ª) se um dos cônjuges é advogado, fica dispensada a assistência de causídico, obviamente, mas não a assistência a ser prestada ao outro, se este assim o desejar; 2ª) este § 2º não exige comparecimento pessoal (físico) dos dois cônjuges, podendo um deles fazer-se representar por procurador habilitado munido de poderes específicos para a separação ou o divórcio consensual; se o procurador for advogado e constar do instrumento a prestação da assistência, fica satisfeita a exigência legal; 3ª) se, por qualquer motivo, não convier a separação ou o divórcio administrativo, podem os cônjuges valer-se do procedimento judicial, já que o *caput* estabelece a facultatividade do emprego de escritura pública (texto de acordo com a Lei n. 11.965/2009).

§ 3º A escritura e demais atos notariais serão gratuitos àqueles que se declararem pobres sob as penas da lei.

Vide Projeto de CPC, art. 699, § 3º.

Com o objetivo de atribuir à separação e ao divórcio consensuais pela via administrativa a maior eficácia social possível, é que a Lei n. 11.441/2007 optou por tornar gratuita a escritura pública e gratuitos os demais atos notariais àqueles que se declararem pobres sob as penas da lei. Apenas a gratuidade de tais atos fará com que milhares de brasileiros em condição de separar legalmente se sintam encorajados a regularizar suas situações conjugais. Eis a clara *ratio* do dispositivo focalizado. Observe-se que a suficiência jurídica da própria declaração de pobreza pelos interessados é outro elemento que contribui para o atingimento do escopo social referido, mas a lei não se descuidou da imposição da contrapartida representada pela responsabilidade penal de quem, sem ser pobre, declare tal condição para se beneficiar da gratuidade; a cláusula "sob as penas da lei" garante a responsabilização pela prática do crime de falsidade ideológica (CP, art. 299). Realizada a declaração formal de pobreza ao tabelião pelos separandos ou divorciandos, esta constará necessariamente da escritura que se lavrará mediante a apresentação dos documentos que demonstrem o preenchimento dos requisitos estabelecidos pelo *caput* e pelo § 2º deste art. 1.124-A (texto de acordo com a Lei n. 11.441/2007).

CAPÍTULO IV
DOS TESTAMENTOS E CODICILOS

Vide Projeto de CPC, arts. 701 a 703 (Seção V – Dos Testamentos e Codicilos).

Seção I
Da Abertura, do Registro e do Cumprimento

Art. 1.125. Ao receber testamento cerrado, o juiz, após verificar se está intacto, o abrirá e mandará que o escrivão o leia em presença de quem o entregou.

Vide Projeto de CPC, art. 701, caput

"Considera-se testamento o ato revogável pelo qual alguém, de conformidade com a lei, dispõe, no todo ou em parte, do seu patrimônio, para depois da sua morte" (art. 1.626 do CC de Clóvis Beviláqua). Como a eficácia do testamento depende do desaparecimento do testador, e como esse fato implica a orfandade da manifestação volitiva nele expressa, os riscos de não execução da vontade do falecido são enormes, de sorte que a lei entrega ao Estado, ao Poder Judiciário, por meio da jurisdição voluntária, a prática dos atos necessários ao resguardo da vontade de quem já não pode mais velar por ela. Eis a *ratio* de todos os procedimentos regulados neste Capítulo IV. Quanto ao testamento cerrado – o que é escrito pelo próprio testador, ou por outra pessoa, a seu rogo, e posteriormente lacrado por tabelião (arts. 1.682, II, e 1.868 a 1.875 – o conceito é de Antonio Carlos Marcato) –, dispõe o art. 1.875, em paralelo com o presente dispositivo, que: "Art. 1.875. Falecido o testador, o testamento será apresentado ao juiz, que o abrirá e o fará registrar, ordenando seja cumprido, se não achar vício externo que o torne eivado de nulidade ou suspeito de falsidade". Observe-se que este art. 1.125 apenas se ocupa com a abertura do testamento – vale dizer, dos seus lacres –, ordenando ao juiz que verifique se está intacto (*v.* inciso IV do parágrafo único e nota), e com a determinação da leitura pelo escrivão. Como se vê, o art. 1.125 é mais restrito do que o art. 1.875, porém mais detalhista quanto ao que dispõe (*v.*, ainda, art. 1.126 que reproduz a outra parte do art. 1.875 do estatuto civil).

Parágrafo único. Lavrar-se-á em seguida o ato de abertura que, rubricado pelo juiz e assinado pelo apresentante, mencionará:
Vide Projeto de CPC, art. 701, § 1º.

Deferido o processamento do pedido de abertura, registro e cumprimento do testamento cerrado com a abertura do instrumento, ordem de leitura e leitura pelo escrivão, seguir-se-á a lavratura do respectivo auto (não ato) que será assinado pelo magistrado e pelo apresentante. Tal despacho do juiz terá aproximadamente o seguinte teor: "R. A. Defiro o processamento do pedido, procedendo o escrivão, de pronto, à leitura do testamento por mim aberto, ao apresentante, bem como à lavratura do respectivo auto de abertura sem ressalvas a ser firmado de imediato". O auto de abertura formaliza nos autos não só a própria abertura física do testamento pelo juiz, como também a leitura do escrivão ao apresentante e a existência ou inexistência de vícios, irregularidades ou defeitos externos do instrumento (*v.* inciso IV, adiante, e respectiva nota). Note-se que os incisos II e III a seguir correspondem também a requisitos da petição inicial do requerimento de abertura.

I – a data e o lugar em que o testamento foi aberto;

Dada a circunstância de a lei atribuir ao juiz a abertura do testamento (*v. caput*), é evidente que o lugar a ser referido no auto que o parágrafo único estabelece será o da sede do juízo, a vara ou o cartório, onde tal ato tenha sido praticado. Quanto à data parece importante salientar que o juiz não está obrigado a realizar a abertura do testamento no mesmo dia da apresentação, mas é claro que somente após a abertura é que o magistrado poderá ordenar que o escrivão o leia ao apresentante – para isso a intimação desse será de rigor – e, ato contínuo, proceda à lavratura do auto.

II – o nome do apresentante e como houve ele o testamento;

O presente inciso institui, a um só tempo, dois dos requisitos que o auto de abertura deve preencher, mas também, de forma indireta, os requisitos que o próprio requerimento de abertura de testamento cerrado deve observar. Em primeiro lugar, exige-se do apresentante – que pode ser qualquer pessoa – a sua qualificação: o nome, que o texto explicita, mas também a referência a outros elementos identificatórios como estado civil, profissão, domicílio ou residência, número da carteira de identidade, etc. O escopo da exigência é a identificação, e não apenas o nome. Em segundo, exige a lei que o apresentante diga como obteve ele a posse do instrumento do testamento, o que deverá vir claramente estampado na petição inicial (o apresentante pode ter recebido o documento do próprio testador, de algum herdeiro ou parente, como também pode tê-lo descoberto por acaso). Seja qual for o modo de obtenção, esse deverá sempre constar da inicial e do auto de abertura.

III – a data e o lugar do falecimento do testador;

Eis dois outros requisitos que tanto o auto de abertura como a própria petição inicial do requerimento devem preencher. Ao realizar a apresentação do testamento cerrado, deve o seu autor declarar e demonstrar a ocorrência da morte do testador, indicando a data e o local em que tal evento se deu; a demonstração deve ser feita, evidentemente, pela juntada da respectiva certidão de óbito. A exigência se explica facilmente: é que a morte do testador é *conditio sine qua non* da eficácia da disposição de última vontade, de sorte que não tem o menor sentido alguém apresentar ao juiz, para abertura, um testamento de pessoa viva.

IV – qualquer circunstância digna de nota, encontrada no invólucro ou no interior do testamento.

A "circunstância digna de nota", a que alude o texto legal, refere-se ao fato de o juiz não ter encontrado o testamento absolutamente intacto (*v. caput* que manda o magistrado fazer tal verificação). Destarte, havendo qualquer suspeita de adulteração, que é indício de nulidade, ou mesmo suspeita de falsidade ou mera irregularidade, deve o juiz fazer constar do auto de abertura o defeito encontrado "no invólucro ou no interior do testamento", como diz o texto.

Observe-se que para poder negar cumprimento ao testamento, indeferindo o pedido formulado pelo apresentante, o magistrado terá de encontrar vício extrínseco grave, vale dizer, suspeita de nulidade ou falsidade. Não se perca de vista, ainda, que o deferimento (o "cumpra-se") não significa declaração definitiva de regularidade, posto que essa caberá ao órgão jurisdicional em ação própria que algum interessado venha a ajuizar. O procedimento de abertura que nos ocupa serve apenas à autenticação do estado em que se encontra o documento apresentado (nesse sentido, José Olympio de Castro Filho).

Art. 1.126. Conclusos os autos, o juiz, ouvido o órgão do Ministério Público, mandará registrar, arquivar e cumprir o testamento, se lhe não achar vício externo, que o torne suspeito de nulidade ou falsidade.

Vide Projeto de CPC, art. 701, § 2º.

Lavrado o auto de abertura, cumpre ao juiz, ato contínuo, determinar a oitiva do órgão do MP para que, na qualidade de *custos legis* (ou fiscal da lei), opine acerca do pedido de registro e do cumprimento do testamento cerrado. Para esse fim o *parquet* levará em conta não só as circunstâncias apontadas pelo magistrado no auto (inciso IV do artigo anterior), mas a sua própria convicção sobre eventual nulidade ou falsidade do documento apresentado. Realizada a manifestação ministerial, nova conclusão dos autos será providenciada pelo escrivão para que o juiz possa proferir o seu julgamento que, em caso positivo, significará a ordem de registro, arquivo e cumprimento. Observe-se que a condição expressa no texto ("se lhe não achar vício externo, que o torne suspeito de nulidade ou falsidade") vem estampada com as mesmas palavras pelo art. 1.875 do CC (*v.* nota ao *caput* do art. 1.125). Mais uma vez queremos ressaltar que nem a ordem de cumprimento nem a de indeferimento a tal pedido em caso de vício grave é definitiva, posto que somente por ação e processo próprios a validade, a nulidade ou a falsidade podem ser declaradas com força de coisa julgada, mas é claro que isso sempre dependerá da iniciativa de algum interessado, o que pode, inclusive, jamais acontecer. Note-se, por fim, que mesmo no caso de indeferimento, o testamento será registrado e arquivado.

Parágrafo único. O testamento será registrado e arquivado no cartório a que tocar, dele remetendo o escrivão uma cópia, no prazo de 8 (oito) dias, à repartição fiscal.

O cartório onde o testamento é registrado e arquivado para o fim de ser cumprido é evidentemente aquele que corresponde à vara na qual foi dirigido o requerimento de abertura pelo apresentante. Cumprirá, portanto, ao escrivão, em obediência à ordem judicial, proceder a prática desses dois atos (art. 141, I), com o que ficará assegurada a exequibilidade das disposições de última vontade por meio do procedimento de inventário e partilha que, logo após, será instaurado. Ordena o texto sob enfoque, ainda, que o escrivão proceda ao envio de uma cópia do testamento à repartição fiscal no prazo de oito dias, o que significa antecipação da ciência à Fazenda de eventuais créditos fiscais. Tal antecipação não dispensa, entretanto, a necessidade de citação da Fazenda Pública no inventário (art. 999).

Art. 1.127. Feito o registro, o escrivão intimará o testamenteiro nomeado a assinar, no prazo de 5 (cinco) dias, o termo da testamentaria; se não houver testamenteiro nomeado, estiver ele ausente ou não aceitar o encargo, o escrivão certificará a ocorrência e fará os autos conclusos; caso em que o juiz nomeará testamenteiro dativo, observando-se a preferência legal.

Vide Projeto de CPC, art. 701, §§ 3º e 4º.

Outro efeito da ordem de cumprimento previsto pela lei é a necessidade de pronta intimação do testamenteiro nomeado para firmar o termo de testamentaria, nos autos do próprio procedimento de abertura, antes da instauração do inventário, portanto (*v.* art. 999, *in fine*). Em três situações, todavia, a norma sob exame admite a nomeação de testamenteiro dativo: *a*) se do testamento não constar a nomeação de testamenteiro (*v.* CC, art. 1.976 que estabelece a faculdade de nomeação); *b*) se o testamenteiro nomeado não aceitar o encargo; *c*) se o testamenteiro estiver ausente. Sobre esta última hipótese tem-se entendido que ausente é o definido no art. 22 do CC, porque significaria injustificada restrição à liberdade de testar a ideia de que o "estar ausente" representa apenas a não presença na comarca. Assim, verificada a mera ausência de fato, deverá o magistrado ordenar a intimação do testamenteiro na comarca onde se encontre por carta precatória ou mesmo por edital. Só depois disso é que será possível pensar em declaração de ausência (*v.* arts. 1.159 a 1.169) e consequente nomeação de testamenteiro dativo, observada a preferência legal: cônjuge supérstite (CC, art. 1.984); herdeiro, testamenteiro oficial; alguém da confiança do juiz (José Olympio de Castro Filho).

Parágrafo único. Assinado o termo de aceitação da testamentaria, o escrivão extrairá cópia autêntica do testamento para ser juntada aos autos de inventário ou de arrecadação da herança.

Intimado que seja o testamenteiro (nomeado ou dativo), por uma das formas legais, no prazo de cinco dias poderá ele recusar o encargo (art. 1.127, parte final) ou aceitá-lo, caso em que firmará em cartório o respectivo termo de testamentaria e o compromisso de bem e fielmente desempenhar o *munus* que lhe foi confiado (um ou dois termos, nesse caso, podem ser lavrados). Por derradeiro, manda a lei – com o fito de que se encerre o procedimento em questão – que o escrivão extraia cópia autêntica do testamento (art. 365, III) ou certidão textual do mesmo (art. 365, I), o que também cumpre a exigência normativa, para que essa seja juntada aos autos do inventário quando o testamento seja aberto ou aos autos da arrecadação na hipótese do art. 1.142 (herança jacente).

Art. 1.128. Quando o testamento for público, qualquer interessado, exibindo-lhe o traslado ou certidão, poderá requerer ao juiz que ordene o seu cumprimento.

Vide Projeto de CPC, art. 702.

Testamento público é aquele que é lavrado pelo tabelião, ou substituto legal, em seu livro de notas, de acordo com o ditado ou as declarações do testador, em presença de duas testemunhas que assistam ao ato, e que depois de escrito e lido é assinado pelo testador, pelas testemunhas e pelo oficial (CC, art. 1.864); o CC o disciplina nos arts. 1.864 a 1.867. Assim como ocorre com o testamento cerrado (art. 1.125), também o público pode ser apresentado em juízo por qualquer interessado com o fim de vê-lo cumprido.

Parágrafo único. O juiz mandará processá-lo conforme o disposto nos arts. 1.125 e 1.126.

A aplicação do art. 1.125 à hipótese de testamento público exige um esclarecimento: como se trata de instrumento aberto, a exigência de abertura, ou o desfazimento do invólucro, cai no vazio, salvo se por uma razão excepcional o instrumento público esteja dentro de um outro documento fechado (a hipótese é levantada por José Olympio de Castro Filho). Note-se, entrementes, que tal circunstância não descaracteriza o testamento público, embora vá exigir do juiz o ato de abertura. Apresentado, assim, o testamento, caberá ao juiz ordenar que o escrivão o leia em presença de quem o entregou, bem como que lavre o respectivo auto de acordo com os requisitos constantes dos incisos do parágrafo único do art. 1.125, inclusive o inciso IV, que determina a assinalação de circunstâncias dignas de nota relativas aos elementos intrínsecos do testamento (apenas esses, uma vez que não há invólucro). Quanto à aplicação do art. 1.126 ao testamento público nada há a ressaltar, mas vale a pena chamar a atenção para o fato de que o testamenteiro, nesse caso, somente será intimado quando da abertura do inventário (art. 999), já que o presente art. 1.128 não faz remissão ao art. 1.127.

Art. 1.129. O juiz, de ofício ou a requerimento de qualquer interessado, ordenará ao detentor de testamento que o exiba em juízo para os fins legais, se ele, após a morte do testador, não se tiver antecipado em fazê-lo.

A regra sob enfoque excepciona o princípio dispositivo, ou da iniciativa de parte, que os arts. 2º e 262 instituem e que o art. 1.104 recepcionou. Fica estabelecida a possibilidade de o juiz, tomando conhecimento da existência de um testamento seja por que meio for (requerimento de alguém, informação documental, notícia verbal), ordenar a sua exibição em juízo, no prazo que fixar, sob pena de busca e apreensão (parágrafo único). Trata-se, portanto, de medida cautelar exibitória enquadrável na previsão genérica do art. 797, que tem por finalidade o resguardo da eficácia de inventário instaurado, ou por instaurar, em cujo bojo as disposições de última vontade do *de cujus* deverão ser feitas valer. Se há inventário aberto, ao juízo desse compete tal medida *ex officio;* se não há, ao juízo da comarca onde o inventário deva ser aberto ou ao juiz do domicílio ou da residência do detentor do testamento.

Parágrafo único. Não sendo cumprida a ordem, proceder-se-á à busca e apreensão do testamento, de conformidade com o disposto nos arts. 839 a 843.

Descumprida a ordem judicial de exibição – quer esta resulte de processo cautelar instaurado por um interessado, quer advenha de ato praticado no bojo do inventário ou, ainda, de ato desvinculado de qualquer processo existente – seguir-se-á, também de ofício, a ordem de busca e apreensão de cujo mandado constarão os requisitos previstos pelo art. 841 para cumprimento nos moldes dos §§ 1º e 2º, do art. 842, e do art. 843. Observe-se que como se trata de medida *ex officio,* não tem aplicação nesse caso o art. 840 que disciplina a petição inicial da busca e apreensão. Assim como o juiz decretou a exibição (*v. caput*), poderá ele decretar esta outra providência acautelatória independentemente de procedimento próprio, o que não impede, entretanto, o requerimento por ação de um interessado, inclusive do MP. Note-se, por fim, que além da sanção processual pode o detentor renitente sofrer processo por crime de desobediência (CP, art. 330) e, no plano civil, ser penalizado com a exclusão da sucessão por ação própria (CC, arts. 1.814, III, e 1.815).

Seção II
Da Confirmação do Testamento Particular

Art. 1.130. O herdeiro, o legatário ou o testamenteiro poderá requerer, depois da morte do testador, a publicação em juízo do testamento particu-

lar, inquirindo-se as testemunhas que lhe ouviram a leitura e, depois disso, o assinaram.

Vide Projeto de CPC, art. 703, caput

Dispõem os arts. 1.876 e 1.877 do CC: "Art.1.876. O testamento particular pode ser escrito de próprio punho ou mediante processo mecânico. § 1º Se escrito de próprio punho, são requisitos essenciais à sua validade seja lido e assinado por quem o escreveu, na presença de pelo menos 3 (três) testemunhas, que o devem subescrever. § 2º Se elaborado por processo mecânico, não pode conter rasuras ou espaços em branco, devendo ser assinado pelo testador, depois de o ter lido na presença de pelo menos 3 (três) testemunhas, que o subescreverão". "Art. 1.877. Morto o testador, publicar-se-á em juízo o testamento, com citação dos herdeiros legítimos". Como se vê, dada a circunstância de o testamento particular não ter sua autenticidade atestada pelo tabelião, para a sua execução em juízo é necessária a publicação e consequente confirmação pelas testemunhas que lhe ouviram a leitura e depois o assinaram. É interessante observar também que este art. 1.130 confere expressamente legitimação ativa ao herdeiro, ao legatário, como também ao testamenteiro que é aquele a quem o testador confiou a incumbência de executar-lhe as disposições de última vontade (CC, arts. 1.995 e segs.).

Parágrafo único. A petição será instruída com a cédula do testamento particular.

Assim como ocorre com o testamento cerrado e o público (arts. 1.125 e 1.128, parágrafo único), também o requerimento de publicação e confirmação do testamento particular depende de petição inicial que deverá preencher os requisitos intrínsecos, previstos pelos arts. 282 e 39, I, e os extrínsecos, estabelecidos pelos arts. 37, 225, parágrafo único, e 283, sendo que o teor desta última prescrição é explicitado pelo presente dispositivo, que estabelece a necessidade de a peça inaugural vir instruída com a cédula (instrumento) do testamento particular (note-se que o art. 1.880 do CC dispõe que "o testamento particular pode ser escrito em língua estrangeira, contanto que as testemunhas a compreendam"). Registre-se, por derradeiro, que, embora o texto deste parágrafo não diga, é necessário que o requerente instrua a inicial também com a certidão de óbito do testador (a exigência se enquadra na previsão genérica do art. 283).

Art. 1.131. Serão intimados para a inquirição:

Vide Projeto de CPC, art. 703, § 1º.

A regra em questão se harmoniza com o disposto no art. 1.878, *caput* e parágrafo único, do CC: "Art. 1.878. Se as testemunhas forem contestes sobre o fato da disposição, ou, ao menos, sobre a sua leitura perante elas, e se reconhecerem as próprias assinaturas, assim como a do testador, o testamento será confirmado. Parágrafo único. Se faltarem testemunhas, por morte ou ausência, e se pelo menos uma delas o reconhecer, o testamento poderá ser confirmado, se, a critério do juiz, houver prova suficiente de sua veracidade". É justamente por causa da necessidade da confirmação do testamento, via inquirição das testemunhas – o que também se encontra dito no *caput* do art. 1.130 – que o presente dispositivo determina a intimação das pessoas que seguem elencadas para que compareçam à audiência que o juiz designa no despacho liminar positivo.

I – aqueles a quem caberia a sucessão legítima;

O interesse jurídico daqueles "a quem caberia a sucessão legítima" no acompanhamento da inquirição das testemunhas, em audiência, é manifesto: sendo declarado nulo ou caduco o testamento particular serão justamente essas pessoas que sucederão ao falecido nos termos dos arts. 1.829 e 1.788 do estatuto civil (dispõe o art. 1.788, parte final: "[...] e subsiste a sucessão legítima se o testamento caducar, ou for julgado nulo"). Por isso, serão elas intimadas para acompanhar a inquirição, bem como, depois, para a manifestação que lhes faculta o art. 1.132.

II – o testamenteiro, os herdeiros e os legatários que não tiverem requerido a publicação;

De acordo com a presente disposição legal, devem ser intimadas para a audiência de inquirição as pessoas que tenham sido instituídas herdeiras e legatárias por força do próprio testamento particular apresentado em juízo para publicação e confirmação (CC, art. 1.897). Da mesma forma o testamenteiro nomeado pelo testador, se houver (CC, art. 1.976), deverá ser intimado a comparecer. É evidente, como deixa claro o texto sob exame, que apenas os herdeiros, legatários ou testamenteiros que não hajam requerido a publicação do testamento particular é que deverão ser intimados, uma vez que os requerentes da providência serão cientificados na pessoa de seus respectivos procuradores.

III – o Ministério Público.

Na qualidade de *custos legis*, cabe ao MP, no procedimento de confirmação de testamento particular, fiscalizar a inquirição das testemunhas com vista à descoberta da verdade quanto aos fatos previstos pelo art. 1.878 do CC. É que o interesse público que o anima nesse caso se expressa pela necessidade de o *parquet* lutar pela confirmação, se os fatos revelam a autenticidade e a observância das formas legais, ou lutar pela não confirmação, se os fatos apurados demonstram o contrário. Dessa forma atuando, vela o MP pelo cumprimento da vontade de quem já não pode velar por ela: a vontade do morto de testar ou de morrer *ab intestato* (*v.* art. 82, II).

Parágrafo único. As pessoas, que não forem encontradas na comarca, serão intimadas por edital.

Assim como ocorre com as disposições contidas nos arts. 953 e 999, § 1º, também aqui a flexibilidade interpretativa é de rigor. Se qualquer das pessoas arroladas pelo *caput* não for encontrada pelo oficial de justiça para fins de intimação na comarca por onde se desenvolve o procedimento, nada impede, antes tudo recomenda, que o juiz do feito ordene a intimação do herdeiro, legatário ou testamenteiro por carta precatória dirigida à comarca onde ele puder ser localizado. A intimação por edital deve ser encarada nesse contexto apenas como último e extremo recurso a ser utilizado quando os demais restaram infrutíferos.

Art. 1.132. Inquiridas as testemunhas, poderão os interessados, no prazo comum de 5 (cinco) dias, manifestar-se sobre o testamento.

Apesar da falta de maior explicitação do texto que nos ocupa, parece coerente a interpretação de que só podem manifestar-se sobre o testamento as pessoas que compareceram à audiência de inquirição das testemunhas. É que o não atendimento ao ônus do comparecimento torna precluso o direito de fala, presumindo-se a falta de interesse quanto à confirmação ou não do testamento (nesse sentido, José Olympio de Castro Filho). Já no que concerne às pessoas que compareceram, entendemos que a abertura de vista para manifestação após a conclusão da audiência é dever do juiz, uma vez que o verbo no plural "poderão" rege claramente a atuação dos interessados e não a do órgão judicial. Destarte, quer tenha havido protesto pela manifestação posterior por parte de algum herdeiro, legatário ou testamenteiro, ou não, fica-lhes sempre aberta a possibilidade de impugnar ou de sustentar a confirmação do testamento.

Art. 1.133. Se pelo menos três testemunhas contestes reconhecerem que é autêntico o testamento, o juiz, ouvido o órgão do Ministério Público, o

confirmará, observando-se quanto ao mais o disposto nos arts. 1.126 e 1.127.

Vide Projeto de CPC, art. 703, § 2º.

Já tivemos a oportunidade de ver que a oitiva das testemunhas é imposta pelo art. 1.878 do CC como ato indispensável à confirmação do testamento particular (nesse sentido, *v.* nota ao art. 1.131, na qual transcrevemos as disposições civis indicadas). Muito bem, concluída a audiência de inquirição (arts. 1.130 e 1.131), e após a oitiva dos interessados comparecentes (art. 1.132) e do MP como manda o texto, proferirá o juiz sentença por meio da qual confirmará o testamento particular se verificar que houve reconhecimento da autenticidade pelas testemunhas nos termos da disciplina civil referida. Nesse caso, ainda segundo o presente dispositivo, o magistrado mandará registrar, arquivar e cumprir o testamento (art. 1.126), bem como ordenará a intimação do testamenteiro para prestar compromisso e assinar o termo (art. 1.127). Exatamente como ocorre com o testamento cerrado e o público, pode o juiz, verificando a presença de vícios formais graves, negar confirmação ao testamento, hipótese em que apenas mandará registrar e arquivar o instrumento em cartório (*v.* notas ao art. 1.126, bem como ao inciso IV do art. 1.125).

Seção III
Do Testamento Militar, Marítimo, Nuncupativo e do Codicilo

Art. 1.134. As disposições da seção precedente aplicam-se:

Vide Projeto de CPC, art. 703, § 3º.

Malgrado a clareza redacional do *caput* deste art. 1.134, merece consignação a circunstância normativa de que as disposições constantes do art. 1.125 só têm aplicação à hipótese de codicilo (inciso IV). Nas demais (incisos I a III) aplicam-se os arts. 1.130 a 1.133, 1.126 e 1.127 (nessa sequência).

I – ao testamento marítimo;

Sobre o testamento marítimo dispõe o art. 1.888 do CC: "Quem estiver em viagem, a bordo de navio nacional, de guerra ou mercante, pode testar perante o comandante, em presença de duas testemunhas, por forma que corresponda ao testamento público ou ao cerrado. Parágrafo único. O registro do testamento será feito no diário de bordo" (regulam, ainda, tal modalidade especial de testamento os arts. 1.890 a 1.892 do mesmo estatuto). Ao testamento marítimo aplicam-se os arts. 1.130 a 1.133, 1.126 e 1.127, vale dizer, o procedimento da confirmação do testamento particular.

II – ao testamento militar;

Dispõe o art. 1.893, *caput*, do CC: "Art. 1.893. O testamento dos militares e demais pessoas a serviço das Forças Armadas em campanha, dentro do País ou fora dele, assim como em praça sitiada, ou que esteja de comunicações interrompidas, poderá fazer-se, não havendo tabelião ou seu substituto legal, ante duas, ou três testemunhas, se o testador não puder, ou não souber assinar, caso em que assinará por ele uma delas" (os §§ 1º a 3º desse artigo disciplinam quem o escreverá; regulam-no, ainda, os arts. 1.894 a 1.896). Sob o prisma procedimental, têm incidência os arts. 1.130 a 1.133, 1.126 e 1.127.

III – ao testamento nuncupativo;

Reza o art. 1.896 do estatuto civil: "Art. 1.896. As pessoas designadas no art. 1.893, estando empenhadas em combate, ou feridas, podem testar oralmente, confiando a sua última vontade a duas testemunhas. Parágrafo único. Não terá efeito o testamento se o testador não morrer na guerra ou convalescer do ferimento". Eis a previsão do testamento nuncupativo, que, dispensando declaração escrita, pode dar margem a tantas dúvidas e controvérsias. É justamente por isso que se recomenda ao juiz redobrado cuidado na apreciação dessa manifestação de vontade que é tomada num contexto e sob forma tão excepcionais. Assim como ocorre com o testamento particular, aplicar-se-ão ao nuncupativo as previsões dos arts. 1.130 a 1.133, 1.126 e 1.127.

IV – ao codicilo.

A respeito do codicilo prescrevem os arts. 1.881 e 1.882 do CC vigente: "Art. 1.881. Toda pessoa capaz de testar poderá, mediante escrito particular seu, datado e assinado, fazer disposições especiais sobre o seu enterro, sobre esmolas de pouca monta a certas e determinadas pessoas, ou, indeterminadamente, aos pobres de certo lugar, assim como legar móveis, roupas ou joias, de pouco valor, de seu uso pessoal. Art. 1.882. Os atos a que se refere o artigo antecedente, salvo direito de terceiro, valerão como codicilos, deixe ou não testamento o autor". Em poucas palavras, codicilo é o ato pelo qual uma pessoa dispõe sobre assuntos de menor importância, despesas e dádivas de pequeno valor. É interessante observar que, justamente por sua pequena importância dispositiva, a lei civil não exige a confirmação em juízo, salvo "se estiver fechado o codicilo", quando, então, "abrir-se-á do mesmo modo que o testamento cerrado", diz o art. 1.885 do estatuto civil. Destarte, a conclusão a que se chega é a de que o inciso sob enfoque só pode ser entendido como referente a esta forma de codicilo, o codicilo fechado (o conceito e a observação são de José Olympio de Castro Filho).

Seção IV
Da Execução dos Testamentos

Vide Projeto de CPC, art. 703, § 4º.

Art. 1.135. O testamenteiro deverá cumprir as disposições testamentárias no prazo legal, se outro não tiver sido assinado pelo testador e prestar contas, no juízo do inventário, do que recebeu e despendeu.

Vide Projeto de CPC, art. 701, § 4º.

A regra em questão reproduz com algumas modificações o disposto no art. 1.980 do CC, que prescreve: "O testamenteiro é obrigado a cumprir as disposições testamentárias, no prazo marcado pelo testador, e a dar contas do que recebeu e despendeu, subsistindo sua responsabilidade enquanto durar a execução do testamento". Observe-se, inicialmente, que o dever de cumprir o testamento se expressa, antes de mais nada, pelo requerimento de abertura do inventário – nos termos do art. 1.978 do CC – mas também pelo dever de prestar contas, o que deve ser feito pelo testamenteiro em 180 dias, contados da aceitação da testamentaria, prazo, no entanto, que pode ser prorrogado se houver motivo suficiente (CC, art. 1.983 e seu parágrafo único). Se o testador fixou outro prazo, este prevalecerá de acordo com o texto sob enfoque (note-se que o art. 1.980 do CC alude apenas ao prazo instituído pelo testador, enquanto o art. 1.983 é que fala do prazo legal).

Parágrafo único. Será ineficaz a disposição testamentária que eximir o testamenteiro da obrigação de prestar contas.

Se em face das disposições contidas nos arts. 1.980 e 1.983 do CC é possível, em tese, discutir se o testador pode ou não dispensar o testamenteiro do dever de prestar contas, perante a afirmação categórica deste parágrafo único do art. 1.135, nenhuma dúvida fica pendente: ainda que o testador o deseje e o faça, *ex vi legis*, tal manifestação de vontade não surte qualquer efeito jurídico. Registre-se, nesse passo, que a regra sob comentário é nitidamente heterotópica porque disciplina assunto pertinente ao direito civil – a ineficácia de uma disposição testamentária – e não qualquer matéria processual. Na verdade, a tal crítica é passível também o *caput*.

Art. 1.136. Se dentro de 3 (três) meses, contados do registro do testamento, não estiver inscrita a hipoteca legal da mulher casada, do menor e do interdito instituídos herdeiros ou legatários, o testamenteiro requerer-lhe-á a inscrição, sem a qual não se haverão por cumpridas as disposições do testamento.

Dada a circunstância de o CC/2002, por seu art. 1.489, não mais contemplar a mulher casada, nem os descendentes instituídos herdeiros ou legatários, nem as pessoas submetidas à tutela ou curatela, com o benefício da hipoteca legal – o art. 1.489 só confere hipoteca legal "aos filhos, sobre os imóveis do pai ou da mãe que passar a outras núpcias, antes de fazer o inventário do casal anterior" (inciso II) e "ao coerdeiro, para garantia do seu quinhão ou torna da partilha, sobre o imóvel adjudicado ao herdeiro reponente" (inciso IV) –, perdeu vigência o enfocado art. 1.136 deste CPC, que manda o testamenteiro requerer a inscrição se, em três meses do registro do testamento, não estiver inscrita a hipoteca legal em favor da mulher casada ou do menor ou interdito. Observe-se que tal dispositivo, ora revogado, do CPC, tinha sustentação no art. 827 do estatuto civil de 1916, que atribuía hipoteca legal especificamente "à mulher casada, sobre os imóveis do marido" (CC/1916, art. 827, I), "aos descendentes, sobre os imóveis do ascendente, que lhes administra os bens" (inciso II) e "às pessoas que não tenham a administração de seus bens, sobre os imóveis de seus tutores ou curadores" (inciso IV). Desaparecidas, destarte, do sistema jurídico as regras que acabamos de transcrever, revogado se encontra o presente art. 1.136.

Art. 1.137. Incumbe ao testamenteiro:

Além do dever de cumprir genericamente as disposições testamentárias (art. 1.135 c/c o art. 1.976 do CC), do de pedir abertura do inventário (art. 1.135, parte inicial, c/c o art. 1.978 do CC), do de prestar contas (art. 1.135, parte final, c/c o art. 1.980 do CC), incumbe ao testamenteiro a prática dos atos a seguir elencados, com o que ficará assegurada a execução do testamento, vale dizer, realizada plenamente a vontade do morto nele contida. Vejamos, então, o que a lei exige do testamenteiro.

I – cumprir as obrigações do testamento;

O primeiro dever que este art. 1.137 impõe ao testamenteiro é o de dar cumprimento às obrigações testamentárias, por exemplo, a cobrança extrajudicial das dívidas ativas, a promoção da venda de bens da herança para fazer frente às despesas do espólio, inclusive despesas de funeral (desde que ouvidos os herdeiros), a cobrança judicial de créditos, a interrupção da prescrição, etc. E tudo isso independentemente de intervenção do juiz do inventário, haja vista que o testamenteiro se acha investido de poderes que lhe foram conferidos diretamente pelo autor do testamento (Carvalho Santos). Lembramos, ainda, como exemplo de cumprimento de obrigação testamentária a recuperação de bens em poder de terceiros a que o testador haja aludido.

II – propugnar a validade do testamento;

A incumbência aqui estabelecida tem paralelo na disposição mais detalhada contida no art. 1.981 do CC, que prescreve: "Compete ao testamenteiro, com ou sem o concurso do inventariante e dos herdeiros instituídos, defender a validade do testamento". Para se desincumbir desse mister, poderá o testamenteiro promover ação para ver declarada a validade do testamento, participar como réu de processo declaratório de nulidade ou anulatório de testamento, intervir como assistente litisconsorcial em qualquer desses feitos por ele não instaurados ou que dele não figure como sujeito passivo. Com base no testamento poderá, ainda, participar de quaisquer incidentes do inventário (nesse sentido, Carvalho Santos). Observe-se, por fim, que o testamenteiro não pode escusar-se de defender a validade do testamento, ainda que isso não lhe pareça justo ou jurídico; se não concorda com a defesa, que renuncie à testamentaria.

III – defender a posse dos bens da herança;

Em razão da circunstância de a lei processual só admitir o recurso aos interditos possessórios àquele que seja possuidor (CPC, arts. 926 e 932), parece claro que o testamenteiro só tem legitimidade ativa para as ações de reintegração, manutenção e interdito proibitório quando o testador lhe tenha concedido a posse e a administração dos bens da herança nos termos do art. 1.977 do CC. Se o testamenteiro não dispõe da posse, aos herdeiros ou legatários que a detenham incumbirá o ajuizamento das respectivas ações possessórias.

IV – requerer ao juiz que lhe conceda os meios necessários para cumprir as disposições testamentárias.

O requerimento de verbas para fazer frente às despesas que o cumprimento das disposições testamentárias exige (*v. g.*, para a contratação de advogado ou outros profissionais) só deve ser dirigido ao juiz após se terem revelado infrutíferas as tentativas do testamenteiro no sentido de obter tais recursos dos próprios herdeiros ou legatários. Observe-se que, apesar de o CC/2002 não ter reproduzido regra como a do antigo parágrafo único do art. 1.755 do estatuto civil de 1916 ("Parágrafo único. Se lhe não competir a posse e a administração dos bens, assistir-lhe-á direito a exigir dos herdeiros os meios de cumprir as disposições testamentárias [...]"), o juiz pode, com base no presente dispositivo, ordenar a entrega do numerário ao testamenteiro para que este cumpra o seu mister. Registre-se, por fim, que se o testamenteiro tem a administração dos bens, ele não precisa nem dos sucessores, nem do juiz para fazer frente às despesas com o cumprimento do testamento. Ele simplesmente as faz e, mais tarde, presta contas (art. 1.135, *in fine*).

Art. 1.138. O testamenteiro tem direito a um prêmio que, se o testador não o houver fixado, o juiz arbitrará, levando em conta o valor da herança e o trabalho de execução do testamento.

Este art. 1.138 e seu § 1º têm paralelo no art. 1.987 do CC que dispõe, no *caput*: "Art. 1.987. Salvo disposição testamentária em contrário, o testamenteiro, que não seja herdeiro ou legatário, terá direito a um prêmio, que, se o testador não o houver fixado, será de 1% (um por cento) a 5% (cinco por cento), arbitrado pelo juiz, sobre a herança líquida, conforme a importância dela e maior ou menor dificuldade na execução do testamento". Observe-se que, de acordo com a regra sob enfoque, o prêmio (ou vintena) devido pelo serviço prestado pelo testamenteiro depende daquilo que o *de cujus* haja estabelecido no testamento e somente na hipótese de falta de disposição nesse sentido é que o juiz recebe poder da lei para arbitrá-lo. Para tal fixação, o magistrado levará em conta o trabalho desenvolvido (na "maior ou menor dificuldade na execução do testamento", diz o art. 1.987, *caput*, transcrito, do CC, critério explícito perfeitamente aplicável diante do texto vigente), como também o valor da herança que o § 1º a seguir toma em consideração e disciplina.

§ 1º O prêmio, que não excederá 5% (cinco por cento), será calculado sobre a herança líquida e deduzido somente da metade disponível quando houver herdeiros necessários, e de todo o acervo líquido nos demais casos.

De acordo com o dispositivo sob enfoque – seu paralelo disciplinar está no parágrafo único do art. 1.987, do CC que estabelece: "O prêmio arbitrado será pago à conta da parte disponível, quando houver herdeiro necessário" –, a recompensa devida ao testamenteiro é calculada sobre a herança líquida, assim entendida o monte líquido, ou seja, o conjunto de bens depois de deduzidas as dívidas do falecido, as despesas de funeral, as de sufrágio pela alma do finado, quando por ele ordenadas (CC, art. 1.998), e as relativas ao processo de inventário. Note-se que, estabelecendo a lei apenas o máximo percentual a ser observado pelo juiz, fica ele investido de arbítrio para fixar a remuneração que lhe pareça a mais justa e razoável. Registre-se, por fim, o texto deixar claro que apenas a herança líquida testamentária, e não todo o acervo hereditário, servirá de base de cálculo quando houver herdeiros necessários, uma vez que sobre a herança não testamentária nenhuma interferência tem a atividade desenvolvida pelo testamenteiro (Clóvis Beviláqua).

§ 2º Sendo o testamenteiro casado, sob o regime de comunhão de bens, com herdeiro ou legatário do testador, não terá direito ao prêmio; ser-lhe-á lícito, porém, preferir o prêmio à herança ou legado.

A regra jurídica consagrada no parágrafo sob enfoque estende a limitação imposta ao testamenteiro herdeiro ou legatário (CC, art. 1.988) ao testamenteiro que seja casado, no regime da comunhão de bens, com qualquer herdeiro ou legatário do testador. De acordo, assim, com o presente regramento – que não é incompatível com o art. 1.988 do CC –, não só o legatário nomeado testamenteiro não faz *jus* à vintena – porque se entende que o legado em benefício do testamenteiro é a remuneração do seu serviço, se outra coisa não dispôs o testador (Clóvis Beviláqua) –, mas também o testamenteiro casado com qualquer herdeiro ou legatário não o fará. Pode ele, no entanto, em qualquer das hipóteses, desde que manifeste expressamente sua vontade nos autos do inventário, preferir o prêmio à herança ou ao legado, segundo a parte final do dispositivo. Parece-nos claro que a limitação imposta pelo estatuto civil convive com essa do CPC, porquanto, se o testamenteiro herdeiro ou legatário não recebe a remuneração (porque isso representaria um duplo benefício, o que a presente norma quer impedir), o testamenteiro casado com herdeiro ou legatário também não deverá recebê-la por considerar a lei que, ainda que indireta ou reflexamente, um *bis in idem* se verificará nesse caso. Este § 2º, destarte, apenas explicita um aspecto próprio da limitação jurídica imposta ao herdeiro ou legatário nomeado testamenteiro: a equiparação do cônjuge ao próprio herdeiro ou legatário.

Art. 1.139. Não se efetuará o pagamento do prêmio mediante adjudicação de bens do espólio, salvo se o testamenteiro for meeiro.

Dispõe o art. 497, I, do CC: "Art. 497. Sob pena de nulidade, não podem ser comprados, ainda que em hasta pública: I – pelos tutores, curadores, testamenteiros e administradores, os bens confiados à sua guarda ou administração". Muito bem, este art. 1.139 que ora nos ocupa abre expressa exceção ao preceito material transcrito, porque admite que o pagamento da vintena seja realizado por meio de adjudicação de bens determinados do espólio em valor suficiente. Para que isso seja legítimo, contudo, dois requisitos precisam ser preenchidos: *a*) o testamenteiro tem de ser também meeiro, o que justifica a exceção instituída (tal requisito está explícito no texto); *b*) é necessário que não haja dinheiro disponível para o pagamento do prêmio (tal requisito está implícito porque, se há dinheiro, nenhuma razão existe que justifique o privilégio estabelecido). A concordância dos demais interessados, por outro lado, não pode ser considerada como requisito da adjudicação.

Art. 1.140. O testamenteiro será removido e perderá o prêmio se:

Assim como ocorre com o exercício de qualquer *munus* (*v. g.*, a inventariança, a tutela, a curatela), também para a permanência no cargo da testamentária é necessário que o proceder do seu ocupante se paute pela mais completa honestidade e probidade. Destarte, faltando o testamenteiro ao cumprimento desses deveres – como quando age com dolo ou culpa grave, comprometendo com isso a realização da vontade da lei ou do *de cujus* –, terá lugar o incidente de remoção e a consequente perda do direito à vintena, ainda que a hipótese fática não se enquadre em nenhuma das situações descritas a seguir. Suscitado o incidente, aplicar-se-á a ele, por analogia, o disposto nos arts. 1.194 a 1.198.

I – lhe forem glosadas as despesas por ilegais ou em discordância com o testamento;

De acordo com o dispositivo focalizado, interpretada pelo juiz que seja uma despesa realizada como ilegal, isto é, não autorizada pelo direito, ou desconforme com a vontade do testador, o testamenteiro que a fez não somente será removido, perdendo o direito à remuneração a que faria jus, como ficará responsável por indenizar os prejuízos havidos de acordo com a lei civil. A remoção e a perda da vintena constarão da decisão interlocutória que julgar o incidente (arts. 1.194 a 1.198), e a indenização dependerá de ação a ser ajuizada autonomamente.

II – não cumprir as disposições testamentárias.

A verificação desse fundamento para a remoção e consequente perda do direito ao prêmio vincula-se, como se depreende facilmente do texto, à inobservância de qualquer das obrigações estabelecidas pelo *de cujus* no testamento e cujo cumprimento dependa da atuação do testamenteiro. É claro que o inadimplemento de obrigações impostas diretamente aos legatários não pode ser imputado ao testamenteiro. Observe-se, entrementes, que a sanção de remoção só tem lugar quando se trate de falta inescusável: se o não cumprimento de uma disposição testamentária se deve comprovadamente à circunstância alheia à vontade do testamenteiro, este não pode ser penalizado.

Art. 1.141. O testamenteiro, que quiser demitir-se do encargo, poderá requerer ao juiz a escusa, alegando causa legítima. Ouvidos os interessados e o órgão do Ministério Público, o juiz decidirá.

A renúncia ao *munus* da testamentaria vem disciplinada pelo presente dispositivo. Em primeiro lugar é preciso que se observe que até por motivos de foro íntimo o testamenteiro pode desejar se afastar do encargo (*v. g.*, se há desconfiança manifesta ou velada da parte de um ou alguns dos herdeiros ou legatários em relação à sua competência; se entende que o testamento é nulo ou deve ser anulado; se percebe que a sua presença é a própria razão da discórdia entre dois interessados). Por isso não se entende bem o porquê de a lei exigir causa "legítima" para a dedução do pedido de demissão, haja vista que ninguém pode ser obrigado a permanecer exercendo encargo se tem razão para não mais o desejar (concordamos nesse sentido com José Olympio de Castro Filho). Em segundo lugar, temos a questão formal: como se trata de incidente procedimentalizado que pode significar obstáculo ao andamento do inventário, tudo recomenda, embora a lei não diga, que ele seja processado em apenso.

CAPÍTULO V
DA HERANÇA JACENTE

Vide Projeto de CPC, arts. 704 a 709 (Seção VI – Da Herança Jacente).

Art. 1.142. Nos casos em que a lei civil considere jacente a herança, o juiz, em cuja comarca tiver domicílio o falecido, procederá sem perda de tempo à arrecadação de todos os seus bens.

Vide Projeto de CPC, art. 704.

A respeito da herança jacente, prescreve o art. 1.819 do CC: "Art. 1.819. Falecendo alguém sem deixar testamento nem herdeiro legítimo notoriamente conhecido, os bens da herança, depois de arrecadados, ficarão sob a guarda e administração de um curador, até a sua entrega ao sucessor devidamente habilitado ou à declaração de sua vacância" (a ordem de deferimento da sucessão legítima encontra-se disciplinada pelos arts. 1.829 e segs. do CC). Ocorrendo qualquer das duas situações anteriormente descritas, pode o juiz, de ofício, instaurar, e o MP, a Fazenda Pública ou outro interessado provocar a instauração do procedimento de arrecadação da herança jacente no foro do domicílio do morto. O primeiro ato deste procedimento, como deixa claro o texto sob exame, é a própria arrecadação de bens, o que terá lugar nos termos das previsões constantes dos arts. 1.145 a 1.148 e 1.150 a 1.152 adiante.

Art. 1.143. A herança jacente ficará sob a guarda, conservação e administração de um curador até a respectiva entrega ao sucessor legalmente habilitado, ou até a declaração de vacância; caso em que será incorporada ao domínio da União, do Estado ou do Distrito Federal.

Vide Projeto de CPC, art. 705, caput

Logo após concluída a arrecadação de todos os bens que compõem a herança jacente – que, em poucas palavras, é a herança não reivindicada pelos sucessores do falecido –, cabe ao magistrado nomear um curador (se não for possível desde logo, nomeia-se um depositário) que guarde, conserve e administre o patrimônio arrecadado até que alguém apareça para reclamar a herança (art. 1.152, *in fine*) ou até que se lhe declare a vacância (art. 1.157 – herança vacante é aquela que, por sentença, é reconhecida como de ninguém). Observe-se que a arrecadação, prevista pelo art. 1.142, complementada pelo ato de nomeação do curador, representa apenas a primeira fase do procedimento "Da herança jacente" que se desenvolve por meio de mais três etapas: a segunda, que se expressa pela publicação de edital com vista à procura dos sucessores (art. 1.152); a terceira, que se identifica justamente com a declaração da vacância (art. 1.157); e a quarta, que se manifesta pela transferência do domínio dos bens ao Município, ao Distrito Federal ou à União, passados cinco anos da abertura da sucessão (CC, art. 1.822, *caput*) (o rol de etapas é referido por José Olympio de Castro Filho).

Art. 1.144. Incumbe ao curador:

Vide Projeto de CPC, art. 705, § 1º.

O rol das incumbências do curador da herança jacente aqui estabelecido não discrepa muito das obrigações que a lei impõe, em geral, àqueles que administram bens de terceiros, merecendo consignação apenas o fato de não se tratar de enumeração taxativa, mas somente exemplificativa, esta que consta dos incisos a seguir.

I – representar a herança em juízo ou fora dele, com assistência do órgão do Ministério Público;

Vide Projeto de CPC, art. 705, § 1º, I.

A primeira parte da regra sob enfoque é mera reprodução do disposto no art. 12, IV, o que nos dá a oportunidade de chamar a atenção para a circunstância de que, embora a herança jacente não corresponda a ente dotado de personalidade jurídica, a lei lhe confere capacidade para ser parte. Trata-se, assim, de um patrimônio despersonalizado, ao qual o CPC reconhece a capacidade para figurar como autor, réu, opoente, assistente, etc., em qualquer tipo de processo e procedimento. Já no que concerne à segunda parte da regra temos uma explicitação de que, nos feitos de que participe a herança jacente, esta se encontra em situação de hipossuficiência processual, de sorte a ensejar a intervenção do MP como seu assistente, exatamente como ocorre nas hipóteses dos arts. 82, I, e 66 do CC (*v.* nota ao inciso I do art. 82).

II – ter em boa guarda e conservação os bens arrecadados e promover a arrecadação de outros porventura existentes;

Vide Projeto de CPC, art. 705, § 1º, II.

Assim como o inventariante administra o espólio "velando-lhe os bens com a mesma diligência como se seus fossem" (art. 991, II), também ao curador da herança jacente é imposto igual mister, o que o presente inciso estabelece pondo em destaque os aspectos da guarda e conservação patrimonial e ressaltando a necessidade de que outros bens, porventura ainda não arrecadados, o sejam por iniciativa e diligência do curador (*v.* o teor literal do art. 1.143, primeira parte; *v.*, ainda, os arts. 1.145 a 1.152).

III – executar as medidas conservatórias dos direitos da herança;

Vide Projeto de CPC, art. 705, § 1º, III.

A lei torna explícita, nesse passo, a incumbência atribuída ao curador da herança jacente no sentido da promoção de medidas judiciais ou extrajudiciais com o fim de assegurar a conservação dos direitos que compõem o acervo arrecadado. Observe-se que em relação ao inventariante não existe previsão específica como a que examinamos, enquadrando-se esse particular dever no disposto no próprio inciso II do art. 991 (*v.* nota respectiva). Seja como for, o fato é que, com base nesse preceito, fica o curador incumbido de praticar atos tais como: a interrupção do curso de prescrição de créditos da herança por meio de ação; a notificação de inquilinos; a promoção da renovação de contrato de locação presentes os seus requisitos; a cobrança judicial de aluguéis; a participação em assembleias de condomínio ou de sociedades comerciais; o protesto contra a alienação de bens; a propositura de quaisquer ações cautelares, etc.

IV – apresentar mensalmente ao juiz um balancete da receita e da despesa;

Vide Projeto de CPC, art. 705, § 1º, IV.

Diferentemente do inventariante (art. 991), mas semelhantemente ao administrador judicial da massa falida (Lei de Recuperação Judicial e Falência – Lei n. 11.101/2005, art. 22, III, *p*, estabelece o presente inciso o dever do curador de apresentar ao juízo balancete mensal das receitas e despesas. Trata-se de regra inovadora – introduzida no nosso direito pelo Código de 1973 –, que assegura não só ao juiz, mas também ao MP e a quaisquer interessados a pronta e periódica verificação da administração em curso, a bem da herança jacente e da Justiça. A Lei de Recuperação Judicial e Falência é mais esclarecedora do que o CPC quanto à disciplina desse dever, razão por que nos parece interessante transcrevê-la: "Art. 22. Ao administrador judicial compete [...] III – na falência: [...] *p)* apresentar ao juiz para juntada aos autos, até o 10º dia do mês seguinte ao vencido, conta demonstrativa da administração, que especifique com clareza a receita e a despesa".

V – prestar contas a final de sua gestão.
Vide Projeto de CPC, art. 705, § 1º, V.

Consequência natural do exercício da administração de bens alheios é o dever de prestar contas no final da gestão. De acordo com o art. 917, tais contas devem ser "apresentadas em forma mercantil, especificando-se as receitas e a aplicação das despesas, bem como o respectivo saldo; e serão instruídas com os documentos justificativos" (*v.* comentário). Observe-se, ainda, que, em consonância com a regra especial de competência funcional consagrada pelo art. 919, as "contas do inventariante, do tutor, do curador, do depositário e de outro qualquer administrador serão prestadas em apenso aos autos do processo em que tiver sido nomeado [...]" (*v.* nota respectiva). Registre-se, por fim, que é evidente que o termo curador empregado no art. 919 tem sentido genérico, de sorte a compreender também o curador da herança jacente.

Parágrafo único. Aplica-se ao curador o disposto nos arts. 148 a 150.
Vide Projeto de CPC, art. 705, § 2º.

A remissão deste parágrafo único aos artigos indicados exige esclarecimentos. Quanto ao art. 148 a remissão legal parece de todo despicienda, haja vista que o dever de guarda e conservação dos bens que compõem a herança jacente se encontra estabelecido de forma expressa no inciso II do *caput* deste art. 1.144. Já no que diz respeito ao art. 149, a mesma crítica não pode ser feita, uma vez que por meio dessa regra fica reconhecido o direito dos curadores a uma remuneração por seu trabalho, remuneração esta que é fixada pelo juiz em atendimento à situação dos bens, ao tempo do serviço e às dificuldades de sua execução. A remissão ao art. 150, por derradeiro, também é de rigor: fica instituída a responsabilidade dos curadores pelos prejuízos que, por dolo ou culpa, causem às partes, caso em que perderão a remuneração que lhes tenha sido fixada, não porém o direito de haver o que legitimamente despenderam no exercício do encargo (*v.* notas aos arts. 149 e 150).

Art. 1.145. Comparecendo à residência do morto, acompanhado do escrivão e do curador, o juiz mandará arrolar os bens e descrevê-los em auto circunstanciado.

Vide Projeto de CPC, art. 706, caput

Os arts. 1.145 a 1.152 regulam mui detalhadamente o ritual a ser observado na prática do ato basilar do procedimento que nos ocupa, que é a arrecadação dos bens da herança jacente. O primeiro aspecto que chama a atenção nessa disciplina é a circunstância de que se trata de ato que a lei incumbe ao próprio magistrado realizar e não ao oficial de justiça, daí prescrever o dispositivo que "comparecendo [...] o juiz mandará arrolar os bens e descrevê-los [...]" Algumas observações, contudo, merecem especial consignação. Inicialmente, é importante salientar que nem sempre a arrecadação se dá na residência do morto, mas no lugar onde seus bens se encontrarem (*v.* art. 1.149). Outro aspecto concerne aos copartícipes da arrecadação: o escrivão terá de estar presente obrigatoriamente para documentar o ato (*v.* arts. 141, I e II, e 169); o curador, apenas se já tiver sido nomeado (*v.* § 1º a seguir); o órgão ministerial e o representante da Fazenda Pública, se quiserem (*v.* § 2º a seguir). Por fim, registre-se que da perfeita descrição dos bens encontrados depende a integridade do patrimônio e a segurança contra as fraudes.

§ 1º Não estando ainda nomeado o curador, o juiz designará um depositário e lhe entregará os bens, mediante simples termo nos autos, depois de compromissado.

Vide Projeto de CPC, art. 706, § 2º.

Inexistindo na comarca quem possa exercer o encargo de curador por não haver serventuário ou, havendo, esteja impedido, deve o juiz designar provisoriamente um depositário que pode ser uma pessoa física, inclusive. Muito bem, se o depositário foi nomeado antes da arrecadação, terá ele firmado o compromisso também previamente, de sorte que nesse caso bastará que tais informes constem do auto por ele assinado para que os bens lhe sejam entregues; se não assinou o auto de arrecadação, entregam-se-lhe os bens por termo nos autos. Se, pelo contrário, não houve designação prévia do depositário, a nomeação deve ocorrer assim que se conclua a arrecadação, de forma que nessa hipótese a entrega dos bens terá de aguardar a assinatura do compromisso em cartório, mesmo que o depositário já tenha firmado o auto de arrecadação.

§ 2º O órgão do Ministério Público e o representante da Fazenda Pública serão intimados a assistir à arrecadação, que se realizará, porém, estejam presentes ou não.

O que justifica a existência dessa regra que manda intimar o órgão do MP para o ato de arrecadação é indubitavelmente a relevância procedimental desse ato, de sorte que à lei pareceu necessário condicionar a sua validade à prévia e pessoal intimação do *parquet* (art. 236, § 2º). Em outras palavras, o Código dá tanta importância ao ato de arrecadação da herança jacente que ele não dispensa, sob nenhum pretexto, a oportunidade de fiscalização específica do MP. Mas lembre-se de que, como em todas as hipóteses de fiscalização (*v. g.*, art. 82, II e III), basta a intimação para a validade do ato, não se exigindo a efetiva presença do promotor de justiça. Já quanto à Fazenda Pública, o que justifica a sua intimação é a possibilidade da respectiva pessoa jurídica de direito público vir a receber a herança nos termos do art. 1.822 do CC.

Art. 1.146. Quando a arrecadação não terminar no mesmo dia, o juiz procederá à aposição de selos, que serão levantados à medida que se efetuar o arrolamento, mencionando-se o estado em que foram encontrados os bens.

Os selos de que cogita o dispositivo são lacres, de papel ou outro material, com os quais se fecham portas ou entradas de imóveis, ou se encerram coisas móveis, devidamente chancelados pelo juiz, com vista a impedir o desaparecimento ou a alteração de bens que ainda devem ser arrolados e descritos. Para maior segurança de imóveis, ou de seus pertences, a melhor solução é a troca das chaves ou a colocação de guardas enquanto não se dá prosseguimento ao ato de arrecadação. De acordo com o texto, os lacres somente serão levantados na medida em que o arrolamento e a descrição forem tendo lugar no dia em que o juiz voltar ao seu trabalho. Fracionada que seja a arrecadação em duas ou mais etapas, para cada uma delas será lavrado um auto, que será assinado por todos os seus partícipes (*v.* nota ao art. 1.145, *caput*).

Art. 1.147. O juiz examinará reservadamente os papéis, cartas missivas e os livros domésticos; verificando que não apresentam interesse, mandará

empacotá-los e lacrá-los para serem assim entregues aos sucessores do falecido, ou queimados quando os bens forem declarados vacantes.

Vide Projeto de CPC, art. 706, § 4º.

Como a arrecadação da herança jacente é ato realizado pelo próprio juiz da causa, a lei lhe atribui o poder-dever de exame de todos os papéis que integrem a herança, com o fim de descobrir elementos que indiquem a existência de herdeiros ou de outros bens além dos conhecidos até o momento. Observe-se que é também com essa mesma finalidade que o magistrado realiza a inquirição dos vizinhos de acordo com o art. 1.150. Realizado o exame de toda a documentação encontrada – exame este de cunho secreto, haja vista o emprego do termo "reservadamente" – poderá o juiz tomar duas atitudes: *a*) mandar juntar aos autos os documentos que lhe pareçam relevantes para a causa (a solução é legal, embora não esteja explícita no texto); *b*) ordenar o empacotamento com lacração de tudo o que não apresentar interesse para ser entregue a eventuais sucessores ou para ser queimado quando da declaração da vacância (apenas essa solução – por sinal, a menos importante – se encontra prevista).

Art. 1.148. Não podendo comparecer imediatamente por motivo justo ou por estarem os bens em lugar muito distante, o juiz requisitará à autoridade policial que proceda à arrecadação e ao arrolamento dos bens.

Vide Projeto de CPC, art. 706, § 1º.

O preceito legal sob comentário estabelece exceção à regra instituída pelo art. 1.145, *caput*, de que ao juiz pessoalmente cabe a prática do ato de arrecadação. Nas circunstâncias expressamente previstas (*v. g.*, impossibilidade do juiz em razão do volume de serviço acumulado, do grande número de audiências por realizar, da distância considerável entre a sede do juízo e a casa do morto dentro da comarca), poderá o magistrado requisitar, por ofício, à autoridade policial que realize a arrecadação da herança jacente, isto é, que arrole e descreva os bens que a compõem em auto circunstanciado. Do ofício poderá constar, ainda, que a autoridade proceda, logo após a conclusão da arrecadação, à remoção dos bens para local que designe (*v. g.*, para o galpão do curador ou depositário). Note-se que também nesse caso – na verdade, com mais razão ainda nesse caso – deverão ser intimados o MP e a Fazenda Pública para que acompanhem o ato de arrecadação (art. 1.145, § 2º).

Parágrafo único. Duas testemunhas assistirão às diligências e, havendo necessidade de apor selos, estes só poderão ser abertos pelo juiz.

De forma a dar mais segurança ao ato de arrecadação que não pode ser realizado pelo próprio juiz, manda a lei que a autoridade policial (o delegado de polícia e não o escrevente ou o investigador, como é claro) se faça acompanhar na diligência requisitada por duas testemunhas que a assistirão e depois assinarão com ela o respectivo auto de arrecadação. Ocorrendo obstáculo à conclusão dos trabalhos no mesmo dia, como prevê o art. 1.146, poderá o delegado lacrar bens, mas, se o fizer, não os poderá abrir. Para não infringir o preceito nesse caso, a solução prática será a não aposição de selos, mas a designação de guarda para tomar conta, durante a noite, do imóvel e seus pertences, com vista ao prosseguimento da arrecadação no dia seguinte. A ciência certificada que se dá ao *parquet*, à Fazenda e às testemunhas na hipótese é imprescindível à validade da solução.

Art. 1.149. Se constar ao juiz a existência de bens em outra comarca, mandará expedir carta precatória a fim de serem arrecadados.

Vide Projeto de CPC, art. 706, § 5º.

Não importa o meio pelo qual chegou ao conhecimento do juiz a existência de bens do *de cujus* fora da Comarca (afirmação do requerente, descoberta documental, informação de vizinho), uma vez que a solução da lei é sempre a mesma: a expedição de carta precatória ao juízo do lugar onde se localizam os bens móveis ou imóveis que integram a herança jacente (arts. 200 a 212). Observe-se que ao juízo deprecado caberão as providências descritas nos arts. 1.145, *caput* e § 2º, 1.146 a 1.148 e 1.150. Quanto à medida prevista pelo § 1º, do art. 1.145, ao juízo deprecante, com exclusividade, compete a nomeação do curador, mas nada impede, à falta de prévia nomeação, que o deprecado designe depositário provisório para os bens.

Art. 1.150. Durante a arrecadação o juiz inquirirá os moradores da casa e da vizinhança sobre a qualificação do falecido, o paradeiro de seus sucessores e a existência de outros bens, lavrando-se de tudo um auto de inquirição e informação.

Vide Projeto de CPC, art. 706, § 3º.

A inquirição dos moradores da casa e dos vizinhos que a lei manda o juiz realizar tem a mesma finalidade da investigação documental prevista pelo art. 1.147, qual seja, a de permitir a obtenção de informes que conduzam à descoberta dos sucessores do falecido e de outros bens arrecadáveis, como deixa claro o texto. Observe-se que o fato de a regra se utilizar da locução "durante a arrecadação" não significa que o juiz não possa inquirir moradores e vizinhos antes ou depois de ter procedido ao arrolamento e descrição dos bens (art.

1.145, *caput*, parte final), mas apenas que tal inquirição deve ter lugar no momento (dia, período, hora) em que o magistrado comparece à residência do morto para fins de arrecadação (art. 1.145, *caput*, parte inicial). Registre-se, por derradeiro, que de todo o trabalho de inquirição oral (sem forma nem figura de juízo, informal, portanto) se lavrará um único auto que será assinado pelo juiz, pelo escrivão e outros eventuais participantes do ato como o órgão do *parquet* e a Fazenda, por seu procurador.

Art. 1.151. Não se fará a arrecadação ou suspender-se-á esta quando iniciada, se se apresentar para reclamar os bens o cônjuge, herdeiro ou testamenteiro notoriamente reconhecido e não houver oposição motivada do curador, de qualquer interessado, do órgão do Ministério Público ou do representante da Fazenda Pública.

Vide Projeto de CPC, art. 706, § 6º.

Este art. 1.151 regulamenta os efeitos do ingresso do cônjuge, herdeiro ou testamenteiro notoriamente conhecidos nos autos do procedimento antes ou no curso da arrecadação da herança jacente, permitindo ao juiz deferir-lhes a entrega dos bens independentemente de habilitação formal; veja-se que, se a arrecadação já foi ultimada e o edital expedido, a habilitação se torna imprescindível a teor do disposto no art. 1.152. Observe-se, entrementes, que alguns requisitos precisam ser preenchidos para que se operem os efeitos obstativos ou suspensivos revistos: *a*) a reclamação deve ser feita por petição escrita e fundamentada firmada por advogado (art. 36); *b*) a reclamação deve ser instruída com documentos hábeis a demonstrar "notoriamente" a qualidade de cônjuge, herdeiro ou testamenteiro (certidões de casamento, nascimento, testamento, etc.); *c*) a oitiva do curador eventualmente nomeado, do órgão ministerial e do representante da Fazenda Pública; *d*) a ausência de oposição destes últimos ou de um terceiro (herdeiro ou testamenteiro) reconhecida como procedente pelo juiz. Preenchidos tais requisitos, o magistrado determinará a não realização da arrecadação ou a sua suspensão, como também deferirá a favor dos requerentes (desde que todos estejam representados) a entrega dos bens com vista à futura instauração de inventário.

Art. 1.152. Ultimada a arrecadação, o juiz mandará expedir edital, que será estampado 3 (três) vezes, com intervalo de 30 (trinta) dias para cada um, no órgão oficial e na imprensa da comarca, para que venham a habilitar-se os sucessores do finado no prazo de 6 (seis) meses contados da primeira publicação.

Vide Projeto de CPC, art. 707, caput

Concluída a arrecadação com a lavratura do respectivo auto (art. 1.145) – e "ultimado o inventário" (diz o art. 1.820 do CC), o que significa encerrado o levantamento dos bens do morto, ato que antecede e permite a lavratura do auto do art. 1.145 do CPC –, o próximo passo no procedimento que este Capítulo V regula é a ordem judicial de expedição e publicação do edital convocatório de eventuais sucessores para que se habilitem (art. 1.153). De acordo com o texto, o edital expedido pelo cartório será publicado três vezes, com intervalo de trinta dias, da seguinte maneira: uma vez no *Diário Oficial* e duas na imprensa da comarca, ou uma vez na imprensa da comarca e duas no *Diário Oficial*. Como a lei não explicita, as duas formas são válidas (concordamos com Ernane Fidélis dos Santos). Note-se, por outro lado, que a regra fala de "imprensa da comarca", e não jornal da comarca, o que significa que a referência legal é a um conjunto de jornais, de sorte que qualquer deles pode ser utilizado, mas é recomendável que não seja o menos lido [...] (José Olympio de Castro Filho). Se na comarca não houver jornal, utilizar-se-á qualquer dos jornais da região que tenha boa penetração. Registre-se, por derradeiro, que a partir da primeira publicação é que começa a correr o prazo de seis meses para a habilitação dos eventuais sucessores, mas é também desta que flui o prazo de um ano para a declaração da vacância (art. 1.157).

---

§ 1º Verificada a existência de sucessor ou testamenteiro em lugar certo, far-se-á a sua citação, sem prejuízo do edital.

Vide Projeto de CPC, art. 707, § 1º.

O preceito legal sob análise impõe algumas observações de ordem interpretativa. A primeira delas é a de que a verificação da existência de sucessor ou testamenteiro em lugar certo antes da expedição do edital convocatório torna completamente despicienda a sua publicação; a solução nesse caso é a realização exclusiva de citação real do sucessor (por mandado, carta, carta precatória) para que se habilite no prazo de dez dias (art. 1.106). A segunda é a de que a verificação da existência de sucessor ou testamenteiro após ter sido publicado o edital gerará idêntica providência, mas como aqui os prazos de seis meses e um ano já foram deflagrados (*caput* e art. 1.157), a citação real é levada a cabo "sem prejuízo do edital", vale dizer, o prazo para a habilitação e para a declaração da vacância já em curso será comunicado pelo mandado ou carta aos citandos. A terceira é a de que a tentativa frustrada de citação real também não interfere em nada no fluxo dos prazos que começaram a fluir por força da primeira publicação editalícia; aqui, mais uma vez a citação foi realizada "sem prejuízo do edital" (*v.* notas aos arts. 1.153 e 1.157).

§ 2º Quando o finado for estrangeiro, será também comunicado o fato à autoridade consular.

Vide Projeto de CPC, art. 707, § 2º.

A intenção da lei ao estabelecer a necessidade de comunicação do fato – um finado estrangeiro ter deixado herança jacente no Brasil – à autoridade consular é evidentemente a de tornar possível o descobrimento dos sucessores ou testamenteiro no país de origem do morto. Para esse fim, deverá o juízo da arrecadação enviar, por ofício, à embaixada ou consulado do respectivo país, a comunicação instruída com todos os documentos que tornem clara a identidade do *de cujus,* a herança deixada e as informações sobre o procedimento instaurado (comarca, vara, número, etc.). Se não existir no Brasil representação do país de origem do falecido, o Estado estrangeiro será comunicado por meio de outro consulado que normalmente se ocupe de tais intermediações (a observação é de Ernane Fidélis dos Santos).

Art. 1.153. Julgada a habilitação do herdeiro, reconhecida a qualidade do testamenteiro ou provada a identidade do cônjuge, a arrecadação converter-se-á em inventário.

Vide Projeto de CPC, art. 707, § 3º.

No prazo de dez dias da juntada do mandado na hipótese de citação anterior ao edital (art. 1.152, § 1º; *v.* nota, na qual sustentamos a desnecessidade da publicação da convocação), ou no prazo de seis meses contado da primeira publicação do edital convocatório (art. 1.152, *caput*), o citando, no primeiro caso, ou qualquer sucessor, no segundo, pode requerer a sua habilitação no procedimento da herança jacente, requerimento este que se processará (nos mesmos autos nos termos dos arts. 1.055 a 1.058 e 1.060). Ouvido o *parquet* e a Fazenda, a habilitação será julgada obrigatoriamente por sentença. Processada, assim, a habilitação, inclusive com a realização de audiência se esta for necessária (art. 1.058 c/c o art. 803, parágrafo único), seguir-se-á o proferimento da decisão em que o juiz julgará habilitado o herdeiro, admitido o cônjuge ou reconhecida a qualidade de testamenteiro, determinando a conversão do procedimento em inventário que terá curso de acordo com os arts. 990 e seguintes. Se, pelo contrário, o magistrado não reconhecer a condição de herdeiro, cônjuge ou testamenteiro do postulante, por sentença, ele ordenará a publicação do edital, o aguardo do decurso do prazo do art. 1.157 para a declaração da vacância, se já houve a publicação ou, se esse prazo já expirou, declarará vacante a herança (art. 1.157, parágrafo único; *v.* nota).

Art. 1.154. Os credores da herança poderão habilitar-se como nos inventários ou propor a ação de cobrança.

Vide Projeto de CPC, art. 707, § 4º.

Sob o ponto de vista dos credores do *de cujus*, nenhuma importância tem o fato de à herança acorrerem sucessores ou não, vale dizer, sob tal prisma pouco importa se o que se instaura é inventário ou arrecadação de herança jacente porque, de qualquer maneira, os bens do morto respondem pela dívida. É justamente essa semelhança de situações jurídicas que fundamenta a presente prescrição legal: como nos inventários, os credores do falecido requererão o pagamento de seus créditos na forma disciplinada pelos arts. 1.017 a 1.021, merecendo também destaque a circunstância normativa de que a propositura da ação de cobrança a que alude o texto só terá lugar quando não haja concordância de todas as partes (as presentes no procedimento da arrecadação) em relação ao pedido feito pelo credor nos termos do art. 1.018. Observe-se, por fim, que o CC estabelece, em seu art. 1.821, que fica "assegurado aos credores o direito de pedir o pagamento das dívidas reconhecidas, nos limites das forças da herança". Tal dispositivo se compatibiliza perfeitamente com o disposto no enfocado art. 1.154 do CPC.

Art. 1.155. O juiz poderá autorizar a alienação:

Vide Projeto de CPC, art. 708, caput

Exatamente como ocorre com a administração privada, também em relação à administração pública de interesses privados, vez por outra, a alienação de bens é a melhor solução administrativa. Cogitando dessa particular circunstância, disciplina a lei processual, por meio do presente artigo, as hipóteses em que o juiz poderá autorizar no curso do procedimento em questão a venda de bens que integram a herança jacente arrecadada. Tal alienação obedecerá às regras contidas no art. 1.113.

I – de bens móveis, se forem de conservação difícil ou dispendiosa;

Vide Projeto de CPC, art. 708, I.

A previsão deste inciso I se aproxima bastante daquela estampada no *caput* do art. 1.113, que refere a hipótese de bens "de fácil deterioração [...] avariados" ou que exijam "grandes despesas para a sua guarda". Dada a semelhança nuclear entre os dispositivos, remetemos o leitor ao que dissemos alhures (nota ao *caput* do art. 1.113).

II – de semoventes, quando não empregados na exploração de alguma indústria;
Vide Projeto de CPC, art. 708, II.

Em relação a este inciso II, a hipótese aqui prevista discrepa de forma significativa por sua literalidade da constante do § 1º do art. 1.113, que alude aos "semoventes e outros bens de guarda dispendiosa". Malgrado a limitação redacional do texto sob exame, contudo, temos que também na hipótese de conservação difícil ou muito cara de semoventes por qualquer motivo será lícito o pedido de sua alienação judicial. Note-se que de uma certa maneira o não emprego de semoventes na exploração de indústria representa enquadramento na genérica previsão da "conservação difícil ou dispendiosa" porque esse deve ser, em última análise, também aqui, o fundamento do requerimento de alienação (o não emprego na indústria deve onerar a herança).

III – de títulos e papéis de crédito, havendo fundado receio de depreciação;
Vide Projeto de CPC, art. 708, III.

Exemplificam os títulos e papéis de crédito que são passíveis de alienação com base no presente inciso os títulos da dívida pública federal, estadual e municipal, as ações e debêntures de quaisquer tipos e outros títulos submetidos ao regime do mercado de capitais. Quanto à alienação de papéis é importante observar que o juiz deverá examinar com cautela a questão do fundado receio, porque via de regra são indícios, ou meras conjecturas, que sustentam o pedido e não circunstâncias palpáveis que indicam a desvalorização patrimonial. O prudente arbítrio, amparado quem sabe por opiniões técnicas, é que orientará o magistrado no momento de proclamar, ou não, a oportunidade e a conveniência da alienação.

IV – de ações de sociedade quando, reclamada a integralização, não dispuser a herança de dinheiro para o pagamento;
Vide Projeto de CPC, art. 708, IV.

Ações são títulos de investimento representativos de unidade do capital social de uma sociedade anônima que conferem aos seus titulares um complexo de direitos e deveres. As ações podem ser integralizadas pelo acionista em dinheiro – hipótese mais comum –, bens ou créditos (Fábio Ulhoa Coelho). Muito bem, desde que já tenha sido reclamada a integralização e desde que a herança jacente não disponha de dinheiro em espécie para realizá-la, permite a lei processual que o juiz defira o pedido de alienação das próprias ações para tal fim. Observe-se, entretanto, que, como a Lei de S.A. autoriza a integralização do capital social em bens mediante prévia avaliação (arts. 7º e 8º) ou em crédito (art. 23, *in fine*), nada impede que o juiz decida por tal forma de pagamento em razão do poder que lhe outorga o art. 1.109 se lhe parecer mais conveniente a alienação de bens outros que não as próprias ações.

V – de bens imóveis:
Vide Projeto de CPC, art. 708, V.

As duas hipóteses a seguir previstas são as únicas em que este art. 1.155 autoriza a alienação de bens imóveis. A restrição se explica evidentemente pela relevância econômica que apresenta o patrimônio imobiliário em relação ao mobiliário (*v.* incisos I a IV).

***a)* se ameaçarem ruína, não convindo a reparação;**
Vide Projeto de CPC, art. 708, V, a.

Para que o juízo da arrecadação da herança jacente autorize a alienação de um bem imóvel com fundamento no presente dispositivo – tenha-se em mente que o juiz pode não autorizar a teor do disposto no *caput* deste art. 1.155 –, necessário será que o requerente da providência demonstre não só a ameaça de ruína (com documentos, laudo técnico, etc.), como também o porquê de não ser conveniente para a herança a reparação (*v. g.*, por ser muito dispendiosa, difícil ou demorada, ou, ainda, por simplesmente inexistirem recursos para tanto). Verificados, assim, o estado ruinoso e a inconveniência administrativa da reparação, o magistrado autorizará a alienação por leilão nos termos dos arts. 1.113 a 1.116, como visto (*v.* nota ao *caput*). Registre-se, por fim, que dado o poder conferido ao órgão judicial pelo art. 1.109, é possível pedir que um imóvel seja alienado apenas em razão da sua difícil ou dispendiosa conservação ou em virtude do receio justificado de que sofra depreciação valorativa.

***b)* se estiverem hipotecados e vencer-se a dívida, não havendo dinheiro para o pagamento.**
Vide Projeto de CPC, art. 708, V, b.

Em apenas duas hipóteses este art. 1.155 estabelece a falta de dinheiro como pressuposto da alienabilidade de bens da herança jacente: no inciso IV, em que fica autorizada a venda de ações quando for reclamada a sua integralização e no presente dispositivo que alude ao vencimento de dívida hipotecária. Quanto a esta última previsão, duas observações merecem realce. A primeira é no sentido de que a lei não proíbe que se defira a alienação antes do vencimento da dívida; na verdade, é justamente antes do vencimento que a providência enfocada se revela útil. A segunda se articula com a primeira: vencendo a dívida hipotecária a alienação prevista neste art. 1.155 perde uma parcela do seu significado porque o credor, via de regra, preferirá ajuizar a execução.

Parágrafo único. Não se procederá, entretanto, à venda se a Fazenda Pública ou o habilitando adiantar a importância para as despesas.

Vide Projeto de CPC, art. 708, § 1º.

Com o fim de resguardar a integridade do patrimônio que consubstancia a herança jacente, institui este parágrafo único a faculdade da Fazenda Pública, ou de um herdeiro, de impedir que a alienação seja autorizada, para tanto bastando que ela ou ele deposite a importância necessária para as despesas de conservação (incisos I e V, *a*), para a integralização (inciso IV) ou para o pagamento da dívida hipotecária (inciso V, *b*). Corolário da existência dessa faculdade é que, toda vez que no procedimento da arrecadação alguém requerer a alienação de bens fundado no art. 1.155, o juiz ordenará a abertura de vista aos demais interessados (outros herdeiros habilitados, ou habilitandos, a Fazenda, o curador) para que se manifestem sobre o pedido, a teor do disposto no § 2º do art. 1.113. Note-se que não só o herdeiro habilitado, mas também o habilitando pode se dispor a adiantar numerário para impedir a alienação.

Art. 1.156. Os bens com valor de afeição, como retratos, objetos de uso pessoal, livros e obras de arte, só serão alienados depois de declarada a vacância da herança.

Vide Projeto de CPC, art. 708, § 2º.

A *ratio* do dispositivo sob análise é a mesma do parágrafo único do artigo anterior, qual seja, o resguardo da integridade física da herança jacente, com a única diferença que aqui se tem em vista a manutenção do patrimônio durante o período em que se aguarda a habilitação de possíveis herdeiros. Vista por outro ângulo, a regra traduz proibição tanto ao requerimento como ao deferimento do pedido de alienação dos bens indicados até que se declare vacante a herança, o que também significa que após tal declaração somente a Fazenda Pública poderá requerê-la, e mais ninguém, porque a ela será entregue o patrimônio. Registre-se, por fim, que, entre os bens arrolados no texto, as obras de arte nem sempre se enquadram como "bens com valor de afeição", de sorte que à falta de tal qualificação jurídica elas escapam à incidência da regra comentada (nesse sentido, José Olympio de Castro Filho).

Art. 1.157. Passado 1 (um) ano da primeira publicação do edital (art. 1.152) e não havendo herdeiro habilitado nem habilitação pendente, será a herança declarada vacante.

Vide Projeto de CPC, art. 709, caput

Dispõe o art. 1.820 do CC: "Art. 1.820. Praticadas as diligências de arrecadação e ultimado o inventário, serão expedidos editais na forma da lei processual, e, decorrido 1 (um) ano de sua primeira publicação, sem que haja herdeiro habilitado, ou penda habilitação, será a herança declarada vacante". Como se percebe, as "diligências" referidas no estatuto civil correspondem justamente à arrecadação dos bens (CPC, arts. 1.142 a 1.150), à publicação do edital convocatório (art. 1.152) e à inexistência de habilitação de herdeiro (art. 1.153), como diz o texto que nos ocupa. Destarte, passado um ano da primeira publicação do edital, autoriza o CPC que, por sentença, o juiz declare a vacância, declaração esta que provoca a fluência do prazo de cinco anos para que os bens passem ao domínio do Poder Público de acordo com o art. 1.822 do CC, que reza: "Art. 1.822. A declaração de vacância da herança não prejudicará os herdeiros que legalmente se habilitarem; mas, decorridos 5 (cinco) anos da abertura da sucessão, os bens arrecadados passarão ao domínio do Município ou do Distrito Federal, se localizados nas respectivas circunscrições, incorporando-se ao domínio da União quando situados em território federal". Observe-se que, segundo a regra civil que transcrevemos, o prazo de cinco anos não se conta da publicação do edital, mas da abertura da sucessão, isto é, da data do falecimento do autor da herança.

Parágrafo único. Pendendo habilitação, a vacância será declarada pela mesma sentença que a julgar improcedente. Sendo diversas as habilitações, aguardar-se-á o julgamento da última.

Vide Projeto de CPC, art. 709, § 1º.

Este parágrafo único estabelece a possibilidade de o juiz julgar improcedente a habilitação requerida por algum sedizente herdeiro (art. 1.152, *in fine*) e declarar a vacância da herança por meio de uma única sentença. Trata-se de mera possibilidade por dois motivos. Em primeiro, porque é possível que no instante do julgamento da habilitação, ou habilitações, ainda não se tenha esgotado o prazo de um ano da primeira publicação do edital convocatório, o que impede a declaração da vacância (*v. caput*). Em segundo, porque, como diz a parte final do texto sob apreciação, podem existir várias habilitações em curso, caso em que será de rigor aguardar o desfecho da última. Note-se que somente será possível cogitar de declaração simultânea da vacância se todas as habilitações pendentes forem julgadas em conjunto por uma mesma sentença. Da declaração da vacância cabe apelação (art. 513).

Art. 1.158. Transitada em julgado a sentença que declarou a vacância, o cônjuge, os herdeiros e os credores só poderão reclamar o seu direito por ação direta.

Vide Projeto de CPC, art. 709, § 2º.

Apesar de não se terem habilitado até o momento do proferimento da sentença declaratória da vacância (art. 1.157), e desta ter transitado formalmente em julgado, não perdem os herdeiros, o cônjuge ou os credores do *de cujus* a possibilidade de ver seus direitos reconhecidos, apenas que a partir de agora já não poderão mais pleiteá-los incidentemente porque o procedimento de arrecadação da herança foi extinto. Resta-lhes nesse caso – enquanto não se transferir o domínio dos bens à Fazenda Pública, o que se dá após cinco anos da abertura da sucessão – o recurso à ação de petição de herança (para os herdeiros ou cônjuge) ou de cobrança (para os credores), a ser ajuizada perante a Justiça Estadual ou Federal de acordo com a pessoa jurídica de direito público a quem tenha sido entregue o patrimônio por força da declaração da vacância.

CAPÍTULO VI
DOS BENS DOS AUSENTES

Vide Projeto de CPC, arts. 710 e 711 (Seção VII – Dos Bens dos Ausentes).

Art. 1.159. Desaparecendo alguém do seu domicílio sem deixar representante a quem caiba administrar-lhe os bens, ou deixando mandatário que não queira ou não possa continuar a exercer o mandato, declarar-se-á a sua ausência.

Vide Projeto de CPC, art. 710.

Dispõem os arts. 22 e 23 do CC: "Art. 22. Desaparecendo uma pessoa do seu domicílio sem dela haver notícia, se não houver deixado representante ou procurador a quem caiba administrar-lhe os bens, o juiz, a requerimento de qualquer interessado ou do MP, declarará a ausência, e nomear-lhe-á curador". "Art. 23. Também se declarará a ausência, e se nomeará curador, quando o ausente deixar mandatário que não queira ou não possa exercer ou continuar o mandato, ou se os seus poderes forem insuficientes". Como se vê, ausente é aquele que desapareceu de seu domicílio (domicílio, o centro das atividades de alguém e da sua família, e não a residência) sem deixar notícias e quem lhe administre o patrimônio. Observe-se que, enquanto o art. 22 do estatuto civil dá ênfase tanto à declaração de ausência como à nomeação de curador, este art. 1.159 realça apenas a declaração de ausência que o juiz profere, como pressuposto da arrecadação, sob a forma de decisão interlocutória irrecorrível, embora a LRP a chame de "sentença" nos seus arts. 29, VI, e 94, rezando este último: "O registro das sentenças declaratórias de ausência, que nomearem curador, será feito no cartório do domicílio anterior do ausente, com as mesmas cautelas e efeitos do registro de interdição, declarando-se [...]". Assim, requerida por qualquer interessado ou pelo MP a arrecadação de bens de ausentes, ou instaurado de ofício o procedimento, antes de qualquer outra coisa será declarada formalmente a ausência e nomeado o curador nos termos do art. 1.160, podendo o magistrado, inclusive, realizar justificação para a comprovação do fato do desaparecimento se houver dúvida a seu respeito (nesse sentido, Ernane Fidélis dos Santos com quem concordamos). Registre-se, por fim, que diferentemente do procedimento da arrecadação da herança jacente, aqui não se dispensa a declaração prévia da ausência justamente por causa dos seus efeitos registrários.

Art. 1.160. O juiz mandará arrecadar os bens do ausente e nomear-lhe-á curador na forma estabelecida no Capítulo antecedente.

Vide Projeto de CPC, art. 710.

Declarada liminarmente a ausência por decisão irrecorrível que a lei chama de sentença (*v.* nota ao art. 1.159), no mesmo ato ordenará o juiz da causa que se arrecadem todos os bens do ausente, nomeando desde logo curador; à forma da nomeação aplicam-se os arts. 1.143, parte inicial, e 1.145, § 1º (quanto aos poderes que o próprio juiz fixa incide o art. 24 do CC), enquanto à arrecadação aplicam-se os arts. 1.145, *caput* e § 2º, e 1.146 a 1.150. Observe-se, ainda, que, em relação ao curador, disciplina a sua nomeação o art. 25 e seus parágrafos do CC: "Art. 25. O cônjuge do ausente, sempre que não esteja separado judicialmente, ou de fato por mais de 2 (dois) anos antes da declaração de ausência, será o seu legítimo curador. § 1º Em falta do cônjuge, a curadoria dos bens do ausente incumbe aos pais ou aos descendentes, nesta ordem, não havendo impedimento que os iniba de exercer o cargo. § 2º Entre os descendentes, os mais próximos precedem os mais remotos. § 3º Na falta das pessoas mencionadas, compete ao juiz a escolha do curador". Tenha-se em conta, então, que, na falta ou impedimento de todas as pessoas mencionadas na lei civil, o juiz haverá de nomear curador dativo, *munus* que deverá recair sobre a pessoa a quem mais interesse a conservação dos bens do ausente como o nu-proprietário ou o herdeiro instituído por testamento, etc. (Odilon de Andrade apud José Olympio de Castro Filho).

Art. 1.161. Feita a arrecadação, o juiz mandará publicar editais durante 1 (um) ano, reproduzidos de dois em dois meses, anunciando a arrecadação e chamando o ausente a entrar na posse de seus bens.

Vide Projeto de CPC, art. 711, caput

Realizada a arrecadação dos bens do ausente na forma preconizada para a arrecadação da herança jacente (art. 1.160, *in fine*, c/c os arts. 1.145, *caput* e § 2º, e 1.146 a 1.150), diz a lei que o magistrado deverá ordenar a publicação de editais para anúncio do ato arrecadatório e chamamento do ausente a entrar na posse de seus bens. Em primeiro lugar, é necessário consignar que do anúncio aludido deve constar específica e detalhadamente a caracterização dos bens arrecadados porque disso depende o seu sucesso; em segundo, precisamos concordar com a crítica de que não só o ausente, mas também seus herdeiros e sucessores, e demais pessoas interessadas, devem ser convocados, haja vista o disposto nos arts. 1.163 e 1.164 (a crítica é de José Olympio de Castro Filho). Sobre a forma do edital aplica-se, por analogia, a prescrição contida no art. 1.152 com a diferença de que na arrecadação de bens de ausentes a publicação será realizada de dois em dois meses durante um ano, ou seja, seis vezes (atente-se que se as últimas notícias do ausente o davam em Estado diverso do da causa, recomenda-se a publicação também na respectiva Capital deste – Odilon de Andrade apud José Olympio de Castro Filho).

Art. 1.162. Cessa a curadoria:

Os eventos elencados nos incisos a seguir não produzem como efeito simplesmente a cessação da curadoria como diz o texto, porém algo muito mais profundo, vale dizer, a extinção pura e simples, ou o encerramento, do procedimento de arrecadação dos bens do ausente no caso previsto pelo inciso I, ou a sua conversão em inventário e partilha nas hipóteses dos incisos II e III. A consequência da extinção ou conversão é a cessação da curadoria.

I – pelo comparecimento do ausente, do seu procurador ou de quem o represente;

O comparecimento daquele que foi declarado ausente (nos termos dos arts. 1.159, do CPC, e 22 da lei civil), seu procurador ou outra pessoa que o represente, retira por completo do procedimento de arrecadação a sua razão de ser, de sorte que a cabal comprovação de qualquer uma dessas circunstâncias determinará o proferimento de sentença de extinção por falta de objeto, ordenando o juiz, ato contínuo, a expedição de mandado de cancelamento dirigido ao registro civil. Note-se que a previsão sob enfoque põe em destaque o fato de que a decisão que declara a ausência (art. 1.159) não se submete à preclusão, razão por que é irrecorrível (*v.* nota respectiva).

II – pela certeza da morte do ausente;

Diferentemente da hipótese contemplada pelo inciso I, que determina a pura e simples extinção do procedimento por sentença, a ocorrência e constatação documental da morte do ausente provocará a conversão do procedimento de arrecadação em inventário e partilha (arts. 982 e segs.). Embora a solução não esteja expressa no texto deste inciso, algumas circunstâncias normativas justificam-na: em primeiro lugar, o fato de o art. 1.153 instituir providência semelhante em caso de herança jacente; em segundo, o fato de o art. 1.165 ordenar a instauração de inventário para o caso de determinação da abertura da sucessão provisória (ora, se ocorre a conversão por força da abertura da sucessão provisória, por que não se produziria o mesmo efeito por força da definitiva em caso de comprovação do falecimento antes de um ano da publicação do primeiro edital – inciso III – se todos os bens já se encontram arrecadados?).

III – pela sucessão provisória.

A sucessão provisória é o resultado do decurso do prazo fixado pelo art. 1.163 e do requerimento que se formule nesse sentido. Observe-se que como ela depende do procedimento do inventário para se realizar – que é resultado, por sua vez, da sentença do art. 1.165 –, é curial que, uma vez instaurado este, mediante conversão, cessará a curadoria, passando a administração dos bens arrecadados para as mãos do inventariante que seja nomeado nos termos do art. 990 deste Código. Como se vê, mais uma vez o que ocorre é a cessação da curadoria como mero corolário da conversão do procedimento de arrecadação de bens do ausente em inventário e partilha.

Art. 1.163. Passado 1 (um) ano da publicação do primeiro edital sem que se saiba do ausente e não tendo comparecido seu procurador ou representante, poderão os interessados requerer que se abra provisoriamente a sucessão.

Vide Projeto de CPC, art. 711, § 1º.

A abertura da sucessão provisória, disciplinada por este art. 1.163 e pelos dois subsequentes, corresponde à segunda fase do procedimento da arrecadação dos bens de ausentes (a primeira fase, que é a chamada curadoria de ausentes, compreende a declaração da ausência, a arrecadação, a nomeação de curador e a publicação de editais; a terceira corresponderá à sucessão definitiva – a divisão é referida por Antonio Carlos Marcato, fundado em Orlando Gomes). Pois bem, de acordo com o presente dispositivo e com o atual art. 26, parte inicial, do estatuto civil, o prazo que precisa transcorrer para tornar viável a abertura da sucessão provisória é o de um ano da primeira publicação do edital a que alude o art. 1.161; antes do decurso de tal prazo será o requerente da abertura carecedor de interesse processual como também no caso do ausente, seu procurador ou representante, ter comparecido nos autos (art. 267, VI). Observe-se, por fim, que se o ausente deixou representante ou procurador, três anos a partir da arrecadação são necessários para que se possa requerer a abertura da sucessão provisória (art. 26, parte final, do CC). Nos parágrafos que seguem, regula o CPC a legitimidade ativa para o requerimento de abertura da sucessão provisória.

§ 1º Consideram-se para este efeito interessados:

O texto deste parágrafo reproduz o teor do *caput* do art. 27 do CC e dispensa maiores comentários por sua simplicidade e clareza, valendo a pena ressaltar que a atual versão redacional do parágrafo do art. 27 acrescentou o advérbio "somente" com o intuito de limitar a classe dos interessados na abertura da sucessão provisória ("somente se consideram interessados").

I – o cônjuge não separado judicialmente;

A regra sob enfoque, que reproduz *ipsis litteris* o inciso I do art. 27 do estatuto civil, deve ser compreendida no sentido de que apenas o cônjuge que não tenha tido o seu casamento ainda dissolvido tem legitimação ativa para requerer a abertura da sucessão provisória. Assim, não só o judicialmente separado, ou divorciado, mas também o que teve o seu casamento anulado, declarado nulo ou inexistente, não dispõem de autorização para postular a instauração da segunda fase do procedimento da arrecadação de bens ausentes (*v.* nota ao *caput*).

II – os herdeiros presumidos legítimos e os testamentários;

De acordo com o preceito sob enfoque – que corresponde identicamente à reprodução do segundo inciso do art. 27 do CC, com a única diferença que neste é utilizada a disjuntiva "ou" – fica assegurado a qualquer presumido herdeiro legítimo (CC, art. 1.829) ou testamentário (o herdeiro mesmo – CC, art. 1.897 – porque o legatário entra na classe do inciso III) o direito de requerer a abertura da sucessão provisória, bastando que prove documentalmente a sua condição.

III – os que tiverem sobre os bens do ausente direito subordinado à condição de morte;

Entram na classe deste inciso III – cópia fiel do mesmo inciso do art. 27 do estatuto civil – os legatários, os donatários aos quais foi feita doação com reserva de usufruto, os colegatários do ausente com direito de acrescer, o doador com direito de retorno em caso de morte do donatário, o nu-proprietário dos bens de que o ausente é fiduciário, o fideicomissário dos bens de que o ausente é fiduciário (o rol é de Odilon de Andrade apud José Olympio de Castro Filho). Qualquer deles pode requerer a abertura da sucessão provisória.

IV – os credores de obrigações vencidas e não pagas.

Finalmente, prescreve este inciso IV – transposição literal para o CPC do inciso IV do art. 27 do estatuto civil – que quaisquer credores de obrigações vencidas, e ainda não adimplidas, podem requerer a abertura da sucessão provisória do ausente, bastando que demonstrem suficientemente a existência do seu direito (*v.* nota ao art. 998, VI). A legitimidade assim instituída tem sua razão de ser, como é claro, no fato de o patrimônio do ausente responder por suas dívidas (art. 591).

§ 2º Findo o prazo deste artigo e não havendo absolutamente interessados na sucessão provisória, cumpre ao órgão do Ministério Público requerê-la.

A existência, no sistema, dessa legitimação residual do MP é criticada por alguns justamente pelo fato de ela estar condicionada a não haver interessados na sucessão provisória, o que significaria a sua completa inutilidade em face do suposto despropósito de se decretar a abertura de uma nova fase do procedimento já a princípio destituída de qualquer sentido (José Olympio de Castro Filho). A crítica talvez seja procedente sob o ponto de vista estritamente lógico, mas *habemus legis* e esta é clara ao exigir uma fase intermediária entre a publicação dos editais do art. 1.163 e a declaração da herança jacente ou a abertura da sucessão definitiva. Assim, ainda que não haja nenhum interessado (sucessor ou credor), imprescindível sempre será que o *parquet* requeira a abertura da sucessão provisória com vista à realização das citações do art. 1.164 – atente-se para o fato de que nenhum sucessor foi chamado a juízo até este momento –, ao proferimento da sentença do art. 1.165 e ao desencadeamento do prazo instituído pelo seu parágrafo único, cujo esgotamento tornará viável a declaração do estado de jacência da herança arrecadada.

Art. 1.164. O interessado, ao requerer a abertura da sucessão provisória, pedirá a citação pessoal dos herdeiros presentes e do curador e, por editais, a dos ausentes para oferecerem artigos de habilitação.

Vide Projeto de CPC, art. 711, § 2º.

A regra sob enfoque disciplina o ato citatório do qual não pode prescindir o procedimento que vai culminar no decreto da abertura da sucessão provisória (*v.* art. 1.165). De acordo com o texto, a citação do curador nomeado (art. 1.160) é de rigor e será pessoal, assim como a dos herdeiros que eventualmente se fizeram representar nos autos, mas que não requereram a abertura da sucessão (note-se que a presença anterior desses não exclui a necessidade da *vocatio*). Quanto à citação por edital prevista, uma observação se impõe. A referência textual a herdeiros ausentes concerne apenas aos herdeiros conhecidos que não puderam ser citados pessoalmente na comarca ou fora dela por precatória; não se trata de herdeiros desconhecidos, o que identificaria a presente hipótese como mais uma de procedimento-edital. Assim deve ser interpretada a regra, em primeiro lugar, porque na hipótese do requerimento ter sido formulado pelo MP, "não havendo absolutamente interessados", após o prazo do parágrafo único do art. 1.165, a herança será declarada jacente, o que determinará a necessidade da publicação do edital do art. 1.152, significando tal providência a salvaguarda do interesse de quaisquer sucessores ausentes. Justifica-se o entendimento, em segundo lugar, porque, se a sucessão provisória foi requerida por um herdeiro, a citação assim como prevista por este art. 1.164 consubstancia as mesmas garantias que o art. 999 procurou estabelecer, não havendo razão para se cogitar de procedimento-edital. Além do mais, aberto o inventário – por conversão do procedimento (art. 1.165, parágrafo único, *in fine*) – todos os herdeiros precisarão ser citados novamente, incluindo os recém-descobertos, o que representa garantia suplementar para os que haverão de suceder o ausente.

Parágrafo único. A habilitação dos herdeiros obedecerá ao processo do art. 1.057.

O dispositivo sob enfoque disse menos do que quis *(minus dixit quam voluit)*, haja vista que a remissão isolada ao art. 1.057 torna a regra desprovida de maior significação procedimental. De fato, o art. 1.057 disciplina apenas o recebimento da petição inicial e a necessidade de citação, não regulando nenhum outro aspecto do ritual concernente à habilitação dos herdeiros. Consequência disso é que se devem entender aplicáveis também os arts. 1.058 (o rito cautelar dos arts. 802 e 803) e 1.060 (processamento do pedido nos próprios autos) à habilitação incidental no procedimento da arrecadação de bens de ausentes. Quanto ao não processamento em apenso (art. 1.060), justifica-o a circunstância de o juiz poder julgar todas as habilitações na mesma sentença que determina a abertura da sucessão provisória, exatamente como ocorre na hipótese prevista pelo parágrafo único do art. 1.157, que dispõe sobre o procedimento da herança jacente. Tal interpretação aproxima as duas formas de arrecadação, colocando em paralelo este art. 1.164 com os arts. 1.153 e 1.157 (*v.* nota a esse último).

Art. 1.165. A sentença que determinar a abertura da sucessão provisória só produzirá efeito 6 (seis) meses depois de publicada pela imprensa; mas, logo que passe em julgado, se procederá à abertura do testamento, se houver, e ao inventário e partilha dos bens, como se o ausente fosse falecido.

O dispositivo em questão tem paralelo no art. 28, *caput*, do CC. Pois bem, passemos à realização de algumas observações interpretativas. Requerida a abertura da sucessão provisória do ausente (art. 1.163), citados os herdeiros e o curador, e postulada a habilitação por parte de algum deles (art. 1.164), chegado é o momento de o juiz proferir a sentença por meio da qual ele determinará a abertura da sucessão provisória, julgando eventuais habilitações. De acordo com o texto, a produção da eficácia dessa sentença possui regulamentação dicotômica: o efeito correspondente à abertura do testamento e instauração do inventário e partilha depende do trânsito em julgado da sentença; outros efeitos processuais e os materiais pertinentes condicionam-se ao decurso do prazo de seis meses da publicação da sentença pela imprensa (o art. 28, do CC, fala de "cento e oitenta dias"). Examinemos os dois aspectos. Quanto ao primeiro, é preciso esclarecer que, se houver apelação, esta possuirá efeito suspensivo (art. 520), de sorte que somente após o seu julgamento pela segunda instância é que se poderá cogitar de coisa julgada e dos efeitos processuais mencionados. Entenda-se "abertura do testamento", no texto, como sinônimo de abertura, registro e cumprimento (arts. 1.125 e segs.), o que se processará separadamente; relativamente à instauração do inventário, note-se que esta se dará, na verdade, por conversão do procedimento, iniciando-se nos mesmos autos com a nomeação de inventariante e a apresentação das primeiras declarações (arts. 990 e 993). Quanto aos outros efeitos materiais e processuais, que só se desencadeiam seis meses depois da publicação da sentença, são eles: *a*) a suspensão dos prazos de prescrição (CC, art. 198, I); *b*) a mulher do ausente assume a direção e administração dos bens do casal (CC, art. 1.651); *c*) os herdeiros imitidos na posse dos bens prestarão caução para o caso de futura reclamação do ausente (CC, art. 30, *caput*); *d*) a sua representação, ativa e passiva, ficará a cargo dos herdeiros (CC, art. 32); *e*) os frutos e rendimentos dos bens passarão a integrar o patrimônio do sucessor provisório (CC, art. 33). Consigne-se, por derradeiro, que a sentença prevista neste art. 1.165 deverá ser levada a registro (LRP, art. 107, parágrafo único), observando-se, ainda, que os sucessores provisórios não poderão dispor dos bens, salvo sob autorização judicial nos casos do art. 31 do CC (razão: art. 36) (o rol de efeitos descrito e as observações finais são da lavra de Antonio Carlos Marcato; a atualização legislativa é nossa).

Parágrafo único. Se dentro em 30 (trinta) dias não comparecer interessado ou herdeiro, que requeira o inventário, a herança será considerada jacente.

O preceito legal sob enfoque exige necessariamente um esclarecimento prévio relativo ao contexto processual no qual ele se insere: só é possível cogitar de declaração da jacência da herança se nenhum herdeiro houver se habilitado no prazo referido no texto, o que traz à luz a circunstância de que, se o requerimento de abertura da sucessão provisória foi feito pelo cônjuge ou por qualquer herdeiro (art. 1.163, § 1º, I e II), ou um sucessor foi citado e se habilitou, ou simplesmente foi citado (art. 1.164), fica automaticamente vedada a declaração da jacência. Logo, o presente dispositivo só é passível de aplicação na hipótese de a sucessão provisória ter sido requerida pelas pessoas indicadas nos incisos III e IV do § 1º do art. 1.163, ou pelo MP (§ 2º), e nenhum herdeiro ter sido citado nos termos do art. 1.164. Por fim, é preciso ressaltar o fato de que o prazo de trinta dias referido no texto se conta a partir do decurso de seis meses da publicação da sentença que decreta a abertura da sucessão provisória porque a jacência da herança é apenas mais um dos seus efeitos materiais.

Art. 1.166. Cumpre aos herdeiros, imitidos na posse dos bens do ausente, prestar caução de os restituir.

Dispõe o art. 30 do CC: "Os herdeiros, para se imitirem na posse dos bens do ausente, darão garantias da restituição deles, mediante penhores ou hipotecas equivalentes aos quinhões respectivos. § 1º Aquele que tiver direito à posse provisória, mas não puder prestar a garantia exigida neste artigo, será excluído, mantendo-se os bens que lhe deviam caber sob a administração do curador, ou de outro herdeiro designado pelo juiz, e que preste essa garantia. § 2º Os ascendentes, os descendentes e o cônjuge, uma vez provada a sua qualidade de herdeiros, poderão, independentemente de garantia, entrar na posse dos bens do ausente". Como se vê, o artigo transcrito do estatuto civil – que se articula lógica e juridicamente com o art. 36 – é mais explícito e não contraria, em absoluto, a regra sob análise; quanto à questão da garantia, corrobora tal entendimento o fato de o art. 826 do CPC afirmar que "a caução pode ser real ou fidejussória" e o art. 827 aludir às muitas formas que a caução pode assumir, incluindo-se nelas o penhor e a hipoteca. Já no que diz respeito ao contexto em que a norma tem aplicação, é conveniente esclarecer que somente após aberto o inventário (art. 1.165, *caput*, parte final), normalmente depois de realizada a partilha (ou adjudicação), serão os herdeiros imitidos na posse dos bens, desde que prestem caução equivalente aos seus quinhões (o próprio bem recebido pode ser dado em garantia). Ainda quanto ao inventário dos bens do ausente atente-se para as prescrições contidas nos arts. 1.155 deste Código, que é invocável por analogia (autorização para a alienação de bens), e 29 do CC (conversão de bens imóveis sujeitos à deterioração, ou extravio, em imóveis ou títulos garantidos pela União).

Art. 1.167. A sucessão provisória cessará pelo comparecimento do ausente e converter-se-á em definitiva:

Vide Projeto de CPC, art. 711, § 3º.

Como o próprio nome diz, a sucessão provisória corresponde a um estado jurídico transitório que deve cessar quando qualquer das circunstâncias previstas nos incisos a seguir forem verificadas ou quando se tem notícia e comprovação cabal de que o ausente está vivo em algum lugar, hipótese esta que escapou à antevisão deste art. 1.167, figurando apenas da previsão contida no artigo subsequente, embora devesse constar tanto de um como de outro. Observe-se, entrementes, que a conversão da sucessão provisória em definitiva depende de sentença, cujo proferimento pode exigir inclusive dilação probatória dado o teor dos incisos que seguem. Assim como a sentença que decreta a abertura da sucessão provisória, esta que a transforma em definitiva também deverá ser objeto de averbação no Cartório de Registro Civil e no de Imóveis.

I – quando houver certeza da morte do ausente;

A certeza da morte do ausente, comprovada por certidão de óbito autêntica, determina a extinção do procedimento de arrecadação e a consequente cessação da curadoria quando verificada antes da abertura da sucessão provisória (art. 1.162, II) e, quando posterior a essa, a sua conversão em sucessão definitiva de acordo com o presente dispositivo. É interessante observar que apenas nesse caso, verdadeiramente, se opera a conversão da sucessão provisória em definitiva, porque nas demais situações previstas (incisos II e III a seguir) a definitividade não é absoluta, haja vista o reconhecimento legal dos efeitos jurídicos do regresso do ausente nos dez anos seguintes à abertura da sucessão dita definitiva de acordo com o art. 1.168 (*v.*, ainda, art. 35 do CC).

II – dez anos depois de passada em julgado a sentença de abertura da sucessão provisória;

Outra hipótese em que, segundo a lei, ocorre a cessação da sucessão provisória, e a abertura da oportunidade de requerimento da definitiva, é o simples decurso do prazo de dez anos contado a partir do trânsito em julgado da sentença prevista pelo art. 1.165 que decretou a abertura da sucessão provisória. Lembre-se de que o trânsito pode ocorrer bastante tempo depois da prolação da sentença, caso haja a interposição de recurso de apelação (*v.* nota ao art. 1.165). Verificada, assim, a fluência do decênio, mediante certificação cartorária, proferirá o magistrado sentença que deverá ser averbada tanto no Cartório de Registro Civil, como no Cartório de Registro de Imóveis. Atente-se, por fim, para a circunstância, que já referimos no comentário ao inciso anterior, de que a sucessão definitiva aqui oportunizada é fenômeno relativo, uma vez que nos dez anos seguintes à sua abertura é possível que o ausente ou outros sucessores regressem e exijam a entrega dos bens, os sub-rogados, ou o preço nos termos do art. 1.168. Por fim, atente-se para o fato de que o presente dispositivo está em sintonia com o art. 37 do CC que prescreve: "Art. 37. Dez anos depois de passada em julgado a sentença que concede a abertura da sucessão provisória, poderão os interessados requerer a sucessão definitiva e o levantamento das cauções prestadas".

III – quando o ausente contar 80 (oitenta) anos de idade e houverem decorrido 5 (cinco) anos das últimas notícias suas.

A regra de direito sob enfoque reproduz com palavras diferentes o teor do art. 38 do CC. Confira-se: "Art. 38. Pode-se requerer a sucessão definitiva, também, provando-se que o ausente conta 80 anos de idade, e que de cinco datam as últimas notícias dele". Como se vê, o conteúdo normativo de ambos os dispositivos é exatamente o mesmo. Muito bem, para a constatação da idade do ausente bastará, como é óbvio, a juntada aos autos por qualquer interessado do documento que ateste o nascimento; já quanto à verificação da data das últimas notícias atente-se para a possibilidade de o interessado (sucessor, credor, o MP) ter de fazer, além da prova por documentos, prova oral em audiência que o juiz designe especificamente para tal fim.

Art. 1.168. Regressando o ausente nos 10 (dez) anos seguintes à abertura da sucessão definitiva ou algum dos seus descendentes ou ascendentes, aquele ou estes só poderão requerer ao juiz a entrega dos bens existentes no estado em que se acharem, ou sub-rogados em seu lugar ou o preço que os

herdeiros e demais interessados houverem recebido pelos alienados depois daquele tempo.

Vide Projeto de CPC, art. 711, § 4º.

O dispositivo *sub apretiationis* repete quase literalmente a previsão contida no art. 39 do estatuto civil com a diferença que este estabelece que "aqueles ou estes" (no que é melhor do que o CPC) "haverão só os bens existentes [...]" (o CPC é mais claro). Além disso, o referido artigo contém parágrafo único de grande importância normativa que reproduzimos: "Parágrafo único. Se, nos 10 (dez) anos a que se refere este artigo, o ausente não regressar, e nenhum interessado promover a sucessão definitiva, os bens arrecadados passarão ao domínio do Município ou do Distrito Federal, se localizados nas respectivas circunscrições, incorporando-se ao domínio da União, quando situados em território federal". Quanto ao presente art. 1.168, é necessário consignar que o direito do ausente, ou de seus sucessores, ao recebimento dos bens no estado ou o preço havido, se prende ao fato de ser o sucessor do ausente titular de propriedade resolúvel nos termos do art. 1.359 do CC, apesar de ter sido determinada a abertura de sucessão definitiva (a observação é de Antonio Carlos Marcato). Note-se, então, que, de fato, a sucessão definitiva operada por força do art. 1.167 não é completa nem absoluta; vale dizer, não é verdadeiramente definitiva. Por derradeiro, parece importante registrar o que dispõe o art. 33, *caput*, do CC: "O descendente, ascendente ou cônjuge que for sucessor provisório do ausente, fará seus todos os frutos e rendimentos dos bens que a este couberem; os outros sucessores, porém, deverão capitalizar metade desses frutos e rendimentos, segundo o disposto no art. 29, de acordo com o representante do MP, e prestar anualmente contas ao juiz competente".

Art. 1.169. Serão citados para lhe contestarem o pedido os sucessores provisórios ou definitivos, o órgão do Ministério Público e o representante da Fazenda Pública.

Vide Projeto de CPC, art. 711, § 4º.

Regressando o ausente, ou algum de seus ascendentes ou descendentes, e requerendo a entrega de bens, ou preço, nos dez anos seguintes à abertura da sucessão definitiva nos termos do artigo anterior, estabelece o presente dispositivo que para tal pedido – que se processará nos próprios autos da arrecadação – serão citados, por mandado, os sucessores que houverem participado do inventário e partilha, bem como o representante da Fazenda Pública; o órgão do MP não será citado, mas intimado (*v.* art. 1.105 e nota). Observe-se, quanto aos sucessores, que para o fim de legitimação aqui regulado pouco importa se o sucessor foi imitido na posse dos bens do ausente (art. 30, *caput*, do CC) ou se foi excluído por não ter podido prestar caução (art. 30, § 1º, c/c o art. 34 do mesmo estatuto). Imitidos na posse ou excluídos – ao tempo da sucessão provisória ou da definitiva –, todos os sucessores deverão ser citados para compor o polo passivo dessa ação.

Parágrafo único. Havendo contestação, seguir-se-á o procedimento ordinário.

Vide Projeto de CPC, art. 711, § 4º.

Apesar da crítica de alguns quanto ao fato de a lei mandar observar o procedimento ordinário no desenvolvimento dessa causa, tal se explica, a nosso ver, pela circunstância do pedido de entrega dos bens consubstanciar verdadeira ação que gera, assim, processo genuíno para a solução de litígio que envolve o ausente, ou seus sucessores, e os herdeiros que participaram do inventário. Não se trata aqui de mais um procedimento de jurisdição voluntária como poderia parecer, mas sim de típica situação litigiosa que demanda processo condenatório, razão por que este parágrafo único determina a aplicação do procedimento ordinário regulado pelos arts. 282 e segs. do CPC.

CAPÍTULO VII
DAS COISAS VAGAS

Vide Projeto de CPC, art. 712 (Seção VIII – Das Coisas Vagas).

Art. 1.170. Aquele que achar coisa alheia perdida, não lhe conhecendo o dono ou legítimo possuidor, a entregará à autoridade judiciária ou policial, que a arrecadará, mandando lavrar o respectivo auto, dele constando a sua descrição e as declarações do inventor.

Vide Projeto de CPC, art. 712, caput

Dispõe o art. 1.233, do CC, tratando da descoberta (no CC/1916, invenção): "Quem quer que ache coisa alheia perdida há de restituí-la ao dono ou legítimo possuidor. Parágrafo único. Não o conhecendo, o descobridor fará por encontrá-lo, e, se não o encontrar, entregará a coisa achada à autoridade competente". Note-se, inicialmente, que a descoberta (achado de coisa perdida ou "coisa vaga") não se confunde com a ocupação que é forma de aquisição da propriedade de coisa abandonada *(res derelicta)* ou sem dono *(res nullius)* de acordo com os arts. 1.204 e 1.263 do estatuto civil (Antonio Carlos Marcato). Muito bem, para que possa o descobridor adimplir a sua obrigação de restituir a coisa vaga (perdida), estabelece este art. 1.170 que ele deve entregá-la à autoridade judiciária ou à autoridade policial (o texto explicita a previsão do art.

1.233 do CC). Entregue a coisa, o juiz ou o delegado, de ofício, a arrecadará, ordenando a lavratura do respectivo auto do qual constarão necessariamente a descrição da coisa perdida e as declarações do descobridor (sobre quando, onde e como a achou e o porquê de não tê-la devolvido ao seu dono). Observe-se que à realização da arrecadação com a lavratura do auto seguir-se-á a nomeação de depositário para a coisa, quer pela autoridade judiciária, quer pela policial (art. 1.145, § 1º, 2ª parte, por analogia). Quanto à primeira, há regra expressa: art. 1.171, *initio*.

Parágrafo único. A coisa, com o auto, será logo remetida ao juiz competente, quando a entrega tiver sido feita à autoridade policial ou a outro juiz.

Vide Projeto de CPC, art. 712, § 1º.

Quando a coisa perdida é entregue pelo descobridor direta e informalmente à autoridade judiciária, esta instaura o procedimento de arrecadação de ofício, o que se traduz em exceção ao princípio consagrado pelos arts. 2º e 262 e adotado pelo art. 1.104. Pode acontecer, por outro lado, de o descobridor requerer por meio de advogado e petição escrita a instauração da arrecadação, quando, então, já não se cogita de procedimento *ex officio*. No que concerne ao parágrafo sob análise, cuida este, em primeiro lugar, da hipótese de o descobridor ter entregue a coisa, informal ou formalmente, à autoridade policial que, após ter mandado lavrar o auto de arrecadação por portaria e nomeado depositário para a coisa, deve remeter os autos do procedimento ao juiz da comarca. Trata-se nesse caso de procedimento administrativo que só se judicializa com o seu recebimento pelo juiz de direito. Em segundo lugar, cuida o presente dispositivo da hipótese de a arrecadação ter se processado perante o foro do descobridor, quando se sabe que o dono da coisa é outro (art. 94, *caput*), ou perante foro outro que não o do descobridor, quando o do dono da coisa é completamente desconhecido (art. 94, § 2º). Fica o magistrado autorizado, em qualquer das duas situações, a ordenar a remessa dos autos do procedimento ao juízo que tenha competência.

Art. 1.171. Depositada a coisa, o juiz mandará publicar edital, por duas vezes, no órgão oficial, com intervalo de 10 (dez) dias, para que o dono ou legítimo possuidor a reclame.

Vide Projeto de CPC, art. 712, § 2º.

Assim como ocorre em relação aos dois outros procedimentos arrecadatórios disciplinados anteriormente (Capítulos V e VI), também aqui é necessária a publicação de edital pela imprensa para o chamamento de certas pessoas a juízo: na herança jacente convocam-se os sucessores (art. 1.152); nos bens de ausentes chama-se o ausente (art. 1.161); nas coisas vagas convoca-se o dono da coisa, ou seu legítimo possuidor, para vir reclamá-la. Trata-se de ato indispensável do procedimento, verdadeiro pressuposto processual objetivo positivo de sua validade. No que diz respeito à forma da publicação, parece importante consignar que não se exige divulgação pela imprensa local como requer o art. 1.152, mas apenas pelo *Diário Oficial*, e também que bastam duas publicações, e só duas, para que se tenha por cumprida a exigência (compare-se com o art. 1.161, que exige seis). Por fim, registre-se que o § 2º a seguir institui exceção à regra estabelecida pelo preceito que nos ocupa.

§ 1º O edital conterá a descrição da coisa e as circunstâncias em que foi encontrada.

Diferentemente dos arts. 1.152 e 1.161, que não explicitam a exigência de descrição dos bens – exigência esta que se infere interpretativamente, contudo –, o presente dispositivo torna expressa a necessidade de que do edital conste minuciosa caracterização da coisa arrecadada, o que se explica pelo fato de ser preciso chamar a atenção do público em geral para os detalhes de um determinado bem, o que não se dá nos procedimentos da herança jacente e dos bens de ausentes, em que a identificação do autor da herança e a do desaparecido são os elementos decisivos. Quanto às circunstâncias em que a coisa foi encontrada, trata-se identicamente de elemento informativo mais relevante aqui do que nos procedimentos arrecadatórios mencionados pelo simples fato de a coisa ter sido achada, o que pode trazer dúvidas sobre a licitude do proceder do descobridor (*v.* art. 1.235 do CC). Eis o porquê de a lei referir de forma expressa o requisito.

§ 2º Tratando-se de coisa de pequeno valor, o edital será apenas afixado no átrio do edifício do forum.

Vide Projeto de CPC, art. 712, §§ 2º e 3º.

Este parágrafo estabelece exceção à regra consagrada no *caput* no sentido de ser necessária a publicação pela imprensa do edital convocatório do dono ou legítimo possuidor da coisa submetida à arrecadação. A dispensa da publicação aqui prevista é de todo justificada porque não tem cabimento que para se realizar o chamamento do dono se gaste mais do que o próprio valor da coisa encontrada. Fica, no entanto, uma pergunta no ar: o que se deve entender por coisa de pequeno valor? Temos para nós que realmente o primeiro critério a ser utilizado é aquele em que se funda o procedimento sumário (art. 275, I), mas ressaltamos que o magistrado pode afastá-lo mesmo em relação a bens de valor superior a sessenta salários mínimos, segundo o seu prudente arbítrio (observe-se que o juiz não precisa determinar a realização de avaliação formal para tal fim). Decidido pela autoridade judiciária que o edital não será publicado pela imprensa, bastará que seja afixado no átrio do edifício do fórum – tudo recomendando, ainda, que também em cartório se proceda à afixação –, para que se tenha por atendida a exigência legal de publicidade do ato convocatório.

Art. 1.172. Comparecendo o dono ou o legítimo possuidor dentro do prazo do edital e provando o seu direito, o juiz, ouvido o órgão do Ministério Público e o representante da Fazenda Pública, mandará entregar-lhe a coisa.

Três são as consequências da publicação do edital convocatório a que alude o art. 1.171: primeira, o dono comparece para reclamar a coisa, hipótese que é regulada pelo presente dispositivo; segunda, o dono vem a juízo, mas prefere abandonar o bem (art. 1.174); terceira, o dono simplesmente não aparece (art. 1.173). Quanto à previsão que ora nos ocupa, parece relevante consignar inicialmente que o prazo do edital é de seis meses a partir do aviso à autoridade, de acordo com o art. 1.237 do CC, porque somente depois de vencido esse prazo será possível a alienação da coisa em hasta pública (*v.* nota ao art. 1.173). Observe-se, outrossim, que o comparecimento a que alude o texto significa a presença de petição nos autos firmada por advogado constituído e da qual conste a alegação e prova do direito sobre a coisa (arts. 282, III e VI, e 283), bem como o pedido de entrega do bem (art. 282, IV). Juntada a petição aos autos da arrecadação será intimado o MP (art. 236, § 2º, c/c o art. 1.105), bem como a Fazenda Pública (art. 1.108) para manifestação no prazo que o juiz fixar, seguindo-se o proferimento de sentença ou a realização de audiência de instrução para a prova da propriedade ou posse legítima da coisa.

Art. 1.173. Se não for reclamada, será a coisa avaliada e alienada em hasta pública e, deduzidas do preço as despesas e a recompensa do inventor, o saldo pertencerá, na forma da lei, à União, ao Estado ou ao Distrito Federal.

Este art. 1.173 tem paralelo normativo no art. 1.237 do CC, que, contudo, é mais detalhista na regulamentação que estabelece. Confira-se: "Art. 1.237. Decorridos sessenta dias da divulgação da notícia pela imprensa, ou do edital, não se apresentando quem comprove a propriedade sobre a coisa, será esta vendida em hasta pública e, deduzidas do preço as despesas, mais a recompensa do descobridor, pertencerá o remanescente ao Município em cuja circunscrição se deparou o objeto perdido". Como se vê, a não reclamação no prazo de sessenta dias a partir do edital gera como efeito a autorização para a alienação em hasta pública da coisa arrecadada, o que será feito de acordo com as prescrições dos arts. 1.113 a 1.116 deste Código. Observe-se, por derradeiro, que será possível ao dono da coisa postular a sua entrega nos termos do artigo anterior mesmo que já tenha expirado o prazo de sessenta dias, mas apenas se no momento da postulação a alienação ainda não tiver sido concluída (art. 1.116).

Art. 1.174. Se o dono preferir abandonar a coisa, poderá o inventor requerer que lhe seja adjudicada.

De acordo com a disposição legal sob enfoque, fica o dono ou o legítimo possuidor da coisa arrecadada autorizado a declarar nos autos, por petição subscrita por advogado, que não tem a intenção de recuperá-la, vale dizer, que deseja abandoná-la. Para essa particularíssima situação dispõe a lei processual que o inventor poderá requerer que a coisa lhe seja adjudicada, o que significa a aplicação do disposto no art. 1.263 do CC, que disciplina a aquisição de *res derelicta* (*v.* nota ao art. 1.170). De fato, como este art. 1.174 não fala de pagamento do valor do bem, nem condiciona a qualquer coisa que seja a adjudicação, parece legítimo afirmar que o CPC reconhece efeitos retroativos ao abandono manifestado nos autos, no sentido de outorgar ao descobridor o direito de adjudicar a coisa com fundamento na apropriação que só agora veio à luz (tal qualificação jurídica nova é resultado do efeito retroativo do abandono declarado ao juiz).

Art. 1.175. O procedimento estabelecido neste Capítulo aplica-se aos objetos deixados nos hotéis, oficinas e outros estabelecimentos, não sendo reclamados dentro de 1 (um) mês.

A norma jurídica *sub apretiationis* demanda algumas importantes considerações interpretativas. Em primeiro lugar, é necessário que se chame a atenção para o fato de que aos objetos deixados em hotéis, como as bagagens de viajantes, hóspedes ou fregueses, nas hospedarias, estalagens ou casas de pensão, não se aplica o presente procedimento, mas o disciplinado pelos arts. 874 a 876 (Da Homologação do Penhor Legal) porque a lei civil reconhece a qualidade de credores pignoratícios àquelas pessoas (CC, art. 1.467, I). Em segundo lugar, é preciso referir a situação das coisas deixadas em "oficinas e outros estabelecimentos" como diz a lei. Quanto a essas só se aplicará o procedimento da arrecadação de coisas vagas se nenhuma relação jurídica existir entre o dono da coisa e o dono de um dos estabelecimentos mencionados como ocorre nas hipóteses de coisas esquecidas por pessoas não identificáveis. Fora daí, havendo relação de depósito entre o dono da coisa (pessoa perfeitamente conhecida) e o dono da oficina ou do estabelecimento, à luz do contrato de depósito a solução processual deverá ser encontrada (*v.* CC, art. 635).

Art. 1.176. Havendo fundada suspeita de que a coisa foi criminosamente subtraída, a autoridade policial converterá a arrecadação em inquérito; caso em que competirá ao juiz criminal mandar entregar a coisa a quem provar que é o dono ou legítimo possuidor.

O contexto da regra em questão precisa ser compreendido. Imagine-se que alguém entregue à autoridade policial uma coisa que encontrou, ordenando essa, ato contínuo, a sua arrecadação e a lavratura do respectivo auto (art. 1.170, *caput*). Antes, porém, de determinar a remessa dos autos do procedimento, e da coisa, ao juiz de direito (art. 1.170, parágrafo único), suspeita o delegado que a coisa não foi achada, mas furtada ou roubada, hipótese em que a autoridade converte a arrecadação em inquérito policial, segundo o texto, e não ordena o envio dos autos ao juízo cível, mas dá início às investigações que irão culminar na ida do inquérito ao juízo criminal (CPP, art. 10). Muito bem, de acordo com a segunda parte do presente dispositivo fica atribuída ao juízo criminal, e não ao cível, a competência para decidir sobre a entrega da coisa arrecadada.

CAPÍTULO VIII
DA CURATELA DOS INTERDITOS

Vide Projeto de CPC, arts. 713 a 717 (Seção IX – Dos Interditos e sua Curatela).

Art. 1.177. A interdição pode ser promovida:

Sob o título "Da Curatela dos Interditos" disciplina o CPC o procedimento ou o "processo de interdição" por meio do qual se busca a declaração judicial da incapacidade de alguém, incapacidade essa que não resulta de idade. Realmente, dispõe o art. 1.767 do CC: "Art. 1.767. Estão sujeitos a curatela: I – aqueles que, por enfermidade ou deficiência mental, não tiverem o necessário discernimento para os atos da vida civil; II – aqueles que, por outra causa duradoura, não puderem exprimir a sua vontade; III – os deficientes mentais, os ébrios habituais e os viciados em tóxicos; IV – os excepcionais sem completo desenvolvimento mental; V – os pródigos". Ainda preliminarmente, parece interessante salientar que o motivo pelo qual o Código tratou a interdição como procedimento de jurisdição voluntária, e não contenciosa, está no fato de que nele o juiz não decidiria litígio, vale dizer, conflito intersubjetivo de interesses, mas apenas uma dúvida imersa no contexto de um interesse único – relevantíssimo e, por isso, indisponível – que é o interesse do incapaz (duvidamos hoje desse entendimento de Carnelutti). Mas, voltemos para o texto do art. 1.177 que nos ocupa para dizer que fica claro, diante do seu teor literal, que o escopo da lei aqui foi o de regular a legitimação ativa *ad causam* para o requerimento da interdição, o que ela fez em perfeita sintonia com os ditames do art. 1.768 do estatuto civil, que não estabelece qualquer relação de preferência entre as pessoas elencadas.

I – pelo pai, mãe ou tutor;

A disposição legal sob enfoque é reprodução do inciso I do art. 1.768 do estatuto civil, merecendo realce apenas o aspecto que a locução "pai, mãe", no CC, é encontrada sob a forma "pais" e que qualquer deles deve requerer a interdição do filho que se encontre nas condições do art. 1.767 como meio de estender a sua autoridade sobre alguém que exige cuidados e proteção como se fosse um menor. É, assim, a natureza das coisas (ou direito natural) que explica a legitimidade ativa dos progenitores que por meio da interdição se amoldam à nova e dolorosa situação do filho.

II – pelo cônjuge ou algum parente próximo;

A regra em questão – que reproduz o inciso II do art. 1.767 do CC que não exige mais parente próximo, falando apenas "qualquer parente" – demanda alguns esclarecimentos. Inicialmente, é preciso salientar que nenhuma das seguintes pessoas pode requerer a interdição: o separado judicialmente, o divorciado, o que teve o seu casamento declarado inexistente, nulo, ou anulado, o convivente ou o concubino em qualquer situação. Em segundo lugar, é necessário ter em vista que quando o CPC legitima o "parente próximo" (o atributo "próximo" já não vige em razão da redação do art. 1.768, II, do CC), ele evidentemente não exclui o afim – nem podia ser porque a locução empregada não permite tal conclusão.

III – pelo órgão do Ministério Público.

A legitimidade ativa do MP para a instauração do procedimento de interdição referida neste inciso é inteiramente regulada pelo art. 1.178, razão por que remetemos o leitor ao respectivo comentário. Quanto ao texto deste dispositivo salientamos apenas o fato de que ele reproduz o inciso III do art. 1.768 do CC, com a diferença de que aqui foi acrescentado o termo "órgão" – aliás, absolutamente técnico – que não consta da lei civil.

Art. 1.178. O órgão do Ministério Público só requererá a interdição:

De acordo com a norma jurídica *sub apretiationis*, que explicita o comando genérico contido no art. 81 deste Código, fica o órgão do MP autorizado a ajuizar o pedido de interdição, mas apenas nas estritas hipóteses consagradas nos três incisos a seguir, o que leva à conclusão de que a lei só reconhece indisponibilidade muito intensa do interesse em jogo nesses casos, remanescendo a iniciativa do procedimento, nos demais, sob a inteira responsabilidade dos particulares envolvidos com o incapaz. O texto desse artigo reproduz, com alteração no inciso I, o disposto no art. 1.769 do CC.

I – no caso de anomalia psíquica;

Diferentemente do que prescreve o inciso I do art. 1.769 do estatuto civil, que alude à hipótese de "doença mental grave" como autorizadora da iniciativa ministerial, o presente dispositivo refere "anomalia psíquica". Ao que parece, anomalia psíquica é locução tão abrangente quanto doença mental grave, de sorte que, diante da regra em questão, é fácil concluir que o MP pode promover a interdição, em defesa da sociedade, em todos os casos de enfermidade, doença, alienação mental, loucura de qualquer espécie, psicopatia ou como quer que se denomine a anomalia psíquica, desde que grave, é certo (com tal abrangência de significação, note-se, já se entendia "loucura furiosa" antes da entrada em vigor do CPC/73 e, obviamente, antes do CC/2002). Observe-se, entretanto, que a legitimidade ministerial em qualquer caso se condiciona à previsão do inciso II (*v.* nota). Registre-se por fim, que dado o desaparecimento da regra contida no antigo art. 460 do CC/1916, também o MP pode promover interdição com fundamento na prodigalidade a que alude o inciso V do art. 1.767 do estatuto civil.

II – se não existir ou não promover a interdição alguma das pessoas designadas no artigo antecedente, ns. I e II;

Como visto no inciso I, o MP tem legitimação ampla para a interdição por anomalia psíquica (ou, como diz o CC, "doença mental grave" – art. 1.769, I). Contudo, o presente dispositivo impõe séria restrição à sua iniciativa por condicioná-la à inexistência de pais, tutores, cônjuge ou qualquer parente (*v.* nota ao inciso II do art. 1.177). A regra sob enfoque – que é reprodução literal do inciso II do art. 1.769 da lei civil – se explica pelo fato de que o direito atribui à família o cuidado com os incapazes, embora sob a vigilância judicial, de sorte que somente quando essa vem a falhar no cumprimento do seu dever é que a lei, em razão de uma necessidade de ordem social, legitima o MP para a instauração da interdição (a explicação é de Clóvis Beviláqua). Noticiada, por qualquer forma, ao promotor de justiça a existência de um doente mental sem família que lhe promova a interdição, ao *parquet* caberá o ajuizamento do pedido.

III – se, existindo, forem menores ou incapazes.

A previsão sob enfoque – também reprodução do art. 1.769 do estatuto civil – complementa a disciplina estampada no inciso II anterior mediante a outorga de legitimação ativa ao MP toda vez que os parentes vivos do incapaz, que deve submeter-se à interdição, forem menores (incapazes pela idade, absoluta ou relativamente – CC, arts. 3º, I, e 4º, I) ou incapazes (por qualquer outro motivo – CC, arts. 3º, II e III, e 4º, II a IV). A *ratio* do dispositivo, como claramente se percebe, é a própria incapacidade de que decorre a impossibilidade da prática de atos civis, inclusive o pedido de interdição, por falta de desenvolvimento mental suficiente.

Art. 1.179. Quando a interdição for requerida pelo órgão do Ministério Público, o juiz nomeará ao interditando curador à lide (art. 9º).

Como o *parquet* só pode ajuizar a interdição quando não exista nenhuma das pessoas elencadas nos incisos I e II do art. 1.177, essas não queiram ajuizá-las, ou não possam por incapacidade, como previsto no inciso III, é muito provável que, instaurado o procedimento, não tenha o incapaz a possibilidade de contratar um advogado, ou quem se interesse em fazer isso por ele (§§ 2º e 3º do art. 1.182), de forma que a única maneira que a lei tem de assegurar a ele uma defesa técnica mínima é a outorga de um "curador à lide" que o próprio juiz nomeia (arts. 9º, II, e 1.182, § 1º, *in fine*). Observe-se que, como o órgão ministerial é o requerente, não haverá a intervenção de um segundo órgão no feito, haja vista que o primeiro não perde a sua condição de *custos legis,* mas isso o impede de postular em prol do incapaz, pelo menos na fase inicial do procedimento. A somatória dessas circunstâncias explica a previsão do "curador à lide" (melhor seria "curador especial", como diz o art. 9º). Por derradeiro, não podemos deixar de ressaltar que o curador que o juiz da causa nomeia jamais será outro órgão do MP, mas sempre um advogado. Examine-se, ainda, o art. 1.770 do CC, que, dispondo de maneira semelhante, fala, no entanto, de "defensor".

Art. 1.180. Na petição inicial, o interessado provará a sua legitimidade, especificará os fatos que revelam a anomalia psíquica e assinalará a incapacidade do interditando para reger a sua pessoa e administrar os seus bens.

Vide Projeto de CPC, art. 713.

A norma jurídica sob apreciação explicita um requisito extrínseco e institui dois requisitos intrínsecos especiais da petição inicial do pedido de interdição (além desses, exigem-se evidentemente os previstos genericamente pelo art. 282 do CPC). Quanto ao extrínseco, a prova da legitimidade, trata-se, por certo, da demonstração documental da condição de pai, mãe, tutor, cônjuge ou parente (art. 1.177, I e II) que o requerente fará pela anexação da respectiva certidão de nascimento, de casamento, das duas, ou de outros documentos, como, *v. g.*, instrumento público de testamento, sentença de adoção, etc. Já no que concerne aos intrínsecos, algumas considerações merecem destaque em separado. Em primeiro lugar, é preciso salientar que a especificação dos fatos que revelam anomalia psíquica (ou "doença mental grave", como diz o art. 1.769, I, do CC – *v.* nota ao inciso I do art. 1.178) nem sempre terá lugar na inicial, uma vez que a interdição pode-se fundar em causa diversa como a surdo-mudez; nesse caso a especificação dirá respeito apenas à deficiência física, evidentemente. Em segundo, é necessário referir que a assinalação da incapacidade do interditando se traduz, via de regra, em tarefa de difícil desincumbimento porque somente a avaliação pericial poderá aclarar a sua dimensão. Por derradeiro, não podemos deixar de consignar que as repercussões social e pessoal funestas do pedido de interdição de alguém que não seja incapaz deve sempre conduzir o juiz a uma postura de extremo rigor na avaliação do preenchimento dos requisitos para o fim do deferimento da petição inicial nesse caso (José Olympio de Castro Filho).

Art. 1.181. O interditando será citado para, em dia designado, comparecer perante o juiz, que o examinará, interrogando-o minuciosamente acerca de sua vida, negócios, bens e do mais que lhe parecer necessário para ajuizar do seu estado mental, reduzidas a auto as perguntas e respostas.

Vide Projeto de CPC, art. 714.

O ato citatório do procedimento de interdição tem escopo completamente diferente daquele previsto pelo art. 213: o requerido não é citado para se defender, mas sim para ser interrogado pelo juiz. A data é assim fixada no despacho liminar positivo (art. 285). Observe-se que o exame a que alude o texto só pode ser compreendido como sinônimo de inspeção judicial da pessoa do interditando, merecendo consignação o fato de que o magistrado buscará, por meio desse contato pessoal, a obtenção dos mesmos elementos de convicção que se colocam como objetivo do interrogatório em si, vale dizer, as informações relativas à vida, aos negócios e aos bens que denunciem a incapacidade apontada na petição inicial. O que queremos dizer é que não são apenas as respostas verbais que interessam, mas as características comportamentais, as reações, as impressões que o interditando deixe imprimidas na mente do magistrado. Tais impressões e respostas constituirão os primeiros elementos probatórios para o julgamento da causa. Quanto ao aspecto procedimental, algumas considerações se impõem. Em primeiro lugar, é preciso que se diga que, se o interditando não puder ser citado, dada a gravidade da anomalia psíquica de que sofre, a solução é a certificação desse fato pelo oficial de justiça e a comunicação a um parente, ou outra pessoa, de que o requerido deverá comparecer a juízo em tal data e horário: se ele comparecer, a falta de citação está suprida (art. 214); se ele não comparecer, o juiz marcará outra data para a realização do interrogatório na residência do interditando ou outro lugar. Se, por outro lado, o requerido tiver sido regularmente citado e não comparecer, a solução é o prosseguimento do feito sem interrogatório (art. 1.182). Em segundo lugar, queremos chamar a atenção para a circunstância de que para a audiência devem ser intimados o MP, seja ele requerente ou interveniente, o curador à lide no caso de o *parquet* ser o requerente (art. 1.179) ou o requerente particular (art. 1.177, I e II). Note-se que o juiz tem poder para não permitir a presença do requerente particular na sala onde se dá o interrogatório, não assim em relação ao *parquet* ou ao curador à lide. Por fim, é necessário consignar que, realizado o interrogatório, tem-se admitido que o juiz nomeie incidentemente curador provisório para o interditando, o que é medida cautelar enquadrável no art. 797 do CPC. Examine-se, ainda, o art. 1.771 do estatuto civil.

Art. 1.182. Dentro do prazo de 5 (cinco) dias contados da audiência de interrogatório, poderá o interditando impugnar o pedido.

Vide Projeto de CPC, art. 715, caput

O termo *a quo* do prazo de cinco dias para o oferecimento de impugnação ao pedido (ou à resposta – o art. 297 é aplicável, salvo reconvenção, declaração incidente e provocações para intervenção de terceiros) é a própria audiência de interrogatório, como diz o texto, incidindo o art. 184 para regular a forma de contagem. Observe-se que o quinquídio começa a fluir independentemente do comparecimento do interditando à audiência de interrogatório, mas, é claro, desde que ele tenha sido citado (*v.* parte final da nota ao art. 1.181). Nesse mesmo prazo oferecerá o curador à lide a sua própria impugnação. Outro aspecto que merece realce aqui é o de que a não realização da audiência, em caso de não citação do requerido, deverá provocar do órgão judiciário a designação de nova data e a expedição de intimação formal ao parente, ou a outra pessoa que de fato tome conta do interditando, para que aguarde a presença do magistrado em casa ou em outro lugar. Realizado, assim, e concluído fora da sede do juízo o interrogatório, ficará advertido o familiar de que o prazo de impugnação começa a fluir a partir de então e, também, de que qualquer parente sucessível poderá constituir advogado para o interditando nos termos do § 3º adiante.

---

§ 1º Representará o interditando nos autos do procedimento o órgão do Ministério Público ou, quando for este o requerente, o curador à lide.
Vide Projeto de CPC, art. 715, § 1º.

Sobre o curador à lide já expendemos considerações quando comentamos os arts. 1.181 e 1.182, tendo ficado claro que a sua nomeação deve ocorrer quando do despacho liminar positivo da inicial apresentada pelo *parquet*, que ele pode participar do interrogatório e que deve impugnar o pedido no mesmo prazo do interditando (mas, *v.*, ainda, a nota ao § 2º a seguir). Questão interessante que apresenta o dispositivo sob enfoque é a relativa à feição da "representação" que o MP deve realizar no procedimento. O fenômeno exige alguns esclarecimentos. Inicialmente, é preciso ter em vista que a "representação" só ocorrerá quando o órgão ministerial não tenha ajuizado o pedido; se ele o fez, quem representará o requerido é o curador à lide, como deixa claro o texto. Mas, afinal, que função é essa? A mesma função fiscalizatória que o *parquet* desempenha nos demais feitos de jurisdição voluntária, com uma única diferença: cumpre ao órgão ministerial, apenas na fase postulatória do procedimento, colocar-se em posição defensiva em face do pedido formulado, como forma de provocação do contraditório, já que o interditando pode não ter apresentado defesa, pura e simplesmente, ou estar deficientemente representado pelo advogado que constituiu ou pelo procurador que o parente lhe contratou (§§ 2º e 3º). Vencida a fase inicial da interdição, retorna o MP à sua plena condição de *custos legis*, terceiro imparcial, que requererá provas tanto contra como a favor do requerente e, no final, opinará quer pela improcedência do pedido, quer pela decretação da interdição. Trata-se, assim, de função fiscalizatória com uma pitada de função defensiva na fase postulatória. Registre-se, por fim, que a "representação" que o curador à lide exerce é exclusivamente defensiva (*v.* nota ao art. 1.179). Examine-se, ainda, a parte final do art. 1.770 do estatuto civil.

---

§ 2º Poderá o interditando constituir advogado para defender-se.
Vide Projeto de CPC, art. 715, § 2º.

A faculdade instituída pelo presente parágrafo tem cabimento generalizado: tanto pode o requerido constituir advogado para se defender contra a interdição deduzida por um parente seu, cônjuge ou tutor (art. 1.177, I e II), como contra o pedido formulado pelo MP nos casos previstos em lei (arts. 1.177, III, e 1.178). Pouco importa também o fundamento com o qual se tenciona ver declarada a incapacidade do requerido: anomalia psíquica ("doença mental grave", à luz do art. 1.769, I, do CC), prodigalidade, surdo-mudez, mas é óbvio que a deficiência não pode ser tal que impeça a constituição formal do advogado. Dentro desse contexto a questão polêmica que se coloca é a seguinte: deduzido o pedido pelo MP e constituído pelo interditando, ou pelo seu parente, um advogado, tem lugar ainda a participação do curador à lide? A resposta é sim, porque, malgrado a regular constituição de procurador, pode o interditando estar mal representado, parecendo certo, diante do teor normativo dos arts. 1.179 e 1.182, § 1º, *in fine*, que a lei presume a incapacidade para a escolha do representante judicial. Assim sendo, nada justifica a dispensa da atuação do curador à lide, mesmo porque nenhum dos textos legais referidos nem sequer a sugere.

---

§ 3º Qualquer parente sucessível poderá constituir-lhe advogado com os poderes judiciais que teria se nomeado pelo interditando, respondendo pelos honorários.

Vide Projeto de CPC, art. 715, § 3º.

De acordo com a lei material, são parentes sucessíveis os descendentes, os ascendentes e os colaterais (CC, art. 1.829, I, II e IV). Quanto a estes últimos, são chamados a suceder apenas os colaterais até o quarto grau em conformidade com o disposto no art. 1.839 do estatuto civil. Muito bem, somente os parentes sucessíveis, assim como esclarecido, podem constituir advogado em favor do interditando por força da excepcional autorização contida no presente dispositivo. Observe-se que para tanto poderá, *v. g.*, o progenitor, o filho, o tio, ou um primo, em seu próprio nome, contratar o advogado, firmando o contrato de honorários e a respectiva procuração por instrumento particular ou público, já que a lei não estabelece nenhuma restrição nesse sentido. Mas, seja qual for a forma escolhida, deverá constar expressamente da procuração a referência ao fato de que o parente constitui procurador em favor do interditando que se deve mencionar nominalmente, além das indicações relativas ao requerente do procedimento, o número dos autos, da vara, a Comarca, etc. A procuração será juntada com a impugnação, no prazo estabelecido no *caput*.

Art. 1.183. Decorrido o prazo a que se refere o artigo antecedente, o juiz nomeará perito para proceder ao exame do interditando. Apresentado o laudo, o juiz designará audiência de instrução e julgamento.

Vide Projeto de CPC, art. 716, caput

Apresentada, ou não, no prazo de cinco dias, a impugnação pelo interditando – por meio de advogado constituído por ele próprio, ou por parente seu, nos termos dos §§ 2º e 3º do artigo anterior – diz a lei que o juiz ordenará a realização de exame pericial. Quanto à questão do decurso do prazo, contudo, duas observações exigem registro. A primeira é no sentido de que, tendo sido nomeado curador à lide (arts. 1.179 e 1.182, § 1º), o prazo conferido a este é o mesmo do requerido, de sorte que o fato não altera em nada a aplicação da regra sob enfoque, o que não é o caso da hipótese que segue. A segunda concerne à oportunidade de manifestação do órgão do MP, a teor do previsto no § 1º do artigo anterior: como o *parquet* sempre fala depois das partes, de acordo com o art. 83, I, deste Código, é claro que somente após a sua manifestação inicial é que poderá o juiz determinar a produção de perícia. Quanto a essa, algumas observações se fazem necessárias: 1ª) o exame pericial para a verificação da incapacidade na interdição não pode ser dispensado em nenhuma hipótese segundo o que reza o presente dispositivo; 2ª) a prova técnica nesse caso tem a natureza de exame (art. 420, *caput; v.* nota); 3ª) no ato de nomeação do perito deve o juiz facultar às partes a indicação de assistentes técnicos (aplica-se o art. 421, § 1º); 4ª) o prazo para a apresentação do laudo pelo *expert* não deve estar vinculado à data da audiência, porque o regramento especial deste art. 1.183 exclui a aplicação do art. 433 à interdição; 5ª) juntado o laudo, o juiz deve abrir vista para manifestação dos interessados antes de designar audiência, porque é possível que sejam necessários os esclarecimentos a que alude o art. 435; 6ª) uma segunda perícia pode ser deferida em caso de insuficiência da primeira (arts. 437 a 439); e 7ª) o juiz não está adstrito ao laudo pericial, podendo formar a sua convicção com outros elementos ou fatos provados nos autos, exatamente como prescreve o art. 436 do CPC (*v.* nota respectiva). Sobre a audiência de instrução e julgamento, queremos observar apenas que o depoimento pessoal do interditando pode ou não ser realizado de acordo com o prudente arbítrio do juiz, uma vez que o interrogatório exaustivo já houve em fase anterior (art. 1.181) e que, em se tratando de interesses indisponíveis, não há lugar para se cogitar de confissão ou provocação de confissão (art. 351). O juiz fica, portanto, totalmente livre para decidir (*v.*, ainda, art. 1.771 do CC).

Parágrafo único. Decretando a interdição, o juiz nomeará curador ao interdito.

Vide Projeto de CPC, art. 716, § 1º.

A norma sob enfoque disciplina um dos principais efeitos do decreto de interdição, que é a sujeição do interdito à curatela, valendo recordar o que dispõe o art. 1.772 do CC: "Art. 1.772. Pronunciada a interdição das pessoas a que se referem os incisos III e IV do art. 1.767, o juiz assinará, segundo o estado ou o desenvolvimento mental do interdito, os limites da curatela, que poderão circunscrever-se às restrições constantes do art. 1.782". Pois bem, curatela é o encargo deferido por lei a alguém para reger a pessoa e administrar os bens de outrem, que não pode fazê-lo por si mesmo (Washington de Barros Monteiro). Note-se que a nomeação do curador a que alude o texto deve respeitar, em princípio, a ordem estabelecida pelo art. 1.775 do CC, mas deve-se chamar a atenção para o fato de que tal ordem não é vinculante, nem absoluta: "Art. 1.775. O cônjuge ou companheiro, não separado judicialmente ou *de fato*, é, de direito, curador do outro, quando interdito. § 1º Na falta do cônjuge ou companheiro, é curador legítimo o pai ou a mãe; na falta destes, o descendente que se demonstrar mais apto. § 2º Entre os descendentes, os mais próximos precedem aos mais remotos. § 3º Na falta das pessoas mencionadas neste artigo, compete ao juiz a escolha do curador". Por fim, queremos ressaltar que a nomeação do curador – sempre realizável na primeira instância – pode representar mera confirmação no cargo do curador provisório que o juiz nomeou incidentemente após o interrogatório ou mediante ação cautelar inominada (*v.* parte final da nota ao art. 1.181 e nota ao art. 797 deste Código). *V.*, ainda, CC, arts. 1.774, 1.776 a 1.778 e 1.783.

Art. 1.184. A sentença de interdição produz efeito desde logo, embora sujeita a apelação. Será inscrita no Registro de Pessoas Naturais e publicada pela imprensa local e pelo órgão oficial por três vezes, com intervalo de 10 (dez) dias, constando do edital os nomes do interdito e do curador, a causa da interdição e os limites da curatela.

Vide Projeto de CPC, art. 716, §§ 2º e 3º.

O decreto de interdição significa a declaração ou o reconhecimento judicial da incapacidade absoluta ou relativa do requerido, dele decorrendo, a um só tempo, a necessidade de nomeação de curador (art. 1.183, parágrafo único; CC, art. 1.774), a impossibilidade de exercício do poder familiar sobre os filhos menores (CC, art. 1.631, *caput, in fine*; o cônjuge passa a exercê-lo exclusivamente) e a invalidade dos atos e dos negócios jurídicos praticados pelo interdito antes do decreto (mas é necessário que se prove, por ação própria, que ele já era incapaz à época em que os praticou e que era do conhecimento da outra parte tal circunstância – Antonio Carlos Marcato). Todos esses efeitos são produzidos "desde logo", diz a parte inicial do artigo examinado, o que significa que basta a publicação da sentença – o ato de tornar público o decreto pela sua presença nos autos e não o ato intimatório das partes – para que todos eles se desencadeiem (o art. 1.773 do CC é de idêntico teor normativo). Dizer que a sentença "produz efeito desde logo" é o mesmo que afirmar a inexistência de efeito suspensivo por parte da apelação que contra ela seja interposta, de sorte que esta é mais uma hipótese a qual deveria estar prevista pelo art. 520 deste Código; não está, mas não importa. Ainda nesse diapasão, queremos consignar que, na prática, nossos juízes têm exigido a prévia tomada das providências previstas na parte final do texto para que só depois seja firmado o compromisso de curador, o que se explica pelo risco, em caso contrário, de o curador entrar no exercício do *munus* e o requerente deixar de praticar os demais atos exigidos pela lei, já que a sentença produz efeito independentemente deles. A postura é, portanto, justificável. Por fim, observe-se que a exigência de registro (não inscrição) da sentença de interdição no Cartório do Registro Civil (LRP, arts. 29, V, e 92) se deve ao efeito representado pela alteração do estado do requerido que dela decorre (*v.* nota ao art. 82, II). Quanto à publicação de editais – uma vez no *Diário Oficial* e duas pela imprensa local, ou o contrário – justifica-se o efeito de invalidade dos atos pretéritos do interdito, e dos futuros, com o que se resguardam os interesses de terceiros.

Art. 1.185. Obedecerá às disposições dos artigos antecedentes, no que for aplicável, a interdição do pródigo, a do surdo-mudo sem educação que o habilite a enunciar precisamente a sua vontade e a dos viciados pelo uso de substâncias entorpecentes quando acometidos de perturbações mentais.

No que se refere à previsão de aplicabilidade do procedimento em questão ao pródigo e ao surdo-mudo, o preceito legal enfocado tem caráter meramente explicitativo porque o art. 1.767 do CC não faz qualquer discriminação entre estes (incisos V e II) e os enfermos ou deficientes mentais (inciso I) para o fim de sujeição à curatela. Já no que concerne à previsão relativa aos viciados, nas condições expressas no texto, o regramento expresso é necessário, haja vista que tal hipótese se encontra disciplinada genericamente pelo estatuto civil (art. 1.767, III, parte final); só o viciado acometido de "perturbações mentais" pode ser interditado (examine-se, ainda, o art. 1.776 do CC, que prevê tratamento). Voltando ao surdo-mudo, convém salientar que a ele se aplica o art. 1.772, do CC; quanto ao pródigo, vale ressaltar que se aplica o art. 1.782 que estabelece: "Art. 1.782. A interdição do pródigo só o privará de, sem curador, emprestar, transigir, dar quitação, alienar, hipotecar, demandar ou ser demandado e praticar, em geral, atos que não sejam de mera administração".

Art. 1.186. Levantar-se-á a interdição, cessando a causa que a determinou.
Vide Projeto de CPC, art. 717, caput

Cessando por qualquer motivo a anomalia psíquica de que sofria o interdito, desaparecendo as razões e os efeitos da prodigalidade, ou alcançada a educação do surdo-mudo que lhe permita manifestação volitiva precisa, autorizado se torna o pedido de levantamento da interdição que poderá ser deduzido não só pelas pessoas que a requereram, como pelo interdito, por seu curador – que é nele diretamente interessado – ou pelo órgão do MP, a quem compete a tutela do interesse indisponível de que cesse a interdição de pessoa que deixou de ser incapaz.

§ 1º O pedido de levantamento poderá ser feito pelo interditado e será apensado aos autos da interdição. O juiz nomeará perito para proceder ao exame de sanidade no interditado e após a apresentação do laudo designará audiência de instrução e julgamento.

Vide Projeto de CPC, art. 717, § 1º.

De acordo com a prescrição sob análise, o pedido de levantamento – que deve ser instrumentalizado por petição que preencha os requisitos do art. 282 – será processado em apenso aos autos do procedimento da interdição, dada a intensa conexidade entre as causas, devendo o juiz ordenar a citação do curador, do interdito, ou outro requerente, conforme o caso, para que impugne o pedido no prazo que fixar, bem como a intimação do órgão do MP para que se manifeste. Somente após decorridos os prazos para manifestações é que o magistrado nomeará perito para o exame técnico que, como na interdição, é ato obrigatório, indispensável; os interessados podem, de igual sorte, apresentar assistentes técnicos. Juntado o laudo aos autos, tem o juiz a faculdade de designar a audiência de instrução, o que ele decidirá segundo o seu prudente arbítrio.

§ 2º Acolhido o pedido, o juiz decretará o levantamento da interdição e mandará publicar a sentença, após o trânsito em julgado, pela imprensa local e órgão oficial por três vezes, com intervalo de 10 (dez) dias, seguindo-se a averbação no Registro de Pessoas Naturais.

Vide Projeto de CPC, art. 717, § 2º.

Provada pericialmente a recuperação da saúde mental, da normalidade de comportamento do pródigo, ou alcançada a educação do surdo-mudo, decretará o juiz por sentença o levantamento da interdição se ficar convencido do acerto das conclusões do *expert;* sim, porque ao magistrado é lícito deixar de levantá-la se por outros meios (*v. g.*, o depoimento do interdito, de testemunhas, documentos juntados) ficar convencido do não desaparecimento da causa da interdição, malgrado a opinião pericial. Observe-se que exatamente como ocorre com a sentença decretatória da interdição, também dessa que decreta o levantamento exige-se a publicação por três vezes e ato registrário (averbação) (*v.* nota ao art. 1.184). Identidade não há, por outro lado, quanto ao momento da produção dos seus efeitos, uma vez que, segundo o texto do presente dispositivo, tudo se condiciona ao trânsito em julgado da sentença. Note-se, por último, que, rejeitado o pedido, nada impede que ele seja formulado novamente quando surjam novos fatos, ou novas provas, de que a incapacidade cessou.

CAPÍTULO IX
DAS DISPOSIÇÕES COMUNS À TUTELA E À CURATELA

Vide Projeto de CPC, arts. 718 a 722 (Seção X – Das Disposições Comuns à Tutela e à Curatela).

Seção I
Da Nomeação do Tutor ou Curador

Art. 1.187. O tutor ou curador será intimado a prestar compromisso no prazo de 5 (cinco) dias contados:

Vide Projeto de CPC, art. 718, caput.

Se as pessoas, nas condições elencadas no art. 1.767 do estatuto civil, estão sujeitas à curatela, os filhos menores de pais falecidos, ausentes, ou decaídos do poder familiar se submetem à tutela, de acordo com o disposto no art. 1.728 do mesmo Código. Tutor é, assim, a pessoa que representa o menor que não se encontra sob o manto do poder familiar nas três situações referidas pela lei material. Ainda em conformidade com a lei civil, a nomeação do tutor pode ser realizada pelo pai, em conjunto, por testamento ou por qualquer outro documento autêntico (CC, art. 1.729). Inexistindo tutor assim nomeado (tutor testamentário, que independe de aprovação judicial), caberá ao juiz de direito a nomeação tanto no caso da tutela legítima (CC, art. 1.731), como na dativa, que tem lugar quando não haja tutor testamentário, nem legítimo, ou quando esses forem excluídos, escusados ou removidos (CC, art. 1.732). Examinando especificamente agora o texto deste art. 1.187, o que nós temos, sob o ponto de vista procedimental, é o seguinte: na hipótese de nomeação de curador (CC, art. 1.747), a intimação e o compromisso são praticados como atos incidentes da interdição como prolongamento do seu ritual; na hipótese de nomeação de tutor (CC, arts. 1.728, 1.731 e 1.732), tais atos são praticados por força da própria nomeação que o juiz realiza, ouvindo o MP, e que é oriunda de procedimento recém-instaurado por qualquer dos interessados (CC, art. 1.731) ou pelo próprio MP (argumento: arts. 1.188, parágrafo único, e 1.194). Trata-se, assim, no caso de tutela, de procedimento de jurisdição voluntária autônomo que pode depender, inclusive, da citação das pessoas elencadas pelo art. 1.731

do CC (CPC, art. 1.105). O prazo de cinco dias, em qualquer caso, é contado da maneira que segue estabelecida pelos incisos a seguir.

I – da nomeação feita na conformidade da lei civil;
Vide Projeto de CPC, art. 718, I.

Na conformidade da lei civil é a nomeação do tutor legítimo, nos termos do art. 1.731 do respectivo Código, ou do dativo, de acordo com o art. 1.732: "Art. 1.731. Em falta de tutor nomeado pelos pais incumbe a tutela aos parentes consanguíneos do menor, por esta ordem: I – aos ascendentes, preferindo o de grau mais próximo ao mais remoto; II – aos colaterais até o terceiro grau, preferindo os mais próximos aos mais remotos, e, no mesmo grau, os mais velhos aos mais moços; em qualquer dos casos, o juiz escolherá entre eles o mais apto a exercer a tutela em benefício do menor". Observe-se que tal ordem de preferência não é inflexível, podendo mesmo o juiz nomear pessoa estranha ao rol se isso lhe parecer mais conveniente ao bem-estar do menor (nesse sentido Silvio Rodrigues). Vejamos, por fim, o que diz o art. 1.732 do estatuto civil: "Art. 1.732. O juiz nomeará tutor idôneo e residente no domicílio do menor: I – na falta de tutor testamentário ou legítimo; II – quando estes forem excluídos ou escusados da tutela; III – quando removidos por não idôneos o tutor legítimo e o testamentário". Da comunicação da nomeação contida na sentença de interdição (no caso de curatela – art. 1.183, parágrafo único), ou na sentença proferida no procedimento autônomo da tutela (*v.* nota ao *caput*), fluirá o prazo de cinco dias para a prestação do compromisso em cartório.

II – da intimação do despacho que mandar cumprir o testamento ou o instrumento público que o houver instituído.
Vide Projeto de CPC, art. 718, II.

A regra é de difícil compreensão. Quer-nos parecer que, em face do teor do presente dispositivo – inovação do CPC/73 –, quando se tratar de tutela testamentária (CC, art. 1.729), ao requerimento de cumprimento do testamento público ou de confirmação do particular (arts. 1.128 e 1.130) poderá o interessado – inclusive o próprio tutor – cumular o pedido de formalização da tutela mediante compromisso em cartório. Dizemos poderá porque, como é sabido, o curador testamentário não depende de intervenção judicial para reger a pessoa do menor e administrar-lhe os bens (por todos, Caio Mário da Silva Pereira). Parece-nos, assim, que apenas como faculdade ter-se-á o compromisso formal em cartório do tutor testamentário. Observe-se, entrementes, que em relação ao instrumento público que não testamento (CC, art. 1.729, parágrafo único, *in fine*) fica ainda mais difícil compreender o preceito legal porque não se sabe que ordem é essa que manda cumprir tal documento. Talvez se possa explicar a regra dizendo que se trate do próprio procedimento autônomo de nomeação de tutor, requerido por um parente ou pelo próprio nomeado, com base no documento. Salvo melhor juízo, é o que pensamos.

Art. 1.188. Prestado o compromisso por termo em livro próprio rubricado pelo juiz, o tutor ou curador, antes de entrar em exercício, requererá, dentro em 10 (dez) dias, a especialização em hipoteca legal de imóveis necessários para acautelar os bens que serão confiados à sua administração.

Vide Projeto de CPC, art. 718, parágrafo único.

Formalizada em livro próprio do cartório a prestação do compromisso pelo tutor ou curador de bem e fielmente cumprir o encargo que lhe foi confiado, estabelece o dispositivo sob enfoque, como requisito da efetiva entrada no exercício do *munus*, a especialização da hipoteca legal, com o que se asseguram os interesses do incapaz contra os riscos de uma administração malfeita. A regra em questão tinha paralelo no art. 418 do CC/1916 que rezava: "Art. 418. O tutor, antes de assumir a tutela, é obrigado a especializar, em hipoteca legal, que será inscrita, os imóveis necessários, para acautelar, sob a sua administração, os bens do menor" (o preceito se aplicava à curatela *ex vi* do disposto no art. 453). Ocorre, entretanto, que o CC/2002 não trouxe em seu bojo regra semelhante à do antigo art. 418 – na verdade, toda a seção denominada "Da Garantia da Tutela" (arts. 418 a 421) não foi reproduzida no novel estatuto –, de sorte que a exigência de especialização da hipoteca legal nesse caso já não existe. Observe-se, por outro lado, que o art. 1.489, ao disciplinar as hipóteses contempladas com o benefício da hipoteca legal, não faz mais nenhuma referência "às pessoas que não tenham a administração de seus bens, sobre os imóveis de seus tutores ou curadores", como fazia o inciso IV do art. 827 do CC/1916. Revogados assim, os antigos arts. 418 e 827, IV, que davam sustentação material ao presente dispositivo do CPC, a consequência é que perdeu vigência a segunda parte do enfocado art. 1.188 ("[...] antes de entrar em exercício, requererá [...] a especialização [...]"), permanecendo em vigor apenas a primeira parte da regra que explicita a forma da prestação do compromisso pelo tutor ou curador. Observe-se, entretanto, que o parágrafo único, do art. 1.745, do CC/2002, passa a exigir caução para o exercício da tutela, salvo dispensa judicial se o tutor for de reconhecida idoneidade (*v.* comentário e nota ao art. 1.190).

Parágrafo único. Incumbe ao órgão do Ministério Público promover a especialização de hipoteca legal, se o tutor ou curador não a tiver requerido no prazo assinado neste artigo.

Dada a revogação da segunda parte do *caput*, deste art. 1.188, pelo CC/2002, que não reproduziu as regras constantes dos antigos arts. 418 e 827, IV, do CC/1916, também perdeu vigência o presente parágrafo único que dava legitimidade *ad causam* ao MP para requerer a especialização da hipoteca legal sobre os bens do tutor ou do curador na hipótese de um desses não a ter requerido no prazo de dez dias da prestação do compromisso. Se não existe mais hipoteca legal nos casos de tutela ou curatela (*v.* CC, art. 1.489), não se cogita mais, obviamente, de legitimação para requerê-la.

Art. 1.189. Enquanto não for julgada a especialização, incumbirá ao órgão do Ministério Público reger a pessoa do incapaz e administrar-lhe os bens.

A norma sob enfoque era completamente excepcional dentro do sistema jurídico, pois outorgava ao MP função de caráter material, representada pela tutela ou curatela do incapaz, enquanto não fosse julgado o pedido de especialização formulado por ele próprio ou pelo titular natural do *munus*: o tutor ou o curador. Ocorre, entretanto, que como nas hipóteses de tutela e curatela já não se cogita mais de hipoteca legal (o art. 1.489 do CC não reproduziu as regras dos antigos arts. 418 e 827, IV), a consequência foi a revogação da segunda parte do *caput* do art. 1.188 deste CPC, e, naturalmente, a revogação deste art. 1.189 que trata de um aspecto material paralelo ao desenvolvimento do processo de especialização (a regência da pessoa do incapaz e a administração de seus bens pelo órgão do MP). Como não há mais julgamento de qualquer especialização, não há mais restrição alguma a que o próprio tutor ou curador entre no exercício de sua função de regência e administração imediatamente, assim que preste o compromisso (arts. 1.187 e 1.188, *caput*, parte inicial), caindo no vazio qualquer participação ministerial. Observe-se, por fim, apenas que o parágrafo único do art. 1.745, do CC, exige prestação de caução por parte do tutor (*v.* comentários aos arts. 1.188 e 1.190 e nota a este último).

Art. 1.190. Se o tutor ou curador for de reconhecida idoneidade, poderá o juiz admitir que entre em exercício, prestando depois a garantia, ou dispensando-a desde logo.

Como se vê, a regra estampada no presente art. 1.190 trata da possibilidade de o tutor ou curador entrar no exercício do *munus* da tutela ou curatela independentemente da prestação da garantia representada pela especialização da hipoteca legal se e quando for de reconhecida idoneidade. O que se passa, no entanto, é que, como o novo estatuto civil já não exige hipoteca legal nestas hipóteses (o art. 1.489 não reproduziu as previsões contidas nos antigos arts. 418 e 827, IV, do CC/1916), o dispositivo processual ora enfocado perdeu a sua razão de ser, salvo pelo fato de que o art. 1.745, parágrafo único, do CC/2002, autoriza o juiz a condicionar o exercício da tutela à prestação de caução ou dispensá-la pura e simplesmente se o tutor for de reconhecida idoneidade.

Art. 1.191. Ressalvado o disposto no artigo antecedente, a nomeação ficará sem efeito se o tutor ou curador não puder garantir a sua gestão.

O contexto processual no qual tinha incidência o dispositivo sob análise era o seguinte: nomeado o tutor ou curador, nos termos da lei civil, sem a dispensa a que alude ao art. 1.190, seguir-se-ia o compromisso que desencadearia o fluxo do prazo de dez dias para a especialização; requerida essa pelo próprio nomeado, ou pelo MP, verificava-se no curso do seu procedimento que o tutor, ou curador, não tinha condições econômicas para garantir a administração. Ocorre, entretanto, que, desde a entrada em vigor do CC/2002, não há mais garantia a ser prestada pelo tutor ou curador em face do que dispõe o atual art. 1.489 do estatuto de 2002, de sorte que o presente art. 1.191 do CPC perdeu por completo a sustentação material no que concerne à exigência de hipoteca legal, já que o vigente art. 1.489, que fala das pessoas a ela submetidas, não reproduziu regra semelhante à do art. 418 da lei codificada de 1916 (*v.* notas aos arts. 1.188 a 1.190). Este art. 1.191 só não está revogado, observe-se, por causa do que dispõe o parágrafo único, do art. 1.745, que exige a prestação de caução pelo tutor (*v.* comentário ao art. 1.190).

Art. 1.192. O tutor ou curador poderá eximir-se do encargo, apresentando escusa ao juiz no prazo de 5 (cinco) dias. Contar-se-á o prazo:

Vide Projeto de CPC, art. 719, caput

Sobre a escusa dos tutores dispõem os arts. 1.736 e 1.737 do CC que reproduzimos: "Art. 1.736. Podem escusar-se da tutela: I – mulheres casadas; II – maiores de sessenta anos; III – aqueles que tiverem sob sua autoridade mais de três filhos; IV – os impossibilitados por enfermidade; V – aqueles que habitarem longe do lugar onde se haja de exercer a tutela; VI – aqueles que já exercerem tutela ou curatela; VII – militares em serviço". "Art. 1.737. Quem não for parente do menor não poderá ser obrigado a aceitar a tutela, se houver no lugar parente idôneo, consanguíneo ou afim, em condições de exercê-la". Acerca da curatela, observe-se que o art. 1.774 afirma a aplicabilidade do disposto no capítulo anterior (o que inclui os arts. 1.736 e 1.737) com a restrição do art. 1.772 e as modificações constantes dos arts. 1.775 a 1.778 (o que interessa aqui é o art. 1.775). Nessas hipóteses também caberá a escusa do curador (*v.*, especialmente, nota ao parágrafo único do art. 1.183). Muito bem, no prazo de cinco dias (o art. 1.738 do CC estabelece o prazo de dez dias, derrogando o presente dispositivo nessa parte), contado na forma dos incisos a seguir, poderá o tutor, ou curador, eximir-se, segundo o texto, incidente este que se processará nos próprios autos da interdição ou da nomeação. Observe-se que, mesmo que a escusa venha fora do prazo legal, ao juiz caberá apreciá-la (*v.* nota ao parágrafo único). Seja como for, vejamos como se dá a contagem do prazo.

I – antes de aceitar o encargo, da intimação para prestar compromisso;
Vide Projeto de CPC, art. 719, I.

Conta-se o prazo, em primeiro lugar, a partir da intimação para prestar compromisso, que é a referida pelo art. 1.187, *caput*. Destarte, realizada a intimação pessoal do tutor ou curador pelo correio ou pelo oficial de justiça, e juntado aos autos o respectivo AR ou mandado cumprido (art. 241, I ou II), inicia-se o curso do prazo de cinco dias para a apresentação da escusa, que deverá ser instrumentalizada por petição. A escusa, nesse caso, significa negativa de aceitação do *munus*, como deixa claro o texto.

II – depois de entrar em exercício, do dia em que sobrevier o motivo da escusa.
Vide Projeto de CPC, art. 719, II.

Caso já tenha ocorrido a aceitação do *munus* – mediante a prestação do compromisso nos termos da parte inicial do art. 1.188, no prazo do art. 1.187 – resta ainda a possibilidade de o tutor, ou curador, eximir-se do encargo se qualquer das circunstâncias previstas pelos arts. 1.736, 1.737 e 1.775 se verificar supervenientemente, vale dizer, se qualquer delas puder ser qualificada como fato novo. Nesse caso, será do dia em que ocorrer o fato, ou da data da ciência desse fato pelo tutor ou curador – assim interpretada, a regra se torna aplicável, argumento, art. 305, do CPC – que começará a fluir o prazo de cinco dias.

Parágrafo único. Não sendo requerida a escusa no prazo estabelecido neste artigo, reputar-se-á renunciado o direito de alegá-la.
Vide Projeto de CPC, art. 719, § 1º.

O teor normativo deste parágrafo único e do *caput*, quanto ao prazo, foi derrogado tacitamente pelo disposto no art. 1.738 do CC, que para esta mesma hipótese (o pedido de escusa) prevê o prazo de dez dias para a sua apresentação. Já no que concerne à presunção legal de que o tutor ou o curador omisso no quinquídio renunciou ao direito de alegá-la, é preciso que se diga que tal presunção não pode ser tida como absoluta, em primeiro lugar, porque o desrespeito a qualquer dos comandos contidos nos arts. 1.736, 1.737 e 1.775 do estatuto civil pode representar prejuízo de alguma ordem para o incapaz e, em segundo, porque, de acordo com o art. 1.109, o juiz não está balizado pela legalidade estrita, o que lhe permite avaliar o pedido de escusa e deferi-lo.

Art. 1.193. O juiz decidirá de plano o pedido de escusa. Se não a admitir, exercerá o nomeado a tutela ou curatela enquanto não for dispensado por sentença transitada em julgado.

Vide Projeto de CPC, art. 719, § 2º.

O preceito legal sob exame tem paralelo no art. 1.739 do CC que prescreve: "Art. 1.739. Se o juiz não admitir a escusa, exercerá o nomeado a tutela, enquanto o recurso interposto não tiver provimento, e responderá desde logo pelas perdas e danos que o menor venha a sofrer". As regras exigem alguns esclarecimentos. Inicialmente, é necessário ressaltar que o CC explicita circunstância omitida pela lei processual – a responsabilização do nomeado por prejuízos decorrentes do exercício negligente da tutela ou curatela provisória –, não havendo nenhuma incompatibilidade entre as duas normas jurídicas. Em segundo lugar, é preciso deixar claro que o exercício provisório instituído decorre de o agravo (não apelação) – que o nomeado interpõe contra a decisão (não sentença) que indefere o seu pedido – não dispor de efeito suspensivo, não lhe permitindo, assim, deixar de exercer a tutela ou a curatela que o juiz lhe confiou (note-se que, quanto à alusão ao recurso cabível, o texto do art. 1.739 do CC é mais técnico e preciso do que o deste art. 1.193).

Seção II
Da Remoção e Dispensa de Tutor ou Curador

Art. 1.194. Incumbe ao órgão do Ministério Público, ou a quem tenha legítimo interesse, requerer, nos casos previstos na lei civil, a remoção do tutor ou curador.

Vide Projeto de CPC, art. 720, caput

A remoção ou a exoneração do tutor, ou curador, tem lugar não só nas seis hipóteses do art. 1.735 do CC, como em qualquer outra em que aquele que exerça o encargo cause prejuízo ao incapaz por dolo, culpa ou fraude na administração de seus bens; idêntico postulado vale para o curador *ex vi* do disposto no art. 1.774. Exemplificam os casos de má gestão, em primeiro lugar, todas aquelas situações em que os arts. 1.748 e 1.749 do estatuto civil exigem prévia autorização para a prática do ato, e o tutor, ou curador, omite a providência em afronta à lei; em segundo lugar, temos as hipóteses de violação de qualquer dos deveres estampados nos arts. 1.740, 1.751, 1.752 ou 1.756. Observe-se, entrementes, que em todos os casos a falta há de ser grave e estar revestida de potencialidade ofensiva ao patrimônio ou à pessoa do incapaz, o que o juiz avaliará caso a caso, segundo o seu prudente arbítrio, já que não está obrigado a observar o princípio da legalidade estrita a teor do disposto no art. 1.109 (não existe gravidade que justifique a remoção, *v. g.*, na hipótese de o tutor receber quantias devidas ao menor ou pagar-lhe dívidas – *v.* art. 1.748, I –, ou, ainda, pela propositura de ações cautelares ou de conhecimento para evitar a prescrição – *v.* art. 1.748, V – o rol de hipóteses e os exemplos são de José Olympio de Castro Filho).

Art. 1.195. O tutor ou curador será citado para contestar a arguição no prazo de 5 (cinco) dias.

Vide Projeto de CPC, art. 720, parágrafo único.

O pedido de remoção que parta do MP (art. 1.194), ou do interessado (CC, arts. 1.729, 1.731, 1.732 e 1.775), será deduzido por petição inicial que deve preencher os requisitos genéricos do art. 282. Recebida pelo juiz da causa, ordenará este o processamento em apenso do pedido, seguindo-se a ordem de citação do tutor ou curador – por oficial de justiça – para que ele possa contestá-lo no prazo de cinco dias, como diz o texto. Observe-se que, nesse prazo, poderá o tutor ou curador opor-se ao requerimento, alegando toda sorte de defesas processuais ou, no mérito, impugnando os fatos que amparam o pedido de exoneração (*v.* nota ao art. 1.194). Faculta-se ao requerido, ainda, no mesmo quinquídio, a oposição de exceções, a impugnação ao valor da causa, a exibição de documento ou coisa, a arguição de falsidade, etc.

Art. 1.196. Findo o prazo, observar-se-á o disposto no art. 803.

A expressa remissão ao art. 803 significa que, não sendo contestado o pedido – observe-se que, embora o rito seja, o pedido de remoção não é cautelar –, presumir-se-ão verdadeiros os fatos alegados pelo MP ou pelo interessado (art. 319), o que permite ao juiz proferir sentença de imediato, de acordo com o *caput* do mencionado artigo. Se, por outro lado, o tutor ou curador contestar tempestivamente o pedido (arts. 300 a 303), o juiz designará audiência de instrução e julgamento – mediante prévia oitiva do requerente, ou não, conforme o seu arbítrio – para que as partes provem, por meio de prova oral, os fatos que alegaram (*v.* nota ao art. 803). Concluída a instrução em audiência, seguir-se-ão os debates orais, ou os memoriais (art. 454, § 3º), e o proferimento de sentença (art. 456), que julgará procedente ou improcedente o pedido de exoneração.

Art. 1.197. Em caso de extrema gravidade, poderá o juiz suspender do exercício de suas funções o tutor ou curador, nomeando-lhe interinamente substituto.

Vide Projeto de CPC, art. 721.

Trata-se de providência cautelar *ex officio*, enquadrável na previsão do art. 797 do CPC, por meio da qual o juiz liminarmente – isto é, antes da citação do tutor ou do curador para a causa – suspende o exercício da função e, ato contínuo, nomeia-lhe substituto interino. Registre-se que a menção à "extrema gravidade" no texto nada mais significa do que a exigência expressa de *periculum in mora*: o perigo de que a demora na outorga da providência definitiva de remoção cause danos irreparáveis, ou de difícil reparação, à pessoa ou ao patrimônio do incapaz. Embora a lei não o diga, é necessário salientar que nada impede o juiz de fazer audiência de justificação prévia, com ou sem o requerido, para melhor apurar a gravidade da situação vivida pelo menor ou interdito (art. 804, por analogia. Concomitantemente à intimação da suspensão deferida *in limine*, será citado o tutor ou curador para contestar o pedido no prazo de cinco dias (arts. 1.195 e 802, parágrafo único, II). Após o cumprimento de tais medidas, intima-se o substituto para os fins do art. 1.187 (note-se que, nesse caso, não tem aplicação o art. 1.188).

Art. 1.198. Cessando as funções do tutor ou curador pelo decurso do prazo em que era obrigado a servir, ser-lhe-á lícito requerer a exoneração do encargo; não o fazendo dentro dos 10 (dez) dias seguintes à expiração do termo, entender-se-á reconduzido, salvo se o juiz o dispensar.

Vide Projeto de CPC, art. 722.

Dispõe o art. 1.765 do CC: "O tutor é obrigado a servir por espaço de dois anos". O preceito sob enfoque – reprodução do art. 444 do CC/1916 – derroga o parágrafo único desse artigo que afirmava a possibilidade de o tutor continuar além do prazo se o quisesse e o juiz considerasse conveniente para o menor. Hoje, portanto, encontra-se alterada tal disciplina porque, à falta de requerimento de exoneração – a ser processado em apenso –, expirado o prazo de dois anos, fica automaticamente reconduzido o que já exerce o *munus* (recondução *ex vi legis*), salvo se o juiz, de ofício ou a requerimento de algum interessado ou do MP, decidir contrariamente por não convir a recondução aos interesses do incapaz. A decisão que dispensar o tutor, ou curador, deve ser fundamentada.

CAPÍTULO X
DA ORGANIZAÇÃO E DA FISCALIZAÇÃO DAS FUNDAÇÕES

Vide Projeto de CPC, arts. 723 a 725
(Seção XI – Da Organização e da Fiscalização das Fundações).

Art. 1.199. O instituidor, ao criar a fundação, elaborará o seu estatuto ou designará quem o faça.

Fundação é uma pessoa jurídica de direito privado (CC, art. 44, III), uma universidade de bens personalizada, em atenção ao fim, que lhe dá unidade (Clóvis Beviláqua) ou, simplesmente, um patrimônio investido pela lei de personalidade jurídica para a consecução de um fim previamente estabelecido (normalmente de utilidade pública ou beneficência). Sobre a sua instituição dispõe o art. 62 do CC: "Art. 62. Para criar uma fundação, o seu instituidor fará, por escritura pública ou testamento, dotação especial de bens livres, especificando o fim a que se destina, e declarando, se quiser, a maneira de administrá-la". Muito bem, o presente dispositivo apenas explicita a necessidade de se elaborar o estatuto fundacional para a criação da pessoa jurídica, no que reproduz sem maiores detalhes a normatividade contida no art. 65 do estatuto civil (*v.* nota ao art. 1.200). Observe-se, em primeiro lugar, que o estatuto, em si, não exige forma pública e, em segundo, que não só o dotador ou alguém designado por ele, mas também o MP pode elaborá-lo a teor do disposto no art. 1.202 deste Código.

Art. 1.200. O interessado submeterá o estatuto ao órgão do Ministério Público, que verificará se foram observadas as bases da fundação e se os bens são suficientes ao fim a que ela se destina.

A regra em questão tem paralelo no art. 65, *caput*, do CC que reza: "Art. 65. Aqueles a quem o instituidor cometer a aplicação do patrimônio, em tendo ciência do encargo, formularão logo, de acordo com as suas bases (art. 62), o estatuto da fundação projetada, submetendo-o, em seguida, à aprovação da autoridade competente, com recurso ao juiz". Como se vê, este art. 1.200 torna expresso que a aprovação do estatuto é incumbência do MP e não do Poder Judiciário – resolvendo antiga controvérsia –, o que representa, entretanto, função absolutamente atípica e anômala conferida ao *parquet* pela lei civil, a princípio, e agora também pela processual. A *ratio* deste art. 1.200 e a identificação entre *parquet* e "autoridade competente", no texto do art. 65, prendem-se indiscutivelmente ao fato de o CC, por seu art. 66, atribuir ao MP dos Estados o dever de velar pelas fundações, encargo este de largo espectro processual e administrativo (*v.* nota ao art. 1.201). Note-se que "bases da fundação", no texto, são os objetivos colimados pelo instituidor, e "bens", aqueles que serão afetados aos fins institucionais (José Olympio de Castro Filho).

Art. 1.201. Autuado o pedido, o órgão do Ministério Público, no prazo de 15 (quinze) dias, aprovará o estatuto, indicará as modificações que entender necessárias ou lhe denegará a aprovação.

A autuação a que alude o texto corresponde à formação de autos de procedimento administrativo no qual o MP fiscaliza a simetria entre o estatuto e a vontade expressa no testamento, ou na escritura pública, e a correspondência desta com a lei, tudo com vista ao proferimento do ato de aprovação que permitirá a inscrição do estatuto no Cartório de Registro Civil, o que dará existência legal à fundação (LRP, arts. 114, I, e 119; note-se que o art. 115 impede o registro em caso de atividade ilícita, contrária, nociva ou perigosa ao bem público, à segurança do Estado e da coletividade, à ordem pública ou social, à moral e aos bons costumes). Observe-se que a aprovação ministerial é ato administrativo de que depende a existência da fundação, mas que não se identifica com exercício de jurisdição voluntária, atividade exclusiva e estritamente judicial. Tenha-se presente, ainda, que, se o *parquet* exigir modificações para a aprovação do estatuto, um de três fatos se desencadeia: *a*) o interessado as realiza e o órgão ministerial aprova o estatuto; *b*) o interessado não atende à exigência e nada mais faz; *c*) o interessado com elas não se conforma e reclama ao Judiciário. O recurso ao juiz de direito é a solução, também, no caso de o MP, por qualquer motivo – inclusive no caso do art. 63 do CC –, negar aprovação ao estatuto (*v.* §§ 1º e 2º a seguir).

§ 1º Nos dois últimos casos, pode o interessado, em petição motivada, requerer ao juiz o suprimento da aprovação.

Vide Projeto de CPC, art. 723, caput

O assim chamado suprimento de aprovação – que se encontrava previsto no parágrafo único do art. 27 do CC/1916, mas que não encontra paralelo no vigente estatuto civil – corresponde a típico procedimento de jurisdição voluntária cujo ritual vem o estabelecido nos arts. 1.103 a 1.111 e por cujo intermédio o interessado buscará o proferimento de sentença que afaste as exigências formuladas pelo *parquet* e aprove o estatuto ou que, simplesmente, substitua o ato administrativo denegatório por outro de caráter positivo que supra a aprovação ministerial. Observe-se que, nesses dois casos, o juiz de direito apenas faz cessar com a sua decisão as exigências do *parquet*, ou os efeitos da desaprovação, mas não faz ele próprio qualquer exigência, hipótese que é contemplada pelo § 2º a seguir. Note-se, por derradeiro, que o suprimento demanda iniciativa do interessado exclusivamente.

§ 2º O juiz, antes de suprir a aprovação, poderá mandar fazer no estatuto modificações a fim de adaptá-lo ao objetivo do instituidor.

Vide Projeto de CPC, art. 723, parágrafo único.

Entendendo o magistrado que a solução para o pedido de suprimento não é a denegação de aprovação, nem a exigência de tantas modificações, mas apenas de uma ou algumas, condicionará ele, por decisão interlocutória, a aprovação do estatuto ao cumprimento das suas próprias exigências. Veja-se que pode ocorrer, também, de o juiz concordar inteiramente com o órgão ministerial, exigindo, assim, as mesmas alterações que este requereu e que não foram atendidas. Qualquer que seja a hipótese, merece consignação o fato de que o órgão judicial só proferirá a sentença de suprimento de aprovação se, antes, forem introduzidas as modificações no instrumento público ou particular que veicule formalmente o estatuto fundacional. Da decisão que mande o interessado fazer modificações cabe agravo (arts. 162, § 2º, e 522), ficando, a partir da sua interposição, sobrestado o andamento do feito, haja vista ser absolutamente natural, nesse contexto, que o interessado não realize as alterações exigidas. A sentença que julga procedente o pedido, e declara suprida a aprovação do MP, tem natureza claramente constitutiva, porque dela resultará a criação de uma situação jurídica nova, o nascimento da fundação.

Art. 1.202. Incumbirá ao órgão do Ministério Público elaborar o estatuto e submetê-lo à aprovação do juiz:

Vide Projeto de CPC, art. 724.

A prescrição legal sob enfoque encerra duas autorizações de natureza jurídica distinta: a primeira, consubstanciada no poder do MP de elaborar o estatuto da fundação, tem caráter nitidamente material; a segunda, traduzida na prerrogativa de submeter o estatuto elaborado à aprovação judicial – por meio de procedimento de jurisdição voluntária que se pautará pelo disposto nos arts. 1.103 a 1.111 – possui indiscutível feição processual. Observe-se que, enquanto a legitimação ativa aqui prevista é fenômeno que não recebe da lei civil qualquer disciplina, o poder-dever material de elaboração do estatuto é hoje expressamente previsto pela parte final do parágrafo único do art. 65 do CC.

I – quando o instituidor não o fizer nem nomear quem o faça;

Este inciso I regula o poder ministerial na hipótese de a instituição da fundação não se dar por testamento (CC, art. 62, 2ª figura), haja vista a expressa referência, no texto, à não feitura do estatuto pelo próprio instituidor, o que exige, evidentemente, instituidor vivo. Mas, note-se que também no caso de testamento é possível a incidência da regra (*v.* inciso II). Chegando, assim, ao conhecimento do promotor de justiça a existência de escritura pública da qual não conste nomeação de quem faça a elaboração do estatuto fundacional, haverá o órgão do *parquet* de elaborá-lo *incontinenti* e de submetê-lo, em seguida, à aprovação do juiz. Observe-se que, em relação à hipótese prevista por este inciso I, não existe prazo a que se submeta a legitimação material e processual do MP, bastando a inexistência de estatuto e de nomeação de quem o faça.

II – quando a pessoa encarregada não cumprir o encargo no prazo assinado pelo instituidor ou, não havendo prazo, dentro em 6 (seis) meses.

Este inciso II disciplina a condição a que se subordina a legitimidade do MP no caso de a instituição da fundação ocorrer quer por meio de instrumento público, quer pela via testamentária (CC, art. 62). Cientificado o *parquet* da existência de instrumento público ou testamento do qual conste a vontade de criar fundação, mas não a nomeação de quem elabore o seu estatuto – tal ciência se dá, via de regra, em um dos procedimentos previstos pelos arts. 1.125 a 1.134 deste Código –, aplica-se o disposto no inciso I, ficando o órgão ministerial autorizado desde logo à prática dos atos referidos no *caput*. Se, pelo contrário, o promotor de justiça se defronta com disposição de última vontade ou instrumento público que encarrega alguém da elaboração do estatuto, a legitimação do MP dependerá do transcurso do prazo previsto no testamento ou no instrumento, ou do prazo de seis meses, contado da cientificação, que se dê ao encarregado, o que o próprio órgão ministerial deverá providenciar, por requerimento ao juiz, nos autos do procedimento do registro do testamento. Observe-se que o parágrafo único do art. 65 do novo estatuto civil fala de cento e oitenta dias e não de seis meses como consta deste inciso II.

Art. 1.203. A alteração do estatuto ficará sujeita à aprovação do órgão do Ministério Público. Sendo-lhe denegada, observar-se-á o disposto no art. 1.201, §§ 1º e 2º.

Prescreve o art. 67 do estatuto civil: "Art. 67. Para que se possa alterar o estatuto da fundação é mister que a reforma: I – seja deliberada por dois terços dos competentes para gerir e representar a fundação; II – não contrarie ou desvirtue o fim desta; III – seja aprovada pelo órgão do MP, e, caso este a denegue, poderá o juiz supri-la, a requerimento do interessado". Como se vê, mais uma vez confere a lei material e a processual poder ao MP para aprovar administrativamente outro ato relevantíssimo da vida da fundação, que é a alteração estatutária, merecendo destaque nesse diapasão a circunstância de que se há de admitir a contrariedade ao fim fundacional, quando a pessoa jurídica tiver mais de um fim e ela puder subsistir para a realização do outro. Entre a extinção pela impossibilidade de manutenção (art. 1.204, II) e a reforma para a subsistência com finalidade mais restrita, competirá ao juiz ficar com a última solução se ela lhe parecer mais conveniente nos termos do art. 1.109 deste estatuto (a observação é de José Olympio de Castro Filho) (*v.*, ainda, a nota ao parágrafo único na qual referimos a questão do *quorum* para a alteração).

Parágrafo único. Quando a reforma não houver sido deliberada por votação unânime, os administradores, ao submeterem ao órgão do Ministério Público o estatuto, pedirão que se dê ciência à minoria vencida para impugná-la no prazo de 10 (dez) dias.

A prescrição sob análise tem paralelo no art. 68 do CC que dispõe: "Art. 68. Quando a alteração não houver sido aprovada por votação unânime, os administradores da fundação, ao submeterem o estatuto ao órgão do MP, requererão que se dê ciência à minoria vencida para impugná-la, se quiser, em dez dias". Como percebe, este parágrafo único do art. 1.203 do CPC serve de clara inspiração ao novo estatuto civil que o reproduziu quase *ipsis litteris*. Pois bem, quanto à ciência à minoria vencida, observe-se que ela é realizada no bojo do procedimento de jurisdição voluntária com o intuito de permitir que ela demonstre ao juiz a nulidade da modificação não unânime. Quanto à questão do *quorum* para a deliberação da alteração estatutária, merece registro o fato de que o inciso I do art. 67 do estatuto civil, exige não só a presença das pessoas a quem compete a gestão (diretores, membros do Conselho ou Órgão de Administração), mas também daquelas que representam a fundação e que podem não se confundir com as primeiras. Registre-se, por fim, que a prerrogativa processual estabelecida em favor da minoria – exclusividade da organização fundacional – se deve à circunstância de esta pessoa jurídica possuir, via de regra, finalidades filantrópicas, de assistência social, de interesse público (José Olympio de Castro Filho) ou, em outras palavras, por seu intenso envolvimento com interesses e direitos indisponíveis (Antônio Cláudio da Costa Machado). O parágrafo único do art. 62, do CC, hoje estabelece: "A fundação somente poderá constituir-se para fins religiosos, morais, culturais ou de assistência".

Art. 1.204. Qualquer interessado ou o órgão do Ministério Público promoverá a extinção da fundação quando:
Vide Projeto de CPC, art. 725, caput

Dispõe o art. 69 do CC: "Art. 69. Tornando-se ilícita, impossível ou inútil a finalidade a que visa a fundação, ou vencido o prazo de sua existência, o órgão do MP, ou qualquer interessado, lhe promoverá a extinção, incorporando-se o seu patrimônio, salvo disposição em contrário no ato constitutivo, ou no estatuto, em outra fundação, designada pelo juiz, que se proponha a fim igual ou semelhante". Como se vê, o novo estatuto civil aperfeiçoou um pouco o texto do artigo que trata das hipóteses de extinção da fundação, aproximando-o, em termos redacionais, de um lado, e afastando-o, por outro, deste art. 1.204, já que faz expressa referência à "ilícita [...] finalidade" (o inciso I a seguir fala de "ilícito o seu objeto", enquanto o art. 30 do CC/1916 falava "nociva [...] a mantença"), mas, de outra parte, refere "impossível ou inútil a finalidade" (o inciso II adiante diz "impossível a sua manutenção" como o art. 30 do CC revogado) e, finalmente, menciona "vencido o prazo de sua existência" (o inciso III a seguir diz a mesma coisa, assim como o art. 30 do estatuto de 1916). Já no que concerne à destinação do patrimônio fundacional em caso de extinção, como se percebe, não há disciplina neste CPC sobre a matéria, de sorte que o artigo transcrito regula com exclusividade tal aspecto da vida e da morte das fundações. Observe-se, ainda, que embora o texto sob enfoque não refira o procedimento a ser observado no pedido de extinção da fundação, este é o previsto pelos arts. 1.103 a 1.111, do CPC, e, também, que serão necessariamente citados os dirigentes (todos) e outros interessados jurídica e diretamente na manutenção do ente fundacional. Vejamos, destarte, as hipóteses em que a lei determina a extinção.

I – se tornar ilícito o seu objeto;
Vide Projeto de CPC, art. 725, I.

Em face do disposto no inciso I deste art. 1.204, parece razoável concluir que a "ilícita [...] finalidade" prevista pela parte inicial do art. 69 do estatuto civil (*v.* nota ao *caput*) só pode ser hoje compreendida como sinônimo de ilicitude do objeto da fundação. Quanto a esse fenômeno, há quem pense não ser fácil a sua configuração, uma vez que, para o nascimento da pessoa jurídica, os estatutos tiveram que passar pelo crivo do MP ou do Poder Judiciário (art. 1.201), de forma que se há de presumir a licitude do objeto fundacional. Assim sendo, a ilicitude superveniente a que alude o texto só pode ser identificada com o fato de ter sobrevindo norma jurídica vedatória da finalidade tida anteriormente como lícita (concordamos nesse sentido com José Olympio de Castro Filho).

II – for impossível a sua manutenção;

Vide Projeto de CPC, art. 725, II.

Haverá impossibilidade de manutenção do ente fundacional toda vez que se verifique uma situação em que faltem à pessoa jurídica, de forma absoluta, os meios econômicos, técnicos, materiais ou mesmo morais para a consecução dos seus objetivos. Observe-se, entrementes, que não será qualquer motivo ou dificuldade que justificará a extinção, mas somente aqueles que levem à impraticabilidade da realização da vontade institucional, o que deve estar objetivamente caracterizado e comprovado. São justamente estas circunstâncias que, à luz do art. 69 do estatuto civil, tornam "impossível ou inútil a finalidade" da fundação; as duas previsões legais (a do CPC – art. 1.204, I – e a do CC – art. 69) são, portanto, perfeitamente compatíveis juridicamente. Registre-se, ainda, que, diferentemente do que se passa no âmbito de sociedade e associações, não podem os órgãos dirigentes da fundação deliberar a sua extinção, porque, no contexto dessa pessoa jurídica, a função de tais órgãos é meramente administrativa, faltando-lhe poder de disposição sobre um patrimônio que não é seu (Caio Mário da Silva Pereira). A extinção é sempre judicial, portanto.

III – se vencer o prazo de sua existência.

Vide Projeto de CPC, art. 725, III.

Também pelo decurso do prazo de sua existência – como visto, o art. 69, do CC/2002, diz a mesma coisa (*v.* nota ao *caput*) – pode ser extinta a fundação, o que se explica pelo respeito que a lei confere à vontade criadora do instituidor. Na prática, contudo, dificilmente a hipótese se verifica, haja vista que dos estatutos das fundações normalmente constam cláusulas que admitem a prorrogação desse prazo. Note-se que mesmo que não haja nenhuma regra e prorrogação no estatuto, resta ao órgão dirigente da fundação propor judicialmente a sua reforma, com vista à inserção de cláusula naquele sentido, de acordo com os arts. 67 do CC e 1.203 deste Código. Dada a circunstância da existência de interesse social na reforma e na manutenção – representado pelos interesses de incapazes, pessoas necessitadas ou desprotegidas cujo bem-estar pode depender da atividade fundacional –, sempre será lícito ao magistrado, com fundamento no poder que lhe confere o art. 1.109, deferir a reforma em homenagem a tais interesses (a observação é, mais uma vez, de José Olympio de Castro Filho).

CAPÍTULO XI
DA ESPECIALIZAÇÃO DA HIPOTECA LEGAL

Art. 1.205. O pedido para especialização de hipoteca legal declarará a estimativa da responsabilidade e será instruído com a prova do domínio dos bens, livres de ônus, dados em garantia.

A existência deste último procedimento especial se vincula ao fato de o CC estabelecer, em seu art. 1.489, cinco hipóteses em que uma pessoa deve prestar em favor de outra hipoteca legal (a convencional vem prevista pelos arts. 1.473 e segs.). Observe-se que o instituto da hipoteca legal é pouco utilizado na prática, não só porque contém previsões absurdas (incisos I e II do art. 1.489) ou inúteis (incisos III e IV – o sequestro é mais eficaz), como também porque o procedimento judicial é complicado e o registrário custoso. Seja como for, vejamos como a lei processual trata da especialização. Inicialmente, observe-se que especializar significa precisar, individuar, definir o bem (ou os bens) sobre o qual incidirá especificamente o direito real de garantia sob a forma de hipoteca. Assim, para o alcance desse desiderato, estabelece o artigo sob enfoque a necessidade de requerimento ao juiz por petição inicial (art. 282) da qual conste a declaração da estimativa da responsabilidade – mera estimativa, note-se, porque o valor exato será fixado por meio de arbitramento, de acordo com o art. 1.206 – devendo, ainda, ser instruída com a prova do ato ou do negócio jurídico de que decorra a obrigação de especializar – documento indispensável ao ajuizamento do pedido, a teor do exposto no art. 283. Podem requerer a especialização não só os obrigados (os responsáveis pela garantia), como também os beneficiários da hipoteca e o MP em favor dos incapazes. Serão citados, por outro lado, os beneficiários, ou os responsáveis, ou ambos, se o *parquet* tiver a iniciativa (no caso de o responsável ser casado incide a exigência do art. 10, § 1º, IV, do CPC).

Art. 1.206. O arbitramento do valor da responsabilidade e a avaliação dos bens far-se-á por perito nomeado pelo juiz.

Assim como ocorre nas alienações judiciais (art. 1.114) e na interdição (art. 1.183), também na especialização da hipoteca legal a prova técnica é ato indispensável do procedimento. Observe-se, entretanto, que tal ato instrutório, no contexto da especialização, possui dois objetivos simultâneos e completamente diferentes: por meio dele se busca, em primeiro lugar, o arbitramento do valor da responsabilidade do obrigado, o que se fará mediante a observância dos critérios estabelecidos pelo § 1º deste art. 1.206 e, em segundo, a avaliação (ato de fixação do valor pecuniário) dos bens oferecidos, ou indicados, sobre os quais incidirá a garantia real. Nomeado o perito e facultada aos interessados a indicação de assistentes técnicos e a apresentação de quesitos nos termos do art. 421, seguir-se-ão, na produção da prova, as regras previstas pelos arts. 422 a 432 e 435 a 439.

§ 1º O valor da responsabilidade será calculado de acordo com a importância dos bens e dos saldos prováveis dos rendimentos que devem ficar em poder dos tutores e curadores durante a administração, não se computando, porém, o preço do imóvel.

Em razão da circunstância de o novo estatuto civil não mais impor a hipoteca legal sobre os bens de tutores e curadores (CC, art. 1.489), este § 1º sob enfoque perdeu sua vigência, salvo se se puder interpretar a previsão "tutores e curadores" como "pai ou mãe que passar a outras núpcias [...]" segundo o inciso II do mesmo art. 1.489. Dessa forma interpretado, ou reinterpretado, o dispositivo que nos ocupa continua útil dentro do sistema processual. Pois bem, se este § 1º ainda está em vigor, os elementos informativos a partir dos quais o perito realizará o arbitramento da responsabilidade são os seguintes: *a)* o valor dos bens móveis e semoventes do beneficiário (o filho) que o responsável (o pai ou a mãe) terá sob a sua administração; não assim os imóveis que são expressamente excluídos pela parte final do texto, o que se explica pelo fato de não ser possível ao genitor-administrador aliená-lo sem autorização do juiz; *b)* os saldos prováveis dos rendimentos de todos os bens do beneficiário que ficarão à disposição do responsável, entendido o termo "saldo" não como a diferença entre os possíveis rendimentos e as possíveis despesas – compreensão que pode levar à pura e simples inexistência de saldo e, por conseguinte, à própria exclusão de responsabilidade –, mas apenas como sinônimo de montantes ou "importe" (como se vê, a interpretação literal pode levar ao absurdo, razão pela qual deve ser rejeitada). Por fim, saliente-se que a apuração da responsabilidade nunca deixará de ser apenas uma estimativa – porque sujeita a variantes –, daí falar a lei em arbitramento e não em avaliação.

§ 2º Será dispensado o arbitramento do valor da responsabilidade nas hipotecas legais em favor:

De acordo com o texto legal sob apreciação, nas hipóteses que seguem elencadas, o Código de Processo dispensa o juiz de determinar a realização da perícia para o arbitramento do valor da responsabilidade pelo fato de já existirem estimativas formalizadas em certos documentos públicos aos quais o presente dispositivo reconhece eficácia probatória. Note-se que a dispensa prevista no texto alcança somente o arbitramento do valor da responsabilidade, mas não a avaliação dos bens que se submeterão ao ônus real (*v.* art. 1.210 que prevê situação de dispensa do próprio procedimento que ora nos ocupa).

I – da mulher casada, para garantia do dote, caso em que o valor será o da estimação, constante da escritura antenupcial;

O presente dispositivo se encontra revogado pelo CC/2002 que eliminou do nosso sistema jurídico o regime dotal de bens (CC/1916, arts. 278 a 311).

II – da Fazenda Pública, nas cauções prestadas pelos responsáveis, caso em que será o valor caucionado.

De acordo com o art. 1.489, I, do CC: "Art. 1.489. A lei confere hipoteca: I – às pessoas de direito público interno (art. 41) sobre os imóveis pertencentes aos encarregados da cobrança, guarda ou administração dos respectivos fundos e rendas". Eis o substrato material do presente inciso II deste art. 1.206. Muito bem, a dispensa de arbitramento instituída pela regra processual sob enfoque se condiciona ao fato de os responsáveis já terem prestado, antes, judicial ou extrajudicialmente, uma caução, caso em que o valor da responsabilidade para os fins do procedimento da especialização será o caucionado. Observe-se que a norma examinada não tem aplicação porque, na prática, não se tem exigido, nem caução, nem especialização dos encarregados de cobrança ou administradores das pessoas jurídicas de direito público.

§ 3º Dispensa-se a avaliação, quando estiverem mencionados na escritura os bens do marido, que devam garantir o dote.

Assim como ocorre com o inciso I do parágrafo anterior, também o presente § 3º se encontra revogado pelo CC/2002 que fez desaparecer do nosso sistema jurídico o regime dotal de bens (CC/1916, arts. 278 a 311).

Art. 1.207. Sobre o laudo manifestar-se-ão os interessados no prazo comum de 5 (cinco) dias. Em seguida, o juiz homologará ou corrigirá o arbitramento e a avaliação; e, achando livres e suficientes os bens designados, julgará por sentença a especialização, mandando que se proceda à inscrição da hipoteca.

A parte inicial do dispositivo sob enfoque é regra especial em relação à previsão do art. 433, que, por tal motivo, não se aplica ao procedimento da especialização: aqui, o juiz nunca designará audiência para assim fixar o prazo do laudo, pelo contrário, apenas marcará a data para a entrega desse, com vista à posterior manifestação dos interessados em cinco dias. Neste prazo, podem os beneficiários, como os responsáveis pela prestação da hipoteca legal, impugnar o laudo, para tanto alegando: *a*) que a estimativa do valor da responsabilidade está abaixo ou acima daquilo que deveria ser; *b*) que a avaliação dos bens indicados, ou oferecidos, está abaixo ou acima da realidade de mercado; *c*) que há defeitos de técnica na elaboração do arbitramento ou da avaliação, etc. Note-se que a parte final do preceito estabelece que o juiz, após as manifestações, fica com duas possibilidades: primeira, a homologação do arbitramento e da avaliação quando esteja convencido de que as conclusões periciais estão corretas, pouco importando se as partes impugnaram o laudo ou não; segunda, a correção das conclusões do perito, quer quanto ao arbitramento da responsabilidade, quer quanto à avaliação dos bens, o que dependerá exclusivamente da convicção judicial e não de terem os interessados impugnado o laudo. Cabe nesse ponto uma importante observação: a homologação e a correção mencionadas no texto são atos que o juiz pratica como conteúdo (motivação) da sentença que julga a especialização. Procedente o pedido, fará o juiz expedir mandado para o registro da hipoteca (LRP, art. 167, I, 5; e CC, art. 1.492 – *v.*, ainda, art. 1.498 do CC).

Parágrafo único. Da sentença constarão expressamente o valor da hipoteca e os bens do responsável, com a especificação do nome, situação e característicos.

Da sentença que julgar procedente o pedido de especialização constarão expressamente, segundo o texto: *a*) o valor da hipoteca, isto é, o valor da responsabilidade que o juiz determina à luz da perícia e que a hipoteca vai assegurar; *b*) os bens do responsável sobre os quais incidirá o direito real de garantia que o juiz especifica, ou individualiza, com a indicação minuciosa do nome do proprietário e responsável, sua localização geográfica, características, área, limites e confrontantes, número de matrícula ou registro, data da matrícula ou registro, escritura, data da sua lavratura, tabelião, etc. É evidente, por outro lado, que apenas da sentença que acolher o pedido constarão todos esses elementos, porque se a sentença der pela improcedência do pedido de especialização – por inexistência de responsabilidade ou de bens sobre os quais essa possa incidir (*v.* arts. 1.208 e 1.209) – nada disso será exigido.

Art. 1.208. Sendo insuficientes os bens oferecidos para a hipoteca legal em favor do menor, de interdito ou de mulher casada e não havendo reforço mediante caução real ou fidejussória, ordenará o juiz a avaliação de outros bens; tendo-os, proceder-se-á como nos artigos antecedentes; não os tendo, será julgada improcedente a especialização.

Dada a circunstância de o atual estatuto civil não mais contemplar a mulher casada, nem os interditos, com a garantia da hipoteca legal (CC, art. 1.489), a regra processual sob enfoque só se aplica ao "menor" (aos filhos na hipótese específica do inciso II do mencionado art. 1.489). Verificando, assim, o juiz, por meio da prova pericial produzida (art. 1.207), que a responsabilidade existe, mas que os bens oferecidos, ou indicados, foram avaliados em montante pecuniário inferior ao valor da responsabilidade, estabelece a lei, em primeiro lugar, que o juiz determine o reforço, por caução, o que será feito por decisão interlocutória, e não por sentença, já que em caso de não atendimento da determinação o procedimento deve ir avante ou ser encerrado por improcedência posteriormente. Ordenado, assim, o reforço por decisão (art. 162, § 2º), aguardar-se-á o decurso do prazo que o juiz tiver fixado e, uma vez certificada a omissão do responsável, o órgão judicial dará a oportunidade ao beneficiário (requerente ou requerido, tanto faz) para que indique novos bens à avaliação (nesse caso é evidente que apenas uma nova avaliação – e não um novo arbitramento – se realizará na sequência do procedimento). Inexistindo bens que possam ser indicados, por fim, diz a lei que a solução é a improcedência do pedido. Assim não deve ser porque qualquer garantia é melhor do que nenhuma garantia e o que a lei visa é a segurança dos beneficiários instituída pela lei civil e não a exata correspondência de valores que, por sinal, é impossível de alcançar (*v.* art. 1.209).

Art. 1.209. Nos demais casos de especialização, prevalece a hipoteca legal dos bens oferecidos, ainda que inferiores ao valor da responsabilidade, ficando salvo aos interessados completar a garantia pelos meios regulares.

De acordo com o CC, os demais casos de especialização a que alude a regra são, respectivamente, a garantia instituída em favor da pessoa jurídica de direito público interno, do ofendido ou seus herdeiros, em caso de delito, ao coerdeiro para garantia de quinhão ou torna em partilha e ao credor, para garantia de pagamento do restante do preço da arrematação (CC, art. 1.489, I e III a V). Em todos esses casos, verificada a insuficiência dos bens oferecidos, ou indicados, não há lugar no procedimento para determinação de reforço, nem para ordem de nova avaliação, porque a lei expressamente reconhece que qualquer garantia é melhor que nenhuma (o princípio vale, como vimos, para o art. 1.208 por força da razoabilidade que deve permear toda interpretação de regra jurídica). A complementação da garantia "pelos meios regulares" mencionada no texto significa a possibilidade de o beneficiário obter o reforço por intermédio do procedimento da caução (arts. 826 a 834) ou extrajudicialmente. Observe-se, por fim, o que prescreve o art. 1.490 do estatuto civil: "Art. 1.490. O credor de hipoteca legal, ou quem o represente, poderá, provando a insuficiência dos imóveis especializados, exigir do devedor que seja reforçado com outros".

Art. 1.210. Não dependerá de intervenção judicial a especialização de hipoteca legal sempre que o interessado, capaz de contratar, a convencionar, por escritura pública, com o responsável.

A norma jurídica sob apreciação tem caráter meramente explicitativo – além de conteúdo material –, haja vista que, em se tratando de beneficiário capaz (CC, art. 1.489, II a V), o direito à hipoteca legal é perfeitamente disponível, de sorte que tanto pode ele, de forma absolutamente livre, contratar a garantia com o responsável – sob a forma de transação a teor do disposto nos arts. 840 a 850 do estatuto civil –, como abdicar ao direito subjetivo à hipoteca legal, sob a forma de renúncia, ou simplesmente abrir mão do seu exercício pelo não requerimento da especialização que este Capítulo XI disciplina.

LIVRO V

DAS DISPOSIÇÕES FINAIS E TRANSITÓRIAS

Vide Projeto de CPC, arts. 999 a 1.007 (Livro V – Das Disposições Finais e Transitórias).

Art. 1.211. Este Código regerá o processo civil em todo o território brasileiro. Ao entrar em vigor, suas disposições aplicar-se-ão desde logo aos processos pendentes.

Vide Projeto de CPC, arts. 1.000, 1.001, 1.003, 1.006 e 1.007.

A primeira parte do dispositivo em questão disciplina a eficácia da lei processual no espaço, no que repete, embora mais sinteticamente, a previsão contida no art. 1º deste Código (*v.* nota). Já a segunda parte regula de forma avara e deficiente a eficácia temporal do presente estatuto, dizendo apenas que, em vigor, "suas disposições aplicar-se-ão desde logo aos processos pendentes". Malgrado já se encontrarem superadas as dificuldades que essa regra desencadeou – pelo simples fato do decurso de três décadas de vigência deste Código de Processo, *v.* art. 1.220 –, parece relevante salientar que a prescrição sob enfoque não significa a pura adoção do sistema do "isolamento dos atos processuais" (em contraposição ao sistema da "unidade processual" e ao das "fases processuais"), porque a aplicação imediata dos seus preceitos sempre tem de ser examinada à luz das garantias constitucionais da coisa julgada (o processo findo fica imune, evidentemente, à lei nova), do ato jurídico perfeito (no processo de conhecimento, execução e cautelar) e do direito adquirido reconhecido pela sentença ou resultante de atos executórios (também nos processos de conhecimento, execução e cautelar) (Cintra, Grinover, Dinamarco). Melhor seria se o CPC houvesse consagrado, de forma expressa, o princípio da irretroatividade da lei processual como fez o art. 2º do CPP.

Art. 1.211-A. Os procedimentos judiciais em que figure como parte ou interessado pessoa com idade igual ou superior a 60 (sessenta) anos, ou portadora de doença grave, terão prioridade de tramitação em todas as instâncias.

Vide Projeto de CPC, art. 1.004, caput

Com o intuito de tornar realidade ou, pelo menos, mais realista o princípio do acesso à Justiça (CF, art. 5º, XXXV), que significa, entre outras coisas, acesso a uma Justiça mais célere e efetiva, é que estes três artigos na sequência (1.211-A, 1.211-B e 1.211-C) foram inseridos no nosso sistema do processo civil: o primeiro para instituir o direito ao benefício da prioridade de tramitação dos processos dos idosos e, agora também, dos portadores de doença grave; o segundo para regulamentar o requerimento do benefício e prever que o juiz determine as providências a serem cumpridas; e o terceiro para estabelecer a transmissibilidade do benefício da prioridade ao cônjuge supérstite, companheiro ou companheira do idoso ou da pessoa portadora de doença grave. Pois bem, focalizando especificamente o art. 1.211-A, o que se verifica, de início, é que todos os procedimentos judiciais, sem exceção, submetem-se ao benefício da prioridade de tramitação (processo de rito ordinário ou sumário, procedimentos especiais de jurisdição contenciosa, do CPC e das leis extravagantes, inclusive o dos juizados especiais cíveis, procedimentos de jurisdição voluntária e mesmo procedimentos de caráter puramente administrativo, desde que tramitem perante o Poder Judiciário – *v. g.*, perante as varas de registros públicos –, mas não assim procedimentos outros perante a Administração Pública ou perante o Poder Legislativo). Outra consideração relevante concerne ao fato de que não importa de que maneira o idoso ou a pessoa portadora de doença grave participa do procedimento judicial, desde que figure como "parte ou interessado". Parte, para as finalidades do texto, tanto é o autor como o réu ou qualquer litisconsorte, mas não assim aqueles que figuram como terceiros intervenientes (assistentes, opoente, nomeado, chamado, denunciado), dada a eliminação do termo "interveniente" pela Lei n. 12.008/2009; interessado é todo aquele que requer ou contra ele é requerida uma providência judicial em jurisdição voluntária (art. 1.104). Por último, registre-se que o art. 71 da Lei n. 10.741/2003 (Estatuto do Idoso) concede o benefício de prioridade de tramitação às pessoas com idade igual ou superior a 60 anos, o que revela a perfeita consonância normativa com o presente dispositivo do CPC (texto de acordo com a Lei n. 12.008/2009).

Parágrafo único. *(Vetado.)*

Art. 1.211-B. A pessoa interessada na obtenção do benefício, juntando prova de sua condição, deverá requerê-lo à autoridade judiciária competente para decidir o feito, que determinará ao cartório do juízo as providências a serem cumpridas.

Vide Projeto de CPC, art. 1.004, § 1º

A respeito da "pessoa interessada na obtenção do benefício", a que alude o texto, precisamos nos reportar necessariamente ao artigo anterior, que institui o direito à tramitação prioritária de procedimentos judiciais em favor da "pessoa com idade igual ou superior a 60 (sessenta) anos, ou portadora de doença grave". Inicialmente, cumpre assinalar que somente a pessoa física, ou natural, sem qualquer discriminação, com idade de 60 anos completos, ou portadora de doença grave, faz jus ao benefício, excluídas todas as pessoas jurídicas. Note-se, de outra parte, que o fato de o texto se valer da locução "pessoa interessada" e de exigir juntada de documento comprobatório está a indicar que o benefício instituído não pode, em hipótese alguma, ser objeto de concessão judicial de ofício. Trata-se de direito subjetivo processual (da "parte ou interessado" – ainda o art. 1.211-A) cujo reconhecimento e concretização dependem da prova da idade ou da doença grave e da expressa manifestação de vontade do idoso ou doente beneficiário. Sob o prisma procedimental, o requerimento e a concessão do benefício correspondem a incidente que se processa nos próprios autos e que não depende, à luz da literalidade do texto examinado, da observância do contraditório, embora possa o magistrado ouvir previamene a parte contrária antes de decidir. Por derradeiro, precisamos fazer alusão ao motivo pelo qual a lei diz que a autoridade judiciária "determinará ao cartório do juízo as providências a serem cumpridas". Como dissemos em comentário ao artigo anterior, a figura da tramitação prioritária, que envolve todos os atos e diligências "em todas as instâncias" (art. 1.211-A, mais uma vez), depende de regulamentação por lei ou ato administrativo, porquanto tal fenômeno corresponde a uma ideia vaga ou, tecnicamente, a um conceito indeterminado, daí a necessidade de explicitação do seu exato conteúdo por meio do instrumental jurídico adequado. Contudo, a falta de regramento não pode impedir a imediata realização deste novo direito dos idosos ou doentes graves, de sorte que o juiz fica autorizado a determinar providências concretas para que o processo tenha a desejada prioridade em sua tramitação; havendo regulamentação legal ou administrativa, ainda assim, o juiz ordenará que atos o cartório deve praticar (segundo a própria regulamentação) para que se efetive a desejada prioridade.

§ 1º Deferida a prioridade, os autos receberão identificação própria que evidencie o regime de tramitação prioritária.

Vide Projeto de CPC, art. 1.004, § 2º.

Com o intuito de proporcionar efetividade ao benefício processual da prioridade de tramitação, de que são titulares os idosos e os portadores de doença grave (art. 1.211-A), e, ao mesmo tempo, dar início à regulamentação das "providências a serem cumpridas" pelo cartório e que se encontram genericamente referidas pelo *caput* deste art. 1.211-B, é que o focalizado § 1º estabelece de forma peremptória que, deferida a prioridade pelo juiz, "os autos receberão identificação própria que evidencie o regime de tramitação prioritária". Trata-se apenas de uma primeira providência citatória – outras poderão ser instituídas por lei, ato administrativo e pelo próprio juiz evidentemente, como prevê o *caput* –, mas o que parece importante observar é que a identificação própria nos autos é o passo inicial necessário e imprescindível à prática de todos os outros que deverão ser levados a cabo pelo cartório no curso do procedimento. Com efeito, a marca a ser impressa na capa dos autos (por meio de tarja colorida ou outra forma de identificação) representa a sinalização explícita e inconfundível de que os autos que documentam o processo devem ser movimentados para todos os fins antes daqueles que não dispõem de identificação própria. Por último, registre-se que também o processo sob a forma eletrônica exige identificação que evidencie o regime de tramitação prioritária, o que significará a presença de alguma característica distintiva no programa que viabilize a preferência para a prática de atos processuais (texto de acordo com a Lei n. 12.008/2009).

§ 2º *(Vetado.)*
§ 3º *(Vetado.)*

Art. 1.211-C. Concedida a prioridade, essa não cessará com a morte do beneficiado, estendendo-se em favor do cônjuge supérstite, companheiro ou companheira, em união estável.

Vide Projeto de CPC, art. 1.004, § 3º, e também o § 2º.

O presente dispositivo encerra a disciplina do benefício da tramitação prioritária, estabelecendo a transmissibilidade *causa mortis* deste direito subjetivo processual às pessoas indicadas no texto, quais sejam, o cônjuge supérstite e o companheiro ou a companheira (os conviventes da união estável). Quanto à transmissão *causa mortis*, vale a pena ressaltar que a sua operacionalização processual depende apenas da juntada aos autos, pelo sucessor ou espólio (*v.*

observação à frente), da respectiva certidão de óbito da parte ou interessado contemplada judicialmente com o benefício e não, saliente-se, da própria transmissibilidade da ação, que é decorrência da transmissibilidade do direito material discutido na causa. Em outras palavras, o que queremos dizer é que, ainda que a morte do beneficiário signifique o desaparecimento do direito material e, processualmente, a intransmissibilidade da ação e a extinção do processo sem julgamento do mérito (CPC, art. 267, IX), o benefício da tramitação prioritária não deixa de se transmitir ao cônjuge ou companheiro, porque ele, na condição de sucessor da parte falecida, ou representante do espólio, tem poder processual para apelar da sentença com o fim de discutir no tribunal a própria questão da transmissibilidade ou intransmissibilidade do direito material e da ação, revelando-se, assim, necessário e imprescindível o benefício; se não houver recurso, aí sim, cessa o benefício, mas por conta do trânsito em julgado da sentença, e não por causa da intransmissibilidade da ação. Registrem-se, por derradeiro, mais algumas observações: a primeira, no sentido de que apenas ao cônjuge ou companheiro se transmite o benefício e não, em hipótese alguma, ao descendente, ascendente, colateral ou legatário; a segunda, no sentido de que o cônjuge ou companheiro não precisa ter a condição de sucessor do beneficiário no plano material (CC, arts. 1.829, 1.830, 1.845 e 1.790), bastando a sua própria qualidade de marido ou mulher, companheiro ou companheira; e a terceira, no sentido de que não importa mais a idade do cônjuge, companheiro ou companheira para que tenha nascimento o direito à transmissão da tramitação prioritária – a limitação aos idosos desapareceu com a Lei n. 12.008, de 29.07.2009 (texto de acordo com a Lei n. 12.008/2009).

Art. 1.212. A cobrança da dívida ativa da União incumbe aos seus procuradores e, quando a ação for proposta em foro diferente do Distrito Federal ou das Capitais dos Estados ou Territórios, também aos membros do Ministério Público Estadual e dos Territórios, dentro dos limites territoriais fixados pela organização judiciária local.

Dispõe o art. 129, IX, da CF/88: "Art. 129. São funções institucionais do Ministério Público: [...] IX – exercer outras funções que lhe forem conferidas, desde que compatíveis com sua finalidade, sendo-lhe vedada a representação judicial e a consultoria jurídica de entidades públicas". Contudo, a mesma Carta, em seu art. 29, § 5º, do ADCT, estabelece: "Art. 29. Enquanto não aprovadas as leis complementares relativas ao Ministério Público e à Advocacia-Geral da União, o Ministério Público Federal, a Procuradoria-Geral da Fazenda Nacional [...] continuarão a exercer suas atividades na área das respectivas atribuições. [...] § 5º Cabe à atual Procuradoria-Geral da Fazenda Nacional, diretamente ou por delegação, que pode ser ao Ministério Público Estadual, representar judicialmente a União nas causas de natureza fiscal, na área da respectiva competência, até a promulgação das leis complementares previstas neste artigo". Vê-se, portanto, que apenas transitoriamente promoveu o *parquet* estadual ações de cobrança da dívida ativa da União (execução fiscal – inclusive de débitos fixados pelo TCU –, ação de cobrança, ação de depósito a elas conexas – Hugo Nigro Mazzilli), uma vez que a Lei n. 8.625, de 12.02.1993, instituiu a Lei Orgânica Nacional do Ministério Público. Quanto à representação da União, hoje esta compete à Advocacia-Geral da União instituída pela LC n. 73, de 10.02.1993. Quanto à questão da competência, examine-se o que dissemos no comentário ao art. 578 (*v.*, ainda, art. 15 da Lei n. 5.010/66, Lei n. 6.830/80 e Lei n. 8.197/91).

Parágrafo único. As petições, arrazoados ou atos processuais praticados pelos representantes da União perante as justiças dos Estados, do Distrito Federal e dos Territórios, não estão sujeitos a selos, emolumentos, taxas ou contribuições de qualquer natureza.

Por meio do presente dispositivo, que é lei federal, fica isenta a União do recolhimento das despesas processuais mencionadas no texto, qualquer que seja o posicionamento formal que ela ocupe no processo – já que a regra não discrimina e *ubi lex non distinguit* ... – e seja qual for o ato que ela pratique, já que a menção a "atos processuais" dá generalidade normativa ao preceito. Destarte, nenhuma das verbas exigidas por lei estadual, como o Regimento de Custas ou outras (*v. g.*, a lei instituidora da taxa devida à Carteira da Previdência dos Advogados), pode ser cobrada da União Federal quando participe de feito perante a Justiça Estadual, do Distrito Federal ou dos Territórios. Observe-se, por outro lado, que a presente disposição não se confunde com a estabelecida pelo art. 27 deste Código (*v.* nota).

Art. 1.213. As cartas precatórias, citatórias, probatórias, executórias e cautelares, expedidas pela Justiça Federal, poderão ser cumpridas nas comarcas do interior pela Justiça Estadual.

A norma jurídica sob enfoque, como se pode facilmente notar, disciplina a colaboração devida pela Justiça Estadual à Justiça Federal com o que se procura mitigar algumas das dificuldades enfrentadas por esta última no dia a dia do seu labor por falta de pessoal e de magistrados. Quanto às cartas precatórias-citatórias ou probatórias (para a tomada de depoimento da parte, de testemunhas ou para a prestação de esclarecimentos pelo perito), nenhuma dúvida suscita a regra, o mesmo não se podendo dizer das cartas precatórias que se destinem à execução de sentença ou de providências cautelares. É que em relação à competência para o julgamento de incidentes – embargos do devedor, à arrematação, pedido de adjudicação, remição, substituição de medida cautelar por caução, etc. – controvérsias existem e são muitas. Na verdade, a solução para tais impasses reside na interpretação que se dê ao art. 747 (extensível aos incidentes do processo cautelar), razão por que remetemos o leitor ao que dissemos alhures.

Art. 1.214. Adaptar-se-ão às disposições deste Código as resoluções sobre organização judiciária e os regimentos internos dos tribunais.

Vide Projeto de CPC, art. 1.002.

O preceito que ora nos ocupa tem caráter meramente explicitativo, uma vez que diga o CPC, ou não, as leis de organização judiciária e os regimentos internos de todos os tribunais estaduais, ou federais, de nosso país a ele necessariamente hão de se adaptar. Observe-se, entrementes, que o próprio Código, em várias hipóteses, submete ao regimento interno dos tribunais a disciplina de atos do processo como, *v. g.*, nos casos dos arts. 123 (conflito entre turmas, câmaras, etc.), 124 (o processo e o julgamento do conflito de atribuições), 211 (*exequatur* à carta rogatória pelo STF), 265, § 4º (processamento das exceções no tribunal), 479, parágrafo único (publicação de súmulas de jurisprudência dominante), 483, parágrafo único (processamento da homologação de sentença estrangeira), 493, I e II (julgamento da ação rescisória), 540, parágrafo único (procedimento da apelação cível e agravo de instrumento perante o STF), 548 (distribuição de autos) e 1.059 (habilitação incidente). Registre-se, por fim, que outras tantas normas podem eventualmente se chocar com regras regimentais, *v. g.*, as previsões dos arts. 547 ou 655 (a observação é de José Olympio de Castro Filho).

Art. 1.215. Os autos poderão ser eliminados por incineração, destruição mecânica ou por outro meio adequado, findo o prazo de 5 (cinco) anos, contado da data do arquivamento, publicando-se previamente no órgão oficial e em jornal local, onde houver, aviso aos interessados, com o prazo de 30 (trinta) dias.

Vide Projeto de CPC, art. 1.005.

§ 1º É lícito, porém, às partes e interessados requerer, às suas expensas, o desentranhamento dos documentos que juntaram aos autos, ou a microfilmagem total ou parcial do feito.

§ 2º Se, a juízo da autoridade competente, houver, nos autos, documentos de valor histórico, serão eles recolhidos ao Arquivo Público.

O presente art. 1.215 teve sua vigência suspensa pela Lei n. 6.246, de 07.10.1975, "até que lei especial discipline a matéria nele contida".

Art. 1.216. O órgão oficial da União e os dos Estados publicarão gratuitamente, no dia seguinte ao da entrega dos originais, os despachos, intimações, atas das sessões dos tribunais e notas de expediente dos cartórios.

Inicialmente, é necessário salientar que, de acordo com a ordem constitucional vigente, não pode a lei federal determinar que os Estados realizem publicações gratuitamente, pois cabe a eles a regulamentação dos negócios da sua economia (CF: "Art. 25. Os Estados organizam-se e regem-se pelas Constituições e leis que adotarem, observados os princípios desta Constituição. § 1º São reservadas aos Estados as competências que não lhes sejam vedadas por esta Constituição" – concordamos com a observação, ainda atual, de José Olympio de Castro Filho). Observe-se, entrementes, que no estrito plano federal o Decreto n. 87.335/82, dispondo sobre a autonomia do Departamento de Imprensa Nacional, prescreve em seu art. 5º, parágrafo único, que "A publicação de matéria emanada do Poder Judiciário, na forma do art. 1.216 do CPC, não estará sujeita a pagamento" (a referência é de Theotonio Negrão). Outro aspecto que chama a atenção no texto é o fato de só estarem submetidos à gratuidade os atos indicados, o que inclui as decisões interlocutórias, as partes dispositivas de sentenças e acórdãos, mas não assim editais de citação, de intimação, de praça, de convocação de terceiros, de protestos, etc.

Art. 1.217. Ficam mantidos os recursos dos processos regulados em leis especiais e as disposições que lhes regem o procedimento constantes do Decreto-lei n. 1.608, de 18 de setembro de 1939, até que seja publicada a lei que os adaptará ao sistema deste Código.

Preliminarmente, tenha-se em conta que o DL n. 1.608/39 corresponde ao CPC revogado. Muito bem, de acordo com o texto deste art. 1.217, os recursos previstos em leis extravagantes – e seus procedimentos regidos pelo CPC antigo – ficam mantidos somente até que se publiquem leis novas de adaptação. Duas leis nesse sentido foram publicadas, uma antes e outra logo depois da entrada em vigor do Código Buzaid (as Leis n. 6.014, de 27.12.1973, e n. 6.071, de 03.07.1974), mas certos aspectos não foram expressamente regulados por elas, de sorte que, à falta de adaptação, continua valendo o que dizem, por exemplo, as leis de falência e mandado de segurança sobre recurso: não se admitem os embargos infringentes do estatuto vigente nesses procedimentos (a observação nesse sentido é de Theotonio Negrão).

Art. 1.218. Continuam em vigor até serem incorporados nas leis especiais os procedimentos regulados pelo Decreto-lei n. 1.608, de 18 de setembro de 1939, concernentes:

Vide Projeto de CPC, art. 1.000, § 3º.

Por meio do presente dispositivo, foram mantidos em vigor, a princípio, todos os quinze procedimentos especiais originariamente indicados que o CPC revogado (o DL n. 1.608/39) regulava expressamente em seu bojo. Observe-se que o atual inciso VIII só foi acrescentado muito depois (Lei n. 6.780/80) e, também, que hoje a grande maioria dos procedimentos previstos já se encontra totalmente disciplinada – e, por isso, incorporada – à legislação extravagante (*v.* notas aos incisos a seguir). Ao legislador processual pareceu conveniente excluir tais procedimentos do novo estatuto para evitar a fragmentação regulamentar, posto que vários desses institutos eram regidos, ao mesmo tempo, por leis especiais, pelo CC e pelo CPC. A solução encontrada foi a determinação de que em lei extravagante se concentrasse toda a disciplina de cada um deles (*v.* Exposição de Motivos do Ministério da Justiça, Prof. Alfredo Buzaid, n. 24). Tenha-se em conta, entretanto, que isso não significa que o Código não se aplique subsidiariamente a todos eles, porque é óbvio que apenas a lei codificada tem condições de regular com minúcias os muitos e particulares aspectos do *actum trium personarum*.

I – ao loteamento e venda de imóveis a prestações (arts. 345 a 349);

As normas do CPC/39 relativas a essa matéria perderam a sua vigência. O art. 345 dispunha sobre a impugnação de registro de imóvel loteado e os arts. 346 a 349, sobre a adjudicação compulsória de imóvel compromissado à venda. Hoje, os atos de alteração e cancelamento do loteamento registrado são disciplinados pelos arts. 28 e 33 da Lei n. 6.766/79 (Lei do Parcelamento do Solo Urbano; a formalização do loteamento é regida pelo DL n. 58/37). Já a adjudicação compulsória antes disciplinada pelos arts. 16 e 22 do DL n. 58/37 (com a redação que lhes houvera dado a Lei n. 6.014/73) é hoje regulada pelos arts. 1.417 e 1.418 do CC.

II – ao despejo (arts. 350 a 353);

As regras do Código anterior concernentes ao despejo perderam a sua vigência em virtude da Lei n. 6.649/79, que passou a tratar inteiramente da matéria. Hoje regula o despejo, e outros procedimentos relativos à locação, a Lei n. 8.245/91 (o despejo é tratado especificamente pelos arts. 59 a 66).

III – à renovação de contrato de locação de imóveis destinados a fins comerciais (arts. 354 a 365);

As disposições do Código anterior relativas à ação renovatória de locação comercial perderam a sua vigência por força da Lei n. 6.014/73, cujos arts. 12 e 13 deram novos rumos processuais a tal causa, submetendo-a aos ditames do Decreto n. 24.150/34. Hoje, contudo, a matéria é regulada inteiramente pela nova lei de locação (Lei n. 8.245/91, arts. 71 a 75).

IV – ao Registro Torrens (arts. 457 a 464);

O Registro Torrens é hoje inteiramente regulado pelos arts. 277 a 288 da Lei n. 6.015/73 (LRP), razão por que perderam vigência os artigos do CPC/39 mencionados no texto.

V – às averbações ou retificações do registro civil (arts. 595 a 599);

Identicamente, as averbações ou retificações do registro civil passaram a ser reguladas de forma integral pela Lei n. 6.015/73 (LRP), por meio de vários dispositivos, razão pela qual já não têm vigor os artigos do Código de 1939 indicados no texto.

VI – ao bem de família (arts. 647 a 651);

Também aqui, as normas do CPC de 1939 referidas no texto perderam a sua vigência por força da Lei n. 6.015/73 (LRP), em cujos arts. 260 a 265 o bem de família foi disciplinado inteiramente. Observe-se, entretanto, que além da Lei n. 6.015/73 e do CC, que trata da matéria nos arts. 1.711 a 1.722, ainda vigora a Lei n. 8.009/90, que introduziu importantes alterações na configuração do instituto.

VII – à dissolução e liquidação das sociedades (arts. 655 a 674);

Dada a ausência de lei especial que trate genericamente da dissolução das sociedades, permanecem em vigor os arts. 655 a 674 do CPC/39. Observe-se que a dissolução e liquidação das sociedades anônimas é regulada pelos arts. 206, II, e 209 e segs. da Lei n. 6.404/76 (Lei das S.A.), enquanto a dissolução de sociedades civis (hoje associações – CC, arts. 53 a 61) de fins assistenciais é regida pelo DL n. 41/66. A intervenção e liquidação extrajudicial de instituições financeiras é disciplinada pela Lei n. 6.024/74. Observe-se, por fim, que o art.

2.034 do CC não significa obstáculo à aplicação do CPC/39 à dissolução e liquidação das sociedades, porque este dispositivo do estatuto civil ordena apenas, *a contrario sensu*, que às novas ações se aplique a novel regulamentação material da dissolução (CC, arts. 1.033 a 1.038 e 1.085 a 1.087; *v.* ainda, arts. 1.053 e 1.096) e da liquidação (CC, arts. 1.102 a 1.112), não se referindo à disciplina processual que continua a mesma.

VIII – aos protestos formados a bordo (arts. 725 a 729);

Este inciso VIII foi alterado, em sua redação, pela Lei n. 6.780/80, que fez inserir no artigo que nos ocupa a previsão do procedimento dos protestos formados a bordo. Em razão da inserção, foi necessária a renumeração das previsões subsequentes. De qualquer maneira, o que é importante salientar é que hoje vigoram os arts. 725 a 729 do CPC/39, haja vista que nenhuma lei especial foi criada com o fim de regular tal matéria.

IX – à habilitação para casamento (arts. 742 a 745);

A previsão sob enfoque (renumerada), concernente ao procedimento da habilitação para casamento, perdeu de igual maneira a sua vigência por força da Lei n. 6.015/73 (LRP), cujos arts. 67 a 69 regularam inteiramente a matéria. Regulam, ainda, a matéria os arts. 1.525 a 1.532 do CC (Lei n. 10.406/2002).

X – ao dinheiro a risco (arts. 754 e 755);

Mais uma vez, dada a falta de lei especial que regule o procedimento do dinheiro a risco, ficam mantidos em vigor, *ex vi* da presente disposição (renumerada), os arts. 754 e 755 do CPC/39. Sobre a tomada de dinheiro a risco pelo capitão do navio, examinem-se, ainda, os arts. 515 a 517 do CCom, mantidas em vigor pelo CC/2002 que, em seu art. 2.045, revogou apenas a Parte Primeira do CCom de 1850.

XI – à vistoria de fazendas avariadas (art. 756);

Também o procedimento relativo à vistoria de fazendas avariadas – indicado nessa disposição legal que sofreu renumeração – mantém-se até hoje em vigor pela inexistência de lei especial que se ocupe do assunto. Destarte, ao protesto do destinatário de bagagem ou mercadoria avariada junto ao transportador, aplicar-se-á o preceito contido no art. 756 do CPC de 1939, merecendo consignação apenas o fato de que a prescrição mantida em vigor alterou o disposto no art. 618 do CCom (*v.*, ainda, Decreto n. 50.876/61). Lembramos, apenas, que o art. 2.045 do CC/2002 revogou apenas a Parte Primeira do CCom de 1850.

XII – à apreensão de embarcações (arts. 757 a 761);

Por força da presente disposição legal (renumerada) fica mantida a vigência do procedimento concernente à apreensão de embarcações, haja vista que nenhuma lei extravagante surgiu, de 1973 até hoje, para regular o assunto. Logo, a apreensão de navios em situação irregular e o processo que se segue continuam regidos pelos arts. 757 a 761 do CPC de 1939 (*v.*, ainda, CCom, art. 457; Decreto n. 3.084/1898, art. 145; e Decreto n. 220-A/35); o novo estatuto civil revogou apenas a Parte Primeira do CCom de 1850.

XIII – à avaria a cargo do segurador (arts. 762 a 764);

De acordo com a prescrição sob enfoque, fica identicamente mantido em vigor, por falta de lei especial, o procedimento denominado "Da Avaria a Cargo do Segurador", merecendo consignação apenas a circunstância de que se aplicam à hipótese os arts. 447 e 772 a 774 do CCom e o art. 185 do Decreto n. 3.084/1898, além do art. 291 da Consolidação das Leis das Alfândegas; o CC/2002 revogou apenas a Parte Primeira do CCom de 1850.

XIV – às avarias (arts. 765 a 768);

Outro procedimento que não recebeu de lei especial qualquer disciplina nesses trinta anos é o das avarias, razão por que permanece em vigor, *ex vi* do disposto na presente regra legal (*v.* texto na sua íntegra adiante). Chama a atenção no contexto desse procedimento o fato de o CCom, em muitos dispositivos, disciplinar aspectos do instituto: arts. 449, I, 619, 710 a 730, 761, 774, 784 e 787 (*v.*, ainda, Decreto n. 19.473/30, art. 2º, e Decreto n. 3.084/1898, art. 175 – as remissões são de Juarez de Oliveira); o CC/2002, por seu art. 2.045, revogou apenas a Parte Primeira do CCom de 1850.

XV – *(Revogado pela Lei n. 7.542, de 26.09.1986.)*

O art. 38 da Lei n. 7.542/86, que revogou expressamente este inciso, dispõe sobre pesquisa, exploração, remoção e demolição de coisas ou bens afundados, submersos, encalhados e perdidos em águas sob jurisdição nacional, em terreno de marinha e seus acrescidos e em terrenos marginais, em decorrência de sinistro, alijamento ou fortuna do mar.

XVI – às arribadas forçadas (arts. 772 a 775).

Por derradeiro, é necessário consignar que também o procedimento das arribadas forçadas – assim como disciplinado pelo CPC/39 – permanece em vigor à falta de regulamentação própria de lei extravagante, *ex vi* do disposto na previsão legal (renumerada) sob enfoque. Quanto ao tema, ressalte-se apenas a aplicabilidade dos arts. 515 e 740 a 748 do CCom, dos arts. 165 e 166 do Decreto n. 3.084/1898, dos arts. 279 a 283 da Consolidação das Leis das Alfândegas, além da Convenção de Bruxelas de 1926, promulgada no Brasil pelo Decreto n. 5.814/30 (as remissões são de Juarez de Oliveira). Lembramos que o CC/2002 revogou apenas a Parte Primeira do CCom de 1850.

Art. 1.219. Em todos os casos em que houver recolhimento de importância em dinheiro, esta será depositada em nome da parte ou do interessado, em conta especial movimentada por ordem do juiz.

A norma jurídica sob apreciação tem o claro escopo de trazer segurança à atividade de manuseio de dinheiro alheio por parte do Poder Judiciário e, também, o de coibir práticas irregulares por parte dos auxiliares da justiça que, vez por outra, têm numerário em seu poder. Tais depósitos devem ser efetuados no Banco do Brasil, na Caixa Econômica Federal, ou em banco de que o Estado-membro possua mais de metade do capital social integralizado (se a exigência é imposta pela lei na hipótese específica do art. 666, não há porquê não estar presente aqui), sendo que o prazo de que dispõem os serventuários é o de quarenta e oito horas (por invocação analógica do art. 190). Observe-se, ainda, que também por analogia deve ser aplicada aos depósitos a previsão do art. 1.116 deste Código, o que significa a necessidade da conta estar submetida ao regime da correção monetária (*v.* nota respectiva).

Art. 1.220. Este Código entrará em vigor no dia 1º de janeiro de 1974, revogadas as disposições em contrário.

Vide Projeto de CPC, arts. 999 e 1.007.

O CPC foi promulgado em 11.01.1973, mas só entrou em vigor no dia 01.01.1974, por força do presente dispositivo, que, aliás, teve sua numeração alterada pela Lei n. 5.925, de 01.10.1973 (originariamente o seu número era 1.219). A *vacatio legis* de quase um ano era necessária para que os profissionais do direito pudessem se adaptar às muitas mudanças introduzidas pela nova codificação. Observe-se que a frase final do preceito sob enfoque consubstancia flagrante inutilidade (José Olympio de Castro Filho apoiado em Carlos Maximiliano), porque os seus termos genéricos não permitem qualquer conclusão quanto aos textos anteriores que continuavam, ou não, em vigor: todas as disposições do Código de 1939, ou todas as disposições processuais anteriores (*v.* Lindb, art. 22)? A solução para a dúvida, pelo menos em relação a procedimentos, é dada pelo art. 271 que se refere expressamente à vigência de "leis especiais", o que revela que as "disposições em contrário" significavam, em princípio, apenas as do CPC/39.

Brasília, 11 de janeiro de 1973;
152º da Independência e 85º da República.

EMÍLIO G. MÉDICI
Alfredo Buzaid

ÍNDICE ALFABÉTICO-REMISSIVO DO CÓDIGO DE PROCESSO CIVIL

DISPOSIÇÕES DO DECRETO-LEI N. 1.608, DE 18 DE SETEMBRO DE 1939, MANTIDAS EM VIGOR PELO ART. 1.218 DO CÓDIGO DE PROCESSO CIVIL

DA DISSOLUÇÃO E LIQUIDAÇÃO DAS SOCIEDADES

Art. 655. A dissolução da sociedade civil, ou mercantil, nos casos previstos em lei ou no contrato social, poderá ser declarada, a requerimento de qualquer interessado, para o fim de ser promovida a liquidação judicial.

Art. 656. A petição inicial será instruída com o contrato social ou com os estatutos.

§ 1º Nos casos de dissolução de pleno direito, o juiz ouvirá os interessados no prazo de 48 (quarenta e oito) horas e decidirá.

§ 2º Nos casos de dissolução contenciosa, apresentada a petição e ouvidos os interessados no prazo de 5 (cinco) dias, o juiz proferirá imediatamente a sentença, se julgar provadas as alegações do requerente.

Se a prova não for suficiente, o juiz designará audiência para instrução e julgamento, e procederá de conformidade com o disposto nos art. 267 a 272.

Art. 657. Se o juiz declarar, ou decretar, a dissolução, na mesma sentença nomeará liquidante a pessoa a quem pelo contrato, pelos estatutos, ou pela lei, competir tal função.

§ 1º Se a lei, o contrato e os estatutos nada dispuserem a respeito, o liquidante será escolhido pelos interessados, por meio de votos entregues em cartório.

A decisão tomar-se-á por maioria, computada pelo capital dos sócios que votarem e, nas sociedades de capital variável, naquelas em que houver divergência, sobre o capital de cada sócio nas de fins não econômicos, pelo número de sócios votantes, tendo os sucessores apenas um voto.

§ 2º Se forem somente dois os sócios e divergirem, a escolha do liquidante será feita pelo juiz entre pessoas estranhas à sociedade.

§ 3º Em qualquer caso, porém, poderão os interessados, se concordes, indicar, em petição, o liquidante.

Art. 658. Nomeado, o liquidante assinará, dentro de 48 (quarenta e oito) horas, o respectivo termo; não comparecendo, ou recusando a nomeação, o juiz nomeará o imediato em votos ou terceiro estranho, se por aquele também recusada a nomeação.

Art. 659. Se houver fundado receio de rixa, crime, ou extravio, ou danificação de bens sociais, o juiz poderá, a requerimento do interessado, decretar o sequestro daqueles bens e nomear depositário idôneo para administrá-los, até nomeação do liquidante.

Art. 660. O liquidante deverá:

I – levantar o inventário dos bens e fazer o balanço da sociedade, nos 15 (quinze) dias seguintes à nomeação, prazo que o juiz poderá prorrogar por motivo justo;

II – promover a cobrança das dívidas ativas e pagar as passivas, certas e exigíveis, reclamando dos sócios, na proporção de suas quotas na sociedade, os fundos necessários, quando insuficientes os da caixa;

III – vender, com autorização do juiz, os bens de fácil deterioração ou de guarda dispendiosa, e os indispensáveis para os encargos da liquidação, quando se recusarem os sócios a suprir os fundos necessários;

IV – praticar os atos necessários para assegurar os direitos da sociedade, e representá-la ativa e passivamente nas ações que interessarem a liquidação, podendo contratar advogados e empregados com autorização do juiz e ouvidos os sócios;

V – apresentar, mensalmente, ou sempre que o juiz o determinar, balancete da liquidação;

VI – propor a forma da divisão, ou partilha, ou do pagamento dos sócios, quando ultimada a liquidação, apresentando o relatório dos atos e operações que houver praticado;

VII – prestar contas de sua gestão, quando terminados os trabalhos, ou destituído das funções.

Art. 661. Os liquidantes serão destituídos pelo juiz, *ex officio*, ou a requerimento de qualquer interessado, se faltarem ao cumprimento do dever, ou retardarem injustificadamente o andamento do processo, ou procederem com dolo ou má-fé, ou tiverem interesse contrário ao da liquidação.

Art. 662. As reclamações contra a nomeação do liquidante e os pedidos de sua destituição serão processados e julgados na forma do Título XXVIII deste Livro.

Art. 663. Feito o inventário e levantado o balanço, os interessados serão ouvidos no prazo comum de 5 (cinco) dias, e o juiz decidirá as reclamações, se as comportar a natureza do processo, ou, em caso contrário, remeterá os reclamantes para as vias ordinárias.

Art. 664. Apresentado o plano de partilha, sobre ele dirão os interessados, em prazo comum de 5 (cinco) dias, que correrá em cartório; e o liquidante, em seguida, dirá, em igual prazo, sobre as reclamações.

Art. 665. Vencidos os prazos do artigo antecedente e conclusos os autos, o juiz aprovará, ou não, o plano de partilha, homologando-a, por sentença, ou mandando proceder ao respectivo cálculo, depois de decidir as dúvidas e reclamações.

Art. 666. Se a impugnação formulada pelos interessados exigir prova, o juiz designará dia e hora para a audiência de instrução e julgamento.

Art. 667. Ao liquidante estranho o juiz arbitrará a comissão de 1% (um por cento) a 5% (cinco por cento) sobre o ativo líquido, atendendo à importância do acervo social e ao trabalho da liquidação.

Art. 668. Se a morte ou a retirada de qualquer dos sócios não causar a dissolução da sociedade, serão apurados exclusivamente os seus haveres fazendo-se o pagamento pelo modo estabelecido no contrato social, ou pelo convencionado, ou, ainda, pelo determinado na sentença.

Artigo com redação dada pelo Decreto-lei n. 4.565, de 11.08.1942.

Art. 669. A liquidação de firma individual far-se-á no juízo onde for requerido o inventário.

Art. 670. A sociedade civil com personalidade jurídica, que promover atividade ilícita ou imoral, será dissolvida por ação direta, mediante denúncia de qualquer do povo, ou do órgão do Ministério Público.

Art. 671. A divisão e a partilha dos bens sociais serão feitas de acordo com os princípios que regem a partilha dos bens da herança.

Parágrafo único. Os bens que aparecerem depois de julgada a partilha serão sobrepartilhados pelo mesmo processo estabelecido para a partilha dos bens da herança.

Art. 672. Não sendo mercantil a sociedade, as importâncias em dinheiro pertencentes à liquidação serão recolhidas ao Banco do Brasil, ou, se não houver agências desse Banco, a outro estabelecimento bancário acreditado, de onde só por alvará do juiz poderão ser retiradas.

Art. 673. Não havendo contrato ou instrumento de constituição de sociedade, que regule os direitos e obrigações dos sócios, a dissolução judicial será requerida pela forma do processo ordinário e a liquidação far-se-á pelo modo estabelecido para a liquidação das sentenças.

Art. 674. A dissolução das sociedades anônimas far-se-á na forma do processo ordinário.

Se não for contestado, o juiz mandará que se proceda à liquidação, na forma estabelecida para a liquidação das sociedades civis ou mercantis.

....

DOS PROTESTOS FORMADOS A BORDO

Art. 725. O protesto ou processo testemunhável formado a bordo declarará os motivos da determinação do capitão, conterá relatório circunstanciado do sinistro e referirá, em resumo, a derrota até o ponto do mesmo sinistro, declarando a altura em que ocorreu.

Art. 726. O protesto ou processo testemunhável será escrito pelo piloto, datado e assinado pelo capitão, pelos maiores da tripulação, imediato, chefe de máquina, médico, pilotos, mestres, e por igual número de passageiros, com a indicação dos respectivos domicílios.

Parágrafo único. Lavrar-se-á no diário de navegação ata, que precederá o protesto e conterá a determinação motivada do capitão.

Art. 727. Dentro de 24 (vinte e quatro) horas úteis da entrada do navio no porto, o capitão se apresentará ao juiz, fazendo-lhe entrega do protesto ou processo testemunhável, formado a bordo, e do diário de navegação.

O juiz não admitirá a ratificação, se a ata não constar do diário.

Art. 728. Feita a notificação dos interessados, o juiz, nomeando curador aos ausentes, procederá na forma do art. 685.

Art. 729. Finda a inquirição e conclusos os autos, o juiz, por sentença, ratificará o protesto, mandando dar instrumento à parte.

....

DO DINHEIRO A RISCO

Art. 754. Para que o capitão, à falta de outros meios, possa tornar dinheiro a risco sobre o casco e pertenças do navio e remanescentes dos fretes, ou vender mercadorias da carga, é indispensável:

I – que prove o pagamento das soldadas;

II – que prove absoluta falta de fundos em seu poder, pertencentes à embarcação;

III – que não se ache presente o proprietário da embarcação, ou mandatário ou consignatário, nem qualquer interessado na carga, ou que, presente qualquer deles, prove o capitão haver-lhe, sem resultado, pedido providências;

IV – que seja a deliberação tomada de acordo com os oficiais, lavrando-se, no diário de navegação, termo de que conste a necessidade da medida.

Art. 755. A justificação desses requisitos far-se-á perante o juiz de direito do porto onde se tomar o dinheiro a risco ou se venderem as mercadorias, e será julgada procedente para produzir os efeitos de direito.

DA VISTORIA DE FAZENDAS AVARIADAS

Art. 756. Salvo prova em contrário, o recebimento de bagagem ou mercadorias, sem protesto do destinatário, constituirá presunção de que foram entregues em bom estado e em conformidade com o documento de transporte.

§ 1º Em caso de avaria, o destinatário deverá protestar junto ao transportador dentro em 3 (três) dias do recebimento da bagagem, e em 5 (cinco) da data do recebimento da mercadoria.

§ 2º A reclamação, por motivo de atraso, far-se-á dentro de 15 (quinze) dias, contados daquele em que a bagagem ou mercadoria tiver sido posta à disposição do destinatário.

§ 3º O protesto, nos casos acima, far-se-á mediante ressalva no próprio documento de transporte, ou em separado.

§ 4º Salvo o caso de fraude, do transportador, contra ele não se admitirá ação, se não houver protesto nos prazos deste artigo.

O § 1º deste artigo altera o art. 618, CCom.

DA APREENSÃO DE EMBARCAÇÕES

Art. 757. Provando-se que navio registrado como nacional obteve o registro sub-repticiamente ou que perdeu, há mais de 6 (seis) meses, as condições para continuar considerado nacional, a autoridade fiscal competente do lugar, em que se houver realizado o registro ou do lugar onde se verificar a infração dos preceitos legais, apreenderá o navio, pondo-o imediatamente à disposição do juiz de direito da comarca.

Art. 758. Enquanto o juiz não nomear depositário, exercerá tal função a autoridade a quem competia o registro, a qual procederá ao arrolamento e inventário do que existir a bordo, mediante termo assinado pelo capitão, ou pelo mestre, se o quiser assinar.

Art. 759. As mercadorias encontradas a bordo serão, para todos os efeitos, havidas como contrabando.

Parágrafo único. Serão da competência das autoridades fiscais a apreensão do contrabando e o processo administrativo, inclusive a aplicação de multas.

Art. 760. O juiz julgará por sentença a apreensão e mandará proceder à venda, em hasta pública, da coisa apreendida.

Art. 761. Efetuada a venda e deduzidas as despesas, inclusive a percentagem do depositário, arbitrada pelo juiz, depositar-se-á o saldo para ser levantado por quem de direito.

DA AVARIA A CARGO DO SEGURADOR

Art. 762. Para que o dano sofrido pelo navio ou por sua carga se considere avaria, a cargo do segurador, dois peritos arbitradores declararão, após os exames necessários:

I – a causa do dano;

II – a parte da carga avariada, como indicação de marcas, números ou volumes;

III – o valor dos objetos avariados e o custo provável do conserto ou restauração, se se tratar do navio ou de suas pertenças.

§ 1º As diligências, vistorias e exames se processarão com a presença dos interessados, por ordem do juiz de direito da comarca, que, na ausência das partes, nomeará, *ex officio*, pessoa idônea que as represente.

§ 2º As diligências, vistorias e exames relativos ao casco do navio e suas pertenças serão realizados antes de iniciado o conserto.

Art. 763. Os efeitos avariados serão vendidos em leilão público a quem mais der, e pagos no ato da arrematação. Quando o navio tiver de ser vendido, o juiz determinará a venda, em separado, do casco e de cada pertença, se lhe parecer conveniente.

Art. 764. A estimação do preço para o cálculo da avaria será feita em conformidade com o disposto na lei comercial.

DAS AVARIAS

Art. 765. O capitão, antes de abrir as escotilhas do navio, poderá exigir dos consignatários da carga que caucionem o pagamento da avaria, a que suas respectivas mercadorias foram obrigadas no rateio da contribuição comum.

Recusando-se os consignatários a prestar a caução, o capitão poderá requerer depósito judicial dos efeitos obrigados à contribuição, ficando o preço da venda sub-rogado para com ele efetuar-se o pagamento da avaria comum, logo que se proceda ao rateio.

Art. 766. Nos prazos de 60 (sessenta) dias, se se tratar de embarcadores residentes no Brasil, e de 120 (cento e vinte), se de residentes no estrangeiro, contados do dia em que tiver sido requerida a caução de que trata o artigo antecedente, o armador fornecerá os documentos necessários ao ajustador para regular a avaria, sob pena de ficar sujeito aos juros da mora.

O ajustador terá um prazo de 1 (um) ano, contado da data de entrega dos documentos, para apresentar o regulamento da avaria, sob pena de desconto de 10% (dez por cento) dos honorários, por mês de retardamento, aplicada pelo juiz, *ex officio*, e cobrável em selos, quando conclusos os autos para o despacho de homologação.

Art. 767. Oferecido o regulamento da avaria, dele terão vista os interessados em cartório, por 20 (vinte) dias. Não havendo impugnação, o regulamento será homologado; em caso contrário, terá o ajustador o prazo de 10 (dez) dias para contrariá-la, subindo o processo, em seguida, ao juiz.

Art. 768. A sentença que homologar a repartição das avarias comuns mandará indenizar cada um dos contribuintes, tendo força de definitiva e sendo exequível desde logo, ainda que dela se recorra.

....

DAS ARRIBADAS FORÇADAS

Art. 772. Nos portos não alfandegados ou não habilitados competirá ao juiz autorizar a descarga do navio arribado que necessitar de conserto.

O juiz que autorizar a descarga comunicará logo o ocorrido à alfândega ou mesa de rendas mais próxima, a fim de que providencie de acordo com as leis alfandegárias.

Art. 773. As providências do artigo precedente serão também autorizadas nos seguintes casos:

I – quando, abandonado o navio arribado, ou havido por inavegável, o capitão requererá depósito da carga ou baldeação desta para outro navio;

II – quando a descarga for necessária para aliviar navio encalhado em baixio ou banco, em águas jurisdicionais.

Art. 774. Nas hipóteses dos artigos anteriores, se necessária a venda de mercadorias da carga do navio arribado, para pagamento de despesas com seu conserto, ou com a descarga, ou com o depósito e reembarque das mercadorias, ou seu aparelhamento para navegação, ou outras despesas semelhantes, o capitão, ou o consignatário, requererá ao juiz, nos casos em que este for competente, autorização para a venda.

§ 1º A venda não será autorizada sem caução para garantia do pagamento dos impostos devidos.

§ 2º O juiz que autorizar a venda comunicará logo o fato à alfândega ou mesa de rendas mais próxima e ao Ministério da Fazenda.

§ 3º Igualmente se procederá no caso de ser requerida venda de mercadorias avariadas não suscetíveis de beneficiamento.

Art. 775. A decisão das dúvidas e contestações sobre a entrega das mercadorias, ou do seu produto, competirá privativamente ao juiz de direito, ainda que se trate de embarcações estrangeiras, quando não houver, na localidade, agente consular do país com o qual o Brasil tenha celebrado tratado ou convenção.

Parágrafo único. Ouvido, no prazo de 5 (cinco) dias, o órgão do Ministério Público, ou o procurador da República, se o houver na comarca, o juiz decidirá no mesmo prazo, à vista da promoção e das alegações e provas produzidas pelos interessados.

....

ÍNDICE SISTEMÁTICO DO PROJETO DE CPC

TÍTULO V
DO LITISCONSÓRCIO

TÍTULO VI
DO JUIZ E DOS AUXILIARES DA JUSTIÇA

TÍTULO VII
DO MINISTÉRIO PÚBLICO

TÍTULO VIII
DA DEFENSORIA PÚBLICA

TÍTULO IX
DOS ATOS PROCESSUAIS

TÍTULO IX
TUTELA DE URGÊNCIA E TUTELA DA EVIDÊNCIA

TÍTULO X
FORMAÇÃO, SUSPENSÃO E EXTINÇÃO DO PROCESSO

LIVRO II
PROCESSO DE CONHECIMENTO E CUMPRIMENTO DE SENTENÇA

TÍTULO I
DO PROCEDIMENTO COMUM

TÍTULO II
DO CUMPRIMENTO DA SENTENÇA

TÍTULO III
DOS PROCEDIMENTOS ESPECIAIS

LIVRO III
DO PROCESSO DE EXECUÇÃO

TÍTULO I
DA EXECUÇÃO EM GERAL

TÍTULO II
DAS DIVERSAS ESPÉCIES DE EXECUÇÃO

TÍTULO III
DOS EMBARGOS À EXECUÇÃO

TÍTULO IV
DA SUSPENSÃO E DA EXTINÇÃO DO PROCESSO DE EXECUÇÃO

LIVRO IV
DOS PROCESSOS NOS TRIBUNAIS E DOS MEIOS DE IMPUGNAÇÃO DAS DECISÕES JUDICIAIS

TÍTULO I
DOS PROCESSOS NOS TRIBUNAIS

TÍTULO II
DOS RECURSOS

LIVRO V
DAS DISPOSIÇÕES FINAIS E TRANSITÓRIAS

PROJETO DE CÓDIGO DE PROCESSO CIVIL

LIVRO I
PARTE GERAL

Veja arts. 498 e 730 deste Projeto.

TÍTULO I
PRINCÍPIOS E GARANTIAS, NORMAS PROCESSUAIS, JURISDIÇÃO E AÇÃO

CAPÍTULO I
DOS PRINCÍPIOS E DAS GARANTIAS FUNDAMENTAIS DO PROCESSO CIVIL

•**Art. 1º** O processo civil será ordenado, disciplinado e interpretado conforme os valores e os princípios fundamentais estabelecidos na Constituição da República Federativa do Brasil, observando-se as disposições deste Código.

•**Art. 2º** O processo começa por iniciativa da parte, nos casos e nas formas legais, salvo exceções previstas em lei, e se desenvolve por impulso oficial.

•**Art. 3º** Não se excluirá da apreciação jurisdicional ameaça ou lesão a direito, ressalvados os litígios voluntariamente submetidos à solução arbitral, na forma da lei.

•**Art. 4º** As partes têm direito de obter em prazo razoável a solução integral da lide, incluída a atividade satisfativa.

•**Art. 5º** As partes têm direito de participar ativamente do processo, cooperando com o juiz e fornecendo-lhe subsídios para que profira decisões, realize atos executivos ou determine a prática de medidas de urgência.

•**Art. 6º** Ao aplicar a lei, o juiz atenderá aos fins sociais a que ela se dirige e às exigências do bem comum, observando sempre os princípios da dignidade da pessoa humana, da razoabilidade, da legalidade, da impessoalidade, da moralidade, da publicidade e da eficiência.

•**Art. 7º** É assegurada às partes paridade de tratamento em relação ao exercício de direitos e faculdades processuais, aos meios de defesa, aos ônus, aos deveres e à aplicação de sanções processuais, competindo ao juiz velar pelo efetivo contraditório.

•**Art. 8º** As partes e seus procuradores têm o dever de contribuir para a rápida solução da lide, colaborando com o juiz para a identificação das questões de fato e de direito e abstendo-se de provocar incidentes desnecessários e procrastinatórios.

•**Art. 9º** Não se proferirá sentença ou decisão contra uma das partes sem que esta seja previamente ouvida, salvo se se tratar de medida de urgência ou concedida a fim de evitar o perecimento de direito.

•**Art. 10.** O juiz não pode decidir, em grau algum de jurisdição, com base em fundamento a respeito do qual não se tenha dado às partes oportunidade de se manifestar, ainda que se trate de matéria sobre a qual tenha que decidir de ofício.

Parágrafo único. O disposto no *caput* não se aplica aos casos de tutela de urgência e nas hipóteses do art. 307.

•**Art. 11.** Todos os julgamentos dos órgãos do Poder Judiciário serão públicos, e fundamentadas todas as decisões, sob pena de nulidade.

Parágrafo único. Nos casos de segredo de justiça, pode ser autorizada somente a presença das partes, de seus advogados ou defensores públicos, ou ainda, quando for o caso, do Ministério Público.

▪**Art. 12.** Os juízes deverão proferir sentença e os tribunais deverão decidir os recursos obedecendo à ordem cronológica de conclusão.

§ 1º A lista de processos aptos a julgamento deverá ser permanentemente disponibilizada em cartório, para consulta pública.

§ 2º Estão excluídos da regra do *caput*:

I – as sentenças proferidas em audiência, homologatórias de acordo ou de improcedência liminar do pedido;

II – o julgamento de processos em bloco para aplicação da tese jurídica firmada em incidente de resolução de demandas repetitivas ou em recurso repetitivo;

III – a apreciação de pedido de efeito suspensivo ou de antecipação da tutela recursal;

IV – o julgamento de recursos repetitivos ou de incidente de resolução de demandas repetitivas;

V – as preferências legais.

CAPÍTULO II
DAS NORMAS PROCESSUAIS E DA SUA APLICAÇÃO

▪**Art. 13.** A jurisdição civil será regida unicamente pelas normas processuais brasileiras, ressalvadas as disposições específicas previstas em tratados ou convenções internacionais de que o Brasil seja signatário.

▪**Art. 14.** A norma processual não retroagirá e será aplicável imediatamente aos processos em curso, respeitados os atos processuais praticados e as situações jurídicas consolidadas sob a vigência da lei revogada.

▪**Art. 15.** Na ausência de normas que regulem processos penais, eleitorais ou administrativos, as disposições deste Código lhes serão aplicadas supletivamente.

CAPÍTULO III
DA JURISDIÇÃO

▪**Art. 16.** A jurisdição civil é exercida pelos juízes em todo o território nacional, conforme as disposições deste Código.

CAPÍTULO IV
DA AÇÃO

▪**Art. 17.** Para propor a ação é necessário ter interesse e legitimidade.

▪**Art. 18.** Ninguém poderá pleitear direito alheio em nome próprio, salvo quando autorizado pelo ordenamento jurídico.

Parágrafo único. Havendo substituição processual, o juiz determinará que seja dada ciência ao substituído da pendência do processo; nele intervindo, cessará a substituição.

▪**Art. 19.** O interesse do autor pode limitar-se à declaração:

I – da existência ou da inexistência de relação jurídica;

II – da autenticidade ou da falsidade de documento.

Parágrafo único. É admissível a ação declaratória ainda que tenha ocorrido a violação do direito.

▪**Art. 20.** Se, no curso do processo, se tornar litigiosa relação jurídica de cuja existência ou inexistência depender o julgamento da lide, o juiz, assegurado o contraditório, a declarará na sentença, com força de coisa julgada.

TÍTULO II
LIMITES DA JURISDIÇÃO BRASILEIRA E COOPERAÇÃO INTERNACIONAL

CAPÍTULO I
DOS LIMITES DA JURISDIÇÃO NACIONAL

▪**Art. 21.** Cabe à autoridade judiciária brasileira processar e julgar as ações em que:

I – o réu, qualquer que seja a sua nacionalidade, estiver domiciliado no Brasil;

II – no Brasil tiver de ser cumprida a obrigação;

III – o fundamento seja fato ocorrido ou ato praticado no Brasil.

Parágrafo único. Para o fim do disposto no inciso I, considera-se domiciliada no Brasil a pessoa jurídica estrangeira que aqui tiver agência, filial ou sucursal.

▪**Art. 22.** Também caberá à autoridade judiciária brasileira processar e julgar as ações:

I – de alimentos, quando:

a) o credor tiver seu domicílio ou sua residência no Brasil;

b) o réu mantiver vínculos pessoais no Brasil, tais como posse de bens, recebimento de renda ou obtenção de benefícios econômicos.

II – decorrentes de relações de consumo, quando o consumidor tiver domicílio ou residência no Brasil;

III – em que as partes, expressa ou tacitamente, se submeterem à jurisdição nacional.

▪**Art. 23.** Cabe à autoridade judiciária brasileira, com exclusão de qualquer outra:

I – conhecer de ações relativas a imóveis situados no Brasil;

II – em matéria de sucessão hereditária, proceder a inventário e partilha de bens situados no Brasil, ainda que o autor da herança seja de nacionalidade estrangeira ou tenha domicílio fora do território nacional.

▪**Art. 24.** A ação proposta perante tribunal estrangeiro não induz litispendência e não obsta a que a autoridade judiciária brasileira conheça da mesma causa e das que lhe são conexas, ressalvadas as disposições em contrário de tratados internacionais e acordos bilaterais em vigor no Brasil.

Parágrafo único. A pendência da causa perante a jurisdição brasileira não impede a homologação de sentença judicial ou arbitral estrangeira.

CAPÍTULO II
DA COOPERAÇÃO INTERNACIONAL

Seção I
Das Disposições Gerais

▪**Art. 25.** A cooperação jurídica internacional será regida por tratado do qual a República Federativa do Brasil seja parte.

Parágrafo único. Na ausência de tratado, a cooperação jurídica internacional poderá realizar-se com base em reciprocidade, manifestada por via diplomática.

▪**Art. 26.** A cooperação jurídica internacional prestada a Estados estrangeiros ou organismos internacionais poderá ser executada por procedimentos administrativos ou judiciais.

▪**Art. 27.** Os pedidos de cooperação jurídica internacional serão executados por meio de:

I – carta rogatória;

II – ação de homologação de sentença estrangeira; e

III – auxílio direto.

Parágrafo único. Quando a cooperação não decorrer de cumprimento de decisão de autoridade estrangeira e puder ser integralmente submetida à autoridade judiciária brasileira, o pedido seguirá o procedimento de auxílio direto.

▪**Art. 28.** O pedido de cooperação jurídica internacional terá por objeto:

I – comunicação de atos processuais;

II – produção de provas;

III – medidas de urgência, tais como decretação de indisponibilidade, sequestro, arresto, busca e apreensão de bens, documentos, direitos e valores;

IV – perdimento de bens, direitos e valores;

V – reconhecimento e execução de outras espécies de decisões estrangeiras;

VI – obtenção de outras espécies de decisões nacionais, inclusive em caráter definitivo;

VII – informação de direito estrangeiro;

VIII – prestação de qualquer outra forma de cooperação jurídica internacional não proibida pela lei brasileira.

▪**Art. 29.** A utilização da prova obtida por meio de cooperação jurídica internacional ativa observará as condições e limitações impostas pelo Estado que a forneceu.

Seção II
Do Procedimento

▪**Art. 30.** Os pedidos de cooperação jurídica internacional ativa serão encaminhados à autoridade central para posterior envio ao Ministério das Relações Exteriores, salvo se disposto de outro modo em tratado.

§ 1º Na ausência de designação específica, o Ministério da Justiça exercerá as funções de autoridade central.

§ 2º Compete à autoridade central verificar os requisitos de admissibilidade formais dos pedidos de cooperação jurídica internacional.

▪**Art. 31.** Os pedidos de cooperação ativa, bem como os documentos anexos, serão encaminhados à autoridade central, traduzidos para a língua oficial do Estado requerido.

▪**Art. 32.** O pedido passivo de cooperação jurídica internacional será recusado se configurar manifesta ofensa à ordem pública.

▪**Art. 33.** Consideram-se autênticos os documentos que instruem os pedidos de cooperação jurídica internacional, inclusive as traduções para a língua portuguesa, quando encaminhados ao Estado brasileiro por meio de autoridades centrais ou pelas vias diplomáticas, dispensando-se ajuramentações, autenticações ou quaisquer procedimentos de legalização.

Parágrafo único. A norma prevista no *caput* deste artigo não impede, quando necessária, a aplicação pelo Estado brasileiro do princípio da reciprocidade de tratamento.

Seção III
Do Auxílio Direto

▪**Art. 34.** Os pedidos de auxílio direto, baseados em tratado ou em compromisso de reciprocidade, tramitarão pelas autoridades centrais dos países envolvidos.

▪**Art. 35.** A autoridade central brasileira comunicar-se-á diretamente com as suas congêneres, e, se necessário, com outros órgãos estrangeiros responsáveis pela tramitação e execução de pedidos de cooperação enviados e recebidos pelo Estado brasileiro, respeitadas disposições específicas constantes de tratado.

▪**Art. 36.** No caso de auxílio direto para a prática de atos que, segundo a lei brasileira, não necessitem de prestação jurisdicional, a autoridade central adotará as providências necessárias para o seu cumprimento.

▪**Art. 37.** Recebido o pedido de auxílio direto passivo, a autoridade central o encaminhará à Advocacia-Geral da União, que requererá em juízo a medida solicitada.

▪**Art. 38.** A competência das autoridades internas para o início do procedimento de auxílio direto será definida pela lei do Estado requerido, salvo previsão diversa em tratado.

▪**Art. 39.** Compete ao juiz federal, do lugar em que deva ser executada a medida, apreciar os pedidos de auxílio direto passivo que demandem prestação jurisdicional.

▪Art. 40. Se houver parte interessada, será ela citada para, no prazo de quinze dias, manifestar sobre o auxílio direto solicitado.

Parágrafo único. Não se aplica o disposto no *caput* se o pedido de auxilio direto demandar ação em que haja procedimento específico.

▪Art. 41. A cooperação jurídica internacional para o reconhecimento e execução de decisões estrangeiras será cumprida por meio de carta rogatória ou ação de homologação de sentença estrangeira.

§ 1º A carta rogatória e a ação de homologação de sentença estrangeira seguirão o regime previsto neste Código.

§ 2º O procedimento de homologação de sentença estrangeira obedecerá ao disposto no regimento interno do tribunal competente.

TÍTULO III
DA COMPETÊNCIA INTERNA

CAPÍTULO I
DA COMPETÊNCIA

Seção I
Disposições Gerais

▪Art. 42. As causas cíveis serão processadas e decididas pelos órgãos jurisdicionais nos limites de sua competência, ressalvada às partes a faculdade de instituir juízo arbitral, na forma da lei.

▪Art. 43. Determina-se a competência no momento em que a ação é proposta, sendo irrelevantes as modificações do estado de fato ou de direito ocorridas posteriormente, salvo quando suprimirem o órgão judiciário ou alterarem a competência absoluta.

Seção II
Da Competência em Razão do Valor e da Matéria

▪Art. 44. A competência em razão do valor e da matéria é regida pelas normas de organização judiciária, ressalvados os casos expressos neste Código ou em legislação especial.

Seção III
Da Competência Funcional

▪Art. 45. A competência funcional dos juízos e tribunais é regida pelas normas da Constituição da República e de organização judiciária, assim como, no que couber, pelas normas das Constituições dos Estados.

Parágrafo único. É do órgão especial, onde houver, ou do tribunal pleno, a competência para decidir incidente de resolução de demandas repetitivas.

▪Art. 46. Tramitando o processo perante outro juízo, os autos serão remetidos ao juízo federal competente, se nele intervier a União ou suas autarquias, agências, empresas públicas e fundações de direito público, além dos conselhos de fiscalização profissional, na condição de parte ou de terceiro interveniente, exceto:

I – a recuperação judicial, as causas de falência e acidente de trabalho;

II – as causas sujeitas à Justiça Eleitoral e à Justiça do Trabalho;

III – os casos previstos em lei.

Parágrafo único. Excluído do processo o ente federal, cuja presença levara o juízo estadual a declinar a competência, deve o juízo federal restituir os autos sem suscitar o conflito.

Seção IV
Da Competência Territorial

▪Art. 47. A ação fundada em direito pessoal ou em direito real sobre bens móveis será proposta, em regra, no foro do domicílio do réu.

§ 1º Tendo mais de um domicílio, o réu será demandado no foro de qualquer deles.

§ 2º Sendo incerto ou desconhecido o domicílio do réu, ele será demandado onde for encontrado ou no foro do domicílio do autor.

§ 3º Quando o réu não tiver domicílio nem residência no Brasil, a ação será proposta no foro do domicílio do autor. Se este também residir fora do Brasil, a ação será proposta em qualquer foro.

§ 4º Havendo dois ou mais réus com diferentes domicílios, serão demandados no foro de qualquer deles, à escolha do autor.

▪Art. 48. Nas ações fundadas em direito real sobre imóveis é competente o foro da situação da coisa.

Parágrafo único. O autor pode, entretanto, optar pelo foro do domicílio ou pelo foro de eleição, se o litígio não recair sobre direito de propriedade, de vizinhança, de servidão, de posse, de divisão e de demarcação de terras e nunciação de obra nova.

▪Art. 49. O foro do domicílio do autor da herança, no Brasil, é o competente para o inventário, a partilha, a arrecadação, o cumprimento de disposições de última vontade e todas as ações em que o espólio for réu, ainda que o óbito tenha ocorrido no estrangeiro.

Parágrafo único. É, porém, competente o foro:

I – da situação dos bens, se o autor da herança não possuía domicílio certo;

II – do lugar em que ocorreu o óbito, se o autor da herança não tinha domicílio certo e possuía bens em lugares diferentes.

▪Art. 50. As ações em que o ausente for réu correm no foro de seu último domicílio, que é também o competente para a arrecadação, o inventário, a partilha e o cumprimento de disposições testamentárias.

▪**Art. 51.** A ação em que o incapaz for réu se processará no foro do domicílio de seu representante.

▪**Art. 52.** As causas em que a União for autora serão movidas no domicílio do réu; sendo ré a União, poderá a ação ser movida no domicílio do autor, onde ocorreu o ato ou o fato que deu origem à demanda, onde esteja situada a coisa ou no Distrito Federal.

▪**Art. 53.** É competente o foro:

I – do último domicílio do casal para o divórcio, a anulação de casamento, o reconhecimento ou dissolução de união estável; caso nenhuma das partes resida no antigo domicílio do casal, será competente o foro do domicílio do guardião de filho menor, ou, em último caso, o domicílio do réu;

II – do domicílio ou da residência do alimentando, para a ação em que se pedem alimentos;

III – do lugar:

a) onde está a sede, para a ação em que for ré a pessoa jurídica;

b) onde se acha a agência ou sucursal, quanto às obrigações que a pessoa jurídica contraiu;

c) onde exerce a sua atividade principal, para a ação em que for ré a sociedade sem personalidade jurídica;

d) onde a obrigação deve ser satisfeita, para a ação em que se lhe exigir o cumprimento;

e) de moradia do idoso, nas causas que versem direitos individuais no respectivo estatuto;

IV – do lugar do ato ou do fato:

a) para a ação de reparação de dano;

b) para a ação em que for réu o administrador ou o gestor de negócios alheios.

Parágrafo único. Nas ações de reparação do dano sofrido em razão de delito ou acidente de veículos, será competente o foro do domicílio do autor ou do local do fato.

Seção V
Das Modificações da Competência

▪**Art. 54.** A competência relativa poderá modificar-se pela conexão ou pela continência, observado o disposto nesta Seção.

▪**Art. 55.** Reputam-se conexas duas ou mais ações, quando lhes for comum o objeto ou a causa de pedir.

§ 1º Na hipótese do *caput*, os processos serão reunidos para decisão conjunta, salvo se um deles já tiver sido sentenciado.

§ 2º Aplica-se o disposto no *caput* à execução de título extrajudicial e à ação de conhecimento relativas ao mesmo negócio jurídico.

▪**Art. 56.** Dá-se a continência entre duas ou mais ações, sempre que houver identidade quanto às partes e à causa de pedir, mas o objeto de uma, por ser mais amplo, abrange o das outras.

▪**Art. 57.** Quando houver continência e a ação continente tiver sido proposta anteriormente, o processo relativo à ação contida será extinto sem resolução de mérito; caso contrário, as ações serão necessariamente reunidas.

▪**Art. 58.** A reunião das ações propostas em separado se fará no juízo prevento onde serão decididas simultaneamente.

▪**Art. 59.** A distribuição da petição inicial torna prevento o juízo.

▪**Art. 60.** Se o imóvel se achar situado em mais de um Estado, comarca ou seção judiciária, o foro será determinado pela prevenção, estendendo-se a competência sobre a totalidade do imóvel.

▪**Art. 61.** A ação acessória será proposta no juízo competente para a ação principal.

▪**Art. 62.** Se o conhecimento da lide depender necessariamente da verificação da existência de fato delituoso, o juiz pode mandar suspender o processo até que se pronuncie a justiça criminal.

Parágrafo único. Se a ação penal não for exercida dentro de noventa dias contados da intimação do despacho de suspensão, cessará o efeito deste, incumbindo ao juiz cível examinar incidentalmente a questão prejudicial.

▪**Art. 63.** A competência em razão da matéria e da função é inderrogável por convenção das partes; mas estas podem modificar a competência em razão do valor e do território, elegendo foro onde serão propostas as ações oriundas de direitos e obrigações.

§ 1º O acordo, porém, só produz efeito quando constar de contrato escrito e aludir expressamente a determinado negócio jurídico.

§ 2º O foro contratual obriga os herdeiros e sucessores das partes.

§ 3º É vedada a eleição de foro nos contratos de adesão e naqueles em que uma das partes, quando firmado o contrato, esteja em situação que lhe impeça ou dificulte opor-se ao foro contratual.

§ 4º A nulidade da cláusula de eleição de foro, em contrato de adesão, pode ser declarada de ofício pelo juiz, que declinará de competência para o juízo de domicílio do réu, salvo anuência expressa deste, manifestada nos autos, confirmando o foro eleito.

Seção VI
Da Incompetência

▪**Art. 64.** A incompetência, absoluta ou relativa, será alegada como preliminar de contestação, que poderá ser protocolada no juízo do domicílio do réu.

§ 1º A incompetência absoluta pode ser alegada em qualquer tempo e grau de jurisdição e deve ser declarada de ofício.

§ 2º Declarada a incompetência, serão os autos remetidos ao juízo competente.

§ 3º Salvo decisão judicial em sentido contrário, conservar-se-ão os efeitos das decisões proferidas pelo juízo incompetente, até que outra seja proferida, se for o caso, pelo juízo competente.

▪Art. 65. Prorrogar-se-á a competência relativa, se o réu não alegar a incompetência em preliminar de contestação.

Parágrafo único. A incompetência relativa poderá ser suscitada pelo Ministério Público nas causas em que atuar como parte ou como interveniente.

▪Art. 66. Há conflito de competência quando:

I – dois ou mais juízes se declaram competentes;

II – dois ou mais juízes se consideram incompetentes, atribuindo um ao outro a competência;

III – entre dois ou mais juízes surge controvérsia acerca da reunião ou da separação de processos.

§ 1º O juiz que não acolher a competência declinada terá, necessariamente, que suscitar o conflito, salvo se a atribuir a um outro juízo.

§ 2º O Ministério Público será ouvido, em quinze dias, nos conflitos de competência suscitados nos processos em que deve atuar.

CAPÍTULO II
DA COOPERAÇÃO NACIONAL

▪Art. 67. Ao Poder Judiciário, estadual ou federal, especializado ou comum, de primeiro ou segundo grau, assim como a todos os tribunais superiores, por meio de seus magistrados e servidores, cabe o dever de recíproca cooperação, a fim de que o processo alcance a desejada efetividade.

▪Art. 68. Os juízos poderão formular um ao outro pedido de cooperação para a prática de qualquer ato processual.

▪Art. 69. Os pedidos de cooperação jurisdicional devem ser prontamente atendidos, prescindem de forma específica e podem ser executados como:

I – auxílio direto;

II – reunião ou apensamento de processo;

III – prestação de informações;

IV – atos concertados entre os juízes cooperantes.

§ 1º As cartas de ordem, precatória e arbitral seguirão o regime previsto neste Código.

§ 2º A carta arbitral atenderá, no que couber, aos requisitos da citação por mandado e será instituída com a convenção de arbitragem, a prova da nomeação do árbitro e a prova da aceitação da função pelo árbitro.

TÍTULO IV
DAS PARTES E DOS PROCURADORES

CAPÍTULO I
DA CAPACIDADE PROCESSUAL

▪Art. 70. Toda pessoa que se acha no exercício dos seus direitos tem capacidade para estar em juízo.

▪Art. 71. Os incapazes serão representados ou assistidos por seus pais, tutores ou curadores, na forma da lei.

▪Art. 72. O juiz nomeará curador especial:

I – ao incapaz, se não tiver representante legal ou se os interesses deste colidirem com os daquele;

II – ao réu preso, bem como ao revel citado por edital ou com hora certa.

Parágrafo único. A função de curador especial será exercida pela Defensoria Pública, salvo se não houver defensor público na comarca ou subseção judiciária, hipótese em que o juiz nomeará advogado para desempenhar aquela função.

▪Art. 73. O cônjuge necessitará do consentimento do outro para propor ações que versem sobre direitos reais imobiliários, salvo quando o regime for da separação absoluta de bens.

§ 1º Ambos os cônjuges serão necessariamente citados para as ações:

I – que versem sobre direitos reais imobiliários, salvo quando casados sob o regime de separação absoluta de bens;

II – resultantes de fatos que digam respeito a ambos os cônjuges ou de atos praticados por eles;

III – fundadas em dívidas contraídas por um dos cônjuges a bem da família;

IV – que tenham por objeto o reconhecimento, a constituição ou a extinção de ônus sobre imóveis de um ou de ambos os cônjuges.

§ 2º Nas ações possessórias, a participação do cônjuge do autor ou do réu somente é indispensável nos casos de composse ou de atos por ambos praticados.

§ 3º Aplica-se o disposto no § 1º à união estável comprovada por prova documental da qual tenha ciência o autor.

▪Art. 74. A autorização do marido ou da mulher pode suprir-se judicialmente quando um cônjuge a recuse ao outro sem justo motivo ou lhe seja impossível concedê-la.

Parágrafo único. A falta, não suprida pelo juiz, da autorização, quando necessária, invalida o processo.

▪Art. 75. Serão representados em juízo, ativa e passivamente:

I – a União, os Estados, o Distrito Federal e os Territórios, por seus procuradores;

II – o Município, por seu prefeito ou procurador;

III – as mesas do Senado Federal, da Câmara dos Deputados, das Assembleias Legislativas, da Câmara Legislativa do Distrito Federal e das Câmaras Municipais, pelos respectivos órgãos de assessoramento jurídico, quando existentes;

IV – a massa falida, pelo administrador judicial;

V – a herança jacente ou vacante, por seu curador;

VI – o espólio, pelo inventariante;

VII – as pessoas jurídicas, por quem os respectivos atos constitutivos designarem ou, não havendo essa designação, por seus diretores;

VIII – as sociedades sem personalidade jurídica, pela pessoa a quem couber a administração dos seus bens;

IX – a pessoa jurídica estrangeira, pelo gerente, representante ou administrador de sua filial, agência ou sucursal aberta ou instalada no Brasil;

X – o condomínio, pelo administrador ou pelo síndico.

§ 1º Quando o inventariante for dativo, todos os herdeiros e sucessores do falecido serão autores ou réus nas ações em que o espólio for parte.

§ 2º As sociedades sem personalidade jurídica, quando demandadas, não poderão opor a irregularidade de sua constituição.

§ 3º O gerente da filial ou agência presume-se autorizado pela pessoa jurídica estrangeira a receber citação para qualquer processo.

▪**Art. 76.** Verificada a incapacidade processual ou a irregularidade da representação das partes, o juiz suspenderá o processo, marcando prazo razoável para ser sanado o defeito.

§ 1º Descumprida a determinação, caso os autos estejam em primeiro grau, o juiz:

I – extinguirá o processo, se a providência couber ao autor;

II – aplicará as penas da revelia, se a providência couber ao réu;

III – considerará o terceiro revel ou o excluirá do processo, dependendo do polo em que se encontre.

Veja art. 604, I, deste Projeto.

§ 2º Descumprida a determinação, caso o processo esteja em segundo grau, no Superior Tribunal de Justiça ou no Supremo Tribunal Federal, o relator:

I – não conhecerá do recurso, se a providência couber ao recorrente;

II – determinará o desentranhamento das contrarrazões, se a providência couber ao recorrido.

CAPÍTULO II
DO INCIDENTE DE DESCONSIDERAÇÃO DA PERSONALIDADE JURÍDICA

▪**Art. 77.** Em caso de abuso da personalidade jurídica, caracterizado na forma da lei, o juiz pode, em qualquer processo ou procedimento, decidir, a requerimento da parte ou do Ministério Público, quando lhe couber intervir no processo, que os efeitos de certas e determinadas obrigações sejam estendidos aos bens particulares dos administradores ou dos sócios da pessoa jurídica ou aos bens de empresa do mesmo grupo econômico.

Parágrafo único. O incidente da desconsideração da personalidade jurídica:

I – pode ser suscitado nos casos de abuso de direito por parte do sócio;

II – é cabível em todas as fases do processo de conhecimento, no cumprimento de sentença e também na execução fundada em título executivo extrajudicial.

▪**Art. 78.** Requerida a desconsideração da personalidade jurídica, o sócio ou o terceiro e a pessoa jurídica serão citados para, no prazo comum de quinze dias, se manifestar e requerer as provas cabíveis.

▪**Art. 79.** Concluída a instrução, se necessária, o incidente será resolvido por decisão interlocutória impugnável por agravo de instrumento.

CAPÍTULO III
DOS DEVERES DAS PARTES E DOS SEUS PROCURADORES

Seção I
Dos Deveres

▪**Art. 80.** São deveres das partes, de seus procuradores, e de todos aqueles que de qualquer forma participam do processo:

Veja art. 87, § 8º, deste Projeto.

I – expor os fatos em juízo conforme a verdade;

II – proceder com lealdade e boa-fé;

III – não formular pretensões, nem alegar defesa, cientes de que são destituídas de fundamento;

IV – não produzir provas, nem praticar atos inúteis ou desnecessários à declaração ou à defesa do direito;

V – cumprir com exatidão as decisões de caráter executivo ou mandamental e não criar embaraços à efetivação de pronunciamentos judiciais, de natureza antecipatória ou final;

VI – declinar o endereço, residencial ou profissional, em que receberão intimações, atualizando essa informação sempre que ocorrer qualquer modificação temporária ou definitiva.

§ 1º A violação ao disposto no inciso V do *caput* deste artigo constitui ato atentatório ao exercício da jurisdição, devendo o juiz, sem prejuízo das sanções criminais, civis e processuais cabíveis, aplicar ao responsável multa em montante a ser fixado de acordo com a gravidade da conduta e não superior a vinte por cento do valor da causa.

§ 2º O valor da multa prevista no § 1º deverá ser depositado em juízo no prazo a ser fixado pelo juiz. Não sendo paga no prazo estabelecido, a multa será inscrita como dívida ativa da União ou do Estado.

§ 3º A multa prevista no § 1º poderá ser fixada independentemente da incidência daquela prevista no art. 509, § 1º e da periódica prevista no art. 522.

§ 4º Quando o valor da causa for irrisório ou inestimável, a multa referida no § 1º poderá ser fixada em até o décuplo do valor das custas processuais.

§ 5º Aos advogados públicos ou privados, aos membros da Defensoria Pública e do Ministério Público não se aplica o disposto nos §§ 1º a 4º, devendo sua responsabilização ser apurada pelos órgãos de classe respectivos, aos quais o juiz oficiará.

▪**Art. 81.** É vedado às partes, aos advogados públicos e privados, aos juízes, aos membros do Ministério Público e da Defensoria Pública e a qualquer pessoa que participe do processo empregar expressões injuriosas nos escritos apresentados, cabendo ao juiz ou ao tribunal, de ofício ou a requerimento do ofendido, mandar riscá-las.

Parágrafo único. Quando expressões injuriosas forem manifestadas oralmente, o juiz advertirá o ofensor de que não as deve usar, sob pena de lhe ser cassada a palavra.

Seção II
Da Responsabilidade das Partes por Dano Processual

▪**Art. 82.** Responde por perdas e danos aquele que pleitear de má-fé como autor, réu ou interveniente.

▪**Art. 83.** Considera-se litigante de má-fé aquele que:

I – deduzir pretensão ou defesa contra texto expresso de lei ou fato incontroverso;

II – alterar a verdade dos fatos;

III – usar do processo para conseguir objetivo ilegal;

IV – opuser resistência injustificada ao andamento do processo;

V – proceder de modo temerário em qualquer incidente ou ato do processo;

VI – provocar incidentes manifestamente infundados;

VII – interpuser recurso com intuito manifestamente protelatório.

▪**Art. 84.** O juiz ou tribunal, de ofício ou a requerimento, condenará o litigante de má-fé a pagar multa que não deverá ser inferior a dois por cento, nem superior a dez por cento, do valor corrigido da causa e a indenizar a parte contrária dos prejuízos que esta sofreu, além de honorários advocatícios e de todas as despesas que efetuou.

§ 1º Quando forem dois ou mais os litigantes de má-fé, o juiz condenará cada um na proporção do seu respectivo interesse na causa ou solidariamente aqueles que se coligaram para lesar a parte contrária.

§ 2º O valor da indenização será desde logo fixado pelo juiz, em quantia sobre o valor da causa, ou, caso não seja possível mensurá-la desde logo, liquidada por arbitramento ou pelo procedimento comum.

§ 3º Quando o valor da causa for irrisório ou inestimável, a multa referida no *caput* poderá ser fixada em até dez vezes o valor do salário mínimo.

Seção III
Das Despesas, dos Honorários Advocatícios e das Multas

▪**Art. 85.** Salvo as disposições concernentes à gratuidade de justiça, cabe às partes prover as despesas dos atos que realizarem ou requererem no processo, antecipando-lhes o pagamento, desde o início até sentença final ou, na execução, até a plena satisfação do direito reconhecido no título.

Parágrafo único. Incumbe ao autor adiantar as despesas relativas a atos cuja realização o juiz determinar de ofício ou a requerimento do Ministério Público, quando sua intervenção ocorrer como fiscal da ordem jurídica.

▪**Art. 86.** As despesas abrangem não só as custas dos atos do processo, como também a indenização de viagem, a remuneração do assistente técnico e a diária de testemunha.

▪**Art. 87.** A sentença condenará o vencido a pagar honorários ao advogado do vencedor.

Veja art. 927 deste Projeto.

§ 1º A verba honorária de que trata o *caput* será devida também no pedido contraposto, no cumprimento de sentença, na execução resistida ou não e nos recursos interpostos, cumulativamente.

§ 2º Os honorários serão fixados entre o mínimo de dez e o máximo de vinte por cento sobre o valor da condenação, do proveito, do benefício ou da vantagem econômica obtidos, conforme o caso, atendidos:

I – o grau de zelo do profissional;

II – o lugar de prestação do serviço;

III – a natureza e a importância da causa;

IV – o trabalho realizado pelo advogado e o tempo exigido para o seu serviço.

§ 3º Nas causas em que a Fazenda Pública for parte, os honorários serão fixados dentro seguintes percentuais, observando os referenciais do § 2º:

I – mínimo de dez e máximo de vinte por cento nas ações de até duzentos salários mínimos;

II – mínimo de oito e máximo de dez por cento nas ações acima de duzentos até dois mil salários mínimos;

III – mínimo de cinco e máximo de oito por cento nas ações acima de dois mil até vinte mil salários mínimos;

IV – mínimo de três e máximo de cinco por cento nas ações acima de vinte mil até cem mil salários mínimos;

V – mínimo de um e máximo de três por cento nas ações acima de cem mil salários mínimos.

§ 4º Nas causas em que for inestimável ou irrisório o proveito, o benefício ou a vantagem econômica, o juiz fixará o valor dos honorários advocatícios em atenção ao disposto no § 2º.

§ 5º Nas ações de indenização por ato ilícito contra pessoa, o percentual de honorários incidirá sobre a soma das prestações vencidas com mais doze prestações vincendas.

§ 6º Nos casos de perda do objeto, os honorários serão devidos por quem deu causa ao processo.

§ 7º A instância recursal, de ofício ou a requerimento da parte, fixará nova verba honorária advocatícia, observando-se o disposto nos §§ 2º e 3º e o limite total de vinte e cinco por cento para a fase de conhecimento.

§ 8º Os honorários referidos no § 7º são cumuláveis com multas e outras sanções processuais, inclusive as do art. 80.

§ 9º As verbas de sucumbência arbitradas em embargos à execução rejeitados ou julgados improcedentes, bem como em fase de cumprimento de sentença, serão acrescidas no valor do débito principal, para todos os efeitos legais.

§ 10. Os honorários constituem direito do advogado e têm natureza alimentar, com os mesmos privilégios dos créditos oriundos da legislação do trabalho, sendo vedada a compensação em caso de sucumbência parcial.

§ 11. O advogado pode requerer que o pagamento dos honorários que lhe cabem seja efetuado em favor da sociedade de advogados que integra na qualidade de sócio, aplicando-se também a essa hipótese o disposto no § 10.

§ 12. Os juros moratórios sobre honorários advocatícios incidem a partir da data do pedido de cumprimento da decisão que os arbitrou.

§ 13. Os honorários também serão devidos nos casos em que o advogado atuar em causa própria.

▪**Art. 88.** Se cada litigante for, em parte, vencedor e vencido, serão proporcionalmente distribuídas entre eles as despesas.

Parágrafo único. Se um litigante sucumbir em parte mínima do pedido, o outro responderá, por inteiro, pelas despesas e honorários.

▪**Art. 89.** Concorrendo diversos autores ou diversos réus, os vencidos respondem proporcionalmente pelas despesas e pelos honorários.

▪**Art. 90.** Nos procedimentos não contenciosos, as despesas serão adiantadas pelo requerente, mas rateadas entre os interessados.

▪**Art. 91.** Nos juízos divisórios, não havendo litígio, os interessados pagarão as despesas proporcionalmente aos seus quinhões.

▪**Art. 92.** Se o processo terminar por desistência ou reconhecimento do pedido, as despesas e os honorários serão pagos pela parte que desistiu ou reconheceu.

§ 1º Sendo parcial a desistência ou o reconhecimento, a responsabilidade pelas despesas e pelos honorários será proporcional à parte de que se desistiu ou que se reconheceu.

§ 2º Havendo transação e nada tendo as partes disposto quanto às despesas, estas serão divididas igualmente.

▪**Art. 93.** As despesas dos atos processuais efetuados a requerimento da Fazenda Pública serão pagas ao final pelo vencido, exceto as despesas periciais, que deverão ser pagas de plano por aquele que requerer a prova.

▪**Art. 94.** Quando, a requerimento do réu, o juiz declarar extinto o processo sem resolver o mérito, o autor não poderá propor de novo a ação sem pagar ou depositar em cartório as despesas e os honorários em que foi condenado.

▪**Art. 95.** As despesas dos atos que forem adiados ou tiverem de repetir-se ficarão a cargo da parte, do serventuário, do órgão do Ministério Público ou do juiz que, sem justo motivo, houver dado causa ao adiamento ou à repetição.

▪**Art. 96.** Se o assistido ficar vencido, o assistente será condenado nas custas em proporção à atividade que houver exercido no processo.

▪**Art. 97.** Cada parte pagará a remuneração do assistente técnico que houver indicado; a do perito será paga pela parte que houver requerido a perícia, ou será rateada quando a perícia for determinada de ofício ou requerida por ambas as partes.

§ 1º O juiz poderá determinar que a parte responsável pelo pagamento dos honorários do perito deposite em juízo o valor correspondente a essa remuneração.

§ 2º A quantia recolhida em depósito bancário à ordem do juízo e com correção monetária será entregue ao perito após a apresentação do laudo, facultada a sua liberação parcial, quando necessária.

§ 3º Quando se tratar de processo em que o Poder Público seja parte ou a prova pericial for requerida por beneficiário da gratuidade de justiça, ela será realizada preferencialmente por instituição pública ou por perito da administração.

§ 4º Na hipótese de não existir órgão oficial ou perito da administração pública, o valor da prova pericial requerida pelo beneficiário da gratuidade de justiça será fixado conforme tabela do Conselho Nacional de Justiça e pago, desde logo, pelo Poder Público.

§ 5º Se, ao final, o beneficiário da gratuidade de justiça for vencedor, o Poder Público promoverá a execução para reaver do vencido os valores adiantados para pagamento da perícia.

▪**Art. 98.** O valor das sanções impostas aos litigantes de má-fé reverterão em benefício da parte contrária; as impostas aos serventuários pertencerão ao Estado ou a União.

Seção IV
Da Gratuidade de Justiça

▪**Art. 99.** A pessoa natural ou jurídica, brasileira ou estrangeira, com insuficiência de recursos para pagar as custas e as despesas processuais e os honorários de advogado gozará dos benefícios da gratuidade de justiça, na forma da lei.

§ 1º O juiz poderá determinar de ofício a comprovação da insuficiência de que trata o *caput*, se houver nos autos elementos que evidenciem a falta dos requisitos legais da gratuidade de justiça.

§ 2º Das decisões relativas à gratuidade de justiça, caberá agravo de instrumento, salvo quando a decisão se der na sentença.

CAPÍTULO IV
DOS PROCURADORES

Seção I
Disposições Gerais

▪**Art. 100.** A parte será representada em juízo por advogado regularmente inscrito na Ordem dos Advogados do Brasil.

Parágrafo único. É lícito à parte postular em causa própria quando tiver habilitação legal.

▪**Art. 101.** O advogado não será admitido a postular em juízo sem instrumento de mandato, salvo para evitar decadência ou prescrição, bem como para praticar atos considerados urgentes.

Veja art. 262, parágrafo único, II, deste Projeto.

§ 1º Nos casos previstos na segunda parte do *caput*, o advogado se obrigará, independentemente de caução, a exibir o instrumento de mandato no prazo de quinze dias, prorrogável por igual período, por despacho do juiz.

§ 2º Os atos não ratificados serão havidos por juridicamente inexistentes, respondendo o advogado por despesas e perdas e danos.

▪**Art. 102.** A procuração geral para o foro conferida por instrumento público ou particular assinado pela parte habilita o advogado a praticar todos os atos do processo, exceto receber citação inicial, confessar, reconhecer a procedência do pedido, transigir, desistir, renunciar ao direito sobre o qual se funda a ação, receber, dar quitação, firmar compromisso e assinar declaração de hipossuficiência econômica, que devem constar de cláusula específica.

Parágrafo único. A procuração pode ser assinada digitalmente, na forma da lei.

▪**Art. 103.** Incumbe ao advogado ou à parte, quando postular em causa própria:

Veja art. 305, IV, deste Projeto.

I – declarar, na petição inicial ou na contestação, o endereço em que receberá intimação;

II – comunicar ao juízo qualquer mudança de endereço.

§ 1º Se o advogado não cumprir o disposto no inciso I, o juiz, antes de determinar a citação do réu, mandará que se supra a omissão no prazo de cinco dias, sob pena de indeferimento da petição.

§ 2º Se o advogado infringir o previsto no inciso II, serão consideradas válidas as intimações enviadas, em carta registrada, para o endereço constante dos autos.

▪**Art. 104.** O advogado tem direito a:

I – examinar, em cartório de justiça e secretaria de tribunal, autos de qualquer processo, salvo nas hipóteses de segredo de justiça, nas quais apenas o advogado constituído terá acesso aos autos;

II – requerer, como procurador, vista dos autos de qualquer processo pelo prazo de cinco dias;

III – retirar os autos do cartório ou secretaria, pelo prazo legal, sempre que lhe couber falar neles por determinação do juiz, nos casos previstos em lei.

§ 1º Ao receber os autos, o advogado assinará carga no livro próprio.

§ 2º Sendo o prazo comum às partes, os procuradores poderão retirar os autos somente em conjunto ou mediante prévio ajuste por petição nos autos.

§ 3º É lícito também aos procuradores, no caso do § 2º, retirar os autos pelo prazo de duas horas, para obtenção de cópias, independentemente de ajuste e sem prejuízo da continuidade do prazo.

§ 4º No caso de não devolução dos autos no prazo de duas horas, o procurador perderá, no mesmo processo, o direito a que se refere o § 3º.

Seção II
Da Advocacia Pública

▪**Art. 105.** Incumbe à Advocacia Pública, na forma da lei, defender e promover os interesses públicos da União, dos Estados, do Distrito Federal e dos Municípios, por meio da representação judicial, em todos os âmbitos federativos, das pessoas jurídicas de direito público que integram a Administração direta e indireta.

§ 1º No caso dos Municípios desprovidos de procuradorias jurídicas, a Advocacia Pública poderá ser exercida por advogado com procuração.

§ 2º O membro da Advocacia Pública será civilmente responsável quando, no exercício de suas funções, agir com dolo ou fraude.

▪**Art. 106.** A União, os Estados, o Distrito Federal, os Municípios e suas respectivas autarquias e fundações de direito público gozarão de prazo em dobro para todas as suas manifestações processuais, cuja contagem terá início a partir da vista pessoal dos autos.

CAPÍTULO V
DA SUCESSÃO DAS PARTES E DOS PROCURADORES

▪**Art. 107.** Só é lícita, no curso do processo, a sucessão voluntária das partes nos casos expressos em lei.

▪**Art. 108.** A alienação da coisa ou do direito litigioso, a título particular, por ato entre vivos não altera a legitimidade das partes.

§ 1º O adquirente ou o cessionário não poderá ingressar em juízo, sucedendo o alienante ou o cedente, sem que o consinta a parte contrária.

§ 2º O adquirente ou o cessionário poderá, no entanto, intervir no processo, assistindo o alienante ou o cedente.

§ 3º A sentença proferida entre as partes originárias estende os seus efeitos ao adquirente ou ao cessionário.

▪**Art. 109.** Ocorrendo a morte de qualquer das partes, dar-se-á a sucessão pelo seu espólio ou pelos seus sucessores, observado o disposto no art. 288.

Parágrafo único. Na ausência de sucessores conhecidos, será nomeado curador especial.

▪**Art. 110.** A parte que revogar o mandato outorgado ao seu advogado constituirá, no mesmo ato, outro que assuma o patrocínio da causa.

Parágrafo único. Não sendo constituído novo procurador no prazo de quinze dias, observar-se-á o art. 76.

▪**Art. 111.** O advogado poderá, a qualquer tempo, renunciar ao mandato, provando, na forma prevista neste Código, que comunicou a renúncia ao mandante, a fim de que este nomeie sucessor.

§ 1º Durante os dez dias seguintes, o advogado continuará a representar o mandante, desde que necessário para lhe evitar prejuízo.

§ 2º Dispensa-se a comunicação referida no *caput* deste artigo, quando a procuração tiver sido outorgada a vários advogados e a parte, apesar da renúncia, continuar representada por outro.

TÍTULO V
DO LITISCONSÓRCIO

▪**Art. 112.** Duas ou mais pessoas podem litigar, no mesmo processo, em conjunto, ativa ou passivamente, quando:

I – entre elas houver comunhão de direitos ou de obrigações relativamente à lide;

II – os direitos ou as obrigações derivarem do mesmo fundamento de fato ou de direito;

III – entre as causas houver conexão pelo objeto ou pela causa de pedir;

IV – ocorrer afinidade de questões por um ponto comum de fato ou de direito.

§ 1º O juiz poderá limitar o litisconsórcio facultativo quanto ao número de litigantes, na fase de conhecimento ou na de execução, quando este comprometer a rápida solução do litígio, dificultar a defesa ou o cumprimento da sentença.

Veja art. 519, § 1º, deste Projeto.

§ 2º O requerimento de limitação interrompe o prazo para manifestação ou resposta, que recomeça da intimação da decisão que o solucionar.

Veja art. 519, § 1º, deste Projeto.

§ 3º Do indeferimento do pedido de limitação de litisconsórcio cabe agravo de instrumento.

▪**Art. 113.** Será necessário o litisconsórcio quando, por disposição de lei ou pela natureza da relação jurídica controvertida, a eficácia da sentença depender da citação de todos que devam ser litisconsortes.

▪**Art. 114.** A sentença de mérito, quando proferida sem a integração do contraditório, será:

I – nula, se a decisão deveria ser uniforme em relação a todos que deveriam ter integrado a lide;

II – ineficaz, nos outros casos, apenas para os que não foram citados.

Parágrafo único. Nos casos de litisconsórcio passivo necessário, o juiz determinará ao autor que requeira a citação de todos que devam ser litisconsortes, dentro do prazo que assinar, sob pena de extinção do processo.

▪**Art. 115.** Será unitário o litisconsórcio quando, pela natureza da relação jurídica, o juiz tiver de decidir a lide de modo uniforme para todas as partes litisconsorciadas.

▪**Art. 116.** Salvo disposição em contrário, os litisconsortes serão considerados, em suas relações com a parte adversa, como litigantes distintos, exceto no litisconsórcio unitário, caso em que os atos e as omissões de um não prejudicarão os outros, mas os poderão beneficiar.

▪**Art. 117.** Cada litisconsorte tem o direito de promover o andamento do processo, e todos devem ser intimados dos respectivos atos.

TÍTULO VI
DO JUIZ E DOS AUXILIARES DA JUSTIÇA

CAPÍTULO I
DOS PODERES, DOS DEVERES E DA RESPONSABILIDADE DO JUIZ

▪**Art. 118.** O juiz dirigirá o processo conforme as disposições deste Código, incumbindo-lhe:

I – promover o andamento célere da causa;

II – prevenir ou reprimir qualquer ato contrário à dignidade da justiça e indeferir postulações impertinentes ou meramente protelatórias, aplicando de ofício as medidas e as sanções previstas em lei;

III – determinar todas as medidas indutivas, coercitivas, mandamentais ou sub-rogatórias necessárias para assegurar o cumprimento de ordem judicial, inclusive nas ações que tenham por objeto prestação pecuniária;

IV – tentar, prioritariamente e a qualquer tempo, compor amigavelmente as partes, preferencialmente com auxílio de conciliadores e mediadores judiciais;

V – dilatar os prazos processuais e alterar a ordem de produção dos meios de prova adequando-os às necessidades do conflito, de modo a conferir maior efetividade à tutela do bem jurídico;

VI – determinar o pagamento ou o depósito da multa cominada liminarmente, desde o dia em que se configure o descumprimento de ordem judicial;

VII – exercer o poder de polícia, requisitando, quando necessário, força policial, além da segurança interna dos fóruns e tribunais;

VIII – determinar, a qualquer tempo, o comparecimento pessoal das partes, para ouvi-las sobre os fatos da causa, caso em que não incidirá a pena de confesso;

IX – determinar o suprimento de pressupostos processuais e o saneamento de outras nulidades processuais.

•**Art. 119.** O juiz não se exime de decidir alegando lacuna ou obscuridade do ordenamento jurídico, cabendo-lhe, no julgamento, aplicar os princípios constitucionais, as regras legais e os princípios gerais de direito, e, se for o caso, valer-se da analogia e dos costumes.

•**Art. 120.** O juiz só decidirá por equidade nos casos previstos em lei.

•**Art. 121.** O juiz decidirá a lide nos limites propostos pelas partes, sendo-lhe vedado conhecer de questões não suscitadas a cujo respeito a lei exige a iniciativa da parte.

•**Art. 122.** Convencendo-se, pelas circunstâncias da causa, de que autor e réu se serviram do processo para praticar ato simulado ou conseguir fim vedado por lei, o juiz proferirá sentença que obste aos objetivos das partes, aplicando, de ofício, as penalidades da litigância de má-fé.

•**Art. 123.** O juiz responderá por perdas e danos quando:

I – no exercício de suas funções, proceder com dolo ou fraude;

II – recusar, omitir ou retardar, sem justo motivo, providência que deva ordenar de ofício ou a requerimento da parte.

Parágrafo único. As hipóteses previstas no inciso II somente serão verificadas depois que a parte requerer ao juiz que determine a providência e o pedido não for apreciado no prazo de dez dias.

CAPÍTULO II
DOS IMPEDIMENTOS E DA SUSPEIÇÃO

•**Art. 124.** Há impedimento do juiz, sendo-lhe vedado exercer suas funções no processo:

I – em que interveio como mandatário da parte, oficiou como perito, funcionou como membro do Ministério Público ou prestou depoimento como testemunha;

II – de que conheceu em primeiro grau de jurisdição, tendo-lhe proferido sentença ou decisão;

III – quando nele estiver postulando, como defensor, advogado ou membro do Ministério Público, seu cônjuge ou companheiro, ou qualquer parente, consanguíneo ou afim, em linha reta ou colateral, até o terceiro grau, inclusive;

IV – quando ele próprio ou seu cônjuge, companheiro ou parente, consanguíneo ou afim, em linha reta ou colateral, até o terceiro grau, inclusive, for parte no feito;

V – quando for órgão de direção ou de administração de pessoa jurídica parte na causa;

VI – quando alguma das partes for sua credora ou devedora, de seu cônjuge ou companheiro ou de parentes destes, em linha reta até o terceiro grau, inclusive;

VII – herdeiro presuntivo, donatário ou empregador de alguma das partes;

VIII – em que figure como parte instituição de ensino com a qual tenha vínculo empregatício ou para a qual já tenha exercido o magistério.

§ 1º No caso do inciso III, o impedimento só se verifica quando advogado, defensor ou membro do Ministério Público já estavam exercendo o patrocínio da causa antes do início da atividade judicante do magistrado.

§ 2º É vedado criar fato superveniente a fim de caracterizar o impedimento do juiz.

§ 3º O impedimento a que se refere o inciso III também se verifica no caso de mandato conferido a membro de escritório de advocacia que tenha em seus quadros advogado que individualmente ostente a condição nele prevista, mesmo que não intervenha diretamente no processo.

•**Art. 125.** Há suspeição do juiz:

I – amigo íntimo ou inimigo de qualquer das partes;

II – que receber, das pessoas que tiverem interesse na causa, presentes antes ou depois de iniciado o processo, aconselhar alguma das partes acerca do objeto da causa ou subministrar meios para atender às despesas do litígio;

III – interessado no julgamento da causa em favor de uma das partes.

Parágrafo único. Poderá o juiz declarar-se suspeito por motivo de foro íntimo, sem necessidade de declarar suas razões.

▪Art. 126. A parte alegará, no prazo de quinze dias a contar do conhecimento do fato, impedimento ou suspeição em petição específica dirigida ao juiz da causa, indicando o fundamento da recusa, podendo instruí-la com documentos em que se fundar a alegação e com rol de testemunhas.

§ 1º Protocolada a petição, o processo ficará suspenso.

§ 2º Despachando a petição, se reconhecer o impedimento ou a suspeição, o juiz ordenará a remessa dos autos ao seu substituto legal; em caso contrário, determinará a atuação em apartado da petição e, dentro de dez dias, dará as suas razões, acompanhadas de documentos e de rol de testemunhas, se houver, ordenando a remessa dos autos ao tribunal.

§ 3º Verificando que a alegação de impedimento ou de suspeição é infundada, o tribunal determinará o seu arquivamento; caso contrário, tratando-se de impedimento ou de manifesta suspeição, condenará o juiz nas custas e remeterá os autos ao seu substituto legal.

§ 4º O tribunal pode declarar a nulidade dos atos do juiz, se praticados quando já presente o motivo de impedimento ou de suspeição.

▪Art. 127. Quando dois ou mais juízes forem parentes, consanguíneos ou afins, em linha reta e colateral, até terceiro grau, o primeiro que conhecer da causa no tribunal impede que o outro atue no processo, caso em que o segundo se escusará, remetendo os autos ao seu substituto legal.

▪Art. 128. Aplicam-se também os motivos de impedimento e de suspeição:

I – ao membro do Ministério Público, quando atuar na condição de fiscal da ordem jurídica;

II – ao serventuário de justiça;

III – ao perito;

IV – ao intérprete;

V – ao mediador e ao conciliador judicial;

VI – aos demais sujeitos imparciais do processo.

CAPÍTULO III
DOS AUXILIARES DA JUSTIÇA

▪Art. 129. São auxiliares da Justiça, além de outros cujas atribuições são determinadas pelas normas de organização judiciária, o escrivão, o chefe de secretaria judicial, o oficial de justiça, o perito, o depositário, o administrador, o intérprete, o tradutor, o mediador e o conciliador judicial.

Seção I
Do Serventuário e do Oficial de Justiça

▪Art. 130. Em cada juízo haverá um ou mais oficiais de justiça cujas atribuições serão determinadas pelas normas de organização judiciária.

▪Art. 131. Incumbe ao escrivão:

I – redigir, em forma legal, os ofícios, os mandados, as cartas precatórias e mais atos que pertencem ao seu ofício;

II – executar as ordens judiciais, promover citações e intimações, bem como praticar todos os demais atos que lhe forem atribuídos pelas normas de organização judiciária;

III – comparecer às audiências ou, não podendo fazê-lo, designar para substituí-lo escrevente juramentado;

IV – ter, sob sua guarda e responsabilidade, os autos, não permitindo que saiam do cartório, exceto:

a) quando tenham de subir à conclusão do juiz;

b) com vista aos procuradores, à Defensoria Pública, ao Ministério Público ou à Fazenda Pública;

c) quando devam ser remetidos ao contador ou ao partidor;

d) quando, modificando-se a competência, forem transferidos a outro juízo;

V – dar, independentemente de despacho, certidão de qualquer ato ou termo do processo, observadas as disposições referentes a segredo de justiça;

VI – praticar, de ofício, os atos meramente ordinatórios.

▪Art. 132. No impedimento do escrivão, o juiz convocará substituto e, não o havendo, nomeará pessoa idônea para o ato.

▪Art. 133. Incumbe ao oficial de justiça:

I – fazer pessoalmente as citações, as prisões, as penhoras, os arrestos e as demais diligências próprias do seu ofício, certificando no mandado o ocorrido, com menção de lugar, dia e hora, e realizando-as, sempre que possível, na presença de duas testemunhas;

II – executar as ordens do juiz a quem estiver subordinado;

III – entregar, em cartório, o mandado logo depois de cumprido;

IV – estar presente às audiências e auxiliar o juiz na manutenção da ordem;

V – efetuar avaliações.

▪Art. 134. O escrivão e o oficial de justiça são civilmente responsáveis:

I – quando, sem justo motivo, se recusarem a cumprir dentro do prazo os atos impostos pela lei ou pelo juiz a que estão subordinados;

II – quando praticarem ato nulo com dolo ou culpa.

Seção II
Do Perito

▪Art. 135. Quando a prova do fato depender de conhecimento técnico ou científico, o juiz será assistido por perito.

§ 1º Os peritos serão escolhidos preferencialmente entre profissionais de nível universitário, devidamente inscritos no órgão de classe competente, respeitado o disposto neste Código.

§ 2º Os peritos comprovarão sua especialidade na matéria sobre a qual deverão opinar mediante certidão do órgão profissional em que estiverem inscritos.

§ 3º Nas localidades onde não houver profissionais qualificados que preencham os requisitos dos parágrafos anteriores, a indicação dos peritos será de livre escolha do juiz.

▪**Art. 136.** O perito tem o dever de cumprir o ofício no prazo que lhe assinar o juiz, empregando toda a sua diligência; pode, todavia, escusar-se do encargo alegando motivo legítimo.

Veja art. 143 deste Projeto.

§ 1º A escusa será apresentada dentro de cinco dias contados da intimação ou do impedimento superveniente, sob pena de se considerar renunciado o direito a alegá-la.

§ 2º Será organizada lista de peritos na vara ou na secretaria, com disponibilização dos documentos exigidos para habilitação à consulta dos interessados, para que a nomeação seja distribuída de modo equitativo, observadas a capacidade técnica e a área de conhecimento.

▪**Art. 137.** O perito que, por dolo ou culpa, prestar informações inverídicas responderá pelos prejuízos que causar à parte e ficará inabilitado por dois anos para atuar em outras perícias independentemente das demais sanções previstas em lei, devendo o juiz comunicar o fato ao respectivo órgão de classe para a adoção das medidas que entender cabíveis.

Veja art. 143 deste Projeto.

Seção III
Do Depositário e do Administrador

▪**Art. 138.** A guarda e a conservação de bens penhorados, arrestados, sequestrados ou arrecadados serão confiadas a depositário ou a administrador, não dispondo a lei de outro modo.

Veja art. 705, § 2º, deste Projeto.

▪**Art. 139.** O depositário ou o administrador perceberá, por seu trabalho, remuneração que o juiz fixará, atendendo à situação dos bens, ao tempo do serviço e às dificuldades de sua execução.

Veja art. 705, § 2º, deste Projeto.

Parágrafo único. O juiz poderá nomear, por indicação do depositário ou do administrador, um ou mais prepostos.

▪**Art. 140.** O depositário ou o administrador responde pelos prejuízos que, por dolo ou culpa, causar à parte, perdendo a remuneração que lhe foi arbitrada, mas tem o direito a haver o que legitimamente despendeu no exercício do encargo.

Veja art. 705, § 2º, deste Projeto.

Parágrafo único. O depositário infiel responderá civilmente pelos prejuízos causados, sem prejuízo da responsabilidade penal.

Seção IV
Do Intérprete

▪**Art. 141.** O juiz nomeará intérprete toda vez que o considerar necessário para:

I – analisar documento de entendimento duvidoso, redigido em língua estrangeira;

II – verter para o português as declarações das partes e das testemunhas que não conhecerem o idioma nacional;

III – traduzir a linguagem mímica dos surdos-mudos que não puderem transmitir a sua vontade por escrito.

▪**Art. 142.** Não pode ser intérprete quem:

I – não tiver a livre administração dos seus bens;

II – for arrolado como testemunha ou servir como perito no processo;

III – estiver inabilitado ao exercício da profissão por sentença penal condenatória, enquanto durar o seu efeito.

▪**Art. 143.** O intérprete, oficial ou não, é obrigado a prestar o seu ofício, aplicando-se-lhe o disposto nos arts. 136 e 137.

Seção V
Dos Conciliadores e dos Mediadores Judiciais

▪**Art. 144.** Cada tribunal pode criar setor de conciliação e mediação ou programas destinados a estimular a autocomposição.

Veja art. 323, § 1º, deste Projeto.

§ 1º A conciliação e a mediação são informadas pelos princípios da independência, da neutralidade, da autonomia da vontade, da confidencialidade, da oralidade e da informalidade.

§ 2º A confidencialidade se estende a todas as informações produzidas ao longo do procedimento, cujo teor não poderá ser utilizado para fim diverso daquele previsto por expressa deliberação das partes.

§ 3º Em virtude do dever de sigilo, inerente à sua função, o conciliador e o mediador e sua equipe não poderão divulgar ou depor acerca de fatos ou elementos oriundos da conciliação ou da mediação.

▪**Art. 145.** A realização de conciliação ou mediação deverá ser estimulada por magistrados, advogados, defensores públicos e membros do Ministério Público, inclusive no curso do processo judicial.

Veja art. 323, § 1º, deste Projeto.

§ 1º O conciliador poderá sugerir soluções para o litígio, sendo vedada a utilização de qualquer tipo de constrangimento ou intimidação para que as partes conciliem.

§ 2º O mediador auxiliará as pessoas interessadas a compreenderem as questões e os interesses envolvidos no conflito e posteriormente identificarem, por si mesmas, alternativas de benefício mútuo.

▪**Art. 146.** O conciliador ou o mediador poderá ser escolhido pelas partes de comum acordo, observada a legislação pertinente.

Parágrafo único. Não havendo acordo, haverá distribuição a conciliador ou o mediador entre aqueles inscritos no registro do tribunal, observada a respectiva formação.

▪**Art. 147.** Os tribunais manterão um registro de conciliadores e mediadores, que conterá o cadastro atualizado de todos os habilitados por área profissional.

§ 1º Preenchendo os requisitos exigidos pelo tribunal, entre os quais, necessariamente, a capacitação mínima, por meio de curso realizado por entidade credenciada, o conciliador ou o mediador, com o certificado respectivo, requererá inscrição no registro do tribunal.

§ 2º Efetivado o registro, caberá ao tribunal remeter ao diretor do foro da comarca ou da seção judiciária onde atuará o conciliador ou o mediador os dados necessários para que o nome deste passe a constar do rol da respectiva lista, para efeito de distribuição alternada e aleatória, obedecendo-se rigorosa igualdade.

§ 3º Do registro de conciliadores e mediadores constarão todos os dados relevantes para a sua atuação, tais como o número de causas de que participou, o sucesso ou o insucesso da atividade, a matéria sobre a qual versou a controvérsia, bem como quaisquer outros dados que o tribunal julgar relevantes.

§ 4º Os dados colhidos na forma do § 3º serão classificados sistematicamente pelo tribunal, que os publicará, ao menos anualmente, para conhecimento da população e fins estatísticos, bem como para o fim de avaliação da conciliação, da mediação, dos conciliadores e dos mediadores.

§ 5º Os conciliadores e mediadores cadastrados na forma do *caput*, se inscritos na Ordem dos Advogados do Brasil, estão impedidos de exercer a advocacia nos limites da competência do respectivo tribunal e de integrar escritório de advocacia que o faça.

▪**Art. 148.** Será excluído do registro de conciliadores e mediadores aquele que:

I – tiver sua exclusão motivadamente solicitada por qualquer órgão julgador do tribunal;

II – agir com dolo ou culpa na condução da conciliação ou da mediação sob sua responsabilidade;

III – violar os deveres de confidencialidade e neutralidade;

IV – atuar em procedimento de mediação, apesar de impedido.

§ 1º Os casos previstos no *caput* serão apurados em regular processo administrativo.

§ 2º O juiz da causa, verificando atuação inadequada do conciliador ou do mediador, poderá afastá-lo motivadamente de suas atividades no processo, informando ao tribunal, para instauração do respectivo processo administrativo.

▪**Art. 149.** No caso de impedimento, o conciliador ou o mediador devolverá os autos ao juiz, que realizará nova distribuição; se a causa de impedimento for apurada quando já iniciado o procedimento, a atividade será interrompida, lavrando-se ata com o relatório do ocorrido e a solicitação de distribuição para novo conciliador ou mediador.

▪**Art. 150.** No caso de impossibilidade temporária do exercício da função, o conciliador ou o mediador informará o fato ao tribunal para que, durante o período em que perdurar a impossibilidade, não haja novas distribuições.

▪**Art. 151.** O conciliador ou o mediador fica impedido, pelo prazo de um ano contado a partir do término do procedimento, de assessorar, representar ou patrocinar qualquer dos litigantes.

▪**Art. 152.** O conciliador e o mediador perceberão por seu trabalho remuneração prevista em tabela fixada pelo tribunal, conforme parâmetros estabelecidos pelo Conselho Nacional de Justiça.

▪**Art. 153.** As disposições desta Seção não excluem outras formas de conciliação e mediação extrajudiciais vinculadas a órgãos institucionais ou realizadas por intermédio de profissionais independentes.

TÍTULO VII
DO MINISTÉRIO PÚBLICO

▪**Art. 154.** O Ministério Público atuará na defesa da ordem jurídica, do regime democrático e dos interesses sociais e individuais indisponíveis.

▪**Art. 155.** O Ministério Público exercerá, em todos os graus, o direito de ação em conformidade com suas atribuições constitucionais.

▪**Art. 156.** O Ministério Público será intimado para, no prazo de trinta dias, intervir como fiscal da ordem jurídica:

I – nas causas que envolvam interesse público ou social;

II – nas causas que envolvam o estado das pessoas e o interesse de incapazes;

III – nas causas que envolvam litígios coletivos pela posse de terra rural;

IV – nas demais hipóteses previstas em lei ou na Constituição da República.

Parágrafo único. A participação da Fazenda Pública não configura por si só hipótese de intervenção do Ministério Público.

▪**Art. 157.** Nos casos de intervenção como fiscal da ordem jurídica, o Ministério Público:

I – terá vista dos autos depois das partes, sendo intimado de todos os atos do processo;

II – poderá produzir provas, requerer as medidas processuais pertinentes e recorrer.

▪**Art. 158.** O Ministério Público, seja como parte, seja como fiscal da ordem jurídica, gozará de prazo em dobro para se manifestar nos autos, que terá início a partir da sua intimação pessoal.

Parágrafo único. Findo o prazo para manifestação do Ministério Público sem o oferecimento de parecer, o juiz requisitará os autos e lhe dará andamento.

▪**Art. 159.** O membro do Ministério Público será civilmente responsável quando, no exercício de suas funções, agir com dolo ou fraude.

TÍTULO VIII
DA DEFENSORIA PÚBLICA

▪**Art. 160.** A Defensoria Pública exercerá a orientação jurídica, a promoção dos direitos humanos e a defesa, em todos os graus, dos direitos individuais e coletivos, de forma integral e gratuita, aos necessitados.

Parágrafo único. A representação processual pela Defensoria Pública gera a presunção relativa de hipossuficiência da parte.

▪**Art. 161.** A Defensoria Pública gozará de prazo em dobro para todas as suas manifestações processuais.

§ 1º O prazo tem início com a intimação pessoal do defensor público.

§ 2º Quando necessário, a intimação a que se refere o §1º será acompanhada da vista pessoal dos autos.

§ 3º O juiz determinará a intimação pessoal da parte patrocinada, a requerimento da Defensoria Pública, no caso de o ato processual depender de providência ou informação que somente por ela possa ser prestada.

§ 4º O disposto no *caput* deste artigo se aplica aos escritórios de prática jurídica das faculdades de direito reconhecidas na forma da lei e às entidades que prestam assistência jurídica gratuita em razão de convênios firmados com a Ordem dos Advogados do Brasil ou com a Defensoria Pública.

▪**Art. 162.** O membro da Defensoria Pública será civilmente responsável quando, no exercício de suas funções, agir com dolo ou fraude.

TÍTULO IX
DOS ATOS PROCESSUAIS

CAPÍTULO I
DA FORMA DOS ATOS PROCESSUAIS

Seção I
Dos Atos em Geral

▪**Art. 163.** Os atos e os termos processuais não dependem de forma determinada, senão quando a lei expressamente a exigir, considerando-se válidos os que, realizados de outro modo, lhe preencham a finalidade essencial.

§ 1º Os tribunais, no âmbito de sua competência, poderão disciplinar a prática e a comunicação oficial dos atos processuais por meios eletrônicos, atendidos os requisitos de autenticidade, integridade, validade jurídica e interoperabilidade observada a hierarquia de chaves públicas unificada nacionalmente, nos termos da lei.

§ 2º Os processos podem ser total ou parcialmente eletrônicos, de forma a permitir que todos os atos e os termos do processo sejam produzidos, transmitidos, armazenados e assinados por meio eletrônico, na forma da lei.

§ 3º Os tribunais disponibilizarão as informações eletrônicas constantes do seu sistema de automação, em primeiro e segundo graus de jurisdição, em página própria na rede mundial de computadores, cumprindo aos interessados obter a tecnologia necessária para acessar os dados constantes do mesmo sistema.

Veja art. 446, § 2º, deste Projeto.

§ 4º O procedimento eletrônico deve ter sua sistemática unificada em todos os tribunais, cumprindo ao Conselho Nacional de Justiça a edição de ato que incorpore e regulamente os avanços tecnológicos que forem se verificando.

Veja art. 446, § 2º, deste Projeto.

▪**Art. 164.** Os atos processuais são públicos. Correm, todavia, em segredo de justiça os processos:

I – em que o exigir o interesse público;

II – que dizem respeito a casamento, separação de corpos, divórcio, união estável, filiação, alimentos e guarda de crianças e adolescentes;

III – em que constem dados protegidos pelo direito constitucional à intimidade;

IV – que dizem respeito ao cumprimento de carta arbitral, desde que a confidencialidade estipulada na arbitragem seja comprovada perante o juízo.

§ 1º O direito de consultar os autos de processos que correm em segredo de justiça e de pedir certidões de seus atos é restrito às partes e a seus procuradores. O terceiro que demonstrar interesse jurídico pode requerer ao juiz certidão do dispositivo da sentença, bem como de inventário e partilha resultante de separações judiciais encerradas ou divórcios.

§ 2º O processo eletrônico assegurará às partes sigilo, na forma deste artigo.

▪**Art. 165.** Em todos os atos e termos do processo é obrigatório o uso da língua portuguesa.

▪**Art. 166.** Só poderá ser juntado aos autos documento redigido em língua estrangeira quando acompanhado de versão para a língua portuguesa firmada por tradutor juramentado.

Seção II
Dos Atos da Parte

▪**Art. 167.** Os atos das partes consistentes em declarações unilaterais ou bilaterais de vontade produzem imediatamente a constituição, a modificação ou a extinção de direitos processuais.

Parágrafo único. A desistência da ação só produzirá efeito depois de homologada por sentença.

▪**Art. 168.** As partes poderão exigir recibo de petições, arrazoados, papéis e documentos que entregarem em cartório.

▪**Art. 169.** É vedado lançar nos autos cotas marginais ou interlineares, as quais o juiz mandará riscar, impondo a quem as escrever multa correspondente à metade do salário mínimo.

Seção III
Dos Pronunciamentos do Juiz

▪**Art. 170.** Os pronunciamentos do juiz consistirão em sentenças, decisões interlocutórias e despachos.

§ 1º Ressalvadas as previsões expressas nos procedimentos especiais, sentença é o pronunciamento por meio do qual o juiz, com fundamento nos arts. 472 e 474, põe fim à fase cognitiva do procedimento comum, bem como o que extingue a execução.

§ 2º Decisão interlocutória é todo pronunciamento judicial de natureza decisória que não se enquadre na descrição do § 1º.

§ 3º São despachos todos os demais pronunciamentos do juiz praticados no processo, de ofício ou a requerimento da parte.

§ 4º Os atos meramente ordinatórios, como a juntada e a vista obrigatória, independem de despacho, devendo ser praticados de ofício pelo servidor e revistos pelo juiz quando necessário.

▪**Art. 171.** Recebe a denominação de acórdão o julgamento colegiado proferido pelos tribunais.

▪**Art. 172.** Os despachos, as decisões, as sentenças e os acórdãos serão redigidos, datados e assinados pelos juízes.

§ 1º Quando os pronunciamentos de que trata o *caput* forem proferidos oralmente, o taquígrafo, o datilógrafo ou o digitador os registrará, submetendo-os aos juízes para revisão e assinatura.

§ 2º A assinatura dos juízes, em todos os graus de jurisdição, pode ser feita eletronicamente, na forma da lei.

§ 3º A suma de despachos e decisões interlocutórias, a parte dispositiva das sentenças e a ementa dos acórdãos serão publicadas no Diário de Justiça Eletrônico.

Seção IV
Dos Atos do Escrivão

▪**Art. 173.** Ao receber a petição inicial de qualquer processo, o escrivão a autuará, mencionando o juízo, a natureza do feito, o número de seu registro, os nomes das partes e a data do seu início, e deverá proceder do mesmo modo quanto aos volumes que se forem formando.

▪**Art. 174.** O escrivão numerará e rubricará todas as folhas dos autos.

Parágrafo único. Às partes, aos advogados, aos órgãos do Ministério Público, aos peritos e às testemunhas é facultado rubricar as folhas correspondentes aos atos em que intervieram.

▪**Art. 175.** Os termos de juntada, de vista, de conclusão e outros semelhantes constarão de notas datadas e rubricadas pelo escrivão.

▪**Art. 176.** Os atos e os termos do processo serão digitados, datilografados ou escritos com tinta escura e indelével, assinando-os as pessoas que neles intervieram ou, quando estas não puderem ou não quiserem firmá-los, certificando o escrivão a ocorrência nos autos.

§ 1º Quando se tratar de processo total ou parcialmente eletrônico, os atos processuais praticados na presença do juiz poderão ser produzidos e armazenados de modo integralmente digital em arquivo eletrônico inviolável, na forma da lei, mediante registro em termo, que será assinado digitalmente pelo juiz e pelo escrivão, bem como pelos advogados das partes.

§ 2º No caso do § 1º, eventuais contradições na transcrição deverão ser suscitadas oralmente no momento da realização do ato, sob pena de preclusão, devendo o juiz decidir de plano, e mandar registrar a alegação e a decisão no termo.

▪**Art. 177.** É lícito o uso da taquigrafia, da estenotipia ou de outro método idôneo em qualquer juízo ou tribunal.

▪**Art. 178.** Não se admitem nos atos e nos termos espaços em branco, bem como entrelinhas, emendas ou rasuras, salvo se aqueles forem inutilizados e estas expressamente ressalvadas.

CAPÍTULO II
DO TEMPO E DO LUGAR DOS ATOS PROCESSUAIS

Seção I
Do Tempo

▪**Art. 179.** Os atos processuais serão realizados em dias úteis, das seis às vinte horas.

§ 1º Serão, todavia, concluídos depois das vinte horas os atos iniciados antes, quando o adiamento prejudicar a diligência ou causar grave dano.

§ 2º Independentemente de autorização judicial, as citações, intimações e penhoras poderão realizar-se em domingos e feriados ou nos dias úteis fora do horário estabelecido neste artigo, observado o disposto no art. 5º, inciso XI, da Constituição da República.

§ 3º Quando o ato tiver que ser praticado em determinado prazo por meio de petição, esta deverá ser apresentada no protocolo, dentro do seu horário de funcionamento, nos termos da lei de organização judiciária local.

▪**Art. 180.** Os atos processuais eletrônicos serão praticados em qualquer horário.

▪**Art. 181.** Durante as férias forenses, onde as houver, e nos feriados não se praticarão atos processuais, excetuando-se:

I – a produção urgente de provas;

II – a citação, a fim de evitar o perecimento de direito;

III – as providências judiciais de urgência.

▪**Art. 182.** Processam-se durante as férias, onde as houver, e não se suspendem pela superveniência delas:

I – os procedimentos não contenciosos, bem como os necessários à conservação de direitos, quando possam ser prejudicados pelo adiamento;

II – as causas de nomeação ou remoção de tutores e curadores;

III – todas as causas que a lei federal determinar.

▪**Art. 183.** Além dos declarados em lei, são feriados, para efeito forense os sábados e os domingos e os dias em que não haja expediente forense.

Seção II
Do Lugar

▪**Art. 184.** Os atos processuais realizam-se de ordinário na sede do juízo, ou em outro lugar em razão de deferência, de interesse da justiça ou de obstáculo arguido pelo interessado e acolhido pelo juiz.

CAPÍTULO III
DOS PRAZOS

Seção I
Disposições Gerais

▪**Art. 185.** Os atos processuais serão realizados nos prazos prescritos em lei.

Parágrafo único. Quando a lei for omissa, o juiz determinará os prazos tendo em conta a complexidade da causa.

▪**Art. 186.** Na contagem de prazo em dias, estabelecido pela lei ou pelo juiz, computar-se-ão somente os úteis.

§ 1º Não se consideram intempestivos atos praticados antes da ocorrência do termo inicial do prazo.

§ 2º Não se aplica o benefício da contagem em dobro, quando a lei estabelecer, de forma expressa, prazo próprio para a Fazenda Pública, o Ministério Público ou a Defensoria Pública.

▪**Art. 187.** Suspende-se o curso do prazo processual nos dias compreendidos entre 20 de dezembro e 20 de janeiro, inclusive.

§ 1º Ressalvadas as férias individuais e os feriados instituídos por lei, os juízes, os membros do Ministério Público, da Defensoria Pública e os auxiliares da Justiça exercerão suas atribuições durante o período a que se refere ao *caput*.

§ 2º Durante o prazo a que se refere o *caput*, não serão realizadas audiências ou julgamentos por órgão colegiado.

▪**Art. 188.** Suspende-se o curso do prazo por obstáculo criado pela parte ou ocorrendo qualquer das hipóteses do art. 288, inciso I, casos em que o prazo será restituído por tempo igual ao que faltava para a sua complementação.

▪**Art. 189.** As partes podem, de comum acordo, reduzir ou prorrogar o prazo dilatório, mas a convenção só tem eficácia se, requerida antes do vencimento do prazo, se fundar em motivo legítimo.

§ 1º O juiz fixará o dia do vencimento do prazo da prorrogação.

§ 2º As custas acrescidas ficarão a cargo da parte em favor de quem foi concedida a prorrogação.

▪**Art. 190.** É vedado às partes, ainda que todas estejam de acordo, reduzir ou prorrogar os prazos peremptórios. O juiz poderá, nas comarcas e nas seções judiciárias onde for difícil o transporte, prorrogar quaisquer prazos, mas nunca por mais de sessenta dias.

Parágrafo único. Em caso de calamidade pública, poderá ser excedido o limite previsto neste artigo para a prorrogação de prazos.

▪**Art. 191.** Transcorrido o prazo, extingue-se, independentemente de declaração judicial, o direito de praticar ou emendar o ato processual, ficando assegurado, porém, à parte provar que o não realizou por justa causa.

§ 1º Considera-se justa causa o evento alheio à vontade da parte e que a impediu de praticar o ato por si ou por mandatário.

§ 2º Verificada a justa causa, o juiz permitirá à parte a prática do ato no prazo que lhe assinar.

§ 3º O disposto no *caput* se aplica ao Ministério Público inclusive quando atuar como fiscal da ordem jurídica.

▪**Art. 192.** Salvo disposição em contrário, os prazos serão contados excluindo o dia do começo e incluindo o do vencimento.

Veja art. 957, *caput*, deste Projeto.

§ 1º Considera-se prorrogado o prazo até o primeiro dia útil, se o vencimento cair em dia em que:

I – for determinado o fechamento do fórum;

II – o expediente forense for encerrado antes ou iniciado depois da hora normal ou houver interrupção da comunicação eletrônica.

§ 2º Considera-se como data da publicação o primeiro dia útil seguinte ao da disponibilização da informação no Diário da Justiça físico ou eletrônico.

§ 3º Os prazos terão início no primeiro dia útil após a intimação.

▪**Art. 193.** Não havendo preceito legal nem outro prazo assinado pelo juiz, será de cinco dias o prazo para a prática de ato processual a cargo da parte.

▪**Art. 194.** A parte poderá renunciar ao prazo estabelecido exclusivamente em seu favor, desde que o faça de maneira expressa.

▪**Art. 195.** Em qualquer grau de jurisdição, havendo motivo justificado, pode o juiz exceder, por igual tempo, aos prazos que este Código lhe estabelece.

▪**Art. 196.** O juiz proferirá:

I – os despachos de expediente no prazo de cinco dias;

II – as decisões no prazo de dez dias;

III – as sentenças no prazo de vinte dias.

▪**Art. 197.** Incumbirá ao serventuário remeter os autos conclusos no prazo de um dia e executar os atos processuais no prazo de cinco dias contados:

I – da data em que houver concluído o ato processual anterior, se lhe foi imposto pela lei;

II – da data em que tiver ciência da ordem, quando determinada pelo juiz.

§ 1º Ao receber os autos, certificará o serventuário o dia e a hora em que ficou ciente da ordem referida no inciso II.

§ 2º Tratando-se de processo eletrônico, a movimentação da conclusão deverá ser imediata.

▪**Art. 198.** Independentemente de pedido, os litisconsortes que tiverem diferentes procuradores, de escritórios de advocacia distintos, terão prazos contados em dobro para se manifestar nos autos.

▪**Art. 199.** Quando a lei não assinalar outro prazo, as intimações somente obrigarão a comparecimento depois de decorridas vinte e quatro horas.

Seção II
Da Verificação dos Prazos e das Penalidades

▪**Art. 200.** Incumbe ao juiz verificar se o serventuário excedeu, sem motivo legítimo, os prazos que este Código estabelece.

§ 1º Constatada a falta, o juiz mandará instaurar procedimento administrativo, na forma da lei.

§ 2º Qualquer das partes, o Ministério Público ou a Defensoria Pública poderá representar ao juiz contra o serventuário que excedeu os prazos previstos em lei.

▪**Art. 201.** Os advogados públicos ou privados, o defensor público e o membro do Ministério Público devem restituir os autos no prazo do ato a ser praticado, sob pena de o juiz determinar, de ofício, o desentranhamento das petições, manifestações e documentos que apresentar.

Veja art. 203 deste Projeto.

▪**Art. 202.** É lícito a qualquer interessado cobrar os autos ao advogado que exceder ao prazo legal.

Veja art. 203 deste Projeto.

§ 1º Se, intimado, o advogado não devolver os autos dentro de um dia, perderá o direito à vista fora de cartório e incorrerá em multa correspondente à metade do salário mínimo.

§ 2º Verificada a falta, o juiz comunicará o fato à seção local da Ordem dos Advogados do Brasil para o procedimento disciplinar e imposição de multa.

▪**Art. 203.** Aplicam-se ao Ministério Público, à Defensoria Pública e à Advocacia Pública os arts. 201 e 202; a multa, se for o caso, será aplicada ao agente público responsável pelo ato.

Parágrafo único. Apurada a falta, o juiz comunicará o fato ao órgão competente responsável pela instauração de procedimento disciplinar contra o membro que atuou no feito.

▪**Art. 204.** Qualquer das partes, o Ministério Público ou a Defensoria Pública poderá representar ao presidente do Tribunal de Justiça contra o juiz que excedeu os prazos previstos em lei.

§ 1º Distribuída a representação ao órgão competente, será instaurado procedimento para apuração da responsabilidade.

§ 2º O presidente do tribunal, conforme as circunstâncias, poderá avocar os autos em que ocorreu excesso de prazo, remetendo-os ao substituto legal do juiz contra o qual se representou, sem prejuízo das providências administrativas.

CAPÍTULO IV
DAS COMUNICAÇÕES DOS ATOS

Seção I
Disposições Gerais

▪**Art. 205.** Os atos processuais serão cumpridos por ordem judicial ou requisitados por carta, conforme tenham de realizar-se dentro ou fora dos limites territoriais da comarca ou da seção judiciária.

Parágrafo único. Admite-se a prática de atos processuais por meio de videoconferência ou outro recurso tecnológico de transmissão de sons e imagens em tempo real.

▪**Art. 206.** Será expedida carta:

I – de ordem para que juiz de grau inferior pratique ato relativo a processo em curso em tribunal;

II – rogatória, para que autoridade judiciária estrangeira pratique ato relativo a processo em curso perante órgão da jurisdição nacional;

III – precatória, para que órgão jurisdicional nacional pratique ou determine o cumprimento, na área de sua competência territorial, de ato requisitado por juiz de competência territorial diversa;

IV – arbitral, para que o órgão jurisdicional nacional pratique ou determine o cumprimento, na área de sua competência territorial, de ato solicitado por árbitro.

Seção II
Da Citação

▪**Art. 207.** A citação é o ato pelo qual são convocados o réu, o executado ou o interessado para integrar a relação processual.

▪**Art. 208.** Ressalvadas as hipóteses de improcedência liminar do pedido, para a validade do processo é indispensável a citação inicial do réu ou do executado.

§ 1º O comparecimento espontâneo do réu ou do executado supre a falta ou a nulidade da citação, contando-se a partir de então o prazo para a contestação ou para embargos à execução.

§ 2º Rejeitada a alegação de nulidade, tratando-se de processo de:

I – conhecimento, o réu será considerado revel;

II – execução, o feito terá seguimento.

▪**Art. 209.** A citação válida produz litispendência e faz litigiosa a coisa e, ainda quando ordenada por juiz incompetente, interrompe a prescrição e constitui em mora o devedor, ressalvado o disposto no art. 397 do Código Civil.

Veja art. 287 deste Projeto.

§ 1º A litispendência e a interrupção da prescrição retroagirão à data da propositura da ação.

§ 2º Incumbe à parte adotar as providências necessárias para a citação do réu nos dez dias subsequentes ao despacho que a ordenar, sob pena de não se considerar interrompida a prescrição e instaurada a litispendência na data da propositura.

Veja art. 759 deste Projeto.

§ 3º A parte não será prejudicada pela demora imputável exclusivamente ao serviço judiciário.

§ 4º O efeito retroativo do § 1º aplica-se à decadência e aos demais prazos extintivos previstos em lei.

▪**Art. 210.** Transitada em julgado a sentença de mérito proferida em favor do réu antes da citação, cabe ao escrivão comunicá-lo do resultado do julgamento.

▪**Art. 211.** A citação do réu será feita pessoalmente, ao seu representante legal ou ao procurador legalmente autorizado.

§ 1º Estando o réu ausente, a citação será feita na pessoa de seu mandatário, administrador, feitor ou gerente, quando a ação se originar de atos por eles praticados.

§ 2º O locador que se ausentar do Brasil sem cientificar o locatário de que deixou na localidade onde estiver situado o imóvel procurador com poderes para receber citação será citado na pessoa do administrador do imóvel encarregado do recebimento dos aluguéis.

▪**Art. 212.** A citação poderá ser feita em qualquer lugar em que se encontre o réu ou o executado.

Parágrafo único. O militar em serviço ativo será citado na unidade em que estiver servindo, se não for conhecida a sua residência ou nela não for encontrado.

▪**Art. 213.** Não se fará a citação, salvo para evitar o perecimento do direito:

I – a quem estiver assistindo a ato de culto religioso;

II – ao cônjuge, companheiro ou a qualquer parente do morto, consanguíneo ou afim, em linha reta ou na linha colateral em segundo grau, no dia do falecimento e nos sete dias seguintes;

III – aos noivos, nos três primeiros dias seguintes ao casamento;

IV – aos doentes, enquanto grave o seu estado.

▪**Art. 214.** Também não se fará citação quando se verificar que o réu ou executado é mentalmente incapaz ou está impossibilitado de recebê-la.

§ 1º O oficial de justiça descreverá e a certificará minuciosamente a ocorrência.

§ 2º O juiz nomeará médico para examinar o citando, que apresentará laudo em cinco dias.

§ 3º Reconhecida a impossibilidade, o juiz dará ao citando um curador, observando, quanto à sua escolha, a preferência estabelecida na lei e restringindo a nomeação à causa.

§ 4º A citação será feita na pessoa do curador, a quem incumbirá a defesa do réu.

▪**Art. 215.** A citação será feita:

I – pelo correio;

II – por oficial de justiça;

III – pelo escrivão, se o citando comparecer em cartório;

IV – por edital;

V – por meio eletrônico, conforme regulado em lei.

Parágrafo único. Com exceção das micro e pequenas empresas, ficam obrigadas as empresas privadas ou públicas a criar endereço eletrônico destinado exclusivamente ao recebimento de citações e intimações, as quais serão efetuadas preferencialmente por esse meio.

▪**Art. 216.** A citação será feita pelo correio para qualquer comarca do país, exceto:

Veja art. 562 deste Projeto.

I – nas ações de estado;

II – quando for ré pessoa incapaz;

III – quando for ré pessoa de direito público;

IV – quando o réu residir em local não atendido pela entrega domiciliar de correspondência;

V – quando o autor, justificadamente, a requerer de outra forma.

▪**Art. 217.** Deferida a citação pelo correio, o escrivão remeterá ao citando cópias da petição inicial e do despacho do juiz e comunicará o prazo para a resposta, o endereço do juízo e o respectivo cartório.

§ 1º A carta será registrada para entrega ao citando, exigindo-lhe o carteiro, ao fazer a entrega, que assine o recibo. Sendo o réu pessoa jurídica, será válida a entrega a pessoa com poderes de gerência geral ou de administração, ou, ainda, a funcionário responsável pelo recebimento de correspondências.

§ 2º Da carta de citação no processo de conhecimento constarão os requisitos do art. 219.

▪**Art. 218.** A citação será feita por meio de oficial de justiça nos casos ressalvados neste Código ou na lei, ou quando frustrada a citação pelo correio.

Veja art. 612, § 1º, deste Projeto.

▪**Art. 219.** O mandado que o oficial de justiça tiver de cumprir conterá:

Veja arts. 217, § 2º, e 233 deste Projeto.

I – os nomes do autor e do réu, bem como os respectivos domicílios ou residências;

II – o fim da citação, com todas as especificações constantes da petição inicial, bem como a menção do prazo para contestação, a ser apresentada sob pena de revelia;

III – a cominação, se houver;

IV – se for o caso, a intimação do réu para o comparecimento, com a presença de advogado ou defensor público, à audiência de conciliação;

V – a menção do dia, a hora e o lugar do comparecimento;

VI – a cópia da petição inicial, do despacho ou da decisão que deferir tutela de urgência ou da evidência;

VII – a assinatura do escrivão e a declaração de que o subscreve por ordem do juiz.

▪**Art. 220.** Incumbe ao oficial de justiça procurar o réu e, onde o encontrar, citá-lo:

I – lendo-lhe o mandado e entregando-lhe a contrafé;

II – portando por fé se recebeu ou recusou a contrafé;

III – obtendo a nota de ciente ou certificando que o réu não a apôs no mandado.

▪**Art. 221.** Quando, por três vezes, o oficial de justiça houver procurado o réu em seu domicílio ou residência sem o encontrar, deverá, havendo suspeita de ocultação, intimar qualquer pessoa da família ou, em sua falta, qualquer vizinho de que, no dia imediato, voltará a fim de efetuar a citação, na hora que designar.

Veja art. 247, § 2º, deste Projeto.

▪**Art. 222.** No dia e na hora designados, o oficial de justiça, independentemente de novo despacho, comparecerá ao domicílio ou à residência do citando a fim de realizar a diligência.

Veja art. 247, § 2º, deste Projeto.

§ 1º Se o citando não estiver presente, o oficial de justiça procurará informar-se das razões da ausência, dando por feita a citação, ainda que o citando se tenha ocultado em outra comarca ou seção judiciária.

§ 2º Da certidão da ocorrência, o oficial de justiça deixará contrafé com pessoa da família ou com qualquer vizinho, conforme o caso, declarando-lhe o nome.

▪**Art. 223.** Feita a citação com hora certa, o escrivão enviará ao réu carta, telegrama ou correspondência eletrônica, dando-lhe de tudo ciência.

Veja art. 247, § 2º, deste Projeto.

▪**Art. 224.** Nas comarcas contíguas de fácil comunicação e nas que se situem na mesma região metropolitana, o oficial de justiça poderá efetuar citações, intimações, penhoras e quaisquer outros atos executivos em qualquer delas.

▪**Art. 225.** A citação por edital será feita:

Veja art. 612, § 1º, deste Projeto.

I – quando desconhecido ou incerto o réu;

II – quando ignorado, incerto ou inacessível o lugar em que se encontrar;

III – nos casos expressos em lei.

§ 1º Considera-se inacessível, para efeito de citação por edital, o país que recusar o cumprimento de carta rogatória.

§ 2º No caso de ser inacessível o lugar em que se encontrar o réu, a notícia de sua citação será divulgada também pelo rádio, se na comarca houver emissora de radiodifusão.

▪**Art. 226.** São requisitos da citação por edital:

I – a afirmação do autor ou a certidão do oficial informando a presença das circunstâncias autorizadoras;

II – a publicação do edital no sítio eletrônico do tribunal respectivo, certificada nos autos;

III – a determinação, pelo juiz, do prazo, que variará entre vinte dias e sessenta dias, correndo da data da publicação única, ou, havendo mais de uma, a contar da primeira;

IV – a advertência sobre os efeitos da revelia, se o litígio versar sobre direitos disponíveis.

Parágrafo único. O juiz, levando em consideração as peculiaridades da comarca ou da seção judiciária, poderá determinar que a publicação do edital seja feita também em jornal local de ampla circulação ou por outros meios.

▪**Art. 227.** A parte que requerer a citação por edital, alegando dolosamente os requisitos para a sua realização, incorrerá em multa de cinco vezes o salário mínimo.

Parágrafo único. A multa reverterá em benefício do citando.

▪**Art. 228.** Serão publicados editais:

I – na ação de usucapião;

II – nas ações de recuperação ou substituição de título ao portador;

III – em qualquer ação em que seja necessária, por determinação legal, a provocação, para participação no processo, de interessados incertos ou desconhecidos.

Parágrafo único. Na ação de usucapião, os confinantes serão citados pessoalmente, salvo quando versar sobre unidades autônomas de prédios em condomínio, onde é dispensada.

Seção III
Das Cartas

▪**Art. 229.** São requisitos essenciais da carta de ordem, da carta precatória e da carta rogatória:

I – a indicação dos juízes de origem e de cumprimento do ato;

II – o inteiro teor da petição, do despacho judicial e do instrumento do mandato conferido ao advogado;

III – a menção do ato processual que lhe constitui o objeto;

IV – o encerramento com a assinatura do juiz.

§ 1º O juiz mandará trasladar na carta quaisquer outras peças, bem como instruí-la com mapa, desenho ou gráfico, sempre que esses documentos devam ser examinados, na diligência, pelas partes, pelos peritos ou pelas testemunhas.

§ 2º Quando o objeto da carta for exame pericial sobre documento, este será remetido em original, ficando nos autos reprodução fotográfica.

§ 3º As cartas de ordem, precatória e rogatória deverão, preferencialmente, ser expedidas por meio eletrônico, caso em que a assinatura do juiz deverá ser eletrônica, na forma da lei.

▪**Art. 230.** Em todas as cartas declarará o juiz o prazo dentro do qual deverão ser cumpridas, atendendo à facilidade das comunicações e à natureza da diligência.

▪**Art. 231.** A carta tem caráter itinerante; antes ou depois de lhe ser ordenado o cumprimento, poderá ser apresentada a juízo diverso do que dela consta, a fim de se praticar o ato.

▪**Art. 232.** Havendo urgência, serão transmitidas a carta de ordem e a carta precatória por qualquer meio eletrônico ou por telegrama.

▪**Art. 233.** A carta de ordem e a carta precatória por meio de correio eletrônico, por telefone ou por telegrama conterão, em resumo substancial, os requisitos mencionados no art. 219, especialmente no que se refere à aferição da autenticidade.

Veja art. 234 deste Projeto.

▪**Art. 234.** O secretário do tribunal ou o escrivão do juízo deprecante transmitirá, por telefone, a carta de ordem ou a carta precatória ao juízo em que houver de cumprir-se o ato, por intermédio do escrivão do primeiro ofício da primeira vara, se houver na comarca mais de um ofício ou de uma vara, observando-se, quanto aos requisitos, o disposto no art. 233.

§ 1º O escrivão, no mesmo dia ou no dia útil imediato, telefonará ou enviará mensagem eletrônica ao secretário do tribunal ou ao escrivão do juízo deprecante, lendo-lhe os termos da carta e solicitando-lhe que os confirme.

§ 2º Sendo confirmada, o escrivão submeterá a carta a despacho.

▪**Art. 235.** Serão praticados de ofício os atos requisitados por meio de correio eletrônico e de telegrama, devendo a parte depositar, contudo, na secretaria do tribunal ou no cartório do juízo deprecante, a importância correspondente às despesas que serão feitas no juízo em que houver de praticar-se o ato.

▪**Art. 236.** O juiz recusará cumprimento à carta precatória ou arbitral, devolvendo-a com despacho motivado:

I – quando não estiver revestida dos requisitos legais;

II – quando faltar-lhe competência em razão da matéria ou da hierarquia;

III – quando tiver dúvida acerca de sua autenticidade.

Parágrafo único. No caso de incompetência em razão da matéria ou da hierarquia, o juiz deprecado, conforme o ato a ser praticado, poderá remeter a carta ao juiz ou ao tribunal competente.

▪**Art. 237.** As cartas rogatórias ativas obedecerão, quanto à sua admissibilidade e ao modo de seu cumprimento, ao disposto em convenção internacional; à falta desta, serão remetidas a autoridade judiciária estrangeira, por via diplomática, depois de traduzidas para a língua do país em que há de praticar-se o ato.

Parágrafo único. O requerimento de carta rogatória deverá estar acompanhado da tradução dos documentos necessários para seu processamento ou de protesto por sua apresentação em prazo razoável.

▪**Art. 238.** As cartas rogatórias passivas poderão ter por objeto, entre outros:

I – citação e intimação;

II – produção de provas;

III – medidas de urgência;

IV – execução de decisões estrangeiras.

▪**Art. 239.** O presidente do Superior Tribunal de Justiça, observado o disposto no Regimento Interno, concederá *exequatur* às cartas rogatórias provenientes do exterior, salvo se lhes faltar autenticidade ou se a medida solicitada, quanto à sua natureza, atentar contra a ordem pública nacional.

▪**Art. 240.** Cumprida a carta, será devolvida ao juízo de origem no prazo de dez dias, independentemente de traslado, pagas as custas pela parte.

Seção IV
Das Intimações

▪**Art. 241.** Intimação é o ato pelo qual se dá ciência a alguém dos atos e dos termos do processo.

§ 1º É facultado aos advogados promover a intimação do advogado da outra parte por meio do correio, juntando aos autos, a seguir, cópia do ofício de intimação e do aviso de recebimento.

§ 2º O ofício de intimação deverá ser instruído com cópia do despacho, da decisão ou da sentença.

▪**Art. 242.** As intimações realizam-se, sempre que possível, por meio eletrônico, na forma da lei.

▪**Art. 243.** O juiz determinará de ofício as intimações em processos pendentes, salvo disposição em contrário.

▪**Art. 244.** Consideram-se feitas as intimações pela publicação dos atos no órgão oficial.

§ 1º Os advogados poderão requerer que, na intimação a eles dirigida, figure apenas o nome da sociedade a que pertencem, desde que devidamente registrada na Ordem dos Advogados do Brasil.

§ 2º É indispensável, sob pena de nulidade, que da publicação constem os nomes das partes, de seus advogados, com o respectivo número da inscrição na Ordem dos Advogados do Brasil, ou, se assim requerido, da sociedade de advogados.

§ 3º O advogado que retirar os autos em carga do cartório ou da secretaria considera-se intimado de qualquer decisão contida no processo retirado, ainda que pendente de publicação.

▪**Art. 245.** Onde não houver publicação em órgão oficial, caberá ao escrivão intimar de todos os atos do processo os advogados das partes:

I – pessoalmente, se tiverem domicílio na sede do juízo;

II – por carta registrada, com aviso de recebimento, quando forem domiciliados fora do juízo.

▪**Art. 246.** Não dispondo a lei de outro modo, as intimações serão feitas às partes, aos seus representantes legais, aos advogados e aos demais sujeitos do processo pelo correio ou, se presentes em cartório, diretamente pelo escrivão.

Parágrafo único. Presumem-se válidas as comunicações e as intimações dirigidas ao endereço constante dos autos, ainda que não recebidas pessoalmente pelo interessado, se a modificação temporária ou definitiva não tiver sido devidamente comunicada, fluindo os prazos a partir da juntada aos autos do comprovante de entrega da correspondência no primitivo endereço.

▪**Art. 247.** A intimação será feita por oficial de justiça quando frustrada a realização por meio eletrônico ou pelo correio.

§ 1º A certidão de intimação deve conter:

I – a indicação do lugar e a descrição da pessoa intimada, mencionando, quando possível, o número de sua carteira de identidade e o órgão que a expediu;

II – a declaração de entrega da contrafé;

III – a nota de ciente ou a certidão de que o interessado não a apôs no mandado.

§ 2º Caso necessário, a intimação poderá ser efetuada por hora certa, na forma do art. 221 a 223.

▪**Art. 248.** Os prazos para as partes, os procuradores e o Ministério Público serão contados da intimação.

Parágrafo único. As intimações, inclusive as eletrônicas, consideram-se realizadas no primeiro dia útil seguinte, se tiverem ocorrido em dia em que não houve expediente forense.

▪**Art. 249.** Ressalvado o disposto no art. 324, começa a correr o prazo, obedecida a contagem somente nos dias úteis:

Veja art. 324, § 1º, deste Projeto.

I – quando a citação ou a intimação for pelo correio, da data de juntada aos autos do aviso de recebimento;

II – quando a citação ou a intimação for por oficial de justiça, da data de juntada aos autos do mandado cumprido;

III – quando houver vários réus, da data de juntada aos autos do último aviso de recebimento ou mandado de citação cumprido;

IV – quando o ato se realizar em cumprimento de carta de ordem, precatória ou rogatória, da data de sua juntada aos autos devidamente cumprida;

V – quando a citação ou intimação for por edital, do dia seguinte ao da publicação única, ou, havendo mais de uma, a contar da primeira, e finda a dilação assinada pelo juiz;

VI – na intimação eletrônica, do dia seguinte ao da publicação.

▪**Art. 250.** O prazo para a interposição de recurso conta-se da data em que os advogados são intimados da decisão, da sentença ou do acórdão.

§ 1º Consideram-se intimados em audiência quando nesta é publicada a decisão ou a sentença.

§ 2º Havendo antecipação da audiência, o juiz, de ofício ou a requerimento da parte, mandará intimar pessoalmente os advogados para ciência da nova designação.

CAPÍTULO V
DAS NULIDADES

▪**Art. 251.** Quando a lei prescrever determinada forma sob pena de nulidade, a decretação desta não pode ser requerida pela parte que lhe deu causa.

▪**Art. 252.** Quando a lei prescrever determinada forma, o juiz considerará válido o ato se, realizado de outro modo, lhe alcançar a finalidade.

▪**Art. 253.** A nulidade dos atos deve ser alegada na primeira oportunidade em que couber à parte falar nos autos, sob pena de preclusão.

Parágrafo único. Não se aplica esta disposição às nulidades que o juiz deva decretar de ofício, nem prevalece a preclusão provando a parte legítimo impedimento.

▪**Art. 254.** É nulo o processo quando o membro do Ministério Público não for intimado a acompanhar o feito em que deva intervir.

§ 1º Se o processo tiver tramitado sem conhecimento do membro do Ministério Público, o juiz o anulará a partir do momento em que ele deveria ter sido intimado.

§ 2º A nulidade só pode ser decretada após a oitiva do Ministério Público, que se manifestará sobre a existência ou a inexistência de prejuízo.

▪**Art. 255.** As citações e as intimações serão nulas quando feitas sem observância das prescrições legais.

▪**Art. 256.** Anulado o ato, consideram-se de nenhum efeito todos os subsequentes que dele dependam; todavia, a nulidade de uma parte do ato não prejudicará as outras que dela sejam independentes.

▪**Art. 257.** Ao pronunciar a nulidade, o juiz declarará que atos são atingidos e ordenará as providências necessárias a fim de que sejam repetidos ou retificados.

§ 1º O ato não se repetirá nem sua falta será suprida quando não prejudicar a parte.

§ 2º Quando puder decidir o mérito a favor da parte a quem aproveite a declaração da nulidade, o juiz não a pronunciará nem mandará repetir o ato ou suprir-lhe a falta.

▪**Art. 258.** O erro de forma do processo acarreta unicamente a anulação dos atos que não possam ser aproveitados, devendo praticar-se os que forem necessários a fim de se observarem as prescrições legais.

Parágrafo único. Dar-se-á o aproveitamento dos atos praticados desde que não resulte prejuízo à defesa.

CAPÍTULO VI
DA DISTRIBUIÇÃO E DO REGISTRO

▪**Art. 259.** Todos os processos estão sujeitos a registro, devendo ser distribuídos onde houver mais de um juiz.

▪**Art. 260.** A distribuição, que poderá ser eletrônica, será alternada e aleatória, obedecendo-se rigorosa igualdade.

▪**Art. 261.** Serão distribuídas por dependência as causas de qualquer natureza:

I – quando se relacionarem, por conexão ou continência, com outra já ajuizada;

II – quando, tendo sido extinto o processo, sem resolução de mérito, for reiterado o pedido, ainda que em litisconsórcio com outros autores ou que sejam parcialmente alterados os réus da demanda;

III – quando houver ajuizamento de ações idênticas ao juízo prevento.

Parágrafo único. Havendo intervenção de terceiro, pedido contraposto ou pedido de declaração incidente, o juiz, de ofício, mandará proceder à respectiva anotação pelo distribuidor.

▪**Art. 262.** A petição deve vir acompanhada do instrumento de mandato, que conterá o endereço físico e eletrônico do advogado, para recebimento de intimações.

Parágrafo único. Dispensa-se a juntada de instrumento de mandato se:

I – a parte postular em causa própria;

II – no caso previsto no art. 101;

III – a parte estiver representada pela Defensoria Pública.

▪**Art. 263.** O juiz, de ofício ou a requerimento do interessado, corrigirá o erro ou a falta de distribuição, compensando-a.

▪**Art. 264.** A distribuição poderá ser fiscalizada pela parte, por seu procurador, pelo Ministério Público e pela Defensoria Pública.

▪**Art. 265.** Será cancelada a distribuição do feito se a parte, intimada na pessoa de seu advogado, não realizar o pagamento das custas e despesas de ingresso em quinze dias.

CAPÍTULO VII
DO VALOR DA CAUSA

▪**Art. 266.** A toda causa será atribuído um valor certo, ainda que não tenha conteúdo econômico imediato.

▪**Art. 267.** O valor da causa constará da petição inicial ou do pedido contraposto e será:

I – na ação de cobrança de dívida, a soma monetariamente corrigida do principal, dos juros de mora vencidos e de outras penalidades, se houver, até a data da propositura da ação;

II – havendo cumulação de pedidos, a quantia correspondente à soma dos valores de todos eles;

III – sendo alternativos os pedidos, o de maior valor;

IV – se houver também pedido subsidiário, o valor do pedido principal;

V – quando o litígio tiver por objeto a existência, a validade, o cumprimento, a modificação ou a rescisão de negócio jurídico, o valor do contrato ou o de sua parte controvertida;

VI – na ação de alimentos, a soma de doze prestações mensais pedidas pelo autor;

VII – na ação de divisão, de demarcação e de reivindicação o valor de avaliação da área ou bem objeto do pedido;

VIII – nas ações indenizatórias por dano moral, o valor pretendido.

§ 1º Quando se pedirem prestações vencidas e vincendas, tomar-se-á em consideração o valor de umas e outras.

§ 2º O valor das prestações vincendas será igual a uma prestação anual, se a obrigação for por tempo indeterminado ou por tempo superior a um ano; se, por tempo inferior, será igual à soma das prestações.

§ 3º O juiz corrigirá, de ofício e por arbitramento, o valor da causa quando:

I – verificar que o valor atribuído não corresponde ao conteúdo patrimonial em discussão ou ao proveito econômico perseguido pelo autor, caso em que se procederá ao recolhimento das custas correspondentes;

II – a causa não tiver conteúdo econômico imediato.

▪**Art. 268.** O réu poderá impugnar, em preliminar da contestação, o valor atribuído à causa pelo autor, sob pena de preclusão; o juiz decidirá a respeito, impondo, se for o caso, a complementação das custas.

TÍTULO IX
TUTELA DE URGÊNCIA E TUTELA DA EVIDÊNCIA

Conforme publicação oficial.

CAPÍTULO I
DISPOSIÇÕES GERAIS

Seção I
Das Disposições Comuns

▪**Art. 269.** A tutela de urgência e a tutela da evidência podem ser requeridas antes ou no curso do processo, sejam essas medidas de natureza satisfativa ou cautelar.

§ 1º São medidas satisfativas as que visam a antecipar ao autor, no todo ou em parte, os efeitos da tutela pretendida.

§ 2º São medidas cautelares as que visam a afastar riscos e assegurar o resultado útil do processo.

▪**Art. 270.** O juiz poderá determinar as medidas que considerar adequadas quando houver fundado receio de que uma parte, antes do julgamento da lide, cause ao direito da outra lesão grave e de difícil reparação.

Parágrafo único. A medida de urgência poderá ser substituída, de ofício ou a requerimento de qualquer das partes, pela prestação de caução ou outra garantia menos gravosa para o requerido, sempre que adequada e suficiente para evitar a lesão ou repará-la integralmente.

▪**Art. 271.** Na decisão que conceder ou negar a tutela de urgência e a tutela da evidência, o juiz indicará, de modo claro e preciso, as razões do seu convencimento.

Parágrafo único. A decisão será impugnável por agravo de instrumento.

▪**Art. 272.** A tutela de urgência e a tutela da evidência serão requeridas ao juiz da causa e, quando antecedentes, ao juízo competente para conhecer do pedido principal.

Parágrafo único. Nas ações e nos recursos pendentes no tribunal, perante este será a medida requerida.

▪**Art. 273.** A efetivação da medida observará, no que couber, o parâmetro operativo do cumprimento da sentença definitivo ou provisório.

▪**Art. 274.** Independentemente da reparação por dano processual, o requerente responde ao requerido pelo prejuízo que lhe causar a efetivação da medida, se:

I – a sentença no processo principal lhe for desfavorável;

II – obtida liminarmente a medida em caráter antecedente, não promover a citação do requerido dentro de cinco dias;

III – ocorrer a cessação da eficácia da medida em qualquer dos casos legais;

IV – o juiz acolher a alegação de decadência, ou da prescrição da pretensão do autor.

Parágrafo único. A indenização será liquidada nos autos em que a medida tiver sido concedida.

▪**Art. 275.** Tramitarão prioritariamente os processos em que tenha sido concedida tutela da evidência ou de urgência, respeitadas outras preferências legais.

Seção II
Da Tutela de Urgência Cautelar e Satisfativa

▪**Art. 276.** A tutela de urgência será concedida quando forem demonstrados elementos que evidenciem a plausibilidade do direito, bem como o risco de dano irreparável ou de difícil reparação.

Parágrafo único. Na concessão liminar da tutela de urgência, o juiz poderá exigir caução real ou fidejussória idônea para ressarcir os danos que o requerido possa vir a sofrer, ressalvada a impossibilidade da parte economicamente hipossuficiente.

▪**Art. 277.** Em casos excepcionais ou expressamente autorizados por lei, o juiz poderá conceder medidas de urgência de ofício.

Seção III
Da Tutela da Evidência

▪**Art. 278.** A tutela da evidência será concedida, independentemente da demonstração de risco de dano irreparável ou de difícil reparação, quando:

I – ficar caracterizado o abuso de direito de defesa ou o manifesto propósito protelatório do requerido;

II – um ou mais dos pedidos cumulados ou parcela deles mostrar-se incontroverso, caso em que a solução será definitiva;

III – a inicial for instruída com prova documental irrefutável do direito alegado pelo autor a que o réu não oponha prova inequívoca; ou

IV – a matéria for unicamente de direito e houver tese firmada em julgamento de recursos repetitivos, em incidente de resolução de demandas repetitivas ou em súmula vinculante.

Parágrafo único. Independerá igualmente de prévia comprovação de risco de dano a ordem liminar, sob cominação de multa diária, de entrega do objeto custodiado, sempre que o autor fundar seu pedido reipersecutório em prova documental adequada do depósito legal ou convencional.

CAPÍTULO II
DO PROCEDIMENTO DAS MEDIDAS DE URGÊNCIA

Seção I
Das Medidas de Urgência Requeridas em Caráter Antecedente

▪**Art. 279.** A petição inicial da medida cautelar requerida em caráter antecedente indicará a lide, seu fundamento e a exposição sumária do direito ameaçado e do receio de lesão.

▪**Art. 280.** O requerido será citado para, no prazo de cinco dias, contestar o pedido e indicar as provas que pretende produzir.

§ 1º Do mandado de citação constará a advertência de que, não impugnada decisão ou medida liminar eventualmente concedida, esta continuará a produzir efeitos independentemente da formulação de um pedido principal pelo autor.

§ 2º Conta-se o prazo a partir da juntada aos autos do mandado:

I – de citação devidamente cumprido;

II – de intimação do requerido de haver-se efetivado a medida, quando concedida liminarmente ou após justificação prévia.

▪**Art. 281.** Não sendo contestado o pedido, os fatos alegados pelo requerente presumir-se-ão aceitos pelo requerido como verdadeiros, caso em que o juiz decidirá dentro de cinco dias.

§ 1º Contestada a medida no prazo legal, o juiz designará audiência de instrução e julgamento, caso haja prova a ser nela produzida.

§ 2º Concedida a medida em caráter liminar e não havendo impugnação, após sua efetivação integral, o juiz extinguirá o processo, conservando a sua eficácia.

▪**Art. 282.** Impugnada a medida liminar, o pedido principal deverá ser apresentado pelo requerente no prazo de trinta dias ou em outro prazo que o juiz fixar.

Veja art. 284, I, deste Projeto.

§ 1º O pedido principal será apresentado nos mesmos autos em que tiver sido veiculado o requerimento da medida de urgência, não dependendo do pagamento de novas custas processuais quanto ao objeto da medida requerida em caráter antecedente.

§ 2º A parte será intimada para se manifestar sobre o pedido principal, por seu advogado ou pessoalmente, sem necessidade de nova citação.

Veja art. 283, § 2º, deste Projeto.

§ 3º A apresentação do pedido principal será desnecessária se o réu, citado, não impugnar a liminar.

Veja art. 283, § 2º, deste Projeto.

§ 4º Na hipótese prevista no § 3º, qualquer das partes poderá propor ação com o intuito de discutir o direito que tenha sido acautelado ou cujos efeitos tenham sido antecipados.

▪**Art. 283.** As medidas conservam a sua eficácia na pendência do processo em que esteja veiculado o pedido principal, mas podem, a qualquer tempo, ser revogadas ou modificadas, em decisão fundamentada, exceto quando um ou mais dos pedidos cumulados ou parcela deles mostrar-se incontroverso, caso em que a solução será definitiva.

§ 1º Salvo decisão judicial em contrário, a medida de urgência conservará a eficácia durante o período de suspensão do processo.

§ 2º Nas hipóteses previstas no art. 282, §§ 2º e 3º, as medidas de urgência conservarão seus efeitos enquanto não revogadas por decisão de mérito proferida em ação ajuizada por qualquer das partes.

▪**Art. 284.** Cessa a eficácia da medida concedida em caráter antecedente, se:

I – tendo o requerido impugnado a medida liminar, o requerente não deduzir o pedido principal no prazo do *caput* do art. 282;

II – não for efetivada dentro de um mês;

III – o juiz julgar improcedente o pedido apresentado pelo requerente ou extinguir o processo em que esse pedido tenha sido veiculado sem resolução de mérito.

§ 1º Se por qualquer motivo cessar a eficácia da medida, é vedado à parte repetir o pedido, salvo sob novo fundamento.

§ 2º A decisão que concede a tutela não fará coisa julgada, mas a estabilidade dos respectivos efeitos só será afastada por decisão que a revogar, proferida em ação ajuizada por uma das partes.

§ 3º Qualquer das partes poderá requerer o desarquivamento dos autos em que foi concedida a medida para instruir a petição inicial da ação referida no *caput*.

▪**Art. 285.** O indeferimento da medida não obsta a que a parte deduza o pedido principal, nem influi no julgamento deste, salvo se o motivo do indeferimento for a declaração de decadência ou de prescrição.

Seção II
Das Medidas de Urgência Requeridas em Caráter Incidental

▪**Art. 286.** As medidas de que trata este Capítulo podem ser requeridas incidentalmente no curso da causa principal, nos próprios autos, independentemente do pagamento de novas custas.

Parágrafo único. Aplicam-se às medidas concedidas incidentalmente as disposições relativas às requeridas em caráter antecedente, no que couber.

TÍTULO X
FORMAÇÃO, SUSPENSÃO E EXTINÇÃO DO PROCESSO

CAPÍTULO I
DA FORMAÇÃO DO PROCESSO

▪**Art. 287.** Considera-se proposta a ação quando a petição inicial for protocolada. A propositura da ação, todavia, só produz quanto ao réu os efeitos mencionados no art. 209 depois que for validamente citado.

CAPÍTULO II
DA SUSPENSÃO DO PROCESSO

▪**Art. 288.** Suspende-se o processo:

Veja art. 109, *caput*, deste Projeto.

I – pela morte ou pela perda da capacidade processual de qualquer das partes, de seu representante legal ou de seu procurador;

Veja art. 188 deste Projeto.

II – pela convenção das partes;

III – pela arguição de impedimento ou suspeição;

IV – pela admissão de incidente de resolução de demandas repetitivas;

V – quando a sentença de mérito:

a) depender do julgamento de outra causa ou da declaração da existência ou da inexistência da relação jurídica ou de questão de estado que constitua o objeto principal de outro processo pendente;

b) não puder ser proferida senão depois de verificado determinado fato ou de produzida certa prova, requisitada a outro juízo;

Veja art. 363, *caput*, deste Projeto.

VI – por motivo de força maior;

VII – nos demais casos que este Código regula.

§ 1º No caso de morte ou de perda da capacidade processual de qualquer das partes ou de seu representante legal, o juiz suspenderá o processo.

§ 2º No caso de morte do procurador de qualquer das partes, ainda que iniciada a audiência de instrução e julgamento, o juiz marcará, a fim de que a parte constitua novo mandatário, o prazo de quinze dias. Findo o prazo o juiz extinguirá o processo sem resolução de mérito, se o autor não nomear novo mandatário, ou mandará prosseguir no processo à revelia do réu, tendo falecido o advogado deste.

§ 3º A suspensão do processo por convenção das partes de que trata o inciso II nunca poderá exceder a seis meses.

§ 4º Nos casos enumerados no inciso V, o período de suspensão nunca poderá exceder a um ano.

§ 5º Findos os prazos referidos nos §§ 3º e 4º, o juiz determinará o prosseguimento do processo.

▪**Art. 289.** Durante a suspensão é vedado praticar qualquer ato processual; poderá o juiz, todavia, salvo no caso de arguição de impedimento e suspeição, determinar a realização de atos urgentes a fim de evitar dano irreparável.

Parágrafo único. Nos casos de impedimento e suspeição, as medidas urgentes serão requeridas ao substituto legal.

CAPÍTULO III
DA EXTINÇÃO DO PROCESSO

▪**Art. 290.** A extinção do processo se dará por sentença.

▪**Art. 291.** Antes de proferir sentença sem resolução de mérito, o juiz deverá conceder à parte oportunidade para, se possível, corrigir o vício.

LIVRO II
PROCESSO DE CONHECIMENTO E CUMPRIMENTO DE SENTENÇA

Veja art. 730 deste Projeto.

TÍTULO I
DO PROCEDIMENTO COMUM

CAPÍTULO I
DAS DISPOSIÇÕES GERAIS

▪**Art. 292.** Aplica-se a todas as causas o procedimento comum, salvo disposição em contrário deste Código ou de lei.

Parágrafo único. Também se aplica o procedimento comum, aos procedimentos especiais e ao processo de execução, naquilo que não se ache diversamente regulado.

CAPÍTULO II
DA PETIÇÃO INICIAL

Seção I
Dos Requisitos da Petição Inicial

▪**Art. 293.** A petição inicial indicará:

Veja art. 295, *caput*, deste Projeto.

I – o juízo ou o tribunal a que é dirigida;

II – os nomes, os prenomes, o estado civil, a profissão, o número no cadastro de pessoas físicas ou no cadastro nacional de pessoas jurídicas, o endereço eletrônico, o domicílio e a residência do autor e do réu;

III – o fato e os fundamentos jurídicos do pedido;

IV – o pedido com as suas especificações;

V – o valor da causa;

VI – as provas com que o autor pretende demonstrar a verdade dos fatos alegados;

VII – o requerimento para a citação do réu.

▪**Art. 294.** A petição inicial será instruída com os documentos indispensáveis à propositura da ação.

Veja art. 295, *caput*, deste Projeto.

▪**Art. 295.** Verificando o juiz que a petição inicial não preenche os requisitos dos arts. 293 e 294 ou que apresenta defeitos e irregularidades capazes de dificultar o julgamento de mérito, determinará que o autor, no prazo de quinze dias, a emende ou a complete, indicando com precisão o que deve ser corrigido.

Veja art. 305, IV, deste Projeto.

Parágrafo único. Se o autor não cumprir a diligência, o juiz indeferirá a petição inicial.

▪**Art. 296.** Na petição inicial, o autor apresentará o rol de testemunhas cuja oitiva pretenda, em número não superior a cinco.

Veja art. 437, *caput*, deste Projeto.

Seção II
Do Pedido

▪**Art. 297.** O pedido deve ser certo e determinado, sendo lícito, porém, formular pedido genérico:

I – nas ações universais, se não puder o autor individuar na petição os bens demandados;

II – quando não for possível determinar, desde logo, as consequências do ato ou do fato ilícito;

III – quando a determinação do objeto ou do valor da condenação depender de ato que deva ser praticado pelo réu.

Parágrafo único. O disposto neste artigo aplica-se ao pedido contraposto.

▪**Art. 298.** O pedido será alternativo quando, pela natureza da obrigação, o devedor puder cumprir a prestação de mais de um modo.

Parágrafo único. Quando, pela lei ou pelo contrato, a escolha couber ao devedor, o juiz lhe assegurará o direito de cumprir a prestação de um ou de outro modo, ainda que o autor não tenha formulado pedido alternativo.

▪**Art. 299.** É lícito formular mais de um pedido em ordem sucessiva, a fim de que o juiz conheça do posterior, se não acolher o anterior.

▪**Art. 300.** Na ação que tiver por objeto cumprimento de obrigação em prestações sucessivas, estas serão consideradas incluídas no pedido, independentemente de declaração expressa do autor; se o devedor, no curso do processo, deixar de pagá-las ou de consigná-las, serão incluídas na condenação, enquanto durar a obrigação.

▪**Art. 301.** Na obrigação indivisível com pluralidade de credores, aquele que não participou do processo receberá a sua parte, deduzidas as despesas na proporção de seu crédito.

▪**Art. 302.** É lícita a cumulação, num único processo, contra o mesmo réu, de vários pedidos, ainda que entre eles não haja conexão.

§ 1º São requisitos de admissibilidade da cumulação:

I – que os pedidos sejam compatíveis entre si;

II – que seja competente para conhecer deles o mesmo juízo;

III – que seja adequado para todos os pedidos o tipo de procedimento.

§ 2º Quando, para cada pedido, corresponder tipo diverso de procedimento, será admitida a cumulação, se o autor empregar o procedimento comum e for este adequado à pretensão.

▪**Art. 303.** Os pedidos são interpretados restritivamente, compreendendo-se, entretanto, no principal, os juros legais, a correção monetária e as verbas de sucumbência.

▪**Art. 304.** O autor poderá:

I – até a citação, modificar o pedido ou a causa de pedir, independentemente do consentimento do réu;

II – até o saneamento do processo, com o consentimento do réu, aditar ou alterar o pedido e a causa de pedir, assegurado o contraditório mediante a possibilidade de manifestação deste no prazo mínimo de quinze dias, facultado o requerimento de prova suplementar.

Parágrafo único. Aplica-se o disposto neste artigo ao pedido contraposto e à respectiva causa de pedir.

Seção III
Do Indeferimento da Petição Inicial

▪**Art. 305.** A petição inicial será indeferida quando:

Veja art. 921, § 2º, deste Projeto.

I – for inepta;

II – a parte for manifestamente ilegítima;

III – o autor carecer de interesse processual;

IV – não atendidas as prescrições dos arts. 103 e 295.

Parágrafo único. Considera-se inepta a petição inicial quando:

I – lhe faltar pedido ou causa de pedir;

II – da narração dos fatos não decorrer logicamente a conclusão;

III – contiver pedidos incompatíveis entre si.

▪**Art. 306.** Indeferida a petição inicial, o autor poderá apelar, facultado ao juiz, no prazo de três dias, reformar sua sentença.

Veja arts. 307, § 3º, e 921, § 2º, deste Projeto.

§ 1º Se o juiz não a reconsiderar, mandará citar o réu para responder ao recurso.

§ 2º Sendo a sentença reformada pelo tribunal, o prazo para a contestação começará a contar da intimação do retorno dos autos.

CAPÍTULO III
DA IMPROCEDÊNCIA LIMINAR DO PEDIDO

▪**Art. 307.** O juiz julgará liminarmente improcedente o pedido que se fundamente em matéria exclusivamente de direito, independentemente da citação do réu, se este:

Veja arts. 10, parágrafo único, e 921, § 2º, deste Projeto.

I – contrariar súmula do Supremo Tribunal Federal ou do Superior Tribunal de Justiça;

II – contrariar acórdão proferido pelo Supremo Tribunal Federal ou pelo Superior Tribunal de Justiça em julgamento de recursos repetitivos;

III – contrariar entendimento firmado em incidente de resolução de demandas repetitivas ou de assunção de competência.

§ 1º O juiz também poderá julgar liminarmente improcedente o pedido se verificar, desde logo, a ocorrência a decadência ou a prescrição.

§ 2º Não interposta a apelação, o réu será intimado do trânsito em julgado da sentença.

§ 3º Aplica-se a este artigo, no que couber, o disposto no art. 306.

CAPÍTULO IV
DA INTERVENÇÃO DE TERCEIROS

Seção I
Da Assistência

▪**Art. 308.** Pendendo uma causa entre duas ou mais pessoas, o terceiro juridicamente interessado em que a sentença seja favorável a uma delas poderá intervir no processo para assisti-la.

Parágrafo único. A assistência tem lugar em qualquer dos tipos de procedimento e em todos os graus da jurisdição, recebendo o assistente o processo no estado em que se encontra.

▪**Art. 309.** Não havendo impugnação dentro de cinco dias, o pedido do assistente será deferido, salvo se for caso de rejeição liminar. Se qualquer das partes alegar, no entanto, que falta interesse jurídico ao assistente para intervir a bem do assistido, o juiz admitirá a produção de provas e decidirá o incidente, nos próprios autos e sem suspensão do processo.

Veja art. 312, parágrafo único, deste Projeto.

Parágrafo único. Da decisão caberá agravo de instrumento.

▪**Art. 310.** O assistente atuará como auxiliar da parte principal, exercerá os mesmos poderes e sujeitar-se-á aos mesmos ônus processuais que o assistido.

Parágrafo único. Sendo revel o assistido, o assistente será considerado seu gestor de negócios.

▪**Art. 311.** A assistência não obsta a que a parte principal reconheça a procedência do pedido, desista da ação ou transija sobre direitos controvertidos, casos em que, terminando o processo, cessa a intervenção do assistente.

▪**Art. 312.** Considera-se litisconsorte da parte principal o assistente toda vez que a sentença influir na relação jurídica entre ele e o adversário do assistido.

Parágrafo único. Aplica-se ao assistente litisconsorcial, o disposto no art. 309, quanto ao pedido de intervenção, sua impugnação e o julgamento do incidente.

▪**Art. 313.** Transitada em julgado a sentença, na causa em que interveio o assistente, este não poderá, em processo posterior, discutir a justiça da decisão, salvo se alegar e provar que:

I – pelo estado em que recebera o processo ou pelas declarações e atos do assistido, fora impedido de produzir provas suscetíveis de influir na sentença;

II – desconhecia a existência de alegações ou de provas de que o assistido, por dolo ou culpa, não se valeu.

Seção II
Da Denunciação em Garantia

▪**Art. 314.** É admissível a denunciação em garantia, promovida por qualquer das partes:

I – do alienante imediato, ou a qualquer dos anteriores na cadeia dominial, na ação relativa à coisa cujo domínio foi transferido à parte, a fim de que esta possa exercer o direito que da evicção lhe resulta;

II – daquele que estiver obrigado, por lei ou pelo contrato, a indenizar, em ação regressiva, o prejuízo do que perder a demanda.

Parágrafo único. Serão exercidos em ação autônoma eventuais direitos regressivos do denunciado contra antecessores na cadeia dominial ou responsáveis em indenizá-lo, ou, ainda, nos casos em que a denunciação for indeferida.

▪**Art. 315.** A citação do denunciado em garantia será requerida na petição inicial, se o denunciante for o autor, ou no prazo para contestar, se o denunciante for o réu, devendo ser realizada na forma e nos prazos do art. 320.

▪**Art. 316.** Feita a denunciação pelo autor, o denunciado poderá assumir a posição de litisconsorte do denunciante e acrescentar novos argumentos à petição inicial, procedendo-se em seguida à citação do réu.

▪**Art. 317.** Feita a denunciação pelo réu:

I – se o denunciado contestar o pedido formulado pelo autor, o processo prosseguirá tendo, na ação principal, em litisconsórcio, denunciante e denunciado;

II – se o denunciado for revel, sendo manifesta a procedência da ação de denunciação, pode o denunciante abster-se de oferecer contestação, ou abster-se de recorrer;

III – se o denunciado confessar os fatos alegados pelo autor na ação principal, o denunciante poderá prosseguir em sua defesa, ou, aderindo a tal reconhecimento, pedir apenas a procedência da ação de regresso;

IV – procedente o pedido da ação principal, pode o autor, se for caso, requerer o cumprimento da sentença também contra o denunciado, nos limites da condenação deste na ação regressiva.

▪**Art. 318.** Sendo o denunciante vencido na ação principal, a sentença passará ao julgamento da denunciação em garantia; se vencedor, a ação de denunciação será declarada extinta, sem prejuízo das verbas de sucumbência.

Seção III
Do Chamamento ao Processo

▪**Art. 319.** É admissível o chamamento ao processo, requerido pelo réu:

I – do afiançado, na ação em que o fiador for réu;

II – dos demais fiadores, na ação proposta contra um ou alguns deles;

III – dos demais devedores solidários, quando o credor exigir de um ou de alguns o pagamento da dívida comum;

IV – daqueles que, por lei ou contrato, são também corresponsáveis perante o autor.

▪**Art. 320.** A citação daqueles que devam figurar em litisconsórcio passivo será requerida pelo réu na contestação, e deve efetivar-se no prazo de trinta dias, sob pena de ser o chamamento tornado sem efeito.

Veja art. 315 deste Projeto.

§ 1º Caso o chamado resida em outra comarca, ou em lugar incerto, o prazo será de sessenta dias.

§ 2º Ao deferir a citação, o juiz suspenderá o processo.

▪**Art. 321.** A sentença de procedência valerá como título executivo em favor do réu que satisfizer a dívida, a fim de que possa exigi-la, por inteiro, do devedor principal, ou de cada um dos codevedores a sua cota, na proporção que lhes tocar.

Seção IV
Do *Amicus Curiae*

▪**Art. 322.** O juiz ou o relator, considerando a relevância da matéria, a especificidade do tema objeto da demanda ou a repercussão social da controvérsia, poderá, de ofício ou a requerimento das partes, solicitar ou admitir a manifestação de pessoa natural ou jurídica, órgão ou entidade especializada, com representatividade adequada, no prazo de quinze dias da sua intimação.

Parágrafo único. A intervenção de que trata o *caput* não importa alteração de competência, nem autoriza a interposição de recursos.

CAPÍTULO V
DA AUDIÊNCIA DE CONCILIAÇÃO

▪**Art. 323.** Se a petição inicial preencher os requisitos essenciais e não for o caso de improcedência liminar do pedido, o juiz designará audiência de conciliação com antecedência mínima de trinta dias.

§ 1º O conciliador ou mediador, onde houver, atuará necessariamente na audiência de conciliação, observando o previsto nos arts. 144 e 145, bem como as disposições da lei de organização judiciária.

§ 2º Poderá haver mais de uma sessão destinada à mediação e à conciliação, não excedentes a sessenta dias da primeira, desde que necessárias à composição das partes.

§ 3º As pautas de audiências de conciliação, que respeitarão o intervalo mínimo de vinte minutos entre um e outro ato, serão organizadas separadamente das de instrução e julgamento e com prioridade em relação a estas.

§ 4º A intimação do autor para a audiência será feita na pessoa de seu advogado.

§ 5º A audiência não será realizada se uma das partes manifestar, com dez dias de antecedência, desinteresse na composição amigável. A parte contrária será imediatamente intimada do cancelamento do ato.

§ 6º O não comparecimento injustificado do autor ou do réu é considerado ato atentatório à dignidade da justiça e será sancionado com multa de até dois por cento do valor da causa ou da vantagem econômica objetivada, revertida em favor da União ou do Estado.

§ 7º As partes deverão se fazer acompanhar de seus advogados ou defensores públicos.

§ 8º A parte poderá fazer-se representar por preposto, devidamente credenciado, com poderes para transigir.

§ 9º Obtida a transação, será reduzida a termo e homologada por sentença.

CAPÍTULO VI
DA CONTESTAÇÃO

▪**Art. 324.** O réu poderá oferecer contestação por petição, no prazo de quinze dias contados da audiência de conciliação ou da última sessão de conciliação ou mediação.

Veja art. 249 deste Projeto.

§ 1º Não havendo designação de audiência de conciliação, o prazo da contestação observará o disposto no art. 249.

§ 2º Sendo a audiência de conciliação dispensada, o prazo para contestação será computado a partir da intimação da decisão respectiva.

▪**Art. 325.** Incumbe ao réu alegar, na contestação, toda a matéria de defesa, expondo as razões de fato e de direito com que impugna o pedido do autor e especificando as provas que pretende produzir.

Veja art. 437, *caput*, deste Projeto.

Parágrafo único. Na contestação, o réu apresentará o rol de testemunhas cuja oitiva pretenda, em número não superior a cinco.

▪**Art. 326.** É lícito ao réu, na contestação, formular pedido contraposto para manifestar pretensão própria, conexa com a ação principal ou com o fundamento da defesa, hipótese em que o autor será intimado, na pessoa do seu advogado, para responder a ele no prazo de quinze dias.

§ 1º O pedido contraposto observará regime idêntico de despesas àquele formulado na petição inicial.

§ 2º A desistência da ação ou a ocorrência de causa extintiva não obsta ao prosseguimento do processo quanto ao pedido contraposto.

▪**Art. 327.** Incumbe ao réu, antes de discutir o mérito, alegar:

Veja art. 338 deste Projeto.

I – inexistência ou nulidade da citação;

II – incompetência absoluta e relativa;

III – incorreção do valor da causa;

IV – inépcia da petição inicial;

V – perempção;

VI – litispendência;

VII – coisa julgada;

VIII – conexão;

IX – incapacidade da parte, defeito de representação ou falta de autorização;

X – convenção de arbitragem;

XI – ausência de legitimidade ou de interesse processual;

XII – falta de caução ou de outra prestação que a lei exige como preliminar;

XIII – indevida concessão do benefício da gratuidade de justiça.

§ 1º Verifica-se a litispendência ou a coisa julgada quando se reproduz ação anteriormente ajuizada.

§ 2º Uma ação é idêntica à outra quando têm as mesmas partes, a mesma causa de pedir e o mesmo pedido.

§ 3º Há litispendência quando se repete ação que está em curso; há coisa julgada quando se repete ação que já foi decidida por sentença ou acórdão de que não caiba recurso.

§ 4º Excetuada a convenção arbitral e a incompetência relativa, o juiz conhecerá de ofício das matérias enumeradas neste artigo.

▪**Art. 328.** Alegando o réu, na contestação, ser parte ilegítima ou não ser o responsável pelo prejuízo invocado na inicial, o juiz facultará ao autor, em quinze dias, a emenda da inicial, para corrigir o vício. Nesse caso, o autor reembolsará as despesas e pagará honorários ao procurador do réu excluído, que serão fixados entre três e cinco por cento do valor da causa ou da vantagem econômica objetivada.

▪**Art. 329.** Incumbe também ao réu manifestar-se precisamente sobre os fatos narrados na petição inicial, presumindo-se verdadeiros os não impugnados, salvo se:

I – não for admissível, a seu respeito, a confissão;

II – a petição inicial não estiver acompanhada do instrumento público que a lei considerar da substância do ato;

III – estiverem em contradição com a defesa, considerada em seu conjunto.

Parágrafo único. O ônus da impugnação especificada dos fatos não se aplica ao defensor público, ao advogado dativo, ao curador especial e ao membro do Ministério Público.

▪**Art. 330.** Depois da contestação, só é lícito ao réu deduzir novas alegações quando:

I – relativas a direito ou fato superveniente;

II – competir ao juiz conhecer delas de ofício;

III – por expressa autorização legal, puderem ser formuladas em qualquer tempo e juízo.

CAPÍTULO VII
DA REVELIA

▪**Art. 331.** Se o réu não contestar a ação, presumir-se-ão verdadeiros os fatos afirmados pelo autor, desde que as alegações deste sejam verossímeis.

Veja art. 332 deste Projeto.

▪**Art. 332.** A revelia não produz o efeito mencionado no art. 331, se:

I – havendo pluralidade de réus, algum deles contestar a ação;

II – o litígio versar sobre direitos indisponíveis;

III – a petição inicial não estiver acompanhada do instrumento público que a lei considere indispensável à prova do ato.

▪**Art. 333.** Os prazos contra o revel que não tenha patrono nos autos correrão a partir da publicação do ato decisório no órgão oficial.

Parágrafo único. O revel poderá intervir no processo em qualquer fase, recebendo-o no estado em que se encontrar.

CAPÍTULO VIII
DAS PROVIDÊNCIAS PRELIMINARES E DO SANEAMENTO

▪**Art. 334.** Findo o prazo para a contestação, o juiz tomará, conforme o caso, as providências preliminares tratadas nas seções deste Capítulo.

Seção I
Da Não Incidência dos Efeitos da Revelia

▪**Art. 335.** Se o réu não contestar a ação, o juiz, verificando que não ocorreu o efeito da revelia, mandará que o autor especifique as provas que pretenda produzir, se ainda não as tiver indicado.

▪**Art. 336.** Ao réu revel será lícita a produção de provas, contrapostas àquelas produzidas pelo autor, desde que se faça representar nos autos antes de encerrar-se a fase instrutória.

Seção II
Do Fato Impeditivo, Modificativo ou Extintivo do Direito do Autor

▪**Art. 337.** Se o réu, reconhecendo o fato em que se fundou a ação, outro lhe opuser impeditivo, modificativo ou extintivo do direito do autor, este será ouvido no prazo de quinze dias, permitindo-lhe o juiz a produção de prova e a apresentação de rol adicional de testemunhas.

Parágrafo único. Proceder-se-á de igual modo se o réu oferecer pedido contraposto.

Seção III
Das Alegações do Réu

▪**Art. 338.** Se o réu alegar qualquer das matérias enumeradas no art. 327, o juiz mandará ouvir o autor no prazo de quinze dias, permitindo-lhe a produção de prova documental.

▪**Art. 339.** Cumpridas as providências preliminares ou não havendo necessidade delas, o juiz proferirá julgamento conforme o estado do processo, observando o que dispõe o Capítulo IX.

CAPÍTULO IX
DO JULGAMENTO CONFORME O ESTADO DO PROCESSO

Veja arts. 339 e 536, § 1º, deste Projeto.

Seção I
Do Julgamento da Lide

▪**Art. 340.** Ocorrendo qualquer das hipóteses previstas nos arts. 472 e 474, incisos II a V, o juiz proferirá sentença.

Seção II
Do Julgamento Imediato da Lide

▪**Art. 341.** O juiz conhecerá de imediato do pedido, proferindo sentença com resolução de mérito:

Veja art. 536, § 2º, deste Projeto.

I – quando a questão de mérito for unicamente de direito ou, sendo de direito e de fato, não houver necessidade de produzir prova em audiência;

II – quando ocorrer a revelia e incidirem seus efeitos.

Seção III
Do Saneamento do Processo

▪**Art. 342.** Não ocorrendo qualquer das hipóteses deste Capítulo, o juiz, em saneamento, decidirá as questões processuais pendentes e delimitará os pontos controvertidos sobre os quais incidirá a prova, especificando os meios admitidos de sua produção e, se necessário, designará audiência de instrução e julgamento.

Parágrafo único. As pautas deverão ser preparadas com intervalo mínimo de quarenta e cinco minutos entre uma e outra audiência de instrução e julgamento.

▪**Art. 343.** Verificando a existência de irregularidades ou de nulidades sanáveis, o juiz mandará supri-las, fixando à parte prazo nunca superior a trinta dias.

CAPÍTULO X
DA AUDIÊNCIA DE INSTRUÇÃO E JULGAMENTO

Veja art. 339 deste Projeto.

▪**Art. 344.** No dia e na hora designados, o juiz declarará aberta a audiência e mandará apregoar as partes e os respectivos advogados, bem como outras pessoas que dela devam participar.

Parágrafo único. Logo após a instalação da audiência, o juiz tentará conciliar as partes, independentemente de ter ocorrido ou não tentativa anterior.

Art. 345. O juiz exerce o poder de polícia e incumbe-lhe:

I – manter a ordem e o decoro na audiência;

II – ordenar que se retirem da sala da audiência os que se comportarem inconvenientemente;

III – requisitar, quando necessário, a força policial;

IV – tratar com urbanidade as partes, os advogados públicos e privados, os membros do Ministério Público e da Defensoria Pública e qualquer pessoa que participe do processo;

V – registrar em ata, com exatidão, todos os requerimentos apresentados em audiência.

Art. 346. As provas orais serão produzidas na audiência, preferencialmente nesta ordem:

I – o perito e os assistentes técnicos responderão aos quesitos de esclarecimentos requeridos no prazo e na forma do parágrafo único do art. 463, caso não respondidos anteriormente por escrito;

II – prestarão depoimentos pessoais o autor e depois o réu;

III – serão inquiridas as testemunhas arroladas pelo autor e pelo réu.

Parágrafo único. Enquanto depuserem as partes, o perito, os assistentes técnicos e as testemunhas, os advogados e o Ministério Público não poderão intervir ou apartear, sem licença do juiz.

Art. 347. A audiência poderá ser adiada:

I – por convenção das partes, admissível uma única vez;

II – se não puder comparecer, por motivo justificado, qualquer das pessoas que dela devam necessariamente participar;

III – por atraso injustificado de seu início em tempo superior a trinta minutos do horário marcado.

§ 1º O impedimento deverá ser comprovado até a abertura da audiência; não o fazendo, o juiz procederá à instrução.

§ 2º Poderá ser dispensada pelo juiz a produção das provas requeridas pela parte cujo advogado ou defensor público não tenha comparecido à audiência, aplicando-se a mesma regra ao Ministério Público.

§ 3º Quem der causa ao adiamento responderá pelas despesas acrescidas.

Art. 348. Finda a instrução, o juiz dará a palavra ao advogado do autor e ao do réu, bem como ao membro do Ministério Público, se for caso de sua intervenção, sucessivamente, pelo prazo de vinte minutos para cada um, prorrogável por dez minutos, a critério do juiz.

§ 1º Havendo litisconsorte ou terceiro interveniente, o prazo, que formará com o da prorrogação um só todo, dividir-se-á entre os do mesmo grupo, se não convencionarem de modo diverso.

§ 2º Quando a causa apresentar questões complexas de fato ou de direito, o debate oral poderá ser substituído por razões finais escritas, que serão apresentadas pelo autor e pelo réu, nessa ordem, em prazos sucessivos de quinze dias, assegurada vista dos autos.

Art. 349. A audiência é una e contínua, podendo ser excepcional e justificadamente cindida na ausência do perito ou de testemunha, desde que haja concordância das partes. Não sendo possível concluir, num só dia, a instrução, o debate e o julgamento, o juiz marcará o seu prosseguimento para a data mais próxima possível, em pauta preferencial.

Art. 350. Encerrado o debate ou oferecidas as razões finais, o juiz proferirá a sentença desde logo ou no prazo de vinte dias.

Art. 351. O escrivão lavrará, sob ditado do juiz, termo que conterá, em resumo, o ocorrido na audiência, bem como, por extenso, os despachos, as decisões e a sentença, se proferida no ato.

§ 1º Quando o termo não for registrado em meio eletrônico, o juiz rubricar-lhe-á as folhas, que serão encadernadas em volume próprio.

§ 2º Subscreverão o termo o juiz, os advogados, o membro do Ministério Público e o escrivão, dispensadas as partes, exceto quando houver ato de disposição para cuja prática os advogados não tenham poderes.

§ 3º O escrivão trasladará para os autos cópia autêntica do termo de audiência.

§ 4º Tratando-se de processo eletrônico, será observado o disposto na legislação específica e em normas internas dos tribunais.

§ 5º A audiência poderá ser integralmente gravada em imagem e em áudio, em meio digital ou analógico, desde que assegure o rápido acesso das partes e dos órgãos julgadores, observada a legislação específica.

§ 6º A gravação a que se refere o § 5º também pode ser realizada diretamente por qualquer das partes, independente de autorização judicial.

Art. 352. A audiência será pública, ressalvadas as exceções legais.

CAPÍTULO XI
DAS PROVAS

Seção I
Das Disposições Gerais

Art. 353. As partes têm direito de empregar todos os meios legais, bem como os moralmente legítimos, ainda que não especificados neste Código, para provar fatos em que se funda a ação ou a defesa e influir eficazmente na livre convicção do juiz.

Art. 354. Caberá ao juiz, de ofício ou a requerimento da parte, determinar as provas necessárias ao julgamento da lide.

Parágrafo único. O juiz indeferirá, em decisão fundamentada, as diligências inúteis ou meramente protelatórias.

▪**Art. 355.** O juiz apreciará livremente a prova, independentemente do sujeito que a tiver promovido, e indicará na sentença as que lhe formaram o convencimento.

▪**Art. 356.** O juiz poderá admitir a utilização de prova produzida em outro processo, atribuindo-lhe o valor que considerar adequado, observado o contraditório.

▪**Art. 357.** O ônus da prova, ressalvados os poderes do juiz, incumbe:

Veja art. 358, § 1º, deste Projeto.

I – ao autor, quanto ao fato constitutivo do seu direito;

II – ao réu, quanto à existência de fato impeditivo, modificativo ou extintivo do direito do autor.

▪**Art. 358.** Considerando as circunstâncias da causa e as peculiaridades do fato a ser provado, o juiz poderá, em decisão fundamentada, observado o contraditório, distribuir de modo diverso o ônus da prova, impondo-o à parte que estiver em melhores condições de produzi-la.

§ 1º Sempre que o juiz distribuir o ônus da prova de modo diverso do disposto no art. 357, deverá dar à parte oportunidade para o desempenho adequado do ônus que lhe foi atribuído.

§ 2º A inversão do ônus da prova, determinada expressamente por decisão judicial, não implica alteração das regras referentes aos encargos da respectiva produção.

▪**Art. 359.** É nula a convenção relativa ao ônus da prova quando:

I – recair sobre direito indisponível da parte;

II – tornar excessivamente difícil a uma parte o exercício do direito.

Parágrafo único. O juiz não poderá inverter o ônus da prova nas hipóteses deste artigo.

▪**Art. 360.** Não dependem de prova os fatos:

I – notórios;

II – afirmados por uma parte e confessados pela parte contrária;

III – admitidos no processo como incontroversos;

IV – em cujo favor milita presunção legal de existência ou de veracidade.

▪**Art. 361.** Em falta de normas jurídicas particulares, o juiz aplicará as regras de experiência comum subministradas pela observação do que ordinariamente acontece e, ainda, as regras da experiência técnica, ressalvado, quanto a esta, o exame pericial.

▪**Art. 362.** A parte que alegar direito municipal, estadual, estrangeiro ou consuetudinário lhe provará o teor e a vigência, se assim o juiz determinar.

▪**Art. 363.** A carta precatória e a carta rogatória suspenderão o julgamento da causa no caso previsto no art. 288, inciso V, alínea *b*, quando, tendo sido requeridas antes da decisão de saneamento, a prova nelas solicitada apresentar-se imprescindível.

Parágrafo único. A carta precatória e a carta rogatória não devolvidas dentro do prazo ou concedidas sem efeito suspensivo poderão ser juntadas aos autos até o julgamento final.

▪**Art. 364.** Ninguém se exime do dever de colaborar com o Poder Judiciário para o descobrimento da verdade.

▪**Art. 365.** Além dos deveres previstos neste Código, compete à parte:

I – comparecer em juízo, respondendo ao que lhe for interrogado;

II – colaborar com o juízo na realização de inspeção judicial que for considerada necessária;

III – praticar o ato que lhe for determinado.

▪**Art. 366.** Incumbe ao terceiro, em relação a qualquer pleito:

I – informar ao juiz os fatos e as circunstâncias de que tenha conhecimento;

II – exibir coisa ou documento que esteja em seu poder.

Parágrafo único. Poderá o juiz, em caso de descumprimento, determinar, além da imposição de multa, outras medidas indutivas, coercitivas, mandamentais ou sub-rogatórias.

Seção II
Da Produção Antecipada de Provas

▪**Art. 367.** A produção antecipada da prova, que poderá consistir em interrogatório da parte, inquirição de testemunhas e exame pericial, será admitida nos casos em que:

I – haja fundado receio de que venha a tornar-se impossível ou muito difícil a verificação de certos fatos na pendência da ação;

II – a prova a ser produzida seja suscetível de viabilizar a tentativa de conciliação;

III – o prévio conhecimento dos fatos possa justificar ou evitar o ajuizamento de ação.

Parágrafo único. O arrolamento de bens, quando tiver por finalidade apenas a realização de documentação e não a prática de atos de apreensão, observará o disposto neste Capítulo.

▪**Art. 368.** O requerente justificará sumariamente a necessidade da antecipação e mencionará com precisão os fatos sobre os quais há de recair a prova.

§ 1º O juiz determinará, de ofício ou a requerimento da parte, a citação de interessados na produção da prova ou no fato a ser provado, salvo se inexistente caráter contencioso.

§ 2º O juiz não se pronunciará acerca da ocorrência ou da inocorrência do fato, bem como sobre as respectivas consequências jurídicas.

§ 3º Os interessados poderão requerer a produção de qualquer prova no mesmo procedimento, desde que relacionadas ao mesmo fato, salvo se a sua produção acarretar excessiva demora.

§ 4º Neste procedimento, não se admitirá defesa ou recurso, salvo contra a decisão que indeferir, total ou parcialmente, a produção da prova pleiteada pelo requerente originário.

▪Art. 369. Os autos permanecerão em cartório durante um mês, para extração de cópias e certidões pelos interessados.

Parágrafo único. Findo o prazo, os autos serão entregues ao promovente da medida.

Seção III
Da Ata Notarial

▪Art. 370. A existência e o modo de existir de algum fato que seja considerado controvertido e apresente relevância para a situação jurídica de alguém, pode ser atestada, a requerimento do interessado, mediante ata lavrada por tabelião.

Seção IV
Do Depoimento Pessoal

▪Art. 371. Cabe à parte requerer o depoimento pessoal da outra, a fim de ser interrogada na audiência de instrução e julgamento, sem prejuízo do poder do juiz de ordená-lo de ofício.

§ 1º Se a parte, pessoalmente intimada e advertida da pena de confesso, não comparecer ou, comparecendo, se recusar a depor, o juiz aplicar-lhe-á a pena.

§ 2º É vedado a quem ainda não depôs assistir ao interrogatório da outra parte.

§ 3º O depoimento pessoal da parte que residir em comarca ou Seção judiciária diversa daquela onde tramita o processo poderá ser colhido por meio de videoconferência ou outro recurso tecnológico de transmissão de sons e imagens em tempo real, o que poderá ocorrer, inclusive, durante a realização da audiência de instrução e julgamento.

§ 4º Os juízos deverão manter equipamento para a transmissão e recepção dos sons e imagens a que se refere o § 3º.

▪Art. 372. Quando a parte, sem motivo justificado, deixar de responder ao que lhe for perguntado ou empregar evasivas, o juiz, apreciando as demais circunstâncias e os elementos de prova, declarará, na sentença, se houve recusa de depor.

▪Art. 373. A parte responderá pessoalmente sobre os fatos articulados, não podendo servir-se de escritos anteriormente preparados; o juiz lhe permitirá, todavia, a consulta a notas breves, desde que objetivem completar esclarecimentos.

▪Art. 374. A parte não é obrigada a depor sobre fatos:

I – criminosos ou torpes que lhe forem imputados;

II – a cujo respeito, por estado ou profissão, deva guardar sigilo;

III – a que não possa responder sem desonra própria, de seu cônjuge, de seu companheiro ou de parente em grau sucessível;

IV – que a exponham ou as pessoas referidas no inciso III a perigo de vida ou a dano patrimonial imediato.

Parágrafo único. Esta disposição não se aplica às ações de estado e de família.

Seção V
Da Confissão

▪Art. 375. Há confissão, judicial ou extrajudicial, quando a parte admite a verdade de um fato, contrário ao seu interesse e favorável ao adversário.

▪Art. 376. A confissão judicial pode ser espontânea ou provocada. Da confissão espontânea, se requerida pela parte, será lavrado o respectivo termo nos autos; a confissão provocada constará do depoimento pessoal.

Parágrafo único. A confissão espontânea pode ser feita pela própria parte ou por mandatário com poderes especiais.

▪Art. 377. A confissão judicial faz prova contra o confitente, não prejudicando, todavia, os litisconsortes.

Parágrafo único. Nas ações que versarem sobre bens imóveis ou direitos sobre imóveis alheios, a confissão de um cônjuge ou companheiro não valerá sem a do outro, salvo se o regime de casamento for de separação absoluta de bens.

▪Art. 378. Não vale como confissão a admissão, em juízo, de fatos relativos a direitos indisponíveis.

§ 1º A confissão será ineficaz se feita por quem não for capaz de dispor do direito a que se referem os fatos confessados.

§ 2º Prestada a confissão por um representante, somente é eficaz nos limites em que este pode vincular o representado.

▪Art. 379. A confissão é irrevogável, salvo quando emanar de erro ou coação, hipótese em que pode ser tornada sem efeito por ação anulatória.

Parágrafo único. Cabe ao confitente o direito de propor a ação nos casos de que trata este artigo, a qual, uma vez iniciada, passa aos seus herdeiros.

▪Art. 380. A confissão extrajudicial feita por escrito à parte ou a quem a represente tem a mesma eficácia probatória da judicial; feita a terceiro ou contida em testamento, será livremente apreciada pelo juiz.

Parágrafo único. A confissão extrajudicial, quando feita oralmente, só terá eficácia nos casos em que a lei não exija prova literal.

▪**Art. 381.** A confissão é, de regra, indivisível, não podendo a parte que a quiser invocar como prova aceitá-la no tópico que a beneficiar e rejeitá-la no que lhe for desfavorável. Cindir-se-á, todavia, quando o confitente lhe aduzir fatos novos, capazes de constituir fundamento de defesa de direito.

Seção VI
Da Exibição de Documento ou Coisa

▪**Art. 382.** O juiz pode ordenar que a parte exiba:

I – a coisa móvel em poder de outrem e que o requerente repute sua ou tenha interesse em conhecer;

II – a documento próprio ou comum, em poder de cointeressado, sócio, condômino, credor ou devedor ou em poder de terceiro que o tenha em sua guarda como inventariante, testamenteiro, depositário ou administrador de bens alheios;

III – a escrituração comercial por inteiro, balanços e documentos de arquivo, nos casos expressos em lei.

▪**Art. 383.** O pedido formulado pela parte conterá:

I – a individuação, tão completa quanto possível, do documento ou da coisa;

II – a finalidade da prova, indicando os fatos que se relacionam com o documento ou a coisa;

III – as circunstâncias em que se funda o requerente para afirmar que o documento ou a coisa existe e se acha em poder da parte contrária.

▪**Art. 384.** O requerido dará a sua resposta nos cinco dias subsequentes à sua intimação. Se afirmar que não possui o documento ou a coisa, o juiz permitirá que o requerente prove, por qualquer meio, que a declaração não corresponde à verdade.

▪**Art. 385.** O juiz não admitirá a recusa se:

I – o requerido tiver obrigação legal de exibir;

II – o requerido aludiu ao documento ou à coisa, no processo, com o intuito de constituir prova;

III – o documento, por seu conteúdo, for comum às partes.

▪**Art. 386.** Ao decidir o pedido na sentença, o juiz admitirá como verdadeiros os fatos que, por meio do documento ou da coisa, a parte pretendia provar se:

I – o requerido não efetuar a exibição, nem fizer qualquer declaração no prazo do art. 389;

II – a recusa for havida por ilegítima.

Parágrafo único. Sendo necessário, pode o juiz adotar medidas coercitivas, inclusive de natureza pecuniária, para que o documento seja exibido.

▪**Art. 387.** Quando o documento ou a coisa estiver em poder de terceiro, o juiz mandará citá-lo para responder no prazo de quinze dias.

▪**Art. 388.** Se o terceiro negar a obrigação de exibir ou a posse do documento ou da coisa, o juiz designará audiência especial, tomando-lhe o depoimento, bem como o das partes e, se necessário, de testemunhas; em seguida proferirá a decisão.

Veja art. 389, parágrafo único, deste Projeto.

▪**Art. 389.** Se o terceiro, sem justo motivo, se recusar a efetuar a exibição, o juiz ordenar-lhe-á que proceda ao respectivo depósito em cartório ou em outro lugar designado, no prazo de cinco dias, impondo ao requerente que o embolse das despesas que tiver; se o terceiro descumprir a ordem, o juiz expedirá mandado de apreensão, requisitando, se necessário, força policial, tudo sem prejuízo da responsabilidade por crime de desobediência, pagamento de multa e outras medidas mandamentais, sub-rogatórias, indutivas e coercitivas.

Parágrafo único. Das decisões proferidas com fundamento no art. 388 e no *caput* deste artigo caberá agravo de instrumento.

▪**Art. 390.** A parte e o terceiro se escusam de exibir, em juízo, o documento ou a coisa, se:

I – concernente a negócios da própria vida da família;

II – a sua apresentação puder violar dever de honra;

III – a publicidade do documento redundar em desonra à parte ou ao terceiro, bem como a seus parentes consanguíneos ou afins até o terceiro grau ou lhes representar perigo de ação penal;

IV – a exibição acarretar a divulgação de fatos a cujo respeito, por estado ou profissão, devam guardar segredo;

V – subsistirem outros motivos graves que, segundo o prudente arbítrio do juiz, justifiquem a recusa da exibição.

Parágrafo único. Se os motivos de que tratam os incisos I a V do *caput* disserem respeito só a um item do documento, a parte ou terceiro exibirá a outra em cartório, para dela ser extraída cópia reprográfica, de tudo sendo lavrado auto circunstanciado.

Seção VII
Da Prova Documental

Subseção I
Da Força Probante dos Documentos

▪**Art. 391.** O documento público faz prova não só da sua formação, mas também dos fatos que o escrivão, o tabelião ou o servidor declarar que ocorreram em sua presença.

▪**Art. 392.** Fazem a mesma prova que os originais:

I – as certidões textuais de qualquer peça dos autos, do protocolo das audiências ou de outro livro a cargo do escrivão, sendo extraídas por ele ou sob sua vigilância e por ele subscritas;

II – os traslados e as certidões extraídas por oficial público de instrumentos ou documentos lançados em suas notas;

III – as reproduções dos documentos públicos, desde que autenticadas por oficial público ou conferidas em cartório, com os respectivos originais;

IV – as cópias reprográficas de peças do próprio processo judicial declaradas autênticas pelo advogado, sob sua responsabilidade pessoal, se não lhes for impugnada a autenticidade;

V – os extratos digitais de bancos de dados públicos e privados, desde que atestado pelo seu emitente, sob as penas da lei, que as informações conferem com o que consta na origem;

VI – as reproduções digitalizadas de qualquer documento público ou particular quando juntadas aos autos pelos órgãos da justiça e seus auxiliares, pelo Ministério Público e seus auxiliares, pela Defensoria Pública e seus auxiliares, pelas procuradorias, pelas repartições públicas em geral e por advogados, ressalvada a alegação motivada e fundamentada de adulteração antes ou durante o processo de digitalização.

§ 1º Os originais dos documentos digitalizados mencionados no inciso VI deverão ser preservados pelo seu detentor até o final do prazo para ajuizamento de ação rescisória.

§ 2º Tratando-se de cópia digital de título executivo extrajudicial ou de outro documento relevante à instrução do processo, o juiz poderá determinar o seu depósito em cartório ou secretaria.

▪**Art. 393.** Quando a lei exigir como da substância do ato o instrumento público, nenhuma outra prova, por mais especial que seja, pode suprir-lhe a falta.

▪**Art. 394.** O documento feito por oficial público incompetente ou sem a observância das formalidades legais, sendo subscrito pelas partes, tem a mesma eficácia probatória do documento particular.

▪**Art. 395.** As declarações constantes do documento particular escrito e assinado ou somente assinado presumem-se verdadeiras em relação ao signatário.

Parágrafo único. Quando, todavia, o documento a que se refere o *caput* contiver declaração de ciência de determinado fato, o documento particular prova a ciência, mas não o fato em si, incumbindo o ônus de prová-lo ao interessado em sua veracidade.

▪**Art. 396.** Considera-se autêntico o documento quando o tabelião reconhecer a firma do signatário, declarando que foi aposta em sua presença.

▪**Art. 397.** A data do documento particular, quando a seu respeito surgir dúvida ou impugnação entre os litigantes, provar-se-á por todos os meios de direito. Em relação a terceiros, considerar-se-á datado o documento particular:

I – no dia em que foi registrado;

II – desde a morte de algum dos signatários;

III – a partir da impossibilidade física que sobreveio a qualquer dos signatários;

IV – da sua apresentação em repartição pública ou em juízo;

V – do ato ou do fato que estabeleça, de modo certo, a anterioridade da formação do documento.

▪**Art. 398.** Considera-se autor do documento particular:

I – aquele que o fez e o assinou;

II – aquele por conta de quem foi feito, estando assinado;

III – aquele que, mandando compô-lo, não o firmou, porque, conforme a experiência comum, não se costuma assinar, como livros empresariais e assentos domésticos.

▪**Art. 399.** Incumbe à parte contra quem foi produzido documento particular alegar, no prazo de cinco dias, se admite ou não a autenticidade da assinatura e a veracidade do contexto, presumindo-se, com o silêncio, que o tem por verdadeiro.

▪**Art. 400.** O documento particular de cuja autenticidade não se duvida prova que o seu autor fez a declaração que lhe é atribuída.

Parágrafo único. O documento particular admitido expressa ou tacitamente é indivisível, sendo vedado à parte que pretende utilizar-se dele aceitar os fatos que lhe são favoráveis e recusar os que são contrários ao seu interesse, salvo se provar que estes não ocorreram.

▪**Art. 401.** O telegrama, o radiograma ou qualquer outro meio de transmissão tem a mesma força probatória do documento particular, se o original constante da estação expedidora foi assinado pelo remetente.

Parágrafo único. A firma do remetente poderá ser reconhecida pelo tabelião, declarando-se essa circunstância no original depositado na estação expedidora.

▪**Art. 402.** O telegrama ou o radiograma presume-se conforme com o original, provando a data de sua expedição e do recebimento pelo destinatário.

▪**Art. 403.** As cartas e os registros domésticos provam contra quem os escreveu quando:

I – enunciam o recebimento de um crédito;

II – contêm anotação que visa a suprir a falta de título em favor de quem é apontado como credor;

III – expressam conhecimento de fatos para os quais não se exija determinada prova.

▪**Art. 404.** A nota escrita pelo credor em qualquer parte de documento representativo de obrigação, ainda que não assinada, faz prova em benefício do devedor.

Parágrafo único. Aplica-se essa regra tanto para o documento que o credor conservar em seu poder como para aquele que se achar em poder do devedor ou de terceiro.

▪**Art. 405.** Os livros empresariais comerciais provam contra o seu autor. É lícito ao empresário, todavia, demonstrar, por todos os meios permitidos em direito, que os lançamentos não correspondem à verdade dos fatos.

▪**Art. 406.** Os livros empresariais que preencham os requisitos exigidos por lei provam também a favor do seu autor no litígio entre empresários.

▪**Art. 407.** A escrituração contábil é indivisível; se, dos fatos que resultam dos lançamentos, uns são favoráveis ao interesse de seu autor e outros lhe são contrários, ambos serão considerados em conjunto como unidade.

▪**Art. 408.** O juiz pode ordenar, a requerimento da parte, a exibição integral dos livros empresariais e dos documentos do arquivo:

I – na liquidação de sociedade;

II – na sucessão por morte de sócio;

III – quando e como determinar a lei.

▪**Art. 409.** O juiz pode, de ofício, ordenar à parte a exibição parcial dos livros e dos documentos, extraindo-se deles a suma que interessar ao litígio, bem como reproduções autenticadas.

▪**Art. 410.** Qualquer reprodução mecânica, como a fotográfica, a cinematográfica, a fonográfica ou de outra espécie, faz prova dos fatos ou das coisas representadas, se aquele contra quem foi produzida lhe admitir a conformidade.

Parágrafo único. Impugnada a autenticidade da reprodução mecânica, o juiz ordenará a realização de exame pericial.

▪**Art. 411.** As reproduções fotográficas ou obtidas por outros processos de repetição, dos documentos particulares, valem como certidões, sempre que o escrivão certificar a sua conformidade com o original.

▪**Art. 412.** A cópia de documento particular tem o mesmo valor probante que o original, cabendo ao escrivão, intimadas as partes, proceder à conferência e certificar a conformidade entre a cópia e o original.

§ 1º Quando se tratar de fotografia obtida por meio convencional, será acompanhada do respectivo negativo, caso impugnada a veracidade pela outra parte.

§ 2º Se a prova for uma fotografia publicada em jornal ou revista, será exigido um exemplar original do periódico.

§ 3º A fotografia digital e as extraídas da rede mundial de computadores, se impugnada sua autenticidade, só terão força probatória quando apoiadas por prova testemunhal ou pericial.

§ 4º Aplica-se o disposto no artigo e em seus parágrafos à forma impressa de mensagem eletrônica.

▪**Art. 413.** O juiz apreciará livremente a fé que deva merecer o documento, quando em ponto substancial e sem ressalva contiver entrelinha, emenda, borrão ou cancelamento.

▪**Art. 414.** Cessa a fé do documento público ou particular sendo-lhe declarada judicialmente a falsidade.

Parágrafo único. A falsidade consiste:

I – em formar documento não verdadeiro;

II – em alterar documento verdadeiro.

▪**Art. 415.** Cessa a fé do documento particular quando:

I – lhe for contestada a assinatura e enquanto não se lhe comprovar a veracidade;

II – assinado em branco, for abusivamente preenchido.

Parágrafo único. Dar-se-á abuso quando aquele que recebeu documento assinado com texto não escrito no todo ou em parte o formar ou o completar por si ou por meio de outrem, violando o pacto feito com o signatário.

▪**Art. 416.** Incumbe o ônus da prova quando:

I – se tratar de falsidade de documento, à parte que a arguir;

II – se tratar de contestação de assinatura, à parte que produziu o documento.

Subseção II
Da Arguição de Falsidade

▪**Art. 417.** A falsidade deve ser suscitada na contestação ou no prazo de dez dias contados a partir da intimação da juntada aos autos do documento.

▪**Art. 418.** A parte arguirá a falsidade expondo os motivos em que funda a sua pretensão e os meios com que provará o alegado.

▪**Art. 419.** Depois de ouvida, em dez dias, a outra parte, será realizada a prova pericial.

Parágrafo único. Não se procederá ao exame pericial, se a parte que produziu o documento concordar em retirá-lo.

▪**Art. 420.** A declaração sobre a falsidade do documento constará da parte dispositiva da sentença, de que, necessariamente, dependerá a decisão da lide, sobre a qual pesará também autoridade de coisa julgada.

Subseção III
Da Produção da Prova Documental

▪**Art. 421.** Incumbe à parte instruir a petição inicial ou a contestação com os documentos destinados a provar-lhe as alegações.

▪**Art. 422.** É lícito às partes, em qualquer tempo, juntar aos autos documentos novos, quando destinados a fazer prova de fatos ocorridos depois dos articulados ou para contrapô-los aos que foram produzidos nos autos.

▪**Art. 423.** Sempre que uma das partes requerer a juntada de documento aos autos, o juiz ouvirá, a seu respeito, a outra parte, no prazo de cinco dias.

▪**Art. 424.** O juiz requisitará às repartições públicas em qualquer tempo ou grau de jurisdição:

I – as certidões necessárias à prova das alegações das partes;

II – os procedimentos administrativos nas causas em que forem interessados a União, os Estados, o Distrito Federal, os Municípios ou as respectivas entidades da administração indireta.

§ 1º Recebidos os autos, o juiz mandará extrair, no prazo máximo e improrrogável de um mês, certidões ou reproduções fotográficas das peças indicadas pelas partes ou de ofício; findo o prazo, devolverá os autos à repartição de origem.

§ 2º As repartições públicas poderão fornecer todos os documentos em meio eletrônico, conforme disposto em lei, certificando, pelo mesmo meio, que se trata de extrato fiel do que consta em seu banco de dados ou do documento digitalizado.

Seção VIII
Dos Documentos Eletrônicos

▪**Art. 425.** A utilização de documentos eletrônicos no processo convencional dependerá de sua conversão à forma impressa e de verificação de sua autenticidade, na forma da lei.

▪**Art. 426.** O juiz apreciará o valor probante do documento eletrônico não convertido, assegurado às partes o acesso ao seu teor.

▪**Art. 427.** Serão admitidos documentos eletrônicos produzidos e conservados com a observância da legislação específica.

Seção IX
Da Prova Testemunhal

Subseção I
Da Admissibilidade e do Valor da Prova Testemunhal

▪**Art. 428.** A prova testemunhal é sempre admissível, não dispondo a lei de modo diverso. O juiz indeferirá a inquirição de testemunhas sobre fatos:

I – já provados por documento ou confissão da parte;

II – que só por documento ou por exame pericial puderem ser provados.

▪**Art. 429.** A prova exclusivamente testemunhal só se admite nos contratos cujo valor não exceda ao décuplo do salário mínimo, ao tempo em que foram celebrados.

Veja art. 431 deste Projeto.

▪**Art. 430.** Qualquer que seja o valor do contrato, é admissível a prova testemunhal, quando:

Veja art. 431 deste Projeto.

I – houver começo de prova por escrito, emanado da parte contra a qual se pretende produzir a prova;

II – o credor não pode ou não podia, moral ou materialmente, obter a prova escrita da obrigação, em casos como o de parentesco, depósito necessário ou hospedagem em hotel.

▪**Art. 431.** As normas estabelecidas nos arts. 429 e 430 aplicam-se ao pagamento e à remissão da dívida.

▪**Art. 432.** É lícito à parte provar com testemunhas:

I – nos contratos simulados, a divergência entre a vontade real e a vontade declarada;

II – nos contratos em geral, os vícios de consentimento.

▪**Art. 433.** Podem depor como testemunhas todas as pessoas, exceto as incapazes, impedidas ou suspeitas.

§ 1º São incapazes:

I – o interdito por enfermidade ou deficiência mental;

II – o que, acometido por enfermidade ou debilidade mental, ao tempo em que ocorreram os fatos, não podia discerni-los; ou, ao tempo em que deve depor, não está habilitado a transmitir as percepções;

III – o menor de quatorze anos;

IV – o cego e o surdo, quando a ciência do fato depender dos sentidos que lhes faltam.

§ 2º São impedidos:

I – o cônjuge, o companheiro, bem como o ascendente e o descendente em qualquer grau, ou o colateral, até o terceiro grau, de alguma das partes, por consanguinidade ou afinidade, salvo se o exigir o interesse público ou, tratando-se de causa relativa ao estado da pessoa, não se puder obter de outro modo a prova que o juiz repute necessária ao julgamento do mérito;

II – o que é parte na causa;

III – o que intervém em nome de uma parte, como o tutor na causa do menor, o representante legal da pessoa jurídica, o juiz, o advogado e outros que assistam ou tenham assistido as partes.

§ 3º São suspeitos:

I – o condenado por crime de falso testemunho, havendo transitado em julgado a sentença;

II – o que, por seus costumes, não for digno de fé;

III – o inimigo da parte ou o seu amigo íntimo;

IV – o que tiver interesse no litígio.

§ 4º Sendo estritamente necessário, o juiz ouvirá testemunhas menores, impedidas ou suspeitas; mas os seus depoimentos serão prestados independentemente de compromisso e o juiz lhes atribuirá o valor que possam merecer.

▪**Art. 434.** A testemunha não é obrigada a depor sobre fatos:

I – que lhe acarretem grave dano, bem como ao seu cônjuge ou companheiro e aos seus parentes consanguíneos ou afins, em linha reta ou na colateral, em segundo grau;

II – a cujo respeito, por estado ou profissão, deva guardar sigilo.

▪**Art. 435.** Salvo disposição especial em contrário, as provas devem ser produzidas em audiência.

Parágrafo único. Quando a parte ou a testemunha, por enfermidade ou por outro motivo relevante, estiver impossibilitada de comparecer à audiência, mas não de prestar depoimento, o juiz designará, conforme as circunstâncias, dia, hora e lugar para inquiri-la.

Subseção II
Da Produção da Prova Testemunhal

▪**Art. 436.** O rol de testemunhas conterá, sempre que possível, o nome, a profissão, o estado civil, a idade, o número do cadastro de pessoa física e do registro de identidade e o endereço completo da residência e do local de trabalho.

▪**Art. 437.** Depois de apresentado o rol de que tratam os arts. 296 e 325, a parte só pode substituir a testemunha:

I – que falecer;

II – que, por enfermidade, não estiver em condições de depor;

III – que, tendo mudado de residência ou de local de trabalho, não for encontrada.

▪**Art. 438.** Quando for arrolado como testemunha, o juiz da causa:

I – declarar-se-á impedido, se tiver conhecimento de fatos que possam influir na decisão; caso em que será vedado à parte que o incluiu no rol desistir de seu depoimento;

II – se nada souber, mandará excluir o seu nome.

▪**Art. 439.** As testemunhas depõem, na audiência de instrução, perante o juiz da causa, exceto:

I – as que prestam depoimento antecipadamente;

II – as que são inquiridas por carta;

III – as que, por doença ou outro motivo relevante, estão impossibilitadas de comparecer em juízo;

IV – as designadas no art. 440.

§ 1º A oitiva de testemunha que residir em comarca ou seção judiciária diversa daquela onde tramita o processo poderá ser realizada por meio de videoconferência ou outro recurso tecnológico de transmissão de sons e imagens em tempo real, o que poderá ocorrer, inclusive, durante a realização da audiência de instrução e julgamento.

§ 2º Os juízos deverão manter equipamento para a transmissão e recepção dos sons e imagens a que se refere o § 1º.

▪**Art. 440.** São inquiridos em sua residência ou onde exercem a sua função:

Veja art. 439, IV, deste Projeto.

I – o presidente e o vice-presidente da República;

II – os ministros de Estado;

III – os ministros do Supremo Tribunal Federal, os conselheiros do Conselho Nacional de Justiça, os ministros do Superior Tribunal de Justiça, do Superior Tribunal Militar, do Tribunal Superior Eleitoral, do Tribunal Superior do Trabalho e do Tribunal de Contas da União;

IV – o procurador-geral da República e os conselheiros do Conselho Nacional do Ministério Público;

V – os senadores e os deputados federais;

VI – os governadores dos Estados, dos Territórios e do Distrito Federal;

VII – os deputados estaduais e distritais;

VIII – os desembargadores dos Tribunais de Justiça, os juízes dos Tribunais Regionais Federais, dos Tribunais Regionais do Trabalho e dos Tribunais Regionais Eleitorais e os conselheiros dos Tribunais de Contas dos Estados e do Distrito Federal;

IX – o embaixador de país que, por lei ou tratado, concede idêntica prerrogativa ao agente diplomático do Brasil.

Parágrafo único. O juiz solicitará à autoridade que designe dia, hora e local a fim de ser inquirida, remetendo-lhe cópia da petição inicial ou da defesa oferecida pela parte que a arrolou como testemunha; passado um mês sem manifestação da autoridade, o juiz designará dia, hora e local para o depoimento, preferencialmente na sede do juízo.

▪**Art. 441.** Cabe ao advogado da parte informar ou intimar a testemunha que arrolou do local, do dia e do horário da audiência designada, dispensando-se a intimação do juízo.

§ 1º A intimação deverá ser realizada por carta com aviso de recebimento, cumprindo ao advogado juntar aos autos, com antecedência de pelo menos três dias da data da audiência, cópia do ofício de intimação e do comprovante de recebimento.

§ 2º A parte pode comprometer-se a levar à audiência a testemunha, independentemente da intimação de que trata o § 1º; presumindo-se, caso não compareça, que desistiu de ouvi-la.

§ 3º A inércia na realização da intimação a que se refere o § 1º importa na desistência da oitiva da testemunha.

§ 4º Somente se fará a intimação pela via judicial quando:

I – essa necessidade for devidamente demonstrada pela parte ao juiz;

II – quando figurar no rol de testemunhas servidor público ou militar, hipótese em que o juiz o requisitará ao chefe da repartição ou ao comando do corpo em que servir;

III – a parte estiver representada pela Defensoria Pública.

§ 5º A testemunha que, intimada na forma do § 1º ou do § 4º, deixar de comparecer sem motivo justificado, será conduzida e responderá pelas despesas do adiamento.

▪**Art. 442.** O juiz inquirirá as testemunhas separada e sucessivamente, primeiro as do autor e depois as do réu, e providenciará para que uma não ouça o depoimento das outras.

Parágrafo único. O juiz poderá alterar a ordem estabelecida no *caput* se as partes concordarem.

▪**Art. 443.** Antes de depor, a testemunha será qualificada e declarará ou confirmará os seus dados apresentados na inicial ou na contestação e se tem relações de parentesco com a parte ou interesse no objeto do processo.

§ 1º É lícito à parte contraditar a testemunha, arguindo-lhe a incapacidade, o impedimento ou a suspeição. Se a testemunha negar os fatos que lhe são imputados, a parte poderá provar a contradita com documentos ou com testemunhas, até três, apresentadas no ato e inquiridas em separado. Sendo provados ou confessados os fatos, o juiz dispensará a testemunha ou lhe tomará o depoimento como informante.

§ 2º A testemunha pode requerer ao juiz que a escuse de depor, alegando os motivos previstos neste Código; ouvidas as partes, o juiz decidirá de plano.

▪**Art. 444.** Ao início da inquirição, a testemunha prestará o compromisso de dizer a verdade do que souber e lhe for perguntado.

Parágrafo único. O juiz advertirá à testemunha que incorre em sanção penal quem faz afirmação falsa, cala ou oculta a verdade.

▪**Art. 445.** As perguntas serão formuladas pelas partes diretamente à testemunha, começando pela que a arrolou, não admitindo o juiz aquelas que puderem induzir a resposta, não tiverem relação com a causa ou importarem repetição de outra já respondida.

§ 1º O juiz poderá inquirir a testemunha assim antes como depois da inquirição pelas partes.

§ 2º As partes devem tratar as testemunhas com urbanidade, não lhes fazendo perguntas ou considerações impertinentes, capciosas ou vexatórias.

§ 3º As perguntas que o juiz indeferir serão transcritas no termo, se a parte o requerer.

▪**Art. 446.** O depoimento digitado ou registrado por taquigrafia, estenotipia ou outro método idôneo de documentação será assinado pelo juiz, pelo depoente e pelos procuradores.

§ 1º O depoimento será passado para a versão digitada quando, não sendo eletrônico o processo, houver recurso da sentença, bem como em outros casos nos quais o juiz o determinar, de ofício ou a requerimento da parte.

§ 2º Tratando-se de processo eletrônico, observar-se-á o disposto nos §§ 3º e 4º do art. 163.

▪**Art. 447.** O juiz pode ordenar, de ofício ou a requerimento da parte:

I – a inquirição de testemunhas referidas nas declarações da parte ou das testemunhas;

II – a acareação de duas ou mais testemunhas ou de alguma delas com a parte, quando, sobre fato determinado que possa influir na decisão da causa, divergirem as suas declarações.

▪**Art. 448.** A testemunha pode requerer ao juiz o pagamento da despesa que efetuou para comparecimento à audiência, devendo a parte pagá-la logo que arbitrada ou depositá-la em cartório dentro de três dias.

Parágrafo único. O depoimento prestado em juízo é considerado serviço público. A testemunha, quando sujeita ao regime da legislação trabalhista, não sofre, por comparecer à audiência, perda de salário nem desconto no tempo de serviço.

Seção X
Da Prova Pericial

▪**Art. 449.** A prova pericial consiste em exame, vistoria ou avaliação.

Parágrafo único. O juiz indeferirá a perícia quando:

I – a prova do fato não depender de conhecimento especial de técnico;

II – for desnecessária em vista de outras provas produzidas;

III – a verificação for impraticável.

▪**Art. 450.** O juiz nomeará perito e fixará de imediato o prazo para a entrega do laudo.

§ 1º Incumbe às partes, dentro de cinco dias contados da intimação do despacho de nomeação do perito:

I – indicar o assistente técnico;

II – apresentar quesitos.

§ 2º Quando a natureza do fato o permitir, a perícia poderá consistir apenas na inquirição pelo juiz do perito e dos assistentes, por ocasião da audiência de instrução e julgamento, a respeito das coisas que houverem informalmente examinado ou avaliado.

§ 3º Ciente da nomeação, o perito apresentará sua proposta de honorários em cinco dias, e o juiz decidirá depois de ouvidas as partes.

▪**Art. 451.** O perito cumprirá escrupulosamente o encargo que lhe foi cometido, independentemente de termo de compromisso. Os assistentes técnicos são de confiança da parte e não estão sujeitos a impedimento ou suspeição.

Parágrafo único. O perito deve assegurar aos assistentes das partes o acesso e o acompanhamento das diligências e dos exames que realizar, com prévia comunicação, comprovada nos autos, com antecedência mínina de cinco dias.

▪**Art. 452.** O perito pode escusar-se ou ser recusado por impedimento ou suspeição; ao aceitar a escusa ou julgar procedente a impugnação, o juiz nomeará novo perito.

▪**Art. 453.** O perito pode ser substituído quando:

I – faltar-lhe conhecimento técnico ou científico;

II – sem motivo legítimo, deixar de cumprir o encargo no prazo que lhe foi assinado.

Parágrafo único. No caso previsto no inciso II, o juiz comunicará a ocorrência à corporação profissional respectiva, podendo, ainda, impor multa ao perito, fixada tendo em vista o valor da causa e o possível prejuízo decorrente do atraso no processo.

▪**Art. 454.** As partes poderão apresentar quesitos suplementares durante a diligência, que poderão ser respondidos pelo perito previamente ou na audiência de instrução e julgamento.

Veja art. 463 deste Projeto.

Parágrafo único. O escrivão dará à parte contrária ciência da juntada dos quesitos aos autos.

▪**Art. 455.** Incumbe ao juiz:

I – indeferir quesitos impertinentes;

II – formular os quesitos que entender necessários ao esclarecimento da causa.

▪**Art. 456.** O juiz poderá dispensar prova pericial quando as partes, na inicial e na contestação, apresentarem sobre as questões de fato pareceres técnicos ou documentos elucidativos que considerar suficientes.

▪**Art. 457.** Para o desempenho de sua função, o perito e os assistentes técnicos podem se utilizar de todos os meios necessários, ouvindo testemunhas, obtendo informações, solicitando documentos que estejam em poder da parte ou em repartições públicas, bem como instruir o laudo com plantas, desenhos, fotografias e outras peças.

▪**Art. 458.** As partes terão ciência da data e do local designados pelo juiz ou indicados pelo perito para ter início a produção da prova.

▪**Art. 459.** Tratando-se de perícia complexa que abranja mais de uma área de conhecimento especializado, o juiz poderá nomear mais de um perito e a parte indicar mais de um assistente técnico.

▪**Art. 460.** Se o perito, por motivo justificado, não puder apresentar o laudo dentro do prazo, o juiz poderá conceder-lhe, por uma vez, prorrogação pela metade do prazo originalmente fixado.

▪**Art. 461.** O perito apresentará o laudo em cartório, no prazo fixado pelo juiz, pelo menos vinte dias antes da audiência de instrução e julgamento.

Parágrafo único. Os assistentes técnicos oferecerão seus pareceres no prazo comum de dez dias, após serem intimadas as partes da apresentação do laudo.

▪**Art. 462.** Quando o exame tiver por objeto a autenticidade ou a falsidade de documento ou for de natureza médico-legal, o perito será escolhido, de preferência, entre os técnicos dos estabelecimentos oficiais especializados. O juiz autorizará a remessa dos autos, bem como do material sujeito a exame ao diretor do estabelecimento.

§ 1º Nas hipóteses de gratuidade de justiça, os órgãos e as repartições oficiais deverão cumprir a determinação judicial com preferência, no prazo estabelecido.

§ 2º Descumpridos os prazos do § 1º, poderá o juiz infligir multa ao órgão e a seu dirigente, por cujo pagamento ambos responderão solidariamente.

§ 3º A prorrogação desses prazos pode ser requerida motivadamente.

§ 4º Quando o exame tiver por objeto a autenticidade da letra e da firma, o perito poderá requisitar, para efeito de comparação, documentos existentes em repartições públicas; na falta destes, poderá requerer ao juiz que a pessoa a quem se atribuir a autoria do documento lance em folha de papel, por cópia ou sob ditado, dizeres diferentes, para fins de comparação.

▪**Art. 463.** Caso os quesitos suplementares a que se refere o art. 454 não sejam respondidos por escrito ou se ainda houver necessidade de esclarecimentos, a parte requererá ao juiz que mande intimar o perito ou o assistente técnico a comparecer à audiência, formulando, desde logo, as perguntas, sob forma de quesitos.

Parágrafo único. O perito ou o assistente técnico só estará obrigado a prestar os esclarecimentos a que se refere este artigo quando intimado cinco dias antes da audiência.

▪**Art. 464.** O juiz não está adstrito ao laudo pericial, podendo formar a sua convicção com outros elementos ou fatos provados nos autos.

▪**Art. 465.** O juiz poderá determinar, de ofício ou a requerimento da parte, a realização de nova perícia quando a matéria não lhe parecer suficientemente esclarecida.

▪**Art. 466.** A segunda perícia tem por objeto os mesmos fatos sobre que recaiu a primeira e destina-se a corrigir eventual omissão ou inexatidão dos resultados a que esta conduziu.

▪**Art. 467.** A segunda perícia rege-se pelas disposições estabelecidas para a primeira.

Parágrafo único. A segunda perícia não substitui a primeira, cabendo ao juiz apreciar livremente o valor de uma e outra.

Seção XI
Da Inspeção Judicial

▪**Art. 468.** O juiz, de ofício ou a requerimento da parte, pode, em qualquer fase do processo, inspecionar pessoas ou coisas, a fim de se esclarecer sobre fato que interesse à decisão da causa.

▪**Art. 469.** Ao realizar a inspeção, o juiz poderá ser assistido por um ou mais peritos.

▪**Art. 470.** O juiz irá ao local onde se encontre a pessoa ou a coisa quando:

I – julgar necessário para a melhor verificação ou interpretação dos fatos que deva observar;

II – a coisa não puder ser apresentada em juízo, sem consideráveis despesas ou graves dificuldades;

III – determinar a reconstituição dos fatos.

Parágrafo único. As partes têm sempre direito a assistir à inspeção, prestando esclarecimentos e fazendo observações que considerem de interesse para a causa.

▪**Art. 471.** Concluída a diligência, o juiz mandará lavrar auto circunstanciado, mencionando nele tudo quanto for útil ao julgamento da causa.

Parágrafo único. O auto poderá ser instruído com desenho, gráfico ou fotografia.

CAPÍTULO XII
DA SENTENÇA E DA COISA JULGADA

Seção I
Disposições Gerais

▪**Art. 472.** O juiz proferirá sentença sem resolução de mérito quando:

Veja arts. 170, § 1º, 340 e 965, § 3º, I, deste Projeto.

I – indeferir a petição inicial;

II – o processo ficar parado durante mais de um ano por negligência das partes;

III – por não promover os atos e as diligências que lhe incumbir, o autor abandonar a causa por mais de trinta dias;

IV – se verificar a ausência de pressupostos de constituição e de desenvolvimento válido e regular do processo;

V – o juiz acolher a alegação de perempção, de litispendência ou de coisa julgada;

VI – o juiz verificar ausência de legitimidade ou de interesse processual;

VII – verificar a existência de convenção de arbitragem;

VIII – o autor desistir da ação;

IX – em caso de morte da parte, a ação for considerada intransmissível por disposição legal;

X – ocorrer confusão entre autor e réu; e

XI – nos demais casos prescritos neste Código.

§ 1º Nas hipóteses descritas nos incisos II e III, a parte será intimada pessoalmente para suprir a falta em cinco dias.

§ 2º No caso do § 1º, quanto ao inciso II, as partes pagarão proporcionalmente as custas, e, quanto ao inciso III, o autor será condenado ao pagamento das despesas e dos honorários de advogado.

§ 3º O juiz conhecerá de ofício da matéria constante dos incisos IV, V e VI, em qualquer tempo e grau de jurisdição, enquanto não ocorrer o trânsito em julgado.

§ 4º Oferecida a contestação, o autor não poderá, sem o consentimento do réu, desistir da ação.

§ 5º Interposta a apelação em qualquer dos casos de que tratam os incisos deste artigo, o juiz terá três dias para se retratar.

▪**Art. 473.** A sentença sem resolução de mérito não obsta a que a parte proponha de novo a ação.

§ 1º No caso de ilegitimidade ou falta de interesse processual, a propositura da nova ação depende da correção do vício.

§ 2º A petição inicial, todavia, não será despachada sem a prova do pagamento ou do depósito das custas e dos honorários de advogado.

§ 3º Se o autor der causa, por três vezes, a sentença fundada em abandono da causa, não poderá propor nova ação contra o réu com o mesmo objeto, ficando-lhe ressalvada, entretanto, a possibilidade de alegar em defesa o seu direito.

▪**Art. 474.** Haverá resolução de mérito quando:

Veja arts. 170, § 1º, 323, § 1º, e 340 deste Projeto.

I – o juiz acolher ou rejeitar o pedido do autor ou o pedido contraposto do réu;

II – o réu reconhecer a procedência do pedido;

Veja art. 340 deste Projeto.

III – as partes transigirem;

Veja art. 340 deste Projeto.

IV – o juiz pronunciar, de ofício ou a requerimento, a decadência ou a prescrição;

Veja art. 340 deste Projeto.

V – o autor renunciar ao direito sobre o qual se funda a ação.

Veja art. 340 deste Projeto.

Parágrafo único. Ressalvada a hipótese do §1º do art. 307, a prescrição e a decadência não serão decretadas sem que antes seja dada às partes oportunidade de se manifestar.

▪**Art. 475.** O juiz proferirá sentença de mérito sempre que puder julgá-lo em favor da parte a quem aproveitaria o acolhimento da preliminar.

Seção II
Dos Requisitos e Efeitos da Sentença

▪**Art. 476.** São requisitos essenciais da sentença:

I – o relatório sucinto, que conterá os nomes das partes, a suma do pedido e da contestação do réu, bem como o registro das principais ocorrências havidas no andamento do processo;

II – os fundamentos, em que o juiz analisará as questões de fato e de direito;

III – o dispositivo, em que o juiz resolverá as questões que as partes lhe submeterem.

Parágrafo único. Não se considera fundamentada a decisão, sentença ou acórdão que:

I – se limita a indicação, à reprodução ou à paráfrase de ato normativo;

II – empregue conceitos jurídicos indeterminados sem explicar o motivo concreto de sua incidência no caso;

III – invoque motivos que se prestariam a justificar qualquer outra decisão;

IV – não enfrentar todos os argumentos deduzidos no processo capazes de, em tese, infirmar a conclusão adotada pelo julgador.

▪**Art. 477.** O juiz proferirá a sentença de mérito acolhendo ou rejeitando, no todo ou em parte, os pedidos formulados pelas partes. Nos casos de sentença sem resolução de mérito, o juiz decidirá de forma concisa.

Parágrafo único. Fundamentando-se a sentença em regras que contiverem conceitos juridicamente indeterminados, cláusulas gerais ou princípios jurídicos, o juiz deve expor, analiticamente, o sentido em que as normas foram compreendidas.

▪**Art. 478.** Na ação relativa à obrigação de pagar quantia certa, ainda que formulado pedido genérico, a sentença definirá desde logo a extensão da obrigação, o índice de correção monetária, a taxa de juros e o termo inicial de ambos, salvo quando:

I – não for possível determinar, de modo definitivo, o montante devido;

II – a apuração do valor devido depender da produção de prova de realização demorada ou excessivamente dispendiosa, assim reconhecida na sentença.

§ 1º Nos casos previstos neste artigo, seguir-se-á a apuração do valor devido por liquidação.

§ 2º O disposto no *caput* também se aplica quando o acórdão alterar a sentença.

▪**Art. 479.** É vedado ao juiz proferir sentença de natureza diversa da pedida, bem como condenar a parte em quantidade superior ou em objeto diverso do que lhe foi demandado.

Parágrafo único. A sentença deve ser certa, ainda quando decida relação jurídica condicional.

▪**Art. 480.** Se, depois da propositura da ação, algum fato constitutivo, modificativo ou extintivo do direito influir no julgamento da lide, caberá ao juiz tomá-lo em consideração, de ofício ou a requerimento da parte, no momento de proferir a sentença.

Parágrafo único. Se constatar de ofício o fato novo, o juiz ouvirá as partes sobre ele antes de decidir.

▪**Art. 481.** Publicada a sentença, o juiz só poderá alterá-la:

I – para corrigir-lhe, de ofício ou a requerimento da parte, inexatidões materiais ou lhe retificar erros de cálculo;

II – por meio de embargos de declaração.

▪**Art. 482.** A sentença que condenar o réu ao pagamento de uma prestação, consistente em dinheiro, valerá como título constitutivo de hipoteca judiciária:

§ 1º A sentença condenatória produz a hipoteca judiciária:

I – embora a condenação seja genérica;

II – pendente arresto de bens do devedor;

III – ainda quando o credor possa promover a execução provisória da sentença.

§ 2º A hipoteca judiciária poderá ser realizada mediante apresentação de cópia da sentença perante o cartório de registro imobiliário, independentemente de ordem judicial.

Seção III
Da Remessa Necessária

▪**Art. 483.** Está sujeita ao duplo grau de jurisdição, não produzindo efeito senão depois de confirmada pelo tribunal, a sentença:

I – proferida contra a União, os Estados, o Distrito Federal, os Municípios e as respectivas autarquias e fundações de direito público;

II – que julgar procedentes, no todo ou em parte, os embargos à execução de dívida ativa da Fazenda Pública;

III – que, proferida contra os entes elencados no inciso I, não puder indicar, desde logo, o valor da condenação.

§ 1º Nos casos previstos neste artigo, o juiz ordenará a remessa dos autos ao tribunal, haja ou não apelação; não o fazendo, deverá o presidente do respectivo tribunal avocá-los.

§ 2º Não se aplica o disposto neste artigo sempre que o valor da condenação, do proveito, do benefício ou da vantagem econômica em discussão for de valor certo inferior a:

I – mil salários mínimos para União e as respectivas autarquias e fundações de direito público;

II – quinhentos salários mínimos para os Estados, o Distrito Federal e as respectivas autarquias e fundações de direito público, bem assim para as capitais dos Estados;

III – cem salários mínimos para todos os demais municípios e respectivas autarquias e fundações de direito público.

§ 3º Também não se aplica o disposto neste artigo quando a sentença estiver fundada em:

I – súmula do Supremo Tribunal Federal ou do Superior Tribunal de Justiça;

II – acórdão proferido pelo Supremo Tribunal Federal ou pelo Superior Tribunal de Justiça em julgamento de casos repetitivos;

III – entendimento firmado em incidente de resolução de demandas repetitivas ou de assunção de competência.

Seção IV
Do Julgamento das Ações Relativas às Obrigações de Fazer, de Não Fazer e de Entregar Coisa

▪**Art. 484.** Na ação que tenha por objeto obrigação de fazer ou de não fazer, o juiz, se procedente o pedido, concederá a tutela específica da obrigação ou determinará providências que assegurem o resultado prático equivalente ao do adimplemento.

▪**Art. 485.** Na ação que tenha por objeto a entrega de coisa, o juiz, ao conceder a tutela específica, fixará o prazo para o cumprimento da obrigação.

Parágrafo único. Tratando-se de entrega de coisa determinada pelo gênero e pela quantidade, o credor a individualizará na petição inicial, se lhe couber a escolha; cabendo ao devedor escolher, este a entregará individualizada, no prazo fixado pelo juiz.

▪**Art. 486.** A obrigação somente se converterá em perdas e danos se o autor o requerer ou se impossível a tutela específica ou a obtenção do resultado prático correspondente.

▪**Art. 487.** A indenização por perdas e danos se dará sem prejuízo da multa fixada periodicamente para compelir o réu ao cumprimento específico da obrigação.

▪**Art. 488.** Na ação que tenha por objeto a emissão de declaração de vontade, a sentença que julgar procedente o pedido, uma vez transitada em julgado, produzirá todos os efeitos da declaração não emitida.

Seção V
Da Coisa Julgada

▪**Art. 489.** Denomina-se coisa julgada material a autoridade que torna imutável e indiscutível a decisão de mérito não mais sujeita a recurso.

▪**Art. 490.** A sentença que julgar total ou parcialmente a lide tem força de lei nos limites dos pedidos e das questões prejudiciais expressamente decididas.

▪**Art. 491.** Não fazem coisa julgada:

I – os motivos, ainda que importantes para determinar o alcance da parte dispositiva da sentença;

II – a verdade dos fatos, estabelecida como fundamento da sentença.

▪**Art. 492.** Nenhum juiz decidirá novamente as questões já decididas relativas à mesma lide, salvo:

I – se, tratando-se de relação jurídica continuativa, sobreveio modificação no estado de fato ou de direito; caso em que poderá a parte pedir a revisão do que foi estatuído na sentença;

II – nos demais casos prescritos em lei.

▪**Art. 493.** A sentença faz coisa julgada às partes entre as quais é dada, não beneficiando nem prejudicando terceiros.

▪**Art. 494.** É vedado à parte discutir no curso do processo as questões já decididas a cujo respeito se operou a preclusão, observado o disposto no parágrafo único do art. 963.

▪**Art. 495.** Transitada em julgado a sentença de mérito, considerar-se-ão deduzidas e repelidas todas as alegações e as defesas que a parte poderia opor assim ao acolhimento como à rejeição do pedido, ressalvada a hipótese de ação fundada em causa de pedir diversa.

CAPÍTULO XIII
DA LIQUIDAÇÃO DE SENTENÇA

▪**Art. 496.** Quando a sentença condenar ao pagamento de quantia ilíquida, proceder-se-á sua liquidação, a requerimento do vencedor:

I – por arbitramento, quando determinado pela sentença ou exigido pela natureza do objeto da liquidação;

II – pelo procedimento comum, quando houver necessidade de alegar e provar fato novo.

§ 1º Quando na sentença houver uma parte líquida e outra ilíquida, ao credor é lícito promover simultaneamente a execução daquela e, em autos apartados, a liquidação desta.

§ 2º Quando a apuração do valor depender apenas de cálculo aritmético, o credor poderá promover, desde logo, o cumprimento da sentença.

§ 3º Na liquidação é vedado discutir de novo a lide ou modificar a sentença que a julgou.

▪**Art. 497.** Na liquidação por arbitramento, o juiz intimará as partes para a apresentação de pareceres ou documentos elucidativos, no prazo que fixar; caso não possa decidir de plano, nomeará perito, observando-se, no que couber, o procedimento da prova pericial.

▪**Art. 498.** Na liquidação pelo procedimento comum, o juiz determinará a intimação do requerido, na pessoa de seu advogado, para, querendo, apresentar contestação no prazo de quinze dias, observando-se, a seguir, no que couber, o disposto no Livro I deste Código.

▪**Art. 499.** A liquidação poderá ser realizada na pendência de recurso, processando-se em autos apartados no juízo de origem, cumprindo ao liquidante instruir o pedido com cópias das peças processuais pertinentes.

TÍTULO II
DO CUMPRIMENTO DA SENTENÇA

CAPÍTULO I
DAS DISPOSIÇÕES GERAIS

▪**Art. 500.** O cumprimento da sentença condenatória será feito segundo as regras deste Título, observando-se, no que couber e conforme a natureza da obrigação, o disposto no Livro III deste Código.

§ 1º O cumprimento da sentença, provisório ou definitivo, far-se-á a requerimento do credor.

§ 2º O devedor será intimado para cumprir a sentença:

I – pelo Diário da Justiça, na pessoa do seu advogado constituído nos autos;

II – por carta com aviso de recebimento, quando representado pela Defensoria Pública ou não tiver procurador constituído nos autos;

III – por edital, quando tiver sido revel na fase de conhecimento.

§ 3º Na hipótese do § 2º, inciso II, considera-se realizada a intimação quando o devedor houver mudado de endereço sem prévia comunicação ao juízo.

▪**Art. 501.** Quando o juiz decidir relação jurídica sujeita a condição ou termo, o cumprimento da sentença dependerá de demonstração de que se realizou a condição ou de que ocorreu o termo.

Parágrafo único. O cumprimento da sentença não poderá ser promovido em face do fiador, do coobrigado ou do corresponsável que não tiver participado da fase de conhecimento.

▪**Art. 502.** Além da sentença condenatória, serão também objeto de cumprimento, de acordo com os artigos previstos neste Título:

I – as sentenças proferidas no processo civil que reconheçam a exigibilidade de obrigação de pagar quantia, de fazer, de não fazer ou de entregar coisa;

II – a sentença homologatória de conciliação ou de transação, ainda que inclua matéria não posta em juízo;

III – o acordo extrajudicial, de qualquer natureza, homologado judicialmente;

IV – O formal e a certidão de partilha, exclusivamente em relação ao inventariante, aos herdeiros e aos sucessores a título singular ou universal;

V – o crédito de serventuário de justiça, de perito, de intérprete, tradutor e leiloeiro, quando as custas, os emolumentos ou os honorários tiverem sido aprovados por decisão judicial;

VI – a sentença penal condenatória transitada em julgado;

VII – a sentença arbitral;

VIII – a sentença estrangeira homologada pelo Superior Tribunal de Justiça.

Parágrafo único. Nos casos dos incisos VI a VIII, o devedor será citado no juízo cível para o cumprimento da sentença no prazo de quinze dias.

▪**Art. 503.** O cumprimento da sentença efetuar-se-á perante:

I – os tribunais, nas causas de sua competência originária;

II – o juízo que processou a causa no primeiro grau de jurisdição;

III – o juízo cível competente, quando se tratar de sentença penal condenatória, de sentença arbitral ou de sentença estrangeira.

Parágrafo único. No caso dos incisos II e III, o autor poderá optar pelo juízo do atual domicílio do executado, pelo juízo do local onde se encontram os bens sujeitos à execução ou onde deve ser executada a obrigação de fazer ou de não fazer, casos em que a remessa dos autos do processo será solicitada ao juízo de origem.

▪**Art. 504.** Todas as questões relativas à validade do procedimento de cumprimento da sentença e dos atos executivos subsequentes poderão ser arguidas pelo executado nos próprios autos e nestes serão decididas pelo juiz.

Parágrafo único. As decisões exaradas na fase de cumprimento de sentença que não implicarem na extinção do processo ou na declaração de satisfação da obrigação estão sujeitas a agravo de instrumento.

▪**Art. 505.** Aplicam-se as disposições relativas ao cumprimento da sentença, provisória ou definitivamente, no que couber, às decisões que concederem tutelas de urgência ou de evidência, em primeiro ou segundo graus de jurisdição, inclusive quanto à liquidação.

CAPÍTULO II
DO CUMPRIMENTO PROVISÓRIO DA SENTENÇA CONDENATÓRIA EM QUANTIA CERTA

▪**Art. 506.** O cumprimento provisório da sentença impugnada por recurso desprovido de efeito suspensivo, será realizado da mesma forma que o cumprimento definitivo, sujeitando-se ao seguinte regime:

I – corre por iniciativa e responsabilidade do exequente, que se obriga, se a sentença for reformada, a reparar os danos que o executado haja sofrido;

II – fica sem efeito, sobrevindo decisão que modifique ou anule a sentença objeto da execução, restituindo-se as partes ao estado anterior e liquidados eventuais prejuízos nos mesmos autos;

III – se a sentença objeto de cumprimento provisório for modificada ou anulada apenas em parte, somente nesta ficará sem efeito a execução;

IV – o levantamento de depósito em dinheiro, a prática de atos que importem transferência de posse ou alienação de propriedade ou dos quais possa resultar grave dano ao executado dependem de caução suficiente e idônea, arbitrada de plano pelo juiz e prestada nos próprios autos.

Veja art. 507 deste Projeto.

§ 1º A multa a que se refere o §1º do art. 509 é devida no cumprimento provisório de sentença condenatória ao pagamento de quantia certa.

§ 2º Se o executado comparecer tempestivamente e depositar o valor, com a finalidade de isentar-se da multa, o ato não será havido como incompatível com o recurso por ele interposto na fase de conhecimento.

§ 3º O depósito a que se refere o § 2º, importa renúncia ao direito de impugnar o pedido de cumprimento de sentença; todavia, o levantamento do depósito dependerá da prestação de caução na forma do inciso IV.

▪**Art. 507.** A caução prevista no inciso IV do art. 506 poderá ser dispensada nos casos em que:

I – o crédito for de natureza alimentar, independentemente de sua origem;

II – o credor demonstrar situação de necessidade;

III – pender agravo de admissão no Supremo Tribunal Federal ou no Superior Tribunal de Justiça;

IV – a sentença houver sido proferida com base em súmula ou estiver em conformidade com acórdão de recursos extraordinário e especial repetitivos ou firmado em incidente de resolução de demandas repetitivas.

Parágrafo único. A exigência de caução será mantida quando da dispensa possa manifestamente resultar risco de grave dano de difícil ou incerta reparação.

▪**Art. 508.** O cumprimento provisório da sentença será requerido por petição acompanhada de cópias das seguintes peças do processo, cuja autenticidade poderá ser certificada pelo próprio advogado, sob sua responsabilidade pessoal:

I – sentença ou acórdão exequendo;

II – certidão de interposição do recurso não dotado de efeito suspensivo;

III – procurações outorgadas pelas partes;

IV – decisão de habilitação, se for o caso;

V – facultativamente, outras peças processuais consideradas necessárias para demonstrar a existência do crédito.

CAPÍTULO III
DO CUMPRIMENTO DEFINITIVO DA SENTENÇA CONDENATÓRIA EM QUANTIA CERTA

▪**Art. 509.** No caso de condenação em quantia certa ou já fixada em liquidação, o cumprimento definitivo da sentença far-se-á a requerimento do exequente, sendo o executado intimado para pagar o débito, no prazo de quinze dias, acrescido de custas e honorários advocatícios de dez por cento.

Veja art. 516 deste Projeto.

§ 1º Não ocorrendo pagamento voluntário no prazo do *caput*, o débito será acrescido de multa de dez por cento.

Veja arts. 80, § 3º, 506, § 1º, e 519, § 2º, deste Projeto.

§ 2º Efetuado o pagamento parcial no prazo previsto no *caput*, a multa de dez por cento incidirá sobre o restante.

§ 3º Não efetuado tempestivamente o pagamento voluntário, será expedido mandado de penhora e avaliação, seguindo-se os atos de expropriação.

▪**Art. 510.** A inicial será instruída com demonstrativo discriminado e atualizado do crédito contendo:

Veja art. 516 deste Projeto.

I – o nome completo, o número do cadastro de pessoas físicas ou do cadastro nacional de pessoas jurídicas do exequente e do executado;

II – o índice de correção monetária adotado;

III – a taxa dos juros de mora aplicada;

IV – o termo inicial e o termo final dos juros e da correção monetária utilizados;

V – especificação dos eventuais descontos obrigatórios realizados.

§ 1º Quando a memória aparentemente exceder os limites da condenação, a execução será iniciada pelo valor pretendido, mas a penhora terá por base a importância que o juiz, se necessário ouvido o contador do juízo, entender adequada.

§ 2º Quando a elaboração do demonstrativo depender de dados que estejam em poder de terceiros ou do executado, o juiz poderá requisitálos, sob cominação do crime de desobediência.

▪**Art. 511.** No prazo para o pagamento voluntário, independentemente de penhora, o executado poderá apresentar impugnação nos próprios autos, cabendo nela arguir:

Veja art. 516 deste Projeto.

I – falta ou nulidade da citação, se o processo de conhecimento correu à revelia;

II – ilegitimidade de parte;

III – inexigibilidade do título;

IV – excesso de execução;

V – cumulação indevida de execuções;

VI – incompetência do juízo da execução, bem como suspeição ou impedimento do juiz;

VII – qualquer causa impeditiva, modificativa ou extintiva da obrigação, como pagamento, novação, compensação, transação ou prescrição, desde que supervenientes à sentença.

§ 1º Quando o executado alegar que o exequente, em excesso de execução, pleiteia quantia superior à resultante da sentença, cumprir-lhe-á declarar de imediato o valor que entende correto, sob pena de rejeição liminar dessa impugnação.

§ 2º A apresentação de impugnação não impede a prática dos atos executivos e de expropriação, podendo o juiz atribuir-lhe efeito suspensivo desde que relevantes seus fundamentos e o prosseguimento da execução seja manifestamente suscetível de causar ao executado grave dano de difícil ou incerta reparação.

§ 3º Ainda que atribuído efeito suspensivo à impugnação, é lícito ao exequente requerer o prosseguimento da execução, oferecendo e prestando caução suficiente e idônea, arbitrada pelo juiz e prestada nos próprios autos.

§ 4º As questões relativas à validade e à adequação da penhora, da avaliação e dos atos executivos subsequentes podem ser arguidas pelo executado por simples petição.

§ 5º Para efeito do disposto no inciso III do *caput* deste artigo, considera-se também inexigível o título judicial fundado em lei ou ato normativo declarados inconstitucionais pelo Supremo Tribunal Federal, ou fundado em aplicação ou interpretação da lei ou ato normativo tidas pelo Supremo Tribunal Federal como incompatíveis com a Constituição da República em controle concentrado de constitucionalidade ou quando a norma tiver sua execução suspensa pelo Senado Federal.

§ 6º No caso do § 5º, a decisão poderá conter modulação dos efeitos temporais da decisão em atenção à segurança jurídica.

▪**Art. 512.** É lícito ao devedor, antes de ser intimado para o cumprimento da sentença, comparecer em juízo e oferecer em pagamento o valor que entender devido, apresentando memória discriminada do cálculo.

Veja art. 516 deste Projeto.

§ 1º O credor será ouvido no prazo de cinco dias, podendo impugnar o valor depositado, sem prejuízo do levantamento do depósito a título de parcela incontroversa.

§ 2º Concluindo o juiz pela insuficiência do depósito, sobre a diferença incidirá multa de dez por cento e honorários advocatícios, seguindo-se a execução com penhora e atos subsequentes.

§ 3º Se o credor não opuser objeção, o juiz declarará satisfeita a obrigação e extinto o processo.

▪**Art. 513.** Aplicam-se as disposições deste Capítulo ao cumprimento provisório da sentença, no que couber.

Veja arts. 516 e 533 deste Projeto.

CAPÍTULO IV
DO CUMPRIMENTO DA OBRIGAÇÃO DE PRESTAR ALIMENTOS

▪**Art. 514.** No cumprimento de sentença que condena ao pagamento de prestação alimentícia ou de decisão interlocutória que fixa alimentos, o juiz mandará intimar pessoalmente o devedor para, em três dias, efetuar o pagamento das parcelas anteriores ao início da execução e das que se vencerem no seu curso, provar que o fez ou justificar a impossibilidade de efetuá-lo.

§ 1º Se o devedor não pagar, nem se escusar, o juiz decretar-lhe-á a prisão pelo prazo de um a três meses.

§ 2º O cumprimento da pena não exime o devedor do pagamento das prestações vencidas e vincendas.

§ 3º Paga a prestação alimentícia, o juiz suspenderá o cumprimento da ordem de prisão.

▪**Art. 515.** Quando o devedor for funcionário público, militar, diretor ou gerente de empresa, bem como empregado sujeito à legislação do trabalho, o exequente poderá requerer o desconto em folha de pagamento da importância da prestação alimentícia.

§ 1º Ao despachar a inicial, o juiz oficiará à autoridade, à empresa ou ao empregador, determinando, sob pena de crime de desobediência, o desconto a partir da primeira remuneração posterior do executado, a contar do protocolo do ofício.

§ 2º O ofício conterá os nomes e o número de inscrição no cadastro de pessoas físicas do exequente e do executado, a importância a ser descontada mensalmente, o tempo de sua duração e a conta na qual deva ser feito o depósito.

▪**Art. 516.** Não requerida a execução nos termos deste Capítulo, observar-se-á o disposto nos arts. 509 a 513, com a ressalva de que, recaindo a penhora em dinheiro, a concessão de efeito suspensivo à impugnação não obsta a que o exequente levante mensalmente a importância da prestação.

▪**Art. 517.** O disposto neste Capítulo aplica-se aos alimentos definitivos ou provisórios, independentemente de sua origem.

▪**Art. 518.** Quando a indenização por ato ilícito incluir prestação de alimentos, caberá ao executado, a requerimento do exequente, constituir capital cuja renda assegure o pagamento do valor mensal da pensão.

§ 1º Esse capital, representado por imóveis, títulos da dívida pública ou aplicações financeiras em banco oficial, será inalienável e impenhorável enquanto durar a obrigação do devedor.

§ 2º O juiz poderá substituir a constituição do capital pela inclusão do exequente em folha de pagamento de pessoa jurídica de notória capacidade econômica ou, a requerimento do executado, por fiança bancária ou garantia real, em valor a ser arbitrado de imediato pelo juiz.

§ 3º Se sobrevier modificação nas condições econômicas, poderá a parte requerer, conforme as circunstâncias, redução ou aumento da prestação.

§ 4º A prestação alimentícia poderá ser fixada tomando por base o salário mínimo.

§ 5º Finda a obrigação de prestar alimentos, o juiz mandará liberar o capital, cessar o desconto em folha ou cancelar as garantias prestadas.

CAPÍTULO V
DO CUMPRIMENTO DE OBRIGAÇÃO DE PAGAR QUANTIA CERTA PELA FAZENDA PÚBLICA

▪**Art. 519.** Transitada em julgado a sentença que impuser à Fazenda Pública o dever de pagar quantia certa, ou, se for o caso, a decisão que julgar a liquidação, o exequente apresentará demonstrativo discriminado e atualizado do crédito contendo:

Veja art. 866, § 3º, deste Projeto.

I – o nome completo, o número do cadastro de pessoas físicas ou do cadastro nacional de pessoas jurídicas do exequente;

II – o índice de correção monetária adotado;

III – a taxa dos juros de mora aplicada;

IV – o termo inicial e o termo final dos juros e da correção monetária utilizados;

V – especificação dos eventuais descontos obrigatórios realizados.

§ 1º Havendo pluralidade de exequentes, cada um deverá apresentar o seu próprio demonstrativo, aplicando-se à hipótese, se for o caso, o disposto nos §§ 1º e 2º do art. 112.

§ 2º A multa prevista no § 1º do art. 509 não se aplica à Fazenda Pública.

▪**Art. 520.** A Fazenda Pública será intimada para, querendo, no prazo de trinta dias e nos próprios autos, impugnar a execução, cabendo nela arguir:

Veja art. 866, § 3º, deste Projeto.

I – falta ou nulidade da citação, se o processo correu à revelia;

II – ilegitimidade de parte;

III – a inexigibilidade do título;

IV – o excesso de execução;

V – cumulação indevida de execuções;

VI – incompetência do juízo da execução, bem como suspeição ou impedimento do juiz;

VII – qualquer causa impeditiva, modificativa ou extintiva da obrigação, como pagamento, novação, compensação, transação ou prescrição, desde que supervenientes à sentença.

§ 1º Quando se alegar que o exequente, em excesso de execução, pleiteia quantia superior à resultante do título, cumprirá à executada declarar de imediato o valor que entende correto, sob pena de não conhecimento da arguição.

§ 2º Não impugnada a execução ou rejeitadas as arguições da executada:

I – expedir-se-á por intermédio do presidente do tribunal competente, precatório em favor do exequente, observando-se o disposto na Constituição da República;

II – por ordem do juiz, dirigida à autoridade citada para a causa, o pagamento de obrigação de pequeno valor será realizado no prazo de sessenta dias contados da entrega da requisição, mediante depósito na agência mais próxima de banco oficial.

§ 3º Tratando-se de impugnação parcial, a parte não questionada pela executada será, desde logo, objeto de cumprimento.

§ 4º Para efeito do disposto no inciso III do *caput* deste artigo, considera-se também inexigível o título judicial fundado em lei ou ato normativo declarados inconstitucionais pelo Supremo Tribunal Federal, ou fundado em aplicação ou interpretação da lei ou ato normativo tidas pelo Supremo Tribunal Federal como incompatíveis com a Constituição da República em controle concentrado de constitucionalidade ou quando a norma tiver sua execução suspensa pelo Senado Federal.

CAPÍTULO VI
DA SENTENÇA CONDENATÓRIA DE FAZER, NÃO FAZER OU ENTREGAR COISA

Seção I
Do Cumprimento da Sentença Condenatória de Fazer e de Não Fazer

▪**Art. 521.** Para cumprimento da sentença condenatória de prestação de fazer ou de não fazer, o juiz poderá, a requerimento, para a efetivação da tutela específica ou a obtenção do resultado prático equivalente, determinar as medidas necessárias à satisfação do credor.

§ 1º Para atender ao disposto no *caput*, o juiz poderá determinar, entre outras medidas, a imposição de multa por período de atraso, a busca e apreensão, a remoção de pessoas e coisas, o desfazimento de obras, a intervenção judicial em atividade empresarial ou similar e o impedimento de atividade nociva, podendo, caso necessário, requisitar o auxílio de força policial.

§ 2º O descumprimento injustificado da ordem judicial fará o executado incidir nas penas de litigância de má-fé, sem prejuízo de responder por crime de desobediência.

▪**Art. 522.** A multa periódica imposta ao devedor independe de pedido do credor e poderá se dar em liminar, na sentença ou na execução, desde que seja suficiente e compatível com a obrigação e que se determine prazo razoável para o cumprimento do preceito.

Veja art. 80, § 3º, deste Projeto.

§ 1º A multa fixada liminarmente ou na sentença se aplica na execução provisória, devendo ser depositada em juízo, permitido o seu levantamento após o trânsito em julgado ou na pendência de agravo de admissão contra decisão denegatória de seguimento de recurso especial ou extraordinário.

§ 2º O requerimento de execução da multa abrange aquelas que se vencerem ao longo do processo, enquanto não cumprida pelo réu a decisão que a cominou.

§ 3º O juiz poderá, de ofício ou a requerimento, modificar o valor ou a periodicidade da multa vincenda ou excluí-la, caso verifique que:

I – se tornou insuficiente ou excessiva;

II – o obrigado demonstrou cumprimento parcial superveniente da obrigação ou justa causa para o descumprimento.

§ 4º A multa periódica incidirá enquanto não for cumprida a decisão que a tiver cominado.

§ 5º O valor da multa será devido ao exequente até o montante equivalente ao valor da obrigação, destinando-se o excedente à unidade da Federação onde se situa o juízo no qual tramita o processo ou à União, sendo inscrito como dívida ativa.

§ 6º Sendo o valor da obrigação inestimável, deverá o juiz estabelecer o montante que será devido ao autor, incidindo a regra do § 5º no que diz respeito à parte excedente.

§ 7º Quando o executado for a Fazenda Pública, a parcela excedente ao valor da obrigação principal a que se refere o § 5º, será destinada a entidade pública ou privada, com finalidade social.

Seção II
Do Cumprimento da Sentença Condenatória de Entregar Coisa

▪**Art. 523.** Não cumprida a obrigação de entregar coisa no prazo estabelecido na sentença, será expedida em favor do credor mandado de busca e apreensão ou de imissão na posse, conforme se tratar de coisa móvel ou imóvel.

Parágrafo único. Aplicam-se à ação prevista neste artigo, no que couber, as disposições sobre o cumprimento de obrigação de fazer e não fazer.

TÍTULO III
DOS PROCEDIMENTOS ESPECIAIS

CAPÍTULO I
DA AÇÃO DE CONSIGNAÇÃO EM PAGAMENTO

▪**Art. 524.** Nos casos previstos em lei, poderá o devedor ou terceiro requerer, com efeito de pagamento, a consignação da quantia ou da coisa devida.

§ 1º Tratando-se de obrigação em dinheiro, poderá o devedor ou terceiro optar pelo depósito da quantia devida em estabelecimento bancário, oficial onde houver, situado no lugar do pagamento, em conta com correção monetária, cientificando-se o credor por carta com aviso de recebimento, assinado o prazo de dez dias para a manifestação de recusa.

§ 2º Decorrido o prazo do § 1º, contado do retorno do aviso de recebimento, sem a manifestação de recusa, considerar-se-á o devedor liberado da obrigação, ficando à disposição do credor a quantia depositada.

§ 3º Ocorrendo a recusa, manifestada por escrito ao estabelecimento bancário, o devedor ou terceiro poderá propor, dentro de um mês, a ação de consignação, instruindo a inicial com a prova do depósito e da recusa.

Veja art. 527, I, deste Projeto.

§ 4º Não proposta a ação no prazo do § 3º, ficará sem efeito o depósito, podendo levantá-lo o depositante.

▪**Art. 525.** Requerer-se-á a consignação no lugar do pagamento, cessando para o devedor, à data do depósito, os juros e os riscos, salvo se for julgada improcedente.

▪**Art. 526.** Tratando-se de prestações sucessivas, consignada uma delas, pode o devedor continuar a consignar, no mesmo processo e sem mais formalidades, as que se forem vencendo, desde que os depósitos sejam efetuados até cinco dias contados da data do respectivo vencimento.

▪**Art. 527.** Na petição inicial, o autor requererá:

I – o depósito da quantia ou da coisa devida, a ser efetivado no prazo de cinco dias contados do deferimento, ressalvada a hipótese do art. 524, § 3º;

II – a citação do réu para levantar o depósito ou oferecer contestação.

▪**Art. 528.** Se o objeto da prestação for coisa indeterminada e a escolha couber ao credor, será este citado para exercer o direito dentro de cinco dias, se outro prazo não constar de lei ou do contrato, ou para aceitar que o devedor o faça, devendo o juiz, ao despachar a petição inicial, fixar lugar, dia e hora em que se fará a entrega, sob pena de depósito.

▪**Art. 529.** Na contestação, o réu poderá alegar que:

I – não houve recusa ou mora em receber a quantia ou coisa devida;

II – foi justa a recusa;

III – o depósito não se efetuou no prazo ou no lugar do pagamento;

IV – o depósito não é integral.

Parágrafo único. No caso do inciso IV, a alegação somente será admissível se o réu indicar o montante que entende devido.

▪**Art. 530.** Alegada a insuficiência do depósito, é lícito ao autor completá-lo, em dez dias, salvo se corresponder a prestação cujo inadimplemento acarrete a rescisão do contrato.

§ 1º No caso do *caput*, poderá o réu levantar, desde logo, a quantia ou a coisa depositada, com a consequente liberação parcial do autor, prosseguindo o processo quanto à parcela controvertida.

§ 2º A sentença que concluir pela insuficiência do depósito determinará, sempre que possível, o montante devido e valerá como título executivo, facultado ao credor promover-lhe o cumprimento nos mesmos autos, após liquidação, se necessária.

▪**Art. 531.** Não oferecida a contestação e ocorrendo os efeitos da revelia, o juiz julgará procedente o pedido, declarará extinta a obrigação e condenará o réu nas custas e nos honorários advocatícios.

Parágrafo único. Proceder-se-á do mesmo modo se o credor receber e der quitação.

▪**Art. 532.** Se ocorrer dúvida sobre quem deva legitimamente receber o pagamento, o autor requererá o depósito e a citação dos possíveis titulares do crédito para provarem o seu direito.

▪**Art. 533.** No caso do art. 513, não comparecendo pretendente algum, converter-se-á o depósito em arrecadação de coisas vagas; comparecendo apenas um, o juiz decidirá de plano; comparecendo mais de um, o juiz declarará efetuado o depósito e extinta a obrigação, continuando o processo a correr unicamente entre os presuntivos credores, observado o procedimento comum.

▪**Art. 534.** Aplica-se o procedimento estabelecido neste Capítulo, no que couber, ao resgate do aforamento.

CAPÍTULO II
DA AÇÃO DE EXIGIR CONTAS

▪**Art. 535.** É parte legítima para promover a ação de prestação de contas quem tiver o direito de exigi-las.

▪**Art. 536.** Aquele que pretender que lhe sejam prestadas contas requererá a citação do réu para, no prazo de quinze dias, prestá-las ou contestar o pedido.

§ 1º Prestadas as contas, o autor terá cinco dias para se manifestar sobre elas, prosseguindo-se na forma do Capítulo IX do Título I deste Livro.

§ 2º Se o réu não contestar o pedido, observar-se-á o disposto no art. 341.

§ 3º A sentença que julgar procedente o pedido condenará o réu a prestar as contas no prazo de quinze dias, sob pena de não lhe ser lícito impugnar as que o autor apresentar.

§ 4º Se o réu apresentar as contas dentro do prazo estabelecido no § 3º, seguir-se-á o procedimento do § 1º deste artigo; em caso contrário, apresentá-las-á o autor dentro de dez dias, sendo as contas julgadas segundo o prudente arbítrio do juiz, que poderá determinar, se necessário, a realização do exame pericial contábil.

▪**Art. 537.** As contas, assim do autor como do réu, serão apresentadas em forma mercantil, especificando-se as receitas e a aplicação das despesas, bem como o respectivo saldo, e serão instruídas com os documentos justificativos.

▪**Art. 538.** A sentença apurará o saldo e constituirá título executivo judicial.

▪**Art. 539.** As contas do inventariante, do tutor, do curador, do depositário e de outro qualquer administrador serão prestadas em apenso aos autos do processo em que tiver sido nomeado. Sendo condenado a pagar o saldo e não o fazendo no prazo legal, o juiz poderá destituí-lo, sequestrar os bens sob sua guarda e glosar o prêmio ou a gratificação a que teria direito e determinar as medidas executivas necessárias à recomposição do prejuízo.

CAPÍTULO III
DAS AÇÕES POSSESSÓRIAS

Seção I
Disposições Gerais

▪**Art. 540.** A propositura de uma ação possessória em vez de outra não obstará a que o juiz conheça do pedido e outorgue a proteção legal correspondente àquela cujos requisitos estejam provados.

▪**Art. 541.** É lícito ao autor cumular ao pedido possessório o de:

I – condenação em perdas e danos;

II – cominação de pena para caso de nova turbação ou esbulho;

III – desfazimento de construção ou plantação feita em detrimento de sua posse.

▪**Art. 542.** É lícito ao réu, na contestação, alegando que foi o ofendido em sua posse, demandar a proteção possessória e a indenização pelos prejuízos resultantes da turbação ou do esbulho cometido pelo autor.

▪**Art. 543.** Na pendência de ação possessória é vedado, assim ao autor como ao réu, propor ação de reconhecimento do domínio.

▪**Art. 544.** Regem o procedimento de manutenção e de reintegração de posse as normas da Seção II deste Capítulo quando proposta dentro de ano e dia da turbação ou do esbulho; passado esse prazo, será comum, não perdendo, contudo, o caráter possessório.

▪**Art. 545.** Se o réu provar, em qualquer tempo, que o autor provisoriamente mantido ou reintegrado na posse carece de idoneidade financeira para, no caso de decair da ação, responder por perdas e danos, o juiz assinar-lhe-á o prazo de cinco dias para requerer caução sob pena de ser depositada a coisa litigiosa.

Seção II
Da Manutenção e da Reintegração de Posse

Veja art. 553 deste Projeto.

▪**Art. 546.** O possuidor tem direito a ser mantido na posse em caso de turbação e reintegrado no de esbulho.

▪**Art. 547.** Incumbe ao autor provar:

I – a sua posse;

II – a turbação ou o esbulho praticado pelo réu;

III – a data da turbação ou do esbulho;

IV – a continuação da posse, embora turbada, na ação de manutenção; a perda da posse, na ação de reintegração.

▪**Art. 548.** Estando a petição inicial devidamente instruída, o juiz deferirá, sem ouvir o réu, a expedição do mandado liminar de manutenção ou de reintegração; no caso contrário, determinará que o autor justifique previamente o alegado, citando-se o réu para comparecer à audiência que for designada.

Parágrafo único. Contra as pessoas jurídicas de direito público não será deferida a manutenção ou a reintegração liminar sem prévia audiência dos respectivos representantes judiciais.

▪**Art. 549.** Julgada procedente a justificação, o juiz fará logo expedir mandado de manutenção ou de reintegração.

▪**Art. 550.** Concedido ou não o mandado liminar de manutenção ou de reintegração, o autor promoverá, nos cinco dias subsequentes, a citação do réu para contestar a ação.

Parágrafo único. Quando for ordenada a justificação prévia, o prazo para contestar será contado da intimação da decisão que deferir ou não a medida liminar.

▪**Art. 551.** Aplica-se, quanto ao mais, o procedimento comum.

Seção III
Do Interdito Proibitório

▪**Art. 552.** O possuidor direto ou indireto que tenha justo receio de ser molestado na posse poderá requerer ao juiz que o segure da turbação ou esbulho iminente, mediante mandado proibitório, em que se comine ao réu determinada pena pecuniária, caso transgrida o preceito.

▪**Art. 553.** Aplica-se ao interdito proibitório o disposto na Seção II deste Capítulo.

CAPÍTULO IV
DA AÇÃO DE DIVISÃO E DA DEMARCAÇÃO DE TERRAS PARTICULARES

Seção I
Disposições Gerais

▪Art. 554. Cabe:

I – ao proprietário ação de demarcação, para obrigar o seu confinante a estremar os respectivos prédios, fixando-se novos limites entre eles ou aviventando-se os já apagados;

II – ao condômino a ação de divisão, para obrigar os demais consortes a estremar os quinhões.

▪**Art. 555.** É lícita a cumulação dessas ações, caso em que deverá processar-se primeiramente a demarcação total ou parcial da coisa comum, citando-se os confinantes e os condôminos.

▪**Art. 556.** A demarcação e a divisão poderão ser realizadas por escritura pública, desde que maiores, capazes e concordes todos os interessados, observando-se, no que couber, os dispositivos deste Capítulo.

▪**Art. 557.** Fixados os marcos da linha de demarcação, os confinantes considerar-se-ão terceiros quanto ao processo divisório; fica-lhes, porém, ressalvado o direito de vindicar os terrenos de que se julguem despojados por invasão das linhas limítrofes constitutivas do perímetro ou de reclamar indenização correspondente ao seu valor.

Veja art. 558 deste Projeto.

▪**Art. 558.** No caso do art. 557, serão citados para a ação todos os condôminos, se ainda não transitou em julgado a sentença homologatória da divisão, e todos os quinhoeiros dos terrenos vindicados, se proposta posteriormente.

Parágrafo único. Nesse último caso, a sentença que julga procedente a ação, condenando a restituir os terrenos ou a pagar a indenização, valerá como título executivo em favor dos quinhoeiros para haverem dos outros condôminos que forem parte na divisão ou de seus sucessores por título universal, na proporção que lhes tocar, a composição pecuniária do desfalque sofrido.

▪**Art. 559.** Tratando-se de imóvel georreferenciado, com averbação no Registro de Imóveis, pode o juiz dispensar a realização de prova pericial.

Seção II
Da Demarcação

▪**Art. 560.** Na petição inicial, instruída com os títulos da propriedade, designar-se-á o imóvel pela situação e pela denominação, descrever-se-ão os limites por constituir, aviventar ou renovar e nomear-se-ão todos os confinantes da linha demarcanda.

▪**Art. 561.** Qualquer condômino é parte legítima para promover a demarcação do imóvel comum, requerendo a intimação dos demais para intervir no processo, querendo.

Veja art. 584 deste Projeto.

▪**Art. 562.** Os réus serão citados observando-se o disposto no art. 216. Frustrada a citação das pessoas domiciliadas na comarca onde corre a demarcatória, estas serão citadas na forma dos arts. 218 e 225, e por edital, com prazo de vinte dias a dois meses, todas as demais pessoas residentes no Brasil ou no estrangeiro.

Veja arts. 575 e 584 deste Projeto.

▪**Art. 563.** Feitas as citações, terão os réus o prazo comum de vinte dias para contestar.

Veja arts. 575 e 584 deste Projeto.

▪**Art. 564.** Havendo contestação, observar-se-á o procedimento comum; não havendo, o juiz julgará antecipadamente a lide.

Veja arts. 575 e 584 deste Projeto.

▪**Art. 565.** Em qualquer dos casos do artigo anterior, antes de proferir a sentença definitiva, o juiz nomeará um ou mais peritos para levantar o traçado da linha demarcanda.

▪**Art. 566.** Concluídos os estudos, os peritos apresentarão minucioso laudo sobre o traçado da linha demarcanda, considerando os títulos, os marcos, os rumos, a fama da vizinhança, as informações de antigos moradores do lugar e outros elementos que coligirem.

▪**Art. 567.** A sentença que julgar procedente o pedido determinará o traçado da linha demarcanda.

Parágrafo único. A sentença proferida na ação demarcatória determinará a restituição da área invadida, se houver, declarando o domínio ou a posse do prejudicado, ou uma e outra.

▪**Art. 568.** Transitada em julgado a sentença, o perito efetuará a demarcação e colocará os marcos necessários. Todas as operações serão consignadas em planta e memorial descritivo com as referências convenientes para a identificação, em qualquer tempo, dos pontos assinalados.

▪**Art. 569.** As plantas serão acompanhadas das cadernetas de operações de campo e do memorial descritivo, que conterá:

I – o ponto de partida, os rumos seguidos e a aviventação dos antigos com os respectivos cálculos;

II – os acidentes encontrados, as cercas, os valos, os marcos antigos, os córregos, os rios, as lagoas e outros;

III – a indicação minuciosa dos novos marcos cravados, dos antigos aproveitados, das culturas existentes e da sua produção anual;

IV – a composição geológica dos terrenos, bem como a qualidade e a extensão dos campos, das matas e das capoeiras;

V – as vias de comunicação;

VI – as distâncias a pontos de referência, tais como rodovias federais e estaduais, ferrovias, portos, aglomerações urbanas e polos comerciais;

VII – a indicação de tudo o mais que for útil para o levantamento da linha ou para a identificação da linha já levantada.

▪**Art. 570.** É obrigatória a colocação de marcos assim na estação inicial, dita marco primordial, como nos vértices dos ângulos, salvo se algum desses últimos pontos for assinalado por acidentes naturais de difícil remoção ou destruição.

Veja art. 582 deste Projeto.

▪**Art. 571.** A linha será percorrida pelos arbitradores, que examinarão os marcos e rumos, consignando em relatório escrito a exatidão do memorial e planta apresentados pelo agrimensor ou as divergências porventura encontradas.

Veja art. 582 deste Projeto.

▪**Art. 572.** Juntado aos autos o relatório dos peritos, o juiz determinará que as partes se manifestem sobre ele no prazo comum de vinte dias. Em seguida, executadas as correções e as retificações que o juiz determinar, lavrar-se-á o auto de demarcação em que os limites demarcandos serão minuciosamente descritos de acordo com o memorial e a planta.

Veja art. 583 deste Projeto.

▪**Art. 573.** Assinado o auto pelo juiz e pelos peritos, será proferida a sentença homologatória da demarcação.

Seção III
Da Divisão

▪**Art. 574.** A petição inicial será instruída com os títulos de domínio do promovente e conterá:

I – a indicação da origem da comunhão e a denominação, a situação, os limites e as características do imóvel;

II – o nome, o estado civil, a profissão e a residência de todos os condôminos, especificando-se os estabelecidos no imóvel com benfeitorias e culturas;

III – as benfeitorias comuns.

▪**Art. 575.** Feitas as citações como preceitua o art. 562, prosseguir-se-á na forma dos arts. 563 e 564.

▪**Art. 576.** O juiz nomeará um ou mais peritos para promover a medição do imóvel e as operações de divisão.

Parágrafo único. O perito deverá indicar as vias de comunicação existentes, as construções e as benfeitorias, com a indicação dos seus valores e dos respectivos proprietários e ocupantes, as águas principais que banham o imóvel e quaisquer outras informações que possam concorrer para facilitar a partilha.

▪**Art. 577.** Todos os condôminos serão intimados a apresentar, dentro de dez dias, os seus títulos, se ainda não o tiverem feito, e a formular os seus pedidos sobre a constituição dos quinhões.

▪**Art. 578.** O juiz ouvirá as partes no prazo comum de vinte dias.

Parágrafo único. Não havendo impugnação, o juiz determinará a divisão geodésica do imóvel; se houver, proferirá, no prazo de dez dias, decisão sobre os pedidos e os títulos que devam ser atendidos na formação dos quinhões.

•Art. 579. Se qualquer linha do perímetro atingir benfeitorias permanentes dos confinantes feitas há mais de um ano, serão elas respeitadas, bem como os terrenos onde estiverem, os quais não se computarão na área dividenda.

•Art. 580. Os confinantes do imóvel dividendo podem demandar a restituição dos terrenos que lhes tenham sido usurpados.

§ 1º Serão citados para a ação todos os condôminos, se ainda não transitou em julgado a sentença homologatória da divisão, e todos os quinhoeiros dos terrenos vindicados, se proposta posteriormente.

§ 2º Nesse último caso terão os quinhoeiros o direito, pela mesma sentença que os obrigar à restituição, a haver dos outros condôminos do processo divisório ou de seus sucessores a título universal a composição pecuniária proporcional ao desfalque sofrido.

•Art. 581. Os peritos proporão, em laudo fundamentado, a forma da divisão, devendo consultar, quanto possível, a comodidade das partes, respeitar, para adjudicação a cada condômino, a preferência dos terrenos contíguos às suas residências e benfeitorias e evitar o retalhamento dos quinhões em glebas separadas.

•Art. 582. Ouvidas as partes, no prazo comum de dez dias, sobre o cálculo e o plano da divisão, o juiz deliberará a partilha. Em cumprimento dessa decisão, o perito procederá a demarcação dos quinhões, observando, além do disposto nos arts. 570 e 571, as seguintes regras:

I – as benfeitorias comuns que não comportarem divisão cômoda serão adjudicadas a um dos condôminos mediante compensação;

II – instituir-se-ão as servidões que forem indispensáveis em favor de uns quinhões sobre os outros, incluindo o respectivo valor no orçamento para que, não se tratando de servidões naturais, seja compensado o condômino aquinhoado com o prédio serviente;

III – as benfeitorias particulares dos condôminos que excederem à área a que têm direito serão adjudicadas ao quinhoeiro vizinho mediante reposição;

IV – se outra coisa não acordarem as partes, as compensações e as reposições serão feitas em dinheiro.

•Art. 583. Terminados os trabalhos e desenhados na planta os quinhões e as servidões aparentes, o perito organizará o memorial descritivo. Em seguida, cumprido o disposto no art. 572, o escrivão lavrará o auto de divisão, seguido de uma folha de pagamento para cada condômino. Assinado o auto pelo juiz e pelo perito, será proferida sentença homologatória da divisão.

§ 1º O auto conterá:

I – a confinação e a extensão superficial do imóvel;

II – a classificação das terras com o cálculo das áreas de cada consorte e a respectiva avaliação ou a avaliação do imóvel na sua integridade, quando a homogeneidade das terras não determinar diversidade de valores;

III – o valor e a quantidade geométrica que couber a cada condômino, declarando-se as reduções e as compensações resultantes da diversidade de valores das glebas componentes de cada quinhão.

§ 2º Cada folha de pagamento conterá:

I – a descrição das linhas divisórias do quinhão, mencionadas as confinantes;

II – a relação das benfeitorias e das culturas do próprio quinhoeiro e das que lhe foram adjudicadas por serem comuns ou mediante compensação;

III – a declaração das servidões instituídas, especificados os lugares, a extensão e o modo de exercício.

•Art. 584. Aplica-se às divisões o disposto nos arts. 561 a 564.

CAPÍTULO V
DA AÇÃO DE DISSOLUÇÃO PARCIAL DE SOCIEDADE

•Art. 585. A ação de dissolução parcial de sociedade pode ter por objeto:

I – a resolução da sociedade empresária contratual ou simples em relação ao sócio falecido, excluído ou que exerceu o direito de retirada ou recesso; e

II – a apuração dos haveres do sócio falecido, excluído ou que exerceu o direito de retirada; ou

III – somente a resolução ou a apuração de haveres.

Parágrafo único. A petição inicial será necessariamente instruída com o contrato social.

•Art. 586. A ação pode ser proposta:

I – pelo espólio do sócio falecido, quando a totalidade dos sucessores não ingressar na sociedade;

II – pelos sucessores, após concluída a partilha do sócio falecido;

III – pelos sócios sobreviventes, se não admitirem o ingresso do espólio ou dos sucessores do falecido na sociedade, quando esse direito decorrer do contrato social;

IV – pelo sócio que exerceu o direito de retirada ou recesso, se não tiver sido providenciada, pelos demais sócios, a alteração contratual formalizando o desligamento, depois de transcorridos dez dias do exercício do direito;

V – pela sociedade, nos casos em que a lei não autoriza a exclusão extrajudicial; ou

VI – pelo sócio excluído.

Parágrafo único. O cônjuge ou companheiro do sócio cujo casamento, união estável ou convivência terminou poderá requerer a apuração de seus haveres na sociedade. Os haveres assim apurados serão pagos à conta da quota social titulada por este sócio.

▪**Art. 587.** O juiz determinará à sociedade ou aos sócios que nela permanecerem que depositem em juízo a parte incontroversa dos haveres devidos.

§ 1º O depósito poderá ser, desde logo, levantando pelo ex-sócio, pelo espólio ou pelos seus sucessores.

§ 2º Se o contrato social estabelecer o pagamento dos haveres, será observando o que nele se dispôs no depósito judicial da parte incontroversa.

▪**Art. 588.** Os sócios e a sociedade serão citados para, no prazo de quinze dias, concordarem com o pedido ou apresentarem contestação.

§ 1º A sociedade não será citada se todos os seus sócios o forem, mas ficará sujeita aos efeitos da decisão e à coisa julgada.

§ 2º A sociedade poderá formular pedido de indenização compensável com o valor dos haveres a apurar.

▪**Art. 589.** Havendo manifestação expressa e unânime pela concordância da dissolução, o juiz a decretará, passando-se imediatamente à fase de liquidação.

§ 1º Na hipótese prevista no *caput*, não haverá condenação em honorários advocatícios de quaisquer das partes.

§ 2º Havendo contestação, observar-se-á o procedimento comum.

▪**Art. 590.** Para apuração dos haveres, o juiz:

I – fixará a data da resolução da sociedade;

II – definirá o critério de apuração dos haveres à vista do disposto no contrato social; e

III – nomeará o perito.

▪**Art. 591.** A data da resolução da sociedade será:

I – no caso de falecimento do sócio, a do óbito;

II – na retirada imotivada, o sexagésimo dia seguinte ao do recebimento, pela sociedade, da notificação do sócio retirante;

III – no recesso, o dia do recebimento, pela sociedade da notificação do sócio dissidente; e

IV – na retirada por justa causa de sociedade por prazo determinado e na exclusão judicial de sócio, a do trânsito em julgado da decisão que dissolver a sociedade.

▪**Art. 592.** Em caso de omissão do contrato social, o juiz definirá, como critério de apuração de haveres, o valor patrimonial apurado em balanço de determinação, tomando-se por referência a data da resolução e avaliando-se bens e direitos do ativo a preço de saída.

§ 1º Para elaboração da perícia, o juiz nomeará perito contador.

§ 2º Se o contrato social estabelecer como critério o valor econômico da sociedade ou outro fundado em projeção de resultados futuros, a nomeação recairá preferencialmente sobre especialista, em avaliação de sociedades.

§ 3º Os honorários do perito nomeado serão arcados pelos sócios, na proporção de sua participação no capital social da sociedade.

▪**Art. 593.** A data da resolução e o critério de apuração de haveres podem ser revistos pelo juiz, a pedido da parte, a qualquer tempo antes do início da perícia.

▪**Art. 594.** Até a data da resolução, integra o valor devido ao ex-sócio, ao espólio ou aos seus sucessores a participação nos lucros ou os juros sobre o capital próprio declarados pela sociedade e, se for o caso, a remuneração como administrador.

Parágrafo único. Após a data da resolução, o ex-sócio, o espólio ou seus sucessores terão direito apenas à correção monetária dos valores apurados e aos juros contratuais ou legais.

▪**Art. 595.** Apurados os haveres do sócio retirante, serão os mesmos pagos conforme disciplinar o contrato social e, no silêncio deste, nos termos do art. 1.031 do Código Civil.

CAPÍTULO VI
DO INVENTÁRIO E DA PARTILHA

Seção I
Disposições Gerais

▪**Art. 596.** Havendo testamento ou interessado incapaz, procederse-á ao inventário judicial; se todos forem capazes e concordes, o inventário e a partilha poderão ser feitos por escritura pública, a qual constituirá documento hábil para qualquer ato de registro, bem assim para levantamento de importância depositada em instituições financeiras.

§ 1º O tabelião somente lavrará a escritura pública se todas as partes interessadas estiverem assistidas por advogado comum ou advogados de cada uma delas ou por defensor público, cuja qualificação e assinatura constarão do ato notarial.

§ 2º A escritura e os demais atos notariais serão gratuitos àqueles que se declararem hipossuficientes economicamente, na forma e sob as penas da lei.

▪**Art. 597.** O processo de inventário e de partilha deve ser aberto dentro de dois meses a contar da abertura da sucessão, ultimando-se nos doze meses subsequentes, podendo o juiz prorrogar esses prazos, de ofício ou a requerimento de parte.

Veja art. 601 deste Projeto.

▪**Art. 598.** O juiz decidirá todas as questões de direito desde que os fatos relevantes estejam provados por documento, só remetendo para os meios ordinários as questões que dependerem de outras provas.

▪Art. 599. Até que o inventariante preste o compromisso, continuará o espólio na posse do administrador provisório.

▪Art. 600. O administrador provisório representa ativa e passivamente o espólio, é obrigado a trazer ao acervo os frutos que desde a abertura da sucessão percebeu, tem direito ao reembolso das despesas necessárias e úteis que fez e responde pelo dano a que, por dolo ou culpa, der causa.

Seção II
Da Legitimidade para Requerer o Inventário

▪Art. 601. O requerimento de inventário e partilha incumbe a quem estiver na posse e na administração do espólio, no prazo estabelecido no art. 597.

Parágrafo único. O requerimento será instruído com a certidão de óbito do autor da herança.

▪Art. 602. Têm, contudo, legitimidade concorrente:

I – o cônjuge ou companheiro supérstite;

II – o herdeiro;

III – o legatário;

IV – o testamenteiro;

V – o cessionário do herdeiro ou do legatário;

VI – o credor do herdeiro, do legatário ou do autor da herança;

VII – o Ministério Público, havendo herdeiros incapazes;

VIII – a Fazenda Pública, quando tiver interesse.

Seção III
Do Inventariante e das Primeiras Declarações

▪Art. 603. O juiz nomeará inventariante na seguinte ordem:

Veja art. 610 deste Projeto.

I – o cônjuge ou companheiro sobrevivente, desde que estivesse convivendo com o outro ao tempo da morte deste;

II – o herdeiro que se achar na posse e administração do espólio, se não houver cônjuge ou companheiro sobrevivente ou estes não puderem ser nomeados;

III – o cônjuge sobrevivente, qualquer que seja o regime do casamento;

IV – qualquer herdeiro, quando nenhum deles estiver na posse e na administração do espólio;

V – o herdeiro menor, por seu representante legal;

VI – o testamenteiro, se lhe foi confiada a administração do espólio ou toda a herança estiver distribuída em legados;

VII – o cessionário do herdeiro ou do legatário;

VIII – o inventariante judicial, se houver;

IX – a pessoa estranha idônea, quando não houver inventariante judicial.

Parágrafo único. O inventariante, intimado da nomeação, prestará, dentro de cinco dias, o compromisso de bem e fielmente desempenhar o cargo.

▪Art. 604. Incumbe ao inventariante:

I – representar o espólio ativa e passivamente, em juízo ou fora dele, observando-se, quanto ao dativo, o disposto no art. 75, § 1º;

II – administrar o espólio, velando-lhe os bens com a mesma diligência como se seus fossem;

III – prestar as primeiras e as últimas declarações pessoalmente ou por procurador com poderes especiais;

IV – exibir em cartório, a qualquer tempo, para exame das partes, os documentos relativos ao espólio;

V – juntar aos autos certidão do testamento, se houver;

VI – trazer à colação os bens recebidos pelo herdeiro ausente, renunciante ou excluído;

VII – prestar contas de sua gestão ao deixar o cargo ou sempre que o juiz lhe determinar;

VIII – requerer a declaração de insolvência.

▪Art. 605. Incumbe ainda ao inventariante, ouvidos os interessados e com autorização do juiz:

I – alienar bens de qualquer espécie;

II – transigir em juízo ou fora dele;

III – pagar dívidas do espólio;

IV – fazer as despesas necessárias com a conservação e o melhoramento dos bens do espólio.

▪Art. 606. Dentro de vinte dias contados da data em que prestou o compromisso, o inventariante fará as primeiras declarações, das quais se lavrará termo circunstanciado. No termo, assinado pelo juiz, pelo escrivão e pelo inventariante, serão exarados:

Veja art. 646, II, deste Projeto.

I – o nome, o estado, a idade e o domicílio do autor da herança, o dia e o lugar em que faleceu e bem ainda se deixou testamento;

II – o nome, o estado, a idade e a residência dos herdeiros e, havendo cônjuge ou companheiro supérstite, o regime de bens do casamento;

III – a qualidade dos herdeiros e o grau de seu parentesco com o inventariado;

IV – a relação completa e individualizada de todos os bens do espólio, inclusive aqueles que devem ser conferidos à colação e dos alheios que nele forem encontrados, descrevendo-se:

a) os imóveis, com as suas especificações, nomeadamente local em que se encontram, extensão da área, limites, confrontações, benfeitorias, origem dos títulos, números das matrículas e ônus que os gravam;

b) os móveis, com os sinais característicos;

c) os semoventes, seu número, espécies, marcas e sinais distintivos;

d) o dinheiro, as joias, os objetos de ouro e prata e as pedras preciosas, declarando-se-lhes especificadamente a qualidade, o peso e a importância;

e) os títulos da dívida pública, bem como as ações, as quotas e os títulos de sociedade, mencionando-se-lhes o número, o valor e a data;

f) as dívidas ativas e passivas, indicando-se-lhes as datas, os títulos, a origem da obrigação, bem como os nomes dos credores e dos devedores;

g) direitos e ações;

h) o valor corrente de cada um dos bens do espólio.

§ 1º O juiz determinará que se proceda:

Veja art. 616, parágrafo único, deste Projeto.

I – ao balanço do estabelecimento, se o autor da herança era empresário individual;

II – à apuração de haveres, se o autor da herança era sócio de sociedade que não anônima.

§ 2º As declarações podem ser prestadas mediante petição, firmada por procurador com poderes especiais, à qual o termo se reportará.

▪**Art. 607.** Só se pode arguir de sonegação ao inventariante depois de encerrada a descrição dos bens, com a declaração, por ele feita, de não existirem outros por inventariar.

▪**Art. 608.** O inventariante será removido:

I – se não prestar, no prazo legal, as primeiras e as últimas declarações;

II – se não der ao inventário andamento regular, suscitar dúvidas infundadas ou praticar atos meramente protelatórios;

III – se, por culpa sua, se deteriorarem, forem dilapidados ou sofrerem dano bens do espólio;

IV – se não defender o espólio nas ações em que for citado, deixar de cobrar dívidas ativas ou não promover as medidas necessárias para evitar o perecimento de direitos;

V – se não prestar contas ou as que prestar não forem julgadas boas;

VI – se sonegar, ocultar ou desviar bens do espólio.

▪**Art. 609.** Requerida a remoção com fundamento em qualquer dos incisos do art. 608, será intimado o inventariante para, no prazo de quinze dias, defender-se e produzir provas.

Parágrafo único. O incidente da remoção correrá em apenso aos autos do inventário.

▪**Art. 610.** Decorrido o prazo com a defesa do inventariante ou sem ela, o juiz decidirá. Se remover o inventariante, nomeará outro, observada a ordem estabelecida no art. 603.

▪**Art. 611.** O inventariante removido entregará imediatamente ao substituto os bens do espólio; deixando de fazê-lo, será compelido mediante mandado de busca e apreensão ou de imissão na posse, conforme se tratar de bem móvel ou imóvel, sem prejuízo da multa a ser fixada pelo juiz em montante não superior a três por cento do valor dos bens inventariados.

Seção IV
Das Citações e das Impugnações

▪**Art. 612.** Feitas as primeiras declarações, o juiz mandará citar, para os termos do inventário e da partilha, o cônjuge, o companheiro, os herdeiros, os legatários, a Fazenda Pública, o Ministério Público, se houver herdeiro incapaz ou ausente, e o testamenteiro, se o finado deixou testamento.

§ 1º Serão citados conforme o disposto no art. 216, o cônjuge ou o companheiro, o herdeiro e o legatário. Frustrada a citação das pessoas domiciliadas na comarca onde corre o inventário, estas serão citadas na forma dos arts. 218 e 225, e por edital, com prazo de vinte dias a dois meses, todas as demais residentes no Brasil como no estrangeiro.

§ 2º Das primeiras declarações extrair-se-ão tantas cópias quantas forem as partes.

§ 3º A citação será acompanhada de cópia das primeiras declarações.

§ 4º Incumbe ao escrivão remeter cópias à Fazenda Pública, ao Ministério Público, ao testamenteiro, se houver, e ao advogado, se a parte já estiver representada nos autos.

▪**Art. 613.** Concluídas as citações, abrir-se-á vista às partes, em cartório e pelo prazo comum de dez dias, para se manifestarem sobre as primeiras declarações. Cabe à parte:

Veja arts. 615 e 616 deste Projeto.

I – arguir erros, omissões e sonegações de bens;

II – reclamar contra a nomeação do inventariante;

III – contestar a qualidade de quem foi incluído no título de herdeiro.

§ 1º Julgando procedente a impugnação referida no inciso I, o juiz mandará retificar as primeiras declarações.

§ 2º Se acolher o pedido de que trata o inciso II, o juiz nomeará outro inventariante, observada a preferência legal.

§ 3º Verificando que a disputa sobre a qualidade de herdeiro a que alude o inciso III demanda produção de provas que não a documental, o juiz remeterá a parte para os meios ordinários e sobrestará, até o julgamento da ação, a entrega do quinhão que na partilha couber ao herdeiro admitido.

▪**Art. 614.** Aquele que se julgar preterido poderá demandar a sua admissão no inventário, requerendo-o antes da partilha.

§ 1º Ouvidas as partes no prazo de dez dias, o juiz decidirá.

§ 2º Se para solução da questão for necessária a produção de provas que não a documental, remeterá o requerente para os meios ordinários, mandando reservar, em poder do inventariante, o quinhão do herdeiro excluído até que se decida o litígio.

▪**Art. 615.** A Fazenda Pública, no prazo de vinte dias, após a vista de que trata o art. 613, informará ao juízo, de acordo com os dados que constam de seu cadastro imobiliário, o valor dos bens de raiz descritos nas primeiras declarações.

Seção V
Da Avaliação e do Cálculo do Imposto

▪**Art. 616.** Findo o prazo do art. 613, sem impugnação ou decidida a que houver sido oposta, o juiz nomeará, se for o caso, um perito para avaliar os bens do espólio, se não houver na comarca avaliador judicial.

Parágrafo único. No caso previsto no art. 606, § 1º, o juiz nomeará um contador para levantar o balanço ou apurar os haveres.

▪**Art. 617.** Ao avaliar os bens do espólio, o perito observará, no que for aplicável, o disposto nos arts. 827 e 828.

▪**Art. 618.** Não se expedirá carta precatória para a avaliação de bens situados fora da comarca onde corre o inventário, se eles forem de pequeno valor ou perfeitamente conhecidos do perito nomeado.

▪**Art. 619.** Sendo capazes todas as partes, não se procederá à avaliação, se a Fazenda Pública, intimada pessoalmente, concordar expressamente com o valor atribuído, nas primeiras declarações, aos bens do espólio.

▪**Art. 620.** Se os herdeiros concordarem com o valor dos bens declarados pela Fazenda Pública, a avaliação cingir-se-á aos demais.

▪**Art. 621.** Entregue o laudo de avaliação, o juiz mandará que as partes se manifestem sobre ele no prazo de dez dias, que correrá em cartório.

§ 1º Versando a impugnação sobre o valor dado pelo perito, o juiz a decidirá de plano, à vista do que constar dos autos.

§ 2º Julgando procedente a impugnação, o juiz determinará que o perito retifique a avaliação, observando os fundamentos da decisão.

▪**Art. 622.** Aceito o laudo ou resolvidas as impugnações suscitadas a seu respeito, lavrar-se-á em seguida o termo de últimas declarações, no qual o inventariante poderá emendar, aditar ou completar as primeiras.

▪**Art. 623.** Ouvidas as partes sobre as últimas declarações no prazo comum de dez dias, proceder-se-á ao cálculo do tributo.

▪**Art. 624.** Feito o cálculo, sobre ele serão ouvidas todas as partes no prazo comum de cinco dias, que correrá em cartório e, em seguida, a Fazenda Pública.

§ 1º Se houver impugnação julgada procedente, o juiz ordenará nova remessa dos autos ao contador, determinando as alterações que devam ser feitas no cálculo.

§ 2º Cumprido o despacho, o juiz julgará o cálculo do tributo.

Seção VI
Das Colações

▪**Art. 625.** No prazo estabelecido no art. 613, o herdeiro obrigado à colação conferirá por termo nos autos ou por petição à qual o termo se reportará os bens que recebeu ou, se já não os possuir, trar-lhes-á o valor.

Parágrafo único. Os bens que devem ser conferidos na partilha, assim como as acessões e as benfeitorias que o donatário fez, calcular-se-ão pelo valor que tiverem ao tempo da abertura da sucessão.

▪**Art. 626.** O herdeiro que renunciou à herança ou o que dela foi excluído não se exime, pelo fato da renúncia ou da exclusão, de conferir, para o efeito de repor a parte inoficiosa, as liberalidades que houve do doador.

§ 1º É lícito ao donatário escolher, dos bens doados, tantos quantos bastem para perfazer a legítima e a metade disponível, entrando na partilha o excedente para ser dividido entre os demais herdeiros.

§ 2º Se a parte inoficiosa da doação recair sobre bem imóvel que não comporte divisão cômoda, o juiz determinará que sobre ela se proceda entre os herdeiros à licitação; o donatário poderá concorrer na licitação e, em igualdade de condições, preferirá aos herdeiros.

▪**Art. 627.** Se o herdeiro negar o recebimento dos bens ou a obrigação de os conferir, o juiz, ouvidas as partes no prazo comum de cinco dias, decidirá à vista das alegações e das provas produzidas.

§ 1º Declarada improcedente a oposição, se o herdeiro, no prazo improrrogável de cinco dias, não proceder à conferência, o juiz mandará sequestrar-lhe, para serem inventariados e partilhados, os bens sujeitos à colação ou imputar ao seu quinhão hereditário o valor deles, se já os não possuir.

§ 2º Se a matéria exigir dilação probatória diversa da documental, o juiz remeterá as partes para os meios ordinários, não podendo o herdeiro receber o seu quinhão hereditário, enquanto pender a demanda, sem prestar caução correspondente ao valor dos bens sobre que versar a conferência.

Seção VII
Do Pagamento das Dívidas

Veja arts. 645 a 653 deste Projeto.

▪**Art. 628.** Antes da partilha, poderão os credores do espólio requerer ao juízo do inventário o pagamento das dívidas vencidas e exigíveis.

Veja arts. 645 a 653 deste Projeto.

§ 1º A petição, acompanhada de prova literal da dívida, será distribuída por dependência e autuada em apenso aos autos do processo de inventário.

§ 2º Concordando as partes com o pedido, o juiz, ao declarar habilitado o credor, mandará que se faça a separação de dinheiro ou, em sua falta, de bens suficientes para o seu pagamento.

§ 3º Separados os bens, tantos quantos forem necessários para o pagamento dos credores habilitados, o juiz mandará aliená-los, observando-se as disposições deste Código relativas à expropriação.

§ 4º Se o credor requerer que, em vez de dinheiro, lhe sejam adjudicados, para o seu pagamento, os bens já reservados, o juiz deferir-lhe-á o pedido, concordando todas as partes.

§ 5º Os donatários serão chamados a pronunciar-se sobre a aprovação das dívidas, sempre que haja possibilidade de resultar delas a redução das liberalidades.

▪**Art. 629.** Não havendo concordância de todas as partes sobre o pedido de pagamento feito pelo credor, será ele remetido para os meios ordinários.

Parágrafo único. O juiz mandará, porém, reservar em poder do inventariante bens suficientes para pagar o credor quando a dívida constar de documento que comprove suficientemente a obrigação e a impugnação não se fundar em quitação.

▪**Art. 630.** O credor de dívida líquida e certa, ainda não vencida, pode requerer habilitação no inventário. Concordando as partes com o pedido, o juiz, ao julgar habilitado o crédito, mandará que se faça separação de bens para o futuro pagamento.

▪**Art. 631.** O legatário é parte legítima para se manifestar sobre as dívidas do espólio:

I – quando toda a herança for dividida em legados;

II – quando o reconhecimento das dívidas importar redução dos legados.

▪**Art. 632.** Sem prejuízo do disposto no art. 816, é lícito aos herdeiros, ao separarem bens para o pagamento de dívidas, autorizar que o inventariante os nomeie à penhora no processo em que o espólio for executado.

Seção VIII
Da Partilha

▪**Art. 633.** Cumprido o disposto no art. 628, § 3º, o juiz facultará às partes que, no prazo comum de dez dias, formulem o pedido de quinhão; em seguida proferirá, no prazo de dez dias, o despacho de deliberação da partilha, resolvendo os pedidos das partes e designando os bens que devam constituir quinhão de cada herdeiro e legatário.

Veja arts. 645 a 653 e 697, parágrafo único, deste Projeto.

Parágrafo único. O juiz poderá, em decisão fundamentada, deferir antecipadamente a qualquer dos herdeiros o exercício dos direitos de usar e fruir de determinado bem, com a condição de que, ao término do inventário, tal bem integre a cota desse herdeiro. Desde o deferimento do exercício dos direitos de usar e fruir do bem, cabe ao herdeiro beneficiado todos os ônus e bônus decorrentes do exercício daqueles direitos.

▪**Art. 634.** Na partilha, serão observadas as seguintes regras:

I – a maior igualdade possível, seja quanto ao valor, seja quanto à natureza e à qualidade dos bens;

II – a prevenção de litígios futuros;

III – a maior comodidade dos coerdeiros, do cônjuge ou do companheiro, se for o caso.

▪**Art. 635.** Os bens insuscetíveis de divisão cômoda que não couberem na parte do cônjuge ou companheiro supérstite ou no quinhão de um só herdeiro serão licitados entre os interessados ou vendidos judicialmente, partilhando-se o valor apurado, a não ser que haja acordo para serem adjudicados a todos.

▪**Art. 636.** Se um dos interessados for nascituro, o quinhão que lhe caberá será reservado em poder do inventariante até o seu nascimento.

▪**Art. 637.** O partidor organizará o esboço da partilha de acordo com a decisão, observando nos pagamentos a seguinte ordem:

I – dívidas atendidas;

II – meação do cônjuge;

III – meação disponível;

IV – quinhões hereditários, a começar pelo coerdeiro mais velho.

▪**Art. 638.** Feito o esboço, as partes se manifestarão sobre ele no prazo comum de cinco dias. Resolvidas as reclamações, a partilha será lançada nos autos.

▪**Art. 639.** A partilha constará:

I – de um auto de orçamento, que mencionará:

a) os nomes do autor da herança, do inventariante, do cônjuge ou companheiro supérstite, dos herdeiros, dos legatários e dos credores admitidos;

b) o ativo, o passivo e o líquido partível, com as necessárias especificações;

c) o valor de cada quinhão;

II – de uma folha de pagamento para cada parte, declarando a quota a pagar-lhe, a razão do pagamento, a relação dos bens que lhe compõem o quinhão, as características que os individualizam e os ônus que os gravam.

Parágrafo único. O auto e cada uma das folhas serão assinados pelo juiz e pelo escrivão.

▪**Art. 640.** Pago o imposto de transmissão a título de morte e juntada aos autos certidão ou informação negativa de dívida para com a Fazenda Pública, o juiz julgará por sentença a partilha.

Veja arts. 641 e 644 deste Projeto.

Parágrafo único. A existência de dívida para com a Fazenda Pública não impedirá o julgamento da partilha, desde que o seu pagamento esteja devidamente garantido.

▪**Art. 641.** Transitada em julgado a sentença mencionada no art. 640, receberá o herdeiro os bens que lhe tocarem e um formal de partilha, do qual constarão as seguintes peças:

I – termo de inventariante e título de herdeiros;

II – avaliação dos bens que constituíram o quinhão do herdeiro;

III – pagamento do quinhão hereditário;

IV – quitação dos impostos;

V – sentença.

Parágrafo único. O formal de partilha poderá ser substituído por certidão do pagamento do quinhão hereditário, quando este não exceder a cinco vezes o salário mínimo; caso em que se transcreverá nela a sentença de partilha transitada em julgado.

▪**Art. 642.** A partilha, mesmo depois de transitada em julgado a sentença, pode ser emendada nos mesmos autos do inventário, convindo todas as partes, quando tenha havido erro de fato na descrição dos bens; o juiz, de ofício ou a requerimento da parte, poderá, a qualquer tempo, corrigir-lhe as inexatidões materiais.

▪**Art. 643.** A partilha amigável, lavrada em instrumento público, reduzida a termo nos autos do inventário ou constante de escrito particular homologado pelo juiz, pode ser anulada, por dolo, coação, erro essencial ou intervenção de incapaz.

Parágrafo único. O direito de propor ação anulatória de partilha amigável prescreve em um ano, contado esse prazo:

I – no caso de coação, do dia em que ela cessou;

II – no de erro ou dolo, do dia em que se realizou o ato;

III – quanto ao incapaz, do dia em que cessar a incapacidade.

▪**Art. 644.** É rescindível a partilha julgada por sentença:

I – nos casos mencionados no art. 640;

II – se feita com preterição de formalidades legais;

III – se preteriu herdeiro ou incluiu quem não o seja.

Seção IX
Do Arrolamento

▪**Art. 645.** A partilha amigável, celebrada entre partes capazes, nos termos da lei, será homologada de plano pelo juiz, com observância dos arts. 646 a 649.

§ 1º O disposto neste artigo aplica-se, também, ao pedido de adjudicação, quando houver herdeiro único.

§ 2º Transitada em julgado a sentença de homologação de partilha ou adjudicação, será lavrado o respectivo formal, bem como expedidos os alvarás referentes aos bens e rendas por ele abrangidos, intimando-se o fisco para lançamento administrativo do imposto de transmissão e de outros tributos porventura incidentes, conforme dispuser a legislação tributária, não ficando as autoridades fazendárias adstritas aos valores dos bens do espólio atribuídos pelos herdeiros.

▪**Art. 646.** Na petição de inventário, que se processará na forma de arrolamento sumário, independentemente da lavratura de termos de qualquer espécie, os herdeiros:

I – requererão ao juiz a nomeação do inventariante que designarem;

II – declararão os títulos dos herdeiros e os bens do espólio, observado o disposto no art. 606;

III – atribuirão o valor dos bens do espólio, para fins de partilha.

▪**Art. 647.** Ressalvada a hipótese prevista no parágrafo único do art. 649, não se procederá à avaliação dos bens do espólio para qualquer finalidade.

▪**Art. 648.** No arrolamento, não serão conhecidas ou apreciadas questões relativas ao lançamento, ao pagamento ou à quitação de taxas judiciárias e de tributos incidentes sobre a transmissão da propriedade dos bens do espólio.

Veja art. 650, § 4º, deste Projeto.

§ 1º A taxa judiciária, se devida, será calculada com base no valor atribuído pelos herdeiros, cabendo ao Fisco, se apurar em processo administrativo valor diverso do estimado, exigir a eventual diferença pelos meios adequados ao lançamento de créditos tributários em geral.

§ 2º O imposto de transmissão será objeto de lançamento administrativo, conforme dispuser a legislação tributária, não ficando as autoridades fazendárias adstritas aos valores dos bens do espólio atribuídos pelos herdeiros.

▪**Art. 649.** A existência de credores do espólio não impedirá a homologação da partilha ou da adjudicação, se forem reservados bens suficientes para o pagamento da dívida.

Veja art. 647 deste Projeto.

Parágrafo único. A reserva de bens será realizada pelo valor estimado pelas partes, salvo se o credor, regularmente notificado, impugnar a estimativa, caso em que se promoverá a avaliação dos bens a serem reservados.

▪**Art. 650.** Quando o valor dos bens do espólio for igual ou inferior a mil salários mínimos, o inventário se processará na forma de arrolamento, cabendo ao inventariante nomeado, independentemente da assinatura de termo de compromisso, apresentar, com suas declarações, a atribuição do valor dos bens do espólio e o plano da partilha.

Veja art. 651 deste Projeto.

§ 1º Se qualquer das partes ou o Ministério Público impugnar a estimativa, o juiz nomeará um avaliador, que oferecerá laudo em dez dias.

§ 2º Apresentado o laudo, o juiz, em audiência que designar, deliberará sobre a partilha, decidindo de plano todas as reclamações e mandando pagar as dívidas não impugnadas.

§ 3º Lavrar-se-á de tudo um só termo, assinado pelo juiz, pelo inventariante e pelas partes presentes ou seus advogados.

§ 4º Aplicam-se a essa espécie de arrolamento, no que couberem, as disposições do art. 648, relativamente ao lançamento, ao pagamento e à quitação da taxa judiciária e do imposto sobre a transmissão da propriedade dos bens do espólio.

§ 5º Provada a quitação dos tributos relativos aos bens do espólio e às suas rendas, o juiz julgará a partilha.

▪**Art. 651.** Processar-se-á também na forma do art. 650 o inventário, ainda que haja interessado incapaz, desde que concordem todas as partes e o Ministério Público.

▪**Art. 652.** Independerá de inventário ou arrolamento o pagamento dos valores previstos na Lei n. 6.858, de 24 de novembro de 1980.

▪**Art. 653.** Aplicam-se subsidiariamente a esta Seção as disposições das Seções VII e VIII.

Seção X
Das Disposições Comuns a Todas as Seções deste Capítulo

▪**Art. 654.** Cessa a eficácia das medidas cautelares previstas nas Seções deste Capítulo:

I – se a ação não for proposta em trinta dias contados da data em que da decisão foi intimado o impugnante, o herdeiro excluído ou o credor não admitido;

II – se o juiz declarar extinto o processo de inventário com ou sem resolução de mérito.

▪**Art. 655.** Ficam sujeitos à sobrepartilha os bens:

I – sonegados;

II – da herança que se descobrirem depois da partilha;

III – litigiosos, assim como os de liquidação difícil ou morosa;

IV – situados em lugar remoto da sede do juízo onde se processa o inventário.

Parágrafo único. Os bens mencionados nos incisos III e IV serão reservados à sobrepartilha sob a guarda e a administração do mesmo ou de diverso inventariante, a consentimento da maioria dos herdeiros.

▪**Art. 656.** Observar-se-á na sobrepartilha dos bens o processo de inventário e partilha.

Parágrafo único. A sobrepartilha correrá nos autos do inventário do autor da herança.

▪**Art. 657.** O juiz dará curador especial:

I – ao ausente, se o não tiver;

II – ao incapaz, se concorrer na partilha com o seu representante, desde que exista colisão de interesses.

▪**Art. 658.** É lícita a cumulação de inventários para a partilha de heranças de pessoas diversas quando haja:

I – identidade de pessoas por quem devam ser repartidos os bens;

II – heranças deixadas pelos dois cônjuges ou companheiros;

Veja art. 659 deste Projeto.

III – dependência de uma das partilhas em relação à outra.

Parágrafo único. No caso previsto no inciso III, se a dependência for parcial, por haver outros bens, o juiz pode ordenar a tramitação separada, se melhor convier ao interesse das partes ou à celeridade processual.

▪**Art. 659.** Nos casos previstos no art. 658, inciso II, prevalecerão as primeiras declarações, assim como o laudo de avaliação, salvo se se alterou o valor dos bens.

CAPÍTULO VII
DOS EMBARGOS DE TERCEIRO

▪**Art. 660.** Quem, não sendo parte no processo, sofrer constrição sobre bens que possua ou sobre os quais tenha direito incompatível com o ato constritivo, poderá requerer o seu desfazimento por meio de embargos de terceiro.

§ 1º Os embargos podem ser de terceiro proprietário e possuidor ou apenas proprietário.

§ 2º Considera-se terceiro, para ajuizamento dos embargos:

I – o cônjuge ou companheiro quando defende a posse de bens próprios ou de sua meação, salvo no caso do art. 799, parágrafo único;

II – o adquirente de bens que foram constritos em razão da decretação de fraude à execução;

III – quem sofre constrição judicial de seus bens por força de desconsideração da personalidade jurídica e que não é parte no processo em que realizado o ato constritivo;

IV – o credor com garantia real para obstar expropriação judicial do objeto de direito real de garantia, caso não tenha sido intimado, nos termos legais dos atos expropriatórios respectivos.

▪**Art. 661.** Os embargos podem ser opostos a qualquer tempo no processo de conhecimento enquanto não transitada em julgado a sentença, e, no processo de execução, até cinco dias depois da adjudicação, alienação por iniciativa particular ou da arrematação, mas sempre antes da assinatura da respectiva carta.

▪**Art. 662.** Os embargos serão distribuídos por dependência e correrão em autos distintos perante o mesmo juízo que ordenou a apreensão.

Parágrafo único. Nos casos de ato de constrição realizado por carta, os embargos serão oferecidos no juízo deprecado, salvo se o bem constrito tiver sido determinado pelo juízo deprecante ou se a carta já tiver sido devolvida.

▪**Art. 663.** Na petição inicial, o embargante fará a prova sumária de sua posse ou domínio e a qualidade de terceiro, oferecendo documentos e rol de testemunhas.

§ 1º É facultada a prova da posse em audiência preliminar designada pelo juiz.

§ 2º O possuidor direto pode alegar, com a sua posse, domínio alheio.

§ 3º A citação será pessoal, se o embargado não tiver procurador constituído nos autos da ação principal.

§ 4º Será legitimado passivo o sujeito a quem o ato de constrição aproveita. Também o será seu adversário no processo principal quando for sua a indicação do bem para a constrição judicial.

▪**Art. 664.** A decisão que reconhecer suficientemente provada a posse determinará a suspensão das medidas constritivas sobre os bens litigiosos, objeto dos embargos, bem como a manutenção ou a restituição provisória da posse, se o embargante a houver requerido.

Parágrafo único. O juiz poderá condicionar a ordem de manutenção ou restituição provisória de posse à prestação de caução pelo requerente.

▪**Art. 665.** Os embargos poderão ser contestados no prazo de quinze dias, findo o qual se seguirá o procedimento comum.

▪**Art. 666.** Contra os embargos do credor com garantia real, o embargado somente poderá alegar que:

I – o devedor comum é insolvente;

II – o título é nulo ou não obriga a terceiro;

III – outra é a coisa dada em garantia.

▪**Art. 667.** Acolhido o pedido inicial, o ato de indevida constrição judicial será cancelado, com a manutenção da posse ou restituição definitiva do bem ou direito ao embargante.

CAPÍTULO VIII
DA HABILITAÇÃO

▪**Art. 668.** A habilitação tem lugar quando, por falecimento de qualquer das partes, os interessados houverem de suceder-lhe no processo.

▪**Art. 669.** A habilitação pode ser requerida:

I – pela parte, em relação aos sucessores do falecido;

II – pelos sucessores do falecido, em relação à parte.

▪**Art. 670.** Proceder-se-á à habilitação nos autos da causa principal e na instância em que ela se encontrar, cuja suspensão será determinada.

Veja art. 711, § 2º, deste Projeto.

▪**Art. 671.** Recebida a petição, o juiz ordenará a citação dos requeridos para se pronunciarem no prazo de cinco dias.

Veja art. 711, § 2º, deste Projeto.

Parágrafo único. A citação será pessoal, se a parte não tiver procurador constituído nos autos.

▪**Art. 672.** Se o pedido de habilitação for impugnado e houver necessidade de dilação probatória diversa da documental, o juiz determinará que o pedido seja autuado em apenso e disporá sobre a instrução. Caso contrário, decidirá imediatamente.

Veja art. 711, § 2º, deste Projeto.

▪**Art. 673.** Transitada em julgado a sentença de habilitação, a causa principal retomará o seu curso, juntando-se aos autos respectivos cópia da sentença de habilitação.

Veja art. 711, § 2º, deste Projeto.

CAPÍTULO IX
DA RESTAURAÇÃO DE AUTOS

▪**Art. 674.** Verificado o desaparecimento dos autos, pode o juiz, de ofício, qualquer das partes ou o Ministério Público, se for o caso, promover-lhes a restauração.

▪**Art. 675.** Na petição inicial declarará a parte o estado da causa ao tempo do desaparecimento dos autos, oferecendo:

I – certidões dos atos constantes do protocolo de audiências do cartório por onde haja corrido o processo;

II – cópia das peças que tenha em seu poder;

III – qualquer outro documento que facilite a restauração.

▪**Art. 676.** A parte contrária será citada para contestar o pedido no prazo de cinco dias, cabendo-lhe exibir as cópias, as contrafés e mais as reproduções dos atos e dos documentos que estiverem em seu poder.

§ 1º Se a parte concordar com a restauração, lavrar-se-á o respectivo auto que, assinado pelas partes e homologado pelo juiz, suprirá o processo desaparecido.

§ 2º Se a parte não contestar ou se a concordância for parcial, observar-se-á o procedimento comum.

▪**Art. 677.** Se a perda dos autos tiver ocorrido depois da produção das provas em audiência, o juiz, se necessário, mandará repeti-las.

§ 1º Serão reinquiridas as mesmas testemunhas; não sendo possível, poderão ser substituídas de ofício ou a requerimento da parte.

§ 2º Não havendo certidão ou cópia do laudo, far-se-á nova perícia, sempre que for possível pelo mesmo perito.

§ 3º Não havendo certidão de documentos, estes serão reconstituídos mediante cópias e, na falta, pelos meios ordinários de prova.

§ 4º Os serventuários e os auxiliares da justiça não podem eximir-se de depor como testemunhas a respeito de atos que tenham praticado ou assistido.

§ 5º Se o juiz houver proferido sentença da qual ele próprio ou o escrivão possua cópia, esta será juntada aos autos e terá a mesma autoridade da original.

▪**Art. 678.** Julgada a restauração, seguirá o processo os seus termos.

Parágrafo único. Aparecendo os autos originais, nestes se prosseguirá sendo-lhes apensados os autos da restauração.

▪**Art. 679.** Se o desaparecimento dos autos tiver ocorrido no tribunal, o processo de restauração será distribuído, sempre que possível, ao relator do processo.

§ 1º A restauração far-se-á no juízo de origem quanto aos atos que se tenham realizado neste.

§ 2º Remetidos os autos ao tribunal, aí se completará a restauração e se procederá ao julgamento.

▪**Art. 680.** Quem houver dado causa ao desaparecimento dos autos responderá pelas custas da restauração e pelos honorários de advogado, sem prejuízo da responsabilidade civil ou penal em que incorrer.

CAPÍTULO X
DA HOMOLOGAÇÃO DO PENHOR LEGAL

▪**Art. 681.** Tomado o penhor legal nos casos previstos em lei, requererá o credor, ato contínuo, a homologação. Na petição inicial, instruída com o contrato de locação ou a conta pormenorizada das despesas, a tabela dos preços e a relação dos objetos retidos, pedirá a citação do devedor para pagar ou contestar na audiência preliminar que for designada.

▪**Art. 682.** A defesa só pode consistir em:

I – nulidade do processo;

II – extinção da obrigação;

III – não estar a dívida compreendida entre as previstas em lei ou não estarem os bens sujeitos a penhor legal;

IV – alegação de haver sido ofertada caução idônea, rejeitada pelo credor.

▪**Art. 683.** A partir da audiência preliminar, seguir-se-á o procedimento comum.

▪**Art. 684.** Homologado o penhor, consolidar-se-á a propriedade do autor sobre o objeto; negada a homologação, o objeto será entregue ao réu, ressalvado ao autor o direito de cobrar a conta pela via ordinária, salvo se acolhida a alegação de extinção da obrigação.

Parágrafo único. Da sentença caberá apelação; na pendência do recurso, poderá o juiz ou o relator ordenar que a coisa permaneça depositada ou em poder do autor.

CAPÍTULO XI
DOS PROCEDIMENTOS NÃO CONTENCIOSOS

Seção I
Disposições Gerais

▪**Art. 685.** Quando este Código não estabelecer procedimento especial, regem os procedimentos não contenciosos as disposições constantes desta Seção.

▪**Art. 686.** O procedimento terá início por provocação do interessado, do Ministério Público ou da Defensoria Pública, cabendo-lhes formular o pedido devidamente instruído com os documentos necessários e com a indicação da providência judicial.

▪**Art. 687.** Serão citados todos os interessados, bem como intimado o Ministério Público, para que se manifestem, querendo, no prazo de dez dias.

▪**Art. 688.** A Fazenda Pública será sempre ouvida nos casos em que tiver interesse.

▪**Art. 689.** O juiz decidirá o pedido no prazo de dez dias.

Parágrafo único. O juiz não é obrigado a observar critério de legalidade estrita, podendo adotar em cada caso a solução que considerar mais conveniente ou oportuna.

▪**Art. 690.** Da sentença caberá apelação.

▪**Art. 691.** Processar-se-á na forma estabelecida nesta Seção o pedido de:

I – emancipação;

II – sub-rogação;

III – alienação, arrendamento ou oneração de bens, de menores, de órfãos e de interditos;

IV – alienação, locação e administração da coisa comum;

V – alienação de quinhão em coisa comum;

VI – extinção de usufruto e de fideicomisso;

VII – expedição de alvará judicial.

Parágrafo único. As normas desta Seção aplicam-se, no que couber, aos procedimentos regulados nas seções seguintes.

Seção II
Das Notificações e Interpelações

▪**Art. 692.** Quem tiver interesse em manifestar formalmente sua vontade a outrem sobre assunto juridicamente relevante, poderá notificar pessoas participantes da mesma relação jurídica para dar-lhes ciência de seu propósito. Se a pretensão for a de dar conhecimento geral ao público, mediante edital, o juiz só a deferirá se a tiver por fundada e necessária ao resguardo de direito.

Veja art. 693 deste Projeto.

▪**Art. 693.** Também poderá o interessado interpelar, no caso do art. 692, para que o requerido faça ou deixe de fazer aquilo que o requerente entenda do seu direito.

▪**Art. 694.** O requerido será previamente ouvido antes do deferimento da notificação ou do respectivo edital:

I – se houver suspeita de que o requerente, por meio da notificação ou do edital, pretende alcançar fim ilícito;

II – se tiver sido requerida a averbação da notificação em registro público.

▪**Art. 695.** Deferida e realizada a notificação ou interpelação, os autos serão entregues ao requerente.

Seção III
Das Alienações Judiciais

▪**Art. 696.** Nos casos expressos em lei, não havendo acordo entre os interessados sobre o modo como deve se realizar a alienação do bem, o juiz, de ofício ou a requerimento dos interessados ou do depositário, mandará aliená-los em leilão, observando-se o disposto na Seção I deste Capítulo e, no que couber, o disposto nos arts. 834 e seguintes.

Seção IV
Do Divórcio e da Extinção de União Estável Consensuais e da Alteração do Regime de Bens do Matrimônio

▪**Art. 697.** Do divórcio consensual, observados os requisitos legais, poderá ser requerido em petição assinada por ambos os cônjuges, da qual constarão:

Veja art. 699 deste Projeto.

I – as disposições relativas à descrição e à partilha dos bens comuns;

II – as disposições relativas à pensão alimentícia entre os cônjuges;

III – o acordo relativo à guarda dos filhos menores e ao regime de visitas; e

IV – o valor da contribuição para criar e educar os filhos.

Parágrafo único. Se os cônjuges não acordarem sobre a partilha dos bens, far-se-á esta depois de homologado o divórcio, na forma estabelecida nos arts. 633 a 644.

▪**Art. 698.** Recebida a petição inicial, o juiz designará audiência para ouvir os cônjuges, esclarecendo-lhes as consequências da manifestação de vontade.

§ 1º Convencendo-se o juiz de que ambos desejam o divórcio, mandará reduzir a termo as declarações e, depois de ouvir o Ministério Público no prazo de cinco dias, o homologará;

§ 2º Se qualquer dos cônjuges não comparecer à audiência designada ou não ratificar o pedido, o juiz extinguirá o feito e mandará arquivar o processo.

▪**Art. 699.** O divórcio e a extinção de união estável consensuais, não havendo filhos menores ou incapazes e observados os requisitos legais, serão realizados por escritura pública, da qual constarão as disposições de que trata o art. 697.

§ 1º A escritura não depende de homologação judicial e constitui título hábil para qualquer ato de registro, bem assim para levantamento de importância depositada em instituições financeiras.

§ 2º O tabelião somente lavrará a escritura se os interessados estiverem assistidos por advogado comum ou advogados de cada um deles ou por defensor público, cuja qualificação e assinatura constarão do ato notarial.

§ 3º A escritura e os demais atos notariais serão gratuitos àqueles que se declararem hipossuficientes economicamente, na forma e sob as penas da lei.

▪**Art. 700.** A alteração do regime de bens do casamento, observados os requisitos legais, poderá ser requerida, motivadamente, em petição assinada por ambos os cônjuges, na qual serão expostas as razões que justificam a alteração, ressalvados os direitos de terceiros.

Seção V
Dos Testamentos e Codicilos

▪**Art. 701.** Recebendo testamento cerrado, o juiz, se nele não achar vício externo que o torne suspeito de nulidade ou falsidade, o abrirá e mandará que o escrivão o leia em presença de quem o entregou.

Veja arts. 702 e 703, § 4º, deste Projeto.

§ 1º Do termo de abertura constarão o nome do apresentante e como houve ele o testamento, a data e o lugar do falecimento do testador, como comprovados pelo apresentante e qualquer circunstância digna de nota.

§ 2º Depois de ouvido o Ministério Público, não havendo dúvidas a serem esclarecidas, o juiz mandará registrar, arquivar e cumprir o testamento.

§ 3º Feito o registro, será intimado o testamenteiro para assinar o termo da testamentária. Se não houver testamenteiro nomeado, estiver ausente ou não aceitar o encargo, o juiz nomeará testamenteiro dativo, observando-se a preferência legal.

§ 4º O testamenteiro deverá cumprir as disposições testamentárias e prestar contas em juízo do que recebeu e despendeu, observando-se o disposto na lei.

▪**Art. 702.** Qualquer interessado, exibindo o traslado ou a certidão de testamento público, poderá requerer ao juiz que ordene o seu cumprimento, observando-se, no que couber, o disposto nos parágrafos do art. 701.

▪**Art. 703.** A publicação do testamento particular poderá ser requerida, depois da morte do testador, pelo herdeiro, pelo legatário ou pelo testamenteiro, bem como pelo terceiro detentor do testamento, se impossibilitado de entregá-lo a algum dos outros legitimados para requerê-la.

§ 1º Serão intimados os herdeiros que não tiverem requerido a publicação do testamento.

§ 2º Verificando a presença dos requisitos da lei, ouvido o Ministério Público, o juiz confirmará o testamento.

§ 3º Aplica-se o disposto neste artigo ao codicilo e aos testamentos marítimo, aeronáutico, militar e nuncupativo.

§ 4º Observar-se-á, no cumprimento do testamento, o disposto nos parágrafos do art. 701.

Seção VI
Da Herança Jacente

Veja art. 710 deste Projeto.

▪**Art. 704.** Nos casos em que a lei considere jacente a herança, o juiz em cuja comarca tiver domicílio o falecido procederá imediatamente à arrecadação de todos os seus bens.

▪**Art. 705.** A herança jacente ficará sob a guarda, a conservação e a administração de um curador até a respectiva entrega ao sucessor legalmente habilitado ou até a declaração de vacância.

§ 1º Incumbe ao curador:

I – representar a herança em juízo ou fora dele, com assistência do Ministério Público;

II – ter em boa guarda e conservação os bens arrecadados e promover a arrecadação de outros porventura existentes;

III – executar as medidas conservatórias dos direitos da herança;

IV – apresentar mensalmente ao juiz um balancete da receita e da despesa;

V – prestar contas ao final de sua gestão.

§ 2º Aplica-se ao curador o disposto nos arts. 138 a 140.

▪**Art. 706.** O juiz ordenará que o oficial de justiça, acompanhado do escrivão e do curador, arrole os bens e descreva-os em auto circunstanciado.

§ 1º Não podendo comparecer ao local, o juiz requisitará à autoridade policial que proceda à arrecadação e ao arrolamento dos bens, com duas testemunhas, que assistirão às diligências.

§ 2º Não estando ainda nomeado o curador, o juiz designará um depositário e lhe entregará os bens, mediante simples termo nos autos, depois de compromissado.

§ 3º Durante a arrecadação o juiz ou a autoridade policial inquirirá os moradores da casa e da vizinhança sobre a qualificação do falecido, o paradeiro de seus sucessores e a existência de outros bens, lavrando-se de tudo um auto de inquirição e informação.

§ 4º O juiz examinará reservadamente os papéis, as cartas missivas e os livros domésticos; verificando que não apresentam interesse, mandará empacotá-los e lacrá-los para serem assim entregues aos sucessores do falecido ou queimados quando os bens forem declarados vacantes.

§ 5º Se constar ao juiz a existência de bens em outra comarca, mandará expedir carta precatória a fim de serem arrecadados.

§ 6º Não se fará a arrecadação ou suspender-se-á esta quando, iniciada, apresentarem-se para reclamar os bens o cônjuge ou companheiro, o herdeiro ou o testamenteiro notoriamente reconhecido e não houver oposição motivada do curador, de qualquer interessado, do Ministério Público ou do representante da Fazenda Pública.

▪**Art. 707.** Ultimada a arrecadação, o juiz mandará expedir edital, que será publicado no sítio do tribunal a que estiver vinculado o juízo, onde permanecerá por três meses, ou, não havendo, no órgão oficial e na imprensa da comarca, por três vezes com intervalos de um mês, para que venham a habilitar-se os sucessores do finado no prazo de seis meses contados da primeira publicação.

§ 1º Verificada a existência de sucessor ou testamenteiro em lugar certo, far-se-á a sua citação, sem prejuízo do edital.

§ 2º Quando o finado for estrangeiro, será também comunicado o fato à autoridade consular.

§ 3º Julgada a habilitação do herdeiro, reconhecida a qualidade do testamenteiro ou provada a identidade do cônjuge ou companheiro, a arrecadação converter-se-á em inventário.

§ 4º Os credores da herança poderão habilitar-se como nos inventários ou propor a ação de cobrança.

▪**Art. 708.** O juiz poderá autorizar a alienação:

I – de bens móveis, se forem de conservação difícil ou dispendiosa;

II – de semoventes, quando não empregados na exploração de alguma indústria;

III – de títulos e papéis de crédito, havendo fundado receio de depreciação;

IV – de ações de sociedade quando, reclamada a integralização, não dispuser a herança de dinheiro para o pagamento;

V – de bens imóveis:

a) se ameaçarem ruína, não convindo a reparação;

b) se estiverem hipotecados e vencer-se a dívida, não havendo dinheiro para o pagamento.

§ 1º Não se procederá, entretanto, à venda se a Fazenda Pública ou o habilitando adiantar a importância para as despesas.

§ 2º Os bens com valor de afeição, como retratos, objetos de uso pessoal, livros e obras de arte, só serão alienados depois de declarada a vacância da herança.

▪**Art. 709.** Passado um ano da primeira publicação do edital e não havendo herdeiro habilitado nem habilitação pendente, será a herança declarada vacante.

§ 1º Pendendo habilitação, a vacância será declarada pela mesma sentença que a julgar improcedente. Sendo diversas as habilitações, aguardar-se-á o julgamento da última.

§ 2º Transitada em julgado a sentença que declarou a vacância, o cônjuge, o companheiro, os herdeiros e os credores só poderão reclamar o seu direito por ação direta.

Seção VII
Dos Bens dos Ausentes

▪**Art. 710.** Declarada a ausência nos casos previstos em lei, o juiz mandará arrecadar os bens do ausente e nomear-lhe-á curador na forma estabelecida na Seção VI, observando-se o disposto na lei.

▪**Art. 711.** Feita a arrecadação, o juiz mandará publicar editais no sítio do tribunal a que estiver vinculado, onde permanecerá por um ano; não havendo, a publicação se fará durante um ano, reproduzida de dois em dois meses, anunciando a arrecadação e chamando o ausente a entrar na posse de seus bens.

§ 1º Findo o prazo previsto no edital, poderão os interessados requerer a abertura da sucessão provisória, observando-se o disposto na lei.

§ 2º O interessado, ao requerer a abertura da sucessão provisória, pedirá a citação pessoal dos herdeiros presentes e do curador e, por editais, a dos ausentes para requererem habilitação, na forma dos arts. 670 a 673.

§ 3º Presentes os requisitos legais, poderá ser requerida a conversão da sucessão provisória em definitiva.

§ 4º Regressando o ausente ou algum dos seus descendentes ou ascendentes para requerer ao juiz a entrega de bens, serão citados para contestar o pedido os sucessores provisórios ou definitivos, o Ministério Público e o representante da Fazenda Pública, seguindo-se o procedimento comum.

Seção VIII
Das Coisas Vagas

▪**Art. 712.** Recebendo do descobridor coisa alheia perdida, o juiz mandará lavrar o respectivo auto, dele constando a descrição do bem e as declarações do descobridor.

§ 1º Recebida a coisa por autoridade policial, este a remeterá em seguida ao juízo competente.

§ 2º Depositada a coisa, o juiz mandará publicar edital no sítio do tribunal a que estiver vinculado ou, não havendo, no órgão oficial, para que o dono ou o legítimo possuidor a reclame. Tratando-se de coisa de pequeno valor e não sendo possível a publicação no sítio do tribunal, o edital será apenas afixado no átrio do edifício do fórum.

§ 3º Observar-se-á, quanto ao mais, o disposto na lei.

Seção IX
Dos Interditos e sua Curatela

▪**Art. 713.** Na petição em que se requerer a interdição, o requerente provará a sua legitimidade, especificará os fatos que revelam a anomalia psíquica, juntando laudo médico para fazer prova de suas alegações ou informando a impossibilidade de fazê-lo, e assinalará a incapacidade do interditando para reger a sua pessoa e administrar os seus bens.

▪**Art. 714.** O interditando será citado para, em dia designado, comparecer perante o juiz, que o examinará, assistido por especialista, interrogando-o minuciosamente acerca de sua vida, seus negócios, seus bens e do que mais lhe parecer necessário para ajuizar do seu estado mental, reduzidas a auto as perguntas e as respostas.

Parágrafo único. Não podendo o interditado deslocar-se, o juiz o ouvirá e examinará no local onde estiver.

▪**Art. 715.** Dentro do prazo de cinco dias contados da audiência de interrogatório, o interditando poderá impugnar o pedido.

§ 1º O Ministério Público oficiará como fiscal da ordem jurídica.

§ 2º O interditando poderá constituir advogado para defender-se, sem prejuízo da defesa obrigatória pelo curador especial.

§ 3º Caso o interditando não constitua advogado para defendê-lo, o seu cônjuge, companheiro ou qualquer parente sucessível poderá intervir como assistente.

▪**Art. 716.** Decorrido o prazo a que se refere o art. 715, o juiz nomeará perito para proceder ao exame do interditando. Apresentado o laudo, produzidas as demais provas e ouvidos os interessados, o juiz decidirá.

§ 1º Decretando a interdição, o juiz nomeará curador ao interdito.

§ 2º A sentença de interdição será inscrita no Registro de Pessoas Naturais e publicada no sítio do tribunal a que estiver vinculado o juízo, onde permanecerá por um mês, ou pela imprensa local e pelo órgão oficial por três vezes, com intervalo de dez dias, constando do edital os nomes do interdito e do curador, a causa da interdição e os limites da curatela.

§ 3º A sentença e as demais decisões que contiverem qualquer restrição sobre a capacidade civil, quando implicarem suspensão dos direitos políticos do interdito, serão registradas na Justiça Eleitoral.

▪**Art. 717.** Levantar-se-á a interdição cessando a causa que a determinou.

§ 1º O pedido de levantamento poderá ser feito pelo interditado ou pelo Ministério Público e será apensado aos autos da interdição. O juiz nomeará perito para proceder ao exame de sanidade no interditado e, após a apresentação do laudo, designará audiência de instrução e julgamento.

§ 2º Acolhido o pedido, o juiz decretará o levantamento da interdição e mandará publicar a sentença, após o trânsito em julgado na forma do art. 716, § 2º, ou, não havendo, pela imprensa local e pelo órgão oficial por três vezes, com intervalo de dez dias, seguindo-se a averbação no Registro de Pessoas Naturais.

Seção X
Das Disposições Comuns à Tutela e à Curatela

▪**Art. 718.** O tutor ou o curador será intimado a prestar compromisso no prazo de cinco dias contados da:

I – nomeação feita na conformidade da lei;

II – intimação do despacho que mandar cumprir o testamento ou o instrumento público que o houver instituído.

Parágrafo único. O tutor ou o curador prestará o compromisso por termo em livro próprio rubricado pelo juiz.

▪**Art. 719.** O tutor ou o curador poderá eximir-se do encargo apresentando escusa ao juiz no prazo de cinco dias. Contar-se-á o prazo:

I – antes de aceitar o encargo, da intimação para prestar compromisso;

II – depois de entrar em exercício, do dia em que sobrevier o motivo da escusa.

§ 1º Não sendo requerida a escusa no prazo estabelecido neste artigo, considerar-se-á renunciado o direito de alegá-la.

§ 2º O juiz decidirá de plano o pedido de escusa. Se não a admitir, exercerá o nomeado a tutela ou a curatela enquanto não for dispensado por sentença transitada em julgado.

▪**Art. 720.** Incumbe ao Ministério Público ou a quem tenha legítimo interesse requerer, nos casos previstos na lei, a remoção do tutor ou do curador.

Parágrafo único. O tutor ou o curador será citado para contestar a arguição no prazo de cinco dias. Findo o prazo, observar-se-á o procedimento comum.

▪**Art. 721.** Em caso de extrema gravidade, o juiz poderá suspender o tutor ou o curador do exercício de suas funções, nomeando-lhe interinamente substituto.

▪**Art. 722.** Cessando as funções do tutor ou do curador pelo decurso do prazo em que era obrigado a servir, ser-lhe-á lícito requerer a exoneração do encargo; não o fazendo dentro dos dez dias seguintes à expiração do termo, entender-se-á reconduzido, salvo se o juiz o dispensar.

Seção XI
Da Organização e da Fiscalização das Fundações

▪**Art. 723.** O juiz decidirá sobre a aprovação do estatuto das fundações e de suas alterações sempre que o requeira o interessado, quando negada previamente pelo Ministério Público ou por este sejam exigidas modificações com as quais aquele não concorde.

Parágrafo único. Antes de suprir a aprovação, o juiz poderá mandar fazer no estatuto modificações a fim de adaptá-lo ao objetivo do instituidor.

▪**Art. 724.** O Ministério Público submeterá à aprovação judicial os estatutos por ele elaborados, nos casos em que essa atribuição lhe caiba na forma da lei.

▪**Art. 725.** Qualquer interessado ou o Ministério Público promoverá em juízo a extinção da fundação quando:

I – se tornar ilícito o seu objeto;

II – for impossível a sua manutenção;

III – se vencer o prazo de sua existência.

Seção XII
Da Posse em Nome do Nascituro

▪**Art. 726.** A mulher que, para garantia dos direitos do filho nascituro, quiser provar seu estado de gravidez requererá ao juiz, juntando a certidão de óbito da pessoa de quem afirma ser o nascituro sucessor, que mande examiná-la por um médico de sua nomeação.

Parágrafo único. Intervirá em todos os atos do procedimento o Ministério Público.

▪**Art. 727.** Será citado o inventariante ou os herdeiros do falecido para que se manifestem, no prazo de cinco dias, quanto à aceitação ou à negativa do que declarado pela requerente.

§ 1º Ocorrendo aceitação, o juiz deferirá o pedido independentemente de exame; no caso contrário, nomeará médico e assinar-lhe-á prazo para apresentação do laudo.

§ 2º Em nenhum caso a falta do exame prejudicará os direitos do nascituro.

▪**Art. 728.** Apresentado o laudo que reconheça a gravidez, o juiz, por sentença, declarará a requerente investida na posse dos direitos que assistam ao nascituro; sendo o laudo negativo, indeferirá o pedido.

Parágrafo único. Deferido o pedido, se à requerente não couber o exercício do poder familiar, o juiz nomeará curador ao nascituro.

Seção XIII
Da Justificação

▪**Art. 729.** Quem pretender justificar a existência de algum fato ou relação jurídica, para simples documento e sem caráter contencioso, exporá, em petição circunstanciada, a sua intenção.

Parágrafo único. Observar-se-á, na justificação, o procedimento previsto na produção antecipada de provas.

LIVRO III
DO PROCESSO DE EXECUÇÃO

Veja art. 498 deste Projeto.

TÍTULO I
DA EXECUÇÃO EM GERAL

CAPÍTULO I
DISPOSIÇÕES GERAIS E DEVER DE COLABORAÇÃO

▪**Art. 730.** Este Livro regula o procedimento da execução fundada em título extrajudicial. Suas disposições aplicam-se, também, no que couber, aos atos executivos realizados no procedimento de cumprimento de sentença, bem como aos efeitos de atos ou fatos processuais a que a lei atribuir força executiva.

Parágrafo único. Aplicam-se subsidiariamente à execução as disposições dos Livros I e II deste Código.

▪**Art. 731.** O juiz pode, em qualquer momento do processo:

I – ordenar o comparecimento das partes;

II – advertir o devedor de que o seu procedimento constitui ato atentatório à dignidade da justiça;

III – determinar que pessoas naturais ou jurídicas indicadas pelo credor forneçam informações em geral relacionadas ao objeto da execução, tais como documentos e dados que tenham em seu poder, assinando-lhes prazo razoável.

▪**Art. 732.** O juiz poderá, de ofício ou a requerimento, determinar as medidas necessárias ao cumprimento da ordem de entrega de documentos e dados.

Parágrafo único. Quando, em decorrência do disposto neste artigo, o juízo receber dados alheios aos fins da execução, adotará as medidas necessárias para assegurar a sua confidencialidade.

▪**Art. 733.** Considera-se atentatória à dignidade da justiça a conduta comissiva ou omissiva do executado que:

I – frauda a execução;

II – se opõe maliciosamente à execução, empregando ardis e meios artificiosos;

III – dificulta ou embaraça a realização da penhora;

IV – resiste injustificadamente às ordens judiciais;

V – intimado, não indica ao juiz quais são e onde estão os bens sujeitos à penhora e seus respectivos valores, não exibe prova de sua propriedade e, se for o caso, certidão negativa de ônus.

Parágrafo único. Nos casos previstos neste artigo, o juiz fixará multa ao executado em montante não superior a vinte por cento do valor atualizado do débito em execução, a qual será revertida em proveito do exequente, exigível na própria execução, sem prejuízo de outras sanções de natureza processual ou material.

▪**Art. 734.** O exequente tem a faculdade de desistir de toda a execução ou de apenas algumas medidas executivas.

Parágrafo único. Na desistência da execução, observar-se-á o seguinte:

I – serão extintos os embargos que versarem apenas sobre questões processuais, pagando o exequente as custas e os honorários advocatícios;

II – nos demais casos, a extinção dependerá da concordância do embargante.

▪**Art. 735.** O exequente ressarcirá ao executado os danos que este sofreu, quando a sentença, transitada em julgado, declarar inexistente, no todo ou em parte, a obrigação que ensejou a execução.

▪**Art. 736.** A cobrança de multa ou de indenizações decorrentes de litigância de má-fé ou de prática de ato atentatório a dignidade da justiça será promovida no próprio processo de execução, em autos apensos, operando-se o pagamento por compensação ou por execução.

CAPÍTULO II
DAS PARTES

▪**Art. 737.** Podem promover a execução forçada:

I – o credor a quem a lei confere título executivo;

II – o Ministério Público, nos casos previstos em lei.

Parágrafo único. Podem promover a execução ou nela prosseguir:

I – o espólio, os herdeiros ou os sucessores do credor, sempre que, por morte deste, lhes for transmitido o direito resultante do título executivo;

II – o cessionário, quando o direito resultante do título executivo lhe foi transferido por ato entre vivos;

III – o sub-rogado, nos casos de sub-rogação legal ou convencional.

▪**Art. 738.** A execução pode ser promovida contra:

I – o devedor, reconhecido como tal no título executivo;

II – o espólio, os herdeiros ou os sucessores do devedor;

III – o novo devedor que assumiu, com o consentimento do credor, a obrigação resultante do título executivo;

IV – o fiador do débito constante em título extrajudicial;

V – o responsável, titular do bem vinculado por garantia real, ao pagamento do débito;

VI – o responsável tributário, assim definido na lei.

▪**Art. 739.** O exequente pode cumular várias execuções, ainda que fundadas em títulos diferentes, quando o executado for o mesmo e desde que para todas elas seja competente o mesmo juízo e idêntico o procedimento.

CAPÍTULO III
DA COMPETÊNCIA

▪**Art. 740.** A execução fundada em título extrajudicial será processada perante o juízo competente, observando-se o seguinte:

I – a execução poderá ser proposta no foro do domicílio do executado ou da eleição constante do título;

II – tendo mais de um domicílio, o executado poderá ser demandado no foro de qualquer deles;

III – sendo incerto ou desconhecido o domicílio do executado, a execução poderá ser proposta no lugar onde for encontrado ou no domicílio do exequente;

IV – havendo mais de um devedor, com diferentes domicílios, a execução será proposta em qualquer deles, à escolha do exequente;

V – a execução poderá ser proposta no foro do lugar em que se praticou o ato ou ocorreu o fato que deu origem ao título, embora nele não mais resida o executado;

VI – a execução poderá ser proposta no foro da situação dos bens, quando o título deles se originar.

▪**Art. 741.** Não dispondo a lei de modo diverso, o juiz determinará os atos executivos e o oficial de justiça os cumprirá.

§ 1º O oficial de justiça poderá cumprir os atos executivos determinados pelo juiz também nas comarcas contíguas, de fácil comunicação, e nas que se situem na mesma região metropolitana.

§ 2º Sempre que, para efetivar a execução, for necessário o emprego da força policial, o juiz a requisitará.

CAPÍTULO IV
DOS REQUISITOS NECESSÁRIOS PARA REALIZAR QUALQUER EXECUÇÃO

Seção I
Do Título Executivo

▪**Art. 742.** A execução para cobrança de crédito se fundará sempre em título de obrigação certa, líquida e exigível.

▪**Art. 743.** São títulos executivos extrajudiciais:

I – a letra de câmbio, a nota promissória, a duplicata, a debênture e o cheque;

II – a escritura pública ou outro documento público assinado pelo devedor;

III – o documento particular assinado pelo devedor e por duas testemunhas;

IV – o instrumento de transação referendado pelo Ministério Público, pela Defensoria Pública ou pelos advogados dos transatores;

V – os contratos garantidos por hipoteca, penhor, anticrese e caução, bem como os de seguro de vida;

VI – o crédito decorrente de foro e laudêmio;

VII – o crédito, documentalmente comprovado, decorrente de aluguel de imóvel, bem como de encargos acessórios, tais como taxas e despesas de condomínio;

VIII – a certidão de dívida ativa da Fazenda Pública da União, dos Estados, do Distrito Federal, dos Territórios e dos Municípios, correspondente aos créditos inscritos na forma da lei;

IX – a parcela de rateio de despesas de condomínio edilício, assim estabelecida em convenção de condôminos ou constante de ata de reunião de condomínio convocada especialmente para tal fim;

X – todos os demais títulos a que, por disposição expressa, a lei atribuir força executiva.

§ 1º A propositura de qualquer ação relativa ao débito constante do título executivo não inibe o credor de promover-lhe a execução.

§ 2º Não dependem de homologação para serem executados, os títulos executivos extrajudiciais oriundos de país estrangeiro.

§ 3º O título estrangeiro só terá eficácia executiva quando satisfeitos os requisitos de formação exigidos pela lei do lugar de sua celebração e o Brasil for indicado como o lugar de cumprimento da obrigação.

Seção II
Da Exigibilidade da Obrigação

▪**Art. 744.** A execução pode ser instaurada caso o devedor não satisfaça a obrigação certa, líquida e exigível consubstanciada em título executivo.

Parágrafo único. A necessidade de simples operações aritméticas para apurar o crédito exequendo não retira a liquidez da obrigação, constante do título.

▪**Art. 745.** Se o devedor não for obrigado a satisfazer sua prestação senão mediante a contraprestação do credor, este deverá provar que a adimpliu ao requerer a execução, sob pena de extinção do processo sem resolução de mérito.

Parágrafo único. O executado poderá eximir-se da obrigação, depositando em juízo a prestação ou a coisa, caso em que o juiz não permitirá que o credor a receba sem cumprir a contraprestação que lhe tocar.

▪**Art. 746.** O credor não poderá iniciar a execução ou nela prosseguir, se o devedor cumprir a obrigação; mas poderá recusar o recebimento da prestação, se ela não corresponder ao direito ou à obrigação estabelecidos no título executivo, caso em que poderá requerer a execução forçada, ressalvado ao devedor o direito de embargá-la.

CAPÍTULO V
DA RESPONSABILIDADE PATRIMONIAL

▪**Art. 747.** O devedor responde, para o cumprimento de suas obrigações, com todos os seus bens presentes e futuros, salvo as restrições estabelecidas em lei.

▪**Art. 748.** Ficam sujeitos à execução os bens:

I – do sucessor a título singular, tratando-se de execução fundada em direito real ou obrigação reipersecutória;

II – do sócio, nos termos da lei;

III – do devedor, ainda que em poder de terceiros;

IV – do cônjuge ou companheiro, nos casos em que os seus bens próprios ou de sua meação respondem pela dívida;

V – alienados ou gravados com ônus real em fraude à execução;

VI – cuja alienação ou gravação com ônus real tenha sido anulada em razão do reconhecimento, em ação própria, de fraude contra credores.

▪**Art. 749.** Considera-se fraude à execução a alienação ou a oneração de bens:

I – quando sobre eles pender ação fundada em direito real ou obrigação reipersecutória, desde que haja registro público;

II – quando sobre eles existir a averbação da existência da ação, na forma do art. 785;

III – quando sobre eles existir registro de hipoteca judiciária ou de ato de constrição judicial originário da ação onde foi arguida;

IV – quando, ao tempo da alienação ou oneração, corria contra o devedor ação capaz de reduzi-lo à insolvência;

V – nos demais casos expressos em lei.

Parágrafo único. Não havendo registro, o terceiro adquirente tem o ônus da prova de que adotou as cautelas necessárias para a aquisição, mediante a exibição das certidões pertinentes, obtidas no domicílio do vendedor e no local onde se encontra o bem.

▪**Art. 750.** O exequente que estiver, por direito de retenção, na posse de coisa pertencente ao devedor não poderá promover a execução sobre outros bens senão depois de excutida a coisa que se achar em seu poder.

▪**Art. 751.** O fiador, quando executado, tem o direito de exigir que primeiro sejam executados os bens do devedor situados na mesma comarca, livres e desembargados, indicando-os à penhora.

§ 1º Os bens do fiador ficarão sujeitos à execução se os do devedor, situados na mesma comarca que os seus forem insuficientes à satisfação do direito do credor.

§ 2º O fiador que pagar a dívida poderá executar o afiançado nos autos do mesmo processo.

▪**Art. 752.** Os bens particulares dos sócios não respondem pelas dívidas da sociedade, senão nos casos previstos em lei.

§ 1º O sócio demandado, quando responsável pelo pagamento da dívida da sociedade, tem o direito de exigir que primeiro sejam excutidos os bens da sociedade.

§ 2º Incumbe ao sócio que alegar o benefício do § 1º nomear quantos bens da sociedade situados na mesma comarca, livres e desembargados bastem para pagar o débito.

§ 3º O sócio que pagar a dívida poderá executar a sociedade nos autos do mesmo processo.

§ 4º Para a desconsideração da personalidade jurídica é obrigatória a observância do incidente previsto neste Código.

▪**Art. 753.** O espólio responde pelas dívidas do falecido, mas, feita a partilha, cada herdeiro responde por elas dentro das forças da herança e na proporção da parte que lhe coube.

TÍTULO II
DAS DIVERSAS ESPÉCIES DE EXECUÇÃO

CAPÍTULO I
DAS DISPOSIÇÕES GERAIS

▪**Art. 754.** Realiza-se a execução no interesse do credor que adquire, pela penhora, o direito de preferência sobre os bens penhorados.

Parágrafo único. Recaindo mais de uma penhora sobre os mesmos bens, cada credor conservará o seu título de preferência.

▪**Art. 755.** Cumpre ao credor, ao requerer a execução:

I – instruir a petição inicial com:

a) o título executivo extrajudicial;

b) o demonstrativo do débito atualizado até a data da propositura da ação, quando se tratar de execução por quantia certa;

c) a prova, se for o caso, de que se verificou a condição ou ocorreu o termo;

d) a prova, se for o caso, de que adimpliu a contraprestação que lhe corresponde ou que lhe assegura o cumprimento, se o executado não for obrigado a satisfazer a sua prestação senão mediante a contraprestação do credor.

II – indicar a espécie de execução que prefere, quando por mais de um modo puder ser efetuada;

III – pedir a citação do devedor.

Parágrafo único. O demonstrativo do débito deverá conter:

I – o nome completo, o número do cadastro de pessoas físicas ou do cadastro nacional de pessoas jurídicas do exequente e do executado;

II – o índice de correção monetária adotado;

III – a taxa dos juros de mora aplicada;

IV – o termo inicial e o termo final dos juros e da correção monetária utilizados;

V – especificação dos eventuais descontos obrigatórios realizados.

▪**Art. 756.** Cumpre ainda ao credor:

I – requerer a intimação do credor pignoratício, hipotecário, anticrético ou usufrutuário, quando a penhora recair sobre bens gravados por penhor, hipoteca, anticrese ou usufruto;

II – pleitear, se for o caso, medidas urgentes;

III – indicar, querendo, os bens a serem penhorados;

IV – proceder à averbação em registro público, para conhecimento de terceiros, do ato de ajuizamento da execução e dos atos de constrição realizados.

▪**Art. 757.** Nas obrigações alternativas, quando a escolha couber ao devedor, este será citado para exercer a opção e realizar a prestação dentro de dez dias, se outro prazo não lhe foi determinado em lei ou no contrato.

§ 1º Devolver-se-á ao credor a opção, se o devedor não a exercitou no prazo marcado.

§ 2º Quando couber ao credor, a escolha será feita na petição inicial da execução.

▪**Art. 758.** Verificando que a petição inicial está incompleta ou que não está acompanhada dos documentos indispensáveis à propositura da execução, o juiz determinará que o credor a corrija, no prazo de dez dias, sob pena de ser indeferida.

▪**Art. 759.** A citação válida interrompe a prescrição na execução, desde que seja realizada com observância ao disposto no § 2º do art. 209.

Parágrafo único. A interrupção da prescrição retroagirá à data da propositura da ação.

▪**Art. 760.** É nula a execução se:

I – o título executivo extrajudicial não corresponder a obrigação certa, líquida e exigível;

II – o devedor não for regularmente citado;

III – instaurada antes de se verificar a condição ou de ter ocorrido o termo.

Parágrafo único. A nulidade de que cuida este artigo será pronunciada pelo juiz, de ofício ou a requerimento da parte, independentemente de embargos à execução.

▪**Art. 761.** A alienação de bem aforado ou gravado por penhor, hipoteca, anticrese ou usufruto será ineficaz em relação ao senhorio direto ou ao credor pignoratício, hipotecário, anticrético ou usufrutuário que não houver sido intimado.

Veja art. 857, § 1º, II, deste Projeto.

▪**Art. 762.** Quando por vários meios o credor puder promover a execução, o juiz mandará que se faça pelo modo menos gravoso para o devedor.

CAPÍTULO II
DA EXECUÇÃO PARA A ENTREGA DE COISA

Seção I
Da Entrega de Coisa Certa

▪**Art. 763.** O devedor de obrigação de entrega de coisa certa, constante de título executivo extrajudicial, será citado para, dentro de três dias, satisfazer a obrigação.

§ 1º Ao despachar a inicial, o juiz poderá fixar multa por dia de atraso no cumprimento da obrigação, ficando o respectivo valor sujeito a alteração, caso se revele insuficiente ou excessivo.

§ 2º Do mandado de citação constará a ordem para imissão na posse ou busca e apreensão, conforme se tratar de imóvel ou de móvel, cujo cumprimento se dará de imediato, se o devedor não realizar a prestação no prazo que lhe foi designado.

▪**Art. 764.** Se o executado entregar a coisa, será lavrado o respectivo termo e dar-se-á por finda a execução, salvo se esta tiver de prosseguir para o pagamento de frutos ou o ressarcimento de prejuízos.

▪**Art. 765.** Alienada a coisa quando já litigiosa, será expedido mandado contra o terceiro adquirente, que somente será ouvido após depositá-la.

▪**Art. 766.** O credor tem direito a receber, além de perdas e danos, o valor da coisa, quando esta se deteriorar, não lhe for entregue, não for encontrada ou não for reclamada do poder de terceiro adquirente.

§ 1º Não constando do título o valor da coisa ou sendo impossível a sua avaliação, o exequente far-lhe-á a estimativa, sujeitando-se ao arbitramento judicial.

§ 2º Serão apurados em liquidação o valor da coisa e os prejuízos.

▪**Art. 767.** Havendo benfeitorias indenizáveis feitas na coisa pelo devedor ou por terceiros de cujo poder ela houver sido tirada, a liquidação prévia é obrigatória.

Parágrafo único. Se houver saldo em favor do devedor ou de terceiros, o credor o depositará ao requerer a entrega da coisa; se houver saldo em favor do credor, este poderá cobrá-lo nos autos do mesmo processo.

Seção II
Da Entrega de Coisa Incerta

•**Art. 768.** Quando a execução recair sobre coisas determinadas pelo gênero e pela quantidade, o devedor será citado para entregá-las individualizadas, se lhe couber a escolha, mas, se esta couber ao credor, este a indicará na petição inicial.

•**Art. 769.** Qualquer das partes poderá, em três dias, impugnar a escolha feita pela outra, e o juiz decidirá de plano ou, se necessário, ouvindo perito de sua nomeação.

•**Art. 770.** Aplicar-se-á à execução para entrega de coisa incerta, no que couber, o estatuído na Seção I deste Capítulo.

CAPÍTULO III
DA EXECUÇÃO DAS OBRIGAÇÕES DE FAZER E DE NÃO FAZER

Seção I
Da Obrigação de Fazer

•**Art. 771.** Quando o objeto da execução for obrigação de fazer, o devedor será citado para satisfazê-la no prazo que o juiz lhe assinar, se outro não estiver determinado no título executivo.

•**Art. 772.** Se, no prazo fixado, o executado não satisfizer a obrigação, é lícito ao exequente requerer, nos próprios autos do processo, que ela seja executada à custa do devedor ou haver perdas e danos, caso em que ela se converterá em indenização.

Parágrafo único. O valor das perdas e danos será apurado em liquidação, seguindo-se a execução para cobrança de quantia certa.

•**Art. 773.** Se o fato puder ser prestado por terceiro, é lícito ao juiz autorizar, a requerimento do exequente, que aquele o realize à custa do executado.

Parágrafo único. O exequente adiantará as quantias previstas na proposta que, ouvidas as partes, o juiz houver aprovado.

•**Art. 774.** Prestado o fato, o juiz ouvirá as partes no prazo de dez dias e, não havendo impugnação, dará por cumprida a obrigação; em caso contrário, decidirá a impugnação.

•**Art. 775.** Se o terceiro contratado não prestar o fato no prazo ou se o praticar de modo incompleto ou defeituoso, poderá o credor requerer ao juiz, no prazo de dez dias, que o autorize a concluí-lo ou a repará-lo por conta do contratante.

Parágrafo único. Ouvido o contratante no prazo de cinco dias, o juiz mandará avaliar o custo das despesas necessárias e condenará o contratante a pagá-lo.

•**Art. 776.** Se o credor quiser executar ou mandar executar, sob sua direção e vigilância, as obras e os trabalhos necessários à prestação do fato, terá preferência, em igualdade de condições de oferta, ao terceiro.

Parágrafo único. O direito de preferência deverá ser exercido no prazo de cinco dias, após aprovada a proposta do terceiro.

•**Art. 777.** Na obrigação de fazer, quando se convencionar que o devedor a satisfaça pessoalmente, o credor poderá requerer ao juiz que lhe assine prazo para cumpri-la.

Parágrafo único. Havendo recusa ou mora do devedor, a obrigação pessoal do devedor será convertida em perdas e danos, caso em que se observará o procedimento de execução por quantia certa.

Seção II
Da Obrigação de Não Fazer

•**Art. 778.** Se o devedor praticou ato a cuja abstenção estava obrigado pela lei ou pelo contrato, o credor requererá ao juiz que assine prazo ao devedor para desfazê-lo.

•**Art. 779.** Havendo recusa ou mora do devedor, o credor requererá ao juiz que mande desfazer o ato à custa do devedor, que responderá por perdas e danos.

Parágrafo único. Não sendo possível desfazer-se o ato, a obrigação resolve-se em perdas e danos, caso em, após a liquidação, se observará o procedimento de execução por quantia certa.

Seção III
Disposições Comuns

•**Art. 780.** Na execução de obrigação de fazer ou não fazer fundada em título extrajudicial, ao despachar a inicial, o juiz fixará multa por período de atraso no cumprimento da obrigação e a data a partir da qual será devida.

Parágrafo único. Se o valor da multa estiver previsto no título, o juiz poderá reduzi-lo se excessivo.

CAPÍTULO IV
DA EXECUÇÃO POR QUANTIA CERTA

Seção I
Disposições Gerais

•**Art. 781.** A execução por quantia certa tem por objeto expropriar bens do devedor ou do responsável, a fim de satisfazer o direito do credor.

•**Art. 782.** A expropriação consiste em:

I – adjudicação;

II – alienação;

III – apropriação de frutos e rendimentos de empresa ou estabelecimentos e de outros bens.

•**Art. 783.** Antes de adjudicados ou alienados os bens, o executado pode, a todo tempo, remir a execução, pagando ou consignando a importância atualizada da dívida, mais juros, custas e honorários advocatícios.

Seção II
Da Citação do Devedor e do Arresto

▪**Art. 784.** Ao despachar a inicial, o juiz fixará, de plano, os honorários advocatícios de dez por cento, a serem pagos pelo executado.

§ 1º No caso de integral pagamento no prazo de três dias, a verba honorária será reduzida pela metade.

§ 2º Rejeitados os embargos eventualmente opostos pelo executado ou caso estes não tenham sido opostos, ao final do procedimento executivo, o valor dos honorários poderá ser acrescido até o limite de vinte por cento, em atenção ao trabalho realizado supervenientemente à citação.

▪**Art. 785.** O exequente poderá obter certidão de que a execução foi admitida pelo juiz com a identificação das partes e do valor da causa, para fins de averbação no registro de imóveis, no registro de veículos ou no registro de outros bens sujeitos a penhora, arresto ou indisponibilidade.

Veja art. 749, II, deste Projeto.

§ 1º O exequente deverá comunicar ao juízo as averbações efetivadas, no prazo de dez dias de sua concretização.

§ 2º Formalizada penhora sobre bens suficientes para cobrir o valor da dívida, o exequente providenciará o cancelamento das averbações relativas àqueles não penhorados, no prazo de dez dias.

§ 3º Presume-se em fraude à execução a alienação ou a oneração de bens efetuada após a averbação.

§ 4º O exequente que promover averbação manifestamente indevida ou não cancelar as averbações nos termos do § 2º, indenizará a parte contrária, processando-se o incidente em autos apartados.

§ 5º Os tribunais poderão expedir instruções sobre o cumprimento deste artigo.

▪**Art. 786.** O devedor será citado para pagar a dívida no prazo de três dias, contados da juntada do mandado de citação.

§ 1º Do mandado de citação constarão, também, a ordem de penhora e a avaliação a serem cumpridas pelo oficial de justiça, tão logo verificado o não pagamento no prazo assinalado, de tudo lavrando-se auto, com intimação do executado.

§ 2º A penhora recairá sobre os bens indicados pelo exequente, salvo se outros forem indicados pelo executado e aceitos pelo juiz, mediante demonstração de que a constrição proposta lhe será menos onerosa e não trará prejuízo ao exequente.

▪**Art. 787.** Se o oficial de justiça não encontrar o executado, arrestar-lhe-á tantos bens quantos bastem para garantir a execução.

§ 1º Nos dez dias seguintes à efetivação do arresto, o oficial de justiça procurará o executado três vezes em dias distintos; havendo suspeita de ocultação, realizará a citação com hora certa, certificando pormenorizadamente o ocorrido.

§ 2º Incumbe ao exequente requerer a citação por edital, uma vez frustradas a pessoal e a com hora certa.

§ 3º Aperfeiçoada a citação e transcorrido o prazo de pagamento, o arresto se converterá em penhora, independentemente de termo.

Seção III
Da Penhora, do Depósito e da Avaliação

Subseção I
Do Objeto da Penhora

▪**Art. 788.** A penhora deverá incidir em tantos bens quantos bastem para o pagamento do principal atualizado, dos juros, das custas e dos honorários advocatícios.

▪**Art. 789.** Não estão sujeitos à execução os bens que a lei considera impenhoráveis ou inalienáveis.

▪**Art. 790.** São absolutamente impenhoráveis:

I – os bens inalienáveis e os declarados, por ato voluntário, não sujeitos à execução;

II – os móveis, os pertences e as utilidades domésticas que guarnecem a residência do executado, salvo os de elevado valor ou que ultrapassem as necessidades comuns correspondentes a um médio padrão de vida;

III – os vestuários, bem como os pertences de uso pessoal do executado, salvo se de elevado valor;

IV – os vencimentos, os subsídios, os soldos, os salários, as remunerações, os proventos de aposentadoria, as pensões, os pecúlios e os montepios, bem como as quantias recebidas por liberalidade de terceiro e destinadas ao sustento do devedor e de sua família, os ganhos de trabalhador autônomo e os honorários de profissional liberal;

V – os livros, as máquinas, as ferramentas, os utensílios, os instrumentos ou outros bens móveis necessários ou úteis ao exercício da profissão do executado;

VI – o seguro de vida;

VII – os materiais necessários para obras em andamento, salvo se estas forem penhoradas;

VIII – a pequena propriedade rural, assim definida em lei, desde que trabalhada pela família;

IX – os recursos públicos recebidos por instituições privadas para aplicação compulsória em educação, saúde ou assistência social;

X – a quantia depositada em caderneta de poupança, até o limite de trinta salários mínimos;

XI – os recursos públicos do fundo partidário recebidos, nos termos da lei, por partido político.

§ 1º A impenhorabilidade não é oponível à cobrança do crédito concedido para a aquisição do próprio bem.

§ 2º O disposto no inciso IV do *caput* deste artigo não se aplica no caso de penhora para pagamento de prestação alimentícia, bem como relativamente as importâncias excedentes a cinquenta salários mínimos mensais.

§ 3º Incluem-se na impenhorabilidade prevista no inciso V do *caput* deste artigo os equipamentos, implementos e máquinas agrícolas, desde que pertencentes a pessoa física ou a empresa individual produtora rural, exceto nos casos em que esses bens tenham sido objeto de financiamento e estejam vinculados em garantia à operação ou quando respondam por dívida de natureza alimentar, trabalhista ou previdenciária.

▪**Art. 791.** Podem ser penhorados, à falta de outros bens, os frutos e os rendimentos dos bens inalienáveis.

▪**Art. 792.** A penhora observará, preferencialmente, a seguinte ordem:

I – dinheiro, em espécie ou em depósito ou aplicação em instituição financeira;

II – veículos de via terrestre;

III – bens móveis em geral;

IV – bens imóveis;

V – navios e aeronaves;

VI – ações e quotas de sociedades simples empresárias;

VII – percentual do faturamento de empresa devedora;

VIII – pedras e metais preciosos;

IX – títulos da dívida pública da União, dos Estados e do Distrito Federal com cotação em mercado;

X – títulos e valores mobiliários com cotação em mercado;

XI – outros direitos.

§ 1º Ressalvada penhora em dinheiro, que é sempre prioritária, a ordem referida nos incisos do *caput* deste artigo não tem caráter absoluto, podendo ser alterada pelo juiz de acordo com as circunstâncias do caso concreto.

§ 2º Na execução de crédito com garantia hipotecária, pignoratícia ou anticrética, a penhora recairá, preferencialmente, sobre a coisa dada em garantia; se a coisa pertencer a terceiro garantidor, este também será intimado da penhora.

▪**Art. 793.** Não se levará a efeito a penhora quando evidente que o produto da execução dos bens encontrados será totalmente absorvido pelo pagamento das custas da execução.

Parágrafo único. Quando não encontrar bens penhoráveis, o oficial de justiça descreverá na certidão os que guarnecem a residência ou o estabelecimento do devedor.

Subseção II
Da Documentação da Penhora, de seu Registro e do Depósito

▪**Art. 794.** Obedecidas as normas de segurança instituídas sob critérios uniformes pelo Conselho Nacional de Justiça, a penhora de dinheiro e as averbações de penhoras de bens imóveis e móveis podem ser realizadas por meios eletrônicos.

▪**Art. 795.** A penhora será realizada mediante auto ou termo, que conterá:

I – a indicação do dia, mês, ano e lugar em que foi feita;

II – os nomes do credor e do devedor;

III – a descrição dos bens penhorados, com as suas características;

IV – a nomeação do depositário dos bens.

▪**Art. 796.** Considerar-se-á feita a penhora mediante a apreensão e o depósito dos bens, lavrando-se um só auto se as diligências forem concluídas no mesmo dia.

Parágrafo único. Havendo mais de uma penhora, lavrar-se-á para cada qual um auto.

▪**Art. 797.** Serão preferencialmente depositados:

I – as quantias em dinheiro, as pedras e os metais preciosos, bem como os papéis de crédito, no Banco do Brasil, na Caixa Econômica Federal ou em um banco de que o Estado ou o Distrito Federal possua mais de metade do capital social integralizado, ou, em falta desses estabelecimentos no lugar, em qualquer instituição de crédito designada pelo juiz;

II – os imóveis, em poder do executado;

III – os móveis, preferencialmente em poder do exequente, ou de depositário particular.

§ 1º Os bens poderão ser depositados em poder do executado nos casos de difícil remoção ou quando anuir o exequente.

§ 2º As joias, as pedras e os objetos preciosos deverão ser depositados com registro do valor estimado de resgate.

▪**Art. 798.** Formalizada a penhora por qualquer dos meios legais, dela será imediatamente intimado o executado.

§ 1º Se não localizar o executado para intimá-lo da penhora, o oficial certificará detalhadamente as diligências realizadas, caso em que o juiz, havendo suspeita de ocultação, poderá dispensar a intimação ou determinar novas diligências.

§ 2º Quando a penhora não tiver sido realizada na presença do executado, sua intimação será feita na pessoa de seu advogado ou na da sociedade de advogados a que este pertença, ou, não havendo procurador constituído, pessoalmente, de preferência por via postal.

▪**Art. 799.** Recaindo a penhora em bens imóveis, será intimado também o cônjuge do executado, salvo se for casado em regime de separação absoluta de bens.

Parágrafo único. Tratando-se de bem indivisível, a meação do cônjuge alheio à execução recairá sobre o produto da alienação do bem, reservando-se a esse a preferência na arrematação do bem em igualdade de condições.

Veja art. 660, § 2º, I, deste Projeto.

▪**Art. 800.** Cabe ao exequente providenciar, para presunção absoluta de conhecimento por terceiros, a averbação da penhora, quando se tratar de bens sujeitos a registro público. Cabe ao exequente providenciar, para presunção absoluta de conhecimento por terceiros, a averbação do arresto ou da penhora, quando se tratar de bens sujeitos a registro público, mediante a apresentação de cópia do auto ou termo, independentemente de mandado judicial.

Subseção III
Do Lugar de Realização da Penhora

▪**Art. 801.** Efetuar-se-á a penhora onde quer que se encontrem os bens, ainda que sob a posse, a detenção ou a guarda de terceiros.

§ 1º A penhora de imóveis, independentemente de onde se localizem, quando apresentada certidão da respectiva matrícula, e a penhora de veículos automotores, quando apresentada certidão que ateste a sua existência, serão realizadas por termo nos autos.

§ 2º Se o devedor não tiver bens no foro da causa, não sendo possível a realização da penhora nos termos do § 1º, a execução será feita por carta, penhorando-se, avaliando-se e alienando-se os bens no foro da situação.

▪**Art. 802.** Se o devedor fechar as portas da casa a fim de obstar a penhora dos bens, o oficial de justiça comunicará o fato ao juiz, solicitando-lhe ordem de arrombamento.

§ 1º Deferido o pedido, dois oficiais de justiça cumprirão o mandado, arrombando cômodos e móveis em que se presuma estarem os bens, e lavrarão de tudo auto circunstanciado, que será assinado por duas testemunhas presentes à diligência.

§ 2º Sempre que necessário, o juiz requisitará força policial, a fim de auxiliar os oficiais de justiça na penhora dos bens e na prisão de quem resistir à ordem.

§ 3º Os oficiais de justiça lavrarão em duplicata o auto de resistência, entregando uma via ao escrivão do processo, para ser juntada aos autos, e a outra à autoridade policial a quem couber a prisão.

§ 4º Do auto de resistência constará o rol de testemunhas, com sua qualificação.

Subseção IV
Das Modificações da Penhora

▪**Art. 803.** O executado pode, no prazo de dez dias contados da intimação da penhora, requerer a substituição do bem penhorado, desde que comprove que lhe será menos onerosa e não trará prejuízo ao exequente.

§ 1º O juiz só autorizará a substituição se o executado:

I – comprovar as respectivas matrículas e registros, por certidão do correspondente ofício, quanto aos bens imóveis;

II – descrever os bens móveis, com todas as suas propriedades e características, bem como seu estado e o lugar onde se encontram;

III – descrever os semoventes, com indicação de espécie, número, marca ou sinal e local onde se encontram;

IV – identificar os créditos, indicando quem seja o devedor, qual a origem da dívida, o título que a representa e a data do vencimento; e

V – atribuir, em qualquer caso, valor aos bens indicados à penhora, além de especificar os ônus e os encargos a que estejam sujeitos.

§ 2º Requerida a substituição da penhora, o executado deve indicar onde se encontram os bens sujeitos à execução, exibir a prova de sua propriedade e a certidão negativa ou positiva de ônus, bem como abster-se de qualquer atitude que dificulte ou embarace a realização da penhora.

§ 3º A penhora pode ser substituída por fiança bancária ou seguro garantia judicial, em valor não inferior ao do débito constante da inicial, mais trinta por cento.

§ 4º O executado somente poderá oferecer bem imóvel em substituição caso o requeira com a expressa anuência do cônjuge, salvo se o regime for o de separação absoluta de bens.

▪**Art. 804.** As partes poderão requerer a substituição da penhora se:

I – não obedecer à ordem legal;

II – não incidir sobre os bens designados em lei, contrato ou ato judicial para o pagamento;

III – havendo bens no foro da execução, outros tiverem sido penhorados;

IV – havendo bens livres, tiver recaído sobre bens já penhorados ou objeto de gravame;

V – incidir sobre bens de baixa liquidez;

VI – fracassar a tentativa de alienação judicial do bem; ou

VII – o devedor não indicar o valor dos bens ou omitir qualquer das indicações previstas na lei.

▪**Art. 805.** Sempre que ocorrer a substituição dos bens inicialmente penhorados, será lavrado novo termo.

▪**Art. 806.** Será admitida a redução ou a ampliação da penhora, bem como sua transferência para outros bens, se, no curso do processo, o valor de mercado dos bens penhorados sofrer alteração significativa.

▪**Art. 807.** Não se procede à segunda penhora, salvo se:

I – a primeira for anulada;

II – executados os bens, o produto da alienação não bastar para o pagamento do credor;

III – o credor desistir da primeira penhora, por serem litigiosos os bens ou por estarem submetidos a constrição judicial.

▪**Art. 808.** O juiz determinará a alienação antecipada dos bens penhorados quando:

I – se tratar de veículos automotores, de pedras e metais preciosos e de outros bens móveis sujeitos à depreciação ou à deterioração;

II – houver manifesta vantagem.

▪**Art. 809.** Quando uma das partes requerer alguma das medidas previstas nesta Subseção, o juiz ouvirá sempre a outra, no prazo de três dias, antes de decidir.

Parágrafo único. O juiz decidirá de plano qualquer questão suscitada.

Subseção V
Da Penhora de Dinheiro em Depósito ou em Aplicação Financeira

▪**Art. 810.** Para possibilitar a penhora de dinheiro em depósito ou em aplicação financeira, o juiz, a requerimento do exequente, sem dar ciência prévia do ato ao executado, determinará às instituições financeiras, por meio de sistema eletrônico gerido pela autoridade supervisora do sistema financeiro nacional, que torne indisponíveis ativos financeiros existentes em nome do executado, limitando-se a indisponibilidade ao valor indicado na execução.

§ 1º No prazo de vinte e quatro horas a contar da resposta, de ofício, o juiz determinará o cancelamento de eventual indisponibilidade excessiva, o que deverá ser cumprido pela instituição financeira em igual prazo.

§ 2º Tornados indisponíveis os ativos financeiros do executado, este será intimado na pessoa de seu advogado ou, não o tendo, pessoalmente.

§ 3º Incumbe ao executado, no prazo de cinco dias, comprovar que:

I – as quantias indisponibilizadas são impenhoráveis;

II – ainda remanesce indisponibilidade excessiva de ativos financeiros.

§ 4º Acolhida qualquer das arguições dos incisos I e II do § 3º, o juiz determinará o cancelamento de eventual indisponibilidade excessiva, o que deverá ser cumprido pela instituição financeira em vinte e quatro horas.

§ 5º Rejeitada ou não apresentada a manifestação do executado, converter-se-á a indisponibilidade em penhora, e lavrar-se-á o respectivo termo, devendo o juiz da execução determinar à instituição financeira depositária que, no prazo de vinte e quatro horas, transfira o montante indisponível para conta vinculada ao juízo da execução.

§ 6º Realizado o pagamento da dívida por outro meio, o juiz determinará, imediatamente, à autoridade supervisora, a notificação da instituição financeira para que cancele a indisponibilidade, que deverá ser realizada em até vinte e quatro horas.

§ 7º As transmissões das ordens de indisponibilidade, de seu cancelamento e de determinação de penhora, previstas neste artigo far-se-ão por meio de sistema eletrônico gerido pela autoridade supervisora do sistema financeiro nacional.

§ 8º A instituição financeira será responsável pelos prejuízos causados ao executado em decorrência da indisponibilidade de ativos financeiros em valor superior ao indicado na execução ou pelo juiz, bem como na hipótese de não cancelamento da indisponibilidade no prazo de vinte e quatro horas, quando assim determinar o juiz.

§ 9º Quando se tratar de execução contra partido político, o juiz, a requerimento do exequente, determinará às instituições financeiras, por meio de sistema eletrônico gerido por autoridade supervisora do sistema bancário, que torne indisponíveis ativos financeiros somente em nome do órgão partidário que tenha contraído a dívida executada ou que tenha dado causa à violação de direito ou ao dano, ao qual cabe exclusivamente a responsabilidade pelos atos praticados, na forma da lei.

Subseção VI
Da Penhora de Créditos

▪**Art. 811.** Quando a penhora recair em crédito do devedor, o oficial de justiça o penhorará. Enquanto não ocorrer a hipótese prevista no art. 819, considerar-se-á feita a penhora pela intimação:

I – ao terceiro devedor para que não pague ao seu credor;

II – ao credor do terceiro para que não pratique ato de disposição do crédito.

▪**Art. 812.** A penhora de crédito representado por letra de câmbio, nota promissória, duplicata, cheque ou outros títulos se fará pela apreensão do documento, esteja ou não este em poder do devedor.

§ 1º Se o título não for apreendido, mas o terceiro confessar a dívida, será este tido como depositário da importância.

§ 2º O terceiro só se exonerará da obrigação depositando em juízo a importância da dívida.

§ 3º Se o terceiro negar o débito em conluio com

o devedor, a quitação que este lhe der caracterizará fraude à execução.

§ 4º A requerimento do credor, o juiz determinará o comparecimento, em audiência especialmente designada, do devedor e do terceiro, a fim de lhes tomar os depoimentos.

▪**Art. 813.** Feita a penhora em direito e ação do devedor, e não tendo este oferecido embargos ou sendo estes rejeitados, o credor ficará subrogado nos direitos do devedor até a concorrência do seu crédito.

§ 1º O credor pode preferir, em vez da sub-rogação, a alienação judicial do direito penhorado, caso em que declarará sua vontade no prazo de dez dias contados da realização da penhora.

§ 2º A sub-rogação não impede o sub-rogado, se não receber o crédito do devedor, de prosseguir na execução, nos mesmos autos, penhorando outros bens do devedor.

▪**Art. 814.** Quando a penhora recair sobre dívidas de dinheiro a juros, de direito a rendas ou de prestações periódicas, o credor poderá levantar os juros, os rendimentos ou as prestações à medida que forem sendo depositados, abatendo-se do crédito as importâncias recebidas, conforme as regras da imputação em pagamento.

▪**Art. 815.** Recaindo a penhora sobre direito a prestação ou restituição de coisa determinada, o devedor será intimado para, no vencimento, depositá-la, correndo sobre ela a execução.

▪**Art. 816.** Quando o direito estiver sendo pleiteado em juízo, será averbada no rosto dos autos a penhora que recair nele e na ação que lhe corresponder, a fim de se efetivar nos bens que forem adjudicados ou vierem a caber ao devedor.

Subseção VII
Da Penhora das Quotas ou Ações de Sociedades Personificadas

▪**Art. 817.** Penhoradas as quotas ou as ações de sócio em sociedade simples ou empresária, o juiz assinará prazo razoável, não superior a três meses, para que a sociedade apresente balanço especial na forma da lei, proceda à liquidação das quotas ou das ações e deposite em juízo o valor apurado, em dinheiro.

§ 1º O disposto no *caput* não se aplica à sociedade anônima de capital aberto, cujas ações serão adjudicadas ao credor ou alienadas em bolsa de valores, conforme o caso.

§ 2º Para os fins da liquidação de que trata o *caput*, o juiz poderá, a requerimento do credor ou da sociedade, nomear administrador, que deverá submeter à aprovação judicial a forma de liquidação.

§ 3º O prazo previsto no *caput* poderá ser ampliado pelo juiz, se o pagamento das quotas ou das ações liquidadas colocar em risco a estabilidade financeira da sociedade simples ou empresária.

Subseção VIII
Da Penhora de Empresa, de Outros Estabelecimentos e de Semoventes

▪**Art. 818.** Quando a penhora recair em estabelecimento comercial, industrial ou agrícola, bem como em semoventes, plantações ou edifícios em construção, o juiz nomeará um administrador-depositário, determinando-lhe que apresente em dez dias o plano de administração.

§ 1º Ouvidas as partes, o juiz decidirá.

§ 2º É lícito, porém, às partes ajustar a forma de administração, escolhendo o depositário; caso em que o juiz homologará por despacho a indicação.

▪**Art. 819.** A penhora de empresa que funcione mediante concessão ou autorização se fará, conforme o valor do crédito, sobre a renda, sobre determinados bens ou sobre todo o patrimônio, nomeando o juiz como depositário, de preferência, um dos seus diretores.

§ 1º Quando a penhora recair sobre a renda ou sobre determinados bens, o administrador-depositário apresentará a forma de administração e o esquema de pagamento, observando-se, quanto ao mais, o disposto quanto ao regime de penhora de frutos e rendimentos de coisa móvel e imóvel.

§ 2º Recaindo a penhora sobre todo o patrimônio, prosseguirá a execução nos seus ulteriores termos, ouvindo-se, antes da arrematação ou da adjudicação, o ente público que houver outorgado a concessão.

▪**Art. 820.** A penhora de navio ou aeronave não obsta a que estes continuem navegando ou operando até a alienação, mas o juiz, ao conceder a autorização para tanto, não permitirá que saiam do porto ou aeroporto antes que o devedor faça o seguro usual contra riscos.

Subseção IX
Da Penhora de Percentual de Faturamento de Empresa

▪**Art. 821.** Se o devedor não tiver outros bens penhoráveis ou se, tendo-os, estes forem de difícil alienação ou insuficientes para saldar o crédito executado, o juiz poderá ordenar a penhora de percentual de faturamento de empresa.

§ 1º O juiz fixará percentual que propicie a satisfação do crédito exequendo em tempo razoável, mas que não torne inviável o exercício da atividade empresarial.

§ 2º O juiz nomeará administrador-depositário, que submeterá à aprovação judicial a forma de sua atuação e prestará contas mensalmente, entregando em juízo as quantias recebidas, com os respectivos balancetes mensais, a fim de serem imputadas no pagamento da dívida.

§ 3º Na penhora de percentual de faturamento de empresa, observar-se-á, no que couber, o disposto quanto ao regime de penhora de frutos e rendimentos de coisa móvel e imóvel.

Subseção X *Da Penhora de Frutos e Rendimentos de Coisa Móvel ou Imóvel*

▪**Art. 822.** O juiz pode ordenar a penhora de frutos e rendimentos de coisa móvel ou imóvel quando a considerar mais eficiente para o recebimento do crédito e menos gravosa ao executado.

▪**Art. 823.** Ordenada a penhora de frutos e rendimentos, o juiz nomeará administrador-depositário, que será investido de todos os poderes que concernem à administração do bem e à fruição de seus frutos e utilidades, perdendo o executado o direito de gozo do bem, até que o exequente seja pago do principal, dos juros, das custas e dos honorários advocatícios.

§ 1º A medida terá eficácia em relação a terceiros a partir da publicação da decisão que a conceda ou de sua averbação no ofício imobiliário, em se tratando de imóveis.

§ 2º O exequente providenciará a averbação no ofício imobiliário mediante a apresentação de certidão de inteiro teor do ato, independentemente de mandado judicial.

▪**Art. 824.** O juiz poderá nomear administrador--depositário o credor ou o devedor, ouvida a parte contrária; não havendo acordo, o juiz nomeará profissional qualificado para o desempenho da função.

§ 1º O administrador submeterá à aprovação judicial a forma de administração, bem como a de prestar contas periodicamente.

§ 2º Havendo discordância entre as partes ou entre estas e o administrador, o juiz decidirá a melhor forma de administração do bem.

§ 3º Se o imóvel estiver arrendado, o inquilino pagará o aluguel diretamente ao exequente, salvo se houver administrador.

§ 4º O exequente ou o administrador poderá celebrar locação do móvel ou imóvel, ouvido o executado.

§ 5º As quantias recebidas pelo administrador serão entregues ao exequente, a fim de serem imputadas no pagamento da dívida.

§ 6º O exequente dará ao executado quitação, por termo nos autos, das quantias recebidas.

Subseção XI *Da Avaliação*

▪**Art. 825.** A avaliação será feita pelo oficial de justiça.

Parágrafo único. Se forem necessários conhecimentos especializados e o valor da execução o comportar, o juiz nomeará avaliador, fixando-lhe prazo não superior a dez dias para entrega do laudo.

▪**Art. 826.** Não se procederá à avaliação quando:

I – uma das partes aceitar a estimativa feita pela outra;

II – se tratar de títulos ou de mercadorias que tenham cotação em bolsa, comprovada por certidão ou publicação oficial;

III – se tratar de títulos da dívida pública, de ações das sociedades e de títulos de crédito negociáveis em bolsa, cujo valor será o da cotação oficial do dia, provada por certidão ou publicação no órgão oficial;

IV – se tratar de veículos automotores ou de outros bens cujo preço médio de mercado possa ser conhecido por meio de pesquisas realizadas por órgãos oficiais ou de anúncios de venda divulgados em meios de comunicação, caso em que caberá a quem fizer a nomeação o encargo de comprovar a cotação do mercado.

▪**Art. 827.** A avaliação realizada pelo oficial de justiça constará do auto de penhora ou, em caso de perícia realizada por avaliador, de laudo apresentado no prazo fixado pelo juiz, devendo-se, em qualquer hipótese, especificar:

Veja art. 617 deste Projeto.

I – os bens, com as suas características, e o estado em que se encontram;

II – o valor dos bens.

§ 1º Quando o imóvel for suscetível de cômoda divisão, a avaliação, tendo em conta o crédito reclamado, será realizada em partes, sugerindo-se, com a apresentação de memorial descritivo, os possíveis desmembramentos para alienação.

§ 2º Realizada a avaliação e, sendo o caso, apresentada a proposta de desmembramento, as partes serão ouvidas no prazo de cinco dias.

▪**Art. 828.** É admitida nova avaliação quando:

Veja art. 617 deste Projeto.

I – qualquer das partes arguir, fundamentadamente, a ocorrência de erro na avaliação ou dolo do avaliador;

II – se verificar, posteriormente à avaliação, que houve majoração ou diminuição no valor do bem; ou

III – houver fundada dúvida sobre o valor atribuído ao bem por uma das partes.

▪**Art. 829.** Após a avaliação, a requerimento do interessado e ouvida a parte contrária, o juiz poderá mandar:

I – reduzir a penhora aos bens suficientes ou transferi-la para outros, se o valor dos bens penhorados for consideravelmente superior ao crédito do exequente e dos acessórios;

II – ampliar a penhora ou transferi-la para outros bens mais valiosos, se o valor dos bens penhorados for inferior ao crédito do exequente.

▪**Art. 830.** Realizadas a penhora e a avaliação, o juiz dará início aos atos de expropriação de bens.

Seção IV
Da Expropriação de Bens

Subseção I
Da Adjudicação

▪**Art. 831.** É lícito ao exequente, oferecendo preço não inferior ao da avaliação, requerer lhe sejam adjudicados os bens penhorados.

§ 1º Requerida a adjudicação, será dada ciência ao executado, na pessoa de seu advogado.

§ 2º Se o valor do crédito for inferior ao dos bens, o adjudicante depositará de imediato a diferença, ficando esta à disposição do executado; se superior, a execução prosseguirá pelo saldo remanescente.

§ 3º Idêntico direito pode ser exercido pelo credor com garantia real, pelos credores concorrentes que hajam penhorado o mesmo bem, pelo cônjuge, pelo companheiro, pelos descendentes ou pelos ascendentes do executado.

§ 4º Se houver mais de um pretendente, proceder-se-á entre eles a licitação, tendo preferência, em caso de igualdade de oferta, o cônjuge, o companheiro, o descendente ou o ascendente, nessa ordem.

§ 5º No caso de penhora de quota realizada em favor de exequente alheio à sociedade, esta será intimada, ficando responsável por informar aos sócios a ocorrência da penhora, assegurando-se a estes a preferência.

▪**Art. 832.** Transcorrido o prazo de cinco dias contados da última intimação e decididas eventuais questões, o juiz mandará lavrar o auto de adjudicação.

§ 1º Considera-se perfeita e acabada a adjudicação com a lavratura e a assinatura do auto pelo juiz, pelo adjudicante, pelo escrivão e, se estiver presente, pelo executado, expedindo-se:

I – se bem imóvel, a carta de adjudicação e o mandado de imissão na posse;

II – se bem móvel, ordem de entrega ao adjudicante.

§ 2º A carta de adjudicação conterá a descrição do imóvel, com remissão à sua matrícula e aos seus registros, a cópia do auto de adjudicação e a prova de quitação do imposto de transmissão.

▪**Art. 833.** Frustradas as tentativas de alienação do bem, será reaberta oportunidade para requerimento de adjudicação, caso em que também se poderá pleitear a realização de nova avaliação.

Subseção II
Da Alienação

Veja art. 696 deste Projeto.

▪**Art. 834.** A alienação se fará:

Veja art. 696 deste Projeto.

I – por iniciativa particular;

II – em leilão judicial eletrônico ou presencial.

▪**Art. 835.** Não requerida a adjudicação, o exequente poderá requerer a alienação por sua própria iniciativa ou por intermédio de corretor ou leiloeiro público credenciado perante a autoridade judiciária.

§ 1º O juiz fixará o prazo em que a alienação deve ser efetivada, a forma de publicidade, o preço mínimo, as condições de pagamento e as garantias, bem como, se for o caso, a comissão de corretagem, na forma deste Código.

§ 2º A alienação será formalizada por termo nos autos, com a assinatura do juiz, do exequente, do adquirente e, se estiver presente, do executado, expedindo-se:

I – se bem imóvel, a carta de alienação e o mandado de imissão na posse;

II – se bem móvel, ordem de entrega ao adquirente.

§ 3º Os tribunais poderão detalhar o procedimento da alienação prevista neste artigo, admitindo inclusive o concurso de meios eletrônicos, e dispor sobre o credenciamento dos corretores e leiloeiros públicos, os quais deverão estar em exercício profissional por não menos que três anos.

§ 4º Nas localidades em que não houver corretor ou leiloeiro público credenciado nos termos do § 3º, a indicação será de livre escolha do exequente.

▪**Art. 836.** A alienação judicial somente será feita caso não efetivada a adjudicação ou a alienação por iniciativa particular.

§ 1º O leilão do bem penhorado será realizado por leiloeiro, preferencialmente por meio eletrônico, salvo se as condições da sede do juízo não o permitirem, hipótese em que o leilão será presencial.

§ 2º Ressalvados os casos de alienação a cargo de corretores de bolsa de valores, todos os demais bens serão alienados em leilão público.

▪**Art. 837.** O leilão será precedido de publicação de edital, que conterá:

I – a descrição do bem penhorado, com suas características, e, tratando-se de imóvel, sua situação e suas divisas, com remissão à matrícula e aos registros;

II – o valor pelo qual o bem foi avaliado, o preço mínimo pelo qual poderá ser alienado, as condições de pagamento e, se for o caso, a comissão do leiloeiro designado;

III – o lugar onde estiverem os móveis, os veículos e os semoventes; e, em se tratando de créditos ou direitos, os autos do processo em que foram penhorados;

IV – o sítio eletrônico e o período em que se realizará o leilão, salvo se este se der de modo presencial, hipótese em que se indicarão o local, o dia e a hora de sua realização;

V – menção da existência de ônus, recurso ou causa pendente sobre os bens a serem leiloados.

Parágrafo único. No caso de títulos da dívida pública e títulos com cotação em bolsa, constará do edital o valor da última cotação.

▪**Art. 838.** O leiloeiro oficial designado adotará providências para a ampla divulgação da alienação.

§ 1º A publicação do edital deverá ocorrer pelo menos cinco dias antes data marcada para o leilão.

§ 2º O edital será publicado em sítio eletrônico designado pelo juízo da execução e conterá descrição detalhada e, sempre que possível, ilustrada dos bens, informando expressamente se o leilão se dará de forma eletrônica ou presencial.

§ 3º Não sendo possível a publicação em sítio eletrônico ou considerando o juiz, em atenção às condições da sede do juízo, que esse modo de divulgação é insuficiente ou inadequado, o edital será afixado em local de costume e publicado, em resumo, pelo menos uma vez em jornal de ampla circulação local.

§ 4º Quando o valor dos bens penhorados não exceder a sessenta vezes o valor do salário mínimo vigente na data da avaliação, a publicação do edital será feita apenas no sítio eletrônico e no órgão oficial, sem prejuízo da afixação do edital em local de costume.

§ 5º Atendendo ao valor dos bens e às condições da sede do juízo, o juiz poderá alterar a forma e a frequência da publicidade na imprensa, mandar publicar o edital em local de ampla circulação de pessoas e divulgar avisos em emissora de rádio ou televisão local, bem como em sítios eletrônicos distintos dos indicados no § 2º.

§ 6º Os editais de leilão de imóveis e de veículos automotores serão publicados pela imprensa ou por outros meios de divulgação preferencialmente na seção ou no local reservados à publicidade de negócios respectivos.

§ 7º O juiz poderá determinar a reunião de publicações em listas referentes a mais de uma execução.

§ 8º Não se realizando o leilão por qualquer motivo, o juiz mandará publicar a transferência, observando-se o disposto neste artigo.

§ 9º O escrivão ou o leiloeiro que culposamente der causa à transferência responde pelas despesas da nova publicação, podendo o juiz aplicar-lhe a pena de suspensão por cinco dias a três meses, em procedimento administrativo regular.

▪**Art. 839.** Serão cientificados da alienação judicial, com pelo menos cinco dias de antecedência:

I – o executado, por meio de seu advogado ou, se não tiver procurador constituído nos autos, por carta registrada, mandado, edital ou outro meio idôneo;

II – o senhorio direto, o coproprietário de bem indivisível do qual tenha sido penhorada fração ideal, o credor com garantia real ou com penhora anteriormente averbada que não seja de qualquer modo parte na execução.

Parágrafo único. Tendo sido revel o executado, não constando dos autos seu endereço atual ou, ainda, não sendo ele encontrado no endereço constante do processo, a intimação considerar-se-á feita por meio do próprio edital de leilão.

▪**Art. 840.** Pode oferecer lance todo aquele que estiver na livre administração de seus bens, com exceção:

I – dos tutores, dos curadores, dos testamenteiros, dos administradores ou dos liquidantes, quanto aos bens confiados à sua guarda e à sua responsabilidade;

II – dos mandatários, quanto aos bens de cuja administração ou alienação estejam encarregados;

III – do juiz, do membro do Ministério Público e da Defensoria Pública, do escrivão e dos demais servidores e auxiliares da justiça;

IV – dos servidores públicos em geral, quanto aos bens ou aos direitos da pessoa jurídica a que servirem ou que estejam sob sua administração direta ou indireta;

V – dos leiloeiros e seus prepostos, quanto aos bens de cuja venda estejam encarregados;

VI – os advogados de qualquer das partes.

▪**Art. 841.** Não será aceito lance que ofereça preço vil.

Parágrafo único. Considera-se vil o preço inferior a cinquenta por cento do valor da avaliação, salvo se outro for o preço mínimo estipulado pelo juiz para a alienação do bem.

▪**Art. 842.** O juiz da execução estabelecerá o preço mínimo, as condições de pagamento e as garantias que poderão ser prestadas pelo arrematante.

§ 1º Salvo pronunciamento judicial em sentido diverso, o pagamento deverá ser realizado de imediato pelo arrematante.

§ 2º Se o exequente arrematar os bens e for o único credor, não estará obrigado a exibir o preço, mas, se o valor dos bens exceder ao seu crédito, depositará, dentro de três dias, a diferença, sob pena de tornar-se sem efeito a arrematação, e, nesse caso, os bens serão levados a novo leilão, à custa do exequente.

§ 3º Apresentado lance que preveja pagamento a prazo ou em parcelas, o leiloeiro o submeterá ao juiz, que dará o bem por arrematado pelo apresentante do melhor lance ou da proposta mais conveniente.

§ 4º No caso de arrematação a prazo, os pagamentos feitos pelo arrematante pertencerão ao exequente até o limite de seu crédito e os subsequentes, ao executado.

▪**Art. 843.** Se o leilão for de diversos bens e houver mais de um lançador, terá preferência aquele que se propuser a arrematá-los englobadamente, oferecendo, para os que não tiverem lance, preço igual ao da avaliação e, para os demais, preço igual ao do maior lance que, na tentativa de arrematação individualizada, tenha sido oferecido para eles.

▪**Art. 844.** Quando o imóvel admitir cômoda divisão, o juiz, a requerimento do devedor, ordenará a alienação judicial de parte dele, desde que suficiente para o pagamento do credor.

§ 1º Não havendo lançador, far-se-á a alienação do imóvel em sua integridade.

§ 2º A alienação por partes deverá ser requerida a tempo de permitir a avaliação das glebas destacadas e sua inclusão no edital; caso em que caberá ao executado instruir o requerimento com planta e memorial descritivo subscritos por profissional habilitado.

▪**Art. 845.** Tratando-se de bem imóvel ou de bem móvel de valor elevado, quem estiver interessado em adquiri-lo em prestações poderá apresentar por escrito sua proposta, com valor nunca inferior ao da avaliação, com oferta de pelo menos trinta por cento à vista, sendo o restante garantido por caução idônea.

§ 1º As propostas para aquisição em prestações, que serão juntadas aos autos, indicarão o prazo, a modalidade e as condições de pagamento do saldo.

§ 2º A apresentação da proposta prevista neste artigo não suspende o leilão cujo procedimento já se tenha iniciado.

▪**Art. 846.** Quando o imóvel de incapaz não alcançar em leilão pelo menos oitenta por cento do valor da avaliação, o juiz o confiará à guarda e à administração de depositário idôneo, adiando a alienação por prazo não superior a um ano.

§ 1º Se, durante o adiamento, algum pretendente assegurar, mediante caução idônea, o preço da avaliação, o juiz ordenará a alienação em leilão.

§ 2º Se o pretendente à arrematação se arrepender, o juiz impor-lhe-á multa de vinte por cento sobre o valor da avaliação, em benefício do incapaz, valendo a decisão como título executivo.

§ 3º Sem prejuízo do disposto nos §§ 1º e 2º, o juiz poderá autorizar a locação do imóvel no prazo do adiamento.

§ 4º Findo o prazo do adiamento, o imóvel será submetido a novo leilão.

▪**Art. 847.** O fiador do arrematante que pagar o valor do lance e a multa poderá requerer que a arrematação lhe seja transferida.

▪**Art. 848.** Se o arrematante ou seu fiador não pagar o preço no prazo estabelecido, o juiz impor-lhe-á, em favor do exequente, a perda da caução, voltando os bens a novo leilão, do qual não serão admitidos a participar o arrematante e o fiador remissos.

▪**Art. 849.** Será suspensa a arrematação logo que o produto da alienação dos bens for suficiente para o pagamento do credor.

▪**Art. 850.** Incumbe ao leiloeiro:

I – publicar o edital, anunciando a alienação;

II – realizar o leilão onde se encontrem os bens ou no lugar designado pelo juiz;

III – expor aos pretendentes os bens ou as amostras das mercadorias;

IV – receber do arrematante a comissão estabelecida em lei ou arbitrada pelo juiz;

V – receber e depositar, dentro de um dia, à ordem do juiz, o produto da alienação;

VI – prestar contas nos dois dias subsequentes ao depósito.

▪**Art. 851.** Caberá ao juiz a designação do leiloeiro público, que poderá ser indicado pelo exequente.

▪**Art. 852.** A alienação judicial por meio eletrônico será realizada, observando-se as garantias processuais das partes, de acordo com regulamentação específica do Conselho Nacional de Justiça.

Parágrafo único. A alienação judicial por meio eletrônico deverá atender aos requisitos de ampla publicidade, autenticidade e segurança, com observância das regras estabelecidas na legislação sobre certificação digital.

▪**Art. 853.** Não sendo possível a realização de leilão por meio eletrônico, este se dará de modo presencial.

▪**Art. 854.** O leilão presencial será realizado no local designado pelo juiz.

▪**Art. 855.** O leilão prosseguirá no dia útil imediato, à mesma hora em que teve início, independentemente de novo edital, se for ultrapassado o horário de expediente forense.

▪**Art. 856.** A arrematação constará de auto que será lavrado de imediato e poderá abranger bens penhorados em mais de uma execução, nele mencionadas as condições pelas quais foi alienado o bem.

Parágrafo único. A ordem de entrega do bem móvel ou a carta de arrematação do bem imóvel, com o respectivo mandado de imissão na posse, será expedida depois de efetuado o depósito ou prestadas as garantias pelo arrematante, bem como realizado o pagamento da comissão do leiloeiro.

▪**Art. 857.** Qualquer que seja a modalidade de leilão, assinado o auto pelo juiz, pelo arrematante e pelo serventuário da justiça ou pelo leiloeiro, a arrematação será considerada perfeita, acabada e irretratável, ainda que venham a ser julgados procedentes os embargos do executado.

§ 1º A arrematação poderá, no entanto, ser tornada sem efeito:

I – por vício de nulidade;

II – se não observado o disposto no art. 761;

III – se não for pago o preço ou se não for prestada a caução;

IV – quando realizada por preço vil;

V – nos demais casos previstos neste Código.

§ 2º O juiz decidirá nos próprios autos da execução acerca dos vícios referidos no § 1º, enquanto não for expedida a carta de arrematação ou a ordem de entrega.

§ 3º Expedida, após dez dias, a carta de arrematação ou a ordem de entrega, o vício deverá ser arguido em ação autônoma, na qual o arrematante figurará como litisconsorte necessário.

§ 4º Julgado procedente o pedido da ação autônoma, as partes serão restituídas ao estado anterior, ressalvada a possibilidade de reparação de perdas e danos.

§ 5º O arrematante poderá desistir da arrematação, sendo-lhe imediatamente devolvido o depósito que tiver feito:

I – se provar, nos dez dias seguintes, a existência de ônus real ou gravame não mencionado no edital;

II – se, antes de expedida a carta de arrematação ou a ordem de entrega, o executado suscitar algum dos vícios indicados no § 1º.

§ 6º Considera-se ato atentatório à dignidade da justiça a suscitação infundada de vício com o objetivo de ensejar a desistência do arrematante.

▪**Art. 858.** A carta de arrematação conterá a descrição do imóvel, com remissão à sua matrícula e aos seus registros, a cópia do auto de arrematação e a prova de quitação do imposto de transmissão.

Seção V
Da Satisfação do Crédito

▪**Art. 859.** A satisfação do crédito exequendo far-se-á:

I – pela entrega do dinheiro;

II – pela adjudicação dos bens penhorados.

▪**Art. 860.** O juiz autorizará que o credor levante, até a satisfação integral de seu crédito, o dinheiro depositado para segurar o juízo ou o produto dos bens alienados, bem como do faturamento de empresa ou de outros frutos e rendimentos de coisas ou empresas penhoradas, quando:

I – a execução for movida só a benefício do credor singular, a quem, por força da penhora, cabe o direito de preferência sobre os bens penhorados e alienados;

II – não houver sobre os bens alienados outros privilégios ou preferências instituídos anteriormente à penhora.

▪**Art. 861.** Ao receber o mandado de levantamento, o credor dará ao devedor, por termo nos autos, quitação da quantia paga.

Parágrafo único. A expedição de mandado de levantamento poderá ser substituída pela transferência eletrônica do valor depositado em conta vinculada ao juízo para outra indicada pelo credor.

▪**Art. 862.** Pago ao credor o principal, os juros, as custas e os honorários, a importância que sobrar será restituída ao devedor.

▪**Art. 863.** Concorrendo vários credores, o dinheiro lhes será distribuído e entregue consoante a ordem das respectivas preferências.

§ 1º No caso de adjudicação ou alienação, os créditos que recaem sobre o bem, inclusive os de natureza *propter rem*, sub-rogam-se sobre o respectivo preço, observada a ordem de preferência.

§ 2º Não havendo título legal à preferência, o dinheiro será distribuído entre os concorrentes, observando-se a anterioridade de cada penhora.

▪**Art. 864.** Os credores formularão as suas pretensões, que versarão unicamente sobre o direito de preferência e a anterioridade da penhora. Apresentadas as razões, o juiz decidirá.

▪**Art. 865.** Caso qualquer dos credores alegue a insolvência do devedor, o juiz, ouvidos os demais credores concorrentes e o executado, determinará que o dinheiro, respeitadas as preferências legais, seja partilhado proporcionalmente ao valor de cada crédito.

Parágrafo único. A decisão do juiz poderá ser impugnada por agravo de instrumento.

CAPÍTULO V
DA EXECUÇÃO CONTRA A FAZENDA PÚBLICA

▪**Art. 866.** Na execução fundada em título extrajudicial, a Fazenda Pública será citada para opor embargos em trinta dias.

§ 1º Não opostos embargos ou transitada em julgado a decisão que os rejeitar, expedir-se-á precatório ou requisição de pequeno valor em favor do exequente, observando-se o disposto no art. 100 da Constituição da República.

§ 2º Nos embargos, a Fazenda Pública poderá alegar qualquer matéria que lhe seria lícito deduzir como defesa no processo de conhecimento.

§ 3º Aplica-se a este Capítulo, no que couber, o disposto nos arts. 519 e 520.

CAPÍTULO VI
DA EXECUÇÃO DE ALIMENTOS

▪**Art. 867.** A execução fundada em título executivo extrajudicial que contém obrigação alimentar, o juiz mandará citar o devedor para, em três dias, efetuar o pagamento das parcelas anteriores ao início da execução e das que se vencerem no seu curso, provar que o fez ou justificar a impossibilidade de efetuá-lo.

§ 1º Se o devedor não pagar, nem se escusar, o juiz decretar-lhe-á a prisão pelo prazo de um a três meses.

§ 2º O cumprimento da pena não exime o devedor do pagamento das prestações vencidas e vincendas.

§ 3º Paga a prestação alimentícia, o juiz suspenderá o cumprimento da ordem de prisão.

▪**Art. 868.** Quando o devedor for funcionário público, militar, diretor ou gerente de empresa, bem como empregado sujeito à legislação do trabalho, o exequente poderá requerer o desconto em folha de pagamento a importância da prestação alimentícia.

§ 1º Ao despachar a inicial, o juiz oficiará à autoridade, à empresa ou ao empregador, determinando, sob pena de crime de desobediência, o desconto a partir da primeira remuneração posterior do executado, a contar do protocolo do ofício.

§ 2º O ofício conterá os nomes e o número de inscrição no cadastro de pessoas físicas do exequente e do executado, a importância a ser descontada mensalmente, o tempo de sua duração e a conta na qual deva ser feito o depósito.

▪**Art. 869.** Não requerida a execução nos termos desta Seção, observar-se-á o disposto no art. 781 e seguintes, com a ressalva de que, recaindo a penhora em dinheiro, a concessão de efeito suspensivo aos embargos à execução não obsta a que o exequente levante mensalmente a importância da prestação.

TÍTULO III
DOS EMBARGOS À EXECUÇÃO

▪**Art. 870.** O executado, independentemente de penhora, depósito ou caução, poderá opor-se à execução por meio de embargos.

§ 1º Os embargos à execução serão distribuídos por dependência, autuados em apartado e instruídos com cópias das peças processuais relevantes, que poderão ser declaradas autênticas pelo próprio advogado, sob sua responsabilidade pessoal.

§ 2º Na execução por carta, os embargos serão oferecidos no juízo deprecante ou no juízo deprecado, mas a competência para julgá-los é do juízo deprecante, salvo se versarem unicamente sobre vícios ou defeitos da penhora, avaliação ou alienação dos bens.

▪**Art. 871.** Os embargos serão oferecidos no prazo de quinze dias, contados da data da juntada aos autos do mandado de citação.

§ 1º Quando houver mais de um executado, o prazo para cada um deles embargar conta-se a partir da juntada do respectivo mandado de citação, salvo se se tratar de cônjuges ou de companheiros.

§ 2º Nas execuções por carta precatória, a citação do executado será imediatamente comunicada pelo juiz deprecado ao juiz deprecante, inclusive por meios eletrônicos, contando-se o prazo para embargos a partir da juntada aos autos dessa comunicação.

§ 3º Aos embargos à execução não se aplica a regra especial de contagem dos prazos prevista para os litisconsortes.

▪**Art. 872.** No prazo para embargos, reconhecendo o crédito do exequente e comprovando o depósito de trinta por cento do valor em execução, inclusive custas e honorários de advogado, o executado poderá requerer seja admitido a pagar o restante em até seis parcelas mensais, acrescidas de correção monetária e juros de um por cento ao mês.

§ 1º Sendo a proposta deferida pelo juiz, o exequente levantará a quantia depositada e serão suspensos os atos executivos; caso seja indeferida, seguir-se-ão os atos executivos, mantido o depósito.

§ 2º O não pagamento de qualquer das prestações acarretará cumulativamente:

I – o vencimento das prestações subsequentes e o prosseguimento do processo, com o imediato início dos atos executivos;

II – a imposição ao executado de multa de dez por cento sobre o valor das prestações não pagas.

§ 3º A opção pelo parcelamento de que trata este artigo importa renúncia ao direito de opor embargos.

▪**Art. 873.** Nos embargos à execução, o executado poderá alegar:

I – nulidade da execução, por não ser executivo o título apresentado;

II – penhora incorreta ou avaliação errônea;

III – excesso de execução ou cumulação indevida de execuções;

IV – retenção por benfeitorias necessárias ou úteis, nos casos de título para entrega de coisa certa;

V – qualquer matéria que lhe seria lícito deduzir como defesa em processo de conhecimento.

§ 1º Há excesso de execução quando:

I – o credor pleiteia quantia superior à do título;

II – recai sobre coisa diversa daquela declarada no título;

III – esta se processa de modo diferente do que foi determinado no título;

IV – o credor, sem cumprir a prestação que lhe corresponde, exige o adimplemento da do devedor;

V – o credor não prova que a condição se realizou.

§ 2º Nos embargos de retenção por benfeitorias, o exequente poderá requerer a compensação de seu valor com o dos frutos ou dos danos considerados devidos pelo executado, cumprindo ao juiz, para a apuração dos respectivos valores, nomear perito, fixando-lhe breve prazo para entrega do laudo.

§ 3º O exequente poderá a qualquer tempo ser imitido na posse da coisa, prestando caução ou depositando o valor devido pelas benfeitorias ou resultante da compensação.

§ 4º A incorreção da penhora ou da avaliação poderá ser impugnada por simples petição.

§ 5º Quando o excesso de execução for fundamento dos embargos, o embargante deverá declarar na petição inicial o valor que entende correto, apresentando memória do cálculo, sob pena de rejeição liminar dos embargos ou de não conhecimento desse fundamento.

▪**Art. 874.** O juiz rejeitará liminarmente os embargos quando:

I – intempestivos ou ineptos;

II – manifestamente protelatórios.

▪**Art. 875.** Os embargos à execução não terão efeito suspensivo.

§ 1º O juiz poderá, a requerimento do embargante, atribuir efeito suspensivo aos embargos quando verificados os requisitos para a concessão da tutela de urgência ou da evidência, e desde que a execução já esteja garantida por penhora, depósito ou caução suficientes.

§ 2º A decisão relativa aos efeitos dos embargos poderá, a requerimento da parte, ser modificada ou revogada a qualquer tempo, em decisão fundamentada, cessando as circunstâncias que a motivaram.

§ 3º Quando o efeito suspensivo atribuído aos embargos disser respeito apenas a parte do objeto da execução, esta prosseguirá quanto à parte restante.

§ 4º A concessão de efeito suspensivo aos embargos oferecidos por um dos executados não suspenderá a execução contra os que não embargaram, quando o respectivo fundamento disser respeito exclusivamente ao embargante.

§ 5º A concessão de efeito suspensivo não impedirá a efetivação dos atos substituição, reforço ou redução da penhora e de avaliação dos bens.

▪**Art. 876.** Recebidos os embargos, o exequente será ouvido no prazo de quinze dias; a seguir, o juiz julgará imediatamente o pedido ou designará audiência, proferindo sentença.

Parágrafo único. Considera-se conduta atentatória à dignidade da justiça o oferecimento de embargos manifestamente protelatórios.

TÍTULO IV
DA SUSPENSÃO E DA EXTINÇÃO DO PROCESSO DE EXECUÇÃO

CAPÍTULO I
DA SUSPENSÃO

▪**Art. 877.** Suspende-se a execução:

I – nas hipóteses previstas de suspensão do processo, no que couber;

II – no todo ou em parte, quando recebidos com efeito suspensivo os embargos à execução;

III – quando o devedor não possuir bens penhoráveis;

Veja art. 880, VI, deste Projeto.

IV – se a alienação dos bens penhorados não se realizar por falta de licitantes e o exequente, em dez dias, não requerer a adjudicação nem indicar outros bens penhoráveis.

Veja art. 880, VI, deste Projeto.

▪**Art. 878.** Convindo as partes, o juiz declarará suspensa a execução durante o prazo concedido pelo credor, para que o devedor cumpra voluntariamente a obrigação.

Parágrafo único. Findo o prazo sem cumprimento da obrigação, o processo retomará o seu curso.

▪**Art. 879.** Suspensa a execução, não serão praticados atos processuais, podendo o juiz, entretanto, ordenar providências urgentes.

CAPÍTULO II
DA EXTINÇÃO

▪**Art. 880.** Extingue-se a execução quando:

I – a petição inicial é indeferida;

II – o devedor satisfaz a obrigação;

III – o devedor obtém, por transação ou por qualquer outro meio, a remissão total da dívida;

IV – o credor renuncia ao crédito;

V – ocorrer a prescrição intercorrente;

VI – o processo permanece suspenso, nos termos do art. 877, incisos III e IV, por tempo suficiente para perfazer a prescrição.

Parágrafo único. Na hipótese de prescrição intercorrente, deverá o juiz, antes de extinguir a execução, ouvir as partes, no prazo comum de cinco dias.

▪**Art. 881.** A extinção só produz efeito quando declarada por sentença.

LIVRO IV
DOS PROCESSOS NOS TRIBUNAIS E DOS MEIOS DE IMPUGNAÇÃO DAS DECISÕES JUDICIAIS

TÍTULO I
DOS PROCESSOS NOS TRIBUNAIS

CAPÍTULO I
DISPOSIÇÕES GERAIS

▪**Art. 882.** Os tribunais, em princípio, velarão pela uniformização e pela estabilidade da jurisprudência, observando-se o seguinte:

I – sempre que possível, na forma e segundo as condições fixadas no regimento interno, deverão editar enunciados correspondentes à súmula da jurisprudência dominante;

II – os órgãos fracionários seguirão a orientação do plenário, do órgão especial ou dos órgãos fracionários superiores aos quais estiverem vinculados, nesta ordem;

III – a jurisprudência pacificada de qualquer tribunal deve orientar as decisões de todos os órgãos a ele vinculados;

IV – a jurisprudência do Supremo Tribunal Federal e dos tribunais superiores deve nortear as decisões de todos os tribunais e juízos singulares do país, de modo a concretizar plenamente os princípios da legalidade e da isonomia;

V – na hipótese de alteração da jurisprudência dominante do Supremo Tribunal Federal e dos tribunais superiores ou daquela oriunda de julgamento de casos repetitivos, pode haver modulação dos efeitos da alteração no interesse social e no da segurança jurídica.

§ 1º A mudança de entendimento sedimentado observará a necessidade de fundamentação adequada e específica, considerando o imperativo de estabilidade das relações jurídicas.

§ 2º Os regimentos internos preverão formas de revisão da jurisprudência em procedimento autônomo, franqueando-se inclusive a realização de audiências públicas e a participação de pessoas, órgãos ou entidades que possam contribuir para a elucidação da matéria.

▪**Art. 883.** Para os fins deste Código, considera-se julgamento de casos repetitivos:

I – o do incidente de resolução de demandas repetitivas;

II – o dos recursos especial e extraordinário repetitivos.

CAPÍTULO II
DA ORDEM DOS PROCESSOS NO TRIBUNAL

▪**Art. 884.** Os autos serão registrados no protocolo do tribunal no dia de sua entrada, cabendo à secretaria verificar-lhes a numeração das folhas e ordená-los para distribuição.

Parágrafo único. Os serviços de protocolo poderão, a critério do tribunal, ser descentralizados, mediante delegação a ofícios de justiça de primeiro grau.

▪**Art. 885.** Far-se-á a distribuição de acordo com o regimento interno do tribunal, observando-se os princípios da publicidade, da alternatividade e do sorteio.

▪**Art. 886.** O recurso de um dos litisconsortes torna prevento o relator para os interpostos pelos demais, na forma do regimento interno do tribunal.

▪**Art. 887.** Distribuídos, os autos serão submetidos imediatamente à apreciação do relator, que, depois de estudá-los, os restituirá à secretaria com o seu "visto", cabendo-lhe fazer exposição dos pontos controvertidos sobre os quais versar a causa.

▪**Art. 888.** Incumbe ao relator:

Veja art. 996, § 6º, deste Projeto.

I – dirigir e ordenar o processo no tribunal;

II – apreciar o pedido de tutela de urgência ou da evidência nos recursos e nos processos de competência originária do tribunal;

III – negar seguimento a recurso inadmissível, prejudicado ou que não tenha atacado especificamente os fundamentos da decisão ou sentença recorrida;

IV – negar provimento a recurso que contrariar:

a) súmula do Supremo Tribunal Federal, do Superior Tribunal de Justiça ou do próprio tribunal;

b) acórdão proferido pelo Supremo Tribunal Federal ou pelo Superior Tribunal de Justiça em julgamento de casos repetitivos;

c) entendimento firmado em incidente de resolução de demandas repetitivas ou de assunção de competência.

V – dar provimento ao recurso se a decisão recorrida contrariar:

a) súmula do Supremo Tribunal Federal, do Superior Tribunal de Justiça ou do próprio tribunal;

b) acórdão proferido pelo Supremo Tribunal Federal, ou pelo Superior Tribunal de Justiça em julgamento de casos repetitivos;

c) entendimento firmado em incidente de resolução de demandas repetitivas ou de assunção de competência;

VI – exercer outras atribuições estabelecidas nos regimentos internos dos tribunais.

▪**Art. 889.** Tratando-se de apelação e de ação rescisória, os autos serão conclusos ao revisor, sempre que possível por meio eletrônico.

§ 1º Será revisor o juiz que se seguir ao relator na ordem descendente de antiguidade.

§ 2º O revisor aporá nos autos o seu "visto", cabendo-lhe pedir dia para julgamento.

§ 3º Nos casos previstos em lei e na hipótese de indeferimento liminar da petição inicial, não haverá revisor.

▪**Art. 890.** Os autos serão, em seguida, apresentados ao presidente, que designará dia para julgamento, mandando, em todos os casos tratados neste Livro, publicar a pauta no órgão oficial.

§ 1º Entre a data da publicação da pauta e a sessão de julgamento mediará, pelo menos, o prazo de três dias.

§ 2º Afixar-se-á a pauta na entrada da sala em que se realizar a sessão de julgamento.

§ 3º Salvo caso de força maior, participará do julgamento do recurso o juiz que houver lançado o "visto" nos autos.

▪**Art. 891.** Ressalvadas as preferências legais, os recursos serão julgados na seguinte ordem:

I – em primeiro lugar, aqueles nos quais for realizada sustentação oral, observada a precedência de seu pedido;

II – depois aqueles cujo julgamento tenha iniciado na sessão anterior;

III – depois os pedidos de preferência apresentados até o início da sessão de julgamento;

IV – por último, os demais casos.

▪**Art. 892.** Na sessão de julgamento, depois da exposição da causa pelo do relator, o presidente dará a palavra, sucessivamente, ao recorrente e ao recorrido, pelo prazo improrrogável de quinze minutos para cada um, a fim de sustentarem as razões nas seguintes hipóteses:

I – no recurso de apelação;

II – no recurso especial;

III – no recurso extraordinário;

IV – no agravo interno originário de recurso de apelação ou recurso especial ou recurso extraordinário;

V – no agravo de instrumento interposto de decisões interlocutórias que versem sobre tutelas de urgência ou da evidência;

VI – nos embargos de divergência;

VII – no recurso ordinário;

VIII – na ação rescisória.

§ 1º A sustentação oral no incidente de resolução de demandas repetitivas observará o disposto no art. 993.

§ 2º Os procuradores que desejarem proferir sustentação oral poderão requerer, até o início da sessão, que seja o feito julgado em primeiro lugar, sem prejuízo das preferências legais.

▪**Art. 893.** As questões preliminares suscitadas no julgamento serão solucionadas antes do mérito, deste não se conhecendo se incompatível com a decisão.

§ 1º Verificada a ocorrência de nulidade sanável, o relator deverá determinar a realização ou a renovação do ato processual, no próprio tribunal ou em primeiro grau, intimadas as partes; cumprida a diligência, sempre que possível, prosseguirá o julgamento do recurso.

§ 2º Reconhecida a necessidade de produção de prova, o relator deverá, sem anular o processo, converter o julgamento em diligência para a instrução, que se realizará na instância inferior. Cumprida a determinação, o tribunal decidirá.

▪**Art. 894.** Rejeitada a preliminar ou se com ela for compatível a apreciação do mérito, seguir-se-ão a discussão e o julgamento da matéria principal, sobre a qual deverão se pronunciar os juízes vencidos na preliminar.

▪**Art. 895.** Qualquer juiz, inclusive o relator, que não se considerar habilitado a proferir imediatamente seu voto, poderá pedir vista pelo prazo máximo de dez dias, após o que o recurso será reincluído em pauta para julgamento na sessão seguinte à data da devolução.

Parágrafo único. Se os autos não forem devolvidos tempestivamente, nem for solicitada prorrogação do prazo pelo juiz, o presidente do órgão fracionário os requisitará para julgamento do recurso na sessão ordinária subsequente, com publicação em pauta.

▪**Art. 896.** Proferidos os votos, o presidente anunciará o resultado do julgamento, designando para redigir o acórdão o relator ou, se vencido este, o autor do primeiro voto vencedor.

§ 1º Os votos poderão ser alterados até o momento da proclamação do resultado pelo presidente.

§ 2º No julgamento de apelação ou de agravo de instrumento, a decisão será tomada, no órgão fracionário, pelo voto de três juízes.

§ 3º O voto vencido será necessariamente declarado e considerado parte integrante do acórdão para todos os fins legais, inclusive de prequestionamento.

▪**Art. 897.** Os votos, os acórdãos e os demais atos processuais podem ser registrados em documento eletrônico inviolável e assinados eletronicamente, na forma da lei, devendo ser impressos para juntada aos autos do processo, quando este não for eletrônico.

§ 1º Todo acórdão conterá ementa.

§ 2º Lavrado o acórdão, serão as suas conclusões publicadas no órgão oficial dentro de dez dias.

§ 3º Não publicado o acórdão no prazo de um mês, contado da data da sessão de julgamento, as notas taquigráficas o substituirão, para todos os fins legais, independentemente de revisão.

▪**Art. 898.** Havendo recursos de vários litisconsortes versando a mesma questão de direito, a primeira decisão favorável proferida prejudica os demais recursos.

▪**Art. 899.** A apelação não será julgada antes do agravo de instrumento interposto no mesmo processo.

Parágrafo único. Se ambos os recursos houverem de ser julgados na mesma sessão, terá precedência o agravo.

▪**Art. 900.** Ocorrendo relevante questão de direito, que faça conveniente prevenir ou compor divergência entre órgãos fracionários do tribunal, deverá o relator, de ofício ou a requerimento das partes ou do Ministério Público, propor seja o recurso julgado pelo órgão colegiado que o Regimento Interno indicar; reconhecendo o interesse público na assunção de competência, esse órgão colegiado dará conhecimento ao Presidente do Tribunal e julgará o recurso.

§ 1º Cientificado da assunção da competência, o Presidente do Tribunal, dando-lhe ampla publicidade, determinará a suspensão dos demais recursos que versem sobre a mesma questão.

§ 2º A decisão proferida com base neste artigo vinculará todos os órgãos fracionários, salvo revisão de tese, na forma do regimento interno do tribunal.

CAPÍTULO III
DA DECLARAÇÃO DE INCONSTITUCIONALIDADE

▪**Art. 901.** Arguida a inconstitucionalidade de lei ou de ato normativo do poder público, o relator, ouvido o Ministério Público, submeterá a questão à turma ou à câmara, a que tocar o conhecimento do processo.

▪**Art. 902.** Se a alegação for rejeitada, prosseguirá o julgamento; se acolhida, será submetida a questão ao plenário do Tribunal ou ao órgão especial, onde houver.

Parágrafo único. Os órgãos fracionários dos tribunais não submeterão ao plenário ou ao órgão especial a arguição de inconstitucionalidade, quando já houver pronunciamento destes ou do plenário do Supremo Tribunal Federal sobre a questão.

▪**Art. 903.** Remetida cópia do acórdão a todos os juízes, o Presidente do Tribunal designará a sessão de julgamento.

§ 1º O Ministério Público e as pessoas jurídicas de direito público responsáveis pela edição do ato questionado, se assim o requererem, poderão manifestar-se no incidente de inconstitucionalidade, observados os prazos e as condições fixados no Regimento Interno do Tribunal.

§ 2º Os titulares do direito de propositura referidos no art. 103 da Constituição da República poderão manifestar-se, por escrito, sobre a questão constitucional objeto de apreciação, no prazo fixado pelo regimento interno, sendo-lhes assegurado o direito de apresentar memoriais ou de pedir a juntada de documentos.

§ 3º O relator, considerando a relevância da matéria e a representatividade dos postulantes, poderá admitir, por despacho irrecorrível, a manifestação de outros órgãos ou entidades.

CAPÍTULO IV
DO CONFLITO DE COMPETÊNCIA

▪**Art. 904.** O conflito pode ser suscitado por qualquer das partes, pelo Ministério Público ou pelo juiz.

Parágrafo único. O Ministério Público será ouvido em todos os conflitos de competência, mas terá qualidade de parte naqueles que suscitar.

▪**Art. 905.** Não pode suscitar conflito a parte que, no processo, arguiu incompetência.

Parágrafo único. O conflito de competência não obsta, porém, a que a parte que não o arguiu, suscite a incompetência.

▪**Art. 906.** O conflito será suscitado ao presidente do tribunal:

I – pelo juiz, por ofício;

II – pela parte e pelo Ministério Público, por petição.

Parágrafo único. O ofício e a petição serão instruídos com os documentos necessários à prova do conflito.

▪**Art. 907.** Após a distribuição, o relator mandará ouvir os juízes em conflito ou, se um deles for suscitante, apenas o suscitado; dentro do prazo assinado pelo relator, caberá ao juiz ou juízes prestar as informações.

▪**Art. 908.** O relator poderá, de ofício ou a requerimento de qualquer das partes, determinar, quando o conflito for positivo, seja sobrestado o processo, mas nesse caso, bem como no de conflito negativo, designará um dos juízes para resolver, em caráter provisório, as medidas urgentes.

Parágrafo único. Havendo jurisprudência dominante do tribunal sobre a questão suscitada, o relator poderá decidir de plano o conflito de competência, cabendo agravo interno para o órgão recursal competente, no prazo de quinze dias, contado da intimação da decisão às partes.

▪**Art. 909.** Decorrido o prazo determinado pelo relator, ainda que as informações não tenham sido prestadas, será ouvido, em cinco dias, o Ministério Público; em seguida o relator apresentará o conflito em sessão de julgamento.

▪**Art. 910.** Ao decidir o conflito, o tribunal declarará qual o juiz competente, pronunciando-se também sobre a validade dos atos do juiz incompetente.

Parágrafo único. Os autos do processo em que se manifestou o conflito serão remetidos ao juiz declarado competente.

▪**Art. 911.** No conflito entre órgãos fracionários dos tribunais, juízes de segundo grau e desembargadores, observar-se-á o que dispuser a respeito o regimento interno do tribunal.

▪**Art. 912.** Os regimentos internos dos tribunais regularão o processo e julgamento do conflito de atribuições entre autoridade judiciária e autoridade administrativa.

CAPÍTULO V
DA HOMOLOGAÇÃO DE SENTENÇA ESTRANGEIRA OU DE SENTENÇA ARBITRAL

▪**Art. 913.** A homologação de decisões estrangeiras será requerida por carta rogatória ou por ação de homologação de decisão estrangeira.

Parágrafo único. A homologação obedecerá ao que dispuser o Regimento Interno do Superior Tribunal de Justiça.

▪**Art. 914.** As decisões estrangeiras somente terão eficácia no Brasil após homologadas.

§ 1º São passíveis de homologação todas as decisões, interlocutórias ou finais, bem como as não judiciais que, pela lei brasileira, teriam natureza jurisdicional.

§ 2º As decisões estrangeiras poderão ser homologadas parcialmente.

§ 3º A autoridade judiciária brasileira poderá deferir pedidos de urgência, assim como realizar atos de execução provisória, nos procedimentos de homologação de decisões estrangeiras.

§ 4º Haverá homologação de decisões estrangeiras, para fins de execução fiscal, quando prevista em tratado ou em promessa de reciprocidade apresentada à autoridade brasileira.

▪**Art. 915.** São passíveis de homologação as decisões estrangeiras concessivas de medidas de urgência, interlocutórias e finais.

§ 1º O juízo sobre a urgência da medida compete exclusivamente à autoridade jurisdicional requerente.

§ 2º A decisão que denegar a homologação da sentença estrangeira revogará a tutela de urgência.

▪**Art. 916.** Constituem requisitos indispensáveis à homologação da decisão:

I – ser proferida por autoridade competente;

II – ser precedida de citação regular, ainda que verificada a revelia;

III – ser eficaz no país em que foi proferida;

IV – estar autenticada pelo cônsul brasileiro e acompanhada de tradução oficial;

V – não haver manifesta ofensa à ordem pública.

Parágrafo único. As medidas de urgência, ainda que proferidas sem a audiência do réu, poderão ser homologadas, desde que garantido o contraditório em momento posterior.

▪**Art. 917.** Não serão homologadas as decisões estrangeiras nas hipóteses de competência exclusiva da autoridade judiciária brasileira.

▪**Art. 918.** O cumprimento da sentença estrangeira far-se-á nos autos do processo de homologação, perante o juízo federal competente, a requerimento da parte e conforme as normas estabelecidas para o cumprimento da sentença nacional.

CAPÍTULO VI
DA AÇÃO RESCISÓRIA E DA AÇÃO ANULATÓRIA

Seção I
Da Ação Rescisória

▪**Art. 919.** A sentença ou o acórdão de mérito, transitados em julgado, podem ser rescindidos quando:

I – se verificar que foram proferidos por força de prevaricação, concussão ou corrupção do juiz;

Veja art. 928 deste Projeto.

II – proferidos por juiz impedido ou absolutamente incompetente;

III – resultarem de dolo da parte vencedora em detrimento da parte vencida ou de colusão entre as partes, a fim de fraudar a lei;

IV – ofenderem a coisa julgada;

V – violarem manifestamente a norma jurídica;

VI – se fundarem em prova cuja falsidade tenha sido apurada em processo criminal, ou venha a ser demonstrada na própria ação rescisória;

Veja art. 928 deste Projeto.

VII – o autor, posteriormente ao trânsito em julgado, obtiver prova nova, cuja existência ignorava ou de que não pôde fazer uso, capaz, por si só, de lhe assegurar pronunciamento favorável;

VIII – fundada em erro de fato verificável do exame dos autos.

Parágrafo único. Há erro quando a decisão rescindenda admitir um fato inexistente ou quando considerar inexistente um fato efetivamente ocorrido, sendo indispensável, num como noutro caso, que não tenha havido controvérsia, nem pronunciamento judicial sobre o fato.

▪**Art. 920.** Têm legitimidade para propor a ação rescisória:

I – quem foi parte no processo ou o seu sucessor a título universal ou singular;

II – o terceiro juridicamente interessado;

III – o Ministério Público:

a) se não foi ouvido no processo em que lhe era obrigatória a intervenção;

b) quando a decisão rescindenda é o efeito de colusão das partes, a fim de fraudar a lei.

▪**Art. 921.** A petição inicial será elaborada com observância dos requisitos essenciais do art. 293, devendo o autor:

I – cumular ao pedido de rescisão, se for o caso, o de novo julgamento da causa;

II – depositar a importância de cinco por cento sobre o valor da causa, a título de multa, caso a ação seja, por unanimidade de votos, declarada inadmissível ou improcedente.

§ 1º Não se aplica o disposto no inciso II à União, ao Estado, ao Distrito Federal, ao Município, respectivas autarquias e fundações de direito público, ao Ministério Público, e aos que tenham obtido o benefício da gratuidade de justiça.

§ 2º Será indeferida a petição inicial nos casos previstos no art. 305 ou quando não efetuado o depósito exigido pelo inciso II deste artigo, ou rejeitada liminarmente a demanda nos casos do art. 307.

▪**Art. 922.** A propositura da ação rescisória não impede o cumprimento da sentença ou do acórdão rescindendo, ressalvada a concessão de tutelas de urgência ou da evidência.

▪**Art. 923.** O relator mandará citar o réu, assinando-lhe prazo nunca inferior a quinze dias nem superior a um mês para, querendo, contestar. Findo o prazo, com ou sem contestação, observar-se-á no que couber o procedimento comum.

▪**Art. 924.** Na ação rescisória, devolvidos os autos pelo relator, a secretaria do tribunal expedirá cópias do relatório e as distribuirá entre os juízes que compuserem o órgão competente para o julgamento.

Parágrafo único. A escolha de relator e de revisor recairá, sempre que possível, em juiz que não haja participado do julgamento rescindendo.

▪**Art. 925.** Se os fatos alegados pelas partes dependerem de prova, o relator poderá delegar a competência ao órgão que proferiu a sentença ou o acórdão rescindendo, fixando prazo de um a três meses para a devolução dos autos.

▪**Art. 926.** Concluída a instrução, será aberta vista, sucessivamente, ao autor e ao réu, pelo prazo de dez dias, para razões finais. Em seguida, os autos serão conclusos ao relator, procedendo-se ao julgamento pelo órgão competente.

▪**Art. 927.** Julgando procedente o pedido, o tribunal rescindirá a sentença, proferirá, se for o caso, novo julgamento e determinará a restituição do depósito; declarando inadmissível ou improcedente o pedido, a importância do depósito reverterá a favor do réu, sem prejuízo do disposto no art. 87.

▪**Art. 928.** O direito de propor ação rescisória se extingue em um ano contado do trânsito em julgado da decisão.

Parágrafo único. Se fundada no art. 919, incisos I e VI, primeira parte, o termo inicial do prazo será computado do trânsito em julgado da sentença penal.

Seção II
Da Ação Anulatória

▪**Art. 929.** Os atos de disposição de direitos, praticados pelas partes ou por outros participantes do processo e homologados pelo juízo estão sujeitos à anulação, nos termos da lei.

Parágrafo único. São anuláveis também atos homologatórios praticados no curso do processo de execução.

CAPÍTULO VII
DO INCIDENTE DE RESOLUÇÃO DE DEMANDAS REPETITIVAS

▪**Art. 930.** É admissível o incidente de demandas repetitivas sempre que identificada controvérsia com potencial de gerar relevante multiplicação de processos fundados em idêntica questão de direito e de causar grave insegurança jurídica, decorrente do risco de coexistência de decisões conflitantes.

Veja art. 933, § 1º, deste Projeto.

§ 1º O pedido de instauração do incidente será dirigido ao Presidente do Tribunal:

I – pelo juiz ou relator, por ofício;

II – pelas partes, pelo Ministério Público ou pela Defensoria Pública, por petição.

§ 2º O ofício ou a petição a que se refere o § 1º será instruído com os documentos necessários à demonstração da necessidade de instauração do incidente.

§ 3º Se não for o requerente, o Ministério Público intervirá obrigatoriamente no incidente e poderá assumir sua titularidade em caso de desistência ou de abandono.

▪**Art. 931.** A instauração e o julgamento do incidente serão sucedidos da mais ampla e específica divulgação e publicidade, por meio de registro eletrônico no Conselho Nacional de Justiça.

Parágrafo único. Os tribunais promoverão a formação e atualização de banco eletrônico de dados específicos sobre questões de direito submetidas ao incidente, comunicando, imediatamente, ao Conselho Nacional de Justiça, para inclusão no cadastro.

▪**Art. 932.** Após a distribuição, o relator poderá requisitar informações ao órgão em cujo juízo tem curso o processo originário, que as prestará em quinze dias; findo esse prazo improrrogável, será solicitada data para admissão do incidente, intimando-se o Ministério Público.

▪**Art. 933.** O juízo de admissibilidade e o julgamento do incidente competirão ao plenário do tribunal ou, onde houver, ao órgão especial.

§ 1º Na admissibilidade, o tribunal considerará a presença dos requisitos do art. 930 e a conveniência de se adotar decisão paradigmática.

§ 2º Rejeitado o incidente, o curso dos processos será retomado; admitido, o tribunal julgará a questão de direito, lavrando-se o acórdão, cujo teor será observado pelos demais juízes e órgãos fracionários situados no âmbito de sua competência, na forma deste Capítulo.

▪**Art. 934.** Admitido o incidente, o presidente do tribunal determinará, na própria sessão, a suspensão dos processos pendentes, em primeiro e segundo graus de jurisdição.

Parágrafo único. Durante a suspensão poderão ser concedidas medidas de urgência no juízo de origem.

▪**Art. 935.** O Relator ouvirá as partes e os demais interessados, inclusive pessoas, órgãos e entidades com interesse na controvérsia, que, no prazo comum de quinze dias, poderão requerer a juntada de documentos, bem como as diligências necessárias para a elucidação da questão de direito controvertida; em seguida, no mesmo prazo, manifestar-se-á o Ministério Público.

▪Art. 936. Concluídas as diligências, o relator pedirá dia para o julgamento do incidente.

§ 1º Feita a exposição do incidente pelo relator, o presidente dará a palavra, sucessivamente, ao autor e ao réu do processo originário, e ao Ministério Público, pelo prazo de trinta minutos, para sustentar suas razões.

§ 2º Em seguida, os demais interessados poderão se manifestar no prazo de trinta minutos, divididos entre todos, sendo exigida inscrição com quarenta e oito horas de antecedência.

▪Art. 937. As partes, os interessados, o Ministério Público e a Defensoria Pública, visando à garantia da segurança jurídica, poderão requerer ao tribunal competente para conhecer de eventual recurso extraordinário ou especial a suspensão de todos os processos em curso no território nacional que versem sobre a questão objeto do incidente.

Veja art. 939 deste Projeto.

Parágrafo único. Aquele que for parte em processo em curso no qual se discuta a mesma questão jurídica que deu causa ao incidente é legitimado, independentemente dos limites da competência territorial, para requerer a providência prevista no *caput*.

▪Art. 938. Julgado o incidente, a tese jurídica será aplicada a todos os processos que versem idêntica questão de direito e que tramitem na área de jurisdição do respectivo tribunal.

Parágrafo único. Se houver recurso e a matéria for apreciada, em seu mérito, pelo plenário do Supremo Tribunal Federal ou pela corte especial do Superior Tribunal de Justiça, que, respectivamente, terão competência para decidir recurso extraordinário ou especial originário do incidente, a tese jurídica firmada será aplicada a todos os processos que versem idêntica questão de direito e que tramitem em todo o território nacional.

▪Art. 939. O incidente será julgado no prazo de seis meses e terá preferência sobre os demais feitos, ressalvados os que envolvam réu preso e os pedidos de *habeas corpus*.

§ 1º Superado o prazo previsto no *caput*, cessa a eficácia suspensiva do incidente, salvo decisão fundamentada do relator em sentido contrário.

§ 2º O disposto no § 1º aplica-se, no que couber, à hipótese do art. 937.

▪Art. 940. O recurso especial ou extraordinário interposto por qualquer das partes, pelo Ministério Público ou por terceiro interessado será dotado de efeito suspensivo, presumindo-se a repercussão geral de questão constitucional eventualmente discutida.

Parágrafo único. Na hipótese prevista no *caput*, interpostos os recursos, os autos serão remetidos ao tribunal competente, independentemente da realização de juízo de admissibilidade na origem.

▪Art. 941. Não observada a tese adotada pela decisão proferida no incidente, caberá reclamação para o tribunal competente.

Parágrafo único. O processamento e julgamento da reclamação observará o Capítulo VIII, deste Livro.

CAPÍTULO VIII
DA RECLAMAÇÃO

▪Art. 942. Caberá reclamação da parte interessada ou do Ministério Público para:

I – preservar a competência do Tribunal;

II – garantir a autoridade das decisões do Tribunal;

III – garantir a observância de súmula vinculante;

IV – garantir a observância da tese firmada em incidente de resolução de demandas repetitivas;

V – garantir a observância da tese firmada em incidente de assunção de competência.

Parágrafo único. A reclamação, dirigida ao Presidente do Tribunal, instruída com prova documental, será autuada e distribuída ao relator da causa principal, sempre que possível.

▪Art. 943. Ao despachar a reclamação, o relator:

I – requisitará informações da autoridade a quem for imputada a prática do ato impugnado, que as prestará no prazo de dez dias;

II – ordenará, se necessário, para evitar dano irreparável, a suspensão do processo ou do ato impugnado.

▪Art. 944. Qualquer interessado poderá impugnar o pedido do reclamante.

▪Art. 945. O Ministério Público, nas reclamações que não houver formulado, terá vista do processo, por cinco dias, após o decurso do prazo para informações.

▪Art. 946. Julgando procedente a reclamação, o Tribunal cassará a decisão exorbitante de seu julgado ou determinará medida adequada à preservação de sua competência.

▪Art. 947. O Presidente determinará o imediato cumprimento da decisão, lavrando-se o acórdão posteriormente.

TÍTULO II
DOS RECURSOS

CAPÍTULO I
DAS DISPOSIÇÕES GERAIS

▪Art. 948. São cabíveis os seguintes recursos:

I – apelação;

II – agravo de instrumento;

III – agravo interno;
IV – embargos de declaração;
V – recurso ordinário;
VI – recurso especial;
VII – recurso extraordinário;
VIII – agravo de admissão;
IX – embargos de divergência.

§ 1º Excetuados os embargos de declaração, o prazo para interpor e para responder os recursos é de quinze dias.

§ 2º No ato de interposição de recurso ao Supremo Tribunal Federal ou ao Superior Tribunal de Justiça, o recorrente deverá comprovar a ocorrência de feriado local.

▪**Art. 949.** Os recursos, salvo disposição legal em sentido diverso, não impedem a eficácia da decisão.

§ 1º A eficácia da decisão poderá ser suspensa pelo relator se demonstrada a probabilidade de provimento do recurso, ou, sendo relevante a fundamentação, houver risco de dano grave ou difícil reparação, observado o art. 968.

§ 2º O pedido de efeito suspensivo do recurso será dirigido ao tribunal, em petição autônoma, que terá prioridade na distribuição e tornará prevento o relator.

§ 3º Quando se tratar de pedido de efeito suspensivo a recurso de apelação, o protocolo da petição a que se refere o § 2º impede a eficácia da sentença até que seja apreciado pelo relator.

§ 4º É irrecorrível a decisão do relator que conceder o efeito suspensivo.

▪**Art. 950.** O recurso pode ser interposto pela parte vencida, pelo terceiro prejudicado e pelo Ministério Público, seja como parte ou fiscal da ordem jurídica.

Parágrafo único. Cumpre ao terceiro demonstrar a possibilidade de a decisão sobre a relação jurídica submetida à apreciação judicial atingir direito de que seja titular.

▪**Art. 951.** Cada parte interporá o recurso, independentemente, no prazo e observadas as exigências legais. Sendo, porém, vencidos autor e réu, ao recurso interposto por qualquer deles poderá aderir o outro.

Parágrafo único. O recurso adesivo fica subordinado ao recurso principal, aplicando-se-lhe as mesmas regras do recurso independente quanto aos requisitos de admissibilidade, preparo e julgamento no tribunal, salvo disposição legal diversa, observado o seguinte:

I – será dirigido ao juízo da sentença ou acórdão recorrido, no prazo de que a parte dispõe para responder;

II – será admissível na apelação, no recurso extraordinário e no recurso especial;

III – não será conhecido, se houver desistência do recurso principal ou se for ele declarado inadmissível ou deserto.

▪**Art. 952.** O recorrente poderá, a qualquer tempo, sem a anuência do recorrido ou dos litisconsortes, desistir do recurso.

Parágrafo único. No julgamento de recurso extraordinário cuja repercussão geral já tenha sido reconhecida e no julgamento de recursos repetitivos afetados, a questão ou as questões jurídicas objeto do recurso representativo de controvérsia de que se desistiu serão decididas pelo Superior Tribunal de Justiça ou pelo Supremo Tribunal Federal.

▪**Art. 953.** A renúncia ao direito de recorrer independe da aceitação da outra parte.

▪**Art. 954.** A parte que aceitar expressa ou tacitamente a sentença ou a decisão não poderá recorrer.

Parágrafo único. Considera-se aceitação tácita a prática, sem reserva alguma, de um ato incompatível com a vontade de recorrer.

▪**Art. 955.** Dos despachos não cabe recurso.

▪**Art. 956.** A sentença ou a decisão pode ser impugnada no todo ou em parte.

▪**Art. 957.** O prazo para a interposição do recurso, aplicável em todos os casos o disposto no art. 192, contar-se-á da data:

I – da leitura da sentença ou da decisão em audiência;

II – da intimação das partes, quando a sentença ou a decisão não for proferida em audiência;

III – da publicação do dispositivo do acórdão no órgão oficial.

Parágrafo único. No prazo para a interposição do recurso, a petição será protocolada em cartório ou segundo a norma de organização judiciária, ressalvado o disposto no art. 970.

▪**Art. 958.** Se, durante o prazo para a interposição do recurso, sobrevier o falecimento da parte ou de seu advogado ou ocorrer motivo de força maior que suspenda o curso do processo, será tal prazo restituído em proveito da parte, do herdeiro ou do sucessor, contra quem começará a correr novamente depois da intimação.

▪**Art. 959.** O recurso interposto por um dos litisconsortes a todos aproveita, desde que comuns as questões de fato e de direito.

Parágrafo único. Havendo solidariedade passiva, o recurso interposto por um devedor aproveitará aos outros, quando as defesas opostas ao credor lhes forem comuns.

▪**Art. 960.** Transitado em julgado o acórdão, o escrivão, independentemente de despacho, providenciará a baixa dos autos ao juízo de origem, no prazo de cinco dias.

▪**Art. 961.** No ato de interposição do recurso, o recorrente comprovará, quando exigido pela legislação pertinente, o respectivo preparo, inclusive porte de remessa e de retorno, sob pena de deserção, observado o seguinte:

I – são dispensados de preparo os recursos interpostos pelo Ministério Público, pela União, pelo Distrito Federal, pelos Estados, pelos Municípios, e respectivas autarquias, e pelos que gozam de isenção legal;

II – a insuficiência no valor do preparo implicará deserção, se o recorrente, intimado, não vier a supri-lo no prazo de cinco dias.

§ 1º Provando o recorrente justo impedimento, o relator relevará, por decisão irrecorrível, a pena de deserção, fixando-lhe prazo de cinco dias para efetuar o preparo.

§ 2º O equívoco no preenchimento da guia de custas não resultará na aplicação da pena de deserção, cabendo ao relator, na hipótese de dúvida quanto ao recolhimento, intimar o recorrente para sanar o vício no prazo de cinco dias ou solicitar informações ao órgão arrecadador.

▪**Art. 962.** O julgamento proferido pelo tribunal substituirá a decisão interlocutória ou a sentença impugnada no que tiver sido objeto de recurso.

CAPÍTULO II
DA APELAÇÃO

▪**Art. 963.** Da sentença cabe apelação.

Parágrafo único. As questões resolvidas na fase cognitiva, se a decisão a seu respeito não comportar agravo de instrumento, não ficam cobertas pela preclusão e devem ser suscitadas em preliminar de apelação, eventualmente interposta contra a decisão final, ou nas contrarrazões.

Veja art. 494 deste Projeto.

▪**Art. 964.** A apelação, interposta por petição dirigida ao juízo de primeiro grau, conterá:

I – os nomes e a qualificação das partes;

II – os fundamentos de fato e de direito;

III – o pedido de nova decisão.

▪**Art. 965.** A apelação devolverá ao tribunal o conhecimento da matéria impugnada.

§ 1º Serão, porém, objeto de apreciação e julgamento pelo tribunal todas as questões suscitadas e discutidas no processo, resolvidas ou não pela sentença.

§ 2º Quando o pedido ou a defesa tiver mais de um fundamento e o juiz acolher apenas um deles, a apelação devolverá ao tribunal o conhecimento dos demais.

§ 3º Se a causa versar sobre questão exclusivamente de direito ou estiver em condições de imediato julgamento, o tribunal deve decidir desde logo a lide quando:

I – reformar sentença fundada no art. 472;

II – declarar a nulidade de sentença por não observância dos limites do pedido;

III – declarar a nulidade de sentença por falta de fundamentação;

IV – reformar sentença que reconhecer a decadência ou prescrição.

▪**Art. 966.** A apelação será interposta e processada no juízo de primeiro grau; intimado o apelado e decorrido o prazo para resposta, os autos serão remetidos ao tribunal, onde será realizado o juízo de admissibilidade.

▪**Art. 967.** As questões de fato não propostas no juízo inferior poderão ser suscitadas na apelação, se a parte provar que deixou de fazê-lo por motivo de força maior.

▪**Art. 968.** A atribuição de efeito suspensivo à apelação obsta a eficácia da sentença.

Veja art. 949, § 1º, deste Projeto.

CAPÍTULO III
DO AGRAVO DE INSTRUMENTO

▪**Art. 969.** Cabe agravo de instrumento contra as decisões interlocutórias que versarem sobre:

I – tutelas de urgência ou da evidência;

II – o mérito da causa;

III – rejeição da alegação de convenção de arbitragem;

IV – o incidente de resolução de desconsideração da personalidade jurídica;

V – a gratuidade de justiça;

VI – a exibição ou posse de documento ou coisa;

VII – exclusão de litisconsorte por ilegitimidade;

VIII – a limitação de litisconsórcio;

IX – a admissão ou inadmissão de intervenção de terceiros;

X – outros casos expressamente referidos em lei.

Parágrafo único. Também caberá agravo de instrumento contra decisões interlocutórias proferidas na fase de liquidação de sentença, cumprimento de sentença, no processo de execução e no processo de inventário.

▪**Art. 970.** O agravo de instrumento será dirigido diretamente ao tribunal competente, por meio de petição com os seguintes requisitos:

Veja art. 957, parágrafo único, deste Projeto.

I – a exposição do fato e do direito;

II – as razões do pedido de reforma da decisão e o próprio pedido;

III – o nome e o endereço completo dos advogados constantes do processo.

▪**Art. 971.** A petição de agravo de instrumento será instruída:

I – obrigatoriamente, com cópias da decisão agravada, da certidão da respectiva intimação ou outro documento oficial que comprove a tempestividade e das procurações outorgadas aos advogados do agravante e do agravado;

II – facultativamente, com outras peças que o agravante entender úteis.

§ 1º Acompanhará a petição o comprovante do pagamento das respectivas custas e do porte de retorno, quando devidos, conforme tabela publicada pelos tribunais.

§ 2º No prazo do recurso, a petição será protocolada no tribunal, postada no correio sob registro com aviso de recebimento ou interposta por outra forma prevista na lei local.

§ 3º A falta de peça obrigatória não implicará a inadmissibilidade do recurso se o recorrente, intimado, vier a supri-la no prazo de cinco dias.

▪**Art. 972.** O agravante poderá requerer a juntada aos autos do processo, de cópia da petição do agravo de instrumento e do comprovante de sua interposição, assim como a relação dos documentos que instruíram o recurso, com exclusivo objetivo de provocar a retratação.

Parágrafo único. Se o juiz comunicar que reformou inteiramente a decisão, o relator considerará prejudicado o agravo.

▪**Art. 973.** Recebido o agravo de instrumento no tribunal e distribuído imediatamente, se não for o caso de julgamento monocrático, o relator:

I – poderá atribuir efeito suspensivo ao recurso ou deferir, em antecipação de tutela, total ou parcialmente, a pretensão recursal, comunicando ao juiz sua decisão;

II – mandará intimar o agravado, na mesma oportunidade, por ofício dirigido ao seu advogado, sob registro e com aviso de recebimento, para que responda no prazo de quinze dias, facultando-lhe juntar a documentação que entender conveniente, sendo que, nas comarcas sede de tribunal e naquelas em que o expediente forense for divulgado no diário oficial, a intimação far-se-á mediante publicação no respectivo órgão;

III – determinará a intimação, preferencialmente por meio eletrônico, do Ministério Público, quando for caso de sua intervenção para que se pronuncie no prazo de dez dias.

Parágrafo único. A decisão liminar, proferida na hipótese do inciso I, é irrecorrível.

▪**Art. 974.** Em prazo não superior a um mês da intimação do agravado, o relator pedirá dia para julgamento.

CAPÍTULO IV
DO AGRAVO INTERNO

▪**Art. 975.** Ressalvadas as hipóteses expressamente previstas neste Código ou em lei, das decisões proferidas pelo relator caberá agravo interno para o respectivo órgão fracionário, observadas, quanto ao processamento, as regras dos regimentos internos dos tribunais.

§ 1º O recurso será dirigido ao órgão colegiado competente, e, se não houver retratação, o relator o incluirá em pauta para julgamento colegiado, na primeira sessão.

§ 2º Quando manifestamente inadmissível o agravo interno, assim declarado em votação unânime, o tribunal condenará o agravante a pagar ao agravado multa fixada entre um e dez por cento do valor corrigido da causa, ficando a interposição de qualquer outro recurso condicionada ao depósito prévio do respectivo valor, ressalvados os beneficiários da gratuidade de justiça que, conforme a lei, farão o pagamento ao final.

CAPÍTULO V
DOS EMBARGOS DE DECLARAÇÃO

▪**Art. 976.** Cabem embargos de declaração contra qualquer decisão monocrática ou colegiada para:

I – esclarecer obscuridade ou eliminar contradição;

II – suprir omissão de ponto sobre o qual devia pronunciar-se o juiz ou tribunal;

III – corrigir erro material.

Parágrafo único. Eventual efeito modificativo dos embargos de declaração somente poderá ocorrer em virtude da correção do vício, desde que ouvida a parte contrária no prazo de cinco dias.

▪**Art. 977.** Os embargos serão opostos, no prazo de cinco dias, em petição dirigida ao juiz ou relator, com indicação do ponto obscuro, contraditório ou omisso, não estando sujeitos a preparo.

▪**Art. 978.** O juiz julgará os embargos em cinco dias; nos tribunais, o relator apresentará os embargos em mesa na sessão subsequente, proferindo voto. Não havendo julgamento nessa sessão, será o recurso incluído em pauta.

Parágrafo único. Quando os embargos de declaração forem opostos contra decisão proferida na forma do art. 888, o relator os decidirá monocraticamente.

▪**Art. 979.** Consideram-se incluídos no acórdão os elementos que o embargante pleiteou, para fins de prequestionamento, ainda que os embargos de declaração não sejam admitidos, caso o tribunal superior considere existentes omissão, contradição ou obscuridade.

▪**Art. 980.** Os embargos de declaração não têm efeito suspensivo e interrompem o prazo para a interposição de outros recursos por qualquer das partes.

§ 1º A eficácia da decisão monocrática ou colegiada poderá ser suspensa pelo respectivo juiz ou relator se demonstrada a probabilidade de provimento do recurso, ou, sendo relevante a fundamentação, houver risco de dano grave ou difícil reparação.

§ 2º Quando intempestivos, a interrupção do prazo não aproveitará ao embargante.

§ 3º Se, ao julgar os embargos de declaração, o juiz, relator ou órgão colegiado não alterar a conclusão do julgamento anterior, o recurso principal interposto pela outra parte antes da publicação do resultado será processado e julgado independente de ratificação.

§ 4º Quando manifestamente protelatórios os embargos, o juiz ou o tribunal condenará o embargante a pagar ao embargado multa não excedente a cinco por cento sobre o valor da causa.

§ 5º Não serão admitidos novos embargos declaratórios, se os anteriores houverem sido considerados protelatórios.

§ 6º A interposição de qualquer outro recurso fica condicionada ao depósito do valor de cada multa, ressalvados os beneficiários da gratuidade de justiça que a recolherão ao final, conforme a lei.

CAPÍTULO VI
DOS RECURSOS PARA O SUPREMO TRIBUNAL FEDERAL E PARA O SUPERIOR TRIBUNAL DE JUSTIÇA

Seção I
Do Recurso Ordinário

▪**Art. 981.** Serão julgados em recurso ordinário:
Veja art. 982 deste Projeto.

I – pelo Supremo Tribunal Federal, os mandados de segurança, os *habeas data* e os mandados de injunção decididos em única instância pelos tribunais superiores, quando denegatória a decisão;

II – pelo Superior Tribunal de Justiça:

a) os mandados de segurança decididos em única instância pelos Tribunais Regionais Federais ou pelos Tribunais dos Estados e do Distrito Federal e Territórios, quando denegatória a decisão;

b) as causas em que forem partes, de um lado, Estado estrangeiro ou organismo internacional e, do outro, Município ou pessoa residente ou domiciliada no País.

Parágrafo único. Nas causas referidas no inciso II, alínea *b*, caberá agravo das decisões interlocutórias.

▪**Art. 982.** Ao recurso mencionado no art. 981 aplica-se, quanto aos requisitos de admissibilidade e ao procedimento no juízo de origem, as disposições relativas à apelação, observando-se, no Supremo Tribunal Federal e no Superior Tribunal de Justiça, o disposto nos seus regimentos internos.

Seção II
Do Recurso Extraordinário e do Recurso Especial

Subseção I
Disposições Gerais

▪**Art. 983.** O recurso extraordinário e o recurso especial, nos casos previstos na Constituição da República serão interpostos perante o presidente ou o vice-presidente do tribunal recorrido, em petições distintas que conterão:

I – a exposição do fato e do direito;

II – a demonstração do cabimento do recurso interposto;

III – as razões do pedido de reforma da decisão recorrida.

§ 1º Quando o recurso fundar-se em dissídio jurisprudencial, o recorrente fará a prova da divergência mediante certidão, cópia ou citação do repositório de jurisprudência, oficial ou credenciado, inclusive em mídia eletrônica, em que tiver sido publicada a decisão divergente, ou ainda pela reprodução de julgado disponível na Internet, com indicação da respectiva fonte, mencionando, em qualquer caso, as circunstâncias que identifiquem ou assemelhem os casos confrontados.

§ 2º Quando o recurso tempestivo contiver defeito formal que não se repute grave, o Superior Tribunal de Justiça ou Supremo Tribunal Federal poderão desconsiderar o vício, ou mandar saná-lo, julgando o mérito.

§ 3º Quando, por ocasião de incidente de resolução de demandas repetitivas, o presidente do Supremo Tribunal Federal ou do Superior Tribunal de Justiça receber requerimento de suspensão de processos em que se discuta questão federal constitucional ou infraconstitucional, poderá, considerando razões de segurança jurídica ou de excepcional interesse social, estender a eficácia da medida a todo o território nacional, até ulterior decisão do recurso extraordinário ou do recurso especial eventualmente interposto.

▪**Art. 984.** Recebida a petição pela secretaria do tribunal, o recorrido será intimado, abrindo-se-lhe vista, para apresentar contrarrazões.

Parágrafo único. Findo esse prazo, serão os autos conclusos para admissão ou não do recurso, no prazo de quinze dias, em decisão fundamentada.

▪**Art. 985.** Admitidos ambos os recursos, os autos serão remetidos ao Superior Tribunal de Justiça.

§ 1º Concluído o julgamento do recurso especial, os autos serão remetidos ao Supremo Tribunal Federal, para apreciação do recurso extraordinário, se este não estiver prejudicado.

§ 2º Se o relator do recurso especial considerar prejudicial o recurso extraordinário, em decisão irrecorrível sobrestará o julgamento e remeterá os autos ao Supremo Tribunal Federal.

§ 3º Na hipótese do § 2º, se o relator do recurso extraordinário, em decisão irrecorrível, rejeitar a prejudicialidade, devolverá os autos ao Superior Tribunal de Justiça, para o julgamento do recurso especial.

▪**Art. 986.** Se o relator, no Superior Tribunal de Justiça, entender que o recurso especial versa sobre questão constitucional, deverá conceder prazo de quinze dias para que o recorrente deduza as razões que revelem e existência de repercussão geral, remetendo, em seguida, os autos ao Supremo Tribunal Federal, que procederá à sua admissibilidade, ou o devolverá ao Superior Tribunal de Justiça, por decisão irrecorrível.

Veja art. 988, § 1º, deste Projeto.

▪**Art. 987.** Se o relator, no Supremo Tribunal Federal, entender que o recurso extraordinário versa sobre questão legal, sendo indireta a ofensa à Constituição da República, os autos serão remetidos ao Superior Tribunal de Justiça para julgamento, por decisão irrecorrível.

Veja art. 988, § 1º, deste Projeto.

▪**Art. 988.** Sendo o recurso extraordinário ou especial decidido com base em uma das causas de pedir ou em um dos fundamentos de defesa, o Superior Tribunal de Justiça ou o Supremo Tribunal Federal examinará as demais ainda não julgadas, independentemente da interposição de outro recurso, desde que tratem de matéria de direito.

§ 1º Se a competência for do outro Tribunal Superior, haverá remessa, nos termos dos arts. 986 e 987.

§ 2º Se a observância do *caput* deste artigo depender do exame de prova já produzida, os autos serão remetidos de ofício ao tribunal de origem, para decisão; havendo necessidade da produção de provas, far-se-á a remessa ao primeiro grau.

▪**Art. 989.** O Supremo Tribunal Federal, em decisão irrecorrível, não conhecerá do recurso extraordinário, quando a questão constitucional nele versada não oferecer repercussão geral, nos termos deste artigo.

§ 1º Para efeito da repercussão geral, será considerada a existência, ou não, de questões relevantes do ponto de vista econômico, político, social ou jurídico, que ultrapassem os interesses subjetivos da causa.

§ 2º O recorrente deverá demonstrar, para apreciação exclusiva do Supremo Tribunal Federal, a existência da repercussão geral.

§ 3º Haverá repercussão geral sempre que o recurso:

I – impugnar decisão contrária a súmula ou jurisprudência dominante do Supremo Tribunal Federal;

II – contrariar tese fixada em julgamento de casos repetitivos;

III – questionar decisão que tenha declarado a inconstitucionalidade de tratado ou lei federal, nos termos do art. 97 da Constituição da República.

§ 4º Negada a repercussão geral, a decisão valerá para todos os recursos sobre matéria idêntica, que serão indeferidos liminarmente, salvo revisão da tese, tudo nos termos do Regimento Interno do Supremo Tribunal Federal.

§ 5º O Relator poderá admitir, na análise da repercussão geral, a manifestação de terceiros, subscrita por procurador habilitado, nos termos do Regimento Interno do Supremo Tribunal Federal.

§ 6º A súmula da decisão sobre a repercussão geral constará de ata, que será publicada no *Diário Oficial* e valerá como acórdão.

§ 7º No caso do recurso extraordinário processado na forma da Seção III deste Capítulo, negada a existência de repercussão geral no recurso representativo da controvérsia, os recursos sobrestados considerar-se-ão automaticamente não admitidos.

Subseção II
Do Julgamento dos Recursos Extraordinário e Especial Repetitivos

▪**Art. 990.** Sempre que houver multiplicidade de recursos com fundamento em idêntica questão de direito, o recurso extraordinário ou o recurso especial será processado nos termos deste artigo, observado o disposto no regimento interno do Supremo Tribunal Federal e do Superior Tribunal de Justiça.

▪**Art. 991.** Caberá ao presidente do tribunal de origem selecionar um ou mais recursos representativos da controvérsia, os quais serão encaminhados ao Supremo Tribunal Federal ou ao Superior Tribunal de Justiça independentemente de juízo de admissibilidade, ficando suspensos os demais recursos até o pronunciamento definitivo do tribunal superior.

§ 1º Não adotada a providência descrita no *caput*, o relator, no tribunal superior, ao identificar que sobre a questão de direito já existe jurisprudência dominante ou que a matéria já está afeta ao colegiado, poderá determinar a suspensão dos recursos nos quais a controvérsia esteja estabelecida.

§ 2º Na decisão de afetação, o relator deverá identificar com precisão a matéria a ser levada a julgamento, ficando vedado, ao Tribunal, a extensão a outros temas não identificados na referida decisão.

§ 3º Os processos em que se discute idêntica controvérsia de direito e que estiverem em primeiro grau de jurisdição ficam suspensos por período não superior a doze meses, salvo decisão fundamentada do relator.

§ 4º Ficam também suspensos, no tribunal superior e nos de segundo grau de jurisdição, os recursos que versem sobre idêntica controvérsia, até a decisão do recurso representativo da controvérsia.

▪**Art. 992.** O Relator poderá requisitar informações aos tribunais inferiores a respeito da controvérsia; cumprida a diligência, se for o caso, intimará o Ministério Público para se manifestar.

§ 1º Os prazos respectivos são de quinze dias e os atos serão praticados, sempre que possível, por meio eletrônico.

§ 2º O relator, conforme dispuser o Regimento Interno, e considerando a relevância da matéria, poderá solicitar ou admitir manifestação de pessoas, órgãos ou entidades com interesse na controvérsia.

§ 3º Transcorrido o prazo para o Ministério Público e remetida cópia do relatório aos demais Ministros, o processo será incluído em pauta, devendo ser julgado com preferência sobre os demais feitos, ressalvados os que envolvam réu preso e os pedidos de *habeas corpus*.

▪**Art. 993.** Decidido o recurso representativo da controvérsia, os órgãos fracionários declararão prejudicados os demais recursos versando sobre idêntica controvérsia ou os decidirão aplicando a tese.

Veja art. 892, § 1º, deste Projeto.

▪**Art. 994.** Publicado o acórdão paradigma:

I – os recursos sobrestados na origem não terão seguimento se o acórdão recorrido coincidir com a orientação da instância superior; ou

II – o tribunal de origem reapreciará o recurso julgado, observando-se a tese firmada, independentemente de juízo de admissibilidade do recurso especial ou extraordinário, na hipótese de o acórdão recorrido divergir da orientação da instância superior.

§ 1º Mantido o acórdão divergente pelo tribunal de origem, far-se-á o exame de admissibilidade do recurso especial ou extraordinário.

§ 2º Reformado o acórdão, se for o caso, o tribunal de origem decidirá as demais questões antes não decididas e que o enfrentamento se torne necessário em decorrência da reforma.

▪**Art. 995.** Sobrevindo, durante a suspensão dos processos, decisão da instância superior a respeito do mérito da controvérsia, o juiz proferirá sentença e aplicará a tese firmada.

Parágrafo único. A parte poderá desistir da ação em curso no primeiro grau de jurisdição, se a questão nela discutida for idêntica à resolvida pelo recurso representativo da controvérsia. Se a desistência ocorrer antes de oferecida a contestação, a parte ficará isenta do pagamento de custas e de honorários de sucumbência.

Seção III
Do Agravo de Admissão

▪**Art. 996.** Não admitido o recurso extraordinário ou o recurso especial, caberá agravo de admissão para o Supremo Tribunal Federal ou para o Superior Tribunal de Justiça, conforme o caso.

§ 1º Na hipótese de interposição conjunta de recurso extraordinário e recurso especial, o agravante deverá interpor um agravo para cada recurso não admitido.

§ 2º A petição de agravo de admissão será dirigida à presidência do tribunal de origem, não dependendo do pagamento de custas e despesas postais.

§ 3º O agravado será intimado, de imediato, para oferecer resposta.

§ 4º Havendo apenas um agravo de admissão, o recurso será remetido ao tribunal competente. Havendo interposição conjunta, os autos serão remetidos ao Superior Tribunal de Justiça.

§ 5º Concluído o julgamento do agravo de admissão pelo Superior Tribunal de Justiça e, se for o caso, do recurso especial, os autos serão remetidos ao Supremo Tribunal Federal, para apreciação do agravo de admissão a ele dirigido, salvo se estiver prejudicado.

§ 6º No Supremo Tribunal Federal e no Superior Tribunal de Justiça, o julgamento do agravo de admissão obedecerá ao disposto no respectivo regimento interno, podendo o relator, se for o caso, decidir na forma do art. 888.

Seção IV
Dos Embargos de Divergência

▪**Art. 997.** É embargável a decisão de turma que:

I – em recurso especial, divergir do julgamento de outra turma, da seção ou do órgão especial, sendo as decisões, embargada e paradigma, de mérito;

II – em recurso especial, divergir do julgamento de outra turma, da seção ou do órgão especial, sendo as decisões, embargada e paradigma, relativas ao juízo de admissibilidade;

III – em recurso especial, divergir do julgamento de outra turma, da seção ou do órgão especial, sendo uma decisão de mérito e outra que não tenha conhecido do recurso, embora tenha apreciado a controvérsia;

IV – nas causas de competência originária, divergir do julgamento de outra turma, seção ou do órgão especial.

§ 1º Poderão ser confrontadas teses jurídicas contidas em julgamentos de recursos e de ações de competência originária.

Conforme publicação oficial.

▪**Art. 998.** No recurso de embargos de divergência, será observado o procedimento estabelecido no regimento interno.

Parágrafo único. Na pendência de embargos de divergência de decisão proferida em recurso especial, não corre prazo para interposição de eventual recurso extraordinário.

LIVRO V
DAS DISPOSIÇÕES FINAIS E TRANSITÓRIAS

▪**Art. 999.** Este Código entra em vigor decorrido um ano da data de sua publicação oficial.

▪**Art. 1.000.** Ao entrar em vigor este Código, suas disposições se aplicarão desde logo aos processos pendentes, ficando revogado o Código de Processo Civil instituído pela Lei n. 5.869, de 11 de janeiro de 1973.

§ 1º As regras do Código de Processo Civil revogado relativas ao procedimento sumário e aos procedimentos especiais não mantidos por este Código serão aplicadas aos processos ajuizados até o início da vigência deste Código, desde que não tenham, ainda, sido sentenciados.

§ 2º Permanecem em vigor as disposições especiais dos procedimentos regulados em outras leis, aos quais se aplicará supletivamente este Código.

§ 3º Os procedimentos mencionados no art. 1.218 do Código revogado e ainda não incorporados por lei submetem-se ao procedimento comum previsto neste Código.

§ 4º As remissões a disposições do Código de Processo Civil revogado, existentes em outras leis, passam a referir-se às que lhes são correspondentes neste Código.

▪**Art. 1.001.** A extensão da coisa julgada às questões prejudiciais somente se dará em causas ajuizadas depois do início da vigência do presente Código, aplicando-se às anteriores o disposto nos arts. 5º, 325 e 470 do Código revogado.

▪**Art. 1.002.** Nos tribunais em que ainda não tiver sido instituído o *Diário da Justiça Eletrônico*, a publicação de editais observará as normas anteriores ao início da vigência deste Código.

▪**Art. 1.003.** As disposições de direito probatório adotadas neste Código aplicam-se apenas às provas que tenham sido requeridas ou determinadas de ofício a partir da data de início da sua vigência.

▪**Art. 1.004.** Os procedimentos judiciais em que figure como parte ou interessado pessoa com idade igual ou superior a sessenta anos, ou portadora de doença grave, terão prioridade de tramitação em todas as instâncias.

§ 1º A pessoa interessada na obtenção do benefício, juntando prova de sua condição, deverá requerê-lo à autoridade judiciária competente para decidir o feito, que determinará ao cartório do juízo as providências a serem cumpridas.

§ 2º Deferida a prioridade, os autos receberão identificação própria que evidencie o regime de tramitação prioritária.

§ 3º Concedida a prioridade, essa não cessará com a morte do beneficiado, estendendo-se em favor do cônjuge supérstite ou companheiro em união estável.

▪**Art. 1.005.** Sempre que a lei material remeter a procedimento descrito na lei processual sem discriminá-lo, será observado o procedimento comum previsto neste Código.

▪**Art. 1.006.** As execuções contra devedor insolvente propostas até a data de entrada em vigor deste Código permanecem reguladas pelo Livro II, Título IV, do Código de Processo Civil instituído pela Lei n. 5.869, de 11 de janeiro de 1973, ressalvada a possibilidade de os interessados, de comum acordo, requererem a conversão do concurso universal e concurso particular, nos termos do art. 865.

▪**Art. 1.007.** Ficam revogados o parágrafo único do art. 456 e o inciso I do art. 202 do Código Civil; o art. 17 da Lei n. 1.060/1950, o art. 5º da Lei n. 9.469/1997; os arts. 13 e 18 da Lei n. 8.038/1990 e os arts. 16 a 18 da Lei n. 5.478/1968.